THE ORIGIN AND DEVELOPMENT

OF

THE MORAL IDEAS

道德观念的起源与发展

第一卷

〔芬〕爱德华·韦斯特马克 著

张敦福 罗力群 译

商务印书馆

创于1897 The Commercial Press

Edward Westermarck

THE ORIGIN AND DEVELOPMENT OF THE MORAL IDEAS

In two volumes

Second edition

Copyright © Macmillan and Co. , London，1912

本书根据伦敦麦克米兰出版公司 1912 年版译出

教育部哲学社会科学研究后期资助项目

译者前言
韦斯特马克及其《道德观念的起源与发展》

一、学术史视野中的韦斯特马克及其著作和理论

芬兰著名人类学家、社会学家和哲学家韦斯特马克（1862—1939）出生于芬兰赫尔辛基，1890 年获得赫尔辛基大学博士学位，先后担任赫尔辛基大学社会学讲师（1890—1906）、道德哲学教授（1906—1918）以及亚波学院（Abo Academy）哲学教授（1918—1930）。他也是伦敦大学社会学教授（1907—1930）。一般认为，涂尔干是法国学术史上第一位社会学教授，也是世界第一位社会学教授，韦斯特马克则是英国第一位社会学教授，是英国社会学的重要奠基人。韦氏一生中从未获得过人类学教职，今天却往往首先被看作人类学家。此中主要原因，或在韦氏的相对主义思想倾向及倚重非西方民族材料的研究方法，而这两方面都是与人类学的整个面相相一致的。

我们也知道，至少从某种意义上讲，马林诺夫斯基是对费孝通影响最大的外国老师，韦斯特马克则是马林诺夫斯基的指导老师。据费孝通的老师兼同门弗思回忆，

马林诺夫斯基感到他与韦斯特马克的学术路数尤为接

近。他常常在著述里对韦斯特马克致谢,(结识韦斯特马克)四分之一世纪后仍回忆,"韦斯特马克的亲自教导和著述对我的影响要超过其他任何科学上的影响",这些都不是空话。(Firth,1957:5)

马林诺夫斯基认为,"文化理论必须置于所有的人都属于动物这一事实之上"(Malinowski,1960/1944:75,91),由此理论观依稀可见乃师风范。不过,最终他没有像韦斯特马克那样用生物进化论统领自己的研究工作,而是得出了一种功能主义的理论——"进化的实质……在于一项制度向其功能的更好适应"(Kuklick,2008)。

很多人理解的生物进化论实际上是拉马克(Jean-Baptiste Lemarck)式的进化论,明里暗里强调进化的进步性和用进废退、获得性状遗传。这里需要对进化论稍做解释。现代进化论仍然以达尔文的进化学说为基本框架。自然选择学说(达尔文,2005)是达尔文进化思想的核心成分,其基本思想是:生物个体之间存在种种差异或曰变异,其中有些变异可以遗传给后代,而有的由遗传而得来的变异、特征有利于生物个体的生存和繁衍,于是有些生物个体就能繁殖更多的子代。于是我们就更易于见到这些遗传特征及携带这些特征的生物个体,即可以说这些生物个体和遗传特征是为自然所选择了的。自然选择学说的核心术语是变异、遗传、(自然)选择等。也可把"自然选择"简单定义为"有差别的繁衍成功"(Mayr,2004:134)。进化主要是通过有机体有差别的繁衍成功来实现的——这一点对于理解自然选择理论特别重要。按照现代进化生物学的观点,进化的实质含义并不带有"进步"的意味。

一般认为,韦氏的主要著作包括初版于 1891 年的《人类婚姻史》(*The History of Human Marriage*)和初版于 1903 年和 1906 年的约 1600 页的两卷本皇皇巨著《道德观念的起源与发展》(以下简称《道德》)。此外,他还著有《摩洛哥的婚姻仪式》(1914)、《人类婚姻简史》(1926)、《摩洛哥的宗教仪式和信仰》(两卷,1926)、《摩洛哥智慧箴言录》(1931)、《伦理的相对性》(1932)、《早期信仰及其社会影响》(1933)、《西方文明未来的婚姻》(1936)、《基督教与道德》(1939)等。在《人类婚姻史》和《道德》各章节中,关于古今各民族、人群的材料,韦氏可谓信手拈来、旁征博引,给人一种"上九天揽月,下五洋捉鳖"之感。我国哲学学者赵敦华(2006)讲,韦氏是"一个巨人,他的双肩是两部重要著作",这么说是算不得夸张的。前书是韦氏成名作,出版后即引起轰动,为学术界内外所广泛阅读。

《道德》一书出版后就受到热捧,当时韦氏被看作可与亚当·斯密、斯宾塞、涂尔干等人比肩的学术大师。但到了 20 世纪 20 年代末期韦氏晚年的时候,其影响开始衰落。生前曾享有盛名,不久之后却逐渐归于沉寂——这种情况并非孤例,在社会学史上,斯宾塞与帕森斯都曾遭遇过。

不少学者(Allardt,2000;Pipping and Akademi,1982;Wolf,1995:17)认为,韦氏是 20 世纪初开始的范式转换的牺牲品。一方面,生物学进化论在社会科学领域内失势;另一方面,在欧洲人类学界和社会学界,马林诺夫斯基、拉德克利夫-布朗和涂尔干的功能主义兴起,当时美国社会学正在经历一个本土化、学院化及向欧洲学习的过程,而美国人类学界则兴起了后来被美国学者称为"人类学之父"的博厄斯的历史主义。韦氏以自然选择-进化理论为其基础理论，而无论功能主义还是历史主义，实质上都反对将生物学进化论应用于社会和文化。韦氏的研究方法可称为"比较法"，这是19世纪及20世纪初欧洲人类学的主流方法。此种方法的特点在于，研究者把文化分为各种成分、项目，把单个文化里的这些成分、项目一件件抽取出来，进行跨文化的比较，得出一般结论。例如比较不同文化、民族的一夫一妻制、择偶习俗。若读过19世纪进化论学派代表人物泰勒和摩尔根的代表作《原始文化》及《古代社会》，应能明了此方法的特点。但功能主义主张把所研究的文化作为一个整体看待，重视文化内部各成分之间的相互联系，因而根本不同于比较法。我国学界比较熟悉功能主义传人费孝通的《江村经济》，费先生一一论述江村的婚姻、家庭、亲属关系、财产继承、日常生活、职业分化及经济生活等方方面面，自是不同于把各个文化的各个片段都抽出来比较的比较法。而博厄斯（Boas,1940：280）重视挖掘文化、历史的细节，直斥通过比较各个文化来支撑宏大理论的比较法"无法得出明确的结果"。

总之，20世纪初期开始了一场范式转换，社会科学学者研究兴趣转移了，人类学和社会学功能主义、历史主义登台亮相，韦氏的基础理论进化论及基本研究方法比较法都受到了忽视、攻击，韦氏逐渐淡出人们的视野。

至于这场范式转换的原因，则是三言两语很难讲清的。译者认为，一大原因在于，19世纪后期以来人类遭受的重重苦难，特别是两次世界大战、纳粹的种族清洗暴行以及社会下层被剥削和奴役的悲惨命运，使得人们容易贬斥达尔文进化论在社会科学领域的应用。人类的这些苦难表面上是能与达尔文思想和谐共存的。

达尔文(2005;2009)多多少少持有进化也是进步的观点,而进化主要通过生存竞争和自然选择开辟道路,容易诱人把战争等人类苦难看作一种导向进步的、类似于自然选择的过程。(战争和社会下层的苦难不是在消灭不适者、促进文明进步吗?)纳粹的意识形态表面上也是与达尔文和斯宾塞思想相联系的。希特勒在陈述其历史观的时候,明确地把历史看作"人们的生存竞争过程"(Hawkins,1997:273)。这自然为很多人的道德观念和道德情感所不容,于是就把进化思想应用于人类看作洪水猛兽。二战之后,以进化论解释人类的思想更是相当普遍地被污名化为所谓的"社会达尔文主义",被视为一种危险的倾向。另外一大原因在于,人类学早年流行的比较法对研究者的天分要求较高,因此不利于广泛培养人才,把学术传统继承下去。读者试想一下,有两种写作论文的方式:一是到某地做调查,把该地社会生活的方方面面记录下来,以之为基础写成论文;二是在书斋里广泛阅读文献,同时结合自己的田野工作实践,把人类各民族社会生活的某方面(例如婚姻、家庭)一一抽出来比较,最后写成论文。这两种方式,到底哪一种较为容易一些呢?

二、《道德观念的起源与发展》:韦斯特马克更重要的著作

西方学术界往往认为,相较于《人类婚姻史》,《道德》一书是韦斯特马克更重要的著作。在诸多评论中,"里程碑""经典"之类的字眼不时出现。在这部书里,韦氏广泛考察了世界各民族古今以来道德观念和行为的方方面面,并提出了一些富有真知灼见的重要理论观点。韦氏道德理论的核心论点可概括如下。

道德观念表现于道德判断,而道德观念、道德判断根植于道德

情感;道德情感是一种报偿性情感(retributive emotions),报偿性情感又来源于自然选择;由于人具有同情的能力,在长期的社会生活和社会交往中,非道德的报偿情感就带上了无私性、一般性、公正性的特征,变成了道德情感,进而促成了种种道德观念、道德判断的出现。具体包括以下几方面的内容:(1)道德概念从根本上说是以道德情感为基础的,道德概念实质上是对存在于某些现象中的引起愤慨或赞同的种种倾向的概括。因此有必要探究这些情感的性质和起源,接着再考虑它们与种种道德概念的关系。(2)道德判断是针对行为或品格而言的,而道德判断在做仔细的考察、教导时,也相应考虑到构成行为和品格的种种成分。(3)道德意识的演化是从不喜欢思考的阶段向喜欢思考的阶段发展,从不开明的阶段向开明的阶段发展。而未开化种族的道德准则在很大程度上近似文明民族中盛行的那些道德准则。在每一未开化社会,习俗都禁止杀人、偷盗。蒙昧人也视慈善为义务,把慷慨赞为美德——事实上,他们关于相互帮助的习俗要比我们自己的严格得多。(4)超自然力量或来世的信仰,对人类的道德观念施加了巨大影响,这些影响的变异也极大。(5)利他情感会继续扩展,而基于利他情感的那些道德戒律也会相应扩展。

　　例如,某人的这样一个道德判断——"张三无故杀人是不对的"自然就表现了社会反对无故杀戮的道德观念。韦氏说的"道德情感"分为两种基本类型,即道德上的赞同和道德上的反对。所谓"报偿性情感"之"报偿",指的是对造成快乐、痛苦的原因之反应。韦氏认为,报偿性情感根植于自然选择。例如,某人无故伤害我们,我们感到愤怒,想要惩罚他;某人帮助我们,我们感到感激,想要回报他。容易想象,能产生这些报偿性情感也是有利于我们自身的,不知恩图报、不愿还击他人欺凌的人易于被社会所淘汰。曾国藩在其《家训》中告诫子孙,恩怨颠倒者,不可交往。平凡的话语里包含着古老的智慧。

在韦氏看来,道德情感具有无私性、公正性、一般性的特点。因而,诸如上述因我们受到他人粗暴对待或恩惠而产生的愤怒、报复之情或感激之情,具有具体的指向,也是因我们个人所受待遇而发生,因而虽属报偿性情感,但不属于道德情感。但诸如我们一般性地赞同救助他人的行为之情感,则带有道德情感的基本特点,因而从属于道德情感。韦氏认为,人们所以会产生无私的即不仅仅关系到自我的报偿性情感,乃是因为人具有同情的能力,即对他人的情感、遭遇感同身受的能力。这里所说的"同情"更近于汉语里的"共鸣""共感",而非"怜悯"。又由于人们生活在社会和共同体内,于是在韦氏看来,最初的道德判断表达的不是孤立的个人的私人情感,而是为整个共同体感受到的情感,即这种情感又带上了公正性和一般性的特征,变成了道德情感。这样一来,社会就自然而然成了道德意识、道德观念的诞生地。

韦氏认为,道德意识、道德判断针对的是人的行为、不作为或疏忽。例如,我们不仅谴责偷盗这种行为,也会谴责有能力制止偷盗却不制止这种不作为,也会谴责疏于照料孩子致使孩子夭折的父母。与人类道德意识、道德判断相关联的行为模式(或曰行为、不作为或疏忽)分为如下六组:第一组直接关系到其他人的利益,关系到他们的生命或身体完整,他们的自由、名誉、财产等,例如谋杀、人祭俗、决斗俗、奴隶制、礼节、产权问题;第二组主要关系到一个人自己的福利，例如自杀、饮食问题、禁欲与苦修；第三组与人类的性关系有关，例如婚姻、通奸、独身俗、同性恋；第四组包括人类对待较低等动物的行为，例如许多民族不忍杀害耕牛；第五组是人类对待死人的做法，例如祖先崇拜、食人俗；第六组包括人类对待超自然存在的行为，基本上指巫术和宗教实践。《道德》一书的主要篇幅、章节就是通过考察古今各个民族、人群的这六种行为模式，进而考察人类的道德观念。

通过对古今各民族、人群的行为模式的考察，韦氏也得到了几点一般看法。第一，各民族、人群的道德观是相似的，都存在诸如禁止杀戮、偷盗，鼓励诚信、友善、慷慨等道德观，这种相似性来源于人性的统一性（例如人们普遍更倾向于喜欢自己熟悉的人和物）。第二，不同民族、人群的道德观也存在种种重大差别，例如有些人群没有谴责遗弃父母的观念，别的人群则会视之为极恶。这些差别往往是由各民族、人群所处的复杂的外部条件，如生活条件、经济条件、性别比的不同造成的。

但在韦氏看来，古今各民族、人群在道德观上的主要差别表现在两点。其一，未开化民族诸如禁止谋杀、偷盗、欺骗，要求互助、友善的道德观只是对本民族、共同体而言的，随着利他主义情感的扩展，各相应的道德观涵盖的范围扩大了，对邻人的义务不断扩展，逐渐涵盖越来越大的人类群体。而关于利他情感的扩展，韦氏的论证逻辑如下。韦氏推测，由于食物匮乏，最初的人类生活在单个家庭里或相互之间有较近血缘关系的较小的家族群体里。韦氏潜在的意思是，如食物不足，并存在各个较大的人群，这些人群必然会为觅食而不断奔波，显然这是不经济的。韦氏如此推测的另一依据是,现存的猿类也往往生活在单个家庭里,但在食物充沛的季节,常能见到猿类组成较大的群体。而男男女女所以能在各个家庭里一起长期生活,根本上又是由于自然选择,即婴幼儿只有在父母照顾较长时间后才能独立生活,愿意结合成家庭照顾子代的人具有选择优势。随着技术、知识的进步,人类逐渐生活在较大的群体里,各个家庭或联合家庭就组成部落,乃至组成部落联盟甚至国家。总之,人类的社会单位基于地域邻近、政治统一、共同血统的观念、共同宗教等因素而不断扩大,又由于人们一般喜欢自己熟悉的东西或属于自己的东西,利他情感自然就扩展了。举例而言,若某位国人见到一个外国人和中国人遇到了同样的困境,如无特殊情况,自然更愿意帮助本国同胞。我们在同等条件下更愿意帮助自己的同乡,也是这个道理。于是随着社会单位和利他情感扩张,人类道德观念涵盖的范围也扩展了。韦氏预言,随着不同民族成员之间交往的增多,不同民族之间越来越熟悉,人们会越来越认识到不同民族的共性,利他情感会继续扩展,普世主义观念会进一步成长。

古今各民族之间在道德观念上的第二个重大差别在于,随着社会、文明的进步,理性对道德观念、道德判断的影响越来越大,人们的道德观念日趋开明。人们趋于不仅仅考虑外部事件(例如杀人),也考虑诸如动机等种种因素,纯粹的喜好、厌恶对人们的影响趋于变小。例如随着文明进步,杀人偿命的观念也在变化,人们倾向于考虑杀人者是否属于故意杀人,等等,在此基础上做出道德判断。

综上,可以看出,韦氏的道德理论具有以下几个基本特点。

其一是经验主义的特点。韦氏认为,道德起源于情感,而情感又源于社会中的个体在漫长历史过程中的自然选择,由此观之,其理论观点属于经验主义的观点，韦氏称得上往往被视为情感主义伦理学家代表人物的大卫·休谟和亚当·斯密的同路人。韦氏在《道德》一书中也专门批驳了认为道德来源于理性认知的理性主义观点。而休谟在其代表作《人性论》(1997:495,510)中专门论述道德的第三卷伊始开宗明义地指出，"道德的区别不是从理性得来的"；"道德宁可以说是被人感觉到的，而不是被人判断出来的"。许多人应该熟悉休谟的名言——"理性是，并且也应该是情感的奴隶……"(休谟，1997:453)与韦氏相似，休谟也认为，道德依靠同情之心而产生——"广泛的同情是我们的道德感所依靠的根据……"(休谟，1997:628)。斯密(2008)在其巨著《道德情操论》里也强调了情感、同情在道德形成中的核心作用。

这种经验主义的观点看似与现代科学的研究成果更为合拍。著名的《科学》杂志曾经发表一项研究成果。这个研究运用了认知神经科学方法考察人们如何做出道德判断，研究发现，在判断涉及他人的具体的道德难题(是否应该牺牲掉某一个人而拯救其他几个人?)时，大脑中与情感相关的区域变得较为活跃(Greene, et al., 2001)。

其二，韦氏的道德理论带有相对主义的特点。社会文化人类学里盛行的并对社会学、心理学、哲学等学科具有一定影响的文化相对主义观念具有多种表现形式。其弱形式即描述性相对主义(descriptive relativism)，强调文化多样性，反对绝对的西方优越观，肯定文化发展较为落后的民族、文化也常常存在先进、可取之处；其强形式即规范性相对主义(normative relativism)，反对以超文化的绝对标准(主要指西方标准)衡量、评判异文化，主张接受、容忍所有文化;其极端形式即 20 世纪 70 年代以来兴起的认识论相对主义(epistemological relativism),它则更进一步,完全把各种文化并置起来,否认存在客观真理(Zechenter,1997;Spiro,1986)。整个看来,韦氏的观点可归于描述性相对主义。这与其经验主义、情感主义的观点是相联系的。按理性主义观点,由于道德来源于人类普遍的理性能力,由此也存在客观、普遍的道德。但韦氏在《道德》及其后出版的《伦理的相对性》(1932)一书里,都用大量篇幅批驳了这种理性主义观点。《道德》全书铺陈描述了古今各民族、社会的道德观念和相应的行为模式,自是对客观、普遍道德的否定,《道德》一书简直可视为人类道德多样性的百科全书。韦氏反对西方/非西方或文明发展不同阶段的绝对区分,而是常常肯定人类道德的相对性、相似性。例如,韦氏讲到,与文明民族比起来,未开化民族在诸如互助等道德观上甚至更为严格;在现代文明里,现代人仍然像以前时代的人那样,认为本国人的生命比外国人的生命更加神圣,而欧洲殖民者对待当地土著,恰恰就像野蛮人对待其他部落成员那般残忍;关于诚实守信,现代人仍然像以前那样区分对同胞的义务及对外(国)人的义务,涉及国家间关系时,这种区分就特别显眼,而现代人在战时为了获取关于敌人或敌国的情报,对待外国人根本就不讲什么诚实守信,而是采取各种各样的计谋及欺骗性手段;活人献祭在文明发展的最低阶段基本上不存在,只是到了后来此风才日益盛行。不过也当注意,韦氏仍持一种社会、道德进步论的观点。《道德》一书时时区分文明发展的较低阶段、古代文明民族及现代文明。韦氏也认为,随着文明的进步,人类的道德观念渐趋开明,受到理性的影响越来越大。社会、道德进步论的观点与其相对主义的观点显然是能和谐并存的。

其三，韦氏的道德理论从根本上就受到达尔文自然选择理论的影响。依韦斯特马克，道德观念起源于道德情感，而道德情感根本上又来自自然选择，即进化思想是韦氏道德理论的枢纽。在《道德》一书中，韦氏也具体阐述了为何有些种类的情感来自自然选择。例如，在论述利他主义情感的一章，讲到母爱时，韦氏指出，母爱就是对弱小的幼子的爱；有些动物的幼崽生下来就能独立生存，而这些动物中就无母爱；若幼子果真弱小无助，就需要来自其他个体的照顾，否则物种就无法延续下去。由此，韦氏假定，母爱应起源于对于变异的自然选择过程。韦氏没明确说出的假定应是：母爱这种情感可以遗传；母爱淡漠之女性，其后裔也不会多。在《道德》一书中，较之于对各种习俗、宗教、法律、典故等的铺陈描述，与自然选择学说相关的部分并不算很多，却让人有"于无声处听惊雷"之感。美国著名社会文化人类学家武雅士（Wolf, 1995：17）称，"韦斯特马克是第一位，也是很长时间内唯一一位践行社会人类学的真正的达尔文主义者"。信哉此言。

三、今天我们为什么还要阅读韦斯特马克：以扎实的经验事实依据介入人文社科领域重大理论与现实问题的争论，建构新的真知灼见

韦斯特马克作为学者的身份认同主要是哲学家、社会学家和人类学家，他也无愧于被称为历史学家、伦理学家、心理学家和民族志专家，因其涉猎广泛，他对人文社会科学的其他学科也有着广泛而深远的影响。

　　作为哲学家的韦斯特马克曾对基督教的真理观——只有基督教才拥有绝对真理,正是在这个基础上,科学进步才有可能——做出尖锐批评。他相信启蒙才能带来科学进步。他本人不信任何宗教,他终其一生保持着对神和上帝的不可知态度。在其哲学生涯中,伦理学或称道德哲学是他特别专注的研究领域。但韦氏与其他哲学家的不同之处在于,后者依靠逻辑思辨结合对日常经验的考虑来支撑道德理论,而韦氏同时还使用人类学、社会学方法,主要倚重对古今各民族、人群的众多经验材料的考察。

　　道德观念的起源与演变通常涉及哲学、社会学、人类学、心理学、民族志、历史学、司法学和神学等众多领域的问题,需要大量的调查研究。韦斯特马克认为,就我们现有的知识状况而言,这个领域中绝大多数主题方面的民族志还十分缺乏。严格地说,这项研究事业对任何人来说都太宏大。他因为从方法论上坚信仅仅有二手民族志文献资料和历史文献是远远不够的,于是选择摩洛哥作为四年实地研究的基地,收集了许多人类学的素材,积数十年之功,精心著就人文社科经典《道德观念的起源和发展》。如同在《人类婚姻史》中所做的一样,韦氏在论述道德问题时,由于其论题、引证之广泛,思想之犀利,当代的研究者在碰到相似论题时,自是可把其论著当作待挖掘的知识和思想的巨大宝库。

　　韦斯特马克1891年提出了著名的韦斯特马克假说,或韦斯特马克效应(Westermarck effect)——"从性欲要求尚未出现,至少尚不明显之时就长期亲密地生活在一起的人,彼此间缺乏发生性关系的倾向,而且一想到这种关系即有一种厌恶感。"(韦斯特马克,2002:643)20世纪50年代后期以来,人类学家施皮罗(Spiro,

1958）、福克斯（Fox，1962）、谢泼尔（Shepher，1971）等人对以色列基布兹集体农庄性行为和婚姻的研究，乃至武雅士（1966；1995；2004）对台湾婚俗的研究，都支持韦斯特马克假说。韦斯特马克的另外一个贡献是，他在英语世界很早就开始使用"同性恋"（homosexual love）这个术语，并对这个领域展开深入讨论，从而开启了性与性别研究中同性性取向、同性性行为研究的先河。

无论在道德观念还是人类婚姻研究领域，正如华莱士所言，"韦斯特马克先生是一位才思敏捷、治学严谨的研究者，他的论据和结论都是值得认真考虑的"。由于他的实力和出色贡献，人们开始重新认识他的价值和意义。1943 年，韦斯特马克学会（The Westermarck Society）成立，以继承其著作中的精髓和事业。该学会出版数种刊物，主要包括《社会学》（*Sosiologia*）、《社会行为》（*Acta Sociologica*）和《韦斯特马克学会会刊》（*Transactions of the Westermarck Society*）。20 世纪 50 年代后期，更有一批学者开始重新关注韦斯特马克的著述，或用美国著名人类学家武雅士（1996）的说法，韦斯特马克开始"复活"了。直到 20 世纪末的几十年间，学界对韦斯特马克思想观点的复兴都清晰可见（Allardt，2000）。

鉴于韦氏著作中经验材料的扎实性和丰富性，任何尝试简要概括其理论贡献的努力都显得困难和过于简单化。因而，译者倾向于鼓励读者去仔细阅读其论著的具体篇章和细节。就《道德》而言，该书涉猎和论述的主题包括但不限于：处理长幼男女亲疏关系、财产处置、杀人、伤害、慈善、慷慨、好客、尊重他人与自尊、利他主义、爱国情操、自律、忍耐和疏忽、对动物的尊重、对真与信的尊重、对诸神的义务、对超自然存在的信仰、作为道德守护者的诸神，等等，领域十分广泛，经验材料十分丰富。盎格鲁-撒克逊人、安达曼人、布须曼人、印度人、易洛魁族人、摩尔人、纳瓦霍人、美拉尼西亚人、斯堪的纳维亚人、土库曼人、通古斯人、塔斯马尼亚人、索马里人和肖肖尼人等，世界各地的民族在上述领域中的观念、行为、风俗习惯、生活方式，均被深入翔实地描述、分析和讨论。这些各民族奇风异俗的多样性和丰富性，借助于罗素所说的"参差多态乃幸福本源"，当引发读者慨叹现代化、全球化造成的标准化、单一化的"铁的牢笼"。

　　人文社会科学研究者要想对这个世界做出重要贡献，必须像韦斯特马克那样掌握扎实丰富的经验材料和事实依据。与《人类婚姻史》类似，韦氏在《道德》一书中针对道德情感、意愿、品格、尊重、伤害、慈善等议题，首先对所要讨论的现象作叙述性说明，阐述该现象在不同民族中的实际情况，进一步探究产生这一现象的原因，包括社会学、生物学、人类学或心理学原因。最重要的是，有些情况下，他表明了自己跟此前或当时某位重要学者的不同观点，以做出新的贡献。这就是所谓站在巨人肩膀上，对"重要的他人"持质疑、批评的态度，并依据经验材料突破前人视野和观点的局限，提出新的不同的看法和理论观点。韦斯特马克曾以涂尔干为例指出，在研究方法上，法国学派的社会学方法已超出合理范围，具有令人不安的扩张倾向（韦斯特马克，2002:29）。就人类婚姻的起源与发展而言，他与达尔文及著名社会科学家摩尔根、弗雷泽、涂尔干等，在诸多问题上均有针锋相对的批评。在《道德》一书中，韦斯特马克审慎考察艾夫伯里勋爵、弗雷泽博士、斯坦梅茨博士等权威人士提出的事实依据和重要观点，比如在对诸神的义务论题上，韦氏勇敢地提出了与弗雷泽些许不同的理论解释。此外，对其他一些重要学者及其观点也做了切中肯綮的对话。关于对真与信的尊重，韦斯特马克驳斥了19世纪法国著名神学家里维尔所谓基督教尤其有助于寻求真理的论调。在神作为道德守护者这一问题上，韦斯特马克批评了罗马帝国时期著名哲学家、史学家普鲁塔克的观点。

《道德》一书英文原著出版后不久，英国著名的《约克郡邮报》(*Yorkshire Post*)曾如此评论："在韦斯特马克博士的笔下，一个在别人看来可能深奥难解的话题几乎变成了诱人的浪漫之旅……"借助此中文译本，希望读者在"旅行"中能有新奇的发现，并获致有益于自己研究工作的灵感和力量。

本书分工如下：张敦福翻译了第一至九章，第十七、二十四、二十七、二十八、三十五、三十九、四十、四十二、四十四、四十六章及序言、导言和索引；罗力群翻译了第十至十六章、十八至二十三章、二十五至二十六章、二十九至三十四章、三十六至三十八章、四十一章、四十三章、四十五章、四十七至五十三章；目录和第二卷附注为两人合译。译稿的校订采取彼此互校的形式。翻译的初步成果获得2013年度教育部哲学社会科学研究后期资助重点项目"（韦斯特马克）道德观念的起源与发展（译著）"(13JHQ005)，特致谢意！译者愿意为翻译过程中出现的错误、疏忽、遗漏等不足和缺憾负责，并期待有提高、完善汉译新版本的机会。

译者

2019年3月

参考文献：

达尔文:《物种起源》,舒德干等译,北京大学出版社,2005 年版。

达尔文:《人类的由来及性选择》,叶笃庄、杨习之译,北京大学出版社,2009
年版。

费孝通:《江村经济——中国农民的生活》,商务印书馆,2001 年版。

斯密:《道德情操论》,王秀莉等译,上海三联书店,2008 年版。

韦斯特马克:《人类婚姻史》,李彬等译,商务印书馆,2002 年版。

武雅士:《韦斯特马克的复活》,潘蛟译,载《世界民族》,1996 年第 1 期。

休谟:《人性论》,关文运译,商务印书馆,1997 年版。

赵敦华:《谈谈道德起源问题》,载《云南大学学报》,2006 年第 3 期。

Allardt,E.,2000,"Edward Westermarck: A Sociologist relating Nature and
Culture",*Acta Sociologica*,430.

Boas,F.,1940,*Race, Language and Culture*,New York: Macmillan.

Firth,R.(ed.),1957,*Man and culture: an evaluation of the work of
Bronislaw Malinowski*,London: Rouledge & Kegan Paul Limited.

Fox,R.,1962,"Sibling Incest",*British Journal of Sociology*,13(2).

Greene,J.,et al. 2001,"An fMRI Investigation of Emotional Engagement in
Moral Judgment",*Science*,293.

Hawkins,M.,1997,*Social Darwinism in European and American Thought,
1860 −1945*,Cambridge: Cambridge University Press.

Kuklick,H.,2008,The British Tradition,*A New History of Anthropology*,
edited. MA: Blackwell Publishing Ltd.

Malinowski,B.,1960/1944,*A Scientific Theory of Culture and Other
Essays*,Oxford and New York: Oxford University Press.

Mayr,E.,2004,*What Makes Biology Unique?*,Cambridge: Harvard
University Press.

Pipping,K.& A. Akademi,1982,"The First Finnish Sociologist: A
Reappraisal of Edward Westermarck's Work",*Acta Sociologica*,25.

Shepher,J.,1971,Mate Selection among Second-Generation Kibbutz
Adolescents: Incest Avoidance and Negative Imprinting,*Archives of
Sexual Behavior*,Vol. I.

Spiro,M.,1958,*Children of the Kibbutz*,Cambridge: Harvard University

Press.

Spiro, M. , 1986, Cultural Relativism and the Future of Anthropology, *Cultural Anthropology* ,1(3).

Westermarck, E. , 1912, *The Origin and Development of the Moral Ideas (Vol. I)* ,London: Macmillan.

Westermarck, E. , 1917, *The Origin and Development of the Moral Ideas (Vol. II)* ,London: Macmillan.

Westermarck, E. , 1932, *Ethical Relativity* , London: Kegan Paul, Trench, Trubner & Co. ,Ltd.

Wolf, A. , 1995, *Sexual and Childhood Association : A Chinese Brief for Edward Westermarck* ,Stanford,CA: Stanford University Press.

Zechenter, E. M. ,1997,"In the Name of Culture: Cultural Relativism and the Abuse of the Individual" , *Journal of Anthropological Research* ,53(3).

目　　录

　　某些现象容易引发道德情感,道德观念实质上就是这种倾向的一般化——人们假定道德判断具有普遍性或"客观性"——关于道德指令的意义来自理性("理论理性"和"实用理性")的理论——我们倾向于把道德判断客观化,而并无充足理由把道德判断归之于理性——这一道德意识倾向的相对一致性——环境条件不同引发道德评价差异——源自情感的差异——质的差异与量的差异——对道德判断的客观化倾向,部分源自道德规则的权威性——这种权威的来源和性质——放之四海而皆准的道德真理是不存在的——科学伦理学的目标不是制定和修改人类行为的规则,而是把道德意识作为事实来研究——道德主观主义的可能危险

　　道德情感可以分为两类:愤慨或不赞同,与赞许——在报偿性情感中,不赞同构成了怨恨的次类,而赞许则是和善的报偿性情感的分支——怨恨是一种攻击性的态度和心态,它针对的是造成苦痛的原因——斯坦梅茨博士认为,复仇本质上根植于对权力和傲慢的感受,复仇的目标和方向原本没什么针对性——引证一些重要事实作为支持这一假说的依据——在血仇制度中常常涉及集体责任——关于这一观点的解释——怨恨具有歧视的强烈倾向性,这一特征在共同承担责任的幌子下也不能销声匿迹——低等动物的复仇——对"自我感觉"的冒犯是怨恨的常见诱因——受伤害的"自我感觉"的反应未必首先与施加痛苦有关——复仇形成了情感链条上的一个中间环节,这些情感现象也许应当统称为"非道德怨恨"——产生这些现象的根由——道德愤慨与愤怒紧密相连——像非道德怨恨一样,道德愤慨同是一种指向痛苦源头的敌对态度,但敌对行为有时会错误地指向无辜者——神在司掌正义时还不如人类的辨别力强——造成这种状况的原因——罪恶被认为是肮脏的东西,它能给人带来祸患——诅咒被视为一种有害的东西,谁沾染上,谁就要遭受伤害甚至毁灭——诅咒的蔓延——诅咒也会让诅咒者自己遭殃——不能将代人受过的做法与为赎罪而代人祭祀混为一谈——为什么有时候替罪羊被杀掉——作为祭祀的受害者为什么有时成为替罪羊——为了赎罪而代人祭祀的诸案例——基于社会团结的原则,受害者充当整个群体的替身——代人祭祀经常被用心智演化的历史进程中，道德不赞同的敌对反应有一个发展趋势：其实际指向越来越明确具体，其攻击性越来越隐蔽——早期的伦理观念中，没有对敌友好这一规则——在道德演进的最高阶段，报复被谴责，宽恕敌人被视为义务——报复的规则与宽恕的规则之间未必完全对立——开化的、仁慈的心灵对怨恨与报复的道德不赞同为什么源自个人动机——道德不赞同的攻击性以不同形式表现出来，这也表明它更趋于伪饰——报偿性惩罚遭到谴责，惩罚的结果被认为既不能阻止犯罪，也不能改造罪犯，通过关押和处死也不能镇压犯罪——上述理论观点的反对意见——这一理论与功利主义惩罚观之间的差距，以及在某种程度上填补差距的事实——道德不赞同的攻击性因素经历了变化，即通过减少发泄渠道来掩饰真实情状，经过深思熟虑的、辨识敏锐的怨恨倾向于针对意愿本身而不是心生意愿者——但正是本能的以牙还牙的报复欲望使得道德愤慨显得极其重要——对愉悦之因由的和善的报偿性情感——和善的报偿性情感在低等动物身上的表现——人们发现，这类情感有时缺乏辨别力——道德赞许作为一种和善的报偿性情感——道德赞许有时错置到张冠李戴的程度——对这一现象的解释——对占有他人道德美誉观念的反对意见

对道德情感只源于道德判断这一观点的批驳——作为道

德情感的明确表达,道德判断毕竟有助于我们发掘这些情感
的真相和本质——道德愤慨和道德赞许的无偏私,以及明显
的不偏不倚的特征,有别于其他的非道德愤恨及和善的报偿
性情感——此外,道德情感具有某种普遍化的意味——此前
两章和这一章对道德情感的分析和看法,对基于他人行为生
发的感情有效,对基于我们自身行为而生发的感情同样有效

另一个人受到伤害或得到恩惠,我们可能感到无偏私的
怨恨或者无偏私的和善的报偿性情感,我们对这个人的痛苦
或幸福抱有同情,我们善意地关心他的福祉——同情基于其
与外界和他人的密切联系——只有在利他主义情感协助下,
我们才对邻人仁慈友善,才能生发出公正无私的报偿性情
感——任何种类的动物都具有利他主义情感,在它们身上都
可以找到同情之怒——蒙昧部族的同情之怒——同情之怒可
能不仅仅是对残忍苦痛的反应,也可能是认识到愤怒表情或
符号(处罚、语言等)造成的——无偏私的反感——源于利他
主义情感的同情也可以产生无偏私的报偿性友善——无偏私
的喜爱之情——无偏私、公正及其普遍化为什么成为道德情
感区别于其他报偿性情感的特征——习俗既是一种公共习
惯,同时也是一种行为规则——习俗被认为是一种道德规
则——在早期社会,习俗是人们首先想到的道德规则——道
德愤慨的特征要在它与习俗的联系中寻找——习俗的普遍
性、无偏私性和明显的不偏不倚的特征——作为道德规则,公
愤居于习俗的最底端——正如公愤是道德不赞同的范例,公

众赞许是道德赞许的范例——在任何特定社会里,道德不赞同和道德赞许并非总是形影不离——不论是从理想还是从现实意义上,道德不赞同和道德赞许是最持久的公众情感——对个体道德意识乃原初道德意识这一观点的反驳——道德怨恨作为远古人类的情感形式——与低等民族不知悔恨这一观点相冲突的事实——艾夫伯里勋爵认为现代的蒙昧部族似乎毫无道德情感可言,对这一观点的批评——道德赞许作为远古人类的情感形式

对文明人心灵中业已形成的道德概念的剖析——低等民族的道德概念——语言起到粗略的概括作用——对坏、邪恶、错误等概念的分析——对应该和义务关系的分析——对作为形容词的情况及作为名词的情况——对权利与义务关系的分析——不义和正义的关系——对好这个概念的分析——对美德概念的分析——对美德与义务的关系的分析——对优点这一概念的分析——对优点与义务关系的分析——关于超越义务这一用语的问题——道德冷漠的问题

我们怎样才能详尽洞察人类的道德观念——习俗具有习惯性与义务性,这两个特征之间有着密切的联系——并不是每一种公共习惯都是习俗、都含有义务性,人们的道德水准不能孤立于他们的实际做法——道德观念研究在很大程度上等同于习俗研究——但习俗从来不可能涵盖道德的所有领域,随着道德意识的发展和演变,习俗所不能包括的领域在等比

例增加——在文明的低级阶段,习俗是制约人们行为规则的唯一来源——即使那些被描绘成独裁者的帝王也要像他的臣民那样受习俗的制约——在与法律的竞争中,习俗常常得胜——事实证明,法律与宗教联合起来也比不上习俗有影响力——法律本身作为习俗存在比作为律法存在更容易让人遵守——许多法律在成为正式的法律之前是作为习俗存在的——习俗转变为法律——法律作为道德观念的表达——惩罚与赔偿——惩罚的概念——蒙昧部族及其社群对罪犯的惩罚——有些人在司法机构效力——司法制度由早先的私刑制度演变而来——司法制度由早先的私人复仇制度演变而来——公愤不仅体现为惩罚,在某种程度上也表现为复仇的习俗——同态复仇法的社会起源——报复转变为惩罚,以及中央司法和执行权威机构的确立——头人介入司法和审判——受害者或控告者出面执行惩罚,但不是充当审判者的角色——惩罚和司法组织的有无,与一个部族整体文化形态并无直接关联——人们设计惩罚旨在阻碍犯罪的观点——半开化和开化民族刑法典中规定的刑罚,其严厉程度远超以牙还牙的同态复仇——任意妄为地惩罚并非蒙昧部族维系公共正义的普遍特征——立法者认为严惩重罚能有效地预防和阻止犯罪——在公众场合惩罚罪犯的做法——罪犯受到的惩罚在很多情况下实际上比法律条文中恐吓的要轻——早期对犯罪的侦查跟现在相比要少见得多、不稳定得多——对某些罪行施加严惩的主要原因是这类犯罪与专制体制、宗教之间的联系——刑罚也是遏制犯罪的一种手段——但正义给制止罪

德意识越是审慎就越是认为正面戒律重要——而各民族的习俗不仅包括禁令,还包括正面的指令——不喜欢反思的人倾向于夸大某人并非有意而出于漫不经心或草率鲁莽的正面行动造成的伤害之罪责——早期习俗和法律可能急于探查事件之根源——但早期习俗和法律难以查明哪里有罪过、哪里没罪过,也难以裁定犯事者粗心大意情况下的罪责大小——有个观点认为,某人做了一件事造成了直接损害,即使在那种情况下没法以先见之明事先留心,他也应为所有损害负责——另一方面,只要效果足够遥不可及,人们却很少指责或不指责因缺乏预见或缺乏自我克制而造成损害的人——道德情感会自然引起对于人的品格之判断,正如它自然就引起对于人的行为之判断——正是在道德判断直接导向某个明确的行动时,它也注意到行动者的整个意志——惩罚第二次和第三次越轨要比惩罚首次越轨更为严厉——道德判断越是受到反思影响,就越是会审视在引起道德判断的那一件行为上表现出来的当事人的品格——不管道德判断多么肤浅,它总是指向被设想为一个持续存在实体的意志

　　对道德判断针对行为和品格这一事实的解释——下面的事实证明这个解释是正确的,即我们感受到的道德情感以及非道德的报偿性情感指向的现象与道德判断指向的那些现象在本质上正好相似——不管报偿性情感是道德的还是非道德的,它实质上都指向某个敏感的有意志的存在或自我,此存在

或自我被视为快乐或痛苦的原因——对此问题的其他解释都是不正确的——道德情感的本质也能让我们解答道德责任和一般因果法则的共存问题——一般意义上的责任及道德判断与人类意志由原因决定这一观念不相协调之理论——但事实上，决定论者和自由意志论者都能感受到道德愤慨或道德赞许——对道德评价与决定论不相容的观念的错误根源的解释——因果关系与强迫的混淆——宿命论和决定论之间的差异——道德情感不涉及先天品格的起源

将考察限定于道德意识所关心的更重要行为模式之必要性——这些行为模式可分为六组——一般认为我们对同胞最神圣的责任是尊重其生命——据说有些未开化人群认为人命廉价——据说在其他未开化人群中极少发生杀人或谋杀——据说，在其他情形下杀人被明确看作错事——每一社会的习俗都禁止在某一个圈子内杀人——蒙昧人区分在自己共同体内发生的杀人行为及受害人是外人的杀人行为——但也有不少事例表明，"你不可杀戮"这一规则也适用于外人——据说有些未开化人群没有战争——从某些与战争有关的习俗可清楚看到，蒙昧人在一定程度上重视部落间维护和平生活的权利——按照蒙昧人的习俗，即便战争期间也不总是允许肆意杀戮——蒙昧人随时准备投身战斗——伤害同胞与伤害外人之间的区别古已有之，在文明程度更高的人群中也延续着内外有别——这样的部族随时准备对异族发动战争，克敌制胜的战士也赢得尊重——客人的生命具有神圣性——国与国之

间开战前要举行专门仪式——战争有时受到谴责,存在正义
和不正义战争的区分——甚至战争期间,习俗或开明的道德
观念禁止在某些情况下杀害敌人

　　早期基督徒谴责任何类别的杀人——他们谴责所有的战
争——不久,对战争的这种态度就放弃了——士兵很难成为
好基督徒——规定战时杀人者要忏悔——教皇禁止战争——
十字军东征中的好战的基督教——骑士精神——比武表现出
骑士制度与宗教的密切联系——私人战争的展演——教会对
私人战争的态度——上帝之休战——废止私人战争的主要原
因是皇帝或国王权威的提升——战争被看作上帝的判决——
广大基督教教堂会众对战争采取的态度是同情意味的赞
成——宗教对战争的抗议——自由思想者对战争的反对——
永久和平的观念——觉醒的民族主义精神及战争的荣耀——
反对仲裁的观点——反战力量迅速增强——禁止战争中不必
要的毁坏——在现代文明里,外国人的生命不如本国人那么
神圣这一古老情感之残存——欧洲殖民者对待有色种族的
行为

　　由于受害人受到的伤害而感受到的同情性怨恨是谴责杀
人的强大原因——若受害人是另一群体成员,就不会感受到
此怨恨——为何杀害部落以外的人得到赞成——迷信鼓励土
著杀害部落外的人——利他情感的扩展大体上能解释为何禁
止杀戮这一道德律所涵盖的圈子越来越大——杀人被看作对

生者的伤害——杀人被视为破坏"国王的安宁"——杀人被斥
为扰乱公众的平安生活，严重破坏公共安全——杀人不为人
赞成，因为杀人者给自己人带来了麻烦——杀人者不洁之观
念——此观念对有关杀人的道德判断的影响——认为杀人会
引起超自然的危险就会强化对此行为的反对，对成为禁忌的
杀人者施加的不方便的限制以及他要经受的涤罪仪式也会强
化对杀人的反对——鬼魂迫害杀人者的观念会为复仇之神的
观念取代——诸神尤其躲避杀人引起的污染——祭司不许杀
人——基督教高度尊重人命的原因

　　弑亲作为一项重罪——抛弃或杀掉不堪忍受年老或疾病
之苦父母的习俗——造成这种习俗的原因——抛弃或杀掉受
某些疾病缠身者的习俗——造成这一习俗的原因——父亲对
子女生杀予夺的权力——某些蒙昧部族的习俗允许甚至要求
人们溺杀婴儿——溺婴的原因以及溺婴如何成为一种常见的
习俗——许多蒙昧部族对溺婴的事闻所未闻——溺婴习俗不
是蒙昧部族早期生活的遗存，它似乎是在后来的发展阶段中
某些特定条件下的产物——有些蒙昧部族不赞同溺婴——在
绝大多数情况下，习俗要求溺婴要快速执行完毕或在婴儿刚
刚出生之后进行——半开化民族或开化民族中的溺婴——教
堂神父强烈谴责弃婴的做法——基督教对溺婴的憎恶——基
督教国家对溺婴的惩罚——蒙昧部族的弑亲——更开化民族
的弑亲——基督教认为弑亲是犯罪——溺杀成型胎儿与溺杀
未成型胎儿的区别——如今关于弑亲的法律和观点

　　许多低等种族中丈夫对妻子的生杀之权——未开化共同体并非普遍给予丈夫处死妻子的权利——具有较高文明程度的人群里丈夫对妻子的生杀之权——弑妻受到的惩处不如弑夫那么严重——妇女的命价有时低于男子，有时等于男子，有时高于男子——主人对奴隶的生杀之权——许多蒙昧人群明确否决主人杀害奴隶的权利——杀死别人的奴隶大体上被看作是对主人财产的侵犯，但也并非只这么看——在盛行偿命钱制度的地方，杀害奴隶赔付的偿命钱要少于杀害自由民的赔付——在古代文明民族，奴隶的生命也不如自由民的生命值钱，但即便是主人也不可随意杀害自己的奴隶——基督教会努力保障奴隶生命不受奴隶主暴力侵犯——但无论教会的法律还是世俗的法律，对奴隶的保护都不如对教会和国家的自由民的保护——在现代基督教国家，法律并不大力保障奴隶的生命安全——为何奴隶生命如此不受尊重——与自由民的同等行为比较，奴隶杀死自由民，特别是杀死其主人，通常受到的惩罚要严重得多——不同阶级的自由民的命价也不一样——犯罪的严重性不仅取决于被害人的身份，还取决于凶手的身份——对阶级影响的解释——随着社会的进步，每一成员生来就享有平等的生存权最终得到承认

　　活人献祭之盛行——与真正的蒙昧人比起来，人祭在野蛮人和半开化人那里要常见得多——可以看到，在有些人群

胜者会获得拥有冲突目标的权利，或者满足复仇、雪耻的热望，由此了断个人之间的争端——导致这些习俗的情景条件——作为"上帝之判决"的决斗——判决性决斗主要是因为伴随着誓言而获得作为搞清真相之方式的效能——判决性决斗如何逐渐被视为对上帝之正义的呼求——判决性决斗之衰微和消失——现代荣誉决斗——荣誉决斗之原因——支持荣誉决斗的观点

　　在身体伤害的情况下，若其他情形相同，罪行的严重性与施加的伤害成比例——犯罪的严重程度也取决于有关方的地位，在某些情形下，施虐是准许的，甚至被视作一种责任——子女对父母使用暴力——父母体罚子女的权利——丈夫惩处妻子的权利——主人体罚奴隶的权利——虐待他人的奴隶被视为对主人的伤害，而非对奴隶的伤害——造成自由民身体伤害的奴隶要受严厉惩处——若双方都是自由民，他们所处的阶级和地位会影响因身体伤害的惩处、罚金——涉及身体伤害时区分同胞与外人——虐待被击败的敌人——身体完整性权利因宗教不同而不同——罪犯丧失身体完整性权利——文明人中尤为盛行切除或毁掉犯事者肢体——欧洲肉刑之消失——肉刑优先用于惩处贫苦的平民或奴隶——一个人的地位影响其与司法酷刑有关的身体完整性权利——对关于施加身体伤害的道德观念的解释——身体暴力行为是粗暴的凌辱、肉刑比其他任何形式的惩处都更能羞辱罪犯之观念

受到特别的敬重和优待——习俗甚至可能要求人们对待敌人也热情好客——保护客人被认为是一项极其重要的义务——宗教信仰与好客的密切关联——主要出于自我考虑的好客之道——陌生人被认为会带来好运和福分——来自陌生人的祝福被认为具有特别强大的能量——来访的陌生人被视为潜在的邪恶之源——人们极其害怕他的恶念与诅咒，部分源于他的类似超自然的特性，部分源于他与主人和主人的财物发生了近距离接触——对来访的陌生人采取的预防措施——为什么不接受客人付的钱——好客的义务有时间限制——造成这种限制的原因——好客习俗在开明社会式微

不存在绝对的个人自由权利——在有些蒙昧人群中，一个男子的子女受子女母亲家庭的户主或舅舅支配——在绝大多数蒙昧人群那里，子女受父亲支配，尽管父亲可能在一定程度上要和母亲分享权威——父亲拥有权力的程度各地差异很大——在有些蒙昧人群中，父亲的权威实际上很小——其他蒙昧人群并不乏孝道——父亲拥有权威的时期——年纪大就要求尊重，就有权威——年长也能带来一定权力——随着老人年迈到成了周围人的累赘，对老人的敬重就会终止，智力变得愚钝也会结束老人在家庭内的权威——在古代文明人群中，父亲、父母权威及孝道的发展处于巅峰——我们也能看到，在这些人群中，同样要尊重兄长，一般也要尊重年长之人，特别要尊重老人——父亲权威在欧洲的衰微——基督教并非不利于子女的解放，尽管它把服从父母规定为基督徒的义

务——父权和孝道的罗马观念在一定程度上仍然在拉丁国家残存下来——父母权威的源泉——特别是在蒙昧人那里,孝道主要是对自己的长辈或所有老人的敬重——子女的孝顺与宗教信仰之间是相联系的,而它们所以相互联系,主要原因就在于人们把父母的诅咒和祝福看得特别重——为何人们认为父母的祝福和诅咒具有非同寻常的力量——对古代国家父权特别发达的解释——父权没落的原因

在低等种族中,妻子往往被说成是丈夫的财产或奴仆——即便如此,习俗还是为妻子留有一定权利——对所谓丈夫对妻子的绝对权威不应过于当真——聘金并不自动赋予丈夫支配妻子的绝对权利——据说最苦的活往往都是由妇女承担——在早期社会,每一性别都有分工——两性之间按规则确立了各种劳动分工,这些规则总的说来与大自然本身的要求相协调——习俗和迷信强调这种劳动分工——这种劳动分工容易误导前来旅行的生人——它赋予了妇女在自己分内之事上的权威——对低等种族中妇女总体上处于几乎完全受支配的状态之一般性说法——一个人群的文明程度可以用其妇女的地位来衡量的看法不正确,至少就文明的早期阶段而言是这样——古代文明人群中妇女的地位——罗马帝国时期基督教倾向于限制给予已婚妇女过多自由——基督教正统反对婚姻应该是夫妻之间基于完全平等的一项契约之学说——对妇女的社会地位与追溯血统的制度相联系之假说的批评——与妻子住在岳父家或岳父所在社群的丈夫的权威——

妻子臣服于丈夫，首先是由于男人天性就想行使权力，也由于妇女在个人自立不可或缺的身心素质方面天生就劣于男性——促成男性统治、女性臣服的性冲动成分——但若男性的支配超出了女性之爱的限度，女性就会视之为负担——在男人欺压女人的极端情形下，无论如何，社群总体上会同情她，大众对欺压者的憎恶会导致限制丈夫权利的习俗和法律的出现——受侵犯的妇女会指望身边姐妹们的支持——子女对母亲的情感与尊敬会给母亲带来权力——经济条件对妇女地位的影响——妻子的地位与人们对女性的一般观念相联系——文明程度较先进的民族尤其认为妇女在智力和道德上远逊于男性——文明的进步扩大了两性之间的鸿沟，对妇女地位产生了不利影响——宗教视女性为不洁之人，这也促成了女性地位的贬抑——妇女不许参加宗教崇拜和圣事——妇女不洁的观念使妇女有了对丈夫的隐秘的力量，例如人们认为，妇女比男人更精通法术——妇女的诅咒极为人恐惧——妇女充作避难所——在古代文明里，父亲具有以前属于氏族的某部分权力，于是已婚妇女的地位受此影响——在现代文明里，丈夫对妻子的权威衰微的原因

奴隶制的界定——蒙昧部族奴隶制的分布及其原因——战争和武力征服可能是早期奴隶的来源——蒙昧部落内部的奴隶制——蓄奴的蒙昧部族中主人对奴隶的权力——低等民族通常善待奴隶——部落内部的奴隶，尤其是出生在部落房舍中的奴隶，通常比来自部落外部或购买所得的奴隶享有更

好的待遇——文明古国的奴隶制——基督教对奴隶制的态度——欧洲奴隶制灭绝原因的猜想——奴隶制转变为农奴制的主要原因——农奴制处于上升到完全自由状态的过渡阶段——教会对农奴制的态度——欧洲国家和南美洲国家殖民地的黑奴及其相关法律——牧师对奴隶制的支持——对有色人种缺乏同情或反感有色人种——利他主义对奴隶制和奴隶生活状况的观点——奴隶主从自私的角度如何看待奴隶的状况

序　言

　　摆在读者面前的这本书里，有许多关于摩洛哥土著居民中流行风俗和观念的材料。关于这一点，有必要解释一下。我知道，道德观念与巫术信仰、宗教信仰之间存在密切的关系。为了更有益我的研究，我觉得我应该获得某些非欧洲民族的第一手资料。出于各种各样的理由，我选择了摩洛哥作为我田野工作的研究基地。我在那里度过了四年的光阴，主要与当地的乡村百姓生活在一起。那些日子里，我不仅收集了人类学的很多素材，而且还尝试着融入当地居民的生活，尽力熟悉他们的生活方式。我可以斗胆断言，这四年的实地考察确实有助于我认识和理解一个与我们大不相同的民族在文明化的道路上有着怎样丰富多彩的风俗习惯。关于摩尔人的巫术和宗教，我已经积累了很多具体而详细的研究成果，我打算不久后以专论的形式发表出来。

　　赫尔辛基大学对我的这些研究工作给予了很多物力支持。我同样感激驻扎在丹吉尔的俄罗斯公使、慷慨的 M. B. 德·巴卡拉克（M. B. de Bacheracht），有好几个场合，是他从中襄助，尽管当时我的工作依赖苏丹政府的支持。我的摩尔人朋友、当地土著首领阿伯伊斯萨拉姆·伊尔巴克利（'Abd-es-Salâm el-Bakkâli），自始至终给予我帮助。有了他，当地的农民和山民才接纳和招待我这样一个远道而来的陌生人,这样的礼遇是欧洲人极少能够享受到的,因而弥足珍贵。

斯蒂芬·格温先生(Stephen Gwynn)通读了前十三章并校正了其中的错误,H. C. 明钦(H. C. Minchin)校阅了其余各章内容。根据他们的建议,我对书中不少段落和句子做了修改和完善。我对他们表示最真诚的谢意。我的朋友亚历克斯·尚德先生(Alex. F. Shand)阅读了前面一些章节的实证材料并提出了自己的看法,令我获益匪浅。

通览全书,读者不难发现英国科学和思想给予我的滋养颇多。对这样一份莫大的恩惠,我很难找到合适的语言表达我的感激之情。

爱德华·韦斯特马克

1906 年 1 月于伦敦

第二版序言

　　本版基本上是第一版的重印，唯一的变化是修改了其中几个表达不准确的地方。

爱德华·韦斯特马克

1912 年 7 月于伦敦

导　言

关于写这本书的初衷,有必要简单地交代几句。

作者曾经和一些朋友讨论过这样一个疑问:是否可以善待一个坏人,如果可以的话,该怎样善待他才合适? 结果仁者见仁、智者见智,即便经过深思熟虑的探讨,仍然难以达成一致的意见。大家的意见分歧如此之大,以致引发了下面的问题:分歧的根源在哪里? 是因为人类知识的缺乏,还是存在某种情感上的因由? 这些问题逐渐扩大开来,带来了其他一些疑问:一般而言,人们的道德观念差异很大,另一方面,在很多情况下人们的道德观念又趋向一致,为什么会出现这种情况? 进一步说,为什么会出现道德观念这种东西?

那次讨论过后多年以来,作者一直试图寻找这些问题的答案。这本书就是作者研究、思索和探究这些问题的结晶。

书中第一部分探讨了这样一些道德概念:正当、不正当、义务、正义、美德和优点等。读者会发现,作者对道德情感、道德情感的本性、来源及其与各种各样道德概念的关系做了深入细致的考察和调查。人们是如何运用这些道德观念对现象做出判断,是随后探讨的问题。这些现象是道德判断的对象。作者认真剖析了这类现象的共同特征,并回答了这样一个问题:为什么某些类型的事实是道德判断所关注的,而另一些则不是。最后,作者择要对这些现象分类,阐述了与每一类现象相关的道德观念,并力尽所能地给予解释。

这类调查研究不能局限于文明进程中的任何特定阶段,也不能局限于任何特定的社会。就其主题而言,是人类普遍的道德意识和道德观念;因而它通常涉及心理学、民族志、历史学、司法学和神学等众多领域的问题,所需要的调查研究任务之巨、涉猎内容之丰富,乃十分少见。我认为,就我们现有的知识状况而言,所涉及的绝大多数主题方面的民族志还十分缺乏;因而,严格地说,这项研究事业对任何人来说都太宏大;至少,本书作者有这种难担重负之感。要达到完美的地步是不可能的,所能做的是尽力考虑到各种各样的可能性。即便如此,作者自己根据诸多资料所得陈述与结论的正确性也并非无可置疑。作者充分意识到了这样做的诸多不足之处,但还是自信有足够正当的理由把自己的研究成果公之于众。作者认为:人类的认识和思索有一个最为重要的目标,就是超越眼前那种混沌模糊的阶段;这种含混不清的状况已经延续了大约五十年,研究者至少应该给予关注,并在这个领域内给人类带来新的知识。人类学的专题研究需要对所探究的事项进行全面而细致的分析,通过对人类各种风俗习惯的爬梳分析,发现背后的主要原则和规律。

这项研究除了具有理论特色外,还可能具有实用价值。尽管道德观念根基于人类本性中的情感一边,它也有基本上屈从于理性的一面。关于什么是好的,什么是坏的,什么是义不容辞的,什么是无关紧要的,在这些问题上,现在任何社会中的大多数人都不

假思索地保留和接受了传统的观念。通过追溯道德观念的起源,
将会发现:不少道德观念起源于喜欢或憎恶之类的情感,而即便是
明察秋毫、充满睿智的评判者,也未能足够重视这一点。另一方
面,公众出于无所用心或冷漠,对这类研究不怎么感兴趣,甚至责
备作者用那么长的篇幅来叙说如此众多的事实。而且,有可能发
生这样的事:引发某种道德判断的原因已经不复存在,这种判断却
保留了下来。即便说服一个心无任何偏见的人相信,在现有的事
实中再也找不到这种道德判断的根据了,也难以令他改变原有的
看法了。

第一章　道德判断的情感起源

　　道德观念最终以情感——或者愤慨,或者赞许——为基础,这是一个不容置疑的事实。然而,某些流派的思想家却试图否认这一点,这种努力当然是徒劳的。某种现象唤起了人的情感,为了更简单地表达这些情感,人们必须使用某些词汇来具体表达相关的道德观念。事实上,人类有史以来就开始使用这类词汇,到了今天依然如此,只不过使用得更频繁罢了。人们从感觉经验中获知,阳光是温暖的,冰是寒冷的。当人们感觉到某种事物给他们带来愉悦或痛苦的感觉时,他们会说这种事物是令人愉悦的,或是使人痛苦的。同样,人们会根据某些行为在人们内心引起的情感如何,去判断和宣称这些行为是好的还是坏的。然而,表明一种具体感觉或内心感受的存在与赋予某种事物或好或坏的品质,完全是两码事。当人们赋予事物某种品质的时候,该事物实际上已经在人的内心留下了印象。一个人说某种东西是温暖或愉悦的,等于他断定该事物易于带给他温暖或愉悦的感觉。与此类似,说某个行为是好的或坏的,最终意味着该行为带给说者赞许或不悦的情感。说这话的人并不一定确证内心深处有这么一种情感存在,也不能确认别人心中会发生这种情感,但这种道德判断本身就能容易让听者激发某种感情。如此说来,有些现象具有引发道德情感的倾向性，而道德观念基本上是对这类倾向性的概括。

不管怎样，当人们谈起这些道德概念时，并不指向什么明确而具体的内容，那些概括性程度高的词汇更是如此。很多概念与道德情感之间的关系是极其复杂的；人们在使用这些概念的时候，通常表意含混不清；伦理学理论家并没有对这些概念进行细致的分析，反而削足适履地改变这些概念的含义，以便与自己的理论相适应，结果把事情搞得更糟。人们在界定行为的善良或丑恶的含义时，通常没有考虑到这些行为所具有的引发赞许或愤慨情感的倾向性，而更多地注意到了产生这种倾向性的原因，也就是行为中那些引起道德情感的品质。一般而言，好的行为带来愉悦，坏的行为造成痛苦，人们辨别善良还是丑恶的标准就是行为本身有无产生愉悦或痛苦的倾向性。人们很容易在功利主义者身上看到这种语义表达上的混乱。J. 斯蒂芬爵士说的这样一句话就是一个很好的例子："一般来说，那些被称为正当的行为确实会有益于大多数人的幸福，或者被推想为能够促进大多数人的幸福；而那些被称为不正当的行为确实不利于大多数人的幸福，或者被推想为于大多数人的幸福有害。因而，我认为，这正是'正当'与'不正当'概念的含义，正像人们使用'上'和'下'概念是基于地心的吸引力一样。只不过，这些概念由千百万人使用了数百年数千年，却不知道它们的真实含义。"[1]边沁也坚持认为，像"应该""正当"和"不正当"之类的词汇，如果不以功利原则来衡量和解释，就是没有任何意义

---

[1]　Stephen, *Liberty*, *Equality*, *Fraternity*, p. 338.

的。^①詹姆斯·穆勒的观点则是：行为的德性不在于我们所感受或预期的内心情感，而在于行为造成的善恶结果，这些结果早就隐含在行动者的意图中。^②他还说，一个理性的功利原理信徒会"因 6为这个行为是好的"而给予赞许，也会"因为某个行为导致了幸福的结局"^③而称这个行为是好的。总之，这就颠倒了事物的顺序。恰当的说法是，某个行为之所以被称为是好的，是因为有人对它表示满意；表示满意的这个人是个功利主义者，他是看到该行为导致了幸福的结局才这样表示的。

　　上述术语使用中的混乱并不影响道德观念的真实含义。约翰·穆勒有一句名言："能促进幸福的行为就是正当的行为，能导致不幸的行为就是不正当的，并且幸福与否的程度与行为的正当性程度成正比。"^④认同者确实会用这种观念对某种具体行为的道德特征下断语。但如果他是一个虔诚的功利主义者，他的第一原则至少有一定的情感基础。流传下来的许多道德判断都存在同样的问题。人们运用一些普遍接受的规则，对具体的行为做出判断，凡是符合规则的就认为是正当的，反之则是不正当的。不管这一规则是出自人的独立推断，还是基于人世或神灵的权威，他的道德意识明了这一规则的有效性，这一事实就意味着他从内心和感情上是认可的。

　　因而，人在任何情况下做出的道德判断都可以追溯到它的情

①　Bentham, *Principles of Morals and Legislation*, p. 4.
②　James Mill, *Fragment on Mackintosh*, pp. 5, 376.
③　*Ibid*. p. 368.
④　Stuart Mill, *Utilitarianism*, p. 9 *sq*.

感起源，一般人会设想，这样的道德判断同时也具有普遍性或"客观性"的特征。说一个行为是好的或坏的，并不仅仅表达单单某一种情感。随后我们将看到，这种道德判断总是指向更具包容特征的一个情感。它通常模模糊糊地包含着这样一种假设：凡是知道这一行为具体情景和过程的人，只要他具备了"足够成熟"的道德意识，都会认为这种行为是好的或坏的。我们不乐意承认我们的道德信仰纯粹是个人口味方面的问题，我们倾向于认为，那些与我们持不同信念的人是错误的。道德判断的这一特征曾被人用来反驳道德情感起源论，并产生了这样一种信念：道德观念上表现出的特征要靠理性才能洞察。

　　看到卡德沃思（Cudworth）、克拉克（Clarke）、普赖斯（Price）和里德（Reid）等名字，我们就很容易记起这样一种理论，这种理论认为，正如数字、差异性、因果关系和比例关系一样，行为的道德品格是靠智力来理解的。"德性是外在的、永恒的东西，"普赖斯指出，"正当与不正当，表示出的是行为本身是什么样子。一件事情、一个事物或一桩行为到底是什么样子，既不取决于人的意愿，也不取决于人的地位和权力，而是取决于它的本性，是根据必要性来判断的。一个三角形或圆形是什么样子，它就永远是什么样子，因为外在的规则制约着它……对正当与不正当，善良和丑恶，也应作如是观，即这些概念表达了行为的真实特征。人们用这些概念去判断行为，这些特征必然永恒不变地为这些行为所具备。"[1]由于德性是外在于心灵的真实存在物，所以只能通过人类的理解能力来

---

　　①　Price, *Review of the Principal Questions in Morals*, pp. 63, 74 *sq.*

洞察。无疑,这种洞察会伴随着情感出现:"一般来说,我们对美德和丑恶的感受,有些表达了欢乐或痛苦,有些展现了愉悦或厌恶,但这些感受只不过是美德或丑恶引起的结果或伴生物,而不是人的理解和感受本身,这两者是不能混为一谈的,正如一个特定的事实(比如毕达哥拉斯献祭)不能与人们发现这一事实带来的快乐混为一谈。"①

另外一个教条则认为,道德判断尽管不是"理论真理"的表述,但其所有的意义均来自理性——尽管由于场合不同,我们对这种理性有不同的称谓,有时称呼为"实用的"理性,有时叫作"道德的"理性。西季威克教授就坚持这样一种看法:道德判断中明显使用或暗含的"应当"或"正当"等词汇所表达的基本观念,与表示物理事实或心理事实的观念有着本质的差异。道德判断说的是理智,是人们的认识能力所能理解的那种东西。他这么说是指:"应该是什么表明存在一种可能的知识,也就是说,我认为应当的事情在别的理性人看来肯定也是应当的,除非我搞错了,除非别人没有搞清事情的本来面目。"道德判断包含了道德真实,因而"如果被解释为关于当前或将来人类情感或可感知世界任何事实的一种陈述,那就大谬不然了"。②

然而,在将道德判断客观化的时候,我们并没有足够的理由把它与理性的世界联系起来。从这种意义上讲,如果这种判断与其他判断之间存在差异的话,这种差异更多地表现在个人经验的领

---

① Price,*Review of the Principal Questions in Morals*,p. 63.

② Sidgwick,*Methods of Ethics*,pp. 25,33 *sq*.

域,更多是程度上的差异而不是类别方面的差异。毋庸置疑,感受的或审美的判断是有情感起源的,就是这种判断也宣称具有某种程度的"客观性"。我们说一首曲子美妙动听,不是在说它只给我们自己带来美的享受,而是在做这样一个假设:只要有足够的音乐细胞,任何人都能够欣赏它,并从中得到同样的愉悦。尽管感受判断只起源于主观因素,这种附着在感受判断上的客观性首先来自人类理智构造的相似性。而且,人们更倾向于认为:人在每一种具体情景下的感受越趋于一致,其客观性程度就越高。如果我们说"谈到趣味无争辩",那是指人的口味存在着极大的差异;即便在这个例子里,当我们提到"口味好"或"口味很差"时,我们也承认有一种"客观的"标准让我们判断是好是歹。另一方面,如果道德判断客观性的外在表现是如此不可靠,以至有必要把它与人类的理性联系起来,那么这种联系部分地基于道德意识的相对一致性。

　　社会就是一所学校,人们在这里学会了区分好坏善恶。风俗习惯就是这所学校的校长,无论是谁,修的课程都是一样的。最初的道德判断是通过舆论的方式发布出来的;公众的愤慨或赞许构成了道德情感的原型。至于德性的问题,在早期社会实际上不存在不同意见。因而,所有的道德判断最初都具有普遍性或客观性的特征。随着文明的进化和发展,有些个体开始挑战大多数人的意见,公开唱反调,于是意见分歧出现了,一致性在某种程度上被打破。导致这种局面的是这样一些事实:它们虽然丝毫不影响公众坚持的那些道德原则,但在被运用于具体实践时发生了偏差。

　　很多人用非常简单的方法对一种行为做道德判断。某种类型的行为被贴上了传统的标签,人们通过语言学习并流传这些标签。

看到事物的某些显见特征,认为这些特征令它与其他事物属于一类时,我们通常用说到这类事物的道德判断——一种关于这类事物的标签——来评判这个事物。然而,一个聪明而又尽责的人在做道德判断时会采取截然不同的方式。他会详细考察与行为有关的所有事实和细节,发生这种行为的外部环境和内在条件,行为的动机和结果怎样,等等;多半由于他对具体情景做出了深入细致的调查研究,他的判断就与市井百姓大不相同,尽管他们运用的道德标准完全一致。细致入微而全面的考察无疑有助于改变对行为价值的认识,但在很多情况下,要付出如此艰辛的努力并非易事。这自然使人们的看法更加不一致。因而,由于具体环境——这些环境只具有智力特征,人们对行为的积极效果或者有了把握,或者茫然无知——的差异,每个先进社会里对某类行为的道德判断存在很大差异,但原则上又有一致之处。

各种各样伦理学说的倡导者都认为,道德观念的所有差异均起源于此,也会有一些最终的判断标准,每一个能够正确理解它的人都认可这种标准的权威性。按照边沁的说法,功利主义的正确性只受到那些不解其意的人的否认:"当一个人与功利原则作对时……如果说他的观点证明了什么的话,不是证明功利原则的荒谬,而是证明他在运用他应该运用的原则时误入歧途了。"[①]在斯宾塞先生看来,"良言懿行对每个人的生活都有所助益";他相信自己获得了"真正的道德意识"的支持,无论与"前伦理"的情感和谐相

10

---

① Bentham, *Principles of Morals and Legislation*, p. 4 sq.

处还是发生龃龉,这种道德意识都被或隐或显地认作是公正的主宰。① 直觉主义者克拉克则认为,如果一个富有理性的人否认存在必要而永恒的道德差异,"那就好像一个人眼力不错,他一方面能够看到阳光,另一方面却否认世界上有光这种东西存在;或者好像一个人懂得几何学和算术,却对众所周知的直线或数之间的比例关系装聋作哑"。② 简而言之,道德问题上的所有不同观点都归因于无知或误解。

对道德判断的智力考量确实具有极大的影响。我们将发现,道德意识在很大程度上是一个从缺乏反省到不断反思、从蒙昧无知到文明开化的演进过程。所有的高级情感都是由认识决定的,"当陈述那些确定的客观情景时,这些情感就油然而生"。③ 而道德上的启蒙意味着对那种客观情景的真实而全面的表达,它决定了道德情感的特征和性质。如此,从传道授业的角度看,德性就比美更值得探讨,因为现存事实的陈述本身就很具说服力。但是,这样做尽管消解了许多差异,但在有些方面还没有达到一致,而且,即便是对事实做最精确的陈述、最严密的推理,也难以做到完全一致。

一方面,确实存在这样一种情况:某些现象几乎必然地在每个能够清楚感知这些现象的心灵中引起相似的道德情感,但另一方面也存在着不同的情况。要知道,人的情感构造并不像智力构造

---

① Spencer,*Principles of Elhics*,i. 45,337 *sq.*

② Clarke, *Discourse concerning the Unchangeable Obligations of Natural Religion*,p. 179.

③ Marshall,*Pain*,*Pleasure*,*and Aesthetics*,p. 83.

那样一致。有些感受和认识几乎令所有人害怕,但当危险迫近,不管人们对险情的认识是否准确可靠,世上总有人表现出英勇无畏的气概,另外那些人则胆小如鼠。当某些苦痛的情景在眼前发生时,即便是最残酷无情的心灵也会燃起怜悯之情,但人们的同情表现千变万化,差异迥然,这不仅要看同情的对象是谁,跟自己是什么关系,而且人们投入情感的强度也大不相同。对道德情感而言,也是同样的道理。由于情感差异,就不同等级人士的权利和低等动物的权利问题,存在着不同的观点。无疑,这些见解上的差异是不可能通过对事实的深入了解而改变的。只要影响情感倾向的那些条件不变,就很难指望人们达成一致的意见。一个开化的心灵应该认识到,一只动物、一个婴儿或一个疯子完全不应该担负责任(或相对而言不应担负全部责任);这个心灵在做出这种道德判断的同时还应该受到行为动机的影响——不论有多么高明的智慧,不论对事实做出多么细致入微的观察,当低等动物的权益与人的 12 权益发生冲突时,人就不能确定该怎样看待低等动物的权益问题,也不能确定是否应该,是否允许个人只是致力于捍卫本国的福祉,只是提升自己的生活水准,而置其他国家和个人的权益于不顾。西季威克教授说过这样一句很有名的道德格言:"我不应该选择自己的小利而舍弃别人的大利。"[①]如果拿这句话说给一个火地人或西南非的霍屯督人听,他们会觉得这不是什么不证自明的公理,而是荒诞不经的昏话。即便是我们这些人也并不是都认同这句话。"别人"到底是谁?为了谁的大利我才不应该坚持自己的小利?是

---

① Sidgwick, *op. cit.* p. 383.

一个乡下人，一个野蛮人，一个罪犯，一只鸟，还是一条鱼？到底是谁有没有什么差别？也许有人认为：只要人们的道德意识成熟到了一定程度，人们就会在这个道德观念（或其他道德观念）上达成一致的认识了。[①] 然而，接下来的问题是，当我们说到道德意识的成熟时——更不用说对每个案例具体情景的全面了解了，我们实际上指的是要与我们自己的道德信念一致，除此之外并没有别的含义。这些人的看法既失之偏颇，又富有欺骗性，因为，如果它意味着什么的话，那是假设道德判断具有一种客观性，这些判断本身实际上并不具备这种特征；同时，这种看法本身就似乎在证明自己试图假设的东西。因为真理是客观的，当我们谈到某位智士时，可以说他聪敏到足以掌握某条真理的程度；但一个足够聪敏的智士认识到了这条真理，其客观性是不能为事实所证明的。真理的客观性在于所有人对那些自己能够全面了解的事实的认可，而当人们对这些事实有了足够的知识后，就能够判定它们的客观性了。当一个完美的智士出现的时候，所有人都将顺从他，因为他对现有的事物无所不知；但这时候我们脑子里却形成不了那种具有同样权威的道德意识。如果信奉至善至美的上帝——它会给人类以启示，告诉人类它的意愿——的人们认为，他们在上帝的启示中获得了完美的道德标准，因而与这种标准一致的言行在客观上是正当的，那么我们要问他们这样一个问题：你们所说的"至善至美的上帝"是什么意思？在他们试图回答这个问题的时候，他们不可避免地要假设他们想要证明的客观性是存在的。

---

① 实际上，这是西季威克教授在与我共同探讨他那个道德格言时给出的解释。

当我们把客观性赋予道德判断的时候,我们就犯了错误;当我们认为这些道德判断不仅具有某种特性,而且表现为量的差异时,这种错误表现得尤其明显。我们认为,无论是好还是坏,都有程度上的差异;义务可以说是迫在眉睫的,也可以说不那么紧迫;美德可以分为小恩小惠和大恩大德。① 这些量的差异毕竟是道德观念的最终起源——情感造成的。情感在程度上的差异是无限的,道德情感也不例外。也许有人会提出疑问:同一种行为在两个人心中是否必然引发同等程度的愤慨或赞许? 需要说明的是,这种程度上的差异十分微妙,人们在做道德判断时当然不见得表现出来;而通常情况下,道德情感的程度是通过人们在做出道德判断时使用的特殊词汇、语调或表达方式显示出来的。不过,值得注意的是,道德判断中量的差异与特定情景下某种行为引发的道德情感的深浅强弱并不是一回事。我们承认,发生在我们眼前的伤害与我们在书上读到的伤害都是不正当的,这种不正当没有程度上的差异;但前者比后者更容易引起我们愤慨,在我们内心激发的不满情绪更强烈。道德判断在程度上的差异取决于它的对象引起的情感强烈程度,即便是在极其相似的外部环境下,也会出现这些差异。

除了道德判断的相对一致性之外,还有另外一种情况诱使我 14 们赋予道德判断以客观性,那就是道德规范所具有的权威性——不管这种权威性的获得是对还是错。从我们孩提时候起,就有人

---

① 在随后的一章里,我们将探讨为什么"公正"(rightness)没有程度上的差异。这个概念是与道德法则一致的。形容词"公正的"(right)意指已经履行了义务。

教导我们：有些行为是对的，而另外一些做法是错的。由于道德意识对人类生活的幸福至关重要，人们对此类事实的重视要远比其他事实——尽管它们也与主观观念相关——更甚。在何谓美丑的问题上我们可以有自己的观点，但在何谓对错的问题上，社会并不那么轻易地容许我们拥有或坚持个人见解。我们生活其中的社会流行着某些道德规范，它们不仅得到俗世权威的支持，而且获得神圣权威的支持；对这些道德规范表示怀疑，就等于与宗教教义和公众意见相对抗。因而，关于世界道德秩序的信念对人们心灵的影响一点也不比关于自然秩序的信念差。道德律一直保有这种权威性，无须诉诸外部权威。这种信念与星光灿烂的太空一样让康德心怀敬畏。按照巴特勒的说法，"从本质上讲，良心超越任何力量，它禀赋了至高无上的权威"。[①] 据说，对于这种至高无上的权威，"最坏的人内心深处默默感受并承认的，丝毫不比最好的人逊色"。[②] 亚当·斯密则把道德称为"上帝在我们内心的代理人"，"对违背者，他从不姑息，让他们内心感到羞辱和自责，以此作为对他们的折磨和惩罚；而对顺从者，则总是赐予心灵的宁静、恬适和自我满足"。[③] 连哈奇森——他可曾经提出过这样一个问题：为什么人们的道德感受不像口味一样差异迥然——也认为，"道德观注定主宰其他任何一种力量"。[④]

---

① Butler, 'Sermon II. —Upon Human Nature,' in *Analogy of Religion*, &c. p. 403.

② Dugald Stewart, *Philosophy of the Active and Moral Powers of Man*, i. 302.

③ Adam Smith, *Theory of Moral Sentiments*, p. 235.

④ Hutcheson, *System of Moral Philosophy*, i. 61.

权威是一个含义不怎么明确的词汇。它可以指真理性知识，也可以指公正地支配别人、使别人顺从的权力。人们赋予道德律的权威通常包含了上述两种含义。道德律的制定者发号施令是为了让人遵守；而且，只有当这些规范被人们遵从的时候，道德律才是富有权威的。而人们也相信他明了什么是对，什么是错，什么是正当的，什么是不正当的，并将他的命令视为道德真理的表达。不过，我们已经明白，后一种权威含有一个错误的假设，这就涉及道德判断的性质问题。这种权威是不能从拥有使别人顺从的权力中推论出来的。撇开道德律制定者的观念和想法不谈，就字眼而论，道德律在其他意义上也并不总是具有至高无上的权威。道德律并非特别地要求得到遵从，被经常违背的道德规范也几乎很少。对道德律的重视并不是行为的重要考虑因素，在多种多样的动机和原因中，道德仅仅是其中之一。有些情况下，它在人的生活中起着主宰的作用，而在另外一些情况下，则像荒漠里的声音一样空洞无力。而且，绝大多数人似乎更害怕同胞的责备和讥笑，害怕执法者威胁的那些惩罚，而不怎么害怕内心中那个"上帝的代理人"。有种看法认为人类喜欢拥有美德胜过其他享乐，人类厌恶恶习甚于其他不幸。[①] 这种观点听起来美妙，可惜只不过是某些道学家的幻想而已。在这样布道的时候，他们实际上把这两个问题混为一谈：人实际是什么样子，人应该是什么样子。

据说，每当出现违背道德规范的行为时，道德律的权威性自身就引起了注意并得到了强调，美德自身就拥有获得奖赏的品质，恶

---

① *Idem*, *Inquiry into the Original of our Ideas of Beauty and Virtue*, p. 248.

行自身必招致惩罚。然而,准确地说,良心和道德在给予善恶行为以报偿时是很不公平的。一个人越是积德行善,他的道德观念就越敏锐;一个人在罪恶的泥潭里陷得越深,他的道德观念就越钝化。最好的人,良心最敏锐,而最坏的人几乎没有什么良心可言。有人会反驳说,那些习惯于作恶的人固然已经丧失了忏悔怜悯之念,但他们也为此付出了很大代价。[①] 然而,值得怀疑的是,这个代价是否就是对他恶行的惩罚,这种惩罚是否适当。我们提出这个疑问是公允的。还有人提醒我们,就与熟人邻里的情感关系而言,人们因良言懿行而获得奖赏,因恶言恶行而受到惩罚。须知,公众的看法和法官的判断只是针对那些被发现的行为做出的,而且这些评判很少是建立在周密考察案例的基础上。他们生硬地搬出某个道德标准,而这个标准本身就很容易招致怀疑和批评。人们带着感情色彩评判他们的同类,感情也是人类苦乐感受的主要来源,这些感情却很少跟德行发生联系。人们尊敬、称赞、谴责或蔑视一个人的时候很少看他的品行如何,而更多是基于其他因素。人们因拥有才智、胆量、勇气、力量或偶然的成功而受到的赞美,通常逊色于因积德行善而获得的赞美。

尽管存在上述情况,人们赋予道德律的至高无上的权威并非全然是幻想。在那些最好的人心里,确实存在着这种权威,大多数人在名义上也承认它的威力。我这么说并不意味着认可下列说法的普适性:无论实际上是否被遵从,道德律都应该在任何情况下为人所遵从。因为这等于说,应该是什么样就应该是什么样子。但

---

① Ziegler, *Social Ethics*, p. 103.

至少人们从理论上认可:道德——或单独地,或连同宗教一起——具有高于其他任何事物的价值;与体格健壮、精神优良相比,人们更看重行为的正当与善良。人们之所以很少按照这种理论行事,是因为在很多人看来,这种理论与其说是他们内心感受的结果,不如说是来自心灵之外的教诲和启示。这些启示可以追溯到那些内心充满完美道德理想的大师,由于智慧超群,他们的话语就成了圣者箴言。孔子、佛①和基督耶稣就是这样的大师。于是,道德律的权威呈现出来的仅仅是一种高度发达、支配作用很强的道德意识。正如西季威克所主张的那样,道德律很难说"依赖于义务的客观性概念"。② 相反,它必须被看作是这个概念的起因——它的起源不仅可以追溯到某些外部权威,而且受到个人道德情感力度的影响。关于这一点,前文已经述及,不再赘述。关于某个事物的概念越清晰明确,越能让人确定这种事物的客观存在;同样的道理,当人们对某种现象做出道德判断的时候,内心产生的道德情感越强,越倾向于认同这种道德判断的客观性,也就是说,赋予它普遍的有效性。狂热分子比任何人都倾向于把他们自己的判断当成真理,伦理道德上的狂热分子同样把他们的道德判断看成颠扑不破的真理。强烈的道德情感使他们成了某种幻想的牺牲品。

如此说来,人们所假定的道德判断的真实性只不过是一种稀

①　"在早期佛教理念的形成过程中,除了理想王——权力和正义的化身——之外,另外一个理想也起了重大作用,它涉及这些理念的主宰……它是完美的智者,是智慧的化身,也就是佛。"(Rhys Davids, *Hibbert Lectures on Some Points in the History of Buddhism*, p. 141)

②　Sidgwick, *op. cit.* p. 104.

奇古怪的幻想而已，在一般人对这种客观性的理解中是没有什么道德真实可言的。根本原因在于道德观念起源于情感，在于情感的内容不在真理涉及的领域内。不过，我们具有某种情感倒可真可假，某种行为倾向于在我们内心引发道德上的愤慨或赞许之情也可真可假。因此，一个道德判断是真是假，往往看这个判断所指称的对象是否具有判断中所说的那种倾向性。如果我说与邪恶作对是不正当的，但真的与邪恶作对并没有在我内心产生道德上的不赞同之情，那么，我的说法就是错误的。

任何一门科学都是为了发现某种真理，然而，如果不存在普遍意义上的道德真实，科学伦理学的研究宗旨就不是发现和确定人类行为的规律。边沁等人曾经说过，道德原理是不能被证实的，因为道德原理是第一原理，它们只能用来证明其他原理和规则。①但道德原理不可证实性的真正原因在于，由于其自身的本性，它们永远不可能是真实的。如果我们用"伦理学"（Ethics）这个词来命名一门科学，那么，这门科学的目的只能是把道德意识作为一种事实来研究。②

依俗人之见，伦理主观主义是一种危险的教条，它对道德风尚具有毁灭性的影响，它是各种各样的放荡不羁和自由放任观念的滥觞。如果在一个人看来是正当或好的在所有人看来都正当或

① Bentham, *Principles of Morals and Legislation*, p. 4. *Cf.* Höffding, *Etik*, p. 43.

② *Cf.* Simmel, *Einleitung in die Moralwissenschaft*, i. p. iii, *sq.*; Westermarck, 'Normative und psychologische Ethik,' in *Dritter Internationaler Congress für Psychologie in München*, p. 428 *sqq.*

好,如果人人都可以为自己立法,或者根本不以任何规范约束自己,那等于说,每个人都可以随心所欲;如果阻止他这样做,就是对他权利的侵犯,是对他个人自由的束缚——假若有力量逃避这种束缚,没有谁会顺从这种外来的限制。很早以前,诡辩论者就从他们的教义中得出了这个推论。① 无疑,迄今为止,这个推论还为后人反复引用。哪个理论家胆敢声称世上没有什么东西可以说是真正正当的或不正当的,这个推论就成了反对他们的论据。

对于这个观点,第一种反对意见认为,科学理论不能仅仅由于出现了可能导致危害的事实就被证明是无效的。不幸的是,在这个世界上,人类生存的环境中确实存在着危险的事物,有些东西可能真的有危险,有些东西真的害人不浅。另外一种反对意见提出了这样一个疑问,尽管某种科学真理可能给某些人带来许多麻烦, 19 但是否真的就有百害而无一利? 就我在这里倡导的伦理主观主义而言,我敢说绝对不是这么一回事。当初人们用于反驳诡辩论的论据和方法在这里一点都用不上。现代的诡辩论认为,每个人的良心都是可靠的向导。我可不赞同这种华而不实的观点。如果我们不得不承认(甚或我们已经承认),任何人,无论是野蛮人、基督徒、罪犯还是圣人,他坚持的观点都是对的,那么伦理道德将真的祸患无穷了。但是,我们没有这么做,我们也不能这么做。我的道德判断只代表我的个人见解,它们来自我的道德意识,它们在评价别人的行为如何如何时,不是从别人的观点出发,而是从我的观点出发,不是参考别人的是非观念,而是根据我自己的是非标准。我

① Zeller,*History of Greek Philosophy*,ii.475.

们大多数人固然承认，对某种行为做判断时，我们也应该把行动者的道德信念考虑在内，看看他关于什么是应该做的观念跟他实际做出的行为之间是否相符。但是，当我们看到一个人所做的行为有违他的良心时，我们可能在谴责他行为的同时，责备他的良心竟然如此这般。所有这些例子都可以用伦理主观主义予以说明和解释。伦理主观主义当然不允许每个人都按照自己的意愿行事，它不支持人们任意胡为，也不鼓励人们做事反复无常。我们的道德意识是我们智力结构的组成部分，我们并不能随意改变它。当我对某种行为表示赞成或反对时，我们是在不由自主地这样做，除此之外我们没有别的选择。当火焰烧着我们时我们不感到灼痛吗？当朋友经受苦难时我们不感到同情和关切吗？是否因为这些现象都是属于主观感受的领域，它们的结果才不那么必然或强烈？同样的道理——为什么因为道德律是我们本性的一部分我们就不该遵从道德律了呢？

对我来说，伦理主观主义不仅不是个祸害，而且可能对人们的道德实践大有裨益。假如那些没有绝对道德标准的人认识到伦理主观主义，他们可能在道德判断上更宽容，更愿意倾听理性的声音。如果说权利有其客观存在的依据，当然自产生之日起，道德意识就在玩着捉迷藏的游戏；而且，除非人类灭绝，这种状态还会一直持续下去。然而，有谁承认这一点呢？一般人总是倾向于相信，心灵是获得是非观念和知识的，他们认为给行为提供可靠指导的是公众的意见。对于业已建立起来的道德规范，总有叛逆者存在。对此，我们固然没有理由遗憾，可悲的是叛逆者寥寥无几，结果要改变那些陈旧的规则往往需要花费漫长的岁月。除了那种俗见——权利乃既定之事,每个人都可以根据自己的权利调整对事物的看法——之外,还有一种看法越来越大行其道,那就是权利在每个人心中都存在,它既能向外扩张,也能宣称自我的存在;如果有必要的话,它还敢于与整个世界作对。

第二章　道德情感的本性

在上一章里我们用概括性的语言表明了这样一种看法,即道德观念基于情感,我们还讨论了一些与这种观点明显相左的说法。现在让我们接下来考察一下道德情感的本性问题。

这类道德情感(moral emotions)可以分为两类:愤慨(indignation)或不赞同(disapproval),与赞许(approval)。它们有着共同的特征,因而它们都属于道德情感,这些特征与非道德情感有着明显的区别。同时,这两类情感又同属于更高层次的一个分类,我称之为报偿性情感。再者,两者在与非道德情感发生联系时的表现存在差异:不赞同与愤怒(anger)和复仇(revenge)同属一系,赞许则与和善的报偿性情感(retributive kindly emotion)——说到其最发达的形式应当是感恩(gratitude)了——紧密相连。一方面,它们可以被看作截然不同的两类道德情感;另一方面,不赞同像愤怒和复仇一样,构成了怨恨的次类,而赞许和感谢一样,是和善的报偿性情感的分支。下面的图示有助于阐明各种情感之间的关系:

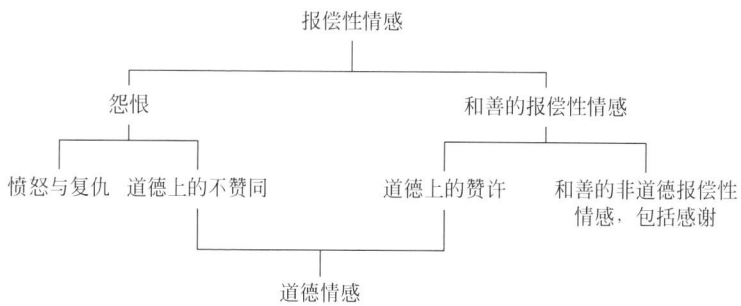

当然,说道德上的不赞同(moral disapproval)是怨恨 22 (resentment)的一种表现形式,说它与愤怒和复仇极其类似,说道德上的赞许(moral approval)是一种和善的报偿性情感并与感恩之情同属一类,这些说法都有待于证实。我希望,对上述所有情感的分析,对这些情感诱因的详细研究,会证明我的分类是正确的。关于这一点,我们所能做的只是对这些情感进行分析。至于对情感诱因的研究,我们将放在道德判断的主题中加以讨论。

怨恨可以描述为心灵对痛苦之因的一种攻击性态度。愤怒是突然爆发的愤恨,当愤怒发生的时候,针对痛苦之因的敌对性反应是自发产生的,因为没有经过深思熟虑,所以不受约束。而复仇则不同,复仇中的敌对性反应多少经过理性的计算和利弊的权衡。[①] 然而,要把同属怨恨的这两种情感区分得泾渭分明是不可能的;同样地,在实际生活中,也不可能搞清楚某种欲望到底是何时何地造成人的痛苦的。就其粗糙简单的表现形式而言,即便当愤怒指向一个活生生的个体时,它也包含着要除掉这个活物的强烈冲动,尽

---

① *Cf*. Ribot,*Psychology of the Emotions*,p. 220 *sqq*.

管这个活物没有任何制造痛楚的想法。① 非常引人注目的是,很多鱼会表现出这种愤怒。众所周知,当棘背鱼的领地被别的棘背鱼侵犯时,它们就会非常气愤。当挑衅者激怒它们的时候,这种动物会全身变色,飞快地刺侵犯者,它的每个动作都表现出暴躁而狂怒的样子。② 但是,我们很难相信在鱼的心灵中会呈现出刺痛对方的观念。当我们在比鱼类更低级的动物中继续考察时,我们发现这些意动的成分逐渐减少,最终只剩下纯粹的反射动作了。

　　显而易见,一个因受伤而狂暴的动物会反过身来对付那个真正伤害它的家伙,或者它认为伤害了它的那个家伙。人们都知道,23 孩子发怒时也是如此。按照苏利教授的说法,"小孩发火的时候会不分左右地猛打一通,把东西扔在地上砸个稀烂,扯开嗓子大声嚎叫,双臂激动地乱舞,全身也躁动不安。所有这些都是被惹恼的儿童爆发狂怒时最可能有的外在表现。"③无疑,这种说法很符合实际。但是另一方面,我们熟知的达尔文的小男孩也并非例外,他在生气时由于已经习惯了扔书本,对反击侵犯他的人是有所顾忌的。④ 根据 M. 佩雷斯的研究,"孩子快一岁的时候,如果有人、动物或其他没有生命的物体把他们惹火了,他们就会动手打;他们会把玩具、食品、餐具——总而言之,任何在手边的东西——扔向惹他们生气的人。"⑤一个野蛮人的怨恨也会呈现出类似的特征。由

　　　　①　对此,斯坦利先生的《进化的情感心理学研究》有一些精到的评论,见:Hiram Stanley,*Studies in the Evolutionary Psychology of Feeling*,p. 138 sq. 。

　　　　②　Romanes,*Animal Intelligence*,p. 246 sqq.

　　　　③　Sully,*Studies in Childhood*,p. 232 sq.

　　　　④　Darwin,'Biographical Sketch of an Infant,' in *Mind*,ii. 288.

　　　　⑤　Perez,*First Three Years of Childhood*,p. 66 sq.

于一直有人否认这种相似性的真实存在，也由于存在一些表面上反常的现象需要给予解释，我们有必要对这一事实加以详尽的论述。

斯坦梅茨博士有本著作内容十分广博，①该书以复仇为研究对象，对其进行了深入细致的研究，是这一研究领域不可忽视的著作。他在书中最终获得的结论如下：从本质上说，复仇根植于对权力和傲慢的感受。复仇就是由于在这方面受到伤害而引起的，受伤害后自我感觉必然低落，而复仇的目的就是恢复或提升自我感觉。如果复仇直接指向侵犯者本人，则最有利于达成这种目的；然而，复仇并不是非得指向某个确定的目标不可，因为从本质和本原上说，它是"没有任何指向的"。②

实际上，我们从斯坦梅茨博士的著作里得知，人类复仇经历第一阶段的特征表现毫无针对性，或者说，在复仇初始几乎没有什么确定的目标。在受到伤害之后，复仇者仅仅通过把痛苦强加于其他人身上达到提高"自我感觉"的目的，不管发泄的对象是有罪的还是无辜的，只要复仇者野性的欲望得到满足就可以了。③毫无疑问，有这样一些事例，即侵犯者本人被刻意当成复仇对象，如果他是同一部落居民，这是最可能发生的；但是，如果将痛苦施

---

① *Ethnologische Studien zur ersten Entwicklung der Strafe.*

② 严格地说，这一理论并不新鲜。保罗·雷博士在其著作中宣称，复仇是对侵害者强加于受害者"你是贱人"感受的报复。他在该书中说：受伤害的那个人自然不觉得他比别人低贱，因而以抗争回应；他通过对侵害行为的报复，表明他与施害者是平起平坐的，甚至比施害者要高贵得多（Paul Rée, *Die Entstehung des Gewissens*, *ibid*. p. 40）。此前，叔本华也表达了类似的观点（Schopenhauer, *Parerga und Paralipomena*, ii. 475 *sq*.），只不过斯坦梅茨博士把他的理论阐述得更全面，更富有自己的真知灼见。

③ Steinmetz, *op. cit.* i. 355，356，359，561.

加在这个人而不是别人身上，实际上复仇的情感未必找到了正确的发泄对象。即使是原始人必定也曾发现，直接针对实际犯罪者的复仇行为，不仅能起到遏制他人犯罪的作用，而且是化险为夷的最佳途径。不过，斯坦梅茨博士接着说，不要过高估计这些优越之处，即使是不分青红皂白的报复行为，对罪犯也有一定的阻碍作用。[①] 在他看来，人类早期的复仇行为主要就是"无所指向的"。

　　斯坦梅茨博士说，接下来第二阶段的复仇就不再那么不分青红皂白了。即使出现了我们称之为自然死亡的事情，野蛮人报复时也要找一个合适的受害者，这是因为他们总是把自然死亡归因于巫术，认为是某个擅长此道的敌人故意作恶造成的。[②] 在这种情况下，那个不幸的受害者是否真的应该对强加于他的行为负责，事实上斯坦梅茨博士对此很怀疑。[③] 不管怎样，人们感到需要选择某个人充当复仇行为的受害者了，这样，"无指向性的"报复行为就逐渐被"有指向性的"报复行为所取代。在野蛮人当中，部落之间的世仇或家族之间的宿怨导致的战争，都不是针对某个罪犯，而是针对这个人所属的群体，针对他的部落和家族。斯坦梅茨博士说，这个连带责任的体系逐渐演变成现代的复仇观念，按照这种新观念，惩罚和报复应当针对罪犯而不是别的什么人。[④] 他认为，在这一漫长的演化过程中，人们这么做的内在驱动力（*vis agens*）源

---

① Steinmetz, *op. cit.* i. 362.
② *Ibid.* i. 356 *sq.*
③ *Ibid.* i. 359 *sq.*
④ Steinmetz, *op. cit.* i. 361.

自人类认识的发展:人们越来越明白到,遏制罪恶发生的最好办法是惩罚作恶的那个人。[1] 在著作的后半部分,作者对这种功利性的考虑给予了强调。不过,在另外一个地方他又说,直接针对侵犯者的报复特别容易通过有效地羞辱依然洋洋得意的敌人而消除报复者的自卑感。[2]

在叙述复仇的这一演变历史时,作者感兴趣的主要有两点:报复初始阶段的"无指向性"以及它是如何逐渐变成"有指向性"的。在原始社会,如果一个人一点也不在乎他报复的是谁,那么他的报复行为本身就可以没有什么实际意义,它只不过是后期衍生的一个附属物而已。问题是,斯坦梅茨博士能拿出什么证据支持他的理论观点?对于原始人,我们没有直接的经验,现存的野蛮人无论在身体方面还是在智力方面都不能完全代表原始人。不过,尽管人类已经经历了巨大的变化,原始人并未彻底灭绝,原始人的特征仍然遗留在后代子孙的身上。据我们所知的案例,对于原始人报复行为的特征,依然有足够的遗留和残迹帮助我们探询问题的答案。[3]

关于"完全没有指向性的报复"这一主题,斯坦梅茨博士列举了许多具有原始人复仇特征遗迹的例子。[4] 1. 奥马哈部落有名印第安人一直被禁止踏进某一交易场所,有一天他贸然进入后被驱逐出来,于是,他愤然宣称将为这莫大的伤害实

---

[1] Steinmetz, *op. cit.* i. 358, 359, 361 *sq.*

[2] *Ibid.* i. 111.

[3] *Ibid.* i. 364.

[4] *Ibid.* i. 318 *sqq.*

26   施报复,他要"找出什么东西来毁个稀巴烂,结果,他出门碰到了一窝猪,就把母猪和小猪崽统统杀掉,这样,他的满肚子怨气就平息了"。2.同是奥马哈部落,这里的族人认为,如果一个人遭雷击而死却没有得到合适的安葬,死者的灵魂将不能安宁,它会一直游荡在他死去的地方,直到另外一个人遭雷击死在他身旁。3.在一名卢乔印第安人的葬礼上,死者亲属有时会划破自己的身体,或者"怀着对命运的报复"刺伤某些贫穷而不友善的寄居者。4.由于妒忌妻子,纳瓦霍人倾向于把愤怒和恶意发泄到他们偶然遇到的第一个人身上。5.据报道,爱斯基摩人遭受过一次严重的流行病,灾难过后他们发誓要杀掉所有胆敢贸然进入他们领地的白种人。6.在澳大利亚,要是一个小孩不小心伤了自己,小孩的父亲会攻击无辜的邻居,认为这样就能将孩子所受的痛苦转嫁到别人身上,从而减轻孩子的疼痛。7.巴西图皮人会吃掉骚扰他们的虫子和野兽,这都是为了实施报复;如果他们中有人被石块碰伤了脚,他会对石头大光其火,把它砸碎;如果他中箭受伤,他会拔出箭来把它咬断。8.达科他人①为了报复偷窃行为,会去偷小偷或其他人的财产。9.帕米尔的萨拉里人中如果谁家的肉被邻居家的狗叼走了,他就会怒火中烧,他不仅杀掉邻人的那只狗,还会踢打自家的狗。10.在新几内亚,得到坏消息并因此生气的人可以敲打传播消息者的脑袋发泄心中的愤懑。11.在莫图,当地人搭救了两个因沉船而溺水的船员,并把他们安

---

①   达科他人,北美印第安人的一支。——译者

全地送回莫尔兹比港的家，落难者的朋友会把救人者打一顿，莫尔兹比港人因为损失了船只而愤怒，他们不能容忍自己身陷困境的时候还看到莫图人怡然自得地过日子。12. 在新几内亚还发生了另外一个案例，一个人因为自己的某个发财计划破产，损失了宝贵的财产，就很绝望地杀死了一些无辜的人。13. 在毛利人中有时会发生这样的事：谁要是被谋杀了，他的朋友们会杀掉第一个挡住他们去路的人，不管这个人是朋友还是敌人。14. 也是在毛利人中，那些曾经遭受经济损失的头人会转而抢劫下属的财产以弥补其损失。15. 如果一个毛利人的儿子受伤，他母亲一方——他们认为儿子属于母亲那一系部落——的亲属会到他父亲家里或村里去掠夺。16. 27 如果一棵树倒在一个库基人①身上，他的伙伴会把树砍断；如果有谁从树上掉下来摔死了，库基人会很快把这棵树砍掉。17. 在达吉斯坦的某些地方，当死了人而死因不明时，死者家属可以随便找一个人，宣布这个人就是杀人犯，对他实施报复。

　　一种理论只有建立在充分的事实根据之上才不会被轻易驳倒，因此我不得不一一列举这些案例。同时我也承认，我几乎从来没有看到过依靠无用的证据而站得住脚的假说。案例7 和案例 16 正好说明了与"无指向性"报复相反的情况，当我们考虑到野蛮人相信万物有灵时，我们就不再对此感到大惊

---

　　①　库基人，生活在印度、缅甸和孟加拉国部分地区的部落居民，语言属藏缅语族，历史上各部落之间频繁发生仇杀。——译者

小怪了。在案例 17 中,因为不知道到底是谁犯的错,冤屈理所当然地由随意找到的那个人承担。案例 1、案例 4、案例 10和案例 12(或许还可以加上案例 11)暗示,在怒火爆发的情况下,无辜者可能会被殃及。案例 1 和案例 12 中都没能抓住真正的罪犯。案例 10 中,被敲打脑袋的那个人被当作引起悲伤和愤怒的直接原因而暂时受些委屈,而案例 11 则兼有嫉妒与忘恩负义的性质。在案例 9 中,怒气主要发在那只"有罪的"狗身上,那只无辜的狗也由于人们的复仇观念而受到牵连。案例 8 和案例 14 说明了对财产损失是如何补偿的,案例 8 还特意提到了小偷本人。案例 6 只是表明,迷信的父亲试图减轻孩子所受的痛苦。至于案例 5,记述者珀蒂托明确地说,当地人认为是白种人惹怒了陶拉克大神,从而引起了流行病。①案例 2 中提到的迷信本身固然十分有趣,但在我看来,它与我们正在谈论的问题毫不相干。案例 3 似乎是关于葬礼的,文中提到的对无辜者的刺伤,与其说是与哀痛者的自残相关,不如说是哀痛者自残的另一种方式,因为自残本身就有着祭祀的特征。而且,这个案例中不存在罪犯是谁的问题。最后,在案例 13 中,祭祀的观念是很明显的。这里,斯坦梅茨博士借用了魏茨的观点,后者虽然表述了自己的看法,但并未做出充分而全面的阐述。这个观点最初是迪芬巴赫提出来的。他说,大家正在谈论的这个风俗被毛利人称为 *tuua tapu*,即圣战,或被称为 *tapu toto*,即血战。他这样写道:"如果发生了

---

① Petitot, *Les Grands Esquimaux*, p. 207 *sq.*

流血事件,就会有一伙人动身出发准备复仇。他们会杀死他们遇到的第一个人,不管他是敌人还是自己部落的族人,即使是自己的亲兄弟也难免罹难。如果什么人都没有碰到,祭司就会从地上拔起一把草扔到河里,并反复念咒语。仪式过后,还要杀死路上碰到的鸟或其他生物作为祭品。人们认为,在确实发生了流血事件的情况下,这样做才尽兴。所有参加仪式的人都是 *tapu*,既不允许抽烟,也不允许吃非本土出产的食物。"①这个仪式看起来很像是为了让死者被激怒的灵魂得以安息,②也可能是用鲜血重新赋予灵魂以生命和活力。③ 然而,问题是,对死者的复仇为什么不施加在真正的罪犯身上呢? 对于这一点,斯坦梅茨博士会回答:死者极其渴望复仇,以致不分青红皂白地行动了。④ 考虑到死者的怨愤,仅毛利人"圣战"的例子就表明,怨恨之发泄确实具有冲动盲目的性质。从迪芬巴赫的描述中我们可以明显看到,被谋杀者的朋友极其看重的是,为了复仇,应该有人立即流血;如果路上碰不到人,那就杀动物,但这样做之前要念一段咒语。根据我的推测,人们之所以这样做,是因为他们相信,死者的愤怒使活着的生命感到恐怖;这种做法也许跟这样一种观念相关,即人

---

① Dieffenbach, *Travels in NewZealand*, ii. 127.

② *Cf*. *ibid*. ii. 129.

③ 随后的一个章节将谈到,有些葬礼中是出现这些物品的。达雅克人中,"妻子的父亲会把出门遇到的第一个人杀死,作为葬礼的祭品",他这样做就为归天的亲人找到了一个陪伴其亡灵的侍从(Tylor, *Primitive Culture*, i.459)。加罗人的做法是:"族群中有大人物死去时,会派遣一队人马,把他们遇到的第一个孟加拉人杀死。在他们的信仰中,众神是接受这种祭品的"(Dalton, *Descriptive Ethnology of Bengal*, p.68)。

④ *Cf*. Steinmetz, *op*. *cit*. i. 343.

死了就必须马上偿还血债。毛利人认为,所有死者的灵魂都对活着的人怀有恶意,[①]一个死于暴力的人当然是特别危险的。另外一个案例更明显地表现出渴望即时偿还血债的观念。菲律宾群岛的阿埃塔人有时等不及遭受痛苦折磨的人死去就将其下葬。按照当地风俗,一旦他的尸体被安放在墓穴中,就到了给他报仇的时候。该部落的猎人会带着长矛和弓箭,"杀掉他们碰到的第一个生物,不管是人、牡鹿、野猪还是水牛"。[②]斯坦梅茨博士还引用了菲律宾群岛上的其他一些例子。其中,一个人死了,他的亲属就出去,把路上碰到的第一个人给杀了,以此给死者报仇。[③]值得注意的是,菲律宾群岛的居民把鬼看得很坏,他们相信,那些死鬼尤其嗜好残害生命。[④]

斯坦梅茨博士还提到这样一些案例:在澳大利亚的一些部落中,某人死后,这个人的亲属便杀死一个无辜的人为之报仇。[⑤]在这些案例中,引发复仇的死,即便在我们看来纯粹是自然死亡,在野蛮人眼里也是由巫术引起的,因而,其复仇的对象,就不像斯坦梅茨博士所推测的那样不加任何区分了。斯坦梅茨博士引述了自己研究的一个案例:在惠灵顿的部落

---

①   Taylor, *Te Ika a Maui*, p. 221.

②   Earl, *Papuans*, p. 132.

③   Steinmetz, *op. cit.* i. 335 *sq.*

④   Blumentritt, 'Der Ahnencultus der Malaien des Philippinen-Archipels,' in *Mittheilungen der Geogr. Gesellsch. in Wien*, xxv. 166 *sqq*. De Mas, *Informe sobre el estado de las Islas Filipinas en 1842, Orijen*, & *c.* p. 15.

⑤   Steinmetz, *op. cit.* i. 337 *sq.*

里,死者的生命必须由巫师的生命来赔偿。① 在新南威尔士,在询问完死者的死因之后,"如果死者亲属在想象中已经确定搞清楚了犯罪者的蛛丝马迹",他们就会下决心对这个人施行报复。② 在澳大利亚中部的土著居民中,"濒临死亡的人会不时跟巫医耳语,告诉他到底是谁施展魔法夺走了他的命,反复念叨这个人的名字",如果不这样做的话,"人们就得通过其他手段查找谁害了他的命,尽管运用这些手段迟早会有结果,也不费什么劲"。不过,只有在巫医显示给大家谁是真正的凶手之后,才由长老会决定是否实施报复。③ 在西澳大利亚的土著居民中,如果一个人死了,他幸存下来的朋友"会非常急切地寻找"那个施展法术夺去朋友性命的人。④

　　综上所述,为了论证复仇初始阶段的"无指向性"假设,斯坦梅 30 茨博士列举了很多事实,但这些事实只能表明,在特定的条件下——要么是出于情感冲动,要么是不知道真正的凶手是谁或抓不到真正的凶手——受害者一方才对毫不相干的无辜者施加报复。在受伤害的经历与受害者发泄愤恨的敌对性反应之间,存在着一种极其密切的关系;这个关系相当密切,即使在反应失去了目标的情况下,它仍然要表现出来。正如塞涅卡所说,"愤怒不仅仅

---

① Hale,*U. S. Exploring Expedition*. *Vol. VI.* —*Ethnography and Philology*,p. 115;转引自:Steinmetz,*op. cit.* i. 337。

② Fraser,*Aborigines of New South Wales*,p. 86.

③ Spencer and Gillen,*Native Tribes of Central Australia*,p. 476 *sq.*

④ Calvert,*Aborigines of Western Australia*,p. 20 *sq.*

针对其目标,也针对发泄过程中遇到的任何障碍物"。① 在感到愤怒而又无力伤害他人时,许多婴儿会"把头撞向柱子、屋墙甚至地板"。② 众所周知,马来人有一帮"胡作非为之徒","其中的亡命徒会不分敌友地杀人,无辜者往往遭殃",他们披头散发、表情疯狂地杀掉或伤害他们遇到的所有人,而不管这些人姓甚名谁。③ 然而,所有这些都不是报复,而是暴怒,是盲目的狂暴。如果一个人被上级羞辱了,便去羞辱下级,这不算真正意义上的报复。如果不直接针对真正的目标,这只能算是受伤的"自我感受"的发泄,这样发泄情感并不能真正地给予复仇者以安慰。

31　　　根据风俗习惯,世仇往往涉及某种连带责任。④ 如果冒犯者与受害者不属于同一家庭,他的亲人就得替他受惩罚;⑤ 如果冒犯

---

① Seneca, *De ira*, iii. 1.

② Stanley Hall, 'A Study of Anger,' *in American Jour. of Psychology*, x. 554.

③ Crawfurd, *History of the Indian Archipelago*, i. 67. *Cf*. Ellis, 'The Amok of the Malays,' in *Jour. of Mental Science*, xxxix. 325 *sqq*. 在安达曼群岛,"一个脾气很坏的人为了泄愤毁坏自己或邻居的财物",这类事情是屡见不鲜的(Man, 'Aboriginal Inhabitants of the Andaman Islands,' in *Jour. Anthr. Inst*. xii. 111)。卡尔尼科巴人在争吵很激烈时,其中一方会把自己的房子砸个稀巴烂(Kloss, *In the Andamans and Nicobars*, p. 310)。只是不能确定,上述案例中被惹火的一方破坏自家财物是被愤怒冲昏了头脑,还是有别的动机和意图。

④ *Cf*. Post, *Anfänge des Staats-und Rechtsleben*, p. 180; Rée, *op. cit*. p. 49 *sq*.; Steinmetz, *op. cit*. i. ch. vi.

⑤ 除了上述引证的资料来源外,还请参阅:Leuschner, in Steinmetz, *Recktsverhältnisse von eingeborenen Völkern in Afrika und Ozeanien*, p. 23(Bakwiri); *ibid*. p. 49 (Banaka and Bapuku); Rautanen, *ibid*. p. 341 (Ondonga); Walter, *ibid*. p. 390 (natives of Nossi-Bé and Mayotte, near Madagascar); von Langsdorf, *Voyages and Travels*, i. 132 (Nukahivans); Forbes, *A Naturalist's Wanderings in the Eastern Archipelago*, p. 473 (Timorese); Foreman, *Philippine Islands*, p. 213(Igorrotes of Luzon); Kovalewsky, in *Jour. Anthr. Inst*. xxv. 113 (People of Daghestan); *Idem*, *Coutume contemporaine et loi ancienne*, p. 248 *sq*. (Ossetes); Merzbacher, *Aus den Hochregionen des Kaukasus*, ii. 51 (Khevsurs)。

者与受害者不属于同一宗族,则他所在的整个宗族要为他犯下的罪恶承担责任;①如果冒犯者与受害者不属于同一部落,报复可能会施加到整个部落身上,他部落的任何成员都有可能受影响。②

　　布里奇先生说:"根据火地人的礼节和风俗,死者的亲属会惩罚与杀人犯有社会关系的任何一个人,让他们每个人的日子都过不好。"为血仇而报复的火地人绝不满足于惩罚杀人犯本人。如果杀人犯所属的土著人交出凶犯,火地人不仅会亲手杀了他,"还要他所有的朋友提供贡品,否则就得挨鞭子抽、挨石头砸"。③在不列颠哥伦比亚和温哥华岛,"父辈之间的仇怨会世代相传,世代友好的家族关系总是具有中断的危险"。④格陵兰人在为死者报复的时候一般要"拿人犯及其子女、堂兄弟或其他亲属的性命抵偿;如果没有子女、堂兄弟或其他亲属,他的邻居和熟人就得把命搭上"。⑤在毛利人中,报复血仇时可能涉及杀人犯的任何一个亲人,而"不管这种亲

---

　　① Bridges, in *A Voice for South America*, xiii. 207 (Fuegians). Dorsey, 'Omaha Sociology,' in. *Ann. Rep. Bur. Ethn.* iii. 369. Ridley, in *Jour. Anthr. Inst.* ii. 268 (Kamilaroi in Australia). Godwin-Austen, *ibid.* ii. 394 (Garo Hill tribes).

　　② von Martius, *Beiträge zur Ethnographie Amerika's*, i. 127 *sqq.* (Brazilian Indians). Crawfurd, *op. cit.* iii. 124 (natives of Celebes). Kohler, in *Zeitschr. f. vgl. Rechtswiss.* vii. 383 (Goajiros of Columbia). *Ibid.* vii. 376 (Papuans of New Guinea). Curr, *The Australian Race*, i. 70. Scaramucci and Giglioli, 'Notizie sui Danakil,' in *Archivio per l'antropologia e la etnologia*, xiv. 39. Leuschner, in Steinmetz, *Rechtsverhältnisse*, p. 23 (Bakwiri). *Ibid.* p. 49 (Banaka and Bapuku).

　　③ Bridges, in *South American Missionary Magazine*, xiii. 151 *sqq.*

　　④ Macfie, *Vancouver Island and British Columbia*, p. 470.

　　⑤ Cranz, *History of Greenland*, i. 178.

32　　属关系多么疏远".① 在塔纳人看来,"复仇经常导致罪犯的
兄弟或其他亲属被杀掉".② 在卡拜尔人中,"无论凶手是谁,
其家庭所有成员都会遭到血腥报复".③ 按照伯克哈特的说
法,贝都因人"不仅有权惩治真正的凶手,而且还可以惩治他
所有的亲人。所有这些,都是 *thár*,即血仇权利不可分割的
组成部分."④另一方面,仍是据伯克哈特观察,在贝都因人和
努比亚的伊比仍人当中:"贝都因人在复仇时会涉及很多人,杀
人犯五代以内的血亲都可能成为复仇的对象。但伊比仍人的
复仇不像贝都因那样扩大化,只有杀人犯的兄弟、儿子或第
一个堂兄弟才能替他偿命."⑤在希伯来人中也发现了依据连带
责任复仇的迹象。⑥ 这种做法在日本人⑦、韩国人⑧、波斯人⑨、
印度人⑩、古希腊人⑪和条顿人⑫中都曾经流行过,有的依然在

---

①　Shortland,*Traditions and Superstitions of the New Zealanders*,p. 213 *sq*.
Cf. *ibid*. p. 218 *sq*.

②　Turner,*Samoa*,p. 317.

③　Hanoteau and Letourneux,*La Kabylie*,iii. 61.

④　Burckhardt,*Notes on the Bedouins and Wahábys*,p. 85. See, also, Layard,
Discoveries in the Ruins of Nineveh and Babylon,p. 306; Lane,*Manners and Customs
of the Modern Egyptians*,i. 133.

⑤　Burckhardt,*Travels in Nubia*,p. 128.

⑥　2 *Samuel*,xiv. 7. *Cf*. *ibid*. xxi.

⑦　Dautremer,'The Vendetta or Legal Revenge in Japan,' in *Trans*. *Asiatic Soc*.
Japan,xiii. 84.

⑧　Griffis,*Corea*,p. 227.

⑨　Spiegel,*Erânische Alterthumskunde*,iii. 687. Polak,*Persien*,ii. 96.

⑩　Dubois,*Description of the Character*,*Manners*,*and Customs of the People
of India*,p. 195.

⑪　Leist,*Alt-arisches Jus Gentium*,p. 424.

⑫　*Gotlands-Lagen*,13.

奉行。在过去,威尔士人①和苏格兰人把这当作一种生活规则。② 现在,在科西嘉人③、阿尔巴尼亚人④和部分南斯拉夫人⑤中,这种做法依然存在。在南斯拉夫南部的黑山族⑥,如果杀人凶手没有被抓住,又没有别的亲戚可以为他抵罪,死者亲属有时会拿他同村或同一地区的居民报复,甚至跟杀人凶手同一宗教信仰、同一国籍的人也会遭殃。⑦ 阿尔巴尼亚人也有类似的情景发生,在那里,如果没有人为杀人凶手抵罪,那么某个跟罪犯说过一两句话的人可能就成了复仇的对象,尽管这个人与罪犯没有任何别的关系。⑧

对上述事实做解释并不困难。在论述所罗门岛人时,罗米利先生说了下面的话:"在需要施加惩罚的案例中,要想捉住真正的罪犯是非常困难的。没有参加过这项令人头疼的工作的人难以想象抓罪犯到底有多么难。"⑨这些话具有广泛的适用性。固然,杀人犯有时会被自己人抛弃,⑩但血亲复仇的机制似乎更经常地暗

33

---

① Walter, *Das alte Wales*, p. 138.

② Mackintosh, *History of Civilisation in Scotland*, ii. 279.

③ Gregorovius, *Wanderings in Corsica*, i. 179.

④ Gopčević, *Oberalbanien und seine Liga*, p. 324 sqq.

⑤ Miklosich, 'Die Blutrache bei den Slaven,' in *Denkschriften der kaiserl. Akademie d. Wissensch. Philos.-histor. Classe*, Vienna, xxxvi. 131, 146 sq. Krauss, *Sitte und Brauch der Südslaven*, p. 39.

⑥ 黑山,位于巴尔干半岛西南部的一个多山的小国。——译者

⑦ Lago, *Memorie sulla Dalmazia*, ii. 90.

⑧ Gopčević, *op. cit.* p. 325.

⑨ Romilly, *Western Pacific and New Guinea*, p. 81. Cf. Friedrichs, 'Mensch und Person,' in *Das Ausland*, 1891, p. 299.

⑩ 例如参见:Scott Robertson, *The Kàfirs of the Hindu-Kush*, p. 440.

示:不仅群体的所有成员都或多或少地参加复仇的活动,而且他们还在打击复仇者的战斗中互相保护。杀人经常引发家庭之间、宗族之间乃至部落之间的战争。① 战争发生时,整个群体都挺身而出,为罪犯的行为承担责任,因而,支持罪犯的任何同伴都会成为复仇的对象。在被侵犯的一方看来,罪过本身似乎在群体内蔓延。因此,谁要是与罪犯友好,或被认为同情了罪犯,谁就很可能激起报复的情感;在极端的情况下,他就可能替罪犯受惩罚。此外,由于同一群体内部存在着亲密关系,如果报复成功,族人受到了痛击,真正的罪犯将会因此而受辱。如果他死了,受打击的痛苦和屈辱将被认为进入了他的灵魂。威尔金斯先生说:"当无法直接打击罪犯本人时,孟加拉人觉得,惩治罪犯的孩子或其他家庭成员就等于惩治了罪犯。"② 在南斯拉夫人中,当类似的例子发生时,血亲复仇者会先杀死凶手的父亲、兄弟或成年的儿子,"以便给凶手造成沉痛的损失"。只有当这一企图被证明徒劳无功时,人们才会找比较疏远的亲属算账。③ 幼发拉底河流域的贝都因人更愿意杀死凶手两代以内亲属中的首要人物,而不是取凶手本人的性命抵罪;他们依据的原则是,"你杀了我的同胞,我也要杀你的同胞复仇"。④ 而加利福尼亚的尼西纳蒙人认为,"最厉害、最残忍的报复手段不

---

① 波斯特博士在其著作中这样讨论血亲复仇:"完全表现为两个宗族间的长期内斗。"(Post, *Die Geschlechtsgenossenschaft der Urzeit*, p. 156)不过,从冯·马修斯关于巴西印第安人血亲复仇的描述看,这一说法并不怎么站得住脚(von Martius, *op. cit*. i. 127 *sqq*.)。

② Wilkins, *Modern Hinduism*, p. 411.

③ Krauss, *op. cit*. p. 39.

④ Blunt, *Bedouin Tribes of the Euphrates*, ii. 206 *sq*.

是杀死凶手本人，而是杀死他最要好的朋友"。[①] 这些事例涉及的都是如何补偿幸存者所遭受的损失而不是死者所受的伤害，报复的目的在于剥夺罪犯、惩治罪犯，达到一种与罪犯惩治自身类似的效果。在马雷亚人那里，如果一个平民被一个贵族杀了，那么为此而进行的复仇并不直接针对凶手，而是针对隶属于贵族的某个平民。[②] 在吕宋岛的奎昂尼斯部落，如果一个贵族被一个平民杀了，那么凶手亲属中必定有一个贵族被杀掉来抵罪，而凶手本人则免受惩罚。[③] 在伊格罗特人中，如果一个男子杀死了另一家的女人，那么她的近亲属就会去杀掉凶手家的一个女人，而凶手本人则可以毫发无损。[④] 在所有这些复仇案例中，凶手本人并未被忘得一干二净，但遭受报复的却是与他相关的人，而不是他本人。有这样一个强有力的原则，在伤害与受惩罚之间要严格保持一致。也就是说，要以牙还牙，以血还血。如果把这一原则贯彻到极端，男人就不能为女人抵命，贵族也不能用平民偿命，平民的死亡也不能用贵族的性命赎回。如果盲目遵循这一原则，我们就很难思考什么是罪过、什么是无辜之类的问题。我们以后还会看到，这一原则并非来自复仇本身，而是受其他一些因素的影响。这些因素与复仇的情感混杂在一起，共同促成了复仇行为的发生。

然而，愤怒的特征就是在发泄对象上存在歧视，这一特征有逐

35

---

① Powers, *Tribes of California*, p. 320.

② Munzinger, *Ostafrikanische Studien*, p. 243.

③ Blumentritt, 转引自：Spencer, *Principles of Ethics*, i. 370 *sq.*。

④ Jagor, *Travels in the Philippines*, p. 213.

渐增强的趋势,即使是那些共同承担责任的情况也不能完全掩饰。豪伊特先生得出了如下结论:在澳大利亚的库尔奈人中,如果一个人被另一部落的人所杀,那么"只杀掉凶手并不算报了仇",复仇行为不仅仅针对凶犯本人,还针对他所属的整个群体。[①] "只要他们抓不到凶手",维多利亚西部的土著人就觉得必须杀死他最亲近的人。[②] 至于西澳大利亚的土著人,乔治·格雷爵士有如下评论:"他们惩罚罪犯的首要原则是,如果找不到凶手的话,凶手的所有亲属将受株连;因而,如果抓不到凶犯,犯人的兄弟或父亲将对此负责;如果这些都难以做到,那么任何落入复仇者手中的男性亲属或女性亲属将代他受罚。"[③] 在塔米群岛的巴布亚人中,只有在毫无可能抓住罪犯本人的情况下,才会向凶犯的其他家庭成员实施报复。[④] 在世界各地,在各种各样的民族中,都明确地坚持这一原则。[⑤] 如果对这一特殊方面给予更多的关注,原始生活的研究者和观察者可能会发现更多的事例可以支持这一观点。在火地人

---

① Fison and Howitt, *Kamilaroi and Kurnai*, p. 221.

② Dawson, *Australian Aborigines*, p. 71.

③ Grey, *Journals of Expeditions*, ii. 239.

④ Bamler, 转引自: Kohler, in *Zeitschr. f. vergl. Rechtswiss.* xiv. 380。

⑤ Riedel, *De sluik-en kroesharige rassen tusschen Selebes en Papua*, p. 434 (natives of Wetter). Chalmers, *Pioneering in New Guinea*, p. 179. Kohler, in *Zeitschr. f. vergl. Rechtswiss.* xiv. 446 (some Marshall Islanders). Merker, 转引自: Kohler, *ibid.* xv. 53 *sq.* (Wadshagga). Brett, *Indian Tribes of Guiana*, p. 357. Bernau, *Missionary Labours in British Guiana*, p. 57. Dall, *Alaska*, p. 416. Boas, 'The Central Eskimo,' in *Ann. Rep. Bur. Ethn.* vi. 582. Jacob, *Leben der vorislâmischen Beduinen*, p. 144. Kovalewsky, *Coutume contemporaine*, p. 248 (Ossetes). Popović, *Recht und Gericht in Montenegro*, p. 69; Lago, *op. cit.* ii. 90 (Montenegrines). Miklosich, *loc. cit.* p. 131 (Slavs). Wilda, *Strafrecht der Germanen*, p. 173 *sq.* (ancient Teutons)

中，当有人要对杀人凶手施加惩罚，而凶手在亲戚或朋友那里避难的时候，就会发生最严重的暴乱。[①] 根据冯·马修斯对巴西印第安人的观察所得，他们的一般规则是，即使杀人引发了部落之间的战争，死者的近亲属也会尽可能杀掉凶犯本人和他的家人。[②] 至于希腊的印第安人，霍金斯先生说，虽然凶手逃脱后他们会对他家庭里的某个无辜者复仇，但他们"在处死罪犯的态度上，总是非常严肃认真的"。[③] 在血亲复仇依然盛行的摩洛哥，情形仍是如此。

斯坦梅茨博士不但没能证明他关于复仇起初是"无指向性"的假设，而且，这一假设与我们关于早期人类复仇最有可能产生的观念差异迥然。就我自己的观点而言，我确信我们可以获得关于原始人类复仇情形的大量知识，但求知的方式不能只限于研究现代依然生存着的野蛮人。我在另外的地方比较详细地论述了这一问题。[④] 现在我只想指出，那些身体上和心理上的一般特性，不仅是人类普遍具有的，大多数与人类有关的动物也具有这些特征。可以设想，这些特征在人类发展历史的早期就已经存在了。现在，关 37 于动物之间，特别是猴子之间的复仇行为，值得信赖的权威人士已经告诉我们很多趣闻逸事，其中的每个案例都表明，复仇显然是针对冒犯者本人发起的。

　　作为"以审慎和精确著称"的动物学家，达尔文叙述了下面的故事："在好望角，一个官员经常骚扰一只狒狒。某个星

---

① Hyades and Deniker, *Mission scientifique du Cap Horn*, vii. 375.

② von Martius, *op. cit.* i. 128.

③ Hawkins, in *Trans. American Ethn. Soc.* iii. 67.

④ *History of Human Marriage*, p. 3 *sqq.*

期天,那只狒狒看见他正向它走来,它就在地上的洞里倒了些水,并迅速和了些泥巴。当那位官员从身边走过的时候,狒狒熟练地把泥巴扔到官员身上,惹起了许多旁观者的嬉笑。这件事过后很长时间,每当那只占了便宜的狒狒看到倒霉的官员时,就表现出洋洋得意的样子。"①罗曼尼斯教授认为,这个例子可以称为"经过深思熟虑的复仇","复仇者预先做了准备,假以时机,他们就获得了满意的复仇效果"。② 我认为,这一论述表达的观点比实际包含的内容还要多。无论如何,它记述了动物复仇的一个案例,这个案例也符合斯坦梅茨博士对复仇含义的界定。布雷姆和龙格尔记述了非洲和美洲的猴子、大象甚至骆驼是如何发怒、如何报复的,这些例子也说明了同样的道理。③ 按照帕尔格雷夫的说法,骆驼的复仇欲望十分强烈,而且在实施复仇前就有预谋,"表现出出人意料的深思熟虑,这与骆驼经常呈现出的冷漠而愚钝的样子大相径庭"。下面的故事发生在一个阿拉伯小镇,这里之所以引述它是因为动物心理学家似乎不关注这类案例。"一个十四岁左右的少年牵着匹身上载满木材的大骆驼,他们从少年所在的村子出发,经过半小时左右的路程到另外一个村子去。骆驼走走停停,有时候会偏离正路,牵骆驼的男孩就不断地抽打

38

---

① Darwin, *Descent of Man*, p. 69.

② Romanes, *Animal Intelligence*, p. 478.

③ Brehm, *Thierleben*, i. 156. *Idem*, *From North Pole to Eqtuator*, p. 305. Rengger (*Naturgeschichte der Säugethiere von Paraguay*, p. 52). Watson, *The Reasoning Power in Animals*, especially pp. 20, 21, 24, 156 *sq.*; Romanes, *op. cit.* p. 387 *sqq.*; but also Morgan, *Animal Life and Intelligence*, p. 401 *sq.*

它,他打得很厉害,它觉得他没有权利这么做。它伺机报复,但没有找到合适的机会停下来,只好'默默地等待机会的来临'。时机终于到了,而且恰当其时。几天后,这同一个少年又要役使这头骆驼从外地回自己的村子,不过这回骆驼身上没有驮任何东西。当他们走到半路,到了一个前不着村后不挨店的地方时,骆驼突然停下来不走了。它刻意观察了四周的动静,确信远近的视野中没有什么过路人,于是它向前跨了一步,把那个可怜孩子的头紧紧咬住,用它那张大嘴把他举到半空中,狠命地摔在地上。最后,男孩头盖骨的上半部都被撕破了,脑浆涂满一地。"[1]我们也获知,大象虽然对侮辱非常敏感,但即使在最痛苦、最心烦意乱的时候,也从未被激怒到伤害无辜的地步。[2] 在找到合适的对象发泄愤怒方面,动物有时候表现出令人瞩目的辨别能力。谈到下面的内容,就不值得大惊小怪了。有人用棍子戏弄笼子里的狒狒,狒狒很烦,但它不去抓那根棍子,而是去抓骚扰者的那只手。[3] 更有趣的是,当某位画家唆使他的仆人假装向大象嘴里扔苹果时,遭到戏弄的大象便对画家采取了报复行动。"仆人这样做惹恼了那头大象。似乎很明白是画家而不是仆人有意对它无礼,大象没有攻击仆人,它两眼盯着画家,从大鼻子里喷出大量的

---

[1]　Palgrave,*Narrative of a Year's Journey through Central and Eastern Arabia*,i. 40.

[2]　Watson,*op. cit*. p. 26 *sq*.

[3]　Aas,*Sjaeleliv og intelligens hos Dyr*,i. 72.

水，把画家作画的纸张给弄糟了。"①

在这些事实面前，还有谁相信早期人类的复仇在本质上是不分青红皂白的，后来才考虑到社会的利益而逐渐有所区分呢。我这样说绝不意味着，我否认对"自我感觉"的冒犯是引起愤怒的最常见、最有力的诱因。无论在野蛮人②还是文明人中都是一样的道理。即使是狗和猴子，在遭到嘲讽时也会发怒。世上再也没有比蔑视我们、轻侮我们的行为更容易引起我们的怒火，激起我们的报复欲望，再也没有比这种轻蔑更难以容忍和宽恕的了。身体遭到打击后，痛楚不久会消失，受侮辱引起的精神创伤却依然存在并要求得到补偿。这条古老的真理经常为人称道。根据塞涅卡的说法，"让我们愤怒的事情绝大部分是精神上的侮辱，而不是肉体上的伤害"。③ 普鲁塔克认为，虽然不同的人发怒的原因不同，但几乎所有的怒气都是由被蔑视或被无视的想法引起的。④ 培根则说："对人的蔑视比身体伤害更能把人推向愤怒的边缘。"⑤实际上，要解释各种各样的痛苦是如何引发怒气的，没有必要诉诸不同的原理与规则。在所有案例中，复仇都意味着要抵偿身体上或精

---

① Smellie, *Philosophy of Natural History*, i. 448.

② Turner, 'Ethnology of the Ungava District', *in Ann. Rep. Bur. Ethn.* xi. 270 (Hudson Bay Indians). Georgi, *Russia*, iii. 205 (Aleuts). Sarasin, *Ergebnisse naturwiss. Forschungen auf Ceylon*, iii. 537 (Veddahs). von Wrede, *Reisein Hadhramaut*, p. 157 (Bedouins). Winterbottom, *Native Africans in the Neighbourhood of Sierra Leone*, i. 211.

③ Seneca, *De ira*, iii. 28.

④ Plutarch, *De cohibenda ira*, 12.

⑤ Bacon, 'Essay LVII. Of Anger,' in *Essays*, p. 514.

神上受到的伤害,要给对方造成痛苦、损失或灾难。复仇情感中的这种愿望既是原始的,也是最本质的。就算在这一动机之上加上提升受伤害的"自我感觉"的愿望,也不妨害这种本质。确实有过一些发泄愤怒但没有满足其利己主义自豪感的例子。[①] 另一方面,受伤害的"自我感觉"的反应也未必首先与施加痛苦有关。如果一个人写了一本书,受到了严厉的批评,他也许会通过写一本更好的书来重塑自己的声誉,而不是采取羞辱批评者的下策。如果他采用了后一种策略而不是前者,他这样做不是为了提升"自我感觉",更多的是受制于报复欲望的驱使。博厄斯博士告诉我们,当不列颠哥伦比亚印第安人的感情受到伤害时,他就整天抑郁烦闷地坐着或躺着,不吃不喝,而"当他早上起床时,他的第一个想法不是怎么去报仇雪恨,而是怎样才能表明他可以胜过对手"。[②]

成功地发泄了怨恨就能获得满足感,从权力上也感到优越和愉悦。这些都构成了复仇情感的重要组成部分,但绝不是唯一的成分。[③] 由于任何一种愿望的满足都伴随着愉悦,发怒的愿望得到满足后也会带来愉悦。发怒的人或报复者成功地达到了目的,就会为他想惩罚的人遭受到痛苦而高兴。

于是,复仇就形成了情感链条上的一个中间环节,这些情感现象也许应当统称为"非道德怨恨"。在这条长链中,不能缺少任何一环。一种怨恨没有任何明确的愿望要给别人造成痛苦,一种怨

---

① Bain, *Emotions and the Will*, p. 177.

② Boas, *First General Report on the Indians of British Columbia*, read at the Newcastle-upon-Tyne meeting of the British Association, 1889, p. 19.

③ *Cf.* Ribot, *op. cit.* p. 221 *sq.*

恨则带有这样的愿望,一种怨恨不仅带有这种愿望,而且有意付诸实施。所有这些情感现象极其紧密地联系在一起,没有人能够说清楚一种怨恨是怎样转化为另一种怨恨的。作为一种精神状态,这些情感共有的标志性特征是对引发痛苦的人或事物采取攻击性态度。

至于它们的起源,进化论者几乎毫无所知。与保护性反应活动类似,怨恨对动物来说是一种保护措施,它是在后来逐渐发展出来的。它的内在目标是消除能够造成痛苦的起因,祛除那些危险的人或事物。当一个动物面对带给自己痛苦的另一个动物时,它可以逃之夭夭,也可以发起攻击。在前一种情况下,它的行为受恐惧的支配;而在后一种情况下,怨恨驱使它奋起反抗。它会采取哪一种态度取决于当时情景下哪种情感真正起决定作用。两者对动物的生存来说至关重要,它们也许还会被视为动物心智结构的构成要素,这种心智结构是通过自然选择的方式在生存斗争中培养出来的。我们已经注意到,打击敌人的冲动起初几乎不受残害敌手观念的左右。但是,成功的打击必然导致敌手受苦。随着智力水平的提高,作为怨恨的重要组成部分,使敌人受苦的愿望就自然而然地生发出来。寻求保护的需要由此在所有形式的怨恨土壤上扎下了根。

这种观点并不新颖。达尔文在世之前150年,沙夫茨伯里这样论述怨恨:"尽管它的直接目标就是打击罪恶、惩罚他人,但它显然属于这样一种情感:它为动物自身的利益服务,给它自己创造生存的有利条件;此外,它这样做对整个物种的生存和发展也有好处。"①万由若人②也表达过类似的观点。他说,人类易于发怒的原因以及发怒的目的,在于这样也许能更好地预防暴力侵犯,更有效地抵御敌对势力,而有意识的怨恨则是"自然赋予给我们的一个武器,我们可以用它来抵御伤害,预防不公正,规避残忍的迫害"。③ 亚当·斯密也认为,自然给了我们怨恨的权利,"它是用来保护我们的,而且它只是起保护作用",是"社会公正与纯洁无辜者的保护神"。④ 对于怨恨的目的,几位进化论者持非常类似的观点。当然,他们不满足于仅仅说"这种情感是自然赋予给我们的"就作罢,而是尽力去解释它是如何发展起来的。赫伯特·斯宾塞先生说:"对同一物种来说,那些对所受侵害没有任何明显怨恨表示的个体肯定已经趋于灭亡了;而只有那些能够在受到侵害时给予反击的个体才保存下来。"⑤斯坦利先生引用容克的观点评论非洲的俾格米人:"他们对自己表现出的复仇精神感到恐惧。⑥ 在其他条件一样的情况下,最富有复仇精神的最有可能在自我保存与自我发展的斗争中取胜。"⑦斯坦梅茨博士曾经批评过这种进化论的复仇说,但在我看来,这种批评是不成

42

---

① Shaftesbury, 'Inquiry concerning Virtue or Merit,' ii. 2. 2, in *Characteristicks*, ii. 145.

② 万由若人,中非的一支土著居民。——译者

③ Butler, 'Sermon VIII. — Upon Resentment,' *op. cit.* p. 457.

④ Adam Smith, *Theory of Moral Sentiments*, p. 113.

⑤ Spencer, *Principles of Ethics*, i. 361.

⑥ Junker, *Travels in Africa during the Years* 1882-1886, p. 85.

⑦ Hiram Stanley, *op cit.* p. 180. *Cf.* also Guyau, *Esquisse d'une Morale sans obligation ni sanction*, p. 162 *sq.*

功的。他认为,复仇的情感对动物没有任何用处,而复仇的行为则可能有实际的好处。① 根据这种推理,整个精神生活将不受自然选择的影响和制约。这样的推论是建立在身心关系的虚假观念之上的,因而最终得出的因果判断是错误的。

我们的视野应该从非道德的怨恨转移到道德义愤上来。语言表述本身就表明,道德义愤与愤怒是紧密相连的:我们感到愤慨可以基于道德之外的原因,我们可以感到"正义的愤慨"。就外在表现而言,这些情感之间的关系也是昭然若揭的。当这些情感非常强烈时,它们的外在表现就呈现出相似的特征。当一个人感到强烈的道德义愤时,他就会表现出发怒的样子;② 而且,他的表现也适合广义的愤怒概念。这种关系虽然经常被人忘却,道德学家却确认这种关系的存在。大约在两千年前,波利比奥斯写道:"如果一个身陷危机的人被人搭救,或一个遭遇困境的人得到了别人的帮助,他不仅没对恩人表示感激之情,反而以怨报德,企图加害恩人,那么,当其他人得知此事后,就会设身处地地为这个好人着想,对他报以同情,就会对这个忘恩负义的人表示不满甚至攻击。因此,每当遇到责任的意义与理论之类的问题时,就会生发出一种观念来,而这种观念既是正义的起点,也是正义的终点。"③ 在哈特利的眼里,怨恨和感恩是密切相关的。④ 亚当·斯密把"公正的观

43

---

① Steinmetz, *Ethnol. Studien*, &c. i. 135.
② 例如,请留意米开朗基罗的作品《摩西》。
③ Polybius, *Historiae*, vi. 6.
④ Hartley, *Observations on Man*, i. 520.

众"的怨恨作为其道德情感理论的基石。[①] 万由若人发现，突发的愤怒与有意发作的愤怒之间存在本质的区别：后者有一个自然而正当的目的，即"预防可能发生的伤害或冤屈。"[②]对约翰·穆勒来说，至少正义的情感似乎来自"动物抵制伤害与复仇的欲望，或者在那些值得同情的人面前表现出来"。[③]

像非道德的怨恨一样，道德义愤或道德上的不赞同是一种指向痛苦源头的敌对态度。在下一章我们将看到，二者之间都以类似的方式取决于对"什么是痛苦的源头"这一问题的回答。这一事实既强有力地证明了二者之间的密切关系，也揭示了道德意识的某些主要特征。不仅如此，道德义愤与非道德怨恨在下列方面也有相似之处：在各种各样的情况下，攻击性会针对那些并未造成什么伤害的无辜者而发。在某些血亲复仇的案例中，罪犯的过错往往由群体共同担负；这一证据表明，复仇不仅仅是个人私事，而且像风俗习惯一样具有约束力。由此引起的惩罚——就这个概念的严格意义而言，它比私人复仇习俗更明确地表达了公众的愤怒或道德义愤——通常同样地不分青红皂白。

像私人复仇一样，惩罚会基于同样的原因，在无法抓到犯罪者本人的情况下，施加到罪犯亲属的头上。威廉斯先生说："在斐济，人们认可代人受过的做法。"那里曾经发生过这样一件事：一个粗心大意的武士把装了火药的土枪弄走火了，结果误伤了好几个人，他由于害怕而逃跑了。部落首领根据这个案子的具体情况把他判

44

---

① Adam Smith, *op. cit. passim.*

② Butler, *op. cit.* p. 458.

③ Stuart Mill, *Utilitarianism*, p. 79.

处死刑,结果,罪犯年迈的父亲被抓起来绞死了。[1]

在另外一些案例中,一个无辜者替别人抵罪而被杀,不是因为抓不到真正的罪犯,而是基于以牙还牙的规则。惩罚原本是针对罪犯的,但受惩罚更多的是别人。《汉谟拉比法典》中说,"如果建造房子的人建造了一所不牢固的房子,房子倒塌后砸死了主人,那么,建房人就应当被判处死刑"。但是,"如果导致了房主儿子的死亡,那么建房人的儿子就要被处死"。[2] 同理,"如果一个男子殴打了某位绅士的女儿,导致她堕胎,他就会因此损失十枚银币"。但是"如果那个女人死了,这个男人的女儿就会被处死"。[3] 加森先生对存在于澳大利亚迪埃利人中的风俗习惯做了如下报道:如果一个人在打斗中无意杀人,那么,这个案子可能基于相似的原则判决:"如果凶手有哥哥,他的哥哥将替他偿命;如果他没有哥哥,他的父亲将替他偿命。万一他一个男性亲属也没有,就没有什么人代他受过了,他自己必须死。"[4]

这种做法的极端,就等于无视无辜者所遭受的苦难。这种冷漠的态度与其说是出于铁石心肠,不如说是出于家庭团结的强烈感情。无数显而易见的事例证明,罪犯本人及其家庭成员都因受牵连而共担惩罚,这同样是由于血浓于水的感情在发挥作用。

45　　　　在阿特卡的阿留申人中,在惩罚某些罪犯时遭受株连的

---

① Williams and Calvert, *Fiji*, p. 24.

② *Laws of Hammurabi*, 229 sq.

③ *Ibid*. 209 sq.

④ Gason, 'Manners and Customs of the Dieyerie Tribe,' in Woods, *Native Tribes of South Australia*, p. 265.

人如此之广，就连罪犯的妻子也难以幸免。① 在奴隶海岸说埃维语的民族中，"如果发现有人利用珩霆和洛科两个神的名义整死或试图整死他人，他将被处死，他的家人则一并贬为奴隶"。② 在马塔贝勒人③中，如果巫医宣布，有人念咒语伤害了别人，这个人"将立即被处死，他的妻子和整个家庭都会遭到同样的命运"。④ 在白尼罗河的希卢克人中，"对杀人凶手的惩罚是处死，而他的妻子和家人则被苏丹收领，受苏丹的奴役"。⑤ 在卡菲尔人⑥中，如果所犯的过失冒犯了国王，那么不仅要惩罚犯罪者本人，他全家都跟着遭殃。⑦ 根据直到现在依然存在的法律条款，马达加斯加的土著人在惩罚某些罪犯时，会把罪犯的妻子儿女当作奴隶役使。⑧ 按照克劳弗德的观点，在马来群岛的部分地区，父子是不可分割的一体，因而一个人受惩罚，另一个人也要受惩罚。⑨ 巴厘的法律规定，施行了某些巫术的人将被处死，"如果犯罪事实已经清楚，还要处死他的父亲和母亲，他的子女和孙子女。让他们统统死掉，在这个土地上不再保留任何与他有亲属关系的人。同样地，

---

① Petroff,'Report on Alaska,' in *Tenth Census of the United States*,p. 158.

② Ellis,*Ewe-speaking Peoples of the Slave Coast*,p. 225.

③ 马塔贝勒人，居住在非洲津巴布韦的祖鲁人。——译者

④ Decle,*Three Years in Savage Africa*,p. 153.

⑤ Petherick,*Travels in Central Africa*,ii. 3.

⑥ 卡菲尔人，非洲班图人的一支。——译者

⑦ Ratzel,*History of Mankind*,ii. 445.

⑧ Sibree,*The Great African Island*, p. 181. Ellis,*History of Madagascar*,i. 174,175,193.

⑨ Crawfurd,*op. cit*.i. 82.

他们的财产也将充公".①

按照中国人的古训,犯罪的责任更多地是由整个家庭共同承担的。对那些弥天大罪而言,罪犯所有的男性亲属都要为他的行为承担责任。如果是叛国罪,罪犯的每一个男性亲属,不论辈分如何,只要跟他住在一个屋檐下,都注定要被处死;年幼的男孩可以免于死亡,但他们活命的唯一条件是变成太监,到皇宫里服役。② 在古代墨西哥,反叛者及其共谋者不仅本人被处死,他们四代以内的孩子和亲属还要充当奴隶。③ 按照雅典的法律,渎圣罪者和叛国罪者将连同其后代一起被驱逐出国境。④ 亚里士多德提到过这样一个渎圣罪的事例,"罪犯的尸骨从坟墓里被挖掘出来,扔到阿提卡的边界外;他的整个家族都被流放到国外,永远不得返回故乡;接着,他所在的城市被清洁了一遍"。⑤ 马其顿人的法律规定,谋反帝王和君主的人,其家人也应受到惩治。⑥ 在这一问题上,哈利卡纳苏斯的狄奥尼修斯对希腊和罗马做了比较研究。他宣称,"一些希腊人认为,惩治暴君的时候把他们和他们的儿子一同处死是合乎道理的;而另外一些人觉得,把他们永远地流放到外地就可以了"。罗马人的原则是"如果父亲犯了什么罪,儿

---

① Crawfurd, *op. cit*. iii. 138.

② Douglas, *Society in China*, p. 71 *sq*. *Ta Tsing Leu Lee*, sec. ccliv. p. 270.

③ Bancroft, *Native Races of the Pacific States*, ii. 459.

④ Meursius, *Themis Attica*, ii. 2, in Gronovius, *Thesaurus Graecarum Antiquitatum*, v. 1968.

⑤ Aristotle, *De republica Atheniensium*, 1. *Cf. ibid*. 20.

⑥ Curtius Rufus, *De gestis Alexandri Magni*, vi. 11. 20.

子应当免受惩罚,不管他恰好是暴君的儿子、弑亲者的儿子还是叛国者的儿子"。① 不过在马尔西战争和诸多内战以后,人们不再遵守这个原则了。② 后来,尽管阿卡狄奥斯明确规定对罪犯的惩罚只涉及罪犯本人,③但叛国罪另当别论。他以帝王的仁慈对罪犯的儿子予以宽恕,让他们保留性命,但为了执法严明,他们要继承父辈的叛国罪名。这一难以洗却的污点,表明他们分担了对父辈的惩罚。但是,这还不够,他们也不能继承遗产;他们必须被置于极度贫困的境地,永远遭受饥馑之苦;他们不能享受任何荣誉,也不得参加任何宗教仪式。他们的父辈将遗臭万年,恶名将永远与他们相伴随,把他们的处境搞得极其悲惨,让他们感到活着就要遭罪,倒不如死了才能得到些安慰。④ 在克努特大帝之前,盎格鲁-撒克逊人如果犯了罪被处罚金,他的孩子,即便是还在摇篮里养着的婴儿,也要被卖作奴隶以支付罚款,因为"贪婪的人认为,孩子同样有罪——仿佛孩子已经具备了判断力似的"。⑤ 后来的情形更糟,被剥夺公民权的逃犯,其儿子也没有公民权;这种悲惨局面经由忏悔者爱德华的努力而有所改观——他提出,父亲在被褫夺公民权之前生的儿子不能拥有公民权;而此后出生

---

①　Dionysius of Halicarnassus,*Antiquitates Romanae*,viii. 80.

②　*Ibid*. viii. 80.

③　*Codex Iustinianus*,ix,47. 22.

④　*Ibid*. ix. 8. 5.

⑤　*Laws of Cnut*,ii. 77. *Cf*. Lappenberg,*History of England under the Anglo-Saxon Kings*,ii. 414; Wilda,*op. cit*. p. 906.

47　　的儿子则是合法公民。① 中世纪有一条不变的规则，就是要
　　　没收冥顽不化的异教徒的全部财产，这一规则建立在以下理
　　　由之上：异教徒的罪过如此之大，以致与他相关的所有东西都
　　　是不洁的。② 罗马教皇亚历山大四世也禁止异教徒两代以内
　　　的后裔参加教会礼仪。③ 由于宗教的影响，私生子不仅被剥
　　　夺了继承权，而且还被某些法律条文视为几乎毫无权利的人，
　　　其地位与抢劫犯和窃贼无异。④ 根据中世纪法国的法律，如
　　　果一个人自杀身亡，不仅他的财产将被没收，他妻子的私人财
　　　产所有权也会被剥夺。⑤ 即使到了 18 世纪后半叶，法国法律
　　　还有这样的规定：如果有人试图谋害国王的生命，他的整个家
　　　庭将被驱逐出境。⑥ 而且，在欧洲各国，直到最近一段时
　　　间——在英格兰是 1870 年——没收财产仍然是惩罚某些罪
　　　行（包括自杀）的合法手段。⑦ 这意味着，万一抓不到罪犯本
　　　人，就强迫他的家人接受惩罚，至少要剥夺他们的财产权。谈
　　　到这里，就更不必说在我们生活中常见的"社会关系连带性惩
　　　罚"，即父辈的过失给孩子造成痛苦。

---

① *Leges Edwardi Confessoris*, 19.

② Lecky, *History of Rationalism in Europe*, ii. 36, n. 1. Eicken, *Geschichte und System der mittelalterlichen Weltanschauung*, p. 572 *sq*. Paramo, *De origineet progressu Sancti Inquisitionis*, p. 587 *sq*.

③ Eicken, *op. cit.* p. 573.

④ *Ibid*. p. 573.

⑤ Du Boys, *Histoire du droit criminel des peuples modernes*, ii. 236.

⑥ Hertz, *Voltaire und die französische Strafrechtspflege im achtzehnten Jahrhundert*, p. 27.

⑦ Stephen, *History of the Criminal Law of England*, i. 487 *sq*. ; iii. 105.

　　为了解释这些事实,我们有必要记起以前在复仇的集体责任问题上所说的话。说到中国关于家庭凝聚力的古训,高延博士评论道:"从政府的观点看,在这种古训的影响下,家庭而不是个体的人被看作社会最微小的细胞,是国家最基本的分子;每个个体则淹没在家庭生命周期的循环往复中。"① 这个古训假设,只要家庭中有人犯罪,不管是什么罪行,其他家庭成员在某种程度上就是从犯。凯姆斯勋爵说:"人类的本性并没有邪恶到可以毫不掩饰地惩罚公认的无辜者的地步。人的想象力中有一种奇怪的偏见,它把主犯的品行推延到从犯身上,并为施加不公正的惩罚铺平了道路。对残暴罪行的义愤使这种偏见走得更远,受这种偏见的影响,心智匆匆忙忙地得出这样一个结论:罪犯所有的亲戚都参与了罪行的实施。"② 我们在古老的民族中也碰到这样一个信仰,那就是"老子王八儿混蛋",这个信仰被认为符合自然的规律。普鲁塔克说:"孩子就像一件艺术品,它身上有生产者的影子。孩子与它的父亲是相像的,因为它不仅来源于他,而且是他的产品。它分享他所拥有的一切,无论是荣誉还是惩罚。没有比这再公平合理的了。"③ 古希腊有一句格言,"如果一个人杀了别人的父亲,却放走了他的儿子,他就是个大傻瓜"。④ 据此,毁灭罪犯的整个家庭,使其不再产生危害,可能不仅是一种复仇行为,也是预防不测的措施。这对叛

---

① de Groot,*Religious System of China*（vol. ii,book）i. 539.

② Kames,*Sketches of the History of Man*,iv. 148.

③ Plutarch,*De sera numinis vindicta*,16. *Cf*. Dionysius of Halicaruassus,*op. cit*. viii. 80.

④ Schmidt,*Ethik der alten Griechen*,ii. 126.

国罪而言尤其有效，因为叛国罪通常需要同谋和帮凶。有很多罪过得到的处罚不仅罪犯本身承受，还殃及其他人。在所有这类罪过中，叛国罪是最普遍、最常见的。这种罪行也最容易引起那些有权惩治者的憎恨。因而，对叛国罪的惩治就与复仇行为紧密相关，施加惩治通常就不做恰如其分的区分和辨别了。而且，由于惩罚扩大到了罪犯家人身上，罪犯所受的惩处就更重了。假如罪行具有亵渎圣物的性质，与罪犯有关的任何人都会被认为是不洁的，罪犯所居住的整个社群也是不洁的。

神在司掌法律与正义时还不如人类的辨别力强。如果是整个
49　群体做的事，他们会让某个人担当责任。社群里有人作恶，他们会拿整个社群问罪。他们会把父辈和祖辈犯下的乱子归罪到他们的孩子和后代身上。

　　　　西布尧人是沿海达雅克人的一个部落，“他们持有如下观点：一个未婚先孕的女子肯定冒犯了至高无上的权威，而这个权威通常不追究这个女子的责任，而是通过让这个部落的人遭受不幸来惩罚整个部落。于是，他们一旦发现有恋人怀孕，就对他们处以罚金，用一头猪作祭品献给被冒犯的天帝，慰藉它，不然的话，疾病和灾祸就会随之而来。在通过宗教仪式赎罪之前的一个月内，无论谁遭遇了严重的事故或被水溺死，人们都要对他处以大笔罚金。”[1]按照中国人的信仰，国君如行不义，整个国家都要担当罪责。道或天帝的精灵听从上天的

---

　　① St. John, *Life in the Forests of the Far East*, i. 63.

命令对整个国家施加惩罚。① 中国最流行的观点是，精灵向凶犯复仇时会给凶犯的后代带来疾病和死亡。② 千百年来，丰富的文学作品不断地赋予这种观念新的灵感。当出生的婴儿有残疾或畸形时，日本人会说，孩子的父母亲或祖先一定做过什么大逆不道的事，犯过极大的罪恶。③ 吠陀时代的印度人请求伐楼拿④宽恕他们父辈的罪恶。⑤ 吠陀诗人说："神明啊，我们自己犯下的罪，请您怜悯和宽恕；对我自己，请不让我再有不端之举；至于别人的罪过，请不要让我代为抵偿。"⑥根据古希腊神圣报偿的理论，社群成员犯了罪，整个社群就要遭受苦难，父亲犯了罪，儿子就要为他抵罪。⑦ 赫西俄德说，如果一个人犯了罪，他所在的整个城镇都要遭受饥馑、瘟疫的惩罚，那里的妇女将不能生育孩子，那里会损失军队和船只。⑧ 为了抵偿第五辈祖先巨吉斯的罪恶——他杀了自己的主人并篡夺了王位——克洛伊索斯丧失了自己的王国。⑨ 库提索洛斯营救了阿塔玛斯——阿开亚人正要代表他们的国家把他当 50

---

① de Groot, *op. cit.* (vol. iv. book) ii. 432,435. Davis, *China*, ii. 34 *sq.*

② de Groot, *op. cit.* (vol. iv. book) ii. 452.

③ Griffis, *Mikado's Empire*, p. 472.

④ 伐楼拿(Varuna)，婆罗门教神名，被称为"宇宙大王"和"秩序的维护者"，即吠陀中的司法神。——译者

⑤ *Rig-Veda*, vii. 86. 5. *Cf. Atharva-Veda*, v. 30. 4; x. 3. 8.

⑥ *Rig-Veda*, ii. 28. 9. *Cf. ibid.* vi. 51. 7; vii. 52. 2.

⑦ Nägelsbach, *Nachhomerische Theologic des griechischen Volksglaubens*, p. 34 *sq.* Schmidt, *op. cit.* i. 67 *sqq.* Farnell, *Cults of the Greek States*, i. 76 *sq.*

⑧ Hesiod, *Opera et dies*, 240 *sqq.*

⑨ Herodotus, i. 91.

作祭品奉献出去——才熄灭了众神对他后代的怒火。① 听到妻子死亡的消息，忒修斯惊叫道："这种天外来祸一定是某个祖先作恶导致的结果，它来自遥远的地方，正要降临到我的头上。"②在希伯来人的观念里，罪恶会通过个人影响到国家，犯罪者的后代也将蒙受耻辱。③ 在以色列人中，由于亚干④犯了罪，上帝的怒火将殃及该族的孩子。⑤ 以利的儿子们犯了罪，他的整个家人都会受牵连，他的罪行将世世代代继承下去。⑥在大卫年间，扫罗杀害了基遍人，上帝让他所在的地方饱尝三年的饥馑，只有当扫罗的七个儿子都被绞死的时候，庄稼才有了收成。⑦ 玛拿西的罪过甚至要由约西亚统治下的素质更好的后代人抵偿。⑧ 在《旧约次经》中经常看到这样的文字：嫉

---

① Herodotus, vii. 197.

② Euripides, *Hippolytus*, 831 *sq.*

③ Oehler, *Theology of the Old Testament*, i. 236. Dorner, *System of Christian Doctrine*, ii. 325. Montefiore, *Hibbert Lectures*, p. 103. Robertson Smith, *Religion of the Semites*, p. 421. Schultz, *Old Testament Theology*, ii. 308. Bernard, ' Sin, ' in Hastings, *Dictionary of the Bible*, iv. 530, 534.

④ 亚干，以色列犹大支派中的一个人。《圣经·约书亚记》第七章中记载，以色列人进入耶利哥城之后，约书亚吩咐以色列人，不可取迦南地当灭的物，否则就会连累以色列的全营，使全营受咒诅。而亚干因为贪婪，取了衣物和钱财，并藏了起来。后来以色列人与艾城的交战失败，三十六人被敌人杀死，耶和华晓谕说因为以色列人中有人违背了所吩咐的约。亚干最终被取出来，他也承认得罪了神和以色列全族。——译者

⑤ *Joshua*, vii. i.

⑥ 1 *Samuel*, ii. 27 *sqq.*

⑦ 2 *Samuel*, xxi. 1 *sqq.* 撒母耳记下："大卫年间有饥荒，一连三年，大卫就求问耶和华。耶和华说：'这饥荒是因扫罗和他流人血之家，杀死基遍人。'"

⑧ *Deuteronomy*, i. 37; iii. 26; iv. 21. 2 *Kings*, xxiii. 26; xxiv. 3. *Jeremiah*, xv. 4 *sqq.*

妒而多疑的上帝把父辈的罪恶归咎于孩子们——直到第三代和第四代子女,[1]从而招致这些人的怨恨。"罪犯给孩子们的遗产必须毁掉,他们的后代将永远遭受谴责。"[2]"必须把邪恶花坛里的种子挖掘出来。"[3]信仰基督教的各民族中也保留着这种观念。教会法规把这种观念视为一个重要原则,人世的司法与公正都要以此为摹本,[4]英诺森三世也曾引用它作为提出一个教皇令——该令批准没收异教徒的财产——的依据。[5]直到最近,苏格兰还流行这样一种信仰:对残暴、欺压和不端行径的惩罚可以以诅咒的形式延及作恶者的后代,直到第三代和第四代。这个信仰不局限于普通百姓,"所有等级的人都受其制约;很多人相信,如果诅咒没有落到第一代或第二代子女身上,它必然会落到接下来的几代人身上"。[6] 按照这样一个教条——整个人类都应当为第一对夫妇的罪恶而遭受惩罚——群体成员共同承担罪犯责任的学说就走到了 51 尽头。

起初,人类把自己所有的精神属性赋予他们的神明,使神明具备了相似的性情,而且,在人类的想象中,这些神明会和自己一样

---

① *Exodus*,xx. 5;xxiv. 7. *Numbers*,xiv. 18. *Deuteronomy*,v. 9. *Cf. Leviticus*,xxvi. 39.

② *Ecclesiasticus*,xli. 6. *Cf. ibid.* xvi. 4;xli. 5,7 *sqq.*

③ *Wisdom of Solomon*,iii. 16. *Cf. ibid.* iii. 12,13,17 *sqq.*

④ Eicken,*op. cit.* p. 572.

⑤ Lecky,*History of Rationalism in Europe*,ii. 37 n.

⑥ Stewart,*Sketches of the Character*,*&c.*,*of the Highlanders of Scotland*,p. 127.

发怒,一样具有报复心理。于是,在很多情况下,神明对人世的报应也只不过是发一通火而已,正如个人复仇的行为一样,神明在发泄愤怒时也倾向于惩罚冒犯者本人以及与他亲近的人。普鲁塔克甚至认为,对一个城市来说,如果过去的居民犯了罪,神明却要为此对现在的全体居民施加惩罚,那么这个城市应当为自己辩护,因为一个城市是"一个连续性很强的实体,是一种不随时代变迁而改变性质的生命体,他总是对自身怀有同情之念,并与自身保持一致"。因而,"只要这个社群依然保持团结,依然具有凝聚力,它就会为了公众的利益而为这里发生过或正在发生的事情做出回应"。[①] 他还进一步指出,一个人犯了罪,还不能说他是个坏人或罪人,他本性中还必须具备罪恶的种子;神洞察人类的本性,熟知每个人的性情,神更愿意把犯罪扼杀在萌芽状态,而不是等待罪恶的种子生长出来并成熟结果。[②]

　　神明的报应之所以超出个人的罪过之外,还有一些特殊的原因。人类的怨恨之情何去何从是人生经验的事,而神明的怨恨之情则依赖于推断。有些特别的苦痛来自神谴,是根据所犯罪行的特殊性质厘定的,是神明直接推断的结果;神明的某些推想也能导致这种类型的神谴发生,按照这些推想,某些罪过就其性质而言是不可宽恕的,不惩罚不足以平怨愤。现在,人生经验中的很多事例表明,罪犯本人逃脱了所有惩处,一直到死都逍遥法外;因而,人们自然很容易得出这样的结论:后代人所遭遇的任何严重灾祸,最终

---

① Plutarch, *De sera numinis vindicta*, 15.
② *Ibid*. 20.

来自天谴,是被触犯的神明在推延其报应的结果。① 这个结论就 52
与普通人关于神力的观念非常一致。对于那些不持有人死之后地
狱会惩罚恶人这一观念的人来说,神力尤其具有奇效。在那些相
信人死后依然热心关怀家人幸福的地方,②后代人所遭受的痛苦
就是对自己的惩罚。正如高延博士论述的那样,按照中国人的古
训,神灵对罪犯的报复可以降临到罪犯的后代身上,这一古训完全
符合他们的观念——"对罪犯及其后代的生活最痛苦的惩罚是后
世香火不旺甚至绝户,即缺少或没有男性后代,这样他将老无所
养,在悲惨与饥饿中度过一生,死后没有人给他装殓尸体,没有人
埋葬他,没有人给他举办葬礼,更没有人拿祭品供奉他。"③

由于某人犯了罪,有些无辜者不得不承受苦难,这种情况并不
总是被视为神灵发怒的直接后果。人们通常把这类情况归因于罪
恶的传染性。罪恶被认为是肮脏的东西,经接触可以传染给别人,
父母亲的罪恶就可以经接触传染给孩子。

> 塔希提人④的葬礼就是这种观念的完美体现。"死者的
> 房子建造起来之后,尸体就被放置在平台或棺材架上,祭司让
> 人在平台落脚的地上或地板上挖个洞。他就在这个洞上面按
> 照死者亡灵的请求向神明祈祷。祷告词的主要意思是,死者
> 的所有罪恶,尤其是其灵魂被召唤的人的罪恶,都安放在了这

---

① *Cf*. Isocrates, *Oratio de pace*, 120; Cicero, *De natura Deorum*, iii. 38;
Nägelsbach, *op. cit.* p. 33 *sq*.

② *Cf*. Schmidt, *op. cit.* i. 71 *sq*. (ancient Greeks)

③ de Groot, *op. cit.* (vol. iv, book) ii. 452.

④ 塔希提人,南太平洋塔希提岛土著居民。——译者

个洞里,它们丝毫也不会附着在生者的身上,希望这样能使神明息怒。"在葬礼进行的过程中,所有来参加悼念仪式的人必须小心谨慎,因为人们相信死者的罪恶可以污染那些接触过尸体的人。一旦安放罪恶入洞的仪式完毕,所有接触过死者尸体和衣服的人,都要把跟死者有接触的物件埋起来或烧掉,然后跳到大海里把自己清洗得干干净净,这样就免遭死者罪恶的污染了。[①]在新西兰的某个地方,"当地人设想可以把部落里所有的罪恶都转移到一个人身上,他们举行这样的仪式:用羊齿植物的枝条把这个人捆绑起来,让他跳到河里,在水中把这些枝条松开,一起随着河水漂流到大海里去,从而把所有的罪恶都带走"。[②]易洛魁人每年一月、二月或三月初都举行白狗宴,[③]根据权威人士的说法,这种白狗宴就是转移罪恶的一个仪式。[④]1755年,白人妇女杰米森女士被印第安人捕获了,通过跟他们接触,她对这个仪式做了如下记录:在议事厅门前把两只洁白无瑕的白狗绞死并吊起来。人们指定十到二十个活跃人物组成一个"委员会",用来监督仪式的进程。第四天或第五天,"委员会成员把所有的罪恶精灵都收集起来,当下就把它们统统驱赶走,并把部落里所有的罪恶——不管数量多少、程度深浅——都集中到自己身上。到了第八天或

---

① 　Ellis, *Polynesian Researches*, i. 401 *sqq.*

② 　Taylor, *Te Ika a Maui*, p. 101.

③ 　Beauchamp, 'Iroquois White Dog Feast,' in *American Antiquarian*, vii. 236 *sq.* Hale, 'Iroquois Sacrifice of the White Dog,' *ibid.* vii. 7.

④ 　Beauchamp, *loc. cit.* p. 237 *sq.*

第九天,委员会已经在众目睽睽之下把所有罪恶都装入了自己体内。他们把那两只狗取下,其中一个头人熟练地施展魔法,把所有罪恶从他们体内排出来,将它凝聚成一体,然后输送到两只狗身上。这样,狗身上就负载了人的罪恶。人们把狗扔到一堆木头上,点把火把它们烧掉。随着硝烟散尽,罪恶也就伴随着两只白狗销声匿迹了。"①印度的巴达加人在举行葬礼时,"一个老者会站在死者身旁,祈祷死者不要进地狱,祈祷世上所有的罪恶都被宽恕,祈祷罪恶转移到小牛身上,这个小牛被放到丛林里去,无须干任何畜力活"。② 斯凯勒先生在突厥斯坦的尤基-库尔干看到这样一个老人,他总是不停地祷告,据说他是一个 *iskatchi*,即"专门靠收集死者的罪恶并放置到自己身上为生的人,因而,他一生都在为死者的灵魂祈祷"。③

在古老的秘鲁,印加人在承认自己犯的罪行后,要到邻近的河流中沐浴,沐浴时要不断重复这样的套话:"河流啊河流,我今天在光天化日之下坦白了我的罪恶,请您接收它们,把它们带到大海里去,再也不要让它们重现。"④根据吠陀信仰,罪恶是一种污染源,它可以玷污别的东西,它可以遗传给后代,

54

---

① Seaver, *Narrative of the Life of Mrs. Mary Jemison*, p. 158 *sqq*. *Cf*. Mr. Clark's description, 转引自:Beauchamp, *loc. cit*. p. 238。

② Thurston, 'Badágas of the Nilgiris,' in the Madras Government Museum's *Bulletin*, ii. 4. *Cf*. Metz, *Tribes inhabiting the Neilgherry Hills*, p. 78; Graul, *Reise nach Ostindien*, iii. 296 *sqq*.

③ Schuyler, *Turkistan*, ii. 28.

④ Tylor, *Primitive Culture*, ii. 435.

还通过各种各样的方式传染,①罪犯可以把它从自己身上赶走,转移到敌人身上,②或者调用水神把它冲洗走,让火神把它烧掉。③罪恶可以在各种各样水神的威力下得到清洗和涤荡,它可以被身负水神之功的伐楼拿洗刷干净,④也可以被另一水神陀利陀(Trita)洗刷干净,⑤还可以被"众水之神"所清洁。在礼赞这些水神的祷告词中就有这样的话:"啊,水神,把所有的罪恶与虚伪都从我身边带走吧!"⑥基于类似的理由,在后来的婆罗门种姓时代,水就成了"永生的活力之源"。⑦今天的印度人依然相信水具有纯洁生命的神力:没有什么罪恶可憎到恒河水洗刷不净的地步,也没有什么品性肮脏到恒河水冲洗不净的地步。⑧在恒河沿岸的朝圣之地,印度人举行一种特殊的仪式来净化灵魂和身体,那就是削发。那些犯下滔天罪行的人,那些因良心不安而备受折磨的人,不畏千百里路的跋涉,来到这样的圣地,"当他们把头发削得光光的,用神圣的恒河流水洗头时,他们所有的罪恶都被冲洗掉了"。⑨

---

① *Atharva-Veda*, v. 30. 4; x. 3. 8; vii. 64. 1 sq. *Cf*. Oldenberg, *Religion des Veda*, p. 290.

② *Rig-Veda*, x. 36. 9; x. 37. 12.

③ *Ibid*. x. 164. 3. *Atharva-Veda*, vii. 64. 2. *Cf*. Kaegi, *Rig-Veda*, p. 157; Oldenberg, *op. cit*. pp. 291-298, 319 *sqq*.

④ *Cf*. Hopkins, *Religious of India*, pp. 65 n. 1, 66.

⑤ *Atharva-Veda*, vi. 113. 1 *sqq*.

⑥ *Rig-Veda*, i. 23. 22. 罪恶也被视为无穷无尽的烦恼,人们祈求从其禁锢中解脱出来(*ibid*. i. 24. 9, 13 sq.; ii. 27. 16; ii. 28. 5; v. 85. 8; vi. 74. 3; &c)。

⑦ Hopkins, *op. cit*. p. 196.

⑧ Monier Williams, *Brāhmanism and Hindūism*, p. 347.

⑨ Monier Williams, *Brāhmanism and Hindūism*, p. 375.

印度教徒还相信,跟牛接触具有清洁和净化作用,这一点跟印度拜火教徒的仪式有共同之处——他们认为,牛的粪便对所有污秽都具有洁净作用,无论这种污秽是物质的还是道德的。① 在荷马时代以后的希腊,个人或整个民族都使用水或其他净化材料祛除自身的罪孽。② 普鲁塔克评论道:"其他一些东西也具有这种联系与传播的功能,它们可以用令人难以置信的速度跨越极其遥远的距离,把某种东西从一个事物传播到另一个事物身上。"他接着提出了这样一个问题:"一个是,从阿拉伯半岛传染过来的瘟疫让雅典人深受其害;另一个是,德尔斐人和锡巴里斯人作奸犯科,报复竟落在他们子孙后代的脑袋上。两者相比,前者是不是比后者更令人惊奇?"③希伯来人每年都要把人的罪恶转移到羊头上,然后把羊赶到荒野中;④他们还用喷洒的鲜血或被视为神圣的水洁净身上任何一种污秽。⑤ 直到今天为止,摩洛哥的犹太人依然在新年到来的那一天到海边或泉水边,把石块扔到海里或泉水中以清除自己的罪恶。赞美诗中说:"把我的邪念冲刷得干干净净,把我身上的污秽与罪恶都带走。"⑥话中所说绝不只是个简单的比喻,基督教的洗礼本来也绝不只是一个象征。洗礼

---

① Barth,*Religions of India*,p. 264. *Laws of Manu*,iii. 206;v. 105,121,124;xi. 110,203,213.

② Stengel,*Die griechischen Kultusaltertümer*,p. 138 *sqq.*

③ Plutarch,*De sera numinis vindicta*,14.

④ *Leviticus*,xvi.

⑤ *Numbers*,viii. 7;xix. 4-9,13 *sqq.*;xxxi. 23. *Leviticus*,xvi. 14 *sqq.*

⑥ *Psalms*,li 2.

的结果是上帝对罪的宽恕,[①]作为圣灵的媒介,水"洗刷了罪恶给人带来的污点"。[②]基督教著作家曾经清晰地表达过罪恶可以传染的观点。诺洼天就说过这样的话:"一个人的罪恶可以给另外一个人带来污点,违背上帝禁令从事偶像崇拜的做法也会传染给那些本来听从上帝指令的人。"[③]

这种把罪恶物化的观念明显混淆了原因与结果、罪恶与惩罚之间的关系。这种观念把罪恶看作某种充满了有害能量的物质,认为这种能力迟早会释放出来,任何沾染上的人都将遭遇不适甚至毁灭。中国人得病的时候会把病说成是"我作的孽",而不说"是我的罪给予我的惩罚"。[④]在希伯来语和吠陀梵语中,都是用类似的方式使用罪恶这个词。[⑤]舒尔茨教授评论道:"在虔诚的以色列人的意识中,罪、恶、罚这几个词的意思直接相关,经常交替使用。"[⑥]先知经常强调,罪恶本身就具有毁灭作恶者的力量。[⑦]贝尔加涅也指出,在吠陀的罪恶观念中,"存在一种信仰,即罪恶本身就具有必定给作恶者带来惩罚的力量"。[⑧]由此,人们对待罪恶就像病人对待疾病或病菌、竭力驱走病魔一样,用水洗或火烧的方法祛

---

① Harnack, *op. cit.* ii. 140 *sqq.*

② *Catechism of the Council of Trent*, ii. 2. 10, p. 162.

③ 转引自:Harnack, *op. cit.* ii. 119。

④ Edkins, *Religion in China*, p. 134.

⑤ Holzman, 'Sünde und Sühne in den Rigvedahymnen und den Psalmen,' in *Zeitschr. f. Völkerpsychologie*, xv. 9.

⑥ Schultz, *op. cit.* ii. 306. *Cf.* Curtiss, *Primitive Semitic Religion To-day*, p. 124 *sqq.*

⑦ *Ibid.* ii. 308 *sq.*

⑧ Bergaigne, *Religion védique*, iii. 163. *Cf. Rig-Veda*, x. 132. 5.

除掉；人们描述罪恶和疾病时所用的语气和概念都是一模一样的，人们说"恶魔缠身"，也说"病魔缠身"。① 所有类型的邪恶都用这种方式物化了。根据葛尔吉的说法，西伯利亚的萨满教徒"把邪恶当作是自我存在的东西，他们有无穷无尽的专用名词来称呼这些邪恶"。② 根据摩尔人的观念，勒巴斯（*l-bas*），或者说"灾祸"，可以通过接触传染，也可以用水冲洗掉或用火烧掉；因而，摩洛哥各地都在黄昏或仲夏用水或火举行每年一次的仪式，目的就是让人、动物和果树洁净，远离灾祸的纷扰。③ 正如摩尔人通过这种仪式驱　57

① Oldenberg, *op. cit*. p. 288.

② Georgi, *Russia*, iii. 257.

③ 驱除邪魔的方法多种多样。弗雷泽博士在其举世无双的《金枝》一书中做了详尽的描述和讨论（*The Golden Bough*, iii. 1 *sqq*）。我毫不怀疑，曾在整个欧洲流行的火与水的仪式就属于这类礼仪习俗。弗雷泽博士说："对这类火的仪式的最常见的解释来自曼哈特，即火代表着太阳的魔力，此类神奇的仪式旨在确保人、动物和植物享受充足的阳光。"但也应当注意到，无论是欧洲还是摩洛哥，这一仪式还有着净化与涤罪的作用（Frazer, *op. cit*. iii. 238 *sqq*）。同样地，仪式中使用水也有清洁洗涤的效果（Grimm, *Teutonic Mythology*, ii. 588 *sqq*）。另一方面，在弗雷泽博士详尽无遗的描述中，我找不到能使曼哈特的假设站得住脚的事实依据。弗雷泽博士说，"那个时期流行将燃烧着的火轮滚下山的风俗，这看起来很像是在模仿太阳在天空中的样子"（*op. cit*. iii. 301）。在我看来，这是一种净化耕地或葡萄园的做法。请注意下面的说法：在巴伐利亚勒恩山脉一带，"人们点燃用可燃烧物缠绕成的轮子，把它滚下山；手持火把和扫帚的年轻人在田野里竞相追逐……在黑森彼此紧邻的村落里，人们相信，凡是火轮滚过的土地必能免遭冰雹和暴风雨的危害"（*ibid*. iii. 243 *sq*）。在黑森的福尔克马森，"有的地方，人们用杂草把焦油桶或轮子缠绕起来，点燃干草后就推下山坡；而在另外一些地方，男孩子们则在篝火晚会中点燃稻草做成的火把，挥舞着火把四处乱跑"（*ibid*. iii. 254）。在明斯特兰，"男孩子们手里拿着燃烧的干草把子遍地跑，这样就能使这片土地来年获得丰收"（*ibid*. iii. 255）。弗雷泽博士说："把燃烧的火盘（形状像太阳）扔到空中，也具有同样神奇的效果。"（*ibid*. iii. 301）这里我可能把话题扯远了，需要交代的是，我的一篇论文《摩洛哥的仲夏习俗》讨论过这一话题（Midsummer Customs in Morocco, in *Folk-Lore*, xvi. 27-47）。

除勒巴斯一样，如今的希腊女子会在仲夏夜点燃篝火，纵身跳到火
上，并高喊："我把我的罪恶留这里了。"①

　　与原始人罪恶观念紧密相关的是关于诅咒的看法。事实上，
在很多事例中，一种罪恶行为之所以被认为负载着害人的能量，显
然是来自对神明的诅咒。诅咒被看作是一种有害的东西，一种令
人憎恶的毒瘴，谁沾染上谁就要遭受伤害甚至被毁灭。据说，②摩
西的诅咒是在以巴路山上落脚的，只要时机成熟，它就下山把惩罚
带给人间。③ 阿拉伯人在被诅咒的时候有时会躺在地上，以便诅
咒从身上飞过，这样就能躲过诅咒的打击了。④ 按照条顿人的观
念，诅咒可以在某个地方落脚、安家，可以附着在某个东西上面，可
以飞向远方，也可以像鸟儿入巢一样回家。⑤ 在爱尔兰，民间的老
百姓有这样一种观念："一旦把某个诅咒说出来，它就会在某个东
西上面落脚；它能在空气中飘浮七年，任何时候它都能降临到目标
身上；如果它的守护神离他而去，它马上就变成某种灾难、疾病或
诱惑，对它一直专心追踪的目标施加打击。"⑥随后我们还会看到，
诅咒可以通过物质媒介传播。在摩洛哥的某些地方，如果一个人

---

　　① Grimm, *Teutonic Mythology*, ii. 623.

　　② 《申命记》第十一章的相关记述："看哪！我今日将祝福与咒诅的话都陈明在你
们面前。你们若听从耶和华你们神的诫命，就是我今日所吩咐你们的，就必蒙福；你们
若不听从耶和华你们神的诫命，偏离我今日所吩咐你们的道，去事奉你们素来所不认
识的别神，就必受祸。及至耶和华你的神领你进入要去得为业的那地，你就要将祝福
的话陈明在基利心山上，将咒诅的话陈明在以巴路山上。"——译者

　　③ *Deuteronomy*, xi. 29.

　　④ Goldziher, *Abhandlungen zur arabischen Philologie*, i. 29. Wellhausen, *Reste arabischen Heidentums*, p. 139, n. 4.

　　⑤ Grimm, *op. cit.* iv. 1690.

　　⑥ *Ibid.* iii. 1227. Wood-Martin, *Traces of the Elder Faiths of Ireland*, ii. 57 *sq.*

在婚床上遭到侵犯却无力施加报复,他将在头上蓄七绺头发,到其他部落里求助。这七绺头发就是阿尔('âr),一种有条件的诅咒。它首先在头发上落脚,然后转移到他要诅咒的人身上。同样地,一个发誓报血仇的人在实现了誓愿后就可以让所有的头发自由生长了。他的咒语是附着在头发上的,如果他违犯了,诅咒就会落到他本人头上。①

　　一般来说,诅咒会沿着发咒人指引的方向发展。但是,并不是在每种情况下都是如此,不要忘了,它还能够四处传播。古印度人②、阿拉伯人③和希伯来人④中都有这样的信仰:如果一个诅咒冤枉了别人,它就会反过来落在诅咒者头上。爱尔兰人中也流行过同样的信仰,时至今日,景象依然未变。⑤ 英格兰有句谚语说:"诅咒需要落脚之地,正如小鸡需要栖息之所。"根据柏拉图的论点,对父亲和母亲的诅咒会玷污它所接触的任何东西。如果发现谁用诅咒攻击父母,他就被永远驱逐出他所在的城市和国家,永远没有权利进入庙宇;"如果哪个自由人与他在一块吃喝,自愿与他会面,接触了他的身体,或与他发生了其他关系,除非经过净化,否则这个自由人此后不得进入任何庙宇,不得参加任何集会,也不得再进入这个城市;因为他应当考虑到,他已经被那个诅咒玷污了。"⑥"如

58

---

　　①　这种习俗在古代阿拉伯人中也广为流行(Wellhausen,*op.cit.* p.122),而弗雷泽博士记述过其他一些例证(Dr. Frazer,*op.cit.* i.370 *sq.*)。

　　②　*Atharva-Veda*,ii.7.5.

　　③　Goldziher,*Abhandlungen*,i.38 *sq.*

　　④　*Ecclesiasticus*,xxi.27.

　　⑤　Wood-Martin,*op.cit.* ii.57 *sq.*

　　⑥　Plato,*Leges*,ix.881.

果一个邪恶的无神论者对那些代表整个城市做出的祷告、誓言和
牺牲置之不理，违背誓约做伪证，其危险将影响整个国民的利
益。"①基于这样的理由，是否应该禁止朱庇特的祭司立誓？这是
普鲁塔克感兴趣的一个问题。罗马人相信，某些可怕的诅咒具有
非凡的力量，它不仅影响到它所诅咒的目标，而且利用这个诅咒的
59　人也必定遭遇不幸。②　阿林兹人把诅咒看作一种非常恐怖的东
西："他们并不直接迫害他，他已经生活在恐怖之中，感到有必要消
除落在身上的毒咒才能在人群中活下去。他感到绝望，于是就被
放逐他乡。"③按照贝都因人的观念，一个庄严的诅咒只能在远离
营地的地方说出，"因为如果在阿拉伯人邻近起咒，诅咒所具有的
魔力将危害他们的身体"。④　伯克哈特说："贝都因人的任何诅咒
都具有不同寻常的意义。他们似乎赋予诅咒超自然的影响
力……即便是在为自身权利辩护的时候，贝都因人也很少能被说
服在卡迪（kadhy）面前或在酋长或圣人墓前庄严起誓，尽管有时
人们要求他这样做；他宁愿交出少量钱作赎金，也不愿意遭受诅咒
产生的可怕后果。"⑤这对摩尔人同样有效。有条件的自我诅咒在
某种程度上被认为会殃及诅咒者，即便诅咒中提到的那个条件是
想象出来的，换句话说，即便他自己不破坏誓言。我认为，南摩洛
哥被诬告犯罪的柏柏尔人之所以有时在庇护之地脱得一丝不

①　Plutarch,*Questiones Romanœ*,44.
②　Idem,*Vita Cassi*,16.
③　Georgi,*op. cit.* iii. 54 *sq.*
④　Burckhardt,*Bedouins and Wahábys*,p.73.
⑤　*Ibid.* p.165.

挂——他们会跑到这个神圣的地方起誓——正是出于这种理由。他们相信,如果他们这样做了,圣人就会惩罚那个控诉人。我的结论是,这个信仰是建立在这样一种模糊不清的观念之上的——赤条条的身子能够防止任何诅咒附体。他们认为,不仅发誓不是好事,在别人起咒的时候在场也不是好事。在大阿特拉斯的德姆纳特,一个人在神殿里发誓之后,他不会沿原来的路回家,因为如果他这么做了,万一他发错誓,他本人和他的家人都要遭殃。 60

　　如果诅咒具有传染性,它也自然而然地让传染源自己遭殃。格劳克斯家族从斯巴达彻底灭绝,其结果正是与下面的神谕一致:"诅咒之神有一个不知名的儿子,虽然无手无脚,但他追起东西来非常迅速,最后,他终于把追求到的东西据为己有。结果,他毁灭了所有的房屋,也毁灭了整个家族。"① 厄里倪厄斯父辈的罪孽会殃及子孙后代,② 而厄里倪厄斯原本只不过是诅咒的化身。③《便西拉智训》④ 中说:"一个人诅咒太多,他身上必将充满罪恶,祸患和烦扰将始终纠缠他的家人。如果他的诅咒没发生效力,他就不

---

① Herodotus, vi. 86. *Cf*. Hesiod, *Opera et dies*, 282 *sqq*.

② Aeschylus, *Eumenides*, 934 *sqq*.

③ 埃斯库罗斯明确地把厄里倪厄斯冠名为"诅咒"(*Eumenides*, 416 *sq*.),而普萨尼亚斯的厄里倪厄斯之名则来自阿卡迪亚语,意思是愤怒(viii. 25. 6)。*Cf*. von Lasaulx, 'Der Fluch bei Griechen und Römern,' in *Verzeichms der Vorlesungen an der Julius Maximilians-Universitaet zu Würzburg im Sommer-Semester* 1843, p. 8; Müller, *Dissertations on the Eumenides of Aeschylus*, p. 155 *sqq*.; Rohde, 'Paralipomena,' in *Rheinisches Museum für Philologie*, 1895, p. 16 *sq*.

④ 《便西拉智训》(*Ecclesiasticus*),亦译《德训篇》。——译者

再清白无辜,他的家人将遭遇不幸。"①卡萨里斯在评论巴苏陀人②
时说:"诺亚的诅咒给含及其后代带来了可怕的后果,对此,他们已
经习以为常。"③米尔扎布尔的达咖人和马基瓦人相信,一个人发
假誓,他的财产和孩子性命将遭受损失;④不过,由于我们不知道
誓言的内容是什么,因而后来的不幸可能不是诅咒的传染性造成
61 的,而是起誓人祈求降临的灾祸马上在他的孩子们身上应验了。⑤
苏门答腊岛的勒姜人中,"任何人如被认为起错誓,人们将仔细记
载发生在他本人及其后代身上的所有事故。人们相信,起错誓是
造成这些事故的唯一原因"。⑥ 克伦人中流传着这样一个故事:
"从前有个人,他有十个孩子。他诅咒了一个并未伤害过他的同胞
兄弟,可是他的诅咒毫无效果,那人不仅没有死去,而且毫发无损。
于是,他的诅咒便反过来作用于他,结果,他的十个孩子都因此而
死掉了。"⑦摩尔人喜欢互相诅咒对方的父母、祖父乃至曾祖父,人
们认为,这样的诅咒也会影响到子孙后代。R. 泰勒牧师在谈到毛

---

①　*Ecclesiasticus*, xxiii. 11. *Cf. ibid.* xli. 5 *sqq.*; *Wisdom of Solomon*, iii. 12 *sq.*, xii. 11.

②　巴苏陀人,非洲南部的一支土著居民。——译者

③　Casalis, *Basutos*, p. 305.

④　Crooke, *Tribes and Castes of the North-Western Provinces and Oudh*, ii. 287; iii. 444. *Cf. ibid.* i. 132.

⑤　有些部落在发誓的时候会"头顶竹竿"或"手抚大刀,手抚婆罗门的脚,握住母牛的尾巴,手浸恒河之水"。而按照柯鲁柯先生的描述,在别的部族更常见的是,人们会手抚自己的儿子或孙子的脑袋(*ibid.* i. 11, 130, 172; ii. 96, 138, 339, 357; iii. 40, 113, 251, 262; iv. 35)或手臂(*ibid.* ii. 428)发誓或诅咒,意思是假如自己违背誓言将直接导致亲生后代的死亡。科尔人常用的咒语是"我死则犬子不得活"(*ibid.* iii. 313)。

⑥　Marsden, *History of Sumatra*, p. 240.

⑦　Mason, in *Jour Asiatic Soc. Bengal*, xxxvii. pt. ii. 137.

利人时说:"让你把自己的父亲烹煮了是一个大魔咒,而让一个人把自己的曾祖父烹煮了则是一个更歹毒的诅咒,因为这个诅咒已经把他后代中的每一个人都牵连进来了。"[①]

因此,根据罪孽和诅咒具有污染性的观念推断,一个无辜者可能由于别人犯了罪而遭殃,他遭受的痛苦也未必能避免或减轻罪犯所受的惩罚。像传染病一样,罪恶可能永不止息地蔓延。不过,正如我们已经看到的那样,罪恶也可以转移,而且这种转移会造成代人受过的情况发生。同时,不能将这种代人受过的做法与为赎罪而请人祭祀混为一谈。一个代人受过的普遍做法是,替罪羊被驱逐出去,或被众人抛弃,而不能结束他的性命。也有例外的情况发生,其原因看起来无外乎两种:一方面,因受害者身上被认为邪恶缠身,为了尽可能有效地从整个社群祛除灾难,替罪羊可能被追杀至死,或被推下悬崖峭壁摔死。[②] 居哈尔的某位菩提亚人捉住一条狗,把它灌醉,"喂它些甜食,然后带着它绕着村子转,再给它解开绳索。人们就开始用棍棒和石块追打它,直到它断气而死。这里的人相信,这样做可以保证整个村子一年之内无病无灾。"[③]另一方面,转移罪恶的做法可能跟祭祀仪式结合起来。对此类事例,很少有记载下来的资料,其中大部分记录还是含糊不清的。进一步考察这些事例,我们就会发现,至少在那些广为人知

62

---

① Taylor, *Te Ika a Maui*, p. 208.

② 根据《密西拿》,希伯来人中的代人受过者并不被允许丢到蛮荒之地听之任之,而是被推下悬崖杀掉(Robertson Smith, *Religion of the Semites*, p. 418)。

③ Atkinson, 'Notes on the History of Religion in the Himálaya of the N. W. Provinces,' in *Jour. Asiatic Soc. Bengal*, liii. pt. i. 62.

的例子中,这种转移罪恶的行为是发生在受害者被杀之后。在我看来,我们目前谈论的情况,极有可能是两个截然不同的仪式合而为一了,受害者也没有像替罪羊一样被当作祭品,而他一旦成了祭品,就会被当作将人们所沾染的罪恶或所受的灾祸转移出去的导体。

　　弗雷泽博士掌握着一个替罪羊事例的名单,其中一个以人为祭品的案例是 J. C. 泰勒牧师在尼日尔的奥尼查目睹的。[①] 一位妇女脸朝下被拖向河边,拖拉者边走边喊:"邪恶啊,邪恶!"意在告知过路人不要看这凄惨的一幕。被拖走的祭品将带走尘世的罪恶,于是,这个妇女的身体被残忍地拖曳着,"仿佛这样就可以带走他们罪恶的重负似的"。最后,妇女被淹死在河里。知情者还透露了这样一个消息:一个男人也被当作国王罪过的祭品被杀了。"这样,就有两个人被当作祭品牺牲了性命,而这样做是为了取悦那未开化的神明。他们认为,这样就能够赎回去年违背上帝旨意所犯的罪行。那些在去年犯下纵火、偷盗、通奸、施展巫术、乱伦和诽谤等重罪的人,要交出 28 恩古古斯(ngugus)的罚金。人们用这些钱从内地购买两名体弱多病的奴隶,这些奴隶就成了所有可憎罪恶的祭品,一个奴隶献给土地,另外一个则献给河流。"[②] 我们将在下一章看到,尼日尔人把祭品投入河流是经常发生的事。在英格兰传教士提到的例子中,代人抵偿罪过的

---

① Frazer, *op. cit*. iii. 109 *sq*.

② Crowther and Taylor, *Gospel on the Banks of the Niger*, p. 344 *sq*.

观念是显而易见的。不过,我并没有发现转移罪恶的真实证据。

此外,弗雷泽博士还提到阿尔巴尼亚的一种风俗,按照斯特拉波的说法,这种风俗在东高加索山脉地区流行。[①] 在供奉月神的庙宇中,养着一批具有某种神圣色彩的奴隶,其中许多人受神的启示已经具备了灵感,并能未卜先知。当其中有人表现出更具有灵感的疯癫状态时,大祭司就用一根圣洁的绳子把他绑缚住,让他在一年之内享尽荣华富贵。到了年底,则把他全身涂满油膏,这样就显得更神圣,也更像个祭品的样子。一个男子用圣剑刺入他的一侧,捅入他的心脏。从死者倒下的姿势,就可以得到整个民众福祉状况的预兆。接下来,尸体被送到一个特定的地点,在这里,作为一种祛除罪恶的仪式,所有人都要在尸体上站一站。[②] 弗雷泽博士认为:"显然,最后这一幕表明:如同犹太牧师把手放在动物头上就能将罪孽转移到这个替罪羊身上一样,人们的罪孽已经转移到了死者身上。"[③]不过,依我之见,对斯特拉波所描述的这种涤罪仪式还可以找到另外一种解释。显然,死者一定得被想象为一个具备非凡魔力的人。作为祭品的男人、动物甚至无生命体,都具有这种神奇的力量。目前我们探讨的这个例子中,这个人在被杀之前,肯定就被认为是个具有神性的人了。人们认为,站在他的尸体上,就会被他内心蕴涵的美德懿行所熏陶,

---

① Frazer,*op*.*cit*. iii. 112 *sq*.
② Strabo,xi. 4. 7.
③ Frazer,*op*.*cit*. iii. 113.

从而净化了自身,达到了涤罪的目的。按照穆斯林的观念,与一个圣徒在一起,就能够治愈身上的疾病,把病魔驱走,而绝不会把疾病转移到圣徒身上。两者有异曲同工之处。然而,不管现在谈论的这个仪式是否涉及转移罪恶的观念,都没有迹象表明,以奴隶为祭品具有赎罪的性质。希罗多德谈到的埃及以公牛为祭品、易洛魁族人以白狗为祭品的例子,都是同样的道理。在仪式中,埃及人先向神明祷告,然后把公牛杀掉,割下它的头,剥掉它的皮。他们带着牛头,在它上面许下很多誓愿,说出很多祈求保佑的话语。他们祈祷,如果有什么灾祸要降临,不管是针对参加祭祀的人们,还是针对丰饶的埃及土地,都统统降临到这颗牛头上。最后,他们或者把牛头卖给希腊商人,或者把它扔到河里①——这表明,真正充当替罪羊的牛头并不被认为是献给神明的祭品。易洛魁族人的做法也一样,人们将罪恶转移到祭品上之前,就得把祭品斩杀掉。这个仪式在易洛魁族人的不同部落中都存在,根据黑尔和摩尔根对这个仪式的记述,祭祀过程中吟唱的赞美诗里并没有提到转移罪恶这回事,只不过是些祈求福祉降临大地的话语而已。② 赞美诗的开头是这样的:"现在,我们的祭品将使祭祀之礼更加华丽庄严,希望万物之主笑纳这一小小的供奉。当孩子们出现在他眼前的时候,希望他能用祝福装扮他们,赐

---

① Herodotus,ii. 39.

② Hale, in *American Antiquarian*, vii. 10 *sqq.* Morgan, *League of the Iroquois*, p. 217 *sq.*

福给他们。"①摩尔根甚至否认烧死白狗与人的罪孽有丝毫联系，他说："在易洛魁族人的亲属系统中，从来不承认什么赎罪、免罪和恕罪之类的教条。"②

我想，我们已经明白了为什么有些案例中的祭品被用作替罪羊。罪孽或邪恶的转移并不被视为一种自然形成的过程，没有神秘力量的襄助是不可能实现的。在南摩洛哥艾特泽尔坦的柏柏尔人中，病人常常到一棵"具有神奇功效的野橄榄树"前拜谒。据说，这棵树是挨着西迪·巴特里拉的墓地长起来的。在那里，人们将一根羊毛绳拴在树枝上，认为这样就能祛除病痛。如果是头痛，就赶紧用这绳子在头上绕三圈；如果发烧，就往绳子上吐口唾沫，把绳子系在树上，同时口中念念有词："野橄榄树啊，我把感冒留给你了。"他相信，这样就可以把疾病转移到这棵树上了。这是因为树里面有 *baraka*，即圣洁之气。他不会指望将绳子拴在其他那些平平常常的树上会治愈疾病。这可以说是一条普遍适用的规律。在摩洛哥，只要人们将破布系在树枝上，这棵树无疑就被认为是神圣的。同样地，在其他一些认为疾病可以转移的国家，也有类似的做法。我也敢于确信，要将罪孽或邪恶转移到替罪羊身上，通常需要这样或那样神奇力量的襄助。在希伯来人中，转移罪恶的事只有在救赎日才可能发生，并且是由大祭司操持的。③ 在易洛魁族人中，正是由于某种魔力的作用，人的罪孽才转移到白狗身上。④ 记

65

---

① Hale,*loc*.*cit*.p.10.

② Morgan,*op*.*cit*.p.216.

③ *Leviticus*，xvi.21.

④ Seaver,*op*.*cit*.p.160.

载中曾经记述过这样的事:人们将动物焚烧过后留下的灰烬收集起来,带着它穿过整个村落,把灰烬撒在每家每户的大门上。[①] 从这些事实可以看出,动物本身被认为充满了某种超常的力量。那么,考虑到祭品与所祭祀的神明之间的密切关系,考虑到它由此具备了或多或少的神性,用祭品作替罪羊的想法就难以避免了。不过,这并不会使祭品果真具有赎罪的功效。事实上,我从来没有听说过抵罪的祭品与罪孽转移仪式真正发生关系的事。因此,将罪恶物化的观点很难帮助我们解释这样一些信念:人们的罪过可以通过把另外一个人当作对所触犯之神的供奉而得到救赎。

如果祭品的目的在于使祭祀之人避免可能在神明那里引起的愤怒,那它就具有赎罪的性质了。在许多情况下,人们认为,只有让一个人死掉才能平息神明的怒火。然而,受害的牺牲品并不必然总是真正的罪犯。一个替死者就可以抵挡罪犯的罪过,用作抵罪的祭品就具有代人受过的性质。

66　　　我们将在下一章看到,以人为祭品是为了挽救祭祀者的性命。例如,在一场战役开始之前,在遭受围困期间,在出海探险前夕,在流行传染病或闹饥荒的时期,或在其他类似的情况下,人们就找个人当作祭品,奉献给那些具有超人力量的神明。人们认为,正是这些神明的意愿左右着人们的前途和命运。然而,就其本性而言,这些祭品并不总是具有赎罪性质。神可能不仅因为被冒犯而置人于死地,还因为他喜欢享用人肉,或者他需要人当他的仆从,或者别的什么谁也不知道的原因。要在每个具体案例中查明祭品是否有

---

① Beauchamp, *loc. cit.* p. 236.

意赎罪是不可能的;也未必能够确定祭祀者本人是否心知肚明。不过,确实有许多例子表明,供奉祭品的目的就是代人赎罪。

在中非东部,"如果一个自由民纵火点燃了湖边的芦草,并在被认定为神的居所旁边引起了一场大火灾,他就可能因惊扰神灵之罪而被当作祭品供奉出来"。不过,如果他拥有众多奴隶,他就能轻易地用一个奴隶代替自己,从而使自己脱身。[1] 据说,奥吉布瓦人中曾流行过一种传染病,他们认为这是由于自身罪孽深重,遭到了神明的惩罚。他们想方设法祛除这种疾病,当所有努力都失败后,"奥吉布瓦人决定,把部族中最漂亮的姑娘找出来,把她放在一条独木舟上,把舟上的船桨收起来,推到海峡里去"。[2] 在雅典西北古国波伊奥提亚,一个醉鬼把狄俄尼索斯·伊果波勒斯的祭司杀了,当地马上就爆发了鼠疫。人们认为这是渎圣罪招致的天谴,德尔斐的神谕指示他们,用一个健康的男孩当祭品就能赎罪。[3] 比布路斯的菲罗关于犹太人的著作中这样记述:"先民中有一个风俗习惯,一旦遇到极大的危险,整个部族将遭到灭绝,为了避免灾难发生,城邦或国家的统治者就把他最可爱的孩子杀掉,奉献给前来复仇的恶魔换取平安。"[4] 罪孽能够通过一个无辜者的死亡而得以抵偿,对于这一观念,希伯来人就非常熟悉。67

---

① Macdonald, *Africana*, i. 96 *sq*.

② Dorman, *Origin of Primitive Superstitions*, p. 208.

③ Pausanias, ix. 8. 2.

④ Eusebius, *Praeparatio Evangelica*, i. 10. 40 (Migne, *Patrologia*, Ser. Gr. xxi. 85).

那里的人们说："一个公正无私的人的死亡,具有赎罪的功效。"[1]谈到摩西,以赛亚书第五十三章第 12 节中说,"他将命倾倒,以致于死,[2]他也被列在罪犯之中;他却担当多人的罪",为金牛犊赎罪。[3] 以西结受尽苦难,为的是"他或许能洗清以色列的罪恶"。[4] 至于马加比的殉道者,人们的说法是:"为了抵偿民族的罪恶,他们甘愿代受惩罚。通过这些神圣之躯的鲜血和生命,神的眷顾拯救了以色列。没有他们,以色列肯定会招致祸患。"[5]当然,在这些案例中,并不存在真正意义上的祭品,但这些故事无疑表明,神的心灵有着相同的品格。事实上,耶稣基督就是为了抵偿男女老少的罪恶而死的,他的死就被认为是一种牺牲,他就成了祭品,人们也是在牺牲的意义上谈论基督之死的。[6]

早些时候,人们持这样一种观念:神圣正义未必准确无误地惩罚犯罪者本人,它真正关心的问题是这一惩罚应该落在某个人身上,应该付诸实施。[7] 人们自然懂得,犯了罪就应当遭受惩处,有鉴于此,人们"将遭受惩罚与赎罪联系起来。为了抵偿罪过,人们就使用祭品代为受过,以表示忏悔之心。他们论证道:'我违背了上帝的旨意,上帝为了惩罚我,必将带给我苦难。因此,我要宰杀

---

① Moore,in Cheyne and Black,*Encyclopaedia Biblica*,iv. 4226.

② *Exodus*,xxxii. 32.

③ *Sōlāh*,14 A,转引自:Moore,*loc. cit*. col. 4226。

④ *Sanhedrīn*,39 A,转引自:*ibid*. col. 4226。

⑤ 4 *Maccabaeans*,xvii. 22,转引自:*ibid*. col. 4232。

⑥ 见:Moore,*loc. cit*. col. 4229 *sqq*.

⑦ Réville,*Prolegomena of the History of Religions*,p. 135.

羔羊作祭品,以它所受的痛苦为我赎罪。这是我应该做的,也是我必须做的。'"①然而,就我的见闻而言,对代为赎罪观念的这种解释,并没有事实依据。那个在人们的谋划下被选作祭品、要遭受痛苦甚至牺牲生命来平息上帝之怒的人,并非随处可见,这样的角色并非谁都可以扮演。他必须被认为能够代表罪犯所在共同体的利益;按照社会团结的原则,他必须有资格充当整个群体的替身,并为众人所接受。按照天主教会的观念,基督就是以人的才智和能力,作为人类的代表,为了实现圣父的正义,为人类的罪恶而受难的。而在东正教的观念中,人们坚持认为是神性在遭受苦难(尽管它是通过人性化的方式受难的),代为赎罪的观念很难立足。正如哈纳克评论所说,"这一濒死的神-人一体者,其实谁也代表不了"。②希腊教会把基督之死看作为人类利益向魔鬼抵赎的结果。这一教义也被天主教神甫接受,尽管这恰恰与他们自己的救赎理论相抵触。③毫无疑问,祭品经常用来救赎和抵罪,换句话说,人们认为神或魔鬼不是通过祭品受难,而是通过人供奉的礼品而获得满足的。对人来说,被侵害的一方往往因为得到了物质赔偿而不再实施报复。在许多社会中,这种化解矛盾与冤仇的方式甚至演变了风俗习惯。神在处理这类事情的时候也会这么做。按照这种观点,受难者并不一定需要与罪犯本人有某种密切的社会关系,尽管他仍然被认为有代人受过的作用。他可以是一个外乡人、一个奴隶,一只动物,甚至是无生命的存在物,只要能够起到救赎作

①　Baring-Gould,*Origin and Development of Religious Belief*,i. 387 *sq*.
②　Harnack,*op. cit*. iii. 312 *sqq*.
③　*Ibid*. iii. 307,315 n. 2.

用就可以。在达科他人中，"人们用某种动物作祭品"。[①] 科德林
顿博士在谈到美拉尼西亚人的祭祀时说："有冤仇的双方为了达到
69 和解，就不再追究罪犯本人，而用某个动物取而代之。"[②]提讷弗利
的掸人就用山羊、绵羊或飞鸟作祭品，"以平息恶魔的怒火，消除他
施加在人身上的罪恶，让人们不再遭受惩罚"。[③] 在诸如此类的情
况下，将动物受难或死亡视为代受惩罚，是近乎荒唐的。对于希伯
来人的赎罪行为，丘南教授的论述十分恰当，[④]他说："按照以色列
人的观念，耶和华因此仁慈宽厚才允许用动物的灵魂代替祭祀
者的灵魂作供奉。在此，并非罪孽转移到所供奉的动物身上。
动物身上的鲜血是清白的、纯洁的，这个样子还将保持下去。有
一个很具有说服力的事实鲜明地支持了这一观念，那就是动物
的鲜血是被供奉在祭坛之上的。耶和华接受它，表明了上帝的
仁慈……也不能断言用作祭品的动物能够代人抵罪，从来没有
听说过这回事。无论如何，这是一种界定得非常清楚的观念，比
以色列人自己塑造的观念还要清晰。而且，这种观念与穷人可
以用 1/10 伊法细面粉作祭品的规则并不矛盾。"[⑤]还应该注意
到，祭品的净化效果归功于与祭品鲜血的接触。大祭司会把祭品
的鲜血涂抹或喷洒在祭坛上，"使它远离以色列人的不洁，使它纯
洁而神圣"。[⑥]

---

①　Schoolcraft, *Indian Tribes of the United States*, ii. 196.

②　Codrington, *Melanesians*, p. 127.

③　Percival, *Land of the Veda*, p. 309 sq. Cf. Caldwell, *Tinnevelly Shánárs*, p. 37.

④　Kuenen, *Religion of Israel*, ii. 266 sq.

⑤　*Leviticus*, v. 11 sqq.

⑥　*Ibid*. xvi. 18 sq.

　　综上所述，一个清白无辜的人因别人的罪恶而经常被人或神灵惩处，对这一事实应从当时当地的具体背景来说明和解释。这种说明和解释也绝不会与我们的主题——道德义愤在本质上是指向嫌疑犯的——相矛盾。在许多情况下，按照连带责任的原则，受难者是因为跟罪责有关——即使他事实上是无辜者——或者因为人们认为他适合充当犯罪者所在共同体的代表人物才遭到惩罚的。在另外一种情况下，他被认为被具有传染性的罪孽或诅咒所玷污而不再清白。此外，社会团结的原则也可以说明代人赎罪作祭品的功效。只不过在许多事例中，用来抵罪的祭品仅仅具有赎金或贿赂的性质。

　　我们关于道德义愤正确指向的主题丝毫没有被客观事实驳倒。另一方面，这一主题得到了下列主张的强烈支持。该主张认为，在辨别力和同情心充分发挥作用的情况下，道德良知会反对对无辜者施加刑罚。无论对人对神，在关于公平、正义和怨恨的问题上，都可以在很多地方听到这种主张。

　　孔子教导我们，父亲的罪恶不应算到善良的孩子身上。[①] 柏拉图设定的规则是，"父辈遭受的耻辱和惩罚不应当牵连子代"；恰恰相反，如果子代能够很好地避免父辈的冤屈，他们应该感到荣耀，人们应当因为这种高尚品德赞美他们，因为"他们能够在弃恶从善的道路上果敢、坚定而令人钦敬"。[②] 根据罗马法，"先辈的罪

<hr />

　　①　Lun Yü，vi. 4. *Cf. Thâi-Shang*，4.

　　②　Plato，*Leges*，ix. 854 *sqq.* 柏拉图指出，有个情况是例外：那些从子代到父辈、祖父辈连续好几代都被判处死刑的家庭，"除了法定留下的之外，城邦要将他和他的财物毫无保留地驱赶回他的祖籍"（*ibid.* ix. 856）。这一条款无疑基于功利主义的考虑：那些全然邪恶的家族，其子女必被认作城邦的灾难和麻烦。

过或对先辈的惩罚不能使子孙蒙羞"。[①] 塞涅卡说:"再也没有比把父辈的矛盾和仇怨算计到后代身上更不公正的事了。"[②]《旧约全书·申命记》告诫人们:"不应当因为儿子犯了罪就把父亲处死,反之亦然。如果是当死之罪,每个人都应当用自己的生命抵
偿。"[③]立法者很渴望把血亲复仇限定在真正的罪犯身上。《古兰经》禁止血亲复仇伤及无辜。[④] 在英格兰,根据埃德蒙法典,人们在报复血亲之仇时不能伤害到凶手的整个家族,除非他们犯了包庇罪。[⑤] 同样地,在 13 世纪的瑞典,法律也把血亲复仇的对象限定在罪犯个人身上。[⑥] 我们在斯拉夫民族的法典中也看到了同样的限制条款。[⑦]

71

下面我们来看看关于神灵复仇的情况。根据《阿达婆吠陀》记载,阿耆尼[⑧]宽恕了一个人的荒唐和罪恶,避免了伐楼拿发怒,他也就免除了父母所犯罪过带来的恶果。[⑨] 泰奥格尼斯问:"永生的王啊,那些不为非义之人,不犯邪恶之事,不发歹毒之誓的善良之

---

① *Digesta*,xlviii. 19. 26. *Cf. ibid*. xlviii. 19. 20.

② Seneca,*De ira*,ii. 34. *Cf.* Cicero,*De officiis*,i. 25.

③ *Deuteronomy*,xxiv. 16. *Cf.* 2 *Kings*,xiv. 6.

④ *Koran*,xvii. 35.

⑤ *Laws of Edmund*,ii. 1.

⑥ Nordström,*Bidrag till den svenska samhälls-författningens historia*,ii. 103,334,335,399. Wilda,*op. cit.* p. 174.

⑦ Kovalewsky,*Coutume contemporaine*,p. 248. 在黑山,丹尼尔一世做了这样的规定。(Post,*Anfänge des Staats-und Rechtsleben*,p. 181)

⑧ 阿耆尼(Agni),即火天,是吠陀教及印度教的火神。——译者

⑨ *Atharva-Veda*,v. 30. 4. *Cf.* Macdonell,*Vedic Mythology*,p. 98.

辈,却得到了如此不公平的遭遇,这哪有公正可言?"①根据彼翁②,神灵因父亲的罪孽而惩罚儿子,比医生因父亲或祖父有病而给其子孙开药治疗还要可笑。③ 早期的希腊人认为,诅咒可以遗传到后人身上,在后人那里发挥作用。如今,这种观念演变为另外的信念,即诅咒之所以跨好几代好发生效力,是因为后代人犯下了新的罪恶。④ 后人还认为,那些禁止被放逐者——他们犯了罪,留下了恶名,被苏拉剥夺公民权,并被驱逐出境——之子当候选人,禁止他们进入参议院的人,必定是不公正的,应当遭受众神的惩罚。正如哈利卡纳苏斯的狄奥尼修斯所说:"随着时间的推移,这种伤害无辜者的不义之举受到了惩罚。他们从荣耀的巅峰,跌落到耻辱的低谷;而且,除了妇女之外,这个民族没有一人活到今天。"⑤在希伯来人中,耶利米和以西结破除了关于神灵复仇的古老观念。人人各负其责的法则已经成为人类正义的基本原则,并将扩展到宗教领域。⑥ "每个人将因为自己的死罪而送命;谁种下灾祸谁遭殃。"⑦"作孽之人必将死掉。子不担父之过,反之亦然。善有善报,恶有恶报。"⑧

---

① Theognis,743 *sqq.*

② 彼翁(Bion)是来自西麦那的田园诗人,生平事迹鲜少人知,全盛期在公元前1世纪左右,有17首诗存世。——译者

③ Plutarch,*De sera numinis vindicta*,19. *Cf.ibid.*12;Cicero,*De natura Deorum*,iii.38.

④ Farnell,*op.cit.*i.77. Maine,*Ancient Law*,p.127.

⑤ Dionysius of Halicarnassus,*op.cit.*viii.80.

⑥ *Cf.*Montefiore,*op.cit.*p.220;Kuenen,*op.cit.*ii.35 *sq.*

⑦ *Jeremiah*,xxxi.30.

⑧ *Ezekiel*,xviii.20. For Talmudic views,see Deutsch,*Literary Remains*,p.52.

第三章 道德情感的本性（续）

上一章谈到，道德上的不赞同属于怨恨的一个亚类，而怨恨就其本质而言，是对认定为痛苦起因的攻击性态度。心智演化的历史进程表明，道德上的不赞同之中的敌对反应有一个发展趋势，就是其实际指向性越来越明确具体。现在，我们将看到，其攻击性越来越被伪饰。

在道德演变的更高阶段，我们对于怨恨和复仇的观点已经发生了变化。这些变化就可以证明上述观点的正确性。到了这一时期，报复行为往往招致谴责，而对伤害的宽恕则被看作一种应尽的义务。

按照这种义务，一个人生活中应遵循这样的规则：忍受敌人的折磨，并对敌人表示友善。不过，早期的道德规范中并不存在这样的规则。

> 斐济人的祷告词往往以这样的请求结尾："毁灭那些诽谤我们的人。对我们的敌人施以棍棒，应当让他们成批地灭亡，就像秋风扫落叶一样。让敌人走路的时候摔碎牙齿，让他们出门的时候掉到陷坑里。让我们活下来，让敌人死光光。"①

---

① Fison，转引自：Codrington，*Melanesians*，p. 147，n. 1。

对于这样的祈求,野蛮人并不觉得有什么不当之处。相反,他们视复仇为己任,[①]把宽待敌人看作软弱、怯懦、有失尊严和体面的行为。[②]　其实,这种看法并非野蛮社会独有。《旧约全 74书》中就认为,人类和神灵都具有报复之心。弥留之际的大卫在病榻之上嘱托所罗门的最后一件事情,就是要把他自己放掉的一个敌人灭掉。[③]《便西拉智训》列举了人们在目睹敌人灭亡时幸灾乐祸的九种理由。[④]　耶和华的敌人不可能指望得到宽恕,他们的命运只能是彻底毁灭。[⑤]　善其友、恶其敌是古斯堪的纳维亚人的格言。[⑥]　希腊人[⑦]和罗马人普遍认为,善其友、恶其敌是理所当然、毋庸置疑的事。按照亚里士多德的说法:"勇猛善战的人是不会打败仗的。"向敌人复仇而不是妥协,是正当的行为,因而也是值得尊敬的。[⑧]　西塞罗[⑨]对好人下的定义是:"能帮人处且帮人,除非被伤害激起,否则绝不伤

---

① 见下文,关于"血族复仇"。

② *Cf*. Domenech,*Great Deserts of North America*,ii. 97,338,438 (Dacotahs); Boas,*First General Report on the Indians of British Columbia*,p. 38; Baker,*Albert N'yanza*,i. 240 *sq*. (Latukas).

③ 1 *Kings*,ii. 8 *sq*.

④ *Ecclesiasticus*,xxv. 7.

⑤ *Cf*. Montefiore,*Hibbert Lectures*,p. 40.

⑥ Maurer,*Bekehrung des Norwegischen Stammes*,ii. 154 *sq*.

⑦ Maury,*Histoire des religions de la Grèce antique*,i. 383. Schmidt,*Ethik der alten Griechen*,ii. 309 *sqq*.

⑧ Aristotle,*Rhetorica*,i. 9. 24. *Cf*. Aeschylus,*Choephori*,309 *sqq*.; Plato,*Meno*,p. 71; Xenophon,*Memorabilia*,ii. 6. 35.

⑨ 西塞罗,古罗马政治家、雄辩家和哲学家。——译者

害任何人。"①西利教授评论道,除在家庭生活及与朋友相处外,"人们不但没有宽恕敌人的实际表现,甚至连这样的愿望和想法都没有。要是他们真的宽恕了敌人,他们并不觉得自己做了什么好事。一个人如果能够在临终前,在病榻上回顾一生的时候说,没有人比他更善待友人、仇视敌人了,他就会认为自己是个非常幸运的人。对苏拉来说,这是值得庆贺的福气;对小居鲁士而言,则是色诺芬的最高嘉奖。"②

然而,在文明民族中,除了上述对敌复仇的主张与教诲之外,我们还发现了主张宽待敌人的说法。

老子说:"要以德报怨。"③孟子则教导后人:"慈善大度之人不蓄怒气,对兄弟不心怀怨恨,而是爱之护之有加。"④《摩奴法典》⑤中有这样的规定:"如果有人对你发怒,你不要以怒制怒;如果有人诅咒你,你要为他祝福。这样的人方得再生。"⑥佛教教规中有这样的话:"冤冤相报何时了,爱念起处则恨消。此古老律则,历久弥坚……对憎恨吾辈之人,不得施

75

---

① Cicero, *De officiis*, iii. 19. *Cf. ibid*. ii. 14 ; but *cf. also ibid*. i. 25. 这里说,一个人的温和、得体是最高贵的品德。

② Seeley, *Ecce Homo*, p. 273.

③ *Tâo Teh King*, ii. 63. 1. 跟善人相比,《太上感应篇》言:除了"受恩不感",恶人还会"念怨不休"。

④ Mencius, v. 1. 3. 2.

⑤ 《摩奴法典》,古印度婆罗门教的法律和法规的汇编。相传为"人类的始祖"摩奴所编,实际上,是婆罗门教的祭司根据吠陀经与传统习惯编成。——译者

⑥ *Laws of Manu*, vi. 48. *Cf. ibid*. viii. 313 ; Monier-Williams, *Indian Wisdom*, pp. 444, 446 ; Muir, *Additional Moral and Religious Passages*, *rendered from the Sanskrit*, p. 30.

加憎恨……让众生以爱制怒,以善制恶,以慷慨化贪欲,以真实消谎言。"①《帕拉维文书》中的一个篇章中说,我们不应纵情于怨恨,怨愤之情是困扰我们的恶魔,"心含愤怒之人,心中没有善良之念"。②

在《利未记》中,憎恨是要遭到谴责的:"你不应在心中憎恨你的兄弟,你不应报复他人,也不应对别人的儿子怀恨在心。"③《便西拉智训》——我在前文中引用过他的观点——在另一段话中谈到:"当邻人加害于你时你宽恕他,你有罪孽时也会得到宽恕。"④《塔木德》中说:"不报复迫害于己者,遭遇伤害默默承受毫不抱怨者,心怀爱心乐施好善者,面对困苦艰难依然乐观向上者,皆为上帝之友,《圣经》会赞赏他们,他们的荣耀将如日中天。"⑤《古兰经》一方面反复宣讲"以牙还牙,以眼还眼",⑥同时又教导信徒,"只有能制怒、善宽恕者方能升入天堂,因为真主宠爱善良之人"。⑦ 在伊斯兰教的传统中,先知经常挂在嘴边的一句话就是:"切勿人善待我,我方善待人;切勿人压制我,我亦压制人。应当坚决做到,人善待我,

---

① *Dhammapada*, i. 5；xv. 197；xvii. 223. *Cf. Jātaka Tales*, i. 22；Oldenberg, *Buddha*, p. 298.

② *Dînâ-î Maînôg-î Khirad*, ii. 16；xli. 11；xxxix. 26.

③ *Leviticus*, xix. 17 *sq. Cf. Exodus*, xxiii. 4.

④ *Ecclesiasticus*, xxviii. 2. *Cf. ibid*. x, 6；*Proverbs*, xxv. 21.

⑤ Deutsch, *Literary Remains*, p. 58. *Cf.* Katz, *Der wahre Talmudjude*, p. 11 *sq.*

⑥ *Koran*, ii. 190；"Whoso transgresses against you, transgress against him like as he transgressed against you. "

⑦ *Ibid*. iii. 125. *Cf. ibid*, xxiii. 98；xxiv. 22；xli. 34.

我亦善待人;人压制我,我不压制人。"①戈尔德戚厄教授着重指出,穆罕默德对阿拉伯人的传统律法——即敌人是应当仇恨的对象——持反对态度。②赛义德·阿米尔·阿里已经从伊斯兰教学者的著述中收集了多篇不同的文章,这些文章表明,尽管经常遇到相反的说法,但对伤害行径的宽恕对于伊斯兰教精神来说是毫不陌生的。③因此,《勘沙夫经注》的作者描述道:"再次寻求把你赶走的人,给予从你身上夺走什么东西的人,宽恕伤害你的人。因为真主希望你把它完美地根植入你灵魂的深处。"④印度伊斯兰教教徒平时经常说的一句话是:"檀香木会在砍倒它的斧子上留下芳香。"⑤莱恩经常听到埃及人在受到对手打击时宽宏大度地说:"真主保佑你""真主将以善报偿你""再打我一下吧"。⑥

古希腊和古罗马也有宽恕原则的倡导者。在柏拉图的一篇对话中,苏格拉底说:"不论我们遭受什么样的痛苦,我们都不应对任何人以怨报怨。"尽管他也明智地补充了这样一句话:"这一观点从来没有,也不会为大多数人所赞同。"⑦斯多葛派强烈谴责发怒行为,认为发怒是不自然的,也是不合理

---

① Lane-Poole, *Speeches and Tabletalk of Mohammad*, p. 147.
② Goldziher, *Muhammedanische Studien*, i. 15 *sqq*.
③ Ameer Ali, *Ethics of Islam*, p. 26 *sqq*.
④ *Ibid*. p. 7. *Idem*, *Life and Teachings of Mohammed*, p. 280.
⑤ Poole, *Studies in Mohammedanism*, p. 226.
⑥ Lane, *Modern Egyptians*, p. 314 *sq*.
⑦ Plato, *Crito*, p. 49.

的。"人生来是互相帮助的，而愤怒使人相互毁灭。"①"发怒是心灵的一种罪过……它通常甚至比惹他发怒的过错还要罪大恶极。"②"那些宽恕别人如同自己每天都在作恶的人，那些避免恶行如同他从未宽恕过他人的人，是最好的人，最纯洁的人。"③"如果有人生你的气，你应该对他施以恩惠，以平息他的怒火。"④"愤世嫉俗者爱那些能够征服自己的人。"⑤

因此，对敌人的宽恕绝不是基督教独有的信条，虽然基督教诞生前后都没有像耶稣那样重视并向信徒反复灌输这一信条。比如，耶稣说："爱你的敌人，祝福那诅咒你的人，善待仇恨你的人，当有人利用你、迫害你时，不管怎样都为他祈祷、为他祝福。"⑥圣彼得对耶稣说："主啊，我弟兄得罪我，我当饶恕他几次呢？到七次可以吗？"耶稣回答："我对你说：不是到七次，乃是到七十个七次。"⑦也就是说，无论他多少次对你不好，加害于你，你都要宽恕他。通过这些话，耶稣似乎明确禁止人们施加报复，禁止人们为了自己的利益而发怒。而且，圣保罗也是这样理解耶稣的意思的。⑧

---

① Seneca，*De ira*，i. 5.

② *Ibid*．i. 16；ii. 6.

③ Pliny，*Epistolæ*，ix. 22（viii. 22）.

④ Seneca，*op. cit*. ii. 34.

⑤ Epictetus，*Dissertationes*，iii. 22，54.

⑥ *St. Matthew*，v. 44. *Cf. ibid*. v. 39 *sq*.；vi. 14 *sq*.；*St. Luke*，vi. 27 *sqq*.；xvii. 3 *sq*.；*St. Mark*，xi. 25 *sq*.

⑦ *St. Matthew*，xviii. 21 *sq*.

⑧ *Romans*，xii. 19 *sqq*.；1 *Thessalonians*，v. 14 *sq*.；*Colossians*，iii. 12 *sq*.

　　然而，复仇原则和宽恕原则并不像表面看起来那样根本对立。事实上，后者所谴责的并不是所有种类的怨恨，而只是非道德的怨恨，不是无偏私的愤恨，而是个人的私怨。它禁止报复行为，但并不禁止惩罚。根据《摩奴法典》，犯罪不可避免地会带来惩罚，如果国王宽恕了一个本该严厉打击或处死的窃贼或行凶者，那么罪恶就会落到国王头上。① 如果说老子反对施加各种苦难的话，那是因为他坚信，在一个治理良好的国家里，不会出现惩治人的事情，因为这样的国度已经消灭了犯罪现象。② 中国有本书叫作《功过格》，书中主张，不对伤害进行报复是一种美德。书中补充道："如果一个人的父母受到伤害，他却忘了报仇，那就是大错特错了。"③ 耶稣也肯定是个富有正义感和义愤之情的人。看来他从未原谅教法主义者对天国的冒犯；他告诉自己的门徒，如果谁对他的弟弟犯了罪而没有去教堂忏悔，就应该把他看作外邦人和异教徒。④ 基督教著作家反复强调：耶稣教导人们宽恕自己的敌人，但并不禁止对伤害别人的行为心怀憎恨。托马斯·阿奎那说："善良的人容忍恶行是有限度的，超过了这个限度就不合适了。对他们自身造成的伤害，他们可以耐心忍受，但不能容忍加害于上帝和邻人的行为。"屈梭多模则说："自己有什么委屈都可以忍受，这样的行为是值得赞扬的。但是，如果对伤害上帝的行为假装不知道，那就是对上帝最大的不敬。"⑤事实上，至少基督教并没有改变亚里士多德

---

① *Laws of Manu*，viii. 316，346 *sq. Cf. Gautama*，xii. 45；*Āpastamba*，i. 9. 25. 5.

② Douglas，*Confucianism and Taouism*，p. 204.

③ 'Merits and Errors Scrutinised,' in *Indo-Chinese Gleaner*，iii. 153.

④ *St. Matthew*，xviii. 15 *sqq.*

⑤ Thomas Aquinas，*Summa Theologica*，ii. -ii. 108. 1. 2. *Cf* Lactantius，*De ira Dei*，17.

学派主张——愤怒既不允许过度，也不允许不足；而且，我们应当对某些事情感到愤怒——的有效性。[①]　正如普鲁塔克所说，我们甚至认为，那些对可恨之事不怀憎恨的人是可恨的；有人称赞斯巴达国王查瑞拉斯是个和善的人，听者回答说："查瑞拉斯即便对坏人也不苛刻，他怎么能是个好人呢？"[②]对这种回答，我们应当有同感。另外，我们在道教[③]、印度教、佛教[④]和基督教[⑤]教义中，除了看到宽恕原则之外，还能看到对邪恶最后审判的信念，先验的因果报应信念。这些原则和信念的根基在于，不正当之事应当遭到怨恨。

不难看出，为什么睿智而富有同情心的思想不赞成基于个人动机的怨恨和报复。这样的怨恨容易导致行为失当，它常常毫不公正、毫不适当地指向那些本来不应该受怨恨的对象，而且往往走极端。正如万由若人所说："我们所处的境况十分奇怪，对于我们自身受到的伤害，除了我们亲眼看到的之外，再也看不到更多真实的情况了。"[⑥]"就好像身体在雾中看起来高大些一样，对于勃然大怒之人，我们无可奈何！"有句古老的箴言告诫人们，生气的时候不要做惩罚别人的事。[⑦]　道德意识受同情心的影响越大，对于被视为不当的报复性伤害的谴责就越严厉；而且，它的首要目的似乎在 [79]

---

①　Aristotle,*Ethica Nicomachea*,ii. 7. 10；iii. 1. 24；iv. 5. 3 *sqq.*

②　Plutarch,*De invidia et odio*,5.

③　Douglas,*op. cit.* p. 257.

④　*Dhammapada*,i. 15,17；x. 137 *sqq.*

⑤　*Cf. Romans*,xii. 19："主说：'申冤在我，我必报应。'"

⑥　Butler,' Sermon IX.—Upon Forgiveness of Injuries,' in *Analogy of Religion*,&c. p. 469.

⑦　Plutarch,*De cohibenda ira*,11. Montaigne,*Essais*,ii. 31(*Œuvres*,p. 396).

于防止诸如道学家吩咐人们爱敌人之类不公正的事情。实际上，如果一个人仅仅由于自己是被冒犯的一方而对冒犯行为表达了道德上的义愤，那么谴责这个人就是荒谬的。我们允许他表达义愤，他甚至可以比客观公正的观众表现出一副更义愤填膺的样子，而过度宽容和仁慈则常常受到指责。像亚里士多德一样，我们坚持认为，"在侮辱面前低头，或对朋友所受的侮辱视而不见，就是奴性的体现"。[1] 我们也赞同儒家的行为准则：所受的伤害不能用和善仁慈来抵偿，要用公平和正义来抵偿；除了那个该受憎恨的人之外，谁都不应当成为仇恨的对象。[2]

道德家主张，不公正的怨恨应当受到抑制。这一禁令几乎没有给行为评价带来什么新鲜的东西。这些禁令只代表着道德发展过程的较高阶段，其早期阶段早已在原始社会就开始了。即使是视复仇为己任的野蛮人，也将某些特定情况下的复仇看成是错误的。[3] 我们将要看到，以牙还牙的限制性规则就是一个很好的例子。

道德的侵犯性特征已经变得富有伪装性了。这不仅是因为人们对怨恨和报复采取了更加审慎的态度，还在于这种新变化代表着一种高级的道德意识类型，表达侵犯行为的方式也变得多样化了。在这种情况下，仅仅为了报复而让别人遭受苦难是应当遭到谴责的，人们也立下了这样的规则：不应当仇恨作奸犯科者，而应

---

① Aristotle, *Ethica Nicomachea*, iv. 5. 6.

② *Lun Yü*, xiv. 36. 3; xvii. 9. 1, 5; xvii. 24. 1. Douglas, *Confucianism and Taouism*, p. 91. Cf. *Chung Yung*, x. 3; xxxi. 1; xxxiii. 4.

③ 关于达科他人，普雷斯科特断言："有很多事例表明，印第安人会说：反击和报复是错误的，他们总是尽量避免。"(Schoolcraf, *Indian Tribes*, ii. 197)

当仇恨罪恶本身。

　　惩罚或多或少如实反映了社会的道德义愤,这与报复行为在外表上有相似之处;它是对伤害行为的回报,它让那些伤害他人者遭受痛苦,或至少试图达到这样的目的。有这么一种观点,认为如果有人犯了罪,他就必须为此遭受痛苦。长期以来,这种观念被视为理所当然。多数人持这种观念,也有一群理论家为这种观点摇旗呐喊。在他们看来,惩罚是对公正失衡的补偿、救赎或重建。他们只是试图给这一简单事实做出哲学上的解释和认可,对惩罚的真正本质却常常摸不着头脑。然而,给人带来痛苦——即便是给罪犯带来痛苦,也不是道德意识所赞成的。对那些同情人类痛苦的睿智心灵而言,一个政权如果肆意折磨罪犯,不仅是不合理的,而且是残酷的。不过,当报复性惩罚已经付诸实施,惩罚本身就会受到辩护。换一个眼光看,惩罚本身并不是目的,而是达到目的的一种手段。人们实施惩罚,不是因为有人已经犯罪,而是为了不再有新的罪恶出现。惩罚的目的或者在于预防犯罪,或者为了改造罪犯,或者通过消灭或孤立罪犯,使他从物质条件上不再可能犯新的罪恶。

　　其实,古希腊和古罗马就有过这些观点。[1] 按照柏拉图的观点,一个理智的人惩罚别人,或者是防止他陷入罪恶的深渊,或者是为了给罪犯改正的机会。[2] 亚里士多德认为,惩罚

---

　　[1]　*Cf.* Laistner,*Das Recht in der Strafe*,p. 9 *sqq.*；Thonissen,*Le droit pénal de la république Athénienne*,p. 418 *sqq.*

　　[2]　Plato,*Protagoras*,p. 324. *Idem*,*Politicus*,p. 293. *Idem*,*Gorgias*,p. 479. *Idem*,*Leges*,ix. 854；xi. 934；xii. 944.

是一剂道德良药。① 塞涅卡认为,法律之所以惩治罪恶,原因有三:"一可以让受惩罚的人改恶从善,二可以杀鸡儆猴,以儆效尤,三可以通过把坏人抓起来使他人生活无后顾之忧。"② 很多人支持这些理论观点,即便是今天,这些理论仍然赢得了无数追随者。胡果·格劳秀斯就认为,"共同的本性把人类团结得极其密切,除非为了获得某些切身利益,人们不会彼此伤害";因为,"人类不会只是为了惩罚而惩罚别人"。与惩罚相伴而生的利益——"或者是罪犯的利益,或者是受害者的利益,或者是普通大众的利益"③——使惩罚成为可能。霍布斯也提出了自己对这个问题的看法。他说:"惩罚的目的不是报复,而是威吓。"④长期以来,霍布斯的观点一直支配着哲学家和立法者。孟德斯鸠⑤、贝卡里亚⑥、费兰基里⑦、安塞姆·费尔巴哈⑧、叔本华⑨,尤其是边沁⑩,对霍布斯的高论赞不绝口。到了 19 世纪,制止原则(principle of determent)在很大程度上已经为改造原则(principle of reformation)所取代。而当

---

① Aristotle,*Ethica Nicomachea* ii. 3. 4.

② Seneca,*De clementia*, i. 22. *Cf*. *Idem*,*Deira*,i. 19.

③ Grotius,*De jure belli et pacis*,ii. 20. 4 *sqq*.

④ Hobbes,*Leviathan*,ii. 28,p. 243.

⑤ Montesquieu,*Lettres Persanes*, 81.

⑥ Beccaria,*Dei delitti e delle pene*,*passim*.

⑦ Filangieri,*La scienza della legislazione*,iii. 2. 27,vol. iv. 13 *sq*.

⑧ von Feuerbach-Mittermaier,*Lehrbuch des gemeinen in Deutschland gültigen Peinlichen Rechts*. p. 38 *sqq*.

⑨ Schopenhauer,*Die Welt als Wille und Vorstellung*,ii. 683 *sqq*.

⑩ Bentham,*Principles of Morals and Legislation*,p. 170sq. n. 1:"惩罚最重要的目的不外乎杀一儆百。" *Idem*,*Rationale of Punishment*,p. 19 *sqq*.

代某些犯罪学家还像他们的祖先一样，[1]坚持用惩罚手段压制罪犯的观点。他们认为，应当使用"绝对地或相对地消灭罪犯"的方法遏制犯罪。在极端情况下，可以把罪犯处死；而在通常情况下，要把罪犯关押在疯人院里，或者判处终生流放或一段时间的流放，或者禁止他跟邻人交往。[2]

这些不同理论的倡导者一致谴责报复性惩罚。居友说，失去社会防范的基础，"惩罚就像犯罪一样应当受到谴责，并且……如果立法者和法官有意对罪犯施加惩罚，他们就跟罪犯同流合污了"。[3]就我自己的观点而言，我坚信：那些冒险让社会防范理论或罪犯改造理论生根开花结果的人，不但被这些理论的反对者视为罪恶，而且被这些理论的支持者视为大逆不道，这种罪恶甚至比他们要惩罚的罪犯还要严重。我希望，简短概括一下那些结果就足以证明，惩罚几乎不只受功利考虑的影响，也受制于报偿性情感，而后者是基于道德上的不赞同。

看来，应当把通过消灭罪犯来抑制犯罪的原则抛弃掉了，因为它与惩罚罪犯并无直接关系，尽管它提出了一个制裁罪犯的建议——这固然是个很出色的建议。把罪犯与同类隔离开——更不用说处死他们了——的确是在惩罚他们，但是，按照我们正在讨论的原则，这种惩罚不是有意实施的。另一方面，就其通常意义而言，惩罚总是涉及对他人施加痛苦的意向——不管是什么样的痛

① See von Feuerbach-Mittermaier, *op. cit.* p. 40.

② Garofalo, *Criminologie*, p. 251 *sqq.* Ferri, *Criminal Sociology*, p. 204 *sqq.*

③ Guyau, *Esquisse d'une morale sans obligation ni sanction*, p. 148.

苦，也不管是谁来遭受痛苦。当我们为了防止恶狗再度危害人而把它拴起来时，我们不是在惩罚它；同样地，我们也不会把疯子关进疯人院，以为这就算惩罚他了。

按照制止犯罪的原则，惩罚罪犯被视为增强公共安全的一项措施，接受惩治的罪犯就要为公众的福祉做出牺牲。但是，为什么只惩治罪犯本人呢？要有效地遏制罪犯，在惩治罪犯的同时把他们的孩子也处治了，不是更安全可靠吗？如果公正的观念来源于惩罚导致的结果，那么株连式的惩治方法就无所谓有失公正了。对于把父辈的罪过牵连到子女身上的做法，人们只提出一个异议，那就是：这样的惩治措施过于苛刻；无辜的孩子竟然毫无价值。我也不明白法律为什么不允许我们的法官效法他们的埃及同事——在处理一宗错综复杂的案件时，埃及法官会杖笞一个显然无辜的人，希望在棍棒之下，真正的罪犯被激发出恻悯之情，从而自首。[①]而且，如果惩罚的目的只是防范和遏止罪恶，那么，要限制那些最强烈的犯罪动机，就应当使用最严厉的惩罚措施。因而，在受到巨大诱惑的情况下，或情急之下发生的伤害行为，应当受到特别严厉的惩罚；而弑亲罪比其他类型的杀人罪更容易得到宽宥，因为弑亲的影响只涉及父母与子女之间的感情。问题是，道德意识赞成这一点吗？

再者，如果按照改造罪犯的原则调整惩罚措施，其结果难以预料，在某些例子中会出现令人非常惊讶的结局。再没有比习惯成性的流浪汉和酒鬼更难以改过的。同时，生活经验也表明，最容易

---

① Burckhardt, *Aradic Proverbs*, p. 103 *sq.*

改造的罪犯常常是那些罪行非常严重的人。按照改造理论,后者应当很快释放,而那些大错不犯、小错不断的人则可能被关押终生。而且,如果犯人一点改过自新的可能性都没有了,就没有任何理由惩罚他了。[①] 因此,人们同样可以质问改造主义者:为什么不采取更人道的方法替代肉体惩罚的下策? 为什么不想办法改进人的品格?

这些招致如此异议的理论竟能吸引这么多聪明的忠实信徒,看起来似乎很奇怪。至少,这些理论必定具有一定的合理之处。如果惩罚一方面来自道德义愤,另一方面常常被解释成遏制犯罪或改造罪犯的手段,那么很显然,这些目的与道德义愤的报偿性目的之间必然存在某种联系。在一定程度上,必定有某些事实填补了报偿理论与其他惩罚理论之间的空白。

制止主义把惩罚视为防止犯罪的手段。犯罪总是涉及承受痛苦的问题,而且人们力图防止的也是痛苦。同样地,引发怨恨之情的也是痛苦。因而,人们所怨恨的行为与法律按照制止原则予以惩治的行为之间,必然存在某种普遍的联系。不过,遏制犯罪的欲望与怨恨之间有更多相似的地方。怨恨不仅由痛苦引起,而且对引发痛苦的源头持敌对态度,怨恨的内在目的就是铲除源头,预防痛苦。这样,如果惩罚针对的是罪犯本人且不过于苛刻的话,一种道德义愤之下的行为就类似于为防止犯罪而实施的惩罚。

---

① Cf. Morrison, *Crime and its Causes*, p. 203; Durkheim, *Division du travail social*, p. 94.

改造主义者会使用改进罪犯思想的手段清除其头脑中的犯罪念头。道德义愤会让罪犯感到悔恨,其目的也是清除有意伤害别人的源头。大家普遍认可的道德主张是,悔过之后就应当得到宽恕。

按照中国刑法典,无论谁造成的伤害,如果这种伤害可以修复或赔偿,只要他自觉地向地方长官认罪,他就能获得自由与赦免,不过他还是要及时清偿债务。[①] 在马达加斯加,按照1828年制定的法律,"如果罪犯主动检举自己的罪过,应减免一半罚金"。[②] 根据拜火教[③]教义,赎罪的一个基本要素就是悔过,就是坦白承认自己的罪过,并反复朗诵忏悔仪式中的套语——忏悔文柏得达(Patet)。[④]《摩奴法典》中说:"按照罪过的性质,如果罪犯坦白了罪过,表明了忏悔之心,他最终可以像蛇蜕皮一样免除罪责……作孽之后悔过的人可以免罪,只要他下决心不再作恶,只要他真的想到'我再也不这样做了',他就能得到净化。"[⑤]按照《梨俱吠陀》中的说法,伐楼拿会严厉惩治那些冥顽不化的罪犯,而仁慈地对待那些悔过自

---

② Ellis, *History of Madagascar*, i. 386.

③ 拜火教即琐罗亚斯德教(英文:Zoroastrianism,波斯文:سنای‌مزد)是在基督教诞生之前中东最有影响的宗教,是古代波斯帝国的国教,也是中亚等地的宗教。琐罗亚斯德(Zarathustra),又译查拉图斯特拉(前628年~前551年)是该教的创始人。该教是摩尼教(明教)之源,中国史称祆教、火祆教、拜火教。琐罗亚斯德教的教义一般认为是神学上的一神论和哲学上的二元论。琐罗亚斯德教的经典主要是《阿维斯塔》,意为知识、谕令或经典,通称《波斯古经》。——译者

④ Darmesteter,in *Sacred Books of the East*,iv. p. lxxxvi.

⑤ *Laws of Manu*, xi. 229,231. *Cf*. *ibid*. xi. 228,230.

新的人。悔恨的痛苦呼声会传达到高高在上的伐楼拿那里，在他面前，罪犯通过忏悔解除沉重的罪责。[①] 同样地，宙斯也宽恕那些悔过者。[②] 在赎罪问题上，最能反映犹太教基本主张的一个词就是忏悔。孟弟福先生说，没有哪位老师"能像拉比们那样尊崇忏悔的地位和力量。在他们眼里，没有什么罪过不能通过真诚的忏悔得到上帝的宽恕"。[③] 犹太教法典里有这么一种说法，在天堂和地狱之间只有两指宽的距离。罪犯只要虔诚悔过，天堂之门对他永远开放。[④] 如果一个人造成伤害后就有悔过表现，耶稣会命令使徒宽恕他："如果你的兄弟侵犯了你，你可以指责他；如果他悔过了，你就宽恕他。如果他一天之内侵犯你七次，而这七次他都回过头来找到你，对你说'我悔过'，那么，你就要宽恕他。"[⑤]

悔过不但磨钝了道德义愤的利刃，使罪犯容易得到人和神的怜悯，而且还是审慎判断、给予宽恕的唯一基础。如果没有其他感情的干扰，道德义愤会经过深思熟虑顺其自然地发展。只要造成道德义愤的原因还在，义愤的情感就会持续下去，直到罪犯有心不再作恶；而且，只有在坦白了罪行并表示悔过之后，他才有心不再

---

① *Rig-Veda*, i. 25. 1 *sq.*; ii. 28. 5 *sqq.*; v. 85. 7 *sq.*; vii. 87. 7, 88. 6 *sq.*, 89. 1 *sqq.* Barth, *Religions of India*, p. 17.

② *Ilias*, ix. 502 *sqq.*

③ Montefiore, *op. cit.* pp. 524, 335 n.

④ Deutsch, *Literary Remains*, p. 53. *Cf. ibid.* p. 56; Katz, *Der wahre Talmudjude*, p. 87 *sq.*; Kohler, 'Atonement,' in *Jewish Encyclopedia*, ii. 279; Moore, 'Sacrifice' in Cheyne and Black, *Encydopædia Biblica*, iv. 4224 *sq.*

⑤ *St. Luke*, xvii. 3 *sq.*

86　作恶。通常认为,完成某些忏悔仪式后就能解除罪责,①用供奉祭品或施舍钱财之类的方法取悦上帝也能达到同样的目的。根据关于非义务道德行为(*opera supererogativa*)的学说,②做了好事的人甚至可以宣称自己理应获得神灵的宽恕。这一教义不为罗马天主教独有,在犹太教③、伊斯兰教④、婆罗门教⑤和末法时代的佛教⑥中都或多或少地存在着,只不过成熟程度有所差异而已。但所有这些观点都反对一种更高类型的道德意识。这些观念或者基于原始观念,认为罪恶是物质性的东西,可以用物质手段消除;或者基于这样一种信念,即罪犯可以就其罪行跟神灵达成和解,就像他通过贿赂或奉承来抚慰受他伤害的邻居一样;或者基于这样一个假设,即一个人在完成职责之内的事情之外做了些好事,这些好事与坏事之间的关系就如债权与债务之间的关系一样,欠谁的债,谁就有权要求偿还债务,给别人造成了财产损失就得拿出一定数额的钱赔偿;同理,作恶就等于欠上帝一笔债务,就应当通过做好人好事予以补偿;当然,能否补偿这种损失还要看上帝是否给予同情和怜悯。这种教义更多地把善恶与外部行为而不是内在精神联

---

① 见上文第53页及以下。(参见页码均为原书页码,即本书边码。——编者)
Heriot, *Travels through the Canadas*, p. 378 (ancient Mexicans). Adair, *History of the American Indians*, p. 150. Krasheninnikoff, *History of Kamschatka*, p. 178. Williams and Calvert, *Fiji*, p. 24.

② *opera supererogativa* 指道德上正确但人们没义务去做的事。——译者

③ Montefiore, *op. cit.* p. 525 *sqq.*

④ *Koran*, xi. 116. Sell, *Faith of Islám*, p. 220 *sq.* 根据伊斯兰教义,有大功则不计小过,而大过则必悔悟方能得到宽宥(*ibid.* p. 214)。

⑤ Wheeler, *History of India*, ii. 475.

⑥ *Indo-Chinese Gleaner*, iii. 150, 161, 164. Davis, *China*, ii. 48.

系在一起。补救意味着对已经发生的损失做出赔偿。损失可以通过给予相应的好处得以补偿,但对于恶来说,是不能补救的。恶只能被宽恕,并且只有在作恶者的思想经历了激烈的向善转变后,即作恶的念头让位于忏悔的条件下,才能获得道义上的宽恕。[①] 因而,改造论禁止为了赎罪而供奉祭品的做法,也禁止把赎罪当成一种市场交易;在其他一些比较高级的宗教形态中我们也发现了类似的改造运动。改良后的婆罗门教宣称,悔过是赎罪的唯一方式。[②] 在旧约《诗篇》中记载着这样一种观点:上帝不因接受多少烧熟的供品而高兴,它高兴的是看到了一颗因悔恨而破碎的心。[③] 这种观点已经成为犹太法学家拉比的主流思想,他们中的大多数把悔过看作赎罪或获得宽恕不可缺少的条件。[④] 谈到这里,让我们同时回忆这么一件事:那个命令他的使徒宽恕其兄弟罪行的人,在发布命令的同时还提出了这样一个条件,"如果他悔悟的话"。[⑤]

　　悔过能够平息道德义愤,悔过也是获得宽恕的唯一正确方式。这不是因为这样的义愤有什么特别的道德特征,而是因为它是怨恨的一种形式。这一点被如下事实所证实:一个满腔怒气或试图报复的人容易被冒犯者真诚的道歉打动。正如亚里士多德所说,

---

　　① 天主教的道德主义者当然并未忽略这一点,但即便是最诚挚的愧悔也不如补偿或赔偿更能确证他的正当(*cf.* Manzoni, *Osservazioni sulla Morale Cattolica*, p. 100)。赎罪包括抱愧、忏悔和清偿,抱愧则主要指"乐意补偿的心愿"(*Catechism of the Council of Trent*, ii. 5. 22)。

　　② Goblet d'Alviella, *Hibbert Lectures on the Origin and Growth of the Conception of God*, p. 263.

　　③ *Psalms*, li. 16 *sq.*

　　④ Moore, *loc. cit.* col. 4225.

　　⑤ *Cf.* Martineau, *Types of Ethical Theory*, ii. 203.

人会因为那些犯了错误的人坦白自己的过错并表示悔过而感到宽慰,"我们惩罚有过失仆人时的不同态度就是一个很好的证据:对那些犯了错却矢口否认并胆敢顶嘴的仆人,我们往往施加严厉的惩罚;对那些承认自己的过失并有悔过表现的仆人,我们心头的怒气就会消解"。[①] 让我们拿一个野蛮社会的例子来说吧。按照克里斯琴先生的说法,加罗林岛上的居民"是个喜欢报复的民族,他们在行动之前总是耐心而平静地等待机会的来临。不过,他们把和解视为高贵的事情。在处理这类事情的时候,有一种容易观察到的礼仪:侵犯者呈上一份礼物(katom)并致歉,受伤害的一方接受一根甘蔗——这让他们感到荣耀与满足,于是事情了结了。"[②] 在复仇的情况下,人们允许用外在满足或物质赔偿的方法取代真诚的忏悔,而对敌人的羞辱足以平息燃烧的怒火。但是,对那些富有反省意识的人而言,复仇并不是那么容易满足的。这样的人希望把引发他复仇的那个源头清除掉。亚当·斯密评论说:怨恨所要达到的主要目的,"与其说是让我们的敌人也感受一下痛苦的滋味,不如说是让他们意识到,他为过去的行为感到悔恨,并感到不值得用那种方式对待他所伤害的人"。[③] 培根则说:"看起来,报复的快乐不是去如此这般地伤害侵犯者,而是让他悔悟。"[④]

　　现在,我们可以看到惩罚的真正目的是改造罪犯这一观点的

① Aristotle, *Rhetorica*, ii. 3. 5.
② Christian, *Caroline Islands*, p. 72.
③ Adam Smith, *Theory of Moral Sentiments*, p. 138 *sq.*
④ Bacon, 'Essay IV. Of Revenge,' in *Essays*, p. 45. *Cf.* Montaigne, *Essais*, ii. 27 (*Œuvres*, p. 384).

根源了。这一观点只是强调了怨恨中最人道的因素，要求罪犯不再产生犯罪的念头。因而，改造原则本身根源于报偿性原则。这就解释了这样一个事实：补偿的获得是需要通过施加痛苦才能实现的；否则，我们就难以找到合理的解释。怨恨之情只有在遇到悔过的情况下才让位于宽恕，而碰到罪犯难以改过自新的情况则不然。因而，即便是改造主义者也不会把冥顽不化当作免除罪责的合法基础，尽管这一点恰好与他关于所有惩罚真正目的的理论相龃龉。

因而，制止理论和改造理论最终拥有一个共同的感情根源，这种感情首先引导人们对其同类施加惩罚。这一点却被这些理论的倡导者忽略了，而他们自己就经受着他们所反对的原则的影响，因为他们并没有掌握其中的真谛。如果能得到正确的理解，怨恨本来具有的阻止犯罪的作用就能有所发挥；如果经过深思熟虑，怨恨就会把施加痛苦看作一种手段而不是目的。怨恨不仅使惩罚变本加厉，而且易于把遏制犯罪或改造罪犯——或二者兼有——视为惩罚的正当目的。而对道德怨恨而言，最紧要的是抵制罪恶，惩罚的直接目的总是让社会义愤得以表达。

现在，可能有人会认为，人们无权伤害邻居来发泄心中的道德怨恨，除非能从中得到某些利益。如果是多种多样的其他感情，我们将坚持认为，感情中的意动不应该被允许发展为一种明确的意欲或行为；而且，就道德上的不赞同固有的攻击性而言，也应作如是观。这种观点源于惩罚的功利主义学说。这些学说反对毫无目的地给人施加痛苦，反对报偿性正义的原始观念，反对那些很难超越普通人低级情感的理论。因而，这些学说标志着道德意识已经发展到一个高级而精致的阶段；而且，如果制止原则和改造原则招致几乎所有人的反对，是因为其他因素和条件在起作用，而不是惩罚的实用性要求在起作用。我们已经看到，为了获得正当的认可，它们无视下列事实：惩罚既不应该超越道德上的不赞同制定的界限，也不应该施加在无辜者身上，就算施加惩罚，也应该与罪行的性质与程度相当，对那些听从劝诫的人不应当处罚得反而比那些无可救药的惯犯还严厉。这些理论看起来也夸大了惩罚对罪犯的遏制作用和改造作用，①而在另一方面，却以一种过于狭隘的观点看待惩罚的社会作用。惩罚作为一种措施和手段，无论其声音能否让人产生畏惧，无论能否唤醒沉睡的意识，都以通俗易懂的语言传达了社会的看法，那就是告诫人们什么事情是不该做的。它在公共道德方面给人们一个严峻的教训；而且，用别的手段是难以达到如此好的效果的。报复是义愤的自然表现，人们很难找到那些没有激发起怨恨迹象的攻击性行为。当然，就法律意义而言，惩罚是公众复仇的唯一形式，也是最具体的形式；确实存在这种可能性，即没有实施报复情况下的社会舆论会比惩罚还要有效。②无疑，惩罚与社会舆论相结合，不仅遏制了一部分人犯罪，还会起到一定的社会教化作用。J.斯蒂芬爵士评论道："对任何罪行而言，法律判决与公众道德情感之间的关系就如同印封与热蜡之间的关

---

①　关于以惩罚达成阻止效果的局限，参阅：Ferri, *op. cit.* p. 82 *sqq.*。关于本能的罪犯以及惯犯对道德观念的愚钝，以及自责和同情心的缺乏，请见：Havelock Ellis, *The Criminal*, p. 124 *sqq.*。

②　*Cf.* Locke, *Essay concerning Human Understanding*, ii. 28. 12 (*Philosophical Works*, p. 283)；Shaftesbury, 'Inquiry concerning Virtue and Merit,' i. 3. 3, in *Characteristicks*, ii. 64.

系一样。有了这层关系,在其他情况下一次短暂惩罚就可了结的罪犯,就转化成为一个永久的最终审判。"①最后,不容忽视的是,即使惩罚给罪犯带来的巨大痛苦——通常有些愿望和要求没有通过惩罚得到满足——尚不足以实现正义和公平,但对犯有严重罪行的人施加惩罚能够满足大多数人的愿望;如果让罪犯逍遥法外,则更容易出现其他严重后果。公众义愤可能以另外一种不常见的方式——如处以私刑——发泄出来,这些报复方式就更没有指向性和针对性了。另外,如果公众的愿望和要求长期得不到满足,这些正当要求就会萎缩,社会道德标准就会相应地遭受损失。

然而事实上,不要相信惩罚只是或将只是受制于社会效用的考虑——即便是在道德情感所认可的合法范围内。报偿性愿望如此强烈,如此自然,以至我们不由自主地遵从它,对它的被遵从也不会提出强烈的反对意见。根据我们有权惩罚罪犯的理论,我们之所以施加惩罚是因为这样能够提高公众的满意度。这种学说与其说是为了给刑罚提供理论基础,不如说是满足了公众对正义与公平的需求。再者,这种理论探讨的仅仅是惩罚的外部行为,而不是引发惩罚的内在感情。它谴责的是报偿性行为,而不是报偿性欲望。

同时,情感自身的攻击性因素已经发生的变化,结果有可能——部分地由于发泄渠道变得狭窄了——掩饰它的本质。怨恨

---

① Stephen, *History of the Criminal Law of England*, ii. 8i. Cf. Shaftesbury, *op. cit.* ii. 64:"关于惩罚与奖励,它们的成效并不受带来的惧怕或好处的影响;作为一种天生的、自然的对美德的尊重,以及对邪恶的不齿,它们是经由公众对人类行为或认可、或憎恶的公开表达唤醒或激起的。"

指向了侵犯行为的起因,广义而言就是指向侵犯者本人。不过,好好反思一下整个事情的经过,我们就会不得不承认,真正的祸根不是侵犯者本人而是他的意愿。因而,经过深思熟虑的、有指向性的报复总是针对侵犯者的意愿而不是侵犯者本人。我们已经看到,报复者要给侵犯者造成痛苦,这是祛除引发报复者痛苦起因的主要手段,也就是说,报复是为了祛除侵犯者的恶意。如果对深思熟虑的报复行为而言大致如此的话,道德义愤则尤其如此,因为道德义愤更容易受同情心的影响,比非道德怨恨更具指向性。由这一事实可以推论,我们愤恨的应当是罪恶,而不是作恶的人。敌对性反应应当集中指向侵犯者的意愿,而侵犯者的感觉和判断只不过是实施意愿的工具而已。不过,严格来说,几乎没有什么希望能让这种愿望得以实现。西季威克教授的评论很有道理,他说,尽管道德学家试图严格区分"指向行为"的愤怒与"指向行动者"的愤怒,值得怀疑的是,以普通人的能力而言,在实践中是否真的能够保持这种区分。① 侵犯的意愿与痛苦的感受不能看成是两种截然不同的存在,不能因为其中一个出了错误就惩罚另一个。侵犯者本人应当担负责任。敌对性行为之所以指向侵犯者的意愿,是因为只有这样才能祛除痛苦的源头。从远古时代起,对痛苦源头的攻击性态度一直与以眼还眼的本能欲望密切相关;再者,尽管我们承认,只要它试图祛除痛苦的源头,这种欲望——这是一种根深蒂固的欲望,后来它可能发展为意愿——在道德上就是合理的,我们也禁不住沉溺于这种欲望的满足之中。正是这种以眼还眼的本能欲

---

① Sidgwick, *Methods of Ethics*, p. 364.

望成为道德义愤的最重要特征。无此,道德谴责与是非观念就不会存在;我们就不会谴责坏人了,就会把坏人跟有毒植物看成是一样的。道德判断之所以关涉意欲主体(volitional being)或及其行为,不仅因为他们是掌控意欲的,而且在于他们是能够敏锐地感知的。不管我们怎样把义愤集中在行为上,感觉敏锐的行为者都赋予了它独特之处。就我所知,富有同情心的人断言:一个错误的行为只是让他们感到悲伤而不是愤慨。不过我相信,尽管悲伤在心理上占据了支配地位,如果仔细考察,还是能够发现敌意的因素存在,不管这种因素多么细微,它毕竟是内心固有的。道德义愤的强烈程度固然不能总是用报复者伤害侵犯者的真实愿望来衡量,但看来仍然跟报复者让侵犯者经受痛苦的分量有关。除了实用的考虑之外,我们中有谁会同情罪犯受罚如同同情无辜者受罚呢? 这是一个非常有趣的事实:以高级形态的道德意识徒劳无益地谴责低级欲望的满足,而前者可是从后者发展演变过来的。这就像一个出身低微的人,不管他通过自身努力,在言谈举止方面获得了多大的改进,他都抹不去脸上的血统标签。

从心理上说,怨恨是遭受痛苦时针对痛苦源头的敌对性态度,而和善的报偿性情感则是感到快乐时针对快乐源头的友好态度。在愤怒的低级形态中,除了祛除痛苦源头的强烈愿望之外,几乎不存在引发别人痛苦的明确愿望;同样地,在和善的报偿性情感的低级形态中,除了友好地对待快乐的源头并尽力保护外,也几乎没有让别人快乐的明确愿望。当这种和善的报偿性情感包含了以快乐回报别人给予快乐的明确愿望,而受惠者同时能感受到他自己就是施惠对象时，这种情感就称为感谢。我们经常发现，有一种情感经常与感谢混杂在一起，那就是歉疚（indebtedness）；歉疚是这样一种情感：某人受到某种恩惠，就感到自己欠了一份债，就把那个施惠者看成债权人。歉疚之情甚至被当作感谢之情的本质所在或基本条件之一；①但我这里所理解的感谢却不包含这层意思。心存感激之情是一回事，感到有义务表示感谢是另一回事。"自我感觉"沮丧，或感到受了屈辱，通常也伴随着回报恩惠的感谢之情；但它当然不是感谢本身的一个因素。

94

在动物界，和善的报偿性情感要比怨恨少见得多。很多动物身上连一点和善的报偿性情感的影子也没有，即便是那些有所表现的物种，也不过是乏善可陈。每个人都能把动物惹恼，但只有在个别动物身上才能唤起它们和善的报偿性情感。划分这种感情的界限是，在什么条件下才导致广义的利他情感——关于这个问题，我将在其他地方论述。事实上，人际交往之情（social affection）本来就具有报偿性。群居动物因为彼此为伴而感到快乐，有了这种快乐，它才对自己快乐的源头——它的同伴——表示友好并建立亲密的关系。互惠是人际交往之情的题中应有之义；它不只是对另外一个人表达友好之情，而是对一个被想象为朋友的人表达友谊。

和善的报偿性情感有一个内在的目标，就是保护快乐的给予者。由此可以设想，为了回报感受到的快乐而给予别人快乐的明

---

① Horwicz, *Psychologische Analysen*, ii. 333："没有这种感激之情，就不会表达任何感念之意。"*Cf*. Milton, *Paradise Lost*, iv. 52 *sqq*.

确愿望,应归因于这样一个事实:这种愿望有助于从物质上实现上述目标。这一点与报复性行为有极其相似之处。我们已经看到,受到伤害后就会产生一种加害于侵犯者的明确愿望,这种愿望是怨恨的构成因素,因为这种愿望有助于实现怨恨的内在目标——祛除那引发痛苦的源头。由于自然选择能够说明怨恨起源的问题,它同样可以用来解释和善的报偿性情感的起源。这两种情感状态对心理都是有益的:通过怨恨之情可以祛除祸患,通过和善的报偿性情感可以确保实惠。在不同物种身上,这两种情感的普及性程度之所以差异迥然,在于这样一个简单的事实:群居只对某些物种有好处,并不是对所有的物种都有益;而且,即便是群居动物也有很多敌人,朋友则寥寥无几。

在某些情况下,和善的报偿性情感会指向与给予快乐者毫无关系的个人。原来,刺激和反应之间的关系如此密切,以至那个感到快乐的人生发出一种让他人都快乐的愿望。[①] 但这种毫无指向性的反应并不经常出现,它只不过是我们这里所关注的情感的一个分支。另外,在找不到施惠者或已经回报施惠者的情况下,和善的报偿性情感通常还把感受到的实惠给予与施惠者有密切关系的人。不过,在这种情况下,对施惠者的感谢就是真正的动机了。

大家可以无须置疑地承认,道德上的赞许——就我的理解,这种情感的外在表现是道德上的表扬或奖赏(moral praise or

---

① 心情愉悦的人乐意看到身边的人都面带笑意,这也是事出有因的,赫恩博士在其著作中已经指出这一点:从别人的表情中,他希望得到更多的滋养,并增强他当下的感受(Hirn,*Origins of Art*,p. 83)。

reward)——是一种与感谢之情密切相关的和善的报偿性情感。①

并没有什么表面看来相互矛盾的事实能够掩饰这种情感的友好特征,而对于道德上的不赞同而言,其敌对性特征则容易被掩饰。一般而言,把一种好处让渡给别人并不是一件坏事,除非这种让渡在事实上侵犯了某人的权利,或这种让渡与正义感背道而驰。道德上的赞许有时会张冠李戴,一个人做了好事反而去赞扬另外一个人,但这种事情并不否认以下事实:这种情感本来是指向给予快乐者的。这正如对无辜者的惩罚——当然,这种事情并不经常发生——并不否认道德上的不赞同本来是指向痛苦制造者的。无功受禄与无辜受罚的情况有类似之处,对这两种情况的解释也可以找到相似的理由。

家族凝聚力就是这样一个很有说服力的理由,无论是有人犯罪还是有人立功,整个家庭都荣辱与共。

马达加斯加的法律规定,为君主或国家尽过特殊义务的人,其子孙后代,其家庭别的支系,均可免除罪责。② 根据中国人的观念,任何个人的美德懿行,都不仅使他本人过上荣华富贵的生活,还能使他的后代人沾光——除非某个后代人太不争气,自己犯了罪。正所谓前人栽树,后人乘凉。③ 中国政

---

① 至于感激与道德上的赞许这两种情感之间的关系,哈特利(Hartley, *Observations on Man*, i. 520)与亚当·斯密(Adam Smith, *Theory of Moral Sentiments*, *passim*)已经有所论述。

② Ellis, *History of Madagascar*, i. 376.

③ Giles, *Strange Stories from a Chinese Studio*, i. 426. n. 3; ii. 384, n. 63. Doolittle, *Social Life of the Chinese*, ii. 398.

府的做法是倒过来的，谁要是成了杰出的人物，政府要给他死去的双亲加封贵族称号。① 印度业已开化的土著都熟悉这样一种观念：死者会分享生者的美德（*punya*）与罪恶（*pâpa*）；在给行好事者馈赠礼物的仪式中，几乎都有这样一句客套话："为了彰显捐赠人及其父母的美德。"②

不过，美德懿行在别人身上的替代功效并不只限于同一家庭的成员。

在《梨俱吠陀》的一首赞美诗中，我们发现有这样一种观点：一个人拥有美德懿行或笃信神明，他的邻人就会因此而受益。③ 《帕拉维文书》中说，要是有谁一点也不能做善事，那么别人做善事的超额部分就有他的一份，他也可以因此得益。④ 97 中国人相信，有道明君的仁慈大度会保佑整个国家和平安康。⑤ 耶和华允诺，假如在罪恶之地索多玛⑥能够发现十件好事的话，他绝不会摧毁这个地方。⑦ 实际上，替代性奖赏或替代性满足的原则远比代人受过原则普遍。犹太神学中就有大量的记录，提到代表恶人接受正义之举好处的事，而以祭品赎

---

① Giles,*op. cit.* i. 305,n. 6. Wells Williams,*Middle Kingdom*,i. 422.

② Barth,*Religions of India*,p. 52,n. 4.

③ *Rig-Veda*,vii. 35. 4.

④ *Dînâ-î Maînôg-î Khirad*,xv. 3.

⑤ de Groot,*Religious System of China*（vol. iv. book）ii. 435.

⑥ 根据《旧约》记载，索多玛是一个耽溺男色而淫乱的城市。这座城市位于死海的东南方，如今已沉没在水底。——译者

⑦ Genesis,xviii. 32.

罪的事情则谈得很少。[①] 伊斯兰教徒根本不知道代人受罚可以是一种赎罪手段,他们会诵读着《古兰经》或向穷人施舍,把美德让渡给死者,有些不能亲自到麦加朝拜的人则央人代理。[②] 基督教神学本身就坚持这样的观点:世人的拯救有赖耶稣基督的热心和美德;很早的时候人们就相信,殉教者或圣徒的美德会让其他教徒受益无穷。[③]

要解释这些事实以及与此类似的例子,必须考虑到很多方面的事情。做好事是令神明愉悦的,根据愤怒让位于喜悦的原则,自然诱使他宽恕恶人的罪行。不仅同一家庭成员之间存在很强的凝聚力,同一社会单位的成员之间也具有这种凝聚力;因而,个人的美德可能让他所属的整个社群受益。天主教神学家论证道,既然我们通过同样的洗礼获得了新生,既然共同分享了圣餐,尤其是我们吃的是同样的肉——耶稣基督身上的肉,喝的是同样的水——耶稣基督身上流淌的血,我们就共同属于同一实体的成员。"因为脚不只行使它作为脚的功能,它还对眼睛有益;眼睛不只是为了看东西,看东西也不只是为了自己,而是为了身体所有部位都很好地发挥作用;所以我们相信,令一个人满意的事情同样会让所有教徒满意。"[④] 人们还相信,美德同罪恶一样,也可以像物质一样转移给他人。在上巴伐利亚,人们在摆放死人时会把一个面饼放在死者

---

①   Robertson Smith, *Religion of the Semites*, p. 424, n. 1.

②   Lane, *Modern Egyptians*, pp. 247, 248, 532. Sell, *op. cit.* pp. 242, 278, 287, 288, 298. *Cf.* Wallin, *Första Resa från Cairo till Arabiska öknen*, p. 103.

③   Harnack, *History of Dogma*, ii. 133, n. 3.

④   *Catechism of the Council of Trent*, ii. 5. 72.

胸膛上，目的是吸收死者的美德，这个饼子是要由死者的近亲属吃掉的。^①我们听说，在英格兰北部某地区，如果埋死人的同时有个小孩在受洗，那么人们相信死者身上无论有什么美德都被转移到了这个孩子身上，因为上帝不允许任何"善良而美好的东西"埋葬在地下，不允许这个世界丢掉这些美德，而这些"善良而美好的东西"最有可能进入了那个恰好正在接受洗礼的小孩体内。^②和诅咒一样，祝福也被当作一种物质性的东西，具有相应的能量；善无须费力获取，只要跟善有联系就得到它。祝福是可以遗传的："身正不怕影子斜，上帝保佑正直的人，他的孩子也会和他一样得到祝福。"^③

无疑，神明由于善者的美德而宽恕罪人成了一个越来越妥洽的做法，而为了恶人的罪过惩罚无辜早就不合时宜了。这表明，神明的同情战胜了愤怒；在神的所有品性中，仁慈与怜悯是高等一神教最看重的。真主安拉说："谁做了好事，就会得到十倍的奖赏，我给予他的奖赏比这还要多；谁做了什么样的恶，必将招致同等的报复，不然的话我就宽恕他。"^④不管怎么说，更发达的道德意识很难赞同这样一种观点：因为有人行善就宽恕恶人，对善行的奖赏应当给予行善者之外的任何人。替代性奖赏原则或代人受过原则都是不正确的；在这些原则下，不该被忽略的恶行被忽略了；这些原则是建立原始粗糙的善恶观念之上的。我们已经看到，有一种理论

①　*Am Urquell*，ii. 101.

②　Peacock,'Executed Criminals and Folk-Medicine,' in *Folk-Lore*，vii. 280.

③　*Proverbs*，xx. 7.

④　Lane-Poole，*Speeches and Table-Talk of Mohammad*，p. 147.

把善恶跟外部事实而不是内心事实联系起来,并推想恶行可以弥
补,而具有洞察力的道德评判只有在作恶之后有悔过表现的情况
下才给予宽恕。如果一件好事不能抵偿一件坏事,即便是同一个
人做了件坏事又做了件好事,那件坏事也不能由别人做的好事抵
偿。我们在很多地方都听到过替代性奖赏的反对意见,这些意见
主张,道德奖赏应当给予真正的行善者。以西结批评过这样一种
陈旧的观点:孩子龇牙咧嘴是因为父亲吃了酸葡萄。他教导人们,
父亲因正直受到上帝赐福,作恶多端的儿子是不能跟着叨光的。①
《古兰经》里说:"要警醒,没有人该享受他人的功德,也不该代人抵
过。"②我们可以用佛教《法句经》③里的一段话把我们的所有结论
做个总结:"自己作恶自己受;自身清白自纯洁。纯洁与污秽皆由
自取,无人能净化他人。"④

---

①　*Ezekiel*, xviii. 5 *sqq*.

②　*Koran*, ii. 44.

③　《法句经》是阅读范围最广的现存佛经典籍,其文以诗歌形式呈现,广受佛教徒
以及非佛教徒的喜爱。——译者

④　*Dhammapada*, xii. 165.

第四章 道德情感的本性(完)

我们已经看到道德上的不赞同是怨恨的一种形式,道德赞许是和善的报偿性情感的一种形式。还有一个问题有待我们进一步考察,即这些感情在哪些方面区别于与之相似的非道德情感——道德上的不赞同如何区别于复仇,道德赞许如何区别于感谢——换句话说,作为道德情感,它们具有什么明确的特征。

那些把智力作为道德观念来源的人都有一种共同的观点,认为道德情感只是道德判断的结果,而且在每个道德判断中,道德情感的特征是由判断的谓词决定的。我们知道,智力活动过程结束的时候,当行动根据某种道德概念进行明确的分类时,这时,也只有在这时,赞许或者是不赞许的感情才会马上出现,其情景视具体情况而定。① 例如,当我们听说一个杀人案时,在对这种行为感到道德义愤之前,我们必须弄清它的错误程度。

诚然,一种道德判断会伴生一种道德情感,发现某种行为模式具有激发义愤或赞许的倾向,也易于引起这样一种感情——如果以前没有这种感情也就罢了,如果已经有了这种感情,这种感情则会

---

① Fleming, *Manual of Moral Philosophy*, p. 97 *sqq.* Fowler, *Principles of Morals*, ii. 198 *sqq.*

101　得以强化。此外，道德判断的谓词及其先导——道德判断的概括性
话语——也确实可以给它产生的赞许或不赞许增色，使它不同于包
含道德情感在内的感情的一般特征。例如，义务和正义的概念，就
无疑具有自己的意蕴。但即使是这样，道德情感也不能被描述为由
道德判断引起的怨恨或者和善的报偿。这种定义将是一种无意义
的文字游戏。无论与道德判断相伴而生的是什么样的感情，如果没
有道德情感事先发挥作用，都不能做出这样的判断。前文已经述
及，道德判断的谓词基本上是建立在对具有引起某种道德情感倾向
的现象的概括之上的；因此，一种道德情感的标准无论如何都不能
依赖于它借以产生的道德判断。但同时，作为道德情感的明确表
达，道德判断会自然地帮助我们发现这些感情的真正本质。

　　道德判断的谓词总是包含着一种无偏私（disinterestedness）
的观念。当说一种行为是善的或恶的时，我的意思是指它的善恶
是完全独立的，与我没有任何利益关系。道德判断里当然会有自
私的动机；但那时，它要伪称作是无偏私的，这表明无偏私同样是
道德概念的一个特征。这是连那些自私自利的享乐主义者都承认
的，这些人坚持认为，我们是从自爱出发而赞许或谴责一些行为
的。按照赫尔维蒂的说法，对报酬的爱才是一个具有德性的人喜
欢的德性之爱；然而每个人都伪称是为了德性自身而去爱它，"每
个人都习惯这么说，但没有一个人心里这么想"。①

　　如果道德概念本来是对某类现象引发道德情感的倾向性的概
102　括，并且同时包含着无偏私的观念，我们必须断言，那些现象引发

---

　　①　Helvetius, *De l'Homme*, i. 263.

的感情要被看作是无偏私的。对于这个事实,我们或多或少地能从各种伦理学理论家及道德实践大师的格言里找到回应。功利主义者要求当事者在处理自身幸福与他人幸福的关系时,应当像"毫无偏私而又仁慈的旁观者那样公正无私";①塞缪尔·克拉克制订的"正义的原则"指出,"我们对待每一个人,要和在相似的环境下我们期望他应当对待我们那样"。② 康德信奉,"只能按照那些同时可以变成普遍性法则的准则行事"。③ 按照西季威克教授所谓的公理,"最要不得的是,宁要自己较小的善而不要他人较大的善"。④圣经中说,"爱邻如己",⑤并且,"无论人们如何对你,你都要一如既往地对待他们"。⑥ 同样的内容也反映在印度的《摩诃婆罗多》中,其中说道:"人不能对别人做出他自己厌恶的事情;正义都可以用这一句话概括;其余的按照意愿行事。对于拒绝、馈赠,对于幸福和痛苦,对于是否愉快和惬意,如果设身处地地着想,就能够按照适当的规则行事。"⑦孔子也有过相似的话。⑧ 子贡问曰:

---

① Stuart Mill,*Utilitarianism*,p. 24.

② Clarke,*Discourse concerning the Unchangeable Obligations of Natural Religion*,p. 201.

③ Kant,*Grundlegung zur Metaphysik der Sitten*,sec. 2 (*Sämmtliche Werke*,iv. 269).

④ Sidgwick,*Methods of Ethics*,p. 383. 然而,就像我们上述看到的,这种所谓的"定理"不是对道德情感无利害的一种恰当的陈述。

⑤ *Leviticus*,xix. 18. *St. Matthew*,xxii. 39.

⑥ *St. Matthew*,vii. 12. *Cf. St. Luke*,vi. 31.

⑦ *Mahabharata*,xiii. 5571 *sq.*,in Muir,*Religious and Moral Sentiments*,*rendered from Sanskrit Writers*,p. 107. *Cf. Panchatantra*,iii. 104 (Benfey's translation,ii. 235).

⑧ *Lun Yü*,xv. 23. *Cf. ibid.* xii. 2; *Chung Yung*,xiii. 3.

"有一言而可以终生行之者乎?"子曰:"其恕乎。己所不欲,勿施于
103 人。"孔子在另外一次谈话中说,这个规则对他来说不仅有否定的
意义,而且还有肯定的意思。他说,在君子的生活方式中有四件事
是尚未做到的:所求乎子,以事父;所求乎臣,以事君;所求乎弟,以
事兄;所求乎朋友,先施之。像要求儿子服侍自己一样地服侍自己
的父亲,像要求臣子服侍自己一样地服侍君王,像要求兄弟服侍自
己一样地来服侍兄长,像要求朋友对自己所做的那样来为如何对
待朋友树立一个榜样。①

　　这个"金科玉律"不是回敬规则,尽管后者有时也被讨论
到。② 它不是在说,"对别人去做他们希望对你做的事",而是说,
"对别人去做你想要做的事,或者要求他们这样对你"。它使我
们认识到这样一个事实:道德规则是普遍规则,它应该被遵守,
不受任何私虑影响。如果表述为一种命令,我们对待邻居的态
度,就应当像在非常相似的情景下我们想要他对待我们的那样。
它完全等同于说"履行你的义务",这个句子把重点放在义务这
个概念中包含的无偏私上。圣奥古斯丁曾说,"像你被对待的那
样去对待别人",这句话放之四海而皆准。迄今为止,他的话都
是正确的。③

　　无论如何,无偏私不是道德怨愤和道德赞许区别于其他的非
道德愤恨及和善的报偿性情感的唯一特征。实际上,无偏私本身

---

①　*Chung Yung*,xiii. 4.

②　Letourneau,*L'évolution religieuse dans les diverses races humaines*,p. 553.

③　St. Augustine,转引自:Lilly,*Right and Wrong*,p. 106。

就有一种大度与宽容的品格，它体现了道德情感的特征——明显的不偏不倚。如果我宣称对朋友或敌人实施的一种行为是善的或恶的，这意味着我假定了这样一个前提：这一善或恶的判断与我实施行为的对象事实上是敌是友无关。相反地，如果我判定某个朋友或敌手实施的一种行为是善的或恶的，这意味着我认可这一假定：这种行为是善是恶与我对行为人的友谊或敌对感情无关。所有这些都意味着，怨恨或和善的报偿性情感迄今为止均为道德情感，这种情感均不受当事人之间特殊关系的影响，无论对当下行为的实施者还是实施对象均如此。同时，在实际生活中道德情感未必总是不偏不倚、公正无私。大家对此能做到心照不宣，或不是有意识地唱反调就足够了。事实上，我们通常给不同的个体、不同的阶级成员赋予不同的权利，由于与当事人形成的关系的影响，我们难免介入个人的同情或反感；那些权利可以是道德权利，在严格意义的术语上讲，这种情感就不仅仅是偏好了；也就是说，某些我们假定不偏不倚的判断认可了我们的权利观，我们就更容易坚持这种权利的正当性，即使我们没有意识到这样做不公平。相似地，蒙昧人谴责针对他自己部落成员所犯的谋杀，而赞扬针对其他部落的同类凶杀行为，他的谴责或赞扬当然会受他与受害者或杀人犯关系的影响。他不会如此推理：杀死他自己部落成员是要受到谴责的，杀死外部落的人是值得赞扬的。无论如何，他的谴责和赞扬必定被看作是道德情感的表达。

最后，道德情感具有某种普遍化的意味。我们以前已经注意到，一种道德判断通常暗含了一些模糊的假设，即它一定被每个既充分了解事件情景又具备"足够发达的"道德意识的人所共享。然而,我们已经看到这个假设是虚幻的。因此,不能把它看作是道德判断的必要条件。尽管不能妄称道德判断必然是"普遍化的"或"客观的",但也不能推论它们仅仅是个人的判断。即使那些对其局限了然于心的人也不得不承认,当他说一种行为是善的或恶的,他所表达的不仅仅是一种个人化的观点,他的判断是有所参照和依据的,其中不仅有他自己的感情,也体现了他人的感情。于是他会想,假如他周围的那些人知悉相关情境并具备他那样敏锐的判断力,他们也会这样认为,这样感同身受的。这种感情使他的赞许和怨恨有了些许普遍性,成为一种公众共有的赞许和怨恨;不过,这种感情绝不可能在纯粹个人的感激之念或报复之情中找到。

在此前的两章和这一章中,我已经尝试对道德情感进行分析,其中的观点不仅对基于他人行为生发的感情有效,而且对基于自身行为而生发的感情同样有效。出于痛苦,道德上的自我谴责是对自我的敌意心态;出于愉悦,道德上的自我赞许是对自我的友善和慈爱。真正的悔恨尽管集中在感受者的意愿上,它依然或明确或模糊地包含着经受苦痛的欲求。有心悔过者会记得他所犯的错,他想清楚地认识过错的严重性;他想这么做,不仅是因为他想要变成一个更好的人,还因为内心感到刺痛能给他带来抚慰。福曼先生说,如果从良心上意识到自己犯有过错,菲律宾岛民会毫无怨恨地接受一顿鞭笞,"即便他不是很确信是否能证实这是个过错,他也会期待着有个机会让对自己的怨恨发泄出来"。[①] 我们可以真确地感觉到对自己的憎恨,我们可能期望遭受体肤之痛以惩罚自己犯下的过错;[②]同样地,有这样一些例子,犯有死罪的人主动向当局者自首,甘愿接受法律的制裁,他们这样做是为了获得良心的安宁。[③] 然而,人虽有心惩罚自己,一般而言仍会天生地规避痛苦,结果良心的刺痛感就变得钝化了。极其懊悔导致的自杀在蒙昧人中时有发生,[④]这种情况与其被看作一种自戕,不如说被看作结束剧痛的出路;在罪人自我折磨的背后通常潜伏着对天堂福祉的向往。自我赞许也不仅仅表示喜欢自己的所作所为,同时也是对自我的友善态度。举例来说,这样一种态度是诸多道德情感的根源,它引发人们去想:自己这样做应该受褒扬和奖赏。

不是每一种自我谴责或自我赞许的形式都是道德情感。涉及别人的行为时,人们的怨恨或和善的报偿性情感才体现出道德情感。要成为道德情感,我们的自我谴责和自我赞许必须表现出同样的特征。一个人出于自私自利的动机而谴责自己时,或出于公平正义而牺牲了自己孩子的利益时,他不会感到懊悔。一个人做了他认为自私或不义的事却沾沾自喜,他也不会由此感到道德上的自我赞许。除了无偏私和明显的不偏不倚外,懊悔和道德自我

107

---

① Foreman, *Philippine Islands*, p. 185. *Cf*. Hinde, *The Last of the Masai*, p. 34; Zöller, *Das Togoland*, p. 37.

② *Cf*. Jodl, *Lehrbuch der Psychologie*, p. 675.

③ von Feuerbach, *Aktenmässige Darstellung merkwürdiger Verbrechen*, i. 249; ii. 473, 479 *sq*. von Lasaulx, *Sühnopfer der Griechen und Römer*, p. 6.

④ 见下文,关于"自杀"。

赞许也具有某种普遍性。正如鲍德文教授认为的,无论是对于别人还是对于自身,道德上的赞许或不赞许,"如非为社会上多数人共享,绝不会达到它的最佳状态"。[①] 实际上,我们对自己的行为的道德判断几乎与外部社会不可分割,似乎存在一个站在局外的裁判,公正地裁决着人间万象。

①　Baldwin, *Social and Ethical Interpretation in Mental Development*, p. 314.

第五章　道德情感的起源

我们已经看到,愤恨与和善的报偿性情感均有助于促进感受者的个体利益,两者的这种效用很容易被理解。这种解释对道德情感而言同样有效,只要它们是和善的报偿性情感:道德上的不赞同引发的敌意针对的是造成痛苦的原因,而道德赞许引发的友善指向愉悦的因由。但我们依然需要找出道德情感区别于其他的、非道德的、报偿性情感的因素,发掘产生这些因素的根源。首先,我们将如何解释道德情感的无偏私?

我们必须区分无偏私的报偿性情感得以产生的不同情境和条件。首先,因为另一个人受到伤害或得到恩惠,我们可能感到无偏私的愤恨或者无偏私的和善的报偿性情感,我们对这个人的痛苦和幸福报以同情,我们善意地关心他的福祉。当然,我们的报偿性情感总是对我们感知的痛苦或幸福的反应;这一点,无论对道德情感还是对报复之念、感激之情都适用。接下来要回答的问题就是,为什么我们相当无偏私地因为邻人被伤害而感到痛苦和愤怒,因为他受到恩惠而感到幸福并赞许?

某一种行为引发旁观者的幸福感或痛苦感,部分地源于这些 感情与其外部表现间的密切联系。看到一张快乐的脸,就容易生发愉悦之情;看到遭受苦痛的身体则容易心生痛楚。在每一种情况下,旁观者的感受都是情感再产生的结果:他看到了当事者的身体和表情,他理解当事者的感受,由于双方之间业已建立起来的亲近关系,他的同情之心被唤起。

对别人痛苦和幸福的同情也可以产生于紧密的因果联系,产生于对某一种行为或情景及其通常引发的情感之间联系的认识和了解。看到有人遭受鞭笞就会感到痛苦,尽管这顿刑罚还没有在受害者身上造成什么可见的后果。当上述两种联系同时出现时,人们生发出的同情当然会比仅仅一种联系发挥作用时更强烈。正如亚当·斯密所说:"一般的哀痛所表达的只是受害者的苦楚,它引发的与其说是真正的、感同身受的同情,毋宁说是探究对方处境的好奇心以及对他表示同情的某种意向。"[①]另一方面,由因果联系引发的同情会通过观察和理解被同情者痛苦或幸福的外部表征而极大地加强。

但仅产生于上述联系的同情并不是通常所理解的同情。仅从联系中产生的同情也可能对它的直接原因产生一种仁慈的或敌对的反应:一张笑脸经常激起对微笑者的友爱之情,而"看到遭受苦难的身体或表情,通常引发对受害者的忧虑不安"。[②] 在这种情况中,是他人本身而不是施惠者或加害者被视为同情的原因。仅仅从上述联系的角度看待同情,这种同情就失去了最重要的特征,用流行的术语讲:它缺少亲切感。[③]

---

① Adam Smith, *Theory of Moral Sentiments*, p. 7.

② Leslie Stephen, *Science of Ethics*, p. 243.

③ 里博特教授(Ribot, *Psychology of the Emotions*, p. 233)和尚德先生(Shand, 'Sources of Tender Emotion,' in Stout's *Groundwork of Psychology*, p. 198 sqq.)对同情与好心肠之间的区别做过精彩评论。

　　同情这个词在其一般用法上,与利他主义情感或关爱——一种对他人关切并且随时表现出来的精神气质——协同共进。只有这种情感[①]才会引导我们对邻人仁慈友善。这种情感包含着一种倾向或意愿,并且在充分发展后,会激发一种与他们同甘共苦的热望。受其影响,我们的同情不再仅仅局限于人际联系;我们积极参与这种情感的产生过程,我们把注意力集中到所爱的人的感情、外在表现和生活环境上,关注其中任何一个细节。我们渴望了解他的欢乐和痛楚,以便和他同欢乐、共患难;特别是当他有需要的时候,我们能行动起来,去安慰或帮助他。利他主义情感不仅仅是同情的意愿;最重要的是做善事的意愿和实际行动。后者更应该被看作前者的原因而不是结果;正如亚当·斯密坚持主张的那样,[②]对他人的关切和慈爱不只是习惯性的同情,也不是它的必然结果。固然,没有关切和慈爱辅佐的同情会引导一个人去安慰身处苦痛的邻人,而不至于假装看不见;但他这样做不是出于对受苦者的同情,而只是为了摆脱自己目睹此情此景的痛苦感受。也不能假定,这种利他主义情感只能通过同情强化才促成伸手相助的行动。看到旅行者经受着伤痛,一个自私的伪君子感受到的痛苦一点不少于一个乐善好施、见义勇为者;然而,见义勇为者不会一走了之,他有帮助受伤者的愿望,如果他没有半路停下来救助的话,他的愿望

111

---

　　①　我在这里使用的情感(sentiment)一词,其意义与尚德先生在"性格与感情"一章中的主张相同(Shand,'Character and the Emotions,'in *Mind*,N. S. v. 203 *sqq.*),这个用法也被斯托特教授采纳(Stout,*op. cit.* p. 221 *sqq.*)。情感实际上不能在刹那之间感受到;"它们是复杂的心理意向,假以机缘,它们将引发丰富多彩的感情"(*ibid.* p. 223 *sq.*)。

　　②　Adam Smith,*op. cit.* p. 323.

将不会得到满足。对利己主义者来说,对受害者提供安慰只是他抑制同情之痛的一个手段;反过来也可以这么说,对利他主义者来说,同情之痛促使他给予受害者抚慰和帮助。利他主义者想知道、想感受邻人的痛苦,因为他真切地想帮助他。为什么心肠最好的人最快乐?因为他们想到的是减轻同伴的不幸,而不是沉浸在不幸所激起的同情之痛中。

　　显然,有利他主义情感相伴的同情——通常意义上的同情——易于产生无偏私的报偿性情感。当我们看到邻人沉浸幸福或遭受痛苦时,我们在某种程度上会把那施惠者或加害者看作是造成此状的根源,尽管在程度上未必等同于我们自身受惠或受害。在所有与人类相伴的动物种类中,我们都可以很容易地发现它们所具备的利他主义情感。一个哺乳动物的母亲对它孩子敌人的敌意丝毫不逊于对自己的敌人。在群居本能已经发展为社会感情的社会性动物当中,[①]任何群体成员的敌人都会遭到其他成员的愤恨;它们团结起来共同御敌,这无疑源自共同感受到的愤怒。对于被圈养和被驯化的动物而言,有许多关于这种感情的动人心魄的例子,甚至出现这种情况:当它们朝夕相处但并非同类的动物遭受伤害时,它们也会明显地表现出强烈的憎恨之情。罗曼尼斯教授的狈犬"不管何时何地,只要看到有人袭击别的狗,不管当时是在户内还是户外,不管是远还是近——它都会冲上去干涉,以一种最具威胁的姿态咆哮和撕咬"。[②]达尔文曾谈起伦敦动物园里的一

---

　　① 随后的章节将讨论人际交往之情(social affection)与群居本能(gregarious instinct)之间的联系。

　　② Romanes,*Animal Intelligence*,p. 440.

只美洲小猴子,当它看到一只壮硕的狒狒袭击饲养员时,便冲上去营救,厉声尖叫,张嘴撕咬,最终吓跑了狒狒,它的饲养员朋友才得以安全逃脱。[1] 非常相似的例子是,狗会猛烈攻击任何袭击甚至是触碰它主人的人。威廉斯牧师提到这样一个故事,在利物浦有一只狗把正在遭受虐待的猫从几个小恶棍手里解救出来:它冲进小混混群中,狂怒地撕咬,结果把他们吓得无影无踪;那只猫流着血,似乎失去了知觉,它叼着猫带回自己的窝,让它在干草上躺好,喂养它、照料它。[2] 在人类这一物种中,这类共同感受的愤恨之情在很早的年龄段就开始了。苏利教授曾提到,一个不到四岁的小男孩看到任何动物受害都会感到激愤。[3]

随后的章节将详细论述人类的利他主义情感。我们有理由相信,自古以来在人类中流行的不仅有母爱,而且在一定程度上还有父爱、夫妻之爱。当生活条件的改善有助于早先家庭的扩展时,当群居生活的主要障碍——食物的匮乏——被克服时,更广泛的社会感情就涌现出来;当人们发现社交有益身心后,交往便成了人们的生活习惯。现在依然有一家一户而不是以部落形式生活的蒙昧部族,但我们迄今尚未发现除了家庭生活以外毫无其他社会组织生活的情况。后来的发现只不过进一步证实了达尔文的论点:一块偏僻的荒野上尽管只有几个家庭在那里生活,但他们总是和居

---

[1]　Darwin, *Descent of Man*, p. 103. *Cf*. Fisher, in *Revue Scientifique*, xxxiii. 618. 梅德温船长提到另一个很少见的例子:两条猎狗相依为命地相处多年,其中一条为同伴的死亡而实施报复(Medwin, *Angler in Wales*, ii. 162-164, 197, 216 *sq*.)。

[2]　Williams, *Dogs and their Ways*, p. 43.

[3]　Sully, *Studies of Childhood*, p. 250.

住在同一地区的其他家庭保持友好的联系；出于共同防御的目的，他们偶尔会聚集在一起郑重其事地讨论和谋划。[1] 但生活在这样大的共同体中的通常是低等种族，共同体的所有成员出于相同的利益和感情团结在一起。比较而言，家庭组织形式只是极少的例外。在通常情况下，这类共同体中普遍存在的是人们之间的和睦相处、彼此友善、互帮互助和团结友爱。关于这一点，随后的几页将给出大量证据。梅尔维尔先生关于马克萨斯食人族的评述在一定程度上可以作为一个典型引用。他说："他们的生活中很少出现对事件和问题观点不一的情况……他们在所有的行动上都能步调一致，每件事都能圆满地处理，结局往往皆大欢喜。"[2] 当群体中有一人被伤害，大家毫无例外地表示愤恨，并在公开场合集体表达出来。正如罗伯逊很久以前观察到的一样："在一个小的共同体中，每个人都是其中不可或缺的分子，一人受到伤害或侮辱，跟自身的尊严受到侵犯、自身的安全受到损害毫无二致。如此，复仇的欲望一个挨一个地传染，很快就爆发。"[3] 提到澳大利亚的蒙昧部族，法伊森先生评论道："对这些蒙昧人来说，整个部族就体现在个体身上，而个体对部族敬畏有加。这个部族遭到任何攻击，每个人都认为是自己面临伤害，这时，全体成员会抱成一团奋起反击。"[4] 尽管这类群体中的每个人都把其他成员的敌人视为自己的敌人，并多

---

[1]　Darwin, *op. cit.* p. 108.

[2]　Melville, *Typee*, p. 297 *sq.*

[3]　Robertson, *History of America*, i. 350. 参阅克利福德关于"部落之自我"的理论（Clifford, *Lectures and Essays*, p. 290 *sqq.*）。他说："在蒙昧部族，不管是有人欺负他本人还是欺负他的部落，他都会感到同样地受伤害。"（*ibid.* p. 291）

[4]　Fison and Howitt, *Kamilaroi and Kurnai*, p. 170.

多少少会表达憎恶之情,但没有人否定这种集体愤恨中的无偏私因素。

然而,我们对称为"同情之怒"的解释还不够完整。正如我们所看到的,这种情感可以是对同情之痛的一种反应;但它也可以直接产生于对愤怒迹象的认知。严格来说,在前一种情况下,同情之怒不依赖于受伤害者个体的感情而独立存在;可能我们代表他感到了愤恨,他自己却浑然不觉。在后一种情况下,同情之怒是一种经由反思的情感,不依赖于酿成原初情感的根源而独立存在。比如,当听到大街上群狗咬架的尖叫声,四面八方的狗都跑向现场,每只狗显然都准备好了随时撕咬其他狗。在前一种情况下,同情之怒是经由同情之痛这个中介引发的,它与受到的伤害密切相连;在后一种情况下,它可能是同情自身的一种反映,而引发同情的根源则是看不到的。在狂怒的人群里,人们通常会因其他人发怒而愤怒。为什么会这样呢? 这是个极少有人提及的问题。这种形式的同情之怒具有相当重要的意义,它既可成为产生道德观念的根源,也可成为传播道德观念的媒介。老师教导学生说某种行为是错误的,就等于把那种行为看作表达道德怨恨的适宜的对象,教师的目的就是在学生的思想中激发相似的愤怒。聪明的老师在激发此类不赞许之情时并不诉诸任何权威;但不幸的是,在许多情况下,他做不到这样;一个非常明显的原因是,当下的道德责任通常是三令五申强制要求的。众所周知,孩子在很大程度上是根据父母的管教而形成对与错的观念;①正如霍布斯所说,"人类通常像

115

---

① Cf. Baring-Gould, *Origin and Development of Religious Belief*, i. 212.

孩子,他们除了从父母、主人那里接受调教外,不会有别的善恶观念和行为原则"。① 众怒被触犯而爆发,或整个社会群起攻之以示惩罚,凡此种种,都属于这种情况。无论在起源上多么自私,不管引发它的个人动机怎样,同情之怒总会在一定程度上趋于无偏私;也就是说,每个个体不仅出于自己的立场和利益而愤怒,同时也会对其他人的愤怒有反应。

116　　表达愤恨的每一种方式都可传达情感。除了惩罚这个手段外,语言的使用特别值得关注。听到有人说某个词语本身就足以激起道德上的不赞同,像"杀人犯""小偷""懦夫"这样的话,不仅指涉某些行为本身,也表达了对这类行为的羞辱。怎么说一个人不诚实都不要紧,如果被称为"撒谎者",他就会感到很不光彩;用一些表意强烈的词汇,表明说者有意把听众的同情之怒激发到最大程度。

　　我们迄今所考察的无偏私愤恨的所有例子都可归在同情之怒的名下。但另外一些情况不属此列。愤恨并不总是由某人遭受伤害引发;它可能直接或间接地源自这个生命体的任何苦痛感受。与我们同情别人遭受苦难明显不同,在许多情况下,我们反感一个人的行为,而他实际上丝毫未妨碍我们的利益。在人类的心灵中有贝恩教授所谓的"无偏私的反感",即"我们从情感上表现这种厌恶,这基于我们不虑及自己的利益,其程度如同我们感同身受地表达同情与友爱"。② 与此类似,旨趣、品位、习惯和观念的差异也导致人们之间的嫌恶,我们将会看到,这些差别对道德意识的形成至

---

①　Hobbes, *Leviathan*, i. 2, p. 76.

②　Bain, *Emotions and the Will*, p. 268.

关重要。当某一种实际无害的行为使我们感到厌恶和恐惧时,我们会觉得那个人在伤害别人、劫掠财产或污人清白。这里,我们的愤恨还因为目睹别人的嫌恶之感而变本加厉。我们很容易被我们邻人的好恶所影响。就如塔克所说的:"我们觉察邻人的喜好,会不知不觉受到习染;他们厌恶的东西,也很难让我们喜欢。"[①]

　　我们已经看到,来源于利他主义情感的同情不仅可以产生无偏私的愤恨,也可以产生无偏私的报偿性友善。当我们因邻居受到恩惠而欣慰时,我们自然会善意地对待施恩者。正如同情之怒可能出自对愤恨之情外部迹象的认知一样,同情的报偿性友善也可能来自目睹到这种报偿性友善的外部表达。语言传达情感既可以通过褒奖之言,也可以通过谴责之语。奖赏和惩罚一样,一经出现就容易再生产同样的感情。而且,人类既有无偏私的嫌恶之情,同样也有无偏私的喜爱之情。

　　这样,找到了无偏私的报偿性情感的起源,也就可以部分地解释道德情感的起源。但正如我们已经明白的,无偏私不是道德愤怒和道德赞许区别于其他报偿性情感的唯一特征:一种道德情感被认为无偏私,或至少不是有意的偏私,它就有了公众共同分享的意味。然而,我们现在必须解决的问题不是报偿性情感是如何变得明显无偏私或如何带上普遍色彩的,而是无偏私、大白于天下般的公正及其普遍化为什么成为所谓的道德情感区别于其他报偿性情感的特征。问题的答案在于这样一个事实:社会是道德意识的发源地;最初人们表达出的那些道德判断,不是孤立个体的私人感

117

---

　　①　Tucker, *Light of Nature Pursued*, i,154.

118　受，而是更广大的社会成员普遍共有的感情。在这个意义上，部落习俗是最早的道德戒律和行为规则。

习俗已被界定为公共习惯，是某一群体、种族、国家或社会阶级共有的习惯。习俗既是一种习惯，同时也具有别的意义。它不只是经常地重复某种行为，它也是一种行为规则。就如西塞罗所说，习俗是"人们内心的戒律和箴言"。① 谈到习俗，我们会说"习俗驱使"或者"习俗要求"人们怎样怎样，并称它是"严苛无情的"和"不可动摇的"。有时甚至出现这种情况，当习俗允许某一阶级的人做哪些事时，它实际上立下了规矩，即他们那样做不应受到任何干扰。

习俗规则作为判定对与错的道德规则而被接受。② 蒙田说："我们所说道德规章产生于自然，来源于众人追随的习惯。"③有一次，豪伊特先生跟一位澳大利亚土著青年谈论仪式中的食物禁忌时，试探着说："当你饥饿难耐时，你碰巧抓到一只母负鼠，如果周围没有年长者看见，你偷偷吃掉它没什么问题吧？"年轻人回答道，"我不会那样做，那是不对的"；他说，这样做等于无视当地人的习俗，等于犯错；除此之外，他给不出其他的理由。④ 伯诺先生这样说英属圭亚那的印第安人："他们关于善恶的道德感完全是从祖辈

---

① Cicero, *De Officiis*, i. 41.

② *Cf.* Austin, *Lectures on Jurisprudence*, i. 104；Tönnies, 'Philosophical Terminology,' in *Mind*, N.S., viii. 304. 冯·耶林把德国的习俗定义为"民众生活中自己养成的义务性的习惯"(*Von Jhering, Zweck im Recht*, ii. 23)；冯特也表达过类似的观点(Wundt, *Ethik*, p. 128 *sq.*)。

③ Montaigne, *Essais*, i. 22 (*Œuvres*, p. 48).

④ Fison and Howitt, *op. cit.* p. 256 *sq.*

的风俗习惯继承而来。他们前辈的信仰、前辈的所作所为必定是正确的,要是谁的想法和做法别出心裁,那简直是大逆不道。"①在格陵兰异教徒眼里,"只要有违爱斯基摩巫医订下的律法和习俗",就都是不道德的、邪恶的。当丹麦传教士试图令他们意识到自己的道德观念时,结果是"他们构想的善恶观念与欧洲人的好恶不谋而合,也与欧洲人的习俗和法律一致"。②罗利也如此断言:"像绝大多数野蛮人一样,非洲人并不把罪恶视为对上帝的冒犯,而只是对他们国家法律和习俗的冒犯。这正是他们的罪恶观。"③巴龙加人把偷工减料地对待公众普遍认可的习俗称为 *yila*,在他们眼里这样做是万万不可的,是禁忌。④幼发拉底河的贝都因人"在区别是非时从不诉诸良心或真主的意愿,而仅看习俗怎么样"。⑤根据《摩奴法典》,从无法追忆的远古时代,习俗就代代相传地承继下来,这些习俗"被称为美德懿行"。⑥希腊的习俗观念是 τὸνόμιον,它表明了道德和习俗的紧密联系;同样的还有 ἔθος, ἦθος 和 ἠθικά 这些词汇。拉丁语中的 *mos* 和 *moralis*,德语中的 *Sitte* 和 *Sittlichkeit* 都表达了这个意思。⑦更重要的是,在早期社会,习俗不只是道德

----

① Bernau,*Missionary Labours in British Guiana*,p. 60.

② Rink,*Greenland*,p. 201 *sq*.

③ Rowley,*Religion of the Africans*,p. 44.

④ Junod,*Ba-Ronga*,p. 477.

⑤ Blunt,*Bedouin Tribes of the Euphrate*s,ii. 224.

⑥ *Laws of Manu*,ii. 18.

⑦ 关于这些词语的历史,见:Wundt,*op. cit.* p. 19 *sqq.*。风俗习惯中表现出道德特征的其他事例,见:Maclean,*Compendium of Kafir Laws and Customs*,p. 34 (Amaxosa);Macpherson,*Memorials of Service in India*,p. 94 (Kandhs);Kubary,*Ethnographische Beiträge zur Kenntniss der Karolinischen Inselgruppe*,i. 73 (Pelew Islanders);Smith,*Chinese Characteristics*,p. 119。

规则,并且只要人们一想到道德规则,唯一进入脑海的就是习俗。蒙昧人的所作所为很符合黑格尔的理论命题:道义和良知非私人独享。下面关于提讷弗利掸人的说法很典型,兹引用如下:"单独的个体极少在观念或行为上有超乎寻常之处,他们无论作恶还是行善,均跟从周边的绝大多数人。他们是以群体而非个人的形式思考。"[①]

不服从习俗的行为会激起公愤。特别是在文明的低级阶段,习俗是管制民众的强硬而专断的铁律,破坏和违背习俗不仅遭到众人的羞辱,而且通常还会被处以肉体的刑罚。格雷爵士说,"相信蒙昧部族的人被赋予了思想或行为的自由,这是一个很明显的错误";[②]有关世界各地所有蒙昧时代部落生活的大量事实都证实了这一判断的真确。[③] 习俗约定的规则既然是一种道德规则,违反习俗所引起的愤怒自然就是一种道德情感。更为重要的是,一个人义不容辞的所有义务均表现在他所属的社会习俗里,道德愤

---

① Caldwell, *Tinnevelly Shanars*, p. 69.

② Grey, *Journals of Expeditions in North-West and Western Australia*, ii. 217.

③ Tylor, 'Primitive Society,' in *Contemporary Review*, xxi. 706. *Idem*, *Anthropology*, p. 408 *sq.* Avebury, *Origin of Civilisation*, p. 466 *sqq.* Eyre, *Journals of Expeditions into Central Australia*, ii. 384, 385, 388. Curr, *The Australian Race*, i. 51. Mathew, 'Australian Aborigines,' in *Jour, and Proceed. Roy. Soc. N. S. Wales*, xxiii. 398. *Idem*, *Eaglehawk and Crow*, p. 93. Taplin, 'Narrinyeri,' in Woods, *Native Tribes of South Australia*, pp. 35, 136 *sq.* Hawtrey, 'Lengua Indians of the Paraguayan Chaco,' in *Jour. Anthr. Inst.* xxxi. 292. Murdoch, 'Ethnological Results of the Point Barrow Expedition,' in *Ann. Rep. Bur. Ethn.* ix. 427 *sq.* (Point Barrow Eskimo). Holm, 'Ethnologisk Skizze af Angmagsalikerne,' in *Meddelelser om Grönland*, x. 85. Nansen, *First Crossing of Greenland*, ii. 295. Johnston, *British Central Africa*, p. 452. New, *Life, Wanderings, and Labours in Eastern Africa*, p. 110 (Wanika). Scott Robertson, *Káfirs of the Hindu-Kush*, p. 183 *sq.*

怒的特征显然要在它和习俗的联系中寻找。习俗最突出的特征就
是它的普遍性。违反习俗必然引起公愤;因此,这种普遍性也使道
德上的不赞同获得了同样的意味。习俗一经形成就很难改变,它
不会顾及个人的偏好。承认习俗的有效性,就隐含地承认了习俗
对你、对我及对社会上所有人具有同样的约束力。这也就包含了
无偏私性;不管我个人是不是直接牵涉这个行为,我都承认,违背
习俗就是犯有过错。这也包含了明显的公正:我对该行为的谴责
是独立于我与当事人的个人关系的;或至少,我不知道任何这类个
人关系会影响到我的谴责。无论道德源自哪里,这一点都是有效
的。尽管习俗通常植根于公众的同情之怒或公众的无偏私嫌恶,
它们也可能源自偏袒和自私自利。起初,社会的领导者可能会由
于发现某些做法对自己不利而提出禁止。在习俗压制妇女的社
会,这种习俗当然可以追溯到男性的自私上。在认可奴隶制的地
方,当然不能指望对待奴隶公正无私。然而,如同前面的例子,在
这里,不管我的身份地位如何,我都认为这些习俗是正当的,我甚
至猜想作为当事人的妇女和奴隶自己也与我有同样的观点。这种
猜测绝不是虚幻的妄想。在正常的社会条件下,主要由于上等人
的愤怒更容易获得人们的同情,一个地方的习俗会被主体社会自
愿地服从,并被主体社会认可为正当。按照马斯登的说法,苏门答
腊岛上的勒姜人"出于偏袒和自爱,一个没有财产、家庭或亲戚朋
友的人从不把自己的生命价值看得与家境殷实、有头有脸的人士
一样"。① 一个规则无论多么自私、偏袒,一旦制定者的自私和偏

121

---

① 　Marsden, *History of Sumatra*, p. 247.

祖销声匿迹,它就会变成真正的习俗,成为普通的道德规则。

　　可能有人认为,从道德愤怒与习俗的关联中得出这种特征,意味着这与我们最初的假设——道德情感是所有道德判断的根源——相矛盾。但事实不是这样。只是因为违背习俗会引发愤怒和怨恨,习俗才成为道德规则。就其伦理方面而言,习俗只不过是把情感倾向的概括,应用到某些行为模式中,并代代相传。公愤则居于这类情感的最底端。习俗(mos)构成了义务和责任的规则,它的命名即来自这类道德情感。

　　公愤是道德不赞同的范例;同样地,表现在齐声颂扬中的公众赞许是道德赞许的范例。和公愤一样,公众赞许有着普遍性、无偏私性和明显的公正性等特征。但这两种感情中,公愤是习俗的根基,它能造成当事人受惩罚,因而给人的印象更深刻。由此,moral(道德)这个词与mos(习俗)的语源学关联便不足为怪了,这总意味着社会规则的存在,违反了就会招致公愤。对于道德赞许及其情感,我们按照同理以此类推即可。

　　尽管道德上的不赞同和道德赞许作为公众感受的集体情感在人类感情体系中占据一席之地,在任何特定社会里两者并非总是形影不离。随着文明的进步,同一社会成员内部观念上全体一致的局面被打破了。对社会上流行的道德观念挑刺的人出现了,他们虽然属于这个共同体,却从个人情感出发,批评那些条条框框。他们可能同样表现出无偏私性和明显的公正性——这种异端有别于既成的、占据主流的道德观点,它其实在很大程度上来自于这一信念:"公众情感大公无私乃一场虚幻"。我们将会看到,道德意识的进化是无偏私与公正演化发展的过程;它倾向于权利的平等化,倾向于同一道德规则应用到更广大的人群和范围；并且这个过程在很大程度上受下述努力的影响：心智高尚的个体会提升公众的观念以符合他们自己的是非观。而且，我们已经注意到，个人道德情感甚至不缺乏普遍化的意味，这种普遍性在众多人一致感受的愤恨或赞许中表现得十分突出。不过，尽管遭到部族的驱逐和迫害，道德异端人士可能并不认为自己只是在兜售纯属个人的是非观念。[1] 甚至在势单力薄时，他也会感到他的信念至少为理想社会所共享，那些和他一样洞见问题所在的人，那些与他同样富有同情心和正义感的人，实际上都站在他这一边。这样，这些道德情感最终仍作为公共情感而存在——即便并非现实，至少是一种理想。

最早的道德情感是公众情感，这一事实意味着，道德意识的最初形式不可能像人们经常宣称的那样，"是个人自己的良心"。根据马蒂奴博士的观察，只有从我们自己的经验中推论，才能看出他人行为的内在根源；但他的观察绝不能保证他的结论——道德意识在根源上是做自我评价的，而不是先对我们的同胞做出批评而曲折地达到这个目的[2]——是正确的。可能包含在自责和自我赞许的感情里的道德因素，与其他非道德因素混淆到如此程度，以至只能通过审慎的抽象才能加以辨别，而这个过程要在他人情感顾及我们行为或我们的情感顾及他人行为的条件下进行。人们有悔恨的道德情感，这预设人心早就存在着对与错的观念，并能把这种

---

[1]　*Cf*. Pollock, *Essays in Jurisprudence and Ethics*, p. 309.

[2]　Martineau, *Types of Ethical Theory*, ii. 29 *sqq*.

124 是非观念应用于自己的行为。因此,除非道德观先得自另一种来源,否则永远不可能把它看作广义自我谴责感情的一种特殊形式或一个因素。后悔和懊悔如此相似,在某些欧洲语言中二者甚至就是一个词。[①]

从以上论述可以明显地看出,道德怨恨是一种极其古老的人类情感形式,其根源甚至可以在比较低级的动物界找到,这些群居动物(social animal)能够通过同情心感受到这种怨恨。作为一种道德规范,这个风俗无疑起源于人类历史十分久远的时期。以后我们会看到,野蛮人的风俗遭到侵犯时,经常明确地表示愤怒。各种各样的资料表明,较低级的种族也有正义感——这是所有道德情感的精华。关于低级种族没有悔恨之情的看法,[②]不仅缺乏事实依据,也与已有事实相矛盾。实际上,即使在我们中间,真正的悔恨也是一种深藏不露的情感,因而不可能指望蒙昧部族毫不掩饰地把悔恨之情表露出来。我们已经看到,悔恨需要一定的抽象能力,也需要内心情感建立在极其公正的基础上,因此,这种感情必须在最高级的道德意识中去寻找,而在最低级的道德意识中没有容身之地。但是,如果说蒙昧人连一点道德心都没有,这不仅与我们从他们遵循的风俗习惯中得出的结论大相径庭,也与旅居者努力探究此问题答案时的直率评论相矛盾。豪伊特先生问一个澳大利亚青年:如果你家老人不在身边,你是否会吃一只带着幼崽的

---

① 正如瑞典语中的 *ånger* 一词。

② Avebury, *Origin of Civilisation*, pp. 421,426.

母负鼠；① 显然，这个青年负责任的回答表现出对道德规范的尊重。正如法伊森先生所说，这种回答"突出地表现了回答者的'道德情感'，而约翰·卢伯克先生却否认蒙昧部族有这种情感"。② 125 施莱登博士宣称，他在与工作所在地居民的交往中发现，黑人的义务感一点都不比欧洲人差，甚至比欧洲人强烈。③ 谈到万尼卡人④时，纽先生说："良心就像全能上帝的代理人一样活在人们的心灵中，人们做什么事情都要征得它的同意，否则它会拷问你的灵魂。它可能钝化，可能麻木，也可能受到抵制，而最容易发生的是受到压抑，但它一直存在。"⑤ 阿布塞曾请几名贝专纳人谈谈黑人是否具有道义感。这些贝专纳人回答说："是的，他们都有。""那么，他们是如何表达这种道义感的？""他们做了好事不留名，犯了罪就感到痛苦。""你所说的犯罪指的是什么？""盗窃，这是偷偷摸摸、胆战心惊的状态下犯的罪；还有杀人，一个人犯了杀人罪，就算反复洗刷也难免留下悔恨。"⑥ 华盛顿·马修斯先生讲述过纳瓦霍人的故事，其中有这样一段话："这个故事告诉我们，编故事的人很清楚悔恨会造成多么巨大的痛楚，即使是那些不具备犯罪性质的行为，如某些不仁不义不孝之举，也会导致悔恨。"⑦

---

① 见上文第 118 页。

② Fison and Howitt, *op. cit.* p. 257 n.

③ Hübbe-Schleiden, *Ethiopien*, p. 184 sq.

④ 万尼卡人，生活于东非的土著部落。——译者

⑤ New, *op. cit.* p. 96.

⑥ Arbousset and Daumas, *Exploratory Tour to the North-East of the Colony of the Cape of Good Hope*, p. 322.

⑦ Matthews, 'Study of Ethics among the Lower Races,' in *Journal of American Folk-Lore*, xii. 7.

　　在蒙昧部族是否具有道德情感的问题上,艾夫伯里勋爵表达了不同的观点。在他看来,即使是现代的蒙昧部族也似乎"毫无道德情感可言"。他还说,"除了根据旅行者的直率陈述,也根据他们评论中透露出的本意,他只能得出这种结论;尤其具有说服力的是,低级种族极其缺乏忏悔之心与悔恨之情"。① 这一主题相当重要,有必要详细考察艾夫伯里引为论据的那些事实。

　　内伯斯先生指出,得克萨斯州的克曼奇族中,"没有哪个人的行为会被认为是犯罪,不过,每个人都按照自己的判断行事,除非遇到更高权力,比如大家公认的首领的制约"。另外一名著作家写道:"这些印第安土老帽连一点道德意识都没有。"按照卡萨里斯的说法,巴苏陀人的道德观念"完全依赖社会秩序,任何政治组织的解体都会立时导致退步,只有重建秩序才能恢复到原有的状态"。在中非和其他地区土著人的描述中也可以看到类似的观点。比如,在詹纳及其周边地区,"只要城镇首领的权力被剥夺了,居民就会无所适从,整个社群生活会立即陷入无政府状态,到处都是一片混乱局面,直到新委派的继任者上台,这一切才告结束"。达马拉人"似乎没

────────────

① Avebury, *op. cit.* pp. 414,426. 艾夫伯里勋爵引用伯顿的观点说,正如约鲁巴的黑人中发生的一样,东非人的观念中并没有良心这个东西,"悔恨"这个词表达的仅仅是他们差点犯下死罪。谈起巴凯里人的野蛮无知,冯·德·斯坦恩博士做出如下判断:"好与坏的观念仅模模糊糊地存在于对待他人是否有礼、是否得体上,经由奖赏或惩罚而引发的道德意识,则是完全缺失的。"(von den Steinen, *Unter den Naturvölkern Zentral-Brasiliens*, p. 351)利波特则在《人类的文化史》中坚持这样的看法:"自然人的良知不是自责,而是恐惧"。(Lippert, *Kulturgeschichte der Menschheit*, i. 27)

有明显的是非观念"。塔斯马尼亚人"没有任何道德观念"。艾尔在谈到澳大利亚人时说,"关于什么是正义、什么是公平这类抽象问题,他们一点意识也没有"。有位传教士发现,要向那些土著人传达关于罪恶的观念简直比登天还难。坎贝尔先生说,卡查里人"自己的语言中没有罪恶、虔诚、祈祷和忏悔这样的词";而另一个印度土著部落则"没有什么道德意识可言"。艾夫伯里甚至引用了这样一段话佐证他的观点,大意是汤加岛人在表达罪恶和不义时所用的词句"同样适用于其他事情"。据一些传教士说,南美大查科的印第安人"对是非不加区分,因而对现世与未来的惩罚和奖赏既不害怕也不寄予希望,对一些超自然的力量也不怀有神秘的恐惧之念"。最后,艾夫伯里指出,这些土著的宗教——除了一些较为高级种族的宗教外——并不涉及道德方面的问题,在伦理道德上也没有什么影响力,而且,神明一直被认为是一种邪恶,他们对来世的最初信念就与奖赏和惩罚毫不相干。①

　　艾夫伯里勋爵提到的许多事实中,早就包含了道德情感的因素,并不像他所说的那样,一点道德情感都没有。要想搞清楚为什么神灵不让人们有是非观念是很困难的。我们从《旧约》中知道,可能存在一个既无天堂也无地狱的道德律。127关于克曼奇族的说法只是意味着,他们非常重视个人自由。政治组织解体时期,各民族之所以普遍陷入社会失序的状态,是因为这些政治集团凝聚起来的基础非常脆弱,也意味着道

————————

① Avebury, *op. cit.*, p. 417 *sqq.*

德观念与道德实践之间存在某种差距。在摩洛哥,苏丹去世后全国立即陷入无政府状态;然而,人们仍然信守《古兰经》的道德原则,仍然遵循那些更苛刻的古代习俗。至于巴苏陀人,卡萨里斯明确地说,他们在道德上是有罪恶感的,他们用表示丑陋、损失、亏欠、无能为力等意思的词汇来表达这种感觉;[①]阿布塞曾经听到一个巴苏陀人这样谈论一起不公正的司法判决:"判官有权有势,所以我们只能保持沉默;如果判官软弱无能的话,我们早就一哄而上,大声抗议他的不公正了。"[②]更进一步说,一个民族可能意识不到"抽象意义上的"公正,也没有"严格意义上的"道德观念。对于西澳大利亚人,昌西先生明确指出:他们拥有强烈的正义感。他还举了一个例子证明自己的观点。[③] 最近,权威的资料这样评论中部澳大利亚的居民:尽管他们的道德规范与我们非常不同,"但不能否认,他们的行为也受道德规范的制约;就已经知道的情况来说,任何违反道德规范的事,都确实受到了严厉的惩治"。[④] 关于汤加人,马里纳说:"跟我们相比,他们的荣誉感和正义感除了程度上有所不同,其他方面并没有什么差别;他们把一些事情看得更荣耀些,而把另外一些事情看得更不光彩。"他还在另外一个地方说,"汤加人关于荣誉和正义的观念……得到了很好的界定,这些观念在人们心目中稳定、持久而普遍",尽管他们并

---

①　Casalis, *Basutos*, p. 304.

②　Arbousset and Daumas, *op. cit.* p. 389.

③　Brough Smyth, *Aborigines of Victoria*, ii. 228.

④　Spencer and Gillen, *Native Tribes of Central Australia*, p. 46.

不全然按照这些观念行事。① 关于美洲印第安人"无论如何没有道德观念"的说法,如果与已知的他们的社会生活和道德生活相比对,这种说辞就显得非常怪诞。例如,贝专纳人就宣称,他们"内心有一种强烈的正义感"。② 当然,关于道德观念如何构成的问题,可能存在不同的观点。如果认为罪恶观念或其他神学观念是道德观念的本质,那么,不仅那些最不开化的种族缺乏这种观念,人类社会的大部分都缺乏这种观念。当传教士和旅行者否认野蛮人拥有道德观念和道德情感时,他们似乎主要指与自己相似的道德观念和道德情感。

　　在这个问题上,恰好有一种相反的观点,这种观点坚持认为,许多蒙昧部族和野蛮民族是有正义感的。曼先生在谈及安达曼岛人时说:"他们在与我们交往时表现出的一些显著特点让我们相信,他们基本上不缺乏荣誉感,他们还有一些模模糊糊的正义观念。"③ 道尔顿上校发现,涩谷加高原上的科瓦人在发生纠纷时,"大都争先恐后地承担自己应有的罪责,其份额不多也不少。这伙人中最年长的总是把导致纠纷的罪责揽到自己身上,并极力为年轻人开脱责任,说他们年龄小,还不能为自己的行为负责。"④ 根据维尼亚密诺夫的说法,阿留申人"天生喜欢公正",如果发生了不公正的伤害事件,他们心

128

---

① Mariner,*Natives of the Tonga Islands*,ii. 159,163.

② Buchanan,*Sketches of the History*,& *c.*,*of the North American Indians*,p. 158.

③ Man,in *Jour. Anthr. Inst.* xii. 92.

④ Dalton,*Descriptive Ethnology of Bengal*,p. 230.

中会留下难以磨灭的印象。[①]　柯尔本是当今公认的权威人士,[②]他这样谈论霍屯督人:"他们对于正义观念的精到和敏锐足以令基督教国家的人们汗颜。"[③]曾经令传教士大惑不解的是,祖鲁人"在数百年不接触天启真理和基督教教义的情况下,竟仍然保持着完整而健全的精神世界,他们辨别真理与正义的能力还是那么强,他们在日常交往中还是那么坚持原则"。[④]　佐勒把这些特点归因于黑人培育了良好的正义情感。他说:"没有一个欧洲人,至少没有一个欧洲儿童,能够像他们那样敏锐地区分出惩罚的公正与否。"[⑤]欣德先生评论说:"黑人有一个最显著的特点,就是对正义的感受非常敏锐。对于应当承受的惩罚,他们没有丝毫怨恨;因为这样就能够实现高于一切的正义与公平。马萨伊人就非常注重正义感的培养。"[⑥]迪芬巴赫这样描述毛利人:"他们天生具备一种强烈的正义感。他们反而正是从我们这些外来人那儿学会了做违反禁令的事,学会了文过饰非以便逃避惩罚。"[⑦]在贝都因人中,正义是一种经常赢得尊重的美德,而且,"对那些有权的人来说,做不公正的事几乎是不可能的"。公共舆论很快就能说明一切,如果谢

①　Veniaminof,转引自:Dall,*Alaska*,p. 398。
②　哈恩评论道,欧洲人一直怀疑柯尔本的报告,这是毫无道理的(Theophilus Hahn,*The Supreme Being of the Khoi-Khoi*,p. 40)。
③　Kolben,*Present State of the Cape of Good Hope*,i. 301. *Cf*. *ibid*. i. 339.
④　转引自:Tyler,*Forty Years among the Zulus*,p. 197。
⑤　Zöller,*Kamerun*,ii. 92. *Cf*. *Idem*,*Das Togoland*,p. 37.
⑥　Hinde,*The Last of the Masai*,p. 34. *Cf*. Foreman,*Philippine Islands*,p. 185.
⑦　Dieffenbach,*Travels in New Zealand*,ii. 106.

赫企图践踏法律,他马上就会落得众叛亲离的下场。①

公众的赞许情感远不如公众的怨恨情感引人注目。公众的这些情感大都具有交感性,交感性怨恨的倾向总是与人际交往之情有关,具有交感特征的和善的报偿性情感却不然。在比较低级的动物中,后一种感情似乎根本不可能产生;可悲的是,人类所具有的这种情感也有许多欠缺之处。一般来说,对敌人的怨恨本身就比对朋友和善的报偿性情感强烈得多。至于这些情感的交感方式,利他主义的情绪更容易被痛苦的景象而不是快乐的景象激发。② 考虑到这种情绪基本上是保护物种生存的一种手段,这么说就没有什么值得大惊小怪的了。此外,具有交感特征的和善的报偿性情感有一个强大的对手,即羡慕与嫉妒,这些情感很容易让人对做好事的人和受益者均怀有敌意。正如一位古代作家所说:"许多人能与朋友共患难,但当朋友发达时却心怀嫉妒。"③尽管这些情况妨碍了具有交感特征的和善的报偿性情感,却不能阻止某种情况——当整个社会都从中获益——下的公众赞许,与上述公众的本能趣味也毫无关系。于是我想,我们可以放心地下结论说,₁₃₀在某种程度上,即使在人类社会早期,公众赞赏和道德上的赞许就已经存在了。如今的蒙昧部族的道德意识里不仅有谴责,也包含了赞赏。关于这一点,下面几个章节中记述的众多事实就是很好的证明。

---

① Blunt,*Bedouin Tribes of the Euphrates*,ii. 224 *sqq*.

② *Cf*. Jodl,*Lehrbuch der Psychologie*,p. 686.

③ Schmidt,*Ethik der alten Griechen*,i. 259.

第六章 主要道德概念分析

　　我们曾经假设,道德概念在本质上是对唤起道德情感倾向的一定现象的概括。我们还进一步假设,存在两种类型的道德情感——怨恨与赞许。如果这些假设成立,怨恨或赞许一定是所有道德概念的基础。如果当真如此,那么我想,我们可以从这一章开始,把道德概念解析得更加明朗清晰。本章将分析那些主要的道德概念。

　　我们的分析将涉及文明人内心中业已形成的道德概念。尽管英语中大多数具有代表性的道德评价术语在其他欧洲语言中有对应的词汇,我却不敢斗胆断言,它们在何种程度上在非欧洲语言中也有对应的词汇。所有现存的民族都有道德情感,即便是最低级的部落也是如此。这一点,就跟他们有自己的风俗习惯一样确定无疑。而且毫无疑问的是,他们会在语言中把这种情感表达出来。但是,他们的情感状况如何,是否达到了经由概括可以与道德概念连接起来的地步,则是另外一回事。许阿德斯这样评论火地人:"他们几乎没有任何抽象思维,很难准确定义他们所说的'好人'和'坏人'究竟是什么样子;毫无疑问的是,他们对好、坏,对他们加诸

个体或对象的这些属性的抽象性没有概念。"①加利福尼亚的卡罗　132
克人语言虽然词汇丰富,但据说并没有与"美德"这一概念相对应
的词。②　印度中部高地土著人的语言中,"似乎没有表达抽象概念
的词汇,仅有的几个词汇还是从印度语中借用过来的……他们用
以表达宗教仪式、道德品质以及几乎所有生活艺术的术语都是印
度语"。③　对汤加岛人的语言有过仔细研究的马里纳发现,"这里
没有专门表达美德、正义、人道等人类高级品德的词汇,也没有表
达相反含义——如罪恶、不公正、残酷等——的词汇"。他补充道:
"他们固然可以用某种方式表达这些概念,但这些表达形式同样适
用于其他事物。说一个人品德高尚,或说一个人是好人,他们说,
tangata lillé(他是个好人),或者 *tongata loto lillé*(他是个好心
人)。但是,*lillé*(好)这个词,跟我们所说的 virtuous(品德高尚
的)不同,它还可以用于形容斧头、独木舟或其他什么东西。"④对
于博特尼湾和杰克逊港附近的澳大利亚土著人,科林斯写道:"显
然,他们具有好坏不同的观念;表现尤其突出的是,他们在自己的
语言中对这些特征非常重视。"对从来没有吃过的鱼,他们就说
wee-re(坏的);对袋鼠,他们就说 *bood-yer-re*(好的)。这些表达
方式不仅用于形容他们感官感知到的特征,也用于多种多样的好
的事物与坏的事物,这些表达法还是他们用来表达是非观念的唯
一一对术语。"他们的敌人是 *wee-re*,他们的朋友是 *bood-yer-re*。

①　Hyades and Deniker,*Mission scientifique du Cap Horn*,vii. 251.
②　Powers,*Tribes of California*,p. 22.
③　Forsyth,*Highlands of Central India*,p. 139.
④　Mariner,*Natives of the Tonga Islands*,ii. 147 *sq*.

我们一提同类相食的事,他们就毛骨悚然,并说这是 *wee-re*。一看到我们中有人因虐待他们而受到惩罚或责骂,他们就表示满意,并说这是 *bood-yer-re*——这样做对。"①

考虑到即使欧洲语言也使用像"好""坏"这样的一般化词汇表述道德品质,似乎可能的是,道德概念本来与其他一些包容性很强的概念没有明显的区别,只是通过缓慢的演进过程,才呈现出比较明确的形式。同时,我们无须指望在词汇表里找到这一演化过程的源头何在。我们有足够的理由相信,野蛮人在实际生活中是能够区分人的"坏"和食物的"坏"的,尽管他们在概念上还没有明确地加以区分。正如冯特教授所说,"语言现象中的道德进化过程是容不得逆转的:观念本身与表达它们的载体不同,无论在什么地方,语言外在标志的形成总比它代表的内在行为要晚些"。② 语言在概括东西时是不精确的,仅仅表面相似的不同现象就足以让人用同一语言符号表示。试比较一条线的直和一个行为的正直,你也可以鉴别一下观点上的错误和行为上的错误。请注意以下句子中动词 ought 的不同含义:"They ought to be in town by this time, as the train left Paris last night"(火车昨晚就离开巴黎了,现在他们本该到镇上了);"If you wish to be healthy you ought to rise early"(如果你希望身体健康,你就该早点儿起床);"You ought always to speak the truth"(无论什么时候,你都应该说实话)。可以看出,尽管这些句子中的谓词 ought 具有共同的

---

① Collins, *English Colony in New South Wales*, i. 548 *sq.*

② Wundt, *Ethik*, p. 36 (English translation, p. 44).

含义——都与规则相关，^①但我们绝不能认为，这就是 ought 道德意义的本质，也不能以为，这给我们提供了追溯其起源的线索。

抛开与我们主题无关的所有词源学问题不管，^②我们将在道德概念的分析中努力考察表达这些道德概念的词汇是如何应用，以及是在什么情况下应用的，这有助于我们确定每一个道德概念的真正意义。我们把讨论的范围限定在道德判断中用作谓词的那些代表性词汇。如果我们能够成功地证明，它们从根本上要么起源于道德愤慨，要么起源于道德赞许，那么，其他道德概念的起源问题就迎刃而解了。

一种现象如果具有引起道德愤慨的倾向，就可以用"坏"（bad）这个词直接表达出来；具有坏的某些特殊种类特征的心理倾向，称之为"邪恶"（vice）。与"坏"（bad）这个词密切相关的是"错"（wrong）。但这两个词在用法上是有区别的。"坏"既可以用于一个人的品行，也可以用于一个人的行为，但"错"只能用于人的行为。之所以存在这种区别，是因为道德上的"错"这个概念是以道德法则为标准的，违反了道德法则就被认为是"错"的。另外，在制定道德法则的时候，我们要禁止的只是某种类型的行为，我们不能强迫别人具备这样或那样的品性。

道德法则是通过"应该"（ought）这个词表达的。在现代伦理

---

① *Cf.* Stephen, *Liberty*, *Equality*, *Fraternity*, p. 343 *sq.*
② 在我看来，用语言学的方法检验道德概念向来无功而返。这一点，从贝恩斯先生的著作（*The Idea of God and the Moral Sense in the Light of Language*）就能看得出。

学中,这个概念在道德谓词中通常占据着核心地位。它所体现的观念常常被看作是最终的、不可再分析的,用西季威克教授的话说就是,这个概念"太基本了,容不得给予任何正式的定义"。[①] 我认为,西季威克教授的这个观点不仅没有把事情简单化,反而成为道德逻辑思维中普遍混乱的主要起因。

在我看来,"应该"这个词绝不是一个简单的概念,即便它有自己独特的韵味,但还是可以条分缕析地分解下去的。首先,它表达了一种意欲(conation)。当我感到我应该干一件事的时候,我会感受到干这件事的冲动,尽管最终决定我行动的可能是一些相反的冲动。当我对另一个人说"你应该干这事或那事"时,也一定包含着在一定方面影响他行动的意图。"义务"(duty)的道德意义虽等同于"应该",但"义务"的意欲成分并不十分明显。

与意欲特性密切相关,"应该"还具有祈使性的倾向。尽管人们在使用"应该"时经常表达祈使性含义,但"应该"不一定是祈使性的,祈使性也未必是它的本质。我们谈到"应该"这个词时,在象征意义上可能被称为一个命令,但用一个现在时态的命令表述已经发生的行为是不合适的。人们经常说的"你本该把这事或那事干完了",不能称为一个命令。

"应该"所表达的意欲是由下列观念决定的:应该完成的行为到现在还没有完成,或将来也不可能完成。也正是这种行为未完成的观念决定了,"应该"具有道德谓词的情感特性。做了不该做的事,忽略了不该忽略的事,都容易唤起道德愤慨之情——这是

---

① Sidgwick, *Methods of Ethics*, p. 32.

"应该"概念所包含的最基本的事实。每一个道德判断都隐含着一个否定的说法。如果我们的脑海里不出现规则这回事，没有人会突发奇想要制定出一条道德规范。我们可以把使徒的话[①]反过来说：没有违反规则的事，就无所谓规则。有人问梭伦为什么不制定刑罚来惩治杀害自己父亲的人，他回答说，恐怕没有什么人会犯这样的罪行吧。[②] 同样，神道教徒根据远古时期的日本人被描述为一个没有道德戒律的民族这一事实，推论称他们是纯洁和神圣的。[③] 正是"应该"的禁止性特征传达给"义务"这样一种观念：它反对康德伦理学著名论断中表达的那种意向；这种特征也使边沁把"应该"这个词本身看作"一种令人感觉不舒服、令人生厌的东西"。[④] 正是"应该"与"错"之间的内在联系把义务推向人类道德思想的显著位置，而在这个领域，道德悲观主义一直占据主导地位。总是把幸福看作一种自然状态的古希腊人从来不提义务，他们把美德看作最高的善(Supreme Good)；而把人看作在罪恶中降生并成长起来的基督教则主张，道德是关于义务的显学。于是，康德的绝对命令(categorical imperative)成为道德乐观主义的反动，这种道德乐观主义再次表现了对美德的偏爱，认为世界上或人性中的任何东西最初都是美的、善的。[⑤] 同样值得注意的是，自我满足的情感——它与按照规定义务行事后的意识密切相关——在普

136

---

①　*Romans*, iv. 15.

②　Diogenes Laërtius, *Solon*, 10. Cicero, *Pro S. Roscio Amerino*, 25.

③　Griffis, *Religions of Japan*, p. 72.

④　Bentham, *Deontology*, i. 10.

⑤　Ziegler, *Social Ethics*, pp. 22, 75 *sq.*

通人的语言中没有特别的称谓，而与自我满足相反的情感——"悔恨"——却是我们非常熟悉、又与众不同的。前已述及，[①]这并没有"很好地显示出人类的道德状况如何如何"，倒是说明了义务概念自身的真实含义和重要意义。

所以，我们并不一定要在赞许情感里面寻找这一（"应该"）概念的起源。无疑，对尽职尽责的人我们会表示称许，但义务观念并不包含称赞。不做不被赞同的行为与履行被称赞的行为之间并没有矛盾。"应该"和"义务"仅仅表达了这样一种情况：不履行某种行为会引起别人的不赞同，对履行行为的后果却未置一词。凭良心行事的人拒绝别人因此举向他表示敬意，他会说，"我只是尽了自己的义务"。义务是一个"苛刻的立法者"，它以惩罚相威胁，却不承诺任何奖赏。[②]

这样，"应该"和"义务"的观念就与"坏"和"错"有着同样的起源。就行为的道德品质而言，说一个人应该做一件事，与说一个人不做这件事就是坏的或错的，是同一回事。换句话说，不做这件事就有引起道德不赞同的倾向。

一个很流行的看法是，"错"的反面就是"对"（right），它们确实是一对反义词，但仅仅在肯定的道德评价范围内才如此。我们不能把无责任能力的生命，如动物或婴儿的行为称为"对"，尽管这

---

① Murray, *Introduction to Ethics*, p. 108.

② 此前，约翰·穆勒在对詹姆斯·穆勒著作（James Mill, *Analysis of the Human Mind*, ii. 325）的一个注释中曾注意到义务与不赞许之间的内在联系。*Cf.* also Bain, *Emotions and the Will*, ch. 15, and Gizycki, *Introduction to the Study of Ethics*, English adaptation by Stanton Coit, p. 102 *sq.*

些行为没有什么过错。我们也不能把有责任能力生命体在道德意义上的中性行为说成是"对"，除非我们特别希望通过这么一个说法表明，道德评价就应该是正面的。一个被许可的行为当然不错，而且迄今为止它还被说成是对的；不过，说人们有权利这样做可能更准确些。在严格意义上，形容词"对"是指中立性行为之外的情况。在特定情况下，一个对的行为是最恰当的行为，如果采取了其他行为，就是错的。这样，"对"就与"应该"紧密联系在一起，但"对"与"义不容辞的/必须的"（obligatory）并不一样。我不能完全赞同西季威克教授的观点："承认一个行为是'对'的，包含了说话者有权威发出这种指示。"①对与不对，要看所说的行为是否与道德法则一致；形容词"对"意味着义务必须得到履行。极其"义不容辞的"事情当然是对的。但"对"根本无意把极为"义不容辞"的事情与一般的义务区分开来；而且，当我们说到超越义务之外的东西时，往往包含履行一定的义务。对于这种东西，我们除了承认它"对"之外，还可以说点别的什么，但不能说它"更对"。对没有比较级。一项义务要么被履行了，要么还没有履行，而且除非它被完美地履行了，否则它就是错的。错和善都有程度上的差异，就像道德愤慨可以强也可以弱一样，但"对"没有程度上的区别。

　　对的行动就是履行了义务。这一事实说明，许多伦理领域著作家的脑子里普遍存在一种错误的观点；他们认为，"对"与道德赞

①　Sidgwick, *op. cit.* p. 106.

许具有某种内在联系。① 选择对的做法可能会让我们满足,并在我们内心唤起一种赞许的情感。这种情感可能是我们指出一个行为是对的动因,而且,我们做出这样的判断本身就可能蕴涵着称赞。"那是对的",这样一种表达方式通常意味着,它表达了称赞之情。但是,这并不是说"对"的概念本身与道德赞许密切相关,也不是说"对"本身就包含了称赞。它仅仅意味着,一个单词里表达了一定的概念——义务得以履行的概念内,另外附加上赞许之情。我们认为,欠债还钱、恪守信用、不杀人、不抢劫、不说谎是完全正确的行为。由此显而易见的是,"对"本身并不包含赞扬,尽管做这些行为还是不做这些行为通常不会在我们内心引起道德赞许之情。

于是,"对"的概念——它意味着,如果发生相反的行为模式,就肯定是错的——的道德意义归根结底来自于道德上的不赞同。考虑到"对"通常被认为是肯定的、正面的,"错"则恰恰相反,上述结论可能显得奇怪。但我们必须记住,语言与大众关于这类事情的观念都发端于道德法则与道德命令的观念。至关重要的是,必须避免那些易于引起道德愤慨的行为模式。人们试图通过戒律和禁令来制止这些行为,这些戒令还常常警示人们,要对违犯者施加惩罚来强化这些禁律。整个道德纲纪和社会规范都是建立在命令基础上的;风俗习惯是关于行为的准则,法律也是。所以,命令概

---

① Hutcheson, *Essay on the Nature and Conduct of the Passions and Affections*, *with Illustrations on the Moral Sense*, p. 279. Clifford, *Lectures and Essays*, pp. 294, 304 *sq.* Fowler and Wilson, *Principles of Morals*, ii. 199. Alexander, *Moral Order and Progress*, p. 399.

念自然应该在大众的道德观念中占据至高无上的地位。服从命令是对的，违反命令则是错的。但是，做了命令禁止的行为，或者没有做律令要求做的行为，就会引起愤慨之情，这一事实正是产生命令的原因所在。

上面我已经提到 right 作为形容词的情况，下面说说它作为名词的情况。right 作为名词，表示某种权利，无论其含义怎么变化，它都表达了一种根植于道德不赞同情感的观念。有权利做一件事就是被允许做这件事。要么是成文法允准他做这件事——这时候我们叫作法律权利，要么是道德法则允许他做这件事——这时候我们叫作道德权利。换言之，有道德权利做一件事即意味着，做这件事不会犯错。但一般说来，"权利"的概念包含了更多的意思。一种行为是被允许的，做这种行为不会犯错，从这一事实通常可以推论，这种行为不应该被阻止，不应当在施行这种行为的过程中设置障碍。而且，在很大程度上，这一不可侵犯性就包含在权利概念之中。一个人有权利活着，并不仅仅意味着他要养活自己并不犯什么错，更主要的是，它还意味着如果其他人要妨碍他活着就犯错了，意味着他们不能杀他，有义务让他活命；更进一步讲，还意味着他们有义务帮助他好好活着。为了建构他自身的权利，目前讨论的义务必须是对他本人的义务。说某项权利属于 A，不只是说 B 要尽什么义务，而是说 B 要对 A 尽什么义务。看看下面的例子，这个道理就显而易见了。杀掉某人的奴隶被认为是对奴隶本人的伤害，因而可能会遭到谴责。在这个例子里，不杀奴隶就是对奴隶尽的义务。杀了另一个人的奴隶会给奴隶主造成损失，因而可能遭到谴责。在这个例子中，不杀奴隶就是对奴隶主尽的义务。

在后面的例子中,我们很难说不杀奴隶的义务建构了奴隶的生命权利——只能说它建构了奴隶主让奴隶活命的权利,因为如果杀死奴隶,就剥夺了奴隶主的这个权利。

　　属于一个人的权利这一概念,含有其他人应向他尽义务的意思。这种情况极其常见,因而有必要指出,还存在这样一些并不包含这层意思的权利。例如,一个人有保卫祖国的权利,但这并不意味着如果敌人防止他这么做,敌人就犯错了。但另一方面,对那些拥有权利的人来说,这些权利对他们而言不过是义务而已。一项权利并不总是指一个人可以做某件事或不做某件事。说一个人有权利要求国家给予奖赏,仅仅意味着他的国家有义务奖励他。说父亲有权利要求孩子们服从他,仅仅意味着他的孩子们有服从父亲的义务。说一个人有权利保护自己身体完好无损,仅仅意味着损伤他的身体是错误的。毫无疑问,这些权利如受到妨害会引发维护权利的行为:一个人有权利索要他应当得到的那份奖赏;父亲有权利要求孩子们服从他,因为这是理所当然的事;身体受到损害的人有权利保护自身安全。不过,索要奖赏、要求服从、反抗伤害的权利当然与获得奖赏、被子女遵从、不受他人伤害的权利不同。

141　　一般来讲,有权利就有与之相应的义务。如果这么说,我们一定记住,与权利"相对应"的义务事实上或者包含在那项权利中,或者与那项权利是一回事。属于某人的权利观念与对他的义务观念是一致的,权利与义务的同一性因而蕴涵其中。在下列意义上,权利和义务就不同了:把坚持行使自己应有的权利看作一种义务,尽管这种看法一直受到鼓舞。① 如果有人妨碍我行使权利,对我来说不容忍对我的伤害无疑被认为是一种义务,而这种事情跟权利概念毫无关系。至于做一件事的权利同时也是做这件事的义务的主张,也应作如是观。这种主张来自这么一种说教——没有什么东西在道德上是中性的,也没有什么超越于义务之外的事情。换句话说,能担负责任者的所有行为要么是不错的,要么是合乎义务的。即使这些说教在心理上是正确的——事实并非如此——即使行使权利与履行义务总是同时发生(相合),权利概念与义务概念也不能等量齐观。按照权利的本意,A 的权利可能是 B 对 A 的义务,但 A 的权利不会是 A 对 B 或其他人的义务。

　　与错误(wrongness)和正确(rightness)概念紧密相关的是不义(injustice)和正义(justice)概念。不义实际上就是一种错误。不义总是指对某个人不正义;这意味着对这个人不好,冤枉或委屈了他,妨害了这个人的权利。同样,正义就是一种正确,它意味着对某人尽了应尽的义务,也意味着与权利相对应的义务得以履行;②我们说按照正义的"要求",应该履行义务。如果不做某件事就是错误的,那么做这件事就是正确的;同理,从严格意义上讲,如果不做某件事是不义的,那么做这件事就是正义的。正如形容词"正确"一样,形容词"正义"有时用意也比较广泛,它可以用来表示某事物"不是不义"。非义务的"不错误"行为几乎不能被否认是"正确的",由此,非义务的"不是不义"行为也难以被否认为"正义 142

---

　　① Alexander, *op. cit.* p. 146 *sq.*

　　② 根据《查士丁尼法学总论》,"正义就是赋予个人一致且永久的权利"(*The Institutes of Justinian*, i. 1. 1)。

的",即使正义不要求做出这些行为。

  同时,"不义"和"正义"不只是妨害权利或尊重权利的别称。无论何时,只要我们称一种行为"不义",我们就是在强调这种行为有所偏袒或有失公允(impartiality)。我们不把杀人和抢劫称作是不义的,而是认为这些行为犯了错、犯了罪,因为这些行为的错误性质与犯罪性质已经将其有失公允之处掩盖了。但是,当我们想到这些杀人犯和抢劫犯置邻人权利于不顾,肆意作恶时,我们应该马上认识到这些行为是十足的不义。我们认为,用"不义"这个术语来形容惩治无辜、袒护罪犯的法官和独吞利润、剥削雇工的老板是再恰当不过的。另外,当我们用严格意义上的"正义"术语形容、描述某种行为时,我们是指,不做这种行为就是把过分的偏好显示给某人。无疑,正如亚当·斯密所说:"通常,我们静坐不动、无所事事,就能履行正义的所有准则。"① 同样不可置疑的是,总是避免妨害他人人身安全、损害邻人财产、败坏邻人荣誉的人,也可以说是正义地对待别人。在这个案例中,我们几乎不用形容词"正义的",只是因为没有理由强调包含在反向行为模式中的偏袒。另一方面,我们说它是正义的,是因为我们更重视正义要求无辜者不能代罪犯受过,雇主应当支付给雇工应得的报酬。

143 应当注意到,正义所要求的公允指在公认的权利秩序框架下的公允,无论这些权利本身的渊源是否存在不公允之处。如果大家认为所有的孩子都有权利——即使这种权利是有条件的——获得均等份额的遗产,父亲却把他的财产都留给了最宠爱的儿子,这

---

  ① Adam Smith, *Theory of Moral Sentiments*, p. 117.

个父亲的行为就是不义的。如果两个人都有权利分享经营所得的利润，其中一人却把它独吞了，那他的做法也是不义的。在一个把奴隶制看成是道德的并允许奴隶制存在的社会里，打奴隶并不必然被视为是不义的事，而打自由人则为不义。不过，正义允许在出现不平等权利的事例中，应按照不超越权利本意所能容忍的程度处理。每个守法公民都有免受恶意伤害的权利，惩罚因犯罪而丧失这一权利的人可能是正义的，但过分严厉、过分残酷地惩治他，就使他的生存状况跟其他人相比呈现出严重的不平等，就是不义的。

在与惩罚和奖赏的关系中，正义独特而突出的地方在于对公允义务的重视。一个人的权利在很大程度上决定了他的行动。在其他条件等同的情况下，罪犯与无辜者并不享有奖赏、名誉、自由、财产和生命不被剥夺、不被妨害的同等权利，守财奴、利己主义者与捐助者、慈善家之间也没有同等的权利可言。"正义"与"不义"这两个术语所强调的，就是由这些不同行为导致的权利上的差异。在这些案例中，如果上述两类人的权利都是平等的，就会出现不公正的局面。当一个罪犯被监禁的时候，我们会说他罪有应得，关押他是"合乎正义的"，是"公正的"；我们的意思是他并不是过分不公的牺牲品，他是因犯罪而丧失了自由的权利。当我们谈起某位捐助别人的好心人被"公正地"奖赏时，我们是指并没有有失公允地给予他远比别人多的好处，因为他已经获得了被奖赏的特殊权利。严格地说，惩罚或奖赏的"正义"包含了更多的东西。我们已经看到，严格意义上的"正义"总是指，履行义务与行使权利相当，不履行义务就是漠视这种权利。如果一个人受到奖赏是件合乎正义的

144

事,那么他就应该得到这份奖赏;奖赏他是份义务,履行了这个义务就是公正地对待他。另外,如果一个人受到惩罚是合乎正义的,他就应当受到惩罚;如果他没有受到惩罚,对其他人来说就是不公正的。如果在惩治罪犯时出现了冤枉好人的事情,对所有受惩罚者来说就是不公正;因为罪犯应当得到惩罚,现在却发生了这样的事情,他们免于受伤害、抵制被冤屈的权利就被妨害了,事情就朝着有利于恶人的方向发展。有同等罪行的人,有的受到了惩罚,有的却逍遥法外;对那些受到惩罚的人来说就是不公正的,他们有权利要求按照同等罪行、同等责任的原则得到公平的处治。报偿性正义可能容许报偿行为有一定程度的变化。但在同样情况下,正义要求所有罪犯都应当受到同样严厉的惩罚,因为他们的罪行对他们权利有着同样的影响。

　　"不义"强调的是一定行为模式的不公允,不义总是包含着对这一不公行为的谴责。跟其他所有类型的错误一样,"不义"显然是一个建立在道德上的不赞同情感之上的概念。"正义"的概念也是如此,无论它指的是没有履行一定义务就会发生"不义"的局面,还是单纯指"并非不义"的行为模式。不过,人们在使用"正义"一词时还有别的意思,它以赞扬的口气强调了某种行为的公允妥洽。完全做到不偏不倚、让每个人都各得其所是很不容易的,在个人利害关系问题上尤其如此。考虑到这一点,做事公正的人自然会受到别人赞扬,对公正的人加以赞扬因而也是自然而然的事。因此,"正义"也被称为美德,甚至是"所有美德的皇后"。[1]　然而,所有这

---

① 　Cicero, *De officiis*, iii. 6.

些并不意味着道德赞许之情已经进入了正义概念中。它仅仅指人
们用这个词来表达一定的概念——我们已经看到,这个概念的重
要性最终来自道德上的不赞同,再附加上道德赞许之情。正义概
念本身并不涉及道德赞许之情,从这一事实——说某一行为"仅仅
是合乎正义的",并没有赞扬的意味——可以看得出来。

现在,我们可以从上述本源于道德不赞同的概念转向本源于
道德赞许的概念。在这些概念中,最应当提到的是"好"(good)。[①]

"好"这个概念可用于各种各样的事物,但在不同的情况下表
达的意义也有差异,不过,所有被称为"好"的事物都有一个共同的
特征。斯宾塞先生坚持认为,[②]这一特征跟某种给定的目标几乎
没有什么联系。诚然,一把好刀能切东西,一杆好枪能击中遥远的
目标。不过,我看不到任何道德意义上的"好",看不到这些物件适
合任何预定的目的;而且,我们说某种行为"好",当然不是说它"对
每个人的生活都适宜"。"好"仅仅表达了对某种事物所具备品质
的赞许或表扬。一所房子被称为"好",是因为它住起来让人称心

146

———————————————————————

①　贝恩教授对道德意识的观念颇具法学意义,他认为:"真正的好的行为与自我
牺牲之举……超出了原本的道德领域,可以构成一个独立的领域。"(Bain, *Emotions
and the Will*, p. 292)涂尔干教授在《社会分工论》中也表达过类似的观点(Durkheim,
Division du travail social)。最近,拉格博格博士在一篇值得关注的论文中也表达了类
似的见解(Lagerborg, 'La nature de la morale', *Revue Internationale de Sociologie*, xi.
466)。涂尔干教授认为:"把属于义务的行为与被敬慕的行为放在同一类型讨论,在方
法论上是站不住脚的,这样的话就没任何规矩可言了。"(p. 30)但我从中并没有看到人
们在日常用语中是如何以规则检验道德的。相反,众所周知的是,像"善良""美德"这
样的词汇尽管并未指向任何道德规则,却一直涉道德品质。

②　Spencer, *Principles of Ethics*, i. 21 *sqq.*

如意；一瓶酒为人称道，是因为它口味宜人；一个人被人夸奖，是因为他有良好的道德品行。作为一个道德称号，"好"包含了一种道德赞扬，这种赞扬是道德赞许情感的外在表达。由于具有引起这种情感的倾向，"好"这个称号就与道德评价问题紧密联系在一起。

普通人通常把"好"与"对"相提并论，但这种观点是不正确的。父亲抚养年幼的孩子，确实做得对，抚养孩子是他责无旁贷的事，但我们不能说他抚养孩子就是做了件好事，或者说他这样做很好。我们也不能因为一个人不杀人、不抢劫就说他是个好人，尽管他的行为是对的。至少在一定意义上，对与错的对比关系是相互矛盾、彼此反驳的，而好与坏的关系只能是互相对立的。每一个不犯错的行为——假设它在道德评价中处于积极、正面的范围内——就是对的；但每一个不坏的行为并不必然是好的。正如我们说一件事"不坏"，但也拒绝说它"好"，我们反对把仅仅履行义务称之为"好"，尽管与之相反的行为模式可能是坏的。另一方面，对履行义务表示赞扬时不用模糊的伦理概念。换句话说，做某件事的那个人得到表扬，不做这件事的那个人就会受责备。对同一件事，说它是对的与说它是好的不同，事实上表明了我们看待事物的不同角度。由于道德赞许表达了一种善良的心态，对一个人来说，对别人做对的行为不吝认可、大方致谢就是值得赞赏的。由于自我吹嘘是容易遭人反感的，因此一个人做自我判断时，采取有别于自吹自擂的方法可能更合适。他可以说："我已经尽了义务，我做了我该做的事。"但他最好不要说："我做了件好事。"这种方法就不会引起别人反感或责备。如果他说"我就是个好人"，那就特别令人生厌了。真正的好人甚至拒绝别人夸他好："你为什么称我是良善的？除了上帝以外，没有一人是良善的。"[1]

"善良"（goodness）是对道德赞扬的概括性表达，而"美德"（virtue）则表示一种以某种善良为特征的心理倾向。习惯节制的人拥有忍耐的美德，习惯公正的人拥有正义的美德。当一个人被称为"有美德的"，人们将这个称号赋予他时，或多或少清楚地表示，他是在善良的某些方面拥有美德。人们把完美的善良赋予上帝，但不能称上帝具有这样那样的美德，而是称上帝是好的。

亚里士多德认为，一个人在内心冲动不发生冲突的情况下就不能表现出美德懿行，这样的美德是不完善的。另外一些人则持相反的观点，他们认为，美德从本质上表达的是努力、抵抗力和制胜信念。有人把美德描绘成"痛苦的调节器"；[2]按照康德的说法，美德"在奋斗中起着道德调控的作用"。[3] 但我认为，美德并不在逻辑上或事实上先于奋斗而存在，美德也并不因为缺乏练习或根本不努力而有所削弱。一种美德包含了做或不做某类行为的意向，这种美德丝毫不会因这样的事实——当事人感受不到别的、有竞争意义的冲动——而削弱。固然，一个人可以通过艰苦奋斗、征服困难而表现出更多美德：除了通过自我克制获得的美德之外，还有自我克制的美德本身。能够强有力地抵御诱惑并获得成功，这本身就是一种美德。比如，能够养成克服强烈性欲的习惯，就表现出良好的心理品质，这就是一种美德，一种有别于贞洁的美德。然

---

　① 　*St. Matthew*，xix. 17.

　② 　Laurie，*Ethica*，p. 253 *sqq.*

　③ 　Kant，*Kritik der praktischen Vernunft*，i. 1. 3 (*Sämmtliche Werke*，v. 89).

148 而，即便是这种抵制诱惑冲动的美德也并不多么伟大，在其他条件
不变的情况下，这要看克敌制胜的难度所占的相对比重是否增加
了。我们可以看看，当两个具有同样强烈性欲的人面对同等条件
的诱惑时，谁能够真正过贞洁的生活。那个因意志力强盛而不须
付出很多奋斗就能够克制欲望的人，无论在保持贞洁方面还是在
自我约束方面都不逊于对方。假如这两个人面对的是不同程度的
诱惑，那个能够战胜更强大诱惑的人就表现出更好的自我约束能
力；另一个人尽管可能具备同等的美德，但比较而言，他的贞洁就
不那么明显了。他可能有很多优点（merit），然而优点未必与美德
（virtue）成正比。

　　总体而言，美德是对那些值得赞扬的心理品质的宽泛概括。
由于美德的刻板印象特征，对个人来说很容易发生这种情况：一个
人拥有某种美德并不意味着他拥有优点；至少从文明的道德意识
看，美德不是衡量一个人道德价值的根据。为了正确看待一个人
品格的价值，我们必须考虑到他本能欲望与行为动机的强度。某
些方面的美德就没有考虑到这一点。例如，一个洁身自好、滴酒不
沾的人拥有节制的美德，另外一个人嗜好喝酒，但通过努力克制战
胜了喝酒的强烈欲望，他也赢得了节制的美德，这两个人的节制美
德并没有差异。一个人为了获得大家的赞扬而表现出勇敢的样
子，另外一个人在遭遇危险的时候总是把勇敢应对当作一种义务，
前者的勇敢美德丝毫不比后者低下。获致美德的前提条件是，在
实际生活中付出努力和经受考验。我们不能说，滴酒不沾的人拥
有节制的美德，也不能把没有一分钱可花的人推崇为节俭持家的
楷模。当我们赋予某人某种美德时，总是给予他某种程度的赞扬；

如果我们对一个做了该做的事情的人说"你有这方面的美德",那可不是在赞扬他,而是在讽刺他。

有人尝试调和亚里士多德和康德在美德与努力之间关系上的不同观点,认为美德是赢得的和谐,而优点就是去赢得这种和谐。[①] 这等于说,一个人自然拥有的美德是他自己经过奋斗而获得的。但事实并非总是如此。谁能断言节制、仁慈或公正的人只有通过内心斗争才能获得这种美德。至少,有些人从一开始就天然地具有某些美德,还有一些人只需付出一丁点努力就能够获得某些美德。

关于美德与义务的关系,已经有了很多讨论。有人说,"它们在外延上有共同之处,前者通过人的精神活动的品质描述行为,后者通过行为的本性描述行为";[②]有人认为,它们表达了同样的理想,不同的是,美德在表达这种理想时诉诸主观,义务在表达这种理想时诉诸客观;[③]还有人说,美德的本意是"美德是与履行义务相适切的品质","只有履行了义务才能谈得上美德"。[④] 同时,也有别的观点认为,"区别是否美德的一个显著特征似乎存在于义务之外的东西","尽管每一种美德都是对义务的履行,履行义务都是美德,但对某些行为来说,使用'有道德的'这个词比用'美德'更自

---

　　① Dewey,*Study of Ethics*,p. 133 *sq.* Simmel,*Einleitung in die Moralwissenschaft*, i. 228. *Cf.* also Shaftesbury ' Inquiry concerning Virtue and Merit,' i. 2. 4, in *Characteristicks*,ii. 36 *sqq.*

　　② Alexander,*op. cit.* p. 244.

　　③ Grote,*Treatise on the Moral Ideals*,p. 22. *Cf.* Seth,*Study of Ethical Principles*,p. 239.

　　④ Muirhead,*Elements of Ethics*,p. 190 n.*

然些"。① 西季威克教授在"美德与义务"一章中对此做了详尽的论述,让我们再次引用他的观点:"对那些履行义务的行为和一般人看来义务之外的任何好的行为,我觉得最好用'有道德的'这个词;同时应当承认,'美德'显然通常用于后一种场合。"②

那些认为"义务"概念不能被进一步分析的人,那些没有真正认识到这一概念重要性的人,会对义务与美德的关系感到十分困惑。这并不值得大惊小怪。一个人没有杀人、抢劫、赖账的习惯,他对其他义务也总是尽力履行,我们并不称这种人拥有美德。我们固然把贞洁、节制和正义称为美德,但我们认为一个人保持贞洁、节制和正义是义不容辞的。待人好客、慷慨大方、乐施好善超越了严格意义上的义务范畴,对这些品格我们也称之为美德。亚历山大教授说:"美德与义务之间的关系是错综复杂的。"③西季威克教授认为,"在通常的用法上,这两个术语似乎彼此包含了对方所没有的一些东西"。④ 然而,两者之间的关系事实上并不复杂,因为二者除了都与"错误"(wrong)相反之外,并没有其他内在联系。说某件事是一项义务,意味着不做这件事容易引起道德愤慨;说某件事是一种美德,则暗含着做这件事容易引起道德赞许。美德实际上包括了义务范畴中相当大的一部分内容,这完全是因为美德是一种心理品质。单个的公正之举或表示感谢的行为并没有什么值得赞扬的,即便如此,我们仍然会赞赏秉持正义与表示感谢的习惯。

---

① Alexander, *op. cit.* p. 243 *sq.*
② Sidgwick, *op. cit.* p. 221.
③ Alexander, *op. cit.* p. 244.
④ Sidgwick, *op. cit.* p. 219.

义务与"优点"（merit）之间的关系也并不复杂。正如"好"和"美德"概念一样，"值得赞赏的"（meritorious）这个概念源于道德赞许之情。不过，"义务"概念只是表达了能够引起这类情感的倾向性，而"值得赞赏的"这个词表明，它所指称的对象是值得赞扬和嘉奖的，也有正当的权利获得这种赞扬；换句话说，这个对象应当被认为是好的。这使得"值得赞赏的"这个词比"好"更具有强调意味，但同时以特殊的方式限制了它的适用范围。说某件事早该做了，意味着这件事还没有做；同理，"值得赞赏的"这个词暗含着，人们还没有给予这个"好"以应有的认可。对某种行为模式来说，如果根本不可能存在相反的行为模式，要说这种行为模式是一项义务就毫无意义了。因而，对某种世人皆认为美好的行为赋予美德并对行为者大加赞赏就荒诞不经了。这么说，"值得赞赏的"这个词包含了某种限制。如果称上帝的行为——按照人们的设想，这种行为的美好之处是无限的——是"值得赞赏的"，无异于是对上帝的亵渎，因为这样说就意味着上帝的善良与美好是有限的。

"值得赞赏的"这个词强调了值得表扬的一面，很多伦理学家反对这一点。有人把这个词认同为"超越义务的"（super-obligatory）——对很多人来说，这个概念指的是值得憎恶的事情。不过，从上述可知，这两个概念显然不一样。由于履行一项义务可能被认为是好的行为，它也会是应该被认可为好的行为。事实上，义务与优点之间存在某种对立。我们只对那些表现中等水平以上的人给予表扬，我们认为只有这些人才值得表扬；①对于表现中等

----

① 用亚历山大教授的话说，就是"美德本身就表明了它与庸常之间的距离"（*op. cit.* p. 196）。

以下的人，我们则给予谴责。我们并不认为那些履行了义务——这种义务很少有人违背，否则将受到谴责和惩罚——的人应该得到表扬。我们也不认为一个人做了他喜欢做的事情就应该得到表扬；由于违背一条通常受遵从的道德命令总要受到谴责和惩罚，在一般情况下，履行一项义务并没有什么值得赞赏的。尽管绝大多数被认为值得赞赏的行为超越了义务的范围（在普通人心里就是这么看的），我们还是经常倾向于把优点赋予那个严格履行义务的人，只不过很多人在同样的情况下没有履行这一义务而已。这表明义务与优点之间的对立并不是绝对的。优点这个概念本身就不包含这种对立的意思。

152 我承认，我并没有很好地理解那些把"值得赞赏的"与"超越义务的"等同起来的著作家的真正意图。他们对"优点"这个术语所表明的重要心理事实是否视若无睹？还是他们把这一事实看成了与饱受文明启迪的道德意识不相协调的怪物？有些行为具备优点，要给予表扬和奖赏，应该得到表扬和奖赏。就我个人而言，我不明白这样的道德意识怎么能够认识不到这一点呢？单纯从神学的观点来看，可以为拒绝接受优点称号的行为辩护，但这只适于涉及人与上帝之间关系的时候。显然，一个正在犯罪、正在堕落的人，即便是竭尽全力去做，也不会被上帝看成是好人，也没有什么优点可言。如果一个人以超人的完美标准衡量同伴的行为，自我劝慰说，凡人不能善始善终地做好该被认可为好的所有事情，并努力压抑自然的道德赞许情感以及由此生发出来的要求，这就几乎毫无公正可言了，也几乎没有这种可能。

超越义务的问题与优点的问题大不相同。除了义务之外，一个人是否可以做更多的事情,换句话说,有没有那种不是义务、同时做了又叫好的事情?答案要看义务指令的内容是怎样设定的,我们因而可能有各种各样的回答,但这并不影响义务的概念本身。如果我们认为,每个人都必须尽最大努力增进所有人的幸福,我们也必须坚持,除了自己的义务之外,每个人都不能再做什么好事。如果我们认为"自我实现"或自身自然功能的发挥就是人的基本义务,我们也可以得到同样的结论。正如普赖斯所说的,在所有这些例子中,"以超越义务为目标,与以违背义务为目标是一样的,过犹不及,做得过多跟做错事是一回事"。① 然而,不可否认的是,那些持相似观点的人实际上有两种义务标准:在一种标准中,他们把自己喜欢的某种生活理想当作义务,用以抽象地衡量他人及其行为;在实际生活中,他们用另外一种标准指导自己的道德判断,评判自己及邻人的行为。尽责的人在道德判断中会严于律己、宽以待人,这部分是因为他有自知之明,②部分是因为他当然担心自己偏狭不公。他明白,即便是做好应该做的事情就已经很难了;对于自身的缺点,他也有了很深的感受。这样,他可能真的不愿意表明他能够做超出义务之外的事情。但我不明白,他怎么能够有意识地否认,自己没有做那些值得赞扬的壮举却并不为此自责。

西季威克教授评论道:"我们不能否认,在某种意义上,一个人应当力所能及把他认为极好的行为当作义务来履行。"③在我看来,这不是理所当然的事,义务观念自身从来没有这类东西。我们

①　Price, *Review of the Principal Questions in Morals*, p. 204 *sq.*
②　*Cf.* Sidgwick, *op. cit.* p. 221.
③　*Ibid*, p. 219.

千万不要把道德律法与道德理想混为一谈。义务是道德的底线,最好的人的最高道德理想是道德的顶峰。那些用"应该"一词概括道德全部内容的人,把道德的底线与顶峰看作一回事,但在我看来,道德不能够承受如此宽泛的担当。实际的情况可能更糟糕。对"超越义务"的认可不仅没有贬低道德理想,反而对道德理想是一种鼓舞;无论如何,对"超越义务"的认可使我们更有可能为道德律法辩护,更有可能公正地执行道德律法。如今,一个公认的原则是,执法不严,法律的重要性就受到损伤。如果最高道德理想的实现有赖某项道德律法的统治,那么这样的道德律法只不过是形同虚设,而道德将一无所获。在切望履行义务之上,还有一种自由而高尚的志向,那就是实现某种理想;如果实现不了这种理想,他既不会受到责备,也不至于追悔莫及。那些满脑子义务训诫的人易于变得心地偏狭而艰涩冷硬,经验不是表明了这一点吗?

一般来说,那些否认除了义务之外还有什么东西值得给予道德赞扬的人,也易于否认认真负责的人的行为中存在道德冷漠(indifferent)的东西。"超越义务"与"道德冷漠"有一个共同点,即它们都"义务感极强"(ultra-obligatory),而且对前两者的否认表明,他们都倾向于把道德律法看作道德意识的唯一事实。在道德评价的问题上,即便功利主义也不能一以贯之地容许冷漠的做法,因为两种相反的行为是很难产生完全一样多的幸福的。任何伦理学理论都不能无视,已经有不少人费尽心思却徒劳地表明:"冷漠"只不过是一个流行而粗俗且经不起全面检验的概念。齐格勒教授带着嘲讽的口吻提问:"人们对吃喝这类表现于外在的行为真的可以表现出道德冷漠吗？饮食过量、室外健身时间太长、无所事事地闲待着过久，在道德上无关紧要吗？另一方面，由于禁食搞得体弱多病，整日整夜在家待着以致患有怪癖，这在道德上是被允许的吗？是健康的做法吗？"[1]这样的争论包含了混淆之处。吃喝，吃喝过量或少，在道德上并不具有多么重要的意义。这一事实也并不妨碍人们担心别人道义上的议论会影响到自己吃喝与否以及吃喝多少。布拉德利先生的看法是："那些无关紧要的细节应该存在，这一点是对的。但我有义务根据我个人的选择形成自己的品性。因而，不要把那些细节作为义务强加于人；这样，在任何细枝末节上我都尽了自己的义务。"[2]这个说法也容易导致误解和混淆，因为现实情况可能多种多样。把某些行为看作跟道德无关可能很对。这是一回事。而做出这些行为是另一回事。如果说有义务承认某些行为跟道德无关，又怎么能够同时把做出这些行为看成义务呢？

到达同一目标的路径是多种多样的，其做法是否在道德上冷漠只与当事者选择的路径和方式有关，但还不至于重要到影响目标达成的程度；因而，如果说某种做法被视为在道德上冷漠的话，这种冷漠也仅仅是暂时的。[3] 布拉德利先生说："如果我的道德义务是从一个城镇去另外一个城镇，有两条道路都同样的好，我选择走哪条道对我尽这个道德义务无关紧要，我在尽义务就行。我选

---

　　① Ziegler,*op. cit.* p. 85.

　　② Bradley,*Ethical Studies*,p. 195,n. 1.

　　③ Simmel,*op. cit.* i. 35 *sqq.* Alexander,*op. cit.* p. 50 *sqq.* Murray,*op. cit.* p. 26 *sq.* Bradley,*op. cit.* p. 195 *sq.*

择道路 A 到达目的地是尽义务,但你可能认为经由道路 B 到达目的地才算尽义务。我选择道路 B 也可能遇到同样的情况。但如果我两条道都不走,那就等于逃避义务。"上述说法虽然符合事实,但并不构成有说服力的论证。"你应该到那个城镇,并应该经由道路 A 或道路 B",由这个说法可以推断,以下两种选择都是错误的:一是根本就不到那个城镇去,二是经由 A 和 B 之外的别的道路到那个城镇。在某种给定的时刻,你可能被允许说还是不说,写还是不写,读书还是不读书,等等;但不管被允许做的范围多广,你个人能够做的必定有个限制。不过,这个论断包含一个误解,它曲解了"道德冷漠"的真实含义。"冷漠"直接指向某些或某个具体的做法或行为,或者与这些做法相反的行为,而不是这个人那一时刻所有的行为和做法。一个人所有的行为从来就说不上道德冷漠不冷漠。但这并不意味着他一生的所作所为没有对错之分,也不是说他一生就没做过什么不义之举。当一个人杀害另一个人时,他确实在尽各种各样的义务:不偷窃,不撒谎,不通奸,不自杀,等等。这里的"不义之举"只能用于特定场合的行为。当我们讨论道德上的冷漠与否时,怎么不能基于同样的道理呢?

这里,终于有人出来说话了:"所谓的道德冷漠指的是这样一种情况,即道德准则是件很个人化的东西,每个人厘定的标准和最终的判断是不一样的。"[1]这一论断让人关注下面的事实:不仔细考察个人的境遇和环境,就不能随意判断某行为是否是道德上的冷漠;而那些被认为道德冷漠的大多数行为,实际上并不然。这当

---

①　Martensen,*Christian Ethics*,p.415.

然不是说道德冷漠的话题毫无意义,应当弃而不谈。丝毫不关注
这个问题将导致道德上的极端不宽容。真的尝试这样做的人会发
现,他自己会成为令人最无法容忍的人,他也会发现自己过的生活
是不可忍受的。幸运的是,这样的人从来没存在过。尝试以道德
不道德的眼光审视每个尽心尽责生活者的微不足道的一言一行,
徒具理论幻想外壳,毫无实际意义;这样做将只能把"义务"当作偶
像膜拜,对之卑躬屈膝、歌功颂德而已。

第七章 道德观念在习俗和
法律中的表现

　　道德观念是通过道德判断得以表达的。迄今为止，我们已经检视过这类道德判断中的谓词，并对道德概念的重要性和道德概念的起源进行了探讨。现在，还有一个更为庞大的研究任务摆在我们面前。我们将把注意力转向道德判断的主题，这些主题之下的很多现象，都容易在不同民族、不同年龄的人中引起道德谴责或道德赞扬。我们将探讨所有这些现象的共同特征。我们将把最重要的几种现象进行分类，分门别类地研究由这些现象反映出来的道德观念。为了达到上述两个目标，我们不仅要深入分析考察，还要回答所有科学研究都会追问的终极问题：为什么？不过，在着手开展这一重大任务之前，我们必须确定好未来的航线。我们怎样才能详尽地洞察人类的道德观念呢？

　　在回答这个问题的时候，我们没有必要详细论述那些非常直白的信息，比如直接经验、道德格言辑录、谚语、文学作品、哲学著作和教规中的道德观点。从进化的观点看，对我们的研究有着最广泛的重要性的是部落和民族的习俗与法律。这一章就以此为基点展开讨论。

　　我们已经看到，从严格意义上讲，习俗不仅指某个团体的习惯，

同时还包括了道德规范的内容。习俗具有习惯性与义务性,这两个
特征之间有着密切的联系。对某个惯例来说,无论其基础是什么,
无论这个基础多么微不足道,那些浅薄的、不具反省能力的心灵仅
仅因为很少出现背离习俗的做法,就不会乐于赞同逆习俗而动。正
如塔克所说:"普通人经常说的一个观点是,必须这么做,应该这么
做,因为人们一直这么做。"①孩子们尊重祖传的惯例,②野蛮人也是
这样尊崇古训。"如果你问一个卡菲尔人他为什么这么做,他会回
答——'我怎么知道呢? 我们的祖先一直都是这么做的呀。'"③由
于害怕落下坏名声,现在的爱斯基摩人一言一行都遵循风俗习惯,
对此,他们提出的唯一理由是"古代因纽特人就是这么做的,因而我
们也必须这么做"。④ 阿留申人"如果被发现做事跟别人的路数不一
样,就会感到羞愧",⑤一个普通的欧洲人害怕自己显得特立独行。
这些事例让我们认识到,都是习惯的力量在起作用。

　　另一方面,并不是每一种公共习惯都是习俗,都含有义务性;
有些惯例尽管在社会上相当普遍,但每个人可能都对它抱着谴责
的态度。研究道德观念的学者必须慎重对待人们的习惯。不过,
当他没有理由下结论说某个特别的习惯应当具有义务性时,他可
以,可能还会一直相信这个习惯或者是得到许可的,或者反对意见
并不总是那么真切——不管人们已经确信这个习惯多么不道德。160

　　① Tucker, *Light of Nature*, ii. 593. *Cf*. also Simmel, *Einleitung in die Moralwissenschaft*, i. 65 *sqq*.

　　② Sully, *Studies of Childhood*, p. 280 *sq*.

　　③ Leslie, *Among the Zulus and Amatongas*, p. 146.

　　④ Hall, *Arctic Researches*, p. 569.

　　⑤ Dall, *Alaska*, p. 396.

在一个谎言盛行的社群当中,诚实不会被看作神圣的职责;在一个性道德遭到普遍破坏的地方,公众的指责经常带有矫饰的意味。人们的道德标准离不开生活实践。社群的善恶观念与个人的观念遵循同样的规则。《塔木德》中说:"同样的罪行犯两次,你就会认为犯这种罪完全是被允许的。"[①]因而,一个民族内在信念的研究,也要关注它的"恶习",因为对公开声称的观点和看法来说,"恶习"有着不可低估的补充价值。

习俗的指导原则就是道德的指导原则。显然,道德观念的研究在很大程度上就是对风俗习惯的研究。但同时必须记住,习俗并不囊括道德领域的所有内容,而且,未被囊括的领域和范围将随着道德意识的发展不断扩大。作为义务规则,习俗仅仅是道德赞许的间接表现;表现的方式是,宣称某些情况下的善应当获得奖赏。但即便是在需要赞扬的情况下,习俗在阐明美德方面也并不总是值得信赖的;习俗包括礼节,而礼节最具欺骗性。出于礼貌,礼节会逼迫我们去称赞一个根本不值得称赞的人,去感谢一个根本不值得感谢的人。而且,习俗只能规范外部行为。它能够容忍各种各样未公开表达的意见和观点,它不谴责异端的思想,只谴责异端的行为。在某些情况下,它要求应该做某些行为或不做某些行为,假使这个要求没有得到满足,也不会在意做或不做的动机。再者,如果没有遵循习俗规定的做事程序,按照一般规则——这些规则很少考虑到个性化的情况——与违规行为有关的情感表现会马上被草率地处理掉。但总的看来,由这类情形引起的习俗与道

---

①　Deutsch, *Literary Remains*, p. 58.

德之间的不和谐,要比实际情况更具有表面性。更确切地说,这种 161
不和谐更多的是不同道德标准之间的不和谐。与习俗一样,不假
思索的道德意识较少关注行为的内在方面。它不询问一个人在星
期天去教堂是出于虔诚的宗教信仰还是怕舆论谴责;它不探究一
个人待在家里是出于安逸舒适还是信仰不同及避免伪善。在人类
文明发展的早期阶段,关于习俗的规则就是关于义务的规则。只
有文明的进步才能减弱它的影响。

　　最后,在某一群体习俗中表达出来的道德观念,并不必然为每一
个成员所接受。就当前的问题而言,那些把道德看作在一个民族的习
俗中"客观"形成并否认个人拥有自己的道德观的人,可能把这看成一
件微不足道的事。但是,从我拥护的主观主义观点来看,个人信念需
要得到与公众观点同样的考虑,而且在很多情况下,它更值得尊重,因
为它体现的道德标准经历了反思、心灵净化和精神磨炼,更公正无私。
而在较落后的文明阶段,人们更多地受感情而不是思想的引导,很难
鉴别不同种类的道德观念。那时,多数人的观点就成了所有人的观
点,一个社会的习俗被它的所有成员当作义务来遵循。

　　在原始社会,习俗代表着法律。即使在社会组织业已有所发
展的地方,习俗仍然是保持人们行为的唯一准则。[①]　领袖人物的

---

　　① Cranz, *History of Greenland*, i. 170. Dall, *op. cit.* p. 381（Tuski）.
Dobrizhoffer, *Account of the Abipones*, ii. 95. Shooter, *Kafirs of Natal and the Zulu
Country*, p. 101 *sq.* Holden, *Past and Future of the Kaffir Races*, p. 336. Mungo Park,
Travels in the Interior of Africa, p. 16. Scaramucci and Giglioli, 'Notizie sui Danakil,'
in *Archivio per l'antropologia e la etnologia*, xiv. 39. Earl, *Papuans*, p. 105（Arru
Islanders）. Forbes, *A Naluralist's Wanderings in the Eastern Archipelago*, p. 473
（Timorese）. Dalton, *Ethnology of Bengal*, p. 51（Manipuris）. Rockhill, *Land of the
Lamas*, p. 220（Eastern Tibetans）.

162　权威并不必然与制定法令的权力相关。即使那些被描绘成独裁者
的帝王也要像他的臣民一样受习俗的制约。

　　苏门答腊岛的勒姜人"不承认头人有制定他们认为合适
的法律的权利,也没有修改或废止古老习俗的权利,相反,他
们固守并十分珍惜这些祖传的习俗"。在他们的语言中没有
表示"法律"的词,当头人宣布他们的决定时,人们听到的不是
"依据法律",而是"按照习俗"。① 埃利斯认为:"马达加斯加
人对习俗的崇拜来自传统或祖先的传说……这种崇拜对公众
和个人的习惯都有影响。对一个迷信的民族来说,尽管君主
在其他方面是无拘无束的,但当他试图打破远古以来就建立
起来的规则时,习俗对他的限制比任何人都要强烈。"② 阿散
蒂的国王尽管被描绘成独裁者,他仍然有义务遵循本民族从
远古时代沿袭下来的风俗习惯。谁蔑视这一义务,谁想改变
古老的风俗,就要付出失去王位的代价。③ 温伍德·瑞德先
生特别提到达荷美人说:"非洲人有时会拥有一个开明的君
主,就像古代野蛮人拥有圣人和教士一样。但是,人们头脑里
从来没有想过要改变那些从远古时代就流传下来的神圣习
俗。"④ 在巴苏陀人中,"头人有权在必要的情形下制定法律和
颁布法令",但他们认为,法律(*molaos*)不如"惯常做法"

---

① Marsden, *History of Sumatra*, p. 217.

② Ellis, *History of Madagascar*, i. 359.

③ Beecham, *Ashantee and the Gold Coast*, p. 90 *sq.* Cf. Stuhlmann, *Mit Emin Pascha ins Herz von Afrika*, p. 523(A-lūr).

④ Reade, *Savage Africa*, p. 52 *sq.*

(*mekhoas*)强大,"惯常做法"才真正构成了国家的法律。[1] 在古代爱尔兰人中,有资格、有权力颁布新法令的君主是不存在的,国王是部落大会的首领,他的职责是保证固有的习俗为人们所遵循。[2]

在与法律的竞争中,习俗常常得胜。在印度,尤其是印度南部地区,"在很大程度上,习俗总是比成文法占据更优越的地位"。[3] 在兰纳德的案例中,审判委员会明确宣布:"就印度的法律制度而言,习惯法明显比成文法重要。"[4]在罗马,法官们的座右铭是,可能违背习俗的法律将被废除或废止;[5]在现代社会,苏格兰也信奉同样的信条。[6] 而且,即使当习俗不能正式废除法律时,它也会对执法过程产生一定的影响。根据欧洲国家的法律,一个人在决斗中杀死了对手,将被视为杀人罪;但是,在那些有决斗传统风俗的地方,法律的禁止是无效的。在欧洲大陆是这样,在英格兰也是这样;18世纪,一位见闻广博的作家断言,他"在英格兰,从没见过公正的决斗受到法律制裁的情况"。[7] 在这个例子中,法律是无效

---

① Casalis, *Basutos*, p. 228.

② *Ancient Laws of Ireland*, iii. p. lxxxvi. *sq.* Cherry, *Growth of Criminal Law*, p. 33.

③ Burnell,转引自:Nelson, *View of the Hindū Law*, p. 136。

④ Mayne, *Treatise on Hindu Law and Usage*, p. 41.

⑤ *Institutiones*, i. 2. 11. *Digesta*, i. 3. 32.

⑥ Mackenzie, *Studies in Roman Law*, p. 54.

⑦ Bosquett, *Treatise on Duelling*, p. 80. *Cf. A Short Treatise upon the Propriety and Necessity of Duelling*. 该书1779年在巴斯印制。不过,1808年间,坎贝尔少校因在决斗中杀死博伊德船长被判处死刑且随即被处死(Storr, 'Duel,' in *Encyclopcedia Britannica*, vii. 514)。

的,因为它事实上对习俗无能为力。但在法律不合时宜时,习俗会显示出它的优越性。这时,在公众的努力争取下,新的习俗将涌现出来,以反抗过时的法律。因而,与早期法律和司法实践相反,现在某些欧洲国家盛行这样的习俗,即判处死刑但不执行。即便是"恶习"也会削弱法律的权威。中国民间最广为人知的恶习,可能就是贿赂和赌博了。中国刑法明确规定,应惩罚有贿赂行为和赌博恶习的人。但是,据道格思教授所言,"如果严格按照法律办事,那么毫不夸张地说,每100名官员中就会有99名被清洗掉"。[①]关于恶习削弱法律效力这一原则,我们还可以找到其他一些例证。

事实证明,法律与宗教联合起来也比不上习俗有影响力。伯顿爵士这样描述贝都因人:"尽管古兰经中记载过某些法律条文,却遭到人们的公开轻视,正是古老的 *Kazi al-Arab*(即阿拉伯人的最高审判者)形成了极其严格有效的规范体系。"[②]土库曼人经常生活在高压统治下,但左右他们生活的是那些并不显眼的东西,无所不在地发挥着作用,那就是 *deb*——"习俗"或"习惯法"。这方面的权威人士说:"很明显,在与伊斯兰教长达八个世纪的斗争中,'习俗'或'习惯法'几乎毫发无损。许多被伊斯兰教禁止、被毛拉猛烈攻击的习惯法都还保留着远古时候的样子。"[③]

事实上,法律本身如果能做成习俗的样子比做成律法的样子更容易让人遵循。黑格尔评论说:"有效的国家法律被书面化并编

---

① Douglas,*Society in China*,p. 82.

② Burton,*Pilgrimage to Al-Madinah and Meccah*,ii. 87.

③ Vámbéry,*Travels in Central Asia*,p. 310 *sqq*.

撰成册后,就不再是习俗了。"①有些情况下,从未正式颁布过法律,只有特权阶层才了解和执掌这些法律,不过人们仍尊敬和遵从这些法律。②普通百姓没有必要学习法律,在他们的生存环境中,习俗是可靠的指路灯,人们愿意在习俗指导下做事。培根说得好:"习俗是人生最主要的司法官。"③古人也说过这样的话:"习俗是所有人的君王。"④

　　许多法律在成为正式的法律之前是作为习俗存在的。雅利安人的法律书籍就是在古老习俗的基础之上编撰而成的。梅恩先生认为,印度法律就是以习俗为基础的,这种习俗不仅早在婆罗门教之前就存在,而且独立于婆罗门教。⑤希腊语中的 *vouos* 既指习俗,也指法律。把这两层含义合而为一,用一个词表示,并非由于希腊人语言的贫乏,根源在于,在希腊人的观念中,法律正是而且也应该是民族风俗的成果,不多也不少。⑥大部分罗马法是在祖制(*mores majorum*)的基础上制定出来的;《查士丁尼法学总论》明确指出:"长期流行并得到使用者认可的习俗,就具有了法律的性质。"⑦古条顿人和古爱尔兰人的法律与这种情况类似。⑧

　　习俗转变为法律不只是个仪式。同习俗一样,法律也是行为

①　Hegel,*Philosophie des Rechts*,§211,p.199.

②　Rein,*Japan*,p.314.

③　Bacon,'Essay xxxix. Of Custom and Education,' in *Essays*,p.372.

④　Herodotus,iii. 38.

⑤　Mayne,*op. cit.* p. 4.

⑥　Ziegler,*Social Ethics*,p. 30. Schmidt,*Ethik der alten Griechen*,i. 201.

⑦　*Institutiones*,i. 2. 9.

⑧　Joyce,*Social History of Ancient Ireland*,i. 181.

规范。但是,习俗是通过习惯建立起来的,它以模糊的方式受到舆论的制约;而法律是由立法机关制定的,具有明确的内容;正如奥斯汀所说,立法就是要借统治者或统治者集团之口向臣民颁布。① 变成法律后,习俗就有了明确的具体内容和制裁措施,这便于执行。这个变化看起来既来自社会效用的考量,也来自人们的正义感。西塞罗认为:"法律为了实现公正与公平而制定的,它对所有人永远用同一个声音说话。"②从这些观点可以看出,有必要转变成法律的习俗是十分有限的。许多习俗内容太模糊、太不确定,以致很难成为清晰明白、中规中矩的法律。③ 对另外一些习俗来说,或者背离习俗所激起的公众愤慨太微弱,或者对公共福祉的意义微不足道,也不宜进入立法层面。还有一些习俗在不知不觉中存在着,人们都理所当然地遵循这些习俗,从来没有人背离这些习俗,也从来没有引起立法者的注意。

以习俗为基础的法律自然表现出法律制定时代流行的道德观念。另一方面,虽然这些法规现在仍然存在,但它们未必真实反映了后来人的观念。法律甚至比习俗还要保守。尽管习俗对舆论有保护作用,它依然随着舆论的变化而变化。甚至在极其尊重祖先习俗的野蛮人中,也极有可能引进一些改变。例如,中澳大利亚阿兰达人的传统表明,对习俗随着时代发展而变化这一事实,人们相当认同。④ 但是,当古老的习俗以法律形式固定下来之后,它就能

---

①   Austin, *Lectures on Jurisprudence*, i. 87, 181, &. c.

②   Cicero, *De officiis*, ii. 12.

③   *Cf*. Aristotle, *Ethica Nicomachea*, v. 10. 6.

④   Spencer and Gillen, *Native Tribes of Central Australia*, p. 12 *sqq*.

够在舆论发生变化、新习俗得以引进的情况下保存下来。梅因爵士评论说,在所有进步社会中,社会需要和人们的观念总是或多或少地超前于法律。"没准哪一天我们可以弥合二者之间的差距,但这个差距总是趋于重新出现。"[1]

对一个民族来说,道德观念在习俗中的体现要比在法律中广泛且深远。大量的习俗从来没有变成法律,这一事实必然导致上述结果。与习俗一样,法律只是直接表达了什么是必须做的,它几乎从不处理与美德有关的问题,即便是间接涉及的情况也极少发生。中国人有一种奖赏和纪念有功之臣和道德高尚之民的做法,就是给他建一个牌坊,授予他很高的荣誉称号;[2]日本人和韩国人则以金钱、银杯或纪念碑的形式奖励那些堪称孝顺楷模的人;他们论证道,既然法律惩治了犯罪,也应该奖励德行。[3] 在欧洲,我们对做出杰出贡献的人物授予头衔,让他们享受很高的荣誉,给他们很丰厚的报酬,等等。但这些奖赏的分配并不受法律的制约,通常也跟道德无关。

跟习俗一样,法律只涉及公开的、明显的行为或不作为,法律丝毫不关注行为的思想或心理的方面,除非这种思想的表达或心理的表现真的触犯了法律。然而,随后我们会发现,尽管这构成了法律与开明道德意识的本质区别,但对我们理解无反思的心灵的道德判断有着明显的助益。

作为一个概括性的、同时严格界定内容的行为规范,法律不像

---

[1]　Maine, *Ancient Law*, p. 24.

[2]　de Groot, *Religious System of China* (vol. ii. book) i. 769, 789 *sq.*

[3]　Griffis, *Corea*, p. 236.

习俗那样专门对每一种情况都做出规定，以满足正义的要求。然而，这些不足之处在立法初期几乎没有人感觉到；那时，几乎没有人考虑行为背后的动机是什么；在立法的后期阶段，法官被赋予更大的裁量权，这一困难就迎刃而解了。例如，英格兰的刑事处罚历史表明，它经历了这样一个转变：起初的体制根本不赋予法官裁量权，在后来的体制下，除了那些仍然被判处死刑的罪行案，如严重的叛国罪、谋杀罪，在所有的案件中都不限制法官的裁量权。[①] 因而，对于我们来说，研究司法实践及其演变过程就是研究法律的必要补充。

与习俗一样，代表舆论的法律只是特定社会成员道德观念的可靠体现。另一方面，在某些情况下法律又不同于习俗，它表现的是少数人甚至是某个人的思想观念和意志，也就是说，它代表统治力量的思想和意志。很显然，文明的立法者施加于野蛮人的法律，可能与野蛮人自己的是非观念大不相同。例如，当我们根据条顿人的早期法律书籍研究他们的道德观念、道德情感时，我们必须慎重地把来源于罗马或基督教的因素放在一边。同时还须记住，一个民族的道德意识会逐渐地与外来法律相适应。如果法律比舆论超前——条顿人的罗马法显然如此——法律会通过唤醒他们沉寂的情感，或者教育他们具备更好的辨别能力，从而把公众的思想提高到立法者的水准。我们都已经认识到，当一件事被禁止和惩罚之后，正因为被禁止和惩罚的缘故，人们会把这样的事看成是错误的、应该受惩罚的。

---

① Stephen, *History of the Criminal Law of England*, ii. 87.

最后,法律可能禁止那些从某种道德观点上看起来无关紧要的事情。比如,在英格兰,法律规定婚礼只能在特定的时间和地点举行,法律禁止种植烟草等,就是这样的例证。法学家把犯罪行为区分为自然犯(*mala in se*)和法有所禁止之罪(*mala quia prohibita*)两种,前者指即使没有被法律禁止也是错误的,后者指只是因为非法才是错误的。

法律通过判定某作为或不作为有错或有罪来表达行为规范,也就是说,法律要警告人们,谁犯罪谁将遭受痛苦的惩罚。法律并不是在任何情况下都直接以刑罚实施威慑[①]——我之所以说直接,是由于所有的法律都具有强制性,而所有强制性都在某阶段诉诸惩罚。[②] 为了实施业已建立的法律,统治集团会用制裁及其后果加以威慑,但制裁会考虑到对受害者的补偿和伤害者的苦楚。对后者而言,制裁就等于惩罚。尽管补偿与惩罚的区分十分重要,但也不是绝对的。除非人们把某种罪行或类似的罪行归咎于他,一个人伤害了另一个人并非必须要赔偿;另一方面,如果他不得不赔偿,对他的惩罚已经包括在里面了。而且,伤害者遭受惩罚的痛苦必须看作一种补偿,因为它满足了受害者渴求复仇的愿望。根据边沁的观点,复仇的快感"是一种收获,它让人想起参孙之谜——甜蜜来自恐怖,虎穴里面才有最好的蜂蜜"。[③] 在受害方被

169

---

① "不是所有最高统治者都能确保他的命令得到执行;有时候,人们制定律法时实际上并没有多少将之实施和执行的想法。"(Pollock,*Essays in Jurisprudence and Ethics*,p. 9 *sq.*)

② *Cf.* Stephen,*op. cit.* i. 2.

③ Bentham,*Theory of Legislation*,p. 309.

允许决定伤害者是否受惩罚或(在一定限度内)应施加何种惩罚的情况下,惩罚显然更多被看作一种补偿手段。无论如何,受害方被授予了这个特权,这一事实表明,公众出于同情产生了某种程度的怨恨。任何形式的惩罚,在本质上都是社会中不满情绪的一种表现。[①] 因而,研究道德观念就具有极其重要的意义,这种研究也要求我们缜密谨慎地思考问题。

我所说的惩罚并不是包含侵犯者受苦的每一种情况,我只指这样一种情况:人们确切无疑地以社会——他毕竟是这个社会永久的或暂时的成员——的名义,对他施加惩罚。关于惩罚的最终目的是什么,无论人们的观点怎样,这个定义都有效。惩罚的最终目的(或假定的惩罚目的)不论是改造罪犯、制止犯罪还是偿还损失,其直接目的总是让侵犯者遭受痛苦。如果对罪犯的改造是通过催眠术之类进行的,我们就不应该把这种改造方法称为惩罚。

一种常见的观点认为,照字面意义来看,刑罚起源于晚近,这种社会制度产生于人类早期个人复仇或家族复仇的习俗,并逐渐地取而代之。对研究欧洲和东方国家法律的学者来说,这一观点似乎有合理之处,但是,我们将看到,文明种族的早期历史易于使人错误地看待惩罚的演变与发展。即使在野蛮民族,公众的愤慨

---

① "Die Missbilling ist das Wesentliche aller Strafe" (von Bar, *Die Grundlagen des Strafrechts*, p. 4). "La peine consiste dans une réaction passionnelle d'intensité graduée" (Durkheim, *Division du travail social*, p. 96).

之情也是决定对其严加惩罚还是仅仅声讨了事的重要力量。①

有时，野蛮人在惩罚罪犯的时候会在公众面前羞辱他。

在格陵兰岛，公民大会就是审判法庭，同时，这里还召开全国运动会，进行娱乐表演。除了死刑罪外，公民大会还用nith-song 的方式处治各种各样的罪犯和违反公序良俗的行为：当着在场的所有人，人们通过歌舞表演，把冒犯者的错误告诉大家，把对方的美德赞扬一番。② 在北极圈内外的其他一些部落中，也发现了相同的风俗，只是偶尔有少许不同之处。③ 我们知道，这些民族很敏感，由此可以推断，他们要给予的惩罚绝不轻微。在格陵兰岛，"某个人仅仅由于他的亲属说的一句话伤害了他，就跑到深山里，至少好几天不露面。这种情况不时发生。"④北美印第安人过去常常用当众开玩笑的方式惩罚犯有轻微罪过的年轻人，在谈到这一风俗时，阿代尔说："他们宁愿被折磨死，也不愿承受重演罪行之辱。"⑤

在其他例子中，整个社群都可以同仇敌忾地向罪犯施加肉体 171
惩罚。

---

① See Steinmetz, *Ethnologische Studien zur ersten Entwicklung der Strafe*, ii. 327 *sqq*. ; Makarewicz, *Évolution de la peine*, *passim*.

② Rink, *Eskimo Tribes*, p. 24 *sq*. Idem, *Greenland*, pp. 141, 150. Cranz, *op. cit*. i. 165 *sq*. Holm, 'Ethnologisk Skizze af Angmagsalikerne,' in *Meddelelser om Grönland*, p. 87.

③ Kane, *Arctic Explorations*, ii. 128 *sq*.

④ Nansen, *Eskimo Life*, p. 267 *sq*.

⑤ Adair, *History of the American Indians*, p. 429 *sq*.

　　在澳大利亚某些部落中,当一个当地人因某种违规行为而招致部落不满时,按照习俗,他就要"接受惩罚":他站在视野可及的地方,手里拿着盾牌,整个部落的成员同时或接连不断地朝他投掷矛。尽管伤害致死的情况时有发生,但接受惩罚的人通常老于此道,他能够熟练地躲闪,以免受到严重的伤害。然而,这样一种特别的惩罚措施,也要遵守一定的规矩,比如,投掷矛的精确度和力量在很大程度上取决于部落成员对罪行凶残程度的看法。[1] 在昆士兰西北部和中部的土著人中,尽管每个人都可以在一定限度内为所欲为;但如果他有违反规矩的行为,"不仅受害人或其亲属要和他算账,在某些情况下,整个营地的人都要找他算账。因而,作为一个整体,营地具有议事会的功能,它有责任厘定针对不同罪行的惩罚措施。如果是谋杀和乱伦,就判处死刑,这种死刑还可能需要通过自掘坟墓活埋的方式执行;如果有人在营地辖区内肆无忌惮地使用战斗武器,就把他腿打瘸,通常的办法是膑足。"再者,如果一个妇女成了人人嫌的角色,尤其是当这里的女性都厌恶她时,她的女性伙伴们将猛烈地攻击她、锤打她,而男人在这种场合下是不能干涉的。[2] 在维多利亚的班格朗部落,"谁要是受了冤枉后在夜里对着整个营地大声控诉,而整个营

　　① Hale,*U. S. Exploring Expedition. Vol. VI. Ethnography and Philology*,p. 114. *Cf*. Eyre, *Journals of Expeditions of Discovery into Central Australia*,ii. 388; Collins,*English Colony in New South Wales*,i. 586; Brough Smyth,*Aborigines of Victoria*,ii. 295.

　　② Roth, *Ethnological Studies among the North-West-Central Queensland Aborigines*,pp. 139,141. Curr,*The Australian Race*,i. 61 *sq*.

地的人都安静地倾听到了他的冤屈,人们将马上审问那个被控告的人。被选来参加审理的男男女女都对这个事件的看法畅所欲言,如果大家一致认为冤情属实,被告就得接受习俗所判定的惩罚。"① 在西部维多利亚的很多部落里,"如果一个人品行恶劣,总给部落制造麻烦,人们将召开会议,判处他死刑"。② 在姆蓬圭部落,如果一个人谋杀了另一个人,他将被判处死刑,方法把他溺死或活活烧死,执行死刑的不是他的近亲属,而是整个部落的人。③ 哈得逊湾的爱斯基摩人中,"当一个人品质十分恶劣,以致整个社群都容不下他的时候,他将被禁止跨入这里的棚屋,不得与其他人一起分享食物,也不能跟其他人有任何交往。然而,只要他不威胁到其他人的生命,人们几乎不会在意他。要是他犯有谋杀罪,几个男子会伺机袭击他,常见的方法是用乱石把他砸死。这些执行死刑的人从不掩饰他们的行为,因为社群的舆论支持他们这样做。"④

很多部落会把那些行为激起极大民愤的人驱逐出部落,而另外一些部落宣布这样的行为是非法的。

在奇佩维安人中,"部落社会秩序的维持全靠舆论"。头人没有权力对罪行施加惩罚,尽管他偶尔会放逐那些行为特

---

① Curr,*Squatting in Victoria*,p. 245.

② Dawson,*Australian Aborigines*,p. 76.

③ Burton,*Two Trips to Gorilla Land*,i. 105.

④ Turner,'Ethnology of the Ungava District,' in *Ann. Rep. Bur. Ethn*. xi. 186.

别恶劣并威胁到公共安全的人。① 萨利什人,或称弗拉塞德印第安人,有时把那些臭名远扬的罪犯从他们所属的部落或集团中驱逐出去,以示惩罚。② 埃·斐·伊姆·特恩爵士对圭亚那印第安人的美德赞不绝口,但也有例外的情况发生;他补充说,只要他们犯了罪,"这些人不久就会被处死或驱逐出部落"。③ 在幼发拉底河流域的贝都因人中,"如果罪行极其恶劣,将按照法律对其处以最严酷的惩罚——把罪犯从部落中驱逐出去"。④ 贝尼·姆扎布人也是这样。⑤ 在苏格兰高地,即便是今天,舆论影响惩罚的例子依然很普遍,在舆论压力下,有些罪犯甚至被迫流亡在外。⑥ 据报道,很多野蛮人生活的地方都对性犯罪者施加驱逐出境的惩罚;⑦斯坦梅茨博士提到过其他驱逐出境的例子。⑧ 在某些案例中,把罪犯驱逐出境被视为使部落免受玷污的方法,并不仅仅具有字面上的惩罚意义。⑨

　　与驱逐这一惩罚措施密切相关的是宣布非法。冯·弗雷德说,哈德拉毛的贝都因人会给被驱逐者三天的缓刑期,如果

---

① 　Richardson, *Arctic Searching Expedition*, ii. 26 *sq*.
② 　Hale, *op. cit*. p. 208.
③ 　Im Thurn, *Among the Indians of Guiana*, p. 213.
④ 　Blunt, *Bedouin Tribes of the Euphrates*, ii. 206.
⑤ 　Chavanne, *Sahara*, p. 315. Tristram. *Great Sahara*, p. 207.
⑥ 　Stewart, *Highlanders of Scotland*, p. 380.
⑦ 　Westermarck, *History of Human Marriage*, p. 61 *sqq*.
⑧ 　Steinmetz, *op. cit*. ii. ch. 5.
⑨ 　见下文,关于"杀人"。

错过了这个期限,任何部落成员都可以处死他。[①] 在怀安多特人中,最轻微的惩治方法是,如果罪犯继续进行与其已有罪行类似的犯罪活动,任何人杀死他都是合法的;而最严重的则是,部落里任何人都有责任在遇到这个罪犯的时候把他杀掉。[②] 在古代条顿人中,宣布非法最初是整个国民向罪犯提出的宣战,直到后来才转变成迫使罪犯服从法律权威的常用措施。[③]

不过,最常见的情况是,对罪犯的惩罚是由具有司法权的一些人而不是整个社群来执行的。事实上,不仅文明种族有法官和法庭,野蛮民族也有这样的制度,在这种制度下,由年长者或头人组成的议事会往往行使审判的功能。[④] 即便是澳大利亚土著人那样

---

①　von Wrede,*Reise in Hadhramaut*,p. 51.

②　Powell,'Wyandot Government,' in *Ann. Rep. Bur. Ethn.* i. 68.

③　Pollock and Maitland,*History of English Law before the time of Edward I.* i. 49.

④　Petroff,'Report on Alaska,' in *Tenth Census of the United States*,p. 152 (Aleuts). Morgan,*League of the Iroquois*,p. 330. Powell,in *Ann. Rep. Bur. Ethn.* i. 63,66 *sq.* (Wyandots). *Idem*,'Sociology,' in *American Anthropologist*,N. S. i. 706 (North American tribes). Schoolcraft,*Indian Tribes of the United States*,i. 277 (Creeks). von Martius,*Beiträge zur Ethnographie Amerika's*,i. 88 (Brazilian Indians). Cook,*Journal of a Voyage round the World*,p. 41 (Tahitians). Lister,in *Jour. Anthr. Inst.* xxi. 54 (Bowditch Islanders). Codrington,*Melanesians*,p. 345 (Solomon Islanders). Hunt,in *Jour. Anthr. Inst*,xxviii. 6 (Murray Islanders). Kohler,in *Zeitschr. f. vergl. Rechtswiss.* xiv. 448; Senfft,in Steinmetz,*Rechtsverhältnisse*,p. 448; Kubary,'Die Ebongruppe im Marshall's Archipel,' in *Journal des Museum Godeffroy*,i. 37 (Marshall Islanders). *Idem*,*Ethnographische Beiträge zur Kenntnissder Karolinischen Inselgruppe*,p. 73 *sqq.* ; *Idem*,'Die Palau-Inseln, in *Journal des Museum Godeffroy*,' iv. 42 (Pelew Islanders),von Kotzebue,*Voyage of Discovery*,iii. 208 (Caroline Islanders). Worcester,*Philippine Islands*,p. 107(Tagbanuas of Palawan). Marsden,*History of Sumatra*,p. 217(Rejangs).　　(接下页注释)

的落后民族,也拥有自己裁定违法犯罪事宜的机构。

174　　　　谈到中澳大利亚的土著部落,斯潘塞和吉伦评论说:"如果有人违犯了严格的婚姻法,那就不是他'个人的力量'所能处理得了的。由部落首领组成的小组或由相关人员组成的小组会同长者一起磋商,经过一段时间的磋商之后,如果确定犯

(接上页注释)　　von Brenner, *Besuch beiden Kannibalen Sumatras*, p. 211 (*Bataks*). Forbes, *A Naturalist's Wanderings in the Eastern Archipelago*, p. 243 (Kubus of Sumatra). Man, *Sonthalia*, p. 88 *sq.* Cooper, *Mishmee Hills*, p. 238. Macpherson, *Memorials of Service in India*, p. 83 (Kandhs). Stewart, in *Jour. As. Soc. Bengal*, xxiv. 609, 620 (Nagas, Old Kukis). Dalton, *Ethnology of Bengal*, p. 45 (Kukis). Forsyth, *Highlands of Central India*, p. 361 (Bygás). Shortt, in *Trans. Ethn. Soc. N. S.* vii. 241 (Todas). Batchelor, *Ainu and their Folk-Lore*, p. 278; von Siebold, *Die Aino auf der Insel Yesso*, p. 34. 在下列引文中,他谈到了非洲的很多事例:Nachtigal, *Sahara und Sudan*, i. 449 (Tedâ). Petherick, *Egypt, the Soudan, and Central Africa*, i. 320 (Nouaer tribes). Beltrame, *Il Fiume Bianco*, p. 77 (Shilluk). Laing, *Travels in the Timannee, &c. Countries*, p. 365 (Soolimas). Mungo Park, *Travels in the Interior of Africa*, p. 15 *sq.* (Mandingoes). Leuschner, in Steinmetz, *Rechtsverhältnisse*, p. 22 (Bakwiri). *Ibid.* p. 47 (Banaka and Bapuku). Tellier, *ibid.* p. 175 (Kreis Kita, in the French Soudan). Bosman, *New Description of the Coast of Guinea*, p. 331 (Negroes of Fida). Casati, *Ten Years in Equatoria*, i. 158, 163 (Akkas, Mambettu). Stuhlmann, *Mit Emin Pascha ins Herz von Africa*, p. 523 (A-lür). *Emin Pasha in Central Africa*, p. 89 (Wanyoro). Baskerville, in Steinmetz, *Rechtsverhältnisse*, p. 193 (Waganda). Beverley, *ibid.* p. 214 (Wagogo). Lang, *ibid.* p. 253 *sqq.* (Washambala). Desoignies, *ibid.* p. 279 *sq.* (Msalala). Decle, *Three Years in Savage Africa*, pp. 71, 73, 74, 487 (Barotse, Wakamba). Junod, *Les BaRonga*, p. 155 *sqq.* Burton, *Zanzibar*, ii. 94 (Wanika). Holub, *Seven Years in South Africa*, ii. 319 (Marutse). Kohler, in *Zeitschr. f. vergl. Rechtswiss.* xiv. 316 (Herero). Andersson, *Lake Ngami*, p. 197 (Ovambo). Rautanen, in Steinmetz, *Rechtsverhältnisse*, p. 340 (Ondonga). Kolben, *Present State of the Cape of Good Hope*, i. 86, 297 (Hottentots). Kohler, in *Zeitschr. f. vergl. Rechtswiss.* xv. 333 (Bechuanas). Casalis, *Basutos*, pp. 224, 226. Maclean, *Compendium of Kafir Laws and Customs*, pp. 35, 110. Holden, *Past and Future of the Kaffir Races*, pp. 333, 336. Shooter, *Kafirs of Natal*, p. 99 *sq.* 。

人有罪并决定将他处死——这个案例绝不全是假想的,生活中可能真有其事——随后长者就安排执行判决,为此,他们还组织了一个名为 *ininja* 的团体。"①我们在澳大利亚大陆的很多地方都听到过类似的议事会。约翰·弗雷泽博士在对新南威尔士土著人的描述中说:"澳大利亚的长者与生活经验丰富者组成的长老会——原始居民的参议院和国会——有权对触犯法律的部落成员判罚。"部落首领就像司法官一样,坐下来审理呈报到他们面前的所有案子,如随意暴露圣物,向岳母告发妻子的通奸行为等。部落甚至还有执法者。同时,许多冤情在没有头人干预的情况下就由当事人自行解决了。比如,一个人从邻居家中偷东西,或两个男子为争夺一个女子而争吵,在因这类事情引起的搏斗中,一个人把另一个人的脑袋打破了,事情发展到这里就了结了。②纳里涅里部落有一个名叫 *tendi* 的审判理事会,它由长者组成,由部落头人执掌;理事会中如果有人去世了,健在的成员就会从部落中再挑选一个合适的人接替他。"任何犯人都要被带到审判理事会接受审问。如果不同部落之间发生了杀人案,受害方部落的成员会将杀人犯的朋友带到理事会,一起接受审判。经过充分的审讯后,如果确认杀人罪成立,将根据罪行的恶劣程度对罪犯施加惩罚。"③在澳大利亚的另一个部落贡迪奇马拉人中,世袭的头人"会出面解决部落内部所有的争端和分歧,在听取了

175

---

① Spencer and Gillen, *op. cit.* p. 15.

② Fraser, *Aborigines of New South Wales*, p. 39.

③ Taplin, 'Narrinyeri,' in Woods, *Native Tribes of South Australia*, p. 34 *sq.*

双方陈述后,他就会判定如何处理案子,没有人会对他的判决提出异议"。[1]

我们发现,在澳大利亚土著人中,有些情况下是整个社群对罪犯施加惩罚,而在另外一些情况下则是由那里的法庭或首领对其施加惩罚。毫无疑问,后者是从前者演变而来的,这里有许多例子足以证明这种不同制度之间的转变。据说,在昆士兰西北部和中部的土著人中,如果发生了谋杀、乱伦、身体暴力之类的大案,年长者的看法只是对舆论有"影响"。[2] 从操作程序上看,让所有人都参与到惩罚罪犯的活动中是很困难的,对规模大的社群来说,更是容易带来诸多不便,司法工作由此自然地落在首领或头人的手中。但是,司法权在社会的确立也有不同的起源。看来,司法制度通常不是从早先的私刑发展而来的,而是由以前的私人复仇制度演变过来的。

个人复仇或家族复仇,就其本身而言,当然是私人复仇情感的表现,而不是公众复仇情感及道德愤慨的体现。但这种情况与复仇习俗不同。在下面一章我们可以看到,报仇雪恨不仅被看作一种权利,而且经常被看作被害者亲属应当履行的义务。因而,在没有杀人罪的情况下,复仇就被认为是一种义务。例如,在澳大利亚的奇维加部落,死者亲属会根据罪行的严重程度用矛刺伤罪犯一次或多次;或者等受害者恢复体力后,用矛亲手刺伤罪犯。我们的权威人士补充道:"人们安分地遵守这些法规,这种状况从来没有改变过;无疑,如果有必要,部落成员会组织起来以强化这些法规

---

[1]　Fison and Howitt, *Kamilaroi and Kurnai*, p. 277.
[2]　Roth, *op. cit*. p. 141.

的权威性。"①复仇成了一种义务,这一特征会令忽视这一义务的人招致不满。一个肩负复仇义务的人如果没有履行这一义务,必然立即遭到谴责;这种谴责部分地表现为对他的轻视,尤其是人们怀疑他懦弱时,更容易采取蔑视的态度。不过,很明显,在公众责难的背后显然有着看到侵犯者遭受苦难的愿望。社会确实会支持复仇者用这样或那样的方法达到报复目的,可以引用下面一些例子证明。在谈到火地人时,许阿德斯说:"比如我们听说过,杀害妻子的嫌犯,以及被某个家庭起诉的人,有时在一两年后被杀死并倒在受害者父母的脚下。这是一个正义的行动而不是复仇的了断。另外我们还必须记住,在这种情况下,凶手被所有人抛弃,会受到死刑的威胁,而且他只能活相对来说很短的时间。"②在中爱斯基摩人中,"除非发生了血仇事件,人们不能随意惩罚犯法者",如果一个人犯了杀人罪或因其他暴行被人深恶痛绝,"为了实现社会正义,任何人都可以将他杀死。如果谁要向罪犯复仇,他必须逐一询问他的同胞,是否每个人都认为犯人罪该万死。如果所有的回答都是肯定的,他就可以杀掉这个万夫所指的恶棍,任何人都不得再对他进行报复。"③在格陵兰人中,如果发生了极其残暴的杀人事件,尽管复仇是受害者近亲属的事,全村的男子都可以联合起来惩治杀人凶手,直到把他杀掉。④　在野蛮人中,同样值得注意的是,在那些主要由整个社群施加惩罚的犯罪中,乱伦显得尤其突出。

①　Fison and Howitt,*op.cit*.p.282.

②　Hyades and Deniker,*Mission scientifique du Cap Horn*,vii.240 *sq*.

③　Boas,' Central Eskimo,' in *Ann.Rep.Bur.Ethn*.vi.582.

④　Nansen,*Eskimo Life*,p.163.

我认为,出现这种局面的主要原因是,要想自然而然地指定个人为此复仇是难以做到的。

因而,公众愤慨不仅表现在惩罚中,某种程度上还表现在复仇习俗中。在上述两种情况下,社会都要求侵犯者为他做出的行为经受苦难。严格地说,复仇习俗与惩罚之间的关系不像通常想象的那样是父母与孩子的关系,而是一种类似于旁系血亲的关系。它们有共同的祖先,也就是说,它们都来自公众怨恨之情。

舆论要求复仇为受害者考虑,但另一方面也要有可操作性。在一些案例中,公众怨恨对局外人来说可能太淡薄,太受制于其他冲动,在另外一些案例中则过于浓厚。我们经常发现,复仇事实上受到这样一个规则的制约,就是要求受害者受到的损害与侵害者接受惩罚时遭受的苦难等值。有时,这一规则要求一命偿一命;[①]有时要求偿命者要与死去的人在等级、性别或年龄上是同等的;[②]有时要求杀人者要跟被杀者以同样的方式毙命;[③]有时,受害者遭受过什

178

---

① Krause, *Tlinkit-Indianer*, p. 245 *sq*. Macfie, *Vancouver Island and British Columbia*, p. 470. Foreman, *Philippine Islands*, p. 213 (Negrito and Igorrote tribes in the province of La Isabela). Low, *Sarawak*, p. 212 (Dyaks). von Langsdorf, *Voyages and Travels*, i. 132(Nukahivans).

② Jagor, *Travels in the Philippines*, p. 213 (Igorrotes). Blumentritt,转引自: Spencer, *Principles of Ethics*, i. 370 *sq*. (Quianganes of Luzon)。 Munzinger, *Ostafrikanische Studien*, p. 243(Marea). *Koran*, ii. 173.

③ von Martius, *op. cit*. i. 129 (Brazilian Indians). Wallace, *Travels on the Amazon*, p. 499 (Uaupés). Schoolcraft, *Indian Tribes of the United States*, iii. 246 (Dacotahs). Steller, *Kamtschatka*, p. 355. Hickson, *A Naturalist in North Celebes*, p. 198 (Sangirese of Manganitu). Fraser, *Journal of a Tour through Part of the Himālā Mountains*, p. 339 (Butias). Ellis, *History of Madagascar*, i. 371. Munzinger, *op. cit*. p. 502 (Barea and Kunáma). de Abreu, *Canary Islands*, p. 27 (aborigines of Ferro).

么样的痛楚和折磨,施害者也要遭受同样的苦痛。[1] 与复仇相比,怨恨则不具备这种要求完全对等的特征。[2] 在造成的痛苦和引起的反应之间,无疑有个比例关系;在其他条件等同的情况下,造成的伤害和苦痛越严重,引发的反应就越强烈。一个人受到的冒犯越严重,他越想以同样深重的伤害实施报复。但是,怨恨并不那么精确地锱铢必较,因而造成的伤害和报复行为之间可能存在很大的差距。[3] 正如托马斯·布朗爵士所言,一个被仇恨冲昏头脑的人"在设想复仇时是不讲任何规矩的,他会因被打掉了一颗牙齿而要取对方的头颅,但一觉醒来,这些冲动可能会被忘得一干二净"。[4] 如果对等原则并不适于怨恨本身,一定有别的因素掺和进来,导致当事人决定怎么办。我相信,其中一个因素就是自尊;想要压制自己的气焰,不去羞辱侵犯者,自然意味着他的雅量和自重。不过,伤害与复仇之间除了这种质性的对等外,同态复仇(*Lex talionis*)[5]还要求分量上

179

---

① Im Thurn, *op. cit.* p. 213 sq. (Guiana Indians). *Glimpses of the Eastern Archipelago*, p. 86 (Bataks). Arbousset and Daumas, *Tour to the North-East of the Colony of Good Hope*, p. 67 (Mantetis). Munzinger, *op. cit.* p. 502 (Barea and Kunáma). Post, *Afrikanische Jurisprudenz*, ii. 27 (various other African peoples), de Abreu, *op. cit.* p. 71 (aborigines of Gran Canaria).

② *Cf*. Tissot, *Le droit pénal*, i. 226; Steinmetz, *Ethnol. Studien zur ersten Entwicklung der Strafe*, i. 401; Makarewicz, *op. cit.* p. 13.

③ von Martius, *op. cit.* i. 128 (Brazilian aborigines). Calder, in *Jour. Anthr. Inst.* iii. 21 (Tasmanians). Forbes, *A Naturalist's Wanderings in the Eastern Archipelago*, p. 473 (Timorese). Sarasin, *Forschungen auf Ceylon*, iii. 539 (Veddahs). Jacob, *Das Leben der vorislâmischen Beduinen*, p. 144 sq.

④ Browne, *Christian Morals*, iii. 12, p. 94.

⑤ 同态复仇法,即"以牙还牙,以眼还眼"的原则;同态复仇法的原则在古巴比伦《汉谟拉比法典》和古罗马《十二铜表法》中均有反映。——译者

的大致对等;这一点,无疑有着社会根源。你给别人造成了多大的伤害,你就要付出多大的代价偿还别人;否则,超出的部分就不值得了。如果这个解释是对的,对等原则一定局限于特定的社会群体;根据早期的习俗和法律,只有同一社会的成员才享有同等的权利。谈到圭亚那印第安人普遍存在的一报还一报的做法,埃·斐·伊姆·特恩爵士明确指出:"这些规则当然主要存在于那些反反复复彼此交往的同一部族中。"[1]我们发现蒙昧部族在涉及其他部落的关系时,同样施用这一原则。其中的因由,部分在于这一原则能够使他们在心灵上形成强大的凝聚力;部分在于部族之间发生复仇的危险时,他们希望把冲突和伤害限制在合理的范围内。

复仇所适用的这一规则,有助于我们理解由报复转变而来的惩罚,以及特别司法权威的确立。只要复仇掌握在个人手中,就不能确保侵犯者一定会得到报应;另一方面,也不能确保复仇所造成的惩罚是足斤足两的或有无区别对待。

受伤害的一方可能太弱小,或者无力为自己报仇。他的解决之道就是求助于酋长。酋长自身固然有兴趣介入这一事端——他当然可以因为伸出援手而期待获得丰厚的报酬;[2]而且,只要大家都希望施害者为此受到苦痛,酋长必定会介入。在桑威奇群岛,受害者的家人和朋友——在当地,有人被殴打或被杀害,公众会一致同意应予报复——如果因为太弱小,不能亲自报复侵害者,他们就

---

① Im Thurn, *op. cit.* p. 214.

② Steinmetz, *Rechtsverhältnisse*, p. 311. *Cf.* Brunner, *Deutsche Rechtsgeschichte*, i. 165.

会求助于当地的头人或本国的国王。① 据埃明·帕夏记载，如果
杀人犯逃跑了，被害的万由若人的近亲会向部落头人求助，请求对
罪犯施以惩处。② 巴西的印第安人如果被侵犯，有时会把这个案
子投诉到头人面前；不过，他们很少这么做，因为他们觉得，不能亲
自复仇是件丢脸的事。③ 司法制度赋予巴苏陀头人这样的权力：
"要确保无亲属且无能力为自己辩护和复仇之人得到公平和正
义。"④古希腊早期城邦为孱弱无助者提供特别的照顾，否则他们
是很难报仇雪恨的。⑤ 在中世纪，贫困或弱小者会得到国王的保
护；正如杜·布瓦所观察到的，皇室进行司法干预，"对弱者来说是
一件好事，对被压迫者来说同样也是一个帮助"。⑥

　　因此，对无力报复者所受伤害的愤恨，有助于建立一个中央级
司法与执行机构，而对不当和无节制报复之对象的天然同情，无疑
也导向类似的结果。这种感情通过建立亚格对等规则，以及更有
效地，通过将案件交予一位比受害人或其友人更无偏私、更有区分
能力的法官来阻止无差别报复，进一步对报复做出了限定。肯布
尔如此评论条顿人的世仇："且不说因个人私仇导致的共同体的损
失，人们的道德感更会因这样的事实而震撼：如果任由个人来评估
如何补偿受害者所遭受的伤害，将导致一个更大的过错，并且这个
过错会比他已经遭受的还要严重。在根据施害者和受害者的力量

181

---

① 　Ellis，*Tour through Hawaii*，p. 429.
② 　*Emin Pasha in Central Africa*，p. 86.
③ 　von Martius，*op. cit.* i. 132.
④ 　Casalis，*op. cit.* p. 226.
⑤ 　Leist，*Graco-italische Rechtsgeschichte*，p. 372.
⑥ 　Du Boys，*Histoire du droit criminel de l'Espagne*，p. 237.

大小决定惩罚多寡和轻重的前提下,所谓'以眼还眼、以牙还牙'的规则也是不能照搬照用的。"①在巴厘岛,法官会介入告发者和被告发者的纠纷,"以避免对此人不分青红皂白的敌意和仇恨,同时清楚地判定另一个人犯罪的严重程度"。② 克劳弗德在讲述马来半岛土著人的风俗时说:"法律甚至禁止人们干扰和妨碍一场看似公平合理的吵架。"③我们获悉,克伦人在拿法律评判自己时,总以为自己是对的,人们也并不干涉他;"除非他犯了有违克伦人正当观念的事,除非有长者出面干涉,村落里有别的乡邻出言劝阻,否则他是意识不到自己在犯错的"。④ 巴苏陀人的酋长会"保护其成员不受歧视和区别对待,公正合法地解决这类案例,因而他备受尊重"。⑤ 在加利福尼亚的加利诺穆罗人中,对杀人者的复仇既可以取其命,也可以金钱赔偿;尽管有这两个选择,复仇者"并不能任凭个人意愿不负责任地行事",处置和惩罚罪犯的事是由头人来做的。⑥

　　人们有心让罪犯遭受痛苦,并使他经受的苦痛跟他所犯下的罪行相当。除了这两个因素,还有另外一个重要的因素促使人类选择以惩罚取代复仇,司法制度也由此得以改进。对每个社会而言,具有重要意义的是人与人之间的和平共处。尽管复仇制度有

---

①　Kemble, *Saxons in England*, i. 268 *sq.*

②　Raffles, *History of Java*, ii. p. ccxxxvii.

③　Crawfurd, *History of the Indian Archipelago*, iii. 120.

④　Mason, in *Jour. Asiatic Soc. Bengal*, xxxvii. pt. ii. 145. *Cf.* MacMahon, *Far Cathay and Farther India*, p. 188.

⑤　Casalis, *op. cit.* p. 226.

⑥　Powers, *Tribes of California*, p. 177.

助于减少犯罪,[1]但也可能造成社会动荡与失序,从而产生巨大的破坏。当复仇超出习俗所容忍的限度,必定导致反复仇。冯·哈克斯特豪森这样谈起奥塞梯人:"如果报复造成的伤害不超过最初的伤害,事端就了结了;如果超出了原初的伤害,另一方就会重新挑起事端,新的祸患将再次来临。"[2]血仇习俗当然不意味着,针对无理杀人罪的复仇者反而成了报复的对象;[3]但是,在法庭缺失的情况下,对罪行做出判决并不是件容易的事,而且在实际过程中,激情的力量和影响可能超越习俗占据上风。事实上,世仇通常经由一系列的杀人案而结成,而且复仇本身就可以引发一个新的修正、补偿行为,如此循环往复,直到敌视和对立成为难以改变和缓和的常态。[4]长此以往,其中牵涉的家庭和整个社会都会受到伤

183

---

① Taylor,*Te Ika a Maui*,p. 96(Maori). Im Thurn,*op. cit*. pp. 213,330(Guiana Indians). Burckhardt,*Bedouins and Wahábys*,p. 84 *sq*;Blunt,*Bedouins of the Euphrates*,ii. 207;Layard,*Discoveries in the Ruins of Nineveh and Babylon*,p. 305 *sq*.(Bedouins). Kohl,*Reise nach Istrien*,i. 409 *sq*.(Montenegrines). Stephen,*History of the Criminal Law of England*,i. 60(Anglo-Saxons). Nordström,*Svenska samhälls-författningens historia*,ii. 228(ancient Scandinavians). Steinmetz,*Ethnol. Studien zur ersten Entwicklung der Strafe*,ii. 125 *sqq*.

② von Haxthausen,*Transcaucasia*,p. 411.

③ 对西维多利亚的土著人来说,一命偿一命之后,血仇就结束了(Dawson,*op. cit*.)。格陵兰岛人中,如果复仇的对象"是个臭名昭著的罪犯,其血腥行为遭人憎恨,或他无亲无故,复仇之后这事也就算了断了";但更常发生的是,复仇者本人会因此送命(Cranz,*op. cit*. i. 178)。贝都因人中,"如果被害人的家庭报复,将要杀死罪犯的两口家人。如果其中一人被杀,这事就可以了结,双方可以和平共处地生活;但由于仇恨和业已发生的复仇,双方之间的争执还会重来"(Burckhardt,*Bedouins and Wahábys*,p. 86)。雅各布博士在其著作中有类似的观察:"认为流血总会带来新的流血的观点是错的。如果已为死者杀了人,事情便了结了。"(Dr. Jacob,*Das Leben der vorislämischen Beduinen*,p. 144)*Cf*. Achelis,*Moderne Völkerkunde*,p. 407,ii,I.

④ Nelson,'Eskimo about Bering Strait,' in *Ann. Rep. Bur. Ethn*. xviii. 293. Miklosich,'Blutrache bei den Slaven,' in *Denkschriften d. kaiserl. Akademie d. Wissensch. Phil.-hist,Classe*,Vienna,xxxvi. 132;&c.

害,因此人们应当找到某种方法阻止血族复仇。人们采用的方法之一就是以金钱赔偿取代血腥复仇;另外一个办法是把案子交由具有法定权力的权威机构审判。卡萨里斯告诉我们,他经常听到巴苏陀人这么说:"如果我们内部不断发生自己报仇雪恨的事情,那么村落和镇子很快就消失了";他还说,对混乱与失序的恐惧导致人们允许头人比部落中的其他任何人拥有更多的权利。①

　　正如所期待的那样,唯有经过漫长的过程和步骤,复仇才让位于惩罚,私自复仇者才被法官和公共执法者取而代之。在蒙昧的部族生活中,头人据说是不管司法之类事务的。② 而在其他一些部族中,他也只是出出主意,或被请求做做仲裁;③有时,被伤害的一方既可以选择自己出面报复,也可以选择请头人主持公道;④有时也会发生这样的情况:头人身负的司法权力据称是名过于实。⑤

　　① Casalis, *op. cit.* p. 225. *Cf.* Boyle, *Adventures among the Dyaks of Borneo*, p. 217; Marsden, *op. cit.* p. 249 *sq.* (Rejangs).

　　② Keating, *Expedition to the Source of St. Peter's River*, i. 123 (Potawatomis). Richardson, *Arctic Searching Expedition*, ii. 27 (Chippewyans), Carver, *Travels*, p. 259 (Naudowessies). Dobrizhoffer, *Account of the Abipones*, ii. 103; &c.

　　③ Lewis and Clarke, *Travels to the Source of the Missouri River*, p. 306 *sq.* (Shoshones). Powers, *Tribes of California*, p. 45 (Karok and Yurok). Dunbar, 'Pawnee Indians,' in *Magazine of American History*, iv. 261. Arbousset and Daumas, *op. cit.* p. 67 (Mantetis). Ellis, *Yoruba-speaking Peoples of the Slave Coast*, p. 300 (Tshi and Ewe-speaking peoples of the African West Coast). Burckhardt, *Bedouins and Wahábys*, pp. 68, 70. Blunt, *op. cit.* ii. 232 *sq.* (Bedouins of the Euphrates). von Haxthausen, *Transcaucasia*, p. 415 (Ossetes).

　　④ Ellis, *Tour through Hawaii*, p. 429. Williams and Calvert, *Fiji and the Fijians*, p. 23. Forbes, *A Naturalist's Wanderings in the Eastern Archipelago*, p. 473 (Timorese).

　　⑤ Falkner, *Description of Patagonia*, p. 123. Anderson, *Lake Ngami*, p. 231 (Damaras).

值得注意的是，在好几个案例中，受害者或控告者会出面执行惩罚，只是他们不能充当审判者的角色。

　　澳大利亚的一些部落社会中，"被控告犯有重罪的人，需要在整整一个月内天天到审判委员会当面陈情，如有违背则会被处死。如果发现犯有私罪，他将被浑身涂白，而后全副武装的控告者及其朋友站在距离他 50 步左右的位置，纷纷向他投掷长矛和回旋镖，而他只能以一面轻盾防御。"①在大多数情况下，密苏里的阿里卡拉印第安人会将杀人犯处以死刑，而司法者会把执行死刑的事交给被害人最近的亲属代理。② 至于巴厘的土著人，莱佛士说："法庭裁定的对施害者的惩罚，会别出心裁地交由受害的一方或其朋友执行。"③在阿富汗的某些地方，"如果被侵害的一方向酋长抱怨，或者酋长听到过杀死人的消息，他首先提出以钱抵命的具体方案，尝试让双方达成和解；但是，如果受害者态度决绝，不接受这一和解做法，酋长将把这个案子交由国王，国王会命令审判此案；如果施害者被判有罪，死者的亲友就被赋予了执行刑罚的权力"。④尼亚萨湖和坦噶尼喀湖附近的居民中以及班图部落中，通常发生情况是，"杀人者被当场捉住并被判有罪，他会被交给被害者的亲属处置，他们有权把他处理掉"。⑤ 类似的做法在米什米 185

---

① Fraser, *Aborigines of New South Wales*, p. 40 *sq.*
② Bradbury, *Travels in the Interior of America*, p. 168.
③ Raffles, *op. cit.* ii. p. ccxxxvii.
④ Elphinstone, *Kingdom of Caubul*, ii. 105 *sq.*
⑤ Macdonald, in *Jour. Anthr. Inst.* xxii. 108.

人①、巴塔克人②和坎查岱人③等部落中都很流行。早期的斯拉夫人④、条顿人和英格兰的法典也认可这种做法。⑤ 根据晚至 1231 年圣伯丁修道院批准阿尔克城公布实施的法律条文，当有人犯有故意杀人罪时，会把罪犯交给被害人的家属，由他们把他处死。⑥

　　尽管无数案例表明，惩罚和司法制度取代此前的复仇制度可以被视为社会发展的结果，但这种惩罚和司法组织的有无，跟一个部族所达到的总体文化状态并没有直接的、明确的对应关系。即便是在那些蒙昧的部族中，我们也可以看到由整个社群居民或单独成立的司法机构实施惩罚的案子。另一方面，欧洲和远东诸国家的历史也告诉我们，复仇制度与比较高级的文化形态之间并非水火不容的关系。⑦ 现在看来，其中的因由明显不同寻常。在一个小型的蒙昧部落，社群所有成员之间经常往来，结成一体，对任何个人造成的伤害马上就能被所有的部落成员感受到。由松散的社会单位构成的国家，尽管形成了同一政治体系，但其成员之间几乎没有什么交往可言，他们对别人的私事是漠不关心的，其情境便

---

① Cooper, *Mishmee Hills*, p. 238.

② von Brenner, *op. cit.* p. 212.

③ Georgi, *Russia*, iii. 137.

④ Macieiowski, *Slavische Rechtsgeschichte*, ii. 127.

⑤ Wilda, *Strafrecht der Germanen*, p. 167. *Lex Salica*, 68. *Laws of Cnut*, i. 53. *Leges Henrici I*. lxxi. I.

⑥ *Leges villæ de Arkes ab abbate. S. Bertini concessæ*, 28 (d'Achery, *Spicilegium*, iii. 608).

⑦ 见下文，关于"血族复仇"。

与小规模的部落社会大相径庭。在小型部落社会,公共的怨恨因
而更容易被激发,这样的社会也能够更迅速地应对危及内部和平
与安全的紧急情况。

我们的观点——惩罚主要是公众愤慨的表达,因此跟另外一
种理论存在分歧;后面这一理论认为惩罚的主要目的不仅应该是,
而且事实上也一直是预防犯罪。我们甚至获悉:以此为目的的惩
罚,主要根源于人们的道德意识;惩罚不是正义感的结果,相反,正
义感是惩罚引致的结果;经由国家实施惩罚,某些行为就逐渐被认
为是罪有应得的,换句话说,这些行为本来就是不合道义的。[1]

有些证据似乎印证了惩罚有助于阻碍犯罪的观点。我们发
现,半开化和开化的民族刑法典中规定的刑罚,其严厉程度远超同
态复仇法中的"以眼还眼、以牙还牙"。

谈到阿兹特克人,班克罗夫特先生说:"正如德拉古[2]法
条一样,这里的法律条文绝大多数带有血淋淋的味道,即便是
轻微的犯罪,也会受到极其严厉、极其残忍的处罚。"[3]会被处
以死刑的情况甚至包括:男人像女人那样着装,或女人打扮得
像男人;[4]老师不能说清学生学习进展的实际状况;[5]清除或

---

　　① Rée, *Ursprung der moralischen Empfindungen*, p. 45 sqq. Idem, *Entstehung
des Gewissens*, p. 190 sqq.

　　② 德拉古,古希腊政治家、立法者,其法条以严苛闻名,即便鸡毛蒜皮的轻罪也如
同重罪那样被处死。——译者

　　③ Bancroft, *Native Races of the Pacific States*, ii. 454.

　　④ Clavigero, *History of Mexico*, i. 358.

　　⑤ *Ibid*. i. 359.

改变公权机构设置的地界。① 如果奸夫为了保命反而把女方的丈夫杀掉了,那么他身上会被涂上盐和水,用文火慢慢烤炙,这样他即便想快点死去也不能得逞。② 古代秘鲁人的律法不会因罪行不同就网开一面,处死是最常见的刑罚。③ 中国刑法典虽然不像 18 世纪的欧洲那么苛刻,但下列情况仍然会被处以死刑:窃贼第三次作案而且情节更严重;犯有前科、被处墨刑者改变或去除原墨者;④私铸铜钱;⑤对那些最邪恶的犯罪,"凌迟"将是应得的惩罚;这种处罚以人类罕见和难以想象的残酷程度,最大限度地加重和延长罪犯遭受的痛苦。⑥ 在日本,直到 1871 年维新改革之前,"对罪犯的惩处是严酷的;死刑司空见惯;对那些犯有重罪者,执行死刑前还要让罪犯饱受酷刑折磨"。⑦ 根据摩西律法,诸如违背主日禁忌⑧、求助于巫术⑨、偷吃用于祭祀的动物的肉⑩、嗜血⑪、侵犯女性("尽管她是因不洁而被隔离")⑫、各种各样的性侵犯⑬之类的

187

---

① Clavigero, *History of Mexico*, i. 355.

② Bancroft, *op. cit.* ii. 465 *sq.*

③ Garcilasso de la Vega, *First Part of the Royal Commentaries of the Yncas*, i. 145, 151 *sq.*

④ Wells Williams, *Middle Kingdom*, i. 512.

⑤ *Ta Tsing Leu Lee*, sec ccclix. p. 397.

⑥ *Ibid.* sec. ccliv. p. 269 n.

⑦ Reed, *Japan*, i. 323. Thunberg, *Travels*, iv. 65.

⑧ *Exodus*, xxxi. 14.

⑨ *Leviticus*, xx. 6.

⑩ *Ibid.* vii. 25.

⑪ *Ibid.* vii. 27.

⑫ *Ibid*, xviii. 19.

⑬ *Ibid*, xviii. 6 *sqq.*

冒犯行为,都要被处死。《摩奴法典》规定应处以极刑的犯罪行为包括:伪造皇家法令、贿赂王室大臣;[①]闯入王室仓库、军械库、寺庙,或偷窃大象、马匹、战车;[②]窃贼、赃物和作案工具等人赃俱在时被抓获;[③]小偷小摸作案第三次被捉;[④]一位妇人,尽管可能自身优秀或亲戚里有可以依仗的大人物,但如果未能履行对主人该尽的义务,仍将被抛弃到饿狗常来常往的地方,被吞食掉,而犯有同样罪过的男子则被放在烧红的铁床上烫死。[⑤]

直到近代,加重刑罚依然是欧洲立法的特征。13 世纪晚期,英国法律条文中规定有七项罪名被处以极刑,它们分别是:叛国罪、杀人罪、纵火罪、强奸罪、抢劫罪、入室盗窃罪和重大盗窃罪;随后,列入极刑名单的罪名激增。[⑥] 从王政复辟到乔治三世驾崩,在长达 160 年的时间里,不少于 187 种名目不同、程度各异的罪名被列入刑法典;1837 年,200 种罪名被移出死刑单名录,但剩下的被处极刑的罪名,跟 13 世纪的极刑名录几乎是一模一样的。[⑦] 直到 1808 年,扒窃仍是被处以死刑的罪行;[⑧]偷马,偷牛,偷羊,从有人居住的房子里偷窃,伪 188

---

① *Laws of Manu*, ix. 232.

② *Ibid*. ix. 280.

③ *Ibid*. ix. 270.

④ *Ibid*. ix. 277.

⑤ *Ibid*. viii. 371 *sq*.

⑥ Pollock and Maitland, *op. cit*. ii. 511.

⑦ May, *Constitutional History of England*, ii. 595. Mackenzie, *Studies in Roman Law*, p. 424 *sq*.

⑧ Pike, *History of Crime in England*, ii. 450.

造罪,一直到 1832 年都是死刑罪;①盗窃证书与信件罪、渎圣罪,直到 1835 年都是死刑罪;②强奸罪,直到 1841 年还是死刑罪;③暴力抢劫罪,纵火焚烧有人居住的房屋,鸡奸,直到 1861 年都是死刑罪。④ 不仅罪犯被公然处决,处决方式亦极其残忍。15 世纪初期,那些被控告却拒绝认罪或申辩的人,将被处以苛刑——通过逐渐增加负重分量压死被处罚者。⑤直到 18 世纪末,还出现过把女罪犯活活烧死的案例;⑥在立法者看来,这种刑罚要比绞刑体面文雅一些。⑦ 对男性叛国者的处罚更残忍:他被绳索吊起来,在快要死掉时才割断绳索,他的内脏被挖出来当着他的面焚烧,然后将其斩首并切成四块,每一块弃置在不同的地方。⑧ 这种刑罚直到乔治三世当政期间仍继续存在;那时,罗米利爵士极其反对延续这一恶法,他向皇家大法官表达了自己对此事的憎恶之情,却被后者宣称为"破坏宪法的堡垒"。⑨ 这类酷刑并非英国特有。相反,正如 J. 斯蒂芬爵士所说:一般而言,英国人对取人性命是

---

① *Ibid*. ii. 451. Stephen, *History of the Criminal Law of England*, i. 474.

② Pike, *op. cit*. ii. 451. Stephen, *op. cit*. i. 474.

③ Stephen, *op. cit*. i. 475.

④ *Ibid*. i. 475.

⑤ 关于施加这种刑罚与折磨的方法,见:Andrews, *Old Time Punishments*, p. 203 *sq*.。

⑥ *Ibid*. p. 198. Stephen, *op. cit*. i. 477.

⑦ Andrews, *op. cit*. p. 192.

⑧ Holinshed, *Chronicles of England*, & c. i. 310. Thomas Smith, *Commonwealth of England*, p. 198.

⑨ Andrews, *op. cit*. p. 203. 此前,惩罚叛变者的方法是用开水烫死;该刑罚被亨利三世采纳,也用来惩罚下毒的罪犯 (Holinshed, *op. cit*. i. 311)。

满不在意的,但他们通常不喜欢采用残酷的刑罚。[1] 在欧洲大陆很多地方,车裂、活活剖尸、火钳撕裂等,直到 18 世纪还在施行。

如果把这些刑罚跟蒙昧时代的做法做比较,会是件饶有兴味的事。这种任意妄为的惩罚并非蒙昧部族维护公共正义的普遍特征。

在一些未开化的部族中,死刑是闻所未闻的;[2] 在另外一些部族中,死刑也只适用于极少数十恶不赦的罪行。在格陵兰人中,"除了杀人犯,别的罪犯是不被处以死刑的;人们会认为是女巫施展了魔法才使得被害者丧命,杀人犯因而会得到宽宥"。[3] 阿留申人对杀人犯和出卖部落共同体秘密的叛徒施行死刑。[4] 在萨摩亚和新几内亚,只有谋杀犯和通奸者才被处以极刑;[5] 巴塔克人公开抢劫和谋杀,只有在不能拿钱赎罪的情况下才被处死;[6] 只有犯叛国罪和试图暴力伤害国王

189

---

[1]　Stephen,*op. cit*. i. 478. *Cf*. Thomas Smith,*op. cit*. p. 193 *sq*.

[2]　von Siebold,*Ethnol. Studien über die Aino auf Yesso*,p. 35; Batchelor,*Ainu and their Folk-Lore*,p. 284. Dalton,*op. cit*. p. 115 (Kakhyens). Marsden,*op. cit*. p. 248 (Rejangs of Sumatra). Riedel, *De sluik-en kroesharige rassen tusschen Selebes en Papua*,p. 103 (Serangese),Worcester, *op. cit.* pp. 413,492 (Mangyans and Tagbanuas). Kubary,'Die PalauInseln,' in *Journal des Museum Godeffroy*,iv. 42 (Pelew Islanders). de Abreu, *op. cit*. p. 152 (Canary Islanders). Fritsch, *Die Eingeborenen Süd-Afrika's*,p. 322 (Hottentots).

[3]　Cranz,*op. cit*. i. 177.

[4]　Petroff,*loc. cit*. p. 152.

[5]　Turner,*Samoa*,p. 178. Chalmers,*Pioneering in New Guinea*,p. 179.

[6]　Marsden,*op. cit*. p. 389.

的库基人才被处以极刑。① 未经女子丈夫的同意与之发生奸情的米什米人会被处死,包括谋杀在内的所有其他类型的犯罪则均以罚金的形式了结;不过,如果罚金不能及时到付,罪犯会被聚众肢解。② 迪斯坦特先生的发现表明,唯一导致卡尔尼科巴人"死刑"的因由是疯癫。③ 苏里玛人中,"谋杀是唯一被处以死刑的罪名"。④在刚果土著人中,"据说只有投毒和通奸这两种罪才会被处死"。⑤博斯曼这样记述菲达王国:"这里适用于极刑的情况极少,一种是谋杀罪,一种是与国王或他手下大人物的妻子通奸。"⑥万尼卡人中,谋杀和不当运用巫术会被处以极刑;⑦瓦戈戈人⑧和瓦沙巴拉人⑨中,只有巫术和魔法才涉死罪。按照巴苏陀人的法律,任何一名杀人犯都应该被处死,但实际上通常都以罚没财产的方式取而代之;屡教不改的盗窃犯依法应被砍头,但通常处以罚金,叛国罪和反叛当政者被罚没的金额更大而已。⑩ 卡菲尔人中,只有侵犯头人的妻子和屡教不改地施行巫术这两项罪行才可能被处死刑,而实际执行过程往往草草了事;如果不借助超自然的力量害死

190

---

① Dalton, *op. cit.* p. 45. Stewart, in *Jour. As. Soc. Bengal*, xxiv. p. 627.
② Griffith, *ibid.* vi. 332.
③ Distant, in *Jour. Anthr. Inst.* iii. 6.
④ Laing, *Travels*, p. 365.
⑤ Tucker, *Expedition to Explore the River Zaire*, p. 383.
⑥ Bosman, *op. cit.* p. 331.
⑦ New, *op. cit.* p. 111.
⑧ Beverley, in Steinmetz, *Rechtsverhältnisse*, p. 215.
⑨ Lang, *ibid.* p. 259.
⑩ Casalis, *op. cit.* p. 228.

人,就连谋杀罪也难以列入死罪。[1]

在司法过程中,蒙昧部族似乎也不喜欢在处以极刑之前折磨犯人。毛利人公开声称他们反对英国人处死罪犯的做法,即首先告诉犯人将被处决的消息,然后让他们静静地待在狱中数个日夜,最后才缓慢地把他们带上绞刑架。毛利人说:"如果有人犯有死罪,我们会射杀他,或砍掉他的头颅,但我们事先并不告知他要这样做。"[2]科德林顿博士这样描述彭特科斯特岛偶尔发生的火刑:"在激战中,如果一个大人物对敌方极其愤怒,他会把受伤的敌人烧死。当和平降临后,为了维护国家的安宁,头人命令所有人都规规矩矩地做事;如果有人因犯罪破坏了这种平静与安宁,诸如犯有强奸罪,犯人会被捆绑在树上,周围堆满干柴,被活活烧死。人们这样做,是为了向敌方证明,他们极其憎恨这种恶行。当然,这个过程并非表明人们在冷静地执法,而是制造恐怖,并让人们在恐怖中厌恶那种恶劣行径。当报道人向我描述现场火焰冲天、痛苦的声声尖叫时,那种恐怖又重现在他的声音里和面孔上。"[3]跟信仰基督教而又冷酷无情地烧死女犯人和巫术女嫌犯的欧洲相比,这个故事就显得不那么索然无味了。

有足够的证据表明,处在高级文明阶段的社会,其所施加的惩罚也更严苛,人们认为这样做对整个社会有益。至于立法者,他们

---

[1] Maclean, *Compendium of Kafir Laws and Customs*, p. 35 *sq.*

[2] Yate, *Account of New Zealand*, p. 105.

[3] Codrington, *op. cit.* p. 347.

通常声称：严惩重罚能有效地预防和阻止犯罪。

　　秘鲁的印加人认为，惩罚轻微无异于给作奸犯科者以自信心，"若惩罚首次犯罪行为时小心翼翼，罪犯作案第二次、第三次就感受不到惩戒的威慑力，也就看不到罪犯是需要历尽艰辛才能根除恶念的"。① 根据 1679 年公布的康熙大帝的敕令，清帝国刑事制度的主要目的就是"防范暴力与伤害，抑制过度的欲望，让人们诚实守信、不伤害他人，保障共同体生活的和平与安宁"。② 在《摩奴法典》中，惩罚被认为是保护众生的武器："如果国王不坚持不懈地惩罚罪有应得之人，强者将如烤鱼般炙烤弱者，乌鸦将叼食祭祀上的蛋糕，狗也会吞吃祭礼中的肉食，下等人将霸占和篡夺上等人的位置。由于毫无罪恶之念的人是难以找到的，只有惩罚才能保证这个世界的秩序；唯有人们惧怕被惩治，整个世界才有喜乐可言。"③ 即便众神、檀那婆、乾闼婆、罗刹、鸟神和蛇神，也因惧怕惩罚才有享受愉悦的可能。④ 在中世纪的法典文本中，惩罚经常被认为旨在防止犯罪。⑤ 在近代，直到 18 世纪末期，立法者心中

---

① Garcilasso de la Vega, *op. cit*. i. 151 *sq*.

② *Ta Tsing Leu Lee*, p. lxvii.

③ *Laws of Manu*, vii. 14, 15, 20-22, 24 *sq*.

④ *Ibid*. vii. 23.

⑤ *Leges Burgundionum*, Leges Gundebati, 52："与文明阶层相互间的不一致可能导致的胡作非为相比，更正确的是，通过惩罚少数人，将多数人导向正途。" *Capitulare Aquisgranense An.* 802, 33："这种罪行必须受到严厉的惩罚，以使其他人害怕犯下同样的罪行"（Migne, *Patrologiæ cursus*, xcvii. 230）。*Chlotar II. Edictum de Synodo Parisiensi*, 24："有关此罪行，看到罪犯遭受的酷刑，其他人是不应该再干出类似的罪行来的"（Migne, *op. cit.* lxxx. 454）。其他例子参见：Brunner, *Deutsche Rechtsgeschichte*, ii. 588, n. 6。

依然保留着惩罚应当激发畏惧之心的观念。

很明显,在公开场合施刑也体现了同样的观念。[①] 小偷小摸会被戴上颈枷手枷以便让人嘲笑,有污言秽语、满口脏话恶习的人则被放在马桶椅上示众,而尚健在的人会清楚地记得犯人在大街上被公开鞭打的情景。赖特先生说:"绞刑架或树上吊着一个人,这在乡间如此常见以致成了一道自然的风景。"[②]法庭经常残忍地指使行刑者在罪犯作案的地方附近对其施行绞刑,然后挂在那里示众,"旨在以儆效尤";为了让吊着的尸体保存得足够长久,以更有效地示众,在把他放进绳索悬吊之前先用焦油浸泡全身。[③] 断肢在中世纪相当流行,这主要归咎于这样一种观念:"让罪犯活活地受煎熬比把让他立马送命更能引起公众对正义的敬畏。"[④]

现在让我们来考量一下,这些活生生的经验与事实与我们的主张——惩罚本质上是公众愤慨情感的表达——是否真的冲突。

首先需要看到的是,实际上罪犯受到的惩罚在很多情况下比法律条文中宣称的要轻。在中国,执法之前会做足架势,但实际操作时总是宽容仁慈得多。[⑤] "很多法律条文在制定时主要是为了

192

---

① Günther, *Die Idee der Wiederverdeltung*, i. 211 *sq*. n. 31.

② Wright, *History of Domestic Manners and Sentiments in England during the Middle Ages*, p. 346.

③ Holinshed, *op. cit*. i. 311. Blackstone, *Commentaries on the Laws of England*, iv. 201. Cox, 'Hanging in Chains,' in *The Antiquary*, xxii. 213 *sq*.

④ Strutt, *View of the Manners*, & *c*. of the Inhabitants of England, ii. 8.

⑤ Staunton, in his Preface to *Ta Tsing Leu Lee*, p. xxvii. *sq*.

吓唬民众,规定的惩罚通常比真想让罪犯领受的要重,其结果是给皇帝留下了宽宥怜悯的余地,即所谓的'法外施恩'。"①在欧洲中世纪,犯罪分子通常能够获得宽恕;如此下来,制定刑事法规时严苛,比如尽可能多地把诸多罪名定为死罪,巡视法庭判处时则从缓从轻。大约在 18 世纪早期,英格兰处以死刑与被判死刑的比例很小,"真的按照原判处死的,实际上不到二十分之一"。②诸多事实表明,法律条文与实际执行之间的这一距离,其大小受到立法者制造恐惧理念轻重的影响,以惩处手段阻止和预防犯罪的刑法原则也有自身的局限。人们已经看到,法律规定过于严苛,会妨碍其执行。"社会很不喜欢法律规定的那些残暴罚则。犯罪行为的受害者,看到血流出来就畏缩,因而不忍心继续执行处罚;法官建议从轻发落;司法者会忘记此前的宣誓,罔顾事实地宣判无罪。"③尽管有这么多打折扣的事,绞刑吏仍然总是有很多案子要处理。安德鲁斯先生说,18 世纪早期几乎每天都有人被绞死,其罪行无外乎"伪造钱币、使用假币和一些我们通常觉得不值得大惊小怪的事"。④

值得一提的另外一种情况是,早期对犯罪的侦查跟现在相比要稀少得多、不稳定得多,更不用说破案了。⑤ 这里有个很实用的理由,"要想让惩罚超过犯罪的价值,需要花很大工夫确定其分量、

---

① Wells Williams, *op. cit.* i. 392 *sq.*

② Stephen, *op. cit.* i. 471. May, *op. cit.* ii. 597.

③ May, *op. cit.* ii. 597.

④ Andrews, *op. cit.* p. 218. *Cf.* Olivecrona, *Om dödsstraffet*, p. x.

⑤ *Cf.* Morrison, *Crime and its Causes*, p. 175.

比例,但这些细节通常很难把握"。① 侦查的稀少也会由于单纯的情感上的原因而导致重罚。当十个或二十个人犯罪,只有一个被捉住时,公众蓄积已久的愤怒就会在这个人身上爆发,他就成了替罪羊。

不过,对某些罪行施加严惩的主要原因是这种犯罪跟专制体制、宗教之间的联系。② 法律禁止的行为之所以被处罚,不只是由于行为本身的内在特征,而且也在于它的不合法性。最初,法律是公众情感的表达,惩罚的严重程度取决于违法者激发的公众愤慨,而与法律如何禁止无关。但如果法律是由专制统治者确立的,或被归在神圣立法者名下,情况就大不相同了。这种情况下的法律倾向把犯罪不仅看成是针对受害者个人和整个社会,而且看作是对王权及其神灵的冒犯和反叛。违法乱纪行为就会被视为违背显贵的意愿,会招致立法者的愤怒,因而被重罚。但是,不管惩罚多严苛,独裁者对违法犯罪的处罚并非个人怨恨的爆发。在古代邦国,国王备受尊崇;有时,这种尊敬还带有深厚的宗教意味。他被看作是神圣的,他的法令代表正义和公理。任何一种违反他律法的行为,均容易引发公众的愤慨,他也就由着心境和意愿对罪犯施加处罚。而且,由于犯罪行为被认为会招致掌权者的愤怒,为了避

194

---

① Bentham, *Principles of Morals and Legislation*, p. 184. *Cf*. Paley, *Moral and Political Philosophy*, vi. 9 (*Complete Works*, ii. 371).

② 涂尔干教授在一篇值得关注的论文中曾经指出这一点('Deux lois de l'évolution pénale', *L'année sociologique*, iv. [1899—1900], p. 64 *sqq*.),当这一章节付梓之后,我就熟知了其中的内容。孟德斯鸠则评论道:"很容易得出结论:在所有欧洲国家,或几乎所有欧洲国家,当人们更接近自由时,刑罚就减少;或者是当人们离自由更遥远时,刑罚便会增加。"(*De l'esprit des lois*, vi. 9[*Œuvres*, p. 231])

免这种王权之怒转嫁到整个共同体头上，公众在处罚时会更急切地施用最残忍的手段。在这类例子中，由于罪犯反叛了上帝和宗教，由于他把整个共同体置于邪恶力量的残害之下，内心对于惩罚的恐惧当然与对罪犯的真切痛恨结合在一起了。

有许多事实依据可以用来支持上述解释。低等种族通常并不对犯罪施加严惩，不过，专制统治的国度会发生例外的情况。

　　　按照阿散蒂法典，即便犯了鸡毛蒜皮的罪行也可能被处死。[①] 在马达加斯加，"从前所有的罪行几乎都会招致死刑"。[②] 在乌干达，常见的刑罚包括"放火烧死、用利器砍成碎块、收处罚金，以及在 *mvuba* 或 *kaligo* 那样的地方关禁闭、断肢。犯人被挖掉一只眼甚或两只眼，或被割掉耳朵，都是极为常见的"。[③] 瓦苏库马部落的首长对子民有着生杀予夺的权力，要是谁违背他的指令，或者他断定某些行为邪恶、该罚，必然就会有死刑发生。[④] 在桑威奇群岛，"酋长可以处死任何犯有罪行的人，没有谁认为自己有权干预"。[⑤]

在美洲和亚洲的专制国家，法律厘定的惩罚与独裁政府的宗教特征有着明显的联系。根据加西拉索·德拉维加记述，秘鲁人最常见的刑罚就是死刑，"犯人不会因为干了什么不法行为受处

---

① Ellis, *Tshi-speaking Peoples of the Gold Coast*, p. 166.

② Ellis, *History of Madagascar*, i. 374.

③ Ashe, *Two Kings of Uganda*, p. 293. *Cf.* Wilson and Felkin, *Uganda and the Egyptian Soudan*, i. 201.

④ Kollmann, *Victoria Nyanza*, p. 170 *sq.*

⑤ Ellis, *Tour through Hawaii*, p. 431.

罚,但假如他违背了被尊为上帝的 Ynca 的戒律,则另当别论",在这种情况下,即便是最轻微的犯罪也足以致死。[1]　在中国,皇帝被尊为天子,代表上天统治所有的国家,他具有无上的权力和权威,具有最高的立法权和执法权。[2]　按照古代日本人的观念,"一个好的日本人有义务效忠于天皇,对天皇唯命是从,更不会怀疑天皇的命令。天皇是神,是众神的代理人,因而政教合一乃浑然天成之事"。[3]　在罗马,刑法曾经在很长时间内以温和适中闻名,但随着专制主义的发展,[4]刑法逐渐变得严酷起来。独裁者苏拉不但未经任何形式的审判就把数千公民处以死刑,剥夺他们的人权,而且在科尔内利刑法典中为罪大恶极者制定了所谓"水火禁绝"(*aqua et ignis inierdictio*)的刑罚。后来的皇帝引进了新的更为残酷的死刑措施,如把罪犯活活烧死或扔给野兽吃掉,等等;同时,像吓跑马群或牛群这样的过失也以死罪论处。[5]　在中世纪和近代欧洲,随着王室权力的日益膨胀,刑法也愈发严酷。每一罪行都被视为与国王作对。事实上,妨害国王安宁成了整个英格兰刑法的基础。例如,作为君主特权的赦免权的起源,在于国王会受到某项罪行的伤害,并由此放弃索要赔偿。[6]　总之,国王不仅被视为社会正义的

196

---

① Garcilasso de la Vega,*op. cit.* i. 145.

② Wells Williams,*op. cit.* i. 393.

③ Griffis,*Religions of Japan*,p. 92. *Cf. Idem*,*Mikado's Empire*,p. 100.

④ *Cf.* Livy,x. 9；Polybius,vi. 14；Gibbon,*History of the Decline and Fall of the Roman Empire*,v. 318,326.

⑤ Mackenzie,*Studies in Roman Law*,pp. 408,409,414. Gibbon,*op. cit.* v. 320. *Cf.* Mommsen,*Römisches Strafrecht*,p. 943.

⑥ Cherry,*Growth of Criminal Law in Ancient Communities*,pp. 68,105.

源泉，而且被看作天国立法者与审判者在尘世的代表。[①]

　　未开化社会已经发现的许多事例证明，在惩罚与对超自然
197 力量的信仰之间存在某种关系。[②] 违反习俗就遭受严酷的惩罚，
这显然起源于迷信。根据埃利斯记载，在波利尼西亚，"人们遵
守禁忌非常严格，简直可以说是令行禁止，任何违反禁忌的人都
将被处死，除非他与某位有权有势的人物，如祭司或头人有非亲
即故的关系"。[③] 在托雷斯海峡西部部落中，"如果在入会仪式过
程中犯规，将按渎圣罪处死"。[④] 在林肯港的土著人中，妇女和小
孩不得看到任何入会仪式，"按照古老的习俗，任何不合时宜的好
奇都被处以死刑"。[⑤] 马萨伊人相信把牛奶煮沸会导致母牛断奶，
这是当地一个相当严厉的习俗，"谁要是被发现把牛奶煮沸了，就
要缴纳巨额罚金来补偿。如果他真的没钱，他将因侮辱了神圣的
母牛而用自己的鲜血洗清罪责"。[⑥] 对乱伦与其他性犯罪常常处

---

　　① Henke, *Grundriss einer Geschichte des deutschen peinlichen Rechts*, ii. 310.
Abegg, *Die verschiedenen Strafrechtstheorieen*, p. 117. Du Boys, *Histoire du droit
criminel de l'Espagne*, p. 323.

　　② Steinmetz, *Ethnol. Studien zur ersten Entwicklung der Strafe*, ii. 340 *sq.* 涂
尔干教授和莫斯强调过惩罚与宗教之间的联系，参见涂尔干（*Division du travail
social*, p. 97 *sqq.*）和莫斯（'La religion et les origines du droit pénal,' in *Revue de
l'histoire des religions*, vols. xxxiv. and xxxv.）。但涂尔干教授夸大了这一联系的重
要意义，据他称："很显然，惩罚的权力最初来源于宗教。"（p. 97）

　　③ Ellis, *Tour through Hawaii*, p. 394. *Cf.* Olmsted, *Incidents of a Whaling
Voyage*, p. 248 *sq.*; Mauss, in *op. cit.* xxxv. 55.

　　④ Haddon, 'Ethnography of the Western Tribes of Torres Straits,' in *Jour.
Anthr. Inst.* xix. 335.

　　⑤ Schürmann, 'Aboriginal Tribes of Port Lincoln,' in Woods, *Native Tribes of
South Australia*, p. 234.

　　⑥ Johnston, *Kilima-njaro Expedition*, p. 425.

以死刑,这主要是由于宗教或迷信的影响。① 在很多渎圣罪的案例中,人们把罪犯当作祭品奉献给怨气未消的神灵。②

在希伯来人的观念中,对冒犯神灵的罪行施加报复是人的义务。每个犯罪行为都是对上帝律令的违背,都同样应当受到惩罚,而且,对那些不敬上帝的人处以多么严厉的惩罚都不为过。③ 这些理念被基督教会和信奉基督教的政府所采用。④ 克努特法典规定,"一个信奉基督教的国王根据事情发展的可能结果为上帝的愤怒复仇,不管这种复仇行为多么残酷都是正当的"。⑤ 这一原则直到近代依然发挥着威力,刑法在后来变得日益严酷也主要是由于这个原因。18 世纪,这一原则被与之相对立的新原则——"对神要敬重,永不亵渎。"⑥——所取代,这一变化被视为立法迈向人性化至关重要的成就之一。

对犯罪实施惩罚,是因为犯罪不仅对个人造成了危害,而且是对某个专制的或非凡的立法者的冒犯,也是对上帝的冒犯。由上述事实可以推知,即便某些惩罚表面看来是为了严厉制裁,在很大程度上也可以视为公众怨恨情感的表达。这种情感未必要求以眼还眼,以牙还牙。以牙还牙的报复法是以权利平等为先决条件的,

① 见下文,关于"性道德"。

② 见下文,关于"人祭"。

③ *Cf*. Robertson Smith,*Religion of the Semites*,p. 162 *sq*.

④ von Eicken,*Geschichte und System der mittelalterlichen Weltanschauung*,p. 563 *sqq*. Abegg,*op. cit.* p. 111 *sq*. Wilda,*Strafrecht der Germanen*,p. 530 *sq*. Günther, *op. cit.* ii. 12 *sqq*. Henke,*op. cit.* ii. 310 *sq*. Brunner,*op. cit.* ii. 587.

⑤ *Laws of Cnut*,ii. 40.

⑥ Montesquieu,*De l'esprit des lois*,xii. 4(*Œuvres*,p. 282).

但它既不适用于不涉及个人关系的犯罪，也不适用于针对国王或神灵的犯罪。公众的要求可能超过以眼还眼、以牙还牙的限度；同样地，也有达不到这个程度的可能。总体来看，与同一刑法体系中的其他罪行相比，对这种罪行惩罚的程度或多或少真实地反映了特定罪行所激起的愤慨程度。尽管如此，我们一定不要把不同民族刑法严峻程度上的差异作为衡量谴责罪犯严厉程度的可靠指标。我们前面已经看到，道德愤慨的强度不能完全由对罪犯施加痛苦的热望决定。当怨恨之情经过精敲细打之后，对罪犯施加痛苦的行为就被视为解决问题的手段而不是目的了。

　　我说了那么多，当然并非想否认，刑罚除了在一般意义上是公众愤慨的反映之外，也是遏制犯罪的一种手段。刑法的作用在于预防，其目的是禁止和警示，而以刑罚相威慑就是它手中的武器。但一般而言，法律所禁止的行为多半是错误的，会遭到舆论的谴责。正因为它们是错误的，在任何时代惩治这些行为都是公正合理的。确实存在这样的案例，法律惩治行为本身并不易引起公众的怨恨；也有这样一些案例，惩罚的严厉程度与罪行引发的怨恨程度并不一致。为了达到某些值得达到的目的，国家有权牺牲个人利益。在没有什么犯罪行为发生的时候，国家有权这么做；当预先警告后还发生犯罪时，国家更有理由这么做。不过，就刑罚而言，把这种权利授予国家的情况仍然相当有限。惩罚某人并不简单地意味着他必须为了公众利益遭受痛苦；惩罚总是与耻辱联系在一起。因而，正义给单纯威慑留下的余地并不多。J. 斯蒂芬爵士评论道："你不能惩罚日常社会实践中的舆论并未猛烈且明确地谴责的事情。真要这么做只会暴露十足的伪善，而且肯定会招致激烈的反对。"[1]经验证明,过度依赖严刑峻法防止犯罪,在实践中行不通,这样的严刑峻法最终将被废止。吉本斯说得好:"每当犯罪引发的恐怖不如刑罚裁决的那般可怕时,严酷的刑法就不得不让位于人类的共同情感。"

以下几章将引用大量资料,表明刑罚如何真实地反映怨恨之情,以及如果不与正义感紧密联系,单单从社会效用角度解释刑罚是多么站不住脚。举例来说,对明显只因偶然而失败的犯罪企图的处罚,应轻于对已实现的犯罪的处罚,如果这不是因为前者引发的愤慨较轻,那又是因为什么呢? 吓止一个人尝试谋杀邻居所需的惩罚,难道不与吓止他实际犯下谋杀罪所需的惩罚等同? 有任何理由认为,一个未遂犯对社会的危害比实施了犯罪的人要小吗? 我们将会看到,与刑事责任有关的所有事实表明,刑罚的基础是怨恨,而不是制止犯罪;怨恨也是对大量犯罪事实给予不同程度惩罚的基础。[2] 费尔巴哈与其他人曾经发表过这样的观点:根据威慑原则,刑罚既不应当过于苛刻,也不应当过于温和,刑罚应达到恰好足以制止犯罪的程度。[3] 不过,如果真的严格执行这种原则的话,有些处罚,尤其是针对小过错的处罚,将不那么宽大仁慈;而在实际上,法律对这些小过错完全无力控制,人们对待这些过失也并不苛刻。再者,如果怨恨与惩罚之间没有什么内在联系的话,我们

---

① Stephen, *Liberty*, *Equality*, *Fraternity*, p. 159. *Cf*. Mommsen, *Römisches Strafrecht*, p. 91 *sq*.

② *Cf*. Durkheim, *Division du travail social*, p. 93 *sq*.

③ von Feuerbach, *Ueber die Strafe als Sicherungsmittel vor künftigen Beleidigungen des Verbrechers*, p. 83. von Gizycki, *Introduction to the Study of Ethics*, p. 188.

怎么解释古代法典偏重以眼还眼、以牙还牙、以命偿命的原则[①]呢？我们知道,制约复仇习俗的可总是这个原则呀!

这样,一个社会的刑法大抵可以视作社会上流行的道德情感的真实反映。我认为,如果从高级的道德观点上深究,法律难免会暴露出这样那样的道德缺陷;那些把法律独立于伦理道德、建立一个独立王国的企图,只不过是在为这些缺陷寻找借口而已。法律即便再精致也不能向我们表明道德意识会怎样。但要把法律变得精致起来是很难的,刑法基本上处于一个缺乏自省的粗野的心灵的水准。如果哲学家和法理学家想更好地为人类服务,最好是劝说人们,不但改进道德观念,而且尽可能增益法律条文,而不是在诡辩法律至高无上、法律应独立于正义等问题上浪费才智。

201

---

① 就这一论题,参阅:Günther, *op. cit. passim.*

第八章　开化的道德判断
主题的一般特征

　　研究道德判断的主题需要进行全面的调查,这种调查成为此项研究工作的主要部分。正如前文所说,我们将首先探讨那些倾向于唤起道德谴责或道德赞许的现象的一般特征,然后再讨论这些现象的独特之处;对每一个案例而言,我们的调查既与历史有关,又可以找到解释这些现象的理由。不过,这一章既与历史无关,也不试图做出解释。在探讨道德评价的不同因素对演化进程中道德判断的影响之前,似乎需要从开化的道德意识角度审视道德评价主题的一般特征。这样一来,我们就能够从一开始把那些在心智发展的低级阶段难以辨别的因素区分开来,同时也可以确定将来讨论中要使用的那些专业术语。

　　人们通常认为,道德判断是依据行为(conduct)和品格(character)做出的。这是一个简便的表达方式,但对这些术语还需要解释一番。

　　行为有时被界定为"为达到目的而经过整饬的行动(act)",[①]有时也被界定为既为达到目的而经过整饬,又具有某种明确意愿

---

① Spencer,*Principles of Ethics*,i. 5.

203 的行动。① 后面那个定义对我们目前讨论的话题而言太过狭隘，因为这个定义把与道德判断有关的很多现象排斥在行为的范围之外。前面的定义也存在同样的问题，而且，这个定义宽泛得有些过头，与道德判断从来没有任何关系的大量现象都被包括了进来。不管怎么说，尽管没有一个定义把行为局限在那些真正能够引起道德情感的现象上，"行为"这个术语至少暗示了发生道德评价的可能性，因而这个概念很难适用于那些明显不负责任的人所做的"为达到目的而经过整饬的行动"。最好还是先确定一下"行动"这个词的含义。

按照边沁的说法，行动可以分为外在行动（external acts）与内在行动（internal acts），或分别称之为身体行动（acts of the body）与心理行动（acts of the mind）。"按照这种区分，打人是一种外在的或表面的行动，而想打人则是一种内在的或内部的行动。"②但这种用法既不为大多数人所接受，也有许多不便之处。"行动"这个词指意图之外的某些东西，同时也指肌肉动作之外的某些东西。想打人并不是行动，癫痫发作时的动作也不是行动。

行动包括事件（event）与引发事件的直接心理起因。人们通常所说的事件被认为是外在行动（outward act），但这一概念看起来过于狭隘，因为一项心理事实（mental fact）有意造成的结果——比如一种感觉，一种思想，一种如高兴或悲伤或生气的情感——都可以恰当地称为一种行动。可能有人会反对说，我把行

---

①　E. g., Mackenzie, *Manual of Ethics*, p. 85.

②　Bentham, *Principles of Morals and Legislation*, p. 73.

动及其结果混淆起来了，而且我所说的"事件"正如奥斯汀一直坚持的意见一样，只是指身体动作。奥斯汀自己也承认，当他想表达"行动及其结果"的时候他必须提到"行动"这个词，因为"那些看起来是行动名称的，绝大多数就是行动的名称，这些名称与行动的结果紧密相连，要丢弃说话中的这种表达方式，并非我们的能力所能企及"。[①] 我认为，所谓行动的结果，只要是有意造成的，都可以单独地称为行动，或行动的一部分。

外在行动这一表达方式暗示，行动也可能有其内在的方面。巴特勒说，意图（intention）"是行动本身的一部分"。[②] 我所理解的意图是指，下定决心把关于某个事件的念头付诸实施；因而，一个行动只有一个意图。有些作者把行动的意图分为两种：当前的意图与长远的意图。假设有这么一个暴君，他的敌人为了逃脱他的残暴统治而跳海，为了对他施加极其残忍的折磨，暴君把他从海里救出来，他虽然可以避免被淹死，却逃脱不了严刑拷打。这些作者认为，这个故事中，暴君当前的意图是把敌人从海水里救出来，而长远的意图则是狠狠地折磨他。[③] 既然这样，我认为我们将不得不区分两种行动，其中，第一种行动是引发事件——这个事件属于第二种行动——的手段，而且，当前者完成的时候，后者还处于准备状态。进而，还有人区分出直接的行动意图与间接的行动意图：

---

① Austin,*Lectures on Jurisprudence*,i. 427,432 *sq.*

② Butler,'Dissertation II. Of the Nature of Virtue,' in *Analogy of Religion*, &c. p. 336.

③ Mackenzie,*op. cit.* p. 60. 这个例证借用自：Stuart Mill,*Utilitarianism*, p. 27 note。

"一辆列车上载有一个皇帝和其他乘客,一个无政府主义者想炸掉
列车,他的直接意图可能只是想把皇帝炸死,但他也有了想让列车
上其他乘客送命的间接意图。因为他知道,皇帝被炸死的同时,其
他人也难以幸免。"[1]这样,我们就有了两种意图,而且就我所理解
的而言,如果这个无政府主义者成功地实现了他的意图,我们也有
了两种行动,即(1)炸掉列车,与(2)杀死皇帝;前者甚至未必包括
后者。不过,我看不出这里有任何杀死他人的意图。西季威克教
授坚持认为,在这个案例中,若认为这个无政府主义者"不打算"杀
死其他人,是很荒谬的;[2]但之所以这么说,理由无外乎两条,一是
语言的暧昧,二是人们把心理事实(psychical fact)与对于这个事
实的道德评价混淆起来了。说这个无政府主义者是"无意的",并
以此作为减轻他罪孽的借口,可能是很荒谬的;当他只想炸毁列
车,根本没有理会到由此可能导致的各种后果,若说他除了杀死皇
帝外还想杀死其他乘客,也很难站得住脚。他明知会使乘客处于
极其危险的境地;如果我们说他有令乘客面临如此危险境地的意
图,我们所说的他的行动也就包含了危害众人的成分。

　　道德判断可以只谈意图,而不必在意这种意图是否付诸实施。
而且,我们对于行动的道德判断并不真的涉及事件,而是涉及意
图。任何学派的道德学家似乎都同意这一点。[3] 即使在行动的道
德与行动者(agent)的道德价值之间做出严格区分的约翰·穆勒

---

　　① 　Mackenzie,*op.cit*.p.61.*Cf*.Sidgwick,*Methods of Ethics*,p.202,n.1.

　　② 　Sidgwick,*op.cit*.p.202,n.1.关于"间接意愿",也可参见:Bentham,*op.cit*.
pp.84,86。

　　③ 　Sidgwick,*op.cit*.p.201.

也承认,"行动的道德完全依赖于其意图"。① 事件只有表明了具有决定意义的意图才具有道德价值。从道德的观点来看,决心在长远的未来做某件事与决心立即做某件事有很大差异。不管一个人犯罪或做好事的决心多么大,一想到即将发生的事件,就可能在最后的关键时刻改变主意。俗话说得好:"通向地狱的道路是用良好的心愿铺就的。"一般来说,外部事件会直接诱发我们的道德情感;的确,没有人做坏事或做好事,就不可能产生道德意识。因而,即使道德判断真的涉及行动的最终意图,人们依然根深蒂固地倾向于根据行动做出道德判断。在这方面,偏离术语业已确定下来的用法既不方便,也没有什么益处。作为道德判断的主题,所谓的"行动"一直被理解为事件再加上产生事件的意图;经过恰当的反思之后,即便由于某些偶然情形导致行动没有完成,根据行动做出的道德判断对最终意图来说也会被认为是有效的。把这两点铭记在心,照此方法使用这些术语,就不会产生误解了。

　　当意图属于意志力(volitions)能够左右的范围内时,意图则成为道德判断的主题。完全独于意愿(will)的东西不宜成为道德谴责或道德赞扬的对象。另一方面,任何意志力都可能具有道德价值。但就我所知,有些意志力并不是意图。一个人理应为他经过深思熟虑的愿望(deliberate wishes)负道德责任,之所以这么说,是因为经过深思熟虑的愿望就是一种意志力。我知道,我把经过深思熟虑的愿望叫作"意志力",冒犯了心理学家普遍采用的术

---

　　① Stuart Mill, *Utilitarianism*, p. 27 note. *Cf.* James Mill, *Fragment on Mackintosh*, p. 376.

语学规则。然而,作为道德判断的适当主题,经过深思熟虑的愿望
与决断(decision)的关系如此密切——不仅从道德的观点看如此,
从心理学的观点看也是如此——以至必定有一个概念可以把两者
都表达出来。在意愿这一范围内,深思熟虑的愿望与决断一起单
独构成一个领域。与只有意欲冲动的情况相对照,它们是一个人
品格与意愿的表现。深思熟虑的愿望和决断一样,代表了他的"真
实自我"。有人争辩说,一个人可能决心干一件事,却希望出现相
反的结果。洛克评论道:"一个我不能拒绝其要求的人可能迫使我
采用说服的手段让另一个人接受他的要求,但我只能说,我可能说
服不了别人。显然,在这个例子中,意愿与欲望是背道而驰的。我
的意愿驾驭着我的行动朝这方向走,而我的欲望却朝着别的方向
引导,真可谓南辕北辙。"①但在这种情况下,我要么不打算说服那
个人,但为了卸掉负担,又得说些看起来有些说服效果的话;要么
试图说服他,但同一时刻我不能有意地企盼自己愿望落空——尽
管在这之前或之后,我可能有这种盼望。我们不能在试图做某件
事的同时有意地希望不做这件事。

　　如果承认道德判断只是凭借意志特征对行为发表看法,则似
乎不能否定,此类判断也基于行为的动机。我所理解的"动机"指
的是那种"引发"意愿的意欲。② 动机本身可能是意欲,但也可能

---

① Locke, *Essay concerning Human Understanding*, ii. 21. 30 (*Philosophical Works*, p. 219).

② 斯托特教授说:"动机是模糊的。它可以指在深思熟虑中发挥作用的各种意欲。或者,它可以指我们的决定已经形成之时,从心理上赋予的理由和根据。"(Stout, *Groundwork of Psychology*, p. 233 *sq*.)前文意义中的"动机",并非我在此的意指。另一方面,必须看到不仅存在形成决定的动机,而且还包括有意的或蓄意的愿望。

不是。如果是的话,它就很明显属于道德评价的范围。行为的动机甚至可能是某种意图,而这种意图可以属于别的行为。当布鲁图斯为了拯救他的国家而援手杀死恺撒,拯救国家是导致他付诸行动的理由,因而也是意图杀死恺撒的动机。意图通常成为动机这一事实,导致一些著作人得出行为的动机构成行为本身的一部分这一结论。

不论是否有意,动机都不是道德评价的合适主体;不过,动机 208 间接地对道德判断造成很大的影响。设想一个人饥肠辘辘时为了果腹未经允许吃了别人的东西,他这个行为的动机是无关意志力的欲望——口腹之欲,因而是不能从道德上加以评价的,对此行为做道德判断的人必须考虑到这一点。在同等情况下,因为饥饿难忍,他就不必有负罪感。对情感中呈现的行为动机和意向也是如此。一个人在怒气冲冲的状态下犯罪跟在冷静的状态下犯同样的罪相比,就不怎么应该受指责。因而出于责任感而善待敌人就比出于友爱而善待朋友更值得嘉许。在非意志力所能左右的欲望驱使下,谁都不该因自己的所作所为受到责备或褒扬,除非这种压力来自于选择,或者通过预见可以避免这一压力。但是,个人会因未拒绝这一冲动,或允许那种冲动影响他的意愿,而去作恶或行善,这样就应该给予责罚或奖赏。

固然,对某些行为做出的道德判断通常不怎么考虑动机;[①]造成这种状况的原因,是常见的道德评判的浅薄。首先,引发道德愤慨与道德赞许的事实是明摆着的,而行为的意图尽管表现在行为

---

① 　*Cf*. James Mill, *Fragment on Mackintosh*, p. 376; Sidgwick, *op. cit.* p. 364.

本身中，动机则未必如此，也未必外显。但一个认真负责的判断不能像俗人之见一样满足于庸常、表面和肤浅。约翰·穆勒说，"动机与行为的德性无关，而与行动者的价值极其相关"，[①]这一著名论断在行为和行动者之间做了区分。"把要淹死的同伴从水里救出来的人的作为是合乎道德的，不管他这样做的动机是出于责任，还是希望他的付出得到报偿。"对这样的判断，不能毫无保留地接受和认可。他当然应该把同伴从水里救出来，但同时，他这么做应当出于一个更好的动机，而不是为了得到金钱的酬谢。"背叛信任自己的朋友是一种犯罪，即便他的目的是报偿欠了很大人情的另一个朋友。"[②]这个判断还说得过去；但是，如果他这种背叛是为了获得私利，他的负罪感肯定应当更为深重。意图和动机在经受道德评判时应当看作一个整体，而不是彼此分离的两个东西。我们对某个行为的憎恶未必与对行为人的道德谴责存在对等关系；有的人干的事危害极大，但可能出于无知。恰当的说法是，我们厌恶某个行为，只是因为它指向的那个人具备了道德主体的能力。我们听到狼吃小孩会极其嫌恶和痛恨，但我们不能从道德上谴责那只狼。

意愿不仅与做事有关，也与避免做事相关。意愿不仅可能构成行为的一部分，还可以构成忍耐、克制的一部分。不作为（forbearance）与做某事的行为在道德上具有同等意义，不作为的意愿即等同于行动的意图。洛克说："当让你走路、让你说话时，

---

①　Stuart Mill, *Utilitarianism*, p. 26.

②　*Ibid*. p. 26.

你能够纹丝不动地静坐，一言不发，这样的不作为需要心意决绝，这样不作为的结果可能跟行动、作为具有同等重要的意义。如此考虑，则不作为很可能传达出行为的内涵。"[1]但是，如果把所有的不作为都叫作行为，就很难说是正确的了。边沁把行为分为实际去做和疏忽不做或不作为两类，[2]这种区分并不值得推荐。我不把"不做"称为某种行为，也不把试图不做看作某种意图。[3] 但事实是，不作为有着清楚的意愿，在这个意义上，它可以是道德判断的话题，正如行为中的意图是道德判断的话题一样。

　愿意不做某事必须和不愿意做某事区分开；不作为必须跟疏忽区分开。就疏忽（omission）这个词的严格意义讲，是没有意愿参与其中的。按照奥斯汀的说法，它指"没去做该做的事，当时也没注意到这事还没做"。[4] 而道德判断不仅关涉做事和行动，关涉不作为，而且关涉了疏忽。这点十分重要，它在我们的道德判断中经常以独特的方式出现，只是说来奇怪，伦理学的著作家极少注意到这一点。有一种观点认为，疏忽之受到谴责，被谴责的其实是其意愿，而不是缺乏这个意愿；疏忽是坏事，不是因为这个人没有做事，而是因为他干了别的事，"他处于一个非我所愿的情景下，却因

　① Locke,*op*.*cit*. ii. 21,28 (*Philosophical Works*,p. 218).

　② Bentham,*op*.*cit*. p. 72.

　③ *Cf*. Clark,*Analysis of Criminal Liability*,p. 42.

　④ Austin,*op*.*cit*. i. 438.

为被置于那种情景而受到谴责"。① 在后面的这个例子中,这个人
当然不该因为他不能做自己"难以想望"的事而受谴责;不过,说疏
忽仅仅因为做了其他一些事情而受谴责,无疑是一种心理学上的
谬误。设若有人忘记履行一项义不容辞的责任,比如还债,人们指
责他并非因为他做了什么事,而是因为他忘记了做该做的事。他
被指责没有做到该做的事,是因为他没有想到该做的事;他受指责
的是他的健忘。换句话说,他的过错在于疏忽。

　　与疏忽大意(negligence)相关的是漫不经心(heedlessness),
这两者之间的差异实际上并没有看上去那么大。疏忽大意的人忘
记做本该做了的事,只是他没想起来该做这事;而漫不经心的人做
了他本来不该做的事,因为他没考虑过做这事的可能后果。② 在
后面的例子中,有行为发生;而在前面的情况下,无行为发生。但
对两种情况的道德判断都关涉注意力的缺失,换句话说,即无意
愿。疏忽大意的人错在没有想到应该做的事,漫不经心的人错在
没想到他干的事会造成什么后果。说到轻率鲁莽(rashness),由

---

　　① Alexander,*Moral Order and Progress*,p. 34 *sq.* 西季威克也主张:"道德赞许
或道德上的不赞同最直接而恰当的对象似乎就是意欲——其表现是在思想上已经肯
定或很有可能出现某种结果。"(*op. cit.* p. 60)就粗心大意而言,严格来说"只有在有意
忽视职责而导致疏忽的情况下",人们才从道德上谴责行动者。罗马天主教道德哲学
家也持有类似的观点(Göpfert,*Moraltheologie*,i. 113)。再者,宾丁认为有的人并不清
楚他要干什么就有了某种意欲,这种情况也会造成粗心大意。他另外还说,意志不能
为此结果负责(*Die Normen*,ii. 105 *sqq.*)。不过我们很快会看到,缺乏意欲可能就是
意志不足造成的,意志因而被视为未预计事件的起因。要说某人有意干某事,却说他
不清楚自己心存干这事的意欲或意志,显然是荒诞不经的。

　　② 在日常的用法中,"疏忽大意"的含义是模糊不清的、不明确的。它通常也指
"漫不经心"或"粗心大意"(carelessness)。我在这里,是按照奥斯汀著作(*op. cit.* i. 439
sq.)中的原义使用它的。

于注意力不集中或不充分,也会出错,只是他不够谨慎小心;轻率鲁莽的人错在注意力不够集中。[1] 疏忽大意、漫不经心、轻率鲁莽,都可归于"粗心大意"(carelessness)这个范畴。

然而,我们的道德谴责只关涉意志力缺陷相关的无意愿(not willing),而不关心智力和其他一些当事人无法为此负责的情况。我们把"意愿"当作强有力的起因,不仅因为事件是人有意而为,而且因为我们认为当事人可以凭借意愿阻止此事发生。正如意愿可以发挥作用一样,罪过也可能受到非自愿动机的影响。因而,就粗心大意而言,有良心的判官必须细查这样一个事实:心理状况不是意愿所能左右的。不过,要把这一规则付诸实践是再难不过的事。

在很多情况下,同样困难的是判定个人的行为是否出于有心,是否事先知道这一行为意味着什么,是否了解行为的后果;也很难判定这个行为是否出于粗心大意,甚至是比粗心大意更糟糕的情况。对那些没有完成分内该尽的义务但留意到这一点的人来说,"疏忽大意"这个词当然太温和了;而知晓自己行为可能造成祸患的人,是不能用"粗心大意"打发了事的。不过,即便在这种情况下,直接被谴责的可能是无意愿,而不是缺乏注意力。我们看看下面的例子:我可能想到该做理所应当做的分内之事,我并没有下定决心不做,但我可能只是没付诸行动;同样地,一个人在酒醉的状态下把家里的房子给毁了,他可能清楚他在干什么,但他开始这么做时可能并不知道会造成如此大的恶果,即他可能并非有心毁了

212

---

[1]　Austin, *op. cit.* i. 440 *sq.* Clark, *op. cit.* p. 101.

这个家。在这两个例子中，受到道德谴责的既不是疏忽大意，也不是漫不经心，也不是任何特定的意愿，而是对个人职责的不重视，或对家庭利益的不尊重。同时，从有意识的疏忽转变到不作为，从不愿意做转变到不开心地做，是容易发生的，也是中性的。因而，是否意愿之间的区分在伦理上看可能就没什么实际意义了。由此，某些被预见到的结果，当然地或可能地被归于"意图"这个词的范畴，[1]通常是"意图"的某个特别类型——"拐弯抹角的意图""间接的意图""真实的意图"等；[2]只不过，如前所述，用这个术语也很难说是恰如其分的。当无政府主义者引爆乘载皇帝和其他乘客的火车，意在杀死皇帝时，他知晓这种行为同时给别的乘客带来的恶果。同样地，对大多数犯罪来说，他想做的事与他做的事违反法律，有着明显的区分；就罪犯而言，虽然他知悉自己的行为是非法的，但在实施这一行为时并非有意违法。正如培根所说："没有人会为了犯错而犯错，他犯错是为了自己得到利益、愉悦、荣誉之类的东西。"[3]

无意愿，如同意愿一样，不仅会招致道德谴责，也会带来道德称赞。比如，我们可能称颂那些不做损人利己之事的人，因为在同样的情景下，对庸常之辈而言这事可能是莫大的诱惑。他没想到相反的做法，因而他不做损人利己之事可能归于他的意愿，这一点丝毫不减损他的美德。极通常的情况是，道德称赞关涉已知的衍

---

① *Cf*. Sidgwick, *op*. *cit*. p. 202.

② Bentham, *op*. *cit*. p. 84. Austin, *op*. *cit*. i. 480. Clark, *op*. *cit*. pp. 97, 100.

③ Bacon, ' Essay IV. Of Revenge, ' in *Essays*, p. 45. *Cf*. Grotius, *De jure belli et pacis*, ii. 20. 29. 1: "恶人岂能一无所图。"

生结果或副产品,而不是指向行为本身。冒着生命危险去救别人的美德,确乎在于这样的事实:他知悉这一风险,但这种危险并未阻止他对别人施救;一个慷慨仁慈做善事的人,其美德确实在于他拿财物给别人救急时,因此失去了自己的财产。从严格意义上讲,在这些例子以及类似自我牺牲、达成好结果的情况中,其美德在于对这类衍生的善举听之任之。在更少见的情况下,道德称赞给予这样的人:他的行为会施惠于曾经伤害他的人,他不会无动于衷,而是依然伸出援手,而庸常之辈在这种情况下只会对施害者表示愤怒。

　　道德判断要考虑的所有这些因素,都可以归于"行为"这个术语之下。通过某人在某种情形下的品行,我们能看到某种意向,或看到他缺乏某种意向。对于某项行为、不作为或疏忽,如果我们联系所有的可能影响其道德特征的情形来看待它,我们能看到,它常常表达出某种意向,不过并非总是或必然如此。为了准确地了解整个的情形,不仅有必要考察事件本身,而且有必要考量当事人的品性,唯此,这个人的意愿才被看作一个连续的整体。[1] 严格说来,道德判断的主题是人的意愿,不管其中有无意志力发挥作用;由于人的意愿与品性是统合在一起的,对他任何具体案例中所作所为的判断都有必要看到这两者的一体性。只有在我们认为某个人的行为是其品性——该品性直接或间接地源于意愿——的结果或外在显示时,我们才把责任追溯到他身上。休谟指出:"就其性

214

---

　　[1]　亚历山大说:"品性无非是行为中表现出来的各种征象。"(Cf. Alexander, *op. cit.* p. 49)"品性"一词也可能含义甚广。根据约翰·格鲁特,一个人的品性"是他思想、感受和行动的惯有的方式"(John Grote, *Treatise on the Moral Ideals*, p. 442)。

质而言,行为是暂时的、容易消亡的;如果不是这个人品性和性情
作为'根由',行为好也不能够给他增加尊荣,行为坏也不能让他声
名狼藉……他不应为此担当责任;如果没有意愿与品性这些持久
的、恒常的东西发挥作用,他就不可能成为道德惩罚或复仇的对
215　象。"①因而,作为道德评价的主题,品性和行为之间存在着十分紧
密的联系。判断某人在特定情境下的行为时,要评判他的品性;评
判他的品性时,也要看他的行为如何。

应当注意到,道德判断不仅针对行为和品性,而且基于感情和
观点。比如,在很多情况下怨恨被认为是有错的,爱敌人则被嘉许
和褒扬,对异教徒的惩罚再严苛也不为过。但即便是在这种情况
下,谴责或赞扬的对象事实上仍是意愿。表达怨恨的人之所以被
责备,是因为他的意愿没有控制好自己的感情,或者他内心的敌意
导致了如此明确的意愿。很常见的是,愤怒中的暴躁、友好中的善
意可以发展成施加伤害或恩惠的意愿;"怨恨"和"爱"这些词本身
通常既用来表示情感,也用来表示真实的意愿和心态。从征兆上
看,某种感情的表露或节制也会导致道德判断,或成为道德判断的
对象。他听到朋友遭受不幸的消息却表现得无动于衷,我们认为
这表明他的品性是冷酷无情的,我们自然会责备他。当然,我们也
可能误解了他。如果他有能力,可能正是这个人最早出手阻止不
幸的发生。我们在做道德判断时,是从通常的情况出发的。

----

① Hume, *Enquiry concerning Human Understanding*, viii. 2 (*Philosophical Works*, iv. 80). *Cf. Idem*, *Treatise of Human Nature*, iii. 2 (*ibid*. ii. 191). See also Schopenhauer, *Die beiden Grundprobleme der Ethik* (*Sämmtliche Werke*, vol. vii.), pp. 123,124,281.

至于观点和信仰,因为被认为依赖于意愿,可以说包含着责任。通常情况下,观念和观点本身并不如其表达方式或其外在后果更能引起道德愤慨;不管怎样,严格地说,谴责针对的要么是这类行为,要么是形成这种观点的意愿。天主教神学和基督教神学都认可的是,心怀某种信仰,或什么信仰都没有,从来不应该成为被指责的缘由。托马斯·阿奎那指出,无信仰之罪"处于跟信仰对立的地位,或特立独行,跟周边的信众差异迥然,甚至鄙视信仰";这种无信仰本身是智力的问题,而造成无信仰的根由则是意愿的问题。他还说,对那些从未听说过信仰为何物的人来说,无信仰并不具有罪的性质,"对神圣世界的这类无知,是父辈的罪过造成的,因而不应招致惩罚"。[①] 沃德洛博士也表明了类似的观点:"《圣经》从来不主张谴责对其从未耳闻的事情一无所知的人,也不会责备不相信其不了解之物的人……如果不信神是由于心底厌恶真理,或者说缺乏到达正确和良善的意志,不信神才被看成罪过。只有在故意忽视、从心底对事实和真理反感时,无知才是犯罪。"[②] 对明摆着的事实闭上眼睛假装看不见,可能是极其恶劣的;如果眼睛睁不开了,看不到任何东西,那他就不该受到任何指责。

在仔细考察道德意识、达成上述初步的结论之后,我们就能够从进化论的角度继续讨论道德判断主题的详细内容了。

---

① Thomas Aquinas, *Summa Theologica*, ii.-ii. 10. 1 *sq*.
② Wardlaw, *Sermons on Man's Accountableness for his Belief*, & *c*. p. 38.

第九章　意愿作为道德判断主题以及外部事件的影响

　　道德谴责与道德赞扬的唯一合适对象是意愿。无论这对于道德来说多么显而易见，要下结论说道德判断一直而且必然与意愿相关，则相当草率。许多事实表明，这样的道德判断大都受到外部事件——要么与人的行为有关，要么由人的行为导致——的影响。

　　许多材料谈到，有人分不清故意伤害与意外伤害。这些资料大多涉及复仇与赔偿的问题。

　　　根据冯·马修斯的记述，阿拉瓦克人"在血亲复仇时总是盲目行事，以致多次发生这样的事情：一次意外伤害导致了死亡事件，报复的结果是加害者和受害者双方的家庭同归于尽"。[1] 据特恩讲，圭亚那印第安人中要是发生了极其轻微的伤害，即使这种伤害不是故意的，也必须让加害者经受同样的痛苦以补偿受害者。[2]阿代尔在其著作中说，北美印第安人在复仇时有一个恒久不变的规则，人们把这个规则看得如此重要，以致发生过这样的事：一个小孩在用玩具弓箭在繁茂的玉

----

①　von Martius, *Beiträge zur Ethnographie Amerika's*, i. 693 sq.

②　Im Thurn, *Among the Indians of Guiana*, p. 214.

米地里打鸟,不小心让另一个孩子受了点轻伤,"受伤的孩子
会把仇恨铭记在心,按照风俗,他会极其认真、热切地观察那
个犯事小孩的一言一行,直到找准机会,以同样的方式实施报
复"。① 南非的翁东加人②,俾斯麦群岛③的尼桑岛民和马绍尔 218
群岛④的某些居民,在报血仇时也不区分故意杀人和意外杀
人。在卡西人中,"只要死了人,无论是意外死亡还是蓄意谋
杀,无论是死在战场上还是被秘密处死,总会导致各方之间结
为世仇"。⑤ 早期希腊人的血仇报复似乎同样不分青红皂
白。⑥ 至于条顿人的血亲复仇,维尔达坚持认为,即使是在史
前时期把意外杀人者处死也很难说是一种好风俗,⑦但有足
够的理由相信,那里的风俗习惯从来没有反对过这么做。按
照巴德尔神话的说法,意外事故不能构成残害生命的理由。
洛基给霍德尔槲寄生树枝,让他仿效其他神灵的做法,并把槲
寄生树枝投向巴德尔,以此表示敬意。霍德尔不知道槲寄生
树枝的威力,这么一投就把巴德尔杀死了。按照我们的观念,
霍德尔虽然杀了他的兄弟,但因为他事先一无所知,他完全是
无辜的;然而,复仇者瓦利像所有日耳曼人常做的那样,发誓
如果不把霍德尔杀掉就绝不洗头和梳头。值得注意的是,人

①　Adair, *History of the American Indians*, p. 150.

②　Rautanen, in Steinmetz, *Rechtsverhältnisse*, p. 341.

③　Sorge, *ibid*. p. 418.

④　Kohler, in *Zeitschr. f. vergl. Rechtswiss.* xiv. 443. See also *Idem, Shakespeare vor dem Forum der Jurisprudenz*, p. 188.

⑤　Fisher, in *Jour. Asiatic Soc. Bengal*, ix. 835.

⑥　Rohde, *Psyche*, pp. 237, 238, 242.

⑦　Wilda, *Strafrecht der Germanen*, p. 174.

们有时要求故事的叙述者解释一下为什么阿萨神族没有马上惩罚霍德尔;而他的解释是,他们聚集的地方是个神圣的场所。[1] 直到晚近时期,我们还能看到类似观点的痕迹。诺曼人最早的习惯法明确宣称,如果谁不幸杀了主人,他就得死。[2] "亨利一世之法"中有这么一段话说,如果 A 从树上掉下来时不幸砸死了 B,那么 B 的男性亲属必须为他报仇,他可能会爬上树落下来砸在 A 身上。[3] 这个听来稀奇古怪的故事恰当地表明,人们对道德观念差异的理解和接纳与日俱增:虽然还没有胆量直接废止古老的风俗习惯,但已经开始避开那些老黄历。[4]

219　　　　坎德人[5]中,"可以原谅的杀人罪与一般杀人罪所付出的赔偿是类似的"。[6] 其他蒙昧族群或野蛮社会也是这种情况。[7]

不管怎么说,这种在蓄意伤害与意外伤害之间不加区分的做法不限于复仇与赔偿的情况。早期人类在实施惩罚时同样不分青

---

① *Snorri Sturluson*, ' Gylfaginning,' 50, in *Edda*, p. 59. *Cf*. Brunner, *Forschungen zur Geschichte des deutschen und französischen Rechtes*, p. 489.

② Pollock and Maitland, *History of English Law before the Time of Edward I*. ii. 482.

③ *Leges Henrici I*. xc. 7.

④ Pollock and Maitland, *op. cit*. ii. 471.

⑤ 坎德人,印度的一支土著居民。——译者

⑥ Macpherson, *Memorials of Service in India*, p. 82.

⑦ Crawfurd, *History of the Indian Archipelago*, iii. 123. Ellis, *Ewe-speaking Peoples of the Slave Coast*, p. 223. Munzinger, *Ostafrikanische Studien*, p. 502 (Barea and Kunáma).

红皂白。

在兴都库什的卡菲尔人中:"谋杀、情有可原的杀人行为与发生口角时由于过失而致人死亡一样,被归为同一类犯罪,接受同样的惩罚。这时候从不考虑有可能减轻罪责的具体情况如何,而只需问一个简单的问题:这个人是否杀了那个人?这类犯罪得到的处罚是极其严厉的:要么向被害人家属抵命,要么所有财产被抢夺一空并永远流放。"[①]帕金斯为我们讲述了一个从阿比西尼亚那里听到的故事:一个男孩爬树时突然从树上掉下来,正好砸在树下小伙伴的头上,结果小伙伴立即死掉了。这个不幸惹祸的男孩被判处用以死者同样的方式抵命。也就是说,死者的哥哥爬上树,然后冲向那个惹祸的男孩,直到把他砸死为止。[②]喀麦隆部落也难以辨别意外死亡的具体情境,结果是,"过失杀人者必须被处死。此后,按照他们自己的说法,双方的亲友都表现出同样的悲痛。[③]孟拉德说,在阿克拉黑人中,过失杀人与蓄意谋杀受到的惩罚同样严厉。[④]

然而,如果认为人类文明早期,人们通常只考虑业已造成的伤害,而丝毫不考虑行为者的意愿,那就大错特错了。即便是在私人

---

①　Scott Robertson,*Káfirs of the Hindu-Kush*,p. 440.

②　Parkyns,*Life in Abyssinia*,ii. 236 *sqq*.

③　Richardson,'Observations among the Cameroon Tribes of West Central Africa,' in *Memoirs of the International Congress of Anthropology*,Chicago,p. 203. See also Leuschner,in Steinmetz,*Rechtsverhältnisse*,p. 24(Bakwiri);*ibid*. p. 51 (Banaka and Bapuku).

④　Monrad,*Guinea-Kysten og dens Indbyggere*,p. 88.

220　赔偿习俗中,我们也经常发现：人们能够把故意的、可预期的伤害
与无意的、不可预期的伤害区分开来。对蓄意谋杀采取血仇报复,
对意外死亡则施用赔偿,这样的例子屡见不鲜。[①] 有时候,部落头
人或政府会干预过失杀人案件的处理,以保护杀人者免受死者家
属的迫害。

　　在非洲的瓦波科莫人中,伤害行为有无意图对复仇具有
重要影响。[②] 对塔米群岛的巴布亚人来说,对谋杀案进行血
仇报复是司空见惯的事,但对于意外杀人案并不一定要报血
仇：意外杀人者只需做出赔偿并离开社群一段时间就可以
了。[③] 按照那马瓜霍屯督人的习俗,受害方应当接受意外杀
人者的赔偿。[④] 在阿尔巴尼亚人[⑤]、斯拉夫人[⑥],在历史上其他
欧洲人[⑦]当中,在古代尤卡坦人[⑧]以及伊斯兰教法[⑨]中,我们发
现了同样的原则。在阿尔及利亚的卡拜尔人中,"虽然习俗从
不允许故意杀人案的受害家庭宽恕罪犯,但它总是允许宽恕
的致死情况,就几乎永远只因疾病和事故而造成的死亡"。他

---

① Cf. Kohler, *Shakespeare vor dem Forum der Jurisprudenz*, p. 188, n. 1.

② Kraft, in Steinmetz, *Rechtsverhältnisse*, p. 292.

③ Bamler, 转引自：Kohler, in *Zeitschr. f. vergl. Rechtswiss.* xiv. 380。

④ Fritsch, *Die Eingeborenen Süd-Afrika's*, p. 363.

⑤ Gopčević, *Oberalbanien und seine Liga*, p. 327.

⑥ Miklosich, ' Blutrache bei den Slaven,' in *Denkschriften der kaiserl. Akademie der Wissensch. Philos. histor. Classe*, Vienna, xxxvi. 131.

⑦ Leist, *Græco-italische Rechtsgeschichte*, p. 324. *Ancient Laws of Ireland*, iii. p. cxxiv. 关于古条顿人,见下文第 226 页。

⑧ de Landa, *Relacion de las cosas de Yucatan*, p. 134.

⑨ *Koran*, iv. 94. Cf. Sachau, *Muhammedanisches Recht nach Schafiitischer Lehre*, p. 761 sq.

们举行特殊的仪式,通过这个仪式,死者家属宽恕了过失杀人者,但这种宽恕必须是在各方一致同意的情况下做出的。仪式过后,这个杀人犯就成为死者(Kharuba 或 gens)的一员。① 在奥马哈人②中,"当一个人意外地杀了另一个人时,头人会从中调停,把他解救出来。他在随后的日子里要像真正的蓄意杀人犯一样接受惩罚,只不过这段苦日子只有一两年的光景"。③ 按照古希伯来人的法律,对蓄意杀人案,受害者有进 221 行私人复仇的权利和义务,但对于过失杀人案,应适用特殊的规则:在意外情况下发生的杀人案,杀人者可以逃往另外一个城市避难,只要他在那个城市生活下来,他就能够避免血仇报复。④ 在古罗马,意外杀人者似乎一直面临着血亲复仇的危险,但努马颁布的一条法律改变了这种局面。按照这条法律,意外杀人者应奉献出一只公羊当祭品,代替他向死者赎罪和赔偿。⑤

对有些民族来说,即便是蓄意谋杀案,也接受赔偿的做法;如果杀人者并非蓄意犯罪,赔偿的价格更低。⑥

据鲍迪奇说:"在阿肯族人中,过失杀人者要赔偿死者家

---

① Hanoteau and Letourneux, *La Kabylie*, iii. 68 *sq*.

② 奥马哈人,居住于今美国内布拉斯加州东北部的印第安部落。——译者

③ Dorsey, 'Omaha Sociology,' in *Ann. Rep. Bur. Ethn*. iii. 370.

④ *Deuteronomy*, iv. 42. *Numbers*, xxxv. ii *sqq*. *Joshua*, xx. 3 *sqq*.

⑤ Servius, *In Virgilii Bucolica*, iv. 43. *Cf*. von Jhering, *Das Schuldmoment im römischen Privatrecht*, p. 11.

⑥ Beverley, in Steinmetz, *Rechtsverhältnisse*, p. 215 (Wagogo). Dareste, *Nouvelles études d'histoire du droit*, p. 237(Swanetians of the Caucasus).

属 5 盎司黄金,并支付举办葬礼的所有费用;如果是蓄意谋杀案,杀人犯要赔偿 20 盎司黄金外加一个奴隶;不然的话,杀人犯及其全家都要到死者家里当奴隶。"①古爱尔兰的法律规定,无论是意外杀人还是故意杀人,杀人犯都要支付一笔罚金给受害者亲属;而在受害者亲属表示愤怒的杀人案——我们称之为"蓄意犯罪"——中,杀人犯要支付双倍的罚金。②

在许多野蛮人的惩罚措施中,也能看出来故意伤害与意外伤害之间的区别,尽管在我们看来十分清白无辜的人也可能背上某种黑锅。

谈到西澳大利亚的土著居民,格雷爵士说:"如果一个本地人故意把另一个本地人杀了,他们会处死凶手或所能找到的凶手的任何一个朋友。如果一个本地人无意中杀了另一个本地人,那就要根据当时的具体情景处罚。"惩罚可能很重。"比如,对某些案犯以矛行刑的过程中,如果行刑人刺穿犯人的大腿时意外伤及大腿动脉,结果犯人不治而死,那么行刑者就得自己刺穿自己的双腿。"③根据查尔姆斯博士的记述,在新几内亚,谋杀罪要处以极刑,而过失杀人则以罚金赎罪即可。④ 在姆蓬圭人中,"故意杀人、情有可原的杀人和意外杀人之间很少或根本没有区别,但如果这些杀人案发生在头人

---

①　Bowdich, *Mission from Cape Castle to Ashantee*, p. 258, n.

②　Cherry, *Growth of Criminal Law in Ancient Communities*, p. 22.

③　Grey, *Journals of Expeditions of Discovery in North-West and Western Australia*, ii. 238 *sq*.

④　Chalmers, *Pioneering in New Guinea*, p. 179.

或非常富有的人身上，就另当别论了"。① 卡菲尔人的法律规定，对财产的损害如果被证明确实出于意外，就不怎么需要赔偿；但如果对人有意外伤害，而且伤害严重，情况则大不同。因而，"故意杀人案与其他种类的杀人案似乎很少区别，或不存在什么区别；但在完全意外的杀人案中，不能强硬地要求赔偿且非支付全额罚金不可"。② 在阿鲁尔，如果发生了意外伤害，要对受害一方予以赔偿，还要上交头人一笔罚金。对杀人凶手最重的惩罚当然是处死，但如果不能证明凶手是蓄意杀人，就应当允许他赎命。③ 马萨伊人把过失杀人或伤人看作恩该（N'gai）的意愿"，是"不可知的力量"在起作用；在这种情况下，"长者会安排如何对受害者（若是男子）或其近亲属赔偿。如果被意外杀掉的是名女子，凶手的所有财产就判为归她的近亲属所有"。④ 根据麦克唐纳牧师的说法，中非东部的土著人"知道意外伤害与故意伤害的区别"。⑤ 马达加斯加附近贝岛和马约特岛的土著人也有这种辨别能力。⑥

不但如此，许多野蛮人的故事表明，他们对意外伤害他人的人采取完全宽恕的态度，或不做任何惩罚，尽管他们可能会要求伤害者赔偿财产损失。

---

①　Burton, *Two Trips to Gorilla Land*, i. 105.

②　Maclean, *Compendium of Kafir Laws and Customs*, pp. 113, 67, 60.

③　Stuhlmann, *Mit Emin Pascha ins Herz von Afrika*, p. 524.

④　Hinde, *The Last of the Masai*, p. 108.

⑤　Macdonald, *Africana*, i. 11.

⑥　Walter, in Steinmetz, *Rechtsverhältnisse*, p. 393.

　　我们得知,宾夕法尼亚州的印第安人"对所有情况都能做出冷静的判断,他们能准确地或尽力准确地区分过失行为与有意行为。对于第一种行为,他们说,他们谁都可能做这样的事,因而不值得大惊小怪,也不应当予以惩罚;相反,第二种行为带有恶意,是故意的,也是预谋好的,应该受到应有的惩罚。"①在马绍尔群岛,只有当受害者是权贵人物,如部落头人或头人的家庭成员时,才对过失伤害加以惩处。② 在塔米群岛的巴布亚人中,"意外伤害不会受到惩罚。犯人通常坦白自己的所作所为,并向受害者道歉。如果他损坏了贵重物品,他必须照价赔偿。"③在瓦查加④,对意外伤害也不施加处罚;但如果谁的财产由此受到损坏,那就要赔偿其价值的一半。⑤今天,霍屯督人对意外伤害并不总是大加惩罚,即便这个意外造成了人身伤亡。⑥ 在瓦沙巴拉族,人们只要求对有意伤害别人或由于粗心大意伤害了别人的行为承担责任。⑦ 在西非的一些地区,如果一个男子、女子或孩子做了什么错事自己却不知道,结果损坏了别人的财产,"若能证明这一行为确实出于无知,而这种无知并没有犯什么大罪,那么按照法律,就不

---

① Buchanan, *North American Indians*, p. 160 *sq.*

② Kohler, in *Zeilschr. f. vergl. Rechtswiss.* xiv. 448.

③ Bamler, 转引自:Kohler, *ibid.* xiv. 381。

④ 瓦查加,东非一部落土著。——译者

⑤ Merker, 转引自:Kohler, *ibid.* xv. 64。

⑥ Kohler, *ibid.* xv. 353.

⑦ Lang, in Steinmetz, *Rechtsverhältnisse*, p. 261.

能惩罚他（或她）。这样的处理方式，符合当地人的正义观念。①

即使在那些达到了高度文明的民族中，自身没有任何过错而招惹了什么事情的无辜者也经常受到法律的惩罚。面对这样的事实，蒙昧部族的司法区分特殊情形的上述事例就更有意思了。

中国法律有这样一个原则："在完全意外情况下杀人或伤人的，都被允许向死者或伤者家属支付罚金，作为杀人或伤人的处罚，并以此赎命。"②但也有例外的情况：任何杀死自己父亲、母亲、224 祖父或祖母的男子以及杀死丈夫父亲、母亲、祖父或祖母的女子，"尽管完全出于意外，也将被痛打一百大板，并终身流放到离家乡三千里之外的地方。如果在完全意外的情况下伤害了他们，被宣判有罪的人将被痛打一百大板，并流放三年；另外，这类案犯不能像普通的意外伤害案犯那样，可以通过支付罚金的方式赎罪。③但是，意外杀死主人的奴隶"却必须被处死"。按照惯例，每年都有一个固定的时间把这些奴隶绞死。④ 中国法律还有一个特点，对在意外情况下犯罪或过失犯罪的人，要给予特赦，免除他们的罪责，以彰显执政者的宽大与恩典。⑤

---

① 金斯利小姐为丹尼特著作撰写的导言，见：Dennett's *Notes on the Folklore of the Fjort*, p. xi。

② *Ta Tsing Leu Lee*, sec. ccxcii. p. 314.

③ *Ibid*. sec. cccxix. p. 347. *Cf*. *ibid*. sec. ccxcii. p. 314.

④ *Ibid*. sec. ccxiv. p. 338.

⑤ *Ibid*. sec. xvi. p. 18.

　　《汉谟拉比法典》规定:"如果一个人在与人发生口角时打伤了人,那么这个人必须发誓说'我不是故意打他的',在这种情况下,他必须担负所有的医疗费用。如果打死了人,他也必须就事实发誓。如果他出身高贵,他必须赔偿 1/2 迈纳白银;如果他出身寒门,他必须赔偿 1/3 迈纳白银。"[①]

　　我们已经谈到过,希伯来人法律的目的一方面是保护过失杀人者,使他能够躲避血仇报复,给他提供避难所;另一方面也要惩罚他,迫使他为自己制造的流血事件做出赔偿。[②] 避难所很重要。如果他在大祭司死亡之前离开避难所在的城市,前来报血仇的人可以杀掉他,[③]而这种情况下的杀人并不犯罪,这时候也不准许他用赎金赎回自己的财产。[④]

225　　根据《摩奴法典》,"损坏他人财物者,无论有意还是无意,都必须给物主满意的赔偿,还要交给国王与损失物品等价的罚金"。[⑤]而且,意外杀死婆罗门者,需要承受各种各样的惩罚才能赎罪,[⑥]而故意杀害婆罗门者连赎罪的可能性也没有。[⑦]

　　狄摩西尼[⑧]曾称赞,雅典人的法律对过失杀人者的惩罚要比

---

　　① *Laws of Hammurabi*,206 sqq.

　　② Goitein,*Das Vergeltungsprincip im biblischen und talmudischen Strafrecht*, p. 25 sq. Keil,*Manual of Biblical Archæology*,ii. 371.

　　③ *Numbers*,xxxv. 26 sqq.

　　④ *Ibid*. xxxv. 32.

　　⑤ *Laws of Manu*,viii. 288.

　　⑥ *Ibid*. xi. 73 sqq.

　　⑦ *Ibid*. xi. 90. *Gautama*,xxi. 7. 根据某些权威人士的观点,故意杀害婆罗门者可以通过极其严苛的苦修赎罪(毕勒尔翻译《摩奴法典》的注解,见:*Sacred Books of the East*,xxv. 449)。

　　⑧ 狄摩西尼,古希腊雄辩家。——译者

对谋杀犯的惩罚轻得多。对谋杀者的惩罚是处死,但在判决公布之前,凶手有权逃离国土、终身流放他乡以逃脱死刑。过失杀人者只需流放他乡比较短暂的时间,直到死者亲属满意即可。① 随后我们将看到,这条法规的真正目的与其说是惩罚过失杀人者,不如说是把他从死者灵魂的迫害下解救出来,并在社群中祛除他留下的污点。不过,雅典人的法律并不能代表早期的观点。法内尔博士论述道:为了审判过失杀人案,在帕拉丁建立了法庭,有关这一法庭的组织结构与传说故事表明,那些古代习惯和做法是很容易得到改进的地方。② 早期的罗马法——尽管它在成熟时期严格贯彻执行科尔内利原则,即"在攻击行动中,要检测动机,而非结果"③——似乎也同样不分青红皂白。④ 意外杀人者需要赎罪的观念仍然在十二铜表法留下了模糊的痕迹。⑤

　　古代条顿人的法律中有这么一条原则,"无知犯罪者,要自知 226 改正"。这句由所谓"亨利一世之法"的设计者发布的格言,⑥无疑是从英格兰人的古谚语翻译过来的。⑦ 在这一具有重要影响的历史时期,法律把 *vili* 与 *vadhi* 区分开来,认为故意杀人要比意外

---

① Demosthenes,*Contra Aristocratem*,71 *sqq.* p. 643 *sq.*

② Aristotle,*De republica Atheniensium*,57. Farnell,*Cults of the Greek States*,i. 304.

③ *Digesta*,xlviii. 8. 14.

④ von Jhering,*Das Schuldmoment im römischen Privatrecht*,p. 16. Mommsen,*Römisches Strafrecht*,p. 85.

⑤ Mommsen,*op. cit.* p. 85.

⑥ *Leges Henrici I.* xc. 11.

⑦ Pollock and Maitland,*History of the English Law before the Time of Edward I.* i. 54.

杀人恶劣得多,前者可能结下世仇,后者则不会留下后患。故意杀人者至少要用受罚(wite)和偿命钱(wer)赎罪,而过失杀人者只需给死者家属偿命钱,而不必受到官方惩罚。[①] 维尔达对条顿人法律的热情,导致他错误地认为所支付的偿命钱只是赔偿损失;[②]实际上,支付偿命钱也是一种惩罚。[③] 在这种习俗中,过失杀人总是带有犯罪的特征。当杀人罪成为死罪时,法律就把过失杀人作为惩罚的对象。不过,人们不是把过失杀人者处死了事,而是建议国王"慈悲为怀地宽恕"他。中世纪后期的英格兰就是这种情况。[④] 直到晚近时期的法国也是如此。[⑤] 当英国人修改法律时,新的条款规定:过失杀人不再被视为需要宽恕,而是继续被当作一种犯罪对待。对这种罪行的惩罚是没收财产。直到一个世纪之后的1828年,还有严格按照上述罚则执行的罪案,而那时,相关的法律条款已经被废止了。[⑥]

在早期文明阶段,如果说人们总是过于注重行为外在方面的重要性,那么他们的神灵则有过之而无不及。

黄金海岸说齐语的民族相信,萨萨邦苏神"乐于毁灭、处死所

---

① Wilda,*op. cit.* p. 545 *sqq.* ,594. Brunner,*Forschungen*,p. 498 *sq. Idem,Deutsche Rechtsgeschichte*,i. 165. Pollock and Maitland,*op. cit.* ii. 471.

② Wilda,*op. cit.* p. 578.

③ Geyer,*Die Lehre von der Nothwehr*,p. 87 *sq.* Trummer *Vorträge über Tortur*,&c. i. 345. Brunner,*Forschungen*,p. 505 *sq.*

④ Bracton,*De Legibus et Consuetudinibus Angliæ*,fol. 134,vol. ii. 382 *sq.*; fol. 104b,vol. ii. 152 *sq.* Brünner,*Forschungen*,p. 494 *sqq.* Biener,*Das englische Geschwornengericht*,i. 120,392. Pollock and Maitland,*op. cit.* ii. 479.

⑤ Beaumanoir,*Les coutumes du Beauvoisis*,69,vol. ii. 483. Esmein,*Histoire de la procédure criminelle en France*,p. 255.

⑥ Stephen,*History of the Criminal Law of England*,iii. 77.

有冒犯他的人,即使这种冒犯可能是偶然的、无意的";但假如事情发生在同一个族群的同一群人身上,习俗却要求对意外伤害以赔偿一笔钱的方式了断,即便意外伤害致死也是如此,更不用说轻微伤害了。[1] 金斯利小姐说,她自身的经历使得她并不赞同丹尼特先生关于弗约特人的说法,即吃了被禁食物者会由于不知情而免于一死。她所知道的情况支持了梅罗拉的说法:那人尽管因不知情而误食,但也会被处死,不然就会受到严厉的处罚。她说:"事实确实如此。在非洲,人世的法律有这么一条规定,人在无知的情况下犯法,不应当被判定有罪,不应当受到惩罚;但在灵界的法律中,我从来没有发现有这样的条款。在那里,你触犯了神灵,除非你能够熄灭神灵的怒火,否则就要受到惩罚。说自己不知情或喝醉了酒,都不足以减轻处罚。"[2]奥马哈人相信,人即便在不知情的前提下吃了图腾物,也要遭受惩罚:他本人,他的妻子和子女都会染上疾病。[3]

谈到古埃及人的神圣动物,希罗多德说:"谁杀死了这些动物,若是蓄意而为,就将他处死;若是过失犯事,要按照祭司判罚的数额交纳罚金。但无论是谁杀死了朱鹭或鹰,不管有意无意,都必须被处死。"[4]根据中国刑法,"毁灭或破坏举行圣典或帝王礼仪用祭坛、坟陵者,无论有意无意,均痛打一百大板,并终身流放在两千里

---

①　Ellis, *Tshi-speaking Peoples of the Gold Coast*, pp. 35, 301.

②　金斯利小姐为丹尼特著作撰写的导言,见:Dennett, *Folklore of the Fjort*, p. xxviii。

③　Frazer, *Totemism*, p. 16.

④　Herodotus, ii. 65. *Cf*. Pomponius Mela, 9.

228　之外的地方"。① 这些案例反映了这样一个观念,愤怒的神灵假借
人类之手对侵犯者施加惩罚。

　　神道教徒如果在不知不觉中犯下什么过错,会向神灵祈祷,请
求宽恕。② 根据吠陀赞美诗,无论是谁触犯了伐楼拿永恒的法令,
不管有意无意,全知全善的伐楼拿都会被激怒,灾难、疾病与死亡
将降临到这个人头上。③ 谁无意中犯了罪,就要祈求伐楼拿宽
恕,④即便是在睡梦中梦见自己犯罪也要这么做。⑤ 吟者至富
(Vasishtha)因为在不知情的状态下违心地触犯了神灵的命令,事
后他内心充满了虔诚的悔恨和真切的悲痛。⑥《摩奴法典》说:"所
有圣哲都主张,过失犯罪者只需采用一种方式即可赎罪,那就是吟
诵吠陀经;而故意犯罪者则要经受各种各样的苦修才能赎罪。"⑦
今天的印度教徒,"三个再生族中的任何一个人,如果出于无知而
饮酒,只需重新执行最初的圣礼,就足以洗清所有罪恶,获得完全
的新生了"。⑧

　　在希腊文学作品中,有几个意外触犯神圣戒律的故事,犯罪者
一点也不知道所作所为的性质。其中最著名的就是俄狄浦斯。亚
克托安因看见了狄安娜而受到惩罚。斯巴达国王普萨尼亚斯向宙

---

①　*Ta Tsing Leu Lee*, sec. clviii. p. 172.

②　Selenka, *Sonnige Welten*, p. 210 *sq*.

③　*Cf*. Kaegi, *Rigveda*, p. 66 *sq*.; Oldenberg, *Die Religion des Veda*, p. 289.

④　*Rig-Veda*, v. 85. 8.

⑤　*Ibid*. vii. 86. 6; x. 164. 3.

⑥　*Ibid*. vii. 88. 6. *Cf*. Kaegi, *op. cit*. p. 68.

⑦　*Laws of Manu*, xi. 45 *sq. Cf. Vasishtha*, 20.

⑧　Rájendralála Mitra, *Indo-Aryans*, i. 393.

斯·菲修斯奉献祭品，为其意外杀死少女而赎罪。①

巴比伦的赞美诗人认为，他在遭受痛苦的原因，在于某一位神 229
灵在对他发怒。他大声疾呼："我不知道我这样做是犯罪。我不知
道我这样做违犯了法律。我自食其果竟不自知。在我不知不觉
中，罪恶毁坏了我。内心愤怒的神明对我不满；内心激怒的神灵已
经在惩罚我。"②另外一首赞美诗道："他不知道他对神灵犯下了
罪。他违反了神灵和女神的旨意。神灵让他遭受折磨，女神离他
远去。"③

希伯来的赞美诗中也有这样的呼吁："谁能理解我犯下的罪过
呢？请你帮我洗净这难以开口的过错吧。"④根据孟弟福先生的见
解，如果无意间犯下的过错侵犯了正义与圣洁之身耶和华，神将惩
罚他，就像惩罚故意犯罪者那样。⑤要用刑法处治那些有预谋的
罪行，而"由于无知犯下的罪恶，可以祈求上帝的宽恕"，并且可以
通过奉献祭品的形式赎罪。⑥谈到犹太人祭祀制度的发达与成
熟，摩尔教授评论道："根据《密西拿》⑦，一般的做法是，任何犯罪
行为，如果出于有意，就判处死刑；如果出于无知或粗心大意，就需

---

① 　Farnell，*op. cit.* i. 72.

② 　Zimmern，*Babylonische Busspsalmen*，p. 63.

③ 　Sayce，*Hibbert Lectures on the Religion of the Ancient Babylonians*，p. 505.
Cf. Mürdter-Delitzsch，*Geschichte Babyloniens und Assyriens*，p. 38.

④ 　*Psalms*，xix，12.

⑤ 　Montefiore，*Hibbert Lectures on the Religion of the Ancient Hebrews*，p. 103.
Cf. ibid. p. 515 *sq.*

⑥ 　*Leviticus*，iv. 22 *sqq.*；v. 15 *sqq. Numbers*，xv. 24 *sqq.*

⑦ 　密西拿(Mishna)，希伯来语音译，原意为"教导"；《密西拿》是犹太教口传律法
集《塔木德》的前半部和条文部分。——译者

要献祭赎罪（*hattāth*）。这类罪行包括乱伦、偶像崇拜、吃动物（内脏的）脂肪和仿制圣典上使用的熏香，最常见的违背道德规范的行为则不包括在内。"[①]拉比们也坚持认为，谁发假誓，即便是无意的行为，也是一种罪恶，要受到责罚。[②] 我们在中世纪基督教的教义中看到了类似的观点。圣奥古斯丁制定了这样一个原则，[③]"除非有犯罪意图，否则言辞无罪"；教会法采纳了这一原则，[④]但人们并不总是不折不扣地恪守这条准则。各种各样的赎罪规则都要求被证明犯罪的人接受惩罚以赎罪，并以他最高的信仰发誓不再重犯，以防他日后食言。[⑤] 在另外的情况下，基督教会也会让那些完全出于过失而犯罪的人通过苦修忏悔。如果有人完全出于意外犯了杀人罪，他必须以苦行赎罪——一般情况下，根据英格兰的赎罪规则，苦修一年；[⑥]按照欧洲大陆的赎罪规则，则苦修五年[⑦]或七年[⑧]；而按照西奥多（托名）赎罪规则，意外杀死自己父亲或母亲者，苦修

---

① Moore, 'Sacrifice,' in Cheyne and Black, *Encydopædia Biblica*, iv. 4205.

② Montefiore, *op. cit.* p. 558.

③ St. Augustine, *Sermones*, clxxx. 2 (Migne, *Patrologiæ cursus*, xxxviii. 973).

④ Gratian, *Decretum*, ii. 22. 2. 3.

⑤ *Pænitentiale Bedæ*, v. 3 (Wasserschleben, *Bussordnungen der abendländischen Kirche*, p. 226). *Pænit. Egberti*, vi. 3 (*ibid.* p. 238). *Pænit. Pseudo-Theodori*, xxiv. 5 (*ibid.* p. 593).

⑥ *Pænit. Theodori*, i. 4. 7 (*ibid.* p. 188). *Pænit Bedæ*, iv. 5 (*ibid.* p. 225). *Pænit. Egberti*, iv. 11(*ibid.* p. 235). 根据教会规定，苦修要坚持五年（*Pænit. Pseudo-Theodori*, xxi. 2[*ibid.* p. 586]）。

⑦ *Pænit. Hubertense*, 2 (*ibid.* p. 377). *Pænit. Merseburgense*, 2 (*ibid.* p. 391). *Pænit. Bobiense*, 4 (*ibid.* p. 408). *Pænit. Vindobonense*, 2 (*ibid.* p. 418). *Pænit. Cummeani*, vi. 2 (*ibid.* p. 478). *Pænit. XXXV. Capitulorum*, 1 (*ibid.* p. 506). *Pænit. Vigilanum*, 27(*ibid.* p. 529).

⑧ *Pænit. Parisiense*, 1 (*ibid.* p. 412). *Pænit. Floriacense*, 2 (*ibid.* p. 424).

十五年,①意外杀死儿子者,苦修十二年。② 斯多葛主义者甚至明确宣布,外在的行为有其自身的伦理价值,即张扬了行为者内在的善意或恶意;这一教义虽然受到托马斯·阿奎那、波纳文图拉、苏亚雷斯等主要神学家的反对,这些人还是承认,按照上帝的旨意,某些行为经由外在表现出来后,就应当有意料之外的报答,这就是所谓的美德懿行的光环。③ 在有些情况下,尘世的法律会根据宗教教义惩罚意外伤害行为。谁不小心放火烧了教堂,撒利族④将按照刑法严厉处治;而对其他过失纵火者,并不强加刑罚。⑤ 即便是在今天,俄罗斯刑法还规定,"为了让罪犯的良心得到安宁",意外杀人者也要经受惩罚才能悔罪。⑥ 按照《古兰经》的教诲,误杀信徒者应当赎罪:他不仅要向死者家属赔偿抚恤金(死者家属主动提出不要的除外),还要解放某一名信教奴隶获得自由;如果他一文不名,拿不出这笔费用,"就让他连续斋戒两个月,以这种苦修向上帝赎罪"。⑦

　　对这些事实,我们该怎么解释呢? 它们真的反映了道德责任的观念吗? 它们是否表明,在人类文明的早期阶段,与行为者的意愿无关的外在事件应当成为道德谴责的对象?

231

---

① *Pænit. Pseudo-Theodori*, xxi. 18 (*ibid*. p. 588).

② *Pænit. Pseudo-Theodori*, xxi. 19 (*ibid*. p. 588).

③ Gopfert, *Moraltheologie*, i. 185.

④ 撒利族,4 世纪时法兰克部落的一个族群。《萨利克法典》(拉丁语:*lex Salica*),又称萨利克继承法,是起源于古代西欧法兰克人、萨利部族通行的法典。——译者

⑤ *Lex Salica* (Herold's text), 71. Brunner, *Forschungen*, p. 507, n. 1.

⑥ Foinitzki, in *Le droit criminel des états européens*, edited by von Liszt, p. 531.

⑦ *Koran*, iv. 94.

　　那些表明在过失伤害与蓄意伤害之间不作任何区分的说法,大多数在说私人赔偿制度。按照这种制度,个人伤害被看作受害者或其亲属不得不亲自处理的问题。当然,这种制度不允许他们随心所欲地对待罪犯;我们已经看到,对罪犯的惩罚或多或少受到习俗的制约。不过,这一制度同时给受害者的个人感情留下了相当大的余地;须知这些情感不可能不偏不倚,辨识起来也绝非易事。在蒙昧部族里,舆论是否要求或容许对意外伤害案复仇,是一般旅行观察者回答不了的问题。早期习俗或法律限制血仇报复的措施之一就是先把过失杀人者的性命挽救下来。注意到这一点,对我们来说非常重要。再者,在许多以惩罚取代血仇报复的案例中,受害方对如何处罚还是有发言权的。例如,在阿比西尼亚,“对谋杀犯的判处是一命偿一命;但是,如果死者亲属同意,法律也准许他以支付罚金的方式赎罪”。① 古代瑞典的法律规定,除非得到被害方的同意,否则不能当作过失行为处理。② 在英格兰,甚至是在亨利三世统治时期,即便国王同意赦免过失杀人者,但如果死者亲属起诉,也不能保证他免于罪责。③ 事实上,直到 1741 年,英国王室还颁布诏令说,只要死者亲属提起诉讼,就可以对杀人凶手施加绞刑。④ 直到今天,英国刑事法庭在处理轻微伤害罪的时候还如此处理:“只有在起诉人不给案子施加压力的情况下”才减轻处

---

　　① Harris, *Highlands of Æthiopia*, ii. 94.

　　② von Amira, *Nordgermanisches Obligationeurecht*, i. 382.

　　③ *Three Early Assize Rolls for the County of Northumberland*, sæc. XIII. p. 98.

　　④ Amos, *Ruins of Time*, p. 23.

罚,或让起诉人撤诉,自行了结。①

在意外杀人案件中,人们认为死者的灵魂是愤怒而冷酷的,它渴望报复,急切地要求偿还血债。亡灵的这种情感应当得到尊重。如果亡灵的愿望得不到满足,将是不仁慈的,也容易引发其他险情。这与人们以命偿命的强烈要求相关。这种关联更有可能表现在这样的案例中:若要赦免过失杀人者或意外杀人者,就得找出另外一个人来替他偿还血债。尼亚萨湖畔的尧人与瓦伊萨人有这样一种风俗:"当有人被意外杀害时,杀人犯赎罪的方式是找一个奴隶或亲人'跟随被杀掉的人离世',杀人犯可以逃脱罪责,而替罪羊要承受处罚。"②这种做法实际上由来已久。我们可以这么说,类似的思想也是古罗马法律的基础,该法律就允许无意杀人者拿公羊做祭品替他赎罪。

如果家属忽视了应尽的责任,死者灵魂将不仅加害自己的家属,还会像瘴气一样附着在凶犯身上,使他避之不及。凶手无论对自己还是对他所生活的社群来说都是肮脏的、有害的,为了祛除他身上的危险,不让他把祸患传染给别人,就要对他举行涤罪仪式。关于这种观念,后面有一章会单独讨论到。这里我只想指出,无论有意还是无意,流血杀人事件作为一个污点是客观存在的。我们还会看到,尽管这种污点本身未必有罪,但它往往引起人们道德上的反感和抗议。因而,涤罪仪式往往被看作一种惩罚。由于一个神秘生命的行为和功能经常被转移到另一个生命上,我们会发现,

233

---

①　Kenny,*Outlines of Criminal Law*,p. 23.

②　Macdonald,*in Jour. Anthr. Inst*. xii. 108 *sq*.

灵魂施加迫害的观念可以被神灵复仇的观念取而代之。最后,我们还会看到,神灵在逃避被不洁之物传染方面与人相比有过之而无不及。这在很大程度上解释了宗教对意外的、未能预料的杀人流血事件的态度。

在对待意外违犯宗教法规的事件上,宗教是缺乏辨别力的。关于这一点,还有更为普遍的原因。说一件东西是禁忌物,就禁忌这个词的严格意义来说,它是充满神奇力量的;谁吃了它或摸了它,无论有意还是无意,都将受到这一力量的伤害,甚至惨遭毁灭。杰文斯教授的评论很有道理:"禁忌作用的发生总是机械的、呆板的;接触了禁忌物当然就会受到禁忌的影响,这就跟接触水就会染上湿气一样……打破禁忌者的动机对禁忌的作用并没有任何影响;他可能是由于无知违犯禁忌,也可能是为了私利打破禁忌,但禁忌确实忌讳他这么做,并不容置疑地判断他的动机是不敬的、他的行为是恶劣的。"①根据原始人的观念,诅咒或誓言的作用也完全是机械呆板的。因而,一个人在无知状态中发出假誓言,发誓者自己会面临危险,其结局正如他在知情状态中发伪誓一样。至于最严格意义上的宗教犯罪——冒犯了神灵并激起了它的愤怒——应当记住的是,正如一个受害者不能像整个社群居民冷静地判断这件事情一样,当有人违犯了神的法令并把它激怒时,人们自然推想到,它对事情的分析和判断比俗世间公正无私的法官更缺少辨别力,更容易受外部事件的影响。在一个几乎把所有灾难都看作神谴的地方,一个不知自己犯了什么罪的人遭受痛苦时会很自然

---

① Jevons, *Introduction to the History of Religion*, p. 91.

地推断，是神在为他犯下的某个不明的过错而惩罚他。

我们目前讨论的问题与其他方面的问题有相似之处。一个民族的宗教信念并不能如实地反映民众道德责任的普遍观念。从俄狄浦斯和其他类似传说中推断古希腊人一般会坚持"行为人对意外发生的事件与意识清醒中发生的事担负同样的责任"，就大错特错了。即使是在无知状态下违犯了神圣法律，也会激起极端憎恶而不是一般意义上的道德愤慨。俄狄浦斯出于自卫杀父，乃至娶了自己的母亲，这些都是在他不明了自己与他们真实关系的情况下发生的。底比斯人为这个可怜的人提供了避难之所，神就让他们的国土流行瘟疫，以示惩戒。但按照剧作家的说法，"当时间证明了一切，当人们最终发现他是在不知情的状态下犯罪时"，人们感受到的是恐惧，是对这个可怜人的深切同情，而不再责怪他。①此外，在悲剧的后半部分，俄狄浦斯坚持证明自己是清白的："无论我做了什么，都是在不知情的状态下做的""在法律面前，我是无罪的"。他郑重地质疑起诉他犯有弑父及乱伦罪的克瑞翁："噢，无耻的家伙啊，你在责骂谁呀？是我，还是你自己？说什么杀人，说什么乱伦，你把这些不幸都扣在我头上，让我一个人兜着，我真够冤枉的！……请通过神谕告诉我，如果神灵正在把灾祸降临到我父亲的头上，如果他应当死在儿子手中，那时我的父母还没有生育我，我还没有出世，你怎么就责备我呢？如果我生来不幸的话，那么我一出生就跟父亲作对，就杀了他，我那时对自己做的事情可是很无知的啊，你怎么能对一个发生在不知情状态下的过错穷追猛

₂₃₅

---

① Sophocles,*Œdipus Tyrannus*.

打呢?"①在对不分青红皂白发泄愤怒、滥施惩罚的神灵的控诉中，没有比这更值得同情的了。

虽然报复情绪和迷信情绪可以解释处理伤害事件中辨别力的缺乏，但是，仍然有大量案件的结局被看作道德愤慨的真诚表达。对于这些案例，首先应该记住，即使是具有反思能力的道德意识也会认为，人们无意做出的、无法预料的伤害，那些难以预见结果的伤害，应该受到责备。我们知道，要搞清楚某个伤害是否以及在多大程度上是由于粗心大意造成的，是相当困难的事；要证明一个伤害是有意还是无意则更加困难。不要指望未受文明教化的人能够敏锐地辨别那些细微差别；更不要指望这类甄别能力和做法在人类早期时代的风俗习惯和法律规范中有所体现。要知道，这些风俗习惯和法律规范是以通常发生的事件为基础制定的，它一点也不容许出现个性化、差异化。按照某种说法，条顿人的正义观念是原始而粗糙的，下面一些事实就部分地解释了这种观点：他们在证明伤害是有意还是无意时困难重重；他们区分不开不幸事件与粗心鲁莽的行为；早期条顿人所谓的不幸事件包含的范围很广，他们把很多该受责备的事情都归在它的名下。② 所有这些不仅适用于古代条顿人。我们可以进一步讲，辨别能力越低，越容易对伤害事件做出有罪的推定。在摩洛哥，一个杀人后马上逃跑的人会被认为是故意杀人，不管他实际上多么无辜。条顿人的看法对杀人凶手总是不利的，他不得不把他所做的事情和盘托出，他必须证明自

---

① *Idem*, *Œdipus Coloneus*, 960*sqq*. (Jebb's translation, p. 155).

② Pollock and Maitland, *op. cit*. i. 55; ii. 475, 483. von Amira, *Nordgermanisches Obligationenrecht*, i. 377 *sq*.

己的行为是出于无意①——只有一种例外,那就是他的杀人行为就其性质而言属于无罪的类型。例如,有人肩上扛着长矛,另外一个人在跑动的过程中碰到矛头而受伤,持矛者不应受到责备;如果这类看似偶然的独特伤害事件接二连三地发生,行为人也应当承担责任。② 冯·阿米拉评论道,瑞典人观念中的 *vadhavœrk*(痛心之事)不只是个消极的概念,它还暗示着与之关联的危险。③

既然区分有罪还是无罪如此困难,把所有伤害事件判定为有罪也许是明智之举。根据伯顿爵士掌握的资料,姆蓬圭部族的法官在有意杀人与过失杀人之间不做区分或很少区分,他们认为这样做是为了让人们在人命关天的问题上更小心谨慎。④ 类似的观念构成了达荷美人法律的基础,当房子失火时,即使是意外失火,该法也首先拿房子的主人治罪。⑤ 但是,社会使用价值的考虑不是有罪推定的唯一原因,也不是首要原因,还应当考虑到别的因素:当有人受到了不该承受的惩罚时,人们往往表现出漠不关心。237 在已有伤害的震惊下,缺乏反思能力的心灵顾不得关心其他事情。它不去追问这种伤害是否是事主有意为之,它也没有认真地区分外部事件与人的内在意愿;它总是倾向于认定,这两者是重合一致

---

① Wilda,*op. cit.* p. 594 *sqq*. Trummer,*op. cit.* i. 345. Brunner,*Forschungen*,p. 500 *sq*. Pollock and Maitland,*op. cit.* ii. 471.

② Wilda,*op. cit.* p. 584. Trummer,*op. cit.* i. 427. Brunner,*Forschungen*,p. 499 *sq*. von Amira,'Recht,'in Paul's *Grundriss der germanischen Philologie*,ii. pt. ii. 172. Pollock and Maitland,*op. cit.* i. 53 *sq*.

③ von Amira,*Nordgermanisches Obligationenrecht*,i. 377.

④ Burton,*Two Trips to Gorilla Land*,i. 105.

⑤ Ellis,*Ewe-speaking Peoples of the Slave Coast*,p. 224.

的。不能总是说这是不良心理,因为一般来说,人们喜欢什么才会做什么。法国就有一句古老的谚语,"因事知人";还有一句道德箴言,"见果而知树"。然而,在有些伤害案件中,未受文明教化的人很难马上发现加害者并无恶意。这当然不是说加害者能够逃脱所有的惩罚。生者给别人造成的所有痛苦,包括对痛苦的同情,都会引起对方奋起反抗的冲动。因此,尽管蒙昧人能够区分有意伤害与无意伤害,他们在某种程度上更倾向归咎于无意违禁的犯事者,而这些犯人确实是无辜的。造成这种心理的,只不过是缺乏恰当的反思而已。有些事件不是肇事者故意造成的,事件的发生发展也不是他所能预料的,伤害仅仅是外部环境导致的。如果能够很好地理解这一点,就根本不会引发道德愤慨。对这类与人的主观意愿无关的事件横加指责,简直是荒诞透顶。这样的事件更不应该引发复仇情绪。当人们发现,是完全出于意外的情况让人遭受苦难时,暴怒之火就应该止息。正如有人说过的那样,即便是一条狗也能区别出是不小心被绊倒了还是被人踢了一脚。

　　早期风俗和法律对意外伤害不加辨别的态度,并不意味着文明人的道德意识与未开化民族的道德意识在道德评价问题上有什么不同。当我们考虑到外部事件对道德评价的影响即便对我们自身也如此巨大时,这一点就显而易见了。亚当·斯密说:"世界是根据事实而不是根据动机做判断的。""每个人都同意这样一个公理:由于事实不依赖于行为者,它就不应当影响我们对他行为的品性或适切性的看法。但当我们碰到具体事件时,我们会发现我们

对每一个案例的看法和感受都难以与这个公理的教诲一致。"①即
使是在文明开化国度的刑法中,运气也扮演着非同寻常的角色。
根据当前的英国法律,如果一个人无意中伤害了别人,这种伤害还
没有达到不能容忍的地步,它所造成的结果也不是他所能预料的,
那么他就不必为此承担刑事责任;但是,如果他的行为不仅错误而
且有罪②,即便法律没有禁止这种错误行为,情形也会大不相同。③
如果他的无意伤害在一年零一天之内导致受害者死亡,就会被看
作谋杀罪;④如此,一个非法的行为就变成了重罪。⑤ 例如,一个人
为了偷别人家的鸡而向鸡开枪,结果意外地把主人打死了,他就可
能被判处谋杀罪。⑥ 一个近视眼坐在马车后部驾车快速行驶,不
小心撞死了步行的过路人,他也犯了杀人罪。⑦ 一个鲁莽的人开
玩笑似的把一根尚未熄灭的火柴扔到干草垛上,没去想那里是否
被点燃、是否造成火灾,结果大火把整个草垛烧个精光,那他就犯
有纵火罪。但是,如果他根本无心把燃烧的火柴扔到干草垛上,即
便真的着了火,他也可能没有一点罪,"除非大火烧死了人,否则不
能说是杀人罪"。⑧ 在某种程度上,意外死亡即使是死者自己造成
的,人们也可能归咎于别人。无论如何,这是黑尔那个时代的法

---

① Adam Smith,*Theory of Moral Sentiments*,p.152.

② 据哈里斯,这一行径在本质上就是罪恶的,而不是因被禁止才被视为罪过
(*Principles of the Criminal Law*,p.156)。

③ Kenny,*op. cit*. p.41.

④ Stephen,*History of the Criminal Law of England*,iii.8.

⑤ *Ibid*. iii.22.

⑥ *Ibid*. iii.83.

⑦ Harris,*op. cit*. p.157.

⑧ Stephen,*op. cit*. ii.113.

律。他说："如果有人受的伤并无致命危险，但是，或者由于没有及时治疗，或者由于粗心大意，伤口恶化，生了坏疽，或转为热病，坏疽或热病直接导致这个人死亡，那么伤人者就成了杀人犯。"[1]据我所知，英国法律对意外杀人惩罚的严酷程度——事实上，它是古代条顿人法律的遗存[2]——在当今欧洲是独一无二的。比较而言，法国法律[3]和德国法律[4]要宽松得多，奥斯曼帝国的刑法典是这样，[5]伊斯兰教法也大抵如此。[6] 不过，罪犯无意造成了致命的结局，这种情况总会或多或少地影响到他所受的惩罚。

我认为，没有人在深思熟虑后还要坚持让那个意外杀人者的负罪感变本加厉。不过，J. 斯蒂芬爵士从道德角度就这个问题为英国法律的严酷性辩护。他认为："英国法律比法国法律更受欢迎。"他提出了这样一个问题："一个人有明确的杀人动机，他用刀向别人的胸膛猛烈地刺去；另外一个人根本没有明确的杀人动机，只是对受害者是死是活漠不关心，他也用刀向别人的胸膛猛烈地刺去，这两个人从道德上究竟有什么分别？"[7]也许这当中真的没有什么分别。但是，我胆敢坚持认为，一个人带着明确杀人动机向人开枪，与一个人原本为了偷鸡，却在射杀鸡时意外杀了视野之外的鸡主人，这两者在道德上具有很大的分别。或许有人反驳说，法

---

① Hale, *History of the Pleas of the Crown*, i. 428.

② *Lex Wisigothorum*, vi. 5. 6: "如果以拳打或脚踢或任何别的手段对人造成伤害，即便致人死亡的几率很小，也应判处谋杀罪。"

③ *Code Pénal*, art. 309.

④ *Strafgesetzbuch*, art. 226.

⑤ *Ottoman Penal Code*, art. 177. Cf. *ibid*. art. 174.

⑥ Sachau, *op. cit.* p. 761 *sq.*

⑦ Stephen, *op. cit.* iii. 91 *sq.*

律的社会效应就是让人们做事更加小心谨慎。但是，果真如此的话，人们将看到这样的景象：同等危害程度的行为将遭受同样严酷的惩罚，导致相似后果的伤害将受到同样严厉的处罚。对人的生命而言，同样是误杀，向麻雀开枪与向别人家的鸡开枪具有同样的危险性，后一种情况一点也不会因为开枪者的动机是偷鸡而不是捉麻雀而更危险。我认为，真实的情况是这样的。惩罚的严酷程度与行为所激起的众怒是一致的。公众在眼前事实的震惊下丧失了想象力。或者因为自己原本有犯罪念头，或者由于极其漠视别人的利益，抑或由于在不经意中犯了罪，行为人有了负罪感，就成了施加惩罚最合适的对象。由于一般人的心智浅薄粗俗，缺乏辨别能力，行为人所造成的严重后果就被夸大；结果，他遭受惩罚不仅是因为他的意愿发生了错误，还因为他运气不佳。J. 斯蒂芬爵士似乎承认这一点。他说，犯罪行为给公众的感情带来了巨大震撼，他们要求罪犯本人遭受的痛苦"应与他给别人造成的痛苦完全相等""只有提供让最平常、最粗俗的心智能够理解和接受的理由，他的罪才可以免予处罚"。① 我不赞成刑法应当满足"最平常、最粗俗的心智"的观点。我认为，这种观点事实上离多数人的公正标准并没有多大距离，它只不过是反映了公众的情感而已。

　　我们迄今为止仍在研究的案例中有这样一种情况：尽管一个人事实上没有犯罪，但是他无意中造成的外部事件，或者使他应当承受惩罚，或者使他受到了过于严厉的惩罚。但是，运气也会发挥

---

① Stephen, *op. cit*. iii. 91.

241 相反的作用。由于粗心大意而犯罪的人，如果没有造成危害，通常能避免惩罚；一般来说，如果有犯罪企图却没有得逞，真的受惩罚的话，也要比既成犯罪轻得多。

如今，霍屯督人对心怀犯罪企图的人施加惩罚，只不过惩罚得相当温和。① 瓦查加部落也惩罚有犯罪企图的人，但要比既成犯罪温和得多。② 马绍尔群岛的一些岛民对有犯罪企图者从不另眼看待，也从不惩治他们。③ 高加索山脉的奥塞梯人④和斯瓦内提亚人⑤也是这样做的，古代俄罗斯人的法律⑥中也有这样内容的条款。一般而言，条顿人不惩罚有犯罪意图却没有犯罪事实者；如果他们确实要惩治那些心怀犯罪企图却未能得逞的人，也是超乎寻常的温和。⑦ 古代条顿人法律的这一特征，对于欧洲立法实践具有持久的影响。这种影响主要是通过中世纪意大利的法学家发生作用的，⑧他们的理论构成了现代欧洲关于犯罪企图法律条款的基础。与罗马法一致，他们坚持认为，怀有犯罪企图的人应当受到惩罚；他们甚至认为，对于那些怀有极其凶残的犯罪企图的人，应当施加与既成犯罪同等的惩罚。不过，按照他们的理论，一般应该

① Kohler，in *Zeitschr. f. vergl. Rechtswiss*. xv. 353.

② Merker，转引自：Kohler，*ibid*. xv. 63。

③ Kohler，*ibid*. xiv. 448.

④ Kovalewsky，*Coutume contemporaine*，p. 296 *sq*.

⑤ Dareste，*Nouvelles études d'histoire du droit*，p. 237.

⑥ Kovalewsky，*op. cit*. pp. 291，299.

⑦ Wilda，*op. cit*，p. 598 *sqq*. Zachariä，*Die Lehre vom Versuche der Verhrechen*，i. 164 *sqq*.；ii. 130 *sq*. Brunner，*Deutsche Rechtsgeschichte*，ii. 558 *sqq*. Pollock and Maitland，ii. 475，509.

⑧ Seeger，*Versuch der Verbrechen in der Wissenschaft des Mittelalters*，p. 8.

从轻处罚,处罚的轻重程度如何,要视实际行为与谋划行为之间的差距有多大而定。[①] 这些观点被后来的立法者普遍采纳。在目前欧洲的法律典籍中,法国刑法典[②]几乎是唯一把犯罪动机视同既成犯罪加以严厉处罚的。[③] 在这类问题上,现代法律制度可溯源到法国;而在亨利四世前的年代,目前的法规仅应用于几个性质特别恶劣的切近犯罪(*conatus proximus*)的案例。[④]

在早期,除了法国刑法典中有关于犯罪动机的规定外,还有其他几种例外的情况。罗马人遵循"为事实所进行的欺诈是可接受的"(*dolus pro facto accipitur*)的原则,[⑤]至少对恶劣的犯罪动机是如此。[⑥] 某些与此相似的规则也被古爱尔兰的法律所采纳。对《艾基尔书》规则的评论常给人这样一种印象:怀有害人企图的人与已经害人的人会遭到同样的处罚,除非前者没有造成严重后果。如果具有谋杀动机的人给人造成的身体伤害终生难以治愈,结果导致了对方死亡,他所缴纳的罚金跟谋杀罪一样多;然而,即使伤人者没有谋杀动机,他也要缴纳一半的罚金。[⑦] 如果他想杀这个

---

① Zachariä,*op. cit.* i. 169；ii. 141. von Feuerbach-Mittermaier,*Lehrbuch des Peinlichen Rechts*,p. 74.

② *Code Pénal*,art. 2:"任何开始付诸行动的犯罪企图,如果仅因不可抗拒的环境因素而终止或失败,一概视同犯罪。"

③ Chauveau and Hélie,*Théorie du Code Pénal*,i. 347 *sq.*

④ *Ibid.* i. 337 *sq.*

⑤ *Digesta*,xlviii. 8. 7.

⑥ Seeger,*Versuch der Verbrechen nach römischem Recht*,pp. 1,2,49. *Idem*,*Versuch der Verbrechen in derWissenschaft des Mittelalters*,p. 9. Mommsen,*Römisches Strafrecht*,p. 97 *sq.* Apuleius,*Florida*,iv. 20:"对犯罪乃至犯罪未遂,宜用血腥的方式惩戒。量刑一定要和罪行相符。"

⑦ *Ancient Laws of Ireland*,iii. pp. cviii. *sq.* 139.

人却误杀了另一个人,除了应该给被害者的亲友赔钱外,还应当因为他有杀人动机而判处罚金,交给他有意杀死却幸而毫发未损的人。① 在中世纪末期的英格兰,明显的谋杀动机被看作与谋杀罪行等同。但是,人们觉得这一制度太苛刻了——即使是在通常把重罪判处死刑的年代——因而早在几个世纪以前就将其废止了。②

243　　　这里有一个问题:哪些动机应该受到惩罚? 还有一个更基本的问题:构成动机的因素有哪些? 对于这些问题,不同的法学家和立法者有不同的答案。③ 在英格兰,无论犯的是什么罪,无论是重罪还是轻罪,都要受到法律的惩治。④ 而法国法律⑤和德国法律⑥的法条,除了几个特定的案例外,并不惩治怀有犯罪(*délits* 或 *Verbrechen*)动机者,而这些人在英国法学家看来虽是轻罪,也要受到刑法的惩罚。

再者,如果一个人有犯罪动机,但他实际上根本没有得逞的可能——比如,试图从空空的口袋里偷东西,或误把捣碎的白糖当作砒霜放在水杯里给人喝,企图以此害人——应该惩罚他吗? 有很多法律文献都在探讨这个问题。塞涅卡说:"把安眠药水当作毒药

---

① Cherry,*Growth of Criminal Law in Ancient Communities*,p. 32.

② Stephen,*op. cit*. ii. 222 *sq*. Thomas Smith,*Common-wealth of England*,p. 194 *sq*.

③ See Cohn,*Zur Lehre vom versuchten und unvollendeten Verbrechen*,i. 6 *sqq*.

④ Stephen,*op. cit*. ii. 224.

⑤ *Code Pénal*,art. 3.

⑥ *Strafgesetzbuch*,art. 43.

投放者犯有投毒罪。"①这种说法似乎得到了罗马法的支持。② 在很久以前的英格兰，人们认为企图从空空如也的口袋里偷东西不应承担罪责；③但现在，这种做法已经销声匿迹；现在看来，有这种企图的人会被依法起诉。④ 法国法律⑤和意大利法律⑥不会追究这种动机；根据德国法律书籍中的有些说法，这样的企图是要受到惩罚的；⑦而《德国刑法典》对具有类似特征的动机没有做特别的规定。

最后，动机经历了哪些阶段才转化为犯罪活动？犯罪动机与为实施犯罪而进行的准备活动有何区别？在这些问题上，不同国家的法律规定有很大差异。罗马人认为，两者之间不存在差异。⑧法国法律把很多犯罪准备活动看作是可以容忍的，英格兰却把所有这些统统当作犯罪动机来惩罚。⑨ 在英格兰，被告怀有烧掉干草垛的动机，他为此点燃了火柴，尽管他在被人发现的时候熄灭了火柴，他仍然被认为怀有纵火的犯罪动机。但是，在同一案例中，如果他为了达到目的只是购买了一盒火柴，他就不必承担罪责，因为买火柴的行为远远没有构成犯罪。"罪犯的某些行为表明他不

---

① Seneca, *De beneficiis*, v. 13. *Cf*. *Idem*, *Ad Serenum*, 7.

② Seeger, *Versuch nach römischem Recht*, p. 50.

③ Stephen, *op*. *cit*. ii. 225.

④ Harris, *Principles of the Criminal Law*, p. 209 n. *c*.

⑤ Stephen, *op*. *cit*. ii. 225.

⑥ Alimena, in *Le droit criminel des états européens*, ed. by von Liszt, p. 123.

⑦ von Feuerbach-Mittermaier, *op*. *cit*. p. 76. Cohn, *op*. *cit*. i. 14.

⑧ Seeger, *Versuch nach römischem Recht*, p. 49.

⑨ Chauveau and Hélie, *op*. *cit*. i. 357 *sqq*. Stephen, *op*. *cit*. ii. 226.

仅有犯罪意图(*mens rea*),而且已经着手实施了。[①] 只有当这些行为出现的时候,才能让他承担罪责。"[②]

如果更进一步,我们就触及设想,在这种设想中,没有任何付诸实施的犯罪企图。对此,各国法律都同意这样一个原则:外部事件是构成惩罚必不可少的条件,"没人可以惩罚思想"。[③]

这一事实再次说明了外在行为对道德情感的影响。常人的道德情感几乎不能被沉着而敏锐的反思激起。由于这样或那样的原因,有些外在现象往往在人心中激起了这种情感,但这些情感并不是他所追求的。这些现象必定强行进入了他的内心世界,而且,它们越显得生动鲜明,激发起的情感就越强烈。没有什么比亲身感受到的事实给人留下的印象更深刻了。他固然承认,有犯罪动机是错误的,即便心里有做坏事的愿望也是错误的,但常常需要某个外部事件才能使他警觉或震撼。我认为,这就是人们对有动机而无外在行为的人不予惩罚的本来原因。正如一位中世纪作家所说,"连魔鬼自己都不知道人的思想",这一事实无疑强有力地支持了"思想不应被审判"的原则。[④] 人们很容易把意外伤害当成犯罪,考虑到这一点,下面这个说法说就显得很难以置信:人们最初是由于证据不足才不惩处仅有犯罪动机者。事实上,关于这一原则,也有少数例外情况。当设想中的犯罪被认为非常恐怖时,只要犯此罪恶的念头被发现,就足以令公众惊愕不已,致使他们要求严

---

①　Holmes,*Common Law*,p. 67 *sq.*

②　Kenny,*op. cit.* p. 79.

③　*Digesta*,xlviii. 19. 18.

④　转引自:Pollock and Maitland,*op. cit.* ii. 474.

惩此人。

根据中国法律："任何一个被证明怀有动机杀害父母或祖父母的人,任何被证明企图杀害丈夫、公公婆婆及丈夫的祖父母的人,无论是否付诸行动——比如给予一击——是否造成什么伤害,都要被斩首。"[1]这一独特的条款显然源于中国人对父母和祖先的极度敬畏以及妻子对丈夫的绝对顺从。中世纪还有一个例子:异端邪说并未付诸行动,但法律仅仅因为它如异端邪说般思想怪异就施加惩罚。按照朱利叶斯·克拉鲁斯的说法,产生这一例外的原因在于这样一个事实:异端邪说之罪本身包含"思想特别,理念怪异"。[2]法律不厌其烦地驯化人们的思想,甚至仅凭怀疑就把他们押上审判台。之所以如此,真正的原因是,异端邪说以耸人听闻见长,也容易招人嫌恶。当然,我说这些并不意味着要否认,公正而开明的立法者可以找到更多的依据评判动机是否引发公众愤慨,而不是仅仅关注动机本身。我谈到的不过是事实而已。

关于犯罪的准备活动与未遂的犯罪动机,还会有这样的情况,即行为者在达到关键环节之前可能改变了主意,或者他之所以没有得逞是因为在最后时刻改变了想法。[3]但在无数犯罪未遂的案 246

---

[1]　*Ta Tsing Leu Lee*, sec. cclxxxiv. p. 305.

[2]　Julius Clarus, *Practica Criminalis* qu. 91(*Opera omnia*, ii. 625).

[3]　按照下面各国的法律规定,一个主动制止犯罪意念的人根本不应当受到惩罚 (see Seeger, *Versuch nach römischem Recht*, p. 50; Charles V.'s *Peinliche Gerichts Ordnung*, art. 178; the French *Code Pénal*, art. 2; the Italian *Codice Penale*, art. 61; Finger, *Compendium desösterreichischen Rechtes—Strafrecht*, i. 181; and, for various German laws, Zachariä, *op. cit.* ii. 311 *sq*, and Cohn, *op. cit.* i. 12 *sq*.),或者跟没有断念相比,受到的惩罚更温和(Zachariä, ii 239 *sqq.* Cohn, i. 12 *sq*.)。关于这个议题,也可参阅:Herzog, *Rücktrtt vom Versuch und Thätige Reue*, *passim*。

例中,最终显现出来的犯罪动机的可信程度绝不亚于既成犯罪。尤其值得注意的是,对待意外伤害最苛刻的民族在处理有犯罪动机未遂的情况时表现得最温和。对比一下条顿人的法律与罗马人的法律就了然于胸了。对待上述两种情况中的任何一种,前者重视事实,后者则看重人的动机。如果对只怀有犯罪动机的人不做任何处罚,那是因为这样的动机对于公众没有什么影响。如果随着动机走向恶劣,惩罚也趋于严厉,这是因为越切近犯罪目的,激起的愤慨就越强烈。而且,如果对切近犯罪的惩罚比既成犯罪轻,那是因为它激起的愤慨微乎其微。下述事实确证了这一解释:理论家一直企图为关于动机的现行法律寻找更合理的依据,结果徒劳无益,不得不让步。他们最终发现,有必要采用诸如"自然的正义感"的措辞,或者有必要诉诸大众的感情。[1] 罗西评论道:"我们认为常识和公共道德一直都有共通之处。'罪恶未遂,因此惩戒当轻'。我基本认同这一与具体事实成比例的思想,公正的感觉,对人类来说是自然而然的。"[2]没有反思习惯的道德意识就持这种观点。对以思想陶冶情感的人来说,塞涅卡的话说到了点子上:"他

---

[1]　Lelièvre, *De conatu delinquendi*, p. 361(转引自:Zachariä, *op. cit.* ii. 66, n. 2): "此外,我乐于承认,我在一个实施了罪行的、其罪行要被惩罚的罪犯那里,更愿意少看到某种必然性,而不去追溯到某种清楚的必然性。" Abegg, *Die verschiedenen Strafrschtstheorieen*, p. 65:"我们有必要关注这个地区源于司法原则的对'个人承担其行为'(*fur seine That*)与其'应受'(*verdient*)规定情形的具体区别。" Zachariä, *op. cit.* ii. 51:"因此,在个人与全民天然的正义感中,对已完成之犯罪与仅仅试图之犯罪的区别惩罚是有一席之地的……毋庸置疑,绝大多数人对这样的天然感受说不出什么理由;但即便如此,刑法——正是它对众人有效——也必须顾及民众不自觉主张的此等看法。" Cf. also Finger, *op. cit.* i. 177.

[2]　Rossi, *Traité de droit pénal*, ii, 318.

已经用剑刺穿了受害者的衣服，虽然没有刺中目标，但这样的人仍与土匪强盗无异。"[①]

　　道德赞许与道德愤慨一样，都受到外部事件的影响。当我们清楚地认识到，某种行为不能反映一个人的优点时，我们不会表扬他。尽管如此，好的行为产生的益处会诱使我们夸大行为人的善良。另一方面，一个人应当得到的所有回报似乎仰赖于他的成功；怀有好的动机而没有相应的行为，即使只是因为不够幸运而失败，也几乎得不到什么赞扬。休谟评论说："在我们真实的感情或情绪中，我们禁不住把更多的尊重给予其地位和美德对社会真正有用的人，而不是仅凭借美好的动机和善良的感情赚取他人称赞的人。"

　　因而，说外在行为对道德评价有影响，只是因为缺乏恰切的反思。鉴于其本性，借助足够的反思和斟酌，道德意识就把意愿看作道德褒贬的唯一合适的对象。说道德品质是内在的，这不是哪个道德学家的发明，也不是哪种宗教的首创。不同国家、不同时代的思想家都认识到了这一点。佛说："心灵纯洁的人才是真正的教士。"[②]道家的著作《感应篇》[③]中写道："夫心起于善，善虽未为，而

---

①　Seneca, *Ad Serenum*, 7.

②　Hopkins, *Religions of India*, p. 319.

③　《感应篇》是《太上感应篇》的简称。《太上感应篇》本为道教经典，内容特别强调因果法则，主要是劝人遵守道德规范，时刻止恶修善自利利他。这里"太上"是指"太上者，道门至尊之称也，由此动彼谓之感，由彼答此谓之应，应善恶感动天地，必有报应也。"感应篇是太上劝人作善之书，被誉为"古今第一善书"。此书源出于《抱朴子》，后经宋代李昌龄、郑清之等先贤发扬光大，流通于世，影响深远。——译者

吉种已随之；或心起于恶，恶虽未为，而凶种已随之。"①根据《太上感应篇》，意念本身就足以构成恶。②《帕拉维文书》通过智慧之神之口说："活在世间，应心存感恩之念；对身边的每个人，都应当致以美好的祝愿；这比做任何好事都要好得多、伟大得多。"③《古兰经》说："真主不计较你发誓的时候不小心说错了什么话，他在意你内心已有的真实想法。"④根据拉比们的说法，罪恶的思想比罪恶本身更可怕，污秽的思想是"邪恶的东西"。⑤ 墨西哥有句格言说："如果他用过于好奇的眼神打量女人，他的眼睛就犯了奸淫罪。"⑥这句话跟马太福音第五章第 28 节中的几句话极其相似："凡看见妇女就动淫念的，这人心里已经与她犯奸淫了。"教会法学家说："被奖赏的是欲望，而非需求。""用剑杀人是不允许的，但是欲望却可以杀人。""犯罪不会因此而减少，原因很简单，是人们缺乏掌控能力。"⑦

---

① Douglas, *Confucianism and Taoism*, p. 270.

② *Thâi-Shang*, 4.

③ 一个人无心之间做的好事不算好事，而意外中犯下的罪过则是变本加厉的罪恶（*Dinâ-î-Maînôgî Khirad*, lxiii. 3 *sqq. Cf. ibid*. i. 10）。

④ *Koran*, ii. 225. *Cf.* Ameer Ali, *Ethics of Islâm*, p. 26.

⑤ Schechter, in Montefiore, *op. cit.* p. 558. *Cf.* Deutsch, *Literary Remains*, p. 52.

⑥ Sahagun, *Historia general de las cosas de Nueva España*, vi. 22, vol. ii. 147；"Dice el refran que el *que curiosamente mira á la muger adultéra* con la vista."

⑦ Gratian, *Decretum*, ii. 33. 3. 25, 30, 29.

第十章　心智无能的行动者

我们认为,行动者不仅应为其主观意图负责,也应该为其行动的任何已知后果负责,为因疏忽而产生的任何未知后果负责。不过他不必为任何自己不明了的事情负责。因而,某些行动者——动物、儿童、白痴或疯子——可以全部或者部分地免除道德谴责及法律惩罚。

无疑动物能行动,但我们并不认为值得以道德上的怨恨对待它们。所以这么想,不仅由于它们能做出自由选择的范围十分有限,而且在于它们不能预见自己的行动后果——这大大限制了它们应该承担的责任。动物总的说来不应负责任,这一点的前提假定在于,它们无法认识到它们的行动是对是错。如果只是在行动者知道行动后果的情况下才把行动后果归咎于行动者,显然,若行动者不知其行动是对是错,他的所作所为就没有什么该算作过错。

我们知道,通过训练,我们可以教会家养动物达到某行为标准,但这绝不意味着唤醒了它们的道德情感。一些作者相信狗和猿猴有良心,[①]而我们必须记住观察者的推断和被观察的事实不

---

① Romanes, *Mental Evolution in animals*, p. 352. Perty, *Seelenben der Thiere*, p. 67. Brehm, *From North Pole to Equator*, p. 298.

是一回事。① 动物的所谓良心似乎不过是动物头脑中某一行动之实施与某些后果之发生之间的联系,以及对这些后果的畏惧。②

　　下面是罗曼尼斯教授关于动物"良心"观点的一个最引人注目的例子。按照罗曼尼斯的记述,有一只㹴犬,据悉自幼犬期从未偷过东西。相反,它常常有效地保护财产免遭其他动物和仆人等的侵犯,即使这些动物和仆人是它最好的朋友。罗曼尼斯教授说:"然而,有一次它坐在我正在读书的那间屋子里,很饿的样子。屋子里有一块美味的羊肉排骨,很容易够到。我很惊奇地看着它偷偷把排骨移走,放到沙发下面。不过,我假装没看到,等着看接下来会发生什么。有整整一刻钟,这只㹴犬待在沙发下,一点声音都不出,它无疑正经历着感情冲突的痛苦。然而,最后良心胜利了,它从藏匿处出来了,嘴里叼着偷走的排骨。它穿过房间,把这块食物放到了我的脚旁。它丢下偷走的财物之时,就快速奔回沙发下面,而之后的几个小时怎么哄都无法打动它。而且,在那段时间内,跟它说话或爱抚它的时候,它总是因内疚而亏心地把头移开。总之,我认为,无法想象还有比这更能表现出动物良心的事例;因为……这只㹴犬一生中从未挨过打。"作者接着补充道:"仅仅对惩罚的恐惧甚至也不可看作是促成行动的动机源泉。"③如果惩罚可以理解为施加肉体上的痛苦,那么惩罚可

---

① Cf. Lloyd Morgan, *Animal Life and Intelligence*, p. 399.

② Cf. *ibid*. p. 405.

③ Romanes, 'Conscience in Animals,' in *Quarterly Journal of Science*, xiii. 156 *sq*.

以被看作诱因。但是,几乎可以肯定,�犬怀疑它的主人对其行为不满,并且对不满或责备之恐惧可能确实是它放回偷走的食物的唯一原因。罗曼尼斯教授注意到,对于"过着上流 251 社会日子的"狗来说,"情感上或自尊上受到伤害,能够产生比肉体上的苦痛厉害得多的痛苦"。① 但是,对一件行动预期后果的害怕,即使混有羞愧感,跟懊悔这一道德情感仍不是一回事。就过错一词的严格意义来讲,没有迹象表明�犬意识到其行动是错误的。

然而,尽管在适当思考后,我们中的多数人会否认动物是道德谴责的合适对象,但是人们还是倾向于那样对待它们,仿佛它们就该遭到道德责难一样。顽固拒绝服从主人意愿的狗或马会引起不满的情感,而此情感几乎被认为理所当然;野兽的一些暴行激怒了公众的感情,人们也要求它得到报应。亚当·斯密注意到:"咬人的狗,用角顶人的牛,都会受到惩罚。如果它们导致某人的死亡,除非它们被处死,否则公众及死者亲属都不会满意;这不仅是为了人身安全,在一定程度上也是为死者受到的伤害复仇。"②

如果一个动物伤害了我们,人的理性又无法适当缓解我们对此动物的怨恨,我们的怨恨就常常几近转变为愤慨。那么,并不奇怪,在人类文明的较低阶段,人们刻意把动物当作应负责任的行动者对待。吃掉骚扰他的害虫的美洲印第安人这样为其行为辩解:

---

① *Idem*, *Animal Intelligence*, p. 439.
② Adam Smith, *Theory of Moral Sentiments*, p. 137.

是这个动物咬了他在先，他只是为遭受的伤害报复而已。① 以血
洗血的习俗常常扩展到动物界。按照麦克雷先生的说法，库基人
252 "具有一种强烈的复仇性情，必须以血洗血。如果老虎在某个帕拉
(Parah，即村庄)附近残害了任一库基人，整个部落就会武装起来
追杀这个动物；老虎如果被杀死，死者家族会举行虎肉宴，以报复
它对自己亲属的残暴。如果第一轮追寻后部落没杀死老虎，死者
家属必须继续追寻；因为如果不杀死这只或别的某只老虎并举行
虎肉宴，他们在村庄里就会陷入名誉扫地的境地，其他居民也不会
和他们来往。同样，如果一只老虎残害了正在狩猎的某猎队成员
或一批武士中的某人，除非把老虎杀死，否则没有人(不管他们过
去取得了怎样的成功与辉煌)会背负这不光彩的标签回到村
庄。"②关于达雅克人③，我们获悉，他们不会故意猎捕一只短吻鳄，
除非短吻鳄首先杀死了他们中的某人；"他们说，短吻鳄及其亲属
能轻而易举地报复，为什么要侵犯它们呢？ 不过如果短吻鳄夺走了
人命，复仇就成为死者活着的亲属之神圣责任，他们会如司法官员
追捕罪犯一般追捕食人者……他们相信复仇女神会追寻此食人短
吻鳄；而且不管何时逮到一只，他们深深相信这就是那只犯了罪的
短吻鳄或其同谋，因为命运不会允许无辜的大怪兽被人捕捉到。"④

---

①　Harmon, *Journal of Voyages and Travels in the Interior of North America*, p. 327. Southey, *History of Brazil*, i. 223. Cf. Bastian, *Der Mensch in der Geschichte*, iii. 25.

②　Macrae, 'Account of the Kookies,' in *Asiatick Researches*, vii. 189.

③　达雅克人，婆罗洲(一半属马来西亚，一半属印度尼西亚)的原住民。——译者

④　Perham, 'Sea Dyak Religion,' in *Journal of the Straits Branch of the Royal Asiatic Society*, No. 10, p. 221 *sq*. Cf. Frazer, *Golder Bough*, ii. 390.

马达加斯加人也绝不会杀死一只鳄鱼,除非鳄鱼杀死他们的朋友或邻居而他们要为其复仇。"他们相信,肆意毁灭这样一只爬行动物,按同态复仇法的原则,接着就会丢掉人命。马达加斯加中部省份以西的以太西湖①边的居民通常每年要向鳄鱼发布一个通告,警告它们,如他们的朋友被害,他们会杀死同样多的鳄鱼为死者复仇,也警告好心的鳄鱼不要卷入是非,因为他们与这类鳄鱼没有矛盾冲突,这些鳄鱼只是与夺走人命的邪恶鳄鱼有亲属关系而已。"②

　　动物不仅卷入流血宿怨,也常常牵涉进一般的惩罚。中非的麦姆百图人就发生过类似的事。卡萨蒂提及以下事例——"一只狗追逐并欺负一只山羊,山羊自卫时把角刺向狗,这只可怜的狗不久就死掉了。重要的是,狗的主子有权有势,他把这条狗视为宝物。人们热烈谈论、评论了这个事情的严重性,最后此事提交给国王仲裁。结果宣判,这可怜的山羊要在狗的尸体前被活活屠宰掉,山羊肉供给麦姆百图人(即高级种族)享用,狗肉留给麦格人(即被征服的种族)吃。"③按照波莱克的说法,在毛利人中,不敬之罪不仅局限于人,甚至在圣地溜达的猪也会招致死刑。④ 在东非伊斯兰地区,曾有一只狗因进入清真寺而被公开鞭笞。⑤ 如一只公牛

---

①　以太西湖(the Lake Itasy),马达加斯加的第三大湖,处在参差不齐、奇形怪状的旧火山口和玄武岩区。——译者

②　Sibree,*The Great African Island*,p. 269.

③　Casati,*Ten Yeays in Equatoria*,i. 176.

④　Polack,*Manners and Customs of the New Zealanders*,i. 240.

⑤　von Amira,*Thierstrafen und Thierprocesse*,p. 30.

或母牛导致某人死亡,博戈人会杀死它。① 按照马六甲土著法律,如一头水牛或牧牛"被拴在森林里人们通常不经过的地方,但还是发生了牛角把人顶死的事,那它要被处死";但动物的主人不负责任。② 按照希伯来法律,"如一头公牛把一男人或女人顶撞致死,应用石块把公牛砸死";而且,如一男人或女人与一野兽发生性关系,这个人及野兽都要被处决。③ 根据《祛邪典》④的规定,如一只疯狗未吠即咬,重伤一只绵羊或使一人受伤,"此狗应像故意谋杀的情形那样,视创伤严重程度而受惩罚"。⑤ 无疑柏拉图从雅典习俗或法律中借鉴的思想,构成其《法律篇》中下述规定之基础——"如果一只驮畜或其他动物导致任一人死亡,除非死者是公共赛事中参赛者之类的情况,死者家属可以指定这一地区的监督官来断案,以谋杀罪起诉行凶的动物,宣判之后由死者家属处死动物并把动物尸体扔到外边去。"⑥在欧洲一些国家,一直依法宣判动物死刑并公开处决,以补偿它们造成的伤害。也为受指控的动物分配辩护律师,整个诉讼过程,包括审讯、宣判和处决,都遵循最严格的司法程序。⑦ 这些诉讼似乎自 13 世纪末以来特别常见,一直延续

---

① Munzinger, *Die Sitten und das Recht der Bogos*, p. 83.

② Newbold, *British Settlements in the Straits of Malacca*, ii. 257.

③ *Exodus*, xxi. 28 sq. *Leviticus*, xx. 15 sq.

④ 《祛邪典》(*Vendîdâd*)系《波斯古经》之部分,又称《阿维斯塔》,是古波斯拜火教的圣典。——译者

⑤ *Vendîdâd*, xiii. 31. *Cf. Ibid*. xiii. 32 sqq. ; *Yasts*, xxiv. 44.

⑥ Plato, *Leges*, ix. 873.

⑦ Chambers, Book of Days, i. 127. Pertile, 'Gli animili in giudizio', in *Atti del R. Instituto Veneto*, ser. vi. vol. iv. 139.

到 17 世纪；法国的最后一个案例晚至 1845 年发生。① 除了家养动物，野生动物也会被审讯。② "1565 年阿里西亚人请求驱逐蚂蚱。这桩讼案就提上官方法庭，梅特·马林律师被委派为这些昆虫辩护。他热情地为其"当事人"做了辩护。既然被告已被创生，他力证它们有正当理由吃掉必需的东西。原告律师则引用圣经里提及的伊甸园毒蛇和其他杂七杂八的动物，表示这些动物都招致了严厉惩罚。蚂蚱遭遇了最坏的结果，法庭命令它们离开辖区，并威胁要不断从教堂的圣坛发出教会的禁令，直至它们全部服从法庭的庄严判决。"③从较早时期开始，我们就有关于诅咒害虫及讨厌的昆虫并把它们驱逐出教的记录。1120 年，拉昂④的一个主教据称把正蹂躏其教区的毛虫驱逐出教，他与前一年兰斯⑤理事会诅咒那些不顾教规坚持要结婚的教士使用了同样的措辞。⑥ 不过，如此诅咒和驱逐出教的做法以前很可能被看作驱逐的法术而不是惩罚。⑦ 不久以前，当成群的蝗虫糟蹋丹吉尔⑧的苗圃的时候，首领瓦赞把一只蝗虫吞进嘴里，以驱逐这些有害动物。

255

---

① von Amira, *Thierstrafen*, pp. 2, 15, 16, 28 *sq.* 英格兰似乎很少发生这样的诉讼 (*ibid.*, p. 15)。不过，我们将会看到，导致某人死亡的动物会作为赎罪奉献物罚没。

② See Chambers, *op. cit.* i. 127 *sq.*

③ Martinengo-Cesaresco, *Essays in the Study of Folk-Songs*, p. 183 *sq.*

④ 拉昂(Laon)，法国一地名。——译者

⑤ 兰斯(Rheims)，法国一城市名。——译者

⑥ Desmaze, *Les pénalités anciennes*, p. 31 *sq.*

⑦ 这是冯·阿米拉的看法。他提出，这些诅咒并不针对普通动物，而是针对人的灵魂或伪装的魔鬼(von Amira, *Thierstrafen*, p. 16 *sqq.*)。不过在我看来，他这个观点缺乏充分证据。

⑧ 丹吉尔(Tangier)，摩洛哥北部港市。——译者

　　有人提出，中世纪仿照惩罚人的习俗而惩罚动物的做法源于摩西律法。① 但是这个假设不能解释此做法为何较晚才出现，也不能说明在某些情况下不付诸死刑的惩罚施加给冒犯人类的野兽这一事实。② 看似更有可能的是，此种做法源于古老的欧洲习俗，而此做法在惩罚与复仇之间的关系方面与习俗一致。③ 依各种所谓雅利安人——希腊人④、罗马人⑤、条顿人⑥、凯尔特人⑦、斯拉夫人⑧——的习俗或法律，动物若严重伤害了人类，特别是导致某人死亡，就要交给受害的一方或其家族，显然这是为了使动物接受可能的报复。⑨ 按照威尔士法律，"那是谋杀者由于自身行为而被移交给受害方的唯一情形"。⑩ 在中世纪后期，这种报复形式在某些情况下转化为惯常的惩罚。这一事实只能意味着，在人类犯罪中虐待招致复仇的原则通过类比的方式扩展到动物造成伤害的

256

---

　　① *Ibid*. pp. 4, 47 *sqq*.

　　② Pertile. *loc. cit*. p. 148.

　　③ *Cf*, Brunner, *Forschungen zur Geschichte des deutschen und französischen Rechtes*, p. 517 *sqq*.

　　④ Plutarch, *Vita Solonis*, 24. Xenophon, *Historice Græcæ*, ii. 4. 41.

　　⑤ *Institutiones*, iv. 9. *Digesta*, ix. 1.

　　⑥ *Lex Salica* (cod. i.), 36. *Lex Ripuariorum*, 46. Grimm, *Deutsche Rechtsalterthümer*, p. 664 *sqq*. Brunner, *Forschungen*, p. 513 *sqq*.

　　⑦ *Ancient Laws of Ireland*, i. 161; iv. 177, 179, 181. *Welsh Laws*, iv. i. 17 (*Ancient Laws and Institutes of Wales*, p. 391).

　　⑧ Macieiowski, *Slavische Rechtsgeschichte*, iv. 333.

　　⑨ See *Lex Wisigothorum*, viii. 4. 20; *Schwabenspiegel*, Landrechtbuch, 204; Dirksen, *Civilistische Abhandlungen*, i. 104; von Jhering, *Geist des römischen Rechts*, i. 123; Hepp, *Die Zurechnung auf dem Gebiete des Civilrechts*, p. 103; Grimm, *Deutsche Rechtsalterthümer*, p. 664; Brunner, *Deutsche Rechtsgeschichte*, ii. 556; *Idem*, *Forschungen*, p. 513.

　　⑩ *Welsh Laws*, iv. 1. 17. (*Ancient Laws and Institutes of Wales*, p. 391).

情况。

　　关于惩罚动物的目的,有相当多不同意见。一些作者提出,这可能是为了吓阻其他动物带来相似的伤害。[①] 依其他人的说法,杀死动物是为了忘却动物的可憎行为;格拉提安引用圣奥古斯丁的话[②]说:"处死这些牲畜不是因为它们犯下的罪过,而只是为了把这事忘个一干二净。"[③]有一赢得许多支持的理论把惩罚解释成象征性行动,认为惩罚是为了刺激人们的头脑,产生对犯罪的恐惧。[④] 托尼森认为,在雅典,"杀掉动物是为了告诫人们不要杀人,以直观的形式让人们无意之中产生对杀人的巨大恐惧"。[⑤] 也有说法认为,惩罚动物的意图在于威吓那些应为动物行为负责的人,[⑥]或杀死动物是因为该动物危险。[⑦] 但这个问题的真正答案似乎很简单。动物必须按照它引起的愤慨来接受惩罚。人们认为,动物应为自己的行为负责。[⑧] 早期的记录经常把惩罚动物说成是

257

---

　　① Leibniz,*Essais de Theodicée*,p. 182 *sq.* Lessona,转引自:d'Addosio,*Bestie delinquenti*,p. 145。

　　② St. Augustine,*Quæstiones in Leviticum*,74 (*ad Lev. xx.* 16):"按教义应杀掉这动物,因为它引起了人之耻辱,而厌恶又唤醒了记忆。"(Migne,*Patrologiæ cursus*,xxxiv. 709)

　　③ Gratian,*Decretum*,ii. 15. I. 4. *Cf. Mishna*,*fol.* 54,转引自:Rabbinowicz,*Legislation criminelle du Talmud*,p. 116。

　　④ Ayrault,*Des procèz faicts au cadaver*,*aux cendres*,*à la mémoire*,*aux bestes brutes*,fol. 24. Ortolan,*Éléments du droit pénal*,p. 188. Tissot,*Le droit pénal*,i. 19 *sq.*

　　⑤ Thonissen,*Le droit pénal de la république Athénienne*,p. 414.

　　⑥ Du Boys,转引自:d'Addosio,*op. cit.* p. 139。

　　⑦ Lessona,转引自:*ibid.* p. 145。

　　⑧ *Cf.* Post, *Die Grundlagen des Rechts*,p. 359; Friedrichs,'Mensch und Person,' in *Das Ausland*,1891,pp. 300,315; and,especially,d'Addosio,*op. cit.* p. 146 *sqq.*:"中世纪时人们惩处动物,是因为人们认为,这动物必定是自由自主行动的,它做了什么事,它也就必定要负责。"

"正义"行动；①博马努瓦等人反对上述观点，②这只能表明，许多人——即便不是所有人——郑重地接受该观点。从一些细节也可看出，归之于动物的责任与归之于人的责任之间是多么相似。撒利族的一些法律文本把动物说成是"犯罪之源"。③ 古代爱尔兰的一个律法卷册规定，如一只蜜蜂把某人的眼睛蜇瞎，整群蜜蜂都"应受到惩处"，"许多蜜蜂受某只蜜蜂罪行的连累而负有责任，尽管它们并未参与攻击"。④ 年幼也是宣告无罪的一个理由，1457 年发生在拉维格内⑤的一个案例表明了这一点。当时一头母猪及其六个幼崽因为杀死一个小孩并吃掉小孩部分身体而受到指控和审判。母猪被认为有罪，并宣判死刑；而考虑到幼崽稚嫩并且是受了母猪坏榜样的影响，它们被宣告无罪。⑥ 在勃艮第⑦，人们区别对待一只由敞开的门进入房间的淘气狗与另一只入室偷走了东西的狗。后者被看作入室盗窃，并依据偷窃的罪名来惩罚。⑧ 累犯也会加重惩罚，⑨并且动物中的"主犯"要比从犯受到严厉得多的

---

① von Amira, *op. cit.* p. 9.

② Beaumanoir, *Les coutumes du Beauvoisis*, lxix, 6, vol. ii. 485 *sq.* Chambers, *op. cit.* i. 127. Lichtenberg, *Vermischte Schriften*, iv. 481.

③ *Lex Salica*, edited by Hessels, coll. 209-212, 215.

④ *Ancient Laws of Ireland*, iv. 179.

⑤ 拉维格内(Lavegny)，法国一地名。——译者

⑥ Chambers, *op. cit.* i. 128.

⑦ 勃艮第(Burgundy)，法国东南部一地名。——译者

⑧ *Ancien Coutumier de Bourgogne*, 23 (*Revue historique de droit francais et étranger*, iii. 549): "它偷了东西，罪有应得。"

⑨ Pertile, *loc. cit.* p. 148: "根据法官埃莉诺·德·阿伯利亚 1395 年颁布的《撒丁法典》(*Carta de Logu*)，损害他人财产的驴子，初犯割掉一只耳朵，再犯割掉另一只耳朵，三犯则为王室法庭没收充公。"*Cf. Vendîdâd*, xiii. 32 *sqq.*

惩罚。[1]

　　考虑一下即便是有教养的人对待干坏事的兽类也会受到情感影响，就不难理解未开化者的态度。蒙昧人不仅仅只是偶尔在盛怒之下才完全忘却人兽之别，他们总是冷血地这么做。他会认为动物实际上和人基本是一样的。他相信动物和人一样具有情感和智力，和人一样以家族和部落的方式联合起来，和人类部落一样有各种各样的语言，和人一样也具有在肉身死亡后继续活下去的灵魂。他会谈及某些动物是人类的祖先，有些人变成了动物，人和兽类之间会发生婚姻关系。他也相信，屠戮动物的人会受到动物灵魂的报复，或受到其同类的报复——这种报复跟人类复仇的方式很相似，它们肯定要为它们中某一成员受到的伤害而复仇。[2] 如此看来，蒙昧人以牙还牙不是很自然的吗？如果动物也有责任对人复仇，人不也有责任对动物复仇吗？

　　不只蒙昧人才有这些信念。穆斯林也认为，动物不仅和人一样能普遍复活，真主也会根据它们的德行来评判它们。依穆斯林

---

　　① d'Addosio, *op. cit*, p. 16.

　　② Tylor, *Primitive Culture*, i. 467 sqq. Frazer, *Golden Bough*, ii. 389 sqq. Liebrecht, *Zur Volkskunde*, p. 17. Achelis, *Moderne Völkerkunde*, p. 373 sqq. Idem, 'Animal Worship,' in *Open Court*, xi. 705 sq. Waitz, *Anthropologie der Naturvölker*, ii. 180 (Negroes), von den Steinen, *Unterden Naturvölkern Zentral-Brasiliens*, p. 351. Im Thurn, *Among the Indians of Guiana*, p. 350 sqq. Dorman, *Origin of Primitive Superstitions*, pp. 223, 253. Lumholtz, *Unknown Mexico*, i. 331 (Tarahumares). Mooney, 'Myths of the Cherokee,' in *Ann. Rep. Bur. Ethn*. xix. pp. 250, 261 sq. Nelson, 'Eskimo about Bering Strait,' *ibid*, xviii. 423. Hoseand McDougall, 'Relations between Men and Animals in. Sarawak,' in *Jour. Anthr. Inst.* xxxi. 173 sqq., especially p. 205 sq.

259 传统,真主"将在世界末日把动物召集起来,给它们以酬报并展示真主之至善至美和正义。那时真主将为无角的山羊向有角的山羊复仇。"①当我们读到《祛邪典》里讲狗有人的八种特征②的时候,我们几乎无法怀疑祆教法律也会惩罚伤害了人或其他动物的狗。长期以来,寓言和神话故事郑重讲述着动物如人一般行事的故事。③甚至到了今天,在欧洲一些地区,一旦农民去世,通常其继承人要向畜栏里的每头牲畜及蜜蜂宣布所有权改变了;④在波兰的一些乡村,人们把地主的尸体抬出房子后,会为他所有的牛解开绳缆,让这些牛向老主人告别。⑤ 中世纪的时候,有时人们也让动物充当目击证人;一个被控在其房子里犯下谋杀罪的男子曾带着他的猫、狗和公鸡来到法庭,当着它们的面发誓他是无辜的,后来他被宣告无罪。⑥ 不仅普通人认为动物有智力,根据波菲利⑦的观点,所有力图发现有关动物真理的哲学家都承认它们多少具有理性;⑧很久之后,一些基督教作家也表达了同样的思想。16世纪的时候,贝努瓦写道,动物也常说话。⑨ 17世纪中叶,希罗宁姆斯·罗拉留出版了一部书,题为《动物常常比人更为理性》。差不多同

① *Koran*, vi. 38. Sell, *Faith of Islâm*, p. 223.

② *Vendîdâd*, xiii, 44 *sqq.*

③ 见: Grimm, *Reinhart Fuchs*, p. i. *sqq.* 。

④ Ralston, *Songs of the Russian People*, p. 315. Wuttke, *Der deutsche Volksaberglaube der Gegenwart*, p. 428.

⑤ Ralston, *op. cit.* p. 318.

⑥ Michelet, *Origines du droit français*, pp. 76, 279 *sq.* Chambers, *op. cit.* i. 129.

⑦ 波菲利(Porphyry,约234—约305),古希腊哲学家,新柏拉图主义代表人物之一。——译者

⑧ Porphyry, *De abstinentia ab esuanimalium*, iii. 6.

⑨ Benoît,转引自: d'Addosio, *op. cit.* p. 214。

时,约翰·克雷尔在其著作《基督教伦理学》里表达了这个看法——动物定然也有近似于理性和自由意志的能力,动物也有近似于善和恶的素质,也应该以奖酬和惩罚之类的东西来对待它们, 因而动物也被上帝和人类所惩罚。① 在我看来,这似乎是对中世纪惩罚动物实践的正确解释,尽管米纳布里发现,人们也把可恶的动物当作邪恶的魂灵之化身并依此惩罚它们。② 人们是基于兽类和昆虫也有理性这样简单的理由来报复它们的。

　　在文明的早期,人们甚至把无生命的物体也当作应负责任的行动者来对待。库基人不仅向杀人的虎寻仇,也向致人丧命的树报仇。"如果由于树上偶然掉下某物把一个人砸死,他的所有亲戚会聚集起来,砍伐那棵树;不管树多么大,他们都会把它弄成碎片,扔到风中,他们说这树正是他们兄弟死亡的原因。"③在西维多利亚④的土著那里,"如敌人的矛或其他武器杀死了一个朋友,死者亲属总要放火焚烧此矛或武器;但战争中缴获的器械则保留下来由征服者使用"。⑤ 北美印第安人如被箭击,"会把箭从伤口扯下,折断它并用牙咬,然后把它猛掷向地面"。⑥ 英属圭亚那印第安人如因坠落在岩石上或岩石砸在他身上而受伤,"要用一些至今在较文明地区也不罕见的理由来责怪岩石"。⑦ 吠陀时代的诸神诅咒

　　①　Crell,*Ethica Christiana*,ii. I,p. 65 *sq*.

　　②　Ménabréa,*De l'origine de la forme et de l'esprit des jugements rendus au moyen-âge contre les animaux*,p. 35.

　　③　Macrae,in *Asiatick Researches*,vii. 189 *sq*.

　　④　西维多利亚(Western Victoria),澳大利亚的一个地区。——译者

　　⑤　Dawson,*Australian Aborigines*,p. 53.

　　⑥　Robertson,*History of America*,i. 351 *sq*.

　　⑦　Im Thurn,*op. cit*. p. 354.

261 伤害了他们的树木。① 薛西斯一世②命令鞭笞达达尼尔海峡三百
下,③居鲁士大帝④通过散布三百六十道沟渠"施行其报复"于金德
斯河。⑤ 普萨尼亚斯⑥讲到,塞阿根尼斯⑦死后,他的一个敌人每晚
都要爬上他的黄铜塑像,粗鲁地鞭笞一阵。然而,最后发生了这样
的事,"塑像倒在了他身上,阻止了其无礼行为;他的几个儿子就指
控塑像犯有谋杀罪。塔索斯人⑧就把塑像沉入海底,此做法与德
拉古的看法一致。德拉古在为雅典人起草的有关杀人罪的法律条
文里规定,如砸落任一人身上并致其毙命,即使无生命的东西也应
被放逐。"⑨一如弗雷泽博士所注意到的那样,对偶然致人死亡的
无生命物体之惩罚很可能大大早于德拉古。⑩ 雅典有一专门为此
设置的特别法庭。⑪ 狄摩西尼声称,如一块石头、木头、铁块或任
何类似的东西击打了某人并致其毙命,人们搞不清楚何人扔了此
物,但人们知道并拥有此夺走人命的物体,就会把此物带到城邦公
共会堂的法庭里接受审判。⑫ 柏拉图在《法律篇》中制定了下面的

---

① Oldenberg,*Religion des Veda*,p. 518.

② 薛西斯一世(Xerxes I,公元前 518—前 465),波斯帝国的一位国王。——译者

③ Herodotus,vii. 35.

④ 居鲁士大帝(Cyrus,公元前 600—前 530),波斯帝国的创建者。——译者

⑤ *Ibid*.i. 190.

⑥ 普萨尼亚斯(Pausanias,110-180),古希腊地理学家和历史学家,著有《希腊志》。——译者

⑦ 塞阿根尼斯(Theagenes,公元前 640—前 620 在位),古希腊城邦麦加拉的僭主。——译者

⑧ 古希腊一城邦居民。——译者

⑨ Pausanias,vi. 11. 6. *cf*. *ibid*. v. 27. 10.

⑩ Frazer,*Pausanias*,ii. 371.

⑪ Aristotle,*De republica Atheniensium*,57. Pausanias,i. 28. 10.

⑫ Demosthenes,*Contra Aristocratem*,76,p. 645.

规则:"如无生命的物体夺走了人命——除非是闪电或诸神发射的致命投掷物——东西掉下来砸死人,或人摔倒时撞在这东西上,死者近亲属当委派近邻充当法官,这样他及其整个家族就可免除罪责。他应把这有罪的物体扔到境外去。"① 仍承认私下复仇原则的日耳曼法律对待无生命的谋杀者则没那么多繁文缛节。② 按照《阿尔弗列德法典》③,人们在树林里一起工作时,某人使一棵树意外地砸落在另一人身上,并致其非命,如果死者家属在三十天内取走这棵树,树就属于他们所有。④ 后来,在英格兰,致人非命的东西就"由上帝没收,即由国王——上帝在世间的代理人——没收,以在慈善活动中分配,安抚上帝之暴怒"。⑤ 这项法律直至1846年还在实施。⑥

就其中的某些案例而言,由迷信引起的恐惧可能是毁灭或驱逐致人非命之器物的一个动机。一些事实表明,这样的物体被看作危险之源。按照里普利安人的法律,禁止人们使用构成"屠戮生命之源"的物件;⑦在挪威相当晚近的时期,人们还能看到散放四处的曾用来杀人的镰刀、斧头等物体,处于废弃不用的状

262

---

① Plato,*Leges*,ix. 873 *sq.*

② See Trummer,*Vorträge über Tortur*,&c. i. 376 *sq.* Brunner,*Forschungen*,p. 521 *sqq.*

③ 《阿尔弗列德法典》(*Laws of Alfred*),中世纪时日耳曼人颁布的一部法律。——译者

④ *Laws of Alfred*,ii. 13.

⑤ Coke,*Third Part of the Institutes of the Laws of England*,p. 57.

⑥ Stephen,*History of the Criminal Law of England*,iii. 78. Pollockand Maitland,*History of English Law before the Time of Edward I*.ii. 473.

⑦ *Lex Ripuariorum*,lxx. I.

态。① 对于西澳大利亚的土著,如某人被当地的嘎茨(*ghici*,即木鱼叉)刺死,他的同胞会认为他的灵魂还在致其非命的武器尖端,他们会在埋葬他后把鱼叉焚烧掉,如此灵魂就离开肉身获得自由了。② 不过也很显然,如一无生命物体伤害了我们,也容易引起真正的愤恨之情。桌子绊了我们,我们会踢桌子,伤了我们的石头也会被我们诅咒;南森博士说,他横穿格陵兰岛的时候,如雪橇重得拉不动,毁掉这个雪橇会让他"相当满足"。③ 我们这样行事的时候,仿佛冒犯我们的物体能感受到我们的忿恨,我们暂时也朦朦胧胧地相信它是有生命的。④ 但我们意识到它的本来面目的时候,我们的愤怒很快就烟消云散了。而在文明早期阶段,人们的做法则不同。他们并不认为伤害他们的物体无感受能力;相反,他们不仅草率地、不假思索地把物体拟人化,也刻意永久地把它们拟人化;因而,他们的怨恨也总是没完没了。艾佛拉瑟恩爵士说:"圭亚那印第安人把他遇到的任何灾祸都归结为最近造成伤害的物体之意图,看到此物体在动,他不由自主地觉得它拥有灵魂。"⑤特别是树,经常被认为具有类似于人的灵魂,人们也相应地把它当人对待。⑥ 普萨尼亚斯写道,据说无生命物体会自行给予人们以正义

---

① Liebrecht, *Zur Volkskunde*, p. 313.

② Salvado, *Mémoires historiques sur l'Australie*, p. 260 *sq.*

③ Nansen, *Eskimo Life*, p. 213 *sq.*

④ *Cf.* Dugald Stewart, *Philosophy of the Active and Moral Powers of Man*, i. 125; Hall, '*Study of Anger*,' in *American Journal of Psychology*, x. 566 *sq.*

⑤ Im Thurn, *op. cit.* p. 354.

⑥ See Frazer, *Golden Bough*, i. 169 *sqq.*

的惩罚；他提及冈比西斯之剑①作为与此有关的最好也最著名的
例子。② 在英格兰，无生命的凶手会提交给死者亲属，当然不是要
补偿他们遭受的损失，而是给他一个可以复仇的目标。③ 此物体
称作拉班(la bane)，意为"凶手"；布拉克顿也称之为"罪犯"。④ 物
体的主人是否无辜并不重要，惩罚本来就不是针对他的。⑤ 不过
在一些明白无误的案例中，"凶手"被免除罪责。某人不幸从船上落
水而溺死，如事故发生在咸水中，船只并不会被罚没充当赎罪奉献
物——就像柯克所指出的那样，这是由于船只"在暴风骤雨中、在汹
涌的波浪里"也会遇到巨大危险。⑥ 而且，如果一个十四岁以下的
男孩由马车或马匹上摔落，马车或马不会被罚没充当赎罪奉献物 　264
也不能责怪马车或马，"因为他不能谨慎小心地照顾自己"。但是，
如果一辆马车碾压了他，或一棵树倒下砸中他，或一头公牛顶了
他，这些东西会被罚没，因为它们杀死了他。⑦ 跟与人有关的情况
一样，动物或无生命物体的活动状态是应考虑的一个重要方面。这
样布拉克顿就区分了把人从身上甩下的马和人从其身上摔落的马，

---

① 冈比西斯(Cambyses)？—公元前522是波斯帝国的一位国王，据说上马时剑
鞘破裂，被自己的佩剑刺中大腿而死。——译者

② Pausanias，i. 28. II.

③ Pollock and Maitland，ii. 474.

④ Bracton，*De Legibus et Consuetudinibus Angliæ*，fol. 116，vol. ii. 236. *sq.*

⑤ Holmes，*Common Law*，p. 25.

⑥ Bracton，*op. cit.* fol. 122，vol. ii. 286 *sq.* Coke，*op. cit.* p. 58. Coke，*op. cit.* p.
58. 詹姆士·史蒂芬爵士推测，"赎罪奉献物不适用于海洋，因为英国的地方习俗没有
扩展至公海"(James Stephen，*op. cit.* iii. 78)。但柯克明确地讲，就是"在仍属郡县辖区
的海湾里"，也不会把船只充作赎罪奉献物(Coke，p. 58)。

⑦ Coke，*op. cit.* p. 57. Hale，*History of the Pleas of the Crown*，i. 422. Stephen，
op. cit. iii. 78.

倒下的树和人撞上的树；总的规则是，除非可说成是"移动致人非命"，否则一个物体不会被罚没。[①]　如果某人在航行中从船上落水溺死，不仅船只本身，就连船里移动的东西也被看作该人死亡的原因；而放在船只底部的货物则不被认为有罪，因而也不会罚没。[②]不过，如任何货物摔落砸到某人，致其非命，则罚没货物而非船只。[③]　就像霍姆斯先生所注意到的那样，船只是最常见的运动中被赋予人格的例子。人们不仅在一般用语里把"她"人格化，在法庭上也是如此。在相当晚近的海事案例中，颇有名望的法官宣布诉讼不是针对船只的主人，而是"针对冒犯了人类的船只"。[④]

　　就像较低级的动物那样，人类在童年的最早阶段也不能形成对和错的观念，因而他们不必为任何行动负责。责任随着道德意识的产生而产生，并随着智力的演进而增长。儿童只能缓慢地发展出判断行动是对或错的能力。儿童很快就明白，某些行动是不许做的，但知道一件行动是被禁止的与认识到它是错的是两码事。知道某道德规则，也不意味着就有能力在某些情形下应用这个规则。也不能期待年轻人的智力像成年人那样能深谋远虑。因而，在童年时期以及青年早期人们完全或部分不需要承担责任。

　　这种不负责任的情形也被文明国家的法律所认可。在英格

---

①　Bracton，*op*. *cit*. fol. 136 b，vol. ii. 400 *sq*. Hale，*op*. *cit*. i. 420 *sqq*. Pollock and Maitland，*op*. *cit*. ii. 474，n. 4. Stephen，*op*. *cit*. iii. 77. Holmes，*op*. *cit*. p. 25 *sq*.

②　Britton，i. 2. 14，vol. i. 16.

③　Hale，*op*. *cit*. i. 422.

④　Holmes，*op*. *cit*. p. 29.

兰①、苏格兰②和美国③，七岁以下的孩子绝对免于惩罚。在其他现代国家，直到九④、十⑤、十二⑥或十四岁⑦，人们才开始承担刑事责任。在一些国家，是否惩罚儿童，要在每一案例中裁决。⑧ 于是，《法国刑法典》规定，如果认定十六岁以下的人没有识别能力，就不应处罚，如具有识别能力，则按固定比例减轻处罚。⑨ 大多数法律在完全不负责任年龄和承担完全责任年龄之间设置了一个过渡期。英格兰法律的一个推定就是，七岁到十四岁的儿童尚未拥有犯罪所必需的知识程度，尽管证据能反驳这个推断；⑩按照德国刑法，如十二至十八岁的人犯了罪，其智力不足以理解自己在犯罪，应宣判其无罪。⑪ 其他法律也把某一特定年龄本身当作减轻罪责的理由，有的把上限确定为十六岁⑫，有的确定为十八岁⑬，有的确定为二

266

---

① Stephan, *op. cit*. ii. 97. *sq*.

② Erskine-Rankine, *Principles of the Law of Scotland*, p. 546.

③ Bishop, *Commentaries on the Criminal Law*, § 368, vol. i. 209.

④ Italian *Codice Penale*, art. 53. Spanish *Código Penal reformado*, art. 8, § 2.

⑤ Austrian (Finger, *op. cit*. i. 110), Dutch (van Hamel, in *Législation pénale comparée*, edited by von Liszt, p. 444), Portuguese (Tavares de Medeiros, *ibid*. p. 199), Russian (Foinitzki, *ibid*. p. 529) law.

⑥ German *Strafgesetzbuch*, art. 55.

⑦ Swedish (Uppström, in *Législation pénale comparée*, p. 483), Finnish (Forsman, *ibid*. p. 565) law.

⑧ French, Belgian, Ottoman law (Rivière, *ibid*. p. 7).

⑨ *Code Pénal*, art. 66 *sq*.

⑩ Stephen, *op. cit*. ii. 98. Kenny, *Outlines of Criminal Law*, p. 50.

⑪ *Strafgesetzbuch*, art. 56.

⑫ Dutch law (van Hamel, *loc. cit*. p. 444).

⑬ Spanish (Código Penal reformado, art. 9, § 2), Swedish (Uppström, *loc. cit*. p. 484), Finnish (Forsman, *loc. cit*. p. 566) law.

十岁①，有的确定为二十一岁②。

罗马法似乎有这个推定：青春期以下年龄的人总的说来缺乏犯罪的行为能力，对于临近青春期的人，则可以视其行为能力的实际表现不按这个推定执行，只是年龄界限并未清楚界定。③ 据《埃塞尔汇编》④："蛊惑傻瓜的人应为自己的罪行付出代价"；注释里又进一步补充道，直到七岁结束，一个人才不是傻瓜，直到十四岁结束，一个人才不是半呆半傻⑤——这样的规定与教会法相似。⑥根据伊斯兰法律，以牙还牙的原则只适用于成年人。⑦ 在中国，不仅年幼影响刑事责任，年迈也影响刑事责任。"罪犯的年龄小于七岁、大于九十岁的，除非是叛国罪或叛乱罪，否则不应受任何处罚。""除非是叛国罪，罪犯年龄小于十岁、大于八十岁的，若犯死

---

① Austrian law (Finger, *op. cit.* i. 112).

② Italian (*Codice Penale*, art. 56), Russian (Foinitzki, *loc. cit.* p. 529), Portuguese (Tavares de Medeiros, *loc. cit.* p. 199), Brazilian (*Codigo Penal dos Estados Unidos do Brazil*, art. 42, §11) law. 根据《土耳其刑法》第40条，"未成年人犯罪者，不得以适用于该罪行的刑罚处置"。

③ Clark, *Analysis of Criminal Liability*, p. 70. von Jhering, *Das Schuldmoment im römischen Privatrecht*, p. 42 sqq. Mommsen *Römisches Strafrecht*, p. 75. sq.《法学阶梯》把成年定义为男性满十四岁，女性满十二岁(*Institutiones*, i. 22). 按照《十二铜表法》，儿童偷盗要受惩处，尽管惩处不如成人那么严重(Gellius, *Noctes Atticce*, xi. 18. 8. Pliny, *Historia naturalis*, xviii. 3)。

④ 《埃塞尔汇编》(*Irish Book of Aicill*)，中世纪时爱尔兰的一部成文法典。——译者

⑤ *Ancient Laws of Ireland*, iii. 157.

⑥ Katz, *Grundriss des kanonischen Strafrechts*, p. 8.

⑦ Sachau, *Muhammedanisches Recht*, p. 762. 加法尔·谢里夫说，在印度穆斯林中，未成年男童、女童无论做了好事还是坏事，都由其父母处置(Jaffur Shurreef, *Qanoon-e-Islam*, p. 36)。

罪，则提交皇帝陛下通过特赦处置。""罪犯年龄小于十五岁、大于 267
七十岁的……若未犯死罪，可以缴纳规定的罚金赎罪，除非因叛国
罪、叛乱罪、谋杀某家三个或更多成员、以妖术或毒药杀人而被宣
判流放——这类罪犯均应严格依法处置。"①

　　按照早期习俗，犯了伤害罪的儿童有时②——并非总是如
此③——也要按规则接受复仇。甚至在荷马时期的希腊，犯了杀
人罪的儿童似乎要终生流放。④ 在其他情况下，父母要为孩子的
所作所为承担责任。⑤ 例如，在西非弗约特人那里，不仅仅儿童本
人要为自身行为承担责任，受害一方如乐意，可以要求儿童的父母
做出补偿。⑥ 至于条顿人，"就像奴隶主之于奴隶一样，父亲要为
孩子的行为承担责任，代表孩子受过。举行授予孩子武器的仪式
后，孩子就成为社群里有资格携带武器的成员，这时孩子通常就享
有某些权利、承担某些责任了；按习俗（并非总是如此），这类仪式
发生在十二岁时。"⑦按照瑞典古代法律，如案犯年龄小于十五岁，

---

　　①　*Ta Tsing Leu Lee*，sec. xxii. p. 23 *sq*.

　　②　Senfft，in Steinmetz，*Rechtsver-hältnisse*，p. 449（Marshall Islanders）.
Miklosich，'Blutrache bei den Slaven,' in *Denkschriften d. kaiserl. Akademie d.
Wissensch. Philos.- hist. Classe*，Vienna，xxxvi. 131（Turks of Daghestan）. 另见上文第
217 页。

　　③　Lang，in Steinmetz，*Rechtsver-hältnisse*，p. 257（Washambala）.

　　④　*Iliad*，xxiii. 85 *sqq*. C*f*. Müller. *Dissertations on the Eumenidcs*，p. 95.

　　⑤　Nicole，in Steinmetz，*Rechtsver-hältnisse*，p. 132（Diakité-Sarrakolese）. Marx，
ibid. p. 357（Amahlubi）.

　　⑥　Dennett，in *Jour. African Society*，i. 276.

　　⑦　Wigmore，'Responsibility for Tortious Acts,' in *Harvard Law Review*，vii.
447.

伤害罪的处罚要等同于过失伤害罪；[1]同样的处罚标准也出现在
268 爱尔兰中世纪时的法律中，只不过案犯年龄是小于十六岁。[2] 然
而，正如我们已经看到的那样，即便是意外伤害也要承担责任。在
那些以补偿原则处置罪犯的地方，无法确定父母为孩子承担责任
在多大程度上是由于他们认识到孩子无道德责任，或者可以说，父
母代孩子承担责任仅仅由于孩子一文不名而无法独立补偿。上述
看法的下半部分大体上为早期习俗和法律所采纳，表现为这个事
实——对于以惩处作为补偿的情况，不担责任的时期缩短了。英
格兰关于十二岁的年龄界限流行于盎格鲁诺曼时期，但后来在刑
事案例中摒弃了这一规定。[3] 我们在 1279 年诺森伯兰郡[4]的审判
名册中读道："雷金纳德……四岁，意外杀死了罗伯特……两岁；因
年龄尚小，法官准许他活下去，与家人生活在一起。"[5]我们也听说
稍后的一个七岁以下的儿童不须为谋杀案接受审判。[6] 1457 年，
一个四岁的幼儿在一桩案件中被认为应担罪责，尽管审判员的话
也表现出豁免此幼儿的倾向。[7] 从 18 世纪开始，记录的案例包
括，一个十三岁的女孩因为杀死了女主人而被处以火刑，一个八岁

---

[1]　Wilda, *Strafrecht der Gentlemen*, p. 642 *sq*. Nordström, *Bidrag till den svenska samhälls-författninggens historia*, ii. 73. *Cf*. von Amira, Nordgermanisches Obligationenrecht, i. 375 *sq*.

[2]　Grágás, VigsloΦi, 32, vol. ii. 63.

[3]　Wigmore, *loc. cit*. p. 447.

[4]　诺森伯兰郡（Northumberland），英格兰一郡名。——译者

[5]　*Three Early Assize Rolls for the County of Northumberland*, p. 323.

[6]　Pollock and Maitland, *op. cit*. ii. 484.

[7]　Wigmore, *loc. cit*. p. 447 *sq*. n. 7.

的男孩因为纵火而被处以绞刑。[①] 1748 年，一个十岁的男孩因杀害一个五岁的女孩被定罪，宣判处以死刑，所有的法官都同意，"为了社会正义"，法律应该按部就班。但结果是，处决缓期执行，最后男孩得到国王赦免。[②] 这些事实以及大陆国家[③]发生的其他类似案例表明，开始负完全法律责任的年龄趋于越来越大。而且，我们有理由希望法律尚未在此事上盖棺论定。

　　基于智力上无能减轻或免除应付责任之原则，也应用于白痴和疯子。尽管白痴也能获得一些关于一般道德原则的知识，他们却没有能力应用这些原则；[④]并且他们预见其行动后果的能力必定是非常有限的。在一定程度上，同样的说法也可应用于疯子；不过，下一章就会看到，除了心智错乱，还有另一理由来说明他们不应负担责任。

　　所有现代法律都认可，傻和疯可以在一定情况下使当事人免除罪责。根据罗马法律，即便造成了损失，疯子也可以免付赔偿金；[⑤]结局如此宽厚仁慈，乃至罗马公民经常装疯卖傻以逃避公共责任。[⑥] 就是蒙昧人也认识到，疯子不应为其行为担责。阿比泊

① Wilson，*History of Modern English Law*，p. 124.

② Foster，*Report of Crown Cases*，p. 70 sqq.

③ Trummer，*op. cit.* I. 428，432 *sqq* (Germany). Jousse，*Traité de la justice criminelle de France*，ii. 617；Tissot，*Droit pénal*，i. 30 (France).

④ von Kraft-Ebing，*Lehrbuch der gerichtlichen Psychopathologie*，p. 70.

⑤ von Vangerow，*Lehrbuch der Pandekten*，iii. 36. von Jhering，*Das Schuldmoment im römischen Privatrecht*，p. 42. Thon，*Rechtsnorm und subjectives Recht*，p. 106，n. 70.

⑥ *Digesta*，xxvii. 10. 6.

尼人①认为,"武力对付丧失心智之人是错误的和非理性的"。② 在北美的伯塔瓦托米人③中,许多人被认为"蠢""认识不到犯罪"。④ 易洛魁人相信,"如某人心智不健全,就不该指责他,至少不该惩罚"。⑤ 亨内平称:"他们每年都有可称为愚人节的一天;这天他们假装疯了,从一间棚屋奔向另一间棚屋,如果他们虐待了某人或拿走了某物,第二天他们会说,'我昨天疯了,我都不知干了些什么。'其他人会接受此解释,不会报复。"⑥美拉尼西亚人"同情疯子,友善对待他们,尽管他们基本得不到治疗";例如在佛罗里达群岛,一个人疯了,追逐人们,偷东西并藏起来,但"没人谴责他,因为他们知道他已鬼魂附体"。⑦ 在西非弗约特人那里,傻瓜和白痴本人不必为其行动负责。⑧ 瓦查加人则从宽处理疯子犯罪。⑨ 马塔贝勒人相信,疯子被魂灵附体,"从前受国王保护"。⑩ 东非土著提及白痴或疯子会说:"他魔鬼附体了。"⑪哈吉⑫阿本萨拉姆·沙贝内称,在豪萨兰⑬,"一个人犯了罪,法官判定他已鬼魂附体,就没有处罚"。⑭

---

① 阿比泊尼人,南美的一支印第安人。——译者

② Dobrizhoffer, *Account of the Abipones*, ii. 234.

③ 伯塔瓦托米人,北美的一支印第安人。——译者

④ Keating, *Expedition to the Source of St. Peter's River*, i. 127.

⑤ Charlevoix, *Voyage to North America*, ii. 24 *sq*.

⑥ Hennepin, *Description de la Louisiane*, Les Mœurs des Sauvages, p. 71 *sq*.

⑦ Codrington, *Melanesians*, p. 218.

⑧ Dennett, in *Jour. African Society*, i. 276.

⑨ Merker,转引自:Kohler, in *Zeitschr. f. vergl. Rechtswiss.* xv. 64。

⑩ Decle, *Three Years in Savage Africa*, p. 154.

⑪ Burton, *Lake Regions of Central Africa*, ii. 320.

⑫ 哈吉(El Hajj),去麦加朝圣过的穆斯林的称号。——译者

⑬ 豪萨兰(Hausaland),近尼日利亚一地名。——译者

⑭ 'Abdssalam Shabeeny, *Account of Timbuctoo and Housa*, p. 49.

精神错乱是由于魂灵附体的看法常常使得白痴或疯子成为宗教崇拜的对象。① 马库西人②把疯子看作神圣之人。③ 巴西的帕拉维拉纳人认为白痴被神灵附体。④ 按照斯库克拉夫特的说法,"在众人之中对疯子尊重有加,是美洲部落的普遍特征"。⑤ 巴罗隆人⑥崇拜疯子,认为他们直接受神影响。⑦ 古希腊人也认为某类疯狂具有神性,"高于健全的心灵"。⑧ 莱恩称,现代埃及人通常把白痴或傻子看作"灵魂在天、粗鄙的肉身则混在凡人中的生命;因而他被上苍看作至爱。不管一个受尊敬的圣人犯了什么暴行(有许多人总是违背宗教戒律),这样的行为并不影响其圣名;因为人们认为他是由于精神超凡脱俗才做了那些事——他的魂灵或理性全神贯注于对神之虔敬了——这样他的情感也就如脱缰之马。危害社会的疯子会被关起来,而其他无害的疯子通常被看作圣人。"⑨ 摩洛哥也存在同样的情况。疯子甚至不必在斋月戒斋——这可是最重要的宗教责任;有个人不是直到日落不进食,而是光天化日之下在大街上大吃大喝,我听到人们宽容地说:"这个可怜的家伙不知自己在做什么,他的精神与真主同在。"⑩

---

① Cf. Tylor, *Primitive Culture*, ii. 128.
② 马库西人,英属圭亚那的土著居民。——译者
③ Andree, *Ethnographische Parallelen*, Neue Folge, p. 3.
④ von Martius, *Beiträge zur Ethnographie Amerika's*, i. 633.
⑤ Schoolcraft, *Indian Tribes of the United States*, iv. 49.
⑥ 巴罗隆人,南非一部落土著。——译者
⑦ Tylor, *Primitive Culture*, ii. 130.
⑧ Plato, *Phædrus*, p. 244.
⑨ Lane, *Manners and Customs of the Modern Egyptians*, p. 237.
⑩ Cf. Gråberg di Hemsö, *Specchio geografico, e statistico dell'impero Marocco*, p. 182 sq.

另一方面,有些地方的人们则以另外的方式对待疯子。西维多利亚的部落民会处死他们,"因为这些部族非常害怕疯子"。[1]在卡尼科巴,据说疯狂似乎是那里判处死刑的唯一原因,疯人会被吊在两棵竹子上绞死;[2]不过这种做法似乎是干掉害群之马的办法,而不是严格意义上的刑罚。瓦沙巴拉人会处死犯了谋杀罪的疯人——据说"这并不是因为他已经犯的罪行,而是为了预防他接下来残害别人"。[3]达吉斯坦的土耳其人告诉我们,对疯人也适用以血还血的规则。[4]

在中国,疯子应该为其行为负责,尽管刑罚一般会减轻,例如皇帝心情愉悦,犯谋杀罪者只处以戴镣铐监禁。但是,如果疯子蓄意杀死父母或祖父母,就不会轻饶他;他要在犯案所在的乡村或城市刑场被立刻处决,即使疯子已死,也要残忍地将其碎尸万段。[5]

按照古代威尔士法律,不应向白痴寻仇,[6]国王也不应因白痴的行为而征收罚金。[7]不过,"如果白痴杀了人,其亲属应为其赔付血钱,因为他们本应该阻止他做错事"。[8]根据瑞典地方法律,如果疯子的亲属曾告知公众他疯了,或曾依某些法律用镣铐把他禁锢起来而他后来挣脱了,疯子犯下的伤害罪按意外伤害处置;然

---

[1]　Dawson, *op. cit*. p. 61.

[2]　Distant, in *Jour. Anthr. Inst.* iii. 6.

[3]　Lang, in Steinmetz, Rechtsver-hältnisse, p. 257.

[4]　Miklosich, *loc. cit*, p. 131.

[5]　Alabaster, *Commentaries on Chinese Law*, pp. 93, 96. *Cf*. Douglas, *Society in China*, pp. 72, 122.

[6]　*Dimetian Code*, ii. I. 32 (*Ancient Laws and Institutes of Wales*, p. 200).

[7]　*Venedotian Code*, ii. 28. 3 (*ibid*. p. 98).

[8]　*Welsh Laws*, iv. I. 2 (*ibid*. p. 389).

而,如果疯子亲属未曾那么做,则按故意伤害罪处置。[①] 冰岛法律甚至制定这样的规则——如疯子犯谋杀罪,他应受到与心智健全的谋杀犯一样的惩罚。[②] 在爱德华二世和爱德华三世时期的英国,如果一个人犯了罪,至少在谋杀罪的情况下,即使有证据表明他疯了,也并不足以让他无罪释放,不过可以让他得到一个疯狂情况下犯罪的特殊裁定,而他于是就有权利被国王赦免。[③] 实际上,这样的权利意味着认可精神错乱有要求宽恕的权利;但据我们所知,就中世纪及其之后处置疯人的情况而言,我们无法确信精神错乱的罪犯是否逃脱了所有惩罚。根据1315年发生的一个案子,某疯子用小刀弄伤了自己,最后因伤而死;他所有的动产都充公了。[④] 培根伯爵在《法律箴言》里说:"如在行为识别能力年龄以内的小孩子和疯人杀了人,他不必因此而受指控;但如他挖出了别人的眼睛,或造成了相似的人身伤害,就应以侵害罪论处";在上述案例里,"法律考虑受害者受到的实际伤害,而非犯罪者的恶行怎么样"。[⑤] 17世纪初以前的德意志市镇法从未有关于疯子犯罪的特别条款;[⑥]按1605年颁布的汉堡法令,尽管杀了人的疯子不会作为普通凶手惩处,他仍然要接受责罚。[⑦] 在17世纪和18世纪的

273

---

① von Amira,*Nordgermanisches Obligationenrecht*,i. 375.

② Grágás,VigsloΦi,33,vol. ii. 64.

③ Stephen,*op. cit*. ii. 151.

④ Wigmore,*loc. cit*. p. 446.

⑤ Bacon,*Maxims of the Law*,reg. 7 (*Works*,vii. 347 *sq*.).

⑥ Trummer,*op. cit*. i. 428.

⑦ *Ibid*. i. 432.

德国,被认定为白痴和疯子的人并非很少被严惩,有时也处以死刑。① 直至相当晚近的时期,欧洲文明史最黑暗的一页或许就充斥着折磨这些可怜人的文字描述。② 许多白痴和疯子被当作女巫或异教徒而处以火刑,或视同普通罪犯惩处。那些桀骜不驯的疯狂之人,今天本可以舒适地生活在精神病院,那时却被施以鞭刑柱和足枷。莎士比亚提到,疯子需要"一间黑屋和一根鞭子";③绥夫特注意到,如第欧根尼这样有创造力的人,若放到他那个时代,也会被当作疯子对待,即显然面临"放血、鞭笞、关黑牢和做苦役的危险"。④ 埃斯基罗尔⑤的记述,关于贝德兰疯人院和约克疯人院的议会辩论,以及拉罗什富科⑥主编的提交给 1789 年国民议会的报告,都描绘了一幅悲伤的画面——"在监狱里,不管性别、年龄,普通疯子、刑事犯疯子和其他罪犯蜷缩在一起;在疯人院里,疯子永不停歇地活动,抑郁症患者很快由胡言乱语转入癫狂,他们在同一小屋里被拴在一起;在医院里,癫痫患者、淋巴结核患者和疯子比肩接踵睡在一起——这是一幅牢房画面,黑暗、恶臭、潮湿,居住着饥饿、患病、赤裸着的人们,他们被拷打而屈服,或被捉弄而暴怒,

274

---

① *Ibid*. i. 438 *sqq*.

② See Tuke, *Chapters in the History of the Insane in the British Isles*, p. 43 *sq*.; Maudsley, *Responsibility in Mental Disease*, p. 10 *sq*.; Lecky, *History of European Morals*, ii. 85 *sqq*.

③ Shakespeare *As you Like it*, iii. 2.

④ Swift, *Tale of a Tub*, sec. 9 (Works, x. 163).

⑤ 埃斯基罗尔(Esquirol,1772—1840),法国精神病学家。——译者

⑥ 拉罗什富科(La Rochefoucauld,1613—1680),法国作家,出身大贵族,但反对专制政治。——译者

无所事事者则把此情此景当作游戏和娱乐旁观。"[①]

　　不管对人类痛苦之冷漠在多大程度上促成了这些暴行和悲剧,草率、迷信和无知起的作用应该大得多。我们已经看到,当某件事刺痛了公众的情感时,事件背后的情境很容易被忽视。想一想中国人如何惩处那些纯粹出于意外而杀死自己父母的人,以及如何惩处杀死自己父母的疯子,也就没有什么可奇怪的了。甚至如斯莫利特这样的著名作家也认为,立法机关剥夺犯下重罪疯人的特殊待遇,让他们像正常人那样"不差分毫地接受法律厘定的罚则",[②]并非荒唐或非理性。而且,我们也看到,疯狂常被视为魔鬼附体的结果,[③]在别的情况下被视为神的惩罚。[④] 从非基督教徒的角度来看,这会使疯人成为怜悯或恐惧的对象,而不是怨恨的对象;就像罗马立法者所说的那样,心智错乱的谋杀者不应被惩罚,因为心智错乱本身就是足够重的惩处了。[⑤] 但是在基督教欧洲,直到相当晚近的时期,人们都乐意惩罚疯子这上帝的敌人。人们认为疯子被恶魔附体,或疯子受到的折磨乃是上帝对异端或罪孽的惩罚,[⑥]疯子是可恨之人,罪有应得。最后,我们必须考虑到:人

----

① Wood-Renton,'Moral Mania,' in *Law Quarterly Review*,iii. 340.

② Smollett,转引自:Tuke,*op. cit.* p. 96。

③ 另见:Doughty,*Arabia Deserta* i. 258 *sq*. ; Westermarck,'Nature of the Arab *Ginn* illustrated by the Present Beliefs of the People of Morocco,' in *Jour. Anthr. Inst.* xxix. 254; Andree,*op. cit.* p. 2 *sq*. ; Tuke,*op. cit.* p. 1; Pike,*History of Crime in England*,i. 39; von Kraft-Ebing,*op. cit.* p. 5。

④ Plato,*Leges*,ix. 854. Esquirol,*Des maladies mentales*,i. 336.

⑤ *Digesta*,i. 18. 14; xlviii. 9. 9.

⑥ Wood-Renton,*loc. cit.* p. 339.

们认为疯子的感性低于神智健全的人；[①]我们对疯狂之心智特征了解得很少；于是人们把许多疯人当作心智健全的人来处置，这是因为人们认为他们心智健全，而其他疯人尽管也被认可为疯人，人们要求他们承担责任乃是因为人们认为疯人就得承担责任。涉及疯狂的英格兰法律史令人悲哀地证明，对其的无知令疯人成为律师手中的牺牲品。

1724 年，一名英格兰法官表达了大意如下的看法，免于惩处的人"必须完全丧失理解和记忆能力，不知道自己在做什么，在这些方面不比未成年人、畜类或野兽强"。[②] 自 19 世纪初叶，人们开始把区分正确和错误的抽象思维能力看作责任能力之证明；[③]而在 1843 年迈克诺顿[④]审判以来的现存法律原则中，有关对错的认知问题指的是在特定犯罪时间做出的特定行动，而不是指大概的、含混不清的情况。[⑤] 这些法律原则当然表明在鉴别疯人上取得了值得关注的进展。但与此同时，面对议会上院就迈克诺顿案件提出的问题，十四位英格兰法官所做的回答仍然显得无知，而今天几乎不会出现这种情况。在回答"如果某人患了妄想症，因而犯了罪，可以因此宽恕他吗？"这个问题时，这些法官的答复的前提假定是，"他只是在一定程度上为幻想所蒙蔽，并非在其他方面也心智错乱"，因而"我们应该设想他所妄想的事情真实存在，并在此情境

276

---

① Wood-Renton, *loc. cit.* p. 339.

② Howell, *Collection of State Trials*, i. 765.

③ Harris, *Principles of the Criminal Law*, p. 18. Kenny, *op. cit.* p. 53.

④ 迈克诺顿(M'Naughten, 1813—1865)，苏格兰人，因精神错乱而犯谋杀罪，1843 年接受审判。——译者

⑤ Clark and Finnelly, *Reports of Cases decided in the House of Lords*, x. 202.

下考虑他的责任。例如,如果在妄想症的影响下,他认为别人要夺去他的生命,他按妄想出于自卫而杀了那个人,他就应免于惩处。如果他妄想被害人只是严重损害了他的名誉和财产,他却对这假想敌复仇,结果致其死亡,他就负有罪责。"①这个回答的错误不在结论,而在前提。莫兹利教授评论道:"这个假定毫不含糊——一个怀有疯狂妄想的人,能够就此妄想理性地思考和行动;犯罪的时候,如果他的幻想涉及的事真实存在的话,他应该像常人那样有所认知并付诸实施,而且能控制自我;实际上他必定在其非理性上是理性的,在其心智错乱上是心智清醒的。"②然而,现代科学的说法却不一样。科学表明,如此的妄想绝不会孤立存在,而总是大脑生病的结果,这或多或少影响了心智的各种功能,并且,很少有心智错乱之人能够在付诸暴力时完全明了自身行为的性质和特征。③ 或许这十四位法官的信条的更大缺陷在于根本不考虑心智错乱之冲动产生的影响;不过,我们现在对这个话题并不关心。这里我的目标仅仅在于表明,只要疯人不担责任的理由在于其心智错乱,既然人们认识到了疯人心智错乱,疯人之不担责任通常也就相应被认可了;可以用人们的信仰来解释此规则之例外,尽管这些信仰实质上影响着对疯人的处置,却与责任原则本身没有关系。

277

---

① *Ibid*. x. 211.

② Maudsley, *op. cit.* p. 97.

③ Griesinger, *Mental Pathology and Therapeutics*, p. 72 *sq*. Maudsley, *op. cit.* p. 96.

　　行动者有时处于这样的状态,例如梦游、昏迷或暴怒的时候,他对其所为了解并不比白痴或疯子多。当然,对于这些状态,下面的规则也成立,即尽管一个人可为其无知负责,却不应为其在无知中的所作所为负责。与生气和暴怒有关的责任问题更适于在其他地方探讨。这里我就要转而考察醉酒的情况。

　　在喝醉的时候,某人不明了自身行为的性质,或酒精促成了某种强烈的冲动,决定了他的意志,他不负责任或只负部分责任。如他在烂醉如泥的状态下犯了罪,只能指责他在清醒时做的事。如他故意喝醉了才去犯罪,那么就是蓄意犯罪,他同样要负责任,视同他是没喝酒的情况下犯了罪。如他并非因自身的任何过错而喝醉了,例如他不知道也不可能知道使他喝醉的酒会使人醉倒,他也应免于责任。但在其他情况下,如果他对喝酒可能造成的后果掉以轻心、鲁莽草率,或者对此满不在乎,他就负有罪责。这就是关于醉酒理论的清晰表述。但在实践中,很难指望这个理论能准确无误地体现出来。

　　一般来说,人们承认醉酒是减轻罪责的一个正当理由。我们从许多渠道听说,北美印第安人对醉酒的犯罪者特别宽容。按照夏洛瓦的说法,易洛魁人"对酒鬼的折磨逆来顺受,也不自卫,因为害怕伤害了他们。如果你试图向他们表明这样做是愚蠢的,他们会说,'为什么我们要伤害他们? 他们都不知自己在做些什么。'"更有甚者,"如果某人杀死了跟他同住某一棚屋的另一人,如果他喝醉了(想做这样的事的时候,他们经常装醉),[①]最后的结果只能

---

　　① Cf. Hennepin, *op. cit.* p. 71.

是,他们同情和哀悼死者。'不幸的是(他们这么说),杀人者不知自己在做什么。'"①詹姆士提及奥马哈人时的说法也差不多。② 布洛梅提到宾夕法尼亚的土著人时说:"清醒的时候,他们很少会争吵;如果醉酒后发生了争吵,他们随后会原谅说,是酒而不是喝酒的人辱骂了他们。"③本杰明·富兰克林告诉我们,一些印第安人醉酒后行为不端,后来就让他们的三个老人来赔不是;"那个能说会道的人承认过错,但把过错归于朗姆酒,接着就竭力为朗姆酒开脱。"④如阿兹特克人喝了墨西哥的土产酒后做了讨嫌的事,他们会归咎于酒神或酒本身,根本不追究喝醉的人。事实上,如果谁说了某醉酒之人的坏话,或侮辱了他,他就要因不敬神而受到惩罚——人们认为醉酒之人酒神附体。因而,萨哈冈讲,据说印第安人故意喝醉了才去犯罪,以逃脱罪责,而他们清醒的时候犯下那样的罪则会受惩处,这并非毫无根据。⑤

　　在印度克伦人中,"并非罕见的是,有人在醉酒后的争斗中被杀死;但按照克伦人的习俗,并不容许对这样的事采取行动。在这类情况下有人死掉,是无法寻求补偿的。克伦人主张,这不是蓄意或恶意杀人;死者或许该跟杀死他的人一样受到指责;人们在喝醉后不应为他们做的事承担责任。"⑥在坎德人中,"不管

---

① Charlevoix, *op. cit.* ii. 23. 25. 按照莱斯利的观点,尽管易洛魁人把什么都怪罪在朗姆酒上,他们还是严厉惩处醉酒状态下的谋杀行为(Loskiel, *History of the Mission of the United Brethren among the Indians in North America*, i. 16)。

② James, *Expedition from Pittsburgh to the Rocky Mountains*, i. 265.

③ Blome, in Buchanan, *North American Indians*, p. 328.

④ Franklin, Autobiography, ch. ix. (*Works*, i. 164).

⑤ Sahagun, *Historia general de las cosas de Nueva España*, i. 22, vol. i. 40.

⑥ Mason, in *Jour. As. Soc. Bnegal*, xxxvii. pt. ii. 146.

伤势多么严重,只要发生在被激怒的极端状态下,或起因于醉后的口角,支付数额不多的赔偿金就够了"。① 在马绍尔的一些岛民中,以血洗血的习俗一般并不适用于醉酒后发生的谋杀,人们接受以赔偿了结。② 按照东弗里斯兰人③的古代法律,如某人醉酒后杀死了另一人,可以"向国王或死者亲属交一笔钱来换取自己的性命"。④

罗马法把醉酒当作减轻罪责的一个根据;⑤法理学家马尔西安提及醉酒作为冲动的一个例子,示意不应把醉酒后犯罪者与以冷静清醒的意识盘算自己行动的犯罪者相提并论。⑥ 教会法认为,醉酒是值得公道的法官宽宥的一个理由,因为无论如何醉酒状态下做的事都是醉酒者在缺乏清醒意识的情况下发生的。⑦ 确实,难道上帝不也对罗得⑧醉酒后犯下的罪孽表现出宽容了吗?⑨部分依据罗马法的权威,部分依据教会法,中世纪最早的法律界人士遵从这一原则:醉酒是减轻罪责的一个正当理由;这个信条深深植根于后来的法律中,醉酒之人被比作受到睡眠影响之人,醉酒被

---

① Macpherson,*Memorials of Service in India*,p. 82.

② Jung,转引自:Kohler,in *Zeitschr. f. vergl. Rechtswiss.* xiv. 446。

③ 东弗里斯兰人,历史上居住于东弗里斯兰群岛(今属德国)的居民,语言属日耳曼语族。——译者

④ *Das Ostfriesische Land-Recht*,iii. 18.

⑤ *Digesta*,xlviii. 19. 11. 2; xlix. 16. 6. 7. Mommsen,*Römische Strafrecht*,p. 1043.

⑥ *Digesta*,xlviii. 19. 11. 2.

⑦ Gratian,*Decretum*,ii. 15. 1. 7.

⑧ 罗得,《圣经》里的一个人物,酒醉后与其两个女儿发生了性关系。——译者

⑨ *Ibid.* ii. 15. 1. 9.

视为与心智错乱等同。① 直到 16 世纪，人们才感到，醉酒是减轻罪责之理由这一概括性规则还不够。特别是自克拉鲁斯所处时代开始，如下观点开始流行——烂醉如泥可以免除恶意犯罪之惩处，但犯法者仍会因过失而受到惩处，除非发生以下两种情况：第一，他故意喝醉，并意识到可能在醉酒时犯罪，这时醉酒根本就不会当作减轻罪责的理由；第二，他并非因自身过错而喝醉，例如他的同伴把兴奋剂混入他的酒，这时甚至会撤销过失罪这一惩处。② 主要是在德意志，这些看法逐渐决定了当地的司法实践，相似看法也流行于意大利、西班牙、葡萄牙和挪威的司法实践。③ 1824 年普鲁士刑法年报报道了一个案例，某人因醉酒时杀死了他的小孩仅被处以一年监禁。④ 其他国家则按不同原则处置。弗朗索瓦一世⑤颁布的一个诏书宣布，无论如何醉酒不能免于通常的处罚；⑥后来的法国司法支持、应用了这条规则。⑦ 法国刑法并没有提及醉酒可以减轻惩处；不过，此严厉规定由刑法的这一原则——醉酒导致暂时性心智错乱，而任何形式的心智错乱都可成为免除惩处之正 ²⁸¹

---

①　Mittermaier, *Effect of Drunkenness on Criminal Responsibility*, p. 6.

②　Clarus, *Practica criminalis*, qu. lx. nr. 11 (*Opera omnia*, ii. 462).

③　Mittermaier, *op. cit.* p. 7. Du Boys, *Historie du droit criminel de l'Espagne*, p. 290. Italian *Codice Penale*, art. 46 *sqq.* Spanish *Código Penal reformado*, art. 9. § 6.

④　*Zeitschr. f. die Criminal-Rechts-Pflege in den Preussischen Staaten*, edited by Hitzig, iii. 60.

⑤　弗朗索瓦一世，法国国王，1515 年—1547 年在位。——译者

⑥　Isambert, Decrusy, and Armet, *Recueil général des anciennes lois françaises*, xii. 527.

⑦　Mittermaier, *op. cit.* p. 8.

当理由——所缓和。① 在英格兰②、苏格兰③和美国④，自愿醉酒绝
不能充作犯罪的借口。黑尔提及醉酒时犯谋杀罪的某人，说道：
"按英格兰法律，这样的人不会因自愿招致的疯狂享受任何优待，
他应如神志清醒时犯罪那般被判决。"⑤然而，对于行动意图构成
犯罪行为之实质的案例，陪审团考虑被告的行事动机或意图时，可
以把醉酒纳入考虑。⑥ 按中国法律，醉酒也不影响责任问题。⑦

　　在文明的较低阶段，各地的人们对醉酒时犯下伤害的过于宽
容无疑在某种程度上缺乏预见。他们未能预期醉酒可能导致的有
害后果，也不能认识到耽于饮酒的罪责。美洲印第安人是臭名昭
著的酒鬼，他们把酗酒看作"快乐的事"。⑧ 在坎德人中，醉酒同样
很普遍，"显然他们认为醉酒狂欢不会触怒神"。⑨ 醉酒之人被恶
282 魔附体并因此行事不能自主，这一信念也有助于此人得到开释。⑩
另一方面，在那些不区分神志清醒的犯法者与喝醉的犯法者的地
方，由于外部事件搅动了公众的情感，后者的罪责常常被夸大。最

---

①　*Ibid*. p. 12 *sq.* Rivière, *loc. cit*. p. 7.

②　Stephen, *History of the Criminal Law of England*, ii. 165.

③　Hume, *Commentaries on the Law of Scotland*, i. 38. Erskine-Rankine, *op. cit*. p. 545.

④　Bishop, *op. cit*. § 400. *sq.* vol. i, 231 *sqq.*

⑤　Hale, *op. cit*. I. 32.

⑥　Harris, *op. cit*. p. 21. Stephen, *Digest*, art. 32, p. 22.

⑦　Giles, *Strange Stories from a Chinese Studio*, ii. 30. N. 2.

⑧　Adair, *History of the American Indians*, p. 5. Catlin, *North American Indians*, ii. 251. Colden, in Schoolcraft, *Indian Tribes*, iii. 191. Prescott, *ibid*. iii. 242. James, *op. cit*. i. 265.

⑨　Campbell, *Wild Tribes of Khondistan*, p. 165. Macpherson, *op. cit*. p. 81 *sq.*

⑩　*Cf*. Dorsey, 'Siouan Cults,' in *Ann. Rep. Bur. Ethn*. xi. 424.

不合理的是,事件对公众的影响如此之大,某些法律不仅处罚醉酒后做的事,也处罚醉酒行为本身。因而亚里士多德告诉我们,立法者对醉酒者的犯罪施加双重惩罚。[①] 查理五世 1531 年颁布的诏令[②]和弗朗索瓦一世 1536 年颁布的诏令就有这样的规定。[③] 在对醉酒的犯法者没有任何怜悯的社会里,如醉酒不伴随伤害性后果,人们是最容易酗酒的——这是顺理成章的事。当然,也可以说,应根据耽于饮酒之人预期到醉酒导致有害后果的程度,判断应受的责罚。也有这种说法,如果宽恕醉酒,假装醉酒或实际醉酒的人所犯下的重罪就会逃脱应得的惩处。一些人甚至坚持认为,醉酒会使人丢掉真实的品格。一个中国故事这样讲道:"许多酒鬼说他们第二天早晨记不得前天夜里做的非分之事,不过我告诉你这是胡说八道,这样的事十件有九件乃蓄谋恶意为之。"[④]但是,即使考虑到以上说法,我仍大胆认为,对于许多醉酒以及其他因缺乏先见之明导致伤害的情况,一些法律之极端严苛主要是由于这个事实——立法者更关心外部行为,而不是其内在根源。

① Aristotle,*Ethica Nicomachea*,iii. 5. 8.
② Damhouder,*Praxis rerum criminalium*,lxxxiv. 20,p. 241.
③ Isambert,Decrusy,and Armet,*op. cit.* xii. 527.
④ Giles,*op. cit.* ii. 30.

第十一章　动机

对于明智审慎的人而言，他做道德判断的时候，若不知悉触发其判断的意欲和动机，他就不会视其判断为最终判断。但一般的道德评价很少关注动机。所谓动机，即人们想要做某些事，或避免做某些事。行动或不作为的意向性原因也并非同样引人关注，它们还常常被隐藏起来。只有在反思介入道德评判的时候，人们才相应考虑这些意向性原因。

以出自责任感的行动为例说开去。人们常说，人应凭良心行事。不过，实际上，这样做可能使他受到的责难并不比臭名昭著的恶棍这样做所受的责难更少。原因是不难找的。在某种程度上，一个人的道德信条是其品格的表现，因而他可能因具有特定道德信条而被指责。而他因之而应承受的指责尽管不失公允，却很容易被夸大，部分由于人们易于对不同于自己的是非观很不宽容，部分由于外部事件对人们心智的影响。

人们对由强大的非自主意图构成的动机表现出更多的鉴别力。非自主意图绝不体现行动者的品格，而他却不情愿地向它屈服，或者被它搞得一时冲动，失去了自制力。在许多诸如此类的情况下，甚至法律——它认为从责任感出发犯了罪也不能免除责任[1]——也会或多或少宽容犯下过失之人。

于是，依据法律，在受强迫状态下违法常常成为减轻罪责的一个正当理由。严格说来，不可能依靠强制让人们产生意向性；[2]在强制下行动委实意味着在某种非自愿动机影响下行动，此影响非常之大，普通人只能屈服。诚如亚里士多德所说，人们在以下情况下会宽恕某些行为——"人们做了本来不应做的事，是出于对某些事的恐惧——这种恐惧超过了人性所能忍受的程度。即便如此，还是可能有这样一些事，在受强制状态下也绝不允许自己做，在这种情况下，宁愿经历最痛苦的折磨而选择死亡。"[3]这个原则在某种程度上已经为立法所认可。在许多犯重罪的案例中，如果已婚妇女犯罪时丈夫在场，英格兰法律就推定她是在丈夫强迫下犯罪，并因此免除其罪责，除非证据能驳倒法律的推定；[4]但儿童和仆人在父母或主人的命令下犯了罪，则不会无罪释放。[5]除了这个有利于已婚妇女的推定，法律也认可，人身或财产遭到威胁而被迫犯罪也可能免除责任，不过这似乎只适用于以下情景：胁迫来自一帮反叛者或暴乱者，并且犯罪者在犯罪活动中是从犯。[6]相反，在和平时期，尽管某人受到暴力袭击，并且除了杀死一个无辜者没有其

---

① *Cf*. the case Reg. v. Morby, *Law Reports*, *Cases determined in the Queen's Bench Division*, viii. 571. *sqq*.

② Bradley, *Ethical Studies*, p. 40, n. 1.

③ Aristotle, *Ethica Nicomachea*, iii. 1. 7. *sq*.

④ Hale, *History of the Pleas of the Crown*, i. 44 *sqq*. 434. Harris, *Principles of the Criminal Law*, p. 25. Stephen, *History of the Criminal Law of England*, ii. 105 *sq*.

⑤ Hale, *op. cit*. i. 44. Harris, *op. cit*. p. 26.

⑥ Stephen, *op. cit*. ii. 106.

285　他办法逃脱死亡,如果他杀了,他就犯有谋杀罪;"因为这种情况下他宁愿自己赴死,也不该伤害无辜的性命。"①法律上曾经有个一般原则,即"对个人危险的恐惧不是卷入非法活动的借口"。② 但是,对暴力威胁(*duress per minas*)与通常的强制之间的甄别,英格兰法律要比大多数现代大陆法③和罗马法④更加严格。意大利一些司法人员甚至抱有这样的看法,即某人因国王或其他大权在握之人的命令而杀人,要免除一切惩处。⑤ 按照《塔木德》,从法律角度看,因强迫或道德上的恐惧而犯下任何罪过都是情有可原的,只有谋杀或通奸两种情况是例外。⑥

　　另外还可以设想,违法动机在于所谓"迫不得已"的情形。因船只无法承载所有乘客导致有人遇难的经典案例可以很好地说明这个原则。詹姆士·斯蒂芬爵士说:"如果这样的事发生了,无法

---

① Hale, *op. cit.* i. 51 Harris, *op. cit.* p. 2 *sq.*

② Denman, C. J., in Reg. v. Tyler, reported in Carrington and Payne, *Reports of Cases argued and ruled at Nisi Prius*, viii. 621.

③ *Code Pénal*, art. 64; Chauveau and Hélie, *Théorie du Code Pénal*, i. 534 *sqq.* Italian *Codice Penale*, art. 49. Spanish *Código Penal reformado*, art. 8, § *sqq.* Finger, *Compendium des österreichischen Rechtes—Das Strafrecht*, i. 119. Foinitzki, in *Législation pénale comparée*, edited by von Liszt, p. 530 (Russian law). *Ottoman Penal Code*, art. 42.

④ Mommsen, *Römisches Strafrecht*, p. 653. Janka, *Der strafrechtliche Notstand*, p. 48.

⑤ Janka, *op. cit.* p. 60. 但科瓦鲁维亚斯表达了不同观点:"既然不能因恐惧而免除杀戮之责,也不能免除对最轻微的罪孽之惩处。犯了罪就是至恶,不管有多么严重。"(Covarruvias, *De matrimoniis*, ii. 3. 4. 6. *sq.* [*Opera omnia*, i. 139])

⑥ Benny, *Criminal Code of the Jews according to the Talmud Massecheth Synhedrin*, p. 125.

想象幸存者应该受到法律惩处。"①不过,1884年发生了一件类似案例,幸存者却被惩处。木犀草号游艇遭遇海难,三个男人和一个男孩乘坐一只敞舱的小船逃脱了。在海上漂流了八天,没有任何食物果腹,也看不到被救助的希望,三个男人就杀死了濒临死亡的男孩,吃他的尸体充饥。四天以后,一只路过的船救了他们;到了英格兰后,其中两个男人因谋杀男孩受到审判。辩护意见认为,谋杀行为对维持自身生存是必要的。但是王室上诉法院认为,这样的必要性绝不是蓄意夺去无辜生命的正当理由。不过,后来国王把死刑改判为六个月监禁。② 关于这个案例,甚至有这样的说法,即如果男孩有食物,其他人拿走男孩的食物,则他们负有偷盗之罪责。③ 培根的说法——"偷取食物以暂时果腹既非重罪也非盗窃罪"④——并不符合当今法律。⑤ 黑尔明确反对培根的主张,他制定了如下规则——"若某人因受食物或衣物匮乏之迫而偷偷摸摸故意窃取另一人的东西,就犯了重罪,按英格兰法律最高可判处死刑;尽管负责审判的法官在此案件里(在其他极端案件里也一样)可凭英格兰法律之授权在宣判前或宣判后缓期惩处违法者,以获得国王的赦免。"⑥布里顿主张,"未到法定年龄的孩子和穷困落魄

---

① Stephen,*op. cit*. ii. 108. 根据培根《法律格言》的第五条,这种情况下杀人也是可理解的(*Works*,vii. 344)。

② Reg. v. Dudley and Stephens,in *Law Reports*,*Cases determined in the Queen's Bench Division*,xiv. 273 *sqq*.

③ *Ibid*. xiv. 276.

④ Bacon,*Maxims of the Law*,reg. 5(*Works*,vii. 343).

⑤ Reg. v. Dudley and Stephens,in *Law Reports*,*Queen's Bench Division*,xiv. 286.

⑥ Hale,*op. cit*. i. 54.

者由于饥饿而到别人家里窃取价值十二便士以下食物"，应予宽恕。[①] 按照瑞典法典，无法使自己及家庭免于饥饿的穷人如窃取别人的食物，事发两次可以免于惩处，但第三次就要以盗窃论处。[②] 教会法学家说："法律不应制裁需求"；[③]"是欲望导致了强奸和盗窃，而非需求。"[④]这个原则为基督教教义所认可。耶稣向法利赛人[⑤]说："经上记着大卫和跟从他的人饥饿之时所做的事，你们没有念过吗？ 他不是进了神的殿，吃了他和跟他在一起的人不可以吃，只有祭司才可以吃的陈设饼吗?"[⑥]

按照伊斯兰法律，偷窃任何易腐食物都不会砍手，因为食物可能就是用来暂时果腹的。[⑦] 据说，"没有哪位中国官员会给偷取食物果腹的人定罪"。[⑧] 根据赫雷拉的记述，在古代秘鲁，"无故抢劫之人要流放到安第斯山脉，无国王许可不得返回，并且必要时当原价赔偿劫掠之物。偷取食物之人只是受到斥责，无其他任何惩处，但会受命去工作，并被威胁如若再犯，当受背负石头这样非常丢脸的惩戒。"[⑨]我们甚至听说，蒙昧人也把"由饥馑导致的窘迫"当作

---

① Britton，i. 11，vol. i. 42.

② *Westgöta-Lagen II*. Φiufua bolker，14，p. 164 *sq*.

③ Gratian，*Decretum*，iii. 1. 11.

④ *Ibid*. iii. 5. 26.

⑤ 法利赛人，历史上的一支犹太人，标榜墨守传统礼仪。——译者

⑥ *St. Mathew*，xii. 1. *sqq*. 按照《圣经》记载，耶稣的门徒曾在安息日饥饿时"捡起麦穗来吃"，受到法利赛人指责。耶稣此话是为其门徒辩解。大卫是以色列的第二位国王。——译者

⑦ Lane，*Manners and Customs of the Modern Egyptians*，p. 121.

⑧ Giles，*Strange Stories from a Chinese Studio*，ii. 217，n. 5.

⑨ Herrera，*General History of the West Indies*，iv. 337.

减轻罪责的正当理由。在弗约特人中,如老老实实如实交代,因饥饿而抢劫农场则免于惩处;不过,必须补偿损失。[1] 库克说及塔希提人,"偷取衣物或武器的人通常会处以死刑,吊死或者在海里溺死;但偷取食物的人则仅受杖责。通过这种做法,他们明智地对出自不同动机的相同罪名采取不同的惩罚措施。[2]

288

　　一种特殊形式的自我保护就是自卫。在这里,为它辩解的理由不仅在于行动者的动机,还在于他试图阻止的犯罪活动的错误性质。因而,与"由饥馑导致的窘迫"这类情况比较起来,作为自我保护的必要方式,自卫有施加伤害之权利。这一点已经得到更普遍的认可。古人认为,"以暴制暴"是自然权利,[3]是不成文习惯法;[4]教会法学家也持这样的看法。[5] 即使在蒙昧人中也有并非罕见的习俗,即认可自卫以及自卫中杀人之正当性。[6] 但在另外一些情况下,如何对待自卫这种情况要考虑到外部事件的影响力。在弗约特人那里,尽管自卫中杀人的人可免于惩处,他依然要对业已造成的伤害做出赔偿。[7] 在霍屯督人那里,自卫可以是减轻罪责的理由,但不能完全免除所有责任。[8] 其他地方的人们则根本

---

[1]　Dennett, in *Jour. African Society*, i. 276.

[2]　Cook, *Journal of a Voyage round the World*, p. 41 sq.

[3]　*Digesta*, xliii. 16. I. 27:"以暴制暴是可以的,卡修斯把这当作自然权利。"

[4]　Cicero, *Pro Milone*, 4 (10).

[5]　Gratian, *Decretum*, i. 1. 7.

[6]　Merker,转引自:Kohler, in *Zeitschr. f. Vergl. Rechtswiss*. xv. 64 (Wadshagga).
Lang, in Steinmetz, *Rechtsverhaltnisse*, p. 257 (Waashambala)。

[7]　Dennett, in Jour. *African Society*, i. 276.

[8]　Kohler, in *Zeitschr. f. Vergl. Rechtswiss*. xv. 353.

不考虑自卫这种特殊情形。[1] 在古代条顿人中,自卫中杀人的人必须得到惩罚;[2]在德意志,也要受惩处,直到中世纪晚期为止;[3]在 13 世纪的英格兰,可以由王室赦免,但他必须情有可原并首先提请赦免。[4]

当然,在自卫中侵犯者想要施加的伤害与被攻击者反过来施加的伤害应是对称的。生命危险就是自卫中可以致人非命的最广为认可的理由。但这不是唯一理由。在瓦坎巴人[5]中,“可以杀死夜间进入村庄的小偷”;尽管如他被杀死,此事件通常导致死者家族与凶手家族之间的流血宿仇。[6] 在乌干达,“杀死夜间擅入他人地盘的窃贼不需负任何责任”;[7]在处于文明较高阶段的各地人们那里,我们同样能看到这样的规定,即杀死夜间行窃或入室行窃的窃贼不需负责任,尽管杀死白天的窃贼则未必。[8] 不过,这样的法

---

① Steinmetz, *Rechtsverhältnisse*, p. 50 (Banaka and Bapuku). Tellier, *ibid.* p. 176 (Kreis Kita). Marx, *ibid.* p. 357 (Amahlubi). Senfft, *ibid.* p. 450 (Marshall Islanders).

② Geyer, *Lehre von der Nothwehr*, p. 88 *sqq.* Trummer, *Vorträge über Tortur*, & *c. i.* 430. Stemann, *Den danske Retshistorie indtil Christian V's Lov*, p. 659. *Cf.* *Leges Henrici I*. lxxx. 7; lxxxvii. 6.

③ Trummer, *op. cit.* i. 428 *sqq.* von Feuerbach-Mittermaier, *Lehrbuch des Peinlichen Rechts*, p. 64. 布伦纳注意到,“置人于死地的与其说是杀人的行为,不如说是敌意”(Brunner, *Deutsche Rechtsgeschichte*, ii. 630)。

④ Bracton, *De Legibus et Consuetudinibus Angliæ*, fol. 132 b, vol. ii. 366 *sqq.* Pollock and Maitland, *History of English Law before the Time of Edward I.* ii. 574.

⑤ 瓦坎巴人,东非的一支土著居民。——译者

⑥ Decle, *Three Years in Savage Africa*, p. 488.

⑦ Ashe, *Two Kings of Uganda*, p. 4.

⑧ *Ta Tsing Leu Lee*, sec. cclxxvii. p. 297 (Chinese). *Exoaus*, xxii. 2. *sq. Lex Duodecim Tabularum*, viii. 11 *sq.* Plato, *Leges*, ix. 874. *Lex Baiuwariorum*, ix. (viii.) 5. Du Boys, *Histoire du droit criminel de l'Espagne*, p. 288 (Spanish Partidas).

律看起来与其说是由于业主夜间相对不容易保护自己的财产,不如说是由于他个人安危遇到更大威胁。[①] 罗马《十二铜表法》允许在夜间窃贼携带武器防身的情况下杀死窃贼;[②]至于白天的窃贼,乌尔比安[③]明确地说,如业主不杀死窃贼自身就有危险,则业主可杀死窃贼。[④] 布拉克顿[⑤]和格劳秀斯确立了同样的规则。后者说:"没有谁仅仅因为物品的缘故就应该死掉,例如在我试图用投掷物杀死一个没携带武器的飞贼并因此保护我的财产的时候,会发生这样的事;但是,若我有生命危险,那么,我甚至可以使他有生命危险而消除我的危险;只要我处于生命危险之中,不管是试图保护我的财产,还是夺回财产,或是追捕小偷,我都可以威胁窃贼的生命安全;因为在所有这些情况下,我都在依据我的权利合法地行事。"[⑥]

按照英格兰法律,女人可以杀死试图蹂躏她的人;丈夫或父亲也可以杀死试图强奸他妻子或女儿的人。[⑦] 其他国家的许多法律条款都有类似规定,不管是现代法律还是古代法律。[⑧] 圣奥古斯

290

---

① *Cf.* Gregory IX. *Decretales*, v. 12. 3;*Mishna*, fol. 72,转引自:Rabbinowicz, *Législation criminelle du Talmud*,p. 122。

② *Lex Duodecim Tabularum*,viii. 12. Cicero,*Pro Milone*,3(9)。

③ 乌尔比安(Ulpian,约170—228),罗马五大法学家之一,其重要理论贡献是公法与私法的划分。——译者

④ *Digesta*,xlviii. 8. 9.

⑤ Bracton,*op. cit.* fol. 144 b,vol. ii. 464 *sq.*

⑥ Grotius,*De jure belli et pacis*,ii. 1. 12. 1.

⑦ Harris,*op. cit.* p. 145.

⑧ Erskine-Rankine,*Principles of the Law of Scotland*,p. 558. *Ottoman Penal Code*,art. 186. Nordström,*Bidragtill den svenska samhälls-författningens historia*, ii. 349(ancient Swedish laws). Plato,*Leges*,ix. 874.

丁说,法律允许在强奸之前或之后杀死强奸者,一如法律允许杀死试图致人非命的拦路抢劫者。[1] 按照《塔木德》,为了阻止眼看就要发生的谋杀或通奸,可以杀死潜在的罪犯,"以保护无辜者的生命或妇女的名声";但是若犯罪行为已结束,就不能这样取罪犯的性命了。[2]

　　许多地方禁止其他情形下的私力救济,但权利受非法侵害的丈夫可以处死奸夫和淫妇,特别是在当场捉奸捉双的情况下。这样的习俗在许多未开化社会流行,那里的司法一般由一批老年人或酋长负责。[3] 在古代秘鲁人那里,"一个男人杀死与人通奸的妻子可以免除罪责;但如她犯的是其他过错而被丈夫杀死,这位丈夫就会被处死;如果他地位尊贵,则不必施加死刑,而以其他处罚了结"。[4] 按照中国刑法,"若丈夫发现其妻或妾有通奸行为,如在通

---

[1]　St. Augustine, *De libero arbitrio*, i. 5 (Migne, *Patrologiæ cursus*, xxxii. 1227).

[2]　Benny, *op. cit.* p. 125. Rabbinowicz, *op. cit.* p. 124.

[3]　Dalton, *Descriptive Ethnology of Bengal*, p. 45; Stewart, in *Jour. As. Soc. Bengal*, xxiv. 628 (Kukis). Mac-pherson, *Memorials of Service in India*, p. 83; Hunter, *Annals of Rural Bengal*, iii. 76 (Kandhs). Anderson, *Mandalay to Momien*, p. 140 (Kakhyens). MacMahon, *Far Cathay and Farther India*, p. 273 (Indo-Burmese border tribes). Crawfurd, *History ofthe Indian Archipelago*, iii. 130. von Brenner, *Besuch bei den Kannibalen Sumatras*, pp. 211, 213. Modigliani, *Viaggio a Nias*, p. 495. Dorsey, 'Omaha Sociology,' in *Ann. Rep. Bur. Ethn.* iii. 364. Dyveyrier, *Exploration du Sahara*, p. 429 (Touareg). Barrow, *Travels into the Interior of Southern Africa*, i. 207 (Kafirs). 不过,在卡菲尔人的盖卡部落,"如果淫妇的丈夫当场杀掉奸夫或淫妇,尽管他是淫妇的丈夫,他也会因谋杀而被罚款"(Maclean, *Compendium of Kafir Laws and Customs*, p. 111)。在瓦坎巴人中,"如果一个男人夜间通奸时被抓,淫妇的丈夫有权杀死他;但如果事情发生在白天,奸夫被伤并诉诸法律,淫妇的丈夫就会被当作杀人犯处置"(Decle, *op. cit.* p. 487)。

[4]　Herrera, *op. cit.* iv. 338.

奸现场杀死奸夫或淫妇，或同时杀死二人，他不会受到惩处"。①
按照尼泊尔法律，在帕尔巴特人中，丈夫保有亲自向侵犯其婚床的
苟合行为复仇的特权，而且，除了有身份有教养的婆罗门或手无缚
鸡之力的男孩以外，任何人如不用自己的刀剑亲手报复，而是选择
向法庭起诉的方式寻求了断，就会蒙上永久的耻辱。② 在所有纯
伊斯兰国家，"如淫妇的丈夫或儿子在发现奸情后置若罔闻地把这
事过去了，按照习俗他必将蒙受奇耻大辱；他会成为整个社会的禁
忌，人们会对他唯恐避之不及；他会成为普罗大众的笑料以及家族
和朋友的耻辱"。③ 按照罗马帝国时期《惩治通奸罪的优流斯法》，
如已婚女子及其奸夫在女子父亲家里或女子丈夫家里被当场捉
奸，女子的父亲有权利当即同时处死他的女儿及其奸夫。另一方
面，丈夫则无论如何没有权利杀死通奸的妻子，丈夫也没有权利杀
死奸夫，除非奸夫是恶名昭彰之人或身为奴隶，且奸情不是在岳父
家而是在他自己家发现的。④ 不过，在更早时期，似乎丈夫可以杀
死通奸的妻子；⑤后来的查士丁尼⑥也取消了优流斯法的严格限
制，扩展了通过私力救济报复通奸行为的权利。⑦ 依据一部雅典
法律，"如果一个男子发现他人与其妻子、母亲、姐妹、女儿或 292

----

① *Ta Tsing Leu Lee*, sec. cclxxxv. p. 307.
② Hodgson, *Miscellaneous Essays*, ii. 235, 236, 272.
③ Burton, *Sind Revisited*, ii. 54 sq.
④ *Digesta*, xlviii. 5. 21 sqq.
原文中的"Lex Julia"在中文文献中有多种翻译方法，如"朱利亚法""尤里安法""尤利乌斯法"等。——译者
⑤ Gellius, *Noctes Atticæ*, x. 23. 5. *Cf*. Mommsen, *Römisches Strafrecht*, p. 625.
⑥ 查士丁尼，东罗马帝国一皇帝。——译者
⑦ *Novellæ*, cxvii. 15.

妾——男子与此妾的孩子生下来即为自由民——的奸情之后,杀死了奸夫,不应以谋杀的罪名流放此男子"。[1] 古代条顿人的法律允许丈夫在当场捉奸时杀死其不忠的妻子及奸夫;[2]按照《阿尔弗列德法典》,被妇女的合法丈夫、父亲、兄弟或儿子当场捉奸的奸夫,可以处死,这种灭命之举不会有被报血仇的危险。[3] 然而,在13 世纪的英格兰,有迹象表明,当场发现妻子奸情的丈夫不再可以杀死奸夫、淫妇,不过可以阉割奸夫。[4] 依现在的法律,在奸情现场杀死奸夫与吵架时发生的杀人罪同等论处;此时杀死奸夫,丈夫只是犯了过失杀人罪,而若他在事后故意复仇杀死奸夫,则以故意杀人罪论处。这似乎是英国法律里的唯一情形——挑衅,而不是实际发生的殴打,成为把此情此景——使用致命武器杀人行为——判为过失杀人罪论处的充足理由。[5] 其他现代法律也有相应的规定。[6] 一般说来,明目张胆的通奸并不能成为杀人的正当理由,但可以减轻杀人者的罪责。[7] 而按法国刑法,"关于通奸……,丈夫在家发现妻子与奸夫的奸情,当场即刻杀害妻子乃至

---

[1]　Demosthenes,*Contra Arislocratem*,53,p. 637.

[2]　Wilda, *Strafrecht der Germanen*, p. 823. Nordström, *op. cit.* ii. 62 *sq.* Stemann,*op. cit.* p. 325.

[3]　*Laws of Alfred*,ii. 42.

[4]　Pollock and Maitland,*op. cit.* ii. 484. 若某位父亲或丈夫发现某男人与其女儿或妻子发生非法性关系,按西班牙中世纪的法律,这父亲或丈夫也有权利阉割奸夫(Du Boys,*Histoire du droit criminel de l'Espagne*,p. 93)。

[5]　Hale,*op. cit.* i. 486. Harris,*op. cit.* p. 145. Cherry,*Lectures on the Growth of Criminal Law*,p. 82 *sq.*

[6]　Italian *Codice Penale*, art. 377. Spanish *Código Penal reformado*, art. 438. *Ottoman Penal Code*,art. 188.

[7]　Günther,*Idee der Wiedervergeltung*, iii. 233 *sqq.*

奸夫,免罪。"①而在俄国,尽管法律并不免除丈夫复仇的罪责,陪 293
审团对他还是很宽容。②

关于自卫的法律已渐渐变得更为开明,而关于通奸情形下私
力救济的法律整体来说变得更加严厉。原因是显然的。丈夫杀死
不忠的妻子或其奸夫,这不是自卫,而是为自己复仇;自然,若一个
社会不久前才以惩罚取代复仇,这个社会仍然会认可或容忍极端
情形下的复仇。原先的关于报复的法律规定在新形势下挥之不
去,授予被激怒丈夫的这一特权,不过是原有法条依然发挥作用的
情形之一。按照卡菲尔人的习俗或法律,如果杀死了谋杀者,被谋
杀者的亲戚只需付一笔很少的罚金。③ 古代条顿人的法律曾在某
一时期禁止私下复仇,但那时他们也并不把以血洗血的复仇者与
普通的谋杀者同等看待;④甚至教会也承认,这两者之间存在区
别。⑤ 按照古代瑞典人的法律,对刚刚结束的犯罪行为进行迅疾
复仇的谋杀者,可以完全免除责任。⑥ 按照古代瑞典的奥斯哥特
法,可把当场抓获的纵火犯立即丢到火里烧死,⑦古代挪威法律也
允许杀死当场捕获的窃贼。⑧ 爱恩⑨法规定,捕获窃贼的人可以自

---

① *Code Pénal*,art. 324.

② Foinitzki,*loc. cit*. p. 548.

③ Maclean,*op. cit*. p. 143. *Cf*. ,however,*ibid*. p. 110.

④ Wilda,*op. cit*. p. 562. Stemann,*op. cit*. p. 582 *sq*.

⑤ Wilda,*op. cit*. pp. 180,565. Labbe-Mansi, *Sacrorum Conciliorum collectio*,
xii. 289.

⑥ Nordström,*op. cit*. ii. 414 *sq*.

⑦ *Ibid*. ii. 416.

⑧ Wilda,*op. cit*. p. 889.

⑨ 爱恩(Ine),韦塞克斯(位于英国西南部,中古盎格鲁—撒克逊人所建的王国)的
一位国王,公元 688—726 年间在位,以制定了一批法律而著名。——译者

由处置他，①埃塞尔斯坦②法暗示，对待窃贼的自然的、适当的处置
就是杀死他们。③ 依据威瑞德④国王制定的法律，"若某人杀死了
一个正在行窃的老百姓，就让他横尸在那里而无须向其亲属支付
赔偿金"。⑤ 爪哇法律也规定，如当场抓获窃贼，可依法当场把他
处死。⑥ 我们现在需要注意，以上情形都暗自认可这一原则，即可
以对严重挑衅情况下的应激反应予以特殊对待。允许杀死公然行
奸的奸夫、淫妇以及公然行窃的窃贼而不须承担罪责，这是对人类
情感的宽容和尊重，而这类情感自然更容易因看到正在进行的事
件而生发出来，而不是因仅仅知晓这个事件而引起。出于相似原
因，罗马《十二铜表法》对现行盗窃犯的处罚要比非现行盗窃犯严
重得多；⑦《阿尔弗列德法典》对在国王宫殿里打架并被当场抓获
的人处以死刑，但若该犯当时逃脱并在后来被抓获，则可以赔付罚
金了结此事。⑧

　　人们普遍认可，冷酷残忍地故意伤害，与因受到冤枉或虐待、
感情受到极大刺激而一时心血来潮施加伤害，这两者之间存在着
分野。有人报道过蒙昧人中发生的一些案例，表明他们也区分了
故意杀人和过失杀人。所有文明国家的法律都把情感受挑衅而导

294

---

① *Laws of Ine*，12. *Cf*. Stephen，*op. cit*. i. 62.
② 埃塞尔斯坦(Æthelstan)，英格兰国王，公元 924 或 925—939 年在位。——译者
③ *Laws of Æthelstan*，iv. 4.
④ 威瑞德(Wihtræd)，肯特(位于今不列颠岛南部)国王，公元 690—725 年间在位。——译者
⑤ *Laws of Wihtræd*，25.
⑥ Crawfurd，*op. cit*. iii. 115.
⑦ *Institutiones*，iv. 1. 5.
⑧ *Laws of Alfred*，ii. 7.

致其犯罪作为可减轻罪责的一种情形。

　　我们知道,澳大利亚纳里涅里人的审判团称作坦迪
(*tendi*),它由氏族的老年人组成,所有越轨者都会交由坦迪
审讯。"为了防止某氏族的人在和平时期杀害另一氏族的人,
被杀者的同氏族人会把杀人者送到他的朋友们那里,请他们
把他带到多个坦迪组成的大审判团去接受审讯。若整个审讯
终结以后,发现他确实杀了人,就会根据罪责轻重处罚。若是
事先就有蓄谋的故意杀人,就会把他移交给他本人的氏族刺
死。若是我们所说的过失杀人,就对其施加鞭刑,或把他从氏
族驱逐出去,或强迫他去求助自己母系的亲戚。"[1] 在帛琉群
岛[2],如两个土著吵架,其中一个向另一个说"你老婆不是个
好东西",被侮辱的一方就可以用石块惩罚挑衅者,即使后者
因此死掉也不须承担责任。[3] 东中非人"知道故意杀人和过
失杀人的区别",尽管对两种罪行的处罚常常并无二致。[4] 在
坎德人那里,"不管伤势多么严重,只要是在受到极端挑衅情
况下施加的伤害",就只需付出轻微的赔偿。[5] 乔治说:"在通
古斯人[6]那里,如由事先的争吵引起,过失杀人不适用死刑。
不过杀人者会接受鞭刑,并且必须抚养死者的家庭成员:他不

---

[1]　Taplin,'Narrinyeri,' in Woods, *Native Tribes of South Australia*, p. 34 *sq.*
[2]　帛琉群岛,西太平洋加罗林群岛西部的岛群,由两百多个火山岛和珊瑚礁组
成。——译者
[3]　Kubary,'Die Palau-Inseln,' in *Journal des Museum Godeffroy*, iv. 43 *sq.*
[4]　Macdonald, *Africana*, i. 172.
[5]　Macpherson, *op. cit.* p. 82.
[6]　通古斯人,居住在我国东北和西伯利亚东部的诸多民族的统称。——译者

会因此事件受到责备,反而会因此被看作勇士。"①在古代秘鲁人那里,"若某人在争吵中杀死了另一人,要搞清的第一件事就是,谁是首先挑衅的人;如死者是挑衅者,处罚就很轻微,具体由国王决定;如相反,就要处决杀人犯,或至少把他永久流放到安第斯山脉、在国王的玉米地里服劳役。犯谋杀罪者则会立即公开处决,即使他是个品行很不错的人。"②在尤卡坦③和尼加拉瓜的玛雅人那里,受到恶意挑衅而杀人,或非蓄意杀人,可以支付一笔罚金来赔偿。④

由摩西律法的某些段落可得出结论:古代希伯来人认为,由于一时冲动而杀死邻居的人不必处以死刑。⑤ 而若某人"对待邻居蛮横无礼,用诡计杀死了邻居",⑥或者他"憎恶自己的邻居,埋伏以待,起而袭击,重击致死",⑦据说就要处死他。不过,如果"他并非伺机攻击",⑧或他"本来无冤无仇,只是事出意外地"⑨用刀子捅了邻居,人们允许他到某城市避难。

296

---

①　Georgi, *Russia*, iii. 83. *Cf*. Also Turner, 'Ethnology of the Ungava District,' in *Ann. Rep. Bur. Ethn*. xi. 186.

②　Herrera, *op. cit*. iv. 337 *sq*.

③　尤卡坦(Yucatan),墨西哥一地名。——译者

④　Bancroft, *Native Races of the Pacific States*, ii. 658.

⑤　Goitein, *Das Vergeltungsprincip im biblischen und talmudischen Strafrecht*, p. 33 *sqq*.

⑥　*Exodus*, xxi. 14.

⑦　*Deuteronomy*, xix. 11 *sq*.

⑧　*Exodus*, xxi. 13.

⑨　*Numbers*, xxxv. 22. 25.

　　莱斯特教授提出,在古代希腊的某个时期,针对蓄意谋杀以血洗血是神圣的义务和责任,而非预谋的杀人则可被本要为死者复仇的一方所原谅。① 柏拉图区分了两类人。一类人"克制自己的愤怒,不马上进行报复,而是后来才抱着既定目标复仇",另一类人"不克制自己的愤怒,即刻而无预谋地报复"。后一类人尽管并非无意杀人,但其行为"近于无意",因此应该比积累并克制自己的愤怒而后蓄意杀人的人承受更轻微的惩罚。② 亚里士多德尽管否认"出自愤怒或欲望的行动是非自愿的",③还是认为"愤怒中做出的袭击不应看作蓄意、恶意为之,因为它们并不由被激怒者的意志而起,而是由激怒他的人的意志而起"。④ 他补充说:"每个人都会同意,不是出自欲望或无论如何欲望很少,这时候做了不体面的事,应比在强烈欲望影响下做了那样的事的人承担更多责任;不是由于冲动而打了邻居的人应比冲动时打了邻居的人承担更多责任。"⑤西塞罗同样指出:"对于每一种越轨行为,它是由通常转瞬即逝的冲动引起,还是由恶意预谋而引起,这是个很关键的问题;由一时冲动引起的行为的严重性要比事先预谋的行为轻微。"⑥

　　关于古代俄罗斯法律,科瓦留斯基说:"按照我们古代的

---

①　Leist,*Græco-italischw Rechtsge-schichte*,pp. 325,352.

②　Plato,*Leges*,ix. 867.

③　Aristotle,*Ethica Nicomachea*,iii. 1. 21.

④　*Ibid*. v. 8. 9.

⑤　*Ibid*. vii. 7. 3.

⑥　Cicero,*De officiis*,i. 8.

法律,由于一时冲动,失去理智而使用暴力,自首并坦白交代系受冲动影响,免罪。"①按照古代爱尔兰法律,"杀人分为两类,纯粹过失杀人和谋杀,二者的区别在于事先是否有预谋,后一种情形下支付的罚金要两倍于前者";对于出自法律所认可的愤怒而造成的伤害,罚金相应减少。② 古代条顿人也认为,受挑衅状态下一时愤怒而犯错要比冷血地有预谋地犯错承担更轻的罪责;③这个看法似乎是他们区分公开杀人和秘密杀人的部分原因。④ 按照东弗里斯兰人的法律,非预谋杀人者可以用钱偿命,蓄谋杀人者则不能这样。⑤ 令人费解的是,布拉克顿竟然没注意到蓄意谋杀可能带有的恶意有着程度上的等级差异,他也完全忽略了挑衅问题的存在;⑥生活在同一时代的法国法学家博马努瓦在著作《博韦习惯法》里则提到,挑衅可作为减轻罪责的条件,⑦教会也持相同样看法。⑧柯克在《英格兰法总论第三部分》——该书可看作英格兰刑法的第二个源泉,布拉克顿是第一个源泉——里描述了蓄谋犯罪这一情况,并补充道:"一些误杀发生在突发事件当中,虽然有心但不是事先预谋杀人。对因愤怒而犯法的人应施加较轻

① Kovalewsky, *Coutume contemporaine*, p. 291.

② *Ancient laws of Ireland*, iii. pp. xciii. cx.

③ Wilda, *op. cit.* p. 560 *sqq.*, 701. Stemann, *op. cit.* p. 574. Von Amira, in Paul's *Grundriss der germanischen Philologie*, ii. pt. ii. 174.

④ Wilda, *op. cit.* p. 569. Von Amira, *loc. cit.* p. 173.

⑤ *Das Ostfriesische Land-Recht*, iii. 17 *sq.*

⑥ *Cf.* Stephen, *op. cit.* iii. 33.

⑦ Beaumanoir, *Coutumes du Beauvoisis*, xxx. 101, vol. i. 454 *sq.*

⑧ Gregory III. *Judicia congrua pœnitentibus*, 3 (Labbe-Mansi, *op. cit.* xii. 289).

微的惩处。若由于遭受挑衅而愤怒从而犯罪者,应从轻处罚。"①休谟讲,在苏格兰,"非预谋杀人者可以到避难所庇护:他可以逃往教堂或其他圣地;固然可以把他从那里带走审讯,而若能证实他系过失杀人,则应让他安然无恙、毫发无损地返回原处"。② 所有现代法律都把某些情形下的挑衅看作减轻罪责的条件。③ 依据黑山的刑法,严重挑衅情景下甚至可以免除杀人犯的一切罪责。④

我们已经指出,受强烈情感影响而行事的人当时无法完全体察其行动的性质和特征,而且,法律之仁慈是"对人类精神之脆弱性、对一时愤怒的妥协——一时的愤怒会使人丧失理性"。⑤ 不过,情感激烈减轻罪责的主要原因不在于他行事时心智的无能,而是过于强烈的冲动使他整个身心失衡,失去自制力,以致他的意志无法抵制激情。法律的下述规定就体现了以上看法——"挑衅本身并不减轻杀人之罪责,除非被挑衅者由于受到挑衅而在行事之时丧失自我控制能力。"⑥

愤怒如此广泛地被认可为减轻罪责的条件,主要是由于挑衅者本人负有责任;道德和法律都考虑了行动者受到何等程度的挑衅。与此同时,不由自主的动机对于意志的压迫本身就可以是减

① Coke, *Third Institute*, p. 55.
② Hume, *Commentaries on the Law of Scotland*, i. 365.
③ Günther, *op. cit.* iii. 256 *sqq.*
④ *Ibid.* iii. 255 *sqq.*
⑤ Foster, *Report of Crown Cases*, p. 315.
⑥ Stephen, *Digest*, art. 246, p. 188.

轻罪责的充足理由。在患有某些精神疾病的情况下,某一病态的冲动或想法就可以专横地控制病人,驱使他做出伤害性行为。他疯了,不过他可能只是没有幻觉,没有明显的心智错乱迹象。他可能为某一想法或冲动所控制而杀死他无法忍耐的某人。或者他可能屈服于病态的冲动而去偷窃,去纵火焚烧房子或其他财产,却没有针对财产所有人的任何恶意,也不想通过所做之事达到什么目的。[①] 病人被驱使所做之事常常是他所憎恶之事,例如母亲杀死自己最喜爱的孩子。[②] 在这样的情况下,道德裁决者当然会认为此行动者无罪,并且,若他被国家法律及其管理者惩处,原因只能在于执法者无知。我们必须记住,在 19 世纪末甚至医学界人士都几乎不了解这种形式的疯狂。[③] 那时,皮内尔惊奇地发现,"许多疯人从未有理解能力受到损害的迹象,却受到本能而抽象的愤怒之控制,仿佛他们有效的生理机能本身就足以支撑他们做出伤害之事"。[④] 毫无疑问,那十四位法官制定了关于疯子之刑事责任的法律,他们没有提及这种非心智错乱的疯狂,因为他们对自己要处理的问题缺乏足够的知识。[⑤]

道德判断首先一般是对具有直接动机的行动做出的,而既然

---

① Maudsley, *Responsibility in Mental Disease*, p. 133 *sqq*. Von Krafft-Ebing, *Lehrbuch der gerichtlichen Psychopathologic*, p. 308 *sqq*.

② Gadelius, *Om tvångstankar*, p. 168 *sq*. Paulhan, *L'activité mentale*, p. 374.

③ Maudsley, *op. cit*. pp. 141.

④ Pinel, *Traité médico-philosophique sur l'aliénation mentale*, p. 156.

⑤ 詹姆士·史蒂芬爵士认为,依照当前的英国法律,若行为人患有疾病,无法控制自己的行为,若不是由于他本人的过错丧失控制力,他的行为就不构成犯罪(James Stephen, *Digest*, art. 28, p. 20 *sq*.)。

反思会影响道德判断,道德判断才相应地考虑动机,这不仅适用于道德谴责,也适用于道德褒扬。每一宗教都有无数例子,人们做"好事"只是期待上天的回报。这意味着宗教具有这个假定,即神不考虑行动动机而裁决行动;因为,若适当考虑到了动机,就不可能把某人仅仅为了自己利益所做的事看作是应得到酬报的。我们知道,中国人"相信诸神能管天下事,他们对诸神的尊崇特别形式化、机械、无所用心",并且"心之纯净在他们看来似乎并不特别重要"。① 依据考德威尔,"印度教徒只关心行动本身,他们声称动机与美德无关"。② "服从法律,因为这么做对你有益",这一论断构 300成了《旧约圣经・申命记》的基本出发点,这表现在诸如此类的措辞:"你可以得福""你的日子可以长久"。③ 说到现代埃及人,莱恩发现,"他们的自白表明,他们施舍的时候,对上苍回报的预期,对同类苦难的怜悯,以及依上帝意志行事的无私愿望,给他们带来同等的激动"。④ 这样的说法不仅适用于穆斯林,也适用于许多基督徒所做的"好事"。难道佩利不是把善行明确定义为"遵从上帝的意志,为了永久的幸福,为人类做好事"吗?⑤

　　然而,跟古圣先贤细察道德意识的评论相比,上述看法就难以自圆其说了。道德大师总是驳斥这些看法。孔子要求在外部实践中保持内在的真诚,对只满足于杯碟表面清洁的形式主义

---

①　Doolittle, *Social Life of the Chinese*, ii. 397.

②　Caldwell, *Tinnevelly Shanars*, p. 35.

③　*Cf*. Montefiore, *Hibbert Lectures*, p. 531.

④　Lane, *Modern Egyptians*, p. 293.

⑤　Paley, *Principles of Moral and Political Philosophy*, i. 7 (*Complete Works*, ii. 38).

嗤之以鼻。[①] 他说:"丧礼,与其哀不足而礼有余也,不若礼不足而哀有余也。祭礼,与其敬不足而礼有余也,不若礼不足而敬有余也。"[②]"夫祭者,非物自外至者也,自中出生于心也。心怵而奉之以礼。"[③]有德之人贡献祭物时"不求其为"。[④] "子曰:'视其所以,观其所由。'"[⑤]流行的道教书籍《文昌帝君阴骘文》谆谆教诲净化心灵以准备行善的必要性。[⑥] 尽管与流行看法——不管动机如何,履行宗教责任总能得到某种程度的酬报——一致,婆罗门教的宗教立法者还是坚持认为,不管履行宗教责任后酬报如何而尽职尽责的人,将在现世及来世享受到最高程度的幸福。[⑦] 按照佛教的《法句经》,"若人以邪恶之心言行,痛苦将跟随着他,有如车轮跟随拉车之牛的足蹄……若人以清净之心言行,快乐将跟随着他,如影随形"。[⑧] 景雅各教士在描述蒙古佛教徒时说道:"蒙古和尚承认动机在评估行动中的作用……心灵的态度决定行动的性质。即便是端上一杯凉水这样的小事,只要他态度得体妥洽,仅此一点也就不亚于最盛大的献礼。"[⑨]关于希伯来人,孟弟福先生讲:"如果晚期的犹太法律在道德训诫中真的只是强调外在行动本身而不是

---

① Cf. Legge, *Religions of China*, p. 261*sq*; Girard de Rialle, *Mythologie comparée*, p. 214.

② *Lî Kî*, ii. 1. 2. 27. Cf. *Lun Yü*, iii. 4. 3.

③ *Lî Kî*, xxii. 1.

④ *Ibid*. xxii. 2.

⑤ *Lun Yü*, ii. 10. 1 *sq*.

⑥ Douglas, *Confucianism and Taouism*, p. 272.

⑦ Wheeler, *History of India*, ii. 478.

⑧ *Dhammapada*, 1 *sq*.

⑨ Gilmour, *Among the Mongols*, p. 239.

强调精神——我们今天可能这么说，强调外在表现而不是内在品
质——我们就很难感受到它总是老调重弹的所谓心灵是善恶之
源。还有什么书能比《旧约圣经·历代志》更像法律书呢？但正是
在那里,我们发现了心向上帝的最郑重祈求……《旧约圣经·申命
记》的快乐主义动机最强,而犹太拉比的这一动机最弱。"①在拉比
的文献里,没有什么箴言比下面的格言——它位于讨论祭祀法的
《密西拿》诸篇章的结尾——引用和应用得更频繁了:"若心向上
帝,只提供很少祭品的人同提供了很多祭品的人是同等的。"②耶
稣斥责他那个时代伪善的拉比们所犯的错误,《塔木德》同样谴责
了这类伪善与谬误。里面说:"在一个人祷告前,让他净化自己的
心灵"③而且,"以好的动机犯下罪孽要好于以坏的动机遵守训
诫"。④　拉比埃拉扎尔说:"善行只是按照它包含多少仁爱之心而
得到酬报,因为有这种说法——'给予施舍,做出善行,为你自己播
下(酬报的)种子,你会依仁爱之心而得酬报'。"⑤要求做好事时要
有无私的动机,对于这一教义伊斯兰道德家也并不陌生。《波斯人
的道德准则》一书的作者说道:"不管我们给予什么,都应满腔热
忱、心存良善……我们如此仅仅是要取悦真主,不要在行动中掺杂
任何不良动机,否则将会一无所获。"⑥

302

① Montefiore,*op. cit*. pp. 483,533. 1 *Chronicles*,xxii. 19；xxviii. 9；xxix. 18 *sq*. 2 *Chronicles*,xi. 16；xv. 12；xvi. 9.

② Montefiore,*op. cit*. p. 484.

③ *Ibid*. p. 174.

④ Nazir,fol. 23 B,转引自:Hershon,*Treasures of the Talmud*,p. 74。

⑤ Succah,fol. 49 B,*ibid*. p. 11.

⑥ 转引自:Ameer Ali,*Ethics of Islâm*,p. 38 *sq*.。

第十二章　不作为和粗心大意
——品格

我们常常注意到，在早期的道德规范里，所谓负面的戒律，即告诉人们什么不应该做的规范，要比告诉人们什么应做的正面的指令显眼得多。主要原因就在于，负面戒律来源于对行动的不赞成，而正面戒律则来源于对不作为或疏忽的不赞成，而人们的愤慨更容易被行动而不是不行动引起。某人做了有害的事，这是比某人不做事而造成危害更为明显的痛苦之源，而且这自然会影响大众的罪恶观念。审慎的判断者当然要小心区分故意和疏忽，而在他看来，不作为在道德上就等同于某项行动。另一方面，缺乏反思的判断者就相对不怎么关心故意的问题，而更多地关心行动和不行动之间的区别。甚至文明国家的刑法也很少关心不作为和疏忽；①其中一个原因就在于它们很少引起公众的愤慨。考虑到细节问题，即使认可行善的原则必须在很大程度上留给私人伦理准则来裁决，法律在不作为和疏忽方面也如边沁所言，"能够拓展的空间，似乎远远超出迄今已达到的进展"。他恰到好处地问道："如

---

① Stephen，*History of the Criminal Law of England*，ii. 113. Hepp，*Zurechnung auf dem Gebiete des Civilrechts*，p. 115（Roman law）.

果某人处于危险之中，那么，在无损于自身的前提下救他免受伤害，为何不是每个人的义务，正如每个人都有避免给他带来危险的义务呢？"①

道德意识审视得越仔细，就会赋予正面戒律越大的重要性。比较《旧约圣经》和《新约圣经》的道德可明白这一点。就像西利教授所发现的那样，②"旧的律法以'你不应该'开始，新的则以'你应该'开始。在《旧约》的情况下，年轻人遵守全部法律，就意味着他戒绝了一些行动，而《新约》要求他做一些事：出售自己的商品，给穷人饭吃。《旧约》里的摩西律法谴责罪孽之人，即做了违禁之事的人——犯了罪孽的，应当死去；而在《新约》里，基督断然谴责那些没有做善事的人——'我饥饿，而你没给我肉吃。'基督习惯于指责的罪孽之人就是什么也没做的人。"基督的寓言不断表明其上述特点，例如从道路另一边通过的某祭司和某利未人的例子；③富人的例子：他一生清誉，但一个乞丐曾躺在他门口，浑身疼痛，却无人援手，富人由此落下恶名；④不称职的仆人把主人付他的一泰伦钱

305

---

①　Bentham, *Principles of Morals and Legislation*, p. 322 *sq.* 不过，就是中世纪的立法者也在某种程度上认可这种说法。腓特烈二世的《西西里法典》规定：看到失火或船难而不救助遇害人的，要受惩处；听到受袭妇女尖叫而不救助的，罚四个奥古斯塔尔金币（*Constitutiones Napolitanæ sive Siculæ*, i. 28, 22 ［Lindenbrog, *codex legum antiquarum*, pp. 715, 712]）。布拉克顿讲，能拯救某人生命却不作为者，不得免于惩处（Bracton, *De Legibus et Consuetudinibus Angliæ*, fol. 121, vol. ii. 280 *sq.*）。教会法的一条原则就是，有能力而不阻止邻人受伤害的人，按从犯处置（Geyer, *Lehre von der Nothwehr*, p. 74. Gregory IX. *Decretales*, v. 12. 6. 2）。

②　Seeley, *Ecce Homo*, p. 176.

③　在《新约圣经·路加福音》里，耶稣说道，强盗把某人打个半死，然后丢下不管，后来分别有个祭司和利未人路过，看见他，就从路的另一边走了。——译者

④　此事同样可见于《新约圣经·路加福音》。——译者

藏在餐巾里的例子。然而,说《新约》的道德是"在道德星球上发现了新大陆"①则明显属于夸大其词。所有民族的习俗都不仅包括禁令,还包括正面的指令:对朋友慷慨,对穷人仁慈,对陌生人好客。我们将会看到,这些规则都可追溯到我们已知的蒙昧时期的最低阶段。如果说不同阶段有别,那差别也只是程度上的。关于维多利亚的班格朗人部落,柯尔先生注意到,"尽管并非一概而论,在多数情况下,土著居民所受的约束都具有负面特征:不能做这事,不能吃那食物,不能说别人。他在某种状况下该做什么,或他该做的事情,是习俗较少干涉的"。②

　　浅薄的心智倾向于忽略或低估某人或者有意不作为或者疏忽大意而造成的罪过,另一方面,也倾向于夸大某人做正事时由于漫不经心或鲁莽草率造成的伤害。事实上,后者不仅因其所为而应受指责,也因他未能做某事、注意力不集中、没考虑到可能的后果或对行动后果关注不够而应受指责。而肤浅的评判主要依据造成的实际伤害来衡量行动者的过失,甚至在许多情形下,过失本应归结为纯粹不幸之事,却责怪行动者粗心大意。

　　正如波洛克爵士和梅特兰教授所正确地注意到的那样,说野蛮人不会超出最近事件而追踪因果链条——例如,如果尸体躺在某人的脚下,除非此人曾殴打死者,否则他们不会把死者之死归因于此人——这种说法不符合事实。③ 在万由若人那里,若一女孩

---

　　①　Seeley, *Ecce Homo*, p. 179.

　　②　Curr, *Recollections of Squatting in Victoria*, p. 264 *sq.*

　　③　Pollock and Maitland, *History of English Law before the Time of Edward I.* ii. 470.

死于分娩,勾引她的人也注定要死去,除非他赔付几头母牛以赎救自己。[1]　在瓦坎巴人那里,若某人醉酒时两次犯了杀人罪,部落的尊长或者宣判他死刑,"或者让卖酒者赔偿死者家属"。[2]　按照马六甲土著法律,如把性情恶劣的水牛或黄牛"拴在马路上,而人们习惯于穿行于此,牛顶撞或伤害了某人,应当罚牛的主人一个塔基尔、一个巴哈,并赔付伤者治病所需花费。如某人被牛顶撞致死,牛主应依据《血钱法》支付罚金,因为他把牛拴在不适当的地方而有罪。"[3]据《阿尔弗列德法典》,若某人肩扛一支矛,任何人撞到矛上,持矛者都要支付赔偿。[4]　根据英格兰迟至 13 世纪仍在流行的一条古代习俗,被控杀人者在进行决斗断讼以前,应发誓他没有做什么事情令死者"远离生命,接近死亡";[5]对于某些损害因由的追溯,现代英国律师会毫不犹豫地描述为"太遥远",而对所谓的"亨利一世法"的厘定者来说,它们并不遥远。[6]　"应你的请求,我在你处理自己的事务时陪伴你;我的敌人突然来了,杀死了我;你要为我的死亡赔偿。[7]　你带我去看野兽展览或一个有趣的疯子,野兽或疯子杀了我,你必须赔偿。你悬挂你的剑,某人碰掉了它,却伤了我,你必须赔偿。"[8]在所有这些情况下,你做了某事,促成了死亡或伤害,你因而对不幸事故负有责任。

307

---

[1]　*Emin Pasha in Central Africa*,p. 83.

[2]　Decle,*Three Years in Savage Africa*,p. 487.

[3]　Newbold,*British Settlements in the Straits of Malacca*,ii. 256 *sq*.

[4]　*Laws of Alfred*,36.

[5]　*Leges Henrici I*,xc. 11. Bracton,*op. cit*. fol. 141 b,vol. ii. 440 *sq*.

[6]　Pollock and Maitland,*op. cit*. ii. 470 *sq*.

[7]　*Leges Henrici I*. lxxxviii. 9.

[8]　*Ibid*. xc. 11. Pollock and Maitland,*op. cit*. ii. 471.

　　不过,早期习俗和法律急于探查事件的源头,因而它们很容易忽略区分外部原因和内部原因,不能辨别哪里有过失、哪里没有过失;就粗心大意的情景而言,它们也未能判定犯事者的罪责大小。我们也已看到,古代条顿法律区分了 *vili* 与 *vadhi*。按照该法,过失杀人者要比故意杀人者承受较轻的处罚,但实际上两者受到的惩罚别无二致;至于无意之举是否伴有漫不经心或纯属意外,法律根本就不关心。[①] 根据《汉谟拉比法典》,"若医生用青铜柳叶刀治疗某绅士的严重伤势,致其死亡,或用青铜柳叶刀为某绅士去除眼部脓肿的过程中使其失去了眼睛,无论出现哪种情况,都应砍掉这医生的手"。[②] 摩西律法区分了杀人者是否怀恨在心,但没有考虑到粗心大意惹祸与意外事故之间的差别,[③]除非是牛用角把人戳死了。[④] 不过,在这类问题和其他许多问题上,后来的犹太法律取得了重大进展。拉比们费了好大劲区分了纯粹意外的杀人和粗心大意杀人;前者免除一切处罚,后者则要被禁闭在某个避难城里。[⑤] 他们甚至区分了两类案例,即完全由于行动者粗心大意引起的死亡以及死者本人也要承担一些责任的死亡。父亲或教师在惩罚儿子或学生时无意间致其死亡,奉最高议事会之命对罪犯施以肉刑的行刑者无意中致其死亡,这些人都不会被禁闭在某一避

308

---

① Wilda, *Strafrecht der Germanen*, p. 578. Geyer, *op. cit*. p. 88. Brunner, *Forschungen zur Geschichte des deutschen und französischen Rechtes*, p. 499.

② *Laws of Hammurabi*, 218.

③ *Numbers*, xxxv. 16 *sqq. Deuteronomy*, xix. 4 *sqq.*

④ *Exodus*, xxi. 28-32, 35 sq. Cf. *Laws of Hammurabi*, 250 *sqq.*

⑤ Rabbinowicz, *Legislation criminelle du Talmud*, p. 173 *sqq.*

难城里,而是免除所有惩处。[1] 不管我们对这些规定还能说些别的什么,它们确实表现出某种明显的洞察力,而粗鄙的立法者在这些方面却缺乏鉴别能力。在英国最古老的记录里,我们看不到对两类案件——死者本人应受谴责的案子和死者无任何过错的案子——的区分,我们倒是看到许多马和船承担了啤酒所应承担的罪责。[2] 有一次,一个喝醉了的马车夫在自己座驾的车轮下被碾成肉饼,马车、马车里的一桶酒、牵引马车的公牛,都被没收充公。[3] 按照奥塞梯人的习惯法,若窃贼偷了一支枪,逃走的路上枪支在他手里走火,窃贼自个儿被误杀送命,窃贼的亲属可以理直气壮地向枪的主人寻仇。[4]

现代法律一般认为,某人因不够谨慎、缺乏远见而造成伤害,就要承担责任,而他是要赔偿还是要受处罚则取决于案件的性质。不过,我们先前已经注意到,对他的处罚不仅仅取决于他犯下疏忽这一过失的程度,或他给同胞带来的危险,而主要取决于引起了多大损害;若没人受到损害,人们就几乎注意不到他的过失。人们在这些事情上的判断受到外部事实极大程度的影响,以致今天我们中许多人仍会认为,若某人做了一件事后紧接着造成了损害,他应为所有损害负责,即使无法设想在那种情况下会有什么先见之明而事先留心。[5] 不久之前,有人举出合理(即便不够充分)的依据 309

---

①   *Ibid*. p. 174. Benny, *Criminal Code of the Jews according to the Talmud Massecheth Synhedrin*, p. 115 *sq*.

②   Pollock and Maitland, *op. cit*. ii. 474, ii. 4.

③   *Three Early Assize Rolls for the County of Northumberland*, p. 96 *sq*.

④   Kovalewsky, *Coutume contemporaine*, p. 295.

⑤   Holmes, *Common Law*, p. 80.

表明，在英国法庭上，主张受到人身伤害指控的被告既无过失亦无伤害原告的意图，是无法构成抗辩的。[①] 近些年来，大陆法学家攻击罗马法的无过失即无责任的原则[②]——此原则经或多或少修改后已为现代法律所采纳。[③] 他们说，造成不幸的人应该因此而赔偿，这样才公平，因为被损害的一方"仍要比他清白得多"。他们呼吁"正义感"，以强迫街头晕倒并在倒下时弄坏了易碎物件的人赔偿物主损失。[④] 这样，他们通常不过问因意外事故造成的损失，却对造成不幸事故的一个活生生的人穷追猛打。这种例外做法最不合理，不过不难解释它。人们乐于指责做了有害之事的人，不管他是否应受指责；同时，他们倾向于忽略造成伤害的间接的、较遥远的原因，即导致受害人自身行为的别的危害。因而，责任——如果不是罪责的话——就落在做了某事造成痛苦的人身上，即使他只是由于肌肉痉挛性收缩才做这事；而身处被伤害的危险之中的另一方，却更多地被看作"清白无辜"。

罪责或准罪责就这样被归于做了有害之事的无辜之人，而人们却很少谴责或不指责因缺乏远见或缺乏自制而造成损害的人——只要行动后果对他们而言足够遥远。关于这一点，有两个例子。其一，不久以前，许多文明国家还以轻率而宽大的态度看待

310

---

① Stanley v. Powell, in *Law Reports*, *Queen's Bench Division*, 1891, i. 86 *sqq.* Pollock and Maitland, *op. cit.* ii. 475 *sq.*

② von Jhering, *Schuldmoment im römischen Privatrecht*, *passim*, especially pp. 20 *sqq.*, 40 *sqq.* Hepp, *op. cit.* p. 106.

③ Forsman, *Bidrag till läran om skadestånd i brottmål*, p. 158 *sq.* Pollock, *Law of Torts*, p. 129 *sqq.*

④ Thon, *Rechtsnorm und subjectives Recht*, p. 106, n. 71.

醉酒;其二,法律和大众舆论仍以可耻的冷漠态度看待生育问题:由于父母的恶习、贫穷和身体之虚弱,生育下一代几乎可以肯定要陷于悲惨境地。人们认为,干预这类事务就是侵犯个人的自由权利,或者就是在上帝的领地指手画脚。而一般说来是不允许人仅仅为了满足自己的欲望去做坏事的,人们恰好就引入上帝为人类各种各样的缺点负责。我推测,对这个以及其他许多同类情况的真正解释是:原因和结果相距如此遥远,短视的眼睛无法清楚看到它们之间的联系。实际上,在裁决有关疏忽或短视的案例方面,文明人的道德意识大概是需要心智训练的。而且,一个人对其行动的可能后果的考虑,对包含在其责任清单里的正面指令的考虑,最能反映这个人道德开化的程度。

人们从一开始就能感受到——不是关乎某种行为方式本身,而是指涉人的行为——道德上的愤慨和道德上的赞许。从这些情感的内在本质看,这一点是显而易见的。就像我们前面所注意到的那样,这些情感的一个最根本的特征就在于它们指向可感受到的行动者。因而这些情感会自然引起对于人品的判断,正如它自然就引起对于人的行为之判断。而且,就是在道德判断直接指向某明确的行动时,它也注意到行动者的整个意志。真诚的忏悔之后才有宽恕伴随而来,人们也区分了残忍地故意造成的伤害和一时冲动造成的伤害;这表明,人们做道德判断时,倾向于考虑瞬间意欲之外的因素。惩罚第二次和第三次越轨要比惩罚首次越轨更为严厉,这个通行的做法就体现了上述倾向。

在马萨伊人那里，"若某人因某种罪行而几次被定罪，或者他成为众矢之的，就会宣布他为违法之徒，他的财产就会被罚没，他靠近任何定居点或村庄都会被驱赶。除非他能在非马萨伊人部落里找到朋友，不然他就会饿死。"[1]在瓦坎巴人那里，"由尊长来审判谋杀案件；如某人系初犯，就会处以罚金……但若第二次定为谋杀罪，就会立刻处决，判决下来时每个人都会揍他、打他……初犯强奸要被鞭打，并赔偿一头母牛；再犯强奸就会处决。"[2]在北美的怀安多特人那里，"首次犯通奸罪的妇女，就剪去她的头发以示惩罚；累犯会挖掉她的左眼"。[3] 印加人的法律也对初犯较为宽大，对第二次犯罪较为严厉；[4]在米却肯王国，首次偷窃并不受严厉惩处，再次行窃的小偷会被丢到悬崖上去，其尸体任由猛禽啄食。[5] 在阿留申人那里，首次偷窃"会施以肉刑；再次行窃会砍掉右手的几个手指；第三次行窃，会砍掉左手，有时也会割掉嘴唇；第四次行窃就要处决"。犯了其他罪，"首次犯罪，由酋长当着社群居民的面予以训斥，若再犯，就要捆绑起来折磨他一段时间"。[6] 坎查岱人"会用火烧经常被当场捉获的小偷的手，而如果是首次行窃，小偷要返还所窃之物，离群索居，也不要指

---

[1]　Hinde, *The Last of the Masai*, p. 108.

[2]　Decle, *op. cit.* p. 487.

[3]　Powell, 'Wyandot Government,' in *Ann. Rep. Bur. Ethn.* i. 66.

[4]　Herrera, *General History of the West Indies*, iv. 338 *sqq.*

[5]　*Ibid.* iii. 255.

[6]　Veniaminof, 转引自: Petroff, 'Report on Alaska,' in *Tenth Census of the United States*, p. 152。

望别人能帮他什么"。① 在阿伊努人那里，"闯入别人的仓库或住处，初犯要被狠狠打一顿；再犯，有时要割掉鼻子，有时割掉耳朵，有时鼻子、耳朵都割掉……两次犯下同一罪行的人，要带着包裹行李被驱逐出家门及其所属的村庄"。② 在麦其诺岛民那里，屡次犯下如谋杀或抢劫这样的罪行，通常处以死刑，而初犯只处以罚金。③ 按照爪哇人尼蒂•萨斯特的说法，若某人犯法，初犯会处以罚金，再犯会处以伤及肉身的惩罚，第三次可能就要处决。④ 中国刑法规定，被定为偷盗罪的人，初犯要在其左胳膊刺"窃盗"二字，再犯，刺右胳膊，三犯者，按惯例拘禁一段时日后处以绞刑。⑤ 在尼泊尔，犯了偷窃罪或轻微的入室盗窃罪，初犯要砍掉一只手，再犯要砍掉另一只手，第三次犯罪就判处死刑。⑥ 希罗多德以赞成口吻提及，在古代波斯，甚至国王都不能仅以一项罪行就处死某人。⑦ 按照《祛邪典》，罪行的严重性不仅取决于所犯之事的严重性，也取决于犯罪的次数。⑧ 在古罗马，累犯也会加重处罚。⑨ 按照早期英国法律，第二次定罪于几乎每一种罪行都是死刑或断

①　Krasheninnikoff, *History of Kamschatka*, p. 179.

②　Batchelor, *Ainu and their Folklore*, p. 285.

③　Hunt, in *Jour. Anthr. Inst.* xxviii. 6.

④　Raffles, *History of Java*, i. 262.

⑤　*Ta Tsing Leu Lee*, sec. cclxix. p. 285.

⑥　Hodgson, *Miscellaneous Essays*, ii. 235.

⑦　Herodotus, i. 137.

⑧　*Vendîdâd*, iv. 17 sqq.

⑨　Mommsen, *Römisches Strafrecht*, p. 1044.

肢。① 现代欧洲法律通常认可这一原则,即特定罪行的犯罪恶劣程度随再犯次数而加重。

313　道德判断越是受到反思影响,就会越是审视在那桩行为——道德判断由此引起——当中表现出来的当事人品格。不过,不管道德判断多么肤浅,它总是指向被设想为一持续存在实体的意志,指向被看作快乐或痛苦原因的个人。这既适用于蒙昧人,也适用于文明人。甚至驯养的动物对给予的伤害或好处做出反应的时候,也会根据它们以前关于行动者的经验而采取不同做法。

---

① Stephen, *op. cit*. i. 58.

第十三章 为什么道德判断针对行为和品格——道德评价和自由意志

我们已经从进化的角度检视了有关道德判断问题的一般性质。我们看到,这样的判断实质上针对行为和品格,我们也相应考虑了当道德判断具有鉴别力和启迪性时构成行为和品格的各种成分。而一个重要问题仍然等待回答:为什么是这样? 我们不能让自己仅仅满足于这个最基本的事实——只有意志才可说是道德上好或坏。我们必须尝试把它解释清楚。

说了上面这些,就不难找到解释了。道德判断指向行为和品格,这是因为这些判断是由道德情感引起;因为报偿性情感是心灵对于有生命的存在(或按有生命的存在来看待的某种东西)——我们把它当作快乐或痛苦的原因——之或友善或敌意的反应性态度;有生命的存在之所以被看作快乐或痛苦的原因,正是由于我们假定这种情感是由它的意志引起。下面的事实证明我考虑的这个解释是正确的——我们感受到的道德情感以及非道德的报偿性情感指向的现象与道德判断指向的那些现象在本质上极其相似。

就像道德愤慨一样,我们感受到的报复的情感只能指向具备感知能力的存在,或针对我们相信具备感知能力的某物。我们可能一时对无生命物体感到恼火,但这样的愤怒不会持续;一旦我们想到这个物体感受不到痛苦,我们的愤怒就消失了。这样的情况甚至出现在动物身上:一条狗与另一条狗在一起玩耍,它撞到了一棵树而疼痛并发怒,一旦它意识到造成它痛苦之物的真实性质,它也会马上息怒了。①

　　有生命的存在物意外造成的伤害与无生命的物体引起的伤害等效。假如我的手臂或脚碰到了我的邻居,而他确信这不是故意的,或事先没预见到,或不是由于我这方面的粗心大意,他当然不会对我感到愤怒。为什么不会呢? 贝恩教授这么回答:"我们明白在这个世界上不可能绝对不会受到任何侵犯,我们也明白我们这时或那时会受到他人的意外伤害,我们的头脑就这样受到训练,任凭非故意的伤害随风而去,而不反过来伤害冒犯我们的人以获得满足。"②另一种回答可能是,意外伤害绝没有影响被伤害者的"自我情感"。不过,上述两种回答都没触及问题的根本。我们再回到狗的例子上,我们知道,甚至狗都能区分被绊和被踢;这既不是训练的结果,也与自尊感没有关系。③ 狗那样做的原因在于,狗是由踢它的人而不是绊它的人那里察觉到了敌人的存在。而我的邻居要比狗更清楚,他能区分我身体的一部分和作为一个有意志生命体的我本人,当他发现伤害的来源仅仅在于我的手臂或我的脚时,我就不是应该遭受憎恨的对象了。 只有在他人认为某事件是由我

　　① Hiram Stanley,*Studies in the Evolutionary Psychology of Feeling*,p.154 *sq.*

　　② Bain,*Emotions and the Wil*,p.185.

　　③ 根据利希滕斯坦,库萨的卡菲尔人也希望大象能做出相似的区分:"如他们杀掉了某头大象……他们就对死象郑重地说,发生的事情纯属偶然,不是故意的,试图摆脱掉对死象的责任。"(Lichtenstein,*Travels in Southern Africa*,i.254)

的意志引起的时候,他人才会相应地把我归结为事件的原因;并且,只有在我造成痛苦时被看作是有意志的和有感受的人,我才会恰如其分地成为被憎恨的对象。

当我们认识到动物、小孩子、疯子不能判断自身行动性质的时候,我们几乎不会感到要去憎恨他(它)们施加的伤害。既然他(它)们不是故意的,没预见到伤害,他(它)们就不是由他(它)们的行为所引起的伤害的真正原因,何况他(它)们本来就不能预见到伤害。斯多葛学派哲学家说:"为什么你对病人的癫狂、疯子的胡言乱语、孩子的肆意攻击逆来顺受? 当然,这是因为他们明显不知道他们正在做什么……如果谁为了报复而踢了他的骡子,咬了他的狗,我们还会认为他心智健全吗?"[1]哈特利注意到:"随着我们观察能力的提高,生活经验的丰富,分析动物行动能力的改善,我们会发现,兽类和儿童甚至某些情形下的成人,对人们归因于他(它)们的行动没有多少责任或根本就没有责任。"[2]

我们是否会刻意憎恨对方,取决于对方行动的动机。假定某人向我们说谎了。若他这么做是为了拯救我们的生命,我们对他的情感就不会与他为自己谋利而撒谎时一样。而且,如果我们发现伤害了我们的人受到了强迫才那么做,或普通人在某种强烈的无法抑制的非意志性冲动影响下才那么做,我们的愤怒就会减弱或烟消云散。那时,造成伤害的主要原因不是他的被看作持续存在的意志。他的意志不情愿地屈从于他人的意志,就像他的意志

① Seneca,*De ira*,iii. 26 *sq*.

② Hartley,*Observations on Man*,i. 493.

不得已而为之一样；或者屈从于某种强大的意向，而此意向并不构成他真实自我之任一部分。他那时只是别人手里的一个工具，或者说他"神经错乱""举措失态""心不在焉"。蒙田讲："我们愤怒的时候，是激情在说话，而不是我们。"[①]古希腊人的宗教心理学把因头脑一时激动而做的事归因于艾特（Ate），认为艾特使头脑糊涂并诱使当事人做了在清醒状态下会由衷表示愧疚的事情。有了艾特以后就必然有利特（Litae）——谦卑的忏悔祷告，而不管先前做了什么错事，在神和众人面前的利特必然得到回报。[②] 吠陀歌手辩称："伐楼拿啊，不是我们自己的意志把我们引入歧途，而是一些蛊惑——酒、愤怒、骰子和我们的愚蠢。"[③]在安达曼群岛，由坏脾气或憎恨引起的暴力行为被视为一时"鬼魂附体"的结果，人们此时会认为这位魔障的受害者不必为其行为负责。[④] 就像我们已经看到的那样，人们常常把疯狂归因于魔鬼附体。在古代爱尔兰，人们相信鬼魂附体常常是由恶毒的法术——通常由某督伊德[⑤]施行——所导致，因而在《古制全书》的注解里，疯子常常被描述为"中了魔法"的人。[⑥] 这就意味着，一个人在疯狂状态下做的事不是他本人做的。

　　难道哈姆莱特会做对不起雷欧提斯的事吗？哈姆莱特决

---

① Montaigne, *Essais*, ii. 31 (*Œuvres*, p. 396).

② *Iliad*, ix. 505 sqq. Müller, *Dissertations on the Eumenides*, p. 108.

③ *Rig-Veda*, vii. 86. 6.

④ Man, in *Jour. Anthrop. Inst.* xii. 111.

⑤ 督伊德（druid），古代英国、法国、爱尔兰等地曾流行的督伊德教的僧侣。——译者

⑥ Joyce, *Social History of Ancient Ireland*, i. 224.

不会做这种事。

要是哈姆莱特在丧失他自己的心神的时候，做了对不起
雷欧提斯的事，

那样的事不是哈姆莱特做的，哈姆莱特不能承认。

那么是谁做的呢？是他的疯狂。既然是这样，

那么哈姆莱特也属于受害的一方，

他的疯狂是可怜的哈姆莱特的敌人。[①]

我们不仅憎恶行动和意志，也憎恶疏忽，不过我们通常对疏忽
的憎恶程度较低；当伤害被归因于缺乏先见之明时，若其他情形相
同，我们憎恶的程度就与其粗心大意——我们认为粗心大意也应
负有责任——的程度成正比。若某人本来可以凭其意志阻止自己
造成伤害，却没有阻止，这么看来他就是造成伤害的原因。不过由
粗心大意引起的伤害与由意志引起的故意伤害不是一回事。再
者，若行动者在某特定情况下可能具有的先见之明越少，意志对于
事件的责任就越小。

若某人再次施加伤害，我们的憎恶就会加深，并且，当我们发
现对手习惯性地恶意伤害我们时，我们的憎恶最为深重。另一方
面，我们在前面的章节就注意到，[②]被伤害方并非听不到真诚请求
宽恕的祷告。像道德愤慨一样，人们感受到非道德的憎恶时，也考
量伤害者的品格。

谈到感激之情，我们发现引起感激之情的情况与引起道德赞

318

---

① Shakespear,*Hamlet*,v.2.
② 见第三章。

许的情况有相似之处。对给我们带来快乐的无生命物体,我们会感受到某种报偿性的喜爱之情;"某人逐渐喜欢上一个鼻烟壶,一个小铅笔刀,他长期以来使用的拐杖,他对它们生发出某种近似于真诚喜爱的感情。"[①]然而,感激与想要使给予者快乐的欲望有关,只有我们的对象本身能感受到快乐,对这些对象的感激才能被合情合理地感受到。再者,经过深思熟虑,我们不会感激纯粹出于意外而使我们受益的人。因为感激指向假定的快乐原因,也因为某人只有具有意志才会被视作原因,感激因而预先假定快乐应当起因于他的意志。出于同样原因,受益一方也把动机考虑进来。正如哈奇森注意到的那样:"被认为道德邪恶的捐赠者提供的赏金,强力敲诈而来的赏金,或出于某种自我利益而授予的赏金,不会收获真正的友善之情;非但如此,还会引起道德愤慨。"[②]像道德赞许一样,感激不仅可由行动和意志引起,也可由意志之缺乏引起——只要这种缺乏来自某良好的意志倾向。而且,与道德裁决者一样,心怀感激之人的报偿性感情受到他对施主品格看法的影响。

于是,决定着非道德的憎恶和感激的认知,就其一般性质而言,恰恰与决定着道德愤慨和道德赞许的认知相似。不管报偿性情感是道德上的还是非道德的,它实质上都指向某有感受的有意志的存在或自我——此存在或自我被视为快乐或痛苦的原因。这就解决了一个问题,那些未能认识到道德判断起源于道德情感的人,必然找不到解决这一问题的办法;而且我认为,那些试图解决

---

① Adam Smith, *Theory of Moral Sentiments*, p. 136.

② Hutcheson, *Inquiry concerning Moral Good and Evil*, p. 157.

这个问题的人虽然考虑到了各种情形,却从未充分理解它。例如,有人断言,道德褒扬和道德谴责不适用于无生命物体以及那些非自愿行事的人,因为只有"能造成某种效果",人们才表达这些情感;[1]有人断言,道德判断与强迫问题有关,"因为只有在一个人出乎其自由意志而按道德原则行事的情况下,社会才会肯定他";[2]有人断言,我们认为疯子不该负责任,因为我们知道"他的脑子有病,不可能仅仅通过道德谴责来改变他的品性,让其品性以后可以成为靠得住的依据"。[3] 如此这般,施加于这些对象的道德褒扬或道德谴责就归结为功利的计算;[4]而实际上,这是由道德情感——它构成了道德判断的基础——的性质决定的。就像约翰·穆勒所注意到的那样(尽管他似乎从未认识到他的反对意见的全部价值),虽然我们带着影响行为的明确意图施加道德褒扬和道德谴责,"对我们情感的有益后果的预期从来都有助于我们表达这个情感本身"。[5]

道德情感的本质也能帮助我们解答另一引起无休止争论的重要问题,即道德责任和一般因果法则并存情景下造成的困惑。有人声称,责任及一般的道德判断,与人类意志由原因决定这一观念不相协调;声称"或者自由意志是事实,或者道德判断是幻觉"。莱

[1]　James Mill, *Fragment on Mackintosh*, p. 370.

[2]　Ziegler, *Social Ethics*, p. 56 *sq*.

[3]　Clifford, *Lectures and Essays*, p. 296.

[4]　See also James Mill, *op. cit.* pp. 261, 262, 375.

[5]　Stuart Mill, in a note to James Mill's *Analysis of the Phenomena of the Human Mind*, ii. 323.

斯利·斯蒂芬很好地总结了上述论点——"据说,道德责任意味着自由。一个人只能为他造成的结果负责。现在,某事件的原因也是被促动的结果。如果我既是原因又被促动,促动我的东西就是我行为的原因;我只是力量传播链条上的一个被动的环节。这样一来,因为每一个个体都是某种外在于他的事物之结果,他的责任就真的转换到那个事物上去了。宇宙或第一原因要独自负责,而因为它独自对它自己负责,责任就变成纯粹的幻象。"[①]有人认为,如果决定论正确,与无生命物体比起来,人类并非道德评价的更合适主体;道德褒扬和道德谴责之应用,"本身就像为日出鼓掌、对下雨愤怒那样荒唐";[②]有德之人应该受到的钦佩只不过是那种"我们公平地给予制作精良之机器"的钦佩。[③] 这些来自决定论的推论并不只是决定论反对者锻造的武器;它们也为决定论的支持者所拥有。理查德·欧文及其追随者认为,因为一个人的品格为他定制出来的,而不是由他自己塑造出来的,因他力有不逮的东西而惩罚他就毫无正义可言。[④] 对约翰·穆勒来说,责任只是出于功利主义目的而施加惩罚。[⑤] 西季威克教授对自由意志理论持怀疑态度,他也认为,通行的看法——认为惩罚是一种报复——以及关于"美德""过失"和"责任"的一般观念涉及意志自由这个假定,而且如要使用这些术语,就应在新的意义上使用它们。他

① Leslie Stephen, *Science of Ethics*, p. 285.
② Martineau, *Types of Ethical Theory*, ii. 41 *sq.*
③ Balfour, *Foundations of Belief*, p. 25.
④ Stuart Mill, *Examination of Sir William Hamilton's Philosophy*, p. 506.
⑤ *Ibid.* p. 506 *sqq.*

说："如果把错误的行动以及表现于此行动的不良品质看作先于或外在于行动者的原因的必然结果，对它们所造成损害的一般意义上的道德责任就不能由行动者来承担。同时，决定论者也可以赋予术语'不良品质'和'责任'以清楚明确的意义，而且从功利主义观点来看，也是唯一合适的意义。依此看法，如我证实A对一件有害行动负有责任，我的意思是：以此而惩罚他是正确的；惩罚主要是为了使对惩罚的畏惧阻止他及其他人将来再做相似的事情。"①

　　如果这些结论是正确的，不管施加惩罚是否有正当理由，从决定论角度看，道德愤慨或道德赞许之情感显然是荒唐的。但是，事实上，决定论者和自由意志论者都能感受到这些情感。他们似乎根本没受到这一观念——人类意志受制于一般因果法则——的影响。情感总是由具体的认知所决定，只有这些认知的影响持续，情感才持续。听说一个朋友遭遇一件恶行，我感到难过；但只要我发现这个传言是假的，我就不再悲伤。我对伤害我的人感到恼火；但只要我认识到伤害纯属意外，我的愤怒就平息下来。一件恶性犯罪引起了我的愤慨，但我听到犯罪者是个疯子的时候，愤慨就会烟消云散。另一方面，不管我多么确信人的行为和品格的细枝末节都是某些原因造成的，也不能阻止我感受到对他的报偿性情感——或者是愤怒或感激，或者是道德愤慨或道德赞许。因此，我的结论是，报偿性情感在实质上并非由自由意志之认知所决定。我认为，斯宾诺莎的下述假定——因为人们认为自己是自由的，所

322

---

　　①　Sidgwick, *Methods of Ethics*, p. 71 sq.

以他们相互之间能够比对待其他任何事物感受到更多的爱或憎恶——是错误的。[①] 在我看来，认为道德评价与决定论相矛盾的观念，或者是由于没能认识到道德判断起源于情感，或者是由于对道德情感的真实本质认识不够。这样看来，现在就容易解释造成上述观念的错误根源了。

我们已经看到，道德赞许和道德上的不赞同指向的对象是意志，并且，如某人的意志受到非意志的意向之压力，他应负的责任就会减轻。这样，负完全责任就预先假定了没有受到那样的压力，特别是没有受到外界的强迫。因而我们得到这个推断，即负完全责任也预先假定不受因果关系制约，完全受制于外界压力则意味着完全无责任。人们把外在强迫和因果关系混淆起来；这种混淆是由于这个事实，即人们实际上把决定意志的原因看作外在于意志的限制性力量。

大众心理强烈相信因果法则。思考道德问题时，大众心理会认可，这个世界上发生的每一件事都有一个原因；如找不到自然原因，就倾向于用超自然原因来说明事件的发生。而当人类意志介入进来时，因果链条常常尤其晦暗不清；一如斯宾诺莎所说的那样，尽管人们意识到他们有意志和欲望，他们"以其无知，绝不会想到促使他们如此希望、如此欲求的原因"。[②] 因而，在做哲学般的思考时，他们倾向于把自己的行动归因于掌控人类事务的外部力

---

① Spinoza, *Ethica*, iii. 49, Note.
② *Ibid*. pt. i. Appendix.

量——神或全能的命运——的影响。当然,神和命运①可以不以人的意志为工具而实现自己的目的;"意外"发生的后果常常和人们有意为之的后果一样,同样也可以归结于超自然的原因。不过,另一方面,这个事实——一般而言人们做事时意志在先——如此明显,即便是头脑最简单的人都能明白。实际上,这个事实给原始人留下如此之深的印象,以致他们把每一事件都归因于意志。宿命论者虽然承认意欲和行为之间的联系,却只把前者看作外在于行动者的力量的某种工具,正是这种外在力量强迫行动者的意志去实现它的计划。宿命论者还认为,有时这种力量会以行动者本人无法预见的方式达到自己的目标。穆罕默德说:"若真主已命令某人在某地死去,真主就会让他产生这种愿望,让他自己想到那个地方去";②在伊斯兰世界,流行着这么一个说法:"当命运之神降临,她就闭塞了人的耳目。"③有时外部力量激发出受害者不可抗拒的某种热情,让他用意志去实现它的指令,例如宙斯促使克吕泰涅斯特拉去杀死阿伽门农;或者一个人的意志本身被看作是服从了外部力量的指令。在瑞典的瓦伦德,如某人被另一人杀死,或杀人者自己在经受着死刑的折磨,妇女会说:"唉,这是他的命,肯定是。"或者说:"可怜的家伙,命真苦。"④在巴列维语⑤的一个文本里,智慧之神说:"即使能够借助于智慧和知识的强大力量,也不能

324

---

① 某巴列维语文本把命运说成"一开始就注定的东西",把天意说成神"也会以其他方式传达"的东西(*Dînâ-î Mainôg-î Khirad*, xxiv. 6 *sq.*)。

② Lane, *Arabian Society in the Middle Ages*, p. 6.

③ Burton, in his translation of the *Arabian Nights*, i. 62, n. 2.

④ Hyltén-Cavallius, *Warend och Wirdarne*, i. 206.

⑤ 巴列维语,约在公元 3 世纪至 8 世纪使用的波斯语。——译者

与命运作对。因为,当关于美德或邪恶的命运降临,智者变得缺乏责任感,精明人把他的机巧用于恶行;懦弱的人变得勇敢,勇敢的人变得懦弱;勤奋的变得懒惰,懒惰的变得勤奋。事情就这样命中注定了,因缘充斥其间,任何别的东西都被逐出。"①

　　不仅仅是大众心理才在涉及人类意欲时把原因解释为强迫,甚至像汉密尔顿②和曼塞尔③这样的哲学家似乎都不能区分决定论和宿命论。劳里教授也说:"决定论是较晚使用的术语,披着宿命论的外衣,把问题搞混了……或是自由或是宿命,只能从中间选一个。"④当然,那些把决定论等同于宿命论的人才会"把问题搞混"。一个相似的混淆也潜伏在自由意志支持者的主要论点后面。有人说"我应该"意味着"我能",并且人们不应为他们不能避免的事情负责。若"不能"的意思是强迫,"能"的意思是不受强迫的自由,上述说法就完全是对的。但是,如果人们说"我能"是要表示"我"是第一原因,不受任何其他事物决定,这就肯定不对。

　　若人们认为某人的意志受一外在于他的力量限制,他显然不应为他在如此限制影响下做的事负责。我们只应为出自我们的意志而做的事负责。在一个腐化社会环境长大的荒淫之徒,要比一直生活在适宜养成美德情境下的荒淫之徒承受较少的指责;再者,若我们听说,某罪犯童年时被一帮窃贼绑架,这些窃贼训练他做扒手这个行当,我们无疑会以某种宽恕之心看待他。不过,在这些情

①　*Dînâ-î Maînôg-i Khirad*, xxiii. 3 *sqq.*

②　Hamilton, *Lectures on Metaphysics*, ii. 410 *sqq.*

③　Mansel, *Prolegomena Logica*, p. 329 *sqq.*

④　Laurie, *Ethica*, pp. 307, 319.

况下也可以说,虽然当事人的行为主要是由于外部情境对其意志的影响,但这种影响并非不可抵御,他本来可以通过意志的努力把自己从泥潭里拯救出来,因而他不应一点儿责任都不承担。但在受到命运控制的情况下,逃脱绝无可能;强制构成了一种无所不在的力量。因此,激进宿命论的逻辑结果就是否定所有道德责任,拒斥所有道德判断。①

决定论就不是这样。宿命论预先假定某人受外部力量限制,而决定论把此人看作各个方面受制于原因的结果。决定论并不假定他的意志的任一部分先于形塑他的这些原因而存在;他的意志不是受这些原因限制,而是被它们造就。当我们说到某人受外部情境影响或被命运征服,我们把他看作独立于影响他或征服他的东西而存在,我们认为他具有由外到内的内在品格。设若他在不同的生活情境里长大,或命运没有干涉他,他定然会是另外一种样子。但是,假若说造就了他现在的那些原因如果不一样——例如,如果他生养在别的父母家里——,他就会有所不同,这定然是毫无意义的。这表明,我们能够区分一个人的原初自我与部分是先天的、部分是由外部情境造就的自我。他的先天品格从属于他的原初自我;而且,严格说来,认真审视的道德裁决人会仔细考察这个人本身的非自愿的部分,以及外部世界对他施加的压力大小,尽可

---

① 关于非洲东北部的居民,穆辛格讲:"不管是基督徒、异教徒还是穆斯林,他们都认为,生与死、幸与不幸、善与恶都直接受神掌控。"(Munzinger, *Osta frikanische Studien*, p. 66)也参阅、比较道蒂关于贝都因人的说法(Doughty, *Arabia Deserta*, i. 155)。不过,人在日常生活中并非哲学家,因而通常说来,宿命论者像他人那样,随时会对邻人的行为做出判断。按古代某些作者的说法,命运的力量是有限的,并不能把个人责任排斥掉(See Schmidt, *Ethik der alten Griechen*, i. 59 sq.)。

326 能地只是评判先天的品格。① 按照宿命论者,内在品格也是受强
迫的;因而根本就谈不上个人责任。按照决定论者,内在品格是被
引起的;但这无论如何与责任问题没有关系。与审美情感和审美
对象之间的关系比较起来,道德情感与内在品格的关系并非更密
切。作为一种报偿性情感,道德情感实质上指向有感受的有意志
的存在,此存在并不被看作无因之果,而只是看作快乐和痛苦的
原因。

---

① 叔本华在其优秀的著作《论意志的自由》(Schopenhauer, *Sämmtliche Werke*,
vii. 83 *sqq.* 。)及《论道德基础》(*ibid*. vii. 273 *sqq.*)里强调,道德判断的主题就是内在品
格。他讲,内在品格就是一个人的全人之真正的内核,包含着他的善与恶的胚芽。尽
管叔本华关于人的品格总是保持不变的说法不正确,在我看来,无可否认,只有在某人
的内在品格使得他后来的品格发生变化时,这些变化才可归结于他本人。

第十四章　初步评论——杀人总论

我们已经讨论了那些倾向于引起道德谴责或道德褒扬的现象的一般性质。我们已经看到,道德判断针对行为和品格,我们也看到了为什么这样。现在我们要考察从属于道德评价的特定行为模式,并思考不同的人及不同年龄的人如何对这些行为模式做出裁决。

若要事无巨细,这样的探究就不知何时能结束。另外,若要面面俱到,我们就得考察存在于各个种族的所有习俗,因为每个习俗都可视为某条道德规则。而当考虑到人的行为——特别是蒙昧人的行为——受到习俗制约的程度,我们就能看到,要完成这样全面细致的考察显然是不可能的。例如,在万尼卡人那里,"若某人胆敢改进其棚屋的风格,做一条比习俗许可更大的通道;若他穿着比其族人更精致的或风格不同的服装,他马上就会受到惩罚"。① 执行仪式的时候,澳大利亚土著的先人习惯于画一条横贯前额的白线,他们的后人也必须照做。② 根据南森博士对格陵兰岛民的描述,他们社群生活中的每一可能的场景都浸淫着传统习俗和一成

---

① New, *Life, Wanderings, and Labours in Eastern Africa*, p. 110.
② Spencer and Gillen, *Native Tribes of Central Australia*, p. 11.

不变的规则；①这样的生活形态对许多——尽管不是全部——低等种族来说都是千真万确的。

那么，我们有必要限制自己，只考察比较重要的与人类道德意识有关的行为模式。为了方便起见，可以把这些行为模式划分为六组。第一组包括这类行为、不作为和疏忽，它们直接关系到其他人的利益，关系到他们的生命或身体的健全，他们的自由、名誉、财产，等等。第二组包括另外一类行为、不作为和疏忽，它们主要关系到一个人自己的福祉，例如自杀、克制、禁欲。第三组行动涉及人们的性关系，它部分地与前两组重合，部分地与前两组有别。第四组包括他们对待较低等动物的行为；第五组是他们对待死人的做法；第六组包括他们对待他们认可的、或真实或想象的超自然存在的行为。我们将按照以上顺序分别考察各组行为。由于不满足于仅仅单纯地描述事实，我们还将试图发现在每一特定情形下构成道德判断基础的原则。

人们普遍主张，我们对同胞最神圣的责任就是敬重他们的生命。我敢于相信，这不仅适用于文明民族，也适用于低等种族；而且，若蒙昧人认识到他对邻人总负有道德责任，他也会认为，与施加给他们的其他类型的伤害比较起来，剥夺他们的生命是更严重的罪过。

然而，据说各种未开化的族群认为人的生命非常廉价。

据说澳大利亚的迪埃利人仅仅因为小事就能杀死他们最

---

① Nansen, *Eskimo Life*, p. 104.

亲密的朋友。① 在斐济，人们"完全漠视人类生命的价值"。② 329
马萨伊人为了争夺捕获到手的一群牛而打架，结果有人杀害
了他的朋友或邻居，但是"一点儿也不妨碍他此后活得快快乐
乐"。③ 在贝专纳部落巴察平人④那里，谋杀"很少引起骚动，只
有死者家庭受到影响；并且据说谋杀不会给杀人者带来耻辱；
杀人者也不会感到不安，只是害怕复仇"。⑤ 孟加拉的奥朗人
受到了轻微的挑衅就准备要杀人，克罗内尔·道尔顿怀疑他
们对此是否具有道德上的愧疚感。⑥ 据说，喜马拉雅地区的
一些山民把人杀死，仅仅是为了观看受害者流血及其最后的
挣扎而获得满足。⑦ 在旁遮普西北边境的帕坦人⑧那里，"几
乎没有人手上是干净的"，每个人都"计算自己杀人的数量"。⑨

---

① Gason,'Manners and Customs of the Dieyerie Tribe,' in Woods, *Native Tribes of South Australia*, p. 258.

② Williams and Calvert, *Fiji and the Fijians*, p. 115.

③ Johnston, *Kilima-njaro Expedition*, p. 419.

④ 巴察平人，生活于南部非洲的土著居民贝专纳人的一支。——译者

⑤ Burchell, *Travels in the Interior of Southern Africa*, ii. 554.

⑥ Dalton, *Descriptive Ethnology of Bnegal*, p. 256.

⑦ Fraser, *Journal of a Tour through the Himālā Mountains*, p. 267.

⑧ 帕坦人，主要居住在巴基斯坦西部的一个族群。——译者

⑨ Temple,转引自:Spencer, *Principles of Ethics*, i. 343. 关于蒙昧人漠视人类生命的其他事例，见:Egede, *Description of Greenland*, p. 123; Cranz, *History of Greenland*, i. 177; Holm,'Ethnologisk Skizze af Angmagsalikerne,' in *Meddelelser on Grönland*, x. 87,179 *sq.*; Coxe, *Russian Discoveries between Asia and America*, p. 257 (Alents of Unalaska); Krasheninnikoff, *History of Kamschatka*, p. 204; Steller, *Bcschreibung von dem Landc Kamtschatka*, p. 294; Boyle, *Adventures among the Dyaks of Borneo*, p. 116 (Malays); Powell, *Wanderings in a Wild Country*, p. 262 (aborigines of New Britain); Scaramucci and Giglioli,'Notizie sui Danakil,'in *Archivio per antropologiae la elnologia*, xiv. 26; Wilson and Felkin, *Uganda*, ii. 310 (Gowane); Schweinfurth, *Heart of Africa*, i. 286 (Bongo); Arnot, *Garenganze*, p. 71 (Barotse); Tuckcy, *Expedition to Explore the River Zaire*, p. 383 (Congonatives); Ward, *Five Years with the Congo Cannibals*, p. 105 (Bolobo).

　　另一方面,也有一些未开化的族群,据说在他们那里,杀人或谋杀事件几乎闻所未闻。

　　在奥马哈人[①]那里,"在酒精饮料引入当地以前,没有发生过谋杀事件,甚至人们争吵时也没发生过杀人的事"[②]。莱昂船长从未听说伊格卢利克[③]的爱斯基摩人之间有杀人的事例。[④] 据布伦奇利,在萨摩亚群岛的图图伊拉岛,二十年里只发生一例暗杀。[⑤] 锡兰的维达人只知道杀人要处以重刑。[⑥] 布兰特先生说,幼发拉底河流域的贝都因人"本质上是仁慈的,从不随便杀人。如他在战争中杀了一个人,他宁愿隐瞒这个事实,而不是大声说出去。在部落内部,几乎从未听说过谋杀之类的事,即便是一般的杀人案也闻所未闻。"[⑦]在喀麦隆的巴克威利人那里,佐勒从未听说过某人曾杀死社群另一成员。[⑧] 卡利说:"班巴拉人[⑨]中很少有杀人事件,曼丁哥人[⑩]中从未发生过杀人案。"[⑪]在万尼卡人中,"蓄意而残忍的谋杀几

---

① 奥马哈人,北美的一支印第安人。——译者

② Dorsey,'Omaha Sociology,'in *Ann. Rep. Bur. Ethn.* iii. 369.

③ 伊格卢利克(Igloolik),加拿大一地名。——译者

④ Lyon,*Private Journal*,p. 350.

⑤ Brenchley,*Jottings during the Cruise of H. M. S. "Curacoa" among the South Sea Islands*,p. 58.

⑥ Sarasin,*Ergebnisse naturwissenschaftlicher Forschungen auf Ceylon*,iii. 539. *Cf.* Tennent,*Ceylon*, ii. 444. Hartshorne,in *Indian Antiquary*,viii. 320.

⑦ Blunt,*Bedouin Tribes of the Euphrates*,ii. 203. *Cf. ibid.* ii. 207.

⑧ Zöller,*Kamerun*,i,188.

⑨ 班巴拉人,非洲马里的一个族群。——译者

⑩ 曼丁哥人,西非一族群。——译者

⑪ Caillié,*Travels through Central Africa*,i. 353.

乎闻所未闻"。① 巴苏陀人能享受到绝对的安全,他们那里"路不拾遗,夜不闭户,房门和窗户连门闩和窗闩都不需要",而且谋杀事件非常少见。②

在另外一些情景下,人们很明确地把杀人视为罪过。

南森博士所描述的格陵兰岛民认为,若非情况特殊,杀死同类是惨烈的暴行。③ 达科他人说,除非是复仇,否则杀死同类是重罪,"因为每个人都有活着的权利"。④ 布里奇先生说,在火地岛,杀人事件很少发生,因为当地有一个根深蒂固的习俗,认为人的生命是神圣的——"土著不许屠杀同胞;不管杀人犯在哪里,判官都会判决他饿死,或者让众人在光天化日之下活活打死他。"⑤安达曼岛民谴责谋杀是羽卜达(*yūbda*),即罪恶。⑥ 新南威尔士布坦尼湾的土著尽管认为轻微的冒犯就构成了杀人的借口,"若他们相信无正当理由杀人,作为罪行 331

① New,*op. cit*. p. 98.

② Casalis,*Basutos*, p. 301. 关于其他事例,见:Hall, *Arctic Researches*, p. 571 (Eskimo); Dobrizhoffer, *Account of the Abipones*, ii. 148; Turner, *Samoa*, p. 178; Ellis,*Tourthrough Hawaii*,p. 429; Brooke,*Ten Years in Saráwak*,i. 61 (Sea Dyaks); Low,*Sarawak*, p. 133; Marsden, *History of Sumatra*, p. 471 (PoggiIslanders); Steller, *De Sangi-Archipel*, p. 26; Riedel, *De sluik-en kroesharige rassen tusschen Selebes en Papua*,p. 41 (Ambon and Uliase Islanders); von Siebold,*Aino auf der Insel Yesso*,pp. 11,35; Munzinger,*Ostafrikanische Studien*, p. 532 (Barea and Kunáma); Holub,*Seven Years in South Africa*, ii. 319 (Marutse); Maclean,*Compendium of Kafir Laws and Customs*,pp. 61,143 sq. ; Shooter,*Kafirs of Natal*,p. 137。

③ Nansen,*Eskimo Life*,p. 162.

④ Prescott,in Schoolcraft,*Indian Tribes of the United States*,ii. 195.

⑤ Hyades and Deniker,*Mission scientifique du Cap Horn*,vii. 374,243.

⑥ Man,in *Jour. Anthr. Inst*. xii. 112.

还是会受到严厉谴责"。[1] 依据柯尔先生的经历,澳大利亚黑人认为谋杀无疑是罪过,杀人者事后会懊悔;甚至在溺婴或屠宰牲畜之后——二者都是公然进行的,当事人仍会在此后相当长的时间里懊悔莫及、郁郁寡欢。[2]

关于杀人,需要特别注意的是,在早期文明里,人们认为以血洗血不仅是私人事务,也是一种责任;而在此习俗不流行的地方,社群会惩罚凶手,通常的方式是处以死刑。我们会毫不犹豫地接受泰勒教授的看法——"没有哪个已知部落,不管多么低级和残暴,曾经许可人们随意相互残杀。"[3]在每一个社会里,即使这个社会不怎么尊重人类生命,习俗都禁止在某一个圈子内部发生杀人之事。只不过,圈子的范围大小因具体情境不同而具有很大差别。

蒙昧人会仔细区分发生在他们自己社群里的杀人行为与受害人是陌生人的杀人行为。前者在一般情况下是不被赞成的,后者在多数情况下则被允许,甚至常常被视为值得赞扬的。蒙昧人的

---

①　Barrington, *History of New South Wales*, p. 19. Cf. Lumholtz, *Among Cannibals*, p. 126 (natives of Northern Queensland).

②　Curr, *The Australian Race*, i. 100, 43 *sq.*。其他事例,见:Keating, *Expedition to the Source of St. Peter's River*, i. 127 (Potawatomis); Siidllarmon, *Journal of Voyages in the Interior of North America*, p. 348 (Indians on the east side of the RockyMountains); Hall, *Arctic Researches*, p. 572 (Eskimo); Mariner, *Natives of the Tonga Islands*, ii. 162; Macdonald, *Oceania*, p. 208 (Efatese); Yate, *Account of New Zealand*, p. 145; Arbousset and Daumas, *Exploratory Tourto the North-East of the Colony of the Cape of Good Hope*, p. 322 (Bechuanas); Fritsch, *Die Eingcborenen Süd-Afrika's*, p. 322 (Hottentots).

③　Tylor, 'Primitive Society,' in *Contemporary Review*, xxi. 714.

伦理有一个很常见的观念,即认为一个人的主要美德就是在战争中获胜并杀死许多敌人。

　　在兴都库什山脉的卡菲尔人那里,人们既可能认为杀死生人不妥,也可能认为并无不妥;不过,他们几乎不会认为杀人是一种罪;另一方面,若杀死同部落的人,人们的看法就会很不一样了。① 科里亚克人认为谋杀不是大罪,除非谋杀发生在自己部落内部。② 早期的阿留申人认为,杀死同胞就犯了死罪,"但杀死敌人则是另一回事"。③ 对阿特印第安人来说,若死者不是部落成员,谋杀不过相当于杀了一条狗。④ 根据冯·洪堡的记述,圭亚那土著居民"讨厌所有不属于他们家族或他们部落的人;他们捕杀跟他们部落处于战争状态的近邻印第安人,就像我们捕杀猎物一样"。⑤ 在火地人看来,"生人和敌人几乎是同义词",因而他们不敢造访没有自己朋友并且也不知底细的地方,因为他们很可能被杀死。⑥ 澳大利亚黑人对不认识的任何男子都怀有强烈憎恶,即便这位男子跟自己是同一种族;并且,只要于己没有风险,就会尽早寻机暗

332

---

① Scott Robertson, *Káfirs of the Hindu-Kush*, p. 194.

② Krasheninnikoff, *op. cit.* p. 232.

③ Veniaminof, 转引自:Petroff, 'Report on Alaska,' in *Tenth Census of the United States*, p. 155。

④ Sproat, *Scenes and Studies of Savage Life*, p. 152.

⑤ von Humboldt, *Personal Narrative of Travels*, v. 422.

⑥ Stirling, in *South American Missionary Magazine*, iv. 11. Bridges, in *A Voice for South America*, xiii. 210.

杀,把他除掉。① 在美拉尼西亚,整个群岛上的居民也是把这样的陌生人当作要杀掉的敌人。②

在蛮人岛③,杀死另一部落成员,即潜在的敌人,"是善行而非罪行"。④ 对于年轻的萨摩亚人来说,在拼死搏斗中杀死敌手并被自己的酋长公开感谢,意味着实现了平生最宏大的抱负。⑤ 按照斐济人的信仰,从未杀死过任何敌人的男子,死后在另一个世界将被迫用自己的大棒击打粪便——这是土著人头脑所能想象到的最耻辱的惩罚,因为他们在那里竟然用大棒干那么卑微的事;⑥在富图纳群岛,人们认为,若要在未来的幸福生活中有所作为,就必须在战场上抛洒鲜血。⑦ 在托雷斯海峡西部群岛,"或者通过公平较量,或者通过背信弃义而杀死陌生人,是值得称赞的事情,把战斗中杀死的其他岛屿居民的头盖骨带回来是一种荣耀"。⑧ 在所罗门群岛⑨、新

333

---

① Curr, *The Australian Race*, i. 64, 85 *sq*. Mathew, in *Jour. & Proceed. Roy. Soc. N. S. Wales*, xxiii. 398.

② Codrington, *Melanesians*, p. 345.

③ 蛮人岛(Savage Island),1774 年,库克船长(James Cook)登上位于太平洋中南部的纽埃岛,由于纽埃人持敌对态度,遂命名该岛为蛮人岛,大部分欧洲人因而不敢驶近该岛。——译者

④ Thomson, *Savage Island*, p. 104. See also *ibid*. p. 94.

⑤ Pritchard, *Polynesian Reminisfcences*, p. 57.

⑥ Seemann, *Viti*, p. 401. *Cf*. Williams and Calvert, *op. cit*. p. 97 *sq*. ; Erskinc, *Islands of the Western Pacific*, p. 248.

⑦ Smith, in *Jour. Polynesian Society*, i. 39.

⑧ Haddon, in *Reports of the Cambridge Anthropological Expedition to Torres Straits*, v. 277.

⑨ Romilly, *Western Pacific*, p. 73. Penny, *Ten Years in Melanesia*, p. 46. Codrington, *op. cit*. p. 345.

几内亚岛①以及马来群岛的一些地方,收集人头数目最多的人会被部落视为最勇敢的人并享尽荣耀;有些族群甚至在当地男子至少砍掉一个人头之后才允许他结婚。② 许多北美印第安人也把自吹拥有人头皮数量最多者看作最受敬重的人。③ 沙瑞印第安人认为,最高的美德"是让外人流血;除非为恐惧所慑,他们见到外人的正常冲动就是杀死他"。④ 在楚科奇人⑤那里,"在本家族或种族内部偷盗或谋杀被视为犯罪;但若在其他地方犯下这些罪行,不仅允许,还被视为荣耀而赢得钦敬"。⑥ 加拉人⑦也认为杀死外族人值得敬重,而杀死本乡本土人则是犯罪。⑧

同时,在低等种族那里,也有不少事例表明,"你不可杀戮"这一规则也适用于外人。我们在后面的章节会看到,好客是蒙昧世

---

①　Romilly,*Western Pacific*,p.76.

②　Bock,*Head-Hunters of Borneo*,pp.216,221,& c. (Dyaks). Bickmore,*Travels in the East Indian Archipelago*,p.205 (Alfura of Ceram). Dalton,*op.cit.* p.40 (Nagas of Upper Assam).

③　著名的剥头皮习俗尽管很常见,但在北美印第安人中绝非普遍(see Gibbs, Tribes of WesternWashington and Northwestern Oregon, in *Contributions to N. American Ethnology*, i.192; Powers,*Tribes of California*,p.321)。

④　McGee,'Seri Indians,' in *Ann.Rep.Bur.Ethnol.* xvii.132.

⑤　楚科奇人,居住在西伯利亚最东北部的土著居民。——译者

⑥　Georgi,*Russia*,iii.183.

⑦　加拉人,主要分布在埃塞俄比亚南半部的土著居民。——译者

⑧　Macdonald,*Africana*,i.229. For other instances,see Harmon,*op.cit.* p.301 (Tacullies); Burton,*City of the Saints*,p.139 (Dacotahs); Macpherson,*Memorials of Service in India*, p.94 (Kandhs); MacMahon, *Far Cathay*, p.262 (Indo-Burmese border tribes); Macdonald,*Africana*,i.194 *sq.* (Eastern Central Africans); Johnston, *Kilima-njaro Expedition*,p.419 (Masai).

界的一项重要责任。习俗要求，主人应该款待、保护到他家做客的人，杀死客人就意味着犯下暴行，而这样的惨事几乎不可能发生。再者，涉及不同部族间的关系，我们不能断定战争时允许的事情在和平时期也允许。禁止杀人的规则可以超越部落边界，由于这样或那样的原因，不同部落成员之间才能够彼此友好相处。① 一般情况下，我们一定不能假设某蒙昧部落生活在完全与世隔绝的状态，也不能设想某部族总是与其邻居大动干戈。例如在澳大利亚，一个土著部落通常与一个、两个或更多其他部落保持着友好关系。② 斯潘塞和吉伦两位先生说，在澳大利亚中部的土著那里，"各个部落之间绝非总是处于相互敌对的状态"；相反，当两个部落在各自疆域边界上相互接触的时候，双方部落成员总是保持着友善的感情。③ 甚至据称，某些未开化的部族从没经历过战事。锡兰的维达人之间从不发动战争。④ 根据报告，乌姆纳克岛⑤和乌纳拉斯卡岛的最古老居民内部或与其邻居之间从未发生过战争，只是与阿拉斯加的土著打过仗。⑦ 对于南森博士描述的格陵兰岛民来说，战争"不可理解，也令人讨厌，他们的语言里没有与战争对应的词"。⑧

---

① See, *e. g.*, Scott Robertson, *op. cit.* p. 194（Káfirs of the Hindu-Kush）.

② Curr, *The Australian Race*, i. 62 *sq.*

③ Spencer and Gillen, *Native Tribes of Central Australia*, p. 32.

④ Sarasin, *op. cit.* iii. 488.

⑤⑥　美阿拉斯加州的两个岛屿。——译者

⑦ Coxe, *op. cit.* p. 244.

⑧ Nansen, *Eskimo Life*, p. 162.

从某些与战争有关的习俗可清楚地看到,蒙昧人在一定程度上重视部落间维护和平生活的权利。南太平洋诸岛居民及北美印第安人认为,若一方要攻击另一方,必须事先向对方发出通牒,以便对手能准备好迎战。[①] 他们停战的时候,常常要缔结一个特别条约,并设计和举行专门的仪式,以使条约生效。[②] 例如,塔希提人用绿树枝编织一个各边均加上装饰物的环,交换两条小狗,共同制作一块布,然后把环和布供给神,首先违反如此庄重条约的一方,将受到诅咒。[③] 蒙昧人的习俗也并非总是允许战争期间肆意杀戮。通常,他们认可不许侵犯来使。[④] 在新南威尔士的土著那里,部落信使的额头戴着红色的网状物,这样人们就知道他是使者了,他在敌对部落之间可以安全通行;[⑤] 在北美奥马哈人那里,"拿着和睦烟斗[⑥]的人通常会受到敌人的尊重,就像所谓文明国家的战争法对待拿着休战旗帜的人那样"。[⑦] 而且,许多未开化部族通行这样的规则:在战争期间不伤害虚弱无助之人。

萨摩亚人认为,杀戮妇女乃懦夫行径;[⑧]即便是在斐济,

---

① Hale, *U. S. Exploring Expedition. Vol. VI. Ethnography and Philology*, p. 72 (Micronesians). Gibbs, *loc. cit*. p. 190 (Indians of Western Washington and North-Western Oregon).

② See Farrer, *Military Manners and Customs*, p. 162 *sq.*

③ Ellis, *Polynesian Researches*, i. 318.

④ See Farrer, *Military Manners and Customs*, p. 161.

⑤ Fraser, *Aborigines of New South Wales*, p. 41.

⑥ 和睦烟斗(peace pipe),北美印第安人用来表示和睦、和平的烟斗,拿在手里作为和平使者的象征。——译者

⑦ Dorsey, 'Omaha Sociology,' in *Ann. Rep. Bur. Ethn*. iii. 368.

⑧ Turner, *Nineteen Years in Polynesia*, p. 304.

"开明的一方"也反对杀害妇女，强烈主张"杀害妇女不过是像
婴儿那样懦弱而已"。① 阿比泊尼人在战争中"通常不伤害不
抵抗之人，并带走无辜男孩和女孩，而不是伤害他们"。② 一
位老年西班牙作者讲到了大加那利岛③的关契斯人，"他们认
为，在战争中蹂躏、伤害敌方的妇女和儿童是低下、卑鄙的行
为；他们认为，这些妇孺软弱无助，并非发泄愤懑的合适目
标"；④在摩洛哥南部的柏柏尔人及阿尔及利亚的卡拜尔人⑤
和图阿雷格人⑥那里，也流行相似的看法。尽管马萨伊人和
瓦基库尤人"长期以来处于拔刀相向的战争状态，他们之间还
是有一个协定，约定互不猥亵对方的妇女"。⑦ 欣德先生说：
"马萨伊人发动攻击时从不骚扰妇女，而妇女们则大声为正在
战斗的亲戚加油。"⑧阿图卡人会让妇女充当间谍，因而妇女
在战时就特别危险，但是人们仍普遍认可不应杀害妇女。⑨
巴苏陀人认为，战时应尊重妇女、儿童和旅行者，而且不应伤
害投降的人，应允许以赎金赎回他们；尽管巴苏陀人并非总是

① Seemann, *Viti*, p. 180.
② Dobrizhoffer, *op. cit.* ii. 141.
③ 大加那利岛(the Guanches of Gran Canaria)，北大西洋上的一个岛屿，属西班
牙。——译者
④ Abreu de Galindo, *History of the Discovery and Conquest of the Canary
Islands*, p. 66.
⑤ Hanoteau and Letourneux, *La Kabylie*, ii. 76.
⑥ Hourst, *Sur le Niger et au pays des Touaregs*, p. 223 *sq*.
⑦ Thomson, *Through Masai Land*, p. 177.
⑧ Hinde, *The Las of Masai*, p. 6, n.*
⑨ Baker, *Albert N'yanza*, i. 355.

遵守这些规则,公众的声音仍然总是谴责违规者。①

有时习俗也要求不应伤害俘虏的生命。

杀戮战俘违背马萨伊人的传统。② 在卡拜尔人那里,"伤害战俘,或者把战俘活活囚禁至死,都会惹人愤怒"。③ 图阿雷格人战后不杀战俘。④ 在幼发拉底河流域的贝都因人那里,"若解除了武装或下了马,敌人的肉身就是神圣的。他们不把战俘充当奴隶,也不囚禁战俘,只是等待对方像赎回母马那样以赎金赎回战俘。"⑤多西先生讲:"奥马哈人和彭加人⑥不杀害战俘。宣布和平以后,如战俘想回家,就让他们回家。如不愿回家,就让他们留下来,部落里的人对待他们就如同部落内部成员一样。"⑦怀安多特人常常把战俘接纳进部落。"捉到俘虏的战士有收养战俘的优先权。若无人愿意收养战俘,就让他经受一系列磨难,以测试他是否勇敢。若经受考验时他表现勇敢,就会有许多人要认领和收养他;但是若他的表现不够体面,就会处死他。"⑧

---

① Casalis,*op. cit.* p. 223 *sq.* 关于战时人们对女人、老人、儿童的敬重,也参阅理查森的《北极探险》(Richardson,*Arctic Searching Expedition*)第一卷第 367 页关于西爱斯基摩人的叙述,凯特林的《北美印第安人》(Catlin,*North American Indians*)第二卷第 240 页,阿萨拉的《航海》(Azara,*Voyages*)第二卷第 145 页关于巴拉圭人的叙述。

② Hinde,*op. cit.* p. 64.

③ Hanoteau and Letourneux,*op. cit.* ii. 75.

④ Hourst,*op. cit.* p. 207.

⑤ Blunt,*op. cit.* ii. 239.

⑥ 彭加人,北美的一支印第安人。——译者

⑦ Dorsey,'Omaha Sociology,' in *Ann. Rep. Bur. Ethn.* iii. 332.

⑧ Powell,*ibid.* i. 68.

这样,我们甚至在未开化种族那里也显然看到了所谓"国际
法"的踪迹①——即使这不是惯例,也至少不是例外。另一方面,
不仅出于自卫或复仇,而且出于攫取和战胜,他们随时准备沙场征
战,这表明他们多么藐视其他部落的生命。例如,坎德人认为,"若
无明确的和平协定,可以合法地单方面与任何部落和国家进入战
争状态"。② 若有几个蒙昧部族长期生活在和平状态,主要原因似
乎不在于他们的道德标准高,而在于缺乏引发战争的诱因。

当我们从低等种族转而考察文化更先进的族群时,我们会发
现社会单位变大了,国家取代了部落,把杀人作为最严重罪行而禁
止的圈子也相应扩大了。不过,原有的对伤害本国人和伤害外国
人的区分留存延续下来。尽管关于杀人的法律没有涉猎这一主
题,我们仍然能从人们对待外国人的通常态度推断,大众舆论对于
杀害外国人并不是很审慎、公正和讲良心的。近来的历史清楚地
告诉我们中国人是如何看待"红毛番"和"洋鬼子"的。在以前,日
本人对待其邻居及整个世界的态度就是一种敌人而非朋友的态
度。③ 吠陀的赞美诗充斥着让灾难降临异族的诅咒。④ 在古代条
顿人那里,陌生人的命运并非令人称羡,甚至语言也能证明这一
点;德国单词 elender⑤ 现在的含义就源自一个较老的意为"外国

---

①　See also Wheeler, *The Tribe, and Intertribal Relations in Australia*, passim.

②　Hunter, *Annals of Rural Bnegal*, iii. 75.

③　Griffis, *Religions of Japan*, p. 129.

④　Roth, 'On the Morality of the Veda,' in *Jour. American Oriental Society*, iii. 338.

⑤　意为"古怪的""异国风情的"。——译者

人"的词。① 除非属于某临近的友好部落,初来乍到的生客原本就
毫无法律权利可言;他所受到的保护取决于主人的好客程度,而习
俗只是把好客期限定在三天。② 按照瑞典的西哥特法,杀死外国
人的人不必向死者家属支付赔偿,杀人者的法定权利不会被剥夺,
他也不会遭到放逐。③ 国王爱恩制定的法律让我们得以理解人们
曾如何看待陌生人——"远方来人或生客穿越马路外树林的,若既
不喊叫也不吹号角以示打招呼,以窃贼论处,或者处死他,或者由
其族人赎回。"④然而,随着对外贸易增多,在条顿人的土地上更常
见到陌生人,王室的保护就扩展到生人身上;这方面的一个后果就
是,自此以后,杀害陌生人者必须向国王支付部分或全部法定赔偿
金。⑤ 在希腊早些时候,"可鄙的生人"⑥不享受法律权利,并且他
只有是当地公民的朋友,才能得到保护;⑦甚至在后来的雅典,尽
管故意杀人要处死并罚没财产,但故意杀死非本国公民则只以放
逐处罚。⑧ 拉丁语单词 *hostis*⑨ 最初就是用来指外国人的;⑩普劳

---

① *Cf*. Grimm,*Deutsche Rechtsalter-thümer*,p. 396;Gummere,*Germanic Origins*,p. 288.

② Grimm,*op. cit*. p. 397 *sqq*. Brunner,*Deutsche Rechtgeschichte*,i. 273.

③ *Westgöta-Lagen I*. Af mandrapi,v. 4,p. 13.

④ *Laws of Ine*,20. *Cf. Laws of Wihtræd*,28.

⑤ Brunner,*op. cit*. i. 273 *sq*. Gummere,*op. cit*. p. 288. Pollock and Maitland,*History of English Law before the Time of Edward I*. i. 52.

⑥ *Iliad*,ix. 648.

⑦ Hermann-Blümner,*Lehrbuch der griechischen Privatalterthümer*,p. 492. Schmidt,*Ethik der alten Griechen*,ii. 325.

⑧ Meier and Schömann,*Der attische Process*,p. 379.

⑨ 意为"敌人"。——译者

⑩ Cicero,*De officiis*,i. 12.

图斯[①]的说法——他不认识这个人，这个人对他来说就是一匹狼[②]——很可能来自一句古罗马格言。莫姆森指出，古代罗马人曾经不处罚杀戮外国人的人，除非被害者来自罗马的盟国；但是在史前时期情况就已发生了变化，外国人也被置于国家保护之下。[③]

　　一方面随时准备对异族发动战争，另一方面礼赞和崇敬克敌制胜的同胞战士；这两者结合表明，外族人的生命是多么无足轻重。古代墨西哥人会随时找借口与邻邦大动干戈，如此一来就可以把死掉的人作为祭品献给他们的神灵。[④]"对于他们，没有哪个职业比军人更受敬重。他们最敬拜战争之神，把此神奉为国家的保护者。"[⑤]玛雅人不仅试图通过蚕食近邻的领土扩大疆域，他们还对邻近部族突然袭击，目的仅仅在于获得俘虏充当祭品。[⑥] 说到古埃及人的战争，阿梅里诺讲："我们从埃及人乃至埃及基督徒的文献和作品里仔细查找，但即便是对战争、对其恐怖后果的微弱指责都听不到。"[⑦]希伯来人的宗教明确支持最残酷的灭绝性战争。他们理所当然地认为，崇拜偶像的异族人没有生存的权利；不过他们也出于世俗的动机肆无忌惮地发动战争，他们的道德规范

339

---

① 普劳图斯（Plautus，约公元前 254—公元前 184），古罗马喜剧作家。——译者
② Plautus, *Asinaria*, ii. 4. 88.
③ Mommsen, *Römisches Strafrecht*, p. 622 *sq.*
④ Bancroft, *Native Races of the Pacific States*, ii. 420. Clavigero, *History of Mexico*, i. 371.
⑤ Clavigero, *op. cit.* i. 363.
⑥ Bancroft, *op. cit.* ii. 740, 745.
⑦ Amélineau, *L'évolution des idées morales dans l'Égypte ancienne*, p. 344.

并不试图区分正义战争和非正义战争。[①] 穆斯林同样把异教徒——未必是外国人——看作屠戮的最适当目标。尽管从上下文来看,《古兰经》里没有什么训诫是在为无缘无故的战争伸张,但"刀光之下有天堂"[②]的说法普遍应用于针对异教徒的所有战争。[③]在凯尔特人[④]和条顿人那里,一个人最大的抱负就是获得军事上的荣耀。斯堪的纳维亚人认为,一个人没看到过人流血就死去是耻辱,[⑤]若屠戮是公然而勇敢地进行的话,甚至杀死同部落的人也不被认为是什么大不了的事。在希腊,至少在古代时期,不同城邦间发生战争是正常现象,而和平只是例外——要获得和平,需签订一个特别条约;[⑥]而征服、奴役野蛮人被看作大自然赋予希腊人的一项权利。早期罗马共和国的治国之术无疑遵循相似的原则;[⑦]后来,罗马人中有些著作家坚持要求发动战争要讲良心,但罗马的战争政策当然不会按照这些秀才的愿望执行。

340

然而,外国人并非没有任何权利,也不是在任何情况下都没有权利。在古代文明国家里,如同在其他低等种族社会中一样,好客

---

① Cf. Selden, *De Synedriis et Prafecturis Juridicis veterum Ebræorum*, iii. 12, p. 1179 *sqq.*; Laurent, *Études sur l'histoire de l'humanité*, i. 384 *sq.*

② 莱恩后来承认了这一点(Lane, *Modern Egyptians*, p. 574)。他以前认为,《古兰经》强烈主张,穆斯林有发动圣战的责任。

③ Pool, *Studies in Mohammedanism*, p. 246.

④ Logan, *The Scottish Gaël*, i. 101. De Valroger, *Les Celtes*, p. 186.

⑤ *Njála*, ch. 40, vol. i. 167. Maurer, *Bekehrung des Norwegischen Stammes*, ii. 172.

⑥ Schmidt, *Ethik der alten Griechen*, ii. 280. Lauren, *op. cit.* i. 46. Plato, *Leges*, i. 625. Livy, xxxi. 29:"整个希腊人总是与外国人、野蛮人处于战争状态。"

⑦ Cf. Lecky, *History of European Morals*, ii. 257.

是一种责任,客人的生命同其他家庭任何固有成员一样神圣。在
某些情况下,国与国之间开始争战前,要举行专门仪式,以使和平
时期被认为不正当的行动正当化。在古代墨西哥,通常要给敌方
递送一个正式的战书或战争宣言,仿佛攻击未作自卫准备的人是
丢脸的事情;[①]按照罗马人的《国家间法》,除非是为了索回财产,
或事先郑重通知并宣战,否则战争就是不正义的。[②] 在某些情形
下,战争要受到谴责,或根据发动战争的目的区分正义战争和不正
义战争。中国哲学家是伟大的和平倡导者。[③] 按照老子的教诲,
"兵者……非君子之器,不得已而用之";[④]没有比轻率卷入战争更
大的灾祸了,[⑤]而且,"杀人之众(的人),(应当)以悲哀泣之"。[⑥] 印
度诗歌《摩诃婆罗多》[⑦]谴责不必要的战争,认为通过谈判赢得的
成功最好,而以征战厮杀获取的成功最糟糕。[⑧] 希伯来人里的爱
色尼派是如此责难战争,以至不愿制造任何种类的军用器械。[⑨]
即使是与野蛮人开战,罗马的历史学家也常常"以现代历史学家几
乎无法超越的良知和郑重",探讨战争动机是否充分或必要。[⑩] 根

341

---

① Clavigero, *op. cit*. I. 370. Bancroft, *op. cit*. ii. 420,421,423.

② Cicero, *De officiis*, i. 11.

③ *Cf*. Lanessan, *Moral des philosophes chinois*, pp. 54,107.

④ *Tão Tech King*, xxxi. 2.

⑤ 经查,《道德经》原文为"祸莫大于轻敌",其含义似与韦斯特马克所说相冲
突。——译者

⑥ *Ibid*. xxxi. 3.

⑦ 《摩诃婆罗多》是享誉世界的印度史诗,与《罗摩衍那》并列为印度的两大史
诗。——译者

⑧ *Mahabharata*, Bhisma Parva, iii. 81 (pt. xii. *sq*. p. 6).

⑨ Philo, *Quod liber sit quisquis virtuti studet*, p. 877.

⑩ Lecky, *History of European Morals*, ii. 258.

据西塞罗,要成为正义的战争,首先应该具有开战的必要性,战争的唯一目标就是让我们在和平安宁中不受干扰地生活。他讲,有两种解决争端的模式,一种是通过商讨,一种是付诸暴力。第一种适合于人,第二种适合于兽类,而且,除非第一种模式不可用就绝不该用第二种。① 塞涅卡把战争看作可比之于谋杀的"光荣的罪行"——"在私人生活中禁止的东西由公共法令强制执行。偷偷摸摸干的坏事本应处以死刑,在这里因为这些坏事是士兵干的,我们就得赞扬和表彰。即便是不能说话的动物和凶猛的野兽也能和平共处。从本性上讲人是动物中最温和的一类,他们却从相互残杀中找乐,肆意发动战争,并训练他们的孩子发动战争,他们对这些行径竟然不感到羞耻。"②历史证明,罗马人在与其他国家的交往中,并不按西塞罗和塞涅卡崇高的国际道德理论行事;一如普鲁塔克所说,"战争"与"和平"这两个名称最经常地当作钱币来使用,发动战争者不是要获得人间正义,而是奔着有利可图而来。③不过,在罗马,人们似乎具有一种普遍的情感,即发动一场战争需要某种正当理由。宣布战争的时候,罗马传令官会召唤所有的神,让他们看清,宣战的对象本来就是邪恶的、不义的、玩忽义务与责任的。④

在某些情况下,即使在战争中杀死敌人也为习俗或开明的道

342

---

① Cicero,*De officiis*,i. 11.

② Seneca,*Epistulæ*,95.

③ Plutarch,*Vita Pyrrhi*,xii. 3. p. 389.

④ Livy,i. 32.

德主张所禁止。在古代纳化人①那里，他们从不接受为赎回战俘
而付的赎金，但使者的人身在任何情况下都是神圣的。② 体现了
流行的道教思想的《太上感应篇》说道："（勿）诛降戮服。"③希伯来
人尽管被命令在上帝给予他们、要他们继承的城市里"不要拯救任
何能呼吸的东西"，他们却以一种不同的方式对待离他们很远的城
市：只杀死男人，掠走女人和小孩。④《摩奴法典》为在战斗中与敌
人搏斗的国王制定了很人道的规则——"让战士不要使用隐藏在
树林中的武器，也不要使用有钩刺的、有毒的或尖端燃火的武器；
不要追击为了逃命已攀爬至高处的敌人，不要伤害阉人，或合掌求
饶者，或头发飘扬正在逃离，或坐地不动，或说'我是你的俘虏'的
敌人；不要打击或在睡眠，或无甲胄，或赤身裸体，或手无寸铁，或
缴械投降，或旁观而未参加战斗，或正与他人搏斗的敌人；不要打
击或武器已坏，或苦于忧伤，或身负重伤，或惊恐万状，或起身逃走
的敌人；可敬的战士应当铭记在所有这些情况下的责任和操
守。"⑤《摩诃婆罗多》包含着相似的对敌彬彬有礼的表述。乘战车
的战士只应与敌方同样乘战车的战士搏斗，骑兵只应与骑兵搏斗，
徒步的士兵只应与徒步的士兵搏斗。"时刻考虑适当性、意愿、勇
敢和力量这些因素而行动，只应在向对手提出挑战后再攻击他；不
要攻击信赖你的人，也不要攻击惊惶不安的人；绝不要攻击正与他

---

① 纳化人，主要生活于今墨西哥的一支印第安人。——译者
② Bancroft,*op. cit*. ii. 426,412.
③ Douglas,*Confucianism and Taoism*,p. 261.
④ *Deuteronomy*,xx. 13 *sqq*.
⑤ *Laws of Manu*,vii. 90 *sqq*.

人搏斗的人，逃难的人，撤退的人，武器损坏的人，未着甲胄的人；绝不要攻击驾驭战车的人、动物和专事运载武器的人，以及那些击鼓打锣或吹号角的人。"①在荷马时代，城市陷落时，所有男人都被杀死，所有女人和儿童则被当作奴隶带走，显然这在希腊人看来是理所当然的。② 不过在历史上，这种对待被征服之敌人的方式愈加罕见，而且在一般情况下，似乎并不被赞同。③ 在《赫拉克勒斯的儿女》里，信使说，这块土地的统治者不允许屠杀在战斗中活捉的敌人。④ 在罗马，战争习俗经历了相似变化。在古代时期，俘虏的命运通常就是死亡，在较晚的时期一般把俘虏转为奴隶；不过成千上万的俘虏也被判以人兽格斗，而战败的将军通常要在马梅尔蒂尼监狱被杀掉。⑤ 另一方面，人们习惯上宽大对待自愿臣服于罗马的国家或敌人。西塞罗说："我们获得了胜利，就必须保护那些在战争中无残忍暴虐行为的敌人。例如，我们的先人甚至把托斯卡纳人、埃魁人、沃尔西人、萨宾人和赫尔尼克人接纳为国家的成员，但最终还是彻底毁灭了迦太基和努曼提亚……而我们必然会考虑如何处置被武力征服的敌人，那些慑服于将军的荣耀而放下武器的人应受到我们的保护，即使攻城槌本应撞击他们的城池。"⑥

344

---

① *Mahabharata*，Bhisma Parva，i. 27 *sqq.* (pt. xii. *sq.* p. 2.)

② *Iliad*，ix. 593 *sq.*

③ Schmidt，*Ethik der alten Griechen*，ii. 281 *sqq.*

④ Euripides，*Heraclidæ*，966.

⑤ Laurent，*op. cit.* iii. 20 *sq.* Lecky，*History of European Morals*，ii. 257.

⑥ Cicero，*De officiis*，i. 11.

第十五章　杀人总论(续)

基督教把一切异教社会都不曾有过的对人类生命的高度尊重引入欧洲。早期的基督徒把一切形式的杀人都指斥为十恶不赦之罪。在这个以及其他所有道德问题上,他们根本不计较民族或种族的差别。

他们赋予每一个人的生命以神圣性,于是他们谴责所有的战争,这与罗马帝国盛行的看法形成鲜明对比。他们认为,任何情形下的战争都是非法的,这一观念既符合基督教的一般精神,也与圣经里的特定段落①相一致。殉道士游斯丁引述了以赛亚的预言——"这国不举刀攻击那国,他们也不再学习战事",②并继续说道,由十二门徒所转达的上帝的教诲"效果如此之好,我们以前总是相互吞噬,现在再也不会像以前那样挥刀相向了"。③ 拉克坦提乌斯宣称:"于正义之士,卷入战争乃非法行径,正义之士唯一的战争就是匡扶正义。"④德尔图良问道:"主称挥刀舞剑者将会死于刀

---

① *St. Matthew*, v. 9, 39, 44. *Romans*, xii. 17. *Ephesians*, vi. 12.

② *Isaiah*, ii. 4.

③ Justin Martyr, *Apologia I. Pro Christianis*, 39 (Migne, *Patrologiæ cursus*, Ser. Graeca, vi. 387 *sq.*).

④ Lactantius, *Divine institutiones*, vi. ('De vero cultu') 20 (Migne, *op. cit.* vi. 708).

剑之下,那操刀弄剑征战杀伐还会是合法的吗?"①他在另一段落说道:"主解除了彼得的武装,自那时起也就解除了每一个士兵的武装。"②俄利根把基督徒称作和平之子,认为由于耶稣的缘故,他们绝不会持剑与任何国家作对;他们为君主而战的方式是为君主祈祷,即使君主鼓动他们投身战场,他们也不会卷入他的战争。③诚然,即便在早些时候,基督徒从戎参战也不是闻所未闻之事,德尔图良提及,基督徒曾与异教徒同胞共同参与军事行动。④ 不过,从戎的基督徒数量在君士坦丁大帝时期以前似乎并不很多,⑤而且,虽然他们与教会的联系不会切断,他们的职业也基本上被视为与其宗教信仰龃龉。圣巴西略说,士兵服役期满后,整整三年内不能参加圣餐仪式。⑥ 根据尼西亚会议制定的教规,基督徒放弃军人职业而后又重操旧业的,"就像狗将其呕吐物再吃进肚子里",他们需要在教堂内忏悔若干年才能赎罪。⑦

国家当然不会接受禁止对敌人做任何抵抗的教会法律,特别是在帝国遭受外来侵略严重威胁的时候。因而基督教绝不会成为国教,除非它放弃其对战争的态度。基督教于是做了让步,在公元

---

① Tertullian, *De corona*, ii (Migne, *op. cit. i*. 92).

② Tertullian, *De idolatria*, 19 (Migne, *op. cit. i*. 691).

③ Origen, *Contra Celsum*, v. 33; viii. 73 (Migne, *op. cit.* Ser. Graeca, xi. 1231 *sq.*, 1627 *sq.*).

④ Tertullian, *Apologeticus*, 42 (Migne, *op. cit*, i. 491).

⑤ Le Blant, *Inscriptions chrétiennes de la Gaule*, i. 84 *sqq.*

⑥ St. Basil, *Epistola CLXXXVIII, ad Amphilochium*, can. 13 (Migne, *op. cit.* Ser. Graeca, xxxii. 681 *sq.*).

⑦ *Concilium Nicænum*, A. D. 325, can. 12 (Labbe-Mansi, *Sacrorum Conciliorum collectio*, ii. 674).

347 314 年的一次宗教会议上,教会就谴责了出于宗教信仰而丢弃军
旗、擅离职守的士兵。① 4—5 世纪的神父们并非完全不赞成战争。
屈梭多模和安布罗斯尽管认识到难以把战争与他们在《新约圣经》
里找到的关于基督徒生活的理论调和起来,但也认为只有使用刀
剑才能保卫国家。② 圣奥古斯丁走得更远,他试图证明战争的实
践与基督的教诲相当协调。主并没要求《新约》里提及的正寻求救
赎出路的士兵丢掉武器,放弃军职,而是劝诫他们要满足于现有的
待遇。③ 圣彼得以基督的名义给古罗马军团的百人队队长科尼利
厄斯施洗礼的时候,并未劝诫他放弃戎马生涯,④圣保罗则小心翼
翼让士兵努力保卫自己的安全。⑤ 大卫——"合上帝心意的
人"——的历史难道没表明那些说"发动战争的人绝不能取悦于上
帝"的人错了吗?⑥ 基督曾宣称"凡动刀的,必死于刀下",⑦他只是
指那些未经上级授命、未获合法权威许可就自我武装起来屠戮别
人的鲁夫。⑧ 这在很大程度上取决于发动战争出于什么原因以及

① *Concilium Arelatense I.*, A. D. 314, can. 3 (Labhe-Mansi. *op. cit.* ii. 471). *Cf.* Le Blant, *op. cit.* i. p. lxxxii.

② Gibb, 'Christian Church and War,' in *British Quarterly Review*, lxxiii. 83.

③ St. Augustine, *Epist. CXXXVIII.*, *ad Marcellinum*, 15 (Migne, *op. cit.* xxxiii. 531 *sq.*).

④ St. Augustine, *Epist. CLXXXIX.*, *ad Bonifacium*, 4 (Migne, *op. cit.* xxxiii. 855).

⑤ St. Augustine, *Epislola XLVIL*, ad *Publicolam*, 5 (Migne, *op. cit.* xxxiii. 187).

⑥ St. Augustine, *Epist. CLXXXIX.*, *ad Bonifacium*, 4 (Migne, *op. cit.* xxxiii. 855).

⑦ *St. Matthew*, xxvi. 52.

⑧ St. Augustine, *Contra Faustum Manichæum* xxii. 70 (Migne, *op. cit.* xlii. 444).

哪个君王或哪个国家机构发动战争。为了伸张正义、惩治罪恶或打击他国的过分嚣张而发动的战争是正义的。君主若认为战争可行就有权发动战争，并且，即使他是一个渎圣的国王，只要给士兵个人所下命令不违背上帝的规诫，基督徒就可以在他麾下作战。[1] 简言之，尽管和平是我们的至善，尽管上帝之城里有永久和平，[2] 在此罪恶的世界里有时也要开动战争机器。

　　通过圣奥古斯丁的著作，教会对战争的态度就在理论上最终确定下来，而后世的神学家只是重复或进一步阐述他的观点。不过，基督教并非完全心安理得地准许战争行为。有一种看法认为，士兵几乎不能成为好的基督徒。在 5 世纪中叶，教皇利奥宣布，忏悔之后的人，即被认为绝对要服从基督之律法的人，若转向军人职业，则与教会的规则背道而驰。[3] 很多教会会议都禁止神职人员参与战争，[4] 按照某些教规，受洗之后曾在军中服役的人不得担任

---

　　① St. Augustine, *Contra Faustum Manichæum*, xxii. 75（Migne, *op. cit.* xlii. 448）.

　　② St. Augustine, *De civitate Dei*, xix. 11.

　　③ Leo Magnus, *Epistola XC., ad Rusticum*, inquis. 12（Migne, *op. cit.* liv. 1206 *sq.*）.

　　④ 有一使徒法典要求，任何主教、牧师、执事，若在军中服务，都应从其宗教职务上降级（*Canones ecclesiastici qui dicuntur Apostolorum*, 83［74］［Bunsen, *Analecta Ante-Nicæna*, ii. 31]）。公元 633 年的图卢兹会议（ch. 45, in Labbe-Mansi, *op. cit.* x. 630）与 845 年的莫城会议（can. 37, *ibid.* xiv. 827）都决定给予胆敢从军的神职人员以相似处罚。格拉典讲，教会不会为死于战场的神职人员祈祷（Gratian, *Decretum*, ii. 23. 8. 4）。尽管宗教会议颁布了法规，教皇也下了教令，神职人员还是经常参战（Nicolaus I. *Epistolæet Decreta*, 83［Migne, *op. cit.* cxix. 922], Robertson, *History of the Reign of Charles V.* i. 330, 385. Ward, *Foundation and History of the Law of Nations*, i. 365 *sq.*；Buckle, *History of Civilisation in England*, i. 204；ii. 464. Bethune-Baker, *Influence of Christianity on War*, p. 52. Dümmler, *Geschichte des Osifränkischen Reichs*, ii. 637）。

349 圣职。[①] 曾在战场上屠戮敌手的人必须忏悔。[②] 如此一来,征服者威廉统治时期,由诺曼高级教士制定并由教皇批准的基督教教规规定,若某人知道他曾在战斗中杀死了一个人,他应忏悔一年,若杀死了若干人,就应分别为每个死者忏悔一年。[③] 有时教会似乎也在战争的罪恶面前警醒过来而采取有效措施;几次恶名昭著的战争都被教皇所禁止。但在如此情形下,休战只是由于某一特定战争不利于教会的利益,这一事实太过平常了。教会较少阻止不影响自身利益的战争,却竭力煽动针对教会憎恨对象的战争。

有人提出,从最初教会的和平信条到十字军东征的好战实质,基督教对战争理念的这一转变主要是由于伊斯兰教的恐怖言行提供了榜样。勒基先生讲:"穆斯林的精神慢慢渗入基督教,并改造了它的形象。"到了那时,"基督教与其说是把战争神圣化,不如说是容忍和宽恕战争;不管个别高级教士怎么样,教会绝不发动战争或对已起的战事煽风点火"。[④] 但这种观点基本上与事实不符。基督教与伊斯兰教接触以前,就已经走上战争征途。对阿拉伯人的战争就被称作圣战,他们讲上苍会酬报参战者。[⑤] 克洛德维希对西哥特人发动的战争不仅获得了神职人员的赞成,也正如柯林

---

①　Grotius, *De jure belli et pacis*, i. 2. 10. 10. Bingham, *Antiquities of the Christian Church*, iv. 4. 1 (*Works*, ii. 55).

②　*Pœnitentiale Bigotianum*. iv. i. 4 (Wasserschleben, *Bussordnungen der abendländischen Kirche*, p. 453). *Pœnit. Vigilanum*, 27 (*ibid*. p. 529). *Pœnit. Pseudo-Theodori*, xxi. 15 (*ibid*. p. 587 *sq.*). *Cf. Mort de Garin le Loherain*, p. 213.

③　Wilkins, *Concilia Magnæ Britanniæet Hiberniæ*, i. 366.

④　Lecky, *History of European Morals*, ii. 251 *sq.*

⑤　Gibb, *loc. cit.* p. 86.

伍德先生所说:"这场战争也是神职人员的战争,而克洛德维希几
乎完全是以宗教卫士的身份参加战斗的,只是他缺乏宗教卫士所
应具有的无私精神。"兰斯市的主教雷米吉乌斯为他摇旗呐喊,天
主教神职人员则竭尽所能支持鼓励他。① 教会自身也养育着使尚
武精神繁育成长的种子。著名格言"教会之外无救赎"早在居普
良②时期就传播开来。中世纪正统观念的一般看法是,那些不受
教会掌控的人,不信教者,都和异教徒一样必定要下地狱,而那些
承认教会权威、为其罪孽忏悔、接受圣餐、行圣礼、服从牧师的人,
则注定会获得拯救。若上帝允许战争,难道通过战争来拯救在其
他情形下迷失的灵魂不是战争的最适当目标吗? 对于那些拒绝接
受主恩赐礼物的人,还有比死亡更公正的惩罚吗? 难道以色列人
没有"为法律和圣地"而进行大战吗?③ 难道主没有授权他们去攻
击、征服、毁灭主的敌人吗? 难道主没有命令他们赶尽杀绝因被他
们所憎恶、为主所审判的迦南原住民,杀死以色列城市里已陷入偶
像崇拜的人和牲畜,焚毁所有战利品及城市自身,以供奉耶和华
吗?④ 因而,基督徒没有必要到穆斯林那里学习宗教战争之艺术。
《旧约圣经》,即神之启示,要比《古兰经》教导得好,而且总是为
人引用,以便为宗教名义下犯下的一切暴行提供正当理由。⑤

①　Greenwood, *First Book of the History of the Germans*, p. 518.

②　居普良(Cyprian, 200—258),北非教会领袖,强调"教会之外无救赎"。——
译者

③　1 *Maccabees*, xiii. 3. 托马斯·阿奎那引用了这段话支持他的学说——可以把
战争导向保护对神的崇拜(Thomas Aquinas, *Summa theologica*, ii. -ii. 188. 3)。

④　*Deuteronomy*, xii. 15 *sq*.

⑤　*Cf*. Constant, *De la religion*, ii. 229 *sq*.

教会的总的教导恰恰就是这样：把针对异教徒所取得的胜利与功绩看作一种美德，如此就可以洗刷任何最残暴罪行的负罪感351 和耻辱感。亨利二世[①]谋杀了伯克特大主教，圣路易身患重病，发动一场对异教徒的战争既洗清了亨利二世的罪孽，也治愈了圣路易的老毛病。[②] 向异教徒开战与净身斋戒、忏悔修行、朝拜圣地、施舍众生一样，被认为可得到神的悲悯和眷顾。[③] 在战场上倒下的人可以相信，他的灵魂将直接进入天堂享受喜乐平安。[④] 况且，并非只是针对穆斯林的战争才这样。屠杀犹太人和异教徒看来与杀害更遥远的宗教敌人受到同等的赞扬。非但如此，就是与罗马礼拜仪式的一丁点儿差异都能最终成为发动战争的合法理由。

固然，并非所有人都持有这种看法。1274 年里昂宗教会议宣布了这个主张——以刀剑支持宗教并让不信教者流血与基督及其门徒的榜样作用背道而驰，当然这个主张也受到了激烈攻击。[⑤] 在接下来的一个世纪，博内特坚称，依据经文，不能以武力强迫一个撒拉逊人[⑥]或任一其他异教徒接受基督教信仰。[⑦] 维多利亚的

---

① 亨利二世(1133—1189)，英格兰国王，因利益冲突而谋杀了伯克特大主教，教皇威胁要处罚他。亨利二世赤身悔罪，表示要率领十字军去巴勒斯坦。圣路易，即路易九世(1214—1270)，法国卡佩王朝第九任国王。1244 年，圣路易身患重病，他发誓若病愈就进行十字军东征。——译者

② Lyttelton, *History of the Life of King Henry the Second*, iii. 96.

③ Cf. Milman, *History of Latin Christianity*, iv. 209.

④ Cf. Laurent, *Études sur l'histoire de l'humanité*, vii. 257.

⑤ Bethune-Baker, *op. cit.* p. 73.

⑥ 撒拉逊人，阿拉伯人的古称。——译者

⑦ Bonet, *L'arbre des batailles*, iv. 2, p. 86：“依据圣典，我们不可反驳异教徒的信仰，也不可强迫他们皈依基督，就这样让他们依神给予他们的意志行事。”

方济各宣称,"宗教多样性并非正义战争的一个原因";[1]索托[2]、科瓦鲁维亚斯[3]和苏亚雷斯[4]都表达了相似的看法。根据 16 世纪最杰出的西班牙律师巴尔萨泽·阿亚拉,教会无权惩罚从未接受基督教信仰的不信教者,而对那些曾接受基督教信仰后来却努力阻止福音传播的人,则可像对待其他异教徒那样公正地以刀剑处之。[5] 但是多数法学家和教会法学家都赞成不信教即发动战争之合法理由这一正统观点。[6] 教会公然认可按这一原则行事,这就使得基督教在数个世纪内的历史就是十字军东征的长期历史,基督教会就转变成比恺撒和奥古斯都统治下的罗马更可怕的军事力量。实际上,宗教热忱常常成为因追逐权力而发动战争的借口。教会的目的是成为大地的主宰,而不是上苍的奴仆。教会倡导十字军东征,这不仅针对不信教者和异教徒,也针对任何反对教会无休止要求的不顺从的国王。若胜利者能得到丰富的战利品,教会就鼓励战争;这些战利品被视为献给上帝的感恩之物,好像获胜来自上帝的恩赐,或视为用来赎罪的礼品,因为他们在战争中已经作

---

① Franciscus a Victoria,*Relectiones Theologicæ*,vi. 10,p. 231. 但可以限制不信基督教者,以便布道(*ibid*. v. 3. 12,p. 214 *sq*.)。

② Soto,*De justitia et jure*,v. 3. 5,fol. 154.

③ Covarruvias a Leyva,*Regulæ*,*Peccatum*,ii. 10 2 (*Opera omnia*,i. 496):"不可剥夺不信基督者的信仰,这既是出于对人之权利的考虑,也是由于每个人都当遵守的宗教律法对义务和权利的规定。"

④ Suarez,cited by Nys,*Droit de la guerre et les précurseurs de Grotius*,p. 98.

⑤ Ayala,*De iure et officiis bellicis et disciplina militari*,i. 2. 29 *sq*.

⑥ Nys,*op. cit.* p. 89. *Idem*,in his introduction to Bonet's *L'arbre des batailles*,p. xxiv. 例如,根据康拉兹·布鲁诺斯,基督徒对基督信仰的敌人发动的任何战争都是正义的战争,都是为了捍卫宗教,发扬上帝的荣耀,以取回被异教徒不义地占有的统治权(Conradus Brunus,*De legationibus*,iii. 8,p. 115)。

恶多端。

　　战争和基督教的结盟就诞生了这奇怪的杂种——骑士精神。本来日尔曼的森林里就有骑士精神的俗世种子。根据塔西佗,渴望成为战士的日尔曼青年会被带到酋长们那里,他的父亲或某一别的亲戚会在那里庄重地给他配上盾牌和标枪,以装饰他未来的职业。[1] 于是装备武器就成了社会声望的象征,后来驾驭战马就成了骑士的最本质特征,也成了骑士精神一词的底色印记。不过骑士精神后来变得与这个词汇的本来意涵很不一致。为了自身目的,教会知道如何控制骑士阶层。骑士授爵仪式本来纯粹是民间俗事,结果还没到十字军东征之际,就演变成一项宗教礼仪。[2] 神职人员把剑放入要被授予骑士称号的人手里,并说道:"以圣父、圣子、圣灵的名义,你要成为一名骑士,敬拜基督、服务基督吧,阿门。"[3]按教会说法,剑是按十字架的形状锻造而成,以此意指"我们的主如何在十字架上获得永生";[4]"耶稣"一词有时也刻进剑柄。[5] 上帝自身选择骑士以武装击溃意欲毁灭神圣教会的异教

---

　　[1]　Tactitus, *Germania*, 13. 根据奥诺雷·德·圣玛莉,骑士精神起源于罗马(Honoré de Sainte Marie, *Dissertations Historiques et critique sur la Chevalerie*, p. 30 sqq.);而按另一些作者的说法,骑士精神源自阿拉伯。戈蒂埃先生驳斥了这些理论,他认为,骑士精神就是"被教会理想化的日耳曼习俗"(Gautier, *La Chevalerie*, pp. 14, 16)。另外参阅:Rambaud, *Histoire de la civilisation française*, i. 178 sq.。

　　[2]　Scott, 'Essay on Chivalry,' in *Miscellaneous Prose Works*, vi. 16. Mills, *History of Chivalry*, i. 10 sq. 关于授衔时举行的各种宗教仪式,参见:*The Book of the Ordre of Chyualry or Knyghthode*, fol. 27 b sqq.。Cf. also Favyn, *Theater of Honour and Knight-Hood*, i. 52.

　　[3]　Favyn, *op. cit*. i. 52.

　　[4]　*Ordre of Chyualry*, fol. 31 a sq.

　　[5]　Mills, *op. cit*. i. 71.

徒,一如他选择神职人员以经文和理性维护基督教信仰。[①] 骑士
之于政治身体,一如胳臂之于人体:教会是头,骑士是胳臂,公民、
商人和劳工是下肢;胳臂位于中间,既可保护下肢也可保护头。[②]
《骑士的等级》的作者说:"这个世界上最伟大的和睦关系应该就是
骑士和神职人员之间的关系。"[③]骑士的几个等级被看作与教会神
职人员的几个等级平行。[④] 征服巴勒斯坦以后,建立了两种僧侣
军事等级,即圣殿武士团和耶路撒冷圣约翰武士团,骑士和基督教
的联盟变得更加密切。

354

　　骑士宣誓要履行的责任很宽泛,但没有界定清楚。他应捍卫
神圣的基督教信仰,他应捍卫正义,他应保护妇女、寡妇和孤儿,所
有无力之人——不分男女,久病之人,被压迫者和非正义之下呻吟
的人。[⑤] 事实上,他几乎可以假宗教和正义之名肆意开战。尽管
这些教会的士兵无疑在杀伐征战中为大量受压迫、受冤枉者复了
仇,骑士似乎总是很少关心开战的原因和必要性。"战争就是我的
家乡,铠甲就是我的家宅:在任何时候战斗都是我的生命",这是
16 世纪骑士经常说的话。[⑥] 傅华萨[⑦]在其历史著作里给我们留下

---

　　① *Ordre of Chyualry*, fol. 11 b.

　　② *Le Jouuencel*, fol. 94 *sqq*.

　　③ *Ordre of Chyualry*, fol. 12 a.

　　④ Scott, *loc. cit.* p. 15.

　　⑤ *Ordre of Chyualry*, foll. 11 b, 17 a. Sainte-Palaye, *Mémoires sur l'ancienne Chevalerie*, i. 75, 129.

　　⑥ De la Noüe, *Discours politiques et militaires*, p. 215.

　　⑦ 傅华萨(Jean Froessart,1337—1405),法国中世纪著名编年史家,神父,著有
《编年史》。该书用大量的篇幅和生动的笔触记述了 1326—1400 年骑士时代的西欧社
会风情和骑士们的事迹,以及百年战争的场面。——译者

的总体印象是,他所生活的时代充满杀伐之气,而对任何别的事情并不关心。① 法国骑士口头上从不说战争这个词,而是把它说成一场盛宴、游戏或消遣。他们提及那些用十字弓向他们疯狂发射弓箭的人,说道,"让他们玩他们的游戏吧";他们把一场战斗说成是玩一把大游戏。② 在确立骑士制度以前,基督教国家当然也有很多战斗,不过正是后来的骑士才把战争烘托成"时髦之事"。③骑士对战争如此钟情,而生活中并非每天都会真正发生打打杀杀之事,他们就人为发明了战争的替代物,马上比武便应运而生,好让战争之子们无用武之地时有事可干。甚至在马上比武此类战争的象征上——它们绝非如所宣称的那样毫无害处④——骑士制度和宗教的密切联系也以各种方式表现出来。马上比武开始前,战袍、头盔等东西要带入教堂,获胜之后比武时用过的武器和马匹要在教堂展示。⑤ 比武时通常要以上帝和圣母玛利亚的名义发布声明。比武前骑士要忏悔,听弥撒曲;开始比武时,他们要身佩十字架。⑥ 再者,"就像马上比武大会有这些宗教行为一样,教会举行盛会时有时也饰以马上比武的图画"。⑦ 不错,有时教会也试图阻

---

① See Sir James Stephen's essay on 'Froissart's Chronicles,' in his *Horæ Sabbatiæ*, i. 22 *sqq.*

② Sainte-Palaye, *op. cit*. ii. 61.

③ Millingen, *History of Duelling*, i. 70.

④ Sainte-Palaye, *op. cit*. i. 179; ii. 75. Du Cange, 'Dissertations sur l'histoire de S. Louys,' in Petitot, *Collection des Mémoires relatifs à l'histoire de France*, iii. 122 *sq.* Honoré de Sainte Marie, *op. cit*. p. 186.

⑤ Sainte-Palaye, *op. cit*. i. 151.

⑥ *Ibid*. ii. 57.

⑦ *Ibid*. ii. 57 *sq.*

止骑士比武。① 不过，那时教会公然这么做，乃是因为比武使得许多骑士无法参加圣战，或因为比武消耗了钱财，这些金银财宝用于征服圣地巴勒斯坦更有价值和优势。②

私人战争与封建制度密切联系。尽管已经建立了特别法庭，君主们的宫廷也早已有效组织起强有力的队伍和装备，但如果某贵族受到严重伤害，他仍有权利对另一贵族发动战争。③ 在此情况下，不仅受害人的亲戚，而且受害人的封臣，都要帮助他进行争斗，对侵犯者、开战者来说也是这样。④ 只有较重的罪行才被看作私人战争的正当理由，⑤但这条规则从未被严格遵守。⑥ 事实上，356一旦发生争斗，男爵们就以武力相向，迅速组织一支小型武装向敌方开战，剥夺对方的一切。当时，欧洲诸国由众多附属国家构成，这些附属国基本独立，他们一如强大的君主，举行种种仪式来发动战争，签订条约。当代历史学家认为，内部争斗所做的这些非分之事引起了震惊和恐慌；欧洲许多地方因而陷入死气沉沉的状态，文

---

① Du Cange, *loc. cit.* p. 124 *sqq*. Honoré de Sainte Marie, *op. cit.* p. 186. Sainte-Palaye, *op. cit.* ii. 75.

② Du Cange, *loc. cit.* p. 125 *sq*.

③ 一般认为，对立双方具有贵族出身，地位对等，才有发动私人战争的权利 (Beaumanoir, *Coutumes du Beauvoisis*, lix. 5 *sq*. vol. ii. 355 *sqq*.；Robertson, *History of the Reign of Charles V*. i. 329)。不过这项权利也授予了法国的市镇，以及德国、意大利和西班牙的自由镇(Du Boys, *Histoire du droit criminel des peuples modernes*, ii. 348)。

④ Du Cange, *loc. cit.* pp. 450, 458.

⑤ *Ibid.* p. 445 *sq*. Arnold, *Deutsche Urzeit*, p. 341. von Wächter, *Beiträge zur deutschen Geschichte*, p. 46.

⑥ 我们读到，某位贵族宣布对法兰克福发动战争，因为住在那里的一位女士本来答应跟他表弟跳舞，却与别人跳舞了；整个城市全体市民就只得安抚这位荣誉受损的贵族(von Wächter, *op. cit*, p. 57)。

明的进程在此裏足不前。[①]

　　教会曾做出些许努力以终止这类事情。于是大约在 990 年，法国南部的几个主教颁布法令，禁止私人战争，他们议定，违反法令者终生不得享受基督教给予的权利，死后也不能举行基督教葬礼。[②] 再晚一些时候，教会以圣物和圣徒遗体劝诫卷入私人战争者放下武器，发誓再也不因私人恩怨而打搅公共和平。[③] 但是，只要仍然允许主教和修道院院长通过执行官发动私人战争，只要他们行使此项权利的频率并不低于骑士，上述做法就基本上不会有明显效果。[④] 教会曾确立上帝之休战的惯例，要求在重大基督教节日以及每周三晚上到下周一早晨有义务暂时停止敌对状态，[⑤] 这看来也未使情况显著改观。据可靠资料，总的说来上帝之休战并没受到尊重，尽管违犯者会受到开除教籍的威胁。[⑥] 多数男爵

357

[①]　Robertson, *op. cit.* i. 332.

[②]　'Charta de Treuga et Pace per Aniciensem Praesulem Widonem in Congregatione quamplurium Episcoporum, Principium, et Nobilium hujus Terrae sancita,' in Dumont, Corps universelin Dumont, *Corps universel diplomatique du droit des gens*, i. 41.

[③]　Raoul Glaber, *Historiæ sui temporis*, iv. 5（Bouquet, *Rerum Gallicarum et Francicarum Scriptores*, x. 49）. Robertson, *op. cit.* i. 335.

[④]　Brussel, *Nouvel examen de l'usage général des fiefs en France*, i. 144. 高级教士在多大程度上受到时代精神的影响，可以从科隆的某位大主教有代表性的故事中看出来。他把一座位于光秃秃的岩石之上的城堡送给了下属。下属不乐意，说自己无法在这样的土地上生存下去，大主教就回答道："你有什么可抱怨的呢？在你的城堡城墙之下有四条路呢。"（Du Boys, *Histoire du droit criminel de l'Espagne*, p. 504）

[⑤]　Raoul Glaber, *op. cit.* v. 1（*loc. cit.* p. 59）. Du Cange, *Glossarium ad scriptores mediæ el infimæ Latinitatis*, vi. 1267 *sq.* Henault, *Nouvel abrégé chronologique de l'histoire de France*, p. 106.

[⑥]　Du Cange, *Glossarium*, vi. 1272. Nys, *Droit de la guerre et les précurseurs de Grotius*, p. 114.

可能会引用伯特朗·特·普恩的话说——"和平不适于我,我只喜欢战争。我不管是星期一还是星期二。我也不管是何周何月何年。在任何时候,我都想杀掉伤害了我的人。"[①]甚至教皇们也曾违背上帝之休战的法令。[②] 这个法令太不切合实际,无法遵守。不久以后,就连教会组织也从理论上抛弃了它。托马斯·阿奎那说,既然内科医生可以在基督教节日合法地给病人治病,如有必要,为了保卫信徒们的国度,在节日里也可以合法地开战;"因为,如果真有这样的需要,而一个人却自愿当逃兵,这便是要惹怒天主了。"[③]为了支持自己的看法,他甚至引用了《玛加伯上》[④]里的话——"即使有人在安息日来攻击我们,我们也应还击抵抗。"[⑤]

似乎私人战争被废止的主要原因不在教会采取的措施,而是在于国王权威的增长。在法国,发动私人战争的权利被路易六世所节制,菲利普四世进一步抑制了此项权利,查理六世则废止了这项权利。[⑥] 在英格兰,诺曼征服[⑦]以后,私人战争似乎比大陆少,这很可能是由于王室权威的干预,与多数其他国家比较,司法的执行

358

---

① Villemain, *Cours de littérature francaise*, *Lilttérature du Moyen Age*, i. 122 *sq*.

② Belli, *De re militari*, 转引自:Nys, *op. cit*. p. 115。

③ Thomas Aquinas, *op. cit*. ii. -ii. 40. 4.

④ 《玛加伯上》,一犹太作者大约在公元前 2 世纪完成的作品。书中记载了犹太人在玛加伯兄弟第五人的领导下,为本族宗教自由而战几十年的历史。天主教奉之为经典。——译者

⑤ *Maccabees*, ii. 41.

⑥ Robertson, *op. cit*. i. 55, 56, 338 *sqq*. Hallam, *View of the State of Europe during the Middle Ages*, i. 207. Brussel, *op. cit*. i. 142.

⑦ 诺曼征服(the Norman Conquest),指 1066 年诺曼人征服英国。——译者

更加有力，王室的司法权覆盖面更大。[1]　在苏格兰，私人战争直到18世纪晚期才消失，是时各部族在1745年叛乱后重归平静。[2]　而教会根本就没为废止私人战争费多大力，另一方面我们要考虑到，教会通过建立骑士制度[3]并认可战争为神的事务而激励了当时的好战精神。战争逐渐被看作上帝之旨意，而胜利被看作上帝眷顾的征兆。在一场战斗开始前，双方的军队都要在对方在场的情况下举行弥撒仪式，只有在默默祈祷以后战士才会投入战斗。[4]　教皇阿德里安四世说，宗教支持的战争必然是幸运的战争；[5]人们都相信，上帝对于战斗的兴趣并不比参加战斗的战士弱。14世纪的著作家博尼特提出了这个问题——为什么世界上有这么多战争？他给的答案是："为何史上这么多人热衷于战争？我们的主准许这些战争，经文上也是这么说的。"[6]

　　直至现在，天主教和新教的正统信条还是有着与上述看法相似的观念。在相当程度上，广大基督教教众对待战争的态度一直是同情式的赞成。特兰特会议[7]的教义手册清楚地表明，曾经根

---

　　① *Ibid*. i. 343 *sq*. 弗里曼教授讲到爱德华四世时的一场私人战争，认为这是英格兰最后的一例私人战争（Freeman，*Comparative Politics*，p. 328 *sq*.）。

　　② Lawrence，*Essays on some Disputed Questions in Modem International Law*，p. 254 *sq*.

　　③ 我不明白，戈蒂埃何以能讲，骑士制度是教会用以阻止战争的方式中最美妙的一种（Gautier，*op*. *cit*. p. 6）。

　　④ Mills，*History of Chivalry*，i. 147.

　　⑤ Laurent，*op*. *cit*. vii. 245.

　　⑥ Bonet，*op*. *cit*. iv. 54，p. 150.

　　⑦ 罗马教廷于1545—1563年在北意大利召开的大公会议，以反对宗教改革。——译者

据上帝的特殊命令而进行屠杀，利未的儿子们就在一天之内杀死了成千上万的人，而摩西在这次屠戮之后评论说"今天，你们把双手奉献给了主"。① 直至较晚近的时期，天主教著作家还引用圣典学者的看法——一个国家可以合法地对传播异端邪说的异教徒发动战争，也可以向阻止福音传播的非基督教徒开战。② 等到新教成为国教以后，新教牧师认为自己是在为国服务，只要战争是国家有意进行的，他们都愿意支持。就像吉布先生所说的那样，新教牧师乐意为一场不正义战争的胜利而做感恩节布道，一如天主教牧师乐意唱赞美诗；"事实上，后者很可能较为独立，因为他们听命于罗马。"③新教的信条明确宣称国家有权利发动战争，而再洗礼派教徒则受到谴责，因为他们认为对基督徒来说战争是非法的。④后来，参与战争甚至无须提供一个正当理由，尽管宗教改革时期反复宣称有正当理由方可参战。法勒先生让我们注意到这个事实：在英国教会的第 37 条款——规定基督徒可以听命于地方治安官之令拿起武器作战——里，修饰"战争"一词的"正义的"一词完全被省略掉了。⑤

　　按照旧的观念，战争是神的事务，出自神意，这一观念也没有 360 随着中世纪的结束而消失。培根勋爵把战争看作是"对正义的最好的检验；若君主们和各个国家不承认谁在尘世上地位更高，就应

---

① *Catechnism of the Council of Trent*，iii. 6. 5.

② Adds and Arnold，*Catholic Dictionary*，p. 944.

③ Gibb，*loc. cit.* p. 90.

④ *Augsburg Confession*，i. 16. *Second Helvetic Confession*，xxx. 4.

⑤ Farrer，*Military Manners and Customs*，p. 208.

把自己付诸上帝的审判,因为上帝乐于让有关各方通过战争的成功来裁决他们的争端"。① 瑞尔·德·科尔班说,除非战争是正义的,否则很少会成功,因而胜利者可以假定上帝站在他一边。② 根据杰里米·泰勒,"国王仿佛上帝,他们震撼整个国家、城镇和村庄;而战争是君主手里拿着的上帝之棒"。③ 战争不仅被视为神的审判工具,而且总的说来,人们认为可以"通过战争了解上帝的崇高目的"。④ 按照一位神学作家的说法,战争可以逐渐"矫正和提升关于上帝的流行观念",事实上没有什么比"火药的气味更能让一个国家感知到神的芳香"了。⑤ 通过战争,不同国家"就为真正宗教之进步打开了大门"。⑥ "直至基督教教义的价值在战场上如惊雷一般响起,人们才感受到,如神的启示一般的基督教教义的力量通过国家的英勇刚毅之气而得以滋长"。⑦ "当上帝要进行战争的时候,上帝就通过它来展现慈悲,它就是革新国家的方式";它是"一种庄严的责任,通常情况下只有最好的基督徒和最值得信赖的人才可托付而拿起刀剑"。⑧ 根据 M. 蒲鲁东,战争是我们道德生活中最崇高的事物,⑨神的启示要比教义本身更为权威。⑩ 好战之

---

① Bacon, *Letters and Life*, i. (*Works*, viii.), 146.

② Réal de Curban, *La Science du gouvernement*, v. 394 *sq.*

③ Taylor, *Whole Works*, xii. 164.

④ 'The Sword and Christianity,' in *Boston Review devoted to Theology and Literature*, iii. 261.

⑤ *Ibid*. iii. 259, 257.

⑥ Holland, *Time of War*, p. 14.

⑦ *Boston Review*, iii. 257.

⑧ 'Christianity and War,' in *Christian Review*, xxvi. 604.

⑨ Proudhon, *La guerre et la paix*, ii. 420.

⑩ *Ibid*. i. 62; ii. 435.

人正是虔信宗教之人；^①战争表明了人类的崇高，和平则属海狸和 ₃₆₁绵羊苟且偷生。"好心肠的人，你们说要取消战争；小心啊，别贬低了人类。"^②

　　如同以前那样，为了证明战争和基督教的一致性，人们仍然引用《圣经》，引用神所赞许的古以色列人的例子，引用基督从未禁止他身边的人携带武器这一事实，引用福音书里古罗马百夫长的事例，引用圣保罗以士兵职业隐喻其精神偏好的例子，等等。^③按莫兹利教士的说法，基督教起初承认国家，这就暗含着也承认战争权利。^④普天之下莫非王土的统一帝国注定是不可能的。^⑤每个国家自身都是一个中心，一旦这些独立的中心之间发生权利和正义的问题，就只有通过达成协议或诉诸军事力量来解决。国家卷入战争的目的正如个人走上法庭，教会并无权威裁决哪一方正确，只能保持中立，并像法庭审判那样周密盘算战事，这就是教会处置国家间问题的一种方式，而其他任何方式都不能对这个问题提出令人信服的解释。^⑥莫兹利教士补充道，不仅自卫战争内在地具有自然正义性；经历了改造和重新调整的国家和民众确实需要依靠战争解决眼前的问题，他们也本能地获得这种正义性。面对变化，

---

①　*Ibid*. i. 45.

②　*Ibid*. i. 43.

③　See e. g. , Browne, *Exposition of the Thirty-Nine Articles* , p. 827 *sq.* ; *Christian Review* , xxvi. 603 *sq.* ; *Eclectic Magazine* , xiii. 372.

④　Mozley, 'On War,' in *Sermons preached before the University of Oxford* , p. 119.

⑤　*Ibid*. p. 112.

⑥　*Ibid*. p. 100 *sqq.*

人们手足无措，难以适应变局，不得不遭受各种限制和压迫；人们
本来不属于同一个国家却被合并到一个国家，本来分离的各部分
却被合并到一起。以上这些令人不安的情况自然会引发战争。再
362 者，基督教也赞成进步的战争——尽管严格说来它们并非自卫战
争——它们确实有益于人类的福祉和社会的成长。① 这种披着宗
教外衣的学说允许发动战争，以重组国家和民族的政治权力分配，
促进所谓的世界进步，自然也就会为一个基督教国家发动的几乎
任何战争提供说辞。② 事实上，不可能发生某一新教国家出于任
何动机发动某一战争时，大部分教士未曾给予赞成、支持的情况。
对战争的反对一般来说来自其他一些教派。

　　迄今为止，基督教一直有某些教派基于宗教理由谴责任何形
式的战争。14 世纪时的罗拉德教派教导说，在战争中杀人明显违
背了《新约圣经》，而这一教派受到迫害的原因在一定程度上源于
他们坚持这一观点。③ 16 世纪时的反洗礼教派持有相同观点，他
们会援引诸如科利特和伊拉斯谟的话来支持自己的看法。在圣保
罗布道坛，科利特如此谴责战争，"不正义的和平要好于最正义的
战争""当人们出于憎恨和野心而相互杀戮，他们不是在基督的旗
帜下战斗，而是在撒旦的旗帜下彼此残害"。④ 根据伊拉斯谟："对
于一个普通人来说，没有什么比战争更不敬神，更可悲，更邪恶，更

----

① *Ibid*. 104 *sq*.
② 坎农·莫兹利论及进步的原则时，不仅为对闭关锁国、自绝于人类社会的两个
东方帝国发动的战争辩解，也为"前些年欧洲的三场大型战争中的两场"辩解（Canon
Mozley, *ibid*. p. 110 *sq*.）。这些话是 1871 年时说的。
③ Perry, *History of the English Church*, First Period, pp. 455, 467.
④ Green, *History of the English People*, ii. 93.

卑鄙,更低劣了——更不用说基督徒了;总之,战争是不值得人投身其中的。"战争比兽行更坏,于人而言,相比于野兽,我们的同类更可能毁灭我们。野兽搏斗的时候,它们使用大自然给予它们的武器,而我们使用人造的武器相互杀戮,这些武器是大自然中从未有过的。野兽也不会因为鸡毛蒜皮的小事而爆发对同类的怨恨和仇杀,相反它们只是在饿得发疯的时候,在发现自己受到攻击的时候,或者发觉孩子的安全受到威胁的时候才会动怒动火。而我们人类以轻率的借口在战争剧场里上演了怎样的悲剧啊!我们以过时的领土争议为借口,或找到其他更为荒诞不经的理由,如同风流男子傻里傻气追逐情妇一样,点燃了战争之火。恶魔一样的勾当被称作圣战。暮气沉沉、行将就木的主教们和正襟危坐的神职人员,在布道坛上为国王的战争摇旗呐喊,许诺所有参加国王战争者的原罪都会被赦免,并为国王喝彩,说上帝也在为他而战——只要国王真心赞成和支持宗教事业的话。但是,我们内心怎么容得下一个基督徒双手沾满鲜血地残害另一个基督徒呢!战争不过是一帮人对另一帮人的屠杀和劫掠!难道福音书没有清晰地宣称,我们不应辱骂那些辱骂了我们的人,我们应以德报怨,我们应该将自己的所有给予那些拿走了我们部分财产的人,我们应该为那些想方设法要夺走我们性命的人祈祷吗?这个世界上有如此之多博学的主教,如此之多头发花白的要人,如此之多市政机构和立法机构,为什么不凭借他们的权威,明智而公正地裁决国王之间粗野而幼稚的争吵呢?"经由自己选择自愿参战的人,不管他是谁,都是邪恶之徒;他就对自然、对上帝、对同类,犯了罪孽,并且这是最严

363

重、最恶劣的渎神之罪。"①以上就是伊拉斯谟针对战争提出的关于理性、人类和宗教的主要观点。它们不会对宗教改革者毫无触动。路德本人及其门徒的教义就倡导和平。托马斯·莫尔爵士却指责这些改革者把和平诉求推向不抵抗的极端。②就像我们看到的那样,如此和平的主张在宗教改革史上不过是白驹过隙,只有少数教派将它奉为圭臬。

贵格会教徒就是其中最重要的教派。依据《旧约》和《新约》里的一些段落,③他们认为,所有战争,不管其特征、背景和借口,都完全与基督教相冲突。基督徒总是有义务服从主的崇高、神圣律法——忍受他人的错误,以德报怨,爱自己的敌人。战争与基督教原则——人类生命是神圣的,死亡会造成难以确定的后果——不相协调。既然人注定是永恒的,单个人未来的福利要比整个国家仅仅暂时的繁荣更重要。如缩短了邻人的生命,致使邻人遭受一连串的劫难,不管是有意还是无意,于基督徒而言都是最不正当的行为,除非这些做法为主所明确赞同,就像以色列人面临的情况那样。而在《新约圣经》里主并未赞同那样的行为,因而可以断言,依基督教教规,一人杀死另一人是完全非法的,不管动手时的目的多么正当,不管残杀由何引起。而且,依国王之令而为国参战的基督徒,他不仅个人犯有罪孽,而且在辅助、唆使国家犯罪。④

---

①　Erasmus, *Adagia*, iv. 1, col. 893 *sqq.*

②　Farrer, *Military Manners and Customs*, p. 185.

③　*Isaiah*, ch. ii. *sqq. Micah*, iv. 1 *sqq. St. Matthew*, v. 38 *sqq.*; xxvi. 52. *St. Luke*, vi. 27 *sqq. St. John*, xviii. 36. *Romans*, xii. 19 *sqq.* 1 *Peter*, iii. 9.

④　Gurney, *Views & Practices of the Society of Friends*, p. 375 *sqq.*

　　必须补充,与上述看法相似的观点在其他一些教派那里也存在。按韦兰博士的说法,所有战争,不管是自卫战争还是侵略战争,都违背了上帝的启示;不要还击、报复外国的侵略,而要以特别仁慈和友好之态待之。① 公理会牧师西奥多·帕克尔认为,战争是一种罪孽,它败坏公众道德,实际上是否认基督教教义,违背了上帝的永恒之爱。② 浸礼会教徒斯托克斯说,基督教不可能赞成战争,不管是侵略战争还是自卫战争,因为战争"罪恶滔天,它让单个草率的决定改变千千万万人的命运,使我们的同类遭受无休止的绝望"。③ 再者,比较一下早期和晚近以来的观点,可以发现,基督教内各教派的反战情绪在增长。④ 不过,整个说来,如詹姆斯·特纳爵士那样的观点仍是正统思想,他宣称"谴责军人职业和军事艺术的那些人,与再洗礼教派或贵格会趣味相投";⑤与伊拉斯谟所处的那个时代一样,⑥今天的许多战争仍为权威和习俗所赞成,而反对战争则被视作不虔诚。在多数基督教国家,男性有义务服兵役,这就假定基督徒对于参加国家发动的战争不应有顾虑,这些国家的神职人员也认为这种责任是必须履行的。至于英格兰教会,托马斯·阿诺德博士质问道:"除了说基督徒可以合法参战,没有任何其他关于战争的声明,这还是基督教

365

① Wayland,*Elements of Moral Science*,pp. 375,379.
② Parker,*Sermon of War*,p. 23.
③ Stokes,*All War inconsistent with the Christian Religion*,p. 41.
④ *Cf.* Gibb,*loc. cit.* p. 81.
⑤ Turner,*Pallas Armata*,p. 369.
⑥ Erasmus,*op. cit.* iv. 1. 1,col. 894.

会吗?"①

　　或许道德家学派的反战思想对大众舆论产生了最广泛的影响,他们不仅反对正统学说,显然也对基督教神学的根本教义抱敌对态度。培尔在其《历史哲学批判辞典》里称,伊拉斯谟的反战短文是有史以来最优美的论文。② 他说,我们越仔细考量战争的必然后果,就会越憎恶发动战争的人。③ 事实上,战争的结果通常会"令那些参战或倡议战争的人发抖,他们要用战争阻止邪恶,而或许这种邪恶绝不会发生,或者这种邪恶至少要比和平破裂之后必然要发生的战争所带来的邪恶轻得多"。④ 对伏尔泰来说,战争"如地狱",战争最奇怪的特点就在于,"每一群恶棍的头目都假装具有神圣的目的,在毁灭自己的邻人之前都要庄重地向上帝祈祷"。⑤ 他质问教会到底做了什么以制止这种罪行。布尔达卢针对不洁而布道,而他对正在毁灭这个世界的谋杀、劫掠和普遍的暴行又做了什么呢?"可怜的灵魂医师,可怜的传教士,你恨不得为鸡毛蒜皮一样的刺痛在一小时内演讲五刻钟,却对要把我们粉身碎骨的恶行只字不提。"⑥伏尔泰承认在某些情况下战争是一种不可避免的罪孽,他斥责了孟德斯鸠的说法——一国长期和平,另一

---

　　① 　Arnold,*On the Church*,p. 136.

　　② 　Bayle,*Dictionnaire historique et critique*,vi. 239,art. Erasme.

　　③ 　*Ibid*. ii. 463,art. Artaxata.

　　④ 　*Ibid*. i. 472,art. Alting (Henri).

　　⑤ 　Voltaire,*Dictionnaire philosophique*,art. Guerre (*Œuvres complètes*,xl. 562).

　　⑥ 　*Ibid*. p. 564.

国则起而毁坏这种和平，一成不变的自然防御有时会招致攻击。[①]
他认为，这样的战争总是不正当的——"这是要去杀死你的邻人，
可他并没攻击你，而你只是害怕他可能会攻击你；也就是说，寄望
于无端毁灭另一个国家，你就要承担毁灭你自己国家的风险；无
疑，这既无公正可言也于世无益。"[②]人们屠杀成千上万兄弟、自己
的同胞遭受惨绝人寰的浩劫，造成这种悲剧的主要原因就在于国
王及其大臣们的野心和妒忌。[③]《大百科全书》也表达了相似看
法——"在摧毁人类的灾难中，战争是最邪恶的：战争之中没有胜
者，战争会带来毁灭性的后果……今天发动战争的不再是人民，是
国王们的贪婪使他们拿起武器；是贫困逼他们服从。"[④]

　　不管伏尔泰和百科全书派多么激烈地谴责战争，他们从未设
想过有一天所有战争都销声匿迹。其他一些人则更为乐观。早在
1713 年，圣皮埃尔——他是某男修道院院长，不过这只表明他与
教会具有名义上的联系——就发表了一个论永久和平的方案，此
方案基于建立一个泛欧洲联盟的思想。[⑤] 这一方案遭到许多人嘲
笑；伏尔泰称方案的作者"一半是哲人，一半是疯子"。不过，一旦
关于持久和平与欧洲联盟的思想出现了，这种思潮就不会死去。

367

---

　　① Montesquieu, *De l'esprit des lois*, x. 2 (*Œuvres complètes*, p. 256).

　　② Voltaire, *loc. cit.* p. 565.

　　③ *Ibid.* pp. 466, 564. 关于伏尔泰对战争的谴责，参见莫雷的《伏尔泰》一书
（Morley, *Voltaire*, p. 311 *sqq.*）。我使用的这些段落，得益于莫雷勋爵的翻译。

　　④ *Encyclopédie méthodique*, Art militaire, ii. 618 *sq.*

　　⑤ Saint-Pierre, *Projet de Traité pour rendre la paix perpétuelle entre les
souverains Chrétiens*.

后来的卢梭[①]、边沁[②]和康德[③]都持有此种想法。但另一方面,民族主义精神崛起以后,它也就面临着一个可怕的敌人。

拿破仑的压迫引起了抵抗。哲学家和诗人都吹起了战争的号角。人们认为,建立一统天下帝国的梦想荒谬而可憎,只有民族独立才能保证自身安全。[④] 人们不再把战争归结于国王假称的利益诉求或其谏臣的反复无常。战争反被称颂为实现最高正义与公理的手段,[⑤]被誉为民族革新的源泉。[⑥] 黑格尔说,通过战争"一国人民以动乱的方式争取实现有限的目标和追求,一个民族道德上的昌盛则得以保存。正如大洋的洋流防止了长期风平浪静可能引起的腐化,通过战争人们就得以避免长期和平或持久和平可能引起的腐化。"[⑦]以后的著作家也表达了相似看法。战争被赞誉为有助于养成勇敢、无私和爱国主义等诸如此类的美德。[⑧] 尼采说,战争在这个世界上要比人们的爱更能成就伟大的事业。[⑨] 罗斯金先生说,战争是艺术之母和所有俗世美德之源。[⑩] 其他一些人也为战

---

①　Rousseau, *Extrait du Project de paix perpétuelle, de M. l'Abbé de Saint-Pierre* (*Œuvres complètes*, i. 606 sqq.).

②　Bentham, *A Plan for an universal and perpetual Peace* (*Works*, ii. 546 sqq.).

③　Kant, *Zum ewigen Frieden*.

④　Fichte, *Reden an die deutsche Nation. Cf. Idem, Ueber den Begriff des wahrhafen Krieges*.

⑤　Arndt, 转引自:Jähns, *Krieg, Frieden und Kultur*, p. 302。

⑥　Anselm von Feuerbach, *Unterdrückung und Wiederbefreiung Europens*.

⑦　Hegel, *Grundlinien der Philosophie des Rechts*, § 324, p. 317 (English translation, p. 331).

⑧　例如参见:Mabille, *La Guerre*, p. 139。

⑨　Nietzsche, *Also sprach Zarathustra*, i. 63.

⑩　Ruskin, *Crown of Wild Olive*, Lecture on War (*Works*, vi. 99, 105).

争辩护,他们不是把战争看作一种积极的善,而是换一个角度认为,战争是裁决国际最严重争端的必要方式。他们否认仲裁可以代替一切战争。他们说,与民族激情、民族热望密切联系的问题,以及对民族生死存亡至关重要的问题,绝不应该留给仲裁决定。每个国家都必须是自身安全的守护人,国家的独立自主不会任由一个外部法庭平心静气地讨论和审判。① 再者,只有在能够以法律形式协调互相冲突的主张并达成共识时,仲裁才会有效果,而这类情况很少出现,涉及仲裁的问题也并不严重。② 而且,在许多情况下,难道不是无法找到公正无私的仲裁者吗? 难道仲裁不是常常受到利益相关各方力量权衡的影响吗? 仲裁无法协调各方利益冲突的时候,或者仲裁结果与战斗激情昂扬的人们的正义感相抵触的时候,难道不还是要付诸战争吗? 这些观点以及相似观点总是被人提出来,以反驳持久和平的思想。然而,与此同时,反战者日益增多,他们的自信心也与日俱增。在拿破仑垮台之后,文明世界普遍渴望和平,就出现了首批和平协会;③圣皮埃尔的思想起初仅仅是一个哲学家的梦想,随着和平运动蓬勃兴起,现在成为风行一时的和平运动的圭臬。我们有足够的理由相信,随着目前民族主义高潮的退落,随着人们不再专从民族角度检视战争与和平的主题,当下对仲裁的反对意见最终将变得毫无意义,一如那些赞成私人战争和以血洗血的言论。人类心理有种根深蒂固的倾向,总

369

---

　　① 　Lawrence,*op. cit.* p. 275 *sq.* Sidgwick,'Morality of Strife,' in *International Journal of Ethics*,i. 13.

　　② 　Geffken,转引自:Jähns,*op. cit.* p. 352,n. 2。

　　③ 　Jähns,*op. cit.* p. 307 *sq.*

要假定现存条件不会变化。但是,文明史表明,就决定着社会关系、决定着道德权利与道德责任之范围的那些条件而言,这样的假定毫无事实依据。

据称,尽管基督教没有废止战争,它仍然坚持人类生命神圣的原则,禁止一切不必要的杀生,即使是在战争中。教会法《休战与和平》就制订了宽恕不抵抗者的规则;[①]维多利亚的方济各认为,不仅在基督徒之间的战争中不应杀害不抵抗者,[②]在与土耳其人的战争中,杀害儿童、妇女也是错误的。[③] 不管怎么说,这些主张宽恕的教义远远领先于那个时代的风俗习惯和绝大多数人的观点。[④] 如果说朴实的农民常常被宽恕的话,这也主要出于审慎和精明的动机,[⑤]或是因为英勇的骑士认为不值得用长矛处死他。[⑥] 就是到了 17 世纪,格劳秀斯仍坚决主张,"除非出于危害许多人安全的重要理由,否则不应做出会残害无辜之人的任何事情,即使正义不要求我们这样,仁慈也要求我们这样";[⑦]他也提议宽恕以公平合理条件投降或无条件投降的敌人;不过,他这些观点确实不为时代主流精神所支持。[⑧] 但是,后来观念发生了改变。普芬道夫支持和响应格劳秀斯的学说,[⑨]而这时世界已被其学说折服了;18

370

---

① Gregory IX. *Decretales*, i. 34. 2.

② Franciscus a Viactoria, *op. cit.* vi. 13, 35, 48; pp. 232, 241, 246 *sq.*

③ *Ibid.* vi. 36, p. 241.

④ *Cf.* Hall, *Treatise on International Law*, p. 395, n. 1.

⑤ d'Argentré, *L'histoire de Bretagne*, p. 391.

⑥ Mills, *op. cit.* p. 132.

⑦ Grotius, *op. cit.* iii. 11. 8.

⑧ *Ibid.* iii. 11. 14 *sqq.*

⑨ Pufendorf, *De jure naturæ et gentium*, viii 6. 8, p. 885.

世纪时,宾刻舒克主张给予交战方行使暴力的无限权利,他因逆潮流而动结果孤立无援。[①] 有一种假设认为,战争观念的上述变化源自基督教的影响;对于这一看法,需要注意到,格劳秀斯论证其学说的时候,主要援引异教徒权威的说法,甚至援引蒙昧人的经验,如此他才厘定了战争中禁止残杀无助之人和俘虏的规则。在这个过程中,他并未求助于基督教。

对战争的流行态度表明,外国人的生命不如本国人神圣,这一古老观念在现代文明里流传了下来。在和平时期,这种看法通常会被压制下来;现有的关于杀人的法律不包含这种看法,总的说来大众舆论里也不见它的影子。它只是表现于国家暴力、爱国主义思想以及对待某一遥远国家的土著的方式当中。欧洲殖民地开拓者的行为常常让我们想起蒙昧人对待其他部落成员的方式。据说,好望角一带位于殖民地前沿的农民并不觉得他们在未受任何挑衅的情况下劫掠布须曼人有何不妥,而他们认为向基督徒同胞做同样的事情乃十恶不赦之罪。[②] 在澳大利亚,据报道,为了娱乐,有的年轻的殖民地居民在主日射杀黑人。拉姆霍尔兹先生说:"土著人的命被视为草芥,在澳大利亚北部尤其如此;有一两次,殖民地居民要射杀黑人,说是为我考虑,好让我取得他们的头颅。在文明的边界,人们认为射杀一个黑人如同射杀一条狗,没有什么大不了的。法律规定,谋杀一个黑人要处以绞刑,但土著人在未开化地区居住得极为分散,白人实际上可以想怎么对待黑人就怎么对

371

①　van Bynkershoek, *Questiones juris publici*, i.1, p.3:"事实上所有战争暴力都属权利。"Hall, *Treatise on International Law*, p.395, n.1.

②　Waitz, *Introduction to Anthropology*, p.314.

待……在法庭上,黑人无法保护自己,因为他们的证词不被采纳和信任。陪审团不可能宣布白人犯有谋杀黑人之罪。反之,若一个白人碰巧被黑人杀害了,整个殖民地都能听到白人的哭叫声。"①

---

① Lumholtz, *Among Cannibals*, p. 346 *sqq*. See also Mathew, in *Jour. & Proceed. Roy. Soc. N. S. Wales*, xxiii. 390; Breton, *Excursions in New South Wales*, p. 200 *sq*. ; Stokes, *Discoveries in Australia*, ii. 459 *sqq*.

第十六章　杀人总论(完)

在前两章里,我们只是探讨了一些事实;我们现在就要试着解释这些事实。道德戒律"你不应杀戮"是怎么来的? 为什么最初它的适用范围狭窄后来却扩大了呢?

斯宾塞先生提出,杀人原先被视为对死者家族或死者所在的社会犯下的罪恶,后来才被视为对死者本人犯下的罪恶。[1] 但是,考虑到在蒙昧人小型共同体那里,人们普遍抱有彼此同情的情感;极有可能的是,对受害人所受伤害的同情之怒从一开始就是谴责杀戮的重要原因。就像文明人那样,蒙昧人实际上也把一个人的生命视作最高的善。不管人们怎么看待死后的世界,不管人们认为脱离肉体的灵魂会享受何等的幸福,没有谁甘愿顺他人的意志而轻率赴死。按照早期的信仰,死者的灵魂还对加害者依然衔恨,会纠缠他不放,直至报仇雪恨为止。[2] 死者的朋友和同伴也会对他的命运感到怜悯,也会为他而感到愤愤不平;然而,人同此心、心同此理的彼此同情仅仅限于一狭小的部族内部,在这样一种文化氛围中,若受害人是另一群体、另一部落的成员,人们就不会感到

---

[1]　Spencer, *Principles of Ethics*, ii.
[2]　见下文,关于"血族复仇"。

忿恨。相反，若死者被看作实际的或潜在的敌人，杀掉他则被看作勇敢的历练，杀人者就会受到本族人的称赞，他的屠戮会被视为值得称道的善举。在某些情况下，迷信也会鼓励人们杀死其他部落的人。库基人认为，被杀的所有敌人在天堂里会成为杀人者的奴仆和随从，时刻听从他指使。[①] 取其头颅的习俗背后就部分地隐藏着相似的信仰；[②]而按其他部族的观念，头颅被掠取者会转化为守护杀人者的魂灵。[③] 卡扬人的一个酋长说到这种习俗："掠取头颅的习俗给我们带来福祉，带来保佑和丰裕的收获，让我们远离病痛；有些人原本是我们的敌人，通过这一习俗，他们最终成为我们的守护人，成为我们的朋友，成为我们的恩人。"[④]现如今，文明的进展通常也伴随着利他主义情感的扩展；这大体上就能解释为何禁止杀戮这一道德律所涵盖的圈子越来越大；最终，在最先进的文明形式那里，这一戒律延展到整个人类。

　　人们谴责杀人是对被杀者犯下的罪过，同时人们也认为，杀戮也是对幸存者的伤害。杀戮使被害人的朋友丧失了一个同伴，使被害人的家庭和社群失去了一名有益的成员。在阿拉伯半岛，某人被杀害后，为了掩饰内心的悲痛，他的同部落人忌讳提他本人的名字，而只是这么含糊其辞地说："我们流血了。"[⑤]按照拉菲托的说法，对北美印第安人来说，某人丢掉了性命似乎是一大憾事，因

---

① Dalton, *Descriptive Ethnology of Bengal*, p. 46.

② Ling Roth, *Natives of Sarawak*, ii. 141. Haddon, *Head-Hunters*, p. 394.

③ Wilken, *Het animisme bij de volken van den Indischen Archipel*, p. 124.

④ Furness, *Home-Life of Borneo Head-Hunters*, p. 59.

⑤ Robertson Smith, *Marriage and Kinship in Early Arabia*, p. 26.

为这是对家族的削弱。① 在巴苏陀人那里，人们谴责杀戮，认为是 374
"对父亲、寡妇和孤儿神圣权利的侵犯，造成儿子不能再为父亲尽
孝，寡妇和孤儿则变得孤苦伶仃"。② 特别是在某人或多或少被视
为另一人的财产的情况下，夺走他的性命大体上被看作对主人的
冒犯。沃纳先生说到了卡菲尔人："杀人必须赔偿……采用的原则
是：个人的人身是酋长的财产，若酋长子民的生命被剥夺，必须照
价赔偿。"③我们在英国法制史里也发现了有些相似的观念。托马
斯·史密斯在其著作《英格兰共和国》里说："试图毒杀某人，或潜
伏以杀某人，若使其受到重害，但并未致死，依英格兰法律就不是
重罪，因为国王并未损失其子民，只有在出了人命的情况下才应以
命偿命。"④在中世纪，杀人被视为破坏"国王的安宁"；在中世纪之
前和之后，杀人都被斥为扰乱公众的和平日子，严重破坏公共安
全。透过中古英语的 wer(偿命钱)和 wite(处罚)两个单词，我们
能够看到，当时对杀人的私人方面和公共方面做了清晰的区分。⑤
杀人者使一个群体失去了一名成员，不仅给该群体造成了损失，也
给自己人带来了麻烦，因而自己人也不赞成他的作为。布里奇斯
先生讲，在火地岛的雅甘人那里，"许多事物都昭示，杀人流血是可
怖之事。杀人者或多或少也危及了他的朋友、亲戚，因而其亲朋会

---

① Lafitau, *Mœurs des sauvages ameriquains*, ii. 163.

② Casalis, *Basutos*, p. 224 sq.

③ Warner, in Maclean, *Compendium of Kafir Laws*, p. 60 sq.

④ Thomas Smith, *Common-wealth of England*, p. 194 sq.

⑤ *Cf*. Pollock and Maitland, *History of English Law before the Time of Edward I*. i. 48.

避之唯恐不及。我们倒是觉得，这种状态是对人类生命的最好保

375 障"。① 在兴都库什山脉的卡菲尔人那里，"若被害人不是本部落
成员，则杀掉一个人就被视为一件小事；反之，若死者是与本部落
和平共处的某邻近部落的成员，就可能引起战争"。②

　　我们也要注意，按某种常见的观念，杀人者是不洁的。受害人
的鬼魂纠缠他，或者像瘴疠之气一般缠着他不放；他必须行洁净
礼，才能祛除污秽和传染。若不这样，他就会和其他同类一起被当
作危险之源，他的同胞就会跟他断绝来往。

　　　多西先生发现，印第安人中的彭加人有这么一种信仰，认
　　为鬼魂会纠缠住杀人者，不断对其吹口哨；杀人者即使吃了很
　　多食物，也永远感觉不到饱；他不能四处走动，否则就会产生
　　狂风。③ 阿戴尔写道，某些北美印第安人中，参战者预料"杀
　　人之后就变得污秽不堪"，他们就会赶紧戒食三天。④ 根据沙
　　勒沃伊，在纳切斯人那里，"首次抓到一个俘虏或削下某人头
　　皮的人，必须在一个月内不能见他的妻子，也不能吃肉"。在
　　他们的想象中，如果做不到这些禁忌的话，被他们杀死或烧死
　　的那些人的灵魂就会反过来害死他们，或者他们受的第一次
　　伤就能令他们毙命；至少自此以后，他们在对敌争战中就再也
　　不会取得什么优势了。⑤ 卡菲尔人和贝专纳人在战斗之后要

---

①　Bridges, in *South American Missionary Magazine*, xiii. 153.
②　Scott Robertson, *Káfir of the Hindu-Kush*, p. 194.
③　Dorsey, 'Siouan Cults,' in *Ann. Rep. Bur. Ethn.* xi. 420.
④　Adair, *History of the American Indians*, p. 388.
⑤　Charlevoix, *Voyage to North America*, ii. 203.

举行各种各样的洁净礼仪。^① 巴苏陀人说："人血沉重,让人流血者因而逃脱起来就跑不快。"^②他们认为,从战场回来,"战士必须马上清除掉自己身上的血,否则受害者的阴影就会老跟着他,搅扰他,让他难以安睡";因而他们会携带着全身的盔甲,到最近的一条河流里洗涤;按照通行的规则,一个地位较高的占卜者会在他们入水之际往水流里抛入一些净化污秽的东西。^③ 在班图卡维龙多人那里,"如某人在战争中杀死了一个敌人,就会在回家的路上剃光脑袋,他的朋友们也会把'药'(一般是山羊粪)涂在他身上以防被害者魂灵的骚扰"。^④在雅鲁奥人那里,若一个战士杀死了一个敌人,不仅要剃光头发,回到村庄以后还要筹备一场大型宴会,抚慰被杀掉的人,以防死者的魂灵找麻烦。^⑤ 在德属东非的瓦戈戈人那里,若某青年战士杀了人,他的父亲会给他一只山羊,"让他清洁刀剑"。^⑥ 以色列人屠戮米甸人之后,只要有谁杀死了一个人或者触摸到死者,就要在帐篷外待七天,要用水或火或二者一起来清洁自身及自己随身携带的所有物。^⑦ 而若某人在以色列的土地上被杀死,又不能查明犯事者在哪里,邻近城市的尊长

376

---

① Arbousset and Daumas, *Exploratory Tour to the Colony of the Cape of Good Hope*, p. 394 *sqq*. Alberti, *De Kaffers aan de Zuidkust van Afrika*, p. 104.

② Casalis, *op. cit.* p. 309.

③ *Ibid*. p. 258.

④ Johnson, *Uganda Protectorate*, ii. 743 *sq.*

⑤ *Ibid*. ii. 794.

⑥ Cole, 'Note on the Wagogo of German East Africa,' in *Jour. Anthr. Inst.* xxxii. 321.

⑦ *Numbers*, xxxi. 19 *sqq.*

就要行洁净礼,以洗刷该城市"对残害无辜生命的罪疚"。①
根据《摩奴法典》,若某人无意间杀死了一个婆罗门,他就应在
森林里搭起棚屋,在那里住上十二年;②要去除罪过,他应一
头扎进烈火里三次,③或者他要在萨拉斯瓦蒂河全程逆流行
走,荡涤身上污秽,④或者他就应剃光头发。⑤ 古希腊人认为,
若某人遭遇了暴力袭击毙命,他在死去之际就会对施害者燃
起怒火。⑥ 杀人者就仿佛感染了瘴气,别人会离他远远的,不
跟他接触,不跟他交谈,也避免他进入别人的住处。⑦ 即使过
失杀人也应离开故土一段时间;依据柏拉图的《法律篇》,杀人
者"必须在一整年的时间里避开受害人,这个国家不能让他在
他所熟悉的任何地方出现"。⑧ 除非他主动奉献了祭品并举
行了涤罪仪式,否则他不能回到故土。⑨

从本质上讲,杀人之后就沦入不洁状态,这不一定就指道德上

---

① *Deuteronomy*, xxi. 1 *sqq.*
② *Laws of Manu*, xi. 73.
③ *Ibid.* xi. 74.
④ *Ibid.* xi. 78.
⑤ *Ibid.* xi. 79.
⑥ Plato, *Leges*, ix. 865.
⑦ Müller, *Dissertations on the Eumenides of Æschylus*, p. 103. 埃斯库罗斯讲, 按照习俗,杀人者什么话都不能说,直至杀掉一头乳猪,把猪血撒到他身上(Aeschylus, *Eumenides*, 448 *sqq.*)。Cf. Apollonius Rhodius, *Argonautica*, iv. 700 *sqq.*; Aristotle, *De republica Atheniensium*, 57.
⑧ Plato, *Leges*, ix. 865.
⑨ Demosthenes, *Contra Aristocratem*, 71 *sqq.*, p. 643 *sq.* Müller, *Dissertations*, p. 106 *sq.* Frazer, *Golden Bough*, i. 341. 关于过失杀人者的不洁,另见:Tylor, *Primitive Culture*, ii. 433 *sq.*; Frazer, *op. cit.* i. 331 *sqq.*。

的愧疚。正如我们才提到过的许多事例,不仅杀死同部落人会沦
入不洁状态,做了杀死敌人这样值得称道的事也会浑身污秽。例
如,在努卡希瓦人那里,若某人杀死了敌人中地位最高或很高的
人,他就必须在十天内恪守禁忌,在此期间他不能与妻子性交,也
不能用火;不过同时,人们也会给予他特殊待遇,会把猪送给他当
作礼物。① 另一方面,认为杀人不洁的观念,无疑在许多情况下影
响人们对残害生命行为的道德判断。只要杀人这种行为倾向于引
起道德谴责,附着杀人行为的精神危害就会强化对此行为的反感,
对成为禁忌的杀人者施加的诸多限制,让他遭遇各种不便,以及迫
使他经受涤罪仪式,也会强化人们对屠戮他人生命的憎恨。这样,
对杀人者权利的剥夺,就逐渐被看作他应当经受的惩罚,涤罪仪式
也被视为祛除罪恶的方式。在奥马哈人那里,被饶恕生命的杀人
凶手要在两到四年里遵守禁忌规则,多西先生把此规则说成是对
凶手的"惩罚",土著人似乎也在一定程度上这样看。有时凶手在
夜间四处游荡,为其罪行而痛悔、哭叫;直至规定的禁忌日期结束
时,受害人的亲属听到他在哭喊,就对他说:"行了,已经够了。离
开这里吧,走回到你的族人中去吧。别忘了穿上鹿皮鞋,披件像样
的外罩。"② 再者,人们认为有鬼魂在迫害杀人者,这一观念也会为
关于复仇之神的观念所取代。人们心中的神秘世界常有混淆之
事;人们认为有的东西做某些事,承担某些功能,后来也会认为别
的什么东西做这些事,承担这些功能——这是一个规律。在接下

378

---

① 　von Langsdorf, *Voyages Travels*, i. 133.

② 　Dorsey, 'Omaha Sociology,' in *Ann. Rep. Bur. Ethn.* iii. 369.

来的几章里,我们会举出许多重要例子。摩洛哥北部的吉巴拉人现在不信鬼魂,但他们认为,某人若杀了人,则其余生都在某种程度上不干净。他的指甲会渗出毒物,因此,若他在水里洗了手,而谁又喝了这水,就会大病一场。他杀死的动物的肉难以消化,当他的面吃的任何食物也都不好消化。如果人们在凿井,他从旁边走过,则井水会马上枯竭。人们说他是疯子,他会被镇尼(jnûn)这类跟死人、活人都完全不同的鬼魂追索。格陵兰岛民认为,流产、死产的胎儿会专为寻仇而转化为叫安寂(ángiaq)的厉鬼。[①] 在中非的东部,"若杀了一个奴隶,主人就会害怕鬼魂(Chilope)。这就意味着他可能变憔悴、失明,最后悲惨地死去。因而他会到酋长那里去,给酋长一些补偿(布、奴隶或其他被认可的东西),说,'给我一个符咒吧,我杀了一个人。'符咒可以就水喝掉或服用,服用了符咒后危险就消除了。"[②]奥马哈人也没有忽略被杀者的鬼魂;凶手"必须在距离其他部落四分之一英里之外的地方搭帐篷度日,以免受害人的鬼魂引起狂风大作,造成损害,妨害这些部族狩猎"。而与此同时,人们也认为凶手的行为冒犯了瓦坎达大神(Wakanda);没有谁会愿意跟他一起吃饭,因为他们说:"如果我们与瓦坎达大神所憎恶的人一起吃饭,由于这人犯有罪过,瓦坎达大神也会恨我们。"[③]中国的书籍里有很多事例,有的人杀了人,被害人的冤魂就在他们临终时索命,而且多数情况下鬼魂都明确宣称,是上天专门

① Rink, *Tales and Traditions of the Eskimo*, pp. 45, 439 *sq.*
② Macdonald, *Africana*, i. 168.
③ Dorsey, 'Omaha Sociology,' in *Ann. Rep. Bur. Ethn.* iii. 369.

授命他们这样报仇的。① 希腊人相信,被杀者会经复仇女神厄里倪厄斯②雪恨,这无疑起源于鬼魂会骚扰凶手的早期观念,后来鬼魂的愤怒或诅咒就人格化为独立的魂灵。③ 还有以下进一步的转化:厄里倪厄斯被描述为宙斯意志的执行人,她们执行宙斯的意志而惩处凶手。宙斯被认为是涤罪礼的创始人;被疯狂的复仇女神光顾之后,伊克西翁④就向宙斯求饶,忒修斯⑤则为杀害亲属而在宙斯祭坛行涤罪礼。⑥ 起初,似乎只是杀害同胞才被视为冒犯宙斯,并为复仇女神所不容,后来她们的管辖范围就扩大了,只要被害人在城邦里享有任何公民权利,只要杀了人,就是罪过,就要行涤罪礼。⑦ 这样,不洁就转化为渎神。如果人们认为,仅仅由于魂灵或某种类似魂灵的东西——例如摩尔人所说的鬼魂镇尼,这类东西与正义毫不相干——凶手才变得不洁,那么,不洁尽管引起了人们的恐惧,也与道德无关;但是,如果人们把不洁看作神的惩罚,或看作至高无上之神眼中的罪孽,情况就不一样了。如果被视为不洁之行为本身不易引起道德上的反对和憎恨,上述观念上的转变几乎不会发生。显然,由于带上了宗教的色彩,罪过的严重性就增加了。 380

① de Groot,*Religious System of China*(vol. iv. Book),ii. 441.

② 希腊神话中司复仇的三女神的总称。——译者

③ See Müller, *Dissertations*, p. 155 *sqq.*; Rohde, *Psyche*, p. 247; *Idem*, 'Paralipomena,' in *Rheinisches Museum für Philologie*,1895,p. 6 *sqq.*

④ 按希腊神话,伊克西翁是古希腊城邦特萨利的国王,曾杀害岳父。——译者

⑤ 按希腊神话,忒修斯曾是雅典国王。——译者

⑥ Farnell,*Cults of the Greek States*, i. 66 *sqq.* Rohde,*Psyche*, p. 249. *Idem*, in *Rheinisches Museum*,1895,p. 18. Stengel,*Die griechischen Kultusaltertümer*,p. 140.

⑦ Farnell,*op. cit.* i. 68,71. Rohde,*Psyche*,p. 247.

　　从另一个角度看，人们认为杀人具有污秽效应，这对宗教思想和道德观念也产生了影响。不仅人躲避这样的污秽，神更是避之唯恐不及。凡神圣场所通常都禁止杀人。阿代尔讲："几乎每一支印第安人都有几个和平安宁的镇子。这些镇子称作'古老而钟爱'之城、'古城、圣城或洁净之城'；它们以前似乎是'避难之城'，在年长者的记忆中，从未见过镇子里发生杀人事件；在不得已的情况下，凶手常常迫使被害者离开那里，然后在别处杀害他们。"[①]根据布拉德伯里，密苏里河一带阿里卡拉人的最大村庄中央都有一个"圣屋"，"那里跟犹太人的圣地完全一样，绝对不允许出现流血事故，即使是敌人也不允许在此地伤害"。[②] 在雅典，对杀人罪的处决即肇始于宗教圣地和祭祀场所不得发生凶案。[③] 按照希腊的观念，献祭之前，必须先行洁净礼。[④] 赫克托耳说："我耻于用不干净的双手将亮晶晶的祭酒献给宙斯；而一个身上沾满血迹和污秽的人，又何以能面对克罗诺斯之子、乌云之神祈祷？"[⑤]在摩洛哥的许多地方，若某人杀了人，此后便不再允许他在"盛大节日"屠宰用于

381

---

　　① Adair, *History of the American Indians*, p. 159.

　　② Bradbury, *Travels in the Interior of America*, p. 165 *sq.* 布拉德伯里还讲道："任何人到那里避难，都不得把他赶走。"不过当下我们暂不关心这一类事。这些事就属于庇护权——这里是在严格意义上使用庇护一词的。我们会看到，庇护权基于不同的原则，按照这一原则，就是刚杀了人、血污斑斑的杀人犯逃到避难所，哀求庇护，也不可把他赶出避难所。

　　③ Aristotle, *De republica Atheniensium*, 57. Müller, *Dissertations*, p. 103.

　　④ Donaldson, 'Expiatory and Substitutionary Sacrifices of the Greeks,' in *Transactions Roy. Soc. Edinburgh*, xxvii. 433. Farnell, *op. cit.* i. 72.

　　⑤ *Iliad*, vi. 266 *sqq. Cf.* Vergil, *Æneis*, ii. 717 *sqq.*

献祭的绵羊。① 大卫曾一心要建一个神庙,上帝就对他说:"你不应以我的名义修建,因为你打过仗,杀过人。"②基督教会有一个忏悔律令,它禁止任何手沾鲜血而未经苦行的人靠近祭坛,这一教律甚至也适用于国王和将军。③

由于害怕杀人行为渎神,就对所有杀人者施加了非正式的限制,不管是谋杀还是在正义的战争中杀人;另一方面,对那些与某一异教或邪教长期勾连的人士则制定了更严厉的规则。阿代尔说,根据其职能,就像犹太教士一样,决不允许北美印第安人中的"圣人"杀人,"就是想杀人也不行,也不能给他人造成轻微伤害"。④ 希罗多德说到波斯的僧侣,说他们的双手"可以杀任何别的动物,但不得残害狗和人"。⑤ 高卢的督伊德从不参战,⑥很可能是为了让自己免于血污;⑦固然,他们也把人献祭给诸神,不过只通过烧死人的方式做祭祀。⑧ 基督教会的教令也禁止神职人员参战,这与上面诸多事实是一回事。而且,若某基督教教士处决了某人,他就要接受降级和终身监禁的惩罚;⑨也不允许教士撰写或口 382

---

① 我发现,这一习俗在摩洛哥各地的阿拉伯人和柏柏尔人那里都盛行。参见我的文章《摩洛哥盛大节日的流行仪式》("The Popular Ritual of the Great Feast in Morocco," in *Folk-Lore*, xxii. 144.)。

② 1 *Chronicles*, xxviii. 2 *sq.*

③ Lecky, *History of European Morals*, ii. 39.

④ Adair, *op. cit.* p. 152.

⑤ Herodotus, i. 40. 摩洛哥南部的什卢赫人和摩洛哥中部的柏柏尔人认为,不仅杀人,就是曾经杀过狗的人,也永远不得在"盛大节日"行祭。See *Folk-Lore*, xxii. 144.

⑥ Cæsar, *De bello gallico*, vi. 14.

⑦ d'Arbois de Jubainville, *Civilisation des Celtes*, p. 254.

⑧ Cæsar, *De bello gallico*, vi. 16.

⑨ Gratian, *Decretum*, ii. 23. 8. 30.

述任何著作再对这一判决表示异议。① 他也不能借助火或铁做外科手术。② 如果他为了保命而杀死了一个强盗,他就要终生苦修。③ 教士的双手是用来散布上帝之羔羊基督的血的,不能被所要救赎的人的血玷污。④

毫无疑问,对血污的恐惧部分导致了对人类生命的尊敬,这种敬意从一开始就是基督教的一个特征,特别是在早期。不过从其他方面来说,基督教情感和信念具有引发这类情感的某种内在倾向。至少从理论上讲,基督教的普世主义精神不允许由于某人是外国人他的生命就变得不那么神圣。在基督教看来,尘世生命是为来世做准备的,它被赋予非同一般的重要意义;这自然会加重杀人者的罪孽——缩短了他人的尘世生命,不仅毁灭了肉身,很可能让他的灵魂在来世永远不得安宁。⑤ 在基督教看来,与多数其他罪过比起来,杀人是对上帝更大程度的冒犯,因为上帝是按自己的形象造人的。⑥ 格拉提安说,就是杀死一个犹太人或异教徒也要笃行苦修,"因为杀人者毁灭了上帝创造的一个形象,破坏了死者未来皈依基督的希望"。⑦

---

① *Concilium Lateranense IV.*, A. D. 1215, ch. 18 (Labbe-Mansi, *Sacrorum Conciliorum collectio*, xxi. 1007).

② *Concilium Lateranense IV.*, A. D. 1215, ch. 18 (Labbe-Mansi, *op. cit.* xxi. 1007).

③ Thomassin, *Dictionnaire*, ii. 1074.

④ *Ibid.* ii. 1069.

⑤ *Concilium Lugdunense I.* A. D. 1245, Additio, de Homicidio (Labbe-Mansi, *op. cit.* xxiii. 670).

⑥ von Eicken, *Geschichte und System der Mitterlalterlichen Weltanschauung*, p. 568.

⑦ Gratian, *Decretum*, i. 50. 40.

第十七章　弑亲　杀病人　杀婴

　　我们已经发现,人类社会中普遍存在着这样一种道德规则,它禁止人们杀死自己部族的成员。现在,我们将会看到,这种规则的严格程度要视具体情况而定,它依赖于人与人之间的特殊关系或社会地位,而且世上也存在着根本无法适用这种规则的情况。

　　由于人们希望子女对父母怀有尊敬之情,弑亲因此被视为最恶劣的谋杀形式。没有一个地方比那些文明古国的父母更受子女尊敬了,也没有一个地方比那里的弑亲更让人感到恐惧。在中国,对弑亲者判处的刑罚比所有其他死刑都更富有羞辱意味,即所谓的"碎尸万段";而且,在一些案例中,当弑亲发生在某个地方的时候,除了加诸罪犯身上的所有刑罚外,还要将发生地的城墙推倒,或是改变城墙的形状,比如圆角改成方角,或将一个门更改到新的位置,甚至永远关闭。① 在高丽国,弑亲者要被烧死。② 我们获知 古埃及的弑亲者要被人们用削尖的芦苇扎破,并扔到荆棘丛中烧死。③ 在《出埃及记》中,有关于"伤害"父母的叙述,但并未明确提

---

　　① Doolittle,*Social Life of the Chinese*,i. 338 sq. Smith,*Chinese Characteristics*,p. 229.

　　② Griffis,*Corea*,p. 236.

　　③ Diodorus Siculus,*Bibliotheca historica*,i. 77. 8.

及"弑亲"；可能是因为希伯来立法者，如古雅典梭伦[①]认为，任何人都不可能犯下如此惨绝人寰的暴行。[②] 按照希罗多德的说法，古波斯人持有同样的观念，他们也认为，没有人会杀死自己的亲生父母；他还认为，如果仔细推敲的话，会发现所有弑亲的事例都是由一些来历不明的孩子或私生子所为，父母不会被自己亲生的子女谋杀。[③] 柏拉图在《法律篇》中说："如果一个人可以死不止一次，一怒之下杀死自己父母的人就罪该万死。任何一个人，即使是为了保护自己的生命不受伤害，即使快死在父母手里，任何法律也不许杀死赋予他生命的父母，立法者就算让他经受莫大的痛苦，也不允准他干这种大逆不道的事——依我看，真的杀了自己的父母，怎么惩罚他都不过分！"[④]在雅典，杀人犯在判决到达前有机会逃跑，弑亲者却没有这种权利，他会被立即逮捕。[⑤] 根据罗马法，弑亲者（*parricidium*）所受的刑罚不是普通的死刑，因为他是"最歹毒、最恶劣的罪犯"，所以要让他受"最古怪的刑罚"：把罪犯装进一个皮袋子里，袋子里面装有一条恶狗，一只公鸡，一条毒蛇，一只猿猴，接着把口袋封死，这个令人恐惧的"监狱"就造好了，然后将袋子丢进大海或附近的河里。[⑥] 但对"弑亲"这个术语的理解并非仅

385

[①]　Diogenes Laërtius, *Solon*, 10. Cicero, *Pro S. Roscio Amerino*, 25. Orosius, *Historiæ*, v. 16.

[②]　*Exodus*, xxi. 15. *Cf.* Keil, *Manual of Biblical Archæology*, ii. 376.

[③]　Herodotus, i. 137.

[④]　Plato, *Leges*, ix. 869. *Cf. ibid.* ix. 873.

[⑤]　Müller, *Dissertations on the Eumenides of Æschylus*, p. 91. *Cf.* Euripides, *Orestes*, 442 *sqq.*

[⑥]　*Institutiones*, iv. 18. 6.

限于谋杀父母,根据"庞培弑亲法"(Lex Pompeia de parricidiis),
被杀死的对象包括以下人:任何一代的长辈或晚辈,^①哥哥或姐
姐,叔叔、舅舅或姨、姑、婶,堂兄,丈夫或妻子,新郎或新娘,公公或
婆婆,女婿或儿媳,继父母或养子女以及监护人,等等。而且,莫姆
森认为,在早期社会,弑亲的含义更加宽泛,它适用于普通意义上
的蓄意谋杀。^② 但是,在其他一些杀人案件中,不再适用我们刚
刚谈到的那些惩罚措施,而是用流放取而代之。而且,至少在罗
马帝国统治期间,杀害长辈的罪犯实际上也要被流放。^③

　　在基督教弘扬了人类生命的神圣性的同时,古人对弑亲的憎
恨与恐惧丝毫没有受到影响。基督教对弑亲者的惩罚比对普通杀
人犯的惩罚严格得多。^④ 至少在拉丁语国家,世俗政权也是这样
做的。^⑤ 在法国,即使是今天,一个犯有弑亲罪的人只能"打着赤

---

①　除非杀人者对这位后代有父权。

②　Mommsen,*Römisches Strafrecht*,pp. 644,645,612 *sq.*

③　*Ibid*. p. 645 *sq.*

④　Gregory III.,*Judicia congrua pœnitentibus*,ch. 3(Labbe-Mansi,*Conciliorum collectio*,xii. 289). *Pœnitentiale Bigotianum*,iv. i (Wasserschleben,*Bussordnungen der abendländischen Kirche*,p. 453). *Pœnitent. Pseudo-Theodori*,xxi. 18 (*ibid*. p. 588).

⑤　Chauveau and Hélie,*Théorie du Code Pénal*,iii. 394 (France). Salvioli,
Manuale di storia del diritto italiano,p. 570. 在苏格兰,弑亲是杀人罪中最严重的罪行
之一(Hume,*Commentaries on the Law of Scotland*,i. 459 *sq.*; for a sentence passed in
1688,see Pitcairn. *Criminal Trials in Scotland*,iii. 198);只不过到了现在,它跟其他类
型的杀人罪在判处和量刑方面可谓等量齐观了(Erskine,*Principles of the Law of
Scotland*,p. 559)。英格兰律法在弑亲罪的惩处方面则未做特殊规定(Blackstone,
Commentaries on the Laws of England,iv. 202. Stephen,*History of the Criminal Law
of England*,iii. 95)。

脚,衣着单薄,头罩黑纱,被赶赴刑场";①如果发生严重的人身侵犯,或是有人光天化日之下闯入民宅,由此引发的杀人可以得到谅解;但弑亲在任何情况下都是不可饶恕的。②

386　　关于未开化人对通常的弑亲所持的态度和感情,我们几乎不掌握任何直接资料。事实上,很少有记录提及它,这毫无疑问是因为它太不寻常了。③ 在纳塔尔的卡菲尔人那里,尽管谋杀犯通常被课以罚金了事,弑亲者却要被处死。④ 一个奥塞梯人杀了父亲或母亲就会遭受残酷的惩罚,他会连同自己的所有财产一起被关入房子里,然后被众人包围起来,活活烧死。⑤ 绝大多数未开化人认为孩子应当尊重父母,从这种意义上看,未开化人很可能把弑亲当作一个格外可恨的杀人形式而加以惩罚。但是,这个规则并非普遍适用,还存在一些值得重视的例外情况:按照许多蒙昧部族或野蛮部族盛行的习俗,父母由于年老体衰或因病再也没有什么用处了,会被杀死或遗弃。

　　赫恩说,在北印第安人中,无论是男是女,至少有一半老年人,当无力行走时,就被遗弃在一边饿死。⑥ 在加利福尼亚的加利诺

---

① 　　*Code Pénal*,art. 13.

② 　　*Ibid.* art. 321 *sqq.*

③ 　　奥马哈人中曾经发生过几例在醉酒状态下杀近亲害和长辈的案子(Dorsey,'Omaha Sociology,' in *Ann. Rep. Bur. Ethn.* iii. 369)。有位楚科奇人,因为父亲说他胆小懦弱、迂阔笨拙,就在酒醉后把父亲杀了(Sarytschew,'Voyage of Discovery,' in *Collection of Modern and Contemporary Voyages*,vi 51). See also *Emin Pasha in Central Africa*,p. 230;Wilson and Felkin,*Uganda*,i. 224.

④ 　　Shooter,*Kafirs of Natal*,p. 103.

⑤ 　　von Haxthausen,*Transcaucasia*,p. 415.

⑥ 　　Hearne,*Journey to the Northern Ocean*,p. 346.

穆罗人中,当父亲再也没有力气爬到森林里拾一捆柴或一篮橡
子时,他就只能成为儿子的累赘,"一般情况下,这位可怜巴巴的
老人会被丢弃在地上,老老实实地平躺着,等着人把一根棍子放
在他的喉咙上。随后,有两个人坐在棍子的两端,直到老人被压
得停止呼吸。"[1]在北美其他一些部落[2],如巴西土著[3],南太平洋
岛民[4],澳大利亚诸种族[5],以及非洲[6]、亚洲[7]的一些种族中,这种
遗弃或杀死年迈父母的习俗已经为人发现和关注。根据古代著

---

① Powers, *Tribes of California*, p. 178.

② Nansen, *First Crossing of Greenland*, ii. 331 (natives on the east coast of Greenland). Seemann, *Voyage of "Herald"*, ii. 66 (Eastern Eskimo). Catlin, *North American Indians*, i. 217. Lafitau, *Mœurs des sauvages ameriquains*, i. 488 *sqq*. Domenech, *Seven Years'Residence in the Great Deserts of. North America*, ii. 325 (northwestern tribes). Lewis and Clarke, *Travels to the Source of the Missouri River*, p. 442 (Dacotahs, Assiniboins, the hunting tribes on the Missouri).

③ von Martius, *Beiträge zur Ethnographic Amerika's*, i. 126, 127, 393. von Eschwege, *Brasilien*, i. 231 *sq*. (Uerequenás). 这种做法在火地人中似乎只是偶尔发生 (Bridges, in *A Voice for South America*, xiii. 206)。

④ Codrington, *Melanesians*, p. 347. Romilly, *Western Pacific*, p. 70 (Solomon Islanders). Brainne, *Nouvelle Calédonie*, p. 255. Turner, *Samoa*, p. 335 *sq*. (Efatese). Seemann, *Viti*, p. 192 *sq*. Williams and Calvert, *Fiji*, pp. 1 16, 157 *sq*. Angas, *Polynesia*, p. 342(natives of Kunaie).

⑤ Eyre, *Central Australia*, ii. 382. Dawson, *Australian Aborigines*, p. 62(tribes in Western Victoria).

⑥ Arnot, *Garenganze*, p. 78 n. Andersson, *Lake Ngami*, p. 197 *sq*. (Damaras). Kolben, *Present State of the Cape of Good Hope*, i. 322, 334; Hahn, *The Supreme Being of the Khoi-Khoi*, p. 86 (Hottentots). Lepsius. *Letters from Egypt*, p. 202 *sq*. (Negro tribes to the south of Kordofan). Post, *Afrikanische Jurisprudenz*, i. 298 *sqq*. Sartori, 'Die Sitte der Alten-und Krankentötung,' in *Globus*, lxvii. 108.

⑦ Hooper, *Ten Months among the Tents of the Tuski*, p. 188 *sq*.; Dall, *Alaska*, p. 383 *sqq*. (Chukchi). Rockhill, *Land of the Lamas*, p. 81(Kokonor Tibetans).

作家的记录,亚洲①和欧洲的许多国家过去都发生过弑亲现象,包括吠陀人②和具有条顿血统的人。③ 5世纪到6世纪,在赫卢利人中已有这样的习俗:杀死老人的事由雇来的陌生人完成,老人的尸体则由亲人点火烧掉。④ 在英国,有这样一个古老的传说:"人们相信教堂门后挂有'圣槌',当父亲年届七十,儿子可以将其取下,敲击他的头部,因为他已经身衰力竭,毫无用处了。"⑤

不管这种习俗看起来多么残忍,还是存在这样做的理由的。在以狩猎为生的游牧民族中,这种习俗尤其盛行,这是因为游牧生活非常艰难,而且老弱之人难以跟上牧群行进的步伐,由此,弑亲现象普遍存在。摩尔根观察到:"在荒原上四处流浪的游牧民族中,年老体衰和毫无用处的人经常被遗弃,而且在一些情况下,干脆利索地杀死他们是一种比遗弃更加仁慈的方法。"而在易洛魁人中就没有发现这种做法,他们居住在固定的村庄中,村庄为老年人提供了庇护。⑥ 道森认为,在维多利亚西部的某些部族中,老人被认为是社群的负担,如果敌人突然袭击,他们最可能被俘虏,那样就会被慢慢地折磨死。⑦ 而且,在食物不足以维持整个部族生存时,年老者和无用的人比年轻力壮的人更有理由先死。哈恩了解

---

① Herodotus, i. 216 (Massagetae). Strabo, xi. 8. 6 (Massagetae); xi. 11. 3 (Bactrians); xi. 11. 8 (Caspians).

② Zimmer, *Altindisches Leben*, p. 328.

③ Grimm, *Deutsche Rechtsalterthümer*, p. 486 *sqq.*

④ Procopius, *De bello gothico*, ii. 14. *Cf.* Grimm, *Kleinere Schriften*, ii. 241.

⑤ Thoms, *Anecdotes and Traditions*, p. 84.

⑥ Morgan, *League of the Iroquois*, p. 171.

⑦ Dawson, *op. cit.* p. 62.

到,在霍屯督人中,年老的父母会被没有足够食物赡养他们的穷苦子女所遗弃,[1]而且在那些已经富足的部族中,杀死父母的习俗尽管不再具有合理性和必要性,却仍然沿袭着,原因部分是由于艰难时期遗留的习惯,部分是出于这样一种良好愿望——看到一个生命苦撑着苟延残喘,就应当尽早结束这个悲剧。[2] 对于大多数人来说,这种看似残忍的做法也许真的是一种善行,而且人们普遍赞同这么做,就连老人自己也希望如此。早期霍屯督人为了让年老的父母死去,采取使之挨饿的方法。柯尔本谈到这种习俗时说到:如果你想向霍屯督人说明这种习俗毫无人性——如同我经常做的那样——他们会对你的说法感到不可思议,而且在他们看来,反倒是我们毫无人性;在他们的思维方式中,这种习俗是以忠诚和孝顺为基础的,这种情况下的弑亲就是尽忠尽孝。他们会反问你:"让一个男人或女人在体弱多病中苟延残喘,长期遭受老年艰辛生活的痛苦,这难道不是件很残酷的事情吗? 难道你能忍心看着父母或亲属在饥寒交迫而又无能为力的老年瑟瑟发抖,而不去想一想,是否该出于怜悯尽早结束其痛苦吗? 要知道,这可是解除苦痛的唯一办法。"[3]当霍珀先生听说一个年老的楚科奇妇女被他的儿子一刀捅死以后,他说这种行为本质上是十分可怖的,他的土著同伴则这样回答他:"难道这个老女人不该死吗? 她已经年老体衰,只

389

---

① Hahn, *op. cit.* p. 86.

② Tylor, 'Primitive Society,' in *Contemporary Review*, xxi. 705. *Idem*, *Anthropology*, p. 410 *sq.*

③ Kolben, *op. cit.* i. 322.

有苟延残喘的份儿了，她对自己和他人来说都是一个负担，她不想拖累大家，只能恳求自己最亲近的人给予她虽致命但友好的一击，好让她永远脱离这种贫弱痛苦的生活。"①卡特林告诉我们，在游牧于北美大草原的部族中，年老体衰的人一致要求被别人丢在后面不管。他们说：老了，没什么用了——他们也曾以同样的方式遗弃过自己的父辈——他们希望死去，希望孩子们不必为此哀伤。②科德林顿博士说，在美拉尼西亚，将病人和老人活埋"肯定是出于善意"；病人和老人自己就常常诚恳地祈求朋友结束其悲惨的生活；而且，如果一个年老体弱的族长还没有被活埋，这甚至会成为整个家族的耻辱。③在斐济，终止一个老人的生命也被看作孝顺的标志。希曼博士观察过斐济人的生活，他描述道："在一个能够做到丰衣足食的村庄，财产是属于整个家族所有，而不是家族首领独有，这是一个普遍的规则。孩子们要想过得舒适一点，不必非得等待'穿死人遗留下的鞋子'。因此，我们完全可以肯定，弑亲是在父母的反复恳求和劝说下做的，他们在杀死父母时内心是充满了矛盾和痛苦的，我们却从道义上认为这种行为是一种犯罪。"④而

390 弑亲者并不这样认为。这种仪式并非完全没有悲剧式的庄严色彩："当儿子为老父挖掘坟墓时，他会哭着吻别父亲；当他轻轻地把土堆在父亲的身体上，与之生离死别时，他会深情地向父亲道

----

① Hooper, *op. cit.* p. 188 *sq.* Cf. Sarytschew, *loc. cit.* vi. 50；Dall, *op. cit.* p. 385；von Wrangell, *Expedition to the Polar Sea*, p. 122.

② Catlin, *North American Indians*, i. 217.

③ Codrington, *op. cit.* p. 347. Turner, *Samoa*, p. 335 *sq.* (Efatese).

④ Seemann, *Viti*, p. 193.

别。"①斐济老人之所以急于从极度虚弱带来的痛苦中解脱出来，一个可能的原因是，在一个尚武的国度，人们往往蔑视那些体弱多病的人，无力保护自己的人将会受到虐待和侮辱；不过，另一个原因可能更有说服力，弑亲的动机在于这样一种信仰：人们希望在智力和体力尚可的状态下满怀喜悦地开始来世的生活，而老人在临死之前的那一刻同样拥有这些东西，在寿终正寝之前被亲友处死，他们的灵魂在肉体结束的时候就获得了重生。黑尔博士说："这样看来，在智慧和体力被时日耗尽，以致被剥夺了享受生活的能力之前，他们渴望经历这种改变。这是十分自然的事。"②最后，我们还得看到，在许多地方，老人不仅被杀死，他身上的肉还要被近亲吃掉。根据当地人的描述，这种食人肉行为的动机——也许是唯一的动机——并非出于饥饿或是喜欢吃人肉，③而是"一种善行"或"一种孝顺的仪式"，因为这样就可以防止尸体被虫子吃掉或被仇敌毁害。④ 鉴于许多食人族厌恶食用自然死亡者的肉，因此，在一些例子中，如果假设杀死老人是为了使老人的肉能够被吃掉，而且这完全是为了他好，这种假设并非毫无道理。⑤ 但另一方面，像许多其他被认为是安抚死者的丧葬习俗一样，这种"孝顺的仪式"也可能是某种习俗的残余，而这种习俗最初是为了生者自己的利益考虑的。

---

① Fison and Howitt, *Kamilaroi and Kurnai*, p. 175.

② Hale, *op. cit.* p. 65. Williams and Calvert, *op. cit.* p. 156. See also Erskine, *Islands of the Western Pacific*, p. 248.

③ For instances, see Steinmetz, *Endokannibalismus*, *passim*.

④ *Ibid.* pp. 3, 5, 17.

⑤ 关于希罗多德对马萨格特人的表述，参阅：Herodotus, i. 216.

391　　　　与遗弃或杀死衰老父母的习俗密切相关,还有一种遗弃或杀
死受到病痛折磨的其他成员的习俗,这种习俗在某些部族中广泛
流行。

　　　沃德先生观察到:"在阿拉伯和内格罗河,随处可见一些
令人痛苦的景象,而那里人们的态度却非常冷漠。任何一个
白人,只要他生活在非洲,目睹过这些地方的生活,他就永远
无法克服对这种铁石心肠的深恶痛绝。在那里,垂死的人被
抛弃在路边等死,衰弱的人被旅行的队伍落下,而这队人马照
旧向前行进,对掉队者的生死不闻不问。"①在卡菲尔人中,类
似的事例屡见不鲜:垂死的人被扔到灌木丛中等死,其中有些
癫痫病人还会被抛下悬崖,或被绑在树上等土狼来吞食。②
霍屯督人抛弃染上天花的病人。③ 马达加斯加的南塔纳拉人
会把一个因病昏迷不醒的人扔到他们常用来放置死人的地
方,并且,要是这个不幸的人还能苏醒过来再回到村里,他们
就用石头砸死他。④ 在新喀里多尼亚,"极少有病人自然而然
地咽下最后一口气死亡:当他不再有知觉时,甚至常常在他还
有痛苦感觉的时候,人们闭合他的嘴巴和鼻孔使其窒息而死,
或者从各个方向拉扯他的腿和胳膊"。⑤ 在坎达武的斐济部
族,病人会被扔进一个山洞里,而那个山洞是通常用来埋葬死

---

① Ward, *Five Years with the Congo Cannibals*, p. 262.
② Shooter, *Kafirs of Natal*, p. 238 *sq.* Kidd, *The Essential Kafir*, p. 247.
③ Le Vaillant, *Travels into the Interior Parts of Africa*, ii. 112.
④ Sibree, *The Great African Island*, p. 291.
⑤ Brainne, *op. cit.* p. 255.

人的地方。① 对埃法特人而言,如果一个病人表现出精神狂乱的征兆,他们就马上挖好坟墓,立即把他埋葬,以防传染给群体的其他成员。② 阿尔弗拉人则"杀死那些没有治愈希望的病人"。③ 多布里茨霍费尔说,巴塔戈尼亚人在垂死之人还未断气之前就将其活埋,这看似毫无理智,实则怜悯之情使然。④ 据说,在霍乱和天花盛行的时期,北美印第安人会抛弃所居住的村庄远走他乡,不分男女老幼,只要是病人都通通留在村子里等死。⑤ 据南森博士说,让那些病人、忍受剧痛折磨的人和众人避之唯恐不及的精神狂乱者快些结束生命,与格陵兰岛人的道德原则并不相悖。⑥ 霍尔姆少尉说,在冰岛东部,当一个人病情严重时,如果其亲属要求,而且病人自己也同意,就可以将病人扔到海里淹死以结束其痛苦;只不过,杀死病人的情况在那里是很少见的,除非病人的精神已经错乱。⑦ 在伊格鲁利克,"一个病妇通常被砌进或监禁在雪屋里,没有人会近前看她,她的死活也无人问津"。⑧

以上事例以及类似的情形,基本上可用以下几个理由来解释:

---

① Williams and Calvert, *op. cit.* p. 159.

② Turner, *Samoa*, p. 336.

③ Pfeiffer, *A Lady's Second Journey round the World*, i. 387.

④ Dobrizhoffer, *Account of the Abipones*, ii. 262.

⑤ Domenech, *op. cit.* ii. 326.

⑥ Nansen, *Eskimo Life*, p. 163.

⑦ 'East Greenland Eskimo,' in *Science*, vii. 172.

⑧ Lyon, *Private Journal*, p. 357. 其他例证,请参阅:Sartori, in *Globus*, lxvii. nr. 7 *sq.*; von Martius, *op. cit.* i. 126, 127, 393 (Brazilian tribes); Steller, *Beschreibung von dem Lande Kamtschatka*, p. 354; Dawson, *op. cit.* p. 61, 见前文第 271 页所引。

病人受到的巨大痛苦,游牧生活的艰辛,还有愚昧民族的迷信观念。在一些事例中,有的民族存在这样一种信念,认为给垂死者致命一击就等于拯救这个人的灵魂,杀死一个垂死之人的做法似乎跟这种信仰有关。[①] 1812 年,在加尔各达附近的加德瓦,一个麻风病人被他的母亲和姐姐活活烧死,她们相信这样做会使他在下一个轮回重获一个完美无瑕的身体。[②] 触摸尸体会带来危险,在病人临死之前杀死他,活着的人就避免了这种危险。[③] 在康提王国的贫穷地区,当一个人病入膏肓、回天无力时,因为担心被传染或被迫转移居住地,人们会劝导病人身边的人将病人扔到丛林里去,不管他哭泣也罢、呻吟也罢,任其一人痛苦地等待死神的降临。[④] 但遗弃病人或杀死病人的最常见动机,似乎是害怕被感染或被魔鬼缠身,很多疾病被认为是由于被魔鬼控制才患上的。[⑤] 我们了解到,在北美印第安人中,"遗弃虚弱者或病人的习俗源于害怕邪恶灵魂的迷信,人们认为是邪恶的灵魂控制了病人"。[⑥] 埃利斯说,在塔希提岛,"每种疾病都被想象成是超自然力量直接影响的结果,是众神对于那些违反禁忌的罪人施加的惩罚。一个违背禁忌的人是有罪的,应当蒙受惩罚带来的苦难。疾病的起因也可能是敌人为了搞破坏而暗中向神奉献牺牲的结果。在很大

393

---

① Sartori, *loc. cit.* p. 127.

② Crooke, *Popular Religion and FolkLore of Northern India*, ii. 169.

③ Shooter, *op. cit.* 239 (Kafirs of Natal). Kidd, *The Essential Kafir*, p. 247.

④ Joinville, ' Religion and Manners of the People of Ceylon,' in *Asiatick Researches*, vii. 437 *sq.*

⑤ See Sartori, *loc. cit.* p. 110 *sq.*; Lippert, *Kulturgeschichte der Menschheit*, i. 110; ii. 411.

⑥ Dorman, *Origin of Primitive Superstitions*, p. 392.

程度上，正是这些原因导致了人们对病人置之不理，甚至虐待病人。"①

子女受父母的恩惠，应对父母抱有尊敬之情，故弑亲成为最严重的谋杀形式；但另一方面，在一些特殊情况下，父权甚至意味着父亲可以杀死自己的成年子女。尽管中国的刑法典对处死不驯顺子女的父母规定了一些轻微的惩罚，②但官方在实际上往往对此视而不见，这种"罪过"最终也不可能得到什么惩罚。③ 在早期的希伯来人中，父亲有权杀死不贞的女儿。④ 在罗马，父亲作为一家之主对其子女有生杀予夺之权，但这并非意味着可以在没有正当理由的情况下随意杀死子女。⑤ 早在异教徒时代，"并非出于正当的父权而是如劫匪那般"杀死儿子的父亲要按谋杀罪加以处罚。⑥如米尔曼牧师观察到的那样，在基督教义未融进罗马法规之前的很长一段时间里，子女的生命是和父母的生命同样神圣的；尽管康

① Ellis, *Polynesian Researches*, i. 395.

② *Ta Tsing Leu Lee*, sec. cccxix. p. 347. :"如若父亲、母亲、祖父或祖母在惩罚忤逆之子或忤逆之孙时下手太狠，导致他或她死亡，犯事者将被打一百大板；如果前述犯事者有意以此方式杀死忤逆子孙，其所受惩罚将加重至一百六十大板和一年流放。"

③ Douglas, *Society in China*, p. 78 *sq*.

④ 据《创世记》第三十八章第24节：约过了三个月，有人告诉犹大说："你的儿妇她玛作了妓女，且因行淫有了身孕。"犹大说："拉出她来，把她烧了！"——译者

⑤ Mittermaier, 'Beyträge zur Lehre vom Verbrechen des Kindesmordes,' in *Neues Archiv des Criminalrechts*, vii. 4. Walter, *Geschichte des Römischen Rechts*, § 537, vol. ii. 147. von Jhering, *Geist des römischen Rechts*, ii. 220. Mommsen, *Römisches Strafrecht*, p. 619.

⑥ *Digesta*, xlviii. 9. 5. Orosius, *Historiœi*, v. 16. Mommsen, *Römisches Strafrecht*, p. 618.

394　斯坦丁把杀死儿子定为弑亲,但仍然无法对当时占据支配地位的情感定式产生影响。① 没有任何理由认为,蒙昧部族中父亲对子女拥有绝对的生杀大权。相反地,在许多低等部族中,显然不存在这种父权。②

　　只有在比较罕见的情况下,一个父亲才可能被允许杀死自己的成年子女,这样做仅仅是为了显示某种正义。同时,他却常常有权杀死刚刚出生的婴儿。在许多情况下,杀婴不仅是被允许的,而且是风俗所规定的。

　　在大量的野蛮部族中,如果一个婴儿是私生子,③或是其母已死,④

---

① Milman, *History of Latin Christianity*, ii. 25.

② Lang, in Steinmetz, *Rechtsverhältnisse von eingeborenen Völkern in Afrika und Ozeanien*, p. 224 (Washambala). Desoignies, *ibid*. p. 271 (Msalala). Marx, *ibid* p. 349 (Amahlubi). Kohler, 'Recht der Hottentotten,' in *Zeitschr. f. vergl. Rechtswiss*. xv. 347. Post, *Afrikanische Jurisprudenz*, i. 52 *sq*.

③ Turner, *Samoa*, p. 304 (Savage Islanders). Elton, in *Jour. Anthr. Inst*. xvii. 93 (some Solomon Islanders). Munzinger, *Ostafrikanische Studien*, p. 145 (Beduan). Dyveyrier, *Exploration du Sahara*, p. 428 (Touareg). Burton, *Sindh*, p. 244 (Belochis). Haberland, 'Der Kindermord als Volkssitte,' in *Globus*, xxxvii. 58. The natives of Australia often kill half-caste children (Roth, *Ethnological Studies among the North-West-Central Queensland Aborigines*, p. 184. Curr, *Recollections of Squatting in Victoria*, p. 252. Haberland, *loc. cit*. p. 58).

④ Collins, *English Colony in New South Wales*, i. 607 *sq*. 。(aborigines of Port Jackson). Dale, 'Natives inhabiting the Bondei Country,' in *Jour. Anthr. Inst*. xxv. 182. Comte de Cardi, 'Ju-Ju Laws and Customs in the Niger Delta,' *ibid*. xxix. 58. Nansen, *First Crossing of Greenland*, ii. 330; Holm, ' Ethnologisk Skizze af Angmagsalikerne,' in *Meddelelser om Grönland*, x. 91 (Greenlanders). Haberland, *loc. cit*. p. 28 *sq*. Ploss, *Das Kind*, ii. 252, 254, 258 *sq*. Chamberlain, *Child and Childhood in Folk-Thought*, p. 110 *sqq*. 。

或是先天畸形，或患有先天疾病，[1]或是有些不正常的奇异现象发生，或因这样那样的理由而被人们认为不吉利，那么这样的婴儿往往会被杀死。这种现象很普遍。在非洲的一些地方，如果一个婴儿生来有齿，[2]或在生出下门牙前生出上门牙，[3]或是牙齿发育成不规则的形状，[4]他就会被杀死。在邦迪国的土著人中，孩子出生的时候头先出来被认为是不吉利的事，这个孩子出生后就会被勒死。[5] 坎查岱人过去常杀死出生于狂风暴雨天气的孩子。[6] 在马达加斯加，如果一个婴儿出生于三月或四月，或是一个月的最后一周，或是星期三或星期五，他将遭受被丢弃或溺死或活埋的厄运。[7] 在很多蒙昧部族中存在着这样的习俗：如果一个女人生了

---

① Dawson, *op. cit*. p. 39 (tribes of Western Victoria). Kicherer, 转引自：Moffat, *Missionary Labours and Scenes in Southern Africa*, p. 15 （Bushmans）. Shooter, *Kafirs of Natal*, p. 89. Chapman, *Travels in the Interior of South Africa*, ii. 285 （Banamjua）. Reade, *Savage Africa*, p. 244 （Equatorial Africans）. New, *Life, Wanderings, and Labours in Eastern Africa*, p. 118；Krapf, *Travels*, p. 193 *sq.* (Wanika). Georgi, *Russia*, iii. 134 （Kamchadales）. Sarytschew, *loc. cit.* vi. 50；von Wrangell, *op. cit.* p. 122 （Chukchi）. Simpson, 转引自：Murdoch, 'Point Barrow Expedition,' in *Ann. Rep. Bur. Ethn.* ix. 417 （Eskimo）。Powers, *Tribes of California*, p. 382 (Yokuts). Guinnard, *Three Years' Slavery among the Palagonians*, p. 144. Haberland, *loc. cit.* p. 58 *sq.*。Ploss, *Das Kind*, ii. 252, 254, 255, 258。

② Ploss, *Das Kind*, ii. 257, 259.

③ Livingstone, *Missionary Travels*, p. 577. Kingsley, *Travels in West Africa*, p. 472. Allen and Thomson, *Expedition to the River Niger*, i. 243 *sq.* Mockler-Ferryman, *British Nigeria*, p. 286(Ibos).

④ Baumann, *Usambara*, pp. 131(Wabondei), 237 (*Wapare*).

⑤ Dale, in *Jour. Anthr. Inst.* xxv. 183.

⑥ Krasheninnikoff, *History of Kamschatka*, p. 217.

⑦ Ploss, *Das Kind*, ii. 257. *Cf.* Little, *Madagascar*, p. 60.

双胞胎，会将其中的一个或两个杀死，①有时人们认为，生双胞胎暗示了母亲对父亲的不忠（这种看法跟一个男人不能同时是两个孩子的父亲的观念是一致的），②有时认为双胞胎是邪恶的象征或是激怒了物神的结果。③金斯利小姐观察到："在西非，人们普遍对生双胞胎感到很离奇，这些部族的人不仅不会杀死双胞胎，反而觉得应该对他们关怀备至，千万不能让他们丢了性命。"④卡菲尔人笃信，父亲必须把一小块泥土放进双胞胎中一人的嘴里，否则他会浑身无力。⑤

　　在刚刚提到的事例里，杀婴的原因无外乎以下几种：其母已

---

① Dawson, *op. cit.* p. 39 (tribes of Western Victoria). Spencer and Gillen, *Native Tribes of Central Australia*, p. 52. *Idem*, *Northern Tribes of Central Australia*, p. 609. Romilly, *Western Pacific*, p. 70 (Solomon Islanders). Kolben, *op. cit.* i. 144 (Hottentots). Shooter, *op. cit.* p. 88 (Kafirs of Natal). Livingstone, *Missionary Travels*, p. 577. Decle, *Three Years in Savage Africa*, p. 160 (Matabele). Chapman, *op. cit.* ii. 285 (Banamjua). Baumann, *Usambara*, p. 131 (Wabondei). New, *op. cit.* pp. 118 (Wanika, formerly), 458 (Wadshagga). Burton, *Two Trips to Gorilla Land*, i. 84. Kingsley, *Travels in West Africa*, p. 472 *sqq.* Schoen and Crowther, *Journals*, p. 49 (Ibos on the Niger). Comte de Cardi, in *Jour. Anthr. Inst.* xxix. 57*sq.* (Negroes of the Niger Delta). Nyendael, 转引自：Ling Roth, *Great Benin*, p. 35 (people of Arebo)。Ploss, *Das Kind*, ii. 267 *sq.* (African peoples), 274 (some South American Indians). Schneider, *Die Naturvölker*, i. 305 *sq.* (some South American Indians). Krasheninnikoff, *op. cit.* p. 217 (Kamchadales).

② Waitz, *Anthropologie der Naturvölker*, iii. 394, 480 (South American Indians). 达珀说，在贝宁这个国家，从来没发现过双胞胎，因为这里的人们认为生双胞胎是极其丢脸的事 (Dapper, *Africa*, p. 473)。

③ Allen and Thomson, *op. cit.* i. 243. Baumann, *Usambara*, p. 131 (Wabondei).

④ Kingsley, *Travels in West Africa*, p. 473. 尼恩戴 (Nyendael) 提出相反的观点：在贝宁的绝大多数地方，生双胞胎被认为是好运连连的前兆 (Ling Roth, *Great Benin*, p. 35)。

⑤ Kidd, *The Essential Kafir*, p. 202.

死,无人看护;父母(尤其是母亲)犯过错;人们希望病弱或残疾者早日解脱苦痛;或是出于盲目的恐惧。但是在很多低等部族中,杀婴并不局限于类似例子——这些案例或多或少有些特殊,而且在更大范围内广泛存在。习俗经常决定着一个家庭可以养育几个婴儿,而且,杀死大多数婴儿的事例也并不罕见。

在北美和南美的许多部族,杀婴十分常见。① 多布里茨霍费尔说,在阿比泊尼人中,一名妇女把两三个儿子都抚养成人的事例是比较少见的;当一些妇女杀死所有亲生孩子时,"没有人阻止,也没有人对这种残害生命的事实施报复"。② 根据阿萨拉的说法,瓜纳人活埋大部分女婴,而姆巴亚人允许一个家庭只能有一个男孩或女孩活下来。③ 不过,一直有人质疑阿萨拉观点的正确性。④ 另一方面,在南太平洋诸岛,杀婴毫无疑问是非常盛行的。在波利尼西亚岛的主要部落中,杀婴是公开化的、有组织的,不受任何良心谴责,几乎到了令人难以置信的地步。埃利斯在社会群岛居住期间,见到过很多异教徒妇女,但他记不得哪怕一个手上未曾沾染过孩子鲜

397

---

① Bessels,转引自:Murdoch,'Point Barrow Expedition,' in *Ann. Rep. Bur. Ethn.* ix. 417 (Eskimo of Smith Sound)。Nelson,'Eskimo about Bering Strait,' *ibid*, xviii. 289. Gibbs, 'Tribes of Western Washington and Northwestern Oregon,' in *Contributions to North American Ethnology*, i. 198. Powers, *op. cit.* pp. 177, 184 (Californian tribes). Yarrow, in *Ann. Rep. Bur. Ethn.* i. 99 (Pimas of Arizona), Hawtrey, in *Jour. Anthr. Inst.* xxxi. 295 (Lengua Indians of the Paraguayan Chaco).

② Dobrizhoffer, *op. cit.* ii. 98. 阿比泊尼人溺婴的其他记述,请见下文第400页。

③ Azara, *Voyages dans l'Amérique méridionale*, ii. 93, 115.

④ Wied-Neuwied, *Reise nach Brasilien*, ii. 39.

血的。他认为，桑威奇群岛有三分之二的孩子是被父母杀死的。[①] 他说:"他们杀婴时毫不犹豫,没有丝毫的恐惧,似乎做父母的早在孩子出生之前就已经计划好了。他们经常到外国人的居所拜访,谈起他们的残忍时显出十分安心的样子。"当传教士试图说服他们不要杀死自己孩子的时候,所得到的唯一回答通常是:这是部族的习俗。[②] 莱恩岛人一个家庭只允许养育四个孩子;母亲有养育一个孩子的权利,而是否可以养育更多的孩子则由父亲决定。[③] 在拉达克,每个母亲可以养育三个孩子,除非她是部落酋长的妻子,否则第四个及随后出生的每一个孩子,就不得不亲手活埋。[④] 在埃利斯群岛的瓦伊图普岛,"法律许可杀婴",一个家庭只允许有两个孩子。[⑤] 在新西兰和马克萨斯人中,杀婴尽管不是非常普遍,但也经常发生,杀婴事件并不被视为罪行。[⑥] 在美拉尼西亚的多数部族中,杀婴是很普遍的。[⑦] 在所罗门群岛,似乎仍有几个地方保持着这样的风俗:人们杀死几乎所有刚出生的婴儿,而从其

[①]　Ellis, *Polynesian Researches*, i. 252. *Idem*, *Tour through Hawaii*, p. 325.

[②]　*Idem*, *Polynesian Researches*, i. 250.

[③]　Tutuila, 'Line Islanders,' in *Jour. Polynesian Society*, i. 267.

[④]　von Kotzebue, *Voyage of Discovery*, iii. 173.

[⑤]　Turner, *Samoa*, p. 284.

[⑥]　Hale, U. S. *Exploring Expedition. Vol. VI. Ethnography and Philology*, p. 15.

[⑦]　Codrington, *Melanesians*, p. 229. Turner, *Samoa*, p. 333 (Efatese). Gill, *Life in the Southern Isles*, p. 213 (islands of Torres Straits). Atkinson, in *Folk-Lore*, xiv. 248 (New Caledonians).

他部族那里买婴儿时要格外小心,不要买年龄太小的婴儿。[①]
在塔斯马尼亚,[②]杀婴的做法至少也是时有发生;这种习俗也
广泛存在于几乎整个澳大利亚。柯尔先生认为,作为惯例,澳
大利亚妇女只能养育二子一女,其他的孩子都要被杀死。[③]
B.史密斯先生说:"在妇女所熟悉的律法中,杀婴是必要的行
为,如果有人在某些特殊情况下没有这么做,就会受到众人的
埋怨,并因此要受到惩罚。"[④]塔普林先生了解到这样一个确
切的信息:在纳里涅里人中,一半以上的孩子出生后会成为杀
婴习俗的牺牲品。[⑤] 在迪埃利部落,随便问一个老年妇女与
溺婴有关的事,几乎每一个人都会承认自己曾杀死过两到四
个孩子。[⑥]

　　在印度山地居民托达人中,到1820年左右沙利文先生访
问此地之前,大约是每个家庭只许有一个女孩。[⑦] 至于坎德
人,或者称冈德人,按照麦克弗森的说法:"我相信杀婴的习俗
在冈德人中不可能完全不为人知,因为在布拉部族中已经到
了这样一种地步:除非这个女婴是头胎所生,否则一个女婴也
不许活下来,结果,一个有着一百户人家的村子可能根本见不

① Romilly,*Western Pacific*,p. 68 sq. Cf. Guppy,*Solomon Islands*,p. 42.

② Ling Roth, *Aborigines of Tasmania*, p. 167 sq. Bonwick, *Daily life and Origin of the Tasmanians*,p. 85. Brough Smyth,*Aborigines of Victoria*,ii. 386.

③ Curr,*The Australian Race*,i. 70.

④ Brough Smyth, *op. cit*. i. p. xxi. Cf. Oberländer, 'Die Eingeborenen der Kolonie Victoria,' in *Globus*,iv. 279.

⑤ Taplin,'Narrinyeri,' in Woods,*Native Tribes of South Australia*,p. 13.

⑥ Gason,'Manners and Customs of the Dieyerie Tribe,'*ibid*. p. 259.

⑦ Metz,*Tribes inhabiting the Neilgherry Hills*,p. 16.

到一个女孩。"①

　　据说,在古代加那利群岛的关契斯人中,除了头生孩子以外,其他孩子都会被杀死。② 马达加斯加人经常杀死婴儿,但埃利斯说,他们并不像南太平洋岛民那样嗜杀,南太平洋岛民的大部分新生儿都成了满足嗜杀欲望的牺牲品。③ 据柯尔本说,杀婴在霍屯督人当中很普遍,④而斯帕曼只是说:"在母亲死亡的情况下,霍屯督人才把正处于哺乳期的婴儿活埋掉。"⑤勒·瓦扬则完全否认在霍屯督人中间存在杀婴习俗。⑥据鲍尔曼说,杀婴在斯瓦希里人的生活中十分普遍,而且几乎不会遭到反对。⑦ 但非洲大陆的种族一般不愿意杀婴,除非是一些诸如我们已经注意到的特殊案例。

　　杀婴习俗的形式多种多样,可以归因于多种动机。在一些部族中,母亲杀死婴儿或是出于抚养孩子的艰难,⑧或是担心抚养孩子会让当妈妈的很快人老珠黄;⑨另一个原因是,野蛮人缺乏软质食物和动物乳汁,而婴儿的哺乳期一般都很长,可以长达两年、三

399

---

① Macpherson,*Memorials of Service in India*,p. 132.

② Ploss,*Das Kind*,ii. 259 sq.

③ Little,*Madagascar*,p. 60. Ellis,*History of Madagascar*,i. 155,160.

④ Kolben,*op. cit*. i. 333.

⑤ Sparrman,*Voyage to the Cape of Good Hope*,i. 358 sq.

⑥ Le Vaillant,*op. cit*. ii. 58 sqq.

⑦ Baumann,*Usambara*,p. 42.

⑧ Ellis,*Polynesian Researches*,i. 256(Tahitians). *Idem*,*Tour through Hawaii*,p. 327. Polack,*Manners and Customs of the New Zealanders*,ii. 92. Gason,*loc. cit*. p. 258 (Dieyerie tribe).

⑨ Williams,*Missionary Enterprises*,p. 565 (Tahitians).

年、四年甚至更长时间。① 而通常情况下,丈夫在整个哺乳期内都不能与妻子同居。② 因而禁欲容易促使丈夫与别的女人接触。在一些事例中,上述考虑似乎构成了母亲杀死孩子的诱因。③ 哺乳期的漫长也在另外一种意义上促成了杀婴。在澳大利亚的某些部族,当母亲怀里奶着孩子的时候,又一个婴儿出生了;这时候,为了养育正处在哺乳期的孩子,没有能力抚养——或者认为自己没有能力抚养更多孩子——的母亲就会在新生儿出世之际把他杀了。④ 据说,亚利桑拿的皮马人的杀婴行为跟另外一个习俗有关,按照这个习俗,丈夫死后要和他所有的财产一块统统被销毁。"部族中的妇女清楚地知道,一旦丈夫死去她们将十分贫穷,必须靠自己努力支撑才能把孩子养活,她们不愿意要很多孩子。因此堕胎或杀婴得以普及,人们也不把这事视为犯罪。"⑤但是,几乎可以肯定,在低等部族中大规模流行的杀婴,主要是由于生活十分艰辛。无论是在和平时期还是战争时期,孤弱无助的婴儿都可能成为父母的沉重负担,在父亲四处流浪找寻食物的路途中,受孩子拖累的母亲难以跟上丈夫的步伐;另外,闹哄哄的孩子也会妨碍她做家务。⑥ 柯尔先生曾在维多利亚的班格朗部落生活过十年,并与当

---

① See Westermarck, *History of Human Marriage*, p. 484.

② *Ibid*. p. 483.

③ Schneider, *Die Naturvölker*, i. 297, 307.

④ Spencer and Gillen, *Native Tribes of Central Australia*, pp. 51, 264. *Iidem. Northern Tribes of Central Australia*, p. 608. Oberländer, *loc. cit.* p. 279.

⑤ Yarrow, *loc. cit.* p. 99.

⑥ Turner, *Nineteen Years in Polynesia*, p. 394 (people of Vaté, New Hebrides). Polack, *op. cit.* ii. 93 (Maoris).

地人相处得十分融洽,他这样描述当地人的习俗:一家人杀掉一半
的孩子是常见的,"在频繁的迁徙中携带好几个孩子旅行并非没有
可能,但十分困难,处死孩子主要是这种困厄所致"。[①] 根据夏洛
瓦的观察,阿比泊尼人"同一性别的孩子中只养育一个,其余的孩
子出世不久会很快被杀掉,直到最年长的孩子强壮到能够独立行
走。他们为这种残酷行为辩护:他们不得不经常从一个地方迁移
到另一个地方,在这个过程中同时照顾两个以上的孩子是不可能
的;最多照料两个孩子,一个由父亲带,一个由母亲带。"[②] 在巴拉
圭查科的伦瓜人中,同一个家庭中两个孩子出生的间隔一般为七
八年时间,在这一间隔中出生的孩子会被立刻杀掉。按照霍特里
先生的说法,造成这种做法的原因十分明显:"妇女的工作很辛苦,
她们需要从花园或田地里采集可以吃的东西搬运回家。伦瓜人是
一个游牧民族,他们经常迁徙,一天可能要走十到二十英里的路程
……在这种情况下,每个人都会得出这样的结论:在旅途中携带和
照顾一个以上的孩子是根本不可能的。"[③] 此外,父母也要为将来
考虑,在食物来源已经很匮乏的情况下,生养下来的孩子不久以后
会变成一个争抢吃食的消费者,从而威胁到整个家庭的存续。这
些蒙昧部族经常遭受食物匮乏之苦,他们不得不在除掉他们的后
代和让自己饿死之间做一抉择。为了保住自己的生命,他们通常
不得不借助杀婴这一手段。事实上,一些部落遭遇大饥荒时,孩子

---

① Curr, *Squatting in Victoria*, p. 252. Oberländer, *loc. cit.* p. 279. *Cf.* Fison and
Howitt, *Kamilaroi and Kurnai*, p. 259; Fraser, *Aborigines of New South Wales*, p. 5.

② Charlevoix, *History of Paraguay*, i. 405.

③ Hawtrey, in *Jour. Anthr. Inst.* xxxi. 295.

不仅仅会被杀掉,还会被吃掉。[1] 通常见到的对杀婴原因的解释就是遇饥荒求生存,这也是我们见到的最权威的解释;[2]事实也证 401明了他们的判断,正是在那些贫穷的部落和孤立无援的岛民中,由于地域狭小、资源有限和食物匮乏,这种溺婴的习俗广泛流行。

在讨论活人献祭现象的那一章我们将看到,杀婴在某种情况下被视为一种祭祀仪式。在其他情况下,婴儿被杀死作神丹妙药使用,而不是供奉给任何一个神灵。[3] 如此,在澳大利亚中部的鲁力查部落,"人们认为当一个孩子身体状况很虚弱时,杀掉一个比他年幼、比他健康的孩子,用死者的血肉来喂养,这样做就会把健康孩子的力量传给虚弱的孩子。这种习俗在这里并不少见。"[4]值得一提的是,有些地方杀女婴的动机稀奇古怪。对某些部族而言,被杀的小孩毫无例外都是女性,[5]而通常的说法是,男孩作为食物的价值是微不足道的。在中国的蒙古人种部族客家人那里,女孩经常会被残忍地杀死,因为人们认为这样做的话,女孩的灵魂会以

---

① See Steinmetz, *Endokannibalismus*, pp. 8,13,14,17.

② Nansen, *First Crossing of Greenland*, ii. 330. Nelson, in *Ann. Rep. Biir. Ethn.* xviii. 289 (Eskimo about Behring Strait). Brough Smyth, *op. cit.* i. 53; ii. 386 (aboriginal tribes of Australia and Tasmania). von Kotzehne, *op. cit.* iii. 173 (natives of Radack). Tutuila, in *Jour. Polynesian Soc.* i. 263 (Line Islanders). Campbell, *Wild Tribes of Khondistan*, p. 140 (Kandhs of Sooradah). Marshall, *A Phrenologist amongst the Todas*, p. 194. Kolben, *op. cit.* i. 144 (Hottentots). See also Haberland, *loc. cit.* p. 26; Dimitroff, *Die Geririgschätzung des menschlichen Lebens und ihre Ursachen bei den Naturvölkern*, p. 162 *sqq.*; Sutherland, *Origin and Growth of the Moral Instinct*, i. 115 *sqq.*

③ 见下文第 458 页。

④ Spencer and Gillen, *Native Tribes of Central Australia*, p. 475. *Cf. Ibid.* p. 52.

⑤ *Cf.* Haberland, *loc. cit.* p. 56 *sqq.*

男孩的形象再现，从而下一胎生男孩。[1]

　　因而，人们灭除自己子孙的原因是多种多样的。在某些情形下，这么做的好处——无论是真实的还是想象的——是父母对这个孩子的爱尚未萌发、养成。这在婴儿出生之后不久即被溺杀的例子中是显而易见的。对蒙昧部落的父亲也如此：保全这婴儿生命的本能如此强大，在不得不溺婴的情景下唯一可接受的方式是在孩子出生之际就立刻采取行动。一开始，部落中只有少数人家溺杀婴儿，当他们居住的社群有人干预时，则以父母有正当权利这样做为由而导致干预无效。一旦这种做法成为习惯，就会逐渐形成习俗。在那些溺杀孩子被认为有益的社会，不这样做反而违反公共义务和责任；甚至在那些溺杀婴儿已经变得毫无必要的地方，这种习俗并未因世易时移而发生丝毫变化。

　　尽管杀婴被认为是可以接受的，甚至在很多部落是强制性的，但我们不能断定这种做法是普世存在的。麦克伦南先生曾断言"蒙昧部落里，女婴被溺杀是随处可见的事"，[2]他这个说法显然言过其实了。[3] 这类部族中，比如安达曼岛民[4]、博托库多人[5]和加利

---

①　Hubrig，转引自：Ploss，*Das Kind*，ii. 263。

②　McLennan，*Studies in Ancient History*，p. 75.

③　See Westermarck，*History of Human Marriage*，p. 312 *sq*；另外，下面这些权威的文献也值得引用：Dorsey，'Omaha Sociology,' in *Ann. Rep. Bur. Ethn*. iii. 369；Kirke，*Twenty-five Years in British Guiana*，p. 160；Chalmers，*Pioneering in New Guinea*，p. 163；Hodgson，*Miscellaneous Essays*，i 123（Bódo and Dhimáls）；Baumann，*Durch Massailand zur Nilquelle*，p. 161（Masai）。

④　Man，in *Jour. Anthr. Inst*．xii. 329.

⑤　Wied-Neuwied，*op. cit*．ii. 39. Keane，in *Jour. Anthr. Inst*．xiii. 206.

福尼亚的某些部落社会①，实际上极少听说过此类事情发生。这种事对锡兰的维达人也是未曾耳闻。② 布里奇先生告知我，火地岛的雅甘人中，溺杀婴孩只是偶尔发生，而且那些女子这么做往往是出于"对丈夫的嫉妒、愤恨、被遗弃或生活上遭遇困难"。③ 法伊森先生曾在未开化民族生活过很长时间，他认为低等部族溺杀婴孩的情况比发达社会低得多。④ 请进一步考虑下：溺杀婴孩的习俗是与父母对孩子爱的本能背道而驰的，由此可以推断，假如发生了溺杀婴孩的事，这可能并不是早期蒙昧社会的遗存，而是后来较发达社会在特定情境下的产物。⑤ 比如，众所周知的是，在加利福尼亚的印第安人中从未发生过溺杀婴孩的事，这种境况直到白人到来之后才有所改变。⑥ 埃利斯也认为，有足够的理由表明，美拉尼西亚人的早期历史中是不存在杀婴习俗的，婴孩被杀是后来发生的事。⑦

在那些溺杀婴孩不为习俗认可的地方，偶或发生的杀婴事件往往引发别人的反对或招致反感。若黑脚人的女子犯有此类罪过，则被认为死后绝对不能进入乐土和天堂，她们的腿会被树枝捆

① Powers,*op. cit*. pp. 192,271,382.

② Sarasin,*Ergebnisse naturwissenschaftlicher Forschungen auf Ceylon*,iii. 469, 539.

③ Bridges,in a letter dated Downeast,Tierra del Fuego,August 28th,1888.

④ Fison and Howitt,*Kamilaroi and Kurnai*,p. 134 *sqq*. *Cf*. Farrer,*Primitive Manners and Customs*,p. 224;Sutherland,*op. cit*. i. 114 *sq*.

⑤ *Cf*. Darwin,*Descent of Man*,p. 594.

⑥ Powers,*op. cit*. p. 207. *Cf. ibid*. p. 183.

⑦ Ellis,*Polynesian Researches*,i. 249.

绑住,她们的魂灵被此罪孽压迫而不得安宁。① 谈起北美洲另一个部落的伯塔瓦托米人,基廷认为:"听说过这样几个例子,那些生下来身体残缺的婴儿被母亲溺死了;而一旦被发现,孩子的妈妈将声名狼藉,她们通常会遭到近亲属的惩罚。但这样的事情是很少见的,倒是听说过有个别妇女事后千方百计地掩饰自己的所作所为,而她们总是遭到别人的嫌恶。"② 对奥马哈人而言,"父母是无权处死自己的孩子的"。③ 阿留申人相信,谁要是杀死了小孩,谁就会给整个村落带来厄运。④ 巴西的马库西人⑤和博托库多人⑥把

404　这类行为看作是非常恐怖的。在加罗林群岛的尤里岛,"君主会把那些丧尽天良的女人处死"。⑦ 瓦尔多告知我们,巴昆杜人中被控告杀婴的妇女同样也被宣判死刑。⑧ 在阿散蒂,谁要是杀了自己的孩子,就会受到惩罚。⑨ 在卡菲尔人的盖卡部落中,婴儿出生后被溺杀,犯事者将以谋杀罪处罚,所得罚金归头人。⑩ 即便在那些对杀婴习以为常的部族中,这种行径也被认为是不正确、不得体的。B.史密斯先生断言,澳大利亚的土著黑人把这种行为看作一

---

① Richardson, in Franklin, *Journey to the Shores of the Polar Sea*, p. 77.
② Keating, *op. cit.* i. 99.
③ Dorsey, in *Ann. Rep. Bur. Ethn.* iii. 268.
④ Dall, *op. cit.* p. 399.
⑤ Waitz, *op. cit.* iii. 391.
⑥ Wied-Neuwied, *op. cit.* ii. 39.
⑦ von Kotzebue, *op. cit.* iii. 211.
⑧ Valdau, in *Ymer*, v. 280
⑨ Bowdich, *Mission from Cape Coast Castle to Ashantee*, p. 258.
⑩ Maclean, *Compendium of Kafir Laws and Customs*, p. 111.

种耻辱。[1] 柯尔先生在总结他的职业生涯时也不得不表达了这样的感受:溺杀婴孩是不对的,犯有这样的过错必定悔恨。[2]

在众多情形下,习俗要求杀婴要在孩子出生之际执行。在北美的某些印第安人中,"只有在孩子满月前,父母才有权将之处死",否则将遭到整个部落的反对。[3] 埃利斯如此评述社会群岛岛民:"如果不是在孩子刚出世的时候发生,这么恐怖的事无异于作恶和犯罪……当这个陌生的小生命呱呱坠地,在十分钟或半小时内母亲遭受情感上的挣扎是正常的,它可以遭受魔爪之厄运;一俟此期过去,母亲将慈爱温柔地抚慰它,对它微笑,喂养它。"[4]据称,居住在澳大利亚大陆的南海群岛部落[5]也是如此。[6] 很多说法表明,溺杀婴孩这一习俗仅限于新生儿,父母对稍大的孩子往往充满溺爱。[7] 在斐济,"那些被允许活下来的孩子,受到超乎寻常的喜爱"。[8] 纳里涅里人"只要力所能及,就让婴儿存活下去,人们对它的喜爱是说不尽的,有时甚至到了沉溺其中的程度"。[9] 我们还听说,在澳大利亚的其他部落,人们抚养孩子比欧洲穷人家庭要细致

405

---

① Brough Smyth, *op. cit.* i. 54.

② Curr, *The Australian Race*, i. 100.

③ Schoolcraft,转引自:Sutherland, *op. cit.* i. 119。

④ Ellis, *Polynesian Researches*, i. 255.

⑤ Waitz-Gerland, *op. cit.* vi. 138, 139, 638. Angas, *Savage Life and Scenes in Australia and New Zealand*, i. 313.

⑥ Ploss, *Das Kind*, ii. 255. Spencer and Gillen, *Native Tribes of Central Australia*, p. 51. *Idem. Northern Tribes of Central Australia*, p. 608.

⑦ See *infra*, p. 529 *sqq.*; also Haberland, *loc. cit.* p. 29, and Sutherland, *op. cit.* i. 115 *sqq.*

⑧ Williams and Calvert, *op. cit.* p. 142.

⑨ Taplin, in Woods, *Native Tribes of South Australia*, p. 15.

周到得多。① 潘帕斯的印第安人尽管会抛弃生来残疾或病弱的婴
儿喂给野狗和鸷鸟,但一旦认定孩子值得存活下来,"父母亲会穷
尽全力、关爱备至地满足它所有的需求"。② 按照埃利斯的说法,
马达加斯加人中"父母和其他人对孩子的爱是无出其右的,孩子受
到的宠爱是无以复加的"。③ 基于这些事实和类似的现象,我可以
得到这样的结论:在低等部族中,如果有能力让孩子存活下去却发
生了溺杀婴孩的事,说不上闻所未闻,却是极少见的。④

　　溺杀婴孩的习俗不只存在于蒙昧时代,还出现在半开化社会
和文明社会。在中国最贫困的地区,主要由于家境贫寒,养不起更
多的孩子,女孩刚刚出生就可能被溺死。⑤ 尽管有教养的人士反
对这么做,但普罗大众却报以宽容或冷漠的态度,久而久之政府官
员也就睁一只眼闭一只眼地默许了它的存在。⑥ 卢公明牧师说:
"当严肃认真管制此事的诉求发生时,尽管所有人都表示反对,认为
这样做不合情理,有违人伦,很多人也为此表示歉意,但他们同时宣

---

　　① Brough Smyth, *op. cit*. i. 51. Meyer, 'Manners and Customs of the Aborigines
of the Encounter Bay Tribe,' in Woods, *Native Tribes of South Australia*, p. 186.

　　② Guinnard, *op. cit*. p. 144.

　　③ Ellis, *History of Madagascar*, i. 161.

　　④ 在桑威奇群岛,"婴儿活到一周、一个月乃至一年,其生命仍然是不安全、不牢
靠的;有些婴儿甚至到了会走路的时候,还会被灭掉"(Ellis, *Tour through Hawaii*, p.
325)。白令海峡的爱斯基摩人中,"四岁到六岁之间的女孩子经常被杀害"(Nelson, in
Ann. Rep. Bur. Ethn. xviii. 289)。

　　⑤ Gutzlaff, *Sketch of Chinese History*, i. 59 Wells Williams, *Middle Kingdom*,
ii. 240 *sqq*. Douglas, *Society in China*, p. 354 *sqq*. Doolittle, *Social Life of the Chinese*,
ii. 206.

　　⑥ Doolittle, *op. cit*. ii. 203, 208 *sq*. Wells Williams, *op. cit*. i. 836; ii. 242.
Douglas, *Society in China*, p. 354. Ploss, *Das Kind*, ii. 262.

称这样做的必要性,对那些极其贫困的人家尤其如此。"①事实上,这种行径并不违背中华帝国的法律和制度精神,政府也不直接制裁和处罚这种行为。② 不过,佛教和道教均禁止溺杀婴孩。③ 按照高延博士的说法,死去婴孩的灵魂会经由上天授权向世人报复,这一信仰对中国抑制溺杀女婴效果明显。"由于害怕被害幼童的灵魂带来厄运,很多父亲或母亲选择把不愿抚养的女孩放在大街上,希望有的人家能把她捡回家收养,或把她送到育婴堂里去。"④

　　古代闪米特人,或至少他们中的部分部族,不仅存在溺杀婴孩的做法,甚至在有些情况下认为这么做是一种责任。古阿拉伯的一句格言说,埋葬女婴乃慷慨大方之举。⑤ 我们还读到过这样的记述:法扎里特人奥塞姆不敢养活他的女儿拉西卡,不向人们隐瞒她的存在,尽管她是他唯一的孩子。⑥ 饥荒常常让阿拉伯游牧部落度日如年,一个年幼的女孩对穷人来说就是一个莫大的负担。考虑到这一点,我们就会赞同史密斯的看法:"在生活极其窘困、日子难以为继的情形下,如同其他蒙昧部族发生的那样,溺杀婴孩对阿拉伯人而言是件自然而然的事。"⑦不过,先知谴责这种做法:"你不得因贫困处死你的孩子,我们会照料他们;请记住:溺杀婴

407

---

① Doolittle,*op. cit*. ii. 208.

② Staunton,in his translation of *Ta Tsing Leu Lee*,p. 347 n.*

③ *Thâi Shang*,4. Giles,*Strange Stories from a Chinese Studio*, ii. 377. Douglas, *Confucianism and Taouism*,p. 267. *Indo-Chinese Gleaner*,iii. 164.

④ de Groot,*Religious System of China*,(vol. iv. book) ii. 457 *sqq*.

⑤ Freytag,*Arabum Proverbia*,i. 229.

⑥ Robertson Smith,*Kinship and Marriage in Early Arabia*,p. 293.

⑦ *Ibid*. p. 294.

孩,罪莫大焉。"①而摩西律法对此从来未置一词;而且,在希伯来人的历史中很可能极难找到这类事情的痕迹。只是我们有理由相信,闪米特人及其旁支在早期历史中不时出现以杀婴献祭的事。②

印度各个种姓中,无论是蓄意谋杀还是因穷困遗弃,溺杀女婴都是多年来的常见做法,甚至成为当地的习俗。③ 不过,他们熟知宗教经典是禁止这样做的。按照《摩奴法典》,国王将处死"那些残杀妇女、儿童和婆罗门的人"。④ 即便是拉其普特人——他们会出于家族的荣耀,或考虑到孩子将来结婚的巨额花费,而频繁地溺杀婴儿——也认为这样作恶会导致神灵的愤怒。在溺杀婴孩的第十二天,僧侣会被请到家中,在接受酬谢之资后,当初的罪过将得到宽恕。在孩子出生和被溺杀的房间里,僧侣会吃下这家人准备好的食物——这种由祭品烧制成的食物被称为 *hom*——在此时此地进食的话,僧侣就被认为带走、承受所有的 *hutteea*,即,罪,经过这样的转移,这个家庭就清白无辜了。⑤

早在吠陀时代就有遗弃新生婴儿的事情发生,⑥古代其他所谓

---

①　*Koran*,xvii. 33; also,*ibid*. vi. 141,152,and lxxxi. 8 *sq*.

②　见下文,关于"活人献祭"。

③　Wilkins, *Modern Hinduism*, p. 431. Chevers, *Manual of Medical Jurisprudence for India*,p. 750 *sqq*.

④　*Laws of Manu*,ix. 232.

⑤　'Oude as it was before the Annexation,' in *Church Missionary Intelligencer*, xi. 81 *sq*.

⑥　Kaegi,*Rigveda*,p. 16.

的"雅利安人"也这么做。[1] 当婴儿出生还躺在地上的时候,条顿人的父亲就需要做出抉择:是让它活下来成为家庭的成员,还是遗弃掉。如果他扶起它,给它喂点水,或者用奶或蜂蜜涂抹下孩子的嘴唇,这个小生命就能在家中存活下来。不过,在某些条件下,且只有在这些条件下,孩子才会遭到遗弃。这些条件包括:孩子是婚外生育;生下来就有身体缺陷或染病;生日那天是个忌日;双胞胎——当时的人认为,其中必有一个是私生的;父母非常贫困。被遗弃的婴孩也未必死去,在很多情况下它会被别的多少富裕一些的人家收养。[2]

古希腊的习俗中无疑存在遗弃残疾婴儿的习俗;至少在斯巴达,法律规定这么做。希腊哲人中大多数圣明人士认可这种做法。柏拉图认为,生育的孩子肢体残缺,或堕落邪恶者生育孩子,都是很糟糕的事情,这些婴儿都应该埋葬在荒郊野外。[3] 亚里士多德制定法律,详细厘定哪些孩子可以养活、哪些婴儿要抛弃掉,"不得抚养那些残废的、有缺陷的婴儿";他还主张城邦应限制婚生孩子的数目,如果超过了规定的限额,怀孕的妇女将被堕胎。[4] 这些观点与希腊社会个人利益服从国家利益的流行观念完全一致。由于

409

---

① Strieker,'Ethnographische Notizen über den Kindermord und die künstliche Frachtabtreibung,' in *Archiv für Anthropologie*, v. 451 (Celts and Slavs).

② Grimm, *Deutsche Rechtsalterthümer*, p. 455 *sqq.* Wilda, *Strafrecht der Germanen*, pp. 704, 725. Maurer, *Bekehrung' des Norwegischen Stammes*, ii. 181. Weinhold, *Altnordisches Leben*, p. 261. Nordström, *Bidrag till den svenska samhälls-jörfattningens historia*, ii. 44. Stemann, *Den danske Retshistorie indtil Christian V.'s Lov*, p. 359.

③ Plato, *Respublica*, v. 460 *sq.*

④ Aristotle, *Politica*, vii. 16, p. 1335.

地域狭小,人们自然担心养育下一代的重负,那些无用的人必定成为牺牲品。正如亚里士多德所说,必须慎重对待人口的增长,为了避免贫困、疾病和其他连带的恶果,不能任其增长,更不得超过应有的限度。① 由此,健康的婴儿被溺杀也常见;这样做尽管被宽容地接受,但仍然难以获得希腊公众舆论的赞同;②而底比斯城邦则是个例外,在那里,杀死健康的婴孩会按死罪论处。③

在罗马,习俗和法律均认可毁掉畸形的婴儿。根据《十二铜表法》,畸形的婴儿不得存活,否则苦痛无边。西塞罗也曾经引用这个例证。④ 至于更晚期的罗马,塞涅卡写道:"我们毁灭畸形的婴儿,我们还溺死生来病弱或有其他身形异常的新生儿";他还说,人们能清晰地辨别出哪些婴儿健康、哪些婴儿已经成为累赘。⑤ 以此为界限,罗马并无鼓励人们变本加厉的做法。⑥ 由于战事频仍,罗马从无人口过多的顾虑。相反,国家鼓励国民规模的壮大:给那410 些生育很多孩子的父亲好处;免除贫困父母的税负。⑦ 在罗马,尽管父亲拥有处死或遗弃新生婴儿的不可置疑的法定权利,但这种溺杀理所当然地时常招致反对。⑧ 正如莫姆森所说,被认为是由

---

① *Ibid*. ii. 6, p. 1265.

② Schmidt, *Ethik der alten Griechen*, ii. 138, 463. Hermann-Blümner, *Lehrbuck der griechischen Privatalterthümer*, p. 77.

③ Aelian, *Variæ Historiæ*, ii. 7.

④ Cicero, *De legibus*, iii. 8.

⑤ Seneca, *De ira*, i. 15.

⑥ Lecky, *History of European Morals*, ii. 27.

⑦ Montesquieu, *De l'esprit des lois*, xxiii. 20*sq*. (*Œuvres*, p. 398 *sqq*.). Lecky, *History of European Morals*, ii. 27.

⑧ Denis, *Histoire des théories et des idées morales dans l'antiquité*, ii. 110.

罗慕路制定的古代"律法"有着悲悯的宗教情怀。[1] 按照该律法，父亲必须把儿子和至少最大的女儿抚养成人；对于生下来身体状况正常的孩子，他不得溺杀，等待孩子三岁后，父母对孩子的深情之爱就已经养成。[2] 在罗马时代后期，我们发现诗人、史学家、哲学家和法学家均谴责弃婴的做法。提及日耳曼尼库斯死去那天发生的事，苏埃托尼乌斯认为新生婴儿遭遗弃是其中最作孽、最令人痛心的。[3] 爱比克泰德愤愤不平地批驳伊壁鸠鲁所谓男人不应该养育孩子的说法："即便是羊也不会抛弃它们的幼崽不管不问；狼也不会遗弃自己的孩子不管其死活；蒙昧部落也不会这么绝情绝义啊！你难道指望人连羊和狼都不如吗？你看看，谁家孩子摔倒了不立刻前去扶起来啊？"[4]法学家尤利乌·保罗宣称，谁拒绝喂养自己的孩子，谁敢把孩子遗弃在公共场所，谁就犯有谋杀罪。[5]他这一声明尽管不是法律禁令，至少被理解为某种道德观的表达。[6] 而对于罗马异教徒而言，遗弃健康的婴儿固然会招致反对，但人们并不把它视为重大罪过；如果这事发生在贫困的父母身上，

---

① Mommsen, *Römisches Strafrecht*, p. 619.

② Dionysius of Halicarnassus, *Antiquitates Romanæ*, ii. 15.

③ Suetonius, *Caligula*, 5.

④ Epictetus, *Dissertationes*, i. 23

⑤ *Digesta*, xxv. 3, 4.

⑥ Noodt, 'Julius Paulus, sive de partus expositione et nece apud veteres,' in *Opera omnia*, i. 465 *sqq*. Walter, *Geschichte des Römischen Rechts*, § 538, vol. ii. 148 *sq*. Spangenberg, 'Verbrechen des Kindermords und der Aussetzung der Kinder,' in *Neues Archiv des Criminalrechts*, iii. 10 *sqq*. Mommsen, *Römisches Strafrecht*, p. 620, n. 1.

411 人们更认为没什么大不了的。[①] 在整个罗马帝国,遗弃婴儿的做法
广泛存在,当时的文献谈到这类事情时也往往是漠不关心的口气。
由于被抛弃的婴孩往往被好心人收养,或有人捡拾抚养后择机高价
卖掉挣钱,[②]弃婴者并不那么露骨地被斥为溺杀婴儿;由于习俗严
格禁止溺杀健康的婴儿,人们觉得这个结果是可以接受的。[③]

　　在蒙昧部落通常如此,在半开化社会和文明国度里,习俗也允
许或宽容地看待这种现象:孩子如果不能存活下来,就不得不杀
掉,越早越好。在中国人[④]和印度的拉其普特人[⑤]中,往往是孩子
刚生出来就被溺杀。在斯堪的纳维亚北部,如果婴儿被施洗过,这
时溺婴则被视为谋杀罪。[⑥] 在雅典,一旦开始养育,父母亲就不能
遗弃它,否则就会受到惩罚。[⑦]

　　在异教徒的帝国,弃婴如此常见,以至基督教早期的神父们义
正词严地公开指责这一做法。[⑧] 他们试图说服人们千万别这么作
孽:如果被遗弃的婴孩死掉了,养父母所犯的罪过丝毫不亚于谋
杀;另外一个理由是,有人把弃儿用于其他罪恶目的。[⑨] 那里的人

---

① Quintilian, *Declamationes*, 306. Plutarch, *De amore prolis*, 5.

② Lecky, *History of European Morals*, ii. 28. Lallemand, *Histoire des enfants abandonnés et délaissés*, p. 59.

③ Mommsen, *Römisches Strafrecht*, p. 619.

④ Gutzlaff, *op. cit.* i. 59.

⑤ *Church Missionary Intelligencer*, xi. 81. Chevers, *op. cit.* p. 752.

⑥ Grimm, *Deutsche Rechtsalterthümer*, p. 457.

⑦ Schoemann, *Griechische Alterthümer*, i. 503.

⑧ See Terme and Monfalcon, *Histoire des enfans trouvés*, p. 67 *sqq.*

⑨ Justin Martyr, *Apologia I. pro Christianis*, 29, 27 (Migne, *Patrologiæ cursus*, Ser. Græca, vi. 373 *sq.*, 369 *sqq.*).

们还秉持这样一种观念:孩子如果还没有接受洗礼就死掉,它将命定万劫不复;在这种观念影响下,无论是什么原因造成了婴儿的死亡都是莫大的罪恶。[1] 根据852年明茨理事会的裁定,杀死未受洗的孩子,相比于杀死已受洗的孩子,其母要承担更重的罪。[2] 412
1556年法国亨利二世制定了一项法律,把如下妇女当作谋杀子女者来处罚——隐藏怀有身孕并分娩的事实,幼小的子女被发现死亡;她们"活着均不得接受神圣的洗礼,死后不得按习俗举行公开葬礼"。[3] 这一法条——英格兰法典的21 Jac. I. c. 27[4] 和苏格兰1690年法典的 c. 21[5]——均有类似规定——影响如此深远,以至这类情况可以构成谋杀罪;对此,勒基先生明确地归因于基督教教义的影响:"婴孩生命极圣洁,婴孩健康真无价,基督教社会和异教徒社会的分野在此昭然若揭。"[6]

如果说异教徒对被遗弃婴儿的痛苦比较冷漠的话,基督教徒对不幸的母亲——她可能一时感到绝望才冲动地杀死了自己的新生儿——的态度简直可以说是残忍了。信奉基督教的皇帝瓦伦提尼安一世规定,溺杀婴孩等于死罪。[7] 根据卢丹习惯法(the

---

① *Cf.* Spangenberg, in *Neues Archiv des Criminalrechts*, iii. 20；Lecky, *History of European Morals*, ii. 23.

② *Canon Hludowici regis*, 9 (Pertz, *Monum. Germania historica*, iii. 413).

③ Isambert, Decrusy, and Armet, *Recueil général des anciennes lois françaises*, xiii. 472 *sq.*

④ Blackstone, *Commentaries on the Laws of England*, iv. 198.

⑤ Erskine, *Principles of the Law of Scotland*, p. 560.

⑥ Lecky, *History of European Morals*, ii. 23.

⑦ *Codex Theodosianus*, ix. 14. 1. *Institutiones*, ix. 16, 7.

Coutume de Loudunois），杀死了自己孩子的母亲将被烧死。① 如果发生在德国和瑞士，她将被活埋，同时一个木桩刺穿她的身体。② 关于这种处决方法，查理五世刑法典中有明确的规定，只不过活埋之外加上了淹死。③ 到了 18 世纪末、19 世纪初，除了俄罗斯外，欧洲任何国家都把溺婴视为死罪。④ 随后，在理性主义运动的影响下，人们改变了先入为主的观念，⑤开始认识到一个未婚女子处死私生子与通常情况下的溺婴不能同日而语。⑥ 需要指明的是，出于羞耻和害怕，或担心难以养活这个可怜的私生子，心境激动之下，不幸的母亲会犯下连自己都嫌恶的罪行。现今，欧洲国家的绝大多数律法均不以死罪惩治未婚女子的溺婴行为，即便在名义上也不提死刑。⑦ 在法国，法律曾规定溺杀婴孩的罪恶跟谋杀

---

① Tissot，*Le droit pénal*，ii. 40.

② Osenbrüggen，*Das alamannische Strafrecht im deutschen Mittelalter*，p. 229 *sq*. Idem，*Studien zur deutschen und schweizerischen Rechtsgeschichte*，p. 358.

③ Charles V. 's *Peinliche Gerichts Ordnung*，art. 131.

④ de Feyfer，*Verhandeling over den Kindermoord*，p. 225. von Fabrice，*Die Lehre von der Kindsabtreibung und vom Kindsmord*，p. 251.

⑤ Berner，*Lehrbuch des Deutschen Strafrechtes*，p. 497.

⑥ 边沁认为，溺杀婴孩不应按重罪加以处罚。他说："这样的犯错被不恰当地称之为置孩子于死地。其实，在孩子死亡之前，这么小的孩子是不懂生存或生命是怎么回事。这样的结局是自然而然的常见现象，即便最心慈手软的人也不该为此经受烦扰与不安。发生这样的事情仅仅让当事人后悔，是他经过屈辱的苦痛之后才决意不再延长那遭受着不幸的宝宝的生命。"（Bentham，*Theory of Legislation*，p. 264 *sq*.）

⑦ de Feyfer，*op. cit.* p. 228. 关于现代社会对溺杀婴孩的法律规定，也可参阅：Spangenberg，in *Neues Archiv des Criminalrechts*，iii. 360 *sqq*.；von Fabrice，*op. cit.* p. 254 *sqq*.。

(*meurtre*)没什么两样,①但目前这些条款已经形同虚设。② 在英格兰,因为怀孕生育而羞愧难当、恐惧万分的未婚女子杀死新生儿的事时有发生,但长期以来都没发生过因此将其处死的情形。③

与溺婴习俗密切相关的自然是非法堕胎——蒙昧社会广为流行一种的做法。④ 蒙昧部族溺杀婴孩前的考虑同样适用于堕胎。而且,女子堕胎还可以避免怀孕期间发生的种种不测。更常见的情况是,女子堕胎是为了掩饰非法的奸情。⑤ 由于对堕胎的同情不像对溺杀婴孩那样深重,我们毫不奇怪地发现,即便是那些从未溺杀过婴孩的民族也不反对堕胎。在萨摩亚,溺杀婴孩是闻所未闻的事,而婴儿出生之前就胎死腹中却十分常见。米切尔的土著部落也是如此。⑥ 达科他人中只是偶尔发生溺婴的事,而想方设法堕胎则无人反对。⑦ 不过,有些蒙昧部族也视堕胎为罪过。北美的某些印第安人极其憎恶这种残害幼小无辜生命的行径。⑧ 特尼伯和帝汶海的土著居民对堕胎处以重罚。⑨ 至于卡菲尔人,按照沃纳先生的说法:"堕胎在卡菲尔人社会各个阶层的妇女中普遍存在,按照当地的法律,这可是非同小可的罪行。如果这事闹到头

414

---

① *Code Pénal*,art. 300,302.

② Garraud,*Traité théorique et pratique du droit pénal français*,iv. 251.

③ Stephen,*History of the Criminal Law of England*,iii. 86.

④ Ploss,*Das Weib*,i. 842 *sqq*.

⑤ *Ibid*. i. 851 *sq*.

⑥ Turner,*Samoa*,pp. 79,280.

⑦ Schoolcraft,*Indian Tribes of the United States*,iii. 243. Keating,*op. cit.* i. 394.

⑧ Ploss,*Das Weib*,i. 848.

⑨ Riedel,*De sluik-en kroesharige rassen tusschen Selebes en Papua*,p. 302.

人那里，那女子将被处罚五头牛。同案的共犯与女子同罪。"[1]

　　我们注意到，在文明开化的国度，如印度教徒和伊斯兰教徒中，人为堕胎是极其普遍的事，不管宗教和法律上如何评说，公共舆论对之几乎不置一词。[2] 未婚女子尤其把堕胎当作逃避惩罚和羞辱的措施。奇沃斯博士说："在印度那样的国家，道德的真实面目是看不见的。但在那些对妇女的严苛控制达到难以想象程度的地方，在七个寡妇——不管其年龄、地位如何——当中有六个绝对不得再嫁，只好依靠亲戚们的帮助过着吃了上顿没下顿的日子，发生女子为了隐匿奸情而犯此罪孽的事就不足为怪了。非法的堕胎行为每天都在发生，在下层社会妇女中甚至形成一门生意。"[3]在波斯，每例不合法的怀孕都以堕胎告终；人们几乎公开地处理这种事情，没有人横加干涉。[4] 在土耳其，无论贵贱，妇女在生育了两个孩子（其中一个是男孩）后，通常再怀孕时会采取堕胎手段，已婚妇女更是如此。官方对此漠然处之。[5] 我们已经看到，在某些条件下，堕胎在古希腊是得到提倡的；只是柏拉图和亚里士多德比较倾向于溺婴。在罗马，塞普蒂米乌斯和安东尼禁止堕胎，但这一禁令似乎只适用于已婚妇女，她们中有些人就是以此欺骗丈夫的。[6]在异教徒的帝国时代，或由于贫困，或由于淫荡和虚荣，堕胎行为

---

①　Warner, in Maclean, *Compendium of Kafir Laws and Customs*, p. 62. *Cf.* Brownlee, *ibid*. p. 111; Holden, *Past and Future of the Kaffir Races*, p. 334.

②　See *Laws of Manu*, v. 90; *Vishnu Purána*, p. 207 *sq.*

③　Chevers, *op. cit*. p. 712.

④　Polak, *Persian*, i. 217.

⑤　Ploss, *Das Weib*, i. 846 *sq.*

⑥　*Digesta*, xlvii. 11. 4. *Cf.* Rein, *Criminalrecht der Römer*, p. 447.

普遍存在；尽管有人竭力反对，①"这些水性杨花、荒淫放荡之举极少遭到谴责"。② 塞涅卡觉得，母亲赫尔维娅尤其值得称赞，因为她从来"不像其他女子中流行的做法那样，为了显得美貌就争相堕胎"。③ 罗马人关于堕胎和溺婴之间的界限十分清楚。未出生的胎儿不被人们看作是人，它只不过是个生命体（*spes animantis*）而不是婴儿（*infans*）。④ 在他们看来，胎儿只是母亲身上的一块肉，如同瓜熟蒂落才能成为果实一样，一个未出生的孩子不是一条人命。⑤

　　基督教却持完全不同的看法：从孕育的那一刻起，这个小生命就被赋予了神圣性——这可是此前闻所未闻的。堕胎是一种犯罪，堕胎等同于谋杀。德尔图良说："阻碍这个生命的诞生，就是犯下了杀人罪；至于是在生命形成过程中强行把它流出来，还是既已成形后中断它的生命，均不影响其严重程度。它既已孕育，必将成人。这如同果实业已存在于种子。"⑥阿奎那进一步区分了成形的胚胎和未成形的胚胎。他说，从神创世人的角度看，身体是先于灵魂存在的。灵魂未附体之前的胎儿是未成形胚胎（*embryo informatus*），这时候的人为堕胎仅处以罚金；灵魂附体后的胎儿是一个生命体，是成形胚胎（*embryo formatus*），这时候堕胎将无

416

---

①　Paulus，转引自：*Digesta*，xxv. 3，4。

②　Lecky，*History of European Morals*，ii. 21 *sq.*

③　Seneca，*Ad Helviam*，16。

④　Spangenberg，' Verbrechen der Abtreibung der Leibesfrucht，' in *Neues Archiv des Criminalrechts*，ii. 23．

⑤　*Ibid.* ii. 22．

⑥　Tertullian，*Apologeticus*，9（Migne *op. cit.* i. 319 *sq.*）.

异于谋杀,可能被处以死刑。[①] 有生命胎儿与无生命胎儿相区分
的观念,具体表现在教会法规[②]和查士丁尼[③]的律法中,随后也被
各种各样的法典采纳。[④] 按照这些律法,在胎儿有生命之后流产
的妇女将按死刑罪论处。[⑤]

　　随着这种信念——成形胚胎既然被赋予了永生的灵魂,就需
要通过洗礼获得救赎——的滋生和传播,人为堕胎的罪行加重了。
6世纪时圣傅琴苏在他那部备受尊重的专著中写道:"人们毫不迟
疑地相信,婴儿——无论是在母腹中还是已经生育出来——也如
同成人一样能够使用理性,如果不以圣父、圣子、圣灵的名义施洗,
父母将永生永世遭受惩罚。婴幼儿自身尽管未犯任何罪过,但他
们从被孕育和出生的那一刻起就负有原罪。"[⑥]这一教义在当时的
法律中得到了具体的体现,其中有段文字规定:尚在母腹的胎儿被
终结生命后,不得不日日夜夜在地狱备受煎熬,加害者每时每刻都

---

　　① St. Augustine, *Questiones in Exodum*, 80; *Idem*, *Questiones Veteris et Novi Testamenti*, 23 (Migne, *op. cit.* xxxiv.-xxxv. 626, 2229).

　　② Gratian, *Decretum*, ii. 32. 2. 8 sq.

　　③ 关于胎儿从何时算起有生命,曾经在男胎儿和女胎儿之间有过一个稀奇古怪
的区分:怀孕四十天之后的男胎儿有生命(*animatus*),而女胎儿的生命则自怀孕满八
十天才开始。这一理论似乎源自对利未记(*Leviticus*, xii. 2-5)的荒诞不经的误解,或源
自亚里士多德和普林尼(*De animalibus historiæ*, vii. 3; *cf.* Pliny, *Hisioria naturalis*,
vii. 6)。不管怎么说,该理论并未被《查士丁尼法典》注解者接受,他判定男胎儿和女胎
儿一样,都是在怀孕四十天之后有生命;这一观点为后来的法理学家所接受
(Spangenberg, in *Neues Archiv des Criminalrechts*, ii. 37 sqq.)。

　　④ von Fabrice, *op. cit.* p. 202 sq. Berner, *op. cit.* p. 501. Wilda, *op. cit.* p. 720
sqq.

　　⑤ Fleta, i. 23. 12 (England). Charles V.'s *Peinliche Gerichts Ordnung*, art. 133.
Spangenberg in *Neues Archiv des Criminalrechts*, ii, 16.

　　⑥ St. Fulgentius, *De fide*, 27 (Migne, *op. cit.* lxv. 701).

要做出补偿。① 不过在后来,圣傅琴苏的名言遭到质疑,不只一个
人(包括托马斯·阿奎那在内)提出,婴儿在出世之前获得救赎是
有可能的。② 此外,关于母腹中的胎儿与业已出生的婴儿具有同
等神圣性的教条也遭到公众情感的反对。结果,堕胎的法律规定
有所松动。现代的法律在胎儿出生前后做出了明确的区分,③对
堕胎的处罚也没有溺婴那么严重。④ 在基督教国家,这类罪过也
越来越频繁,⑤人们实际上变得越来越冷漠了。

① *Lex Bajuwariorum*,viii. 21 (vii. 20).

② Lecky,*History of the Rise and Influence of the Spirit of Rationalism in Europe*,i. 360,n. 2.

③ Henke,*Lehrbuch der gerichtlichen Medicin*,§ 99,p. 75. Berner,*op. cit*. p. 502.

④ von Fabrice,*op. cit.* p. 199.关于现代国家对非法堕胎的法律,参阅:*ibid*. p. 206 *sqq.* ,and Spangenberg,in *Neues Archiv des Criminalrechts*,ii. 178 *sqq.* 。

⑤ See Ploss,*Das Weib*,i. 848 *sqq*.;Schmidt's *Jahrbücher der in-und ausländischen Gesammten Medicin*,xciii. 97.

第十八章 杀害妇女和奴隶
——阶级区分影响杀人的犯罪性质

在许多低等种族中,据说丈夫有权决定妻子的生死;但实际上是怎么回事并不总是很清楚。很可能,在某些情况下,丈夫只要乐意就可杀死妻子,无须担心会有什么不愉快的后果。在其他情况下,丈夫若杀死了妻子,他本人就一定面临着被妻子家族报复的危险。例如,在维多利亚的班格朗人部落,"他可以虐待她,抛弃她,想怎么对待她就怎么对待她,或者杀死她,本氏族里的人不会干涉;不过如果他真杀了妻子,妻子的兄弟或亲属就会复仇"。[①] 在昆士兰州西北部中央地带的土著居民那里也是这样,"妻子的'弟兄'总是照料着妻子的利益",若一个男人杀害了妻子,他必须把自己的一个姐妹交给妻子那方的亲朋去处死。[②] 在接下来的一章里,我们会看到,有许多说法声称,蒙昧人中的丈夫对婚姻生活具有绝对的权利,但实际上并不是这么回事。我敢于认为,丈夫的所

谓置妻子生死于股掌,通常发生在习俗限定的某些情形下——妻

---

① Curr, *Recollections of Squatting in Victoria*, p. 248.

② Roth, *Ethnological Studies among the North-West-Central Queenslands Aborigines*, p. 141. *Cf.* Fison and Howitt, *Kamilaroi and Kurnai*, p. 281 (Geawe-gal tribe).

子做了什么错事，特别是对丈夫不忠贞。

　　不管怎么说，并非所有未开化共同体都给予丈夫处死妻子的权利。在卡菲尔人的盖卡部落，"如果他杀了她，他就会被当作谋杀犯来处罚"。① 在巴克威利人那里，如果他杀了妻子，他本人也要被杀死；如果她对他不忠，他只有权打她。② 我们关于低等种族的信息告诉我们，丈夫可以杀死通奸的妻子似乎并非通行的规则；而我们的权威人士很少谈到丈夫是否有权这么做。③ 我们会看到，蒙昧人的习俗只是给予丈夫很有限的处置妻子的权利，并且要求丈夫应该尊敬妻子。

　　在一些较高等的族群那里，丈夫在某些情形下有权处死妻子；而据说这似乎就是丈夫对妻子所拥有的"掌控生死之权"的全部内容。④ 但是，虽然习俗或法律禁止他在无充足理由的情况下杀妻，若发生了丈夫杀妻之事，跟由于丈夫家庭地位较高而发生的妻子杀害丈夫的事情比起来，人们也基本上不会感到同等程度的震惊，不会认为两种事情同等严重。根据罗萨国王制定的法律，在伦巴人那里，若丈夫杀死妻子，他必须像其他任何人杀死他的妻子那样支付同样多的赔偿，若妻子杀死了丈夫，就要把她处死，她的财产　420

---

　　①　Brownlee, in Maclean, *Compendium of Kafir Laws and Customs*, p. 117.

　　②　Schwarz, 转引自：Post, *Afrikanische Jurisprudenz*, i. 401。

　　③　See Steinmetz, *Ethnologische Studien zur ersten Entwicklung der Strafe*, ii. 303.

　　④　Rein, *Japan*, p. 424. Hommel, *Die semitischen Völker und Sprachen* i. 417 (Babylonians). Leist, *Altarisches Jus Civile*, i. 196, 275 ("Aryan" peoples). Wilda, *Strafrecht der Germanen*, p. 705; Nordström, *Bidrag till den svenska samhälls-författningens historia*, ii. 61 *sq*.; Weinhold, *Alt nordisches Leben*, p. 250; Keyser, *Efterladte Skrifter*, ii. pt. ii. 28 *sq*. (Teutons).

也要收归死者家族。① 在 17 世纪的俄罗斯,依据法律,丈夫谋杀妻子要受肉体刑罚,妻子谋杀丈夫则要被活埋,方法是让她的头露出地面,让她活活饿死。② 根据英格兰法律,妇女杀死丈夫就犯有"轻微叛逆"罪,这是最可憎的谋杀罪。③

　　对于许多地方的人们,妇女的命被认为没有男人的命值钱,而不管杀人者与其受害人之间是什么关系。在缅甸,妇女意外被杀,要支付的赔偿比男性被杀少。一个缅甸人是这么解释这种事情的——"妇女不如男人值钱。就是这么一回事。雇一个女仆要花的钱少于雇男仆,女儿也不如儿子值钱。她们干不了那么多活;她们没有那么强壮。如果她们更值钱,法律就会是另一种样子了;当然,她们没多大价值。"④在伊斯兰教徒那里,妇女的偿命钱只是男性自由民的一半。⑤ 在古代印度,若妇女被杀,除非她有孩子,否则依法按首陀罗被杀处置。⑥ 依据威尔士法律,妇女的偿命钱只是她兄弟的一半。⑦ 在条顿人那里,妇女的偿命钱不一:有时和男性一样多,有时仅有男性的一半,有时是男性的两倍,若她怀孕了,

---

　　① *Edictus Rothari*, 200 *sqq.*

　　② Macieiowski, *Slavische Rechtsge schichte*, iv. 292. 关于一部跟弑母罪有关的科西嘉法律,参见:Cibrario, *Economia politica del medio eve*, i. 344;关于纽伦堡 1487 年对弑母罪的惩处,参见:Du Boys, *Histoire du droit criminel des peuples modernes*, ii. 607。

　　③ Blackstone, *Commentaries on the Laws of England*, iv. 203.

　　④ Fielding, *The Soul of a People*, p. 171.

　　⑤ Lane, *Arabian Society in the Middle Ages*, p. 18.

　　⑥ *Baudhâyana*, i. 10. 19. 3. Leist, *Alt-arisches Jus Gentium*, p. 305 *sqq.*

　　⑦ *Venedotian Code*, ii. 1. 16. 依据《不列颠和苏格兰法》,已婚妇女的估价不到其丈夫的三分之一,而未婚妇女的估价等同于其弟兄(Innes, *Scotland in the Middle Ages*, p. 181)。

偿命钱更多。① 这些变化依赖于从何观点看待所犯下的罪行。她　421
单身一人不如男性值钱，作为一个母亲她比男性更值钱；②撇开她
的价值不谈，她在性别上天然的无助性会令罪行加重。③ 在现代
的蒙昧人和野蛮人那里，对妇女生命的估价在某些情形下低于男
性，④在某些情形下与男性相同，⑤在某些情形下高于男性。⑥ 在加
拉人中，一个男性自由民被杀，可获赔一千头牛，而一个妇女被杀
赔偿五十头牛就够了。⑦ 另一方面，在易洛魁人那里，杀死一个妇
女要赔偿两百码的贝壳念珠，杀死一个男性只需赔偿一百码。⑧
对于苏门答腊岛的勒姜人，若被害人是一名普通男人或男孩，要赔
偿八十元，若被害人是一名妇女或女孩，要赔偿一百五十元。⑨ 对
于丁卡人中的阿加人部落，杀害一个男人要赔付三十头母牛，杀害

---

① Grimm, *Deutsche Rechtsalter thümer*, p. 404 *sqq.*

② 这种观点在萨利克法典中是很明显的。(*Lex Salica* [Herold s text], 28).

③ Wilda, *op. cit.* p. 571. Keyser, *op. cit.* ii. pt. ii. 29. Brunner, *Deutsche Rechtsgeschichte*, ii. 614 *sq.* Pardessus, *Loi Salique*, p. 662.

④ Post, *Anfänge des Staats-und Rechtsleben*, p. 192. *Idem*, *Studien zur Entwicklungsgeschichte des Familienrechts*, p. 119 *sq.* Gibbs, ' Tribes of Western Washington and North-western Oregon,' in *Contributions to North American Ethnology*, i. 190. Georgi, *Russia*, ii. 261; Vámbéry, *Türkenvolk*, p. 305 (Kirghiz). Decle, *Three Years in Savage Africa*, p. 487 (Wakamba).

⑤ Schoolcraft, *Indian Tribes of the United States*, i. 277 (Creeks). Dorsey, 'Omaha Sociology,' in *Ann. Rep. Bur. Ethn.* iii. 370. Woodthorp, in *Jour. Anthr. hist. xxvi.* 21 (Shans).

⑥ Post, *Studien zur Entwicklungsgeschichte des Familienrechts*, p. 119 *sq.*

⑦ Paulitschke, *Ethnographie Nordost-Afrikas*, p. 263.

⑧ Loskiel, *History of the Mission of the United Brethren among the Indians in North America*, i. 16.

⑨ Marsden, *History of Sumatra*, p. 222.

一个妇女要赔付五十头母牛。[①] 若妻子是买来的,杀害一个妇女就等于毁坏了同等价值的财产,施害者就要赔偿等额的金钱和财富。

既然丈夫对他的妻子有"掌控生死之权",我们就可预期,甚至

422　是更经常地发现,主人对其奴隶也有同样的权力。奴隶任何时候都不能指望家族的支持,而且当他是一个战俘的时候,杀死一个敌人的权利会转变为杀死奴隶的权利,而这种情况事实上经常出现。在关于低等种族的文献里,我们总是碰到这种说法,即所有人可以随意杀死他的奴隶,或者他不必为杀死奴隶承担责任。[②] 然而,这似乎只是意味着,如果他杀害了奴隶,不能控告他,不能向他寻仇,而不是说只要他不想要一个奴隶了,他就在道德上拥有无条件的权利杀死他。我们会看到,蒙昧人的习俗总是要求主人善待奴隶。在许多情况下,都明确否认主人具有可随意杀死奴隶的权利。[③] 在巴塔克人那里,尽管主人可以惩罚他的奴隶,但必须留心后者经受不住惩罚。[④] 在勒姜人那里,若杀死一个奴隶,主人要按奴隶价

---

① *Emin Pasha in Central Africa*,p. 338.

② Monrad,*Bidrag til en Skildring af Guinea-Kysten*,p. 42 (Negroes of Accra). Bowdich,*Mission to Ashantee*,p. 258 (people of Ashanti). Ward,*Five Years with the Congo Cannibals*,p. 105 (Bolobo). Macdonald,*Africana*,i. 1 68 (Eastern Central Africans). Burton,*Zanzibar*,ii. 95 (Wanika). Cooper,*Mishmee Hills*,p. 238. *Glimpses of the Eastern Archipelago*,p. 106 (highlanders of Palembang). Hale,*U. S. Exploring Expedition.Vol.VI. Ethnography and Philology*,p. 33 (Maoris). Gibbs,*loc. cit.* p. 189 (Thlinkets). Steinmetz,*Studien*,ii. 308 *sqq.*

③ Steinmetz,*Rechtsverhältnisse von eigeborenen Volkern in Afrika und Ozeanien*,p. 43 (Banaka and Bapuku). Mademba,*ibid.* p. 83 (natives of the Sansanding States). Lang,*ibid.* p. 241 (Washambala). Desoignies,*ibid.* p. 278 (Msalala).

④ *Glimpses of the Eastern Archipelago*,p. 114.

格的一半赔偿该国的封建领主。[①]　在马达加斯加,"主人对于奴隶
拥有所有的权利,但不能剥夺奴隶的生命";[②]在黄金海岸讲齐语
的土著那里,据说也是如此。[③]　曼丁哥人允许主人随意处置战俘
以及由于无法偿债而失去自由的人,不过他不能杀死家奴。[④]　在
巴雷亚人和库纳马人那里,若杀死一个奴隶,并且奴隶是该国土
著,主人甚至面临被死者家族复仇的危险。[⑤]

　　杀死别人的奴隶当然基本上被视为对主人财产的侵犯,不过
在多数情况下,并不总是这样。在禁止主人杀害奴隶的那些地方,
奴隶完全拥有活命的权利。有时他和一个自由民之间在此方面的
区别很小。贝尼阿梅尔人中,杀害一个购买来的奴隶,只需按买价
赔偿,若杀害一个自出生时就属于其主人的奴隶,奴隶的亲戚就会
复仇,如奴隶没有亲戚,主人会为他复仇;如果杀人者地位很高,事
情虽然没那么严重,但无论如何必须赔偿。[⑥]　在盛行偿命钱制度
的地方,杀害奴隶赔付的偿命钱要少于杀害自由民的赔付。在吉
尔吉斯人那里,前者是后者的一半。[⑦]　依据博斯曼,在黄金海岸的
阿克西姆,杀害一个奴隶一般要罚三十六克朗,杀害一个黑人自由
民则要罚五百克朗。[⑧]

---

① Marsden, *op. cit.* p. 222.
② Ellis, *History of Madagascar*, i. 196.
③ Ellis, *Tshi-speaking Peoples of the Gold Coast*, p. 291.
④ Post, *Afrikanische Jurisprudenz*, i. 95.
⑤ Munzinger, *Ostafrikanische Studien*, p. 484.
⑥ *Ibid.* p. 309.
⑦ Georgi, *op. cit.* ii. 261.
⑧ Bosman, *New Description of the Coast of Guinea*, p. 141 *sq.*

奴隶的生命不如自由民的生命值钱，这一规则也适用于古代的文明民族；不过在这些民族里即使主人也绝对不可杀死奴隶。在古代墨西哥，即使是主人杀死奴隶也是死罪。[1] 在朝鲜，除非获得司法部门许可，或获得更高的地方当局许可，主人不可杀死奴隶。[2] 依据中国刑法，奴仆犯有偷盗、通奸或其他类似罪行，主人在未向地方官控告的情况下就把奴仆殴打致死，这个主人要被罚吃一百杖打。若奴仆清白无辜，主人把奴仆殴打致死或故意杀害，主人被杖六十，再加流放一年，而死者的妻子或丈夫及孩子获得自由。[3] 自由民杀死别人的奴仆也要被吊死。[4]

依据希伯来法律，主人殴打奴隶致死，"必须处罚"；不过，若奴隶在殴打之后又活了一两天，基于奴隶是"他的财产"，就不会处罚主人。[5] 穆罕默德强烈要求善待奴隶；但根据伊斯兰法律，主人若因奴隶的任何冒犯而杀死他，甚至可以免于一切罪名；若主人恶意杀死奴隶，只受到轻微处罚——由法官决定监禁一段时间。[6] 杀死自家奴隶的偿命钱等同于奴隶的价格；不过依据哈乃斐教派的法律，若杀死别人的奴隶，则要处以死刑。[7]

至于古代条顿人，无论主人如何对待奴隶，依法都不必承担责

---

[1] Bancroft, *op. cit.* ii. 223.

[2] Rockhill, 'Notes on some of the Laws, Customs, and Superstitions of Korea,' in *American Anthropologist*, iv. 180. *Cf.* Griffis, *Corea*, p. 239.

[3] *Ta Tsing Leu Lee*, sec. cccxiv. p. 340.

[4] *Ibid.* sec. cccxiii. p. 336.

[5] *Exodus*, xxi. 20 *sq.*

[6] Lane, *Manners and Customs of the Modern Egyptians*, p. 115. *Idem*, *Arabian Society in the Middle Ages*, p. 251.

[7] *Idem*, *Modern Egyptians*, p. 119. *Idem*, *Arabian Society*, p. 18 *sq.*

任;按照法律,奴隶等同于牛马,杀死奴隶只是让主人蒙受一点经济损失。① 在古代威尔士,奴隶的地位与古条顿人奴隶的地位相似;杀害奴隶不需付偿命钱,"只需按价赔付主人,奴隶的价格如同牲口的价格"。② 在荷马史诗时代的希腊人那里,主人显然可以处死奴隶;③不过后来,至少是在雅典,若奴隶犯了死罪,主人必须把奴隶交给地方官处理。④ 若主人杀死了奴隶,我们并不很清楚究竟会发生什么事情,但无论如何他都必须行涤罪礼。⑤ 柏拉图在《法律篇》里说,如某人一怒之下杀死了别人的奴隶,他应赔偿主人双倍损失。⑥ 不过他又补充道:"奴隶无过失而被杀死,若杀人动机只是由于担心奴隶会泄露自己的卑鄙罪恶的行径,或出于类似的动机,那么这个主人就要按杀人犯论处,一如他杀死了一个公民。"⑦

在古代罗马,按照法律,主人对奴隶拥有生杀予夺的绝对权力;杀死别人的奴隶不算犯罪,而只需赔偿主人的财产损失,奴隶如同主人的财产一样。⑧ 甚至在罗马帝国,奴隶被看作物件,不被看作人;奴隶自己被视作不能承受伤害,而只是机械的中介,侮辱

425

---

① Grimm,*Deutsche Rechtsalterthümer*,p. 342 *sqq*. Brunner,*Deutsche Rechtsgeschichte*,i. 96. Kemble,*Saxons in England*,i. 208 *sqq*. Stemann,*op. cit.* p. 281 *sqq*. Keyser,*op. cit.* ii. pt. i. 289.

② *Dimetian Code*,iii. 3. 8.

③ *Odyssey*,iv. 743;xix. 489 *sq*.

④ Schmidt,*Ethik der alten Griechen*,ii. 217. Hermann-Blümner,*Lehrbuch der griechischen Privatalterthümer*,p. 88,n. 3.

⑤ Plato,*Leges*,ix. 865,868. Schmidt,*op. cit.* ii. 217 *sq*.

⑥ Plato,*Leges*,ix. 868.

⑦ *Ibid*. ix. 872.

⑧ Mommsen,*Römisches Strafrecht*,p. 616.

了奴隶就相当于通过此中介侮辱了他的主人。① 但事实上,人们并未严格遵循上述原则。《科尔内利法》颁布以后就发生了变化,若杀死别人的奴隶,可以按谋杀罪论处;②后来,甚至对奴隶的生杀予夺之权也受到了法律限制。克劳迪乌斯宣布,奴隶生病,主人任其病情恶化,后来若康复,应获完全自由,再也不像先前那样为奴;而且,"若主人不告知大家其病情,而是选择立刻杀死生病的奴隶,则以谋杀论处"。③ 根据罗马皇帝安东尼·庇护的宪法,无充足理由而处死自己的奴隶,与处死他人奴隶同等论处。④ 罗马皇帝哈德良甚至试图让奴隶主把犯有死罪的奴隶交给当局,而不是由奴隶主自己来行刑。⑤

　　教会忠实于人命神圣的原则,也曾做出努力保障奴隶生命不受奴隶主暴力侵犯;但是,无论是教会的法律还是世俗的法律,对奴隶的保护都不如对教会和国家的自由民的保护。一些宗教会议规定,谋杀一个奴隶而未经法官许可,只受到逐出教会两年的惩罚;⑥一些赎罪规则书也是这么规定。⑦ 埃德加制定的法律规定,

---

① *Institutiones*, iv. 4. 3.

② Gaius, *Institutionum juris civilis commentarii*, iii. 213. *Cf*. Mommsen, *Römisches Strafrecht*, p. 616.

③ Suetonius, *Claudius*, 25.

④ Gaius, *op. cit*. i. 53. *Institutiones*, i. 8. 2.

⑤ Spartian, *Vita Hadriani*, 18. *Cf*. Mommsen, *Römisches Strafrecht*, p. 617, n. 2.

⑥ *Concilium Agathense*, A. D. 506, canon 62 (Labbe-Mansi, *Sacrorum Conciliorum collection*, viii. 335). *Concilium Epaonense*, A. D. 517, canon 34 (*ibid*. Viii. 563). *Concilium Wormatiense*, A. D. 868, canon 38 (*ibid*. xv. 876).

⑦ *Pœnitentiale Cummeani*, vi. 29 (Wasserschleben, *Bussordnungen der abendländischen Kirche*, p. 480). *Pœnit*, *Pseudo-Theodori*, xxi. 12 (*ibid*. p. 587).

杀害一个奴隶要苦修三年,而杀害一个自由民要苦修七年。① 勒基先生说:"在教会的刑法制度里,不再区分对自由民犯下的过错和对奴隶犯下的过错,而民法的基础恰恰就在于区分这两种情形。"②不过,事实并未证明他的高论站得住脚。

康斯坦丁的一部法律重复了此前法律的一些规定,即不循司 427 法途径而处死奴隶即按谋杀论处。③ 但除了这个法律,基督教国家的皇帝们在保障奴隶生命方面几乎没什么作为。法律虽规定奴隶主对其奴隶施酷刑、企图杀害奴隶,当以杀人论,却强调指出,若奴隶死于不那么严厉的惩罚,或死于本意不在杀害奴隶的惩罚,奴隶主不承担任何责任。④ 阿卡第厄斯和霍诺利乌斯甚至通过了一部法律,拒绝保护那些逃往教会避难的奴隶;⑤但在西方,这部法律之后的一些规定具有截然相反的特征。⑥ 野蛮人的入侵当然没有改善奴隶的境遇,而在条顿国家,更高文明的引入和传播也只是缓慢地使人道主义的影响渗入奴隶主和奴隶之间的关系。《西哥

---

① *Canons enacted under Edgar*, Modus imponendi poenitentiam,4,11 (*Ancient Laws and Institutes of England*, p. 405 *sq.*).

② Lecky,*History of European Morals*,ii. 66. 勒基先生讲,伊利贝里斯会议把杀害自己奴隶的主人永远开除出教(*ibid*. ii. 66)。 就此,我所能找到的相关文献是这样的:四世纪初在伊利贝里斯召开的会议制定如下法令——"若女主人出于一时冲动殴打女奴,女奴遭第三次殴打时力竭而死;处罚依据是否故意杀人而定;若属故意杀人,依法忏悔七年,若属过失杀人,依法忏悔五年,如此才可满足入教条件。"(*Concilium Eliberitanum*,ch. 5 [Labbe-Mansi,*op. cit*. ii. 6])

③ Codex,*Theodosianus*,ix. 12. 1.

④ *Ibid*. Ix. 12. Lecky,*History of European Morals*,ii. 62 *sq*.

⑤ Codex,*Theodosianus*,ix. 45. 3.

⑥ Babington,*The Influence of Christianity in promoting the Abolition of Slavery in Europe*, p. 37. Biot,*De l'abolition de l'esclavage ancien en Occident*, p. 239.

特法典》严禁奴隶主杀害无过错的奴隶。① 依据《法令集》，主人造成无辜奴隶死亡，如奴隶是立即死亡的，必须支付罚金；若奴隶受伤后过了一两天死去，主人不再为其行为而受罚，因为奴隶是他的财产。② 在后来的一段时期，法律规定，只要是故意杀害奴隶就要处罚，但很可能的是，此规定形同虚设。③ 于是，13 世纪时，法国法学家博马努瓦写道："有些农奴完全受领主支配，不管农奴是死是活，领主都可拿走农奴所有的财产，而且只要领主乐意，不管有无理由，可随时把农奴监禁起来。"④不仅如此，甚至在相当晚近的时期，在那些认可、盛行黑人奴隶制的基督教国家，法律并不大力保障奴隶的生命安全。

　　主要是在相当晚近的 1797 年以后，英国的多数殖民地采取了一些行动，规定杀害奴隶和杀害自由民要受的处罚相同。在此之前，杀害奴隶只需赔付一小笔钱，在巴巴多斯这笔钱不超过十五英镑。⑤ 在法国殖民地，依据《黑奴法典》，若奴隶主杀害其奴隶，"依罪酌情"处罚。⑥ 在北美的所有蓄奴州，曾经有段时期，不管是奴隶主还是第三者杀害奴隶，缴纳罚金即可赎罪。在南卡罗来纳州，晚至 1821 年还是这样，只是从那以后，在所有蓄奴州，任何人恶意

---

① *Les Wisigothorum*, vi. 5. 12.

② *Capitularia*, vi. 11 (Georisch, *Corpus Juris Germanici antiqui*, col. 1513). 此法令渊源于《出埃及记》(xxi. 20 *sq*. 。)。

③ Grimm, *Deutsche Rechtsalterthümer*, p. 344 *sq*. *Cf*. Potgiesser, *Communtarii juris Germanici de statu servorum veteri perinde atqve novo*, ii. 1. 10, 13, 24; iii. 6 (pp. 308, 309, 311, 312, 321, 633 *sqq*.).

④ Beaumanoir, *Les coutumes du Beauvoisis*, xlv. 36, vol. ii. p. 237.

⑤ Stephen, *Slavery of the British West India Colonies delineated*, i. 36, 38.

⑥ *Code Noir*, Édit donneé au mois de Mars 1724, art. 39, p. 304.

蓄谋杀害奴隶都要处以死刑。[1] 但这并不意味着杀害一个奴隶和杀害一个自由民之间没有区别。在南卡罗来纳州，依据1821年颁行的一部法律，由于一时冲动而杀死一个奴隶，仅需缴纳五百美元罚金并监禁不超过六个月。[2] 在田纳西州，涉及蓄意谋杀奴隶的法律包含这么一个条款——法律规定不适用于下列情况："奴隶反抗其合法所有人或主人时，无论是哪个奴隶，无论是谁杀了他；任何奴隶，不管是谁，在接受适当的、温和的惩罚过程中毙命"；[3] 佐治亚州的法律也有很相似的条款。[4] 换言之，若在实施惩戒过程中引起受害人死亡，依据法律也未必是过当的做法。而在蓄奴州及英国殖民地盛行的另一部法律则在更大程度上危害着奴隶的生命。该法规定：奴隶、黑人自由民，以及任一非洲裔人，不管其肤色深浅，无论是在民事纠纷还是刑事案件里，都不能充当证人指控白人。[5] 奴隶很少会同时被一个以上白人看到，这部法律就把奴隶的命运完全交由某一个白人摆布，其后果是显然的。1853年，古德尔先生这么评论美国的奴隶制："在过去的十五年或二十年里，即便基于最细致的调查和公众质疑，在这一时期或更早以前，也没有哪怕一个案件，是主人因为杀害了他的奴隶，或是某一白人因为

429

---

[1]　Brevard, *Digest of the Public Statute Law of South Carolina*, ii. 240 *sq.* Stroud, *Laws relating to Slavery in the United States of America*, p. 55 *sq.*

[2]　Stroud, *op. cit.* p. 64.

[3]　Caruthers and Nicholson, *Compilation of the Statutes of Tennessee*, p. 677.

[4]　Prince, *Digest of the Laws of the State of Georgia*, p. 787.

[5]　Brevard, *op. cit.* ii. 242. Stroud, *op. cit. p.* 106 *sq.* Stephen, *Slavery of the British West India Colonies*, i. 166, 174. 在法国殖民地，奴隶也不能充当合法的证人，不过法官可以听取他们的证词，仅仅把这证词当作一种意见或未经证实的信息，这可能有助于澄清其他证人提供的证据(*Code Noir*, Édit du mois de Mars 1685, art. 30, p. 44)。

杀害一个奴隶而被处死。"但人所共知，白人杀害奴隶的事情层出不穷。[1]

对奴隶的生命如此不尊重，是由于人们对奴隶命运缺乏同情心——这也能说明其受奴役的状况——也由于主人对奴隶拥有专有权。出于相似的原因，与自由民的同等行为比较起来，一个奴隶杀死一个自由民，特别是杀死其主人，受到的惩罚通常要严重得多。对一个人的同情心越少，他的攻击性行为引起的忿恨就越强烈。按照中国刑法，若奴仆蓄意杀害主人或殴打主人致死，该奴仆将被处以"凌迟"。[2] 柏拉图说，如果奴隶故意杀死自由民，行刑者必须把他带到死者的葬身之处，在可以看见死者坟墓的地方给予鞭笞，原告想打多少下就打多少下，如果打完后他还活着，就接着处死他。[3] 即使奴隶出于一时冲动杀了人，死者亲属也有义务杀死他，而且想用什么方式杀死他就可以用什么方式；[4] 不仅如此，甚至不许奴隶出于自卫而杀死自由民，一如不许儿子杀死父亲。[5] 在罗马也是如此，奴隶犯杀人罪要比自由民受到更重的惩罚。[6] 一位古代法学家讲："我们的祖先每一次惩罚奴隶都要比惩罚自由民严厉，惩罚声名狼藉之人要比惩罚名声清白之人严厉。"[7]

---

[1] Goodell, *American Slave Code in Theory and Practice*, p. 209 *sq.*

[2] *Ta Tsing Leu Lee*, sec. cccxiv. p. 338.

[3] Plato, *Leges*, ix. 872.

[4] *Ibid.* *ix.* 868.

[5] *Ibid.* *ix.* 869.

[6] Mommsen, *Römisches Strafrecht*, p. 631 *sq.*

[7] *Digesta*, xlviii. 19. 28. 16.

不仅自由民和奴隶的偿命钱不一样,不同阶级的自由民也不一样。在某些地方,人们杀死酋长要被处以死刑,而一般的谋杀并非总是死罪。[1] 在流行赔偿制度的地方,偿命钱常常依遇害人的地位、身份而定。[2] 对苏门答腊岛的勒姜人而言,谋杀了一个高级别酋长,要赔偿五百元,杀害一个低级别酋长,赔偿二百五十元;杀害一个普通人,如是男人或男孩,赔偿八十元;杀害一个普通人,如是妇女或女孩,赔偿一百五十元;杀害某高级别酋长的合法孩子或合法妻子,赔偿二百五十元。[3] 每一个奥塞梯人的身体在法官眼里都有固定价值,这个价值似乎是由大众舆论决定的;因而一个家庭的父亲价值高于未婚男人,贵族的价值是普通自由民的两倍。[4] 在西藏东部,杀害上层阶级的一名成员,罚以一百二十砖茶,杀害一个中间阶级成员,罚以八十砖茶,惩罚的额度如此沿着社会等级次序而下降,乞丐生命的价值则微不足道;不过,如果受害人是一个喇嘛,凶手必须付出更大的代价,可能要罚以三百砖茶。[5] 按照

431

---

① Woodthorpe, in *Jour. Anthr. Inst.* xxvi. 21 (Shans). Shooter, *Kafirs of Natal*, p. 103.

② Maclean, *Compendium of Kafir Laws and Customs*, p. 144. Casalis, *Basutos*, p. 225. Ellis, *Tshi-speaking Peoples of the Golden Coast*, p. 301. Munzinger, *Ostafrikanische Studien*, pp. 242 sq. (Marea), 314 (Beni Amer). Forbes, *A Naturalist's Wandering in the Eastern Archipelago*, p. 145 (Lampongers of Sumatra). Modigliani, *Viaggio a Nias*, p. 494. Richardson, *Arctic Searching Expedition*, i. 386 (Kutchin). Gibbs, *loc. cit.* p. 190 (Indians of Western Washington and Northwestern Oregon). Paget, *Hungary and Transylvania*, ii. 411 n. (Hungarians).

③ Crawfurd, *History of the Indian Archipelago*, iii. 112.

④ von Haxthausen, *Transcaucasia*, p. 409. Kovalewsky, *Coutume contemporaine*. p. 355 sqq.

⑤ Rockhill, *Land of the Lamas*, p. 221.

现代佛教学说,"若某人被害,被害人功德越大,罪过越大"。① 根据布立吞人和盖尔人的法律,盖尔人的国土之命值一千头奶牛,伯爵儿子或领主的命值一百头奶牛,奴隶农的命仅值十六头奶牛。② 凯尔特人③和条顿人那里也盛行相似的制度。人的偿命价依身份、出身或职位而定;所涉及的级别非常之多,因而条顿法律用了大量篇幅和条款来厘定不同情况下的偿命钱金额。④ 在诺曼时期的英格兰法律里,农奴的偿命钱只定为四英镑,领主的偿命钱则是二十五英镑。⑤

犯罪的严重性不仅取决于被害人的身份,还取决于凶手的身份。⑥ 在菲律宾岛民那里,"奴隶犯谋杀罪,处以死刑;有身份的人犯谋杀罪,向被害人家庭赔偿"。⑦ 威廉斯先生说,在斐济人那里,罪行"是轻是重取决于犯事者的身份。酋长犯谋杀罪,所受处罚比地位较低的人小偷小摸还要轻。"⑧在奴隶海岸一带说埃维语的族群那里,"关于谋杀和过失杀人,如果杀人者地位比被害人高,他或者向死者家庭支付他们要求的赔偿,或者不赔偿,但要丢掉自己的

---

① Hardy, *Manual of Budhism*, p. 478.

② Innes, *Scotland in the Middle Ages*, p. 180 *sq*.

③ *Ancient Laws of Ireland*, iii. 103, &c. Skene, *Celtic Scotland*, ii. 152. de Valroger, *Les Celtes*, p. 471.

④ Grimm, *Deutsche Rechtsalterthümer*, pp. 272-275, 289. Brunner, *Deutsche Rechtsgeschichte*, i. 104,105,107,108,224,247 *sqq*. Kemble, *Saxons in England*, i. 276 *sqq*.

⑤ *Leges Henrici I. Lxx. I*; lxxvi. 4. *Cf. Laws of William the Conqueror*, i. 8.

⑥ 人们并不总是同时应用这两条原则。在勒姜人那里,偿命钱并不与杀人者的地位、身份相称,而是取决于被杀者的身份地位等特征(Marsden, *op. cit*. p. 246)。

⑦ Bowring, *Visit to the Philippine Islands*, p. 123.

⑧ Williams and Calvert, *Fiji*, p. 22.

性命。如果杀人者的地位和被害人一样,死者家属有权利杀死杀人者,尽管他们通常也接受赔偿。但是,如果杀人者地位较低,他几乎肯定要丧命。"[1]在黄金海岸一带讲齐语的族群那里,也流行着非常相似的规则。[2] 在马雷亚人那里,若一个贵族杀死另一个贵族,死者家属通常要复仇;而一个老百姓杀死一个贵族,他不仅要自杀,他的财产也要没收充公,他最近的亲属此后要受死者家庭支配。[3] 根据婆罗门教的教法,所有罪行的严重性都取决于犯事者的种姓以及受害者的种姓。[4] 如果一个婆罗门杀了另一个婆罗门,国王就会用烙铁在凶手额头打上烙印,并把他逐出王国;而如果较低种姓的人杀了一个婆罗门,凶手就要被处死,凶手的所有财产也要没收充公。[5] 如果婆罗门种姓以外的某人杀死的是相同种姓的人或较低种姓的人,就对凶手采取其他适当的惩罚措施。[6]杀害一个刹帝利,罚金是一千头母牛,杀害一个吠舍,罚金是一百头母牛,杀害一个首陀罗,罚金只是十头母牛。[7] 在罗马的某一历史时期,罪行的严重性也是随着犯事者的地位下降而上升。共和国时期的法律不对自由民犯罪做以上区分;但从帝国伊始,公民就被分为特权阶层(*uterque ordo*)和平民(*plebs*)两部分,老百姓犯了谋杀罪要处以极刑,若谋杀者属于特权阶层,一般只是流放。[8]

433

---

① Ellis,*Ewe-speaking Peoples*,p. 223.

② *Idem*,*Tshi-speaking Peoples*,p. 301.

③ Munzinger,*Ostafrikanische Studien*,p. 242 *sq. Cf. ibid*. p. 314 (Beni Amer).

④ Hopkins,*Religions of India*,p. 263.

⑤ *Baudhâyana*,i. 10. 18. 18 *sq*.

⑥ *Ibid*. i. 10. 18. 20.

⑦ *Ibid*. i. 10. 19. 1 *sq*.

⑧ Mommsen,*Romisches Strafrecht*,pp. 650,1032 *sqq*.

在中世纪,意大利和西班牙法律也授予贵族血统的人相似的特权。[①]

在具有阶级区分的社会里,较高阶级的成员自然容易对本阶级成员——而不是较低阶级成员——产生同情心。较之于对较低阶级成员的相似伤害,对较高阶级成员的伤害,会在较高阶级那里引起更大程度的同情式的忿恨。同样道理,如果罪犯是较低阶级的一员,而非本阶级一员,若其他情形相同,他们对罪犯的忿恨会更强烈。若上层阶级掌握社会的领导权——人类社会最初普遍是这个样子——他们的情感会通过习俗和法律表达出来,于是也就产生了道德上的区分,而普通百姓由于仰慕地位在他们之上的那些人,也易于接受这种道德区分。但在一个进步的社会里,这种事情就无法持续存在。不同阶级之间的差距就越来越小。曾经拥有无上权力的阶级失去了大量特权,变得不再那么重要和富有影响力。同情心就扩展了。因此,以前习俗和法律所认可的区别对待就被视为不公正的特权,必须废除。最终也就承认,每一社会成员生来就平等地享有一切人权中最神圣的权利——生命权。

---

① Du Boys, *Histoire du droit criminel des peuples modernes*, ii. 402. *Idem*, *Histoire du droit criminel de l'Espagne*, pp. 357, 359. *Cf. Ibid*. p. 635 *sq*.

第十九章 活人献祭

　　我们还要考虑一些特殊情形,即习俗或法律允许毁灭人命的情形。

　　活人献祭指的是,把人杀死以取悦于超人的存在。在每一支雅利安人种的历史中,我们都能发现活人献祭这种现象。[1] 古代印度至少偶尔有此现象,几个现代印度教教派甚至在 19 世纪还在实行人祭。[2] 众多迹象表明,早期的希腊人也实行人祭。[3] 希腊的宙斯崇拜也曾流行人祭;[4]在公元 2 世纪,希腊的阿卡狄亚仍把活人献祭给宙斯·莱卡翁。[5] 在萨拉米斯之战前,地米斯托克利被迫杀死三

---

[1]　See Hehn, *Wanderings of Plants and Animals from their First Home*, p. 414 *sqq*.

[2]　Weber, *Indische Streifen*, i. 54 *sqq*. Wilson, 'Human Sacrifices in the Ancient Religion of India,' in *Works*, ii. 247 *sqq*. Oldenberg, *Religion des Veda*, p. 363 *sqq*. Barth, *Religions of India*, p. 57 *sqq*. Monier Williams, *Brahmanism and Hindüism*, p. 24. Hopkins, *Religions of India*, pp. 198, 363. Rájendralála Mitra, *Indo-Aryans*, ii. 69 *sqq*. Crooke, *Popular Religion and Folk-Lore of Nothern India*, ii. 167 *sqq*. Chevers, *Manual of Medical Jurisprudence for India*, p. 396 *sqq*.

[3]　See Geusius, *Victimæ Humanæ*, *passim*; von Lasaulx, *Sühnofper der Griechen und Römer*, *passim*; Farnell, *Cults of the Greek States*, i. 41 *sq*.; Stengel, *Die griechischen Kultusalter-tumer*, p. 114 *sqq*.

[4]　*Cf*. Farnell, *op. cit*. i. 93; Stengel, *op. cit*. p. 116.

[5]　Pausanias, viii 38. 7.

个波斯战俘,献祭于神,这已经是很久远的事了。[①]　在罗马,尽管在
435　此历史时期人祭很罕见,但也并非毫无踪影。根据普林尼的记载,
公元前 97 年罗马参议院通过了一项法令,禁止人祭,[②]而后来哈德
良皇帝发现有必要恢复和重申这个禁令。[③]　波菲利质问道:"谁不知
道今天,在罗马这个大都市里,在拉丁守护神朱庇特的节日里,他们
要把活人的喉管割断呢?"[④]德尔图良说,在北非,甚至在提比略任总
督期间,婴儿被公然献祭给农神。[⑤]　凯尔特人[⑥]、条顿人[⑦]、斯拉夫
人[⑧]、古代闪米特人[⑨]和埃及人[⑩]、早期的日本人[⑪]、新大陆的玛雅

---

① Plutarch,*Themistocles*,13.

② *Idem*,*Questiones Romanæ*,83. See Landau,in *Am Ur-Quell*,iii. 1892,p. 283 *sqq*.

③ Pliny,*Historia naturalis*,xxx. 3.

④ Porphyry,*De abstinentia ab esu animalium*,ii. 56.

⑤ Tertullian,*Apologeticus*,9 (Migne,*Patrologiæ cursus*,i. 314).

⑥ Cæsar,*De bello gallico*,vi. 16. Tacitus,*Annales*,xiv. 30. Diodorus Siculus,*Bibliotheca*,v. 31,p. 354. Pliny,*Historia naturalis*,xxx. 4. Strabo,iv. 5,p. 198. Joyce,*Social History of Ancient Ireland*,i. 281 *sqq*.

⑦ Tacitus,*Germania*,9. Adam of Bremen,*Gesta Hammaburgensis ecclesiæ pcntificum*,iv. 27 (Migne,*op. cit.* cxlvi. 644). Grimm,*Teutonic Mythology*,i. 44 *sqq*. Vigfusson and Powell,*Corpus Poeticum Boreale*,i. 409 *sq*. Freytag,'Riesen und Menschenopfer in unsern Sagen und Märchen',in *Am Ur-Quell*,i. 1890,pp. 179-183,197 *sqq*.

⑧ Mone,*Geschichte des nordischen Heidenthums*,i. 119,转引自:Frazer,*Golden Bough*,ii. 52. Krauss,in *Am Ur-Quell*,vi. 1896,p. 137 *sqq*. (Servians)。

⑨ Ghillany,*Die Menschenopfer der alten Hebräer*,*passim*. Robertson Smith,*Religion of the Semites*,p. 362 *sqq*. Wellhausen,*Reste arabischen Heidentums*,p. 115 *sq*. von Kremer,*Studien zur vergleichenden Culturgeschichte*,i. 42 *sqq*. Chwolsohn,*Die Ssabier und der Ssabismus*,ii. 147 *sqq*.

⑩ Amélineau,*L'évolution des idées morales dans l'Égypte Ancienne*,p. 12.

⑪ Griffis,*Religions of Japan*,p. 75. Lippert,*Seelencult*,p. 79.

人①和阿兹特克人,都曾实行人祭,其中阿兹特克人推行人祭达到了令人震惊的程度。普雷斯科特在《墨西哥征服史》里写道:"几乎没有哪个作者敢于把整个王国每年用于祭献的活人数量估计为少于两万,有的作者估计这一数量高达五万。"②有的西班牙作者认为,秘鲁的印加人也有同样的习俗,这很可能并非无中生有。③ 在秘鲁印第安人被西方征服以前,人祭总是经常发生。④ 加勒比人⑤以及一些北美部落⑥,南太平洋的各个岛屿——特别是塔希提和斐济⑦, 436

---

① Bancroft, *Native Races of the Pacific States*, ii. 704, 725.

② Prescott, *History of the Conquest of Mexico*, p. 38. Cf. Clavigero, *History of Mexico*, i. 281; Acosta, *Natural and Moral History of the Indies*, ii. 346.

③ Acosta, *op. cit.* ii. 344. de Molina, 'Fables and Rites of the Yncas,' in *Narratives of the Rites and Laws of the Yncas*, pp. 55, 56, 59. 根据齐耶萨・迪昂,西班牙作者把人祭习俗夸大了,不过他也不否认印加人中存在这种习俗(Cieza de Leon, *Segunda de la Crónica del Perú*, p. 100);非但如此,他还描述了人祭习俗(*ibid*. p. 109 *sqq.*)。加西拉索・德・拉・维加认为,印加人从未有过人祭习俗(*First Part of the Royal Commentaries of the Yncas*, i. 130, 131, 139 *sqq.* N.†)。克莱门茨・马卡姆爵士似乎把此说法看得过于重要了。*Cf.* Prescott, *History of the Conquest of Peru*, p. 50 *sq.* n. 3.

④ Garcilasso de la Vega, *op. cit.* i. 50, 130.

⑤ Müller, *Geschichte der Amerikanischen Urreligionen*, p. 212 *sq.*

⑥ *Ibid.* p. 142 *sqq.* Réville, *Religions des peuples non-civilisés*, i. 249 *sq.* Dorman, *Origin of Primitive Superstitions*, p. 208 *sqq.*

⑦ Schneider, *Naturvölker*, i. 191 *sq.* Forriander, *Account of the Polynesian Race*, i. 129. Ellis, *Polynesian Researches*, i. 106, 346-348, 357 (Society Islanders). Williams, *Missionary Enterprises in the South Sea Islands*, p. 548 *sq.* (especially the Hervey Islanders and Tahitians). von Kotzebue, *Voyage of Discovery*, iii. 248 (Sandwich Islanders). Lisiansky, *Voyage round the World*, pp. 81 *sq.* (Nukahivans), 120 (Sandwich Islanders). Gill, *Myths and Songs from the South Pacific*, p. 289 *sqq.* (Mangaians). Williamsand Calvert, *Fiji*, pp. 188, 195; Wilkes, *Narrative of the U. S. Exploring Expedition*, iii. 97; Hale, *U. S. Exploring Expedition*, Vol. VI. *Ethnography and Philology*, p. 57 (Fijians). Codrington, *Melanesians*, p. 134 *sqq.*

马来群岛的某些部落①，印度的几支土著部落②，都曾流行人祭，
且现在仍旧流行。在非洲③，人祭在过去和现在也都是很常见的
现象。

　　从以上列举的例子来看，似乎不能把人祭看作蒙昧种族的一
437　个特征。相反，我们能发现，与真正的蒙昧人比起来，人祭在野蛮
人和半开化的民族那里要常见得多；在我们所知的文化发展的最
低阶段，几乎未曾听说过存在人祭。我们注意到，随时代变迁，这
个做法在某些地方变得日益盛行起来。在社会群岛，"土著居民告
诉我们，比较起来，人祭是现代事物：在群岛被西方发现以前，过了

---

① Ling，Roth，*Natives of Sarawak and British North Borneo*，ii. 215 *sqq*. Bock，
Head-Hunters of Borneo，p. 218 *sq*. (Dyaks).

② Woodthorpe，in *Jour. Anthr. Inst.* xxvi. 24 （Shans，&c.）. Colquhoun，
Amongst the Shans，p. 152 （Steins inhabiting the south-east of Indo-China）. Lewin，
Wild Races of South-Eastern India，p. 244 （Pankhos and Bunjogees）. Godwin-Austen，
in *Jour. Anthr. Inst.* ii. 394 （Garo hill tribes）. Dalton，*Descriptive Ethnology of
Bengal*，pp. 147 （Bhúiyas），176 （Bhúmij），281 （Gonds），285 *sqq*. （Kandhs）. Hislop，
Aboriginal Tribes of the Central Provinces，p. 15 *sq*. （Gonds）. Macpherson，*Memorials
of Service in India*，p. 113 *sq*.；Campbell，*Wild Tribes of Khondistan*，*passim*
（Kandhs）.

③ Schneider，*Religion der afrikanischen Naturvölker*，p. 118. Reade，*Savage
Africa*，p. 52 （Dahomans，&c.）. Ling Roth，*Great Benin*，p. 63 *sqq*. Ellis，*Ewe-speaking
Peoples of the Slave Coast*，p. 117 *sqq*. Idem，*Yoruba-speaking Peoples of the Slave
Coast*，p. 296. Idem，*Tshi-speaking Peoples of the Gold Coast*，p. 169 *sqq*. Cruick-
shank，*Eighteen Years on the Gold Coast*，ii. 173. Schoen and Crowther，*Expedition up
the Niger*，p. 48 *sq*. （Ibos）. Arnot，*Garenganze*，p. 75 （Barotse）. Arbousset and
Daumas，*Exploratory Tour to the North-East of the Colony of the Cape of Good
Hope*，p. 97 （Marimos. a Bechuana tribe）. Macdonald，*Africana*，i. 96 *sq*. （Eastern
Central Africans）. Ellis，*History of Madagascar*，i. 422；Sibree，*The Great African
Island*，p. 303 （Malagasy）.

若干代人以后,才认可此种习俗";①根据古老的传说,某些迹象表明,波利尼西亚曾禁止人祭。② 在印度,与后来的婆罗门教徒比起来,吠陀人就很少实行人祭。③ 我们获悉,阿兹特克人直至 14 世纪初叶才采纳人祭的做法,这离被西方征服还有两百年,而且,"起初人祭现象很少见,随着王国疆域扩大就变得更常见了,直到后来,几乎每一个节日都以这种残忍而令人憎恶的仪式结束"。④ 关于非洲人,温伍德·瑞德先生说:"国家越强大,人祭的规模就越大。"⑤

人们杀死活人,献祭给他们的神,这是因为他们相信神会对这些祭品心满意足。人们常常认为,神喜欢吃人肉,喝人血。⑥ 斐济人认为,他们的神"喜欢吃人肉"。⑦ 在印度的奥雅人那里,祭司在把人祭献给战神马尼可索罗的时候,会向神说:"我们现在给您献祭,请食用。"⑧在易洛魁人那里,把一个敌人绑在柱子上折磨的时候,残忍的刽子手会在他身边跳跃,叫喊道:"大神阿瑞斯克,我们把这个祭品杀掉献给您,您可吃他的肉,您会被感动,今后就会给我们带来好运,让我们战胜敌人。"⑨在古代中美洲的部族那里,人 438

---

① Ellis, *Polynesian Researches*, i. 106.

② Fornander, *op. cit*. i. 129.

③ Wilson, *Works*, ii. 268 *sq.*

④ Prescott, *History of the Conquest of Mexico*, p. 36.

⑤ Reade, *Savage Africa*, p. 52.

⑥ See Lippert, *Seelencult*, p. 77 *sqq.* ; Schneider, *Naturvölker*, i. 190.

⑦ Williams and Calvert, *op. cit*. p. 195.

⑧ Campell, *Wild Tribes of Khondistan*, p. 211. *Cf*. Macpherson, *Memorials of Service in India*, p. 120 (Kandhs).

⑨ Müller, *Geschichte der Amerikanischen Urreligionen*, p. 142.

祭的血和心脏是专门贡献给神的。① 因而,在墨西哥,剖开受害人的胸膛,挖出还跳动着的心脏以后,大祭司首先把心脏献给太阳,接着把它扔到神像脚下,最后把心脏烧掉;有时会把心脏和一把金汤匙一道放入神像嘴中,神像的嘴唇抹上死者的血。②

有时我们会错误地认为,③人祭就是要给神供奉食物,但实际并不总是如此。正如埃利斯少校注意到的那样,黄金海岸一带说齐语的族群认为,诸神不仅需要食物,还需要侍者;"他们认为,要贡献给神的人祭,其魂灵马上就会成为神的奴仆,正如在酋长葬礼上供奉的人祭,其魂灵也会成为酋长的仆从。"④谢萨·德·莱昂讲到过,古代秘鲁人也曾流行类似的信仰。在瓜纳克里山,"有些时候,他们用男女作人祭,要杀死他们的时候,祭司会说一段话,告诉他们,他们要去伺候正在被祭拜的神"。⑤

此外,神发怒了,杀死惹祸使神发怒的人,或惹祸群体中的某个代表,或冒犯神的那个人的亲属,就可平息神的怒气。在奴隶海岸一带说埃维语的人们那里,"他们并不认为举行人祭的时候神会吞噬灵魂;多数土著人认为,这些灵魂会像其他灵魂那样朝死亡之地行进,而人祭的目的似乎就是取悦、满足神,打消神的恶意,代价

---

① 　Bancroft,*op. cit.* ii. 307,310,311,707 *sqq.*

② 　Clavigero,*op. cit.* i. 279.

③ 　Réville,*Hibbert Lectures on the Native Religions of Mexico and Peru*,p. 75 *sq. Idem*,*Prolegomena of the History of Religions*,p. 132. Trumbull,*Blood Covenant*,p. 189. Steinmetz,*Endokannibvalismus*,p. 609,n. 1. Schrader,*Reallexikon der indogermanischen Alterumskunde*,p. 603.

④ 　Ellis,*Tshi-speaking Peoples of the Gold Coast*,p. 169.

⑤ 　Cieza de Leon,*Segunda parte de la Crónica del Perú*,p. 109.

就是仔细选取某些个体作为人祭，而不是随机地碰到谁就是谁。实际上，人祭就是这些个体为了整个共同体的利益而做出的牺牲。"①人祭常常是罪犯，其中的一个原因无疑就是给神供奉一个他所憎恶的人以安抚他。桑威奇岛民"把罪犯供奉给神，正如我们欧洲人把罪犯绳之以法"。② 在条顿人那里，处决罪犯至少在许多情况下是为神献祭，罪犯的罪行冒犯了对某个神明的崇拜。③ 因此弗里斯兰人的法律把侵犯神庙的人描述成献给神的祭品。④ 在古罗马，偷盗谷物的贼若是成年人，要吊起来贡献给谷神；⑤奥维德的诗里说，维斯塔神庙的一个女祭司因为违背了贞洁誓言，被活埋在地里献祭——维斯塔和大地女神忒路斯是同一个神。⑥ 墨拉尼波斯和科迈托之间发生了奸情，玷污了阿耳特弥斯神庙，希腊德尔斐的女祭司就命令将这一对罪人献祭于神；此外，当地人每一年都应把一对最美艳的少男少女献给神。⑦ 希伯来语的 *cherem* 一词，原本用于罪犯以及耶和华的其他敌人，有时也指他们的所有物。凯南教授说："*cherem*，正是献给耶和华的祭品，事实上等同于毁灭、灭绝这些人或物。把这些人献给耶和华时通常要有一段庄严的誓词，常常用火焚处死他们，这样就很像燔祭了；他们的居

440

---

① Ellis，*Ewe-speaking Peoples of the Slave Coast*，p. 119.

② von Kotzebue，*op. cit*. iii. 248. *Cf*. Lisiansky，*op. cit*. 120.

③ von Amira，in Paul's *Grundriss der germanischen Philologie*，ii. pt. ii. 177. Brunner，*Deutsche Rechtsgeschichte*，ii. 587，684 *sq*. Vigfusson and Powell，*op. cit*. i. 410. Gummere，*Germanic Origins*，p. 463.

④ *Lex Frisionum*，Additio sapientium，12.

⑤ Granger，*Worship of the Romans*，p. 260.

⑥ Ovid，*Fasti*，vi. 457 *sq. Cf*. Mommsen，*Römisches Strafrecht*，p. 902.

⑦ Pausanias，vii. 19. 4.

所和财产也要用火烧掉;他们的土地也永远抛荒。在古代世界,这样的惩罚是很寻常的。不过在以色列,正如在其他地方那样,这些惩罚同时也是宗教活动。"①事实上,以越轨之人为牺牲的习俗在基督教世界也存在,为了安抚某个被冒犯得发怒的神而处决犯事者,都可以公允地称之为献祭。②

崇拜者认为把同类献给神会使神满足,但我们不可能在每一特殊情形下都发现他们到底是怎么想的。很可能他们对此问题并非总是具有明确的看法。他们明白或相信,在某种情况下,他们有丢掉性命的危险;他们把此归结为某个超自然存在的设计;通过把人献祭于神,他们希望能满足神对人命的渴望,这样就把危险从他们自身转移掉了。人祭的主要原理正在于此,考察通常发生人祭的场合就能明白这一点。

人祭常常发生在战争中,战斗以前,或被敌人围困的时候。

　　恺撒这样写高卢人:"在他们中,参与战斗或身陷危险之人,或者把人献祭于神,或者发誓他们要这么做……;因为他们认为,如果不为了救某人的生命而拿另一个人的生命献祭,永生之神就不会发慈悲之心。"③卢希塔尼亚人开始军事行动前要把一个人和一匹马献祭于神。④ 在进入战场之前,或一场战斗打响前,或被敌人围攻期间,希腊人要把一个人献祭于

　　① Kuenen,*Religion of Israel*,i. 290 sq.

　　② 见上文第 197 页。关于带有替代性赎罪性质的活人献祭事件,见上文第66 页。

　　③ Cæsar,*De bello gallico*,vi. 16.

　　④ Livy,*Epitome*,49.

神,以确保胜利。① 战斗局势紧急的时候,摩押国王曾把他的 441
大儿子烧死,在城墙上献祭给神。②发生重大灾难时,例如战
火遍地时,腓尼基人会把他们最亲密的一些朋友献祭于神,这
些人祭都是通过专门投票选出来的。③ 与锡拉库扎的盖洛国
王战斗的时候,从黎明到黄昏,哈密尔卡将军把不可胜数的人
祭献给了神;④迦太基就要沦陷的时候,贵族家庭被迫交出他
们的两百个儿子,献祭于太阳神。⑤ 按照印度教经文和传统,
贡献一个人祭就有望取得战争胜利。⑥ 在印度斋浦尔,人们
是用人祭来安抚"血红的战神"的。"因而,在战斗前夕,要建
筑一个新要塞或一个重要村寨的时候,或是要规避什么危险
的时候,就必定用人血来安抚这嗜血的存在。"⑦在贝宁王国,
若敌人攻到了城下,人人自危,就杀人行祭。⑧ 约鲁巴人在国
家需要的时候实行人祭。⑨ 在奴隶海岸一带说埃维语的人们
那里,"在战时,发生瘟疫时,有重大灾难时",实行人祭的事经

---

① Pausanias,iv. 9. 4 *sqq.* ; ix. 17. 1. Plutarch,*Themistocles*,13. *Idem*,*Aristides*,
9. *Idem*,*Pelopidas*,21 *sq.* Lycurgus,*Oratio in Leocratem*,(ch. 24) 99. Apollodorus,
Bibliotheca,iii. 15. 4. Porphyry,*De abstinentia ab esu animalium*,ii. 56. Geusius,*op.
cit.* i ch. 16 *sq.* Stengel,*op. cit.* p. 115 *sq.*

② 2 *Kings*,iii. 27.

③ Porphyry,*op. cit.* ii. 56.

④ Herodotus,vii. 167.

⑤ Diodorus Siculus,xx. 14.

⑥ Chevers,*op. cit.* p. 399.

⑦ Campbell,*Wild Tribes of Khondistan*,p. 52.

⑧ Ling Roth,*Great Benin*,p. 72.

⑨ Ellis,*Yoruba-speaking Peoples of the Slave Coast*,p. 296.

常发生①。塔希提人则常常在战争期间或打仗搞得人们焦虑不安时供奉人祭。②

　　获胜以后，人们把胜利归于神的帮助，就把战俘献祭于神。有学者称人祭就是感恩；③不过在多数情况下，贡献人祭或者是为了履行以前发出的誓言，或者是为了诱使神将来再恩宠和眷顾。④ 在婆罗洲的卡扬人那里流行这样的习俗：战俘被带到敌国后，"就把他杀死，寄望他能带来繁荣，并废除敌人对他们土地的诅咒"。⑤

　　实行人祭也是为了阻止或预防传染病。

442　　腓尼基人不仅在战时，也在瘟疫时期"把他们最亲密的一些朋友献祭"。⑥ 古希腊人在相似情形下也借助于人祭。⑦ 遭遇重大危险的时候，例如传染病肆虐的时候，古代意大利人就发誓，他们愿意把第二年春季出生的所有生命都献祭于神。⑧ 在瑞典的西哥特兰岛，人们决定用人祭阻止瘟疫，恰巧两个儿

---

① Idem, *Ewe-speaking Peoples of the Slave Coast*, p. 117.

② Ellis, *Polynesians Researches*, i. 276 *sqq.*, 346.

③ Diodorus Siculus, xx. 65 (Carthaginians). de Molina, *loc. cit.* p. 59 (Incas); &c.

④ Ellis, *Tshi-speaking Peoples*, p. 170. Cruickshank, *op. cit.* ii. 173. Dubois, *Character, Manners, and Customs of the People of India*, p. 488. Jordanes, *De origine actibusque Getarum*, 5(41). *Cf.* Jephthah's vow (*Judges*, xi. 30 *sqq.*).

⑤ Brook, *Ten Years in Sarawak*, ii. 304 *sq.*

⑥ Porphyry, *op. cit.* ii. 56.

⑦ Geusius, *op. cit.* i. ch. 13. Stengel, *op. cit.* p. 116. Frazer, *Golden Bough*, iii. 125 *sq.*

⑧ Festus, *De verborum significatione*, 'Ver sacrum,' Müller's edition, p. 379. Nonius Marcellus, *De proprietate sermonis*, 'Versacrum,' p. 552. Servius, *In Virgilii Æneidos*, vii. 796.

童乞丐走进来了，人们就这样把他俩活埋了。① 同样是为了抵御瘟疫，丹麦的弗岛有一个传统，即要把一个儿童在坟场活埋。② 在楚科奇人那里，1814 年爆发了一场严重的传染病，夺走了人和驯鹿的生命，萨满教僧人施行了平常所用的魔法，但无济于事，于是决定选择其中一个最受尊重的酋长充作人祭，以抚慰发怒的神灵。③ 在贝宁王国，"医生们宣布某人因欧格沃神而死的时候，如果他们认为一场传染病迫在眉睫，他们可以告诉欧沃拉米（国王），说欧格沃神生气了。接着国王可取一男一女作人祭，整个城市都可鸣枪击鼓。带出来这一男一女后，法师首领可这样祈祷——'哦，欧格沃神，您是大能大德之人；别让疾病在贝宁滋事。让所有农场丰收在望，让每一妇女都生人子。'"④同样是在贝宁王国，每年在国王欧沃拉米的父亲阿多罗的忌日，都要用十二个人和各种动物行祭。国王欧沃拉米会大声呼唤其父的名字，说下面的话："哦，阿多罗，父亲，眷顾阿多（即贝宁王国）吧，别让任何疾病来袭，眷顾我和我的人民，我们的奴隶，牛，山羊，家禽，以及农场里的所有东西。"⑤

人们也借助于人祭终止毁灭性的饥馑。

---

① Afzelius, *Swenska Folkets Sago-Häfder*, iv. 181.

② Nyrop, *Romanske Mosaiker*, p. 69. n. 1.

③ von Wrangell, *Expedition to the Polar Sea*, p. 122 *sq*.

④ Moor and Roupell, 转引自：Read and Dalton, *Antiquities from the City of Benin*, p. 7；以及：Ling Roth, *Great Benin*, p. 71 *sq*.。

⑤ Moor and Roupell, 转引自：Ling Roth, *op. cit*. p. 70 *sq*.；以及：Read and Dalton, *op. cit*. p. 6。

443　　　　　　据说古希腊人①与腓尼基人②都有过这种做法。在一场严重的饥荒中,若奉献了像牛和人这样重大的祭品后,仍无济于事,瑞典人就把他们自己的国王多麻尔第祭献出去。③ 中国史书告诉我们,汤这位崇高而虔诚的人推翻了商朝,④即位之后,发生了连续七年的干旱和饥馑。后来就有人提出,应以人祭天、祈雨,汤回答道:"若必以人祷,吾请自当。"⑤直至近些时候,下孟加拉的神职人员在饥荒季节还把儿童献祭给湿婆;例如,1865 年和 1866 年,他们就曾这么做以避免饥荒。⑥

对于依赖农业过活的人们来说,庄稼收成不好就意味着饥饿和死亡,⑦因而他们就把这归结为某一超人存在——例如土地神、晨星、太阳、雨神——的凶残构想。他们希望能够通过把人献祭给那个存在,来消除它对人血的渴望;一些地方的人们只在真正发生饥馑以后才行人祭,另一些地方的人们则试图通过人祭预防饥馑。我认为,上面就是对以人祭来获得好收成这一习俗的正确解释,弗

① Pausanias,vii. 19. 3 *sq.* Diodorus Siculus, iv. 61. 1 *sqq.* Geusius, *op. cit.* i. ch. 14.

② Porphyry, *op. cit.* ii. 56.

③ Snorri Sturluson, 'Ynglingasaga,' 15, in *Heimskringla*, i. 30.

④ 原文如此。——译者

⑤ Legge, Religions of China, p. 54.

原书中暗示司马迁等人记载了"若必以人祷,吾请自当"这句话及其背景。经查《史记》,并无此语。这句话系出自皇甫谧著《帝王世纪》。——译者

⑥ Hunter, *Annals of Rural Bengal*, i. 128.

⑦ *Cf.* Dleeman, *Rambles and Recollections*, i. 204 *sqq.*:"在印度,收成不好的季节造成的灾难性后果远比欧洲严重……印度四分之三以上的人口从事种植业,常年依靠土地为生……这里成千上万人会在荒季饿死,而在欧洲,荒季给各阶层带来的苦难很小。"

雷泽博士就列举了关于此习俗的很多事例。[①] 这一习俗与实际上发生的饥馑–祭祀事件之间的联系是显然的。这样，古代秘鲁人为了来年有个好收成，就在收获之后以儿童充作祭品；他们也不是每年都这样，而"只是在天气不好、当行祭祀的时候"才这样。[②] 在贝宁王国，"如果雨下得太多，那么所有的人都会从农庄里走出来作祭祀，祈求欧沃拉米（国王）行法术，以止雨。因而就会选取一个妇女，对着她祈祷，写好称颂雨神的一段话放到她的嘴里，接着就用棍棒把她打死，把尸体放到行刑树上，让雨看到……同样，如果日照过强，也会灼烧庄稼，欧沃拉米就会向太阳神行祭。"[③]有危险时就依替代原则行人祭，而替代原则也承认危险的程度可能差别很大；危险可能较为迫切，也可能较为遥远。这个说法适用于各种各样的人祭，而不仅仅是旨在影响收成的祭祀。我无法赞成弗雷泽博士审慎提出的假说，即杀死人作人祭是为了保证好收成，人祭被认为代表着谷神，因而就把该人杀掉。在我看来，弗雷泽博士并未提出令人满意的证据支持其假说；详细检视他所提到的有关事例，就能发现，这些事例与其他情形下的人祭密切联系，并且同样可以用替代原则加以解释。

弗雷泽博士说："坎德人有组织地实行人祭以确保好的收成，这是最著名的人祭事例。"依权威看法，[④]供奉被称作莫里

①　Frazer,*Golden Bough*,ii. 238 *sqq*.

②　Herrera,*op. cit*. ii. 111.

③　Moor and Roupell,转引自：Read and Dalton,*op. cit*. p. 7；also by Ling Roth,*Great Benin*,p. 71。

④　Campbell,*Wild Tribes of Khondistan*. Macpherson,*Memorials of Service in India*.

阿(*Meriahs*)的人祭是为了抚慰被称作塔里皮努(*Tari Pennu*)或贝拉皮努(*Bera Pennu*)的土地女神,但在弗雷泽博士看来,人们对待充作人祭的人死前和死后的做法表明,不能仅仅把人祭习俗看作抚慰神的祭祀。他说,人们相信莫里阿的肉和骨灰具有使土地肥沃的神秘力量,这与供奉人祭获取神的好意这一间接效能是两码事。因为,尽管一部分肉献给了土地女神,其余的肉各家户主要还是埋在自己的田地里,尸体其他部分的灰要撒到田地里,用作糨糊铺在谷仓里,或与刚收获的谷物混在一起。他们也认为人祭的血和泪具有同样的内在神秘力量,人祭的血让姜黄变红,泪会产生雨;他们相信莫里阿具有神秘力量,这也体现于他们相信,来自人祭肉身的任何东西——例如头发和唾沫——都有非凡的效力。根据弗雷泽博士所言,进一步考虑权威人士的说法,亦即人们把莫里阿视作"某种超出于凡人的东西",或者人们对莫里阿有"某种敬畏"——这种敬畏不大容易跟仰慕区分开来,如此就能得出结论:起初人祭可能代表着土地神或植物之神,到后来他才被视作献给神的祭品,而不是神的化身。[1]

在我看来,弗雷泽博士推理的前提完全不能成立。人们认为莫里阿具有神秘的力量,这"表明他远远不仅仅是一个要献给神、抚慰神的人"[2]——这是一个武断的假定。人们总是相信祭品具有那样的力量,但人们并不认为祭品起初就有这

---

① Frazer, *op. cit*. ii. 245 *sq*.
② *Ibid*. ii. 246.

样的力量,而是认为祭品与其所奉献的超自然存在发生接触、交流后才具有。正如坎德人的莫里阿要在村子里传来传去,从这一家传到那一家,有的人拔他的几根头发,有的人乞求他吐口唾沫。过游牧生活的墨西哥阿拉伯人逢穆斯林"大节"的时候,要把绵羊献祭给神,就会有个人穿着血淋淋的绵羊皮,从这个帐篷走到那个帐篷,用棍敲打每个帐篷,以此传达对帐篷内居民的祝福。这是因为这时他身上就带有"节日吉利的力量";充作祭品的绵羊的各个部位也被视作带有同样的力量,因此被用来传达那种神秘的力量。假如弗雷泽博士的论证方式是正确的,我们就只有得出结论:祭品最初是他所要祭献的神本身或神的代表。但是,这样的推论是荒谬的,而我们只要考虑到,在摩洛哥,献给圣人——例如一个死去的圣人——的每一件祭品都被看作分享了其神圣性,我们就能清楚地意识到上述推论的荒谬性。在这个圣人的节日,人们就会把动物和其他祭品献祭于他的坟墓;按习俗,圣人的后裔——他们有处理祭品的权利——会把屠宰掉的动物的肉分给朋友们,这样就能把圣人的赐福传递给吃肉的人;甚至献给圣人的蜡烛也出于同样目的被分送给亲友,人们认为蜡烛也能传递赐福。当然,适用于摩洛哥阿拉伯人的解释并不一定也适用于孟加拉的坎德人;但是应当记住,弗雷泽博士的论证基于以下见解——人们相信献给神的祭品具有神秘的力量,这表明人们曾经把祭品当作神来看待或当作神自身;而我列举的事实已确定性地证明了上述假定之武断。

　　这绝不是可对弗雷泽博士的假说提出的唯一一条反对意

见。在关于仪式的描述中,他强调仪式与农业的联系,但其程度远远偏离了权威人士的说法。麦克弗森先生说,对塔里皮努的活人献祭是由部落、部落分支或村社举行的公共祭祀,既在当地周期性的节日举行,也在希望抚慰神的特定情形下举行。实行人祭的场合包括:"因病死亡的人口出奇地多;许多妇女在分娩时丧命;羊群或牛群中有大量家畜病倒,或被野兽骚扰;绝大多数庄稼长势很差或歉收";头人的家庭——他们的际遇被视作能说明塔里皮努对部落的态度——发生重大灾祸,人们认为这是无法轻易躲避的神谴,当这一征象出现时也需要举行人祭。[1] 此外,除了这些涉及公众和他人的人祭,个人为了避开塔里皮努对他们自身和家庭的惩罚,也会行人祭,例如,一个小孩为父亲看管羊群的时候被老虎叼走了。[2] 因而坎贝尔先生评论说,向土地女神行人祭,是"希望有个好收成,避免灾祸,确保一切顺利";[3]或者说人们希望"通过人祭这种形式,保证好的收成,确保不受任何疾病、事故的困扰"。[4] 按照另一位权威人士罗素先生的说法,围着人祭跳舞时,集会的人群会对土地神郑重地说:"哦,神啊,我们献祭于您;赐给我们四季平安,五谷丰登,身体健康吧。"[5]坎德人并不仅仅借助于莫里阿的神秘力量来保证庄稼收成。有一个说

447

---

①　Macpherson,*op. cit.* p. 113 *sq.* 另见:*ibid*. pp. 120,128 *sqq.*.

② 　*Ibid*. p. 113 *sq.*

③ 　Campbell,*op. cit.* p. 51.

④ 　*Ibid*. p. 56. *Cf. ibid*. p. 73.

⑤ 　Russell,转引自:*ibid*. p. 54.

法是，一部分人肉要埋在村庄的神像附近，献祭于土地，一部分人肉则埋在村庄的边界；①法师祈愿的时候，会向女神说："让每个人都把一块人肉放到他的田地里，谷仓里，院子里。"②尸体的灰就撒到田地里，或"用以制作糨糊建造房子和谷仓"。③ 必须注意，在印度马吉代索的坎德人那里，行人祭的目的并非专为获得好收成，"而是在一般意义上为自己以及家人祈福，希望生活美满、事业发达"；④邻近的公国赤那克米底的大部分土地居住着奥雅人，他们行人祭并非仅仅献祭于土地神，"而是向众多神行祭，这些神能裁决生命和幸福"，特别是要向战争之神、大神和太阳神行祭。⑤ 现在，这些事实都完全与替代理论一致，而明明白白地背离了莫里阿代表着某一植物神这一假定。

进一步检视弗雷泽博士提及的其他事例，也能得出同样的结论。他说："居住在厄瓜多尔瓜亚基尔的印第安人，从前播种的时候，要用人血、人心行祭。"⑥不过权威人士谢萨·德·莱昂补充道，这些印第安人的头人生病的时候也行人祭，"以抚慰神的暴怒"。⑦ 弗雷泽博士写道："波尼族印第安人每

---

① 　Russell，转引自：*ibid*. p. 55。

② 　Macpherson，*op. cit.* p. 122 *sq.*

③ 　*Ibid*. p. 128.

④ 　Campbell，*op. cit.* p. 181.

⑤ 　*Ibid*. p. 120. i. p. 197：奥雅人"在重要场合行人祭，例如要打仗时，在某重要村庄修建堡垒时，要规避灾难时。"

⑥ 　Frazer，*op. cit.* ii. 238.

⑦ 　Cieza de Leon，*La Crónica del Perú* ［parte primera］，ch. 55（*Biblioteca de autores espanoles*，xxvi. 409）.

年春季播种时都要行人祭。他们相信,是晨星或晨星送来的
充作信使的某只鸟要他们行人祭……他们认为,如果不行人
祭,玉米、豆类和南瓜这些庄稼就会绝收。"① 弗雷泽博士引用
的詹姆士以及其他权威人士也说,行人祭是为了抚慰晨星,②
晨星尤其被波尼人中唯一行人祭的部族斯加地人所崇拜。③
疾病、灾难及个人的种种不幸常常被说成是触怒了天体的结
果;④ 对晨星行祭的目的也被明确说成是"规避晨星施加的有
害影响"。⑤ 按照邓巴先生⑥——弗雷泽博士没注意到他的有
关重要论文——的说法,"设计这种残酷的祭祀,就是要抚慰
那个存在,获得好收成"。邓巴继续说道:"因而有种说法是他
们认为晨星掌管农业,但这种说法不对。他们向那个星星行
祭,是因为害怕它,设想它如有恶意就会施加有害影响。还有
种说法,认为每年都要行祭。这也是错误的。只有在发生了
特别的事情,他们认为需要行祭的时候,他们才行祭。"⑦ 现在
的印第安人说他们是向"普世存在而万能的"提拉娃这一至高
的存在或神行祭。⑧ 一位曾多次目睹行祭仪式的老年头人向

---

① Frazer, *op. cit.* ii. 238.

② James, *Expedition from Pittsburg to the Rocky Mountains*, i. 357. Grinnell, *Pawnee Hero Stories and Folk-Tale*s, p. 357. Dunbar, 'Pawnee Indians, in *Magazine of American History*, viii. 738.

③ Dunbar, *loc. cit.* p. 738.

④ *Ibid.* p. 736.

⑤ Grinnell, *op. cit.* p. 357.

⑥ 邓巴先生"在波尼人中出生、长大,直到成年,他熟悉他们,近些年来他常常回访这个部落"(Grinnell, *op. cit.* p. 213)。

⑦ Dunbar, *loc. cit.* p. 738 *sq.*

⑧ Grinnell, *op. cit.* pp. 357, 358, xvii.

格林内尔先生做了详细描述——"血、水牛肉以及燃烧着的尸体的烟气升向空中,所有的人就都向提拉娃祈祷,沿着火行走,一把把地抓住烟气抛向自己及孩子身上,祈祷提拉娃怜悯他们,给他们健康,让他们取得战争胜利,让他们丰收……提拉娃似乎也总是接纳这种祭祀,如果斯加地人行祭了,他们总是在战争中有好运,总是获得丰收,他们总是过得不错。"①那么,按照上面的描述,波尼人行人祭正如坎德人,并非专门的农业仪式,而是为了规避各种危险。而邓巴先生对 1838 年 4 月施行人祭的最后一个实例的描述,也表明了这一点。斯加地人在上一个冬季出去狩猎后不久,就与达科他人里的奥加拉拉人发生了一场战斗并获胜,他们担心后者会依仗人多势众突然袭击施加报复,于是为了安全,他们还没来得及捕捉到足够多的野牛,就返回了村庄。"几乎没有吃的,他们生活得很艰难,由于缺乏饲料损失了许多马匹,更糟糕的是,一个俘虏被证实患有天花,天花迅速在这帮人中传染开来,到了春天又传染到部落其他人那里。这些灾难不断累积起来,斯加地人把这归结为晨星发怒了;相应地,他们决定再行祭祀,满足晨星的喜好,而这就完全违反了两年前做出的不再行祭的规定。"②

　　印度的贡德人以前常常绑架婆罗门男孩,准备把他们用于各种场合下举行的祭祀活动。③同理,也没有什么理由认

449

①　*Ibid*. p. 367.

②　Dunbar,*loc. cit*. p. 740.

③　Frazer,*op. cit*. ii. 241.

为这些男孩被看作代表着某一精灵或神。贡德人会把男孩献祭于他们崇拜的主要对象比姆森,其形象是在石头上或树上镶嵌的一块铁,[1]这样的祭祀出于各种各样的由头:"有时是为了使婚姻神圣化,有时是要祈求土地丰腴,有时又是抚慰主宰流行瘟疫的邪恶鬼魂",有时"在一场打斗前夕"希望获胜。[2]

弗雷泽博士写道:"在几内亚的拉各斯,有这样一个习俗,每年春分以后都要用尖桩把一个女孩子活活钉死,祈求好收成……贝宁以前也每年都举行类似的祭祀。"[3]但是,弗雷泽博士忽略掉了他引用的两位权威人士提到或间接涉及的一个重要事实,这一事实揭开了人祭习俗的谜底,表明习俗与谷神没有什么关系。亚当斯说,用尖桩把一个年轻妇女钉死,这是为了"满足主宰雨季的女神的喜好,让她带来繁荣富裕"。[4]布希讲:"在贝宁,拉各斯等地土著直至现在还长期流行这一习俗:雨季开始时要用尖桩钉死一个女孩子,希望神灵为庄稼带来好收成。"[5]这些叙述表明,行人祭是为了影响降雨,庄稼说到底离不开雨。伯顿爵士明确证实,人祭的直接目的就是祈雨。他在贝宁看到,"一个青年女子被绑到了枯树顶上,兀鹰把她吞食净尽。人们宣称人祭是个'神物',有神秘力量,能带来雨水。"[6]我们前面也注意到,若雨水过多,或日照太强,

---

[1]　*Panjab Notes and Queries*,§550,vol. ii. 90.

[2]　*Ibid*. §721,vol. ii. 127 *sq*.

[3]　Frazer,*op. cit*. ii. 239.

[4]　Adams,*Sketches taken during Ten Voyages to Africa*,p. 25.

[5]　Bouche,*Sept ans en Afrique occidentale*,p. 132.

[6]　Burton,*Abeokuta*,i. 19 n.[*]

庄稼可能会被糟蹋掉,贝宁人也会借助于人祭阻止这些灾祸发生。① 所有这些事例,都可用替代理论解释。

为了防止干旱和饥馑而行人祭祈雨,这样的习俗显然并不限于西非。古代墨西哥人在历法年的伊始,要牺牲许多战俘和买来的用于行祭的儿童,献给诸位水神,诱使他们下雨,满足庄稼需要。② 危地马拉的皮皮尔人每年都要庆祝两个节日,一个在雨季之始,一个在旱季之始,此时都要行人祭。③ 关于印度比尔布姆西南部的土著部落,亨特爵士"隐隐约约听说,他们在森林里行人祭,以祈求雨水早日到来"。④ 关于向宙斯・莱卡翁行人祭,这一问题晦暗不明,人们对此有很多猜测,⑤我不敢再提出什么明确的看法,但或许我在这里完全可以提请注意这个事实:人祭于宙斯・莱卡翁教派乃显要之事,而宙斯・莱卡翁被视作行雨之神。⑥ 古希腊人行人祭的传统、传说表明,他们并非不熟悉通过行人祭而获得雨水这一思想。一个叫莫比斯的人曾在干旱时自愿把自己献祭于雨神宙斯・翁布里俄斯。⑦ 普萨尼亚斯告诉我们,有一次,希腊持续

---

① 见上文第 443 页。

② Sahagun, *Historia general de las cosas de Nueva España*, i. 50. Torquemada, *Monarchia Indiana*, ii. 251. Clavigero, *op. cit.* i. 297.

③ Stoll, *Ethnologie der Indianerstämme von Guatemala*, p. 46.

④ Hunter, *Annals of Rural Bnegal*, i. 128.

⑤ See Immerwahr, *Die kulte und Mythen Arkadiens*, i. 16 *sqq.*。罗伯逊・史密斯教授提出,向宙斯・莱卡翁行人祭最初就是某个狼部落的食人宴(Robertson Smith, 'Sacrifice,' in *Encyclopædia Britannica*, xxi. 136)。

⑥ Pausanias, viii. 38. 4. Farnell, *op. cit.* i. 41.

⑦ Farnell, *op. cit.* i. 42.

干旱,就派信使造访德尔斐询问原因,并祈求灾难停止。德尔斐的祭司就告诉信使,要抚慰宙斯,而且爱考士应成为调解者;通过向所有希腊人的神宙斯行祭、祈祷,爱考士为希腊取得了雨水。[①] 不过狄奥多罗斯还是说,干旱和饥馑尽管不再困扰希腊的其他地区,却仍然让阿提卡度日维艰,于是雅典人不得不再一次求助神谕。这时给他们的回答是:他们必须为杀害安德洛革俄斯赎罪,他的父亲要他们怎么赎罪他们就得怎么赎罪。后者提出需满足的条件是,每隔九年把七个男孩和七个女孩送给牛头怪弥诺陶洛斯吃掉,而且只要牛头怪还活着就不能停。雅典人照办了,灾难就停止了。[②]

　　下面的事例说明为农业上的目的行人祭与其他形式的人祭有密切关系,也应该作为重要的依据提及。根据斯特基,弗吉尼亚某些地方的印第安人每年都要把儿童献祭。他们认为必须这么做,如果不做,他们就料想,他们的神“会让他们不再有鹿、火鸡、谷物和鱼”,更有甚者,神还会“在他们中搞一场大屠杀”。[③]

人要维持生计,不仅要有食物,还要有饮用水。因而,在大地不能给他们供水的时候,他们会认为,这是在威胁他们的性命,牺牲一个人替代他们就可避开威胁。

　　在以前的印度,“若新挖掘的蓄水池没有很多水”,就会向

---

①　Pausanias, ii. 29. 7 *sq.*

②　Diodorus Siculus, *op. cit.* iv. 61. 1 *sqq.*

③　Strachey, *History of Travaile into Virginia Britannia*, p. 95 *sq.*

451

几个小神行人祭。[1] 例如,在卡提瓦半岛,若挖了一个水塘,水塘里没有水,就会以某人作祭品;"以村社头人的女儿作牺牲,抚慰了当地的神灵以后",孟买的瓦德拉湖"才开始有水"。[2] 有这么一个传说,桑格湖的湖床总是干涸,负责挖掘桑格湖的人"在梦中被告知,或者某个法师告诉了他,除非他同意以他的女儿——当时还是个女孩子——以及与其女儿订立了婚约的男孩作为人祭献给当地的保护神,否则桑格湖还会继续干涸。他就在将要当作湖床的洼地中央建了一个小神庙,把两个孩子放了进去,并建好了门道。他刚做好这些,低洼处就整个漫满了水"。[3] 坎贝尔上校建造了一个大蓄水池,里面的水却消失了;他那时正在拯救坎德人里的莫里阿,有人断定他在收集祭品,以便在平原上向水神祭拜。[4] 按照普萨尼亚斯讲述的一个故事,哈利阿都斯地区起初干旱无雨,当地的一个头人就到了德尔斐,询问怎么才能在地里找到水。"德尔斐的祭司命令他,回到哈利阿都斯去,杀死路上碰到的第一个人。这位头人回来以后碰到了他的儿子洛菲斯,他毫不犹豫举剑击中了这个年轻人。洛菲斯带着最后的生命气息乱跑,在他流血的地方,水就从地上涌了出来。由此形成的河就叫洛菲斯河。"[5]

452

---

① 　Rájendralála Mitra, *op. cit.* ii. 111.

② 　Crooke, *Popular Religion of Northern India*, ii. 174.

③ 　Sleeman, *Rambles*, i. 129 *sq.*

④ 　Campbell, *Wild Tribes of Khondistan*, p. 129.

⑤ 　*Pausanias*, ix. 33. 4.

供奉牺牲也是为了避开来自海洋或河流的危险。

　　奥利斯地方的希腊人曾饱受恶劣天气之苦，只得以伊菲革涅亚为牺牲，以平息暴风。[①] 斯巴达王墨涅拉俄斯因献祭了两个儿童而被埃及人迫害，当时的情况是：他想要启航，而逆风阻滞了他。[②] 按照某雅典作者，神谕指示最初来到莱斯博斯岛的殖民者，把一个处女丢进海里，献给海神波塞冬。[③] 塞克斯图斯·庞培把一些人扔进海里，献给海神尼普顿。[④] 哈密尔卡也遵循其国民的习俗，把一批僧侣扔进海里，献给海神。[⑤] 撒克逊人要离开高卢海岸启航回家的时候，把十分之一的俘虏充作人祭。[⑥] 斯堪的那维亚半岛的维京人在新船下水的时候，要把一个人祭绑在下水滑道上，如此就以人祭之血染红了船的龙骨。[⑦] 1784 年，的黎波里的某长官有一只新游艇要下水，就把一个黑人奴隶带上来，绑在船头。[⑧] 斐济人在独木舟下水的时候，以活着的奴隶的身体作滑道，[⑨]或者按另一描述，在一只大独木舟下水的时候，他们会抓住碰到的第一

453

---

①　Aeschylus, *Agamemnon*, 215 *sq.*

②　Herodotus, ii. 119.

③　Athenæus, *Deipnosophistæ*, xi. 15.

④　Dio Cassius, *Historia Romana*, xlviii. 48.

⑤　Diodorus Siculus, xiii. 86.

⑥　Sidonius Apollinaris, *Epistulæ*, viii. 6. 15.

⑦　Vigfusson and Powell, *op. cit.* i. 410；ii. 349.

⑧　Simpson，转引自：Grant Allen, *Evolution of the Idea of God*, p. 263。

⑨　Erskine, *Cruise among the Islands of the Western Pacific*, p. 249.

个人，无论男女，把他带回家以备献祭。① 如新船属于他们中
最有权力的头人，就会在甲板上杀死十个或更多的人，如此以
人血洗船。②

印第安人中的祖尼人有一个传统，若他们的谷地积水而
有洪涝，居民出于安全只有逃向一个几百英尺高的台地；若水
继续上涨，甚至要淹没台地，法师就会以一个小伙子和一个处
女为牺牲抚慰神。③ 塞琉古·尼卡托尔在奥伦提斯河畔建造
了安条克城，高级祭司就把一个处女献祭于该城与河流之间
的某个地方，④想必是为了防止城池被泛滥的河水所淹。改
宗了的法兰克人在国王狄奥德伯特率领下向意大利进军，去
与维蒂西斯领导下的哥特人战斗，要渡波河的时候，他们就以
所发现的哥特人的孩子和妻子为牺牲，把他们的尸体丢进河
里——根据普罗科庇乌斯，他们以此"作为战争的初步成
果"。⑤ 在罗马，每年的罗马历 5 月 15 日，维斯塔贞女都要从
苏布里申大桥把灯芯草做成的三十个草人丢进台伯河；罗马
人自己认为，在更早的一个时期，被扔进河里的是活人，后来
赫拉克勒斯首先用稻草人代替活人。⑥ 在西非，人们也常常

---

① Wilkes, *U. S. Exploring Expedition*, iii. 97. *Cf.* Williams and Calvert, *op. cit.* p. 175.

② Wilkes, *op. cit.* iii. 97.

③ Stevenson, 'A Chapter of Zuni Mythology,' in *Memoirs of the International Congress of Anthropology*, Chicago, p. 316.

④ Malala, *Chronographia*, viii. 255 (200).

⑤ Procopius, *Bellum Gothicum*, ii. 25.

⑥ Ovid, *Fasti*, 621 *sq.* Dionysius of Halicarnassus, *Antiquitates Romanæ*, i. 38. Hartland, *Legend of Perseus*, iii. 78.

向河流贡献人祭。埃利斯少校说，布拉河河畔的每一个城镇及较大的村庄都要在 10 月中旬的某一天把人祭献给此河。"经常有人在这条河里丧生——有的人企图在发水时过河，有时水位暴涨，在深而急的水流一带也总要发生数以百计的小事故；于是，布拉河之神就被视作恶毒之神，就要行人祭。在以前，通常要以两个成年人为牺牲，一个男的，一个女的……要在河畔把他们斩首，用他们的血洗神凳、神像。接着把尸体割成许多块，尸块就分别丢入河畔的红树林或莎草丛，让鳄鱼吃掉——布拉河里的鳄鱼被看作神圣之物。"①按照卡蒂伯爵的说法，尼日尔河三角洲居于河畔的部落以前常常以一个黄铜肤色的女孩为牺牲，抚慰河神，女孩要想方设法从居住在新卡拉巴尔——有些作者称之为阿尔比诺——内陆深处的伊博人部落那里搞到；似乎这个习俗还在英国的这个保护领地流行。②伊博人自己习惯于把人扔进河里，让短吻鳄或鱼吃掉，或者把人绑在河畔的树上或树枝上，把他们丢在那里，任其饿死。③在中非的东部，也向河流行人祭。④在东印度群岛，有各种这样的传统，要把人祭献给海里的鳄神。⑤

迄今为止，我们考察的人祭事例多与大众关心的事务有关，都

① Ellis, *Tshi-speaking Peoples*, p. 64 *sq*. Cf. *Idem*, *Land of Fetish*, p. 122.

② Comte de Cardi, 'Ju-Ju Laws and Customs in the Niger Delta,' in *Jour. Anthr. Inst.* xxix. 54. Cf. Mockler-Ferryman, *British Nigeria*, p. 235.

③ Schoen and Crowther, *op. cit.* p. 49.

④ Macdonald, *Africana*, i. 96.

⑤ Tylor, 'Anniversary Address,' in *Jour. Anthr. Inst.* xxi. 408. Hartland, *op. cit.* iii. 70 *sq*.

是通过杀死一个或若干个人来保障众多人的生命安全。但也有另一种情况,即以替代的办法行人祭的目的是防止某一特定个体,特别是头人或国王的死亡,为他祛病,为他延年益寿,等等。

在危地马拉,若有重病,各种办法都已尝试但无效果,人们就会借助于人祭。[①] 关于瓜亚基尔的印第安人,谢萨·德·莱昂说:"头人们病了,为了平息神的愤怒,为头人祈健康,他们就杀死人(我听说是这样),行带有迷信色彩的祭祀,他们认为人血是感恩的祭品。"[②]阿科斯塔写道:"秘鲁印第安人从前常常把四岁到十岁的小孩子用作祭品,多数情况下这都与国王的事有关,例如他生病了为他祈求健康,他去打仗为他祈求胜利,或者人们把花环交给一个新国王的时候——花环是国王的标志,一如在我们这里的权杖和王冠。在此庄重的场合,他们就会牺牲两百个四岁到十岁的儿童……具有类似资格或同类身份的任一印第安人生了病,祭司确切无疑地告诉他他就要死掉了,他就会把自己的儿子献祭给太阳神或维拉可卡神,希望神能对他满意,不再夺走他的性命。"[③]根据莫利纳:"国王即位以后,就要(以儿童)为祭品行祭,这样被崇拜的圣像(*huacas*)会让他健康,让他统治的疆土和平。"[④]赫雷拉告诉我们,在古代秘鲁人那里,若某一要人生病,法师也

455

---

①　Stoll,*op. cit.* p. 48.

②　Cieza de Leon, *La Crónica del Perú* [parte primera], ch. 55 (*Biblioteca de autores españoles*, xxvi. 409).

③　Acosta,*op. cit.* ii. 344.

④　de Molina,*loc. cit.* p. 55.

预言他会死去,就会以病人的儿子施行人祭,"希望被崇拜的圣像能对他满意,不再夺走父亲的性命"。[1] 此外,加西拉索·德拉维加否认印加王国曾存在这样的习俗,[2]不过他断言,在印加人统治这片土地以前,秘鲁印第安人在某些场合下以自己的孩子为祭品。[3] 按照杰雷斯的说法,一些秘鲁印第安人每月都要用自己的孩子行祭,以血涂抹圣像的脸和神庙之门。[4] 汤加群岛岛民有一种称作那唔及亚(*nawgia*)的仪式,要把孩子扼死,行祭于神,以此让某一患病亲属痊愈。一位向我们提供消息的人士讲:"所有的旁观者都会非常怜悯这无辜的小孩子;但他们认为,以儿童为牺牲帮助生病的头人痊愈并无不妥,因为儿童当下对社会毫无用处,也不一定会成为对社会有用的人,而头人为所有的人敬重,所有人都视尊重、捍卫、保护头人为最重要的义务,认为他活着于国家有益。"[5]塔希提人在其统治者患病时也行人祭。[6] 在菲律宾,人们认为是祖先魂灵让世人生病,若国君患了重病或生命垂危,就要杀死奴隶,以安抚怀有恶意的祖先魂灵。[7] 在达雅克人那里,若某头人"患了病或要出远门,通常他会向着他的部落许愿,希望他能痊愈或安然返回。若他死去了,部落通常会以一人或两

---

① Herrera,*General History of the West Indies*,iv. 347.

② Garcilasso de la Vega,*op. cit.* i. 131.

③ *Ibid.* i. 50.

④ Jerez,'Conquista del Perú,' in *Biblioteca de autores espanoles*,xxvi. 327.

⑤ Mariner,*Natives of the Tonga Islands*,ii. 220.

⑥ Ellis,*Polynesian Researches*,i. 346.

⑦ Blumentritt,转引自:Wilken,'Ueber das Haaropfer,' in *Revue coloniale internationale*,1887,i. 364 sq. 。

人为其牺牲行祭。"[①]印度南部的班吉里鲁人是伟大的行商，他们曾有个习俗——"出发以前，要搞到一个小孩子，把他埋到地里，只让肩膀以上露出地面，接着就驱动载了货的阉牛碾压这不幸的祭品，阉牛越是能彻底把儿童践踏致死，他们会越发相信这次外出经商的旅程能成功。"[②]在印度，为了拯救国王的生命，也会向茜蒂卡女神（Chandiká）行人祭。[③] 替代观念也很能够解释如下事例——据报道，1861年，某头人在父亲去世就任头人时，把一个女孩子献祭于斋浦尔城的多迦女神庙；[④]勒登布尔的一个头人每年都把一个婆罗门献祭给提毗女神。[⑤] 在贝宁王国，每年雨季结束时，负责保管念珠的男孩们都要把国王的所有念珠拿出来。他们把念珠堆成堆，让一个奴隶跪在念珠上。国王就用矛割、打奴隶的头，让血流到念珠上，对念珠说："念珠，我戴上你的时候，给我智慧吧，不要让任何恶魔或坏东西靠近我。"接着再对奴隶说："看到恶魔首脑的时候，把我的话传给他。"奴隶就被带出去斩首，然后再把他的头颅带进来，让念珠触到头。[⑥] 在古代高卢人那里，若生了非同寻常的重病，就会行人祭，或者许

① Pfeiffer, *A Lady's Second Journey round the World*, i. 86.

② Cain, 'Bhadrachellam and Rekapalli Taluqas,' in *Indian Antiquary*, viii. 219.

③ Crooke, *Popular Religion in Northern India*, ii. 168.

④ *North India Notes and Queries*, § 310, vol. i. 40.

⑤ *Panjab Notes and Queries*, § 869, vol. ii. 162.

⑥ Moor and Roupell, 转引自：Read and Dalton, *op. cit.* p. 7；以及：Ling Roth, *Great Benin*, p. 71。

诺会行人祭。① 伊林格萨迦里说,国王奥恩把九个儿子一个
接一个地献祭给奥丁神,以延长自己的寿命。② 按照马可洛
比乌斯,古代罗马人会把儿童杀死,献祭给玛尼亚女神——家
神拉雷斯的母亲,"以改善家庭成员的健康状况"。③ 苏埃托
尼乌斯说,尼禄看到了一颗彗星,吓坏了,就拿一些罗马贵族
献祭,以防灾难降临到自己头上。④ 有一种说法,安提诺乌斯
牺牲掉自己,以延长哈德良的生命。⑤ 某人的死亡可以代替
另一人的死亡,这一观念仍在梵蒂冈流行。利奥八世因病
生命垂危,一个红衣主教死掉了,据说他的死拯救了教皇的
生命,天国对此人祭感到满意。在摩洛哥,如果谁死了一个
儿子或女儿,依习俗人们会对痛苦的父母说:"为什么你们要
难过呢? 你们的孩子把你们的厄运带走了。"叙利亚和巴勒斯
坦也流行相似的习俗。⑥

以人为祭品不仅是为了保护他人的生命,而且为了使他人
来到世间。人们把不孕归结为某个神灵,认为是神灵使得本可
自然而然出生的孩童无法出生。为了移除这个障碍,就要以
人——一般是孩童——为牺牲,让人祭充作替代品。我就是这
样来解释行人祭以促生育这种做法的,这个做法在印度特别

---

① Cæsar, *De bello gallico*, vi. 16.

② Snorri Sturluson, 'Tnglingasaga,' 25, in *Heimskringla*, i. 45 *sqq*.

③ Macrobius, *Saturnalia*, i. 7.

④ Suetonius, *Nero*, 36.

⑤ Spartian, *Vita Hadriani*, 14. Aurelius Victor, *De Cæsaribus*, 14. Dio Cassius, *Historia Romana*, lxix. 11.

⑥ Curtiss, *Primitive Semitic Religion To-day*, p. 208.

流行。

　　墨西哥的古代史告诉我们，特兹库坎人的国王奈萨瓦尔科杰特尔婚后已有数年，却仍无子女。"祭司们说，这是由于他忽视了他国家的神灵，唯一的补救措施就是以人祭抚慰神。"①按印度传统和书籍，能供奉人祭者，必有望多子多孙。②在孟加拉国锡莱特东部的杰因梯坡尔，人们把人祭献给卡莉女神，以求得子裔。③讲起萨斯坡尔山脉里的马哈第额砂岩山——它俯视着南面的纳尔布达，W. H. 斯利曼爵士说道："如果一个妇女没有孩子，她会向所有她认为能帮助她的神行人祭、许愿；如果神能赐予她所想要的，她会做出更大的承诺。如果发现小的承诺没有用，最后她会承诺，如果第一胎是男孩，她会把这个孩子献祭给毁灭之神马哈第额。如果她有了一个儿子，她会把她的誓言对他守口如瓶，直至他成长到青春期；这时她就会把誓言告诉他，吩咐他完成誓言。"从那时起他就会把自己看作是供奉给神的祭品，就会在马哈第额山的年度集会上，在一个垂直高度为四五百英尺的地方纵身跃下，在下面的岩石上摔得粉身碎骨。④按月天⑤讲述的一个故事，一个苦行僧告诉某妇女，如果她杀死自己年龄尚幼的儿子，把他

458

---

① 　Prescott, *History of the Conquest of Mexico*, p. 91.

② 　Chevers, *op. cit*. p. 399.

③ 　Macnaghten, 转引自:*ibid*. p. 397.

④ 　Sleeman, *op. cit*. i. 132 *sq*.

⑤ 　月天(Somadeva)，音译为"苏摩提婆"，季羡林译为"月天"。月天是公元11世纪印度人，《故事海》(*Kathsaritsara*)一书的编著者，该书是印度自古以来流传故事的汇编。——译者

献祭给神，她肯定还会再生一个儿子。[1] 在国王萨马卡的故事里，我们能发现相似的观念。国王有一百个妻子，但在某段年月内却连一个儿子都没有。最后终于有了一个儿子；但是他想要更多儿子，就问他家里的僧侣，是否能举行什么仪式，好让他拥有一百个儿子。住家僧侣回答道："国王！我着手举行一个仪式，你必须让你的儿子加图在仪式中充当祭品。如此不久以后，你就会有一百个漂亮的儿子。在加图的脂肪被火烧、供奉神的时候，母亲们会闻到烟的味道，就会生下一批勇武健壮的儿子。而加图也会投胎到他的生母，投胎为你的儿子；他的背上会有一个金色的印记。"于是国王把这个儿子供奉了出去，国王的妻子们闻到了人祭燃烧的味道；所有的妻子都怀上了孩子；十个月后，萨马卡的一百个儿子诞生了，加图是大儿子，由他以前的母亲生出来。但这个僧侣也就离开了人世，在环境恶劣的阴曹地府里被烈火烤炙好长一段时间，以此惩罚他的所作所为。[2]

在有些地方，人们杀死头胎子女是惯常的做法；在某些情况下，这个头胎专指儿子。

在澳大利亚以前的某些土著那里，母亲常常杀死自己的头胎子女，她相信这会促进她以后的生育。[3] 新南威尔士土

---

[1]　Crooke, *Popular Religion of Northern India*, ii. 173.

[2]　*Mahabharata*, Vana Parva, 127 *sq*. (pt. vi. p. 188 *sq*.).

[3]　Brinton, *Religions of Primitive Peoples*, p. 17 n.* *Cf.* Von Scherzer, *Reise der Oesterreichischen Fregatte Novara um die Erde*, iii. 32.

著的头胎子女,都要被部落中人吃掉,"以之为一种宗教仪式的一部分"。[1] 按照当地记载,[2]在中国的輆沐国,有活杀长子而食之的风俗。[3] 在英属哥伦比亚,有些部落的土著常常杀掉第一个子女,以祭太阳。[4] 按照拉莫恩·德·莫古斯的说法,佛罗里达土人之长子皆为奉献酋长的祭品。[5] 在东非森加罗地方的人那里,许多家庭"必须献祭头胎儿子,这是因为曾经出现过夏天和冬天都混杂到一个坏季节这么一种情况,田野里的果实也不能成熟,占卜师就吩咐要采用这样的人祭"。[6] 从前,不信基督教的俄罗斯人常常把自己的头生子女献祭给至上之神沛伦。[7] 按照《出埃及记》[8]和《民数记》[9]的说法,人及兽类的所有头生子女都属于主,但人的头生子女可以赎回,这似乎表明,希伯来人在较早的一个时期曾有把动物和人的头生子女都充作祭品的习俗。亚伯拉罕把自己的头生儿子献祭给上帝的故事以及关于逾越节起源的传统,似乎可以视为上述习俗的遗迹。[10] 在印度人那里,直至上个世纪初,许

459

---

① Brough Smyth,*Aborigines of Victoria*,ii. 311.

② 《墨子》里说:"昔者越之东有輆沐之国者,其长子生,则解而食之。"这是韦斯特马克所说习俗的原始出处。——译者

③ de Groot,*Religious System of China*(vol. ii. Book)i. 679.

④ Boas,in *Fifth Report on the North-Western Tribes of Canada*,pp. 46,52.

⑤ Bry,*Narrative of Le Moyne*,Descriptions of the Illustrations,34,p. 13. *Cf.* Lafitau,*Mœurs des sauvages ameriquains*,i. 181;Strachey,*op. cit.* p. 84.

⑥ Krapt,*Travels*,p. 69 *sq.*

⑦ Mone,转引自:Frazer,*Golden Bough*,ii. 52。

⑧ *Exodus*,xiii. 2. 15.

⑨ *Numbers*,xviii. 15.

⑩ See Ghillany,*op. cit.* p. 494 *sqq.*;Knenen,*Religion of Israel*,ii. 92;Frazer,*op. cit.* ii. 47 *sqq.*

多父母还把他们的长男或长女献祭给恒河。[①]

　　在有的情形下,杀死头生子女似乎不是为了献祭于神,而是为了当作某种药物吃掉。[②] 在其他情形下,杀死头生子女是真正的祭祀,并且在本质上显然属于替代性的祭祀。献祭儿童有时是为了拯救他们父母的生命,或增进家庭成员的健康,或促进生育——考虑到上述事实,看来很有可能献祭头生子女的习俗,事先就具有相似的目的。有些陈述明确提到了奉献头生子女的行为动机,这些陈述事实上强烈支持上面的看法。[③] 在英属哥伦比亚的海岸萨利什人那里,头生子女要献祭给太阳,"以使整个家庭健康幸福"。[④] 据报道,附近的库托纳卡人也是如此。母亲会对太阳祈祷:"我有孕在身。孩子出生后,我会把它献祭给您。怜悯我们吧。"[⑤]在东南非的一些部落,按习俗,如某妇女的丈夫在战斗中阵亡,她再嫁了,第二次婚姻后她所生的第一个孩子必须杀掉,不管这个孩子属于第一个丈夫还是第二个丈夫。这样的孩子被称作"长矛之子",如不杀死这个孩子,第二个丈夫就会死亡或遭遇其他事故,这个妇女也会不育。[⑥] 在某些地方的族群中,包括古代印度人,我们能发现这个信仰——儿子在某种意义上和父亲一样,儿子

---

① 　Rájendralála Mitra,*op*.*cit*. ii.70,76.

② 　见上文第 401 页。

③ 　*Cf*. Micah,vi.7:"我应该为了赎罪把我的头生子献出去吗? 应该因为灵魂之罪孽而献出身体之果实吗?"

④ 　Boas,*op*.*cit*.p.46.

⑤ 　*Ibid*.p.52.

⑥ 　Macdonald,*Light in Africa*,p.156.Frazer,*op*.*cit*. ii.51 *sq*.

固然是新生下来的，却是同一个人的新的表现形式。[①] 新生儿可能会危害父亲的生命，正如在古代条顿人[②]那里以及意大利的某些地方[③]流行的某种观念——如某人还活着时，却把自己的姓名给了儿子或孙子，他不久后就会死去。在巴西的图皮人那里，只要出生了一个儿子，父亲就要按习俗取一个新名字，[④]若某人杀死了一个敌人，他就会采用这个敌人的名字，以期既消灭敌人的肉体，也消灭敌人的灵魂。[⑤] 在卡菲尔人那里，"若一位母亲分娩了双胞胎，其中一个子女常常要被父亲杀掉，因为土著人认为，若父亲不把一块土放进其中一个孩子的嘴里，他就会变得没有力气。"[⑥]在其他一些情形下，杀死长子的做法也可能追溯到某个相似的信仰。461不过我无法查到能直接支持上述看法的事实。

　　为建筑奠基的时候也供奉人祭。这是一个分布很广的习俗，不仅存在于当今各种未开化或半开化的族群，事实上也存在于所谓的雅利安种族。[⑦] 我们能发现，印度传统和流行的信仰中就有

---

　　① Hartland,*op. cit.* i. 217 *sq.* von den Steinen,*Under den Naturvölkern Zentral-Brasiliens*,p. 336 *sq.* Leist,*Alt-arisches Jus Civile*,i. 189 *sqq. Laws of Manu*,ix. 8：
"丈夫使妻子怀胎，借胎儿形再生胎内，又由她而再次出生。"

　　② Storm,转引自：Noreen,*Spridda Studier*,Andra Samlingen,p. 4。

　　③ Placucci,*Usi e pregiudizj dei contadini della Romagna*,p. 23.

　　④ von den Steinen,*op. cit.* p. 337.

　　⑤ Staden,转引自：Andree,*Anthropophagie*,p. 103。

　　⑥ Kidd,*The Essential Kafir*,p. 202.托马斯先生使我注意到这种说法，我受惠于他。

　　⑦ Sartori,'Ueber das Bauopfer,' in *Zeitschrift für Ethnologie*,xxx. 5 *sqq.* Tylor,*Primitive Culture*,i. 104 *sqq.* Baring-Gould,*Strange Survivals*,p. 4 *sqq.* Trumbull,*Threshold Covenant*,p. 46 *sqq.* Grant Allen,*Evolution of the Idea of God*,p. 249 *sqq.* Liebrecht,*Zur Volkskunde*,p. 284 *sqq.* Andree,*Ethnographische Parallelen*,p. 18 *sqq.* Nyrop,*Romanske Mosaiker*,p. 63 *sqq.* Krauss,'Das Bauopfer bei den Südslaven,' in *Mittheilungen der Anthropologischern Gesellschaft in Wien*,xvii. 18 *sqq.* Wuttke,*Der deutsche Volksaberglaube der Gegenwart*,§ 440,p. 300 *sq.*

它的踪迹。[1] 据说印度王公以前常常以人血为公共建筑奠基。[2]
格里尔森先生曾要为某比哈尔农民的住处拍照,这个家庭的祖母
就不许任何小孩子出现在照片中,她的理由是,政府正在甘达克河
上建桥,想把一些孩子埋在地基下。[3] 古代罗马人有个古老的习
俗——把某人的雕像或画像放置于他们的建筑物的地基下。[4] 在
扎金索斯岛,农民至今还相信,要让桥梁和要塞这样的重要建筑经
久耐用,可取的做法就是把某人,特别是一个穆斯林或犹太人埋在
现场。[5] 南斯拉夫的民间故事提到过这样的事——把一个妇女或
儿童埋在墙里,充作奠基的祭品。[6] 在塞尔维亚,若一个城市不把
某个人或其影子埋进城墙,人们就会认为这个城市不安全;[7]据说
现在保加利亚人要建设建筑物的时候,还要拿一根线测量某偶然
路过的人的影子,然后把线埋在奠基石下,那个路人预计不久就死
掉。[8] 罗马尼亚也流行相似的习俗。[9] 据南尼厄斯,戈提杰恩要在
威尔士建设达纳斯·艾姆里斯城堡的时候,筑城所筹的建筑材料
曾一夜之间被什么东西运走了;就这样筹备了三次材料,材料三次
被运走。他就问他的督伊德:"这灾祸是怎么回事?"督伊德们告诉

462

---

[1] Winternitz, 'Bemerkungen über das Bauopfer bei den Indern,' in *Mittheil. Anthr. Gesellsch. in Wien*, xvii. [37] *sqq.*

[2] Wheeler, *History of India*, iv. 278.

[3] Grierson, *Bihar Peasant Life*, p. 4.

[4] Coote, 'A Building Superstition,' in *Folk-Lore Journal*, i. 23.

[5] Schmidt, *Volksleben der Neu-Grie-chen*, p. 197.

[6] Krauss, *loc. cit.* p. 19 *sqq.*

[7] Ralston, *Songs of the Russian People*, p. 127.

[8] *Ibid.* p. 127. Krauss, *loc. cit.* p. 21.

[9] *Folk-Lore Record*, iii. 283.

他,必须找到一个其父不为人知的小孩,杀死他,城堡要在哪里建,就把他的血洒在那个地方的地面上。[1]　根据苏格兰的某个传说,圣科伦巴曾在爱奥那岛建一座大教堂,把墙建起来后墙却倒了下来;后来他接收到超自然的信息——除非把某人充作祭品活埋,否则墙就绝不会稳固,于是就把他的同事奥兰埋在了教堂的地基里。[2]　据报道,不久前拆除不来梅市的桥门时,发现一个小孩的骸髅嵌在地基里;[3]哈勒有一座1843年建成的新桥,在建桥的过程中,"老百姓都猜想,哪家的孩子被埋进地基里了"。[4]

　　看来非常可能,建筑牺牲就像其他种类的人祭那样,也是基于替代的观念。新房、新住处总是被看作是危险的,一面墙或一座塔会倒掉并夺人性命,桥可能会垮掉,过桥的人可能掉进水里淹死。在巴巴群岛,进入新居前,要把祭品扔进去,人们认为,这样一来奥卢神就不会让住进去的人生病。[5]　桑威奇岛民乔迁新居之前,"要向诸神行祭,给祭司礼物,祭司进入新居要祈祷,行其他仪式,并在主人搬进来以前睡在新居里,以防止邪恶的神灵对新居发难,保障乔迁者免于恶魔的诅咒"。[6]　在婆罗洲的卡扬人那里,国王或主要的头人乔迁新居的时候,要杀掉一个人充作牺牲,把人血洒在柱子

463

　　　[1]　Nennius, *Historia Britonum*, Irish Version, ch. 18, p. 93.

　　　[2]　Gomme, 'Some Traditions and Superstitutions connected with Buildings,' in *The Antiquary*, iii. 11. Carmichael, *Carmina Gadelica*, ii. 316.

　　　[3]　Baring-Gould, *Strange Survivals*, p. 5.

　　　[4]　Grimm, *Teutonic Mythology*, iii. 1142.

　　　[5]　Riedel, *De sluik-en kroesharige rassen tusschen Selebes en Papua*, p. 343.

　　　[6]　Ellis, *Polynesian Researches*, iv. 322.

上和屋子里。① 俄罗斯农民相信，新居建成以后，"建新居的那个
家庭的户主可能会接着死掉，或者第一个进入新居的那个家庭成
员会很快死掉"；按某种很古老的习俗，迁居家庭年纪最大的成员
要首先进入新居。② 根据德国的民间故事，"第一个过桥的人，第
一个进入某新建筑或某国家的人，会丢掉性命"。③ 甚至在今天的
北欧，人们仍普遍害怕成为踏入某新建筑的第一个人或走过某新
桥的第一个人；"即使并非每一地方或任一情形下都认为这样做会
导致死亡，人们还是认为这么做很不吉利"。④ 有人把这种迷信解
释为以前某种祭祀的延续；⑤ 不过我认为，奠基祭祀本身无疑起源
于相似的观念，以及对超自然危险的恐惧。未开化之人通常会害
怕一切新事物，害怕第一次做某事；⑥ 此外，建设一个新建筑就是
侵犯地方神灵的地盘，因而可能引起神灵的愤怒。在人们眼里，一
些住所总是有魂灵出没。⑦ 因而，人们自然就试图规避危险。事
关多人或重要人物的身家性命时，没有什么预防措施比献上人祭
更为有效了。

464

---

① Burns, 'Kayans of the North-West of Borneo,' in *Journal of the Indian Archipelago*, iii. 145.

② Ralston, *Songs of the Russian People*, p. 126. *Cf*. Krauss, *loc. cit.* p. 21 *sq*. (Southern Slavs).

③ Grimm, *Teutonic Mythology*, i. 45, n. 2.

④ Baring-Gould, *Strange Survivals*, p. 2. For various instances of similar beliefs, see Sartori, in *Zeitschr. F. Ethnol*. xxx. 14 *sqq*. ; Crawley, *Mystic Rose*, p. 25.

⑤ Baring-Gould, *op. cit.* p. 4.

⑥ Crawley, *op. cit.* p. 25.

⑦ Westermarck, 'Nature of the Arab Ginn, illustrated by the Present Beliefs of the People of Morocco,' in *Jour. Anthr. Inst*. xxix. 253, 260.

此外,有人认为,至少有某些奠基祭祀是为了把人祭的灵魂转变为能起保护作用的魂灵。[1] 无疑,这个看法为某些行奠基祭祀的族群的实际信仰所支持。建设缅甸丹那沙林的土瓦新城的大门时,有个目击者告诉梅森,一个罪犯的肉体被埋在各个柱子下的洞里,以期让他成为守护的魂灵。[2] 缅甸国王以前常常把人祭活埋在都城的大门处,"如此一来他们的魂灵会守护着城市"。[3] 在从前的暹罗,"建设新城门的时候,按习俗一些官员要在现场附近守候,抓住偶然路过的前四个人或八个人,接着要把他们活埋在城门的柱子下,充作守护神"。[4] 不过,不论现在有些地方的人们对建筑祭祀的目的有何观念,我认为起初的主要目的并不是为了产生守护的魂灵。按早期观念,被杀者的灵魂并不友善,更不用说会对那些杀害他们的人友善了。有几个已知事例表明,较晚近的人们对人祭目的的解释显然不同于起初的解释。[5] 因而,按德国北部的一个故事,一位骑士把某建筑师埋在他建的塔里,因为这个建筑师曾吹嘘:如果他愿意,他还可以建出比这个更好的塔。[6] 据说,一个印度王公曾在久纳尔的加戈河上建一座桥,桥垮了几次,有人

465

---

[1] Tylor, *Primitive Culture*, i. 106. Grant Allen, *op. cit.* p. 248 *sqq.* Lippert, Christenthum, *Volksglaube und Volksbrauch*, p. 456 *sq.* *Idem*, *Kulturgeschichte der Menschheit*, ii. 270. Gaidoz, in *Melusine*, iv. 14 *sqq.* Sartori, in *Zeitschr. f. Ethnol.* xxx. 32 *sqq.*

[2] Tylor, *Primitive Culture*, i. 107.

[3] Woodthorpe, in *Jour. Anthr. Inst.* xxvi. 24. See also Shway Yoe, *The Burman*, i. 286.

[4] Alabaster, *Wheel of the Law*, p. 212 *sq.* Cf. Gaidoz, *loc. cit.* p. 14 *sq.*

[5] See Nyrop, *Romanske Mosaiker*, p. 73 *sqq.* ; also *infra*, p. 465 *sq.*

[6] Nyrop, *op. cit.* p. 73.

就建议他把一个婆罗门女孩献祭给地方神;不过,"现在她已经成为玛利(Marî,地方魂灵),有灾祸时人们就会祭拜她"。[1] 考虑一下奠基祭祀的目的是保护活人免受地方神灵的攻击,就能发现,人祭的魂灵后来也就相应地被看作保护神;若死者被埋在大门处,人们就顺理成章地赋予死者以守护者的功能。不过,我猜想,把他埋在那里,只是因为那个地点被视为最危险的所在。城池的大门对应于居所的入口,门槛也几乎总是被看作魂灵——摩尔人称之为"当地的主人"——出没之处。[2]

充作祭品的人在有些情形下被视作守护者,在其他情形下却被视作信使。尤卡坦的玛雅人认为,他们在有灾难时供奉的人祭就是前往神灵世界的信使,要把人们的需要告知神灵。[3] 贝宁王国也流行同样的观念。法师头目在祈祷时请求欧格沃神让疾病远离贝宁,之后,他会向绑在祭祀树上、快被棍棒打死的奴隶说:"你们告诉欧格沃。向他本尊致意。"[4]同样也把一段信息由献祭给居居[5]头目的奴隶传到居居头目那里;[6]若雨水过多,则把某妇女充作祭品,也要把一段问候雨神的信息塞进妇女嘴里。[7] 林·罗思先生提出,贝宁人贡献人祭的主要目标就是"通过专门的信使把关

---

① Crooke,*Popular Religion of Northern India*,ii.174.

② See Trumbull,*Threshold Covenant*,passim.

③ Dorman,*op.cit.* p.213.

④ Moor and Roupell,转引自:Read and Dalton,*op.cit.* p.7;also by Ling Roth,*Great Benin*,p.72。

⑤ 居居(*juju*)是西非土著所信仰的某种神秘力量,或主宰、使用此神秘力量的神灵。——译者

⑥ 见上文第456页。

⑦ 见上文第444页。

乎共同体福祉的祈祷送达过世之人的灵魂或其他魂灵,例如念珠神、雨神、太阳神、欧格沃神";他认为这样就能解释"一种世界范围内流行的崇拜现象"。① 但是,考虑到无论是在尤卡坦、贝宁还是其他地方,供奉人祭的公开目的就是使共同体或国王避开某致命的危险,我认为,此种仪式的基本目的也是提供一个替代物,尽管这一替代物后来被人们当作信使。

我并不是说人祭之实践在任何情形下都基于替代的思想;这样一种观念——某一个神想要人祭——会诱使神的信徒出于各种目的满足神的欲求。不过我认为,有充分证据表明,人们把同类的生命供奉给他们的神,他们这么做总是想要拯救他们自己的生命。人祭从根本上说是保障生命的方法,按我们的观念这一方法无疑很荒谬,但绝非肆意妄为的暴行。人祭是为了共同体的利益或在某种情况下为了解救国家于危难而践行的事,它远没有基于一己之私而提倡和推行死刑或强迫成千上万的男儿为国赴死沙场残酷。人祭之习俗承认,夺走某一个人的生命,是要拯救众多人的生命,或者杀死一个下层的个体,是为了防止某个具有更高生命权利的要人死亡。在饥荒或瘟疫时期,有时也会把国王或头人杀掉行祭,但那时很可能人们认为他个人对灾难负有责任。② 被供奉的人祭是战俘,或是奴隶,或是罪犯或其他异族人,这些人的生命很少受到尊重,这种情况是常常发生的。在许多情形下,习俗只允许以他们作人祭。

467

---

① Ling Roth, *op. cit.* p. 72.

② *Cf.* Frazer, *Golden Bough*, i. 15 *sq.*

　　在古代条顿人那里总的说来就是这样,①尽管他们有时认为,充作人祭的人地位越高,他与献作人祭的人关系越近,人祭仪式就越灵验。② 恺撒说,高卢人"认为不朽的神更容易接受在偷盗、抢劫或其他犯罪活动被抓获的人充作祭品;不过若这一类人很少,他们也会拿无辜者充作祭品"。③ 狄奥多罗斯说,以前迦太基人常常把最有地位者的儿子献祭给农神,但是后来,他们会从外边偷偷购买一些孩子,把他们养大用作祭祀。④ 古代墨西哥人进行战争的主要目的就是为祭祀抓战俘;其他人祭包括买来用于祭祀的奴隶,也包括许多罪犯——"惩罚他们,让他们牺牲自己的生命赎罪"。⑤ 尤卡坦人也以战俘为祭品,只有在缺乏战俘的时候,他们才会把自己的孩子献上祭坛,"而不是让诸神得不到应得之物"。⑥ 在危地马拉,以奴隶或俘虏为人祭,而那里的皮皮尔人则以部落内六岁至十二岁大的私生子为祭品。⑦ 在佛罗里达,收获时节奉献的人祭要从海岸一带遇难船只上的西班牙人里挑选。⑧ 加西拉索·德拉维加说,印加时代以前的秘鲁印第安人"除了献祭普通的东西,如动物、玉米,还献祭各种年龄的男女,这些人是他

---

① Grimm, *Teutonic Mythology*, i. 45.

② Holtzmann, *Deutsche Mythologie*, p. 232.

③ Cæsar, *De bello gallico*, vi. 16.

④ Diodorus Siculus, xx. 14.

⑤ Clavigero, *op. cit.* i. 282.

⑥ Bancroft, *op. cit.* ii. 704.

⑦ Stoll, *op. cit.* p. 40.

⑧ Bry, *op. cit.* p. 11.

们之间打仗时抓获的俘虏"。① 在黄金海岸讲齐语的土著那里,"供奉给诸神的人祭通常是战俘或奴隶,奴隶一般是外国人,因为某保护神对于拿自己人作祭品并不很满意"。② 按照鲁佩尔上尉的观点,在贝宁王国,留作祭祀用的人是坏人,或身染重病的人,他们也都是奴隶。③ 在斐济,用作祭祀的人通常也是战俘,不过有时人们也从别的部落买来奴隶用于祭祀。④ 在努卡希瓦岛,"这个国家的习俗要求,用作祭祀的人应当是邻国人,因而他们通常是偷来的"。⑤ 在塔希提岛,"选来的倒霉蛋或者是战俘,或者是那些触怒头人、得罪祭司的人"。⑥ 婆罗洲的摩禄人"从不拿自己人作人祭,他们或者从敌对部落抓来一个人作祭祀,或者到关系和睦的部落购买一个奴隶作祭品"。⑦ 据称,在卡扬人那里,买卖自己人或以自己人为人祭,不合他们的习俗。⑧ 丘陵地带的加罗人部落"通常从平原上的孟加拉人村落里挑选人祭"。⑨ 坎德人认为,必须以陌生人作祭品。他们说,"如果我们让自己人流血,我们

468

---

① Garcilasso de la Vega, *op. cit*. i. 50.

② Ellis, *Tshi-speaking Peoples*, p. 170.

③ Ling Roth, *Great Benin*, p. 70.

④ Hale, *U. S. Exploring Expedition. Vol. VI. Ethnography and Philosophy*, p. 57. *Cf*. Wilkes, *op. cit*. iii. 97.

⑤ Lisiansky, *op. cit*. p. 81 *sq*.

⑥ Ellis, *Polynesian Researches*, i. 346.

⑦ Denison, 转引自: Ling Roth, *Natives of Sarawak*, ii. 216。

⑧ Burns, in *Jour. of Indian Archipelago*, iii. 145.

⑨ Godwin-Austen, in *Jour. Anthr. Inst*. ii. 394.

就会断绝子孙后代"；①他们抚养莫里阿的孩子,就是为了留作祭祀,但人祭的地点从来不会选择这些孩子出生的村庄。②

　　我们发现,有些地方的人们都曾在某一时期醉心于施行人祭,后来在某一较高的文明阶段自愿放弃了这一做法。原因部分在于同情这一情感的增长和拓展,部分在于观念的变化。随着文明的发展,人们不再相信这种幼稚的替代方法,发现它不仅无用,还令人讨厌;而情感上对人祭的嫌恶,随时间流逝,会自然产生这一信仰——神不再喜欢这种仪式,甚至会嫌恶它。婆罗门教逐渐废除了人祭,因为它违背了不杀生的戒律;"解放人祭,或以面团做成的人代替人祭,二者最初都只是可做之事,最后就成了强制性的。"③根据《摩诃婆罗多》,行人祭的僧侣要下地狱。④ 在希腊历史上,那些心智上乘的人士都视此做法为恐怖之事,尽管人们认为在有些场合仍有必要行人祭。⑤ 开明的罗马人强烈谴责人祭。西塞罗说到它,称"丑恶而野蛮的习俗"还在羞辱着他那个时代的高卢;⑥普林尼提到提比略为废止人祭而采取的措施,声称罗马人为终止人祭付出了艰辛努力,真的无法估算他们对这个世界的恩惠。⑦

　　人们越来越不愿意行人祭,这就导致了各种用来取代人祭的

---

① Macpherson, *Memorials of Service in India*, p. 121.
② Campbell, *Wild Tribes of Khondistan*, p. 53.
③ Barth, *Religions of India*, p. 97.
④ 见上文第 458 页。
⑤ Stengel, *op. cit.* p. 117. *Cf.* Donaldson, *loc. cit.* p. 464.
⑥ Cicero, *Pro Fonteio*, 10 (21).
⑦ Pliny, *Historia naturalis*, xxx. 4 (1).

做法。① 费斯特斯说到过，意大利曾有以来年春季诞生的所有动物为祭品献给诸神的习俗，他又补充道，因为杀害无辜的小男孩和小女孩看起来残忍，后来就把他们养起来，直到他们长大成人，此时就覆以面罩并把他们逐出边界。② 在有些地方的人们那里，开始用人像或动物作牺牲代替真人。

马来半岛的马来人把面团做成的人像——事实上称为"代用品"——放在祭盘里献给神灵；法师作法的方式也同样发生了变化——"如神灵想要人祭，可以公鸡代之。"③据说，埃及国王阿摩西斯命令在赫利奥波利斯神庙烧三个蜡人，代替早些时候要在那里奉献的三个活人。④ 罗马人以玩偶行祭；⑤属于梵玛克里斯教派的老派印度家庭还沿袭着以人像代替活人行祭的习俗。⑥ 印度、希腊和罗马也用动物代替人祭。⑦ 圣经故事——在复活节祭祀中以公羊代替以撒——很可能也表明曾存在一种类似的替代性做法。⑧ 在黄金海岸，以前要向布拉神行人祭，现在则代之以一头专门留下来养肥以待祭祀的小公牛。⑨

470

---

① *Cf*. Krause,'Die Ablösung der Menschenopfer,' in *Kosmos*,1878,iii. 76 *sqq*.

② Festus,*op. cit*. 'Ver sacrum,' p. 379.

③ Skeat,*Malay Magic*,p. 72.

④ Porphyry,*op. cit*. ii. 55.

⑤ Leist,*Græco-italische Rechtsgeschichte*,p. 272 *sqq*.

⑥ Rájendralála Mitra,*op. cit*. Ii. 109 *sq*.

⑦ Leist,*Græco-italische Rechtsgeschichte*,p. 267 *sqq*. Frazer,*Golden Bough*,ii. 38,n. 2. Pausanias,ix. 8. 2. For various modifications of human sacrifice in India,see Wilson,*Works*,ii. 267 *sq*. ; Crooke,*Popular Religion of Northern India*,ii. 175 *sq*.

⑧ 见上文第 458 页。

⑨ Ellis,*Tshi-speaking Peoples*,p. 66.

在其他情形下,人祭为不杀人只流血的做法所取代。据说,在拉科尼亚,莱库格斯确立了在阿耳特弥斯女神祭坛鞭笞少年男性的做法,取代了以前向女神供奉人祭的做法;[①]按照欧里庇得斯的说法,雅典娜规定,庆祝陶里斯[②]女神阿耳特弥斯的节日时,为了补偿未能以俄瑞斯忒斯献祭,祭司"必须持刀刺向某人喉管,必须让血流出来以满足女神的神圣权利,让女神获得荣耀"。[③] 也有许多以身体流血或毁损肢体行祭的习俗,很可能它们也遵循以部分代替整体的原则,但我们无法搞清楚它们是否真的是更早时期某种祭祀的延续。

除了已经讲过的那唔及亚仪式,[④]汤加岛民还有另一种称为图图尼玛(*tootoo-nima*)的仪式,即为了某患病的长辈亲戚早日康复,切掉一段小手指,献祭于神灵;在马里纳生活的时代,这个习俗如此之流行,乃至汤加群岛居民中几乎没有哪个人没失去一根或两根小手指,或小手指的相当大的一部分。[⑤] 中国的文献经常提到,有人从自己身上割肉,以治愈父母或祖父母的重病。多数情况下都没讲用人肉做什么;不过有时也提到用人肉做成粥、汤,或把人肉跟药混一起。高延博士认为,人们认为人体各部件均可入药,这是促成人们毁损自己肢体以对父母行孝的首要原因。不过他又说:"我们也常常读到,

---

① Pausanias, iii. 16. 10.
② "陶里斯"是古希腊人对克里米亚半岛称呼。——译者
③ Euripides, *Iphigenia in Tauris*, 1458 *sqq.*
④ 见上文第 455 页。
⑤ Mariner, *op. cit.* ii. 222.

割大腿肉的人事先要向天祈求,郑重请求上苍允许他们以自己的身体代替他们所要拯救的父母的生命;因而他们自毁肢体又带有以自我为牺牲的特征。"①根据孟加拉一个本土作者的说法,在孟加拉,几乎没有哪个受人尊重的家庭,其主妇不曾以自己的血献祭禅地卡女神。"只要她的丈夫或儿子生了重病,她就会许愿,若丈夫或儿子康复,就以自己身上流出的血供奉女神……这个女士就会施行某些仪式,接着向女神裸露自己的乳房,用指甲剪从自己两乳之间取出一些血来,献祭给女神。"②加西拉索·德拉维加说,在印加时代以前,一部分秘鲁印第安人不行人祭,有些印第安人虽然把人血混在祭品里,但并非通过杀人才取得人血,而是依祭祀的重要性让胳膊和腿流血,在最庄重的场合,让鼻子上方与眉毛连接处流血。③

还有一种人祭,即对罪犯的惩罚性祭祀,它要比其他形式的人祭延续得更久。如果什么仪式要进行惩罚,这种惩罚被视作是正义的,那么就不会有什么道德上的顾虑可言。事实上,就是在那些不再使用动物或无生命物体作祭品、或这样的祭祀仅仅具有象征意义的地方,还在施行上述人祭。而这也是仅仅以祭品的死亡来抚慰神的唯一一种祭祀;他们也相信,若长期得不到祭品,神会发怒、报复。只有在人们不再以死刑来惩罚罪犯以抚慰神的时候,这种人祭才会消失。

①　de Groot,*Religious System of China*,(vol. iv. Book) ii. 386 *sq.*

②　Rájendralála Mitra,*op. cit*. i. 111 *sq.*

③　Garcilasso de la Vega,*op. cit*. i. 52.

活人不仅献祭给神,还献祭给死人,如此让人祭作为同伴或仆从陪护、伺候他们,或激活他们的灵魂,或满足他们报复的欲望。

据说世界上许多地方都有献祭活人、服务死者的习俗,祭品一般是奴隶、妻子、战俘,有时是朋友。[①] 以下地方或多或少广泛地施行或一直施行这种仪式:婆罗洲[②]、菲律宾群岛[③]、美拉尼西亚及波利尼西亚[④]、非洲的许多地方[⑤]、一些美洲部落[⑥]。而在美洲,是

---

① 参见:Tylor, *Primitive Culture*, i. 458 *sqq.*; Spencer, *Principles of Sociology*, i. 203 *sqq.*; Liebrecht, *Zur Volkskunde*, p. 380 *sq.*; Schneider, *Naturvölker*, i. 202 *sqq.*; Hehn, *op. cit.* p. 416 *sqq.*; Westermarck, *History of Human Marriage*, p. 125 *sq.*; Frazer, *Pausanias*, iii. 199 *sq.*。

② Brooke, *Ten Years in Sarawak*, i. 74. Hose and McDougall, 'Relations between Men and Animals in Sarawak,' in *Jour. Anthr. Inst.* xxxi. 207 *sq.* Bock, *Head-Hunters of Borneo*, pp. 210 n., 219 *sq.*

③ Blumentritt, 'Der Ahnencultus unddie religiösen Anschauungen der Malaien des Philippinen-Archipels,' in *Mittheilungen d. Geograph. Gesellsch. in Wien*, xxv. 152 *sq.*

④ Westermarck, *op. cit.* p. 125 *sq.* Brenchley, *op. cit.* p. 208 (natives of Tana). Williams and Calvert, *op. cit.* p. 161 *sq.* (Fijians). Lisiansky, *op. cit.* p. 81 (Nukahivans). Mariner, *op. cit.* ii. 220 *sq.* (Tonga Islanders). Taylor, *Te Ika a Maui*, p. 218 (Maoris), von Kotzebue, *op. cit.* iii. 247 (Sandwich Islanders).

⑤ Rowley, *Africa Unveiled*, p. 127. *Idem*, *Religion of the Africans*, p. 102 *sq.* Schneider, *Religion der afrikanischen Naturvölker*, p. 118 *sqq.* Westermarck, *op. cit.* p. 125. Ramseyer and Kühne, *Four Years in Ashantee*, p. 50. Mockler-Ferryman, *British Nigeria*, pp. 235, 259 *sqq.* Burton, *Mission to Gelele*, ii. 19 *sqq.* (Dahomans). *Idem*, *Abeokuta*, i. 220 *sq. Idem*, *Lake Regions of Central Africa*, i. 124 (Wadoe); ii. 25 *sq.* (Wanyamwezi). Wilson, *Western Africa*, pp. 203, 219. Ellis, *Tshi-speaking Peoples of the Gold Coast*, p. 159 *sqq. Idem*, *Ewe-speakingPeoples of the Slave Coast*, pp. 117, 118, 121 *sqq.* Nachtigal, *Sahara und Sudan*, ii. 687 (Somrï and Njillem). Baker, *Ismaïlia*, p. 317 *sq.* (Wanyoro). Casati, *Ten Years in Equatoria*, i. 170 (Mambettu). Callaway, *Religious System of the Amazulu*, p. 212 *sq.*

⑥ Spencer, *Principles of Sociology*, i. 204. Dorman, *op. cit.* p. 210 *sqq.* Westermarck, *op. cit.* p. 125. Macfie, *Vancouver Island and British Columbia*, p. 448. Charlevoix, *Voyage to North America*, ii. 196 *sq.* (Natchez). Rochefort, *Histoire naturelle et morale des Iles Antilles*, p. 568 *sq.* (Caribs).

中美洲和墨西哥、波哥大与秘鲁的一些较文明的国家把此种人祭推向高峰。[1] 有证据表明,在古代埃及人的葬礼上,有时要在墓门 473处贡献人祭,尽管自从埃及进入伟大时代以后这种习俗似乎变得很少见了。[2] 有人提出,中国的活人殉葬可以追溯到很遥远的黑暗时代,而中国人自己写的书籍里记载的都是较晚近的事例,这只是因为活人殉葬之风在远古时期很常见,因而编年史家想不到要把如此寻常之事作为重要事情记录下来。[3] 14 世纪废除了活人殉葬,即使皇帝与皇亲国戚也不能例外,[4]不过活人殉葬采纳了另一种形式,以另一种面貌继续在中国存在。“女儿、儿媳、寡妇——特别是寡妇——被灌输了这样的教条:她们是她们死去的父母、公公及公婆、丈夫的财产,因而应绝对服从他们,这些妇女常常殉葬,跟随逝去之人前往另一个世界。”尽管官方规定不会表彰殉夫的妇女,但还是会表彰丈夫死后虽未殉葬但永不再婚的寡妇、妾、未婚妻,殉夫的寡妇和未婚妻仍然像以往那样受到称赞,许多妇女的自家亲戚也肯定会劝说甚至强迫她们为丈夫殉葬。[5] 施拉德教授讲:“毫无疑问,古代印欧习俗规定妻子应该为丈夫殉葬。”[6]不错,有人考证,寡妇自焚殉夫在印度出现得较晚;[7]不过,尽管寡妇殉夫的现代习俗是对早期婆罗门教礼仪的一种邪恶的背离,它看来 474

---

[1]　Tylor, *Primitive Culture*, i. 461. Spencer, *Principles of Sociology*, i. 205. Dorman, *op. cit.* p. 212 *sqq.* Acosta, *op. cit.* ii. 313, 314, 344 (Peruvians).

[2]　Wiedemann, *Ancient Egyptian Doctrine of the Immortality of the Soul*, p. 62 n.

[3]　de Groot, *op. cit.* (vol. ii. book) i. 721.

[4]　*Ibid.* (vol. ii. book) i. 724.

[5]　*Ibid.* (vol. ii. book) i. 735, 754, 748.

[6]　Schrader, *Prehistoric Antiquities of the Aryan Peoples*, p. 391.

[7]　Hopkins, *op. cit.* p. 274.

也并非后来印度教僧侣的新发明，而是远在《吠陀经》出现以前某个时期内某种古老仪式的复活。[①] 吠陀礼仪中的许多做法显然表明，上述仪式曾经存在过。[②] 至于希腊，有埃瓦德妮纵身跃入其亡夫的火葬柴堆的事例[③]，以及普萨尼亚斯提到的三位美塞尼亚寡妇自杀的事例。[④] 在斯堪的那维亚人[⑤]、赫卢利人[⑥]和斯拉夫人[⑦]那里，寡妇殉葬似乎也是一个常见的习俗。罗尔斯顿先生说："事实上，在斯拉夫人的土地上，一千年以前寡妇就常常自戕追随亡夫到魂灵的世界中去，这看来是确凿无疑的"；若死者是有钱有势之人，也会用奴仆为他殉葬。[⑧] 条顿人[⑨]和恺撒时代的高卢人[⑩]也实行奴隶殉葬；《伊利亚特》里也记载着把十二个俘虏放到了帕特罗克洛斯的火葬柴堆上。[⑪]

按照早期的观念，男人不仅在世时需要妻子和奴仆，死后也需要。死者的在世亲属，或者出于感情，或者由于把死者的所有——

---

① Tylor, *Primitive Culture*, i. 465 *sqq.* Zimmer, *Altindisches Leben*, p. 331.

② *Rig-Veda*, x. 18. 8 *sq.* Macdonell, *Vedic Mythology*, p. 165. Hille-brandt, 'Eine Miscelle aus dem Vedaritual,' in *Zeitschr. d. Deutschen Morgenländ. Gesellsch.* xl. 711. Oldenberg, *Religion des Veda*, p. 587.

③ Euripides, *Supplices*, 1000 *sqq.*

④ Pausanias, iv. 2. 7.

⑤ Grimm, *Deutsche Rechtsalterthümer*, p. 451.

⑥ Procopius, *op. cit.* ii. 14.

⑦ Dithmar of Merseburg, *Chronicon*, viii. 2（Pertz, *Monuments Germania historica*, v. 861). Zimmer, *op. cit.* p. 330.

⑧ Ralston, *Songs of the Russian People*, p. 327 *sq.*

⑨ Grimm, *op. cit.* p. 344.

⑩ Cæsar, *De bello gallico*, vi. 19. 在爱尔兰古代历史上，也有一条葬礼以人作祭祀的记载(Cusack, *History of the Irish Nation*, p. 115 n.')。

⑪ *Iliad*, xxiii. 175.

他们的妻子和奴仆——与死者隔开而保留在世会感到害怕,就要满足死者的需要。殉葬者社会地位低,附属于丈夫或主人,看来这就是毁灭无辜生命的理由。然而,随着文明的不断前进,这种祭祀有消失的趋向,在一定程度上这是由于人们关于死后状况的观念发生了变化;不过我认为,主要还是因为公众开始厌恶这类事情。于是殉葬逐渐变少,最后只留下残迹。值得一提的是,北美的塔库里人那里流行的一个习俗很可能就是殉葬的遗存:死者亲属强迫寡妇躺在火葬柴堆上,柴堆上也放着她的亡夫的尸体,一直烧着火,直到热得她无法忍受。[1] 在古代埃及,用土、木、石或铜经特定配方雕刻而成的人像,要放入墓穴,这应该是寄望于这些东西获得生命并成为对死者有用的奴仆。[2] 日本人[3]和中国人在很早以前也把人像放入死者的墓穴或放在坟墓外,以此替代活人殉葬;他们认为这些人像在另一个世界里会如在世的仆从、妻子或妾那样真实存在着。其次,在中国,起初的活人殉葬为另一习俗——死者最亲近的亲属和奴仆只要在坟头祭祀阴间诸神就可以了,不必入墓殉葬——以及禁止寡妇再嫁的做法所取代。[4]

活人殉葬的习俗并非完全基于死者需要仆人和同伴这一观念。完全有可能,以活人和动物殉葬之意图就在于以温暖的生命

---

[1] Wikes, *U. S. Exploring Expedition*, iv. 453.

[2] Wiedemann, *Ancient Egyptian Doctrine of the Immortality of the Soul*, p. 63.

[3] Tylor, *Primitive Culture*, i. 463.

[4] de Groot, *op. cit.* (vol. ii. book) i. 794 *sqq.*

之血激活死者的灵魂。① 达荷美人把血泼在国王祖先的坟墓上的

476 习俗看来就是这样。② 因而，在阿善提，"活人殉葬频繁而寻常，人

血浇灌着国王的坟墓"。③ 在一个称作"忠实的约翰"的德国民间

故事里，塑像对国王说："如果您用自己的双手砍掉您的两个孩子

的头，把他们的血洒在我身上，我就能复生。"④按照原始观念，血

就是生命；获得了血就是获得了生命；死者的灵魂想要活下去，因

而热望得到血。阴曹地府里的幽灵渴望喝奥德修斯所献祭品的

血，如此他们方能暂时复生。⑤ 灵魂的欲望应该得到满足，否则它

就会出来攻击活人——这是一种更重要的观念。世界上许多地方

的人都相信，无血的鬼魂夜晚会离开坟墓，去吸人血以求复生。⑥

甚至到了 18 世纪，上述信仰还在匈牙利扰得人心惶惶，于是人们

纷纷挖地三尺寻找吸血鬼，并焚烧被怀疑的尸体，或将其绑在木桩

上施以酷刑。⑦ 也有可能，在葬礼上毁损肢体和自我放血的部分

目的就在于使离世的灵魂恢复活力。⑧ 在萨摩亚人那里，哀悼者

要用石头打自己的脑袋，直至血流出来，他们称之为向死者献的

---

① Cf. Spencer, *Principles of Sociology*, i. 288 *sq.*; Rockholz, *Deutscher Glaube und Brauch*, i. 55; Sepp, *Völkerbrauch bei Hochzeit, Geburt und Tod*, p. 154; Trumbull, *Blood Covenant*, p. 110 *sqq.*

② Reade, *Savage Africa*, p. 51 *sq.*

③ Bowdich, *Mission from Cape Castle to Ashantee*, p. 289.

④ Grimm, *Kinder-und Hausmärchen*, p. 29 *sq.*

⑤ *Odyssey*, xi. 153.

⑥ Trumbull, *Blood Covenant*, p. 114 *sq.*

⑦ Farrer, *Primitive Manners and Customs*, p. 23 *sq.*

⑧ Cf. Spencer, *Principles of Sociology*, i. 181 *sq.*

"血祭"。①

　　最后，正如把罪犯献祭于诸神目的在于平息神的暴怒，杀死凶手的目的常常也是为了满足受害人复仇的热望。在下一章里我们将会看到，血族复仇的习俗大体上说可归于"活人殉葬"。

---

① 　Turner, *Nineteen Years in Polynesia*, p. 227.

第二十章 血族复仇与补偿——死刑

按照早期习俗，若某人杀了人，被害者的亲戚可以把他处死，也可以由其家庭、氏族或部落其他成员代他送命。[1] 许多现存的蒙昧人、野蛮人都有血族复仇的习俗；已经达到较高文明阶段的民族，也大都长期沿袭这一习俗。

我们在日本文明中也能见到血族复仇，血族复仇不仅确有其事，而且是一个为法律所允许的习俗。复仇者只需遵守某些既定的形式和规则；他必须把自己的决定告诉专门负责相关事宜的官员，他必须明确什么时候复仇。以什么方式杀死仇敌无关紧要，不过，他如采用暗杀手段则必受谴责——即使古代也是如此。[2] 在希伯来人那里，到了士师与国王时期（periods of the Judges and Kings）甚至之后，仍然有血族复仇；威尔豪森说，在古王国时期，"司法至多只是自助习俗的一个有限的补充"。[3] 对所有阿拉伯人而言，规矩就是：不管是谁，杀人者因其行为而对死者家族负有血

---

① 关于族间血仇通常涉及的集体责任，第二章已探讨过（*supra*，p. 30 *sqq.*）。

② Rein，*Japan*，p. 326. Dautremer，'The Vendetta or Legal Revenge in Japan,' in *Trans. Asiatic Soc. Japan*，xiii. 84 *sq.*

③ Wellhausen，*Prolegomena to the History of Israel*，p. 467.

债。①《古兰经》里讲:"信道的人们啊,杀人者抵罪乃法定。"②在古
代埃兰,即便是建立了法庭之后,血族复仇习俗仍存续下来。③ 有
证据表明,尽管经文里没提到血族复仇是当时的习俗,印度的雅利
安人在早期也流行血族复仇。④ 希腊人只是在后荷马时代才废除
血族复仇,新的处理原则则是复仇者转化为原告。⑤ 在高卢和爱
尔兰,尽管督伊德或布里恩⑥掌管司法,他们判决的基调看来也只
能是让当事人服从居间仲裁,而受害一方仍然有很大的自由度自
作主张,自定规则,私自了断。⑦《古制全书》序言里说,帕特里克
以前的爱尔兰流行复仇,而帕特里克提倡宽恕。⑧ 众所周知,在苏
格兰诸氏族那里,直至相当晚近的时期还有血族复仇;在天主教时
期,甚至教会也认可它,教会不给男孩子的右手施洗礼,因而右手
便可用来做不那么神圣的事并给敌人致命一击。⑨ 在英格兰,到
了 10 世纪中叶,杀人者在理论上至少还可以选择背负死者亲属的

---

①　Burckhardt,*Notes on the Bedouins and Wahabys*,p. 85.

②　*Koran*,ii. 173. *Cf. Ibid*. xvii. 35.

③　Geiger,*Civilization of the Easterrn Iränians*,ii. 31 *sqq.*

④　Leist,*Alt-arisches Jus Gentium*,p. 422.

⑤　*Idem*,*Græco-italische Rechtsgeschichte*,§ 50 *sq.*,especially pp. 375,381. 在
罗马,似乎血族复仇很早就被平息。某些传说里讲到了血族复仇,但即便是在这些传
说里,血族复仇也被说成是令人反感的做法(Mommsen,*History of Rome*,i. 190)。

⑥　布里恩(Brehon),爱尔兰古代的法官名称。——译者

⑦　Maine,*Early History of Institutions*,lect. ii. d' Arbois de Jubainville,'Des
attributions judiciaries de l'autorité publique chez les Celtes,' in *Revue Celtique*,vii. 5.
Ancient Laws of Ireland,iii. p. lxxxix.

⑧　Skene,*Celtic Scotland*,iii. 152.

⑨　Mackintosh,*History of Civilisation in Scotland*,ii. 279.

仇恨,而不缴纳偿命钱;[①]在诺曼征服之后的很长一段时期,还有
479 一部反对私人复仇制度的法律。[②]　在弗里斯兰、下萨克森及瑞士
部分地区,到了 16 世纪还有血族复仇。[③]　在意大利,16、17 世纪上
层社会广泛流行血族复仇。[④]　科西嘉[⑤]、阿尔巴尼亚[⑥]和黑山[⑦]至
今还有此习俗。

　　血族复仇不仅被视为一项权利,也是一项义务。据说,西澳大
利亚土著要去履行的最神圣责任就是为最亲近的亲属遇害复仇。
"在完成此项任务以前,他总要受到老年妇女嘲笑;如果他结婚了,
他的妻子不久后也会离开他;如果他还没结婚,没有哪个单身女子
会跟他说话;他的母亲会恸哭不已,悲叹怎么会生了这么一个不中
用的儿子;他的父亲会瞧不起他,他总是要受到斥责。"[⑧]在西维多
利亚的诸部落,"一个男子会认为,为兄弟之死而复仇,即便杀死最
亲密的朋友,也是义不容辞的责任,他会毫不犹豫地这么做"。[⑨]

---

①　Pollock and Maitland, *History of English Law before the Time of Edward I*. i. 48.

②　Cherry, *Growth of Criminal Law in Ancient Communities*, p. 85.

③　Günther, *Idee der Wiedervergeltung*, i. 207 *sq*. Frauenstädt, *Blutrache und Todtschlagsuhne im Deutschen Mittelalter*, p. 21. *Cf.* Arnold, *Deutsche Urzeit*, p. 342.

④　Simonde de Sismondi, *Histoire des républiques italiennes du moyen âge*, xvi. 456.

⑤　Gregorovius, *Wandering in Corsica*, i. 176 *sqq*.

⑥　Gopcevi, *Oberalbanien und seine Liga*, p. 322 *sqq*.

⑦　Kohl, *Reise nach Istrien*, i. 406 *sqq*. Popovic, *Recht und Gericht in Montenegro*, p. 69.

⑧　Grey, *Journals of Expeditions of Discovery in North-West and Western Australia*, ii. 240.

⑨　Dawson, *Australian Aborigine*, p. 71.

讲到白令海峡一带爱斯基摩人的时候,纳尔逊先生说,所有爱斯基摩人都认为血族复仇是一种神圣责任,此担当落在死者最亲近的男性亲属肩上;若死者的儿子还是婴幼儿,他长大后就应复仇。[1]在达科他人那里,"没有谁能逃脱这一复仇法则;若有当事人不为死者复仇,大众舆论就会羞辱此人"。[2] 巴西原住民认为,对儿子、兄弟、外甥来说,为亲属的死亡复仇,是一种道德责任,是良心上的要求。[3] 说到圭亚那的印第安人,埃·斐·伊姆·特恩爵士讲:"在所有没有成文法、没有最高司法权威的原始社会里,这类复仇一直被视作神圣责任。"[4]孔子言之凿凿地肯定了为父亲、兄弟之死报仇的责任。[5] 在日本,"若某人软弱到不敢向杀害自己父亲或领主的凶手复仇,就只得离开居住地躲藏起来;从此往后,他身边的人就会瞧不起他"。[6] 主对摩西说:"报血仇的必亲自杀那谋杀者,一遇见就杀他。"[7]我们也已看到,《古兰经》也制定了相似的规则。[8] 很可能,所有所谓的雅利安民族都认为,死者亲属肩负着血

---

① Nelson,'Eskimo about Bering Strait,' in *Ann. Rep. Bur. Ethn.* xviii. p. 292 *sq.*

② Domenech,*Seven Years' Residence in the Great Deserts of North America*,ii. 338.

③ von Martius,*Beiträge zur Ethnographie Amerika's*,i. 128.

④ Im Thurn,*Among the Indians of Guiana*,p. 329 *sq.*

⑤ Legge,*Chinese Classics*,i. 111. Douglas,*Confucianism and Taouism*,p. 145.

⑥ Dautremer,*loc. cit.* p. 83. *Cf.* Griffis,*Corea*,p. 227 (Coreans).

⑦ *Numbers*,xxxv. 19.

⑧ For modern Arabs,see Burckhardt,*Notes on the Bedouins and Wahábys*,p. 313 *sq.*；Blunt,*Bedouin Tribes of the Euphrates*,ii. 207.

族复仇的神圣责任。[①] 这一习俗仍在阿尔巴尼亚[②]、黑山[③]及科西嘉流行着。"真正的科西嘉人认为，有仇不报乃丢脸之事……如果有谁不敢复仇，他的亲戚就不会让他有片刻安宁，他的所有熟人都会指责他懦弱。"[④]

481　　　血族复仇的义务首先被视为对死者的义务，不仅因为死者最高的善——他的生命——被剥夺，还因为人们相信除非报了仇，否

---

① Geiger, *op. cit.* ii. 32（Avesta people）. Leist, *Alt-arisches Jus Gentium*, p. 422. *Idem*, *Græco-italische Rechtsgeschichte*, p. 323 *sqq.* de Valroger, *op. cit.* p. 472（Celts）. Nordström, *Bidrag till den svenska samhälls-forfattningens historia*, ii. 229；Stemann, *Den Danske Retshistorie indtil Christian V.'s Lov*, p. 574；Keyser, *Efterladte Skrifter*, ii. pt. ii. 95；Rosenberg, *Nordboernes Aandsliv*, i. 487（Teutons）. Miklosich, 'Die Blutrache bei den Slaven,' in *Denkschriften der kaiserl. Akademie d. Wissensch. Philos. Histor. Classe*, Vienna, xxxvi. 127 *sqq.* Ewers, *Das älteste Recht der Russen*, p. 50 *sq.*

② Hahn, *Albanesische Studien*, i. 176.

③ Popovic, *op. cit.* p. 69. Kohl, *op. cit.* i. 409, 413 *sqq.* Miklosich, *loc. cit.* p. 145.

④ Gregorovius, *op. cit.* i. 180 *sq.* 其他研究血族复仇的案例，参阅：Boas, 'Central Eskimo,' in *Ann. Rep. Bur. Ethn.* vi. 582；Petroff, 'Report on Alaska,' in *Tenth Census of the United States*, p. 158（Atkha Aleuts）；Kohler, in *Zeitschr. f. vergl. Rechtswiss.* vii. 376（Papuans of New Guinea）；Modigliani, *Viaggio a Nias*, p. 471；Bowring, *Visit to the Philippine Islands*, p. 177；Macpherson, *Memorials of Service in India*, p. 82（Kandhs）；Radde, *Die Chews'uren*, p. 115；von Haxthausen, *Transcaucasia*, p. 406 *sqq.*（Ossetes）；Munzinger, *Die Sitten und das Recht der Bogos*, p. 87；Mungo Park, *Travels in the Interior of Africa*, p. 13（Feloops bordering on the Gambia）；Leuschner, in Steinmetz, *Rechtsverhältnisse von eingeborenen Völkern in Africa und Ozeanien*, p. 23（Bakwiri）；ibid. p. 49（Banaka and Bapuku）；Nicole, *ibid.* p. 132（Diakié-Sarrakolese）；Lang, *ibid.* p. 256 *sq.*（Washambala）；Kraft, ibid. p. 292（Wapokomo）；Viehe, *ibid.* p. 311（Ovaherero）；Rautanen, *ibid.* p. 341（Ondonga）；Sorge, *ibid.* p. 418（Nissan Islanders in the Bismarck Archipelago）.

则他死后的灵魂将得不到安宁。[1] 脱离了肉体的灵魂急切地想要复仇,除非罪行受到应有的惩罚,不然它会一直盘踞在地面上,骚扰凶手,或试图迫使自己的亲戚为其复仇。

按照雅库特人的信仰,遇害人会变成幽尔(yor),即片刻也不安宁的鬼魂。[2] 在切列米斯人的想象中,死于暴力之人的灵魂会引起疾病,特别是发烧、疟疾。[3] 印度的少喇人似乎最害怕暴毙者的灵魂。[4] 缅甸人相信,遭遇暴力而死亡的人会变成鬼魂,在他们被害的地方萦绕。[5] 由于一遇难船只的部分船员在岛上宿营时被害,哈德逊湾的爱斯基摩人视阿克帕托克岛为禁忌之地;"没有哪个人敢到这个地方,人们担心受害者的鬼魂出现,从土著居民——他们没有供奉祭品安抚遇害人——身上寻求补偿。"[6] 奥马哈人相信,遇害者的灵魂会在人死后出现,它们要做的事就是"对行凶者复仇"。[7] 根据《创世记》,若凶手未受惩处,血就发出声音哀求上帝。[8] 贝都因人也有相似的观念,因此他们认为,用土把血埋起来就能

482

---

① See Kohler, *Shakespeare vor dem Forum der Jurisprudenz*, p. 131 *sq.*; Steinmetz, *Ethnol. Studien zur ersten Entwicklung der Strafe*, i. 291 *sqq.*; *Idem*, *Rechtsverhältnisse*, p. 49 (Banaka and Bapuku); Nicole, *ibid.* p. 132 (Diakité-Sarrakolese); Lang, *ibid.* p. 257 (Washambala).

② Sumner, in *Jour. Anthr. Inst.* xxxi. 101.

③ Abercromby, *Pre-and Proto-historic Finns*, i. 168 *sq.*

④ Fawcett, in *Jour. Anthrop. Soc. Bombay*, i. 59.

⑤ Schway Yoe, *The Burman*, i. 286.

⑥ Turner, 'Ethnology of the Ungava District,' in *Ann. Rep. Bur. Ethn.* xi. 186.

⑦ James, *Expedition from Pittsburgh to the Rocky Mountains*, i. 267.

⑧ *Genesis*, iv. 10.

逃脱复仇。[①] 关于鬼魂的一个最流行的民间故事说,愿望未得满足的鬼魂会在活人出没的地方飞来飞去,不知疲倦地吓唬他们。[②] 根据罗德所述,这种观念在公元前 5 世纪和公元前 4 世纪的雅典达到了全盛。[③] 埃斯库罗斯把复仇女神厄里倪厄斯的出现归因于某人犯下了未替死者复仇的可憎罪行[④]——换言之,死者的灵魂把怒气发泄到未尽复仇责任的亲属身上。在欧洲各地仍然能见到这类信仰的踪迹。[⑤] 在瑞典的瓦伦德,人们认为,遇害人的冤魂会在夜间访问其亲属,打搅他的睡眠。根据他们的古老习俗,若不知凶手是谁,在为死者敲响丧钟前,死者最亲近的亲属会走近尸体,请求死者本人为自己复仇。[⑥]

从某种观点来看,血族复仇就是人祭的一种形式。它有时甚至在形式上也跟其他献给死者的人祭非常相似。在昆士兰州的某些部落,若暗杀被当场抓获,杀人者和被杀者就被埋葬在同一墓穴;[⑦]在古代条顿人那里,复仇者会优先选择在死者脚下或其坟墓

---

① Jacob, *Leben der vorislâmischen Beduinen*, p. 146. *Cf*. Schwally, *Leben nach dem Tode*, p. 52 *sq*.

② See Dyer, The Ghost World, p. 65 *sqq*.; Andree, *Ethnographische Parallelen*, p. 80 *sqq*.

③ Rohde, *Psyche*, p. 240. *Cf*. *Idem*, 'Paralipomena,' in *Rheinisches Museum für Philologie* 1895, p. 19 *sq*.; Schmidt, *Ethik der alten Griechen*, ii. 125 *sqq*.

④ Aeschylus, *Choephori*, 283 *sqq*. *Cf*. *Ibid*. 400 *sqq*.; Plato, *Leges*, ix. 866.

⑤ Dyer, *op. cit*. p. 68 *sqq*. Thorpe, *Northern Mythology*, ii. 19 *sq*.

⑥ Hyltén-Cavallius, *Wärend och Wirdarne*, ii. 274; i. 473.

⑦ Roth, *Ethnological Studies among the North-West-Central Queensland Aborigines*, p. 165.

前杀掉凶手。① 血族复仇也是确保有人充当人祭的习俗——亦即复仇者一定要复仇，否则就会受到死者亡灵的迫害；从这一点来说，它也与其他人祭相似。

　　然而，血族复仇习俗并非完全基于这一欲望——为受害人向同类复仇，以告慰其愤怒的亡灵。有人被杀，这同时也是对生者的伤害。因此，在许多情形下，家族内部或亲属内部发生的凶杀并不诉诸复仇。② 罗斯彻尔说，在易洛魁人那里，杀害了自己亲属的人可以轻易地逃脱惩罚；因为死者家人有选择是否复仇的权利，已有一个家族成员丧生，他们不会再杀掉另一个而削弱该家族的实力。③ 但如果行凶者属于另一家族，死者亲属不仅要复仇，还会要求赔偿。

　　从某种意义上说，一命抵一命本身也是一种补偿。在有的情形下，似乎在一定程度上凶手的血就是对凶手导致死者家庭损失了人命的补偿。④ 这样的观念很可能就是伯克哈特所说的海伦加人——他们认为自己是阿比西尼亚人的一支——的习俗之基础。

---

① Wilda, *Strafrecht der Germanen*, pp. 170, 692.

② Steinmetz, *Ethnologische Studieu zur ersten Entwicklung der Strafe*, ii. 159 *sqq*. Mauss, 'La religion et les origines du droit pénal,' in *Revue de l'histoire des religions*, xxxv. 44. Kovalewsky, 'Les origines du devoir,' in *Revue international de sociologie*, ii. 86. Cf. Seebohm, *Tribal Custom in Anglo-Saxon Law*, pp. 30, 42 (Welsh); Robertson Smith, *Religion of the Semites*, p. 420; *Idem*, *Marriage and Kinship in early Arabia*, p. 25. 在吉巴拉人那里，杀了堂表弟兄才进行血族复仇，而杀亲弟兄则无血族复仇之说。

③ Loskiel, *History of the Mission of the United Brethren among the Indians in North America*, i. 16.

④ *Cf.* Trumbull, *Blood Covenant*, p. 126 *sqq*.

死者亲属抓住凶手时，会宣布举行家庭宴会，然后在宴会上把凶手带到他们中间。他们要用剃刀缓缓割开凶手的喉管，用一只碗盛血，并把碗传递给各位客人，"凶手要断气的时候，每个人都要饮血"。[①] 我发现，一些说阿拉伯语的摩洛哥部落也有这种习俗，此习俗也带有模糊的补偿观念。复仇者用短刀杀掉仇人时，他要舔掉刀刃上的血。人们还告诉我一个事例，即复仇者会从死者身上咬掉一块肉，吮吸鲜血。[②] 特朗布尔先生甚至认为，在希伯来人那里，复仇者的使命主要不在于实施复仇，而是"要以一命抵一命，或者说要获得丢掉的人命之相应的对等物"。[③] 不过，难以想象血族复仇什么时候会被视作完全对等。如果要为生命损失寻求补偿，就必须采取别的什么做法取而代之。

有时人们不杀掉凶手，而是把他纳为受害人家庭的一个成员。[④] 例如，在阿尔及利亚的卡拜尔人那里，若某人因过失而杀死了另一人，就会到死者父母那里去，对他们说："你们要杀我就动手吧，这是我的裹尸布。如果不杀我，原谅我，我以后就是你们的孩子了。"从这天起，凶手就被视作死者家族成员。[⑤] 在摩洛哥北部的吉巴拉人那里，凶手有时会把自己的姐妹或女儿嫁给复仇者，以

---

① Burckhardt, *Travels in Nubia*, p. 356.

② *Cf*. Goldziher, in Robertson Smith, *Kinship and Marriage in Early Arabia*, p. 296 n. 1.

③ Trumbull, *Blood Covenant*, pp. 260, 263.

④ See Steinmetz, *Studien*, i. 410 *sqq*., 439 *sqq*.; Kovalewsky, in *Revue Internationale de Sociologie*, ii. 87 *sq*.

⑤ Hanoteau and Letourneux, *La Kabylie*, iii. 68 *sq*.

此诱使他放弃报仇;据说贝尼阿梅尔人[①]和博戈人[②]也有相似的习俗。在另外一些案例中,凶手会把奴隶送给被害人的亲属,以赔偿罪过;[③]但最常见的赔偿则是牛、金钱或其他财物。

犯事者给受害者的亲属奉送礼物,这不仅补偿了他给他们带来的损失,也安抚了他们受伤的感情。[④] 收礼的欣慰会平息他们报复的激情与冲动,付出礼物的一方感受到的损失和羞辱,能够抚慰和减轻受害者家庭的愤恨。[⑤] 有时主要用礼物来表达道歉、认错和愧疚。按照摩尔根先生所述,杀人者会送白贝壳串给死者家庭,如果接受了贝壳串就永不记仇,而贝壳串“从根本上说并不是对死者人命的补偿,而是表示悔罪,请求原谅”。[⑥] 再者,赔偿具有的优点在于,可以让受害一方免于卷入世族血仇,免于复仇之不确定性,免于成功复仇所可能带来的严重后果。按照“一命抵一命”的原则行事,常常导致各方之间长期的敌对,赔偿则能带来持久和平。因此,鼓励赔偿的做法符合社会的整体利益;而这种鼓励自然会导致赔偿方式备受欢迎。

---

① Munzinger,*Ostafrikanische Studien*,p. 322.

② *Idem*,*Die Sitten und das Rechtder Bogos*,p. 83. *Cf*. Kohler,*Nachwort zu Shakespear vor dem Forum der Jurisprudenz*,p. 15 *sq*.

③ Squier,'Archæology and Ethnology of Nicaragua,' in *Trans. American Ethn. Soc*. iii. pt. i. 129. *Idem*,*Nicaragua*,ii. 345(ancient Nicaraguans). Macdonald,*Africana*,i. 171(Eastern Cnetral Africans).

④ Rée,*Entstehung des Gewissens*,p. 57 *sqq*. Steinmetz,*Studien*,i. 472 *sq*.

⑤ *Cf*. Miklosich,*loc*.*cit*. p. 148; Kohl,*op*.*cit*. i. 426,436(Montenegrines and Albanians).

⑥ Morgan,*League of the Iroquois*,pp. 331,333. *Cf*. Turner,*Samoa*,p. 326 (people of Aneiteum).

　　尽管和解的做法具有一些优点，但与血族复仇比较，它也存在缺陷。如果决意复仇，和解就不如复仇那样让人满意。古老的复仇习俗具有保守性，妥协与和解可能被视作胆小、懦弱，而血族复仇则能给当事人一个展示自己勇气和能力的机会。和解也可能被视为对死去亲属的冒犯。最后，如果任凭和解与妥协之道恣意发展，必须有一定数量的财富支撑才行。[①] 施行和解的这些阻力是否重要，取决于特定个案的具体情境。报复的意志、保守性、打斗的欲望乃至对勇气和打斗能力的估计，自然在不同人们那里都可能不一样，人们的财富状况以及赔偿意愿也是如此。关于死者灵魂的观念同样也是个变数。有人提出，荷马时代的希腊人愿意接受偿命钱，这可由他们的信仰来解释——脱离肉体的灵魂像梦一般待在阴曹地府，没有强烈的感情，也没有能力折磨俗世的活人。后来的习俗则要求一命抵一命，这可由观念上的变化来解释，即人们开始赋予死者更强大的生机活力。[②] 在其他情形下，人们认为仅仅一个仪式或一个替代性的祭品就可安抚死者。奥塞梯人认为，死者常常出现在他的某些后裔的梦中，"他有时会要求为他复仇，有时干脆就要求为他举行替代性的死亡仪式……杀人者要穿上丧服，头发散乱，来到被杀者坟墓前举行仪式，把杀人者本人献祭给死者。这种仪式称作科菲尔第辛（*kifaeldicïn*）：杀人者当着

---

　　① 关于财富对和解习俗的影响，参阅斯坦梅茨（Steinmetz）的《研究》（*Studien*, i. 427 *sqq.*。）及利波特（Lippert）的《人类文化史》（*Kulturgeschichte der Menschheit*, ii. 591）。不过，有时像火地岛雅甘人那样的贫穷族群也实行和解的习俗。布里奇斯先生讲："杀人犯可以活下来，但死者亲属会把他痛打一顿，他也得给死者亲属送很多礼物以示赔偿。"（Bridges, *A Voice for South America*, xiii. 207）

　　② Schmidt, *Ethik der alten Griechen*, ii. 125 *sqq.* Rohde, *Psyche*, pp. 8 *sqq.*, 238.

被害人后裔的面,自发求死,为自己赎罪。"①麦克唐纳说,在中非东部,"如某人杀了人,死者的朋友有权利当场杀死凶手。不过如他们活捉了他,就把他捆绑在奴隶柱上,直到对方交出四到二十个奴隶作为赔偿。支付赔偿以后,就不再索取凶手的性命,但要杀掉这些抵偿的奴隶,让他们陪伴死者。"②在其他事例里,人们或者认为支付给死者子裔的赔偿就足以告慰死者,或者在死者的感情与活人的利益产生冲突的时候,索性不管死者的感情而只照顾生者的福祉。总的说来,接受还是不接受赔偿这个问题,要依据权衡利弊来解决。

那么,我们或许有望发现,关于血族复仇和赔偿的习俗在不同部族差异极大。许多地方的人们严格遵循复仇的规则,从不或很少以赔偿了事,至少对于故意杀人是如此。他们不仅包括处于蒙昧状态的部落,也包括诸如贝尼阿梅尔人③、马雷亚人④、久尔久拉山脉的卡拜尔人⑤、摩洛哥的吉巴拉人⑥。伯克哈特这样说贝都因人:"部落越强大,越独立自主,越远离开化地区,其个体越富有,复仇的权利就越少为赔偿所取代。遍布沙漠各处的大教长们把为亲属性命而做出的任何妥协都视为耻辱的交易。"⑦在达吉斯坦的大

---

① Kovalewsky, *Coutume contemporaine et loi ancienne*, p. 238.

② Macdonald, *Africana*, i. 170 *sq*.

③ *Cf*. Steinmetz, *Studien*, i. 452.

④ Munzinger, *Ostafrikanische Studien*, p. 321 *sq*.

⑤ *Ibid*. p. 242.

⑥ Hanoteau and Letourneux, *op. cit*. iii. 61 *sq*.

⑦ Burckhardt, *Notes on the Bedouins and Wahábys*, p. 178. *Cf*. Burton, *Pilgrimage to Al-Madinah and Meccah*, ii. 103.

山里①以及阿尔巴尼亚的部分地区②，因为亲属被谋杀而接受补偿同样被视为不体面之事。

　　在某些情况下，接受赔偿并不一定意味着死者家庭完全放弃他们的复仇权利。在阿特人那里，"尽管通常人们也接受大件礼物作为对谋杀的补偿，但实际上这种补偿还不够，而以血洗血则能完全实现赔偿。接受礼物从来也不意味着完全放弃在被侵犯之人或其部落面前惩处凶手的权利。"③在索马里人那里，"支付赔偿以后，凶手或其氏族某成员一般仍会被死者亲属或部落所杀害"。④在摩洛哥南部苏斯省的柏柏尔人那里，杀人凶手会马上逃向另一部落，置身于该部落保护之下。他的亲属接着就会赔付偿命钱给受害人家庭，不过这只能防止被侵犯的一方对他们中的某位实施报复，并不能赋予谋杀者回家过日子的权利；如果他出现在他所逃难的部落之外，任何时候都可能被杀死。再如，在奥塞梯人那里，以前也有"一个流行的习俗，凶手要在一定时期内——例如一年——向受害人家庭支付一笔固定的赔偿，在这段时期内血族复仇就暂时停止"。⑤

　　另一方面，在许多情形下，习俗也允许接受赔偿，以此作为血族复仇之完全、正当的替代，甚至按习俗接受赔偿是了断案情的合适方式。在华盛顿州西部以及俄勒冈州西北部的印第安人那里，

---

　　①　Kovalewsky, in *Revue internationale de Sociologie*, ii. 87.

　　②　Hahn, *op. cit.* i. 178.

　　③　Sproat, *Scenes and Studies of Savage Life*, p. 153.

　　④　Burton, *First Footsteps in East Africa*, p. 87 n. †. Cf. Paulitschke, *Ethnographie Nordost-Afrikas*, p. 263.

　　⑤　von Haxthausen, *Transcaucasia*, p. 405.

尽管也完全认可一命抵一命的原则,但有时从物质上赔偿损害的做法会抛开这一原则。[①]　在思林凯特人那里,"杀害了某人的一个亲属可以用一定数量的毛毯补偿"。[②]　在加利福尼亚的卡罗克人那里,杀害了某人最亲近的亲属可以支付金钱来和解。[③]　库钦人会因亲属被害而要求偿命钱,若对方拒付就会复仇。[④]　在坎德人那里,血族复仇的习俗由金钱赔偿的原则予以修正,接受赔偿在任何情形下都不是耻辱。[⑤]　在马来半岛,许多好斗的部落在许多情形下会坚持完全按复仇的原则行事,但其他部落总是接受金钱上的赔偿。[⑥]　在埃及的多数贝大维人部落里,一般用赔偿取代复仇;[⑦]在埃内兹人那里也是如此,但若赔偿动议首先由死者亲友一方提出,则是羞耻。[⑧]　在瓦查加人那里,接受偿命钱成为一种义务。[⑨]《祛邪典》禁止祆教信徒拒受他人因杀戮而交付的赔偿。[⑩]在爱尔兰人那里,依村庄的大众舆论,村民之间的争斗应以某种方式和解。不过,若犯事的一方不按规定数量赔付,社群也不会强迫

489

---

① Gibbs,'Tribes of Western Washington and Northwestern Oregon,' in *Contributions to North America Ethnology*,i. 189.

② Petroff,*loc. cit.* p. 165.

③ Powers,*Tribes of California*,p. 21.

④ Richardson,*Arctic Searcxhing Expedition*, i. 386.

⑤ Hunter,*Annals of Rural Bnegal*,ii. 76. Macpherson,*Memorials of Service in India*,p. 82.

⑥ Crawfurd,*History of the Indian Archipelago*,iii. 111.

⑦ Lane,*Manners and Customs of the Modern Egyptians*,p. 120.

⑧ Burckhardt,*Notes on the Bedouins and Washâbys*,p. 87.

⑨ Merker,转引自:Kohler,in *Zeitschr. f. vergl. Rechtswiss.* xv. 56。

⑩ Geiger,*op. cit.* ii. 34.

他,那么受害一方就有权通过报复或者发动私人战争来复仇。^①在条顿人那里,起初死者亲属可以自由选择复仇或是接受赔偿;不过接着大众舆论就会希望,最终公共权威也会要求他们:若很快就获得合适的赔偿,除非情况特殊,不要诉诸血腥复仇。^②

　　这样,一命抵一命的报复就由死者家庭的责任,变成了他们根据自己意愿选择接受赔偿与否的权利,血族复仇制最终就受到公众反对而废止,或实际上无疾而终。关于这一过程发生的情境,有一点仍需注意,即进行调停的某权威的压力:部落的长者^③或头人会诱使复仇者放下武器,接受偿命钱。我不是说赔偿的做法起源于这样的干涉;我的意思是,我们能在不知道法庭、法官或正式调解人为何物的部族那里看到这种干预。^④ 不过,既然我们能发现头人劝说受害一方接受金钱或财物形式的赔偿,努力阻止血族复仇,就无法怀疑赔偿制度和头人的司法权力之间具有某种联系。在巴西印第安人那里,若有人被同部落内的某人杀害,不管是故意杀人还是过失杀人,头人有时都会要求死者家庭接受赔偿。^⑤ 在尼亚斯岛民那里,虽然凶手也可能会死于复仇者之手,但若凶手被

490

---

① *Ancient Laws of Ireland*,iii. p. lxxx.

② Keyser,*op. cit.* ii. pt. ii. 95. Pollock and Maitland,*op. cit.* i. 46 *sq. Gotlands-Lagen*,13.

③ *Cf*. Vámbéry, *Das Türkenvolk*, p. 305 *sq.* (Kirghiz); Munzinger, *Ostafrikanische Studien*,p. 500 (Barea and Kunama).

④ 例如火地人(Bridges, in *South American Missionary Magazine*, xiii. 152. *Idem*,in *A Voice for South America*,xiii. 207)。

⑤ Von Martius,*Beiträge zur Ethnographie Amerika's*,i. 130. *Idem*,in *Jour. Roy. Geographical Soc*. ii. 199.

带到头人面前处置,即使情节恶劣,凶手也常常只需赔偿了事。[1]
在阿富汗西部的多拉尼人那里,"若犯事一方向头人申诉,或者头
人获悉发生了杀人事件,头人首先也会尽量和解,要求支付偿命
钱"。[2] 肯布尔讲,条顿诸民族最终使得国家成为各方的调解
人——他们"通过确立伤害赔付标准,让国家承担责任,迫使受害
人接受规定的赔偿额,犯事者支付规定的赔偿额。这样国家就充
当了利益冲突的调解人,以维持和平大局。"[3]

　　我们前面探讨了这一重要做法——把司法管理权委托给国
家,把复仇者的司法和执行权力交给国家内的某一权威,以惩罚代
替报复。赔偿制度只是这一权威予以采纳以解决争端的方式之
一;而总的说来,这表明国家力量还有些不够。谈到苏门答腊岛的
勒姜人,马斯登说,通过赔付一定数额的金钱为谋杀赎罪的做法,
"无疑起源于政府的无能——政府无力实施直接报复这一显而易见
的惩罚规则,而是诉诸较温和的处罚方式,仅仅以赔钱了结"。[4] 如
果中央的司法权力牢固地确立起来,就会重新采纳一命抵一命的
规则。[5] 因而,到了相当晚近的时期,按照半开化和开化地区的健全
的法律,事实上除非凶手是某特权阶级的成员,例如秘鲁印加人[6]、
印度的婆罗门[7]、英格兰的受俸的神职人员——即任何能识字读

① Modigliani, *Viaggio a Nias*, p. 496.
② Elphinstone, *Kingdom of Caubul*, ii. 105 *sq.*
③ Kemble, *Saxons in England*, i. 270.
④ Marsden, *History of Sumatra*, p. 246.
⑤ *Cf.* Brunner, *Deutsche Rechtsge-schichte*, ii. 599 *sq.* (Teutonic peoples).
⑥ Réville, *Hibbert Lectures on the Native Religions of Mexico and Peru*, p. 151.
⑦ *Laws of Manu*, viii. 380 *sq.*

书而未娶寡妇为妻的人[①]，杀人几乎总是判处死罪。不过，在许多较低等的种族那里，凶手也要受极刑，把他处死，但这不是由复仇者个人执行，而是由整个共同体或某特殊权威执行。[②]

　　杀害同类仅仅是丧失生命权的原因之一。在一些地方的人们那里，有些不涉及身体伤害和流血事件的犯罪情形，特别是奸淫，即便未致人死伤，习俗也允许甚至要求受害一方杀死犯事者；[③]我们也获悉，并非仅仅杀人才适用死刑，叛国[④]、乱伦[⑤]、奸淫[⑥]、行巫[⑦]、渎神[⑧]、偷盗[⑨]以及其他罪行[⑩]都适用死罪。我们能看到，具

492

---

　　① Stephen, *History of the Criminal Law of England*, i. 458 *sqq.* 根据科尔内利法，罗马自由民杀了人，不能以死刑惩处，而只是自意大利流放到外地，而奴隶犯了相似的罪则要处决（Mommsen, *Romisches Strafrecht*, p. 631 *sq.*）。

　　② 见上文第 171、172、189 页。Veniaminof, 转引自：Petroff, *loc. cit.* p. 152（Aleuts）。Adair, *History of the American Indians*, p. 150. Morgan, *League of the Iroquois*, p. 331. Harmon, *Journals of Voyages and Travels*, p. 348（Indians on the east side of the Rocky Mountains）。Turner, *Samoa*, pp. 178, 295, 334（Samoans, natives of Arorae, Efatese）。Thomson, in *Jour. Anthr. Inst. xxxi.* 143（Savage Islanders）。Hickson, *A Naturalist in North Celebes*, p. 198（Sangirese, in former days）。Abreu de Galindo, *History of the Discovery and Conquest of the Canary Islands*, p. 27（aborigines of Ferro）。Johnson, *Uganda Protectorate*, ii. 882（Mutei）。Beltrame, *Il Fiume Bianco e i Dénka*, p. 77. 在所有这些情形下，杀人、谋杀都被说成要处以死刑；但在其中的某些情形下，我们的权威可能未能恰当地区分惩处和血族复仇。

　　③ 见上文第 290 页及以下。见下文，关于"性道德"。Post, *Studien zur Entwicklungsgeschichte des Familienrechts*, p. 134 *sq.*

　　④ 见上文第 189 页。

　　⑤ 见下文，关于"性道德"。

　　⑥ 见上文第 189 页。见下文，关于"性道德"。

　　⑦ 见上文第 189 页及以下。

　　⑧ 见上文第 197 页。

　　⑨ 见下文，关于"所有权"。

　　⑩ 见上文第 195 页。

体到半开化和开化民族,死刑适用于众多罪名,而其中的许多罪名在我们看来几乎微不足道。① 我们已经探讨了司法要求以命偿命这一观念的起源,也探讨了导致实施死刑——其严重性至少从表面上看与罪行的严重性并不相称——的情境因素。②

但是,一方面,在那些开化的族群那里,死刑之实施远远超出了同态复仇法的限制;另一方面,我们看到,有些族群却抱有大意如此的看法——死刑甚至不能应用于最残暴的情形。古代哲学家、道家创始人老子谴责死刑,认为死刑无用而轻率。他说,民不畏死,奈何以死惧之? 常有专管杀人的人去执行杀人的任务,而"夫代司杀者杀,是谓代大匠斫,希有不伤其手者矣"。③ 看来孔夫子也不赞成死刑。季康子问孔子:"如杀无道,以就有道,何如?"孔子对曰:"子为政,焉用杀? 子欲善而民善矣。"④早期的基督徒也谴责死刑乃至其他形式的杀戮;⑤但教会掌握权力以后,对死刑的谴责就转换成这种看法——教士、主教不得卷入死刑指控。⑥ 后来,至少自 12 世纪以后,教士在通过死刑判决时暂时退场,这一做法实际上是对死刑司法程序的纵容。⑦ 但一方面,教会向外卖弄

493

---

① 见上文第 186 页及以下。

② 见第七章。

③ *Tâo Teh King*, 74.

④ *Lun Yü*, xii. 19.

⑤ Hetzel, *Die Todesstrafe*, p. 71 *sqq.* Günther, *Die Idee der Wiedervergeltung*, i. 271. Lactantius, *Divinæ Institutiones*, vi. ('De vero cultu') 20 (Migne, *Patrologiæ cursus*, vi. 708):"杀戮总是罪孽,上帝不容许兽性。"

⑥ 见上文第 381 页。Lecky, *History of European Morals*, ii. 39. Laurent, *Études sur l'histoire de l'Humanité*, iv. 223; vii. 233.

⑦ Gerhohus, *De ædificio Dei*, 35 (Migne, *op. cit.* cxciv. 1282).

它坚持"教会不嗜血"的原则，[1]常常采用惩罚异教徒的便利办法，把执行死刑交给世俗权力，并祈祷应以"尽可能温和而不流血"的方式——即火刑——惩处罪人。[2] 在现代，贵格会教徒复活了早期基督徒的死刑观点；[3]但主张废除死刑的壮烈运动则源自贝卡利亚与法国百科全书派的著作。

这场运动的强大推动力，就是对人类苦难的同情以及对残害人命的恐惧。这类情感越能自由地发挥作用，关于死刑社会效益的信念，或"只有罪人的死才能抚慰复仇的上帝"的观念，对此类情感的制约就越弱。有人已经提出，死刑威慑犯罪的作用并不比其他惩罚大。依据贝卡利亚，并非痛苦的强度，而是痛苦的持续性对人的心理产生的影响最大；因此，处决罪犯只占用很短的时间，其威慑作用要比长期奴役小，对那些罪大恶极者应当施用后者作为惩罚措施。[4] 再者，死刑执行的情境条件会不可避免地激发公众对罪犯的同情，因而就严重损害了惩罚的示范效能。[5] 人们认为，被处决并不比其他形式的惩处更耻辱；某人死在绞刑架上，这种耻辱还会被他神情自若、视死如归所激发的钦佩所抵消；而某人被囚车拉走，关进牢房，就不存在抵消什么这回事。[6] 统计数据表明，在那些对某些或全部犯罪取消死刑的地方，取消死刑后，犯罪活动并没有变得更频繁；而恢复死刑或执行死刑变得更严厉时，也从未

---

[1]　Katz, *Grundriss des kanonischen Strafrechts*, p. 54.

[2]　Lecky, *History of European Morals*, ii. 41.

[3]　Gurney, *Views & Practices of the Society of Friends*, pp. 377 n. 1, 389.

[4]　Beccaria, *Dei delitti e delle pene*, § 16.

[5]　Romilly, *Punishment of Death*, p. 56 sqq.

[6]　*Ibid*. p. 47 sq. Hetzel, *op. cit*. p. 454 sqq.

能减少被判死罪的案件数量。① 而是否实行死刑与其说取决于抽
象司法的要求，不如说取决于保障共同体安全的考虑。杀人偿命
是基于同态复仇法之粗陋理论的一个武断主张；杀人罪轻重程度
各不相同，仅明了这一点，就可轻易驳斥这个主张。② 再者，法律
规定了死刑，不能最大程度地伸张正义，反而让不义甚嚣尘上，倒　495
可能导致最高程度的不义。正如边沁所说，"死刑是不可弥补的"；
任何司法判决都可能有错，其他司法错误可以补救，然而人死之后
就无法补救。③ 而且，不仅无辜者可能会受惩处而无可补救，罪犯
也能轻易逃脱应得的处罚。经验表明，死刑的缺陷在于，它会减少
法律威胁的压制性力量，这是因为，若裁决结果可能是处死，在许
多情形下，证人、法官及陪审员都会竭力避免做出有罪裁定。④ 最
后，死刑完全忽视了所有法律惩处共有的一个根本性目标，即改造
罪犯。进一步说，把罪犯迅速处死，我们实际上就阻止了他从道德
上改过自新，使他无法展现真诚悔罪之后的成就；我们或许也剥夺
了他成功向他人及高级法庭求得宽恕的机会——我们在处置这类
事情上的傲慢粗鲁，表明我们不适于做出公正的裁决。⑤

　　欧洲的立法自 18 世纪末在死刑方面经历了一场根本性的变

---

① Mittermaier, *Die Todesstrafe*, p. 150 *sqq*. Olivecrona, *Om dödsstraffet*, p. 130 *sqq*.

② Mittermaier, *op. cit*. pp. 62, 133. von Mehring, *Frage von der Todesstrafe*, p. 19 *sqq*.

③ Bentham, *Rathionale of Punishment*, p. 186 *sqq*. *Cf*. Hetzel, *op. cit*. p. 442 *sqq*.

④ Bentham, *op. cit*. p. 191 *sq*. Mittermaier, *op. cit*. pp. 98 *sqq*., 148.

⑤ Romilly, *op. cit*. p. 3 *sqq*.

化,这固然来自上述这些以及相似主张的影响,但更重要的是由于人们日益不愿剥夺人命。欧洲与美洲的几个国家已正式废除死刑,或者到目前为止从未执行过死刑,[①]在其他地方则实际上把死刑局限在故意谋杀案件。但是仍然有人一如既往地卖力倡导死刑,并赢得了公众感情上的大力支持。有人说,废除死刑就会抹除保卫社会的一个最好的措施;死刑确实能阻止罪犯再次作案;它远远比其他任何惩处更能震慑犯罪;废除死刑的缺失在于,性质大为不同的诸罪行会被放置在同等的基础上;有犯罪倾向的人如果知道只会处以终身监禁,就不会仅仅偷盗,而是同时杀人,因为他明白自己不会因此受到更严重的惩处;等等。像通常的情形那样,他们也诉诸宗教来支持自己的论点。几位作者坚持认为,《圣经》里要求实行死刑的陈述对作为基督徒的立法者具有强制性;[②]我们甚至能看到这样的主张——死刑的目标并非保护公民社会,而是实施上帝的正义,以上帝的名义,"法官应该判决死刑,行刑者应该杀人"。[③] 但是,我敢于相信,现代立法中保留死刑的主要动机,在于立法者乃至大众心理对于同态惩罚原则的强烈依附。只有谋杀案例才通行死刑,这一事实大大支持着上述假定。"常言道,血债血偿,而死刑所导致的痛苦与罪犯造成的痛苦相似,更令人浮想联翩。"[④]

---

① Günther, *op. cit.* iii. 347 *sqq.* von Liszt, *Lehrbuch des Deutschen Strafrechts*, p. 261.

② Mittermaier, *op. cit.* p. 128 *sqq.*

③ Clay, *The Prison Chaplain*, p. 357.

④ Bentham, *Rationale of Punishment*, p. 191.

第二十一章 决斗

惩处制度代替了复仇制度,受侵犯一方一般说来就失掉了杀死侵犯者的权利。不过这个规则有一些值得注意的例外。在前一章里我们看到,在各个地方的人们那里,若受到非同寻常的重大挑衅,复仇者杀死了敌手,习俗、法律或者会完全谅解复仇者,或者复仇者只受到较宽大的惩处。① 现代决斗是实施复仇、最终夺人性命这一习俗最经久不衰的残存,我们仍需对此花费点笔墨。而关于这一残存,似乎有必要探讨一下决斗习俗作为一个被认可的社会制度的一般情况。

决斗,即先行提出挑战,然后进行一对一的格斗,决斗有时是为了了断不同群体之间敌对状态的一种措施。在新南威尔士的土著人那里,"结束战争的方式常常是双方选取出类拔萃的勇士进行决斗"。② 在西维多利亚,部落之间的争端有时通过酋长之间的决斗来解决,双方认可决斗结果为最终结果。"除此之外,就由数量对等的勇士之间的战斗来解决争端,这些勇士身上抹着红色黏土,穿着战服;不过很少真正发生战斗,除非妇女挑起了男人的怒火,

---

① 见上文第 290 页及以下。
② Fraser,*Aborigines of New South Wales*,p. 40.

鼓动他们去战斗。即便如此也很少发生全面战斗,而是由双方勇士进行一对一的决斗:他们步入斗场,相互辱弄,用历连戈①打来打去,扭打在一起。决斗中,首先受伤者退出战斗。"②在思林凯特人那里,要了断氏族或家族之间的宿怨,通常要靠各方都挑选一个人来进行决斗。③ 古代著作家告诉我们,为了结束战争,希腊人、罗马人和条顿人同样会协商好,由一定数量的勇士来决斗。④ 根据塔西佗的记述,日耳曼人了断战争的习俗是,由抓获的一个战俘与自己军队的一名代表进行决斗。⑤ 在所有以上事例里,决斗看似都源于迅速实现和平的愿望。

关于其他类型的决斗,胜者会有权利占有彼此争议的财物,或者可以满足复仇雪耻的渴望,这两类决斗的目的都是解决个人之间的争端。

因而,在不信基督教的古代斯堪的纳维亚人那里,只要相信自己的力量,相信自己武艺高超,任何人都可向地主提出挑战,通过决斗要求对方/地主交出土地,这样他就可能获得这笔财产。格斗的规矩很严格;被挑战者可以先发起攻击,谁退缩了或丢掉了武器,就视作失败;谁首先受伤或受伤最重,必须支付一笔数额明确

---

①　历连戈(liangle),土著居民的武器名,有尖头,约九英寸长。——译者

②　Dawson, *Australian Aborigines*, p. 77.

③　Holmberg, ' Ethnographische Skizzen über die Völker des russischen Amerika,' in *Acta Societatis Scientiarum Fennicæ*, iv. 322 *sq.*

④　See Grotius, *De jure belli et pacis*, iii. 20. 43. 1; Grimm, *Deutsche Rechtsalterthümer*, p. 928.

⑤　Tacitus, *Germania*, 10.

的钱，以挽救自己的生命。① 在堪察加半岛外的诸岛屿，若丈夫发 现情敌跟他的妻子在一起鬼混，他至少会承认情敌拥有要求得到她的平等权利。他会说："那就让我们比试一场，看看谁的权利更大，谁就应该得到她。"然后他们会脱掉各自的衣服，用棍棒击打对方的后背，首先倒在地上无法再忍受攻击之人就失去拥有那个女人的权利。② 一个老人告诉纳尔逊先生，古时白令海峡一带的爱斯基摩人中，若一个丈夫与其妻子的情人因这个女人发生了争吵，邻居就会解除他们身上的所有武装，让他们赤手空拳肉搏，或通过摔跤来解决争端，打斗中的获胜者就获得那个女人。③ 关于奇佩维安人，理查森不止一次看到，某较强壮的男人在获得搏斗胜利之后，要求获得较弱的部族同胞的妻子。他说："任何人都可以向另一人提出搏斗的挑战，如果获胜，他就可以带走败者的妻子作为战利品……这时按习俗丢了妻子的丈夫应认输，平心静气地让渡自己的妻子；他要扳回一局或寻机报复，可以通过同样的方法夺走另一较弱男人的妻子。"④ 依据道森先生，在西维多利亚的诸部落，若某年轻头人没有老婆，却爱上了有两个以上老婆的某头人的某老婆，若这个女人同意，就可以向女人的丈夫提出一对一的挑战，若

----

① Lea，*Superstition and Force*，p. 111 *sq.* Keyser，*Efterladte Skrifter*，ii. pt. i. 391. Weinhold，*Altnordisches Leben*，p. 297. von Amira，'Recht，' in Paul's *Grundriss der germanischen Philologie*，iii. 217 *sq.* Arnesen，*Historisk Indledning til den gamle og nye Islandske Raettergang*，p. 158 *sq.* Rosenberg，*Traek of Livert paa Island i Fristats-Tiden*，p. 98 n.

② Steller，*Beschreibung von dem Lande Kamtschatka*，p. 348.

③ Nelson，'Eskimo about Behring Strait，' in *Ann. Rep. Bur. Ethn.* xviii. 292.

④ Richardson，*Arctic Searching Expedition*，ii. 24 *sq.*

丈夫被打败，这个女人就成为胜利者的合法妻子。^①里德尔先生讲："在某些方面，澳大利亚土著的报复法与欧洲某些阶级长期奉行的所谓荣誉法旗鼓相当。如谁拐走了别人的妻子，受到伤害的丈夫就得与拐骗者进行一场生死对决；在社会角度看来，致人死命的矛可以修复一方受损的荣誉，或者使另一方的罪行变得正当合理。"^②在西澳大利亚的土著那里，"个人之间为了了断私人恩怨而决斗，这很常见，人们拔矛相向是为了争得荣誉和确保尊严"。^③在迪埃利人部落，若某人错误地指责了另一人，被指责者就会向他提出挑战，这样就能通过决斗把事情了断。^④关于昆士兰州西北部中央地带土著居民之间的决斗，罗思博士做了一个有趣的描述。若某人感到自己受到了伤害，就会在离开宿营地的某处与施害者进行决斗。决斗时并非要置对方于死地。若持双手剑，决斗者就只是击打对方头部；若持矛，他们只是刺中对方大腿上多肉的部分；若持石刀，他们就只是砍杀对方的肩膀、肋、臀部，最多造成一英寸多深、七八英寸长的伤口。决斗过程中如一方背部向下倒在地面——这个姿势是被击败的标志，意味着躺倒者认输了，不想继续决斗了——就意味着对方不能再用石刀砍杀了。不过事情并未结束：从正义的角度说，这些蒙昧人的决斗之后还有修正纠偏的程

---

① Dawson, *op. cit.* p. 36. For other instances of rights to women being acquired by duels, see Westermarck, *History of Human Marriage*, p. 159 *sqq.* ; Post, *Afrikanische Jurisprudenz*, ii. 23 *sq.* (people of Kordofan).

② Riedel, *Aborigines of Australia*, p. 6.

③ Calvert, *Aborigines of Western Australia*, p. 22.

④ Gason, 'Manners and Customs of the Dieyerie Tribe,' in Woods, *Native Tribes of South Australia*, p. 266.

序要做,而现代欧洲的决斗反而存在诸多缺陷和遗憾。"两个人之间的搏斗最终结束,老人、长老会采取措施查清双方争端的是与非。如果发现获胜者是受害一方,他就要提出充分的理由,例如他刚刚要惩罚的人抢走了他的杜松子酒,试图以死亡之骨[①]害他,或使他招致某种冤屈,搞得他臭名昭著。在如此情形下,任何人都不会也不必采取进一步行动。另一方面,如果获胜者只是自己认为他是受害一方,但他要追责的那些人却不这样看,也不认为他发起决斗的理由足够充分,那么随后,被击败者就会按自己的受伤程度让获胜者经受完全等同的肢体伤害。"而且,如果某一方死于决斗——有时会发生这种事情——获胜者除非能表明自己受到挑衅或有充足理由,否则"就会应议事会要求被以相似方式处死,此前通常还要羞辱一番,让他把自己和死者的坟墓都挖好"。[②]　关于南美的查鲁亚人,阿萨拉写道:"有关各方自己解决特定争端:如果他们不能和平了断恩怨,就用拳头解决,两人中一人获胜,控制了另一人,双方就不再提过往恩怨。他们在决斗中绝不使用武器;不管谁死了,有关各方都不得说什么。"[③]如果一个阿帕切人杀了人,"死者最近的血亲可以处死杀人者。这位亲属有权利提出单打独斗的挑战,是时要当着营地里所有人的面,双方都要服从决斗的结果。没有审讯,没有固定的议事会,没有对犯罪及其原因的例行检视;决斗过程本身就是一场严峻的考验,通过决斗就能把整个事情

----

① 死亡之骨(*munguni*),一些土著居民的巫术用具。——译者

② Roth, *Ethnological Studies among the North-West-Central Queensland Aborigines*, p. 139 sq.

③ Azara, *Voyages dans l'Amerique méridionale*, ii. 16.

摆平。"①在中部爱斯基摩人那里，"这类事情可能看起来奇怪：一个谋杀者会访问受害人亲属（尽管他知道社会允许他们出于复仇而杀死他），与他们商讨解决此事的后续办法。他会受到友好的欢迎，有时他会平静地生活数周、数月。接下来的某一天他会突然接到参加摔跤比赛的挑战，如果输了他就被杀死，如果赢了他可以杀死对方中的某一人；要不就是他会在打猎时被同伴突如其来地攻击、杀掉。"②理查森听说，某些爱斯基摩人"了断他们之间的争端时，会以拳头击打对方，双方轮流把头部伸给对方击打"。③ 从前通古斯族人以弓箭进行被称为库驰古拉（Koutschiguera）的决斗，规矩是"必须有尊长人士在场，由这些长者划定场地，决定决斗双方之间的距离，只有在他们发出射箭的信号之后，决斗才能真正地开始"。④ 散塔尔人从前有个长期延续下来的传统，他们"处理人际争端的"习俗就是——若冲突各方是男性，就通过一对一决斗的考验。他们的决斗武器简单粗陋：使用弓、箭或钩子，而不用手枪和刀剑。以此决断荣誉与尊严之事，对某一方来说总是极其重要的；不过后来，随着解决争端的公平措施的引入，这种野蛮时代的残余就消失了。⑤ 曼先生也听说，科尔人也曾喜欢决斗甚于其他任何矫正过失的方式。⑥ 古代瑞典人的法律甚至迫使荣誉受到伤害的人们进行决斗，以维护他们的尊严。所谓的《海德纳法》——一部

---

① Cremony, *Life among the Apaches*, p. 293.
② Boas, 'Central Eskimo,' in *Ann. Rep. Bur. Ethn.* vi. 582.
③ Richardson, *Arctic Searching Expedition*, i. 367 *sq.*
④ Georgi, *Russia*, iii. 83.
⑤ Man, *Sonthalia and the Sonthals*, p. 90.
⑥ *Ibid.* p. 90.

古老的异教徒法律的片段——规定,若一个男人对另一人说:"你不配做男人,你缺乏一颗男人的心",并且另一人回答道:"我是跟你一样好的男人,不差一丝一毫",他们就应在一个三条路汇聚的地方碰头,进行一场决斗。若受辱者没出现,他就得承认对方对他的称谓和评判,并且从此以后绝不允许就任何事情发誓或作证。另一方面,若他们都到场并进行了一对一的决斗,被冒犯的一方杀死了挑衅者,则不必做任何赔偿;不过,若挑衅者杀死了对手,则必须赔付一半偿命钱。①

　　这些习俗和规则的存在乃是由各种情境导致。承认决斗是获 503 得对土地、对女人权利的一种方式,这就意味着,在一个没有政府或政府弱小的社会里,民间习俗占据优势;决斗给予被挑战者以对等的条件直面复仇者的机会,由此我们可以追踪大众舆论干预的源头。与赤裸裸的暴力比起来,决斗也能在更大程度上达成确定性的方案;而且,正如我们已经看到的那样,在有些情况下,决斗不过是战斗演习,以此展示哪一方较弱并不得不屈服,决斗可以防止更严重的伤害发生。再者,在其他情况下,挑战可以把冒犯者带入公众视野,否则可能找不着他,并且决斗仅在两个当事人之间进行,如此就能防止家族所有成员相互打架。② 作为洗雪耻辱、维护荣誉与尊严的措施,决斗或许比通常的复仇行为更为可取,更受到欢迎;决斗更能体现双方的勇气与果敢,更能赢得别人的尊重。在

---

　　① Leffler,*Om den fornsvenska hednalagen*,p. 40 *sq.* (in *K. Vitterhets Historie och Antiqvitets Akademiens Månadsblad*,1879,p. 139 *sq.*)。莱弗勒教授倾向于认为,这种规定曾经从属于更早以前的《西哥特法典》(*op. cit.* p. 35,in the *Månadsblad*,p. 134)。

　　② *Cf.* Arnesen,*op. cit.* pp. 150,166 *sq.*

我们提及的几个个案里,决斗显然是一种缓和的复仇形式,是一种
以相对无害的方式解决名誉问题的办法,如此说来决斗就比赔偿
的做法更有优势;决斗不要求冒犯者付出什么财富,无疑也允许被
冒犯者勇敢面对。① 据说,昆士兰的土著对一对一决斗中留下的
伤口十分骄傲,②进行决斗的爱斯基摩人认为"逃避攻击是懦夫行
为"。③ 最后,若双方都自以为得理,决斗或许就被视作最公平的
解决争端的方式。有时人们甚至以决斗的方式搞清真相,把决斗
视作一场考验,或称"神的裁决"。

　　中世纪法律的研究者都熟知决斗断讼。除了欧洲,我们在马
来半岛也发现了类似的机制。克劳福德在《印度群岛史》里说:"由
战斗或决斗来裁决,或经由各种形式的磨难而诉诸神的裁决,这是
广为人知的事。马来法律规定,缺乏证据的情况下适用战斗裁决
或神判法,原话如下——'若某人谴责另一人而对方否认,且双方
都无证人,有关各方就应决斗,或交由融锡或沸油来裁决。'"④婆
罗洲巴里托河盆地的土著有下述称作哈噶蓝冈(*Hagalangang*)
的神判法——"双方各自身处一个箱子里,箱子由桐檬木板条做
成,面对面相隔七英寻,高度能到达一般男子胸部。给双方一支削
尖了的、状如长矛的竹竿,一旦号令发出就向对方投掷。按照裁判

504

---

　　①　根据斯坦梅茨教授,决斗起源于"对暴力复仇的限制……使得人们以彬彬有礼
的决斗取代血腥复仇的力量就是外婚制,是人群之间的亲属关系,是人们对和平的渴
望,是人们之间的沟通的不断增进。决斗也带有负面的成分:不由法庭居中裁决,排除
了进一步妥协的可能,特别是不讨论经济交换,因而不可能以物质补偿解决冲突。"
(Steinmetz,*Studien zur ersten Entwicklung der Strafe*,ii. 67,87)

　　②　Roth,*op. cit.* p. 140.

　　③　Richardson,*Arctic Searching Expedition*,i. 368.

　　④　Crawfurd,*History of the Indian Archipelago*,iii. 92.

规则,伤者就会被认作有过错的一方。"[1]在条顿人那里,古代曾有以私人决斗解决争端的习俗,审判性搏斗似乎就是由此习俗发展而来。曾几何时,当地社群尽力废黜复仇行为;以决斗作为司法程序的一种形式,赋予其神判法的特征,无疑是明智的举措。[2] 很可能,在条顿人不信基督教的时期,决斗已经就带有神判法的特征。[3] 一如采用其他神判法那样,若搞不清楚被指控者是否有罪,就会采用决斗的办法。[4] 在一个很难找到可靠证人、迷信大行其道的社会里,诉诸"神的裁决"就省却了收集人证物证的麻烦。艾斯曼这么说法兰克人:"在现场抓获犯事者,或者被指控者坦白,这都是不确定的……由于人们之间是相互依赖的,一个人不会对自己群体中的另一人作不利的证言;他也会由于害怕报复,而不作对另一群体某成员不利的证言。"[5]常常有人认为,神判法原本基于这么一种信仰——全知全能的正义之神会保护清白无辜者并惩罚罪犯。下面我会表明,事实并非如此;相反,神判法主要来源于并根植于这么一种观念:相信誓言或咒语是灵验的、有效的。某被怀疑之人或者有罪或者无辜,而神判法实质上就牵涉对此所下的咒语,其目标恰恰就在于搞清怀疑是否正确,而把咒语带回到现实中加以检验。这也适用于判决性搏斗。双方通过战斗决定了有无罪

505

---

[1]　Schwaner, *Borneo*, i. 212.

[2]　达恩讲:"最初决斗根本就不是神的裁决,而只是有关各方处理冲突的一种方式。"(*Bausteine*, ii. 57) *Cf.* Patetta, *Le ordalie*, p. 178.

[3]　Patetta, *op. cit.* p. 179.

[4]　See Unger, 'Der gerechtliche Zweikampf bei den germanischen Völkern,' in *Göttinger Studien*, 1847, Zweite Abtheilung, p. 358 *sq.*

[5]　Esmein, *Cours élémentaire du droit français*, p. 96 *sq.*

责,因为决斗之前彼此已经在发誓时下了咒语。对战正式开始以前,各方都用最肯定的语气声称自己有足够的理由,还要以经文或某被认可的圣迹庄重宣誓自己言之凿凿,并呼求神把胜利给予正当的一方。如此的誓言总是每一场战斗必不可少的序幕,搏斗失败就不仅意味着输掉诉讼,还意味着发了假誓,因而要受到惩罚。① 许多事实都表明,判决性决斗的真正目的就是避免滥用誓言逃避罪责。勃艮第人的国王昆得伯尔曾颁布一部决斗诉讼法,他在该法序言里明确地说,他之所以要这么做,就是要让臣民不再对不确凿之事发誓或对确凿之事发伪誓。② 查理曼力主采纳决斗,认为决斗要远远比随意发出的无耻誓言可取;基于同样的理由,奥托二世下令在各种形式的程序里使用决斗。③ 不仅当事人,证人有时也必须参加决斗。一部巴伐利亚法律甚至规定,若某人要求得到某地产的产权,他不仅要和被告对决,还要和被告的证人决斗;④在中世纪晚期,尽管开明的立法者已尽力试图限制判决性决斗之滥用——在此方面他们也并非毫无所成——挑战证人依然是最受欢迎的逃脱法律处罚的方式。⑤ 有些法律条款要求证人带

---

① *Lex Baiuwariorum*,ii. 1. Jourdan,Decrusy,and Isambert,*Recueil général des anciennes lois françaises*,ii. 840 *sqq*. Bracton,*De Legibus et Consuetudinibus Angliæ*,fol. 141 b *sq*.,vol. ii. 438 *sqq*.:"神会助我,神意如此。"Lea,*Superstition and Force*,p. 166 *sq*. Brunner,*Deutsche Rechtsgeschichte*,ii. 415. von Amira,'Recht,'in Paul's *Grundriss der germanischen Philologie*,iii. 218. Unger,*loc. cit.* p. 386. Tuchmann,in *Mélusine*,iv. 130.

② *Leges*,*Burgundionum*,Leges Gundebati,45.

③ Lea,*op. cit.* p. 118.

④ *Lex Baiuwariorum*,xvii. 2. (xvi. 2).

⑤ Beaumanoir,*Coutumes du Beauvoisis*,lxi. 58,vol. ii. 398. Lea,*op. cit.* p. 120 *sq*. Unger,*loc. cit.* p. 379 *sqq*.

着武器出庭,作证以前要把武器放在圣坛上为武器祈福。[1] 在开
始决斗前为武器祈福的做法[2],无疑就是要赋予武器神圣性,或增
强武器本来就带有的神圣性,以便更有效地让诅咒得以实现;通常
人们对武器有着迷信般的敬重,因而面对武器立下的誓言被认为
特别有约束力。[3] 判决性决斗主要是因为与誓言相联系而成为搞
清真相的方式,并具有相应的效能,由于法术往往趋于融入宗教,
决斗就很容易被看作是吁求神之正义,这正如诅咒转化为祈祷,作
伪誓则变成对神的冒犯。

　　在多数欧洲国家,中世纪结束以后还存在判决性决斗。[4] 导
致其衰微及最终消失的原因多种多样。在早期,宗教理事会及教
皇已宣布反对判决性决斗,[5]但几无成功;事实上,许多牧师不仅
纵容而且授权准许判决性决斗,教堂和修道院的财产发生争议也
要靠决斗解决。[6] 以下是其他一些更重要的原因:社群在增长,它
们献身于和平之术,在工商业中追求自己的利益,享用备办好的、

507

---

[1]　Lea,*op. cit.* p. 120.

[2]　Esmein,*op. cit.* p. 95.

[3]　For the worship of, and swearing by, weapons, see Du Cange, 'Juramentum super arma,' in *Glossarium ad scriptores mediæ et infimæ Latinitatis*, iii. 1616 *sq.*; Grimm,*Deutsche Rechtsalterthümer*, pp. 165,166,896; Pollock,*Oxford Lectures*, p. 269 *sq.* n. 1; Joyce,*Social History of Ancient Ireland*,i. 286 *sq.* 在摩洛哥,面对武器立下的誓言也被看得特别庄重。

[4]　Lea,*op. cit.* p. 199 *sqq.* 然而,在英格兰,直至 1819 年才正式立法废弃决斗(Stephen,*History of the Criminal Law of England*,i. 249 *sq.*)。

[5]　Du Boys,*Historie du droit criminel des peuples modernes*,ii. 182. Lea *op. cit.* p. 206 *sqq.*

[6]　Robertson,*History of the Reign of the Emperor Charles* V. i. 357 *sq.* 'Notitia gurpitionis,' in Bouquet,*Recueil des historiens des Gauls et de la France*,ix. 729.

长期稳定法庭的便利;罗马法在复兴,并开始动摇各种封建制度的根基;[1]在与贵族的斗争中,王室权力抬头;启蒙、开明日益受欢迎,其力量越来越强大,而迷信则走向式微。尽管最终司法法庭废止了决斗,但决斗之事并未销声匿迹。在 16 世纪,判决性决斗式微,荣誉决斗开始流行。[2] 巴克尔公允地讲:"以战斗来判决的做法消失后,人们仍坚持旧习俗,更喜欢采用决斗了事";[3]因此判决性决斗可看作现代决斗之父。[4] 教会和国家自然想禁止这种野蛮、血腥风气的残存。特伦多会议宣布,"决斗之可憎习俗系由恶魔设计出来,恶魔意欲让人身流血死亡,从而让灵魂堕落",应把决斗从基督教世界彻底驱除,不仅是主犯与从犯,而且任何就决斗提出建议的人,或以任一其他方式劝说某人参与决斗的人,乃至在场的旁观者,都应驱逐出教会并永受诅咒。[5] 在英格兰,克伦威尔的议会毅然要阻止此习俗。[6] 1600 年苏格兰的一部法律规定,未经国王许可而参加决斗,当处以死刑。[7] 大约在同一时期,西班牙议会通过一部法律,规定参与决斗的各方都要以叛乱罪论处。[8] 1602 年,法兰西的亨利四世颁布一项法令,规定任何发出挑战、接

---

[1] Lea, *op. cit.* pp. 200-205, 211 *sq.* Unger, *loc. cit.* p. 392 *sqq.*

[2] Storr, 'Duel,' in *Encyclopædia Britannica*, vii. 512.

[3] Buckle, *Miscellaneous and Posthumous Works*, i. 386. *Cf.* Bosquett, *Treatise on Duelling*, p. 79.

[4] Storr, *loc. cit.* p. 511.

[5] *Canons and Decrees of the Council of Trent*, Session xxv. 19, p. 274 *sq.*

[6] Pike, *History of Crime in England*, ii. 192.

[7] Hume, *Commentaries on the Law of Scotland*, ii. 281. Erskine, *Principles of the Law of Scotland*, p. 560.

[8] Truman, *Field of Honor*, p. 70.

受挑战或充作从犯的人都要以死罪论处；[1]路易八世执政期间也颁布了几项针对决斗的法令[2]；1626 年颁布了一项新法令，任何在决斗中杀死对手的人，两次发出与人决斗之挑战的人——这种行为本身就是犯罪——都要处以死刑。[3] 但所有这些法令都见效甚微，甚至毫无效果。据说，1601—1609 年这八年期间，法国有两千名贵族出身的男性卷入决斗；根据舍伯里的赫伯特勋爵——他是路易八世宫廷的使节——若一个法国人未曾在决斗中杀人，几乎就不会受待见。[4] 罗伯逊这样评论决斗："不管一个习俗多么荒唐，如果它已经长期存在，或者由其盛行时代的行为方式和偏见里获取力量，它就不会仅仅由于颁布法律法规而被废止。"[5]尽管有法律明确禁止决斗，严处在决斗中杀人的人，有时甚至以谋杀论处，[6]许多欧洲国家仍然认可和盛行决斗之俗；大众舆论如此支持决斗，以致有关法律条文很少落实甚至从未施用。

　　我们在现代文明中仍可发现的这种自己来执法的奇怪习俗，部分是由于立法者不够关注破坏他人名誉之罪行，[7]部分是由于习惯的力量。被侮辱者发现法律不足以洗雪自己受到的侮辱，就决定自己复仇，向肇事者提出挑战搏击一场。复仇并不是他的唯

---

　　① Isambert, Taillandier, and Decrusy, *Recueil général des anciennes lois françaises*, xv. 351 *sq*.

　　② *Ibid*. xvi. 21, 106, 146.

　　③ *Ibid*. xvi. 176, 179.

　　④ Storr, *loc. cit*. p. 512.

　　⑤ Robertson, *op. cit*. p. i. 66.

　　⑥ Günther, *Die Idee der Wiedervergeltung*, iii. 225, n. 467. Stephen, *History of the Criminal Law of England*, iii. 99 *sqq*. Gelli, *Il duello*, p. 21.

　　⑦ *Cf*. Bentham, *Theory of Legislation*, p. 299 *sqq*.

一动机。他也想要通过表明自己重视荣誉胜于生命而洗雪耻辱。这个观念——发出生死挑战就洗净了侮辱给一个人名誉造成的污迹——乃是古风的留存,那个时代的人们认为,受尊敬之人首先得是一个勇者。① 通过勇敢的表现,被冒犯一方表明自己不该受到蔑视和嘲弄,如表现懦弱就是置自身于不幸之境地。从司法角度讲,只要不被当作神的裁决看待,决斗当然也就会成为荒谬之事。决斗迫使被侮辱者直面某肆意冒犯者刚刚施加的伤害,决斗可以以致命一击让恶棍受到应有的惩罚。而在一个人的荣誉面临危险之际,司法的声音和效果往往软弱无力,古老习惯的压力会变得比任何时候都大。在相似情形下,通常会发生这样的事:人们提出一些多多少少显得空洞的观点来支持决斗这种残存。卡姆斯勋爵认为,若两人同意以单打独斗裁决彼此之间的争议,国家不应介入,因为他们不需要借助国家给他们提供的保护。② 但是,事实上决斗并非两个人之间的私人事务。正如摩尔所说的那样,“与拒绝决斗相伴而生的是,他要生活在一个被如此这般羞辱的环境中,人们会责备他卑贱、懦弱,公众会刻意蔑视他,他生活的私人小圈子也对他避之唯恐不及,于是决斗之外的解决之道显得既残酷又不人道”;③似乎国家应该保护国民不再被此类环境所迫参加决斗。有人说,决斗“紧握法律所丢下的正义之剑,惩处任何法条所不惩处

510

----

① 巴克尔指出,现代决斗是骑士制度演化出的特别结果(Buckle, *History of Civilization in England*, ii. 136 *sq.*)。

② Kames, *Sketches of the History of Man*, i. 415 n.

③ Moore, *Full Inquiry into the Subject of Suicide*, ii. 276.

的事情——蔑视和侮辱"。[①] 但是我们发现,那些不再流行决斗的国家颁布了禁止侮辱他人的法律,设置了名誉侵权法庭;特别值得一提的是,尊重和维护个人荣誉和尊严的观念已经相当开明和细致,这些都已经使决斗显得既无用处又荒唐,成为无人想要复活的陈腐之物。

[①]　转引自:Millingen, *History of Duelling*, i. 300。

第二十二章　身体伤害

与生命权利密切联系的是身体完整性的权利。确实,总的来说,杀人实质上是可能施加的身体伤害中最为严重的,但也有某些形式的虐待比死亡本身更可怕。[1]

就身体伤害而言,若其他情形相同,罪行的严重性与施加的伤害成正比。我们看到,在文明的较低阶段,存在以眼还眼、以牙还牙的原则,或者冒犯者必须为伤害付出足够赔偿。[2] 据说,《摩奴法典》有这样的规定,若殴打他人的目的是让他人痛苦,法官就应按造成痛苦的严重程度处以罚金。[3] 按照伊斯兰法律,对故意伤害、肢体毁损的行为可以报复,但也可以用罚金代替。使人五官之一残疾,使人重伤,使人终生严重毁容,或砍掉唯一存在、无可替代的人体部位,例如鼻子,与杀人同罪;损毁人体上两个同样的部位

---

① *Cf*. Stephen, *History of the Criminal Law of England*, iii. 11.

② Post, *Afrikanische Jurisprudenz*, ii. 61 *sqq*. Munzinger, *Ostafrikanische Studien*, pp. 208（Takue）,502（Barea and Kunama）. Burton, *Two Trips to Gorilla Land*, i. 105（Mpongwe）. Maclean, *Compendium of Kafir Laws and Customs*, p. 61 *sq*. Macpherson, *Memorials of Service in India*, p. 82（Kandhs）. Earl, *Papuans*, p. 83（Papuans of Dory）. Kubary, *Die socialen Einrichtungen der Pelauer*, p. 74（Pelew Islanders）. Petroff, 'Report on Alaska,' in *Tenth Census of the United States*, p. 105（Thlinkcts）.

③ *Laws of Manu*, viii. 286.

之一,例如一只手或一只脚,要付偿命钱的一半;损毁人体十个相似部位之一,例如一个手指或一个脚趾,要付偿命钱的十分之一。[①] 在一定程度上讲,早期条顿人的许多法律典籍对人体伤害罚金的区分幅度是很小的。[②] 按照萨利克法律的一些文本,损毁他人的一只手、一只脚、一个眼睛或鼻子,赔付一百苏勒德斯——偿命钱的一半;大拇指和大脚趾则值五十苏勒德斯;拉弓的食指值三十五苏勒德斯。[③] 至于其他暴力伤害行为,罚金依不同情形而定;例如,是用棍子殴打还是握拳殴打,脑袋是否被打破,是否有骨头暴露出来,有多少骨头暴露出来,血是否从伤口流出到地上,等等。[④] 在盎格鲁-撒克逊法律里,几乎人体的每一部位,每一牙齿、脚趾、指甲,都有其价格。例如,按照埃赛尔波尔特的法律,打掉大拇指要赔付二十先令,一个大拇指甲值三先令,食指值八先令,小拇指值十一先令。[⑤] 在早期凯尔特法律里,针对不同程度伤害厘定的罚金数额都力求准确无误。[⑥] 看一下爱尔兰法律处理身体伤害的方式,我们就能明白,这是在采用做买卖的通行做法处理整个事件。如果对被伤害者而言,失去的器官本来就没有用处,"例如

---

① Lane, *Manners and Customs of the Modern Egyptians*, p. 120. Sachau, *Muhammedanisches Recht*, p. 764.

② Wilda, *Strafrecht der Germanen*, p. 729. Stemann, *Den danske Retshistorie indtil Christian V. 's Lov*, p. 658. Stephen, *History of the Criminal Law of England*, i. 56. Lappenberg, *History of England under the Anglo-Saxon Kings*, ii. 422.

③ *Lex Salica*, edited by Hessels, coll. 163-167, 170, 172-177, 179.

④ *Ibid*. col. 100 *sqq*.

⑤ *Laws of Æthelbirht*, 54.

⑥ *Ancient Laws of Ireland*, iii. pp. cix. , 349. *Venedotian Code*, iii. 23 (*Ancient Laws and Institutes of Wales*, p. 151 *sqq*.). *Dimetian Code*, ii. 17 (*ibid*. p. 246 *sqq*.). *Gwentian Code*, ii. 6 *sq*. (*ibid*. p. 340 *sq*.).

病入膏肓的老年人,罚金的厘定不是依据他某一身体器官的缺失,
513 而是他受伤害的严重程度"。① 除此之外,读到古代爱尔兰法律的
下述规定也几乎会把人惊呆——若某人身体事先已经伤残,并曾
获取部分或全部赔偿,以后此人再受伤害,罪犯可以认为,此人不
应列入被损害之人,故不必为赔偿损害估价。②

　　然而,犯罪的严重程度不仅依赖于施加的痛苦,也依赖于相关
方的地位;在某些情形下,施虐是准许的,甚至被视作一种责任。

　　暴力虐待父母就严重违背了孝道。《汉谟拉比法典》里说,殴
打父亲者,砍手。③ 根据《出埃及记》,"打父母的,必要把他治
死"。④ 在朝鲜,殴打父亲者,斩首。⑤ 另一方面则允许父母体罚自
己的孩子;不过并非所有地方都这样——事实上,在一些较低等种
族那里,儿童从来不受体罚或很少受到体罚。⑥ 澳大利亚的迪埃

---

① *Ancient Laws of Ireland*, iii. 355.

② *Ibid*, iii pp. cix., cxi., 349, 351.

③ *Laws of Hammurabi*, 195.

④ *Exodus*, xxi. 15.

⑤ Griffis, *Corea*, p. 236.

⑥ Curr, *Recollections of Squatting in Victoria*, p. 252 (Bangerang tribe).
Angas, *Savage Life and Scenes in Australia*, i. 94 (tribes of the Lower Murray).
Calvert, *Aborigines of Western Australia*, p. 30 sq. Lumholtz, *Among. Cannibals*, p.
192 sq. (Northern Queensland aborigines). Kubary, 'Die Palau-Inseln in der Südsee,'
in *Journal des Museum Godeffroy*, iv. 56 (Pelew Islanders). Man, *Sonthalia and the
Sonthals*, p. 78. von Siebold, *Die Aino auf der Insel Yesso*, p. 11. Murdoch,
'Ethnological Results of the Point Barrow Expedition,' in *Ann. Rep. Bur. Ethn.* ix.
417 (Point Barrow Eskimo). Boas, 'Central Eskimo,' *ibid*. vi. 566. Richardson, in
Franklin, *Journey to the Shores of the Polar Sea*, p. 68 (Crees). Lumholtz, *Unknown
Mexico*, p. 274 (Tarahumares). Rautanen, in Steinmetz, *Rechtsverhältnisse*, p. 329
(Ondonga). See also Steinmetz, *Ethnologische Studien zur ersten Entwicklung der
Strafe*, ii. ch. Vi. § 2, especially p. 203; *Idem*, 'Das Verhältnis zwischen Eltern und
Kindern bei den Naturvölkern,' in *Zeitschrift fur Socialwissenschaft*, i. 610 *sqq*.

利人从不体罚儿童,若妇女违背了此项法律,反过来她的丈夫要打她。[1] 麦克唐纳先生讲,埃法特人"看到欧洲人惩治自己的孩子,感到震惊;我从未见过埃法特人殴打孩子"。[2] 霍尔先生访问过的爱斯基摩人从不体罚孩子;"如果一个孩子做错了事,例如发火了,母亲会保持沉默,直到孩子平静下来。接着母亲才会好言好语跟他沟通,这样效果就很好。"[3] 在巴塔哥尼亚的德卫尔彻人那里,"儿童在每一方面都受到纵容和溺爱,他们骑最好的马,不因任何过失而受惩治"。[4] 在卡菲尔人的盖卡部落,父母可以体罚自己的孩子,不过,若造成他们人身的永久伤害,如失去一只眼睛或一颗牙齿,就要受到惩处。[5]

关于丈夫处置妻子的权力,常见的是体罚妻子的权利,而不是处死妻子的权利;但即便是在蒙昧人、野蛮人那里,也并不总是授予丈夫体罚妻子的权利。帛琉群岛岛民不允许丈夫殴打妻子。[6] 在爱斯基摩各部落,即使发生过殴打妇女的事,也是很罕见的。[7] 在中部爱斯基摩人那里,丈夫"不许虐待或惩处妻子;否则她就可以在任何时候离开他,妻子的母亲也可以要求他们离婚"。[8] 多数北美

514

---

[1]　Gason, 'Manners and Customs of the Dieyerie Tribe,' in Woods, *Native Tribes of South Australia*, p. 258.

[2]　Macdonald, *Oceania*, p. 195.

[3]　Hall, *Arctic Researches*, p. 568.

[4]　Musters, *At Home with the Patagonians*, p. 197.

[5]　Brownlee, in Maclean, *Compendium of Kafir Laws and Customs*, p. 118.

[6]　Kubary, 'Die Palau-Inseln,' in *Jour. des Museum Godeffroy*, iv. 43.

[7]　King, in *Jour. Ethn. Soc.* i. 147. Cf. Murdoch, *loc. cit.* p. 414.

[8]　Boas, in *Ann. Rep. Bur. Ethn.* vi. 579.

印第安人认为,打老婆是不体面之事。^①在卡尔梅克人那里,男人无权对妇女动手。^②马迪人妇女从不受殴打。^③在翁东加人那里,男子不许殴打妻子。^④在卡菲尔人的盖卡部落,"丈夫可以因妻子行为不当体罚她;不过若他打坏了她的眼睛或某颗牙齿,或致其伤残,就要依酋长的判决接受惩处。"^⑤按照马六甲的土著法律,"男子可以打妻子,但不能像殴打奴仆那样,也不能致其流血";否则就要受到惩处。^⑥根据伊斯兰法律,丈夫可以惩治刁钻的妻子,不过不能造成很大痛苦,也不能让她受伤。^⑦《摩奴法典》里这样写道:"妻子、儿子、奴仆、学生或一母同胞的弟弟,若有过失,可以以绳子、竹片殴打,但只能殴打身体的背面,绝不能殴打前面;如殴打前面,则以盗贼论处。"^⑧在欧洲,古罗马人表达的这一思想——"殴打妻子或孩子,其罪一如亵渎圣灵"^⑨——既未被古代条顿人接受,^⑩也未被中世纪立法者采纳。根据《日德兰法典》,丈夫可以以棍条惩治妻子,但不能使用武器;他也必须留心不得打坏她的任一

[515]

①　Waitz, *Anthropologie der Naturvölker*, iii. 101. *Cf*. Powers, *Tribes of California*, p. 178 (Gallinomero).

②　Liadov, in *Jour. Anthr. Inst*. i. 405.

③　Ratzel, *History of Mankind*, iii. 40.

④　Rautanen, in Steinmetz, *Rechtsverhältnisse*, p. 329.

⑤　Brownlee, in Maclean, *op. cit*. p. 117.

⑥　Newbold, *British Settlements in the Straits of Malacca*, ii. 311 *sq*.

⑦　Sachau, *Muhammedanisches Recht*, pp. 10, 44, 849.

⑧　*Laws of Manu*, viii, 299 *sq*.

⑨　Plutarch, *Cato Major*, xx. 3.

⑩　Nordström, *Bidrag till den svenska samhällsforfattningens historia*, ii. 61 *sq*. Stemann, *op. cit*. p. 323 *sq*.

肢体。①《博韦习惯法》里说，若妻子对丈夫扯谎，咒骂他，或不服从他的"合理"命令，或基于某相似理由，丈夫可以殴打妻子，但不得杀死她或致其伤残。② 在俄罗斯农民和南斯拉夫农民那里，③大众舆论仍然允许丈夫体罚妻子。在俄罗斯，"新郎把新娘引领到她未来的家的时候，会不时用鞭子轻轻抽打她，每打一下就说，'忘掉你家的规矩，学会我家的规矩'。一旦他们入了卧室，丈夫就对妻子说，'帮我脱掉靴子'。妻子就立即服从丈夫的命令，脱掉靴子，这时她会发现一只靴子里有个鞭子，象征着丈夫对妻子人身的权威。这个权威意味着丈夫有控制妻子行为的权利，意味着丈夫只要认为合适，就有权用语言或殴打来惩治妻子。16 世纪一位俄罗斯作家认为，人身惩戒是适当的，甚至对健康有益，这一看法仍然被农村居民所接受……习惯法法庭似乎认可使用那样的惩治措施，不干预夫妻之间的关系。'绝不要裁决丈夫和妻子之间的争吵'是流行的俗语，仍由农村法庭所严格遵守，这些法庭拒不接受被侵害妇女的申诉，至少在丈夫的体罚尚不足以危及妻子生命或肢体的时候是这样。"④

中间栏外注：516

---

① *Jydske Lov*, ii. 82.

② Beaumanoir, *Coutumes du Beauvoisis*, lvii. 6, vol. ii. p. 333；"当妻子对丈夫撒谎，对丈夫进行诅咒，或是违背丈夫合理的指令，拒绝做为人妻分内之事，法律允许男人殴打妻子，但不可致死或致残。若出现上述情况，丈夫可以责打妻子……丈夫应该责打妻子，并采取他认为对改善现状有利的任何手段，但不可杀人，亦不可打人致死。"

③ Krauss, *Sitte und Brauch der Südslaven*, p. 526.

④ Kovalewsky, *Modern Customs and Ancient Laws of Russia*, p. 44 sq. Cf. Meiners, *Vergleichung des ältern und neuern Russlandes*, ii. 167 sq.；Idem, *History of the Female Sex*, i. 160.

　　似乎在那些存在奴隶制的地方,主人有权利体罚奴隶,只是主人不能砍掉奴隶的任一肢体。按照中国刑法,只要不危及奴仆的生命,主人或主人的亲属可以以任意方式体罚有罪奴仆,而不受法律制裁;[①]但反过来,"凡奴婢殴主人者,……不分首从,皆斩杀之"。[②] 在希伯来人那里,若主人打伤了男奴或女奴的一只眼睛、一颗牙齿或身体的任一其他部位,他必须让受伤者获得自由,而使以色列自由民受到身体伤害则要严格按照法律惩处。[③] 在北美蓄奴州以及所有欧洲政权的殖民地,主人可以任意殴打奴隶,不过若致使奴隶残废,就要处以罚金,或被监禁短短的三五天。[④]

　　甚至开明的立法者也认为,虐待他人的奴隶,就是对主人而非对奴隶的伤害。按照伊斯兰法律,自由民伤害了一个奴隶所要支付罚金的多少,视奴隶的价值而定。[⑤]《查士丁尼法学总论》里讲,"若某人以残酷的方式鞭打他人的奴隶,这种情况下可以起诉他",但主人不能起诉以拳头殴打奴隶的人。[⑥] 1740 年的《黑奴法案》规定,若无充足理由或合法权威殴打奴隶,并且若奴隶因殴打而伤残或丧失劳动能力,犯事者应按日向奴隶主人支付"十五先令现金,赔偿奴隶每日所浪费的时间,并支付奴隶的医药费用"。[⑦] 不过,

---

　　① *Ta Tsing Leu Lee*, sec. cccxiv. p. 340.

　　② *Ibid*. sec. cccxiv. p. 338.

　　③ *Exodus*, xxi. 24 *sqq*.

　　④ 'Negro Act' of 1740, § 37, in Brevard, *Digest of the Public Statute Law of South Carolina*, ii. 241. Stephen, *Slavery of the British West India Colonies*, i. 36 *sq*. Edwards, *History of the British West Indies*, ii. 192.

　　⑤ Lane, *Manners and Customs of the Modern Egyptians*, p. 120.

　　⑥ *Institutiones*, iv. 4. 3.

　　⑦ Brevard, *op. cit*. ii. 231 *sq*.

若殴打奴隶未影响奴隶给主人提供服务,犯事者按惯例不受法律制裁。马里兰州高等法院的一项决定明确了该州的一条法律原则,即主人侵犯、殴打奴隶,除非导致奴隶失去服务能力,否则不构成侵害。[①]另一方面,如果犯事者是奴隶而受害者是白人,就会以非常不同的方式对待造成的伤害。佐治亚州 1770 年通过的一项法案写道:"凡奴隶胆敢殴打白人者……再犯者处以死刑:若奴隶致使白人受到严重创伤、伤残或瘀伤,即使仅仅初犯,也处以死刑。"[②]甚至英国诸殖民地最近颁布的改良性法律也规定,黑奴袭击、殴打白人,试图殴打白人,与白人打斗,抵抗白人,就是犯罪;若白人受伤——有些岛上甚至无此条件——犯事者就面临死刑、肢解等严重惩处。[③]按照古代威尔士的一项法律规定,"自由民殴打奴隶,赔付十二便士……奴隶殴打自由民,砍掉其右手或右脚。"[④]按照中国法律,自由民殴伤奴婢者,"减凡人一等";而"凡奴婢殴良人者,加凡人一等"。[⑤]

---

①　Harris and Johnson, *Reports of Cases argued and determined in the General Court and Court of Appeals of the State of Maryland*, i. 4. 据我所知,在所有蓄奴州里,肯塔基是唯一一个采取如下做法的州——任何人未经奴隶主同意而殴打、虐待奴隶,即使奴隶受伤并不太重,尚可服侍主人,主人都可就该人的侵犯行为提出诉讼(Morehead and Brown, *Digest of the Statute Laws of Kentucky*, ii. 1481)。依据田纳西州 1813 年颁布的法案,"肆意、无充足理由"殴打、虐待他人奴隶者,要受到惩处(Caruthers and Nicholson, *Compilation of the Statutes of Tennessee*, p. 678)。

②　Prince, *Digest of the Laws of the State of Georgia*, p. 781.

③　Stephen, *Slavery of the British West India Colonies*, i. 188. Edwards, *History of the British West Indies*, ii. 202 sq.

④　*Gwentian Code*, ii. 5. 31 sq. (*Ancient Laws and Institutes of Wales*, p. 339). For ancient Swedish law on this subject, see *Gotlands-Lagen*, i. 19. 37.

⑤　*Ta Tsing Leu Lee*, sec. cccxiii. p. 336.

　　即使双方都是自由民,他们所处的阶级、地位也常常会影响到身体伤害的惩处、罚金。在马雷亚人那里,平民伤害另一平民,只要为伤害付出赔偿即可,平民伤害贵族,必须把所有财产赔付给贵族并做他的奴隶。[1]　在清迈,因人身袭击要付的赔偿"变化很大,依申诉方的地位而定"。[2]　在奥塞梯人那里,伤害一个贵族的肢体,要付出伤害一个普通自由民肢体两倍的赔偿。[3]《汉谟拉比法典》有下述条款——"若某人伤了某绅士的眼睛,也要让他的眼睛受伤。若他打伤了某绅士的肢体,也要打伤他的肢体。若他伤了某穷人的眼睛,或打伤了某穷人的肢体,他只需赔付一迈纳银币。若某人打掉了与他同等地位者的一颗牙齿,也要打掉他的一颗牙齿。若被他打掉牙齿的是穷人,他只需赔付三分之一迈纳银币。"[4]根据《摩奴法典》,若较低种姓者伤害了属于三个高等种姓中任一种姓的某人,应砍掉犯事者的肢体;[5]若他发怒而故意殴打一个婆罗门,即使是用一棵草,"也要在低贱的动物腹内轮回二十一次"。[6]　在早期条顿和凯尔特法律里,我们也能发现这一原则——因身体伤害而获得的赔偿依有关各方的地位而定。[7]

---

[1]　Munzinger, *Ostafrikanische Studien*, p. 244.

[2]　Colquhoun, *Amongst the Shans*, p. 132.

[3]　von Haxthausen, *Transcaucasia*, p. 409.

[4]　*Laws of Hammurabi*, 196-198, 200 sq. Cf. *ibid*. 202 sqq.

[5]　*Laws of Manu*, viii. 279.

[6]　*Ibid*. iv. 1 66. Cf. *ibid*. iv. 167.

[7]　Kemble, *Saxons in England*, i. 134. *Ancient Laws of Ireland*, iii. p. cxi. *Dimetian Code*, ii. 17. 17 (*Ancient Laws and Institutes of Wales*, p. 248). *Gwentian Code*, ii. 7. 13 (*ibid*. 342). de Valroger, *Les Celtes*, p. 470. Innes, *Scotland in the Middle Ages*, p. 180.

我们已经注意到,特别是在文化演进的早期阶段,人们在估价人命的时候,会区分同部落人、同胞与外乡人。涉及其他身体伤害,人们也做出相似的区分。这最明显地体现在虐待被击败的敌人上。坎查岱人虐待抓获的男性战俘的方式包括"火烧,砍成碎片,剖出活人内脏,倒着吊死"。[①]有些达科他人捉到战俘后,"就把他们绑到木桩上,在杀死他们之前让妇女折磨、肢解他们";[②]据说北美印第安人的许多其他部族"用最残忍的手段把俘虏折磨致死"。[③]埃利斯说,社会岛岛民的战争是最残忍而最具毁灭性的;他们"千方百计地寻求和发明施虐的新花样"。[④]另一方面,蒙昧人也会以较为人道的方式对待战俘,这类例子并不少见。多布里茨霍费尔告诉我们,"阿比泊尼人憎恶虐待俘虏、虐待敌人的做法,他们从不折磨将要死去的人";[⑤]索马里人从不伤害在战斗中受重伤的敌人。[⑥]文明国家认为,若无助于达到战争目标,战时就不应对敌人施加更大的伤害。

宗教及民族的差别也影响保持身体完整性的权利。按照伊斯兰法律,与伤害一个穆斯林比起来,对一个犹太人或基督徒做出相似伤害只需赔付三分之一的金额,伤害一个帕西人只需赔付十五

①　Krasheninnikoff, *History of Kamschatka*, p. 200.

②　Dorsey, 'Omaha Sociology,' in *Ann. Rep. Bur. Ethn.* iii. 313.

③　Adair, *History of the American Indians*, p. 388.

④　Ellis, *Polynesian Researches*, i. 293. *Cf.* Williams, *Narrative of Missionary Enterprises*, p. 533 (Samoans); Foreman, *Philippine Islands*, p. 185; Ellis, *Tshi-speaking Peoples of the Gold Coast*, p. 172 *sq.*

⑤　Dobrizhoffer, *Account of the Abipones*, ii. 411.

⑥　Paulitschke, *Ethnographie Nordost-Afrikas*, p. 255.

分之一。① 中世纪西班牙的一部法律规定,基督徒殴打犹太人只需赔付四个马拉维第币,而犹太人殴打基督徒则要赔付十个马拉维第币。②

若犯了罪,就可能丧失保持身体完整性的权利。我们曾讲过,按照以牙还牙的原则,人们常常憎恶身体伤害;③在其他情形下,施加肉体折磨,如肢体毁损、鞭笞等,是常见的刑罚。在所谓的文明人那里,尤为盛行切除或毁掉犯事者肢体。④《汉谟拉比法典》⑤及《摩奴法典》⑥常常提及此类事情。希腊人⑦、罗马人⑧及条顿人⑨那里都曾发生此类事情。中世纪的法典里包含着这方面的众

---

① Sachau, *op. cit.* p. 764.

② 'Fuero de Sepulveda,' art. 37 *sq.*, 转引自:Du Boys, *Histoire du droit criminel de l'Espagne*, p. 74。

③ 见上文第 178 页及以下。See also *Laws of Hammurabi*, 196,,197, 200; *Exodus*, xxi. 24 *sq.*; *Leviticus*, xxiv. 19 *sq.*; *Deuteronomy*, xix. 21; *Koran*, v. 49; Sachau, *op. cit.* p. 762 *sq.* (Muhammedan law); Leist, *Alt-arisches Jus Gentium*, p. 426 *sq.* (Greeks); *Lex Duodecim Tabularum*, viii. 2; Günther, *Idee der Wiedervergeltung*, p. 186 *sqq.* (Teutons).

④ 关于现代波斯的此类案例,参见:Polak, *Persien*, i. 256,329 *sq.*;关于菲斯的案例,参见:Leo Africanus, *History and Description of Africa*, ii. 470。《古兰经》(v. 42)要求,偷盗者,以砍手处置,但伊斯兰国家现在很少实行这种惩罚。我只知道低等种族惩处越轨之人的少数事例。在阿散蒂人那里,与王室女奴私通,以阉割处置(Ellis, *Tshi-speaking Peoples of the Gold Coast*, p. 287);在坎查岱人那里,对经常因盗窃被捉的小偷,要烧他的手(Krasheninnikoff, *op. cit.* p. 179)。

⑤ *Laws of Hammurabi*, 192,194,195,218,226,253.

⑥ *Laws of Manu*, viii. 270-272,279-283,322,334,374; xi. 105.

⑦ Günther, *op. cit.* i. 94 *sqq.*

⑧ *Ibid.* i. 155 *sqq.*

⑨ *Ibid.* i. 195 *sqq.* Wilda, *op. cit.* p. 510. Grimm, *Deutsche Rechtsalterthümer*, p. 740.

多事例。[①]《阿尔弗列德法典》规定,男奴奸污女奴,阉割;[②]后来的布拉克顿为奸污处女者保留了同样的惩罚,此外还要求犯事者也应失去双眼,"因为他先是看到了这位女子的美丽而垂涎欲滴,进而占有了这名处女"。[③] 依据克努特法典,通奸的妇女应砍掉鼻子、耳朵。[④] 爱塞斯坦下令,伪造货币者砍掉右手;[⑤]而到了后来,这项惩罚只适用于国王在场时殴打任何人或在国王宫廷内殴打任何人。[⑥] 按照苏格兰的成文法,对伪造或篡改文书之罪的刑罚,起初是砍掉手,后来是砍手之外再加上其他苦刑。[⑦] 在有些国家,作伪证者会丢掉犯事的手指或右手,[⑧]在其他国家则要割掉舌头或以滚烫的烙铁刺穿舌头;[⑨]在诺曼征服以前,若某英格兰人诬告和造谣中伤,就可能丢掉舌头。[⑩] 在 17 世纪的苏格兰,某人因诽谤

522

① 　Du Boys,*Histoire du droit criminel des peuples modernes*,ii. 699. *Idem*,*Histoire du droit criminel de l'Espagne*,p. 94. Cibrario,*Economia politica del media eve*,i. 346 *sq.*

② 　*Laws of Alfred*,ii. 25.

③ 　Bracton,*De Legibus et Consuetudinibus Angliæ*,fol. 147,vol. ii. 480 *sq.*

④ 　*Laws of Cnut*,ii. 54.

⑤ 　*Laws of Æthelstan*,14.

⑥ 　Strutt,*View of the Manners*,*Customs*,*&c.*,*of the Inhabitants of England*,iii. 43.

⑦ 　Erskine,*Principles of the Law of Scotland*,p. 571.

⑧ 　Stemann,*op. cit.* p. 645. Charles V.'s *Peinliche Gerichts Ordnung*,art. 107,p. 235. Pollock and Maitland,*History of English Law before the Time of Edward I.* ii. 453. Günther,*op. cit.* ii. 57.

⑨ 　Du Boys,*Histoire du droit criminel des peuples modernes*,ii. 699. *Idem*,*Histoire du droit criminel de l'Espagne*,p. 599 *sq.* Pitcairn,*Criminal Trials in Scotland*,iii. 539.

⑩ 　Pollock and Maitland,*op. cit.* ii. 539.

最高刑事法官而被判刺穿舌头。[①] 即便到了 18 世纪,我们在德意志和奥地利的法律里还能找到惩处犯事者肢体这一原则的踪迹;[②]在法国,这一原则的最后残存——处决杀害父母者之前要砍掉其右手——直到 1832 年才消失。[③] 人们的情感变得更加文明,因而人们憎恶在司法过程中施行肉刑;在多数欧洲国家,现在成年罪犯不再施用任何形式的肉刑。[④]

肉刑通常偏向用于惩处贫苦的平民或奴隶。[⑤] 普鲁塔克说,殴打及施虐性语言似乎更适用于奴隶而非自由民。[⑥] 依据印度教的宗教法律,婆罗门犯了任何罪都不适用肉刑。[⑦] 在希伯来人[⑧]和穆斯林[⑨]那里,在罗马人[⑩]那里,在中世纪的欧洲[⑪],对毁损肢体的惩处通常可以代之以罚金。在基督教欧洲以及不信基督教的罗马帝国时期,[⑫]在很长一段时期内,罪犯越无助,这种惩处就越野蛮。

523

---

① Rogers, *Social Life in Scotland*, ii. 35.

② Günther, *op. cit.* ii. 55-57, 65; iii. 79.

③ Chauveau and Hélie, *Théorie du Code Pénal*, iii. 394.

④ See von Liszt, *Le droit criminel des états européens*, *passim*; Wrede, *Die Körperstrafen bei alien Völkern*, *passim*.

⑤ 关于此类事例,参见:the *Laws of Manu*, viii. 267, 279。

⑥ Plutarch, *De educatione puerorum*, 12.

⑦ *Baudhâyana*, i. 10. 18. 17. *Institutes of Vishnu*, v. 2.

⑧ Günther, *op. cit.* i. 55.

⑨ *Ibid.* i. 74 *sq.* Lane, *Manners and Customs of the Modern Egyptians*, p. 120. Sachau, *op. cit.* p. 764. 按照伊斯兰法律,受害方可不接受赔偿,从而不取消对犯事者毁损肢体的惩处。

⑩ Günther, *op. cit.* i. 124 *sqq.* Mommsen, *Römisches Strafrecht*, p. 981.

⑪ Du Boys, *Histoire du droit criminel des peuples modernes*, ii. 557 *sq.* Strutt, *op. cit.* ii. 8.

⑫ *Cf.* Mackenzie, *Studies in Roman Law*, p. 414 *sq.*

卢瓦塞尔说:"犯了罪的恶棍要比贵族经受更严重的肉刑……恶棍丢掉性命,或者失去肢体的某一部分,贵族则失去荣誉,并在法庭做出答辩。"[1]事实上,奴隶会因最轻微的违法而招致肉刑,贵族却可免除任何肉刑。[2] 相似地,一个人的社会地位也影响他与司法刑讯有关的身体完整性权利。依据中国的刑法,"凡应八议之人[礼所当优]……不合[用刑]拷讯"。[3] 在罗马共和国时期,肉刑只适用于奴隶。[4] 中世纪的基督教世界远比任何异教徒国家更流行肉刑,也更为冷血、残忍,并且针对传播异端邪说及叛国罪的情况,肉刑适用于所有阶层。[5] 不过,对贵族和僧侣阶层施加的肉刑要轻于普通平民,要证明他们适用于肉刑,必须提供更有说服力的证据。[6] 迪穆兰讲:"贵族及有素质之人,不能如低下、粗鄙阶层之人般轻易付诸肉刑。"[7]瓜齐尼是优秀的意大利法学家,在刑讯法最盛行、最成熟的时期,他是此法公认的阐释者。他认为,对一个人施肉刑,要考虑到他的年龄、体质、精神面貌、社会地位;[8]他补充道,即使明确认定有罪,主教以及有上等社会地位的人士也免于肉刑。[9]

524

---

① Loysel,*Institutes coutumières*,vi. 2. 31 *sq*. ,vol. ii. 219 *sq*.

② Du Boys,*Histoire du droit criminel de l'Espagne*,p. 469.

③ *Ta Tsing Leu Lee*,sec. cccciv. p. 441.

④ Mommsen,*Römisches Strafrecht*,p. 405.

⑤ Suarez de Paz,*Praxis ecclesiastica et secularis*,v. 1. 3. 12,fol. 154 b. *Cf*. Lecky,*Rise and Influence of the Spirit of Rationalism in Europe*,i. 328.

⑥ Lea,*Superstition and Force*,p. 526 *sq*.

⑦ Dumoulin,转引自:Welling,'Law of Torture,' in *The American Anthropologist*, v. 210 *sq*. 。

⑧ Guazzini,*Tractatus ad defensam inquisitorum*,xxx. 4. 24,vol. ii. 86.

⑨ *Ibid*. xxx. 17,vol. ii. 102 *sq*.

几乎不需要对施加身体伤害有关的道德观念做什么评论了。这些道德观念建基于同情性憎恶的原则之上,而根据各方之间的相对关系,人们把特定权利赋予某些人而把特定义务赋予其他人,于是道德观念就存在着变异;它们也如有关杀人的观念那样遵循着同样的规则,当然,这要排除源自害怕死者灵魂或源自对杀人之宗教恐惧的所有那些考虑。但是,有一点需要特别注意。对他人人身的暴力干涉不仅引起身体上的痛苦,通常还使受伤害者蒙受耻辱。这就大体上能说明这一事实——一个人的身体完整性权利依其社会地位发生的变化非常之大。[1] 甚至在低等种族那里,我们也能发现这样的观念——身体暴力行为是粗暴的凌辱,肉刑要比其他任何形式的惩处更能羞辱罪犯。按照马来法律,"可以不事先知会国王或贵族而处死的人,包括奸淫者、叛国者、不处死就无法捉拿的盗贼、如击打面部这样屡次严重冒犯他人者"。[2] 在毛利人那里,以拳头殴打会导致武装搏斗。[3] 思林凯特人认为,肉体上的惩处是一个自由民所能遭受的最大侮辱,因而他们从不施肉刑。[4] 准备以死刑惩处某些罪犯的文明国家也认为,鞭笞乃臭名昭著的惩处举措,不予实施。

---

[1] *Cf. Dimetian Code*, ii. 17. 17 (*Ancient Laws and Institutes of Wales*, p. 248):依据法律,所有人的肢体都具有同等价值;即使国王的肢体被打得骨折了,它也与恶棍的肢体具有同样价值;但是,如果国王或贵族肢体被打得骨折,因其受辱而要支付的罚金要高于恶棍肢体骨折受辱的罚金。See also *Gwentian Code*, ii. 7. 12 *sq.* (*ibid.* p. 342)

[2] Crawfurd, *History of the Indian Archipelago*, iii. 105 *sq.*

[3] Shortland, *Traditions and Superstitions of the New Zealanders*, p. 227.

[4] Holmberg, Ethnograph. Skizzen uber die Völker des russischen Amerika,' in *Acta Societatis Scientiarum Fennicæ*, iv. 321.

第二十三章　慈善与慷慨

在前面几章里,我们检视了人们如何看待他人的生命和身体健康——这体现在关于杀人和施加身体伤害的道德观念上。现在我们就从另一角度考察同样的主题,即评估那些积极促进同类生存与物质上舒适的行为。

有一种责任极为普遍且显而易见,因而很少被提及:假使要让孩子活下去,母亲就有哺育孩子成长的责任。我认为,人类所具有的另一种同样原始的责任是已婚男人所义不容辞的:让家人衣食无忧并保护其安全。我们能在蒙昧世界的各个角落发现这种责任。

北美印第安人认为,男人如有多个老婆却无法养活,是丢人之事。[①] 鲍尔斯先生认为,加利福尼亚的帕特温部落是世界上最低等的部落之一,在那里,"男人有义务养活女人,即置办日常用品,这种情感甚至比我们还要强烈"。[②] 在易洛魁人那里,"制作草席,修理妻子的小屋,或为她新建一所房舍",是

---

① Waitz, *Anthropologie der Naturöolker*, iii. 109. Carver, *Travels through the Interior Parts of North America*, p. 367.

② Powers, *Tribes of California*. p. 222.

527　丈夫的责任。丈夫狩猎的成果,在婚后第一年里理所当然地属于妻子,以后就与妻子平分,不管她是一直待在村子里还是伴随他狩猎。① 在博托库多人那里,女孩结婚的年龄很小,她要在父亲家里一直住到青春期后才能跟丈夫生活在一起,即便是丈夫不与她住在一起的这段日子,他也有义务供养妻子。② 在巴拉圭查科草原的伦瓜印第安人那里,若丈夫遗弃了妻子,通常这个妇女的孩子生下来就会因养育问题被溺死,新为人母者心知在婚姻生活中男人才应为孩儿提供肉食。③ 阿扎拉说,在查鲁亚人那里,"一个男子结婚的时候,他就要自立门户,干活养家糊口了"。④ 关于火地人,据说"只要一个年轻人能够通过努力捕鱼、捉鸟养活妻子,女方亲戚就会同意这门婚事"。⑤ 关于锡兰生活条件艰苦的维达人,"公众认可婚姻义务及养活家庭的责任"。⑥ 在马尔代夫人那里,"男人可以同时拥有四个妻子,但前提条件是他能养活她们"。⑦ 据说纳尔人认为丈夫有义务为妻子提供食物、衣服和装饰品;⑧ 施瓦纳博士说,婆罗洲东南部巴里托河地区的各部落也是如此。⑨ 在新不列颠的食人土著那里,头人必须留心战士的家

①　Heriot, *Travels through the Canadas*, p. 338.

②　von Tschudi, *Reisen durch Südamerika*, ii. 283.

③　Hawtrey, in *Jour. Anthr. Inst.* xxxi. 295.

④　Azara, *Voyages dans l'Amérique méridionale*, ii. 22.

⑤　King and Fitzroy, *Voyages of the "Adventure" and "Beagle,"* ii. 182.

⑥　Tennent, *Ceylon*, ii. 441.

⑦　Rosset, 'Maldive Islands,' in *Jour, Anthr. Inst*. xvi. 168 *sq*.

⑧　Stewart, 'Notes on Northern Cachar,' *Jour. Asiatic Soc. Bengal*, xxiv. 614.

⑨　Schwaner, *Borneo*, i. 199.

庭得到适当供养。① 关于汤加岛民,马里纳说:"已婚妇女就
是与一个男人同居的人,住在他的屋檐下,受他保护。"②在毛
利人那里,"妇女的责任是添丁加口,男人的责任则是保护自
己的家"。③ 关于南澳大利亚的库尔奈人,豪伊特先生说:"男
人必须在女人辅助下供养自己的家庭。他的责任就是狩猎以
养活家庭成员,战斗以保护家庭成员。"④在非洲的拉多,新郎
必须三次向自己的岳父保证自己将保护妻子,此时要让人们
到现场来见证。⑤ 在图阿雷格人那里,遗弃妻子的人会受到
谴责,因为他本已承担了养活妻子的责任。⑥

在许多低等种族那里,除非男人能拿出某种证据表明自己有
能力养活、保护家庭,否则就不许娶妻。⑦ 事实上,男人有义务供
养家庭的观念与关于婚姻、关于为父之道的观念密切联系,以至有
时被遗弃的带着孩子的妻子也至少在一定程度上由前夫供养。⑧
丈夫去世的时候,供养妻子和孩子的责任就移交给他的后继者,男
人娶自己过世弟兄遗孀这一广泛流行的习俗,不仅是一项特权,在
许多地方的部族那里甚至是一项责任。⑨

528

---

① Angas,*Polynesia*,p. 373.

② Mariner,*Natives of the Tonga Island*,ii. 167.

③ Johnston,*Maoria*,p. 28 *sq*.

④ Fison and Howitt,*Kamilaroi and Kurnai*,p. 206.

⑤ Wilson and Felkin,*Uganda*,ii. 90.

⑥ Chavanne,*Die Sahara*,p. 209. *Cf*. Hanoteau and Letourneux,*La Kabylie*,
ii. 167.

⑦ Westermarck,*History of Human Marriage*,p. 18.

⑧ *Ibid*. p. 19.

⑨ *Ibid*. p. 511 *sq*.

现在转向已经达到较高文明阶段的人们。阿布舒格说,在穆斯林那里,"若孩子既贫苦又未成年,或既贫苦又长期体弱,或既贫苦又精神不健全",父母有义务养家和供养孩子。[①] 不过这项责任显然落在父亲肩上,因为母亲甚至有资格为哺育子女而要求得到薪水。[②] 佛教国家的律法走得更远,甚至规定父母应该为儿子找一个美貌的妻子并分给他一份家产。[③] 有人已经注意到,儒家经典未提及父亲应为子女承担什么真正的责任;[④]《摩西十诫》[⑤]里也没有这方面的内容;古代希腊或罗马的法律也没有。[⑥] 不过,法律规定之缺乏乃是由于人们认为这些规定多此一举,天性和天理本身已足以让男人履行对子女的责任,这一点已经恰当论证过。[⑦] 因此,同理,不管丈夫对妻子拥有多么大的权力,他都应养活妻子,这被视作理所当然之事。在罗马人那里,manus 一词不仅意味着妻子服从丈夫,也意味着丈夫有保护妻子的义务。[⑧]

父母照料子女的责任首先基于父母之爱的情感。在人类当中,母亲对子女的情感是普遍存在的,这一事实广为人知,不证自

---

① Sachau,*Muhammedanisches Recht*,p. 18.

② *Ibid*. p. 99 *sq*.

③ Hardy,*Manual of Budhism*,p. 495.

④ Faber,*Digest of the Doctrines of Confucius*,p. 82.

⑤ 摩西十诫是上帝借以色列先知摩西之口向以色列民族颁布的十条诫命。其中第四条诫命为:"当记念安息日,守为圣日。六日要劳碌做你的工,但第七日是向耶和华你神当守的安息日……"关于摩西十诫,见《旧约圣经·出埃及记》。——译者

⑥ Leist,*Græco-italische Rechtsgeschichte*,p. 13.

⑦ *Ibid*. p. 13. Schmidt,*Ethik der alten Griechen*,ii. 141. Adam Smith,*Theory of Moral Sentiments*,p. 199 *sq*.

⑧ Rossbaeh,*Untersuchungen über die römische Ehe*,p. 32. *Cf. Laws of Manu*,ix. 74,75,95.

明;但父亲对子女之爱并非如此。通常认为,在野蛮人里,男人对自己的子女很冷漠;不过对事实的详细考察让我们得出不同的结论。在低等种族那里,似乎父亲的情感并非不如母亲的情感那么普遍,尽管父亲的情感很可能没有那么强烈,并在许多情况下明显要弱。不过,男人也相当频繁地表现出较强烈的父爱,即便在最粗鲁的蒙昧人那里也是如此。关于巴塔戈尼亚人某酋长的个案常为人们引用,他把一篮子鸡蛋递给自己的小儿子,小儿子却把鸡蛋撒落了一地,由于一时冲动,他以极度的暴力把小儿子摔死在石头上。我们只有这么一个野蛮冲动行事的例子。而同样是这一位父亲,在其他时间,在供养、保护自己的孩子上,"本来是最勇敢、最坚韧、最有自我奉献精神的"。[①] 相似地,澳大利亚中部的土著居民在一时冲动、头脑发昏之际,有时也会残忍对待孩子;不过在通常情况下,他们对自己的孩子体贴而考虑周全,男人及女人在跋涉之中感到疲劳的时候还带着孩子,只要有食物他们总是留心孩子能否吃到一份。很少有例外发生。[②] 所有权威资料都承认,澳大利亚黑人热爱自己的孩子。[③] 豪伊特先生讲:"通过观察澳大利亚边

530

① King and Fitzroy, *op. cit.* ii. 155. *Cf. ibid.* ii. 154; Musters, *At Home with the Patagonians*, p. 196 *sq.*

② Spencer and Gillen, *Native Tribes of Central Australia*, p. 50 *sq.*

③ Curr, *The Australian Race*, i. 402; iii. 155. *Idem, Recollections of Squatting in Victoria*, p. 252. Angas, *Savage Life and Scenes in Australia*, i. 94. Brough Smyth, *Aborigines of Victoria*, i. 51; ii. 311. Ridley, *Aborigines of Australia*, p. 23. Eyre, *Journals of Expeditions of Discovery into Central Australia*, ii. 214 *sq.* Sturt, *Expedition into Central Australia*, ii. 137. Calvert, *Aborigines of Western Australia*, p. 30 *sq.* Taplin, 'Narrinyeri,' in Woods, *Native Tribes of South Australia*, p. 15. Gason, 'Manners and Customs of the Dieyerie Tribe,' *ibid.* p. 258. Hill and Thornton, *Aborigines of New South Wales*, pp. 2, 4. Fraser, *Aborigines of New South Wales*, pp. 2, 44. Lumholtz, *Among Cannibals*, p. 193.

远地区的一些部落,我可以自信地断言,土著人品格中的一个显著特征就是爱自己的孩子。我不记得见过哪位父母痛打、虐待过孩子;就像在我们这里一样,要想成为善良慈爱的父母,一条捷径就是留心孩子的状况,夸奖和欣赏孩子。在澳大利亚某一土著居住地,一个小孩子死掉了,其嫡亲父母乃至整个亲属圈都悲痛欲绝,就是在最文明的社会里,最喜爱孩子的父母在孩子夭折后也不过如此。"[1]据称,低等蒙昧人的一些代表,例如维达人[2]和火地人[3],都同样体贴自己的孩子。很少有别的族群像斐济人那样背负着残忍这一坏名声,但即使是批评斐济人品格最激烈的那些人也承认,他们所展现的父母之爱,"有时甚至值得称羡";[4]而依据另一位权威,"看到父母如此依恋自己的孩子,真的令人感动"。[5] 上刚果地区的班加拉人"一时会为嗜血的欲望所支配,沉溺于最可怕的暴行……接着就会发现他们走近自己的家,路上一心憧憬着妻子、孩子的爱抚"。[6] 卡弗断言,他从未见过其他地方的人们像北美的瑙多韦西人父母那样对子女展现出如此的慈爱。[7] 在巴罗角一带的印第安人那里,"父母极其疼爱孩子";[8]对整个印第安人来说似乎

---

① Fison and Howitt, *op. cit.* p. 189. *Cf. ibid.* p. 259.

② Bailey, 'Wild Tribes of the Veddahs of Ceylon,' in *Trans. Ethn. Soc. N. S.* ii. 291. Deschamps, *Carnet d'un voyageur au pays des Veddas*, p. 380.

③ King and Fitzroy, *op. cit.* i. 76; ii. 186. Weddell, *Voyage towards the South Pole*, p. 156. Pertuiset, *Le Trésor des Incas à la Terre de Feu*, p. 217.

④ Williams and Calvert, *Fiji and the Fijians*, p. 116.

⑤ Seemann, *Viti*, p. 193. *Cf. ibid.* p. 194.

⑥ Ward, *Five Years with the Congo Cannibals*, p. 141. *Cf. ibid.* p. 139.

⑦ Carver, *op. cit.* p. 240 *sq. Cf. ibid.* p. 378 *sq.*

⑧ Murdoch, 'Ethnological Results of the Point Barrow Expedition,' in *Ann. Rep. Bur. Ethn.* ix. 417.

也是这样。① 关于阿留申人,维尼亚密诺夫很早以前就写道:"尽管父母总是饥饿而死,孩子们却常常能吃饱吃好。最可口的食物,最好的衣服,总是留给他们。"②胡珀先生也发现,父母之爱在楚科奇人那里表现得最为强烈;"土著万分溺爱自己的孩子"。③ 事实上,可以列举无数事实,证明父母之爱并非文明后期的产物,而是我们所知的蒙昧人心灵的通常特征。④

532

————————

① Hall,*Arctic Researches*,p. 568. Parry,*Second Voyage for the Discovery of a North-West Passage*,p. 529. Boas,'Central Eskimo,' in *Ann. Rep. Bur. Ethn*. vi. 566. Turner,'Ethnology of the Ungava District,' *ibid*. xi. 191. Seemann,*Voyage of "Herald*," ii. 65. Cranz,*History of Greenland*,i. 174.

② Veniaminof,转引自:Dall,*Alaska*,p. 397。Cf. *ibid*. p. 393; Petroff,'Report on Alaska,' in *Tenth Census of the United States*,p. 158.

③ Hooper,*Ten Months among the Tents of the Tuski*,p. 201.

④ Dobrizhoffer,*Account of the Abipones*,ii. 214 *sq*. Wied-Neuwied,*Reise nach Brasilien*,ii. 40(Botocudos). Wallace,*Travels on the Amazon*,p. 518 *sq*.(Amazon Indians;but on the Brazilian Indians generally,*cf*. von Martius,in *Jour. Roy. Geo. Soc*. ii. 198,and *Idem*,*Beiträge zur Ethnographie Amerika's*,i. 125). Im Thurn,*Among the Indians of Guiana*,pp. 213,219. MacCauley,'Seminole Indians of Florida,' in *Ann. Rep. Bur. Ethn*. v. 491. Dunbar,'Pawnee Indians,' in *Magazin of American History*,viii. 745. Catlin,*North American Indians*,ii. 242. Ten Kate,*Reizen en onderzoekingen in Noord-Amerika*,p. 364 *sq*. Sproat,*Scenes and Studies of Savage Life*,p. 160(Ahts). Franklin,*Journey to the Shores of the Polar Sea*,p. 68(Crees). Elliott,'Report on the Seal Islands,' in *Tenth Census of the United States*,p. 238. Krasheninnikoff,*History of Kamschatka*,p. 232(Koriaks). Georgi,*Russia*,i. 25(Laplanders);iii. 13(Tunguses),158(Kamchadales). Castrén,*Nordiska resor och forskningar*,ii. 121(Ostyaks). Prejevalsky,*Mongolia*,i. 71. Scott Robertson,*Káfirs of the Hindu-Kush*,p. 189. Blunt,*Bedouin Tribes of the Euphrates*,ii. 214. Dalton,*Descriptive Ethnology of Bengal*,p. 68(Garos). Marshall,*A Phrenologist amongst the Todas*,p. 200;Shortt,'Hill Tribes of the Neilgherries,' in *Trans Ethn. Soc. N. S*. vii. 254(Todas). Kloss,*In the Andamans and Nicobars*,p. 228(Nicobarese). Man,*Sonthalia and the Sonthals*,p. 78. Wallace,*Malay Archipelago*,p. 450　（接下页注释）

处理利他主义情感的起源的时候,我们会发现,有理由相信,父母之爱不仅在现在的人们——不管是蒙昧人还是文明人——那里流行,它从一开始就属于整个人类,母爱的起源同样如此。如此一来,男性就与女性待在一起,直至子女出生,男性也在女性怀孕期间及成为母亲之后保护、供养女性。确实,据说在一些地方的蒙昧人群那里,不存在夫妻之爱;关于黄金海岸一带的土著,埃利斯少校说过这样的话——在这些土著那里,"不存在欧洲人所理解的

(接上页注释) (Malays). Schwaner, *op. cit.* i. 162 (Malays of the Barito River Basin in Borneo). Low, *Sarawak*, p. 148 (Malays). Bock, *Head-Hunters of Borneo*, p. 210 (Dyaks). Ling Roth, *Natives of Sarawak and British North Borneo*, i. 68 (Land Dyaks). Forbes, *A Naturalist's Wanderings in the Eastern Archipelago*, p. 321 (natives of Timor-laut). Forbes, *Insulinde*, p. 182 (natives of Ritobel). Seligmann, in *Reports of the Cambridge Anthropological Expedition to Torres Straits*, v. 199; Haddon, *ibid*. v. 229, 274 (Western Islands). Romilly, *From my Verandah in New Guinea*, p. 51. Chalmers, *Pioneering in New Guinea*, p. 163. Christian, *Caroline Islands*, p. 72 (Ponapeans). Kubary, 'Die Bewohner der Mortlock Inseln,' in *Mittheilungen der Geogr. Gesellsch. in Hamburg*, 1878-9, p. 261. Macdonald, *Oceana*, p. 195 (Efatese). Turner, *Samoa*, p. 317 (natives of Tana). von Kotzebue, *Voyage of Discovery*, iii. 165 (Natives of Radack). Mariner, *op. cit.* ii. 179 (Tongans). Dieffenbach, *Travels in New Zealand*, ii. 26, 107; Crozet, *Voyage to Tasmania*, p. 66 (Maoris). Dove, 'Aborigines of Tasmania,' in *Tasmanian Journal of Natural Science*, i. 252. Reade, *Savage Africa*, p. 245 (Equatorial Africans). Casati, *Ten Years in Equatoria*, i. 186 (Central African Negroes). Caillié, *Travels through Central Africa*, i. 352 (Mandingoes). Holub, *Seven Years in South Africa*, ii. 296 (Marutse). Livingstone, *Missionary Travels*, p. 126 (Bechuanas). Johnston, *Uganda Protectorate*, ii. 539 (Pigmies). Sparrman, *Voyage to the Cape of Good Hope*, i. 219 (Hottentots). Shaw, 'Betsileo Country and People,' in *Antananarivo Annual and Madagascar Magazine*, iii. 82. 另见上文第 405 页; Steinmetz, 'Verhältnis zwischen Eltern und Kindern bei den Naturvölkern,' in *Zeitschrift für Socialwissenschaft*, i. 610 *sqq.*; *Idem*, *Ethnologische Studien zur ersten Entwicklung der Strafe*, ii. ch. vi. § 2.

那种爱"。① 这句话比较典型地体现了那种意思。不过我认为,一
个蒙昧人的爱肯定非常不同于一个文明人的爱;但是我们可以发
现,二者具有相同成分的踪迹。即使粗鲁的蒙昧人,例如布须曼
人、火地人、安达曼岛民、澳大利亚土著,似乎也常常深情地依恋他
们的妻子。②

　　父母之爱的普遍存在说明了家庭(由父母及孩子组成)的起源 533
以及男人作为父亲和丈夫的功能。这些情感不断变得强烈,自然
增进了家庭关系的稳定性;其他带有自私性质的因素也促成了同
样的结果。从各种角度来看,对男人来说,拥有孩子是值得向往之
事。孩子是男人骄傲的对象;孩子长大以后,就能使他更加安全、
更有权力;他去世以后,孩子们会为他的魂灵奉上祭品。拥有一个
妻子也同样有益。子代繁衍不再局限于一年里的某个特定季节,
她成为肉体上、感受上欢愉的持久源泉;她抚育着孩子;她收拾家
务、打理家事;她搬运东西,她在地里干活。

　　由于习惯能持续存在,每一种社会制度都有成为道德关怀议
题的倾向。不过那些最朴素的父母责任要比纯粹的习惯力量具有
更深的基础。如果一个男人离开他的妻子和孩子,不再保护、供养
他们,共同体的其他成员就会同情他们,并对这名疏忽的丈夫和父
亲感到愤怒。他会被看作他们受苦的原因,因为他没有做其他男
人在他的位置上本来会做的事。每一个拥有那些情感——他被证
明没有这些情感——的人都会反感他。人们会认为他有违背契约

---

① Ellis, *Tshi-speaking Peoples of the Gold Coast*, p. 285. 我在我的《人类婚姻史》(p. 356 *sqq.*)一书里谈到了这个问题。

② *Ibid*. p. 358 *sq*.

之咎,因为结婚以后,他就背负着供养妻子及其共同子女的责任。深思之人会认为,由于他使得自己的孩子出生,他对自己孩子的责任就进一步增大了,因此他也是自己孩子的苦难之源。最后,整个共同体会因为他的疏忽而受苦。

直到子女能够自谋生计,父母都有照料他们的责任。另一方534面,轮到父母需要他人供养的时候,子女就做出报答,赡养父母。杀死或遗弃衰老父母的习俗即使在蒙昧世界里也只是一个例外,而且就像我们已经看到的那样,它只限于一些极端的个案——这时它可能被视为体贴之举或不得已之举。据说,有一些蒙昧部族,父母年老之后艰难度日,他们的孩子却疏于照料甚至听之任之。但是,就我所知,并没有很多人这样行事,他们也基本上不能代表任何较大族群所共有的习俗。

　　根据赫恩,"年老是北部印第安人可能面临的最大灾难;因为他不能劳动以后,甚至他自己的孩子都忽视他,以极大的不敬对待他。他们不仅让他最后用餐,而且通常只让他吃最粗劣的食物;他们用自己不打算穿的兽皮,以最笨拙的方式做成衣服,供年老的父母穿用。"①不过在同一部族那里,理查森看到了"几个确凿无疑的事例,子女对他们的父母表现出柔情与爱,即便给自己带来许多不便,也尽力顺从父母的一时喜好"。② 鲍尔斯先生在他关于加利福尼亚土著部落的作品里写道:"不能说孝道是瓦拉基人的一个显著特征,实际上任何

---

① Hearne, *Journey to the Northern Ocean*, p. 345 *sq.*

② Richardson, *Arctic Searching Expedition*, ii. 17.

印第安人都没有这一特征。老迈之人不管地位多高，都被视作负担。身经百战的老人，有的还曾是'狮心和鹰眼的主人'，但视力衰退不再能如往昔那般操纵飞矢的时候，就只能屈辱地跟随儿子一道进入森林，用他那老迈可怜的肩膀把他们打死的猎物扛回家。"[1]不过，关于上加利福尼亚的印第安人，比齐写道："只要一有亲属身体不适，人们就尽心尽力满足他的需要；帕德雷·阿罗约讲，在这些部落里，孝道要比我们已知的这个星球的任何文明民族都更为强烈。"[2]在落基山脉东边的印第安人那里，"人们总是很尊重老人，老年人也认为自己有资格得到尊重"；老人"并非迫不得已才索求自己所需之物，而是索求他们的亲戚有能力为他们搞到的东西"。[3]易洛魁人的宗教导师向人们传颂爱护年老父母之责，认为这是神的旨意——"尊重老人乃神之旨意，即使他们如婴儿一般无助"。[4]维尼亚米诺夫所描述的阿留申人认为，不尊重自己的父母是最严重、最无耻的罪行；他们讲："我们应真诚地爱他们，尽我们所能扶持他们，与他们待在一起，照料他们直至他们去世。"[5]中部爱斯基摩人的子女非常恭顺，他们顺从父母的意愿，悉心照料他们的晚年生活；[6]关于爱斯基摩其他部

535

① Powers, *op. cit.* p. 118 *sq.*
② Beechey, *Voyage to the Pacific and Behring's Strait*, ii. 402.
③ Harmon, *Voyages and Travels in the Interior of North America*, p. 348.
④ Morgan, *League of the Iroquois*, p. 171.
⑤ Veniaminof, 转引自：Petroff, *loc. cit.* p. 155。
⑥ Boas, 'Central Eskimo,' in *Ann. Rep. Bur. Ethn.* vi. 566.

落，也有着同样内容的说法。① 克兰茨通常并不怎么看好格陵兰岛民的道德品质，不过就这些岛民的孝顺他如此写道，在他们中间，子女和父母之爱的纽带似乎要比其他民族更强烈，"成年子女对老迈父母忘恩负义的现象很少见"。② 维尔德－纽维尔德王子看到，博托库多人中的一个青年男子带着瞎眼的父亲，寸步不离。③ 在火地人那里，"父母年老以后，成年子女要供养父母；若父亲失去了劳动能力，儿子通常每个季节都要为父亲造一个独木舟，若老人成了鳏夫，他的生活就完全由大儿子照料"。④ 澳大利亚土著由于尊重父母和老人而备受称赞。关于澳大利亚西部的部落，萨尔瓦多主教评论道："成年子女回报父母对他们的爱。如果父母老了，他们就把猎物、饭菜中最好的部分留给父母，他们也负责地向冒犯父母的人复仇。"⑤ 在印度的库基人那里，"父母失去劳动能力后就由子女供养"。⑥ 博多人和迪马尔人认为，"弃老年父母于不顾、任凭其孤苦度日是可耻行径；在老人去世之前，最不孝顺的那个

536

---

① Murdoch, 'Point Barrow Expedition,' in *Ann Rep. Bur. Ethn*. ix. 417. Turner, 'Ungava District,' *ibid*. xi. 191.

② Cranz, *op. cit*. i. 174, 150. *Cf*. Egede, *Description of Greenland*, p. 147; Holm, 'Ethnologisk Skizze af Angmagsalikeine,' in *Meddelelser om Grönland*, x. 93.

③ Wied-Neuwied, *op. cit*. ii. 40.

④ Bridges, 'Manners and Customs of the Firelanders, in *A Voice for South America*, viii. 206.

⑤ Salvado, *Mémoires historiques sur l'Australie*, p. 277. *Cf*. Curr, *The Australian Race*, iii. 155; Gason, 'Dieyerie Tribe,' in Woods, *Native Tribes of South Australia*, p. 258; Mathew, 'Australian Aborigines,' in *Jour. & Proceed. Roy. Soc*, *N. S. Wales*, xxiii. 388.

⑥ Lewin, *Wild Races of South-Eastern India*, p. 256.

儿子不仅要受到惩处，也无权继承遗产"。[①] 在马达加斯加的贝齐略人那里，"人们从不会让老人陷入贫苦，不会不管不问……在必要的时候或老人想要活动的时候，儿子就背着老年的父母走动，这并非罕见"。[②] 在曼丁哥人那里，"无法养活自己的老人总是由子女供养，子女对他们善待有加"。[③] 未开化种族通常认为，供养年老的父母，满足他们的需要，是一项严格的责任——从那些证实他们孝道的总体情况陈述里，我们也可清楚认识到这一点。[④] 另一方面，据说有些地方的人们缺乏此种情感，这并不意味着他们未能认识到供养老年、无助父母的朴素责任。

在文明的较高阶段，孝敬父母发展到顶峰，供养父母被看作理所当然之事。在现在的印度教徒那里，"若某人有能力供养老年父母，却让陌生人承担责任，必然被视作最不体面之事"；[⑤] 未婚士兵就是快饿死了也要省吃俭用，以便能给父母寄钱，这是常见之事。[⑥] 依照现代佛教僧侣的教导，孩子要"孝敬父母，为父母做各种各样的事，即使父母有佣人可以指使他们做任何事情"。[⑦] 在古代雅典，若要做治安官，必须先证明自己善待父母；若拒绝为父母

---

① Hodgson, *Miscellaneous Essays*, i. 123.
② Shaw, in *Antananarivo Annual*, iii. 82.
③ Caillié, *op. cit.* i. 352.
④ 见下文，关于"子女的臣服"。
⑤ Wilkins, *Modern Hinduism*, p. 418.
⑥ Monier Williams, *Indian Wisdom*, p. 440, n. 1.
⑦ Hardy, *op. cit.* p. 494. *Cf. ibid.* p. 495.

537　提供食物、住所，就失去在国民议会发言的权利。① 根据冰岛的
《古拉格斯法》，应首先供养自己的母亲，其次是自己的父亲，然后
才是自己的孩子。②《塔木德》规定了供养父母的责任；③伊斯兰法
律也是如此——"若父母贫苦而体弱，或贫苦而神志不健全"，子女
当供养父母。④

　　我们将看到，基督教根本改变了子女对父母之责任的古代观
念：它使得这些责任服从于对上帝的责任。"我实在告诉你们，人
为我或福音舍弃了房屋，或是弟兄、姐妹、父母、儿女、田地，没有不
在今世得百倍的；就是房屋、弟兄、姐妹、母亲、儿女、田地，使他在
现世受逼迫。而在来世，他将得到永生。"⑤许多传奇故事记载，圣
人遗弃了最亲近的亲属，并将此视为他们作为圣人的首要特征之
一，最紧要的荣誉之一。⑥ 一些天主教作家认为，即使父母离开子
女帮助无法养活自己，子女也可合法地抛弃父母，皈依宗教，把照
料父母的事托付给上帝。而托马斯·阿奎那说，这会置上帝于不
义，不过他又补充道，已皈依宗教的人，"不应以任何供养父母的借
口而脱离与基督同在的出世生活，而使自己陷入世俗事务"。⑦ 我
们之于父母的责任，仅次于我们之于上帝的责任。如他们贫苦我
们就应辅助他们，为了他们的利益向上帝祈祷，让他们过上兴旺、

---

① Schmidt, *Ethik der alien Griechen*, ii. 144.
② Grágás, *Omaga-balkr*, 1, vol. i. 232.
③ Katz, *Der wahre Talmudjude*, p. 119.
④ Sachau, *op. cit.* p. 17 *sq.*
⑤ *St. Mark*, x. 29 *sq.*
⑥ *Cf.* Farrer, *Paganism and Christianity*, p. 196.
⑦ Thomas Aquinas, *Summa Theologica*, ii.-ii. 101. 4.

幸福的生活。[1]

供养老迈父母的责任根源于爱、感恩和尊敬这些情感,在某种 538
程度上也根源于盲目的恐惧。不管父母身体多么虚弱,他们手里
总有一件强大的武器——诅咒;或者,他们去世以后,他们的魂灵
可能向不尽责任的子女寻仇。在探讨子女的臣服的那一章,我们
将讨论这些情况。

我们也要进一步考察辅助兄弟姐妹及远亲的责任。维尼亚米
诺夫讲,在阿留申人那里,"战时或狩猎时兄弟之间必须相互帮助,
相互保护;不过若有人无视此自然法则,他就应离群索居,自己照
顾自己,遇到敌人、动物、风暴袭击时他的亲戚不应管他;他做了这
丢脸的事,人们也会看不起他"。[2] 在巴罗角一带的爱斯基摩人那
里,"哥哥和姐姐把弟弟和妹妹照顾得很好";[3]据说印第安人里的
锡亚人"一个显著特征就是,哥哥姐姐关爱、体贴弟弟妹妹"。[4] 施
魏因特富特博士写道:"尽管我们可以提出一些事例,证明丁卡人
无情,但这些例子跟亲属之间的责任根本没有关系。父母不会离
弃自己的孩子,兄弟之间不会背信弃义,而是只要有可能就愿意提
供任何帮助。"[5]我认为,这些关于兄弟之间关系的例子总体上可
以表明,这类事实是普遍存在的。按照孔子的说法,兄弟之情仅次
于子女对父母的爱。[6]

[1]　*Catechism of the Council of Trent*, iii. 5. 10 *sq.*

[2]　Veniaminof,转引自:Petroff, *loc. cit.* p. 155。

[3]　Murdoch, in *Ann. Rep. Bur. Ethn.* ix. 417.

[4]　Stevenson, 'Sia,' in *Ann. Rep. Bur. Ethn.* xi. 22.

[5]　Schweinfurth, *Heart of Africa*, i. 169.

[6]　Douglas, *Confucianism and Taouism*, p. 123.

539　　　　帮助较远亲属的责任则各地差异较大。可以说,总的情况是,在蒙昧人和野蛮人那里——或许那些生活在小的家族群体里的人例外——以及在那些生活在古代文化里的人那里,这种责任要比在我们中间更明显,扩展得也更远。血缘关系的力量在他们那里要强大得多,有血缘关系的家庭之间为了相互拱卫、彼此帮助而结合得更紧密。霍尔姆中尉说,格陵兰岛东部的昂马格萨利克人认为,血亲之间在任何情况下都要相互帮助,这是一种责任。[①] 奥马哈人认为,"慷慨不是给予亲属的,亲属理所当然得到我们的帮助"。[②] 在马达加斯加土著那里,"显然习俗、法律认可亲属的这种权利。如家族的某一支变穷了,同一家族的成员就会供养他;如果他因为债务而卖身为奴,他们常常联合起来筹备赎回他的费用……法律推动、鼓励,有时甚至实施这样友善的行动。"[③]在描述澳大利亚的班格朗人时,柯尔先生讲:"尽管他们的行为方式跟我们不一样,我总是发觉,在蒙昧人那里血缘亲属之间的友谊纽带要比在我们中间更结实,他们似乎形成了这样的规则。"[④]在菲律宾岛民那里,"各个家族都很团结,家族成员之间要求得到帮助、保护的权利均得到认可,而不管关系有多么远"。[⑤] 据称在缅甸人那里,"没有哪个地方的人们像他们那样在最大程度上小心翼翼地保护、认可家族关系的纽带,家族关系的纽带不仅是一种形式,而且

---

　　①　Holm, in *Meddeleser om Grönland*, x. 87.

　　②　Dorsey, 'Omaha Sociology,' in *Ann. Rep. Bur. Ethn.* iii. 274.

　　③　Ellis, *History of Madagascar*, i. 138. *Cf*. Sibree, *The Great African Island*, p. 256 *sq*.

　　④　Curr, *Recollections of Squatting in Victoria*, p. 274.

　　⑤　Foreman, *Philippine Islands*, p. 186.

也牵涉相互帮助的责任"。① 古代印度人、波斯人、希腊人和罗马人将四代近亲分别称为萨品达(Sapindas)、新吉内(Syngeneis)、安卡太(Anchisteis)、婆罗品奎(Propinqui)，这些人之间有义务在需要时相互帮助。② 斯堪的纳维亚人认为，即使亲属之间不和，若不帮助亲属对付陌生人，就是一个坏人。③

540

帮助穷人，保护处境危险者，这一责任超出了家族和亲属的范围。据称未开化的族群总是对自己共同体或部落的成员友善。在他们之间，慈善是一种责任要求，慷慨被颂扬为美德。事实上，他们相互帮助的习俗常常要比我们更为流行。而这也适用于最低等的蒙昧人。④

　　许阿德斯说："火地人品格的一个特点就是慷慨。他们会与人分享他们所拥有的一切东西。"⑤韦德尔船长同样提到"这些人们之间表现出来的慈善原则"。⑥波切尔告诉我们，布须曼人相互之间"常常表现出极度好客和慷慨的美德"。⑦

---

① Forbes, *British Burma*, p. 59.

② Leist, *Alt-arisches Jus Civile*, i. 47 *sqq.*, 231 *sqq.*

③ Rosenberg, *Nordboernes Aandsliv*, i. 488.

④ 未开化共同体中盛行相互帮助，克鲁泡特金王子对此做了恰当的强调(*Mutual Aid*, p. 76 *sqq.*).

⑤ Hyades and Deniker, *Mission scientifique du Cap Horn*, vii. 243.

⑥ Weddell, *op. cit.* p. 168. 依其他人的看法，尽管火地人没有恶意，也不残忍，但他们在积极行善方面并不突出(Bridges, in *A Voice for South America*, xiii. 208, 213. Bove, *Patagonia*, pp. 133, 137. Lovisato, 'Appunti etnografici sulla Terra del Fuoco,' in *Cosmos di Guida Cora*, viii. 145, 151. *Cf.* also Hyades and Deniker, *op. cit.* vii. 238, 240, 243 *sq.*).

⑦ Burchell, *Travels in the Interior of Southern Africa*, ii. 54.

锡兰的维达人相互友善,随时准备帮助身处困境者。① 安达曼岛民在社会关系中表现出高度的相互友爱,经常把自己最好的东西作为礼物送人。曼先生讲:"所有阶层都无微不至地关怀小孩子、病弱之人、老年人、无助之人,这些人是人们关心的特殊目标,他们要比共同体其他更幸运的成员在日常生活中过得更舒适,更衣食无忧。"②澳大利亚土著因为友善对待自己人而受到近乎普遍的赞扬。③ 给了群体中某人礼物,即使相隔很远,礼物也会迅速由其他人分享;若一个黑人在某个站所找到了份工作,通常他会把自己收入的大部分送给自己营地的同伴。④ 柯尔先生讲:"部落男性成员之间总是有一种强烈的手足之情,因此,不管碰到祸患还是福分,一个男子总是能在危险中获得部落中任一成员的帮助。"⑤关于澳大利亚中部的土著,斯潘塞和吉伦先生注意到,他们"总的来说明显

541

---

① Sarasin, *Ergebnisse naturwissenschaftlicher Forschungen auf Ceylon*, iii. 545, 550. Schmidt, *Ceylon*, p. 276.

② Man, in *Jour. Anthr. Inst.* xii. 93 sq. Cf. Portman, *ibid*, xxv. 368.

③ Curr, *The Australian Race*, i. 49. Hodgson, *Reminiscences of Australia*, p. 88. Oldfield, '*Aborigines of Australia*,' in *Trans. Ethn. Soc.* N. S. iii. 226. Eyre, *op. cit.* ii. 385 sq. Brough Smyth, *op. cit.* ii. 279. Lumholtz, *Among Cannibals*, p. 176. Mathew, in *Jour. & Proceed. Roy. Soc. N. S. Wales*, xxiii. 387 sq. Breton, *Excursions in New South Wales*, p. 218. Fison and Howitt, *op. cit.* p. 259. Wyatt, 'Manners and Superstitions of the Adelaide and Encounter Bay Aboriginal Tribes,' in Woods, *Native Tribes of South Australia*, p. 162. Schuermann, 'Aboriginal Tribes of Port Lincoln,' *ibid*. pp. 243, 244, 247.

④ Schuermann, *loc. cit.* p. 244. Ridley, *Kámilarói*, p. 158. Fison and Howitt, *op. cit.* p. 256. Lumholtz, *Among Cannibals*, pp. 199, 343. Stirling, *Report of the Horn Expedition to Central Australia. Part IV. Anthropology*, p. 36.

⑤ Curr, *The Australian Race*, i. 62.

表现出相当程度的友善,当然在成员之间相互友好的群体才这样;不过,他们不时也干些残暴的坏事"。① 科林斯讲,波特尼湾与杰克逊港一带的原住民"对友善、慷慨之举称誉有加,而这两种事情他们都能做到"。②

现在我们从蒙昧人和野蛮人转向多少有些发达的文化。卡特林先生讲,关于北美印第安人,"对待自己的朋友,地球上没有别的什么人比他们更体贴"。③ 根据阿代尔,"他们对自己部落的每一成员都很体贴、慷慨,即使只有最后一口食物可吃,也不会私吞";自然这所学校"教给了他们一条朴素的原则——'为他人做事,因为别人也为你做事。'"④哈蒙称赞了印第安人的慷慨:"与文明国家的居民比起来,通常情况下,他们更乐意凭自己的能力帮助贫苦的邻人。印第安人杀死了一只动物,若附近有邻居,会送一部分给邻居"。⑤在瑙多韦西人那里,"朋友缺少什么东西,他们会把自己多余的送给朋友",而"在危难时刻,若自己群体的成员需要帮助,他们乐意提供帮助,不求回报"。⑥ 在易洛魁人那里,"对孤儿友善,对所有人好客,彼此情同手足,这些就是他们的宗教导师所坚持和传授的教义";易洛魁人"愿意把自己的食物送给饥饿之人,腾出

① Spencer and Gillen, *Native Tribes of Central Australia*, p. 50.
② Collins, *English Colony in New South Wales*, i. 549.
③ Catlin, *North American Indians*, ii. 241.
④ Adair, *History of the American Indians*, pp. 429, 431.
⑤ Harmon, *op. cit.* p. 349.
⑥ Carver, *op. cit.* p. 247.

自己的床铺供疲劳者休息，把自己的衣物送给衣不蔽体者”。[1] 在奥马哈人那里，美德或勇敢分为两个级别：在许多场合给予穷人帮助并多次邀请客人参加宴会的人属于第一个级别；若某人不仅多次做了以上好事，还杀死了几个敌人，带回家许多马匹，他的美德就属于第二个级别。他们讲，若某人看到了一个穷人，就应给这不幸的人礼物；这样，他就能获得瓦坎达大神以及自己的群体的友善。[2] 温哥华岛的阿特印第安人会救助任何需要帮助的人，而不求日后回报。[3] 阿留申人的习俗教导他们要对别人友善，戒绝自私；他们有个习俗，成功打到猎物或捕捉到鱼的人，特别是在荒季，要与所有人分享，分享时不应拿到较大份额，自己所得要比别人少。[4] 在白令海峡一带的爱斯基摩人那里，只要一个成功的商人积累起财产和食物，而且人们知道了他只为自己的福利而工作，他就会成为同村人反感、憎恶的目标；这通常以两种方式结局：村民可能强迫他举行宴会，分配财物，或者他们可能杀死他，然后瓜分他的财产。[5] 按照格陵兰岛的宗教教义，为同胞的利益而努力、受苦的人，死后会在托纳萨克神的居处幸福地生活。[6] 南森博士讲："格陵兰岛民是对邻人最富有同情心的

---

[1]　Morgan, *League of the Iroquois*, pp. 172, 329.

[2]　Dorsey, 'Omaha Sociology,' in *Ann. Rep. Bur. Ethn.* iii. 333, 274. *Cf. Idem*, 'Siouan Sociology,' *ibid*. xv. 232 (Kansas).

[3]　Sproat, *op. cit*. p. 166.

[4]　Veniaminof, 转引自：Petroff, *loc. cit*. p. 155, and Dall, *Alaska*, p. 392。

[5]　Nelson, 'Eskimo about Bering Strait,' in *Ann. Rep. Bur. Ethn.* xviii. 305.

[6]　Rink, *Greenland*, p. 141.

人。他们首要的社会法则就是帮助他人。"[1]霍尔船长对自己
碰到的那些爱斯基摩人也有着同样的赞誉。他讲:"没有什么
人能超过他们的这个美德——友善。例如,在食物匮乏的时
节,一个家庭如果碰巧手头有食物,就会与所有邻居分享。若543
一个男子捕捉到了一只海豹,即使他的家庭需要整只海豹来
解除饥饿带来的痛苦,他也会邀请所有邻人,包括穷人、寡妇、
无父之人,一起分享海豹大餐。"[2]他们相信,因纽特族的所有
好人,"即友善对待穷人以及饥饿者的人",死后会上天堂;而
那些坏人,"即对别人不友善的人",死后要下地狱。[3] 南美许
多部族心地善良,为人称道;[4]在某基督教传教士看来,圭亚
那印第安人"大方得过了头"。[5] 加勒比人具有共同的利益,
生活在和谐之中,彼此之间的爱戴之情强烈。[6]

　　汤加岛民普遍赞许慈爱或同胞之情。他们"不仅不自私,
还称羡慷慨,实际上也慷慨大方"。只要有人要吃东西,他总
会毫不犹豫地与身边的人共享,不这么做就会被视作可耻、自
私。因而,"若某头人看到其他人拥有的什么东西,他很想要,
他只要提出这个想法,那人总会乐意、慷慨地奉献上来"。[7]

---

①　Nansen, *First Crossing of Greenland*, ii. 304. *Cf. ibid.* ii. 334.; Nansen, *Eskimo Life*, pp. 116, 177; Egede, *op. cit.* pp. 123, 126 sq.

②　Hall, *Arctic Researches*, p. 567.

③　*Ibid.* p. 571 sq.

④　von Martius, *Beiträge zur Ethnographie Amerika's*, i. 217, 641 (Guarayos, Macusis). Musters, *op. cit.* p. 195 (Patagonians).

⑤　Brett, *Indian Tribes of Guiana*, p. 276.

⑥　de Poircy-Rochefort, *Histoire naturelle et morale des Iles Antilles*, p. 460.

⑦　Mariner, *op. cit.* ii. 153, 154, 165.

斐济人费尽心思教育他们的年轻人蔑视同情的冲动，钦佩残暴，[1]但即使这样他们也不缺乏慈爱和友善的情感。[2] 在新赫布里底群岛的阿内蒂乌姆岛，人们相信，吝于给他人食物，这种罪恶在死后的世界里会受到最严厉的惩罚；受到最大奖赏的美德是慷慨好客，是在宴会时大方地赠送礼物。[3] 在新赫布里底群岛的塔纳岛，"若某人向邻人要什么东西，只要开口，他就能得到"。[4] 关于新喀里多尼亚岛民，阿特金森先生说，他们之间的"慷慨似乎主要源于厌恶拒绝别人的请求"。[5] 迪亚克人被描述成好客、友善、慈爱之人，其表现"足以令我们羞愧"；[6]尽管每一部落都有以相邻部落为目标的猎头习俗，各共同体成员之间却有着强烈的同情之心。[7] 克罗斯兰讲，在海洋迪亚克人那里，"若有谁生病或不能干活，其他人就要施以援手；在我看来，他们之间的团结纽带要比我在英格兰劳工阶层那里看到的结实得多"。[8]

散塔尔人温和而乐于助人，对自己人非常友善。[9] 霍人

544

---

① Erskine, *Cruise among the Islands of the Western Pacific*, p. 247.

② *Ibid*. pp. 247, 273. Williams and Calvert, *op. cit*. pp. 93, 115 *sqq*. Seemann, *Viti*, p. 192.

③ Inglis, *In the New Hebrides*, p. 31.

④ Campbell, *A Year in the New Hebrides*, p. 169.

⑤ Atkinson, in *Folk-Lore*, xiv. 248.

⑥ Boyle, *Adventures among the Dyaks of Borneo*, p. 215.

⑦ Bock, *Head-Hunters of Borneo*, p. 210 *sq*. Brooke, *Ten Years in Saráwak*, i. 57.

⑧ Crossland, 转引自：Ling Roth, *Natives of Sarawak*, i. 85。

⑨ Man, Sonthalia, p. 19 *sq*. Hunter, *Annals of Rural Bengal*, i. 215.

"对需要帮助的人很慷慨"。[①] 托达人相信,好人死后灵魂将在天堂享乐,而坏人的灵魂将遭受磨难;"在托达人看来,好人乐于助人,坏人吝啬(按先后顺序)、好争吵、偷盗,等等"。[②] 巴彻勒先生讲:"很难找到比日本的阿伊努人更温和、友善、富有同情心的人";给了他们什么东西,他们总要与自己的朋友分享。[③] 萨摩耶德人乐于与自己的伙伴分享最后的食物;据说,在仁慈友爱等美德方面,没人能超过贫苦的奥斯加克人。[④] 伯克哈特讲:"贝都因人品行中最好的特征(除了良好的信仰以外)就是友善、仁爱、慷慨……贝都因人自己就构成了一个兄弟民族;必须承认,他们之间也经常争吵,不过在平静的日子里总是乐于相互帮助。"[⑤]在沙漠地带,待人慷慨能博得尊重,因而是一项特别的美德。[⑥] 苏丹的阿拉伯人有一个谚语——"你必须总是把别人的东西放到你头上,把自己的东西放到胳膊下。那么,如果东西要从你头上落下来了,你就得抬起胳膊,让你自己的东西掉下去,保护别人的东西。"[⑦]

---

①　Tickell,'Memoir on the Hodésum,' in *Jour. Asiatic Soc. Bengal*,ix.(pt. ii.) 807.

②　Thurston,'Todas of the Nilgiris,' in the Madras Government Museum's *Bulletin*,i. 166 *sq*.

③　Batchelor,*Ainu of Japan*,p. 19. Holland,'Ainos,' in *Jour. Anthr. Inst*. iii. 235.

④　Castrén,*op. cit*. i. 238;ii. 55.

⑤　Burckhardt,*Notes on the Bedottins and Wahábys*,p. 208.

⑥　Wallin,*Reseanteckningar från Orienten*,iii. 244. Blunt,*Bedouin Tribes of the Euphrates*,ii. 224.

⑦　Richardson,*Mission to Central Africa*,i. 117.

545

　　巴雷亚人乐善好施，甚至对生人也友善。[1] 尼亚萨兰湖一带的曼达亚人会"慷慨大方地分享食物"，甚至在自己挨饿的时候也与朋友分享最后的食物。[2] H. 约翰斯顿爵士说，他从未遇到"像瓦塔维塔人那样友善、通情达理、体贴的人"。[3] 关于东中非人，D. 麦克唐纳牧师讲，他们"并非仅仅是贪婪、自私的动物。他们常常表现出巨大的勇敢和奉献精神。我可以提一个人，他曾在三个不同场合冒着生命危险救过我的命。"[4] 在贝专纳人那里，善待穷人、寡妇和孤儿到处都被视作神圣责任。[5] 在所有美德中，巴苏陀人最欣赏友善。他们有一个谚语是"一只巴掌拍不响"，意思是没有同胞的帮助就做不成事；另一个谚语是"不把猎物给自己的朋友看，就不能给猎物剥皮"，意思是，我们取得事业成功的时候，就该表现得慷慨大方。如果给他们食物，而他们在一个群体里，不管食物多么少，每一个人都能尝到。[6] 卡菲尔人是友善的种族；利希滕斯坦讲："只要有谁杀了一头牛，他就必须邀请所有邻居来吃，这些邻居会一直做客，直到牛被全部吃掉。"[7] 关于霍屯督人，柯尔本说："他们肯定是地球上曾有过的最友善、慷慨、乐善好

---

① Munzinger, *Ostafrikanische Studien*, p. 534.

② Rowley, *Africa Unveiled*, p. 47.

③ Johnston, *Kilima-njaro Expedition*, p. 436.

④ Macdonald, *Africana*, i. 270, 266.

⑤ Arbousset and Daumas, *Exploratory Tour to the North-East of the Colony of the Cape of Good Hope*, p. 402.

⑥ Casalis, *Basutos*, pp. 206, 207, 301, 306, 309 *sqq*.

⑦ Leslie, *Among the Zulus and Amatongas*, p. 203. Lichtenstein, *Travels in Southern Africa*, i. 272.

施的人……他们珍视相互帮忙的机会,他们最大的乐趣之一就是交换礼物以及给别人帮忙。"①巴罗说:"霍屯督人愿意与同伴共享最后一口食物。"②关于马达加斯加人,德鲁里写道:"他们之间肯定要比我们更为友爱。只要邻居有能力帮忙,就没有谁会沦入悲惨境地。这里有关爱、亲切和慷慨,这或许会让我们难堪;而整个岛上都是这样。"③埃利斯同样注意到,在马达加斯加,帮助苦痛之人,借给他们财物和钱,这些事情要比英格兰的邻居或亲戚之间的同类事情更常见、更频繁,在这些事上的友善心肠被视为优秀的品质。④

在许多蒙昧部族那里,老年人特别有权利得到扶持和帮助,这些扶持和帮助不仅来自子女和亲戚,也来自整个社群的年轻成员。

在澳大利亚土著那里,每一件东西老人都拿最好、最大的一份,并允许他们独占最年轻、最漂亮的妇女,而青年男子能娶老年妇女为妻就视为幸事了。⑤ 在汤加岛民那里,"每一个

①　Kolben, *Present State of the Cape of Good Hope*, i. 334 *sq. Cf. ibid*, i. 167.

②　Barrow, *Travels into the Interior of Southern Africa*, i. 151.

③　Drury, *Adventures during Fifteen Year's Captivity on the Island of Madagascar*, p. 172 *sq.*

④　Ellis, *History of Madagascar*, i. 139. 其他关于非洲人的事例,参见:Mungo Park, *Travels in the Interior of Africa*, p. 17(Mandingoes); Burton, *Abeokuta*, i. 303(Yoruba); *Idem, Two Trips to Gorilla Land*, i. 106(Mpongwe); Monrad, *Guinea-Kysten og dens Indbyggere*, p. 7; Johnston, *River Congo*, p. 423(races of the Upper Congo); Wilson and Felkin, *op. cit.* i. 225(Waganda).

⑤　Eyre, *op. cit.* ii. 385 *sq.* Mathew, in *Jour. & Proceed. Roy. Soc. N. S. Wales*, xxiii. 407. Lumholtz, *Among Cannibals*, p. 163. *Cf.* Grey, *Journals of Two Expeditions of Discovery in North-West and Western Australia*, ii, 248; Brough Smyth, *op. cit.* i. 138. Spencer and Gillen, *Native Tribes of Central Australia*, p. 51.

老年男子、妇女都享受着年轻人的照料和服务"。[1] 在金斯米尔群岛,"慷慨、好客、照顾老人和体弱之人是全体土著居民高度尊重并普遍颂扬的美德"。[2] 在卡菲尔人那里,上了岁数变得病弱无助之后,"每一个人都热切为他们提供帮助"。[3] 在阿留申人看来,"必须尊重体弱老人,他们需要帮助时要照料他们,年轻体壮者要把自己的战利品分给他们一份,帮助他们渡过难关,他们只需给年轻人提供好建议作为回报"。[4]

病人也常常得到细致入微的关怀和照料。

547

关于不列颠哥伦比亚海岸一带的部落,邓肯先生"总能发现,如果残疾人的情况实在太糟,总有一两个看护人照料他;照料者似乎也很有同情心"。[5] 比齐这样讲到上加利福尼亚未开化的印第安人:"只要染上了病,就会受到无微不至的照料,这很值得一提。他们的亲戚只要生了病,他们就会最大限度地留心病人的需要。"[6] 基廷注意到,伯塔瓦托米人甚至也和善、慈爱地对待白痴。[7] 科里亚克人"小心谨慎地照料病人"。[8] 据说,日本的阿伊努人[9]及菲律宾群岛的塔格巴努亚

---

[1]　Mariner, *op. cit.* 11. 155.

[2]　Hale, *U. S. Exploring Expedition. Vol. VI. Ethnography and Philology*, p. 95.

[3]　Lichtenstein, *op. cit.* i. 265.

[4]　Veniaminof, 转引自: Petroff, *loc. cit.* p. 155。

[5]　Duncan, 转引自: Mayne, *Four Years in British Columbia*, p. 292 *sq.* 。

[6]　Beechey, *op. cit.* ii. 402.

[7]　Keating, *Expedition to the Source of St. Peter's River*, i. ICO.

[8]　Krasheninnikoff, *op. cit.* p. 233.

[9]　von Siebold, *Die Aino auf den Insel Yesso*, p. 11.

人也是如此。① 在沙捞越,如亲戚因受伤或生病而失去劳动
能力,不会被遗弃。② 若一个达雅克人在家生了病,妇女们就
轮流照顾他。③ 萨摩亚人"总是慈爱地对待病人"。④ 在塔
纳⑤、汉弗莱岛⑥、埃罗曼加⑦、塔斯马尼亚⑧,病人也是如此受
到悉心关怀;至少许多澳大利亚部落也是如此。⑨ 关于昆士
兰州北部赫伯特河一带的原住民,拉姆霍尔兹写道:"土著对
病人非常和善、同情,把他们从一个营地带到另一个营地。这
是我在澳大利亚土著那里发现的唯一高尚品格。"⑩在澳大利
亚各地,盲人,特别是老年盲人,都受到悉心关怀;澳洲北部海
岸的旅行者注意到,这些盲人一般说来是当地最胖的人,因为
人们把最好的东西都给他们了。⑪ 埃利斯讲:"在马达加斯加
人的人格特征里,没有什么比他们照料病人时表现出的和善、
耐心、慈爱更能给他们的人性增加光彩,更能令我们慈善的情

---

① Worcester,*Philippine Islands*,p. 494.

② St. John,*Life in the Forests of the Far East*,ii. 323.

③ Bock,*Head-Hunters of Borneo*,p. 211.

④ Turner,*Samoa*,p. 141. *Cf*. Pritchard,*Polynesian Reminiscences*,p. 146.

⑤ Turner,*Samoa*,p. 323.

⑥ *Ibid*.p. 276.

⑦ Robertson,*Erromanga*,p. 399.

⑧ Ling Roth,*Aborigines of Tasmania*,p. 47. Bonwick,*Daily Life and Origin of the Tasmanians*,p. 10. 4.

⑨ Brough Smyth,*op. cit.* ii. 284（West Australian natives）. Schuermann,'Aboriginal Tribes of Port Lincoln,' in Woods,*Native Tribes of South Australia*,p. 225.

⑩ Lumholtz,*Among Cannibals*,p. 183.

⑪ Ridley,*Kámilarói*,p. 169. Eyre,*op. cit.* ii. 382. Barrington,*History of New South Wales*,p. 23. Stirling,*op. cit.* p. 36.

548 感满足。"①曼丁哥人②和卡菲尔人③也受到类似的称赞。J. 泰勒先生说："在祖鲁人那里,不管工作多么重要,都要停下来帮助病痛中的朋友。"④

我所能收集到的关于未开化种族的信息似乎表明,在多数情况下,他们的共同体内流行着仁慈和善意;尽管如此,仍有一些相反的叙述。不过这些描述终究是例外情况,有些描述或者含糊不清,或者并不确切。这样的情况太常见了:旅行者所描述的蒙昧人,不是在自己人中过着日常生活,而是在应对敌人,或是未经邀请造访他的国家的陌生人。正如一位阅历广泛的观察者所说:"蒙昧人在复仇情感支配下怒不可遏,屠杀、毁灭他的敌人,喝敌人的血,这与他在平和时期在田里劳作是两码事;依据他在这些冲动时刻的行动评估他的品格是不公正的,正如身边有太多兴奋的军人或怒火冲天的暴民而评判欧洲人一样。"⑤再者,对蒙昧人的许多描述自他们接触所谓的"高等文化"并受到影响的时期,而事实证明,这种高等文化几乎总是腐化着低等种族。例如,在北美印第安人那里,白人到来并在他们之间居留以前,"他们相互之间本来有更多的友善、好客和慈爱";⑥而与文明接触以后,他们变得"虚伪、多疑、贪婪、冷酷"。⑦ 正如有人所言:"翻遍现代历史,在北方、南

---

① Ellis, *History of Madagascar*, i. 231 *sq*.

② Caillié, *op. cit.* i. 354.

③ Lichtenstein, *op. cit.* i. 266.

④ Tyler, *Forty Years among the Zulus*, p. 195.

⑤ Dieffenbach, *Travels in New Zealand*, ii. 1 30 *sq*.

⑥ Warren, in Schoolcraft, *Indian Tribes of the United States*, ii. 139.

⑦ Domenech, *Seven Years' Residence in the Great Deserts of North America*, ii. 69.

方、东方、西方的历史里,故事总是一样的——我们来了,我们传播 549
文明,我们腐化、灭绝他们。"①

　　在半开化和开化民族里,慈善被普遍视为一种责任,他们的宗
教也常常竭力劝导向善。西班牙和秘鲁最初接触的时候,美洲人
在兄弟之情及全方位照料穷人方面要超过西班牙人。他们有一部
贫穷法,依据此法,盲人、瘸子、老人及病弱之人,若不能下地耕田,
衣食无法自给,公共仓库就应给他们提供生活必需品。② 按照克
拉瓦伊格罗的说法,古代墨西哥人似乎毫不犹豫就会把他们花大
力气才能获得的东西让给急需的人。③ "朝鲜人的伟大美德是,他
们天生尊重仁爱的法则,并在日常生活中践行仁爱法则。他们之
间相互扶持,慷慨好客,这是他们显著的民族特征。"④按照中国法
律,"凡鳏寡孤独及笃废之人,贫穷无亲属依倚,不能自存,所在官
司应收养"。⑤ 孔子说:"民之于仁也,甚于水火。"⑥根据中国人的
信仰,帮助穷人,给饥饿之人食物,给衣不蔽体者衣物,救助病人,
拯救危境中人,这些美德将会被俯视人间事务的上苍奖赏,而不
仁、吝啬会被上苍惩罚。⑦ 有一部兼有儒佛味道的书,日本年轻人 550

---

　　① Boyle,*op. cit.* p. 108.

　　② Garcilasso de la Vega,*First Part of the Royal Commentaries of the Yncas*,ii. 34.

　　③ Clavigero,*History of Mexico*,i. 81.

　　④ Griffis,*Corea*,p. 288.

　　⑤ *Ta Tsing Leu Lee*,sec. lxxxix. p. 93. 关于中国人的慈善机构,参见:Staunton,
ibid. p. 93 n.*；Smith,*Chinese Characteristics*,p. 186 *sq.*。

　　⑥ Douglas,*Confucianism and Taouism*,p. 109.

　　⑦ 'Merits and Errors Scrutinized,' in *Indo-Chinese Gleaner*,iii. 159,161 *sqq.*
Thâi Shang,3. 'Divine Panorama,' in Giles,*Strange Stories from a Chinese Studio*,ii.
370,371,374,379. Douglas,*Confucianism and Taouism*,pp. 259,272 *sq.* Davis,*China*,
ii. 48. Edkins,*Religion in China*,p. 89 *sq.*

熟悉它正如我们熟悉《登山宝训》一样，这部书里讲："人首先应行善；乐善好施能滋养、增进我们的智慧。"[1]依照《法句经》，"不行善者不能到达极乐世界；愚蠢的人不把慷慨当作美德颂扬；智者因慷慨而快乐，通过大方宽厚得以在彼岸世界享乐"。[2] 事实上，在佛教的说教性诗篇里，行善之美德占据最突出位置；传奇故事不关心人们因收到礼物而得到什么实际好处，而是告诉我们无限的慷慨就是一种责任，甚至主张自我毁灭以行善。[3] 佛教的慈善和慷慨观念，一如其世俗道德的其他所有方面，与印度自古以来就得到认可的道德标准并无不同。[4] 吠陀的赞美诗早就称颂自愿把自己的财富施舍给穷人之人，不从饥饿者身边转身走开之人，以及友善对待穷人之人。[5]《益世嘉言》[6]里讲，好人甚至怜悯卑贱之人，正如月亮也会把光芒照到最低等种姓成员的身上。[7] 印度的神圣法律典籍里到处规定，行善是所有二次复生之人应尽的责任。[8] "有家产者必须尽己所能把食物施舍给不能为自己备饭的人，在不损害自己利益的情况下把食物施与众生。"[9]梵行者"应该总是毫不迟

---

① Chamberlain, *Things Japanese*, p. 309.

② *Dhammapada*, 177.

③ Oldenberg, *Buddha*, p. 301.

④ *Cf.* Kern, *Manual of Indian Buddhism*, p. 72.

⑤ *Rig-Veda*, x. 117. Kaegi, *Rigveda*, p. 18.

⑥ 《益世嘉言》(*Hitopadesa*)是古代印度的一部梵文寓言故事集，内容涵盖格言警句、处世智慧与政务谋义。——译者

⑦ *Hitopadesa*, Mitralâbhâ, 63.

⑧ *Gautama*, v. 21；x. 1 *sqq. Institutes of Vishnu*, lix. 28. *Baudhâyana*, ii. 7. 13. 5. *Laws of Manu*, ix. 333；x. 75, 79；xi. 1 *sqq.*

⑨ *Laws of Manu*, iv. 32.

疑地把他充作食物的任何东西施与他人"。①　婆罗门度过梵行期
后,应该毫不懈怠地"诚心行善"。②　施舍成就了给予者的美德,使
他不再犯有罪过,也消除了罪孽;③"不管出于什么目的施舍,轮回
之后他会因那个目的而理所当然地获得回报。"④另一方面,只为
自己准备食物的人,吃下的只是原罪。⑤　威尔金斯先生这样讲现
代印度教徒:"印度教徒具有伟大的仁爱⋯⋯除了居住在各殖民城
镇的欧洲人之外,印度没有济贫法,没有穷人监护人,也没有贫民
习艺所。若各个家族有能力的话,各家的穷人、瘸跛之人、盲人、病
弱之人,都由各家族供养;若他们没有或几乎没有亲戚,就由他人
担起责任。这是'功德之事'。"⑥

　　修昔底德讲,古代波斯人喜欢给予胜过获得。⑦　他们认为,对与
自己同样信仰的人慷慨是第一位的宗教责任。⑧　因而琐罗亚斯德对
韦斯巴说:"不要让恶神安格拉·曼纽的思想感染你,以致你沉溺于
罪恶的欲望,嘲弄别人,崇拜偶像,向你门口的穷人大喊大叫。"⑨神

①　*Anugîtâ*,31.

②　*Laws of Manu*,iv. 226. *Cf. ibid*. iv. 227.

③　*Institutes of Vishnu*,lix. 15,30; ch. xc. *sqq. Gautama*,xix. 11,16. *Vasishtha*,
xx. 47; xxii. 8. *Laws of Manu*,iii. 95; iv. 229 *sqq*.; xi. 228.

④　*Laws of Manu*,iv. 234.

⑤　*Institutes of Vishnu*, lxvii. 43. *Laws of Manu*, iii. 118. *Cf. Rig-Veda*, x.
117. 6.

⑥　Wilkins,*Modern Hinduism*,p. 416 *sq*.

⑦　Thucydides,ii. 97. 4.

⑧　See Geiger,*Civilization of the Eastern Irānians*,i. 164 *sqq*.; Mills,in *Sacred
Books of the East*,xxxi. p. xxii.

⑨　*Yasts*,xxiv. 37.

圣的斯拉欧加是穷人的保护者。① 《合法论》里讲,灵魂在彼岸世界里的衣裳是由施舍织就的。②

在古代埃及人那里慈善似乎同样被视为美德。③ 马斯佩罗讲:"神并非只喜欢富裕、强大之人;他也喜欢穷人。他希望穷人衣食无忧,免于超出自己能力的重负;穷人不被压迫,不必流下不必要的泪水。"④记述死者所做好事的纪念碑文常常提及慈善。一个埃及人说:"我未曾伤害过一个孩子,我未曾伤害过一个寡妇;我活着的时候也不伤害乞丐或穷人。我照料寡妇,她们没人遭饥荒,她们的生活好得仿佛她们的丈夫还活着一般。"⑤一位女士曾善待与自己同性别的人,不管是女孩、妻子还是寡妇。纪念她的碑文里这样写道:"神因此而奖赏我,让我满心欢喜,如此我就沿神的道路行走。"⑥

希伯来人的宗教法极力主张慈善。⑦ "你总要向你身边困苦穷乏的弟兄伸出援手";"耶和华你的神必在你这一切所行的,并你手里所办的事上,赐福与你。"⑧甚至"若你的仇敌,饿了就给他饭

---

①　*Ibid*. xi. 3.

②　*Shâyast Lâ-Shâyast*, xii. 4. *Cf*. *Bundahis*, xxx. 28.

③　Brugsch, *History of Egypt under the Pharaohs*, i. 29 sq. Tide, *History of the Egyptian Religion*, p. 226 sq. Renouf, *Hibbert Lectures on the Religion of Egypt*, p. 72 sqq. Amélineau, *L'évolution des idées morales dans l'Égypt Ancienne*, pp. 145, 354.

④　Maspero, *Dawn of Civilization*, p. 191. *Cf*. Schiapparelli, *Del sentimento religioso degli antichi egiziani*, p. 18; Arnelineau, *op*. *cit*. p. 268.

⑤　Wiedemann, *Religion of the Ancient Egyptians*, p. 253.

⑥　Renouf, *op*. *cit*. p. 75.

⑦　*Deuteronomy*, xiv. 29; xv. 7 sqq.; xvi. 11, 14. *Leviticus*, xix. 9 sq. xxv. 35.

⑧　*Deuteronomy*, xv. 11, 10.

吃,渴了就给他水喝:……耶和华也必赏赐你。"[1]特别是在《旧约圣经》的次经以及拉比撰写的文献里,施舍所占的位置如此显著,以至古文里大致意思是"正当的"那个词汇就专门指施舍。[2]"倾其所有积德行善吧,这能使你免除一切苦难。"[3]"水能熄灭火焰,而施舍能补偿原罪。"[4]"施舍把人从死亡中解脱,洗刷掉所有原罪。那些践行施舍与正当之事的人当充满生机。"[5]神会赏赐慈善之人以男性子嗣。[6] 施舍在价值上等同于所有其他戒律。[7] 回避慈善之人所犯下的罪等同于偶像崇拜。[8] 犹太人如此极端地践行施舍,以至一些拉比最终限定,慈善活动中的施舍不应超过个人财物的五分之一。[9]

　　施舍、祈祷与斋戒是犹太教传播给基督教与伊斯兰教的三项主要戒律。[10] 按照伊斯兰教,仅次于祈祷的责任就是施舍。[11] 穆罕默德多次声明,通往神之道路就是帮助孤儿,救济穷人。[12]"你们

553

---

[1]　*Proverbs*,xxv. 21 *sq*.

[2]　Addis,'Alms,' in *Encyclopedia Biblica*, i. 118. *Cf*. Montefiore, *Hibbert Lectures on the Religion of the Ancient Hebrews*,p. 484 *sq*.

[3]　*Ecclesiasticus*,xxix. 12.

[4]　*Ibid*. iii. 30.

[5]　*Tobit*,xii. 9. *Cf*. *ibid*. i. 3,16; ii. 14; iv. 7 *sqq*.; xii. 8.

[6]　*Bava Bathra*,fol. 10 B,转引自:Hershon,*Treasures of the Talmud*,p. 24。

[7]　Rab Assi,转引自:Kohler,'Alms,' in *Jewish Encyclopædia*,i. 435。

[8]　*Kethuboth*,fol. 68 A,转引自:Katz,*Der wahre Talmudjude*,p. 36。

[9]　Katz,*op. cit.* p. 42.

[10]　*Cf. Tobit*,xii. 8; Kohler,in *Jewish Encyclopedia*,i. 435.

[11]　See Sale's 'Preliminary Discourse,' in Wherry,*Commentary on the Qurán*,i. 172; Lane,*Manners and Customs of the Modern Egyptians*,p. 105.

[12]　*Koran*,ii. 267,269,275; viii. 42; ix. 60; xc. 12,14 *sq*.; xciii. 6 *sqq*.; &c.

绝不能获得全善，直到你们分舍自己所爱的事物。"①"不分昼夜、不拘隐显地施舍财物之人，将在他们的主那里享受报酬。"②据称，"祈祷把我们带到通往神的半途，斋戒把我们带到他宫殿的门口，施舍让我们得以进入。"③某些施舍，称作扎卡特（Zakât），是由法律规定的；若能维持自己的生活并且每年收入约五英镑，那么每个成年穆斯林都应把自己每年所有财物的四十分之一用于缴纳扎卡特。④ 其他慈善捐助是自愿的，也能为捐助者带来功德。

554　　　基督教把我们在东方所看到的宗教形式的慈善引入了欧洲。我们当然没有理由责备古希腊人和古罗马人忽视了他们的穷人。在他们那里，奴隶制在很大程度上取代了贫困；而奴隶制对穷人所做的事，正是罗马庇护—依附制对地位稍高人士所做的事。⑤ 再者，救济穷人也是国家的一项重要功能。⑥ 亚略巴古的公共工程为穷人提供了工作机会。⑦ 在罗马，多少世纪里一直为穷人无偿分配谷物；⑧土地法为无土地者在被征服地区或公共领地提供了免费农场；⑨自涅尔瓦时期就命令所有意大利城市全方位抚养贫

---

① *Ibid*. iii. 86.

② *Ibid*. ii. 275.

③ Sell, *Faith of Islám*, p. 284.

④ *Ibid*. p. 283. Palmer, 'Introduction' to his translation of *The Qur'án*, i. p. lxxiii. Ameer Ali, *Life and Teachings of Mohammed*, p. 268.

⑤ See Lecky, *History of European Morals*, ii. 73.

⑥ Boissier, *Religion Romaine*, ii. 206.

⑦ Farrer, *Paganism and Christianity*, p. 183.

⑧ Naudet, 'Des secours publics chez les Remains', in *Mémoires de l'Académie des inscriptions et belles-lettres*, xiii. 43 *sq*.

⑨ *Ibid*. p. 71 *sq*.

困儿童。① 我们的私人慈善活动也能追溯到早期一些例子,例如伊巴密浓达②为贫穷女孩募集嫁妆,③西蒙④为穷人提供衣食;⑤自不信基督教的帝国时期开始,就有几例个人慈善活动的个案记载。墓碑碑文提到了遗产捐赠;发生了重大灾难,就有人自愿救助受灾者;也为奴隶建起了私人医院。⑥ 一些道德家竭力提倡尽慈善义务时要尽职尽责。塞涅卡讲,智者"会擦干他人的眼泪,但不会把自己的眼泪跟他人的眼泪混到一起;他会伸出手帮助遇到海难的船员,热情好客地款待被放逐者,救济穷人"。⑦ 但是他的施舍不是随随便便的;他会毫不犹豫地打开钱包,但不会让钱抛撒遗漏掉。他会非常小心地选出最值得救助的人,无充足理由就不会施舍钱财;因为不明智的给予必定算作愚蠢的奢侈。⑧ 西塞罗尽管称慈善、慷慨"是人性所最乐意的美德",也急切告诫读者,不应轻率践行慈善,"以免我们的慈爱既伤害应帮助之人,也伤害其他人"。⑨

　　基督教徒对慈善的看法则很不相同。无节制的慷慨变成了基本的美德。基督吩咐年轻人做什么,一个理想的基督徒就应做什

555

---

　　① Aurelius Victor, *Epitome*, xii. 8.

　　② 伊巴密浓达(公元前 418—前 362),希腊城邦底比斯的将军、政治家,曾领导底比斯脱离斯巴达统治。——译者

　　③ Cornelius Nepos, *Epaminondas*, 3.

　　④ 西蒙(Cimon,公元前 510—前 450),又译"客蒙",古雅典政治家和统帅。——译者

　　⑤ Plutarch, *Cimon*, 10.

　　⑥ Lecky, *History of European Morals*, ii. 77 *sq.* Boissier, *op. cit.* ii. 213 *sq.* Farrer, *Paganism and Christianity*, p. 182.

　　⑦ Seneca, *De clementia*, ii. 6.

　　⑧ *Idem*, *De vita beata*, 23 *sq.*

　　⑨ Cicero, *De officiis*, i. 14 *sq.*

么：他跑去卖掉自己的财物,赠予穷人。① 不加鉴别的施舍成为神规定的责任——"有求你的,就给他。有向你借贷的,不可推辞。"②根据基督教的说法,尽这份责任甚至对给予者而非接受者更有利可图。或许,《圣经》四福音书里没有什么戒律能如此频繁地把酬报的诺言糅进关于慈善的戒律。为饥饿者提供食物、为口渴者送杯水、招待生人、给赤身裸体者衣物、探望病人的那些人必定进天国、得永生。③ 慈善被视作一种救赎。圣奥古斯丁说,"为过去的原罪而施舍能抚慰神";④以下思想被表达了无数次——施舍是安全的金钱投资,天父会付好利息。⑤ 居普良是天主教善行教义之父,他确立了施舍次数与清除原罪之间的算术关系。⑥ 利奥一世讲:"穷人的食物就是天国的入场券。"⑦圣屈梭多模说:"只要市场还在,我们就要买施舍品,或者直白地讲,通过施舍来购买救赎。"⑧富人不过是欠债的人;他的所有超出必需的财物都属于穷人,应该拿出来。⑨ 因为可以用于救赎,穷人不再被轻视。穷人在教会以及基督教共同体内被赋予首要的位置。圣屈梭多模这样

---

① *Cf. Acts*, ii. 45.

② *St. Matthew*, v. 42. *Cf. St. Luke*, vi. 30.

③ *St. Matthew*, xxv. 34 *sqq*.

④ St. Augustine, *Enchiridion*, 70 (Migne, *Patrologiæ cursus*, xl. 265).

⑤ See Uhlhorn, *Die christliche Liebesthätigkeit*, i. 270.

⑥ Cyprian, *De opere et eleemosynis*, 24 (Migne, *op. cit.* iv. 620). *Cf.* Harnack, *History of Dogma*, ii. 134, n. 2.

⑦ Leo Magnus, *Sermo X.*, *de Collectis*, 5 (Migne, *op. cit.* liv. 165 *sq.*).

⑧ St. Chrysostom, *Homilia VII.*, *de Pœnitentia* (Migne, *op. cit.* Ser. Graeca, xlix. *sq.* 333).

⑨ Uhlhorn, *op. cit.* p. 294 *sq.*

讲穷人："喷泉流进祈祷之地，就可以洗一洗伸向天国的手，而我们的父把穷人置于教堂门口，如此我们的手在举向上帝之前就因仁心慈举更圣洁。"[①]大额我略（Gregory the Great）宣称："对穷人不得小觑，更不能轻视，而是要把他们视为主顾来尊重。"[②]中世纪对他的说法应声而起。如此一来，就是在最黑暗的时期，当基督教其他美德都近乎灭绝的时候，慈善仍毫发无损。[③] 后来新教否定了善行的救赎效应，这就使慈善丧失了很大一部分宗教魅力。在此问题上，不加鉴别的施舍会败坏道德风气，这一现代而开明的看法，与西塞罗和塞涅卡制定的原则相一致，而远离了对基督启示的字面解释。

随着文明的进步，救助穷人之义务扩展的范围越来越广。不过总的说来，蒙昧人视慈善和慷慨为责任，并把它颂扬为美德，这只涉及共同体或自己部落的成员。对外人友善这样的事，人们的看法则很不相同。孟拉德讲："黑人的美德完全局限于他们自己的部落。他们通常认为，对生人行善是荒唐的。"[④]对格陵兰岛民来讲，生人，特别是异种族的生人，是"无关紧要的东西，因而我们对增进其福祉不感兴趣"。[⑤] 道蒂说："贝都因人有两个面相，一方面在家乡温和、仁慈，另一方面则对外部世界张牙舞爪、性情狂野，一

① St. Chrysostom, *De verbis Apostoli*, *Habentes eumdem spiritum*, iii. 11 (Migne, *op. cit.* Ser. Graeca, li. sq. 300).

② 转引自：Uhlhorn, *op. cit.* i. 315。

③ *Cf*. Milman, *History of Latin Christianity*, ix. 33 *sq*.

④ Monrad, *op. cit.* p. 4.

⑤ Nansen, *Eskimo Life*, p. 159.

副反人类的样子。"①在文明的较高阶段，慈善的责任就覆盖了更大的人类群体，这与社会单位的大小或宗教规定慈善责任涵盖的范围相称。但它或多或少仍局限于民族或宗教的圈子。阿梅里诺讲，古埃及纸莎草文献提到慈善时讲："慈善限于本民族内的人。"②按照拜火教，慈善应只限于该宗教的忠实信徒，救助异教徒就是在增强罪恶一方的势力。③ 扎卡特，即穆斯林的合法施舍物，不能给予非穆斯林，因为它被视作宗教崇拜的基本内容之一；④相似地，赛德盖（Sadaqah），即开斋节时的施舍物，也仅限于真正的信徒。⑤ 基督教的慈善也不能完全免于宗教上的偏狭。弗勒里讲，早期的基督徒救济穷人的时候，总是基督徒优先而非异教徒优先，因为"他们主要关注穷人精神上的信仰，只是由于关注精神的方面才关注到穷人的世俗福利"。⑥ 教会的原则是，"每一个虔信基督之人都是你的兄弟"。⑦ 17 世纪的苏格兰牧师教导说，食物、居所绝不能提供给一个饥饿之人，除非他是正统派教徒。⑧ 另一方面，更高类型的基督教宣扬对所有人行善；犹太教及佛教在其更高的发展阶段也是如此。《塔木德》里讲，对待穷人时，不应区分民族，

---

① Doughty，*Arabia Deserta*，i. 368 *sq*.

② Amélineau，*op. cit*. p. 354.

③ Geiger，*op. cit*. i. 165.

④ Sell，*op. cit*. p. 284. *Cf. Koran*，ix. 60.

⑤ Sell，*op. cit*. p. 318.

⑥ Fleury，*Manners and Behaviour of the Christians*，p. 133 *sq*.

⑦ Laurent，*Etudes sur l'histoire de l'Humanité*，iv. 94.

⑧ Buckle，*History of Civilization in England*，iii. 277.

例如犹太人与非犹太人。[①] 在现代，慈善就跨越了民族的界限，即 558
使受苦者属于遥远的民族。尽管通常认为贫苦的同胞要比贫苦的
外人更有资格获得我们的怜悯，但若一个国家发生了重大灾难，也
容易引起别的民族的济贫救灾反应。派克先生认为，1755 年一场
地震摧毁了里斯本，英国捐助了十万英镑救济灾民，这开启了国际
慈善的新时代。他说："英国人最终表现出了同情，不仅是为了英
国人和新教徒，也是为了信奉别的宗教的外国人；这一次，怜悯慈
悲胜过了心胸狭窄和民族偏见。"[②]在战时，若敌人因伤病而不再
有威胁，人类同情就油然而生，除了履行不应杀死或虐待他们的基
本义务，还赋予自身照料他们的责任，这种责任要与照料自己伤员
的基本责任保持一致。[③] 不过，不能把这个人道原则——它只是
近来才在欧洲被认可——想象成基督教文明巅峰时期的独特结
果。《摩诃婆罗多》讲，若好人之间发生争斗，受伤的敌人要在胜利
者的国家医治，或者把伤者送回故土。[④] 很奇怪的是，就是在蒙昧
世界里我们也发现，某些东西似乎预示着《日内瓦公约》的到来。
在新南威尔士的某些部落，只要战斗结束，"双方似乎就会完全和
解，携起手来共同护理伤员"。[⑤]

---

① *Gitin*，fol. 61 A，转引自：Katz，*Der wahre Talmudjude*，p. 38。*Cf*. Chaikin，*Apologie des Juifs*，p. 10。

② Pike，*History of Crime in England*，ii. 346.

③ 'Convention signed at Geneva, August 22, 1864, for the Amelioration of the Condition of the Wounded in Armies in the Field,' in Lorimer, *Institutes of the Law of Nations*, ii. Appendix no. vi. Hall, *Treatise on International Law*, p. 399. Heffter, *Das Europäische Völkerrecht der Gegenwart*, § 126, p. 267, n. 5.

④ *Mahabharata*，xii. 3547，转引自：Lorimer，*op. cit*. ii. 431。

⑤ Brough Smyth，*op. cit*. i. 160.

559　　　慈善义务之逐渐扩散乃是源于这个事实——此种义务首先基于利他主义情感并随后遵循同样的一般发展规律。上面提到的许多个案表明,蒙昧人绝非不讲感情,他们在各自的共同体内不仅相互扶助,还普遍具有慈爱之心。这里可以再加上许多类似的事例。火地人病重的时候,近亲会显得很悲伤;①达尔文告诉我们,被带到小猎犬号上送往欧洲的火地男孩,常常跑到晕船者身边,难过地说:"可怜啊,可怜的朋友!"②维达人受到赞美,不仅仅因为他们相互之间的慈善行为,而且因为他们天生的慈爱之心。③ 据说,维多利亚的土著"至爱自己的朋友、亲戚",同伴长期离开之后重返营地,他们会显得极为高兴。④ 福斯特讲过塔纳岛土著具有慈爱之情的一个例子。他说,这种情感"有力地证明,人类的热情与天生品质在任何条件下几乎都是一样的"。⑤ 梅尔维尔声称,在马克萨斯的泰皮人所居的山谷小住几个星期之后,较之以前,他对这里的人性评价更高了。⑥ 几乎无可置疑,每一人类社会在正常情况下群体成员之间都存在某种程度的关爱之情;⑦似乎人类中这种情感的演进方向在很大程度上表现为覆盖范围的扩大,而非感情强度的增加。

　　在那些群体成员之间有慈爱之情的地方,相互帮助就被视为

---

① Bridges, in *A Voice for South America*, xiii. 206.

② Darwin, *Journal of Researches*, p. 207.

③ Sarasin, *op. cit.* iii. 545, 550.

④ Brough Smyth, *op. cit.* i. 138.

⑤ Forster, *Voyage round the World*, ii. 325.

⑥ Melville, *Typee*, p. 297.

⑦ 见下文,关于"利他情感的起源和发展"。

责任，一方面这是由于人们业已形成习惯，另一方面由于不相互帮 560
助会引起同情性憎恶——大家站在受害者的立场生发出来的感
情。然而这里我们还是要透过现象看本质。人们不仅会由于受到
对同类的友善情感诱使而做好事，也会受到自私动机诱使而做好
事；这样的动机不仅有助于行善演变为部落的风俗习惯，也会影响
对行善的道德评估。巴苏陀人讲，"借出去的是一把刀，还给主人
的可不仅仅是那把刀"——人们在这类交换过程中，从不丢弃友
善。① 多西先生讲，在苏族部落爱西尼伯因人那里，"人们付出什
么，总是期望有礼物回馈"。② 若安达曼岛民把自己最好的东西当
作礼物送人，他们默认自己会收到一件对等的礼物。③ 在马科洛
洛人那里，"富人对穷人友善，期待获得服务"。④ 南森博士描述格
陵兰岛民的时候讲，所有这些小社群都依赖于相互帮助的法则，依
赖于有福同享、有难同当的原则，以求自存。"艰难的生活教育爱
斯基摩人，即使一个人是高明的猎手，一般情况下能把自家的日子
过得不错，也会遇到这样的时刻——没有他人的帮助，他将陷入困
境。因而轮到他时，他最好帮助他人。"⑤我们根据自己在家乡获
得的对人性的体验，可以认为，未开化及较高级社群所具有的互助
与慈善的习俗背后，一般总是有着相似的考虑。若在某个社会，群
体成员很依赖相互之间的服务与服务的回馈——通常蒙昧人是这

① Casalis, *op. cit*, p. 310.

② Dorsey, 'Siouan Sociology,' in *Ann. Rep. Bur. Ethn*. xv. 225 *sq*.

③ Man, in *Jour. Anthr. Inst*. xii. 95.

④ Livingstone, *Missionary Travels*, p. 511.

⑤ Nansen, *First Crossing of Greenland*, ii. , 304 *sq. Cf*. Cranz, *History of Greenland*, i. 173; Parry, *op. cit*. p. 525.

样——这类动机就特别活跃。

561　　再者，一个人若吝啬，就会招致超自然的危险，而慷慨则会得到超自然的回报。在摩洛哥，没有谁愿意在他人在场的情况下吃独食而不与他人分享；不与他人分享，别人用邪恶之眼看食物就会带来污秽。同样道理，若有谁很喜欢你的什么东西，例如想要买你的枪或马，最好随他的愿给了他，否则他想要的那东西可能会在你手上出事故。① 而摩尔人称作勒巴斯（l-bas）的邪恶能量，不仅可以通过眼睛传播，还可通过声音传播。因而穷苦之人手里就有了强大的武器和回击的方式，即诅咒。古希腊人认为，乞丐有自己的复仇女神，即厄里倪厄斯，②显然这不过是其诅咒的人格化。③《圣经·箴言》里讲："周济贫穷的，不致缺乏。佯为不见的，必多受咒诅。"④《便西拉智训》表达了同样的思想——"不可转背对着穷人，不要使他得着诅咒你的因由：如果他因怨恨而诅咒你，造物主会听他的祈求……神听到了穷人发出的祈求，很快就会下达判决。"⑤根据拜火教的《赞美诗》，一向行善的穷人，若被冤枉或被剥夺了权利，可以轻而易举地祈求密斯拉神来帮助。⑥ 查普曼先生讲："尽管达马拉人通常都是大馋鬼，但他们也不愿意在同部落人在场的情况下吃东西而不与人共享，因为他们害怕受到他们的欧姆库鲁

---

　　① 现代埃及盛行相似的信仰（Klunzinger, *Upper Egypt*, p. 391）。

　　② *Odyssey*, xvii. 475.

　　③ 见上文第 60 页。

　　④ *Proverbs*, xxviii. 27.

　　⑤ *Ecclesiasticus*, iv. 5 *sq.*; xxi. 5. *Cf. Deuteronomy*, xv. 9. 约翰娜拉比讲，救济穷人，"使人免于暴死"（Kohler, in *Jewish Encyclopedia*, i. 435）。*Cf. Proverbs*, x. 2.

　　⑥ *Yasts*, x. 84.

神诅咒而变得贫穷。"①完全有理由认为，在此个案里，神的诅咒起 562
初就是某愤怒之人的诅咒或恶毒的愿望。

穷人不仅能通过自己的诅咒惩罚不行慈善者，还能用祈福报答
慷慨的给予者。我在摩洛哥北部山区的安杰拉部落居留期间，所在
的村庄来了一批走乡串户的抄经士，村民给他们礼物后，他们反过
来为村民祈福。给他们一只山羊，他们就求神壮大给予者的羊群；
给他们钱，他们就求神让给予者的钱袋更丰盈，等等。一些村民告
诉我，这是互惠的交易，抄经士因馈赠而祈福，能使村民得到十倍的
报答。城里的摩尔人要到乡下去，通常喜欢给坐在门边的乞丐一枚
硬币，这样就能得到他的祈福。《便西拉智训》里讲："你要伸出手
来帮助穷人，便能使你的福气圆满。在每一个活人眼里，馈赠都是
恩惠。"②而囤粮不卖的，民必咒诅他，"情愿出卖的，人必为他祝
福"。③ 在早期的基督徒中，教会祷文特别铭记了那些馈赠穷人
者。④ 伊耶先生说，在马拉巴的纳亚迪人那里，祈祷的意图、目的
包括，"所有高等种姓中给予他们施舍者，可享长寿、兴旺"。⑤ 在
某些情形下，许诺给慈善行为的报答，实质上来自于受惠者的祈
福。按照《婆私吒法经》，"慷慨使人心想事成，甚至长命百岁"。⑥
拜火教的《赞美诗》里讲，行善者的子孙将兴旺发达。⑦ 按《塔木

---

① Chapman, *Travels in the Interior of South Africa*, i. 341.
② *Ecclesiasticus*, vii. 32. *Cf. Proverbs*, xxii. 9.
③ *Proverbs*, xi. 26.
④ Uhlhorn, *op. cit.* i. 141.
⑤ Iyer, in the Madras Government Museum's *Bulletin*, iv. 72.
⑥ *Vasishtha*, xxix. 1 *sq.*
⑦ *Yasts*, xxiv. 36.

563 德》的思想，向穷人布施就为自己的孩子获得了财富。[1] 考虑到人
们普遍信仰诅咒和祈福的效能，几无疑问，慈善、慷慨在许多情形
下与此信仰相联系，而欧洲访客并未认识到此联系。

　　穷人的诅咒和祈福在一定程度上说明了这一事实——慈善已
经被视为宗教责任。确实，最初它们并不带有向神吁求的性质，人
们只是相信它们具有不折不扣的神秘力量，独立于任何超人的意
志。这种信仰根植于愿望——更确切地说是口头愿望——与实现
愿望的思想之间的密切联系。人们视愿望为能量，通过物质上的
接触、眼睛、讲话，此能量能转移到有关的人那里，接着变成现实。
不过，这个过程并非被视作自然而然之事；人们对它总是有种神秘
的说法。因而圣人、巫师或教士的话被认为比一般凡人的话更有
效。澳大利亚土著相信，一个有法力的巫师能杀死一百英里之外
的人。毛利人"视祭司的诅咒为敌人无法逃脱的霹雳"。[2] 加拉人
绝不会杀害祭司或术士，因为害怕他那致命的诅咒。[3] 有些拉比
认为，学者的诅咒也总是有效力，即便这诅咒有不妥之处。[4] 在伊
斯兰国家，人们特别害怕圣人或穆罕默德子孙的诅咒。按照《摩奴
法典》，婆罗门"仅凭一己之力就能惩罚对手"，其武器就是讲话。[5]
不过，尽管这些人士发出诅咒会产生特殊效力，但凡夫俗子发出诅
564 咒也绝非无效。[6]《旧约·圣经》禁止子女诅咒父母，[7]臣民不得诅

---

[1]　Kohler, in *Jewish Encyclopedia*, i. 436. *Cf. Proverbs*, xxviii. 27.

[2]　Polack, *Manners and Customs of the New Zealanders*, i. 248 *sq.*

[3]　Harris, *Highlands of Æthiopia*, iii. 50.

[4]　*Makkoth*, fol. 11 A. *Berakhoth*, fol. 56 A.

[5]　*Laws of Manu*, xi. 32 *sq.*

[6]　Taylor, *Te Ika a Maui*, p. 204（Maoris）. Wellhausen, *Reste arabischen Heidentums*, p. 139.

[7]　*Exodus*, xxi. 17. *Leviticus*, xx. 9. *Proverbs*, xx. 20; xxx. 11.

咒统治者，①凡人不得诅咒神；②而根据《塔木德》的观念，不管发出诅咒的人多么无知，都不可小觑。③ 可以肯定的是，说出去的话会带有超自然的性质，这本身就能产生想要的效果，这种性质是诅咒本身所具有的，而不管是谁发出了诅咒。它的程式或话语具有某些内在的神秘性，能带来某种精神上的或灵验的祈求。被祈求者的意愿根本就不在考虑之内；他的名字仅仅被用来让诅咒产生神秘的效果，而那些日常素朴的话是缺乏此种神效的。因而我们在《旧约·圣经》④和《塔木德》⑤里均能发现这一古代观念的踪迹，即为了达成效果用上主的名义发诅咒，而不管是否恰当、是否应该。不过，随着宗教情感深入人心，这种观念就被废弃了。正义而强大的神不可能认可自己只是某邪恶诅咒者手中的工具。因此人们就开始根据祈祷来看待诅咒——若祈祷不正当，效果就无法实现；诚如《圣经·箴言》所说："无故的咒诅，也必不临到。"⑥祈福也是如此。古时，雅各通过欺骗获取了父亲给雅各兄长的祈福，⑦后来，道德上的考虑就限制了祈福的效能。⑧ 赞美诗作者大卫宣称，只有正义者的子孙才能被祈福；⑨根据《使徒宪章》，"寡妇依靠邪恶

---

① *Exodus*, xxii. 28. *Ecclesiastes*, x. 20.
② *Exodus*, xxii. 28.
③ *Meghilla*, fol. 15 A.
④ 见上文第 564 页。
⑤ *Makkoth*, fol. 11 A. *Berakhoth*, foll. 19 A, 56 A.
⑥ *Proverbs*, xxvi. 2.
⑦ *Genesis*, xxvii. 23 *sqq.*
⑧ *Cf.* Cheyne, 'Blessings and Curses,' in *Encyclopædia Biblica*, i. 592.
⑨ *Psalms*, xxxvii. 26.

565 之徒过活,尽管她为他们祈祷,这祈祷不会传达上听"。[1] 另一方面,若诅咒和祈福理所正当,神仍会使它们生效,为其对象带来灾祸或富足;这种观念既流行于犹太人被放逐到巴比伦后的犹太教,也流行于伊斯兰教,[2] 它也是基督徒诅咒、祈福的基本观念。最终——不是最初——的看法是,不行慈善者理应受到惩处,而行善者理应得到报答,穷人的诅咒与祈福自然会为正义之神所聆听。"耶和华必为他辨屈。"[3]

然而,较高级宗教如此强调慈善之责任,主要原因在于施舍与献祭之间的联系。当食物充作贡物献给神,神只应享受其精神的部分,而其物质部分就留了下来,由穷人吃掉。尽管人们越来越意识到,神终究不需要贡物,也不会由贡物而得益,但在残存的仪式中仍向神献祭,[4]穷人自然就成了神的继承人,而施舍者就继承了献祭者的美德。那么,慈善行为的主要美德就在于施主的克己,其功效就由施主付出的"牺牲"来衡量。

可以举出许多把献祭的食物留给穷人、分给穷人的事例。色诺芬曾在斯奇卢斯建了一个祭坛和一个神庙,供奉阿耳忒弥斯女神,后来每年都要行祭,女神为那些生活在帐篷里的穷人提供"大麦粉、面包、酒、甜食,也把来自神圣牧场的祭品以及猎获的动物肉

---

① *Constitutiones Apostolicæ*, iv. 6. *Cf. Jeremiah*, vii. 16.

② *Cf*. Cheyne, in *Encydopædia Biblica*, i. 592; Goldziher, *Abhandlungen zur arabischen Philologie*, i. 29 *sqq*.

③ *Proverbs*, xxii. 23.

④ 关于此种残存的仪式,参见:Tylor, *Primitive Culture*, ii. 396 *sqq*.。

食给他们一份"。[1] 依据拜火教经典《亚斯纳》,献给马兹达神[2]的

祭品都给穷人。[3] 古代阿拉伯半岛允许穷人享用献祭给由科西尔 566

神的食物。[4] 在苏丹的津德尔,有些树被视作神物,每年都要把公

牛、绵羊等献祭给它们,"而该国的穷人由此得到实惠"。[5] 在摩洛

哥,人们杀死动物充作阿尔,即带有条件性诅咒的祭品。这祭品要

献给去世的圣人或活人,以迫使他们答应某项请求,而这祭品通常

也被穷人吃掉,别人则不敢吃。

在其他情形下,我们能看到,施舍本身被视为行祭的一种形

式,或者说代替了行祭。在印度圣书里,这两件事总是一并提

起。"户主行祭,户主禁欲,户主行慈善。"[6]关于完成学业的婆罗

门,有此说法——"他要始终以欢快之心根据自己的能力践行慷慨

之责,既行祭也行慈善,如果他发现有人应该得到他的施舍的

话。"[7]"基本的美德在克里他(Krita)时代是苦行,在特里他

(Tretâ)时代是神圣的学识,在德瓦帕拉(Dvâpara)时代是行祭,在

---

① Xenophon, *Anabasis*, v. 3. 9.

② 拜火教认为阿胡拉·马兹达(Ahura Mazda,意为"智慧之主")是最高主神,是全知全能的宇宙创造者,它具有光明、生命、创造等德行,也是天则、秩序和真理的化身。马兹达创造了物质世界,也创造了火,即"无限的光明",因此该教把拜火作为他们的神圣职责。马兹达在善恶二元论中是代表光明的善神,与代表黑暗的恶神阿赫里曼进行长期的战斗,最后获得胜利。——译者

③ *Yasna*, xxxiv. 5.

④ Wellhausen, *Reste arabischen Heidentums*, p. 64. Robertson Smith, *Religion of the Semites*, p. 223.

⑤ Richardson, *Mission to Central Africa*, ii. 259.

⑥ *Institutes of Vishnu*, lix. 28.

⑦ *Laws of Manu*, iv. 227. *Cf. ibid*, iv. 226.

卡里(Kali)时代则只是乐善好施。"[1]在埃及人的《死者之书》里,灵魂走向图厄特彼岸世界的诸神时,祈求道:"我已做人应做之事,已做取悦诸神之事。我已按神之所好抚慰神。我给饥者面包,给渴者水,给衣不蔽体者衣服,给水上遇难者渡船。我已为诸神祭祀,亦为死者行祭。"[2]拜火教赋予其祈祷赞美诗阿无那-瓦尔雅(Ahuna-Vairya)以极大的效能,里面讲:"救济穷人者即阿胡拉王。"[3]《古兰经》也常常一并提及施舍和祈祷;[4]扎卡特,即法律规定的施舍,被穆斯林视作他们宗教的一个基本成分,因而不行规定礼拜的异教徒就不得与这些捐赠有任何牵涉。[5] 无论男女,印度的穆斯林常常起誓,"若他们的愿望实现,他们会以真主、先知、同伴或头人的名义,提供祭品"。其中的一种祭品,称作"给神的供奉",即特意准备的吃食,"把它们分发给朋友、穷人,把谷物、用于祭祀的绵羊、衣服或现金当作施舍给予穷人"。[6] 当圣殿连带祭坛被毁时,犹太人想到了自己未赎的原罪而惊慌失措;约翰兰·本·撒该就这样安抚他们:"你们还有另一种赎罪方式,如祭坛一般强大,就是去做慈善,因为据说'我要怜悯,而非献祭'。"[7]其他很多文字记述也表明,犹太人极其紧密地把施舍与献祭联系在一起。"行善之人以赞美为祭。"[8]"正如赎罪之供物为以色列赎罪,施舍为

---

① *Laws of Manu*,i. 86.

② *Book of the Dead*,125,Renouf's translation,p. 217.

③ *Vendîdâd*,xix. 2.

④ *Koran*,ii. 40,104;ix. 54.

⑤ Sell,*op. cit.* 284.

⑥ Jaffur Shureef,*Qanoon-e-Islam*,p. 179.

⑦ Kohler,in *Jewish Encyclopedia*,i. 467. *Hosea*,vi. 6.

⑧ *Ecclesiasticus*,xxxv. 2.

异教徒赎罪。"[1]"行善比任何祭品都更值得赞美。"[2]孤儿被称作
"通往神的祭坛"。[3]既然行祭者当为敬神之人，因而宁愿饥饿而
死也不能接受渎神者的贡物。[4]犹太教堂集中统一地收集施舍
品，也任命了官员专门负责打理此事。[5]而关于早期的基督徒，收
集施舍品救济穷人，也是教会的分内之事。公共祭祀中有施舍之
举，这也是祭祀活动的一部分。天然的物产，也作为礼物和上主的
祭品，出现在圣餐仪式上。它们作为刚刚成熟的果实（*primitiæ*
creaturarum），成为供奉给上帝的祭品，一段祈祷词讲："主啊，接
受那些今天带来祭品的人的供奉吧，因为你接受正义的亚伯的供
奉，我们的父亚伯拉罕的供奉，撒迦利亚的香，科尼利厄斯的布施，
寡妇的两文钱。"这些祭品除了用于圣餐仪式，还主要用于救济穷
人。它们在最特殊的意义上被视为祭品；只有纯洁的供奉才能放
于祭坛之上，由罪恶行当赚取的钱财不被接受为祭品，不知悔悟的
罪人手中拿出的东西也不能用来献祭。[6]《希伯来书》的作者提及
施舍，把它作为感恩的祭品，这一观念在犹太人祭坛被摧毁以后依
然延续下来。[7]像祭品那样，施舍跟祈祷密切相连，它使祈祷更有
效，让祈祷如虎添翼；天使对科尼利厄斯讲："你的祈祷与你的施舍

568

---

① 转引自：Levy，*Neuhebräisches und Chaldäisches Wörterbuch*，iv. 173。

② 转引自：*ibid*. iv. 173。

③ *Constitutiones Apostolicæ*，iv. 3.

④ *Ibid*. iv. 8.

⑤ Addis，in *Encyclopedia Biblica*，i. 119.

⑥ Uhlhorn，*op. cit*. i. 135 *sqq*. Harnack，*History of Dogma*，i. 205.

⑦ *Hebrews*，xiii. 14 *sqq*. Cf. Addis，in *Encyclopædia Biblica*，i. 119.

都是上帝面前的纪念物。"①在有人指责基督徒没有奉献的时候，殉道士游斯丁写道："我们一直被教诲，值得上帝肯定的唯一荣耀，不是为了我们的生存而用火烧掉他创生的东西，而是为我们自己及那些需要它的人使用。"②爱任纽也讲，《新约·圣经》并未废除祭品，只是祭品的形式确实变了，因为祭品不再由奴隶供奉，而是由自由民供奉，宗教献祭就能证明这一点。③ 上帝也吩咐基督徒做这种奉献，不是因为上帝需要这些祭品，而是"为了基督徒自己不至于一事无成或忘恩负义"。④ 圣奥古斯丁说："基督徒的奉献就是给予穷人的施舍。"⑤

　　或许会有人反对说，我一直在尝试把各种宗教美德中最美的部分追溯到神秘仪式上的源头，而没有适当考虑归之于神的慈善情感。我当下不必表明，为什么慈善像其他人类责任那样已由宗教信仰所认可，而是要表明，为什么慈善在高级宗教的伦理观念中获得了这至高的重要性，除此之外，只有祭拜仪式才被赋予这样的重要性。当然这本身就构成了一个问题，人们信仰某慈善的神，不足以解释这个问题。慈善的宗教责任并非仅仅是利他主义情感的产物，如下事实就能很好地解释这一点——尽管拜火教把施舍赞誉为最重要的美德之一，却不许病人成为信徒，除非病人被治愈并按规定仪式净身。⑥

---

　　① *Acts*，x. 4. Cyprian，*De opere et eleemosynis*，4. St. Chrysostom，*Homilia VII.*，*de Pœnitentia*，6（Migne，*Patrologiæ cursus*，Ser. Gr. xlix. *sq.* 332）.

　　② Justin，*Apologia I. pro Christianis*，13.

　　③ Irenæus，*Adversus hæreses*，iv. 18. 82.

　　④ *Ibid*. iv. 17. 5.

　　⑤ St. Augustine，*Sermo XLII.* 1（Migne，*op. cit.* xxxviii. 252）.

　　⑥ Darmestcter，'Introduction' to the Zend-Avesta，in *Sacred Books of the East*，iv. p. lxxx.

第二十四章　好客

我们已经看到,在早期的人类社会中,对于个体生命和身体健康的重视一般只限于该社会共同体范围之内的成员,对待外来人的态度则截然不同。但就这个规则而言,还有一些值得注意的例外。一方面,在较低级的部落,大多数人往往对于陌生人漠不关心或者充满敌意;另一方面,我们也会发现相反的例子:人们甚至对于不同种族的陌生人也表示出极大的友好。维达人乐于帮助任何一个处于危难之中并向他们求助的陌生人;逃亡中的僧伽罗人在人烟稀少的野外总是能够找到避难所,并受到当地土著居民的友好接待。^① 在生病期间,莫法特先生曾得到一些贫穷的布须曼人照料,他被他们表现出的同情和关怀深深打动;要知道,对布须曼人来说,他完全是一个外来的陌生人。谈到安达曼岛民在社会关系中所表现出的彼此友好与关照,曼先生这样说道:"一旦在本群体内部建立起相互理解的友好关系,就可以在他们在对待陌生人的态度方面看到同样的特点。"^②我们也必须记住,世界各地生活在蒙昧时代的土著居民是怎样用友好的态度对待最早的欧洲来访

① Sarasin,*Ergebnisse naturwissenschaftlicher Forschungen auf Ceylon*,iii. 544.

② Man,'Aboriginal Inhabitants of the Andaman Islands,' in *Jour. Anthr. Inst*. xxi. 93.

者的。没有比库克与他的随行人员在新喀里多尼亚受到的礼遇更
571 谦恭的了,在他们的旅途中,当地人一直陪伴着,做他们的向导。
福斯特提到社会群岛岛民时这样说:"如果我们不承认他们总是友
爱仁慈地对待我们并心怀感激的话,那我们真是忘恩负义之
辈。"①德·克莱格对居住于新几内亚北岸的巴布亚人这样评价:
"居民们看起来总是乐于提供帮助……当我们到达这个村子的时
候,所有的男男女女,携妇将雏,聚集到我们周围,送给我们椰子和
甘蔗。所有这些,当然是值得注意的,因为这是他们与欧洲人的第
一次交往。"②在澳大利亚的许多地方,白人一到那里,当地的居民
不仅不触犯这些外来的陌生人,反而表现得友好而仁慈。③ 艾尔
说:"在短暂的交往中很容易跟他们成为朋友。在许多时候,我会
在距离文明聚集地十分遥远的荒野中遇到一些流浪者,当时只有
一个当地男孩陪着我,这些流浪者总是以极其仁慈而友好的方式
对待我,他们会送给我一些礼物,比如鱼、袋鼠、水果什么的。为了
指给我哪里可以打到水,他们会陪我走几英里的路,打水时我也会
得到他们的帮助。"④我们同样不能忘记,当远道而来的陌生人急
需怜悯和帮助时,澳大利亚黑人伸出援助之手盛情接纳。⑤ 库珀

---

① Forster, *Voyage Round the World*, ii. 157.

② De Clerque, in *Glimpses of the Eastern Archipelago*, p. 14.

③ Breton, *Excursions in New South Wales*, p. 218. Curr, *The Australian Race*, i. 64. Salvado, *Mémoires historiques sur l'Australie*, p. 340. Ridley, *Aborigines of Australia*, p. 24. Eyre, *Journals of Expeditions of Discovery into Central Australia*, ii. 212, 382.

④ Eyre, *op. cit.* ii. 211.

⑤ Mathew, 'Australian Aborigines,' in *Jour &. Proceed. Roy. Soc. N. S. Wales*, xxiii. 388. Brough Smyth, *Aborigines of Victoria*, ii. 229. Ridley, *Aborigines of Australia*, p. 22.

记述的土著克里克人为伯克和威尔士的死流下了悲伤的眼泪,他们哀悼亡灵的同时还没有忘记安慰幸存下来的金,这种慈悲善良的心肠也是值得铭记在心的。① 不幸的是,除了给欧洲人留下的好印象外,当地土著并没有从与欧洲人打交道的早期经历中得到什么回报。在澳大利亚或者其他地方,随着土著人与白人交往的加深和延长,他们改变了原本友好的行为,取而代之的是冷漠乃至敌视。这样的例子俯拾即是。例如,当加拿大商人第一次出现在比弗河和落基山印第安人中间时,他们受到了最热情、最殷勤的接待。但是这些白人随后的行为却使当地人收回了他们的尊敬,有时,当地人甚至蔑视和侮辱这些外来的生意人。② 哈蒙写道:“我总是在那些与白人交往最少的印第安人中间感受到最多的热情和最宽厚的仁慈。”③一个传教士在新几内亚和波利尼西亚跟当地居民共同生活了四十年,他对自己这段不平凡的经历做了这样的总结:我们对待蒙昧部族怎么样,他们就会对待我们怎么样。看起来,许多事实都证实了他的观点。④

572

---

① Jung. 'Aus dem Seelenleben der Australier,' in *Mittheilungen des Vereins für Erdkunde zu Leipzig*, 1877, p. 11 *sq.*

② Mackenzie, *Voyage to the Frozen and Pacific Oceans*, p. 149.

③ Harmon, *Journal of Voyages and Travels in the Interior of North America*, p. 315.

④ Murray, *Forty Years' Mission Work in Polynesia and New Guinea*, p. 499. 蒙昧部族对白种人友善态度的其他例证,见:von Kotzebue, *Voyage of Discovery into the South Sea*, iii. 174 (people of Radack); Yate, *Account of New Zealand*, p. 102 *sq.*; Dieffenbach, *Travels in New Zealand*, ii. 112; Keate, *Account of the Pelew Islands*, p. 329 *sq.*; Earl, *Papuans*, p. 79 (natives of Port Dory, New Guinea); Sarytschew, 'Voyage of the Discovery to the North-East of Siberia,' in *Collection of Modern and Contemporary Voyages and Travels*, vi. 78 (Aleuts); Kingand Fitzroy, *Voyages of the "Adventure" and "Beagle,"* ii. 168, 174 (Patagonians); Wilson and Felkin, *Uganda*, i. 225。

　　白人在蒙昧人的国度所受到的这些礼遇与一种风俗密切相

关,这就是对待陌生人要热情好客。该风俗在处于原始状态的低

573　级部落之中十分普遍,①在文明发展早期阶段的各民族中也同样

---

① 　Azara, *Voyages dans l'Amérique méridionale*, ii. 91 (Guanas). Southey, *History of Brazil*, i. 247 (Tupis). Davis, *El Gringo*, p. 421 (Pueblos). Lafitau, *Mœurs des sauvages ameriquains*, i. 106; ii. 88. Heriot, *Travels through the Canadas*, p. 318 sq. Buchanan, *North American Indians*, p. 6. Perrot, *Mémoire sur les mœurs, coustumes et relligion des sauvages de l'Amérique septentrionale*, pp. 69, 202. Neighbors, in Schoolcraft, *Indian Tribes of the United States*, ii. 132 (Comanches). James, *Expedition from Pittsburgh to the Rocky Mountains*, i. 321 sq. (Omahas). Morgan, *League of the Iroquois*, p. 327 sqq. ; Loskiel, *History of the Mission of the United Brethren among the Indians in North America*, i. 15; Golden, in Schoolcraft, *op. cit.* iii. 190 (Iroquois). Powers, *Tribes of California*, p. 183. Sproat, *Scenes and Studies of Savage Life*, p. 56 sqq. (Ahts). Boas, 'Report on the Indians of British Columbia,' in the *Report read at the Meeting of the British Association*, 1889, p. 36. Keating, *Expedition to the Source of St. Peter's River*, i. 101 (Potawatomis); ii. 167 (Chippewas). Richardson, *Arctic Searching Expedition*, ii. 18 (Crees and Chippewas). *Idem*, in Franklin, *Journey to the Shores of the Polar Sea*, p. 66; Mackenzie, *Voyages to the Frozen and Pacific Oceans*, p. xcvi. (Crees). Dall, *Alaska*, p. 397; Sarytschew, *loc. cit.* vi. 78; Sauer, *Billing's Expedition to the Northern Parts of Russia*, p. 274 (Aleuts). Lyon, *Private Journal*, p. 349 sq. ; Parry, *Second Voyage for the Discovery of a North-West Passage*, p. 526 (Eskimo of Igloolik). Egede, *De scription of Greenland*, p. 126; Cranz, *History of Greenland*, i. 172 sq. ; Kane, *Arctic Explorations*, ii. 122; Holm, 'Ethnologisk Skizze af Angmagsalikerne,' in *Meddelelser om Grönland*, x, 87, 175 sq. (Greenlanders). Beechey, *Voyage to the Pacific and Behring's Strait*, ii. 571; Richardson, *Arctic Searching Expedition*, i. 367; Seemann, *Voyage of "Herald,"* ii. 65 (Western Eskimo). Hooper, *Ten Months among the Tents of the Tuski*, pp. 160, 193, 194, 208; Nordenskiöld, *Vegas färd kring Asien och Europa*, ii. 145 (Chukchi). Dall, *op. cit.* pp. 381 (Tuski), 517 (Kamchadales), 526 (Ainos). Sarytschew, *loc. cit.* v. 67 (Kamchadales). Dobell, *Travels in Kamischatka and Siberia*, i. 63, 82 sq. (Kamchadales); ii. 42 (Jakuts). Sauer, *op. cit.* p. 124 (Jakuts). Vámbéry, *Das Türkenvolk*, pp. 159 (Jakuts), 336 (natives of Eastern Turkestan), 411 (Turkomans), 451 (Tshuvashes), 509 (Baskirs), &. c. Krasheninnikoff, *History of Kamschatka*, p. 236 (Kurile Islanders). Georgi, *Russia*, i. 113 (Mordvins); iii. 111 (Tunguses), 167 (Koriaks); iv. 22 (Kalmucks). Bergmann, *Nomadische Streifereien unter den Kalmüken*, ii. 281 sqq. Prejevalsky, *Mongolia*, i. 71 sq. Castrén, *Nordiska resor och forskningar*, i. 41 (Laplanders), 319 (Ostyaks). Scott Robertson, *Káfirs of the Hindu-Kush*, p. 187 sq. Fraser, *Tour through the Himālā Mountains*, pp. 264 (people of Kunawar), 335 (Butias). Dalton, *Descriptive Ethnology of Bengal*, pp. 46 (Kukis), 68 (Garos). Hunter, *Annals of Rural Bengal*, i. 215 (Santals). Tickell, 'Memoir on the Hodésum,' in *Jour. Asiatic Soc. Bengal*, ix. (pt. ii.) 807 sq. (Hos). 　　　　　　　　　　(接下页注释)

（接上页注释）　Lewin,*Wild Races of* SouthEasten India,*p.* 217(*Tipperahs*). *Colquhoun*,
Amongst the Shans,*pp.* 160sq. (*Steins*),371 (*Shans*). *Foreman*,Philippine Islands,*p.* 187.
de Crespigny,'*Milanows of Borneo*,' *in* Jour. Anthr. Inst. *v.* 34. *Low*,Sarawak,*pp.* 243
(*Hill Dyaks*),336 (*Kayans*). *Boyle*,Adventures among the Dyaks of Borneo,*p.* 215. *Ling
Roth*,Natives of Sarawak,*i.* 82 (*Sea Dyaks*). *Marsden*,History of Sumatra,*p.* 208 (*natives
of the interior of Sumatra*). *Raffles*,History of Java, *i.* 249; *Crawfurd*. History of the
Indian Archipelago,*i.* 53 (*Javanese*). *Riedel*,De sluik-en kroesharige rassen tusschen Selebes
en Papua,*p.* 41 (*natives of Ambon and Uliase*). *von Kotzebue*,op. cit. *iii.* 165 (*natives of
Radack*),215 (*Pelew Islanders*). *Hale*,U. S. Exploring Expedition. Vol. VI. —Ethnography
and Philology, *p.* 95 (*Kingsmill Islanders*). *Macdonald*,Oceania, *p.* 195 (*Efatese*).
Erskine,Cruise among the Islands of the Western Pacific,*p.* 273 sq. ; *Williams and Calvert*,
Fiji and the Fijians, *p.* 110; *Anderson*, Travel in Fiji and New Caledonia, *p.* 134 sq.
(*Fijians*). *Ellis*, Polynesian Researches, *i.* 95. Idem, Tour through Hawaii, *p.* 346 sq.
Forster,*op. cit.* *ii.* 158 (*Tahitians*),364 (*natives of Tana*),394 (*South Sea Islanders
generally*). *Cook*,Voyage round the World, *p.* 40 (*Tahitians*). *Tregear*, '*Niue*,' *in* Jour.
Polynesian Soc. *ii.* 13 (*Savage Islanders*). *Turner*,Samoa,*p.* 114; *Pritchard*,Polynesian
Reminiscences,*p.* 132; *Brenchley*,Jottings during the Cruise of H. M. S. Curacoa among the
South Sea Islands,*p.* 76 (*Samoans*). *Mariner*,Natives of the Tonga Islands,*ii.* 154. *Yate*,*op.
cit. p.* 100; *Dieffenbach*, op. cit. *ii.* 107 sq. ; *Polack*, Manners and Customs of the New
Zealanders,*ii.* 155 sq. ; *Angas*,Savage Life and Scenes in Australia and New Zealand,*ii.* 22
(*Maoris*). *Gason*,'*Manners and Customs of the Dieyerie Tribe*,'*in Woods*,Native Tribes of
South Australia,*p.* 258; *Brough Smyth*,*op. cit.* i. 25; *Salvado*,*op. cit. p.* 340 (*Australian
aborigines*). *Ellis*,History of Madagascar, *i.* 198; *Sibree*,The Great African Island,*pp.* 126,
129;*Rochon*, Voyage to Madagascar, *p.* 62; *Little*, Madagascar, *p.* 61; *Shaw*, '*Betsileo*,'
in Antananarivo Annual and Madagascar Magazine, *ii.* 82. *Burchell*,Travels in the Interior of
Southern Africa,*ii.* 54 (*Bushmans*),349 (*Hottentots*). *Kolben*,Present State of the Cape of
Good Hope, *i.* 166,337; *Le Vaillant*, Travels from the Cape of Good Hope, *ii.* 143 sq. ;
Schinz,DeutschSüdwest-Afrika,*p.* 81 (*Hottentots*). *Lichtenstein*,Travels in Southern Africa,
i. 272; *Leslie*,Among the Zulus and Amatongas,*p.* 203(*Kafirs*). *Casalis*,Basutos,*pp.* 209,
224. *Andersson*,Lake Ngami,*p.* 198 (*Ovambo*). *Macdonald*,Africana,*i.* 27,263 (*Eastern
Central Africans*). *Wilson and Felkin*,*op. cit.* i. 21 1,225 (*Waganda*). *Rowley*,Africa
Unveiled,*p.* 47 (*natives of Manganja*,*in the neighbourhood of Lake Nyassa*). *New*,Life,
Wanderings, and Labours in East Africa, *pp.* 102 (*Wanika*), 361 (*Taveta*). *Thomson*,
Through Masai Land,*p.* 64 (*Wa-kwafi*,*of the Taveta*). *Tuckey*,Expedition to explore the
River Zaire,*p.* 374 (*Congo natives*). *Bosnian*, Description of the Coast of Guinea,*p.* 108.
Burton,Two Trips to Gorilla Land,*i.* 106 (*Mpongwe*). Idem,Abeokuta, *i.* 303 (*Voruba*).
Caillié, Travels through Central Africa, *i.* 165 (*Bagos*). *Chavanne*, Die Sahara, *p.* 185
(*Touareg*). *Hanoteau and Letourneux*, La Kabylie, *ii.* 45 sqq. *Munzinger*, Ostafrikanische
Studien,*p.* 534 (*Barea*). *Lobo*,Voyage to Abyssinia,*p.* 82 sq.
　　关于"高级文明"对蒙昧部族好客习俗的恶劣影响,参阅:*Nansen*,First Crossing of
Greenland,*ii.* 306 sq;*Ellis*,Tour through Hawaii, *p.* 346; *von Kotzebue*,*op. cit. iii.*
250 (*Hawaiians*);*Meade*,Ride through the Disturbed Districts of New Zealand,*p.*
164; *Dieffenbach*,*op. cit. ii.* 107,108,110.

574 盛行。① 这个风俗具有几个显著的特征,显然,它们与部落或国家
通常具有的排他性格格不入。陌生人经常受到欢迎,其中还有一
些专门表示敬意的标志,比如,给他安排最好的座位,将主人储备
575 的最好的食物摆放在他面前,他的地位比这个家庭里的所有成员
都优越,他可以享有各种各样的特权。许阿德斯这样说火地人:
"不管一个小屋有多拥挤,也不管可吃的食物有多少,他们总是保
证新来者在灶台旁有一席之地并有食物可吃。"②加利福尼亚的马

---

① 根据秘鲁印加人的法律,陌生人和旅行者应当得到客人一般的招待,应当为他
们提供公共的住房(Garcilasso de la Vega, *First Part of the Royal Commentaries of
the Yncas*, ii. 34). 关于尤卡坦人,见:Landa, *Relacion de las cosas de Yucatan*, p. 134. 根
据卫斐列先生的记述(Wells Williams, *Middle Kingdom*, i. 835),尽管好客之道在现代
的中国人身上已经难觅踪迹,他们的道德著作与宗教书籍是教导人们友好对待陌生人
和旅客的(Chalmers, 'Chinese Natural Theology,' in *China Review*, v. 281. Douglas,
Confucianism and Taouism, p. 273. *Indo-Chinese Gleaner*, iii. 160). 在高丽国,如果吃
饭的时间有外人出现,不管是否陌生人,主人都应该拿出食物与之分享,否则就是件很
丢脸的事(Griffis, *Corea*, p. 288). 关于希伯来人,见:*Genesis*, xviii. 2 sqq. , xxiv. 31
sqq. ; *Leviticus*, xix. 9 sq. , xxv. 35; *Deuteronomy*, xiv. 29, xvi. 11, 14; *Judges*, xix. 17
sqq. ; *Job*, xxxiv. 32; also Bertholet, *Die Stellung der Israeliten und der Juden zu den
Fremden*, p. 22 sqq. , and Nowack, *Lehrbuch der hebräischen Archäologie*, p. 186 sq. .
关于伊斯兰教徒,见:Lane, *Manners and Customs of the Modern Egyptians*, p. 296
sq. ; Burckhardt, *Notes on the Bedouins and Wahábys*, pp. 100-102, 192 sqq. ; Wood,
Journey to the Source of the River Oxus, p. 148; Hamilton, *Researches in Asia Minor*,
ii. 379. 古印度的情况,见:Leist, *Altarisches Jus Gentium*, pp. 39, 40, 223 sqq. . 关于希
腊,见:Schmidt, *Ethik der alien Griechen*, ii. 325 sqq. . 罗马的情况,见:Leist, *Alt-
arisehes Jus Civile*, i. 355 sqq. ; von Jhering, *Geist des römischen Rechts*, i. 227 sq. .
关于条顿人的情况,见:Grimm, *Deutsche Rechtsalterthümer*, p. 399 sq. . Gummere,
Germanic Origins, p. 162 sqq. ; Keyser, *Efterladte Skrifter*, ii. pt. ii. 93; Weinhold,
Altnordisches Leben, p. 441 sqq. ; Gudmundsson and Kâund, 'Sitte,' in Paul's *Grundriss
der germanischen Philologie*, iii. 450 sq. . 斯拉夫人的情况,见:Schrader, *Reallexikon der
indogermanischen Altertumskunde*, i. 270; Krauss, *Die Südslaven*, p. 644 sqq. .

② Hyades and Deniker, *Mission scientifique du Cap Horn*, vii. 243.

托尔人尽管有时甚至对自己的父亲也忘恩负义、漠不关心，但是他们"会和任何一个不速之客分享最后一片鲑鱼干，而这个不速之客除了指望得到接待以外并没有提出过要分享这些东西，因而在客人眼中，这些蒙昧部族的热情好客显得有些奢侈和夸张"。[①] 对一名旅行者或者逗留此地的人，无论其种族，也无论其肤色，克里克的印第安人都表示欢迎，不仅会将他延请到自己家中，而且会像对待兄弟或者孩子那样对待他，与他分享最后一点谷物或者最后一片肉，送给他自己所拥有的最有价值的东西。[②] 在阿拉瓦克人中间，"当一个陌生人，尤其是欧洲人进入印第安人家中，一切事情都照他的意思办"。[③] 斯米顿先生说，尽管克伦人本性多疑，但他们在热情好客方面表现得十分大度。"他会款待任何一个到来的陌生人，而不对客人盘问一句。如果他不能接纳所有的来访者，或者没有给他们最好的菜肴，他自己都会感到丢人。一个最野蛮的克伦人也会优雅而庄重地接待客人，用最大的热情使他快乐，使他俨然如公爵一般尊贵。这些民族和部落有成百上千的古老传说，向人们反复灌输，不管主人或客人的财力如何，主人都有义务接纳陌生人做客。"[④]许多未开化民族有一种惯制，在客人居留期间，作为地主的男人会向客人贡献出自己的妻子或者众多妻子中的一

---

① Powers, *op. cit.* p. 112.

② Bartram, 'Creek and Cherokee Indians,' in *Trans. American Ethn. Soc.* iii. pt. i. 42.

③ Hilhouse, in *Jour. Roy. Geo. Soc.* ii. 230. *Idem*, *Indian Notices*, p. 14. *Cf*. von Martius, *Beiträge zur Ethnographie Amerika's*, i. 692.

④ Smeaton, *Loyal Karens of Burma*, p. 144 *sq.*

576　个。①　内志的贝都因人有一句谚语:"屋子里的客人就是屋子的主人。"②我们在《毗湿奴法经》里读到,正如婆罗门的地位居于其他种姓之上,丈夫是妻子的主人一样,客人则是主人的主人。③

　　习俗甚至可能会要求对敌人也要热情好客。霍尔姆船长告诉我们一个故事:一位声名狼藉的格陵兰人谋杀了他的继父,但当他造访被谋杀的继父的近亲属时,他仍然受到接纳,而且被款待良久。这样做似乎更符合古老的习俗。④　伯克哈特说,在埃内兹的贝都因人中,为被杀亲属复仇的所有方式都被认可是合法的,但也有例外的情况,那就是"杀人者不能在第三个人家中做客时被复仇杀掉,甚至也不能在他那不共戴天之敌的屋檐下避难时被杀掉"。⑤　在阿富汗,"一个人最大的仇敌在这个人的屋檐下处境最安全"。⑥　我们在《益世嘉言》读到:"即便是一个敌人来到房子里,也要对他殷勤热情。树从来不对伐木人收回自己的树阴……客人

---

①　Westermarck, *History of Human Marriage*, p. 73 sqq.

②　Palgrave, *Journey through Central and Eastern Arabia*, i. 345.

③　*Institutes of Vishnu*, lxvii. 31. 给予客人优先权的其他一些例证,见: Man, in *Jour. Anthr. Inst.* xii. 94, 148 (Andaman Islanders); Buchanan, *North American Indians*, p. 324 (Indians of Pennsylvania); Lyon, *Private Journal*, p. 350 (Eskimo of Igloolik); Seemann, *Voyage of " Herald"*, ii. 65 (Western Eskimo); Krasheninnikoff, *op. cit.* p. 211 (Kamchadales), Georgi, *op. cit.* iii. 153 sq. (Kamchadales), 183 sq. (Chukchi). Ling Roth, *Natives of Sarawak*, i. 86 (Sea Dyaks); Mariner, *op. cit.* ii. 154 (Tonga Islanders); New, *op. cit.* p. 102 (Wanika); Hanoteau and Letourneux, *op. cit.* ii. 45 (Kabyles); Wells Williams, *op. cit.* i. 540 (Chinese); Krauss, *op. cit.* p. 649 sq. (Southern Slavs)。

④　Nansen, *First Crossing of Greenland*, ii. 305 sq.

⑤　Burckhardt, *Becįouins and Wahábys*, p. 87. *Cf.* Daumas, *La vie Arabe*, p. 317 (Algerian Arabs).

⑥　Elphinstone, *Kingdom of Caubul*, i. 296.

比每个人都优先。"①古代斯堪的纳维亚人认为,殷勤待客是一种义务,哪怕发现客人曾经杀死了自己的兄弟也丝毫不影响这种义务的履行。② 在中世纪,一个骑士会满足任何人安全通过其领地的要求,包括那些主张剥夺其领地的人。③

　　无论在何种情况下,保护客人都被视为一种十分严格的义务。"允诺了要保护客人的卡拜尔人,即使犯下罪行,冒任何风险,也要遵守这一习俗……破坏这一习俗将受到最严厉的惩罚。或者按照神圣的表达,一个人如果违反了村庄或部落的待客习俗,将处以死刑,全部财产充公,房屋被拆除。"④在贝都因人中,破坏庇护风俗(*dakheel*)不仅被视为个人的耻辱,而且是整个家庭乃至整个部落的耻辱,并且这个耻辱永远洗刷不清。对一个人或者对他的部落而言,没有比说他破坏了庇护风俗更大的耻辱了。⑤据伯克哈特,在埃内兹人中,"在他们的记忆中还从来没有过由于出卖客人而违背好客习俗的事"。⑥ 在埃及,大多数贝大维人宁可个人或家庭受到伤害,也不允许客人在其保护期间受到任何不友

　　① *Hitopadesa*,Mitralâbhâ,60,62.

　　② Grimm,*Deutsche Rechtsalterthümer*,p. 400. Weinhold,*Altnordisches Leben*,p. 441. 对敌人的好客之道的其他例证,见:James,*Expedition to the Rocky Mountains*,i. 322(Omahas); Bartram, in *Trans. American Ethn. Soc*. iii. pt. i. 42(Creeks and Cherokees); Lomonaco,'Sullerazze indigene del Brasile,' in *Archivio per l'antropologia e la etnologia*,xix. 57(Tupis); Krauss,*op. cit.* p. 650(Montenegrines).

　　③ Mills,*History of Chivalry*,p. 154.

　　④ Hanoteau. and Letourneux,*op. cit.* ii. 61 *sq*.

　　⑤ Layard,*Discoveries in the Ruins of Nineveh and Babylon*,p. 317.

　　⑥ Burckhardt,*Bedouins and Wahábys*,p. 100. *Cf. ibid.* p. 192.

好的对待。① 在坎德人中,"为了客人的安全,要以生命和荣誉做
担保,他们优先考虑客人的安危而不是本族孩子的处境";为了拯
救他的客人,一个人甚至被允许撒谎,而撒谎在其他场合会被认为
是极大的罪恶。② 万贝里告诉我们这样一些例子:卡拉-吉尔吉斯
人宁愿忍受中国人发起的战争的折磨,也不愿向他们投降。但当
中国人逃命到吉尔吉斯人那里寻求帮助时,他们受到了热情的招
578 待。③ 在奥塞梯人中,主人不仅认为自己应为客人的安全负责,而
且如果客人受了伤或者被谋杀,他还要为客人报仇,就好像他为自
己的男性亲属所做的那样。④ 对阿尔巴尼亚人来说,要是客人遭
受了伤害,主人却不为他报仇,那可是臭名昭著的事。⑤ 在塔库伊
人那里,尽管一个人会因为亲戚被杀害而接受凶手给予的补偿,但
是无论在何种情况下,对于杀害其客人的凶手来说,都要求用血债
来偿还。⑥ 另一方面,在塞拉利昂,客人无须为他所犯的错误负责,
无论这种错误是出于无心还是有意,主人都要为"他的陌生人"的行
为承担责任。⑦

　　热情好客不仅被视为一项最重要的义务,而且在很大程度上
与宗教联系在一起。由易洛魁族宗教领袖建立的学说中,有这样

---

① Lane, *Modern Egyptians*, p. 297.

② Macpherson, *Memorials of Service in India*, pp. 65, 94.

③ Vámbéry, *Das Türkenvolk*, p. 268. *Cf. ibid*. p. 411(Turkomans).

④ von Haxthausen, *Transcaucasia*, p. 412.

⑤ Gopčević, *Oberalbanien und seine Liga*, p. 328.

⑥ Munzinger, *Ostafrikanische Studien*, p. 208. 在巴雷亚人和库纳马人中,客人
如被杀害,主人要为之报仇(*ibid*. p. 477)。

⑦ Winterbottom, *Native Africans in the Neighbourhood of Sierra Leone*, i. 214.

一则与接纳客人有关的箴言：“如果一个陌生人在你的住所附近徘徊，你应当把他邀请到家里做客，对他要热情，同他说话要友好，别忘记要时常提到至高无上的‘大神’①。”②新赫布里底群岛的安那托姆岛土著居民认为，对客人慷慨热情的人死后会在冥界获得最高的奖赏。③卡尔梅克人相信，如果谁不好客，神灵就会怒而惩罚他。④坎德人则说，神灵赋予人们的首要义务就是热情好客，人们要是不遵守这个惯例就是犯罪，就会在当前的生活中或者在死后转世到其他生命的时候，受到神谴天罚。所受的惩罚包括死亡、贫穷、疾病、失去孩子或其他形式的不幸事件。⑤在印度的教义里，“好客”作为十分重要的义务被反复提及，如果履行了这个义务，就会得到丰厚的回报。吠陀歌手告诉我们：“一个不好客的人无法得到食物。说实话，他肯定是要死掉的……那些独吞食物的人只能是罪人。”⑥“如果有人不为上帝、客人、那些他应尽义务的人、神灵和他自己提供食物，虽然他还能够呼吸，但他的灵魂、他本人已经死掉了。”⑦据《毗湿奴往世书》所述，谁要是对贫穷、无依无靠而急需款待和帮助的陌生人置之不理，他就会下地狱。⑧反之，谁要是

579

---

① 易洛魁人传统信仰中有众多神祇，大神（the Great Spirit）是其中至高无上的。——译者

② Morgan, *League of the Iroquois*, p. 172.

③ Inglis, *In the New Hebrides*, p. 31.

④ Bergmann, *op. cit.* ii. 281 *sq*.

⑤ Macpherson, 'Religious Opinions and Observances of the Khonds,' in *Jour. Roy. Asiatic Soc.* vii. 196.

⑥ *Rig-Veda*, x. 117. 6.

⑦ *Laws of Manu*, iii. 72. *Cf. Institutes of Vishnu*, lxvii. 45.

⑧ *Vishnu Puràna*, p. 305.

对客人殷勤,他就可以受到最高奖赏。[①] "款待客人一夜的人会得到地上俗世的幸福,款待第二夜就能得到中间的喜气,第三夜就能得到上天的福佑,第四夜就能得到无法超越的福佑;款待许多夜晚,这种难以超越的福佑就会蔓延到他所有的生活世界,无穷无尽。《吠陀经》中就是这样宣称的。"[②]根据《摩诃婆罗多》,为一个素不相识、疲惫不堪的旅行者提供食物而不求任何回报的人,会修得高尚的美德。[③] 据赫西俄德,如果有人伤害恳求者或者客人,宙斯会对他感到愤怒,作为对这种伤害的报复,会严厉地惩罚他。[④]柏拉图说:"在与陌生人的关系中,一个人要将交往视为神圣的事情。与当地平民所受的不公正相比,陌生人的忧虑和所受的不公正更直接地依赖神的保护。……那个最有能力帮助陌生人的人是个天才,他追随着宙斯足迹前进,他就是陌生人的神。由于这个原因,即便是心存点滴谨慎之念的人也尽心尽力地完善自己的言行举止,在一生中不去冒犯陌生人。在对陌生人或者同一群体同胞的诸多冒犯中,对谦卑的恳求者的冒犯是最恶劣、最不能容忍的。"[⑤]相似的观念也在古罗马时代流行。尽管好客(*fus hospitii*)并不是民法中的条款,但神圣律法(*fas*)它属于的内容;陌生人虽不受法律的保护,但他作为一个客人,受到习俗和

---

① 　*Institutes of Vishnu*,lxvii. 28,32.

② 　*Âpastamba*,ii. 3. 7. 16.

③ 　*Mahabharata*,Vana Parva,ii. 61,pt. v. p. 5.

④ 　Hesiod,*Opera et dies*,331 *sq*. (333 *sq*.)

⑤ 　Plato,*Leges*,v. 729 *sq*.

宗教的保护。① 客神（*dii hospitales*）和朱庇特保护着生客；②因而，对一个客人的义务甚至比对一个亲戚的义务还要迫切。③ 恺撒④和塔西佗⑤证明，日耳曼人认为伤害一个客人，或者将任何一个人从自家屋檐下赶走，都是对神的不虔诚。在以色列人的宗教观念中，上帝就是陌生人的保护者。⑥ 在犹太法典中，好客被描述成"礼神活动中最重要的组成部分"，⑦与尊敬父母的义务具有同等的重要性，⑧比常去参加宗教集会还要有功德。⑨ 同样地，伊斯兰教也将好客视为一种宗教义务。⑩ 先知说："信仰真主和复活之日的人，不论是谁，都一定要尊敬他的客人。"⑪而早在穆罕默德时代之前，客人应受神灵保护的观念就在阿拉伯人中间十分流行了。⑫ 贝都因人则把客人说成是"神的客人"。⑬同样地，基督教也

---

① Servius, *In Virgilii Æneidos*, iii. 55："所有的神谕；血亲及客人的律法。" von Jhering, *Geist des römischen Rechts*, i. 227. Leist, *Altarisches Jus Civile*, i. 103, 358 sq. 。

② Servius, *In Virgilii Æneidos*, i. 736. Livy, *Historice Romanæ*, xxxix. 51. Tacitus, *Annales*, xv. 52. Plautus, *Pœnuli*, v. 1. 25.

③ Gellius, *Nodes Atticæ*, v. 13. 5："在职责（或义务）一事上，祖先遵从的顺序是这样的：首先是监护人的（职责），然后是客人的，然后是主顾的，然后是血亲的，最后是姻亲的。"

④ Cæsar, *De bello Gallico*, vi. 23.

⑤ Tacitus, *Germania*, 21.

⑥ *Psalms*, cxlvi. 9.

⑦ Deutsch, *Literary Remains*, p. 57.

⑧ *Kidduskin*, fol. 39 B, 转引自：Hershon, *Treasures of the Talmud*, p. 145。

⑨ *Sabhath*, fol. 127 A, 转引自：Katz, *Der wahre Talmudjude*, p. 103。

⑩ *Koran*, iv. 40 sqq.

⑪ Lane, *Arabian Society in the Middle Ages*, p. 142.

⑫ Wellhausen, *Reste arabischen Heidentums*, p. 223 sq.

⑬ Doughty, *Arabia Deserta*, i. 228, 504.

将好客视为耶稣赋予人的一种义务。①

　　在其他情况下,外来的陌生人会被视为下等人或者敌人,若他们的财产被抢劫或他们被杀掉,这样谋财害命的事并不见得要受到惩罚。但是,在成为客人的情况下,他就可以享有上述种种特权。两相对比,真让人惊诧不已。研究人类道德观念的学者会关注这种差异。即便一般人也会问,陌生人究竟为什么会被接纳?当然,他需要保护和支持。但是那些并不熟悉他的人为什么会关心这事呢?

　　答案之一是他无助的处境令人心生怜悯。事实似乎证明,即便是在蒙昧部族,看到一个于己无害的陌生人正在受苦受难,总会激起一些利他的情感,无论这种情感多么淡薄。答案之二是主人自己希望通过做好事得到一些好处。毫无疑问,好客的规则主要建立在关心自我的基础之上。

　　公道地说,我们已经看到,未开化地区并没有可以为旅行者提供食宿的公共设施,"好客如此必要,所有群体之间的互利互惠如此必需,以至它的价值发生了重大转变,成为一种道德规范"。②当一个陌生人属于某个流行互惠交往原则的社群时,在给予他热心接待之前就要谨慎小心;因为一个人今天是主人,明天可能就是客人。多梅内克说:"北美的土著印第安人尽管好客,但他们也会

----

①　Laurent, *Études sur l'histoire de l'Humanité*, vii. 346.
②　Winterbotlom, *op. cit.* i. 214.

渴望自己的热情得到尊敬和回报。[①] 而且,陌生人那里有各种各样的消息和新闻,因此,在那些生活节奏缓慢、彼此交往稀少的地方,陌生人就成为受欢迎的客人。"[②] 漫游于芬兰北部偏远的森林之中时,我总是大受欢迎,而他们见面常说的一句话总是:"有什么新鲜事吗?"不过,除了见闻之外,陌生人也应该随身携带一些有更高价值的东西,那就是给当地人带来的好运或者祝福。

我居留在大阿特拉斯的德姆纳特期间,尽管当地人对欧洲人 582 充满敌意,但他们仍说非常高兴我来看望他们,因为我给他们带来了雨水,收成也增加不少,而在我到来之前雨水少得可怜,庄稼长势也不好。同样,当我居住在摩洛哥北部安杰拉山地居民中间时,他们称我是一个有着"吉利脚踝"的人,因为从我住到他们中间后,这个村子就经常被先知穆罕默德的后裔光顾。这些多多少少被赋予圣洁之气(*baraka*)或神性的来访者总是受到高度评价。或者因为给当地人带来了好运,或者给予了当地人美好的祝福,陌生人就不知不觉成了好运的源泉。如果一个客人受到热情接待,人们

① Domenech, *Seven Years' Residence in the Great Deserts of North America*, ii. 319. *Cf.* Dunbar, 'Pawnee Indians,' in Magazine of American Hislory, viii. 745; Brett, *Indian Tribes of Guiana*, p. 347; Bernau, *Missionary Labours in British Guiana*, p. 51; von den Steinen, *Unter den Naturvölkern Zentral-Brasiliens*, p. 333 *sq.* (Bakaï); Georgi, *op. cit.* iii. 154 (Kamchadales); Smeaton, *op. cit.* p. 146 (Karens); Ellis, *Polynesian Researches*, i. 95 (Society Islanders); Pritchard, *Poly nesian Reminiscences*, p. 132, and Brenchley, *op. cit.* p. 76 (Samoans); Williams and Calvert, *op. cit.* p. 110, and Anderson, *Notes of Travel in Fiji and New Caledonia*, p. 135 (Fijians); Chavanne, *Die Sahara*, p. 393 (Arabs of the Sahara).

② *Cf.* Wright, *Domestic Manners and Sentiments in England during the Middle Ages*, p. 329.

完全有理由希望他用美好的祝愿回报主人。据上了年纪的旅行家达维厄说，到达阿拉伯村庄的一个陌生人常常会得到酋长的接待，酋长会对他说："欢迎你，赞美上帝，祝您身体健康，您的到来将上天的福佑带给了我们，这房子以及房子里的一切都是你的，你是它们的主人。"①印度的一部教义这么说，通过婆罗门的客人，人们能够得到雨水，通过雨水又能得到食物，他们因而明白了这样一个道理："对客人的热情接待是祛除罪恶的一种仪式。"②在《摩奴法典》中读到"对客人热情接待可以得到健康、美名、长寿以及上天的福佑"时，③我们有理由猜想这种超自然的回报是祝福主人的结果。在埃斯库罗斯的《乞援人》中，歌队唱道："为了回报阿尔戈斯人的祝福，让我们也祝福他们。陌生人说过要报答礼遇之恩，祝愿陌生人的宙斯照看好他们，帮助他们实现自己的愿望，祝愿他们达到理想的目标。"④现在，我们能够理解这种热情了，也能够带着这种热情期待客人的到来。当一个陌生人到达卡尔梅克人的小屋里，"男主人、女主人以及屋子里的所有人都会为他的到来而兴奋不已，就像得到了一笔意想不到的财富"。⑤ 在西奈的阿拉伯人中间，"如果看见一个陌生人从远方朝自己的帐篷走过来，率先发现他的那个人就会请他到家里过夜；不管他是成人还是孩子，他都会宣称'我的客人来了'，他也就有权在当天夜里款待这个客人。在这样

---

① d'Arvieux, *Travels in Arabia the Desarl* , p. 131 *sq.*

② *Vasishtha* , xi. 13.

③ *Laws of Manu* , iii. 106.

④ Aeschylus, *Supplices* , 632 *sqq.*

⑤ Bergmann, *op. cit.* ii. 282.

的场合下,为争夺招待的优先机会,经常会发生激烈的争吵,而这些阿拉伯人常常会发誓:'以我的妻子离我而去发誓,我要好好款待我的客人。'这样一来,所有的反对意见都销声匿迹了。"[1]在东方社会,在家门前吃饭是司空见惯的事情,有时旅行者从家门前过,每一个外表体面的陌生人都毫无例外地被要求坐下来共享一餐。[2] 在毛利人中,"陌生人一进入视野,通常就会有很多人叫喊着:'这边来,这边来!'他很快就被邀请去享用当地人提供的食品。"[3]

有些说法的应验甚至可以归因于一般人的祝福,既然如此,一个陌生人的祝福当然就应该更有力。像其他任何不为人知的奇怪事物一样,素不相识的陌生人会在迷信的心智上激起神秘的敬畏之情。阿伊努人说:"不要藐视陌生人,因为你从来不知道你款待的人是何方神圣。"[4]据《益世嘉言》,"一个客人具有所有的神性"。[5] 重要的是,古印度、古希腊和古罗马的作品提到应当受到尊敬的对象时,总是把客人排在神灵之后。[6] 埃斯库罗斯在谈到一个人的恶劣品行时就说过:"他的举止对神灵、对陌生人、对 584

---

[1] Burckhardt, *Bedouins and Wahâbys*, p. 198.

[2] *Idem, Arabic Proverbs*, p. 218. Chassebœuf de Volney, *Travels throug Syria and Egypt*, i. 413.

[3] Yate, *op. cit.* p. 100. "*Cf.* Turner, *Nineteen Years in Polynesia*, p. 325 (Samoans); Sproat, *op. cit.* p. 57 (Ahts).

[4] Batchelor, *Ainu and their Folk Lore*, p. 259.

[5] *Hitopadesa*, Mitralâbhâ, 65.

[6] *Anugitâ*, 3, 31 (*Sacred Books of the East*, viii. 243, 361). Gellius, *Nodes Atticœ*, v. 13. 5.

父母亲不尊敬。"①据荷马时代的观念,"与来自遥远国土的陌生人一样,神灵具有不同的外形,它在城里漫游,注视着人们的暴力行径或正义之举"。②《希伯来书》的作者这样写道:"千万不要忘记款待陌生人,因为有些人招待了天使,自己却丝毫没有察觉到。"③

然而,造访的陌生人一方面被视为潜在的恩人,另一方面也被视为邪恶的源泉。他也许会带来疾病或者厄运。人们一般相信陌生人精通巫术,④他的诅咒令人心生畏惧,这部分是因为他具有的一些超自然特性,部分是因为他与主人及其财产的亲密接触。

在马来群岛的明打威群岛,"如果一个陌生人进入一户有孩子的人家,孩子的父亲或者家里的其他成员又碰巧在场,他们就会把孩子发饰拿下来,递给陌生人,让他握在手里,过一会儿再还回来"。据说,这是为了保护孩子们免受陌生人邪恶之眼的侵害。⑤关于加利福尼亚的土著波莫人,鲍尔斯先生这样说:"让一个素不相识的生客进入茅草屋,供他住宿,房舍内他目光所及的任何一件东西,比如一串珠子,只要他看到了,即便他一言不发,出于蒙昧人的荣誉,主人也必定要把它送给来访者,不管这种交易公平与否。"将这种"蒙昧人荣誉"的观念与上一章提到的某些事例进行比较,

---

① Aeschylus, *Eumenides*, 270 *sq*.
② *Odyssey*, xvii. 485 *sqq*.
③ *Hebrews*, xiii. 2.
④ Frazer, *Golden Bough*, i. 298 *sqq*.
⑤ Rosenberg, *Der Malayische Archipel*, p. 198.

我们就不会怀疑,这一观念的根源在于经由迷信产生的恐惧。事实上,这些物品的原主人可能在第二天"用矛刺向陌生人,或者用弹弓向他的脑门射鹅卵石,这一幕的旁观者则把这一切看成是在纠正一次糟糕的交易。"①非洲的赫雷罗人认为,世上最恶毒的诅咒就是那些被赶出家门的客人向薄情寡义的主人投掷东西。② 按照希腊人的观念,客人和乞援者都有他们的厄里倪厄斯——诅咒的化身;③柏拉图说,"沿着宙斯足迹前进的陌生人,拥有魔力和神性";在罗马的客神信仰中,客人受到伤害是要遭到报复的。埃斯库罗斯以阿波罗为例说:"我要帮助他(俄瑞斯忒斯),营救哀求我帮助的人;无论在人世间还是在神灵那里,任何故意遗弃避难者或置之不理的行为都会激起人们的恼怒,都是不能容忍的。"④我们也无须怀疑另一个同样的观念,即歌队在《乞援人》中用另一种形式所表达的:"听人愿望的宙斯的恼怒令人忧伤……对这种愤怒,我心中必须充满敬畏,因为世界上没有比这更让人敬畏的事情了。"⑤阿帕斯檀跋格言包括一句富有真知灼见的话,"如果冒犯了客人,他的怒火就会烧掉房屋",⑥格言的目的就是告诉人们,为客人提供膳食是绝对必要的。这是因为"来到房子里的陌生人就像

585

---

① Powers,*op. cit*. p. 153. 尼日尔三角洲的波莫部落对一名伊博族女孩给予了同样的待遇。这位素不相识的陌生人命中注定是被献祭的牺牲品。"凡是她眼睛能看到的任何一件衣服,任何一件饰品,她都被允许据为己有,当地人都必须呈送给她。"(Comte de Cardi,'Ju-ju Laws and Customs,' in *Jour. Anthr. Inst*. xxix. 54)

② Ratzel,*History of Mankind*,ii. 480.

③ Plato,*Epistolæ*,viii. 357. Apollonius Rhodius,*Argonautica*,iv. 1042 *sq*.

④ Aeschylus,*Eumenides*,232 *sqq*.

⑤ *Idem*,*Supplices*,349,489.

⑥ *Sacred Books of the East*,ii. 114,n. 3.

一团燃烧的火焰",①"客人统治着因陀罗世界"。② 根据《毗湿奴法经》,"一个到某家做客的人若失望地回到了自己家里,他就会带走他所造访的主人的宗教美德,并将自己的罪孽加在这个人身上"。③ 这样的观念还可以在印度许多其他古籍中发现。④ 一个失望于所受招待的婆罗门客人,将如字面意义地占据其无礼主人的功德。⑤ 在摩洛哥,一般情况下酋长不愿意让陌生人吻自己的手,因为他们害怕陌生人会吸走他的圣洁之气。如果在瓦赞的酋长那里做客的其他酋长留下了剩饭,哪怕只是一块骨头,人们也会认为前者掠走了后者的神性。

人有一种与生俱来的力量和品性,由于某些品性的存在,一个人的祝福或诅咒的应验不仅依赖于这种与生俱来的力量,而且借助某种工具付诸实施。就好像电击的力量既要依靠电流的原初强度,也要依靠导体的性能,血液、身体接触、食物和饮料都被认为是特别有效的导体。在摩洛哥,主人的义务是与当地最神圣的一个习俗阿尔密切联系。如果一个人非要别人帮助或者饶恕他不可,或者一般说来,要别人答应他的一些要求,他就在那个人身上做阿尔。他要么在别人家前面,要么在别人屋子门口杀死一只绵羊或山羊乃至一只小鸡;他会抓住要被施法的那个人或其儿子的双手,或者抓住他正骑着的马;或者抓着他的头巾或衣褶。简言之,他要

---

① *Âpastamba*, ii. 3. 6. 3.

② *Laws of Manu*, iv. 182.

③ *Institutes of Vishnu*, lxvii. 33.

④ *Vasishtha*, viii. 6. *Laws of Manu*, ii. 100. *Hitopadesa*, Mitralâbhâ, 64.

⑤ *Vasishtha*, viii. 6. *Laws of Manu*, iii. 100.

与另一个人建立起某种联系,作为他的祝福或者有条件的诅咒的
"导体"。人们普遍相信,如果一个人屡经请求仍然不答应别人,他
自己的好日子就不保了。如果一只动物在他门前被杀,他踩着了
血,或者哪怕只是看了一眼,将来面临的危险就很大。有句话说得
好:"如果你不做这个或那个,这就是加给你的阿尔。"接触血液或
看见血液,或者直接的身体接触,被认为可以将一个有条件的诅
咒传给另外一个人——如果你不帮我,你就会死,或者你的孩子
会死,或者其他不幸的事会发生在你头上。这样,如果一个人逃
亡到一户人家,或者进入别人家的帐篷寻求避难,为了自己的利
益,主人也一定要帮助需要援手的落难者,因为他们就在他的阿
尔中;这是因为,避难者既然在户主家里居住,就与户主及其财
物有了亲密接触。再者,人们誓约友好时通常会举行仪式,在某
个圣徒的墓前共进一餐,这顿摆在面前共享的饭菜,对友谊的形
成和维系具有极强的约束力。有一句俗语十分清楚地揭示了这
种做法的真实含义:谁若是破坏了誓约,"食物就会报复他"。地
点的神圣性也增强了诅咒的功效,但传达诅咒的工具和手段,即
真正的惩罚者,却是被吃掉的食物,因为它是有条件的诅咒的具
体体现。

　　潜伏于这些习俗背后的观念当然并不只在摩洛哥才有。正如
下面几章所展示的,血液通常用作有条件的诅咒的导体。例如,献
祭活动的一个目的就是通过牺牲的血将祈求或诅咒传达到神灵
处。身体接触是另一种传达诅咒的常用方式,这可以用来解释,在
那些显而易见的事例中,为什么要对外来的陌生人表示好客并提
供保护,这些事例在全世界各个角落俯拾即是。在斐济,"为了一

把刀或一柄斧的缘故，同一个土著人可以在距其房屋几码的地方
将某个正在前来或离开的客人杀掉；但是，一旦客人跨进了他家的
门槛，这个土著人甚至会为了保护客人而置自己的性命于不
顾"。① 在帛琉群岛，"不能在屋子里杀死敌人，主人在场的时候更
不行"。② 如果奥塞梯人将一个陌生人延请到屋里，后来却发现正
是这位客人欠了自己血债，也丝毫不影响他的待客热情。但是，当
这个客人动身离开的时候，主人会陪同他到村庄的边界，一到分手
之际，主人就会宣称："以后小心点！"③在坎德人那里，如果一个人
千方百计地进入仇敌的房子，根据血债血偿的原则，主人本应取他
的性命，但既然已经来到家里，仇敌就变成客人了，即使主人并不
怎么乐意招待，也不能再碰他一根指头了。④ 须知，这些事例中没
有一则清楚地告诉我们为什么要给予陌生人这么多的好处和特
权，很有可能的是，这种风俗与盛行于摩尔人中的一个习俗极其
相似，它们有着共同的起源。换言之，只要一个陌生人进了屋，
就与主人发生了联系，只要他乐意，他就能够将诅咒传给那个人
以及他的家人和财产。同样，在东方，任何一个陌生人，只要他
接触过一个阿拉伯人的帐篷或帐篷的绳子，就会受到帐篷主人
的保护。⑤ "如果为了实施公正的复仇而损害了好客的习俗，那么

588

---

① Wilkes,*U. S. Exploring Expedition*,iii. 77.

② Kubary,'Die Palau-Inseln in der Südsee,' in *Journal des Museum Godeffroy*,
iv. 25.

③ von Haxthausen,*Transcaucasia*,p. 412.

④ Macpherson,*Memorials of Service in India*,p. 66.

⑤ Robertson Smith, *Kinship and Marriage in Early Arabia*, p. 48. Blunt,
Bedouin Tribes of the Euphrates,ii. 211.

事后就会被指责为可耻而卑鄙的行径,那可是无法洗刷的耻辱。"①莱亚德说:"在萨马尔人中,如果一个人抓住一根线或绳子的一头,而他的敌人抓住了另一头,这位对手立马就成了他的被庇护者(*Dakheel* 或 *protégé*)。如果他抓住了帐篷的帆布,或者把他的杖子扔向帐篷,他也会成为帐篷主人的被庇护者。如果他的唾沫溅到另一个人身上,或者用牙齿碰着那个人所有的任何一样东西,他就成了被庇护者……萨马尔人从不会在他们营地视野所及的范围内抢劫沙漠上过路的商队,因为只要一个陌生人看到他们的帐篷,他就被认为是他们的被庇护者。"②但安妮女士和布伦特先生描绘的一个贝都因部落却是这样的:他们随时准备抢劫走向他们帐篷的陌生人,"只有此人与他们一起吃东西的时候,他们才会知道该热情地招待客人"。③ 所有的贝都因人都将分享食盐视为相互之间友好关系的黏合剂。有一些部落——他们与摩尔人原则极为一致,认为"食物会回报你"——要求客人居留期间的每二十四小时,或者每两个夜晚加一个白天,就将食盐更新一次。因为正如他们所说,如果不这样做,"食盐就到不了他们的肚子里",④因而也就起不到惩罚契约破坏者的作用。这里,具有所谓保护作用的"食盐"意义宽泛,即便是保护人所有的很小一部分食物也在

---

　　① Chassebœuf de Volney,*op*．*cit*．i. 412.

　　② Layard,*op*．*cit*．p. 317 *sq*. 伯克哈特说,在贝都因人部落内部生活中,一个极其常见的盟誓方式是"握住一只手腕的中间部位,或抓住帐篷中间的那端,并发誓说'以这顶帐篷及其主人生命的名义'"(Burckhardt,*Bedouins and Wahábys*,p. 72)。

　　③ Blunt,*op*．*cit*．ii. 211.

　　④ Burton,*Pilgrimage to Al-Madinah and Meccah*,ii. 112. Doughty,*op*．*cit*．i. 228.

此列。① 当十字军战士夏蒂荣的雷诺作为一名罪犯被带到苏丹萨拉丁面前时,他们不允许他到帐篷里喝水止渴,因为如果他在那里喝水的话,他的生命安全就有了保障,他的仇敌就不能伤害他了。② 我们在奥马哈印第安人那里发现了一个类似的习俗:"如果一个敌人出现在一所房子里,并得到一口食物,或者用了主人的烟斗,部落里的任何成员就都不能伤害他了。这时,'好客的纽带'已经把他跟主人紧密地联系在一起了,人们只得保护他并将他安全送回家中。"③在这些事和其他相似的事例中,若没有饭菜供主人和陌生的来客共同分享,客人无论如何也不可能通过食物、饮料或烟草等建立起的密切联系将诅咒传送给主人。这种观念符合以部分代表整体(*pars pro toto*)的原则。这一观念与原始思维十分接近。支撑这一观念的是类似于这样的原始信仰:客人可以通过仇敌的唾沫或吃剩的食物对他施展魔法。这一信念催生了这样一种习俗:客人会拿走摆在他面前而未能吃完的食物,这样就不用害怕剩饭会被人吃掉了。④ 巫术会将诅咒指向任意一个方向。在摩洛590哥,如果一个人给了另一个人一些吃的或者喝的东西,接受者在接受时如果不说"以上帝的名义"加以防范的话,对他就是危险的。

---

① Burckhardt, *Bedouins and Wahábys*, p. 187. Quatremère, 'Mémoire sur les asiles chez les Arabes,' in *Mémoires de l'Institut de France*, Académie des *Inscriptions et Belles-Lettres*, xv. pt. ii. 346 *sq.*

② Quatremère, *loc. cit.* p. 346.

③ Dorsey, 'Omaha Sociology,' in *Ann. Rep. Bur. Ethn.* iii. 271.

④ Shortland, *Traditions and Superstitions of the New Zealanders*, pp. 86, 97. *Cf.* Ellis, *Tour through Hawaii*, p. 347; Harmon, *op. cit.* p. 361 (Indians on the east side of the Rocky Mountains).

给予者在施舍时要是不说同样的话，也会面临同样的危险。①

　　因而，陌生人或多或少地被视为危险人物，易受这种危险影响的人做一些他们力所能及的事情来祛除这种危险，也就十分自然了。考虑到这一点，就可以理解为什么会发生下面的情景了：客人一到，主人往往会举行某些迎接仪式。弗雷泽博士对许多这样的接见仪式做过描述，②我这里要增加其他一些例子，这些例子似乎服务于这样的目标：要么将一些有条件的诅咒传给陌生人，要么净化诅咒者，使他不再那么危险可怕。摩洛哥有一些从事游牧业的阿拉伯人，他们中有个土著居民告诉我这样的事：只要一个陌生人出现在村子里，就要给他一些水喝；如果这个人声名显赫，绝非凡夫俗子，就给他一些奶。如果他拒绝饮用，那就不能允许他在村子里自由活动，他只能老老实实地待在村中的清真寺里。我问这位土著为什么会有这样一个习俗，他说这是出于对陌生人的警惕。如果他偷东西，或者行为不端，这些喝的东西就会令他的膝盖肿胀，他跑不动，就难逃罪责了。换言之，他饮下的是一个有条件的

---

　　① 以撒也通过吃儿子的食物得以保佑他（*Genesis*，xxvii. 4，19，24）。克劳利先生在其有趣的著作《神秘的玫瑰》中也附带着谈起好客的话题（Crawley，*The Mystic Rose*，p. 239 *sqq.*；*cf.*，also，p. 124 *sqq.*）。我的理论主要基于我在摩洛哥做的研究。我必须留给读者来评判，我的理论在多大程度上与克劳利先生的理论观点相一致。贯穿克劳利著作的一条主线，是他对传导原则的强调；不过，如果我正确地理解了他的意思，他也把共生共栖视为主客之间彼此交流品性与人格的重要方面；有了这种共生共栖和主客交流，就自然产生这样的结果："如果 A 伤害了 B，就等于 A 在伤害自己。"（p. 237）对这一观点，我不敢苟同，我曾论及利他情感的起源与发展（参见上文，关于"利他情感的起源与发展"）。就我目前所能达成的观点而言，主客之间彼此的义务来源于一起吃饭，这主要是因为服侍餐食者向他们传达了共同的、有条件的祈愿。

　　② Frazer，*Golden Bough*，i. 299 *sqq.*

591　诅咒。[①]内志部落的阿拉伯人在欢迎客人时,要向客人头上浇一杯熔化的黄油,[②]南非的赫雷罗人则将一罐奶浇在客人头上以表示欢迎。[③]S. W. 贝克这样描述阿比西尼亚边界阿拉伯人的迎客习俗:"旅行者一到,就被热情地迎进他们的帐篷,一般欢迎礼节是在屋前或帐篷前杀一只肥羊,让血流到门槛处。"[④]这一习俗跟摩尔人的阿尔十分相似。在舒里斯[⑤]、利比里亚[⑥]和阿富汗[⑦],迎客时也要宰杀动物作祭品。在北非的印第安人中间,一般的规则是,生人一到,就得立刻在他面前摆放一盘鱼,即使这个人刚刚参加了一个盛宴,他也要尝上一口,而且在他吃食物之前,人们不会和他说一个字一句话,也不会问任何一个问题。[⑧]在奥马哈人那里,"在客人没吃什么东西之前,户主会表现得很不自在,直到客人吃了他准备的食物之后,主人心里才感到宽慰与释然。如果还没有准备好招待客人的饭,主人就会催他的妻子们动作麻利些,或者干脆自己亲手生火做饭。"[⑨]许多民族认为,主人有必要在自己进食以前,先把食物给客人吃。这是一种规则,古印度的许多文学作品对此

---

　　①　参见《民数记》第五章"对嫉妒的审判",尤其是第 22 节:"愿这招致咒诅的水进入你的腹中,使你的肚腹肿胀,大腿消瘦。"

　　②　Burckhardt,*Bedouins and Wahábys*,p. 102.

　　③　Ratzel,*op. cit*. ii. 480.

　　④　Baker,*Nile Tributaries of Abyssinia*,p. 94.

　　⑤　*Emin Pasha in Central Africa*,p. 107.

　　⑥　Trumbull,*Threshold Covenant*,p. 9.

　　⑦　Frazer,*Golden Bough*,i. 303.

　　⑧　Lafitau,*op. cit*. ii. 88. James,*Expedition to the Rocky Mountains*,i. 321 *sq*. Morgan,*League of the Iroquois*,p. 328. Sproat,*op. cit*. p. 57(Ahts).

　　⑨　James,*op. cit*. i. 322.

都有所强调。^①"如果不能适时地将食物奉献给神灵和客人",任
何一名婆罗门都不能进食。^②"谁要是先于客人进食,谁的食物、
财产、运气、子女、牛群,以及其家庭成员通过祭献和善行所获得的
美德,都会遭到毁灭。"^③这种惩罚很可能与未受礼遇的客人的邪
恶之眼有关。对于这种可将他人的诅咒吃进去的观念,古印度人十
分熟悉。阿帕斯檀跋格言说:"一个客人若对主人心怀怨恨,他就
不会吃他的食物。反过来,如果主人对客人怀恨在心,或者指控客
人犯了罪,或者怀疑他犯了罪,客人也不会吃主人的东西。因为吠
陀经中宣称,吃这个人的食物就是吃下了他的罪孽。"^④在汤加岛,
当地人进餐时总是让陌生人或者外来人先吃,如果大家同属一个
等级或辈分,他们总是让女人先吃。"据我们的线人说:"因为女人
这个性别本来就是孱弱的,所以需要关心和照顾。"^⑤我对这个解
释的正确性有一些疑问。摩尔人的盛宴上也是让女人先吃,但他
们对这个习俗的解释却很不一样,他们说,饥饿的妇女会用邪恶之
眼伤害男人。在夏威夷,一旦有客人来到家里,主人就会用食物款
待他,但是主人及其家人根本不和客人共享这些食品。^⑥他们这
样节制是出于盲目的恐惧。这一点,与某些民族的一个习俗——
客人接受招待时总是将自己没有吃完的食物带走——相比,似乎

---

   ① *Gautama*,v. 25.

   ② *Mahabharata*,Shanti Parva,clxxxix. 2 *sq.*, pt. xxviii. *sq.* p. 281.

   ③ *Âpastamba*,ii. 3. 7. 3.

   ④ *Ibid*. ii. 3. 6. 19 *sq.* 参阅《箴言》第二十三章第 6 节:"勿食眈眈者之饼、勿贪其
珍馐。"

   ⑤ Mariner,*op. cit.* ii. 154.

   ⑥ Ellis,*Tour through Hawaii*,p. 347.

更加真实可信。①

　　在所有针对造访的陌生人的防范中，尤其重要的是要友好而尊敬地对待他。欢迎时如此热烈，离开时却如此平淡，对于这种差别，每一个漫游于说阿拉伯语民族的旅行家都不会置若罔闻。丰富而温暖的问候话语意味着陌生人是被当作朋友而不是敌人来对待的，在与陌生人接触的最初一段时间里，表达这种善意尤其值得，因为陌生人的眼光一旦含有歹意，他的第一瞥是最危险的。现在我们已经知道，对客人极致的关心，以及在每件事情上给予他的特权，在很大程度上都是因为害怕他生气，也是为了得到他的祝福。如果我们认识到，陌生人的邪恶之眼或其诅咒具有危险，陌生人的爱则可以带来好处——人们往往相信这种说法很灵验——那么要求主人将妻子也借给客人的奇风异俗，就更容易理解了。②如此说来，当客人离开时，主人不接受任何回报是明智的，因为陌生人的礼物中也许就隐藏着某种不幸。

　　对客人的热情好客不应计较花费，这是好客这个词的题中应有之义。在那些诚心诚意款待客人而毫无功利目的的地方，人们既不要求也不期待客人的报酬。实际上，给予报酬就等于冒犯了

---

　　①　*Ibid*. p. 347.

　　②　埃格德告知我们，格陵兰岛的土著妇女认为，如果能荣幸地得到"先知"（Angekokk）的爱抚，将给她们带来好运；有的丈夫甚至支付报酬让"先知"跟自己的妻子性交，他们认为此神人生育的孩子比别的孩子都幸福（*op. cit*. p. 140）。有种类似的信仰认为，跟外来的客人性交也能获得好运，不过我无法引证更多的依据说明我的观点和看法。*Cf*. also the *jus primae noctis* accorded to priests（Westermarck, *History of Human Marriage*, p. 76 *sq*.; *cf. ibid*. p. 80）。

主人,而接受酬报就是一种丑行。① 毫无疑问,生人身上所带的钱财很少或根本没有钱财,是形成这种习俗的主要原因,人们不能指望一个在外流浪的陌生人携带一大堆沉重的礼物,以便到了有人家的新地方就送给主人。在那些相互之间有很多交往机会的地方,人们好客也许是希望有朝一日得到别人同样的招待。不过,这种不接受客人回报的习俗,看起来好像更应该归因于人们对陌生人的恐惧,这种生客恐惧也是好客习俗其他规则的基础。接受礼物经常与某种危险联系起来。根据印度圣书中厘定的规则,打算接受礼物的人,或者已经接受礼物的人,一定要连续背诵四吠陀经。② 他也可以在接受礼物前在右手掌上洒些清水,③ 很明显,人们认为礼物上面沾满了邪恶的力量,水则可以净化礼物,恶的东西就被祛除了。另一方面,"如果不知道神圣法典对于收受礼物所做的规定,一个明智的人即便因饥饿而憔悴消瘦,也不会接受任何东西。一个无知的人接受了金子、土地、马匹、牛、食物、衣物、芝麻或者纯黄油,他就会像一片木头经燃烧化成灰烬那样自取灭亡……因而,一个对周遭情境茫然无知的人会害怕接受任何礼物。要知道,即便得到的是一件极小的礼物,这个傻瓜也会像牛儿陷进沼泽

594

---

① Veniaminof,转引自：Dall, *op. cit.* p. 397（Aleuts）。Bartram, in *Trans American Ethn. Soc.* iii. pt. i. 42. Foreman, *Philippine Islands*, p. 187（Tagalogs）. Hunter, *Annals of Rural Bengal*, i. 216. Bogle, *Narrative of Mission to Tibet*, p. 109 *sq.* Vámbéry, *Das Türkenvolk*, p. 614（Turks in Asia Minor）. Robinson, *Biblical Researches in Palestine*, ii. 18 *sq.*；Burton, *Pilgrimage to Al-Madinah & Meccah*, i. 36；Blunt, *op. cit.* ii. 212；Lane, *Modern Egyptians*, p. 297（Bedouins）. Krauss, *Die Südslaven*, p. 648.

② *Baudhâyana*, iv. 2. 4.

③ *Âpastamba*, ii. 4. 9. 8. Bühler, in *Sacred Books of the East*, ii. 122, n. 8.

地一样堕入地狱不得永生。"①而且,一个婆罗门可以接受的礼物,只能是别人自愿给的,绝不能是自己要来的。② 希伯来著作家不无担忧地谆谆教导人们履行这样一种义务,即救济别人时要自愿、慷慨而真诚,这种态度是写在脸上,含在眼里的。他们同时也告诉人们,给予别人任何东西的时候都不要让别人看见。这种告诫也许是为了阻止邪恶力量发生作用,因为嫉妒的目击者眼里会发散出邪恶。③ 有一个阿特拉斯柏柏尔人,他可能从未与任何欧洲人打过交道,我给了他一枚硬币,报答他对我的帮助,但他对着那枚硬币吐唾沫。当地的朋友告诉我,他这么做是害怕万一我对硬币施了巫术,他要是接受了,不仅这枚硬币自己会回到我这里来,同时,由于这枚硬币在他的口袋里待过,与他的钱接触过,还会将他自己的钱全部带走。据说,在安南人那里,"由于担心给当地带来厄运,人们甚至拒绝任何外来的礼物"。④

　　尽管有些民族声称,只要客人愿意,他待多久都会受到款待,595 实则好客的义务总是有时间的限制。⑤ 据条顿人的习俗,客人只

---

① *Laws of Manu*, iv. 187,188,191.

② *Ibid*. iv. 247 *sq*.

③ *Tobit*, iv. 7. Kohler, in *Jewish Encyclopedia*, i. 436. *Cf. St. Matthew*, vi. 1 *sqq*.; Brandt, *Mandäische Schriften*, pp. 28,64:"如果你救济别人,切勿令他人看见。"曼达人禁止吃陌生人置备的食物,也不与陌生人共同饮食(Brandt, *Mandäische Religion*, p. 94)。

④ Ratzel, *op. cit*. iii. 418.

⑤ Veniaminof,转引自:Dall, *op. cit*. p. 397(Aleuts)。Morgan, *League of the Iroquois*, p. 328. Bartram, in *Trans. American Ethn. Soc*. iii. pt. i. 42(Creeks and Cherokee Indians)。

能逗留到第三天。① 盎格鲁-撒克逊人的规矩是，"在主人家住两夜是客人，住第三夜就是家中一员了"，不过这第三夜指的是当奴隶。② 德国人有条谚语："第一天是客人，第二天是累赘，第三天就有臭味。"③ 南斯拉夫人也这样宣称："到了第三天，客人和鱼都在发出恶臭。"④ 伯克哈特这样说，如果一个陌生人在贝都因人家中待三天零四小时后，打算再住些日子，当地人就希望他帮助主人做些家务活。如果他拒绝这么做，"他还可以待下去，但所有居住在这个营地的阿拉伯人都会责备他"。⑤ 摩尔人说，"先知好客只有三天期限"；第一夜，客人所受款待最为丰盛，因为那时，也只有那时，他是"上帝的客人"。先知订下了以下规则："任何一个相信神灵和复活之日的人，都必须尊敬客人；对他友好的时间是一天加一夜，款待他的期限是三天；此后，他应当继续款待他，款待的时间越长，他对客人的恩惠就越多。但是客人没有权利待在主人家里这么长时间打扰人家的日常生活。"⑥ 据爪哇人的习俗，出于面子上的考虑，主人必须至少为客人提供一天一夜的食宿。⑦ 在卡尔梅克部族，人们对陌生人表示特别尊敬的期限只有一天，但是，如果

---

① Grimm, *Deutsche Rechtsalterthümer*, p. 400. Weinhold, *Altnordisches Lehen*, p. 447.

② 转引自: *Leges Edwardi Confessoris*, 23: "前两晚是客人，第三晚是仆人。" *Cf. Laws of Cnut*, ii. 28; *Laws of Hlothhære and Eadric*, 15; *Leges Henrici I*. viii. 5.

③ Weinhold, *op. cit.* p. 447.

④ Krauss, *op. cit.* p. 658.

⑤ Burckhardt, *Bedouins and Wahábys*, p. 101 *sq.*

⑥ Lane, *Arabian Society*, p. 142 *sq.*

⑦ Crawfurd, *op. cit.* i. 53.

他待得时间更长些，主人在以后的交往中就对他不拘礼节了。①
很自然，与陌生人的日渐熟悉会逐渐消除最初产生的盲目恐惧，而
这与另一感情——陌生人打扰主人的时间超过了必要的限度，主
人就会感到不公平——结合在一起，似乎就能解释陌生人特权的
迅速缩减，也能解释陌生人有资格享受热情招待的时间为什么那
么短暂。

596

 我们发现，与目前人们对同类所负的其他义务相反，在每一个
较为发达的社会，好客的义务都在衰落。在希腊和罗马的后期，原
有的好客风俗褪变得很厉害，几乎就剩下一些遗迹了。② 在中世
纪，人们无论身份高低，都普遍地实践着好客的习俗，骑士精神的
原则也鼓励这种做法。③ 即便是家境贫穷的人，也将拒绝分给需
要帮助的陌生人食物看作不光彩的事。④ 然而，到了亨利五世时
期，托马斯·奥克利夫就抱怨英国好客的习俗已经衰落了。到了
伊丽莎白时代中期，大主教桑迪斯说："那种让人感到温暖的好客
习俗行将消逝。"⑤我们不难发现造成这种境况的原因。随着不同
社群、不同国家之间的交往日益增多，好客不仅成为一种难以忍受
的负担，也引发了旅馆业的产生和兴旺，从而使好客习俗成为一种
多余。在这种情况下，遇见陌生人已经是司空见惯的事情，于是，
陌生人也就丧失了神秘性。过去，当一名孤单的旅行者进入与外

---

① Bergmann, *op. cit.* ii. 285.

② Becker-Göll, *Charikles*, ii. 3 *sqq. Idem*, *Gallus*, iii. 28 *sqq.*

③ Sainte-Palaye, *Mémoires sur l'ancienne chevalerie*, i. 310.

④ Wright, *Domestic Manners and Sentiments in England during the Middle Ages*, p. 329 *sqq.*

⑤ Sandys, *Sermons*, p. 401.

界几乎没有联系的村落或部落时，他身上才有这种神秘性笼罩着；而这种情景，今天再也难以见到了。最后，人际交往的不断增加也促使了法律的诞生，而正是法律将陌生人置于国家的保护之下，从而不再需要个人提供保护了。

第二十五章　子女的臣服

　　我们就要从影响同类的生活或人身福利的行为方式转而考察与个人自由有关的行为方式。完美之人可获绝对的自由权，不过世界上不存在绝对的自由权。自从人们的行为方式成为道德责难的对象，人们就失去了做自己想做之事的权利；在抵制谬误的过程中，人们不仅以各种方式干预同类的自由，而且认为如此干涉乃是他们的权利甚至责任。关于什么行为不对这个问题，人们的意见不一；关于什么是适当的干预方式，也是如此。不过，现在我不考虑这两个问题。我也不考虑政治自由问题，不考虑人们按契约给自己的自由施加的限制。习俗、法律按个人的出身或其他条件——这超出他们自己的控制之外——要求众多的个体臣服，子女、妻子、奴隶臣服于父母、丈夫、主人。我将只考察影响这类臣服的事实。

　　在低等种族那里，每一家庭都有户主，户主或多或少对家庭成员拥有权威。在实行母系继嗣制的情况下，一个男子的孩子受孩子母亲家庭的户主或舅舅支配；[①]不过就是在完全按女性计算亲

---

　　① Westermarck, *History of Human Marriage*, p. 40 *sq*. Grosse, *Die Formen der Familie*, p. 183 *sq*. Post, *Afrikanische Jurisprudenz*, i. 51 *sq*. Marsden, *History of Sumatra*, p. 262 *sq*.

属关系的族群那里,也并非总是如此。人们提出了所谓"母权"的一些事例,多数情况下,这主要意味着孩子依母亲而非父亲取名,财产、地位完全按母系传承;①当然,这与否定父权大为不同。② 在实行母系继嗣制的澳大利亚部落,父亲被明确说成是孩子的主人。③ 在美拉尼西亚,孩子的氏族按母亲所在氏族确定,但按照科德灵顿博士的说法,母亲"绝非户主。家里的房子是父亲的,园林是他的,家里的规矩由他来定,管理家庭事务是他的事。"④关于易洛魁人,一个男子死后,他的财产就分给他的兄弟姐妹和舅舅,女性的财产则由子女和姐妹继承⑤——虽说母亲管教孩子,但是父亲的话就是法律,整个家庭都必须遵守。⑥ 在姆蓬圭人那里,他们依母亲计算亲属关系,父亲依法对孩子具有无限权力。⑦ 马达加斯加土著也实行母系继嗣,⑧在所有部落,父亲或祖先的命令"被认为是最神圣的,后裔必须遵守"。⑨ 不管更早时期怎么样,确凿无疑的事实是,在绝大多数蒙昧部族那里,孩子受父亲支配,尽管父亲可能在一定程度上和母亲分享权威。

　　但是,父亲拥有权力的程度各地差异很大。正如我们已经看到的那样,在某些蒙昧人那里,他可以让新生儿断命;在其他蒙昧 599

---

① Westermarck, *op. cit.* p. 97.

② See von Dargun, *Mutterrecht und Vaterrecht*, p. 3 *sqq.*

③ Curr, *The Australian Race*, i. 60, 61, 69.

④ Codrington, *Melanesians*, p. 34.

⑤ Westermarck, *op. cit.* p. 110.

⑥ Seaver, *Narrative of the Life of Mrs. Mary Jemison*, p. 165.

⑦ Hübbe-Schleiden, *Ethiopien*, pp. 151, 153.

⑧ Westermarck, *op. cit.* p. 103.

⑨ Sibree, *The Great African Island*, p. 326.

人那里，习俗禁止杀婴。在某些蒙昧人那里，他可以卖掉自己的孩子，^①在其他蒙昧人那里，明确禁止出售自己的孩子。^②父亲常常不须征求女儿意见就把女儿嫁出去；而在其他情形下，必须取得女儿同意，或者允许她自己选择丈夫。^③买卖婚姻并不意味着"父亲以相同的方式、相同的权威，像处理掉一头母牛那样把女儿卖掉"。^④大众舆论似乎总是在某种程度上限制父亲的权威。例如，在兴都库什山区的卡菲尔人那里，尽管一家之主就是家里的独裁者，但若父亲的行为过于粗暴，儿子在大众舆论支持下可以公开与父亲争吵，威胁父亲。^⑤

依赖实质上就是服从、屈服。根据种种子女对父母行为的说法判断，在有些蒙昧部族那里，父亲的权威肯定是微不足道的。

在南美的查鲁亚人那里，"父亲根本管不了子女，子女对父亲毫不尊重"。^⑥根据冯·马修斯，在巴西的印第安人那里，子女对父母的尊敬、服从是闻所未闻的。^⑦在墨西哥的塔

600

----

① Schadenberg,'Negritos der Philippinen,' in *Zeitschr. f. Ethnologie*, xii. 137. Post, *Afrikanische Jurisprudenz*, i. 51 *sq.*（Bogos, Fantis, Dahomans）. Paulitschke, *Ethnographie Nordost-Afrikas*, p. 189. Leuschner, in Steinmetz, *Rechtsverhältnisse*, p. 16 *sq.*（Bakwiri）. 在喀麦隆的巴纳卡人和巴普库人那里，父亲可以用女儿抵债，但不能以儿子抵债（*ibid.* p. 31）。

② Kraft, in Steinmetz, *Rechtsverhältnisse*, p. 285（Wapokomo）. Rautanen, *ibid.* p. 329（Ondonga）.

③ Westermarck, *op. cit.* p. 215 *sqq.*

④ Leslie, *Among the Zulus and Amatongas*, p. 194. Westermarck, *op. cit.* ch. x.

⑤ Scott Robertson, *Káfirs of the Hindu-Kitsh*, p. 474.

⑥ Azara, *Voyages dans l'Amérique méridionale*, ii. 23.

⑦ von Martius, in *Jour. Roy. Geo. Soc.* ii. 199. *Cf.* Southey, *History of Brazil*, iii. 387（Guaycurus）.

拉乌马雷人那里，"孩子完全独立长大，若男孩子生气了，甚至可以打自己的父亲"。[1] 据说在阿留申人那里，父母"极少有权威迫使子女对自己表现出最低限度的服从，也不能让子女照顾自己哪怕一点点"；[2] 不过，似乎并非该种族的所有部落都如此。[3] 斯特莱讲，在坎查岱人那里，子女用各种坏话侮辱自己的父母，毫不畏惧地与父母对着干，根本不服从他们，因而父母从不强令孩子做什么，也不惩罚孩子。[4]

其他蒙昧部族却不乏孝道。[5]

在一些爱斯基摩人[6]及北美印第安人部落[7]那里，据说子女对父母很恭顺。帕里讲，在温特岛及伊格鲁利克的印第安

[1]　Lumholtz,*Unknown Mexico*,p. 275.

[2]　Georgi,*Russia*,iii. 212.

[3]　Veniaminof,转引自：Petroff,'Report on Alaska,' in *Tenth Census of the United States*,pp. 155,158。

[4]　Steller,*Beschreibung von dem Lande Kamtschatka*,p. 353. *Cf*. Georgi,*op. cit*. iii. 158.

[5]　Im Thurn,*Among the Indians of Guiana*,p. 213. Schwaner,*Borneo*,i. 162 (Malays of the Barito River in Borneo). Worcester,*Philippine Islands*,p. 481. Lewin,*Hill Tracts of Chit-tagong*,p. 102 (Kukis). Vámbéry,*Türkenvolk*,p. 268 (Kara-Kirghiz). Macpherson,*Memorials of Service in India*,p. 67；Hunter,*Annals of Rural Bengal*,iii. 72 (Kandhs). Granville and Roth,in *Jour. Anthr. Inst*. xxviii. 109 (Jekris of the Warri District of the Niger Coast Protectorate). Stuhlmann,*Mit Emin Pascha ins Herz von Afrika*,p. 801 (Latuka).

[6]　Hall,*Arctic Researches*,p. 568. Boas,'Central Eskimo,' in *Ann. Rep. Bur. Ethn*. vi. 566. Murdoch,'Ethnol. Results of the Point Barrow Expedition,' *ibid*. ix. 417. Turner,'Ethnology of the Ungava District,' *ibid*. xi. 191 (Koksoagmyut).

[7]　Turner,in *Ann. Rep. Bur. Ethn*. xi. 269 (Hudson Bay Indians). Heriot,*Travels through the Canadas*,p. 530. Harmon,*Journal of Voyages*,p. 347 (Indians on the east side of the Rocky Mountains).

人中，子女很少违背父母，"父母只要说句话，给个眼神，就够了"。① 伯塔瓦托米人认为，违背父母的意见、指示，是最严重的罪过之一。② 在汤加，"孝顺是最重要的责任，似乎到处都能感受到它的存在"。③ 阿伊努人教给孩子的基本责任之一就是服从父母。④ 在中亚的土耳其人那里，儿子小时候的行为举止仿佛就是其父的奴仆。⑤ 在奥塞梯人那里，"一家之主，不管是祖父、父亲、继父、叔伯，还是兄长，他的权威要无条件服从；他在场的时候，年轻人绝不会坐着，不会大声说话，也不会顶撞他"。⑥ 在巴雷亚人和库纳马人那里，"对父母的敬重达到极致。儿子绝不敢顶撞父母，不敢违抗父母的命令，不管这命令多么不合理。母亲特别受到敬爱，年老时受到悉心照料。"⑦在曼丁哥人中，子女"很敬重自己的父母"，"极不愿违抗自己的父亲"。⑧ 据说在巴察平人——贝专纳人的一支——那里，子女躬行孝道。⑨ 在卡菲尔人那里，"若未能敬重自己的父亲，或忽视了父亲，就会被整个部落瞧不起；甚至

---

① Parry, *Journal of a Second Voyage for the Discovery of a North-West Passage*, p. 530.

② Keating, *Expedition to the Source of St. Peter's River*, i. 127.

③ Mariner, *Natives of the Tonga Islands*, ii. 179.

④ Batchelor, *Ainu and their Folk-Lore*, p. 254.

⑤ Vámbéry, *op. cit.* p. 226.

⑥ von Haxthausen, *Transcaucasia*, p. 414 *sq.*

⑦ Munzinger, *Ostafrikanische Studien*, p. 474.

⑧ Caillié, *Travels through Central Africa*, i. 352 *sq.*

⑨ Burchell, *Travels in the Interior of Southern Africa*, ii. 557.

有这样的事例,未尽孝道者名誉扫地,被逐出部落"。①

父母在什么时期具有权威,各地也存在差别。女儿直到嫁人都受父亲支配,结婚以后一般就不受父亲管制了;②不过在某些情况下,女儿嫁人以后父亲还能支配她。③ 我们有理由相信,结婚时丈夫不把妻子带到自己家,而是与她住在她父亲家里或社群里,就尤其是这种情况的例证。④ 当儿子长大了,父亲对儿子的权威常常就结束了。在火地人那里,儿子很小就自立于父母,只要愿意就可离开父母的棚屋。⑤ 在爱斯基摩部落的民托吉亚加缪特人那里,"年轻人只要能建造小船,能养活自己,就不再受家庭束缚,想到哪里就到哪里"。⑥ 据说在澳大利亚土著那里,只要经历了成年礼,获得了成人的地位,就自立了;⑦在维多利亚的班格朗人部落,"大约在十二岁以后,男孩子就很少受父亲管束了,尽管亲子感情

602

---

① Lichtenstein, *Travels in Southern Africa*, i. 265. Alberti, *De Kaffers aan de Zuidkust van Afrika*, p. 116 *sqq*. Shooter, *Kafirs of Natal*, p. 98.

② See, *e. g.*, Leuschner, in Steinmetz, *Rechtsverhältnisse*, p. 17 (Bakwiri); Fama Mademba, *ibid*. p. 65 (natives of the Sansanding States); Nicole, *ibid*. p. 100 (Diakité); Lang, *ibid*. p. 224 (Washambala); Kraft, *ibid*. p. 286 (Wapokomo); Marx, *ibid*. p. 349 (Amahlubi); Sorge, *ibid*. p. 404 (Nissan islanders of the Bismarck Archipelago).

③ See, *e. g.*, Beverley, in Steinmetz, *Rechtsverhältnisse*, p. 206. 此书第 31 页关于巴纳卡人与巴普库人的说法似乎与第 30 页不一致,后者说:丈夫是一家之主,丈夫乃妻子的所有人。

④ *Cf*. Mazzarella, *La condizione giuridica del marito nella famiglia matriarcale*, *passim*. 见下文,关于"妻子的臣服"。这里的看法与低等种族中父亲的权威问题一样,需要更深入的研究。

⑤ Bove, *Patagonia, Terra del Fuoco*, p. 133.

⑥ Petroff, *loc. cit*. p. 135.

⑦ Curr, *The Australian Race*, i. 61.

总是持续着"。① 在贝都因人那里,"年轻人只要有能力,就会从父亲的权威中解脱出来。只要还住在父亲的帐篷里,他就在某种程度上顺从父亲;不过只要他有了自己的一个帐篷(他会坚持不懈地获得一个帐篷),他就不再听从任何劝告,不再服从任何世俗命令,而只服从自己的意志。"② 儿子长大了或离开家庭,以此摆脱父亲的控制,很可能在绝大多数低等种族中都是一个惯例。③ 然而也不乏相反的事例。④ 在弗洛勒斯,只要父亲还活着,甚至有钱人家的儿子在公共宴会上穿着也如奴隶一般,在父亲葬礼上也是如此。我们掌握的可靠资料进一步补充道,这显然是严格父权的外部表现,这种权威直至父亲葬礼还在发挥效力;直至葬礼时,儿子还是父亲的奴仆。⑤

603

　　然而,按此术语的本来含义,父权的过期并不必然意味着父亲对孩子所有权威的丧失。父亲因为年长还保留着对诸多事项的权利,而在许多未开化部族,这些权利非同小可。年纪大意味着要被尊重,意味着有权威。

---

①　Idem,*Recollections of Squatting in Victoria*,p. 248.

②　Burckhardt,*Notes on the Bedouins and Wahábys*,p. 201.

③　关于其他事例,参见:Munzinger,*Die Sitten und das Recht der Bogos*,p. 36; Post, *Afrikanische Jurisprtidenz*, i. 51 (Somals); Leuschner, in Steinmetz, *Rechtsverhältnisse*,p. 17 (Bakwiri); Nicole,*ibid*. p. 100 (Diakité); Beverley,*ibid*. p. 206(Wagogo); Marx,*ibid*. p. 349 (Amahlubi); Sorge,*ibid*. p. 404 (Nissan Islanders)。

④　Sarbah,*Fanti Customary Laws*,p. 5. Stuhlmanu,*op. cit*. p. 801 (Latuka). Steinmetz,*Rechtsverhältnisse*,p. 31(Banaka and Bapuku). Fama Mademba,*ibid*. p. 65 (natives of the Sansanding States). Kraft,*ibid*. p. 286 (Wapokomo). Abercromby,*Pre- and Proto-historic Finns*,i. 181 (Mordvins).

⑤　von Martens,转引自:Nieboer,*Slavery as an Industrial System*,p. 26,n. 2。

在火地人那里，"在每个家庭，年轻人像遵从法律那样听老年人的话；他们从不顶撞老人的权威"。[1] 巴塔戈尼亚人"敬重老人，对他们悉心照料"。[2] 加勒比人"很敬重老人"。[3] 北美印第安人的许多部落也是如此。[4] 在瑙多韦西人那里，年轻的印第安人尽管很少认真留心父亲的建议，"却畏惧祖父，非常愿意服从祖父的命令。年轻人对共同体里老年人的话敬如神谕。"[5] 在白令海峡一带的爱斯基摩人那里，人们敬重并听从老人的话；[6] 在巴罗角一带的爱斯基摩人那里，"人们是极其尊重老人的意见，可以说他们实际上遵循着所谓的'老人至上惯例'"。[7] 在锡兰的维达人那里，"若不出自同一家族的人碰巧聚到了一起"，其中最年长者"就会如家长般被尊敬"。[8] 在雅库特人那里，老人被明确当作家庭之父来服从；"年轻人在他面前总是小心翼翼，对他的意见很尊重；若被问到，他会放弃自己的想法，服从老人的判断"。[9] 已经发现

[1] King and Fitzroy,*Voyages of the "Adventure" and "Beagle,"* ii. 179.

[2] *Ibid.* ii. 172.

[3] de Poircy-de Rochefort, *Histoire des Isles Antilles*, p. 461.

[4] Buchanan, *North American Indians*, p. 7. Prescott, in Schoolcraft, *Indian Tribes of the United States*, ii. 196.

[5] Carver,*Travels through the Interior Parts of North America*, p. 243.

[6] Nelson,'Eskimo about Bering Strait,' in *Ann. Rep. Bur. Ethn.* xviii. 304.

[7] Murdoch, in *Ann. Rep. Bur. Ethn.* ix. 427.

[8] Hartshorne, 'Weddas,' in *Indian Antiquary*, viii. 320. *Cf.* Deschamps, *Carnet d'un voyageur*, p. 395.

[9] Sauer,*Billings' Expedition to the Northern Parts of Russia*, p. 124.

以下土著人都敬重老人：阿伊努人[①]、库里利安人[②]、蒙古人[③]、
奥塞梯人[④]、库基人[⑤]、尼科巴人[⑥]、菲律宾群岛的尼格利陀
人[⑦]、新几内亚的巴布亚人[⑧]、新喀里多尼亚人[⑨]、加罗林群岛
岛民[⑩]、汤加岛民[⑪]；澳大利亚土著[⑫]也相当敬重老人。豪伊特
先生讲："在库尔奈人那里，老年人很受尊重……总之可以讲，
年长就是权威，这可能是一个普遍的规则。如此说来，就没有
靠继承得来的权威，也没有世袭的头人。不仅男人因为上了
年纪就有了权威，女人也是如此。"他又公允地补充说，这种调
解权威的原则似乎并非库尔奈人所独有，整个澳大利亚种族

---

①　Batchelor, *Ainu and their Folk-Lore*, p. 254. von Siebold, *Ethnol. Stndien über die Aino auf der Insel Yesso*, p. 25.

②　Krasheninnikoff, *History of Kamschatka*, p. 236.

③　Prejevalsky, *Mongolia*, i. 71.

④　von Haxthausen, *Transcaucasia*, p. 414. 据斯特拉波报道，东高加索的阿尔巴尼亚人也是如此（Strabo, xi. 4. 8）。

⑤　Lewin, *Hill Tracts of Chittagong*, p. 102.

⑥　Kloss, *In the Andamans and Nicobars*, p. 243.

⑦　Schadenberg, in *Zeitschr. f. Ethnol.* xii. 135. Earl, *Papuans*, p. 133. Foreman, *Philippine Islands*, p. 209.

⑧　Earl, *op. cit.* p. 81.

⑨　Atkinson, in *Folk-Lore*, xiv. 248.

⑩　Christian, *Caroline Islands*, p. 72. Angas, *Polynesia*, p. 382.

⑪　Mariner, *op. cit.* ii. 155.

⑫　Roth, *North-West-Central Queensland Aborigines*, p. 141. Fraser, *Aborigines of New South Wales*, p. 5. Schuermann, 'Aboriginal Tribes of Port Lincoln,' in Woods, *Native Tribes of South Australia*, p. 226. Hale U. S. *Exploring Expedition. Vol. VI. Ethnography and Philology*, p. 113. Mitchell, *Expeditions into the Interior of Eastern Australia*, ii. 346. Brough Smyth, *Aborigines of Victoria*, i. 137 *sq*. See also Steinmetz, *Ethnol. Stndien zur Entwicklungsgeschichte der Strafe*, ii. 26 *sqq*.

大体都是如此。①

现在转向非洲各部族:在达纳吉尔人那里,老年男性、女性,特别是老年男性,很受尊重,只要有机会,任何重要的事情都要征求男性长者的意见。② 穆辛格说:"达纳吉尔人与库纳马人的宗教实际上就特别尊重老人。对他们来讲,只要是老人、体弱之人、盲人,都必须尊重。"③奴隶海岸一带说埃维语的部族有句谚语——"敬重老人,老人是父。"④温特博特姆怀疑,古斯巴达人是否比塞拉利昂土著更尊重老人。⑤ 莱顿·威尔逊先生这样讲姆蓬圭人:"世界上没有哪个地方的人像这些人一样如此敬重老人……社会里的年轻人从小就被教导要极其尊重老人。老年人在场或经过老年人居处时,他们必须脱掉帽子,蹑手蹑脚。老人在场,年轻人坐着时,与老人的距离必须是'充满敬意的距离'——与年龄、社会地位差距成比例的距离。如果年轻人走近老人,要递上点着的烟斗或一杯水,他必须单膝跪地。必须称呼老人为'父亲'(*rera*)或'母'(*ngwe*)。只要有对老人不敬的举止,或责备老人的语言,都会被视作非同小可的过错。年轻人几乎总是谨小慎微,总是尽力讨好、奉承年长者,避免把令人不快、不合时宜的信息传

605

① Fison and Howitt, *Kamilaroi and Kurnai*, p. 211 *sq*.

② Scaramucci and Giglioli, '*Notizic sui Danakil*,' in *Archivio per l'antropologia e la etnologia*, xiv. 36.

③ Munzinger, *Ostafrikanische Studien*, p. 474.

④ Ellis, *Ewe-speaking Peoples*, p. 268.

⑤ Winterbottom, *Native Africans in the Neighbourhood of Sierra Leone*, i. 211.

给老人。"①中部非洲的富尔部落"对老年女性的生活考虑得极为周到,对老年男性的照料也不差分毫"。② 事实上,非洲人品格的一个普遍特征就是尊重老人。③

不仅老年,年长也能带来一定权力。

在澳大利亚土著那里,上下、尊卑井然有序。"若一个人度过了青春期,他就会经历一个仪式,仪式顺利完成以后,他/她就在社群中获得了某一特定社会地位。随着年龄增长,每一性别都会不断获得更高的地位,最后就是老年男子或老年妇女处于至高无上的等级。"④所有北美印第安人都认为,"年长带来权威;每个人从小就被教导,要服从地位较高的人,支配地位较低的人。地位较高的人就是那些年长者,地位较低的人就是那些年幼者。"⑤年龄对兄弟姐妹的关系也有着同样

---

① Wilson, *Western Africa*, p. 392 *sq*.

② Felkin, 'Notes on the For Tribe of Central Africa,' in Proceed. Roy. Soc. Edinburgh, xiii. 224 *sq*.

③ Monrad, *Bidrag til en Skildring of Guinea-Kysten*, p. 37 (Negroes of Accra), Granville and Roth, in *Jour. Anthr. Inst.* xxviii. 109 (Jekris). Kingsley, *Travels in West Africa*, p. 460 (Calabar tribes). Caillié, *op. cit.* i. 352 (Mandingoes). Stuhlmann, *op. cit.* pp. 789, 801 (Latuka). Casati, *Ten Years in Equatoria*, i. 186. Chanler, *Through Jungle and Desert*, p. 246 (Embe). New, *Life, Wanderings, and Labours in Eastern Africa*, p. 101 (Wanika). Johnston, *Kilima-njaro Expedition*, p. 419 (Masai). Arnot, *Garenganze*, p. 78, note. Liechtenstein, *op. cit.* i. 265; Alberli, *op. cit.* p. 118; Shooter, *op. cit.* p. 98 (Kafirs). Schinz, *Deutsch-Südwest-Afrika*, p. 82 (Hottentots).

④ Roth, *op. cit.* p. 169. *Cf. ibid.* p. 65*sq*.; Eyre, *Journals of Expeditions of Discovery into Central Australia*, ii. 315.

⑤ Powell, 'Sociology,' in *American Anthropologist*, N. S. i. 700. *Cf. Idem*, in *Ann. Rep. Bur. Ethn.* iii. p. lviii.

的影响。[1]纳瓦霍人的神话表明，"就是在双胞胎里,年幼者也 606
必须服从年长者"。[2] 长兄的权威仅次于父亲,若父亲去世,
长兄就取而代之成为家长。维尼亚米诺夫神父描写的阿留申
人认为,"一个人若没有父亲,就应尊重长兄,侍之如父"。[3]
在卡尔梅克人那里,"长兄就是弟妹的专制君主,他甚至被允
许惩罚年幼的弟弟妹妹"。[4] 在马达加斯加,年长者受到极大
尊重,"若两奴隶兄弟外出,只要年幼者的力气够用,所有的东
西都要由他携带"。[5] 汤加的习俗要求,"每个人都应服侍年
长的、排序在上的亲戚——如果后者想用到他们的话";每一
个头人都对自己的长姐极为敬重。[6] 在霍屯督人那里,"一个
男子能一再发下的最重的誓言就是以其长姐起誓,而如果他
亵渎了长姐的名字,长姐会到他的牧群里去,带走他最好的奶
牛和绵羊,没有什么法律能阻止她这么做"。[7] 在巴罗角一带
的印第安人那里,"若一个棚屋内有几个妇女,年长的妇女也
有优先权,好像是她的责任似的,她可以在所有事情上说了

---

[1]　Nachtigal,*Sahara und Sudan*,i. 450（Tedâ）. Chavanne,*Die Sahara*, p. 396
（Arabs of the Sahara）. Paulitschke,*op. cit.* p. 192（Gallas）. von Haxthausen,
Transcaucasia, p. 415（Ossetes）. Buch,' Die Wotjäken,' in *Acta Societatis
Scientiarum Fennicæ*, xii. 489（Votyaks）. Simmer, in *Jour. Anthr. Inst.* xxxi. 75
（Jakuts）. Batchelor,*Ainu and their Folk-Lore*,p. 254.

[2]　Matthews,' Study of Ethics among the Lower Races,' in *Journal of
American Folk-Lore*,xii. 9.

[3]　Veniaminof,转引自:Petroff,*loc. cit.* p. 155。

[4]　Bergmann,*Nomadische Streifereien unter den Kalmüken*,ii. 305.

[5]　Sibree,*op. cit.* p. 182.

[6]　Mariner,*op. cit.* i. 226；ii. 155.

[7]　Hahn,*The Supreme Being of the Khoi-Khoi*,p. 21.

算,这似乎从无争议"。①

然而必须补充的是,随着老人日益苍老,直至成为周围人的累赘,对老人的敬重就会终止;②父亲的智力变得愚钝,这也会结束607 他在家庭内的权威。③ 我们前面已经注意到,在有些地方,若父母随年老、疾病而油尽灯枯,子女就会杀死或遗弃他们。④

从蒙昧、野蛮的部族转而考察处于更高文明发展阶段的部族,就会发现,家长作风、父母权威及孝道的发展处于巅峰。在古代墨西哥,"贫困的父母可以丢弃自己的任一个孩子,以减轻贫困",而未经奴隶本人同意,主人不能出售品行良好的奴隶。⑤ 年轻人很少能为自己选择妻子,而是要服从父母的选择;⑥"他们教育孩子要敬畏父母,因而孩子长大成婚以后也很少敢在父母面前讲话。"⑦在尼加拉瓜,若家庭陷入赤贫,父亲可以卖掉自己的孩子为奴,⑧在这个国家的大部分地区,都由父母来撮合婚姻。⑨ 在古代秘鲁,孩子不听话,就要被父母公开体罚;⑩印加王帕查库特克批

---

① Simpson,转引自:Murdoch,in *Ann. Rep. Bur. Ethn.* ix. 427。

② Curr, *Squatting in Victoria*, pp. 245, 265 *sqq*.; Eyre, *op. cit.* ii. 316 (Australian aborigines). Summer, in *Jour. Anthr. Inst.* xxxi. 76 (Jakuts). Nansen, *Eskimo Life*, p. 177 *sq*. (Greenlanders). 见上文第 534 页。

③ Steinmetz,*Rechtsverhältnisse*, p. 31 (Banaka and Bapuku)。

④ 见上文第 386 页及以下。

⑤ Clavigero,*History of Mexico*, i. 360.

⑥ Westermarck,*op. cit.* p. 226.

⑦ Clavigero,*op. cit.* i. 331.

⑧ Squier,*Nicaragua*, p. 345.

⑨ Bancroft,*Native Races of the Pacific States*, ii. 667.

⑩ Herrera,*General History of the West Indies*, iv. 339.

准了一项法律，规定儿子必须服从、服侍父亲，直至二十五岁，而且未经本人父母及女方父母同意不得成婚。[①]

在中国，父亲在家庭内部几乎居于至高无上的地位，而依据古代中国人的观念，儿子即使成婚以后也要受父亲约束。[②]　固然，法律禁止父亲杀死[③]或出售[④]自己的孩子；但只有在极端情况下，国家才在一家之长与家庭成员之间插手，现实生活中，出售儿童是被允许的。[⑤]　任何人，不管年龄多大，也不论处于一生中哪个时期，只要父母或近邻长辈还健在，就不得自主决定婚姻事务。[⑥]　法律规定，不听从父母或祖父母的教导、命令的，杖一百，[⑦]而且，儿子控告父母或孙子控告祖父母的，即使控告属实，也要受到更严重的惩处。[⑧]　事实上，中国的男孩自小就被教导要敬重父母，甚至成为一种宗教性情感；并且，男孩长大以后，这也成为他唯一的宗教信仰——祖先崇拜的基础。[⑨]　儒教本身也被简洁地描述成"孝道之根本观念的扩展"。[⑩]　子曰："夫孝，德之本也，教之所由生也……

（右侧页边：608）

---

　　① Garcilasso de la Vega, *First Part of the Royal Commentaries of the Yncas*, ii. 207.

　　② de Groot, *Religions System of China* (vol. ii. book) i. 507.

　　③ 见上文第393页。

　　④ *Ta Tsing Leu Lee*, sec. cclxxv. p. 292.

　　⑤ Douglas, *Society in China*, p. 78. Staunton, in his translation of *Ta Tsing Leu Lee*, p. 292 n.* Doolittle, *Social Life of the Chinese*, ii. 209.

　　⑥ Medhurst, 'Marriage, Affinity, and Inheritance in China,' in *Trans. Roy. Asiatic Soc. China Branch*, iv. ii.

　　⑦ *Ta Tsing Leu Lee*, sec. cccxxxviii. p. 374.

　　⑧ *Ibid.* sec. cccxxxvii. p. 371 *sq.*

　　⑨ Wells Williams, *Middle Kingdom*, i. 646.

　　⑩ Griftis, *Corea*, p. 328 *sq.*

夫孝,天之经也,地之义也,民之行也……人之行,莫大于孝。孝莫大于严父,严父莫大于配天……"①不过,孝是人的基本责任这一观念,并非孔子的原创,在远远早于孔子的时代,它就在民族精神里扎下了根。② 孝也盛行于朝鲜③、日本④,在这些地方,父亲的权威与在中国一样大,而日本直至近来仍是如此。⑤ "一如基督教圣母般纯洁的日本少女,在父亲的命令下,第二天就会踏入妓院,终生为妓。她恭从父命,一丁点儿怨言都不会有。"⑥在朝鲜,灌输给孩子的第一件事就是尊重父亲,但几乎不要求尊重母亲;孩子不久就明白了,母亲的权威近乎于零。⑦

　　亚述研究者的总体看法是,在迦勒底,至少在历史早期,父亲对所有家庭成员都拥有绝对权威。⑧ 按照法律,不管家庭成员做了什么事,只要未经父亲同意,都是无效的,⑨儿子若不听话,父亲可以把他卖为奴隶。⑩ 根据《汉谟拉比法典》,男子可以用自己的儿子或女儿抵债;⑪不过他不能随意断绝与子女的关系。据说,如

①　*Hsiâo King*,1,7,9 (*Sacred Books of the East*,iii. 446,473,476).

②　Douglas,*Confucianism and Taouism*,p. 118.

③　Griffis,*Corea*,pp. 236,259.

④　Rein,*Japan*,p. 427. Griffis,*Religions of Japan*,p. 122 sq.

⑤　Griffis,*Religions of Japan*,p. 148.

⑥　*Idem*,*Mikado's Empire*,p. 555. Cf. Rein,*Japan*,p. 427.

⑦　Griffis,*Corea*,p. 259.

⑧　Oppert,in *Göttingische gelehrte Anzeigen*,1879,p. 1604 sqq. Hommel,*Die semitischen Völker und Sprachen*,i. 416. Meissner,*Beiträge zum altbabylonischen Privatrecht*,p. 14 sq.

⑨　Maspero,*Dawn of Civilization*,p. 734.

⑩　Hommel,*op. cit.* i. 416. Meissner,*op. cit.* p. 1.

⑪　*Laws of Hammurabi*,117.

果他想要断绝与儿子的关系,必须把自己的意图告诉法官,"法官
会审查他的理由,若儿子并未犯下足以使自己丧失为人子之资格
的重罪,父亲就不能与儿子断绝父子关系"。[1] 霍梅尔教授认为,
母亲对孩子的权威与父亲同样大;[2]而梅斯内尔断言,母亲的权威
要小一些,因为在继承事务上,倒是不时看到她的孩子在跟她打官
司。[3] 在希伯来人那里,父亲可以贩卖子女,以减轻自己的贫困,
或者可以用子女抵押债务。[4] 他不仅对女儿的婚嫁具有无限的权
力,甚至可以把尚是少女的女儿贩卖为妾,只是不能卖给外国
人。[5] 他也为儿子挑选媳妇;[6]而没有什么迹象表明,儿子对他的
臣服过了一定年龄就会停止。[7] 以撒与亚伯拉罕原始而典型的关
系,表明孩子对父母的义务是何等重要;按照十诫里律法对父子关
系的界定,此义务关系仅次于人对上帝的责任,我们由此也能马上
认识到父权的重要性。[8] 斐罗讲,子女对父母的责任之所以占据
此等重要的位置,是因为父母居于神性与人性之间,兼有二者的特
点——他们有生有死,就此朴素而日常的事实而言他们具有人性;
他们创生出其他事物,使不曾存在的变成现实,所以他们又具有神

610

---

① *Ibid*. 168.

② Hommel,*op. cit*. i. 416.

③ Meissner,*op. cit*. p. 15.

④ Ewald,*Antiquities of Israel*,p. 190. Wellhausen,*Prolegomena to the History of Israel*,p. 465.

⑤ *Exodus*,xxi. 7 *sq*.

⑥ *Genesis*,xxiv. 4;xxviii. 1 *sq*. *Exodus*,xxxiv. 16. *Deuteronomy*,vii. 3.

⑦ *Cf*. Michaelis,*Commentaries on the Laws of Moses*,i. 444.

⑧ *Cf*. Ewald,*op. cit*. p. 188;Gans,*Das Erbrecht in weltgeschichtlicher Entwickelung*,i. 134.

性。上帝对世界是什么，父母对子女就是什么；他们是"可见的上帝"。① 在伊斯兰国家，父母事实上对自己的子女拥有巨大的权威。如果父亲过分或无理体罚儿子，几乎没有谁会想到要控告他，就是习惯、情感不阻止受害方控告自己的父亲，大众舆论也会阻止他这么做。② 穆斯林认为，违抗父母是最大的罪孽之一，依其可憎性，与偶像崇拜、谋杀、在追讨异教徒的远征中开小差等同。莱恩先生讲："总的说来，很少听到埃及人或阿拉伯人里有不孝顺的孩子……父亲在场的情况下儿子们很少坐着、吃东西或抽烟，除非父亲吩咐他们这么做。"③ 在摩洛哥，会看到奇怪的场景——长大成人的儿子一听到父亲的脚步声就溜走了，或父亲在场儿子则缄默不语。孩子对自己母亲的敬重虽不这么正式，不过也几乎同样强烈。④

在古罗马人那里，关于父亲，"家里其他人都没有法律权利——妻子和孩子一如牲口和奴隶"。⑤ 父亲不仅对孩子具有司法权威——这意味着他有权处死孩子⑥——而且可以随意卖掉孩子。⑦ 甚至长大成人的儿子及其子女也要臣服于父亲的权威，⑧若女儿的婚姻未经父亲同意，那么女儿婚后也受父亲支配、监管。⑨

------

① Philo Judæus, *Opera*, i. 759 *sqq*.

② Urquhart, *Spirit of the East*, ii. 440 *sq*.

③ Lane, *Manners and Customs of the Modern Egyptians*, p. 70. *Cf*. Pool, *Studies in Mohammedanism*, p. 171.

④ *Cf*. Urquhart, *op. cit*. ii. 265 *sq*.

⑤ Mommsen, *History of Rome*, i. 74.

⑥ 见上文第 393 页。

⑦ Dionysius of Halicarnassus, *Antiquitates Romanæ*, ii. 27.

⑧ *Institutions*, i. 9. 3.

⑨ Westermarck, *op. cit*. p. 230.

孝顺不仅包括孝顺父亲，也包括孝顺母亲，这被视作最神圣的责任。① 于古罗马人而言，父母几乎如诸神一般神圣。②

亨利·梅因爵士等人提出，罗马人的父权是早期雅利安人父系权威的残存。③ 不过，没有人拿出清楚的证据来表明，其他所谓的雅利安人那里普遍存在如此不受限制的权威。某古代法学家讲："我们对子女的权力是罗马公民所特有的；因为没有其他民族拥有像我们这样的对子女的权力。"④ 在希腊人和条顿人那里，只要子女还处在父亲权力的支配之下，在紧急情况下，父亲可以遗弃婴儿期的孩子，可以卖掉孩子，⑤也可以把女儿送走嫁人。⑥ 而这并不意味着他拥有像罗马父亲那样的对各年龄子女都拥有的权力。在希腊⑦及条顿各民族⑧，只要儿子长大离家，父亲就失去了 612 对儿子的权威。不过这里我们还是要区分父母的法律权利及孩子

---

① Leist，*Græco-italische Rechtsgeschichte*，p. 11 *sqq*. *Idem*，*Alt-arisches Jus Gentium*，p. 185.

② Valerius Maximus，i. 1. 13："为父母复仇与为渎神赎罪是同等事情。" Servius，*In Virgilii Georgicon*，ii. 473："诸神神圣，父母亦神圣。"

③ Maine，*Ancient Law*，p. 138. Fustel de Coulanges，*La cité antique*，p. 96 *sqq*. Hearn，*Aryan Household*，p. 92.

④ *Institutiones*，i. 9. 2.

⑤ Leist，*Græco-italische Rechtsgeschichte*，p. 60 *sq*. Grimm，*Deutsche Rechts Alterthümer*，p. 461 *sq*. Brunner，*Deutsche Rechtsgeschichte*，i. 76. 在法国卡佩王朝诸王统治时期，父母卖掉自己子女的权利逐渐式微（de Laurière，in Loysel，*Institutes coutumières*，i. 82）。

⑥ Westermarck，*op. cit.* p. 232 *sqq*.

⑦ Leist，*Græco-italische Rechtsgeschichte*，p. 62 *sq*. Cauvet，'De l'organisation de la famille à Athènes'，in *Revue de législation*，xxiv. 138.

⑧ Grimm，*Deutsche Rechts Alterthümer*，p. 462. Brunner，*Deutsche Rechtsgeschichte*，i. 75 *sq*.

的责任。在希腊人的著作里,许多段落把孝道与对诸神的责任相提并论。[①]

也没有证据表明,罗马类型的父权曾经在印度也很流行,尽管在印度教徒中父亲或父母的权威一直很强大。[②] 在吠陀人那里,似乎只是在父亲有能力保护、供养家庭的情况下,父亲才是一家之长,[③]子女甚至可以任由老迈的父母饿死。[④] 依据较近时代的一些教典,父亲和母亲有权把儿子送人,也有权卖掉、遗弃儿子,因为"一如结果来自于原因,由子宫之血和男性的种子所形成的人来自于他的母亲、父亲";然而,不可将独子送人,也不可领养一个独子,妻子未经丈夫同意不可将儿子送人或领养别人家的儿子。[⑤] 其他典籍里讲,"不许把孩子送人或领养孩子,不许买卖儿童",[⑥]遗弃儿子者——除非儿子犯有致使种姓身份丢掉的罪行——国王将罚他六百帕那。[⑦] 不过,不管父母有什么合法的权利,孝道总是子女要履行的最严格的责任。[⑧] 人有三个阿提谷鲁,即需要特别敬重的人:他的父亲、母亲及精神导师。他必须总是顺从他们。他必须让他们开心,服侍他们。未经他们同意,他就什么事情都不能做。[⑨] "尊重这三个人,一个人也就完成了他所有应做的事;显然

---

① Schmidt, *Ethik der alten Griechen*, ii. 141 *sq.*

② Westermarck, *op. cit.* p. 231 *sq.*

③ *Rig-Veda*, i. 70. 5.

④ Zimmer, *Altindisches Leben*, p. 328.

⑤ *Vasishtha*, xv. 1 *sqq. Baudhdyana Parisishta*, vii. 5. 2 *sqq.*

⑥ *Âpastamba*, ii. 6. 13. 11.

⑦ *Laws of Manu*, viii. 389. *Cf. ibid.* xi. 60.

⑧ *Âpastamba*, i. 4. 14. 6. *Laws of Manu*, ii. 225 *sqq.*; iv. 162; &. c.

⑨ *Institutes of Vishnu*, ch. 31.

这是最高的责任,其他的都是次要的责任。"[1]现代印度教徒中也
盛行着这样的情感。[2] W. H. 斯利曼爵士讲:"我相信,在印度社
会各阶层,儿子都极为敬重父母,这是世界其他地方所无可比拟
的。"女儿结婚以后,其责任就完全转移到丈夫及丈夫的父母,但
是,儿子与父母之间的权利与责任自儿子出生就将他们绑在一起,
会一直伴随着他们,直至坟墓。实际上,母亲常常如专制的君主般
管束着儿子。[3]

　　按照俄罗斯古代法律,父亲对儿子具有巨大的权力;[4]但把儿
子售卖为奴则不太可能。[5] 巴龙·冯·哈克斯特豪森在 1861 年
农奴制改革之前写道:"宗法统治、男权情感、父权组织在大俄罗斯
人的生活、行为和举止中体现得淋漓尽致。一如父亲对子女具有
无限权威,母亲对女儿也是如此。"[6]父亲让自己年幼的儿子娶成
熟的妇女,这是通行的习俗;按照内斯特的观点,波兰也是如此,父
亲常常为儿子选媳妇。[7] 根据巴基斯克教授,在南斯拉夫人那里,
父亲的权力不像在俄罗斯人那里那么大;[8]不过儿子未经父母允
许还是不能向女孩提亲,当然女儿处置自己事务的自由更小。[9]

---

①　*Laws of Manu*,ii. 237.

②　Nelson,*View of the Hindü Law*. p. 56 *sq*. Ghani,'Social Life and Morality in India,' in *International Journal of Ethics*,vii. 312.

③　Sleeman,*Rambles and Recollections of an Indian Official*,i. 330 *sqq*.

④　Accurse,转引自:de Laurière,in Loysel,*op. cit*. i. 82。

⑤　Macieiowski,*Slavische Rechtsgeschichte*,iv. 404.

⑥　von Haxthausen,*Russian Empire*,ii. 229 *sq*.

⑦　Westermarck,*op. cit*. p. 234. Macieiowski,*op. cit*. ii 189.

⑧　Maine,*Early Law and Custom*,p. 244,note.

⑨　Krauss,*Sitte und Branch der Südslaven*,pp. 314,320.

614 一个斯拉夫格言讲:"父亲正如儿子的在世之神。"①

我们也能看到,在文明程度较高的族群那里,同样要尊重兄长,一般也要尊重年长之人,特别要尊重老人。

儒教和道教谆谆教诲,弟弟要服从兄长。② 在中国古代,正室所生长子地位较高,死时其父也要为其吊唁,一如儿子为父亲吊唁一般;③在日本的有些省份,兄长、姐姐甚至不参加弟弟妹妹的葬礼。④ 在巴比伦王国,与弟弟相比,兄长在家庭中享有特权。⑤ 曼达派的一部著作里讲:"你当敬重父母,也应敬重长兄若父。"⑥印度教典里讲,"要依长幼顺序拥抱兄长、姐姐的脚";⑦尽管对母亲更应尊重,也应"事姑姨长姐若母"。⑧

古代墨西哥也是如此,不仅子女要敬重父母,年幼者也要敬重年长者。⑨ 在尤卡坦人那里,"年幼者很尊重年长者"。⑩ 在中国,皇帝常常对地位最低阶层之老人给予特殊待遇,⑪甚

---

① Maine,*Early Law and Custom*,p. 243.

② Douglas,*Confucianism and Taouism*,pp. 123,124,259. Griffis,*Religions of Japan*,p. 125 *sq*.

③ de Groot,*op. cit.*(vol. ii. book) i. 509.

④ Griffis, *Religions of Japan*,p. 127.

⑤ Hommel,*op. cit.* i. 417 *sq*.

⑥ Brandt,*Mandäische Schriften*,p. 64.

⑦ *Âpastamba*,i. 4. 14. 9. *Cf. ibid*. i. 4. 14. 14;*Laws of Manu*,ii. 225.

⑧ *Laws of Manu*,ii. 133.

⑨ Clavigero,*op. cit.* i. 81. *Cf. ibid*,i. 332.

⑩ Landa,*Relation de las cosas de Yucatan*,p. 178.

⑪ Davis,*China*,ii. 97.

至不能怠慢头发花白的罪犯。① 孟子曰："敬长，义也"；②《太上感应篇》里讲，好人"敬老怀幼"。③ 一个日本格言讲："敬老若父。"④《利未记》里讲："在白发的人面前，你要站起来，既要尊敬老人，又要敬畏你的神。"⑤伊斯兰教也谆谆教诲，要敬重老人。⑥ 印度教典把敬老视作美德。⑦ 希罗多德讲，埃及人跟古斯巴达人相似，都尊重老人。⑧ 柏拉图在《法律篇》里说，任何人想要安全、幸福地生活，都绝不要忘了把长者放在比年幼者更尊重的位置，不论在诸神中还是在世人中都是如此；因此，年轻人在城里殴打长者是愚蠢之事，是诸神不愿看到的。任何人都应尊重比自己年长二十岁的人，无论是男是女，就像对自己的父母一样；他也应"出于对生育之神的尊重"而不能对这样的人动粗。⑨ 有些词汇，例如"长老"（*presbyter*）及盎格鲁-撒克逊语里的"长官"（*ealdormonn*），都隐藏着敬老的意思；在南斯拉夫的旅行者都注意到，当地人特别敬重老人。⑩

在欧洲，我们刚才考察的古代父系权威类型逐渐向某种体制

① Wells Williams, *Middle Empire*, i. 805.
② Mencius, vii. i. 15. 3.
③ *Thâi Shang*, 3.
④ Griffis, *Mikado's Empire*, p. 505.
⑤ *Leviticus*, xix. 32. *Cf. Job*, xxxii. 4；*Proverbs*, xvi. 31, and xx. 29.
⑥ Ameer Ali, *Ethics of Islâm*. p. 27 *sq*.
⑦ *Âpastamba*, i. 5. 15. *Laws of Manu*, ii. 121. *Dhammapada*, 109.
⑧ Herodotus, ii. 80.
⑨ Plato, *Leges*, ix. 879. *Cf. Idem*, *Respublica*, v. 465.
⑩ Maine, *Early Law and Custom*, p. 243.

低头让步,在此体制下,父亲失去了他以前所拥有的对子女的基本权利。法国百科全书派学者如此提及此体制的异类做法——"诸权之中,父权为大。"①早在异教徒时期,罗马原有的父权就只剩下影子了。在共和国时期,滥用父亲权威,要受到监察官的抑制,到了后来,皇帝们把父亲的权力减少到相当狭窄的范围。在基督教成为罗马国教以前的很长一段时期内,子女的生命实际上就被视作与父母的生命同样神圣,②不仅如此,亚历山大·塞维鲁还规定,只有治安官才能对家庭成员施以重罚。戴克里安和马克西米利安废除了出卖生而自由的子女为奴之权力。父亲支配儿子婚姻的特权缩减为有条件的否决权;似乎女儿最终也在选择夫婿上获得了一定的自由。③

　　新的宗教促进了摆脱父权的过程。基督改变了孝道的伦理规诫。他的教会尚武而好战。他来到这里,没有带来和平,反而带来了争战——"让儿子与父亲不和,让女儿与母亲龃龉。"④这些新教义主要是针对年轻人宣讲的,自然造成家庭秩序的严重紊乱。父亲们剥夺了改宗皈依基督教的儿子的继承权,⑤而孩子们认为,他们对父母没有义务——他们的灵魂和心性对此类义务没有兴趣。根据大额我略,如父母在我们通往主的路上阻碍了我们,我们应忽

---

① *Encyclopédie méthodique*,Jurisprudence,vii. 77,art. Puissance paternelle.
② 见上文第 393 页及以下。
③ Westermarck,*op. cit.* p. 236.
④ *St. Matthew*,x. 34 *sq. St. Luke*,xii. 51 *sqq.*
⑤ Tertullian,*Apologcticus*,3(Migne,*Patrologiœ cursus*,i. 280 *sq.*).

略掉他们,憎恨他们,从他们身边走开;①而这也成为教会接受的
理论。② 在发生相似冲突的情况下,基督教都弱化了家庭关系,
而以前人们是以宗教般的虔诚看待家庭关系的。事实又不仅如
此。在所有情况下,基督教都以人神关系遮蔽亲子关系。"不要
称呼地上的人为父:因为只有一位是你们的父,那就是在天上的
父。"③"人到我这里来,若不爱我胜过爱自己的父母、妻子、弟兄、
姐妹和自己的生命,就不能做我的门徒。"④与此同时,尽管教会人
士出于某种考虑对基督教的第五条戒律⑤做了修改——而一个正
统的犹太教徒绝不会想到做这种修改的——,但其形式完好如初
地保留下来。事实上,圣保罗多次下令,服从父母是基督徒的义
务。⑥ 服从父母也被视作敬神的先决条件。"我们应爱自己的父
母仅次于神,他们几乎总是在我们眼前。如果我们不敬重自己的
父母,我们怎么能敬神,怎么能敬我们所看不到的至高至善的
父母?"⑦

　　根深蒂固的古老观念缓慢地死去。在条顿人那里,无论习俗
还是法律都允许长大的孩子自立于父母,人们认为父母对未成年
孩子的权威仅仅限于监护,⑧但罗马人父权和孝道的观念一定程

---

① St. Gregory the Great, *Homiliæ in Evangelia*, xxxvii. 2 (Migne, *op. cit*, lxxvi. 1275).

② Thomas Aquinas, *Summa theologica*, ii.-ii. 101. 4.

③ *St. Matthew*, xxiii. 9.

④ *St. Luke*, xiv. 26.

⑤ 基督教的第五条戒律即"孝敬父母",见《旧约圣经·出埃及记》。——译者

⑥ *Ephesians*, vi. 1 *sqq. Colossians*, iii. 20.

⑦ *Catechism of the Council of Trent*, iii. 5. 1.

⑧ Starcke, *La famille dans les différentes sociétés*, p. 213 *sqq.*

度上在拉丁国家残存下来,不仅在整个中世纪是这样,直到现在也是如此。伯纳德说:"父权的统治超出封建领主的统治,它更为神圣和不可侵犯。不管儿子多么有权力,他也不敢触怒父亲,在他眼里父亲的权威与至高无上的命令没什么区别。"①杜·瓦尔讲:"我们应把父亲当作在世之神。"②博丁在16世纪后半叶写道,尽管君主掌控他的臣民,老师命令他的弟子,长官指挥他的士兵,但只有父亲的支配权才是自然赋予的,父亲"正是至高至上的神的形象,是宇宙万物之父"。③ 按照亨利三世、路易十三和路易十四颁布的法令,未经父母许可,儿子三十岁以前不得娶妻,女儿二十五岁以前也不得出嫁,违者剥夺继承权。④ 甚至在现在的法国,习俗、公共情感乃至法律都赋予父母相当大的权力。除非应征入伍,子女二十一岁以前未经父亲同意不得迁出父亲居所。⑤ 子女行为严重失当,父亲可严厉惩戒。⑥ 未经父母同意,儿子二十五岁以下及女儿二十一岁以下不得嫁娶;⑦甚至在儿子年满二十五岁及女儿年满二十一岁的时候,他们也要以正式通知的形式请求父母同意婚事。⑧

　　父母自然强于未成年子女,后者也是无助的,父母的权威首先

---

① Bernard,转引自:Spencer's *Descriptive Sociology*,France,p. 38。

② Du Vair,转引自:de Ribbe, *Les familles et la société en France avant la Révolution*,p. 51。

③ Budin,*De republica*,i. 4,p. 31。

④ Koenigswarter,*Histoire de l'organisation de la famille en France*,p. 231。

⑤ *Code Civil*,art. 374。

⑥ *Ibid*. art. 375 *sqq*。

⑦ *Ibid*. art. 148。

⑧ *Ibid*. art. 151。

就依赖于此；出于相似的原因，女儿就是长大以后也要受父亲支
配。再者，父母是子女的生养者，被认为多少拥有对子女的专属
权；① 在有些情形下，似乎父亲也被视作子女的主人，因为他是他
们母亲的主人。在一定程度上，孝道和父母权利又来自于子女自
然形成的对父母的爱② ——特别是对母亲的爱，③ 以及感恩之
情——人们认为子女当感激父母，父母把子女带到了世上并把他
们抚养成人。④ 子女对父母的敬重之情也大大强化并拓展了父母
的权威，这就不仅仅限于爱的感情了。自婴儿期始，孩子就习惯于
仰视父母，特别是父亲，认为他比自己强；这种情感本身就有持续
下去的倾向，即使在父母老了的时候，它更有可能继续存在，因为
它不仅基于父母拥有较强的身体和技能，也基于父母积累了更丰
富的知识——尽管体力衰退，但经验和见识毕竟不离身。特别是
在蒙昧人那里，孝道总之就是对自己老人或所有老人的敬重。老

619

---

① *Cf*. *Vasishtha*, xv. 1 *sq*.；*Baudhâyana Parisishta*, vii. 5. 2 *sq*.

② 关于野蛮人当中孝顺的事例，见：Catlin, *North American Indians*, ii. 242；
Powers, *Tribes of California*, p. 112（Mattoal）；Selenka, *Sonnige Welten*, p. 34（Dyaks）；
Seemann, *Viti*, p. 193；Mathew, 'Australian Aborigines,' *Jour*. & *Proceed*. *Roy*. *Soc*. *N*.
S. *Wales*, xxiii. 388。

③ 关于热爱母亲的事例，见：Munzinger, *Ostafri-kanischc Studien*, p. 474（Barea
and Kunama）；Winterbottom, *Native Africans in the Neighborhood of Sierra Leone*, i.
211；Park, *Travels in the Interior of Africa*, p. 241；New, *op*. *cit*. p. 101（Wanika）；
François, *Nama and Damara*, *Deutsch-Süd-West-Afrika*, p. 251（Mountain
Damaras）；Rowley, *Africa Unveiled*, p. 164；Lane, *Manners and Customs of the
Modern Egyptians*, p. 70 *sq*.；Urquhart, *op*. *cit*. ii. 265 *sq*. 。（Turks）；Schmidt, *Ethik
der alten Griechen*, ii. 146, 155.《塔木德》里讲，子女爱母亲甚于父亲，怕父亲甚于母亲
（Deutsch, *Literary Remains*, p. 55）。

④ *Hsiâo King*, 9（*Sacred Books of the East*, iii. 479）. *Laws of Manu*, ii. 227.
Plato, *Leges*, iv. 717.

年人也体现了部落的智慧。易洛魁人讲:"长寿与智慧总是联系在一起的。"①在西非各地,老年人被视作"有见识的人"。②维略特在关于阿尔及利亚土著的作品里讲:"在未开化的社会里,传统决定了土著在当地的位置,而老年人就是这种传统的体现;风俗、习惯就是法律;关系亲疏、地位和财产根据家族系谱确定。由于这些原因,尽管老年人老迈体弱、白发苍苍,土著中还是盛行着尊老敬老的习俗。"③对那些没有文字的民族而言,老年人就是宗教及习俗唯一的权威。在澳大利亚之所以老人受到敬重是由于人们对某些神秘仪式怀有迷信般的敬畏,而只有老年人才了解这些神秘仪式;其次,年轻人只能逐渐地掌握和理解这些学问。④再者,年龄大本身就能激发某种带神秘意味的敬畏之情。摩尔人说,老了以后,男人就成为圣人,女人成为镇尼(jinnîa),意即邪恶的精灵——二者都带有超自然的属性。在东非的恩贝人那里,"完全是借助迷信,老年人才能维持他们对热血青年的支配";他们给战士魔符,让他们相信,参加战斗者的命运就掌握在圣人手中。尽管妇女是男性的配角,但人们常常相信,老年妇女也具备超自然的法力,她们的影响几乎像巫医那么大。⑤按照西维多利亚土著的信仰,女巫总

620

①　Loskiel, *History of the Mission of the United Brethren among the Indians in North America*, i. 15.

②　Kingsley, *West African Studies*, p. 142.

③　Villot, *Mœurs, coutumes et institutions des indigènes de l'Algérie*, p. 47.

④　Schuermann, 'Aboriginal Tribes of Port Lincoln,' in Woods, *Native Tribes of South Australia*, p. 226. *Cf.* Nelson, 'Eskimo about Bering Strait,' in *Ann. Rep. Bur. Ethn.* xviii. 304.

⑤　Chanler, *op. cit.* pp. 247, 252.

是以老年妇女的形象出现。[1] 在毛利人那里,一些老年妇女对部落施加着极大的影响,人们相信她们拥有魔法和巫术的力量。[2] 夏洛瓦讲,在阿比泊尼人那里,"老年妇女把自己打扮成厉害的女巫;要让她们改变信仰可不是一件容易事"。[3] 在阿拉伯半岛及摩洛哥,人们也总是相信老妇深谙巫术。[4]

人们关于死者的信仰也影响他们如何对待那些生命正在走向终点的老人。在非洲,有的部落无微不至地照料老人,以期获得他们死后的良好祝愿。[5] 在东非的一名传教士听到某黑人这样提及一位老人:"他说什么,我们就做什么,因为他快死了。"[6] 奥马哈人"离开永久居住的村庄的时候,不敢把他们的老人遗弃在大草原上,以免瓦坎达大神惩罚他们";[7]关于此种事情,似乎瓦坎达的原义就是死者之幽灵。尼亚斯人是利己主义者,就是尊敬老人也是为了自己,因为他们希望老年人死后能保佑、帮助他们。[8] 中国有一种观念,认为死者的魂灵随时会干预人间事务和人们的命运,或是对人们有好处,或是有坏处。因此,这种观念要求"尊重人的生命,善待老病体弱之人,特别是当他们快要离开人世的时候"。[9] 621

---

[1]　Dawson, *Australian Aborigines*, p. 52.

[2]　Angas, *Savage Life and Scenes in Australia and New Zealand*, i. 317.

[3]　Charlevoix, *History of Paraguay*, i. 406.

[4]　Niebuhr, *Travels in Arabia*, ii. 216.

[5]　Arnot, *op. cit.* p. 78, note.

[6]　Lippert, *Kulturgeschichte der Menschheit*, i. 229.

[7]　Dorsey, 'Omaha Sociology,' in *Ann. Rep. Bur. Ethn.* iii. 369. *Cf. ibid.* p. 275.

[8]　Modigliani, *Viaggio a Nias*, p. 467.

[9]　de Groot, *op. cit.* (vol. iv. book) ii. 450.

人们往往一并谈及对老人的尊重与对死者的崇拜,这意味着两者之间有内在的联系。普雷斯科特讲到达科他人,"有些印第安人非常尊敬老人,他们也都很尊重死者"。[①] 南几内亚宗教体系的一个显著特征就是祖先崇拜;"他们很尊敬老者,从心理上讲这就很自然地转化为对老者死后的偶像崇拜。"[②]"巴苏陀人主要崇拜自己祖先的魂灵……与祖先崇拜同源的就是非常尊重父母及老人,特别是尊重家族或部落里年纪最大的人。"[③]在赫雷罗人那里,"父亲的墓是所有圣地中最重要的,父亲之灵就是最常求助的神谕"。[④]菲律宾群岛的阿埃塔人"很敬重老人及死者"。[⑤] 奥塞梯人"极其敬爱自己的父母及一般的长者,缅怀自己祖先时特别是这样"。[⑥]不过,在这种情况下,不可能确切说出何为因何为果。虽然对亡者的崇拜首先源于人们对死亡的神秘感,但一个人生前所受的尊重显然也会使他的亡灵受到敬奉。

因而我们有明确的理由认为,子女的孝顺与宗教信仰之间是相互联系的;而它们之所以相互联系,主要原因就在于人们把父母的诅咒和祝福看得特别重。在中非的南迪人那里,"如果儿子在重要事情上不听父亲的话,父亲就会用自己的皮斗篷痛打他。这就相当于最严厉的诅咒——他们认为,若儿子没有获得父亲的宽恕

622

---

① Prescott, in Schoolcraft, *Indian Tribes of the United States*, ii. 196.

② Wilson, *Western Africa*, p. 392 *sq.*

③ Decle, *Three Years in Savage Africa*, p. 74 *sq.*

④ Francois, *op. cit.* p. 192.

⑤ Foreman, *op. cit.* p. 209.

⑥ von Haxthausen, *Transcaucasia*, p. 414.

就会毙命。儿子只有献给父亲一只山羊，才能求得宽恕。"①在姆蓬圭人中，"老人的诅咒，特别是受尊重的父亲的诅咒，是对年轻人最大的贬抑"。②巴雷亚人和库纳马人相信，做任何事，如果没得到老年人的祝福，就干不成，老年人的诅咒总是毁灭性的。③在博戈人中，如果没得到父亲或主人的祝福，他们会找不到工作，或不得不辞掉工作，也不能做生意，不能订立婚约。④在赫雷罗人那里，"如头人感到自己时日无多，就会把儿子叫到床边，为儿子祝福"。⑤摩尔人有句谚语——"圣人诅咒你，父母可以相救；但父母诅咒你，圣人不会相救。"古代希伯来人认为，父母，特别是父亲，可以用诅咒或祝福决定子女的命运；⑥确实，我们有理由认为，第五条戒律给孝顺子女的回报，最初就源于父母的祈福。我们在《便西拉智训》里可以看到这一原初的观念，里面讲道："说话做事要敬重父母，如此可得父母祝福；因为父亲的祝福可巩固子女的家庭，母亲的诅咒则毁掉家庭的基础。"⑦父母祝福则兴，父母诅咒则亡，这种观念在古希腊盛行。柏拉图在《法律篇》里讲："无论是神，还是 623 理智健全的人，都不会劝告人们忤逆父母……如果家中养有老父老母，就要明白，只要真心侍奉父母，父母就坐在炉台边，比任何神

①　Johnston, *Uganda Protectorate*, ii. 879.

②　Wilson, *Western Africa*, p. 393.

③　Munzinger, *Ostafrikanische Studien*, p. 475.

④　*Idem*, *Sitten der Bogos*, p. 90 *sq*.

⑤　Andersson, *Lake Ngami*, p. 228.

⑥　*Genesis*, ix. 25 sqq.; xxvii. 4, 19, 23, 25, 27 sqq.; xlviii. 9, 14 sqq.; xlix. 4, 7 sqq. *Judges*, xvii. 2. *Cf*. Cheyne, 'Blessings and Cursings', in *Encyclopædia Biblica*, i. 592; Nowack, 'Blessing and Cursing,' in *Jewish Encyclopedia*, iii. 244.

⑦　*Ecclesiasticus*, iii. 8 sq. *Cf*. *ibid*. iii. 16.

灵都更能赐福给他……传说里讲，俄狄浦斯的儿子对他不尊重，他就诅咒他们。诸神听到并许可了这些诅咒。而阿明托耳盛怒之下诅咒了自己的儿子福尼克斯，忒修斯也诅咒了自己的儿子希波吕托斯，此外还有许多其他相似事例。由此可清楚看到，诸神倾听父母的诅咒；父母的诅咒也确实理应比他人的诅咒更有威力。我们可以设想，子女忤逆父母时，诸神可以听到父母的祷告，这符合事物的秩序；若子女善待父母，充满喜悦之情的父母虔诚祈求诸神赐福于子女，诸神不也是可以听到他们的祷告吗？不也会满足父母的祈求吗？……因此，如果一个人善待父母、祖父母及其他老年亲属，他就有了最灵验的偶像，为他求得神的青睐。"①最初，父母的诅咒、祝福所具有的效力被归于这些话本身的巫术效力，而他们的复仇女神，如被怠慢客人的复仇女神一样可怕，②正是他们所发诅咒的人格化。③　不过，我们谈论的这种情况，一如我们已经注意到的其他类似情况，诅咒、咒符的实现后来又被看作神灵在起作用。

624　根据柏拉图，"正义的使者涅墨西斯"监听着子女对父母发出的不逊之辞；④赫西俄德也说过，如果有谁责骂年迈的父母，"宙斯本人就会震怒，最终会严厉惩罚他，报复他的错误言行"。⑤看来毫无疑问，罗马人的双亲神（*divi parentum*）一如他们的客神，不过是

---

① Plato, *Leges*, xi. 930 *sq. Cf. ibid*. iv. 717.

② Aeschylus, *Eutnenides*, 545 *sqq*.

③ See *Iliad*, xxi. 412 *sq*.; Sophocles, *Œdipus Coloneus*, 1299, 1434; von Lasaulx, *Der Fluch bei Griechen und Römern*, p. 8; Müller, *Dissertations on the Eunenides*, p. 155 *sqq*.; Rohde, 'Paralipomena,' in *Rheinisches Museum für Philologie*, 1895, p. 7.

④ Plato, *Leges*, iv. 717.

⑤ Hesiod, *Opera et dies*, 331 *sqq*. (329 *sqq*.).

人格化的诅咒而已。因为据说，"如果儿子殴打父亲，只要父亲喊出声，儿子就会被亲神毁灭掉"。[①] 在俄罗斯的贵族家庭里，儿女常常极其害怕父亲的诅咒；[②]乡下人至今还相信，若婚事未经父母同意，就会触怒上天，给年轻的夫妇带来灾难。[③] 有些南斯拉夫民族认为，如果儿子不按父亲的遗愿去做，父亲的灵魂就会在坟墓里诅咒他。[④] 塞尔维亚人有句格言——"不敬老人，不得拯救。"[⑤]

在许多案例里，人们认为子女会因自己对父母的行为而受奖惩，这看来源自人们对父母祈福、诅咒的信仰，而我们尚未明确提及这一因由。按照古代印度人的观念，父亲、母亲、精神导师等同于三吠陀，即三个神灵：婆罗门、毗湿奴、湿婆。[⑥] 如果不尊重他们，无论怎样敬拜神灵也徒劳无益；反之，"敬母，可以赢得现实世界；敬父，可以达到诸神的世界；恭从精神导师，可以达到婆罗门的世界"。[⑦] 正如在希腊，人们认为殴打父母者沾染上了诅咒，[⑧]按照印度教典，与父亲争吵者，摒弃父母或精神导师者，就玷污了一批人，参加祭祖仪式时就一定不会受待见。[⑨] 如果有谁殴打了父母或精神导师，就要用圣湖或圣河里的水来洗涤，否则就不被重新接

625

---

① Servius Tullius, in Bruns, *Fontes Juris Roniani antiqui*, p. 14, and Festus, *Deverborum significatione*, ver. *Plorare*; Cf. Leist, *Alt-arisches Jus Civile*, i. 184.

② 这一点，我从克鲁泡特金王子那里受益匪浅。

③ Kovalewsky, *Modern Customs and Ancient Laws of Russia*, p. 37.

④ Krauss, *op. cit.* p. 119.

⑤ Maine, *Early Law and Custom*, p. 243.

⑥ *Institutes of Vishnu*, xxxi. 7. *Laws of Manu*, ii. 230.

⑦ *Institutes of Vishnu*, xxxi. 9 sq. Cf. *Laws of Manu*, ii. 233 sq.

⑧ Plato, *Leges*, ix. 881.

⑨ *Institutes of Vishnu*, lxxxii. 28 sqq.

纳。① 若不从父母，这个污点要用大麦粒来洗刷，就像处理被猪狗舔食或乌鸦、不洁之人弄脏的食物那般。②《法句经》里讲，一贯善待、尊重老人者，以下四种益处都会增长：寿命、美貌、快乐和力量。③ 朝鲜人相信，"孝顺的子女今世会等来最丰厚的回报，来世会到最明亮的天堂"，而"不从、不敬父母的子女今生将受诅咒，蒙受耻辱，死后会下到最炙热的地狱"。④ 古埃及人似乎一直有一种观念：儿子听父亲的话，就会安然活到晚年。⑤ 以下是某位阿兹特克人给儿子的告诫——"切莫模仿那些邪恶的儿子，他们像畜生一样不懂道理，既不尊重父母，不听他们的教诲，也不服从他们的管教；因为不管是谁，若是照这些恶人的样子做，都会结局不妙，会绝望而死或暴毙身亡，或者被野兽杀死、吞掉。"⑥ 若哪位阿兹特克人的婚嫁未经父母同意，他们就相信，该人会遭遇不幸而受惩处。⑦ 阿留申人认为，关怀老迈之人，只求老人能给出好建议，这样的人会长寿，打猎、参战时会有好运气，他们自己老了的时候也不会被忽视。⑧ 在汤加群岛，"不敬重长辈差不多就相当于亵渎神灵"，敬重酋长、族长就是"要优先履行的神圣义务——他们相信，不履行此义务，诸神就会施加严厉惩处，几乎与惩罚渎神者一般严厉"。⑨

---

① *Vasishtha*, xv. 19 *sq.*

② *Baudhâyana*, iii. 6, 5. *Institutes of Vishnu*, xlviii. 20.

③ *Dhammapada*, 109.

④ Griffis, *Corea*, p. 236.

⑤ *Precepts of Ptah-Hotep*, 39.

⑥ Clavigero, *op. cit.* i. 332. Torquemada, *Monarchia Indiana*, ii. 493.

⑦ Torquemada, *op. cit.* ii. 415.

⑧ Veniaminof, 转引自：Petroff, *loc. cit.* p. 155。

⑨ Mariner, *op. cit.* ii. 237, 155.

也是在这个群岛,土著认为,长辈、上级的诅咒具有很大的效力。①

父母的祝福、诅咒为什么威力如此之大呢? 其中一个原因无疑就在于老年的神秘性以及死亡的临近。我们提到的一些个案表明,不仅父母,包括老年人也有一定的能力,令自己或善意或恶意的意愿得以实现;而且,越是时日无多,这种能力就越强。赫雷罗人只认一种祝福,即父亲临终时躺在床上发出的祝福。② 按照条顿人的观念,人行将就木的时候发出的诅咒,是最有威力的。③ 古代阿拉伯人中也很流行这种观念;④希伯来人也认为,父亲时日无多的时候,他决定子女命运好坏的神秘力量就表现得特别明显。⑤不过,由于父母在家庭中地位较高,自然受到尊重,他们的祝福、诅咒本身就是有功效的。许多事实清楚地表明,人们认为占据优势的地位会影响诅咒的效力。按照希腊人的观念,复仇女神会惩罚家中年幼者冒犯年长者的行为,即便是冒犯哥哥和姐姐也难逃惩罚。但反过来年长者冒犯年幼者却不受惩处。⑥ 摩洛哥的阿拉伯人讲,丈夫的诅咒像父亲的诅咒一样有威力。汤加群岛岛民相信 627 "若诅咒者地位低于被诅咒者",则此诅咒不会有效力。⑦ 再者,如果父亲同时还是家庭祭师——例如在古代文明民族那里就是这

① *Ibid*. ii. 238.

② Ratzel, *History of Mankind*, ii. 468.

③ Grimm, *Teutonic Mythology*, iv. 1690.

④ Wellhausen, *Reste arabischen Heidentums*, pp. 139, 191.

⑤ Cheyne, in *Encyclopædia Biblica*, i. 592.

⑥ *Iliad*, xv. 204: "你们知道,复仇女神总是帮助年长者。"*Cf*. Müller, *Dissertations on the Eumenides*, p. 155 *sq*.

⑦ Mariner, *op. cit*. ii. 238.

样——父亲的祝福、诅咒会因此而特别有效力。①

　　然而,迄今为止,我们考察的事实尚不足以说明父权为何在古代国家中如此发达。虽然正如我们刚刚看到的那样,巫术观念和宗教信仰对父权具有很大影响,但总体上讲这种影响具有反应性特征。假如父亲在家中不是那么重要,子女也就不会那么急着寻求他的祝福,不会那么害怕他的诅咒了。因此,亨利·梅因爵士说得对:父权产生在前,对父亲的崇拜产生在后。"如果父亲活着的时候不是家中最显要的人物——也可以说是最可畏的人——他死后又为什么会受到比家中其他成员更多的崇拜呢?"②我们必须假定,家庭组织和社会的政治结构之间是存在某种联系的。在文明发展的较低(但并非最低)阶段,我们往往可以看到,氏族具有压倒一切的重要性,如此一来,各家的家长就只能拥有非常有限的权威。而我在接下来的一章会指出,当氏族和部落统一成一个国家时,这种情况就变了。这种新出现的国家倾向于削弱、摧毁氏族制度,与此同时,家庭纽带则得以加强。在早期社会,家庭和氏族之间似乎是一种对立关系。如果氏族纽带很牢固,就会削弱人们的家庭情感;而如果氏族纽带松弛,家庭纽带就会增强。因此,格罗塞博士的假定不无道理:只有在继承了原属于氏族的权威之后,父亲才成为真正意义上的家长。③

　　不过,国家虽然在其早期曾以削弱氏族的办法加强了家庭纽带,但在后来的发展中却出现了不同的倾向。当国家的活力变得

---

①　Cf, Nowack, in *Jewish Encyclopedia*, iii. 243 *sq*.

②　Maine, *Early Law and Custom*, p. 76.

③　Grosse, *Die Formen der Familie*, p. 219.

越来越强的时候,当各个家庭的成员为了追求一个共同的目标而越走越近的时候,家庭又失去了其重要性。已经有人注意到,在英国和美国这样政治生活高度发达的地方,孩子对父母的敬重骤然消逝得特别厉害。[①] 此外,由文明不断发展所产生的其他一切因素,也对父权的衰弱发挥了一定的作用。这些因素包括:祖先崇拜的消失,某些迷信观念的衰微,以及宗教影响的衰落。最后但并非最不重要的因素是:全国各地的人越来越相互同情——如此一来,人们就不能容忍儿女的自由牺牲在父亲的专横统治之下。

---

① 　Monier Williams, *Indian Wisdom*, p. 440, n. 1.

第二十六章　妻子的臣服

在低等种族那里,妇女通常总是或多或少处于依附状态。当婚姻把她从父亲的支配下解放出来的时候,一般来说她就要转而受丈夫支配。但在不同民族那里,丈夫对妻子所拥有的权力差异极大。

妻子往往被当成是丈夫的财产或奴仆。在斐济群岛,"妇女处于受奴役状态……可以像出售其他财物那样随意卖掉妻子,售价一般相当于一支滑膛枪的钱。"[①]"加勒比妇女总是依附于自己的男性亲属。对自己的父亲、弟兄、丈夫而言,她就是一个奴隶,一般没有权力处理自己的事务。"[②]据说,北美很多印第安人对待妻子差不多跟对待自己的狗一样。[③] 在肖肖尼人中,"男人是妻子、女儿的唯一主人,他可以把她们卖掉,想怎么对待她们就怎么对待她们"。[④] 在东非的万尼卡人那里,妇女"就是玩具、工具、境遇最惨的奴隶;事实上她的待遇犹如畜生"。[⑤] 在民族志文献里,还有很

---

① Wilkes,*U. S. Exploring Expedition*,iii. 332.

② Brett,*Indian Tribes of Guiana*,p. 353.

③ Harmon,*Journal of Voyages in the Interior of North America*,p. 344.

④ Lewis and Clarke,*Travels to the Source of the Missouri River*,p. 307.

⑤ New,*Life,Wanderings,and Labourings in Eastern Africa*,p. 119.

多相似的记载。①

不过,就是在丈夫对妻子拥有绝对权力的那些地方,习俗似乎还是为妻子留下了一定权利。据说在澳大利亚原住民那里,总体来讲,"丈夫是妻子(或妻妾)的绝对主人";②另有人讲,在澳大利亚中部的土著居民中,"在每个家庭里父亲都绝对支配着自己的妻子";③有的说法讲,在西澳大利亚的某些部落,妻子委实处于悲惨的受奴役状态,丈夫一来她们就吓得发抖。④ 但我们有理由相信,这些说法有所夸大,它们并不适用于整个澳大利亚种族。我们在前面就注意到,习俗并不真的允许丈夫随意杀死自己的妻子。⑤要惩处或遗弃妻子,他有时必须取得部落同意。⑥ 甚至有这样的情形——丈夫对妻子不忠,妻子可以向部落的老人诉苦,丈夫可能

---

① Gibbs,' Tribes of Western Washington and Northwestern Oregon,' in *Contributions to N. American Ethnology*, i. 198. von Martius, *Beiträge zur Ethnographie Amerika's*, i. 104 (Brazilian Indians). Reade, *Savage Africa*, p. 548 (Negroes of Equatorial Africa). Proyart,'History of Loango,' in Pinkerton,*Collection of Voyages and Travels*, xvi. 570 (Negroes of Loango). Andersson, *Notes on Travel in South Africa*,p. 236 (Ovambo). Castrén, *Nordiska resor och forskningar*, i. 310; ii. 56 (Ostyaks). 在所有这些情形下,妇女都被说成仅仅是商品、奴隶或处于近似于奴隶的依附状态。在其他情形下,妇女被说成受丈夫压迫,被看作低人一等(Waitz [-Gerland], *Anthropologie der Naturvölker*,iii. 100 [North American Indians]; vi. 626 [Melanesians]. Bancroft,*Native Races of the Pacific States*,i. 121 [Hare and Sheep Indians]. Powers, *Tribes of California*,p. 133 [Yuki]. Tuckey,*Expedition to Explore the River Zaire*, p. 371 [Negroes]. Ling Roth,*Aborigines of Tasmania*,p. 54)。

② Curr,*The Australian Race*,i. 109.

③ Eyre,*Expeditions of Discovery into Central Australia*,ii. 317.

④ Salvado,*Mémoires historiques sur l'Australie*,p. 279. 关于澳大利亚土著的其他类似说法,参见:Nieboer,*Slavery as an Industrial System*,p. 11。

⑤ 见上文第 418 页。

⑥ Nieboer,*op. cit*. p. 17.

就要因为自己的所作所为吃苦头。[①] 在昆士兰中部的西北一带，

631 妇女在某些特定场合可以自己惩处男人：在成人仪式的某一阶段，

"只要哪个男人以前虐待、辱骂、'殴打'过哪位妇女，这个妇女就有

权利惩罚那个男人，她或许已经等了数月甚或数年来惩罚他"。[②]

关于澳大利亚中部的土著，斯潘塞和吉伦先生讲，"妇女确实没受

到粗暴的对待"；[③]而我们也从一些权威那里听说，在几个澳大利

亚部落里，已婚夫妇常常恩爱有加，白头偕老。[④] 例如，在新南威

尔士的原住民那里，"丈夫通常喜爱自己的妻子，而妻子也忠于自

己的丈夫并对之情深意笃"。[⑤] 不仅如此，在黑人中居住的白人也

向我们保证，就是在澳大利亚沙漠里也有惧内的丈夫。[⑥]

　　我们还可以举出其他事例，说明所谓丈夫对妻子的绝对权

威，不应过于当真。埃·斐·伊姆·特恩爵士这样讲圭亚那印

第安人："他们把妇女完全当作男人的财产，一如男人的狗。如

果愿意，他甚至可以卖掉她。"[⑦]不过在另一处，他既承认女性可

以通过平和的方式对男人施加较大影响，也承认"就是男人想要虐

待女人——事实上这并不符合他们的本性——公共舆论也会阻止

---

① *Ibid*. p. 18.

② Roth, *Ethnol. Studies among the North-West-Central Queensland Aborigines*, pp. 141,176.

③ Spencer and Gillen, *Native Tribes of Central Australia*, p. 50.

④ Westermarck, *History of Human Marriage*, p. 359. Stirling, *Report of the Horn Expedition to Central Australia*, *Anthropology*, p. 36.

⑤ Hill and Thornton, *Aborigines of New South Wales*, p. 7.

⑥ Calvert, *Aborigines of Western Australia*, p. 31.

⑦ Im Thurn, *Indians of Guiana*, p. 223.

他"。① 关于美国平原地带的印第安人,道奇上校写道:"妻子完全
属于丈夫。他可以虐待、殴打甚至杀死她,而不受非议。比之于叛
乱战争前的黑奴,她绝对更像奴隶。"但在接下来的一页,他又告诉
我们,按照习俗,每个已婚部落妇女都有"离开丈夫再嫁他人的绝
对权利,唯一的条件就是:新的丈夫必须有能力为此赔偿"。② 据
说,奇佩维安人妇女"一如男人的物件那样受男人支配",不过同时
"男人也跟她们商量,她们在与欧洲人的贸易以及其他重要事务中
也有相当影响"。③ 在蒙古人那里,妇女"完全依附于丈夫";但"在
家庭内部,妻子的权利几乎与丈夫同等"。④ 保利奇克博士告诉我
们,在索马里人、达纳吉尔人、加拉人中,妇女只是财物,没有相对
于丈夫的任何权利;但后来我们了解到,夫妻关系是平等的,妻子
是"能自主的女主人"。⑤ 我们一定不能像斯宾塞先生那样推断,
在可以用妇女交换牛或其他畜类的地方,妇女"当然"一概被视作
无个人权利。⑥ 聘金是对女方出嫁女儿的补偿,是对女方直至女
儿成婚之前养育女儿的花费的酬报;⑦聘金并不自动给予丈夫支
配妻子的绝对权力。关于非洲东南部的某些部落,詹姆斯·麦克
唐纳教士讲:"一个人要娶妻,就要给她的父亲几头牛。这并不是

---

① *Ibid*,p. 215.

② Dodge,*Our Wild Indians*,p. 205 *sq*.

③ Mackenzie,*Voyages to the Frozen and Pacific Oceans*,p. cxxii. *sq*.
Schoolcraft,*Archives of Aboriginal Knowledge*,v. 176.

④ Prejevalsky,*Mongolia*,i. 69 *sqq*.

⑤ Paulitschke,*Ethnographie Nordost-Afrikas*,pp. 189,190,244.

⑥ Spencer,*Principles of Sociology*,i. 750.

⑦ Westermarck,*History of Human Marriage*,p. 402.

我们通常所说的买卖，尽管人们也常常称之为买卖。妇女婚后并非奴隶。丈夫不能卖掉妻子，也不能违背明确的法律规定虐待她。她仍保有某些财产权利，保有对丈夫为她付出的牛的一定权利。如此就能保证丈夫善待她。"①甚至还有这样的民族——丈夫必须为娶妻付聘礼，但几乎没有什么权威。②

据说在许多地方，最苦的活都由妇女来干。在库钦人中，"妇女就是丈夫兼主人的役畜。所有的重活都是她们干"。③加利福尼亚的卡罗克人把妻子看作苦工，在旅途中会让妻子携带最重的东西。④在凯尼斯塔纳人中，妇女的生活就是无休止的辛苦劳作，因而，"据称有时她们会杀死自己幼小的女儿，以免她们将来沦入像自己这样的悲惨境地"。⑤冯·洪堡讲："荣马人妇女的情况跟所有半野蛮民族一样，处于极度贫困状态。她们要干最辛苦的活。"⑥在澳大利亚土著那里，"宿营、行进时妻子要干所有苦活，她们吃最差的食物，干最累的活"。⑦在中非东部，"妇女地位较低。她们被视作役畜，要做所有重活"。⑧在卡科恩人那里，"男子好逸

---

① Macdonald, *Light in Africa*, p. 159.

② *E. g.*, the Navahos and Pelew Islanders (Westermarck, *op. cit.* pp. 392, 393. 398 *sq.*). 关于这些部族中妻子的地位，参见下文第 638、643 页。

③ Hardisty, 'Loucheux Indians,' in *Smithsonian Report*, 1866, p. 312.

④ Powers, *op. cit.* p. 23 *sq.*

⑤ Schoolcraft, *Archives of Aboriginal Knowledge*, v. 167.

⑥ von Humboldt, *Personal Narrative of Travels*, iii. 238.

⑦ Curr, *The Australian Race*, i. 110.

⑧ Macdonald, *Africana*, i. 35.

恶劳，而所有妇女，不管地位高低，都要辛苦劳作"，[1]等等。[2] 不过，这些说法以及相似的说法即使是正确的，也没能表达全部真相。在早期社会，每一性别都有其分工。男子负责保护家庭，他终究也是要养家的。他的分工需要力量与敏捷——战斗、打猎、捕鱼，为狩猎和战争造工具，也要经常砍树建屋。[3] 妇女在男子外出时可以作为帮手伴随他，有时甚至也参加战斗，[4]而他们旅行时一般由妇女带着行李。不过妇女的主要分工一般是做家务事：准备木柴和水、做饭、加工兽皮、做衣服、照料孩子。其次，她为家庭提供植物性食物，如采集植物根茎、浆果、橡果，等等。在从事农业的族群，妇女常常还要种地。由狩猎发展而来的畜牧业主要由男性 634

---

① Anderson, *Mandalay to Momien*, p. 137.

② 其他事例参见：Mackenzie, *Voyages to the Frozen and Pacific Oceans*, p. 147 (Rocky Mountain Indians); Parker, in Schoolcraft, *Archives*, v. 684 (Comanches); Im Thurn, *op. cit.* p. 215 (Guiana Indians); Keane, 'Botocudos,' in *Jour. Anthr. Inst.* xiii. 206; Weddell, *Voyage towards the South Pole*, p. 156, Darwin, *Journal of Researches*, p. 216, and Bove, *Patagonia*, p. 131 (Fuegians); Nieboer, *op. cit.* p. 13 sqq. (Australian aborigines); Williams and Calvert, *Fiji*, p. 145; Forster, *Voyage round the World*, ii. 324 (natives of Tana, of the New Hebrides); Zimmermann, *Inseln des indischen und stillen Meeres*, ii. 17 (New Caledonians), 105 (New Irelanders); Lewin, *Wild Races of South-Eastern India*, pp. 192 (Toungtha), 254 sq. (Kukis); Rowney, *Wild Tribes of India*, p. 214 (most of the wild tribes of India); Reade, *op. cit.* pp. 51, 259, 545 (various African peoples); Waitz, *Anthropologie der Naturvölker*, ii. 117 (Negroes); Valdau, 'Om Ba-kwileh folket,' in *Ymer*, v. 167, 169。

③ See Spencer, *Principles of Sociology*, i. 750 sqq.

④ 关于妇女参加战斗，参见：Schoolcraft, *Indian Tribes of the United States*, i. 236 (Comanches); Powers, *op. cit.* pp. 246 (Shastika Indians of California), 253 (Modok Indians of California); Waitz [-Gerland], *op. cit.* iii. 375 (Caribs), vi. 121 (Maoris); Wilkes, *op. cit.* v. 93 (Kingsmill Islanders); Kotzebue, *Voyage of Discovery into the South Sea*, iii. 171 (natives of Radack)。

来干，①而由采集种子、植物发展而来的农业最初是由妇女承

635　担的。②

　　于是两性之间就依规则确立了各种劳动分工；占优势性别的
自我利益无疑或多或少影响了这些规则的形成，但隐藏在这些规

---

① Grosse,*Die Formen der Familie*, p. 92 sqq.

② *Ibid*. p. 159. Hildebrand, *Recht und Sitte auf den verschiedenen wirth-schaftlichen Kulturstufen*, p. 44 sqq. Dargun,'Ursprung und Entwicklungsgeschichte des Eigenthums,' in *Zeitschr. f. vergl. Rechtswiss*. v. 39,110. Bücher,*Die Entstehung der Volkswirthschaft*, p. 36 sqq. Schurtz, *Das afrikanische Gewerbe*, p.7. Ling Roth,'Origin of Agriculture,' in. *Jour. Anthr. Inst*. xvi. 119 sq. Mason,*Woman's Share in Primitive Culture*, pp. 15 sqq.,146 sqq. ,277 sq. Havelock Ellis,*Man and Woman*, p. 5. von den Steinen,*Unter den Naturvölkern Zentral-Brasiliens*, p. 214. von Schuetz-Holz-hausen,*Der Amazonas*, p. 67 (Peruvian Indians). Waitz,*op. cit*. iii. 376 (Caribs). Prescott,in Schoolcraft,*Indian Tribes of the United States*, i. 235 (Dacotahs). Colden, *ibid*. iii. 191；Seaver,*Narrative of the Life of Mrs. Mary Jemison*, p. 168 (Iroquois). 'Die Baluga-Negritos der Provinz Pampanga (Luzon),' in Globus, xli. 238. Zöller, *Kamerun*, iii. 58 (Banaka and Bapuku). Möller,Pagels,and Gleerup,*Tre år i Kongo*,i. 129,137 (Kuilu Negroes), 270 (Bakongo). Valdau, in *Ymer*, v. 165 (Bakwileh). Burrows,'Natives of the Upper Welle District,' in *Jour.Anthr. Inst*. xxviii. 41 (Niam-Niam). New,*op. cit*. pp. 114 (Wanika),359 (Wataveta). Stuhlmann,*Mit Ernin Pascha ins Herz von Afrika*, p. 182 (Waganda). Pogge,*Im Reiche des Muata Jamwo*, p. 243 (Kalunda of Mussumba). Decle, *Three Years in Savage Africa*, pp. 78, 79, 85 (Barotse),160 (Matabele). von Weber,*Vier Jahre in Afrika*, ii. 195 (Zulus). 不过,这个规则也有例外。在克里克和切罗基印第安人中，在田里干活的妇女不足男人的三分之一（Bartram,in *Trans. American Ethn. Soc*. iii. pt. i. 31）。在瓦坎巴人中，诸如清理新地、给新地松土这样的重活都由男人干（Decle,*op. cit*. p. 493）。事实上，在某些族群，对体力有较大要求的农活都交给男性干（Hildebrand,*op. cit*. p. 44 sqq. Havelock Ellis,*Man and Woman*,p. 5）。在马来半岛，男人主要在地里干活（Ratzel,*History of Mankind*,i. 441）。在金斯米尔群岛（Wilkes,*op. cit*. v. 91）、汤加（Cook,*Voyage to the Pacific Ocean*,i. 390 sqq.）、加罗林群岛（Cantova,转引自：*ibid*. i. 392,note），由男人种地。在加拉人中，"妇女在地里放羊、放牛、养蜂，男人犁地、播种、收割"（Harris, *Highlands of Aethiopia*,iii. 47）。

则背后的基本原则尚需进一步挖掘。这些规则总体说来与大自然本身的要求相协调。把妇女当驮兽，看来是残酷的习俗，让我们不妨以此为例评述一下。正如皮纳尔所说——他特别提到了巴拿马印第安人——于一知半解的观察者而言，妇女负重前行，男子走在妇女前面，除了自己的武器什么都不带，这看来或许确实奇怪。但稍作思考就能明白，这种安排有着充分的理由，男子不负重，便于行动。小批行人四周往往危险重重：穿越大草原或森林的时候，不怀好意的印第安人随时会出现，虎或蛇或许就躺在那里等候猎物出现。因而，男子必须保持警觉，随时准备拿起武器对付侵犯者，保护自己以及家人。[1] 多布里茨霍费尔写道："阿比泊尼人外出时，所有行李都交给妇女，男子只带一支矛，这样男子就能根据情况随时投入战斗或狩猎。"[2]

再者，赋予某一性别某特定分工而不许另一性别染指，不管最初的原因是什么，这样的限制后来都是由习俗大加强调，许多情况下迷信也强调这样的分工限制。[3] 在非洲，人们普遍相信，只要妇女跟牛沾上了边，牛就会生病。[4] 因而在大多数尼格罗人种那里，只有男子才能挤牛奶。[5] 在非洲东南部，"妇女不能入牛栏"。[6] 贝

---

① Pinart，转引自：Nieboer，*op. cit.* p. 21。

② Dobrizhoffer，*Account of the Abipones*，ii. 118. C*f*. Wied-Neuwied，*Reise nach Brasilien* ii. 17，37（Botocudos）；Giddings，*Principles of Sociology*，p. 266 *sq*.

③ See Crawley，*Mystic Rose*，p. 49 *sq*.

④ Schurlz，*Das afrikanische Gewerbe*，p. 10.

⑤ Ratzel，*op. cit.* ii. 419.

⑥ Macdonald，*Life in Africa*，p. 221.

636

专纳人向来不许妇女接触牛，男人只好自己犁地。[1] 按照北美印第安人的习俗和迷信，妇女必须小心翼翼躲开只属于丈夫的行动区域。[2] 另一方面，在达科他人中，"男人不怎么管妇女干的事；他们也不会帮助妇女，他们尽力避开妇女，因为害怕被嘲笑，害怕被称作女人"。[3] 在阿比西尼亚，"男人到市场上买任何东西都是丢面子的事。他不能运水，也不能烤面包；不过他必须既洗男性的衣服，也洗女性的衣服，而这类工作，女人也不能帮他。"[4] 我曾在摩洛哥贝尼阿森人部落的一个村庄待过，有一次我的一个土著仆人出去取水，村庄里的妇女相当惊骇；她们绝不让他做她们所谓妇女之事。对格陵兰岛民来说，若男子介入本该妇女干的事，乃丢人现眼之举。只要男人猎获了战利品，他就无须再操心其他事情；"哪怕是把海豹从水里拖出来，也会让自己蒙上污名"。[5] 在巴刚果人中，若男子帮助妇女在地里干活，妇女会大大嘲弄他一番。[6] 有时人们认为，农业的收成要好，要依靠妇女的神秘本领，这一本领与她们生孩子的本事密切相关。[7] 有些奥里诺科印第安人给古米勒神父讲："妇女种玉米，每株产两三个；妇女种木薯，每株能收获两三篮；如此什么庄稼都能翻倍。为什么？因为妇女知道怎么生孩

637

---

[1]　Holub, 'Central South African Tribes', in *Jour. Anthr. Inst.* x. 11.

[2]　Waitz, *op. cit.* iii. 100.

[3]　Prescott, in Schoolcraft, *Indian Tribes of the United States*, iii. 235.

[4]　Bruce, *Travels to Discover the Source of the Nile*, iv. 474.

[5]　Nansen, *First Crossing of Greenland*, ii. 313. Cranz, *History of Greenland*, i. 138, 154.

[6]　Möller, Pagels, and Gleerup, *op. cit.* i. 270.

[7]　See Payne, *History of the New World*, ii. 8.

子,也知道怎么种谷物让它们发芽和成长。那么就让她们种吧;我们知道的不如她们多。"①

显然,这种严格的劳动分工容易误导前来旅行的生人。他看到妇女卖力干活,男子袖手旁观;他看不到,只要到了自己的行动领域,后者该忙的时候就会忙起来。本来主要是习俗造成的劳动分工,却被视为男性的绝对暴政;妻子就被说成丈夫的可怜奴隶,什么权利都没有。而不管妻子做事多辛苦,工作上的明显差别本身就是权利的源泉,妇女由此在丈夫不得介入的领域拥有排他性权威。在巴纳卡人与巴普库人那里,尽管妻子被当作丈夫的财产和奴隶,但她在自己家里却是专制者,强大到能违抗自己的丈夫兼主人的地步。② 斯库克拉夫特讲,在北美印第安人那里,"家以及家里的一切,都是由妻子管理、支配的……丈夫于此没有发言权"。③ 下面会引用许多其他相似的说法。

638

因此,我们有理由相信,在蒙昧人那里,丈夫对妻子的权威并不总是像传说中的那般大。我们必须明确拒斥如下的一般性说法——在低等种族中,妇女总的说来处于一种几乎完全受支配的状态。④ 在许多低等种族那里,妇女尽管也受丈夫支配,但据悉也

---

①　Gumilla, *El Orinoco ilustrado*, ii. 274 *sq.*

②　Steinmetz, *Rechtsverhältnisse*, p. 29 *sq.*

③　Schoolcraft, *Indian in his Wigwam*, p. 73.

④　因此迈纳斯讲:"在蒙昧民族中,女性进入婚姻,就是最残酷、悲惨的奴役的开始;于是很多妇女害怕婚姻甚于害怕死亡。"(*History of the Female Sex*, i. 2)一位意大利作者在关于原始家庭的近作里认为,家庭制度中最基本的事实或许就是,在各个地方,妇女总是"屈服于丈夫,被丈夫压迫"(Amadori-Virgilj, *L'istituto famigliare nelle società primordiali*, p. 138)。

有相当程度的独立性，丈夫对待她要考虑周全，她对丈夫的影响并不小。据说，在有些情形下，他们之间的关系是平等的，在有些情形下，她的地位更高。

据说，在南美印第安人那里，很多妇女在家庭或社群里占据着受尊敬的位置。[1] 因此，在哥伦比亚的瓜希罗人那里，"发生了争吵或酒后打架，妇女常常跑来夺下丈夫或弟兄手中的武器，这样就避免了流血事件。因而与妇女一起外出是非常安全的，遇到危险时，如果要保护这位陌生的客人，只需妇女出面就可以了。"[2] 在墨西哥的塔拉乌马雷人那里，尽管他们有格言称一男顶五女，但妇女"在家里有相当高的地位，丈夫有事不征求妻子的意见，就不会有结果"。[3] 在新墨西哥的纳瓦霍人那里，妇女"具有很大影响"；[4] 她们"不必做那些细碎而卑微的小事，而她们的丈夫也鲜有怨言"；[5] "各方都同意，住房及所有家庭财产完全属于妻子。"[6] 格林内尔先生这样讲北美印第安人："通常认为，印第安妇女就是苦工、奴隶，但就我的观察来讲，这个看法完全不对。确实，妇女要在营地劳作；她们要做所有辛苦而毫无乐趣的活计……但她们并不

---

① 　Waitz, *Anthropologie der Naturvölker*, iii. 472 (Guaycurus), 530 (Morotocos). von den Steinen, *Unter den Naturvolkern Zentral-Brasiliens*, p. 332 (Bakairi).

② 　Simons, 'Exploration of the Goajira Peninsula,' in *Proceed. Roy. Geo. Soc. N. S.* vii. 792. See also Can-delier, *Rio-Hacha*, p. 256.

③ 　Lumholtz, *Unknown Mexico*, i. 265.

④ 　Letherman, in *Ann. Rep. Smithsonian Inst.* 1855, p. 294.

⑤ 　Eaton, in Schoolcraft, *Archives*, iv. 217.

⑥ 　Stephen, in *American Anthropologist*, vi. 354.

就是仆人。相反,她们享有很受尊重的地位。许多事务都要征求她们的意见,不仅包括家庭事务,还包括重要的一般性事务。有时妇女甚至也参加理事会,在那里发言,提出看法……在一般的家庭谈话中,若妇女不赞成丈夫的说法,会毫不犹豫地插话,纠正丈夫,男人则洗耳恭听,尽管当然这也依赖于妇女的身份、地位、见识,等等。"①谭・凯特也是一个可信的观察者,他强烈反对北美印第安妇女被当作役畜的说法;他证实,与文明国家下层阶级妇女比起来,她们的境遇要好得多,而不是更糟。② 在奥马哈人那里,妇女与男子的社会地位是平等的;夫妻共同掌管家庭,是房子、衣物等家产的共同所有人,因而若妻子不同意,男人不能将任何东西扔掉。③ 在塞内卡人那里,"通常,女性掌管家庭,无疑也不许别人染指家政。家产双方共有;不过,若丈夫或情人过于懒惰、懒惰、没出息、不能养家,就会遭遇祸患。不管有了多少孩子,不管他在家里有多少东西,女方可随时强求他卷铺盖走人。"④穆尼先生讲:"按照现有文献,切罗基人显然具有一种与易洛魁人相似的习俗——很可能其他东部印第安人部落也有。依此习俗,有关战争与和平这样的重要问题,都交由妇女投票来裁决。"⑤在

---

①　Grinnell,*Story of the Indian*,p. 46 *sq*. C*f*. Waitz,*op. cit*. iii. 101 *sq*.

②　Ten Kate,*Reizen en onderzoekingen in Noord-Amerika*,p. 365. C*f*. *ibid*. 459.

③　Dorsey,'Omaha Sociology,' in *Ann*. *Rep*. *Bur*. *Ethn*. iii. 266,366.

④　Morgan,*Houses and House-Life of the American Aborigines*,p. 65 *sq*. See also Dixon,*New America*,p. 46.

⑤　Mooney,'Myths of the Cherokee,' in *Ann*. *Rep*. *Bur*. *Ethn*. xix. 489.

640

萨利什人或弗拉塞德人那里,"尽管妇女必须做大量苦工,她们绝没被当作奴隶看待,相反,她们很受尊重,也很有权威"。[①] 在努特卡人那里,"做生意时常常征求妻子意见,事实上她们看来完全处于与丈夫平等的地位,只是她们不能参加一些公共宴会和庆典"。[②] 在皮吉特湾一带的印第安人那里,"在达成一笔交易以前,也总要征求妇女的意见",而且妇女"在部落里影响很大"。[③] 思林凯特人妇女也并非丈夫的奴隶;她拥有明确的权利,她的影响相当大。[④] 在十字湾角的土著那里,社会承认"妇女的地位高于男性"。[⑤] 在西廷内人中,"妇女不需要干太多的活,她们在多数事务上都很有发言权"。[⑥] 在科迪亚克,妇女很受尊重,享有很大自由。[⑦] 在坎查岱人中,妇女掌管一切事务,而丈夫是她们驯顺的奴隶。[⑧] 诺登舍尔德这样讲楚科奇人:"妇女的权力看来很大。做比较重要的交易的时候,甚至有关武器和狩猎工具的事,总是要咨询她,接受她的意见。妇女有这样那样的方式方法拿自己的责

[①] Hale, *U. S. Exploring Expedition. Vol. VI. Ethnography and Philology*, p. 207.

[②] Bancroft, *op. cit.* i. 196. *Cf.* Sproat, *Scenes and Studies of Savage Life*, pp. 93, 95 (Ahts).

[③] Bancroft, *op. cit.* i. 218.

[④] Krause, *Tlinkit-Indianer*, p. 161.

[⑤] Meares, *Voyages to the North-West Coast of America*, p. 323.

[⑥] Dall, *Alaska*, p. 431.

[⑦] Holmberg, 'Ethnographische Skizzen über die Volker des russischen Amerika,' in *Acta Soc. Scient. Fennicæ*, iv. 399.

[⑧] Steller, *Beschreibung von dem Lande Kamtschatka*, p. 287.

任做交易,她也可以随心所欲地使用这些方法。"[1]班克罗夫特先生曾这样讲到西爱斯基摩人"妇女的命运仅仅稍好于奴隶",[2]但重要的是,必须把此说法与这一事实——妇女要做很多苦差事——联系起来理解。根据希曼博士,"尽管爱斯基摩妇女的地位不能与男子平等,至少与野蛮民族的通常做法比起来,这里男人对妇女的考虑更周全";不仅如此,"妇女还常常是家庭内的主要权威",而"男人未征求妻子的意见就绝不会达成一项交易,若妻子不赞同,就会取消交易"。[3]在巴罗角一带的爱斯基摩人那里,"看来妇女在家庭和社群里的地位与男人完全平等。除了狩猎,妻子在所有事情上都是男人持久的受信任的伙伴,在每一项交易或其他重要事情上都要征求妇女的意见。"[4]在格陵兰也是如此,尽管妇女地位被认为比男子低很多,她绝不是受压迫者,[5]她的丈夫在重要事情上都要征求她的看法。[6]

641

在普泽瓦尔斯基看来,在过游牧生活的唐古特人那里,妇

---

　　① Nordenskiöld,*Vegas fard kring Asien och Europa*,ii.144.

　　② Bancroft,*op. cit*. i.65 *sq.* 班克罗夫特先生很可能主要引述了阿姆斯特朗的说法。阿姆斯特朗讲,在各个方面,爱斯基摩妇女都是男人的奴隶,除了打猎和捕鱼外,她们要承担大部分户外工作;不过他还讲,与蒙昧人中妇女的一般状况比起来,爱斯基摩妇女有着较高地位,受到更多尊重(Armstrong,*Personal Narrative of the Discovery of the North-West Passage*,p.195)。

　　③ Seemann,*Narrative of the Voyage of "Herald,"* ii.66.

　　④ Murdoch,'Ethnological Results of the Point Barrow Expedition,' in *Ann. Rep. Bur. Ethn.* ix.413.

　　⑤ Nansen,*First Crossing of Greenland*,ii.312.

　　⑥ Nordenskiöld,*Den andra Dicksonska expeditionen till Grönland*,p.509.

女在家里的权利与男人同等。① 据说,在印度的托达人中,妇女"在家中的地位跟通常在东方民族中见到的很不一样。她们受到敬重,享有相当的自由。"②在坎德人中,妇女"普遍受到尊重;各家的母亲们一般就更受敬重。无论公共还是私人事务,不征求她们的意见,什么事都办不成,她们通常对部落理事会具有强大的影响。"除非婚期未满一年,或者她要生孩子,或者孩子出生未满一年,妻子可以随时离弃丈夫。不过,她离开时,丈夫有权立即从她父亲那里索回聘金。③ 在印度西北部省份的农民中,妻子是家中有影响的人物,并非只是苦工。不事先告诉她,征求她的意见,几乎什么事都做不成。如果她受了委屈,部落理事会会保护她。或许总体而言,她的地位并不比世界其他地方处于相似生命阶段的女性差。④ 在卡蒂人那里,男人在相当程度上要受妻子权威的约束。⑤ 在比尔人中,妇女"在社会上具有很大影响",而已婚男人一直有着妻管严的名声。⑥ "在科尔人、霍人那里,丈夫总是视妻子为伴侣。只要遇到什么困难,就征求她的意见,她也因其性别在所有方面受到尊重";⑦道尔顿上校又讲道:"整体说来,世界

642

---

① Prejevalsky, *Mongolia*, ii. 121.

② Marshall, *A Phrenologist amongst the Todas*, p. 43.

③ Macpherson, *Memorials of Service in India*, pp. 69, 132 sq.

④ Crooke, *North-Western Provinces of India*, p. 230 sq.

⑤ Rowney, *Wild Tribes of India*, p. 47.

⑥ Malcolm, *Memoir of Central India*, ii. 180. Rowney, *op. cit.* p. 38.

⑦ Hayes, 转引自: Dalton, *Descriptive Ethnology of Bengal*, p. 194。Cf. Bradley-Birt, *Chota-Nagpore*, p. 100 sq.

上没有哪个别的国家的妻子受到如此善待。"①卡罗人中，"做丈夫的很和善，他们对较弱小性别的行为一般总是体贴而尊重的"。② 博戈人与迪马尔人"善待妻女，对她们信任而体贴"。③ 散塔尔人"尊重家里的女性成员"。④ 库基人普遍能考虑到妇女；"男人采纳她们的意见，她们有不小的影响。"⑤科洪先生注意到，印度支那诸民族盛行两性平等，在佛教传入之前很久就这样了。⑥

　　在尼科巴人那里，"妇女的地位一直都绝不比男性低。她们全方位介入公共舆论，公开探讨与村庄利害相关的问题，她们的意见在决策以前能得到应有的注意。事实上，所有事务都要征求她们的意见，而惧内的丈夫在尼科巴群岛并不罕见。"⑦克劳福德先生认为，在马来半岛，"妇女的命运整体上可以说比任何东方国家都要好"；她们与男性"在所有方面都是平等的，这种社会状况令我们吃惊"。⑧ 在巴厘，妇女与男人完全平等。⑨ 达雅克人很尊重自己的妻子，总是要征求她的看法；⑩他"不是把她当作奴隶，而是当作伴侣"。⑪ 在巴塔

① Dalton, *op. cit.* p. 194.
② *Ibid.* p. 68.
③ Hodgson, *Miscellaneous Essays*, i. 150.
④ Hunter, *Annals of Rural Bengal*, i. 217. *Cf.* Ymer, v. p. xxiv.
⑤ Lewin, *Wild Races of South-Eastern India*, p. 254.
⑥ Colquhoun, *Amongst the Shans*, p. 234. *Cf.* Fytehe, *Burma*, ii. 72.
⑦ Kloss, *In the Andamans and Nicobars*, p. 242.
⑧ Crawfurd, *History of the Indian Archipelago*, i. 73.
⑨ Raffles, *History of Java*, ii. p. ccxxxi.
⑩ Bock, *Head-Hunters of Borneo*, p. 210 *sq.*
⑪ Selenka, *Sonnige Welten*, p. 33. *Cf.* Wilkes, *op. cit.* v. 363.

克人中,已婚妇女常常对自己的家庭具有很大影响。[1] 在印尼的赛朗,她们在所有事务上都与男人具有平等的权利,因而受到善待。[2] 苏禄的妇女"享有支配丈夫的声名,她们由于能影响自己的丈夫而在政治事务中发挥重要作用"。[3]

在美拉尼西亚,妇女通常要辛苦工作,就相当于奴隶;[4] 不过至少有些岛上的妇女情况相当好。在托雷斯海峡西部的岛屿,"妇女看来在多数问题上都有发言权,绝未受到什么压迫和虐待"。[5] 在新几内亚的有些地方,她们的地位被描述为很受尊重。[6] "她们在家庭事务上很有发言权,有时对丈夫颐指气使";她们的影响不仅体现在家庭事务上,也体现在国家事务上。[7] 在新赫布里底群岛的埃罗曼加,尽管妇女要做所有耕作的苦差事,整体说来她们的丈夫能够善待她们。[8] 在所罗门群岛也是这样;[9]在新乔治亚的东部地区,她们甚至不必干很多活。[10] 在密克罗尼西亚,妇女的地位很高。在玛丽

---

[1]　Steinmetz,*Ethnol. Studien zur ersten Entwicklung der Strafe*,ii. 299.

[2]　Riedel,*De sluiken kroesharige rassen tusschen Selebes en Papua*,p. 97.

[3]　Wilkes,*op. cit.* v. 343.

[4]　Nieboer,*op. cit.* p. 392 *sqq.* Waitz-Gerland,*op. cit.* vi. 626.

[5]　Haddon,in *Reports of the Cambridge Anthropological Expedition to Torres Straits*,v. 229.

[6]　Ratzel,*op. cit.* i. 274.

[7]　Pitcairn,*Two Years among the Savages of New Guinea*,p. 61. *Cf.* Bink,in *Bulletin Soc. d'Anthrop. de Paris*,xi. 392;Hagen,*Unter den Papua's*,pp. 226,243.

[8]　Robertson,*Erromanga*,p. 397.

[9]　Parkinson,*Zur Ethnographie der nordwestlichen Salomo Inseln*,p. 4.

[10]　Somerville,'Ethnogr. Notes in New Georgia,' in. *Jour. Anthr. Inst*,xxvi. 405 *sq.*

安娜群岛,"妻子是家庭当之无愧的女主人,丈夫不经她同意不敢处理任何事情";不仅如此,丈夫据说实际上还受妻子支配,"妇女享有的这些特权,在多数其他国家里,只是男性才有".[1] 帛琉群岛的妇女在各个方面都与男性平等;家人中年纪最大的男性被称为奥博库(Obokul),如他不听取年纪最大女性的意见就什么事都办不了.[2] 在卡罗琳,女性这一较弱小的性别"在大众眼里与另一性别完全平等".[3] 在莫特洛克岛民那里,妻子完全独立于丈夫.[4] 在金斯米尔群岛,人们对妇女考虑得很周到:"看起来她们只是在管家",而所有重活都由男人来干.[5] 在莱恩岛民中,"两性之间是平等的;妇女可以投票,可以发表意见,就像男人那样,整体说来是女人裁决问题,除非涉及针对其他岛屿的战争".[6] 在波利尼西亚的许多岛屿,她们的地位也绝不差.[7] 在汤加,"有的妇女是贵族,而不管她们的等级地位如何,她们因自己的性别而很受尊重";她们不需要做苦工或干很不体面的活儿,[8] 她们的社会

644

---

[1] Moore, *Marriage Customs*, p. 187. Waitz, *op. cit.* v. pt. i. p. 107 sq.

[2] Kubary, *Die socialen Einrichtungen der Pelauer*, p. 38 sq. Cf. Idem, 'Die Palau-Inseln,' in *Journal des Museum Godeffroy*, iv. 43; Keate, *Account of the Pelew Islands*, p. 331.

[3] Hale, *op. cit.* p. 73.

[4] Kubary, 'Die Bewohner der Mortlock Inseln,' in *Mittheilungen der Geograph. Gesellsch. in Hamburg*, 1878-9, p. 261.

[5] Wilkes, *op. cit.* v. 91.

[6] Tutuila, in *Jour. Polynesian Soc.* i. 269.

[7] See Waitz-Gerland, *op. cit.* vi. 120 sqq.

[8] Mariner, *Natives of the Tonga Islands*, ii. 97.

地位并不低于男子。① 在萨摩亚，"人们对她们考虑周全……体贴入微，她们不需要做什么遭罪的活儿，而只需做她们本应做的事"。② 在马科萨斯群岛的蒂皮谷地，除了宗教禁忌限制以外，妇女可以满足自己任何可能的嗜好；她们不需要做苦差事，"在别的地方从未见过妇女拥有这么大的权力"。③ 罗尚这样提到马达加斯加人："这里的男人从不像专制者那样对妇女发号施令；妇女也从不像奴隶那样驯顺。权力的天平甚至向女性倾斜。"④在现在的马达加斯加，妇女"不会被轻视，基本上不会被看作比男性低等"，她们也能参与丈夫关心、喜爱的事，与丈夫共享生活，在很大程度上跟我们这里的夫妻关系没什么差别。⑤

最后转向非洲大陆——我们发现，在尼格罗人种里，妇女尽管负担很重，或多或少顺从于丈夫，但她们绝非毫无影响。⑥ 埃尔·巴特纳讲："如果对他们的家庭情况比较熟悉，就能发现，那里跟别的地方一样，丈夫也为裙裾政治支配，多数妇女喜欢向外面摆出姿态，以示她们是一家之主。女人，包

---

① Erskine, *Cruise among the Islands of the Western Pacific*, p.158.

② Wilkes, *op. cit.* ii. 148. *Cf.* Waitz-Gerland, *op. cit.* vi. 121.

③ Melville, *Typee*, p. 299.

④ Rochon, 'Voyage to Madagascar,' in Pinkerton, *Collection of Voyages and Travels*, xvi. 747. *Cf.* Waitz, *op. cit.* ii. 438.

⑤ Little, *Madagascar*, p. 63.

⑥ Waitz, *op. cit.* ii. 117. Ratzel, *op. cit.* ii. 332. Buchner, *Kamerun*, p. 32 *sq.* Möller, Pagels, and Gleerup, *op. cit.* i. 171 (Lukungu). Steinmetz, *Rechtsverhältnisse*, p. 29 (Banaka and Bapuku). Lang, *ibid.* p. 225 (Washambala). Burrows, *Land of the Pigmies*, p. 62 (Niam-Niam). Chanler, *Through Jungle and Desert*, p. 485 (Wakamba).

括姑姨婶们，在所有或重要或不重要的场合，都很有发言 645
权。"①按照施魏因特富特博士的观点，芒贝图妇女能在最大
程度上独立于丈夫；"如果看到他家有什么东西挺新奇，问男
主人可否卖掉，他会回答：'哦，问我老婆吧。那是她的。'这种
回答就能表明男人的家庭地位。"②在摩姆维斯人中，"妇女与
男子一起打猎，伴随男子上战场，亲自参加战斗，他们与男子
地位平等。"③在中非的马迪人或莫鲁人部落，"男人敬待妇
女，总是让妇女优先，让她们占最好的位置，对她们彬彬有
礼"。妇女与男子平等交往，男子向她们征求意见，敬重她们；
任何侮辱妇女的行为都要招致报复，侮辱妇女也常常惹起战
争。④在霍屯督人家里，女人就是最高统治者，丈夫没什么可
说的。"尽管在公开场合男人起突出作用，在家里他们就没那
么大权力了，未经妻子许可，甚至不能从奶盆里取走一点酸
奶。如果男人在家里老是越权，他最亲近的女性亲属就会罚
他付出奶牛和绵羊，奶牛和绵羊要归入妻子的畜群。"⑤在柏
柏尔人中，女人对男人有相当大的影响。在加那利群岛的关
契斯人那里，女性很受尊重。⑥在图阿雷格人那里，"女人与

---

① Büttner，转引自：Ratzel，*op. cit.* ii. 334。

② Schweinfurth，*Heart of Africa*，ii. 91.

③ Burrows，*op. cit.* p. 128.

④ Felkin，'Notes on the Madi or Moru Tribe，' in *Proceed. Roy. Soc. Edinburgh*，xii. 329.

⑤ Hahn，*The Supreme Being of the Khoi-Khoi*，p. 19.

⑥ Bory de St. Vincent，*Essais sur les Isles Fortunees*，p. 105. Mantegazza，*Rio de la Plata e Tenerife*，p. 630.

男人具有平等地位,即便女人在某些方面不如男人"。① 在贝尼阿梅尔人中,丈夫不征求妻子意见、没有妻子的善意支持就什么事都做不成。② 纳赫蒂加尔博士讲,住在撒哈拉沙漠的阿拉伯部落民奥拉德苏莱曼人有个很奇怪的现象,那些强盗和杀人犯令人恐惧,他们在自己家里却无权无势。③ 无论是撒哈拉沙漠④还是东方⑤的贝都因妇女都享有相当大的自由,有时甚至能支配自己的丈夫。

　　所有这些说法当然并不意味着社会不认可丈夫拥有对于妻子的权力,而是证明,丈夫的权力并不是无限的。事实上,我们的许多权威人士提到了妇女拥有的自由,而不提习俗给予妇女的特权;但正如我们前面看到的那样,习俗性权利或多或少总是受到习惯性做法的影响。还应该补充一下,在许多蒙昧部族,丈夫只在特定条件下才有与妻子离婚的权利;⑥而相当多的习俗、法律允许妻子或基于特殊理由与丈夫离异,或只要她愿意就可与丈夫断绝关系。⑦ 在中非东部的某些地区,若丈夫未能为妻子缝补衣裳,或双方不能两情相悦,就允许离婚。⑧ 在缅甸的掸人那里,若丈夫酗酒

---

① Dyveyrier, *Exploration du Sahara*, p. 339. *Cf.* Chavanne, *Die Sahara*, p. 181; Hourst, *Sur le Niger et au pays des Touaregs*, p. 209.

② Munzinger, *Ostafrikanische Studien*, p. 325.

③ Nachtigal, *Sahara und Sudan*, ii. 93.

④ Chavanne, *op. cit.* p. 397.

⑤ Wallin, *Reseanteckningar från Orienten*, iii. 151, 152, 269. Blunt, *Bedouin Tribes of the Euphrates*, ii. 214, 226, 228.

⑥ Westermarck, *op. cit.* p. 523 *sq.*

⑦ *Ibid*. p. 526 *sqq.*

⑧ Macdonald, *Africana*, i. 140.

或有其他不端行为，妻子有权与他离异，而且双方结合期间的所有金银财物都归她。[①]　在印度内尔戈里一带的伊鲁拉人那里，是维持婚姻还是分道扬镳，主要由女方来定。[②]　在马德拉斯地区的山地原住民萨瓦拉人中，"妇女只要愿意就可以离开丈夫"。[③]　有些人仓促就下结论，说蒙昧人丈夫整体说来对妻子有绝对的支配权，此说显然与上述材料相去甚远。

经常有人讲，一个族群的文明程度可以用妇女的地位来衡量。不过至少就文明演化的早期阶段而言，事实并不支持这个看法。在几个最低等种族那里，包括维达人、安达曼岛民以及布须曼人，女性的待遇要远远好于许多较高等的蒙昧人和野蛮人。旅行者并　647非极少看到这样的事——在两个临近部落里，文明发展程度较低的部落在此方面为另一部落树立了榜样。弗里奇博士说："在布须曼人中，女性是男性的生活伴侣，而在阿班图人那里，女性就是驮兽。"[④]刘易斯和克拉克声称，整体来看，蒙昧部落妇女的地位甚至与部落的道德品质没有必然的联系。他们讲："印第安人对女性是最温和的，他们非常尊重女性的意见，他们的品德却并非出类拔萃……另一方面，女性地位非常低下的部落，却拥有极高的荣誉感、很大的自由，以及他们那个社会所要求的所有良好品质。"[⑤]女性的情况或女性的相对独立性不一定能衡量一个民族文化的概貌，

[①]　Colquhoun, *Amongst the Shans*, p. 295.

[②]　Harkness, *Description of a Singular Aboriginal Race inhabiting the Neilgherry Hills*, p. 92.

[③]　Fawcett, in *Jour. Anthrop. Soc. Bombay*, i. 28.

[④]　Fritsch, *Die Eingeborenen Süd-Afrika's*, p. 444.

[⑤]　Lewis and Clarke, *op. cit.* p. 441.

通过比较许多低等种族和古代文明民族,我们也能发现这一点。

中国妇女的地位一直低于男性,而中国的圣贤从未慷慨表示要改善妇女的社会地位。[①] 她的孩子必须尊重她,不过反过来她要像孩子那般依从丈夫;[②]依中国社会的尺度,相对于母亲,妻子是极次要的角色。[③] 丈夫委实不拥有对妻子的绝对权力:他不能杀害她,未经她同意也不可卖掉她,[④]除非法律规定的特定因由,丈夫也不能休妻。[⑤] 不过法律规定的这些原因弹性很大;据说,"只要妇女不守妇道,把她赶出门就是公平合理的"。[⑥] 有一本书,可谓中国人道德作品的精华,读者对象主要是儿童,里面写道:"兄弟如手足,妻子如衣服。衣服破,尚可缝,手足断,安可续?"[⑦]另一方面,妇女无论如何也不能合法地断绝与丈夫的关系。[⑧] 孔子讲:"男子者,任天道而长万物者也。女子者,顺男子之教而长其理者也。是故无专制之义,而有三从之道,幼从父兄,既嫁从夫,夫死从子。"[⑨]从前在日本法律里,妇女就是奴仆而不是人。"婚前一直在父亲屋檐下生活,恭敬地对待长辈,她应该把恭敬,而不是爱,带往

648

---

① Legge, *Religions of China*, pp. 107, 108, 111.

② de Groot, *Religious System of China*, (vol. ii. book) i. 550.

③ Giles, *Strange Stories from a Chinese Studio*, i. 315, n. 3.

④ Doolittle, *Social Life of the Chinese*, ii. 209.

⑤ Medhurst, 'Marriage, Affinity, and Inheritance in China,' in *Trans. Roy. As. Soc. China Branch*, iv. 25 *sq.* Gray, *China*, i. 219. Müller, *Reise der Fregatte Novara*, Ethnographie, p. 164.

⑥ Navarette, 'Account of the Empire of China,' in Awnsham and Churchill, *Collection of Voyages and Travels*, i. 73.

⑦ *Indo-Chinese Gleaner*, i. 164.

⑧ Gray, *op. cit.* i. 219.

⑨ Legge, *Chinese Classics*, i. 103 *sq.*

新家。她必须总是服从，而不能妒忌。不管丈夫把什么人带到家里，她都不能发火。丈夫用餐时她必须恭候。她必须跟在丈夫后面走，而不能走在丈夫旁边。她死了以后，她的子女参加她的葬礼，而她的丈夫不参加。"[①]日本男人可以凭中国男人同样的理由休妻，[②]而且，直到 1873 年，法律仍然规定妻子不能离弃丈夫。[③]不过，尽管日本妻子是"家里的第一个仆人"，如果她和丈夫生有孩子，教育和大众舆论就会要求敬待她。[④] 她被称为"家里最可敬的 649 女士"，据说她的地位比在其他任何东方国家都要高。[⑤]

在世界各个地方，我们都能看到夫妻关系的规则——丈夫发号施令，妻子应该服从。主对妇女说："你必恋慕你丈夫，你丈夫必管辖你。"[⑥]我们不能肯定，在希伯来人那里，丈夫的权力有多大。如果丈夫"发现她有什么不合理的事"，[⑦]就不喜欢她，丈夫可以因此而休妻，而妻子不能合法地离弃丈夫。[⑧] 后来，妻子的地位明显改善。[⑨] 按照早期犹太教的观点《便西拉智训》不仅把夫妻关系置于朋友关系之上，还置于亲子关系之上，这无疑是令人惊讶

---

① Griffis,*Religions of Japan*, p. 124 *sq*.

② Westermarck,*op. cit*. p. 525.

③ Rein,*Japan*,p. 424 *sq*.

④ *Ibid*. p. 425.

⑤ Norman,*The Real Japan*,p. 184. Griffis,*Religions of Japan*,p. 318.

⑥ *Genesis*,iii. 16.

⑦ *Deuteronomy*,xxiv. i.

⑧ Josephus, *Antiquitates Romanæ*, xv. 7. 10. Keil, *Manual of Biblical Archæology*,ii. 175.

⑨ *Cf*. Klugmann,*Die Frau im Talmud*,p. 63 *sq*.

的。① 根据《塔木德》,丈夫应当爱妻如己,尊重妻子甚于自己,②尽管丈夫要留心不被妻子支配;③而妻子也有权在以下条件下与丈夫离婚——如果丈夫拒绝履行婚姻责任,如果他婚后还过着放荡不羁的生活,如果他十年内都是性无能,如果他患有令人无法容忍的疾病,如果他永远离开故土。④

　　在拜火教的《赞美诗》里,圣女被定义为这样的一个人——"思想睿智,言谈举止优雅,为人刚正、有操守,顺从丈夫",而刁蛮的恶妇则"阿谀逢迎、朝三暮四,不顺从丈夫"。⑤ 依据婆罗门教法,女人孩提时要听从父亲管教,年轻时要驯顺于丈夫,丈夫死了要服从儿子;"一个女子,什么时候都不能独立。"⑥就是在她自己家里,也不允许她独立自主地做任何事情。⑦ 她的父亲,或她的弟兄经父亲同意,可以决定把她嫁给谁,而只要丈夫活着,她就应该服从他。⑧ 她不能做任何会惹他不快的事;⑨"忠诚的妻子必须永远像崇拜神那样崇拜丈夫",即使丈夫不具美德,或者对她不忠。⑩ 若丈夫沉溺于某种不良嗜好,或酗酒,或染病在身,而妻子对他不尊

---

①　*Ecclesiasticus*, xl. 19,23. *Cf*. Montefiore, *Hibbert Lectures on the Religion of the Ancient Hebrews*, p. 491.

②　Deutsch, *Literary Remains*, p. 56.

③　*Beza*, fol. 32 B, 转引自: Katz, *Der wahre Talmudjude*, p. 114。

④　Glasson, *Le mariage civil et le divorce*, p. 149 *sq*.

⑤　*Yasts*, xxii. 18,36. *Cf*. *Dînâ-î Maînôg-î Khirad*, xxxix. 38 *sq*.

⑥　*Laws of Manu*, v. 148. *Cf ibid*. ix. 2 *sq*.

⑦　*Ibid*. v. 147.

⑧　*Ibid*. v. 151.

⑨　*Ibid*. v. 156.

⑩　*Ibid*. v. 154.

重,那么这样的妇人当被遗弃三个月,她的首饰和家具也不再归她所有。[①] 若妻子服从丈夫,她就会在天堂享受喜乐;[②]不过,如果她未尽对他的义务,她就会在现世丢尽脸面,死后就会转世为豺狼,并因自己的罪过而遭受疾病的折磨。[③] 妻子无论如何都不能合法地离婚,尽管她可以对下面这些人"表示厌恶"而不受惩处——疯了的丈夫,或被驱逐、被遗弃的丈夫,阉人,缺乏男子气概的人,身染惩罚罪孽之疾病的人。[④] 还有,如果她被丈夫卖掉或休掉,她永远也不能成为买了她或她被休掉后接受了她的那个人的合法妻子。[⑤] 不过,丈夫也不能不分青红皂白地离弃她。若妻子酗酒、行为不端、反抗丈夫、喜欢与人口角、患有疾病、恶意害人、浪费钱财,可随时休掉再娶;若妻子不育,可在第八年休掉再娶;若妻子所生子女都夭折了,可在第十年休掉再娶;只生女孩的,可在第十一年休妻;而病妻能体贴丈夫并且行为得体的,未经她本人同意不可休掉再娶,并且绝不可怠慢她。[⑥] "百年好合,白头偕老"可看作夫妻之间至高准则的概括;[⑦]丈夫要想自己过得好,就必须敬重和喜爱他的女人。[⑧]《摩诃婆罗多》和《罗摩衍那》里的许多段落都表明,较之于现在依婆罗门教的规矩行事的情况,从前印度妇女所受的

651

---

① *Ibid*. ix. 78.

② *Ibid*. v. 155. *Cf*. *ibid*. ix. 29.

③ *Ibid*. v. 164; ix. 30.

④ *Ibid*. ix. 79.

⑤ *Ibid*. ix. 46. See also the note in Buhler's translation, *Sacred Books of the East*, xxv. 335.

⑥ *Laws of Manu*, ix. 80 *sqq*.

⑦ *Ibid*. ix. 101.

⑧ *Ibid*. iii. 55 *sqq*.

社会限制较少,甚至享有相当大的自由;①吠陀歌手们不知道,还有什么关系能比丈夫与其殷勤可人的妻子之间的关系更温柔,妻子被赞美为"他的家,他心爱的住处,他屋里的天堂"。② 不过要注意,在《吠陀经》里,诸女神是很次要的角色。③ 在此方面,吠陀人的万神殿与古埃及人的万神殿全然不同,④这种差别可能是由于埃及妇女明显占有较高的地位。⑤

在希腊,与后来的情况相比,古代与荷马时代的妻子看来更有影响、更独立。⑥ 在后面这段有历史记载的时期,她的地位变得如家庭苦工一般;她的美德只限于把家庭生活和她的丈夫打理得井井有条,限于事事服从丈夫;低眉顺眼的沉默就是她最好的装饰品。⑦ 亚里士多德是他那个时代最开明观念的忠实倡导者,他认为,妇女与其丈夫的理想关系应是这样的:"完美的好妻子应该在家里主持家政……而井井有条的妻子会认识到,丈夫的行为就是她自己生活的典范,就是神通过婚姻关系和共同生活给她制定的法律……妻子应该比买来的家奴更顺从于丈夫的驾驭。她确是以

652

---

① Zimmer,*Altindisches Leben*,p. 316 *sqq*. Monier Williams,*Indian Wisdom*,p. 437 *sq*.

② Kaegi,*Rigveda*,p. 15.

③ Macdonell,*Vedic Mythology*,p. 124 *sq*.

④ Maspero,*Dawn of Civilization*,p. 101 *sq*.

⑤ *Ibid*. p. 52. Maspero,*Life in Ancient Egypt and Assyria*,p. 11. Amélineau,*l'évolution des idées morales dans l'Égypte Ancienne*,p. 68 *sqq*. Flinders Petrie,*Religion and Conscience in Ancient Egypt*,p. 131 *sq*.。Brugsch,*Aegyptohgie*,p. 61 *sq*.

⑥ Hermann-Blümner,*Lehrbuch der griechischen Privalterthümer*,p. 64 *sqq*. Mahaffy,*Social Life in Greece*,p. 53.

⑦ Dickinson,*Greek View of Life*,p. 161. Döllinger,*The Gentile and the Jew*,ii. 234. 'State of Female Society in Greece,' in *Quarterly Review*,xxii. 172 *sqq*.

昂贵的代价买来的——为了共同生活和生育子女的缘故,再也没
有比这些事情更重要、更神圣的了。"①普鲁塔克也认为,丈夫应该
支配妻子——但应通过同情心和善意支配妻子,正如灵魂支配肉
体,而不能像主人支配奴隶那样。② 经妻子建议或请求,法律可把
丈夫所做的任何事判为无效,而妻子本人不能依自身喜好做重要
交易,不能随意处置超过一蒲式耳大麦价值的东西。③ 不管希腊
丈夫的权力有多大,这种权力都不是无限的。在雅典,若妻子受到
丈夫虐待,可以要求离婚,此时她只需要向执政官表明自己的愿望
即可。④

　　在古罗马,丈夫对女儿的权力通常——尽管并非总是如
此⑤——通过婚姻移交给丈夫。⑥ 妇女通过婚姻就处于丈夫的监
护之下,作为妻子她就处于女儿地位(*filia loco*)——在法律上,
她成了她丈夫的女儿。⑦ 罗马的父亲对子女有合法的生杀予夺之
权,丈夫自然就对妻子拥有同样的权力。但是,我们不能因为她丧
失了所有合法权利就推断她受到了轻慢。相反,她通常在家里受
尊重、有影响、地位较高;⑧尽管丈夫可以随意休掉妻子,但据说罗

653

---

① Aristotle,*Œconomica*,i. 7. *Cf. Idem*,*De animalibus historia*,ix. i. 2 *sqq*.

② Plutarch,*Conjugalia præcepta*,33.

③ Isaeus,*Oratio de Aristarchi heredilate*,10,p. 259. Döllinger,*op. cit*. ii. 234.

④ Glasson,*Le mariage civil et le divorce*,p. 152 sq. Meier and Schömann,*Der attische Process*,p. 512.

⑤ Rossbach,*Römische Ehe*,p. 64. Maine,*Ancient Law*,p. 155.

⑥ 或者确切地说,如果丈夫的父亲还活着,就移交给丈夫的父亲(Rossbach,*op. cit*. p. 11)。

⑦ Leist,*Alt-arisches Jus Civile*,i. 175. Maine,*op. cit*. p. 155.

⑧ Rossbach,*op. cit*. pp. 36,117.

马建城520年内没发生过一次离婚。[①] 正如布莱斯先生指出的那样,法律固然给予丈夫宽泛的权力,"在现实生活中这些夫权却被局限在狭窄的范围内,这里不仅夫妻感情发挥制约作用,相对较小的共同体内的大众舆论也起到了警戒作用"。[②] 逐渐地,帝国内丈夫支配妻子的婚姻形式逐渐被废弃了,丈夫不对妻子发号施令的婚姻则取而代之。结果,丈夫对妻子几乎没有什么权威,妻子婚后转由丈夫支配的局面销声匿迹了,她仍然受父亲的掌控;而正如我们已经看到的那样,后来的法律倾向于完全废除父权,于是她实际上就变得更独立了。[③]

然而,给予已婚妇女如此显著的自由,只是欧洲家庭史上短暂的篇章。基督教从一开始就倾向于限制妇女的自由。信仰基督教的罗马皇帝制定的宪法影响了最后一部罗马法。这部法律就带有反对大安东尼时期法学家——他们把两性平等当作他们平权法案的一项原则——自由学说的印记。[④] 而这种倾向在很大程度上为条顿习俗、法律所支持。在条顿人中,丈夫对妻子的权威一如父亲对未嫁女儿的权威。[⑤] 在特定情形下,这种权威赋予丈夫杀死、卖

---

① Valerius Maximus, ii 1 (*De matrimoniorum ritu*), 4. Aulus Gellius, *Noctes Atticæ*, iv. 3. 1.

② Bryce, *Studies in History and Jurisprudence*, ii. 389.

③ Rossbach, *op. cit.* pp. 30, 42. Maine, *op. cit.* p. 155 *sq.* Friedlaender, *Darstellungen aus der Sittengeschichte Roms*, i. 252 *sqq.*

④ Maine, *op. cit.* pp. 154, 156.

⑤ Brunner, *Deutsche Rechtsgeschichte*, i. 75. Stemann, *Den danske Retshistorie indtil Christian V.'s Lov*, p. 323.

掉、休弃妻子的权利,^①这无疑远远超出了教会所赞成的范围,因 654
而教会就帮助改善条顿国家的妇女地位。但与此同时,教会总体
说来要为妇女个人自由以及财产问题上受到的严重限制负责,而
直至近些时候妇女还因此受苦。亨利·梅因爵士说:"对已婚妇女
极不宽容的诸项制度,总是一成不变地因袭教会法,唯教会法是
从,或者说这些制度因为与欧洲文明接触得晚而从未剔除自己的
古代气息。"^②

　　基督教吩咐丈夫要像爱自己的身体那样爱自己的妻子,^③像
尊重弱者那样尊重妻子。^④ 然而,"男人不属于女人;而女人属于
男人。男人不是为女人而创生的,而女人是为男人而创生的。因
此男人应该支配女人。"^⑤丈夫是妻子的头脑,正如基督是教会的
头脑;因而,"一如教会臣服于基督,妻子在每一件事上也应臣服于
丈夫"。^⑥ 我们不好夸大某项教义所施加的影响——这种教义如
此合乎男人的自私之心,很容易作为一种神圣武器反对拓展已
婚女性权利的几乎所有努力,而圣保罗的上述名言就是如此。
在一篇论及早期基督徒中妇女地位的文章里,唐纳森校长写道:
"我无法看到,在头三个世纪里基督教做了什么积极努力来提高
妇女地位,恰恰相反,基督教倾向于贬低妇女的品格并限制她们

---

　　① Grimm, *Deutsche Rechts Alterthümer*, p. 450 sq. Brunner, *op. cit*. i. 75.
Schröder,*Lehrbuch der deutschen Rechtsgeschichte*, p. 303.

　　② Maine,*op. cit*. p. 159.

　　③ *Ephesians*, v. 28.

　　④ 1 *Peter*, iii. 7.

　　⑤ 1 *Corinthians*, xi. 8 sqq. Cf. 1 *Timothy*, ii. 11 sqq.

　　⑥ *Ephesians*, v. 23 sq.

的活动范围。"[1]而在较晚近的时期,正统基督教一直在反对罗马

655　异教徒发起并不断获得越来越多开明男女支持的这项学说——婚
姻应该是夫妻之间基于完全平等的一项契约。

　　世界各地各族群中已婚妇女的地位因环境和条件千差万别而
变化多端,我们在这里不可能一一列举这些条件。这里,我们只考
虑其中最重要的因素。

　　有这么一个假说——妇女的社会地位与追溯血统继嗣的制度
相联系。首先我要就此说几句。斯坦梅茨博士试图表明,大体说
来,与只通过母亲计算亲属关系的族群相比,在通过父亲计算亲属
关系的族群中,丈夫对妻子的权威更大。[2] 但是,斯坦梅茨博士考
察的个案太少了,不足以得出什么一般性结论;而且,关于丈夫权
利的说法通常含混不清且残缺不全,因此我认为,即便调查到大量
的经验事实材料,也难以找到验证这些说法的证据。其次,在同一
族群内部,父系继嗣制和母系继嗣制常常纠缠在一起,以至对于血
统继嗣制,可称之为父系继嗣,亦可称之为母系继嗣[3]——斯坦梅
茨博士在尝试用统计方法处理继嗣问题的时候,一定注意到了这
个困难。再者,统计方法一般存在弱点,即存在选择民族志单位的
问题——我已在别的地方探讨了这一点。[4] 例如,澳大利亚的各

---

[1]　Donaldson, 'Position of Women among the Early Christians,' in *Contemporary Review*, lvi. 433.

[2]　Steinmetz, *Ethnologische Studien zur ersten Entwicklung der Strafe*; ii. ch. 7.

[3]　*Cf*. Westermarck, *op. cit.* p. 99 *sqq*.

[4]　Idem, 'Méthode pour la recherche des institutions préhistoriques à propos d'un ouvrage du professeur Kohler,' in *Revue internationale de Sociologie*, v. 451.

个部落千差万别，我们该如何处理呢？一定不能一股脑儿把它们算作一个单位；须知，其中有些部落盛行母系继嗣制，其他部落则盛行父系继嗣制。这样一来，我们就得把每个部落本身都算作一个单位吗？如果不这样，我们应该把这些部落划分为多少个群体呢？我的方法是，把属于同一种族、处于同样的文明阶段、生活在同一区域、生活条件也相似，但计算亲属关系的方法不同的群体两两比较。我发现，是按父系还是母系计算亲属关系并不能显著影响丈夫的权威。澳大利亚的情况就是如此。而且，就我所知，印度许多原住民部落盛行父系制度，但同时妻子也有很大权利，甚至是非同一般的权利。在西非黑人中，在诸如实行男性继嗣制度的伊博人部落，妇女的地位并不比只实行女性继嗣制度的部落低；[1]关于实行父子继嗣制度的富拉人，[2]温伍德·瑞德先生讲，那里的妇女"是非洲最专横的"，她们"知道怎么让丈夫拜倒在她们的石榴裙下，怎么把小脚踏在他们身上"。[3] 但是我们有理由相信，男人婚后离家与妻子住在岳父家或岳父所在社群，他对妻子的权威通常或多或少会由于她父亲或亲属而受到削弱。[4] 在苏门答腊，按照称作阿木贝阿纳克（*ambel anak*）的婚姻模式，男子在岳父处生活，他与岳父的关系就介于父子关系与债权人-债务人

656

---

[1]　Ratzel，*op. cit.* iii. 124.

[2]　Waitz，*op. cit.* ii. 469.

[3]　Reade，*Savage Africa*，p. 452.

[4]　See Mazzarella，*La condizione giuridica del marito nella famiglia matriarcale*，*passim*；Grosse，*Die Formen der Familie*，p. 76；Wilkes，*U. S. Exploring Expedition*，iv. 447（Spokane Indians）. 马扎雷拉博士根据有限的几个案例推断丈夫完全臣服于岳父，不过，这类臣服在实际生活中并不存在。

关系之间。① 但要注意,虽然丈夫在妻子家生活,依赖于岳父,但不一定意味着他在婚姻中毫无权力。在加利福尼亚尤库特人中,就算丈夫在妻子家或岳父家居住,人们也明确地说他对她有生杀予夺之权。② 在托雷斯海峡西部群岛也是如此,尽管婚后男人离开自己家人与妻子的家人一起居住,他对她拥有完全的支配权。"尽管是妻子请求丈夫娶她的,如果她在家里惹了麻烦,他还是可以杀了她,而不受任何刑罚。丈夫支付妻子父亲的聘礼赋予了他对她的所有权利,同时废除掉了她的父亲或家族对她的权利。"③

首先,妻子臣服于丈夫,这是由于男人天性就想行使权力;另外一个因由是,在个人自立不可或缺的身心素质方面,妇女天生劣于男性。一般说来,男人的力量比女人大,也更勇敢。因此,他们不仅是妻子的保护者,还是妻子的主人。

性冲动本身就包含着促成男性统治和女性屈服的成分。在求爱期间,动物与人一样,雄性较为主动,雌性较为被动。在交配季节,甚至最胆怯的动物种类都为了争夺雌性进行你死我活的搏斗,而毫无疑问,我们的人类先祖同样也要为了争夺妻子而搏斗;就是到了现在,这种求爱形式在蒙昧人那里也并非罕见。④ 再者,一般说来雄性追求并试图捕获雌性,而她稍作抵抗之后,最后就向他投降了。于是雄性的性冲动就与赢得雌性的欲望相联系,雌性的性

---

① Marsden, *History of Sumatra*, p. 262.

② Towers, *Tribes of California*, p. 382.

③ Haddon, *Head-Hunters*, p. 160 sq.

④ Westermarck, *op. cit.* p. 159 sqq.

冲动就与被追求以及被雄性追求到的欲望相联系。因而雌性会从本能上欣赏雄性力量、男性气概；多数妇女都是如此，蒙昧种族的妇女更是如此——她们像低等的脊椎动物那样，通常优先选择"最有活力、最有攻击性、最勇敢的雄性"。[①] 甚至在男性与女性对抗的时候，妇女也欣赏这种男性力量的展示。据说，在下层斯拉夫人中，妻子不挨丈夫一顿打，心里就不好受；在匈牙利的某些地方，农妇如果不先挨上丈夫的一记耳光，就不会认为丈夫爱自己。在意大利的卡莫拉帮会中，丈夫不打老婆，老婆就会把丈夫看成傻瓜。[②] 有位妇女看鲁本斯的油画《萨宾妇女被劫》时，说："我想萨宾妇女乐意那样被人劫持。"哈夫洛克·霭理士博士认为，大多数妇女都会这么讲。[③] 这位明智的性心理学研究者还讲："或许能发现，男人有给自己心爱的女人造成痛苦或假想痛苦的倾向，而在女人那里，我们更容易发现，女人乐于受到爱人的肉体伤害，渴望臣服于他的意志。这样的倾向肯定是正常的。在年轻女人私密的春梦里，常常流露出这种热望——把自己完全交给爱人，听凭他身体的力量和心灵的机智，完全丢掉自我，放弃自己的意志，对他的强悍心悦诚服。"[④]

　　尽管一定程度的顺服属于女性之爱的正常范围，"女人可能幻想被强迫，被粗暴，幻想不由自主地被劫掠"，但她想要的始终只是

① Westermarck, *op. cit.* p. 255 *sq.*

② Havelock Ellis, *Studies in the Psychology of Sex*, 'Analysis of the Sexual Impulse,' &c. p. 66 *sq.*

③ *Ibid.* p. 75.

④ *Ibid.* p. 74.

那些在本质上令她开心的事。① 如果男性的支配超过了这个限
659 制,女人就不乐意了,她会感受到如担重负、不胜其烦,就会抵制
男人施加的强迫。无论如何,在男人欺压女人的极端情形下,社
群总体上会同情她,公众对欺压者的憎恶经过长久积累,就逐渐
形成了限制丈夫权利的习俗和法律。不过很难期望从社群得到
完全的公正。男人是公共舆论的引领者,他们有维护自己性别
的倾向。另一方面,受侵犯的妇女会指望得到身边姐妹们的支
持,妇女团结起来会影响部落习惯,并最终影响习俗的规则。例
如在莫尔兹比港的巴布亚人那里,"男人很少打老婆。如果情急
之下犯了这个错误,他也不想被人提醒有过这事。别的妇女通
常会就此编一首歌,每当看到他时就会唱几句;因为新几内亚人
是最怕受嘲弄的,他举手要打老婆的时候,即便老婆是个悍妇,
他也要忍字当头。"②在西非富拉人中,如果男人休弃了妻子,村
里的妇女就会群起而攻之;这些女人之间的关系,"就像教士们
之间那样,既相互厌恶也相互保护"。③ 其次我们也要考虑到,孩
子对母亲的情感与尊敬也会给母亲带来实实在在的权力,而习俗、
法律对此没有明确规定。例如在东方国家,母亲总是家里的重要
人物。孩子害怕父亲但爱母亲,长大以后他们当然乐意保护母亲

---

① *Ibid*. p. 85.

② Nisbet, *A Colonial Tramp*, ii. 181 *sq*.

③ Reade, *Savage Africa*, p. 452. See also Möller, Pagels, and Gleerup, *op. cit*. i.
171 (Lukungu); Munzinger, *Ostafrikanische Studien*, p. 324 (Beni Arner).

免受粗暴丈夫的伤害。[①]

常有人讲,妇女的地位以及妇女依附丈夫的程度主要受经济条件的影响。霍尔先生就说,妇女地位关乎"物质安逸问题,尤其是食物来源丰富与否的问题……若男人整天因生存必需品匮乏而辛苦劳作,他们自身就成了艰苦的物质条件的奴隶,那么他们的情感就变得麻木不仁、堕落和反常,正如那些遭遇船难而在救生筏上忍受饥饿折磨的人。在这种情形下,受苦受难的自然是社群的弱者,即妇女、儿童、老人、病人。"[②]关于北美印第安人,有人注意到,在那些妇女能帮助部落获取生活资料的地方,男女较为平等,妇女的重要性与她们参与此类劳动的程度成正比;而在那些主要由男性获取生活资料的地方,妇女就被当作负担。因而,在主要靠鱼类和植物根茎生活的部落,妇女能凭借跟男人一样的技能收获这些食物,妇女的处境就特别好;但在靠狩猎等妇女很少参与的方式过活的地方,妇女就是最受压制的。[③] 格罗斯博士也强调,狩猎群体中妇女地位低,游牧部落里也是如此。他说:"妇女不能参与畜牧,不能参加战斗,不拥有任何可以从粗鲁的牧羊人和强盗那里赢得尊重的东西。"[④]另一方面,格罗斯博士又讲,在较低等的农业部

660

---

① Cf. Burton, *Sindh Revisited*, i. 293; Urquhart, *Spirit of the East*, ii. 265 *sq*.; Doughty, *Arabia Deserta*, i. 239; Westermarck, 'Position of Woman in Early Civilisation,' in *Sociological Papers*, [1.] p. 160.

② Hale, 'Language as a Test of Mental Capacity,' in *Jour. Anthr. Inst.* xxi. 427.

③ Lewis and Clarke, *Travels to the Source of the Missouri River*, p. 441. Waitz, *op. cit.* iii. 343. Bancroft, *Native Races of the Pacific Stales*, i. 242 *sq*.

④ Grosse, *op. cit.* pp. 48, 49, 74, 75, 109 *sqq*.

落,女性的地位常常较高。种地一般交给女人来干,而在主要靠农业过活的族群,种地并非受歧视的职业——游牧部落则歧视农业。

661　这就给予了妇女一定的地位,因为妇女在提供食物方面发挥着重要作用。[①]

上面这些概括无疑有很大的真实性,但它们并不能普遍地或不加修正地适用于任何地方。有些部族主要靠狩猎或畜牧过活,妇女的地位特别高。例子有很多,我们只提一个——万贝里教授注意到,在过游牧生活的卡拉-吉尔吉斯人中,妇女的地位要高于过定居生活、以农业为生的土耳其人。[②] 事实上,这一一般理论——妇女越是没用,就越受压制——是值得怀疑的。通常的说法是,妇女正是因为被迫去做非常苦的活,才被她们野蛮的丈夫所压迫;但妇女干活并不一定会为她们带来权威,从奴隶制上就能明显看出这一点。但同时,盛行于早期文明的这一观念——某一性别绝不能干涉另一性别的事务,特别是在涉及农业这样重要的职业的时候——可能确实会增强从事这一职业者的影响。进一步考虑耕种的土地常常被视作女性劳动者的财产,[③]我们会认识到,很可能至少在某些情形下,从事农业的习惯对女性的一般处境具有正面影响,同时也提高了妇女的家庭地位。

妻子的地位在各个方面都与人们对女性的一般观念相关。通常的妇女形象就是纤细、娇小、柔弱,没有什么高贵品格可言。[④]

---

① 　*Ibid*. p. 182.

② 　Vámbéry, *Das Türkenvolk*, p. 268.

③ 　Grosse, *op. cit*. p. 159 *sq*.

④ 　Crawley, *The Mystic Rose*, p. 204 *sq*.

特别是在文化较发达的民族,人们认为妇女在智力和道德上远远
低于男性。在希腊历史上,妇女只需服侍和取悦男人,或者生养孩 662
子。也有这种流行的观念——妇女天生就比男人恶毒、嫉妒、争风
吃醋、欲壑难平、恶语中伤、污言秽语、水性杨花和品行不检点。[1]
柏拉图把妇女跟儿童、仆人归为一类,[2]说在人类所有职业活动
里,妇女都低于男人。[3] 欧里庇得斯在《美狄亚》里写道:"女人总
是无所作为的,但在谋划人间一切罪恶方面却精明狡诈。"[4]按吠
陀歌手的说法,"女人的心思难以捉摸、见识短浅"。[5] 对佛教徒来
讲,女人乃蛇蝎祸水,魔鬼把她们散布到人间诱惑男人学坏;女人
乃各种魅惑力量之源,世人之心为之痴迷而陶醉于身边这狭小的
天地。[6] 中国人有句谚语,意思就是:最好的女孩也比不上最差的
男孩。[7] 伊斯兰教宣称,女人堕落的总体状况远比男人糟糕。[8] 在
伊斯兰传统里,先知讲:"在我给男人留下的祸患里,没有什么比女
人更能祸害男人了……女人们,行善布施吧,就是你们的金银首饰
也要拿来救济穷人,因为你们中的多数在复活日一定会下地
狱。"[9]希伯来人把女人讲成是世上罪恶和死亡之源——"罪恶始

---

[1] Dickinson, *op. cit.* p. 159. Döllinger, *op. cit.* ii. 234.

[2] Plato, *Respublica*, iv. 431.

[3] *Ibid.* v. 455.

[4] Euripides, *Medea*, 406 *sqq.*

[5] *Rig-Veda*, viii. 33. 17.

[6] Oldenburg, *Buddha*, p. 165. *Cf.* Kern, *Manual of Indian Buddhism*, p. 69.

[7] Smith, *Proverbs of the Chinese*, p. 265.

[8] Lane, *Arabian Society*, p. 219. *Cf.* Doughty, *Arabia Deserta*, i. 238.

[9] Lane-Poole, *Speeches of Mohammad*, pp. 161, 163.

自女人,因为她我们才死去。"①这种观念也传入了基督教。圣保罗说:"亚当未受欺骗,但这被欺骗的女人犯了罪。"②德尔图良认为,夏娃犯下原罪之后,人类就面临万劫不复的境地,作为女人,应当衣着朴素,以悲悼、内疚和忏悔洗刷原罪之耻。他指控道:"难道你们不知道,你们每一个人都是一个夏娃?上帝对你们这性别的判决今世犹存;你们的罪孽必定也还在。你们是通往魔鬼之门;你是禁树的解封者,是背叛神之律法的第一人;是你说服了那个连魔鬼也不敢侵犯的男人去犯罪。你如此轻易地毁灭了神的形象,人。就是因为你的背叛,连神的儿子都要死去。"③6 世纪末,在梅肯理事会,一个主教甚至提出了这个问题——女人是否真的是人?他做出了否定的回答;但与会的多数人认为,《圣经》已证实,女人尽管有各种缺陷,仍属人类成员。④ 然而,教会的一些神父仍认真地强调,女性只是现世的存在,在复活日所有女人将成为无性的存在。⑤

　　文明的进步扩大了两性之间的鸿沟,对妇女地位产生了不利的影响,因为较高的文化几乎总是属于男人。再者,宗教,特别是世界上那些较大的宗教,视女性为不洁之人,这也贬抑了女性的地位。女性在月经、怀孕、生产期间,都被认为受到了污染,她身上

---

① *Ecclesiasticus*, xxv. 24.

② 1 *Timothy*, ii. 14.

③ Tertullian, *De cultu fœminarum*, i. 1 (Migne, *Patrologiæ cursus*, i. 1305). See also Laurent, *Études sur l'histoire de l'humanité*, iv. 113.

④ Gregory of Tours, *Historia Francorum*, viii. 20.

⑤ St. Hilar., *Commentarius in Matthæum*, xxiii. 4 (Migne, *op. cit.* ix. 1045 sq.。). St. Basil, *Homilia in Psalmum cxiv.* 5 (Migne, *op. cit.* Ser. Graeca, xxix. 488).

那有害的神秘能量会危及周围的一切。① 产生这种观念的原因似
乎就在于,人们对所发生的不可思议之事怀有盲目的恐惧,而看到 664
流血,这种恐惧就达到了顶点。② 女性发生了这些事时,就不仅被
男性所回避,更被神所回避,原因是显然的——与不洁的女人接触
会破坏、毁掉他们的神性。事实上,许多宗教认为女人带来的危险
如此之大,以至在它们看来,女性不仅在某段时期是污秽的,而且
总是污秽的;基于这个理由,就不许她们参加宗教崇拜仪式。

在社会群岛,禁止妇女接触献给诸神的所有祭品,以防受
到污染。③ 在美拉尼西亚,妇女一般不得参加宗教仪式。④ 在
西伯利亚的萨满教徒中,妇女"不许崇拜诸神,不敢在住处的
火炉前走过,因为他们认为对神来说火是神圣的"。⑤ 沃古尔

---

① Ploss-Bartels, *Das Weib*, i. 420 *sqq.*; ii. 10 *sqq.* 402 *sqq.* Frazer, *Golden Bough*, i. 325 *sqq.*; iii. 222 *sqq.* Crawley, *op. cit.* p. 165 *sqq.*; Mathew, *Eaglehawk and Crow*, p. 144 (Australian aborigines), de Rochas, *Nouvelle Caledonie*, p. 283. Mooney, 'Myths of the Cherokee,' in *Ann. Rep. Bur. Ethn.* xix. 469. Sumner, in *Jour. Anthr. Inst.* xxxi. 96 (Jakuts). Georgi, *Russia*, iii. 25 sq. (Samoyedes), 245 sq. (Shamanists of Siberia generally); &c.

② 涂尔干教授认为,女性神秘力量的起源可溯及包括经血在内的各种原始观念;蒙昧人和野蛮人对任何一种血都怀有相似的情感(La prohibition de l'inceste et ses origines,' in *l'année sociologique*, i. especially p. 48 *sqq.*)。克劳利先生公允地评论道,怀孕期间没有流血现象,此时一般而言妇女成为禁忌;即使男性害怕女性的血液,也几乎无法避免碰到女性的毛发、指甲、她使用过的东西或占用过的地方;针对这个问题,也要考虑女性这边的立场和角度(*op. cit.* p. 212)。

③ Ellis, *Polynesian Researches*, i. 129. *Cf.* Wegener, *Geschichte der christlichen Kirche auf dem Gesellschafts-Archipel*, p. 181.

④ Codrington, *Melanesians*, p. 127.

⑤ Georgi, *op. cit.* iii. 245. *Cf. Ibid.* iii. 25.

妇女一般不得靠近神像或圣地。[1] 沃加克人妇女不得在给恶神鲁德(lud)献祭时在场。[2] 在拉普人那里,妇女不得触摸男巫(noaid)的鼓;通常也不许参加献祭仪式;甚至不许往行祭场所那个方向看。[3] 在日本的阿伊努人中,"尽管妇女可以准备献给神的祭品,但不可献祭……相应地,妇女决不可祈祷,也不得参与任何宗教仪式"。[4] 在中国,不许妇女到庙宇里祭拜神佛。[5]

665

古代尼加拉瓜人认为,妇女不应该参与庙宇事务,她们在大型圣地的庙宇外被屠杀作祭品;而她们的肉甚至被认为是不洁的,不能给高级教士吃,因而高级教士只吃男人的肉。[6] 在墨西哥,尽管妇女也可在庙宇内做一些临时性事务,但整体而言她们被排除在祭祀事务之外,也不得担任高级教士。[7]

按照印度教典,"可以认为,妇女与神圣的经文没有半点关系";[8]她们不具有吠陀经文的知识,这一点,"正如谎言本身没任何真实可言一样,是颠扑不破的法则"。[9] 尽管根据

---

[1]   Abercromby, *Pre-and Proto-historic Finns*, i. 181.

[2]   Wichmann, *Tietoja Votjaakkien Mytologiiasta*, p. 17. See also *ibid*. p. 27.

[3]   von Düben, *Lappland och Lapparne*, p. 276. Friis, *Lappish Mythologi*, p. 147.

[4]   Howard, *op. cit.* p. 195.

[5]   *Indo-Chinese Gleaner*, iii. 156.

[6]   Bancroft, *op. cit.* iii. 494.

[7]   Clavigero, *History of Mexico*, i. 274 *sq.*

[8]   *Baudhâyana*, i. 5. 11. 7.

[9]   *Laws of Manu*, ix. 18. *Cf. Ibid.* ii. 66; iii. 121.

《摩奴法典》里提到的一条法令,夫妻应一起参与宗教仪式,[①]但在现在的印度教徒中,夫妻并不共同参与宗教生活;妇女不许背诵吠陀,也不能参加早晚的桑德亚(Sandhyā)仪式。[②] 如果妇女、狗或首陀罗触到了神像,它的神性就毁掉了,敬神仪式就要重新来一遍。若土制的神像这样给弄脏了,就要丢掉。如妇女要在神像前祭拜,就得与神像保持适当距离以示恭敬。[③]

伊斯兰教主要是男人的宗教。尽管穆罕默德并不禁止妇女参加清真寺里的公共祈祷,他还是宣布,妇女最好私下祈祷,因为妇女在场就会激发男人异样的热情,而这个地方本来是男性穆斯林虔心敬拜神明的地方。[④] 伊斯兰教的很多崇拜仪式都绝对排斥妇女参加,如果她们斗胆现身,只要有男性在,她们无论如何都不受欢迎。[⑤]

在基督教欧洲,随着禁欲观念的进步,妇女可以在教堂里与男子保持距离地站着或坐着,也可以经由单独的入口进教堂。[⑥] 她们不得做圣事,不得担任神职。在早期教会里,确实也有"女执事"及神职"寡妇",不过她们只做教会内低层次、无关紧要的事;[⑦]而就是这样地位并不算高的职位也只向处女

666

---

① *Ibid*. ix. 96.

② Monier Williams, *Brähmanism and Hindūism*, p. 398.

③ Ward, *View of the History*, &c., *of the Hindoos*, ii. 13, 36.

④ Lane, *Manners and Customs of the Modern Egyptians*, p. 94.

⑤ Pool, *Studies in Mohammedanism*, p. 39 sq.

⑥ Donaldson, in *Contemporary Review*, lvi. 438.

⑦ Zscharnack, *Der Dienst der Frau in den ersten Jahrhunderten der christlichen Kirche*, p. 99 sqq. Robinson, *Ministry of Deaconesses*, passim.

或年纪大的寡妇开放。① 如有需要,一般信徒就可以主持洗礼仪式,但妇女似乎绝不可以做此类事。② 按照使徒规则及以后的规矩,妇女也不可在教堂里当众布道;③有些异教徒允许此类事情发生,这种做法就受到严厉指责。德尔图良指控道:"异教徒妇女胡闹! 她们竟敢讲道、辩论、施魔法、允诺救人,甚至还行洗礼!"④6 世纪末在欧塞尔举行的一次会议禁止妇女裸手接受圣餐;⑤有些经文还要求,在众徒参加宗教仪式时,妇女不得靠近圣坛。⑥ 中世纪教会如此反对妇女参与圣事,以至毫不犹豫地为自己配置了阉人,这样一来就让大教堂的唱诗班拥有了本来只有女人才可充当的女高音。⑦

但这一观念——妇女或是暂时性的或是永久性的不洁,妇女是带有超自然能量的神秘人物——不仅是妇女受贬抑的原因,也使妇女有了对丈夫的隐秘力量,而此力量可能是很大的力量。在我与摩洛哥乡下人一起生活的时候,无论在阿拉伯人还是柏柏尔

---

① *Ibid*. pp. 113,114,125.

② Bingham,*Works*,iv. 45. Zscharnack,*op. cit*. p. 93.

③ Bingham,*op. cit*. v. 107 *sqq*. Zscharnack,*op. cit*. p. 73 *sqq*.

④ Tertullian,*De præscriptionibus adversus hæreticos*,41 (Migne,*op. cit*. ii. 56),*Cf*. Tertullian,*De baptismo*,17 (Migne,*op. cit*,i. 1219).

⑤ *Concilium Autisiodorense*,A. D. 578,can. 36 (Labbe-Mansi,*Sacrorum Conciliorum collectio*,ix. 915).

⑥ *Canones Concilii Laodiceni*,44 (Labbe-Mansi,*op. cit*. ii. 581,589). 'Epitome canonum,quam Hadrianus I. Carolo Magno obtulit,A. D. DCCLXXIII. ,' in Labbe-Mansi,*op. cit*. xii. 868. *Canons enacted under King Edgar*,44 (*Ancient Laws and Institutes of England*,p. 399).

⑦ *Cf*. Gage,*Woman*,*Church and State*,p. 57.

人那里,妇女给男人造成的盲目恐惧都给我留下了深刻的印象。
人们认为,妇女更精通法术,她们也有很好的机会危害丈夫,因为
给丈夫做饭时,她们可以轻易对食物施法。例如,妻子只要把驴子
耳朵切掉一块,放到丈夫的食物里就可以了。会发生什么呢?吃
了这一小块驴耳朵,丈夫在与妻子的关系中,会变得像一只驴;妻
子讲什么,他就做什么,妻子就成了一家之长。我也认为,男人故
意不教女人如何祈祷,这样就不致增强她们的超自然力。① 在阿
拉伯沙漠里,男人也同样害怕女人,她们"偷偷摸摸给你放魔药,给
你喝催眠饮料"。② 在达荷美,"若妻子神魂附体,丈夫不可斥责或
干预妻子;他们也相信,就是在其他时候,若丈夫对妻子棍棒相加,
也会使自己陷入危险"。③ 妇女,特别是老年妇女,经常被视作施
展法术的能手。④ 在古代阿拉伯人⑤、巴比伦人⑥、秘鲁人⑦那里,

---

① 据说在日本阿伊努人中,女性不许祈祷,这不仅与先祖的习俗相一致,也因为
男人害怕女人的祈祷,特别是害怕妻子的祈祷。一个老年人对巴彻勒先生说:"本来女
人、男人都可祭拜神灵,参加各种宗教活动;但我们明智、受尊重的先祖禁止妇女祈祷,
因为他们认为,妇女会以祈祷对付男人,特别是她们的丈夫。所以我们跟我们的祖先
一样认为,最好不让她们祈祷。"(Batchelor, *Ainu and their Folk-Lore*, p. 550 *sq*.。
Howard, *op. cit.* p. 195)在散塔尔人中,男人小心翼翼不让妻子知道家神的名字,唯恐
她们从神灵那里获得不应得的影响,成为女巫,从而"当家庭失去家神的保护时,她就
可以毁掉这个家而不受任何惩罚"(Risley, *Tribes and Castes of Bengal*, *Ethnographic
Glossary*, ii. 232)。

② Doughty, *Arabia Deserta*, ii. 384.

③ Burton, *Mission to Gelele*, ii. 155.

④ Ploss-Kartels, *op. cit.* ii. 664, 666 *sqq*. Mason, *op. cit.* p. 255 *sqq*. Landtman,
Origin of Priesthood, p. 198 *sq*. Angas, *Savage Life and Scenes in Australia and New
Zealand*, i. 317 (Maoris). Connolly, 'Social Life in Fanti-land,' in *Jour. Anthr. Inst.*
xxvi. 150.

⑤ Wellhausen, *Reste arabischen Heidentums*, p. 159.

⑥ Jastrow, *Religion of Babylonia*, pp. 267, 342.

⑦ Garcilasso de la Vega, *First Part of the Royal Commentaries of the Yncas*, i. 60.

一如中世纪及之后的欧洲人,我们都更容易发现女巫而不是男巫。在南西伯利亚的托木斯克一带,当地的女巫要远远多于男巫;①在加利福尼亚的沙斯蒂卡人中,所有或几乎所有萨满巫医都是妇女。②人们也很害怕妇女的诅咒。在摩洛哥,人们认为,相比被穆罕默德的男性后裔诅咒,被穆罕默德的女性后裔诅咒是更大的灾祸。根据《塔木德》,妻子发火会毁掉家;③但另一方面,正是通过妇女,神的赐福才传到家里。④《摩奴法典》里写道:"父亲、弟兄、丈夫、丈夫的弟兄们若要自己过得好,就要尊重妇女。在妇女受尊重的地方,诸神欢喜;若妇女不受尊重,则敬神仪式毫无效果。若女性亲属生活在愁苦中,家庭很快就会衰灭;而妇女幸福快乐的家庭则会昌盛。若家中妇女未受应有尊重,她们诅咒家庭,家庭就会完全毁灭,正如被法术所毁。因而,男人要自己过得好,就要总是敬重妇女,在节假日要送妇女首饰、衣服和美味的食物作为礼物。"⑤盖尔人有句谚语——"邪恶的妇女会实现自己的愿望,尽管她的灵魂无法得到拯救。"⑥人们相信妇女具有法力,人们还特别相信妇女的诅咒具有很大效能;我认为,与此信仰密切相关的就是妇女可以充当避难所的习俗。⑦ 在摩洛哥的一些部落,特别是在

① Kostroff,转引自:Landtman,*op. cit.* p. 199。

② Powers,*Tribes of California*,p. 246.

③ *Sota*,fol. 3 B,转引自:Katz,*Der wahre Talmudjude*,p. 110 sq。

④ *Baba Meziah*,fol. 59 A,转引自:*ibid*,p. 112。Deutsch,*Literary Remains*,p. 56。

⑤ *Laws of Manu*,iii. 55 *sqq.*

⑥ Carmichael,*Carmina Gadelica*,ii. 317.

⑦ 关于此种习俗的事例,见:' Andree,Die Asyle,' in *Globus*,xxxviii. 302;Bachofen,*Das Mutterrecht*,p. 420 (Basques).

柏柏尔人和吉巴拉人那里，一个人在某妇女处避难，触摸了她，就可避免受别人的迫害。在平原地区的阿拉伯人中，这一习俗正在消亡，很可能是因为他们臣服于苏丹的统治；但在亚洲某些贝都因人那里，即萨马尔部落那里，"妇女能保护任意数量的人，甚至能保护帐篷"。① 在切尔克斯人中，"一个生人，即使他是敌人，或杀了一个亲戚，只要他把自己交给一个妇女保护，或者能用嘴触到某个已婚妇女的乳房，他就会被人当作血亲而受到饶恕、保护"。② 比戈尔地区巴里吉斯公社的居民直到近来还保有一个古老习俗——若一罪犯向某妇女寻求保护，就赦免他。③

许多文化认可已婚妇女应服从丈夫，我们还要提及使得妇女服从丈夫的另一因素。我们已经注意到，在古代文明中，父亲对自己的孩子具有无限的权力，国家削弱甚至摧毁了氏族纽带，却加强了家庭纽带，社会把以前属于氏族的某部分权力给予了父亲。④ 这个过程必定也影响到了已婚妇女的地位。丈夫对自己妻子的权力与父亲对自己女儿的权力是密切相关的；因为，父亲把女儿嫁出去，一般而言他也就把自己从前对女儿拥有的父权转移给了女儿的丈夫。

另一方面，我们发现，在现代文明里，随着父亲权力的衰微，丈夫对妻子的权威也变得衰微了。但促成妇女逐步解放的原因多种

669

---

① Layard, *Discoveries in the Ruins of Nineveh and Babylon*, p. 318.
② Pallas, *Travels through the Southern Provinces of the Russian Empire*, i. 404.
③ Fischer, *Bergreisen*, i. 60.
④ 见第二十五章，尤其是第 627 页及以下。

多样。生活变得更加复杂了；妇女的职业范围变得更为更宽广；妇女的影响也已相应扩大，从家庭扩大到公共生活。她们日益广泛的兴趣爱好有助于改变她们的臣服状态——她们性别的最初特征。她们受到了更多更好的教育，这使她们更受尊重，也增强了她们的独立性。最后，陈旧的宗教观念施加的影响很可能就是妻子臣服于丈夫的最顽固原因，但这种影响日趋衰微，也就意味着此原因正在消失。

第二十七章　奴隶制

本质上,奴隶制是一种产业制度。它意味着强迫劳动超出了家庭关系的底线,奴隶主有权享受奴隶的劳动成果,却无须征求奴隶的同意。我认为,这就是奴隶制的本质所在。但是,与这一权利相关,还存在其他一些几乎没有得到严格界定的权利,在有些情况下,这些权利属于奴隶主,但事情并不总是如此。奴隶主有权要求奴隶服从,他甚至还可以通过程度不一的严厉措施加强这种服从。但是,他的权威并非绝对,它亦有所限制,尽管这种限制各地不尽相同。按照奴隶制的最常见定义,"奴隶是其主人的财产"。[①] 不过,这种定义欠准确。事实上,对无生命的财产,所有权并不允许所有者为所欲为地任意处置。个人的确可以拥有财物,但法律也严禁个人肆意毁坏。当然,我们也应该看到,尽管所有权有所受限,事实却毫无例外地表明,只有物主才有权处置他的私产。奴隶主处置奴隶的权利并非排除其他可能,习俗、法律赋予了奴隶很多自由。他们的景况与其他任何一件财产的遭遇都迥然不同。在此情况下,奴隶制的主要特点乃是奴隶为其主人从事强制性劳动。

---

① Nieboer, *Slavery as an Industrial System*, p. 4 *sqq*. 尼布尔博士本人是这样界定奴隶制的:"奴隶制是这样一个事实,即一个人是另外一个人的财产或所有物,这种财物有别于家庭所有物。"(*ibid*. p. 29)

诸如卖身为奴的自愿奴隶只不过是奴隶制真相的写照而已。那个通过契约把自己的自由转交给他人支配的人，就定期或永久地把奴隶主对奴隶的支配权安排妥了。如果奴隶制是严格依照双方当事人所签订的契约行事，我就辨不清仆人与奴隶之间到底有什么差别了。

最近，尼布尔博士对奴隶制在蒙昧部族中的分布及其缘由做了细致入微的考察。他的研究表明，奴隶制仅仅拘囿于大洋洲的部分岛屿。澳大利亚并不存在奴隶制。但在马来群岛，奴隶制却广泛流行。奴隶制在印度和印度支那半岛的土著部落十分普遍，在中亚、西伯利亚原始部落（坎查岱人除外）却难觅其踪。在北美，从白令海峡到加利福尼亚北部边界的整个太平洋海岸，奴隶制都曾存在过，除此以外的地区对这种制度则毫无所知。在中南美洲，至少可以零星地发现奴隶制的一些例子；如果我们对南美洲印第安人的了解不那么零散肤浅的话，我们还可以找到更多例子。而非洲的蒙昧人中，只有一两个地方找不到奴隶制存在的确切证据。在几内亚、下几内亚以及刚果周边地区，这种制度曾大范围存在。[①]

奴隶制只能存在于大量需要劳动力，或者周围环境非常适合它生存的地方。某个部落是否实行奴隶制主要取决于该部落的生存方式。狩猎部落基本不存在此种制度。经过观察和研究，斯宾塞先生认为："在没有工业生产活动的地区，奴隶几乎毫无用处。在狩猎所获甚少的地区，奴隶的价值甚至不如他们所吃的食物。"

672

---

① Nieboer, *op. cit.* p. 47 *sqq.*

这种观点是站得住脚的。[1] 更何况,必须从其他民族和部落才能获取奴隶。对于了寻觅猎物四处奔波的猎手而言,根本不可能防止奴隶的逃亡;如果奴隶也从事觅猎,奴隶外逃的情况更难以控制。一般来说,狩猎部落规模比较小。[2] 对这种较小的狩猎社会来说,要保留来自其他部落的奴隶甚至是相当危险的。[3] 另一方面,渔业部落的奴隶制显得相当普遍。这种制度在靠近太平洋海岸的美洲西北部居民的生活中扮演着特别重要的角色。这些部落物产丰富,食物充足,人口众多。他们群体规模很大,过着定居生活,而且贸易、工业均得到较好的发展。结果,在他们看来,奴隶的服务是有用的;同时,奴隶也极少有逃亡的机会。[4]

尼布尔博士所列举的畜牧部落中,仅有二分之一蓄养奴隶;而且,这二分之一的部落中,有些是把蓄养奴隶作为一件奢侈品。对畜牧部落而言,奴隶的劳动无足轻重。畜牧部落的生计更多取决于资本而不是奴隶,需要奴隶干的活并不多,也很容易完成。正如尼布尔所观察的那样,"在以饲养牲畜为生的部落里,没有牲畜就没有资本,也就没有生存的手段"。于是我们发现,畜牧部落存在着明显的贫富差异:贫困者靠为富有者提供劳动力为生。[5] 因此,畜牧部落没有蓄奴的强烈动机,但也没有理由阻止他们雇佣奴隶。也就是说,在奴隶制问题上,这些畜牧部落保持着一种微妙的平衡 673

---

[1]　Spencer, *Principles of Sociology*, iii. 459.

[2]　Westermavck, *History of Human Marriage*, p. 43 *sqq*. Hildebrand, *Recht und Sitte*, p. 1 *sqq*.

[3]　Nieboer, *op. cit*. p. 191 *sqq*.

[4]　*Ibid*. p. 199 *sqq*.

[5]　See also Hildebrand, *op. cit*. p. 38 *sq*.

状态。在任何一方哪怕多了个很小的理由都能改变这种平衡。理由之一是奴隶贸易,理由之二则是与低等种族相邻而居;所有保留奴隶的畜牧部落所在区域都长期而广泛地存在过奴隶贸易。奴隶通常是从奴隶贩子手中购买的,而且这些奴隶在某些情况下原本属于邻近的劣等种族。①

　　在农业社会,奴隶制的盛行更是广泛。与食物来源仍然主要依靠打鱼和狩猎的早期社会相比,这种制度在以农业为本的部落甚是普遍。在农业社会早期,由于生存并不依赖资本,生活资料也很容易获取,没有人自愿为他人所驱使。白芝浩先生认为:"新社会的所有自由人都是很平等的,人人都劳动,人人都有土地;至少在农业社会,资本并无作用,它不能雇佣劳动力,劳作者都是为自己干活。"②在这种社会,某人如果要求他人为自己劳动,那么他必须强迫别人这样做,也就是把别人变成自己的奴隶。在大多数蒙昧社会,到处都是肥沃的土地,要耕种粮食满足实有人口的需要绰绰有余,这些地方都存在上述类型的事实。然而,这一点也并非放之四海而皆准。在那些任何一块适合耕作的土地都被人占有的地方,一个没有一点耕地的人离开了地主连基本生活都难以保障;因此,有的是自由劳动力,并不需要奴隶,奴隶制也不可能存在。即使是在没有贫困人口、人人都拥有一份国家资源的地方,使用奴隶也不会产生太大的效用;由于个人拥有有限的资本或有限的

674 土地,他就算雇佣人劳动,也只能雇佣很有限的劳动力。例如,

---

① Nieboer, *op. cit.* p. 261 *sqq.*
② Bagehot, *Physics and Politics*, p. 72.

很多海岛都不实行奴隶制,一个可能的解释是,全部土地都已经被侵占了,这种情景并不适宜实行奴隶制,自然也就不存在这种社会体制。[1]

以上乃是尼布尔博士通过令人钦佩的苦心钻研得出的主要结论。我认为,他的大多数结论毫无疑问是正确的。然而,我认为尼布尔博士过分强调了经济因素对奴隶制的影响,而忽略了其他因素的作用。奴隶制在野蛮部落的盛行与否及其实行程度如何,还取决于部落从外部社会获取奴隶的能力,取决于它自身社会把内部成员变成奴隶的意愿。由于没有奴隶来源,尽管拥有一定数量的奴隶对原始部落也许是件好事,他们也不可能获得奴隶,这些部落也就不存在奴隶制。只有在非常特殊的情况下,人们才被允许役使自己社群的人为奴。部落内部的奴隶制不仅涉及经济问题,也牵涉道德问题;而是否能够役使部落外部的人为奴隶,则要看能否在部落战争中取胜。

我们有理由相信,奴隶的早期来源是战争或征服;而且在很多例子中,役使战俘为奴是取代杀死战争囚犯的好办法。[2] 原始人并不怎么怜悯他们的仇敌,只要他们比敌人占优势,他们就会毫不犹豫地把战俘变成奴隶,更何况这样做能给他们带来好处。事实

---

① Nieboer, *op. cit.* pp. 294-347, 420 *sq.*

② *Cf*, Millar, *Origin of the Distinction of Ranks*, p. 245; Jacob, *Historical Inquiry into the Production and Consumption of the Precious Metals*, i. 136; Buckle, *Miscellaneous and Posthumous Works*, iii. 413; Comte, *Cours de philosophie positive*, v. 186 *sqq.*; Cibrario, *Della schiavitù e del servaggio*, i. 16.

675 上,现存的蒙昧部族经常把战争俘虏役使为奴隶。[1] 俘虏及其后
代,连同从外族绑架或购买的人一起,构成了未开化社会奴隶阶级
的最重要组成部分。

　　陌生人的自由几乎很少受到尊重,而按照惯例和风俗,世界各
地均禁止驱使同一部落内部的人为奴。只是有时,父亲对子女的
权利[2]、丈夫对妻子的权利都允许前者出卖后者为奴。[3] 在很多社

---

① Rink, *Eskimo Tribes*, p. 28 (Western Eskimo). Petroff, 'Report on Alaska,' in *Tenth Census of the United States*, pp. 152 (Aleuts), 165 (Thlinkets). Richardson, *Arctic Searching Expedition*, i. 412 (Kutchin). Gibbs, 'Tribes of Western Washington and Northwestern Oregon,' in *Contributions to North American Ethnology*, i. 188. Von Martius *Beiträge zur Ethnographic Amerika's*, i. 232(Guaycurus), 298 (Carajás). Azara, *Voyages dans l'Amérique méridionale*, ii. 109 sq. (Mbayas). Lewin, *Hill Tracts of Chittagong*, p. 35. *Idem*, *Wild Races of South-Eastern India*, p. 194 (Toungtha). Modigliani *Viaggio a Nias*, p. 521. Kohler, 'Recht der Papuas auf Neu-Guinea', in *Zeitschr. f. vergl. Rechtswiss.* vii. 370. Williams and Calvert, *Fiji*, p. 25. Polack, *Manners and Customs of the New Zealanders*, ii. 52 ; Hale, *U. S. Exploring Expedition. Vol. VI. Ethnography and Philology*, p. 33 (New Zealanders). Ellis, *History of Madagascar*, i. 192. Andersson, *Lake Ngami*, p. 231; Kohler, in *Zeitschr. f. vergl. Rechtswiss.* xiv. 311 (Herero). Velten, *Sitten und Gebräuche der Suaheli*, p. 305. Baumann, *Usambara*, p. 141 (Wabondei). Felkin, 'Notes on the Waganda Tribe,' in *Proceed. Roy. Soc. Edinburgh*, xiii. 746. Mungo Park, *Travels in the Interior of Africa*, p. 19 (Mandingoes). Rowley, *Africa Unveiled*, p. 176. Tuckey, *Expedition to Explore the River Zaire*, p. 367 (Negroes of Congo). Sarbah, *Fanti Customary Laws*, p. 6. Burton, *Abeokuta*, i. 301. Ellis, *Tshi-speaking Peoples of the Gold Coast*, p. 289. Munzinger, *Ostafrikanische Studien*, p. 309 sq. (Beni Amer). Mademba, in Steinmetz, *Rechtsverhältnisse von eingeborenen Völkern in Afrika und Ozeanien*, p. 83 (natives of the Sansanding States). Nicole, *ibid*. p. 118 sq. (Diakité-Sarracolese). Tellier, *ibid*. pp. 168, 171 (Kreis Kita of the French Soudan). Beverley, *ibid*. p. 213 (Wagogo). Lang, *ibid*. p. 241 (Washambala). Desoignies, *ibid*. p. 278 (Msalala). Nieboer, *op. cit.* pp. 49, 52, 73-76, 78, 100.

② 见上文第 599 页。

③ 见上文第 629 页及以下。

会，罪犯①或资不抵债者有可能被迫成为奴隶。②在华盛顿州西部 676

①　Butler，*Travels and Adventures in Assam*，p. 94（Kukis）. Mason，'Dwellings，&.c.，of the Karens，' in *Jour. Asiatic Soc. Bengal*，xxxvii. pt. ii. p. 146 *sq.*；Smeaton，*Loyal Karens of Burma*，p. 86. Wilken，'Het strafrecht bij de volken van het maleische ras，' in *Bijdragen tot de taal-land-en volkenkunde van Nederlandsch-Indië*，1883，Land-en volkenkunde，p. 108 *sq.* Junghuhn，*Die Battaländer auf Sumatra*，ii. 145 *sq.*（Bataks）. Raffles，*History of Java*，ii. p. ccxxxv.（people of Bali）. Forbes，*A Naturalist's Wanderings in the Eastern Archipelago*，p. 320（people of Timor-laut）. von Rosenberg，*Der malayische Archipel*，p. 166（Niase）. Hickson，*A Naturalist in North Celebes*，p. 194（Sangirese）. Post，*Afrikanische Jurisprudenz*，ii. 87. Paulitschke，*Ethnographie Nordost-Afrikas*，p. 261. Munzinger，*Ostafrikanische Studien*，p. 244 *sq.*（Marea）. Petherick，*Travels in Central Africa*，ii. 3（Shilluk of the White Nile）. Bowdich，*Mission to Ashantee*，p. 258 n.*（Fantis）. Hübbe-Schleiden，*Ethiopien*，p. 152（Mpongwe）. Burton，*Abeokuta*，i. 301. Tuckey，*op. cit.* p. 367（Negroes of Congo）. Mungo Park，*op. cit.* p. 19（Mandingoes）. Tellier，in Steinmetz，*Rechtsverhältnisse*，p. 171（Kreis Kita of the French Soudan）. Lang，*ibid.* p. 241（Washambala）. Dale，'Customs of the Natives inhabiting the Bondei Country，' in *Jour. Anthr. Inst.* xxv. 230. Ellis，*History of Madagascar*，i. 193. Velten，*op. cit.* p. 305 *sq.*（Waswahili）.

②　Gibbs，*loc. cit.* p. 188.（Indians of Western Washington and Northwestern Oregon）. Lewin，*Hill Tracts of Chittagong*，p. 34. Idein，*Wild Races of South-Eastern India*，pp. 194（Khyoungtha），235（Mrus）. Mason，'Religion，&.c.，of the Karens，' In *jour Asiatic Soc. Bengal*，xxxiv. pt. ii. 216. Blumentritt，'Die Sitten und Brauche der alten Tagalen，' in *Zeitschr. f. Ethnol.* xxv. 13 *sqq.* Lala，*Philippine Islands*，p. 111（natives of Sulu）. Low，*Sarawak*，p. 301. Bock，*Head-Hunters of Borneo*，p. 210（Dyak tribes）. Junghuhn，*op. cit.* ii. 151 *sq.* Raffles，*op. cit.* i. 353 n.（Javanese）；ii. p. ccxxxv.（people of Bali）. Nieboer，*op. cit.* pp. 110. 111，114，119 *sq.*（various peoples in the Malay Archipelago）. Munzinger，*Ostafrikanische Studien*，pp. 207（Takue），245（Marea）. Kingsley，*West African Studies*，p. 370. Hubbe-Schleiden，*op. cit.* p. 152（Mpongwe）. Burton，*Abeokuta*，i. 301. Mungo Park，*op. cit.* p. 19（Mandingoes）. Dale，in *Jour. Anthr. Inst.* xxv. 230（Wabondei）. Baskerville，in Steinmetz，*Rechtsver-haltnisse*，p. 193 *sq.*（Waganda）. Lang，*ibid.* p. 240（Washambala）. Walter，*ibid.* p. 381（Natives of Nossi-Bé and Mayotte，Madagascar）. Post，*Afrikanische Jurisprudenz*，i. 90 *sq.* Idem，*Grundriss der ethnologischen Jurisprudenz*，i. 363 *sqq.*；ii. 564 *sqq.* Kohler，*Shakespeare vor dem Forum der Jurisprudenz*，p. 14 *sq.*

和俄勒冈州西北部,如果谁冤枉、伤害了别人而又没能赔偿,他就得做奴隶。[1] 多尔西的巴布亚人的法律规定,谁纵火烧了人家的房子,谁就得和家人一道给受害者当奴隶。[2] 在密克罗尼西亚的莱恩岛人中,低等人如果偷了上层绅士家的食物,就会被判处给后者做奴隶。[3] 有时,一个人会因赤贫而卖身为奴。[4] 但绝大多数部落内部的奴隶是生而为奴的,这源于其双亲的一人或两人是奴隶身份。[5]

在描述奴隶制野蛮社会的文献中,奴隶主被认为对奴隶拥有绝对的权力。但仔细考察后发现,即使在这种社会中,习俗和舆论也不允许奴隶主随心所欲地处置奴隶。我们在上文中已经看到,很多案例都明确否认了奴隶主有任意处死奴隶的权利。[6] 一个更为普遍的现象是,奴隶主出卖奴隶的权利也有所限制,这有些超乎人们的想象。只有战俘、购买之奴才允许主人随意出卖,在奴隶主家出生的奴隶不能任意买卖。[7] 有些案例表明,除非犯罪或行为

---

[1]　Gibbs, *loc. cit.* p. 188.

[2]　Earl, *Papuans*, p. 83.

[3]　Tutuila, in *Jour. Polynesian Soc.* i. 268 sq.

[4]　Azara, *op. cit.* ii. 109 (Mbayas). Hale, *op. cit.* p. 96 (Kingsmill Islanders). Burton, *Abeokuta*, i. 301. Andersson, *Lake Ngami*, p. 231 (Plerero). Ellis, *History of Madagascar*, i. 192 sq.

[5]　Cf. Post, *Afrikanische Jurisprudenz*, i. 89 sq.; Mademba, in Steinmetz, *Rechtsverhältnisse*, p. 83 (natives of the Sansanding States); Nicole, *ibid.* p. 119 (Diakité-Sarracitcolese); Baskerville, *ibid.* p. 194 (Waganda); Desoignies, *ibid.* p. 278 (Msalala); Dale, in *Jour. Anthr. Inst.* xxv. 230 (Wabondei); Ellis, *History of Madagascar*, 193.

[6]　见上文第 422 页及以下。

[7]　Post, *Afrikanische Jurisprudenz*, i. 95 sqq.

不端,奴隶尤其是部落内部奴隶一般不能买卖。[1] 在喀麦隆的巴
纳卡和巴普库尤,对品行不端的奴隶,奴隶主可以严厉惩罚或赶得
远远的,但不能出卖他。[2] 不仅如此,许多案例还表明,主人没有权
利享受奴隶的一切劳役和服务,他只能享受其中有限的一部分。在
非洲部分地区,奴隶必须在一周内为主人工作几天时间,或规定好
给主人工作多少个钟头,工作时间之外他是自由的。[3] 在苏门答腊
的巨港高地,奴隶可以经商,他可以为自身利益受雇于他人并出卖
劳动力;当他在耕地里干庄稼活时,一半劳动成果归主人,剩下的另
一半则归自己。[4] 在允许奴隶拥有个人财产的地区,奴隶可以赎身
获得自由,这种情况虽然存在但并不多见,[5]更不是普遍现象。[6]
通常情况下,因债务而成为奴隶的人还清债务后可以重获自由。[7]
法律甚至允许有怨言的奴隶易主。在瓦沙巴拉族,如果奴隶主
不能履行对奴隶的义务,奴隶有权向部落首领申诉,如果证明情
况属实,部落首领就用一头公牛和两头母牛把奴隶买下来归自

---

[1]　*Ibid.* i. 96 *sq.* Tellier, in Steinmetz, *Rechtsverhältnisse*, p. 169 (Kreis Kita).
Lang, *ibid.* p. 241 (Washambala).

[2]　Steinmetz, *Rechtsverhältnisse*, p. 43.

[3]　Post, *Afrikanische Jurisprudenz*, i. 101. Mademba, in Steinmetz, *Rechtsverhältnisse*,
p. 83 (natives of the Sansanding States). Nicole, *ibid.* p. 118 (Diakité Sarracolese).
Tellier, *ibid.* p. 169 *sqq.* (Kreis Kita).

[4]　*Glimpses of the Eastern Archipelago*, p. 106.

[5]　Post, *Afrikanische Jurisprudenz*, i. 111 *sq.*

[6]　*Ibid.* i. 111 *sq.* Tellier, in Steinmetz, *Rechtsverhältnisse*, p. 170 (Kreis Kita).
Senfft, *ibid.* p. 442 (Marshall Islanders).

[7]　Post, *Grundriss der ethnologischen Jurisprtidenz*, i. 366. Nieboer, *op. cit.* pp.
38, 432. Nicole, in Steinmetz, *Rechtsverhältnisse*, p. 118 (Diakité Sarracolese).
Baskerville, *ibid.* p. 194 (Waganda). Lang, *ibid.* p. 240 *sqq.* (Washambala).

678　已所有。[1] 在有些民族中,奴隶哪怕毁坏别人一点点的财产,或犯下轻微的罪行,就必须转让给那个"受损失的人",从而达到易主的目的。[2] 令人惊讶的是,在许多非洲国家,习俗允许奴隶轻而易举地摆脱残暴而怠慢的主人。[3] 巴雷亚人和巴泽的法律规定,奴隶只要离奴隶主而去就获得了自由。[4] 在东南亚的曼尼普尔人中,如果奴隶从原主那里逃走而选择新主,人们便推测原主肯定虐待了他,逃亡者因此是不会被追究改过的。[5]

　　这样,低等种族的奴隶无论如何不应该被描述成毫无权利的个体。他通常得到主人友善的对待,更常见的情况是,人们把他看成是奴隶主大家庭中地位低下的一个家人。[6] 在阿留申人中,奴

---

[1]　Lang,in Steinmetz,*Rechtsverhältnisse*,p. 242.

[2]　Post,*Afrikanische Jurisprudenz*,i. 102 sqq. Idem,*Grundriss der ethnologischen Jurisprudenz*,i. 377. Steinmetz,*Rechtsverhältnisse*,p. 168. Pechuel-Loesche,'Aus dem Leben der Loango-Neger,' in *Globus*, xxxii. 238.

[3]　See also Post,*Afrikanische Jurisprudenz*, i. 102 sqq. ; Munzinger,*Ostafrikanische Studien*,p. 309 (Beni Amer); *Idem*,*Die Sitten und das Recht der Bogos*,p. 43.

[4]　Munzingei,*Ostafrikanische Studien*,p. 484.

[5]　Dalton,*Descriptive Ethnology of Bengal*,p. 51.

[6]　*Ibid.* pp. 51 (Manipuris),58 (Garos). Lewin,*Hill Tracts of Chittagong*,p. 34 sq. Idem, *Wild Races of South-Eastern India*, p. 90 (Chittagong Hill tribes). Colquhoun, *Amongst the Shans*,p. 267. Mouhot,*Travels in the Central Parts of Indo-China*, i. 250 (Stiêns). Riedel, *De sluik-en kroesharige rassen tusschen Selebes en Papua*,pp. 194 (Watubela Islanders),293 (people of Tenimber and Timor-laut),434 (people of Wetter). Earl,*op. cit.* p. 81 (Papuans of Dorey). New,*Life*,*Wanderings*, *and Labours in Eastern Africa*, p. 128 (Wanika). Chanler, *Through Jungle and Desert*,p. 404 (Eastern Africans). Baumann,*Usambara*, p. 141 (Wabondei). Felkin,in *Proceed. Roy. Soc. Edinburgh*, xiii. 746; Baskerville,in Steinmetz,*Rechtsverhältnisse*, p. 194 (Waganda). *Ibid.* p. 43 (Banaka and Bapuku). Mademba,*ibid.* p. 84 (natives of Sansanding States). Nicole,*ibid.* p. 118 (Diakité-Sarracolese). Lang, *ibid.* p. 242 (Washambala). Desoignies,*ibid.* p. 278 (Msalala). Kraft,*ibid.* p. 291 (Wapokomo). Reade, *Savage Africa*, p. 582. Rowley, *Africa Unveiled*, pp. 174,176. Steinmetz, *Ethnologische Studien zur ersten Entwicklung der Strafe*, i. 313. Nieboer,*op. cit.* pp. 52,78,79,81,141-143,305,439 *sq.*

隶忍受贫穷之苦被视为主人的耻辱。[1]　按照阿萨拉的说法,南美

洲的姆巴亚人"极其爱他们所有的奴隶;他们从来不会飞扬跋扈地

对他们发号施令;从来不会惩罚他们;也不会责打他们;也不会卖

掉他们,即便他们是战俘⋯⋯这与欧洲人对待非洲人的方式截然

不同!"[2]在西非,"做奴隶并不被视为丢脸,奴隶也不认为低人一

等"。[3]　在黄金海岸,当奴隶的有义务随时被遣送到其他地方服侍

奴隶主,这虽然是件让奴隶感到不舒心的事,但除此之外,他们的

命运通常并不艰难。总体而言,他们的生活要比英格兰的农业劳

工好得多。由于奴隶通常被视为家庭成员,在缺少继承人的情况

下,土生土长的奴隶甚至可以继承主人的遗产。[4]　在约鲁巴人中,

奴隶主通常在遗嘱中立奴隶为其不动产的代理人或总管,令其照

管所有家务。[5]　在法属苏丹的克雷什基塔人中,主人称呼他的家

奴为儿子,奴隶则称其主人为父亲;未成年继承人的自然监护人并

不是他的母亲,而是家庭中最年长的奴隶。[6]　谈及尼亚萨湖的土

著人,麦克唐纳先生评论道,绝大多数奴隶主希望奴隶富起来;这

些非洲人说:"他们不就是我们的孩子吗?"[7]瓦邦代人"在买奴隶

---

[1]　Veniaminof,转引自:Petroff,*loc. cit.* p. 152。

[2]　Azara,*op. cit.* ii. 110.

[3]　Ellis,*Ewe-speaking Peoples of the Slave Coast*, p. 219. See also Wilson, *Western Africa*,pp. 179,180,271 *sq.*

[4]　Ellis,*Tshi-speaking Peoples of the Gold Coast*,p. 290.

[5]　MacGregor,'Lagos,Abeokuta,and the Alake,' in *Jour. African Soc.* 1904, p. 473.

[6]　Tellier,in Steinmetz,*Rechtsverhältnisse*,p. 169.

[7]　Macdonald,in *Jour. Anthr. Inst.* xxii. 102.

时会召唤他的孩子们并告诉他们:'你们以后要把他当成兄弟。'主
人视奴隶为儿子,既不打他,也不约束他的自由。"①在马达加斯
680 加,"主人善待奴隶,他们视奴隶为家庭的低等成员,多数奴隶都拥
有日常活动自由"。②盛行在马来群岛土著民族中的奴隶制基本
上是温和的,奴隶的生活并不艰难。博伊尔先生说,在婆罗洲的大
家庭里,我们经常难以区分哪些人是奴隶,哪些人是生来自由的
人,后者所获得的尊重和待遇,前者同样可以拥有。③达雅克人的
债务奴隶"住在债权人家中,在债权人的耕地上劳作,他们对这种
生活状态感到很快乐,他们享受着跟主人一样的自由"。④吉大港
山地部落的债务奴隶被视为债权人家庭成员而受到优待,他们从
来不会遭受虐待。⑤兴都库什的卡菲尔人的奴隶甚至可以参加每
年一次的地方官选举。S. 罗伯逊爵士知道这样一个案例:主人和
他的奴隶结拜成了兄弟。⑥

　　部落内部奴隶,特别是出生在奴隶主家的奴隶,通常比来自部

---

①　Dale,*ibid*. xxv. 230.

②　Sibree,*The Great African Island*,p. 181. See also Little,*Madagascar*,p. 77;
Ellis,*History of Madagascar*,i. 196.

③　Boyle,*Adventures among the Dyaks of Borneo*,p. 284.

④　Low,*Sarawak*,p. 302. See also St. John,*Life in the Forests of the Far East*,
i. 83;Bock,*Head-Hunters of Borneo*,p. 210;Kükenthal,*Ergebnisse einer zoologischen
Forschungsreise in den Afolukken und Borneo*,i. 276(Kyans);Crawfurd,*History of
the Indian Archipelago*,i. 52;Raffles,*op. cit.* i. 352;Marsden,*History of Sumatra*,
p. 253;Junghuhn,*op. cit.* ii. 150(Bataks).

⑤　Lewin,*Hill Tracts of Chittagong*,p. 34.

⑥　Scott Robertson,*Káfirs of the Hindu-Kush*,p. 100 *sq.*

落外族的奴隶或购买来的奴隶更受优待。① 当奴隶为异族所有时，他们受到奴隶主的压迫最为严重。② 我们得知，南美洲的圭库鲁人，其奴隶的来源有两种：战俘或天生。这意味着这里的奴隶制与等级森严、僵硬不变的种姓制有着一定的差异。③ 蒙哥·帕克 681
观察发现，非洲部落内部的奴隶和在主人家中出生的奴隶要比购买来的奴隶受到主人更仁慈温和的对待。④ 他说："我获悉，在曼丁哥人中，如果不把奴隶带到公众面前对他的所作所为进行公开审讯，奴隶主既不会剥夺奴隶的生命，也不会出卖奴隶给陌生人。当然，对奴隶的这种保护只限于部落内部的奴隶或家庭内部的奴隶。"⑤ 在对刚果的土著部落进行了一番考察后，塔基也得出了几乎相同的结论。⑥ 黄金海岸的奴隶分为三个类型：本部落内出生的奴隶、从外族输入的奴隶和战俘。第一类和后两类的待遇截然不同，奴隶主很少关心后两类奴隶的生活。⑦ 在谈及中非部落奴隶制的总体情况时，罗利先生认为，畜牧部落奴隶的遭遇比农业部

---

①　Munzinger,*Ostafrikanische Studien*, p. 484 *sq*. (Barea and Kunáma). New, *op. cit*. p. 56(Waswahili). Baumann,*Usambara*, p. 61 (natives of the Tanga Coast). Sarbali,*op. cit*. p. 6 *sq*. (Fantis). Nicole, in Steinmetz, *Rechtsverhältnisse*, p. 118 *sq*. (Diakité-Sarracolese). Tellier, *ibid*. p. 169 (Kreis Kita). Beverley,*ibid*. p. 213 (Wagogo). Sibree,*op. cit*. p. 256 *sq*. (natives of Madagascar). Post,*Afrikanische Jurisfrudenz*, i. 88 *sq*.

②　Mademba,in Steinmetz,*Rechtsverhältnisse*, p. 84 (natives of the Sansanding States). Sibree,*op. cit*. p. 181 (natives of Madagascar).

③　von Spix and von Martius,*Travels in Brazil*, ii. 74.

④　Mungo Park,*op. cit*. p. 262.

⑤　*Ibid*. p. 19.

⑥　Tuckey,*op. cit*. p. 367.

⑦　Ellis,*Tshi-speaking Peotles*, p. 289.

落奴隶更悲惨,因为前者大部分来自战俘,后者大部分来自继承关系而不是战争征服。他还补充道,农业部落中,主人称呼受奴役之人为孩子而不是奴隶,奴隶则称呼奴隶主为父亲而不是主人。[1]在兴都库什的卡菲尔人中,"并非所有奴隶都处于一个等级。据说,部落内部奴隶的地位要比工匠奴隶高得多……部落内部奴隶是与主人生活在一起的。"[2]

　　文明古国的奴隶制呈现出与低等民族的奴隶制相同的特点。古墨西哥存在着各种等级的奴隶:战争俘虏,被剥夺人身自由的罪犯,被父母出卖的子女以及自卖之人。主人和奴隶之间的关系相当友好。[3] 班克罗夫特先生认为:"所有的记述材料表明,墨西哥的奴隶制中只有中等程度的依附关系。它仅仅包括提供私人服务的义务,即便是这种义务也不需要搞得奴隶没有时间忙活自己的事情。"[4]未经奴隶同意,奴隶主不能出卖他们,除非他们屡教不改地逃跑、造反或作恶多端——这种奴隶被称为戴项圈之奴隶。[5]他们的子女出生后毫无例外地是自由人[6];而且,一旦奴隶主死亡,这些奴隶也就自然而然地获得自由。[7]

　　中国的奴隶阶级是由战俘、自卖和他卖之人以及奴隶的子女

①　Rowley, *Africa Unveiled*, p. 174 *sqq.*

②　Scott Robertson, *op. cit.* p. 99 *sq.*

③　Bancroft, *Native Races of the Pacific States*, ii. 217, 221.

④　Bancroft, *Native Races of the Pacific States*, ii. 220 *sq.*

⑤　Clavigero, *History of Mexico*, i. 360.

⑥　Bancroft, *op. cit.* ii. 221.

⑦　Clavigero, *op. cit.* i. 360.

组成。^①古代的公共奴隶来源于罪犯，那是惩罚犯罪的一种方式。^②刑法法典明文禁止买卖自由人，根据相关条款，即使父母也不能出卖子女，^③而自愿被卖者要受法律的惩罚。^④但是，违反这些法律条文的事经常发生：在生计艰难的情况下，父母为了活下去会出卖孩子；诱拐儿童的事更稀松平常。奴隶制的维持和奴隶供应的源源不绝，均出于这两种情况。^⑤主人并不拥有对奴隶的绝对权力，^⑥主人与奴隶的权力关系犹如父子。^⑦奴隶主不会因为诬告奴隶而受罚，奴隶则不能在法庭揭发主人如何虐待他。^⑧一般来说，中国奴隶过着较舒心的生活。^⑨"在中国的'万户上层家庭'中，男主人与男仆、女主人与女仆的关系都很融洽。"奴隶们经常就家庭生活如何过得更好提出自己的建议，家庭里的重大事务也在奴隶面前讨论。^⑩中国小说常常把奴隶描写成主人的知己，只有那些本性恶毒的人才会粗暴无礼地对待仆人。^⑪依照《玉历宝

683

---

① Biot，'Mémoire sur la condition des esclaves et des serviteurs gagés en Chine，' in *Journal Asiatique*，ser. iii. vol. iii. 257 *sqq.*

② *Ibid.* p. 249 *sqq.*

③ 见上文第 607 页。

④ *Ta Tsing Leu Lee*，sec. cclxxv. 291.

⑤ Biot，*loc. cit.* p. 260. Giles，*Strange Stories from a Chinese Studio*，p. 211，n. 8. Gray，*China*，i. 241，242，246.

⑥ 见上文第 424 页。

⑦ Gray，*op. cit.* i. 243 *sqq.*

⑧ Biot，*op. cit.* p. 292. *Ta Tsing Leu Lee*，sec. cccxxxvii，p. 373.

⑨ Biot，*loc. cit.* p. 296 *sq.* Giles，*op. cit.* i. 211 *sq.* n. 8. Gray，*op. cit.* i. 245. Wells Williams，*The Middle Kingdom*，i. 413. Douglas，*Society in China*，p. 349.

⑩ Gray，*op. cit.* i. 247.

⑪ Biot，*loc. cit.* p. 296.

钞》,不论错误大小而对奴隶滥施惩罚的奴隶主,在阴间是要遭报应的。^① 许多旅行者都认为,与欧洲殖民地和美洲的黑奴相比,中国奴隶的境况好多了。^② 观察家们发现:"奴隶主和奴隶有着同样的血液、肤色,属于同一个人种,受同样的风俗习惯制约,奴隶主若对奴隶采取贪婪、凶恶与残暴的态度,就会受到种种限制。而这一点在美洲是不可能发生的,因为奴隶主与奴隶属于不同种族。"^③

　　有人认为古埃及最早的土著居民被其他民族征服并被贬为奴隶。阿梅里诺说:"如果我们查阅遗迹,就会在装点萨卡拉陵墓之墙的油画中发现一类人,即之前玛丽埃特已经提醒注意的那类人……我相信这些奴隶是原始居民的余部,他们是最早定居埃及的人类部落后裔,只是后来被尼罗河谷新来的征服者所取代。"^④古埃及的外来征服主要发生在第十八和第十九朝代。在这一时期,人们经常提及把战争囚犯作为奴隶雇佣的事。这两个朝代的每位法老都不厌其烦地述说自己是如何将自己的战利品——那些从战争中俘虏的男奴女奴——奉献给阿蒙神的。这些奴隶有时也会成为法老的陪葬品。在拉凯赫迈尔坟墓中就有些殉葬的奴隶,那是"国王陛下的战利品,把他们带进坟墓是为了修建阿蒙神的圣庙"。^⑤ 阿梅里诺相信,与希腊和罗马的奴隶制相比,古埃及的奴

---

　　① Giles,*op. cit*. ii. 377.

　　② Biot,*loc. cit*. p. 297 sq.

　　③ *Chinese Repository*,xviii. 362.

　　④ Amélineau,*Essai sur l'évolution des idées morales dans l'Egypt Ancienne*,p. 78.

　　⑤ 这些观点得益于我的朋友艾伦·加德纳博士(Dr. Alan Gardiner),对此我深表谢意。

隶制要算温和的。① 根据《死者之书》，神的同情之心延及奴隶，神不仅严禁任何人虐待奴隶，而且也严禁诱使奴隶主虐待奴隶。②

在古巴比伦的迦勒底，位于自由的闪米特人和苏美尔人之下有这样一个奴隶阶层，它主要由异族战俘及其后代组成，但不少本族人，如弃婴、被丈夫出卖的妇人、被父亲出售的子女以及被债权人剥夺自由的债务人等，不断加入到这一行列中来。③ 他们的处境显然并不特别艰难。④ 人们允许他们结婚成家并生育子女。主人在售卖奴隶时，会尽量避免把奴隶与奴隶子女拆散。⑤ 他通常让奴隶的子女学点手艺，一旦他们知晓经商之道，主人会以自己的名义开一项生意让他们经营，挣得的利润也有他们的一份。⑥ 为了挣些工资，奴隶可以把自己雇给他人，也可以用其他奴隶为自己干活。⑦ 他甚至有权赎回属于自己的自由。⑧ 奥波特说：685"在某些方面，巴比伦法给奴隶的权利比法国民法给我们妻子的权

---

① Amélineau，*op. cit*. p. 349.

② *Book of the Dead*，ch. 125. *Cf*. Maspero，*Dawn of Civilization*，p. 191.

③ Meissner，*Beiträge zur allbabylonischen Privatrecht*，p. 6. Oppert，'La condition des esclaves à Babylone,' in *Académie des Inscriptions et Belles Lettres— Comptes rendus des séances de l'année* 1888，ser. iv. vol，xvi. 122. Maspero，*op. cit*. p. 743.

④ Meissner，*op. cit*. p. 7. Oppert，*loc. cit*. p. 121 *sqq*.

⑤ Oppert，*loc. cit*. p. 125 *sqq*.

⑥ Kohler and Peiser，*Aus dem babylonischen Rechtsleben*，ii. 52 *sqq*.

⑦ Oppert，*loc. cit*. pp. 122，128.

⑧ Meissner，*op. cit*. p. 7. Oppert，*loc. cit*. p. 122. Oppert and Ménant，*Documents juridiques de l'Assyrie et de la Chaldée*，p. 14.

利还多。"①

　　在希伯来人中，奴隶阶级由以下人群构成：战俘②，从外族或邻近部落购买的人③，在奴隶主家里出生的奴隶后代④，被父亲出卖的土生土长的希伯来人⑤，鳏寡孤独者，因贫困而饱受生活之苦的人及其妻子儿女⑥，因盗窃他人财物又无力偿还而被官方出卖之人⑦。不论出于何种原因，凡剥夺以色列人自由者，或把以色列人当奴隶役使者，以及出卖以色列人者，一律判处死刑。⑧ 即使是因贫困而失去自由，也不能把以色列人跟外族来的奴隶一视同仁。不能像对待奴隶那样强迫这些以色列人提供服务，只能视他为受雇佣的仆人。⑨ 他也不应当遭受高压统治。⑩ 他随时都可以被他的亲属赎回。如果没有人赎回他，七年之后他应当自动地获得自由而无须支付任何代价。届时，主人必须送给他羊群、禾场及酒榨，而不能让他两手空空地离开。⑪ 相反，从外族来的奴隶不能获得解放，只能永远为奴，他的子孙后代亦如此。但无论如何，奴隶主都不拥有对奴隶的绝对权力。⑫ 不管他是以色列人还是外族

① Oppert, *loc. cit.* p. 121.
② *Deuteronomy*, xx, 14.
③ *Leviticus*, xxv. 44 *sqq.*
④ *Genesis*, xiv. 14.
⑤ *Exodus*, xxi. 7.
⑥ *Ibid.* xxi. 2 *sq. Leviticus*, xxv. 39, 47.
⑦ *Exodus*, xxii. 3.
⑧ *Ibid.* xxi. 16. *Deuteronomy*, xxiv. 7.
⑨ *Leviticus*, xxv. 39, 40, 53.
⑩ *Ibid.* xxv. 43, 46, 53.
⑪ *Exodus*, xxi. 2. *Leviticus*, xxv. 40, 41, 48 *sqq. Deuteronomy*, xv. 12 *sqq.*
⑫ *Leviticus*, xxv. 44 *sqq.*

人，他的性命乃至身体都受到法律保护。① 如果奴隶从铁石心肠
的奴隶主那里逃离出来，不应对其置之不理，人们允许他选择以色
列的某座城市过清静日子。② 根据我们读过的文献，希伯来奴隶
被视为家庭成员，尽管地位低下些，但主人对他们的关照丝毫不亚
于对子女的关照。③《塔木德》反复劝诫主人要善待奴隶；④买卖奴
隶虽是一门生意，但不能指望做这个行当的贩子做事像法官那样
公允；⑤事实上，人们被鼓励用各种方法解放奴隶，⑥尽管有些拉比
声称，把自己的奴隶解放的人违背了《利未记》第二十五章第 46 节
的规则——"他们将永远是你的奴仆。"⑦

　　根据伊斯兰教教义，穆斯林天生是自由的，他们永远不可能做
奴隶。莱恩先生说："为奴者或者是从战场上抓获的，或者是从异
国掳掠来的，而且被掠夺的时候就是异教徒，或者是女奴生下的后
代——包括男奴、除主人之外的其他人与其结合生育了后代，也包
括主人与女奴结合生育了后代，但奴隶主不知道自己就是孩子亲

---

① 见上文第 424、516 页。

② *Deuteronoiny*，xxiii. 15 sq.

③ See Mielziner，*Die Verhältnisse der Sklaven bei den alten Hebrädern*，p. 61
sqq. ; André，*L'esclavage chez les anciens Hébreux*，p. 149 sqq. ；Benzinger，'Slavery'，
in Cheyne and Black，*Encyclopædia Biblica*，iv. 4657 sq.

④ Katz，*Der wahre Talmudjude*，p. 59 sqq. See also *Ecclesiasticus*，xxxiii. 31：
"如果家有奴仆，要待之如兄弟；因为你需要他，正如你离不开你的灵魂。"

⑤ Benny，*Criminal Code of the Jews according to the Talmud Massecheth
Synhedrin*，p. 36.

⑥ Winter，*Die Stellung der Sklaven bei den Juden*，p. 41.

⑦ *Berakhoth*，fol. 47 B，转引自：Hershon，*Treasures of the Talmud*，p. 81。*R.
Samuel*，转引自：André，*op. cit.* p. 180 sq. 。

生父亲的情况。"①奴隶应当受到善待,先知说:"虐待奴隶之人不
687 能进入天堂。"②主人与奴隶应该有饭同吃,有衣同穿。③ 主人不能
超越权限任意要求奴隶为他做事;奴隶在闷热的夏季和每天最热
之时应该休息。④ 奴隶主可以让奴隶与其喜欢的人结婚,婚后不
能将他们分开。⑤ 一般情况下,主人可以把奴隶送给别人,也可以
把奴隶卖掉,但他不能把女奴与其子女拆散。先知说:"任何以赠
送、出卖等方式拆散女奴与其子女之人均将受到真主的惩罚。他
在复活之日将失去亲戚朋友。"⑥女奴为奴隶主生产过孩子,奴隶
主本人也承认孩子是他的,他就不能把她转让给别人。如果奴隶
主死了,这名女奴有权获得自由。⑦ 解放奴隶是真主很欣赏的举
措之一,此举也是一种赎罪方式。⑧ 需要补充的是,这些规则不仅
在理论上得到认可,而且根植于普通大众的生活实践。在伊斯兰
世界,奴隶与奴隶主之间的关系相当融洽。奴隶常被视为家庭成

---

① Lane, *Manners and Customs of the Modern Egyptians*, p. 116. *Cf.* Munzinger, *Ostafrikanische Studien*, p. 245 sq. ; Ameer Ail, *Life and Teachings of Mohammed*, p. 376 sq.

② Lane, *Arabian Society in the Middle Ages*, p. 255. Lane-Poole, *Speeches and Table-Talk of the Prophet Mohammad*, p. 163.

③ Lane, *Arabian Society*, p. 254. Lane-Poole, *Speeches*, p. 163.

④ Lane, *Arabian Society*, p. 254. Lane-Poole, *Speeches*, p. 163. Sachau, *Muhammedanisches Recht*, pp. 18, 102.

⑤ Lane. *Modern Egyptians*, p. 115.

⑥ *Ibid.* p. 115. Lane, *Arabian Society*, p. 255. Ameer Ali, *Life of Mohammed*, p. 374 sq.

⑦ Lane, *Modern Egyptiatis*, p. 116.

⑧ *Koran*, xxiv. 33. Ameer Ali, *Life of Mohammed*, pp. 373, 377. Beltrame, *Il Sènnaar e lo Sciangàltah*, i. 46. Lane, *Modern Egyptians*, p. 119.

员,有时他对家庭事务也能产生很大影响。[1] 在一些国家,出卖奴隶是人们引以为耻的事,除非在绝对必要或奴隶一方犯了弥天大罪的情况下才可以出卖他。[2] 波斯人的风俗习惯要求喜庆之日,如孩子诞生、婚礼等,必须释放一个或几个奴隶,让他或他们获得自由。[3] 诸如奴隶主在遗嘱中吩咐释放奴隶的事情,在波斯和其他一些伊斯兰国家经常发生。[4] 摩洛哥则允许奴隶享有一定的自由,以便他能赚取足够的钱赎回自由。[5] 按照伯克哈特的记载,在阿拉伯的贝都因人中,奴隶在服役一定期限后就可以重获自由。[6] 获得解放的奴隶并不觉得有辱门楣。有这样一个真实的说法:伊斯兰教国家中出现奴隶制是一件偶然的事,而不是一个"自然而然形成的社会制度",[7]因此,重获自由的奴隶与生来自由之民有着平等的社会地位。毋庸置疑,奴隶可以与原主人的女儿结婚,成为

688

---

① Lane, *Arabian Society*, p. 253 *sqq.* Polak, *Persien*, i. 251, 255. Urquhart. *Spirit of the East*, ii. 403. Burton, *Pilgrimage to Al-Madinah & Mecca*, i. 61. Munzinger, *Ostafrikanisclie Siudien*, p. 155. Beltrame, i. 46 *sqq.* Loir, 'L'esclavage en Tunisie,' in *Revue scientifique*, ser. iv. vol. xii. 592 *sq.* Villot, *Mœurs*, *coutumes et institutions des indigènes de l'Algérie*, p. 250. Meakin, Moors, p. 133. Chavanne, *Die Sahara*, p. 389 (Arabs of the Sahara). Pommerol, *Among the Women of the Sahara*, p. 161 *sqq.* Dyveyrier, *Exploration du Sahara*, p. 339. Hourst, *Sur le Niger et au pays des Touaregs*, p. 206 (Touareg). Hanoteau and Letourneux, *La Kabylie*, ii. 143. Reade, *Savage Africa*, p. 582.

② Polak, *Persien*, i. 250. Beltrame, *Il Sènnaar*, i. 47, 248. Munzinger, *Ostafrikanische Siudien*, p. 155.

③ Polak, *op. cit.* i. 250.

④ *Ibid.* i. 250. Meakin, *op. cit.* p. 139.

⑤ Meakin, *op. cit.* p. 139.

⑥ Burckhardt, *Noles on the Bedouins and Wahábys*, p. 202.

⑦ Ameer Ali, *Life of Mohammed*, p. 375.

一家之主。被释放的奴隶的地位可以不断攀升,他们当中有的成为治理国家的高级官员,有的还建立了自己的王国。[1]

依据《摩奴法典》,奴隶可分为七种,他们分别是:"在某个行伍中被俘虏之人;负责主人日常饮食之人;出生在主人家庭中的奴隶后代;被买来之人;被馈赠之人;从祖先那里继承了奴隶身份之人;作为惩罚而受役使之人。"[2]上述最后一类包括无法偿还债务或罚款而失去自由者,破坏宗教秩序而失去自由者。[3] 奴隶未必来自印度最低等种姓首陀罗,刹帝利可能成为婆罗门和吠舍的奴隶,吠舍也可能成为婆罗门和刹帝利的奴隶。[4] 另一方面,虽然为别的种姓服务是首陀罗的职责,但这些人不是奴隶;他们可以根据自己的意愿选择为哪个种姓提供服务,他们有权要求为自己的付出获得足够的报酬。[5] 在印度,法律没有明确规定一家之主对奴隶的权力范围,但主人被告诫不要与奴隶争吵,即使是受到奴隶的侵犯时,主人也被要求保持克制。[6] 阿帕斯檀跋格言劝诫说,主人可以随心所欲要求自己和他的妻子儿女节食,但"绝不能以此要求正在工作的奴隶"。[7] 1893 年,埃尔芬斯通在《印度历史》中这样写道:"主人对待家庭内的奴隶就像对待仆人一样,他们是属于这个家庭

689

---

[1]　*Ibid*. p. 375 *sq*. Bosworth Smith, *Mohammed and Mohammedanism*, pp. 206, 211 *sq*.

[2]　*Laws of Manu*, viii. 415.

[3]　Bühler, in his translation of the *Laws of Manu*, in *Sacred Books of the East*, xxv. 326, n. 415.

[4]　*Ibid*. p. 326, n. 415.

[5]　Ingram, *History of Slavery and Serfdom*, p. 272.

[6]　*Laws of Manu*, iv. 180, 185.

[7]　*Âpastamba*, ii. 4. 9. 11.

的,对这个家有归属感。我怀疑买卖奴隶是否真的存在过。很难看清奴隶与自由人之间有什么明显差别。"[1]现代佛教僧侣告诉众教徒,奴隶主可以有五种方式帮助奴隶:"他不能把小孩的活委派给大人,也不能把大人的活委派给小孩,所有的活计安排都因人的力气大小而定;他必须根据奴隶的需要提供食物、支付酬劳;他必须免除患病奴隶的劳动并给他治病;主人不能独享美食,必须与其他人共享,甚至奴隶也可分享美味佳肴;如果奴隶完成原定的服役期或工作了很长一段时间,工作表现也不错,主人必须把他们释放。"[2]

　　在希腊,特别是古希腊,奴隶通常来源于战俘、被海盗劫掠的人以及被绑架的人;奴隶的身份是世袭的,即所谓世代为奴。[3]　奴隶的另一合法来源便是弃婴(底比斯城内的弃婴除外[4])和被父母出卖的子女。[5]　在雅典,破产的债务人是债权人的奴隶,这种状况一直持续到梭伦时期;[6]不能履行国家赋予的义务的常住外侨,以及用欺骗手段攫取公民权利的外邦人,可以被出卖为奴隶。[7]　至少在古希腊后期,奴隶的主要来源是蛮族。[8]　事实上,伯罗奔尼撒

690

[1]　Elphinstone,*History of India*,p. 203.

[2]　Hardy,*Manual of Budhism*,p. 500.

[3]　Wallon,*Histoire de l'esclavage dans l'antiquité*,i. 161 *sqq.* Richter,*Die Sklaverei im griechischen Altertume*,p. 39 *sqq.*

[4]　Aelian,*Historia varia*,ii. 7.

[5]　Wallon,*op. cit.* i. 159 *sq.*

[6]　Plutarch,*Vita Solonis*,xiii. 4.

[7]　Wallon,*op. cit.* i. 160 *sq.* Richter,*op. cit.* p. 46.

[8]　Hermann-Blümner,*Lehrbuch der griechischen Privatalterthümer*,p. 86. Richter,*op. cit.* p. 48.

战争结束后,希腊各邦认可了这样一个原则,那就是,来自各邦之间战争的俘虏应当被赎回而不能役使为奴,但这一原则在实践中并未得到真正的贯彻。[①] 我们已经知道,主人并不掌握奴隶的生杀大权。[②] 为逃脱奴隶主的残酷压迫,奴隶建立了庇护所。[③] 如遭虐待,奴隶有权要求被出卖给他人;经主人同意,奴隶可以用自己的私产赎回自由。[④] 而通过解放的手段,他只能暂时达到介于受奴役与完全自由之间的状态;这样,雅典被解放的奴隶比照城邦就相当于外邦,比照他的主人就是客人。[⑤] 家庭内部的奴隶与主人之间往往关系密切,[⑥]但作为一个阶级,奴隶仍受到人们的鄙视,就连柏拉图和亚里士多德也不例外。柏拉图一方面警告他的听众不要傲慢无礼、毫不公允地对待奴隶,另一方面又说,对奴隶应严格要求,应该用命令的方式对奴隶说话,应当惩罚他们的过失,而不要像对待自由人一样对待他们。[⑦] 亚里士多德把奴隶主与奴隶之间的关系比喻成灵魂与身体、工匠与工具之间的关系。他还认为,只有当奴隶不再被视为奴隶而是被视为人类一分子时,奴隶主与奴隶之间才能谈得上友谊。[⑧] 一方面,受奴役总是被当作极不光彩的事;另一方面,别的问题也浮出水面,即奴隶主对奴隶的权

---

① Schmidt, *Ethik der alten Griechen*, ii. 204, 205, 283. Hermann-Blümner, *op. cit*. p. 86 *sq*.

② 见上文第 425 页。

③ Wallon, *op. cit*. i. 310 *sq*. Schmidt, *op. cit*. ii. 218 *sq*. Richter, *op. cit*. p. 140 *sq*.

④ Ingram, *op. cit*. p. 27 *sq*. Wallon, *op. cit*. i. 335 *sq*. Richter, *op. cit*. p. 151.

⑤ Richter, *op. cit*. p. 157. Wallon, *op. cit*. 346 *sqq*.

⑥ Schmidt, *op. cit*. ii. 212. Richter, *op. cit*. p. 151.

⑦ Plato, *Leges*, vi. 777 *sq*.

⑧ Aristotle, *Ethica Nicomachea*, viii. 11. 6 *sq*. *Idem*, *Politica*, i. 5, p. 1254.

力到底是建立在正义的基础上,还是建立在强权的基础上? 对希 691
腊的考察让我们第一次遇到这样一种观点:奴隶制违反了自然规
律,正是法律不公正地把一个人变成奴隶,把另一个人变成自由
人。^① 不管怎么说,当亚里士多德声称蛮族由于劣等而天然当受
希腊人奴役的时候,他无疑与他所处的时代是大致和谐的。^②

　　罗马法学家认为,奴隶制的存在减轻了战争带来的恐怖。他
们论证道:把打败的敌人俘虏并保存下来,这是早期奴隶的唯一来
源。^③ 但这种制度无论在罗马还是在其他地方,一旦建立起来,本
身就包含了不断扩展壮大的种子。根据适用于低等动物后代的原
则,"子女随母"(*partus sequitur ventrem*),女奴的子女的命运就
与其母亲一样。迟早有那么一天,奴隶的供应量满足不了需求,经
常性的奴隶交易就出现了,奴隶交易就是建立在有组织地从外族
人手里猎取男子之上的。^④ 只有少量的奴隶源自罗马人自身,比
如被父亲出卖的儿童,无力偿还债务者,由于罪大恶极被判处服役
的罪犯。^⑤ 把同胞兄弟变成自己的奴隶并不符合罗马人的初衷。
根据古代法律,债务人在其自身被移交给债权人后,应该被贩卖到

---

　　①　*Idem*,*Politica*,i.3,p.1253 b.

　　②　*Ibid*.i.2,6,pp.1252 b,1255 a. See Euripides,*Iphigenia in Aulide*,1400 *sq*.

　　③　Hunter,*Exposition of Roman Law*,p.160 *sq*. *Institutiones*,i.3.3:"奴隶被
称为 servi,因为将军们乐于卖掉战俘,而不是杀掉他们,这样才能够保留和享有他们的
劳动和服务(servare)。这些奴隶也被称为武力所得(mancipia),意思是说他们是通过
武力(manu capiuntur)从敌方手中抢夺过来的。"

　　④　Mommsen,*History of Rome*,iii.305 *sq*. Wallon,*op.cit*.ii.46 *sqq*. Ingram,
op.cit.p.38.

　　⑤　Wallon,*op.cit*.ii.18 *sqq*. Ingram,*op.cit*.p.39. *Institutiones*,i.12.3.

国外或说台伯河外。[①] 公元前 326 年,如果债务人是罗马人,则债权人的留置权只限于债务人的物品。不过,这已经是后来的事了。[②] 在异教的帝国时期,禁止父亲出卖生而自由的子女。[③] 最后,以前那种奴隶主对奴隶拥有无限权力的状况得到了改变,奴隶主的权力开始有所限制。我们已经知道,克劳狄乌斯和安东尼·庇护时期,法律严禁奴隶主杀害奴隶。[④] 公元 61 年,《佩特罗纽斯法》严禁奴隶主强迫奴隶与动物角斗。[⑤] 尼禄时期设立专门官员负责审理奴隶主虐待奴隶的行为。[⑥] 安东尼·庇护曾指示,当饱受虐待之苦的奴隶在祭坛或皇帝像处寻求庇护时,他就可以易主;这项待遇还扩展到这样一些例子——奴隶主雇佣了奴隶后发现有失体面,或主奴之间性格不合,都可以沿用前例易主。[⑦] 公开拍卖奴隶时,奴隶对相关权利义务关系提出的要求获得充分尊重,[⑧]在解释和执行奴隶主的遗嘱时,无论怎样分割继承权,同一奴隶家庭的成员不应被拆散。[⑨] 在罗马奴隶制已经丧失了原有家长制色彩——用莫姆森的话来说,[⑩]"多少有些朴实无华的特征"——的时期,随着罗马帝国的兴盛以及日益兴旺的奴隶贸易,大量奴隶输

①　Mackenzie, *Studies in Roman Law*, p. 94.
②　Livy, *Historiæ Romanæ*, viii. 28. Wallon, *op. cit.* ii. 29, n. 1.
③　见上文第 615 页。
④　见上文第 425 页及以下。
⑤　*Digesla*, xlviii. 8. 11. 2.
⑥　Seneca, *De beneficiis*, iii. 22. 3.
⑦　Wallon, *op. cit.* iii. 57 *sq.* Ingram, p. 63.
⑧　Hunter, *Exposition of Roman Law*, p. 159.
⑨　Wallon, *op. cit.* iii. 53.
⑩　Mommsen, *History of Rome*, iii. 305.

入到城市,那些简单朴素、多少能减缓严刑峻法压制的早期生活方式已经发生了变化,这时,绝大部分罗马奴隶的生活极其艰难,无数事例表明,他们遭受了令人发指的摧残。① 不过,我们也注意到,从罗马帝国初期开始,城市各处的人们都谴责虐待奴隶的奴隶主,奴隶憎恶他们,不愿意给他们效力。② 塞涅卡和其他斯多葛学派哲学家怀着不可抑制的激情替奴隶辩护。他们认为,奴隶也是人,同样拥有做人的尊严和权利,他们和我们同属一个人种,他们也有生老病死——总之,我们的奴隶"是人,是我们的朋友,他们虽然为我们服务,但仍是我们的同伴"。③ 爱比克泰德则走得更远,他甚至谴责奴隶制,认为不应当保有这种制度。他自己一生的经历或许说明了他为什么产生这种激进的思想。他说:"己所不欲,勿施于人。如果你不愿意做奴隶,你也就不应役使他人为奴。如果你能够迫使他人受奴役,那你自己就已经具备了当奴隶的资格。"④这些教诲不可能不对立法和公众情绪产生影响。在斯多葛派哲学观点的影响下,古典时期罗马法官宣称:根据自然法则,所有人生而自由,奴隶制只不过是"国家法律制度的一种,这一制度把一个人变成另一个人的财产,它与自然法则赋予人的权利背道而驰"。⑤

　　在欧洲,基督教通常被视为缓和并最终废止奴隶制的唯一原

---

　　① See Lecky,*History of European Morals*,i.302 *sq.*

　　② Seneca,*De clementia*,i.18.3.

　　③ *Idem*,*Epistolæ*,47. *Idem*,*De beneficiis*,iii.28. Epictetus,*Dissertationes*,i.13.关于奴隶制的论述,也可参阅:Holland,*Reign of the Stoics*,p.186 *sqq.*。

　　④ Epictetus,*Fragmenta*,42.

　　⑤ *Institutiones*,i.3.2.

因。考虑到这一点，我们必须特别注意，罗马奴隶境况的改善主要是在早些时候完成的，基督教根本不可能参与这项事业。而且，在基督教成为罗马帝国官方宗教后的两百年间，对这一话题的立法活动几乎完全中止了。① 在查士丁尼的统治下，帝国进行了某些改革：用各种方式促进奴隶的解放；②得到释放的奴隶被赋予罗马公民权利（解放前他们处于奴隶身份与完全自由人之间的中间层）；③尽管法律仍拒绝承认奴隶婚姻的合法性，但查士丁尼赋予了获得释放的奴隶以继承权。④ 不过，有些残酷的是，奴隶低人一等的地位被认为与先前一样。他属于主人"有血有肉"的财产，他被看成是像土地、衣服、金子和银子等性质上属于有形资产的东西。⑤ 安东尼·庇护时期的法律规定，奴隶主对奴隶不得过于苛刻，但这一法令的动机并不是出于对人类的福佑和仁慈。⑥《查士丁尼法学总论》中说："制定这项规定有充分的依据，它最大限度地考虑到了公众的福利，那就是不允许任何人虐待或滥用财产，即便这财产为私人所有。"⑦

古代曾这么一条原则："要像别人对待你一样对待其他人。"有意思的是，奴隶制与这一原则之间有龃龉之处。尽管有位异教徒哲学家曾经强调过这一点，但它似乎从来没有出现在任何一位早

---

① Cf. Lecky, *History of European Morals*, ii. 64.
② *Institutiones*, i. 5 *sqq.*
③ *Ibid*. i. 5. 3; iii. 7. 4.
④ *Ibid*. iii. 7 pr.
⑤ *Institutiones*, ii. 2. 1.
⑥ Cf. Milman, *History of Latin Christianity*, ii. 14.
⑦ *Institutiones*, i. 8. 2.

期基督教著作家的作品里。基督教从创始之日起就认可奴隶制。他们声称的人生来在精神上平等的原则并不意味着现实中每个人的社会地位都是平等的。奴隶制并不阻碍基督徒完成他们负有的义务，也不是通往天堂之路的拦路石，它仅仅是一些外在现象，只是一个名称而已。奴隶只不过是犯有过失的人。① 奴隶身份自然是一种负担，但这种负担是加在犯有过失的人身上的。上帝创造人类时，大家都是自由的，没有人是别人的奴隶，直到诺亚诅咒了他那令人厌恶的儿子——含，奴隶制度才出现，那时候的奴隶制是一种公允地惩罚犯罪者的措施。② 奴隶自己不应该要求获得自由，③不仅如此，当主人赐予他自由时，他也不应该接受。④ 没有一位神父站出来反对奴隶制，哪怕暗示奴隶制是非法的或是不宜的。⑤ 早期，奴隶为殉道者所有，修道士、主教、教皇、僧侣和教会也拥有奴隶；⑥犹太人和异教徒也有奴隶，只不过他们被禁止获取

695

----

① Gregory Nazianzen, *Orationes*, xiv. 25 (Migne, *Patrologiæ cursus*, Ser. Graeca, xxxv. 891 *sq.*). *Idem*, *Carmina*, i. 2. 26. 29 (*ibid*. xxxvii. 853); i. 2. 33. 133 *sqq.*(*ibid*. xxxvii. 937 *sq.*). St. Chrysostom, *In cap. IX. Genes. Homilia XXIX.* 7 (*ibid*. liii. 270). *Idem*, *In Epist. I. ad Cor. Homilia XIX.* 5 (*ibid*. lxi. 158). St. Ambrose, *In Epistolam ad Colossenses*, 3 (Migne, *op. cit.* Ser. Lat. xvii. 439).

② St. Augustine, *De civitaie Dei*, xix. 15 (Migne, *op. cit.* xli. 643 *sq.*).

③ St. Ignatius, *Epistola ad Polycarpum*, 4 (Migne, *op. cit.* Ser. Graeca, v. 723 *sq.*). St. Augustine, *Ennaratio in Psalmum CXXIV.* 7 (Migne, *op. cit.* xxxvii. 1653).

④ Laurent, *Études sur l'histoire de l'humanité*, iv. 117.

⑤ *Cf.* Babington, *Influence of Christianity in Promoting the Abolition of Slavery in Europe*, p. 29.

⑥ *Ibid*. p. 22. Potgiesser, *Commentarii juris Germanici de statuservorum*, i. 4. 8, p. 176. Muratori, *Dissertazioni sopra le antichità italiane*, i. 244.

和役使信奉基督教的奴隶。^① 废除奴隶制的想法如此微弱，6 世纪中叶奥尔良的一次会议甚至明确颁布了奴隶的子孙永世为奴的政令。^② 另一方面，教会劲头十足地阻止人们役使战俘为奴，但这种努力只针对信奉基督教的战俘。^③ 迟至 19 世纪，才有布维耶主教站出来为被奴役俘虏的权利辩护。^④

《使徒行传》提醒奴隶注意对奴隶主应尽的义务，也提醒奴隶主注意对奴隶应尽的义务。^⑤ 大公会议和教皇也这样做。甘格拉大公会议在 324 年左右宣布，任何人如果假借宗教名义唆使奴隶藐视主人，将被逐出教门。^⑥ 这一教令被人们看得极为重要，甚至出现在罗马教皇哈德良一世于 773 年呈献给查理大帝的教会法教规摘要中。^⑦ 当然也有许多劝诫奴隶主仁慈对待奴隶的例子。^⑧

696

---

① *Concilium Toletanum IV*. A. D. 633, can. 66（Labbe-Mansi, *Sacrorum Conciliorum collectio*, x. 635）. Blakey, *Temporal Benefits of Christianity*, p. 397. Digby, *Mores Catholici*, ii. 341. Cibrario, *Della schiavitù e del servaggio*, i. 272. Rivière, *L'Église et l'esclavage*, p. 350.

② *Concilium Aurelianense IV*. about A. D. 545, can. 32（Labbe-Mansi, *op. cit.* ix. 118 *sq.*）.

③ *Concilium Rhemense*, about A. D. 630, can. 22（Labbe-Mansi, *op. cit.* x. 597）. Gratian, *Decretum*, ii. 12. 2. 13, *sqq.* Baronius, *Annales Ecclesiastici*, A. D. 1263, ch. 74, vol. xxii. 124. Le Blant, *Inscriptions chrétiennes de la Gaule*, ii. 284 *sqq.* Babington, *op. cit.* pp. 51 *sqq.*, 94 *sq.* Nys, *Le droit de la guerre et les précurseurs de Grotius*, p. 114.

④ Bouvier, *Institutiones philosophicæ*, p. 566.

⑤ *Ephesians*, vi. 5 *sqq. Colossians*, iii. 22*sqq.*; iv. 1.

⑥ *Concilium Gangrense*, about A. D. 324, can. 3（Labbe-Mansi, *op. cit.* ii. 1102, 1106, 1110）.

⑦ 'Epitome canonum, quam Hadrianus I. Carolo magno obtulit, A. D. DCCLXXIII'. in Labbe-Mansi, *op. cit.* xii. 863.

⑧ Babington, *op. cit.* p. 58 *sqq.*

正如额我略九世所说:"奴隶们已经受过圣泉的洗礼,考虑到他们接受了如此大的恩惠,他们应该受到更自由的对待。"[1]当奴隶从奴隶主那里逃到教会和修道院而受到庇护时,只有奴隶主发誓不再惩罚逃亡者,才能将他们归还给奴隶主;[2]否则,他们将一直留在避难所在地,在那里做奴隶。[3] 我们已经知道,教会将那些杀害奴隶的奴隶主逐出教会几年,以确保奴隶的生命安全。[4] 而且教会禁止将信仰基督教的奴隶出卖给犹太人和异教徒国家。[5] 7 世纪中叶,沙隆大公会议命令,不许将信仰基督教的奴隶卖到克洛维王国范围以外,这样,他们就不可能被俘虏或成为犹太奴隶主的奴隶。[6] 盎格鲁-撒克逊法律也有相似的禁令,不得把基督教徒卖给别国,尤其不能卖给异教徒主政的国家,"为了信徒得到永生,耶稣基督牺牲了自己的生命,由此,教徒有了不死的灵魂"。[7] 牧师们有时反对奴隶交易,但如果被买卖的奴隶是异教徒,他们从不表示愤慨,[8]他们也从未对奴隶主任意出卖奴隶的权利提出过疑问。

---

[1] Baronius, *Annales Ecclesiastici*, A. D. 1238, ch. 62, vol. xxi. 204.

[2] Milman, *op. cit.* ii. 51. Rivière, *op. cit.* p. 306. Du Boys, *Histoire du droit criminel des peuples modernes*, ii. 246, n. 1.

[3] 'Concilium Kingesburiense sub Bertulpho,' in Wilkins, *Concilia Magnæ Britanniæ et Hiberniæ*, i. 181.

[4] 见上文第 426 页。

[5] *Concilium Rhemense*, about A. D. 630, can. II (Labbe-Mansi, *op. cit.* x. 596). *Concilium Liptinense*, A. D. 743, can. 3 (*ibid.* xii. 371). Hefele, *Beiträge zur Kirchengeschichte*, i. 218. *Idem*, History of the Councils of the *Church*, v. 211.

[6] *Concilium Cabilonense*, about A. D. 650, can. 9 (Labbe-Mansi, *op. cit.* x. 1191).

[7] *Laws of Ethelred*, v. 2; vi. 9. *Laws of Cnut*, ii. 3.

[8] Hüllmann, *Stædtewesen des Mittelalters*, i. 80 *sq.* Loring Brace, *Gesta Christi*, p. 229. Rivière, *op. cit.* p. 325.

许多作家声称,教会对奴隶制极尽溢美之词;[①]不过,这种说法显然是夸大其词。事实上,在 13 世纪晚期,奴隶主掌握了对奴隶的

697 生杀予夺大权。[②] 奴隶贸易遍及整个基督教世界,贩卖者和购买者之间买卖奴隶正像商品交易一样合法,也像土地、牲畜等的合法转让一样有效。[③] 除了"奴隶"这个称谓之外,奴隶从主人那里获得的只是生活必需品,他们的劳动收益全数归奴隶主所有;虽然奴隶主出于小恩小惠给予奴隶私产,或者给奴隶固定的生活补贴,但是奴隶因此而积攒的财产并不归自己所有,他们的积蓄最终都属于奴隶主。[④] 除非在类似"冒犯君主罪"[⑤]的情况下,奴隶和被解放的奴隶是不允许对自由民进行犯罪指控的;奴隶也没有资格成为控告自由民的证人。[⑥] 教会承认,自由民的婚姻关系和奴隶的非法同居之间历来就存在明显差异:长久以来,奴隶不许结婚,仅有同居关系(contubernium)的权利,而且,他们的结合是不会受到牧师的婚礼祝福的。[⑦] 后来,奴隶间的结合被认可为一种婚姻关系,但他们结婚必须经过主人许可,如有违犯将严惩不贷,有时甚至会

---

① Yanoski,*De l'abolition de l'esclavage ancien au moyen âge*,p. 74 *sq*. Allard,*Les esclaves chrétiens depuis les premiers temps de l'Église*,p. 487; &c.

② 见上文第 427 页。

③ Potgiesser,*op. cit*. ii. 4. 5,p. 429. Milman,*op. cit*. ii. 16.

④ Potgiesser,*op. cit*. ii. 10,p. 528 *sqq*. Du Cange,*Glossarium ad scriptores mediæ et infimæ Latinitatis*,vi. 451. Robertson,*History of the Reign of the Emperor Charles V*. i. 274.

⑤ Potgiesser,*op. cit*. iii. 3. 2,p. 612.

⑥ Beaumanoir,*Coutumes du Beauvoisis*,xxxix. 32,vol. ii. 103. Du Cange,*op. cit*. vi. 452. Potgiesser,*op. cit*. iii. 3. 1,p. 611.

⑦ Potgiesser,*op. cit*. ii. 2. 10 *sq*.

被处死。①

中世纪下半叶,欧洲的奴隶制度逐渐消逝,这通常被认为主要来自教会的影响,但这种说法缺乏充分的证据。② 在一定程度上教会鼓励奴隶解放,这固然是事实。尽管奴隶制被视为一种完全合法的制度,但使信奉基督的同道得解放仍被认为是功德无量的事,而且在基督教的准则中有时也强烈推崇这样的解放行动。在6世纪后期,基督教宣称:就像耶稣基督来到世间打破奴隶制的枷锁让我们重获原初的自由那样,对于那些因国家法律而成为奴隶的人,我们也应当仿效基督的做法,让他们获得自由。③ 此后,这一教条被多次重申,这种情况一直持续到16世纪。④ 加洛林王朝时期,斯马拉格达斯修道士在他颇有教益的作品中多次表达了这种观点:考虑到是过错而不是天性使他们沦为奴隶,应该给予奴隶自由。⑤ 12世纪后期的法国高级教士,特别是赛恩斯大主教,根据教皇亚历山大三世在罗马主持的一次大公会议颁布的教令声称,

698

---

① *Ibid*. ii. 2. 12, p. 355 *sq*.

② Clarkson, *Essay on Slavery*, p. 19 *sq*. Biot, *De l'abolition de l'esclavage ancien en Occident*, p. xi. Thérou, *Le Christianisme et l'esclavage*, p. 147. Martin, *Histoire de France jusqu'en 1789*, iii. 11, n. 2. Balmes, *El Protestantismo comparado con el Catolicismo*, i. 285. Blakey, *op. cit.* p. 170. Yanoski, *op. cit.* p. 75. Cochin, *L'abolition de l'esclavage*, ii. 349, 458. Littré, *Études sur les Barbares et le Moyen Age*, p. 230 *sq*. Allard, *op. cit.* p. 490. Tedeschi, *La schiavitù*, p. 68. Lecky, *History of Rationalism in Europe*, ii. 216, 236 *sqq*. Maine, *International Law*, p. 100. Kidd, *Social Evolution*, p. 168.

③ St. Gregory the Great, *Epistolæ*, vi. 12 (Migne, *Patrologiæ cursus*, lxxvii. 803 *sq*.). Gratian, *op. cit.* ii. 12. 2. 68. Potgiesser, *op. cit.* iv. i. 3, p. 666 *sq*.

④ Babington, *op. cit.* p. 180.

⑤ Smaragdus, *Via Regia*, 30 (d'Achery, *Spicilegium*, i. 253).

给予所有基督徒自由是良心应负的义务。① 德国在中世纪后期汇
编的法律条目中说,根据主耶稣的指令,恺撒的归恺撒,上帝的归
上帝。这就表明任何人都不是别人的私有财产,但所有人都是属
于上帝的。② 由于"上帝的爱",或由于"上帝对世人的拯救",或由
于"灵魂的救赎",奴隶获得了解放。③ 比如,我们可以在 7 世纪的
修道士马科夫斯关于奴隶解放的论述中发现这样的话:"奴隶主之
所以让归属于他的奴隶获得自由,是因为他相信上帝会在来世给
他补偿";④是"为了减轻我的罪过,我赐给你们自由";⑤是"为了上
帝的荣光,也为了最后的审判",诸如此类。⑥ 然而,人们赋予这些
说法过多的意义,以致在给修道院一本书这样最微不足道的事件
发生时通常都说类似的话。⑦ 从一些宗教信仰表白书也可以看
出,有些奴隶确实被解放了,有些奴隶则"以上帝的名义"⑧被买
卖。同时,我们也不能推想,牧师鼓吹解放奴隶仅仅是出于宗教
的动机。正如有人已经指出的那样,"既然垂死的信徒通常愿意
捐赠给教会一些遗产,让地位卑贱的人获得财物,让他们可以自

---

① de Boulainvilliers, *Histoire de l'ancien governement de la France*, i. 312.

② *Speculum Saxonum*, iii. 42 (Goldast, *Collectio consuetudinum et legum imperialium*, p. 158).

③ Du Cange, *op. cit.* iv. 460 *sqq.* Potgiesser, *op. cit.* iv. 12. 5, p. 751 *sqq.* Muratori, *op. cit.* i. 249. Robertson, *op. cit.* i. 323. Milman, *op. cit.* ii. 51 *sq.*

④ Marculfus, *Formulae*, ii. 32 (Migne, *op. cit.* lxxxvii. 747).

⑤ *Ibid.* ii. 33 (Migne, *op. cit.* lxxxvii. 748).

⑥ Marculfus, *Formulæ*, ii. 34 (Migne, *op. cit.* lxxxvii. 748).

⑦ Babington, *op. cit.* p. 61, n. 6.

⑧ *Formulæ Bignonianæ*, 2, "Venditio de servo" (Baluze, *Capitularia regum Francorum*, ii. 497): "对买家兄弟的尊贵主人而言,我是行上帝之名的卖家。"

由处置已经获得的财物，这更符合传教士的利益"。通过牧师的影响而获得自由的人也要回报他们的恩人，报答那些给教会捐赠钱财的人，这也是教会坚持解放奴隶的原因。① 教会只对解放俗世人家的奴隶感兴趣，如同医师不会服用他为别人开的药物一样，他们极力阻挠自己的奴隶获得自由。教会允许转让那些试图逃跑的奴隶。② 506 年召开的圣阿加托大公会议认为，解放修道院的奴隶是不公平的，这样的话修道士就不得不亲自从事辛苦的日常劳作。③ 事实上，无论在哪里，僧侣的奴隶总是最后一拨获得解放。④ 7 世纪时托莱多的一次大公会议威胁道：哪个主教释放了 700 属于教会的奴隶而没有用自己的私人财产弥补教会的损失，就会受到诅咒和谴责，他将来要遭到下地狱的惩罚，因为给教会造成损失被认为是对宗教信仰的不敬。⑤ 而且，依据某些教会规定，任何一个主教或牧师都不许释放一个世代为教会服务的奴隶，除非他带给教会两个价值相当的奴隶。⑥ 教会不仅力图防止奴隶数量的减少，而且想方设法增加奴隶的数量。他们积极鼓励人们放弃自身及子孙的自由，成为教会和修道院的奴隶，奴隶通过奴役自己的身体——就像奴隶买卖的书面合同中所说的——可以获得

---

① Miliar,*Origin of the Distinction of Ranks*,p. 274 *sq*.

② Gratian,*op*. *cit*. ii. 12. 2. 54.

③ *Concilium Agathense*,A. D. 506,can. 56 (Labbe-Mansi,*op*. *cit*. viii. 334).

④ Hallam,*View of the State of Europe during the Middle Ages* (ed,1837), i. 221.

⑤ *Concilium Toletanum IV*. A. D. 633,can. 67 (Labbe-Mansi,*op*. *cit*. x. 635).

⑥ Gratian,*op*. *cit*. ii. 12. 2. 58. Potgiesser. *op*. *cit*. iv. 2. 4,p. 673.

灵魂的救赎。① 7 世纪中期的一次大公会议宣布了这样一道教令：牧师若荒淫无度，他的子女就要成为其父辈修行所在教会的奴隶。②

在某种程度上，中世纪奴隶制度的消逝更多地归因于王室为削弱贵族势力而做出的努力。③ 法国国王路易十世和菲利普五世曾发布命令宣布：既然所有人生来是自由的，既然他们所在的王国被称为法兰克人的王国，就应名实相符，只要给付一个合理的赔偿，王国领地内所有的奴隶都应获得自由，这样做是为了给其他封建贵族树立一个榜样。④ 穆拉托里相信，12 世纪以及以后数百年的战争对于意大利奴隶制的削弱有着无与伦比的贡献，因为战争需要士兵，而士兵必须是自由民。⑤ 另一些人提到，10、11 和 12 世纪欧洲出现的大饥荒和流行病对奴隶制的消亡有巨大影响。⑥ 奴隶数量的大量减少还在于奴役战犯的古老办法逐渐为更具人性化的方法取代，就是向奴隶收取赎金代替劳役。中世纪后半叶，这种方法已经成为惯例，至少在对待信奉基督的战俘时普遍采用这一

701

---

① Du Cange, *op. cit.* iv. 1286. Potgiesser, *op. cit.* i. 1. 6 *sq.* , p. 5 *sqq.* Robertson, *op. cit.* i. 326.

② *Concilium Toletanum IX*. A. D. 655, can. 10 (Labbe-Mansi, *op. cit.* xi. 29).

③ Robertson, *op. cit.* i. 47 *sq.* Millar, *op. cit.* p. 276 *sqq.*

④ Decrusy, Isambert, and Jourdan, *Recueil général des anciennes lois françaises*, iii. 102 *sqq.*

⑤ Muratori, *op. cit.* i. 234 *sq. Idem*, *Rerum Italicarum scripiores*, xviii. 268, 292.

⑥ Biot, *op. cit.* p. 318 *sqq.* Saco, *Historia de la esclavitud*, iii. 241 *sqq.*

方法。^① 但是,欧洲奴隶制度的最终消亡,主要原因还是奴隶制向农奴制的转变。

这种转变可以上溯到奴隶供应量的减少,由于奴隶的数目越来越少,每个家庭都希望无限期地保留自家世代相传的奴隶,为了维持奴隶的数量,就得让奴隶繁殖后代。因此,奴隶的存在及其健康状况对奴隶主来说无疑具有很大价值,他们愿意保有奴隶并让他们活得好好的。奴隶主发现,将奴隶固定在一片土地上是最有利可图的。^② 而且,土地耕作要求,奴隶主庄园的不同地方都有奴隶居住,当一个奴隶长期在同一个农场劳作,那么他以后无疑更擅长继续经营管理这一农场。他在土地这一不动产上长期耕作,逐渐地,他就由此被视为隶属于土地的财产,被视为土地的一部分。^③

但是,农奴制本身只是一个过渡阶段,它最终是要向完全自由的身份制度发展。由于大地产所有人无暇监督散落在广阔土地上的众多农奴的行为,刺激他们勤奋劳作的唯一有效手段就是按劳取酬。这样,除了按额发放的生活费用以外,农奴经常得到劳动收益的一部分,这样他们就能够拥有私人财产了。^④ 有很多例子表

702

---

① Ward, *Enquiry into the Foundation and History of the Law of Nations in Europe*, i. 298 sq. Babington, *op. cit.* p. 147. Ayala, *De jure et officiis bellicis*, i. 5. 19. 在 16 世纪,意大利一些城市的法律条文提到了买卖奴隶的事情,这些奴隶可能是土耳其战俘(Nys, *Le droit de la guerre et les précurseurs de Grotius*, p. 140)。

② Storch, *Cours d'économie politique*, iv. 260. Ingram, *op. cit.* p. 72.

③ Millar, *op. cit.* p. 263 *sqq.*

④ Millar, *op. cit.* p. 264. Simonde de Sismondi, *Histoire des républiques italiennes du moyen âge*, xvi. 365 sq. Guérard, *Cartulaire de l'Abbaye de Saint-Père de Chartres*, i. p. xli. Dunham, *History of the Germanic Empire*, i. 230.

明,农奴能够用他的积蓄赎买人身自由;①在另外一些事例中,地
主则更愿意收取固定地租,其他剩余产品则归农奴所有。这样,地
主就不用担心会遭受什么意外损失,他们不仅总是能从土地上获
得一定收益,而且往往能获得更多的好处,因为耕作者为了自己收
入更多,总是竭尽全力地劳作。② 同时,农奴原有的人身依附关系
自然走向终结,因为只要如期交付租金,农奴如何安排自己的活动
对地主来说不再具有直接的因果关系。地主也没有理由违背农奴
的意愿,强迫他们在土地上长期劳作,因为土地给了他们一些好
处,只要地主不赶走他们,他们更乐意耕种那块土地。③ 导致农奴
制消亡的另一个因素是,君主总是嫉妒那些拥有大量土地的封建
领主,他们鼓励农奴蚕食大地主的土地、削弱他们的权威。④ 我们
有令人信服的证据表明,在爱德华三世统治结束前,英格兰的农奴
发现,他们已经具备足够强大的力量保护自己的利益了,他们不再
像过去那样给地主提供服务了。⑤ 同样地,为了保护自身的利益,
德国的封建领主有时为农奴配备武器,这无疑有助于农奴的解放,
因为那些学习如何使用武器和被允许拥有武器的人很快就成了受
703 人尊敬的人。⑥ 大量农奴还会逃往具有豁免权的城镇寻求庇护,

---

　　① See Vinogradoff,*Villainage in England*,p. 87; Pollock and Maitland. *History of English Law before the Time of Edward* I. i. 36,427.

　　② Adam Smith,*Wealth of Nations*,p. 173. Millar,*op. cit*. p. 267 *sqq*. Mill,*Principles of Political Economy*,i. 309,311. Dunham,*op. cit*. i. 228 *sq*. 关于奴隶劳动效率的低下,也请参阅:Storch,*op. cit*. iv. 275 *sqq*.。

　　③ Millar,*op. cit*. p. 269 *sq*.

　　④ Adam Smith,*Wealth of Nations*,p. 173.

　　⑤ Eden,*State of the Poor*,i. 30.

　　⑥ Dunham,*op. cit*. i. 229.

以此摆脱被奴役的枷锁；[①]在这些城镇，他们或者立即获得自由，[②]或者经过一定期限——一年零一天，[③]或更长[④]——之后获得自由，后面一种情况更为普遍。此外，在那些自由而富裕的城镇，农奴制消亡得更快，通过示范效应，这些城镇对周边地区农奴的解放起到了间接的推动作用。[⑤]有些地主由于有人为农奴代祷而释放农奴，教会里的牧师利用每一个机会削弱其强大对手——世俗贵族——的巨大权力，为农奴求情，做他们精神上的支持者。[⑥]然而，教会在解放农奴方面所发挥的作用甚至不如它在废除奴隶制上的作用。[⑦]教会声称农奴制是神圣的制度，[⑧]是一所人性的学

---

① Guibertus de Novigento, 'De vita sua,' in Bouquet, *Rerum Gallicarum et Francicarum scriptores*, xii. 257. 'Fragmentum historicum vitam Ludovici VII. summatim complectens,' *ibid*. xii. 286. Beaumanoir, *op. cit.* xlv. 36, vol. ii. 237. Eden, *op. cit.* i. 30. Laurent, *op. cit.* vii. 531 sq. Saco, *op. cit.* iii. 252.

② Laurent, *op. cit.* vii. 532.

③ Glanville, *Tractatus de Legibus et Consuetudinibus Regni Angliæ*, v. 5. Bracton, *De Legibus et Consuetudinibus Angliæ*, fol. 198 b, vol. iii. 292 sq. Beaumanoir, *op. cit* xlv. 36, vol. ii. 237. Pollock and Maitland, *op. cit.* i. 429, 648 sq. Grimm, *Deutsche Rechtsalterthümer*, p. 337 sq. Laurent, *op. cit.* vii. 532.

④ Laurent, *op. cit.* vii. 532.

⑤ *Ibid*. vii. 533 sq.

⑥ Thomas Smith, *Common-wealth of England*, p. 250. Eden, *op. cit.* i. 10. Sugenheim, *Geschichte der Aufhebung der Leibeigenschaft und Hörigkeit in Europa*, p. 109.

⑦ *Cf*. Rivière, *op. cit.* p. 511. 巴宾顿说（Babington, *op. cit.* p. 148 sq.），13 世纪英国基督教会的文献档案 D. 威尔金斯的《会议》（*Concilia*）一书卷帙浩繁，达 500 页之巨，我们所能找到的关于非自由民的规则仅限以下几条：无论是自由民还是隶农，在死亡临近时订立的遗嘱，不得有任何违拗和更改；僧侣不得放弃或转让那些不怎么有用的奴隶（*famulos*）；犹太教徒不得拥有基督教徒身份的奴隶——据说，这样"等于是对上帝的侮辱，因为上主把隶民看得高于它的国"（*ibid*. p. 150）。

⑧ Adalbero, *Carmen ad Rotberlum regem Francorum*, 291, 292, 297 sqq.（Bouquet, *op. cit.* x. 70）："财产、衣服和牲畜等等，所有这些都是被役使的奴隶。因为没有一个体面人不靠奴隶生活……家有三宝，缺一不可。有人乞讨，有人征战，而另有一些人做工，三者同时共在，合为一体，不可分离。"St. Bonaventura, 转引自：Laurent, *op. cit.* vii. 522："主人和奴隶的分别，不仅体现在活生生的俗世制度里，而且根据神的差遣，基督教徒之间也有主人与奴隶的差异。"

校,是一条通向未来荣耀的光辉大道。① 教会本身就是最大的农
704 奴拥有者,它竭力坚持保留自己的农奴。② 即使是在伏尔泰发出
他那强有力的自由呼声之后,在路易十六基于"人性之爱"的理由
被劝说放弃"奴役权"之后,教会仍拒绝释放属于自己的农奴。③
自由的事业很少获得基督教会的支持,它更多地得到了教会反对
者的助益,正是这些富有人情味和正义感的人为废除农奴制做出
了巨大贡献。

　　当农奴制开始在最先进的基督教社会逐渐消逝的时候,一种
新型的奴隶制度在欧洲国家的殖民地建立起来。它产生于特别适
宜使用奴隶的环境下。雇主可以雇佣奴隶劳动,也可以雇佣自由
劳动力,哪种方式对雇主更有利取决于自由劳动力的工资水平,而
工资取决于劳动力数量与资本和土地之间的比例关系。在土地肥
沃、人口稀少的西印度和美洲南部,雇佣奴隶劳动力比雇佣自由劳
动力能够获取更多的利润。因此,奴隶制度在那里得以引进并繁
荣起来,想废除那里的奴隶制度是很困难的。④
　　如果从道德角度来考虑,黑奴制是最令人感兴趣的,因为
它存在于高度发达的基督教文明。然而,至少是在英属殖民地
和美国,黑奴制确实是我们所知道的最野蛮的奴隶制度。研究

---

　　① 　Laurent,*op. cit*. vii. 523.

　　② 　Laurent,*op. cit*. vii. 524.

　　③ 　Hettner,*Geschichte der französischen Literatur im achtzehnten Jahrhundert*,
p. 169. Babington,*op. cit*. p. 108. Sugenheim,*op. cit*. p. 156 *sqq*. Laurent,*op. cit*. vii.
537 *sq*.

　　④ 　Mill,*Principles of Political Economy*,i. 311.

这些很有意义的现象，值得我们更深入地考察与此相关的一些立法观点。

正如其他地方一样，美国奴隶的身份是世代相传的。即便女奴孩子的父亲是自由民，这孩子也自然而然是母亲主子的奴隶；而身份自由的妇女跟奴隶生的孩子却是自由民。[①] 当奴隶贸易被禁止后，自然繁衍成为奴隶的唯一合法来源，即使是生而自由的黑人也是很不安全的，也有被奴役的可能。在英国殖民地和所有蓄奴州（只有一个例外），任何黑人如果不能拿出相反的有效证据，都会被认为是奴隶。[②] 在蓄奴州，一个人可以向众人展览他所监管的具有非洲血统的人，而无须说明他是如何把这个非洲人弄到手以及凭借什么权力把这人变成奴隶的。此外，已知其身份的自由民若被怀疑是逃亡的奴隶，就必须像奴隶一样被出售，以补偿监禁他的费用，尽管他在监禁中已经饱受伤害。由于国会的直接干预，这种做法已经成为法律。这条法律条文被反复运用于实际生活中。冯·霍尔斯特教授说："在旧大陆的历史上能有多少头戴王冠的暴君，其所作所为的可憎程度堪与这条诞生于民主共和国的法律相

_____

① Stroud, *Laws relating to Slavery in the United States of America*, p. 16 *sqq.* Cobb, *Inquiry into the Law of Negro Slavery in the United States of America*, p. 68. Stephen, *Slavery of the British West India Colonies*, i. 122. *Code Noir*, Édit du mois de Mars 1685, art. 13, p. 35 *sq.*; Édit donné au mois de Mars 1724, art. 10, p. 288 *sq.* 根据马里兰 1699 年或 1700 年判例，所有奴隶的孩子从身份上仍是奴隶，因为他们的父亲是奴隶 (Stroud, *op. cit.* p. 14 *sqq.*)。在古巴，贵族家长可以决定后代的身份等级 (Newman, *Anglo-Saxon Abolition of Negro Slavery*, p. 17)。

② Stephen, *op. cit.* i. 369 *sq.* Stroud, *op. cit.* pp. 125, 126, 130. Cobb, *op. cit.* p. 67. Wheeler, *Treatise on the Law of Slavery*, p. 5.

提并论?"①

　　奴隶被定义为"主人、持有人、遗嘱执行人和管理者的私人动产","这些人可以随意指派奴隶干活,随意把奴隶卖掉"。② 在英属殖民地和美国蓄奴州,只要奴隶主乐意,奴隶任何时候都可能被出卖或转让,完全和牲畜及其他私人物品一样。只要债权人愿意,奴隶还有可能按照法定程序被卖出,以偿还健在的奴隶主或已故主人的债务,或者作为遗赠品转让给遗产受赠人。奴隶可以以遗产的形式转让,遗产的法定继承人和受赠人也可随意转让奴隶;在分配不动产的过程中,奴隶如同其他财产一样跟随着不动产走。③ 在财产分割的过程中,从不考虑奴隶的亲属关系。除路易斯安那州规定十岁以下的小奴隶不允许和他的母亲分开出售之外,④没有任何法律反对使奴隶妻离子散的野蛮行径。⑤ 只要是法律所不禁止的行为,奴隶主就一定不会错过。弗吉尼亚可谓罪恶奴隶制臭名昭著的温床,在那里,一个奴隶家庭被分开贩卖到全国各地。⑥ 然而,所有这些只能在英属殖民地和美国蓄奴州发生。在

　　① 　von Holst, *Constitutional and Political History of the United States*, i. 305.

　　② 　Brevard, *Digest of the Public Statute Law of South-Carolina*, p. 229. Prince, *Digest of the Laws of Georgia*, p. 777. 在法国《黑人法令》(Édit du mois de Mars 1685, art. 44, p. 49; Édit donné au mois de Mars 1724, art. 40, p. 305)中,奴隶被视为"动产"(*meubles*)。

　　③ 　Stephen, *op. cit.* i. 62. Stroud, *op. cit.* p. 84. Goodell, *American Slave Code in Theory and Practice*, p. 63 *sqq.*

　　④ 　Peirce, Taylor, and King, *Consolidation and Revision of the Statutes of the State* [*Louisiana*], pp. 523, 550 *sq.*

　　⑤ 　Stephen, *op. cit.* i. 62 *sq.* Stroud, *op. cit.* p. 82.

　　⑥ 　Pearson, *National Life and Character*, p. 210.

西班牙、葡萄牙和法国殖民地的农场和种植园中,奴隶是真正的不动产,他们隶属于他们耕作的土地。正如土地所有者不得随意转让土地,对奴隶的处置也受到管制和约束,债权人不能扣押或没收奴隶,债务人也不能为了偿还债务而出卖奴隶。[①] 至于出售同一家庭的奴隶,《黑人法令》明确规定:"如果丈夫和妻子,连同他们处于青春期前的孩子,属于同一个主人,则在占有和售卖中,不得将他们分开。"[②]奴隶是不允许签订契约的,即便是司法意义上的婚约也不行。男女奴隶之间的结合,即便被承认是婚姻,在本质上也跟罗马时期的奴隶同居关系一样毫无神圣意义可言,他们也不享受任何公民权。[③] 任何时候奴隶主都可以将做奴隶的"丈夫"和"妻子"拆散,只要奴隶主愿意,他可以和这个奴隶的"妻子"发生性关系,而这样做只能称为彼此合意的"通奸",她生的孩子毫无保留地都属于奴隶主所有。"一个奴隶对孩子的法律权利并不比母牛对小牛的权利多"。另一方面,性道德规范在奴隶身上通常起不到强制作用。他们放纵性欲并不会被训诫,他们通奸不会受到惩罚,他们重婚也不会被告发。奴隶在性行为方面的无节制甚至被认为是理应如此。我们获悉,即便是在清教徒的新英格兰,牧师和治安法官家的未婚女奴生了小孩,不论小孩是黑皮肤还是黄皮肤,都没

707

---

① Stephen, *op. cit.* i. 69.

② *Code Noir*, Édit du mois de Mars 1685, art. 47, p. 51; Édit donné au mois de Mars 1724, art. 43, p. 306.

③ Cobb, *op. cit.* p. 240 *sqq.* Stroud, *op. cit.* p. 99. Goodell, *American Slave Code*, p. 105 *sqq.* Wheeler, *op. cit.* p. 199. 路易斯安那民法典中说:"未经主人许可,奴隶不得结婚;即便他们结婚,其婚约不具有任何法律效力。"(Morgan, *Civil Code of Lousiana*, art. 182, p. 29)

有人会询问他们的父亲是谁。这些事情就像牲畜繁殖羊羔猪崽一样，并不会引起人们过多的注意。至于种植园奴隶的性关系，普遍的说法是，那里的奴隶"就像牲畜一样群居和乱交"。[1]

　　虽然奴隶被视为私人动产，但奴隶主并不能随心所欲地对待他们。我们已经注意到，奴隶的生命在某种程度上是受法律保护的，尽管这种保护很不充分。[2] 任何毁伤奴隶生命的奴隶主都将受到轻微的处罚。[3] 法律也注意禁止奴隶主从事有损社群和国家的活动。在奴隶主看来，教黑人读书识字是一件可怕的事情。1768 年，威廉·诺克斯写过一本小册子，评论"向外地传播新教福音的上层社会"，他在其中谈到，"教育使得他们不再乐于从事劳作，也不再适合劳作"，而且，如果在黑奴中普及阅读能力，无疑会引起黑奴的普遍反抗，奴隶主将会成批地被屠杀掉。[4] 我们接触到的一些蓄奴州的法律条文也反映出类似的恐惧。根据 1740 年南卡罗来纳州的《黑人法案》，谁教奴隶书写，谁就会被处以一百英镑的罚款；[5]后来，人们认为这种处罚太宽大，就加重了处罚措施。

---

　　① 　Goodell, *American Slave Code*, p. 111. 1835 年，浸礼教牧师会接到这样一个质询："为了防止未来发生的性交合，就得让这些奴隶夫妇分居，但他们并不情愿，这样的话是否该允许他们再婚呢?"牧师会的答复是："客气点说，像我们这些奴隶这样的情况，要让他们分居的唯一办法就是死亡。要避免再婚，他们须经得住更深重的苦难和更强烈的诱惑才行，而且教会还责怪他们太听主人话了。"这段话不经意间透露出这样一个事实：奴隶之间的同居与苟合是奴隶主驱使造成的，这样他们才能源源不断地拥有这笔动产(Goodell, *Slavery and Anti-Slavery*, p. 185)。

　　② 　见上文第 428 页及以下。

　　③ 　见上文第 517 页。

　　④ 　Knox, *Three Tracts respecting the Conversion and Instruction of the Free Indians and Negroe Slaves in the Colonies*, p. 15 *sq.*

　　⑤ 　Brevard, *op. cit.* ii. 243.

1834 年的一条法令禁止任何人教有色人种阅读和书写,对违反者的处罚将不仅是金钱方面的,还将判处六个月以下的监禁;如果违犯者是有色人种,还将受到五十鞭以下的笞刑。[1] 佐治亚州 1770 年的一条法令规定,奴隶不得接受读写教育;1833 年,该州将同一法案的适用范围从黑奴扩大到一切有色人种。[2] 在路易斯安那州,让奴隶接受教育者将被处以一个月以上、十二个月以下的监禁。[3] 北卡罗来纳州允许奴隶熟悉一些数学方面的知识,但严格限制他们接受阅读和书写教育。[4] 亚拉巴马州反对奴隶接受最基本的阅读教育,还禁止任何有色人种——无论是自由民还是奴隶——学习如何阅读和写作,甚至不许他们学习拼写法。[5] 在以上各州,禁令不仅适用于奴隶主,也适用于其他人。而在弗吉尼亚州,只要奴隶主高兴,他可以教给奴隶一些东西,其他人却不能这样做。[6]

此外还有另一种观点认为,奴隶主的权力受到了不同寻常的限制。在许多情况下,不允许他释放奴隶,如果他要给奴隶自由会遭遇很大的障碍。北卡罗来纳州曾经有这样一条规定:除非有立功表现,奴隶不得被释放。[7] 但这一规定在 1836—1837 年《修正法案》中变成了这样:"只有在非常特殊的情况下才可以给予奴隶

[1] McCord,*Statutes at large of South Carolina*,vii. 468.

[2] Prince,*op. cit.* pp. 658,785.

[3] Peirce,Taylor,and King,*op. cit.* p. 552.

[4] *Revised Statutes of North Carolina passed by the General Assembly at the Session of* 1836-7,xxxiv,74,cxi. 27,vol. i. 209,578.

[5] Clay,*Digest of the Laws of Alabama*,p. 543.

[6] *Code of Virginia*,cxcviii. 31 *sq.*,vol. ii. 747 *sq.* Stroud,*op. cit.* p. 142.

[7] Stroud,*op. cit.* p. 233.

自由，但被释放的奴隶，不论是男是女，一个人还是许多人，都必须在九十天内从准予其自由的地方离开，并且有生之年不得回到本州。"①《路易斯安那州民法》规定，每个奴隶要到三十岁后才有可能获得自由，且在释放前至少有四年表现良好。事实上也有例外发生，那就是如果奴隶曾经救过主人或主人孩子的命，他就可能在任何年龄获得自由。② 根据 1852 年的一条法令，每个获释的奴隶必须在十二个月内被驱逐出美国。③ 在其他几个州，解放奴隶同样遭到各种各样规定的阻挠。④ 在《解放奴隶法案》颁布之前，英属西印度各地奴隶的解放就遇到过许多限制。⑤ 根据 1802 年圣·克里斯托弗岛通过的一项法案，只要不是当地土著居民或居住期不足两年，任何奴隶要获得自由必须由奴隶主缴纳一千英镑的税金，而对身为岛内土著或定居两年以上的奴隶而言，只需支付一半的价钱。法案的拟定者可谓深谋远虑。他们考虑到这样一种情况：有的奴隶主不愿意通过合法渠道花费五百英镑或一千英镑的代价让一个奴隶解放，他可能会在有生之年通过不行使作为主人的权力，使奴隶获得事实上的自由。因此，立法者规定，"假如奴隶主以书面契约或其他方式免除了奴隶的劳役，或者由治安法官证明，奴隶主丝毫未行使对奴隶的所有权，并花费自己的钱财供养着

----

① 　*Revised Statutes of North Carolina*, cxi. 58, vol. i. 585.

② 　Morgan, *Civil Code of Louisiana*, art. 185 *sq.*, p. 30 *sqq.*

③ 　*Ibid.* Stat. 18th March, 1852, § 1, p. 29.

④ 　Brevard, *op. cit.* ii. 255 *sq.* (South Carolina). Prince, *op. cit.* p. 787 (Georgia). Stroud, *op. cit.* p. 231 (Alabama). Alden and van Hoesen, *Digest of the Laws of Mississippi*, p. 761. Haywood and Cobbs, *Statute Laws of the State of Tennessee*, i. 327 *sq.*

⑤ 　Cobb, *op. cit.* p. 282.

这个奴隶，那么，这个奴隶将会在一个月内由当地首席行政官公开拍卖，谁购买了这个奴隶，谁就是他或她的主人，而拍卖所得款项一律上缴殖民地国库"。① 在圣·文森特，需向国库缴纳一百英镑才能让每个想要获得解放的奴隶成为自由人。② 在巴巴多斯岛，如果谁想解放一个奴隶，就需向他居住地的教会委员会缴纳五十英镑。③ 西班牙法律中关于奴隶解放的条款与此迥异。根据 1528 年的一条法令，一名服务了一定年限的黑人奴隶可以缴纳一部分钱而获得自由，钱的数额不得少于二十马克，具体数量由王室贵族和官员确定。④ 1540 年的一条法令，大意是："任何黑人奴隶（无论是男是女）或其他肤色的奴隶，只要表现良好，享有不错的口碑，就可以当众要求获得自由，他们的要求应当受到重视，他们的声音应当有人倾听，应当公正地对待他们；应当注意的是，不要因为他们要求自由而受到主人的虐待。"⑤不仅如此，一个希望更换主人的奴隶可以说服任何人按估价购买他，可以要求甚至强迫尽快实现这种转让；⑥如果奴隶主残忍地对待奴隶，法官将剥夺他对这些奴隶的所有权。⑦ 而在大多数英属殖民地和美国蓄奴州，当奴隶受到虐待，感到有必要解脱痛苦和寻求保护时，他们并没有更换主人

---

① Stephen，*op. cit.* i. 401 *sq.*

② Cobb，*op. cit.* p. 282 *sq.*

③ Moore，*Public Acts passed by the Legislature of Barbados*，p. 224 *sq.*

④ Helps，*Spanish Conquest in America*，iv. 373.

⑤ *Recopilacion de leyes de los reinos de las Indias*，vii. 5. 8，vol. ii. 321.

⑥ Barre Saint Venant，转引自：Stephen，*op. cit.* i. 119 *sq.* 。

⑦ Edwards，*History of the British West Indies*，iv. 451.

711　的法定权利。[①] 对这一规则[②]而言，很少有例外发生，即使有也很少有实际价值。

　　这种奴隶制比古今任何一个异教徒国家的奴隶制都残酷，至少在英属殖民地和美国蓄奴州是如此。这一制度不仅得到基督教国家政府的认可，而且得到天主教徒[③]和新教徒大多数牧师的支持。废奴运动初期，教会承认奴隶制度是一个极大的罪恶，但在做出这种判断之后，他们就认为自己已经尽职尽责了。他们否认自己对奴隶解放有任何责任，他们甚至否认自己有起诉奴隶主的权利。但事情并未到此为止。听之任之的哀叹逐渐变为一种借口，

---

①　Stephen, *op. cit.* i. 106, Stroud, *op. cit.* p. 93.

②　Morgan, *Civil Code of Louisiana*, art. 192, p. 33. Morehead and Brown, *Digest of the Statute Laws of Kentucky*, ii. 1481. Edwards, *op. cit.* ii. 192(Jamaica). Stephen, *op. cit.* i. 106(some other British colonies). 在法国岛屿，黑奴受到主人的残暴虐待是有违皇家法令的，高等法院将废除奴隶主对奴隶的所有权，奴隶即便不能获得自由，至少不再受欺凌(*Code Noir*, Édit du mois de Mars 1685, art. 42, p. 48 *sq.*; Édit donné au mois de Mars 1724, art. 38, p. 303 *sq.*); 法庭在裁决这类案子时也会把受苦受难者从奴役状态解放出来(Stephen, *op. cit.* i. 119)。

③　有人把罗马天主教牧师描绘成热忱的废奴主义者(Cochin, *L'abolition de l'esclavage*, ii. 443; de Locqueneuille, *L'esclavage, ses promoteurs et ses adversaires*, p. 193), 这一努力显然缺乏事实依据。在美国天主教圈子里，固然有一些人提倡奴隶解放，但他们为数不多(Goodell, *Slavery and Anti-Slavery*, 195 *sq.*; Parker, *Collected Works*, vi. 127 *sq.*)。南卡罗来纳州查尔斯顿天主教的掌门人英格兰德博士向公众表明，天主教会一直毫不妥协地与蓄奴制结为盟友(Parker, *op. cit.* v. 57)。在巴西，牧师不仅拥有奴隶，而且把奴隶当作货物一样买卖，他们丝毫不会为此感到于心不安(da Fonseca, *A esravidão, o clero e o abolocionismo*, pp. 28, 33)。布维耶主教写道："奴隶应该服从他们的主人，对主人更多耐心、更多忠诚，尽职尽责地做好主人交待的事情，直到他们被赋予自由。记住：现在的日子是暂时的，未来的生活才是永恒的。"(Bouvier, *op. cit.* p. 568)

借口逐渐变为堂而皇之的理由。[1]　有人认为，《圣经》中并没有哪些地方禁止奴隶制度；相反，《旧约》和《新约》都承认奴隶制的合理性。作为信徒的先祖和上帝的朋友，亚伯拉罕拥有自己的奴隶；《圣经》指导希伯来人如何从邻国获得奴隶；圣保罗和圣彼得在对奴隶主和奴隶提出警告的时候，希望他们处理好彼此的关系；就连救世主自己也未对奴隶制度有任何谴责，虽然当他在世时奴隶制的罪恶已经相当严重。如果奴隶制是罪恶的，那么期待全能的上帝在最后的启示中对此置下只言片语，难道很过分吗？[2]　上帝不仅允许奴隶制存在，而且认为它是永恒存在的，[3]在天堂那里也是合法的；[4]认为保留这一制度是一项宗教义务，[5]它不能够被废除，因为"上帝保证这一制度的实施"。[6]　从某些材料看，上帝认为含的子孙是可憎的，这个该死的种族应当做奴隶，这就是奴隶制的基础。从另一些材料上看，奴隶制度被认为是把那些非洲黑人置于基督教保佑之下并走上文明境界的必经之路。[7]　这样，"解放奴隶"被抹上了对上帝不忠的污点，废奴运动被贴上了企图散布怀疑

---

[1]　von Holst, *op. cit.* ii. 231 *sqq.*

[2]　Barnes, *The Church and Slavery*, p. 15. Birney, *Letter to the Churches*, p. 3 *sq.* Bledsoe, *Essay on Liberty and Slavery*, p. 138 *sqq.* Gerrit Smith, *Letter to Rev. James Smylie*, p. 3. Cobb, *op. cit.* p. 54 *sqq.* Goodell, *Slavery and Anti-Slavery*, pp. 154-156, 167, 176, 181, 184, 186, &. c. Parker, *Collected Works*, v. 157.

[3]　Thornton, 转引自：Goodell, *Slavery and Anti-Slavery*, p. 147. Fisk, 转引自：*ibid.* p. 147。

[4]　Bledsoe, *op. cit.* p. 138.

[5]　Smylie, 转引自：Gerrit Smith, *op. cit.* p. 3。

[6]　转引自：Goodell, *Slavery and Anti-Slavery*, p. 347。

[7]　Barnes, *op. cit.* p. 16.

主义罪恶的标签。① 南卡罗来纳州州长麦克达夫认为,没有任何
其他制度能比奴隶制更准确无误地符合上帝的意愿,每个社群都
应将那些宣扬废奴、扰乱社会的家伙处死;即使牧师不支持,"考虑
到这些坚持废奴的人是整个人类的敌人",也应该把他们处死。②
确实有些宗教言论被引证,用以支持废除奴隶制。其中有些说法
认为,奴役他人与造物主赋予人类的不可剥夺的自由权利完全不
符,更明显背离了"基督之爱"的律令。③ 许多牧师也加入了废奴
主义者的行列。但到了19世纪中叶,似乎只有教友派和联合兄弟
会才认为,教会拥有奴隶和参与奴隶交易是一种罪过。④ 有一种
很公正的说法认为,美国教会是"奴隶制度的坚固堡垒"。⑤

　　没有人推想对奴隶制的这一态度是出于宗教热情。道德史上
经常提到这样一些例子,只要宗教领袖们高兴,宗教就可以被用作
支持某个社会制度的工具。许多牧师和修道士本身就是奴隶拥有
者,⑥教会基金主要依赖奴隶及其创造的财产,⑦官僚们自然希望
和那些自己所属教区内更重要的大人物保持友好关系,而这些人
通常就是奴隶拥有者。根据亚当·斯密的观察和研究,宾夕法尼
亚州的教友派信徒之所以下决心解放所有的奴隶,是基于这样一

---

　　① *Ibid*. p. 18. Newman, *Anglo-Saxon Abolition of Negro Slavery*, p. 56. Bledsoe, *op*. *cit*. p. 223.

　　② Newman, *op*. *cit*. p. 53. von Holst, *op*. *cit*, ii. 118, n. 1.

　　③ Gurney, *Views and Practices of the Society of Friends*, p. 390. 'Anti-Slavery Declaration of 1833,' 转引自: Goodell, *Slavery and Anti-Slavery*, p. 398。 Birney, *Second Letter*, p. 1.

　　④ Parker, *op*. *cit*. v. 56.

　　⑤ von Holst, *op*. *cit*. ii. 230.

　　⑥ Barnes, *op*. *cit*. p. 13. Goodell, *Slavery and Anti-Slavery*, pp. 151, 186 *sqq*.

　　⑦ Newman, *op*. *cit*. p. 53.

个事实：当地的主要作物是玉米，仅仅靠种植玉米无法养活那么多奴隶；"要是奴隶劳动创造的财富相当可观，释放奴隶的做法是绝对不会得到同意的。"①

殖民地的奴隶制是如何建立起来的？废奴过程中遇到哪些困难？如何认识与之相关的法律条文？为了找到这些问题的答案，我们不仅应当看到经济因素和奴隶主自私自利的动机，而且应当看到另外一个同等重要的因素，那就是社会缺乏对有色人种的同情——整个社会对有色人种的厌恶不仅确确实实存在，有时甚至走向病态。有些人认为，黑人是没有灵魂的，他们几乎等同于动物。② 黑人即使获得了自由，也只能是贱民，要遵守特别的法令和规则。路易斯安那州的法律规定："身为有色人种的自由民永远不许侮辱或殴打白人，也不能享有与白人同等的地位；相反，在任何情况下他们都应向白人表示臣服，对白人讲话或回答白人提出的问题时要毕恭毕敬，如有冒犯，将视情节严重程度处以罚款或监禁。"③《黑人法令》禁止白人和黑人通婚，违者"当受惩罚及任意罚金"。④ 北卡罗来纳州的《修正法案》规定："如果一个自由身份的白人（无论是男人还是女人）与一个印第安人、黑人、黑白混血儿或者任何第三代以内的混血儿结合，无论该有色人种及其后代是自由人还是奴隶，他或她必须按照县法庭的判决缴纳一百美元的罚

714

---

① Adam Smith,*Wealth of Nations*,p. 172.

② von Hoist,*op. cit.* i. 279. Malloch,'How the Church dealt with Slavery,' in *The Month*, xxvii. 454.

③ 转引自：Stroud,*op. cit.* p. 157。

④ *Code Noir*,Édit donné au mois de Mars 1724,art. 6,p. 286.

金给县财政。"① 在密西西比州，如果一个自由的黑人或黑白混血儿行使了牧师宣讲《福音书》的职责，他将遭到三十九鞭的笞刑。② 北方的有色人种不允许进高中和大学受教育，不允许进神学院学习，不允许进当地有名望的教堂，不允许进入市政厅，他们没有选举权，也不许进入埋葬白人的公墓。③ 一位英国作家这样表述盎格鲁-撒克逊人对于黑人的厌恶之情："我们憎恨奴隶制，但我们更憎恨黑人。"④ 在西班牙和葡萄牙，种族隔离情绪并没有如此强烈，因而奴隶的待遇要好得多。⑤

这样，在具有道德意义的其他一些问题上，我们会看到与前述判断同样的区别。一般来说，一个族群只能奴役别的社群和种族及其子孙。剥夺一个人的自由就等于对他造成伤害，无论何时，只要这种行为引发了人类的同情和愤恨，都被认为是犯错；然而，当人们对这种行为的受害者不寄予同情的时候，没有人会认为这样做有什么不对。因此，奴隶制的兴起和成长固然仰赖那些有利于奴隶劳动的经济条件，同时也要看到，奴隶制的兴衰总是受到利他品格与情感的制约。当这种情感充分、广阔而有力的时候，人们根本无法容忍奴隶制的存在。在奴隶制存在的地方，同样的因素也对奴隶的生存状况产生影响。我们已经注意到，土著奴隶的待遇要比外来奴隶好一些，在奴隶主家中出生的奴隶要比俘虏和购买

---

① *Revised Statutes of North Carolina*, lxxi. 5, vol. i. 386 *sq.*

② Alden and van Hoesen, *op. cit.* p. 771.

③ Parker, *op. cit.* v. 58. Goodell *Slavery and Anti-Slavery*, p. 200.

④ Seward, 转引自：Newman, *Abolition of Negro Slavery*, p. 54。

⑤ Couty, *L'esclavage au Brésil*, p. 8 *sqq.*

的奴隶享有更好的待遇。国家的发展通常与奴隶的苛刻待遇相伴
而生；这是因为人类的早期生活简单而朴素，这种情况使得奴隶与
奴隶主之间并不存在十分明显的雇佣关系，他们在生活方式上的
差距也不明显，而财富和奢侈生活的介入逐渐摧毁了这种平等关
系。此外，富有国家拥有的大量奴隶不仅对奴隶主构成威胁，对国
家安全也是一种可怕的力量，因而有必要严格监控奴隶的行为，让
他们完全顺驯。[①]

　　在许多方面，奴隶的处境受他们自私自利的主人的影响。约
翰·穆勒讲道："在古代，奴隶市场的供应全靠战俘和从边缘地带
零星分散的部落掠夺而来的外族人。一般来说，通过自然繁殖增
加奴隶数量的做法更有利可图，这就需要奴隶主善待奴隶。由于
这个缘故，再加之别的一些因素，古代奴隶的处境要比现代殖民国
家的奴隶好得多。"[②]伯克哈特在讲到贝都因人的情况时说："奴隶
受到友好的对待，很少有奴隶挨打的事，因为对奴隶严厉了会使得
他们逃走。"[③]有些迷信也有助于改善奴隶的命运。在西非，"奴隶 716
主对奴隶的权威主要受制于他对魔法的恐惧。如果奴隶主对待奴
隶不仁慈，对奴隶的惩罚失当，那个奴隶会施展法术，奴隶主将遭
受各种各样的危害。"[④]正如《旧约》箴言篇所说："不要非难主人的

---

①　Millar, *op. cit.* p. 256 *sqq.*

②　Mill, *Principles of Political Economy*, i. 307. 见上文第 701 页。

③　Burckhardt, *Bedouins and Wahábys*, p. 103.

④　Wilson, *Western Africa*, p. 271. See also *ibid.* p. 179; Cruickshank, *Eighteen Years on the Gold Coast*, ii. 180 *sqq.*; Du Chaillu, *Explorations and Adventures in Equatorial Africa*, p. 331; Landtman, *Origin of Priesthood*, p. 198, n. 2.

奴仆,以免他诅咒你;要是你对奴仆不好,你自己就会感到有罪。"①对残忍的奴隶主而言,这些话与迷信有着同样的威慑作用。我们在《使徒宪章》中可以看到这样的字句:"你的男仆或女仆和你一样信奉同一上帝,你不得在精神上折磨他们,以免他们因痛苦而抱怨你,从而也避免上帝对你发怒。"②

第一卷结束

---

① *Proverbs*, xxx. 10.
② *Constitutiones Apostolicæ*, vii. 13.

THE ORIGIN AND DEVELOPMENT

OF

THE MORAL IDEAS

道德观念的
起源与发展

第二卷

〔芬〕爱德华·韦斯特马克 著

罗力群 张敦福 译

商务印书馆
The Commercial Press

Edward Westermarck

THE ORIGIN AND DEVELOPMENT OF THE MORAL IDEAS

In two volumes

Vol. II

Second edition

Copyright © Macmillan and Co. , London,1917

本书根据伦敦麦克米兰出版公司 1917 年版译出

教育部哲学社会科学研究后期资助项目

目　　录

　　"财产权"这一术语的意义——蒙昧部族被指控偷窃——
蒙昧部族对偷窃的谴责——对偷窃的谴责受被盗财物的价值
影响——偷盗某些特别的财物将被重罚——偷吃少量的食物
根本不被惩罚——所受惩罚如何视被盗财物的价值和性质而
定这一规则的例外情况——盗窃罪的严重程度受犯罪地点的
影响——夜里实施的盗窃比白天行窃所受的惩处更重——常
见的盗窃与抢劫之间的区分——偷窃行为也区分为两种：被
发现的和未被发现的——成功的盗窃不被指责反而被赞
赏——盗贼和被盗者的社会地位影响对盗窃行为的道德评
价——对盗窃行为的道德评价依被盗者是部落成员、同一民
族同胞还是陌生人而有所不同——欧洲人如何对待船只失事
难民——战争期间毁坏财物的合法性——战争期间对私有财
产的劫掠——战争期间征用敌方居民财物作为军事用途——
子女不能拥有财产权——妇女不能拥有财产权——奴隶不能
拥有财产权——除了头领或国王任何人都没有所有权的理论

的尊重——哲学家的看法——和平和战争时期国家间关系上
的欺骗

对关于诚实守信的道德观念的解释——欺骗被发觉,这
总是意味着两种不可调和的思想之间的冲突,此冲突就会引
起痛苦——人们喜欢知道真相——知道真相的重要性——欺
骗羞辱人——对说谎与失信的谴责主要取决于受骗人受到的
损害——即便在显然很琐碎的事情上诚实守信也是重要
的——若欺骗能促进被欺骗者的真正利益,人们就认为可以
欺骗,甚至欺骗是一种义务——对虚假行为的道德评价受欺
骗者动机影响——不可以动机为虚假行为辩解之观点——对
生人说谎的时候,为何人们就常常允许说谎,甚至认为说谎值
得称赞,甚至是义务——欺骗被谴责为懦弱——聪明的谎言
受到称赞或赞同——诚实守信的义务在某种程度上基于审慎
的考虑——撒谎会带来超自然危险——归之于假话的神秘效
能——誓言的效能及使誓言带上超自然能量的办法——包含
对超自然存在祈求的誓言——人们在有关诚实守信之事上经
常祈求某神灵,此神灵会逐渐被看成诚信义务的守护者——
发誓对诚实的影响——教育对尊重真之影响——习惯对尊重
真之影响——说真话是自然的事情——与生人交往对蒙昧人
的诚实有毁灭性影响——社会的松散状态易于导致欺骗的习
惯——社会分化是促使人们欺骗的另一因素——压迫诱致虚
假——告知他人真相的义务——对知识的尊重

观——基督教在此问题上的学说——但不适用于平常人——现代劳动观——休息被视为义务——有人去世时停止工作——在其他一些场合,特别是在月相变化的情况下——闪米特血统的人群中奉为禁忌的日子——犹太人的安息日——亚述人和巴比伦人的第七天——基督徒的星期日

　　蒙昧人暴饮暴食及他们的有关看法——在较高的文化阶段,放纵常常受到责难——关于美食之乐的看法——禁食作为与超自然对话或获取超自然力的一种方式——举行法术和宗教仪式之前或与法术、仪式相联系的禁食习俗——禁食预防污染——牺牲应洁净,于是就得禁食——献祭之前禁食的习俗,可能基于这个观念,即神吃东西之前信徒就吃东西是危险的或不恰当的——有人去世时禁食——只在白天行禁食——只戒绝某些食物——解释人死后禁食俗的各种尝试——吊唁者害怕被食物污染而禁食——或者因为吃一点食物,会污染同类的所有食物——或者因为习俗认为这些人处于脆弱的状态,于是不得不限制饮食——或者因为悲伤伴随着食欲的消失——四旬斋禁食——与天文变化相联系的禁食——犹太人与天文变化相联系的禁食——哈兰人及摩尼教徒与天文变化相联系的禁食——穆斯林斋月禁食——禁食作为忏悔的一种形式——禁食作为赎罪性献祭的残存——禁食与施舍——禁食是"慈善之始"

　　禁止某些类别的人吃某些种类的食物——年轻人——妇

女——男人——僧侣或术士——与图腾崇拜相联系的饮食限制——不吃外表惹人反感的动物——不吃爬行动物——不吃鱼——不吃家禽,不吃蛋类——不吃奶——不吃有肮脏的习惯或所吃的食物肮脏而惹人反感的动物——不吃猪肉——不吃外来动物——不吃被当成祖先化身或跟人相像的动物——不吃惹人同情的动物——不吃牛肉——由于不愿杀掉某些动物为食或一般而言不愿减少某种食物的供给而存在的饮食限制——不吃被视为神圣的家养动物——不吃据信吃了会受到伤害的食物——一般不吃某些类别食物的原因——对吃某些类别食物的道德反对——宗教所认可的道德禁律——素食主义——在很多人群中,醉酒乃常见现象,基本上不视作恶习——东方宗教主张节制甚至戒绝酒精饮料——对与酗酒和饮用酒精饮料有关的道德观念的解释——果酒、烈酒能使人产生神秘的恐惧感——穆斯林的禁酒律

人自然而然地对肮脏持有厌恶之情——以保持洁净而为人称道的蒙昧部族——在某些方面洁净而在另一些方面不洁的蒙昧部族——在生活习惯方面通常被描述为肮脏的蒙昧部族——一个民族洁净与否的普遍习惯可能受制于各种各样的环境因素——对洁净的道德评价——出于宗教的或迷信的动机而保持洁净或被要求保持洁净——另一方面,宗教或迷信可能导致不洁——不洁作为禁欲主义或苦行主义的表现形式——禁欲修行——宗教禁欲主义观念的不同来源——出于其他目的施行的禁欲苦行——禁欲苦修可能是早期祭祀仪式

不洁的观念相联系——污染容易毁灭圣洁性——基督徒中宗
教独身的原因——对作为自我禁欲方式的宗教独身之要求和
推崇

未开化民族中两性婚前均享有完全的自由——有些部族
中,婚前失贞被认为是女子的耻辱或犯罪——蒙昧部族的淫
荡和放纵源自外来影响的几个案例——在许多部落流行的婚
前性自由并不具有滥交的性质——未开化民族的男子诱惑女
孩要受到指责和惩罚——中国人对婚前性关系的道德观
念——古希伯来人对均——穆斯林对婚前性关系的道德观
念——印度教对婚前性关系的道德观念——拜火教对婚前
性关系的道德观念——古条顿人对婚前性关系的道德观
念——古希腊和古罗马对婚前性关系的道德观念——基督教
对婚前性关系的道德观念——中世纪对婚前性关系的道德观
念——宗教改革之后对婚前性关系的道德观念——当前欧洲
对婚前性关系的道德观念——对婚前性关系道德观念的解
释——卖淫——宗教性卖淫,及其与宗教性独身的关联——
巴比伦类型的宗教性卖淫——对勾引已婚妇女的道德观
念——妻子对丈夫的不忠——寡妇再嫁——丈夫对妻子的
不忠

低等动物中也有同性恋——某些种族中的同性恋——女
性之间的同性恋——同性恋的成因——先天性倒错——缺乏
异性或缺乏可得到的女人——后天性倒错——古希腊的同性

恋部分是由于训练年轻人的方法——部分是由于分隔两性的心智上的鸿沟——中国和墨西哥鸡奸的成因——关于同性恋俗的道德观念——未开化人群关于同性恋俗的道德观念——古代秘鲁人关于同性恋俗的道德观念——古代墨西哥人、玛雅人和奇布查人中关于同性恋俗的道德观念——穆斯林关于同性恋俗的道德观念——印度教徒关于同性恋俗的道德观念——中国人关于同性恋俗的道德观念——日本人关于同性恋俗的道德观念——古代斯堪的纳维亚人中关于同性恋俗的道德观念——古希腊人关于同性恋俗的道德观念——拜火教关于同性恋俗的道德观念——古希伯来人关于同性恋俗的道德观念——早期基督教里关于同性恋俗的道德观念——不信基督教的罗马关于同性恋俗的道德观念——信基督教的罗马关于同性恋俗的道德观念——中世纪及其后关于同性恋的欧洲法律——关于同性恋的现代法律——当下欧洲关于同性恋的道德观念——为何同性恋常常受到责难——对哈夫洛克·霭理士博士关于对同性恋的民众态度之观点的批评——拜火教、希伯来人的宗教及基督教赋予了同性恋过多的罪孽，这是由于它们把同性恋与不虔信、偶像崇拜和异端邪说密切联系起来

出于迷信考虑而尊重其他动物——屠夫被认为是不洁的——从经济动机考虑，很多民族不愿意宰杀自家的牛——蒙昧部族出于同情而善待家养动物——据说对野生动物缺乏同情心的蒙昧部族——蒙昧部族对待低等动物行为的道德评

价——婆罗门教对待低等动物行为的道德评价——佛教对待低等动物行为的道德评价——耆那教对待低等动物行为的道德评价——道教对待低等动物行为的道德评价——中国人对待低等动物行为的道德评价——日本人对待低等动物行为的道德评价——拜火教对待低等动物行为的道德评价——印度伊斯兰教对待低等动物行为的道德评价——古希腊和古罗马对待低等动物行为的道德评价——希伯来教对待低等动物行为的道德评价——基督教对待低等动物行为的道德评价——当代哲学家的观点——当代法学者的观点——对动物所受痛苦的冷漠,晚近欧洲国家公众态度的一个特征——针对虐待动物行为的法律——欧洲人对动物的仁爱和慈善——对活体解剖的讨伐——对欧洲人日益增长的对动物苦痛的同情之解释——人类的理性对处理低等动物及其道德观念的影响

对来世生活的信仰——关于脱离肉体的灵魂的观念——人们认为死者拥有跟生前很相似的权利——不可杀害或伤害灵魂——死者活着的朋友必须积极促进灵魂的福祉——所有权不随死亡终止——劫掠和或侵犯坟墓受严厉谴责——必须为死者的荣誉和自尊表示尊重——死者要求服从——赋予遗嘱之神圣性——古老习俗很难改变——来自死亡本身的对死者的义务——葬礼,与葬礼有关的仪式,追悼习俗,这些基本上都被视作对死者的义务——对死者的义务受到有关各方关系的影响——对死者的义务受到死者年龄和性别的影响——对死者的义务受到阶级区分的影响——对死者的义务受到道

德差别的影响——对死者的义务之成因——这些义务部分基于同情性愤恨——死者被看作其后裔的守护者——先祖的守护之灵并非一味付出,不求回报——死者更常被视为敌人而非朋友——对死者易怒或恶毒品格之信仰的解释——害怕死亡与害怕死者——生者的行为受对死者的品格、活动及污染性影响之信仰的影响——葬礼和追悼习俗的起源——为何与死亡相联系、最初起源于自私动机的习俗后来被规定为责任——为何对死者的义务很少扩展至陌生人——如何对待死者依赖于死者的年龄、性别、社会地位和道德差别,对人们在对待死者上的差别之解释——随着时间的流逝,对死者的义务就变得不那么严格了——对死者的义务受智力文化的进步影响——丧葬牺牲还是会用来表达敬重或感情——献给死者的祭品变成给予穷人的施舍

食人俗的流行程度——食人俗的各种形式——由于肉食短缺造成的食人俗——把人肉当作美味——为了报复而食人——嗜食罪犯之俗——食人作为把危险的个体吃掉使其变得于人无害的方式——食人者能把被食者的某些品质吸收进自己体内,基于此观念也可形成食人俗——与人祭相关的食人行为——吃食献祭给上帝或神灵的人肉——人血或人肉具有超自然效果或医疗效果的其他一些例证——食人作为立约的仪式——吃食亲戚或朋友的特殊原因——现代蒙昧人的食人行为被说成古代人类普遍存在的食人风俗的遗存——对这一理论的批评——蒙昧部族极其嫌恶食人行径——食人者极

力否认他们有这类嗜好——食人习俗在某些部族中迅速灭绝——即便是在那些臭名昭著的食人部落,也有人嫌恶这一做法——对食人行为的厌恶可能源自对死者的同情——这种同情首先从直觉和本能上与制约人类食用其他动物的情感同源——对食人的迷信性恐惧——最初的犹犹豫豫后来被其他动机克服,乃至喜欢这一口味——早期的人类很可能并不喜欢吃人——那些低等的蒙昧部族比那些文明程度更高的民族,食人俗的流行程度更低——有些蒙昧部族的食人俗是在现代才起源开来的或是在近些时候才蔓延开来的——对于食人俗的道德评价

对"自然"现象和"超自然"现象的区分——超自然的机械能——赋予有生命存在的心智特别是其意志的超自然品质——宗教和法术的区别——*religio* 一词的涵义——语言证明超自然存在的本质特征是神秘——此证明为与最常被崇拜的那些物体或个体的性质有关的事实所支持——人们把惊人的事件归之于不可见的超自然存在的活动——万物有灵论的起源——有心灵就有肉体——认为某无生命物有灵魂的万物有灵论者把可见之物本身当作灵魂的身体——拟人论的起源——人和神的区别——最后出现了神之为神并不一定要有肉身的观念

对术语"神灵"的定义——诸神有生命权利和身体完整权利——诸神不一定被视为不朽之神——杀害图腾动物——杀

掉有神性的动物有时是一种宗教或法术仪式——杀掉亦人亦神的人或成神之王——有时取消赋予诸神的身体完整权利——人们相信超自然存在也有人的需要——超自然存在要求人们供奉祭品——为了规避灾难向超自然存在供奉牺牲——为了获得正面的好处向超自然存在供奉牺牲——感恩祭品——奉献牺牲的目的在于充作生命处于危险的其他个人的替代——牺牲有时被当作信使——用牺牲传达诅咒——约定牺牲——贡献的牺牲或物件也可用作传播媒介，把美德、好处传输给献上牺牲的人或其他人——牺牲成为对神灵谦卑、尊崇的象征——牺牲作为义务——超自然存在拥有财产，不容染指——不能出于普通的目的占用圣物——庇护权——庇护权的盛行——对此权利的解释未开化人群中，对至少偶尔被当作善神的超自然存在之崇敬也是很盛行的——而他们的良善绝非表明，他们对一般的道德具有积极的兴趣——蒙昧人的诸神对逾越世俗道德准则施以惩罚的事例——据称有些蒙昧人群信仰有着某位至高无上的存在，他是道德立法者或审判者——此种信仰在澳大利亚的盛行——此种信仰在波利尼西亚及美拉尼西亚——此种信仰在马来半岛的盛行——此种信仰在安达曼群岛的盛行——此种信仰在缅甸的克伦人中的盛行——此种信仰在印度的盛行——此种信仰在日本阿伊奴人中的盛行——此种信仰在萨摩耶德人中的盛行——此种信仰在格陵兰人中的盛行——此种信仰在北美印第安人中的盛行——此种信仰在南美印第安人中的盛行——此种信仰在非洲的盛行——对此信仰的解释——蒙昧人在诅咒或誓言中向其至高存在祈求——誓言和神判法并不意味着人们信仰作为真理和正义捍卫者的诸神——神判法实质上是法术仪式——有着不同的起源的神判法——蒙昧人对死后道德报应的信仰——此信仰的起源——宗教对蒙昧人道德意识的影响

古代墨西哥宗教对世俗道德事务的态度——古代秘鲁宗教对世俗道德事务的态度——古埃及宗教对世俗道德事务的态度——古代迦勒底宗教对世俗道德事务的态度——拜火教对世俗道德事务的态度——吠陀人的宗教对世俗道德事务的态度——印度的后吠陀时代对世俗道德事务的态度——佛教对世俗道德事务的态度——中国宗教对世俗道德事务的态

度——古希腊宗教对世俗道德事务的态度——古罗马宗教对
世俗道德事务的态度——希伯来人的宗教对世俗道德事务的
态度——基督教关于救赎和来世生活的学说——伊斯兰教对
世俗道德事务的态度及其来世生活学说

对蒙昧人的神灵具有恶意之解释——人们越来越倾向于
把更和善的品质归之于诸神——人们选择其神灵——信徒放
大神灵的好的品质——各种社会道德如何被置于诸神的监管
之下——诸神的守护之责如何扩大到整个司法领域——诸神
如何成为一般道德的守护者——宗教的道德律令的影响——
宗教虔诚常常伴随着较大道德松弛——仪式或信仰的细枝末
节被看得比对同胞的良善行为更为重要——关于道德规则的
宗教律令,仅仅由于自私的动机就极易导致对这些规则的外
部遵守——基督教对道德的影响

对第一卷提出的道德意识理论的总结——这个理论为一
个事实所支持,即有些现象的一般性质恰恰相似于道德判断
所针对的那些现象,而人们对这些现象不仅感受到道德情感,
也感受到非道德的报偿性情感——这个理论也为一种情形所
支持,即被指责为错事的作为、不作为和疏忽,也容易引起愤
怒和报复,而被赞扬为道德善事的作为和不作为也易于引起
感激——道德观念上的变异部分是由于外部条件——但主要
是由于心理原因——由于利他情感的拓展,对邻人的义务也
不断拓展——思考对道德判断的影响一直在增长——感情用

事的厌恶和喜欢的影响一直在变小——对超自然力量、超自然存在或来世的信仰对人类道德观念施加的影响——对道德观念未来发展的评论

第二卷第二版序言

第一版的正文基本上未作改动，只是在正文后面加上了一些注释。

爱德华·韦斯特马克
1916 年 9 月于伦敦

第二十八章　财产权

　　财产权指的是社会认可某个人或某些人拥有处置某件东西的排他性权利。社会不一定允许财产所有人随心所欲地处置他的财产；不过，无论他的财产权是完全的还是有条件限制的，除非碰到了很特殊的情况，例如"迫不得已"的情况，[①]他的财产权都不能被任何别的个人分享。由此，对某件东西的财产权不仅意味着其所有人被允许——至多受到某些限制——随意使用或处置它，而且意味着其他人不得阻止他以任何合法方式使用或处置它。

　　最常见的对财产权的侵犯是不正当地占有他人的财产。一个人对某些物品拥有财产权，不只表明他是这些东西的实际占有者，而且意味着谁要是剥夺了他的这个所有权，将被公众所反对。偷窃和抢劫在世界任何地方都会受到谴责，这充分证明财产权存在于我们所知道的任何族群和社会。

　　旅行者经常指责蒙昧部族有偷窃的习性。[②] 但这些判断往往

---

　　① 见第一卷，第 285 页及以下。（参见页码均为原书页码，即本书边码。注释次序按原文排列。——编者）

　　② Beni,'Notizie sopra gli indigeni di Mexico, in *Archivio per l'antropologia e la etnologia* , xii. 15 (Apaches). Burton, *City of the Saints* , p. 125 (Dacotahs and Prairie Indians). Powers, *Tribes of California* , p. 127 (Yuki). Macfie, *Vancouver Island and British Columbia* , p. 468. Heriot, *Travels through the Canadas* , p. 22 (Newfoundland Eskimo). Coxe, *Russian Discoveries between Asia and America* , p. 300　（接下页注释）

跟他们在这些陌生部族的遭遇有关,不能以此评判这些部族内部的道德水准。也不能根据这些部落与外来陌生人交往的经历判断当地人是否诚实可靠,因为这类接触本身就容易引发偷窃行为。[①]在绝大多数情况下,未开化社会的人们在自己的社群内是尊重财

（接上页注释）　（Kinaighi）. Georgi, *Russia*, iv. 22 （Kalmucks）, 133（Buriats）. Scott Robertson, *Káfirs of the Hindu-Kush*, p. 193 *sq*. Modigliani, *Viaggio a Nías*, p. 468. Powell, *Wanderings in a Wild Country*, p. 23 （South Sea Islanders）. Romilly, *From my Verandah in New Guinea*, p. 50; Comrie, 'Anthropological Notes on New Guinea,' in *Jour. Anthr. Inst.* vi. 109 *sq*. de Labillardière, *Voyage in Search of La Pérouse*, i. 275; Moseley, *Notes by a Naturalist on the* "Challenger," p. 391（Admiralty Islanders）. Brenchley, *Jottings during the Cruise of H. M. S. Curaçoa*, p. 58 （natives of Tutuila）. Lisiansky, *Voyage round the World*, p. 88 *sq*. （Nukahivans）. Williams, *Missionary Enterprises in the South Sea Islands*, p. 126 （natives of Rarotonga）. Cooke, *Journal of a Voyage round the World*, p. 40; Montgomery, *Journal of Voyages and Travels by Tyerman and Bennet*, ii. 11 （Society Islanders）. Barrington, *History of New South Wales*, p. 22; Breton, *Excursions in New South Wales*, p. 221; Collins, *Account of the English Colony in New South Wales*, i. 599 *sq*. ; Hodgson, *Reminiscences of Australia*, p. 79; Mitchell, *Expeditions into the Interior of Eastern Australia*, i. 264, 304; Lumholtz, *Among Cannibals*, p. 71 *sq*. （Australian tribes）. Reade, *Savage Africa*, p. 579 （West African Negroes）. Bosman, *Description of the Coast of Guinea*, p. 324 *sq*. （Negroes of Fida and the Gold Coast）. Caillié, *Travels through Central Africa*, i. 353 （Mandingoes）. Beltrame, *Il Fiume Bianco*, p. 83 （Shilluk）. Wilson and Felkin, *Uganda and the Egyptian Soudan*, ii. 310 （Gowane people of Kordofan）. Krapf, *Travels, Researches and Missionary Labours in Eastern Africa*, p. 355 （Wakamba）. Burton, *Zanzibar*, ii. 92 （Wanika）. Bonfanti, 'L' incivilimento dei negrinell' Africa intertropicale,' in *Archivio per l' antropologia e la etnologia*, xv. 133 （Bantu races）. Arbousset and Daumas, *Exploratory Tour to the North-East of the Colony of the Cape of Good Hope*, p. 323 （Bechuanas）. Andersson, *Lake Ngami*, pp. 468 *sq*. （Bechuanas）, 499 （Bayeye）. Leslie, *Among the Zulus and Amatongas*, p. 256. Fritsch, *Die Eingeborenen Süd-Afrika's*, pp. 53 （Kafirs）, 372, 419 （Hottentots and Bushmans）.

①　Domenech, *Great Deserts of North America*, ii. 321. Mackenzie, *Voyages to the Frozen and Pacific Oceans*, p. xcvi. note （Crees）. Burton, *Highlands of the Brazil*, i. 403 *sq*. Moorcroft and Trebeck, *Travels in the Himalayan Provinces*, i. 321 （Ladakhis）. Anderson, *Mandalay to Momien*, p. 151 （Kakhyens）. Earl, *Papuans*, p. 80. Tyler, *Forty Years among the Zulus*, p. 192.

产所有权的,即便是在对待外来陌生人的时候也常常如此。据说
在很多未开化社会,只要内部发生了偷窃,都会谴责或憎恶偷窃行
为。按照他们通行的习俗,一经查明,窃贼就要受到处罚或报复,
或至少要迫使他把东西完好无缺地归还给所有人。由此可以看
出,他们普遍反对偷窃。

　　当欧洲人乘船要上岸造访火地人的海岸时,火地人上船
偷窃,毫无怯懦之相;①然而,一名旅行者注意到,在给予火地
人礼物时,"如果预先准备给这家独木舟的礼物掉在了另一家
旁边,后者总是会把它送给该接受的人家"。② 父亲总是教导
自己的儿子们不要偷别人东西;③万一发生了这类事情,"找
到窃贼并使之受到惩罚之后,公共舆论才会平息下来"。④ 在
跟德卫尔彻人打交道的过程中,陆军中尉马斯特斯总是受到
公平的对待:尽管不时有人借用,他的个人财物还是得到了细
心的照料。他给旅行者提出这样的建议:"不要怀疑印第安人
的品德;丝毫不必挂虑你所有财物的所在和去向;你怎么对待
别人,别人就会怎么对待你。"⑤阿比泊尼人不需要开化民族
用以守护财产的门、锁和其他物件,他们也不知道这些东西是
什么玩意。如果有孩子从传教士的果园里摘了颗瓜,或从传

---

① Weddell,*Voyage towards the South Pole*,pp. 151,154,182. King and Fitzroy,
Voyages of the "Adventure" and "Beagle," i. 128; ii. 188.

② Darwin,*Journal of Researches*,p. 242. 另见:Snow,Wild Tribes of Tierra del
Fuego,in *Jour. Ethn. Soc. London*,N. S. i. 264。

③ Bridges,in *A Voice for South America*,xiii. 204.

④ Hyades and Deniker,*Mission scientifique du Cap Horn*,vii. 243.

⑤ Musters,*At Home with the Patagonians*,pp. 195,197 *sq.*

教士的院落里拿走了一只鸡,这只是由于"他们错误地以为,这些东西谁都可以自由取用,或者说这样做并不太违拗主人的意愿"。① 在巴西的印第安人中,偷窃和抢劫的事情是极其罕见的,在那些外来人尚未造访的地方也是如此。② 我们听说,对印第安男子来说最大的侮辱就是指责他偷窃;如果发生在女人头上,她会怒不可遏,她宁愿被人骂作妓女,也不愿被视为窃贼。③ 当查明偷窃属实,窃贼不仅必须原物奉还,还得饱受一顿鞭打,部落头人通常是行刑者。④ 在英属圭亚那的印第安人中,偷盗和小偷小摸是闻所未闻的事;"如果他们碰巧拿了别人的东西,他们肯定是在别人眼前取走的,他们这样做是表明他们有这个权利;如果要求他们做出解释,他们随时可以有根有据地坦然以对。"⑤如果他们房屋里的某件东西在他们不在家时失窃了,圭亚那的印第安人会认为是外族人而不是本族人所为。⑥ 从前,加勒比人要是丢了什么东西,他们总是会说:"基督徒肯定来过这里。"⑦在海地人中,偷东西的人是要被吃掉的。⑧

4

---

① Dobrizhoffer, *Account of the Abipones*, ii. 148 *sq.*

② von Martius, *Beiträge zur Ethnographie Amerika's*, i. 85, 87 *sq. Idem*, in *Jour. Roy. Geo. Soc.* ii. 196. von Spix and von Martius, *Travels in Brazil*, ii. 242. Southey, *History of Brazil*, i. 247. von den Steinen, *Unter den Naturvölkern Zentral-Brasiliens*, p. 332. Burton, *Highlands of the Brazil*, i. 403 *sq.*

③ Burton, *Highlands of the Brazil*, i. 404.

④ von Martius, *Beiträge*, i. 88. *Idem*, in *Jour. Roy. Geo. Soc.* ii. 196.

⑤ Bernau, *Missionary Labours in British Guiana*, p. 51.

⑥ Brett, *Indian Tribes of Guiana*, p. 348.

⑦ Kames, *Sketches of the History of Man*, iv. 133 *sq.*

⑧ von Martius, *Beiträge*, i. 88, n. *

人们知道,北美的很多部落社会内部彼此相处都很诚实。多梅内克写道:"印第安人在跟白人接触之前从不侵占或盗用别人的财物;在他们的法律中没有制裁偷窃行为的条款,在他们的观念和知识体系中就没有这类罪。他们住所的大门总是敞开着的。"① 根据道奇上校的记述,偷窃是他们唯一不能原谅的罪过;谁若是被发现从同部族偷了别人的哪怕微不足道的物件,都要遭受几乎致命的鞭刑;他会被剥夺所有的财产,他和他的老婆孩子将被逐出社群,遭受冻馁之苦。② 在哈蒙曾造访的落基山脉印第安人中,偷窃通常被处以死刑。③ 在奥马哈人中,"有盗窃嫌疑的人如不承认过错,他的部分财产将被拿走。到他认错时,他除了原物奉还之外,这部分财产的一半归还给他,另一半给被偷的人家。有时,监管此类事情的人会鞭笞他。不过,如果这个盗窃犯从部落逃出去,在外边躲过一两年,人们也就把他的过错忘掉了。"④ 在怀安多特人那里,窃贼要付出双倍的赔偿。⑤ 易洛魁人最为鄙视偷窃行为,尽管此外再无责罚,但人们会在公共场合表达自己的愤怒和谴责。⑥ 伯塔瓦托米人甚至把偷窃看作最残暴的罪

---

① Domenech,*op.cit.* ii. 320.

② Dodge,*Our Wild Indians*,pp. 64,79. *Cf*. Charlevoix,*Journal of a Voyage to North America*,ii. 26,28 (Hurons).

③ Harmon,*Voyages and Travels in the Interior of North America*,p. 348.

④ Dorsey,'Omaha Sociology,' in *Ann.Rep.Bur.Ethn*. iii. 367.

⑤ Powell,'Wyandot Government,' in *Ann.Rep.Bur.Ethn*. i. 66.

⑥ Colden,in Schoolcraft,*Indian Tribes of the United States*,iii. 191. Morgan,*League of the Iroquois*,p. 333 *sq*. Loskiel,*History of the Mission of the United Brethren among the Indians*,i. 16.

行之一。① 基廷发现,奇佩维安人中有几个偷窃成癖的惯犯,他们显然在族人中臭名远扬。② 理查森也称赞奇佩维安人诚实:在他和同伴跟当地人共同生活期间,从不需顾虑财物的安全。③ 麦肯齐惊诧地发现,比弗河的印第安人如此诚实,"整个部落只有两名女子和一名男子有违这一公共美德,而他们被人轻视、受人斥责"。④ 在阿特部落,"盗窃邻人和乡亲的财物是闻所未闻的事,也从来没听说过从别人家拿走东西不归还的";另外,"交给印第安人照管的任何物品,都是安全的,因为这些人讲信用"。⑤ 一般来说,思林凯特人尊重部落同伴的财产权;他们承认偷窃有错,但并不把它当作一种令罪犯蒙羞的严重罪行;如果偷窃被抓住,只需归还或赔偿相应的价值即可。⑥ 在阿留申人中,"盗窃不仅是犯罪,而且是件丢人的事";第一次偷窃,将遭受体罚;第四次偷窃,则被处死。⑦ 按照埃格德的记述,格陵兰人对族群内的偷窃行为恨之入骨;⑧ 克兰茨则指出,当地人认为这类行径"极其丢人现眼"。⑨ 类

---

① Keating,*Expedition to the Source of St. Peters River*,i. 127.

② *Ibid*. ii. 168.

③ Richardson,*Arctic Searching Expedition*,ii. 19 *sq*.

④ Mackenzie,*Voyages to the Frozen and Pacific Oceans*,p. 148.

⑤ Sproat,*Scenes and Studies of Savage Life*,p. 159.

⑥ Krause,*Die Tlinkit-Indianer*,p. 167. Holmberg,'Ethnographische Skizzen über die Völker des russischen Amerika,' in *Acta Soc. Scient. Fennicae*,iv. 322. Petroff,*Report on Alaska*,p. 170. Dall,*Alaska*,p. 416.

⑦ Veniaminof,转引自:Petroff,*op. cit.* pp. 152,155。

⑧ Egede, *Description of Greenland*, p. 124. 另见:Dalager, *Grønlandske Relationer*,p. 69。

⑨ Cranz,*History of Greenland*,i. 160.

似的观念至今仍在这些岛民中流行，正如其他的爱斯基摩部落那样。[①] 格陵兰人从不触碰别人在高水位放置的浮木，尽管拿走这些浮木通常也很难被发现。[②] 按照帕里的描述，他在伊格鲁利克和温特岛居住期间，当地的爱斯基摩人会一丝不苟地照料不属于他们自己的东西，并想方设法找到物主归还，尽管在这种情况下要察觉盗窃行为几乎是不可能的事。这类例子不胜枚举。[③]

对楚科奇人来说，从别人家里偷东西是要被判罪的；[④]他们会把那些屡教不改的惯偷从村庄中驱逐出去。[⑤] 在坎查岱，如窃贼被发现，被偷的人家会揍他一顿，对此他不能有丝毫反抗；而且自此以后，没有任何人再与他做朋友。[⑥] 阿伊努人有三个戒律：尊敬长者，不得偷窃，不得撒谎；[⑦]他们中很少发生盗窃，如果发生则会严厉处罚。[⑧] 对吉尔吉斯人而言，

---

① Nansen, *First Crossing of Greenland*, ii. 335. *Idem*, *Eskimo Life*, p. 158. Rink, *Danish Greenland*, p. 224. Hall, *Arctic Researches*, pp. 567, 571. Richardson, *Arctic Searching Expedition*, i. 352. Parry, *Second Voyage for the Discovery of a North-West Passage*, p. 522；Lyon, *Private Journal*, p. 347（Eskimo of Igloolik）. Seemann, *Voyage of "Herald*," ii. 65（Western Eskimo）. Nelson 'Eskimo about Bering Strait,'in *Ann. Rep. Bur. Ethn.* xviii. 293. 不过，巴罗角的爱斯基摩人中，"被称为窃贼的那些人似乎不考虑什么社会影响"（Murdoch, Ethnological Results of the Point Barrow Expedition in *Ann. Rep. Bur. Ethn.* ix. 41）.

② Nansen, *Eskimo Life*, p. 162.

③ Parry, *op. cit.* p. 521.

④ Georgi, *op. cit.* iii. 183.

⑤ Dall, *op. cit.* p. 382.

⑥ Steller, *Beschreibung von Kamtschatka*, p. 356. 另见第一卷第 311 页及以下。

⑦ von Siebold, *Die Aino auf der Insel Yesso*, p. 25.

⑧ *Ibid*. pp. 11, 34 *sq*. 另见第一卷第 312 页。

"谁对本族成员犯下抢劫罪,须做出九倍价值的赔偿"。① 在通古斯人中,窃贼会遭一顿打,此外他必须把赃物奉还原主,此后一辈子他都难以洗清耻辱。② 雅库特人③、奥斯加克人④、莫尔多瓦人⑤、萨摩耶德人⑥、拉普人⑦等部落以诚实出名,至少在他们族群内部如此;菩提亚人⑧、库基人⑨、散塔尔人⑩、印度中部各邦的山地居民⑪、吉大港山地部落⑫也是如此。德克罕的库鲁巴人的诚实可靠广为人知,农人把收获的谷物托付给他们保管,这些农人深知,库鲁巴人即便忍受饥饿也不会偷吃或挪用哪怕一粒粮食。⑬ 当地流传这样一句谚语:"这个人就像帕哈里亚人一样诚实可靠。"事实上,在这些山地居民中,从来没听说过偷盗这回事,"携带财宝经此旅行的人,不时会走岔道,即便他们身上有无价之宝,也从来不会有人跟踪谋

7

---

① Georgi, *op. cit*. ii. 262.

② *Ibid*. iii. 83 *sq. Cf. ibid*. iii. 78.

③ *Ibid*. ii. 397. Sauer, *Expedition to the Northern Parts of Russia*, p. 122.

④ Castrén, *Nordiska resor och forskningar*, i. 319.

⑤ Georgi, *op. cit*. i. 113.

⑥ *Ibid*. iii. 13. von Struve, in *Das Ausland*, 1880, p. 796.

⑦ Jessen, *Afhandling om de Norske Finners og Lappers Hedenske Religion*, p. 72. Castrén, *op. cit*. i. 118 *sq*.

⑧ Fraser, *Tour through the Himālā Mountains*, p. 335.

⑨ Lewin, *Wild Races of South-Eastern India*, p. 256. *Cf*. Butler, *Travels in Assam*, p. 94.

⑩ Man, *Sonthalia*, p. 20.

⑪ Hislop, *Papers relating to the Aboriginal Tribes of the Central Provinces*, p. 1.

⑫ Lewin, *Wild Races of South-Eastern India*, p. 341.

⑬ Buchanan, 转引自:Elliot, 'Characteristics of the Population of Central and Southern India,' in *Jour. Ethn. Soc. London*, N. S. i. 105。

财。即便是受托照管的金钱,也总能分文不差地送达到指定的人手中。"①哈克尼斯如此评价托达人:"我从未见过哪个民族,无论是开化民族还是未开化民族,能像他们那样对财产权有着如此深重的宗教般的虔敬。这种情感,是从孩子很小的时候就开始教的。"②查克马人对偷窃一无所知。③ 在克伦人那里,惯偷会被卖作奴隶。④ 盗窃价值不菲的物品的掸人将被处死,也可以以赎金抵罪;但假如窃贼自己和他的亲属都不能支付这笔赎金,即便是小偷小摸,人们也会认为应该处死窃贼。⑤ 在清迈,"如查明实情,窃贼将赔偿三倍罚金;如果窃贼当时付不起,他要在铁牢里被监禁一段日子,等回家后还要把这笔罚金当作债务来还"。⑥ 在北阿罗肯的山地部落,盗贼除了原物奉还、照价赔偿外,还要支付罚金。⑦ 古代坎德人的做法则是,窃贼只需做到物归原主或等价补偿即可;但这种宽大仁慈的待遇只限于初犯,如果再犯,还将把他从部落驱逐出去。⑧ 安达曼岛民把偷窃称为 *yūbda*,意思是罪过。⑨ 维达人

---

① Cumming, *In the Himalayas*, p. 356.

② Harkness, *Description of a Singular Aboriginal Race inhabiting the Neilgherry Hills*, p. 17 *sq*.

③ Lewin, *Wild Races of South-Eastern India*, p. 188.

④ Mason, *Dwellings, &c., of the Karens*, in *Jour. Asiatic Soc. Bengal*, xxxvii. pt. ii. p. 146 *sq*. Smeaton, *Loyal Karens of Burma*, p. 86.

⑤ Woodthorpe, in *Jour. Anthr. Inst*. xxvi. 21.

⑥ Colquhoun, *Amongst the Shans*, p. 131.

⑦ St. John, in *Jour. Anthr. Inst*. ii. 241.

⑧ Macpherson, *Memorials of Service in India*, p. 82.

⑨ Man, in *Jour. Anthr. Inst*. xii. 112.

中根本就没听说过盗窃或抢劫这类事。① 他们觉得拿走不属于自己的东西是件不可想象的事;② 在他们的观念中,处罚这类恶行的唯一办法是处死。③

　　根据马来群岛土著的习俗,窃贼通常被处以价值被偷物品双倍的罚金,④ 或苦役,⑤ 或断肢,⑥ 甚至处死;⑦ 在很多岛屿上,当场处死现行的盗窃犯是合法的。⑧ 霹雳州的马来人⑨、达

---

① Sarasin, *Ergebnisse naturwissenschaftlicher Forschungen auf Ceylon*, iii. 548. Deschamps, *Carnet d'un voyageur*, p. 385. Nevill, Vaeddas of Ceylon, in *Taprobanian*, i. 192.

② Hartshorne, Weddas, in *Indian Antiquary*, viii. 320.

③ Sarasin, *op. cit*. iii. 549.

④ Wilken, 'Het strafrecht bij de volken van het maleische ras,' in *Bijdragen tot de taal-land-en volkenkunde van Nederlandsch-Indië*, 1883, Land-en volkenkunde, p. 109 sq. Crawfurd, *History of the Indian Archipelago*, iii. 117. Marsden, *History of Sumatra*, pp. 221 (Rejangs), 389 (Bataks). von Brenner, *Besuch bei den Kannibalen Sumatras*, p. 213 (Bataks). Junghuhn, *Die Battaländer auf Sumatra*, ii. 145 (Bataks), 308 (natives of Passumah in Central Sumatra), 317 (Timorese), 339 (natives of Bali and Lombok). Modigliani, *op. cit*. p. 496; von Rosenberg, *Der malayische Archipel*, p. 166 (Niase). Worcester, *Philippine Islands*, p. 108 (Tagbanuas of Palawan).

⑤ Wilken, *loc. cit*. p. 108 sq. Junghuhn, *op. cit*. ii. 145 sq. (Bataks). Raffles, *History of Java*, ii. p. ccxxxv. (people of Bali). Forbes, *A Naturalist's Wanderings in the Eastern Archipelago*, p. 320 (people of Timor-laut). von Rosenberg, *op. cit*. p. 166 (Niase).

⑥ St. John, *Life in the Forests of the Far East*, ii. 297 (natives of the kingdom of Borneo, formerly). Low, *Sarawak*, p. 133. Marsden, *op. cit*. p. 404 (Achinese of Sumatra). Hickson, *A Naturalist in North Celebes*, p. 198 (Sangirese). Crawfurd, *op. cit*. iii. 107, 115. 克劳弗德认为切断肢体的刑罚来自伊斯兰教(Crawfurd, *ibid*. iii. 107)。

⑦ Crawfurd, *op. cit*. iii. 115 (Javanese). Kükenthal, *Ergebnisse einer zoologischen Forschungsreise in den Molukken und Borneo*, i. 188 (Alfura of Halmahera). Marsden, *op. cit*. p. 471 (Poggi Islanders). 对巴塔克人(von Brenner, *op. cit*. p. 212)和苏门答腊的亚齐人(Marsden, *op. cit*. p. 404)而言,抢劫要被处以死刑。

⑧ Wilken, *loc. cit*. p. 88 sqq. von Rosenberg, *op. cit*. p. 166; Modigliani, *op. cit*. p. 496 (Niase).

⑨ McNair, *Perak and the Malays*, p. 204.

雅克人①、巴塔克人②、安汶和乌里雅斯的土著人，③至少在他
们的族群内部，是不知道偷窃是怎么回事的。

据记载，很多南海岛民能相互诚实以待，他们对待欧洲人
也是如此。④ 根据库克船长的观点，浅肤色的波利尼西亚人
喜欢偷东西，深肤色的波利尼西亚人却不然。⑤ 在汤加群岛，
盗窃被视为猥琐卑贱的偷鸡摸狗之事，还没严重到犯罪的程
度；⑥其他岛民则视之为重罪。⑦ 犯罪者有时招致报复，⑧有时

---

① Boyle, *Adventures among the Dyaks of Borneo*, p. 235. Bock, *Head-Hunters of Borneo*, p. 209. Selenka, *Sonnige Welten*, p. 19. Ling Roth, *Natives of Sarawak*, i. 81,82,92.

② Marsden, *op. cit.* p. 389. Junghuhn, *op. cit.* ii. 148.

③ Martin, *Reisen in den Molukken*, p. 63.

④ Earl, *Papuans*, pp. 49,80,105. Seemann, *Viti*, p. 46 *sq.* ; Anderson, *Travel in Fiji*, p. 130. Hale, *U. S. Exploring Expedition. Vol. VI. Ethnography and Philology*, p. 73 (Micronesians). Melville, *Typee*, pp. 294 (Marquesas Islanders), 295 n. i (various Polynesians). Williams, *Missionary Enterprises in the South Sea Islands*, p. 530 (Samoans). von Kotzebue, *Voyage of Discovery into the South Sea*, iii. 164 (people of Radack), 255 (Sandwich Islanders). Lisiansky, *op. cit.* p. 125 (Sandwich Islanders). Dieffenbach, *Travels in New Zealand*, ii. 105; Meade, *Ride through the disturbed Districts of New Zealand*, p. 162 *sq.* ; Thomson, *Story of New Zealand*, i. 86; Colenso, *Maori Races*, p. 43. Bonwick, *Daily Life and Origin of the Tasmanians*, p. 9.

⑤ Seemann, *Viti*, p. 47.

⑥ Mariner, *Natives of the Tonga Islands*, ii. 162. 在波纳佩岛（Christian, *Caroline Islands*, p. 72）以及毛利人（Meade, *op. cit.* p. 162）那里，据称窃贼被人瞧不起。

⑦ Earl, *op. cit.* p. 80 (Papuans of Dorey). Ellis, *Tour through Hawaii*, p. 429; &c.

⑧ Turner, *Samoa*, pp. 278 (natives of Humphrey's Island), 343 (New Caledonians). Lisiansky, *op. cit.* p. 80 *sq.* (Nukahivans). Williams, *Missionary Enterprises*, p. 127 (natives of Rarotonga). Ellis, *Polynesian Researches*, iv. 420 (Sandwich Islanders).

被处以罚金,①被暴打一顿,②被砍断手指,③甚至被处死。④

在北昆士兰的赫伯特河岸居住的土著人"相当尊重财产权,他们从不偷窃别人的任何东西……他们如果外出狩猎,也不会捡拾别人的猎物。这个部落的所有人对彼此的诚实可靠都充满信心。"⑤要是真的发生了盗窃,"被偷者会与窃贼决斗,所用剑和盾牌是木制品;获胜者有权决定如何了断此事。有时是双方私下协商解决善后问题,双方的亲属可以见证;有时通过公开辩论解决所有分歧,这时来自各个部落的族人可达两三百人。"⑥迪埃利人部落也是如此,"土著人中如果有谁偷东西被发现,被偷者会提出跟窃贼打一架,这样就把事情了结了"。⑦ 我们听说维多利亚的班格朗部落成员之间在诚实

---

①　Earl,*op. cit*. p. 83 (Papuans of Dorey). Sorge,in Steinmetz,*Rechtsverhältnisse von eingeborenen Völkern in Afrika und Ozeanien*,p. 421(Nissan Islanders of the Bismarck Archipelago). Williams and Calvert,*Fiji*,p. 22. Turner,Samoa,p. 281(natives of the Mitchell Group).

②　Cook,*Journal of a Voyage round the World*,p. 42 (Tahitians). Yate,*Account of New Zealand*,p. 104.

③　Williams and Calvert,*Fiji*,p. 23.

④　Gill,*Life in the Southern Isles*,p. 47. Turner,*Samoa*,pp. 290 (natives of Hudson's Island),295 (natives of Arorae),297 (natives of Nikumau of the Gilbert Group),300 (natives of Francis Island),337 (Efatese,of the New Hebrides). Tutuila,in *Jour. Polynesian Soc*. i. 268 (Line Islanders). Ellis,*Polynesian Researches*,iv. 421 (Sandwich Islanders). Cook,*Journal of a Voyage round the World*,p. 41 *sq*. (Tahitians).

⑤　Lumholtz,*Among Cannibals*,p. 147.

⑥　*Ibid*. p. 126.

⑦　Gason,in Woods,*Native Tribes of South Australia*,p. 266.

可靠方面可以说是一丝不苟；①说到西澳大利亚的土著，昌西先生相信，"这个部落的人互相之间从未发生过偷窃财物的事"。②　至于他们跟欧洲人之间的关系，澳大利亚的黑人有时被指责嗜偷成性，③有时也被称赞诚实可靠。④　基于自己的观察经验，柯尔先生确信，这些土著视偷窃为过错。⑤　我们还听说，西澳大利亚的土著偶尔会用矛刺杀早期移民的羊只，抢收这些外来人的土豆；不过，这只是因为他们不懂得后者的财产观念。但是，"一旦你把某物托付给某个土著居民，他会尽心尽责地照料，从不辜负你的信任。如果你借给他枪让他狩猎，他会把当天的猎物带给你；如果你派他到很远的地方牧羊，他肯定会安全地把羊群护送回来。你如果信得过他，让他带着你的羊群穿过漫长而崎岖不平的乡间小道，他和他夫人对羊群的照料远比白种人细心周到。"⑥

　　阿拉伯人的情况如何呢？伯克哈特说："帐篷里的东西是神圣不可侵犯的，但只要东西不放在帐篷里，不管对方是敌人、朋友还是邻居，都可据为己有。"到别人家的帐篷里抢东西，或在亲近的部落内部劫财，对一个男子来说都是丢面子的事；不过，现实生活中每天都有这类事情发生，窃贼也并未因

---

① 　Curr, *Recollections of Squatting in Victoria*, p. 298.
② 　Chauncy, in Brough Smyth, *Aborigines of Victoria*, ii. 278.
③ 　见上文第 2 页, 注释①。
④ 　Howitt, in Brought Smyth, *op. cit.* ii. 306. Fraser, *Aborigines of New South Wales*, p. 90.
⑤ 　Curr, *The Australian Race*, i. 100.
⑥ 　Chauncy, in Brough Smyth, *op. cit.* ii. 278.

此蒙羞。固然，阿拉伯民族是以劫掠敌方的财物为荣的。[1]
但话说回来，这似乎只对贝都因部落而言符合事实，他们居住
在丰美的草原上，所获资财容易招致外来的掠夺；而在那些财
物得到较好保护的地方，"那些偷取同部落其他人家财物的
人，在朋友中间会感到一辈子都偿付不起这个罪责"。西奈的
阿拉伯人不知抢劫为何物；任何物品，如衣服、家具等，都可以
放在石头上，基本上不必担心被别人拿走。[2] 根据瓦哈比人
的法典，劫财者必须把东西奉还原主，或支付等价的金额，但
如果抢劫过程中没有使用暴力，支付罚金之后他可以逃脱别
的惩罚。[3] 在哈德拉毛的贝都因人那里，窃贼是要被驱逐出
部落的。[4] 按照安妮夫人和布伦特先生的说法，真正的贝都
因人与混血的同胞部落相比，在是否诚实可信方面截然不同。
上美索不达米亚的库尔德人和半库尔德部落甚至把偷窃当成
有点值得骄傲的本事，而真正的阿拉伯人却把盗窃看作是令
人名声扫地的事。总体上看，阿拉伯部落对那些路人皆知的
不诚实的人是不宽容的。[5]

　　在非洲土著民族中，同一部落成员之间彼此正直诚实是
常见的特征，他们中有些人与欧洲人打交道时保持着同样的

[1]　Burckhardt,*Notes on the Bedouins and Wahábys*,p.90.

[2]　*Ibid*.p.184 *sq*.Wallin,*Första resa från Cairo till Arabiska öknen*,p.64.

[3]　Burckhardt,*op.cit*.p.301.

[4]　von Wrede,*Reise in Hadhramaut*.p.51.

[5]　Blunt,*Bedouin Tribes of the Euphrates*,ii.204,225.

品行。① 比如,安德森向我们这样描述奥万博人:就他能观察到的事实而言,这些人品行端正,对偷窃行为表现出明显的憎恶。"未获允许,这些土著人对你的东西连碰一下都不会;我们远离营地好久,也丝毫不必挂虑东西被抢劫。我要提到这样一件事,以证明他们的诚实可靠:我们离开奥万博人时,仆人忘了带上一些无关紧要的小东西,发现此事的当地人大老远地赶上我们,归还我们那些遗忘的物件。"② 据说,有几个非洲民族不把小偷小摸当回事。③ 在另外一些民族中,窃贼必须物归原主或支付相应的补偿,④ 同时还要被人嘲笑

---

① St. John, *Village Life in Egypt*, ii. 198. Tristram, *The Great Sahara*, p. 193 sq. (Beni Mzab). Nachtigal, *Sahara und Sudan*, i. 188 (inhabitants of Fezzân). Dyveyrier, *Exploration du Sahara*, p. 385 (Touareg); *cf.* Chavanne, *Die Sahara*, p. 188. Munzinger, *Ostafrikanische Studien*, p. 531 sq. (Barea and Kunáma). Scaramucci and Giglioli, 'Notizie sui Danakil,' in *Archivio per l'antropologia e la etnologia*, xiv. 25. Baumann, *Durch Massailand zur Nilquelle*, pp. 165 (Masai), 179 (Wafiomi). Thomson, *Through Masai Land*, p. 64 (Wakwafi of the Taveta). Baker, *Ismailia*, p. 56; Petherick, *Travels in Central Africa*, ii. 3 (Shilluk). Macdonald, *Africana*, i. 182 (Eastern Central Africans). Mungo Park, *Travels in the Interior of Africa*, p. 239; Caillié, *Travels through Central Africa to Timbuctoo*, i. 353 (Mandingoes). Ward, *Five Years with the Congo Cannibals*, p. 93; Tuckey, *Expedition to explore the River Zaire*, p. 374. Johnston, *Uganda Protectorate*, ii. 590 (Wanyoro). Kolben, *Present State of the Cape of Good Hope*, i. 326; Hahn, *The Supreme Being of the Khoi-Khoi*, p. 32 (Hottentots); *cf.* Fritsch, *Die Eingeborenen Süd-Afrika's*, p. 307. Tyler, *Forty Years among the Zulus*, p. 191 sq.

② Andersson, *Lake Ngami*, p. 197. Cf. Idem, *Notes on Travel in South Africa*, p. 236.

③ Monrad, *Skildring af Guinea-Kysten*, p. 6, n. *; Reade, *Savage Africa*, p. 580 (West African Negroes). Ellis, *History of Madagascar*, i. 144.

④ Munzinger, *Ostafrikanische Studien*, pp. 389 (inhabitants of Saraë), 494 (Barea and Kunáma). Arbousset and Daumas, *op. cit.* p. 66 (Mantetis). Cunningham, *Uganda*, p. 293 (Baziba). Rautanen, in Steinmetz, *Rechtsverhältnisse*, p. 343 (Ondonga). Warner, in Maclean, *Compendium of Kafir Laws and Customs*, pp. 65, 67. Post, *Afrikanische Jurisprudent*, 11. 84.

和羞辱。[1] 与其他地方通行的做法一样,在非洲,盗窃行为也常常被罚款。[2] 在巴希马人[3]、瓦查加人[4]、马达加斯加的塔纳拉人[5]那里,窃贼必须支付两倍于被偷物品价值的罚金;在塔库伊人[6]、伦迪勒人[7]和赫雷罗人[8]那里,罚金是三倍;贝专纳人中则是两倍或四倍。[9] 对塔韦塔人而言,如果盗窃发生,窃贼不仅要把被偷物品奉还原主,而且还要支付五倍的罚金以弥补被偷人家的损失。[10] 在卡菲尔人中,"假如被偷的牛被屠杀掉了,不能归还原主了,法律允许主人要求十倍的罚金"。[11] 根据默克的说法,马萨伊人中偷牛的处罚金额也是十

12

---

① Munzinger,*Ostafrikanische Studien*,pp. 386 (inhabitants of Saraë),531 (Barea and Kunáma). Arbousset and Daumas,*op. cit.* p. 66 (Mantetis).

② Scaramucci and Giglioli,in *Archivio per l'antropologia e la etnologia*,xiv. 39 (Danakil). Nachtigal, *op. cit.* i. 449 (Tedâ). Bosman,*Description of the Coast of Guinea*,p. 142 (Negroes of Axim,on the Gold Coast). Ellis,*Tshi-speaking Peoples of the Gold Coast*,p. 303. Idem,*Ewe-speaking Peoples of the Slave Coast*,p. 225. *Emin Pasha in Central Africa*,p. 86 (Wanyoro). Cunningham,*Uganda*,p. 322 (Manyema). Steinmetz,*Rechtsverhältnisse*, p. 52 (Banaka and Bapuku). Beverley,*ibid.* p. 215 (Wagogo). Lang,*ibid.* p. 259 (Washambala). Wandrer,*ibid.* p. 325 (Hottentots). Post,*Afrikanische Jurisprudent*,ii. 85 *sq.*

③ Cunningham,*Uganda*,p. 20.

④ Volkens,*Der Kilimandscharo*,p. 250.

⑤ Richardson,'Tanala Customs,' in *Antananarivo Annual*,ii. 95 *sq.*

⑥ Munzinger,*Ostafrikanische Studien*,p. 208.

⑦ Chanler,*Through Jungle and Desert*,p. 317.

⑧ Franois,*Nama und Damara*,p. 174.

⑨ Holub,*Seven Years in South Africa*,i. 395. Casalis,*Basutos*,p. 228.

⑩ Hollis,in *Jour. African Soc.* i. 123.

⑪ Dugmore,in Maclean,*Compendium of Kafir Laws and Customs*,p. 36. *Cf. ibid.* pp. 112,143.

倍；①另一权威的说法则是，"如果有人偷了一头牛，或不止一
头牛，他的所有财产将分文不留地让渡给牛的主人"。②巴苏
库马人中，窃贼的所有财产将被统统没收。③对盗窃的其他
惩罚有监禁④、流放⑤、苦役⑥、鞭刑⑦、断指⑧；若罪行特别严
重，则处以死刑。⑨在某些非洲国家，处死现行的盗窃犯不需
担负任何责任。⑩

---

① Merker, *Die Masai*, p. 208.

② Hinde, *The Last of the Masai*, p. 107.

③ Cunningham, *Uganda*, p. 304.

④ Mademba, in Steinmetz, *Rechtsverhältnisse*, p. 90 (inhabitants of the Sansanding States).

⑤ Chavanne, *Die Sahara*, p. 315 (Beni Mzab).

⑥ Bowdich, *Mission to Ashantee*, p. 258, n. * (Fantis). Petherick, *op. cit.* ii. 3 (Shilluk of the White Nile). Post, *Afrikanische Jurisprudenz*, ii. 87.

⑦ Reade, *Savage Africa*, p. 261 (West Equatorial Africans). Ellis, *Yoruba-speaking Peoples of the Slave Coast*, p. 191. Volkens, *op. cit.* p. 250 (Wadshagga). Velten, *Sitten und Gebräuche der Suaheli*, p. 363. Campbell, *Travels in South Africa*, p. 519. Post, *Afrikanische Jurisprudenz*, ii. 88.

⑧ de Abreu, *Discovery and Conquest of the Canary Islands*, p. 27 (aborigines of Ferro). Ellis, *Yoruba-speaking Peoples*, p. 191. Beltrame, *Il Fiume Bianco*, p. 280 (Dinka). Casati, *Ten Years in Equatoria*, i. 163 (Mambettu and Wanyoro). Wilson and Felkin, *Uganda and the Egyptian Soudan*, i. 201 (Waganda). Holub, *op. cit.* i. 395 *sq.* (Bechuanas). Post, *Afrikanische Jurisprudenz*, ii. 87 *sq.*

⑨ Ellis, *Yoruba-speaking Peoples*, p. 191; Burton, *Abeokuta*, i. 304 (Yoruba). Ellis, *Tshi-speaking Peoples*, p. 303. Bosman, *op. cit.* p. 143 (Negroes of Axim). Cunningham, *Uganda*, pp. 69 (Banabuddu), 102 (Bakoki), 346 (Karamojo). Fraçois, *op. cit.* p. 175 (Herero). Andersson, *Lake Ngami*, p. 197 (Ovambo). Casalis, *op. cit.* p. 228 (Basutos). Shooter, *Kafirs of Natal*, p. 155. Tyler, *op. cit.* p. 192 (Zulus). Kolben, *op. cit.* i. 158 (Hottentots). Post, *Afrikanische Jurisprudent*, ii. 88 *sq.*

⑩ Hübbe-Schleiden, *Ethiopien*, p. 143 (Mpongwe). Cunningham, *Uganda*, p. 333 (Lendu). Burton, *Zanzibar*, ii. 94 (Wanika). Macdonald, *Africana*, i. 162, 183 (Eastern Central Africans). Macdonald, 'East Central African Customs,' in *Jour. Anthr. Inst.* xxii. 109. 见第一卷第 289 页。

即便是在同一个民族中，人们对盗窃的责罚也视情况而有所变化。被偷物品的价值是主要的考量因素。① 当处罚仅限于罚金时，其数额依被盗物品的价值厘定，二倍、三倍、四倍、五倍乃至十倍不等。② 阿兹特克人处罚小偷的方法是让他为主人做苦役，如果数额巨大则难以逃脱死刑。③ 按照《古兰经》，初犯的窃贼将被斩断右手；而逊奈则判定，如果被偷物品的价值不到四分之一第纳尔，则不必如此残忍。④ 古代的苏格兰律法规定，窃贼受到的惩罚依据被偷物品的价值判定，可以是轻微的肉体刑罚，也可以重罚，甚至死刑——如果被偷的东西值三十二个苏格兰便士，相当于大卫一世统治时期两只羊的价钱。⑤ 在英格兰，人们清晰地区分"大盗"与"小偷"，两者的界限是十二便士，"大盗"至少早在爱德华一

14

---

① Steinmetz，*Rechtsverhältnisse*，p. 52（Banaka and Bapuku）. Nicole，*ibid*. p. 133（Diakite-Sarracolese）. Beverley, *ibid*. p. 215（Wagogo）. Bosman, *op. cit.* p. 142（Negroes of Axim）. Hinde，*op. cit.* p. 107（Masai）. Post，*Afrikanische Jurisprudenz*，ii. 91. *Idem*，*Grundriss der ethnologischen Jurisprudent*，ii. 420. *Ta Tsing Leu Lee*，sec. cclxix. *sqq*. p. 284 *sqq*.（Chinese）. Keil，*Manual of Biblical Archæology*，ii. 366. *Laws of Manu*，viii. 320 *sqq*. Wilda，*Das Strafrecht der Germanen*，p. 870 *sqq*.；Nordström，*Bidrag till den svenska samhälls-författningens historia*，ii. 296 *sqq*.；Stemann，*Den danske Retshistorie indtil Christian V.'s Lov*，pp. 621，677 *sq*.；Brunner，*Deutsche Rechtsgeschichte*，ii. 639 *sqq*.（ancient Teutons）. Du Boys，*Histoire du droit criminel de l'Espagne*，p. 721.

② 见上文第 4 页、第 6—8 页和第 12 页。

③ Bancroft，*Native Races of the Pacific States*，ii. 456.

④ *Koran*，v. 42. Lane，*Manners and Customs of the Modern Egyptians*，p. 120 *sq*. *Idem*，*Arabian Society in the Middle Ages*，p. 20. Sachau，*Muhammedanisches Recht*，pp. 810，811，825 *sqq*.

⑤ Erskine，*Principles of the Law of Scotland*，p. 568. Innes，*Scotland in the Middle Ages*，p. 190. Mackintosh，*History of Civilisation in Scotland*，i. 231.

世治下便是死刑罪。[1] 很多民族的法律和习俗均对偷窃某些类别的东西予以重罚，如牛、马、农具、谷物、贵重金属和武器。[2] 博斯曼说，阿克西姆的黑人"把偷羊看得比杀人还严重，偷羊者是要被处死的"。[3] 卡尔梅克人把偷牛看作头等罪恶。[4] 古代条顿人把偷牛、劫掠庄稼的收成视为臭名昭著的事。[5] 根据罗马法，从牧场或畜舍偷走一头牛，或一匹马、十只羊、四五头猪，就会被处死。[6] 南海丹杰岛的土著人如发现有人正在偷窃食物——"这是他们所知道的最有价值的财产"——就把窃贼淹死。[7] 然而，在塔希提人中，偷窃衣服和武器的人会被处死，偷窃食物和饮料则处以鞭刑。[8] 在另外一些民族中，侵占别人少量的食物根本不需受任何惩罚。[9] 马萨伊人从不惩处一个偷牛奶和肉食的人。[10] 在巴克基人中，"偷香蕉不能算犯罪"。[11] 在古墨西哥，"每个可怜的旅行者

---

[1] Pollock and Maitland, *History of English Law before the Time of Edward I*. ii. 495 *sq*. Brunner, *Deutsche Rechtsgeschichte*, ii. 640. Stephen, *History of the Criminal Law of England*, iii. 129.

[2] Post, *Grundriss der ethnologischen Jurisprudent*, ii. 421 *sqq*.

[3] Bosman, *op. cit*. p. 143.

[4] Bergmann, *Nomadische Streifereien unter den Kalmüken*, ii. 297.

[5] Grimm, *Deutsche Rechtsalterthümer*, p. 636 *sq*. Wilda, *op. cit*. p. 875 *sq*. Nordström, *op. cit*. ii. 307. Brunner, *Deutsche Rechtsgeschichte*, ii. 645 *sq*.

[6] *Digesta*, xlvii. 14. i. pr., i. 3; xlvii. 14. 3.

[7] Gill, *Life in the Southern Isles*, p. 47.

[8] Cook, *Journal of a Voyage round the World*, p. 41 *sq*.

[9] 见第一卷第 286 页及以下。Post, *Grundriss der ethnol. Jurisprudent*, ii. 426. Ellis, *History of Madagascar*, i. 385.

[10] Hollis, *Masai*, p. 310.

[11] Cunningham, *Uganda*, p. 102 *sq*.

都被允许采摘路边的玉米、水果充饥，还可以吃得足够饱"。[①] 希伯来人允许访客走进邻居家的葡萄园里享受新鲜葡萄的甘甜，但不能把葡萄装进自己的袋子里带走，也不能砍掉仍在成长中的庄稼。[②]《摩奴法典》里有这样的说法，"吃食已经耗尽的旅行者如果从别人的田地里吃掉两棵甘蔗或两块地瓜，不应受到处罚"。[③] 根据古瑞典法律，路人可以从别人的田地里取一把豆子、一块萝卜等充饥，还可以从他能够找到的任何谷仓中取干草喂养他疲累的马。[④] 虽然对偷盗的惩罚通常在某种程度上受到被盗财物的价值或性质影响，但也有一些民族在惩治盗窃行为时并不看重所偷物品的多寡贵贱。在道奇上校笔下的北美印第安人那里，"被偷东西的价钱多少并不重要，只要是偷窃就构成了犯罪"。[⑤] 在古代中国编年史记载的满洲部落挹娄人中，任何一种偷窃行为都以死罪论处。[⑥] 在撒哈拉的贝尼·姆扎布人中，不管被偷的东西价值多少，窃贼都要付出两年流放、五十法郎罚金的代价。[⑦]

盗窃罪的严重程度也视犯罪地点而不同。入室偷窃，尤其是破门而入偷东西的性质通常更恶劣。[⑧] 根据伊斯兰法律，小偷在　16

---

① Clavigero, *History of Mexico*, i. 358.

② *Deuteronomy*, xxiii. 24 *sq.*

③ *Laws of Manu*, viii. 341. *Cf. ibid.* viii. 339.

④ Nordström, *op. cit.* ii. 297.

⑤ Dodge, *op. cit.* p. 64.

⑥ Castrén, *op. cit.* iv. 27

⑦ Chavanne, *Die Sahara*, p. 315.

⑧ Post, *Grundriss der ethnol. Jurisprudenz*, ii. 423 *sq.* von Rosenberg, *Der malayische Archipel*, p. 166 (Niase). Riedel, *De sluik-en kroesharige rassen tusschen Selebes en Papua*, p. 103 (Serangese). Lang, in Steinmetz, *Rechtsverhältnisse*, p. 259 (Washambala). Wilda, *op. cit.* p. 878 *sq.*; Brunner, *Deutsche Rechtsgeschichte*, ii. 646 (ancient Teutonic law). *Digesta*, xlvii. n. 7; xlvii. 18. 2.

他通常难以接近的地方窃取别人特意存放的东西,将被斩去右手;而如果从某位近亲的家里偷东西,或奴隶劫掠了主人的家产,则不会遭受这种刑罚。[①] 在有些民族中,夜里偷东西要比白天盗窃遭受更重的惩罚。[②]

偷窃和抢劫之间也存在着区分。与盗窃相比,抢劫所受的惩罚有时更严重,[③] 有时更温和,人们对这种行为常常抱有敬意。瓦尼扬韦奇人鄙视小偷,对劫匪却尊敬有加,瓦尼扬韦奇妇女尤其如此;这主要是由于后者敢作敢为。[④] 在乌干达,尽管处罚残酷,劫财并不耻辱。[⑤] 在信德,如果盗窃者携带武装,这样的偷盗并不丢脸。[⑥] 在奥塞梯人中,"对于发生在村落外边的公开抢劫,法庭只要求物归原主或等价赔偿;对私下偷窃则判处五倍的罚金"。有句格言说:"在大路上发现的财宝是上帝给予的礼物";事实上,拦路抢劫极少被当作犯罪处置。[⑦] 哈萨克-吉尔吉斯人走得更远,男人如果没参与过巴兰塔(*baranta*),即抢牛,多少是件没面子的事。[⑧]

---

① Lane, *Modern Egyptians*, p. 121. *Cf*. Burckhardt, *Bedouins and Wahábys*, p. 301.

② Wilken, *loc. cit.* p. 109 (people of Bali). *Digesta*, xlvii. 17. i. *Lex Saxonum*, 32, 34; Wilda, *op. cit.* p. 877; Grimm, *Deutsche Rechtsalterthümer*, p. 637; Brunner, *Deutsche Rechtsgeschichte*, ii. 646 (ancient Teutonic law).

③ *Ta Tsing Leu Lee*, sec. cclxviii. p. 283 (Chinese law). *Digesta*, xlviii. 19. 28. 10. Erskine, *Principles of the Law of Scotland*, p. 566. Post, *Grundriss der ethnologischen Jurisprudenz*, ii. 455 sq.

④ Reichardt, 转引自: Steinmetz, *Rechtsverhältnisse*, p. 281。

⑤ Ashe, *Two Kings of Uganda*, p. 294.

⑥ Burton, *Sindh*, p. 195.

⑦ von Haxthausen, *Transcaucasia*, p. 411. *Cf*. Kovalewsky, *Coutume contemporaine*, p. 342.

⑧ Vámbéry, *Das Türkenvolk*, p. 306. *Cf*. Georgi, *op. cit.* ii. 270 sq. (Kirghiz).

在贝都因人的观念里,关于"拿"和"偷"的区分也十分清楚:"偷"是 17
暗地里获取;而"拿"通常指通过强势力量公开地占有。① 伯克哈
特说,阿拉伯人中的劫匪认为他们的职业是值得骄傲的,"'抢劫
者'(*haràmy*)这个词对年轻的勇士而言是最感荣幸的称谓之
一"。② 古代条顿人的法律也把盗窃和抢劫看作两回事,前者是偷
偷摸摸,后者是公开行事。在绝大多数法律典籍中,抢劫要比盗窃
受到的刑罚轻微。事实上,无论获取财物的方式多么不合法,公开
行事虽然不能表明行为的正当性,多被视为能减轻罪行,即便财物
受损失的一方是同族同胞。③ 13 世纪时仍存在盗窃和抢劫的区
分,而此时布拉克顿主张,抢劫就是盗窃。④ 后来,英格兰的法律
规定,抢劫罪是更严重的盗窃罪。⑤

　　偷窃行为也被区分为两种:被发现的和未被发现的。在很多
民族中,在现场被捉的窃贼可以被处死,施刑者无须担责;⑥现行

---

　　① Ayrton,in Wallin,*Notes taken during a Journey through Part of Northern Arabia*,p. 29,n. ‡ (in *Jour. Roy. Geo. Soc.* xx. 317,n. ‡).

　　② Burckhardt,*Bedouins and Wahábys*,p. 90. Cf. Burton,*Pilgrimage to Al-Madinah & Meccah*,ii. 101;Blunt,*op. cit.* ii. 204 *sq*.

　　③ Wilda,*op. cit.* pp. 860,911,914. Grimm,*Deutsche Rechtsalterthümer*,p. 634 *sq*. Nordström,*op. cit.* ii. 314 *sq*. Maurer,*Bekehrung des Norwegischen Stammes*,ii. 173 *sq*. Brunner,*Deutsche Rechtsgeschichte*,ii. 647 *sq*. Thrupp,*The Anglo-Saxon Home*,p. 288. Pollock and Maitland,*op. cit.* ii. 493 *sq*.

　　④ Bracton,*De Legibus et Consuetudinibus Angliae*,fol. 150 b,vol. ii. 508 *sqq*. Pollock and Maitland,*op. cit.* ii. 494.

　　⑤ Coke,*Third Part of the Institutes of the Laws of England*,p. 68. Blackstone,*Commentaries on the Laws of England*,iv. 252. Stephen,*History of the Criminal Law of England*,iii. 149. Pollock and Maitland,*op. cit.* ii. 493. Cf. Wilda,*op. cit.* p. 914.

　　⑥ 见第一卷第 293 页;第二卷第 8、13 页。Brunner,*Deutsche Rechtsgeschichte*,ii. 642. Post,*Grundriss der ethnologischen Jurisprudent*,ii. 441 *sq*.

盗窃通常遭受比其他盗窃更重的刑罚,通常是死刑。① 我们也听
18　说,偷窃过程中最糟糕的是被人发觉,偷窃成功则会受到赞赏而不
是责怪。

　　据说,纳瓦霍人"如同斯巴达人那样,对精明能干的盗窃
能手报以敬意"。② 在加利福尼亚的尤基人中,"只要机智灵
活不被抓到,偷盗就是一种本事和长处……"③阿特人"对某
些盗窃行为抱有同情,因为这是个脑筋机敏、技术熟练才能完
成的活儿"。④ 思林凯特人"偷东西不丢人,由于技术不到火
候被抓则很耻辱"。⑤ 楚科奇人"有些看不上那些在实施偷窃
过程中笨手笨脚的女孩;如果不能由此表明她的机巧灵活,她
将来是很难嫁人的"。⑥ 在蒙古人中,"赫赫有名的盗贼在社
会上受人尊重。只要他们能成功盗取目标,就不会招致别人
哪怕一丝一毫的憎恶;他们反倒常常在人们的口碑中享有赞
誉。他们的成功减轻了可能遭受的罪责。"⑦按照库基人的观
念,机智灵活地干完一件"活儿"很受尊重,在偷窃过程中被抓

---

　　① Mommsen,*Römisches Strafrecht*,p. 750 *sq*. Du Boys, *Histoire du droit criminel de l'Espagne*,p. 378. Brunner, *Deutsche Rechtsgeschichte*,ii. 642 *sq*. ; Dareste,*Études d'histoire du droit*,p. 299 *sq*. Pollock and Maitland,*op. cit*. ii. 495 (ancient Teutonic law). Post,*Grundriss der ethnologischen Jurisprudenz*,ii. 443.

　　② Matthews,'Study of Ethics among the Lower Races,' in *Journal of American Folk-Lore*,xii. 4.

　　③ Powers,*Tribes of California*,p. 133.

　　④ Sproat,*op. cit*. p. 158 *sq*.

　　⑤ Krause,*op. cit*. p. 167.

　　⑥ Georgi,*op. cit*. iii. 183. Krasheninnikoff,*History of Kamschatka*,p. 232.

　　⑦ Gilmour,*Among the Mongols*,p. 291.

现行则遭到耻笑。① 波斯人说："偷东西不丢人，被发现就没脸面了。"②新几内亚的莫图人③、新赫布里底群岛的土著民塔纳人④、毛利人⑤、非洲的几个民族⑥，也持有相同的观点。在斐济，"成功而不为人知地偷取东西是件值得赞赏的事，分享不义之财是值得荣耀的"。⑦ 对马塔贝勒人而言，"偷窃本身不被鄙视，偷窃被抓则丢人现眼；如果事成之后未被查明，人们反而尊重他"。⑧ 在加那利群岛帕尔马的土著人看来，"成功偷取东西未被发觉的人，被视为最聪敏的人，人们对他多少有些敬重"。⑨

对盗窃行为的道德评价，依据窃贼和失主的社会地位而有所不同。在马雷亚人中，贵族行窃只需归还原物即可；如果平民从另一个平民家里偷东西，他的所有财产将被后者的主人没收；如果平民在贵族家行窃，他将被罚在贵族家做奴隶。⑩ 在兴都库什的卡菲尔人中，窃贼理论上应被判处七到八倍的罚金，"但通常情况下

19

---

① Dalton, *Descriptive Ethnology of Bengal*, p. 45.

② Polak, *Persien*, ii. 81.

③ Stone, *A few Months in New Guinea*, p. 95.

④ Brenchley, *op. cit.* p. 208.

⑤ Shortland, *Traditions and Superstitions of the New Zealanders*, p. 224. Waitz-Gerland, *Anthropologie der Naturvölker*, vi. 224. Dieffenbach, *Travels in New Zealand*, ii. 111.

⑥ Zöller, *Forschungsreisen in der deutschen Colonie Kamerun*, ii. 64 (Dualla). Wilson and Felkin, *op. cit.* i. 224 (Waganda). Leslie, *op. cit.* p. 256 (Amatongas).

⑦ Williams and Calvert, *op. cit.* p. 110.

⑧ Decle, *Three Years in Savage Africa*, p. 165.

⑨ de Abreu, *op. cit.* p. 138.

⑩ Munzinger, *Ostafrikanische Studien*, p. 243 *sq.*

只针对地位低下的人,除非行窃过程伴有更恶劣的情节"。① 在罗马,根据古老的律法,自由人行窃时被抓将遭受鞭刑,之后被移交给被偷的一方处理;奴隶干了同样的事,受鞭刑之后还要把他从塔皮安悬岩上扔下去处死。② 哈德良颁布的法律规定,同样是从牧场或畜舍偷一头牛或一匹马,上层社会的人士只是被驱逐出去;如是平民百姓所为,则只好等着受死。③ 相反,在古印度,社会等级越高,行窃的惩罚越重。按照《摩奴法典》,"窃贼的赔偿金额分别是,首陀罗八倍,吠舍十六倍,刹帝利三十倍,婆罗门是六十倍,有时是一百倍甚至更高。他们每个种姓都对此心知肚明。"④在其他情况下,所受的处罚则要看被侵害方的社会地位。⑤ 比如,在卡菲尔人的盖卡部落,"惩处窃贼的严重程度依据被偷者的社会等级而定,通常的做法是没收财产"。⑥ 在其他部族中,偷窃或抢劫头人或国王的财产,罚得尤其重。⑦ 有时,宗教信仰的差异也起作用。根据当代佛教教义,"偷取怀疑论者的财物犯罪轻微,窃贼犯罪的严重程度随被偷者功德的多寡而升降。从僧人和佛祖那里行

---

① Scott Robertson, *Káfirs of the Hindu-Kush*, p. 440.

② Mommsen, *Römisches Strafrecht*, p. 751.

③ *Digesta*, xlvii. 14. 1. pr., 3.

④ *Laws of Manu*, viii. 337 *sq*.

⑤ Crawfurd, *op. cit*. iii. 115 (Javanese). Desoignies, in Steinmetz, *Rechtsverhältnisse*, p. 281 (Msalala). Maclean, *Compendium of Kafir Laws and Customs*, p. 143.

⑥ Brownlee, in Maclean, *op. cit*. p. 112.

⑦ Ellis, *Tour through Hawaii*, p. 429 *sq*. Ellis, *Ewe-speaking Peoples of the Slave Coast*, p. 225 (Dahomans). Decle, *Three Years in Savage Africa*, p. 73. Post, *Afrikanische Jurisprudenz*, ii. 91. *Laws of Æthelbirht*, 4, 9 (Anglo-Saxons).

窃,是头等罪。"①不过,影响道德评价最常见、最重要的因素,是看
盗窃或抢劫发生在部族成员内部还是发生在部落与外来者之间。

　　在未开化民族中,人们谨慎地区分盗窃行为是发生在部落内
部,还是超越了部落的范围,跟别的部落发生了关联。前者被禁
止,后者往往是容许的或可以接受的;如果劫掠陌生人的财物,反
而值得称赞。②

　　　　在巴塔戈尼亚的德卫尔彻人中,"部落内部成员对彼此诚
　　实守信,但偷取外人的财物时并没有什么顾忌"。③ 阿比泊尼
　　从来不拿同胞的东西,"却乐于劫掠和杀戮西班牙人,因为他
　　们认为后者是敌人"。④ 姆巴亚人虽有法律明文规定"不得偷
　　窃",但这一条款"仅适用于同一部族内部及其同盟,不适用于 21
　　外来人和敌人"。⑤ 北美印第安人的品德普遍高尚,但对待外
　　来人则是另外一个样子,他们尤其乐于劫掠和欺骗白种人,并
　　不以为耻。⑥ 道奇上校说得很有道理:"盗窃外来人的财物不
　　算犯罪。在自己部落内部偷东西就是最恶劣的罪行。"⑦ 加利
　　福尼亚印第安部落居民的诚实可信路人皆知,但"外来的陌生

----

　　① Hardy,*Manual of Budhism*,p. 483.
　　② *Cf.* Tylor,'Primitive Society,' in *Contemporary Review*,xxi. 715 *sq.*;
Anthropology,p. 413 *sq.*
　　③ Musters,*op. cit.* p. 195.
　　④ Dobrizhoffer,*op. cit.* ii. 148.
　　⑤ Tylor,in *Contemporary Review*,xxi. 716.
　　⑥ *Ibid.* p. 716.
　　⑦ Dodge,*op. cit.* p. 79.

人稍微有点不友好,当天夜里他的毛毯就可能丢个精光"。①
在阿特人那里,"经常发生偷窃其他部落或白种人财物的事
情"。② 关于达科他人,我们读到这样的记述——他们觉得盗
窃白种人的东西既不合法也不光彩,"于是他们派老婆偷取他
们想要的东西"。③ 老传教士埃格德这样描述格陵兰人:"他
们伸手拿走我们这些外来人的东西时,并未感到良心不安。
不过,我们既然在这里跟他们一起生活有段日子,实际上已
经被视为这块土地的居民,他们也就不好意思如此骚扰我们
了。"④另一个权威文献说:"如果他们偷了或抢了外国人的东
西,不要太当回事,这对他们来说是小事一桩。"⑤南森博士则
写道,格陵兰人至今还保有这种观念,"抢劫欧洲人的财物比
在族人内部劫财更少招致反对意见"。⑥ 很多旅行者抱怨,与
爱斯基摩人接触时,经常遭遇这些部落的盗窃。⑦ 理查森相
信,按照爱斯基摩人的观点,"果敢、熟练、敏捷地从陌生人那
里偷东西显示出了英勇精神"。⑧ 纳尔逊先生这样描述白令

---

① Powers, *Tribes of California*, p. 410 *sq*.

② Sproat, *op. cit*. p. 159. *Cf*. Macfie, *Vancouver Island and British Columbia*, p. 468.

③ Eastman, *Dacotah*, p. xvii.

④ Egede, *op. cit*. p. 124 *sq*.

⑤ Cranz, *op. cit*. i. 175. 另见:Dalager, *op. cit*. p. 69。

⑥ Nansen, *First Crossing of Greenland*, ii. 335 *sq*. *Cf*. *Idem*, *Eskimo Life*, p. 159 *sq*.

⑦ Murdoch, 'Ethnological Results of the Point Barrow Expedition,' in *Ann. Rep. Bur. Ethn*. ix. 41. Seemann, *Voyage of "Herald"*, ii. 65; Armstrong, *Discovery of the North-West Passage*, p. 196 (Western Eskimo).

⑧ Richardson, *Arctic Searching Expedition*, i. 352.

海峡的爱斯基摩人:"在自己的村落或部落内部行窃被认为是过错……从陌生人或另外一个部落那里偷东西,只要不给自己的社群带来麻烦,就无所谓对错。"①

在楚科奇人②和科里亚克人③的观念里,偷陌生人的东西 22 是荣耀的,在自己社群内部行窃则是犯罪。印度中部各邦的山地居民对他们没有忠诚义务的人实施抢劫并不觉得有什么良心不安。④ 苏门答腊岛的巴塔克人内部成员之间极少有偷窃发生,如果没有好客之道的约束,他们会成为窃取陌生人财物的能手。⑤ 马来群岛的其他部落则认为,抢劫一个陌生人或旅行者是可以接受的,当这位生客因此变得孤立无助、一无所有时,反倒能在当地人那里得到友好的招待。⑥ 梅尔维尔先生说:"几乎所有波利尼西亚岛民在彼此来往时都表现出令人惊叹的诚实可靠;与此形成对照的是,他们在与外国人打交道时却忍不住偷东西。"根据他们这一独特的道德观,偷取欧洲人的短柄斧子和锻钉是值得称颂的行为。也可能该这么说:从海上突然来了那么多外国人,占据了土著居民的地盘并打乱了他们的生活,拿些客人的东西作为补偿是公平合理的。⑦ 在斐济,

---

① Nelson, in *Ann. Rep. Bur. Ethn.* xviii. 293.

② Georgi, *op. cit.* iii. 183.

③ *Ibid.* iii. 170. Krasheninnikoff, *op. cit.* p. 232.

④ Hislop, *op. cit.* p. i.

⑤ Marsden, *op. cit.* p. 389.

⑥ Crawfurd, *op. cit.* i. 72.

⑦ Melville, *Typee*, p. 295, n. i. 另见: Williams, *Missionary Enterprises*, p. 530 (Samoans); Hale, *op. cit.* p. 73 (Micronesians).

偷窃如果是针对陌生人，算不上什么冒犯。① 蛮人岛的土著认为，从同族人那里偷东西是犯罪，从别的部落盗窃则是美德。② 据说，桑威奇群岛人只偷满船财物、初来乍到的富人，那些业已安顿下来、与当地人共同生活过的欧洲人，即便家里和店里开着门，也无需挂虑财物安全。③ 说到北昆士兰赫伯特河岸土著居民的品德，拉姆霍尔兹先生说："当然，他们只是在自己部落内部才明确区分哪些东西是你的，哪些财物是我的；在跟外来的部落打交道时，双方都视对方与野兽无异。"④ 同样地，西澳大利亚的土著民"并不把掠夺其他族群和部落的财物看成抢劫"。⑤

23   在中非富尔部落的观念中，"打劫陌生人是不对的，但若出了这事，头人会假装看不见，陌生人只有逃跑，连个说理的地方都没有"。⑥ 根据加利耶的观察，曼丁哥人在内部成员之间从无偷鸡摸狗之事，"一旦跟外人接触，他们的正直诚实就变得模棱两可起来；尤其陌生人，如果他不明智地炫耀财富，很可能诱发这些土著人的贪欲"。⑦ 在中非东部，如果同伴中发生了抢劫，会听到有人大声说："如果你是从白种人那里偷

---

①   Williams and Calvert, *op. cit.* p. 110.

②   Thomson, *Savage Island*, p. 94.

③   von Kotzebue, *op. cit.* iii. 255.

④   Lumholtz, *Among Cannibals*, p. 148.

⑤   Chauncy, in Brough Smyth, *op. cit.* ii. 278 *sq.*

⑥   Felkin, 'Notes on the For Tribe of Central Africa,' in *Proceed. Roy. Soc. Edinburgh*, xiii. 234.

⑦   Caillié, *op. cit.* i. 353. *Cf.* Mungo Park, *op. cit.* p. 239 *sq.*

的,我能理解;但如果被偷者是个黑人……"①马萨伊人的武士和长者对偷窃之事嗤之以鼻,但"他们并不认为从邻近的部落中抢牛是一种盗窃行为"。②瓦费米人③和希卢克人④认为,偷取或抢劫陌生人的财物是值得表扬的,但他们从来不曾在自己的族群内部干这种偷偷摸摸的事。巴雷亚部落和库纳马部落⑤,以及萨拉⑥的居民认为,抢劫敌方财物的行为值得嘉奖。祝尔祝拉山脉的卡拜尔人要求同村的人彼此恪守诚实守信的美德,如果村里有人偷了外来者的东西,他们则觉得这没什么不妥。⑦"旅行者如无护卫,或无熟人介绍,他在进入贝都因部落时很可能会丢失马匹、日用品、衣服和其他一些物品。这些土著对劫财这类的事并没有羞耻之念……那些有志穿过沙漠地带的旅行者,必须随时面对东西被抢被偷的状况,因为这是大漠生存之道。"⑧事实上,阿拉伯民族也确实以劫掠敌人为荣,如果不能公开抢夺,他们就偷偷摸摸地盗取。⑨奥塞梯人"区别对待……偷盗家族外的陌生人与偷盗某一位亲戚。前者实际上不被看作罪过,后者则相反,被看作一项

---

① Macdonald, *Africana*, i. 182.
② Hinde, *op. cit.* p. 104. *Cf.* Johnston, *Kilima-njaro Expedition*, p. 419.
③ Baumann, *Durch Massailand*, p. 179.
④ Petherick, *Travels in Central Africa*, ii. 3. Beltrame, *Il Fiume Bianco*, p. 83.
⑤ Munzinger, *Ostafrikanische Studien*, p. 531.
⑥ *Ibid.* p. 386.
⑦ Kobelt, *Reiseerinnerungen aus Algerian und Tunis*, p. 223.
⑧ Blunt, *op. cit.* ii. 204 *sq.*
⑨ Burckhardt, *Bedouins and Wahábys*, p. 90.

罪过。"①

24   类似的观点在古条顿人中颇为流行。恺撒说："在别的国家抢
劫并不是件耻辱的事；条顿人还宣称，这样做是为了训练年轻人，
免得他们变得懒惰。"②上述说法对苏格兰高地人同样适用，这种
状况一直持续到 1745 年的反叛被征服。③ 斯图尔德少将说："他
们把每个低地人看作外国人，在打仗时掠夺低地人的牲畜是公平
的。他们认为，保护外国人财产的法律无法约束他们……然而，除
了针对低地人和敌对民族，总的来说，这些海盗彼此之间却保持最
严格的忠诚，他们的正直诚实使他们彼此信赖……在他们自己社
会内部，所有的财产都是安全的，通常没有什么'门闩、栅栏和锁'
之类的防盗工具。"④对《古代爱尔兰法》一书的评论中讲到，一个
普通的小偷如果在自己的社会内部盗窃，一经发现就会马上名誉
扫地，而在自己的国土之外偷一两次东西则只是有些丢面子，直到
第三次盗窃才被认为真的毁了名声。⑤ 在整个中世纪，似乎所有
的欧洲人都默认外国人生来就是要受到抢劫的。⑥ 在 13 世纪，法
国仍有几个地区，陌生人来到一个地方定居一年零一天，就成为该
地庄园主的农奴。⑦ 在英格兰，直到诺曼征服后两个多世纪，外国

---

①   Kovalewsky,*Coutume contemporaine*,p. 343.

②   Caesar,*De bello Gallico*,vi. 23.

③   Tylor,in *Contemporary Review*,xxi. 716.

④   Stewart,*Sketches of the Character*,&c.,*of the Highlanders of Scotland*,
p. 42 *sq*.

⑤   *Ancient Laws of Ireland*,i. 57.

⑥   *Cf*. Marshall,*International Vanities*,p. 285.

⑦   Beaumanoir,*Les coutumes du Beauvoisis*,xlv. 19,vol. ii. p. 226.

商人还只是被视为市场或集市的旅居者,他们必须让他们的地主出面当经纪人才能在这里做买卖。此外,陌生人常因债务被捕或因行为不轨遭到惩罚。① 在后来的年代里,这种压迫外族的古老习惯依然如此强大,以致当国家需要一笔钱时,就很自然地要求外国人提供一部分。② 拿走失事船只上主人的物品,把船只的物品收归失事领地的地主,这种习惯似乎很通行。③ 在一些欧洲国家,法律甚至允许沿海省份的居民奴役失事船只上的人。④ 可上溯至12 世纪的《奥列隆法》告诉我们,在一些地区,失事水手会遇到比野狗还没有人性,还要野蛮、凶残的人。为了得到钱、衣服和其他财物,他们会杀死那些倒霉的水手。⑤ 在中世纪后期,君主和议会持续努力废除这种古老的权利,只要是基督教徒水手的船只就可以平安无事,⑥然而对不信教水手的抢劫并没有被禁止。⑦ 在相当

---

① Chitty, *Treatise on the Laws of Commerce and Manufactures*, i. 131. *Cf.* Cibrario, *Della economia politica del medio eve*, i. 192.

② 见: Marshall, *International Vanities*, p. 291 *sq.* 。

③ Du Cange, *Glossarium ad scriptores mediæ et infimæ Latinitatis*, iv. 22 *sq.* Robertson, *History of the Reign of Charles* V. i. 395.

④ Du Cange, *op. cit.* iv. 23 *sq.* Cleffelius, *Antiquitates Germanorum potissimum septentrionalium*, x. 4, p. 362. Dreyer, *Specimen juris publici Lubecensis*, p. cxcii. Potgiesser, *Commentarii juris Germanici de statu servorum*, i. i. 17, p. 18 *sq.*

⑤ *Ancient Sea-Laws of Oleron*, art. 30, p. 11.

⑥ Du Cange, *op. cit.* iv. 24 *sqq.* Pardessus, *Collection de lois maritimes*, ii. p. cxv. *sqq.*; iii. p. clxxix. von Eicken, *Geschichte und System der mittelalterlichen Weltanschauung*, p. 569 *sqq.* *Constitutiones Neapolitanæ sive Siculæ*, i. 28. *Concilium Romanum* IV. A. D. 1078 (Labbe Mansi, *Sacrorum Conciliorum collectio*, xx. 505 *sq.*)

⑦ Laurent, *Études sur l'histoire de l'humanité*, vii. 323, 413 n. 3. von Eicken, *op. cit.* p. 570.

长时间内,这些人的努力远未成功,①甚至有人坚持认为,船只失事是上帝给予的惩罚,对这类受害者仁慈就是对上帝不敬。②

　　轻易发动战争并把战争中毁坏他人财产视为合法,这是对外国人财产所有权缺乏尊重的另外的实例。格劳秀斯坚持认为,"这样的掠夺和毁坏是可以容忍的,它可以使敌人不再骚扰滋事,暂时

26　赢得和平与安宁"。③ 在格劳秀斯时代的实际生活中,这种毁坏对方财产的做法经常被单独使用,至于这类滋扰能否带来暂时的军事优势则无关紧要。④ 在 18 世纪,破坏与战略目标结合得愈加紧密,但是破坏仍然被沃尔夫⑤、威陶⑥等人⑦认为是一种独立的进攻方式。甚至在 19 世纪初,尽管破坏对方财物毫无必要,这样的事仍时有发生。⑧ 后来,人们达成了共识——只有在战时确实有必要时才可毁坏破坏对方财产。⑨ 但是这个规则有个例外:在包围设防的城镇时,允许轰炸城镇里的房子,如此可促使指挥官因为城

---

① Pardessus, *op. cit.* ii. p. cxv. Laurent, *op. cit.* vii. 314. Marshall, *International Vanities*, pp. 287, 295.

② von Eicken, *op. cit.* p. 570 *sq.*

③ Grotius, *De jure belli et pacis*, iii. 12. 1. 3.

④ Hall, *Treatise on International Law*, p. 533.

⑤ Wolff, *Jus Gentium*, § 823, p. 300.

⑥ Vattel, *Le droit des gens*, iii. 9. 167, vol. ii. 76 *sq.*

⑦ Hall, *op. cit.* p. 533 *sq.*

⑧ *Ibid.* p. 534 *sq.*

⑨ *Ibid.* p. 535. Bluntschli, *Le droit international*, § 663, p. 385. Heffter, *Das europäische Völkerrecht*, § 125, p. 262. Wheaton, *Elements of International Law*, p. 473. *Conférence de Bruxelles*, art. 13, g. *Conférence internationale de la paix*, *La Haye* 1899, 'Règlement concernant les lois et coutumes de la guerre sur terre,' art. 23 g, pt. i. 245.

里居民受房屋被炸之苦而投降。^① 根据古老的战争传统,交战一方都有权劫掠、占有敌对国或其国民的全部财产,而不管这财产是什么,在战争行为得到允许的任何地方都可如此。^② 随后,这种极端权利在实行过程中被弱化,在某些方面已经消失。^③ 于是,由法国革命政府宣布但并不总是能付诸实践的原则是:战争之地的私有财产应当与和平友好之地的私有财产同样受到尊重。^④ 当前流行观点和惯例都是支持这一原则的,^⑤所以进攻一方士兵的任何抢劫行为都被明确无误地禁止。^⑥ 与此同时,不幸的是,在所有战争中不受惩罚的抢劫无疑持续不断地发生着。^⑦ 我们有时听到将军借口无法约束士兵,结果使被占领的城镇遭到洗劫,居民房屋的财物被偷被掠。^⑧ 更有甚者,为了将战场上的私人财物占为己有,会对敌方采取围攻,或突袭拒绝投降者,然后把这些战利品化为自

① Hall,*op.cit.* p.536 *sq.*

② Grotius,*op.cit.* iii.6.2. Hall,*op.cit.* pp.417,438.

③ Hall,*op.cit.* p.419 *sqq.*

④ Bernard,'Growth of Laws and Usages of War,' in *Oxford Essays*,1856,p.109.

⑤ *Conférence de Bruxelles*,art.38. *Instructions for the Government of Armies of the United States in the Field*,art.37. *Conférence de La Haye*,'Règlement concernant la guerre sur terre,' art.46,pt.i.248. Hall,*op.cit.* p.441. Geffken,in Heffter,*op.cit.* §140,p.297,n.5.

⑥ *Conférence de Bruxelles*,art.39. *Instructions of the United States*,art.44. *Conférence de La Haye*,'Règlement concernant la guerre sur terre,' art.28,47,pt.i.246,248.

⑦ Maine,*International Law*,p.199. Halleck,*International Law*,ii.73,note.

⑧ Halleck,*op.cit.* ii.32. 如果我们相信加西拉索·德拉维加的说法(Garcilasso de la Vega,*First Part of the Royal Commentaries of the Yncas*,i.151),古代秘鲁的印加军官会更人性些,他们从不允许洗劫被占领的城池。

己的合法财产。^① 占领者还向敌方居民征收军费和军需。^② 当文明的进程减缓和弱化了陆地战争的极端残酷性时,海战的情景却仍没有改变。在海上或港口得到的敌人的私有财产仍被不分青红皂白地占有或充公。有人为上述行为寻找借口,说海战的目标就是破坏敌人的商业和航海业,而达到此目标的唯一方法就是攫取私人财产。^③

　　除了依所有者地位的不同对财产权的尊重程度存在差别,而且在很多情形下,特定的人被认为不能拥有这种权利。

　　父亲对儿子拥有权威,这一点可能意味着,后者即使长大成人也没有自己的财产,父亲拥有处置儿子收入的权力。这是非洲人^④和印度坎大哈人^⑤的情形。根据《摩奴法典》记述,印度人神圣的立法者摩奴说:"妻子、儿子、奴隶,此三者没有财产;他们获得的财富是给主人挣的,这些财富由其所属的人拥有。"^⑥但是,据权威

---

① Halleck, *op. cit.* ii. 73 sq. Wheaton, *op. cit.* p. 467.

② Wheaton, *op. cit.* p. 467. Hall, *op. cit.* p. 427 sqq. *Conférence de La Haye*, 'Règlement concernant la guerre sur terre,' art. 49,52, pt. i. 248.

③ Wheaton, *op. cit.* p. 483. Twiss, *Law of Nations*, p. 141. Heffter, *op. cit.* § 137, p. 287. Hall, *op. cit.* p. 443 sqq.

④ Sarbah, *Fanti Customary Laws*, p. 51. Kraft, in Steinmetz, *Rechtsverhältnisse*, p. 285 (Wapokomo). Munzinger, *Ueber die Sitten und das Rechtder Bogos*, p. 36. 在巴雷亚部落和库纳马部落中,一个男子的收入归他父亲所有,直至他给自己建了房子,也就是说,直至他娶妻成家(Munzinger, *Ostafrikanische Studien.* p. 477)。在巴苏陀人中,父母可以随意剥夺儿子的收入收归己有(Endemann, 'Mittheilungen über die SothoNeger,' in *Zeitschr. f. Ethnol.* vi. 39)。

⑤ Macpherson, *Memorials of Service in India*, p. 62.

⑥ *Laws of Manu*, viii. 416. 另见: *Nârada*, v. 41.

评论者说,这仅仅意味着那些人无权独立处理其财产。[①] 法律还明确规定,通过学习获得的财产排他性地归学习者本人,朋友馈赠的礼物也是如此。[②] 在罗马,独立的财产权被称为私产(peculium),这一独立财产权最早属于父亲,如果父亲选择行使这一权利,他才可以把这一权利授予儿子;仅在相当晚近的立法中,才确保儿子拥有独立的财产权。[③] 甚至如今在许多欧洲国家的法律中,在儿童未成年时,除了几种明确规定的财产外,父亲或母亲对孩子的财产有用益权。[④]

据说,在一些未开化民族里,妇女不能拥有财产。[⑤] 但这当然不是蒙昧部族的规则,甚至也不是低等部落的规则。当斯诺先生想买福金斯人的独木舟时,他的请求遭到了拒绝,原因是这只独木舟属于一个不愿舍弃它的老妪。[⑥] 在澳大利亚的黑人中,柯尔先生经常听到丈夫请求妻子同意从袋子里拿出某些财物。[⑦] 有一些

① Buehler, in his translation of the Laws of Manu, *Sacred Books of the East*, xxv. 326, n. 416.

② *Laws of Manu*, ix. 206.

③ Hunter, *Exposition of Roman Law*, p. 292 sqq. Maine, *Dissertations on Early Law and Custom*, p. 252. Girard, *Manuel élémentaire de droit romain*, pp. 135, 138 sqq.

④ Bridel, *Le droit des femmes et le mariage*, p. 156.

⑤ Nassau, *Fetichism in West Africa*, p. 13 (tribes of the Cameroons). Marshall, *A Phrenologist amongst the Todas*, p. 206. Waitz, *Anthropologie der Naturvölker*, iii. 129 (some Indian tribes of North America).

⑥ Snow, 'Wild Tribes of Tierra del Fuego,' in *Jour. Ethn. Soc. London*, N. S. i. 264.

⑦ Curr, *The Australian Race*, i. 66.

29 这样的例子,妇女由于结婚而将其所有财产转归丈夫所有。^① 但是更普遍的情形似乎是,在婚姻存续期间,妻子仍是其财产的主人。^② 在许多蒙昧部族中,女性被授予相当多的财产特权,我们已经看到,人们经常认为日用品是妇女的特殊财产。^③ 在墨西哥的纳瓦霍人中,除马和牛,一切皆属于已婚妇女。^④ 在内陶的卡福斯人中,丈夫娶了第一个妻子后,他的所有奶牛都归妻子所有;理论上讲,不经妻子同意,丈夫不能出卖或处置这些牲畜。^⑤ 曼丹人有一个风俗,年轻人偷窃得来或战争中获得的财产属于其姐妹。^⑥ 我们获悉,在印度的科奇人中,"英勇的男子为了向妇女献殷勤,会把全部财产送给她"。^⑦ 涉及妇女的所有权,文明程度更高的社会与许多蒙昧部族相比并不占优势。在从前的日本,丈夫可以全权

---

① Mason, in *Jour. Asiatic Soc. Bengal*, xxxvii. pt. ii. 142 (Karens). Sumner, in *Jour. Anthr. Inst.* xxxi. 94 (Jakuts). Post, *Studien zur Entwicklungsgeschichte des Familienrechts*, p. 291.

② von den Steinen, *Unter den Naturvölkern Zentral-Brasiliens*, p. 330 (Bakaïri). Morgan, *League of the Iroquois*, p. 326. Lala, *Philippine Islands*, p. 91. Hagen, *Unter den Papua's*, pp. 226, 243 (Papuans of Bogadjim, Kaiser Wilhelm Land). Kubary, 'Die Palau-Inseln in der Südsee,' in *Jour. des Museum Godeffroy*, iv. 54. Ratzel, *History of Mankind*, i. 279 (various South Sea Islanders). Kingsley, *West African Studies*, p. 373. Bosman, *op. cit.* p. 172 (Gold. Coast natives). Ellis, *Tshispeaking Peoples of the Gold Coast*, p. 298. Sarbah, *Fanti Customary Laws*, p. 5. Lang, in Steinmetz, *Rechtsverhältnisse*, p. 223 (Washambala). Burton, *Lake Regions of Central Africa*, ii. 25 (Wanyamwezi). Post, *Entwicklungsgeschichte des Famihenrechts*, p. 292 *sqq.*

③ 见第一卷第 637 页及以下。

④ Mindeleff, 'Navaho Houses,' in *Ann. Rep. Bur. Ethn.* xvii. 485.

⑤ Shooter, *Kafirs of Natal*, p. 84.

⑥ Wied-Neuwied, *Travels in the Interior of North America*, p. 350.

⑦ Buchanan, 转引自:Hodgson, *Miscellaneous Essays*, i. 110。

处置妻子的财产。^① 我们已经注意到,在印度,妇女无权处理曾经属于自己的财产。但是,家庭中女性成员独立财产权的演变表明,她们在财产方面对丈夫的依赖日益减少。^② 在古希伯来人中,妇女在诸多方面被认为像未成年人一样,所以被取消了财产权。^③ 在罗马早期,通常的婚姻形式被称为归顺夫权(*conventio in manum*),丈夫有权拥有妻子结婚时所有的财产,妻子婚后可能通过劳动或受赠得到的财产也归丈夫所有。^④ 后来,这种婚姻形式日益少见了,随着古代父权制(*patria potestas*)的衰落,除了夫妻和家庭共同的花销之外,妻子的财产最终掌控在自己手中。^⑤ 但是,我们在另一处也注意到,基督教这种新的宗教不赞同异教帝国时期给予已婚妇女的自由,认为这些权益明显地过分了。^⑥ 条顿人的习俗和教会的法律相结合产生的影响,导致妻子直到相当晚近的时期都没有财产所有权,这彰显了基督教欧洲法律之丑陋。^⑦ 在英格兰,1857 年以前,一个人即便抛弃妻子后出走,留下妻子孤单一人养家,他仍然可以在任何时候回来占有妻子的劳动成果,卖

[右侧页码] 30

---

① Rein,*Japan*,p. 424.

② Jolly,'Recht und Sitte,' in Buehler,*Grundriss der indo-arischen Philologie*,ii. 78,79,87 *sqq*. Kohler,'Indisches Ehe-und Familienrecht,' in *Zeitschr. f. vergl. Rechtswiss*. iii. 424 *sqq*.

③ Benzinger,'Law and Justice,' in Cheyne and Black,*Encyclopædia Biblica*,iii. 2724.

④ Hunter,*Roman Law*,p. 295. Maine,*Early History of Institutions*,p. 312. Bryce,*Studies in History and Jurisprudence*,ii. 387. Girard,*op. cit.* p. 163.

⑤ Hunter,*Roman Law*,p. 295 *sqq*. Maine,*Early History of Institutions*,p. 317 *sqq*. Friedlaender,*Darstellungen aus der Sittengeschichte Roms*,i. 252. Girard,*op. cit.* p. 164.

⑥ 见第一卷第 653 页及以下。

⑦ Maine,*Ancient Law*,p. 157 *sqq*.

掉她挣得的所有财产；而且，他可以一次又一次地抛弃她，一次又一次占有妻子挣得的财富。1870 年通过了一部法律，保护妇女合法掌管辛辛苦苦挣得收入的权益。但是，除了几个并不重要的例外情况，妇女的其他财产丝毫未得到保护。直到 1882 年，已婚妇女财产法案颁布后，英国的妻子们才被赋予完全的财产权。[①]

31

在很多情况下，人们认为不能拥有财产权的第三类人是奴隶。[②] 奴隶是否拥有完整意义上的所有权，这确实是个值得追问的问题。人们经常说，奴隶也是其财产的主人，但是这种所有权可能只是奴隶主给予的恩惠，只要奴隶主愿意，他随时可以撤销这一恩惠。[③] 毫无疑问，在几种情形下，习俗保证奴隶真正拥有权利。在兴都库什的卡菲尔人中，如果奴隶为别人工作，奴隶不必上交主人工钱，可以保存为己有。[④] 在非洲，奴隶拥有私有财产的情况尤为普遍；[⑤]在南几内亚，有的奴隶比他的主人

---

① Lecky，*Democracy and Liberty*，ii. 536 *sq*. Cleveland，*Woman under the English Law*，p. 279 *sqq*. 关于欧洲其他国家的法律，见：Bridel，*op. cit*. p. 61 *sqq*.；关于这一话题的历史，见：Gide，*Étude sur la condition de la femme*，*passim*。

② Post，*Grundriss der ethnol. Jurisprudenz*，i. 370，381. Holmberg，in *Acta Soc. Scientiarum Fennicœ*，iv. 330 *sq*. (Thlinkets). Kohler，'Recht der Marschallinsulaner'，in *Zeitschr. f. vergl. Rechtswiss*. xiv. 428 *sq*. Volkens，*op. cit*. p. 249 (Wadshagga). Lang，in Steinmetz，*Rechtsverhältnisse*，p. 241 (Washambala).

③ Nicole，in Steinmetz，*Rechtsverhältnisse*，p. 119 (Diakité-Sarracolese). Senfft，*ibid*. p. 442 (Marshall Islanders).

④ Scott Robertson，*op. cit*. p. 100.

⑤ Kingsley，*West African Studies*，p. 366. Ellis，*Ewe-speaking Peoples of the Slave Coast*，p. 219. Steinmetz，*Rechtsverhältnisse*，p. 43 (Banaka and Bapuku). Tellier，*ibid*. pp. 169，171(Kreis Kita). Baskerville，*ibid*. p. 193 (Waganda). Beverley，*ibid*. p. 213 (Wagogo). Dale，in *Jour. Anthr. Inst*. xxv. 230 (Wabondei). Munzinger，*Die Sitten und das Recht der Bogos*，p. 43. *Idem*，*Ostafrikanische Studien*，p. 309 *sq*. (Beni Amer).

还富有。① 正如我们看到的,在非洲的一些国家,奴隶仅在一周中特定的日子或一定时段内有义务为主人工作,其余的时间他可以自由支配。② 同样,古代墨西哥允许奴隶为自己的利益劳动一段时间。③ 巴比伦的奴隶有自己的独立财产,这在当地被称为私产(*peculium*),在正常情况下,他的这些财产是有安全保障的。④ 按照古罗马法律,奴隶挣得的任何财物都属于其主人;但在实际生活中,他被允许享用和积累零星收入,或积蓄,或部分劳动所得,这些东西不被看作其完整意义上的财产,但是被看作其私产。⑤ 严格地说,中世纪的奴隶在很多情况下没有财产权,隶农也是如此。⑥ 在英格兰,人们认为隶农无论收获到什么东西,都属于其主人。与此同时,如果地主出于这样或那样的原因不那么贪婪,隶农的耕牛之类的财产实际上归隶农自己所有。⑦ 在英法的殖民地和美国的蓄奴州,黑人奴隶对动产或个人物品没有合法的财产权。⑧ 根据

32

---

① Wilson,*Western Africa*,p. 271.

② 见第一卷第 677 页。

③ Bancroft,*op. cit.* ii. 221.

④ Kohler and Peiser,*Aus dem babylonischen Rechtsleben*,i. 1. 另见第一卷第 684 页。

⑤ *Digesta*,xv. i. 39. Wallon,*Histoire de l'esclavage dans l'antiquité*,ii. 181 *sq.* Ingram,*History of Slavery*,p. 44. Hunter,*Roman Law*,pp. 157,290 *sq.* Girard,*op. cit.* p. 95.

⑥ 见第一卷第 697 页。Guérard,*Cartulaire de l'Abbaye de Saint-Père de Chartres*,i. p. xlvii.

⑦ Vinogradoff,*Villainage in England*,p. 67 *sq.* Pollock and Maitland,*op. cit.* i. 416,419.

⑧ Stephen,*Slavery of the British West India Colonies*,i. 58. Code Noir,Édit du mois de Mars 1685,art. 28,p. 42 *sq.* ; Édit donné au mois de Mars 1724,art. 22,p. 295 *sq.* Stroud,*Sketch of the Laws relating to Slavery in the several States of the United States of America*,p. 74. Goodell,*American Slave Code*,p. 89 *sqq.*

佐治亚州的法律,严禁领主允许奴隶为个人利益劳动,违法者将被
处以每周三十美元的罚款。① 其他州则明令禁止奴隶为自己劳
动。② 然而,在一些地方,黑人奴隶可以拥有独立的财产。阿肯色
州通过了一项法律,允许领主同意奴隶在星期日为自己劳动。③
33 在英国殖民地,星期天被定为交易日,以鼓励农奴为自己劳动。④
路易斯安那民法典规定,奴隶"除了个人专用财产,即一定数目的
钱或动产,不得拥有其他财产"。⑤ 西班牙和葡萄牙的奴隶法更富
有人性。根据这些法律,奴隶在自由支配的时间内通过劳动等方
式获得的钱或财产,由他们合法拥有,其主人不得占有。⑥

　　最后,在许多民族中,我们发现了这一理论:除了头领或国王,
任何人都没有财产权;并且只有在其容许下,臣民才能拥有财产。⑦

---

① Prince,*Digest of the Laws of Georgia*,p. 788.

② Caruthers and Nicholson,*Compilation of the Statutes of Tennessee*,p. 675.
Alden and van Hoesen,*Digest of the Laws of Mississippi*,p. 751. Morehead and
Brown,Digest of the Statute Laws of Kentucky,ii. 1480 *sq.*

③ Ball and Roane,*Revised Statutes of Arkansas*,xliv. 7. 2. 8,p. 276 *sq.*

④ Edwards,*History of the British West Indies*,ii. 181.

⑤ Morgan,*Civil Code of Louisiana*,art. 175.

⑥ Stephen,*op. cit.* i. 60. Couty,*L'esclavage au Brésil*,p. 9.

⑦ Butler,*Travels in Assam*,p. 94 (Kukis). Beecham,*Ashantee*,p. 96. Spencer,
Descriptive Sociology,African Races,p. 12 (Abyssinians). Decle,*op. cit.* p. 70 *sqq.*
(Barotse). Kidd,*The Essential Kafir*,p. 353. Ellis,*History of Madagascar*,i. 342.
Post,*Afrikanische Jurisprudenz*,ii. 171. Percy Smith,'Uea,Western Pacific,' in
Jour. Polynesian Soc. i. 112. Tregear,'Easter Island,'*ibid.* i. 99. 萨摩亚有个准则,部
落头人不得偷窃,如果他用了他觊觎的东西,那至多是"拿"(Pritchard,*Polynesian
Reminiscences*,p. 104)。在由仪(Uea),酋长进入别人的家舍,他有权拿走任何他喜欢
的东西(Percy Smith,in *Jour. Polynesian Soc.* i. 113)。在卡菲尔人中,头人即便偷窃
也不得起诉他,除非他偷取的是别的部落的财产;而且,头人的孩子被允许偷自己部族
内别人家的东西(Brownlee,in Maclean,*Compendium of Kafir Laws and Customs*,p. 112
sq.。Trollope,*South Africa*,ii. 303. Holden,*Past and Future of the Kaffir Races*,p. 338)。

特别地,土地被认为是头领或国王的财产。[①] 但是,独裁者也要受习俗约束,[②]实际上,他们臣民的所有权并没有被剥夺。

在下一章里,我们将解释以下事实:财产权利的存在;某些人被拒绝拥有这些权利;在不同情况下谴责盗窃行为的不同程度。而在我们理解所有权的心理起源和人们对所有权的尊重之前,有必要考察一下所有权的获得方式,也就是使特定个人获得处置特定物品的排他性权利的外部事实。

———————————

① Waitz,*op. cit*. iii. 128（Indian tribes of North America）; v. pt. i. 153（Malays）. Ellis, *Polynesian Researches*, iii. 115（Sandwich Islanders）. Bory de St. Vincent,*Essais sur les Isles Fortunées*, p. 64（Guanches）. Nicole, in Steinmetz, *Rechtsverhältnisse*,p. 136（Diakité-Sarracolese）. Baskerville,*ibid*. p. 201（Waganda）. Beverley,*ibid*,p. 216（Wagogo）. Lang,*ibid*. p. 262（Washambala）. Rautanen,*ibid*. p. 343（Ondonga）. Stuhlmann, *Mit Emin Pasha ins Herz von Africa*, p. 75（Wanyamwezi）. Post,*Afrikanische Jurisprudenz*,ii. 170 sq.;Ratzel,*op. cit*. i. 126; de Laveleye-Bücher, *Das Ureigenthum*, p. 275（various African peoples）. Kohler, *Rechtsvergleichende Studien*, p. 235（Kandian law）. Giles, *Strange Stories from a Chinese Studio*,ii. 369,n. 21（Chinese）.

② 见第一卷第 162 页。

第二十九章　财产权(完)

按照一个由罗马法学家提出而后为格劳秀斯所大加强调的古老理论,[1]获得产权的最初方式就是占有,亦即取得尚不属于任何人的某物(*res nullius*),以便将其作为自己的财产保有。占有从总体上讲是所有权的基础———尽管并非唯一的基础,这看来是一目了然的,而洛克等人把所有权的起源独独归于劳动的方式无非是牵强附会。[2] 世界各地难以计数的事实都能例证关于占有的原则。这些事实包括:狩猎者对自己打死或捕获的猎物的权利;[3]游牧民或定居者在原先无人占据的地方搭了帐篷或建了住房而对这

36

---

① Grotius, *De jure belli et pacis*, ii. 3. 3.

② Locke, *Treatises of Government*, ii. 5. 27 *sqq*., p. 200 *sqq*. Thiers, *De la propriété*, p. 94 *sqq*. Hume remarks (*Treatise of Human Nature*, ii. 3 [*Philosophical Works*, ii. 276, n. 1]):"有几种占有,我们不能说我们的劳动加之于我们获得的对象上了;例如我们在某块草地上放牧牛羊,因而占有那片草地。"

③ Curr, *Recollections of Squatting in Victoria*, p. 265 (Bangerang tribe). Murdoch, 'Ethnol. Results of the Point Barrow Expedition,' in *Ann. Rep. Bur. Ethn*. ix. 428 (Point Barrow Eskimo). Ahlqvist, 'Unter Wogulen und Ostjaken,' in *Acta Soc. Scientiarum Fennicæ*, xiv. 166 (Voguls). Steinmetz, *Rechtsverhältnisse*, p. 53 (Banaka and Bapuku). Post, *Afrikanische Jurisprudenz*, ii. 162 *sq*. Andree, 'Ethnogr. Bemerkungen zu einigen Rechtsgebräuchen,' in *Globus*, xxxviii. 287. 北美某些印第安部落有个习俗,即个人标记自己的箭,以便得到被自己的箭击杀的猎物(Powell, in *Ann. Rep. Bur. Ethn*. iii. p. lvii.)。

地方的权利;①农民对通过耕种而占有的土地的权利;②部落或共同体对自己占据的领土的权利。③ 在印度坎德人中,"部落的土地占有权就是优先占用权,个人的土地占有权就是耕作优先权"。④在赫雷罗人中,"尽管他们一般也有一种宽泛的关于'我的(meum)和你的(tuum)'的观念,他们还是认为,若一个人首先到达一个地方,只要他选择继续留在那里,他就是这地方的主人,谁都不会不事先询问并取得他的许可就侵入"。我们的权威还讲:"即便涉及外人的情况也遵循这规则。"⑤在澳大利亚的某些土著人群中,若有谁首先发现了一个蜂巢,暂时不想动它,就会以这种

---

① von Martius,*Von dem Rechtszustande unter den Ureinwohnern Brasiliens*,p. 34 (Brazilian aborigines). Dalager,*Grønlandske Relationer*,p. 15; Nansen,*Eskimo Life*,p. 109 (Greenlanders). Marsden,*History of Sumatra*,pp. 68, 244 (Rejangs). Steinmetz,*Rechtsverhältnisse*,p. 53 (Banaka and Bapuku). Kraft,*ibid.* p. 293 (Wapokomo). Decle,*Three Years in Savage Africa*,p. 487 (Wakamba). Robertson Smith,*Religion of the Semites*,pp. 95, 96, 143 (ancient Semitic custom and Muhammedan law).

② Thomson,*Savage Island*,p. 137. Polack,*Manners and Customs of the New Zealanders*,ii. 69; Thomson,*Story of New Zealand*,i. 97. Munzinger,*Die Sitten und das Recht der Bogos*,p. 69. Cruickshank,*Eighteen Years on the Gold Coast*,ii. 277. Leuschner,in Steinmetz,*Rechtsverhältnisse*,p. 24 (Bakwiri). *Ibid.* p. 53 (Banaka and Bapuku). Tellier,*ibid.* p. 178 (Kreis Kita). Dale,in *Jour. Anthr. Inst.* xxv. 230 (Wabondei). *Laws of Manu*,ix. 44. Wellhausen,*Reste arabischen Heidentums*,p. 108. Robertson Smith,*Religion of the Semites*,pp. 95,96,143 (ancient Semitic custom and Muhammedan law). Waitz,*Anthropologie der Naturvölker*,i. 440. Dargun,'Ursprung und Entwicklungs-Geschichte des Eigenthums,' in *Zeitschr. f. vergl. Rechtswiss.* v. 71 *sqq.* Post,*Entwicklungsgeschichte des Familienrechts*,p. 283 *sqq.* Idem,*Grundriss der ethnol. Jurisprudenz*,i. 342 *sqq.* 另见下文第 39 页。

③ Thomson,*Story of New Zealand*,i. 96; Polack,*op. cit.* ii. 71 (Maoris), Mademba,in Steinmetz,*Rechtsverhältnisse*,p. 90 (natives of the Sansanding States).

④ Macpherson,*Memorials of Service in India*,p. 62.

⑤ Andersson,*Lake Ngami*,p. 115. 另见:Viehe,in Steinmetz,*Rechtsverhältnisse*,p. 310。

或那种方式标记那棵树,而"洗劫这个标记了的蜂巢就是犯罪"。①

37　在格陵兰,任何人只要在海上或陆地上捡到丢失的浮木、财物,都会被看作其合法的所有者;不管他家在何处,要想让自己的占有成功,他只需把东西带上陆地并压上石头。② 而发现者对被发现物的权利并不总是限于无所有人或所有人未知的物体:在有些情形下,他对这东西的占有就使这东西无条件地成为他的财产,③在其他情形下他,总是有取得这东西的部分价值的权利。④ 在休伦人中,"只要捡到了什么东西,即便这东西只丢了一会儿,如果丢失东西的人此前没有宣布这东西是他的,这东西就属于发现它的人"。⑤ 卡菲尔人"并不遵从法律放弃自己捡到的任何失物。丢失东西的人本应更好地照管自己的财物,这就是他们的道德理论。"⑥在奇佩维安人那里,若有谁未打到猎物,当他经过捉到了一只鹿的陷阱,只要他为主人留下鹿的头、皮和脊肉,他就可拿走这动物;⑦在唐古斯人那里,无论是谁在别人的陷阱里看到了一只野

---

① Mathew, in Curr, *The Australian Race*, iii. 162. 关于野生蜂蜜发现者的权利,见:Munzinger, *Die Sitten und das Recht der Bogos*, p. 70; Steinmetz, *Rechtsverhältnisse*, p. 53 (Banaka and Bapuku); Post, *Afrikanische Jurisprudenz*, ii. 165; Hyde Clarke, 'Right of Property in Trees on the Land of Another,' in *Jour. Anthr. Inst.* xix. 201。

② Dalager, *op. cit.* p. 23. Rink, *Tales and Traditions of the Eskimo*, p. 28.

③ Nicole, in Steinmetz, *Rechtsverhältnisse*, p. 137 (Diakité-Sarracolese). Beverley, *ibid.* p. 216 (Wagogo). Walter, *ibid*, p. 395 (natives of Nossi-Bé and Mayotte). Sorge, *ibid*. p. 423 (Nissan Islanders).

④ Merker, *Die Masai*, p. 204. Desoignies, in Steinmetz, *Rechtsverhältnisse*, p. 281 (Msalala). Post, *Grundriss der ethnol. Jurisprudenz*, ii. 605.

⑤ Charlevoix, *Voyage to North-America*, ii. 26 *sq.*

⑥ Leslie, *Among the Zulus and Amatongas*, p. 202.

⑦ Schoolcraft, *Archives of Aboriginal Knowledge*, v. 177.

兽,都可拿走一半的肉。① 在毛利人中,谁捕得了任意漂流的舟船,谁就可以拥有这只船。"即便是朋友、亲戚的独木舟,在村庄旁弄翻了,漂上岸,漂到村庄所在的地方,也会成为村民的财产;即使独木舟上的人都安全上岸,或者他们正是这个村庄特意邀请来的,也是如此。"②我们前面谈到了中世纪欧洲对待遇到船难的船员的习俗。而通过占有而确立对已有主人的财物之产权还有另一种情况,即通过战争来征服、夺取。罗马人把从敌人那里掠走的东西当作最好的财产。③

　　对某物的占有可以以各种方式发生。黑格尔讲:"占有有时就是身体上的控制,有时是做成某物,有时是标记某物。"④不过还是有其他占有方式,在这些占有方式里,与物体的身体接触并非自愿,或者根本就没有身体接触。在毛利人那里,要获得对土地的专属权利,可以有以下方式——"在该土地上出生(或者用他们富有表达力的语言来讲,'在此地剪断脐带'),因为他最初的血就洒在那里";⑤一般情况下,"在该地流了血";"父、母、同母的兄弟姐妹

---

① Ratzel,*History of Mankind*,ii. 226.

② Colenso,*Maori Races of New Zealand*,p. 34. Polack,*op. cit.* p. 68 *sq.*

③ "他们相信从敌人那里抢来的东西是最好的。"(转引自:Ahrens,*Naturrecht*,ii. 137)

④ Hegel,*Grundlinien der Philosophie des Rechts*,§ 54,p. 54;English translation,p. 59.

⑤ 关于某些西维多利亚部落,我们同样得知:"如果别的家庭有个孩子在某块地产上出生,地产所有人死亡时这个孩子满六个月大,这个孩子就被当作地产所有人家庭的一员,他也与地产所有人家庭其他成员享有一样的对于这地产的权利。"(Dawson,*Australian Aborigines*,p. 7)约翰·布尔默牧师证实(转引自:Brough Smyth,*Aborigines of Victoria*,i. 146),默累部落盛行此种出生权,他也怀疑多数澳大利亚部落都盛行此习俗:"事实上,一个土著在某地出生,他就有了对该地的权利,任何人未经他的允许在该地打猎都会被认为侵犯了他的权利。如果另一个黑人也出生在这相同的地方,就与前者共同享有对该地的权利。舍此,似乎土著就不会对他部落的某块土地提出权利要求了。"*Cf.* Schurtz,'Die Anfänge des Landbesitzes,' in Zeitschr. f. Socialwissenschaft,iii. 357 *sqq.*

去世后尸体或骨头放置在该地";"一个近亲在该地被杀或火化,或这近亲尸体的一部分竖在该地或扔在该地。"①在许多族群那里,动物全部或主要属于首先使它受伤的人,不管这伤多么轻微;②或者属于首先看到它的人,③即使是别人杀了这动物。于是在格陵兰岛民那里,如果一只海豹或别的什么海洋动物逃脱了,但身上还扎着飞镖,后来这动物被杀死了,它就属于最初投掷飞镖的人;④如果一只熊被杀掉了,它就属于首先发现这熊的人;⑤如果捉到了一头鲸,即便是旁观者,也与投掷鱼叉者有着对这动物的相同权利。⑥

　　除了占有某物,保持拥有某物也能确立所有权。这些原则尽管相互联系紧密,但并不雷同,我们从两类事实就能清楚看到这一点。首先,若某人取得了某物,后来该人不再持有此物,基于占有的财产权就会消失。只要一个游牧民一直待在他所占据的地方,此地就专属于他;⑦在从事农业的蒙昧人中,耕作者若不再使用土

---

① Colenso,*op. cit.* p. 31. 另见:Polack,*op. cit.* ii. 82。

② Dalager,*op. cit.* p. 24 *sq.* (Greenlanders). Boas,'Central Eskimo,' in *Ann. Rep. Bur. Ethn.* vi. 582. Dall,*Alaska*,p. 394 (Aleuts). Ratzel,*op. cit.* ii. 227 (Asiatic Hyperboreans). Campbell,*Second Journey in the Interior of South Africa*,ii. 212 (Bechuanas). Livingstone,*Missionary Travels*,p. 599 (natives of South Africa),von Heuglin,*Reise nach Abessinien*,p. 290 *sq.* (Woitos). *Laws of Manu*,ix. 44. Post,*Afrikanische Jurisprudenz*,ii. 163. *Idem*,*Grundriss der ethnol. Jurisprudenz*,ii. 707 *sq.* Andree,in *Globus*,xxxviii. 287 *sq.*

③ Boas,'Central Eskimo,' in *Ann. Rep. Bur. Ethn.* vi. 582. Ratzel,*op. cit.* ii. 227 (Asiatic Hyperboreans). 另见:Semper,*Die Palau-Inseln*,p. 86。

④ Dalager,*op. cit.* p. 24.

⑤ Rink,*Tales and Traditions of the Eskimo*,p. 29.

⑥ Dalager,*op. cit.* p. 25.

⑦ *Cf.* Post,*Afrikanische Jurisprudenz*,ii. 167.

地，往往就会失去对这土地的权利[1]——不过另一方面，也不乏别的例子，即只要耕种过某块土地，就能在较长时期拥有财产权。[2] 40
而不再持有某物事实上会取消或削弱通过任何获取方式得到的所有权。印度作品《五卷书》里讲，离开了"坛子、水井、池塘、庙宇、客栈"，就不再拥有里面的财产。[3] 在桑桑丁的土著那里，遗弃了房屋，就丢掉了产权。[4] 在格陵兰岛，若某人做了一个狐狸陷阱，却在某一段时间内不再过问，他人就可设置这个陷阱并获得对捕获的动物的财产权。[5] 同样，发现某东西的人对这东西也有产权，这

① Morgan, *League of the Iroquois*, p. 326. Dorsey, 'Omaha Sociology,' in *Ann. Rep. Bur. Ethn*. iii. 366. Bourke, *Snake-Dance of the Moquis*, p. 261. Shooter, *Kafirs of Natal*, p. 16; Lichtenstein, *Travels in Southern Africa*, i. 271 (Kafirs). MacGregor, in *Jour. African Soc.* 1904, p. 474 (Yoruba). Leuschner, in Steinmetz *Rechtsverhältnisse*, p. 25. Lang, *ibid*, p. 264. (Washambala). Marx, *ibid*. p. 358 (Amahlubi). Sorge, *ibid*. p. 422 (Nissan Islanders). Waitz, *op. cit*. i. 440. Dargun, in *Zeitschr. f. vergl. Rechtswiss*. v. 71 *sqq*. Post, *Entwicklungsgeschichte des Familienrechts*, p. 283 *sqq*. *Idem*, *Grundriss der ethnol. Jurisprudenz*, i. 343 *sq*. de Laveleye-Bücher, *Das Ureigenthum*, ch. xiv. p. 270 *sqq*. 在苏门答腊的勒姜人那里，只要果树还活着，种果树的人或其子孙就可声称对该块土地有所有权，但一旦他们消失了，"这块土地就重归大众所有"（Marsden, *op. cit*. p. 245）。

② · von Martius, *Von dem Rechtszustande unter den Ureinwohnern Brasiliens*, p. 35 *sq*. (Brazilian aborigines). Steinmetz, *Rechtsverhältnisse*, p. 53 (Banaka and Bapuku). Kohler, 'Banturecht in Ostafrika,' in *Zeitschr. f. vergl. Rechtswiss*. xv. 48 (natives of Lindi). Trollope, *op. cit*. ii. 302 (Kafirs). Post, *Afrikanische Jurisprudenz*, ii. 169. *Idem*, *Entwicklungsgeschichte des Familienrechts*, p. 285 *sq*. Schurtz, in *Zeitschrift für Socialwissenschaft*, iii. 255. 在安加米那加人中，村民"可以选择一年内不种地，也不得强迫他第二年种庄稼，但在这之后，如果他因为疾病或懒惰还不干农活，他的村庄就会要求把他的地租出去"（Prain, 'Angami Nagas,' in *Revue coloniale internationale*, v. 484）。

③ *Panchatantram*, iii. p. 15.

④ Mademba, in Steinmetz, *Rechtsverhältnisse*, p. 91.

⑤ Dalager, *op. cit*. p. 27.

是由于,最初的所有人因为不再持有该物而丢掉了财产权。其次,继续持有某物一段时间,就能使该物成为持有者的财产,即使占有该物并不能赋予该人此种产权,即使该物实际上是以不正当方式获取的。① 按照罗马《十二铜表法》,不间断地持有某物品一段时间——动产一年,土地或房产两年——持有者就成为该物品的主人。② 这就是罗马人称之为取得时效(*usucapio*)的原则,这一原则以"时效"(prescription)的名义流传给了现代法律。此原则在印度也自古以来就盛行。较早时期的法律规定了一条规则,如某物品的所有人既非白痴又非未成年人,如他人在十年内都当着他的面使用他的动产,而他对此不置一词,他就失去了此物,另一持有者就能把此物品作为自己的财产而继续持有;③不过,似乎后来时效期扩展到 30 年甚至更长。④ 有关于此,也应该注意,劳动分工——这就意味着对特定物品的使用——常常把对这些物品的财产权授予惯常使用它们的人,例如女性是家产主人的情形。⑤

　　所有权的另一源泉在于这一原则——每人都有资格得到自己的劳动产品。格劳秀斯远在洛克之前就认为,劳动是财产的正当

---

① 见:Mill, *Principles of Political Economy*, i. 272；Thiers, *op. cit.* p. 108；Waitz-Gerland, *op. cit.* vi. 228 (Maoris)。

② Hunter, *Roman Law*, p. 265 *sqq.* Maine, *Ancient Law*, p. 284. Girard, *Manuel élémentaire de droit romain*, p. 296 *sqq.* Puchta, *Cursus der Institutionen*, ii. 202 *sqq.*

③ Gautama, xii. 39. *Vasishtha*, xvi. 16 sq. *Laws of Manu*, viii. 147 sq. 另见:*Panchatantram*, iii. p. 15；Benfey's translation, vol. ii. 233。

④ Brihaspati, ix. 7. Jolly, 'Recht und Sitte,' in Buehler, *Grundriss der indo-arischen Philologie*, ii. 92. 关于古印度的相关规定,另见:Jolly, p. 91 *sqq.*；Kohler, *Altindisches Prozessrecht*, p. 55 sq. 。

⑤ 见第一卷第 637 页及以下。

来源。在批评罗马法学家保罗斯时，[1]他提出，劳动并非获得财产的特殊方式，而劳动者对自己的劳动产品的权利要求是以占有为基础的。格劳秀斯讲："理所当然，任何东西都只能由先前就存在的物品造出来，若此物品是我们的，它具有一种新形式后我们仍然拥有所有权；若此物品不是谁的财产，对产成品的获得就来自占有；若此物品属于他人，造出来的东西就不仅仅是我们的。"[2]这个论点是自我否定的。若由属于他人的物品制造而来的某物并不"仅仅是我们的"，我们对此物的部分权利只能是由于我们的劳动。再者，若我们用我们自己的材料造出某物，由于我们在造物过程中付出了努力，我们对该物的权利自然会被认为增加了。还要明白，所有权不仅来自体力劳动的产出，也来自脑力劳动的产出，在脑力劳动的情形下，几乎不能把所有权看作占有的结果。正如斯宾塞先生所言，从一开始人们就承认，被视作个人劳动产物的物品属于劳动者本人。就是在最原始的族群那里，武器、工具、服装、装饰品等物也是被当作财产的，而由劳动所带来的价值与原材料的价值关联极大。[3] 如果一个格陵兰人发现了一只死海豹，海豹身上有只鱼叉，他会把海豹留下来，把鱼叉物归原主。[4] 同样是格陵兰人，如果有谁为了捕鱼而在鲑鱼河上筑坝，若是外人来了，乱动水坝，就会被视作不合规矩。[5] 在非洲各地，一个人只要掘了一口

42

---

① *Cf*. Girard, *op. cit.* p. 316.

② Grotius, *op. cit.* ii. 3. 3.

③ Spencer, *Principles of Sociology*, ii. 646. *Idem*, *Principles of Ethics*, ii. 98. *Cf*. Waitz, *op. cit.* i. 440 *sq*.

④ Dalager, *op. cit.* p. 25.

⑤ Nansen, *First Crossing of Greenland*, ii. 299.

井,就只有他有权利处置这口井。① 依金斯利女士,在西非,无论男女,依靠自己的努力获取或制造的东西都被看作其私有财产。② 亚利桑那的莫基人"无论干什么都有合作精神,不管是打猎、放牧还是耕田;不过,自己有什么技能、胆识,就收获什么,或者说每个人都只收获自己所干之事的果实"。③ 在尼科巴群岛,尽管村子作为整体所造或购买之物是公共财产,但个人努力的结果只属于个人。④ 在以前的印度法律里,劳动绩效被规定为获取财产的合法方式之一。⑤ 依纳拉达,某块田地的主人没有能力耕种,或死掉了,或者不知跑到什么地方去了,任何外人,未经地主允许耕种了这块地,都应允许他获得农产品;如果主人回来了,而外人还在耕种那块地,主人要取回田产,就要向耕种者支付耕种那块废弃土地所花费的所有费用。⑥ 如此看来,尽管耕种土地并不能获得土地产权,却能获得对于劳动产品的财产权。我们常常能发现,在未开化人群那里,土地及长在地里的庄稼和树木有不同主人,庄稼和树木属于种下它们的人。⑦

---

①   Munzinger, *Die Sitten und das Recht der Bogos*, p. 70. Lang, in Steinmetz, *Rechtsverhältnisse*, p. 264 (Washambala). von François, *Nama und Damara*, p. 175 (Herero).

②   Kingsley, *West African Studies*, p. 366.

③   Bourke, *Snake-dance of the Moquis*, p. 260 sq.

④   Kloss, *In the Andamans and Nicobars*, p. 240.

⑤   *Gautama*, x. 42. *Laws of Manu*, x. 115.

⑥   *Nârada*, xi. 32 sq.

⑦   Colenso, *op. cit.* p. 31 (Maoris). Leuschner, in Steinmetz, *Rechtsverhältnisse*, p. 25 (Bakwiri). Lang, *ibid*. p. 264 (Washambala). Munzinger, *Die Sitten und das Recht der Bogos*, p. 69. Hanoteau and Letourneux, *La Kabylie*, ii. 230; Kobelt, *Reiseerinnerungen aus Algerien und Tunis*, p. 293 (Kabyles of Jurjura). Hyde Clarke, in *Jour. Anthr. Inst.* xix. 199 sqq. Post, *Afrikanische Jurisprudenz*, ii. 172. Schurtz, in *Zeitschr. f. Socialwissenschaft*, iii. 250 sq.

所有权也可以通过财产主人的转让获得,即通过赠送、出售、交换或别的什么契约方式。这种获得方式的必要条件是,财产主人有权利让渡有关财产,另一方能够拥有这样的财产。前面已经提及,所有权并不一定意味着无限制的处置权。例如,田地里的财产常常被看作是不可让渡的;① 再如,遗产处置权虽受认可,也常常受到限制。② 按西非芳蒂人的习惯法,任何人赠送外人的财产都不得超过留在自己家里的财产。③ 在毛利人那里,土地主人可以将通过购买或征服得到的土地送给、遗留给他认为合适的任何人,但对于继承而来的遗产不能这样处置。④ 关于所谓的雅利安人,亨利·梅因爵士认为,"难以确定的是,除了罗马以外的原初社会是否存在过真正的遗产处置权"。⑤ 就是在罗马,在前历史时代,也不允许死后将遗产赠予外人,后来就强制性地规定为每个孩子都留一份法定份额(*legitima portio*)。⑥ 一些大陆民族至今仍然如此。

继承规则与财产主人的遗产处置权所受限制联系紧密,而继 44

---

① Post, *Entwicklungsgeschichte des Familienrechts*, p. 286 *sqq.* Avebury, *Origin of Civilisation*, p. 483 *sq.*

② Post, *Grundriss der ethnol. Jurisprudenz*, ii. 200 *sqq. Idem, Afrikanische Jurisprudenz*, ii. 19.

③ Sarbah, *op. cit.* p. 85.

④ Polack, *op. cit.* ii. 69.

⑤ Maine, *Ancient Law*, p. 196. 另见:Fustel de Coulanges, *La cité antique*, p. 95。

⑥ Fustel de Coulanges, *op. cit.* p. 96. Hunter, *Roman Law*, p. 780 *sqq.* Girard, *op. cit.* p. 854 *sqq.*

承是获得财产最常见的方式之一。在文明的早期阶段,死者的财
产并非总是受到继承规则的约束。除了遗产继承的习俗——很难
说这就是原始的习俗,但它在蒙昧人那里也并非罕见①——继承
之外也有其他处理遗产的方式。这些方式包括,人死之后,死者的
全部或部分财物将毁掉或者随死者葬掉,死者的住处将烧掉或废
弃;②不过,达尔贡博士讲,在未开化的蒙昧人那里,实行上述习
俗,甚至到了完全排除掉财产继承权的地步,③这种说法就走得太
远了。在一些北美部落,男子死掉以后,留下了无力保护自己的未
成年孩子,成年的亲戚或他人就会过来,想拿走什么就拿走什
么④——我们不能由上述事实推断,曾经普遍存在一个没有明确
继承规则的阶段。⑤ 蒙昧人通常的习俗是,如果亲属关系按父亲
计算,死者的财产就由他自己的孩子继承,如果亲属关系只按女性
计算,死者的财产就由他姐妹的孩子或他母亲那边的亲戚继承。⑥

---

① 　Ellis, *Polynesian Researches*, iii. 115 *sq*. (Tahitians). Wilkin, in *Reports of the Cambridge Anthrop. Expedition to Torres Straits*, v. 286 (natives of Mabuiag). Kingsley, *West African Studies*, p. 373. Lang, in Steinmetz, *Rechtsverhältnisse*, p. 238 (Washambala). Desoignies, *ibid*. p. 277 (Msalala). Rautanen, *ibid*. p. 336 (Ondonga). Dale, in *Jour. Anthr. Inst.* xxv. 224. Post, *Grundriss der ethnol. Jurisprudenz*, ii. 199.

② 　见下文关于"对死者的尊重"的章节。

③ 　Dargun, in *Zeitschr. f. Vergl. Rechtswiss.* v. 99 *sqq*.

④ 　*Ibid*. p. 102 *sq*.

⑤ 　Prescott, in Schoolcraft, *Indian Tribes of the United States*, ii. 194 *sq*. (Dacotahs). Hale, *U. S. Exploring Expedition. Vol. VI. Ethnography and Philology*, p. 208 (Salish). Dalager, *op. cit.* p. 30 *sq*. ; Cranz, *op. cit.* i. 176 (Greenlanders).

⑥ 　见:Westermarck, *op. cit.* p. 97 *sqq*. 。

有时继承规则不分或很少区分男女；①有时主要偏向男性；②有时 45
女性什么也继承不到；③而在一些特殊个案里，女性是唯一的继承

---

① Kloss, *op. cit*. p. 241 (Nicobarese). Wilkin, in *Rep. Cambridge Anthr. Exped*. v. 285 *sq*. (natives of Mabuiag). Wilkes, *U. S. Exploring Expedition*, v. 85 (Kingsmill Islanders). Senfft, in Steinmetz, *Rechtsverhältnisse*, p. 441 (Marshall Islanders). Dawson, *op. cit*. p. 7 (certain tribes of Western Victoria). Post, *Afrikanische Jurisprudenz*, ii. i4. Idem, *Entwicklungsgeschichte des Familienrechts*, p. 299. Idem, *Grundriss der ethnol. Jurisprudenz*, i. 225.

② Sarbah, *Fanti Customary Laws*, p. 87. Post, *Afrikanische Jurisprudenz* ii. 13 *sq*. Idem, *Entwicklungsgeschichte des Familienrechts*, p. 298 *sq*. Idem, *Grundriss der ethnol. Jurisprudenz*, i. 222 *sqq*. 在有些未开化族群中，只有男子可继承地产 (Macpherson, *Memorials of Service in India*, p. 62 [Kandhs]; Sumner, in *Jour. Anthr. Inst*. xxxi. 79 [Jakuts]; Curr, *The Australian Race*, i. 64; Johnston, *Uganda Protectorate*, ii. 694; Post, *Entwicklungsgeschichte des Familienrechts*, p. 298 *sq*.; Idem, *Grundriss der ethnol. Jurisprudenz*, i. 224), 或者男子可优先继承地产 (Thomson, *Story of New Zealand*, i. 96; Post, *Grundriss der ethnol. Jurisprudenz*, i. 224 *sq*.)。

③ Castrén, *Nordiska resor och forskningar*, i. 312 (Ostyaks). Marshall, *A Phrenologist amongst the Todas*, p. 206. Hodgson, *Miscellaneous Essays*, i. 122 (Bódo and Dhimáls). Hislop, *Papers relating to the Aboriginal Tribes of the Central Provinces*, p. 12, n. † (Gonds). Soppitt, *Account of the Kuki-Lushai Tribes*, p. 16; Stewart, ' Notes on Northern Cachar,' in *Jour. Asiatic Soc. Bengal*, xxiv. 640 (Kukis). Risley, *Census of India*, 1901, vol. i. Ethnographic Appendices, pp. 146 (Santals), 156 (Mundas), 209 (most of the Angami Nagas). Fryer, *Khyeng People of the Sandoway District*, p. 6. Marsden, *op. cit*. p. 244 (Rejangs). Eyre, *Expeditions of Discovery into Central Australia*, ii. 297. Munzinger, *Die Sitten und das Recht der Bogos*, p. 73. Hinde, *Last of the Masai*, p. 105; Johnston, *Uganda Protectorate*, ii. 828 (Masai). Dale, in *Jour. Anthr. Inst*. xxv. 224 (Wabondei). Kingsley, *Travels in West Africa*, p. 485 (some West African tribes). Nassau, *Fetichism in West Africa*, p. 13 (natives of the Cameroons). Leuschner, in Steinmetz, *Rechtsverhältnisse*, p. 20 (Bakwiri). Mademba, *ibid*. p. 81 (pagan Bambara). Lang, *ibid*. p. 238 (Washambala). Kraft, *ibid*. p. 289 (Wapokomo). Rautanen, *ibid*. p. 335 (Ondonga). Decle, *op. cit*. p. 486 (Wakamba). Campbell, *Travels in South Africa*, p. 520 (Kafirs). Post, *Afrikanische Jurisprudenz*, ii. 5. Idem, *Entwicklungsgeschichte des Familienrechts*, p. 296 *sqq*. Idem, *Grundriss der ethnol. Jurisprudenz*, i. 218 *sq*.

人。① 在有些蒙昧人群那里，寡妇也能继承一些财产，或者不管怎样，她都拥有对亡夫遗留财产的使用权。② 很常见的是，长子③，在完全盛行母系继嗣制的地方就是母系长兄④或母系长姐的长子⑤，是主要甚或唯一的继承人。不过也有一些个案，继承特权给予了小儿子。⑥ 因此，在印度的霍人那里，幼子显然继承父亲的

---

① Hamy,in *Bull. Soc. d'Anthr. Paris*,ser. ii. vol. xii. (1877),535 (Penong Piǎk of Cambodia). Buchanan, 转引自：Hodgson, *Miscellaneous Essays*, i. 110 (Kôcch)。 Post,*Grundriss der ethnol. Jurisprudenz*,i. 213.

② Nelson,'Eskimo about Bering Strait,' in *Ann. Rep. Bur. Ethn.* xviii. 307. Dawson, *Australian Aborigines*, p. 7 (certain tribes of Western Victoria). Hunt, 'Ethnogr. Notes on the Murray Islands,Torres Straits,' in *Jour. Anthr. Inst.* xxviii. 7. Grange,'Journal of an Expedition into the Naga Hills,' in *Jour. Asiatic Soc. Bengal*, ix. pt. ii. 964. Mason, *ibid*, xxxvii. pt. ii. 142 (Karens). Post, *Entwicklungsgeschichte des Familienrechts*,p. 303 *sqq*.

③ Dalager,*op. cit.* pp. 29,31;Cranz,*op. cit.* i. 176 (Greenlanders). Risley,*op. cit.* p. 203 (Limbus of Nepal). Macpherson,*op. cit.* p. 62 (Kandhs). Soppitt,*op. cit.* p. 16 (Kukis). Fryer,*op. cit.* p. 6 (Khyens). Junghuhn,*op. cit.* ii. 147 (Bataks). Gill,*Life in the Southern Isles*, p. 46. Polack, *op. cit.* ii. 69；Colenso, *op. cit.* p. 33 (Maoris). Munzinger,*Die Sitten und das Recht der Bogos*, pp. 69,73 *sq.* Paulitschke,*op. cit.* p. 192 (Gallas). Hollis,*Masai*, p. 309;Hinde,*op. cit.* pp. 51,105 (Masai). Volkens, *Der Kilimandscharo*,p. 253 (Wadshagga). Kingsley,*Travels in West Africa*,p. 485 (some West African tribes). Bosman,*op. cit.* pp. 173 (natives of the Gold Coast),322 (natives of the Slave Coast). Leuschner, in Steinmetz, *Rechtsverhdltnisse*, p. 20 (Bakwiri). Mademba,*ibid.* p. 81 (pagan Bambara). Desoignies,*ibid.* p. 276 (Msalala). Marx,*ibid.* p. 355 (Amahlubi),Chanler, *Through Jungle and Desert*, p. 316 (Rendile), Post, *Afrikanische Jurisprudenz*, ii. 12 *sqq. Idem*,*Grundriss der ethnol. Jurisprudenz*, i. 217,218,220 *sq.*

④ Proyart, ' History of Loango,' in Pinkerton, *Collection of Voyages and Travels*,xvi. 571.

⑤ Kingsley,*West African Studies*,p. 373 *sq.* (some West African tribes). Sorge, in Steinmetz,*Rechtsverhältnisse*,p. 413 (Nissan Islanders).

⑥ Risley,*op. cit.* p. 227 (Lusheis). Avebury,*Origin of Civilisation*,p. 493 *sqq.* Post, *Grundriss der ethnol. Jurisprudenz*,i. 218,221 *sq.* Liebrecht,*Zur Volkskunde*, p. 432.

所有财产;①在尼泊尔的利姆布人中,尽管长子能得到最大的份额,但幼子可以首先选择自己的份额;②在白令海峡一带的爱斯基摩人那里,"如果有几个儿子,长子得的最少,最贵重的给幼子"。③在格陵兰,如果养父死时没有子女,或子女尚小,则由养子继承养父的所有财产;④据说在西非的富拉人中,即使有子女,养子、养女也可以继承养父母留下的所有财产。⑤ 在库基人中,若死者无婚生子女,私生子优先于死者的所有其他男性亲属继承父亲财产;⑥在博多人和迪马尔人那里,非婚生的儿子或养子可与婚生的儿子分得同样份额;⑦东非的瓦尼扬韦奇人有个习俗,即把财产留给女奴或妾生下的非婚生子女,甚至排斥掉妻子生的孩子。⑧ 在其他未开化人群那里,奴隶根本没有继承权,⑨而在允许奴隶拥有财产的地方,有时奴隶主就是奴隶的合法继承人。⑩

47

---

① Tickell,'Memoir on the Hodêsum,'in *Jour.Asiatic Soc.Bengal*,ix.pt.ii.794,n.*

② Risley,*op.cit.*p.203.*Cf*.Mason,in.*Jour.Asiatic Soc.Bengal*,xxxvii.pt.ii.142(Karens).

③ Nelson,in *Ann.Rep.Bur.Ethn.* xviii.307.

④ Dalager,*op.cit.*p.33.

⑤ Denham and Clapperton,转引自:Spencer's *Descriptive Sociology*,African Races,p.8。

⑥ Stewart,in *Jour.Asiatic Soc.Bengal*,xxiv.640.

⑦ Hodgson,*Miscellaneous Essays*,i.122.

⑧ Burton,*Lake Regions of Central Africa*,ii.23 *sq*.*Cf*.Post,*Afrikanische Jurisprudenz*,ii.6.

⑨ Nicole,in Steinmetz,*Rechtsverhältnisse*,pp.115,119(Diakité-Sarracolese).Lang,*ibid*.pp.238,242(Washambala).Kraft,*ibid*.pp.289,291(Wapokomo).Rautanen,*ibid*.p.335(Ondonga).Post,*Grundriss der ethnol.Jurisprudenz*,i.383.

⑩ Munzinger,*Die Sitten und das Recht der Bogos*,p.73.Steinmetz,*Rechtsverhältnisse*,p.43(Banaka and Bapuku).Mademba,*ibid*.p.83 natives of the Sansanding States).Post,*Grundriss der ethnol.Jurisprudenz*,i.383.

在文明的较高阶段,继承规则呈现出与许多蒙昧人群相同的特征。至少在历史时期,开化民族已经按照父系计算亲属关系,只有父系亲属才能继承遗产。[①] 在中国,只有在考虑了所有男性亲属以后才会考虑让妇女继承遗产。[②] 在古希伯来人那里,只有儿子——而非女儿,更不用说妻子了——才能继承遗产;[③]不过,后来的法律规定,若无儿子,则女儿有继承权。[④] 穆斯林关于继承的法律在多数情形下都规定,若女子和男子与死者的亲属关系远近相同,她继承所得份额就是男子所得的一半;[⑤]不过按旧的麦地那法律,女性根本就不能继承。[⑥] 在所有我们了解其继承规则的古代民族中,罗马人似乎是唯一给予女儿、儿子同等继承权利的民族。[⑦] 在印度,妇女起初也根本没有继承权,不过在继承等与财产有关的事务方面,她们的地位后来都有所改善。[⑧] 按照雅典法律,

48

---

① 见:Westermarck,*op. cit*. p. 104。

② Alabaster,'Law of Inheritance,' in *China Review*, v. 193. 'Inheritance and "Patria Potestas" in China,' *ibid*. v. 406.

③ *Genesis*, xxxi. 14 *sq*. *Numbers*, xxvii. 4. Gans, *Das Erbrecht in weltgeschichtlicher Entwickelung*, i. 147. Benzinger, 'Law and Justice,' in Cheyne and Black, *Encyclopædia Biblica*, iii. 2728.

④ *Numbers*, xxvii. 8. Gans, *op. cit*. i. 147. Benzinger, *loc. cit*. p. 2729. 只有在特别喜欢女儿的情况下,女儿才同儿子一起继承遗产(*Job*, xlii. 15)。

⑤ *Koran*, iv. 12, 175. Lane, *Manners and Customs of the Modern Egyptians*, p. 116 *sq*. Kohler, *Rechtsvergleichende Studien*, p. 102 *sqq*.

⑥ Robertson Smith, *Kinship and Marriage in Early Arabia*, pp. 65, 117.

⑦ Gans, *op. cit*. ii. 367 *sq*. Gide, *Étude sur la condition privée de la femme*, p. 102.

⑧ Jolly, *loc. cit*. pp. 83, 86. Kohler, 'Indisches Ehe und Familienrecht,' in *Zeitschr. f. vergl. Rechtswiss*. iii. 424 *sqq*. Leist, *Alt-arisches Jus Civile*, ii. 48.

只有儿子才有继承权，[①]女儿没有继承权，中世纪晚期的斯堪的纳维亚人也是如此。[②] 在英格兰，即使是现在，妇女在继承不动产的优先顺序上仍然排在男性后面。[③] 在希伯来人[④]和印度人[⑤]那里，长子优先继承父亲财产，在古希腊法律里，我们也能找到长子继承制的踪迹。[⑥] 我们在英格兰法律史上不仅能发现长子继承制，也能发现幼子继承制。[⑦] 关于婚生子女问题，我们看到，在中国，家里的所有儿子，不管是妻子所生还是妾或家奴所生，都继承同样多的财产。[⑧]

---

① Gans, *op. cit.* i. 338, 341. Gide, *op. cit.* p. 79.

② Nordström, *Bidrag till den svenska samhälls-författningens historia*, ii. 95, 190. Stemann, *Den danske Retshistorie indtil Christian V.'s Lov*, p. 311 *sq.* Keyser, *Efterladte Skrifter*, ii. pt. i. 330, 339.

③ Renton, *Encyclopædia of the Laws of England*, xi. 75.

④ *Deuteronomy*, xxi. 17. Gans, *op. cit.* i. 148. Benzinger, in Cheyne and Black, *Encyclopædia Biblica*, iii. 2729. 雅各布斯先生提出，早期希伯来社会曾实行幼子继承制，后来以色列人改变了流动生活，儿子们更经常地待在家里了，只是到了这时，幼子继承制才为长子继承制所取代（*Studies in Biblical Archæology*, p. 49 *sqq.*）。

⑤ *Āpastamba*, ii. 6. 14. 6, 12. *Laws of Manu*, ix. 114. Jolly, *loc. cit.* pp. 77, 82. Maine, *Dissertations on Early Law and Custom*, p. 89 *sq.* 在中国，尽管各个儿子都能继承同样的份额，"兄弟们为了家庭的荣耀，临时放弃自己应得的全部或部分份额，让长兄独自继承，这也并非罕见"（'Inheritance and "Patria Potestas" in China,' in *China Review*, v. 406；*cf.* Doolittle, *Social Life of the Chinese*, ii. 224；Davis, *China*, i. 343）。

⑥ Fustel de Coulanges, *op. cit.* p. 99.

⑦ Elton, *Origins of English History*, p. 178 *sqq.* Pollock and Maitland, *History of English Law till the Time of Edward I*. ii. 263 *sqq.* 在威尔士、法国部分地区、德国、弗里斯兰、斯堪的纳维亚、俄罗斯、匈牙利，也有幼子继承制之习俗（Elton, *op. cit.* p. 180 *sqq.*；Liebrecht, *op. cit.* p. 431 *sq.*）。

⑧ Parker, 'Comparative Chinese Family Law,' in *China Review*, viii. 79. 'Inheritance and "Patria Potestas" in China,' *ibid.* v. 406. Medhurst, 'Marriage, Affinity, and Inheritance in China,' in *Trans. Roy. Asiatic Soc. China Branch*, iv. 31. Simcox, *Primitive Civilizations*, ii. 351.

在希伯来人中,妾所生儿子也有继承权,[①]不过我们不清楚他们的继承权是否与其他儿子等同。[②] 按照伊斯兰法律,如果奴隶的主人承认奴隶所生孩子是自己的,则妻子所生孩子与奴隶所生孩子在继承问题上同等对待。[③] 按照印度法律,婚生儿子优先继承父亲财产,不过,若父亲同意,首陀罗女奴所生儿子也可分得一份。[④]关于继承问题,罗马法的看法可总结如下:非婚生子女无权继承父亲财产,与外侨无异;非婚生子女拥有与婚生子女同等的继承母亲财产的权利。[⑤] 在早期的条顿国家,非婚生子女的继承地位要比后来受到基督教影响时好得多,在基督教的影响下,非婚生子女完全丧失了继承资格。[⑥] 从前,外国人既不能继承财产也不能把财产传承下去。欧洲很长时期内的习俗就是,在外国人死去时把他们的财产没收充公;不仅在外国出生的人要服从法国人所说的这种外侨遗产没收法(*droit d'aubaine*),在有些国家,此法还应用于从一个教区迁移到另一教区的人,以及从此男爵土地迁到彼男爵土地的人。[⑦] 事实上,直到近些时候,外国人才享有与公民同等的继承权。1790 年,法国国民议会废除了外侨遗产没收法,认为它

---

① *Genesis*,xxi. 10 *sqq.*

② Benzinger,in Cheyne and Black,*Encyclopædia Biblica*,iii. 2729.

③ Lane,*Modern Egyptians*,p. 118.

④ Jolly,*loc. cit.* p. 85. *Laws of Manu*,ix. 179.

⑤ Gide,*op. cit.* p. 567 *sqq.*

⑥ Nordström,*op. cit.* ii. 67,200 *sqq.* 另见:Alard,*Condition et droits des enfants naturels*,pp. 9,11;见第一卷第 47 页。

⑦ Brussel,*Nouvel examen de l'usage général des fiefs en France*,ii. 944 *sqq.* de Laurière,*Glossaire du droit françois*,p. 47 *sq.* Demangeat, *Histoire de la condition civile des étrangers en France*,p. 107 *sqq.*

与博爱的原则背道而驰。① 后来,起草《拿破仑法典》的时候,采取了倒退的一步,只废止了对友好互惠国家国民的此种权利;但是这个限制于1819年拿掉了,法国最终抹掉了本国国民与外侨之间在继承问题上的所有不平等。② 在英国,直到1870年才准许外侨与英国国民一样继承或遗赠财产。③

占有或拥有一段时间、劳动、自愿转让、继承,除了这些财产获得方式,还有其他事例——对某物的所有权直接来自对他物的所有权。有一条一般规则,即某物的所有者也对自该物发展而来或自该物产生的东西拥有所有权。④ 奶牛的主人也是牛犊的所有人,树木的主人也是果实的所有人,某块地的主人也是该块地生长的任何东西的主人——即便在不需要付出劳动促成土地上附着物生成的情况下也是如此。对土地有所有权,也就对在土地上发现的野生动物有所有权。例如,在芳蒂人中,如果有谁在别人的土地上杀死了猎物,土地主人有权获得猎物的肩部或四分之一。⑤ 有关于此,我们也要注意罗马法学家称之为添附(*accessio*)的获得方式。有时候,某人的所有物与他人的财物纠缠在一起,两物或者根本不可分割,或者分割后带来的损害远大于收益,主要财物的所有人也就成为从属财物的所有人,尽管通常要为此付出补偿。⑥

①　Demangeat,*op. cit.* p. 239.

②　*Ibid.* p. 250 *sqq.*

③　*Naturalisation Act*,1870,§ 2.

④　见 Post,*Grundriss der ethnol. Jurisprudenz*,ii. 612;Goos,*Forelæsninger over den almindelige Retslære*,ii. 159 *sqq.*

⑤　Sarbah,*op. cit.* p. 48.

⑥　Hunter,*Roman Law*,p. 247 *sq.*

　　所有这些获得方式不仅适用于个人财产,也适用于公共财产。占有能确立所有权,不管有多个占有者还是只一个占有者;集体劳动会导致对产品的集体所有权;财产可让渡给一批人,也可让渡给单个人。而规定财物共有的习俗自身也可成为一种单独的获得方式:一个人属于某一群人,这群人实行财产公有,某物由群体中的其他成员占有或产出,他也就成为某物的部分所有者。这种或那种共产主义无疑是很古老的制度,[1]尽管人们常常夸大了共产主义在较低文明阶段的流行程度。[2]不过,公共所有权这整个问题太复杂了,也离我们要探讨的问题过远,我们无法详加探讨。

　　前面讲述了事实,现在转而解释这些事实。首先,究竟为什么人们承认财产权?为什么人类的道德情感让某些人具有某种可以排他性地处置某些物品的权利?换句话说,为什么未经所谓所有人同意而处置某物品会导致道德上的不赞同?事实上,"财产权"通常是用来表示合法权利的术语。而此时,一如其他许多情形,法律权利实质上是道德情感的正式化的表达。

　　正如斯宾塞先生所言,攫取的欲望,保有获取物的欲望,不仅隐藏于人性,也隐藏于动物性,事实上就是生存的一个条件。[3]棘鱼的地盘被其他棘鱼侵入的时候,就会明显表现出愤怒。[4]鸟保

---

[1]　Cf. Kovalewsky, *Tableau des origines et de l'évolution de la famille et de la propriété*, p. 51 *sqq*.

[2]　达尔贡博士甚至走得更远,他讲,蒙昧人不知个人财产外的别的财产,但这个说法基本上不能为事实所支持(in *Zeitschr. f. vergl. Rechtswiss.* v. 76, &. c.)。

[3]　Spencer, *Principles of Sociology*, ii. 644.

[4]　见第一卷第22页。

护自己的巢穴,抵御入侵者的攻击。① 狗为自己的窝或猎物而战斗。伦敦动物园有只猴子用石块砸开坚果,用过石块后总要把它藏于麦秆下,也不让任何别的猴子碰这石块。② 我们看到,人生伊始也有这种倾向。蒂德曼的儿子两岁的时候,不让姐姐坐在自己的椅子上,不许姐姐拿自己的任何衣服,而他拿走她的东西的时候却无所顾忌。③ 出于这种保有获取物并阻止其被窃的倾向,若一个个体试图攫取力量相仿的另一个体的什么东西,就危险了;而在人类社会,这自然就导致了这个习惯——不管一个人获得了什么,就让他拥有它,在人类早期尤其如此,那时人们拥有的东西价值较小,财富分配差别不大。④ 各种各样的情境又进一步强化了这个习惯,所有这些情境都倾向于把干涉他人拥有自己的东西视为道德责难的目标。出于审慎、利他的动机,父母会教育自己的孩子不要做出干涉,这本身也易于导致偷盗即道德过错这一观念的产生。社会总体上讲也试图阻止这类干预行为,部分是为了保持和平与秩序,部分是出于对拥有者的同情。如果一个人拥有的东西被剥夺,不仅他本人会感到忿恨,别人站在他的立场上也会感到忿恨。就是在低等动物里也是如此。德国驾车人的博美犬看护着主人的

---

① Perty, *Das Seelenleben der Thiere*, p. 68.

② Darwin, *Descent of Man*, i. 125. 另见: Fischer, 'Notes sur l'intelligence des singes,' in *Revue scientifique*, xxxiii. 618.

③ Compayré, *L'évolution intellectuelle et morale de l'enfant*, p. 312.

④ *Cf.* Spencer, *Principles of Sociology*, ii. 634, 644; Dargun, in *Zeitschr. f. vergl. Rechtswiss.* v. 79 *sq.*; von Martius, *Beiträge zur Ethnographie Amerika's*, i. 88, 90.

物品；①罗曼尼斯先生的㹴犬保护着肉，不让其他㹴犬偷食，这些
㹴犬都是它的幼崽，与它住在同样的屋子里，它与它们也相处得
很好；②戈登·斯特布尔斯船长的猫吃饭时就在桌子上，它绝不允
许有谁未经同意就乱动食物。③ 在人类里，这样的同情性忿恨自
然就发展成道德上的不赞同。

上面讲的不仅适用于基于占有的财产权，也适用于作为所有
权根据的持续持有。事实上，一个人持有某物时间越长，他及其他
个体就越易于憎恶这物品脱离他；而某物丢掉了或被遗弃了，就会
削弱此物与其主人的联系。④ 这无疑就是时效原则的主要源泉，
尽管也有其他情形可以支持时效原则。这样一来，就有人讲，过一
段时间之后，如果证人全部死亡或失踪，而交易的真实情况已无法
查清，则不以非法取得为不法，这是保障合法占有者所必需的；⑤
而另一个支持时效原则的论点就是，长期占有一般就意味着劳动，
而劳动产生所有权。⑥ 为什么财产通过劳动而获得，这是显而易
见的。产出者付出了努力产出某物品，这就使得他想要保有它，不
许他人处置它，而且，侵占他的劳动果实也会引起局外人的同情性
忿恨，局外人会认为付出了努力就应得到回报。

----

①　Peschel，*Races of Man*，p. 240.

②　Romanes，'Conscience in Animals,' in *Quarterly Journal of Science*，xiii.
156，n. *

③　'Studies in Animal Life,' in *Chambers's Journal*，1884，p. 824.

④　*Cf*. Hume，*Treatise of Human Nature*，ii. 3（*Philosophical Works*，ii. 274）：
"长时间在我们眼前的，又为我们得心应手使用的东西，我们对它最为不忍释手。"

⑤　Mill，*Principles of Political Economy*，i. 272.

⑥　Thiers，*op. cit.* p. 103 *sqq*.

　　既然对所有权的承认最终来源于所有者想要保有、处置获得或生产之物，显然，在一般情形下，对自愿把财产让渡给他人就不会有道德上的不赞同。不过，如果财产让渡有损于某些人的利益，而这些人要求专门考虑他们的利益，情况就不一样了。因此人们常常认为，遗产处置与父母对子女应负的责任或其他近亲之间应负的责任是相互矛盾的。父亲尽管是家庭财产的主人，事实上可能只是被视为家庭集体的首任长官，在此情况下，他在集体分工中所占的财产份额自然就移交给继承其权威的那位家庭成员。[①] 继承权也可能与这一想法——继承人在一定程度上在死者活着的时候就是他共同的财产所有人——紧密联系。[②] 不过，也有其他一些事实能解释继承权的存在。在早期文明中，继承规则是关于权利与义务这一庞杂体系的组成部分，而这个体系把亲属联结起来。罗伯逊·史密斯教授注意到，在古代阿拉伯半岛，起初承担亲族复仇义务的所有的人都有继承权；[③]在其他族群那里，也能发现继承与亲族复仇之间类似的联系。这一关于相互之间权利与义务的系统通常是单边的，即或者涉及父系亲属，或者涉及母系亲属，但不同时涉及两类亲属。现在，不管某一特定人群采用此种或彼种方

⁵⁴

---

　　① Plato, *Leges*, xi. 923. Maine, *Ancient Law*, p. 184. Fustel de Coulanges, *op. cit*. p. 85. Leist, *Alt-arisches Jus Civile*, ii. 48. Mill, *op. cit*. i. 274. Kovalewsky, *Coutume contemporaine et loi ancienne*, p. 198（Ossetes）.

　　② 有意思的是，在中国的刑法里，偷亲戚的东西要比其他偷盗惩处得轻，惩处的减轻程度跟关系的亲近程度相称（*Ta Tsing Leu Lee*, sec. cclxxii. p. 287）。这其中的原因就是："按照中国的家长制，偷盗亲戚的东西并非对专属权利的侵犯，而只是对每个个体对自己家庭财产份额之应得利益的侵犯。"（Staunton, *ibid*. p. 287, n. [*]）

　　③ Robertson Smith, *Kinship and Marriage in Early Arabia*, pp. 55, 56, 66 *sq.*

式计算亲属关系的原因是什么,我们都足以得出结论:关于共同血统的观念由于能把所涉及的人结合起来而影响着继承权。此外,与继承权相联系的义务在履行之后或许也能为履行人赢得一定数量的财富;在印度人、希腊人和罗马人中,继承死者遗产的权利是与为死者举行葬礼、祭祀其亡灵的义务相重合的。[①] 子女继承父亲财产的进一步原因可能是:他们以前就在某种程度上与父亲共同拥有财产;因为正如我们所知道的那样,拥有财产就可能导致所有权。如果事先子女与父亲都付出了劳动积累财产,或者,在父亲风烛残年之际他们在身边服侍,父亲就有义务把财产送给他们,他们就有了更多的理由继承父亲的财产。再者,若某人去世时子女在场,子女通常是父亲财产的首先占有者;[②]而我们也已经注意到首先占有作为确立产权方式之一的重要性。有关世系之外的这些因素对财产继承的影响,可明显从如下事实看出——在某些族群那里,财产由男性传承,即使子女从母亲的姓名,即使子女也被视为属于母亲的氏族。[③] 可以再说两句——对于死者未曾留下遗嘱而后其财产交由子女或其他近亲继承这种做法,现代的作者常常提出其原因在于这个假定:只有如此处置财产,法律才能执行财产所有人如事先已有安排而本来会做之事。[④]

　　详加考察,继承规则是受到一系列情形影响的。妇女可能不

---

① *Laws of Manu*,ix. 186 *sq*. Isaeus,*Oratio de Philoctemonis hereditate*,51. Cicero,*De legibus*,ii. 19 *sq*. Fustel de Coulanges,*op. cit*. p. 84. Maine,*Ancient Law*,p. 191 *sq*.

② *Cf*. Mill,*op. cit*. i. 274.

③ Westermarck,*History of Human Marriage*,pp. 104,111.

④ Hume,*Treatise of Human Nature*, ii. 3 (*Philosophical Works*, ii. 280). Godwin,*Enquiry concerning Political Justice*,ii. 438. Mill,*op. cit*. i. 275.

允许继承遗产，或者得到的份额比男性少，因为后者更为强壮，能为自己攫取所有财产或较大的份额；[①]或者因为妇女不那么需要财产，有男性亲属或丈夫供养她们；[②]或者因为她们不承担与亲属关系相联系的最重的义务，例如亲族复仇的义务；[③]或者如封建制度下会出现的情况，一个女佃户自然无法跟随领主出战；[④]或者为了防止地产落入别的家庭或部落。[⑤]保持家庭财产完整的观念大体上也是长子继承制的基础性原因。其次，长子是子女中最受重视的，有时长子甚至被视作神圣人物。[⑥]一家之主去世的时候，长子一般说来要比任何人都更适于取代家长的位置；他的继承特权也为与此特权有关的义务所支持，特别是他负有照看、供养其他家庭成员的义务。[⑦]在封建制度下，租佃既意味着义务也意味着权利，而从领主的角度看，一个佃户死掉时，最简单安排就是有一个

56

---

①　Cf. Campbell, *Travels in South Africa*, p. 520 (Kafirs).

②　Cf. Cranz, *op. cit.* i. 176 (Greenlanders); Macpherson, *Memorials of Service in India*, p. 62 (Kandhs); Hinde, *op. cit.* p. 51 (Masai); 'Inheritance and "Patria Potestas" in China,' in *China Review*, v. 406; Jolly, *loc. cit.* p. 83 (ancient Hindus); Post, *Entwicklungsgeschichte des Familienrechts*, p. 296 *sq.*; *Idem, Grundriss der ethnol. Jurisprudenz*, i. 218 *sq.*

③　Cf. Robertson Smith, *Kinship and Marriage in Early Arabia*, p. 65 *sq.*; Stemann, *Den danske Retshistorie indtil Christian V.'s Lov*, p. 311 *sq.*

④　Cf. Cleveland, *Woman under the English Law*, p. 83.

⑤　Shortland, *Traditions and Superstitions of the New Zealanders*, p. 256. Kingsley, *Travels in West Africa*, p. 485. Post, *Grundriss der ethnol. Jurisprudenz*, i. 214. *Cf. Numbers*, xxxvi. 1 *sqq.*

⑥　见第一卷第605、606、614页。Gill, *Life in the Southern Isles*, p. 46 *sq.*

⑦　Dalager, *op. cit.* pp. 29, 31; Cranz, *op. cit.* i. 176 (Greenlanders). Munzinger, *Die Sitten und das Recht der Bogos*, p. 74. Hinde, *op. cit.* p. 51 (Masai). 关于孟加拉的巴格第人，里斯利先生明确地讲，让长子继承更多财产，"似乎是想让他抚养家里的女性成员，她们由他照料"(*op. cit.* p. 183)。

人填补空缺。① 不过，也有其他许多看法，能够决定继承规则。人
们或许认为，每一个子女都应该平等分得遗产，寡妇也应分得一
份——她要依赖丈夫生活，丈夫活着的时候她也与丈夫共同占有
丈夫的许多财产。人们也可能认为，小儿子可以是主要的或唯一
的继承人，在一定程度上这可能是为了防止家庭财产被分割，或者
因为领主只能接纳一位佃户，②在一定程度上也可能因为直到父
亲去世他都在父亲身边，③或者"由于与哥哥比起来，他在父母去
世后自立能力较弱，而哥哥在父亲活着的时候就在其帮助下自立
了"。④ 瓦尼扬韦奇人认可把财产留给女奴或妾所生的非婚生子
女的习俗，不让婚生子女继承财产，"因为非婚生子女更需要帮助，
而婚生子女有亲朋的帮扶"。⑤ 一般来讲，非婚生子女的继承权与
对多配偶制习俗的认可似乎密切相关。我们比较东方法律与罗马
法律，比较条顿国家的古代习俗和后来的法律——基督教对一夫
一妻制婚姻关系之外的性行为的恐惧影响了此法律——就能看到
这种联系。印度法律赋予首陀罗非婚生子女以继承权，这是由于
这一看法——此种姓成员的婚姻本身就被视作本性低下，因而等

---

① Pollock and Maitland, *op. cit.* ii. 274.

② *Ibid.* ii. 280.

③ Risley, *op. cit.* p. 227 (Lusheis). 在安加米那加人中，总是小儿子继承父亲的家产，因为儿子们婚后就离开了父亲家，建了自己的家(*ibid.* p. 209)。有人提出，"在畜牧时代后期，较为年长的儿子在父亲去世时一般都已'安家立业'，这时自然就产生了"幼子继承制的习俗（Jacobs, *Studies in Biblical Archæology*, p. 47；Gomme, 转引自：*ibid.* p. 47，n. 1；Blackstone, *Commentaries on the Laws of England*, ii. 70 sq.）。

④ Tickell, in *Jour. Asiatic Soc. Bengal*, ix. pt. ii. 794, n. *

⑤ Burton, *Lake Regions of Central Africa*, ii. 23 sq.

同于非法结合。①

关于子女、妻子、奴隶无权继承遗产的情形,现在不需多做解释。他们被排除于独立的所有权之外,这是由于他们附属于父母、丈夫或主人。但是我们必须知道,尽管后者有权处置他们的属下的财物,他们也要担负供养他们的义务,而在早期文明中,子女与妻子,有时甚至包括奴隶,②实际上可以说就是理论上只属于一家之主的财产的共同主人。

我们也要解释对不同盗窃行为之道德判断的变化。人们谴责盗窃罪行的程度依被窃财物的价值而变,这是由于,人们反对盗窃,盗窃给财物主人带来了损害。不过在许多情形下,若损害很轻微,人们又会以攫取财物者需要这财物,来为其攫取他人财物的行为辩解。再者,人们谴责盗窃的时候,常常更关心盗窃者对邻人权利的侵害,而非衡量他所造成的损害的确切程度。卡萨利讲,在巴苏陀人中,"讲到盗窃,他们常用一个词,这个词的意思是侵犯权利,而很少意指引起的损害"。③ 人们把入室盗窃看作严重的盗窃,部分是因为入室盗窃意味着又一罪行,即非法进入他人住所窃取他人财产,部分也是由于入室盗窃表明,犯事者事先就有很多预谋。④ 抢劫同样被视为双重罪行,可以讲抢劫就意味着暴力行为,而且可能因此受到比普通盗窃严重得多的责难;不过在其他情形下,抢劫者所表现出来的勇敢和力量又被视作可以减轻罪责的因

58

---

① Jolly, *loc. cit.* p. 85.

② Volkens, *op. cit.* p. 249 (Wadshagga).

③ Casalis, *Basutos*, p. 304.

④ *Cf.* Wilda, *op. cit.* p. 878 (ancient Teutons).

素,抢劫者有时会受人钦羡而不是反对,而偷偷行窃之人则被轻蔑地视为懦夫。也因此偷偷摸摸夜间盗窃可能会加重罪行,而同时,由于难以预防夜盗,会促使社会加重处罚。但人们不仅易于钦羡勇敢、力量,也易于钦羡灵巧、胆识,因而会欣赏机敏的盗窃。这种倾向在一定程度上也能说明人们何以区分明目张胆的盗窃与非明目张胆的盗窃;但这里我们首先要明白,看到一件行为,而非仅仅知道此行为的发生,更易引起强烈的情感。① 对盗窃的道德评价依窃贼及被窃者的地位而变,这其中的缘由与人们对其他损害的道德评价也有相似变化是一样的;人们区分了针对同部落人或同国人财产的犯罪与针对外人财产的犯罪,这也是由于考虑到了两类人的地位差异。按照罗马法学家的理论,只要敌对持续,战时敌人的财产就不属于任何人,因此,猎获了敌人财产的人就依占有权而得到此财产。② 这个理论只不过是一种语言游戏,目的只是为习俗找到一个合理的理由,而此习俗的存在委实是由于不尊重外人情感。在文明的早期阶段,若存在尊重外人财产的情况,其动机无疑在于谨慎。为了防止造成敌对,蒙昧人可能会急于避免从邻近部落盗窃。③ 而我大胆推测,他们对来访外人的财物,特别是交给他们保管的财物④所常常表现出来的诚实,主要来源于迷信性

---

① 见第一卷第 294 页。

② Hunter,*Roman Law*,p. 257. Puchta,*op. cit.* ii. 220.

③ Sproat,*Scenes and Studies of Savage Life*,p. 159(Ahts). Scott Robertson,*Káfirs of the Hindu Kush*,p. 440.

④ 此处以及上述相关说法,见:Lumholtz,*Unknown Mexico*,i. 420,and ii. 477;Nordenskiöld,*Vegas färd kring Asien och Europa*,ii. 140 *sq.*(Chukchi);Worcester,*Philippine Islands*,p. 413(Mangyans);Colenso,*op. cit.* p. 43(Maoris);Macdonald,*Light in Africa*,p. 212(Bantu);Campbell,*Travels in South Africa*,p. 517;Leslie,*Among the Zulus and Amatongas*,p. 201(Kafirs)。

的恐惧。前面我们就注意到，他们甚至认为，接受礼物也与超自然的危险相联系，因为他们怀疑礼物里充满了有害的法力。[1] 这难道不也适用于非法攫取外人财物特别是托管财物（财产主人自然会对财产安全极为小心）吗？这就引领我们考察财产史上一个相当重要的问题，即法术和宗教信仰对人们尊重产权的影响。

人们不仅惩罚偷盗，而且认为，超自然力量也会寻仇。据讲，哈马黑拉岛的阿尔弗拉人只是因为害怕受到神灵惩罚才会诚实。[2] 新赫布里底群岛的埃法特岛土著认为，他们的神灵谴责盗窃。[3] 在这个群岛的阿内蒂乌姆岛，人们认为，窃贼死后要受惩罚。[4] 在尼德兰岛，人们讲窃贼会堕入地下的黑暗之域；[5] 按照班克斯群岛岛民的信仰，窃贼不能入天堂。[6] 在黄金海岸，"若某人从他人家里窃取了财物，失主可以前往他一向祭拜的地方神的祭司那里，陈述自己遭受的损失，供奉家禽、酒、鸡蛋，请祭司祈求神惩罚窃贼"。[7] 在南几内亚，人们为神物举行仪式，让神物识别、惩处某些类型的盗窃，而知道这些罪行却不提供有关信息的人也要受神物惩处。[8] 贝专纳人所说的某未知的存在，被含糊地称为财

60

---

① 见第一卷第 593 页及以下。

② Kükenthal, *Forschungsreise in den Molukken*, p. 188.

③ Macdonald, *Oceania*, p. 208.

④ Turner, *Samoa*, p. 326.

⑤ *Ibid.* p. 301.

⑥ Codrington, *Melanesians*, p. 274.

⑦ Ellis, *Tshi-speaking Peoples of the Gold Coast*, p. 75. 另见：Cruickshank, *op. cit.* ii. 152, 160, 184；Schultze, *Der Fetischismus*, p. 91。

⑧ Wilson, *Western Africa*, p. 275.

物之主(*Mongalinto*)，此存在就惩罚盗窃。有个贝专纳人就说：
"财物之主打雷，每个人都颤抖；如果是几个人在一起，其中一人就
会紧张地问其他人，我们中有谁侵吞了别人的财富了吗？他们吐
唾沫于地，说我们没侵吞他人财富。如果霹雳袭来，劈死了其中某
人，没有人会抱怨，没有人会哀伤；他们不会悲伤，而是一起讲，主
乐于(也就是说，主做得对)杀死那人；我们也讲，窃贼吃了霹雳，意
思是说，窃贼做的事招来了此种裁决。"①

　　按照拜火教的《赞美诗》，拉斯奴-拉兹斯塔(Rashnu Razista)
是"小偷和强盗最好的杀手、打击者和毁灭者"。② 在希腊，宙斯是
家庭财产的守护者；③按照一个罗马传说，家神击退了敌人，挡住
61 了敌人。④ 移动界标常常视同渎神。⑤ 希伯来人的宗教法严厉禁
止移走界标。⑥ 在希腊，据讲是护界宙斯在保护边界。柏拉图在
《法律篇》里讲："任何人不得改变与同城邦公民邻居的边界线；如
果他住在边境上，他也不得改变与他毗邻的外国人的边界线……
每一个人都应宁愿移走最沉重的石头，也不愿移走小小的界
石——这界石是邻人之间友谊与憎恨的不可磨灭的标记；因为，宙
斯是各部落共有之神，是那个公民的证人，宙斯也是外人之神，是
那个外人的证人，而邻人之间一旦起了冲突，就会导致可怕的后

---

①　Arbousset and Daumas, *Exploratory Tour to the North-East of the Colony of the Cape of Good Hope*, p. 322 *sq.*

②　*Yasts*, xii. 8.

③　*Aeschylus*, *Supplices*, 445. Farnell, *Cults of the Greek States*, i. 55.

④　Ovid, *Fasti*, v. 141.

⑤　Trumbull, *The Threshold Covenant*, p. 166 *sqq.*

⑥　*Deuteronomy*, xix. 14; xxvii. 17. *Proverbs*, xxii. 28; xxiii. 10 *sq.* Hosea, v. 10. *Cf. Job*, xxiv. 2.

果。守法之人不会受到什么惩罚,蔑视法律则会受到双重惩罚,一
是诸神的惩罚,二是法律的惩罚。"①罗马人崇拜忒尔弥诺斯或朱
庇特·忒尔弥纳利斯,视之为护界神。② 按照一个古老的传说,努
马规定,任何人都应以献祭给朱庇特的石头标记自己的地产,在护
界神节,应把每年的祭品献给这些界石,并且,"若有谁毁坏或移走
了这些界石,就应把他视作献祭给护界神的人,甚至每个人都可以
杀死这个渎神之人,而不受惩罚,也不担罪责"。③ 在高等宗教里,
任何形式的偷盗都常常作为罪孽加以谴责。

　　宗教对所有权的支持,无疑在一定程度上与某些情形下整个
道德也带有宗教性质出于相同的缘由。就此我们将在后面的章节 62
探讨。不过也有特定的原因能说明为何宗教支持所有权。在一定
程度上,宗教对所有权的支持起源于法术,具体说来起源于诅咒。

　　诅咒常常用来惩处那些怎么也找不到的罪犯。④《士师记》里
讲,米迦的母亲丢了钱,就下了诅咒,后来米迦承认是他拿走了钱,
她就赶紧为儿子祈福以取消这诅咒。⑤ 在早期的阿拉伯半岛,失

---

　　① Plato,*Leges*,viii. 842 *sq.* Demosthenes,*Oratio de Halonneso*,39,p. 86. 另见:
Hermann,*Disputatio de terminis eorumque religione apud Græcos*,*passim*。

　　② Ovid, *Fasti*, ii. 639 *sqq.* Festus, *De verborum significatione* 'Termino.'
Lactantius,*Divinæ Institutiones*. i. 10 (Migne,*Patrologiæcursus*,vi. 227 *sqq.*). Pauly,
Real-Encyclopädie der classischen Alterthumswissenschaft,vi. pt. ii. 1707 *sqq.* Fowler,
Roman Festivals of the Period of the Republic,p. 324 *sqq.*

　　③ Dionysius of Halicarnassus,*Antiquitates Romanæ*,ii. 74. Plutarch,*Numa*,xvi.
1. Festus,*op. cit.* 'Termino.'

　　④ 相关事例参见:Mason, in *Jour. Asiatic Soc. Bengal*, xxxvii. pt. ii. 149
(Karens)。

　　⑤ *Judges*,xvii. 2.

主借助诅咒寻回丢失之物。^① 在萨摩亚群岛，"只要有谁丢了东西，如果不知道是谁偷的，就会坐下来诅咒小偷，以寻求满足"。^②坎查岱人"认为，他们可以在举行盛大法术的公众集会上烧山羊的肉，以此惩罚未被发现的小偷。他们相信，火令山羊的肉萎缩，所以小偷的四肢也会萎缩。"^③在奥塞梯人中，如果什么东西被悄悄偷走了，失主就会寻求术士的帮助。他们会一起到所有被怀疑对象的家中去。术士胳膊下夹着一只猫，他们认为猫是一种具有神奇魔力的动物。术士会大声说："如果你偷了东西而不物归原主，这只猫会折磨你先人的灵魂！"在这样诅咒之后，通常被盗之物会迅速物归原主。其次，如果他们并不怀疑特定的人，就会以同样的方式走家串户，小偷知道就要轮到他家了，常常马上就承认自己的过错。^④ 识别窃贼的常见方式就是强迫被怀疑者发誓，也就是说，对自己下一个有条件的诅咒。^⑤

　　人们诉诸诅咒，不仅是为了惩罚盗贼或迫使他们物归原主，也是为了预防失窃。在南太平洋诸岛，让财物成为禁忌（*taboo*），是保护财物的常见做法；如科德林顿博士所说，把某物变成禁忌，就是下"一个带有或明确或含蓄的诅咒的禁令"。^⑥ 于是在许多情况

①　Wellhausen，*Reste arabischen Heidentums*，p. 192.

②　Turner，*Nineteen Years in Polynesia*，p. 318.

③　Krasheninnikoff，*History of Kamschatka*，p. 179 *sq*.

④　von Haxthausen，*Transcaucasia*，p. 398 *sq*.

⑤　von Struve，in *Das Ausland*，1880，p. 796（Samoyedes）. Worcester，*Philippine Islands*，p. 412（Mangyans of Mindoro）. Turner，*Nineteen Years in Polynesia*，p. 292 *sq*.（Samoans）. Bosman，*op. cit*. p. 125（Negroes of the Gold Coast）. Bowdich，*Mission to Ashantee*，p. 267；&.c.

⑥　Codrington，*Melanesians*，p. 215.

下,诅咒就被置于某物体上,此物体附着于要保护的某物或某地。在波利尼西亚,禁忌标记称作拉维(*rahui*/*raui*),有时是以特定方式编织的椰子树叶,[1]有时是某人的木制像或插入地面的经雕刻的木桩,[2]有时是一束头发或一块席垫,[3]等等。在萨摩亚群岛,有各种各样的禁忌,这是对盗窃的强大约束,这些禁忌尤其用于种植园或果树,每一个禁忌都有专门名称,指示物主希望降临窃贼头上的某种诅咒。因而,如果谁希望海狗鱼撞上想偷东西——比如面包果——的人的身体,他就会用椰树叶编成梭子鱼的形状,挂在他想保护的一棵或几棵树上。这就称作"梭子鱼禁忌";一般的小偷都不敢触摸着这禁忌的树,小偷相信,如果接触了这树,下次他到海里的时候,梭子鱼就会窜出来对他造成致命的伤害。"白鲨鱼禁忌"就是用椰树叶编成鲨鱼的形状,这就等于一条明确的诅咒——小偷去捕鱼的时候会被白鲨鱼吞掉。"十字棍条禁忌"就是水平悬挂于树上的一根棍条,它的意思是,小偷碰到这树以后,全身都会生病,直至死去。[4] 帝汶岛土著的婆玛雷(*pomali*)恰恰就相当于太平洋岛民的禁忌;"(我们)在庭园外插一些棕榈树叶,作为婆玛雷的标记,这能保护园子里的农产品不被偷走,这就像捕人陷阱的威胁性告示、弹簧枪或恶狗那样有效。"[5]在散塔尔人中,谁

64

---

[1]　Taylor White,in *Jour. Polynesian Soc*. i. 275.

[2]　Hamilton,*Maori Art*, p. 102；Thomson,*Story of New Zealand*, i. 102；Polack,*op. cit*. ii. 70 (Maoris). Ellis,*Polynesian Researches*,iii. 116 (Tahitians).

[3]　Thomson,*op. cit*. i. 102 (Maoris). 另见:Colenso,*op. cit*. p. 34 (Maoris);Ellis,*Polynesian Researches*,iii. 201 (Tahitians)。

[4]　Turner,*Nineteen Years in Polynesia*,p. 294 *sqq*.

[5]　Wallace,*Malay Archipelago*,p. 149 *sq*.

若是"想保护一块林地不被村民砍伐，保护一块草地不被畜类啃食，或保护一块才播种的田地不被践踏，他就会在那块草地或田地里竖起一杆竹子，竹子上沾一些稻草，如果是林地，就栽上一棵显眼、高大的树，树上贴有同样的禁令性标记。有关各方都明白这标记的含义，并严格遵守禁令。"[①]在马达加斯加也是如此——"我们看到，他们在路上、在田地里插上长棍子，棍子顶端是草之类的植物，以此告诫他人，不要穿越田地，提醒他人保护庄稼，这就是他们的习俗。"[②]在瓦沙巴拉人那里，田地主人有时用香蕉树叶裹住一根棍子，然后把棍子放在路上，他们相信，未经许可进入田地"就会受此法术的诅咒"。[③] 瓦沙巴拉人保护无门棚屋不受入室窃贼侵扰的办法就是，把一片香蕉树叶放在门槛上，他们认为，任何心怀恶意的人敢踏上香蕉树叶，都会生病或死去。[④] 阿卡人"在香蕉成熟的时候，会把一支箭插入一簇还在树上的香蕉"，以示香蕉归自己，若他人这样做，即便香蕉树的主人也不敢触摸这香蕉。[⑤] 据说，巴罗策人"若不想让别人触摸什么东西，就往稻草上吐唾沫，然后把稻草放在这东西四周"。[⑥] 巴隆达人将一个蜂巢放在树上时，会在树干周围系上"一点药"，这就足以保护蜂巢不被窃走。[⑦] 伊德萨的雅各布讲过，一名叙利亚术士曾写下咒语，挂在树上，就没

① Sherwill, 'Tour through the Rájmahal Hills,' in *Jour. Asiatic Soc. Bengal*, xx. 568.

② van Gennep, *Tabou et totémisme à Madagascar*, p. 184 *sqq.*

③ Lang, in Steinmetz, *Rechtverhältnisse*, p. 263.

④ Volkens, *op. cit.* p. 254.

⑤ Junker, *Travels in Africa during the Years 1882-1886*, p. 86.

⑥ Decle, *op. cit.* p. 77.

⑦ Livingstone, *Missionary Travels*, p. 285.

人敢吃树上的果实。[①] 在伊斯兰教的早期，有权势之人要想独享水源，就把他的红毯子的毛边挂在旁边的树上，或者把这毯子毛边扔进水塘；[②]在现代巴勒斯坦，没人敢触摸放在地产边界的石堆。[③] 加勒比海一带的原住民库马纳人过去常常用一根棉线标记自己的种植园，他们相信，别人只要擅动这边界标记，很快就会死去。[④] 亚马逊河一带的印第安人似乎也流行类似的观念。有旅行者注意到，在居里斯人那里，若围着一块地的灌木树篱被破坏了，就用一根棉绳代替；巴西印第安人离开自己的棚屋时，常常在门闩上缠上棉绳。[⑤] 有时他们也把篮子、碎布或树皮放在自己的地界上。[⑥] 在上述事例以及其他一些事例中，并未明确讲禁忌标记等同于一条诅咒，不过它们显然与那些禁忌带有诅咒意味的事例相似，如此一来，它们的真实含义是近乎确定的。事实上，一个物体只要自身是神圣的，就能因此保护附近的所有东西；[⑦]在摩洛哥，放在圣人居

66

---

① Robertson Smith, *Religion of the Semites*, p. 164, n. 1.

② *Ibid*. p. 336, n. 1.

③ Pierotti, *Customs and Traditions of Palestine*, p. 95 *sq*. 根据关于罗马的材料 (Digesta, xlvii. 11. 9)，阿拉伯行省有个称为 σκοπελισμόs 的罪名——把石头放于与己不和的人的地上，威胁地主，若耕种此地，"必因放石者所设计谋而惨死"；人们对这些石头如此害怕，以致无人敢于靠近放置它们的那块地。

④ Gomara, *Primera parte de la historia general de las Indias*, ch. 79 (*Biblioteca de autores españoles*, xxii. 206).

⑤ von Martius, *Von dem Rechtszustande unter den Ureinwohnern Brasiliens*, p. 37 *sq*.

⑥ *Ibid*. p. 34.

⑦ *Cf*. van Gennep, *op. cit*. p. 185 (natives of Madagascar). 古罗马有个习俗，即把私人葬于家族所有的地里；古罗马政治家和作家老加图的作品里，有一段套话，意大利工人就用这套话向祖先之灵祈祷，照管好财物，防止盗贼 (Fustel de Coulanges, *op. cit*. p. 75)。西塞罗说，每个公民的家都是神圣的，因为有家神在 (*Pro domo*, 41)。

所的任何物品都是安全的,而在不信基督教的非洲人那里,使用神物保护田产、房屋也有一样的效果。[①] 而人们也把具有内在神圣性的东西用作禁忌,因为人们认为,其神圣性能赋予它所带有的任何诅咒以特殊的效能。

　　我们前面看到了使咒语带有法力——即让咒语带有向某超自然存在发出吁求的形式——的另一种办法。[②] 人们在关于盗窃的咒语中常常吁求神灵。在黄金海岸一带,"若某田地的主人发现地里的东西被洗劫了,就砍掉棕榈树的嫩枝,悬挂在被盗的地方。他每悬挂一片树叶,就说出意思如下的一段话:'这个人做了此事,做之前没告诉我,如果他还来这里做别的什么事,神物卡塔沃(或塔纳或佛菲或其他神物)会杀死他,杀死他全家。'"[③]在萨摩亚群岛,发生偷盗后,被怀疑者就要当着头人的面发誓,每个人都要吁求,若是自己犯下此事,村神将马上毁灭自己;如果所有被怀疑者都发誓了,还是没找到犯事者,头人就会庄重地代表小偷做相似的祈求。[④] 夏威夷人似乎也同样用某些诅咒仪式祈求复仇之神,以期找到并惩处盗贼。[⑤] 古希腊有个习俗,就是把丢失的物品献给神,

---

[①]　Rowley, *Africa Unveiled*, p. 174. Bastian, *Afrikanische Reisen*, p. 78 *sq.* Nassau, *Fetichism in West Africa*, p. 85. *Cf.* Schneider, *Die Religion der afrikanischen Naturvölker*, p. 230. 如果我们知道,法师举行仪式,把一般物体转变成神物,或许我们就可发现,法师把诅咒传给了这些物体。拿骚博士讲:"为了来自我们本性的每一激情或欲望,为了我们的成千种的需要或愿望,土著都能造出神物,操纵神物就是为了满足某具体的愿望。"(*op. cit.* p. 85)另见;Schultze, *Der Fetischismus*, p. 109。

[②]　见第一卷第 564 页。

[③]　*Jour. African Soc.* no. xviii. January, 1906, p. 203.

[④]　Turner, *Samoa*, p. 19. *Idem*, *Nineteen Years in Polynesia*, p. 292 *sq.*

[⑤]　Jarves, *History of the Hawaiian Islands*, p. 20.

同时诅咒那些持有这物品的人。① 关于美拉尼西亚人的禁忌,科德林顿博士也讲道,禁忌背后的力量"就是鬼神之力,显然禁忌借用了鬼神的名义或求助于鬼神"。② 在锡兰,"人们为了防止果实被盗,就在果园周围悬挂一些奇形怪状的肖像,献给魔鬼,此后当地的锡兰人就绝不敢再碰果园里的果实。把这祭品拿走以前,就是果园主也不敢动果实。"③古巴比伦人的地界标通常是阴茎形状的石柱,石柱上刻着祈求各种神灵的咒语。其中一个界石针对侵犯了石柱神圣性的人刻有如下咒语:"大神阿努、贝尔、伊阿、奴斯库对此人怒目而视,让他流离失所,毁灭他的子裔";对其他许多神灵也有相似的祈求。④

现在我们就能明白,在诸民族的观念里,为何神灵如此频繁地关注针对财产的侵犯。人们在诅咒盗贼的咒语中祈求这些神灵;咒语中的祈求很可能就发展成某种真正的祈祷,而在此情形下,人们就认为神是出于自己的自由意志而惩处犯事者。此外,人们还认为,神也会受到供品的引诱而惩处犯事者。人们经常就盗窃之事祈求某超自然存在,此存在最后就会被视作财产的守护者。我认为,这就能用来解释在摩洛哥南部亥哈的柏柏尔人那里流行的信仰。当地的圣人会惩处那些靠近他们圣所的盗贼,即使盗贼是在别的地方行窃;被怀疑为盗贼的人总是用发誓的方式进行祈求,

---

① Rouse,*Greek Votive Offerings*,p. 339.

② Codrington,*op. cit*. p. 215.

③ Percival,*Account of the Island of Ceylon*,p. 198.

④ Trumbull,*The Threshold Covenant*,p. 166 *sq*. Hilprecht,转引自:*ibid*. p. 167 *sqq*.。

他们就成为盗贼永久的敌人。我们也就进一步能明白,甚至除了那些在某超自然存在附近发生的盗窃,在有些情形下,针对财产的犯罪事实上也带有渎神的特征。有时人们把诅咒人格化,将其提升到抵达神的媒介的高度;正如我们已经看到的那样,这就是父母、乞丐与生人的厄里倪厄斯的起源,也是罗马人的亲神和客神的起源;这也很有可能是护界神的起源。[①] 人们也把诅咒转化为主神的某种特征,这不仅是由于人们常常就某种犯罪祈求主神,也由于主神能吸引与其总体特性相和谐的超自然力量。这就能解释关于护界宙斯与朱庇特·忒尔弥纳利斯的观念的起源,也能解释为何耶和华对移动界标的做法极其严厉。所有这些事例都表明,神与某种诅咒是相联系的。除了闪语族古代史上的其他一些证据,《圣经·申命记》里也有关于诅咒的事例——"挪移邻舍地界的,必受咒诅。"[②]前面所引的柏拉图《法律篇》里的一段话[③]以及界石上面的刻文[④]都表明,献给护界宙斯的界石起初带有诅咒的意味。埃特鲁斯坎人诅咒任何触碰或移走界标的人——这样的人会受诸神谴责;他的住所将消失;他的种族将灭绝;他的四肢将遍布溃疡而萎缩;他的土地将颗粒无收;冰雹、锈菌及天狼星之火将毁灭他的庄稼。[⑤] 考虑到血是诅咒的导体而发挥着重要作用,罗马人会让

69

---

　　① *Cf*. Festus, *op*. *cit*. 'Termino': "努马·庞皮利乌斯(公元前 7 世纪前后罗马王政时期国王。——译者)下令,任何人越过界石犁地,其人其牛都应判处死刑。"

　　② *Deuteronomy*, xxvii. 17. *Cf*. *Genesis*, xxxi. 44 *sqq*.

　　③ Plato, *Leges*, viii. 843: "……敌我之界乃是天意。"

　　④ Xenophon, *Anabasis*, v. 3. 13. Hermann, *Disputatio de terminis apud Græcos*, p. 11.

　　⑤ *Rei agrariæ auctores legesque variæ*, edited by Gœsius, p. 258 *sq*.

动物牺牲的血流入要放入界标的洞,[①]这一仪式的目的很有可能是赋予诅咒以效能。在英国的某些地方,教区"击打边界"的年度习俗直到现在依然存在,而原先这一仪式带有宗教性质,教士会诅咒侵犯邻人边界的人,同时为尊重界标的人祈福。[②]

诅咒盗贼的做法甚至可能也支撑着某些蒙昧人关于盗贼死后会受惩罚的信仰。在后面的一章,我们会看到一些事例——人们认为,诅咒的效能会扩展到彼岸世界。不过我们也会发现蒙昧人相信来世报应的其他理由。上面所举事例并未明确,对盗贼死后的惩罚是由某位神灵实施的。

至此我只是探讨了为习俗或法律认可的财产规则。不过,人们并非总是认为已经确立的所有权原则是正当的:在西方文明国家,这些原则已经招致了迅速增长的反对。当前的论述主旨有限,不允许我对该运动的各种观点及各式各样的改革计划长篇大论。人们不满的主要理由是:首先,我们现有的财产法不保证每一个劳动者都拥有自己劳动的全部产品;其次,现有的财产法不能使每一种需要得到与现有条件相称的满足。不管各社会主义流派观点有何不同,任一社会主义财产组织都或者旨在保证工人阶级获得自己行业的全部产品,或者旨在通过认可每一社会成员对维持生存所必需的商品和服务的要求优先于他人的较不迫切需求的满足, 70

---

①　Siculus Flaccus,'De conditionibus agrorum,' in *Rei agrariæ auctores*,p. 5.

②　Dibbs,'Beating the Bounds,' in Chambers's *Edinburgh Journal*,N. S. xx. (1853) 49 *sqq*. Trumbull,*The Threshold Covenant*,p. 174 *sq*.

而把个人需求和现有的满足方式还原为正当的分配比例。[1] 在现有制度下,私人自由奋斗追求财富的增长,土地和资本都属于私人所有,这大大阻碍了上述目标的实现,而为法律所承认的不劳而获的收入[2]——就是圣西门派所说的"租金",汤普森与马克思所说的"剩余价值"——的存在更是大大阻碍了这些目标的实现。法律所许可的不劳而获者并不把个人的同等重要的东西回馈给社会,而他们之所以能不劳而获,正是因为工资劳动者获得的现金工资低于自己劳动产品的全部值。这里我们就看到了不同获得原则的冲突。某物的所有人也拥有由该物产生的东西这一原则以及继承法的原则,导致了不劳而获收入的存在,这两个原则与劳动是财产源泉的原则相冲突。再者,尽管社会对生存权并非足够重视,但生存权在某种程度上是被所有人类社会所认可的,[3]而这两个原则妨碍了生存权;正如马克思所说,财富在一极的积累意味着悲惨在另一极的积累。[4] 不同的原则和权利都深深植根于人性与社会生活的条件,由文明的进步所自然产生的某些事实导致了这些原则与权利之间的冲突。在简单社会里,不劳而获的收入很少,因为

71

----

　　[1] 见:Menger,*Right to the whole Produce of Labour*,p. 5 *sqq*.;Goos,*op. cit*. ii. 61。

　　[2] "不劳而获的收入"(*arbeitsloses Einkommen*)这一术语由门格尔提出(Menger,*op. cit.* p. 3)。

　　[3] 见第一卷第二十三章第 526 页及以下。在白令海峡一带的爱斯基摩人(Nelson,in *Ann. Rep. Bur. Ethn.* xviii. 294)和格陵兰岛民(Rink,*Eskimo Tales*,p. 29 *sq*.)那里,若某人从别人那里借走了什么东西,未能归还,物主无资格索回借出的东西,因为土著认为,若某人有足够多的财物,能够借出某件物品,他所拥有的就超出了他所需要的。

　　[4] Marx,*Capital*,p. 661.

没有很多财富，而且互助制度也满足着不能自食其力者的需要。另一方面，文化的进步伴随着财富的较不平等分配，社会单位的增长以及差别的扩大，也随之削弱了社会团结。不劳而获的收入进一步增长，资本回报与劳动报酬不成比例且常常差距巨大，一些人富裕的同时其他人变得贫困。同时，人们强烈感受到基于出身或财富的特权之不公正，人们也认识到劳动的尊严，工人阶级逐渐对自己的权力与权利变得更为自觉。所有这些导致了一种强烈而广泛存在的信念——现有财产法与理想的法律差距极大。然而，使二者和谐起来无疑需要付出很多努力。现存财产权利不仅为个人利益所支持，也为传统这所学校培养出的根深蒂固的情感所支持，因而，国家若是干预个人长期以来确立的按自己意愿处置财富的权利，就会极不公正。另一方面，新的改革计划试图按照现存需要矫正法律权利，它所强调的财产获得方式似乎比其他任何获得方式都更诉求于人的天生正义感，改革便是由此获得力量。我们完全不能预见这场斗争的结局。但是，只要我们认识到，某些是非观可能在这些观念得以起源的条件不复存在时，仍会流行一段时间，但它们不会永远流行下去，那么很显然，财产法或早或晚将发生根本的变化。

72

第三十章　对真与信的尊重

尊重真首先就意味着,我们不应撒谎,亦即不应以言语或行为故意曲解事实,让别人错误地相信我们。与求真的义务密切联系的就是忠诚守信的义务。忠诚守信要求我们应该使事实符合我们就自己未来行为而明确强调过的话。这些义务在某种程度上似乎为人们所普遍认可,尽管对违背者加以谴责的程度差别很大。但是也有许多例子,人们对不真和非信冷漠视之,甚至认为不真、非信值得赞美或理应如此。

各种未开化种族显然很尊重真;据讲在有些蒙昧人群那里,就是最艰难的情境也无法诱使他们说谎。在其他蒙昧人群中也可发现,那里流行着虚假的恶习,成功的谎言则受到人们赞赏。

所有的权威都认为,锡兰的维达人是诚实的典范。他们"以诚实和坦诚闻名"。[①] 他们认为,完全不可想象有谁会说假话。[②] 内维尔先生写道:"据我所知,没有哪个真正的维达人说过假话,而僧伽罗人也这样描述他们的品格。"[③]沙拉信

---

① Bailey, 'Wild Tribes of the Veddahs of Ceylon,' in *Trans. Ethn. Soc.* N. S. ii. 291.

② Hartshorne, in *Indian Antiquary*, viii. 320.

③ Nevill, in *Taprobanian*, i. 193.

先生也有类似的体验——"真正的森林维达人总是说真话；我 73
们从没听过谁说谎；他们说话总是简洁而诚实。"①一个维达
人犯了谋杀罪受审，他不会为了逃避惩罚而撒谎，而是干脆什
么都不说。②

　　印度的一些未开化部落也是极其诚实的例子。马德拉斯
省的少喇人"像多数山地土著那样……不喜欢撒谎。如果一
个少喇人杀了另一个人，他会马上承认，坦白是他杀了人"。③
印度中部的高地人被描述成"最诚实的人，很少否认金钱债
务，也很少否认应承担的罪责"。④ 一个真正的贡德人"会杀
人，但不会撒谎"。⑤ 麦克弗森讲："我相信，（坎德人）在诚实
方面绝不比世界其他地方的人差……他们无论如何都会说实
话，除非唯有欺骗才能挽救一个客人的生命。"⑥在他们看来，
毁掉郑重的友谊誓言，是一个男人所能犯下的最大罪过。⑦
居住在西尔古加高地地区的科瓦人抢劫时非常残暴，即使对
方不抵抗，也会把对方全部杀死，但他们"很有一种人们所说
的蒙昧人的诚实美德，并且如果受到正确指控，他们会马上坦

---

①　Sarasin,*Forschungen auf Ceylon*, iii. 541. *Cf. ibid*. iii. 542 *sq*.；Schmidt,
Ceylon,p. 276.

②　Sarasin,*op. cit*. iii. 543.

③　Fawcett,*Saoras*,p. 17.

④　Forsyth,*Highlands of Central India*, p. 164. *Cf. ibid*. p. 361；Sleeman,
Rambles and Recollections of an Indian Official,ii. 109；Hislop,*Aboriginal Tribes of
the Central Provinces*,p. 1.

⑤　Dalton,*Ethnology of Bengal*,p. 284. *Cf*. Forsyth,*op. cit*. p. 155.

⑥　Macpherson,'Religious Opinions and Observances of the Khonds,' in *Jour.
Roy. Asiatic Soc*. vii. 196.

⑦　Macpherson,*Memorials of Service in India*,p. 94.

白,你让交代什么犯罪细节他们都会交代".① 散塔尔人以诚实、守诺著称,就是在最艰难的处境里也是如此.② 库鲁巴人"总是说真话".③ 在霍人中,"某人的诚信受到指责,就足以毁掉他".④ 在安加米那加人中,简单说真话受到高度尊重;人们说话时很少发誓,而他们的话几乎总是实话.⑤ 卢因船长在吉大港山地一带碰到的唯一卑劣、说谎的族群就是蒂佩拉人;⑥不过据讲以前他们"总是诚实而纯朴".⑦ 缅甸的克伦人有如下传统箴言:"勿说假话。不知不言。说谎者当割舌。"⑧在柬埔寨的巴纳维人那里,"说谎会受到严厉惩罚,例如贬为奴或流放".⑨

　　安达曼岛民把虚假称作羽卜达,意即罪孽、恶行.⑩ 卡尔尼

---

① Dalton,*op. cit.* p. 230.

② Elliot,'Characteristics of the Population of Central and Southern India,' in *Jour. Ethn. Soc. London*,N. S. i. 106 *sq.*

③ *Ibid.* i. 105.

④ Dalton,*op. cit.* p. 206. *Cf. Ibid.* p. 204 *sq.*;Bradley-Birt,*Chota Nagpore*,p. 103.

⑤ Prain,'Angami Nagas,' in *Revue coloniale internationale*,v. 490.

⑥ Lewin,*Wild Races of South-Eastern India*,p. 191.

⑦ Browne,转引自:Dalton,*op. cit.* p. 110。

⑧ Smeaton,*Loyal Karens of India*,p. 254.

⑨ Comte,转引自:Mouhot,*Travels in Indo-China*,*Cambodia*,*and Laos*,ii. 27。关于印度未开化种族的诚实,另见:Sleeman,*op. cit.* ii. 110 *sqq.*;Dalton,*op. cit.* p. 256(Oraons);Crooke,*Tribes and Castes of the North-Western Provinces*,ii. 478(Hâbûra);Fraser,*Tour through the Himālā Mountains*,pp. 264(inhabitants of Kunawur),335(Bhoteas);Iyer,in the Madras Government Museum's *Bulletin*,iv. 73(Nayādis of Malabar);Walhouse,'Account of a Leaf-wearing Tribe on the Western Coast of India,' in *Jour. Anthr. Inst.* iv. 370(Koragars)。

⑩ Man,in *Jour. Anthr. Inst.* xii. 112.

科巴岛的土著不仅很诚实，①而且"被人指责不诚实时就会马上暴力以对"。②婆罗洲的达雅克人诚实且非常尊重真，由此而受赞誉。③博克先生说，如果他们不能满意地回答他询问的问题，他们就会犹豫是否还要回答，而如果他有时不能搞清整个真相，他们就什么也不回答，这正是他们的真。④哈马黑拉岛的阿尔弗拉人⑤及苏门答腊岛的巴塔克人的特点就是诚实，巴塔克人只有在紧急情况下才撒谎。⑥克劳弗德讲，爪哇人"与所有亚洲文明民族相区别的一个高尚品格就是尊重真"。⑦莱佛士讲："他们在与社会的交往中，很大程度上表现出诚实、明快、坦率的美德。他们如此坦诚，最初的荷兰当局也承认，囚犯受到犯罪指控被带上法庭，如果真有罪，十次有九次，他们不掩饰，不模棱两可，都会坦白他们犯罪的完全程度和确切情况，如果要求他们，他们还会交代证据以外的更多信息。"⑧在马来半岛的土著那里，还有其他一些值得 75 信任的诚实的族群；⑨另一些族群则被描述成不值得信任、不

---

① Distant, in *Jour. Anthr. Inst*. iii. 4.

② Kloss, *In the Andamans and Nicobars*, p. 227 *sq.*

③ Ling Roth, *Natives of Sarawak*, i. 66-68, 82. Boyle, *Adventures among the Dyaks of Borneo*, p. 215. Selenka, *Sonnige Welten*, p. 47.

④ Bock, *Head-Hunters of Borneo*, p. 209.

⑤ Kükenthal, *Forschungsreise in den Molukken*, p. 188.

⑥ Junghuhn, *Battaländer auf Sumatra*, ii. 239.

⑦ Crawfurd, *History of the Indian Archipelago*, i. 50.

⑧ Raffles, *History of Java*, i. 248.

⑨ Riedel, *De sluik- en kroesharige rassen tusschen Selebes en Papua*, p. 96 (Serangese). St. John, *Life in the Forests of the Far East*, ii. 322 (Malays of Sarawak).

诚实的。① 帝汶劳特群岛的土著如果觉得能不被察觉,撒谎时就一点也不脸红,②而据讲对尼亚斯人而言,"真就是让他们痛苦的敌人"。③

诚实正直是俄罗斯帝国内一些未开化人群的明显的美德。葛尔吉在完成于 18 世纪的著作里讲,楚瓦什人"满足于简单的肯定或否定,也总是遵守诺言";④巴拉宾兹人"从不说谎、表里不一、欺骗";⑤关于通古斯人,他们"似乎总是表里如一","对他们而言,说谎似乎是世上最荒唐的事,如此一来,他们在发誓或郑重声明表示肯定之后,就不会再被怀疑或强迫";⑥库里利安人总是"以最审慎而忠实的态度"说真话。⑦卡斯特伦讲,兹梁人像整个芬兰部落民一样,可靠而诚实,⑧而奥斯加克人除了洗礼时发誓,平时从不发誓。在他们那里,"证人从不发誓,但人们无条件相信他们的话,人人都可作证,疯子除外。孩子可以作不利于父母的证明,弟兄之间可作不利于对方的证明,丈夫可作不利于妻子的证明,妻子可作不利于丈夫的证明。"⑨

----

① Marsden, *History of Sumatra*, p. 209 (natives of the interior of Sumatra). Riedel, *op. cit.* p. 314 (natives of the Luang-Sermata group). Steller, *De Sangi-Archipel*, p. 23.

② Forbes, *A Naturalist's Wanderings in the Eastern Archipelago*, p. 320.

③ Modigliani, *Viaggio a Nías*, p. 467.

④ Georgi, *Russia*, i. 110.

⑤ *Ibid*. ii. 229.

⑥ *Ibid*. iii. 78. *Cf. ibid*. iii. 109.

⑦ *Ibid*. iii. 192. *Cf*. Krasheninnikoff, *History of Kamschatka*, p. 236.

⑧ Castrén, *Nordiska resor och forskningar*, i. 257.

⑨ *Ibid*. i. 309 *sq*.

阿留申人因忠实可靠而受到维尼亚密诺夫神父的高度称赞——"这些人讨厌撒谎,从不传播谣言……如果有谁怀疑他们说过的话,他们就会大为恼火。"他们"鄙视任何虚伪","不夸大其辞,也不做出空洞的承诺,就是想逃避责备时也是如此"。[1] 不同爱斯基摩部落对真的尊重似乎也不一样。阿姆斯特朗指责西爱斯基摩人,只要谎言能给他们带来好处,他们就沉溺于虚假,很少说真话。[2] 巴罗角一带的爱斯基摩人"总体说来是诚实的,不过,如果说谎被察觉,只会被当成一个有趣的笑话,他们在贸易中的花招也不少"。[3] 关于梅尔维尔半岛附近伊格卢利克岛的爱斯基摩人,据说"他们说谎只是中伤对方的人品,谎称对方偷盗或有不好的行为。如果向某个人问问题,他一般不会说谎或坚持谎言……在他们中间,基本上只是妇女在说谎。"[4]关于戴维斯海峡西侧弗罗比舍湾一带的爱斯基摩人,霍尔先生讲,他们看不起并躲避说谎的人,而说谎这类事情鲜少发生。[5] 格陵兰岛民相互之间诚实相待,至少男人如此。[6] 但是,如果有可能的话,格陵兰岛民不会说他认为会令听者不悦的真话,因为他渴望与同伴尽可能友好地

---

[1]　Veniaminof.转引自:Dall,*Alaska*,pp. 396,395。

[2]　Armstrong,*Discovery of the North-West Passage*,p. 196 *sq.*

[3]　Murdoch,'Ethnological Results of the Point Barrow Expedition,' in *Ann. Rep. Bur. Ethn.* ix. 41.

[4]　Lyon,*Private Journal during the Voyage of Discovery under Captain Parry*,p. 349.

[5]　Hall,*Arctic Researches*,p. 567.

[6]　Dalager,*Grønlandske Relationer*,p. 69. Cranz,*History of Greenland*,i. 171,175. Nansen,*Eskimo Life*,p. 158.

相处。①

　　不列颠哥伦比亚汤普森河一带的印第安人认为,说谎不好,如果说谎,人们会嘲笑你,叫你"说谎者"。② 说到易洛魁人,摩尔根先生讲,印第安人品格的一个重要特征就是重真。"这种天生的情感流行于他们最繁荣兴盛的时代,显露出原始的纯洁与亮丽。在所有场合,无论发生了什么危险,易洛魁人总是说真话,毫不畏惧,毫不迟疑。虚伪并非印第安人的习惯……易洛魁人自豪于他们对公众信仰的虔诚,若有不虔诚的行为,就严厉惩处。"③罗斯彻尔也讲,易洛魁人认为,说谎、欺骗是可憎、可耻的罪行。④ 在奇佩瓦人中,有些人惯于撒谎,但这些人名声坏了。⑤ 肖肖尼人是蛇印第安人中的一个部落,他们与生人交往时坦率而易于沟通,他们在交易中是完全公平的。⑥ 佛罗里达的塞米诺尔印第安人因诚实而受赞誉。⑦ 马修斯先生特别提到了纳瓦霍人,他讲:"就我在印第安人中生活三十余年的经验来看,我必须说,我尚未发现他们

77

---

① Nansen, *Eskimo Life*, p. 101. *Idem*, *First Crossing of Greenland*, ii. 334 *sq.*

② Teit, 'Thompson Indians of British Columbia,' in *Memoirs of the American Museum of Natural History*, Anthropology, i. 366.

③ Morgan, *League of the Iroquois*, pp. 335, 338.

④ Loskiel, *History of the Mission of the United Brethren among the Indians in North America*, i. 16.

⑤ Keating, *Expedition to the Source of St. Peter's River*, ii. 168.

⑥ Lewis and Clarke, *Travels to the Source of the Missouri River*, p. 306.

⑦ Maccauley, 'Seminole Indians of Florida,' in *Ann. Rep. Bur. Ethn.* v. 491.

比我们种族中的普通人更不诚实。"①在达科他人中，撒谎"被视作很糟糕的事"；不过在此方面，"每个人都能看到弟兄眼中有刺，却不知自己眼中有梁木"，②③在小事上不够诚信、诚实，是他们普遍的品格特征。④　思林凯特人也是如此，他们视虚假为罪孽，但只要符合自己的目的他们就毫不犹豫地诉诸虚假。⑤　关于奇佩维安人，据讲他们十分惯于扯谎，即便在他们内部，也很难讲他们视诚实为美德。⑥　克里人"不是很尊重真，他们是吹牛大王"。⑦　赫里奥特⑧与阿代尔⑨讲过北美印第安人有背信弃义、欺诈的倾向；不过阿代尔又讲，他们尽管"私下里不诚实"，但"对自己部落的确很诚实"。

关于南美印第安人如何尊重真，我所参考的权威们说得不多。科罗阿多人并非惯于欺诈。⑩　巴塔哥尼亚的德卫尔彻人几乎总是在小事上扯谎，他们为了娱乐也会捏造故事。马斯特斯上尉讲："然而，在一切重要事情上，例如保证某个人的安全，他们总是诚实守信。"马斯特斯上尉接着说道："一段

---

① Matthews，'Study of Ethics among the Lower Races，' in *Jour. of American Folk-Lore*，xii. 5.

② "看到弟兄眼中有刺，却不知自己眼中有梁木"，语出《圣经·马太福音》，意思是善于发现别人的毛病，却容易忽略掉自己的毛病。——译者

③ Schoolcraft，*Indian Tribes of the United States*，ii. 196.

④ Eastman，*Dacotah*，p. xvii.

⑤ Douglas，转引自：Petroff，*Report on Alaska*，p. 177。

⑥ Richardson，*Arctic Searching Expedition*，ii. 18. *Cf. ibid*. ii. 19.

⑦ Richardson，in Franklin，*Journey to the Shores of the Polar Sea*，p. 63.

⑧ Heriot，*Travels through the Canadas*，p. 319.

⑨ Adair，*History of the American Indians*，p. 4.

⑩ von Spix and von Martius，*Travels in Brazil*，ii. 242.

时间之后,当他们明白到我总是避免以任何方式偏离真,
(他们)就不再向我扯谎,小事也是如此。这可以表明,他们
并非像某些不了解情况的作者所说的那样本性奸诈。"[1]依
布里奇先生,在火地人中,没有谁能信任别人,扯谎的诽谤流
言很常见,人们也夸大其辞,说谎甚至不被视为错事。[2] 然
而,斯诺却讲过,"他们做的许多事都表明他们是诚实的";[3]
达尔文则讲,小猎犬号上的火地男孩"变得勃然大怒,这表明,
他相当明白别人叫他说谎者,是在斥责他,事实上他也确实是
说谎者"。[4]

　　关于澳大利亚土著,据说有些部落、家族几乎在所有场合
都表现得诚实守信,而其他部落、家族"似乎几无这种良好品
质"。[5] 依马修先生,他们并非恣意不诚实,但也只有在他们
未受强烈诱惑的条件下,才能指望他们诚实守信。[6] 柯尔先
生承认在有些情况下他们是奸诈的,轻易就会撒谎;不过,他
的观察使他委实相信,这些黑人也感到撒谎是错的,至少在职
业生涯的开始阶段他是这么看的。[7] 豪伊特先生发现,南澳

　　① Musters,*At Home with the Patagonians*,p. 195 *sq.*

　　② Bridges,in *A Voice for South America*,xiii. 202 *sq.* *Cf.* Hyades and Deniker,
Mission scientifique du Cap Horn,vii. 242;King and Fitzroy,*Voyages of the
"Adventure" and "Beagle,"*ii. 188.

　　③ Snow,*Two Years' Cruise off Tierra del Fuego*,i. 347.

　　④ Darwin,*Journal of Researches*,p. 227.

　　⑤ Brough Smyth,*Aborigines of Victoria*,i. 25.

　　⑥ Mathew,'Australian Aborigines,' in *Jour. and Proceed. Roy. Soc. N. S.
Wales*,xxiii. 387.

　　⑦ Curr,*Australian Race*,i. 43,100.

大利亚的库尔奈人"在描述发生的事情上,或作为证人在法庭讲述事实时,与我们自己人比起来并不逊色。在他们那里,若人们知道了某人不尊重真,就会给他贴上说谎者的标签。"[1]在新南威尔士的土著那里,因说谎而引起纷争的人会受惩罚,"人们相当不喜欢说谎的人";有个人曾与他们打了 30 年交道,据他所知,他们从不说谎,这让弗雷泽博士对此深信不疑。[2]依道森先生,在西维多利亚的各部落中,说谎的人惹人嫌;如果有谁因说谎给别人带来了麻烦,人们就会用飞去来器惩罚他,而妇女和年轻人犯了这样的错,人们就用棍棒打。[3]提及在澳大利亚中部的探险,艾尔写道:"从他们之间的交往当中,我大体上能看到,原住民说真话,诚实行事,如果友好对待他们,一般来说他们也会如此对欧洲人。"[4]关于澳大利亚西部的部落,昌西先生讲,他们当然算不上喜欢欺诈,但他基本没听说过他们中有谁因欺诈而受指责。他还讲,"通常他们自己人之间即使算不上忠实可靠,也算是诚实的";他与他们有多年交往,而他不记得哪个土著曾以满足个人利益为明确目的而说假话。"如果问他们什么问题,他们可能首先是要取悦询问者,而不是保证回答真实,但这是出于礼貌。"[5]按照近来西澳大利亚一名总法务官的说法,"不管一名

① Fison and Howitt,*Kamilaroi and Kurnai*,p. 256.
② Fraser,*Aborigines of New South Wales*,pp. 41,90.
③ Dawson,*Australian Aborigines*,p. 76.
④ Eyre,*Expeditions of Discovery into Central Australia*,ii. 385.
⑤ Chauncy,转引自:Brough Smyth,*op. cit.* ii. 275,281. *Cf.* Oldfield,'Aborigines of Australia,' in *Trans. Ethn. Soc.* N. S. iii. 255。

土著被指控犯了什么罪,他往往会坦率地承认自己在相关事情上做了什么"。① 加森先生关于澳大利亚南部迪埃利人的说法与上面这些说法很不一样。他说:"我相信不会有比他们更喜欢欺诈的种族了。他们在婴儿期就学会了欺诈,至死都欺诈别人,对此还不感到有什么不好……他们似乎以扯谎为乐,特别是在他们认为谎话能取悦你的时候,就更喜欢说谎。如果你问他们什么问题,就等着听假话吧,这是自然的事情。他们不仅向白人扯谎,他们自己人之间也扯谎,看来他们不觉得这有什么不好。"② 据较早前的一些作者,新南威尔士博特尼湾及杰克逊港一带的土著也绝非不说假话。③ 说到昆士兰的某个部落,拉姆霍尔兹先生讲,"澳大利亚土著会背叛任何人",而且,"如果对己有利,他们中没有谁会不撒谎。"④

据黑尔先生,波利尼西亚人并不是天生就奸诈,也绝不是因为害怕被欺骗才奸诈,而显然只是不恰当地掩饰自己;据说密克罗尼西亚人讲的话一般可以信任。⑤ 虚假的指控之于汤加岛民要比蓄意谋杀之于我们更可怕,而他们也将此原则贯

①　Moore,转引自:Brough Smyth,*op. cit*. ii. 278。

②　Gason,'Dieyerie Tribe of Australian Aborigines,' in Woods, *Native Tribes of South Australia*, p. 257 *sq.*

③　Collins, *English Colony in New South Wales*, i. 600. Barrington, *History of New South Wales*, p. 22.

④　Lumholtz, *Among Cannibals*, p. 100.

⑤　Hale, *U. S. Exploring Expedition*, Vol. Ⅵ. *Ethnography and Philology*, pp. 16, 73.

彻到实践中。① 波拉克告诉我们,在新西兰的毛利人中,各阶 80
层普遍说谎,成功的说谎者被视作无所不能之人。② 不过迪
芬巴赫发现,若诚实对待他们,他们也总会诚实相待;③而按
照另一个权威,他们信仰一个恶神,他们称之为"说谎者及谎
言之父"。④ 冯·耶林泛泛谈道,南太平洋岛民把说谎看作无
害、无错的想象力游戏,⑤这么说肯定是不对的。有人讲加罗
林群岛岛民⑥及新不列颠土著⑦有欺诈的倾向,事实并非如
此。比较而言,新喀里多尼亚人"并非天生就不诚实"。⑧ 有
人称赞所罗门群岛岛民是忠实可靠的工人和仆人,⑨不过现
时他们中有些人在贸易中的欺诈行为是很常见的。⑩ 关于新
赫布里底群岛的埃罗曼加人,H. A. 罗伯逊神父讲:"只有在
最符合自己目的的时候,他们才说关于偶像崇拜的实话,不
过,这些土著并非总是毫不考虑事实以至完全不说什么确定
的事或不说什么真实发生的事。"⑪在有些权威看来,斐济人

---

① Mariner,*Natives of the Tonga Islands*,ii. 163 *sq.*

② Polack,*Manners and Customs of the New Zealanders*,ii. 102 *sq.*。另见:
Colenso,*Maori Races of New Zealand*,pp. 44、46。

③ Dieffenbach,*Travels in New Zealand*,ii. 109.

④ Yate,*Account of New Zealand*,p. 145.

⑤ von Jhering,*Der Zweek im Recht*,ii. 606.

⑥ Angas,*Polynesia*,p. 386.

⑦ Powell,*Wanderings in a Wild Country*,p. 262.

⑧ Anderson,*Travel in Fiji and New Caledonia*,p. 233.

⑨ Parkinson,*Zur Ethnographie der nordwestlichen Salomo Inseln*,p. 4.

⑩ Sommerville,'Ethnogr. Notes in New Georgia,' in *Jour. Anthr. Inst.* xxvi.
393.

⑪ Robertson,*Erromanga*,p. 384 *sq.*

很不诚实,视机敏撒谎为能事。传教士威廉斯说,他们撒谎的倾向"如此强烈,以致他们根本就不想否认自己撒过谎,或者在被指责说假话的时候几乎不感到羞耻"。[①] 撒谎的习惯如此普遍,根本没人把这当回事,以致"当某人说完通常随后就有人反驳一句这是谎话,或达到类似效果的反馈,而被指责的人也不觉得有什么冒犯"。不过同样是这位作者又讲:"土著们常常对我说谎,显然不带什么恶意,这时说真话对他们要有利得多。斐济人把那些善于编故事的人称颂为讨人喜欢的伙伴,但有时他们也强烈谴责说假话的做法……在文明人最容易撒谎的事情上,土著最容易说真话。因此,土著被指控犯了什么罪的时候,他很少否认罪名,而一般会向任何他尊敬的人坦白所有事情……下面的事例表明,他们也谴责撒谎,视之为不体面的行为。有个白人,因撒谎而臭名昭著,曾惹得一位有权势的头人不快,就给我写信,请我为他说情。我为他说情了;头人很快撤掉了这个案子,说,'这样讲吧,没有谁憎恶外国人;但要告诉他,每个人都憎恶说谎者!'"[②]其他作者甚至否认斐济人惯于说谎;[③]而厄斯金发现,他不得不与之打交道的那些头人对于请他们诚实守诺的吁求如此坦诚,以至向他保证,"他们本就欣赏诚实的美德"。[④]

81

---

①   Wilkes, *U. S. Exploring Expedition*, iii. 76.

②   Williams and Calvert, *Fiji*, p. 107 *sq*.

③   Erskine, *Cruise among the Islands of the Western Pacific*, p. 264. Anderson, *Travel in Fiji and New Caledonia*, p. 130.

④   Erskine, *op. cit.* p. 264.

在蒙昧人的世界里,没有什么地方比非洲诸种族更不重视真了。黑人被描述成天生就是狡猾的撒谎者。[1] "他们说谎要比讲真话容易",假话"不被视为过错"。[2] 他们撒谎不仅因为撒谎能获得好处,能取悦他人,能娱乐,人们也常常讲他们撒谎是毫无目的的。[3],关于黄金海岸的土著,早期的旅行者博斯曼讲:"所有黑人都无一例外的狡猾、低劣、不诚实,很少受到信任,他们肯定不会放过欺骗欧洲人的机会,事实上也肯定不会放过相互欺骗的机会。"[4]在所有巴卡莱部落,"撒谎都被看作值得称羡的能事"。[5] 巴刚果人回答问题时,"他们认为什么话最能取悦问话者,一般就会说什么话,全然无视我们认为回答问题必须保证的真实性"。[6] 金斯利女士对西非土著也有同样的体验——他们"会对任何生死攸关的东西说'是',如果他们认为你想要他们这么说"。[7] 瓦坎巴人也被称作撒谎大王。[8] 瓦干达人"很不重视真,从不认为说谎不对;事实上,成功的说谎者还被看作是聪明、敏捷的家伙,很受钦佩"。[9] 有

[1] Baker, *Albert N'yanza*, i. 289. Burton, *Mission to Gelele*, ii. 199.

[2] Reade, *Savage Africa*, p. 580.

[3] Hübbe-Schleiden, *Ethiopien, Studien über West-Afrika*, p. 186 *sq.*

[4] Bosman, *New Description of the Coast of Guinea*, p. 100.

[5] Du Chaillu, *Explorations and Adventures in Equatorial Africa*, p. 390. *Cf. ibid.* p. 331.

[6] Ward, *Five Years with the Congo Cannibals*, p. 47.

[7] Kingsley, *Travels in West Africa*, p. 525.

[8] Krapf, *Travels in Eastern Africa*, p. 355.

[9] Wilson and Felkin, *Uganda*, i. 224. *Cf.* Felkin, 'Notes on the Waganda Tribe,' in *Proceed. Roy. Soc. Edinburgh*, xiii. 722; Ashe, *Two Kings of Uganda*, p. 295.

人讲,不诚实就是尼亚萨湖一带部落的"一种民族性"。[①] D. 麦克唐纳神父根据自己关于中非东部居民的经历写道:"他们经常'说谎',很少认为说谎是一种过错……黑人常常认为,别人指责他说假话就是在奉承他。因此,若是一个欧洲人给土著们讲了一个有趣的故事,他们想要大大恭维这欧洲人,他们就会看着他的脸说,'哦,神父,你是一个撒谎大王。'"[②] 纽先生讲,对万尼卡人而言,说谎"就和用鼻孔呼吸差不多,所有阶层、男女老少都沉溺于说谎。他们说谎经常没有原因,没有目标;就是为了撒谎而撒谎。你问某人他的名字、部落、住处或其他相同性质的简单问题,他给你的回答总是与真相背道而驰;而他说谎不是为了躲避或获得什么。对他而言,说谎似乎要比说真话更自然。谎话很容易被揭穿时他也撒谎,而他会笑话别人揭穿他,仿佛他认为别人揭穿他是一个好笑话。他一天有二十次听到别人叫他撒谎者,但他不在乎,因为说谎者这词对他来讲并非耻辱。为了隐瞒一项过失,他会以最厚颜无耻的方式瞎了眼般执着地撒谎……如果他想获得什么,他会编造一整套假话……他吹嘘撒谎就是他生命的一部分,而把纯然的事实当作世上最不赚钱的商品。不过,如果他是出于自我保护或自我利益而无原因、无目的、无顾忌地撒谎,他也算不得恶意的撒谎者。他不会出于明确的害人意图而说谎;他会认为,害人是不道德的,而他心肠足够善良,会避免害

---

① 　Macdonald,'East Central African Customs,' in *Jour. Anthr. Inst.* xxii. 119.

② 　Macdonald,*Africana*,i. 262 *sq.*

到别人……如果会危及别人的人品、利益，他会控制自己的舌头，我常常被此打动。"①如果东南非的一个班图人"掌管着什么财物，他会以高度的忠实说明此事，仿佛他就是国玺的掌管人。不过另一方面，在许多情形下，他们并不把假话看作不光彩之事，而如果某人可以通过说谎而逃脱麻烦，却不这样做，甚至会被视作傻瓜。"②安德森说过，赫雷罗人有"说谎的习惯"。③关于贝专纳人的分支巴察平人，波切尔讲，在他们的恶习中，普遍不尊重真及不诚实守信是较为突出的，他们惯于说谎，结果就是撒谎而"不感到羞耻，即便在撒谎被察觉时也是如此"。④在卡菲尔人中，"欺骗是他们从幼年时期就践行的艺术；甚至儿童也不回答简单的问题"。⑤只要欺骗他人不被察觉，就会被看作能事，不过如被发觉就尴尬了；因而，土著中做父亲的乐于看到自己的孩子巧妙地欺骗别人。⑥"与他们做贸易的时候，你可以放心，他们告诉你的一切都是假的，你可相应地行动……另一方面，若土著是你的人，如果他们喜欢你，他们会为你的利益而大肆撒谎，正如另一方为了贬损你的利益而撒谎那般；而双方都会认为这完全是公平交易。"⑦在卡菲尔人的诉讼里，"原告、被告、证人都可以按自己的意愿

83

---

① New，*Life，Wanderings，and Labours in Eastern Africa*，p. 96 *sqq.*
② Macdonald，*Light in Africa*，p. 211.
③ Andersson，*Lake Ngami*，p. 217. *Cf. ibid.* p. 499 (Bayeye).
④ Burchell，*Travels in the Interior of Southern Africa*，ii. 553 *sq.*
⑤ Holden，*The Past and Future of the Kaffir Races*，p. 179.
⑥ Kidd，*The Essential Kafir*，p. 285.
⑦ Leslie，*Among the Zulus and Amatongas*，p. 199. *Cf. ibid.* p. 202.

随便说谎,以尽量妥善处置自己的案子"。① 但我们也听到,卡菲尔人不向自己的头人撒谎,也有许多卡菲尔人不向自己喜欢或尊重的白人撒谎。② 据说布须曼人一般都是诚实的,但并非总是如此,"不诚实仅仅被视为小过失"。③ "布须曼或任一土著不得不说的话的第一个版本都不可信赖;不管你问他什么,他总是先说'我不知道',接着才会向你许诺告诉你他知道的一切。问他新鲜事,他会说'不,我们没有新鲜事',过了一会儿他才会告诉你或许很有意思的新鲜事。"④在马达加斯加,人们不认为欺骗、欺诈是瑕疵;反而将其"作为极灵巧的证明及可借鉴的事而表示羡慕,他们就是如此,至少当地的法律不对欺骗、诈骗过失处以刑罚"。⑤ 埃利斯讲,在他们看来,"儿童天赋之最好的证明就是善于欺骗、欺诈。他们以讲假话为乐,不过他们更喜欢讲述成功的欺骗、欺诈之事……他们的目的总是,做生意时就欺诈,声称跟对方是朋友却勒索对方,如果仅仅是谈话,则夸大其辞、编造假话。"⑥这些说法讲的是霍瓦人;不过对于同样住在这个岛屿的贝齐略人,说谎、欺骗同样普遍,"只要不被发现,说谎、欺骗就不被看成罪孽"。⑦同时马达加斯加却有许多谚语,这些谚语贬低说谎,指出真总

①　Maclean, *Compendium of Kafir Laws and Customs*, p. 58.

②　Kidd, *The Essential Kafir*, p. 286.

③　Burchell, *op. cit*. ii. 54.

④　Chapman, *Travels in the Interior of South Africa*, i. 76 *sq*.

⑤　Sibree, *The Great African Island*, p. 338.

⑥　Ellis, *History of Madagascar*, i. 143 *sq*.

⑦　Sibree, *op. cit*. p. 125. Shaw, 'Betsileo,' in *Antananarivo Annual*, iii. 79.

是最好。①

但是在非洲,据称也有许多族群尊重真,反对假。早期的旅行者高度评价了霍屯督人的真诚。塔查特神父讲,他们要比几乎所有地方的基督徒都更诚实;②柯尔本同意塔查特神父的说法,他断言霍屯督人讲的话是神圣的,在霍屯督人看来,世上几乎没有什么比背信弃义更肮脏的罪过。③ 按巴罗的说法,霍屯督人完全诚实守信,"如果他们确实有过失,在受到犯罪指控时,通常会吐露真相"。④ 关于马楠萨人,霍勒布博士讲,就他的经验而言,马楠萨人诚实守信的程度在一般水平之上,因而较强大的部落嘲笑他们为"北方的傻子"。⑤ 乌干达保护国的巴希马人一般很诚实守信,南迪人也认为,说谎是很邪恶的。⑥ 在非洲中部的富尔人部落,"撒谎被视作较严重的罪过;甚至很小的孩子也因说谎而被痛打,只要年龄大于十五或十六,若惯于说谎,就会受到割掉一片嘴唇的惩处"。⑦ 关于塞拉利昂的土著,温特博特姆讲,随着我们深入这个国家的内陆,就会发现,人们变得越来越缺乏计谋,也越来越值得信赖。⑧ "对于与芳人打过交道的人来说,相较于姆蓬圭人及 85

---

① Clemes,'Malagasy Proverbs,' *ibid*. iv. 29.

② Tachart,转引自:Kolben,*Present State of the Cape of Good Hope*,i. 167。

③ *Ibid*. i. 59.

④ Barrow,*Travels into the Interior of Southern Africa*,i. 151 *sq*.

⑤ Holub,*Seven Years in South Africa*,ii. 209.

⑥ Johnston,*Uganda Protectorate*,ii. 630,879.

⑦ Felkin,in *Proceed. Roy. Soc. Edinburgh*,xiii. 232.

⑧ Winterbottom,*Account of the Native Africans in the Neighbourhood of Sierra Leone*,i. 206 *sq*.

沿海民族,他们更喜欢芳人的诚实、勇敢",而称呼他们为说谎
者或懦夫则是一种侮辱。[1] 孟拉德在其 19 世纪初期的著作
里断言,在阿克拉的黑人中,说谎绝非常见现象,他们对自己
人一般是诚实的。[2] 依据早期的一个权威,大贝宁人很直率,
相互之间不欺骗。[3] 欣德夫妇写道,马萨伊人是一个诚实的
种族,他们中的成年人不撒谎;"他可能会拒绝回答问题,不过
一旦回答,他的话就是可信赖的。"[4]另一方面,鲍曼博士又
讲,他们常常撒谎,但他们也视撒谎为大过。[5] 加那利群岛的
关契斯人据说就是"他们说过的话的奴隶"。[6] 关于摩洛哥的
柏柏尔人,利奥·阿弗里卡纳斯写道:"他们是最诚实的人,从
不欺骗、背信弃义……他们非常忠实地遵守诺言,宁愿死也不
毁约。"[7]迪维瑞尔先生发现,另一支柏柏尔人图阿雷格人也
有同样的美德——"图阿雷格人诚实守信,遵守诺言,遵守契
约,即使离他们很远,他们也会努力遵守约定……图阿雷格人
的原则就是,一定按约定行事,不可被人指责不守信义……在
图阿雷格人那里,说谎、入室偷盗、不守信之事极少发生。"[8]
关于非洲阿拉伯人是否诚实,看法不一。 帕金斯问道:"谁能

---

[1]　Burton, *Two Trips to Gorilla Land*, i. 225 *sq.*

[2]　Monrad, *Guinea-Kysten og dens Indbyggere*, p. 6.

[3]　转引自:Ling Roth, *Great Benin*, p. 45。

[4]　Hinde, *The Last of the Masai*, p. 34.

[5]　Baumann, *Durch Massailand*, p. 165.

[6]　Bory de St. Vincent, *Essais sur les Isles Fortunées*, p. 70.

[7]　Leo Africanus, *History and Description of Africa*, i. 183.

[8]　Dyveyrier, *Exploration du Sahara*, p. 384 *sq.*

比沙漠阿拉伯人更可靠呢？"①另一方面，据罗尔夫斯及沙瓦纳，撒哈拉阿拉伯人相当喜欢说谎；②关于埃及阿拉伯人，圣约翰先生讲："他们说的话没有固定含义……'说谎者'是戏谑性的称呼，很少表示责备；人们会承认'我撒了一个谎'而毫不脸红。"③希罗多德说过，"阿拉伯人遵守誓约像其他人群一样虔诚"，④这对今天阿拉伯半岛的贝都因人确实如此。"没有什么恶习、罪名比背信弃义更臭名昭著、蒙受耻辱。广袤的阿拉伯沙漠上的人若在路上杀死了一个陌生人，会被宽恕，但是，如果人们知道他劫掠了同伙，或受他保护的客人，哪怕只抢了一块手帕，他也会永远蒙受污名。"⑤沃林断言，只要你跟一个贝都因人一起吃了盐和面包，你可完全信赖他的诺言。⑥不过，虽然他视忠实于心照不宣或明确的诺言为神圣义务，叙利亚沙漠里的谎言与欺骗依然与集镇里一样流行。⑦讲到幼发拉底河一带的贝都因人，布伦特先生说："贝都因人并不认为在一般事情上诚实是美德，他们也不以撒谎为耻。他们讲，每个人都有权隐瞒自己的想法。在重要事情上，他们会发誓，以简单地确认某事，如此一来，誓言中所陈述的事

②86

---

① Parkyns, *Life in Abyssinia*, ii. 182.

② Chavanne, *Die Sahara*, p. 392.

③ St. John, *Adventures in the Lybian Desert*, p. 31.

④ Herodotus, iii. 8.

⑤ Burckhardt, *Notes on the Bedouins and Wahábys*, p. 190 *sq.*

⑥ Wallin, *Reseanteckningar från Orienten*, iii. 116.

⑦ Burckhardt, *op. cit.* p. 104 *sq.* Cf. Wallin, *op. cit.* iv. 89 *sq.*; Doughty, *Arabia Deserta*, i. 241.

实就是可信赖的。在他们当中,撒谎的一般规则只有一个例外。如果问贝都因人他的母马的品种,他不会说假话。他可能拒绝回答,也可能回答说他不知道;但他不会编造一个母马的品种告诉你……不过这个规则不适用于马匹交易的任何其他方面。对马匹的年龄、品质、所有权,他们都可能说假话。"①

按一般的看法,不诚实是未开化种族的一个特征,而上述旅行者的各种说法与一般的看法是矛盾的。② 我们有相当多的理由可以假定,访问一个蒙昧人部落的外国人易于低估而非高估其诚实程度。关于探险家考察未开化族群诚实程度的方法,萨维奇·兰道先生提出了一个有趣的洞见。"如果你问一个阿伊努人,'你年纪大了,不是吗?'他会回答'是的';不过,如果你问这同样的人,'你年纪不大,是吧?'他同样会回答'是的'。"接着旅行者会得出结论——"刻意说实话不属于他们的品格;事实上,他们不清楚真假之分。"③其他权威讲,阿伊努人非常诚实,视诚实为最义不容辞的义务之一,④这不足为奇。关于巴西沃佩斯河一带的部落,华莱士先生讲:"我就各种事情与印第安人交流,问他们问题,我总是发

① Blunt, *Bedouin Tribes of the Euphrates*, ii. 203 *sq. Cf.* Niebuhr, *Travels through Arabia*, ii. 302:"他们从来也不会就马的血统撒谎。每个阿拉伯人都相信,如果他在后果严重的事情上发誓时撒谎,他及其家庭都会毁掉。"

② Burton, *City of the Saints*, p. 130. Vierkandt, *Naturvölker und Kulturvölker*, p. 273. von Jhering, *Der Zweck im Recht*, ii. 606.

③ Landor, *Alone with the Hairy Ainu*, p. 283.

④ Holland, in *Jour. Anthr. Inst.* iii. 237. von Siebold, *Aino auf der Insel Yesso*, p. 25.

现,为了防止得出错误结论,必须非常小心。如果他们看到你想要相信什么,他们总是倾向于做出肯定的回答,如果他们根本不理解你的问题,他们也会毫不迟疑地回答'是的'。"①倾向于对生人问的问题做出不确切回答的蒙昧人,相互之间却可能诚实相待。正如他们对生命和财产的尊重因人而异,他们对真的尊重也因当事人是外人还是同部落人而不同。克劳弗德说:"背信弃义、不讲信用是印第安岛民的恶习,也是生人最常指责他们的恶习。然而,对他们的这种指责必须有所体谅。在他们的内部社会交往中,他们远不是欺诈之人,而事实上,他们身上的诚实、正直要超出我们对于这充斥着恶政与野蛮之地的合理预期。与其他野蛮人一样,他们与外人、敌人打交道时,才表现出他们品质中的欺诈一面。"②苏门答腊内地的土著"与外人打交道时不诚实,他们不把这看作道德缺陷"。③ 德拉戈尔讲,格陵兰岛民卖东西时,若买者没见过这东西,卖者会贬低它而不是大肆吹捧它——即使卖者急于处理掉这东西;而同样是这名卖者,在与丹麦商人做买卖时却会说出可憎的谎言。④ 图阿雷格人严格遵守对自己人的诺言,却认为给予基督徒的承诺没有约束力;⑤他们的阿拉伯邻居讲,他们的话"就像水落到沙面,再也找不到了"。⑥ 据埃尔·默克,马萨伊人认为,与别

①　Wallace, *Travels on the Amazon*, p. 494 sq.

②　Crawfurd, *op. cit*. i. 71 sq. Cf. Christian, *Caroline Islands*, p. 71 sq.

③　Marsden, *op. cit*. p. 208.

④　Dalager, *op. cit*. p. 69 sq.

⑤　von Bary, 转引自:Chavanne, *Die Sahara*, p. 186。

⑥　Dubois, *Timbuctoo*, p. 231.

的种族打交道时,任何形式的欺骗都是被允许的。[1] 马达加斯加的霍瓦人甚至认为,与外人谈论政治事务时,只讲假话是一种责任,他们会惩罚此时说真话的人。[2]

按照诚实守信程度,蒙昧人在许多情况下要强于文化上更先进的民族。韦尔斯·威廉斯先生讲:"中国人轻易就会弄虚作假,他总是削尖脑袋欺骗自己的顾客——以承诺哄骗他,在货物或工作上作弊。"[3]据说中国人平时说的话充斥着谎言,几乎很难了解真相。[4] 谎言被察觉,他一点也不感到羞耻,也不怕神灵会因为他说谎而惩罚他;[5]如果你称他说谎者,"也不会惹他发火,不会让他产生被贬低的感觉"。[6] 而中国人的道德学说谆谆教诲,将诚实守信视为一种严格的义务。他们的一条道德律令就是,"教育孩子只能说真话"。[7] 可以从孔子那里引用许多格言。孔子高度赞扬诚信,认为迫切需要诚信,正如所有基督教道德家以前所做的那样。孔子讲,诚实、真诚,应当是首要的原则。诚信是天道,是事物的终结与开始,没有诚信就什么都没有。品德真正高尚的行为必须是诚信的行为,正如舟之于想要渡河的人,亦如桨之于舟。若言行不

---

[1] Merker, *Die Masai*, p. 115.

[2] Ellis, *History of Madagascar*, i. 144. 斯坦利·霍尔教授注意到,"在儿童中,对友说真话,对敌说假话是一条尽管并非明确蓄意,但广泛流行的现实准则"('Children's Lies,' in *American Journal of Psychology*, iii. 62)。

[3] Wells Williams, *The Middle Kingdom*, i. 834.

[4] Smith, *Chinese Characteristics*, p. 271.

[5] Cooke, *China*, p. 414. Edkins, *Religion in China*, p. 122. Bowring, *Siam*, i. 106. Wells Williams, *op. cit.* i. 834.

[6] Smith, *Chinese Characteristics*, p. 271.

[7] Wells Williams, *op. cit.* i. 522.

一,君子当感到羞耻。^① 不过,在有些情形下,诚信当让位于家庭责任:父为子隐,子为父隐。^② 此外,大道德家本人也并不总是按照高尚的原则行事。孔子和孟子有时为了方便会毫不犹豫说假话。^③ 孔子曾借口生病而不见某位不受欢迎的客人,事实上他并未生病;^{④⑤}他曾故意不遵守自己发下的誓言,因为是被迫发的誓。^{⑥⑦} 日本、缅甸、暹罗要比中国更尊重真。赖因教授讲:"就我的经验而言,在热爱真这方面,日本人不比我们欧洲人差。"^⑧缅甸人尽管喜欢夸大事实,总的说来还是诚实守信的。^⑨ "不诚实是东方人的特征,这并非暹罗人的民族缺陷。他们无疑也常说谎以保护自己免遭不公和压迫,但在寻求证据时,他们更喜欢求真。"^⑩

　　撒谎被称作印度人的民族恶习。^⑪ "说孟加拉人没有真假观

---

① *Lun Yü*,i. 8. 2;vii. 24;ix. 24;xii. 10. 1;xv. 5. 2. *Chung Yung*,xx. 18. Douglas,*Confucianism and Taouism*,pp. 103,114,146. Legge,*Chinese Classics*,i. 100.

② *Lun Yü*,xiii. 18. 2.

③ Legge,*Chinese Classics*,i. 100. Smith,*Chinese Characteristics*,p. 267.

④ *Lun Yü*,vi. 13.

⑤ 此处引文应出自《论语·阳货第十七》,里面提及"孺悲欲见孔子,孔子辞以疾"。——译者

⑥ *Lun Yü*,xvii. 20.

⑦ 经查,《论语》中无孔子违背誓约的事例。此事例当见于《史记·孔子世家》。——译者

⑧ Rein,*Japan*,p. 393.

⑨ MacMahon,*Far Cathay and Farther India*,p. 62. Forbes,*British Burma*,p. 45. Fytche,*Burma Past and Present*,ii. 67.

⑩ Bowring,*Siam*,i. 105.

⑪ Caldwell,*Tinnevelly Shanars*,p. 38. *Cf*. Kearns,*Tribes of South India*,pp. 64 (Reddies and Hindus generally),68 (Reddies and Naickers);Burton,*Sindh*,pp. 197,284;*Idem*,*Sind Revisited*,i. 314.

90　念,这不算过分。"①一位与各阶层土著接触相当密切的绅士声称:
"问他们问题时,如果他们不清楚会对他们自己或与他们有关的人
造成什么后果,你放心,你最初得到的回答肯定是假的;不过,如果
他们发现说真话不会害了自己或自己喜欢的人,他们就会说真
话。"②印度人的证词一般不被视为证据。③　他们常常造假,处处欺
骗人。"在几乎所有最小的商业交易中,双方都要签订书面协议,
协议要盖章、登记,因为他们相信说的话没有约束力。"④撒谎也不
被视为有损名誉之事,特别在未被察觉的情况下。⑤　但在印度,正
如其他地方,说真话还是说假话取决于说话者与有关方的关系。
W. H. 斯利曼爵士讲,在他们内部,村落社群成员之间说真话,一
如世界其他地方的社群,但与政府打交道时,他们常说谎言;"如果
谁说谎欺骗自己的邻居,他就会成为憎恶、轻蔑的目标,如果他说
谎是为了使邻居的田地租金或税收不再增加,他就会受到尊重、好
评。"⑥关于印度中部的首陀罗居民,约翰·马尔科姆爵士也说,
"可以讲,在与生人及政府官员打交道时,他们说假话,并且常常说
肯定性的假话";而"他们在内部交往时,并不常说假话,许多人(特
别是一些农民)以坚持说真话而著称"。⑦　古代印度人因诚实守信

---

①　Trevelyan,转引自:Wilkins,*Modern Hinduism*,p. 401。

②　Wilkins,*Modern Hinduism*,p. 399 *sq*.

③　Percival,*Land of the Veda*,p. 288.

④　Wilkins,*op. cit.* p. 407 *sq*.

⑤　*Ibid.* p. 400. Caldwell,*op. cit.* p. 40.

⑥　Sleeman,*op. cit.* ii. 123. *Cf. ibid.* ii. 118,129 *sq.* ;Crooke,*Tribes and Castes of the North-Western Provinces and Oudh*,ii. 478(Hâbûra).

⑦　Malcolm,*Memoir of Central India*,ii. 171. *Cf.* Hislop,*op. cit.* p. 1.

而受到赞扬；阿里安在写于公元 2 世纪的《印度史》里讲，据称没有　91
哪个印度人说假话。① 在印度圣书里，诚实守信受到高度赞扬。
"如果将诚实与一千匹用于祭祀的马两相比较，可以发现，真甚至
超过了这一千匹马。"②"神灵正是真，而人是非真。"③"有一个法则
是神所遵守的，即真的法则。正因为这一点，神的胜利，神的光荣，
是牢不可破的；所以，知道这一点而说真话的人，他的胜利，他的光
荣，无疑也牢不可破。"④参与圣火仪式，崇拜圣火，就意味着说真
话——"不管是谁说了真话，他都如将酥油洒入那燃烧着的火；既
然他点燃了这火，他的生命力就会不断增长，一天天过去，他将变
得更善。而不管是谁说了假话，他都如将水洒入那燃烧着的火；既
然他减弱了火势，他的生命力就会不断削弱，一天天过去，他就变
得越来越邪恶。因此，让他只说真话吧。"⑤在法庭上作伪证的人
尤其受到可怖的谴责。⑥ 证人作的伪证是关于小牛的，他就犯了
杀害十个人的罪；证人作的伪证是关于母牛、马匹和人的，他就分
别犯了杀害一百、一千、一万人的罪；而证人作的伪证是关于土地
的，他就犯了杀害整个人类的罪。⑦ 依据作假带来的不同损害，作
假之罪过相应的严重程度也不同。事实上，"在有些情形下，一个
人若知道事实却出于虔诚的动机而作伪证，他并不会失去天堂；他

---

①　Arrian, *Historia Indica*, xii. 5.

②　*Institutes of Vishnu*, viii. 36.

③　*Satapatha-Brâhmana*, i. 1. 1. 4; iii. 3. 2. 2.

④　*Ibid.* iii. 4. 2. 8. *Cf. ibid.* i. 1. 1. 5.

⑤　*Ibid.* ii. 2. 2. 19.

⑥　*Laws of Manu*, viii. 82.

⑦　*Gautama*, xiii. 14 *sqq.*

92 们把这样的证据称作诸神的话语"。① 其次,"如果说真话会导致一个吠舍、刹帝利或婆罗门死去,可以说假话;因为这样的假话要比真话更为可取"。② 按佛教的撒谎观,"谎言涉及的物体价值越大或事情越重要,罪孽就越大"。③ 与通过损害邻人获得好处而撒谎比起来,为了保护自己而撒谎是较轻的过错。于是,为了保有某物而否认拥有它,并非很邪恶的谎言,而为了剥夺物主对该物的所有权而作伪证,会被视作更为深重的罪孽。④ 佛教关于诚实守信的戒律要比婆罗门教的戒律限制性更强——"婆罗门讲,为了宗教导师而说谎,因为牛而说谎,为了保护自己的生命而说谎,为了在任何竞赛中获胜而说谎,都算不上罪过;但这违背了佛教戒律。"⑤ 成佛的一个条件就是,绝不受欲望或其他激情影响,为了财富或别的好处而自觉说谎。⑥ 从释迦牟尼成为菩萨之时,或从他将要成佛直至通过诸次重生而最终成佛,他从未说过谎;"吹掉诸世界容易,要大佛说谎难。"⑦他的追随者却没有这么审慎。据说,锡兰的佛教徒撒谎毫不内疚,撒谎被察觉也不感到羞耻。⑧ 而信佛教的
93 蒙古人"撒谎时毫不犹豫,就是祈祷时也是如此"。⑨

---

① *Laws of Manu*, viii. 103.
② *Ibid*, viii. 104.
③ Hardy, *Manual of Budhism*, p. 486.
④ *Ibid*. p. 485.
⑤ *Ibid*. p. 486.
⑥ *Jātaka Tales*, p. 23.
⑦ Hardy, *op. cit*. p. 486.
⑧ Knox, 转引自: Schmidt, *Ceylon*, p. 317. Hæckel, *Visit to Ceylon*, p. 239。
⑨ Gilmour, *Among the Mongols*, p. 259.

　　依拜火教，诚实守信是一种最神圣的义务。撒谎就是恶神的创生，对付撒谎最有效的武器就是琐罗亚斯德昭示于人的神圣宗教。[①] 一个巴拉维语文本里讲，有次智慧之神被问及，"人们通过多少种方式、动机、善行最能达到天堂？"他这样回答："首要的善行是慷慨，其次是真。"[②]不可违背契约，既包括以手或担保物发誓的契约，也包括仅口头发誓的契约。[③] 甚至对不信拜火教的人也要守信，这是一种义务——"哦，琐罗亚斯德，不违背契约，既不违背与不信者订下的契约，也不违背与同信仰者订下的契约。"[④]希腊历史学家及楔形文字的刻文也是古波斯人厌恶作假的见证。希罗多德写道："儿子五岁至二十岁期间，他们独独在三件事情上对儿子谆谆教诲——骑马、拉弓、说真话……他们认为，世上最不体面的事就是说谎；其次糟糕的事是欠债，这是因为，欠债者由于种种原因不得不撒谎。"[⑤]大流士的碑文把撒谎说成是一切罪恶的代表。他受到马兹达神偏爱，"因为他不是异端，不是说谎者，也不是暴君"。他很担心，唯恐别人认为他定下的记录里有虚假的成分；他甚至不记述他统治时的某些事件，"唯恐后人会仔细阅读碑文，

---

　　① Bundahis，i. 24；xxviii. 14，16. *Dînâ-î Maînôg-î Khirad*，xix. 4，6；xxx. 5；xxxvi. 29. Darmesteter, in *Sacred Books of the East*，iv. p. lxii. Spiegel，*Erānische Alterthumskunde*，iii. 684 *sq*. Geiger，*Civilization of the Eastern Irānians*，i. 164 *sq*. Meyer，Geschichte des Alterthums，i. 534，536.

　　② *Dînâ-î Maînôg-î Khirad*，xxxvii. 2 *sqq*.

　　③ *Vendîdâd*，iv. 5 *sqq*.

　　④ *Yasts*，x. 2.

　　⑤ Herodotus，i. 136，138. *Cf*. Stobæus，*Florilegium*，44，vol. ii. 227；Xenophon，*Cyri Institutio*，i. 6. 33.

于是他的许多事迹就会看起来像是伪造的"。[①] 斯皮格尔教授试
94 图证明,虚假而非诚实是古代伊朗人的民族性,他们中最高贵的人
也禁不住作假;[②]他引用事实支持自己的观点,但这些事实是他们
与异民族打交道的事实,因而与要探讨的问题几无关系。现代波
斯人是臭名昭著的说谎者,他们坚持要求别人相信自己,谎言被揭
穿时还会笑起来。[③] 只有游牧民忠实于自己的话;说"我是游牧
民",意思就是"你可以信任我"。[④]

　　虚假也是其他伊斯兰国家流行的恶习。莱恩先生讲,"始终如
一的诚实是现代埃及罕见的美德";商业交易中的欺诈行为是埃及
人最臭名昭著的缺陷之一。[⑤] 莱恩先生把此习惯部分归咎于伊斯
兰教的影响,伊斯兰教允许甚至要求在某些情况下作假。按一般
的伊斯兰教义,如果是为了拯救自己的生命,调解有矛盾的人之间
的关系,取悦或说服自己的妻子,在与异教徒的战争中取得好处,
可以说谎。[⑥] 但在其他情况下,先知严斥说谎;"不,我祈求真主宽
恕,是这么这么一回事"——他们收回非故意的虚假陈述时很少忘
记说这样的话,从这种措辞也可看出,他们并未忘记说谎是罪
过。[⑦] 我认为,将穆斯林民族缺乏诚信归咎于他们的宗教,是错误

---

① Rawlinson, in his translation of Herodotus, i. 262 *sq.* n. 3.

② Spiegel, *op. cit*, iii. 686.

③ Polak, *Persien*, i. 10. Wallin, *Reseanteckningar från Orienten*, iv. 192, 247. Wilson, *Persian Life and Customs*, p. 229 *sqq.*

④ Polak, *op. cit*. ii. 95.

⑤ Lane, *Manners and Customs of the Modern Egyptians*, i. 382 *sq*. Cf. Burckhardt, *Arabic Proverbs*, p. 100.

⑥ Lane, *Modern Egyptians*, i. 383. Muir, *Life of Mahomet*, i. p. lxxiii. *sq.* n. †.

⑦ Lane, *Modern Egyptians*, i. 383 *sq.*

的。东正教徒和佛教徒也惯于说谎,丝毫不亚于穆斯林。[1]

荷马史诗使我们得以熟悉只要符合自己的目的就借助欺骗和谎言的诸神与人。[2] 伟大的宙斯毫不困难就送了一个说谎的梦给阿伽门农。雅典娜负有欺骗、背叛赫克托耳之罪;她明确主张虚伪,并因为奥德修斯的欺骗品格而钟爱他。[3] 奥德修斯这位奸诈大师,吹嘘自己的谎言,没有哪个角色像他这样在虚构的故事里频繁出场。[4] 在荷马时代与波斯战争之间的时期,希腊人在诚实方面或许取得了一些进展,[5]但诚实从未成为希腊人的民族美德之一。[6] 不过希腊文学常常谴责欺骗,视之为恶习,诚实守信则被赞扬为美德。[7] 阿喀琉斯就表达了他对谎言的恐惧。[8] "不说谎"是梭伦的座右铭之一。[9] 品达强烈谴责像奥德修斯那样的人品,[10]在关于普骚米斯的颂文的末尾,他保证自己不会以谎言玷污自己的话。[11] 据毕达哥拉斯,人说真话时就变得像诸神那样。[12] 据柏拉

95

---

① Vámbéry, *Der Islam im neunzehnten Jahrhundert*, p. 232.

② *Cf*. Kames, *Sketches of the History of Man*, iv. 150 *sq*.; Mahaffy, *Social Life in Greece*, p. 26 *sqq*.

③ *Odyssey*, xiii. 331 *sq*.

④ *Ibid*. ix. 19 *sq*.

⑤ Schmidt, *Die Ethik der alien Griechen*, ii. 413.

⑥ *Cf*. Thucydides, iii. 83.

⑦ 见:Schmidt, *op. cit*. ii. 403 *sqq*.。

⑧ *Iliad*, ix. 312 *sq*.

⑨ Diogenes Laertius, *Vitæ philosophorum*, i. 2 (60).

⑩ Pindar, *Nemea*, viii. 26.

⑪ *Idem*, *Olympia*, iv. 17.

⑫ Stobæus, *op. cit*. xi. 25, vol. i. 312.

图,撒谎的习惯使灵魂丑陋;①"真是一切良好事物的开始,对诸神
与人都是如此。"②但应区分不同种类的假话。许多人非常喜欢
讲,在恰当的时间、地点,说假话常常是正确的,③必须承认,在某
些情况下,谎言是有用的,也不惹人讨厌,例如跟敌人打交道时,再
如我们称之为朋友的那些人疯狂发作、陷入幻觉,要做出伤害性举
动时。④ 其次,城邦的统治者可以为了公共利益说谎,一如医生可
以用药;为了公共利益,这些统治者有必要借助于相当剂量的谎言
与欺骗。⑤ 另一方面,若统治者发现除了他之外的任何人在城邦
内撒谎,他就会惩罚他,因为后者的做法"等同于颠覆和毁灭船只
或城邦"。⑥ 除了发假誓的人,在长者、上级——老人、父母或统治
者——面前说谎的人,也是诸神最厌恶的。⑦

　　共和国时期的罗马人把自己的诚实与希腊人的虚假及腓尼基
人的背信弃义做对比,这并非毫无缘由。吉本讲:"诚信女神不仅
在庙宇里受到崇拜,在罗马人的生活里也受到崇拜;如果说罗马民
族缺乏慈善与慷慨的优良品质,他们在最严苛的承诺上所表现出
的真诚与朴素则会让希腊人震惊。"⑧罗马人的史书里装点着关于
诚实正直的典范事例,这些事例尽管在很大程度上是虚构的,但也

---

① Plato,*Gorgias*,p. 524 *sq*.
② *Idem*,*Leges*,v. 730.
③ *Ibid*. xi. 916.
④ Plato,*Respublica*,ii. 382.
⑤ *Ibid*. iii. 389;v. 459.
⑥ Plato,*Respublica*,iii. 389.
⑦ *Idem*,*Leges*,xi. 917. *Idem*,*Respublica*,iii. 389.
⑧ Gibbon,*History of the Decline and Fall of the Roman Empire*,v. 311.

能表明罗马人是如何看待这种品质的。① 希腊人没有自己的雷古鲁斯，而罗马的雷古鲁斯"选择慷慨赴死，而非向敌人说谎"。② 罗马法严厉惩处极卑劣的作假。按照《十二铜表法》，任何人诽谤、中伤他人，指摘他人有错误、不道德的行为，将被鞭笞致死，③作伪证者④及腐败的法官⑤也要处死。但是，罗马共和国未能清除不诚实的现象，作伪证及伪造文书的事在罗马很常见。⑥

古代斯堪的纳维亚人认为，说谎、失信、欺诈是不体面之事。⑦公开杀人、抢劫若真是犯罪，也属可原谅的罪名；不过，若他秘密行事，就属"可憎之人"，除非他事后公开承认犯事。⑧ 爱尔兰古代法律规定，不仅作伪证，就是一般的撒谎，也可要求犯事者支付"一半的荣誉罚金直至三次"；⑨依据《埃希尔书》里的评注，犯秘密谋杀罪者，支付双份荣誉罚金。⑩

《旧约》记载了一些自家长制时代就有的撒谎事例，撒谎不仅

---

① *Cf*. Inge, *Society in Rome under the Cæsars*, p. 33 *sq*.

② Cicero, *De officiis*, i. 13.

③ *Lex Duodecim Tabularum*, viii. 1.

④ *Ibid*. viii. 23. Aulus Gellius, *Noctes Atticæ*, xx. i. 53.

⑤ *Lex Duodecim Tabularum*, ix. 3. Aulus Gellius, *op. cit.* xx. i. 7.

⑥ Inge, *op. cit.* p. 35.

⑦ Maurer, *Bekehrung des Norwegischen Stammes*, ii. 154, 183 *sq*. Rosenberg, *Nordboernes Aandsliv*, i. 487.

⑧ Wilda, *Strafrecht der Germanen*, p. 569. Nordström, *Bidrag till den svenska samhälls-författningens historia*, ii. 320 *sqq*. Keyser, *Efterladte Skrifter*, ii. pt. i. 361. Rosenberg, *Nordboernes Aandsliv*, i. 487. von Amira, 'Recht,' in Paul's *Grundriss der germanischen Philologie*, ii. pt. ii. 173.

⑨ *Ancient Laws of Ireland*, i. 57.

⑩ *Ibid*. iii. 99.

不受到谴责,撒谎者还特别为神喜爱。不过,必须承认,《旧约》赋予其中某些作假行为过分的重要性,[①]关于这些行为,是外人为了逃避迫在眉睫的危险而作假。[②] 例如,以撒住在基拉尔时,害怕当地人会杀了他,[③]就说他的妻子是他的妹子,他撒了谎,而有良知的男人在类似情况下一般也会毫不犹豫这么做。至于雅各长期对继父言行不一——其继父同样贪婪而肆无忌惮——要知道,他们是不同地方的土著。[④] 雅各在母亲的煽动下,粗鲁地欺骗了他瞎眼的父亲以撒,正如有人指出的那样,[⑤]雅各及其母亲这两位密谋者都明白地感到,从以撒那里欺诈而来的祈福应归雅各而非以扫,而且,由于父亲以撒的祈福的话据信有神力,他们就认为迫切需要获得以撒的祈福,不管是以公平的方式还是卑劣的方式。显然,古代希伯来人从道理上并不把欺骗视为过失而加以谴责,他们为了达到目的所使用的手段也是肆无忌惮的。大卫不管何时受到了什么危险威胁,他马上就会说符合自己目的的谎言;他虽然慷慨,却也冷漠地欺骗敌人与朋友,而很可能没有什么欺诈与谎言的事例能在卑劣程度上超过他对其忠实的仆人乌利亚所做的事。[⑥] 的确,大卫的行为也受到了谴责——"大卫的做法使主不

---

① *E.g.*, by McCurdy, 'Moral Evolution of the Old Testament,' in *American Journal of Theology*, i. 665 *sq.*; von Jhering, *Zweck im Recht*, ii. 606 *sq.*; Spencer, *Principles of Ethics*, i. 402.

② *Genesis*, xii. 12 *sq.*; xx. 2.

③ *Ibid.* xxvi. 7.

④ *Ibid.* ch. xxix. *sqq.*

⑤ McCurdy, *loc. cit.* p. 666.

⑥ *Cf.* Kuenen, *Religion of Israel*, i. 327; McCurdy, *loc. cit.* p. 681.

悦。"①但重要的是,就连耶和华有时也会借助欺骗贯彻自己的计划。为了毁灭亚哈,他派遣一个说谎的神灵去欺骗亚哈的诸先知;②有一次他还威胁要用欺骗对偶像崇拜者实施复仇。③ 但为了害邻居而作伪证是被严格禁止的;④作伪证者受到的惩罚应该与他想对其所要中伤的人带来的损害一样。⑤《便西拉智训》里严厉谴责了说谎——"撒谎是个人的一个污点,没有教养之人时刻在撒谎。一贯说谎的人,还不如一个窃贼,尽管两者都将自取灭亡。撒谎不光彩,他总是生活在耻辱之中。"⑥"说谎言的嘴,为耶和华所憎恶。行事诚实的,为他所喜悦。"⑦按照《塔木德》,"四种人不得入天堂:嘲笑他人的人,说谎的人,伪善的人,诽谤他人的人"。⑧只有为了和平,特别是为了内部和平,说谎才不是罪;⑨改口的人所犯罪孽与偶像崇拜等同。⑩ 艾赛尼派教徒特别强调诚实守信的义务。⑪ 进入他们教派的人要起誓,坚持热爱真并教化一切说谎者。⑫ 约瑟夫斯说"他们特别忠实"。"不管他们说了什么话,都要

99

---

① *2 Samuel*,xi. 27;xii. 1 *sqq*.

② *1 Kings*,xxii. 20 *sqq*.

③ *Ezekiel*,xiv. 7 *sqq*. *Cf*. Spencer,*Principles of Ethics*,i. 402.

④ *Deuteronomy*,v. 20.

⑤ *Ibid*. xix. 16 *sqq*.

⑥ *Ecclesiasticus*,xx. 24 *sqq*.

⑦ *Proverbs*,xii. 22.

⑧ Deutsch,*Literary Remains*,p. 57.

⑨ Hershon,*Treasures of the Talmud*,p. 69 *sq*.

⑩ *Sanhedrin*,fol. 92 A,转引自:Montefiore,*Hibbert Lectures on the Religion of the Ancient Hebrews*,p. 558。

⑪ Philo Judæus,*Quod liber sit quisque virtuti studet*,p. 877 (*Opera*,ii. 458).

⑫ Josephus,*De bello Judaico*,ii. 8. 7.

比誓言更可靠;而他们避免发誓,他们视发誓比作伪证更糟糕;因为他们讲,不借上帝发誓就不能信赖的人总应受谴责。"①

　　"每个人都要与邻人说真话",②从早期起就是最重要的基督教箴言之一。③据圣奥古斯丁,即便是为了拯救邻居的生命也不能说谎;"因为说了谎就会失去永恒的生命,绝不能为了任何人一时的生命就说谎。"④而并非所有谎言都同样有罪;有罪的程度取决于说谎者的意图以及谎言所涉及的问题的性质。⑤这也就成为教会所认可的教义。⑥托马斯·阿奎那讲,尽管说谎总是有罪,但若说谎的目的不违背慈善,说谎也非死罪,"例如,开玩笑的谎话,其目的是稍微消遣一下,再如帮助人的谎话,其目的甚至是为了给我们邻居带来好处"。⑦但是,从早期起,我们就能看到,天主教会还有一种宽松得多的教义,较之于圣奥古斯丁对真的坚定热爱,这种教义不久就对人们的实践与情感产生了重大影响。希腊神父认

100　为,若说假话有"正当的理由",假话并不等同于谎言;他们不仅把

---

　　①　Josephus, *De bello Judaico*. ii. 8. 6.

　　②　*Ephesians*, iv. 25.

　　③　Gass, *Geschichte der christlichen Ethik*, i. 90.

　　④　St. Augustine, *De mendacio*, 6 (Migne, *Patrologiæ cursus*, xl. 494 *sq.*。).

　　⑤　*Idem*, *Enchiridion*, 18 (Migne, *op. cit.* xl. 240); *Idem*, *De mendacio*, 21 (Migne, xl. 516). 关于圣奥古斯丁对说谎的看法,另见他写给康森提乌斯的文章《驳谎言》(*Contra mendacium*, Migne, xl. 517 *sqq.*),以及:Bindemann, *Der heilige Augustinus*, ii. 465 *sqq.*。

　　⑥　Gratian, *Decretum*, ii. 22. 2. 12、17. *Catechism of the Council of Trent*, iii. 9. 23.

　　⑦　Thomas Aquinas, *Summa theologica*, ii.-ii. 100. 3 *sq.* 圣奥古斯丁说:"开玩笑的人开玩笑时,其调子、语气都极其明显地表明,他不是要欺骗别人。"(*De mendacio*, 2 [Migne, *op. cit.* xl. 487 *sq.*]; *Quæstiones in Genesim*, 145, *ad Gen.* xliv. 15 [Migne, xxxiv. 587])这样的玩笑话不算谎言,即使他说的事不是真的。格兰西把此说法吸收进其《教会法汇要》(*Decretum*, ii. 22. 2. 18)。

自卫,也把对上帝荣耀的热情视作正义的理由。[1] 基督教会宣扬对上帝荣耀的热情,以及对教会全身心的热爱,这就导致了那些"虔诚的欺骗",那些不计其数的伪造的文书、虚构的传奇、捏造的每一描述,于是天主教会成为撒谎的真正温床,也最严重地损害了基督徒心中对真的情感。[2] 通过捏造事实,罗马教廷这一神职机构就被追溯到了使徒时代,也是通过编造事实,人们声称康斯坦丁放弃了在意大利的皇帝权力,把皇权交给了圣彼得。[3] 罗马的主教取得了使人们摆脱自己誓言、诺言约束的特权。若誓言违背了教会的利益,就被宣布为无约束力。[4] 按教会制定的理论,暴君、海盗、强盗杀死人身,对他们无诚信可言,而异教徒杀死灵魂,对他们就更无诚信可言。[5] 于是,教会就认为,私自的声明就可使人们不受郑重协议或说真话义务的约束而心安理得;模棱两可,或玩弄辞藻——说者采纳一个意思,又想让听者采纳另一意思——也被认为在某些情况下可行。[6] 据圣亚丰素(Alfonso de' Liguori)——

---

[1] Gass,*op. cit.* i. 91,92,236 *sqq.* Newman,*Apologia pro vita sua*,p. 349 *sq.*

[2] von Mosheim,*Institutes of Ecclesiastical History*,i. 275. Middleton,*Free Inquiry into the Miraculous Powers*,which are supposed to have subsisted in the Christian Church,*passim.* Lecky,*Rise and Influence of Rationalism in Europe*,i. 396 *sqq.* Gass,*op. cit.* i. 91,235. von Eicken,*System der mittelalterlichen Weltanschauung*, pp. 654-656,663.

[3] von Eicken,*op. cit.* p. 656. Poole,*Illustrations of the History of Medieval Thought*,p. 249.

[4] Gregory IX. *Decretales*,ii. 24. 27.

[5] Simancas,*De catholicis institutionibus*,xlvi. 52 *sq.* p. 365 *sq.*

[6] Alagona,*Compendium manualis D. Navarri*,xii. 88,p. 94 *sq.* :"小偷偷了别人东西,若法官不能胜任审讯,或者没有法官,为了让小偷坦白认罪,任何时候都可心口不一。"另见:Kames,*op. cit.* iv. 158 *sq.* 。

他生活在 8 世纪,19 世纪时被美化,上层权威声称他著作里的每一句话都无懈可击①——可以出于正当理由而应用三种形式的模棱两可,甚至也可附带上郑重的誓言。我们可以模棱两可地使用有两层含义的词汇,例如 volo 这个词,它既有"想要"的意思,也有"飞"的意思;也可使用有两层主要意思的句子,例如"这本书是彼得的",它的意思可以是这本书属于彼得,也可以是彼得是这本书的作者;也可使用有两层含义的词汇,其中一层含义比另一层含义更常见,或一层含义是字面的而另一层是隐喻的——例如,如向某人询问什么事情,而他想对此事有所隐瞒,他可以回答,"不,我说",这句话也可理解成"我说了'不'这个词"。② 至于心智上的限制,这包括"纯粹心智上的"限制,顾名思义,是别人无论如何无法发现的,是不允许使用的;但我们可以出于正当理由使用"非纯粹的心智上的限制",从本质上讲,这种限制是别人可发觉的,尽管我们与之打交道的那个人并未发觉。③ 于是,在肯定性誓言里秘密插入"不"这个词而不显露任何外在信号,是错误的;但是,低语时或在咳嗽的掩盖下插入"不"这个词,就不算错。我们得以使用模棱两可或非纯粹的心智上的限制的"正当理由"被界定为——"任何诚实的目的,例如精神上或现实地保有我们的物品"。④ 为了支持这种诡辩术,天主教卫道士异口同声地说,每个人都有权保护自己,每个人都有权守卫自己拥有的知识,一如保护自己的物品;至

①　Meyrick,*Moral and Devotional Theology of the Church of Rome*,i. 3.

②　Alfonso de' Liguori,*Theologia moralis*,iii. 151,vol. i. 249.

③　*Ibid*. iii. 152,vol. i. 249.

④　*Ibid*. iii. 151,vol. i. 249.

于这之中是否有欺骗的成分——想想看,战争时士兵可以使用计谋,击剑时对手可以佯攻。[1]

　　骑士阶层的操守强烈主张坚持真,尤其主张要完全忠实于诺言。[2] 不管誓言有多么苛刻、荒唐,骑士也要极其严格地履行承诺。一个人经常许诺赠予另一人他想要的东西,如果不守信,他就会失去骑士荣誉。[3] 兰斯洛特讲,亚瑟王曾经向某骑士许诺,要把自己的妻子送他作礼物,他既不理会这不幸女人的痛哭,也不听任何劝说、陈情;他回答道,国王不能食言,于是王后就被送给了那位骑士。[4] 若参战的骑士做出请求,基于他们只要受到召唤就会自愿返回的诺言,上级会欣然暂时给予他们自由。[5] 据讲,骑士极为尊重誓言、承诺,一旦失信,他们就用小的铁链锁住胳膊或衣服,到处出现,向整个世界表明,他们是自己的话的奴隶;直到他们兑现了承诺,才会取掉铁链,有时这要花四五年时间。[6] 当然,不能期望现实总是与理想状态一致。13 世纪时,香槟伯爵宣布,他更相信自己最下层的臣民,而非自己的骑士。[7] 再者,骑士的诚信义务似乎与在形式上履行一项约定相差不远。"骑士时代是一个欺瞒诈骗的时代,即便在骑士阶层内部,此类现象也并不少见。"[8]耐人

------

[1]　Meyrick, *op. cit.* i. 25.

[2]　*Book of the Ordre of Chyualry* foll. 18b, 31b, 34b. Robertson, *History of the Reign of Charles V*. i. 84. Sainte-Palaye, *Mémoires sur l'ancienne chevalerie*, i. 76 *sq*.

[3]　Mills, *History of Chivalry*, p. 152.

[4]　Lancelot du Lac, vol. ii. fol. 2 a.

[5]　Sainte-Palaye, *op. cit.* i. 135.

[6]　*Ibid.* i. 236 *sq*.

[7]　*Ibid.* ii. 47. *Cf*. Kames, *op. cit.* iv. 157.

[8]　Pike, *History of Crime in England*, i. 283.

102

寻味的是,13 世纪的英国法律尽管相当乐意以模糊的措辞承认,
任何人不得以诈骗获利,却倾向于认为,受欺骗误导之人应自食其
果,而王室并不为因信任说谎者而蒙受损害之人提供补救之道。①
到了中世纪末期及之后,伪造货币及伪造印章的犯罪活动在英格
兰非常猖獗,这一般也伴随着伪造书信或官方文书的犯罪活动;②
而假砝码、假量具以及各种形式的造假都是商业贸易中的常见
现象。③

　　据派克先生,政府档案表明,在现代,英格兰的欺诈有所减
少。④ 商业诚信改善了,而都铎王朝时期甚至地位最高的人也采
用的卑劣的欺诈手法,不管怎么说现在沦落到社会较低阶层那
里。⑤ 在现今的西方文明国家,不同个人,不同阶层或人群,乃至
不同民族,都对诚信义务的内涵意见不一。西方人认为,一名绅士
心口不一要比一个店主或农民心口不一更该受谴责。英格兰似乎
有种常见的观念,若一名律师受指示说假话,他明白这是假话而拒
绝说出来,则此人当属过于审慎之人,⑥至少对某些外国人而言,
此种观念显得比较奇怪;⑦在有些西方国家,若某人表面信奉某一

---

① Pollock and Maitland, *History of English Law before the Time of Edward
I*. ii. 535 *sq*.

② Pike, *op. cit*. i. 265, 269; ii. 392.

③ *Ibid*. i. 142; ii. 238.

④ *Ibid*. i. 264. *Cf. ibid*. ii. 474.

⑤ *Ibid*. ii. 14 *sq*.

⑥ Sidgwick, *Methods of Ethics*, p. 316. Paley, *Principles of Moral and Political
Philosophy*, iii. 15 (*Complete Works*, ii. 117). The same view was expressed by Cicero
(*De officiis*. ii. 14).

⑦ 另见:Dymond, *Essays on the Principles of Morals*, ii. 5, p. 50 *sqq*.。

宗教,也会去教堂,但实际上并不信仰此宗教,人们一般会认为此种行为当受谴责。贵格会教徒认为,所有恭维性言语,例如称呼人时的恭维话,都不应使用,因为与诚实不符。[①] 有些哲学家也表达了这个观点——诚实是无条件的义务,不受任何特殊情形限制,任何时候都应诚实。据康德,若杀人犯在追杀我们的朋友,杀人犯问我们,我们的朋友是否在我们家里避难,若对杀人犯说假话,也属犯罪。[②] 费希特认为,为所谓必要的谎言辩解是"人们之中可能出现的最邪恶的论点"。[③] 戴蒙德说:"如果我可以为了保护自己的财产对一个强盗说假话,我也可以出于同样的目的杀害自己的长辈。"[④]但无论大众还是正统新教神学都不支持这种严苛的看法。[⑤]杰里米·泰勒问道:"为了拯救朋友、孩子、自己、某位善良而勇敢的人的生命,有谁会不说无害的谎话呢?"[⑥]关于欺骗他人旨在使他人受益这种情况,西季威克教授讲:"按常识,这样做有时是对的:例如,如果对病人说实话会导致危险后果,对他说假话是隐瞒事实的唯一方式,多数人会毫不迟疑对他说假话。关于有些事情,人们认为孩子不应知道真相,所以我也没见过这时有谁不愿意对孩子说假话。"[⑦]但是,对于成人的情况,上述原则似乎就需要哈奇

（右侧页边）104

---

① Gurney, *Views and Practices of the Society of Friends*, p. 401.

② Kant, 'Ueber ein vermeintes Recht, aus Menschenliebe zu Lügen,' in *Sämmtliche Werke*, vii. 309.

③ Fichte, *Das System der Sittenlehre*, p. 371; English translation, p. 303 *sq.*

④ Dymond, *op. cit.* ii. 6, p. 57.

⑤ Reinhard, *System der Christlichen Moral*, iii. 193 *sqq.* Martensen, *Christian Ethics*, 'Individual Ethics,' p. 216 *sqq.* Newman, *Apologia pro vita sua*, p. 274.

⑥ Taylor, *Whole Works*, xii. 162.

⑦ Sidgwick, *op. cit.* p. 316.

森的修正,亦即如果被欺骗一方自己也不认为被欺骗是一种伤害,那么说假话就无过错。① 如不做修正,这一原则就会被轻易用来支持"虔诚的欺骗"。如今"虔诚的欺骗"在其最粗陋的形式上一般会受到人们的反对,但巧妙伪装下的"虔诚的欺骗"还是为许多宗教狂热信徒所倡导。有人论证道,最重要的宗教真相无法传入普通人的心灵,除非用虚构的外壳把它们包装起来,仿佛它们本就如此,而把这些虚构之事当作事实来讲述,我们才真是做实质诚实之事。② 但捏造这个论点的目的似乎主要是支撑宗教说教业已衰败的结构,任何未被宗教偏见误导的人都几乎无法接受它。关于说假话是自我保护的一种方式这一说法,有人不仅以说真话会导致严重伤害来辩解,也以好奇心不正当来辩解,因为,一个人不得不为他人提供他所无权要求的信息,这似乎不合情理。③ 人们也以各种方式限定守信的义务。深思熟虑过的人一般会承认,守信的义务是相对于被承诺者而言的,而被承诺者可以取消承诺。④ 做不道德之事的承诺被认为无约束力,因为先前不做此类事的义务是首要的。⑤ 兑现承诺的时间到来之前,如果情况变化很大,以致守诺的后果变得与承诺时的预期很不一样,每个人都会同意,被承诺人应当解放承诺人;但如果被承诺人拒绝这么做,有些人会说,承诺人无论如何都应受其承诺约束,另一些人则会坚持认为,情况

---

① Hutcheson, *System of Moral Philosophy*, ii. 32.

② Sidgwick, *op. cit.* p. 316

③ Schopenhauer, *Die Grundlage der Moral*, § 17 (*Sämmtliche Werke*, vi. 247 *sqq.*).

④ Whewell, *Elements of Morality*, p. 156. Sidgwick, *op. cit.* p. 305.

⑤ Dymond, *op. cit.* ii. 6, p. 55. Whewell, *op. cit.* p. 156 *sq.* Sidgwick, *op. cit.* p. 305. This is also the opinion of Thomas Aquinas (*op. cit.* ii. -ii. 110. 3. 5).

的变动已经消除了守诺的义务。[①] 通过强力或欺骗获得的承诺在多大程度上具有约束力,是一个争议很大的问题。[②] 例如,据哈奇森,通过非正义的暴力榨取而来的承诺不值得尊重。[③] 另一方面,亚当·斯密认为,不管什么时候,即使出于最必要的理由违背了这样的诺言,对做出承诺的那个人而言,某种程度上也总是不光彩的行为,而"一个勇敢的人应该宁死不许下他既不可能毫不愚蠢地遵守,又不可能恬不知耻地违背的承诺"。[④]

关于诚实守信,以前人们区分了对同胞的义务与对外国人的义务,现在这种区分在一些情形下还保留着。在国家间关系中,不管和平时期还是战争时期,这种区分都特别显眼。在战时,为了获取关于敌人或敌国的情报,可以采取必要的计谋及欺骗性手段,而不管这战争是自卫性战争还是侵略性战争。[⑤] 事实上,最著名指挥官的荣耀在很大程度上来源于善于欺骗;特别是 18 世纪,有一

---

① Sidgwick, *op. cit.* p. 306 *sq.* 托马斯·阿奎那讲,"若关于人与物的条件已变",可宽恕不守诺之人(*op. cit.* ii. -ii. 110. 3. 5)。

② Dymond, *op. cit.* ii. 6, p. 55 *sq.* Whewell, *op. cit.* pp. 155, 159 *sqq.* Sidgwick, *op. cit.* p. 305 *sq.* Adam Smith, *Theory of Moral Sentiments*, p. 486 *sqq.*

③ Hutcheson, *System of Moral Philosophy*, ii. 34.

④ Adam Smith, *op. cit.* p. 489.

⑤ *Conférence de Bruxelles*, art. 14. *Instructions for the Government of Armies of the United States in the Field*, art. 16, 101. *Conférence internationals de la paix*, La Haye, 1899. 'Règlement concernant les lois de la guerre sur terre,' art. 24, pt. i. p. 245. 罗马天主教会允许进行正义战争时使用计谋(Gratian, *op. cit.* ii. 23. 2. 2; Ayala, *De jure et officiis bellicis et disciplina militari*, i. 8. 1 *sq.*; Ferraris, 转引自; Adds, *Catholic Dictionary*, p. 945; Nys, *Le droit de la guerre et les précurseurs de Grotius*, p. 128 *sq.*)。圣奥古斯丁是诚实的重要倡导者。他认为:"只要有益于正义的利益,既可公开作战,也可使用计谋获胜。"(*Quæstiones in Jesum Nave*, 10, *ad Jos.* viii. 2 [Migne, *op. cit.* xxxiv. 781])

种常见的看法,即较之于在常规战斗中取得成功,通过间谍取得成功更能展现一个将军的才能。^① 洛德·沃尔斯利写道:"作为一个民族,我们从小就感到,即便通过谎言取得了成功也是不光彩之事;间谍这个词带有像奴隶一词那样令人讨厌的意味;我们将怀持'诚实是最好的策略'及真理终将胜利的信念而继续努力。此类短句很适合于儿童的习字簿,但战时照此行事者最好永远将刀剑入鞘。"^②同时,可以用欺骗对付敌人的一般规则中也有一些例外。按战争惯例,人们达成一致,某些行为及信号有着具体含义,以便交战者可继续进行某些必要的交往,而禁止用这样的行为或信号欺骗敌人。于是,不能打着休战旗的幌子偷偷摸摸搜集情报;不用作医院的建筑不能挂医院的旗帜;未被《日内瓦公约》条款覆盖的人也不受其红十字标志保护。^③ 有一个奇怪而随意的规则是,得到许可的欺骗手段自欺骗停止之时则禁止使用,这就影响了一套计谋。为了逃脱敌军或吸引敌军行动,使用敌军的独特标志是完全正当的;但人们认为,穿着敌军制服的士兵在攻击开始前必须戴上能使他们被认出的明显标记,使用敌人旗帜的船只在枪炮开火之前必须升起自己的旗帜。^④ 不遵守这个规则会被视作很不光彩之事;因为"在实际战斗中,敌人是一定要忠诚战斗的,而且他们不

---

① Halleck, *International Law*, i. 567. Maine, *International Law*, p. 149 *sqq.*

② Wolseley, *Soldier's Pocket-Book for Field Service*, p. 169.

③ *Conférence de Bruxelles*, art. 13 *sq. Instructions for the Government of Armies of the United States in the Field*, art. 101, 114, 117. *Manual of the Laws of War on Land*, *prepared by the Institute of International Law*, art. 8(*d*). Hall, *Treatise on International Law*, p. 537 *sq.*

④ Hall, *op. cit.* p. 538 *sq.* Bluntschli, *Droit international*, § 565, p. 328 *sq.*

能随便通过戴上友谊的面具而保证胜利"。① 但正如霍尔先生所说的那样,我们难以明白,为何在伪装明显无用时伪装起来,不如伪装有效时伪装起来忠诚。② 最后,人们普遍同意,应遵守对敌人许下的承诺;③即便马基雅维里④与宾刻舒克⑤也承认这一点,而他们一般说来并不赋予交战者特别重的义务。但"国际法"给欺骗敌 108人所下的限制似乎并未得到严肃对待。不管在战争时期还是和平时期,国家之间的条约,一国给另一国的承诺,方便时就保留,不方便就很难维持。而在感到有必要为失信找一个借口的时候,这个借口本身一般说来就是一个谎言。

---

① Bluntschli, *op. cit.* § 565, p. 329.

② Hall, *op. cit.* p. 539.

③ Heffter, *Das Europäische Völkerrecht der Gegenwart*, § 125, p. 262.

④ Machiavelli, *Discorsi*, iii. 40 (*Opere*, iii. 164).

⑤ Bynkershoek, *Quæstiones juris publici*, i. 1, p. 4. 然而,教会法的格言"对敌诚信"(Gratian, *Decretum*, ii. 23. i. 3) 被 "不合教会利益的誓言无约束力" 的原则 (Gregory IX. *Decretales*, ii. 24, 27. 见:Nys, *Le droit de la guerre et les précurseurs de Grotius*, p. 126 *sq.*) 大大损害了。

109

第三十一章　对真与信的尊重(完)

人们谴责不诚实与不守信,有若干原因。首先,说谎或失信的人,一般情况下就对另一人造成了伤害。因而他的行为引起了同情性憎恶,并成为道德谴责的目标。

人们天生就倾向于相信别人告诉他的话。在小孩子身上,这种倾向特别明显;只有习得的智慧和经验才教人怀疑,而正如亚当·斯密所说,它们一般还教得不够。[1] 尽管有些人本人就很善于撒谎,但他们也常常被别人的假话蒙骗。[2] 欺骗被发觉,这总是意味着两种不可调和的想法之间的冲突;此冲突会引起痛苦的感觉,[3]从而引起对冲突之意志的原因,即对欺骗者的愤慨。

而人们不仅易于相信别人告诉他的话,他们也想要知道真相。我们刚开始有智力活动的时候,同时也就有了好奇心,或称对真相的热爱;这似乎就是关于人的一个终极事实。[4] 我们努力了解真

110

---

[1] Reid, *Inquiry into the Human Mind*, vi. 24, p. 430 *sqq.* Adam Smith, *Theory of Moral Sentiments*, p. 494 *sq.* Dugald Stewart, *Philosophy of the Active and Moral Powers of Man*, ii. 340 *sq.*

[2] Burton, *Two Trips to Gorilla Land*, i. 106 (Mpongwe).

[3] Lehmann, *Hovedlovene for det menneskelige Følelseliv*, p. 181. *Cf.* Bain, *Emotions and the Will*, p. 218.

[4] Dugald Stewart, *op. cit.* ii. 334, 340.

相，却被欺骗我们的人所挫败，他就成为我们忿恨的目标。

欺骗伤害了我们，这并非仅仅因为我们想要知道真相，而主要因为真相对我们很重要，我们应该知道真相。我们的行为基于我们的思想；因而，谎言或虚假承诺会引起对过去、现在或未来的某种事实的错误看法，这会导致损害我们利益的事情出人意料地发生。再者，我们发现自己受骗了，就会产生一种被羞辱的感觉，觉得别人无礼地让我们的行为屈从于他的意志。这是对我们自尊的伤害，是我们名誉的污点。法国国王弗朗索瓦一世立下了一个原则："绝不能一味容忍谎言，除非是出身卑贱的家伙说的谎。"[1]圣帕拉耶说："谎言总被视作有荣誉之人可能受到的最要命、最不可弥补的冒犯。"[2]

对说谎与失信的谴责主要取决于受骗人受到的损害，这一点可由以下事实看出，即说谎或失信引起的损害越大，人们就认为它越该受谴责。但即便是在显然很琐碎的事情上，会思考的人也强烈坚持诚实守诺的必要性。每一个谎言，每一个未兑现的承诺，都会削弱彼此的信任，会使犯事者将来犯下相似的错误，也会为他人树立一个坏榜样。边沁讲："真，是很重要的，即便在琐事上最轻微地违背了真的法则，也总会带来某种程度的危险。最轻微地偏离真，也是对真应得到的尊重之攻击。有了第一次违背就会促成第二次违背，就会使人沉溺于令人作呕的虚假习惯。"[3]反过来，正如 111

---

[1]　Millingen, *History of Duelling*, i. 71.

[2]　Sainte-Palaye, *Mémoires sur l'ancienne chevalerie*, i. 78.

[3]　Bentham, *Theory of Legislation*, p. 260.

亚里士多德所说,在小事上诚实守信的人,在大事上更会如此。[①]
然而,要做出类似的考量,就需要一定的思考与深思远虑;因而,随
着智力上的发展,人们就会更加强调诚实守信的义务。在文明的
早期阶段,人们常常认为,对某人说假话来取悦他[②]是好的做法,
而实言顶撞他则视为无礼,这是因为,后来会出现什么后果是很难
预料的。 也可以用诚实守信义务具有功利基础来解释那些极端的
事例——若欺骗能促进被欺骗者的真正利益,人们就认为可以欺
骗,甚至认为欺骗是一种义务。

对假话的厌恶在很大程度上是由于通常构成谎言基础的动
机。说人们说谎仅仅因为喜欢虚假,是值得怀疑的。[③] 想要使别
人错误地相信什么,这一意图有更深层的动机,并非仅仅想要使别
人错误地相信;在多数情况下,这种动机就是:欺骗者希望以被骗
者为代价而使自己获益。若有较好的动机,欺骗行为就不那么令
人厌恶,甚至还可充作欺骗行为的正当理由。但人们一般反对目

---

　　① Aristotle, *Ethica Nicomachea*, iv. 7. 8.

　　② 此处以及上述相关说法,见: Dobrizhoffer, *Account of the Abipones*, ii. 137;
Hennepin, *New Discovery of a Vast Country in America between New France and
New Mexico*, ii. 70; Dall, *Alaska*, p. 398 (Aleuts) Oldfield, in *Trans. Ethn, Soc.* N. S.
iii. 255 (West Australian natives). 利文斯通讲:"非洲土著具有取悦他人的友善愿
望,他们常常说出他们假想中能取悦人的话,而不是干巴巴的事实。"一个英国运动
员向一只羚羊射击后,问他的黑人侍者:"羚羊受伤了吗?"侍者回答:"是的! 子弹直
直打中了羚羊心脏。"事实上动物根本没受到致命伤害。他就请一个理解当地语言
的朋友告诉这个土著,他任何情况下都更喜欢听到真话。土著回答:"他是我的父
亲,如果我告诉他,他没有打中,我想他会不高兴。"(*Expedition to the Zambesi*, p.
309)在儿童中,尤其是女孩中,由于想取悦他人,于是也常常说假话(Sully, *Studies of
Childhood*, p. 250)。

　　③ Dugald Stewart, *op. cit.* ii. 342.

的决定手段这种泛泛的看法；出于慈善动机偶尔可以欺骗他人的 112
原则，也已被更高层次的个人自由观和个人权利观限制到很狭窄
的范围之内。于是，道德从神学中解放了出来，这就败坏了旧的理
论的名声——按照这个旧理论，若宗教欺骗服务于把人类灵魂从
永久沉沦中拯救出来的目的，就可以进行宗教欺骗。直觉主义及
功利主义的道德家都曾倡导这种观点，即无论何种动机都无法为
虚假行为辩护。① 而对人类常识而言，我们应当杀死想夺人性命
的人，以拯救我们自己的生命或同类的生命，而非欺骗他，否则看
起来定然是荒唐的。

　　不难理解，当说谎的目标是生人的时候，人们常常允许说谎，
甚至认为说谎值得称赞，甚至是一种义务。在早期社会，对生人施
加的伤害并不引起同情性忿恨。相反，人们视生人为敌人，怀疑、
憎恨他，他会被看作欺骗的合适目标。在布须曼人中，"头人或氏
族之父不在场，就没人敢吐露任何信息"。② 伯克哈特讲："贝都因
人若不认识询问他的人，很少会如实回答关于家庭或部落的问题。
他们教育孩子，绝不要回答类似的问题，唯恐问话者是一个秘密敌
人，是为了复仇来到这里。"③在贝尼阿梅尔人那里，生人一定不能
相信他们中谁讲的话，因为"他们蔑视一切外来事物"。④ 就是文
明民族，战时也可使用计谋，这是战争——战争本身也是被允许
的——的自然结果；如果敌人之间也守信用，是因为只有如此，才

---

① Macmillan, *Promotion of General Happiness*, p. 166 *sq.*
② Chapman, *Travels in the Interior of South Africa*, i. 76.
③ Burckhardt, *Notes on the Bedouins and Wahábys*, p. 210.
④ Munzinger, *Ostafrikanische Studien*, p. 337.

能避免不必要的残暴行为,才能终结敌对状态。

113　　　然而,人们谴责欺骗,不仅仅因为欺骗是对受骗一方的伤害并因此易于引起同情性忿恨,也因为它是无私的道德忿恨的目标——它本质上就招人厌恶。谎言是获得不应得利益的廉价而懦弱的方式,人们若敬重勇敢,就会鄙视谎言。① 谎言是弱者、女人②及奴隶③的武器。西塞罗说,欺骗是狐狸的特征,而力量是狮子的特征;"社会对二者都很厌恶,但欺骗尤为可恶。"④普鲁塔克讲:"撒谎乃奴隶之事,是男人最憎恶的事,即使是在可怜的奴隶中也很难被原谅。"⑤由于其懦弱性,撒谎有违条顿人及骑士阶层的荣誉观;就是在我们自己的社会,"说谎者"和"懦夫"这样的词对男人而言也同样是不光彩的。沃尔特·斯科特爵士讲:"绅士的等级和地位强有力地要求他们记住,他们必须憎恶别人自觉说出的假话对他们的诋毁,视之为最严重的伤害。"⑥费希特问道:"我们为什

① *Cf.* Schopenhauer, *Die Grundlage der Moral*, § 17 (*Sämmtliche Werke*, vi. 250); Grote, *Treatise on the Moral Ideals*, p. 254.

② 一般认为,女性特别喜欢说谎 (Schopenhauer, *Parerga und Paralipomena*, ii. 497 *sq.*。Galton, *Inquiries into Human Faculty*, p. 56 *sq.* Krauss, *Sitte und Brauch der Südslaven*, pp. 508, 514. Maurer, *Bekehrung des Norwegischen Stammes*, ii. 159 [ancient Scandinavians]. Döllinger, *The Gentile and the Jew*, ii. 234 [ancient Greeks]. Lane, *Arabian Society in the Middle Ages*, p. 219. Le Bon, *La civilisation des Arabes*, p. 433. Loskiel, *History of the Mission of the United Brethren*, i. 16 [Iroquois]. Hearne, *Journey to the Northern Ocean*, p. 307 *sq*, [Northern Indians]. Lyon, *Private Journal*, p. 349 [Eskimo of Igloolik]. Dalager, *Grønlandske Relationer*, p. 69; Cranz, *History of Greenland*, i. 175).

③ 见下文第 129 页及以下。

④ Cicero, *De officiis*, i. 13.

⑤ Plutarch, *De educations puerorum*, 14.

⑥ Scott, 'Essay on Chivalry,' in *Miscellaneous Prose Works*, vi. 58.

么感到羞耻？为什么我们说谎时的羞耻感要比做了其他任何违背良心的事更强烈?"他给出的答案是,谎言伴随着懦弱,而在我们自己眼里,没有什么比缺乏勇气更不光彩。[1] 康德说:"说谎就是放弃人的尊严,也可说就是毁灭人的尊严。"[2]

不过也可从一种非常不同的角度看待谎言。谎言不仅可以意味着懦弱,也可以意味着聪明。因而,成功的谎言会引起对说谎者的羡慕这种无私的和善情感,这正是道德上的赞同;而谎言被察觉则被视作羞耻。不仅聪明的说谎者是他人羡慕的目标,他所欺骗之人也是被人取笑的目标。金斯利女士讲,对西非土著而言,说谎不会造成内心的伤害,"因为他们认为,一个人不发誓就在重要事情上相信别人,这样的人是傻瓜"。[3] 有叙利亚格言讲:"说谎是人之盐(善),相信谎言者才可耻。"[4]

诚实守信的义务,在一定程度上以及在某些情形下,主要基于审慎的考虑。虽然如德国民间故事所讲,世上每天都有人成功欺骗了别人,[5]但毕竟也有一种普遍的观念——"诚实是最好的策略。"西塞罗讲:"假的东西不可能持续。"[6]阿拉伯人讲:"说谎者短

---

① Fichte,*Das System der Sittenlehre*,p. 370;English translation,p. 302 *sq.*

② Kant,*Metaphysische Anfangungsgründe der Tugendlehre*,p. 84.

③ Kingsley,*West African Studies*,p. 414. *Cf.* Sommerville,'Ethnogr. Notes in New Georgia,' *Jour. Anthr. Inst.* xxvi. 394.

④ Burton and Drake, *Unexplored Syria*, i. 275. 另见:Burckhardt,*Arabic Proverbs*,p. 44 *sq.* 。

⑤ Grimm,*Kinder und Hausmärchen*,'Katze und Maus in Gesellschaft,' 'Die drei Spinnerinnen,' 'Das tapfere Scfeneiderlein,' &c.

⑥ Cicero,*De officiis*,ii;12.

命(即不久就会被发觉)。"①按照沃洛夫人的格言,"不管谎言有多么多,只要真相浮出水面,谎言终将被捉。"②巴苏陀人也有句谚语:"狡猾吞噬其主人。"③也有人讲过:"如果没有诚实这样的东西,把它创造出来就是一笔好投资,可以发大财。"④

　　人们还认为,撒谎不仅会带来社会性的不利影响,也会带来超自然的危险。西非弗约特人有一个关于渔夫的故事,这个渔夫每天都能捕到很多鱼,但他总是偷偷运到自己家里,然后告诉自己的弟兄和亲戚,自己什么都没捕到。神物松加(Sunga)把一切看在眼里,对他如此说谎感到悲痛。神物就惩罚他,夺去了他说话的能力,他就不能再撒谎了,从此以后他就只能用手势告诉别人自己需要什么。⑤ 弗约特人还告诉我们另一个事例,一名妇女说自己没有豌豆可卖,实际上她有满满一篮子豌豆,土地神就把她变成了土柱子。⑥ 乌干达保护国的南迪人相信,"神惩罚说谎,以雷击打不诚实的人"。⑦ 婆罗洲的达雅克人认为,即使说极无意义的假话,比如说一个男人为母亲养了一只猫,或害虫会跳舞,也会使雷神发怒。⑧ 新赫布里底群岛的阿内蒂乌姆流行一个信仰,

---

① Burckhardt, *Arabic Proverbs*, p. 119.

② Burton, *Wit and Wisdom from West Africa*, p. 15.

③ Casalis, *Basutos*, p. 307.

④ 转引自:entham, *Theory of Legislation*, p. 64。

⑤ Dennett, *Folklore of the Fjort*, p. 88 *sq.*

⑥ *Ibid*, p. 5.

⑦ Johnston, *Uganda Protectorate*, ii. 879.

⑧ Selenka, *Sonnige Welten*, p. 47.

认为说谎者来世会受惩罚；^①据班克斯群岛岛民，说谎者死后不能入天堂。^② 我们已经注意到，某些高级宗教强调诚实守信，我们可以补充其他一些说法，以证明较文明类型的神灵也对履行诚实守信义务感兴趣。在古埃及，阿蒙拉(Amon Ra)神被视为"众神的头人"，称为"真理之神"；^③玛(Maā)或称玛特(Maat)被当作他的女儿，是真理与正义女神。^④ 一首巴比伦赞美诗祈求月亮之神，视之为真理守护者。^⑤ 吠陀中的诸神被描述成"真实""无欺"之神，人们视之为诚实正直之友；^⑥阿格尼则是誓言之神。^⑦ 拜火教的密斯拉神则是真理、诚信及契约的保护者；^⑧拉斯奴-拉兹斯塔神被称作"最真的真"，是真理之神。^⑨ 据《伊利亚特》，宙斯"绝非虚假的教唆者"；^⑩据柏拉图，不仅人憎恶谎言，诸神也憎恶谎言。^⑪ 在罗马人中，朱庇特与第乌斯-菲第乌斯是条约之神，^⑫菲狄斯作为

116

---

① Turner, *Samoa*, p. 326.

② Codrington, *Melanesians*, p. 274.

③ Wiedemann, *Religion of the Ancient Egyptians*, p. 112. *Cf.* Brugsch, *Die Aegyptologie*, pp. 49, 91, 92, 97; Amélineau, *Essai sur l'évolution des idées morales dans l'Égypte Ancienne*, pp. 182, 188, 251.

④ Wiedemann, 'Maā, déesse de la vérité,' in *Annales du Musée Guimet*, x. 561 sqq. 。Amélineau, *op. cit.* p. 187. 见下文第 699 页。

⑤ Mürdter-Delitzsch, *Geschichte Babyloniens und Assyriens*, p. 37.

⑥ Bergaigne, *La religion védique*, iii. 199. Macdonell, *Vedic Mythology*, p. 18.

⑦ *Satapatha-Brâhmana*, iii. 2. 2. 24.

⑧ Darmesteter, *Ormazd et Ahriman*, p. 78, Geiger, *Civilization of the Eastern Irānians*, pp. lvii., 164. Spiegel, *Erânische Alterthumskunde*, iii. 685.

⑨ Darmesteter, in *Sacred Books of the East*, xxiii. 168.

⑩ *Iliad*, iv. 235.

⑪ Plato, *Respublica*, ii. 382.

⑫ Fowler, *Roman Festivals of the Period of the Republic*, pp. 141, 229 *sq.*

诚信之神被人崇拜。① 我们应当如何解释宗教信仰与诚实守信义务之间的联系呢？

　　神灵的崇拜者认为，在某些情境下，诸神会成为整个道德法则的维护者。除此之外，还有相当特殊的理由可以解释为何诸神反对不诚实、不守信。这里，我们又一次注意到，人们的神力信仰影响了宗教的道德禁令。

　　不真实的话本身就带有神奇的色彩。正如斯坦利·霍尔教授所指出的那样，儿童常常憎恶谎言，哪怕只有一点点虚假，他们并非从什么角度看待谎言，在他们看来，赤裸裸的刻意的谎言与无意的谎言之间并没有区别。有些儿童害怕说假话，会为此变得神经质，因而，对每一种表述，甚至对"是"或"不是"这样的表述，他们都要在心里小声或大声加上"或许"或"我想"。有一个男孩，很长时间内都害怕自己会像亚拿尼亚与撒非拉那样，因为偶然说了一个或许是无意的谎而在某时突然死去。② 另一方面，儿童感到，行动性谎言不如说出的谎言那么有害；被询问某人从哪里离去时指错路，不如说错话那么讨厌，点头不如说"是"的过错大。事实上，多数行动性谎言可以轻易逃脱惩罚，而儿童似乎认为，说出的假话带有某种神秘的有害能量。在儿童看来，此种能量的坏影响像机器那般自动发生，由祛除其坏影响而采取的办法可看出这一点。许多美国儿童认为，把左手放在右肩上，就可使一个谎言颠倒过来，

117

---

① Cicero, *De officiis*, iii. 29. *Idem*, *De natura deorum*, ii. 23；iii. 18. *Idem*, *De legibus*, ii. 8, 11. Dionysius of Halicarnassus, *Antiquitates Romanæ*, ii. 75.

② Stanley Hall, 'Children's Lies,' in *American Journal of Psychology*, iii. 59 *sq.*

举起左手而非右手，就可使一个誓言失效或带上相反的含义。①
在纽约儿童中，"交叉手指、肘或腿——即使这一动作可能未被与
之搭话的伙伴注意到——就足以抵消假话，这样一来儿童就不认
为假话有什么错"。② 常常可以发现，儿童若有保留意见，心里就
会想，"我不是这个意思"，或给说过的话附加上与当下含义完全不
同的含义。③ 并非只有儿童才有这些情感与想法；它们在成年人
中也相当常见，甚至在伦理学说里也有所表现。这些情感与想法
构成了耶稣会士的心中保留理论的基础。据托马斯·阿奎那，为
了使别人避免无论何种危险而说谎，是错误的，但"如奥古斯丁所
说，采取某种掩饰而审慎地隐瞒真相"是正当的。④ 此种论调并非
罕见——为了保守一个秘密，我们不可"撒谎"，亦即让别人直接相
信假的东西；但我们可以"搁置一个问题"，亦即使别人从我们的回
答中自然地得出推断，从而产生否定性的错误的相信；我们也可
"让问话者的感觉出错"，亦即相似地让他人产生肯定性的错误的
相信。⑤ 这种极端的形式主义在某种程度上无疑可以追溯到我们
早年受到的训练。我们从学说话开始，人们就一个劲吩咐我们说
真话，"谎话"这个词向来意味着最糟糕的过错；而其他形式的虚
假，不那么频繁发生，不那么明显，不那么容易界定，也较少为人所
强调。但即便充分考虑了早年训练的影响，还是会发现这一事

118

---

① Stanley Hall, 'Children's Lies,' in *American Journal of Psychology*, iii. 68 *sq*.

② Bergen and Newell, 'Current Superstitions,' in *Journal of American Folk-lore*, ii. 111.

③ Stanley Hall, *loc. cit.* p. 68.

④ Thomas Aquinas, *Summa theologica*, ii.-ii. 110. 3. 4.

⑤ 见：Sidgwick, *Methods of Ethics*, p. 317。

实——人们通常认为,说出去的话具有神秘的效能。即使在我们西方人中,许多人也不敢夸赞自己的健康或财富,唯恐这样讲话会带来灾祸;而较之于我们,较不开化的族群赋予说出去的话的意义要大得多。希罗多德提到过古波斯人认为讲真话是极其重要的,接着又讲,他们甚至认为,"做一件事若是不正当的,谈这件事"也不正当。[①] 因此,我认为,我们可以假定,如果由于此种或彼种原因,虚假被污名化,人们就易于把内在于言语的神秘倾向发展成某种复仇的力量——人们认为,此力量在相似情形下常常发生,并与某位神灵的活动相联系。

人们认为,在发下誓言的情况下,说出的话所具有的惩罚性力量尤其明显。不过,发假誓带来的灾祸并非来自于谎言本身:首先,人们认为,这灾祸来自于构成这誓言的诅咒。誓言实质上就是有条件的自我诅咒,发誓者愿意,若自己说谎,就让灾祸降临到自己头上。起初,人们赋予誓言的效能完全是法术性效能,它是内在于诅咒性言语的法力。为了使诅咒带上超自然能量,人们使用了各种方法。有时,发誓者与某物体接触,这物体就代表着誓言里提到的状态,可以说,人们相信这样一来,誓言便会吸收该物的特征并把此特征传给发假誓者。坎德人在蜥蜴皮上发誓,"他们发誓,若发伪誓,自己的命运就像这多鳞的蜥蜴皮";他们也在蚁丘上发誓,"他们希望,发假誓者会变成蚁丘土一样的粉末"。[②] 通古斯人认为,最可怕的发誓是,割断一只狗的喉管,用木棍顶起这狗放在

119

---

①   Herodotus, i. 139.

②   Macpherson, *Memorials of Service in India*, p. 83.

火上烧,或者把狗肉零零碎碎地扔得到处都是,然后迫使被指控之人喝狗血并发誓——"我说实话,我确实喝了这血。如果我撒谎,我就会像这条狗一样死掉,被烧掉,或变干。"①在其他情形下,发誓之人手拿某物,发誓若自己发伪誓就让这东西害自己。坎德人常常在虎皮上发誓,"他们祈求老虎毁灭发伪誓者"。② 安加米那加人发誓保持和平或履行承诺时,"把枪管或矛放在牙齿中间,这个仪式的意思就是,如果不按议定行事,这武器就会落在自己头上"。③ 楚瓦什人发誓时把一块面包和一小块盐放在嘴里,说"如果我不说实话,就没有这两样东西!"或者"如果我不守诺言,就没有这两样东西!"④另一使誓言带上超自然能量的办法就是发誓时触摸或接触某圣物。艾奥瓦人使用以七层兽皮包裹的神秘的铁块或石块,以此让人们发誓时说实话。⑤ 巨港高地一带的科塞姆人手持一把旧圣刀发誓,⑥托巴南部的巴塔克人在村里神像旁发誓,⑦奥斯加克人在熊鼻子旁发誓——他们认为熊有超自然力。⑧通古斯人会强迫罪犯攀爬他们的某座圣山,让罪犯爬山时不停说 120

---

① Georgi, *Russia*, iii. 86.

② Macpherson, *op. cit*, p. 83. *Cf*, Hose, 'Natives of Borneo,' in *Jour. Anthr. Inst*, xxiii. 165 (Kayans).

③ Butler, *Travels in Assam*, p. 154. Mac Mahon, *Far Cathay*, p. 253. Prain, 'Angami Nagas,' in *Revue coloniale internationale*, v. 490. *Cf*. Lewin, *Wild Races of South-Eastern India*, pp. 193 (Toungtha), 244 *sq*. (Pankhos and Bunjogees); St. John, 'Hill Tribes of North Aracan,' in *Jour. Anthr. Inst*. ii. 242.

④ Georgi, *op. cit*. i. 110.

⑤ Hamilton, 转引自: Dorsey, 'Siouan Cults,' in *Ann. Rep. Bur. Ethn*. xi. 427。

⑥ *Glimpses of the Eastern Archipelago*, p. 104.

⑦ von Brenner, *Besuch bei den Kannibalen Suwatras*, p. 213.

⑧ Castrén, *Nordiska resor och forskningar*, i. 307, 309; iv. 123 *sq*. *Cf*. Ahlqvist, 'Unter Wogulen und Ostjaken,' in *Acta Societatis Scientiarum Fennicæ*, xiv. 298.

着"如果我有罪,我就死掉",或者"如果我有罪,我就会失去我的孩子和牛"。[①] 在西藏人的法庭上,如果要发重要誓言,"发誓者要头顶经文,坐在难闻的牛皮上,吃一块牛心"。[②] 印度人手持一本梵文经书、手捧恒河水或摸着某位婆罗门的腿发誓。[③] 穆斯林拿着《古兰经》发誓,一如基督徒手持《圣经》发誓。在摩洛哥,人们相信,发誓时与带有神性的无生命物体、动物或人接触,或在其旁发誓,誓言就具有了效能,这些有神性者包括圣所或清真寺、谷物或羊毛、一群绵羊或一匹马、穆罕默德的某位后裔。在中世纪的基督教世界,圣迹一般是使誓言牢靠的最有效方式,"人们很不重视简单直接的誓言,于是不久以后,在发誓时予以协助的人就被看作关键人物,若没有他们,咒诅誓言就会丧失约束力"。[④]

最后,誓言作为一般的诅咒,要变得有效,就要提及某超自然存在的名字,发誓者要向此超自然存在诉求。德克萨斯的克曼奇人进行神圣誓言或承诺时,"把大神称作自己的父,把大地称作自己的母,祈求他们见证自己誓言的真伪"。[⑤] 据说,楚科奇人"每次以誓言或郑重声明保证什么事的真伪时,就以太阳充作保证人"。[⑥] 在通古斯人中,某人受到指控,就手持一把刀,向着太阳挥

---

① Georgi, *op. cit.* iii. 86.

② Waddell, *Buddhism of Tibet*, p. 569, n. 7.

③ Grierson, *Bihār Peasant Life*, p. 401. Sleeman, *Rambles and Recollections of an Indian Official*, ii. 116.

④ Lea, *Superstition and Force*, p. 29, 另见: Kaufmann, *Deutsche Geschichte*, ii. 297; Ellinger, *Das Verhältniss der öffentlichen Meinung zu Wahrheit und Lüge im 10. 11. und 12. Jahrhundert*, pp. 30, 111.

⑤ Neighbors, in Schoolcraft, *Indian Tribes of the United States*, i. 132.

⑥ Georgi, *op. cit.* iii. 183.

舞,说道:"如果我有罪,太阳就让我的肠子生病,这病就像这把刀 121
刺我那么致命!"①摩洛哥杜卡拉省的阿拉伯人会把匕首按在胸膛
上,说道:"如果我做了此事,神可用此物刺入我的心脏!"②一名马
萨伊人若被指控做了错事,就会喝下代言人给他的一些血,说道:
"如果我做了此事,神可杀我";他们相信,如果他犯了罪,他就会死
掉,如果他清白无辜,他就安然无恙。③ 黄金海岸一带讲齐语的族
群"为了使发誓的人遵守诺言,会要他喝下或吃下以某种方式与神
产生关联的东西,接着祈求神,如果他不守信,就惩罚他"。④ 在南
几内亚的沙卡尼人与巴科尔人中,不同部落之间签订协议时,"总
要祈求大神姆韦特伊充作见证人,若某方违反了约定,就让大神进
行报复"。⑤ 非洲某些地区似乎有个常见的习俗,即以某神物发
誓。新赫布里底群岛的埃法特人发誓时也祈求他们的神灵惩处背
信者。⑥ 在所罗门群岛的佛罗里达群岛,谁要是想否认一项指控,
就向廷达娄(*tindalo*,即某位活着时就被认为具有超自然力的人
的灵魂),或者向军舰鸟魂灵或鲨鱼魂灵祈求。⑦ 古埃及人为了向
别人保证自己诚实守信,会祈求透特作见证——透特是天堂法庭
的辩护人,没有他的辩护,灵魂就无法在判决日站起来。⑧ 伊朗人

---

① Georgi,*op. cit*. iii. 85 *sq*.
② Hollis,*Masai*,p. 345.
③ Ellis,*Tshi-speaking Peoples of the Gold Coast*,p. 196.
④ Wilson,*Western Africa*,p. 392.
⑤ Schultze. *Der Fetischismus*,p. 111.
⑥ Turner,*Samoa*,p. 334.
⑦ Codrington,*op. cit.* p. 217.
⑧ Tiele,*History of the Egyptian Religion*,p. 229. Amélineau,*op. cit.* p. 251.

122　发誓时向密斯拉神祈求,①希腊人向宙斯祈求,②罗马人向朱庇特
　　与第乌斯-菲第乌斯祈求。③ 人们相信,神灵比普通凡人更能掌握
　　自然的过程,神灵也能更好地了解誓言的真伪。④ 无疑,由于相信
　　太阳神、月神、光神具有非凡的知识,人们发誓时就常向他们祈求。
　　埃及的拉神是太阳神,⑤透特是月亮神。⑥ 拜火教的密斯拉神"有
　　一千种官能,洞悉每一个说谎的人",⑦拜火教把他与太阳密切联
　　系在一起;⑧据达梅斯泰特先生,拉斯奴-拉兹斯塔神要么是密斯
　　拉神的后裔,要么是马兹达神的后裔;⑨第乌斯-菲第乌斯似乎起
　　初是天空之神,掌管雷电,与伟大的朱庇特神紧密结盟。⑩ 宙斯是
　　全知之神,能清楚无误地洞悉诸神与凡人。⑪ 尽管誓言带有向某
　　位神灵祈求的形式,但它主要带有法术的特征,它是诅咒而非祈
　　祷。对于摩尔人,向安拉发誓,与发誓时完全不提安拉,这两种誓
　　言的性质是完全相似的。但是,对法力的信仰越是有所动摇,人们

---

① *Yasts*, x.

② *Iliad*, iii. 276 *sqq.* Farnell, *Cults of the Greek States*, i. 70.

③ von Lasaulx, *Der Eid bei den Römern*, p. 9.

④ *Cf.* James, *Expedition from Pittsburg to the Rocky Mountains*, i. 267 (Omahas); Tylor, *Primitive Culture*, ii. 231 (Ostyaks).

⑤ Maspero, *Dawn of Civilization*, p. 87 *sq.* Wiedemann, *Religion of the Ancient Egyptians*, p. 14. Erman, *Handbook of Egyptian Religion*, p. 10.

⑥ Maspero, *op. cit.* p. 145. Erman, *op. cit*, p. 11.

⑦ *Yasts*, x. 107.

⑧ Darmesteter, in *Sacred Books of the East*, xxiii. 122, n. 4. Meyer, *Geschichte des Alterthums*, i. 541 *sq.* Geiger, *op. cit.* i. p. lvi.

⑨ Darmesteter, in *Sacred Books of the East*, xxiii. 168.

⑩ Fowler, *Roman Festivals*, p. 141.

⑪ *Cf. Iliad*, iii. 277; Ovid, *Metamorphoses*, iv. 172; Darmesteter, *Essais orientaux*, p. 107; Usener, *Götternamen*, p. 177 *sqq.*

就越不信说出的话具有这种神秘的力量——而原先这些易于混淆言语与事实的人相信这力量——誓言里的宗教成分就越明显。于是人们转而认为，自我诅咒的实现依赖于所祈求之神的自由意志，自我诅咒的实现也被看作对伪誓者冒犯神的惩罚。[①]

123

　　由于人们祈求超自然的存在惩罚伪誓者，伪誓就被视作所有虚假行为中最可憎的。[②] 而即便是普通的谎言与不守信，也易于

───────────

　　① 格劳秀斯说，即使向假神发誓，也应对誓言负责任，"这是因为，尽管他怀有错误的神的观念，他还是涉及了一般的神的观念，因此，如果他发了伪誓，真神会认为他犯了过错"（*De jure belli et pacis*，ii.13.12）。

　　② 在有些民族那里，甚至有习俗和法律惩罚伪誓者。在卡菲尔人的盖卡部落，诉讼时发伪誓会受到惩处（Brownlee, in Maclean, *Compendium of Kafir Laws and Customs*，p.124）。在阿比西尼亚人中，被指控发伪誓者"不仅会坏了名声，永远不能在哪怕最琐碎的问题上充当证人，他也极有可能要承担责任，受到重罚，如果他能身体完好，皮肤不被刻上记号，他大可感到幸运"（Parkyns, *Life in Abyssinia*，ii.258 sq.）。马来人的法律也惩处伪誓（Crawfurd, *History of the Indian Archipelago*，iii.90）。在印度，依《摩奴法典》（viii.219 sq.），发誓后违背约定者，要被放逐、监禁、罚款。依中世纪法律，要砍掉伪誓者用以发誓的右手（Wilda, *Das Strafrecht der Germanen*，p.983 sq.；Pollock and Maitland, *History of English Law before the Time of Edward I*. ii.541）。丹麦的一部1537年的法律里讲，应砍掉伪誓者的两根令人厌恶的手指，以平息神的怒气（Stemann, *Den danske Retshistorie indtil Christian V.'s Lov*，p.645）。此外，在其他情形下，发伪誓不受民事惩罚，例如在苏门答腊的勒姜人（Marsden, *History of Sumatra*，p.240）和巴塔克人（*Glimpses of the Eastern Archipelago*，p.86）、奥塞梯人（Kovalewsky, *Contume contemporaine*，p.324）、波斯人（Polak, *Persien*，ii.83）那里，似乎在古希伯来人（Keil, *Manual of Biblical Archæology*，ii.348；Greenstone, 'Perjury,' in *Jewish Encyclopedia*，ix.640）、希腊人（Rohde, *Psyche*，p.245, note）、早期条顿人（Wilda, *op. cit.* p.982；Brunner, *Deutsche Rechtsgeschichte*，ii.681）那里也是如此。西塞罗讲，"神对发伪誓的惩罚是毁灭，而人对发伪誓的惩罚是坏其名声"（*Delegibus*，ii.9）；而尽管在罗马发伪誓本身不受惩罚，从很早时期起，就有惩罚作伪证的法律条款（Hunter, *Roman Law*，p.1063；另见：Mommsen, *Römisches Strafrecht*，p.681）。不过，发伪誓不被当作犯罪，这并不意味着它不被看作罪孽。伪誓者要受到发怒神灵的惩罚（Marsden, *op. cit.* p.219；*Glimpse of the Eastern Archipelago*，p.86；Crawfurd, *op. cit.* iii.90［Javanese］）。

成为宗教所关心的事情。如果人们常常在誓言里祈求某位神灵，人们就会相信，这位神灵的特征之一就是憎恶撒谎、失信——从前面所引的种种事实可以看出这一点。我们有种种理由认为，人们祈求神灵，首先不是因为把神灵看作诚实守信的守护者，相反，由于人们经常在有关诚实守信之事上祈求神灵，神灵才逐渐被看作诚信义务的守护者。

看来，发誓的习惯有时也会在另一方面让人们在任何时候都谨慎地说出真话。W. H. 斯利曼爵士讲，印度山林地区的土著居民认为，棉与树都由神灵占着，这些神灵监管着某一地区或某个村庄的事务。他说道：“人们一直就是这么看的，每个人都明白，如果他说的话或要说的话里有谎言，神灵随时会审判他，别人随时会祈求神灵报复他或他珍爱的人。”[①]另一方面，在某些部族，除非让对方发誓，否则几乎不能信任当地人说的话。[②] 而贵格会教徒提出的一个反对发誓的观点是，在任一特定场合，若某人为了使自己的话更有约束力，更令人信服，除了说“是”或“不是”之外还发誓，那么在其他场合，若他没发誓证明自己，他的话就不怎么可信。[③]

理智要求我们按一定行为方式行事，于是，人们就倾向于以种种方式规定此行为方式是道德上的义务，是值得称赞之事。我们将在考察称作“自尊”的义务与美德时探讨上面的问题，不过现在

---

① Sleeman, *op. cit.* ii. 111 *sq.*

② 上文说法，见：Kingsley, *West African Studies*, p. 414；Chanler, *Through Jungle and Desert*, p. 186 *sq.* (Wamsara)。

③ Gurney, *Views and Practices of the Society of Friends*, p. 327.

我们也有必要明白,早期教育在促使理智成为道德之事上发挥了
一定作用。很少有哪种义务像诚信那样,受到父母与教师的训练
那么大的影响。儿童容易说假话,例如为了保护自己,于是就特别
要求他们讲诚信。[1]

125

　　最后,关于诚信的道德观念也受到习惯很大影响。在人们经
常说谎的地方,若此地别的条件与其他地方相同,即使说谎是受到
指责的,所受的指责也不如其他奉行诚实守信的地方那么严苛。
说真话是自然的事情。冯·耶林提出,人最初就是说谎者,诚实是
人类进步的结果。[2] 这与事实不符。人类没发明用以掩饰真相的
语言,却发明了表达真相的语言。哈奇森很久以前就说过:"当心
灵有了表达真的能力,真就成为心灵的自然结果,掩饰、伪装显然
是人为构想、反思的结果。"[3]世上是否还有比人更虚假的生物,这
令人生疑。[4] 有人讲:"如果不是以言语撒谎而是以行为撒谎,就
是狗在撒谎。"[5]但被报道的犬类欺骗的事例[6]都很难令人信服。
有一位谨慎的作者说,问题不在于狗的行为是否存在"客观的欺
骗",而在于狗是否有欺骗的动机;并且"欺骗意图不是被观察事实
的一部分,而是观察者推论的一部分"。[7] 严格讲来,儿童也并非

---

　　[1]　*Cf*. Priestley, in 'Essay Ⅲ.' introductory to Hartley's *Theory of the Human Mind*, p. xlix. *sq*.

　　[2]　von Jhering, *Zweck im Recht*, ii. 606.

　　[3]　Hutcheson, *System of Moral Philosophy*, ii. 28. *Cf*. Reid, *op. cit*. vi. 24, p. 428 *sqq*. ; Dugald Stewart, *op. cit*. ii. 333.

　　[4]　*Cf*. Schopenhauer, *Essays*, p. 145.

　　[5]　Spencer, *Principles of Ethics*, i. 405.

　　[6]　Romanes, *Animal Intelligence*, pp. 443, 444, 451.

　　[7]　Lloyd Morgan, *Animal Life and Intelligence*, p. 400.

天生就喜欢说谎。科姆佩耶尔先生甚至说,如果儿童未受到坏的影响,如果不是约束性、限制性的训导措施使得他以掩饰保护自己,他通常坦率而真诚。[①] 蒙田讲,儿童随着年龄增长,会逐渐变得虚假。[②] 据佩雷斯先生,儿童两岁时就会使用有用的掩饰了,但一般而言,直到三岁或四岁之后,由于害怕受到训斥、惩罚,他们才会变得虚假。[③] 甚至有人讲,某些蒙昧人太笨、太无知,所以不会说谎。有人问讷尔布德达河河谷平原地区的一位印度士绅,为什么北部和南部森林里的未开化人群如此诚实,他回答道:"他们尚未认识到谎言的价值。"[④]但是,我们知道,蒙昧人的社会条件发生改变以后,他们也很容易变成说谎者,因而我们可以推断,他们之所以诚实,是因为缺乏诱惑,而不是智力不够。在蒙昧人居住的闭塞的小社区里,不需要说谎,也没有很多机会说谎。在他们那里,最常见的诱使人们说谎的动机——对利益的怕与爱加上对说谎成功的希望——是很难存在的。[⑤] 群体成员之间关系和谐,彼此有同理心,因为他们之间没什么秘密,因而不大可能存在欺骗。

　　蒙昧人逐渐与生人有了频繁接触以后,情况就不一样了。欺骗生人不难,而且不存在什么顾忌。相反,正如我们已看到的那样,他们还把生人看作欺骗的合适目标,他们常常用生人的行为为自己的这种看法辩解。若欺骗生人的事情经常发生,虚假就容易

---

① 　Compayré, *L'évolution intellectuelle et morale de l'enfant*, p. 309. See also Sully, *Studies of Childhood*, p. 263 *sq*.

② 　Montaigne, *Essais*, i. 9 (*Œuvres*, p. 16).

③ 　Perez, *First Three Years of Childhood*, pp. 87, 89.

④ 　Sleeman, *op. cit*. ii. 110.

⑤ 　*Cf*. Sarasin, *Forschungen auf Ceylon*, iii. 543 (Veddahs).

成为他们的习惯，影响他们的整个行为。德鲁兹派中有一位叫哈姆扎的教师说，"我们逐渐认识到，一个人一旦习惯了说谎，不管他本人如何，光是习惯的力量就会使他对自己的同胞说谎"；所以，在任何时候，对任何人都应该说真话。[①] 事实上，有充分证据表明，与生人的交往，特别是与异族的交往，对蒙昧人的诚实有着毁灭性影响。

　　在印度许多未开化部落，我们能看到上述情况。曼先生讲："散塔尔人以前一般不屑于说谎，但随着散塔尔人的邻居孟加拉人的伦理观念传染了他们，文明也渗透进来，影响了他们，他们变得不那么诚实了。在过去的四五年里，情况显然恶化得很厉害，不过他们作为一个群体，目前并没有像孟加拉下层土著那样盛行撒谎。对后者而言，说真话总是例外；对散塔尔人来讲，他们的特点就是喜欢说真话。"[②]事实上，辛克布姆的散塔尔人在相当程度上生活闭塞，达尔顿上校仍然讲，他们是"很纯朴的人，几乎不欺骗别人"。[③] 关于蒂佩拉人，"在他们与孟加拉人有交往或受孟加拉人影响的地方，他们容易学会孟加拉人最糟糕的恶习及迷信行为，同时丢掉了原始人的首要品质——对真的爱"。[④] 其他部落，例如加罗人与布米吉人，也同样受到与孟加拉人往来的不良影响，跟他们学会了撒

---

① Churchill，*Mount Lebanon*，iii. 225 *sq*.
② Man，*Sonthalia*，p. 14. C*f*. *ibid*. p. 20.
③ Dalton，*Ethnology of Bengal*，*op. cit*. p. 217.
④ Lewin，*Wild Races of South-Eastern India*，p. 216.

谎,而此前他们根本不知撒谎为何物。[1] 卡科恩人现在变得懒惰,喜欢偷盗,不可信赖,"要么是狡诈的中国商人败坏了他们的品质,要么是缅甸人的高压敲诈与罪行败坏了他们的品质"。[2] 关于拉达克人,总的说来,"尚未被堕落的克什米尔人腐化时,他们坦率、诚实、讲道义"。[3] 关于帕哈里亚人,据某早期权威,他们宁愿死也不说谎,[4]而现在,据"那些与他们打交道最多的人讲,不能信赖他们讲的话,他们不仅撒谎时毫无顾忌,撒谎被戳穿了他们也几乎不感到恼怒"。[5] 托达人曾称弄虚作假是最坏的恶习之一,他们也有一个献给真理的庙宇,但现在他们似乎已经忘却了这庙宇及其宗旨;[6]据说,以前他们只要告诉欧洲人零碎的信息,欧洲人就给他们钱,这习惯导致他们与欧洲人打交道时也变得不诚实。[7] 依据斯宾塞先生引用的某印度公务员的说法,其他一些山地部落起初也尤为诚实,与白人接触后就变得不那么诚实了。[8]

关于安达曼岛民,曼先生讲:"对这个种族感兴趣的人都讲,与外来人打交道,一般来说,败坏了他们的道德;他们与外

---

① Dalton,*op. cit.* pp. 68,177.

② Anderson,*Mandalay to Momien*,p. 151.

③ Moorcroft and Trebeck,*Travels in the Himalayan Provinces of Hindustan*,i. 321.

④ Shaw,转引自:Dalton,*op. cit.* p. 274。

⑤ Cumming,*In the Himalayas*,p. 404 *sq.*

⑥ Harkness,*A Singular Aboriginal Race inhabiting the Neilgherry Hills*,p. 18.

⑦ Metz,*Tribes inhabiting the Neilgherry Hills*,p. 13.

⑧ Spencer,*Principles of Sociology*,ii. 234. 另见:Hodgson,*Miscellaneous Essays*,i. 152(Bódo and Dhimáls);Dalton,*op. cit.* p. 206(Múndas)。

来人交往后,他们在蒙昧本真的状态中所表现出的坦率、忠实与自立,在很大程度上丢掉了,而不诚实、依赖与懒惰的习惯就产生了。"[1]关于安汶与尤里厄斯的土著,里德尔也讲了类似的话。[2] 萨默维尔先生相信,所罗门群岛的新佐治亚土著从欧洲商人那里学会了欺骗。[3]

在奥斯加克人中,文明的增长已经表明有害于他们长期以来的诚实品质,居住在城镇一带或较大村庄的人甚至变得比殖民者更习惯于欺骗他人。[4] 俄罗斯帝国内的其他部落也发生了类似的变化,例如通古斯人[5]与坎查岱人[6]。

我们从美洲也听到同样的故事。[7] 在奥马哈人那里,"以前只有两三个人是臭名昭著的撒谎者,但现在只有大约二十个人不说谎"。[8] 奥吉布瓦人里的老年人都同意,白人到他们那里住下来之前,撒谎的现象要比现在少见。[9] 拉姆霍尔兹写道,墨西哥的印第安人"不说真话,除非说真话对他们有

---

[1] Man, in *Jour. Anthr. Inst.* xii. 92.

[2] Riedel, *De sluik-en kroesharige rassen tusschen Selebes en Papua*, p. 41.

[3] Sommerville, in *Jour. Anthr. Inst.* xxvi. 394.

[4] Castrén, *op. cit.* ii. 121.

[5] Dall, *Alaska*, p. 518.

[6] Steller, *Beschreibung von dem Lande Kamtschatka*, p. 285. Sarytchew, 'Voyage of Discovery to the North-East of Siberia,' in *Collection of Modern and Contemporary Voyages*, v. 67.

[7] Domenech, *Seven Years' Residence in the Great Deserts of North America*, ii. 69. Cf. Hearne, *Journey to the Northern Ocean*, pp. 307, 308, 310 (Chippewyans); Morgan, *League of the Iroquois*, p. 335 *sq*.

[8] Dorsey, 'Omaha Sociology,' in *Ann. Rep. Bur. Ethn.* iii. 370.

[9] Schoolcraft, *Indian Tribes of the United States*, ii. 139.

利"。① 不过,关于他们中的塔拉乌马雷人,他又讲,在与白人没有来往或很少打交道的地方,人们值得信赖,利润无法诱惑他们,因为他们相信,若索价过高,他们的神会对他们发火。②

许多非洲人群喜欢欺骗,在某种程度上这无疑是由于他们与外国人的交往。温特博特姆讲,在塞拉利昂,海边的土著主要从事贸易,他们"整体来说狡猾、精明,有时心怀歹意、背信弃义。他们长期与欧洲奴隶贩子打交道,这教会了他们欺骗的伎俩"。③ 据伯顿,只是"城市里及城市附近"的约鲁巴人才特别不诚实。④ 在卡伦达人中,居住在大的商道附近并与外国商人来往较多的人多疑而不诚实。⑤ 早期的作者高度评价了霍屯督人的诚实品质,据说他们现在也沉溺于撒谎。⑥

也有人注意到,儿童与陌生人打交道较多,于是他们在试图给人留下"第一印象"时,也喜欢说谎;儿童的生活环境经常变动,或者他们的学校或居处经常变动,也会使他们喜欢说谎,因为这样的变化会让他们觉得,正好可以让生活翻开新的一页。⑦

若一个社会单位由若干松散地联系起来的亚群体组成,不同亚群体成员之间的交往就在许多方面类似于外国人之间的交往。

---

① Lumholtz,*Unknown Mexico*,ii. 477.
② Lumhioltz,*Unknown Mexico*,i. 244,418.
③ Winterbottom,*Native Africans in the Neighbourhood of Sierra Leone*,i. 206.
④ Burton,*Abeokuta*,i. 303.
⑤ Pogge,*Im Reiche des Muata Jamwo*,p. 236.
⑥ Fritsch,*Die Eingeborenen Süd-Afrika's*,p. 307 *sq*.
⑦ Stanley Hall,in *American Journal of Psychology*,iii. 70.

于是社会的松散状态就易于导致欺骗的习惯,中世纪时就是如此。
我们在东方也能看到同样的现象;沙漠阿拉伯人及火地人或许也
是如此,他们生活在小群体中,这些小群体只是偶尔碰头,很快就
分开了。

　　社会分化则是促使人们欺骗的另一因素。社会的不同阶级之
间很少存在同理心,他们的利益也经常产生冲突,于是撒谎就成为
获得好处的一种方式,特别是对于下等阶级,撒谎是自我保护的一
种方式。正如欧里庇得斯所言,奴隶有隐瞒真相的习惯。[1]利文 130
斯通讲,在东非,自由民中流行说谎的恶习,不过说谎仍然在奴隶
中更常见;"几乎无法让奴隶说真话:奴隶想到自己说过的话能取
悦于人,就心满意足了。"[2]

　　几乎没有什么比压迫更能诱致虚假。尽管老年马科洛洛人诚
实,他们的儿子并非如此——"在臣服于他人的部落里长大,就习
得了一个卑微、堕落种族所特有的某些恶习。"[3]有人讲万由若人
是"优秀的说谎者",他们欺骗别人主要是为了逃避头人对他们的
令人无法忍受的勒索,而他们与试图公正对待他们的欧洲人打交
道时,是相当诚实的。[4]马达加斯加人心口不一且狡诈,这是"数
百年里因迷信、无知及屈服于暴君统治——于暴君而言,间谍体系
乃是必需——而自然造成的后果"。[5]在摩洛哥,独立的吉巴拉

---

　　[1]　Euripides,*Phœnissæ*,392.*Cf*.Burton,*Arabian Nights*,i.176,n.1.

　　[2]　Livingstone,*Expedition to the Zambesi*,p.309.另见:Polack,*Manners and Customs of the New Zealanders*,ii.59。

　　[3]　Livingstone,*Expedition to the Zambesi*,p.283.

　　[4]　Johnston,*Uganda Protectorate*,ii.591.

　　[5]　Little,*Madagascar*,p.72.

人,即北部的山地居民,要比平原地区的阿拉伯人更可信赖——后者人长期以来受到贪婪官吏的盘剥。东方人虚伪,这在很大程度上是由于其专制的统治形式。① 珀西瓦尔先生讲,在印度,"长期以来盛行这种或那种专制统治,这随之带来了压迫,于是,不欺骗就难以成事。在此种情况下,共同体的下层成员要达到自己的目的,获取最朴素的权利,欺骗与狡诈就是他们能采取的唯一方式,为了避免祸患,他们只能诉诸欺骗与狡诈。"② 中国人喜欢说谎,有人把此归结为他们对官吏的屈从与畏惧。③ J. 鲍林爵士讲,在中国及东方其他许多地方,"人们害怕真相之真,唯恐发现真相将导致询问者无法预料的后果,而被询问者脑子里就是这种后果"。④

　　人们对真的尊重不仅表现在谴责虚伪上,也表现在人们的这一观念——尽管拒绝告知真相算不上欺骗,但向他人告知真相属于义务。人们的功利主义考量限定了告知真相的义务,比较而言,人们也更强调不说假话的义务;正如我们已看到的那样,肯定性戒律通常要比相应的否定性戒律更加严格。⑤ 尽管暴露真相会给暴露真相者带来有害后果,但为他人利益而暴露真相通常会招致道德上的赞同,人们也会认为这是最高层次的美德。

　　人们对真的尊重甚至更进一步。人们或许认为,不仅传布关

---

① Vámbéry, *Der Islam im neunzehnten Jahrhundert*, p. 231.

② Percival, *Land of the Veda*, p. 288. *Cf*. Malcolm, *Memoir of Central India*, ii, 171; Hodgson, *Miscellaneous Essays*, i. 152.

③ Wells Williams, *The Middle Kingdom*, i. 835.

④ Bowring, *Siam*, i. 105 *sq*.

⑤ 见第一卷第 303 页及以下。

于真的知识是义务性的，值得称赞，求知也是如此。拥有这种或那种知识普遍受到尊重。沃洛夫人的一句谚语讲："不知道糟糕，不愿知道更糟糕。"[1]在东方的道德和宗教体系里，知识是人的主要追求之一。据孔夫子，达德即由知、仁、勇构成。[2]他说，古之"欲正其心者，先诚其意；欲诚其意者，先致其知，致知在格物"。[3]孔子不仅主张为了理论目的而求知，也主张为了道德目的而求知；子曰："三年学，不至于谷，不易得也。"[4]印度人认为，无知是最大的罪孽，生活唯一、最终的目标应是给予和接受教导。[5]《摩奴法典》里讲："不是头发斑白就算老；年虽幼小就读过圣典的人，诸神也视其为长者。"[6]据《摩诃婆罗多》，知识使人自由，知识使人永恒、深不可测、不朽。[7]佛教视蠢行与欺骗的罪孽为犯罪之源；[8]"不智之人不辨善恶，正如孩童不知放在他面前的硬币价值。"[9]最好的付出就是等待救赎，就在于明了人神同一——个人的生活和行动依赖于神，与神同在。[10]据某巴拉维语文本，智慧好于一切财富；[11]智

132

---

①　Burton, *Wit and Wisdom from West Africa*, p. 6.

②　*Chung Yung*, xx. 8. Douglas, *Confucianism and Taouism*, p. 105.

③　*Tâ Hsio*, 4.

④　*Lun Yü*, viii. 12. *Cf*. Faber, *Digest of the Doctrines of Confucius*, p. 60; de Lanessan, *La morale de philosophes chinois*, p. 27.

⑤　Percival, *Land of the Veda*, p. 263.

⑥　*Laws of Manu*, ii. 156.

⑦　Muir, *Original Sanskrit Texts*, v. 327.

⑧　Rhys Davids, *Hibbert Lectures on the History of Buddhism*, p. 208.

⑨　Hardy, *Manual of Budhism*, p. 505.

⑩　Rhys Davids, *op. cit*. p. 209.

⑪　*Dînâ-i Maînôg-î Khirad*, xlvii. 6.

慧的力量使人得以履行每一项责任,做好每一项工作;①借助最完善的智慧,能更充分地理解马兹达神崇拜者的宗教,"甚至伊朗与外国人的斗争、战争,对恶神、魔鬼的打击,也能借助智慧的力量实现"。② 犹太教的一个显著特征就是强烈的理性主义精神。最高的美德不仅在于践行法律,也在于研习法律。法律固有的特殊价值就在于,它不仅能在现世辅助人,也能在来世辅助人;据称,一个精通法律的私生子要比一个不精通法律的高等教士更有荣耀。③而在穆斯林那里,有学识之人也很受敬重。④ 先知讲:知识"照亮通往天国之路";"把生命献给学习之人不死";"有了知识,神的仆人就达到了善的境地,就有了高贵的地位";"学者的墨水比烈士的血更神圣。"⑤

　　在基督教里,关于真理的知识是救赎的必要条件。但在这里,一如在东方,当独自评判真理时,指的就是宗教真理。事实上,所有于救赎无用的知识都受到鄙视,科学不仅被视作无价值的东西,也被视作有罪的东西。⑥ "对上帝而言,现世的智慧就是愚蠢。"⑦

---

① *Dînâ-î Maînôg-î Khirad*, i. 54.

② *Ibid*. lvii. 15 *sq*.

③ Montefiore, *Hibbert Lectures on the Religion of the Ancient Hebrews*. p. 495. Deutsch, *Literary Remains*, p. 35.

④ Lane, *Manners and Customs of the Modern Egyptians*, p. 301 *sq*.

⑤ Ameer Ali, *Ethics of Islâm*, pp. 47, 49.

⑥ Gibbon, *Decline and Fall of the Roman Empire*, ii. 185. von Eicken, *Geschichte der mittelalterlichen Weltanschauung*, pp. 128-130, 589 *sqq*.

⑦ 1 *Corinthians*, iii. 19. *Cf*. Lactantius, *Divinæ Institutiones*, iii. 3 (Migne, *Patrologiæ cursus*, vi. 354 *sqq*.); St. Augustine, *De Civitate Dei*, viii. 10 (Migne, xli. 234).

如果有谁献身文学或用心思考天体,马上就会被看作巫师或异教徒。[1] 在数个世纪里,科学研究所必需的每一种心智上的倾向,都被污名化为对全能的神的冒犯;怀疑那些已经灌输给儿童而尚未受到检视的看法,关注对这些看法的反对意见,决心无论如何都要追随证据之光的指引,全部都是罪孽。[2] 然而,有些人讲,甚至很受敬重的一些作者也讲,现代世界的科学精神要归功于基督教赋予了拥有真理以极端重要性。[3] 据里维尔先生:"正是中世纪时教会正统的不宽容给基督教社会留下了不惜一切代价寻求真理的倾向,现代科学精神不过是宗教不宽容的应用而已。教会越是认为探求真理重要——教会甚至认为非故意的差错也属极不可恕的罪孽——一般公众的信仰就越是易于产生真理具有巨大价值的情感,同时伴有只要感到未拥有真理就要征服它的决心。否则,我们何以解释科学未能在基督教社会以外发展起来并被持续探究呢?"[4]这种说法是常见倾向——即把基督教民族中能够找到的几乎任何好的东西都归于基督教的影响——之典型。但是,可以肯定,为了真理而耐心且无私地追寻隐藏着的真理(这是科学研究的本质),与为了永恒救赎而立时接受显现的真理(教会坚持应当如

134

---

① Chapelain, *De la lecture des vieux romans*, p. 20. 甚至到了 17 世纪中叶,英格兰兴起的一个强大党派讲,所有学问都于宗教不利,每个人熟知母语就足够了(Twells, *Life of Pocock*, p. 176)。曾于 1721 年和 1722 年任驻马德里大使的圣西门公爵讲,在西班牙,科学被当作罪孽,无知和愚蠢是主要的美德(*Mécires*, xxxv. 209)。

② Lecky, *Rationalism in Europe*, ii. 87 *sq.*

③ Ritchie, *Natural Rights*, p. 172. *Cf.* Kuenen, *Hibbert Lectures on National Religions and Universal Religions*, p. 290.

④ Réville, *Prolegomena of the History of Religions*, p. 226.

此),并非一回事,而是全然不同。盛行于古代雅典的对抽象知识的非凡热爱又怎么样呢?亚里士多德宣称,喜爱知识甚于任何别的东西乃神圣责任,[①]苏格拉底则在真理祭坛上献出了自己的生命。现代科学精神似乎不过是某种心智倾向的复苏与发展,而这种心智倾向在后来的时代受制于教会的迫害与野蛮人入侵者及其后裔对学识的极端轻蔑。甚至条顿人在已被其征服的国家定居下来之后,仍不允许自己的孩子学习任何科学,唯恐他们变得柔弱,厌恶战争;[②]很长时间以后,他们依然认为,贵族不应了解学问,读和写对上层阶级是一种羞耻。[③]

　　对知识的尊重首先发源于对知识的热爱。正如亚里士多德所说,"所有人从本性来说都渴求知识"。[④] 但此种情感并非在所有人那里都同样强,同样深。不管蒙昧人有多么大的好奇心,[⑤]这种

---

　　① Aristotle, *Ethica Nicomachea*, i. 6. 1. 里奇教授认为,在古代世界里,只有少数哲学家知道献身真理(*op. cit.* p. 172 *sq.*。)。福勒教授讲,希腊人比我们更知道献身真理(*Principles of Morals*, ii. 45, 220 *sq.*; *Progressive Morality*, p. 114),他很可能更为正确。

　　② Procopius, *De bello Gothorum*, i. 2. Robertson, *History of the Reign of Charles V.* i. 234. Millingen, *op. cit.* i. 22 *sq.* n. †

　　③ Alain Chartier, 转引自: ainte-Palaye, *op. cit.* ii. 104。另见: De la Nouë, *Discours politiques et militaires*, p. 238; Lyttleton, *Life of Henry II.* ii. 246 *sq.*。罗伯逊有点夸大了中世纪僧侣的无知(*op. cit.* pp. 21, 22, 278 *sq.*。)。就是在黑暗时代里,僧侣能读写也并非很罕见(Maitland, *The Dark Ages*, p. 16 *sqq.*。)。

　　④ Aristotle, *Metaphysica*, i. 1. 1, p. 980. *Cf.* Cicero, De officiis, i. 4.

　　⑤ Murdoch, 'Ethnological Results of the Point Barrow Expedition,' in *Ann. Rep. Bur, Ethn.* ix. 42 (Eskimo). Krasheninnikoff, *History of Kamschatka*, p. 177. Anderson, *Mandalay to Momien*, p. 151 (Kakhyens). Foreman, *Philippine Islands*, p. 188 (Tagálog natives of the North). Bock, *Head Hunters of Borneo*, p. 209 (Dyaks). Forbes, *A Naturalist's Wanderings in the Eastern Archipelago*, p. 320 (natives of Timor-laut). Dieffenbach, *Travels in New Zealand*, ii. 108.

好奇心主要都只涉及与他们的福祉直接相关或引起他们惊恐的事,或者涉及因为新奇而引起他们注意的琐事。如果他们的好奇心更加敏锐,他们就不再是蒙昧人了——知识欲的扩展导致文明。但不管在蒙昧人那里还是在文明人那里,好奇心或曰对知识的热爱都不仅仅可以从功用的角度看;正如布朗博士所说,我们无须考虑我们会享受到的快乐或要承受的痛苦,就能感受到好奇心。[①]有了高度发展的好奇心,它就会驱使人去做科学研究,即使不能从研究结果预期到什么实际的好处。为了真理而献身真理,可以说是纯粹而超然的,这种行为具有一种非凡的倾向,能激起受其影响的每一个人的敬意与钦羡。人们已经从功利主义的角度为追求真理做了辩护,理由就是:整体来看,每一个真理在长期都是有用的,而每一个错误在长期都是有害的,我们事先绝不能从某种表面看来不结果实的知识当中看到会得到什么好处。但我们对知识的热爱似乎有点易于误导我们的道德判断。我们对此事适当思考之后,会不由得做出道德上的区分,即区分纯粹因天生的知识欲而做研究的人与怀抱可以因此促进人类福祉的信念而献身知识探索的人。

136

---

①　Dugald Stewart, *op. cit.* ii. 336. Brown, *Lectures on the Philosophy of the Human Mind*, lec. 67, p. 451.

第三十二章　对他人荣誉与自尊的尊重
——礼貌

　　有许多行为、不作为、疏忽，它们惹人不快，这主要或完全是因为人们希望受到同胞的尊重，而不喜欢被他人轻视。在这些行为中，首当其冲的就是攻击别人的荣誉、好名声。一个人的荣誉可以定义为他所拥有的在他生活于其中的社会眼中的道德价值，他人应当承认这种价值，特别是不能基于不充分的理由对他做出通常被视为辱人的行动而贬低此价值。他所受到的指责或轻视无疑会以各种方式影响他的福利，但受到指责或轻视之所以令人痛苦，主要是因为这侵犯了他的个人尊严。因此，尊重他人荣誉的义务，从整体上看，属于以言行尊重他人自尊性情感这一较为广泛的义务。

　　这种自尊情感，至少是其萌芽形式，在某些低等动物那里也可发现。罗曼尼斯教授说，在狗这种"高等生命"那里，"与纯粹身体上的伤痛比起来，感情受伤，未受尊重，会产生强烈得多的痛苦"。有一只斯凯狸犬，只要它的某个朋友斥责性地朝它叫一声或看一眼，它都会因此而痛苦一整天；另一只狸犬，高兴时常常耍一些恶作剧，别的狗能恰当地欣赏它开的玩笑时，这是最令它高兴的，而

"若是它在不想显得荒唐可笑的时候受到了嘲弄,这是最让它不快的"。[1] 据布雷姆博士,猴子也对"自己受到的每一种待遇,对表示喜欢与不喜欢的举动,对鼓励性的表扬与寒心的责备很敏感,对使它高兴的奉承与令它受伤的嘲弄,对爱抚与斥责也很敏感"。[2]

一如文明人,野蛮种族也普遍有自尊感,并且对许多野蛮种族而言,自尊感是他们明显的品质特征。[3] 内维尔博士讲,锡兰的维达人"极其自尊,并不认为自己比别人差。因而,他对嘲弄、轻蔑,甚至别人对他的照顾都很敏感。因为他不喜欢穿衣服和耕种而嘲笑他是蒙昧人,这是最让他害怕的。"[4]据说澳大利亚土著"非常自尊",[5]以致"有虚荣心,喜欢受到别人赞许"。[6] 在斐济,"就连受到怠慢都会惹得一个土著大为不快,他也不会很快忘掉自己受到的对待"。[7]

---

① Romanes,*Animal Intelligence*,pp. 439,444.

② Brehm,*From North Pole to Equator*,p. 299. *Cf*.*ibid*. pp. 304-306,312,314;Brehm,*Thierleben*,i. 75,157;Schultze,*Vergleichende Seelenkunde*,i. pt. i. 110;*Perty*,*Das Seelenleben der Thiere*,p. 66.

③ Dieffenbach,*Travels in New Zealand*,ii. 107;Colenso,*Maori Races of New Zealand*,p. 56. Crawfurd,*History of the Indian Archipelago*,i. 54. Raffles,*History of Java*,i. 249. St. John,*Life in the Forests of the Far East*,ii. 323(Malays of Sarawak). Man,'Aboriginal Inhabitants of the Andaman Islands,'in *Jour. Anthr. Inst*. xii. 94. Stewart,'Notes on Northern Cachar,'in *Jour. Asiatic Soc. Bengal*,xxiv. 609 (Nagas),Bergmann,*Nomadische Streifereien unter den Kalmüken*,ii. 290,295,296,312. Högström,*Beskrifning öfver de til Sveriges Krona lydande Lapmarker*,p. 152 (Lapps). Dall,*Alaska*,p. 392 *sq*.(Aleuts). Brett,*Indian Tribes of Guiana*,p. 103.

④ Nevill,'Vaeddas of Ceylon,'in *Taprobanian*,i. 192. *Cf*. Sarasin,*Ergebnisse naturwissenschaftlicher Forschungen auf Ceylon*,iii. 537.

⑤ Hale,*U. S. Exploring Expedition*. *Vol*. VI,*Ethnography and Philology*,p. 109.

⑥ Mathew,in Curr,*The Australian Race*,iii. 155.

⑦ Williams and Calvert,*Fiji*,p. 105. *Cf*.*ibid*. p. 103 *sq*.

塞拉利昂的黑人"很有自尊,受到了侮辱,就容易受影响:哪怕听到
了刺耳的话,或别人提高声调跟他讲话,他都会有所表示"。[①] 居
住在智利部分地区的阿劳干人"天性重名誉,轻蔑、怠慢是他们最
不能容忍的"。[②] 佩罗特说,北美印第安人"不管做什么事,一般都
很爱慕虚荣……总之他们为了荣誉,就能激发出雄心、热情"。[③]
例如,不列颠哥伦比亚的印第安人"关心他在节日时所应获得的荣
誉;他无法容忍因为自己犯了哪怕一丁点错而受嘲弄;他会谨慎小
心地行事,希望朋友、生人、下属给予他适当的荣誉。每逢盛大节
日,他们的这个特点尤为明显。"[④]因而,有众多事例表明,"人们用
了十年、十五年、二十年时间积累财产(同时因为缺少衣物而几至
冻死),会花几个小时把这些财产全部送人,以显示自己富有,让别
人认为自己有势力"。[⑤] 讲到白令海峡一带的爱斯基摩人,纳尔
逊先生说:"与所有蒙昧人一样,爱斯基摩人对嘲弄极其敏感,受
到了怠慢或感觉受到了怠慢,他们马上就会发火。"[⑥]在阿特卡岛
的阿留申人中,发生过男人因事业失败而沮丧自杀的事情,他们害
怕会成为村里的笑柄。[⑦] 在许多蒙昧人群中,因为感到羞耻或自

---

①　Winterbottom, *Native Africans in the Neighbourhood of Sierra Leone*, i. 211.

②　Molina, *History of Chili*, ii. 113.

③　Perrot, *Mémoire sur les mœurs, coustumes et relligion des sauvages de l'Amérique septentrionale*, p. 76. Cf. Buchanan, *Sketches of the History, Manners, and Customs of the North American Indians*, p. 165; Matthews, *Ethnography and Philology of the Hidatsa Indians*, p. 41.

④　Boas, in *Fifth Report on the North-Western Tribes of Canada*, p. 19.

⑤　Duncan, 转引自: Mayne, *Four Years in British Columbia*, p. 295。

⑥　Nelson, 'Eskimo about Bering Strait,' in *Ann. Rep. Bur. Ethn.* xviii. 300.

⑦　Yakof, 转引自: Petroff, *Report on Alaska*, p. 158, Cf. Dall, *op. cit.* p. 391 (Aleuts)。

尊受到伤害而自杀，并不罕见。[①] 焦达讷格布尔的霍人有句谚语讲，妻子受到丈夫责骂，"就只有去见井底的水了"；[②]在新西兰，土著妇女有时会因为做饭时疏忽或疏于照顾孩子受到斥责而自杀。[③]

　　与其他伤害一样，侮辱不仅会影响受害人的情感，也会引起局外人的同情性憎恶，因而人们认为，侮辱他人是错误的，并且反对侮辱他人。在毛利人中，如果有谁肆意伤害他人感情，很快就会受到制止，"人们会说，这样的人没有父母，是鸟儿所生"。[④] 在马来半岛，"在有些部落，哪怕辱骂奴隶也会受惩罚。殴打他人就更不被容忍，会被看作严重的侵犯，依据法律，受到殴打者可以处死犯事者。"[⑤]在汤加群岛土著看来，散布自己的熟人、朋友的差错是最不道德的，"是最荒谬、最堕落、最不正当的……于他们而言，赤裸裸的诽谤与虚假的指控要比故意谋杀之于我们更加可怕，因为他们认为，暗杀一个人的人身要好于攻击他的名声。"[⑥]据西非芳蒂人的习惯法，"如果某人被发现曾诽谤他人，他就必须当众收回自己说过的话，此外还要支付一小笔罚金以补偿受害方。指责别人行巫、通奸、有不道德行为、犯罪，任何听上去在破坏讲到之人的名

---

　　① 见下文关于"自杀"的章节；Lasch, 'Besitzen die Naturvölker ein persönliches Ehrgefühl?' in *Zeitschr. f. Socialwissenschaft*, iii. 837 *sqq.*。

　　② Bradley-Birt, *Chota Nagpore*, p. 104. *Cf.* Dalton, *Descriptive Ethnology of Bengal*, p. 206.

　　③ Colenso, *op. cit.* p. 57.

　　④ *Ibid.* p. 53.

　　⑤ Crawfurd, *op. cit.* iii. 119 *sq.*

　　⑥ Mariner, *Natives of the Tonga Islands*, ii. 163 *sq.*

声的话,都可被控告。"①

141   在古代墨西哥的阿兹特克人那里,故意诽谤他人并因此严重损害他人名声者,要被判割掉嘴唇,有时也要割掉耳朵;而在特兹库科,造谣中伤者要处以死刑。② 在中国刑法里,有一专门的分册用于预防、惩处骂人,认为骂人"自然易于产生纷争"。③④ 在阿拉伯人中,说任何侮辱人的话都要按卡迪法庭的规定缴纳一定罚金。⑤《塔木德》里讲:"你的邻人的名誉就是你自己的名誉。宁可被扔进火炉里,也不要让任何人在公众那里蒙受耻辱。"⑥

罗马《十二铜表法》里也有专门处置诽谤者的条款,⑦在整个罗马法律史上,攻击他人名誉、名声都视为重罪。⑧ 错误的指控可视为严重形式的诽谤,罗马帝国后期的法律规定,提出犯罪指控者,若指控不成立,要受到他试图施加给对方的惩处。⑨ 在条顿人中,从很早开始,诽谤、中伤他人就要处以罚金。⑩《萨利克法典》

---

① Sarbah, *Fanti Customary Laws*, p. 94.

② Bancroft, *Native Races of the Pacific States*, ii. 463.

③ *Ta Tsing Leu Lee*, p. 354 n. *

④ 经查,引言可见于英文版《大清律例》的一个脚注,在中文版《大清律例》里未找到原始出处。——译者

⑤ Burckhardt, *Notes on the Bedouins and Wahábys*, p. 70 *sq.*

⑥ Deutsch, *Literary Remains*, p. 57.

⑦ *Lex Duodecim Tabularum*, viii. 1.

⑧ *Digesta*, xlvii. 10. 15. 25. *Codex Justinianus*, ix, 36. Hunter, *Exposition of Roman Law*, p. 1069 *sq.* Mommsen, *Römisches Strafrecht*, p. 794 *sq.*

⑨ Günther, *Die Idee der Wiedervergeltung*, i. 141 *sqq.* Mommsen, *op. cit.* p. 496 *sq.*

⑩ Wilda, *Strafrecht der Germanen*, p. 776 *sqq.* Nordström, *Bidrag till den svenska samhälls-författningens historia*, ii. 293 *sqq.* Stemann, *Den danske Retshistorie indtil Christian V.'s Lov*, p. 686 *sq.* Brunner, *Deutsche Rechtsgeschichte*, ii. 672 *sqq.*

规定,若某人称呼一名自由民为"狐狸""野兔""脏家伙",说一名自由民丢掉了自己的盾,要赔付三个苏勒德斯金币;[①]同样依据这一法律文本,称呼某自由民妇女为巫婆或妓女,若不能证实自己的指控为真,要赔付一百八十八个苏勒德斯金币[②](几乎等同于因杀害一个法兰克自由民而做的赔付)[③]。依据英国最古老的法律,辱骂 142他人要缴纳伤害赔偿金和公共赔偿金。[④] 在 13 世纪,英国地方法庭几乎所有诉讼的原告,都是因自己受到的"伤害"与蒙受的"耻辱"而要求获得赔偿金。[⑤] 我们进一步可发现,在地方法庭,一般的诽谤讼案是很常见的;而到了后来,教会针对诽谤性言论的程序似乎被视作启动中伤诽谤案件的惯常(虽然不是唯一的)程序。[⑥]在英格兰,一如在罗马,人们有一种强烈的情感——不应提出自己不能证实的指控:在诺曼征服之前,如果某人提出了虚假的、诽谤性的指控,他会因此丢掉舌头,而要想免于此惩罚,他就得缴纳全部赔偿金;爱德华一世统治期间的一部法令规定,若被告被宣布无罪,原告就应服刑一年,并为他使无辜者入狱及蒙受恶名所受的伤害缴纳赔偿金。[⑦]

对侮辱的定罪受到有关各方地位或有关各方关系的重大影响。在哥伦比亚的瓜希罗印第安人中,侮辱穷人可免于惩罚,侮辱

① *Lex Salica*,xxx. 4,5,2;Hessel's edition,col. 181 *sqq.*

② *Ibid*. lxvii. 2,col. 403.

③ *Ibid*. xv. col. 91 *sqq.*

④ *Laws of Hlothhaere and Eadric*,11.

⑤ Pollock and Maitland,*History of English Law till the Time of Edward* Ⅰ, ii. 537.

⑥ *Ibid*. ii. 538. Stephen,*History of the Criminal Law of England*,ii. 409.

⑦ Pollock and Maitland,*op. cit*. ii. 539.

富人就会导致某种流血事件。[①]　在尼亚斯,冒犯他人者要处以罚
金,而罚金多少取决于有关各方的地位。[②]　中国刑法规定,辱骂父
母或祖父母者,妻妾辱骂丈夫的父母或祖父母者,处以绞刑;[③]奴
婢辱骂主人者,同样处以绞刑。[④]　据《摩奴法典》,刹帝利侮辱婆罗
门应处一百钵那罚金,吠舍处一百五或二百,首陀罗处肉刑;而婆
罗门辱骂刹帝利处五十钵那罚金,辱骂吠舍处二十五钵那,辱骂首
陀罗处十二钵那。[⑤]　据古代条顿法,侮辱性行为的罚金依犯事者
的等级地位而定。[⑥]　据罗马法,伤害首先就是对人身尊严的冒犯,
而罗马法的出发点就是,伤害奴隶算不上对奴隶本人的伤害,而只
是通过奴隶这一媒介对主人造成的伤害;[⑦]即便到了后来,若奴隶
受到了微小伤害,例如纯粹口头上的侮辱,主人也不会付诸诉讼,
除非得到了执政官的许可,或者这侮辱是针对主人本人的。[⑧]　与
前面讲过的其他伤害情形下的相应变异一样,我们刚才提到的这
些及相似的变异也源于同样的原因。不过也有特殊理由能够说明
为何社会地位高低会影响关于侵犯个人自尊的道德观点。对某人

---

　　① Simons,'Exploration of the Goajira Peninsula,' in *Proceed. Roy. Geo. Soc.*
N. S. vii. 786.

　　② von Rosenberg,*Der malayische Archipel*,p. 167.

　　③ *Ta Tsing Leu Lee*,sec. cccxxix. p. 357.

　　④ *Ibid*. sec. cccxxvii. p. 356.

　　⑤ *Laws of Manu*,viii. 267 *sq. Cf. Gautama*,xii. 8 *sqq.*《摩奴法典》里面也讲:
"一生族的人(首陀罗)粗言辱骂再生族的人,应割去其舌头,因为他出身低下。"(*ibid*.
viii. 270. 另见:*Institutes of Vishnu*,v. 23;*Gautama*,xii. 1;*Âpastamba*,ii. 10. 27. 14)

　　⑥ Keyser,*Efterladte Skrifter*,ii. pt. i. 295.

　　⑦ Hunter,*Exposition of Roman Law*,p. 164. Mommsen,*Römisches Strafrecht*,
p. 786,n. 3.

　　⑧ *Digesta*,xlvii. 10. 15. 35. Hunter,*op. cit.* p. 165.

的尊重是与此人的地位密切相关的，在诽谤的情形下，因名誉、名声受损而受到的伤害，自然就与被侵犯一方所拥有的名望相称。同时，侮辱造成的侵害也取决于侮辱他人者的名声。据瑞典古代的地方法律《哥特兰法律》，不仅侮辱奴隶可免受惩处，奴隶本人侮辱别人也不需缴纳罚金[①]——显然，人们认为，奴隶的地位太低，并不能贬损别人的荣誉或好名声。人们谴责侮辱他人的行为，认为是对他人自尊的侵犯，这也包括了对过分骄傲的谴责；而人们赞美与骄傲相反的倾向，亦即谦虚，即对别人"自我情感"的尊重，认为谦虚是美德。斐济人这样说喜欢吹嘘的人："你就像鹦鹉；你说话只是要吹嘘自己的名声。"[②]另一方面，在汤加岛民那里，"自我谦虚被看作大美德，人们也常常这么谦虚"。[③] 孔子教导说，谦虚乃君子之德。[④] 子曰，"君子耻其言而过其行"；[⑤]"君子泰而不骄；小人骄而不泰"；[⑥]君子的道深藏不露而日益彰明；小人的道显露无遗而日益消亡。[⑦] 在老子的教导中，谦虚也占有突出的位置——"我有三宝，持而保之。一曰慈，二曰俭，三曰不敢为天下先"；"知其荣，守其辱，为天下谷……常德乃足，复归于朴。"[⑧]在

144

---

① *Gotlands-Lagen*，i. 19. 37.

② Williams and Calvert，*op. cit*. p. 107.

③ Mariner，*op. cit*. ii. 164.

④ *Lun Yü*，v. 15. *Chung Yung*，xxvii. 7.

⑤ *Lun Yü*，xiv. 29.

⑥ *Ibid*. xiii. 26. *Cf*，*ibid*. xx. 2. 1.

⑦ *Chung Yung*，xxxiii. i.

⑧ Douglas，*Confucianism and Taoism*. p. 194 *sq. Tâo Teh King*，xxviii. 1.

《死者之书》里，某古埃及人的灵魂申辩道："我并非自我膨胀、骄傲。"[1]据拜火教，骄傲这种罪孽是由恶神阿里曼创造出来的。[2] 古代斯堪的纳维亚人[3]、希腊人[4]和罗马人都谴责傲慢。西塞罗讲，在我们的繁荣时期，"我们应该小心翼翼避免骄傲自大"。[5] 希伯来先知不仅谴责骄傲，也谴责卓越，因为卓越之人易于骄傲。[6]《塔木德》里写道："贬抑自己的人就是抬升自己；拔高自己的人就是贬抑自己。无论是谁追求伟大，伟大都会从他身边跑开；离弃伟大的人，伟大会追随着他。"[7]基督教也要求，谦逊是每个人应尽的基本义务。[8]《古兰经》里也讲："真主不爱骄傲、吹嘘之人。"[9]于是，骄傲就被污名化为一种恶习，乃至极大的罪孽。之所以如此，原因之一就是，人们认为，骄傲冒犯了某位伟大的神或至高存在的"自我情感"，这要甚于对凡人的冒犯。而有些人认为，人从本性上讲整个就是腐败的，人身上所有善的方面都是上帝的礼物；对这些人而言，骄傲自然就属于褒渎宗教的傲慢。[10]

① *Book of the Dead*, ch. 125, p. 216. *Cf*. Amélimeau, *Essai sur l'évolution des idées morales dans l'Égypt Ancienne*, p. 353.

② *Vendîdâd*, i. 11.

③ Maurer, *Die Bekehrung das Norwegischen Stammas zum Christenthume*, ii. 150.

④ Schmidt, *Die Ethik der alten Griechen*, i. 253. Hermann, *Lehrbuch der Griechischen Antiquitäten*, ii. pt. i. 34 sq. Blümner, *Ueber die Idee des Schicksals in den Tragödien des Aischylos*, p. 131.

⑤ Cicero, *De officiis*, i. 26.

⑥ *Cf*. Kuenen, *Religion of Israel*, i. 62 sq.

⑦ Deutsch, *Literary Remains*, p. 58.

⑧ *St. Matthew*, v. 11, 12, 39; vi. 25, 26, 30 sqq. ; xviii. 4; &c.

⑨ *Koran*, iv. 40. *Cf*. Ameer Ali, *Ethics of Islâm*, p. 44.

⑩ *Cf*. Manzoni, *Osservazioni sulla morale cattolica*, p. 182 sqq.

　　同时,尽管人们认为骄傲该受谴责,但谦虚若过了头,也不会为人所赞成,甚至还会被人责难。我们前面已经注意到,按早期的伦理观念,复仇是一项义务,宽恕敌人会被人鄙视;并非仅仅在蒙昧人那里是这样。[①] 骑士阶层的观念就是,"宁可死去,也不愿蒙受耻辱";[②]在许多欧洲国家,一方面,人们表面上接受了绝对宽恕的基督教教义,另一方面,以下观念仍然盛行——若荣誉受到了攻击,就该发出决一死战的挑战。过于谦虚会被视为软弱、胆怯、伪善或缺失荣誉感。我们不可冷漠对待我们的邻人对我们的评价。如果表现得无动于衷,这或者由于道德观念不够坚定,缺乏道德上的羞耻感,或者由于较之于我们自己的看法,我们不重视别人的看法,而这是对他们的自尊的冒犯。于是,外在的谦虚就意味着内在的骄傲,就显得专横自大。

　　用语言和行为侵犯一个人的"自我情感"的方式不计其数。对寻常情况的任一偏离都会被人们怀疑为专横自大。这大体上能说明前面某章提到的事实——习惯可能会变成真正的习俗,亦即变成关于义务的规则。违背已经确立的社会交往形式特别容易冒犯人们的自尊。许多这类社会交往形式起源于人们想要取悦他人的愿望,但只有在它们变得习以为常之后,它们才同时变成一种义务。礼貌就是义务,而非美德。

　　很可能地球上没有哪个族群不认可某些关于礼貌的规矩。许

146

[①]　见第一卷第 73 页及以下。

[②]　Laurent, *Études sur l'histoire de l'Humanité*, vii. 184.

多蒙昧人群显然懂得礼貌。[①] 有人注意到,在未开化种族中工作的基督教传教士,其行为方式往往大大低于被他们所教导的那些人,于是就降低了当地的文雅标准。[②] 据说萨摩亚人"是一个绅士民族",与来到他们那里的多数欧洲人形成了鲜明的对比。[③] 毛利人最初与欧洲人来往时,"总是表现出某种程度的礼貌,而较开化民族有这种礼貌也会增添荣耀";但随着交往的增多,他们就在很大程度上丢失了这个品格。[④] 在斐济人中,"关于礼貌的规矩很繁琐,人们对此很小心。这些规矩影响了他们的语言,并且在打招呼、与生人打交道、吃饭、穿着上均有所体现,事实上,这些规矩影响了他们对内和对外的行为举止。只有地位很低的人才会行为失当,而他们与人打交道时手足无措,这表明他们并非粗鲁无礼。"[⑤] 马达加斯加人"非常礼貌,他们轻视那些不在意日常举止、不打招呼的人";[⑥]"就是衣衫褴褛的奴隶也有一种自然而然的自尊,举止从容,这与国内下层阶级粗鲁无礼的行为举止形成鲜明对比。"[⑦] 关于白令海峡一带的的爱斯基摩人,默多克先生讲,"他们中许多

---

① Waitz-Gerland, *Anthropologie der Naturvölker*, vi. 143 *sqq*. (Polynesians). Macdonald, *Oceania*, p. 195 (Efatese). Cranz, *History of Greenland*, i. 157. MacGregor,'Lagos, Abeokuta and the Alake,' in *Jour. African Soc*. July,1904, p. 466 (Yorubas).

② Brenchley, *Jottings during the Cruise of H. M. S. 'Curacoa' among the South Sea Islands*, p. 349.

③ Hood, *Cruise in H. M. S. 'Fawn' in the Western Pacific*, p. 59 *sq*.

④ Dieffenbach, *op. cit*. ii. 108 *sqq*.。另见:Colenso, *op. cit*. p. 53 *sqq*.。

⑤ Williams and Calvert, *op. cit*. p. 129. *Cf. ibid*. pp. 128,131 *sq*.; Anderson, *Notes of Travel in Fiji*, p. 135.

⑥ Sibree, *The Great African Island*, p. 325.

⑦ Little, *Madagascar*, p. 71.

人举止优雅,自然而然地体贴他人,礼貌待人,这相当令人惊奇";他讲到一个事例,一名爱斯基摩青年跟一名美国官员谈话时很有礼貌,"他会费力地像后者那样读错单词发音,以避免直率地纠正后者而伤害其情感"。[①] 卡菲尔人也"严格遵守礼节,他们也有很多礼节"。[②] 关于菲达的黑人,博斯曼写道:"他们相互之间礼貌相待,下级尊重上级,起初我对此很是惊讶。"[③]孟拉德发现,阿克拉黑人在礼貌程度上超过许多文明人。[④] 在摩洛哥也是如此,即使乡下人的一般行为举止也远比大多数欧洲人礼貌。达维厄讲:"阿拉伯人讲话非常有礼貌;你不会听到他们说什么他们认为不礼貌、不得体的事。"[⑤]礼貌也是东方所有伟大民族的特征。中国人践行礼貌,把它"推向了巅峰,不仅西方人对此闻所未闻,在经历之前,也从未想过,几乎不可思议。古代经典里讲,有礼仪三百,威仪三千。"[⑥]在欧洲,礼貌被称为是骑士品质中最令人称心的;我们现在的行为举止体系就源自"原生态的、夸张的骑士礼节"。[⑦]

　　关于礼貌与良好举止的种种规则涉及各种各样的社会交往,在细节上差异极大。这些规则告诉人们,别人在场的时候应该如

---

① 　Murdoch,'Ethn. Results of the Point Barrow Expedition,' in *Ann. Rep. Bur. Ethn.* ix. 42.

② 　Leslie,*Among the Zulus and Amatongas*,p. 203.

③ 　Bosman,*Description of the Coast of Guinea*,p. 317.

④ 　Monrad,*Skildring af Guinea-Kysten*,p. 9.

⑤ 　d'Arvieux,*Travels in Arabia the Desart*,p. 141.

⑥ 　Smith,*Chinese Characteristics*,p. 35.

⑦ 　*Ordre of Chyualry*,fol. 46. Robertson,*History of the Reign of Charles V.* i. 84. Milman,*History of Latin Christianity*,iv. 211. Turner,*History of England*,iii. 473. Mills,*History of Chivalry*,i. 161 *sq.* Scott,'Essay on Chivalry,' in *Miscellaneous Prose Works*,vi. 58.

何坐、站,怎样进门、出门;若一个祖鲁人首先从某棚屋后面走出,就会受到惩罚。① 这些规则也规定了进餐时的举止;不列颠哥伦比亚的印第安人认为,进餐时不宜交谈,②15 世纪时的英格兰似乎也是如此认为,"人们吃饭时不谈话,自喝酒时才有交谈、欢笑"。③礼节要求,讲话时绝不要打断别人的话;④也不应反驳别人的话;⑤礼节也常常要求,应该说让人高兴的假话,而不是让人不悦的真话。⑥ 有时候,礼节要求人们使用特定的措辞,比如表示感谢的话、恭维的话,或表示自谦的话。汉语里有"一整套词汇,中国人要想摆出'懂礼'的姿态,就必须掌握这些词汇,它们贬抑与讲话之人有关的任何东西,对与提到之人有关的任何东西都表达敬意。'懂礼'的中国人如果万不得已只得提及自己的妻子,就会称之为'拙荆',或者使用其他类似的文雅的谦称。"⑦

　　要有礼貌,与别人见面或分别就要履行礼节。打招呼是世界范围内流行的习俗,尽管也有一些蒙昧人,据说他们是从白人那里

---

① Tyler, *Forty Years among the Zulus* , p. 190. *sq.*

② Woldt, *Kaptein Jacobsens Reiser til Nordamerikas Nordvestkyst* , p. 99.

③ Wright, *Domestic Manners and Sentiments in England during the Middle Ages* , p. 396.

④ Domenech, *Seven Years' Residence in the Great Deserts of North America* , ii. 72. Richardson, *Arctic Searching Expedition* , i. 385（Kutchin）. Cranz, *History of Greenland* , i. 157. Dobrizhoffer, *Account of the Abipones* , ii. 136 *sq*. d'Arvieux, *op. cit.* p. 139 *sq*.；Wallin, *Reseanteckningar från Orienten* , iii. 259（Bedouins）.

⑤ Nansen, *First Crossing of Greenland* , ii. 334 *sq*.；Cranz, *op. cit.* i. 157（Greenlanders）. Dobrizhoffer, *op. cit.* ii. 137（Abipones）. d'Arvieux, *op. cit.* p. 141（Bedouins）.

⑥ 见上文第 3 页。

⑦ Smith, *Chinese Characteristics* , p. 274.

学会了这一习俗之后才开始彼此打招呼的。① 礼貌作为大众舆论
所要求的礼节,是对别人的"自我情感"的恭维,而不管为此采用这
一行动的最初性质是什么。打招呼的形式有时借用了因好奇或怀
疑而引起的问题。加利福尼亚的米沃克人每当碰到一个陌生人,
一般都会这样跟他打招呼:"你从哪里来? 你来干嘛?"②阿比泊尼
人"会认为,如果见到某人而不问他到哪里去,就会显得没有良好
的教养";③摩洛哥南部的柏柏尔人打招呼的一种很寻常的方式也
是询问一个跟阿比泊尼人相似的问题。人们也常常以表达良好祝
愿的话打招呼。这些话可能是关于别人的健康或福利的一个问
题,例如英语里的"你怎么样?""你还好吧?"在缅甸人中,两个亲戚
或朋友见面后,如果他们分开了一段时间,他们首先会说:"你还好
吧? 我还好。"而那些平时经常见面的人见面后会说:"你到哪
去?"④摩尔人打招呼时会问:"你有什么新鲜事吗?"或"都还好
吧?"祖鲁人打招呼时,一般会说:"看到你了,你还好吧?"接着就会
递过鼻烟盒这一友情的象征。⑤ 在加利福尼亚的几个部落那里,
与别人打招呼时,只简单地说表达"友好"的某个词。⑥ 人们常常 150

---

　　① Krasheninnikoff, *History of Kamschatka*, p. 177. Dall, *op. cit.* p. 397
(Aleuts). Egede, *Description of Greenland*, p. 125; Rink, *Danish Greenland*, p. 223;
Cranz, *op. cit.* i. 157 (Greenlanders). Prescott, in Schoolcraft, *Indian Tribes of the
United States*, iii. 244 (Dacotahs). Lewin, *Wild Races of South-Eastern India*, pp. 230
(Kumi), 256 (Kukis).

　　② Powers, *Tribes of California*, p. 347.

　　③ Dobrizhoffer, *op. cit.* ii. 138.

　　④ Forbes, *British Burma*, p. 69.

　　⑤ Tyler, *op. cit.* p. 190.

　　⑥ Powers, *op. cit.* p. 58.

把善意以某种形式的祝愿表达出来,例如"日安!"或"晚安!"在希伯来人那里,见面时打招呼,到别人家里时打招呼,其内容最初似乎一般是关于彼此福利状态的某个问题,[①]但后来"健康!""平安!"成为流行的问候语。[②] 依据《摩奴法典》,问候婆罗门时,应该这么说:"体面的人啊,祝你长寿!"[③]希腊人说"祝你快乐!";罗马人,特别是在见面时,会说"祝你健康!",分别时会说"保重!"良好意愿也可采用祈祷的形式。摩尔人说"真主保佑你平安!""真主保佑你晚安!",而英语里的"再见"(Good-bye)以及法语里的"再见"(Adieu)一词都是随时间流逝而压缩了的祈祷语。不过,冯特教授的如下说法并没有什么依据——"问候语中使用的词汇全都是或多或少处于初级形态的祈祷语。"[④]最后,问候语可以是口头表示臣服于别人,例如瑞典人说的"我是您最谦卑的仆人"。

不仅可以用口头语言问候别人,也可以按习俗做出问候别人的姿势,这姿势可以伴以口头语言,也可默默做出这姿势。[⑤] 姿势可以是服从或尊敬他人的象征,例如蜷缩、卑躬屈膝、鞠躬。这些姿势起初也可能表示放下武装或无自我防御,例如露出身体的某一部位。冯·耶林提出,伸出手的姿势属于同一类型的问候,其目的在于表明,别人无须害怕;[⑥]但至少在许多情形下,握手与其他

[①] *Genesis*, xliii. 27. *Exodus*, xviii. 7.

[②] *Judges*, xix. 20. 1 *Chronicles*, xii. 18. *Cf.* Keil, *Manual of Biblical Archæology*, ii. 183.

[③] *Laws of Manu*, ii. 125.

[④] Wundt, *Ethik*, p. 179.

[⑤] 见:Tylor, 'Salutations,' in *Encyclopædia Britannica*, xxi. 235 *sqq.*;Ling Roth, 'Salutations,' in *Jour, Anthr. Inst*, xix. 166 *sqq.*。

[⑥] von Jhering, *Der Zweck im Recht*, ii. 649 *sqq.*

身体接触性礼节同源。问候性姿势不仅可以表示没有恶意,也可 151
以表示积极的友好;在摩尔人中的体面人中,常见的问候方式就
是,双方都把右手放于心脏的位置,正如杰克逊所言,这是表示"朋
友就在那里"。① 一些身体接触性的问候方式,如相拥、拥抱、亲
吻、嗅闻,显然就是直接表达友爱;②当握手时也伴随着其他表示
善意的方式的时候,这也是为了表达友爱,对此我们几乎无可置
疑。在澳大利亚的某些土著人那里,朋友们分别后见了面,"会亲
吻对方、握手,有时也会相对而泣"。③ 在摩洛哥,同侪之人相互问
候时,会迅速握手,再马上把手分开,亲吻各自的手。苏里玛人相
互问候时会把两人的右手手掌合起来,把两人的右手手掌带到前
额,然后再放到胸膛左侧。④ 不过人们也以身体上的结合转达祝
福或有条件的诅咒,而似乎很有可能的是,某些问候性行为就或含
糊或明确地含有这样的意图。马萨伊人见面或分别时都会相互吐
口水,以"表达最大的善意与最美好的祝愿";⑤在前面的一个章
节,我试图表明,某些接待礼节的目的就是向作为客人而接待的陌
生人转达某种有条件的诅咒。⑥ 握手与上述礼节有着相同的起
源,可能也是结盟的一种方式,近似于共同进餐⑦与歃血为盟。⑧

---

① Jackson, *Account of Timbuctoo*, &c. p. 235.

② 见下文关于"利他主义情感的起源和发展"的章节。

③ Hackett, 'Ballardong or Ballerdokking Tribe,' in Curr, *The Australian Race*, i. 343.

④ Laing, *Travels in the Timannee, Kooranko, and Soolima Countries*, p. 368.

⑤ Thomson, *Through Masai Land*, p. 166.

⑥ 见第一卷第 590 页及以下。

⑦ 见第一卷第 587 页。

⑧ 见下文,关于"利他情感的起源和发展"。

152　　　礼貌规则意味着对别人自尊的尊重,在牵涉长者、上级时,礼貌规则自然是最为严格的。事实上,许多形式的礼貌规则起源于对统治者、主人或长者的谦卑或恭敬的行为,它们经过调整,往往逐渐失去最初的含义,而成为同侪之人之间的寻常之事。① 已经有人注意到,暴君之残暴总是导致礼貌的产生,而最自由的民族在行为举止上一般也是最粗鲁的。② 尤为突出的是,男人要表现得对女人有礼貌,不仅在我们之中如此,在许多蒙昧人群中也是如此;③在这个方面,礼貌是与求爱相联系的。陌生人或远客也有要求被礼貌对待的特殊权利,而朋友之间交往时礼貌则不甚重要;礼貌模仿的是友善,在缺乏真正的感情时人们就诉诸礼貌。④ 在陌生人是客人的时候,人们会恭维他,给予其特别的荣耀,个中缘由我们在别处已经讲到。

---

　　① 　见:Spencer,*Principles of Sociology*,ii. 'Ceremonial Institutions', *passim*.

　　② 　Johnston,*Uganda*,ii. 685.

　　③ 　Dorsey,'Omaha Sociology', in *Ann. Rep. Bur. Ethn*. iii. 270. Chanler, *Through Jungle and Desert*,p. 485 (Wakamba). 另见第一卷第二十六章。

　　④ 　*Cf*. Tucker,*Light of Nature*,ii. 599 sqq. ;Joubert,*Pensées*,i. 243.

第三十三章　对他人一般幸福的尊重
——感激——爱国主义与普世主义

　　在前面几章里,我们探讨了关于各种行为方式的道德观念,这些行为方式牵涉他人的福利,即牵涉他人的生命或身体舒适、自由、财产、知识或自尊。不过,我们迄今探讨的我们对自己的同胞应尽的这些义务的清单绝不是完整的。任何行为、不作为或疏忽,不论以何种方式减少或增进他人的幸福,都会因此成为道德谴责或褒扬的目标,易于引起同情性报偿情感。

　　所有的道德家都教导人们,对他人做益事是一项准则。依孔子,仁是义之本,是完美道德的首要特征。[①]　道家的《文昌帝君阴骘文》劝人怜悯、友爱他人,劝人乐善好施。[②]　古印度的道德家教导说,我们应以我们的生命、财富、智慧、言语努力促进世人的福利;我们应这样做而不求回报;我们应为他人的兴旺而高兴,即使我们自己不兴旺。[③]　古典时代的作家们反复表达了这一思想—— 154

---

　　①　*Lun Yü*,xvii. 6. Douglas,*Confucianism and Taouism*,p. 108.

　　②　Douglas,*op. cit.* p. 272 *sq.*

　　③　Muir,*Religious and Moral Sentiments rendered from Sanskrit Writers*,p. 107 *sq.* Monier Williams,*Indian Wisdom*,p. 448.

人并非为自己而生,而应尽最大努力帮助自己的同胞。[1] 在《旧约》里,我们能看到这一告诫——"爱人如己";[2]而基督宣称,这与"爱主你的神"这一戒律是同等重要的。[3]

对于善于思考的人来讲,仁慈的道德价值显然只是在于仁慈的动机,出于自私的考虑而促进他人的幸福根本不值得称赞。孔子教导说,要达到仁,就要先克己。[4] 据老子,克己对国家及个人都是首要原则。[5] 克己是福音书的主要要求,伊斯兰教也视之为最高义务。[6] 一般来讲,行为人为做某件好事付出越多,人们就越认为这样的好事有价值。这就源于道德赞同的性质,即道德赞同就是某种报偿性情感,这一点能为下述事实所说明——对施惠人的感激程度也相应地取决于施惠人本人所受的损失。另一方面,对于自身利益与同胞利益相冲突时履行义务的原则,即便在我们西方人中,也有相当多的不同看法。对西季威克教授而言,"我不应当偏爱自己的较小利益甚于他人的较大利益",这是道德公理。[7] 据哈奇森,对于不愿牺牲私人利益而促进他人利益之人,我们不应谴责,不应视为恶行,"除非私人利益很小而公共利益很大"。[8]

---

① Schmidt, *Die Ethik der alten Griechen*, ii. 275 *sqq.*

② *Leviticus*, xix. 18.

③ *St. Matthew*, xxii. 39.

④ *Lun Yü*, xii. 1. 1.

⑤ Douglas, *Confucianism and Taouism*, p. 192.

⑥ Ameer Ali, *Ethics of Islâm*, p. 32.

⑦ Sidgwick, *Methods of Ethics*, p. 383.

⑧ Hutcheson, *Essay on the Nature and Conduct of the Passions*, &c. p. 312.

损害他人不好而促进他人的幸福是好的、应该的，这一观念以 ₁₅₅不同方式受到有关各方关系的影响；不过在许多情形下，这一观念并不适用。前面我们就注意到，依据早期的伦理观念，应憎恨敌人，而不能爱敌人；[①]而依据较晚的观念，对我们不好的人无论如何都无权要求我们的仁慈。而对有恩惠于我们的人或朋友，就完全不一样了。报答恩惠，对给予恩惠之人表示感谢，很可能在哪个地方都存在，至少在某些情形下也被视作义务。现在需要对这个问题做专门考察。

感激要成为义务，先决条件就是，人们有感激的倾向。[②] 依据旅行者的描述，许多未开化种族缺乏这种情感。[③] 关于伊格卢利克的爱斯基摩人，莱昂写道："在他们中，受到恩惠以后感到满足起初会尖叫，除此之外，他们不仅很少表示感激，甚至不知感激为何物。照顾病人，埋葬死者，为整个部落提供衣食，为男人提供武器，为妇女、孩子提供饰品，这些都不足以唤醒感激的情感，而他们在

---

① 见第一卷第 73 页及以下。

② 关于感激的定义，见第一卷第 93 页。

③ Steller，*Beschreibung von Kamtschatka*，p. 292. Bergmann，*Nomadische Streifereien unter den Kalmüken*，ii. 310，316，Foreman，*Philippine Islands*，p. 183. Modigliani，*Viaggio a Nias*，p. 467. Selenka，*Sonnige Welten*，p. 286（Malays）. Marsden，*History of Sumatra*，p. 207（Malays of Sumatra）. Forbes，*A Naturalist's Wanderings in the Eastern Archipelago*，p. 320（natives of Timorlaut），Mrs. Forbes，*Insulinde*，p. 178（natives of Ritabel）. Hagen，*Unter den Papua's*，p. 266（Papuans of Bogadjim）. Romilly，*Western Pacific and New Guinea*，p. 239. La Pérouse，*Voyage round the World*，ii. 109（Samoans）. Colenso，*Maori Races of New Zealand*，p. 48；Dieffenbach，*Travels in New Zealand*，ii. 110. Ling Roth，*Aborigines of Tasmania*，p. 63. Gason，'Manners and Customs of the Dieyerie Tribe'，in Woods，*Native Tribes of South Australia*，p. 258. Baker，*Albert N'yanza*，i. 242（Latukas），289（Negroes），von François，*Nama und Damara*，p. 191（Herero）.

得到大量施舍给他们的优质食物时,还会嘲笑那些原先减轻了他
们苦难而后却挨饿的人。"①人们也指责其他一些北美部落不知感
激;②关于某些南美部落,据说他们收到馈赠也不表示感谢。③ 据
说斐济人对给予自己恩惠的人非常冷漠。威廉斯牧师写道:"如果
他们中有谁生了病,从我这里得到了药,他就认为我应该给他食
物;得到食物后,他会认为他就有权要我给他衣被;得到衣被以后,
他就认为,他可以随意索取自己想要的任何东西,如果我拒绝他的
无理要求,他可以随意责骂我。"④拉姆霍尔兹先生对北昆士兰赫
伯特河一带的土著也有相似的体验——"如果你给一名黑人什么
东西,他会再要十件别的,他会向你要你拥有的所有东西,甚至索
取更多,而丝毫不感到羞耻。他永不知足。他心里从不知感
激。"⑤在几种语言里,不存在表达我们所说的感激的词汇,也不存

① Lyon, *Private Journal during the Voyage of Discovery under Captain Parry*, p. 348 sq. 另见: Parry, *Journal of a Second Voyage for the Discovery of a North-West Passage*, p. 524 sq.。

② Cranz, *History of Greenland*, i. 174. Sarytschew, 'Voyage of Discovery to the North-East of Siberia', in *Collection of Modern Voyages*, vi. 78 (Aleuts). Harmon, *Voyages and Travels in the Interior of North America*, p. 291 (Tacullies). Heriot, *Travels through the Canadas*, p. 319. Lafitau, *Mœurs des sauvages ameriquains*, i. 106. Burton, *City of the Saints*, p. 125 (Sioux and prairie tribes generally).

③ von Spix and von Martius, *Travels in Brazil*, ii. 228, 241 sq. (Coroados). Stokes, 转引自: King and Fitzroy, *Voyages of the 'Adventure' and 'Beagle'*, i. 77 (Fuegians)。

④ Williams and Calvert, *Fiji*, p. 111. 另见: Anderson, *Notes of Travel in Fiji and New Caledonia*, pp. 124, 131。

⑤ Lumholtz, *Among Cannibals*, p. 100.

在对应于我们所说的"谢谢你"这样的措辞；[①]已有人着重指出上述事实，认为语言上的缺陷意味着情感上也有相应的缺陷。

　　157

　　这里我们仍然必须区分旅行者的实际体验与他从中得出的结论；似乎在许多情形下，我们的权威因为蒙昧人在某些场合不感谢别人就过于仓促地指责他们完全不知感恩。不应期待一个蒙昧人向给他礼物的任一陌生人表现出感激。斯普罗特先生讲到不列颠哥伦比亚的阿特人，说印第安人倾向于在别人对他表现出的表面上的友善背后看到自私的动机，因此他有了疑心就不会轻易表示感激了。我们的作者还讲："他在自己人中，对为了欺骗而给的礼物以及仅仅为了展示自己的伟大与富足而送的礼物习以为常；我猜，如果阿特人不再怀疑别人有那样的动机，如果他从别人的行为中没发觉到傲慢、狡诈、怠慢，那么他会感恩的，并且他感恩的程度

---

①　Southey, *History of Brazil*, iii. 399 (Abipones, Guaranies). Hearne, *Journey to the Northern Ocean*, p. 307 (Northern Indians). Lewin, *Wild Races of South-Eastern India*, p. 192 (Toungtha). Foreman, *op. cit.* p. 182 *sq.* (Bisayans). Modigliani, *Viaggio a Nias*, p. 467. Ling Roth, *Natives of Sarawak*, i. 74 (Dyaks). Chalmers, *Pioneering in New Guinea*, p. 187；Romilly, *Western Pacific and New Guinea*, p. 239 *sq.* (然而，罗米利先生的说法——"在所有已知的新几内亚语言中，甚至没有'谢谢你'这样的词语"——并不完全正确，参见：Chalmers, *op. cit.* p. 187) Wilson, *Missionary Voyage to the Southern Pacific Ocean*, p. 365；Waitz Gerland, *Anthropologie der Naturvölker*, vi. 116 (Tahitians). Colenso, *op. cit.* p. 48 (Maoris). New, *Life and Labours in Eastern Africa*, p. 100 (Wanika). von François, *op. cit.* p. 191 (Herero). 在吠陀梵语里，没有表示"谢谢"的词语 (Oldenberg, *Die Religion des Veda*, p. 305)；今天的许多东方语言也缺乏表示"谢谢你"的词语 (Ward, *View of the History*, *&c.* of the Hindoos, ii. 81, n. a.；Pool, *Studies in Muhammedanism*, p. 176；Polak, *Persien*, i. 9)。在印度的某位传教士要把经文翻译成孟加拉语，他发现，孟加拉语里没有适于表达感谢的常用词汇 (Wilkins, *Modern Hinduism*, p. 397)。

很可能与别人为了他而引起的麻烦相称。"①关于北昆士兰土著不知感激的说法，拉姆霍尔兹先生自己也承认，"他们认为，别人是出于害怕才给他们礼物"；②据说，新西兰人完全不知感激，这恰恰是因为"没有哪个新西兰人会在对别人做善事或把什么东西送给别人时，不在这一过程中主要关注自己的利益"。③ 其次，感激常常不仅要求行善者排除自私动机，也要求做出某种程度的自我牺牲。斯普罗特先生讲："一个人可能帮助某个印第安人整个冬季免于挨饿，不过夏天到了的时候，后者很可能不会无偿为自己的保护人提供举手之劳。在此情形下，蒙昧人不会承认有什么义务，而会认为，一个人有这么多东西，自己消费不掉，不妨拿出一部分给需要这东西的人，事后也不应有什么要求。"④关于加利福尼亚原住民，鲍尔斯先生也观察到类似的情况——"跟印第安人打过交道的白人，跟我谈话时，常常不快地指责他们不感恩。他们讲，'你尽所能为某个印第安人做各种事情，他会认为这理所当然；你要他为你做一点点事，他都会要报酬。'印第安人心中没有这些白人。这种'不感恩'事实上是对我们权力的无意识恭维。印第安人模糊地感到，位于他之上的美国人高不可攀。他感到，我们拥有的很多，他拥有的很少，而我们甚至把他这很少的东西都拿走了。在他看来，给他东西不会使我们贫穷，不给也不会使我们富裕。感激这种情感不适宜于主人和奴仆之间；它恰是对等之人之间的一种情感。

---

① Sproat, *Scenes and Studies of Savage Life*, p. 165 *sq*.

② Lumholtz, *Among Cannibals*, p. 159.

③ Colenso, *op. cit.* p. 48.

④ Sproat, *op. cit.* p. 165 *sq*.

印第安人相互之间是感恩的。"①如果人们认为自己有权得到什么
好处,他们也不易于感到感激。因而,据豪伊特先生,南澳大利
亚的库尔奈人对白人向他们表现出的友善不知感激,这是出于
共同体的原则,这些原住民的家庭、社会生活带有强烈的共同体
特征。"家族群体给他食物,生病时照料他,库尔奈人不会感到
感激。分享食物,提供个人帮助、救助,对所有人而言都是寻常
的义务。牵涉到他们拥有的简单的个人财物,乃至从白人那里
获得的事先不了解的物件,共同体原则都会发生作用。对于从
白人那里收受的食物、衣服、医疗照顾,库尔奈人会以习惯的方
式接受;除了这一点,我们还必须明白,他们认为施予者拥有无
限资源。依他们的想法,施予者该做的不是别的,就是分发自己
的财富。"②古比先生发现,在所罗门岛民那里,同样的原则也在发
挥作用——"在我游历期间,我常常碰到为自己及家庭准备餐饭的
某个男人,他慷慨地把食物送给我的土著同伴,对此我一直感到惊
讶。我的土著同伴没向施主表示感激,而后者也并不期待对方的
感激。"③有人也注意到,欧洲人常常指责阿拉伯人不知感恩,这是
由于"阿拉伯人中的慷慨好客之风乃寻常之事,他们中也盛行着这
一观念——慷慨好客的美德乃绝对义务,不尽此义务是不体面、不
道德的"。④

---

① Powers, *Tribes of California*, p. 411.

② Fison and Howitt, *Kamilaroi and Kurnai*, p. 257.

③ Guppy, *Solomon Islands*, p. 127.

④ Lane, *Manners and Customs of the Modern Egyptians*, p. 298. 另见:Burton, *Pilgrimage to Al-Madinah and Meccah*, i. 51。

我们还应记住,蒙昧人常常小心翼翼不表露自己的情感。据科德林顿先生,在美拉尼西亚人中,"以言语表示感谢并非他们的习俗;收受了什么礼物,或朋友见面了,表露情感是相当不妥的;在此情形下,他们沉默,目光垂下来,以此表明他们感受到的或他们认为他们应该感受到的内心颤抖或羞怯。他们的语言中并不缺乏可以恰当翻译为'谢谢'的词汇;无疑没有哪位受到感谢的人会说美拉尼西亚人不知感恩;其他人很可能也愿意这么讲。"[①]关于北美奇佩瓦人,斯特里克兰少校写道:"如果一名印第安人给了别人一件礼物,他总是期望收受者会以同等价值的礼物回报自己。不管你给了他们什么,不管这礼物多么珍贵、贵重,他们很少表露起码的感激之情,人们认为,表露感情会伤害这个红皮肤人的自尊。尽管这显得冷漠,但事实上他们是感恩的,我相信他们甚至比我们自己的农民阶层都更知感恩。"[②]阿留申人尽管也吝于表达感谢,但他们"不会忘却别人的友善,也会努力以行动表达谢意。如果谁帮了一名阿留申人,而后又冒犯了他,他不会忘掉别人以前的善意,在他脑子里,这以前的善意往往可以抵消以后的冒犯。"[③]我们一定不能因为人们缺乏表达某种感情的词汇就推断他们也缺乏这种感情。斯普罗特先生讲:"阿特人确实没有表达感激的词,但语言上的缺陷并不绝对意味着情感上也有相应的缺陷;印第安人得到了别人的好处,说到施惠者,他会眼睛闪闪发光地说'他心肠好',这

---

① Codrington, *Melanesians*, p. 354.

② Strickland, *Twenty-seven Years in Canada West*, ii. 58.

③ Veniaminof, 转引自: Dall, *Alaska*, p. 395。

就表达了自己的感激之情，或许这与英国人说'谢谢你'是一样的。"①

那么，出现这样一些情况就不奇怪了，某个旅行者认为某部族完全不知感恩，而在另一旅行者笔下，这个部族并不缺乏此种情感；②有时就是同样的作者也会提供自相矛盾的说法。拉姆霍尔兹先生就北昆士兰土著的品格描绘了一幅阴郁的画面，但同时，他也告诉我们，某个土著尽管自己也很饥饿，还是把旅行者拉姆霍尔兹为他猎杀的动物扔给了他们见到的一位老人，即他妻子的叔叔，他想以此表明，他从这位老人那里得到了妻子，他欠他恩情；③关于斐济人，威廉斯先生自己也讲，他们收到礼物时，"总是大声表示感谢，一般会对给予者致以友善的祝愿"。④ 正如我们前面所注意到的那样，报偿性的友善情感——感激只是其发展最完善的一种——普遍见于社会性动物，社会性情感不仅是对另一个体的友善情感，也是对被视为朋友的某个体的友善情感。⑤ 很难相信某些蒙昧种族会完全不知感恩，因为从我收集的事实来看，它们中的多数显然摆脱了这样的缺陷，有几个种族也被描述成对于别人给予的好处特别感恩。

　　火地人用 *chapakouta* 这个词——意思是"高兴""满足"

---

　① Sproat, *op. cit.* p. 165. 另见：Ling Roth, *Natives of Sarawak*, i. 74 (Dyaks)。

　② 例如火地人、苏族、阿特人、阿留申人、堪察加人、塔斯马尼亚人、祖鲁人（见上文以及下文相关叙述）。

　③ Lumholtz, *Among Cannibals*, p. 221.

　④ Williams and Calvert, *op. cit*, p. 132.

　⑤ 见第一卷第 94 页。

"喜爱""感激"——表达感谢。① 被小猎犬号带到英格兰的火地青年杰米·巴顿也表现出真诚的谢意;②菲茨罗伊船长也提到了一个巴塔哥尼亚男孩,别人对他友善,他显得很感谢。③ 关于智利的马普彻人,E. R. 史密斯先生讲:"只要给了他们什么礼物、好处,他们都会认为应该回报;印第安人总是能以他良心上所认为的对等之物回报收到的东西,尽管这中间会过去几个月、几年。"④博托库多人不会轻易忘掉别人对他的友善;⑤图皮人"是一个感恩的种族,就算给予礼物者已经忘掉这回事,他们仍记得自己收取了礼物"。⑥ 圭亚那印第安人"对任何友善之举都充满感谢"。⑦ 新墨西哥的纳瓦霍人有一个词汇表示感谢,他们在我们认为适当的任何场合都会用这个词。⑧ 苏人会"对任何向他们表现出友善情感的人表达最温暖的谢意"。⑨ 麦肯齐在其著作《从蒙特利尔到冰冻之地及太平洋的航行》里提到,他为一个印第安青年人治好了溃烂的伤口,后者对他表示感激。这个年轻人伤好了能参加狩猎团队后,就给他的这位医生送来了一只麋鹿的舌头,他们分

---

① Hyades and Deniker,*Mission scientifique du Cap Horn*,vii. 314.

② King and Fitzroy,*op. cit*. ii. 327.

③ *Ibid*. ii. 173.

④ Smith,*Araucanians*,p. 258.

⑤ Wied-Neuwied,*Reise nach Brasilien*,ii. 16.

⑥ Southey,*op. cit*. i. 247.

⑦ Im Thurn,*Among the Indians of Guiana*,p. 213.

⑧ Matthews,'Study of Ethics among the Lower Races',*in Journal of American Folk-Lore*,xii. 9.

⑨ Eastman,*Dacotah*,p. ix.

别的时候,年轻人及其亲属为麦肯齐对他的治疗照顾表达了
最诚挚的谢意。[1]　一个阿留申人如果收受了某件礼物,会说
Akh!,意思是"谢谢"。[2]　默多克先生访问的某些巴罗角印第
安人"似乎对得到的好处、礼物委实感到感激,他们也以自己
的一般性行为,乃至较实质性的方式,努力做出适当回报";而
其他人看起来只是考虑自己能得到什么。[3]

　　关于通古斯人,据说,"如果你给他们一件礼物,他们几乎
不感谢你;尽管如此不礼貌,他们还是特别感恩的"。[4]　雅库
特人从不忘却别人给的好处;"因为他们不仅回报他人,也会
告知子孙自己对帮助者的友情和恩情。"[5]据说,锡兰的维达
人对来自他人的关怀、帮助很是感恩。[6]　"一点友善的同情就
能让他成为贴心朋友,而为了自己的朋友……他乐于献出自
己的生命。"[7]贝内特先生曾经会见了两名维达村民,在那个
场合给了他们礼物。两个月后的一个夜晚,他的前阳台上就
出现了一对象牙,但带来象牙的维达人绝不要他酬谢。他惊
呼道:"即便是一个维达人也会讲授如此一堂感恩、知礼

162

---

[1]　Mackenzie,*Voyages from Montreal to the Frozen and Pacific Oceans*,p. 137 *sq*.

[2]　Veniaminof,转引自:Dall,*op. cit*. p. 395。

[3]　Murdoch,'Ethnol. Results of the Point Barrow Expedition',in *Ann. Rep. Bur. Ethn*. ix. 42. 另见:Seemann,*Voyage of 'Herald'*,ii. 67 (Western Eskimo)。

[4]　Georgi,*Russia*,iii. 111.

[5]　Saner,*Expedition to the Northern Parts of Russia*,*performed by Billings*, p. 124.

[6]　Tennent,*Ceylon*,ii. 445. Sarasin,*Forschungen auf Ceylon*,iii. 546.

[7]　Nevill,'Vaeddas of Ceylon',in *Taprobanian*,i. 192.

之课！"①

　　哈马黑拉岛的阿尔弗拉人②、苏门答腊岛的巴塔克人③以
及婆罗洲的达雅克人④都以感恩的性情著称。关于山地达雅
克人，娄午先生讲，感恩"是这些朴实之人的显著品格，哪怕只
是给他们一丁点儿好处，也会让他们积极地不断感恩。"⑤新
几内亚岛的莫图人"能感激别人的友善"，⑥也有用来表示感
谢的词。⑦沙米索高度评价了加罗林群岛的尤利亚岛土著表
现出的感恩——"任何东西，例如作为礼物从某位朋友那里得
来的有用的工具，都留有给予这东西的朋友的名字，他们以此
作为永远的纪念。"⑧莫斯利教授在阿德米勒尔蒂群岛的特尔
卡斯托岛上时，依诺言将一把短柄小斧作为报酬给了自己的
向导，向导似乎很感谢，就把自己的贝壳扁斧作为回报送给了
他。⑨尽管塔希提人从不回谢，他们的语言里似乎也没有表
达感激的词汇，但他们并不缺乏此种情感。⑩巴克豪斯告诉
我们，一名塔斯马尼亚土著生病时被人护理，也有很多感激的
表示；他还讲，这些土著经常表现出这种美德——其他旅行者

163

---

① Pridham，*Account of Ceylon*，i. 460 *sq*.

② Kükenthal，*Forschungsreise in den Molukken und Borneo*，i. 188.

③ Junghuhn，*Die Battaländer auf Sumatra*，ii. 239.

④ Ling Roth，*Natives of Sarawak*，i. 74，76.

⑤ Low，*Sarawak*，p. 246.

⑥ Stone，*A Few Months in New Guinea*，p. 95.

⑦ Chalmers，*Pioneering in New Guinea*，p. 187.

⑧ von Kotzebue，*Voyage of Discovery into the South Sea*，iii. 214.

⑨ Moseley，'Inhabitants of the Admiralty Islands'，in *Jour. Anthr. Inst*. vi. 416.

⑩ Waitz-Gerland，*op. cit*. vi. 116.

的叙述都能支持此说法。[1] 关于澳大利亚原住民,里德利先生写道:"我相信,他们作为一个部族,别人友善对待他们,他们特别容易受到感染。他们认可我是为他们着想的,看到我认为他们值得照顾,他们显然很高兴,很感谢。"[2]据说,阿德莱德及恩坎特海湾一带的黑人对友善对待他们的人也表现出友爱。[3]讲到澳大利亚中部的部落,斯潘塞先生和吉伦先生讲,尽管他们收受了白人的礼物后并不习惯于表现出过多的感激,事实上他们绝不缺乏此种情感;[4]而其他作者也报告了澳大利亚西部[5]及昆士兰[6]土著表达感激的事例。

关于马达加斯加人,传教士埃利斯写道:"有人怀疑,马达加斯加人是否很有感激这种高尚情感。尽管人们常常说他们极其冷漠,但他们当然也容易受到别人温和情感的感染,他们有一些习俗,能够表明他们能感觉到他人对他们的任何友善举动,他们的语言里也有很多表达感谢的说法。下面就是他们最常用的表示感谢的措辞——'祝您一生平安;祝您长寿;祝您寿如南山;祝您从君主那里看到/得到正义。'"除了用言语表示感谢,他们也以相当多的行动表达感谢:有时他们会如给人礼物一般展开双手;屈身到地,抱住他要感谢的人的双

---

① Ling Roth,*Aborigines of Tasmania*,pp.47,62,64.

② Ridley,*Aborigines of Australia*,p.24.另见:*ibid*.p.20 *sqq*.。

③ Wyatt,'Manners and Superstitions of the Adelaide and Encounter Bay Aboriginal Tribes',in Woods,*Native Tribes of South Australia*,p.162.

④ Spencer and Gillen,*Native Tribes of Central Australia*,p.48 *sqq*.

⑤ Salvado,*Mémoires historques sur l'Australie*,p.146.

⑥ Fraser,*Aborigines of New South Wales*,p.44.

164　腿,或触摸他要感谢的人的膝盖和脚。^① 他们也用许多强烈的隐喻表示不知感恩,例如"雷电生的""野猪种"。^② 据波切尔,布须曼人并非不知感恩。^③ 有些旅行者或殖民者说,祖鲁人缺乏感恩之情,泰勒先生驳斥了这一说法,他声称:"(祖鲁人)也感恩,得了别人的好处也会送礼物给人家,可以就此举出许多事例。"^④巴苏陀人也有表达感激的词汇。^⑤ 沃德先生讲,巴刚果人"确实很少表现出感激,尽管有时也能看到他们在奇怪的伪装之下表露这种情感。有一次,我碰巧救了一个婴儿的命。当时孩子的母亲颤抖着把这孩子带到我这里来,凑巧我在我的医药箱里发现了一种药物,几乎立刻治好了这孩子的病。我为这名妇女提供的服务并没有让人们感谢我,他们只是广为传播,说我是一个神汉。"但20个月后的一个夜里,所有人都睡了,这名妇女来到沃德先生的住处,给了他一些鸡蛋作为酬谢。她说:"我天黑的时候过来,别人就不会知道了,他们如果知道了我送这礼物会嘲笑我的。"^⑥关于大贝宁的居民,一名旅行者讲:"只要给他们一丁点儿好处,他们都会表示感谢。"^⑦关于阿克拉的土著,孟拉德写道,感激是黑人

---

① Ellis, *History of Madagascar*, i. 258. 另见:Rochon, *Voyage to Madagascar*, p. 56。

② Ellis, *op. cit.* i. 139 *sq.*

③ Burchell, *Travels in the Interior of Southern Africa*, ii. 68, 86, 447.

④ Tyler, *Forty Years among the Zulus*, p. 194.

⑤ Casalis, *Basutos*, p. 306.

⑥ Ward, *Five Years with the Congo Cannibals*, p. 47 *sqq.*

⑦ Punch, 转引自:Ling Roth, *Great Benin*, p. 45。

的美德之一，所以他们会因为别人给了他们好处而献出自己的生命。[1]　冈比亚边界的菲鲁普人"对有恩于自己的人表现出极大的感激之情"。[2]　关于东中非的居民，麦克唐纳先生毫无犹豫地肯定他们感恩，"即使我们把感激定义为远远超出'对于他人恩惠的敏感'"也是如此。[3]　马萨伊人与瓦查加人有"一个奇怪的习惯，为了表达恭敬、感激，他们会向物体或人吐口水"[4]——我猜测最初这种习俗的目的是转达祝福。据说巴雷亚人对他人给的好处充满感谢。[5]　据帕尔格雷夫，"阿拉伯人跟欧洲人一样有着感激的美德，而不管某些外国人反过来表现出什么样的无知与偏见"；[6]而伯克哈特讲，即使是一个敌人慷慨对待阿拉伯人，阿拉伯人也不会忘记。[7]

　　按照其他说法，人们直接称感激值得赞扬，或者称不感恩应该反对。据雅科夫神父，阿特卡阿留申人把感恩施惠者视作美德[8]在奥马哈人那里，如果一个人得了别人的好处却不表示感谢，人们就会惊呼："他不为收到了礼物而感谢！他不懂礼貌。"[9]坎查岱人"不仅会因为得了别人的好处而感谢，他们也认为，得了礼物后绝

165

① Monrad，*Skildring af Guinea-Kysten*，p. 8.

② Mungo Park，*Travels in the Interior of Africa*，p. 14.

③ Macdonald，*Africana*. i. 10.

④ Johnston，*Kilima-njaro Expedition*，p. 438.

⑤ Munzinger，*Ostafrikanische Studien*，p. 533.

⑥ Palgrave，转引自：Spencer's *Descriptive Sociology*，'Asiatic Races'，p. 31。

⑦ Burckhardt，*Notes on the Bedouins and Wahábys*，p. 105.

⑧ Yakof，转引自：Petroff，*Report on the Population*，&c. of Alaska，p. 158。

⑨ Dorsey，'Omaha Sociology'，in *Ann. Rep. Bur. Ethn*. iii. 270.

对有必要回报"。① 中国人讲:"回报他人的友善重于欠债还钱。"②
依据著名道教作品《玉历宝钞》,忘恩负义之人死后会下地府,"不
能免于任何惩罚"。③ 某巴列维文献把感恩讲成进天堂的一种方
式,不知恩则被污名化为极大的罪孽;④据马塞林,即便古波斯的
法律也会惩处忘恩负义之辈。⑤ 据称马其顿也是如此。⑥ 希腊、罗
马道德家也就感恩的义务谆谆告诫。⑦ 亚里士多德讲,一般说来,
我们应当向施惠者报以友善,而不是无缘无故地把什么好处给予
某位武装起来的弟兄,正如我们应当向债主归还借款,而不是花同
样多的钱买礼物给某位朋友。⑧ 据色诺芬,知恩图报是上帝之法
所要求的。⑨ 西塞罗讲,"知恩图报是最重要的义务","所有人都
憎恶忘恩负义之徒"。⑩ 塞涅卡把不知恩称作最可恶的恶习,这种
行径难于以法律惩处,应提交诸神裁决。⑪ 古代斯堪的纳维亚人
认为,若得了别人的恩惠,即使他是敌人,在血族复仇中杀害他也
是不光彩的。⑫

　　我们可以假定,对于能感知到道德情感的人,对施惠者友善的

---

① Dobell, *Travels in Kamtschatka*, i. 75.

② Davis, *China*, ii. 123.

③ Giles, *Strange Stories from a Chinese Studio*, ii. 374 sq. 另见:*Thâi-Shang*, 4。

④ *Dînâ-î Maînôg-î Khirad*, xxxvi. 28; xxxvii. 6; xliii. 9.

⑤ *Ammianus Marcellinus*, xxiii. 6. 81.

⑥ Seneca, *De beneficiis*, iii. 6, 2.

⑦ 见:Schmidt, *Die Ethik der alten Griechen*, ii. 305 sqq.。

⑧ Aristotle, *Ethica Nicomachea*, x. 2. 3.

⑨ Xenophon, *Memorabilia*, iv. 4. 24.

⑩ Cicero, *De officiis*, i. 15 (47); 11. 18 (63).

⑪ Seneca, *De beneficiis*, iii. 6. 1 sq.

⑫ Maurer, *Die Bekehrung des Norwegischen Stammes*, ii. 174.

一般倾向不可避免会导致这一观念——不感恩的行为是错误的。这样的行为是对施惠人的冒犯；正如斯宾诺莎所说："一个人出于爱或荣誉而给予他人恩惠，如果他看到受惠者不知感谢，他会感到痛苦。"①这一现象本身会令旁观者产生对冒犯者的同情性忿恨；而旁观者容易因同情而产生对施惠者的报偿性的友善感，这又会大大增强他对冒犯者的忿恨。他想要看到施惠者的友善得到酬谢；人们自然希望受惠者比别人更愿意报答施惠者，看不到这一点会令旁观者震惊。

关于影响他人福利之行为的道德观念，随有关各方是否属于同一家族或同一共同体而变化。由于前几章讲到的原因，父母对促进子女的福利负有特殊义务，子女对父母负有义务；同部落人或同国人享有外国人所不享有的权利。不过这些义务不仅仅是对特定个体的义务，也包括对社会整体的义务。其中最重要的就是爱国的义务。

爱国主义的义务根植于爱国主义情感，根植于一个人对其所属社会集体的爱——这种社会集体也附着于他称为国家的疆域。爱国主义牵涉渴望提升社会集体的福利，牵涉希望社会集体现在和将来实现繁荣。这种渴望是几种情感的结果：人们对生活于其中的人群的爱，人们对自己长大或度过了部分人生的地方的依恋，人们对自己种族和语言的忠忱，人们对自己出生和所属的社会的传统、习俗、法律和制度的忠忱。

①　Spinoza, *Ethica*, iii. 42. 一个日本谚语讲："劳而无功，就会疲乏。"（Reed, *Japan*, ii. 109）

　　要具有真正的爱国主义,首先要有抽象的能力,而几乎无法相信低等蒙昧人拥有这种能力。不过,对于较高类型的未开化人群,此种能力并非闻所未闻。有人就称赞了北美印第安人的真正的爱国主义精神,以及对自己部落、国家的强烈依恋。[①] 卡弗这样讲瑙多韦西人:"他们心之所系,首要就在于自己部落的荣誉及自己民族的福祉;在很大程度上他们所有的美德与恶习都由此而展开。受此驱使,他们勇敢面对每一危险,忍受最痛苦的折磨,坚韧地坚持到胜利,这些不是个人的特征,而是民族性。"[②]塔希提人常常表现出强烈的爱国主义和公共精神。[③] 毛利人"热爱自己的国家及先人的权利,愿意为自己孩子的土地而战"。[④] 据说,特内里费的关契斯人最重要的美德就是爱国主义。[⑤] 西非的约鲁巴人也有此特征;麦格雷戈先生讲:"没有哪个种族像他们那样热爱自己的国家。"[⑥]伯克哈特写道:"贝都因人依恋的自己部落,深切关注部落的权力与名声,乐于为部落繁荣付出一切牺牲,这些情感在几乎任何其他民族那里都没有这么强烈;如果一个埃内兹人受到突然袭击,他会抓住长矛,在头顶挥舞,高喊'我是埃内兹人',这语气带有

168

---

　　① Adair, *History of the American Indians*, p. 378 *sq.* Heriot, *Travels through the Canadas*, p. 317. Loskiel, *History of the Mission of the United Brethren among the Indians*, i. 17 (Iroquois).

　　② Carver, *Travels through the Interior Parts of North America*, p. 412.

　　③ Ellis, *Polynesian Researches*, i. 128.

　　④ Angas, *Savage Life and Scenes in Australia and New Zealand*, i. 338. 另见:Travers, 'Life and Times of Te Rauparaha', in *Trans. and Proceed. New Zealand Institute*, v. 22. 。

　　⑤ Bory de St. Vincent, *Essais sur les Isles Fortunées*, p. 70.

　　⑥ MacGregor, 'Lagos, Abeokuta, and the Alake', in *Jour. African Soc.* 1904, p. 466.

一种欢腾的自豪感,这自豪感并不亚于希腊或赫尔维蒂共和国[①]
所彰显的那种自豪感。"[②]

　　爱国主义得以生发的许多因素显然也能在蒙昧人那里,甚至
在最低等的蒙昧人那里找到。前面我们已经提到蒙昧人对共同体
或部落成员的依恋。与此相连的是他对出生地的热爱,对自己习
惯了的生活方式的热爱。关于这种情感,有一个感人的事例。在
阿韦龙一带的森林里被发现的一个野男孩,他在这里度过了他年
轻生命中的大部分时光,与其他人类完全隔绝,把他带到巴黎以
后,有一次又把他带回这片土地,带到蒙莫朗西的谷地。他的眼
睛,他的一举一动,都洋溢着对这迷人谷地的群山和草木的欢喜;
他显得比任何时候都躁动不安、狂野,"尽管人们极其关注他的愿
望,尽管人们向他表达了深切的关心,他脑子里似乎只有跑掉的热
望"。[③] 他在这里有自己的亲属、朋友,他对故土的爱要大过一切!
豪伊特先生讲过,一名澳大利亚土著要跟他离开营地开始为期一
周的旅行时,泪如雨下,一再自言自语:"我的土地,我的人民,我看
不到你们了。"[④]关于锡兰的维达人,"不管给他们什么样的交换条
件,他们都不愿放弃原始森林里的生活,要诱使他们暂时放弃他们
最喜欢的与世隔绝的生活,也是极其困难的"。[⑤] 柬埔寨的斯丁人
强烈依恋他们的森林和山,对他们来讲离开这些山和林几乎就相

169

---

　　① 　赫尔维蒂共和国(Helvetian republics)是 18 世纪末受法国大革命影响而在瑞
士建立的共和国。——译者

　　② 　Burckhardt,*Notes on the Bedouins and Wahábys*,p. 205.

　　③ 　Itard,*Account of the Discovery and Education of a Savage Man*,p. 70 *sqq.*

　　④ 　Brough Smyth,*Aborigines of Victoria*,ii. 305.

　　⑤ 　Hartshorne,'Weddas',in *Indian Antiquary*,viii. 317.

当于死亡。① 由于思念家乡,所罗门岛民死在去斐济或昆士兰的
种植园的路上这种事并非罕见。② 马达加斯加的霍瓦人准备外
出的时候,常常随身带上一些当地的泥土,离开家乡后他们会盯
着这泥土,祈求神灵允许他们回来把泥土放归原处。③ 克劳弗德
先生讲,在马来半岛,农耕部落对出生地的依恋最为强烈;④但尽
管定居生活自然最容易导致此种依恋的发展,这种情感并非与
游牧生活不相容。尼西纳蒙人是加利福尼亚所有部落里最喜欢
游牧生活的,他们对算作自己家乡的谷地或平原怀有巨大的
170 依恋。⑤

再者,正如我们前面提到的,蒙昧人对自己本土的习俗、习惯

---

① Mouhot, *Travels in the Central Parts of Indo-China*, i. 243.

② Guppy, *op. cit.* p. 167.

③ Ellis, *History of Madagascar*, i. 141.

④ Crawfurd, *History of the Indian Archipelago*, i. 84.

⑤ Powers, *op. cit.* p. 318 *sq.* 关于未开化种族中人们对家乡的依恋的其他事例,
参见:von Spix and von Martius, *op. cit.* ii. 242, note (Coroados); von Kotzebue, *op. cit.*
iii. 45 (Indians of California); Gibbs, *Tribes of Western Washington and North-Western
Oregon*, p. 187; Elliott, *Report of the Seal Islands of Alaska*, p. 240; Hooper, *Ten
Months among the Tents of the Tuski*, p. 209; von Siebold, *Aino auf der Insel Yesso*, p.
11; Mallat, *Les Philippines*, ii. 95 (Negritos); von Brenner, *Besuch bei den Kannibalen
Sumatras*, p. 194 (Bataks); Earl, *Papuans*, p. 126 (natives of Rotti, near Timor); Ling
Roth, *Aborigines of Tasmania*, p. 46; Dieffenbach, *Travels in New Zealand*, ii. 174;
Cumming, *In the Himalayas*, p. 404 (Paharis); Lane, *Manners and Customs of the
Modern Egyptians*, p. 302 (Bedawees); Tristram, *Great Sahara*, p. 193 *sq.* (Beni M'
zab); Burton, *Zanzibar*, ii. 96 (Wanika); *Emin Pasha in Central Africa*, p. 315
(Monbuttu); Andersson, *Lake Ngami*, p. 198 (Ovambo); Rowley, *Africa Unveiled*, p.
63 *sq.* 。(Kroos of the Grain Coast below Liberia); Price, 'Quissama Tribe', in *Jour.
Anthr. Inst.* i. 187。

极其尊重。[1] 许多蒙昧人群表现出对民族独立的热爱,因而高度支持爱国主义。[2] 至少在一些未开化人群中,种族和语言统一的力量即使是在社会或政治单元之外也能展示其力量。伯克哈特说,贝都因人不仅关心自己部落的荣誉,他们还认为,所有其他部落的利益都或多或少与自己部落的利益相连,他们时常表现出某种普遍的团队精神,[3]"即使他们与某些部落正在交战,他们还是会为由于殖民者或外国军队攻击而造成的任一部落的崩溃"而悲叹。汤加人"特别热爱自己出生的岛屿,也热爱整个群岛,他们视之为一个国家,说同样的语言"。[4] 旅行者们发现,访问某未开化部族时,懂一点他们的语言是令他们极其高兴的事;土著和陌生人之间马上就会产生同情性纽带。[5] 即使是大阿特拉斯山一带极难接近的柏柏尔人,尽管他们极其憎恨欧洲人,只要你出其不意地说出他们语言里的几个字,他们马上会友善地看你一眼。

正如其他种类的利他主义情感,爱国主义易于高估所爱对象的品质;由于爱自己的国家几乎总是跟爱自己混合起来,高估所爱

---

①　见第一卷第 118 页及以下。

②　*Cf*. Dobrizhoffer, *Account of the Abipones*, ii. 95, 105; Lomonaco, 'Sulle razze indigene del Brasile', in *Archivio per l'antropologia e la etnologia*, xix, 57 (Tupis); Brett, *Indian Tribes of Guiana*, p. 348; Schoolcraft, *Indian Tribes of the United States*, iii. 189 (Iroquois); Nansen, *Eskimo Life*, p. 323 (Greenlanders); Macpherson, *Memorials of Service in India*, p. 81 (Kandhs); Sarasin, *op. cit*. iii. 530 (Veddahs); Casati, *Ten Years in Equatoria*, i. 188, 304 (Negroes of Central Africa); Fritsch, *Die Eingeborenen Süd-Afrika's*, p. 422 *sq*. (Bushmans).

③　Burckhardt, *Bedouins and Wahábys*, p. 205.

④　Mariner, *Natives of the Tonga Islands*, ii. 156.

⑤　见: Stokes, *Discoveries in Australia*, ii. 25。

对象就变得更容易了。普通的、典型的爱国者都有着强烈的意愿，
171　相信自己的民族是最好的。如果——如今许多人似乎还在坚持此
种看法——这样的意愿是真正爱国主义的根本特征，蒙昧人就是
跟所有人一样的好爱国者。他们在与白人打交道的过程中惊讶地
发现，白人傲慢地认为自己更为优越；而在他们自己看来，他们远
远比白人更为优越。依据爱斯基摩信仰，尽管第一个人也是大神
创造的，这个人却是失败的产物，于是大神就把他放在了一边，称
之为科博鲁纳(*kob-lu-na*)，意思是"白人"；大神第二次造人，就造
出了一个完美的人，称之为因纽(*in-nu*)，爱斯基摩人就称呼自己
为因纽。① 要求澳大利亚土著干活的时候，他们常常回答："白人
干活，黑人不干活；黑人是绅士。"②奇佩瓦人只要做了什么愚蠢的
事，就使用意思是"像白人一样蠢"这样的措辞。③ 南海岛民看到
某个笨拙的人，就会说："你真笨，你大概是英国人。"④威廉斯先生
告诉我们，一个斐济人到过美国，酋长令他说说白人的这个国家是
否比斐济更好，表现在什么方面。他还没说出多少实话，有个人就
喊起来了，"他是个唠叨鬼"，另一个人说，"他放肆"，还有一个人
说，"宰了他"。⑤ 科里亚克人比较喜欢争辩；为了证明他们听说的
其他国家具有优势的说法都是谎言，他们会对陌生人说："如果你

---

① Hall, *Arctic Researches*, p. 566 *sq*.
② Hale, *U. S. Exploring Expedition. Vol. VI. Ethnography and Philology*, p. 109.
③ Keating, *Expedition to the Source of St. Peter's River*, ii. 168. 另见：Boller, *Among the Indians*, p. 54 *sq*. 。
④ Williams, *Missionary Enterprises in the South Sea Islands*, p. 514.
⑤ Williams and Calvert, *Fiji*, p. 105.

在家乡能有这么多好处,你为什么费这么大劲到我们这里来呢?"[1]但反过来科里亚克人也为他们的邻居楚科奇人所小瞧,楚科奇人将周围的部族称为老女人,只适合看管牧群,只适合做楚科奇人的侍者。[2] 阿伊努人轻视日本人,正如日本人也轻视他们,他们相信"他们的血统比世界上所有其他人群都要高贵"。[3] 即使是锡兰悲惨的维达人也自视甚高,轻视其开化的邻人。[4] 一如文明人常做的那样,蒙昧人也认为自己人具有各种各样的完美的美德。据阿萨拉,南美的姆巴亚人"认为,他们自己是世上最高贵、慷慨、诚实守信、勇敢的民族"。[5] 诺顿湾一带的爱斯基摩人称自己为予毕科(*yu'-pik*),意思是好人、完全的人,而他们称印第安人为殷克利克(*iñ-kĭ'-lĭk*),这个称呼来自于意思是"虱子卵"的词。[6] 格陵兰岛民看到举止优雅得体的外国人,通常会说"他差不多像我们一样有教养",或者说"他现在像个人样了",意思是说像格陵兰人了。[7] 蒙昧人把自己所属的部族看作特殊的人群,看作其他所有部族之根,占据着世界的中央。霍屯督人喜欢称自己为"人中之人"。[8] 哈得逊湾一带昂加瓦地区的印第安人自称尼尼诺特

① Krasheninnikoff,*History of Kamschatka*,p. 224.

② Sauer,*op. cit.* p. 255.

③ Batchelor,'Notes on the Ainu', in *Trans. Asiatic Soc. Japan*, x. 211 *sq*. Howard,*Life with Trans-Siberian Savages.* p. 182.

④ Nevill,in *Taprobanian*,i. 192. Sarasin,*op. cit.* iii. 530,534,553.

⑤ Azara,*Voyages dans l'Amérique méridionale*,ii. 107.

⑥ Nelson,'Eskimo about Bering Strait', in *Ann. Rep. Bur. Ethn.* xviii. 306 *sq*.

⑦ Cranz,*History of Greenland*,i. 126.

⑧ Kidd,*The Essential Kafir*,p. 92.

（nenenot），意思是真正的或理想的红种人。① 在伊利诺伊印第安人的语言里，伊利诺伊的意思就是"人"，"仿佛他们视所有其他印第安人为禽兽"。② 海地土著相信，他们的岛屿是万物中最重要的，太阳、月亮源出于岛上的某个山洞，人源出于另一个山洞。③ 柯尔先生讲，每个澳大利亚部落都视自己的领土为世界中心，多数情况下他们都相信，由此中心从任一方向往外都不过二百英里的样子。④

173

在古代文明国家，我们能看到相似的情感和观念。中国人受到的教育就是，他们比所有其他民族都优越。在中国古代及现代作品里，"外国人"一词一般是与贬义词相联系的，这词暗指或表达的就是异民族的无知、野蛮、顽固和卑劣，异民族对中国负有义务或依附于中国。⑤ 孔子认为，中国就是"中央王国"，就是"诸夏""天下"，中国之外就只剩下野蛮无礼的部落。⑥ 按照日本人的观

---

① Turner,'Ethnology of the Ungava District', in *Ann. Rep. Bur. Ethn.* xi. 267.

② Marquette,*Recit des voyages*, p. 47 *sq.*

③ Brett,*Indian Tribes of Guiana*, p. 376.

④ *Curr*,*The Australian Race*, i. 50. 关于蒙昧部族自负感或自豪感的其他事例，参阅 Darwin, *Journal of Researches*, p. 207（Fuegians）；von den Steinen,*Unter den Naturvölkern Zentral-Brasiliens*, p. 332（Bakaïri）；von Humboldt, *Personal Narrative of Travels to the Equinoctial Regions of the New Continent*, v. 423,and Brett,*op. cit*, p. 128（Guiana Indians）；James,*Expedition to the Rocky Mountains*, i. 320（Omahas）；Murdoch,in *Ann. Rep. Bur. Ethn.* ix. 42（Point Barrow Eskimo）；Krasheninnikoff,*op. cit.* p. 180（Kamchadales）；Brought Smyth, *op. cit.* ii. 284（Australian natives）；Macpherson,*op. cit.* p. 67（Kandhs）；Munzinger,*Ueber die Sitten und das Recht der Bogos*, p. 94；Andersson,*Lake Ngami*, p. 198（Ovambo）。

⑤ Philip,*Life and Opinions of the Rev. W. Milne*, p. 257. *Cf.* Staunton, in *Narrative of the Chinese Embassy to the Khan of the Tourgouth Tartars*, p. viii.

⑥ Legge,*Chinese Classics*, i. 107. 另见：Giles,*op. cit.* ii. 116,n. 2。

念,日本(Nippon)是第一个建立起来的国家,是世界的中心。^①古代埃及人认为自己是特殊的民族,为诸神所钟爱。只有埃及人被称作"人"(*romet*);其他民族被称作尼格罗(negroes)、亚细亚提克(Asiatics)或利比亚恩(Libyans),而不是称为人;按照神话,这些民族都是诸神敌人的后裔。^②希伯来先知常常提及的亚述人的民族自豪感,^③在其楔形文字的铭刻里随处可见:他们是有智慧的、勇敢的、强有力的,他们就像洪水一般,卷走一切抵抗;他们的王是"无与伦比、无法抗拒的";他们的诸神比所有其他民族的诸神都要高贵得多。^④对希伯来人来说,他们的土地是"极美之地""流奶与蜜之地","在万国中是有荣耀的";^⑤他们土地的居民是神圣的人,主"从地上的万民中拣选,特作自己的子民"。^⑥关于古代波斯人,希罗多德写道:"他们认为自己在各个方面都远远优于其他人类,他们认为,其他人类住得离他们越近,就越接近卓越;因而按他们的观点,住得离他们最远的,必定也是人类中最堕落的。"^⑦直到今天,波斯君主还保留着"宇宙中心"的称号;要说服一个伊斯法罕的本地人,随便一个欧洲城市都可能比他所在的城市好,这并不容易。^⑧希腊人把德尔斐——确切地说是德尔斐神庙里的圆石——

174

---

① Griffis,*Religions of Japan*,p. 207.

② Erman,*Life in Ancient Egypt*,p. 32.

③ *Isaiah*,x. 7 sqq.;xxxvii. 24 sqq. *Ezekiel*,xxxi. 10 sq. *Zephaniah*,ii. 15.

④ Mürdter-Delitzsch,*Geschichte Babyloniens und Assyriens*,p. 104.

⑤ *Numbers*,xiii. 27;xiv. 7. *Ezekiel*,xx. 6,15.

⑥ *Deuteronomy*,vii. 6.

⑦ Herodotus,i. 134.

⑧ Rawlinson,in his translation of Herodotus,i. 260,n. 5.

称作"地球的中心"或"中点"；①他们认为，他们与野蛮人之间的关系自然就是主人与奴隶之间的关系。②

　　在古代国家里，有些情况下宗教情感大大强化了民族情感；而在其他情形下，宗教却鼓励人们献身于家族、氏族、种姓，而不是献身于民族，或者宗教不仅构成同国人之间的纽带，也构成不同政治共同体成员之间的纽带。中国人的祖先崇拜对促成真正的爱国主义基本没有益处。不管吠陀雅利安人中盛行什么样的献身公共福利的做法，由于受婆罗门教影响，这些做法无疑要么消失了，要么范围缩小到为种姓、村社或家族服务。③ 拜火教的阿胡拉·马兹达并非全民族的神，而是"雅利安人的神"，也即所有居住在古代伊朗的部族的神；而这些人之间总是在打仗。④ 穆斯林受宗教影响，普遍仇恨基督徒，对各自的国家几乎没有表现出什么公共精神，⑤他们由一些联系松散的、相互之间往往很不一样的民族组成，受某位君主统治，而君主的权力在许多地区名大于实。在古希腊、罗马，爱国主义无疑包含着宗教的成分——每个城邦、城镇都有其守

175

---

① Pindar, *Pythia*, vi. 3 *sq. Idem*, *Nemea*, vii. 33 *sq.* Aeschylus, *Eumenides*, 40, 166. Sophocles, *Œdipus Tyrannus*, 480, 898. Livy, xxxviii. 48. *Cf.* Herodotus' theory of "extremities" (iii. 115 *sq.*) and Rawlinson's commentary, in his translation of Herodotus, i. 260 *sq.* n. 6.

② Euripides, *Iphigenia in Aulide*, 1400 *sq.* Aristotle, *Politica*, i. 2, 6, pp. 1252 b, 1255 a.

③ Wheeler, *History of India*, ii. 586 *sq.* 另见：Leist, *Alt-arisches Jus Gentium*, p. 529。

④ Meyer, *Geschichte des Alterthums*, i. 540. Spiegel, *Erânische Alterthumskunde*, iii. 687 *sqq.*

⑤ Polak, *Persien*, i. 12. Urquhart, *Spirit of the East*, ii. 427, 439（Turks）. Burckhardt, *Bedouins and Wahábys*, p. 204 *sq.*（Turks and Arab settlers）.

护神、英雄，他们被看作城邦、城镇的真正主人；①但首要的是自由民对本土制度的热爱，这种热爱是自由土壤中长成的公民美德。两个斯巴达人被送到薛西斯那里处死，薛西斯的某位总督劝告他们向国王投降，他们的回答是："如果你知道什么是自由，你本来会令我们为自由而战，不仅用长矛，也要用战斧。"②关于波斯战争时期的雅典人，狄摩西尼讲，他们宁愿为国赴死，也不愿看到国家沦丧，他们认为，生活在被征服城市里的人受到的迫害和凌辱要比死亡更可怕。③　在古典时期，"爱国主义的影响渗透了整个道德、精神生活"。④　在某些希腊城市，法律禁止向外迁移，在阿尔戈斯这样做甚至要处死。⑤　柏拉图在《理想国》里为了城邦的利益而牺牲家庭。西塞罗把我们对国家的义务放在我们对不朽的诸神的义务之后，但又放在我们对父母的义务之前。⑥　他说道："对于各种关系而言，没有哪种关系比个体与其国家的关系更重要、更亲密。我们的父母是我们的所爱；我们的孩子，我们的亲属，我们的朋友，也是我们的所爱；而我们的国家独自就包括了我们所有人的所有所爱。好人如能报效国家，为国赴死，还有什么可犹豫的呢？"⑦

¹⁷⁶

---

①　Leist, *Alt-arisches Jus Gentium*, p. 529. Schmidt, *Die Ethik der alten Griechen*, ii. 221.

②　Herodotus, vii. 134 *sq.*

③　Demosthenes, *De Corona*, 205, p. 296.

④　Lecky, *History of European Morals*, i. 200.

⑤　Plutarch, *Lycurgus*, xxvii. 5. Ovid, *Metamorphoses*, xv. 29.

⑥　Cicero, *De officiis*, i. 45 (160). *Cf. ibid.* iii. 23 (90).

⑦　*Ibid.* i. 17 (57). *Cf.* Cicero, *De legibus*, ii. 2 (5).

　　爱国主义的义务首先来自于爱国情感；如果一个民族普遍热爱国家，若某人不按爱国情感的要求行事，人们就会对他愤恨。再者，若某人不爱国，他的同国人会因自己受到伤害而愤恨他；我们前面就已看到，愤怒，特别是整个共同体感受到的愤怒，倾向于导致道德上的反对。出于相似的原因，爱国的事迹容易引发道德上的褒扬。但是，爱国行为虽有利于自己的民族，却会造成对别的民族的伤害；在有些地方，利他主义情感宽泛到超出了国家的限制，强烈到就是在与爱国和爱自我的竞争中也能发出声音，爱国者的行为会因而成为指责的目标。在文明的较低阶段，外国人的利益根本不受考虑，除非好客习俗能保护其利益；但由于下一章要考察的情况，渐渐地利他主义趋向于扩展，人们最终被认为对整个人类负有义务。中国的道德家极力主张博爱，对民族完全不加区分。[①]生活在孔子和孟子之间的墨子，甚至教导人们同等爱所有人；但这一学说因不谈对亲戚应有的特殊奉献而受到反对。[②]《太上感应篇》里讲，好人应善待每一种生物，甚至不应伤害昆虫、草、树。[③]

177　佛教规定了博爱的义务："母亲就是冒着生命危险也要保护自己的儿子，自己唯一的儿子，一个人也应无休止地培养对一切存在的善意……对整个世界——天上的世界，地下的世界，周围的世界——

---

　　① *Lun Yü*, xii. 22. *Mencius*, vii. i. 45. Douglas, *Confucianism and Taoism*, pp. 108, 205.

　　② Edkins, *Religion in China*, p. 119. Legge, *Chinese Classics*, ii. 476, n. 45. de Groot, *Religious System of China*, (vol. ii. book) i. 684.

　　③ *Thâi-Shang*, 3.

的无尽之爱和友善。"[①]据印度作品《五卷书》,小心眼的人才会考虑某人是自己人还是外人,对心胸开阔者而言,整个尘世都是他的亲属。[②]　在希腊、罗马,出现了一些反对民族偏狭、偏见的哲学家。阿布德拉的德谟克利特讲,每一个国家都欢迎智者,好人的祖国就是这整个尘世。[③]　提奥多鲁斯表达了同样的看法,他是昔勒尼学派晚期的一名哲学家,他公然指责献身国家乃荒谬之事。[④]　特别是犬儒学派认为,任何特定国家的公民身份都无关紧要,他们声称自己是世界公民。[⑤]　但正如策勒尔所言,在犬儒主义者嘴里,与其说这个学说要表达的是所有人类从根本上是同一的,不如说他们要表达的是,哲学家独立于国家、家乡。[⑥]　斯多葛学派的哲学首先赋予世界公民的思想以明确的积极含义,并认为这一思想具有历史的重要性。亚历山大的庞大帝国的公民在某种意义上就是世界公民;民族间的反感容易克服得多,因为帝国内的各个民族不仅仅由一个共同的政府统一起来,也由共同的文化统一起来。[⑦]　事实上,斯多葛学派的奠基人本人只是半个希腊人。但在普世主义和

① 转引自:Rhys Davids,*Hibbert Lectures on the History of Buddhism*,p. 111。

② Muir,*Religious and Moral Sentiments rendered from Sanskrit Writers*,p. 109.

③ Stobæus,*Florilegium*,xl. 7,vol. ii. 80. *Cf*. Natorp,*Die Ethika des Demokritos*,p. 117,n. 41.

④ Diogenes Laertius,*Vitæ philosophorum*,ii. 98 *sq*.

⑤ *Ibid*. vi. 12,63,72,98. Epictetus,*Dissertationes*,iii. 24. 66. Stobæus,xlv. 28. vol. ii. 252.

⑥ Zeller,*Socrates and the Socratic Schools*,p. 326 *sq*. Idem,*Stoics*,*Epicureans*,*and Sceptics*,p. 327.

⑦ *Cf*. Plutarch,*De Alexandri Magni fortuna aut virtute*,i. 6,p. 329.

178　斯多葛学派的一般思想体系之间,还是有着某种清楚的联系。①
据斯多葛派,人类社会的基础就在于个体理性的同一;因而我们没
有理由把人类社会限制为单一的民族。塞涅卡说,我们都是宇宙
这伟大实体的成员;"我们天生就是亲属,大自然塑造了我们,使我
们由相同元素构成,并为了同样的目的而把我们放到一起。"②马
可·奥勒留讲:"如果我们具有共同的理性,就有共同的法,因为理
性要求着我们去做什么、不去做什么;如果我们有共同的法,我们
就是同等的公民;如果是这样,我们就是某政治共同体的成员——
这个世界在某种程度上就是一个国家。"③各单个国家连在一起,
就构成了这个包括了所有理性个体的伟大国家,正如一个城市中
的诸多家庭连在一起就构成了这个城市;④智者会认为,这伟大国
家远远高于任一特定的共同体,对于后者,只是由于出生在那里,
他才偶然在那里。⑤

　　但罗马人的极端无视异民族的爱国主义理想⑥并非只受到哲
学家反对:它在新宗教那里遇到了一个甚至更可怕的敌人。基督
徒和斯多葛派是以不同理由拒斥它的:斯多葛派感到自己是世界
公民,而基督徒感到自己是天国公民,对基督徒而言,这个星球只

---

　　① 见:Zeller,*Stoics*,&*c.* p. 327 *sq.*。

　　② Seneca,*Epistulæ*,xcv. 52.

　　③ Marcus Aurelius,*Commentarii*,iv. 4. *Cf. ibid.* vi. 44,and ix. 9;Cicero,*De legibus*,i. 7 (23);Epictetus,*Dissertationes*,i. 13. 3.

　　④ Marcus Aurelius,iii. 11.

　　⑤ Seneca,*De otio*,iv. 1. *Idem*,*Epistulæ*,lxviii. 2. Epictetus,*Dissertationes*,iii. 22,83 *sqq.*

　　⑥ *Cf.* Lactantius,*Divinæ Institutiones*,vi. ('De vero cultu'),6 (Migne,*Patrologiæ cursus*,vi. 655).

是放逐之地。基督教并不与国家敌对。[①] 正当尼禄犯下他最残暴
的暴行时,圣保罗宣称,任何权力都来自上帝,任何人抵制权力,就
是抵抗上帝的律令,都应受到刑罚;[②]而德尔图良说,所有基督徒
发出祈祷,都是为了皇帝的生活,为了他们的大臣,为了治安官,为
了国家的利益及帝国的和平。[③] 但只有在皇帝的命令不与上帝的   179
律法相冲突的情况下,臣民才应服从皇帝——基督徒应该宁愿像
但以理那样在狮子坑里受苦,也不对其宗教犯下罪孽;[④]对基督徒
而言,没有什么比国家事务更不与其相干了。[⑤] 事实上,在整个罗
马帝国时期,没有什么人像早期基督徒那样完全缺乏爱国主义。
他们对犹地亚没有感情,他们很快就忘了加利利,他们根本不关心
希腊和罗马的光荣。[⑥] 当法官们问他们哪个国家才是他们的国家
时,他们回答:"我是基督徒。"[⑦]而在基督教成为帝国国教很久以
后,圣奥古斯丁还宣称,人生短暂易逝,只要一个凡人不被迫去做
不敬或不正义之事,在谁统治之下无关紧要。[⑧] 后来教会成长为
独立于国家的政治势力,也就成为民族利益的绝对的敌人。17 世
纪时,某耶稣会首脑称爱国主义是"一场瘟疫,是基督教之爱的最

---

① *St. Matthew*,xxii. 21. 1 *Peter*,ii. 13 *sq.*

② *Romans*,xiii. 1 *sq.* 另见:*Titus* iii. 1。

③ Tertullian,*Apologeticus*,39(Migne,*op. cit.* i. 468)另见:Ludwig,*Tertuttian's Ethik*,p. 153 *sqq.*;Nielsen,*Tertullian's Ethik*,p. 98 *sq.*。

④ Tertullian,*De idololatria*,15(Migne,*op. cit.* i. 684).

⑤ Tertullian,*Apologeticus*,38(Migne,*op. cit.* i. 465):"没有什么比公共事务更不相干。"

⑥ 见:Renan,*Hibber Lectures on the Influence of Rome on Christianity*,p. 28。

⑦ Le Blant,*Inscriptions chrétiennes*,i. 128.

⑧ St. Augustine,*De Civitate Dei*. v. 17.

确定的死亡"。①

　　随着罗马帝国的衰亡,欧洲的爱国主义就消失了,如此绝迹达数个世纪。爱国主义情感很难与条顿部落的流动生活相容,也很难与封建制度相容——只要条顿部落定居下来,封建制度就会成长起来。事实上,骑士阶层并非缺乏对家乡的天然的爱。当阿利米斯受到格里·李·索尔斯的致命伤害时,他大叫:"圣母,我再也见不到圣昆廷和尼尔了";②而行吟诗人伯纳德·德·旺塔杜尔动情地唱道:"和风从我家乡的方向吹来,我仿佛闻到了天堂的芬芳。"③但对于一个中世纪的人来说,"他的国家"的意思基本是他居住地的邻近地区而已。④ 也存在一些王国,但并不存在民族。封臣的首要义务是效忠领主;⑤但是没有民族精神把一国的各个男爵团结起来。一个人可以同时是法国国王和英格兰国王的封臣;男爵们心血来潮,或出于激情或为了肮脏的利益,也会把应尽的义务卖给王国的敌人。骑士的身份特征也总是迫使骑士违背所有民族目标而行动。⑥ 在许多情形下,一位哀伤的女士之事要比他所属的国家之事更为优先。例如,卡普塔尔·德·布赫身为英国臣民,却毫不犹豫地把自己的部队跟孔特·德·富瓦的部队集

---

① von Eicken, *Geschichte und System der mittelalterlichen Weltanschauung*, p. 809.

② *Li Romans de Raoul de Cambrai*, 210, p. 185.

③ 转引自:Gautier, *La Chevalerie*, p. 64。

④ 见:Cibrario, *Della economia politica del medio eve*, i. 263; de Crozals, *Histoire de la civilization*, ii. 287。

⑤ *Ordre of Chyualry*, foll. 13 b, 32 b.

⑥ 见:Mills, *History of Chivalry*, i. 140 sq.。

结起来,去拯救法国某镇的一位女士,在那里他们受到起义农民的暴力围攻、威胁。[①] 当骑士守则里提到骑士对国家的义务时,这些义务被说成是对领主的义务——"不辅佐其世俗领主及天赋国家的邪恶骑士是没有操守的骑士。"[②]正如戈蒂埃先生所言,[③]真正的爱国主义在骑士守则里根本没有位置,骑士守则远远没有明确要求骑士以爱国主义为目标。爱国主义不被视为理想,更不用说能够在现实中存在了,不管在骑士中还是平民中都是如此。既然奥尔良的公爵可以按战争及同盟的兄弟关系服从兰开斯特的公爵,[④]英国商人也就习惯于把从英国集市上购买的物资及英国人制造的武器供给与英国交战的民族。[⑤] 如果像加斯顿·帕里斯先生所认为的那样,民族团结的深切情感给予《罗兰之歌》以灵感,[⑥] 181 一个奇怪但不可否认的事实是,在对英战争之前的法国中世纪历史上,这种情感并没有明显的存在迹象。

除了封建主义及政治整合的缺乏,也有其他因素阻碍了民族个性及爱国主义的发展。爱国主义情感的前提条件不仅在于组成一个国家的各个部分有着强烈的统一感,也在于统一起来的各个部分感到它们自己是一个明显区别于异民族的民族。在中世纪,主要是以下几点模糊了民族差别:普世教会的优势,神圣罗马帝国

---

① Scott, *Essay on Chivalry*, p. 31.

② *Ordre of Chyualry*, fol. 14 b.

③ Gautier, *op. cit.* p. 33.

④ Sainte-Palaye, *Mémoires sur l'ancienne Chevalerie*, ii. 72.

⑤ Pike, *History of Crime in England*, i. 264 *sq.*

⑥ Paris, *La poésie du moyen âge*, p. 107. 戈蒂埃先生说,罗兰是"法兰西的伟人"(*op. cit.* p. 61)。

的创立,作为精神文化的唯一交流工具的共同语言的流行,以及本土语言的不发达状态。使用本土方言被看作无知的表现,将世俗利益放在教会的诉求之上被看作不虔诚的做法。当马基雅维利声称,他热爱自己的国家,甚于关心自己的人身安全,人们认为他有渎神之罪;当威尼斯人蔑视教廷的惊雷,宣告他们首先是威尼斯人,其次才是基督徒,这个世界吃惊地听着他们讲话。①

在英国,民族情感的发展比欧洲大陆要早,这无疑是由于它是海岛并且具有自由的制度;正如孟德斯鸠所言,在民主制度下爱国主义最为兴旺。② 英国宗教改革时期,共同民族生活的感觉已明显得到很大发展,而对英国的热爱没人比莎士比亚表达得更出色。同时,爱国主义情感也常常被宗教顽固势力及党派风气粗暴地歪曲。③ 甚至像罗素勋爵和阿尔杰农·西德尼这样的自由捍卫者也接受了法国人希望他们与国王为难的黄金,希望以此羞辱国王;西德尼甚至试图煽动德·威特侵犯英国。对王权的忠诚要比对国家的热爱更能激励人。像斯特拉福这样忠于王权的人,宁愿用半野蛮的爱尔兰军队对付自己的同胞,而苏格兰的詹姆斯二世党人竟然邀请法国人入侵。

在法国,民族情感的发展与王权的增强及王权对封建主义的逐渐胜利密切联系。查理七世的编年史作者吉恩·沙尔捷第一次使用了 *patrie*(祖国)这个词,他也谴责那些在百年战争末期为英

---

① 'National Personality,' in *Edinburgh Review*,cxciv. 133.

② Montesquieu,*De l'esprit des Lois*,iv. 5 (*Œuvres*,p. 206 *sq.*).

③ 见:*Edinburgh Review*, cxciv. 133, 136 *sq.*; Pearson, *National Life and Character*,p. 190。

国人作战的法国人为叛徒。[①] 但爱国主义在很长时间里总是与忠
于王权混在一起。据波舒哀，"国王即国家"；[②]而阿贝·科耶尔
讲，科尔伯特相信"王国"与"祖国"的意思完全是一样的。[③] 在 18
世纪，反叛的习气代替了献身于国王的习气，但导致法国大革命的
那场伟大运动的基调是个人的自由和平等，而非民族的光荣和福
祉。人被看作人类的成员，而非某一特定国家的公民。成为每一
民族的公民，而不是只属于自己的出生国，是 18 世纪时法国作者
的梦想。[④] 一位戏剧作家讲："真正的智者是世界主义者。"[⑤]狄德
罗问哪个功劳更大，是为人类启蒙——永垂不朽，还是拯救自己的
祖国——短暂易逝。[⑥] 据伏尔泰，爱国主义就是自恋和偏见，[⑦]只 183
是经常使我们成为我们的同类的敌人罢了——"不可能一个国家
获胜，而另一个国家不失败，失败不可能不带来灾难。而人类所处
的状况就是，希望自己的国家伟大，就是希望自己的邻人遭殃。"[⑧]
在德国，莱辛、歌德、席勒都认为自己是世界公民，而非德意志帝国
公民，更不用说萨克森人或施瓦本人了；而克洛普施托克对德意志

---

① Guibal, *Histoire du sentiment national en France pendant la guerre de Cent ans*, p. 526 *sq*.

② Legrand, *L'idée de patrie*, p. 20.

③ Block, *Dictionnaire général de la politique*, ii. 518.

④ Texte, *Jean-Jacques Rousseau and the Cosmopolitan Spirit in Literature*, p. 79.

⑤ Palissot de Montenoy, *Les philosophes*, iii. 4, p. 75.

⑥ Diderot, *Essai sur les règnes de Claude et de Néron*, ii. 75 (*Œuvres*, vi. 244).

⑦ Voltaire, *Pensées sur l'administration publique*, 14 (*Œuvres complètes*, v. 351).

⑧ *Idem*, *Dictionnaire philosophique*, art. Patrie (*Œuvres complètes*, viii. 118).

民族和语言的热忱就几乎显得古怪了。[①] 莱辛直截了当地写道：
"对我而言，称赞我为热情的爱国者，是我最后才会渴求的东
西……我根本就没想过热爱祖国，在我看来，热爱祖国充其量不过
是英雄主义的弱点而已，而我很容易就能克服这个毛病。"[②]

　　第一次法国革命标志着爱国主义历史上一个新时代的开端。
法国革命激励了大众满怀激情地致力于促进祖国统一，共和国的
"统一和完整"。同时，它宣称所有民族皆兄弟，如果对别的民族发
动战争，目的应当仅限于将这些民族从压迫者手里解放出来。[③]
但逐渐地，对其他国家事务的兴趣变得越来越自私，解放的企图变
成了征服的欲望；这在整个欧洲唤醒了一种注定成为 19 世纪历史
上最强大力量的情感，即民族情感。当拿破仑把法国行政体制引
入那些被他贬黜了君主的国家的时候，人们抵抗这种变迁。这种
抵抗来自民间，因为没有统治者或统治者无能为力，这种抵抗也是
民族的抵抗，其目标在于反对外国制度。是民族情感而非政治统
一激励人们去抵抗，这种抵抗是对一个种族统治另一个种族的抗
议。在某种程度上法国大革命预示了这场运动的民族成分。在法
国大革命中，法国人民被当作一个民族单位，而非历史单位；血统
按在传统中的位置来确定；不受过去制约的人民主权观导致了独
立于历史上的政治影响的民族观念。但是，正如我们已经讲过的
那样，是这场革命对异民族的征服，而不是革命的兴起，使人们认

---

①　见：Strauss，*Der alte und der neue Glaube*，p. 259 sq. 。
②　Lessing，转引自：Ziegler，*Social Ethics*，p. 121。
③　Block，*op. cit.* ii. 376.

识到革命的民族成分。①

　　自那以后,种族情感成为欧洲人爱国主义中最有力的力量,也逐渐成为人类真正的危险。种族情感起始表现为对一个种族支配另一个种族的抗议,它导致了对包括不同种族的每一个国家的谴责,最终发展成国家和民族应该尽可能在同一时空共存这整个信条。② 按照这一理论,统治民族不能承认居住在国家边界内的低等民族与其平等,因为若是承认,国家就不再是民族国家了,而这与国家存在的原则背道而驰;或者迫使弱小民族改变自己的语言、习俗、个性,从而把它们吸收进统治种族。主体民族不仅声称自己优于国家内的所有其他民族,而且宣称自己优于异民族、异种族。对民族主义者而言,这完全是真正的爱国主义;爱国这种情感常常表现得比人们渲染的还要强。③ 但同时也有相反的理想。19 世纪的民族主义热情并没能终结世界主义精神。尽管世界主义观念也大声诉求于种族的本能及民族团结的情感,但它的观点一直在被越来越多的人所接受——一个民族的目标不能与整个人类的利益相冲突;我们对国家的热爱应该受制于其他国家的繁荣及发展自己个性的权利——对本国弱小民族的压迫及对异民族的侵略主要是虚荣与贪婪的结果,与一个好爱国者、好人的热望不相容。

　　我们对直接牵涉他人福祉的行为之道德观念的长篇探讨终于要结束了。我们看到,这些观念最终可以追溯到一系列原因:习惯

---

①　见:'Nationality', in *Home and Foreign Review*, i. 6 *sqq.*。

②　*Ibid.*, p. 13 *sq.*

③　Robertson, *Patriotism and Empire*, p. 138.

或教育的影响,导致道德情感产生的这种或那种以自我为中心的考量,社会适宜性的观念,超然的喜好或厌恶,而最重要的就是发自内心的利他主义倾向的同情性憎恶或同情性赞同。但如何解释利他主义倾向呢?只有找到这一问题的答案,我们对此前一直在考察的那类道德观念的解释才算完满。因此下一章我就要检视利他主义情感的起源和发展。

第三十四章　利他主义情感的
起源和发展

有一种利他主义情感，即母爱，为人类、所有哺乳动物以及许多其他动物所共有。关于其起源，已经提出了各种理论。

据亚里士多德，父母爱自己的孩子，把孩子当作自己的一部分。[①] 一些现代作者也对母爱提出过类似的解释。[②] 于是埃斯皮纳斯教授把这种情感看作修正了的自恋及对财产的喜爱。他说，女性生产的时候，孩子像她，她容易识别出孩子是她的骨肉；她所体验到的对孩子的情感就是同情、怜悯，但我们也不能排除她有一种孩子是其财产的想法，这种想法是同情最牢固的支持。在一定程度上她感到、认识到这些小家伙——他们同时也是她自己——属于她；她对她自己的爱就扩展到对来自于她的人的爱，于是自恋就转变成同情，财产本能就转变成爱的冲动。[③] 然而在我看来，这个假说是很不充分的。例如，它不能解释一只雌鸟对自己下的蛋

---

① Aristotle，*Ethica Nicomachea*，viii. 12，2 sq.

② Hartley，*Observations on Man*，i. 496 sq. Fichte，*Das System der Sittenlehre*，p. 433.

③ Espinas，*Des sociétés animales*（2nd ed.），p. 444 *sq.*，转引自：Ribot，*Psychology of the Emotions*，p. 280。

187　的照料要多于对从其身体分离的其他东西的照料,雌鸟同样可能
把这些东西看作它自己的一部分。这个假说也不能解释养母对养
子、养女的爱。① 关于这一点,已在低等动物中发现了很多事例;
而在某些蒙昧部族中,据说养父母同样爱自己的养子女,视同自己
的亲骨肉。②

　　贝恩教授提出了一个很不一样的解释。他认为父母对子女的
爱来自于"怀抱幼子时产生的强烈的愉悦"。他发现,"父母一旦产
生这种愉悦,就会把它跟幼子吸引人的那些特征、方面联系起来,
并对这些特征、方面表现出很大兴趣。由于父母怀抱孩子会感到
愉快,父母就会发现,有必要养育自己的幼子,最终也会把自己发
挥的养育功能当作快乐的一部分或条件。"③但假如由身体接触而
产生的满足是母性情感的原因,夫妻之爱就应比母爱强烈得多;然
而,至少在低等种族里,情况恰恰相反,夫妻情感在程度上要远远
低于母亲对孩子的爱。事实上可以公允地质疑,怀抱一个新生儿
的时候,如果这个孩子不是自己的,究竟是否会产生什么"强烈的
愉悦"。似乎更可能的是,父母爱自己的孩子,所以父母喜欢触摸
自己的孩子,而不能说因为他们喜欢触摸孩子,所以他们爱孩子。
靠近某人,与某人接触,拥抱某人,这些表明某人具有吸引力,吸引
力是柔情的外在体现。④ 贝恩教授自己也发现,这就好比把某人

---

　　① Cf. Spencer, *Principles of Psychology*, ii. 624.

　　② Murdoch, 'Ethnol. Results of the Point Barrow Expedition,' in *Ann. Rep. Bur. Ethn*. ix. 419 (Point Barrow Eskimo). Thomson, *Savage Island*, p. 135.

　　③ Bain, *Emotions and the Will*, p. 140.

　　④ Ribot, *op. cit.* p. 234.

撞倒，怒气就得到满足，拥抱某人，爱就完满、满足了。[1] 但这绝不意味着拥抱是爱的原因；而只意味着爱倾向于以拥抱行为外在地表现自身。

在斯宾塞先生看来，父母之爱根本上是对弱小、无助者的爱。他讲道，将这种本能限定在某人对其幼子的范围是不够的。尽管所谓的父母情感最经常、最强烈地体现在亲子关系上，但在亲子关系之外，确实也可以激发出这种情感；引起此种情感的对象的共同特征总是相对的弱小、无助。[2] 这个假说无疑包含着部分真理。母性本能在某种程度上就是对无助者的爱，这一观点可从下述事实清楚地看出来——在非群居低等动物中，只要幼子能独立生存，母亲和幼子就分开了；非但如此，在许多情形下实际上是母亲把幼子赶走。再者，在某些特殊物种中，幼子一出生就能独立生存，因而不存在母爱。这些事实表明了我们必须从何处着手探寻母爱的源泉。当幼子出生、处于完全无助的状态时，某个动物必须照顾它们，否则这个物种就无法生存，或反过来这样的物种本来就不会出现。因此，可以假定母性本能的起源在于适者生存，在于有用的自发变异的自然选择。

斯宾塞先生也承认这一点；[3]但他的理论无法解释这一无可辩驳的事实——母爱不同于对无助者的纯粹的爱。即使是在群居动物中，母亲也区分自己的幼子以及其他幼子。我在摩洛哥山民那里居住的时候，晚上母羊群和羊羔群汇合的时候，每个母亲都极其急

188

---

① Bain,*op. cit.* p. 126.

② Spencer,*Principles of Psychology*,ii. 623 *sq.* 另见：Hartley,*op. cit.* i. 497. 。

③ Spencer,*op. cit.* ii. 623.

切地寻找自己的羔羊,而每个羔羊也都极其急切地寻找自己的母

189 亲,我常常为此所触动。有人也注意到,即使是在自愿收养的情况
下,母亲也会区分幼子是否是自己的孩子。布雷姆告诉我们,一个
雌狒狒气度宏大,不仅收养其他种类的小猴子,也偷来小狗、小猫,
它也总是带着这些小狗、小猫;不过,它的友善还没有达到与它收养
的小动物分享食物的地步,而所有东西它都会与自己的孩子公平地
分享。① 因此,要解释母性情感,我们就必须假定在无助的信号之外
存在另一种刺激,这种刺激能使母亲产生或至少强化本能的运动反
应(motor response)。在我看来,这种刺激根植于幼子从一开始面对
母亲时的外在关系。自幼子最脆弱的时候起,母亲就紧挨着自己无
助的幼子;母亲爱自己的孩子,因为孩子是母亲快乐的原因之一。

　　在某些动物物种中,不仅母亲,父亲也照料孩子。鸟类中一般
都是这样的:母亲负责孵蛋,主要负责喂养幼鸟,父亲则充当保护
者,并为家庭提供食物。另一方面,在多数哺乳动物中,两性之间
的关系仅限于发情期,因而父亲可能连自己的孩子都看不到。但
也有一些哺乳动物物种,孩子出生后雄性和雌性仍在一起,而父亲
保护着家庭不受敌人侵犯。② 四肢动物看来就是如此。③ 所有最
权威的学者都认为,大猩猩和黑猩猩生活在家庭里。雌性怀孕的
时候,雄性就在某棵树上建一个简陋的窝,雌性就在窝里分娩;雄
性夜间就蜷伏在树脚,保护在上面的窝里的雌性和幼崽免受豹子

190 夜间袭击。从最高等的猴子到人类中的蒙昧、野蛮种族,我们观察

---

① Darwin, *Descent of Man*, p. 70.
② Westermarck, *History of Human Marriage*, p. 11 *sq.*
③ *Ibid*, p. 12 *sqq.*

到同样的现象。在人类中,家庭成员包括父亲、母亲和孩子,这很可能是普遍的建构,不管家庭是基于一夫一妻、一夫多妻还是一妻多夫婚姻。而且,人类与有着相同习惯的低等动物一样,母亲主要承担直接照料孩子的责任,而父亲是家庭的保护者。①

父性本能对之做出反应的刺激显然也来自同样激发出母性本能的那些情形,亦即幼子的无助和靠近。只要存在父性本能,与母亲生活在一起的父亲从一开始就会靠近自己的孩子。而这种情感反应也极有可能是自然选择过程的结果,自然选择保护了物种生存所必需的心理倾向。在鸟类中,父亲的照料是必不可少的。对胚胎的发育和幼鸟的保护而言,保持恒定的温暖是首要条件;为此母亲几乎总是需要父亲的帮助,父亲为母亲提供必需物,有时也替母亲孵蛋。在哺乳动物中,尽管幼子在最脆弱的年龄离开母亲几乎无法存活,但一般并不需要父亲的帮助。灵长目动物是个例外,这很可能是由于幼子数量少,雌性一次只生一个。此外在最高等的猿类和人类中,存在父性本能很可能是由于漫长的婴幼儿期。②如果这是真的,我们可以假定,曾在原始人类那里出现的父性本能——既然原始人类有此本能——或多或少也在类人猿及现存蒙昧人那里得到较大发展。

从起源上说,异性之间的依恋十分类似于父性情感,这种依恋使得子代出生以后男性和女性仍彼此结合在一起,从而超越了纯粹的繁殖行为。显然,假如繁殖能力受限于某一特定季节——原

191

---

① Westermarck, *History of Human Marriage*, p. 14 *sqq.*
② 见:*ibid.* p. 20 *sqq.*;Fiske, *Outlines of Cosmic Philosophy*, ii. 342 *sq.*。

始人类似乎与其他哺乳动物共有这一特性①——就不可能是性本能引起了两性之间的长期结合,我也想象不出有什么别的自私自利的动机可以解释这一习惯。考虑到这种结合直至子代出生依然延续并伴随着父代对子代的照料,我推断,正是为了子代的利益,男性和女性才继续生活在一起。那么,把他们结合在一起的纽带看来就是通过自然选择发展起来的某种本能,就像父母对子女的爱那样。某人是自己快乐的原因——这里指的是性快乐——对此人感受到某种依恋的倾向无疑构成了上述结合本能的基础。依恋的情感可能起初就诱使两性保持结合,诱使男性在性欲得到满足以后继续保护女性;而如果夫妻之间的依恋在生存竞争中为物种获得了巨大优势,自然就会发展成物种特有的特征。

我们有理由相信,依恋情感的萌芽在我们最早的祖先那里就已产生,就婚姻这一术语的自然史意义来说,它是从某种类猿祖先传到人类这里的习惯。② 在进化过程中,夫妻情爱在强度和复杂性上都增加了;不过,并非文明进展的每一步都有利于夫妻之情的发展。当较高的文化只限于男性时,它就倾向于使夫妻疏远,例如现在的东方国家,以及古希腊。另一导致夫妻冷漠的事实是强迫妇女婚前严格与男子分开居住的习俗。在中国,常见的情形是,男女双方在婚礼日之前甚至都没见过面;③而在古希腊,柏拉图徒劳地敦促,应允许青年男女更经常地见面,这样婚姻生活中的敌意、

---

① 　Westermarck,*op. cit*. ch. ii.

② 　*Ibid. op. cit*. chs,i,iii.

③ 　Katscher,*Bilder aus dem chinesischen Leben*,pp. 71,84.

冷漠才会变少。① 夫妻之爱既是一夫一妻制的原因,也是其结果;
但后面我们将看到,文明的进程并不总是表现为朝向更严格的一
夫一妻制的稳定进步。关于女性的观念也影响着对女性的情感;
而我们已经看到,世界上的主要宗教一般都不大尊重她们。② 在
其充分发展了的形式上,把两性结合起来的激情或许是所有人类
情感中最复杂的。斯宾塞先生这样总结他就此所做的巧妙分析:
"对身体的情感,构成了把两性结合起来的整个情感的核心,其周
围就是由人身之美所产生的情感、构成朴素的依恋之情感、尊敬的
情感、爱的情感、赞许的情感、自尊的情感、关于财产的情感、热爱
自由的情感、同情的情感。在人类中,所有这些情感都大大激发出
来,各种情感之间也会相互激发。这些情感结合起来,就构成了我
们所说的爱这种心理状态。"③

夫妻及父母情感的持续时间差异极大。除了属鸡形目的鸟
类,在多数鸟类中,只要两性结合就永远结合,直至某一方死掉;④
而在哺乳动物中,人类,或许还要加上某些猿类,⑤是仅有的子代
出生后夫妻结合可以持续任意时长的物种。在人类许多低等种族
中,终生婚姻似乎是惯例,而在有些种族中,据说夫妻分手闻所未
闻;有充分证据表明,整体来说,随着文明的进步,婚姻变得越来越
持久。⑥ 其中一个原因就是,夫妻情爱变得更持久了。这种情感

---

① Plato, *Leges*, vi. 771 *sq.*
② 见第一卷第 662 页及以下。
③ Spencer, *Principles of Psychology*, i. 488.
④ Westermarck, *op. cit.* p. 11.
⑤ *Ibid.* pp. 13, 14, 535.
⑥ *Ibid.* ch. xxiii.

193 之所以变得更持久,部分是由于夫妻结合激情的纯化,包括人老色衰之后仍能欣赏对方的心理特点,部分也是由于父母情感变得更持久——父母情感不仅是父母和子女之间的纽带,也是夫妻之间的纽带。

父母对子女的情感最初只是在孩子无法独立生存时持续存在——这样一来父母情感就可能较少。正如费斯克先生所说:"如果婴幼儿期很短,父母情感尽管持续存在时很强烈,但消失得也很快,也不会再把孩子与同物种的陌生者区别开来。而总体看来,父母情感——它保证着对子代的保护——的持续时间是由婴幼儿期的持续时间决定的。"①在某些蒙昧人群中,据说父母之爱仍限于孩子处于无助状态的年龄。据称,在火地人中,母亲对孩子的爱随着孩子长大逐渐成比例地减少,孩子七八岁的时候,母亲的爱就完全停止了;自此父母就不再过问儿子的事,儿子也可依自己的意愿离开父母。② 当父母之爱变得较为复杂,就与其他情感,如财产的情感和骄傲的情感纠缠起来,父母之爱自然就会拓展,超出婴幼儿期和童年期的限制。而父母之爱拓展的主要原因似乎在于使人成为群居动物的那些同样的情境。如果孩子长大以后仍继续跟父母住在一起,父母之爱自然就会延长,这不仅是由于父母之爱中注入了新的成分,也是由于在一起密切生活产生的直接影响。其次,父

---

① Fiske, *op. cit.* ii. 343.

② Bove, *Patagonia*, *Terra del Fuoco*, p. 133. 另见:Wied-Neuwied, *Reise nach Brasilien*, ii. 40 (Botocudos); Im Thurn, *Among the Indians of Guiana*, p. 219; Scaramucci and Giglioli, 'Notizie sui Danakil,' in *Archivio per l'antropologia e la etnologia*, xiv. 35。

母之爱也拓展到关系更远的后代。引起对孩子的慈爱情感的同样的刺激，也会唤起对（外）孙子、（外）孙女、曾（外）孙子、曾（外）孙女的相似情感。

194

　　有一个古老的真理——子女对父母的爱通常远远弱于父母对子女的爱。对于物种的生存来讲，父母对子女的爱是绝对必需的，子女对父母的爱却不是；[①]不过，较充足的食物供给有利于大型共同体形成，子女对父母的孝顺也必定是有利于种族延续。[②] 没有哪个个体一生下来，就有孝心。然而，亚里士多德这么讲就过头了——尽管父母自子女出生后就爱着自己的孩子，但"子女到了相当年纪，才智、能力发育完整，才开始爱父母"。[③] 正常情况下，婴儿很早就表现出对父母的某种依恋。萨利教授讲，一个女孩大约17个月大，与父亲分别几天后，欢迎父亲时表现出特别的爱意——"奔向他，抚摸他的脸，把屋里所有的玩具都给了他。"[④]子女之爱是报偿性的；个体得到好处后产生的惬意之情令他快乐、友善地看待给予者。而在这里，亲密的共同生活又强化了子女之情，可以从子女长期与父母分离而产生的冷却效应看到这一点。但子女之情并非纯粹、简单的爱，这种爱还与子女对父母更健康的身体

　　① 哈奇森（*Inquiry into the Original of our Ideas of Beauty and Virtue*，p. 219）和亚当·斯密（*Theory of Moral Sentiments*，p. 199）以前就说过这样的话。斯密在《物种起源》出版一百年前写道，父性和母性是比子女对父母的爱强烈得多的情感，因为"物种的延续、繁殖完全依赖于前者，不依赖后者"。

　　② 达尔文认为，子女对父母的情感在很大程度上通过自然选择而获得（*Descent of Man*，p. 105）。

　　③ Aristotle，*Ethica Nicomachea*，viii. 12. 2.

　　④ Sully，*Studies of Childhood*，p. 243.

和心智的敬重混杂在一起。^① 正如父母之情部分是出于对弱小者的爱,子女之情部分就是出于对强壮、年龄较大者的爱。

　　除了父母、夫妻和子女的依恋之情,我们还看到,在所有现存人类种族中,还有着兄弟类型的利他主义,这种利他主义将有相同父母的孩子、关系较远的亲戚、泛泛而讲属于同一社会单位的成员连接在一起。而我倾向于推测,从群居动物一词的严格意义来讲,人最初并非群居动物,人最初生活在家庭而非部落里,部落的出现是由于食物供给的不断增长——这就为大型共同体的形成创造了条件——以及在如此情况下群居生活带来的益处。类人猿不是群居动物;再考虑到据报道,在大部分植物果实成熟的季节遇到的某些类人猿数目较多,^②我们可以推断,类人猿一般过着独居生活,这主要是由于它们在一年的其他时间难以获取食物。我们最早的人类祖先或半人祖先也像类人猿那样靠同样的食物过活,需要同样多的食物——这在我看来是相当合理的推测;由此我推断,他们很可能并不比这些猿类更习惯于群居。后来人成为食肉动物;但即使是在靠渔猎过活的时候,他可能一般还是过着独居生活,或者说群居生活只是他的部分的习惯。斯宾塞教授发现:"对无需帮助就能捕杀猎物的食肉动物,独居是有益的,特别是在猎物分散分布、通过悄悄靠近或伏击捕捉猎物的情况下。这时群居就是实实在在的劣势。因此,无论大型还是小型食肉动物,若其猎物脆弱且

---

　　① 见第一卷第 618 页及以下。

　　② Savage, 'Observations on the External Characters and Habits of the *Troglodytes Niger*,' in *Boston Journal of Natural History*, iv. 384. *Cf*, von Koppenfels, 'Meine Jagden auf Gorillas', in *Die Gartenlaube*, 1877, p. 419.

分布分散,都倾向于过独居生活。"[①]即便是现在,也有原始的蒙昧人群生活在家庭而非部落里,这的确是值得关注的事实;而他们过独居生活是由于缺乏充足的食物这一点,可由我在别处已充分陈述的事实清楚地看出。[②]　在我看来,这些事实较为充分地支持了如下推测:人之生存所依赖的食物种类,加上他所需要的较多数量的食物,在远古时期构成了真正的群居生活方式的障碍,或许除非他生活在某些特别富饶的地方。

　　但人类最终克服了这个障碍。达尔文讲:"人发明了各式武器、工具、捕捉禽兽的机关,等等,并能运用它们,以此保卫自己、猎杀禽兽或获取其他食物。他制造了筏子、独木舟,用来捕鱼或渡到附近肥沃的岛屿。他发现了生火的办法,可以使坚硬、多纤维的根茎易于消化,使有毒的根块茎叶变得无害于人。"[③]简言之,人类逐渐发现了新的生存方式,将自己从对周围自然的直接依赖中逐渐解放了出来。群居生活的主要障碍就这样克服了,而群居生活的优势是相当大的。人类在较大群体里共同生活,在抵抗生命危险、保护自己这方面就比独居时要好得多——既然人的体力,特别是蒙昧人的体力比较单薄,就更是如此了。小型家庭群体的扩大可以以两种不同的方式发生:或者通过粘合,或者通过自然增长和内聚。换言之,新的成分——不管是其他家庭群体还是个人——可以从外部与它结合起来,或者子女不再与父母分开,而是继续住在一起,并建立起自己的家庭,使群体规模得以增长。几无疑问,后

196

---

①　Spencer, *Principles of Psychology*, ii. 558.

②　Westermarck, *op. cit.* p. 43 *sqq.*

③　Darwin, *Descent of Man*, p. 48 *sq.*

者是正常的群体扩大方式。当群居成为人的一个优势的时候,他就会感到愿意与他从前与之共同生活的人待在一起,甚至在家庭实现其目标——亦即保护无助的后代——以后也是如此。他这么做不仅出于自私的考虑,也出于某种本能。由于这种本能有用,它会逐渐发展,实际上是在亲属范围内发展,这就是群居的本能。

除了父母、夫妻、子女依恋之外,也可以用群居本能来解释动物与自己物种的其他成员共同生活的倾向。群居本能就意味着或者说使得个体在意识到对方跟自己在一起时感到惬意。一个兽群的成员在相互陪伴的时候感到轻松自在,分开的时候会感到痛苦,重聚时就会高兴。通过实际上生活在一起,这个本能就个体化了,[1]并且习惯也会强化这个本能。一个个体对另一个体感受到的惬意又由于利益上的一致而进一步增强。它们不仅有共同的乐趣,也有要抵御的同样的敌人,要面对的同样的危险,要克服的同样的困难。因而对此行动者有利的行动同时也有利于其同伴,而自我与他者之间的区分就不那么重要了。

但群体成员并不仅仅由于在一起而感到惬意。结伴的动物相互之间经常表现出情爱——互为防御,遭遇苦难和危险时相互帮助,相互之间履行各种其他服务。[2] 考虑到群居本能的目标恰恰在于保护自己的物种,我认为,我们应当把结伴动物之间的情感看作群居本能的发展。对相互结伴感受到的惬意与对惬意的原

---

① 我们很早就认识到,人类儿童倾向于与熟悉的人共情(Compayré, *L'évolution intellectuelle et morale de l'enfant*, p. 288)。

② Darwin, *op. cit.* p. 100 *sqq.* Kropotkin, *Mutual Aid*, ch. i. *sq.*

因——即同伴自身——的友善是密切联系的。我相信,无法再对
社会性情感做进一步解释了。贝恩教授问,对同类而非无生命的
快乐源泉的较活跃的情感为何会发展起来;为说明这一点,他很奇
怪地提出"动物拥抱会产生基本的、独立的快乐"[①]——而拥抱即
使是情爱的外部表现,也只是在群居动物的社会关系中扮演着很
次要的角色。我们不妨也问道,为什么会对引起痛苦的某个能感
知的动物,而非无生命的痛苦之源产生较活跃的情感?两种情况
要做相似的解释。动物区分有生命的东西和无生命的东西,而正
如愤怒,情爱自身按其性质只能在有生命的东西身上感受到。愤
怒的目标通常是一个敌人,社会性情感的目标通常是一个朋友。
社会性情感不仅由于情感上的互惠得以大大增强,而且,若不存在
情感互惠,它本来也绝不会存在。动物认为它所依恋的对象也倾
向于对它友善;而在野生动物当中,只有在与群居本能——它按其
性质就是互惠的——相关时,才能看到社会性情感。

　　在人类中,同一社会单位的成员通过带有明显人类特征的各
种纽带——同样的习俗、法律、制度、法术或宗教仪式与信仰或共
同祖先的观念——相互联结在一起。既然人们一般喜欢他们习惯
了的东西或他们拥有的东西,他们自然也就容易喜欢习惯或观念
与他们相似的其他个体。于是社会性情感的强度和广泛性就首先
取决于社会集体的整合与规模,而要考察社会性情感的发展,就必
须结合对社会集体演化的考察。

　　这种进化主要受到经济条件的影响。既不放牧也不务农业、

---

　　① Bain, *op. cit.* p. 132.

仅依靠自然的赋予——猎物、鱼、水果、根茎,等等——生存的蒙昧
人,多生活在由父母和子女组成的单个家庭里,或生活在包括了其
199 他有较近血缘关系的个人的大型家族群体里。[①] 但即使是在这些
蒙昧人中,家庭也不是完全孤立的。具有同样血统的人们居住在
邻近地区,相互之间保持着友好关系,并为了共同防御而团结起
来。为了寻找食物,一个家庭的较年轻的分支不得不分离时,至少
有的分支还住在父母家附近,继续使用自己的语言,并一直持有他
们同属于一个社会群体的想法。而在有些情况下,我们看到,处于
渔猎阶段的族群实际上生活在较大的共同体内,社会组织也发展
得很好。许多或多数澳大利亚原住民就是如此。虽然在澳大利亚
也经常能见到孤立的家庭,[②]但一般情况下似乎黑人都生活在群
体里。于是阿兰达人分散在许多小型地方群体里,每一个群体都
占据某一块土地,有着自己的头人。[③] 每个家庭——由一个男人、
他的一名或多名妻子以及子女组成——都有一座灌木做成的披
屋;[④]但在或多或少容易得到食物的地方,总能看到这些房屋聚集
成簇,[⑤]而每个群体都由强烈的"地方情感"结合在一起。[⑥] 地方的
影响甚至超出了特定群体。斯潘塞和吉伦两位先生说:"不属于同
一群体、住在相邻地方的人,要比居住距离遥远的人彼此联系得更
紧密,而事实上,这种地方的纽带是很显然的……居住相邻的群体

---

① Westermarck, *op. cit.* p. 43 *sqq.* Hildebrand, *Recht und Sitte*, p. 1 *sqq.*

② Westermarck, *op. cit.* p. 45.

③ Spencer and Gillen, *Native Tribes of Central Australia*, p. 8 *sqq.*

④ *Ibid.* p. 18.

⑤ *Ibid.* p. 31.

⑥ *Ibid.* p. 544.

总是一起举行仪式。"①举行称作恩古拉(*Engwura*)的系列成人仪式时,男人、女人就从部落各处聚集到一起,长老会议天天召开,重复并讨论部落的老的传统,而"正是通过这样聚会的方式,关于部落不成文的历史及其领导成员的知识就由一代传给另一代"。②不仅如此,即使是不同部落的成员之间也常常友好往来;在澳大利亚中部,当两个部落在各自边界发生接触的时候,这两个部落的成员之间一样有着各部落内部盛行的那种友好情感。③ 现在看来极为可能的是,澳大利亚黑人要比多数其他从事狩猎的人乐群得多,因为他们的食物供给天然就更为充足,或者在一定程度上是因为他们的飞去来器,他们更易于取得飞去来器。中部澳大利亚的土著一般都营养良好;"那里的袋鼠、岩袋鼠、鸸鹋以及其他猎物并不匮乏,猎物常常落到他们的矛或飞去来器上,而妇女总是可以极其轻松地捕获鼠类、蜥蜴这样的小型动物。"④经济方面的情况也能解释北美西北海岸的一些部族——思林凯特人、海达人和努特卡人等——的群居性,他们既不放牧,也不务农。他们在海岸、河岸有着永久性房屋,每一房屋都住着一些家庭;⑤房屋就聚集成村庄,有的村庄人口众多;⑥尽管部落成员联结得不紧密、不显眼,他们也有理事会,讨论并决定关于部落的所有

---

① Spencer and Gillen, *Native Tribes of Central Australia*, p. 14.

② *Ibid*. p. 272.

③ *Ibid*. p. 32.

④ *Ibid*. pp. 7, 44.

⑤ Boas, in *Fifth Report on the North-Western Tribes of Canada*, p. 22.

⑥ 克劳斯讲到一个思林凯特人村庄,有六十五幢住宅,五六百名居民(*Die Tlinkit-Indianer*, p. 100)。

重要问题。^① 这些人所居住领土的海湾、海峡、河流,为他们提供
了充足的食物;"丰富的渔产让居民过上了饮食奢侈的生活。"^②

对游牧部族而言,群居在某种程度上是很重要的。他们不仅
要保护自己人免受敌人伤害,也要保护他们的宝贵财产,即牲畜。
并且,他们也急切想要抢走邻人的牲畜以增加自己的财富,而干这
事最好结伴。但同时,游牧社区从来就不大。共同体只要存在就
很团结,不过,它也容易分裂成几个部分。其中的原因就在于,某
一个地方只能放牧有限的牲畜。《创世记》第十三章就很好地说明
了游牧部族遇到的群居上的难处。亚伯拉罕带着妻子及所有财物
离开埃及,罗得也跟着他。亚伯拉罕的牲畜极多,罗得也有牛群、
羊群、帐篷。但"那地容不下他们,因为他们的财物甚多,使他们不
能同居";他们就只有分开。^③

对于依靠农业过活的族群,情况就不一样了。一块土地用于
耕种,要比仅仅用作牧场能支撑多得多的人。地力主要取决于作
用于土地的劳动,人越多劳动就越多。土地也构成了无法解开的
纽带。不同于牲畜,土地是不可移动的财产;因此,即便盛行个人
土地所有制,不动产的继承人仍会住在一起。事实上,农业社群的
社会结合是很紧密的,家庭规模常常很大。^④

但在蒙昧人中,住在一起并非建立社会单位的唯一因素。社

---

① Boas,*loc.cit*.p.36 *sq.*

② Ratzel,*History of Mankind*,ii.92.

③ *Genesis*,xiii.1 *sqq.* 见:Hildebrand,*op.cit*,p.29 *sq.*;Grosse,*Die Formen der Familie*,pp.99,100,124 *sq.*。

④ 见:Grosse,*op.cit*.p.136 *sqq.*。

会单位不仅基于地方上的邻近,也基于婚姻或共同的血统;它不仅可以包括在同样的地方生活在一起的人,也可以包括同一家族的人,或自认为同属亲戚的人。

202

在很大程度上,这些不同的组织方式是同时发生的。家族这种社会单位由结了婚或彼此有血缘关系的人组成,一般情况下这些人也住在一起。部落这种社会单位——尽管常常支离破碎[①]——由住在同一地方的人组成,许多情况下这些人也认为他们是某一位共同祖先的后人。氏族实质上是有着共同姓名的一批亲属,一般来说同时也可以是住在某一地方的人口,由一个或更多人群或村庄的成员组成。如下情况就是如此——丈夫把妻子带到自己的社群,按父亲计算血统,或者丈夫到妻子的社群生活,按母亲计算血统。但母系制常常与丈夫把妻子带到自己家这一习俗相结合,而这与氏族外婚制的规则联系起来,就导致同一地方的一群人与氏族之间存在巨大差别。因而地方群体绝不是一个氏族;子女生活在父亲的社群里,但属于母亲的氏族,社群内的下一代子女就一定属于另一个氏族。[②]

亲属关系的存在必然导致特定权利和义务的出现,但如果亲属不就近居住,亲属关系的社会力量就会大为削弱。例如,在澳大利亚土著那里,氏族规则一般情况下似乎涉及婚姻和性关系,或许还包括血族复仇,而与其他事情关系很小,或者没有关系。[③] 柯尔

---

① 见:Cunow,*Die Verwandtschafts-Organisationen der Australneger*,p. 121,n. 1。

② *Cf*. Giddings,*Principles of Sociology*,p. 259。

③ Cunow,*op*. *cit*. pp. 97,136. 斯特林博士讲,产生于"阶级"(氏族)划分的法律"具有非凡的力量,一般来说,人们在实际婚姻、不正当关系、社会关系方面无疑也服从这些法律"(*Report of the Horn Expedition to Central Australia*,'Anthropology,' p. 43)。但我没有发现他进一步提到这些"社会关系"。

先生说:"种姓(氏族)的目标不在于创造、确定联结的纽带,而是保证想要结婚的人之间没有血缘关系。氏族远远不是友谊的纽带,如果别的部落里的某人碰巧与某黑人拥有相同的种姓(氏族)名,这个黑人会毫不犹豫地杀掉该人。"[1]看来继嗣制本身也主要受地方纽带的影响。[2] E. B. 泰勒爵士借助其统计方法发现,在丈夫住在妻子的家庭的族群中,往往只按母亲计算亲属关系,而丈夫把妻子带到自己家居住的族群,没有实行完全的母系制;[3]我自己也注意到这一事实——如果在同一群体里并行两种习俗,也即妇女让丈夫住到自己的棚屋,男人让妻子住到自己的棚屋,在前者的情况下则按母亲计算血统,在后者的情况下则按父亲计算血统。[4] 不仅如此,即使是在亲属关系构成不同地方群体成员之间纽带的地方,亲属关系的社会力量最终也不仅仅来源于共同祖先的观念,还来源于近亲的聚居习惯。人们仍待在他们出生时的圈子里,就会变得群居;如果他们不再与自己的亲戚住在一起,而是更喜欢独居或与陌生人结合起来,肯定就根本不会有血缘纽带。由群居生活引起的相互依恋以及社会权利、义务,是与确定了群体成员相互位置的关系——即表现为共同姓氏的亲属关系——相联系的,地方纽带即使发生了断裂,这些联系也会持续下去。通过姓氏,以前的联系得以维持。就是我们自己,现在一般也更倾向于与姓氏相同

---

① Curr, *The Australian Race*, i. 69.

② Westermarck, *op. cit.* p. 107 *sqq.*

③ Tylor, 'Method of Investigating the Development of Institutions,' in *Jour. Anthr. Inst.* xviii. 258.

④ Westermarck, *op. cit.* p. 110.

的远亲,而不是不同姓的亲戚论亲属关系;而语言在此方面对蒙昧人心灵施加的影响就更大了——对蒙昧人而言,一个人的姓名就是人格的一部分。亲属关系的社会力量的派生性起源说明了亲属关系以前的特征,当时人际交往匮乏;亲属关系会规定义务,但基本不会激发出很多情感。在现代社会,我们赋予亲属关系的重要性之所以比文明早期阶段少得多,主要是由于这一事实:亲戚之间很少有交流,除非是最近的亲戚。而如果像亚里士多德所说的那样,亲属之间的友谊依关系的程度而不同,[①]这也首先是由于他们之间交往的亲密程度不同。

哈特兰先生对亲属关系的社会影响给出了一个非常不同的解释。他把亲属关系与原始迷信联系起来。他说,一个氏族"被看作一个统一体,看作严格意义上而非隐喻意义上的一个实体,氏族的个体成员恰是氏族的组成部分,正如手指、腿是每一个体外在的、可见的身体的组成部分"。而蒙昧人相信,断掉的四肢或一撮头发与身体仍保持着某种看不见但真实存在的结合——它曾以外在的形式构成身体的一部分,对它的任何伤害都会影响它所属的有机体。"一个氏族的个体成员的地位正如从头上割掉的一撮头发或从身上割掉的四肢。离开自己的亲属,他没有独立的意义、价值……对他施加的伤害也施加到他所有的亲属身上,并为所有亲属所感知,正如对割掉的一撮头发或四肢施加的伤害也为躯体所感知。"[②]

① Aristotle,*Ethica Nicomachea*,viii. 12. 7.

② Hartland,*Legend of Perseus*,ii. 277.

哈特兰先生坚持对他的话进行字面上的解读；① 这就意味着，某一氏族诸成员的行为受到这一观念——某一人发生的事作用于所有人——的影响。

为了支持自己的理论，哈特兰先生提到了某些蒙昧人的这一信仰——可用尸体做成符咒对付死者的在世亲属，② 可把符咒用于某些康复仪式——除了病人本人，"部落的其他成员，可能是他亲属"也参加这个仪式。③ 但前一信仰是与死亡奇迹相联系的迷信，由此信仰无法推出关于活人关系的任何结论；而在康复仪式上，巫医扮演的角色要比其他旁观者突出得多，其次，旁观者与病人的关系很不明确，以致哈特兰先生只是推测他们是亲属。他还注意到，通过广为流行的产翁俗可以看到这一观念——孩子作为父亲的一部分，会受到父亲的一些行为的影响。④ 从 J. G. 弗雷泽爵士的《金枝》当中也可引用许多事例，说明土著居民相信存在某种神秘的同情纽带，把分居异地的朋友、亲戚——特别是在人生的关键时刻——联结起来；在特定情况下，这种信念，导致同一群朋友却去向迥异：有的留守在家，有的则外出捕鱼、打猎或征战。⑤ 但看起来总的情况是，所有这些规则都是明确而全然特殊的一类禁忌性限制，它们涉及同一家族的成员，常常也涉及丈夫

---

① *Ibid.* ii. 236, 398, 444.

② *Ibid.* ii. 437 *sq.*

③ *Ibid.* ii. 432 *sqq.*

④ *Ibid.* ii. 406.

⑤ Frazer, *Golden Bough*, i. 27 *sqq.* 另见：Haddon, *Magic and Fetishism*, p. 11 *sq.* 。

不在时的诸位妻子。哈特兰先生要想让他的假说为人接受，本该举出一定的事实，证明同一氏族的成员确实如此相互联结起来，以至不管什么影响到他们中的一人，同时也会神秘地影响其他人。但我们找不到关于这种信仰的哪怕一个事例。

　　蒙昧人赋予共同血统的重要性似乎被严重夸大了。确定氏族的办法在于按姓名计算血统，或通过父亲计算，或通过母亲计算，但不能同时通过二者计算。然而，这并不意味着另一世系不被看作有血缘关系的世系。父系继嗣制不一定跟母亲和子女无血缘关系这一观念相联系，母系继嗣制也不一定意味着存在土著居民不知父亲和子女的关系；①甚至有人发现，产翁俗——它意味着，土著居民承认孩子与父亲具有某种最亲密的关系——盛行于视孩子为母亲氏族一员的某些族群。② 不仅如此，也有一些事例表明，在血缘纽带一词的严格意义上讲，氏族纽带显然根本不被视为血缘纽带。关于新南威尔士的一些部落，卡梅伦先生告诉我们，尽管女儿不属于父亲氏族而属于舅舅氏族，他们仍然相信，她仅仅起源于父亲，只不过是被母亲所养育而已；③而实行父系继嗣制的澳大利亚中部的阿兰达人认为，孩子实际上既不来自父亲，也不来自母亲，而是某传说中的图腾祖先转世。④ 他们的理论是，"孩

206

----

　　① 斯万先生讲，在西坦噶尼喀的瓦古哈人中，子女从父取名，瓦古哈人承认子女的出生跟父亲、母亲都有关系；阿奇迪肯·霍奇森写道，东中非的有些部落按母系计算血统，他们也同样承认双亲跟子女都有关系。

　　② Ling Roth，'Signification of Couvade,' in *Jour. Anthr. Inst.* xxii. 227,238.

　　③ Cameron，'Notes on some Tribes of New South Wales,' in *Jour. Anthr. Inst.* xiv. 352.

　　④ Spencer and Gillen，*Native Tribes of Central Australia*，ch. iv. especially pp. 121,124.

子不是性交的直接结果,没有性交也会有孩子,性交可以说不过是使母亲为接收、分娩某一业已成形的精灵孩子做好准备而已——这精灵孩子住在当地的某图腾中心";[1]孩子的图腾名就来自他们所认为的孩子孕育的地点,[2]图腾名不同于其氏族名。循着这一类事实认真看看哈特兰先生的理论就明白了。这些事实清楚地表明,氏族以及我们通常所说的计算"血统"的制度的东西,并不一定基于实际存在血缘关系的观念,而是基于事实上的亲属关系再加上某个名字;而哈特兰先生的假说并没预先假定某氏族成员事实上是怎么回事,而是预先假定他们认为他们之间拥有共同血统。

　　但哈特兰先生还提出了另一习俗,即血约习俗,他以此证明原始氏族认为共同血统极为重要。哈特兰先生说,某氏族可能并非所有成员都来自某共同祖先。尽管血缘关系是亲属关系和共同血统的正常、典型的原因,但也可通过别的方式获得亲属关系。"想要进入亲属团体的候选人要获得亲属关系,他的血液必须跟亲属团体的血液混合。这样他就成为氏族成员的兄弟,被看作有共同血统的人,获得亲属团体成员的所有权益。"[3]如罗伯逊·史密斯教授所说:"喝了某氏族成员的血的人,就不再是外人,而成了兄弟,就被纳入拥有整个氏族所共享的血统的那些人的神秘圈子。"[4]哈特兰先生就此仪式做了

----

① Spencer and Gillen, *Native Tribes of Central Australia*, ch. iv. especially. p. 265.

② *Ibid*. p. 124 *sqq*.

③ Hartland, *op*. *cit*. ii. 237.

④ Robertson Smith, *Religion of the Semites*, p. 315.

一个简短描述："某氏族成员在新人胳膊上切开一个口子,吮吸切口的流血,接着新人再对该氏族成员做相同操作,这样就 ₂₀₇ 行了。起初可能所有氏族成员都聚在一起,参加仪式;但到了现在,几乎所有地方都不会认可有必要举行这种仪式。事实上,仪式的形式已经经历了无数的变化……但不管采取什么样的具体形式,仪式的实质都是一样的,它也在整个世界范围内流行。"接着他又列举了世界各地的一些民族,说这些民族都盛行这种仪式。[①]

由此读者肯定得出印象,血的混合是一种常常举行的接纳仪式,通过这种仪式就把某人接纳进某个陌生的氏族。但几位主要的权威就此讲的事实——哈特兰先生也提到了他们——表明,根本就不是这么回事。就我们熟悉的多数情况而言,血的混合都是一种个人之间的誓约,尽管与酋长或国王的约定自然也把其臣民包括了进来;而有时誓约的当事者是部落或王国。几乎没有一个关于"世界流行的"接纳仪式的事例与哈特兰先生的描述相一致。他自己也承认:"正如氏族放松了对个体成员的控制,随着通过血约确立的兄弟关系不再具有社会力量,逐渐被仅仅视为个人之间最庄重、最有约束力的誓约,这种兄弟关系因而指的是个人与个人之间的关系。"[②]事实上,他对血约的说法只是一个推断,这个推断基于这个假设——现存的仪式,是氏族实际上相当于身体、个人不

---

① Hartland, *op. cit.* 237 sqq.
② *Ibid.* ii. 240.

过是截去的肢体的那个时代流传下来的残存。但将现在的血约视为以前的某种氏族接纳仪式之残存,这与事实不符。据我所知,最低等的蒙昧人中并不存在血约仪式的记载,除非把澳大利亚原住民也算进去;而在澳大利亚,血约也并非接纳仪式。在阿兰达人那里,血约的目的是防止背信弃义——"举个例子,假如艾莉丝-斯普林斯的一个团队要到伯特地区进行一场复仇远征,营地里有一个那地方的人,他们就会强迫这个人跟他们一起饮血,他参与了,他就不得向自己的朋友们通风报信以此帮助他们。"①这个例子就能说明问题。澳大利亚土著必须帮助与之饮血的人对付自己的亲属,甚至对付自己图腾群体的成员。而"在东方,血约关系甚至被视为比天生的血缘关系更亲密的关系",在古代斯堪的纳维亚人中也是如此。②我不知道哈特兰先生的理论如何对此做出解释。

血的混合有时被看作相互同情、保持一致的一个直接原因,符合按契约转移财产的原则;③即便是在欧洲,也有这一信仰的踪迹——几滴血从某人传输到另一人,就激励受血者以友善的情感对待传输血的那人。④ 不过真正的血约要求双方均承担义务,也包含对他们违背血约的潜在惩罚。血约包含着某个诺言,而血的传输转移也或含糊或明确地被视为把某有条件的诅咒转达给饮血或受血之人,如果他违背诺言,这

---

①　Spencer and Gillen, *Native Tribes of Central Australia*, p. 461.

②　Trumbull, *Blood Covenant*, p. 10.

③　Maurer, *Bekehrung des Norwegischen Stammes*, ii. 171.

④　*Cf*. Crawley, *Mystic Rose*, p. 236 *sq*.

个诅咒就会伤害、毁灭他。这就是藏于血约之下的主要观念，血约一般伴随着诅咒或自我诅咒这一事实可以对此加以说明。① 例如，在马达加斯加，如果两人或多人同意结为兄弟关系，就搞来一只家禽，家禽的头几乎被砍掉，就让它这样在举行仪式时不停流血。参与各方将对着血说出长长的诅咒或对彼此的誓言，此外还说道："哎，这可怜的家禽在血里打滚！我们吃了你的肝，我们吃了你的肝；如果我们中间有谁不守誓言，他马上就变成傻瓜，他马上就变成瞎子，这个誓约诅咒他。"② 然后从每个人身上取得一小部分血，参与誓约的各方喝下这血，同时相互发出复仇的诅咒，以防哪一方违背这神圣的誓言。③ 按照另一种说法，参与各方相互饮血之后，就用同样的碗喝下混合起来的血，祈祷说若谁不能遵守誓言，这混合 209 起来的血就会变成毒药。④ 我们前面就看到了，人们一般把血看成特别有效的诅咒导体，而在这方面有什么能比发出咒语之人的血更好的呢？但用作祭品之人或动物的血也可用于同样的目的，也可以用别的中介物传达诅咒。以前马萨伊人

---

① von Wlislocki, 'Menschenblut im Glauben der Zigeuner', in *Am Ur-Quell*, iii. 64. Dörfler, 'Das Blut im magyarischen Volkglauben', *ibid*, iii. 269 *sq*.

② Forbes, *A Naturalist's Wanderings in the Eastern Archipelago*, p. 452 (natives of Timor). Burns, 'Kayans of the North-West of Borneo,' in *Jour. of the Indian Archipelago*, iii. 146 *sq*. New, *Life, Wanderings, and Labours in Eastern Africa*, p. 364 (Taveta). Decle, *Three Years tn Savage Africa*, p. 494 (Wakamba). Trumbull, *op. cit*. pp. 9, 20, 31, 42, 45-47, 53, 61 *sq*. 关于随誓言传输血液以缔结誓约的实践，另见：Partridge, *Cross River Natives*, p. 191 (pagans of Obubura Hill district in Southern Nigeria)。

③ Ellis, *History of Madagascar*, i. 187 *sqq*.

④ Dumont d'Urville, *Voyage pittoresque autour du monde*, i. 81.

"与人发誓永葆友谊时,就向那人吐唾沫";①而现在如果我们
获悉,他们诅咒时不断吐唾沫,或"某人诅咒时向仇敌的眼睛
吐唾沫,仇敌接着就会瞎眼",②我们就明白这其中的意思了。
古代阿拉伯人把手浸入一锅食物,吃掉一些,以此发誓确立同
盟和保护关系;除此以外,他们还有一种称为希尔弗阿尔弗都
(*hilf al-fodûl*)的誓约——带上泽姆泽姆(Zemzem)井水,清
洗克尔白天房(Ka'ba)的角落,然后有关各方喝下这水。③ 摩
尔人也有一种习俗,要确立保持友好的约定,有关各方就到某
圣人墓那里共同进餐;谁违背了约定,"食物会报复"他④——
这个说法清楚地表明了该习俗的含义。血约实质上跟摩尔人
的习俗基于同样的思想。

---

①　Hinde,*Last of the Masai*,p. 47. 另见:Johnston,*Uganda*,ii. 833。

②　Hinde,*op. cit.* p. 48.

③　Robertson Smith, *Marriage and Kinship in Early Arabia*, p. 56 *sqq*. *Cf*.
Herodotus,iii. 8.

④　见第一卷第 587 页。依另一理论,饮下的血被视作誓约和保证,会迫使从其身
上取得这血的那人对饮下这血的人忠诚守信。假定 A 和 B 两人,互相饮下对方的血而
成为"歃血"的兄弟。那么,依克劳利先生(*Mystic Rose*,p. 236 *sq*.),每个人身上就都
带有另一个人的部分人身,每个人都确实在地"把自己交付给了"另一人;A 对 B 的
伤害就被看作等同于 A 对其本人的伤害;他们也相信,如果 B 受到无理对待,他可以通
过伤害他身上拥有的 A 的部分而报复,于是就能避免双方相互背叛,相互干坏事。然
而,我们可以对此种解释提出严重的反对意见。土著信仰同情法术,这并不意味着 A
伤害了 B,于是由于 B 身上的 A 的部分,A 也会受影响;这也不意味着,两个以前在一
起的东西,分开以后,还在一起。对两人而言,即便土著相信,"对其中某人无论做了什
么,另一人也必定会受到相似影响"(Frazer,*Golden Bough*,i. 49.),只要行为人没有产
生这种影响的意图,就不会产生此影响。土著相信,从某人身上分离开的部分是法力
对他本人产生影响的导体。而我们也难以理解,B 把 A 的部分吸收进自己体内,通过
他拥有的 A 的部分,B 又如何能伤害 A,B 饮下 A 的一点血的情况必定如此。

除了婚姻、地方上的邻近、共同血统，某种共同的崇拜也能把人们联系起来，整个结合起来。但在蒙昧人中，一个宗教社群一般也是别的某种社群。某些部族有着家族保护神、氏族保护神、部落保护神；[①]而一个纯粹的地方群体自身也可构成一个宗教社群。埃利斯少校发现，除了大约两三个例外，黄金海岸一带说齐语的族群所崇拜的神都是地方神，都有着有限的崇拜区域。如果这些神灵是自然神，它们就与它们赋予了生命的自然物体相联系，如果它们是鬼魂神灵，它们就位于坟墓所在地，而如果它们是保护神——其起源已被人忘却——它们就一定位于它们所保护的镇子、村庄和家族；总之都只是居住在当地的人崇拜它们，仅有的例外是天神、地震之神、木棉树女神——每个地方都崇拜这些神。[②]

如果宗教社群同时是一个家族、氏族、村庄或部落，这时自然就无法准确地将共同宗教的社会影响与婚姻、地方上的邻近或共同血统施加的影响区分开。然而，某些人类学家似乎在一定程度上夸大了宗教纽带——起码是图腾纽带——的重要性。有人讲，在早期社会里，通过参与祭餐，即崇拜者吃掉图腾神的活动，"亲属团体的每一位成员证明并维持着与其他人的团结"。[③] 但没有人给出令人满意的证据支持这一理论。J. G. 弗雷泽爵士只知道一个图腾圣事的例子，它在阿兰达人及澳大利亚中部其他一些部落

---

①　见前文第一章。

②　Ellis, *Yoruba-speaking Peoples of the Slave Coast*, p. 284 *sq*. 关于村镇神祇的诸多事例，见：Turner, *Samoa*, p. 18；Crozet, *Voyage to Tasmania*, &c. p. 45（Maoris），Christian, *Caroline Islands*, p. 75（natives of Ponape）；Grierson, *Bihar Peasant Life*, p. 403 *sqq*.

③　Hartland, *op. cit*. ii. 236.

中流行，①这些族群在举行因提丘玛(Intichiuma)丰年祭的时候，
211 习惯杀死并吃掉图腾动物；而这个习俗与亲属之间的关系没有任
何关联。这个习俗旨在以法术的方式使某些种类的动物数量增
长，增加其他图腾群体的食物供给。② 弗雷泽在关于图腾崇拜的
著作中写道："图腾纽带比现代意义上的血缘、家庭纽带都要紧密。
澳大利亚西部和美洲西北部的氏族尤为如此，很可能在所有图腾
崇拜炽盛的社会里都是这样。因而，在图腾部落，每个地方群
体——(由于外婚制)必定由至少两个图腾氏族的成员组成——都
容易由于血仇的爆发而按图腾分裂成几支。在血仇中，夫妻肯定
总是(若争端发生在各自的氏族之间)站在对立的两边，依据是按
母亲还是父亲计算血统，孩子也将站在父亲或母亲的对立面。"③
弗雷泽援引了两三个个案支持自己的说法，④他把图腾群体等同
于氏族；这样一来，就无法搞清楚把群体成员团结起来的纽带的力
量是由于图腾关系还是由于共同血统。但即使是把氏族和图腾制
度结合起来，至多也只能在例外的情形下得出弗雷泽引用的几位
权威指出的后果。柯尔先生讲道："一个父亲的诸名子女由于与母
亲的关系，或出于其他原因，而跟父亲有冲突，或者子女之间有冲
突，我的调查、经历中并没有这样的事例。事实上，有几个事例甚

---

① Frazer, *Golden Bough*, i. p. xix. *Cf. Idem*, *Totemism and Exogamy*, iv. 230 *sqq.*

② Spencer and Gillen, *Native Tribes of Central Australia*, ch. vi, *Iidem*, *Northern Tribes of Central Australia*, ch. ix. *sq.*

③ Frazer, *Totemism*, p. 57.

④ Grey, *Journals of Expeditions in North-West and Western Australia*, ii. 230. Petroff, *Report on Alaska*, p. 165. Hardisty, 'Loucheux Indians,' in *Smithsonian Report*, 1866, p. 315.

至与格雷船长的说法相反。"①

　　幸运的是,阿兰达人及澳大利亚中部的其他一些部落为我们提供了一个机会,使我们得以撇开氏族的社会影响,研究图腾崇拜的社会影响——在这些人群中,图腾的划分是完全独立于氏族制度的。一个部落所处的整个地区可以分成面积不等的许多区域,每个区域都围绕着一个或更多的地点,据说某些传说中的祖先就在这样的地点起源,或他们当年游荡时就在那里宿营,土著认为祖先的魂灵还在那里,同时那里还有着祖先当年经常携带的圣石。真人(包括男人和女人)都来自——也会继续来自——祖先的魂灵,各种图腾群体的成员都是祖先的化身。祖先的魂灵就在其停留的这些地方进入女人体内,因而,母亲相信孩子在哪个地点孕育,孩子就属于哪个地点的图腾。如此造成的一个结果就是,没有哪个图腾仅限于某特定氏族或亚氏族的成员,②尽管某特定群体或地方群体的多数成员属于同一图腾群体,但这两类组织之间并非完全重合。③ 那么,两个人属于同一图腾这个事实是怎么影响他们的社会关系的呢? 斯潘塞和吉伦两位先生说:"在这些部落里,不存在某图腾的成员绑在一起,团结起来为自己所属图腾的某

---

　　①　Curr,*The Australian Race*,i. 67. 按照哈迪斯蒂关于楼奇克斯印第安人的说法,此问题显然没有确定的答案。他说道:"冲突并非在部落之间发生,而是在部落分支之间发生,而既然子女跟父亲不会在同一氏族,当然子女会反对父亲,父亲会反对子女……不过,这不可能发生得太频繁,因为最糟糕的父母也会喜欢与子女和平相处,而非与他们相冲突。"J. G. 弗雷泽爵士引用的彼德罗夫关于思林凯特人的原话是:"在土著看来,图腾或氏族的联结比血缘关系的联结牢固得多。"

　　②　Spencer and Gillen,*Native Tribes of Central Australia*,ch. iv.

　　③　*Ibid*. pp. 9,32,34.

成员战斗这种事情……人们在争斗中要帮助某个人，他们可能与这个人同属一个地方，但不一定与他同属一个图腾群体，事实上他们并不重视是否属于同一图腾群体，在此事及其他事情上，我们都能看到我们所说的'地方影响'是很强大的……帮助该人的人们是他的弟兄——亲弟兄或部落里的弟兄，是他舅舅的诸儿子——亲表兄弟或部落里的表兄弟。也就是说，如果他属于帕南嘎分支，他会得到当地的帕南嘎分支和安嘎拉分支的帮助，而如果战斗变成了全面战斗，他的整个地方群体都会帮助他……实际上只有在举行某些仪式时，因拥有相同图腾名而产生的相互关系才会显得显眼。事实上，在阿兰达部落待上一段时间，仍不知道每个人都有一个图腾名，这样的事是极正常的。"①

　　我们由蒙昧、野蛮种族转而考察具有较高文明的族群——我们在历史中首先看到的就是他们，他们当中也具有与文明的低级阶段相类的社会单位：家庭、氏族、村庄、部落。我们还发现，他们中除了有着由父母子女构成的家庭，还有一种较大的家庭组织，这种组织在低等种族里尚未发现，在古代国家里却特别显眼。

　　在中国，一般等到小儿子的子女开始长大才分家。这时家庭较年轻的分支就分出去，组成自己的家。但新的户主仍参与老家的祖先崇拜；在理论上只为四代直系亲属或家族"荣誉家长"的第五代同辈后人服丧。② 同时我们看到，中国至少也有着氏族组织

---

① Spencer and Gillen, *Native Tribes of Central Australia*, pp. 34, 544.

② Simcox, *Primitive Civilizations*, ii. 303, 493, 69.

的踪迹。大批人使用一样的姓氏,任何人跟同姓之人通婚都会受到惩处,严格禁止立异姓之人为继承人。[①] 而且,有些村庄全体村民都是亲戚,都使用相同的祖先姓氏。杜利特尔先生讲:"在农村地区,有许多这样的情况,继承而来的财产很长时期内也不分割,某共同先祖的后裔在一起生活、劳动,在氏族头目及各家家长的领导、管理下共享劳动成果……这样的氏族可能只有一个头目。在他之下有几个家长。"[②]

中国人的"四服"——由被视为近亲的人构成——在多数所谓雅利安人群的家庭组织中有着对应的称呼。罗马人所说的普洛平奎(Propinqui),即父母和子女、兄弟姐妹、叔伯姑姨、侄子侄女、外甥外甥女、第一代堂表兄弟姐妹(*consobrini*)、第二代堂表兄弟姐妹(*sobrini*),恰恰对应于希腊人的安卡斯蒂(Anchisteis)、印度人的萨品达(Sapindas)[③]、波斯人的西简内(Syngeneis)。[④] 属于这四代的人之间的关系就特别亲近。他们之间具有各种权利、义务。在早期,如果其中一人被害,活着的人就必须为他复仇。只要有需要,他们就应当相互帮助,特别是面临诉讼的时候。他们共同参加

214

---

① Medhurst, 'Marriage, Affinity, and Inheritance in China,' in *Trans. Roy. Asiatic Soc. China Branch*, iv. 21, 22, 29.

② Doolittle, *Social Life of the Chinese*, ii. 225 *sqq.*

③ *Baudhdāana*, i. 5. 11. 9:"(外)曾祖父、(外)祖父、父亲、自己、同母弟兄、同种姓妻子所生儿子、(外)孙、(外)曾孙——他们把这些称为萨品达,但不把(外)曾孙的儿子称为萨品达。"*Laws of Manu*, ix. 186:"奠水式应对三代祖先举行,即父亲、祖父、曾祖父,祭饼应奉献给此三人,第四代后裔是奉献供物者,第五代不供献。"*Cf.* Jolly, 'Recht und Sitte', in Bühler, *Grundriss der indo-arischen Philologie*, ii. 85.

④ Brissonius, *De regio Persarum principatu*, i. 207, p. 279. Leist, *Alt-arisches Jus Civile*, i. 47 *sqq.*

欢宴,共同为死者举行宴会。他们有共同的祭拜制度、共同的服丧
习俗。简言之,他们形成了一个扩大的家庭单位,各个家庭只是其
中的分支,即使他们不一定生活在一家。① 在印度,我们也能看
到,这种组织仍脆弱地存在着。亨利·梅因爵士说道:"在印度人
的联合家庭当中……罗马人的男系家属群体绝对还存在着——更
确切地说,要不是由于英国人的法律、法庭,它还会存在着。这里
有着真正的、完全确定的共同祖先,有真正的血亲,有共同的财产
储备,有共同的居所。"②格温特法典、迪默特法典和威尼多特法
典③也将威尔士自由民的家宅和土地视作家庭财产。西博姆先生
说:"只要家长还活着,他的所有后裔就跟他住在一起,在一个宅子
里生活,除非在家庭土地上为他们建了新宅子。不管怎样,他们仍
是他当家长的这个联合家庭的一分子。如果一家之主是自由部落
民,他死去的时候,他的财产不分割。他的继承人会把这财产作为
共同财产保有三代人。"④在古代爱尔兰社会的各个分支中,也有
一种分支由"近亲"组成,即罗马人所说的普洛平奎。⑤ 现在许多
南斯拉夫人仍生活在家庭社群里,每个社群由十到六十个或更多

---

① Klenze,'Die Cognaten und Affinen nach Römischem Rechte in Vergleichung
mit andern verwandten Rechten,' in *Zeitschr. f. geschichtliche Rechtswiss*. vi. 5 *sqq*.
Leist,*Alt-arisches Jus Civile*,i. 231 *sqq*. Rivier,*Précis du droit de famille remain*,p.
34 *sqq*.

② Maine,*Dissertations on Early Law and Custom*,p. 240.

③ 指中世纪时威尔士几个地区曾存在的法典。——译者

④ Seebohm, *English Village Community*,p. 193. *Idem*, *Tribal System in
Wales*,p. 89 *sqq*.

⑤ Maine,*Early History of Institutions*,p. 90 *sq*. Leist,*Alt-arisches Jus Civile*,
i. Anhang i.

成员组成，这些人是父系一级或二级血亲，他们在某个共同的住宅或一批住宅里结伴生活，土地共有，职业相同，共有一个头人。① 在俄罗斯人中，也有这一类的家庭，家庭里包括三代人；1861 年农奴解放以前，这类家庭要比现在常见得多。② 没有足够的证据表明联合家庭在古代条顿人中曾经流行过，在这个意义上，"雅利安"种族显得与众不同。③

　　在所有这些民族中，一些亲属家庭或联合家庭联合成一个更大的社会群体，形成一个村庄社区或一簇家庭。吠陀人把这样的一批亲属称为简玛哪（*janmanā*），或简单称为格拉玛（*grāma*），意思是"村庄"；④印度现在还有这样的组织，尽管其面貌已经发生了变化。亨利·梅因爵士描述过的这一类印度村庄社群，既是共同所有人的集合，也是有组织的父系社会，它负责管理公共财产，进行内部治理，履行警察与司法事务，分摊税收和公共职责。与联合家庭不同，村庄社群里联合起来的家庭不再把土地当作无法划分的共同财产：他们分配了土地，至多定期重新分配土地，因而他们正在走向现代的土地所有权。联合家庭是彼此实际有亲属关系的一个小圈子，村庄社群一般则接纳外人，特别是购买了村庄股份的人，他们不断嫁接到最初的血亲主干上，由此村庄变得混杂。但在

---

　　① Krauss，*Sitte und Branch der Südslaven*，pp. 75，79 *sqq.* Maine，*Dissertations on Early Law and Custom*，p. 241 *sq.* Utiešenović，*Die Hauskommunionen der Südslaven*，p. 20 *sqq.*。Miler，'Die Hauskommunionen der Südslaven，' in *Jahrbuch d. internat. Vereinigung f. vergl. Rechtswiss*. iii. 199 *sqq.*

　　② Mackenzie Wallace，*Russia*，i. 134. von Hellwald，*Die menschliche Familie*，p. 506 *sq.* Kovalewsky，*Modern Customs and Ancient Laws of Russia*，p. 53 *sq.*

　　③ 见：Leist，*Alt-arisches Jus Civile*，i. Anhang i。

　　④ Zimmer，*Altindisches Leben*，p. 159 *sq.*

所有这些情况下,人们都假定居民最初有着共同血统;因此这类印
度村庄社群不论何时实际上不再是亲属的集合,而总是共同所有
人基于亲属集合模式结成的一体。①

　　与吠陀人的格拉玛对应,伊朗人有维克($vi\varsigma$),希腊人有吉诺
($genos$),罗马人有基恩($gens$);在吠陀人中,若干格拉玛形成一个
维克,若干维克形成一个迦那($jana$),②而伊朗人的维克、希腊人
的吉诺及罗马人的基恩,分别是赞图($zantu$)、法拉利亚
($phratria$)和科里亚($curia$)的分支;而赞图、法拉利亚、科里亚又
分别是更大的单位达克与($daqyu$)、菲尔($phyle$)和特里布
($tribus$)的分支。③ 早期的罗马疆土分成若干氏族区,每个区域住
着某一基恩,就是同时根据地域与共同血统联系起来的一个群体。
而每家都有自己的一份土地,氏族-家庭或村庄拥有自己的氏族土
地,氏族土地直到较晚近的时期仍以近似于家庭土地的方式运营,
亦即按共同拥有制运营,每个氏族都耕种自己的土地,之后在氏族
所属的若干家庭内分配产品。甚至按罗马法的惯例,财富首先在
于牲畜及土地用益权,直至后来才开始把土地分给公民,土地才成
为公民的专属财产。④ 在历史时期,如果某人去世时没有活着的
儿子或父系亲属,财产要归还给同族之人或与死者具有共同名字

---

① 　　Maine, *Ancient Law*, p. 260 *sqq. Idem*, *Dissertations on Early Law and Custom*. p. 240, Elphinstone, *History of India*, p. 68 *sqq.* 依巴顿-鲍威尔先生（*Indian Village Community*, p. 3 *sqq.*），亨利·梅因关于印度村庄社区的一般描述仅适用于某一类印度村庄。

② 　　Zimmer, *op. cit.* p. 159 *sq.*

③ 　　Leist, *Græco-italische Rechtsgeschichte*, p. 104 *sq.*

④ 　　Mommsen, *History of Rome*, i. 45, 46, 238.

的全体罗马公民,而不得将任何遗产给予曾与死者共同生活的母系家属,不管关系多么亲近。① 与印度村庄社群一样,罗马基恩尽管最初是居住在同一地区的一个血亲群体,但在早期就已从其他血统中吸收新成员,原先的居民则假定新成员跟他们来自同一个祖先。 令人难以置信的是,不管在罗马还是希腊,虚构共同出身的做法甚至维持了很长时间,当时国家把人们组织进氏族、胞族和部落,以此作为一种政治划分的制度,并且这些组织的数目都是固定的。② 当我们在历史里最初看到吉诺和基恩的时候,它们不过是正在衰微的残存了,只在一个方面例外:在所有其他方面都变得实际上无关紧要很长时间之后,它们仍是——正如它们一开始就是③——宗教社群。④ 雅典尤为如此——几个世纪里颇有名望的氏族继续在宗教崇拜中发挥着显著作用;而直至西塞罗的时代,罗马人似乎仍保留着他们的氏族仪式。⑤

　　在古代威尔士,诸部落在大王或头人的领导下占据着各个地区,而部落(*cenedl*)就是一批亲属,这些亲属"捆在一起,共同利益、频繁的通婚以及抵御外敌相互保护的需要,把他们联结起

218

---

　　① Maine, *Ancient Law*, p. 220 *sq.* Fustel de Coulanges, *La Cité antique*, p. 126.

　　② Leist, *Græco-italische Rechtsgeschichte*, p. 150 *sqq.* 有人明确提出,在雅典,同一吉诺的成员并不一定被视作血亲(见:Bunsen, *De jure hereditario Atheniensium*, p. 104, n. 28)。

　　③ Schoemann, *Griechische Alterthümer*, ii. 548 *sqq.* Marquardt, *Römische Staatsverwaltung*, iii. 126, 130. Fustel de Coulanges, *op. cit.* p. 124 *sqq.*

　　④ Leist, *Græco-italische Rechtsgeschichte*, p. 159 *sq.*

　　⑤ Cicero, *Pro domo*, 13 (34).

来"。① 一群家庭——相当于罗马人的基恩——形成了一个特利夫（*trev*），也就是一簇散布的家庭，这"并不一定就是现代意义上的村庄"。② 塔西佗所说的条顿人的维西（*vici*）似乎也是这种情况；③而在条顿人中，同一居住地的人也是血亲，这可由恺撒说过的一段话直接推断出来。④ 他们并不很习惯于农业，⑤而且他们所居住的"阴暗的世界"土地贫瘠、气候恶劣、缺乏耕作，这些都不利于形成永久的、大型的、具有强大内聚力的社会团体。然而，我们在条顿人中发现了恺撒称作地区（regiones/pagi）⑥的社会单位，可以假定维西是地区的一个分支。另一方面，在以农业为主的南斯拉夫人中，我们发现，直到现在仍存在着一种与印度人很相似的社会组织。我们已经看到，南斯拉夫人生活在相当于印度联合家庭的家庭社群里。现在随着家庭社群——常称为扎德拉格（*zadruga*）——成员变得数量庞大，就发生了分离，移出者自己组成了新的家庭。于是一个扎德拉格就逐渐扩充成布拉特斯特夫（*bratstvo*），或称兄弟会，即一批相联系的家庭社群，这些社群自认为不仅具有共同血统，也有着共同利益和某位共同的头领。最后，

---

　　① 　Seebohm, *English Village Community*, p. 190. *Idem*, *Tribal System in Wales*, p. 61.

　　② 　*Idem*, *English Village Community*, p. 343.

　　③ 　Tacitus, *Germania*, 16. *Cf*. Hildebrand, *op. cit*. p. 105 *sqq*.

　　④ 　Cæsar, *De bello Galhco*, vi. 22："在同一地区居住的由血亲组成的氏族举行年度会议，选出当地的治安官和头人。"

　　⑤ 　*Ibid*. vi. 22.

　　⑥ 　*Ibid*. vi. 23.

若干布拉特斯特夫就形成一个普雷梅（*pleme*），或称部落。① 在俄罗斯人中，家庭或联合家庭已经发展成米尔（*mir*），或称村庄社群，它由一批在一起的单个家庭组成，每个家庭都有自己的家长，各家家长选出一位共同的村庄头人。俄罗斯人的米尔是一种与前面讲过的印度村庄社群很相似的建构。土地属于社群，早些时候很可能共同耕作土地。现在土地分给了各个成员家庭，各份土地在他们中间定期转移，也可能把土地授予他们，土地成为他们的财产。但村民集体总是有权否决出售土地。最初米尔也是一群亲属；但与印度村庄社群一样，由于存在各种虚构共同血统的现象，并且吸收许多外人成为社群成员使共同出身的传统变得暗淡甚至消失，血缘纽带已经大为削弱。②

　　因而在所有这些民族的社会组织中，地域邻近原则和血统原则最初大体上是一致的。一方面，所有属于同样的地方群体的自由民，即社会的所有真正成员同时也是亲属；另一方面，所有由共同血统联结起来的人也都属于同样的或邻近的地方群体。邻近原则和血统原则的一致性是由于父系继嗣制的普遍盛行。前历史时代情况是否不同，是一个尚待解答的问题。有人从哲学角度推测，古代中国人按母亲而非父亲计算亲属关系，③关于这一观点的合理性我无法表达看法。几位作者也试图证明，原始雅利安人中盛

---

　　① Krauss，*op. cit.* pp. 2,32 *sqq.* von Hellwald，*op. cit.* p. 502 *sq.* Grosse，*op. cit.* p. 204 *sq.*

　　② de Laveleye，*De la propriété*，p. 12 *sqq.* Maine，*Dissertations on Early Law and Custom*，p. 261 *sq.*

　　③ Puini，转引自：Grosse，*op. cit.* p. 193。

行母系继嗣制,但证据远不能令人信服。我赞同莱斯特教授的观点,前历史时期"雅利安"种族母系继嗣制的所有所谓的残存,即便不是假的,也令人生疑。[1] 至于条顿人,据塔西佗,外甥与舅舅之间特别亲密的关系是很重要的;[2]但如施拉德教授所说,在条顿人中尽管舅舅占有突出地位,但在遗嘱的继承人顺序上,叔伯显然排在舅舅前面,父系亲属排在母系亲属前面。[3] 某种习俗在某个方面认可母系关系,但存在这种习俗并不能证明先前盛行完全的母系继嗣制,而排斥父系继嗣制。

　　文明进步到一定地步,就与社会的扩张联结起来。在蒙昧人中,最大的永久性社会单位一般是部落,但即便是部落纽带也往往很松散——如果不是完全欠缺的话。确实,即使是像澳大利亚土著这样的低等种族中也存在部落之间的联合,但同时并未伴随任何形式的政治上的组织。[4] 在更高一些的文明发展阶段,我们观察到著名的易洛魁联盟——五个不同部落基于共和原则建立的联盟,自联盟建立持续保持了三个世纪的内部团结与和平[5]——以及一些非洲君主的王国。文明只在国家里兴旺。阿兹特克人最初只占据墨西哥湖畔的一小块地方,通过征服逐渐建立起面积约为一万六千里格[6]的帝国。然而,各个部落之间是宽阔的无人居住地带,因而这些部落之间保持着小心翼翼的、排外的态度;而在西

---

① Leist, *Alt-arisches Jus Gentium*, p. 58. Idem, *Alt-arisches Jus Civile*, i. 490.

② Tacitus, *Germania*, 20.

③ Schrader, *Prehistoric Antiquities of the Aryan Peoples*, p. 395.

④ Curr, *The Australian Race*, i. 62 *sq*.

⑤ Morgan, *League of the Iroquois*, p. 141.

⑥ 里格(league)为长度单位,约等于三英里。——译者

班牙征服时期,墨西哥帝国实际上差不多就是"一串胆怯的印第安部落,这些部落由于互怀畏惧而彼此分离,害怕遭到其中某牢固的掠夺者要塞的攻击而自缚手脚"。① 在南美,很长一段时期内,六个民族生活在从瓦亚加河流域和乌卡亚利河流域之间的分水岭到乌卡亚利河流域和的的喀喀湖流域之间的分水岭这一片地区。人口的不断增长使得这些民族相互接触,争夺霸权的斗争以最适者——印加人——夺得统治地位而告终;印加王国后来则通过征服其他一些民族、部落进一步扩张。② 根据最早期的记载,古代中国的版图要比现代法国面积的两倍还多,尽管中国常常分裂成不同的国家,大的王朝仍然统治着整个中国。③ 上埃及和下埃及的两个王权很早就统一起来;巴比伦和亚述的伟大王国同样让人印象深刻。我们可以假定,所有这些帝国都是由不同部落自愿或强制组成的联合形成的,我们对其起源和早期成长更为熟悉一些的国家就是如此。晚至士师时代,以色列诸部落仍或者各自完全独立,或者形成更小的群体,而并无政治意义上的以色列国这样的事物,直到后来,才在撒母耳及第一批王的领导下实现了人民的团结。④ 吠陀人由大量独立部落组成,这些部落之间只有为了防御或攻击而形成的临时联盟。但这些联盟逐渐变得更为持久,战争

222

---

① Scheppig, 'Ancient Mexicans,' &c. p. 6, in Spencer's *Descriptive Sociology*. Prescott, *History of the Conquest of Mexico*, p. 4. Ratzel, *History of Mankind*, ii. 199, 202.

② Markham, 'Geographical Positions of the Tribes which formed the Empire of the Yncas,' in *Jour. Roy. Geo. Soc.* xli. 287 *sqq.*

③ Simcox, *op. cit.* ii. 10, 13.

④ Kuenen, *Religion of Israel*, i. 133.

之王将几个部落团结起来,他们率领军事贵族,建立起大的王国。[①] 在希腊和意大利,国家由要塞发展而来,这些要塞建于地势较高的地方,充作公共据点和战时避难之所。几个部落联合起来就能更好地抵御危险的敌人,而其中的一个设防的城镇最后就获得了对该地区所有其他城镇的霸权,例如雅典在阿提卡地区、阿尔巴隆加在拉丁姆地区就是如此。被某城镇所统治的类似地区就称为普雷(*poleis*)或西维塔(*civitates*)。[②] 在历史时期,有人试图将若干小国联合起来,由某一个国家领导,以推进上面的过程。在此方面,斯巴达和雅典失败了,而罗马的努力获得了无与伦比的成功。

国家的发展倾向于削弱或摧毁构成国家的较小的单位。对分离主义抱有敌意的中央权力自然试图获得对这些单位的权威,而在一个统治良好的国家里,这些单位本身几乎没有抵制中央的理由。氏族、氏族集团和部落的主要目标就是保护各自的成员;因而,当存在一个强大的国民政府,公正无私地维护着各种臣民的利益时,氏族、氏族集团和部落就变得多余了。

亚当·斯密对比了18世纪时仍在苏格兰高地居民中间盛行的强烈的氏族情感与英格兰人对远亲的几无挂念,他发现,在法律的权威不够强大、不能给每一位国民带来安全的国家,同一家庭、家族的不同分支会选择在同一居住地生活,由于要共同防御外敌,这些分支常常有必要联合起来;而在如英格兰这样的国家,法律的权威已良好地确立,"同一家庭的后裔不具有住在一起的动机,他

---

① Zimmer,*Altindisches Leben*,pp. 158,192 *sq.*

② Leist,*Græco-italische Rechtsgeschichte*,p. 109 *sqq.*

们自然就出于利益或爱好而分开并散居"。① 看来很有可能,印度人和斯拉夫人的村庄社群或氏族制度之所以能长久存在,主要是由于国家的弱小或政府的腐坏。

家庭也受到国家这较大单位的兴起的影响,但最初国家对家庭的影响方向是完全反过来的。在国家衰微的时候,家庭就变得重要了。我们从未发现什么地方其家庭纽带比在古代国家更强,父亲或年纪最大的男性长辈比在古代国家拥有更大的权力。在前面一章里,我已尝试解释这一奇特的事实。我指出,在早期社会,家庭和氏族之间似乎有某种对立,家庭因氏族的削弱而得以变强,父亲只是继承了以前属于氏族的权力才成为家长。但我也注意到,在更高的发展阶段,家庭又失去了其重要性。②

似乎各个部落——它们联合成一个民族或国家——正常情况下最初是拥有共同祖先的各个分支,生活在同样的居住地,说着同样的语言,尽管存在方言上的差异。与较小的单位一样,这样的国家无疑也常常由于外国人的混入而互相融合,但这里虚构又一次代替了现实,外来血统被淡忘。然而,通过征服异种族而建立联邦或更加强盛以后,情况就不一样了。被征服者不是被接纳进征服者的圈子,而是被当作血统低贱者,他们没有公民权利,在许多情况下都处于被奴役状态;因而就是在这里,共同血统作为公民资格基础的原则得以保留,只有征服者才享有全面的公民权利。但不管类似的障碍多么强大、持久,它们并非不可消除。不同种族在同

224

---

① Smith, *Theory of Moral Sentiments*, p. 326 *sq*.
② 见第一卷第 627 页及以下。

样政府的领导下居住在同样的国家,相互之间倾向于靠得更近,低等种族就与主体民族融为一体,地域邻近而非血统最终就在处理政务时成为社群的基础。但是,这种变化并不像人们描述的那样激烈、令人震惊;①大规模的虚构血统还是形成了连接古代和现代观念的桥梁。亨利·梅因爵士说,我们不能期望理解对虚构血统——在早期,要移入的人口被假定与他们要嫁接的族群拥有同样的祖先——的虔信。② 人们直到现在也总是乐意认为,共同的语言表明人们有着共同的出身,尽管这与最明显不过的事实相悖。而对虚构出身的虔信难道比乐意以语言定出身的倾向更为令人吃惊吗?尽管语言的同一——即使是全体人民语言同一——不过表明了人们之间有接触,住得靠近,一个人所属的种族普遍还是由他的母语决定的,语言和民族也几乎被看作同义词。因而,虚构血统不仅仅是过去的事情,也并非不再影响政治观念。现代民族主义理论支持最强大的民族通过强迫性的嫁接吸收居住在同一国家的其他民族的权利,而要实现这一点,只有靠其他民族接受前者的语言。但与其说这种理论与语言本身有关,不如说它与作为民族象征的语言有关。这个理论背后潜藏着种族不宽容的偏狭情感,而这种情感正等着由虚构血统来安抚。民族主义学说是这同一政治原则——共同血统的原则,不管是真实的还是虚构的血统——的幽灵,文明还处于摇篮中的时候,国家正是在这一原则的基础上得以建立和治理的。

---

① Maine, *Ancient Law*, p. 129.

② *Ibid.* p. 131.

与较小的单位一样,古代国家既是政治共同体,也是宗教共同体。除了各个教派,所有公民也共享一种宗教。在古代墨西哥和秘鲁,战神或太阳神崇拜就是占统治地位的人群的宗教;君主自身也被当作神的化身或后裔。① 在其他情形下,不同教派的融合产生了国教。各社群的神灵合并到一起,不仅为以前的信徒所崇拜,也提升到国家之神的地位,这些神灵聚合在一起,就形成了天上的共和国,地上的共和国整个对它效忠。罗马人②、埃及人③、亚述人及巴比伦人④的众神似乎就是这样招募而来的;而希腊人更进一步,早在前历史时期他们就打造了泛希腊的奥林匹斯山。⑤ 如罗伯逊·史密斯教授所指出的那样,有时不同神灵也融合成一个神灵,例如,以色列民众崇拜耶和华,将耶和华等同于迦南高地的巴力,并以迦南圣地的仪式继续崇拜耶和华——他们并不认为自己这么做了,就不像以前那样是真正的耶和华信徒了。⑥

没有人会否认共同宗教为国家增添了力量,但它对民族的重要性似乎被夸大了。一方面,不同社群的政治融合发生在宗教融合之前,显然也是宗教融合的原因;另一方面,仅仅共同宗教上的联系不足以证明可以把邻近部落或族群绑在一起形成一个民族。希腊的诸城邦既有相同的宗教,也有相同的语言,但它们仍是不同

①　Ratzel,*op. cit*. ii. 199 *sq.* Markham,*History of Peru*,p. 23.

②　*Cf*. von Jhering,*Geist des römischen Rechts*,i. 269.

③　Wiedemann,*Religion of the Ancient Egyptians*,p. 148.

④　Mürdter-Delitzsch,*Geschichte Babyloniens und Assyriens*, p. 24. Robertson Smith,*Religion of the Semites*,p. 39.

⑤　*Cf*. Rohde,*Psyche*,p. 36.

⑥　Robertson Smith,*op. cit*. p. 38.

的国家。西利教授声称,"在东方,民族和宗教直至今天几乎仍是同义语",①这个说法是远远偏离事实的。沃林曾有非常好的机会研究不同穆斯林民族的情感,他讲道:"每个东方民族都对另一个民族带有全民性的厌恶,即便某一省份的居民也会厌恶别的省份的居民。土耳其人既难以容忍阿拉伯人,也难以容忍波斯人,而阿拉伯人和波斯人对土耳其人也有相似的感受;阿拉伯人跟波斯人处不好,波斯人跟阿拉伯人也处不好;叙利亚人不喜欢埃及人,认为埃及人野蛮,后者也不愿意跟叙利亚人在一起,认为他们头脑简单又愚蠢;贝都因人则既指责叙利亚人,也指责埃及人。"②有时看起来仿佛是一个民族的民族精神影响其宗教,而非民族精神受宗教影响。爱国主义甚至成功地将民族的最大敌人基督教也民族化了,并且几乎复活了民族之神——其主要事务就是照顾自己的子民,特别是为子民战斗——的旧观念。

227　　　显然,我们现在考察过了的社会发展的诸方面对利他主义情感有着很大影响。地域邻近与政治统一相结合,共同血统的观念以及共同宗教的伙伴关系,倾向于在各个群体之间产生友好情感。因而,随着政治单位的扩大,亲属关系的观念发展成同种同族的观念,同一宗教也为国家的所有公民所共有;而在有些情况下,同一宗教超出了某一国家或民族的范围,这时利他主义情感就经历了相应的扩张——当然除非它受到某些不利影响的阻抑。政治集合体内聚力的不断增长增进利他主义情感的力量;对别的共同体的

---

①　Seeley, *Natural Religion*, p. 229.

②　Wallin, *Anteckningar från Orienten*, iv. 181 *sq.*

敌意,对别的共同体成员的天生的反感和憎恶也增进了利他主义
情感。人们喜欢自己熟悉的东西或属于自己的东西,同样,人们不
喜欢陌生的或不熟悉的东西。在我们自己人当中,我们发现小孩
子[1]以及未受过良好教育的人尤为如此,看到黑皮肤、东方服装,
听到某奇怪语言的声音,都会惹他们发火。这一类反感直接影响
了对外人行为的道德评价;但同时,这种反感也强化了同部落居民
或同胞之间友善的情感。喜欢与不喜欢通过对比而增长;讨厌什
么东西会使我们更加喜爱它的对立面。盛行于不同共同体当中的
竞争和敌对也会在各个共同体内部强化成员对共同目标的奉献以
及成员之间的友好情感。

　　但利他主义情感并不一定仅仅涉及同属于某社会单位的个
体。群居动物会友善对待同物种的任何成员,如果这成员不是愤
怒或恐惧的对象。蒙昧人对正在受苦的无害的陌生人可以怀有温
柔的情感。[2]　小孩子的情感有时也超出了家庭圈子;马纳辛女士
讲到一个两岁大的小女孩,她在圣彼得堡动物园看到一头大象在
饲养员身上行走,就痛苦地叫起来,而其他旁观者都静静地看着这
出把戏。[3]　在人类中,社会隔离,种族、语言、习惯、习俗上的差异,
敌对和猜疑,使利他主义变得狭隘。但交往的增进逐渐导致了有
利于利他主义扩张的条件。如巴克尔所言,无知是民族仇恨最强

228

---

　　[1]　Compayré,*op. cit.* p. 100:"小孩子不喜欢所有不熟悉的东西,感到害怕,而后
是愤怒。外地人用方言与我四岁半大的儿子说话,我看到我儿子对他大发脾气。"

　　[2]　见第一卷第 570—572、第 581 页。

　　[3]　Manacéine,*Le surmenage mental dans la civilisation moderne*,p. 248. 另见:
Compayré,*op. cit.* p. 323。

大的原因;"当你增加了接触,你就去除了无知,你的仇恨就减少
了。"①不同民族的人们感到,民族之间尽管有着种种差别,但也存
在很多共性;而频繁的交往能使差别变得不那么显眼,或者可以将
许多差别完全抹去。毫无疑问,这个过程未来会持续下去。而同
样可以肯定的是,相似的原因会导致相似的结果——利他主义会
继续扩张,并且跟现在比起来,普天之下皆兄弟的观念会从人类的
实际情感中得到更多支持。

---

① Buckle, *History of Civilization in England*, i. 222.

第三十五章　自杀

在前面各章中,我们讨论了对行为、不作为和疏忽的道德评价,这些均与其他人的利益得失息息相关。接下来,我将关注那些主要事关个人自身福祉的行为方式的道德观念。首先我们注意到那些关乎个人身家性命的行动。

自杀,即故意毁灭自己的生命,过去被认为是较高文明的产物;但是,斯坦梅茨博士在《原始民族中的自杀》一文中指出,有可能"原始人相对于文明人更倾向于选择自杀"。[①] 前一种观点显然是错误的;对某些蒙昧部族与文明人进行比较时会发现,后一种观点站得住脚,但我们不能断言这一看法普遍有效。

据说在几个未开化的种族那里,从未听说过自杀之事。[②] 某些低等的蒙昧部族,像南美火地岛的雅甘人[③]、安达曼岛人[④]和澳　

---

① Steinmetz,'Suicide among Primitive Peoples,' in *American Anthropologist*, vii. 60.

② Paulitschke, *Ethnographie Nordost-Afrikas*, p. 205 (Danakil and Galla). Munzinger, *Ostafrikanische Studien*, p. 532 (Barea and Kunáma). New, *Life, Wanderings,and Labours in Eastern Africa*, p. 99 (Wanika). Felkin,'Notes on the For Tribe of Central Africa,' in *Proceed. Roy. Soc. Edinburgh*, xiii. 231. 拉姆霍尔兹怀疑,塔拉乌马雷人里是否真的有过自杀行为(Lumholtz, *Unknown Mexico*, i. 243)。

③ Bridge, in *South American Missionary Magazine*, xiii. 211.

④ Man, *Jour. Anthr. Inst.* xii. 111.

大利亚诸部族①,都属于这类情况。而关于处于同样文明发展程
度的大多数其他部族,似乎都缺乏自杀方面的信息。关于澳大利
亚中西部的土著,格雷爵士写道:"每当我向他们询问自杀之类的
事情,他们总是笑话我,他们把我的问题仅仅当成一个玩笑。"②当
你向一个加罗林群岛岛民讲述欧洲人自杀的事,他可能会认为自
己没有听懂你说的话,因为在他的生活经历中从来没有听过如此
荒唐的事情。③ 兴都库什的卡菲尔人尽管对死亡没有强烈的恐惧
感,但也难以理解自杀;"一个人杀死自己,这种想法在他们看来
令人费解,不可思议。"④

　　在很多蒙昧人和野蛮人中,自杀据说是罕见的,⑤或者仅仅偶

------

①　Grey,*Expeditions of Discovery in North-West and Western Australia*, ii.
248. Curr,*Recollections of Squatting in Victoria*, p. 277 (Bangerang). 根据道森的描
述,维多利亚西部部落中的自杀现象虽有耳闻,但并不多见;其中有这类记述:"这里的
土著如若求死,但又找不到人帮他毙命,他有时会置身于毒蛇出没之地,等待着被咬中
毒而死。"(*Australian Aborigines*, p. 62)

②　Grey,*op. cit.* ii. 248.

③　von Kotzebue,*Voyage of Discovery into the South Sea*,iii. 195.

④　Scott Robertson,*Kâfirs of the Hindu-Kush*, p. 381.

⑤　Nansen,*Eskimo Life*, p. 267(Greenlanders). Murdoch, 'Ethnol. Results of the
Point Barrow Expedition,'in *Ann. Rep. Bur. Ethn.* ix. 41 (Point Barrow Eskimo),von
Siebold,*Die Aino auf der Insel Yesso*, p. 35. von Stenin, 'Die Kirgisen des Kreises
Saissansk im Gebiete von Ssemipalatinsk,' in *Globus*, lxix. 230. Beltrame, *Il Fiume
Bianco*, p. 51 (Arabs). Felkin, 'Waganda Tribe of Central Africa,' in *Proceed. Roy.
Soc. Edinburgh*, xiii. 723. Schwarz, 转引自: Steinmetz, *Rechtsverhältnisse*, p. 24
(Bakwiri)。 *Ibid.* p. 52 (Banaka and Bapuku). Wandrer,*ibid.* p. 325 (Hottentots).
Fritsch,*Die Eingeborenen Süd-Afrika's*, p. 221 (Bantu race). Sorge, in Steinmetz,
Rechtsverhältnisse,p. 421(Nissan Islanders in the Bismarck Archipelago). Kubary, 'Die
Verbrechen und das Strafverfahren auf den Pelau-Inseln,' in *Original-Mittheilungen
aus der ethnol. Abtheil. d. königl. Museen zu Berlin*,　　　　(接下页注释)

尔发生过。^①然而，在另外一些部族中，自杀经常发生，有的甚至相 231
当普遍。^②我们得知，对于坎查岱人，一点点危险和恐惧的感受都
可以使他们绝望，乃至促使他们自杀以求解脱，如此被解脱的不
仅仅是眼前的危险，也有预想中的不幸；"不仅仅是因为干了坏
事而行动自由受到限制的人，甚至是对自己现状不满的人，也会

（接上页注释）　i. 78 （Pelew Islanders）. 马来人中极少有自杀行为的报道（Brooke,
Ten Years in Saráwak, i. 56；Ellis,'The Amok of the Malays,' in *Journal of Mental
Science*, xxxix. 331）；但很多马来人告知埃利斯博士，他们将杀人狂（Amok）看作一种
自杀行为。如果有人想死，他"狂乱地"（amoks）希望被别人处死，而不是自己了结生
命；按照伊斯兰教的伦理，自杀属于弥天大罪（*ibid*. p. 331）。在暹罗，自杀也是稀奇古
怪的事（Bowring, *Siam*, i. 106）。至于托雷斯海峡西部岛民，哈登博士说，尽管他们的
民间故事中有这类自杀的事例，但在真实生活中他还没听到过任何一件自杀的案子
（*Reports of the Cambridge Anthrop. Expedition to Torres Straits*, v. 278）。

①　Comte, 转引自：Mouhot, *Travels in the Central Parts of Indo-China*, ii. 27
sq.（Bannavs in Cambodia）。Kloss, *In the Andamans and Nicobars*, p. 316
（Nicobarese）. 在巴刚果人中，自杀的事固然发生过，"但并没有文明国度中那么频繁"
（Ward, *Five Years with the Congo Cannibals*, p. 45）。

②　Veniaminof, 转引自：Petroff, *Report on Alaska*, p. 158（Atkha Aleuts）。
Steller, *Beschreibung von Kamtschatka*, p. 293 *sq*.；Krasheninnikoff, *History of
Kamschatka*, pp. 176, 200. Georgi, *Russia*, iii. 133 *sq*.（Kamchadales）, 184（Chukchi）,
205（Aleuts）. Brooke, *op. cit.* i. 55（Sea Dyaks）. Williams and Calvert, *Fiji*, p. 106.
Turner, *Samoa*, p. 305；Tregear, 'Niue,' in *Jour. Polynesian Soc.* ii. 14；Thomson,
Savage Island, p. 109；Hood, *Cruise in the Western Pacific*, p. 22（Savage Islanders）.
Dieffenbach, *Travels in New Zealand*, ii. 111 *sq*.；Collins, *English Colony in New
South Wales*, i. 524（Maoris）. Reade, *Savage Africa*, p. 553 *sq*.；*Idem*, 转引自：
Darwin, *Descent of Man*, p. 117, n. 33（West African Negroes）. Monrad, *Skildring af
Guinea-Kysten*, p. 23. Decle, *Three Years in Savage Africa*, p. 74（Barotse）. In Tana, of
the New Hebrides（Gray, in *Jour. Anthr. Inst.* xxviii. 132）and Nias（Rosenberg, *Der
malayische Archipel*, p. 146）suicides are said to be not infrequent.

出于生活的不幸和疾病的折磨而宁可选择自愿死亡。"①在印度山地部落霍人中,被报道的自杀现象相当普遍,以至我们找不到第二个像他们那样的例子:"如果一个女孩看上去因为他人的言语而受到了屈辱,在她情绪平静前不能让她独自离开,否则她可能不安全。一个男人仅仅为了表明自己的诚实或正直,就可能有足够的理由走向自绝。最近的一个例子中,一个年轻妇女仅仅因为她的叔叔不愿吃她为他做的食物,就试图服毒自尽。"②自杀在缅甸的克伦人中同样十分常见——基督教还没有传入那里。要是一个男人得了什么不治之症或重病,他会认真地说自己要去上吊,事实上,他也会真的这么做;要是一个女孩的父母逼迫她与一个她不喜欢的人结婚,她就会选择上吊;妻子有时因为嫉妒而上吊,有时因为跟丈夫吵架而上吊,有时仅仅由于懊恼——别人拿她们跟他人比较时贬低她们——而自绝;而在妻子或女儿不被允许按自己乐意的方式行事时,她们也喜欢威胁去上吊。③ 在一些未开化的社会,选择自杀的往往是女性,男性则很少。④

　　导致蒙昧部族选择自杀的原因多种多样:爱情失意或

---

① Georgi, *op. cit.* iii. 133 *sq. Cf.* Krasheninnikoff, *op. cit.* p. 176.

② Tickell, 'Memoir on the Hodésum,' in *Jour. Asiatic Soc. Bengal*, ix. 807. Dalton, *Descriptive Ethnology of Bengal*, p. 206.

③ Mason, 'Dwellings, &c., of the Karens,' in *Jour. Asiatic Soc. Bengal*, xxxvii. pt. ii. 141.

④ Keating, *Expedition to the Source of St. Peter's River*, i. 394 (Dacotahs); ii. 171 *sq.* (Chippewas). Bradbury, *Travels in the Interior of America*, p. 87 (Dacotahs). Brooke Low, 转引自: Ling Roth, *Natives of Sarawak*, i. 117 (Sea Dyaks)。Munzinger, *Die Sitten und das Recht der Bogos*, p. 93。

嫉妒①;疾病②或年迈③;孩子④、丈夫⑤或妻子⑥离世的痛苦;害怕受 233

①　Lasch,'Der Selbstmord aus erotischen Motiven bei den primitiven Völkern,' in *Zeitschrift für Socialwissenschaft*,ii. 579 *sqq.* Westermarck,*History of Human Marriage*,p. 503. Keating,*op. cit.* ii. 172 (Chippewas). Eastman,*Dacotah*,pp. 89 *sqq.*, 168 *sq.*;Dodge,*Our Wild Indians*,p. 321 *sq.* (Dacotahs). Turner,'Ethnology of the Ungava District,' Hudson Bay Territory,' in *Ann. Rep. Bur. Ethn.* xi. 187 (Koksoagmyut). Mason,in *Jour. Asiatic Soc. Bengal*,xxxvii. pt. ii. 141 (Karens). Brooke Low,转引自:Ling Roth,*Natives of Sarawak*,i. 115 (Sea Dyaks)。Kubary, 'Religion der Pelauer,'in Bastian,*Allerlei aus Volks- und Menschenkunde*,i. 3 (Pelew Islanders). Senfft,in Steinmetz,*Rechtsverhältnisse*,p. 452 (Marshall Islanders). Codrington,*Melanesians*,p.243 *sq.* (natives of the Banks'Islands and Northern New Hebrides). Waitz,*Anthropologie der Naturvölker*,vi. 115;Malone,*Three Years' Cruise in the Australasian Colonies*,p. 72 *sq.* (Maoris). Reade,*Savage Africa*,p. 554 (West African Negroes). Munzinger,*Die Sitten und das Recht der Bogos*,p. 93 *sq.*

②　Dodge,*op. cit.* p. 321 *sq.* (North American Indians) Holm,'Ethnologisk Skizze af Angmagsalikerne,' in *Meddelelser om Grönland*,x. 181 (Angmagsaliks of Eastern Greenland). Georgi,*op. cit.* iii. 134 (Kamchadales). Mason,in *Jour. Asiatic Soc. Bengal*,xxxvii. pt. ii. 141 (Karens). Gray,in *Jour. Anthr. Inst.* xxviii. 132 (natives of Tana,New Hebrides). Sartori,'Die Sitte der Alten- und Krankentötung,' in *Globus*, lxvii. 109 *sq.*

③　Perrin du Lac,*Voyage dans les deux Louisianes*,p. 346. Nansen,*First Crossing of Greenland*,ii. 331;*Idem*,*Eskimo Life*,pp. 170,267 (Greenlanders). Steller,*Beschreibung von Kamtschatka*,p. 294. Wilkes,*U. S. Exploring Expedition*, iii. 96;Hale,*U. S. Exploring Expedition. Vol. VI. Ethnography and Philology*,p. 65 (Fijians). Diodorus Siculus,*Bibliotheca historica*,iii. 33. 5 (Troglodytes). Pomponius Mela,*De situ orbis*,iii. 7 (Seres). Hartknoch,*Alt- und Neues Preussen*,i. 181 (ancient Prussians). Mareschalcus,*Annales Herulorum ac Vandalorum*,i. 8 (*Monumenta inedita rerum Germanicarum*,i. 191);Procopius,*De bello Gothico*,ii. 14 (Heruli). Maurer,*Die Bekehrung des Norwegischen Stammes zum Christenthume*,ii. 79,n. 48 (ancient Scandinavians).

④　Veniaminof,转引自:Petroff,*op. cit.* p. 158 (Atkha Aleuts)。Keating,*op. cit.* ii. 172 (Chippewas). Colenso,*Maori Races*,pp. 46,57;Dieffenbach,*op. cit.* ii. 112 (Maoris).

⑤　Veniaminof,转引自:Petroff,*op. cit.* p. 158 (Atkha Aleuts)。Haddon,in *Rep. Cambridge Anthr. Exped. to Torres Straits*,v. 17 (Western Islanders,according to a Kauralaig folk-tale). Colenso,*op. cit.* pp. 46,57;Dieffenbach,*op. cit.* ii. 112 (Maoris).

⑥　Veniaminof,转引自:Petroff,*op. cit.* p. 158 (Atkha Aleuts)。Fawcett, *Saoras*,p. 17. Dieffenbach,*op. cit.* ii. 112 (Maoris).

到惩罚[①]；被丈夫奴役[②]或野蛮拷打[③]；懊悔[④]、羞愧、丧失尊严、愤怒或复仇[⑤]。很多案例表明，被侵害者选择自杀，以图立时报复侵犯者。[⑥] 比如黄金海岸讲齐语的民族，"一个人可能由于另外一个人的行为而自杀。他自杀后，根据当地的自然法，犯事者将遭受与他同样的命运。这种做法被称为'一命还一命'。你的所作所为让别人活不下去而轻率地自杀了，你也得以类似的方式了结自己的生命"——除非用金钱补偿和抚慰自杀者的家属，事实上这是经常

---

① Steller,*Beschreibung von Kamtschatka*, p. 293. Dieffenbach,*op. cit*. ii. 112 (Maoris).

② Modigliani,*Viaggio a Nias*, p. 473. Decle,*op. cit*. p. 74（Barotse）. Monrad, *op. cit*. p. 25（Negroes of Accra）. Donne,*Biathanatos*, p. 56（American Indians）.

③ Wied-Neuwied,*Travels in the Interior of North America*, p. 349（Mandans）.

④ Turner, in *Ann. Rep. Bur. Ethn*. xi. 187（Koksoagmyut）. 道森先生告诉我们，维多利亚西部的一位土著男子在酒醉状态下把妻子杀死了，他清醒之后如此后悔莫及，以至决定自尽。他绝食自尽，期间也曾经恳求部落同伴帮他了却自己的生命。最后，看到他如此决绝，他的朋友请来了部落里的行刑者，用一支矛刺穿了他的身体（*Australian Aborigines*, p. 62 *sq*.）。

⑤ Veniaminof,转引自：Petroff,*op. cit*. p. 158（Atkha Aleuts）。Kcating,*op. cit*. ii. 171（Chippewas）. Dalton,*op. cit*. p. 206；Jickell, in *Jour. Asiatic Soc. Bengal*, ix. 807（Hos）. Colquhoun,*Amongst the Shans*, p. 76 *sq*.（Lethtas）. MacMahon,*Far Cathay*, p. 241（Tarus,one of the Chino-Burmese border tribes）. Brooke,*op. cit*. i. 55（Sea Dyaks）. Chalmers,*Pioneer Life and Work in New Guinea*, p. 227. 阿贝尔先生这样说起新几内亚的一位妇女：在她生病期间，同村里的老朋友没有来探望她，为此她如此恼怒以致尝试过自杀（*Savage Life in New Guinea*, p. 102）。Codrington,*op. cit*. p. 243 *sq*.（natives of the Banks' Islands and Northern New Hebrides）. Williams and Calvert,*op. cit*. p. 106（Fijians）. Tregear, in *Jour. Polynesian Soc*. ii. 14（Savage Islanders）. Dieffenbach,*op. cit*. ii. 111 *sq*.；Collins,*op. cit*. i. 524；Angas,*Savage Life in Australia and New Zealand*, ii. 45；Colenso,*op. cit*. p. 56 *sq*.（Maoris）. Ward,*Five Years with the Congo Cannibals*, p. 45（Bakongo）. Lasch,'Besitzen die Naturvölker ein persönliches Ehrgefühl?' in *Zeitschr. f. Socialwissenschaft*, iii. 837 *sqq*.

⑥ 见：Lasch,'Rache als Selbstmordmotiv,' in *Globus*, lxxiv. 37 *sqq*.；Steinmetz,'Gli antichi scongiuri giuridici contro i creditori,'in *Rivista italiana di sociologia*, ii. 49 *sqq*.

使用的处理办法。① 蛮人岛岛民经常自杀,在未引入基督教的时期尤其如此。我们得知:"他们就像愤怒的孩子,他们总是设想,他 [234]们的自绝行为将会给冒犯自己的朋友带来折磨和痛苦。"② 在思林凯特人中,要是一个被冒犯者无力通过其他方式为自己报仇,他就会自杀,以此让冒犯他的人陷入众亲友的仇恨和可能的复仇。③ 在楚科奇人的早期历史中,被惹恼者在敌人门前上吊乃是一种风俗。④ 类似的复仇方法在沃加克人当中也并不鲜见,他们相信死者的鬼魂会纠缠和惩罚冒犯者。⑤ 有些时候,一个人自杀实际上表现出了人类舍身做祭品献祭的特征。⑥ 在瘟疫流行或大灾难时期,楚科奇人会牺牲自己以平息恶魔的愤怒,抚慰离世亲属的灵魂。⑦ 在某些野蛮人中陪葬也很普遍,特别是嫁给重要人物的妇女,她们会在丈夫去世后自尽⑧或者要求与丈夫合葬;⑨巴西也有

---

① Ellis, *Tshi-speaking Peoples of the Gold Coast*, p. 302. 在以下几个文献中也提到了同样的风俗: Monrad (*op. cit.* p. 23 *sq*.。), Bowdich (*Mission to Ashantee*, pp. 256, 257, 259 n. ‡), and Reade (*Savage Africa*, p. 554)。

② Thomson, *Savage Island*, p. 109.

③ Krause, *Die Tlinkit-Indianer*, p. 222.

④ Lebedew, 'Die simbirskischen Tschuwaschen,' in Erman's *Archiv für wissenschaftliche Kunde von Russland*, ix. 586 n. **

⑤ Buch, 'Die Wotjäken,' in *Acta Soc. Scient. Fennicæ*, xii. 611 *sq*.

⑥ 见: Lasch, 'Religiöser Selbstmord und seine Beziehung zum Menschenopfer,' in *Globus*, lxxv. 69 *sqq*.。

⑦ Skrzyncki, 'Der Selbstmord bei den Tschuktschen', in *Am Ur-Quell*, v. 207 *sq*.

⑧ Ashe, *Two Kings of Uganda*, p. 342 (Wahuma). Johnston, *Uganda Protectorate*, ii. 610 (Bairo). Junghuhn, *Die Battaländer auf Sumatra*, ii. 340 (natives of Bali and Lombok).

⑨ Westermarck, *History of Human Marriage*, p. 125 (Fijians). Codrington, *op. cit.* p. 289 (natives of Aurora Island, New Hebrides).

许多印第安人在头人坟前自尽。[①]

　　除了寡妇或奴隶自愿陪葬,在其他各种情形下,蒙昧人的自杀现象是与他们的来世生活观念相联系的。[②]在亡魂会重生的信念驱使下,远在他乡做奴隶的西非黑人会选择自杀,他们相信自己的灵魂可在故乡转世获得新生。[③]在楚科奇人中,有些人会为了实现尽早与已故亲属团聚的愿望而自杀。[④]在萨摩耶德人中,年轻姑娘被卖给一个老头做妻子,她可能会选择上吊以求在另一个世界找到更合适的新郎。[⑤]我们听说有些坎查岱人会极其冷静地对待生命的自绝,因为他们相信:"死后的生活是现在生活的延续,而且比现在的日子更美好也更完满,在死后他们所有的愿望都会比现在更容易、更完全地实现。"[⑥]此外,许多老人自杀也是出于同样的原因,他们相信一个人离开世间的那一刻会进入另一个世界,所以提前死去对他来说是最好的选择,否则等衰老致死就糟透了。[⑦]

235

---

①　Dorman,*Origin of Primitive Superstitions*,p. 211. *Cf*. *ibid*. p. 209. 卡蒂伯爵这样记述尼日尔三角洲的部落(in *Jour*. *Anthr*. *Inst*. xxix. 55):"我看到,当英国或其他欧洲国家的政府因为某些罪过将他们的国王或头人驱逐出境的时候,他的妻子们将纵身跃入河中自尽,当有人拯救她们时,她们就会像疯子一样跟人家搏斗;我还看到,被驱逐的国王或头人的男仆——无论是自由民还是奴隶——看到船只把主人带走,再也看不到之际,他们会甘愿冒着生命危险去抢救。"

②　*Cf*. Steinmetz, in *American Anthropologist*, vii. 60; Vierkandt, *Naturvölker und Kulturvölker*,p. 284; Lasch, in *Zeitschrift für Socialwissenschaft*, ii. 585.

③　Tylor,*Primitive Culture*,ii. 5.

④　Skrzyncki, in *Am Ur-Quell*,v. 207.

⑤　von Struve,'Die Samojeden im Norden von Sibirien,' in *Ausland*,1880,p. 777.

⑥　Georgi,*op*. *cit*. iii. 265. *Cf*. Steller,*Beschreibung von Kamtschatka*,p. 294.

⑦　Hale,*op*. *cit*. p. 65 (Fijians). 见第一卷第390页。

蒙昧人对来世生活的观念也影响了他们对自杀行为的道德
评判。在有些部族中，人们相信，男人不仅在世时娶妻，死后也
要娶妻，于是，妻子为丈夫陪葬，去阴曹地府陪伴丈夫，可能是值
得称道之事，甚至是一种义务。根据斐济人的信仰，女人若是极
其虔诚地死在丈夫的葬礼上，在他们灵魂栖居之地，这个女人就
会被视为最受宠爱的妻子，而拒绝死去的寡妇则被认为是淫
妇。① 在中非拜罗，寡妇如果不能在丈夫坟前自杀，会被当作贱民
对待。② 在黄金海岸，要是一个地位低下的男人娶了王室的女
子，如果他的妻子或是他们的独生子死了，根据习俗他也要自
杀；并且"如果他对这种本地的习俗表示愤怒、没有照此行事的
话，有人就会暗示他：这样做他也会被处死，跟预期的结果没什
么两样；通常他也只能就范"。③ 在楚科奇人中，自杀的习俗是在
亲友邻居的现场协助下庄严执行的。④ 萨莫耶德人认为，勒颈自
杀"为上帝所欣喜，上帝将其视为你的自愿牺牲，你将来会有应得
的回报"。⑤ 坎查岱人那种男人自杀"容许且可嘉"的观念，⑥很可
能与他们对于死后命运的乐观主义信念有关。公共舆论对老人的
习惯性自杀尤其给予认可，老人可以在自己动手自杀和他人协助
之间做选择。⑦

---

236

① Westermarck, *op. cit.* p. 125 *sq.*

② Johnston, *Uganda Protectorate*, i. 610.

③ Ellis, *Tshi-speaking Peoples of the Gold Coast*, p. 287.

④ Skrzyncki, in *Am Ur-Quell*, v. 208.

⑤ von Struve, in *Ausland*, 1880, p. 777.

⑥ Steller, *op. cit.* p. 269. *Cf.* Krasheninnikoff, *op. cit.* p. 204.

⑦ 见第一卷第 389 页及以下（Fijians）。Nansen, *First Crossing of Greenland*, ii.
331. Steller, *op. cit.* p. 294 (Kamchadales).

如果说在上述例子中自杀开启了远离墓地而通向乐土的大门，另一些例子中的自杀则引起了迥异的后果。奥马哈族印第安人认为自我谋杀意味着生命的终结。[1] 据不列颠哥伦比亚的汤普森印第安人说："自杀者的灵魂不会到达灵魂栖居之地。萨满教徒宣称，他们在那里从来没有见过这种人的灵魂；他们中也有些人说，他们寻找过这种人的灵魂，但没有发现任何踪迹。有些萨满表示，他们未能找到自杀者的灵魂到底在哪里，这些灵魂一定是迷失了，因为它们似乎全部销声匿迹了。有些萨满则认为，这些灵魂灭亡了，不复存在了。但也有其他萨满声称，这些人的灵魂从来没有离开大地，只不过是漫无目的地到处漂泊。"[2] 同样地，雅库特人相信自杀者的灵魂从未得到过安宁。[3] 有时候，自杀者死后的命运被描绘为对其自杀行为的一种惩罚。在达科他人中，妇女上吊自杀比较常见；于是在这个民族的观念中，自杀会让"生命之父"很不高兴，自杀者必将在灵魂栖息地受到惩罚，她们的鬼魂将注定永久地挂在她们曾经上吊的树上；那棵小树勉强支撑住她的重量，这让她处于痛苦之中。[4] 在印度拉杰马哈尔山地的帕哈里亚人看来，"在上帝的眼中，自杀是犯罪；犯此罪者灵魂不能

237

---

① La Flesche, 'Death and Funeral Customs among the Omahas,' in *Jour. of American Folk-Lore*, ii. 11.

② Teit, 'Thompson Indians of British Columbia,' in *Memoirs of the American Museum of Natural History*, Anthropology, i. 358 *sq.*

③ Sumner, in *Jour. Anthr. Inst.* xxxi. 101.

④ Bradbury, *Travels in the Interior of America*, p. 89. *Cf.* Keating, *op. cit.* i. 394.

进入天堂,而只能像鬼那样永久地徘徊在天堂与大地之间"。① 婆罗洲的卡扬人认为,自我了结生命的人会被送到一个叫作坦泰克坎的地方,他们在那里以吃树叶、树根或任何可以在森林中捡拾到的东西为生,过着贫困而可怜的生活,他们因为外表凄惨很容易被认出来。② 根据达雅克人的信仰,自溺而死者的灵魂将不得不在齐腰深的水中饱受煎熬;服毒自杀者的魂灵,注定生活在堆满有毒草木、烟熏火燎般散发着瘴疠之气、每一次呼吸都感到痛苦不堪的破房子里。③ 在另外的案例中,我们则被直接告知,自杀者的灵魂,连同在战争中被杀死者的灵魂④、暴死者的灵魂⑤,均不被允许与其他正常人的灵魂栖居在一起,否则他们将给后者带来不安。有人说,在希达察印第安人中,选择自绝的人死后的灵魂将不得不屈居村落的一个角落,而那里的境况比其他灵魂的栖居地惨得多。⑥

　　不管怎么说,很难令人相信,在人们的观念中,自杀者被灭绝得一干二净,像孤魂野鬼一般被驱逐,或被隔离在另外一个世界,如此种种命运的初衷竟是为了惩罚;因为那些不小心被淹死的人⑦、

　　① Dalton, *Descriptive Ethnology of Bengal*, p. 268. *Cf*. Sherwill, 'Tour through the Rájmahal Hills,' in *Jour. Asiatic Soc. Bengal*, xx. 556.

　　② Hose, 'Journey up the Baram River to Mount Dulit and the Highlands of Borneo,' in *Geographical Journal*, i. 199.

　　③ Wilken, *Het animisme bij de volken van den Indischen Archipel*, i. 44.

　　④ Brebeuf, 'Relation de ce qui s'est passé dans le pays des Hurons,' in *Relations des Jésuites*, 1636, p. 104 *sq*. Hewitt, 'The Iroquoian Concept of the Soul,' in *Jour. of American Folk-Lore*, viii. 109.

　　⑤ Steinmetz, in *American Anthropologist*, vii. 58 (Niase).

　　⑥ Matthews, *Ethnography and Philology of the Hidatsa Indians*, p. 49.

　　⑦ Teit, *loc. cit*. p. 359 (Thompson Indians).

意外死亡的人和死于暴力的人,招到的是类似的命运。[①]　自杀者
的前景如何,似乎首先是看人们怎样对待他的尸体。通常的做法
是,他的尸身得不到埋葬,或至少不能埋在常用的墓地;[②]人们这
样做是想达到这样的结果:他的灵魂永远不得安宁,甚至从这个世
界彻底消失。他也可以自我埋葬在某个地方,但这个地方必须远
离其他死者,[③]这样他的灵魂自然就被隔离开了。比如在阿拉巴
马的印第安人中,"有人自杀后,不管是因为绝望还是受不了病痛
折磨,他都将被剥夺埋葬的权利,人们会把他扔到河里了事"。[④]
在达荷美,"任何自杀者的尸身均不得埋葬,处理的方法是把尸身
抛弃到野地里被野生动物吃掉"。[⑤]　在黄金海岸的芳蒂人中,"有
个偏僻角落是留给自杀者的,这个地方远离家乡和任何公共道路,
寻死的人就被坑埋在那里"。[⑥]　在帛琉群岛,与那些在战争中死亡
的人一样,自杀者不能跟已逝的亲人埋葬在一起,而只能被埋在他

239

---

① Soppitt,Kuki-Lushai Tribes,p. 12. Anderson,Mandalay to Momien,p. 146
(Kakhyens). Müller,Geschichte der Amerikanischen Urreligionen,p. 287（Brazilian
Indians). 见前文第 237 页。中部爱斯基摩人相信,因事故死亡的人、暴死者、分娩中死
去的妇女,将升入更高、更快乐的世界（Boas,'Central Eskimo,' in Ann. Rep. Bur.
Ethn. vi.590)。根据白令海峡爱斯基摩人的信仰,萨满、意外身故者、暴力致死者、饥饿
而死者,这些人的灵魂将进入天堂,那里有足够丰富的光、食物、水,而由于自然原因死
亡者的灵魂则进入地下（Nelson,'Eskimo about Bering Strait,' in Ann. Rep. Bur.
Ethn. xviii. 423)。

② 见:Lasch,'Die Behandlung der Leiche des Selbstmörders,'in Globus,lxxvi. 63
sqq.。

③ Ibid. p. 65.

④ Bossu,Travels through Louisiana,i. 258.

⑤ M'Leod,Voyage to Africa,p. 48 sq. 我感谢 N. W. 托马斯先生,是他引导我留
意到这条描述以及本章出现的其他几条描述的。

⑥ Gallaud,'A la Côte d'Or,'in Les missions catholiques,xxv. 347.

死去的地方。①　在柬埔寨的巴纳维人中,"每个亲手结束自己生命的人,都只能埋葬在树林的一个角落,远离他兄弟们的墓穴"。②在沿海达雅克人中,"自杀者被埋葬在远离其他死者墓地的地方。人们认为这样做可以防止他们与自然死亡者混在一起,也没人愿意受到他们魂灵的影响。"③自杀者的尸体受到这样的对待,其动机是人们的迷信和恐惧:由于在离世前内心绝望或十分愤怒,④自杀者处于不正常、不自然的状态,⑤与其他暴力手段致死的人或意外死亡的人一样,他们的灵魂被认为具有特别的危害。他们之所以无人安葬,或被埋葬在丧命之地或其他不寻常之地,要么是因为没人敢介入此事,要么是为了把他跟别的死者区分开,免得混在一起。因此,被杀死的人有时也没人埋葬,⑥那些被认为是邪恶的鬼魂残害致死的人被埋葬在另外的地方;⑦遭雷击而死的人或者不得安葬,⑧或者就地掩埋了事。⑨　我们有时听到人们说,在对待自杀者尸体的方式和人们对他的道德评价之间有着这样那样的关

①　Kubary,in *Original-Mittheil. aus der ethnol. Abtheil. d. königl. Museen zu Berlin*,i. 78.

②　Comte,转引自:Mouhot,*op. cit.* ii. 28。另见:'Das Volk der Bannar,' in *Mittheil. d. Geogr. Ges. zu Jena*,iii. 9。

③　St. John,*Life in the Forests of the Far East*,i. 69.

④　Lasch,in *Globus*,lxxvi. 65. *Cf.* Liebrecht,*Zur Volkskunde*. p. 414 *sq.*

⑤　Lippert,*Der Seelencult*,p. 11. Kubary,in *Original-Mittheil. aus der ethnol. Abtheil. d. königl. Museen zu Berlin*,i. 78.

⑥　Roenberg,*Der malayische Archipel*,p. 461 (Papuans of Dorey).

⑦　Hodson,'Native Tribes of Manipur,' in *Jour. Anthr. Inst.* xxxi. 305 *sq.*

⑧　Burton,*Mission to Gelele*,ii. 142 *sq.* (Dahomans).

⑨　La Flesche,in *Jour. American Folk-Lore*,ii. 11(Omahas).

240 系。在阿拉巴马的印第安人中,自杀者的尸体据说会被扔进江河里,"因为人们觉得他这样做等于是个懦夫";①科瓦留斯基说,奥塞梯人认为自杀有罪,②因而他们把自杀者跟正常死亡的人分开埋葬,两个墓地距离很远。

比较而言,蒙昧民族视自杀为污点的报道并不多见。除了上述案例外,在这里不妨多说几个别的例子。我们得知,瓦干达人是痛责自杀行为的。③ 对博戈人来说,"做人绝不能失去希望,绝不能自我摒弃,应当把自杀视为最没尊严的事"。④ 缅甸的克伦人认为,自杀是一种懦弱的行为;但同时,他们并不使用强制力量反对别人这样做,他们"觉得这样的事情算不上什么罪过",而且,"我们在任何地方都没听说过自杀是令天堂和大地的神明不悦的行为"。⑤ 达科他人说起这么一个故事,一个女孩深爱一个男孩,她的父母却不让他进入她家的帐篷,并强迫她嫁给一个她很不喜欢的人。女孩为此自尽后,她的灵魂并未照看她在尘世间留下的尸骨:如果她给年迈的母亲和父亲带来麻烦,将是一种罪过。⑥ 在达荷美,"任何人都为国王所有,自杀是有罪的。自绝者的尸身要遭到公众的诅咒,他的头颅一定被砍掉送往阿博米。如果死者是自由人,他的家人要承担这笔费用;如果自杀的是奴隶,他的主人要

---

① Bossu,*op. cit*. i. 258.

② Kovalewsky,*Coutume contemporaine et loi ancienne*,p. 327.

③ Felkin,in *Proceed. Roy. Soc. Edinburgh*,xiii. 723.

④ Munzinger,*Die Sitten und das Recht der Bogos*,p. 93.

⑤ Mason,in *Jour. Asiatic Soc. Bengal*,xxxvii,pt. ii. 141.

⑥ Eastman,*op. cit*. p. 169.

付这笔钱。"[1]另一方面,很多蒙昧部落并不惩罚尝试自杀的人。[2]
阿克拉的黑人认为这种行为没有任何过错。他们会问:"当一个人 241
觉得活着不再有任何意义时,为什么不允许他死呢?"不过,他们的
奴隶要是自尽,他们会严厉惩罚,这样可以阻止其他奴隶也这么
干。[3] 在帛琉群岛人中,"自杀的行为既无人赞赏,也无人责备"。[4]
诺森伯兰湾和戴维斯海峡的爱斯基摩人相信,每个意外身故的人,
或每个自尽的人,死后理所当然会进入福地。[5] 在齐佩瓦人看来,
自杀"是愚蠢的,但这种行为不应受到谴责",死者到了另外一个世
界后也不应受到惩罚。[6] 布坎南在有关北美印第安人生活方式和
风俗习惯的散记中写道:"印第安人认为自杀既不是什么英雄行
为,也不是怯懦的表现,自尽者不值得赞扬,也不必责备。他们认
为,这种生死决绝的事情是在精神紊乱的情况下做出的;在他们看
来,自尽之人值得同情。"[7]

　　在讨论过未开化部落对自杀的观念之后,现在让我们转向文
化发达民族对自杀的看法。在中国,各个阶级、各种年龄的自杀者

---

① Ellis, *Ewe-speaking Peoples*, p. 224.

② Leuschner, in Steinmetz, *Rechtsverhältnisse*, p. 24 (Bakwiri). Nicole, *ibid*. p.
135 (Diakité-Sarracolese). Lang, *ibid*. p. 262 (Washambala). Rautanen, *ibid*. p. 343
(Ondonga). Sorge, *ibid*. p. 421 (Nissan Islanders). Senfft, *ibid*. p. 452 (Marshall
Islanders).

③ Monrad, *op. cit*. pp. 23, 25.

④ Kubary, in *Original-Mittheil. aus der ethnol. Abtheil. d. königl. Museen zu
Berlin*, i. 78.

⑤ Hall, *Arctic Researches*, p. 572. 见前文第 238 页注释③。

⑥ Keating, *op. cit*. ii. 172.

⑦ Buchanan, *Sketches of the History*, &c. *of the North American Indians*, p.
184.

都极其常见。① 对那些被荣誉感驱使而走上这条道路的人,天堂的门是敞开的。为了纪念那些具有美德懿行的男人和女人,人们给他们立下刻上他们姓名的匾牌。作为公仆或官员,在战场上不能忍受打败仗的屈辱,或不能容忍侮辱自己祖国的人选择自杀是光荣的。与此类似,当父母遭受侮辱而无力报仇雪恨时,男人更倾向于选择自尽;女人在丈夫或未婚夫死去后,会痛不欲生地选择自尽。② 尽管有帝国的禁令,丧偶的妻子或新娘殉夫自焚的事直到今天在中国仍屡见不鲜,她们同样受到公众的颂扬。③人们为那些在丧偶之后为了保持贞洁而自杀的寡妇和新娘建立牌坊,还把她们的牌匾供奉在国庙里供人们崇拜。④ 另外一种被视为英雄行为加以尊崇的,是为了向敌人复仇,在别无选择的情况下自杀的行为。按照中国人的观念,这是一种极其有效的复仇方式;这不仅由于法律赋予恰好在场的那个人以这一重任,而且还在于,脱离身体的灵魂比活人更能困扰敌人。⑤ 中国人坚信,因暴力而死的人有着游荡不安的灵魂;因而,自杀者会经常在他们

242

---

① Gray, *China*, i. 329. Hue, *The Chinese Empire*, p. 181. Matignon, 'Le suicide en Chine,' in *Archives d'anthropologie criminelle*, xii. 367 *sqq*. Cathonay, 'Aux environs de Foutchéon,' in *Les missions catholiques*, xxxi. 341 *sq*. Ball, *Things Chinese*, p. 564 *sqq*.

② Gray, *op. cit*. i. 337 *sqq*.

③ de Groot, *Religious System of China* (vol. ii. book) i. 748. Ball, *op. cit*. p. 565. Cathonay, in *Les missions catholiques*, xxxi. 341.

④ de Groot, *op. cit*. (vol. ii. book) i. 792.

⑤ Huc, *op. cit*. p. 181. Matignon, in *Archives d'anthropologie criminelle*, xii. 371 *sqq*. de Groot, *op. cit*. (vol. iv. book) ii. 450 *sq*. Cathonay, in *Les missions catholiques*, xxxi. 341 *sq*. Ball, *op. cit*. p. 566 *sq*.

做出致命行为的地方出没,并努力说服别人效法他们,有些情况下他们甚至充当刽子手,勒死那些阻挡他们前进的人。① 翟理思先生说:"在中国人看来,因暴力而死是令人恐怖的";②出于卑劣的动机而自杀是值得谴责的。③ 根据中华帝国流传广泛的道教著作《玉历宝钞》,因为忠、孝、贞洁、友谊而自尽的人将进入天堂,"为鸡毛蒜皮的琐事而大光其火,或罪不至死却恐惧万分,或由于间接伤害到身边同类"而自绝的人,必定在地狱里受煎熬。④ 他们将得不到宽恕;尽管他们可以部分地逃避地狱的折磨,因他们的善行获得某些奖赏,但他们不能像别的罪犯那样可以凭借勤勉工作抵消自己的罪孽。⑤ 有时,自杀被中国人归为对宗教信仰的冒犯:他的存在要归之于老天爷,因而他必须为老天爷负起责任,照顾好自己的皮囊。⑥

格雷费斯先生说:"在日本人的圣人年历表上留下美名的,不是什么改革家、善款捐资人、医院或孤儿院的建立者,倒都是些被褒扬的自杀者和切腹者(harakiri)。 即便是在今天,也没有比自杀更能让人在其墓前肃然起敬、称颂其功德的——尽管他可能犯了罪。"⑦切腹自杀分两种,一种是义务的,一种是自愿的。前者是长官的恩惠,他宽宏大量地允许身为武士的罪犯或军人以自杀的

① Davis, *China*, ii. 94. Dennys, *Folk-Lore of China*, p. 74 sq.

② Giles, *Strange Stories from a Chinese Studio*, ii. 363, n. 9.

③ Gray, *op. cit.* i. 337.

④ Giles, *op. cit.* ii. 365.

⑤ *Ibid.* ii. 363.

⑥ Alabaster, *Notes and Commentaries on Chinese Criminal Law*, p. 304.

⑦ Griffis, *Religions of Japan*, p. 112.

方式结束生命,以免被刽子手按常见的方式执行死刑;不过,这种风俗目前基本上绝迹了。自愿的切腹自杀或者是出于对已逝尊长的忠诚,或者是出于对现有上级荒谬行为无可奈何的抗议,或者在不能报仇雪恨的情况下为了挽回受损的尊严。无论具体情境如何,切腹自尽都洗清了切腹人的一切污点,人们一定会隆重地安葬他,并在他死后给予无上的尊荣。① 在日文的手稿中有这样的记述:"出于仇恨诛戮敌人,然后切腹自尽,这是武士的荣耀;如果认为他切腹自尽的地方脏,那简直是无知。"②要知道,在更遥远的年代,这样的仪式是在庙宇里进行的。③

　　在印度教徒中,我们遇到过寡妇自焚的习俗——这种事情直到最近还在印度各地颇为流行,④当地为了宗教信仰而自尽的形式也多种多样。在印度教徒看来,自杀一直被看作可以接受的敬拜神的仪式。根据艾扬·阿克伯里,印度教徒视为可嘉的自杀方式有五种,分别是:绝食而死;以牛粪裹身,在烈火中自焚;雪葬;在孟加拉的边界、恒河入海的地方深入水底,一边细数自己的罪过,一边向神祷告,直到鳄鱼游来把他一口吞下;在恒河与朱木拿河交

_____

　　① Chamberlain, *Things Japanese*, p. 219 *sqq.* Rein, *Japan*, p. 328. Kühne, in *Globus*, lxxiv. 166 *sq.* 凭一份珍贵的日本手稿,米特福德对切腹自杀仪式做了详尽描述。(Mitford, *Tales of Old Japan*, ii. 193 *sqq.*)

　　② Mitford, *op. cit.* ii. 201.

　　③ *Ibid.* ii. 196.

　　④ Malcolm, *Memoir of Central India*, ii. 206 *sqq.* Chevers, *Manual of Medical Jurisprudence for India*, p. 665. 见第一卷 473 页及以下。约翰·马尔科姆爵士认为,奉行殉夫仪式的不限于寡妇,有时,母亲也会因为唯一儿子的死亡而自焚(*op. cit.* ii. 206, n. ‡)。

汇的阿拉哈巴德割断自己的喉咙。[1] 除此之外还有:在哈德瓦、阿
拉哈巴德或萨加尔溺水身亡;在喜马拉雅山上冻死;被贾格纳神的
战车轧死。[2] 某些地方还有这样的风俗:为应验母亲的咒骂,或为
自己的罪孽取得宽恕,或为了在下一个轮回中重生为王侯,自杀者
会在某个悬崖峭壁纵身一跃。[3] 另外一种常见的现象是,身患麻
风病或其他不治之症的人会选择一个适当的方式埋葬自己或溺水
而死;人们认为,这样做也是向神献祭的方式;[4] 或者,怀着火葬可
以净化自身、在轮回中重获健康的想法,自己滚进大火中。[5] 人们
相信,死者的鬼魂会让侵害者不得安宁,同样,由于婆罗门临死前
的诅咒十分灵验,后来婆罗门也以自杀的方式为受到的伤害雪
恨。[6] 有位拉其普特王侯向婆罗门强征战时津贴时,有些很富有
的婆罗门在婉拒无果的情况下,会当着王侯的面手刃自己,并用最
后一口气诅咒这种横征暴敛的做法。受到这样的诅咒后,这位王
侯就被驱逐出教,甚至就在他的朋友中间服劳役。[7] 我们听说过
这样的事:一名婆罗门女孩被某个王侯勾引失身了,她自焚时用最
可怕的语言诅咒这个王侯和他的亲属,结果王侯全家在她身亡之

245

---

① Chevers, *op. cit.* p. 664. *Cf. Laws of Manu*, vi. 31.

② *Ibid.* p. 664. Ward, *View of the History, &c. of the Hindoos*, ii. 115 *sqq.*
Rájendralála Mitra, *Indo Aryans*, ii. 70.

③ Sleeman, *Rambles and Recollections of an Indian Official*, i. 132 *sq.* Malcolm,
Memoir of Central India, ii. 209 *sqq.* Forsyth, *Highlands of Central India*, p. 172 *sq.*

④ Sleeman, *op. cit.* ii. 344 *sq.*

⑤ Ward, *op. cit.* ii. 119.

⑥ Chevers, *op. cit.* p. 659 *sqq.* Crooke, *Popular Religion and Folk-Lore of
Northern India*, i. 191 *sqq.* van Mökern, *Ostindien*, i. 319 *sqq.*

⑦ Tod, 转引自:Chevers, *op. cit.* p. 659 *sq.*。

后遭受了一连串不幸,他们搬离了居住很久的老家巴里亚——在这里,这个女孩的坟墓迄今为止还受到人们的敬拜。[①] 有一个王侯逼迫一个婆罗门把房子拆掉,然后侵占了这块土地;这个婆罗门就在王侯院门前绝食,死后转身成了"梵罗刹",也即具有危害力量的婆罗门鬼魂,他把王侯本人和他的房子都毁掉,从而报了仇。[②] 1835 年有位婆罗门在阿扎姆加尔"跳井自尽,他的鬼魂可能会缠住他的邻人"。[③] 达尔娜(*dharna*)的习俗无疑反映了同样的观念:债权人坐在债务人家门口,威胁说如果不还债他就在那里坐等到饿死;[④]如果债权人是婆罗门,死者的威胁就有更大的效果。[⑤] 与此同时,宗教性自杀据称对婆罗门来说反而是一种犯罪。[⑥] 我们在宗教典籍中读到这类例子:用树木、水、土块、石头、武器、毒药、绳索自绝的人,其家人是没有地方可以给他们举行葬礼的;[⑦]下定决心自杀的人,得首先绝食三天;曾试图自杀但仍然活着的人,要施行十分艰辛的苦修。[⑧] 佛教准许某些情况下可以自尽,但坚持认为自杀者通常要遭受非同寻常的痛苦,而且这个人在前世里必定罪孽深重。[⑨] 还应当指出的是,与其他地方一样,在印度,自杀者的灵

---

① Crooke,*op. cit.* i. 193

② *Ibid.* i. 191 *sq.*

③ Chevers,*op. cit.* p. 663.

④ *Cf.* Steinmetz,'Gli antichi scongiuri giuridici contro i creditori,' in *Rivista italiana di sociologia*,ii. 58. 关于达尔娜的实践,见:*ibid.* p. 37 *sqq.*; Balfour,*Cyclopædia of India*,i. 934 *sq.*;van Mökern,*op. cit.* i. 322 *sq.*。

⑤ *Cf.* Jones,转引自:Balfour,*op. cit.* i. 935。

⑥ Ward,*op. cit.* ii. 115. Forsyth,*op. cit.* p. 173.

⑦ *Vasishtha*,xxiii. 14 *sq.*

⑧ *Ibid*,xxiii. 18 *sqq.*

⑨ Hardy,*Manual of Budhism*,p. 479.

魂或因暴力致死者的灵魂被认为特别具有危害,更容易造成麻烦。①

　　《旧约》提到的自杀仅有几例。② 在这几个例子中,没有一处谴责自杀者,也没有任何文本明确禁止一个人自杀;据说,亚希多弗是埋葬在他父亲的坟墓中的。③ 根据犹太教的习俗,自杀者似乎必须等到太阳落山后才能下葬,④不然的话,人们害怕死者的亡灵会很容易寻原路返回他的老家。⑤ 在谈到这一风俗时,约瑟夫斯斥责自杀为懦弱的行为,是所有动物都不会犯的罪恶,是对造物主的不敬;他认为,如此疯狂对待自己性命的人,其灵魂只能躲在地狱的最黑暗的角落里。⑥《塔木德》认为,在战场上被打败的军队,当确定要面临欢庆胜利的敌军的羞辱和残杀时,⑦领军人的自杀即便没有功德,也是合理的。⑧ 当一名教徒被迫背弃自己的信仰自尽时,也是如此。在拉比们看来,除此之外的其他所有情况下的自杀都是犯罪,即使在他遭受煎熬、不得不了却俗世生涯时,他也不得自行终结生命;⑨他们禁止为自尽者举行任何追悼活动,比

247

---

① Crooke,*Popular Religion and Folk-Lore of Northern India*,i. 269. Fawcett,'Nâyars of Malabar,' in the Madras Government Museum's *Bulletin*,iii. 253.

② 1 *Samuel*,xxxi. 4. *sq.* 2 *Samuel*,xvii. 23. i *Kings*,xvi. 18. 2 *Maccabees*,xiv. 4 *sqq.*

③ 2 *Samuel*,xvii. 23.

④ Josephus,*De bello Judaico*,iii. 8. 5.

⑤ *Cf.* Frazer,'Burial Customs as illustrative of the Primitive Theory of the Soul,' in *Jour. Anthr. Inst.* xv. 72.

⑥ Josephus,*op. cit.* iii. 8. 5.

⑦ *Cf.* 1 *Samuel*,xxxi. 4.

⑧ *Guittin*,57 B,转引自:Mendelsohn,*Criminal Jurisprudence of the Ancient Hebrews*,p. 77,n. 163。*Cf.* 2 *Maccabees*,xiv. 37 *sqq.*。

⑨ *Ab Zara*,18 A,转引自:Mendelsohn,*op. cit.* p. 78,n. 163。

如不能穿戴肃穆的服饰，不能为其哭丧。[①] 伊斯兰教禁止自杀，认为这种行为违背真主的旨意。[②] 穆斯林说，自绝比杀死邻人、同伴更加罪孽深重；[③]事实上，自杀在穆斯林世界也是极其罕见的。[④]

在古希腊，有些自杀享尽荣光。格言警句中称颂，为了避免落入敌人之手，米利都和科林斯的女子以自尽保全贞洁。[⑤] 地米斯托克利宁死也不肯拿武器攻向自己的祖国，他的故事广为流传，他的荣耀为后人纪念。[⑥] 在古希腊悲剧中，自杀在某些情况下往往与高贵的心灵密切相连。[⑦] 赫卡柏责怪海伦为什么不用绳索或剑结束自己的生命。[⑧] 淮德拉[⑨]和丽达[⑩]因羞愧难当而自尽，海蒙则是衔恨自杀。[⑪] 大埃阿斯在试图杀阿伽门农和墨奈劳斯未果后决定自绝，因为他认为："品格高贵之人应当活得荣耀，死得光荣。"[⑫]另外，妇女在丈夫死后结束自己生命的众多案例也值得一提。[⑬] 在基奥斯有这样的风俗，人们为了避免衰老的苦痛而早些

248

---

① Mendelsohn, *op. cit*. p. 77.

② *Koran*, iv. 33.

③ 我本人常听到这种观点。*Cf*. Westcott, *Suicide*, p. 12.

④ Lisle, *Du suicide*, pp. 305, 345 *sq*. Legoyt, *Le suicide ancien et moderne*, p. 7. Morselli, *Il suicidio*, p. 33. Westcott, *op. cit*. p. 12.

⑤ Schmidt, *Die Ethik der alten Griechen*, ii. 443.

⑥ Diodorus Siculus, *Bibliotheca historica*, xi. 58. 2 *sq*.

⑦ 见：Schmidt, *op. cit*. ii. 442 *sqq*.

⑧ Euripides, *Troades*, 1012 *sqq*.

⑨ *Idem*, *Hippolytus*, 715 *sqq*.

⑩ *Idem*, *Helena*, 134 *sqq*.

⑪ Sophocles, *Antigone*, 1234 *sqq*.

⑫ *Idem*, *Ajax*, 470 *sqq*. Cf. *ibid*. 654 *sqq*.

⑬ Euripides, *Supplices*, 1000 *sqq*. Pausanias, iv. 2. 7.

寻死。① 在雅典，自杀者的右手会被砍掉，与尸体分开埋葬，②这样做很明显是要让其死后不再伤害别人。③ 柏拉图在《法律篇》里说，因为"懒惰和缺乏男子气概"而自绝的人，死后被另外埋葬在荒郊野外的无名之地，不得立碑，也不得题墓志铭；他的这一说法很可能与雅典的风俗习惯一致。④ 在底比斯，自杀者得不到惯常的葬礼，⑤在塞浦路斯，自杀者死无葬身之地。⑥ 哲人们反对自杀的看法无疑在很大程度上与公众的情感一致。毕达哥拉斯的说法很有代表性：没有统领者即上帝的命令，我们不能抛弃生命。⑦ 根据柏拉图对苏格拉底的阐发，神照管世人，我们都归神所有，因而"完全有理由说，在上帝召唤之前，他只能等待，而不能自行结束自己的生命"。⑧ 亚里士多德认为，因怒火中烧而自杀的人对城邦犯下了大错，他因而招致城邦的惩罚，留下一世骂名。⑨ 如果一个民族认为，在达达尼尔海峡上面架起一座桥或将乡村风景从陆地上分离，都是对自然秩序的不敬，那么这个民族必定不会对宗教观点感

---

① Strabo, *Geographica*, x. 5. 6, p. 486. Aelian, *Varia historia*, iii. 37. Cf. Boeckh, *Gesammelte kleine Schriften*, vii. 345 *sqq.*；Welcker, *Kleine Schriften*, ii. 502 *sq.*

② Aeschines, *In Ctesiphpntem*, 244.

③ 一些澳大利亚土著把死去敌人右手拇指砍掉，以使他的灵魂不能有效地掷矛 (Oldfield, in *Trans. Ethn. Soc.* N. S. iii. 287)。

④ Plato, *Leges*, ix. 873.

⑤ Schmidt, *op. cit.* ii. 104.

⑥ Dio Chrysostom, *Orationes*, lxiv. 3.

⑦ Cicero, *Cato Major*, 20 (73).

⑧ Plato, *Phædro*, p. 62.

⑨ Aristotle, *Ethica Nicomachea*, v. 11. 3.

到陌生①；在马西利亚，一个广为流行的观念就是，自杀是一个公
249　众关心的话题，没有法官的允许，任何人不得了却自己的生命。②
但哲学家的观点是非常一致的。③ 对那些被迫遭受痛苦和不幸或
不堪忍受羞辱而以暴力结束上天赋予的生命的人，柏拉图在《法律
篇》里没说过一句谴责的话。④ 昔兰尼学派的赫格西亚被冠以"劝
死者"之名，他竭力证明生命本身无利可图、毫无价值。⑤ 按照伊
壁鸠鲁的说法，我们应该考虑"是等待死亡向我们走来，还是我们
去跟它见面，哪一种方式更好"。⑥ 斯多葛学派特别提倡自杀，认
为这是解脱所有痛苦的良方。⑦ 塞涅卡评论说，如果一个人遭受
痛苦，通过自绝结束了这种不幸，这是他自己的事——"如同我选
择什么样的船航行、造什么样的房子居住，我也愿意选择最可忍受
的死亡方式……人们生活得如此幸福，谁都不是值得可怜的人，他
们每个人都有自我抉择的权利。你喜欢被人可怜吗？你不想好好
活着吗？回到你所来自的地方，那是你自己的权利。"⑧斯多葛学
派并不否认，假如自杀对社会有害，那就是犯错；⑨塞涅卡本人曾

---

① 见：Schmidt，*op. cit.* ii. 83，441；Rohde，*Psyche*，p. 202，n. 1。

② Valerius Maximus，*Factorum dictorumque memorabilia*，ii. 6. 7。

③ 见：Geiger，*Der Selbstmord im klassischen Altertum*，p. 5 *sqq.*。

④ Plato，*Leges*，ix. 873。

⑤ Cicero，*Tusculanæ quæstiones*，i. 34（83 *sq.*）. Valerius Maximus，viii. 9. Externa 3。

⑥ Epicurus，转引自：Seneca，*Epistulæ*，26。

⑦ 见：Geiger，*op. cit.* p. 15 *sqq.*。

⑧ Seneca，*Epistulæ*，70. 另见：*De ira*，iii. 15；*Idem，Consolatia ad Marciam*，20。

⑨ Lecky，*History of European Morals*，i. 214，n. 1。

指出，苏格拉底在狱中度过的 30 天中的每一天都在盼着死去，以
便服从国家法律并在生命的最后一刻享受与朋友的对话。① 爱比
克泰德基于宗教理念反对不加区分的自杀："朋友，等候上帝的旨
意吧；当他指示你，不再让你在尘世烦劳时，你就到他那里去；但现
在，他安排你在哪里，你就在哪里老老实实地生活。"②不过，人们
得到的类似指示太多了：难以治愈的疾病、不堪忍受的痛苦和各种
各样的不幸。"记住这一点：大门是敞开的。但不要像小孩子那样
胆小如鼠，不高兴时他们会说'我不玩了'。你也可以这样：当生活
不如意，你就说不玩下去了，那就从这个世上消失吧；但如果你选
择留下来活着，就不要埋怨。"③普林尼说，只要你乐意，你就有权
选择去死；在生活充满艰辛的情况下，这是上帝赐予人类的
至宝。④

　　罗马人在受到基督教重大影响之前似乎对自杀现象的道德方
面相当漠不关心。按照塞尔维乌斯的说法，教宗律法曾规定悬梁
自尽者必被抛到荒郊野外、无人埋葬；⑤但据前文所述，人们这样
做很可能是因为害怕死者的鬼魂作祟。维吉尔列举了自杀的情
况，但声称这些人不是有罪，而只是命运不济；他这样做，有些混淆
了因婴儿夭折深感愧疚而自尽，以及受到错误指控深感冤枉而走
上绝路这两种情况。⑥ 在罗马还未受到基督教影响的整个历史时

① Seneca, *Epistultæ*, 70.

② Epictetus, *Dissertationes*, i. 9. 16.

③ *Ibid*. i. 24. 20；i. 25. 20 *sq*.；ii. 16. 37 *sqq*.；iii. 13. 14；iii. 24. 95 *sqq*.

④ Pliny, *Historia naturalis*, ii. 5 (7).

⑤ Servius, *Commentarii in Virgilii Æneidos*, xii. 603.

⑥ Vergil, *Æneis*, vi. 426 *sqq*.

期，没有一项法规把普通人自杀判定为犯罪。自杀者的权利绝不会受到其自绝行为的影响，人们对他的纪念和缅怀丝毫不比自然死亡者差，法律承认他的遗嘱同样有效，正常的继承秩序丝毫不会因此受到干扰。[①] 按照罗马法，自杀行为与国家无关，国家无权干预。值得注意的例外情况只有两种，一种是士兵禁止自杀；[②]一种是被起诉者按照法律规定不得自杀，而在后一种情况下的自杀被认定为认罪。[③] 另一方面，罗马人大多认为某些情境下的自杀是一种英雄行为或值得嘉奖的行为。[④] 西塞罗尽管推崇毕达哥拉斯的学说，[⑤]但他赞同加图的死法。[⑥]

    古典教义和基督教经典在道德问题上的分歧比在自杀问题上的分歧要大。基督教会的早期创立者允许甚至赞同某些情况下的自杀，比如为了殉难、[⑦]为了避免叛教或为了保守贞洁自杀等。拉克坦提乌斯说，自愿结束自己的生命是邪恶的、不虔诚的；"下列情况则另当别论，当面临背弃上帝、改变信仰的威胁，或将要遭受生

---

    ① Bourquelot, 'Recherches sur les opinions et la législation en matière de mort volontaire pendant le moyen âge', in *Bibliothèque de l'École des Chartes*, iii. 544. Geiger, *op. cit.* p. 64 *sqq.* Bynkershoek, *Observationes Juris Romani*, iv. 4, p. 350.

    ② *Digesta*, xlix. 16. 6. 7.

    ③ *Ibid*, xlviii. 21. 3 pr. *Cf*. Bourquelot, *op. cit.* iii. 543 *sq.*; Gibbon, *Decline and Fall of the Roman Empire*, v. 326; Lecky, *History of Empire Morals*, i. 219.

    ④ Stäudlin, *Geschichte der Vorstellungen und Lehren vom Selbstmorde*, p. 62 *sq.*

    ⑤ Cicero, *Cato Major*, 20 (72 *sq.*).

    ⑥ *Idem*, *De officiis*, i. 31 (112).

    ⑦ 见：Barbeyrac, *Traité de la morale des Pères de l'Église*, pp. 18, 122 *sq.*; Buonafede, *Istoria critica e filosofica del suicidio*, p. 135 *sqq.*; Lecky, *op. cit.* ii. 45 *sq.*

死折磨时,多数人心生畏惧,只有他凛然不惧。"①尤西比乌斯等宗
教著作家谈到,在贞洁面临毁坏的情况下,有几位基督教女信徒结
束了自己的生命;在叙述此类事件时,作者们虽然未必赞同她们这
样做,却倾注了柔情。事实上,她们中有几个人被认可并列为圣
人。② 她们获得这种尊崇,主要是因为教父们特别重视贞操的价
值。圣哲罗姆否认在宗教迫害时期自杀是合法的,他提到的例外
情况就包括在危急时刻为了保全贞洁而自杀。③ 不过,圣奥古斯
丁废止了这一例外规则。他承认,处女为了保全贞操残忍地将自
己杀死是值得同情的;但他宣称,她们不必这样做,因为贞洁是心
灵的状态,它并不因为身体在强力囚困下屈从他人意志而丧失。
他论证说,《圣经》中没有这样至高无上的规定允许我们毁灭自身,
不管是为了获得永生还是为了避免灾祸。相反,《圣经》中有禁止
自杀的诫命。"你不得杀人"的意思是,"你既不能自杀,也不能杀
害别人";因为杀死自己的人,同样也是杀人。④ 这种把自杀等同
于谋杀他人的教义,后来被基督教会采用。⑤ 因而,自杀被宣布为
最恶劣的杀人形式,"这是世上最悲惨的事";⑥圣屈梭多模曾宣

252

---

　　① Lactantius,*Divinœ Institutiones*,vi.('De vero cultu')17(Migne,*Patrologiœ cursus*,vi. 697).

　　② Eusebius,*Historia ecclesiastica*,viii. 12(Migne,*op. cit*. Ser. Graeca,xx. 769 *sqq*.),14(*ibid*. col. 785 *sqq*.). St. Ambrose,*De virginibus*,xiii. 7(Migne,*op. cit*. xvi. 229 *sqq*.). St. Chrysostom,*Homilia encomiastica in S. Martyrem Pelagiam*(Migne, *op. cit*. Ser. Graeca,1. 579 *sqq*.).

　　③ St. Jerome,*Commentarii in Jonam*,i. 12(Migne,*op. cit*. xxv. 1129).

　　④ St. Augustine,*De Civitate Dei*,i. 16 *sqq*.

　　⑤ Gratian,*Decretum*,ii. 23. 5. 9. 3.

　　⑥ Thomas Aquinas,*Summa theologica*,ii. -ii. 64. 5. 3.

布:"杀人是卑鄙的,而自杀更加卑鄙。"① 自杀者被剥夺了赋予所有其他种类罪犯的权利。在 6 世纪时,奥尔良的大公会议规定,"所有被罪犯杀掉的人都可被祭奠,但以凶暴之手结束自己性命的人不可祭奠"。② 随后,另一议事会否决了自杀者可以获得其他基督教徒通常应有的葬礼。③ 人们甚至说,犹大自杀的罪行比其背叛主人耶稣、杀死他人更为深重。④

根据托马斯·阿奎那制定的基督教教条,自杀完全是非法的,理由有三。其一,每个东西自然爱恋自身并妥善地自我存续;自杀违背了这一自然规律,也与人类应当照管好自身福祉的律例背道而驰;因而,自杀是最重的罪。其二,自杀伤害到了他所属的共同体。其三,"生命是上帝赐予人类的神圣礼物,生死是由上帝决定的,只有上帝才有这个权力;因而,自绝之人等于是对上帝犯罪,正如杀害了主人的奴隶是对主人犯罪。他犯这样的罪时,是窃夺了裁决者的权力,而只有上帝才能裁判谁生谁死。"⑤ 其中第二个立论依据是从亚里士多德那里借用过来的,而亚里士多德的论断

---

① St. Chrysostom, *In Epistolam ad Galatas commentarius*, i. 4 (Migne, *op. cit.* Ser. Graeca, lxi. 618 *sq.*).

② *Concilium Aurelianense II*. A. D. 533, can. 15 (Labbe-Mansi, *Sacrorum Conciliorum collectio*, viii. 837). 另见: *Concilium Autisiodorense*, A. D. 578, can. 17 (Labbe-Mansi, ix. 913)。

③ *Concilium Bracarense II*. A. D. 563, cap. 16 (Labbe-Mansi, *op. cit.* ix. 779).

④ Damhouder, *Praxis rerum criminalium*, lviii. 2 *sq.*, p. 258. 见: Gratian, *op. cit.* ii. 33. 3. 3. 38. 1676 年布林维勒侯爵夫人受审之际,主审法官说:"她的罪大恶极之处不在于她毒死她的父亲和兄弟,而在于她企图毒死自己。"(Ives, *Classification of Crimes*, p. 36)

⑤ Thomas Aquinas, *op. cit.* ii. -ii. 64. 5.

对早期基督教精神而言是完全不同的。早期基督教通常反对爱国心就是道德责任的理念,而正如勒基先生所说:"鼓动公民反对自杀,同时又不谴责隐士生活——在 3 世纪时,隐居已经成为基督教会的生活理想——这是不可能的。"①不过,其他立论均深深根植于基督教的基本学说,如人类生命的神圣性、绝对服从上帝旨意的义务、死亡本身和死亡那一刻的至关重要性。俗世的生活是为了永生做准备的;苦难和不幸是上帝的赐予,不能规避,只能忍受。② 故意残害自己的生命——实际上这是造物主给予的——之人,表现出对上帝意志和权威莫大的不敬;而且最糟糕的是,他是在生命的最后一刻这样做的,一旦这样做了,他的命运将无可更改。正如托马斯·阿奎那所说,他的行为"是世界上危害最大的,因为没有时间悔改或赎罪了"。③ 杀害了同伴的人并未失去上帝的保护;他只是毁灭了一个身体;而自杀者不仅毁灭了一个身体,同时也毁坏了一颗心灵。④ 教会认为,这样的自杀者无权获得基督教徒在正常情况下应有的葬礼,因而他也与教会无关了。

　　教会对自杀的谴责影响了俗世的立法。大公会议的规定后来进入了法律文书。法国路易九世强制没收自杀者的财产,⑤欧洲

254

---

①　Lecky, *History of European Morals*, ii. 44.

②　*Cf*. St. Augustine, *De Civitate Dei*, i. 23.

③　Thomas Aquinas, *op. cit.* ii. -ii. 64. 5. 3. *Cf*. St. Augustine, *De Civitate Dei*, i. 25.

④　Damhouder, *op. cit.* lxxxviii. 1 *sq.*, p. 258.

⑤　*Les Établissements de Saint Louis*, i. 92, vol. ii. 150.

其他国家随后通过了具有同等效果的法律条令。① 路易十四将自
杀的罪行归为大不敬之罪（*lèze majesté*）。② 根据苏格兰的法律，
"自杀与杀害邻人同属重罪"。③ 在英格兰，自杀仍依法判定为谋
杀罪，只不过这个罪行是针对罪犯自己的；④除非自杀者被公告是
疯子，否则将没收其财产——这一做法直到 1870 年才被废除。⑤
直至今天，俄罗斯法律仍认定自杀者的遗嘱无效。⑥

　　对自杀的恐惧也导致人们在死者尸身上发泄愤怒。我们听到
这样的事：在 1598 年的爱丁堡，一名跳水自杀的女子的尸体"被头
朝后拖拉着穿过城市，然后悬挂在绞刑架上"。⑦ 在法国，直到 18
世纪中期，自杀者还被脸部向下放在栅格上拖曳着穿过大街，然后
头朝下悬挂起来，扔进下水道里。⑧ 不过，在很多案例中，人们之
所以如此对待自杀者的尸身，初衷并不是为了惩罚，而是预防他的
鬼魂伤害别人。在整个欧洲，四处游荡都会被归之于他们的鬼魂

---

①　Bourquelot,*op. cit.* iv. 263. Morselli,*op. cit.* p. 196 *sq.*

②　Louis XIV. , ' Ordonnance criminelle,' A. D. 1670, xxii. 1, in Isambert,
Decrusy,and Taillandier,*Recueil général des anciennes lois françaises*,xviii. 414.

③　Erskine-Rankine,*Principles of the Law of Scotland*,p. 559.

④　Stephen,*History of the Criminal Law of England*,iii. 104. 关于更早期的情
形,见：Bracton,*De Legibus et Consuetudinibus Angliæ*,fol. 150,vol. ii. 504 *sq.* 。

⑤　Stephen,*op. cit.* iii. 105.

⑥　Foinitzki,in von Liszt,*La législation pénale comparée*,p. 548.

⑦　Ross, ' Superstitions as to burying Suicides in the Highlands,' in *Celtic
Magazine*,xii. 354.

⑧　Serpillon,*Code Criminel*,ii. 223. *Cf.* Louis XIV. , ' Ordonnance criminelle,'
A. D. 1670,xxii. 1,in Isambert,Decrusy,and Taillandier,*op. cit.* xviii. 414.

所引起。[①] 某些国家的人们相信，自杀者的尸体会令他沾染过的土地颗粒无收，[②]或者带来冰雹、暴风骤雨[③]、干旱[④]等灾害。苏格兰西北部布鲁姆湖一带的人们相信，如果自杀者的遗体被埋葬在从海洋和耕地可以看到的墓地，将为打鱼和种植谷物带来灾难；用当地人的话说，这将引发"海洋和陆地上的匮乏与饥馑"；因而，当地一直有这样的风俗习惯，即让自杀发生在于人无碍的地方，比如荒无人迹的深山或人迹罕至的废墟。[⑤] 欧洲广为流行的做法是把自杀者与其他死者分开埋葬，有明显迹象表明，在很多情况下人们是出于害怕才这样做的。[⑥] 在苏格兰东北部，自杀者的尸体被埋在教堂墓地外边墙下，坟墓呈土丘状，以一块大石头为标记，过路

---

① Ross, in *Celtic Magazine*, xii. 352 (Highlanders of Scotland). Atkinson, *Forty Years in a Moorland Parish*, p. 217. Hyltén-Cavallius, *Wärend och Wirdarne*, i. 472 sq. (Swedes). Allardt, Nyländska folkseder och bruk, ' in *Nyland*, iv. 114 (Swedish Finlanders). Wuttke, *Der deutsche Volksaberglaube der Gegenwart*, § 756, p. 474 sq. Schiffer, 'Totenfetische bei den Polen, ' in *Am Ur-Quell*, iii. 50 (Polanders), 52 (Lithuanians). Volkov, 'Der Selbstmörder in Lithauen, ' *ibid.* v. 87. von Wlislocki, 'Tod und Totenfetische im Volkglauben der Siebenbürger Sachsen, ' *ibid*. iv. 53. Lippert, *Christenthum, Volksglaube und Volksbrauch*, p. 391. Dyer, *The Ghost World*, pp. 53, 151. Gaidoz, 'Le suicide, ' in *Mélusine*, iv. 12.

② Schiffer, in *Am Ur-Quell*, iii. 52 (Lithuanians).

③ *Ibid*. pp. 50 (Polanders), 53 (Lithuanians). von Wlislocki, *Volksglaube und religiöser Brauch der Magyaren*, p. 61. Strausz, *Die Bulgaren*, p. 455. Prexl, Geburts- und Todtengebräuche der Rumänen in Siebenbürgen, in *Globus*, lvii. 30.

④ Strausz, *op. cit.* p. 455 (Bulgarians).

⑤ Ross, in *Celtic Magazine*, xii. 350 sq.

⑥ Gaidoz, in *Mélusine*, iv. 12. Frank, *System einer vollständigen medicinischen Polizey*, iv. 499. Moore, *op. cit.* i. 310 (Danes). Schiffer, in *Am Ur-Quell*, iii. 50 (Polanders), 53 (Lithuanians). Volkov, *ibid*. v. 87 (Lithuanians). Strausz, *op. cit.* p. 455 (Bulgarians).

人必须朝它扔石块;后来,当他的尸体被允许转入教堂墓地埋葬
时,人们将它埋在墙下面,这样的位置是没人从上面走过的;人们
256　相信,如果怀孕的妇女从上面走过,腹中的胎儿就会无影无踪地消
失。① 在英格兰,被验尸官和陪审团判定自杀者,将埋在十字路
257　口,一根柱子刺穿尸身,这样它的鬼魂就跑不掉了。② 出于同样的

―――――――――

① Gregor, *Folk-Lore of the NorthEast of Scotland*, p. 213 *sq*.

② Stephen, *History of the Criminal Law of England*, iii. 105. Atkinson, *op.
cit.* p. 217. 这一习俗在 1823 年被乔治四世正式废除(Stephen, *op. cit.* iii. 105)。为什
么自杀者要被埋在十字路口呢? 可能是这样更有助于驱逐他身上具有的邪恶能量。
从远古时代起,无论是在欧洲还是在印度,十字路口一直是驱除疾病和其他邪恶影响
力的最佳场所(Wuttke, *Der deutsche Volksaberglaube der Gegenwart*, §§ 483,484,
492,508,514,522,545, pp. 325,326,331,341,345,349,361. *Hymns of the Atharva-
Veda*, pp. 272,473,519. Oldenberg, *Die Religion des Veda*, pp. 267,268 n. 1)。印度圣
书中言:"曾经发誓保守贞洁而食言自肥者应当在十字路口将一头驴献给涅哩底"
(*Gautama*, xxiii. 17);此前曾经经受过其他赎罪仪式的人,"如果在十字路口虔诚地看
着盛满水的盂诵读'Simhe me manyuh',他将被免除包括死罪在内的所有的罪责"
(*Baudhâyana*, iv. 7. 7)。从北印度山区远至马德拉斯,在四条马路交会的地方打下一
根木桩,在地下埋些粮食任凭乌鸦扒出吃掉,将具有驱除癫狂症的神奇魔力(*North
Indian Notes and Queries*, i. § 652, p. 100; Madden, 'The Turaee and Outer Mountains
of Kumaoon,' in *Jour. Asiatic Soc. Bengal*, xvii. pt. i. 583; Crooke, *Popular Religion
and Folk-Lore of Northern India*, i. 290)。在比哈尔邦,"在有人生病的时候,家里人
会把各种物件放在托盘上置于十字路口"(Grierson, *Bihār Peasant Life*, p. 407)。在
保加利亚的一个民间传说中,祭司吩咐罗得在十字路口插上三根烧焦的树枝,如此
便可免除罪恶(Strausz, *op. cit.* p. 115)。塞尔维亚的吉普赛人相信,在实施偷窃的地
点用血画个十字和一个点,别人就不再怀疑是他作的案(von Wlislocki,
'Menschenblut im Glauben der Zigeuner,' in *Am Ur-Quell*, iii. 64 *sq*.)。在摩洛哥,十
字架被用作咒符,以抵御邪恶之眼;我相信,其中的主要原因是,十字架起到了传导
与引导的作用,它能把邪恶之眼的消极能量打乱,使其向各个方向消散,被邪恶之眼
看到的东西和人因而就不会招致祸患(Westermarck, 'Magic Origin of Moorish
Designs,' in *Jour. Anthr. Inst.* xxxiv. 214)。在日本,如果下层阶级的罪犯自杀,他的
尸首将钉在十字架上(*Globus*, xviii. 197)。在塔克文·普里斯库斯　　(接下页注释)

考虑,在很多情况下会焚烧自杀者的尸体。[1]将自杀者从死亡现场移走的时候,人们通常经由窗户而不是门,[2]或在门上[3]或门槛下专门打个洞,[4]这样死者的鬼魂就不能找到路回家,或者人们希望

(接上页注释)　(或塔克文・苏佩布)统治时期,很多罗马人宁愿自杀也不愿被迫服劳役开挖和修建通往台伯河的下水道;按照国王的命令,这些人的身体将被钉在十字架上,任凭野生动物和鸟类啄食(Pliny, *Historia naturalis*, xxxvi. 24;Servius, *Commentarii in Virgilii Æneidos*, xii. 603)。如此处置自杀者尸首的原因,并没有明确的交代;有趣的是,有些基督教著作者表达的这一观念是与上述情形相关的:救世主的十字架象征着,它能把他的仁慈善良的力量传达到各个方向、各个角落(d'Ancona, *Origini del teatro italiano*, i. 646;Tauler,转引自:Peltzer, *Deutsche Mystik und deutsche Kunst*, p. 191。我要感谢我的朋友赫恩博士引导我注意到这一观念)。至于杀害父亲、母亲、兄弟或孩子的犯人,柏拉图在《法律篇》(ix. 873)中说:"如果他被证明有罪,法官和行刑者们将在事先指定的三条马路交界的地方把他杀死,暴尸于远离市区的郊外;每个法官都用石头向着死者脑袋投掷,这样城市就能够免受污染;然后,按照法律,他们把他抬走,扔在更远的地方,连掩埋都不用。"古瑞典人受到侮辱后,法律强制的修复声誉办法是在三条马路的交界口决斗(Leffler, *Om den fornsvenska hednalagen*, p. 40 sq.;见第一卷第 502 页)。很多国家存在把死人埋葬在十字路口的习俗(Grimm, 'Ueber das Verbrennen der Leichen,' in *Kleinere Schriften*, ii. 288 [Bohemians]. Lippert, *Die Religionen der europdischen Culturvölker*, p. 310 [Slavonians];Winternitz, *Das altindische Hochzeitsrituell*, p. 68;Oldenberg, *Die Religion des Veda*, pp. 267, 268, 562 n. 3),这种习俗可能导致了十字路口乃恶魔游荡之地的观念(Winternitz, *op. cit.* p. 68;Oldenberg, *op. cit.* p. 267 sq.;*cf.* Wuttke, *op. cit.* § 108, p. 89 sq.)。

①　Bourquelot, *loc. cit.* iv. 263. Hyltén-Cavallius, *op. cit.* i. 459;Nordström, *Bidrag till den svenska samhälls-författningens historia*, ii. 331(Swedes),von Wlislocki, 'Tod und Totenfetische im Volkglauben der Siebenbürger Sachsen,' in *Am Ur-Quell*, iv. 53.

②　Wuttke, *op. cit.* § 756, p. 474;Frank, *op. cit.* iv. 498 sq.;Lippert, *Der Seelencult*, p. 11(people in various parts of Germany). Schiffer, in *Am Ur-Quell*, iii. 50(Polanders).

③　Bourquelot, *loc. cit.* iv. 264(at Abbeville).

④　Grimm, *Deutsche Rechtsalterthümer*, p. 726 sqq. Hyltén-Cavallius, *op. cit.* i. 472 sq.(Swedes).

以此阻止鬼魂传染家门、危害家人。①

　　基督教会对自杀秉持着极为苛刻的态度，但与此同时我们发现，在不少情况下人们对死者仍然具有人性化的感情；这类例子即便是在中世纪也并不鲜见。② 在中世纪的民间故事和民谣中有这样的记述：一对感情真挚的恋人一同赴死，他们被埋葬在同一墓穴中；不久，墓地上就有两朵玫瑰破土而出，在一丛绿草中缠绕在一起，显得特别娇媚可爱。中世纪晚期，布尔克洛讲："我们看到，随着我们的进步，宗教精神与自杀的世俗观念之间的对抗变得愈发明显。神职人员仍然追随圣奥古斯丁，宣称自杀乃是罪过，是不虔诚的行为。但人们为自杀者感到悲伤、绝望，不理会这些说法，忘掉了圣奥古斯丁的教导。"③伴随着古典智慧的复兴，人们发思古之幽情、崇尚古风并试图模仿先贤；如此，不仅自杀的案例增多了，人们对自杀的话题也愈发伤感。④ 即便是天主教的决疑论者和后来的格劳秀斯学派哲学家，也开始鉴别不同的自杀情况，将某些自杀行为看作是合情合理的，比如下列情况：为了避免尊严受到伤害；为了规避可能发生的罪恶；被囚禁之人预见到要遭受死亡的折

---

　　① 　见下文关于"对死者的尊重"的章节。与自杀身亡者的接触可能带来污染（Prexl，'Geburts- und Todtengebräuche der Rumänen in Siebenbürgen，'in *Globus*，lvii. 30；Hyltén-Cavallius，*Wärend och Wirdarne*，i. 459，460，and ii. 412）。我们获悉，在 18 世纪时，即便上吊者还活着，人们也不敢把绳索砍断救下他（Frank，*op. cit.* iv. 499）。对柬埔寨的巴纳维人而言，每个参与埋葬自杀者尸首的人都必须经过洁净仪式，而埋葬其他类型的死者不必接受这类仪式（*Mittheil. d. Geogr. Ges. Zu Jena*，iii. 9）。

　　② 　见：Bourquelot，*loc. cit.* iv. 248；Gummere，*Germanic Origins*，p. 322。

　　③ 　Bourquelot，*loc. cit.* iv. 253.

　　④ 　*Ibid.* iv. 464. Morselli，*op. cit.* p. 35.

磨而为了避免惨遭杀害;为了解救朋友或使朋友过得更好。^① 托马斯·莫尔在《乌托邦》中认为,如果得到了牧师和长者的同意,患上不治之症、苦痛难当的人可以自杀;他甚至主张,应该鼓励那些对自己、对他人已经构成负担的人自尽。^② 圣保罗大教堂著名的主持牧师邓恩年轻时写过一本书为自杀辩护:"我声明,自杀不会自然而然地构成罪恶,无论怎么说也从来不是罪恶。"他指出,那些基于"自然"立论的人不应该忽略这样的事实:某些事情对这个物种自然,但未必对每一个个体自然。^③ 蒙田在一篇短文里描述古典时代的自杀案例时,文笔明显充满了怜悯:"完全出于自愿的死亡^④是最美好的。生命取决于他人的意志,而死亡取决于我们自己。"18 世纪的理性主义引发了对教会关于自杀的观点和国家关于自杀的法令的攻击。孟德斯鸠主张自杀是合理合法的:"社会建立在互惠的基础上;而在社会于我而言变成负担的时候,有什么能阻止我离去呢? 上帝把生命赐福给我;在生命不再是福分的时候,我就可放弃生命:原因没有了,结果也应该消失。"^⑤伏尔泰强烈反对侮辱自杀者尸体并剥夺其子女继承权的残忍法条。^⑥ 如果自杀行为是对社会的过错,各个国家的法律却都允许在战场上杀人,这又该怎么讲呢? 自然阻止着人们大规模地自杀。跟自杀比起来,

259

①　Buonafede,*op. cit.* p. 148 *sqq.* Lecky,*op. cit.* ii. 55.

②　More,*Utopia*,p. 122.

③　Donne,*Biathanatos*,p. 45. 该书初版由作者的儿子印行于 1644 年。

④　Montaigne,*Essais*,ii. 3 (*Œuvres*,p. 187).

⑤　Montesquieu,*Lettres Persanes*,76 (*Œuvres*,p. 53).

⑥　Voltaire,*Commentaire sur le livre Des délits et des peines*,19 (*Œuvres complètes*,v. 416). *Idem*,*Prix de la justice et de l'humanité*,5 (*ibid.* v. 424).

战场上杀人对人类的危害难道不是大得多吗?[1] 贝卡里亚指出,与迁居国外相比,自杀令国家遭受的损失要小得多,因为前者把财产带出去,而后者把财产留在身后。[2] 按照霍尔巴赫的说法,自尽者并不负有辱没自然和造物主的罪过;相反,他是听从了自然的旨意,经由唯一一向他开放的门径告别人生的苦痛。对于无论如何再也不能幸福地过活,日子因而毫无希望的人来说,他的国家和他的家人都没有任何权利埋怨。[3] 另外一些人歌颂为了崇高的目的而自杀的人,[4]或者在某些情况下推崇这一结束生命的做法。休谟说:"假如我已经无力增进社会的福祉,假如我已经成为社会的累赘,假如我的存在阻碍了别人更好地做对社会有益的事,我在这种情况下对生命的诀别,不仅是无辜的,而且是值得嘉许的。"[5]休谟也攻击了自杀是僭越上帝之责的教条:"如果我能够改变尼罗河水的流向而毫无罪责,那我改变了我自身几盎司血液的自然流淌怎么会有罪呢? 假如结束生命是全能的主独有的权力,人们自杀等于侵犯神权,那延长自然通则赋予的生命不同样有罪吗? 没有天意的引领,我的死不可能发生;我引剑自刎,等同于经由神的指引死于狮子之口,死于断崖或死于热病。"[6]

---

[1]　Voltaire, *Note to Olympie acte v. scène* 7 (*Œuvres complètes*, i. 826, n. b).
Idem, *Dictionnaire Philosophique*, art. Suicide (*ibid*. viii. 236).

[2]　Beccaria, *Dei delitti e delle pene*, § 35 (*Opere*, i. 101).

[3]　Holbach, *Système de la nature*, i. 369.

[4]　关于 19 世纪早期的这一主张,见:Fries, *Neue oder anthropologische Kritik der Vernunft*, iii. 197。

[5]　Hume, 'Suicide,' in *Philosophical Works*, iv. 413.

[6]　*Ibid*. p. 407 *sqq*.

如此看来,异教徒哲学家和基督教神学家提出的反对自杀的论断招致了深刻的批判;这些论调企图论证基督教和国家苛刻地、全盘地指责自杀的合理性和正当性,这时人们发现,这样的论证是难以令人满意的,或至少是不充分的。然而,多年来一直被主导权威灌输的道德教义是很难推翻的;当旧的理论被发现漏洞百出时,新的理论就产生了。康德认为,上帝把人性托付给人,要人维系自己的生命,坚守到终点,一个抛却自己生命的人就降低了其人性的品级。① 费希特论证说,我们有责任保守我们的生命,以坚强的意志生活下去,这不只是为了生命本身的缘故,而且因为这是我们实现道德律令的唯一条件。② 根据黑格尔的理论,说人对自己的生命有决定权是矛盾的,因为这意味着人有权处置自身,而任何人都是不能对自己高高在上、不能处决自我的。③ 佩利担心,假如宗教和道德允许我们随便自杀,人类将生活在无所不在、无时不在的忧虑中:人们会担忧朋友和至亲的命运,④仿佛他们是被强有力地诱惑着早逝一样。但常识不是玄学,也不容诡辩。当狭隘的神学不再成为人类的桎梏,绝大多数情况下的自杀便被认为值得同情而不会被横加指责,在某些情况下人们甚至把自杀者尊为英雄。随着宗教影响力的式微,关于这一议题的立法也发生了变化。反对

261

---

① Kant,*Metaphysische Anfangungsgründe der Tugendlehre*,p. 73.

② Fichte,*Das System der Sittenlehre*,p. 339 sqq. 另见:*ibid*. pp. 360,391。

③ Hegel,*Grundlinien der Philosophie des Rechts*,§ 70,Zusatz,p. 72.

④ Paley,*Principles of Moral and Political Philosophy*,iv. 3 (*Complete Works*,ii. 230).

自杀的法律条款被法国大革命废除,①欧洲大陆其他国家随之跟进。② 在英格兰,陪审团假定自杀者精神不健全已经成为一种惯常的做法——正如边沁所说,作伪证是阻止对人类犯下暴行的苦修。③ 这些措施无疑意味着人们更尊重自杀者的无辜亲人,也表明与自杀有关的道德观念正在变化。

通过对上述经验事实的研究分析,可以说对自杀的道德评价发生了极大的变化。这一评价部分取决于发生此行为的具体情境,部分取决于人们如何看待自杀,以及人类对来世生活具有怎样的观念。如果一个人为了同伴的利益、为了报效祖国、为了荣耀上帝而死,他的行为会受到最高的褒奖。为了表明尊严和显示勇气而自杀,也会受到赞许和钦敬。张伯伦教授说,在日本,"杀人之勇——不论是自杀还是杀人——会得到公众不同寻常的尊重"。④ 在其他情况下,人们对自杀报以漠不关心的态度,认为他这样做是他自己的事。不过,基于种种原因,自杀会招致人们道德上的不赞同。自杀者为了自绝在自己身上造成的伤害会引起人们的同情性忿恨;他可能被同时视为施害者和受害者。柏拉图在《法律篇》中问道:"如果是他关系最近也最亲爱的朋友被杀,他会有何感受呢?'他'指的是自杀者。"⑤圣奥古斯丁的理论鲜明地表达了同样的观点:自杀者在自取性命前越是无辜,他这样做的罪孽就越深重。⑥

---

① 　Legoyt,*op. cit*. p. 109.

② 　Bourquelot,*loc. cit*. iv. 475.

③ 　Bentham,*Principles of Penal Law*,ii. 4. 4 (*Works*,i. 479 *sq*.).

④ 　Chamberlain,*Things Japanese*,p. 221.

⑤ 　Plato,*Leges*,ix. 873.

⑥ 　St. Augustine,*De Civitate Dei*,i. 17.

按照某种神学观点,自杀者要在地狱里永久受苦,而人的首要义务是拯救自己的灵魂。如果与这种神学观点联系起来,圣奥古斯丁的观点就显得特别有力。从理念的关联性来看,谴责杀死别人的行为会引导人们谴责自杀,[①]正如基督教诫命所说:"你不得杀人。"自杀这一过程所引发的恐惧,人们对自杀者鬼魂作祟的担心,鲜血淋漓的残忍场景,都造成或增加了人们对它的不赞成甚至谴责。[②] 同样地,自杀者死后被毁尸灭迹的种种惨状,很容易被看作是对他的惩罚。[③] 而且,自杀被谴责为一种道德上懦弱的行为,[④]尤其被谴责为对他人的伤害,因为他在对他人负有责任时不该以缩减生命的方式退缩。[⑤] 即便是在蒙昧时代的部落中我们也遇到这样的观念:人没有资格如此随意地对待自己的生命。在哥伦比亚的瓜希罗印第安人中,如果有人不小心用刀割伤了自己,走路摔伤了腿脚或手臂,或以别的方式让自己受了伤,他母亲这一方的亲戚会马上向他要流血钱,因为这些血是母系这一方的,他不得失血却不赔偿;他父亲这一方的亲戚则要求眼泪钱,在场的朋友们也会因付出的悲伤而获得补偿。[⑥] 从前文引述的几句话中可以看出,

---

①　见:Simmel,*Einleitung in die Moralwissenschaft*,i. 187。

②　参见第一卷第 377 页。

③　见前文第 237 页及以下;Josephus,*De Bello Judaico*,iii. 8. 5;Plato,*Leges*,ix. 873;Aristotole,*Ethica Nicomachea*,v. 11. 2 *sq.*。

④　Hegel,*Grundlinien der Philosophie des Rechts*,§ 70,Zusatz,p. 72;Fowler,*Progressive Morality*,p. 151;&c.

⑤　英国法学家谴责自杀行为,认为它既是对神的不敬,又是冒犯君主,因为君主"在意的是保护好他所有的子民"(Plowden,*Commentaries*,i. 261;Blackstone,*Commentaries on the Laws of England*,iv. 190. *Cf.* Ives,*op. cit.* p. 40 *sq.*)。

⑥　Simons,'Exploration of the Goajira Peninsula,' in *Proceed. Roy. Geo. Soc.* N. Ser. vii. 790.

蒙昧部落对自杀持有类似的看法。① 在个人利益被认为完全服从国家利益的地方,自杀冒犯共同体和社会的观念尤其流行。这里再次指出,宗教关于自杀对造物主有罪、自杀是非法干预造物主工作且违拗造物主旨意的论调,在道德意识受神学观念影响时较为突出。当然,这种影响在欧洲变得越来越弱了。考虑到宗教的自杀观一直是导致基督教国家严厉对待自杀现象的主要原因,我不能赞同涂尔干教授在此问题上的观点——当下的集体意识对自杀的宽容只是偶发的、短暂易变的。他在援引资料论证这一观点时忽视了评价自杀的真正起因:按他的说法,道德的进化在沿着某个方向行进了数个世纪后不可能在这一点上走回头路。② 诚然,道德的进步倾向于增强我们对同胞的责任感,但同时也会促使我们更周全地思考自杀的动机。为了他人利益而自杀的情况不表,尽管自杀可能为邻人带来伤害,但如果我们意识到自杀者是因为绝望而自杀,我们就会认为,他的罪过没有那么重。

① 见前文第 240 页及以下。
② Durkheim, *Le suicide*, p. 377.

第三十六章　涉己的义务和美德
——勤劳——休息

依当下的观念,人们对自己负有一些义务,这些义务在性质上近似于对同类应负的义务。这些观念不仅禁止人们自杀,在一定程度上,也认为人们有义务活下来,照顾好身体,保有一定的个人自由,不浪费财物,表现出自尊,总而言之要增进自己的幸福。也有一些涉己的美德,与涉己的义务密切联系,例如勤劳、节俭、节制。但是,在所有这些情形下,道德判断都为增进个人福祉的行为、不作为或疏忽是否与他人利益相冲突这一问题所大大影响。如果相冲突,人们对可以允许的自私程度又有着不同的看法。但包含有道德褒扬的道德判断,或对义务的教导,最常发生在带有某种程度的自我牺牲的行为上,而非自我放纵的行为上。

再者,较之我们对他人应尽的义务,我们对自己应尽的义务较少得到强调。巴特勒讲:"自然让我们更容易感受到对虚假、不公和残忍的反对,而非对轻率和蠢行的反对。"①较之源于增进他人 幸福的愿望的美德,审慎的美德也得不到那么多赞扬。许多道德

---

① Butler,'Dissertation on the Nature of Virtue,' in *Analogy of Religion*, &c. p. 339.

家甚至认为,恰当地讲,根本就没有涉己的义务和美德;只对我们自己有用的行为不属于道德之事;在任何情况下,涉己的义务都可以还原成对他人的义务;例如,自我放纵和奢侈是不对的,这只是由于它们会有害于公众,而只有在审慎被用于促进公共利益时,审慎才是美德。① 但这种观点与一般的道德意识基本上是不一致的。

没有什么行为方式完全只与自己有关,这无疑是正确的。没有谁是完全孤立的人,因而直接影响某人自身福祉的事也同时在某种程度上影响他人的福祉。下面的说法也是正确的——与所谓涉己的行为相关的道德观念或多或少受到对这类行为与他人的关联的考虑的影响。但这肯定不是决定这类行为的道德判断的唯一因素。父母和老师教育儿童时,费力地教导他们各种跟自己有关的行为方式。父母和老师所谴责、惩罚的,也被视为错的,父母和老师所表扬、奖励的,也被视为好的;我们前面就注意到,这是因为,人倾向于同情他们尊重的那些人的报偿性情感。② 再者,在自杀的情形下,③乃至在其他自我伤害的情形下,造成的伤害都会引起对行为人的同情性忿恨,尽管受害者是他本人。无私的喜欢或不喜欢也常常引起对实质上涉己的行为的道德赞成或反对。④ 也有人认为,即使他人的利益不受明显影响,人也没有权利视自己的

① Hutcheson, *Inquiry into the Original of our Ideas of Beauty and Virtue*, pp. 133, 201. Grote, *Treatise on the Moral Ideals*, p. 77 sqq. Clifford, *Lectures and Essays*, pp. 298, 335. von Jhering, *Der Zweck im Recht*, ii. 225.

② 见第一卷第 114 页及以下。

③ 见前文第 262 页。

④ 参见第一卷第 116 页及以下。

健康和幸福为儿戏,因为他没有资格肆意浪费"他不能随意支配"
的东西。① 我们马上就会看到,宗教、法术思想也以另一种方式影
响着涉己行为的道德观念。但与此同时,不难看到,为何涉己的义
务和美德在我们的道德意识里只占据较次要的位置。它们对他人
福祉的影响太过遥远,因而吸引不到很多关注。在教育中,除了为
了个体的一般福祉而要求牺牲掉他一时的舒适或幸福的那些涉己
的义务和美德,没有必要强调其他涉己的义务和美德。我们容易
对受到伤害的人感到怜悯,如果这伤害是自我施加的,我们的怜悯
就变弱了。而另一方面,怜悯又消除了我们对犯事者的愤慨,轻率
行为本来就惩罚他了。②

　　大多数涉己的义务很少得到习俗和大众舆论的关注,于是就
很难详细考察它们。可以一般地讲,智识文化的进步在某些方面
有利于这些义务的演化;达尔文甚至认为,除了少数例外,蒙昧人
并不考虑涉己的美德。③ 智识上越是不发达,就越是难以看到人
的行为的较远的后果;因此,需要有比蒙昧人更多的思考,才能
看到,直接影响某人自身福祉的行为方式,同时也影响着他的邻
人或他所处的整个共同体的福祉。因此,由于蒙昧人缺乏远见,
他们也常常看不到为了未来更加幸福,暂时忍受损失或不舒适
是何等重要。我们前面就注意到,许多蒙昧族群几乎从不矫正

268

---

① Martineau, *Types of Ethical Theory*, ii. 126.

② *Cf*. Butler, *op. cit.* p. 339 *sq*. ; Dugald Stewart, *Philosophy of the Active and Moral Powers of Man*, ii. 346 *sq*.

③ Darwin, *Descent of Man*, p. 118 *sq*.

他们的儿童,①而这就意味着,他们当中几乎不存在使涉己义务的观念得以产生的一个主要源泉。但另一方面也必须明白,无私的反感是此种观念的另一原因,它对非反思性的道德意识的影响要大于对反思性道德意识的影响,而在较低文明阶段导致了涉己性质的义务产生的许多法术和宗教观念,也不再为文明更为先进的族群所持有。

　　现在我将简要考察关于某些有代表性的涉己行为方式——勤劳和休息;节制、禁食、戒绝某些种类的饮食;洁净与不洁;一般的禁欲习俗——的道德观念,来说明涉己义务和美德之性质和起源的一般看法。

　　人自然而然容易懒散,不是因为他讨厌体力活动本身,而是因为他不喜欢重复劳动的单调性以及由体力劳动带来的脑力付出。② 总的来说,只有令他认为困难值得克服的特殊动机,才能让他干活。蒙昧人很少考虑来日,③很难为自己提供生活上的安逸,其财产也往往无法形成大量积累。于是,能诱使他们勤劳的几乎只能是必需或强迫。人们是懒惰还是勤劳,取决于生活必需品是否容易得到,而如果能强迫他人充作自己的奴仆或奴隶为自己干活,人们就更喜欢懒散。

　　澳大利亚土著"打猎、捕鱼、战斗、跳舞时,或者在其他可以马上看到回报的时候,都能精力充沛地做事,但他们不喜欢为了获得

---

① 见第一卷第 513 页及以下。

② *Cf*. Ferrero,'Les formes primitives du travail,' in *Revue scientifique*,ser. iv. vol. v,331 *sqq*.

③ Buecher,*Die Entstehung der Volkswirtschaft*,p. 21 *sqq*.

最终的回报而长期劳动"。① 黑尔先生讲，波利尼西亚人居住的岛
屿离赤道极近，几乎不需人力辅助，热量就能带来水果，支持人类
生存，当地居民也就属懒散、无精打采的种族；而"较为严酷的气候
和较为贫瘠的土地则有利于形成勤劳、深谋远虑和勇敢的性格。
这些相反的效应一方面表现在萨摩亚人、努卡希瓦人、塔希提人身
上，另一方面表现在桑威奇群岛岛民和新西兰人身上"。② 耶特先
生也对比了毛利人的勤劳与汤加岛民出了名的懒散：前者"要想有
得吃，就只能干活"，而"汤加群岛有着优越的气候条件，几乎不需
要劳动就能获得生活必需品甚至奢侈品"。③ 据说，马来人喜欢过
懒散、安逸的生活，因为"没有必要卖力干活，或者说卖力干活不能
额外给他们带来快乐"。④ 马斯登说，苏门答腊土著"无忧无虑，不
考虑将来，因为他们的需求很少；因为他们尽管贫穷，却并非赤贫 270

---

①　Brough Smyth, *Aborigines of Victoria*, i. 29 *sq*. 另见：*ibid*. ii. 248；Collins,
English Colony in New South Wales, i. 601；Fison and Howitt, *Kamilaroi and Kurnai*,
p. 250 *sq*.。

②　Hale, *U. S. Exploring Expedition. Vol. VI. Ethnography and Philology*, p.
17. 另见：Williams, *Missionary Enterprises in the South Sea Islands*, p. 534
(Samoans)；Ellis, *Polynesian Researches*, i. 130 *sq*.。(Tahitians)；Brenchley, *Cruise of
H. M. S. Curaçoa among the South Sea Islands*, p. 58 (natives of Tutuila)；Melville,
Typee, p. 287 (some Marquesas Islanders)；Anderson, *Notes of Travel in Fiji and
New Caledonia*, p. 236 (New Caledonians)；Penny, *Ten Years in Melanesia*, p. 74
(Solomon Islanders)。

③　Yate, *Account of New Zealand*, p. 105 *sq*.

④　McNair, *Perak and the Malays*, p. 201. Bock, *Head-Hunters of Borneo*, p.
275. Raffles, *History of Java*, i. 251. St. John, *Life in the Forests of the Far East*,
ii. 323.

大自然轻易就能给他们提供生活必需物"。^① 尼尔吉里山区一带的托达人"一点儿也不想干活,除非迫不得已";^②而懒惰似乎是多数印度人的特征,^③尽管也有例外。^④ 伯克哈特观察到,并非如孟德斯鸠所想象的那样,南方的阳光使当地居民变得懒散、漠然,而是因为南方土地肥沃,物产丰盛——"埃及、美索不达米亚和印度土地肥沃,几乎能自动生产出产品,于是人们就变得懒散;而在温度相当的邻近国家,例如也门和叙利亚山区,只有艰苦劳动才能保证好收成,我们也就看到了一个勤勉程度超出前者的种族,正如北欧居民比西班牙和意大利居民更为勤劳。"^⑤懒散是非洲人的常见特征,^⑥尽管

---

① Marsden, *History of Sumatra*, p. 209. 另见: *Glimpses of the Eastern Archipelago*, pp. 76, 87 (Bataks)。

② Marshall, *A Phrenologist amongst the Todas*, p. 88. 另见: *ibid*. p. 86; Shortt, 'Hill Tribes of the Neilgherries,' in *Trans. Ethn. Soc*. N. S. vii. 241; Mantegazza, 'Studii sull' etnologia dell' India,' in *Archivio per l'antropologia e la etnologia*, xiii. 406。

③ Cooper, *Mishmee Hills*, p. 100 (Assamese). Tickell, 'Memoir on the Hodésum,' in *Jour. Asiatic Soc. Bengal*, ix. 808 (Hos). Dalton, *Ethnology of Bengal*, pp. 57 (Jyntias and Kasias), 101 (Lepchas). Burton, *Sindh*, p. 284. Moorcroft and TreDeck, *Travels in the Himalayan Provinces of Hindustan*, i. 321 (Ladakhis). Caldwell, *Tinnevelly Shanars*, p. 58.

④ Man, *Sonthalia*, p. 19. Hodgson, *Miscellaneous Essays*, i. 152 (Bódo and Dhimáls). Macpherson, *Memorials of Service in India*, p. 81 (Kandhs).

⑤ Burckhardt, *Arabic Proverbs*, p. 219.

⑥ Beltrame, *Il Sènnaar*, i. 166. Tuckey, *Expedition to Explore the River Zaire*, p. 369. Johnston, *The River Congo*, p. 402 (Bakongo). Casati, *Ten Years in Equatoria*, i. 85 (Abaka Negroes). Wilson and Felkin, *Uganda*, ii. 310 (Gowane people), Burton, *Zanzibar*, ii. 96 (Wanika). Bonfanti, 'L'incivilimento dei negri nell' Africa intertropicale,' in *Archivio per l'antropologia e la etnologia*, xv. 133 (Bantu). Andersson, *Lake Ngami*, p. 231 (Herero). Magyar, *Reisen in Süd-Afrika*, p. 290 (Kimbunda). Kropf, *Das Volk der Xosa-Kaffern*, p. 89. Tyler, *Forty Years among the Zulus*, p. 194. Ellis, *History of Madagascar*, i. 140. Shaw, 'Betsileo Country and People,' in *Antananarivo Annual*, iii. 81.

并非普遍的特征。① 关于黄金海岸一带的黑人,博斯曼说:"只有 271
在极其必要的情况下,他们才会迫不得已进行劳动。"②据说,瓦干
达人轻易就能获得所有生活必需,因而他们十分懒散。③ 据说,那
马瓜人"可以整天聚在一起晒太阳,无精打采,无所事事,几近死于
饥渴,而他们稍加努力就能满足自然的需求。 如果催促他们干活,
就会听到他们讲,'为什么我们要像地上的虫子那样呢?'"④多数
美洲印第安人被说成具有懒散的性情,因为他们稍微干一点活就
能谋生。⑤ 但对于格陵兰岛民和爱斯基摩人就不是如此了,他们
只有艰苦劳动才能生存。⑥

　　我们看到,蒙昧人认为养家是已婚男人的义务,⑦在多数情况

------

① Baker, *Ismailia*, p. 56(Shilluk). Baumann, *Usambara*, p. 244(Wapare).
Bosman, *Description of the Coast of Guinea*, p. 318(Negroes of Fida). Andersson,
Notes on Travel in South Africa, p. 235(Ovambo). 另见下文第 272 页。

② Bosman, *op. cit.* p. 101.

③ Wilson and Felkin, *op. cit.* i. 225.

④ Andersson, *Lake Ngami*, p. 335. 另见:Kolben, *Present State of the Cape of
Good-Hope*, i. 46, 324;Barrow, *Travels into the Interior of Southern Africa*, i. 152;
Fritsch, *Die Eingeborenen Süd-Afrika's*, p. 324(Hottentots).

⑤ Bridges, 'Manners and Customs of the Firelanders,' in *A Voice for South
America*, xiii. 203(Fuegians). Dobrizhoffer, *Account of the Abipones*, ii. 151;但他赞
扬了阿比坡尼妇女不知疲倦的勤劳(*ibid.* ii. 151 sq.). Brett, *Indian Tribes of
Guiana*, p. 343;Kirke, *Twenty-five Years in British Guiana*, p. 150. Domenech, *Seven
Years' Residence in the Great Deserts of North America*, ii. 190. Burton, *City of the
Saints*, p. 126(Sioux). Harmon, *Voyages and Travels in the Interior of North
America*, p. 285(Tacullies). Meares, *Voyages to the North-West Coast of America*, p.
265(Nootkas).

⑥ Cranz, *History of Greenland*, i. 126. Armstrong, *Narrative of the Discovery
of the North-West Passage*, p. 196(Western Eskimo).

⑦ 见第一卷第 526 页及以下。

下这就意味着,他有义务干一些活。我们也看到,按照习俗确立的规则,有些工作在两性之间进行分工,[1]而这意味着,一般而言,无论对男性还是女性都不允许绝对的懒散,尽管单调乏味的工作常常交给女人来干。有人直截了当地讲,一些未开化族群把工作规定为义务,视勤劳为美德。格陵兰人认为,勤勉工作是主要的美德,勤劳的人死后会过上幸福的生活。[2] 阿特卡岛的阿留申人禁止懒惰。[3] 巴彻勒先生讲到了一个阿伊努寓言,这个寓言激励年轻人勤劳,规劝他们不要懒惰。[4] 缅甸的克伦人有一传统箴言——"不要懒惰,要勤劳,如此才不会变成奴隶。"[5]毛利人讲:"让勤劳得回报,防懒惰得好处。"[6]马达加斯加人也有许多谚语教导勤劳。[7] 巴苏陀人有句谚语——"坚持不懈就能胜利。"[8]巴察平人是一支贝专纳部落,以勤劳著称,"他们主要以勤劳程度衡量一个人的价值,他们谈到勤劳的人,会表现出高度的肯定、赞扬;而如果人们很少见到某人打猎或准备做衣服用的兽皮、缝外套,就会把他说成社会的废物、可耻之人"。[9] 撒哈拉沙漠的贝尼姆扎布人是生活在贫瘠土地上的勤劳人群,男孩满六岁,法律就会强迫他工

---

① 见第一卷第 634 页及以下。

② Cranz, *op. cit.* i. 186.

③ Yakof,转引自:Petroff, *Report on Alaska*, p. 158。

④ Batchelor, *Ainu of Japan*, p. 111.

⑤ Smeaton, *Loyal Karens of Burma*, p. 255.

⑥ Taylor, *Te Ika a Maui*, p. 293. 另见:Johnston, *Maoria*, p. 43。

⑦ Clemes, 'Malagasy Proverbs,' in *Antananarivo Annual*, iv., 29.

⑧ Casalis, *Basutos*, p. 310.

⑨ Burchell, *Travels in the Interior of Southern Africa*, ii. 557.

作，或者赶骆驼、驴子，或者为园子取水。[1] 我们可以预期，习惯于勤勉工作的未开化族群格外强调勤劳，这部分是由于他们不得不勤劳，部分是由于习惯的影响。

自由人并不把勤劳工作看作一项义务，而常常看作不体面之事。好战民族、游牧部落、拥有许多奴隶的族群尤为如此。例如，乌干达盛行奴隶制，"于是所有体力劳动都被视为有损自由人的尊严"。[2] 马萨伊人[3]和马塔贝勒人[4]认为，使人成为男人的唯一工作就是战争。沙漠阿拉伯人认为，除了奴隶，劳动是任何人之耻。[5] 谈到土库曼人，万贝里说："在家里面，游牧人给我们提供了一幅极其懒散的画面。在他们眼里，男人哪怕碰一下家务活都是极大的羞耻。"[6]奇佩瓦人"总是把农活和体力活视为丢脸之事"，他们"把使用弓箭、棍棒、长矛当作男人最高贵的活动"。[7] 在易洛魁人中，"战士轻视农活，认为所有体力劳动者都不如他"。[8] 尽管毛利人也属勤劳的种族，但他们仍然认为，通过战争、掠夺获取财物，要比通过劳动获取更为荣耀、可取。[9] 在莱恩群岛岛民中，地主做什么工作都是不体面的，除了制作武器，因此他会雇佣下层阶级的人为

[右侧页码] 273

---

[1]　Tristram, *The Great Sahara*, p. 207 *sq.*

[2]　Wilson and Felkin, *op. cit.* i. 186.

[3]　Merker, *Die Masai*, p. 117.

[4]　Holub, 'Die Ma-Atabele,' in *Zeitschr. f. Ethnol.* xxv. 198.

[5]　Burton, *Pilgrimage to Al-Madinah & Meccah*, ii. 10.

[6]　Vámbéry, *Travels in Central Asia*, p. 320.

[7]　Schoolcraft, *Archives of Aboriginal Knowledge*, v. 150.

[8]　Morgan, *League of the Iroquois*, p. 329.

[9]　Travers, 'Life and Times of Te Rauparaha,' in *Trans. New Zealand. Inst.* v. 29.

自己干活。① 在努卡西瓦,有头有脸的人"让指甲长得很长,这样显然是让人知道,他们不常做苦差事"。② 容易解释对勤劳工作的轻视。靠劳动过活的人被认为缺乏那些本身令人钦羡的品质——勇敢和力量;或者工作被人们与奴仆般恭顺的想法联系起来。人们也普遍认为,男人干本属女人的活有失身份。③ 因而在狩猎、游牧民族中,男人以蔬菜类食物供养家庭是完全不合适的。④ 另一方面,当农业成为基本的维生方式时,农业也同时变得令人尊重。但贸易之所以受到鄙视,很可能如斯宾塞先生所提出的那样,是因为贸易主要由不定居的人从事——社群里多数人都有着固定的位置,而不定居者是分离的、不可信任的社群成员。⑤ 坎德人"认为做贸易、做买卖有失尊严,并且既非战士又不耕种土地的人低人一等、粗俗"。⑥ 爪哇人"轻视贸易,具有较高地位的人认为经商有失体面;而老百姓总是乐意务农,头人也尊重和鼓励农业劳动"。⑦

　　文明的进步意味着人们勤劳程度的增加。生活必需品以及使生活更加舒适的东西变得更多了;于是就要求有更多的劳动来准备这些东西,同时也有了更多的诱因驱使人们积累财富。人们更清楚地认识到了勤奋带来的私人好处和公共利益,而政府也特别急于鼓励人们工作,以获得税收。所有这些都导致了对懒散的谴

---

① Tutuila, 'Line Islanders,' in *Jour. Polynesian Soc.* i. 266.

② von Langsdorf, *Voyages and Travels*, i. 174.

③ 见第一卷第 636 页及以下。

④ 见第一卷第 634 页及以下。

⑤ Spencer, *Principles of Ethics*, i. 429.

⑥ Campbell, *Wild Tribes of Khondistan*, p. 50.

⑦ Raffles, *op. cit.* i. 246 sq.

责和对勤劳的赞扬;在一个勤劳倾向构成文明成因的民族,习惯必定是在这相同方向发生影响的。但在古代国家,战争仍然被看作比劳动更高贵的事;农业遭到受到尊重,商业、手工业却常常遭到鄙视。

秘鲁印加王国有部法律规定,任何人都不得懒散。"儿童满五岁,干与年龄匹配的轻活。即便是瞎子、瘸子,若无其他疾病,也需承担某些工作。至于其他人,如果身体健康,每个人都干自己的工作,而对这些人而言,因懒散而被当众严惩是最有损名誉和丢脸之事。"[①]如果有谁懒惰或白天睡觉,就会被鞭打或罚去搬运石头。[②]采取这些措施的原因是,人民负有支付政府花费的完全责任,并且,他们没有钱,财产少,只得以劳动充作税收;因此,懒散等同于劫掠国库。[③]

拜火教的特征之一就是对劳动的欣赏。[④]　虔信之人必须是警惕、敏捷、活跃之人;睡觉本身不过是迁就魔鬼而已,因此应当保持在必要的限度内。[⑤]懒人是最无价值之人,因为他们靠不恰当、不正义的方式生存。[⑥]在各种劳动中,农业劳动是最必需的。[⑦]人在

275

---

①　Bias Valera,转引自:Garcilasso de la Vega,*First Part of the Royal Commentaries of the Yncas*,ii. 34。另见:*ibid*. ii. 14;Acosta,*Natural and Moral History of the Indies*,ii. 413。

②　Herrera,*General History of the West Indies*,iv. 339.

③　Prescott,*History of the Conquest of Peru*,i. 57.

④　见:Darmesteter,in *Sacred Books of the East*,iv. p. lxvii. ;Geiger,*Civilization of the Eastern Irānians*,i. 70;Rawlinson,*Religions of the Ancient World*,p: 108;*Dînâ-î Maînôg-î Khirad*,ii. 29,xxxvi. 15,xxxvii. 14,&c.。

⑤　*Vendîdâd*,xviii. 16.

⑥　*Dînâ-î Maînôg-î Khirad*,xxi. 27.

⑦　见:*Vendîdâd*,iii. 23 *sqq.*。

世上,就要保护阿胡拉·马兹达的伟大创造,因而就得认真耕作,清除荆棘、杂草,开垦恶神安格拉·曼纽撒播了荒芜之诅咒的小道。琐罗亚斯德问道:"适合马兹达的宗教的食物是什么?"阿胡拉·马兹达答道:"查拉图斯特拉,①是一次次播种谷物而来的食物!播种谷物者也播种正义。"②据色诺芬,波斯人的王认为,农业技艺和战争技艺是最光荣、最基本的工作,他对二者最为关注。③他任命官员视察农民,从他们当中征收贡物;因为"耕种土地不称职者,既不能卫戍国土,也不能缴纳贡物"。④

　　希罗多德讲到古埃及时告诉我们,某位埃及国王制定了一部法律,规定每个埃及人每年都应向当地长官报告其谋生方式,如果无法做到,或者无法表明自己靠诚实的方式谋生,就应将其处死。⑤ 不管此种说法是否属实,⑥埃及人迫切鼓励勤劳这一点似乎是确凿的。⑦ 常常提到的古埃及某陶片上有如下格言——"年轻时不要吝惜身体,因为食物由胳膊得来,由腿脚提供。"⑧

　　雅典也确立了一部针对懒散的法律,这部法律与埃及据记载曾存在的法律类似。有些作者说此法律是德拉古或庇西特拉图制

---

① 查拉图斯特拉即琐罗亚斯德。——译者

② 见:*Vendîdâd*,iii. 30 *sq.*。

③ Xenophon,*Œconomicus*,iv. 4,8 *sqq.*

④ *Ibid.* iv. 9,11.

⑤ Herodotus,ii. 177. *Cf.* Diodorus Siculus,*Bibliotheca historica*,i. 77. 5.

⑥ *Cf.* Wiedemann,*Herodots zweites Buch*,p. 605.

⑦ 见:Amélineau,*Essai sur l'évolution des idées morales dans l'Égypte Ancienne*,p. 329。

⑧ Gardiner,'Egyptian Ethics,' in Hastings' *Encyclopædia of Religion and Ethics*,v. 484.

定的,①其他作者认为是梭伦制定的,后者从埃及人那里借用了这部法律。② 普鲁塔克讲,由于阿提卡地区很安全,各个地方的人都跑来雅典城,再加上国家既贫穷又荒芜,梭伦就把公民的注意力转向生产制造。他出于此目的下令,各行业都应受到尊重,最高法院委员会应检查每个人的谋生方式,严惩懒散之人,若父亲没能教会儿子某个行当,就不得强迫儿子供养父亲。③ 修昔底德笔下的伯里克利说了如下的话——"承认我们贫穷并非不光彩;真正的不光彩是什么都不做,不避免贫穷。雅典公民不会因为顾家而忽视了城邦;即便是我们当中的工商业者也有着十分公允的政治观念。"④在色诺芬的《回忆苏格拉底》里,苏格拉底赞美勤劳,荐之为谋生、保持健康和体力及促进节制与诚实的方式。⑤ 据柏拉图,懒散是放纵之母,而通过劳动,激情之营养就转移到身体其他部位。⑥ 农业受到高度称赞。据色诺芬,在人们借以谋生的各种职业和技艺中,农业是最好的。⑦ 在农业繁荣的地方,其他所有事业也都充满活力,但如果土地荒芜,其他职业也就几近停滞了。⑧ 农业是对身体的锻炼,农业也释放出使人成为出身体面之人的诸项

277

————————

　　① Pollux,*Onomasticum*,viii. 42. Diogenes Laertius,*Vitæ philosophorum*,i. 55. Plutarch,*Solon*,xxxi. 6.

　　② Herodotus,ii. 177. Diodorus Siculus,i. 77,5.

　　③ Plutarch,*Solon*,xxii. 1,3 *sq.*

　　④ Thucydides,*Historia belli Peloponnesiaci*,ii. 40. 1 *sq.*

　　⑤ Xenophon,*Memorabilia*,ii. 7. 7 *sq.*

　　⑥ Plato,*Leges*,viii. 835,841.

　　⑦ Xenophon,*Œconomicus*,vi. 8.

　　⑧ *Ibid*. v. 17.

义务，因而它也是对人身的强化。① 它要求人们习惯于忍受冬天
的寒冷和夏天的炎热。② 农业使人们适于跑、投、跳。③ 它为人们
提供了对自己劳动的极大满足，它是所有职业中最有吸引力的。④
它极为好客地接纳了陌生人。⑤ 它为诸神奉献了最诱人的初熟的
果实，为节日奉献了最丰盛的宴会。⑥ 它教导人们正义，因为最善
待土地的人才能得到最多的回报。⑦ 它教导人们相互帮助，因为
没有他人帮助就无法从事农业。⑧ 它不会总是占据着人们的头
脑，让人们不管不问朋友或家乡的利益。⑨ 拥有地产这件事会激
励人们武装保卫自己的国家。⑩ 简言之，农业让公民变得最有用、
278　最有德，对国家最有感情。⑪

　　哲学家表达这些看法所采取的论证方式表明，公众并不看好
工业方面的职业。⑫ 希罗多德说，在多数野蛮人那里乃至在整个
希腊，完全投身战争的人是最受尊重的。⑬ 斯巴达尤为如此，在那

---

① Xenophon, *Œconomicus*, v. 1 ; vi. 9.
② *Ibid*. v. 4.
③ *Ibid*. v. 8.
④ *Ibid*. v. 8, 11.
⑤ *Ibid*. v. 8.
⑥ *Ibid*. v. 10.
⑦ *Ibid*. v. 12.
⑧ *Ibid*. v. 14.
⑨ *Ibid*. v. 9.
⑩ *Ibid*. v. 7.
⑪ *Ibid*. v. 10.
⑫ *Cf*. Schmidt, *Die Ethik der alten Griechen*, ii. 435 *sqq*.
⑬ Herodotus, ii. 167.

里自由民不得从事任何工业职业。① 普鲁塔克对比了莱克格斯制定的法律和梭伦制定的法律，他发现，若一个国家的土地足以供养两倍的居民，且有大量农奴可供驱使卖命劳动，不妨不让公民从事艰苦的体力劳动，而是让他们进入军队，让从军成为唯一适合他们的学习和实践的行业。② 在底比斯，有一部法律规定，退出工商业未满十年，不得担任公职，因为工商业被视为低下的工作。③ 就是在雅典，尽管存在民主制度和反对懒散的法律，一般大众乃至哲学家也都轻视贸易和手工业。在色诺芬的著作里，苏格拉底说道，工业行当令人厌恶，理所当然不为各个社群所敬重，因为工业行当迫使从事这些行当的人站着，在室内生活，有时甚至迫使他们终日在火边度过，这导致他们的身体变弱；而身体变弱以后，头脑也就失去了力量。④ 再者，体力劳动使从业者没有闲暇时间顾及朋友或国家的利益，因而这类人跟亲友相比没什么优势，也不适于保卫他们的国家。⑤ 柏拉图认为，手工艺术是一种羞辱，因为它们"天生有缺陷却心驰神往高水准"；⑥结果，这些低劣的行当会把从业者的灵魂和身体一同毁掉。⑦ 赫西俄德说"工作并非不光彩"的时候，⑧

279

---

① Herodotus, ii. 167. Xenophon, *Lacedæmoniorum respublica*, vii. 2. Plutarch, *Lycurgus*, xxiv. 2. *Idem Agesilaus*, xxvi. 6. Aelian, *Vatria historia*, vi. 6.

② Plutarch, *Solon*, xxii. 2.

③ Aristotle, *Politica*, iii. 5. 7, p. 1278 a; vi. 7, 4, p. 1321 a.

④ Xenophon, *Œconomicus*, iv. 2.

⑤ *Ibid*. iv. 3.

⑥ Plato, *Respublica*, ix. 590.

⑦ *Ibid*. vi. 495.

⑧ Hesiod, *Opera et dies*, 311.

他的意思肯定不会是诸如制造鞋子或售卖泡菜并非不光彩。^① 柏拉图在《法律篇》里定下了这样的规矩——公民或其仆从不得以某种手艺为业;"因为他要维持和保护国家的公共秩序,他已有了一门技艺,而这门技艺需要大量的学习,需要很多种知识,这门技艺不应沦为次要的职业。"^②亚里士多德也注意到,在实行贵族政体的共同体内,技工和劳工不会是公民,因为那里按德行和功劳授予荣誉,而"过着技工或劳工生活的人是不会把美德付诸实践的"。^③在希腊,科林斯湾一带是技工最不受轻视的地方^④——这无疑是因为当地的情况自然就导致了广泛的贸易,也因此导致了当地生活的显赫多彩,因而实用性和装饰性技艺的发展受到了极大的激励。^⑤

罗马人对这一问题的看法与希腊人很接近。关于什么样的获取财富的技艺和方式被视为有价值的,什么样的被视为不光彩的,西塞罗说,我们受到的教导如下:首先,薪酬的来源若引起公众憎恶,例如税务员和放高利贷者,则此薪酬来源当受谴责。我们同样将受雇工人——他们获利的来源不是他们的技艺,而是他们的劳动——的所得算作低下的;因为他们的工薪恰恰反映了他们受到的役使。我们也轻视那些从商人那里买来商品然后马上卖掉的人;因为他们除非撒下极可恶的谎言,否则不会成功,也因为没有什么比不真诚更不光彩的了。所有从事体力劳动的职业都是低下

---

① Plato, *Charmides*, p. 163.

② *Idem*, *Leges*, viii. 846.

③ Aristotle, *Politica*, in. 5. 5, p. 1278 a. 另见:*ibid*. vi. 4. 12, p. 1319 a;vii. 8. 3, p. 1328 b;viii. 2. 4 *sq*. p. 1337 b。

④ Herodotus, ii. 167.

⑤ 见:Rawlinson's note in his translation of Herodotus, ii. 252, n. 7。

的;因为工场里根本不会有什么东西适合于一个绅士。那些满足感官享受而得到认可的行业尤为如此,例如屠夫、厨子和渔民。但某些需要较高智力、具有较大功用的职业,例如医药、建筑和人文教育,从业者享有般配的社会地位,这些职业就受到敬重。至于商业活动,小型商业地位低下,若商业活动广泛而丰富,若它从世界各地带来众多商品,真诚无欺地把面包提供给大批人口,它就不那么招人轻视了。然而,如果一个商人对自己的获利心满意足,就由港湾转向某块地产,这样的人似乎是最值得赞扬的。因为在各种有利可图的职业中,没有什么职业比农业更好,没有什么职业比农业更合人意、更令人快乐,没有什么职业比农业更适于一个有教养的人。①

古代的异教徒轻视体力劳动,这基本上不为早期基督教所认同。基督出生在一个木匠家庭,他的诸使徒属于工人阶级,他最初的追随者也多数属于工人阶级。塞尔索斯指控基督徒崇拜一个贫穷的务工妇女——她靠纺纱挣得面包——的儿子,②还把柏拉图的智慧与保罗(造帐篷的工匠)、彼得(渔夫)、约翰(他抛弃了父亲的渔网)进行对比,③奥利金则自豪地接受了塞尔索斯的指责。圣保罗要求帖撒罗尼迦人履行个人勤勉的义务;"任何人若不工作,他也不应进食。"④但与此同时,基督教精神并不十分关心世俗事

---

① Cicero,*De officiis*,i. 42. 另见:*Cato Major*,ch. 15 *sqq.* 。

② Origen,*Contra Celsum*,i. 28 *sq.* (Migne,*Patyologiæ cursu*s,Ser. Graeca,xi. 714 *sq.*).

③ *Ibid*. vi. 7 (Migne,Ser. Gr. xi. 1298 *sq.*).

④ 1. *Thessalonians*,iv. 11;2. *Thessalonians*,iii. 10.

281 务。基督的真正信徒的目标不在于现世的繁荣和成功,而在于寻
求上帝的王国,不在于在现世为自己贮存珍宝,而在于在天国为自
己贮存珍宝。[①] 贫穷成为一种理想,既符合基督立下的榜样,也符
合基督的教导。贫穷与神圣联系起来,而财富与邪恶联系起来。[②]
圣保罗说道:"热爱金钱是万恶之源";[③]基督教道德家一再表达过
同样的观念。[④] 在人类最初处于无罪状态时,不存在财富,也无所
谓劳动。由于亚当不服从上帝,上帝为了惩罚他,就让他汗流满面
才得糊口。[⑤] 自那时起工作就成为一项必需;但沉思的生活要优
于活跃的生活。[⑥] 圣波拿文都拉指出,耶稣喜欢沉思的玛利亚甚
于忙碌的马大,[⑦]而他本人直到 30 岁还没干过什么工作。[⑧] 工作
本身是没有价值的;工作的最高目标就是继续沉思,就是使身体瘦
弱,就是抑制色欲。[⑨] 为了这一目的,创立了宗教秩序的几个人事
实上都强烈要求人们工作。据圣本笃,"懒散是灵魂的敌人;因而
在有些时候,教友应当用双手去辛勤劳动,而在其他时候,则应苦

---

① *St. Luke*, xii. 22 *sqq. St. Matthew*, vi. 19 *sq.*

② *St. Luke*, xvi. 19 *sqq. St. Matthew*, xix. 24.

③ 1. *Timothy*, vi. 10.

④ von Eicken, *Geschichte der mittelalterlichen Weltanschauung*, p. 498 *sqq.*
Thomas Aquinas, *Summa theologica*, ii. -ii. 186. 3.

⑤ *Genesis*, iii. 19.

⑥ Thomas Aquinas, *op. cit.* ii. -ii. 182. 1 *sq.* von Eicken, *op. cit.* p. 488 *sqq.*

⑦ Bonaventura, *Meditationes vitæ Christi*, ch. 45 (*Opera*, xii. 452).

⑧ *Ibid.* ch. 15 (*Opera*, xii. 405).

⑨ Guigo, *Epistola ad Fratres de Monte-Dei*, i. 8 (in St. Bernard, *Opera omnia*,
ii. 214):"精神活动不依赖肉体活动,而肉体活动依赖于精神活动。"von Eicken, *op. cit.*
p. 491 *sqq.*

读圣书"。① 圣伯纳德写道："基督的侍女应当不断祈祷、阅读、工作，以防不洁的魂灵将懒惰的心灵带入迷途。劳动克服了肉体的欢乐……工作使身体疲乏，身体对恶就不再那么欢喜。"②但不应过于追求活跃的生活而阻碍了生活所要促进的目标；因为任何人都不可能一边忙于外在的行动，同时又致力于神圣的沉思。③ 虽然有些人别无他法，只有靠工作糊口，试图获取超过生活必需范围的财富则是罪恶。④

　　这种教义或多或少在僧侣生活中得以实现，但基本上可以认为，它不适用于平常人。中世纪的贵族和骑士就像塔西佗所描述的条顿武士，他们认为，"通过辛勤劳动费力地积累财富是乏味而蠢笨之事，本来流一点血就可得到这些"。⑤ 英国诺曼征服之后，贵族阶层普遍过着懒散的生活，但仍然热切地沉溺于打猎，也仍然成群结队外出掠夺。⑥ 下层阶级构成了社会大众，在很长一段时期内，他们的存在只是为了上层阶级的利益。生活懒散，靠役使他人养活自己，被认为是荣耀之事，靠勤劳所得生活则被视为有失体面。"路易十六为了娱乐可以造锁，他宫廷内的女士可以造黄油和奶酪。罗斯勋爵可以作为科学爱好者造望远镜，而仍显高贵。但

282

---

①　St. Benedict, *Regula Monachorum*, 48.

②　St. Bernard, *De modo bene vivendi*, ch. 51 (*Opera omnia*, ii. 883 *sq.*).

③　*Speculum Monachorum*, in St. Bernard, *Opera omnia*, ii. 818. Von Eicken, *op. cit.* p. 494 *sq. Cf.* Thomas Aquinas, *op. cit.* ii. -ii. 182. 3.

④　Thomas Aquinas, *op. cit.* ii. -ii. 187. 3; 118. 1.

⑤　Tacitus, *Germania*, 14.

⑥　Wright, *Domestic Manners and Sentiments in England during the Middle Ages*, p. 102.

如果他们把锁、黄油、望远镜卖掉了,造它们的人就把自己贬低到手艺人的层次了。"①而斯宾塞先生注意到,尽管最初贸易不那么重要(因为重要的东西多在家里造出来),因而不受必要性及祖传习俗的认可,但随着其重要性增加,它也就不再受轻视了。② 在我们西方人当中,某一特定职业所受的尊重大体上是由该职业运用智力的程度决定的,而不熟练劳动在某种程度上仍尤受轻视。但是,只要一项工作不违背一般的道德准则,我们就不认为该工作不光彩。我们比古人更清楚地区分社会层面的低下和道德层面的低下。我们的道德判断较少受到阶级反感的影响。我们认识到,某种高标准的义务甚至与生活中最卑微的地位也是相容的。而当我们适当地思考了这个问题后,我们就会承认,勤勉的道德价值并不取决于在何种职业上勤勉,而是取决于劳动者的目的。

　　尽管勤勉受到赞扬,且人们坚持要求勤勉,但休息在某些情况下也被视作义务。一个人做了太多工作,就会伤害自己,也会间接伤害他人。在早期社会,不存在工作过度的诱因,但在现代文明里就很不一样了。这就可以解释最初发端于完全不同起源的一种制度的持续存在和广泛流行,这种制度就是星期日休息。

　　某些民族拥有一个习俗,即在某些被视为不洁或不祥的场合和日子不再工作,或不再做某种特殊的工作。有人去世时,人们常

　　① Harris,'The Christian Doctrine of Labor,' in *New Englander*,xxiv. 245.
　　② Spencer,*Principles of Ethics*,i. 429.

常不再工作,或许这部分是因为人们悲伤时自然就不再活动,[①]或者因为哀悼者处于某种需要休息的脆弱状态,[②]但据我推测,主要原因应在于害怕,担心死亡的污染会弄脏所做的工作。在摩洛哥的阿拉伯人中,若死者不下葬,村庄里就不必干什么活。在格陵兰,与死者住同一所房子的所有人都必须按祭司或巫师的指示,在一定时期内什么都不做。[③] 在白令海峡一带的爱斯基摩人中,在他们认为尸体尚有阴影的一段时间内,即死者死后的四五天内,死者的所有亲属什么活都不能干。[④] 在佛罗里达的塞米诺尔印第安人中,在安葬死者当天及随后的三天里,死者被认为还待在坟墓里,这时死者亲属都待在家里,不再干活。[⑤] 卡尔尼科巴人也不干活,以哀悼死者。[⑥] 在萨摩亚,哪位酋长去世了,当地的所有工作都要停下来。[⑦] 在巴苏陀人中,某位有影响之人去世当天,人们也不工作。雨云靠近的时候,他们也不到地里干活,或者匆忙离开田地,“以安静地等待神的赐福,他们害怕打搅大自然自身的运作。他们甚至把这种观念贯彻到如此程度——多数土著相信,如果他们在这样的时刻顽固坚持劳动,雨云就会发怒、退走,或者送来冰雹而不是雨。献祭的日子或有大规模洗礼的时候,也是节假日。因而,与第七天休息有关的法律,土著们心里根本就不反对,在他

---

① 参见下文第 308 页。

② 参见下文第 307 页。

③ Egede, *Description of Greenland*, p. 149 *sq*.

④ Nelson, 'Eskimo about Bering Strait,' in *Ann. Rep. Bur. Ethn.* viii. 319.

⑤ Maccauley, 'Seminole Indians of Florida,' in *Ann. Rep. Bur. Ethn.* v. 52.

⑥ Kloss, *In the Andamans and Nicobars*, p. 305.

⑦ Turner, *Nineteen Years in Polynesia*, p. 229. *Idem*, *Samoa*, p. 146.

们看来这样的法律是很自然的，较之某些基督徒，或许这种法律对他们来说甚至更为重要。"①

月相变化也常常被认为不利于工作。在贝专纳人中，"新月出来的时候，所有人都必须停止工作，过英国人所说的节日"。② 基克拉迪群岛的塞尔米亚人认为，所有工作在满月前的那几天都应尽可能停止。③《毗湿奴往世书》里讲，在满月或新月的日子处理世俗事务的人，要下鲁德兰达（Rudhirándha）地狱，这地狱的井里都是血。④ 在印度北部，人们认为新月时或月食时做任何重要事情都是不好的。⑤ 据《摩奴法典》，"新月之日，太阴月第十四天，满月之日，太阴月第八天"，婆罗门不得学习圣典。里面还讲："新月之日毁灭教师，太阴月第十四天毁灭学生，第八天和满月之日不利于记诵《吠陀》；因而在这些日子里，要避免进行诵读。"⑥佛教徒也有自己的安息日，或称为布萨（Uposatha），一个月有四次，即满月之日、无月之日、从满月或新月之日起的第八天。在这些日子里，不得买卖东西，不得工作、处理事务，不得打猎、捕鱼，所有学校和法庭也都关门。⑦ 在阿散蒂及毗邻地区，人们用月亮计算时间，每周都有一个"神物日"（fetish-day），即安息日，这个日子似乎是在当地起源的。"在沿海的所有地区，周二固定是神物日，阿散蒂的

285（左侧页码）

---

① Casalis, *Basutos*, p. 260 *sq.*

② Campbell, *Second Journey in the Interior of South Africa*, ii. 205.

③ Bent, *Cyclades*, p. 438.

④ *Vishṅu Puráṅa*, p. 209.

⑤ Crooke, *Popular Religion of Northern India*, i. 23.

⑥ *Laws of Manu*, iv. 113 *sq.*

⑦ Childers, *Dictionary of the Pali Language*, p. 535. Kern, *Der Buddhismus*, ii. 258.

国王遵守这个日子。丛林里的人则把一周内的其他日子奉为神圣之日。在这每周一次的神物日或安息日，人们通常身着白衣，用白色的泥土涂脸，有时也涂胳膊。他们也停止劳动而休息。渔民会认为如果他们当天外出打鱼，神物就会发怒，并破坏他们的打鱼活动。"①黄金海岸一带的库马西土著有一项法律规定，周四不得干农活。② 在夏威夷，每个月都包含三十个夜晚，不同的日子、夜晚都得名于月亮随月龄③而发生的变化，每个月都有四个时期，每个时期持续两到四个夜晚，这些夜晚被奉为神圣或禁忌。在其他一些场合，某些时节也被奉为禁忌，例如，某地位较高的酋长生病之时，为战争做准备之时，或重要的宗教仪式即将到来之时。这些禁忌或者是"寻常的"禁忌，或者是"严格的"禁忌。若是寻常的禁忌，人们只是不能干平常的工作，同时要参加早晚的祈祷，而在实施严格禁忌的时节，整个地区或岛屿都弥漫着昏暗、沉寂。"不能出现一点儿火和光，不能划独木舟；任何人不得洗澡；狗嘴被包起来，家禽被放在葫芦下，或者用布包上它们的头；这是为了不让任何人或动物发出噪音。除了在庙宇主持仪式的人，任何人不得离开住所。他们相信，只要没遵守其中的某一条规则，禁忌就会失灵，就会触怒诸神。"④

286

---

① Beecham, *Ashantee*, p. 185 *sq. Cf.* Bosman, *op. cit.* p. 131 (Gold Coast natives).

② Ellis, *Tshi-speaking Peoples of the Gold Coast*, p. 304.

③ 月龄(age of the moon)，指自新月起计算各种月相所经历的天数。——译者

④ Jarves, *History of the Hawaiian Islands*, pp. 40, 28. 土著使用的塔布(*tapua'i*)一词，意思就是"戒绝工作、游戏等事"(Tregear, *Maori-Polynesian Dictionary*, p. 472)。

　　闪米特血统或具有闪米特文化的民族也有他们奉为禁忌的日子。在摩洛哥,圣日或神圣时期要避免工作或某些种类的工作,人们认为此时这些工作干不成,在某些情况下甚至对干活的人有危害;有一句谚语说,"节日干活犹如以匕首去刺"。没完成周五中午的祈祷,谁都不会想要出发旅行,他们认为周五着手做任何工作都不好。① 也有人给我讲,如果衣服是周六洗的,这衣服就洗不干净。而在现代埃及人中,星期六被视为一周中最不吉利的日子,特别不宜于刮胡子、剪指甲、出发旅行。② 在阿拉伯半岛的海拜尔,星期天被视为不祥之日,不适于开始任何工作。③ 几无疑问,犹太人的安息日起源于这个信仰——在第七天工作不吉利、危险,这一信仰出现的原因就在于,在古代希伯来人(正如其他许多民族)的观念中,人类活动与月相变化之间具有神秘的联系。④ 已有人充分证明了希伯来人的安息日随新月而定,而这也就假定了希伯来人从前遵守某种与月相相对应的以七天为间隔的安息日。⑤ 在《旧约》里,新月和安息日总是一并提及;⑥于是《旧约》里压迫穷人的人说道:"新月几时过去,我们好卖粮?安息日几时过去,我们好摆开麦子?"⑦在现代犹太人中,在新月日——每月的第一天或第

287

---

　　① 见:Westermarck,*The Moorish Conception of Holiness*(*Baraka*),p. 140 *sqq.*。

　　② Lane,*Modern Egyptians*,p. 372.

　　③ Doughty,*Arabia Deserta*,ii. 197 *sq.*

　　④ 见:Jastrow,' Original Character of the Hebrew Sabbath,' in *American Journal of Theology*,ii. 321 *sqq.*。

　　⑤ Wellhausen,*Prolegomena to the History of Israel*,p. 112 *sqq.* Jastrow,*loc. cit.* pp. 314,327.

　　⑥ 2 *Kings*,iv. 23. *Isaiah*,i. 13. *Hosea*,ii. 11.

　　⑦ *Amos*,viii. 5.

一天和第二天——女人必须停止所有仆人般的工作,而男人不必中断其世俗工作。[①] 对第七天工作的迷信性恐惧发展成宗教禁忌,只不过是我们前面常常注意到的某种倾向的又一个例子,这种倾向就是,法力转化为神的意志。[②] 与古希伯来人一样,亚述人和巴比伦人视第七天为"罪恶之日";尽管他们在那天似乎通常并不放弃工作,但仍存在着与当天相联系的种种王室禁忌。国王不在他的马车里出现,不上朝,不献祭,不换衣服,不吃一顿好晚餐,甚至不诅咒他的敌人。[③]

　　基督废弃了犹太人的安息日。基督讲:"安息日是为人设立的,人不是为安息日设立的"[④];"我父(在安息日)作事直至如今,我也作事。"[⑤]皈依基督教的犹太人无疑还过安息日,但遭到了反对。《伊格那丢书信》中的某篇劝诫人们勿"过安息日",后来这些说法经过改编,扩充成反对按犹太人的方式过安息日的告诫,"仿

---

　①　Allen, *Modern Judaism*, p. 390 sq.

　②　贾斯特罗教授讲(*loc. cit.* p. 323):"如果安息日起初是个'不吉利'的日子,这一天必须避免在耶和华面前出现,那么它自然会被看作危险的日子,如果还进行日常活动来获取个人利益,就会惹耶和华发火。"他似乎没能注意到法力转化为神的意志这种情况。韦尔豪森也提出(*op. cit.* p. 114),安息日休息最初是因为那一天是该周的节日和牺牲日;由于每个第八天人们都有规律地中断日常工作,休息才逐渐变成安息日的实质特征。他认为,安息日作为休息日不可能很古老,因为这个日子的存在就"意味着存在农业和尚可忍受的艰苦的工作日生活"。但是,如果我们考虑到,人们通常相信,月相变化会对任何工作都产生不利影响,他的观点看起来就很无用处。见下文附注。

　③　Schrader, *Die Keilinschriften und das Alte Testament*, p. 592 sq. Hirschfeld, 'Remarks on the Etymology of Šabbāth,' in *Jour. Roy. Asiatic Soc.* 1896, p. 358. Jastrow, *loc. cit.* pp. 320, 328.

　④　*St. Mark*, ii. 27.

　⑤　*St. John*, v. 17.

佛那就是以懒散为乐"。① 4 世纪时,教会的一次会议规定,"基督徒不应采纳犹太人的习俗、信仰,不应在安息日休息,而应在那天工作"。② 另一方面,早期基督徒认可的一项习俗是在一周的第一天举行某种宗教庆典,纪念基督的复活,但这一天并不被视为安息日,而主要被看作欢庆之日。③ 德尔图良讲过,星期天戒除世俗事务和劳动是基督徒义不容辞的责任,他是这么说的第一位作者,他唯恐基督徒"变成魔鬼"。④ 但最早的星期天法律是否起源于基督教是极令人生疑的。公元 321 年,皇帝君士坦丁颁布法令,大意是,所有城市人、商人、手工业者在"庄严的太阳日"都应休息,而农村居民享有耕作田地的完全自由,"因为当天往往最适宜播种谷物、种植葡萄树"。⑤ 这个法令里根本没有提及与基督教的关系,我们也不知道法令的产生受到了基督教什么样的影响。⑥ 似乎君士坦丁作为最高祭司,只是在那些不祥之日,即教徒日(*religiosi dies*)——古罗马人认为这些日子不适于世俗事务,特别不适于司法活动——之外,又增加了太阳日,对太阳的崇拜正是罗马新出现

289

---

① Ignatius,*Epistola ad Magnesios*,9 (Migne,*op. cit.* Ser. Graeca, v. 768). Neale,*Feasts and Fasts*,p. 89.

② *Concilium Laodicenum*,can. 29 (Labbe-Mansi, *Sacrorum Conciliorum collectio*,ii. 580).

③ Justin Martyr,*Apologia I. pro Christiams*,67 (Migne,*op. cit.* Ser. Graeca, vi. 429). Schaff,*History of Christian Church*,'Ante-Nicene Christianity,' p. 202 *sqq.* Hessey,*Sunday*,p. 29 *sqq.*

④ Tertullian,*De oratione*,23 (Migne.*op. cit.* i. 1191).

⑤ *Codex Justinianus*,iii. 12. 2 (3).

⑥ *Cf.* Lewis,*Critical History of Sunday Legislation*,p. 18 *sqq.*；Milman,*History of Christianity*,ii. 291 *sq.*

的异教信仰的特征。[①] 尽管强制性的周日休息绝非犹太人安息日的延续,但由于罗马接受了摩西十诫作为宗教道德法典,而摩西十诫要求每周有一天休息,因而周日休息逐渐与犹太安息日混淆起来。自6世纪起,世俗统治者、理事会、宗教作家又对周日活动做了一些令人伤脑筋的限制;[②]到了清教时期,基督教的星期天就成为伪善的安息日之完美镜像,此时甚至更严格地要求禁绝各种世俗活动。依据新教,第四条诫命[③]的精神实质就是把七天中的一天神圣化,于是这一理论使人们接受了这一事实:犹太安息日是一周的第七天,而星期天是第一天。在17世纪的英格兰,周日运煤,晾晒衣服,骑马旅行,在农村闲逛、散步,都要受惩罚。[④] 而苏格兰牧师教导他们的教堂会众,周日拯救遇难船只是有罪的,任船只和船员毁灭则是虔诚之证明。[⑤]

---

① Gellius, *Nodes Atticæ*, iv. 9. 5; vi. 9. 10. Varro, *De lingua Latina*, vi. 30. Neale, *op. cit.* pp. 5, 6, 86, 87, 206. Fowler, *Roman Festivals of the Period of the Republic*, p. 8 *sq.* 希腊人也有"无福和不祥"的日子,此时不进行司法、集会活动,不干活 (Plato, *Leges*, vii. 800; Karsten, *Studies in Primitive Greek Religion*, p. 90)。

② Hessey, *op. cit.* p. 87 *sqq.*

③ 摩西十诫是上帝借以色列先知摩西之口向以色列民族颁布的十条诫命。其中第四条诫命为:"当记念安息日,守为圣日。六日要劳碌作你一切的工,但第七日是向耶和华你神当守的安息日……"关于摩西十诫,见《旧约·出埃及记》。——译者

④ Roberts, *Social History of the People of the Southern Counties of England*, p. 244 *sqq.*

⑤ Buckle, *History of Civilization in England*, iii. 276.

第三十七章 饮食限制

　　旅行者们常常惊讶地发现，未开化之人能吃掉极多的食物。乔治·格雷爵士描述了澳大利亚土著在一头鲸搁浅后的狂欢，他们许多天都待在鲸尸旁，把它整个吃掉。① 落基山脉一带的印第安人常常在很长时间里仅靠很少的食物过活，宴会时却会"狼吞虎咽地吃掉极多食物"。② 一个蒙古人"一坐下就能吃掉十磅肉，而据说有些蒙古人在二十四小时里大快朵颐，能干掉一只一般大小的绵羊"。③ 非洲中部的瓦干达人"有时大吃大喝，以致无法移动，看起来像中毒一般"。④ 有人公正地注意到，我们责怪暴饮暴食，认为暴饮暴食令人厌恶，而在某些种族所处的条件下，这是一种正常的行为，事实上也是必要的。斯宾塞先生讲过："若居住的地方有时只能提供很少的食物，有时却又能提供极丰富的食物，要生存下去，就要有能力在机会来临时吃掉极多的食物。"⑤若情况如此，291 基本上就不能把暴饮暴食污名化为恶习；而我也未找到直接证据，

---

① Grey, *Journals of Expeditions in North-West and Western Australia*, ii. 277 *sqq.*

② Harmon, *Journal of Voyages in the Interior of North America*, p. 329.

③ Prejevalsky, *Mongolia*, i. 55.

④ Wilson and Felkin, *Uganda*, i. 185.

⑤ Spencer, *Principles of Ethics*, i. 436.

证明土著视暴饮暴食为恶习，就是在那些通常据说节制饮食的蒙昧民族中也是如此。缺乏远见是未开化族群的特征之一，这必定导致他们无法崇尚节制。另一方面，据说有时土著羡慕暴饮暴食。托尔道伊先生告诉我，刚果西南部的班巴拉人称赞某人力气大，习惯这样讲："他能把整只山羊连皮吃掉。"

在较高的文化阶段，放纵就常常受到责难了，因为放纵有害于健康或兴盛，或是因为它会引起本能的厌恶感，抑或因为人们视沉溺于感官享受为堕落，又或者一般来说，它与禁欲的生活理想不相容。《圣经·箴言》里讲："贪食的，必致贫穷。"①据《摩奴法典》："过食有损于健康、名声及将来在天界的幸福；它使人无法获致超凡的功德，为人所厌恶；所以要注意戒除它。"②亚里士多德认为，人们视与放纵相联系的快乐为不光彩之事，这是正确的，"因为我们感到快乐的原因就在于我们是动物，而不在于我们是人"。③ 西塞罗讲，既然纯粹的肉体享受配不上人性之卓越，就"不应该把滋养我们身体的食物看作供我们享受的东西，而应看作增进我们的健康和力量的东西"。④ 我们中间有许多人至少表面上也持有上述看法；至于其他人，尽管他们也否定仅仅为了满足口腹之欲而吃喝，但他们承认满足口腹之欲为正当之事，因为它不仅能保持健康和力量，也能"令人欢快，有助于培养社会性情感"。⑤ 而我们当中

① *Proverbs*, xxiii. 21.
② *Laws of Manu*, ii. 57.
③ Aristotle, *Ethica Nicomachea*, iii. 10. 10.
④ Cicero, *De officiis*, i. 30.
⑤ Whewell, *Elements of Morality*, p. 124 *sq*.

多数人无疑没那么苛求，即使理论上不是如此，实践上也是如此，

292　我们也确实发觉，假如享受食物既不损害健康，也并未使我们感到
失去了某种更大的满足，并未妨碍我们对邻人的义务，就没什么可
责怪的。① 有时，教导人们节制饮食所基于的理由在其他情形下
导致了禁食义务的产生，即在某一特定时期戒绝所有饮食，至少戒
绝（从较松散的意义来讲）某些种类的食物。禁食的习俗广为流
行，研究道德观念时值得特别注意。

　　实行或规定禁食系出于各种目的。人们常常将其视为与超自
然对话或获取超自然力的一种方式。② 禁食之人能在梦中看到或
冥冥之中看到平常的眼睛看不到的东西。哈德逊湾一带的爱斯基
摩人"发现，在某一时期禁食，并戒绝与他人的接触，就能了解到大
神唐阿卡（Tung ak）的秘密。此时隐士要到某荒凉的地方去，在
或长或短的一段时间内戒绝饮食，直至想象到自己充满了治愈疾
病、控制一切人生宿命的力量。他们认为，隐士在经历考验的时
候，唐阿卡就站在附近，向其启示凡眼看不见的东西"。③ 瑙多韦
西人外出打猎前，会全体戒绝一切饮食，因为他们认为，"禁食能使
他们自由地做梦，在梦里他们就能得知哪里的猎物最多"。④ 不列

---

① 见：Sidgwick, *Methods of Ethics*, p. 328 *sq.*。

② Tylor, *Primitive Culture*, ii. 410 *sqq.* Spencer, *Principles of Sociology*, i. 261.
Avebury, *Origin of Civilisation*, p. 266 *sqq.* Landtman, *Origin of Priesthood*, pp. 118-
123, 158 *sqq.* Müller, *Geschichte den Amerikanischen Urreligionen*, pp. 285, 651.
Dorsey, 'Siouan Cults,' in *Ann. Rep. Bur. Ethn.* xi. 390. Mooney, 'Myths of the
Cherokee,' *ibid.* xix. 480. Herrera, *General History of the West Indies*, i. 165 (ancient
natives of Hispaniola). Niebuhr, *Travels through Arabia*, ii. 282.

③ Turner, 'Ethnology of the Ungava District,' in *Ann. Rep. Bur. Ethn.* xi. 195.

④ Carver, *Travels through the Interior Parts of North America*, p. 285.

颠哥伦比亚的钦西安人相信,要得到某一特别的东西,可以通过禁 293
食迫使神灵授予。① 阿玛祖鲁人有句谚语,"饱食终日者无法看到
神秘之物",而他们据此信仰,不信任肥胖的巫师。② 若找来一位
通古斯萨满给病人治病,他几天内都会戒绝食物并保持沉默,直至
身上充满神力。③ 在散塔尔人中,节日时必须供奉祭品之人要禁
食、祈祷,使自己的心灵在一段时间内保持明显的专注状态,以为
供奉祭品的责任做好准备。④ E. B. 泰勒爵士说,蒙昧人要多次整
日整周地一起非自愿地尝试禁食的效果,同时其他生活必需品也
不得满足,还要长时间待在沙漠或森林里独自沉思。 如此一来,他
不久就会看到幻象,与幻象交谈,对他而言这些幻象就是一个个看
得见的精灵,这样他也就学会了精神交流的秘诀,此后他会通过复
制原因来重现结果。⑤ 印度人相信,如果禁食之人以哪位神灵的
名义遵循禁食,他就会升入那位神灵的天界。⑥ 希伯来人将禁食
与神启联系起来。⑦ 屈梭多模讲,禁食"使灵魂明亮,给灵魂插上
翅膀,令其展翅翱翔"。⑧

---

① Boas,in *Fifth Report on the North-Western Tribes of Canada*,p. 50.

② Callaway,*Religious System of the Amazulu*,p. 387,n. 41.

③ Krivoshapkin,转引自:Landtman,*op. cit.* p. 159。

④ Dalton,*Ethnology of Bengal*,p. 213.另见:Rowney,*Wild Tribes of India*,p. 77。

⑤ Tylor,*Primitive Culture*,ii. 410.

⑥ Ward,*View of the History*,*&c. of the Hindoos*,ii. 77.

⑦ *Exodus*,xxxiv. 28. *Deuteronomy*,ix. 9. *Daniel*,ix. 3.

⑧ St. Chrysostom,*In Cap. I. Genes. Homil. X.*（Migne,*Patrologiæ cursus*,Ser.
Graeca,liii. 83）. *Cf.* Tertullian,*De jejuniis*,6 *sqq.*（Migne,ii. 960,961,963）；Haug,
Alterthümmer der Christen,pp. 476,482.

这一类观念就构成了举行法术、宗教仪式之前或与法术、仪式

294 相联系的常见禁食习俗的基础；[①]但这种习俗也有其他根据。人们不仅认为禁食对心灵产生效应，也认为禁食能防止污染。食物会造成污染，与其他会造成污染的东西一样，食物也有损圣洁。毛利人"禁止让食物触碰酋长的头或头发，他们认为酋长的头和头发是神圣的；如果有谁提到食物的时候把食物跟神圣的东西（或称'塔埔'[tapu]）联系起来，就会视作侮辱，从而遭到报复"。[②] 填饱的肚子也会造成污染。[③] 这显然就是摩洛哥等地[④]为了使法术具有效力而在早饭前进行施法的原因。马萨伊人冒险吃圣肉之前要用药效强劲的泻药。[⑤] 加勒比人通过通便、放血、禁食净化身体；安的列斯群岛的土著要去圣所前，就通过呕吐净化身体。[⑥] 禁食

---

① Bossu, *Travels through Louisiana*, i. 38（Natchez）. Clavigero, *History of Mexico*, i. 285 *sq.*; Bancroft, *Native Races of the Pacific States*, iii. 440 *sq.*（ancient Mexicans）. Landa, *Relacion de las cosas de Yucatan*, p. 156. Junghuhn, *Die Battaländer auf Sumatra*, ii. 311 *sq.*（natives of Tjumba）. Beauchamp, in the Madras Government Museum's *Bulletin*, iv. 56（Hindus of Southern India）. Ward, *op. cit.* ii. 76 *sq.* （Hindus）. Wassiljew, 转引自: Haberland, 'Gebräuche und Aberglauben beim Essen,' in *Zeitschrift für Völker-psychologie*, xviii. 30（Buddhists）, Porphyry, *De abstinentia ab esu animalium*, ii. 44; Wachsmuth, *Hellenische Alterthumskunde*, ii. 560, 576; Hermann-Stark, *Lehrbuch der gottesdienstlichen Alterthümer der Griechen*, p. 381; Anrich, *Das antike Mysterienwesen*, p. 25; Diels, 'Ein orphischer Demeterhymnus,' in *Festschrift Theodor Gomperz dargebracht*, p. 6 *sqq.*. Chwolsohn, *Die Ssabier und der Ssabismus*, ii. 23, 74.

② Angas, *Polynesia*, p. 149.

③ 见: Robertson Smith, *Religion of the Semites*, p. 434 *sq.*; Westermarck, *The Moorish Conception of Holiness*, p. 127。

④ Wuttke, *Der deutsche Volksaberglaube der Gegenwart*, § 219, p. 161.

⑤ Thomson, *Masai Land*, p. 430.

⑥ Waitz, *Anthropologie der Naturvölker*, iv. 330; iii. 384.

的真正目的常常可以从以下事实看出——禁食常常与其他带有净化特征的仪式协同进行。拉普人的诺艾德(noaide),亦即巫师,准备献祭时会戒绝食物并沐浴。① 希罗多德告诉我们,古埃及人向伊希斯女神献祭以前要禁食,焚烧牺牲的时候要打它们的身体。② 印度教徒决定拜访某圣地时,离出发还有两天时要剃头,次日禁食;他在旅途的最后一天还要禁食,到达圣地后全身的毛发都要剃掉,然后沐浴。③ 我们在基督教里也能看到作为净身礼的禁食。至少早在德尔图良时代,领圣餐者为领取圣餐做准备而禁食,乃寻常之事;④罗马天主教直至今日还规定,吃饭或饮水后不得行祝圣⑤或领取圣餐。⑥ 四旬斋期间,斋戒就在一定程度上解释为净身为圣桌做准备。⑦ 在早期基督教会,新信徒在洗礼之前净身是惯常做法。⑧

　　若是献祭,除了献祭之人,牺牲也应未受污染,人们认为必须如此。在古埃及,用作牺牲的动物应整个洗净。⑨ 按印度教的观念,诸神只享受纯净的牺牲。⑩《迦梨往世书》据说是在湿婆指示

---

① von Düben,*Lappland*,p. 256. Friis,*Lappisk Mythologi*,p. 145 *sq*.

② Herodotus,ii. 40.

③ Ward,*op. cit*. ii. 130 *sq*. C*f*. *Institutes of Vishnu*,xlvi. 17,24 *sq*.

④ Tertullian,*De oratione*,19 (Migne,*op. cit*. i. 1182).

⑤ 按天主教观念,在圣餐仪式中,行祝圣仪式后,用作圣餐的葡萄酒和无酵饼就变成了基督的血和肉。——译者

⑥ *Catechism of the Council of Trent*,ii. 4. 6.

⑦ St. Jerome,*In Jonam*,3 (Migne,*op. cit*. xxv. 1140).

⑧ Justin Martyr,*Apologia I. Pro Christianis*,61 (Migne,*op. cit*. Ser. Graeca, vi. 420),St. Augustine,*De fide et operibus*,vi. 8 (Migne,xl. 202).

⑨ Herodotus,ii. 38.

⑩ *Baudhâyana*,i. 6. 13. 1 *sq*.

下写成的,里面讲,如果以人为牺牲,他的身体不能有缺陷,不得犯过大罪,如果以动物为牺牲,其年龄必须超过三岁,不能有瑕疵或疾病;牺牲绝不可为妇女或雌性动物,因为书里讲女性、雌性生来不洁。① 按照希伯来人的宗教法,使用植物祭品时,不得使用酵母或蜜,理由就是这些东西有发酵的功效,跟别的东西混合,会使之变酸、变质;②若要以动物为牺牲,就要绝对没有瑕疵,③至少八天大,④如此就不受出生时的不洁物污染。用作牺牲的人或动物在献祭前必须戒绝食物,这种观念与上述规定是完全和谐的。在坎德人中,预定用作牺牲的人,前一天晚上就要令其开始禁食,到了献祭之日再给他一点牛奶和由棕榈树做成的西米;把他从村子里领出来,带到庄严的队伍前面,在此之前,要仔细给他清洗,穿上新衣服。⑤ 在摩洛哥,人们认为在庆祝一年一度的艾德卡比尔(*l-'âîd l-kbîr*,即献祭的节日)前一天禁食的人是值得赞许的,这个国家还有几个地方,要用作牺牲的绵羊当日就得禁食,至少第二天早上要禁食,马上要杀掉它时,才给它一些食物。犹太人有强迫头胎子女在逾越节前夜禁食的习俗,⑥这可能是所有头胎子女都献给主的某个时代的残存。⑦

296

---

① Dubois, *Description of the Character*, *&c. of the People of India*, p. 491.

② Keil, *Manual of Biblical Archæology*, i. 262.

③ *Leviticus*, xxii. 19 *sqq*.

④ *Ibid*, xxii. 27.

⑤ Macpherson, *Memorials of Service in India*, p. 118.

⑥ Greenstone, 'Fasting,' in *Jewish Encyclopedia*, v. 348. Allen, *Modern Judaism*, p. 394.

⑦ 见第一卷第 459 页。

献祭之前禁食的习俗在某些情形下可能是由于这个观念：在神吃东西之前信徒就吃东西，是危险的或不恰当的。① 在印度，婆罗门户主自自立门户之日起三十年内，每隔半个月都要定期举行两场献祭，据有些权威讲，甚至终生都要如此。仪式通常要连续举行两天。第一天献祭者及其妻子主要举行预备性的仪式，发誓禁戒（vrata），第二天则举行主要的献祭仪式。禁戒包括戒绝某些种类的食物，特别是肉类——第二天要把肉献祭给诸神，也要戒绝其他世俗的享乐。《百道梵书》对此做了如下解释："诸神能看穿人心；他们知道，他开始发誓的时候，他的意思是第二天向他们献祭于是所有神灵都来到他家里，停留在他身旁或他屋子里的火（优波婆[upa-vas]）旁边；因此这一天称作优波婆素陀（upa-vasatha）。②现在，跟他在一起的客人还没吃饭，他就拿起食物，即便这样也不恰当，更别提与他在一起的诸神还没吃饭，他就拿起食物，这就太不恰当了。所以就让他禁食吧。"③然而，这不太可能是此处所说的禁食的原初含义。禁食大致发生在新月和满月时；据当地的一些权威，禁食和献祭发生在阴历月份的每半个月的最后两天，而多数探讨仪式的作者都认为，献祭正常发生在每半个月的第一天，即每月的第一天及第十六天。④ 现在我们应该明白当地人在这些场合遵守禁食有多频繁了，禁食大概是由于害怕吃东西，当地人认为

① *Cf*. Oldenberg, *Die Religion des Veda*, p. 414.
② *upa-vasatha* 为梵文，一般译为"布萨"。——译者
③ *Satapatha-Brāhmana*, i. 1. 1. 7 *sq*. Eggeling, in *Sacred Books of the East*, xii. 1 *sq*. Oldenberg, *op. cit*. p. 413, n. 1.
④ Eggeling, in *Sacred Books of the East*, xii. 1.

食物已经被月亮污染了;因此在我看来,禁戒根本不可能与禁食有相似的起源,它只不过是献祭仪式准备阶段的一个环节。但与此同时,精灵或诸神应该首先用餐,这个观念肯定是很古老的,在出于某种原因需要推迟献祭的情况下,这个观念就会导致禁食实际发生。一个波利尼西亚传说告诉我们,有个叫茂伊的人,有一次逮住一条极大的鱼。他离开自己的弟兄时对他们讲:"我走了以后,要勇敢、有耐心;我没回来时,不要吃东西,不要把鱼切碎,要把鱼放在这里,直到我为诸神带去用这大鱼做成的祭品,找到一个祭司,这时就能给神献上合适的祷文和祭品,也能井然有序地履行必要的仪式。这样一来我们所有人都能得到净化。我那时会回来的,到时我们就可安全地把这条鱼切碎,把它公平地分给这个人,分给那个人,分给每一个人。"但茂伊一走,他的弟兄们立马开始吃东西并把这鱼切碎。如果茂伊在此之前已经达到圣地,神看到他的信徒捕到的鱼的一部分供奉给他,他的心本来会得到安抚,所有的男神和女神本来也都会吃到自己的那一份祭品。但现在诸神对他们大发雷霆,因为他们把鱼切碎了,却没有供上适当的祭品。①

许多民族的习俗规定,有人去世后要禁食。卢西恩讲,在安葬死者的宴会上,死者的亲戚会劝说死者父母吃饭,而三天的禁食几乎会令死者父母倒下去。② 据说在印度教徒中,子女要为父亲或母亲的去世禁食三天,妻子也要为死去的丈夫禁食三天;③但根据

---

① Grey, *Polynesian Mythology*, p. 26 *sq.*

② Lucian, *De luctu*, 24.

③ Ward, *View of the History*, &c. *of the Hindoos*, ii. 76 *sq.*

一个较新的常被引用的说法,他们并非完全戒绝食物。印度的某
部圣书里讲,哀悼者应禁食三天,如果无法做到,可以靠市场上买
来的食物或未索要别人就给予的食物维持生存。① 在马拉巴尔的
纳亚迪人中,"从死亡时到葬礼结束,所有亲属都必须禁食"。② 在
尼尔吉里山脉一带的纳亚迪人中,死者亲属第一天禁食,就是说,
如果……死者早饭后去世,他们就不吃晚饭,直到第二天早上都不
吃东西。如果死者夜间去世,或早餐前去世,他们直到晚上都不吃
东西。如果未举行葬礼,在接下来的每个星期,在死者死去的那个
日子都要如此实行禁食。"③在非洲东部的博戈人中,父亲去世后
儿子必须禁食三天。④ 黄金海岸一带有个习俗,死者近亲要进行
长期、痛苦的禁食,有时只能艰难地诱使他们再吃东西。⑤ 在达荷
美,死者近亲也必须在"停尸期间"或哀悼时禁食。⑥ 在巴西的帕
雷西人中,死者亲属要在死者坟墓停留六天,小心地避免吃东
西。⑦ 在安的列斯群岛的原住民中,丧父或丧母的子女、丧妻的丈
夫、丧夫的妻子,过去也常禁食。⑧ 北美的一些印第安部落有个习
俗,死者亲属要禁食,直至葬礼结束。⑨ 斯纳奈姆人是一个海岸萨

299

①　Vasishtha,iv.14 sq.Cf.Institutes of Vishnu,xix.14.

②　Thurston,iu the Madras Government Museum's Bulletin,iv.76.

③　Harkness,Description of a Singular Race inhabiting the Neilgherry Hills,p.97.

④　Munzinger,Die Sitten und das Recht der Bogos,p.29.

⑤　Cruickshank,Eighteen Years on the Gold Coast,ii.218.

⑥　Burton,Mission to Gelele,ii.163.

⑦　von den Steinen,Unter den Naturvölkern Zentral-Brasiliens,p.435.Cf.ibid. p.339(Bakaïri).

⑧　Du Tertre,Histoire générale des Antilles,ii.371.

⑨　Charlevoix,Voyage to North-America,ii.187.

利什人部落，在他们中，丧偶的丈夫或妻子在三四天内什么东西都不能吃。[1] 斯特拉特鲁姆人是不列颠哥伦比亚的萨利什人内部的一个分支，安葬宴会后的四天里，死者的家庭成员都要禁食、哀悼、行净身礼。[2] 在不列颠哥伦比亚汤普森河上游的印第安人中，以手触碰尸体的人和挖掘坟墓的人，直至尸体下葬都要禁食。[3]

在几个事例中，死者死后相关人等只在白天禁食。

《圣经》里讲，扫罗和约拿单的死讯传来后，大卫与跟随他的人为他们禁食到晚上。[4] 摩洛哥的阿拉伯人有个习俗，如果有人早上去世，村庄里的每个人都要禁食，直至死者下午或晚上下葬；但如果有人去世得较晚，第二天早上才能下葬，人们夜间可以吃饭。在帛琉群岛，只要死者未下葬，白天就要禁食，但晚间不禁食。[5] 在斐济群岛，葬礼之后，一直到晚上都要禁食，如此实行十天或二十天。[6] 在萨摩亚群岛，照顾死者的人白天什么都不吃，但夜间可以吃一顿，此乃寻常之事。[7] 在毛利土荷部落，"某位卓越的酋长死后，其孀妇、子女就一直待在灵堂，他们只在夜间吃东西，白天绝不吃东西"。[8] 内布

---

[1] Boas, in *Fifth Report on the North-Western Tribes of Canada*, p. 45.

[2] Tout, 'Ethnology of the Stlatlumh of British Columbia,' in *Jour. Anthr. Inst.* xxxv. 138.

[3] Teit, 'Thompson Indians of British Columbia,' in *Memoirs of the American Museum of Natural History*, Anthropology, i. 331.

[4] 2 *Samuel*, i. 12. *Cf. ibid*. iii. 35.

[5] Waitz, *op. cit.* v. 153.

[6] Williams and Calvert, *Fiji*, p. 169.

[7] Turner, *Nineteen Years in Polynesia*, p. 228. *Idem*, *Samoa*, p. 145.

[8] Best, 'Tuhoe Land,' in *Trans. and Proceed. of the New Zealand Institute*, xxx. 38.

拉斯加的索克人和福克斯人以前要求子女为去世的父亲或母
亲禁食三个月,每天日落时才能吃一顿完全由碎玉米做成的
饭。① 在坎萨人中,丧妻之夫要禁食一年半,从日出一直到日
落,丧夫之妇也要在一年内遵守相似的禁食。② 在不列颠哥
伦比亚的某些部落及思林凯特人中,死者亲属夜间可以吃一
点东西,但白天必须禁食,直至尸体下葬。③ 汤姆森河上游的
印第安人流行一种不一样的习俗:"死者安葬之前,任何人日
落之后(也有人说是天黑以后)都不得在户外吃东西、饮水、吸
烟,否则鬼魂就会害他们。"④

很常见的情况是,哀悼者只需戒绝某些食物,特别是肉或鱼,
或某种主食或最喜欢的食物。

在格陵兰,曾与死者住在同一屋里或触碰过他的尸体的
人,在一定时期内不得吃某些食物。⑤ 在汤普森河上游的印
第安人那里,"失去一个孩子的父母几个月内不吃鲜肉"。⑥
在不列颠哥伦比亚的斯特拉特鲁姆人那里,寡妇一整年不得
吃新鲜食物,而死者本人的其他家庭成员戒绝新鲜食物的期

301

---

① Yarrow,'Mortuary Customs of the North American Indians,' in *Ann. Rep.
Bur. Ethn.* i. 95.

② Dorsey, 'Mourning and War Customs of the Kansas,' in *American
Naturalist*, xix. 679 *sq.*

③ Boas, *loc. cit.* p. 41.

④ Teit, *loc. cit.* p. 328.

⑤ Egede, *Description of Greenland*, p. 149 *sq.*。Cranz, *History of Greenland*,
i. 218.

⑥ Teit, *loc. cit.* p. 332.

限少则四天，多则数月。鳏夫同样在一定期限内不许吃新鲜
肉类，时间长短视当事人的年龄而定，年龄越轻，禁食的时间
就越长。① 在哥伦比亚的某些瓜希罗部落，在持续九天的吊
唁期间不许吃肉。② 在阿比泊尼人中，某位酋长去世了，整个
部落一个月内不许吃鱼，而鱼是他们最喜欢的食物。③ 昆士
兰北部的原住民在吊唁期间小心地回避某些食物，他们相信，
如果吃了禁止吃的食物，他们的肠子就会烧掉。④ 在复活节
岛，死者最近的亲属在一年甚至更长时间里不得吃土豆，而土
豆是他们的主粮，或者不得吃他们最喜欢的一些食物。⑤ 巴
布亚人和马来半岛的一些部落禁止人们吊唁期间吃大米或西
米。⑥ 在安达曼群岛，吊唁者拒绝吃他们最喜欢的食物。⑦ 某
位亲戚死去之后，蒂佩拉人一周内不吃肉。⑧ 在称作库尔的
月份——追悼死者的神圣月份——的十五天里，奥德的阿拉
克部落也要如此。⑨ 在马拉巴尔的纳亚迪人那里，死者亲属
在死者死后十天内不许吃肉。⑩ 按照托达人的习俗，死者的

① Tout, in *Jour. Anthr. Inst.* xxxv. 138 *sq.*
② Candelier, *Rio-Hacha*, p. 220.
③ Charlevoix, *History of Paraguay*, i. 405.
④ Lumholtz, *Among Cannibals*, p. 203.
⑤ Geiseler, *Die Oster-Insel*, pp. 28, 30.
⑥ Wilken, 'Ueber das Haaropfer, und einige andere Trauergebräuche bei den Völkern Indonesien's,' in *Revue coloniale internationale*, iv. 348 *sq.*
⑦ Man, 'Aboriginal Inhabitants of the Andaman Islands,' in *Jour, Anthr. Inst.* xii. 142. 353.
⑧ Browne, 转引自：Dalton, *op. cit.* p. 110。
⑨ Crooke, *Tribes and Castes of the North-Western Provinces and Oudh*, i. 84.
⑩ Thurston, in the Madras Government Museum's *Bulletin*, iv. 76.

近亲在葬礼未结束前不得吃米、奶、蜜或绿豆。[①] 在琼德尔·博斯先生所讲到的印度人那里，寡妇一天只能吃一顿分量不足的饭，还是粗陋的饭菜，总是没有鱼，而鱼是印度妇女菜单中最受重视的食物。死者儿子自父亲去世时直至葬礼结束，也只能吃一顿由阿塔卜米（一种劣质米）、奶、酥油、糖和一些水果组成的饭。如果是婆罗门，这个规矩要遵守十天，如果是首陀罗，就要遵守三十天。[②] 印度的有些圣书里讲，不洁期应该戒肉。[③] 在中国，"在守丧期的最后一个月，即最深切的追悼之期，不得食肉、果汁、烈酒，而此时其他各种食物都已允许食用了"。[④]

不同作者将死者去世时的禁食习俗归结为不同的原因。斯宾塞先生相信，这一习俗出自为死者准备过多东西的习惯。[⑤] 尽管在某些族群中，丧葬祭品无疑是包罗甚广的，以致使生者陷入贫困、挨饿的境地，[⑥]但我从未碰到过大意如此的说法：他们急切地想要把所有可以吃的东西给予死者，或者悼念时的禁食具有实际上的必要性。禁食总是限于某固定时期，常常只有若干天，而禁食在许多民族中盛行，从未听说他们毫不吝啬地给予死者大量祭品。

---

① *Idem*, *ibid*. i. 174. 里弗斯博士说，在托达人中，鳏夫不得吃米、饮奶，在每周的其妻忌日的那一天，他也不吃早饭，只吃晚饭。寡妇也是如此（*Todas*, p. 370）。

② Bose, *The Hindoos as they are*, pp. 244, 254 *sq*.

③ *Gautama*, xiv. 39. *Institutes of Vishnu*, xix. 15.

④ de Groot, *Religious System of China*, (vol. ii. book) i. 651.（荷兰汉学家高延[Jan Jakob Maria Groot]的说法出自《礼记·间传》，系指为父母守表。——译者）

⑤ Spencer, *Principles of Sociology*, i. 261 *sqq*.

⑥ *Ibid*. i. 262.

至于中国人,德·哥罗特先生认为,守丧者禁食,最初是为了能够在下葬时献上更多祭品;他的这个论断是基于这个事实:直至极深切的悼念之期结束时还禁止食用的各种食物,恰恰就是在每一次安葬祭祀上发挥主要作用的那些食物。[①] 但这种禁食也可能出于中国人的这种信仰:将某些食物献祭给死者,就污染了同类的所有食物。

303　　威尔肯教授也提出,悼念者禁食,直至给予死者应得的祭品,这是为了表明,他们不想让他等得太久,因此也让他对他们友善对待。[②] 这个解释假定,禁食之后紧接着就是为死者举行的祭祀或宴会。在某些情况下,据说确实是这么回事;[③]例如古代中国人在死者去世之后,甚至在哀悼结束之后,要定期专门禁食,以此作为祭祀死者亡灵的先导性仪式。[④] 但总的说来,没有迹象表明,悼念性禁食是祭祀死者的必要预备,而在上面提及的一个事例里,葬礼宴会总是在禁食之前举行。[⑤]

　　J.G 弗雷泽爵士发现,"只有在这种情况下,即人们认为他们吃饭时可能把鬼魂也吃掉了",[⑥]人们才开始在死者死后禁食。他

---

　　① 　de Groot, *op. cit.* (vol ii. book), i. 652.

　　② 　Wilken, in *Revue coloniale internationale*, iv. 347, 348, 350 *sq.* n. 32.

　　③ 　Selenka, *Sonnige Welten*, p. 90 (Dyaks). Black, 'Fasting,' in *Encyclopædia Britannica*, ix. 44. 、

　　④ 　de Groot, *op. cit.* (vol. ii. book) i. 656.

　　⑤ 　见前文第 299 页。

　　⑥ 　Frazer, 'Certain Burial Customs as illustrative of the Primitive Theory of the Soul,' in *Jour. Anthr. Inst.* xv. 94. 另见;Oldenberg, *Die Religion des Veda*, pp. 270, 590。

的这一观点似乎更接近真相。但我认为,总的看来,与其说他们害怕吞下鬼魂,不如说他们害怕吞下被死亡所传染、污染的食物。死尸被视为污染源,会污染它周边的任何东西,如果被传染物可以进入肠道,人们当然会认为这特别危险。在某些情形下,悼念性禁食持续时间的长短显然取决于人们对鬼魂的污染是否还存在的信仰。帕雷西人实行六天的禁食,恰巧他们也认为,死者去世六天之后就到达天堂,不再回来;他们也说,不守禁食者会"吃下死者之口",他本人就会死去。[①] 禁食常常持续到尸体下葬;下葬是防止鬼魂归来的常见措施。[②] 限制白天进食的习俗很可能起源于这一观念,即鬼魂在黑暗中看不见东西,因而无法在夜间过来污染食物。也有其他一些习俗,其目的在于防止污染,禁食与之类似,这也能表明,禁食的目的在于防止污染。毛利人不得在埋葬尸体的地方或其附近吃东西,也不得在经过尸体埋葬处对面的某独木舟里吃饭。[③] 在萨摩亚,只要尸体还在屋里,就不得在这屋里吃饭;因而死者家庭成员就在外面吃饭,或者到别人家吃饭。[④] 托达人在死者去世当天要禁食,第二天则到别的棚屋吃饭。[⑤] 印度的某部圣书里讲,"若某六层以内的亲戚家有人去世,婆罗门在十天不洁时期结束前,不得在其家吃饭";"有临盆妇女尚未从分娩的屋子里出来",婆罗门也不得在其家吃饭;婆罗门也不得在有尸体停放

304

① von den Steinen, *op. cit.* p. 434 *sq.*
② 见下文关于"对死者的尊重"的章节。
③ Polack, *Manners and Customs of the New Zealanders*, i. 239.
④ Turner, *Nineteen Years in Polynesia*, p. 228. *Idem*, *Samoa*, p. 145.
⑤ Thurston, in the Madras Government Museum's *Bulletin*, i. 174.

的住宅里吃饭；①关于这最后一条禁令，据说若是某位非亲属死亡，按习俗要在"一百弓"的距离放一盏灯和盛水的容器，就在这距离之外吃饭。② 在拜火教的某部典籍里，马兹达讲，"要是某家有人去世了，直至三夜过后……他的亲属才能吃肉做的东西"；③之所以有此规则，原因明显就在于这个信仰：死者死后的前三个夜晚，其灵魂还在尸体旁徘徊。④ 现代帕西人的习俗与此习俗紧密联系，若某住宅有人去世，三天内也禁止该住宅的所有人做饭，但亲属可从邻居或朋友那里获得食物。⑤ 阿加利亚人是一个达罗毗图部落，生活在米尔扎布尔的多山地区，死者火化当天，死者家里不得生火、做饭，要在死者的内兄、内弟处做饭。⑥ 在基克拉迪群岛的麦克诺斯岛，人们认为，服丧家庭不应做饭；因而朋友、亲戚都满载食物而来，并将食物摆上"心酸的桌子"。⑦ 在阿尔巴尼亚人中，死者家里三天之内不做饭，死者家庭靠朋友吃饭。⑧ 在叙利亚的马龙派教徒那里，"死者家里不做饭，由亲戚、朋友提供食物"。⑨一个犹太人去世时，他家及邻居家里的水都要马上倒掉；⑩任何人

305

---

① Âpastamba，i. 5. 16. 18 sqq.

② Haradatta，转引自：Bühler，in Sacred Books of the East，ii. 59，n. 20。

③ Shâyast Lâ-Shâyast，xvii. 2.

④ West，in Sacred Books of the East，v. 382，n. 3.

⑤ West，ibid. v. 382，n. 2.

⑥ Crooke，Tribes and Castes of the North-Western Provinces，i. 7.

⑦ Bent，Cyclades，p. 221.

⑧ von Hahn，Albanesische Studien，p. 151.

⑨ Dandini，'Voyage to Mount Libanus，' in Pinkerton，Collection of Voyages，x. 290.

⑩ Allen，Modern Judaism，p. 435.

不得在停放尸体的房间吃饭，除非家里只有一个房间，此时住户可能架起一个屏风，把食物拿进房间，这样一来，他们吃饭时就看不到尸体；只要尸体还放在家里，他们就必须戒肉、戒酒；[①]在晚上哀悼的时候，死者家庭成员不可吃自己的食物，只能由朋友提供食物。[②]在摩洛哥的阿拉伯人中，若有人早上去世，在他下葬之前整个村庄不得生火，而在这个国家的有些地区，与死者生前住在同一住宅或帐篷里的人，两三天内都不得生火。在阿尔及利亚，"有人去世时，三天内家里不许生火，不许碰烹煮、烧烤的肉类，除非是到户外的什么地方"。[③]在中国，死者去世后七天内"家里不生火做饭，而是托朋友、邻居供给日常生活所需"。[④]没有充分理由假定死者去世后禁止做饭的习俗是以前的悼念性禁食习俗的残存，但两种习俗似乎在一定程度上具有相似的起源。如果在受到污染的屋里做饭，或者由受到污染的个人做饭，就会污染食物。死者亲属或处置尸体的人，被视为受玷污之人；因而要禁止他们做饭，正如他们要戒绝所有工作，[⑤]也不得过性生活。[⑥]他们也往往因此被禁止触摸食物；这在某些情况下就导致了禁食习俗，而在其他情况下

306

---

① Bodenschatz, *Kirchliche Verfassung der heutigen Juden*, iv. 177.

② Buxtorf, *Synagoga Judaica*, p. 707.

③ Certeux and Carnoy, *L'Algérie traditionelle*, p. 220.

④ Gray, *China*, i. 287 *sq*.

⑤ 见前文第 283 页及以下。

⑥ Teit, *loc. cit.* p. 331 (Upper Thompson Indians). Tout, in *Jour. Anthr. Inst.* xxxv. 139 (Stlatlumh of British Columbia), Oldenberg, *Die Religion des Veda*, pp. 578, 590; Caland, *Die Altindischen Todten- und Bestattungsgebräuche*, p. 81. de Groot, *op. cit.* (vol. ii. book) i. 609 (Chinese). Wilken, in *Revue internationale coloniale*, iv. 352, n. 41.

这些人就只能靠邻居吃饭。①

　　然而,人们也可能会认为,不仅不洁之人触摸一块食物会污染它,有时吃下这食物也会污染它;并且,按照以部分代表整体(*pars pro toto*)的原则,污染接着会扩散到同类的所有食物。在人死后的饮食限制方面,上述这类观念有时是很显然的。于是不列颠哥伦比亚的西谢特人相信,死者尸体或任何与死者有关的东西都对鲑鱼有害,因而禁止死者亲属在渔季的早期阶段吃鲑鱼,也禁止他们踏入发现了鲑鱼的小河。② 在附近的斯特拉特鲁姆人那里,即便是年老的鳏夫——对他们施加饮食限制的期限较短——也不许吃新鲜鲑鱼,直至渔季初期结束,大批鱼到来,这时就不必担心鱼被赶走了。③ 尽管我们已经充分了解死者去世后限制饮食在每一种情况下的动机,我们也应发现一种类似的担忧,即唯恐不洁的吊唁者污染同种属的部分个体,进而污染整个种属,这构成了禁止吃主食或最心爱的食物等规则的共同原因。④ 但这些规则似乎也可能发源于这一观念,即死者特别想要这一类食物,因而这些

307

---

　　① Turner, *Samoa*, p. 145; *Idem*, *Nineteen Years in Polynesia*, p. 228 (Samoans). Ellis, *Polynesian Researches*, i. 403 (Tahitians). Frazer, *Golden Bough*, i. 323 (Maoris). Williams and Calvert, *Fiji*, p. 169. 在汤普森河上游的印第安人中,处置了尸体的人不会用手触摸食物,而是用带尖端的棍子把食物送入嘴中 (Teit, *loc. cit.* p. 331)。

　　② Tout, 'Ethnology of the Siciatl of British Columbia,' in *Jour. Anthr. Inst.* xxxiv. 33.

　　③ Tout, in *Jour. Anthr. Inst.* xxxv. 139.

　　④ 在澳大利亚中部的阿兰达人部落,妇女经期不得采摘香附子(Irriakura)球茎,这既是男人,也是女人的主食。他们的观念是,违反了这种限制,这种球茎就供应不上了(Spencer and Gillen, *Northern Tribes of Central Australia*, p. 615)。

食物也被玷污了。

再者,不洁之人不仅对他人是一种危险,他们自己也处于危险当中。正如 J.G.弗雷泽爵士所表明的那样,习俗认为这些人处于脆弱的状态,于是必须采取某些预防措施;[①]其中一项措施就是限制饮食。在思林凯特人及不列颠哥伦比亚的某些族群中,死者亲属不仅要禁食到尸体下葬,还要把脸涂黑,头上盖着破烂的垫子,他们只能说极少的话,只能回答问题,因为土著相信,不这样他们就会变成话痨。[②] 按照早期观念,哀悼者所处的状态与青春期女孩是很相似的。在一些族群那里,青春期女孩也因不洁而必须禁食,或戒绝某些种类的食物。[③] 例如,在斯特拉特鲁姆人那里,如果一个女孩到了青春期,她要在前四天禁食,还要在整个隔离期戒绝任何鲜肉。"这种饮食限制有双重目的:其一,土著认为,女孩处于特殊状况,鲜肉会害了她;其二,如果女孩在此情况下吃了它们的肉,猎物会发火",就不会让她父亲杀死它们。[④]

最后要注意,尽管人死后禁食的习俗主要源于迷信,但禁食也

---

① Frazer,*Golden Bough*,i.343,&c.

② Boas,*loc.cit*.p.41.

③ Boas,*loc.cit*.p.40 *sqq*.(various tribes in British Columbia). Tout,in *Jour. Anthr. Inst.* xxxiv.33(Siciatl). Sproat,*Scenes and Studies of Savage Life*,p.93 *sq*.(Ahts). Bourke,'Medicine-Men of the Apache,'in *Ann. Rep. Bur. Ethn.* ix.501. Du Tertre,*Histoire générale des Antilles*,ii.371. Schomburgk,'Natives of Guiana,'in *Jour. Ethn. Soc. London*,i.269 *sq*. von Martius,*Beiträge zur Ethnographie Amerika's*,i.644(Macusis). Seligmann,in R*eports of the Cambridge Expedition to Torres Straits*,v.200 *sqq*.(Western Islanders). Man,'Aboriginal Inhabitants of the Andaman Islands,'in *Jour. Anthr. Inst.* xii.94. 见:Frazer,*op. cit*.iii.205 *sqq*.。

④ Tout,in *Jour. Anthr. Inst.* xxxv.136.

308

有生理上的动机。① 即使是最未开化的蒙昧人也会为朋友的死感到痛苦，而悲伤也伴随着食欲的消失。这种对摄食的天然反感与迷信性恐惧结合起来，就产生了那些禁止性规则，非但如此，甚至可能在一开始就导致了吃东西危险的观念。悼念仪式总是与悲伤的自然表达相重合，以至我们几乎必然会假定两者之间存在某种联系；悼念仪式发展出高级形式之后，迷信动机明确地突显出来。

　　哀悼性禁食的一个重要残存是四旬斋禁食。最初斋戒只持续四十个小时，也就是基督躺在坟墓里的时间。② 艾雷尼厄斯讲到过复活节前的这四十个小时，③德尔图良在某孟他努派教徒与天主教徒争辩时说，基督徒仅有的合法的禁食日，就是这位新郎④被带走之时。⑤ 然而，这四十个小时后来扩充为四十天，也即模仿摩西、以利亚和耶稣的四十天禁食。⑥

　　人们不仅认为死者死亡时食物会污染、伤害吃食物之人，也认为在其他某些场合也会如此，因此也应禁食。在普法尔茨，人们认

　　① Cf. Mallery, 'Manners and Meals,' in *American Anthropologist*, i. 202；Brinton, *Religions of Primitive Peoples*, p. 213；Schurtz, *Urgeschichte der Kultur*, p. 587.

　　② Cf. *St. Matthew*, ix. 15；*St. Mark*, ii. 20；*St. Luke*, v. 35.

　　③ Irenaeus, 转引自：Eusebius, *Historia ecclesiastica*, v. 24（Migne, *Patrologiæ cursus*, Ser. Graeca, xx. 501）。Cf. Funk, 'Die Entwicklung des Osterfastens,' in *Theologische Quartalschrift*, lxxv. 181 sqq. ；Duchesne, *Christian Worship*, p. 241.

　　④ "新郎"这里指耶稣基督。《圣经》及其他一些基督教文献都曾把耶稣喻为新郎。——译者

　　⑤ Tertullian, *De jejuniis*, 2（Migne, *op. cit*. ii. 956）.

　　⑥ St. Jerome, Commentarii in Jonam, 3（Migne, *op. cit*. xxv. 1140）. St. Augustine, *Epistola LV*（*alias CXIX*）, 'Ad inquisitiones Januarii,' 15（Migne, xxxiii. 217 sq. ）. Funk, *loc. cit*. p. 209.

为日食时应禁食；①德国各地都有一种民间信仰，人在雷雨时吃东西会被雷击。② 若托达人知道将要发生日食、月食，他们就戒绝食物。③ 在印度教徒中，日食和月食期间，"禁止饮水、吃东西、做一切家务，乃至祭拜神灵"；高种姓印度人甚至不吃日食、月食时放在屋里的食物，而是把食物送人，而家里这时使用的所有土制容器都要打碎。④ 在为斯纳塔卡（即完成了学业的婆罗门）制定的规则中，有一条规则禁止他们在黄昏时刻吃东西、旅行、睡觉；⑤拜火教的某巴拉维语文献里写道："黑暗之中不得吃东西，因为魔鬼此时会攫取吃东西之人三分之一的智慧和光荣。"⑥许多崇拜太阳的印度人早上也不中断禁食，直至他们清楚地看到了太阳，如果太阳白天被云彩遮住，他们也什么都不吃。⑦ 北美的太阳崇拜者，即海岸萨利什人的分支斯纳奈姆印第安人，也有着与印度人相似的习俗。如果太阳没有完全出现在天空，他们不吃任何食物。⑧ 婆罗门在春/秋分、冬/夏至及几个行星连成一线的时候禁食。⑨ 正如我们前面看到的那样，佛教徒的安息日，即优波婆素陀发生在满月之日，在没有月亮的那天，以及自满月和新月算起的第八天这两天

310

---

① Schönwerth, *Aus der Oberpfalz*, iii. 55.

② Haberland, in *Zeitschr. f. Völkerpsychologie*, xviii. 258.

③ Rivers, *op. cit.* p. 592 *sq.*

④ Crooke, *Popular Religion of Northern India*, i. 21 *sq.*

⑤ *Laws of Manu*, iv. 55.

⑥ *Shâyast Lâ-Shâyast*, ix. 8.

⑦ Wilson, *Works*, i. 266. Hunter, *Annals of Rural Bengal*, ii. 285. Crooke, *Things Indian*, p. 214.

⑧ Boas, *loc. cit.* p. 51.

⑨ Dubois, *Description of the People of India*, p. 160. 另见前文第 297 页。

里,此时不仅是休息日,自古时起也是斋戒日。严格遵守此安息日的人在日出和日落之间会戒绝一切食物,在优波婆素陀期间也不得做饭,而会在太阳还未升起的清晨准备晚饭。[1]

犹太人视月食为恶兆,这一天许多犹太人就会禁食。[2] 我们也有理由相信,犹太人曾有一个习惯,即不仅将新月日和安息日视为休息日,也视为禁食日;而我们已看到,希伯来人的安息日很可能起源于对月相变化的迷信性恐惧。[3] 犹太人现在有个奇怪的规矩,即禁止在新月之日和第七天禁食。[4] 如果不把这规矩解释为对曾在犹太人中盛行的在这些日子里禁食——但后来这禁食又被视为不正当的仪式——的反对,我们又该作何解释呢?[5] 我这里提出的并非新理论,因为胡克在《教会政策》里说道:"他们是否以前在安息日不太遵守禁食,这可能是个问题。"他提到了约瑟夫斯的一段话,根据这段话,"在安息日(第六个小时),[6]按习惯总是要叫他们回家吃肉"。他也提到了某些斥责犹太人安息日禁食的异教徒作者。[7]《尼希米记》里有一段话表明,以色列人按习俗第七

---

① Childers, *Dictionary of the Pali Language*, p. 535. Kern, *Der Buddhismus*, ii. 258.

② Buxtorf, *op. cit.* p. 477.

③ 见前文第 286 页及以下。

④ *Judith*, viii. 6. *Schulchan Aruch*, i. 91, 117.

⑤ 见:Jastrow,' Original Character of the Hebrew Sabbath,' in *American Journal of Theology*, ii. 325。

⑥ 犹太人古时曾把白天从日出至日落分成相等的 12 个小时。这一点也可见于胡克的原文。——译者

⑦ Hooker, *Ecclesiastical Polity*, v. 72, vol. ii. 338.

个月的第一天要禁食，①这一天是"神的圣日"；②在第七个月的第　311
十天，则有盛大的赎罪斋戒，同时要戒绝所有工作。③　我擅自认
为，所有这些禁食习俗最终都可以追溯到某种信仰，即月相的变化
不仅不利于工作，也使吃东西变得危险。第七天是休息日这个事
实，就使七这个数字代表着休息。在第七个月里，除了周六之外，
也有几天，人们守之为休息日，④而在第七年里，"地要守圣休
息"。⑤　在这些关于安息日的规则中，赎罪日发挥着特别重要的作
用。按经书里的规定，七月"初九日晚上到次日晚上"，不休息、不
禁食者，当处以最严厉的惩罚；⑥在七个七年过去之后的这同样的
七月初十日，要在遍地发出角声。⑦　大部分关于赎罪日的规则无
疑都是犹太人在后放逐时期⑧的事。但先知们或早期书籍只提及
撒迦利亚讲过的那些禁食日，而没有提及其他固定的日子，这一事
实很难支持众多学者关于不曾存在此类禁食的推断。七月初十的
禁食作为赎罪性禁食，极有可能是相当晚近的时期发生的事；而如
．．．．．．．．

---

①　*Nehemiah*，viii. 2，10："又对他们说，你们去吃肥美的，喝甘甜的，有不能预备
的，就分给他。"

②　*Nehemiah*，viii. 9 *sqq.* 另见：*Leviticus*，xxiii. 24 *sq.*；*Numbers*，xxix. 1。在巴比
伦人中，第七个月也带有神圣特征（Jastrow，*Religion of Babylonia and Assyria*，pp.
681，683，686）。

③　*Leviticus*，xvi. 29，31；xxiii. 27 *sqq. Numbers*，xxix. 7.

④　*Leviticus*，xxiii. 24，25，35，36，39. Numbers，xxix. 1，12，35.

⑤　*Leviticus*，xxv. 4. 另见：*Exodus*，xxiii. 10 *sq.*。

⑥　*Leviticus*，xxiii. 29 *sq.*（《圣经》里规定，七月初十为赎罪日、安息日。——译
者）

⑦　*Ibid.* xxv. 9.

⑧　后放逐时期（post-exilic period），指公元前 537 年至公元前 430 年，在此之前以
色列人曾被放逐到巴比伦。——译者

果我们提出，赎罪的观念是晚近时期对以前存在过的禁食——人们遵守禁食是因为害怕数字七所具有的危险性质——的解读，或许算不上太鲁莽。我们尚不清楚为何规定在七月初十禁食；但似乎人们认为禁食发生的月份次序比日子次序更重要。《尼希米记》里提到，以色列人曾在七月禁食二十四日。①

312

在其他闪米特宗教那里，我们也能看到一些禁食习俗，它们以这种或那种方式与天文变化相联系。据恩尼蒂姆，哈兰人（或者说萨比教徒）崇拜月亮，就遵守三十天的禁食，自三月份新月后的第八天开始；崇拜"好运之神"（很可能指木星），②就遵守九天的禁食，自十二月份新月之前的第九天开始；崇拜太阳，就遵守七天的禁食，自二月份新月后的第八天或第九天开始。③ 在三十天的禁食期间，他们似乎要自日出至日落戒绝一切饮食，④而七天的禁食明确是指戒绝肥肉和酒。⑤ 在摩尼教——它实质上奠基于古巴伦王国的自然宗教，尽管经过了基督教和波斯因素的改造并升华为某种灵知（gnosis）⑥——当中，我们也能看到众多禁食实践。太阳位于人马座时（太阳在第二十二个十一月进入人马座），出现满月时，要连续两天禁食；太阳进入摩羯座时（此时大约是第二十一

① *Nehemiah*，ix，1.

② Chwolsohn，*Die Ssabier*，ii. 226，a. 247.

③ En-Nedîm，*Fihrist*，(book ix. Ch. i.) i. 4；v. 8，11 *sq*.（Chwolsohn，*op. cit.* ii. 6，7，32，35 *sq*.）。另见：Chwolsohn，i. 533 *sqq*.；ii. 75 *sq*.。

④ Chwolsohn，*op. cit.* ii. 71 *sq*. *Cf*. Abûlfedâ，6 (*ibid*. ii. 500).

⑤ En-Nedîm，*op. cit.* v. 11（Chwolsohn，*op. cit.* ii. 36）.

⑥ Kessler，' Mani，Manichäer，' in Herzog-Hauck，*Realencyclopädie f. protestantische Theologie*，xii. 198 *sq*. Harnack，*History of Dogma*，iii. 330. *Idem*，'Manichæism，' in *Encyclopædia Britannica*，xv. 485.

个十二月),刚开始能看见月亮时,也要禁食;"新月开始闪耀,太阳位于水瓶座(太阳大约在第二十个一月开始进入水瓶座),当月已经过去八天",自这天起每天日出至日落都要禁食,为期三十天。要求当月必须已过八天,似乎意味着直到太阳进入水瓶座八天以后才能开始禁食,因而意味着如果新月在这八天期间出现,也要推迟禁食,并等待新月下一次出现。摩尼教徒在每次出现新月时也禁食两天;而关于这一问题的权威恩尼蒂姆讲,他们甚至每个月都有禁食日。他们在星期天禁食,有些教徒,即伊利科特(electi),意为"完人",在周一也禁食。[1] 利奥一世讲,他们每周遵循这些禁食规定,是为了崇拜太阳和月亮;[2]但据亚美尼亚主教埃培哲塞,之所以周日禁食,是因为他们相信世界将在某个周日毁灭。[3] 几无疑问的是,哈兰人和摩尼教徒禁食,最初不是由于崇拜有害的影响,而是由于害怕有害的影响;崇拜不可能是惯例性禁食仪式的原始动机。哈兰人在亚达月要禁食三十天,或许就是由于,按照巴比伦人的信仰,亚达月是由七位恶神主宰的,这些恶神不懂同情,不懂怜悯,他们听不见祈祷、祈愿,民间信仰把月食归因于他们的坏影响。[4] 不过同样值得注意的是,哈兰人禁食时大约是春分时节——我们已看到,印度的婆罗门也习惯于此时禁食,尽管只禁食一两天。

---

① En-Nedîm, *Fihrist*, in Flügel. *Mani*, pp. 95, 97. Flügel, p. 311 *sqq*. Kessler, *loc. cit*. p. 212 *sq*.

② Leo the Great, *Sermo XLII*. (*al. XLI*.) 5 (Migne, *op. cit*. liv. 279).

③ Flügel, *op. cit*. p. 312 *sq*.

④ Jastrow, *Religion of Babylonia ana Assyria*, pp. 263, 276, 463.

哈兰人及摩尼教徒三十天的禁食很有可能是穆斯林斋月禁食
的原型。在伊斯兰历法的整个九月期间,每天从日出到日落,每个
穆斯林都要完全戒绝饮食和夫妻生活,小孩子、白痴、病人、旅行者
除外,他们可以把禁食推迟到另一时间。① 据称禁食是穆斯林基
本宗教义务的第四部分,其他基本宗教义务包括祈祷、施舍、朝圣。
但事实上,现代穆斯林看重斋月禁食甚于其他宗教惯例;② 许多穆
斯林疏于祈祷,但若有谁公然藐视禁食的规定,则会受到相当严厉
的惩罚。③ 在斋月期间,即便给予旅行者及病人的特殊待遇,也不
容易落实。埃内兹人仲夏时节游行时,除了对死亡的恐惧,没有什
么能让他们中断禁食;④伯顿在开罗伪装成一名穆斯林医生,为麦
加朝圣之旅做准备,他发现,在所有那些为戒绝一切饮食所痛苦折
磨的人当中,只有一个病人为了活命,愿意吃东西。⑤ 没有证据表
明,斋月禁食是自古就有的、前穆斯林时代就存在的习俗。⑥ 另一

314

---

① *Koran*,ii. 180,181,183.

② *Cf*. Lane,*Modern Egyptians*,p. 106.

③ von Kremer,*Culturgeschichte des Orients*,i. 460.

④ Burckhardt,*Bedouins and Wahábys*,p. 57.

⑤ Burton,*Pilgrimage to Al-Madi-nah and Meccah*,i. 74.

⑥ 我们很难相信《古兰经》(ii. 179)里的这段话的字面意思,这段话是:"信道的
人们啊! 斋戒已成为你们的定制,犹如它曾为前人的定制一样,以便你们敬畏。"传统
主义者说穆罕默德有个习惯,即每年斋月都在希拉山洞冥思,给所有向他祈求的穷人
食物,他这样做是与古莱什族人以前不信真主时就有的宗教习俗相一致的。还有人认
为,(穆罕默德的祖父)阿卜杜勒·穆台列卜创造了这个习俗,他讲,"先祖以前自斋月
新月始乃至整个斋月,都禁食敬神"(Muir,*Life of Mahomet*,ii. 56,n. * Sell,*Faith of
Islám*,p. 316)。但是,如缪尔所言,传统主义者喜欢为伊斯兰教的习俗、戒律寻找先
兆,仿佛某些习俗、戒律在穆罕默德以前就存在,并构成"亚伯拉罕的宗教"的一部分
(*op. cit*. ii. 56,n. *)。见:Jacob,'Der muslimische Fastenmonat Ramadân,' in *VI.
Jahresbericht der Geographischen Gesellsch. zu Greifswald*,pt. i. 1893-96,p. 2 sqq.

方面,它与哈兰人和摩尼教徒的禁食之间的相似如此醒目,我们几乎不得不把它们看成基本相同的习俗;而如果这个假定是正确的,穆罕默德必定是从哈兰人或摩尼教徒那里,或同时从这两者那里借来了此种禁食习俗。事实上,雅各布先生已经表明,公元 623 年 ³¹⁵ 此禁食似乎就已确立,斋月恰恰与哈兰人的禁食月份重合。① 这种长达一整个月的伊斯兰形式的禁食被视为一种赎罪的方式。据说,遵循禁食的人,他过去所有的小的罪孽都会被宽恕,而且只有遵循禁食的人才能进入称作拉扬(*Rayyân*)的天堂之门。② 穆斯林的禁食习俗不过是一常见事实——习俗常常超越使它们得以起源的动机,并在很长的时期内存续下来——的又一例子罢了。

我们在各种宗教中都能看到,禁食就是一种忏悔的形式,是安抚某位发怒的、愤慨的神灵的一种方式,是一种赎罪。③ 由此带来的自愿受苦就被视为可取悦神灵的悲痛、悔恨之表达,视为若不禁食神灵将对有罪之人进行惩罚的之替代;而与此同时,也可把受苦看成对神的同情心的激发,在许多犹太禁食习俗中我们都可发现这种观念。④ 在犹太人中,个人遇到困境或危险时也禁食。例如,

------

①　Jacob,*loc. cit.* p. 5.

②　Sell,*op. cit.* p. 317.

③　Wasserschleben, *Die Bussordnungen der abendländischen Kirche*, *passim* (Christianity). *Koran*, ii. 192; iv. 94; v. 91, 96; lviii. 5. Jolly, 'Recht und Sitte,' in Bühler,*Grundriss der indo-arischen Philologie*, p. 117; Dubois, *Description of the Character*,&c. *of the People of India*, p. 160 (Brahmanism). Clavigero,*History of Mexico*,i. 285. 若发生了公共灾难,墨西哥高阶僧侣就到树林里隐居,他在树林里为自己建造一个木屋,在屋里闭门静修,在九或十个月里不断祈祷,经常让血流出来,只喝水、吃生玉米(Torquemada,*Monarchia Indiana*,ix. 25,vol. ii. 212 *sq.*)。

④　*Cf.* Benzinger, 'Fasting,' in *Encyclopædia Biblica*, ii. 1508; Schwally, *Das Leben nach dem Tode nach den Vorstellungen des alten Israel*,p. 26.

亚哈听到以利亚预言他将垮台时禁食,[①]以斯拉与同伴启程奔赴巴勒斯坦之前禁食,[②]虔诚的犹太人在友人生病时禁食。[③]　再者,若犹太共同体相信神灵发怒了,受到了危险威胁,一场大灾难降临家园,瘟疫流行或旱灾到来,或战时形势不利,就会为整个共同体316　设立禁食之规。[④]　为纪念犹太人被放逐巴比伦期间降临到以色列的种种苦难事件,犹太人确立了四个定期的禁食日;[⑤]随着时间流逝,他们又增加了许多其他禁食习俗,以纪念某些民族灾难,但这些禁食都不被视为义务。[⑥]　法律也只规定在赎罪日这伟大的日子里禁食。

　　有人可能要问,为什么这种特定的克己禁欲会变成如此频繁而流行的忏悔形式,例如在犹太教及其他几种宗教中都是如此。一个原因无疑是,由于悲痛具有抑制食欲的效果,禁食就是对悔罪的自然表达。另一个原因是,正如我们刚才所见,忏悔的观念可能是后来附加在禁食——它最初源于对污染的恐惧——之上的解释。非但如此,甚至在人们遭遇苦难和危险,将禁食当作保护措施的时候,在人们禁食以纪念某场灾难的时候,他们也可能朦朦胧胧地相信,食物被污染了,因而应当禁食。但在几种情况下,禁食行为明显属于某种赎罪性献祭的残存。献祭给神的食物牺牲变成了

---

①　1 *Kings*, xxi. 27.

②　*Ezra*, viii. 21.

③　*Psalms*, xxxv. 13.

④　*Judges*, xx. 26. 1 *Samuel*, vii. 6. 2 *Chronicles*, xx. 3. *Nehemiah*, ix. 1. *Jeremiah*, xxxvi. 9. *Joel*, i. 14;ii. 12.

⑤　*Zechariah*, viii. 19.

⑥　Greenstone,in *Jewish Encyclopedia*, v. 347.

信徒戒绝食物所带来的"牺牲"。我们看到，在犹太人中，随着献祭的衰微，更频繁的禁食相伴发生。仅仅在与犹太人被放逐巴比伦紧接着的之前的一段时期，禁食才变得特别重要；在放逐期间及以后，公众对禁食的尊重与日俱增，这在一定程度上至少是由于，他们感到，庙宇崇拜中断以后，就需要用其他宗教实践来替代。[①] 与献祭一样，禁食作为赋予祈愿特殊效能的方式，附着于祈祷；[②]禁食和祈祷事实上就变成稳定的词汇组合。[③] 禁食和施舍之间的联系也同样密切——施舍被看成某种形式的献祭或取代了献祭，这种情况需特别注意。[④] 我们在婆罗门教关于忏悔的规定中，可以反复见到"献祭、禁食、施舍"组合；[⑤]或者见到禁食和施舍，而不提及献祭。[⑥] 在犹太人中，每个禁食日实际上就是施舍的日子，[⑦]这与拉比的格言相一致——"禁食日的回报取决于施舍的数量"；[⑧]但有时也有人宣称，禁食甚至比慈善更值得赞许，因为前者影响身体，而后者只影响钱包。[⑨] 禁食和施舍的结合也由犹太教传入基

<small>317</small>

---

① Benzinger, in *Encyclopædia Biblica*, ii. 1508. Nowack, *Lehrbuch der hebräischen Archäologie*, ii. 271.

② Löw, *Gesammelte Schriften*, i. 108. Nowack, *op. cit.* ii. 271. Benzinger, in *Encyclopædia Biblica*, ii. 1507.

③ *Judith*, iv. 9, 11. *Tobit*, xii. 8. *Ecclesiasticus*, xxxiv. 26. *St. Luke*, ii. 37.

④ 见前文第 565 页及以下。

⑤ *Gautama*, xix. 11. *Vasishtha*, xxii. 8. *Baudhâyana*, iii. 10. 9.

⑥ *Vasishtha*, xx. 47.

⑦ Kohler, 'Alms,' in *Jewish Encyclopedia*, i. 435. Löw, *op. cit.* i. 108. *Cf. Tobit*, xii. 8；Katz, *Der wahre Talmudjude*, p. 43.

⑧ *Ibid.* fol. 6 b，转引自：Greenstone, in *Jewish Encyclopedia*, v. 349。

⑨ *Berakhoth*, fol. 32 b，转引自：Hershon, *Treasures of the Talmud*, p. 124。

督教和伊斯兰教。据伊斯兰教义,禁食后施舍是一项宗教义务;[1]
若老年人身体不好,无法遵守禁食,他就必须给穷人提供食物;[2]
违背轻率立下的誓言,可以通过下列方式赎罪:一次性给予十个穷
人食物、衣服;解放一个穆斯林奴隶或俘虏;禁食三天。[3] 基督教
会不仅认为祈祷时必须禁食,而且认为不管通过禁食省下了什么,
都要将其施予穷人。[4] 圣奥古斯丁说,人在生活中的正义就在于
禁食、施舍和祈祷,而施舍和禁食就是两扇翅膀,能使祈祷飞到上
帝那里。[5] 而禁食时若不施舍"甚至都不算作禁食";[6]不应把正餐
时禁食之所获转化成晚餐时的宴会,而应该用来填饱穷人的肚
子。[7] 若有谁身体太弱,禁食就会破坏健康,他就应给出更多的施
舍。[8] 德尔图良明确将禁食说成"上帝能接受的祭品"。[9] 禁食也

318

---

① Sell,*op. cit.* p. 251.

② *Ibid.* p. 281. 这个看法基于《古兰经》里的一句话(ii. 180),这句话有很大争议。
这句话讲:"适合斋戒者(those who are fit to fast),当纳罚赎,即以一餐饭,施给一个贫
民。"但"those who are fit to fast"实际上被理解成难以斋戒者。

③ *Koran*,v. 91. Lane,*Modern Egyptians*,p. 313 *sq.* 另见:*Koran*,ii. 192;iv. 94;
v. 96;lviii. 5.

④ Harnack,*History of Dogma*,i. 205,n. 5. Löw,*op. cit.* i. 108.

⑤ St. Augustine,*Enarratio in Psalmum XLII.* 8 (Migne,*Patrologiæ cursus*,
xxxvi. 482).

⑥ St. Chrysostom,*In Matthæum Homil. LXXVII. (al LXXVIII.)* 6 (Migne,
op. cit. Ser. Graeca,lviii. 710). St. Augustine,*Sermones supposititii*,cxlii. 2,6 (Migne,
xxxix. 2023 *sq.*).

⑦ St. Augustine,*Sermones supposititii*,cxli. 4 (Migne,*op. cit.* xxxix. 2021). 另
见:*Canons enacted under King Edgar*,'Of Powerful Men,' 3 (*Ancient Laws of
England*,p. 415);*Ecclesiastical Institutes*,38 (*ibid.* p. 486)。

⑧ St. Chrysostom,*In Cap. I. Genes*,*Homil. X.* 2 (Migne,*op. cit.* Ser. Graeca,
liii. 83). St. Augustine,*Sermones supposititii*,cxlii. 1 (Migne,xxxix. 2022 *sq.*).

⑨ Tertullian,*De resurrectione carnis* 8 (Migne,*op. cit.* ii. 806).

带有敬奉给上帝之祭品的特征，被称为敬畏上帝之事。[1] 但早期基督教作家倡导禁食乃至克己，理由则是禁食"是慈善之始"，[2]而"喜欢吃也就意味着喜欢不洁"。[3]

---

[1]　Hooker,*Ecclesiastical Polity*,v.72,vol.ii.334.

[2]　St.Chrysostom,*In Epist.II.Ad Thessal.Cap.I.Homil.I.* 2（Migne,*op. cit.*Ser.Gr.lxii.470）.

[3]　Tertulian,*De jejuniis*,1（Migne,*op.cit.*ii.953）.另见;Manzoni,*Osservazioni sulla morale cattolica*,p.175。

319

第三十八章　饮食限制(完)

除了我们上一章看到的偶尔的禁食,还有更长期的饮食限制。

在澳大利亚原住民中,部落里的年轻成员似乎普遍受到这样一些饮食限制的约束,随着年龄的增长,他们才能逐渐摆脱这些限制。[①] 例如,在澳大利亚东南部的沃乔巴卢克部落,男孩子不许吃袋鼠和小型沙袋鼠,别人告诉他们,如果违反了这些规矩,他们就会生病,就会一下子突然发作,可能会死掉。如果 40 岁以下的人吃了鸸鹋或鸨的尾巴,他就会变得灰白,而如果他吃了淡水龟,他就会被雷电打死。瓦克尔布拉部落的土著相信,若青年男女吃了鸸鹋、黑头蟒或针鼹,被吃掉的动物的灵魂就会进入他们体内,他们就会发出他们所吃的动物才能发出的声音,他们就会生病,很可能会死掉。[②] 在澳大利亚中部的瓦拉蒙加部落,男性在中年以前

---

① Curr, *The Australian Race*, i. 81. Fraser, *Aborigines of New South Wales*, p. 53. Howitt, *Native Tribes of South-East Australia*, p. 769 *sq*. Brough Smyth, *Aborigines of Victoria*, i. p. xxxv. Taplin, 'Narrinyeri,' in Woods, *Native Tribes of South Australia*, p. 137. Jung, 'Die Mündungsgegend des Murray und ihre Bewohner,' in *Mittheil. d. Vereins f. Erdkunde zu Halle*, 1877, p. 32. Spencer and Gillen, *Native Tribes of Central Australia*, p. 470 *sqq*. Iidem, *Northern Tribes of Central Australia*, p. 611 *sq*. Eyre, *Expeditions of Discovery into Central Australia*, ii. 293.

② Howitt, *op. cit*. p. 769.

不得吃野火鸡、兔耳袋狸、鸸鹋。① 按照某些作者的看法,这些饮 320
食限制的目的在于把最好的东西留给老年人,更具体来说,是留给
年纪更大的人;②但另一方面,有人指出,看一下被禁动物的清单,
实在弄不明白他们究竟为何要选出这些动物,除非我们假定他们
是出于迷信性信仰才选出这些动物的。③ 在陆地达雅克人中,年
轻男子和战士不得吃鹿肉,他们害怕吃鹿肉会使他们变得像母鹿
一样胆小。④ 摩尔人相信,青春期前的小孩若吃了狼肉,以后就会
有麻烦。

　　某些个人长期不得食用某些种类的食物,关于这一方面还有
众多事例。在维多利亚湖南面的乌尼杨韦齐人中,女人不得吃家
禽,只有男人可以吃。⑤ 在梯西的曼丁哥人中,妇女不得吃蛋,而
她们也严格地遵守这条禁律,以致"没有什么比给梯西妇女一个蛋
更冒犯她的了";另一方面,男人吃蛋毫无顾忌,甚至会当着妻子的
面吃。⑥ 在刚果自由邦的班图巴亚卡人中,妇女既不能吃家禽,也
不能吃蛋;"如果妇女吃了一个蛋,他们认为这个妇女就会变疯,就
会撕扯掉自己的衣服,在灌木丛中奔跑。"⑦在乌干达保护国,安科

---

① Spencer and Gillen, *Northern Tribes of Central Australia*, p. 612.

② Iidem, *Native Tribes of Central Australia*, p. 470 *sq*. Iidem, *Northern Tribes of Central Australia*, p. 613. Jung, in *Mittheil. d. Vereins f. Erdkunae zu Halle*, 1877, p. 32.

③ Brough Smyth, *op. cit*. i. 234.

④ St. John, *Life in the Forests of the Far East*, i. 186.

⑤ Reichard, 'Die Wanjamuesi,' in *Zeitschr. d. Gesellsch. f. Erdhunde zu Berlin*, xxiv, 321.

⑥ Park, *Travels in the Interior of Africa*, i. 114.

⑦ Torday and Joyce, 'Ethnography of the Ba-Yaka,' in *Jour. Anthr. Inst.* xxxvi. 41, 42, 51.

尔的巴希马人允许男人吃菜牛肉、某些羚羊的肉及水牛肉，但通常
只允许妇女吃菜牛肉。① 非洲中部的达尔富尔禁止妇女吃动物肝
321 脏，因为人们认为，男人吃动物肝脏可以增加灵魂，而他们相信妇
女没有灵魂。② 印度北部的米里人珍视老虎肉，视之为男人的食
物，并且认为女人不适合吃虎肉，因为"吃虎肉会令女人太有主
见"。③ 在澳大利亚诸部落，有些食物完全禁止女人食用。④ 约克
海角一带的土著禁止妇女吃各种鱼，包括最好的一些鱼类，"他们
的借口是，鱼会让女人生病，但无害于男人"。⑤ 在桑威奇群岛，妇
女也不得吃猪肉、龟及某些水果，例如可可和香蕉。⑥ 有人认为，
这许多禁律表明女性的地位较低；但对相关事实有了更深入了解
以后，或许就会发现，它们得以确立的基础并不仅仅在于男人的自
私。因为有时候男人也受制于非常类似的限制。在刚果自由邦的
巴华纳人中，"妇女不得吃猫头鹰及其他猛禽，但可以吃青蛙，男人
却不敢吃青蛙，因为据说他们吃了会生病"。⑦ 关于新不列颠的土
著，鲍威尔先生讲，某地妇女不得吃猪或龟，另一地男人除了人肉、
家禽、鱼以外，什么都不许吃。⑧ 在加罗林群岛，女人最爱吃丽棕
鸟这种常见的黑色鹤，男人却不许吃，因为他们相信，部落男人吃

① Roscoe,'Bahima,' in *Jour. Anthr. Inst.* xxxvii. 101.
② Felkin,'Notes on the For Tribe,' in *Proceed. Roy. Soc. Edinburgh*, xiii. 218.
③ Dalton,*Ethnology of Bengal*, p. 33.
④ Curr,*The Australian Race*, i. 81. Brough Smyth,*op. cit.* i. xxxv.
⑤ Macgillivray,*Voyage of Rattlesnake*, ii. 10.
⑥ von Kotzebue,*Voyage of Discovery into the South Sea*, iii. 249, note. Cook,转引自：Buckle,*Miscellaneous and Posthumous Works*, iii. 355。
⑦ Torday and Joyce,'Ethnography of the Ba-Huana,' in *Jour. Anthr. Inst.* xxxvi. 279.
⑧ Powell,*Wanderings in a Wild Country*, p. 173.

了丽椋鸟,而后爬上可可树,就会掉下来摔死。① 在生活于砂拉越河西岸支流一带的某些部落中,男人不许吃山羊、家禽及良种的蕨菜——这是极好的蔬菜——妇女和男童却可以吃这些东西。② 322

在有些民族中,祭司和术士不许吃某些食物。古埃及的祭司不得吃鱼,③不得动用埃及以外出产的可作饮食的东西;④据普鲁塔克,古埃及祭司很讨厌排泄物,于是他们不仅不吃多数豆类,也不吃绵羊肉和猪肉,因为绵羊肉和猪肉会产生过多的营养。⑤ 蒙古喇嘛不碰山羊肉、马肉、骆驼肉。⑥ 在马来半岛的塞芒人中,巫医不吃山羊肉、水牛肉,但偶尔吃家禽。⑦ 在托达人中,养牛的人只可以喝某些水牛的奶,也完全禁止吃辣椒。⑧ 这些限制以及对祭司或术士的类似限制,很可能与这一观念相关,即神圣性纤弱易损,需要特别小心。⑨ 尚伯克讲,英属圭亚那印第安人中的法师很少吃土猪,因为他们认为,吃了土猪有损于他们法术的效力。⑩ 摩洛哥的乌拉德布阿齐兹人相信,若抄经士或圣人吃了狼的肉,前者

---

①　von Kittlitz,*Reise nach dem russischen Amerika*,&c. ii. 103 *sq.*

②　Low,*Sarawak*,p. 266.

③　Herodotus,ii. 37. Plutarch,*De Iside et Osiride*,7. Porphyry,*De abstinentia ab esu animalium*,iv. 7.

④　Porphyry,*op. cit.* iv. 7.

⑤　Plutarch,*De Iside et Osiride*,5.

⑥　Prejevalsky,*Mongolia*,i. 56.

⑦　Skeat and Blagden,*Pagan Races of the Malay Peninsula*,ii. 226.

⑧　Rivers,*Todas*,p. 102 *sq.* 关于其他事例,见:Landtman,*Origin of Priesthood*,p. 161 *sq.*。

⑨　*Cf.* Frazer,*Golden Bough*,i. 391.

⑩　Schomburgk,'Expedition to the Upper Corentyne,' in *Jour. Roy. Geograph. Soc. London*,xv. 30.

所写的咒文就会失效,而后者的唾液会失去疗效。

也有其他事例是某些个人被长期禁止食用某些种类的食物。323 于是可以看到,在安达曼群岛,所有男女各自"终生禁食某一(或多)种鱼或动物。在多数情况下,这被禁的美味是童年时母亲看到(或想象)会造成某种功能紊乱的东西;等到涉及的人年龄大了,能明白事了,母亲就把有关情况向他说明,把前因后果都对他讲清楚,他以后就会把那种肉当作他的禁忌,会小心避免它。如果有人什么食物都吃过,却没带来什么不好的后果,这个幸运者就有权选择自己的禁忌,当然,他会足够精明地选取例如鲨鱼或鳐鱼这样的鱼作为自己的禁忌,因为很少有人吃这种鱼,而他以后不吃这种鱼也不需要克制自己。"他们相信,任何人若犯了吃禁忌食物的过错,普路噶(Puluga)神都会严厉惩罚他,或者剥了他的皮,或者让他的头发变白,并活活痛打他。[①] 在萨摩亚,每个男人通常都有自己的神,这个神与某种动物的外形相像;如果他吃了某只这样有神性的动物,土著相信,神会为受到的侮辱复仇,就会住进吃那动物的人的身体里,在他体内造出一个同类的动物,直至让他死掉。[②] 若某种动物或植物的名字与某种图腾相同,图腾氏族的成员通常不得吃这种动物或植物。[③] 于是在奥马哈印第安人中,图腾为麋鹿的人相信,如果他们吃了雄麋鹿的肉,他们身体的不同部位就会突然出现疮肿、白点;图腾为红玉米的人认为,如果他们吃了红玉米,他

---

① Man, 'Aboriginal Inhabitants of the Andaman Islands,' in *Jour. Anthr. Inst.* xii. 354.

② Turner, *Samoa*, p. 17 *sq.*

③ Frazer, *Totemism*, p. 7 *sqq. Idem*, *Totemism and Exogamy*, iv. 6.

们的整个口部都会化脓。① 但不管这一类禁忌多么常见,都不能说这是图腾制度的一个普遍特征。② J.G.弗雷泽爵士甚至提出,最初的习俗可能是吃图腾,后来的习俗才是禁吃图腾。③ 但这种说法基本上和猜测差不多。

324

最后,还有涉及整个族群或部落的饮食限制。在早期社会,可以充作食物的某些东西不仅常常普遍被人们禁食,实际上习俗和法律也禁止食用它们。多数禁律涉及的动物或动物的产物,天生就比素食容易引起反感,这很可能是因为,我们早期的祖先出于本能主要靠素食维持生存,直到后来才习得了对动物营养的一般性偏好。④ 某些动物的外表惹人厌恶,因而人们不食用这些动物。我认为这就是人们不吃爬行动物的原因。据说,人们不吃蛇是因为他们认为蛇肉像蛇咬人一样有毒;⑤但这个解释基本上不适用于无害的爬行动物,而后者有时同样是遭禁食的食物。⑥ 总的看来不吃鱼也有着相似的起源,尽管有些族群讲,他们不吃有些种类的鱼,是因为某位亲戚的灵魂可能在鱼身体里。⑦ 新墨西哥的纳

---

① Dorsey,'Omaha Sociology,' in *Ann. Rep. Bur. Ethn.* iii. 225,231. *Idem*, 'Siouan Folk-Lore,' in *American Antiquarian*,vii. 107.

② Frazer,*Totemism*,p. 19. *Idem*,*Totemism and Exogamy*,iv. 6 *sq.*

③ Frazer,*Totemism and Exogamy*,iv. 6 *sq.*

④ *Cf.* Schurtz,*Die Speiseverbote*,p. 17.

⑤ Skeat and Blagden,*Pagan Races of the Malay Peninsula*,i. 130 (Berembun). Schurtz,*op. cit.* p. 22.

⑥ *Leviticus*,xi. 29 *sq.* Sayce,*Hibbert Lectures on the Religion of the Ancient Babylonians*,p. 83.

⑦ Frazer,*Golden Bough*,ii. 430,432.

瓦霍人"根本不碰鱼,什么都不能诱使他们尝一条鱼"。[1] 蒙古人将鱼视为不洁的动物。[2] 据说,西伯利亚南部的克钦人不吃鱼,因为他们相信,"恶魔在水里生活,它们吃鱼"。[3] 印度西北边界的卡

325 菲尔人"讨厌鱼,尽管他们的河流里有很多鱼"。[4] 非洲南部的诸部落[5]及非洲东部的多数含米特人部落[6]也同样讨厌鱼;当问到他们为何不吃鱼,他们就说鱼是蛇的亲戚。古代叙利亚人不吃鱼,至少不吃某些种类的鱼;[7]而希伯来人不吃无鳍无鳞的鱼。[8] 有意思的是,有些族群讨厌鱼,他们也不吃家禽。[9] 纳瓦霍人严

---

[1] Stephen, 'Navajo,' in *American Anthropologist*, vi. 357.

[2] Prejevalsky, *op. cit.* i. 56.

[3] von Strümpell, 'Der Volksstamm der Katschinzen,' in *Mittheil. d. Vereins f. Erdkunde zu Leipzig*, 1875, p. 23.

[4] Fosberry, 'Some of the Mountain Tribes of the N. W. Frontier of India,' in *Jour. Ethn. Soc. London* N. S. i. 192.

[5] Fritsch, *Drei Jahre in Süd-Afrika*, p. 338. Shooter, *Kafirs of Natal and the Zulu Country*, p. 215 (Zulus). Kropf, *Das Volk der Xosa-Kaffern*, p. 102. Campbell, *Second Journey in the Interior of South Africa*, ii. 203 (Bechuanas). 不过,霍屯督人吃鱼(Fritsch, p. 339)。

[6] Hildebrandt, 'Wakamba und ihre Nachbarn,' in *Zeitschr. f. Ethnol.* x. 378. Paulitschke, *Ethnographie Nordost-Afrikas*, i. 155 (Somals, Gallas). Schurtz, *op. cit.* p. 23.

[7] Porphyry, *op. cit.* iv. 15. Plutarch, *De superstitione*, 10.

[8] *Leviticus*, xi. 10 sqq.

[9] Hildebrandt, in *Zeitschr. f. Ethnol.* x. 378 (Gallas, Wadshagga, Waikuyu, &c.). Paulitschke, *op. cit.* i. 153 sqq. (Gallas, Somals). Burton, *Two Trips to Gorilla Land*, i. 95 (Somals). Meldon, 'Bahima of Ankole,' in *Jour. African Soc.* vi. 146; Ashe, *Two Kings of Uganda*, p. 303 (Bahima). Kropf, *Das Volk der Xosa-Kaffern*, p. 102. 在祖鲁人那里,除了小孩子和老年人,其他人不吃家禽(Shooter, *op. cit.* p. 215)。关于其他不吃家禽的族群,参阅:Bastian, *Die deutsche Expedition an der Loango-Kuste*, i. 185; Casati, *Ten Years in Equatoria*, i. 165 (Monbuttu); Salt, *Voyage to Abyssinia*, p. 179 (Danakil); Skeat and Blagden, *Pagan Races of the Malay Peninsula*, i. 135 (Sabimba), 136 (Orang Muka Kuning); *Globus*, l. 330 (inhabitants of Hainan); Ehrenreich, 转引自:Schurtz, *op. cit.* p. 20 (Karaya of Goyaz); von den Steinen, *Durch Central-Brasilien*, p. 262 (Yuruna); Cæsar, *De bello Gallico*, v. 12 (ancient Britons)。

格禁食野火鸡,但他们森林里到处都是野火鸡;①蒙古人很讨厌家禽,以致普泽瓦尔斯基的一个向导看到他吃煮鸭子,几乎感到恶心。② 有些民族很讨厌蛋类,③他们认为蛋类是排泄物,不适合做食物。④ 有些民族饲养驯化了的动物,能给他们供奶,他们却不饮奶,这其中的原因是相似的。⑤ 印度中部山区的达罗毗图人土著从不饮奶,有人明确地说,他们把奶看作排泄物。⑥ 古代加勒比人厌恶蛋类,从不饮奶。⑦ 阿散蒂人的"物神不许他们吃蛋类,也无法说服他们尝尝奶"。⑧ 非洲西南部的金本达人厌恶奶,他们认为,无法想象一个成人怎么能喜欢奶;他们相信,精灵克鲁鲁(Kilulu)会惩罚饮奶的人。⑨ 婆罗洲的达雅克人、爪哇人和马来人都不饮奶。⑩ 对中国人而言,奶和黄油都令人无法容忍,令人

326

---

① Stephen, in *American Anthropologist*, vi. 357.

② Prejevalsky, *op. cit*. i. 56.

③ 卡菲尔人以前不吃蛋类(Kropf, *op. cit*. p. 102)。在祖鲁人中,只有小孩子和老年人吃蛋类(Shooter, *op. cit*. p. 215)。巴希马人不吃蛋类(Ashe, *op. cit*. p. 303),瓦干达人,特别是妇女,一般也不吃蛋类(Felkin, 'Notes on the Waganda Tribe,' in *Proceed. Roy. Soc. Edinburgh*, xiii. 716; Ashe, p. 303)。另见: Andree, *Ethnographische Parallelen*, p. 126 sq. ; Schurtz, *op. cit*. p. 23 sq. 。

④ Reichard, 'Die Wanjamuesi,' in *Zeitschr. d. Gesellsch. f. Erdkunde zu Berlin*, xxiv. 321. Hildebrandt, 'Wakamba und ihre Nachbarn,' in *Zeitschr. f. Ethnol*. x. 378.

⑤ 见: Westermarck, *History of Human Marriage*, p. 484。

⑥ Crooke, *Things Indian*, p. 92.

⑦ Du Tertre, *Histoire générale des Antilles*, ii. 389.

⑧ Bowdich, *Mission to Ashantee*, p. 319.

⑨ Magyar, *Reisen in Süd-Afrika*, i. 303, 321.

⑩ Low, *op. cit*. p. 267.

厌恶。①

　　有些民族也因为某些动物的肮脏习性,或它们所吃的食物肮脏,而厌恶它们的肉。澳大利亚中部的瓦拉蒙加部落有一种对吃鹰的一般性限制,原因就在于鹰吃原住民的死尸。② 似乎不吃猪肉至少在一定程度上也属于同一类事实。非洲南部的一些部落讨厌猪肉。③ 据德鲁里,在马达加斯加的部分地区,吃猪肉乃可鄙之事。④ 西伯利亚的雅库特人、沃洛格达地区的沃加克人⑤以及拉普人⑥,现在或以前都不吃猪肉。许多美洲部落同样不吃猪肉。科尼亚加人几乎吃所有可消化的东西,唯独不吃猪肉。⑦ 新墨西哥的纳瓦霍人厌恶猪肉,"仿佛他们是极虔诚的希伯来人";⑧他们的宗教不禁食猪肉,但"他们讲自己不吃猪肉,仅仅因为这动物的习性肮脏,猪是城镇里的食腐动物"。⑨ 阿代尔描写了美国东南部诸州的印第安人,他写道:"他们将所有的食肉动物或吃脏东西维生的动物看作不洁的动物,例如猪、狼、黑豹、狐狸、猫、老鼠、鼠属动物……最初把猪带到他们那里的时候,他们就认为,若他们自己人有谁吃了猪肉这肮脏不洁的食物,乃极可厌之事,因而不许犯事者

---

①　Huc, *Travels in Tartary*, i. 281. Westermarck, *op. cit*, p. 484.

②　Spencer and Gillen, *Northern Tribes of Central Australia*, p. 612.

③　Fritsch, *Drei Jahre in Süd-Afrika*, p. 339. Kropf, *op. cit.* p. 102 (Kafirs).

④　Drury, *Madagascar*, p. 143.

⑤　Latham, *Descriptive Ethnology*, i. 363.

⑥　Leem, *Beskrivelse over Finmarkens Lapper*, p. 501.

⑦　Bancroft, *Native Races of the Pacific States*, i. 75.

⑧　Stephen, in *American Anthropologist*, vi. 357.

⑨　Matthews, 'Study of Ethics among the Lower Races,' in *Jour. American Folk-Lore*, xii. 5.

参加他们在城镇的圆形房子里举行的宗教交流活动……现在他们仍然认为吃猪肉邪恶、可鄙;舒卡帕(*Shúkàpa*,意为'吃猪肉者')是他们用来称呼我们的最难听的绰号,他们通常还会叫我们阿康噶帕(*Akanggàpa*,意为'吃粪堆家禽者')。两个绰号在一起的意思就是'肮脏而无助的动物'。"[①]在英属圭亚那,不与殖民者打交道的印第安人也极其厌恶猪肉。尚伯克告诉我们,一个老年印第安人允许孩子陪伴尚伯克旅行,但前提条件是,一定不能让孩子吃尚伯克的厨子做的任何饭菜,唯恐饭菜中用了猪肉。但这些印第安人并不反对吃土猪肉,虽然巫师一般不吃土猪肉,但普通人根本不在乎,孕妇或产妇除外。[②] 这就表明,对家养猪的厌恶在一定程度上源于这个事实,即家养猪是外来动物。事实上,圭亚那印第安人拒食任何从外部引进的非本土动物的肉,例如牛、绵羊、家禽,显然他们的原则就是,"只要是陌生的、不正常的东西都格外可能拥有有害的魂灵"。[③] 卡菲尔人也拒食家养猪,但他们吃野生猪。[④] 328

有些作者认为,土著禁食猪肉的根据就在于,猪肉在炎热的地方有害健康;[⑤]但我们已经看到,在北方地区的许多族群中也能发现这条禁律,此外,说状况良好的猪肉不卫生,这一直只是个假定,尚未得到证明。J. G. 弗雷泽爵士也认为,古埃及人、闪米特人及某些

---

① Adair, *History of the American Indians*, p. 132 *sqq*.

② Schomburgk, in *Jour. Roy. Geograph. Soc. London*, xv, 29 *sq*.

③ Im Thurn, *Indians of Guiana*, p. 368. 舒尔茨博士提出,其他有些人群不吃家禽,例如巴西印第安人,是因为他们不是当地的本土民族(*op. cit*. p. 19 *sqq*.)。

④ Müller, *Allgemeine Ethnographie*, p. 189.

⑤ Ramsay, *Historical Geography of Asia Minor*, p. 32. Wiener, ' Die alttestamentarischen Speiseverbote,' in *Zeitschr. f. Ethnol*. viii. 103. 另见: Buckle, *Miscellaneous and Posthumous Works*, iii. 354. *sq*. 。

希腊人不吃猪肉，不是因为他们干脆把猪视为肮脏、讨厌的动物，而是因为他们认为猪带有超自然力量。[①] 希腊人在净化仪式上使用猪。[②] 卢西恩讲，叙利亚女神的信徒不吃猪肉，这是因为有些人憎恶猪，其他人则认为猪是神圣的。[③] 不信上帝的哈兰人以猪作牺牲，每年吃一次猪肉。[④] 根据希腊诸作者的说法，埃及人憎恶猪，认为猪是肮脏、讨厌的动物，他们也认为，喝猪奶会引起麻风病，使全身发痒；[⑤]不过他们会一年一度把猪献祭给月亮和司阴府之神奥西里斯，并吃掉牺牲的肉，尽管他们在其他时间并不愿意尝尝猪肉。[⑥]

　　我会在另一章里讲到人们对食人俗的憎恶，但这里需注意，人们之所以认为吃某些动物的肉令人痛恶、讨厌，或者是因为这些动物被当成了祖先的化身，[⑦]或者因为它们跟人相像。一些族群不吃猴；[⑧]而欧洲旅行者也提到，自己对猴肉有一种本能的反感，

329

---

① Frazer, *Golden Bough*, ii. 304 *sqq. Idem*, *Pausanias's Description of Greece*, iv. 137 *sq.*

② Ramsay, *op. cit.* p. 31 *sq.* Frazer, *Pausanias's Description of Greece*, iii. 277, 593.

③ Lucian, *De dea Syria*, 54.

④ Robertson Smith, *Religion of the Semites*, p. 290. *Cf. Isaiah*, lxv. 4, and lxvi. 3, 17, 在此，这种牺牲被当作异教徒的可恶之事。

⑤ Herodotus, ii. 47. Plutarch, *De Iside et Osiride*, 8. Aelian, *De natura animalium*, x. 16.

⑥ Herodotus, ii. 47. Plutarch, *De Iside et Osiride*, 8.

⑦ Frazer, *Golden Bough*, ii. 430 *sqq.* St. John, *op. cit.* i. 186 (Land Dyaks).

⑧ Shooter, *op. cit.* p. 215 (Zulus). Schurtz, *op. cit.* p. 28 (Abyssinians). Skeat and Blagden, *op. cit.* i. 134 (Orang Sletar). 在《毗湿奴法经》里，吃猿类动物特别受贬斥 (*Institutes of Vishnu*, li. 3)。

也反感射杀猴子。① 下加利福尼亚的印第安人除了人和猴子,吃任何动物,"不吃猴子是因为它们与人太过相像"。② 据波菲利引用的一位古代作者,埃及祭司拒食"长得像人"的动物。③ 卡菲尔人说,禁止食用大象是因为它们的智力与人相似。④

再者,若与某种动物亲近,就易于打消食其肉的胃口。关于我们自己,曼德维尔讲:"动物还活着的时候,若有人每天都能见到它们,熟悉它们,就无法说服其中有些人去品尝这些动物;其他人则只对他们自己的家禽有顾忌,拒食他们自己喂养、照顾的动物;但如果牛肉、羊肉、家禽是从市场上买来的,所有这些人都会开心而毫无自责地吃这些东西。"⑤我们在其他种族中也能看到同样细腻的情感。中国道德家孟子讲:"君子之于禽兽也,见其生,不忍见其死;闻其声,不忍食其肉。是以君子远庖厨也。"⑥不吃家禽及其产的蛋,不吃家养的猪,有时也可能是出于同情。冯·登·斯坦恩博士讲,无法诱使巴西尤鲁纳人吃他们自己所养的任何动物,他们显然认为,斯坦恩与同伴吃鸡蛋是很不道德的。⑦ 按照印度的圣书吃某些家养动物,包括农村养的猪和家养的公鸡,都是特别不好的行为;若一个再生族还明知故犯,就会成为贱民。⑧ 非洲南部的贝

330

---

① Schurtz,*op. cit.*p. 28. 另见下文关于"对低等动物的尊重"的章节。

② Bancroft,*op. cit.* i. 560.

③ Porphyry,*op. cit.* iv. 7.

④ Müller,*Ethnographie*,p. 189.

⑤ Mandeville,*Fable of the Bee*s,p. 188.

⑥ *Mencius*,i. i. 7. 8.

⑦ von den Steinen, *Durch Central-Brasilien*, p. 262. 另见：Juan and Ulloa,*Voyage to South America*,i. 426 (Indians of Quito)。

⑧ *Institutes of Vishnu*,li. 3. *Laws of Manu*,v. 19.

专纳人不吃狗肉和家猫,但吃野猫。[①] 摩洛哥杜卡拉地区的阿拉伯人吃邻居的猫,但不吃自己的猫。丁卡人只吃自然死亡或意外死亡的奶牛;但奶牛的主人绝不吃死牛,牛死了,他会极为伤心,根本无法触碰他死去的家畜的哪怕一小块肉。[②] 希罗多德说,利比亚人不吃奶牛的肉,但他们吃公牛的肉;[③]埃及人和腓尼基人当中盛行同样的规则,他们宁愿吃人肉,也不愿吃母牛肉。[④] 婆罗门教的法律禁止吃母牛肉。[⑤] 据拉金德腊拉拉·米特拉博士,"对印度教徒而言,(牛肉可食的观念)太令人震惊了,成千上万较正统的教徒根本不会用他们的当地语言为这件事啰嗦哪怕半句,因而杀害母牛引起了许多可怕的流血冲突"。[⑥] 在中国,"依人们的主张,屠宰水牛吃肉是不对的,戒食牛肉也就被视为值得称道的行为"。[⑦]《玉历宝钞》里讲,神仙会惩处吃了牛肉或狗肉的人。[⑧] 日本以前也禁止屠宰牛和绵羊为食;[⑨]在农村地区,许多人到现在还认为吃牛肉是错误的。[⑩] 在罗马,屠宰耕牛者以前要以开除教籍处之;[⑪]在雅典和伯罗奔尼撒,甚至要处以死刑。[⑫] 事实上,古代的观念一

331

---

① Campbell, *Second Journey in the Interior of South Africa*, ii. 203.

② Schweinfurth, *Heart of Africa*, i. 163 *sq.*

③ Herodotus, iv. 186.

④ *Ibid*, ii. 41, Porphyry, *op. cit.* ii. 11.

⑤ *Institutes of Vishnu*, li. 3.

⑥ Rájendralála Mitra, *Indo-Aryans*, i. 354.

⑦ Doolittle, *Social Life of the Chinese*, ii. 187.

⑧ Giles, *Strange Stories from a Chinese Studio*, ii. 376.

⑨ Reed, *Japan*, i. 61.

⑩ Griffis, *Mikado's Empire*, p. 472.

⑪ Pliny, *Historia naturalis*, viii. 70.

⑫ Varro, *De re rustica* ii. 5. 3. *sq.* Aelian, *Varia historia*, v. 14.

直流传到现代的希腊,不得食用用于耕作的动物一直是希腊人的准则。[①] 这些禁律无疑在一定程度上表现出对相关动物的友善情感。[②] 据讲丁卡人喜欢自己的牛甚于喜欢自己的老婆、孩子;[③] 根据古典作者,之所以不许屠宰耕牛,是因为耕牛也算农业劳动者,也是谷神的奴仆,耕牛也是农人的工作伙伴。[④] 但同时这里所说的饮食限制总体来看是出于审慎的动机。主要依靠他们的牛的劳动产品过活的人,很不愿意减少牲畜的数量,特别不愿意杀害母牛或牛犊;[⑤] 从事农业的种族自然也急切要保护用于耕作的动物。至于埃及人和腓尼基人吃公牛但不吃母牛的习俗,波菲利发现,"他们出于功利性的原因,在同一种类的动物中区分了虔诚的动物和不虔诚的动物",母牛由于它们的子裔而被宽恕。[⑥] 在埃及,直到相当晚近的时期,任何人不得杀害牛犊,而要屠宰一头公牛,必须得到政府许可。[⑦] 此外,家养动物常常因其功用而被视为神圣的动物,于是也就不得食用。丁卡人就特别尊重他们的牛。[⑧] 据 332

---

① Mariti, *Travels through Cyprus*, i. 35.

② 见下文关于"对低等动物的尊重"的章节。

③ Schweinfurth, *op. cit.* i. 164.

④ Aelian, *Varia historia*, v. 14, Varro, *De re rustica*, ii. 5. 3.

⑤ Fritsch, *Die Eingeborenen Süd-Afrika's*, p. 86; Kropf, *op. cit.* p. 102 (Kafirs), Merker, *Die Masai*, p. 169. Paulitschke, *Ethnographie Nordost-Afrikas*, i. 153. Ratzel, *History of Mankind*, ii. 411 (pastoral races of Africa). Erman, *Reise um die Erde*, i. 515 (Kirghiz). Andree, *Ethnographische Parallelen*, p. 122 *sq.* Robertson Smith, *Religion of the Semites*, p. 297. Schurtz, *op. cit.* p. 30 *sq.*

⑥ Porphyry, *op. cit.* ii. 11.

⑦ Wilkinson, in Rawlinson's translation of Herodotus, ii. 72 *sq.* n. 7.

⑧ Schweinfurth, *op. cit.* i. 163.

希罗多德,埃及人认为,母牛对伊西斯女神而言是神圣的。① 在印度,母牛特别受崇拜。②

因此,人们通常不吃某些食物,不仅因为它们惹人反感,也可能因为它们味道不好,还因为人们的功利性考虑。除了刚刚提到的事例,汤加群岛岛民中也盛行一个习俗,他们会对可食之物临时设置禁令或禁忌,以防它们变得稀缺。③ 但隐藏在一般性饮食限制背后的最重要的审慎动机,无疑是担心食物会对食用者有害。食物造成的危害可能只是虚构的;事实上,被禁之食通常被视为不卫生的东西,不管最初禁食它的理由是什么。④ 卢安戈海岸一带的黑人讲,他们不吃山羊肉,因为吃山羊肉后皮肤就会脱落,不吃家禽是为了防止掉头发。⑤ 马来半岛的一些部落拒食大象肉,他们的理由是吃大象肉会生病。⑥ 阿萨姆山地一带的诸部落认为,"吃了猫肉所受惩罚就是无法发出声音,而他们也相信,破坏了禁食狗肉这一特定规矩的人,会死于脓肿"。⑦ 叙利亚女神的信徒认为,吃了西鲱鱼、凤尾鱼,身体里就会布满溃疡,肝脏就会枯萎。⑧ 许多俄罗斯人认为,小牛肉是很不卫生的食物,虔诚之人完全拒食

---

① Herodotus, ii. 41.

② Barth, *Religions of India*, p. 264.

③ Mariner, *Natives of the Tonga Islands*, ii. 233.

④ Cf. Schurtz, *op. cit*. p. 23.

⑤ Bastian, *Die deutsche Expedition an der Loango-Küste*, i. 185.

⑥ Skeat and Blagden, *op. cit*. i. 132.

⑦ Hodson, 'The "Genna" amongst the Tribes of Assam,' in *Jour. Anthr. Inst.* xxxvi. 98.

⑧ Plutarch, *De superstitione*, 10.

小牛肉。[①] 这些观念不大可能首先来自于经验;不过在很多情况下,对有害后果的担心无疑是戒食某一类食物的基本动机。伊姆·特恩先生就推测,圭亚那印第安人不吃某些动物的肉,是因为他们认为这些动物特别有害。[②] 人们拒食具有罕见而神秘特质的动物,是因为人们对它们怀有迷信性恐惧。据说,埃及祭司不吃孪生或有斑点的公牛,也不吃只有一只眼睛的动物。[③] 美国东南诸州的印第安人不吃各种夜间活动的鸟类,他们相信,吃了这些鸟就会生病。[④] 拒食某些动物的肉的另一原因是,有种观念认为吃了这些动物,就会获得这些动物天生具有的讨厌的特质。[⑤] 厄瓜多尔的萨帕罗印第安人"除非不得已,多数情况下不吃重型动物的肉,例如貘和野猪,他们只吃鸟、猴子、鹿、鱼等动物,这主要是因为,他们认为吃了较重的动物的肉,自己就会变得像这些动物一样笨重,变得不那么敏捷,不适于追逐"。[⑥] 据说古代加勒比人也出于相似的原因不吃海龟;[⑦]某些北美印第安人讲,地位最高的酋长"一般不吃笨重、身体移动缓慢的动物,他们设想,吃了这样的动物,整个人也会变得迟钝,他们也就无法胜任军事、民事和宗教责任"。[⑧] 那马瓜人自称不吃野兔肉,因为他们认为会因此变得像野

---

① Erman, *Reise um die Erde*, i. 515.

② Im Thurn, *op. cit.* p. 368.

③ Porphyry, *op. cit.* iv. 7.

④ Adair, *op. cit.* p. 130 *sq.*

⑤ 见: Frazer, *Golden Bough*, ii. 353 *sqq.*。

⑥ Simson, *Travels in the Wilds of Ecuador*, p. 168.

⑦ Waitz, *Anthropologie der Naturvölker*, iii. 384.

⑧ Adair, *op. cit.* p. 133.

334　兔一样胆怯。[①]　在卡菲尔人中，只有儿童吃野兔，男人则吃豹子
肉，以获得豹子的力量。[②]　在其他一些族群中，兔子属于被禁食
物，[③]这可能也是出于相似的迷信。有些族群不吃动物的血液，他
们相信动物之血里有着动物的生命或灵魂。我们在几个北美部
落[④]乃至在《旧约》[⑤]中，都能发现此种习俗；而这种习俗又经由犹
太人传入早期基督教。[⑥]

　　因而可以看到，人们通常不吃某些种类的食物，这出于很多种
原因。在这些原因中，我已经也只能指出其中较一般的、较明显的
原因。J. G. 弗雷泽爵士公允地评论道，要说明整个部落或某部落
的特定成员不吃特定食物的最终原因，跟我们现有的知识比起来，
我们对部落历史和信仰一般需要掌握深入得多的知识。[⑦]　即使是
土著自己做出的解释也可能是误导性的，因为习俗的原初动机可
能已被忘却，而习俗本身得以保存下来。但我认为，宽泛地讲，对
某种食物的一般性戒绝可能出于以下某种或几种原因：食物味道

---

　　① Hahn, *Supreme Being of the Khoi-Khoi*, p. 106.

　　② Kropf, *op. cit.* p. 102.

　　③ *Leviticus*, xi. 6, 8. Cæsar, *De bello Gallico*, v. 12 (ancient Britons). 中国人对
吃兔肉带有根深蒂固的偏见，他们总认为兔子有神秘特性（Dennis, *Folk-Lore of
China*, p. 64）。《圣经》禁吃骆驼肉。过去给《圣经》作注释的人讲，骆驼很喜欢报复，吃
了骆驼肉的人也会变得喜欢报复（Wiener, in *Zeitschr. f. Ethnol.* viii. 104）；但禁食骆
驼肉是否起源于这种信仰，尚存疑问。

　　④ Adair, *op. cit.* p. 134. Frazer, *Golden Bough*, i. 353.

　　⑤ *Leviticus*, iii. 17; vii. 25 *sqq.* ; xvii. 10 *sqq.* ; xix. 26. *Deuteronomy*, xii. 16, 23
sqq. ; xv. 23.

　　⑥ Haberland, 'Gebräuche und Aberglauben beim Essen,' in *Zeitschr. f.
Völkerpsychologie*, xvii. 363 sq.

　　⑦ Frazer, *Golden Bough*, i. 391 *sq.*

不好;就动物性食物而言,动物外表、动物的不洁习性、同情心、这种或那种联想,甚至人们通常仅仅不吃此动物这一事实造成的反感;不愿意杀死某种动物为食,或一般而言,不愿减少某种食物的供给;食物会伤害食用者的观念,而不管这观念是否正确。由前面几章可清楚看出,这当中的任一因素,如果影响了整个共同体的饮食方式,特别是如果为习惯的力量所支持,就不仅会导致人们实际上不吃某食物,也会导致禁止性规则,而违反了这规则就易于引起道德上的不赞同。在文化发展的早期阶段尤为如此,此时人们的口味和习惯是最单一的,习俗最具有支配力量,本能的厌恶最容易发展成道德上的愤慨,人们在几乎所有事情上也都认为必须警惕超自然的危险。出于这种情况的道德层面的考虑——其他情况下也是如此——禁律就易于得到宗教的认可。如果人们是因为害怕要避免之物所具有的某种神秘的力量或品质,所以才戒绝某种食物,禁律就尤其易为宗教所支持。犹太教和婆罗门教中的相关规定特别显眼。《毗湿奴法经》里讲,吃纯净的食物要比任何外部的净化方式更为重要;"只以纯净之食为食的人是真正纯净的,只以泥土、水净化自己的人并非真正纯净。"[1]《古兰经》禁止"吃自死物、血液、猪肉以及诵非安拉之名而宰的动物"。[2] 中世纪时基督教禁止吃某些动物,尤其禁止吃马,当时欧洲南部不吃马肉,但不信基督教的条顿人以马为牺牲,在宗教节日吃马肉。[3] 吃马肉不

---

[1]　*Institutes of Vishnu*, xxii. 89.

[2]　*Koran*, ii. 168.

[3]　Langkavel,'Pferde und Naturvölker,' in *Internationales Archiv für Ethnographie*, i. 53. Schurtz, *op. cit.* p. 32 *sq.* Maurer, *Die Bekehrung des Norwegischen Stammes zum Christenthume*, ii. 198.

合基督教规矩的观念一直流传到今天,再加上人们反感吃宠物,因而失去了大量有营养的食物。在我们西方人当中,唯一的通常吃了就会被谴责为不道德的可食之物就是人肉。但仍然有很多人认为,应当戒绝一切动物肉,这不仅出于卫生原因,也因为人类没有权利为了满足自己的食欲而让任何生命承受痛苦和死亡。

在东方民族中以及古典时期,也有人出于类似理由倡导素食,倡之为道德责任。对生命的普遍尊重——道教、佛教、耆那教和婆罗门教的特征——导致了对以动物为食的谴责。[1] 在各个阶层的中国人中,有一种很常见的情感,即吃肉是俗人所为,是罪孽,至少与至诚至净完全不相容。[2] 在日本,许多人受到佛教影响也不吃肉。[3] 在印度早期,人们并不拒食肉;史诗中的人物射杀鹿,吃母牛肉。[4] 即使是神圣的律法书也允许在特定情况下吃肉——"以特别仪式待客时,行祭时,纪念祖灵、诸神时,但仅在这些场合可以屠宰动物,其他情况则不然。"[5]不仅如此,有些动物还被说成可食之物。[6] 事实上,在印度早期,完全禁绝肉食被视为值得称道的行为,而非必须严格履行的义务;[7]《摩奴法典》里讲:"戒食肉所得果报,大于以清净的果、根为生所得果报,也大于食用适于在森林中

---

① 见下文关于"对低等动物的尊重"的章节。

② Doolittle, *op. cit.* ii. 183.

③ Chamberlain, *Things Japanese*, p. 175 *sq.*

④ Hopkins, *Religions of India*, p. 200.

⑤ *Laws of Manu*, v. 41. 另见:*Vasishtha*, iv. 5。

⑥ *Institutes of Vishnu*, li. 6. *Laws of Manu*, v. 18.

⑦ 见:Jolly, 'Recht und Sitte,' in Bühler, *Grundriss der indo-arischen Philologie*, ii. 157。

苦修之人的食物所得果报。"[1]但另一方面,里面又讲:"不先祭诸神和祖灵,而欲借其他动物的肉增加自己的肉,这样的人罪孽最深。"[2]事实上,如今高种姓印度教徒通常——绝非普遍——戒食肉,而最低种姓的土著只有在得不到肉食时才吃素;[3]据说,许多印度教徒对喜欢肉食之人所持有的看法,与欧洲人对食人者的看法没有太大差异。[4]　导致这类饮食限制的直接原因看来已经足够清楚。并非如人们所猜测的那样,是为了限制奢侈,[5]或因为在温暖的气候里发现肉类食物过于丰盛,[6]才引入这样的饮食限制,在一个要求尊重一般生命、友善对待所有生命的体系里,形成如此的饮食限制是自然而然的。《摩奴法典》里明确地说,应避免吃肉的原因就在于"只有伤害动物,才能获得肉食,而伤害动物会妨碍人进入极乐世界"。[7]　其他一些事实也表明,禁食动物的做法源于禁止杀害动物。若印度贱民吃了动物之肉,"并不当作罪行惩处他们,但人们会把他们看作肮脏、讨厌的可怜之人,正如他们吃掉的食物那样令人生厌"。[8]　佛教允许吃鱼和肉,但只许吃三净肉,即眼不见杀、耳不闻杀、不为己所杀;[9]在缅甸佛教徒中,即使最严格的出家人食用他人所杀的动物之肉也毫无顾忌,"因为这时他们认

---

① *Laws of Manu*, v. 54. 另见: *ibid*. v. 53, 56。

② *Ibid*. v. 52.

③ Kipling, *Beast and Man in India*, p. 6. Crooke, *Things Indian*, p. 228.

④ Percival, *Land of the Veda*, p. 272.

⑤ Hopkins, *op. cit*. p. 200.

⑥ Dubois, *Description of the Character*, &c. *of the People of India*, p. 120.

⑦ *Laws of Manu*, v. 48. 另见: *ibid*. v. 45, 49。

⑧ Dubois, *op. cit*. p. 121.

⑨ Kern, *Manual of Indian Buddhism*, p. 71, n. 5.

为,自己并不负有杀生的罪孽,实际杀生的人才有罪孽"。①

338　　　据欧布洛斯,波斯最早并且最有学识的祭司阶层践行吃素,他们既不杀也不吃任何有生命的东西;②据讲许多埃及祭司也完全不吃肉食。③ 古代传说里讲,最早的人纯洁无瑕,不杀动物,完全靠土地的果实为生。④ 在希腊,毕达哥拉斯学派反对屠宰和食用动物,"因为动物也有权利与人类一起生活",⑤或者由于他们持有这种理论,即人死后灵魂转化为动物。⑥ 据波菲利,素食不仅有助于身体健康,有助于心智的强大和纯洁,正义也要求吃素食。他说,动物与人类相似,对自己的同类行不义之事者乃不虔诚之人。⑦

还有其他一些饮食限制需要注意,譬如涉及饮用醉人性饮料的限制,它们或者禁止不节制地饮用,或者要求完全戒绝此类饮料。

在很多族群中,醉酒乃常见现象,共同体基本上不视之为恶习;反之,有时人们还为醉酒而自豪,或几乎视之为宗教义务。到

---

① Fytche,*Burma Past and Present*,ii. 78.

② Porphyry,*op. cit*. iv. 16.

③ *Ibid*. iv. 7.

④ *Genesis*, i. 29. *Bundahis*, xv. 6 *sqq*.; *cf*. Windischmann, *Zoroastrische Studien*, p. 212. Hesiod,*Opera et dies*, 109 *sqq*. Plato,*Politicus*, p. 272. Porphyry,*op. cit*. iv. 2.

⑤ Diogenes Laertius,*Vitæ philosophorum*,viii. 1. 12 (13). Plutarch,*De carnium esu oratio I*. 1.

⑥ Seneca,*Epistulæ*,cviii. 19.

⑦ Porphyry,*op. cit*. i. 2;iii. 26 *sq*.

过非洲西部象牙海岸的一位早期旅行者说,土著在子女三四岁时就教这些孩子醉酒了,"仿佛醉酒是美德"。① 据蒙拉兹,阿克拉的黑人以喝醉为荣,夸赞醉酒后几乎无法行走之人的幸福。② 在古代尤卡坦,宴会上因饮酒而无意识地倒地的人,可以待在他倒下的地方,他的同伴会对他怀有羡慕之情。③ 在新墨西哥的普韦布洛印第安人那里,醉酒是宗教节日的一部分,舍此他们还是头脑清醒的。④ 印度中部省份的诸山地部落也是如此,人们在宗教仪式上一定要用很多酒,而他们的崇拜行动总要在醉酒中结束。⑤ 关于日本的阿伊努人,据说"为神而饮"是其主要的崇拜行动;喝的米酒越多,就越虔诚,而他们相信,诸神会对不饮酒之人发火。⑥ 古代斯堪的纳维亚人举行宗教仪式时,总要以向神敬酒结束;甚至他们在皈依基督教以后,也被允许在宗教仪式尾声沿用这一做法,不过区别在于,现在他们被要求在敬酒时以真神和圣人的名字代替假神的名字。⑦ 塔西佗讲,日耳曼人"整日整夜喝酒,没有人会感到不光彩";⑧盎格鲁-撒克逊人把醉酒的习惯带到了英国,而当地潮湿的气候和多沼泽的土地又滋养着这种习惯。7世纪和8世纪

---

① Bosman,*Description of the Coast of Guinea*,p. 107.

② Monrad,*Skildring af Guinea-Kysten*,p. 242.

③ Bancroft,*op. cit.* ii. 725.

④ *Ibid.* i. 555.

⑤ Hislop,*Aboriginal Tribes of the Central Provinces*,p. 1. Campbell,*Wild Tribes of Khondistan*,p. 164 *sq.* (Kandhs).

⑥ Bird,*Unbeaten Tracks in Japan*,ii. 68,96. *Cf.* Batchelor,*Ainu of Japan*,p. 31.

⑦ Maurer,*op. cit.* ii. 200. Bartholinus,*Antiquitates Danicæ*,i. 8,p. 128 *sqq.* Mallet,*Northern Antiquities*,p. 196.

⑧ Tacitus,*Germania*,22.

时,在坎特伯雷大主教西奥多和约克大主教埃格伯特的倡议下,人们做出了一些制止醉酒的努力,而这些举措也得到了国王的支持,后者出于政治目的,希冀防止暴乱和流血。[①] 忏悔书里讲到了普遍的纵酒之事,这要比任何其他讲到纵酒的东西更利于克服此种陋习。按照忏悔规则,主教主持圣礼时醉酒呕吐,责成忏悔 80 天或 90 天,长老 70 天,执事或僧侣 60 天,牧师 40 天;[②]若有谁喝醉了,举行仪式时把圣物丢进了火里或河里,必须咏唱赞美诗一百遍。[③] 耽于酗酒的主教、神父,解除职务;[④]发生单一醉酒事件,若伴有呕吐,忏悔若干天——长老或执事 40 天,[⑤]僧侣 30 天,[⑥]俗人 15 天。[⑦] 不过,这些规则也承认例外:欢庆主的诞辰或复活节时,或纪念某位圣人时因醉酒呕吐,并且饮酒量不超过上级的指示,无任何责任;若主教令他醉酒,他同样无过失,除非主教本人也同样喝醉了。[⑧] 这些鼓励节制的举措尽管取得了一些成效,但也只是

---

① *Laws of Hlothhære and Eadric*, 12 *sq.* Thrupp, *The Anglo-Saxon Home*, p. 297.

② *Pœnitentiale Pseudo-Theodori*, xxvi. 4 (Wasserschleben, *Die Bussordnungen der abendländischen Kirche*, p. 594). *Pœnitentiale Egberti*, xi. 7 (Wasserschleben, p. 242).

③ *Pœnitentiale Pseudo-Theodori*, xxvi. 5 (Wasserschleben, *op. cit.* p. 594). *Pœnitentiale Egberti*, xi. 9 (Wasserschleben, p. 242).

④ *Pœnitentiale Theodori*, i. 1. 1 (Wasserschleben, *op. cit.* p. 184). *Pœnitentiale Egberti*, xi. 1 (Wasserschleben, p. 242).

⑤ *Pœnitentiale Theodori*, i. 1. 3 (Wasserschleben, *op. cit.* p. 184). *Pœnitentiale Egberti*, xi. 3 (Wasserschleben, p. 242).

⑥ *Pœnitentiale Theodori*, i. 1. 2 (Wasserschleben, *op. cit.* p. 184). *Pœnitentiale Egberti*, xi. 2 (Wasserschleben, p. 242).

⑦ *Pœnitentiale Theodori*, i. 1. 5 (Wasserschleben, *op. cit.* p. 184).

⑧ *Pœnitentiale Theodori*, i. 1. 4 (Wasserschleben, *op. cit.* p. 184).

暂时性的;因为后来一段时间丹麦人的做法和榜样将纵酒之风推
向极致。[1] 诺曼人是一个较为节制的种族,在其影响下,英国的酗
酒现象一度减少;但历经几位君主之后,撒克逊人似乎腐化了征服
者,而非受益于他们的榜样。[2] 到了 18 世纪,英国各阶层普遍酗
酒。举行聚会时,若还有人头脑清醒就解散聚会,此乃罕见现象,
这正如现在举行聚会时,有人若是醉酒,属于自降身份。彼时习惯
性酗酒不影响名声。绅士阶层的男人互相称赞空瓶的数量;若某
位公民立志成为市府参事或市长,指责他是酒鬼这种反对意见不
会受到重视。[3]

　　尽管最耽于酗酒的欧洲民族的酗酒现象后来一直在减少,并
且现在酗酒一般被视为恶习,但我们的文明仍像以前那样,是最大
的酒类来源地,酒从我们这里流向世界各地,传染或说杀害着那些
以前根本没见过或厌恶酒精饮料的种族。东方宗教强调节制,甚
至坚决主张人们完全戒绝酒精饮料。婆罗门教的律法圣典提到了
十三种不同的酒精饮料,婆罗门不得饮用其中任何一种,刹帝利和
吠舍不得饮用其中三种;[4]尽管饮用烈性酒算不上罪孽,但"戒酒
能带来更大果报"。[5] 再生族饮了称作苏拉(Surâ)的酒,就犯了极
其严重的罪孽,今生来世都要受惩罚;[6]对他最恰当的惩罚就是让

341

---

[1]　Thrupp, *op. cit.* p. 299 *sqq.*

[2]　*Ibid.* p. 301 *sq.*

[3]　Porter, *Progress of the Nation*, p. 239. Pike, *History of Crime in England*, ii. 587. Massey, *History of England during the Reign of George III*. ii. 60.

[4]　*Institutes of Vishnu*, xxii. 82, 84. *Gautama*, ii. 20. *Laws of Manu*, xi. 94 *sq.*

[5]　*Laws of Manu*, v. 56.

[6]　*Ibid.* ix. 235, 237; xi. 49, 55; xii. 56.

他喝下煮沸了的苏拉,直至他的身体完全被烫洗,才能饶恕他。[①]
在现代印度教徒中,据说除了农村地区地位很低的种性以及市镇
里向欧洲人学会了酗酒的高种姓居民,其他人都憎恶酗酒;他们认
为,酗酒会破坏种性的纯洁;恶名昭著的酒鬼会被逐出种性,至少
以前是如此。[②]佛教完全禁止饮酒;[③]"佛教有五戒,杀生、偷盗、邪
淫、妄语、饮酒,其中饮酒最为严重。"[④]道教也谴责贪饮。[⑤]拜火教
里讲,天使斯拉欧加与酗酒之魔战斗,[⑥]而神灵们也对饮酒过量之
人不满;[⑦]但似乎古代波斯人仍然沉溺于饮酒。[⑧]据古典作者,某
些埃及祭司完全不喝酒,其他人只喝很少的一点酒;[⑨]普萨美提克
王朝以前的国王既不饮酒,也不用酒祭奠诸神。[⑩]伊斯兰教也禁
止钦用酒类或其他醉人的饮料,[⑪]穆罕默德曾鞭笞违禁者,以示惩
罚。[⑫]可以说,穆罕默德的多数信徒都服从他的命令,至少在农村

①　*Laws of Manu*, xi. 91.

②　Caldwell, *Tinnevelly Shanars*, p. 38. Dubois, *op. cit.* p. 116. Samuelson,
History of Drink, p. 46.

③　Oldenberg, *Buddha*, p. 290. Monier-Williams, *Buddhism*, p. 126.

④　Hardy, *Manual of Budhism*, p. 491.

⑤　Douglas, *Confucianism and Taouism*, p. 266.

⑥　*Vendîdâd*, xix. 41.

⑦　*Dînâ-î Maînôg-î Khirad*, xvi. 62.

⑧　Herodotus, i. 133.

⑨　Porphyry, *op. cit.* iv. 6. Plutarch, *De Iside et Osiride*, 6.

⑩　Plutarch, *De Iside et Osiride*, 6.

⑪　*Koran*, ii. 216.

⑫　Lane, *Modern Egyptians*, p. 122.

是这样,①但伊斯兰教的有关规则也有例外,这是由于直接或间接受到了基督徒的影响。

酗酒受到谴责,当然首先是由于它会造成有害后果。非洲南部巴苏陀人讲的"糟粕之物有血",意思是说醉酒会导致流血冲突。② 奥马哈印第安人视酗酒为犯罪,可处以鞭刑并剥夺财产,因为酗酒常常引发谋杀。③ 萨哈冈讲,有位墨西哥国王严厉告诫臣民不许酗酒,他认为酗酒造成了村庄、王国里的麻烦和混乱,造成了悲痛和贫困。④ 某巴拉维语文本里讲,酗酒者其人不光彩,其灵魂邪恶。⑤ 据《便西拉智训》:"酗酒增大傻瓜的火气,直至他冒犯别人;酗酒损人力气,制造伤痛。"⑥《塔木德》里讲:"不要饮酒,不饮酒你就不会做错事。"⑦穆罕默德说,酒里既有罪,也有利,但罪大于利。⑧ 佛教指责饮酒是最大的罪孽,因为它会导致所有其他罪孽;习惯性酗酒会导致六种恶果,即资财散失;引起争执乃至暴力冲突;引起多种疾病,例如眼睛疼痛;因父母、长辈指责而蒙受恶名;因赤身奔走而蒙羞;损伤处理世俗事务所需之智慧。⑨ 醉酒会

---

① Burton, *Pilgrimage to Al-Madinah and Meccah*, ii. 118. Blunt, *Bedouin Tribes of the Euphrates*, ii. 213. Polak, *Persien*, ii. 268. Lane, *Modern Egyptians*, p. 298 sq. Pool, *Studies in Mohammedanism*, p. 283.

② Casalis, *Basutos*, p. 307.

③ Dorsey, 'Omaha Sociology,' in *Ann. Rep. Bur. Ethn.* iii. 370.

④ Sahagun, *Historia general de las cosas de Nueva España*, ii. 94 sqq.

⑤ *Dînâ-î Maînôg-î Khirad*, xvi. 63.

⑥ *Ecclesiasticus*, xxxi. 30.

⑦ Deutsch, *Literary Remains*, p. 58.

⑧ *Koran*, ii. 216.

⑨ Hardy, *op. cit.* p. 491 sq.

带来恶果,却常常不受责难,这部分是因为欢乐往往与饮酒相伴,部分是因为缺乏远见,[①]而在很大程度上是由于存在纵酒的习惯。为什么这种习惯能在此国而非彼国成长起来,我们常常无法解释。无疑气候与此有一定关系,但我们也不能同意孟德斯鸠的说法——酗酒在世界上不同地区的盛行程度与寒冷的程度及空气的湿润程度相称。[②] 阴郁的性情及沉闷的生活也容易诱使人们借饮酒获得人为的快乐。清教徒星期天生活单调,这在很大程度上可以解释他们周日饮酒的习惯;某烈酒经销商在福布斯·麦肯齐法案委员会前的证言就是,"星期天有很大的饮酒需求","必须满足这种需求"。[③] 生活无聊很可能是以前欧洲人喜欢喝酒的一个原因,那时难以打发战争或狩猎以外的时间;[④]而工业区的社会下层生活单调,也会导致类似的结果。酗酒的其他原因还包括悲惨的家庭状况和糟糕的烹饪技术。莱基先生认为,若大不列颠及爱尔兰穷人的妻子能有法国和荷兰妻子那样的厨艺,跑到酒吧逍遥的丈夫就会少得多。[⑤]

　　醉酒的恶果不仅导致人们谴责纵酒,由于许多人难以避免过量饮酒,也导致人们要求完全禁酒。但这很难完满解释我们在东方宗教那里看到的饮酒禁律。果酒或烈酒能使人产生神秘的恐惧感。酒使人产生不正常的精神状态,这让人想到,酒里有什么超自

---

① 参见第一卷第 281 页和第 309 页及以下。
② Montesquieu, *De l'esprit des lois*, xiv. 10 (*Œuvres*, p. 303 sq.).
③ Hessey, *Sunday*, p. 378.
④ *Cf*. Spencer, *Principles of Ethics*, i. 445.
⑤ Lecky, *Democracy and Liberty*, ii. 138.

然的东西,酒里有个精灵,或者本身就是个精灵。[1] 此外,葡萄汁也被看成葡萄藤的血[2]——《便西拉智训》甚至把酒在祭坛之下的酒称作"葡萄之血";[3]而人们认为,灵魂就在血里。婆罗门教的律法不仅禁止饮酒,也要求"小心规避树木的红色分泌物,以及从切口流出的汁液"。[4] 人们相信烈酒包含有害的神秘能量,这一点可明显由以下说法看出,即居住于婆罗门体内的梵(吠陀)一旦被酒浸没,他就会丧失婆罗门地位,堕落到首陀罗的境地;[5]神圣之人自然特别容易被这神秘的饮料影响,因为神圣性本就脆弱。穆斯林同样视酒为"不洁"及污染之物;[6]某些穆斯林极其害怕酒,若是一滴酒落到干净的衣服上,除非把衣服洗干净,否则就不再穿这件衣服。[7] 摩洛哥有个说法,喝酒之后,穆斯林就会丢掉"信仰"的巴拉卡(baraka,即神圣性),书写员就不再能记起《古兰经》,若某人身上带有法力,喝酒之后法力的巴拉卡就被破坏了。先知禁止饮酒这一事实本身或许就足以说明何以产生酒类不洁的观念。但在穆斯林之前的时代,某些阿拉伯人似乎就小心翼翼地避免饮酒;[8]

345

---

[1]　见第一卷第 278、281 页;见下文关于"对超自然存在的信仰"的章节;Frazer, *Golden Bough*, i. 359。

[2]　Frazer, *op. cit*. i. 358 *sq*.

[3]　*Ecclesiasticus*, l. 15.

[4]　*Laws of Manu*, v. 6.

[5]　*Ibid*. xi. 98.

[6]　Lane, *Modern Egyptians*, p. 299.

[7]　Winterbottom, *Native Africans in the Neighbourhood of Sierra Leone*, i. 72.

[8]　Diodorus Siculus, *Bibliotheca historica*, xix. 94. 3. Zöckler, *Askese und Mönchtum*, i. 93.

其他阿拉伯人则大量用酒,阿拉伯诗人甚至高度赞美酒。[1]

　　帕尔格雷夫提出,穆斯林实行禁酒律,主要是由于先知反感基督教,想要扩大他的信徒与基督信徒之间的界限。基督教的创始人把酒拔高到具有极高宗教意义的位置。酒几乎就代表着基督教,在一定程度上几乎成为基督教的徽章。说酒"不洁",是"令人憎恶之物",是"魔鬼之作",就是为虔信者竖起一个反面的徽章。[2]在穆罕默德的体系里,有数个决然的指示,表现出同样的将伊斯兰教与其他宗教对立起来的明显倾向,这一事实表明,帕尔格雷夫的看法很可能是对的。但与此同时,防止醉酒的愿望和酒是污染物的观念,也很可能是两种并行的禁酒的动机。

---

[1]　Goldziher, *Muhammedanische Studien*, i. 21 *sqq.*

[2]　Palgrave, *Journey through Central and Eastern Arabia*, i. 428 *sqq.*

第三十九章　洁净与污秽
——禁欲主义概说

　　人类似乎与其他动物一样,天生具有喜欢清洁、厌恶污浊的倾向。在谈到卡斯帕·豪瑟——这个男孩很小就被关进地牢,直到17 岁左右都与人世隔绝任何交流——时,费尔巴哈告诉我们:"只要他觉得自己或别人不洁,他就心生厌恶。"[1]来自阿韦龙的野男孩尽管起初有些肮脏,但不久就形成了对洁净一丝不苟的习惯,他会面有愠色地捡出落在他盘子里的任何一粒脏物或灰尘;剥开的核桃若是掉在脚下,他会不辞辛苦、仔仔细细地把它清理干净。[2]

　　许多蒙昧部族以清洁为荣。[3] 只要机会允许,锡兰的维达人隔不了几天就洗个澡。[4] 在南海岛民中,洗澡成为生活中的一项

---

　　① Feuerbach,*Caspar Hauser*, p. 62.

　　② Itard,*Account of the Discovery and Education of a Savage Man*,p. 58.

　　③ Colquhoun,*Amongst the Shans*, p. 298 *sq*. Man,*Sonthalia and the Sonthals*, p. 84. Foreman,*Philippine Islands*, p. 189 (domesticated natives). Boyle,*Dyaks of Borneo*. p. 242. Erskine,*Cruise among the Islands of the Western Pacific*, pp. 110 (Samoans;*cf*. Turner,*Nineteen Years in Polynesia*, p. 205),262,264 (Fijians). Percy Smith,'Futuna,' in *Jour. Polynesian Soc*. i. 35. Markham,*Cruise of the "Rosario,"* p. 136(Polynesians).

　　④ Nevill,'Vaeddas of Ceylon,' in *Taprobanian*,i. 187.

常见活动；塔希提人每天一次或两次用新鲜清洁的水洗澡；[①]汤加岛土著尼艾弗人据说一生中有一半时间在水中沐浴。[②] 美洲北部、中部和南部的印第安部落也都很喜欢洗澡。[③] 奥马哈人在温暖的季节里通常每天洗澡，一般是早晨和夜晚洗，有些人也在中午洗。[④] 圭亚那的印第安人有这样的风俗，男男女女一大早就列队到最近的水池或河流里洗浴，要洗好几次。[⑤] 巴塔哥尼亚的德卫尔彻人不仅早上洗浴，在河边宿营时洗浴几个钟头，而且在房屋和器具的洁净上一丝不苟；如果有肥皂，他们会洗净自己拥有的任何一件东西。[⑥] 新墨西哥的莫奎斯人和普韦布洛人以爱干净闻名，他们在个人卫生和居住环境的整洁方面都很出众。[⑦] 非洲很多土著居民都有爱清洁的特征。[⑧] 黄金海岸的黑人每天至少洗浴一

---

①　Ellis, *Polynesian Researches* (ed. 1829), ii. 113 *sq.*

②　Romilly, *Western Pacific*, p. 145.

③　Bancroft, *Native Races of the Pacific States*, i. 83, 696, 722, 760. Domenech, *Seven Years Residence in the Great Deserts of North America*, ii. 337. von Humboldt, *Personal Narrative of Travels to the Equinoctial Regions of the New Continent*, iii. 237 (Chaymas). von Martius, *Beiträge zur Ethnographie Amerika's*, i. 600 (Uaupés), 643 (Macusis). Molina, *History of Chili*, ii. 118; Smith, *Araucanians*, p. 184. Dobrizhoffer, *Account of the Abipones*, ii. 53.

④　Dorsey, 'Omaha Sociology,' in Ann. *Rep. Bur. Ethn.* iii. 269.

⑤　Im Thurn, *Among the Indians of Guiana*, p. 191.

⑥　Musters, *At Home with the Patagonians*, p. 173.

⑦　Bancroft, *op. cit.* i. 540. 另见：*ibid.* i. 267 (some Inland Columbians)。

⑧　Waitz, *Anthropologie der Naturvölker*, ii. 86 (Negroes of Accra, Krus), 464 (Western Fulahs). Torday and Joyce, 'Ethnography of the Ba-Huana,' in *Jour. Anthr. Inst.* xxxvi. 292. Rowley, *Africa Unveiled*, p. 153. Ashe, *Two Kings of Uganda*, p. 305; Wilson and Felkin, *Uganda*, i. 184. Casati, *Ten Years in Equatoria*, i. 122 (Monbuttu). Holub, *Seven Years in South Africa*, ii. 208 (Manansas).

次,有的人还会洗浴多次。[1] 臣服于芒贝图人的麦格人每天洗澡两次或三次;如果他们白天干活,则不时地停下来,到旁边的溪流清洗自己。[2] 麦鲁特斯-姆邦杜人哪怕冒着被鳄鱼吃掉的危险,也要到水里洗个痛快;他们习惯把日用材料放在洗得干干净净的木碗、陶钵、篮子或葫芦里。[3] 丁卡人做任何事情都干干净净,他们在准备食物方面的卫生讲究绝对是模范。[4] 巴里人居住的地方收拾得"一尘不染"。[5] 贝专纳部落的巴察平人特别注重居住地的清洁卫生,他们小心翼翼地清扫出所有垃圾,不让任何有碍观瞻的脏东西出现;只不过他们在个人清洁方面有所欠缺。[6]

我们通常发现,蒙昧部落在某些方面注重清洁,在另外一些方面却不介意污秽。万由若人经常洗浴,饭前饭后都洗手,但他们的住处却肮脏不堪,满地臭虫。[7] 印度的那加人[8]和苏门答腊内地的土著,[9]身体洗浴得一干二净,衣着和服饰却脏得一塌糊涂。中美洲的玛雅人经常使用冷水,但他们个人身体和住处都不够清洁。[10] 加利福尼亚的印第安人也是如此,尽管他们极其喜欢洗浴,但他们的

348

---

[1]　Cruickshank, *Eighteen Years on the Gold Coast*, ii. 283 *sq*.

[2]　Burrows, *Land of the Pigmies*, p. 119.

[3]　Holub, *op. cit*. ii. 309.

[4]　Casati, *op. cit*. i. 44.

[5]　Baker, *Albert N'yanza*, i. 89.

[6]　Burchell, *Travels in the Interior of Southern Africa*, ii. 521, 553.

[7]　Wilson and Felkin, *op. cit*. ii. 46. Baker, *Albert N yanza*, ii. 58.

[8]　Stewart, 'Northern Cachar,' in *Jour. Asiatic Soc. Bengal*, xxiv. 616.

[9]　Marsden, *History of Sumatra*, p. 209.

[10]　Bancroft, *op. cit*. i. 654.

小屋和身上穿的衣服都脏兮兮的。① 阿留申人尽管每天洗澡,却容许脏东西堆在居所旁边,他们在准备饮食时马马虎虎,也从不清洗家用器具。② 新西兰人尽管对清洁自己的身体不那么讲究,却特别看重食品卫生,他们也把居住环境打理得井井有条。③ 然而,据描述也有相当多未开化部落的生活习惯不干不净。比如,火地人④、美国的绝大多数印第安部落⑤、几个爱斯基摩部落⑥、西伯利亚的众多民族⑦、日本的阿伊努人⑧、印度的绝大多数山地部落⑨、

349

————————

① 　Powers, *Tribes of California*, p. 403. Bancroft, *op. cit.* i. 377, 407.

② 　Veniaminof, 转引自: Dall, *Alaska*, p. 398。另见: Bancroft, *op. cit.* i. 267 (Flatheads)。

③ 　Dieffenbach, *Travels in New Zealand*, ii. 58.

④ 　Snow, *Two Years' Cruise off Tierra del Fuego*, i. 345.

⑤ 　Bancroft, *op. cit.* i. 83, 102, 184, 231, 492, 626.

⑥ 　*Ibid.* i. 51. Seemann, *Voyage of "Herald,"* ii. 61 *sq.* (Western Eskimo). Kane, *Arctic Explorations*, ii. 116 (Eskimo of Etah). Cranz, *History of Greenland*, i. 155.

⑦ 　Sarytschew, 'Voyage of Discovery to the North-East of Siberia', in *Collection of Modern and Contemporary Voyages*, v. 67 (Kamchadales). Krasheninnikoff, *History of Kamschatka*, pp. 176 (Kamchadales), 226 (Koriaks). Sauer, *Expedition to the Northern Parts of Russia performed by Billings*, p. 125 (Jakuts). Georgi, *Russia*, ii. 398 (Jakuts); iii. 59 (Kotoftzes), 112 (Tunguses); iv. 37 (Kalmucks), 134 (Burats). Liadov, in *Jour. Anthr. Inst.* i. 401; Bergmann, *Nomadische Streifereien unter den Kalmüken*, ii. 102, 123 *sq.*; 转引自: Spencer's *Descriptive Sociology*, 'Asiatic Races,' p. 29 (Kalmucks)。

⑧ 　Batchelor, *Ainu of Japan*, p. 24 *sqq.* Mac Ritchie, *Ainos*, p. 12 *sq.*

⑨ 　Spencer, *Descriptive Sociology*, 'Asiatic Races,' p. 29. Grange, 'Expedition into the Naga Hills,' in *Jour. Asiatic Soc. Bengal*, ix. 962. Stewart, *ibid.* xxiv. 637 (Kukis). Mason, 'Physical Character of the Karens,' *ibid.* xxxv. pt. ii. 25. Butler, *Travels in Assam*, p. 98. Anderson, *Mandalay to Momien*, p. 131 (Kakhyens). Moorcroft and Trebeck, *Travels in the Himalayan Provinces*, i. 321 (Ladakhis).

澳大利亚的很多部落①、布须曼人②以及非洲的众多俾格米人部落。③ 这些部族从不或极少沐浴身体,衣服直到穿得破烂不堪才换新的,跟家养的狗一样用未清洗过的器具取食,吃粗劣肮脏的东西,把害虫奉为美味佳肴;尽管如此,他们对肮脏的容忍也绝对不是毫无限制的。

一个民族的风俗习惯是否崇尚清洁以及崇尚的程度如何,往往取决于很多因素:谋生的职业或生存方式,水源充足还是匮乏,气候条件,人们是勤劳还是懒惰,富裕还是贫困,宗教信仰和迷信状况。卡斯特伦观察到,渔猎民族是比较污秽的;奥斯加克人中靠打鱼为生的不爱干净,而靠游牧为生的和饲养驯鹿为生的却不是这样。④ 有人观察到,内陆的黑人移居到河边时就变得爱干净了。⑤ 据说,在西澳大利亚,只有那些靠近大河和海洋生活的人才有清洁的观念。⑥ 关于库基人和印度其他山地居民不洁的生活习惯,巴特勒少校认为,这可能是由于这些村落和社群缺乏足够的水

① Breton,*Excursions in New South Wales*,p. 197. Barrington,*History of New South Wales*,p. 19(natives of Botany Bay). Angas,*Savage Life in Australia*,i. 80(South Australian aborigines). Chauncy,in Brough Smyth,*Aborigines of Victoria*,ii. 284(West Australian aborigines).

② Moffat,*Missionary Labours in Southern Africa*,p. 15. Barrow,*Travels into the Interior of Southern Africa*,i. 288.

③ Stuhlmann,*Mit Emin Pascha ins Herz von Afrika*,p. 451.关于蒙昧人不爱洁净的其他例子,参见:Crawfurd,*History of the Indian Archipelago*,i. 39;St. John,*Life in the Forests of the Far East*,i. 147(some of the Land Dyaks);Andersson,*Lake Ngami*,pp. 50(Herero),470(Bechuanas)。

④ Castrén,*Nordiska resor och forskningar*,i. 319 *sq.*

⑤ Bastian,*Der Mensch in der Geschichte*,iii. 75.托迪先生在这方面经验较多,他也对我这么说。

⑥ Chauncy,转引自:Brough Smyth,*op. cit.* ii. 284.

源,并且这里的气候相当寒冷。① 凯恩博士相信,很多爱斯基摩人对肮脏与污秽不闻不问,主要是因为气候极其寒冷,很多吃食很快结冰从而不致腐烂;再加上家里养有好几条狗,居住的地方就不至于脏得不堪忍受。② 他们广为人知的用新鲜尿液洗浴的习惯,部分源于水源匮乏、难以加热,部分由于尿液中的氨是极好的代用肥皂,它有助于去除皮肤上的油脂,免得皮肤藏污纳垢。③ 寒冷天气导致不洁的另一个原因是人们必须穿很多衣服避寒;④有些蒙昧部落流行在皮肤上涂抹油脂预防被干燥的风吹裂,这也造成了类似的结果。⑤ 凯姆斯勋爵主张,勤劳有助于洁净,而懒惰是保洁最大的敌人。他观察到,在荷兰,勤勉之人总是比他们的邻居干净整洁得多。⑥ 柯尔本说,霍屯督人普遍懒惰,因而"他们是在饮食上最不讲究干净的民族"。⑦ 关于西伯利亚的布里亚特人,葛尔吉写道:"由于懒惰,他们脏得像猪一样";⑧坎查岱人则被描绘成"一个肮脏、懒惰的民族"。⑨ 贫困显然也是不洁的重要

---

① Butler, *Travels in Assam*, p. 98 *sq*. *Cf*. Stewart, in *Jour. Asiatic Soc. Bengal*, xxiv. 616.

② Kane, *Arctic Explorations*, ii. 116.

③ Murdoch, 'Ethnol. Results of the Point Barrow Expedition,' in *Ann. Rep. Bur. Ethn*. ix. 421. Dall, *op. cit*. p. 20.

④ *Cf*. von Humboldt, *op. cit*. iii. 237.

⑤ Burchell, *op. cit*. ii. 553 (Bachapins of Litakun).

⑥ Kames, *Sketches of the History of Man*, i. 323, 327 *sqq*.

⑦ Kolben, *Present State of the Cape of Good Hope*, i. 47.

⑧ Georgi, *op. cit*. iv. 134.

⑨ *Ibid*. iii. 152. 另见:Sarytschew, in *Collection of Modern and Contemporary Voyages*, v. 67。

原因之一；①"腹中饥饿的秃鹫难以修饰自己的羽毛，饥肠辘辘的
狗总是有着脏兮兮的外表。"②洁净通常是区分不同阶级的标志。③
因此，在巴罗角的爱斯基摩人中，贫穷的人不怎么关心自己的衣
着；绝大多数富有的人则以衣着光鲜为荣，除非真的在干脏活，否
则他们的脸和手总是干干净净，头发也梳理得整洁美观。④ 施魏
因特富特博士认为，在准备食物时把家里收拾得干干净净，在任何
地方都是教养良好、才智优越的外在标志。⑤ 不过，从凯姆斯勋爵
在上文中表明的事实看，"几个在谋生技艺方面鲜有进步的民族却
有着引人注目的洁净风尚"。⑥

　　决定清洁与否的因素也自然而然地影响到人们对清洁的道德
评价。对肮脏的厌恶之情促成了清洁的习惯，而不洁的人会招致
嫌弃、厌恶和谴责；事实上，这种反感在关涉其他个体时往往要比
只关涉自身时强烈得多。当由于这样那样的原因肮脏已经积习难
改，它就不再那么令人厌烦了；往往令人吃惊的是，人们很快会习
惯上脏兮兮的环境。于是当人们强调清洁时，首先是因为肮脏令
他人不愉快；当人们能够宽容不洁时，是因为它没有侵扰公众的感

　　① 见：Marshall，*A Phrenologist amongst the Todas*，p. 50；Veniaminof，转引自：
Dall，*op. cit.* p. 398（Aleuts）。
　　② St. John，*Village Life in Egypt*，i. 187.
　　③ Tickell，'Memoir on the Hodésum，' in *Jour. Asiatic Soc. Bengal*，ix. 808
（Hos）. Rowlatt，'Expedition into the Mishmee Hills，' *ibid*. xiv. 489. Williams and
Calvert，*Fiji*，p. 117. Waitz，*op. cit.* ii. 86（Ashantees）. Arnot，*Garenganze*，p. 76
（Barotse）. Lane，*Modern Egyptians*，p. 299.
　　④ Murdoch，in *Ann. Rep. Bur. Ethn.* ix. 421.
　　⑤ Schweinfurth，*Heart of Africa*，i. 156.
　　⑥ Kames，*op. cit.* i. 321.

352

受。然而，在文明的高级阶段，人们之所以对清洁孜孜以求，也是基于卫生的理由。

在很多情况下，清洁——无论是暂时的还是习惯性的——是由宗教的或迷信的动机促成的。在拉普人中，巫师在敬献祭品之前必须浑身上下洗得干干净净。① 西伯利亚的萨满必须每年用水沐浴一次，有时是每月沐浴；在特殊场合下，当他们感到被不洁的东西玷污时，也要清洗得干干净净。② 日本神道教的神官在礼拜仪式上敬献祭品和吟唱圣歌之前要沐浴更衣。③ 希罗多德曾提到，埃及祭司在服侍众神时必须保持干净整洁。④ 对古希腊人来说，在敬拜之前必须净手、沐浴并换上干净的衣服。⑤ 在罗马，有条法律规定，人们必须浑身上下干干净净才能祭拜神灵。⑥ 根据拜火教教义，避免污秽乃人生之要务，一旦不小心弄脏了就要尽快以适当的方式清除污秽；不洁并非被理解为内心的状态，而更主要是身体的状态，经由人体排出来的任何东西都被认为是不干净的。⑦ 对婆罗门来说，沐浴是每日敬拜仪式最重要的环节，要进行更庄严的宗教活动还需要进一步的清洁；⑧不仅仅是婆罗门，绝大

---

① Friis, *Lappisk Mythologie*, p. 145 *sq.* von Düben, *Lappland*, p. 256.

② *Jour. Anthr. Inst.* xxiv. 88.

③ Griffis, *Religions of Japan*, p. 85.

④ Herodotus, ii. 37. *Cf.* Wiedemann, *Herodots zweites Buch*, p. 154.

⑤ *Iliad*, i. 449; iii. 270; vi. 266; ix. 171, 174; xvi. 229 *sq.*; xxiii. 41; xxiv. 302 *sqq.* *Odyssey*, ii. 261; iv. 750; xvii. 58. Keller, *Homeric Society*, p. 141. Stengel, *Die griechischen Kultusaltertümer*, p. 106.

⑥ Cicero, *De legibus*, ii. 10.

⑦ Darmesteter, in *Sacred Books of the East*, iv. p. lxxii. *sqq.*

⑧ Ward, *View of the History*, &c. *of the Hindoos*, ii. 61 *sq.* Colebrooke, *Miscellaneous Essays*, ii. 142 *sqq.* Dubois, *People of India*, p. 113 *sq.*

多数印度教徒都认为，如果方便的话，每日沐浴是一种宗教义 353
务。① 喇嘛教要求信徒在预备敬拜前要行净身礼，尽管崇拜仪式
中通常只是沾湿一点点手指。② 犹太教拉比在祈祷之前是必须净
手的。③ 德尔图良提到，基督教徒在祈祷前也有类似的做法。④ 根
据伊斯兰教教义，敬拜者和他的衣着必须干干净净，地上、坐垫和
地毯等，凡是他祈祷所在地的东西，都应当保持整洁；每一个敬拜
活动之前都必须洗涤，如果这地方找不到水的话，就用沙子代
替。⑤ 但是，并非所有我们认为肮脏的东西都具有污染性。比如，
伊斯兰教徒认为，人和狗的排泄物是污秽的，牛和羊的粪便却不玷
污别的东西；牛粪甚至可以用作清洁材料。

　　这些做法和规则源自这样一种观念：任何神圣的东西一经污
染就会产生危害；关于这一观念，我们随后谈到性节制问题时会更
深入地讨论。人们相信，与污染源的接触会去除神灵的神圣性，或
者危害这个神灵，神灵进而会对引发这一危害的人发怒。由此，一
种神圣的行为假如经由不洁的个体实施，就丧失了神圣性。再者，
污染源本身就被认为具有某种有害的神秘能量，即便是对未参加
宗教敬拜活动的人，也能造成直接的危害。我们此前注意到，杀人
者为了摆脱鲜血污染必须经受净身仪式。⑥ 我们同样看到，举行 354

---

①　Wilkins, *Modern Hinduism*, p. 201.

②　Waddell, *Buddhism of Tibet*, p. 423.

③　Chwolsohn, *Die Ssabier*, ii. 71.

④　Tertullian, *De Oratione*, 13 (Migne, *Patrologiæ cursus*, ii. 1167 *sq.*).

⑤　Sell, *Faith of Islám*, p. 252 *sqq.* Lane, *Modern Egyptians*, i. 84 *sqq.*

⑥　见第一卷第 375 页及以下。

净身礼和其他净化仪式,目的是祛除罪恶和不幸。[①] 沐浴或洒水
是净化送葬者或接触尸身者的常见办法,人们这样做是为了预防
死者的传染。[②]

宗教信仰和迷信一方面促使人们洗浴和保持清洁,同时,在其
他一些情形中却具有相反的效果。阿拉伯人有意将幼童弄得衣着
破烂,浑身脏兮兮的,以避开邪恶之眼。[③] 中非土著奥博人宣称,
如果给牛挤奶前不用牛尿洗手,牛就会缺奶;他们同样用牛尿清洗
用来接奶的碗,甚至把牛尿跟牛奶搅和在一起。[④] 雅库特人"从不
清洗餐饮器具。一旦一盘饭菜吃光了,他们就用食指和中指擦一
下盘子;因为在他们看来,把食物冲洗得一干二净是项重罪,他们
担心这种罪行会导致食物匮乏和饥荒"。[⑤] 吉尔吉斯人[⑥]和卡尔梅

---

① 见第一卷第 54 页及以下。

② Teit,'Thompson Indians of British Columbia,'in *Memoirs of the American Museum of Natural History*, 'Anthropology,' i. 331. Cruickshank, *op. cit*. ii. 218 (Negroes of the Gold Coast). Ellis, *Ewe-speaking Peoples of the Slave Coast*, p. 160. Turner, *Samoa*, p. 145; *Idem, Nineteen Years in Polynesia*, p. 228(Samoans). Ellis, *Polynesian Researches*, i. 403 (Society Islanders). Kloss, *In the Andamans and Nicobars*, p. 305 (Kar Nicobarese). Joinville, 'Religion and Manners of the People of Ceylon.' in *Asiatick Researches*, vii. 437 (Sinhalese). Iyer, 'Nayādis of Malabar,' in the Madras Government Museum's *Bulletin*, iv. 71; Thurston, *ibid*. iv. 76 *sq*. (Nayādis). Crooke, *Tribes and Castes of the North-Western Provinces and Oudh*, i. 83 (Arakh, a tribe in Oudh). Ward, *View of the History*, &c. *of the Hindoos*, ii. 147, iii. 275; Dubois, *Manners and Customs of the People of India*, p. 108 *sq*. ; Bose, *Hindoos as they are*, p. 257. Caland, *Die Altindischen* Todten- und *Bestattungsgebräuche*, p. 79 *sq*.

③ Blunt, *Bedouin Tribes of the Euphrates*, ii. 214. Klunzinger, *Upper Egypt*, p. 391.

④ Baker, *Albert N'yanza*, i. 381.

⑤ Sauer, *op. cit*. p. 125.

⑥ Valikhanof, &c. , *Russians in Central Asia*, p. 80.

克人中流行着同样的风俗。卡尔梅克人的"信仰和法律均禁止"在
河流中清洗用具；因而，如果觉得这些东西脏了，"只要用一块破旧
的羊皮擦一下就行了，当手脏时他们用同一块羊皮擦擦手"。[①] 他
们也不洗衣服，匈奴人和蒙古人也是如此。[②] 古代土耳其人从不
清洗身体，他们认为众神会用雷电惩罚胆敢沐浴之人；在中亚，跟
他们有血族关系的众多部族至今仍然流行类似的信仰。[③] 生活在
乌干达保护国的恩克尔的巴希马人，只要他乐意，他就会用黄油和
泥巴不断涂抹身体，但"用水清洗就会对他不利，就必定给他的家
人和家畜带来疾病"。[④] 对水的恐惧部分源于过去使用水后遭遇
不快的经历，部分是出于迷信。摩尔人在脯礼（āṣar）之后的下午
和晚上不敢用冷水洗澡，因为他们认为，这样的水被邪恶的鬼魂镇
尼缠住了。在各种宗教那里，人们甚至能从肮脏中嗅出神圣的气
味。人们能通过外表的不洁和衣服的破烂判别出伊斯兰教的苦行
僧。根据佛教的规矩，和尚要穿百衲衣——其布料是从别人废弃
的旧衣堆里拣来的。[⑤] 根据早期基督教的修行观念，"身体太清洁
是对灵魂的污染"。最受尊重的圣人往往脏得一团糟。圣阿萨内
修斯热情地谈起修道制之父圣安东尼，说他直到年岁很老的时候
都没犯的过错就是洗脚。一位名声远播的圣女，尽管由于生活习
惯问题已经患病，但她毅然决然以宗教信仰的理由拒绝清洗手指

355

---

① Georgi, *op. cit.* iv. 37. Bergmann, *op. cit.* ii. 123.

② Neumann, *Die Völker des südlichen Russlands*, p. 27. 关于如今蒙古人的肮脏
不堪，见：Prejevalsky, *Mongolia*, i. 51 *sq.*。

③ Castrén, *op. cit.* iv. 61.

④ Roscoe, 'Bahima,' in *Jour. Anthr. Inst.* xxxvii. 111.

⑤ Kern, *Manual of Indian Buddhism*, p. 75.

以外的任何部位。登塔者西蒙通常被宣称为基督教圣徒中的最高
榜样,他用一根绳子把自己捆绑起来,绳子后来嵌入了他的血肉,
356　引起腐烂;据说,"他的身体散发出阵阵恶臭,令路人不堪忍受,他
所到之处都有虫子从身上掉下来,他的床上也爬满虫子"。① 在中
世纪,基督教的苦修往往意味着拒绝任何一种洁净;悔罪者被要求
满嘴恶臭,双手和脖子脏兮兮,头发和胡须凌乱不堪,指甲从不修
剪,衣服如同其主人一样污浊。在这些例子中,不洁成为禁欲主义
的一种形式。关于禁欲主义的话题,我们已经在讨论勤劳、饮食限
制乃至禁食等问题时有所涉及,但其主要原则还需要我们做进一
步的考察。

　　我们发现,各种宗教信仰里都有这类观念:身处痛苦、遭受磨
难能取悦和抚慰神。各种各样的禁欲实践都体现了这一信仰。基
督教的禁欲主义者生活在野生动物遗弃的巢穴、干枯的水井或坟
墓中;他们像动物一样到处爬来爬去,一头乱发脏兮兮的,此外还
鄙视任何可以蔽体的衣服;他们唯一的食物是在水里浸泡了一个
月的烂玉米;他们可以在荆棘密布的丛林里连续度过四十个昼夜,
可以在四十年里从不躺下。② 印度教的禁欲主义者以一成不变的
姿势和态度挺胸抬头,双手举向天空,直到筋骨无力、姿态僵硬;他
们一丝不挂地暴露在恶劣的天气中,或者用刀子割破自己的身体,

---

① 　Lecky, *History of European Morals*, ii. 109 *sqq*.
② 　*Ibid*. ii. 108 *sq*.

或者以粪便或动物腐肉为食。[1] 印度的伊斯兰教禁欲者戴着沉重的锁链四处走，或依靠双手双膝在各地爬行；另一些人则以布满铁钉的木板为床具过夜；还有一些人则头顶热带的炎炎烈日，在酷热的天气里来回不停地走动达数月之久。[2] 在现代犹太人中，犹太教会的某些道貌岸然的信徒在斋戒之前自愿进行苦修，方式是两个人用鞭子互相抽打 39 次或 13 次。[3] 根据拜火教的《赞美诗》，用斯拉欧加之鞭（Sraoshô-karana）打 30 下后，身上的原罪才能被驱逐出去，他才能适合献祭。[4] 希罗多德告诉我们，古代埃及人在献祭之物燃烧时要捶打自己的身体，而埃及卡里亚的居民在同一情景下会用刀子割伤自己的脸。[5] 对古代墨西哥人而言，流血是最常见也最受喜爱的赎罪和献忠方式。克拉瓦伊格罗说："他们毁伤自己的肉体，好像身体毫无知觉一样；他们让体内的血液大量流出，好像身上的血多得用不了一样。看到他们或是为了悔过或是为了准备节庆如此严苛地对待自己，真令人不寒而栗！"[6] 在北美许多未开化部落中，自我伤害同样成为宗教仪式的一部分。[7]

[1]　Barth, *Religions of India*, p. 214 *sq.* Hopkins, *Religions of India*, p. 352. Monier-Williams, *Brāhmanism and Hindūism*, p. 395.

[2]　Pool, *Studies in Mohammedanism*, p. 305. 关于现代埃及人的类似风俗和做法，见：Lane, *Modern Egyptians*, p. 244。

[3]　Allen, *Modern Judaism*, p. 407.

[4]　*Yasts*, x. 122. Darmesteter, in *Sacred Books of the East*, xxiii. 151, n. 3.

[5]　Herodotus, ii. 40, 61.

[6]　Clavigero, *History of Mexico*, i. 284. 另见：Bancroft, *op. cit.* iii. 441 *sq.*; Réville, *Hibbert Lectures on the Native Religions of Mexico and Peru*, p. 100。

[7]　Domenech, *Seven Years' Residence in the Great Deserts of North America*, ii. 380. Catlin, *North American Indians*, ii. 243. James, *Expedition to the Rocky Mountains*, i. 276 *sqq.* (Omahas). McGee, 'Siouan Indians,' in *Ann. Rep. Bur. Ethn.* xv. 184.

道奇上校观察到:"印第安人相信,自我折磨是上帝最乐意接受的行为,而你能够毫无畏缩地忍受的痛苦有多大,献给上帝的愉悦就有多大。很多基督徒秉持同样的信念。"①

358 　　这种宗教禁欲主义背后的观念无疑有不同的来源。首先应该注意到,某些禁欲苦行最初是出于其他目的,直到后来人们才认为,自身遭受苦痛能给神带来抚慰、愉悦和荣耀。我们已经看到,某些斋戒以及禁绝性欲的苦修就属于这种情况。② 当一种行为被认为沾染超自然的危险,由它产生的邪恶(或真实或虚构)就很容易被解读为神灵施展愤怒,并且这种行为本身亦被认为是神所禁止的。如果戒除这种行为意味着遭受苦难——某种程度上斋戒和节制性欲就是这样——结论自然是,神会赏识这种受难。此外,同样可以推论:这样的苦行往往是在宗教礼拜中强制实施的,而这些禁欲行为的最初动机是害怕沾染到污秽。棍打或鞭笞在某些情况下本来是一种净化方式,旨在清除或驱逐传染源——这种污秽被看作如恶魔般凶险。棍打或鞭笞的目的不是把对方打得疼痛难忍,这样的结果只不过是偶然造成的,但在随后的演变中,它逐渐成为仪式的主要目的;于是,如今它也被视为取悦神的苦修。③ 希罗多德所描述的埃及献祭就包括斋戒和鞭刑,而这两者均具有净化灵魂、洗涤罪孽的意义。④ 犹太人在赎罪斋戒开始之前,数名非

---

① Dodge, *Our Wild Indians*, p. 149.
② 见下文第 420 页及以下。
③ Frazer, *Golden Bough*, iii. 217 *sq*.
④ Herodotus, ii. 40.

常虔诚的信徒会接受鞭刑,"他们以此作为斋戒前的净化仪式"。^① 359
《赞美诗》中提到,鞭笞的最初目的是让崇拜者得到净化;事实上,
信徒要做这样的礼拜必须三天三夜清洁体肤,其意义是同样的。^②
但也应当记住的是,当宗教仪式进入最高潮,崇拜者往往以自残、
自虐的方式表达这种情感;^③人们自然推想,神也因信徒如此虔
诚、如此强烈的外在表达而志得意满。

禁欲主义的苦修也可能是早期献祭的残余。我们已经看到,
通常情况下的斋戒和施舍就是这样,禁欲主义的其他形式可能也
是如此。^④ 因此,这种行为的本质不在于神由此获得什么好处,而
在于崇拜者通过自我牺牲或自我修行付出了多大的苦痛。印度圣
书中提到的"苦修",被视为与献祭、斋戒和慈善并列的一种赎罪
方式。^⑤

当一种苦行是由某种不同来源的先前习俗发展而来,它便可
能与这样一种信仰结合起来,即修行中的苦痛是对罪恶的救赎,它
可以取代被冒犯的神将要施加的惩罚。而一旦有了此种信仰,几
乎可以肯定会有人渴望经历常常在真正的忏悔中或模糊或明确地
遇到的种种苦难。^⑥ 一般情况下,赎罪的观念构成了基督教会的
苦修纪律及基督教诸圣徒的禁欲主义原则之基础。从德尔图良和
居普良时代开始,拉丁人就对下列观念谙熟于心:基督徒必须让上

---

① Allen, *op. cit.* p. 407.
② *Yasts*, x. 122.
③ 见: Hirn, *Origins of Art*, p. 64。
④ *Cf*. Tertullian, *De resurrectione carnis*, 8 (Migne, *op. cit.* ii. 806).
⑤ *Gautama*, xix. 11. *Vasishtha*, xx. 47; xxii. 8. *Baudhâyana*, iii. 10. 9.
⑥ 见第一卷第 105 页及以下。

帝息怒；痛苦的哭号、苦难的处境以及匮乏的状态，都是抚慰上帝
360　的方式；上帝会细察人们悔过、赎罪举动的多寡；只要人们不忘却
罪过，这些敬拜上帝的方式就被看作功德和荣耀。[①] 根据基督教
会的教义，在所有严肃而重要的场合，都应当郑重其事地先行苦
修，然后再为赎罪而私下地或公开地表达悲恸，或坦白承认自己的
过错。正如我们前文提及的，获得一丝不苟的法官宽恕的唯一办
法就是忏悔。[②] 但是，这种观念经常被人利用：本来有意义的苦修
却用来补偿犯下的罪过；只要准备好了以苦行赎罪，就可以为所欲
为；为了防备不时之需，对自身弱点有清醒意识者会早早积累足够
多的苦行经历，并认为自己有权利在需要赎罪时以其抵罪。[③] 通
过某些行为为自己赎罪，类似的观念对伊斯兰教[④]和犹太教[⑤]的信
徒来说并不陌生。根据拜火教的信仰，极其庄重和痛苦的苦修尤
其有助于洗清罪孽；不仅如此，从前有意或无意犯下的其他过错也
能通过这样的苦修得到宽恕。[⑥] 我们在印度教圣书中可以发现这
样一种坚定的信念：今生饱尝现实苦难，来世才能喜乐平安。书中
说："犯罪后被国王惩罚之人能够进天堂，他们与德行高尚之人同
样纯洁"；[⑦]他们关于苦行与赎罪的理论体系中也表达了同样的观

---

① Tertullian, *De jejuniis*, 7 (Migne, *op. cit.* ii. 962). *Idem*, *De resurrectione carnis*, 8 (Migne, ii. 806 *sq.*). Harnack, *History of Dogma*, ii. 110, 132; iii. 311.

② 见第一卷第 85 页。

③ 见：Thrupp, *The Anglo-Saxon Home*, p. 259。

④ 见前文第 315、317 页。Pool, *op. cit.* p. 264.

⑤ 见前文第 315 页及以下。Allen, *op. cit.* p. 130.

⑥ Geiger, *Civilization of the Eastern Irānians*, i. 163.

⑦ *Laws of Manu*, viii. 318.

念。① 而婆罗门教与天主教一样,教徒认为,禁欲苦行的效果超越
了单纯的赎罪。这样的修炼还被视为积累功德或赢得超凡能力的
方式。婆罗门教诗文讲到,往昔曾有这样先贤,他们通过不同凡响
的苦修获得的影响力甚至可与神灵匹敌;不仅如此,某些大恶魔之
所以能对人和神灵施展法力,是因为信仰虔诚、修行刻苦。② 苦修
在很大程度上源自赎罪的观念,这一点反映在如下事实中:在那些
没有明确的罪恶意识的民族——如道教和佛教传入前的中国
人③,以及古希腊人、古罗马人和斯堪的纳维亚人——几乎找不到
这种苦行。不过在希腊,为了避免诸神的嫉妒,人们自愿牺牲部分
幸福,因为诸神不希望凡人太过走运。④

　　有时,人们采取苦其体肤的方式修行,与其说是为了安抚神的
愤怒,不如说是意在激起他的慈悲和怜悯。如我们之前所见,犹太
教的某些斋戒仪式实际上把这两种目的紧密糅合在了一起。⑤ 遭
遇干旱时,摩尔人会把虔诚的信徒捆绑起来扔进水塘,冀望这种令
人怜惜的情景会感化真主带来雨水;面对干旱,犹太教的禁食习俗
在某种程度上与摩尔人异曲同工。威廉姆斯先生给我们讲过一个
斐济祭司的故事:"他以通常的方式祈求神灵降雨无果后,改变了
做法,他连续数夜睡在石头上,没有任何垫子和枕头防护,以此期

361

---

　　① *Ibid*. xi. 228.

　　② Monier-Williams, *Brähmanism and Hindūism*, pp. 231, 427. Oldenberg, *Buddha*, p. 302.

　　③ Réville, *La religion Chinoise*, p. 221.

　　④ Aeschylus, *Agamemnon*, 1008 *sqq*. Schmidt, *Die Ethik der alten Griechen*, i. 82.

　　⑤ 见前文第 315 页。

望麻木不仁的神灵动心而在久旱之后播洒甘霖。"①

心甘情愿的苦修不仅被用来洗刷业已犯下的罪恶,而且被赋予预防罪孽的效力。这是基督教禁欲主义倚靠的第二种观念,也是最重要的观念。每个俗世欲望的满足都有罪,肉体因而应当谦卑地屈从于精神的引领,专心致志于神圣的世界。人被创生原本是为了与上帝保持精神上的沟通,但他抵挡不住魔鬼的诱惑,结果无法再专注于神圣之物,反而醉心于感官愉悦和物质利益。要成就美德就得放弃所有感官愉悦,与俗世诱惑保持距离,一心向善,追求心灵的超脱、完美和纯洁。善恶之别恰是上帝与俗世之别,而人们的俗世观念不仅包括肉体欲望,所有人类制度乃至科学和艺术也被囊括在内。② 而比理论教义更重要的是,耶稣基督本人就树立了榜样,于是产生了称颂精神愉悦和肉体受苦的观念。

灵与肉的对立并不是基督教独有的观念。早先,这是一个柏拉图式的观念,只不过在基督教会教父的眼里,它指的是值得珍视之物与令人羞辱之物的分别。很多异教徒哲学家宣扬,肉体上的享乐是低级、可耻的;甚至像西塞罗那样的人也说,所有肉体上的愉悦都与美德相悖,都应该摒弃和拒绝。③ 位于亚历山大城的新柏拉图派和新毕达哥拉斯派秉持这样一种节制欲望的生活理想和理论立场:上帝本身就足够纯洁而美好,凡尘的物质世界则污秽而邪恶。犹太教分支艾塞尼派和特拉普提派宣扬并实践克制

---

① Williams and Calvert, *Fiji*, p. 196.

② Harnack, *op. cit.* ii. 214 *sqq.*; iii. 258 *sqq.* von Eicken, *Geschichte der mittelalterlichen Weltanschauung*, p. 313 *sqq.*

③ Cicero, *De officiis*, i. 30; iii. 33.

自身欲望、远离俗世生活的观念。柯恩教授注意到,在印度,"气候、风物以及人们沉思冥想的特质,所有这些都众星捧月般烘托这一信念:要达至人类生活的最高境界,要获得生命的真正喜悦,除了弃绝纷纷扰扰的尘世,心无旁骛地虔诚修炼,别无他途,而这个过程中还要经受一定的痛苦和磨难"。[①] 我们在《益世嘉言》看到这样的话:"臣服声色犬马即入通往毁灭之途,克制感官欲望则能获得幸福和永生。"[②]耆那教将快乐本身看作罪恶——"什么是不满足?怎么才算享乐呢?人不应屈服于任何一个,而应该像教徒那样摒弃任何寻欢作乐的事情,谨言慎行、节制而虔诚地度过一生。"[③]根据佛教教义,痛苦的原因有二,即肉欲和无知,两者均与每个人息息相关,终生相伴;这也意味着有两种方法可以使人们从痛苦中解脱出来,即克制肉欲和消除无知。[④]《法句经》里讲:"欲壑难平,即便撒给他许多金子他也难以知足;明了肉欲难以持久、却易造成痛苦之人是智者。"[⑤]早先印度苦行者的修炼之术,佛陀却视如敝屣:"如果不能克制自身的欲望,即便赤身裸体、束发、污秽、斋戒、静卧、打坐、以泥土拭身,都难以使凡人肉身得到净化。"[⑥]只有隔断所有与尘世的联系,才能获得解脱和自由;除此之外,别无二法。

沉思冥想的宗教信徒考虑到人生之短暂,肉体享乐之空虚,以

① Kern, *Manual of Indian Buddhism*, p. 73.

② Hitopadesa,转引自:Monier Williams, *Indian Wisdom*, p. 538。

③ Hopkins, *op. cit.* p. 291.

④ Oldenberg, *op. cit.* p. 212 *sq.* Monier-Williams, *Buddhism*, p. 99.

⑤ *Dhammapada*, 186 *sq.*

⑥ *Ibid*, 141. 另见:Oldenberg, *op. cit.* p. 301 *sq.*。

及将人引向悲惨和罪恶的种种诱惑,就会形成人应当从世俗欲望的束缚中解放出来的观念。与物质世界的分离是宗教狂热分子的理想,上帝被视为无形的存在和纯粹的精神,而他们最大的热望就是与上帝融为一体。

第四十章　婚姻

　　道德判断会关涉由人类的性特征引发的诸种行为。让我们首先考察在婚姻名分之下的两性关系。

　　此前我曾在一本书中努力表明，在人类的发展阶段中，极为可能从未存在过无婚姻的社会，人类的婚姻显然是从诸如猿猴那样的祖先那里继承下来的。[①] 我当时把婚姻界定为多少有些持久的男女两性之间的结合，这种结合绝不限于繁衍后代，它在生育子女之后会延续相当长的时间。这正是自然史意义上的婚姻。另一方面，作为一种社会制度，婚姻具有别的意义：它是一种由习俗和法律调整的两性之间的结合。[②] 对于择偶、婚约方式、婚姻形式及婚姻的维系，社会都厘定了规则。这些规则实质上是人们的道德情感的表达。

　　首先，在一个人际圈子里，有些人之间是禁止通婚的。人类对乱伦的恐惧和反感几乎是一种普世皆有的现象；据说，只有在极为

---

　　①　Westermarck, *History of Human Marriage*, ch. iii. *sqq.*

　　②　就我所知，关于婚姻这一社会制度，弗里德里希斯博士给出的界定是最好的（'Einzeluntersuchungen zur vergleichenden Rechtswissenschaft', in *Zeitschr. f. vergl. Rechtswiss.* x. 255）："由法律系统认可并赋予特权的异性之间的结合，其目的要么是建立共同家庭和性关系，要么是建立排他性的性关系。"

365 个别的案例中不存在此类情感,而这些案例只不过是反常现象而已。而人类的亲属关系多远或多近才禁止他们结婚,在世界各地绝不是同样的标准。最为普遍的是,父母亲与子女之间的婚姻被认为是最令人嫌恶的。同父或同母的兄弟姐妹之间的婚姻,也普遍为人所憎恶。这一规则的例外是皇室家族成员,对他们来说,与出身较低的家族成员缔结婚姻是不合适的。或由于与外界隔绝,或出于污浊的本能,确有几个部族大量存在乱伦现象。[1] 不过,人们似乎在没有充足理由的情况下就把兄妹婚认定为某些部族的婚姻方式。[2] 关于锡兰的维达人,在很长一段时间内人们显然是想当然地认为,这个民族视兄妹婚为正常现象。[3] 然而,按照内维尔

---

[1] Westermarck, *op. cit*. ch. xiv. *sq*.

[2] 弗雷泽爵士就曾提到,一些经常发生乱伦的部族就是如此(*Pausanias's Description of Greece*, ii. 84 *sq*.)。按照特纳先生的简要表述,新喀里多尼亚人不避免近亲结婚,甚至最近的亲属之间也可结婚(*Samoa*, p. 341)。但这与罗沙斯先生的说法相违背——在新喀里多尼亚人中,父系近亲之间不可通婚,但母系表亲之间可以婚配。在他们中间,兄弟与姐妹之间,一旦到了成年就不再允许一起参加任何社会交往;甚至在第三人在场的时候,他们也不能同时在场。如果他们碰巧撞见彼此,他们必须马上回避;万一回避不得,女子必须马上脸朝下趴在地上(*Nouvelle Calédonie*, p. 232)。罗沙斯先生还说:"兄弟姐妹之间的疏远并非由于轻视或敌对。在我看来,这是由于对乱伦恐惧之自然情感的不合理扩大。"(*ibid*. p. 239)弗雷泽说,根据汤普森先生的说法,马萨伊人的兄弟姐妹之间是通婚的;但后来一个更权威的知情人士告知我们,"马萨伊人近亲之间是不结婚的。在他们那里,乱伦闻所未闻"。(Hinde, *The Last of the Masai*, p. 76)关于西非俾格米人部落奥本格斯人兄妹通婚的说法,该传说来自另外一个部族阿闪格斯人,而这个民族是很不喜欢奥本格斯人的(Du Chaillu, *Journey to Ashango-Land*, p. 320)。利比希言之凿凿地说,吉普赛人允许兄妹之间结婚(*Die Zigeuner*, p. 49),但这一说辞对芬兰的吉普赛人而言绝非事实,那里的吉普赛人对乱伦之事非常反感(Thesleff, 'Zigenarlif i Finland,' in *Nya Pressen*, 1897, no. 331 B)。

[3] Bailey, 'Wild Tribes of the Veddahs of Ceylon,' in *Trans. Ethn. Soc*. N. S. ii. 294 *sq*.

先生的说法，"在奉行维达人习俗的地方，这类乱伦行为从未被允

许过，也从来不可能发生。在这里，乱伦被看作比谋杀更严重的犯
罪。这种禁忌的情感如此强烈，以至泰米尔人流行这样一种做法：
姐妹中有人做了这类过分的事情就会马上被处死。那种想当然的
看法源自对维达语言的严重误解。维达人有着与舅舅的女儿或姑
姑的女儿结婚的习俗，前者称为那噶（nagâ），后者称为楠吉
（nangî）。在僧伽罗语中，那噶和楠吉有妹妹的意思。因而，你如
果问一个维达人：'你跟你的姐妹结婚吗？'，操僧伽罗语的翻译就
会把这句话翻译成'你与你的那噶结婚吗？'得到的回答是（我经常
做这样的测试）：'对的——过去我们一直这样，但现在就不太常见
了。'如果你接着说：'怎么？跟自己的姐妹那噶结婚？'，这时的回
答是一个充满愤怒的否定，因为这样的提问本身就意味着极大的
侮辱。"这个作者又说道："在任何情况下，都不得与同一家庭的成
员结婚；即便是在远古时代也找不到这种奇奇怪怪的关系。这样
的婚姻是乱伦，当事人是要被处死的。"[1]

　　一般而言，未受现代文明影响的部族比那些现代的族群在禁
止乱伦的程度上更严格，规则更繁琐和细致。在很多情况下，禁止
乱伦的律令指向的是这些部落或部族的所有成员；他们把违背这
一禁令视为罪大恶极。[2]

　　　　阿尔冈昆人说到这样一些事例：男人因为与自己氏族

---

[1]　Nevill，'Vaeddas of Ceylon，' in *Taprobanian*，i. 178.

[2]　Westermarck，*op. cit.* p. 297 *sqq.*

的女子结婚而被族内最亲近的人处死。[1] 在苏族的爱西尼伯因部落，头人杀了无亲无故者不会受到任何惩罚，但如果他跟同宗同族的女子结婚就会被免职，因为这样的结合会让所有人嫌恶和反感。[2] 霍屯督人曾经把第一代或第二代堂表兄弟姐妹之间的婚姻治以死罪。[3] 班图人也认为类似的婚姻是"恶心、极其丢脸的事"。[4] 乌干达保护国的布索加人认为，任何形式的乱伦都是极其恐怖的，即便是家养的动物这样做也遭人嫌恶。[5] 印度的坎德人"不论规模大小、分布状况如何，同一部落内部成员之间通婚均视同乱伦，都应处死"。[6] 在马来群岛，人们惩治乱伦的常用措施是把他们淹死，[7]但在某些部落中，乱伦者会被杀掉、吃掉[8]或活埋[9]。在新赫布里底群岛的埃法特岛，与自己母亲的家族成员结婚，会构成犯罪并可能被处死；[10]据说，在莫特洛克岛民中，部落内

---

[1]　Frazer, *Totemism*, p. 59.

[2]　Dorsey,'Siouan Sociology,'in *Ann. Rep. Bur. Ethn.* xv. 224.

[3]　Kolben, *Present State of the Cape of Good Hope*, i. 155 *sq*.

[4]　Theal, *History of the Boers in South Africa*, p. 16.

[5]　Johnston, *Uganda Protectorate*, ii. 719.

[6]　Macpherson, 转引自：Percival, *Land of the Veda*, p. 345。 *Cf.* Hunter, *Annals of Rural Bengal*, iii. 81。

[7]　Wilken, *Huwelijken tusschen bloedverwanten*, p. 26 *sq*. Riedel, *De sluik- en kroesharige rassen tusschen Selebes en Papua*, p. 460.

[8]　Wilken, *Over de verwantschap en het huwelijks- en erfrecht bij de volken van het maleische ras*, p. 18.

[9]　*Glimpses of the Eastern Archipelago*, p. 105.

[10]　Macdonald, *Oceania*, p. 181 *sq*.

部任何人与有亲戚关系的人性交，都将遭受同样的惩罚。[1]
在以严刑峻法维系婚姻方面，任何地方都没有澳大利亚的
土著居民那样严格。在当地，部落按照外婚制分成不同的
分支，这些分支的数量有多有少；至少在白人没有占领这个
地方之前，与禁止通婚的分支内的某人结婚或性交，通常要
被处死。[2]

在跨越了蒙昧时代和野蛮时代的国家，人们对乱伦的反感和
憎恶并未减轻。在中国，与(外)祖父母的兄弟、父亲的第一代表
亲、兄弟或侄子、外甥乱伦者，都要被处死；男人要是娶了自己的姨
妈，要被绞死；甚至与同姓的人结婚，也要被打六十大板。[3] 古代
雅利安人同样视乱伦为极其恶心的事。[4] 与母亲、女儿或儿媳发
生性关系被视作最严重的罪行，无论怎么受罚都难以挽回被毁坏
的声誉。[5]

　　关于禁止近亲结婚，有各种各样的理论解释。我在拙作《人类
婚姻史》中对其中的一些理论做过批评，同时不揣冒昧提出了自己
对这些现象的解释。[6] 我指出，从小时候就亲密地生活在一起的

——————————

[1]　Kubary, 'Die Bewohner der Mortlock Inseln,' in *Mittheil. d. Geogr. Gesellsch. in Hamburg*, 1878-9, p. 251.

[2]　Westermarck, *op. cit.* p. 299 *sq.* 除了那里引用的权威依据外，另见：Roth, *Ethnol. Studies among the North-West-Central Queensland Aborigines*, p. 182; Spencer and Gillen, *Native Tribes of Central Australia*, p. 15。

[3]　Medhurst, 'Marriage, Affinity, and Inheritance in China,' in *Trans. Roy. Asiatic Soc. China Branch*, iv. 21 *sqq.*

[4]　Leist, *Alt-arisches Jus Gentium*, p. 394 *sq.*

[5]　*Institutes of Vishnu*, xxxiv. 1 *sq.*

[6]　Westermarck, *op. cit.* p. 310 *sqq.*

人对彼此之间的性关系有一种天生的厌恶感,这样的人之间多数情况下都具有血亲关系,这种情感自然而然地在习俗和法律上表现出来,这些规范把近亲之间的性关系看作是恐怖之事。事实上,很多民族志证据似乎表明,禁止近亲结婚的法律的首要依据并非血缘关系亲近的程度,而是亲密生活在一起的经验。因而,很多部落都有这种"外婚"的规则,这种规则全然不取决于亲属关系,而只是考虑居住在一起这样一个因素;于是,同一村落或同一部族内的所有成员,尽管没有血缘关系,也均被禁止通婚。① 在禁止内部通婚的程度上,不同国家的法律和风俗在细节上存在很大差异;而且,禁止亲属之间通婚的程度,看来总是与他们亲近地居住和生活在一起密切相关。对乱伦的禁止或多或少是单向的,或者沿着母亲一方,或者沿着父亲一方,这要看这个社会是按照男性还是女性计算血统。由于血统关系主要呈现在当地的亲属关系中,我们有理由推断,同一地方的亲属关系在施行婚姻禁忌方面更趋严格。不过,在很多例子中,禁止近亲结婚只是间接地受到同地共同亲密生活的影响。② 在一起亲密生活的男孩女孩,是厌恶彼此通婚的。

369

---

① 库诺先生认为(*Die Verwandtschafts-Organisationen der Australneger*, p. 187)这个观点"相当奇怪",他提出了自己对这个问题的不同解释。他写道:"事实上,对内部通婚的禁止可简单由这个事实来解释——一个地方社群经常与一个氏族是一回事,于是,适用于氏族的婚姻规则,同样也适用于当地社群。"但这只是库诺先生自己的推断。我认为,禁止近亲通婚是由于人们对在一起密切生活的人之间的性关系的反感。他认为,禁止同一共同体内无亲属关系的人之间的婚姻起源于对亲属之间通婚的禁止。我们不妨问他,为什么我的观点比他的观点更为"奇怪"呢?

② 我不明白,像库诺先生那样(*op. cit.* p. 186 *sqq.*)读过拙著的读者怎么会把这一看法归之于我——禁止群体内通婚的群体,就是那些朝夕亲密相处的群体。如果他稍更仔细地阅读了我说过的话,他就不必费尽唇舌证明我对早期社会组织的极不了解了。

对亲密相处的男女通婚的反感,导致人们禁止发生这种婚姻关系;
而且,由于亲属制度是通过姓名体系的办法追溯的,姓名就成为判
断亲属关系的依据。这一姓名体系必须是单向的。尽管追溯世代
关系既可以沿着父系也可以沿着母系走,但同一时期不能两者均
采用。[①] 而没有通过这个记录延续下来的世系,即使被承认为亲
属关系的一支,也不怎么受重视,且很快被人遗忘。因此,这种禁
婚通常在一个世系中延伸很远——乃至大到整个宗族和部落——
而不在另一世系上发挥作用。另外还需记住,姓氏本身还在同姓
人之间构成了一种神秘关系。南森博士就说过:"在格陵兰,与其
他地方一样,姓氏具有非常重要的意义。人们认为,两个同姓人之
间存在一种精神上的亲近关系。"[②]通常来说,如果男女以这样或
那样的方式建立了亲密的关系,通过观念和情感的联结,就会生发
出这样一种想法:两者之间结婚或发生性关系意味着乱伦。因而,
由联姻或收养形成的亲戚之间是禁止通婚的。基于同样的原因,
罗马教会和希腊教会禁止"宗教亲属"之间通婚。

　　这里就出现了这样一个问题:小时候亲密生活在一起的一男 370
一女对彼此结婚和发生性关系的本能反感源自何方? 我认为这可
能是自然选择的结果。达尔文仔细研究过植物王国中自花授粉和
异花授粉所造成的不同结果,征询过经验丰富的家畜饲养员的意
见,用老鼠、兔子和其他动物做过实验;他似乎已经证明,植物自我
繁殖和动物近亲繁殖多多少少会对物种造成伤害;其中的原因很

①　Cf. Tylor,*Early History of Mankind*,p. 285 *sq*.
②　Nansen,*Eskimo Life*,p. 230.

可能是,相结合的两性成分的分化并未达到足够的程度。现在,已经很难让人相信,适合于动物界或者植物界的生理法则不适用于人类。不过,很难援引直接的证据来说明近亲交配和近亲结婚的恶果。至亲之间的结合——兄弟与姐妹之间,父母与子女之间——所造成的明显的恶劣后果,未必能够呈现出来,因而我们也很难发现。我们有机会观察研究的最亲近的血亲间的结合是堂表兄妹婚。遗憾的是,目前为止所做的观察还远未达到可以下定论的程度。不过,值得注意的是,讨论过这个问题的学者大多数表达了这种观点:第一代表亲之间的婚姻或多或少对后代具有不利的影响;目前为止还没有人能够援引经得起科学考验的证据否定这一观点。而且,我们有理由相信:近亲结婚对蒙昧时代的部落而言,比对文明社会造成的损害更大。经验业已证明,在蒙昧时代,人们通常必须付出巨大努力才能生存下来;而在文明时代,尤其是在那些富有的阶层中,这类近亲婚姻经常发生。

　　把所有这些事实考虑进来,我倾向于认为:近亲结婚会以某种371 方式对相关物种造成危害。对此,我找到一个足以解释人们反感乱伦的依据;不是因为早期人类认识到了近亲结婚的危害,而是自然选择的规律不可避免地在发挥作用。在人类的祖先中,一如在其他动物中,无疑有这样一段血亲关系并不构成性交障碍的时期。但无论何处都自然地发生着变异——我们知道,性本能是很容易发生变异的;我们的祖先中避免近亲繁殖者生存下来,其他人则逐渐衰落并最终消亡。于是一种情感由此而生,它积郁得如此强烈,以至形成了禁止此类有害结合的规则。这种情感当然会表现出来,但这时不是个体对近亲性关系的天生的反感,而是嫌恶共同生活者之间的交合。事实上，这些人之间通常都有血亲关系，由此造成了适者生存的结果。我们不能获知是人类从他的祖先那里继承了这种情感，还是在人类的独特特征演化之后这种情感才发展出来。它必定是在家庭关系变得比较重要的阶段生发出来的，此时子女要跟父母亲共同生活到青春期或更长的时间。作为这种情感的自然表现，外婚制就出现了；当众多家庭合流成部落，人们就向外寻求配偶。

　　这一试图解释亲属与外婚制之间关系和婚姻禁忌的努力，也获得了其他学者的认同和支持，[①]但我认为，我的这些观点更经常遭到拒绝和反对。不过仔细考虑了各种各样的反对意见之后，我发现没有理由改变我的观点。我的一些反对者显然没有理解和把握这一理论赖以成立的依据。罗伯逊·史密斯教授认为，这个理论预先假定存在着要加以解释的外婚制风俗；他说："它假设存在这样的群体，他们生活了许多世代（这正是适者生存的意涵），在这个过程中他们努力避免内部成员之间的交合。"[②]但是，我的理论所假设的并非存在着外婚制群体，而是个体自发产生了对这类交合的反感和厌恶。还有，如果像安德鲁·朗先生所坚持的那样，我的整个论证是个"恶性循环"，[③]那么自然选择理论本身也是一个

372

---

　　① 华莱士对我的《人类婚姻史》一书的评介（A. R. Wallace, 'Introductory Note', p. vi）。Giddings, *Principles of Sociology*, p. 267. Howard, *History of Matrimonial Institutions*, i. 125 *sqq*. 关于我的理论，E. B. 泰勒爵士评论说，不管怎样，我的路子是对的（in *Academy*, xl. 289）。另见：Crooke, *Tribes and Castes of the North-Western Provinces and Oudh*, i. pp. clxxix, clxxx, ccii.

　　② Robertson Smith, in *Nature*, xliv. 271.

　　③ Lang, *Social Origins*, p. 33.

恶性循环了,因为不可能存在对从没存在过的特征的选择。

　　据辩称,如果亲密相处导致对性关系的反感,这种厌恶感应当在夫妻之间和近亲之间表现出来。① 但这些事例并不是一回事。我所说的对性事的厌恶感是指长期亲密生活在一起的男女之间的感情,当时他们还没有发育出性的欲望,自然也不可能发生什么性行为。② 而当一个男子与一个女子结婚了,他对她的感情就大为不同,他对她爱的冲动会维持下去,在以后的婚姻生活中可能还会增强。即便是在这种情况下,长期的共同生活无疑也会导致夫妻之间的性冷淡,有时还会引起性厌恶。有这样一种观点,即只有通过法律、习俗和教育,才能禁止家庭内部发生乱伦,③这个观点是错误的。法律可以禁止儿子与母亲、兄弟与姐妹结婚,但不能阻止他想望实现这种结合。极其严厉的法条什么时候把同性恋之类的事情压制住了呢? 正如柏拉图所观察到的那样,不成文法尽可能地禁止父母与子女之间、兄弟与姐妹之间发生乱伦的性关系;而"对绝

373

_____

　　① Durkheim, 'La prohibition de l'inceste et ses origines,' in *L'année sociologique*, i. 64. 涂尔干教授在表述这一观点时引用了齐美尔博士的一篇论文('Die Verwandtenehe,' in *Vossische Zeitung*, June 3rd and 10th, 1894)。但我在齐美尔博士文章中看不到他真的与我的观点对立。他只是说:"亲密相处无论如何都不会只是削弱双方之间的关系,而恰恰在很多情况下可以增强彼此的关系,否则从前的经验就无法成立。按以往的经验,夫妻双方刚结婚时相互之间缺乏爱情,但他们随后往往会产生爱情。"

　　② Cf. Bentham, *Theory of Legislation*, p. 220:"从一个既未能产生那种欲望,也未能激发那种欲望的年龄段开始,个体之间就彼此频繁地相见相知,直到生命的终了,他们都会以同样的眼光看待对方。"

　　③ 对这个观点的表述和论证,参见韦斯特马克(*op. cit.* p. 310 sqq)。最近克劳斯(*Am Ur-Quell*, iv. 151)和芬克(*Primitive Love*, p. 49)也表达了同样的看法。

大多数人而言,他们内心连想都没想过要做这类苟且之事"。① 考虑到人类性冲动的多变性和多样性,乱伦行为时有发生并不是耸人听闻的怪事。但在我看来更值得注意的是,人类对乱伦的嫌恶极为普遍,很少存在例外的情况。

霭理士博士也对我的观点提出反对意见,他认为我的理论假定人类存在某种本能,而这种本能是很难接受的。他说:"这一天生的倾向性如此明确,完全是负面的,同时还伴随着思想上的推敲斟酌,这样的倾向性只能通过某种强力才能进入人类的本能。这种本能是相当笨拙的、人为编造的,就如同把不吃自家果园里栽种的苹果说成本能一样。对厌恶乱伦的这一解释真的是过于简单了……从幼年期开始共同被抚养大的兄弟姐妹之间、男孩女孩之间,之所以不能产生婚姻和交配的本能,只是因为在这种成长环境和条件下,不可避免地缺乏引发婚配冲动的情境……从孩童时期就一起长大的男女之间,视觉、听觉和触觉的所有这类刺激对他们而言都是钝化了的,他们被调教得对这类情感温顺平和,他们因而被剥夺了引发性冲动、性器肿大的机会。"②我认为霭理士博士夸大了我的理论与他的理论之间的差距。我所说的"本能"只不过是对同某些人发生性关系的反感,如同某种动物不喜欢吃某种植物一样,这并不是一个十分复杂的心理现象。事实上,霭理士

374

---

① Plato, *Leges*, viii. 838. 根据科伦索先生的记载,新西兰的毛利人成年的弟兄与成年的姐妹是在一起睡觉的,"他们并没有犯什么罪过,他们也从未有过这样的想法",他们从小就是这么睡在一起的(*Maori Races*, p. 47 *sq.*)。

② Havelock Ellis, *Studies in the Psychology of Sex*, 'Sexual Selection in Man,' p. 205 *sq.*

博士在其杰作《性心理学》中不仅给出了很多性冷淡的例子,也陈述了许多关于性反感的事实,这些事实在很大程度上呈现出本能的性质。[1] 他所描述的大量男性性倒错的事例被称为"女性性厌恶",也就是说,"作为性欲望的目标而言,女性是令人恶心的"(不只是令人冷漠的)。[2] 霭理士博士也反复提到人类对乱伦的"厌恶"。

有人这样反对我的观点:如果我对禁止乱伦的解释是正确的,那么没有血缘关系但一起长大的人相结合应当与近亲结合一样令人厌恶;然而,这两种情况在事实上差异很大,人们看待这两种情况的方式也差异很大,只有后者才被看作乱伦。[3] 当然,人们的态度在很大程度上受到相结合的人彼此关系亲近程度的影响,而斯坦梅茨博士曾论证的看法——"多情的法国男子似乎常常与年幼时熟悉的女性朋友结婚"[4]——肯定没讲到点子上。我相信,一个男子与他家收养的妹妹之间的性爱,同一位父亲与女儿之间的性爱一样反常;在许多民族中,人们是反对、谴责或禁止那些虽没有血缘关系,但从小在同一家庭或同一地方群体中长大的男孩和女

375

---

[1] 有人指责我不恰当地使用了本能(instinct)这个概念(Crawley, *The Mystic Rose* p. 446)。但正如霭理士博士所说,"就其本意而言,本能或多或少是对某些特定刺激的一系列复杂反应",或按照克劳利先生的说法,"本能只不过是对环境的功能性反应"(*op. cit.* p. 446)。这么说,我所说的对性关系的嫌恶当然就可以称之为一种本能。

[2] Havelock Ellis, *op. cit.* p. 164.

[3] Steinmetz, 'Die neueren Forschungen zur Geschichte der menschlichen Familie,' in *Zeitschr. f. Socialwiss.* ii. 818 *sq.*

[4] *Ibid.* ii. 818.

孩结婚的。^① 根据芬兰一位多年在男女合校中担任校长的女士所做的有趣报道，即使是在同一学校里共同接受教育的男生女生，也明显缺乏爱恋之情。一个男生有次向这位校长保证，他和他的所有朋友都没有想过要娶女同学为妻。^② 我也听到一个男生说，本校的女生与其他"真正的"女孩子之间有着明显的差别。养父母与养子女、养兄弟与养姐妹之间的结合令他人反感和不自然，我更不能否认，血亲关系很近的男女之间结婚会引起本人的厌恶。长期亲密相处的男孩和女孩之间会反感彼此之间的性接触并刻意回避对方，这种倾向很久以前就已经表现在近亲结婚的禁忌中；考虑到这一点，对近亲通婚的厌恶感是自然而然产生的。在风俗习惯、法律和宗教观念中，这种结合均被认为是肮脏的、不洁的，而人们对碰巧长期在同一屋檐下长大、并无血缘关系的男孩女孩之间的性关系却没有那么重视。需要特别指出的是，由于与生殖功能有关的东西都带有神秘性，人们对超自然力量的信仰在关于乱伦的观念上发挥着重大作用，如同这一信仰在其他性道德问题上的影响力一样。^③ 早期的阿留申人相信，乱伦罪大恶极，乱伦后生养的孩子是怪胎，会长出海象般的长牙和胡须，

———————————

　　① Westermarck, *op. cit.* p. 321 *sqq.* 托雷斯海峡西部岛民，"以一种值得注意的敏感，禁止与一个特别要好的朋友的姐妹的婚姻"(Haddon, 'Ethnology of the Western Tribe of Torres Straits,' in *Jour. Anthr. Inst.* xix. 315)。

　　② Lucina Hagman, 'Från samskolan,' in *Humanitas*, ii. 188 *sq.*

　　③ 关于道德情感与性冲动之间的关系，见：Vallon and Marie, 'Des psychoses religieuses,' in *Archives de Neurologie*, ser. ii. vol. iii. 184 *sq.*；Gadelius, *Om tvångstankar*, p. 120 *sq.*；Starbuck, *Psychology of Religion*, p. 401 *sqq.*。

376　样子像怪兽。① 卡菲尔人认为,乱伦生出的小孩是怪物,这是来自
"祖先神灵的惩罚"。② 苏门答腊的巴塔克人认为,表亲之间发生
性关系是一种罪恶,会导致长期的干旱。③ 加莱拉人相信,乱伦会
惹怒大自然,它会以地震、火山爆发、洪水泛滥等形式发出警告。④
比较高级的宗教也把乱伦描绘成滔天罪恶。例如,基督教教会严
格禁止教徒乱伦;⑤教会还组成宗教法庭,审查和判处乱伦等所有
形式的性犯罪。⑥

　　还有人说,我的理论完全没有解释这样的事实:有些禁止通
婚的规则通常涉及所有氏族成员,甚至包括居住在不同地方的
人。⑦ 对此,除了我已经在前文中表述过的观点,我想强调的是,
每一个试图全面解释禁止乱伦现象的假设都会采纳连带律这同
样的思想法则,在我看来,可以用这个法则解释氏族外婚制。涂
尔干教授一方面以同一氏族的成员不在一起居住为由提出,我
的理论不适用于氏族外婚制;另一方面,在解释延伸到图腾氏族
之外的禁婚规则时,他自己却借助了类比的方法。他试图表明,

---

①　Veniaminof,转引自：Petroff,*Report on Alaska*,p. 155。

②　Shooter,*Kafirs of Natal*,p. 45.

③　von Brenner,*Besuch bei den Kannibalen Sumatras*,p. 212.

④　van Baarda, 'Fabelen, verhalen en overleveringen der Galelareezen,' in *Bijdragen tot de taal-, land- en volkenkunde van Nederlandsch-Indië*, xlv. (ser. vi. vol. 1.) p. 514. 另见：Frazer,*Golden Bough*,ii. 212 *sq.*。

⑤　Westermarck,*op. cit.* p. 308. Katz,*Grundriss des kanonischen Strafrechts*,p. 116 *sq.*

⑥　Stephen,*History of the Criminal Law of England*,ii. 411.

⑦　Cunow,*op. cit.* p. 185. Durkheim, in *L'année sociologique*, i. 39, n. 2. Steinmetz,in *Zeitschr. f. Socialwiss.* ii. 819.

氏族外婚制是所有禁止乱伦规则的源泉,而氏族外婚制本身则
起源于图腾信仰。^① 按照他的说法,氏族外婚制之所以延伸到分
属不同氏族的近亲,是因为这些近亲之间的亲密联络并不比同一
氏族的人少。根据我自己的理论,禁止亲密相处的近亲之间结婚
的规则之所以扩展到氏族所有成员范围,是因为人们会意识到,具
有共同祖先、拥有同一姓氏的人之间有着亲密的关系。如果我认
为涂尔干教授的假设极其令人不满意,^②当然不是因为他采用了
连带律来解释禁止乱伦的规则。罗马天主教禁止教父和教母结
婚,欧洲东部流行伴郎不得与新娘家的其他女子结婚,^③有些律法
还禁止姻亲之间结婚;如果不采用连带律,何以解释这些案例呢?
为什么又不可以用连带律来解释拥有共同祖先或共同姓氏的社会

377

378

---

    ①   涂尔干教授说:"总体来看,流血是禁忌,一切和它相关的都是禁忌……女人长
期流经血……因此,女人对氏族部落其他成员而言也长期是禁忌。"(Durkheim,
L'année sociologique,i. 50)不过,禁忌并不局限于同一氏族成员内部,也涉及属于别的
氏族的近亲,而这一点必须得到解释。涂尔干先生写道:"如果人们习惯上把名义上属
于同一氏族的异性之间的婚姻关系视作令人讨厌的乱伦,而属于不同氏族的人们之间
也保持着交往,甚至相互之间的关系比前者更为亲密,那么他们之间的婚姻关系也会
被看作令人讨厌的乱伦。"(*ibid*. p. 19)涂尔干先生继续写道:"随着图腾制的消失,氏
族内的特殊亲属制度也随之消失,外婚制就与在其他基础上形成的新型家庭密切联系
在一起。新型家庭涵盖的范围比以前的氏族更小,禁止通婚的范围也变小了。于是,
随着逐渐的演化,就到了目前这样的状态——严厉禁止通婚的范围基本上仅限于长辈
和晚辈以及兄弟姐妹之间。"(*ibid*. p. 58)

    ②   涂尔干教授试图以仅存于某些民族的制度解释世界普遍存在的现象。他怎么
知道现在禁止近亲通婚的各个民族均实行过图腾制呢? 如果说禁止父母与子女、兄弟
与姐妹结婚的规则是古代图腾制度的遗迹,那我们怎么解释对这类婚姻的反感如此常
见? 古老的图腾制度显然解释不了。这样的话,法律禁止乱伦与人们从心理上嫌恶乱
伦这两个事实之间便只是一种巧合关系了。而在我看来,这个假定是荒谬的。见下文
附注。

    ③   Maine,*Dissertations*,p. 257 *sq*.

关系呢?

　　不仅存在一个实行禁婚的内圈,而且存在一个禁婚或至少不赞同通婚的外圈。与内圈一样,外圈的范围也是富于变化的。[1]每一个民族很可能都认为,跟一个与自己种族差异很大的种族中的某人结婚,即便不是一种犯罪,至少也是件不光彩的事,对女子出嫁而言更是如此。与低等种族中某人结婚尤为如此。罗马人禁止与野蛮部族的人结婚——帝国皇帝瓦伦提尼安对这类婚姻的惩罚是处以死刑;[2]现代欧洲的女孩如果嫁给澳大利亚土著的男子,她自己圈子内的人无疑会把她看作贱民。在很多民族中,结婚对象的范围很少跨越部落或社群的界限。在印度,仅发现三五个此类超越自己部落范围的例子。蒂佩拉人和阿鲍斯人一想到要把女儿嫁到自己部落之外,就心生厌恶;[3]有人向道尔顿上校严肃地确证:"当帕德马族的女儿这样作践自己时,她的家人会觉得仿佛日月无光;此事引起的冲突如此巨大,以致所有的工作都得停下,直到通过献祭洗清这一污浊。"[4]在古代秘鲁,本省或本村的土著与另外一个省或另外一个村的女子结婚是不合法的。[5]在斯巴达和雅典,与外邦女子结婚为非法。[6]在罗马,任何一个公民与不具有

---

①　Westermarck, *op. cit.* p. 363 *sqq.*

②　Rossbach, *Römische Ehe*, p. 465.

③　Lewin, *Wild Races of South-Eastern India*, p. 201.

④　Dalton, *Ethnology of Bengal*, p. 28.

⑤　Garcilasso de la Vega, *First Part of the Royal Commentaries of the Yncas*, i. 308.

⑥　Müller, *History of the Doric Race*, ii. 302. Hearn, *The Aryan Household*, p. 156 *sq.*

罗马公民身份的人结婚,都将视为无效婚姻,此类婚配生育出的孩子也是非法的。[①]

　　禁婚的规则通常也涉及同一社群不同等级或不同种姓的人。[②] 这里仅举数例。巴西的野蛮部落认为,奴隶和自由人结亲是极其不雅的。[③] 在塔希提,如果一名有地位的女子选择一名地位低下的男子为夫,他们所生育的孩子将被杀掉。[④] 在马来群岛,人们通常不赞成不同等级的人之间结婚,有些地方禁止这种婚姻。[⑤] 在印度,尽管以前允许不同种姓之间通婚,但现在事实上统统遭禁。[⑥] 在罗马,平民和贵族之间不能通婚,这种情况直到公元前 445 年才有所改变;贵族与食客之间也禁止通婚。西塞罗本人就不赞成被解放的奴隶与天生的自由民(*ingenui*)之间联姻。[⑦] 在古代的条顿人中,任何一个自由民与奴隶结婚,本人也必须成为奴隶。[⑧] 晚至 13 世纪,若德国女子与仆人私通,还将失去自由;[⑨] 在德国和斯堪的纳维亚,贵族和自由民之间有着明显的等级差异,出身贵族的人士与尽管身份自由但不属于贵族阶层的人结婚,将被认为是一种糟糕的联姻。[⑩] 即使到了现代社会,欧洲依然存在

379

---

① Gaius, *Institutions*, i. 56.

② Westermarck, *op. cit.* p. 368 *sqq.*

③ von Martius, *Beiträge zur Ethnographie Amerika's*, i. 71. von Spix and von Martius, *Travels in Brazil*, ii. 74.

④ Ellis, *Polynesian Researches*, i. 256. Cook, *Voyage to the Pacific Ocean*, ii. 171 *sq.*

⑤ Westermarck, *op. cit.* p. 371.

⑥ Monier-Williams, *Hinduism*, p. 155.

⑦ Mommsen, *History of Rome*, i. 371. Rossbach, *op. cit.* pp. 249, 456 *sq.*

⑧ Winroth, *Äktenskapshindren*, p. 227.

⑨ *Ibid.* p. 230 *sq.* Weinhold, *Deutsche Frauen in dem Mittelalter*, i. 349, 353 *sq.*

⑩ Weinhold, *op. cit.* i. 349 *sq.*

阶级内婚制的种种痕迹。根据德国民法,贵族男子与出身低下的
女子结婚将被视为下贱;这个女子没有资格获得丈夫所属等级的
头衔,她本人和她的孩子也不能享有完全的继承权。① 就算法律
上未必禁止,风俗习惯通常也会避免发生不同等级之间通婚的事
情。正如梅因观察到的:"男人或女人缔结婚姻的范围有多远,受
到怎样的限制,通常受制于风尚和偏见。在英国,通婚范围的限制
并未完全消失,仍然有迹可循。美国现在(过去也很可能)在这方
面表现得较为引人注目,由于偏见和歧视,白色人种与有色人种之
间的通婚受到强烈的抵制和反对。在德国,某些世袭贵族仍然不
得与外界联姻。在法国,没有任何正式的制度禁止贵族与中产阶
级结合,但这种结合虽非闻所未闻,也十分罕见。"②

　　宗教也构成了通婚的障碍。在穆斯林中,男基督教徒与女穆
斯林之间是绝对不允许通婚的;不过,男穆斯林与女基督教徒或女
犹太教徒——而非亚伯拉罕诸教之外的异教徒——的婚姻被视为
合法,如果他这样做或是出于对她的极度爱恋,或是因为无法在自
己的教内得到妻子。③ 犹太教的律法不承认犹太教徒与其他宗教
信徒之间的结合;④在中世纪,基督教也禁止信徒与犹太人联姻。⑤

---

① Behrend, in von Holtzendorff, *Encyclopädie der Rechtswissenschaft*, i. 478.

② Maine, *Dissertations on Early Law and Custom*, p. 224 *sq.*

③ Lane, *Manners and Customs of the Modern Egyptians*, i. 123. d'Escayrac de Lauture, *Die afrikanische Wüste*, p. 68.

④ Frankel, *Grundlinien des mosaisch-talmudischen Eherechts*, p. xx. Ritter, *Philo und die Halacha*, p. 71.

⑤ Andree, *Zur Volkskunde der Juden*, p. 48. Neubauer, 'Notes on the Race-Types of the Jews,' in *Jour. Anthr. Inst.* xv. 19.

圣保罗曾表示,基督教徒是不能与异教徒缔结婚姻的。[1] 德尔图
良称这样的联姻为通奸。[2] 4世纪时,埃尔维拉宗教会议禁止信基
督教的父母把女儿嫁给异教徒。[3] 即便是基督教不同教派的信徒
之间也禁止通婚。罗马天主教先是禁止教徒与异教徒、犹太教徒
通婚,随后禁止"杂合通婚",清教徒也有类似的禁令。[4] 现在,杂
合通婚并不违背罗马天主教国家和清教国家的民法,但正统的希
腊教会则严格限制此类通婚,这些国家也认可宗教的禁婚规则。[5]

　　之所以形成内婚的规则,首先在于人们反感与自己相去甚远
的种族、民族、阶级或宗教,并以此为荣。打破此种规则的人被认
为是对他所属圈子的冒犯。他这样做等于伤害了所属圈子的感
情,使整个圈子蒙羞,同时自己也丢了脸。与缔结婚姻相比,与内
婚圈之外的人偶或发生的私情所遭遇的不宽容则显得轻描淡写,
这样的苟且之事反倒有助于双方之间的平等相处。一位在吉达的
旅行者认为,当地的性道德观念有些轻浮,一名贝都因女子为了挣
钱可以委身于土耳其人或欧洲人,但要是跟他结为合法夫妻,将是
她一生难以洗掉的耻辱。[6] 在罗马,自由人和奴隶之间可以在军
队小组中共事,但不能通婚。[7] 在我们自己中间,公共舆论会认

　　① 1 *Corinthians*,vii. 39.

　　② Tertullian,*Ad uxorem*,ii. 3（Migne,*Patrologiæ cursus*,i. 1292 *sq.*）.

　　③ *Concilium Eliberitanum*,cap. 15 *sq.*（Labbe-Mansi,*Sacrorum Conciliorum collectio*,
ii. 8）.另见：Müller,*Das sexuelle Leben der christlichen Kulturvölker*,p. 54。

　　④ Winroth,*op. cit.* p. 213 *sqq.*

　　⑤ *Ibid.* p. 220 *sq.*

　　⑥ de Gobineau,*Moral and Intellectual Diversity of Races*,p. 174,n. 1. *Cf.*
d'Escayrac de Lauture,*op. cit.* p. 155.

　　⑦ Westermarck,*op. cit.* p. 372.

为,皇室成员如果跟一名地位低下的女子结婚是一种罪责,但若只是把她养作情人就不是什么大惊小怪的事。

现代文明或多或少地倾向于减弱种族、民族、阶级和宗教因素对通婚的各种阻碍,内婚的规则因而变得不那么苛刻了。一方面,文明使得男女之间禁婚的内部圈子变小了;另一方面,也扩大了人们可以结婚的外部圈子。后者是人类历史上极为重要的成就。内婚制源于种族或阶级的虚荣,或宗教的不宽容,内婚规则的实施保持并强化了这一虚荣感受。而不断发生的族际、阶级间的通婚,必定具有相反的效果。

与择偶的规则一样,关于缔结婚约的方式,关于什么是正确而合宜的婚姻,这方面的观念也发生了一系列的变化。世界上某些地方流行抢夺婚;许多民族的婚礼上仍然可以看到抢夺婚的痕迹,这就表明这种习俗在过去曾经常出现。① 在我看来,这种习俗主要源于对关系密切的双方之间的婚姻的厌恶感;而且,在蒙昧时代,结婚使得女方家庭损失一个女孩,男子又往往难以给予补偿,因而他很难和平友好地获得妻子。我们可以设想,这种情况主要发生在家庭联系变得强大的历史阶段,男子生活的圈子小,大家彼此相熟,而他还没想到过用以物易物的方式处理这类事情。然而,没有理由认为抢夺婚是某个时段订立婚约的唯一方式;它虽然在某些部落流行过,但被麦克伦南及其学派夸大得离谱了。② 很难

---

① Westermarck, *op. cit.* ch. xvii.

② 格罗斯博士相信,抢夺婚从未得到风俗和法律的认可,这只不过是偶有发生的、应当惩罚的野蛮行径而已(*Die Formen der Familie*, p. 105)。在这一点上,他走得太远了。正如霭理士博士所评论的那样(Dr. Havelock Ellis, *Studies in the Psychology of Sex*, 'Analysis of the Sexual Impulse,' p. 62, n. 2),这一观点走向了极端。

令人相信,人类历史上的某个时期竟然不存在家庭之间通过友好协商达成的婚姻。在蒙昧时代的部落中,男子到女方家里做一段时间的劳务以达成娶妻的目的——即劳务婚——似乎在人类历史上很早的时期就流行开了。

在极不开化的部族中,男子在获得新娘之前要通过这样或那样的方式给对方家庭补偿,或支付赔偿金。[①] 在澳大利亚的部落中,就流行这种给予女方家属赔偿以换取妻子——可以说这就是购买妻子——的做法。更常见的习俗是给女方的父亲做一段时间的劳务以获取新娘,他在女方家里要像仆人一样辛苦工作,才能获得女方家庭的认可。不过,更常见的补偿是男子给女方的父亲一些财产作为聘金,接受财产的人也可以是女子的叔叔或女子父亲的其他亲人。通过交换或买卖缔结的婚姻不只是在低级的种族中普遍存在,它曾经存在并且目前也存在于高级的文明和半开化的社会,如中美洲、秘鲁、日本、中国;在犹太人的各个分支当中,在所有被称为雅利安人的种族的历史中,也是如此。没有证据表明,每个种族的发展历史中都经历过这个阶段;我们注意到,在我们所熟悉的某些极其野蛮的部族中,这种以物易物的做法是罕见的甚至是不存在的。不过,与抢夺婚相比,人们有更多的理由相信,买妻子的做法是人类社会历史上普遍存在的现象。尽管这两种做法可能在某些社会同时发生,但由于以物易物通常发生在抢劫之后,因而买妻子的阶段更常发生在抢夺婚之后。有人提出这样一个观点,从抢夺婚到买卖婚是通过这样一些阶段演进而来的:先是不管

383

---

① Westermarck, *op. cit.* p. 390 *sqq.*

女方父母的意见如何,就把女孩绑架过来;然后提出支付一些赔偿以规避报复;最后逐渐发展为预先赠送女方家庭礼物或支付一笔钱以便聘娶。[①] 女方家庭不得不失去一个女儿,她在成婚之前被抚养长大也需要一笔费用,所有这些付出决定了赔偿的价钱。女孩或多或少地被视为一种财产,在这种情况下,未经主人允许就把她抢走等于偷窃。女孩的父亲获得失去女儿的补偿,这不仅是他的权利,也是他的义务。哥伦比亚的印第安人认为,女孩家庭如果没有得到任何值钱的东西就把女孩嫁给别的人家,是莫大的耻384　辱;[②]在加利福尼亚的某些部落,"如果女方家庭没有得到聘礼,女孩生下的孩子的待遇就跟私生子没什么两样,而整个家庭都会受到亲戚邻居的谴责"。[③]

随着文明的进步,买妻的做法逐渐被人们摒弃,并被视为很不体面的事。在这方面,富有的阶层领先一步,贫困的、粗鄙的人家则仿效上层社会的样子。由此,在古代印度,所有四个种姓中的买卖婚——阿修罗婚(Âsura)——都是合法的。后来,这种做法变成了令人蒙羞的事,尽管在吠舍和首陀罗中,人们仍然允许买妻子,但婆罗门和刹帝利禁止这么做。而《摩奴法典》则完全禁止这种做法。[④]《摩奴法典》里讲:"任何一名父亲都不得因女儿出嫁的事拿一丝一毫聘礼;如果他贪婪到那个份上,他无异于在出卖自己

---

① Koenigswarter, *Études historiques sur le développement de la société humaine*, p. 53. Spencer, *Principles of Sociology*, i. 625.

② Bancroft, *Native Races of the Pacific States*, i. 277. *Cf.* von Weber, *Vier Jahre in Afrika*, ii. 215 *sq.* (Kafirs).

③ Powers, *Tribes of California*, pp. 22, 56.

④ *Laws of Manu*, iii. 23 *sqq.*

的孩子。"[1]希腊鼎盛时期已经不再有买妻子的事。在古罗马很早
的时候，贵族中曾实行共食婚(confarreatio)，这是没有任何买卖
意味的婚姻形式；而在食客和平民中，很早开始就已经不再有买妻
子的做法，只是在柯伊姆普迪欧婚(coëmptio)[2]中保留了一点残
迹。[3]　在日耳曼人那里，买卖婚在他们改宗为基督教之后就被废
除了。[4]　在犹太法典中，买妻子的做法也仅仅是个象征性的存在，
其价格也是一个小数目。[5]　在中国，订婚时给女方的聘礼虽然就
相当于买东西时付的钱，但人们极少称之为"价钱"；[6]这再次表
明，把女儿卖出去是相当不光彩的事。

　　我们在这里可以辨别出买卖婚逐渐消失的两种方式：其一，买 [385]
卖新娘变成了象征，即举行婚礼时虚拟买卖新娘或交换礼物；其
二，用来购买妻子的金钱转变为晨礼(morning gift)和嫁妆，新郎
或新娘的父亲先把一部分晨礼[7]和嫁妆给予新娘，之后会把剩余
的部分都给她。这种转变不仅存在于文明国度的历史当中，尚处
于蒙昧时代或半开化状态的某些民族也存在类似的情况；我也曾
清楚地表明，其中某些民族视买卖婚为可耻之事。[8]

---

① *Ibid*. iii. 51. *Cf*. *ibid*. ix. 93, 98

② 我国学界通常把 *coëmptio* 翻译为"买卖婚"。在这种婚姻中，要举行虚拟买卖
新娘的仪式。——译者

③ Rossbach, *op*. *cit*. pp. 92, 146, 248, 250, &c.

④ Grimm, *Deutsche Rechtsalterthümer*, p. 424.

⑤ Gans, *Erbrecht*, i. 138.

⑥ Jamieson, 'Marriage Laws,' in *China Review*, x. 78 n. *

⑦ 晨礼是新郎在婚后第二天早上送给新娘的礼物，这是欧洲旧时的一种风
俗。——译者

⑧ Westermarck, *op*. *cit*. p. 405 *sqq*.

　　我们在这里就从买卖婚转而讨论另一个截然相反的做法:给女儿置办嫁妆。尽管准备嫁妆部分起源于买妻子的风俗,但实际情况并非总是如此。嫁妆发挥着各种不同的作用,这些作用彼此具有不可分割的联系。它可以意味着,人们期望妻子在成立新家庭的过程中如同丈夫一样承担费用。它通常也是为了预防因丈夫去世或其他原因导致的婚姻解体,万一发生这种情况,她的生活就有所安顿和依靠。① 在文明开化种族的社会史中,嫁妆的作用极其重要,因而在说到买妻子的历史阶段时,就要说到其后的另一个阶段——父亲按照风俗或法律必须为女儿花费这笔钱置办嫁妆。犹太教徒②和伊斯兰教徒③认为,给女儿准备嫁妆是父亲的宗教义务和责任。在希腊,嫁妆如此必需,乃至可视为区分妻和妾身份之别的依据。④ 伊塞优斯说,没有哪个体面的男子不会拿出财产的十分之一以上给女儿作嫁妆;⑤事实上,在亚里士多德时期,嫁妆给得如此慷慨,以至斯巴达五分之二的领土被认为是属于女人的。⑥ 罗马的做法比希腊更进一步,嫁妆成为区分是否为合法妻子的标志;⑦尽管后来查士丁尼在立法中多次明确规定,置办嫁妆

---

①　*Ibid*. p. 411 *sqq*.

②　Mayer,*Rechte der Israeliten*,ii. 344.

③　*Koran*,iv. 3.

④　Cauvet,'L'*organisation de la famille à Athènes*,' in *Revue de législation et de jurisprudence*, xxiv. 152. Potter, *Archæologia Græca*, ii. 268. *Cf*. Meier and Schömann,*Der attische Process*,p. 513 *sq*.

⑤　Isaeus,*Oratio de Pyrrhi hereditate*,51,p. 43.

⑥　Aristotle,*Politica*,ii. 9,p. 1270 a.

⑦　Laboulaye,*Recherches sur la condition civile et politique des femmes*,p. 38 *sq*. Ginoulhiac,*Histoire du régime dotal*,p. 66. Meier and Schömann,*op. cit.* p. 513 *sq*.

仅仅对上层的人士是一项义务，①但这一古老的风俗从来没有被废止过。② 普鲁士邦法仍然规定，父亲——或有时最终是母亲——要安排女儿的婚礼、布置婚房。③ 然而根据《拿破仑法典》，父母不必为女儿准备嫁妆，④现代立法通常也采纳这一原则。在所谓的拉丁语国家固然还存在赠予的强烈倾向，⑤但在某种程度上，与之相反的意见和看法逐渐在世界各地占据上风：在法律规定必须实行一夫一妻制的社会；在成年女子比成年男子数量多的地方；在很多男人一生不娶的地方；在已婚女子通常懒惰度日的地方——在这类社会中，父亲支付一笔钱财，等于女婿那里为女儿购买安生的日子，正如从前男人从女孩父亲家里购买妻子。不过，萨瑟兰先生观察到："对金钱的兴趣，无论来自父亲一方还是来自女儿丈夫一方，一旦明显地进入婚姻并成为结婚的动机，在逐渐精致的人类情感中就变得丑恶了；因而我们发现，在文化发达的社会，置办嫁妆的做法在消失，正如随着文明的进步购买妻子的做法也在销声匿迹。"⑥

　　在低等动物中，绝大多数物种是一夫一妻制或一夫多妻制，人类则有着多种多样的婚姻形式。有的是一个男子娶一个女子——一夫一妻，有的是一个丈夫拥有多个妻子——一夫多妻，也有一个 ₃₈₇

① Ginoulhiac,*op. cit.* p. 103.

② 关于中世纪德国的嫁妆，参阅：Mittermaier, *Grundsätze des gemeinen deutschen Privatrechts*, ii. 3。

③ Eccius, in von Holtzendorff, *Encyclopädie der Rechtswissenschaft*, ii. 414.

④ *Code Napoléon*, art. 204.

⑤ 见：Maine, *Early History of Institutions*, p. 339。

⑥ Sutherland, *Origin and Growth of the Moral Instinct*, i. 243.

女人拥有多个丈夫,即一妻多夫的情况,也确有少数例外是多个丈夫与多个妻子共同生活在一起的。①

在造成婚姻形式差异的原因中,性别比例起到非常重要的作用。一妻多夫制存在的主要原因似乎是男性过剩,不过这种形式只在环境因素有利的情况下才流行。② 要实行一妻多夫制,人们的嫉妒心就必须非常微弱,而一妻多夫制在人类的所有时代里很可能都只是极少数存在。根据麦克伦南的观点,一妻多夫制是早期人类盛行的婚姻制度,他的这一理论缺乏强有力的事实依据。③相反,这类形式的婚姻需要一定的文明程度作为支撑;没有可信的证据表明在低等的蒙昧社会存在过这种婚姻制度。在一妻多夫制家庭中,丈夫们通常也是兄弟;至少在很多案例中,长兄占据优势地位。似乎可以得出这样一个合情合理的结论:这种一妻多夫婚姻在本质上是兄弟情谊的表达,这种婚姻对长兄有好处,同时可以满足最幼小的弟弟的迫切需求——由于女人稀缺,不如此安排他很可能一辈子娶不上老婆。如果此后有人新娶了妻子,那么这个女人也看作是所有兄弟共同拥有的;托达人的婚姻形式似乎就是这样演进而来的。④ 一夫多妻制在某种程度上也取决于性别比例。人们观察到,在印度这个国家,盛行一妻多夫的地方男性多于

---

①　Westermarck, *op. cit*. ch. xx.

②　*Ibid*. p. 482

③　McLennan, 'The Levirate and Polyandry,' in *Fortnightly Review*, N. S. xxi. 703 *sqq. Idem*, *Studies in Ancient History*, p. 112 *sq*.

④　Westermarck, *op. cit*. p. 510 *sqq*. 另见: Rivers, *Todas*, pp. 515, 519, 521。

女性,而在盛行一夫多妻的地方,情况正相反。[①] 事实上,在未受 388
欧洲文明影响的国家,女性人数居多的地方有可能流行一夫多妻。
不过,一夫多妻制的形成原因有很多,性别比例只是其中之一。

　　一个男子想要拥有多个妻子,原因多种多样。[②] 一夫一妻制
要求男子定期禁欲,这不仅指每月的特定时段,在很多民族中还包
括妻子怀孕、产妇哺乳等时间段。一夫多妻制的主要成因之一是
年轻貌美的女子对男人的诱惑力;文明演化的低级阶段的女性通
常要比更高级社会的女性衰老得快些。另外一个有力因素是男人
对于多样性的喜好。安哥拉的黑人这样为自己辩护:“你不能老是
吃一样菜。”[③]我们必须进一步考虑到男人对后代、财产和权威的
欲望。妻子不能生育,往往是男子另寻新欢的理由;古代印度教奉
行一夫多妻,主要是由于男人害怕还没生孩子自己就死掉了;即便
是今天,生育下一代依然是东方社会实行一夫多妻制的主要原
因。[④] 多妻则多子女,多子女则更有势力。在文明初期,人们的亲
近关系往往只有朋友;在不存在奴隶制的地方,妻子是男子真正的
仆人,除了妻子之外就只能依靠自己的孩子了。而且,男人的财产
随妻子的数目而增多,这不仅是因为妻子会给他生育孩子,还由于
这些女人通过劳作创造财富。在蒙昧时代,手工劳动主要由妇女承

---

　　① Goehlert,‘Die Geschlechtsverschiedenheit der Kinder in den Ehen,’ in
Zeitschr. f. Ethnologie,xiii. 127.

　　② Westermarck,*op. cit.* p. 483 *sqq.*

　　③ Merolla da Sorrento,‘Voyage to Congo,’ in Pinkerton,*Collection of
Voyages*,xvi. 299.

　　④ Wallin,*Reseanteckningar från Orienten*,iii. 267. Le Bon,*La civilisation des
Arabes*,p. 424. Gray,*China*,i. 184.

389 担;当雇不到奴隶或其他人来干活时,拥有多个老婆的人就有了很大的优势——他等于有了好多个仆人帮他做事。

不管男人从自己的角度多么想拥有多个妻子,很多部族实际上是禁止这种做法的。即便是在承认一夫多妻制的地方,在实际生活中也仅限于少数阶级、少数男子可以实现;在这一点上,极少出现例外。① 性别比例部分地解释了这种现象,但也存在另外一些并非无关紧要的原因。② 在女性劳动力有限、不存在多余财富的情况下,一个男子很难供养多个妻子。而且,在女性劳动力具有很大价值的情况下,男子必须支付相当数额的金钱才能买到妻子,这同样构成了一夫多妻制的障碍,而只有富有的男人才能克服这种障碍。还有一些心理因素不利于一夫多妻制的实行。当爱情仅仅依赖于外表的魅力时,这种爱必然是脆弱的。但当爱情中加入了同情和慈悲,就能在夫妻之间凝成持久的感情纽带;即便年老色衰,这种情感依然长期持续存在。我们必须注意到,一夫一妻之间的真挚感情,也构成了一夫多妻的障碍;这种感情在蒙昧种族中并非闻所未闻。男性对女性的尊重最终阻挡了一夫多妻的倾向。嫉妒也不只是男性独有的情感,每个妻子都希望成为丈夫房间里唯一的情人。因而,当女性获得了对丈夫的某些权力,或当男人的利他情感日趋细腻,并发展到尊重比自己弱小的女子时,一夫一妻制通常就水到渠成了。

可以有把握地说,一夫多妻制在文明发展的最低阶段更为少

---

① Westermarck, *op. cit.* p. 435 *sqq.*
② *Ibid.* p. 493 *sqq.*

见。在这些低级社会中,战争较少发生,也极少影响到性别比例;人们的食物来源主要来自男性的狩猎,女性的劳动并不具有明显的价值;没有积累下来多余财富,也不存在阶级差异。[1] 发展程度较高的蒙昧人和野蛮人似乎更乐于奉行一夫多妻。而在更低级的阶段,很多甚至多数蒙昧和野蛮民族或者不怎么实行一夫多妻制,或者严格奉行一夫一妻制。高低两个阶段之间的这一差异是比较明显的。巴西森林中的很多部落实行一夫一妻制,[2]加利福尼亚的好几个部族也是如此——"这是一个生存方式简单粗鄙的种族,可以说是发展阶段最低下的种族。"[3]受制于这种制度,卡罗克人不允许重婚,即便是头人也不例外;一个男子只要有钱,就可以买到很多女子做奴隶,但如果他跟一个以上的女子同居,就会招致谩骂。[4] 与当今欧洲任何地方一样,维达人[5]和安达曼岛人[6]恪守一夫一妻制。在卡尔尼科巴岛的土著那里,"男人只有一个妻子,他们将不守贞洁视同死罪"。[7] 在科奇人和老库基人中,一夫多妻和供养小老婆是被禁止的;[8]而在印度的土著部落中,虽然没有禁止拥有多个妻子的明文规定,但如果男人娶有一个以上妻子就会受

---

① Westermarck,*op. cit.* p. 505 *sqq.*

② von Martius,*op. cit.* i. 274,298. Wallace,*Travels on the Amazon*,pp. 509,515 *sqq.* Waitz,*Anthropologie der Naturvölker*,iii. 472.

③ Powers,*op. cit.* pp. 5,56,406. Wilkes,*U. S. Exploring Expedition*,v. 188.

④ Powers,*op. cit.* p. 22.

⑤ Bailey,in *Trans. Ethn. Soc.* N. S. ii. 291 *sq.* Hartshorne,in *Indian Antiquary*,viii. 320.

⑥ Man,in *Jour. Anthr. Inst.* xii. 135.

⑦ Distant,*ibid.* iii. 4.

⑧ Dalton,*op. cit.* p. 91. Stewart,'Notes on Northern Cachar,'in *Jour. As. Soc. Bengal*,xxiv. 621.

到谴责。① 在缅甸的克伦人②中，以及在印度支那、马来半岛和印度群岛的某些部落，一夫多妻要么被禁止，要么闻所未闻。③ 山地达雅克人的男子只娶一个妻子，哪个头人如果违反了这个风俗习惯，将会丧失所有影响力。④ 在澳大利亚，据说有些部落真正奉行一夫一妻制；⑤比如在当地的比利亚部落，"拥有一个以上妻子是绝对禁止的，直到白人来到这片土地之前，他们一直过着这样的婚姻生活"。⑥ 一夫一妻制极为可能是所有人类最早期祖先通行的婚姻规则，对于类人猿也是如此。达尔文确曾说过大猩猩是一夫多妻的动物；⑦但关于这类动物婚姻生活的大多数说法恰恰与之相反。基于极其可靠的资料来源，哈特曼教授说："大猩猩的社会生活是这样的，一个雄性与一个雌性跟它们年龄大小不等的孩子们共同生活在一起。"⑧

　　在某种意义上，文明为一夫多妻制提供了有利条件，而当文明发展到更高级的阶段，人类的婚姻形式就走向了一夫一妻制。在文明非常发达的国家，战争减少了，男人的死亡率降低了，性别比例失调——在战争时期，这曾经是人们把一夫多妻制当作自然律奉行的重要条件——的状况不存在了。开化的男性不再因迷信

---

① Dalton, *op. cit.* pp. 28, 54. Jellinghaus, 'Munda-Kolhs in Chota Nagpore,' in *Zeitschr. f. Ethnol.* iii. 370.

② Smeaton, *Loyal Karens of Burma*, p. 81.

③ Westermarck, *op. cit.* p. 436 sq.

④ Low, *Sarawak*, p. 300.

⑤ Curr, *Australian Race*, i. 402; ii. 371.

⑥ *Ibid.* ii. 378.

⑦ Darwin, *Descent of Man*, pp. 217, 590 sq.

⑧ Hartmann, *Die menschenähnlichen Affen*, p. 214.

而与孕期和哺乳期的妻子保持距离。由于引进了家养动物并开始食用奶制品,哺乳期缩短了。对经受文明洗礼的现代人来说,年轻美貌绝不再是女性魅力的唯一来源;而且,文明使人们能够更持久地保持容貌的美丽。想生养后代的欲望也不再那么急切。过去,家里多个人手就可以帮忙维系生计,但对现代人来说,大家庭成了一个难以忍受的负担。男性的亲属不再是他仅有的朋友,他的财富和权力也不再取决于妻子儿女的多少。女性不再仅仅是劳动力,而手工劳动正大量地被家畜、器具和机器取而代之。此外,随着爱情变得越来越精致,对配偶的激情也就变得越来越有吸引力。人们也越来越尊重处于弱者地位的女性。女性所受教育水平的提高,也使得她们即便没有丈夫支持也能过上舒服的日子。

对于不同婚姻形式的道德评价,应当注意的是,尽管在一些案例中,一夫一妻与贫困、没面子等窘境相连,而一夫多妻则与荣耀、值得夸赞相关,但即便在实行一夫多妻和一妻多夫的族群中,风俗习惯和法律也认可一夫一妻。[①] 关于一夫一妻制是唯一合宜的婚姻形式、其他婚姻形式都不道德的观念,可能源自习惯的力量,也可能来自这样一种看法:当有的男人连媳妇都娶不起时,占有好几个老婆是很不合适的;或起因于这样一种感情:一夫多妻是对女性的性侵犯;还有可能源自对放纵肉欲的谴责。至于基督教国家强制性的一夫一妻制,我们必须知道,一夫一妻制是信奉基督教的国家唯一认可的婚姻形式,并且宗教也只对这类婚姻保持宽容;在这

① Spencer, *Principles of Sociology*, i. 657.

些国家,如果性冲动的满足中有苟且之事或对配偶不贞,将是极重的罪恶。在教会的早期历史中,妇女得不到什么尊重,而淫荡则招致深恶痛绝。

这里还需要就近来的热门话题,即澳大利亚部族的婚姻形式说几句。很多年前,人们注意到澳大利亚南部的卡米拉罗伊部落有四个阶级的区分,这四个阶级中的兄弟和姐妹有不同的称谓,分别是伊派(Ipai)与伊帕塔(Ipātha)、库彼(Kŭbi)与库彼塔(Kubĭtha)、姆丽(Mŭri)与玛塔(Mātha)、卡姆布(Kumbu)与布塔(Būtha)。同一阶级之间是不能通婚的,他们最终必须在其他阶级中寻找配偶。因而,Ipai 可能只与 Kubĭtha 联姻,Kŭbi 可能只与 Ipātha 联姻,Kumbu 可能只与 Mātha 联姻,Mŭri 可能只与Būtha 联姻。我们得知,在某种意义上,Ipai 不仅仅是在个人合约意义上结婚了,而且是在部落法意义上与每一位 Kubĭtha 结为夫妻。同理,Kŭbi 与 Kubĭtha、Mŭri 与 Mātha、Kumbu 与 Būtha 之间的婚姻也具有同样的意义。假设 Kŭbi 遇到了一名陌生的Ipātha,他们之间互称夫妻;即便 Kŭbi 遇到的 Ipātha 来自其他部落,他依然以妻相待,她的部落对此是认可的。[①] 一个分支的男子们与另一个分支的女子们共同结合为夫妻,这种做法,法伊森称之为"群婚"。他承认,南澳大利亚的土著人后来放弃了这种做法,在某种程度上实行了个体婚制。但他认为,他们的婚姻在理论上仍然是共夫共妻的:"这一婚姻的基础是,部落一个分支的所有男子

393

---

　　① Ridley, *Kámilarói*, p. 161 *sq.* (edit. 1866, p. 35 *sqq.*). Fison and Howitt, *Kamilaroi and Kurnai*, pp. 36. 51. 53.

与另一个分支同辈的所有女子互为夫妻。"法伊森先生提出这一论断的依据是这个部落使用的亲属称谓。这些称谓属于摩尔根所谓的"类别系统";[①]但他同时承认,他并不知道有哪个部落完全在这些亲属称谓的意味上实际使用这些称谓。他说:"现在的用法往往超出了类别系统本来的意味,而这些称谓是古代做法的残余,并非分毫不差地指目下的风俗习惯。"[②]豪伊特先生也持同样的观点。[③]不过,我已经在批评类别系统理论时指出,如果以这样的称谓为指导推测早期人类的婚姻,我们将会得到相当荒唐可笑的结论。[④]再者,我也说过:"如果一名 Kŭbi 和一名 Ipātha 彼此以夫妻相称,这未必意味着在以前的时代,任一个 Kŭbi 都与任一个 Ipātha 具有同样的婚姻关系。相反,可以用这样的事实来解释人们何以使用这种习惯性的称谓:那些彼此之间是夫妻的,可以以此称呼对方并一起过夫妻生活;可能是某个男子的妻子的那些妇女和不可能是该男子妻子的那些妇女,与该男子之间的关系差别很大。"[⑤]我的这一看法受益于科德林顿博士有关美拉尼西亚人的下列论断,394他说:"一般而言,每个同辈的女子都可以说是美拉尼西亚男子的姐妹或妻子,每个同辈男子也是族群里女子的兄弟或丈夫……但不能理解为每个男子都可以把另外分支的女子作为妻子,或者设想自己可以跟对方的未婚女子过夫妻生活;可以通过婚姻成为他

---

①　Fison and Howitt,*op.cit*. p.60.

②　*Ibid*. p.159 *sq*.

③　Howitt,'Australian Group Relations,' in *Smithsonian Report*,1883,p.817.

④　Westermarck,*op.cit*. ch. v.

⑤　Westermarck,*op.cit*. p.56.

妻子的女子,和不可能成为他妻子的女子,这两者跟他的关系之间的差别是很大的。"①

最近,斯潘塞和吉伦两位先生表明,在澳大利亚中部存在着与南澳大利亚土著基本相似的婚姻制度;他们也认为,这是早期群婚制在后来的发展过程中出现的变种,证明了过去确曾存在群婚。他们说,现在到处流行的个体婚制"是由过去转变而来的,按照早先某些时期的婚俗,允许婚配的对象范围更广一些"。他们认为这个一般规则也有一个例外:"群婚在乌拉本纳部落中至今还确确实实存在着,特定部族的一群男子与另一部族的一群女子之间,不仅在名分上而且在实际生活中一起过着正常的夫妻生活。个体婚在这里既无名也无实。"②但即便在乌拉本纳人中,每个女子毕竟是某个男子特别的努帕(*Nupa*);而另外一些男子,即她的皮冉尕如(*Piraungaru*),对她仅拥有无关紧要的权力。因而,如果她的努帕(真正的丈夫或者说主要的丈夫)在,她的皮冉尕如(附属的丈夫)只有在前者同意的情况下才能与她有夫妻之实。③ 乌拉本纳部落的这种婚姻形式,是早期"群婚"制度——某一群体的每个男子均对另一群体的所有女子拥有平等的权利——的变种吗?现在我们面临危险的境地,因为再也没有比确定某些风俗是否是历史残余更困难的了。在一夫多妻制和一妻多夫制中,我们都能发现与乌拉本纳人的群婚制有关的饰变。在一妻多夫制家庭中,第一位丈

395

---

① Codrington,*Melanesians*,p. 22 sq.

② Spencer and Gillen,*Northern Tribes of Central Australia*,p. 140. Iidem,*Native Tribes of Central Australia*,p. 62 sq.

③ Iidem,*Native Tribes*,p. 110.

夫通常是主要的丈夫;在一夫多妻制的家庭中,第一位妻子也是主要的妻子。我们当然不能得出结论说,在此之前,存在着多个丈夫或多个妻子权利平等的习俗;相反,更有可能的是,第一位丈夫或第一位妻子之所以获得较高的地位,是因为一夫一妻在更久以前是婚姻生活的常见形式。[①] 与此类似,乌拉本纳人的婚俗很可能是由通常的个体婚制发展而来的,[②]其中的原因可能正如 N. W. 托马斯先生所说的那样:[③]通常,澳大利亚的土著男子要娶上一个老婆是很困难的。[④] 斯潘塞和吉伦也提出了别的材料,以支撑他们关于澳大利亚土著过去曾实行群婚制的说法。对此我只是想强调,澳大利亚土著人在很多情况下都会有婚外性关系,而我们对这些婚外性关系的含义并不清楚。至少在有些情况下,他们赋予这些婚外性关系以法术的意味;[⑤]如果说这就是群婚制的残余,从严格的意义来看,这只能是一种推测。

　　斯潘塞和吉伦先生举出了一些事实,他们严厉批评了我对法伊森群婚理论的质疑;但基于上述,我必须承认,他们无法说服我去相信澳大利亚土著居民的个体婚是由此前某一群男子与某一群女子的群婚演化而来的。在我看来,豪伊特先生在最近发表的论文《澳大利亚东南部的土著部落》里也未能提出足够的证据证明这

396

---

　　① 　Westermarck,*op.cit*. pp. 443-448,457,458,508.

　　② 　*Cf.* Crawley,*op.cit*. p. 482;Lang,*Social Origins*,p. 105 *sq.*

　　③ 　Thomas,in a paper read before the Anthropological Institute in 1905. *Cf. Idem*,*Kinship and Marriage in Australia*,p. 138.

　　④ 　见:Westermarck,*op.cit*. p. 132. *sq.*;见下文第 460 页。

　　⑤ 　例如参见:Spencer and Gillen,*Northern Tribes*,p. 137 *sq.*。

种演化过程的存在。① 他责怪"某些民族学家"不乐意"接受掌握土著人生活第一手资料的人士的观点"。② 但我认为,我们已经很好地区分了基于直接观察提出的说法与观察者对所陈述事实的诠释。即便假设澳大利亚真的流行过群婚制,难道就可以证明它也曾在更广大的人类中同样流行过吗? 根据豪伊特先生的臆测,我们"最终会认可,人类早期曾实行"群婚制。③ 无疑,众多人类学家也这么看。在未来一段时期内,群婚的理论很可能会作为旧的滥交理论的残余存在下去。近来出版的关于澳大利亚土著的重要研究成果,让人们倾向于通过澳大利亚视角去看待整个人类的早期历史。但是,即便是澳大利亚群婚理论最热心的提倡者也不应忘记,澳大利亚存在袋鼠并不能证明英格兰也有过袋鼠。

　　人类婚姻维系的时间有着极大的差异。④ 有些两性之间的结合尽管在法律上被认可为婚姻,但持续时间较短,因而尚不能在婚姻一词的自然史意义上称为婚姻。也有其他一些夫妻直到死亡才397 终结姻缘。如前所述,早期人类的婚姻生活很可能可以维持到生育下一代,我们或许有理由相信这样的婚姻是维系多年的。总体来说,文明的进步使得人类的婚姻更长久。显然,在历史发展的初

---

　　① 在这一章打印出来的时候,我发现,托马斯先生在关于亲属与婚姻的著作中有相同的研究发现。在详细考察过被引证的澳大利亚群婚的证据材料之后(Thomas, p. 127 *sqq.*),他得出如下结论:澳大利亚流行的风俗表明,当地不仅过去和现在都不存在群婚制,这个大陆甚至连实行群婚制的可能性都没有;借助亲属关系术语,根本得不出血亲或姻亲之间曾允许通婚的任何论点。"因此,就澳大利亚的情形而言,说它有过群婚制,是没有根据的。"见下文附注。

　　② Howitt, 'Native Tribes of SouthEast Australia, ' in *Folk-Lore*, xvii. 185.

　　③ *Idem*, *Native Tribes of South-East Australia*, p. 281.

　　④ Westermarck, *op. cit.* ch. xxiii.

期阶段,女人是作为有价值的劳动力被娶进家门的;后来,比年轻美貌更持久的情感纽带将妻子与她的丈夫联结在一起。男人花钱购买妻子,父亲为女儿操办嫁妆,都使婚姻关系更加稳固。为人父母的感情更好地发展出来,预先为孩子的幸福着想,有些情况下给予妇女更多的关照,两性间的爱情修养得更精致和敏锐,所有这些都强化了夫妻之间的联系,使得婚姻在很多情况下难以破裂。然而,我们不能得出结论说,与现在欧洲的情况相比,离婚在将来更少见,受到的法律限制更严苛。须知,基督教欧洲的离婚法起源于理想主义的宗教诫命。就宗教诫命的字面含义而言,由它所导出的法律规定与普罗大众的精神生活和社会生活是远远不够协调的。罗马教廷拥有强大的权威,这样它才能实施婚姻不得解体的教条。宗教改革运动在这个问题上带来了更多自由,现代立法也在这个方向上更进一步。在欧洲的基督教国家,基于申诉就可允准离婚,对男对女都同样如此。英格兰的情况是个例外,丈夫除了通奸之外必须还有别的一两样罪过才被批准离婚。在意大利、西班牙和葡萄牙,仅仅根据妻子与人私通就可以判决离婚;但如果是丈夫与人苟合,仅仅在他的罪过变本加厉的情况下才判决离婚。[①]这些法律表明,婚姻并非是在两性完全平等的基础上确立的契约;³⁹⁸但越来越多的人认为,应当改变男女不平等的情况。另外,当夫妻双方都想与对方分手,很多开明人士会认为,只要孩子得到妥善的照顾,国家无权阻碍这桩婚姻的解体。而对孩子来说,如果父母双方协商一致,较好的方案是交给其中一方单独抚养。

---

① Glasson, *Le mariage civil et le divorce*, pp. 291, 298, 304.

第四十一章　独身生活

　　在蒙昧和野蛮种族中,一旦到达青春期年龄,几乎每个人都想结婚。[1] 于他们而言,婚姻似乎必不可少,不结婚的人被视为反常,遭社会蔑视。在散塔尔人中,单身汉"同时为男女两性所鄙视,被视为近于小偷、巫婆;人们称这种可怜的家伙'不是男人'"。[2] 在卡菲尔人中,单身汉在村庄里没有发言权。[3] 在巴西的图皮人部落,单身汉不得参加饮酒宴会。[4] 西太平洋富图纳群岛的土著认为,要在来世过上幸福生活,就必须结婚,而单身男女死后进入"死者之家"前会受到惩罚。[5] 根据斐济人的信仰,死时无妻者在通往天堂的路上会被南伽南伽(Nanggannangga)大神拦下并被碎尸万段。[6]

　　在古代文明民族,独身同样是重大的例外情况,而婚姻被视为

---

[1]　Westermarck, *History of Human Marriage*, p. 134 *sqq*.

[2]　Man, *Sonthalia*, p. 101.

[3]　von Weber, *Vier Jahre in Afrika*, ii. 215.

[4]　Southey, *History of Brazil*, i. 240.

[5]　Percy Smith, 'Futuna,' in *Jour. Polynesian Soc*. i. 39 *sq*.

[6]　Pritchard, *Polynesian Reminiscences*, pp. 368, 372. Seemann, *Viti*, p. 399 *sq*. Fison, 'Fijian Burial Customs,' in *Jour. Anthr. Inst*. x. 139. Williams and Calvert, *Fiji*, p. 206. 关于其他事例,见:Westermarck, *op. cit*. p. 136, n. 10.

义务。在古代秘鲁,到了一定年龄就必须结婚。① 在阿兹特克人 400
中,除非想成为僧侣,男性到了 22 岁都要结婚,对于女性,按习俗
结婚年龄在 11 岁到 18 岁之间。据说,在特拉斯卡拉,土著轻视未
婚者,他们甚至会理掉成年未婚男子的头发,以示耻辱。②

　　格雷博士讲:"差不多所有中国人,不管身体是否强壮,外貌如
何,只要长大成人,父母都会敦促他们赶快成婚。若成年子女未婚
就死去,父母会视为极其悲痛之事。"因此,到了结婚年龄的男子,
若患有肺痨等久治不愈的疾病,父母或监护人会强迫他赶快结
婚。③ 中国人认为人必须结婚,甚至死者也要结婚,夭折的男性的
灵魂到了一定时候就要跟在相仿年龄死去的女性的灵魂结婚。④
孟子有句名言,整个民族与之共鸣,即无后为大,因为这会使父母
及阴间的先祖缺乏后人伺候,无人祭扫、看管祖坟、墓碑,无人适时
履行祭拜先人的礼节、仪式,而堕入悲惨境地。男性到了 40 岁,若
妻子还没生子,就必须纳妾。⑤ 在朝鲜,"未婚男子不管年龄多大,
都不被称作'男人',而是称作'丫头',这是中国人对未婚女孩的称
呼;而 13、14 岁的'男人'完全有权利殴打、虐待、使唤 30 岁的'丫 401
头',后者绝不敢开口抱怨"。⑥

---

　　① Garcilasso de la Vega, *First Part of the Royal Commentaries of the Yncas*, i.
306 *sq.*

　　② Klemm, *Allgemeine Cultur-Geschichte der Menschheit*, v. 46 *sq.* Bancroft,
Native Races of the Pacific States, ii. 251 *sq.*

　　③ Gray, *China*, i. 186.

　　④ *Ibid.* i. 216 *sq.*

　　⑤ Giles, *Strange Stories from a Chinese Studio*, i. 64, n. 10. de Groot, *Religious
System of China*, (vol. ii. book) i. 617. *Indo-Chinese Gleaner*, iii. 58.

　　⑥ Ross, *History of Corea*, p. 313.

在闪米特人中，我们也能看到这种观念，即死时无子女，就得不到先祖们以往受到的那种祭拜，就会在阴间若有所失。[①] 希伯来人把婚姻视作宗教义务。[②] 据《犹太法典》，不结婚者犯有杀戮之罪，诋毁了神的形象，使神不再光顾以色列；因此法庭会强迫年过二十的单身汉娶妻。[③] 穆罕默德同样把婚姻看作男女之义务；无充足理由而不结婚的男子要受严厉斥责。[④] 先知讲："真主的仆人结婚的时候，事实上就完成了其宗教义务的一半。"[⑤]

甫斯特尔·德·库朗日先生等人已经指出，所谓的古雅利安民族视独身为不孝、不幸——"不孝，因为不婚者把家族祖先灵魂的幸福置于危险之中；不幸，因为他本人死后无人祭拜。"一个男子在来世的幸福取决于其男性后裔绵延不断，这些后裔的义务就是为其灵魂的安息而定期祭拜。[⑥] 据《摩奴法典》，婚姻是人的第十二种"行"[⑦]，因此是落在所有人身上的宗教义务。[⑧] 今天的

402　印度教徒通常认为，单身汉就是社群里的无用成员，是不正常的

---

　　① Cheyne,'Harlot,' in Cheyne and Black, *Encyclopædia Biblica*, ii. 1964.

　　② Mayer, *Rechte der Israeliten*, pp. 286, 353. Lichtschein, *Ehe nach mosaisch-talmudischer Auffassung*, p. 5 *sqq.* Klugmann, *Die Frau im Talmud*, p. 39 *sq.*

　　③ *Schulchan Aruch*, iv. ('Eben haezer') i. 1, 3. 另见：*Yebamoth*, fol. 63 b *sq.*，转引自：Margolis,'Celibacy,' in *Jewish Encyclopedia*, iii. 636。

　　④ Lane, *Manners and Customs of the Modern Egyptians*, i. 197.

　　⑤ *Idem*, *Arabian Society in the Middle Ages*, p. 221.

　　⑥ Fustel de Coulanges, *La cité antique*, p. 54 *sq.* Hearn, *The Aryan Household*, pp. 69, 71. Mayne, *Treatise on Hindu Law and Usage*, p. 68 *sq.*

　　⑦ 在印度教义里，"行"（sanskara）指的是由于过往经历而形成的无意识的、要去行动的冲动。——译者

　　⑧ *Laws of Manu*, ii. 66 *sq.* Monier-Williams, *Indian Wisdom*, p. 246, *Cf.* Mayne, *op. cit.* p. 69.

人；[①]他们相信，年轻男子死时无儿无女，灵魂就会不停歇地四处凄然飘荡，犹如欠下巨额债务无力偿还之人。[②] 拜火教里也表达了相似看法。阿胡拉·马兹达曾向琐罗亚斯德说道："娶妻者远胜于禁欲者，有家者远胜于无家者，有子女者远胜于无子女者。"[③]古波斯人可能遭遇的最大不幸就是没有子女。[④] 对他们而言，没有子女，通往天堂之桥也就被阻断了；天使们在桥头问他的第一个问题就是，他是否在今世留下了替代自己的人，如果回答"没有"，天使们就会离去，他就会待在桥头，充满悲伤。这其中的原始含义是很明白的：没有儿子的男子无法进入天国，因为没有人为他举行家祭。[⑤] 阿希旺贵（Ashi Vanguhi）是孝敬女神，也是与孝敬相联系的所有好的东西和财富的源泉，她不接受老年男性、妓女、儿童等无后之人的供奉。[⑥]《赞美诗》里讲："无论平民还是暴君，最大的恶行就是不让常年都膝下无子的侍女结婚生子。"[⑦]在今日所有善良的帕西人眼中，正如在大流士王时代和希罗多德时代，人丁兴旺、五谷丰登是老百姓最大的两个成就。[⑧]

403

[①]　Dubois, *Description of the Character, &c. of the People of India*, p. 132.

[②]　Monier-Williams, *Brahmanism and Hindūism*, p. 243 *sq.*

[③]　*Vendîdâd*, iv. 47

[④]　Rawlinson, in his translation of Herodotus, i. 262, n. 1. *Cf*. Herodotus, i. 133, 136; *Dînâ-î Maînôg-î Khirad*, xxxv. 19.

[⑤]　Darmesteter, in *Sacred Books of the East*. iv. 47. *Cf. Idem, Ormazd et Ahriman*, p. 294.

[⑥]　*Yasts*, xvii. 54.

[⑦]　*Ibid*. xvii. 59.

[⑧]　Darmesteter, in *Sacred Books of the East*, iv. p. lxii. *Cf*. Ploss-Bartels, *Das Weib*, i. 173.

　　在古希腊人看来,婚姻无论于公于私都是重要之事。^① 有些地方还对独身者提出刑事诉讼。^② 柏拉图讲,每个人都应有后代,接替自己去做神的臣民;^③伊塞优斯说:"感到自己的末日正在到来的人,无不殷切期盼自己的家庭香火不断,有人能为自己送葬,能在自己坟头祭奠。"^④早期罗马人内心也有这样的信念,即组建家庭和生儿育女既是道德要求,也是社会责任。^⑤ 西塞罗的著作《论法律》以哲学形式全面阐述了古罗马的法律,该书讲到了一部法律,其中规定监察官应向未婚男子课税。^⑥ 但到了后来,罗马的性道德变得很是颓废,早在公元前520年就受到严厉斥责的独身行为有所增加,尤以上层阶级为甚。许多人逐渐把婚姻看作为了公共利益而由个人承受的负担。结婚和生儿育女的花费也确实不小,这在《格拉古土地法案》中有所体现,该法案首先就列有这方面的费用;^⑦后来的《尤利亚法》及《巴比亚珀贝法》对达到一定年龄还不结婚的人课以罚金,^⑧但收效甚微。^⑨

404　　　　因而独身由于种种原因遭到了人们的反对。独身看起来不正

---

　　① Müller, *History and Antiquities of the Doric Race*, ii. 300 *sq*. Fustel de Coulanges, *op. cit*. p. 55. Hearn, *op. cit*. p. 72. Döllinger, *The Gentile and the Jew*, ii. 234 *sq*.

　　② Pollux, *Onomasticum*, iii. 48.

　　③ Plato, *Leges*, vi. 773.

　　④ Isaeus, *Oratio de Apollodori hereditate*, 30, p. 66. 不过,罗德讲,荷马时代没有这样的信仰,当时的人们认为,冥府中先人的灵魂根本不依赖生者(*Psyche*, p. 228)。

　　⑤ Mommsen, *History of Rome*, i. 74.

　　⑥ Cicero, *De legibus*, iii. 3. Fustel de Coulanges, *op. cit*. p. 55.

　　⑦ Mommsen, *op. cit*. iii. 121; iv. 186 *sq*.

　　⑧ Rossbach, *Römische Ehe*, p. 418.

　　⑨ Mackenzie, *Studies in Roman Law*, p. 104.

常。独身表明当事人有着淫乱的习惯。在崇拜祖先的地方,独身引起了宗教上的恐惧:不给自己留下后裔的人对民族宗教,对死后的命运,对先人——先人的灵魂依靠后裔的供奉才能安适——应尽的义务,都显得随便而冷漠。我们已经看到,最后的一个观点在古代文明民族尤为显著,而在较低的文明阶段也并非不为人知。于是,白令海峡一带的爱斯基摩人"如果不能保证有后人逢年过节祭拜其亡灵,就会对死亡表露出极大的恐惧,害怕到了阴间无人照料,生活贫困不堪"。因此,没有子女的爱斯基摩夫妇常常会收养一个孩子,如此他们死后在人世间就有所留,这个孩子有义务在亡人节期间按照习俗办理宴席,供奉养父母在天之灵。[①] 最后,在具有强烈公共精神的共同体中,特别是在常常卷入战争的雄心勃勃的国家,独身被视为对国家犯下的过错。

现代文明以一种不同的方式看待独身生活。婚姻的宗教动机不复存在,人们也不再认为死者的命运依赖于生者的供奉。总体上看,婚姻被说成对民族或种族的义务,但这个观点很难应用于个人的情况。按照现代观念,男女的结合是感情上的事,因而不能划入公民义务的范畴。我们也不再认为未婚是特别不正常的状态。未婚者的比例在逐渐增长,人们的婚龄在上升。[②] 独身现象增多的主要原因在于,在现有生活条件下难以供养一个家庭,并且上层社会具有奢侈的生活习惯。另一个原因是,家庭生活不再像过去那样在生活中占有那么大的分量;在某种程度上,婚姻状态失去了

405

---

① Nelson,'Eskimo about Bering Strait,' in *Ann. Rep. Bur. Ethn.* xviii. 290.

② Westermarck, *op. cit.* p. 146.

相对于独身状态的优势,与过去比起来,现在的独身者可以享受,甚至更好地享受多得多的乐趣。此外,由于较精致的文化在整个社会的扩散,男男女女想找到中意的终身伴侣,已经不像过去那么容易了;他们的要求变得更为苛刻,他们更为深切地感受到婚姻的严肃性,他们也不再那么愿意出于较低级的动机与他人结婚。①

非但如此,现在的开明观念不仅不把婚姻看作所有人应尽的义务,似乎还主张,对许多人而言,绝不结婚才是一种义务。在某些欧洲国家,法律禁止接受济贫法救济者结婚,在某些情形下,立法者甚至走得更远——除非打算结婚的男女能证明他们有能力供养一个家庭,否则禁止结婚。② 也出现了这种观点,即国家应该禁止患有某些极可能传给后代的疾病之人结婚。人们开始感到,把一个新人带到世间,就必须承担沉重的责任,而许多人完全不适合承担此种责任。③ 未来的人们很可能会心怀恐惧地回首这样一个时代,在这个时代,人们必须承担的最重要、影响也最为深远的功能完全受制于个人的异想天开和欲望。

一方面存在着婚姻是所有男女的责任这种观点,另一方面,我 406 们在许多民族那里又看到了专门举行宗教、法术仪式之人必须是

---

① Westermarck, *op. cit*. p. 147 *sqq*. 'Why is Single Life becoming more General ? 'in *The Nation*, vi. 190 *sq*.

② Lecky, *Democracy and Liberty*, ii. 181.

③ 见高尔顿先生关于"优生学"的论文,以及在以下著作中的论述:Galton, *Sociological Papers*, vols. i. and ii。

独身者的观念。① 思林凯特人相信,若萨满不保持贞洁,他的守护
神就会杀掉他。② 在巴塔哥尼亚,男巫不许结婚。③ 在巴拉圭瓜拉
尼人的某些部落,"女巫必须保持贞洁,否则人们就不会再信任
她。"④在波哥大的奇布查人那里,祭司必须独身。⑤ 在危地马拉的
托希尔人那里,祭司必须发誓永远禁欲。⑥ 伊奇卡特兰的高级祭
司只能住在寺庙里,不得与任何妇女有任何交往;如有违背,就会
被碎尸万段,他那血淋淋的肢体就是对继任者的严厉警告。⑦ 据
说,古代墨西哥寺庙中有一定地位的妇女,其贞洁受到极严密的监
护;她们在履行职责期间,必须与男性助手保持适当距离,甚至不
敢瞥他们一眼。违背贞洁誓言者要被处死;而如果丑行尚不为人
所知,她们害怕神灵惩处其罪孽,使其血肉之躯腐烂,就会试图通
过斋戒、苦行来安抚神灵的怒气。⑧ 在尤卡坦,有一贞洁修女阶
层,与太阳神崇拜相关,当地女孩一般都要加入这个阶层一段时
间,然后可以离开、结婚。不过其中有些人要永远侍奉于神庙,并
被人们所神化。她们的职责就是照看圣火,严守贞洁,如果违背誓
言,就会被乱箭射死。⑨ 秘鲁也有献身于太阳神的处女,她们终生

---

① 相关事例见:Landtman,*Origin of Priesthood*,p. 156 *sq.*。

② Veniaminof,转引自:Landtman,*op. cit.* p. 156。

③ Falkner,*Description of Patagonia*,p. 117.

④ Southey,*History of Brazil*,ii. 371.

⑤ Simon,转引自:Dorman,*Origin of Primitive Superstitions*,p. 384。

⑥ Bancroft,*op. cit.* iii. 489.

⑦ Clavigero,*History of Mexico*,i. 274.

⑧ *Ibid.* i. 275 *sq.* Torquemada,*Monarchia Indiana*,ii. 188 *sqq.* Bancroft,*op. cit.* iii. 435 *sq. Cf.* Acosta,*History of the Indies*,ii. 333 *sq.*

⑨ Bancroft,*op. cit.* iii. 473. Lopez Cogolludo,*Historia de Yucathan*,p. 198.

与世隔绝,保持贞操,禁止与男人交谈、发生关系,不许看男人,甚至不许看不属于她们一员的女性。① 除了这些献身寺庙永保贞洁的处女,还有一些有王室血统的女子也发誓节欲,在自己家里过着同样的独身生活。这些女子"由于贞洁而极受敬重,成为人们崇拜的偶像,被称为奥克洛(Ocllo)——一个在他们的偶像崇拜中被神圣化的名字";但是如果她们失去贞操,就会被活活烧死,或扔进"狮子湖"。②

在加那利群岛的关契斯人中,有一类贞洁修女,称为玛加德(Magades)或哈利玛加德(Harimagades),她们在高阶僧侣的指导下主持祭祀。还有其他一些深受敬重的贞洁修女,她们的工作是往新生婴儿的头上泼水,只要她们愿意,就可随时放弃这个工作而去结婚。③ 在非洲西海岸讲齐语和埃维语的族群中,女祭司不能结婚。④ 在下几内亚帕德隆角附近的丛林里,住着一位亦僧侣亦国王的人,他既不可离开自己的住处,也不可与妇女接触。⑤

在古代波斯,太阳神的女祭司不得与男人交往。⑥ 桑岛的某位高卢神明的神谕所的九名女祭司要永保贞操。⑦ 罗马人也有维斯塔贞女,她们的职责由努马王根据传统确定。她们三十年内不可结婚,其间专门供奉祭品,并履行法律规定的其他仪式;如果她

① Garcilasso de la Vega, *op. cit.* i. 291 *sqq.*

② *Ibid.* i. 305.

③ Bory de St. Vincent, *Essais sur les Isles Fortunées*, p. 96 *sq.*

④ Ellis, *Tshi-speaking Peoples*, p. 121. *Idem*, *Ewe-speaking Peoples*, p. 142.

⑤ Bastian, *Die deutsche Expedition an der Loango-Küste*, i. 287 *sq.*

⑥ Justin, 转引自: Justi, 'Die Weltgeschichte des Tabari,' in *Das Ausland*, 1875, p. 307。

⑦ Pomponius Mela, *De situ orbis*, iii. 6.

们自甘堕落,就会穿着葬服被丢进地牢,处以极残酷的死刑,没有人送葬,没有葬礼,也没有其他任何符合习俗的庄重仪式。[①] 三十年任职期满后,她们离开圣职就可结婚了;但据说很少有人结婚,因为那些结了婚的贞女遭受了被他人视为不吉之兆的灾祸,这就促使她们待在神庙里一直做贞女,直至死去。[②] 在希腊,并非不经常要求女祭司是贞女,即使不要求她们终生守贞,也要求她们出家期间保持贞洁。[③] 德尔图良写道:"在埃永城,专门侍奉亚该亚朱诺女神的是贞女;德尔斐的女祭司也不可结婚。我们知道,侍奉非洲刻瑞斯女神的女祭司不仅要同仍活着的丈夫脱离关系,还要为其另选妻室,她们不可与男性有任何接触,甚至不可亲吻自己的儿子……我们也听说有男性节欲,如著名的埃及阿匹斯男祭司。"[④] 在以弗所的阿耳忒弥斯神庙[⑤]、弗里吉亚的库柏勒神庙[⑥]、叙利亚的阿斯塔特神庙[⑦],祭司由阉人担任。

---

①　Dionysius of Halicarnassus,*Antiquitates Romanæ*,ii. 64 *sqq.* Plutarch,*Numa*,x. 7 *sqq.*

②　Dionysius of Halicarnassus,ii. 67.

③　Strabo,xiv. i. 23. Müller,*Das sexuelle Leben der alten Kulturvölker*,p. 44 *sqq.* Blümner,*Home Life of the Ancient Greeks*,p. 325. Götte,*Das Delphische Orakel*,p. 78 *sq.*

④　Tertullian,*Ad uxorem*,i. 6（Migne,*Patrologiæ cursus*,i. 1284）. *Idem*,*De exhortatione castitatis*,13（Migne,ii. 928 *sq.*）. *Cf. Idem*,*De monogamia*,17（Migne,ii. 953）.

⑤　Strabo,xiv. 1. 23.

⑥　Arnobius,*Adversus gentes*,v. 7（Migne,*op. cit.* v,1095 *sqq.*）. Farnell,'Sociological Hypotheses concerning the Position of Women in Ancient Religion,' in *Archiv f. Religionswiss.* vii. 78.

⑦　Lucian,*De dea Syria*,15,27,50 *sqq.*

在尼尔吉里山区的托达人中,"挤牛奶者",即祭司必须单身;[1]尽管印度教徒把结婚视为一大幸事,但在非同寻常的神圣场合,独身总能赢得敬重。[2] 完全过着独身生活的托钵僧因独身而获得显赫的荣耀和敬重。[3] 印度教关于四个修行期的规定早已包含僧侣独身的萌芽,教徒在梵行期(即学徒期)的整个修行期间,必须绝对保持贞洁。[4] 这种思想在耆那教和佛教里得以进一步发展。耆那教僧侣放弃所有性快乐,"无论是与神、人还是动物";不向淫欲低头;不谈论与女人有关的话题;不凝视妇女的体态。[5] 佛教认为,色欲和智慧与圣洁水火不容;根据佛教思想,"明智之人不应结婚,因为婚姻生活犹如烈焰熊熊的火坑"。[6] 相传佛祖的母亲是人类最美好最纯洁的女儿,她只有佛祖一个孩子,怀上佛祖是由于超自然的原因。[7] 僧侣生活的一个基本义务就是,"受剃度的僧侣不得有性交活动,更不得与动物性交",[8]违背戒律的罪人必定会被逐出佛门。西藏的一些喇嘛教派允许结婚,但不婚者被认为更为圣洁;而每个教派中的尼姑都必须发誓绝对禁欲。[9] 锡兰的

409

---

① Thurston,'Anthropology of the Todas and Kotas,' in the Madras Government Museum's *Bulletin*,i. 169,170,193. Rivers,*Todas*,pp. 80,99,236.

② Monier-Williams,*Buddhism*,p. 88.

③ Dubois,*op. cit.* p. 133. *Cf.* Monier-Williams,*Brāhmanism and Hindūism*, p. 261.

④ Kern,*Manual of Indian Buddhism*,p. 73.

⑤ Hopkins,*Religions of India*,p. 294.

⑥ Dhammika-Sutta,21,转引自:Monier-Wffliams,*Buddhism*,p. 88。

⑦ Rhys Davids,*Hibbert Lectures on Buddhism*,p. 148.

⑧ Oldenberg,*Buddha*,p. 350 *sq.*

⑨ Wilson,*Abode of Snow*,p. 213.

佛教僧侣完全与妇女隔绝。① 中国的律法规定,所有佛教、道教僧侣都不许结婚。② 在那些享有盛名的道士里,也有一些女道人,她们过着非同寻常的禁欲生活。③ 410

根据一小部分希伯来人持有的观念,婚姻是不纯洁的。约瑟夫斯说,艾赛尼派"把快乐当作邪恶摒弃,而把节欲和克制感情当作美德来尊崇。他们无视婚姻"。④ 这种学说对犹太教没什么影响,但很可能对基督教影响较大。圣保罗认为,独身比结婚好。"让自己的女儿出嫁是好的,但不让女儿出嫁则更好。"⑤ "不近女色是好的。不过,要避免淫乱,当让每个男子都有自己的妻子,每个女子都有自己的丈夫。"⑥ 未婚者和寡妇,若自己禁止不住就可以嫁娶,"与其欲火攻心,倒不如嫁娶为妙"。⑦ 《圣经·新约》里的这些及其他段落⑧鼓励人们保持贞洁。德尔图良评论使徒言论时指出,更好的并不一定就是好的。失去一只眼睛比失去两只眼睛更好,但二者都不好;同理,尽管结婚比欲火攻心好,既不结婚又不欲火攻心,岂不好上加好。⑨ 婚姻"实质上就是淫乱";⑩而禁欲"使

---

① Percival, *Account of the Island of Ceylon*, p. 202.

② *Ta Tsing Leu Lee*, sec. cxiv. p. 118. Medhurst, 'Marriage in China,' in *Trans. Roy. Asiatic Soc. China Branch*, iv. 18. Davis, *China*, ii. 53.

③ Réville, *La Religion Chinoise*, p. 451 *sq*.

④ Josephus, *De bello Judaico*, ii. 8. 2. 另见:Solinas, *Collectanea rerum memorabilium*, xxxv. 9 *sq*.

⑤ 1 *Corinthians*, vii. 38.

⑥ *Ibid*. vii. 1 *sq*.

⑦ *Ibid*. vii. 9.

⑧ St. Matthew, xix. 12. *Revelation*, xiv. 4; &c.

⑨ Tertullian, *Ad uxorem*, i. 3 (Migne, *op. cit*, i. 1278 *sq*.). *Idem*, *De monogamia*, 3 (Migne, ii. 932 *sq*.).

⑩ *Idem*, *De exhortations castitatis*, 9 (Migne, *op. cit*. ii. 925).

人可与伟大圣灵相往来"。① 我们的主借以在这个世界进行生命抗争的肉身,就来自一位圣洁的处女;施洗者约翰、保罗及其他所有"名留生命之册的人",②无不珍爱贞洁。③ 贞洁出奇迹:摩西之妹玛丽曾带领一批女子徒步穿越了海峡;泰克拉凭着同样的美德甚至赢得了狮子的尊重,这些饥肠辘辘的野兽趴在她脚下,忍受着神圣的禁食之苦,对她既未投以贪婪的目光,也不敢用利爪伤害她。④ 贞洁犹如春天的花朵,洁白的花瓣总是轻柔地散发出永恒的芬芳。⑤ 我们的主为贞洁之人敞开了天国之门。⑥ 倘若亚当一直听从于造物主,他就能永保童贞的纯洁,就能以某种无害的植物的方式让天国住上一批天真无邪的不朽生灵。⑦ 保持贞洁固然是通往信徒营地的捷径,但通过婚姻,绕过一段较长的弯路,也可以到达那里。⑧ 马吉安派禁止信徒结婚,已婚者若要受洗入教,先得

411

---

①　*Idem*, *De exhortatione castitatis*, 10 (Migne, *op. cit*. ii. 925).

②　*Philippians*, iv. 3.

③　St. Clement of Rome, *Epistola I. ad virgines*, 6 (Migne, *op. cit*. Ser. Græca, i. 392).

④　St. Ambrose, *Epistola LXIII*. 34 (Migne, *op. cit*. xvi. 1198 *sq*.).

⑤　Methodius, *Convivium decem virginum*, vii. i (Migne, *op. cit*. Ser. Græca, xviii. 125).

⑥　Tertullian, *De monogamia*, 3 (Migne, *op. cit*. ii. 932).

⑦　尼撒的贵格利(Gregory of Nyssa)持有这种看法,后来大马士革的约翰(John of Damascus)也持有此看法。但托马斯·阿奎那反对此看法,他认为人类从一开始就通过性交繁殖,不过性交最初根本与肉欲无关(von Eicken, *Geschichte der mittelalterlichen Weltanschauung*, p. 437 *sq*.;另见:Gibbon, *History of the Decline and Fall of the Roman Empire*, ii. 186)。

⑧　St. Ambrose, *Epistola LXIII*. 40 (Migne, *op. cit*. xvi. 1200).

离婚。德尔图良本人对此是反对的。① 4 世纪早期的甘格拉宗教
会议明确谴责了婚姻使基督徒不得入天堂的说教。② 但是，4 世纪
末的一次宗教会议因修道士约维尼安否认贞洁比结婚更为可贵，
开除了他的教籍。③ 教会允许人们结婚，只是将婚姻当作保证人
类繁衍的必要的权宜之计，也当作限制天生的淫欲的一种方式。④ 412
子女的多少能够衡量基督徒耽于情欲的程度，正如农夫播种入土
而等待收获，但不宜播种过度。⑤

　　这些看法因而导致世俗及正式僧侣必须单身。给再婚或与寡
妇结婚的教士定罪无法律依据，但这样的事似乎在教会刚刚成立
的时期就存在了；⑥而且，早在 4 世纪初期于西班牙埃尔维拉举行
的一次宗教会议上，就已要求高阶神职人员必须绝对禁欲。⑦ 格

---

　　① Tertullian, *Adversus Marcionem*, i. 1, 29; iv. 11; &c. (Migne, *op. cit.* ii. 247.
280 *sqq.*, 382). *Idem*, *De monogamia*, 1, 15（Migne, 11. 931, 950). *Cf.* Irenaeus,
Contra Hæreses, i. 28. 1（Migne, *op. cit.* Ser. Græca, vii. 690 *sq.*）; Clement of
Alexandria, *Stromata*, iii. 3（Migne, *op. cit.* Ser. Græca, viii. 1113 *sqq.*）.

　　② *Concilium Gangrense*, can. 1（Labbe-Mansi, *Sacrorum Conciliorum collectio*,
ii. 1106）.

　　③ *Concilium Mediolanense*, A. D. 390（Labbe-Mansi, *op. cit.* iii. 689 *sq.*）.

　　④ St. Justin, *Apologia I. pro Christianis*, 29（Migne, *op. cit.* Ser. Græca, vi.
373）. Clement of Alexandria, *Stromata*, ii. 23（Migne, *op. cit.* Ser. Græca, viii. 1089）.
Gibbon, *op. cit.* ii. 186.

　　⑤ Athenagoras, *Legatio pro Christianis*, 33（Migne, *op. cit.* Ser. Græca, vi.
966）.

　　⑥ Lea, *Sacerdotal Celibacy in the Christian Church*, p. 37. Lecky, *History of
European Morals*, ii. 328 *sq.*

　　⑦ *Concilium Eliberitanum*, A. D. 305, ch. 33（Labbe-Mansi, *op. cit.* ii. 11）："所
有主教、教士、助祭乃至所有在职神职人员，都必须与配偶禁欲，不得有子女：若有违
背，即开除圣职。"

里高利七世规定,所有教士都必须独身,他"憎恶性关系对圣职人员品格的玷污,哪怕是极轻的玷污"。但是,这个规定在许多国家遭到了强烈抵制,直至 13 世纪晚期才得以贯彻下去。[1]

　　独身的宗教实践可能产生于以下几个原因。在许多情形下,女祭司显然被看作已与她所侍奉的神灵结婚,于是就禁止她嫁给别人。在古代秘鲁,太阳神是献身于他的所有贞女的丈夫。[2] 这些贞女必须与夫君具有同样的血统,即她们必须是印加的女儿。"在土著的想象里,太阳神是有子孙的,并且他的子孙不会是人神混血的杂种。因此,贞女就必须是来自太阳神家族,即王室的婚生女。"[3]侵犯献身于太阳神的贞女就如同侵犯印加王室妇女,要受同样严重的惩处。[4] 关于黄金海岸一带说齐语的民族中的女祭司,埃利斯少校讲,她们独身似乎是由于"女祭司属于她所侍奉的神,因而不能成为某个男子的财产,而她嫁给了哪个男子,也就成了那个男子的财产"。[5] 奴隶海岸一带说埃维语的民族也把献身神灵的女子看作神灵的妻子。[6] 据说,有个单身女子常常在朱庇特神庙睡觉,她是神从人间女子中选出来的;人们相信,神下凡后就跟她睡觉。希罗多德讲:"这就像埃及人所讲的发生在他们的底比斯城的故事一样,有个女子总是在底比斯的朱庇特神庙里过夜。

① Gieseler, *Text-Book of Ecclesiastical History*, ii. 275. Milman, *History of Latin Christianity*, ii. 150.

② Garcilasso de la Vega, *op. cit*. i. 297.

③ *Ibid*. i. 292.

④ *Ibid*. i. 300.

⑤ Ellis, *Tshi-speaking Peoples*, p. 121.

⑥ *Idem*, *Ewe-speaking Peoples*, pp. 140, 142.

据说,这个女子任何情况下都不得与男人有任何交往。"①埃及人的典籍里常常提到 *neter hemt*,意即"神的配偶",一般指在位的女王,而国王则被认为是神人结合的后代。② 如普鲁塔克所说,尽管埃及人否认男人可与某位女神发生肉体关系,但他们认为,女子与某位神灵接触完全可能受孕。③ 对早期基督徒而言,妇女与神灵具有婚姻关系的观念并不陌生。圣居普良曾讲到没有丈夫、没有君王、只有基督的妇女。她们与基督之间是精神上的结合,她们"献身于基督,并戒除了肉欲,发誓肉体和精神都献给基督"。④ 他谴责了以纯精神结合为幌子而与未婚教士姘居的贞女——"如果一位丈夫回到家里,看见妻子跟别的男人躺在一起,他难道不会愤怒、发狂吗? 恼恨之下他甚至不也会拿起刀剑行凶吗? 当我们的主和法官基督看到某位属于他、献身于神圣的贞女与某个男子躺在一起,将会何等愤怒! 他会威胁对如此肮脏的结合采取何等的惩罚……犯下此种罪行的就是奸妇,她背叛的不是丈夫,而是基督。"⑤按照《伪马太福音》的说法,贞女玛利亚就是以类似的方式

414

① Herodotus,i. 181 *sq.*

② Wiedemann,*Herodots zweites Buch*,p. 268. *Cf.* Erman,*Life in Ancient Egypt*,p. 295 *sq.*

③ Plutarch,*Numa*,iv. 5. *Idem*,*Symposiaca problemata*,viii. 1. 6 *sq.*

④ St. Cyprian,*De habitu virginum*,4,22 (Migne,*op. cit.* iv. 443,462). *Cf.* Methodius,*Convivium decem virginum*,vii. 1 (Migne,*op. cit.* Ser. Græca,xviii. 125).

⑤ St. Cyprian,*Epistola LXII.*,*ad Pomponium de virginibus*,3 *sq.* (Migne,*op. cit.* iv. 368 *sqq.*). 另见: Neander,*General History of the Christian Religion and Church*,i. 378. 埃尔维拉宗教会议规定,如此堕落的贞女若拒绝痛改前非,则终生开除教籍(*Concilium Eliberitanum*,A. D. 305,ch. 13 [Labbe-Mansi,*op. cit.* ii. 8])。

把自己作为贞女献给上帝的。^① 这种神灵要求其仆从保持贞洁的观念,或许也构成了某些希腊习俗的基础。根据这些希腊习俗,得墨忒耳神庙的圣师等祭司不可有夫妻生活,要用毒芹汁清洗身体以扼杀情欲,^②也曾有一条规矩,要求侍奉某些女神的祭司必须是阉人。^③

宗教独身还进一步与性交不洁的观念联系在一起。在新赫布里底群岛的埃法特岛,性交被视作不干净的事情。^④ 塔希提人相信,如果一个男子临死之前几个月便不再与女人接触,他无需任何净化就可马上进入他永远的住所。^⑤ 希罗多德写道:"巴比伦人与妻子交媾之后,常常焚香对坐,到天明的时候,他们便沐浴;沐浴之前,他们不会触碰任何常用器皿。阿拉伯人也遵守这个习俗。"^⑥ 在希伯来人中,若男女交合,两人要用水洗澡,"日落后方算洁净"。^⑦ 性交不洁的观念意味着,性交带有某种程度的超自然危险;^⑧而正如克劳利先生所指出的,性交危险的观念会发展成性交

---

① *Gospel of Pseudo-Matthew*,8(*Ante-Nicene Christian Library*,xvi. 25). 另见:*Gospel of the Nativity of Mary*,7(*ibid*. xvi. 57 *sq*.)。

② Wachsmuth,*Hellenische Alterthumskunde*,ii. 560.

③ *Cf*. Lactantius,*Divinæ Institutiones*,i. 17(Migne,*op. cit*. vi. 206):"大母神喜欢美少年将自己阉割并复活为半男之人;所以,如今她的圣物由阉祭官供奉。"

④ Macdonald,*Oceania*,p. 181.

⑤ Cook,*Voyage to the Pacific Ocean*,ii. 164.

⑥ Herodotus,i. 198.

⑦ *Leviticus*,xv. 18.

⑧ 认为性交危险的观点在以下著作中有所强调:Mr. Crawley,*The Mystic Rose*。另见:Westermarck,*Marriage Ceremonies in Morocco*。

有罪的观念。① 若妇女被视作不洁之人，②显然与妇女交媾也被看作不洁之事，但这并不足以解释性交不洁的观念。性交的污染效应曾被归因于性交时性物质的流出③——最初这无疑是由于人们对性物质的属性及人的整个性天性感到神秘不解。

事关宗教活动时，性不洁的观念就特别明显。有一常见的规矩，即参加圣事或进入圣地之人必须保持宗教礼仪上的洁净，④而性污染是人们最为极力避免的不洁之事。在奇佩瓦人中，"如果一个酋长想知道人们对他的态度，或者想调解人们之间的纠纷，他就会宣布要打开他的药袋，并用他那只神圣的烟杆吸烟……这种场合谁都不能拒绝出席；不过，如果有谁承认自己尚未作必要的净身，他虽可出席会议，但不可参加仪式。如果谁在仪式之前 24 小时内曾与妻子或别的女人发生性关系，他就会变脏，于是也就不能参与任何一部分仪式。"⑤希罗多德告诉我们，埃及人也像希腊人那样，"确立了一条宗教戒律，即在圣地不可与女人交合，交合后如不沐浴，也不得进入圣地"。⑥ 这一说法为《死者之书》里的一段话

416

---

① Crawley, *op. cit.* p. 214.

② 见第一卷第 663 页及以下。

③ Gregory III., *Judicia congrua pœnitentibus*, ch. 24 (Labbe-Mansi, *op. cit.* xii. 293)："关于睡觉上的过失，若属蓄意为之，须诵二十二首赞美诗；若非蓄意为之，须诵十二首赞美诗。"*Pœnitentiale Pseudo-Theodori*, xxviii. 25 (Wasserschleben, *Bussordnungen der abendländischen Kirche*, p. 600)："关于睡觉，若非蓄意渎神，诵七首赞美诗忏悔。" *Cf. ibid*, xxviii. 6, 33 (Wasserschleben, p. 559 *sq.*).

④ 见前文第 294、295、352 页及以下。

⑤ Mackenzie, *Voyages to the Frozen and Pacific Oceans*, p. cii. *sq.*

⑥ Herodotus, ii. 64.

所证实。^① 在希腊^②、印度^③,要参加宗教庆典,必须事先禁欲一段时间。整个小亚细亚都崇拜曼·泰兰诺斯神,信徒进入神殿以前,要戒大蒜、猪肉、女人,也必须洗头。^④ 在希伯来人中,所有进入神庙之人,都有义务保持仪式上的洁净——不得有性污染,^⑤不得有麻风病,^⑥不得因与人尸、禁食动物的尸体、自然死亡的动物尸体、被野兽咬死的动物尸体接触而受污染;^⑦之前某段时间内未能禁欲者不得食圣餐。^⑧ 穆斯林开始祈祷之前要脱掉脏衣服,否则干脆不祈祷;他也不敢在受性污染的情况下走进圣人圣所;前往麦加朝圣者不得性交。^⑨ 基督教也规定,参加洗礼^⑩和圣餐仪式^⑪前要严格禁欲。基督徒还进一步规定,若已婚人士前一晚有性生活,则不得参加教会举办的任何重大庆典;^⑫12 世纪的阿尔伯里克的《预示》里讲,地狱里有一个由铅粉、沥青、树脂混合成的湖,专门用来

417

---

①　Wiedemann, *Herodots zweites Buch*, p. 269 *sq*.

②　Wachsmuth, *op. cit*. ii. 560.

③　Oldenberg, *Die Religion des Veda*, p. 411.

④　Foucart, *Des associations religieuses chez les Grecs*, pp. 119, 123 *sq*.

⑤　*Leviticus*, chs. xii. , xv.

⑥　*Ibid*. ch. xiii. *sq*.

⑦　*Ibid*. xi. 24 *sqq*. ; xvii. 15. *Numbers*, xix. 14 *sqq*. Montefiore, *Hibbert Lectures on the Religion of the Ancient Hebrews*, p. 476.

⑧　1 *Samuel*, xxi. 4 *sq*.

⑨　*Koran*, ii. 193.

⑩　St. Augustine, *De fide et operibus*, vi. 8 (Migne, *op. cit*. xl. 202).

⑪　St. Jerome, *Epistola XLVIII*. 15 (Migne, *op. cit*. xxii. 505 *sq*.).

⑫　Lecky, *History of European Morals*, ii. 324. St. Gregory the Great, *Dialogi*, i. 10 (Migne, *op. cit*. lxxvii. 200 *sq*.).

惩罚那些在礼拜日、教会节日、斋戒日性交的已婚男女。① 而且，若基督徒想要有更多的时间用于祈祷，他们在其他时间也应戒绝性事。② 教会也督促新婚夫妇在婚礼当天及接下来的夜晚禁欲，以示对圣礼的敬重；有些情况下新婚夫妻甚至要禁欲两三天。③

圣洁是一种脆弱的品质，若污染物与圣洁之物或圣洁之人接触，其圣洁性就易于受损。摩尔人相信，若性不洁之人进入谷仓，谷物就会失去圣洁性。有些族群中盛行着一个信仰，即纵欲，特别是不正当的情爱损害收成，④这种信仰背后很可能就有着与摩尔人类似的观念。埃法特岛的土著相信，发生各种意外事故都会使人染上不洁之物，圣人尤其小心规避不洁之物，据信不洁会毁掉他们的圣洁。⑤ 僧侣禁忌无疑在很大程度上也有着相似的起源，J. G. 弗雷泽爵士在《金枝》一书中对此做了详尽的论述。非但如此，污染似乎不仅会夺走圣人的圣洁性，也会以某种更确定的方式伤害圣人。刚果王国的最高祭司离开住处去视察辖区内的其他地方时，所有已婚男女在他外出期间都得严格禁欲，因为据信不禁欲会

418

---

① Albericus, *Visio*, ch. 5, p. 17. Delepierre, *L'enfer décrit par ceux qui l'ont vu*, p. 57 *sq*. 关于这一主题，另见：Müller, *Das sexuette Leben der christlichen Kulturvölker*, pp. 52, 53, 120 *sq*.。

② St. Jerome, *Epistola XLVIII*. 15 (Migne, *op. cit.* xxii. 505). Fleury, *Manners and Behaviour of the Christians*, p. 75.

③ Muratori, *Dissertazioni sopra le antichità italiane*, 20, vol. i. 347.

④ Frazer, *Golden Bough*, ii. 209 *sqq*. 在我看来，这种解释比 J. G. 弗雷泽爵士提出的解释更为合理。据弗雷泽，未开化人设想，"他不花精力生育后嗣，在某种程度上就积蓄起能促进其他生物——不论是植物还是动物——繁衍的能量"。这个理论完全不能解释这一事实，即土著认为，不正当的情爱特别有污染性，因此不正当的情爱首先就有损地力，也会使庄稼枯萎。这个信仰与我的解释是完全一致的。

⑤ Macdonald, *Oceania*, p. 181.

要了他的命。① 因此,为了自我防范,诸神及圣人都会试图阻止受污染之人靠近他们,他们的信徒自然会尽量维护他们的圣洁。不过,除了诸神、圣人对亵渎者的反感,似乎圣洁本身也会很自然地对污染做出反应,对受污染者带来的毁坏或不适做出反应。所有摩尔人都相信,若性不洁之人敢于拜访圣人墓地,就会遭到圣人打击;摩洛哥南部杜卡拉的阿拉伯人也相信,不洁之人骑马就会发生事故,因为马匹带有圣洁性。还有一点应当注意,由于污染会损害圣洁性,一件被人们视为神圣的事如果交由不洁之人去做,就会失去原本的法力。穆罕默德称仪式洁净为"信仰之半,祷告之钥"。② 摩尔人说,抄经士只有在性不洁时才会害怕恶鬼,因为此时他大段背诵《古兰经》这一对付恶鬼的最有力武器,也会失去效力。叙利亚哲学家贾姆布利切斯也提到过这种信仰,即"神不会理睬性不洁者的祈求"。③ 早期基督徒中也盛行类似的观念;关于《哥林多前书》里的一段话,④德尔图良讲,为了强化祈祷的功效,使徒还提出可临时禁欲。⑤ 人们认为,供奉给神的祭品应当洁净无瑕,这也属同一类观念。⑥ 波哥大的奇布查人认为,他们能为神献上的最珍贵的牺牲,乃是从未与女人发生过性关系的青年。⑦

　　既然连普通信徒都要保持仪式洁净,对僧侣而言就更必不可

① Labat, *Relation historique de l'Ethiopie occidentale*, i. 259 *sq*.
② Pool, *Studies in Mohammedanism*, p. 27.
③ Jamblichus, *De mysteriis*, iv. 11.
④ 1 *Corinthians*, vii. 5.
⑤ Tertullian, *De exhortatione castitatis*, 10 (Migne, *op. cit.* ii. 926).
⑥ 见前文第 295 页及以下。
⑦ Simon, 转引自: Waitz, *Anthropologie der Naturvölker*, iv. 363. 见下文附注。

少了；^①在各种不洁之中,没有什么比性污染更令人避而远之的了。有时,要想成为僧侣,必须事先过一段时间的禁欲生活。^② 在马克萨斯群岛,事先不过上几年禁欲生活,就不能当上僧侣。^③ 在黄金海岸一带讲齐语的民族中,要想成为祭司,一般先得经过两三年的长期修行,期间要隐居起来,由祭司传授这一行当的奥秘;"人们相信,在隐居和修行期间,新手必须保持身体纯洁,戒绝与异性的交往。"^④墨西哥的惠乔尔人也认为,要想成为萨满,五年之内必须对妻子忠贞不二,否则就会生病,甚至无法治愈。^⑤ 在古代墨西哥,祭司从事庙宇祭祀的整个期间,除了自己的妻子,从不与其他女人来往。他们"如此谦逊、保守,碰到女人时,就低头凝视地面,这样就看不到对方了。祭司有任何放荡行为都会受到严惩。特奥华坎的一个祭司被控不守贞节,众祭司把他押解给民众,他当晚就被乱棍打死。"^⑥尼尔吉里山区科塔人的祭司——与其邻居托达人的祭司不同,他们不必单身——在纪念卡马塔拉雅的盛大节日期间,也不可与自己的妻子过夫妻生活,以防污染,他们甚至不得不自己做饭。^⑦ 按照安纳托利亚宗教的规定,已婚祭司在寺庙服务期间必须与妻子分居。^⑧ 希伯来祭司应避免一切不贞行为,不可

---

① 参见前文第 352 页及以下。

② *Cf*. Landtman,*op*. *cit*. p. 118 *sqq*.

③ Waitz-Gerland,*Anthropologie der Naturvölker*,vi. 387.

④ Ellis,*Tshi-speaking Peoples*,p. 120.

⑤ Lumkoltz,*Unknown Mexico*,ii. 236.

⑥ Clavigero,*op*. *cit*. i. 274.

⑦ Thurston,in the Madras Government Museum's *Bulletin*,i. 193.

⑧ Ramsay,*Cities and Bishoprics of Phrygia*,i. 136,137,150 *sq*.

与娼妓、被玷污的女人、离婚妇女结婚,①高阶祭司也禁止娶寡妇。② 非但如此,若祭司的女儿不守贞洁,还要处以极严重的惩罚,因为她玷污了自己的父亲,她会被烧死。③

进一步讲,上述规矩和习俗背后的观念导致人们形成了这种想法,即神更喜欢独身而非结婚,④而对专职祭祀的共同体成员来说,独身是一种宗教义务。对于犹太人这样的民族而言,其抱负就是生存、繁衍,独身绝不会成为理想;基督徒则声称对所有世俗事务全然漠不关心,他们轻易就会赞颂使人最容易接近神的状态,即便这状态与种族和民族利益背道而驰。事实上,按照基督教观念,性交带来的物种繁衍对上帝的天国来说远远不是什么好处,相反性交会对天国造成危害,因为它使人类始祖的原罪代代相传。不过,这种观点的起源相对较晚。贝拉基赞美贞洁几乎比得上圣奥古斯丁,他认为贞洁是对自制力的重大考验;他声称,人类的自制力至多不过因亚当的堕落而削弱了而已。⑤

再者,为了以自我禁欲的方式安抚愤怒的神灵,或者为了通过压抑极强烈的欲望而提升人的精神品质,人们就规定或赞颂宗教独身。因而我们发现,在各种宗教中,独身与其他出于相似目的的修行同时存在。在早期基督徒中,那些发下贞节誓言的年轻女子认为,"若贞洁不伴随着伟大的禁欲、沉默、隐居、贫困、劳作、警醒、

---

① *Leviticus*,xxi. 7.
② *Ibid*. xxi. 14.
③ *Ibid*. xxi. 9.
④ 参见前文第 358 页。
⑤ Milman,*op. cit*. i. 151,153.

持续的祷告,贞洁就算不得什么。即便她们纯洁无瑕,她们也不会被当作拒绝沉溺于世俗享乐的贞女而受到尊重。"① 德尔图良列举了童贞、守寡和婚姻期间暗自节欲,认为这是人们以自身肉体忍受特别的痛苦而践行的上帝所乐意接受的祭祀。② 最后,还有一种看法认为,婚姻使人过多为俗事拖累,从而不能全身心地服侍上帝。③ 托马斯·阿奎那讲,尽管婚姻与博爱或上帝之爱并不背道而驰,婚姻终究是后者的一个障碍。④ 这是基督教会要求神职人员必须独身的一个原因,但肯定不是唯一的原因。

　① Fleury, *op. cit.* p. 128 *sq.*
　② Tertullian, *De resurrections carnis*, 8 (Migne, *op. cit.* ii. 806).
　③ Vincentius Bellovacensis, *Speculum naturale*, xxx. 43. 另见: von Eicken, *op. cit*, p. 445。
　④ Thomas Aquinas, *Summa theologica*, ii.-ii. 184. 3.

第四十二章 自由爱——通奸

有关非婚性关系的道德观念,在多变性、多样性上一点都不比有关婚姻的道德观念差。

在很多未开化的民族中,两性之间在缔结婚姻之前享受充分的自由,在有些情况下,一个女孩如果没有情人会被认为是件不光彩的事。

东非的巴雷亚人和库纳马人一点不觉得一个女孩怀孕有什么丢人,他们也不会谴责和惩罚勾引她的男子。[①] 在万由若人中,"年轻姑娘在情人那里过夜,一大早才回到父亲的房舍,这样的事经常发生,没人觉得这是什么值得大惊小怪的丑闻"。[②] 瓦迪格人觉得,一个女孩子结婚时还是处女是件丢脸的事,至少是荒唐可笑的。[③] 对巴刚果人而言,"人们不知道女子的贞洁是怎么回事,女子的尊严是由获得她的价格衡量的"。[④] 根据约翰斯顿爵士的说法,几乎在整个英属中非,"一个女孩在成为女人之前(这里指在她能够怀孕生子之前),人

---

① Munzinger,*Ostafrikanische Stuien*,p. 524.

② *Emin Pasha in Central Africa*,p. 82. *Cf*. *ibid*. p. 208(Monbuttu).

③ Baumann,*Usambara*,p. 152.

④ Johnston,*British Central Africa*,p. 405.

们并不关心她的所作所为,这里的女孩子过了五岁还是处女的微乎其微".[1] 在巴龙加人中,"公共舆论对欧洲大陆人的贞洁观与其说是羡慕还不如说是嘲弄".[2] 沃纳先生说:"按照卡菲尔人的律法,勾引处女,与未婚女子和寡妇同居,都是不值得惩罚的事,作为当事人的男女双方都不会觉得羞耻."[3]在马达加斯加,"婚前禁欲对男女双方来说都是不存在的事,纵欲也不被视为罪恶".[4] 在新西兰的毛利人中,"只要自己高兴,女孩子在结婚之前享受完全的行动自由",保持贞洁的女孩子是极少见的.[5] 在汤加岛民中,未婚女子喜欢谁就可以投怀送抱而不必为此感到耻辱,只不过频繁地更换情人是件丢脸的事.[6] 对所罗门的土著岛民来说,"女性保持贞洁的美德是件听起来奇奇怪怪的事";在圣·克里斯托弗及周边地区,"获得了结婚资格的女孩在两到三年内可以跟村里所有年轻男子睡觉".[7] 在马来群岛,未婚男女私通的行为十分常见,人们既不觉得这是犯罪,也不觉得丢面子;[8]未开化的

---

[1]　Johnston, *British Central Africa*, p. 409, note.

[2]　Junod, *Les Ba-Ronga*, p. 29.

[3]　Warner, in Maclean, *Compendium of Kafir Laws*, p. 63.

[4]　Ellis, *History of Madagascar*, i. 137 *sq.*

[5]　Taylor, *Te Ika a Maui*, p. 33. Gisborne, *Colony of New Zealand*, p. 27.

[6]　Mariner, *Natives of the Tonga Islands*, ii. 174.

[7]　Guppy, *Solomon Islands*, p. 43.

[8]　Wilken, 'Plechtigheden en gebruiken bij verlovingen en huwelijken bij de volken van den Indischen Archipel,' in *Bijdragen tot de taalland- en volkenkunde van Nederlandsch-Indië*, ser. v. vol. iv. 434 *sqq.*

印度人和印度支那人在这方面可能更加普遍。[1] 比如在安加米那加人那里,"女孩子觉得留短发——处女的标志——是不光彩的,她们渴望有权利留长发;男子则极力证明,自己的妻子婚前在性经验上绝非懵懂无知,而是个能生能养的好手"。[2] 在雅库特人看来,只要没人受到经济损失,自由爱没有什么不道德的地方。[3] 对沃加克人来说,一个女孩子缺少男孩子追求是不光彩的,而有了孩子的女孩子则感到十分光荣,她的爸爸会因此得到很多钱财。[4] 坎查岱人认为,新娘的贞操没有多大价值和意义。[5] 默多克先生如此描写巴罗角的爱斯基摩人:"在性关系方面,他们似乎完全缺乏我们持有的道德情感。已婚者之间、未婚者之间,甚至孩子之间经常发生混乱的性关系,他们似乎觉得这不过是消遣娱乐而已。就我们所知,不贞洁对一个女孩来说毫无影响。正如我们看到的那样,这些部落如此放荡不羁,如此无拘无束地施展天性,以致外界的影响起不到什么作用。人们观察到,其他地方的爱斯基摩人也存在类似的情况。"[6]

424

---

[1]　Westermarck, *History of Human Marriage*, p. 71. Crooke, *Tribes and Castes of the North-Western Provinces and Oudh*, i. p. clxxxiv.

[2]　Prain, 'Angami Nagas,' in *Revue coloniale internationale*, v. 491 *sq.*

[3]　Sumner, in *Jour. Anthr. Inst.* xxxi. 96.

[4]　Buch, 'Die Wotjäken,' in *Acta Soc. Scientiarum Fennicœ*, xii. 509.

[5]　Georgi, *Russia*, iii. 156.

[6]　Murdoch, 'Ethnological Results of the Point Barrow Expedition,' in *Ann. Rep. Bur. Ethn.* ix. 419 *sq.* 另见：Turner, 'Ethnology of the Ungava District,' in *Ann. Rep. Bur. Ethn.* xi. 189 (Koksoagmyut)；Parry, *Second Voyage for the Discovery of a North-West Passage*, p. 529 (Eskimo of Igloolik and Winter Island)。

　　然而,不管蒙昧部族在多大程度上漠视贞洁,我们一定不能把这种情况当作低等种族普遍存在的特征。我曾在此前的著作中列出一长串蒙昧部族和野蛮部族,他们把婚前的不贞洁看作女子的耻辱,甚至视为犯罪,有时处以驱逐出共同体的惩罚,甚至处死。[①]值得注意的是,这些部落,如锡兰的维达人[②]、吕宋岛的伊格罗特人[③]和澳大利亚的某些部落[④],尚处于蒙昧时代的低级阶段。我也呼吁过人们注意这样的事实:在好几个案例中,蒙昧部落的淫乱更多是受到外界的影响。"高级文明"社会的先锋通常是未婚男子,他们远走他乡来到未开化的地方生活,他们虽然不愿与当地的女子缔结婚姻,在风化方面却肆意妄为。[⑤] 而且,很多部落流行的婚前自由交往并不具有淫乱的性质,一旦女孩发现怀孕,双方必然随之结婚。[⑥] 在很多未开化种族中,淫乱者(包括女子和勾引她的男子)均会受到谴责和惩罚。

425

---

　　①　Westermarck, *op. cit.* p. 61 *sqq.*

　　②　Nevill, 'Vaeddas of Ceylon,' in *Taprobanian*, i. 178.

　　③　Meyer, 'Igorrotes von Luzon,' in *Verhandl. Berliner Gesellsch. f. Anthrop.* 1883, p. 384 *sq.* Blumentritt, *Ethnographie der Philippinen*, p. 27.

　　④　Westermarck, *op. cit.* p. 64 *sq.* Holden, in Taplin, *Folklore of the South Australian Aborigines*, p. 19.

　　⑤　一位现代人类学者写道,在性关系方面,我们根本不需要向蒙昧部族学什么,"层次较低的文明人对未开化部族所干的坏事只不过是屈从于后者的方式和水准,而不是教给他们些什么更好的玩意"(Sutherland, *Origin and Growth of the Moral Instinct*, i. 186)。这种说法是很奇怪的,尤其是当这种论调来自一个澳大利亚学者时尤其如此。爱德华·斯蒂芬斯先生讲述的故事则完全不同,他说的是曾经生活在南澳大利亚阿德莱德平原的部落,他在半个世纪之前就跟那里的居民相熟(Edward Stephens, 'Aborigines of Australia,' in *Jour. & Proceed. Royal Soc. N. S. Wales*, xxiii. 480)。

　　⑥　Westermarck, *op. cit.* pp. 23, 24, 71.

在东非塔库伊人中,勾引女孩成奸的男子必须支付赔偿,其数额与他杀害了这个女孩等同,但通常这个惩罚被减少到五十头牛的样子。[1] 如果同样的事情发生在贝尼阿梅尔人和马雷亚人那里,男子将与女孩、他们的私生子一同被处死。[2] 在泰萨瓦人中,私生子的父亲要被处以十万贝币的罚金。[3] 勾引女孩的贝尼-姆扎布人必须赔两百法郎,此外还要被驱逐四年。[4] 在泰达部落,女孩的父亲会对勾引者施加报复。[5] 巴日巴人将两性间的非法私通行为看作最严重的罪行,不过在孩子出生之前并不采取任何行动;一旦孩子出生,"通奸的男女将被连手带脚捆绑起来,扔进维多利亚湖"。[6] 在巴克基人那里,女孩像贱民一般被永远赶出家门,男子则赔偿女孩父亲三头牛,赔偿部落首领一头牛。[7] 根据温伍德·瑞德先生的描述,西部非洲的某些部落将淫乱的女孩从氏族中驱逐出去,并对勾引她的男子施加严重的鞭刑。[8] 按照达荷美的法律,勾引女孩成奸的男子必须与女孩结婚,并赔偿女孩的父母或主人八十头牛。[9] 在卡菲尔人的部落,怀孕女孩的父亲或监

---

[1] Munzinger, *Ostafrikanische Studien*, p. 208.

[2] *Ibid.* p. 322.

[3] Earth, *Reisen in Nord- und Central-Afrika*, ii. 18.

[4] Chavanne, *Die Sahara*, p. 315.

[5] Nachtigal, *Sahara und Sudan*, i. 449.

[6] Cunningham, *Uganda*, p. 290.

[7] *Ibid.* p. 102.

[8] Reade, *Savage Africa*, p. 261.

[9] Forbes, *Dahomey*, i. 26.

护人有权要求致使女孩怀孕生子者支付一头牛的赔偿;[1]在盖卡部落中,勾引处女的相应惩罚则是三头牛或四头牛。[2]卡萨里斯提到,巴苏陀人的部落流行一种观念,他们一方面相信,某些情况下的性交将使行为人遭遇超自然力量的危害,另一方面,未婚男子的不贞洁并不会被默然视之:珠胎暗结之后,一旦孩子出生,这家人的居所就会起火。"为此,有必要挑选一名保守贞洁的年轻男子,令其用两个木片来回摩擦,直到产生火花、燃起火焰,而那焰火如同他的贞操一样纯洁。人们坚信,胆敢犯下失贞之罪的人如果加入这个仪式就会死掉。新生儿宣告出世之际,父亲们会把自家的儿子带到这个场所,经受这一仪式的考验。自己意识到犯有此罪的男子将主动坦白,并请求惩罚,否则将遭受天谴。"[3]利文斯通讲起巴克万人给他的好名声,说道:"在这个国家,如果不纯洁、不正直,是很难获得别人的敬重的。无论老幼,人人均对外来陌生人的言行举止仔细审查;对这类事情的裁决很少出现不公正、不宽厚的情况,即便是由异教徒来判别也是如此。我曾听到一名女子心怀爱慕地说起一个白人男子,她之所以如此,是因为这位白人纯洁端正,从来不做任何苟且之事。在这里,如果他有不义之举,当地人就会发现,他们就会鄙视他。"[4]

关于澳大利亚下达令的马鲁拉部落,据说在白种人到来

① Warner, in Maclean, *op. cit*. p. 64.
② Brownlee, *ibid*. p. 112.
③ Casalis, *Basutos*, p. 267 *sq*.
④ Livingstone, *Missionary Travels*, p. 513.

之前,"他们的律法很严苛,涉及青年男女行为的规定尤其如此。无论男孩还是女孩,婚前与人私通所受到的最严重的处罚可以致死。"①在维多利亚西部的许多部落中,"私生行为是很少见的,人们对此极为鄙弃,亲戚们会将与他人苟且的妇女痛打一顿,有时把她处死或施以火刑。孩子被杀掉或与她一同烧死的情况也偶尔发生。孩子父亲所受到的惩罚也是极其严重的,有时也会被处死。"②

尼亚斯人的女孩子未婚先孕会被处死,这种处罚不仅针对她本人,也会殃及勾引她的男子。③ 在印度的博多人和迪马尔人那里,无论男女、婚否,个人贞操都被珍视。④ 在通古斯人中,"若发生了不合常规的性行为,只有男性才受处罚",他必须花钱购买这个女子,否则他就要遭受皮肉之苦。⑤ 在思林凯特人中,"如果未婚女孩被发现受到诱惑失去贞操,作孽的男子要赔偿女孩的父母大量礼物,以抚慰他们受伤的尊严"。⑥ 在美洲北部的某些部落,据说勾引女孩的男子比女孩更受鄙视。⑦

我们发现,较为开化的种族将未婚女性的贞洁视为责任和义

---

① Holden,in Taplin,*Folklore of the South Australian Aborigines*,p. 19.

② Dawson,*Australian Aborigines*,p. 28.

③ Wilken,in *Bijdragen tot de taalland- en volkenkunde van Nederlandsch-Indië*,ser. v. vol. iv. 444.

④ Hodgson,*Miscellaneous Essays*,i. 123.

⑤ Georgi,*op. cit*. iii. 84.

⑥ Douglas,转引自:Petroff,*Report on Alaska*,p. 177。

⑦ Westermarck,*op. cit*. p. 66.

务,男性则通常适用不同的道德标准。格雷费斯说:"儒教对男性
和女性适用的道德标准实际上是不一样的……贞操是女子的美
德,是身为女性的义务,贞操于男子的个人行为没有关系或关系很
小。"①不过,理想男子的形象有时也包含贞操的美德。据说,在男
孩子身体尚未完全发育成熟时,管教者要看护好他蠢蠢欲动的春
情。② 中国人尽管有淫乱的习惯,但仍然把贞洁视为值得表彰的
美德和养身怡性、达成最高境界的渠道;③有句谚语说:"万恶淫为
首。"④那些为了守住贞洁,坚忍而孤苦地度过一生的女子,会受到
政府的表彰和奖励。政府规定,"如果丈夫逼迫妻子卖淫,此女以
身家性命抗争保全贞洁,或未婚的处女为保卫贞操不被侵害而丧
命,在这两种情况下,人们将在女子父亲的居所门前建造贞节牌坊
以示表彰"。⑤ 根据中国的刑法,"双方同意的奸淫罪中,如果女方
未婚,男犯将被痛打七十大板;如果女方已婚,则男犯被痛打八十
大板"。⑥

　　古代希伯来人禁止女子乱伦,对男子却例外。⑦ 犹大在去亭
拿的路上对他设想的妓女的所作所为,在《圣经》中被当作世上最
自然不过的事情提及,⑧即便当事男子家庭殷实、地位显赫,即便　428

---

① Griffis, *Religions of Japan*, p. 149.

② *Lun Yü*, xvi. 7.

③ Wells Williams, *Middle Kingdom*, ii. 193.

④ Smith, *Proverbs of the Chinese*, p. 256.

⑤ de Groot, *Religious System of China*, (vol. ii. book) i. 752 *sq*.

⑥ *Ta Tsing Leu Lee*, sec. ccclxvi. p. 404.

⑦ *Leviticus*, xix. 29. *Deuteronomy*, xxiii. 18.

⑧ *Genesis*, xxxviii. 15 *sqq*.

他被兄弟们"赞美"，他"父亲的儿子们（向他）下拜"。① 在伊斯兰世界，贞洁被视为女子的基本操守。② 在波斯，未婚女子生养小孩必定被处死。③ 在埃及的法拉欣人那里，未婚女孩不守贞洁会受到父亲或弟兄的惩治，办法是将石头拴在她脖子上，把她投到尼罗河里淹死，或者干脆把她剁成碎片扔进河里。④ 在摩洛哥的柏柏尔人中，女孩失贞同样被处死。另一方面，伊斯兰教徒则认为，贞洁对于未婚男子而言几乎是个可望而不可即的理想。哈里发⑤阿里说："不应对谦虚而贞洁的男子吹毛求疵。"⑥我们得知，印度的伊斯兰教徒认为，很难想象一个穆斯林男子会与一个自由的女教徒发生非法的奸淫；⑦但要是他与奴隶的女儿有什么私情则另当别论了。

　　对印度教徒来说，男性在性关系方面的不贞洁极少被视为罪恶，"在女性身上则是最受咒骂、最遭憎恶的事，也被视为人类最丢

---

　　① *Genesis*，xlix. 8. 据《创世记》，他玛获悉犹大要去亭拿剪羊毛，计划在途中对他进行报复。她预先坐在通往亭拿大路的大片空地上，蒙着脸。犹大见了以为她是妓女（因为她蒙着脸），于是走近她并对她说："来吧！让我与你一起同寝。"他玛说："你要与我同寝，把什么给我呢？"犹大答应从羊群里取只小羊给她，而他玛要他给她保证，犹大问她要什么保证，他玛说："你的印，你的带子和你手里的杖。"老人就把这些东西给了她，与她同寝，他玛就从犹大怀了孕。故事中，他玛是犹大的儿媳妇。——译者

　　② Burton，*Sindh*，p. 295.

　　③ Polak，*Persien*，i. 217.

　　④ Lane，*Manners and Customs of the Modern Egyptians*，p. 209.

　　⑤ 哈里发是指穆罕默德去世以后，伊斯兰阿拉伯政权元首的称谓，是伊斯兰政治、宗教领袖。源于阿拉伯"继承"一词的音译，原义为"代治者""代理人"或"继承者"。——译者

　　⑥ Ameer Ali，*Ethics of Islam*，p. 30.

　　⑦ Lane-Poole，*Studies in a Mosque*，p. 106.

脸的事。她将为此身负恶名、被人鄙视,过着悲惨的生活。"①某巴拉维语文本这样谨慎地劝诫众生节欲:"切勿纵欲,否则将因为自己的过失而倍受伤害,追悔莫及。"②拜火教的教义也申明,贞洁主要是女性的本分。《阿维斯塔》里写道:"任何一个同时委身于两个男子而寻欢的女人,将很快被处死,就像杀掉一只狼、一头狮子、一条蛇那样。"③

古条顿人中有声望家庭的未婚女子发生了私通行为,女子要受到严厉的处罚,勾引她的男子将受到这家人的报复,或者必须为他的所作所为付出赔偿。④ 尚未罗马化的萨克森人直到圣波尼法爵时代还通行这样的做法:令父亲家蒙羞的女孩,或与人通奸的淫妇,被迫悬梁自尽,她的尸体将被焚烧,奸夫也将被吊在熊熊烈焰的火堆上受罚;不然的话,全村所有的女人都会用鞭子抽打她,用刀子砍她,直到把她弄死。⑤

在希腊,未婚女孩的贞操被严格地监管着。⑥ 根据雅典法律,若女孩失去贞操,她的亲人可以当场处死勾引者而不会因此受到任何责罚。⑦ 贞洁也是被崇拜的对象。雅典娜和阿耳忒弥斯在贞

───────────────

① *Calcutta Review*, ii. 23. Dubois, *Description of the Character*, &c. of the *People of India*, p. 193. *Cf. Laws of Manu*, ix. 51 sq.

② *Dînâ-i-Maînogî Khirad*, ii. 23 sq.

③ Darmesteter, in *Sacred Books of the East*, iv. 206, n. 1.

④ Brunner, *Deutsche Rechtsgeschichte*, ii. 659 sqq. Wilda, *Strafrecht der Germanen*, p. 799 sqq. Nordström, *Bidrag till den svenska samhälls-författningens historia*, ii. 67. Maurer, *Bekehrung des Norwegischen Stammes*, ii. 154.

⑤ Milman, *History of Latin Chrisanity*, ii. 54.

⑥ 见: Denis, *Histoire des théories et des idées morales dans l'antiquité*, i. 69 sq.。

⑦ Schmidt, *Die Ethik der alten Griechen*, ii. 193.

洁方面具有优秀的品德,其圣洁享有极高的尊严和荣耀;而帕特农神庙,即贞女殿,是雅典最高贵的宗教建筑。① 特定阶层的妓女固然在希腊的社会生活中享有很高的地位,甚至受到位高权重者的追求和爱慕,但她们主要是由于外表非常美丽、智力卓越超群才受到这样的尊崇,因为对希腊人来说,道德绝不是衡量优秀的唯一标准。罗马人则十分鄙视妓女阶层。② 在公元 19 年,罗马的成文法典严格限制女子的放荡行为,法条规定,任何罗马武士的孙女、女儿和妻子不得从事这种靠出卖肉体换取钱财的职业。③ 妓女的名字是必须列单公布的,正如塔西佗所说:"根据我们祖先认可的风俗,这是失贞女子向公众展示她们耻辱的方式,人们觉得这样就足以惩罚她们了。"④无论是在罗马还是在希腊,公共舆论极少严厉谴责男子在婚礼之前的不贞洁——除非他的不贞发展到滥交的地步,⑤或者他的不守贞洁采用了特别具有侵害性的方式。⑥ 老加图明确地为此辩护。⑦ 西塞罗说:"如果有人主张应该完全禁止年轻人与妓女有染,他当然确实是很严格的。我无法驳斥他的话,不过他的看法不仅与现今时代的习俗相冲突,也与我们祖先的习惯以及我们祖先所认可的正当之事相冲突。什么时代的男子不喜欢与妓女厮混呢? 什么时候这类行为被视为过错了呢? 什么时候这类

---

① 见：Lecky, *History of European Morals*, i. 105。

② *Ibid*. ii. 300.

③ Tacitus, *Annales*, ii. 85.

④ *Ibid*. ii. 85.

⑤ 瓦莱里乌斯·马克西姆斯针对"滥交"的情形而赞扬"节欲"。(*Facta dictaque memorabilia*. ii. 5. 6)

⑥ Lecky, *op. cit*. ii. 314.

⑦ Horace, *Satiræ*, i. 2. 31 *sq*.

行为被禁止了呢？简言之,现在合法的东西在以前的哪个时代是不合法的呢?"①爱比克泰德仅仅向前迈了一小步,他向诸弟子说道:"关于性愉悦,婚前保持纯洁是没错,你也可为此瞒天过海地说谎。但如果你耽溺于此,只要合法的话就由它去吧！但任何情况下都不要反对别人享受性愉悦,不得责备别人怎么做、做什么,也不要压抑自己而不去尝试和享用。"②这里,男性的贞洁总是被视为一种理想。不过,即便在古代的异教徒中,也有少数人确曾主张将男性的贞操视为一种义务。③ 穆索尼乌斯·鲁弗斯强调,两性之间的交合只有在婚姻状态下才是允许的,④屈梭多模希望能够通过法律取缔卖淫。⑤ 新柏拉图哲学和新毕达哥拉斯哲学也持有类似的观点。这些思想和主张可以追根溯源到古代的圣贤那里。据说,毕达哥拉斯谆谆教导贞洁之美德,并极为成功。当他的十名弟子受到攻击时,他们本可以越过一片豆子地而逃脱,但他们不愿意践踏豆子。豆子被认为与不洁欲望之所在具有神秘的关联,于是他们就被某个男性杀死了。柏拉图也主张确立这样的法律:"任何人不得染指自由人和贵族阶层的女子,除了自己已经结婚的妻子,也不得在妓院播撒污秽的种子,不得纵容无法繁衍后代的非自然的情欲。"⑥按照他的说法,鸟兽在育龄之前能纯洁地生活,等成

431

---

① Cicero, *Pro Cælio*, 20 (48).

② Epictetus, *Enchiridion*, xxxiii. 8.

③ Denis, *op. cit*. ii. 133 *sqq*.

④ Musonius Rufus, 转引自: Stobæus, *Florilegium*, vi. 61。

⑤ Denis, *op. cit*. ii. 149 *sqq*.

⑥ Jamblichus, *De Pythagorica vita*, 31 (191). *Cf*. Jevons, in Plutarch's *Romane Questions*, p. lxxxviii. *sq*.

熟到可以生养下一代之后,它们一雄一雌成双成对,"彼此信守婚约,在神圣与纯洁当中度过余生";我们人类不应该比这些鸟兽差。①

基督教对婚前性关系的谴责更为强烈。尽管对一夫一妻一生不离不弃持怀疑态度,教会仍然宣称,除了夫妻之外,所有其他性关系都罪可至死。在忏悔书中,不贞洁是最常谈到的罪名;基督教对它的恐惧和厌恶在信仰基督教的国王执政时期的第一批世俗法律中体现了出来。皮条客受到谴责,所受的惩罚是向嗓子里灌铅液。② 如果女子顺从了男子的强迫,或配合了男子的勾引,发生了奸淫行为,男女双方都会被处死。③ 非法私通者无辜的后代甚至也要为父母的罪孽而蒙受污名,他们也不能获得与教会和国家里更受尊重的成员同等的权利。④ 教会不允许未立婚约的男女亲吻;即便没有表现于外在的行为,未婚男女之间的性欲本身仍然被视为罪恶。⑤ 这样的贞洁观对男女两性均适用,所要担当的义务和责任也没有分别。⑥

不过,这类例子和其他很多例子都表明,在道德观方面,基督

---

① Plato,*Leges*,viii. 840 *sq. Cf.* Xenophon,*Memorabilia*,i. 3. 8.

② Lecky,*op. cit.* ii. 316.

③ *Codex Theodosianus*,ix. 24. 1.

④ Concilium Claromontanum, A. D. 1095, can. 11 (Labbe-Mansi, *Sacrorum Conciliorum collectio*,xx. 817):"勿使私生子成为教会的一员或获得教会的荣誉,除非他们按教规在教会生活。"另见第一卷第 47 页。

⑤ "Perit ergo et ipsa mente virginitas." Katz, *Grundriss des kanonischen Strafrechts*,p. 114 *sq.* 关于亲吻的主题,另见:Thomas Aquinas,*Summa theologica*,ii. - ii. 154. 4。

⑥ Laurent,*Études sur l'histoire de l'Humanité*,iv. 114.

教教义与基督教国家的公共舆论之间存在着明显差异。在中世纪，人们广泛而公然地违背道德规范，这表明性贞洁的观念对人们的言行影响很小。教会倡导的禁欲主义的教义事实上导致了远离初衷的后果。牧师过独身生活的制度纵容了罪恶，从而弱化了人们的道德观念。中世纪时期的人们把不贞洁当作嘲讽的对象，而不是大肆挞伐；在当时的滑稽剧中，牧师通常是伤害道德风化的主要角色。[①] 骑士守则里确立的贞洁原则是否被严格遵守是相当可疑的。据说，骑士应当禁欲，保持贞洁，[②]他只爱他的女人的美德和智慧；[③]爱情被界定为"两颗心通过美德而达成的贞洁的结合"。[④] 不过，尽管骑士可以要求他的女人具备美德，尽管他很可能只愿意为了名声好的女人拔出刀剑，尽管他宣称他只渴望她的唇和手，我们仍有理由相信，他对她的情爱远远没有那么优美。圣帕拉耶评论道："骑士时代的道德是最腐败的，淫荡之风也最普遍。"[⑤]对一个中世纪的骑士而言，他一生的主要目标是赢得爱。不懂得如何俘获女性的人只不过是半个男人；而情人和勾引者之间的差别显然是微乎其微的。正如勒基先生所说，那些勾引者，尤其是缺乏激情的冷静的勾引者，仅仅把勾引女人当作一项体育运动，虚荣和冒险精神是其无比强大的动力。这种性情和品格是很

433

---

① Wright, *Essays on Archæological Subjects*, ii. 238. *Cf*. *Idem*, *History of Domestic Manners and Sentiments in England during the Middle Ages*, pp. 54, 281, 420.

② *Book of the Ordre of Chyualry*, fol. 40.

③ Sainte-Palaye, *Mémoires sur l'ancienne Chevalerie*, ii. 17.

④ Mills, *History of Chivalry*, i. 214 *sq*.

⑤ Sainte-Palaye, *op*. *cit*. ii. 19. *Cf*. Walter Scott, 'Essay on Chivalry,' in *Miscellaneous Prose Works*, vi. 48 *sq*.

多世纪以来基督教国家的流行文学作品反复称颂的荣耀和理想,古代的文学作品很难与其匹敌。①

宗教改革改善了境况。尽管在其他方面乏善可陈,至少那些从前靠非法幽会满足自然欲望的大多数阶层的人士可以合法地缔结婚姻了,修道院制度也得以废除。在这种宗教热情的躁动下,甚至那些凡间俗世的立法者本人也破除禁制:成年男女尽管没有缔结婚姻,只要两情相悦,即可耽于两性欢爱。在英格兰共和国时期,根据1650年的法案,如果男女双方所犯过错只是没有守住贞洁——而不是更为严重的通奸和乱伦——他们将被处以三个月的监禁,同时必须找到担保人,确保他们在此后一年之内保持良好的品行。② 宗教改革后,乱伦在苏格兰所受惩罚的严重性基本上等同于违背婚约。③ 不过,这些法律或类似法案现在要么已经废除,要么已经失效。④ 对于不守贞操之类的行为,公共舆论实际上成了唯一的法官。若上层社会女子不守贞洁,公共舆论的谴责会较为严厉,而下层社会女子的遭遇在同一国家的不同地方千差万别,在很多情况下仅被视为小事而已。至于未婚男子不守贞洁,任何现代律师都可复述西塞罗代表凯里乌斯⑤所说的话来为当事人辩护,而这些话大胆而坦率地表达了公众对这一问题的看法。在我

---

① Lecky,*op. cit*. ii. 346. C*f*. Delécluze,*Roland ou la Chevalerie*,i. 356.

② Pike,*History of Crime in England*,ii. 182.

③ Rogers,*Social Life in Scotland*,ii. 242.

④ 见:Pike,*op. cit*. ii. 582;Hume,*Commentaries on the Law of Scotland*,ii. 333。

⑤ 凯里乌斯(Marcus Caelius Rufus,公元前82年—前48年),西塞罗的弟子和密友,古罗马政治家,因参与反对恺撒的暴动被杀。——译者

看来,基督教除了在未婚男女的性关系方面设立标准外几无所成,这个标准或许在理论上可以接受,但基督教社群的绝大多数人在情感上难以认可——至少对男性而言是这样。基督教把性事方面表里不一、假仁假义的毛病引入了人间,而这种虚伪在不信仰基督教的古代社会是几乎见不到的。

为什么未婚男女彼此情投意合的性关系被认为是过错? 为什么关于这个问题的道德观念差异迥然? 为什么男性和女性所适用的标准通常不一样? 我们现在将试图找寻这些问题的答案。

我倾向于设想,假如婚姻的基础源自猿类祖先的本能,那么从一开始它就会被看作两性结合的自然形式,而人类其他短暂的性关系则看上去反常和变态,因而不受赞同。这类情感模糊不清,我也无法确定其在人类中是否仍然很普遍地存在。不过,自然本能多多少少总是受到社会条件的限制,于是在多数情况下,并非男性的性欲望刚刚爆发之时就可结婚。因而,要了解人类严厉谴责婚前性关系的原因,还需要寻求别的解释。

在我看来,对婚前性行为的谴责显然出自男性对新娘贞操的偏好。正如我在另一著作中所表明的,这种贞操观实际上是非常⁴³⁵常见的。^① 它部分源自某种与嫉妒十分接近的情感——嫉妒这女子与其他男人发生过性关系——部分源自男人期望在满足了处女的欲望后得到她温暖而亲密的回应,更多地则来自男性出自本能的对女性羞怯的欣赏。两性之间被彼此独特的品质所吸引,羞怯则是女子的美德。人类与其他哺乳动物一样,雌性是被追求的一

①　Westermarck, *op. cit.* p. 123 *sq.*

方,她们总是要花很长时间躲避男子的追逐。求爱不仅仅在文明
国家才意味着长期追求女人。马里纳对汤加女子的评价即便未必
适用于所有蒙昧和野蛮种族,也适用于诸多种族。他说:"不要以
为这些女人总是容易得手;真切关怀并热情追求有时是获取芳心
的必要前提,即便是在没有其他情人挡道的情况下也是如此。"①
很多民族的结婚仪式中都有见证类似事实的环节。男子捕获女子
的仪式的一个源头就是,被追求的女子喜欢出于半真半假的羞怯
拒绝男子。② 例如,在格陵兰岛东岸,男子获得婚约的唯一方法是
径直奔向女孩的帐篷,抓住她的头发或其他什么部位,把她拖出
来,毫不犹豫地带回自己的住所;在这种情况下,女孩通常会激烈
地抵制和反抗。这是因为,女孩总是对任何提婚表示又羞又怒,否
则她会因为缺乏端庄的美德而丢人现眼。③ 最吸引男人的,当然
不是女人主动的投怀送抱;正如一位古人所写:世间男子均喜爱色
香味俱佳的菜肴,不喜欢单调乏味的肉或鱼,唯端庄、羞怯使含苞
待放的女子更加美丽动人。④ 女人如若对男人表达出明显而热切
的欲望,她在男人看来则没女人味,男人会对此生厌,对这种女人
嗤之以鼻。男人心目中的理想是处女,他看不起轻浮淫荡的女子。

　　在那些风俗习惯是结婚后才能发生性关系的地方,婚前失去

---

　　① Mariner, *op. cit.* ii. 174. *Cf.* Fritsch, *Die Eingeborenen Süd-Afrika's*, p. 445
(Bushmans).

　　② *Cf.* Spencer, *Principles of Sociology*, i. 623 *sq.*; *Idem*, in *Fortnightly
Review*, xxi. 897 *sq.*; Westermarck, *op. cit.* p. 388; Grosse, *Die Formen der Familie*,
p. 107; Crawley, *The Mystic Rose*, p. 305 *sq.*

　　③ Nansen, *First Crossing of Greenland*, i. 316 *sqq.*

　　④ Athenæus, *Deipnosophistæ*, xiii. 16.

贞操的女子往往被认为厚颜无耻和缺乏端庄品德而蒙羞。同时，这对她家人也是一种耻辱和冒犯，在那些家族关系强大的地方尤其如此。另外，在可以买卖妻子的地方，不守贞操的女孩市场价值降低，这等于对其父亲和家人的财产造成了损失。根据 A. B. 埃利斯所说，在黄金海岸讲齐语的部落，"未婚女孩被期望保持贞洁，因为处女身份具有很高的市场价值，一旦失去贞操，她的父母亲在她出嫁时就得不到任何彩礼，或者彩礼少得可怜"。[①] 据我们所知，在东非的伦迪勒人中，未婚女子失贞要受到惨重的报应：她会被赶出家门，因为对她父母而言，她变得一钱不值了。[②] 摩西律法中也表达了类似的观点："如果一个男子勾引了一个未婚女子并跟她睡觉了，他当然应该娶她为妻。如果女孩的父亲断然拒绝，他必须做出赔偿，其价值等同于一个处女的嫁妆。"[③]但女孩不是唯一的麻烦制造者。失去贞洁的女孩自己脸上无光，对亲人们的伤害则是她和那位色诱者共同造成的。在思林凯特人那里，如果一个男子勾引了女孩子，他必须给女孩的父母送礼。J. 道格拉斯爵士对此评论道："这种侵害简直就是抢劫，是从别人家里掠夺财物。他劫掠、毁坏了女孩家的财物，女方父母唯一关心的就是索取尽可能多的赔偿。"[④]买卖婚的做法就这样提升了女性贞洁的标准，在某种程度上也阻碍了男性的淫乱。但我们不能将其视为造成女性贞洁观念的唯一理由。在蒙昧时代的一些部落中，保守贞操是女

437

---

① Ellis, *Tshi-speaking Peoples*, p. 286.

② Chanler, *Through Jungle and Desert*, p. 317.

③ *Exodus*, xxii. 16 *sq*.

④ Douglas, 转引自：Petroff, *op. cit.* p. 177。

孩子分内应尽的义务。维达人从不把自己的女儿当作商品出卖,[①]未婚女孩被视同珍宝,得到悉心关爱和照顾。[②] 从上述所引的例子看,勾引者多多少少会面对严重的后果,他支付的赔偿显然远远超过女孩的市场价值。这当中还有别的因素在起作用。

　　男人要求女人结婚时必须是处女,这种情况间接地要求男人自己也应洁身自好,远离某些形式的淫乱。就我收集到的蒙昧部落的资料来看,在那些要求未婚女子保持贞操的地方,男人要是勾引她们成奸,就被视为犯罪。不过,如前所述,对他行为的判决是基于更狭隘的见解。他的行为主要甚至完全被视为对女方父母和家人的冒犯;贞洁本身基本上并不是蒙昧社会所要求的。在存在娼妓的地方,男人可以不受约束地满足欲望,妓女实际上是受害者。对任何一个认真反思此事的人来说,很显然是勾引者对那个女子犯了错;但我在蒙昧部族的头脑中找不到任何此类观念的痕迹。在男性受到谴责的时候,女性也受到责难,她们不被看成受害者,反而被看成施害者。即便是在强奸的例子中,女孩所受到的伤害也很少被考虑到。在汤加岛民看来,"如果不是发生在已婚女子身上,或者不是发生在比肇事者社会地位更高、他应更尊敬的女子身上,这样的强奸就算不上犯罪,这是无关紧要之事"。[③] 在帛琉群岛,情况是一样的。[④] 苏门答腊勒姜人的律法这样提到此类事

---

① Le Mesurier, ' Veddás of Ceylon,' in *Jour. Roy. Asiatic Soc. Ceylon Branch*, ix. 340. Hartshorne, 'Weddas,' in *Indian Antiquary*, viii. 320.

② Nevill, 'Vaeddas of Ceylon,' in *Taprobanian*, i. 178.

③ Mariner, *op. cit.* ii. 107.

④ Kubary, ' Die Verbrechen und das Strafverfahren auf den Pelau-Inseln,' in *Original-Mittheil. aus der ethnol. Abtheil. der königl. Museen zu Berlin*, i. 78.

情:"这没有什么值得多虑的,只不过对她的亲友来说,女孩作为可售商品的价值有所影响而已。"①苏族有一个部落爱西尼伯因,在当地,强奸受到的处罚基于下述原则:这个女人贬值了,她嫁出去的机会减少了,并且这事对她的亲属是个污辱,因为这是对他们的感情和保护家族的能力的鄙视。② 早期的条顿人很难把强奸与绑架或诱拐区分开,女子家属在这两种情况下所受的伤害并无二致。③ 如果在作为不情愿的暴力受害者的情形下,女孩的感受也被如此忽略的话,那么当她作为一个表示同意的合作者,就很难指望她成为怜悯的对象。文明时代的公共舆论不是更倾向于责怪被羞辱者而不是羞辱者吗?

还有另外一个重要问题需要考虑,就是由此生育的后代。当女方怀孕,要出生的孩子就成为摆在面前的一个极其重大的问题。我们很容易设想到,每个人,只要不是完全缺乏同情心,都会这么想。但在判断性道德等相关事项方面,男人通常极少进行理性思考,也极少为这种欠考虑造成的后果产生内疚和负罪感。尽管婚姻的存在只是为了子女的缘故,但在性关系中,极少有人无私地考虑到尚未出生的个体。法律规定必须维护私生子的权益,这一点 439

---

① Crawfurd, *History of the Indian Archipelago*, iii. 130.

② Dorsey, 'Siouan Sociology,' in *Ann. Rep. Bur. Ethn.* xv. 226.

③ Brunner, *Deutsche Rechtsgeschichte*, ii. 666. Pollock and Maitland, *History of English Law before the Time of Edward I*. ii. 490. 根据萨利克法典,强奸生而为自由民女孩的罚金是 62.5 苏勒德斯(古罗马金币单位。——译者),如果这位女子同意这种苟合则罚金较低些 (*Lex Salica*, Herold's text, xiv. 4; xv. 3);相反,跟一位自由民妇女私通的罚金则是 200 苏勒德斯(*ibid*. xv. i)。

使男人变得多少有些小心谨慎了,但这种小心谨慎也是为自己少惹麻烦考虑;另一方面,他们也产生了这样的想法:父亲的责任只不过是为了自己孩子将来的生活支付费用而已,那不妨通过花钱的方式了结这一问题。风俗习惯和法律有时甚至免除了他的这一责任。我们获悉,在塔希提人中,父亲可以把私生子杀掉,但如果孩子活下来了,他就得娶孩子的妈妈为妻。① 这一习俗看起来跟"不许寻究父方"的著名法条一样残酷无情。②

罗马天主教伦理的伟大权威人物试图证明,单是非婚性关系就足以构成死罪,因为它"会对由此生育的孩子的人生造成伤害"。或者更广而言之,"这有违后代的利益"。③ 然而,当我们考虑到罗马天主教会本身对待这些孩子的方式时,这种对私生子福祉的悉心关怀就显得有些奇怪。很显然,基督教教义对非婚性关系表现出的深恶痛绝,基本上与罗马天主教一样,均出自共同的禁欲原则,这种原则宣称:独身优于婚姻,婚姻受到容许只是因为它不可压制。

对于有教养的人来说,性冲动与身体欲望满足之后长期存在的情爱之间存在密切关联。这也会影响到有关不贞洁的道德观念。我们在蒙昧部族对卖淫的憎恶之情中发现了这种情感的种子,相比之下,这些初民对婚前正常的性关系并不反对。④ 我们自己也严格区分卖身的妓女和为了爱而屈服于诱惑的女子。沉溺于

440

---

① Cook, *Voyage to the Pacific Ocean*, ii. 157.

② *Code Napoléon*, § 340.

③ Thomas Aquinas, *Summa theologica*, ii.-ii. 154. 2.

④ 例如吉大港山地部落 (Lewin, *Wild Races of South-Eastern India*, p. 348)。
Cf. Westermarck, *op. cit.* p. 70 sq.

性的愉悦不能自拔,毫无高等的情感和操守,这对男人而言显然是
粗鄙的、恶心的,对女人而言更是如此。毕竟,爱情对男人而言不
过是生命中的一个篇章,对女人而言则是生命的全部。[①] 希腊的
辩士说得好,女人一旦失去贞操,她的心灵就会发生变化。[②] 另一
方面,当男女双方由于真挚而深厚的情爱结合在一起,决定像夫妻
那样在一起生活的时候,尽管尚未合法缔结婚姻,公共舆论对他们
的行为也不会有偏见,至多只会责怪他们应遵守国家法律和重要
的社会规范。

　　处于不同社会条件或心理条件下的人们,从不同观点出发,将
男女双方婚前性关系视为过错。而这些条件在人类文明的各个特
定时期,并非结合在一起。人们对婚前性关系的看法有时深受买
卖婚制度的影响,有时受到爱情发展程度的影响;这些影响因素之
间可能并无交集。贞操义务的演变较为复杂,其中一个原因正在
于此;但另外一个原因很可能更为重要。具体说来,上述种种原因
常常受到相反方向的情境制约。于是男人对处女的自然偏好可能
不得不让位于他生育后代的欲望,从而诱使他与能满足这个欲望
的女子结婚。[③] 男人放弃处女偏好也可能由于一个简单的原因:
很难找到处女做新娘。社会风气造成淫乱之风,这是贞操被视为 441
应尽义务的最大阻力。即便在蒙昧社会——那里的绝大多数男女
都缔结婚姻,他们结婚的年龄也比较小——也总是有大量过了青

　　① Cf. Simmel, *Einleitung in die Moralwissenschaft*, i. 201; Paulsen, *System der Ethik*, ii. 274.

　　② Lysias,转引自:Schmidt, *Die Ethik der alten Griechen*, i. 273。

　　③ 见前文第 423 页。

春期还没结婚的男子和女子;而且,一般来说,此类未婚者数量的增加与文明的进步是相伴而生的。这类情况的出现很容易导致男女双方对欲望的无节制,当这种无节制变成习惯时,它就难以引起很多责难了。另外,凡是女性贞操标准较高的地方,男性的贞洁标准可能是最低的。在这样的社会里就是如此:存在一批不再被尊重的妇女,她们丧失了美德,她们把纵欲和淫乱当作自己谋生的职业,她们的品德对自己和家人都已经毫无价值。卖淫作为女性贞操习俗和制度的防护措施,一方面增强了这一习俗和制度的强制性、义务性,另一方面提高了男性和女性义务的不平等。这些影响在人类文明的早期阶段就已经开始发挥作用了。在蒙昧时代,卖淫绝不是什么闻所未闻的新鲜事。① 在美拉尼西亚群岛的众多岛民中,卖淫是一种被认可的风俗;科德林顿博士说:"在圣克鲁斯,在那些男女有别被小心维护的地方,当然有公共妓女的存在。"② 卖淫在绝大多数尼格罗人当中流行;③我们获悉,这一习俗如此受欢迎,以至富有的尼格罗女子在离世之前会购买女奴充作公妓,其形式"跟英格兰人把一部分遗产捐赠给公众作慈善毫无二致"。④ 万由若人的卖淫制度甚至有着明确具体的规定,构成了完整的系统,他们还制定了严格的法律——这种法律似乎历史悠久——以

442

---

① 例如参见:Tutuila,'Line Islanders,'in *Jour. Polynesian Soc*. i. 270;Powell,*Wanderings in a Wild Country*,p. 261（natives of New Britain）;Davis,*El Gringo*,p. 221（Indians of New Mexico）;Ploss-Bartels,*Das Weib*,i. 536,540 *sqq*.。

② Codrington,*Melanesians*,p. 234 *sqq*.

③ *Emin Pasha in Central Africa*,p. 88.

④ Reade,*Savage Africa*,p. 547 *sq*.

管理这一系统的运营。① 在格陵兰岛，未婚女子怀孕"被视为最大的耻辱"，②不过，当地的职业妓女由来已久；③在北美印第安人中，此类情况同样比比皆是。④ 因而，按照奥马哈人的规则，婚外性关系只能在妓院里进行，那里的女人被称为冥柯达（minckeda）；"这一规则如此苛刻，以至女孩甚至已婚女子单独在外行走就等于毁了声誉，她有可能被拉去作冥柯达，而人们也会这样叫她。"⑤在所有玛雅国家，在公共场所卖淫即便不被鼓励，也是被容许的，而与未婚女子发生性关系将被处以罚金；如果被侮辱的亲友们坚持，这名犯事的男子还有可能被处死。⑥ "为了避免更大的罪恶"，秘鲁的印加人允许公共妓女的存在，尽管人们十分鄙视她们；⑦但有一种情况例外，即"与单身女子淫乱则为死罪"。⑧ 在旧世界的所有文明国度，娼妓制度始终存在，尽管立法者一直试图加以压制和禁止，但它一直被人们容许。⑨ 娼妓制度在我们现代社会的普及，很

---

① *Emin Pasha in Central Africa*, p. 87. Wilson and Felkin, *Uganda*, ii. 49.

② Egede, *Description of Greenland*, p. 141.

③ Cranz, *History of Greenland*, i. 176.

④ Carver, *Travels through the Interior Parts of North America*, p. 375.

⑤ Dorsey, 'Omaha Sociology,' in *Ann. Rep. Bur. Ethn.* iii. 365.

⑥ Bancroft, *Native Races of the Pacific States*, ii. 676, 659.

⑦ Garcilasso de la Vega, *First Part of the Royal Commentaries of the Yncas*, i. 321 *sq.*

⑧ Herrera, *General History of the West Indies*, iv. 340.

⑨ Dufour, *Histoire de la prostitution*, *passim*. Doolittle, *Social Life of the Chinese*, i. 348. Wilkins, *Modern Hinduism*, p. 412. Polak, 'Die Prostitution in Persien,' in *Wiener Medizinische Wochenschrift*, xi. 516, 517, 563 *sqq.* Lane, *Modern Egyptians*, i. 150. Weinhold, *Altnordisches Leben*, p. 259（ancient Scandinavians）. Desmaze, *Les pénalités anciennes*, p. 61 *sq.* n. 4；Mackintosh, *History of Civilisation in Scotland*, i. 428（Middle Ages）；&c. 自 13 世纪起，即便是基督教会也对大城市设置妓院持宽容态度（Müller, *Das sexuelle Leben der christlichen Kulturvölker*, p. 149）。

大程度上引起了公共舆论在性道德方面的困惑。这一制度的受害者所受的屈辱和歧视是难以言说的,与此同时,男性顾客却被默许参与其中,这等于支持了这一行当的存在。人们很少想到,在这种情况下,对该行当的需求促进了产出。然而,秘密必须守住。在性关系问题上,开放是不光彩的,而主要的罪过尚待探查。

此外还有一种形式的卖淫,即宗教性卖淫。这种现象可以与为了献身宗教而寡居的现象相提并论,事实上,这两者之间有时是紧密相关的。奴隶海岸说埃维语的部族中,有一些称为柯西(kosi)的女子,她们被看作神的妻子,献身于神,她们的主要工作就是卖淫。"每个镇上至少有一家妓院,十至十二岁长相最好的女孩子被收进来,她们在这里度过三年光阴,期间学习敬拜众神的独有歌舞,并委身于僧侣以及研修教义的其他男士;经过这样一段时间的见习期后,她们就成了公共妓女。然而,这并不被看成应予谴责的事;她们被认为是嫁给了神;她们的存在以及人数的增长也被认为是受到神指引并服务于神的。恰当地说,她们的主要玩乐者应当限于神庙的敬拜者,但实际上这是很难区分的。由这种卖淫生出的孩子则被认为是属于神的。"① 黄金海岸的女祭司也是如此,她们虽然不被允许结婚,但从未被禁止性交。"她们通常是最淫乱的,风俗习惯允许她们肆意满足自己的热望,只要有男人想望她们,她们就乐意与之交合。女祭司会把自己喜欢或喜欢自己的男子叫到住处寻欢作乐。为了避免惹她发火,男人必定是招之即来。这时她会告诉他,她所服务的神引领她要爱他,于是这个男人

___
① Ellis, *Ewe-speaking Peoples*, p. 141.

就与她同床共枕,共同生活在一起,直到她厌倦了他,或者她找到
了另一个她想要的目标。有些女祭司的卧房同时有半打男人,她
行走时也经常有一帮男人前呼后拥。她们的生活充斥着放荡和淫 444
乱,而一旦被舞蹈所激动,她们常常肆无忌惮,放浪形骸。"[1]在埃
及的底比斯,神的"妻子"适时也可变成玩物;斯特拉波告诉我们,
献身于神的美丽女子可以跟任何一个她选中的男子性交,"此时她
会沐浴更衣",然后与那名男子交合。[2] 在印度,每个印度教寺
庙——不管多么不起眼——都有自己的舞女,她们的地位仅低于
献祭者。[3] 奥里萨邦就雇了这样一些女子在神面前唱歌跳舞。她
们各自住在自己的房子里,而不是居住在寺庙中。主持寺庙的婆
罗门不断与她们发生性关系;这些女子也会向来访者卖淫。[4] 在
迦南教派中有这样一些女子,她们献身于所属寺庙里的神,同时也
像妓女那样出卖肉体。[5] 在以色列北部各地的寺庙中,人们敬拜
耶和华的仪式本身也深深受到这种做法的影响;[6]但是,在《申命
记》中,这类做法是被禁止的。[7] 寺庙卖淫的存在或许源自这样一
种信念:它会给敬拜者带来福泽。闪族文化中至今流行这样一种

---

[1]　Ellis, *Tshi-speaking Peoples*, p. 121 *sq*.

[2]　Strabo, *Geographica*, xvii. 1. 46. *Cf*. Wiedemann, *Herodots zweites Buch*, p. 269.

[3]　Warneck. 转引自:Ploss-Bartels, *op. cit*. i. 534。

[4]　Ward, *View of the History*, &c of the Hindoos, ii. 134.

[5]　Driver, *Commentary on Deuteronomy*, p. 264. Cheyne, 'Harlot,' in Cheyne and Black, *Encyclopædia Biblica*, ii. 1965.

[6]　*Hosea*, iv. 14. *Cf*. Cheyne, in *Encyclopedia Biblica*, ii. 1965.

[7]　*Deuteronomy*, xxiii. 17 *sq*.

观念：与一个神圣的人性交有益于极其尊崇这个神的人。①

　　在古代巴比伦，被敬拜的神是伊什塔尔，这里流行的宗教性卖淫具有不同的特征。希罗多德说，在这个国家出生的每个女子一生中都有义务这样献身一次：坐在阿佛洛狄忒神庙院内，等一个陌生人来与她交合。来访的陌生人向她膝下投一枚银币，把她带出这块神圣之地，行鱼水之欢。她一旦在那里坐下，在完成男女交合之前是不能回家的。投掷过来的银币是不能拒收的，因为一旦投下，银币就成了圣物。第一位投下银币的男子，不管是谁，她都不能拒绝。她跟他同床共枕后，就等于遂了女神的心意；这时她才可以回家。自此之后，不论多么贵重的礼物，都不如那枚银币令她心满意足。② 楔形文字的文献多次提到巴比伦神庙的宗教性卖淫，这就确证了希罗多德的说法。③ 在塞浦路斯岛的某些地方，④在叙利亚的赫里奥波里斯⑤，在比布鲁斯⑥，均存在奉行类似习俗的教派。对于敬拜阿奈提斯女神的亚美尼亚人来说，即便是地位最高的家族，也会至少一次把女儿贡献出来；人们丝毫不会认为这样做会影响她之后婚姻的崇高性。⑦ 在希腊，这类做法并不见于寻常

---

　　① 见：Westermarck, *The Moorish Conception of Holiness*（*Baraka*），p. 85。

　　② Herodotus, i. 199.

　　③ Jeremias, *Izdubar-Nimrod*, p. 59 *sq.* Jastrow, *Religion of Babylonia and Assyria*, p. 475 *sq.* Mürdter-Delitzsch, *Geschichte Babyloniens*, p. 41.

　　④ Herodotus, i. 199. Athenæus, *Deipnosophistæ*, xii. 11, p. 516 a.

　　⑤ Socrates, *Historia ecclesiastica*, i. 18（Migne, *op. cit.* Ser. Græca, lxvii. 123）. Sozomen, *Historia ecclesiastica*, v. 10（Migne, Ser. Græca, lxvii. 1243）. Eusebius, *Vita Constantini*, iii. 58（Migne, Ser. Græca, xx. 1124）.

　　⑥ Lucian, *De Syria Dea*, 6.

　　⑦ Strabo, xi. 14. 16.

的阿佛洛狄式敬拜仪式,但据报道,在科林斯[1]和罗克里·埃庇杰菲里就有类似做法;关于这些地方的故事里说,女神的信徒立誓要把女儿送去从事这类敬奉神明的服务,以保佑他们在战争中获胜。[2]

对巴比伦神庙卖淫这类现象,已经有了多种多样的理论解释。有的理论从个体婚姻的角度出发,认为尽管实际意义上的"群婚"已经不存在了,但个体参与神庙卖淫是认可和分享共有的"群婚"权。[3] 另一种解释认为,这只不过是假借宗教外衣苟且行淫而已。[4] 也有人认为,这代表了一种献祭,通过这个形式一个女子把她最初成熟的果实奉献出来;[5]这也被视为一种敬献行为,即一个崇拜者把她最珍贵的财产奉献给神。[6] 在法内尔博士看来,这种做法似乎是"一种广为流传的习俗的特别变种。按照这个习俗,女孩婚前的贞操要被破坏掉,新郎在行房事时才不会招致凶险,而在文化演进过程中的某些阶段,男子对这类凶险往往充满恐惧。"他接着说:"通过这种形式,如同其他类似的仪式一样,那个陌生人把凶险带走了。"[7]但是,为什么陌生人总是比新郎更愿意遭受凶险之灾呢? 考虑到神庙卖淫发生在女神庙,而女神意味着丰饶、多

446

---

① *Ibid*. viii. 6. 20.

② Farnell, *Cults of the Greek States*, ii. 636. Athenæus, xii. 11, p. 516 a.

③ Avebury, *Origin of Civilisation*, p. 559.

④ Jeremias, *Izdubar-Nimrod*, p. 60.

⑤ Wiedemann, *Herodots zweites Buch*, p. 267 *sq*.

⑥ Curtiss, *Primitive Semitic Religion To-day*, p. 155.

⑦ Farnell, 'Sociological Hypotheses concerning the Position of Women in Ancient Religion,' in *Archiv f. Religionswiss*. vii. 88.

产,我认为,神庙卖淫的目的很可能是确保这个女子拥有旺盛的生育能力;事实上,这也可以从陌生人的话里直接反映出来。按照希罗多德的说法,这名陌生男子的说辞是:"米利塔女神①啊,请让这位女子多子多孙!"②另外,从前面的章节中我们也知道,有时人们相信,陌生人拥有某些超自然的能力,具有半人半神的特性,他们的祝福具有神奇的效果,人们也期待他们的爱能带来福祉。③ 这样我们就能够理解,为什么陌生人被指定把祝福转达给这个女孩。④

447　　在我们中间,存在另外一种放纵性欲的行为,这种行为涉及的当事人——或男方或女方——是已婚者。通奸是打破夫妻忠诚的行为,无论男女都应被配偶忠诚对待,而通奸就是对他或她的冒犯。比如,男子与已婚女子勾搭成奸,对女子的丈夫而言就是一种冒犯。不过,在这里,我们的观点再次不为普世所赞同。

　　人们通常很难理解奸夫竟然被视为无罪,然而据称在某些部

---

① 米利塔(Mylitta),丰饶和生育女神,为巴比伦人所崇拜。——译者

② Herodotus, i. 199.

③ 见第一卷第二十四章。

④ 自本章节付梓以来,新出现了一些试图解释这种宗教性卖淫的说法。弗雷泽爵士认为,这是一种基于交感巫术原则,确保土地肥沃、果实累累、人畜皆旺的仪式(G. Frazer, *Adonis Attis Osiris*, p. 23 sq.)。霭理士博士表达的看法也与此类似(Havelock Ellis, 'Ursprung und Entwicklung der Prostitution,' in *Mutterschutz*, iii. fasc. 1 sq.)。这里要再次提到哈特兰。根据他的观点,这是一种青春期仪式,在这个仪式中贞洁被奉献出来,而每个女子均应如此(Hartland, 'Concerning the Rite at the Temple of Mylitta,' in *Anthropological Essays presented to E. B. Tylor*, p. 189 sqq.)。我个人对这个问题的看法和理论,后来为范·根纳普所接受(van Gennep, *Les rites de passage*, p. 242 sq.)。

族,通奸不被视为什么过错;①摩尔根写到,易洛魁人遇到这类事情"只惩罚女方,她被认为是唯一的犯错者"。② 但很明显,这类情况多半是例外。在一个蒙昧的部落里,如果犯事的男子逃脱了赔偿——这笔赔偿是支付给受到伤害的丈夫的,数额等同于新娘的价值——或者逃脱了其他形式的罚金,或者对他的惩罚减轻至鞭打、削发、削耳朵、挖去一只眼睛、刺腿,那他该谢天谢地了。极为常见的是,奸夫很可能要付出生命的代价。我们已经看到,即便在众多禁止私力救济的部族中,通奸者也可能被受侵害的丈夫处死,尤其是被捉奸在床的情况下。③ 在另外一些案例中,他可能要遭受极刑。④ 阿尔巴尼亚的风俗习惯不仅允许而且迫使受害的丈夫杀死通奸者。⑤ 希伯来法律责成与他人妻子通奸的男子赴死;⑥基督教的立法者也学着这么做。康斯坦丁立法对诱奸者处以死刑,以此表达他对神圣婚姻的热忱;⑦通奸由此被看作如同谋杀、偶像崇拜和妖术一样的滔天罪行。⑧ 在中世纪,各种各样的法律文书

448

---

① Davis,*El Gringo*,p. 221 *sq.* (Indians of New Mexico). Adair,*History of the American Indians*,p. 146 (Cherokees). Krasheninnikoff,*History of Kamschatka*,p. 204. Prejevalsky,*Mongolia*,i. 70 (Mongols). Colquhoun,*Amongst the Shans*,p. 75 (Yendalines,one of the Karen tribes). Chanler,*op. cit.* p. 317 (Rendile in Eastern Africa). Lichtenstein,*Travels in Southern Africa*,ii. 48 (Bushmans).

② Morgan,*League of the Iroquois*,p. 331.

③ 见第一卷第 290 页及以下。

④ 见第一卷第 189 页。

⑤ Hahn,*Albanesische Studien*,i. 177.

⑥ *Leviticus*,xx. 10. *Deuteronomy*,xxii. 22.

⑦ *Codex Justinianus*,ix. 9. 29. 4.

⑧ *Codex Theodosianus*,xi. 36. 1. St. Basil,转引自:Bingham,*Works*,vi. 432 *sq.* 。

均对诱奸者处以死刑;①在 1563 年的苏格兰,臭名昭著的通奸均
被处以极刑。② 然而,处罚在极其苛刻之后变得极其宽容和放纵。
在苏格兰,尽管按照法律规定通奸被视为滔天大罪,应处以极刑,
但在休谟男爵的时代之前的很长一段时间内,并没有付诸实施
过;③而在英格兰,在法律眼中这根本不是犯罪,只不过是对宗教
的亵渎。

　　对诱奸者的惩罚通常视他的地位等级,或受害丈夫的地位等
级,或女方的地位等级而定。在芒贝图人中,如果犯事的女子属于
皇室家族,诱奸者应被处死;否则,他只需赔偿受害丈夫一笔钱
财。④ 在奴隶海岸说埃维语的部落中,通奸者支付的赔偿取决于
受害丈夫的地位等级;⑤盎格鲁-撒克逊人的法律也遵循同样的原
则。⑥ 巴刚果人对通奸的处罚变化很大,"依据犯事者的状况或居
住地,严重了可以处死,宽松了可以把它当成鸡毛蒜皮的小事"。⑦
德鲁里告诉我们,在马达加斯加的安特恩朵,"如果男子与地位比
他高的男子的妻子通奸,除了祈求宽恕外,他将赔偿三十头牛;而
如果受害丈夫与自己的地位相同,赔偿二十头就行了"。⑧ 根据中
国刑法典,奴隶与自由人的妻子或女儿私通,将被视为犯罪,他所

　　① 　Du Boys, *Histoire du droit criminel des peuples modernes*, ii. 606. *Idem*,
Histoire du droit criminel de l'Espagne, p. 391.

　　② 　Erskine-Rankine, *Principles of the Law of Scotland*, p. 563.

　　③ 　Hume, *Commentaries on the Law of Scotland*, ii. 302.

　　④ 　Casati, *Ten Years in Equatoria*, i. 163.

　　⑤ 　Ellis, *Ewe-speaking Peoples*, p. 202.

　　⑥ 　*Laws of Alfred*, ii. 10.

　　⑦ 　Johnston, *River Congo*, p. 404.

　　⑧ 　Drury, *Journal*, p. 183.

受的处罚至少要比一个自由人犯同类罪行严格一个等级。^① 在印度，根据一个人所属的社会等级，第一到第三种姓的男子与首陀罗种姓的女子通奸，将会被放逐；而如果是首陀罗种姓的男子与第一到第三种姓的女子通奸，则处以极刑；^②按照古印度文献里引述的一个观点，婆罗门种姓的男子与同一等级的女子通奸，所受的苦修相当于他与贱民女子通奸之后惩罚的四分之一。^③ 在古代秘鲁，"如果那位女子名扬遐迩或地位显赫，与之私通的男子将被处死"。^④

要解释这些事实，并不需要费多大的事。在人类文明早期，丈夫对妻子拥有绝对的权力。勾引成奸者侵犯了他的权力，招致他极大的嫉妒，他的感情和荣誉也受到了极大的损害。与财产权一样，一个男子购买了妻子就等于获得了对她的权益，这些权益是排他的，与她通奸就是对这个权益的非法侵害。^⑤ 据说《摩奴法典》里有这样的规定："不得将种子播撒在不属于自己的女人那里。"^⑥在有些地方，奸夫的行径与盗贼没什么分别，因此他同样会招致砍掉一只手或双手的惩罚。^⑦ 但即便是在蒙昧部族中，通奸也会被

---

①　*Ta Tsing Leu Lee*，sec. ccclxxiii. p. 409.

②　*Âpastamba*，ii. 10. 27. 8 *sq.*

③　*Ibid*. ii. 10. 27. 11.

④　Herrera，*op. cit*. iv. 338.

⑤　例如参见：*Casalis*，Basutos，*p*. 225；*Burton*，Two Trips to Gorilla Land，*i*. 77；*Monrad*，Skildring af Guinea-Kysten，*p*. 5；*Letourneau*，L'évolution de la morale，*p*. 154 sq. 。

⑥　*Laws of Manu*，ix. 42.

⑦　Westermarck，*History of Human Marriage*，p. 130.

视为比侵害财产权更严重的犯罪。克拉舍宁尼科夫[1]说,在千岛群岛岛民中,惩罚通奸者的方式非同寻常:涉事女子的丈夫向奸夫提出打架的挑战,当地人认为"拒绝应战是件很耻辱的事,正如欧洲人拒绝决斗的邀请"。[2] 嫉妒心、所有权意识和荣誉感由此结合在一起,通常在习俗和法律层面使勾引者的行径成为滔天大罪;基于同样的理由,这种罪行所遭受的惩罚的程度,与其他犯罪一样,是与当事各方的地位等级密切相关的。 另一方面,现代立法不像早期的习俗和法律那样允许一个人如此发泄自己的愤怒;它尊重受害丈夫的尊严,但认为这类事情太过具有个人隐私的特征,不适合公开报复;妻子对丈夫的忠诚也不再与任何所有权的观念相关。而且,欧洲早期的法律看待通奸的严重性是与基督教对各种各样非正常性关系的憎恶密切相关的;而在这个问题上,世俗的法律越来越挣脱宗教教条的束缚。

对某些蒙昧部族来说,奸夫是唯一受到责罚的人,对丈夫不忠的女子则可以逃脱惩处。[3] 在这里,嫉妒首先指向了敌对者:奸夫被视为窃贼,他要为此蒙受耻辱。不过,通常的规则是,对丈夫不忠的女子也会被视为作恶的坏人,也要遭受相应的惩罚。她会遭

---

① 斯捷潘·克拉舍宁尼科夫(Stepan Krasheninnikov,1711—1755)在 18 世纪西伯利亚史学中占有重要地位,是在规模空前的北方大考察(1734—1743)中将历史学家和探险家这两种身份结合得最好的人士。其巨著《堪察加地志》于 1756 年出版。——译者

② Krasheninnikoff, *History of Kamschatka*, p. 238.

③ Westermarck, *op. cit.* p. 122. Macpherson, *Memorials of Service in India*, p. 133 (Kandhs). Batchelor, *Ainu of Japan*, p. 189 *sq.* Scaramucci and Giglioli, 'Notizie sui Danakil,' in *Archivio per l'antropologia e la etnologia*, xiv. 26.

到丈夫抛弃,身受皮肉之苦,人们会以这种或那种方式虐待她,有时她还会被处死。她也经常会被愤怒的丈夫毁容,这样一来,此后再也不会有别的男人爱上她。① 女人只属于她的丈夫,这一观念极其强大,甚至在某些部落,丈夫死后她得跟着一起死;②丈夫去世后,寡妇在某段时间内往往不得再嫁,甚至终生不得再嫁。③ 在古代秘鲁,寡妇通常要独自生活下去,"他们的法律规章要求她们具备这种品德"。④ 在中国,女子在丈夫死后再立婚约也被认为是 〔451〕不当的;要是这事发生在地位比较高的家庭中,这个女子要被打八十大板。⑤ "一仆不侍二主,一女不嫁二夫",这句格言表达了中国人广为接受的一个生活原则和根深蒂固的信念。⑥ 根据古代雅利安人的习俗,寡妇禁止再婚。⑦ 即便是现在,倘若对印度教女教徒提到再嫁的事,也被认为是极大的侮辱;倘若她真的再嫁了,"她将被赶出她所生活的地方,任何一个体面的男子无论何时都不会跟她打任何交道"。⑧ 在希腊⑨和罗马⑩,女子再嫁被认为是对前夫的侮辱;在南斯拉夫,人们至今仍然是这么认为的。⑪ 早期基督教

---

①　Westermarck, *op. cit*. p. 122.

②　*Ibid*. p. 125 *sq*. 见第一卷第 472 页及以下。

③　Westermarck, *History of Human Marriage*, p. 127 *sqq*.

④　Garcilasso de la Vega, *op. cit*. i. 305.

⑤　Gray, *China*, i. 215.

⑥　de Groot, *Religious System of China*, (vol. ii. book) i. 745.

⑦　Schrader, *Prehistoric Antiquities of the Aryan Peoples*, p. 391.

⑧　Dubois, *People of India*, p. 132.

⑨　Pausanias, ii. 21. 7.

⑩　Rossbach, *Römische Ehe*, p. 262.

⑪　Krauss, *Sitte und Brauch der Südslaven*, p. 578. *Cf*. Ralston, *Songs of the Russian People*, p. 115(Bulgarians).

徒,尤其是孟他努派和诺洼天派①坚决反对再婚——不论是女人还是男人都一样;②他们把第二次婚姻描述为"跟乱伦没什么两样"③和"体面的通奸"。④ 人们认为,这表明当事人缺乏自我节制的美德,也违背了这一神圣教义——婚姻即耶稣基督与教会的结合之象征。⑤

　　妻子一方要恪守对婚姻的忠诚,人们对丈夫一方的要求通常就没那么苛刻。在蒙昧和野蛮部落中,这显然是通行的规则。不过,也存在一些值得关注的例外情况。吕宋岛的伊格罗特人对一夫一妻制的约束极其严格,一旦发生通奸,负罪的一方,无论男女,都必须离开家庭和居所,再也不得回家;⑥在另外一些奉行一夫一妻制的蒙昧部族中,通奸甚至是闻所未闻的事。⑦ 在迪雅克人中,丈夫"以正直的品行信守对婚姻忠诚的誓言,因此,嫉妒在这个社

452

---

　　① 孟他努派(Montanists)是早期基督教派别,公元 2 世纪中叶由孟他努斯(Montanus)创立于小亚细亚。孟他努派曾被罗马主教判为异端,并受到罗马帝国的镇压。它在下层人民中影响很深,传至 8 世纪始渐消失。诺洼天派(Novatianist)是公元 3 世纪时从罗马教会分裂出来的一个小派别,创立人为诺洼天(Novatian)。孟他努派和诺洼天派都特别强调教徒的圣洁。——译者

　　② Mayer, *Die Rechte der Israeliten*, *Athener und Römer*, ii. 290. Bingham, *op. cit*. vi. 427 *sq*.; viii. 13 *sq*.

　　③ Tertullian, *De exhortatione castitatis*, 9 (Migne, *Patrologiœ cursus*, ii. 924).

　　④ Athenagoras, *Legatio pro Christianis*, 33 (Migne, *op. cit*. Ser. Græca, vi. 967).

　　⑤ Gibbon, *History of the Decline and Fall of the Roman Empire*, ii. 187. Lecky, *History of European Morals*, ii. 326.

　　⑥ Meyer, in *Verhandl. Berliner Gesellsch. f. Anthrop.* 1883, p. 385.

　　⑦ Bailey, in *Trans. Ethn. Soc*. N. S. ii. 291 *sq*. Hartshorne, in *Indian Antiquary*, viii. 320 (Veddahs). Finsch, *Neu-Guinea*, p. 101; Earl, *Papuans*, p. 81 (Papuans of Dorey).

会被看作可笑之事"。^① 在东萨人中，男人一生只娶一个女人为妻，这个部族的人认为，主人要是利用自己的地位和优势在其住处占女奴隶的便宜，是很不合适的。^② 即便在那些允许一夫多妻制的蒙昧部落中，人们也认可男性对婚姻的忠诚。我们获悉，阿比泊尼人认为，除了妻子之外，男人跟任何别的女人发生非法性关系都是可耻的、邪恶的；因而，通奸这样的事在当地也极少听说。^③ 在奥马哈印第安人中，"如果一名女子发现丈夫与别的女子通奸，她出于愤怒可以痛打丈夫和那作奸犯科的女子"，只要不造成什么伤害就行。^④ 在维多利亚西部的几个部落中，发现丈夫与人私通的女子可以"向头人申诉，头人会将她丈夫从部落中赶出去两三个月以示惩罚"。^⑤ 新南威尔士的原住民中存在类似的做法，部落长老接到类似的抱怨后，与人私通的男子就会为他的所作所为遭受皮肉之苦。^⑥ 在印度的坎德人那里，妻子而非丈夫享有某些特权：他们不要求妻子对丈夫忠诚如一，"在向奸夫征收罚金的时候，当地男女也不认为妻子的权利会有所削减"，而已婚男子发生私通行为被认为是很丢脸的事，他也会为此丧失很多社会特权。^⑦

某些蒙昧部落强制丈夫保持婚姻忠诚的做法，在另外一些社

453

---

① Boyle, *Adventures among the Dyaks of Borneo*, p. 236. 另见：Low, *Sarawak*, p. 300（Hill Dyaks）。

② Lewin, *Wild Races of South-Eastern India*, p. 193 *sq.*

③ Dobrizhoffer, *Account of the Abipones*, ii. 138.

④ Dorsey, 'Omaha Sociology,' in *Ann. Rep. Bur. Ethn.* iii. 364.

⑤ Dawson, *Australian Aborigines*, p. 33.

⑥ Nieboer, *Slavery as an Industrial System*, p. 18.

⑦ Macpherson, *Memorials of Service in India*, p. 133.

会中却很难得到认可。墨西哥人"不认为男子与身边任何女子通奸是件侵犯他人的大事，他们不惩罚这类行为，也不与婚姻搅和在一起考虑；丈夫一方不受制约，妻子一方则必须恪守对婚姻的忠诚"，她如与人通奸则必被处死。① 在中国，与人私通的女人被认为犯下了最肮脏、最恶劣的罪行，犯有此罪的女子常常被"千刀万剐"，剁成碎片，而男人娶妻之外还可纳妾。② 在朝鲜，"对于婚姻忠诚问题，男女存在明显的区别——对女子来说是应尽的义务，但并不要求丈夫也这样……对贵族来说，年轻的新郎可以跟新娘在一起住上三四天，然后离开她一段时间，以表明他并不是很尊重她。这里的礼仪使她不得不有段时间过着寡妇般的日子，此时她的丈夫则与姨太太们悠闲自在地生活在一起。他要是不这样做，就会被认为太没品位，太不合时尚了。"③在日本，"男人可以吊儿郎当，女人却被期望一尘不染、洁身自好。人们也期望女人对丈夫不要表露任何嫉妒之心，不管他在外风流到什么程度，也不管他在家里养多少妾。"④希伯来法律规定，通奸是死罪，但前提是"犯罪的女子是别的男人的妻子"。⑤ 早期雅利安人的观念是，已婚男子不忠没什么值得责怪的，而与人私通的已婚女子则要受到严厉的处罚。⑥ 条顿人的法律文书中从未提到丈夫不忠于婚姻的事，因为他们的风俗习惯允许这类事情发生；直到引进基督教，这种局面

454

---

① 　Clavigero, *History of Mexico*, i. 356.

② 　Doolittle, *op. cit.* i. 339. Griffis, *Religions of Japan*, p. 149.

③ 　Griffis, *Corea*, p. 251 *sq.*

④ 　*Idem*, *Religions of Japan*, p. 320.

⑤ 　*Leviticus*, xx. 10. *Deuteronomy*, xxii. 22.

⑥ 　Schrader, *Prehistoric Antiquities of the Aryan Peoples*, p. 388.

才发生变化。① 罗马人对通奸的界定是与别人的妻子发生性关系,已婚男子与未婚女子发生性关系则不在此列。② 而普通希腊人对这个问题的看法可由狄摩西尼针对女神涅埃拉的演说看出,这个演说把丈夫的风流放荡说成理所当然之事——"我们跟情妇享受愉悦,妾们要忠实地伺候我们,而妻子呢,则要给我们生养合法的孩子,当好管家。"③

与此同时,男女双方在婚姻中均须彼此忠诚的观念,在古典时代也并非闻所未闻。④ 亚里士多德的《经济学》有一章原文丢失,只能通过拉丁语译本才能读到。在这一章中,亚里士多德指出:出于种种原因,男人忠诚于妻子乃审慎、明智之事,唯有与妻子交合才是贞洁的、神圣的。⑤ 普鲁塔克谴责男子的荒淫和放荡,指责他们不该与妓女或女仆越轨;同时他也告诫做妻子的,不要烦恼和焦躁,因为"男人是由于尊重她才把所有的放荡和堕落都给了别人"。⑥ 普劳图斯认为,如果丈夫自己不能洁身自好,反而要求妻子对他忠诚不二,这样是不公平的。⑦

---

① Wilda, *Strafrecht der Germanen*, p. 821. Nordström, *op. cit.* ii. 67 *sq.* Stemann, *Den danske Reishistorie indtil Christian V.'s Lov*, pp. 324, 633. Keyser, *Efterladte Skrifter*, vol. ii. pt. ii. 32 *sq.* Brunner, *Deutsche Rechtsgeschichte*, ii. 662.

② Vinnius, *In quatuor libros institutionum imperialium commentarius*, iv. 18. 4, p. 993. *Cf. Digesta*. l. 16. 101. 1; Mommsen, *Römisches Strafrecht*, p. 688 *sq.*

③ *Oratio in Neæram*, p. 1386. *Cf.* Schmidt, *Die Ethik der alten Griechen*, ii. 196 *sq.*

④ Lecky, *op. cit.* ii. 312 *sq.* Schmidt, *op. cit.* ii. 195 *sq.*

⑤ Aristotle, *Œconomica*, p. 341, vol. ii. 679. *Cf.* Isocrates, *Nicocles sive Cyprii*, 40.

⑥ Plutarch, *Conjugalia præcepta*, 16.

⑦ Plautus, *Mercator*, iv. 5.

　　基督教在谴责通奸问题上对男女并不区别对待。[①]　未婚者，不
455 论男女，都必须严格保守贞洁，对于神圣婚姻的宣誓必然要求结婚
的男女双方对自己有更高的要求。不过，在这里我们再次看到，基
督教徒的实际情感与宗教标准之间存在着相当大的距离。即便在
欧洲各国关于离婚或分居的法律规定中，我们也能发现流行观
念——丈夫通奸的罪责轻于妻子通奸——在起作用。[②]

　　对丈夫不忠于婚姻所做的道德判断当然受到关于婚外性关系
的一般观念的影响。在已婚男人与未婚女子或别人的妻子私通被
视为过错的地方，他的私通行为总是会受到谴责。不过，丈夫不忠
是否被视为对妻子的犯罪以及在多大程度上被视为对妻子的犯
罪，主要取决于社会对女人情感的尊重程度。大体上基于同样的
原因，已婚男子通常比已婚女子享有更多的自由，这使他在其他方
面也享有更多的优势和特权。然而，也有其他一些特殊的原因导
致两性之间的这种不平等。罗马法学家曾坚持这样的原则：涉事
通奸的妻子有罪，而且是唯一的罪犯，因为她这样做很有可能给她
的丈夫带来一个并非己出的孩子。[③]　而且，丈夫面临的不忠的诱
惑通常比妻子大得多，他也比妻子更容易沉迷于偷欢；正如我们此
前看到的，人们的实际行为和做法总是容易对其道德观念产生影
响。导致两性不平等的另外一个更重要的原因，无疑是人们普遍
秉持这样一种观念：在任何情况下，女人不守贞操总是比男人更有
失名誉。

---

①　Laurent, *op. cit.* iv. 114. Gratian, *Decretum*, ii. 35. 5. 23.
②　见前文第 397 页。
③　Hunter, *Exposition of Roman Law*, p. 1071.

第四十三章　同性恋

我们对有关两性关系的道德观念的考察尚未结束。性本能的满足也可采用某些非正常的形式。而其中一种形式，即同性之间的性关系——现在一般称为同性恋——考虑到它在人类道德史上的作用，不能忽略不提。

我们常常能在低等动物中观察到同性恋。[①] 人类的每一种族中很可能都存在同性恋，至少偶尔发生。[②] 而在某些族群中，它占的比例较大，甚至形成了真正的民族习惯。

美洲的众多土著部落有同性恋之习。在美洲大陆的几乎每个地方，似乎自古就有这样一些男人，他们穿女服，像女性那样生活，与其他男人同居，做他们的妻妾。[③] 而且，彼此是军中战友的年轻

---

① Karsch,'Päderastie und Tribadie bei den Tieren,' in *Jahrbuch für sexuelle Zwischenstufen*, ii. 126 *sqq*. Havelock Ellis, *Studies in the Psychology of Sex*, 'Sexual Inversion,' p. 2 *sqq*.

② *Cf*. Ives, *Classification of Crimes*, p. 49. 说某一族群中未发现同性恋，并不能合理地意味着没有人暗中践行同性恋。

③ von Spix and von Martins, *Travels in Brazil*, ii. 246; von Martius, *Von dem Rechtszustande unter den Ureinwohnern Brasiliens*, p. 27 *sq*.; Lomonaco, 'Sulle razze indigene del Brasile,' in *Archivio per l'antropologia e la etnologia*, xix. 46; Burton, *Arabian Nights*, x. 246 (Brazilian Indians). Garcilasso de la Vega, *First Part of the Royal Commentaries of the Yncas*, ii. 441 *sqq*.; Cieza de Leon, 'La crónica del Perú [primera parte],' ch. 49, in *Biblioteca de autores españoles*, xxvi.　（接下页注释）

457　男子中也有同性恋,据拉菲托,"没有谁能否认显然存在这种恶习,
　　一个人要么是同性恋,要么可能成为同性恋,这种恶习实际上大量
　　存在"。①

　　　　在白令海峡一带的族群中,同性恋俗是(或一直是)非常著名

(接上页注释)　403 (Peruvian Indians at the time of the Spanish conquest). Oviedo y
Valdés,'Sumario de la natural historia de las Indias,' ch. 81, in *Biblioteca de autores
españoles*, xxii. 508 (Isthmians). Bancroft, *Native Races of the Pacific States*, i. 585
(Indians of New Mexico); ii. 467 *sq.* (ancient Mexicans). Diaz del Castillo, 'Conquista
de Nueva-España,' ch. 208, in *Biblioteca de autores españoles*, xxvi. 309 (ancient
Mexicans). Landa, *Relacion de las cosas de Yucatan*, p. 178 (ancient Yucatans). Nuñez
Cabeza de Vaca,'Naufragios y relacion de la jornada que hizo a la Florida,' ch. 26, in
Biblioteca de autores españoles, xxii. 538; Coreal, *Voyages aux Indes Occidentales*, i. 33
sq. (Indians of Florida). Perrin du Lac, *Voyage dans les deux Louisianes et chez les
nations sauvages du Missouri*, p. 352; Bossu, *Travels through Louisiana*, i. 303.
Hennepin, *Nouvelle Découverte d'un très Grand Pays Situé dans l'Amérique*, p. 219
sq.; 'La Salle's Last Expedition and Discoveries in North America,' in *Collections of
the New-York Historical Society*, ii. 237 *sq.*; de Lahontan, *Mémoires de l'Amérique
septentrionale*, p. 142 (Illinois). Marquette, *Récit des voyages*, p. 52 *sq.* (Illinois and
Naudowessies). Wied-Neuwied, *Travels in the Interior of North America*, p. 351
(Manitaries, Mandans, &c.). McCoy, *History of Baptist Indian Missions*, p. 360 *sq.*
(Osages). Heriot, *Travels through the Canadas*, p. 278; Catlin, *North American
Indians*, ii. 214 *sq.* (Sioux). Dorsey, 'Omaha Sociology,' in *Ann. Rep. Bur. Ethn.* iii.
365; James, *Expedition from Pittsburgh to the Rocky Mountains*, i. 267 (Omahas).
Loskiel, *History of the Mission of the United Brethren among the Indians*, i. 14
(Iroquois). Richardson, *Arctic Searching Expedition*, ii. 42 (Crees). Oswald, 转引自:
Bastian, *Der Mensch in der Geschichte*, iii. 314 (Indians of California)。Holder, in *New
York Medical Journal*, December 7th, 1889, 转引自: Havelock Ellis, *op. cit.* p. 9 *sq.*。
(Indians of Washington and other tribes in the North-Western United States)另见: Karsch,
'Uranismus öder Päderastie und Tribadie bei den Naturvölkern,' in *Jahrbuch für sexuelle
Zwischenstufen*, iii. 112 *sqq.*。

　　① Lafitau, *Mœurs des sauvages amériquains*, i. 603, 607 *sqq.*

　　② Dall, *Alaska*, p. 402; Bancroft, *op. cit.* i. 92; Waitz, *Anthropologie der Naturvölker*,
iii. 314 (Aleuts), von Langsdorf, *Voyages and Travels*, ii. 48 (natives of Oonalaska). Steller,
Kamtschatka, p. 289, n. a; Georgi, *Russia*, iii. 132 *sq.* (Kamchadales).

的。^② 科迪亚克岛有个习俗,若父母有个像女孩子一样的儿子,就让他着女装,把他当女孩养大,只教他做家务,让他做女人的活计,只让他跟妇女和女孩待在一起。他到了 10 岁或 15 岁,就把他嫁给某个富裕的男人,此时他就被称作阿奇纳奇克(*achnuchik*)或舒潘(*shoopan*)。^① 楚科奇人当中也流行类似的习俗,对此博戈拉兹博士讲:"经常发生这种事,在某位祭司或称萨满的超自然力影响下,一个楚科奇小伙子到了 16 岁的时候,会突然易性,并把自己想象成女人。他开始穿女装,把头发养长,完全做女人做的事。而且,易性者会把一位丈夫带进家里,他会以极奇怪而自愿的方式做妻子本应做的所有事。于是经常发生这样的事:某家丈夫是女人,妻子却是男人!在当地社群中,这种不正常的易性属于极遭鄙视的不道德之事,但似乎萨满们很是鼓励易性,他们讲这是易性者各自的神灵的要求。"变性通常意味着以后要做萨满;事实上差不多所有萨满都是以前的易性者。^② 在楚科奇人当那里,穿女服且据信身体已变成女人的男萨满现在还很常见;在其他许多西伯利亚部落里,我们同样能够发现这种现象,即萨满改变成女人的性别。^③ 在某些情形下,这种性别转换毫无疑问是与同性恋俗相联系的。讲到科里亚克人时,克拉舍宁尼科夫提及可耶夫(*ke'*

① Davydow,转引自:Holmberg,'Ethnographische Skizzen über die Völker des russischen Amerika,' in *Acta Soc. Scientiarum Fennicæ*, iv. 400 *sq.*。Lisiansky, *Voyage Round the World*, p. 199. Von Langsdorf. *op. cit.* ii. 64. Sauer, *Billing's Expedition to the Northern Parts of Russia*, p. 176. Sarytschew,'Voyage of Discovery to the North-East of Siberia,' in *Collection of Modern and Contemporary Voyages*, vi. 16.

② Bogoraz,转引自:Demidoff,*Shooting Trip to Kamchatka*, p. 74 *sq.*。

③ Jochelson,*Koryak Religion and Myth*, pp. 52, 53 n. 3.

yev),即作妾的男人;他比较了可耶夫与坎查岱人里的由男人转
变成的女人,他称后者为科科由(koe'kčuč)。他讲,每个科科由都
被当作巫师和释梦者;不过,乔切尔森先生认为,由克拉舍宁尼科
夫的混乱描述可推断,科科由习俗的最重要特征不在于他们拥有
的萨满权力,而在于他们在满足坎查岱人的不正常倾向时所处的
位置。科科由着女装,做女人通常做的工作,处于妻或妾的位置。[①]

在马来半岛,同性恋属常见现象,[②]不过并非所有岛屿都是如
此。[③] 同性恋在苏门答腊岛的巴塔克人中广为流行。[④] 在巴厘岛,
同性恋是公开之事,还有人把同性恋当作职业。[⑤] 达雅克人里的
巴希尔(basir)是一些靠巫术和淫乱为生的男人。他们"穿着像女
人,在偶像崇拜的节日里他们就派上了用场,他们因不正常的性交
方式而受人憎恶,其中许多人正式嫁给了别的男人"。[⑥] 哈登博士
讲,他从未听说托雷斯海峡一带发生过非自然的性侵犯;[⑦]但在英
属新几内亚的里戈地区,有好几起鸡奸男童的事例,[⑧]而在新几内

---

① Jochelson,*op. cit.* p. 52 *sq.*

② Wilken, 'Plechtigheden en gebruiken bij verlovingen en huwelijken bij de
volken van den Indischen Archipel,' in *Bijdragen tot de taal- land- en volkenkunde
van Nederlandsch-Indië*, xxxiii. (ser. v. vol. iv.) p. 457 sqq.

③ Crawfurd,*History of the Indian Archipelago*, iii. 139. Marsden, *History of
Sumatra*, p. 261.

④ Junghuhn,*Die Battaländer auf Sumatra*, ii. 157, n. *

⑤ Jacobs,*Eenigen tijd onder de Baliërs*, pp. 14, 134 *sq.*

⑥ Hardeland, *Dajacksch-deutsches Wörterbuch*, p. 53 *sq.* Schwaner, *Borneo*, i.
186. Perelaer,*Ethnographische beschrijving der Dajaks*, p. 32.

⑦ Haddon, 'Ethnography of the Western Tribe of Torres Straits,' in *Jour.
Anthr. Inst.* xix. 315.

⑧ Seligmann, 'Sexual Inversion among Primitive Races,' in *The Alienist and
Neurologist*, xxiii. 3 *sqq.*

多戴地区的莫瓦特,这是寻常之事。[1]　据报道,在马绍尔群岛[2]及夏威夷,[3]同性恋是常见的事情。我们听说,塔希提岛的土著把某些男子称为麻伙(mahoos),这些男子"穿女服、心态、举止都像女人,也有着女人的种种怪癖,喜欢卖弄风情。他们通常与女人待在一起,他们也熟悉女人。他们的行为举止像女人一般,也干女人专门干的活……基本上只有酋长才鼓励这类令人厌恶的事。"[4]关于新喀里多尼亚人,福利先生写道:"最好的弟兄不是家里的同母弟兄,而是战斗时的弟兄。在坡博一带的村庄里尤为如此。事实上,共同战斗的弟兄之间也践行同性恋。"[5]

460

　　在澳大利亚西部金伯利地区的土著中,若达到婚龄的小伙子找不到老婆,就给他一个称为楚卡多(chookadoo)的男孩做老婆。这种情况下也要遵守一般的外婚制规则,"丈夫"必须回避"丈母娘",仿佛他娶了一位女子。楚卡多是年龄在五岁到大约十岁之间、举行了成年礼的男孩。哈德曼先生说:"楚卡多与保护他的比拉鲁(billalu)之间是何关系,有些令人怀疑。他们之间无疑是有

　　①　Beardmore,'Natives of Mowat,Daudai,New Guinea,' in *Jour. Anthr. Inst.* xix. 464,Haddon,*ibid*. xix. 315.

　　②　Hernsheim,*Beitrag zur Sprache der Marshall-Inseln*,p. 40. 森夫特表达了一种不同的看法(Steinmetz,*Rechtsverhältnisse von eingeborenen Völkern in Afrika und Ozeanien*,p. 437)。

　　③　Remy,*Ka Mooolelo Hawaii*,p. xliii.

　　④　Turnbull,*Voyage Round the World*,p. 382. 另见: Wilson,*Missionary Voyage to the Southern Pacific*,pp. 333,361;Ellis,*Polynesian Researches*,i. 246,258。

　　⑤　Foley,'Sur les habitations et les mœurs des Néo-Calédoniens,' in *Bull. Soc. d'Anthrop. Paris*,ser. iii. vol. ii. 606. 另见: de Rochas,*Nouvelle Calédonie*,p. 235。

关系的，不过提起肛交，土著就深恶痛绝。"①这样的婚姻显然极为常见。由于部落里年纪较大、地位较高的男人通常垄断了女人，三十、四十岁以下的男子很少有老婆；于是男孩子到了五岁的时候，通常就让他成为某个小伙子的童妻。② 根据珀塞尔先生对同一地区土著的描述，"部落里每个不怎么样的成员"都有一个男孩子，大约五岁到七岁；这些称为穆拉翁噶（mullawongahs）的男孩被用于性目的。③ 在南澳大利亚北领地的秦嘉利人部落，常常能看到，老年男子没有老婆，但身边有一两个男孩子，这些老头心怀猜忌地守461 护着男孩，与之肛交。④ 豪伊特先生讲，澳大利亚东南部的土著禁止老年男监护人对离开成年礼营地的新人进行变态性侵犯。⑤ 由此说法可推断，其他澳大利亚部落中也不乏同性恋行为。

马达加斯加有一些男孩，他们像女人一样生活，与男子性交，若这些男子讨他们喜欢，他们就付钱。⑥ 关于此岛，还有一个可追

---

① Hardman, 'Notes on some Habits and Customs of the Natives of the Kimberley District,' in *Proceed. Roy. Irish Academy*, ser. iii. vol. i. 74.

② *Ibid.* pp. 71,73.

③ Purcell, 'Rites and Customs of Australian Aborigines,' in *Verhandl. Berliner Gesettsch. Anthrop.* 1893, p. 287.

④ Ravenscroft, 'Some Habits and Customs of the Chingalee Tribe,' in *Trans. Roy. Soc. South Australia*, xv. 122. 我感谢 N. W. 托马斯先生，他使我注意到这些说法。

⑤ Howitt, 'Some Australian Ceremonies of Initiation,' in *Jour. Anthr. Inst.* xiii. 450.

⑥ Lasnet, in *Annales d'hygiène et de médecine coloniales*, 1899, p. 494, 转引自：Havelock Ellis, *op. cit.* p. 10. *Cf.* Rencurel, in *Annales d'hygiène*, 1900, p. 562, 转引自：*ibid.* p. 11 *sq.*。另见：Leguével de Lacombe, *Voyage à Madagascar*, i. 97 *sq.*。鸡奸在一定程度上盛行于马达加斯加附近的诺西贝岛，在马达加斯加对面、加散达瓦湾的安吉斯曼恩岛很是常见（Walter, in Steinmetz, *Rechtsverhältnisse*, p. 376）。

溯至 17 世纪的古老说法——"有些男人被称为特西卡特
（*Tsecats*），他们是女人气的阳痿男人，他们追求男孩子，穿女孩子
的衣服，模仿女孩子的行为举止，给男孩子礼物，勾引男孩子跟他
们睡觉，甚至给自己起女孩子的名字，装出羞怯而端庄的样子……
他们厌恶女人，根本就不想要女人。"[①]在德属西南非的翁东加人[②]
及法属苏丹的迪克特-撒拉科里斯人[③]中，也可看到行为举止宛若
女人的男子，不过，关于他们的性习惯，尚缺乏较详细信息。在喀
麦隆的巴纳卡人和巴普库人中，同性恋俗也是常见之事。[④]不过
在非洲土著中，同性恋俗相对少见，[⑤]除非是说阿拉伯语的部族和
受阿拉伯影响较大的桑给巴尔等地。[⑥]在北非，同性恋俗并不仅
限于城镇居民；同性恋在埃及农民中是常见之事，[⑦]摩洛哥北部山
区的吉巴拉人中普遍有此现象。另一方面，在柏柏尔人以及过游

462

---

① de Flacourt,*Histoire de la grande isle Madagascar*,p. 86.

② Rautanen,in Steinmetz,*Rechtsverhältnisse*,p. 333.

③ Nicole,*ibid*. p. 111.

④ *Ibid*. p. 38.

⑤ Munzinger,*Ostafrikanische Studien*,p. 525（Barea and Kunáma）. Baumann,
'Conträre Sexual-Erscheinungen bei der Neger-Bevölkerung Zanzibars,' in *Verhandl.
der Berliner Gesellsch. für Anthropologie*, 1899, p. 668. Felkin, ' Notes on the
Waganda Tribe of Central Africa,' in *Proceed. Roy. Soc. Edinburgh*, xiii. 723.
Johnston,*British Central Africa*, p. 404（Bakongo）. Monrad, *Skildring af Guinea-
Kysten*,p. 57（Negroes of Accra）. Torday and Joyce,'Ethnography of the Ba-Mbala,'
in *Jour. Anthr. Inst.* xxxv. 410. Nicole, in Stemmetz, *Rechtsverhältnisse*, p. 111
（Muhammedan Negroes）. Tellier,*ibid*. p. 159（Kreis Kita in the French Soudan）.
Beverley,*ibid*. p. 210（Wagogo）. Kraft,*ibid*. p. 288（Wapokomo）.

⑥ Baumann,in *Verhandl. Berliner Gesellsch. Anthrop.* 1899,p. 668 *sq*.

⑦ Burckhardt,Travels in Nubia,p. 135.

牧生活的贝都因人中,同性恋较为少见,甚至罕见,[①]而据报道,阿拉伯半岛的贝都因人中完全没有这种现象。[②]

小亚细亚和美索不达米亚也有同性恋。[③] 同性恋在高加索的鞑靼人和卡拉柴人[④]、波斯人[⑤]、锡克人[⑥]和阿富汗人中很流行;喀布尔有条街道,专门留给同性恋者。[⑦] 早期旅行者讲到,同性恋在印度穆斯林中经常发生,[⑧]似乎后来仍是如此。[⑨] 中国的同性恋也很常见,有专门的男妓妓院,还有父母把约四岁大的儿子卖掉,这些孩子就在此行当受训。[⑩] 有些人讲,日本自古时起就盛行鸡奸,其他人则认为,这是 6 世纪时由佛教引入的。过去的和尚往往与漂亮的小伙子在一起生活,和尚常常对这些小伙子一往情深;而在封建时代,几乎每个武士都有自己最喜欢的小伙子,他与之有着极

463

---

① d'Escayrac de Lauture,*Afrikanische Wüste*,p. 93.

② Burckhardt,*Travels in Arabia*,i. 364. 另见：von Kremer,*Culturgeschichte des Orients*,ii. 269。

③ Burton,*Arabian Nights*,x. 232.

④ Kovalewsky,*Coutume contemporaine*,p. 340.

⑤ Polak,'Die Prostitution in Persien,' in *Wiener Medizinische Wochenschrift*, xi. 627 *sqq. Idem*,*Persien*,i. 237. Burton,*Arabian Nights*,x. 233 sq. Wilson,*Persian Life and Customs*,p. 229.

⑥ Malcolm,*Sketch of the Sikhs*,p. 140. Havelock Ellis,*op. cit.* p. 5, n. 2. Burton,*Arabian Nights*,x. 236.

⑦ Wilson,*Abode of Snow*,p. 420. Burton,*Arabian Nights*,x. 236.

⑧ Stavorinus,*Voyages to the East-Indies*,i. 456. Fryer,*New Account of East-India*,p. 97. Chevers,*Manual of Medical Jurisprudence for India*,p. 705.

⑨ Chevers,*op. cit.* p. 708.

⑩ *Indo-Chinese Gleaner*,iii. 193. Wells Williams,*The Middle Kingdom*,i. 836. Matignon,'Deux mots sur la pédérastie en Chine,' in *Archives d'anthropologie criminelle*,xiv. 38 *sqq.* Karsch,*Das gleichgeschlechtliche Leben der Ostasiaten*,p. 6 *sqq.*

亲密的关系，如果有必要，他随时愿意为小伙子进行决斗。直至19世纪中叶，日本还有提供男妓的茶室。现在，似乎该国南部比北部鸡奸现象更为盛行，不过也有一些地方很少听说此类现象。①

荷马史诗以及赫西俄德都没提过鸡奸，不过我们能看到，后来它几乎成为希腊的民族风尚。罗马和意大利其他地区很早就有鸡奸现象；②不过也是到了后来才变得更为盛行。波利比乌斯讲，6世纪末时，许多罗马人为了得到一个美男甘愿支付一个塔兰特币。③ 罗马帝国时期"有一风气，显贵之人喜欢让到了青春期的年轻男奴充当性伙伴，以满足性欲……这是他们极热衷的事"；④男人之间也正式结婚，与一般婚姻同样庄重。⑤ 凯尔特人里也有同性恋，⑥在古代斯堪的纳维亚人里也绝非闻所未闻，他们有着一整套相关术语。⑦

后来有众多层出不穷的文献表明，现代欧洲也经常有同性恋。⑧ 没有哪个国家、哪个阶层没有同性恋。阿尔巴尼亚部分地

---

① Jwaya,'Nan sho k,' in *Jahrbuch für sexuelle Zwischenstufen*,iv. 266,268,270. Karsch,*op. cit*. p. 71 *sqq*.

② Dionysius of Halicarnassus, *Antiquitates Romanœ*, vii. 2, Athenæus, *Deipnosophistœ*,xii. 14,p. 518 (Etruscans). Rein,*Criminalrecht der Römer*,p. 863.

③ Polybius,*Historiœ*,xxxii. 11. 5.

④ Buret,*La syphilis aujourd'hui et chez les anciens*, p. 197 *sqq*. Catullus, *Carmina*,lxi. ('In Nuptias Juliæ et Manlii'),128 *sqq*. *Cf*. Martial,*Epigrammata*,viii. 44. 16 *sq*.

⑤ Juvenal,*Satirœ*,ii. 117 *sqq*. Martial,*op. cit*. xii. 42.

⑥ Diodorus Siculus, *Bibliotheca historica*, v. 32. 7. Aristotle, *Politica*, ii. 9, p. 1269 b.

⑦ 'Spuren von Konträrsexualität bei den alten Skandinaviern,' in *Jahrbuch für sexuelle Zwischenstufen*,iv. 244 *sqq*.

⑧ 见下文附注。

464　区甚至流行这样一个习俗：年龄在 16 岁以上的男子经常有一个年龄在 12—17 岁之间的男宠。①

　　上面主要讲到了男性之间的同性恋,而女性之间也有同性恋。② 美洲土著里不仅有行为举止像女人的男人,也有行为举止像男人的女人。于是在巴西的某些部落,可以看到女人不干任何女人通常干的活,而是在各个方面模仿男人,留男子发型,带弓箭参战,与男人一起狩猎,宁死也不愿跟男子性交。"每个这样的女人都有另一个女人服侍她,她也说她们结婚了；她们就是夫妻,在一起生活。"③东爱斯基摩人里也有一些妇女,她们不愿要丈夫,喜欢像男人那样行为、做事,她们也在山里逐鹿,自己设陷阱捕猎物、打鱼。④ 据说霍屯督⑤和赫雷罗⑥妇女里也常有同性恋。在桑给巴尔,也有女人私下里穿男子服装,喜欢干男人干的活,从具有同样性取向的女人或通过礼物等方式收买的正常女人那里获得性满足。⑦ 据说,在埃及女眷中,每个女人都有一个"朋友"。⑧ 在巴厘岛,女人之间的同性恋差不多跟男人之间的同性恋一样常见,不过

---

① Hahn, *Albanesische Studien*, i. 168.

② Karsch, in *Jahrbuch für sexuelle Zwischenstufen*, iii. 85 *sqq*. Ploss-Bartels, *Das Weib*, i. 517 *sqq*. Von Krafft-Ebing, *Psychopathia sexualis*, p. 278 *sqq*. Moll, *Die Conträre Sexualempfindung*, p. 247 *sqq*. Havelock Ellis, *op. cit.* p. 118 *sqq*.

③ Magalhanes de Gandavo, *Histoire de la Province de Sancta-Cruz*, p. 116 *sq*.

④ Dall, *op. cit.* p. 139.

⑤ Fritsch, 转引自：Karsch, in *Jahrbuch für sexuelle Zwischenstufen*, iii. 87 *sq*.。

⑥ Fritsch, *Die Eingeborenen Süd-Afrika's*, p. 227. *Cf*. Schinz, *Deutsch-Südwest-Afrika*, pp. 173, 177.

⑦ Baumann, in *Verhandl. Berliner Gesellsch. Anthrop.* 1899, p. 668 *sq*.

⑧ Havelock Ellis, *op. cit.* p. 123.

更为隐秘;①印度似乎也是如此。② 我们也听说,古希腊就有"女 ⁴⁶⁵
同"之恋。事实上,人们更经常注意到男人而非女人之间的同性
恋,这并不意味着后者就不那么沉溺其中。由于种种原因,女人的
性异常受到的关注要少得多,③一般来说道德意见也很少涉及女
人的性异常。

同性恋有时是由于天生的偏好,有时是由于不利于正常性交
的外部条件。④ 一个常见的原因是先天性倒错,即"由先天体质性
异常驱动的对同性的性本能"。⑤ 似乎上面讲的女性化的男人和
男性化的女人,至少在许多情形下,可能就是性倒错者;不过,在萨
满的情形下,变性可能起因于这个信仰,即变性的萨满像他们的女
同行那样,特别强大。⑥ 霍尔德博士证实,美国西北诸部落存在先
天性倒错现象,⑦鲍曼博士证实,桑给巴尔人当中也有性倒错;⑧我
相信,此类现象在摩洛哥也是很常见的。但是关于性倒错在非欧
洲族群中的盛行程度,我们基本上只能依靠猜测;我们对先天性倒
错的真正知识来自性倒错者自愿的坦白。绝大多数旅行者对这个
问题的心理层面毫无了解,即便是一位专家肯定也常常无法判断

---

① Jacobs,*Eenigen tijd onder de Baliërs*,p. 134 *sq.*
② Havelock Ellis,*op. cit.* p. 124 *sq.*
③ 见:*Ibid.* p. 121 *sq.*。
④ 关于莫瓦特的巴布亚人,比尔德莫尔先生提出了对同性恋的另一种解释(in
Jour. Anthr. Inst. xix. 464)。他说,巴布亚人沉溺于非自然的性交,是因为人口增长得
太多,较为年轻的已婚人口对此不满。参见下文第 484 页及以下。
⑤ Havelock Ellis,*op. cit.* p. 1.
⑥ Jochelson,*op. cit.* p. 52 *sq.*
⑦ Holder,转引自:Havelock Ellis,*op. cit.* p. 9 *sq.*。
⑧ Baumann,in *Verhandl. Berliner Gesellsch. Anthrop.* 1899,p. 668 *sq.*

某一特定的性倒错是先天的还是后天的。事实上,后天性倒错意味着性倒错者具有先天的倾向,因而在某些情况下发展成实际的
466 性倒错。① 就是在性倒错和正常性取向之间,似乎也存在不同程度的差异。詹姆斯教授认为,性倒错是"一种很可能多数男性都拥有其胚芽的性欲"。② 青春期早期肯定是这样的。③

　　同性恋的一个很重要的起因是缺乏异性。在低等动物中,有很多这方面的事例。④ 布丰很早以前就注意到,若把某些种类的雄鸟或雌鸟关在一起,不久之后同性鸟儿之间就会有性关系,而雄鸟比雌鸟更快。⑤ 西澳大利亚男性之间的婚姻就是在缺乏女性的情况下对一般婚姻的替代。据说,在巴西博罗罗人中,只有在可得到的女孩极为稀缺的情况下,男人屋⑥里才会发生同性性交。⑦ 塔希提岛盛行男性之间的性交,这或许与如下事实有关:由于存在杀害女婴的习惯,四五个男人才对应一个女人。⑧ 在某些地区——例如爪哇——的华人中,同性恋的主要原因就是缺乏可得

---

① *Cf.* Féré, *L'instinct sexuel*, 转引自: Havelock Ellis, *op. cit.* p. 41。

② James, *Principles of Psychology*, ii. 439. 另见: Ives, *op. cit.* p. 56 *sqq.*。

③ 德索瓦博士甚至走得更远,他得出结论:"一般而言,在青春期的最初几年,人们的性情感不区分性别,这属正常现象。"('Zur Psychologie der Vita sexualis,' in *Allgemeine Zeitschrift für Psychiatrie*, I. 942)不过这肯定是夸大其辞(*cf.* Havelock Ellis, *op. cit.* p. 47 *sq.*)。

④ Karsch, in *Jahrbuch für sexuelle Zwischenstufen*, ii. 126 *sqq.* Havelock Ellis, *op. cit.* p. 2 *sq.*

⑤ Havelock Ellis, *op. cit.* p. 2.

⑥ 博罗罗人的男人屋(men-house)一般位于村庄中央,单身汉在此睡觉,男村民不渔猎时也住在这里,女性禁入。男人屋也是举行仪式的地方,相当于庙宇。——译者

⑦ von den Steinen, *Unter den Naturvölkern Zentral-Brasiliens*, p. 502.

⑧ Ellis, *Polynesian Researches*, i. 257 *sq.*

到的女人。① 在一些作者看来,同性恋是由于多配偶制。② 在穆斯林国家,同性恋无疑主要是由于女性与男性隔离,两性之间不能自由交往,于是逼得未婚者几乎完全跟同性在一起。在北摩洛哥山民中,很多人有鸡奸的癖好,这就跟女性与男性的隔绝以及女性很守贞节有关,而在平原地区的阿拉伯人当中,很少有人沉溺于男同性恋,未婚女孩也具有相当大的自由。无论在亚洲③还是欧洲④,僧侣和祭司都必须独身,这一直是同性恋的一个成因,而我们也要明白,一个禁止结婚的行当可能会吸引相当多的先天性倒错者。军事生活中暂时的两性隔离,无疑也能解释为何有些好战种族⑤——例如锡克人、阿富汗人、多里安人和诺曼人⑥——极为盛行同性恋。在波斯⑦和摩洛哥,同性恋在士兵中特别常见。在日本,同性恋是武士阶层的一个插曲,而在新喀里多尼亚与北美,它又在军中战友之间发生。至少在某些北美部落,有些男人穿女装,战时或打猎时服侍其他男人左右。⑧ 在巴纳卡人和巴普库人

---

① Matignon,in *Archives d'anthropologie criminelle*,xiv. 42. Karsch,*op. cit.* p. 32 *sqq.*

② Waitz,*Anthropologie der Naturvölker*,iii. 113. Bastian,*Der Mensch in der Geschichte*,iii. 305 (Dahomans).

③ 见上文第 462 页。Karsch,*op. cit.* pp. 7. (China),76 *sqq.* 。(Japan),132 (Corea).

④ 见:Voltaire,*Dictionnaire philosophique*,'Amour Socratique'(*Œuvres*,vii. 82);Buret,*Syphilis in the Middle Ages and in Modern Times*,p. 88 *sq.* 。

⑤ *Cf.* Havelock Ellis,*op. cit.* p. 5.

⑥ Freeman,*Reign of William Rufus*,i. 159.

⑦ Polak,in *Wiener Medizinische Wochenschrift*,xi. 628.

⑧ Marquette,*op. cit.* p. 53 (Illinois). Perrin du Lac,*Voyage dans les deux Louisianes et chez les nations sauvages du Missouri*,p. 352. *Cf.* Nuñez Cabeza de Vaca,*loc. cit.* p. 538 (关于佛罗里达的印第安人):"……拉弓,携带很多包裹。"

中,长时间见不到老婆的男人容易行鸡奸之事。[①] 我在摩洛哥听到有人鼓吹鸡奸,因为它对行旅之人来说方便易行。

哈夫洛克·霭理士博士正确地认识到,若同性恋的吸引力仅仅源于缺乏异性,我们就不关注性倒错,而只关注在缺乏正常目标的情况下,某相似替代物或情感兴奋的扩张唤起了性本能,性本能偶然间向某反常渠道的转移。[②] 不过在我看来,很可能在这样的情况下,同性恋的吸引力过了一段时间后就很容易发展成真正的性倒错。我不由得认为,我们主要的研究同性恋的作者低估了习惯可能对性本能施加的修正性影响。克拉夫特-埃宾教授[③]和莫尔博士[④]认为,除了偶尔发生的个例,不存在后天性倒错;若排除掉或多或少带有病态特征的情况,即性能力不断衰退的老年男子或因异性淫乱弄得精疲力尽的年轻男子被同性成员所吸引,哈夫洛克·霭理士博士也持相似看法。[⑤] 但是,摩洛哥部分地区很大比例的男性是明显的性倒错者——此处是在哈夫洛克·霭理士博士的意义[⑥]上使用这个词,即指偏好以同性而非异性满足性欲的人——这又是怎么回事呢?可能是这样的:在摩洛哥及一般的东方国家,几乎所有人都要结婚,由于遗传的影响,先天性倒错比欧洲更为频繁——欧洲的性倒错者常常不结婚。但对于我们要考察的问题,这无法构成充足的解释。对此我们考虑到以下事实就明

---

① Steimnetz, *Rechtsverhältnisse*, p. 38.

② Havelock Ellis, *op. cit.* p. 3.

③ Krafft-Ebing, *op. cit.* p. 211 *sq.*

④ Moll, *op. cit.* p. 157 *sqq.*

⑤ Havelock Ellis, *op. cit.* p. 50 *sq. Cf. ibid.* p. 181 *sqq.*

⑥ *Ibid.* p. 3.

白了,即性倒错者在具有同样血统的相邻部落中分布极为不均,有些部落很少有人或几乎没人沉溺于鸡奸之事。我认为,这种情况是由于青年早期的同性恋对性本能具有持久的影响,而人的性本能刚出现时在一定程度上具有不确定性,易于转化成同性恋取向。[①] 在摩洛哥,同性恋在抄经士里最为盛行,他们自儿童时期就与自己的同学有密切接触。当然,要产生这种影响,就"需要有能使这一影响发生作用的器质性倾向";[②]不过这种倾向很可能根本不是异常,而只是人的一般性取向里的一个特征而已。[③] 应当注意,最常见的性倒错是恋童,或爱恋尚未到达青春期年龄的少年,即体质上很像女孩的男性。伏尔泰讲:"一个小伙子常常由于外表、肤色青春亮丽,眼神温润,有两三年宛若美女;若为人所爱慕,乃是因为大自然犯了错误。"[④]再者,在正常情况下,性吸引力不仅取决于性别,也取决于年轻的外表;而有些人就是具有这样的倾向,对他们来说,后一因素更为重要,他们并不关心性别问题。

在古希腊,同性性交以及实际的性倒错似乎都很常见;尽管与每一种爱恋一样,这当中肯定包含先天的成分,但我认为——基本上也可肯定——这主要是由于外部社会环境。首先,这可能是由

---

① *Cf.* Norman, 'Sexual Perversion,' in Tuke's *Dictionary of Psychological Medicine*, ii. 1156.

② Havelock Ellis, *op. cit.* p. 191.

③ 哈夫洛克·霭理士博士也承认(*op. cit.* p. 190),若年幼时性本能不如青春期结束时那样得以明确确定,"可以想象,甚至会对正常人起作用的某种很强烈的影响会造成性心理发展的停滞,尽管这尚未证实"。他又讲道:"这是一个问题,我尚无能力解决掉。"

④ Voltaire, *Dictionnaire Philosophique*, art. 'Amour Socratique,' (*Œuvres*, vii. 81). *Cf.* Ovid, *Metamorphoses*, x. 84 *sq.*

于训练青少年的方法。斯巴达似乎有个习俗,每个品格良好的青少年都有自己的爱人或称"鼓舞者",①而每个受过良好教育的男子都是某个青少年的爱人。②"鼓舞者"和"聆听者"之间的关系是极其亲密的:在家里,青少年总在爱人眼皮底下,爱人被看作他的生活榜样和典范;③打仗时,他们肩并肩,他们的忠贞爱情常常至死不渝;④如果青少年的亲属不在,其爱人可以在公共集会上代表他;⑤斯巴达人列有许多过错,若"聆听者"有什么过错,特别是缺乏雄心壮志,可以惩罚爱人而非"聆听者"。⑥ 克里特岛甚至以更大的力度盛行着这种古代习俗,因此许多人把此岛当作该习俗的诞生地。⑦ 不管最初的情况如何,到了后来,青少年与爱人之间的关系无疑意味着淫乱。⑧ 在其他希腊城邦,青少年教育也伴有相似后果。男孩子很小时就把他从母亲身边带走,此后就在成年男人陪伴下度过所有时间,直至达到履行结婚这一公民义务的年龄。⑨ 据柏拉图,青少年的身体训练和公餐制度"似乎总会把古老而自然的爱情习俗贬斥到人类乃至兽类的层次之下"。⑩ 柏拉图

（页边码 470）

---

① Servius, *In Vergilii Æneidos*, x. 325。关于多里安人同性性交的整个主题,见: Mueller, *History and Antiquities of the Doric Race*, ii. 307 *sq.*。

② Aelian, *Varia historia*, iii. 10.

③ Mueller, *op. cit.* ii. 308.

④ Xenophon, *Historia Græca*, iv. 8. 39.

⑤ Plutarch, *Lycurgus*, xxv. 1.

⑥ *Ibid*, xviii. 8. Aelian, *op. cit.* iii. 10.

⑦ Aelian, *op. cit.* iii. 9. Athenaeus, *Deipnosophistæ*, xiii. 77, p. 601.

⑧ *Cf.* Symonds, 'Die Homosexualität in Griechenland,' in Havelock Ellis and Symonds, *Das konträre Geschlechtsgefühl*, p. 55.

⑨ *Ibid*. p. 116. Döllinger, *The Gentile and the Jew*, ii. 244.

⑩ Plato, *Leges*, i. 636. *Cf*. Plutarch, *Amatorius*, v. 9.

也讲到这些习俗对男子性本能造成的后果:他们成年后,就成了青少年的爱人,自然就不再想要娶妻生子,他们即便娶妻生子,也只是遵法行事而已。① 难道这不极为可能是后天性倒错的一个例子吗? 但除了教育,还有另一种因素与教育因素配合,促进了同性恋倾向的发展,即分隔两性的心智上的鸿沟。没有哪个地方男女之间的文化差异能像在完全成熟的希腊文明里那般巨大。在希腊,妻子的命运就是隐居和无知。她几乎完全与世隔绝,住在家里某一单独的部分,与她的女奴待在一起,受不到男性社会里的任何教育,也不能参与作为主要文化修养方式的公共表演。② 在如此情形下,不难理解,像雅典男人这样心智高度发达的男人把对女人的爱看作人间的阿佛洛狄忒③所使然,而她"体现的是肉欲,而非精神"。④ 他们的心智文化已经发展到这样一个阶段,即渴望升华性本能,而把纯粹肉欲的满足看作兽性。在他们当中最崇高的人眼里,为天上的阿佛洛狄忒所启迪的人,既不爱恋女人,也不爱恋男孩,而爱恋有才智的人——后者的理性大约在长胡子的时候才趋于成熟。⑤ 我们可以看到,今天的中国也是如此。马蒂尼翁讲:"我们完全可以认为,有些中国人持有一种精妙的观点,就是从鸡

471

---

① Plato, *Symposium*, p. 192.

② 'State of Female Society in Greece,' in *Quarterly Review*, xxii. I72 *sqq.* Lecky, *History of European Morals*, ii. 287. Döllinger, *op. cit*, ii. 234.

③ 阿佛洛狄忒是希腊神话里的爱神、美神。柏拉图在《会饮》里曾区分天上的阿佛洛狄忒和人间的阿佛洛狄忒,认为前者代表崇高、理想的爱情,后者代表庸俗、肉欲的爱情。——译者

④ Plato, *Symposium*, p. 181. 多林格(*op. cit.* ii. 244)和西蒙兹(*loc. cit.* pp. 77, 100, 101, 116 *sqq.*)指出,希腊妇女地位低,这助长了鸡奸的发生。

⑤ Plato, *Symposium*, p. 181.

奸中寻求灵与肉的满足。中国妇女没有文化,愚昧无知,不论是良家妇女还是娼妓都是如此。而中国人往往是有诗意的人:他们喜欢诗、音乐及哲人的妙语,喜欢一切无法在中央帝国的两性活动中找到的东西。"①穆斯林妇女的愚昧、迟钝——这是由于她们完全缺乏教育并过着隐居生活——似乎也是同性恋的一个成因;有时听到摩尔人为鸡奸辩解,理由是男孩总能讲出新鲜事,男孩陪伴比女人陪伴要有意思得多。

　　至此我们探讨了作为事实的同性恋;我们现在将转而考察同性恋受到的道德评价。在同性恋成为民族习惯的地方,我们可以假定,人们不会责难或严厉责难同性恋。苏门答腊的巴塔克人不惩罚同性恋。②　关于婆罗洲普拉–帕塔克一带的德恩加朱人中的巴兹尔③,施温格博士说:"他们的职业令人厌恶,他们本该被人轻视,但他们并不受到轻视。"④在社会群岛岛民当中,"不仅祭司许可同性恋,他们的各个神灵也直接做出了榜样"。⑤　马达加斯加的被称为特西卡特的人认为,他们过女性的生活,以此服侍神灵;⑥不过我们听说,在马达加斯加对面的安吉斯曼恩岛和诺西贝岛,鸡奸者为公众所轻蔑。⑦　关于阿特卡岛的阿留申人,维尼亚密诺夫

----

①　Matignon,in *Archives d'anthropologie criminelle*,xiv. 41.

②　Junghuhn,*op. cit.* ii. 157,n.

③　巴兹尔(*bazir*)是恩加朱人中的男巫,有时有同性性行为。——译者

④　Schwaner,*op. cit.* i. 186.

⑤　Ellis,*Polynesian Researches*,i. 258. *Cf.* Moerenhout,*Voyages aux iles du Grand Océan*,ii. 167 *sq.*

⑥　de Flacourfc,*op. cit.* p. 86.

⑦　Walter,in Steinmetz,*Rechtsverhältnisse*,p. 376.

神父讲,"他们称鸡奸及与未婚夫或未婚妻过早同居属严重罪孽";[①]他对这些土著的描述给人留下一个总体印象,即他有些美化土著,而除此之外,他所讲的细节只能表明,土著认为,发生了他所讲的行为之后,当事人需要进行一场简单的洗涤礼。[②] 没有什么迹象表明,北美原住民认为男人与穿女服、按女人的习惯生活的男人性交,有什么称得上耻辱的。在科迪亚克岛,有这样的伙伴反而被视为荣耀;而女人气的男人——他们大多数是术士——不仅不受到轻视,而且还很有声望。[③] 我们前面就看到了同性恋与萨满教的结合;据说人们很害怕改变了性别的萨满,认为他们法力强大。[④] 伊利诺斯人和瑙多韦西人有一种他们视为神圣的烟斗,称为卡鲁米特(calumet)。印第安人敬畏此物,称之为"和平与战争之神及生死判官"。他们向卡鲁米特表示敬意,要举行杂耍表演和庄重的舞蹈,此间有女人气的男人都要进行协助,不过不许他们跳舞、唱歌。印第安人开会时,就把他们叫来,没有他们的意见就什么决定都不能做出,这是因为他们具有非同寻常的生活方式,因而他们被看作马尼投(manitou),意即超自然存在,并且被看作重要人物。[⑤] 印第安人中的苏人、索克人和福克斯人每年都要为波尔大沙(Berdashe)或称阿库库阿(I-coo-coo-a)举行一次盛会,他们

---

① Veniaminof,转引自:Petroff,*Report on Alaska*,p. 158。

② *Ibid*. p. 158:"犯事者若要清洗罪孽,会选择一个天气晴朗的日子;他捡起一些草,随身带着;然后他就祈求太阳作见证,把草放下,也把自己的罪孽扔在草上了,他把心中的重负去掉后,就把草扔进火里,此后他就会认为自己的罪孽清洗掉了。"

③ Davydow,转引自:Holmberg,*loc. cit*. p. 400 *sq*.。Lisianski,*op. cit*. p. 199。

④ Bogoraz,转引自:Demidoff,*op. cit*. p. 75. Jochelson,*op. cit*. p. 52 *sq*.。

⑤ Marquette,*op. cit*. p. 53 *sq*.

如果愿意也可每年举行多次。波尔大沙或阿库库阿是一个男人，穿女服，终生如此。"印第安人认为波尔大沙拥有特殊的能耐，因而驱使他做最低下、最耻辱的事，不允许他逃掉此类事情；他是部落里唯一沦入这种耻辱地位的人，被看作'药物'，视为神圣，每年都要为他举行一次盛会；盛会之初，部落里的几个小伙子要跳舞，他们会……一边跳舞行进，一边公然吹嘘（波尔大沙也不否认）……只有这样才可参与舞蹈和盛会。"①然而，据说在某些美洲部落，这些有女人气的男子受人轻视，尤其受妇女轻视。② 在古代秘鲁，同性恋似乎进入了宗教习俗。谢萨·德·莱昂讲，在有些地方，人们让男孩子在庙宇做祭司，据传言节日里领主们就会过来跟他们在一起。他还讲，这些男孩并不想犯下这样的罪孽，他们只是考虑给魔鬼献上祭品。倘若印加王偶然间得知庙宇里发生此等事情，他们可能会出于对宗教的宽容而忽略过去。③ 不过印加王本人没有同性恋的习惯，他们甚至不允许犯有同性恋者待在宫廷或王室。迪里昂听说，若印加王得知某人犯有同性恋，会严厉惩罚并

---

① Catlin, *North American Indians*, ii. 214 sq.（波尔大沙实际上是其他印第安男人的性奴。印第安人认为与波尔大沙发生性关系能够壮阳。举行盛会时，跳舞的小伙子会公然吹嘘自己与波尔大沙发生了性关系。——译者）

② 'La Salle's Last Expedition in North America,' in *Collections of the New-York Historical Society*, ii. 238（Illinois）. Perrin du Lac, *Voyage dans les deux Louisianes et chez les nations sauvages du Missouri*, p. 352. Bossu, *op. cit.* i. 303（Chactaws）. Oviedo y Valdés, *loc. cit.* p. 508（Isthmians）, von Martius, *Von dem Rechtszustande unter den Ureinwohnern Brasiliens*, p. 28（Guaycurūs）.

③ Cieza de Leon, *Segunda parte de la Crónica del Perú*, ch. 25, p. 99. 另见：*Crónica del Perú〔primera parte〕*, ch. 64（*Biblioteca de autores españoles*, xxvi. 416 sq.）。

让所有人都知道。① 拉斯卡萨斯讲，墨西哥的几个较偏远的省份即使实际上并不允许鸡奸，也能容忍鸡奸，因为人们相信，诸神也喜欢鸡奸；整个王国在更早时期都是如此，这也并非不可能。② 但是到了后来，立法者采取了严厉措施，禁止鸡奸。在墨西哥，犯有鸡奸被发现者会被处决。③ 在尼加拉瓜，鸡奸者要被乱石砸死。④ 所有玛雅民族都有针对鸡奸的严厉法律。⑤ 在波哥大的奇布查人那里，鸡奸者要受痛苦的死刑。⑥ 不过，应当明白，古代美洲文明民族通常刑罚众多，他们的刑法首先是统治者意志的表达，而不能反映人民普遍的情感。⑦

据说，某些没有同性恋之习的未开化民族也很少关注同性恋。在帕琉群岛，同性恋只是偶尔发生，也不受惩罚，不过，倘若我正确理解了库巴里先生的话，同性恋者可能会蒙受羞辱。⑧ 高加索的奥塞梯人里很少发生鸡奸，他们一般不指控犯事者，不管这样的事。⑨　　475

---

① Idem, *Segunda parte de la Crónica del Perú*, ch. 25, p. 98. 另见：Garcilasso dela Vega, *op. cit*. ii. 132。

② Las Casas, 转引自 Bancroft, *op. cit*. ii. 467 *sq*.。*Cf. ibid*. ii. 677。

③ Clavigero, *History of Mexico*, i. 357.

④ Squier, 'Archœology and Ethnology of Nicaragua,' in *Trans. American Ethn. Soc*. iii. pt. i. 128.

⑤ Bancroft, *op. cit*. ii. 677.

⑥ Piedrahita, *Historia general de las conquistas del nuevo reyno de Granada*, p. 46.

⑦ 见第一卷第 186、195 页。

⑧ Kubary, 'Die Verbrechen und das Strafverfahren auf den Pelau-Inseln,' in *Original-Mittheilungen aus der ethnologischen Abtheilung der königlichen Museen zu Berlin*, i. 84.

⑨ Kovalewsky, *Coutume contemporaine*, p. 340.

东非的马萨伊人也不惩处鸡奸。[①] 不过我们也能听到相反的说法。沃纳先生在卡菲尔部落听说发生了一起鸡奸,这也是他在当地居住 25 年期间听到的唯一一起,酋长要求犯事者缴纳一头牛作为罚金。[②] 在翁东加人中,鸡奸者为人所憎恶,而行为举止像女人的男人多数是男巫。[③] 瓦沙巴拉人认为鸡奸是严重的道德过失,并且严厉惩处犯事者。[④] 在瓦干达人那里,同性恋是由阿拉伯人引入的,极少发生,也"为人所憎恶",犯事者要受火刑而死。[⑤] 阿克拉的黑人没有同性恋之习,据说他们对此也很厌恶。[⑥] 在努比亚,人们憎恶鸡奸,不过头人及其亲属不憎恶鸡奸,他们在各个方面都模仿马穆鲁克。[⑦]

穆罕默德禁止非自然性交,[⑧]其追随者一般认为,除非犯事者当众忏悔,否则应当像惩处通奸那样惩处非自然性交,而理论上讲,对通奸的惩处是很严厉的。[⑨] 不过,要给鸡奸者定罪,法律要求必须有四个可靠的人发誓亲眼目睹,[⑩]这也就使法律规定形同

---

① Merker,*Die Masai*,p. 208. 不过,若马萨伊人看到小公牛或公山羊进行同性交配,会马上把它杀掉,唯恐神灵会因此惩处他们的畜群,带来瘟疫(*ibid*. p. 159)。

② Warner,in Maclean,*Compendium of Kafir Laws*,p. 62.

③ Rautanen,in Steinmetz,*Rechtsverhältnisse*,p. 333 *sq*.

④ Lang,*ibid*. p. 232.

⑤ Felkin,in *Proceed. Roy. Soc. Edinburgh*,xiii. 723.

⑥ Monrad,*op. cit*. p. 57.

⑦ Burckhardt,*Travels in Nubia*,p. 135.(马穆鲁克,13—16 世纪时曾统治埃及的军事集团。——译者)

⑧ *Koran*,iv. 20.

⑨ Sachau,*Muhammedanisches Recht nach Schafiitischer Lehre*,pp. 809,818:"若非自然性交者属有完全民事权利的已婚者,要受石刑,被乱石砸死,若未婚,以鞭笞、流放惩处。"

⑩ Burton,*Arabian Nights*,x. 224.

虚设,即使公众情感上支持这一法律;但公众在情感上肯定也不支持这一法律规定。在摩洛哥,人们对主动鸡奸者几乎完全漠然视之,而如果被动鸡奸者是一个成人,他们谈起此人时会报以轻蔑。波拉克博士讲,波斯人也是如此。①　在桑给巴尔岛,土著清楚地区分先天性倒错的男性和男妓;他们轻视后者,却宽容前者,认为前者是"由于神的意志"才变成这个样子。②　印度及其他亚洲国家的穆斯林认为,鸡奸不过是小过失而已。③　据说印度教徒憎恶鸡奸,④但他们的圣书对此很宽大。据《摩奴法典》,"再生族的男子与别的男子纵欲,或与妇女在牛车上、水中、白天纵欲,应和衣入浴";而所有这些都被看作小过失。⑤

　　中国法律几乎不区分非自然性犯罪和其他性犯罪。中国法律依据被动鸡奸者的年龄以及是否违背其意愿灵活处理非自然性犯罪。若被动鸡奸者是成人,或是年龄超过十二岁的男孩,且未违背其意愿,就按稍微严重的通奸处置,双方各杖打一百,上枷三十天,而一般的通奸杖打八十。若成人或年龄超过十二岁的男孩抵制鸡奸,则以强奸论处;若男孩年龄小于十二岁,不论是否违背其意愿,都以强奸论处,除非此男孩以前就走上邪路。⑥　但事实上,中国法律认为,与一般的不道德行为比起来,非自然性犯罪对社会的危害

① Polak, in *Wiener Medizinische Wochenschrift*, xi. 628 *sq.*

② Baumann, in *Verhandl. Berliner Gesellsch. Anthrop.* 1899, p. 669.

③ Chevers, *op. cit.* p. 708. Burton, *Arabian Nights*, x. 222 *sqq.*

④ Burton, *Arabian Nights*, x. 237.

⑤ *Laws of Manu*, xi. 175. *Cf. Institutes of Vishnu*, liii. 4; *Âpastamba*, i. 9. 26. 7; *Gautama*, xxv. 7.

⑥ Alabaster, *Notes and Commentaries on Chinese Criminal Law*, p. 367 *sqq. Ta Tsing Leu Lee*, Appendix, no. xxxii. p. 570.

没有那么严重,①鸡奸也不受鄙视。"大众舆论总体漠然对待这一
类杂事,这也根本不是道德上关心的事;既然一方满足,另一方自
愿,就一切都好;中国法律也不喜欢处理过于私人化的事务。鸡奸
甚至被看作费钱的妙事,看作高雅的享乐……中国官方允许鸡奸。
事实上皇帝也有男宠。"②事实上,马蒂尼翁博士听到的中国公众
对鸡奸的反对意见是,它有碍观瞻。③ 在日本,直至 1868 年革命
时才有了反对同性性交的法律。④ 在日本的武士时代,若一个男
子爱上了另一个男子,而不是爱上了异性,会被认为更为英勇;今
天我们也听闻,在日本某些地区,鸡奸之风盛行,这里的男人也比
其他地方的男人更有男子气概,更为强健。⑤

　　古代斯堪的纳维亚人的法律不管同性恋;不过他们很是轻视
被动鸡奸者。被动鸡奸者被视为懦夫、男巫。他们用阿格尔
(*argr*)、拉格尔(*ragr*)、博兰德尔(*blandr*)等词称呼被动鸡奸者,
这些称呼大体意思都是"胆小鬼",而有时他们也在"行巫"的意义
上使用阿格(*arg*)一词。一位挪威学者曾正确指出,鸡奸和巫术
之间的这种联系有助于我们理解塔西佗说过的话,即在古代条顿
人中,被塔西佗称为臭名昭著之人,要活埋在沼泽中。⑥ 考虑到对
行巫之人的惩处通常是淹死该人,很可能在沼泽中活埋那些人首
先不是因为他们的性活动,而是由于他们行巫的能力。可以肯定,

---

① Alabaster,*op. cit.* p. 369.

② Matignon,in *Archives d'anthropologie criminelle*,xiv. 42,43,52.

③ *Ibid.* p. 44.

④ Karsch,*op. cit.* p. 99.

⑤ Jwaya,in *Jahrbuch für sexuelle Zwischenstufen*,iv. 266,270 *sq.*

⑥ Tacitus,*Germania*,12.

不信基督教的斯堪的纳维亚人赋予同性恋的耻辱主要限于扮演女性角色的一方。有首诗里的英雄甚至吹嘘,他是另一男人所生子女的父亲。① 478

在希腊,较卑劣形式的鸡奸受到公众谴责,不过一般来说似乎谴责得不太严厉,而在有些城邦,法律禁止鸡奸。② 根据雅典的一部法律,若青少年为了金钱卖身,将失去作为自由民的权利,并且,如果他参与公共节日,或进入城市中心广场,就要把他处死。③ 在斯巴达,"聆听者"必须出于真诚的敬爱之情接受"鼓舞者";若是出于金钱上的考虑,就要受到监督官惩处。④ 甚至有人讲,斯巴达人里爱人及其伙伴之间的关系是真正清白的关系,倘若发生了什么非法之事,两个人都必须或者抛弃国家,或者抛弃生命。⑤ 但希腊普遍存在一个规矩,若是男人与青少年之间的友谊关系遵循体统,这种关系的细节则不受追究。⑥ 这种结合不仅为公众所允许,也被赞誉为最崇高、最纯洁的爱,赞誉为天国阿佛洛狄忒的产物,是通往美德之路、反对暴政的武器、对公民自由的捍卫以及民族伟大和光荣的源泉。斐德若说,对正在开始生活的青少年而言,拥有一个有德行的爱人是最大的福分,对爱人而言,拥有一个心爱的青少年则是最大的福分,这是因为,没有什么动机能像爱那样,使想过

---

① 'Spuren von Konträrsexualität bei den alten Skandinaviern (Mitteilungen eines norwegischen Gelehrten),'in *Jahrbuch für sexuelle Zwischenstufen*,iv. 245,256 *sqq*.

② Xenophon,*Lacedæmoniorum respublica*, ii. 13. Maximus Tyrius, *Dissertationes*, xxv. 4;xxvi. 9.

③ Aeschines,*Contra Timarchum*,21.

④ Aelian,*Varia historia*,iii. 10. *Cf*. Plato,*Leges*,viii. 910.

⑤ Aelian,*op. cit*. iii. 12. *Cf*. Maximus Tyrius,*op. cit*. xxvi. 8.

⑥ *Cf*. Symonds,*loc. cit*. p. 92 *sqq*.

上高贵生活之人接受应成为其生活指导的原则。① 柏拉图派的帕萨尼亚斯论辩道,若对青少年的爱名声不好,是因为它不利于暴政;"统治者的利益要求臣民精神贫乏,也要求臣民之间没有强烈的友谊或社会纽带——爱比别的任何动机都更能激发这种纽带。"② 雅典僭主的权力被阿里斯托革顿的爱和哈尔摩狄奥斯的忠贞所粉碎;③ 在西西里岛的阿格里琴多,查里顿和墨兰尼波斯的相爱产生了类似的结果;④ 而底比斯的伟大正是由于伊巴密浓达建立的神圣军团。⑤ 这是因为,"有自己最心爱的人在,一个男人会愿意做任何事情,而不愿背上懦夫的恶名"。⑥ 有人指出,最伟大的英雄和最好战的民族也最耽于对青少年的爱;⑦据说,若一支军队由爱人及其所爱组成,彼此并肩作战,尽管只是少数人,也能征服整个世界。⑧

希罗多德讲,对男孩子的爱由希腊传入波斯。⑨ 不管他说的

---

① Plato, *Symposium*, p. 178.

② *Ibid*., p. 182.

③ 阿里斯托革顿和哈尔摩狄奥斯是公元前 6 世纪时的雅典人。前者比后者大了约二十岁,是后者的爱人。据说当时的雅典僭主喜帕恰斯也爱慕哈尔摩狄奥斯,但遭到后者拒绝。后来阿里斯托革顿和哈尔摩狄奥斯刺杀了喜帕恰斯。——译者

④ 相传公元前 6 世纪时西西里的僭主法拉利斯十分残暴。查里顿和墨兰尼波斯这一对爱人也曾密谋刺杀法拉利斯。——译者

⑤ 公元前 4 世纪建立的底比斯神圣军团由 300 人(150 对同性恋者)组成,这些人是从各个军团中挑选出来的。——译者

⑥ Hieronymus, the Peripatetic, referred to by Athenaeus, *op. cit*. ciii. 78, p. 602. 另见: Maximus Tyrius, *op. cit*. xxiv. 2。

⑦ Plutarch, *Amatorius*, xvii. 14.

⑧ Plato, *Symposium*, p. 178.

⑨ Herodotus, i. 135.

是否正确,马兹达的信徒肯定没有这种习惯。① 拜火教典籍对待
"非自然罪孽"之严厉,只有希伯来人的宗教及基督教可与之相比。
据《祛邪典》,犯了非自然罪孽,无法赎罪。② 犯了此罪,就要在另
一个世界受折磨,在今世则属死罪。③ 即使非出于本意而被迫犯
下此罪,也要受肉刑。④ 事实上,这比杀害一个正直的人还要恶
劣。⑤ "在良善的宗教里,这种罪孽是最恶劣的,应当将犯下此等
死罪的人处死。任何人走近他们,看到他们在做此事,若在用斧头
干活,就必须砍下他们的脑袋,或剖开他们的肚子,而这对他而言
不是罪孽。但是,若无高级祭司或国王的指示,不可杀害任何人,
除非该人正在进行或放任非自然性交。"⑥

　　非自然的罪孽也不得玷污神的土地。只要犯下此等可憎之
事,不管是以色列人还是居于以色列人的外人,都应处死,应把犯
事者驱逐出去。迦南人犯了非自然的欲之孽,玷污了他们的土地,
于是上帝就追讨其罪,于是那地也吐出了它的居民。⑦

　　对同性恋的恐惧在基督教里也存在。据圣保罗,同性恋是道
德败坏的顶点,由于异教徒不信上帝,上帝就让他们如此道德败
坏。⑧ 德尔图良说,同性恋应被逐出"教堂之门,也不受教会任何

⁴⁸⁰

---

①　阿米阿努斯·马尔切利努斯讲,波斯居民无鸡奸之习(xxiii,76)。不过,另见:
Sextus Empiricus,*Pyrrhoniæ hypotyposes*,i. 152。

②　*Vendîdâd*,i. 12;viii. 27。

③　Darmesteter,in *Sacred Books of the East*,iv. p. lxxxvi。

④　*Vendîdâd*,viii. 26。

⑤　*Dînâ-î Maînôg-î Khirad*,xxxvi. 1 *sqq*。

⑥　*Sad Dar*,ix. 2 *sqq*。

⑦　*Leviticus*,xviii. 22,24 *sqq*.;xx. 13。

⑧　*Romans*,i. 26 *sq*。

庇护，因为同性恋不是罪孽，而是怪物”。① 圣巴西略认为，同性恋
应受与谋杀、偶像崇拜、行巫同等的惩处。② 根据埃尔维拉宗教会
议的一项教令，滥用男童满足性欲者，即使临终最后一刻也不得入
教。③ 基督教正在这个世界上传播，而在关于同性恋的道德问题
上，基督教的教导与这个世界的习惯和观点之间的对比尤为鲜明。
有一部颁布日期不详的古罗马法律，称作《斯堪提尼亚法》（或称
《斯堪提尼亚》），该法规定，与自由民行鸡奸者，处以罚金；④但这
部人们所知甚少的法律长期弃置不用，后来这些非基督徒的立法
者也从未关注过通常的同性性交问题。⑤ 但基督教成为罗马帝国
国教后，可以说就对同性恋展开了讨伐。罗马皇帝君士坦提乌斯
及君士坦斯把同性性交定为死罪，犯事者要被刀剑砍死。⑥ 瓦伦
提尼安更进一步，他下令，一旦发现同性性交，就要当着公众的面
把犯事者活活烧死。⑦ 查士丁尼震惊于各地发生的饥荒、地震和
瘟疫，他颁布了一项法令，再次将犯下非自然罪行之人定为死罪，
“唯恐城市与居民会由于这些不虔诚的行为一同毁灭”，正如《圣

---

①　Tertullian，*De pudicitia*，4（Migne，*Patrologiæ cursus*，ii. 987）.

②　St. Basil，转引自：Bingham，*Works*，vi. 432 *sq.* 。

③　*Concilium Eliberitanum*，ch. 71（Labbe-Mansi，*Sacrorum Conciliorum collectio*，ii. 17）.

④　Juvenal，*Satiræ*，ii. 43 *sq.* Valerius Maximus，*Facta dictaque memorabilia*，vi. i. 7. Quintilian，*Institutio oratoria*，iv. 2. 69；“行鸡奸者，缴纳一万罚金。”Christ，*Hist. Legis Scatiniæ*，转引自：Döllinger，*op. cit.* ii. 274。Rein，*Criminalrecht der Römer*，p. 865 *sq.* Bingham，*op. cit.* vi. 433. *sqq.* Mommsen，*Römisches Strafrecht*，p. 703 *sq.*

⑤　Mommsen，*op. cit.* p. 704. Rein，*op. cit.* p. 866. 这个涉及非法性交而无关于受害者性别的条目，见于：*Digesta*，xlviii. 5. 35. 1.

⑥　*Codex Theodosianus*，ix. 7. 3. *Codex Justinianus*，ix. 9. 30.

⑦　*Codex Theodosianus*，ix. 7. 6.

经》教导我们：因为有同性恋，所以城市及城市里的居民毁灭了。①
吉本说："常常可以看到，一个孩子或仆从由于琐碎的疑证而被定
死罪，宣布其恶名……若无法给某些人定罪，就给他们安上鸡奸的
罪名。"②

这种态度对欧洲法律具有深远而持久的影响。在整个中世
纪，身为基督徒的立法者都认为，除了在火焰里痛苦地死掉，没有
任何行为可为此罪行赎罪。③ 弗勒塔讲过英格兰鸡奸者被活活烧
死的事例；④我们也听闻在其他地方，火刑是应得的惩处。⑤ 非自
然性交虽然是基督教会管辖的事务，但除非教会把罪犯交给世俗
权力处理，否则不能处决他；而教会是否这样做过，似乎很令人生
疑。弗雷德里克·波洛克爵士和梅特兰教授认为，把鸡奸定为重

482

---

① *Novellæ*,77.另见：*ibid*.141,and *Institutiones*,iv.18.4。

② Gibbon,*History of the Decline and Fall of the Roman Empire*,v.323.

③ Du Boys, *Histoire du droit criminel de l'Espagne*, pp. 93, 403. *Les Établissements de Saint Louis*,i. 90,vol. ii. 147. Beaumanoir,*Coutumes du Beauvoisis*, xxx. 11,vol. i. 413. Montesquieu,*De l'esprit des lois*,xii. 6 (*Œuvres*,p. 283). Hume, *Commentaries on the Law of Scotland*,ii. 335；Pitcairn,*Criminal Trials in Scotland*,ii. 491,n. 2. Clarus,*Practica criminalis*,book v. § Sodomia,4 (*Opera omnia*,ii. 151). Jarcke,*Handbuch des gemeinen deutschen Strafrechts*,iii. 172 *sqq.* Charles V.'s *Peinliche Gerichtsordnung*,art. 116,Henke,*Geschichte des deutschen peinlichen Rechts*,i. 289. Numa Praetorius,'Die strafrechtlichen Bestimmungen gegen den gleichgeschlechtlichen Verkehr,' in *Jahrbuch für sexuelle Zwischenstufen*,i. 124 *sqq.* 在 19 世纪早期的巴伐利亚,名义上非自然性交者仍要被火刑处决(von Feuerbach, *Kritik des Kleinschrodischen Entwurfs zu einem peinlichen Gesetebuche für die Chur-Pfalz-Bayrischen Staaten*,ii. 13),而西班牙到了 1843 年依然如此 (Du Boys,*op. cit*, p. 721)。

④ Fleta,i.37.3,p.84.

⑤ Britton,i.10,vol.i.42.

罪的 1533 年法令提供了基本充足的证据,即世俗法庭此前并未惩
处鸡奸,在过去很长一段时间内也没因此处决过任何人。[①] 据说,
当时的看法是,按照"自然和理性的声音以及上帝的有关律法",此
罪当判死刑——英格兰的法律起诉书把它当作不宜命名的罪
行[②];[③]直至 1861 年还是如此,[④]尽管事实上并没对此罪施加极
刑。[⑤] 在 18 世纪中后期的法国,犯有此罪者实际上要受火刑。[⑥]
不过当时的理性主义运动给这个方面及其他许多方面带来了变
化。[⑦] 以死刑惩处鸡奸被认为是暴行;法律与暴力分开后,前者根本
不应关心这种事。鸡奸不侵犯任何他人的权利,它对社会仅具间接
影响,正如酗酒和自由恋爱;它是令人生厌的恶习,但对它的惩罚只
应是轻蔑。[⑧] 这种看法为法国刑法所采纳,依据此法,两个成年人,
不论男女,只要双方同意,其私下的同性恋行为就绝对不受惩处。
只有在同性恋行为有伤风化,存在暴力或未经某一方许可,某一方
未成年或无法做出有效同意的情况下,才以犯罪论处。[⑨] 一些欧洲

---

① Pollock and Maitland, *History of English Law before the Time of Edward I*. ii. 556 *sq*.

② Coke, *Third Part of the Institutes of the Laws of England*, p. 58 *sq*. Blackstone, *Commentaries on the Laws of England*, iv. 218.

③ Blackstone, *op. cit*. iv. 218.

④ Stephen, *History of the Criminal Law of England*, i. 475.

⑤ Blackstone, *op. cit*. iv. 218.

⑥ Desmaze, *Pénalités anciennes*, p. 211. Havelock Ellis, *op. cit*. p. 207.

⑦ Numa Praetorius, *loc. cit*. p. 121 *sqq*.

⑧ Note of the editors of Kehl's edition of Voltaire's 'Prix de la justice et de l'humanité,' in *Œuvres complètes*, v. 437, n. 2.

⑨ *Code pénal*, 330 *sqq*. Cf. Chevalier, *L'inversion sexuelle*, p. 431 *sqq*.; Havelock Ellis, *op. cit*. p. 207 *sq*.

国家的立法者仿效了这种处置同性恋的方法，[1]而在那些法律依然将同性恋行为本身当作刑事犯罪处置的国家——德国尤为如此——正在开展一场推动法律修改的宣传运动，这场运动得到了许多科学界名人的支持。法律对同性性交这种态度上的变化无疑意味着道德观的变化。尽管无法准确衡量人们从道德层面谴责同性恋的程度，但我猜测，今天很少有人像我们的先人那样，仍把同性恋视为弥天大罪。也有人提出了这个问题，即两个成年人双方同意而发生性行为，且不会产生子女，整体说来只关系到当事人的福祉而与他人的福祉无关，这究竟与道德有何关系。[2]

我们回顾了关于同性恋问题的道德观念——尽管这一回顾并不全面——由此看来，同性恋十分频繁地受到某种程度的谴责，而谴责的程度差异极大。人们谴责同性恋，无疑首先是由于厌恶的情感，即性本能在正常条件下发展起来的具有正常体质的成人一想到同性性交，就会产生的厌恶之情。我想，没有谁会否认，这种倾向通常是普遍存在的。它相当于我们常常可以看到的先天性倒错者对于与女人发生性关系的本能厌恶；而立法者首先就带着针对同性恋的反感着手立法，这又额外唤起他们对同性恋的生理反感。而在一个社会里，若多数人具有正常的性欲望，他们对同性恋的厌恶就易于发展成道德谴责，就会以习俗、法律或宗教信条的形式持续表现出来。另一方面，在有些地方，特殊环境导致了同性恋广为流行，甚至成年人也不会对同性恋产生一般性的厌恶之情，社

484

---

① Numa Praetorius, *loc. cit.* pp. 131-133，143 *sqq.*

② 例如参见：Bax, *Ethics of Socialism*. p. 126。

会的道德观也会相应变化。由于在别的条件下形成的道德学说的
影响，由于立法者徒劳的企图，或出于功利性的考虑，同性恋行为
仍然会受到谴责；但对于多数人而言，这种谴责不过是空谈，而非
实在的谴责。与此同时，卑劣形式的同性恋会受到强烈反对，这与
人们反对卑劣的异性性交系出同因；被动的鸡奸者由于行事像个
女人，因而会成为被鄙视的目标，又由于他们有着行巫的名声，于
是也会受到憎恶。我们已看到，人们常常相信，女人气的男人擅长
巫术；①他们的异常状态容易使人认为他们有超自然力，会借助巫
术弥补自己男人气和体力之不足。但人们认为女人气的男人具有
超自然的品质或技能，这也可能不会引起憎恶，而是引起人们对他
们的尊重或敬畏。

　　也有人提出，民众对同性恋的态度起初是经济条件的反映，与
人口过少或过多有关，于是人们就相应禁止或允许同性恋。哈夫
485 洛克·霭理士博士认为，反对同性恋和反对弑婴的社会反应之间
很可能存在某种联系——"若此受到宽容和赞同，一般彼也会受到
宽容和赞同；若此被禁止，则彼通常也会被禁止。"②但我们拥有的
关于一些蒙昧种族的同性恋观念的不完善的知识基本上不支持上
述结论；如果同性恋和弑婴之间真的有联系的话，可能只是因为杀

---

　　① 另见：Bastian，in *Zeitschr. f. Ethnol.* i. 88 *sq.* 。说起摩洛哥北部非斯的女巫，
利奥·阿非利加努斯讲："她们有个恶习，即她们之间进行非自然的性交。"（*History
and Description of Africa*，ii. 458）据福克纳，巴塔哥尼亚人从男童中挑选男巫，"他们
总是喜欢选择很小时就有女人气的男童"（*Description of Patagonia*，p. 117）。他们似
乎会强迫被选中的男童转换性别，穿女性的衣服。

　　② Havelock Ellis，*op. cit.* p. 206. 见附注。

害众多女婴导致了性别失衡。[1] 另一方面,我们知道的几件事实完全与霭理士博士的观点相冲突。许多印度种姓长期以来就有杀害女婴的习俗,[2]而印度教徒中极少发生鸡奸。古代阿拉伯人喜欢弑婴,[3]但并不沉溺于同性恋,[4]而现代阿拉伯人正好相反。如果说早期基督徒认为弑婴和鸡奸属极恶之罪,肯定也不是因为他们急切想要促进人口增长;如果他们真有此动机,就不会美化独身生活了。确实,有些本土作者提出,鼓励或谴责同性恋的一个原因在于同性恋不生育子女。据说相关的克里特法律是为了阻止人口增长;但我同多林格一样,[5]并不相信这个说法揭示了事情的真实成因。下面这段话来自于巴拉维语文本,其内容可以说比较重要——"浪费种子者是在促成子孙灭绝之习;此风会导致种族停止增长的恶果,若此风全然延续下去,人类就会灭绝;此种行为必会造成世上人口消亡,恶神阿里曼极欲此种行为,它也促进了恶神的邪恶愿望。"[6]不过在我看来,这类考虑即使有作用,也仅仅对有关同性恋的道德观的形成起着较为次要的作用。我们肯定也不能认为,反对鸡奸的严厉的犹太法律仅仅由于这个事实,即犹太人强烈感受到了人口增长的社会需要。[7] 不管如何谴责单身,他们并未把单身与可憎的鸡奸行为相提并论。拜火教、希伯来人的宗教及

486

---

① 参见前文第 466 页(塔希提人)。
② 见第一卷第 407 页。
③ 见第一卷第 406 页及以下。
④ von Kremer, *Culturgeschichte de Orients*, ii. 129.
⑤ Döllinger, *op. cit.* ii. 239.
⑥ *Dâdistân-î Dînîk*, lxxvii. 11.
⑦ Havelock Ellis, *op. cit.* p. 206.

基督教赋予了同性恋过多的罪孽,这有着特殊的根据。我们无法用功利性考虑或本能的厌恶加以充分解释。对乱伦的憎恶是比对同性恋的厌恶强烈得多的情感。但在描述了所多玛和蛾摩拉两城毁灭的《旧约圣经》"创世记"里的同一章,我们也能读到罗得的两个女儿与其乱伦的事;① 据罗马天主教学说,非自然性交是远比乱伦、通奸可憎之罪。② 事实上,同性恋与最严重的罪孽——不信基督、偶像崇拜、异端邪说——密切相关。

　　据拜火教,恶神安格拉·曼纽创造了非自然的罪孽。③ "恶神阿里曼④ 通过非自然性交创生出恶魔及其余败坏的妖魔鬼怪。"⑤ 非自然性交等同于突雷尼王额弗剌昔牙卜(Afrâsiyâb),他征服了伊朗人达十二年;⑥ 等同于达哈卡⑦,这是一位王或王朝的名字,据说征服了伊姆⑧,统治了一千年;⑨ 等同于图里·布拉达尔-瓦克什487 (Tûr-i Brâdar-vakhsh),这是一个持异端邪说的男巫,他把最好的

　　① *Genesis*,xix. 31 *sqq*.(所多玛和蛾摩拉盛行同性恋,《创世记》里讲,上帝要这两城毁灭。文中同样讲到乱伦之事,未有贬义。——译者)

　　② Thomas Aquinas, *Summa theologica*, ii.-ii. 154. 12. Katz, *Grundriss des kanonischen Strafrechts*, pp. 104,118,120. Clarus, *Practica criminalis*, book v. § Sodomia,Additiones,1(*Opera omnia*,ii. 152):"只要明白此罪之起源,就知此罪乃恶罪。"

　　③ *Vendîdâd*,i. 12.

　　④ 阿里曼(Aharman)是安格拉·曼纽(Angra Mainyu)的别称。——译者

　　⑤ *Dînâ-î Maînôg-î Khirad*,viii. 10.

　　⑥ *Sad Dar*,ix. 5. West's note to *Dînâ-î Maînôg-î Khirad*,viii. 29(*Sacred Books of the East*,xxiv. 35,n. 4).

　　⑦ 据拜火教,达哈卡(Dahâk)是恶神阿里曼之子。——译者

　　⑧ 据拜火教,伊姆(Yim)是人间始皇、人类文明的创造者。——译者

　　⑨ *Sad Dar*,ix. 5. West's note to *Dînâ-î Maînôg-î Khirad*,viii. 29(*Sacred Books of the East*,xxiv. 35,n. 3).

男人处死。① 犯下非自然罪孽之人"完全就是恶魔德弗（Daêva）"；②
德弗的信徒并非不好的拜火教徒，而是一个不在拜火教系统内的
人，是一个外人，也不是雅利安人。③《祛邪典》里讲，若自愿犯下
非自然的罪孽，将永远无法赎罪，随后发问，什么情况下才如此呢？
而给出的回答是——若罪人是马兹达的宗教之信徒，或受过此宗
教教导。否则的话，如果他向马兹达的宗教忏悔，决心再也不犯那
违禁之事，就抹除他的罪孽。④ 这就是说，假如这罪孽直接玷污了
真正的宗教，它就不可赎回，假如不了解这罪孽而犯事，接着顺从
于这宗教，便可饶恕这罪孽。由此可以看出，拜火教把非自然性交
污名化为异教徒之习和不虔信的象征。而我认为，上面提及的某
些事实有助于我们理解其中的缘由。人们喜欢把同性恋与巫术联
系起来，不仅如此，这样的联系也已构成并在一定程度上仍在构成
流行于突雷尼血统的亚洲民族中的萨满教系统内的事件，而从我
刚才引用的拜火教文本里的说法来看，很可能在遥远的古代就是
如此。对于萨满教系统，拜火教自然是极力反对的，因而马兹达的
信徒就把"易性"当作令人极为憎恶之事。

　　希伯来人对鸡奸的憎恶也主要由于他们对异教的仇恨。据
《创世记》，非自然的罪孽是不信上帝之人的罪孽，而《利未记》⑤把

---

　　① *Sad Dar*，ix. 5. West's note to *Dādistān-î Dînîk*，lxxii. 8（*Sacred Books of the East*，xviii. 218）.

　　② *Vendîdâd*，viii. 32.

　　③ Darmesteter，in *Sacred Books of the East*，iv. p. li.

　　④ *Vendîdâd*，viii. 27 *sq.*

　　⑤《利未记》里讲，迦南人行乱伦、鸡奸等事，所以耶和华讨厌他们，将他们逐出。——译者

488 上帝对迦南人的憎恶说成他们被灭绝的主要原因。① 我们现在知道,鸡奸曾进入希伯来人的宗教,成为其宗教的一个成分。除了妓女,也有男妓依附于他们的神庙。② 卡迪什(*kādēsh*)一词可译为"鸡奸者"(sodomite),恰恰意指献身于某神灵的男子;③这样的男人似乎是献身于诸神之母,即著名的叙利亚女神,这些男人被看作她的祭司或献身者。④ 叙利亚女神等女神的男性献身者很可能相当于某些男神的女性献身者,而我们已经看到,这些女性献身者也变成了淫荡之人;与庙宇娼妓的非自然性行为像与女祭司的关系那样,目的在于向信徒传送神之赐福。⑤ 在摩洛哥,人们认为与某位圣人发生异性性交及同性性交都能带来超自然的好处。⑥《旧约圣经》里经常提到男妓,特别是君主制时期的男妓,此时适逢外来仪式进入以色列和犹大国。⑦ 耶和华的信徒自然就会极其恐惧地看待他们的做法,认为这些做法属于偶像崇拜。

希伯来人关于同性恋的观念在一定程度上影响了伊斯兰教,也传入了基督教。基督教里同性恋亵渎神灵的观念又为异教徒的

---

① *Leviticus*, xx. 23.

② *Deuteronomy*, xxiii. 17. Driver, *Commentary on Deuteronomy*, p. 264.

③ Driver, *op. cit.* p. 264 *sq.* Selbie, 'Sodomite,' in Hastings, *Dictionary of the Bible*, iv. 559.

④ St. Jerome, *In Osee*, i. 4. 14 (Migne, *op. cit.* xxv. 851). Cook's note to 1 *Kings*, xiv. 24, in his edition of *The Holy Bible*, ii. 571. 另见: Lucian, *Lucius*, 38。

⑤ 罗森鲍姆提出,与以弗所的阿耳忒弥斯崇拜及弗里吉亚的西布莉崇拜相联系的阉人祭司也是非自然性交者(*Geschichte der Lustseuche im Alterthume*, p. 120)。

⑥ 见: Westennarck, *The Moorish Conception of Holiness*, p. 85。

⑦ 1*Kings*, xiv. 24; xv. 12; xxii. 46. 2 *Kings*, xxiii. 7. *Job*, xxxvi. 14. Driver, *op. cit.* p. 265.

习惯所强化。圣保罗看到,所多玛发生的罪恶盛行于"把上帝的真理变成谎言,崇拜被上帝创生者而不崇拜造物主的那些民族"。[1] 中世纪时,异教徒被指控犯有非自然的罪孽。[2] 事实上,非自然性交极其紧密地与异端邪说联系在一起,甚至二者适用于同一名称。《都兰-安茹习惯法》[3]似乎在"非自然性交者"的意义上使用 herite 一词,而此词又是"异端分子"(hérétique)一词的古代形式;[4]法语词汇 bougre(源自拉丁语词汇 Bulgarus,意为"保加利亚人")及其英文同义词 bugger,最初是对 11 世纪时来自保加利亚的异教徒的称呼,后来则用于指称其他异教徒,但同时也成为对犯有非正常性交过失者的常规称呼。[5] 中世纪的法律同时也反复提及非自然性交与异端邪说,对二者的惩处也是一样的。[6] 于是非自然性交就成了一级宗教过失。它不仅是"渎神的极恶之罪",[7]也是四项

489

---

[1] *Romans*, i. 25 *sqq.*

[2] Littré, *Dictionnaire de la langue française*, i. 386, 'Bougre.' Haynes, *Religious Persecution*, p. 54.

[3] 都兰和安茹系法国两地名。——译者

[4] *Les Établissements de Saint Louis*, i. 90, vol. ii. 147. Viollet, in his Introduction to the same work, i. 254.

[5] Littré, *op. cit.* i. 386, 'Bougre.' Murray, *New English Dictionary*, i. 1160, 'Bugger.' Lea, *History of the Inquisition of the Middle Ages*, i. 115, note.

[6] Beaumanoir, *Coutumes du Beauvoisis*, xxx. 11, vol. i. 413:"背叛宗教不归正路者,或行非自然性交者,必须以火烧死,并按上述方式罚没所有财产。"Britton, i. 10, vol. i. 42. Montesquieu, *De l'esprit des lois*, xii. 6 (*Œuvres*, p. 283). Du Boys, *Histoire du droit criminel de l'Espagne*, pp. 486, 721.

[7] Clarus, *Practica criminalis*, book v. § Sodomia, 1 (*Opera omnia*, ii. 151).

呼罪①之一,②是"严重背叛天国之王之罪"。③ 因此,很自然地,随着法律和大众舆论从神学教条中解放出来,它们就相应在某种程度上较为宽大地对待非自然性交。而近来对性冲动的科学研究为同性恋这一课题带来的曙光,必然会影响相关的道德观念。因为任何审慎的法官都不会不考虑某种强大的非意志的欲望对行为人意志所施加的压力。

---

① 呼罪(crying sins),意即被呼求天国报应的罪。天主教认为有四项罪属于呼罪,即谋杀、非自然性交、欺压穷人特别是孤儿寡母、诈取劳工工资。呼罪的说法来自《圣经》。例如,《圣经》里讲,该隐杀了其兄弟亚伯,上帝就对该隐说:"你作了什么事呢? 你兄弟的血,有声音从地里向我哀告。"——译者

② Coke, *Third Part of the Institutes of the Laws of England*, p. 59.

③ *Mirror*, 转引自: *ibid*. p. 58。

490

第四十四章　对低等动物的尊重

人们对待低等动物的行为常常是道德评价的一个主题。

对于具有图腾信仰的人来说,图腾动物必须被尊敬地对待,所有人对待通常被奉为神的动物也必须心怀敬畏。关于这一点,后面的章节会做详细的论述。[①]在各种各样的族群中,某些动物物种是不能杀害的,因为它们被视为人类死亡后灵魂的栖居之所;[②]另外一种说法是,这些动物物种是由人变化而来的。[③]婆罗洲的达雅克人对杀死猩猩怀有一种畏惧感,因为当地有种迷信的观点认为,这些猿类是"人",它们不言不语地幽居在森林里,只是为了逃避人间的税赋。[④]摩尔人认为,杀死猴子是大逆不道的,因为猴子曾经是人,仅仅由于他竟然用牛奶洗浴,上帝为了惩罚他的过失,将其变成了现在的模样。摩尔人也从来不伤害鹳,据他们自己说,鹳曾经是一个法官,就因为对同胞做了不公平的判决,他才变成现在的样子。他们还认为,杀死燕子、鸽子、白蜘蛛或者蜜蜂也是一种罪过,因为在他们的观念中这些动物都是神圣的。其他的

---

① 见下文,关于"对诸神的义务"。
② 见下文第 516 页及以下。
③ 见：Meiners, *Allgemeine Geschichte der Religionen*, i. 213 sqq.。
④ Selenka, *Sonnige Welten*, p. 57.

491　一些动物,或者由于外表神秘、奇异,或者在伪装下隐藏着邪恶的
　　精灵,摩尔人也不予伤害。在摩尔人中,据说谁要是杀死一只乌
　　鸦,就会疯掉,杀死一只蟾蜍就会发烧甚至死亡;没有谁敢在黑暗
　　中去袭击一只猫或者殴打一条狗,因为在他们看来,夜色中被打的
　　究竟是什么样的生灵是很难确定的。这样一些迷信观念在全球范
　　围内普遍存在。

　　　　在未开化社会中,有一种很普遍的信仰,即人杀死一只动物会
　　遭到其失去身体依托的灵魂或者同类动物的复仇。[1] 因此,正如
　　J. G. 弗雷泽爵士所指出的那样,如果没有迫切而必需的动机,蒙
　　昧部族通常不会伤害动物;至少,残害那些凶猛而危险的动物可能
　　会引发其同类的血腥报复。这已经成为未开化社会遵守的一个规
　　则。如果出于这样那样的原因,某人克服了迷信的顾忌,杀死了野
　　兽,他会急于安抚受害者和它的同类,以表明对它们的敬重;这些
　　安抚的方式或者是道歉,或者是试图隐瞒自己在残杀、分吃动物时
　　的所作所为,或者是承诺动物的残骸会被尊敬地对待。[2] 以柬埔
　　寨的斯丁人为例,他们认为动物的灵魂会在死后四处游荡,因此他
　　们杀死动物时会祈求宽恕,以免它的灵魂来找到他们,折磨他们;
　　他们还根据被杀动物的强壮程度和体型大小准备祭品。[3] 当科里
　　亚克人杀死一只熊或者狼时,他们会剥下野兽的皮,并由他们中的
　　某一个人穿上,然后围着这个穿上兽皮的人跳舞,声言不是他们这

---

① 　见第一卷第 258 页。

② 　Frazer, *Golden Bough*, ii. 389 *sqq.*

③ 　Mouhot, *Travels in the Central Parts of Indo-China*, i. 252.

伙人而是其他人干的,他们通常乐意说是俄罗斯人干的。^① 白令
海峡一带的爱斯基摩人坚称,猎人对各种各样猎物的尸体必须小
心对待,这样它们的魂灵才不会被侵扰,否则会给猎人自身或者猎
人的亲人带来厄运,甚至导致猎人毙命。^②

　　此外,蒙昧部族期望与那些可以用来食用的动物,或者毛皮有 492
价值但没有危险性的动物保持良好的关系。因此,当他捕获到这
样的动物时,他会表现出很尊重的样子,这样就能诱使其他同类动
物过来,他就可以捕获更多猎物了。^③ 阿拉斯加的猎人将黑貂和
海狸的尸骨保藏在狗寻找不到的地方长达一年,然后小心翼翼地
将骨头埋起来,以免这些物种的庇护精灵认为"它们被轻视和侮辱
了,从而再也不希望它们被杀死、被捕获"。^④ 不列颠哥伦比亚汤
普森河流域的印第安人说,当一只鹿被杀的时候,如果猎人屠宰时
能做到干净利落,它的同类会非常高兴。^⑤ 休伦人禁止将鱼骨头
扔进火里,以免鱼的灵魂回来警告其他鱼类,让它们不要再被捕
获,因为一旦被抓住,它们自己的骨头也将被投入烈火。^⑥ 许多蒙
昧部族尊重他们所吃动物的骨头,因为他们相信,骨头如果保藏起
来,随着时间推移,总有一天会重新生长出血肉,那些动物便会获

---

①　Bastian, *Der Mensch in der Geschichte*, iii. 26.

②　Nelson, 'Eskimo about Bering Strait,' in *Ann. Rep. Bur. Ethn.* xviii. 438.

③　Frazer, *op. cit.* ii. 403 *sqq.*

④　Dall, *Alaska*, p. 89.

⑤　Teit, 'Thompson Indians of British Columbia,' in *Memoirs of the American Museum of Natural History*, 'Anthropology,' i. 346.

⑥　Sagard, *Le grand voyage du pays des Hurons*, p. 255.

得重生。①

　　我们知道,由于原始人害怕动物的强壮和凶暴,或者期望从这些动物身上得到利益,因而对动物敬重有加;此外还存在第三类动物,原始人有时认为,这些动物是需要安抚的,这类动物就是滋生于庄稼的害虫。② 在特兰西瓦尼亚的萨克森人中,为了使麻雀远离玉米,播种者在开始播种之前,会将第一把种子撒在自己脑后,说道:"麻雀们,这是喂你们的。"③据悉,在米尔扎布尔的达罗毗荼部落,当蝗虫可能要来危害和吞食土地上的果实时,人们会抓住一只,用红线装扮它,对它致额手之礼,然后放它飞走;如此这般的客套过后,整个蝗虫群就会马上离开了。④

　　在这种迷信的尊敬观念中,驯养动物常常也受到尊重。⑤ 人们期望它们会报答对它们友好的主人,反之,危害家养动物的人被认为会遭到它们的报复。在白令海峡一带的爱斯基摩人中,狗从不会因为咬人而受到惩罚,以免伊钮阿(inua),即狗的幽灵生气而阻碍伤口痊愈。⑥ 屠夫常常被认为是不洁的,其中的原因极有可能源于这个观念——他们遭受着被其杀死的众多动物灵魂的围困骚扰。在加那利群岛的关契斯人中,除了职业屠夫,任何人杀牛都是非法的,而屠夫被禁止进入他人的房子、触碰别人的财物或与其

---

① Frazer,*op. cit.* ii. 415 *sqq.*

② *Ibid.* ii. 422 *sqq.*

③ Heinrich,转引自: *ibid.* ii. 423。

④ Crooke,*Popular Religion and Folk-lore of Northern India*,ii. 303.

⑤ 见: Robertson Smith,*Religion of the Semites*,p. 296 *sqq.*。

⑥ Nelson,in *Ann. Rep. Bur. Ethn.* xviii. 435.

生意圈子之外的人在一起。① 在摩洛哥,屠夫与杀人者一样,被认
为是由幽灵镇尼困扰着;似乎在这些事例中,镇尼困扰屠夫的观
念,也是更早的关于鬼魂制造麻烦这一观念的新形式。② 同样,远
古东非以牛羊为生计来源的穴居人,据说也是将屠夫视为不洁之
人。③ 在日本的乡下,人们会认为,屠夫的后代之中一定会有一人
是跛子。④

　　这种观念到底能够在多大程度上解释许多民族对杀牛的厌恶
之情呢? 这很难确定。但是该观念一定不是唯一的动机。我们前
面注意到,游牧部落不希望他们的牧群减少,农耕部落不愿意屠杀
耕牛,因为这意味着财产遭受损失。⑤ 除了经济方面的考虑,我们
猜想,真挚的同情心也促使他们友善对待动物。利他的情感不是
仅仅对于同类而言的,我们甚至能在家养和驯化的动物中找到例
子来说明这类情感的存在,人们常常对与自己生活在一起的另一
物种的动物日久生情。⑥ 与文明化的同类相比,在蒙昧部族的感
受中,他们和动物世界有着更为亲密的关系;确如我们所见,蒙昧
人习惯抹去人类和野兽之间的界限,并从根本上认为所有的动物
和自己都是平等的。⑦ 在南非的畜牧民族中,人们以照料他们的

494

① Abreu de Galindo, *History of the Discovery and Conquest of the Canary Islands*, p. 71 *sq*. Bory de St. Vincent, *Essais sur les Isles Fortunées*, p. 103 *sq*.
② 参见第一卷第 378 页。
③ Robertson Smith, *op. cit.* p. 296 *sq*.
④ Griffis, *Mikado's Empire*, p. 472.
⑤ 见前文第 331 页。
⑥ 见第一卷第 112 页。
⑦ 见第一卷第 258 页。

牛群为乐事,并花大量的时间装扮它们;牧人熟知牧群中的每一头
动物,用动物自己的名字称呼它们,并且充满关切地观察它们的所
有表现和特性。① J. 罗斯科牧师告诉我们,乌干达的牧牛部落巴
希马人对他们的牛十分依恋;有些人像喜欢孩子一样喜欢这些动
物,他们宠爱并爱抚它们,和它们说话,为它们生病而哭泣,如果有
特别喜爱的牛死去了,他们会极度悲痛,甚至会为此自杀。② 在乌
干达神话中,王国的创立者金图③据说心肠仁慈到不能看到任何
血腥的场面,"即便是屠宰作食物的牛,也要在距离他住处相当远
的地方进行"。④ 然而,牛不是以喑哑之态引发蒙昧部族内心柔情
的唯一动物。对于中非部落而言,人们通常认为对所有动物友善
是一个人人品好的特征,恶意对待动物则被认为是坏蛋。⑤ 至于
东部中非人,麦克唐纳先生写道,如果他们在运送、携带禽类时看
起来缺乏同情心,是因为他们没有考虑到这样做会不会给这些鸟
类带来痛苦——"所有人都承认,使飞鸟痛苦是一件残忍的事情";
他们自己的寓言故事也显示出这样的渴望:虽然动物不能说人话,
但也要进入动物的内心世界,细心体会它们的感受。在这类寓言

---

①　Ratzel, *History of Mankind*, ii. 415.

②　Roscoe,' Bahima,' in *Jour. Anthr. Inst*. xxxvii. 94 *sq*.

③　根据英国传教士查尔斯·威廉·哈特斯莱(Charles William Hattersley,
1866—1934)所著《钢笔和镜头下的乌干达》(*Uganda by Pen and Camera*),巴干达的
传统信仰的核心内容是,卡通达(Katonda,巴干达人对上帝的称呼)派遣金图 (Kintu)
及其妻子南比(Nambi)到地球繁衍后代。——译者

④　Felkin,'Notes on the Waganda Tribe,' in *Proceed. Roy. Soc. Edinburgh*,
xiii. 764.

⑤　Felkin,'Notes on the For Tribe,'in *Proceed. Roy. Soc. Edinburgh*, xiii. 232 *sq*.

故事中,飞鸟有时被描述为合乎人间情理的生灵,它们能够思考自己被杀并沦为主人的晚餐的悲惨命运。[1] 根据胡安和乌略亚的说法,在基多省的印第安人当中,女人如此宠爱她们的家禽以至不肯出售,更很少亲自动手杀掉它们;"因而,如果一个陌生人在她们的茅舍中借宿,想要出很多钱买一只家禽,她们会不忍心离开这个小生灵;陌生人会发现,即使买到也必须躲在一边自己亲自动手宰杀。在宰杀之际,女房东会发出痛苦的尖叫,她会难过得流泪,绞着双手,好像被宰杀的是她唯一的儿子一样,直到那残忍的一幕过后,她才去擦拭眼泪,默默地接受陌生旅客给她的钱。"[2]此外,北美印第安人也非常喜爱他们的猎犬。在落基山脉西边生活的部族"对猎犬表现出的喜爱,丝毫不逊于对自己的孩子的宠爱。他们会和猎犬交谈,就好像它们是懂道理的生命。他们常常称呼它们为自己的儿女;他们在描述当地某位印第安人的时候,会将其称为某某狗的爸爸。当这些狗死了,经常能看到它们的男主人或女主人将其放在一堆木头上,并且用对待死去亲属遗体一样的方式将其火葬。当猎狗死去,主人会表现出哀痛,他们嚎啕大哭,完全就像亲人逝去一样。"[3]同样,澳大利亚土著也经常对他们的狗表现出十分的喜爱,加森先生曾经看到一个妇女为一只被蛇咬伤致死的狗而哭泣,就好像是她自己亲生的孩子死去一样。如果一只小狗

---

[1]　Macdonald, *Africana*, i. 10 *sq.*

[2]　Juan and Ullon. *Voyage to South America*, i. 426 *sq.*

[3]　Harmon, *Journal of Voyages in the Interior of North America*, p. 335 *sq.*

496 失去了妈妈,这个妇女会给它哺乳并照料它。① 我们读到过这样的资料,新西兰毛利人对子女极其疼爱,这种情感"也已经转移到动物身上——尤其是他们的狗,随后是猫和猪。因此,一个妇女将她的孩子背在背上而将宠物狗或猪抱在怀里,绝不是一个少见的景象。"②西伯利亚东北部的楚科奇人相信,如果一个人对小动物残忍,那么他死后的灵魂会投胎到某些家养的动物身上,例如狗、马或驯鹿。③ 甚至锡兰穷苦的维达人,也对不是出于必需而杀戮野兽感到愤慨。④

另一方面,我们也听说蒙昧部族对待牲畜极其缺乏同情心的情况。达尔文认为,除了对自己的宠物之外,蒙昧部族对低等生物显然没有仁慈之心。⑤ 阿特金森先生指责新喀里多尼亚人对待动物太过残忍。⑥ 塔斯马尼亚人似乎可以从折磨一只受伤的鸟或者一头受伤的野兽中获致快乐。⑦ 那些仅仅在自己的共同体内对同类表现出仁慈关爱,而极少将这种情感延展至外界生命的人,是不能指望其对野生动物抱有怜悯与同情的。他们也可能表现出肆无忌惮的残忍,因为他们并没有意识到他们对动物造成的伤痛。而且,像孩子一样,他们看到一只小兽或者小鸟遭受痛苦可能会感到

① Gason,'Dieyerie Tribe,' in Woods, *Native Tribes of South Australia*, p. 259. Fraser, *Aborigines of New South Wales*, p. 5; Williams,' Yircla Meening Tribe,' in Curr, *The Australian Race*, i. 402.
② Colenso, *Maori Races of New Zealand*, p. 43.
③ Ratzel, *op. cit.* ii. 231.
④ Sarasin, *Ergebnisse naturwissenschaftlicher Forschungen auf Ceylon*, iii. 539.
⑤ Darwin, *Descent of Man*, p. 123.
⑥ Atkinson, 'Natives of New Caledonia,' in *Folk-lore*, xiv. 248.
⑦ Davies,转引自:Ling Roth, *Tasmanians*, p. 66。

高兴,因为这引发和满足了他们的好奇心。

从上述众多事例中显然可以看出,蒙昧时代人们对低等动物的行为已经而且确定无疑地关乎道德。每当发生杀害动物这类事情,我们总会发现同情性的忿恨,而同情性忿恨是与利他情感相伴发生的。此外,蒙昧人相信,杀害动物会由于引起动物复仇等原因而对行为人有害,是鲁莽之举,因而他们禁止这类行为;正如我们经常注意到的那样,对此类行为的禁止通常具有道德的特征。最后,如果某种行为被认为会伤害公众,比如任何减少了或者被认为将会导致食物和动物皮毛供应减少的行为或疏忽,那么这种行为自然被看作对整个共同体的罪过。

在高等文明中也存在类似事实,这就导致了要求尊重动物的道德训诫,这些规则在法律或者宗教典籍中通常以明确具体的形式呈现。

依照婆罗门教的说法,仁慈对待所有生命是四个种姓义不容辞的责任。据说,"将自己的快乐建立在伤害无辜生命上的人,无论是活着还是死去,都不会得到幸福"。[1] 如果殴打动物是为了让它痛苦,他将经受审判并得到惩罚,惩罚的轻重是与动物遭受的疼痛成比例的,就如同他伤害了一个人类一样。[2] 如若杀害包括鱼和蛇在内的各种各样的生命,施害者将降低到杂合种姓;[3]根据《毗湿奴往世书》,渔夫与罪犯、纵火犯和对朋友背信弃义者一样,

----

① *Laws of Manu*, v. 45.

② *Ibid*. viii. 286.

③ *Ibid*. xi. 69.

死后进入同一个地狱。① 杀母牛尤其罪大恶极,②为了拯救母牛的生命而毫不犹豫抛却自己生命的人,或者实际上拯救了母牛性命的人,甚至可以偿赎杀害一位婆罗门的罪过。③ 在很多印度教徒中,杀牛者比杀人犯更引起恐惧和憎恨,因而更容易招致严重的处罚,甚至被处死。④

498　　　在佛教、耆那教和道教中,对动物生命的尊重被看得尤为重要。一个佛教徒不会有意地剥夺任何一个生命,甚至是一只小虫或者一只蚂蚁。他不会喝含有任何小生命的水,他也肯定不会将这些水随便抛洒到外面的草地和泥土上。⑤ 在佛教国家的大多数民众中,禁止杀生的教义不仅被到处宣讲,而且被大量追随者奉行。在暹罗,很多动物看到人出现时表现出令人惊奇的温顺,而在欧洲,这些动物是要仓皇而逃的。由于不愿意伤害爬行动物和昆虫,当地土著已经不再为欧洲人服务,此类事例广为人知;而那些家境殷实的暹罗人,会买活鱼再将它们放生到海里,这也是很常见的事情。⑥ 在缅甸,鱼是人们的日常食物,但渔夫是遭人轻视的;由于他屠杀了其他生命,因而会被体面的人家所排斥,成为贱民,并且“在他能够洗清每日所犯罪过之前,他将会遭受巨大而恐怖的

---

① *Vishṅu Purāṅa*, p. 208 sq.

② *Institutes of Vishnu*, 1. 16 sqq. *Gautama*, xxii. 18. *Âpastamba*, i. 26. 1. *Laws of Manu*, xi. 109 sqq.

③ *Laws of Manu*, xi. 80.

④ Barth, *Religions of India*, p. 264. Kipling, *Beast and Man in India*, p. 118 sq. Crooke, *Things Indian*, p. 91.

⑤ Oldenberg, *Buddha*, pp. 290 n. ,ˣ 351.

⑥ Bowring, *Siam*, i. 107.

惩罚"。① 相对而言,锡兰的佛教徒显得更为隐忍:他们原谅渔夫,
声称渔夫并没有杀死鱼,只是将其从水中打捞上来。② 在西藏,所
有不能说话的生命都被仁慈地对待,除了为果腹不得不杀掉牦牛
和绵羊之外,屠杀动物的行为被相当严格地禁止。由于气候寒冷,
动物肉成为主要的食物来源,但是屠夫仍被认为是一种职业罪犯,
并因此最受西藏所有阶层的轻视。在这样的社会中,野生动物,即
便是小鸟和鱼,都很少或者从不会被捕杀,因为在他们的宗教观念
中,捕杀这些生灵是要遭受惩罚的犯罪行为。③

　　耆那教徒在尊重动物生命上尤其严苛。他会在踏上地面之前
将地面清扫干净,以免有任何小动物受到伤害;他出门行走会罩住
面纱,以免不小心吸入一个小生命;他认为傍晚和夜里不是进食的
时间,因为这可能会误吞下一个活的生命;而且,他不仅拒绝吃肉,
甚至还不食蜂蜜。他也不吃各种各样的水果,他们认为这些水果
里可能隐藏着活着的小虫子;他这样做不是因为他觉得虫子令人
生厌,而是因为他尊重虫子的生命。④ 在印度西部的一些城镇里,
耆那教徒设有动物医院,在那里动物可以得到照料和喂养。苏拉
特近来也建设了类似的房舍,这里密密麻麻生活着一大群攻击性
害虫,这些虫子密集得像海滨的沙子,在这里得到繁殖和喂养;在
卡奇地区的安贾尔,大约五千只老鼠被放在一个特定的寺庙中饲

499

———————————

① Fielding Hall, *The Soul of a People*, p. 230.
② Schmidt, *Ceylon*, p. 316 *sq*.
③ Waddell, *Buddhism of Tibet*, p. 567 *sq*.
④ Hopkins, *Religions of India*, p. 288. Barth, *op. cit.* p. 145. Kipling, *op. cit.* p. 10 *sq*.

养,作为老鼠食物来源的面粉都是用当地小镇居民的税金购买的。①

　　按照道教经典《太上感应篇》所说,一个好人应该对所有的生命友好和善,即便是昆虫、花草和树木也不得伤害;如果一个人"射杀鸟类,猎取野兽,挖掘穴居的昆虫,惊吓栖息的鸟儿,堵塞动物的洞穴,打翻鸟巢,伤害怀孕中的动物,或打破鸟蛋",②就会被认为是坏人。③中国民间广为流行的《功过格》中提到,救动物一命,哪怕是小小的昆虫,只要数量过百,或是帮助因干活过于劳累的牲畜恢复元气,或是赎回将要送往屠宰场的动物并将它们放归自由,都将功德无量。相反,将鸟儿囚在笼中,杀死十只昆虫,对疲累的动物毫不吝惜,打扰洞中的昆虫,毁坏鸟巢,没有足够的理由就杀死动物而食其肉、穿其皮,尽管程度不同,但均为恶行和罪过。并且最为重要的是,"鼓动屠杀动物的,或者是阻碍别人解救这些动物的",被认为与谋杀人或者残杀儿童一样罪孽深重。④孔子和孟子的著作也鲜明地提出要对动物仁慈的观点;⑤这些先贤主张,不要用网捕鱼,也不要在鸟儿栖息的时候射杀它们。⑥在日本,据爱德华·里德爵士的描述,"动物的生命总是被或多或少地赋予神圣性,不管是神道教还是佛教,都不会要求杀死任何生灵作祭品,也

① Burnes, 'Notice of a remarkable Hospital for Animals at Surat,' in *Jour. Roy. Asiatic Soc*. i. 96 *sq.*

② 原文是:"射飞逐走,发蛰惊栖,填穴覆巢,伤胎破卵。"——译者

③ *Thâi-Shang*, 3 *sq.*

④ *Indo-Chinese Gleaner*, iii. 164, 205 *sq.*

⑤ Mencius, i. 1. 7.

⑥ *Lun Yü*, vii. 26.

不会认为这种做是正当的"。①

这些东方宗教及其信徒所表现出的对低等动物的尊重,某种程度上是源于迷信;我们发现,类似的观念在蒙昧时代的很多社会中同样普遍存在。高延博士观察到,中国人会将友爱和仁慈的美德延伸到动物身上;因为他们认为,这些动物也是有灵魂的,这些灵魂可能会来复仇或者报恩。② 进而,东方人对待动物的行为被解释为源于灵魂转世的信仰。但是他们的轮回理论和他们对待动物的行为准则之间的联系,似乎并不仅仅是或主要是因果关系,而是二者有着共同的起因。在某种程度上,这个理论本身被认为是东方人与动物之间亲密关系的结果。佛教认为,人和动物之间并没有本质的区别,只不过存在一些偶发的、现象的不同;③这种态度和观念距离轮回理论仅仅一步之遥。福布斯船长认为,缅甸人仁慈地对待不言人语的动物,更多是出于"内在本性善良、天生性情温柔",而不是受到某个具体教义的影响。④ 当欧洲人提出,佛教徒禁止杀生是因为他们相信灵魂转世,佛教徒会嘲笑这种说法,因为他们以前从未听说过这个。按照菲尔丁·霍尔先生的说法,他们不杀生的动机是出于怜悯和仁慈。⑤ 不过,通过惩罚和奖励,宗教大大增进了对动物生命和动物福祉给予尊重的天性,并且为最初起源于仁慈的不杀生行为引入了新的动机。

501

---

① Reed, *Japan*, i. 61.

② de Groot, *Religious System of China*, (vol. iv. book) ii. 450.

③ Rhys Davids, *Hibbert Lectures on Buddhism*, p. 214.

④ Forbes, *British Burma*, p. 321.

⑤ Fielding Hall, *op. cit.* p. 237 *sq.*

在拜火教中,我们看到一种对待低等动物世界的不同态度。拜火教在善神的动物和恶神的动物之间做了根本性的区分。杀死前者是十恶不赦的,杀死后者却是可嘉的美德善行。[①] 与其他动物相比,狗是最神圣的。让狗挨饿或用劣质食物喂狗,虐待狗,都可能被当作犯罪控诉,而胆敢杀害狗的人将会招致最严厉的惩罚。[②] 在马兹达崇拜者的家里,如果一只疯狗丧失了嗅觉,这个崇拜者"会像对待其他信徒那样照料它、治疗它"。[③] 在帕西人眼中,动物有善恶之分,因而可分为对人有用的动物和对人有害的动物;但是达梅斯泰特先生认为,这些动物被划归为某一个类别,起初不是基于它们的品性,而是因为在那些关于暴风雨的传说故事中,它们被偶然划分为天使或者魔鬼。他说:"狗、水獭、刺猬、公鸡,或者蛇、龟、青蛙、蚂蚁,这些动物要么被说成神,要么被说成魔鬼。这与人们关于动物的心理无关,而是由于这些动物碰巧具有的身体特征以及大众变化无常的想象。上帝也罢,魔鬼也罢,都可以被比作任何东西,也可以转化成任何东西。暴风雨的肆虐,闪电的耀眼,雨水汇成溪流,云彩变化万端,都可藉由上帝或魔鬼的力量而生。"[④]然而,这个假说过于强调神话与幻想的重要性,并且它预设寓言故事有着几乎反复无常的作用,这一点显然缺乏事实依据。无论如何,帕西人根据动物对人类有用还是有害加以分类,这种看

① Darmesteter,*Ormazd et Ahriman*,p. 283.

② *Vendîdâd*,xiii. *sq.* Geiger,*Civilization of the Eastern Irānians*,ii. 36.

③ *Vendîdâd*,xiii. 35.

④ Darmesteter,in *Sacred Books of the East*,iv. (lst edit.) p. lxxii. *sq.* 另见:*Idem*,*Ormazd et Ahriman*,p. 283 *sqq.*。

法还是有一定事实依据的,尽管在这个问题上,仍有许多细节有待澄清。

看来,拜火教徒对动物生命的尊重在一定程度上同样出于这样一种迷信:这些动物有灵魂,它们会报复人类。根据《赞美诗》中的说法,"无论是野生动物还是家养动物",它们的灵魂都是崇拜的对象。[1] 一个巴拉维语文本中记载,人们不应非法捕杀任何动物,因为非法捕杀者会受到这样的惩罚:每一头被捕杀的动物的体毛都将化作锋利的匕首,反过来将那屠杀者刺死。[2] 然而,在此我们必须重提同情心共同起到的作用。拜火教徒的《伽泰》[3]中有许多段落,要人们仁慈对待家养的动物;[4]这表明,他们的动机不仅出于功利、功用的目的,也出自真诚、慈爱、善良的心肠。[5] 在后来的时代里,波斯诗人菲尔多西唱道:"啊,宽恕藏于谷物之中的蚂蚁吧。生于享乐之人将死于痛苦。"波拉克博士这样描述现代波斯人:"他们天性本来就不凶残,他们对待动物比待人还要善良。"[6]这个民族当今的教义也要求人们把善待动物当作天职。

根据伊斯兰教义,兽类、鸟类、鱼类、昆虫与人类一样都是真主的奴仆,是真主执行其意志的工具。除了真主偶尔心怀喜悦地创造的一些差别,它们与人类之间不存在本质区别。[7] 穆罕默德对

---

[1]　*Yasts*,xiii.154.

[2]　*Shâyast Lâ-Shâyast*,x.8.

[3]　《伽泰》是拜火教徒的圣典《阿维斯塔》的最早分册。——译者

[4]　Darmesteter,in *Le Zend-Avesta*,i. p. cvi.

[5]　Firdausi,转引自:Jones,'Tenth Anniversary Discourse,' in *Asiatick Researches*,iv.12。

[6]　Polak,*Persien*,i.12.

[7]　*Cf*. Palgrave,*Journey through Central and Eastern Arabia*,i.368.

他的信徒说:"在大地上行走的兽类和用两翼飞翔的鸟类,都跟你们一样,各有种族的……都要被集合在他们的主那里。"①伊斯兰教法规定,家养动物必须受到善待,不许过度役使它们。② 这项法律在许多穆斯林国家都得到正式的施行。印度穆斯林对待动物非常友好。③ 莱恩先生在与埃及人的早期交往中,也观察到当地人对动物的友善。④ 蒙田说,土耳其人很乐意救助伤病中的动物,他们还为此设有专门的医院;⑤博斯沃思·史密斯先生也提出,在基督教世界里,没有哪个民族像土耳其人那样喜爱和悉心照料驮畜和家畜,唯一的例外可能是挪威人。他接着补充道:"东方人不像西方人那般麻木无情,人和动物之间存在着一种真挚的同情和怜悯,彼此能够相互理解。"⑥

古希腊人也以类似的态度对待动物。当时的诗歌经常用动物的品性隐喻人。从中可以看出,当把人类比作动物时,人们也相信动物具有人类的某些特性。当他们要屠宰一头野兽作为牺牲之前,必须看到野兽做出类似点头的动作,以表示它同意被杀。⑦ 他们认为,在某种程度上,动物也应对它们的行为负责,如果它们杀了人,也将被审讯、判决并处决。⑧ 另一方面,他们授予为主人通

---

① *Koran*, vi. 38.

② Sachau, *Muhammedanisches Recht*, pp. 18, 103.

③ Pool, *Studies in Mohammedanism*, pp. 176, 177, 247. *Cf*. Heber, *Journey through the Upper Provinces of India*, ii. 131.

④ Lane, *Modern Egyptians*, p. 293.

⑤ Montaigne, *Essais*, ii. 11.

⑥ Bosworth Smith, *Mohammed and Mohammedanism*, pp. 180, 217.

⑦ Schmidt, *Die Ethik der alten Griechen*, ii. 96 *sq*.

⑧ 见第一卷第 254 页。

情报信的动物以荣誉。西蒙在奥林匹克运动会上曾骑着三度折桂的马，在普鲁塔克时代仍然陪葬在西蒙本人的墓地旁边。① 赞提帕斯把自己的小狗葬在一个海角以纪念它，自那之后这个地方就被称为"忠犬之墓"，因为当雅典人被迫弃城逃亡时，这只小狗跟着赞提帕斯游到了萨拉米斯。② 据色诺克拉底，古希腊厄琉息斯的立法者制定了三条律法："一、尊重父母；二、以土地上植物的果实供奉上帝；三、勿伤及动物。"③在雅典，一个活剥公羊羊皮的人受到了处罚。④ 古希腊雅典最高法院的法官曾因一个小男孩挖出鹌鹑的眼睛而将他处以死刑。⑤ 就如我们此前提到的，希腊人认为，能耕田的公牛的生命是神圣的；⑥幼小的动物也被认为受到众神的特别保佑。⑦ 古代格言这样说道："即使是狗也有他们的复仇女神厄里倪厄斯。"⑧这就表明，古希腊人也受到这种常见观念的影响：如果弑杀动物，它们的灵魂会回来报复，而最初被杀动物的厄里倪厄斯就被视为报仇的幽灵。按照毕达哥拉斯学派的原则，不令人类生厌的动物既不可伤害也不可弑杀，⑨这一规则是与他们的灵魂转世理论相关联的。⑩ 在某些情况下，禁止杀害有益动物

---

① Plutarch,*Cato Major*,v. 6.

② *Ibid*. v. 7.

③ Porphyry,*De abstinentia ab esu animalium*,iv. 22.

④ Plutarch,*De carnium esu oratio I*. vii. 2.

⑤ Quintilian,*De institutione oratoria*,v. 9. 13.

⑥ 见前文第 331 页。

⑦ Aeschylus,*Agamemnon*,48 sqq. Xenophon,*Cyneqeticus*,v. 14.

⑧ Schmidt,*op. cit*. ii. 96.

⑨ Jamblichus,*De Pythagorica vita*,21 (98).

⑩ Diogenes Laertius,*Vitæ philosophorum*,viii. 2. 12 (77). Aristotle,*Rhetorica*,
i. 13. 2,p. 1373 b. Schmidt,*op. cit*. ii. 94.

的规定也可以追溯到人们的功用性动机。[①] 但是在希腊和罗马,
也有人基于人道主义观点,提倡为了动物自身的利益而善待动物。
波菲利说,正义属于有理性的群体,而动物恰恰被证明具备这种理
性,所以我们有必要公平地对待动物。[②] 他还补充道:"既不伤害
同类也不伤害其他动物的人最近于神;如果他能把这种善意扩大
到植物,他的形象就离神更近了。"[③]根据普鲁塔克的说法,仁慈善
良地对待世上每一个物种,是本性优雅之士内心情怀的自然流露,
如同活泉会涌出溪流。我们不仅要在狗和马幼小的时候就好好照
顾它们,而且要在它们年老而不能为我们做事的时候善待它们。[④]
除非有生命的生灵伤害我们在先,否则任何时候都不能残暴地对
待或者杀害它们。[⑤] 我们即使不能毫无过错地活着,至少应当审
慎地对待可能犯下的罪过:如果我们实在因为饥饿而不得不杀掉
动物,至少在处置过程中应该有悲悯之心,不虐待、折磨它们。[⑥]
西塞罗说,伤害动物就是一种罪行。[⑦] 马可·奥勒留劝诫,因为人
是有理智的,而动物没有,所以人们在使用动物时要慷慨、宽厚和
仁慈。[⑧]

在《圣经旧约》中,我们能找到许多善待动物的实例。[⑨] 上帝

---

① Porphyry, *op. cit.* iv. 22. 见前文第 331 页。

② Porphyry, *op. cit.* iii. 18.

③ *Ibid.* iii. 28.

④ Plutarch, *Cato Major*, v. 3 *sq.*

⑤ *Idem*, *Questiones Romanæ*, 75.

⑥ *Idem*, *De carnium esu oratio II*. i. 3.

⑦ Cicero, *De republica*, iii. 11.

⑧ Marcus Aurelius, *Commentarii*, vi. 23.

⑨ 见:Bertholet, *Die Stellung der Israeliten zu den Fremden*, p. 14. 有几个段
落经常被引用以证明圣经人物对动物心慈手软,不过这些段落也可以从更自然的角度
得到解释。关于与家养动物有关的安息日禁令,尤其如此。

照看和管理着动物的生活,让它们有充足的营养,保持旺盛的生命力。他让山谷中涌流出清泉,让每一头野兽都能够喝到水。他让鸟类安心筑巢,以便它们在枝头欢唱。他让广阔的草原长满青草,于是牛羊衣食无忧;他赐予幼狮足够的美食,让它能在捕掠猎物后欢叫。[①] 据托伊教授观察,犹太人难以想象以色列的上帝会善意地设想他们的敌人,但他们对待兽类和鸟类却没有那种敌意。[②] 与此同时,《圣经旧约》视人类为生命世界的中心,与其他同时存在的物种不同,人类受到上帝的特别眷顾,而任何其他东西被创造出来只是为了人类自身。太阳、月亮和星星在苍穹遨游,是为了照亮人世间的国度。[③] 地球上生长出各种果实,是为了让人类存活;无论是海洋里的游鱼、天空中的飞鸟,还是地球上任何活着的生命,都受到人类的掌控。[④] 当洪水泛滥过后,地球恢复生机之时,人类再次被赋予特权。其他生灵都对人类怀着恐惧和敬畏,都是他们手中玩物、口中食物。[⑤] 人类拥有至高无上的支配权,他们可以对其他生灵生杀予夺,丝毫不必对动物施以仁慈,也不必对动物有任何义务。在人类看来,其他生灵只是他们口中的"食物"而已。[⑥]

　　希伯来人对家畜有同情之心,这是一个放牧与农耕的朴素民族自然生发出来的一种情感,因而上述人类中心主义的调子就显

---

① *Psalms*, civ. 10-12, 14, 17, 21.

② Toy, *Judaism and Christianity*, p. 81.

③ *Genesis*, i. 16 *sq*.

④ *Ibid*, i. 28.

⑤ *Ibid*. ix. 2 *sq*.

⑥ *Cf*. Evans, 'Ethical Relations between Man and Beast,' in *Popular Science Monthly*, xlv. 637 *sq*.

得不再那么生硬了。而在基督教里,人类的精神救赎被赋予绝对的重要性,这种人类中心主义的教条反而被强化了。于是,人类以前所未有的方式与其他动物区别开了。即使是他自己的动物本性也受到了蔑视,而灵魂的永生成了宗教信仰的唯一目的。阿诺德博士说:"早先的基督徒似乎很是重视来世生活,而忽视现世生活,他们认为低等动物是没有希望得到拯救的,因而不值得同情,这就为以人类为中心而完全不尊重动物的观念打下了基础。"①圣保罗不无轻蔑地问道:"上帝照看牛吗?"②在基督教世界里,不存在教人善待动物的教义。③ 中世纪时期教会的很多次会议宣布,牧师狩猎动物是非法的,④但是出台这种禁令是基于对血腥景象的恐惧,⑤而不是由于吝惜动物的生命。在亚瑟·赫尔普斯爵士的《谈谈动物及其主人》一文中,莫莱弗拉先生说:"粗算起来,我迄今为止听到的布道不下 1320 次,我实在回想不起来这些讲道中有哪怕一丁点儿关于人如何对待动物的说法。"⑥基于基督教教义的伦理学著作大多都不涉及人应如何对待动物的内容。我认为,基于基督教观点所提出的对动物最友善的论述主要来自清教的贵格会与

---

① Arnold,转引自:Evans,in *Popular Science Monthly*,xlv. 639。

② 1 *Corinthians*,ix. 9.

③ 摩尼教徒禁止杀生(Baur,*Das Manichäische Religionssystem*,p. 252 *sqq*.);但摩尼教并非源自基督教(Harnack,'Manichæism,' in *Encyclopædia Britannica*,xv. 485;见前文第 312 页)。

④ Le Grand d'Aussy,*Histoire de la vie privée des François*,i. 394 *sq*.

⑤ 见第一卷第 381 页及以下。

⑥ Helps,*Some Talk about Animals and their Masters*,p. 20. *Cf*. Mrs. Jameson,*Common-Place Book of Thoughts*,p. 212.

卫理公会这两个教派；①而除了少数例外情况，罗马天主教的著作者面对这个问题时总是竭力表明，②动物是没有什么权利可言的。雷克比神父说，野兽没有理解力，不是人类，因而没有任何权利。我们对它们没有任何责任，就好像对待树枝和石头一样；我们只有有关它们的责任。当这些动物是我们邻居的私有财产时，我们不能伤害他们，我们也不能为了玩乐而骚扰或招惹它们，因为这么做的人容易变得对自己的同类不够人道。但是，假如在体育运动中让野兽遭受了苦痛，对此不必心存罪恶感，苦痛不是体育运动本身带来的，而是伴随体育运动偶然发生的。最重要的是，人类伤害动物是为了获取营养，让自己存活下去。而"我们大可不必小心翼翼地让动物遭受尽可能小的苦痛。在我们看来，动物就如同东西：既然它们对我们有用，它们就是为我们而存在的，而不是为它们自己存在。为了我们的需要和便利，我们慷慨大方地利用它们，只要不暴殄天物，没有任何不妥之处。"③另一位现代天主教作家则认为，508"当能够给人类的精神世界带来某种益处时，不管这个益处多么小"，让动物遭受苦痛不仅仅是合理的，而且还是一种本分和义务。④罗马教皇庇护九世拒绝了在罗马成立预防虐待动物协会的请求，他

----

①　见：Gurney，*Views and Practices of the Society of Friends*，p. 392 *sq.* 。n. 8；Richmond，'Sermon on the Sin of Cruelty to the Brute Creation,' in *Methodist Magazine*（London），xxx. 490 *sqq.*；Chalmers，'Cruelty to Animals,' in *Methodist Magazine*（New York），ix. 259 *sqq.* 。

②　见：de la Roche-Fontenelles，*L'Église et la pitié envers les animaux*，*passim*。

③　Rickaby，*Moral Philosophy*，p. 248 *sqq.* 另见：Addis and Arnold，*Catholic Dictionary*，p. 33；Clarke，'Cruelty to Animals,' in *The Month and Catholic Review*，xxv. 401 *sqq.*；Hedley，'Dr. Mivart on Faith and Science,' in *Dublin Review*，ser. iii. vol. xviii. 418。

④　Clarke，in *The Month and Catholic Review*，xxv. 406。

公开声称的依据是,假定人必须对动物负责,在神学上是错误的。[①]

基督教道德家认为,动物可以没有任何权利,禁止对人类肆意残杀是一种义务,对待动物则未必如此,同样持这种观点的还有康德[②]和其他一些哲学家。[③] 因此,对动物立法保护往往仅仅基于这样的理由:对动物残暴可能诱发对人类的残酷,或者显示了人类心理的残暴性,[④]或者伤害了其他人的内心感受。[⑤]《议会史及评论》(1825—1826)声称,没有理由引入保护动物法,除非动物保护能够直接或间接地增进人们自身的利益。[⑥] 议会通过了废除斗熊游戏等残酷做法的议案,其明确陈述的理由是,没有什么比这类游戏更能诱导人们犯罪了——它们让社会下层赌博,教他们偷窃,使他们学会暴力和谋杀。[⑦] 德意志帝国的刑法规定,"恶意伤害或者残暴虐待动物,不管是公然犯事还是偷偷摸摸的勾当",都要予以惩罚。[⑧] 换句话说,犯事者之所以受到惩罚不是因为他伤害了动物,而是因为他的这种行为冒犯了其他国民。

在当代欧洲国家,对动物漠不关心一直是公众的普遍态度。

509

---

① Cobbe,*Modern Rack*,p. 6.

② Kant,*Metaphysische Anfangungsgründe der Tugendlehre*,§ 16 *sq*.,pp. 106,108.

③ 例如参见:Alexander,*Moral Order and Progress*,p. 281;Ritchie,*Natural Rights*,p. 110 *sq*.。

④ Hommel,转引自:von Hippel,*Die Thielquälerei in der Strafgesetzgebung*,p. 110。Tissot,*Le droit pénal*,i. 17. Lasson,*System der Rechtsphilosophic*,p. 548 *sq*.

⑤ Lasson,*op. cit*. p. 548. von Hippel,*op. cit*. p. 125.

⑥ *Parliamentary History and Review*,1825-6,p. 761.

⑦ *Ibid*. p. 546.

⑧ *Strafgesetzbuch*,§ 360 (13).

大约一百多年之前,托马斯·杨在《论人性地对待动物》一文里宣称,他非常明白会有很多人嘲笑他就这样一个主题著书立说。[1]一直到 18 世纪末甚至更晚,斗鸡在英格兰和苏格都是一项非常普遍、老少咸宜的娱乐活动。旅行者和他们的马车夫不管经过哪个城镇,只要听说当地将有一场斗鸡,他们就在那儿留宿一夜,以便观看第二天的比赛。学校也有斗鸡比赛,每到忏悔日,学生们就会带一只用作比赛的鸡去镇上的学校,学校的校长会亲自主持比赛。[2] 那些一直想要为这个娱乐行为找借口的人发现了这样一种观念:人们每年都举行这项残酷的比赛是为了惩罚圣彼得的罪行;[3]但考虑到像劳伦斯那样积极提倡善待动物的人也不憎恨这项运动,所以对这项运动心怀疑虑的人在数量上不可能太多。[4]人们还沉迷于其他娱乐活动,如斗狗、斗牛、斗獾;根据凯姆斯勋爵的描述,斗熊是 18 世纪中叶英国主要的消遣活动——这种活动被法国以及其他一些文明社会深恶痛绝:它太过野蛮,品位优雅的文明人对此嗤之以鼻。[5] 甚至到了 1824 年左右,罗伯特·皮尔先生还强烈地反对禁止斗牛的立法。[6]

510

　　大约两年以前,人道对待动物问题首次成为英国立法的一项

---

[1] Young, *Essay on Humanity to Animals*, p. 1.

[2] Roberts, *Social History of the People of the Southern Counties of England*, p. 421 *sqq*. Rogers, *Social Life in Scotland*, ii. 340. 1856 年,在罗伯茨撰写这本著作之际,每个周二忏悔日,英格兰文法学校的学生都必须把一只用于斗鸡的公鸡带到学校,交给校长(Roberts, p. 423)。

[3] Roberts, *op. cit*. p. 422.

[4] Lawrence, *Philosophical and Practical Treatise on Horses*, ii. 12.

[5] Kames, *Essays on the Principles of Morality*, p. 7.

[6] Hansard, *Parliamentary Debates*, New Series, x. 491 *sqq*.

议题,新的法案禁止人们残暴地对待牛。① 紧随这一法案之后,又通过了其他一些法案:禁止斗牛,禁止斗鸡,与此相似的其他娱乐活动也被法律禁止,这些法案甚至扩展到了家养动物。1876 年,为了医学或科学目的而对动物实行活体解剖也受到了种种限制。自 1900 年起,随着《被圈养野生动物保护法》的实施,残害圈养野生动物的行为也受到法律约束。② 在欧洲大陆,萨克森地区于1838 年首次将禁止残害动物写入刑法,③之后欧洲其他国家也陆续施行了这种法律。但是在欧洲南部,现在仍然有一些国家的法律完全没有涉及这项议题。④

无论禁止残害动物在立法层面言明的动机如何,人们在法律上禁止这种残暴行为无疑是出于慈悲之心,从更广的意义来说是出于人们对苦痛的同情。事实上,人们对苦痛的真实感受通常比法律、哲学和宗教上宣扬的抽象理论更敏锐、更细腻。自古以来,民间广泛存在的情感和信仰在一定程度一直与基督教人类中心主义的观念相抗衡。在欧洲民间传说中,人类在这个世界上并非一枝独秀、独一无二。他与其他物种亲密友好地相处,他把人类的品格赋予周围的动物,以怜悯慈悲之心对待它们。⑤ 很多与圣人有关的传奇故事也记载着他们对野生生命表现出的悲悯与怜惜。⑥

---

① *Statutes of Great Britain and Ireland*,lxii. 403 *sqq.*

② Stephen,*New Commentaries on the Laws of England*,iv. 213 *sqq.*

③ von Hippel,*op. cit.* p. 1.

④ *Ibid.* p. 90 *sq.*

⑤ 见第一卷第 259 页。Schwarz,*Prähistorisch-anthropologische Studien*,p. 203.

⑥ Lecky,*History of European Morals*,ii. 168 *sqq.* Joyce,*Social History of Ancient Ireland*,ii. 517 *sq.*

阿西西的圣方济各与鸟儿对话,称它们为"小鸟弟弟"或者"燕子小妹",他还会把虫子从路中央转移到其他地方,以免它们被路人践踏。① 约翰·莫斯克斯这样说起过一名修道士:他每天早晨不仅喂食修道院里的每一条狗,而且还会给蚂蚁以及屋顶上的鸟儿喂玉米。②《圣碧洁启示录》里有这样一段话:"最为要者,乃是使人畏惧我——他的上帝和造物主,由于敬畏我,由于我的缘故,他会对我的动物和其他生灵怀有恻隐之心。"③对动物的许多歌颂都出自诗人和思想家。蒙田说,看到一只无辜的动物被追逐、被杀害,而它既毫无戒备,又于人秋毫无犯,他的内心不能不遭受痛苦。④莎士比亚指出:"可怜的甲壳虫被人践踏的一瞬间所遭受的肉体痛楚与煎熬与一个巨人死前相差无几。"⑤曼德维尔认为,大地慷慨地向人们提供了如此丰美的蔬菜、水果和粮食,除非暴君祸患天下,任凭哪个本性还算善良之人都不会忍心看到人们为了日常吃食而杀害那么多动物。⑥ 到了 18 世纪末,边沁写道:"应当允许人们弑杀动物,但是,应该禁止他们虐待动物。用简单的办法人为杀死动物比动物自然死亡更能减少动物的痛苦,这个问题很值得研究。为什么法律拒绝保护那些易受伤害的生命物种? 人道的关怀 512 将播洒到每一个会呼吸的物种身上,这样的时代即将来临。众多

① Sabatier, *Life of St. Francis of Assisi*, p. 176 *sq.* Digby, *Mores Catholici*, ii. 291.

② Moschus, *Pratum spirituale*, 184 (Migne, *Patrologiæ cursus*, Ser. Græca, lxxxvii. 3056).

③ St. Bridget,转引自:Helps, *op. cit.* p. 124。

④ Montaigne, *Essais*, ii. 11.

⑤ Shakespeare, *Measure for Measure*, iii. 1.

⑥ Mandeville, *Fable of the Bees*, p. 187.

奴隶劳作与生活的痛苦已经激发了我们的同情；我们应该温柔地对待那些为我们劳作、满足我们需求的动物。"[1]过了几年，托马斯·杨宣称，以狩猎、射杀动物和捕鱼为体育运动和游戏都是"非法的、残暴的、罪恶的"。[2] 在整个 19 世纪，善待动物从原本显然为数寥寥的个人行为，逐渐为众人所接受，并且成为愈演愈烈的运动。塞尔特先生说："人道主义者认为，人类与非人类之间没有种类之别，只有程度之别；对共同生活在这个地球上的所有具有感知能力的生命体，我们都负有责任和义务，而这些责任和义务之间只有种类之别，并无程度之别。"[3]一些人主张，为了口腹之欲或运动游戏而杀死动物的行为是错误的。不过，从目前的情况看，在如何对待野生生命的问题上，最激烈也最严厉的攻击是针对活体解剖展开的。他们主张，活体解剖不仅应予限制，而且要从法律上杜绝。活体解剖的反对者通常竭力否认或贬低利用活体动物进行实验的科学意义，他们的主要依据是，人类没有权利为了缓解自己的痛苦而折磨无辜、无助的动物。

在很大程度上，同情动物的观念的迅速蔓延无疑源自人类中心主义教条的没落；另外一种理论的出现也功不可没，这种理论认为，人类不是上帝特地按照自己的形象创造出来，并与其他低等动物隔离开来的神圣物种，而是与其他动物相近，只不过在心智进化的进程中处于较高的水准而已。按照这个理论，蔑视不言不语的动物的传统做法就应该被友善、亲近对待动物的行为取而代之。

---

[1] Bentham, *Theory of Legislation*, p. 428 *sq.*

[2] Young, *op. cit.* p. 75 *sq.*

[3] Salt, *Animals' Rights*, p. v.

而除了人类起源的理论以外,人类日益增长的自我反省意识使人更容易想见动物遭受苦痛的真切场面,从而也教导着人们在对待动物问题上考虑更周全。正是人类的麻木不仁使动物遭受了很多不必要的痛苦。这一状况尽管有所改善,但人类的麻木不仁依然存在。同时也应看到,人们要求进一步善待动物,这个运动尚未做到连贯一致且无差别地推行。

人们已经观察到,那不勒斯人并不会残忍地对待任何动物,因为他能想象得到,这些动物也能感知和表达自己的痛苦和快乐。① 所以,如果我们意识到,我们轻率地造成了动物的痛苦,而由于这些动物没有把所受的折磨通过外在的方式表现出来,导致我们忽视了它们的苦痛,这时我们自己就应该在行为上有所改变。在一个多世纪之前,英国有一个习俗是用鞭子抽打小猪致死,以使肉质更嫩。② 这样的行为今天则会招致公众的恐惧和厌恶,但为了满足食欲而残杀更低等动物的做法却极少得到反思和省察。曼德维尔发现,人们对小龙虾、牡蛎和广而言之的鱼类已经几乎没有半点儿怜悯了,因为"它们在我们人类看来是愚钝的,它们不言不语,它们的内在构造和外在形态与我们人类完全不同"。③ 另一方面,即便是热衷于体育运动的人也会把捕猎猴子视作丑恶的行径,因为这些猴子跟人太相像了;在布鲁克罗阁看来,除非出于科学研究的

---

① 'Cruelty to Animals in Naples,' in *Saturday Review*, lix. 854.
② *The World*, 1756, nr. 190, p. 1142. Young, *op. cit.* p. 129.
③ Mandeville, *op. cit.* p. 187.

需要,否则杀害红毛猩猩是极其残暴的。[1] 佛教教义告诫世人:
"剥夺大型动物生命的人,比杀死小动物的人来得更可恶……踩死
一只小蚂蚁可能并非罪孽深重,但如果残害的是一条蜥蜴,一只鬣
蜥,一只野兔,一头鹿,一头公牛,一匹马,一头大象,那么罪恶的程
度将越来越严重。"[2]在下面的对比中可见,关于对待低等动物的
行为之观念背后隐藏的情感,受到人类反思能力的影响并不大:公
众普遍对体育运动中动物受到的痛苦漠不关心,相对而言,近年人
们反对活体解剖的运动简直称得上是一场圣战。为了人类的利益
残害无辜、无助的生命并进行科学试验的人,被视为铁石心肠,被
视为懦夫,他们比单纯出于娱乐而给动物带来极大痛苦的运动员
要远为频繁地受到人们憎恶。有人认为,被捕获的小动物有"逃脱
人类魔爪的自由"。[3] 这个观点非常正确,如果我们认同北美印第
安人所持的下列信念的话——除非获得动物自身的许可,否则不
能杀害它。

　　当下,关于人类应该在多大程度上为了自身的福祉而剥夺低
等动物福祉这一道德问题,存在着差异迥然的观点。在这个问题
上,某些极端的观点无疑需要予以修正。一方面,我们看到动物遭
受痛苦的生动场面;另一方面,我们也看到了某些常常被忽视的事
实,这些事实使我们认为像对待人类一样对待那些无声的生命是
不合理的。尤其需要记住的是,动物并不像人类那样有着长远的

---

　　① Brooke,*Ten Years in Sarawak*,i. 100. *Cf.* Rengger,*Naturgeschichte der Säugethiere von Paraguay*,p. 26.

　　② Hardy,*Manual of Budhism*,pp. 478,480.

　　③ Cobbe,*op. cit.* p. 10.

考虑,有着对未来惨状甚至死亡的预期。[①] 即使它们注定成为我们的盘中餐,它们对自己的命运却是一无所知的;而如果很多家养动物不被用作我们的食物的话,它们原本不会来到这个世上并享受快乐的一生。尽管更好的智力分辨能力可能使这一问题的道德观念分歧变得不那么严重,但要达成一致的看法是十分困难的。原因很简单:人们的道德判断是建立在情感基础上的,而对动物世界的慈悲和同情在不同的个人身上千差万别。

---

① *Cf*. Bentham, *Introduction to the Principles of Morals and Legislation*, p. 311, n.

515

第四十五章　对死者的尊重

道德不仅关系到人们对生者的行为，也关系到人们对死者的行为。

人的心理有一种一般倾向，即假定已存在的东西仍存在着，并将继续存在。某人去世了，他身边的人难以设想他真的死了，而当冰冷、僵直的尸体表明悲伤之事已然发生，人们自然就容易相信，灵魂只是改变了居处。在蒙昧人中，假定人死后灵魂仍继续存在的倾向，为关于死去朋友的梦和幻想所强烈支持。在蒙昧人眼中，这些梦和幻想若非表明死者灵魂的到访，还能意味着什么呢？

确实，据报道有些蒙昧族群相信人死后灵魂灭绝，或者对未来状态不抱看法。[1] 但这些说法的准确性很难不让人生疑。有时我们就听闻，据说根本不相信来世的民族也害怕鬼魂。[2] 马达加斯加的土著会宣称人在死后就整个不复存在了，同时却又承认他有

---

[1]　Powers, *Tribes of California*, p. 348 *sq.* (Miwok). Brinton, *Myths of the New World*, p. 233 *sq.* (some Oregon Indians). Lumholtz, *Among Cannibals*, p. 101 (natives of the Herbert River, Northern Queensland). Martin, *Reisen in den Molukken*, p. 155 (Alfura). Worcester, *Philippine Islands*, p. 412 (Mangyans). Colquhoun, *Amongst the Shans*, p. 76 (Lethtas). Dalton, *Ethnology of Bengal*, p. 257 (Oráons). Petherick, *Travels in Central Africa*, i. 321 (Nouaer tribes). Du Chaillu, *Explorations in Equatorial Africa*, p. 385.

[2]　New, *Life in Eastern Africa*, p. 105.

着向死去的先人祈祷的习惯。[1]　关于东非的马萨伊人,有些作者
讲,他们相信灵魂灭绝,[2]其他作者则说,马萨伊人认为,头人、巫
医、有地位的人死后,灵魂还存在。[3]　土著的相关观念常常极为含
混,并且总是前后矛盾。

脱离肉体的灵魂通常被认为拥有小的、虚无缥缈的人的外形,
实质上就是水汽、薄膜或阴影。[4]　人们相信,灵魂与死者生前一
样,拥有同样的身体需要、同样的心智能力。人们不把灵魂看作刀
枪不入或永恒不朽的东西,它也会受到伤害,也会被杀死。它也能
感知饥渴寒热。它能看、听、思考,拥有人的热情和意志,有能力对
生者产生或好或坏的影响。关于脱离肉体的灵魂的这些观念,决
定了生者与死者的关系。

人们认为,死者也拥有与生前非常相似的一些权利。在他们
看来,不可杀害或伤害灵魂。例如,澳大利亚南部的迪埃利人很尊
重某些树木,他们相信这些树木是先父的化身;他们不会砍掉这些
树,也反对殖民者砍这些树。[5]　菲律宾岛民同样认为,他们先祖的
灵魂在树里,于是他们也留着这些树不用。[6]　北美的波瓦坦人不
会伤害树林里的一些小鸟,他们认为小鸟身体里有他们头人的灵

[1]　Ellis, *History of Madagascar*, i. 393.

[2]　Thomson, *Through Masai Land*, p. 259. Hinde, *The Last of the Masai*, p. 99.

[3]　Johnston, *Uganda*, ii. 832. Hollis, *Masai*, pp. 304, 305, 307. Elict, *ibid*. p. xx.

[4]　Tylor, *Primitive Culture*, i. 429.

[5]　Gason, 'Dieyerie Tribe,' in Woods' *Native Tribes of South Australia*, p. 280.

[6]　Blumentritt, 'Der Ahnencultus der Malaien des Philippinen-Archipels,' in *Mittheil. d. kais. u. kön. Geograph. Gesellsch. in Wien*, xxv. 164 *sqq*.

517 魂。① 在利富,如果父亲要去世了,家庭成员围在他身旁,他可能会说,他会变成哪种动物,例如一只蝴蝶或某种鸟,而这种动物对这个家庭就变得神圣,他们就不会伤害、杀害它。② 苏门答腊的勒姜人认为,老虎身体内一般都有亡人的灵魂,而"农村人不会想到去捕捉或伤害一只老虎,除非为了自卫,或是老虎刚刚吃了一个朋友或亲戚"。③ 在其他民族中,猴子、鳄鱼或蛇也被看成人的转世,被视为神圣不可侵犯的动物。④ 有些刚果黑人在死者去世后一整年里都不打扫房屋,唯恐灰尘会伤害纤弱的鬼魂。⑤ 在中国,男人去世后的七天内,寡妇和子女都不用刀子、针,甚至也不用筷子,而是用手指吃饭,以免伤害到亡灵。⑥ 直至今天,德国农民还相信,猛然关门是不对的,他们担心会夹疼里面的灵魂。⑦

而生者不仅不能做伤害灵魂之事,也应积极促进灵魂的福祉。生者常常为灵魂提供居处,或者在死者自己家里安葬他,或者在死者坟墓上搭建帐篷、小屋。有的澳大利亚土著在离坟墓几码远的地方烧火,并反复这么做,直至他们认为灵魂已到达其他地方;⑧ 其他澳大利亚土著则有用毯子包裹尸体的习惯,据说是为了给尸

---

① Brinton,*Myths of the New World*,p. 102.

② Codrington,转引自:Tylor,'Remarks on Totemism,' in *Jour. Anthr. Inst.* xxviii. 147。

③ Marsden,*History of Sumatra*,p. 292. 马来半岛土著中也流行这种信仰(Newbold,*British Settlements in the Straits of Malacca*,ii. 192)。

④ Meiners,*Geschichte der Religionen*,i. 212. Tylor,*Primitive Culture*,ii. 8.

⑤ Bastian,*Der Mensch in der Geschichte*,ii. 323.

⑥ Gray,*China*,i. 288.

⑦ Wuttke,*Der deutsche Volksaberglaube der Gegenwart*,§ 609,p. 396 *sq.*

⑧ Roth,*North-West-Central Queensland Aborigines*,p. 165.

体保温。[①] 在福格特兰的萨克森地区，据说当地人要把一把雨伞 518
和一双胶鞋放进棺材。[②] 把食物放入坟墓或放在坟墓上，是一种
广为流行的习俗，为死者举办宴会也极为常见。[③] 按照有的习俗，
要把武器、工具等动产放入坟墓，葬礼时埋葬、屠宰家养的动物；[④]
我们也已看到，甚至也用人作牺牲献给死人，让牺牲充作死人的伴
侣或仆从，以他们的血激活死者的魂灵，或满足死者报仇的
热望。[⑤]

　　献给死者的祭品可以是生者的奉献，但葬礼上的牺牲一般是
死者自己的个人财物。在蒙昧人中，死者的全部个人财物或大部
个人财物都要埋入坟墓或毁掉。[⑥] 只要人们还相信，死者仍需要

---

① 　Fraser, *Aborigines of New South Wales*, p. 79 *sq.*

② 　Köhler, *Volksbrauch im Voigtlande*, p. 441.

③ 　见：Tylor, *op. cit.* ch. xi. *sq.*；Spencer, *Principles of Sociology*, i. 155 *sqq.*,
257 *sqq.*；Frazer, *Adonis Attis Osiris*, p. 242 *sqq.*。

④ 　见：Spencer, *op. cit.* i. 184 *sqq.*。

⑤ 　见第一卷第 472 页及以下。

⑥ 　Boas, 'Central Eskimo,' in *Ann. Rep. Bur. Ethn*. vi. 580. Murdoch, 'Ethn.
Results of the Point Barrow Expedition,' *ibid*. ix. 424 *sq.* (Point Barrow Eskimo).
Powell, *ibid*. iii. p. lvii. (North American Indians), Yarrow, 'Mortuary Customs of the
North American Indians,' *ibid*. i. 98 (Pimas), 100 (Comanches). McGee, 'Siouan
Indians,' *ibid*. xv. 178. Roth, *op. cit.* p. 164 (certain Queensland tribes). Colenso,
Maori Races of New Zealand, p. 57. Kolff, *Voyages of the Dourga*, p. 166 *sq.* (Arru
Islanders). Kloss, *In the Andamans and Nicobars*, p. 304 (Kar Nicobarese). Batchelor,
Ainu and their Folk-Lore, p. 560 *sq.* Georgi, *Russia*, iv. 152 (Burats). Caillié, *Travels
through Central Africa*, i. 164 (Bagos). Burrows, *Land of the Pigmies*, p. 107
(Monbuttu). Decle, *Three Years in Savage Africa*, p. 79 (Barotse). Strabo, xi. 4. 8
(Albanians of the Eastern Caucasus). 另见：also Spencer, *Principles of Sociology*, i.
185 *sq.*；Post, *Entwicklungsgeschichte des Familienrechts*, p. 295 *sq.*；*Idem*, *Grundriss
der ethnologischen Jurisprudenz*, ii. 173 *sq.*；见前文第 514 页及以下。

世俗财产,所有权就不会随死亡而终止。人们对这项权利的认可也体现在严厉谴责盗墓或侵犯坟墓。在一些北美部落,侵犯坟墓的做法被视为首恶,会招致残酷的报复。[①] 据说,在奇佩瓦印第安人中,不管某个人有多坏,不管他多么想偷东西,留在坟墓的东西,无论贵重与否,他都不会碰,这些东西被视作死者魂灵的圣物。[②] 在毛利人中,"死者坟墓哪怕受到一丁点儿的侵犯,也被视作一个人可能犯下的极重之罪,会遭到死者部落最残忍的复仇"。[③] 雅典[④]、罗马[⑤]及古条顿[⑥]法律非常严厉地惩处劫掠尸体和坟墓的行为。在罗马,若强行劫掠尸体、坟墓,将判处死刑,要不然就贬去采矿。

与活人一样,死人也对侮辱敏感,喜欢赞扬;于是,为了死者的荣誉和自尊,也要对他们表示尊重。根据某流传已久的传统,不可说死人的坏话。[⑦] 根据希腊习俗,在丧葬宴会上要列举并赞美死者的美德,[⑧]中伤死者则会受到法律的惩罚。[⑨] 古埃及也是如此。[⑩]

---

① Sagard, *Voyage du Pays des Hurons*, p. 288. Gibbs, 'Tribes of Western Washington and Northwestern Oregon,' in *Contributions to North American Ethnology*, i. 204.

② Reid, 'Religious Belief of the Ojibois,' in *Jour. Anthr. Inst.* iii. 112.

③ Polack, *Manners and Customs of the New Zealanders*, i. 111 *sq.*

④ Cicero, *De legibus*, ii. 26. 另见: Schmidt, *Die Ethik der alten Griechen*, ii. 105 *sq.*。

⑤ *Digesta*, xlvii. 12, 'De sepulchro violato.'

⑥ Wilda, *Das Strafrecht der Germanen*, p. 975 *sqq.*

⑦ Archilochus, *Reliquiæ*, 40.

⑧ Schmidt, *Die Eihik der alten Griechen*, ii. 122 *sq.*

⑨ Rohde, *Psyche*, p. 224.

⑩ Diodorus Siculus, i. 92. 5. Erman, *Life in Ancient Egypt*, p. 322.

在格陵兰，葬礼过后，死者最亲近的男性亲属要以哀伤的语气大声地追念死者的所有优秀品质。[①]　在易洛魁人中，死者的近亲和朋友会依次走向尸体，以颂扬的语调向尸体说话。[②]

　　死人也要求别人服从自己，渴望他们生前制定的规则死后也会被生者遵守。于是遗嘱就变得神圣；[③]于是在很大程度上，古代习俗就变得很难改变。非洲东南部土著最害怕的就是"冒犯先人，而避免冒犯先人的唯一途径就是，做任何事都依据传统习惯"。[④]　520巴苏陀人相信，"背离圣人留在身后的规矩和榜样，是最能马上惹得他们发怒的事"。[⑤]　奴隶海岸一带讲埃维语的族群有句谚语："遵循你父亲的习俗，他不做什么，你也不能做，否则就会害了你自己。"[⑥]在阿留申人中，老年人总是教导年轻人，做打猎等事时，严格遵循先人习俗极为重要，在此方面一旦有闪失，就必定会给他们带来灾难和惩罚。[⑦]　斯特勒讲，坎查岱人认为，若做的事违背了先人的规矩，就是罪孽。[⑧]　新几内亚莫图地区的巴布亚人相信，若男女行事不端，例如有通奸、偷盗或争吵行为，死者的魂灵就会迁怒

---

①　Cranz, *History of Greenland*, i. 218.

②　Morgan, *League of the Iroquois*, p. 175, n. 2.

③　Ellis, *Polynesian Researches*, iii. 116（Tahitians）. Shortland, *Traditions and Superstitions of the New Zealanders*, p. 257. Sarbah, *Fanti Customary Laws*, p. 82. Schmidt, *Die Ethik der alten Griechen*, ii. 124 sq.

④　Macdonald, *Light in Africa*, p. 192.

⑤　Casalis, *Basutos*, p. 254.

⑥　Ellis, *Ewe-speaking Peoples of the Slave Coast*, p. 263.

⑦　Elliott, *Alaska and the Seal Islands*, p. 170. Veniaminof, 转引自：Petroff, *Report on the Population*, &c. of Alaska, p. 156。

⑧　Steller, *Beschreibung von Kamtschatka*, p. 274.

于他们。① 中国人内心最强大的一种情感就是尊重先人的习俗；而在很大程度上，日本仍然是一个由先人的声音所支配的国家。② 古罗马人的生活也受到离世亲属组成的社会的困扰，他们相信，若偏离了先人传下的习俗，就会惹得过世亲属不悦。"先祖之风"(*mos majorum*)的说辞正是古罗马人用来反对变革的借口。③

上述对死者的义务在性质上近似于对同辈或长者的义务，除此之外，也有因死亡这一事实引发的不同种类的义务。葬礼、与葬礼有关的仪式以及追悼习俗，这些基本上都被视作对死者的义务。

521　　　　人们把坟墓视为死者安息的地方，人们相信，如不能以合乎体统的方式安葬死者，死者不仅会走动，也会受罪。易洛魁人认为，若不举行葬礼，死者魂灵就得在地面徘徊一段时间并极为不快；因而他们非常急切地想要寻回在战斗中死去的人的尸体。④ 阿比泊尼人认为，死者尸体在露天中腐烂乃最为不幸之事，于是他们甚至会埋葬亡友的极小的骨头。⑤ 阿散蒂人相信，若由于这样或那样的原因没有为死者举行传统的丧葬仪式，死者的魂灵就会在阴暗的森林里徘徊，偶尔也会悄悄回到原来的住处，虽然很少回来，回来时却徘徊不去，折磨并蛊惑他们疏忽的亲属。⑥ 阿克拉的黑人

---

① Chalmers, *Pioneering in New Guinea*, p. 169.

② Griffis, *Religions of Japan*, p. 308. Hozumi, *Ancestor-Worship and Japanese Law*, p. 1, &c.

③ Granger, 'Moral Life of the Early Romans,' in *Internat. Jour. of Ethics*, vii. 287. *Idem*, *Worship of the Romans*, pp. 65, 66, 138.

④ Morgan, *League of the Iroquois*, p. 175.

⑤ Dobrizhoffer, *Account of the Abipones*, ii. 284.

⑥ Bowdich, *Mission to Ashantee*, p. 262 *sq.*

相信,来世的幸福不仅取决于勇敢、权力和财富,也取决于一场像样的葬礼。[①]　在一些澳大利亚部落,人们相信,若死者尸体没有下葬,灵魂就会在死亡地点附近伏在地面,贪婪地残害生者;[②]据说死者也没有来世,因为他们的尸体会被乌鸦、土狗吃掉。[③]　对苏门答腊的巴塔克人而言,死后没有坟墓乃最为耻辱之事;因为若被人认为不值得下葬,就是宣布他的灵魂已死。[④]　萨摩亚人相信,诸如淹死或战死的友人的灵魂会到处游荡,悲伤地大喊:"呀,真冷!呀,真冷!"[⑤]按照克伦人的观念,若自然死亡或被体面地下葬,灵魂会到达一个美丽的国度并继续其世俗生命,而因偶然未被安葬的死者,其鬼魂会在大地上游荡,偶尔会向人们现身。[⑥]　孔子直接将安葬死者与孝的美德联系起来。[⑦]　在中国,安葬遗骨,盖上棺材,被视为有德之人最应做的事,[⑧]而安葬没有朋友之人被视为与救人性命一样伟大的美德。[⑨]　中国人也认为,为墓寻址是相当重要的;道家认为:"若未能把棺材下葬在合适的地方,死者的灵魂就不幸福,就会为自己复仇,惹得未能为灵魂安息尽心尽力的亲属生

522

---

①　Monrad, *Skildring af Guinea-Kysten*, p. 4.

②　Oldfield, 'Aborigines of Australia,' in *Trans. Ethn. Soc.* N. S. iii. 228, 236 *sq.*

③　Chauncy, in Brough Smyth, *Aborigines of Victoria*, ii. 280.

④　Buning, in *Glimpses of the Eastern Archipelago*, p. 75.

⑤　Turner, *Nineteen Years in Polynesia*, p. 233. Hood, *Cruise in H. M. S. "Fawn" in the Western Pacific*, p. 142.

⑥　Cross, 转引自: MacMahon, *Far Cathay*, p. 202 *sq.* 。Mason, 'Religion, &c. among the Karens,' in *Jour. Asiatic Soc. Bengal*, xxxiv. pt. ii. 203。

⑦　de Groot, *Religious System of China*, (vol. ii. book) i. 659.

⑧　Giles, *Strange Stories from a Chinese Studio*, ii. 147, n. 11.

⑨　*Indo-Chinese Gleaner*, iii. 161.

病或为他们带来其他灾祸。"①古代占星术士相信,死者未下葬,灵
魂就无处安息,也无法维持生存,就在城镇、乡村游荡,唯一的念头
就是攻击、劫掠活人。② 在古典时期,以葬礼安葬死者是最神圣的
义务,③希腊人把入土为安视为诸神规定的权利。④

　　实行火葬的民族也认为,火化死者对死者有益。马拉巴尔海
岸的纳亚尔人认为,安排葬礼时不应耽搁时间,因为在死者死后尽
快通过火化或土葬处置尸体,有益于死者灵魂的幸福;他们说:"收
拾并小心处置死者骨灰,能使灵魂安息。"⑤思林凯特人认为,身体
被烧掉的人在另一个世界会过得温暖舒适,否则将会在他世受寒
冷折磨。一个将死之人恳求:"烧了我的身体! 烧了我! 我怕冷,
为什么我要在另一个世界里不断发抖?"⑥另一方面,古代波斯人
把火葬和土葬均视为得不到宽恕的罪孽,他们会把死者放在山顶,
若无鸟类或野兽吃掉尸体,他们就认为这是很不幸的事。⑦ 萨摩

523

---

① Legge, *Religions of China*, p. 200.

② Maspero, *Dawn of Civilization*, p. 689. Jeremias, *Die babylonisch-assyrischen Vorstellungen vom Leben nach dem Tode*, p. 54 sqq. Halévy, *Mélanges de critique et d'histoire relatifs aux peuples sémitiques*, p. 368.

③ 见: Schmidt, *Die Ethik der alten Griechen*, ii. 97 sqq.; Granger, *Worship of the Romans*, p. 37 sqq.; Aust, *Die Religion der Römer*, p. 226 sq. 。

④ Sophocles, *Antigone*, 454 sq. Euripides, *Supplices*, 563.

⑤ Fawcett, 'Nâyars of Malabar,' in the Madras Government Museum's *Bulletin*, iii. 245, 251.

⑥ Dall, *Alaska*, p. 423. Petroff, *op. cit.* p. 175, McNair Wright, *Among the Alaskans*, p. 333.

⑦ *Vendîdâd*, i. 13, 17; vi. 45 sqq.; viii. 10. Darmesteter, in *Sacred Books of the East*, iv. p. lxxv. sqq. Agathias, *Historiæ*, ii. 22 sq. (Migne, *Patrologiæ cursus*, Ser. Graeca, lxxxviii. 1377). Herodotus, i. 140; iii. 16.

耶德人和蒙古人也认为,尸体很快被野兽吃掉对死者是好事,[①]而坎查岱人认为,被一条漂亮的狗吃掉,乃是极大的幸事。[②] 通常情况下,东非的马萨伊人同样会把死者交由野兽处置,他们讲,若尸体第一夜被鬣狗吃掉,死者就肯定是一个好人,因为他们认为,鬣狗乃是按恩格艾斯神的指示行事。[③]

履行某些仪式的公开目的也是防止恶鬼伤害死者。[④] 有时火葬就属于这种情形;据讲,在一些西伯利亚民族中,火葬死者的目的是"有效地祛除魔鬼的阴谋"。[⑤] 铁列乌特人相信,土地神喜欢伤害死者,因而他们举行萨满葬礼时会数次以斧头击打空气,把土地神赶走。[⑥] 在基督教国家,人们同样相信丧钟能驱走恶魔。[⑦]

死者过世后禁食,这被视为对死者应尽的义务;中国人讲:"这样可以让自己跟死者灵魂有更亲近的接触,从而使自己的心靠近灵魂,于是祭奠者就能更好地完成应完成的祭奠活动。"[⑧]死者亲属的自残行为由于表达了痛苦,也被认为可以取悦死者;[⑨]当然,葬礼时的哀悼也是如此。澳大利亚中部的某些部落有个习俗,即

524

---

① Preuss,*Die Begrabnisarten der Amerikaner und Nordostasiaten*,p. 272. *Cf.* Yarrow,in *Ann. Rep. Bur. Ethn.* i. 103 (Caddoes or Timber Indians).

② Steller,*op. cit.* p. 273.

③ Merker,*Die Masai*,p. 193.

④ 见：Frazer,'Certain Burial Customs as illustrative of the Primitive Theory of the Soul,' in *Jour. Anthr. Inst.* xv. 87 *sq.*；Hertz,'La représentation collective de la mort,' in *L'année sociologique*,x.,1905—1906,p. 56 *sq.*。

⑤ Georgi,*op. cit.* iii. 264.

⑥ *Ibid.*

⑦ Frazer,in *Jour. Anthr. Inst.* xv. 87.

⑧ de Groot,*op. cit.* (vol. ii. book) i. 657.

⑨ Dorman,*Origin of Primitive Superstitions*,p. 216 *sqq.*

哀悼者身上要涂上颜色,据说这是"为了使他/她更为显眼,这样灵魂就能看到自己在被恰当地悼念"。[1] 丧服也是为了表示对死者的尊重。不仅如此,不提死者姓名的习俗也可这么解释。有些民族认为,叫死者名字会打扰其安息,[2]或者死者会由此认为,亲属没有恰当地悼念他,他会感到叫他的名字是对他的侮辱。[3]

　　像对活人的义务一样,对死者的义务也受到有关各方关系的很大影响。在各个地方,满足逝者需要的义务都落在与其关系最近的在世之人肩上。我们看到,在古代国家,死时没有后裔被视为一个人可能遭遇的最大不幸,因为在此情况下,没有人能照料他的灵魂。[4] 孔子说:"非其鬼而祭之,谄也。"[5]同部落人或乡亲与陌生人之间的区分也适用于死者。在格陵兰,无亲无友的陌生人死后一般无人安葬。[6] 在北美印第安人那里,习俗允许剥掉某敌对部落战士的头皮,然而,"印第安人剥掉自己部落成员的头皮,或剥掉某结盟部落成员的头皮——他可能因为争吵或一时发怒杀掉了对方——从没有这样的事例";[7]印第安人绝不会想到去亵渎同部落人的坟墓,他"对待其他部落的坟墓却不会有这样的顾忌"。[8] 但

525

---

① Spencer and Gillen, *Native Tribes of Central Australia*, p. 511.

② Nansen, *Eskimo Life*, p. 233 (Greenlanders). Tout, 'Ethnology of the Stlatlumh of British Columbia,' in *Jour. Anthr. Inst.* xxxv. 138. Georgi, *op. cit.* iii. 27 (Samoyedes).

③ Spencer and Gillen, *Native Tribes of Central Australia*, p. 498.

④ 见前文第 400 页及以下。

⑤ *Lun Yü*, ii. 24. 1.

⑥ Cranz, *op. cit.* i. 218.

⑦ Domenech, *Seven Years' Residence in the Great Deserts of North America*, ii. 357.

⑧ Dodge, *Our Wild Indians*, p. 162.

我们看到,历史早期就存在着对陌生人或敌人履行的某些义务。在后荷马时代的希腊人那里,交出被杀敌人,使其得到合乎体统的葬礼,一时成为惯例。[①] 吕山德没有下葬在伊哥斯波塔米被俘的雅典将军斐洛克利,也没下葬被杀的约四千名战俘,这被视为不光彩之事;[②]而雅典人自夸,他们的先人亲手安葬了在马拉松战役中倒下的波斯人,他们认为"安葬逝者的尸体是神圣而义不容辞的责任"。[③] 据中国刑法典,毁人坟墓罪责较之毁坏亲属尸体罪责轻得多,然而"凡发掘(他人)坟冢,见棺椁者",仍要"杖一百,流三千里"。[④]

对死者的义务也依死者的年龄、性别和社会地位而定。在澳 526 大利亚土著中,下葬儿童、妇女时,仪式较少。[⑤] 在昆士兰中部的西北一带,悼念小孩子的时候,没人给身体涂颜色。[⑥] 在中非东部,若四五天大的婴儿死了,其灵魂得不到通常给予死者的关注。[⑦] 在瓦查加人中,已婚者葬在他们的棚屋里,未婚者特别是儿童的尸体则放在某个隐秘的地方,任其腐烂,任由野兽吃掉。[⑧] 某些西伯利亚部落从前有个惯例,即只下葬成年人,而把儿童的尸体放在树上。[⑨] 新南威尔士杰克逊港一带的土著土葬年轻人,火葬

---

① Schmidt, *Die Ethik der alten Griechen*, ii. 100 *sqq.* Rohde, *op. cit.* p. 200 *sq.*

② *Pausanias*, ix. 32. 9.

③ *Ibid*. i. 32. 5; ix. 32. 9.

④ *Ta Tsing Leu Lee*, sec. cclxxvi. p. 295.

⑤ Curr, *The Australian Race*, i. 89.

⑥ Roth, *op. cit.* p. 164.

⑦ Macdonald, *Africana*, i. 59.

⑧ Volkens, *Der Kilimandscharo*, p. 253.

⑨ Georgi, *op. cit.* iii. 31 (Koibales).

过了中年的死者。① 印度南部的达罗毗图部落民孔达亚姆科泰－
玛拉瓦尔人土葬未婚死者，火葬已婚死者。② 在印度的其他一些
部落，只为小孩子行土葬，③这是婆罗门教很久以来的传统。④ 在
安达曼岛民中，婴幼儿葬在营地内，而所有其他死者都运往丛林中
某一较远的隐蔽地点下葬。⑤ 我们在中非维多利亚湖一带能看到
类似的习俗：在卡拉圭和恩格勒，"儿童就葬在棚屋里，成人则葬在
外面，一般葬在耕地里，或葬在要开垦的地里"。⑥ 有时妇女尸体
527 的处置方式跟男子不一样。在黑脚印第安人那里，男人的尸体就
高高系在树枝上，让狼够不到，然后任由尸体风干；妇女、儿童的尸
体则扔在草丛或丛林里，很快就成为野兽的猎物。⑦ 在楚科奇人
中，好男人的尸体火葬，确切地说，要用水煮，妇女的尸体通常不火
葬，因为木材稀少。⑧

　　阶级差别同样影响对死者的处置。在某些美洲部落，似乎只
有地位较高的人才能火化。⑨ 在尼日利亚南部奥布布拉山一带的
异教徒中，"一般人的尸体葬在灌木丛中，有时就随便扔在地上，但

① Collins,*English Colony of New South Wales*,i. 601.
② Fawcett,'Kondayamkottai Maravars,' in *Jour. Anthr. Inst.* xxiii. 64.
③ Thurston,in the Madras Government Museum's *Bulletin*,i. 198（Kotas）. Fawcett,'Nâyars of Malabar,' *ibid.* iii. 245.
④ Hopkins,*Religions of India*,p. 273.
⑤ Man,'Aboriginal Inhabitants of the Andaman Islands,' in *Jour. Anthr. Inst.* xii. 144.
⑥ Kollmann,*Victoria Nyanza*,p. 63 *sq.*
⑦ Yarrow,*Introduction to the Study of Mortuary Customs among the North American Indians*,p. 67.
⑧ Dall,*op. cit.* p. 382.
⑨ Preuss,*op. cit.* p. 301.

头人和重要男女都葬在各自的棚屋里或与棚屋相连的走廊里"。[①]
马萨伊人将普通人的尸体扔掉,任鬣狗吃掉,对巫医及重要人物则
予以安葬。[②] 南迪人不葬死者,除非死者是很重要的人物。[③] 在瓦
干达人那里,若某位头人去世,就把他葬在木制棺材里,奴隶的尸
体则扔进丛林。[④] 非洲其他一些民族则把奴隶尸体扔进沼泽或最
近的池塘。[⑤] 思林凯特人把尸体交由大海处置。[⑥] 毛利人不会为
一个奴隶之死大兴哀悼,也不会为他举行刮骨仪式。[⑦] 罗马的《十
二铜表法》禁止对奴隶尸体作防腐处理。[⑧] 处置死者一事显然也
存在道德上的区分。在中美洲的一些地方,地位较高但犯了罪 528
人的尸体,也要像普通人的尸体那样,暴露给野兽吃掉。[⑨] 在楚科
奇人那里,坏人的尸体就任其腐烂。[⑩] 在格陵兰,死掉的犯人尸体
会被肢解,肢体的各个部分被分别扔掉。[⑪] 古典时期及从前的基督
教欧洲对罪犯尸体的惩罚也属于同一类情况。[⑫]

[①]　Partridge, *Cross River Natives*, p. 237.

[②]　Hollis, *op. cit.* pp. 304, 305, 307; Eliot, *ibid.* p. xx.

[③]　Johnston, *Uganda*, ii. 880.

[④]　Wilson and Felkin, *Uganda*, i. 188.

[⑤]　Denham and Clapperton, *Travels in Northern and Central Africa*, ii. 64 (natives of Kano). Pogge, *Im Reiche des Muata Jamwo*, p. 243 (Kalunda).

[⑥]　Holmberg, 'Ethnographische Skizzen über die Völker des russischen Amerika,' in *Acta Soc. Scient. Fennicæ*, iv. 323. Dall, *op. cit.* pp. 417, 420.

[⑦]　Colenso, *op. cit.* p. 30.

[⑧]　*Lex Duodecim Tabularum*, x. 6.

[⑨]　Preuss, *op. cit.* p. 301.

[⑩]　Dall, *op. cit.* p. 382.

[⑪]　Rink, *Tales and Traditions of the Eskimo*, p. 64.

[⑫]　Ayrault, *Des procez faicts au cadaver*, p. 5 *sqq.* Trummer, *Vorträge über Tortur*, &c. i. 455 *sqq.* 见前文第 254 页。

我们现在就由对事实的考察转向对死者的义务之起源的考察。首先,这些义务无疑在很大程度上是基于同情性忿恨的情感,这种情况一如对活人的义务。有人去世了,但这并不能完全消除他人在此人活着的时候对他的感情。与死亡相联系的仪式和习俗基本上或者说就是悲痛的自然表达,尽管它们带有仪式特征,但不能就此认为它们完全是假的。据可信的目击者讲,在澳大利亚黑人中,自我施加的痛苦和大声的哀悼尽管构成了葬礼的一部分,但它们并不用来衡量实际感受到的悲痛,它们"绝非完全专门做作出来的";[①]而曼先生相信,在安达曼岛民中,"大多数情况下表现出的悲痛是真诚的"。[②] 不过死者也激发出除同情、悲伤之外的其他情感,因而对死者的义务具有复杂的起源。

529　　　人们一般并不认为死者灵魂只是被动存在。人们设想,死者灵魂能影响生者,能给予生者好处,或者如何都能对生者施加伤害。死亡在某些方面增强了死者的力量。他们知道尘世上发生的事,知道他们身后的人在做什么。他们的行动能力也要比活着的时候强。他们的影响更大了;甚至人们认为他们的尸体也有法力。他们的品格整体来说还是原先那样,他们对活着的朋友的情感也未有改变。于是他们常常成为后裔的守护者。在阿玛祖鲁人中,每家的子女都祭拜家长;他们追思他活着的时候对他们的慈爱,说:"现在他不在了,他还会像以前那样对待我们。"[③]赫雷罗人祈

---

①　Fraser,*Aborigines of New South Wales*, p. 44. Spencer and Gillen, *Native Tribes of Central Australia* , p. 510 *sq*.

②　Man,in *Jour. Anthr. Inst*. xii. 145.

③　Callaway,*Religious System of the Awazulu* , p. 144 *sq*.

求他们死去的朋友或亲属赐福,祈求对付敌人时取得胜利,六畜兴旺,妻妾成群,事业有成。[1] 在西非的奴隶海岸,一家之主死后常常成为家庭的保护者,有时也被视为整个社群或村庄的守护者。[2] 姆蓬丰人教导孩子:"尊敬父母,把父母当作在尘世保护你的人,也当作在另一个世界的朋友。"[3]澳大利亚的贡迪奇马拉人相信,"死去的父亲、祖父的灵魂偶尔会在梦中拜访男性后裔,向他传授带法力的歌,以对付疾病或巫术"。[4] 锡兰的维达人向离世亲属的亡灵祈求,"认为它们比人的能量更大,但仍把它们当作能同情自己的同宗,祈求它们指引自己过上取悦诸神的生活,由此获得诸神的庇护和帮助"。[5] 马拉巴尔一带的纳亚迪人在某些仪式场合会庄重地向先人亡灵祈祷,祈求它们保护自己免遭野兽和蛇的侵害。[6] 530 吠陀人也祈求先人的帮助——"先父,请在天之人赐给我们活路,让我们活下去。"[7]拜火教里的弗拉维西斯(Fravashis)就对应着吠陀里讲的"先父",也能帮助自己的亲属、社群、市镇、国家。[8] 埃斯库罗斯在《欧墨尼得斯》里让俄瑞斯忒斯说道:"我父会从坟墓里助

---

① Andersson, *Lake Ngami*, p. 222.

② Ellis, *Ewe-speaking Peoples*, p. 104. 另见:*ibid*. p. 24（Slave and Gold Coast natives）。

③ Wilson, *Western Africa*, p. 394.

④ Fison and Howitt, *Kamilaroi and Kurnai*, p. 278.

⑤ Nevill, 'Vaeddas of Ceylon,' in *Taprobanian*, i. 194.

⑥ Iyer, 'Nayädis of Malabar,' in the Madras Government Museum's *Bulletin*, iv. 72.

⑦ *Rig-Veda*, x, 57. 5. *Cf*. Hopkins, *op. cit*. p. 143 *sq*.

⑧ *Yasts*, xiii. 66 *sqq*; &c.

我。"①罗马的家族守护神无疑就是某位先祖之灵。② 老一辈斯拉夫人相信,先父之灵照看着他们的孩子及孙辈。在加利西亚,人们仍然相信,先人的灵魂还萦绕在灶台旁,照看着他们的家族;捷克人通常都有一个信仰,即先人照看着后裔的田地、畜群,也在渔猎时帮助他们。③

　　但先祖的守护之灵并非一味付出,不求回报。必须恰当地照顾先祖之灵,④如有疏忽,就可能危及在世的亲属。非洲人在困难时会祈求先人帮助,他们同样认为,"若谁未能充分照顾到先人的需要、享受,先人就会复仇这些人"。⑤ 迦勒底人相信,先人本会小心翼翼地照看着后人的福祉,若被抛弃、忘却,就会因受到的冷遇而复仇,就会去后人家里折磨他们,让疾病攻击他们,以咒语毁灭他们。⑥ 吠陀诗人向先父祈求:"不管我们作为人对你如何不敬,都请不要伤害我们。"⑦弗拉维西斯会帮助善待自己的人,"对招惹

---

①　Aeschylus, *Eumenides*, 598.

②　Jevons, in Plutarch's *Romane Questions*, p. xli. Rohde, *op. cit.* p. 232.

③　Ralston, *Songs of the Russian People*, pp. 119, 121. 关于其他类似事例,见: Shooter, *Kafirs of Natal*, p. 161; Arbousset and Daumas, *Tour to the North-East of the Colony of the Cape of Good Hope*, p. 340 (Bechuanas); Casalis, Basutos, p. 248; Wilken, *Het animisme bij de volken van den Indischen Archipel*, p. 194 sqq.; Nansen, *Eskimo Life*, p. 290 (Greenlanders); Jessen, *Afhandling over de Norske Pinners og Lappers Hedenske Religion*, p. 27; Friis, *Lappisk Mythologi*, p. 115 sq.; von Düben, *Lappland*, p. 249; Abercromby, *Pre- and Proto-historic Finns*, i. 178 (Mordvins); von Wlislocki, *Volksglaube der Zigeuner*, p. 43 sqq.。(Gypsies)

④　Wilken, *op. cit.* p. 194 sq. (peoples in the Malay Archipelago). Abercromby, *op. cit.* i. 178 (Mordvins). Jessen, *op. cit.* p. 27; Friis, *op. cit.* p. 116 sq. (Laplanders).

⑤　Rowley, *Religion of the Africans*, p. 90.

⑥　Halévy, *op. cit*, p. 368.

⑦　*Rig-Veda*, x. 15. 6.

自己的人则很严厉"。① 据奥维德,在罗马,有一次未能为先人举行盛大节日,先人没能收到按惯例应得的礼物,受到伤害的灵魂便向活人复仇,罗马城"就被郊区的火葬火堆烧热了"。② 按照斯拉夫人的信仰,"如果未能给予(死者)适当的尊重,(死者)可能就会因此向健忘的在世者寻仇"。③

再者,我们一定不能由此推断,只要人们祈求先祖的魂灵保佑他们,人们就必定认为它们本质上对后裔存有善意。④ 关于古巴比伦人和亚述人,贾斯特罗教授写道:"总的说来,死者对生者并非持有好意,他们会想尽办法干坏事,而非做好事。在这个方面他们像恶魔,而值得注意的是,一类重要的恶魔被称为伊基姆(*ekimmu*),这也是对死者魂灵的常见称呼。"⑤ 希腊人很畏惧自己的先人,认为自己的"英雄"极其易怒,后来又认为这些先人专干坏事。⑥ 从奥维德的《纪年表》可以看出,罗马人对先人魂灵的最主要的情感就是畏惧,他们认为先人魂灵夜晚四处游荡,使人变得憔悴,或是蛊惑人,使人变疯。⑦ 在中国,人们认为死人的灵魂能够控制活人的命运,⑧根据民间信仰,死人灵魂对活人带有恶意,而非善意。汉语里用同样的词汇表示"鬼魂"(ghost)和"鬼"(devil),用

532

---

① *Yasts*, xiii. 31,42,51,70,&c.

② Ovid, *Fasti*, ii. 549 *sqq*.

③ Ralston, *op. cit*. p. 335.

④ *Cf*. Karsten, *Origin of Worship*, p. 122 *sq*.

⑤ Jastrow, *op. cit*. p. 581.

⑥ Rohde, *op. cit*. pp. 177 *sqq*., 225 n. 4. Schmidt, *Die Ethik der alten Griechen*, ii. 130.

⑦ Ovid, *Fasti*, v. 429 *sqq*. Granger, *Worship of the Romans*, p. 67.

⑧ de Groot, *op. cit*. (vol. v. book) ii. 464.

"鬼子"这样讨厌的称呼指称外国人,从这一事实就能看出前述民间信仰。① 总的说来,我收集到的事实使我得出结论,死者更经常被看成敌人而非朋友,②而杰文斯教授③和格兰特·艾伦先生④的如下论断是错误的——根据早期信仰,死者的恶意主要只针对陌生人,同时他们慈爱地关照着后裔及同部落人的生活和命运。

因此,东非的邦迪人显然不怎么区分恶魔和离世先人。⑤在卢安戈的弗约特人中,去世的好人"一般被视作人类的敌人"。⑥ 其他非洲人认为,死者灵魂在空中萦绕不去,"注视着朋友的命运,常在家里出没,杀害儿童,伤害牛羊,引起疾病和破坏",所有死者亡灵都对生者怀有恶意。⑦ 据说,波利尼西亚蛮人岛岛民"相信鬼魂对人怀有恶意,而传教士无法说服他们放弃这一信仰,甚至无法让他们不再相信活着时最爱他们的人的灵魂有恶意;死者的灵魂似乎不由自主地对活人干坏事。"⑧在塔希提,父母子女、兄弟姐妹的灵魂"似乎都被当作

533

① Dennys, *Folk-Lore of China*, p. 73. 另见：Legge, *Religions of China*, pp. 13, 201。

② 斯坦梅茨博士也得出了同样的结论(*Ethnol. Studien zur ersten Entwicklung der Strafe*, i. 283)。另见：Meiners, *Geschichte der Religionen*, i. 301 *sqq.*; Karsten, *op. cit.* p. 115 *sqq.*。

③ Jevons, *Introduction to the History of Religion*, p. 53 *sq.*

④ Grant Allen, *Evolution of the Idea of God*, p. 347 *sq.*

⑤ Dale, 'Natives inhabiting the Bondei Country,' in *Jour. Anthr. Inst.* xxv. 233.

⑥ Dennett, *Folklore of the Fjort*, p. 11 *sq.*

⑦ Burton, *Lake Regions of Central Africa*, ii. 344.

⑧ Thomson, *Savage Island*, p. 94.

恶魔"。① 毛利人认为，"最亲近的亲属死了以后，本性就变了，就变得恶毒了，即使对他们以前所爱的人也是如此"。② 新赫布里底群岛的埃罗曼加土著认为，所有离世先人的灵魂都是邪恶的，在地上游荡害人。③ 居住在新几内亚瓦尼盖拉河口的部落民认为，所有死去的先人时刻想要把疾病和死亡传给招惹了自己的人；因而人们都非常小心，不敢惹先人发火。④ 澳大利亚土著相信，人死后很长时间内都会害人，跟死人关系越近，就越害怕。⑤ 在菲律宾群岛的塔加路人那里，鬼魂同样总是急着要害自己的后裔，想要杀人，特别是在人死后不久时，鬼魂也是几乎所有疾病的原因。⑥ 马德拉斯省的少喇人只知道死人灵魂会干坏事，他们认为，所有疾病都是由先人灵魂或诸神引起的。⑦ 在印度西北诸省，第瓦或称基尼卢卡⑧常常指"好人、婆罗门或村社英雄的灵魂，它们成为崇拜目标后，一般就会被视为非常恶毒的魔鬼"；⑨ 所有低种姓土

---

① Ellis, *Polynesian Researches*, i. 334 *sq*.

② Taylor, *Te Ika a Maui*, p. 18, 另见：*ibid*. pp. 137, 221; Polack, *op. cit.* i. 242。

③ Robertson, *Erromanga*, p. 389.

④ Guise, 'Tribes inhabiting the Mouth of the Wanigela River,' in *Jour. Anthr. Inst*, xxviii. 216.

⑤ Fraser, *Aborigines of New South Wales*, p. 80. Curr, *The Australian Race*, i. 87.

⑥ Blumentritt, in *Mittheil d. Kais. u. kön. Geograph. Gesettsch. in Wien*, p. 166 *sqq*. de Mas, *Informe sobre el estado de las Islas Filipinas en* 1842, 'Orijen de los habitantes de la Oceania,' p. 15; 'Poblacion,' p. 29. *Cf. ibid.* 'Poblacion,' p. 17; Blumentritt, p. 168 (Igorrotes).

⑦ Fawcett, *Saoras*, pp. 43, 51.

⑧ 第瓦(*diwàr*)或基尼卢卡(*genii loci*)系指印度的村社之神。——译者

⑨ Elliot, *Races of the North Western Provinces of India*, p. 243.

著的魂灵也是臭名昭著的恶毒。[①] 西藏人认为,鬼魂总是怀有恶意,它会来惹麻烦,或是出于恶毒,或是想要看到以前的财产受到怎样的处置。[②] 芬兰人以及与芬兰人具有同样血统的其他族群相信,死人灵魂通常想要伤害活人,包括伤害其最亲近的亲属。[③] 于是,根据沃加克人的观念,即便一位母亲去世以后,也会成为自己的子女的敌人。[④] 在日本阿伊努人中,"如果有谁不知降临到自己身上的灾祸为何发生,他很容易就会把此灾祸追溯到死去的妻子、母亲、祖母的魂灵,或者更为确信地追溯到死去的丈母娘的魂灵";[⑤]陪伴巴彻勒先生的某位阿伊努人死活不愿意走到离他母亲火葬之地25码或30码以内的地方。[⑥] 科尼亚加人相信,每个人死后都会变成恶魔。[⑦] 按照流行于中部爱斯基摩人当中的观念,死者起初是常常在村子里游荡的恶鬼,通过触摸活人而引起疾病、灾祸,并杀害活人;但后来这些恶鬼就安息了,人们也不再怕它们。[⑧] 墨西哥的塔拉乌马雷人害怕死掉的人;母亲会请求她死去的婴儿离开,不要再回来,而哭泣的寡妇会哀求丈夫不要

① Crooke, *Popular Religion of Northern India*, i. 269.

② Waddell, *Buddhism of Tibet*, p. 498.

③ Castrén, *Nordiska resor och forskningar*, iii. 121 *sqq*. Waronen, *Vainajainpalvelus muinaisilla Suomalaisilla*, p. 23.

④ Buch, 'Die Wotjäken,' in *Acta Soc. Scient. Fennicæ*, xii. 607.

⑤ Howard, *Life with Trans-Siberian Savages*, p. 196.

⑥ Batchelor, *Ainu of Japan*, p. 220 *sq*.

⑦ Holmberg, in *Acta Soc. Scient. Fennicæ*, iv. 402.

⑧ Boas, in *Ann. Rep. Bur. Ethn.* vl. 591.

带走他自己的儿女的生命，或不要伤害他们。① 布里奇斯先生讲，火地语里表示鬼魂的词就是库什毕奇(*cùsh pich*)，这个词也是形容词，意思是"可怕的、令人敬畏的"。②

人们为何相信死人具有暴躁或恶毒的品格，这很容易解释。正如巴特勒主教所说，除非我们有某种理由认为某物将发生改变，否则我们会假定该物将保持原样。③ 对于去世朋友的灵魂，人们也有理由假定他们经历了变化。人们普遍认为，死亡是所有灾祸中最严重的；因而人们认为，死者对其命运格外不满。根据原始观念，只有在被杀死的情况下——若不是被暴力杀死就是被魔法杀死——一个人才会死去，而这样的死亡自然会令魂灵变得复仇心切、脾气暴躁。魂灵妒忌生者，渴望老朋友陪伴；无怪乎它就会传播疾病让朋友死亡。巴苏陀人认为，死去的先人总是要把他们拉过去，因此他们把所有疾病都归咎于先人；④墨西哥的塔拉乌马雷人认为，死人因为感到孤独，就让亲属生病，这样这些亲属也可能死去，加入死者那边。⑤ 脱离肉体的灵魂整体说来是恶毒的存在，总是寻找机会害人，这一观念与对死者本能的恐惧紧密联系在一起，而对死者的恐惧反过来又成为恐惧死亡的结果。

据说许多蒙昧人能坦然面对死亡，或者不把死亡视为巨大的

① Lumholtz, *Unknown Mexico*, i. 380, 382.

② Bridges, 'Manners and Customs of the Firelanders,' in *A Voice for South America*, xiii. 211.

③ Butler, *Analogy of Religion*, i. 1, p. 82.

④ Casalis, *op. cit.* p. 249.

⑤ Lumholtz, *Unknown Mexico*, i. 380.

灾难,而只是把它看作转换到与今生很相似的某种生活,这个说法
是准确的。^① 而我们西方人常常能看到的一个事实是,处于死亡
边缘的某人会极其平静地把自己完全交给命运支配,尽管他终其
一生都在害怕死亡。其次,对死亡的恐惧能为轻率所掩盖,为激动
所抑制,或为结伴而死所缓和。有些民族明显很勇敢,却很害怕死
亡。^② 没有谁能免于这种情感,只不过在不同种族中,在不同个体
身上,这种情感的强度差别很大。在许多蒙昧人中,这种情感得到
了充分的发展,于是他们听到有人死亡就无法忍受。^③ 而对死者
536 的恐惧就难以分割地与对死亡的恐惧混杂在一起。发生死亡的地

① Turner,'Ethnology of the Ungava District,' in *Ann. Rep. Bur. Ethn.* xi. 192
(Hudson Bay Eskimo),269 *sq.*(Hudson Bay Indians). de Brebeuf,'Relation de ce qui
s'est passé dans le pays des Hurons,' in *Relations des Jésuites*, i. 1636,p. 129. Roth,
North-West-Central Queensland Aborigines, p. 161. Tregear, ' Niue,' in *Jour.
Polynesian Soc.* ii. 14 (Savage Islanders). Williams and Calvert, *Fiji*, p. 204 *sq.*
Romilly,*From my Verandah in New Guinea*,p. 45 (Solomon Islanders). Georgi,*op.
cit.* iii. 266 (Siberian shamans),Monrad,*op. cit.* p. 23 (Negroes of Accra). Brinton,
Religions of Primitive Peoples,p. 72.

② 例如卡尔梅克人(Bergmann,*Nomadische Streifereien unter den Kalmüken*,ii.
318 *sqq.*)和古代加勒比人(Müller,*Geschichte der Amerikanischen Urreligionen*,p.
215)。

③ Dunbar, 'Pawnee Indians,' in *Magazine of American History*, viii. 742.
Batchelor,*Ainu of Japan*,p. 203. Bergmann,*op. cit.* ii. 318. Bosman,*Description of
the Coast of Guinea*,p. 327 (Negroes of Fida). Du Chaillu,*Explorations in Equatorial
Africa*,p. 338. Kropf,*Das Volk der Xosa-Kaffern*,p. 155. 关于蒙昧人极其畏惧死亡
的其他事例,见:Bridges,in *A Voice for South America*,xiii. 211 (Fuegians);Müller,
Geschichte der Amerikanischen Urreligionen,p. 215 (Caribs);Dunbar,in *Magazine of
American History*,v. 334 (various North American tribes);Brinton,*Myths of the New
World*,p. 238;Georgi,*op. cit.* ii. 400 (Jakuts);Bosman,*op. cit.* p. 130 (Gold Coast
natives)。

方会被废弃,①棚屋会被毁掉,②或者尸体会被尽快搬走。③ 生者会
发射枪炮,④向坟墓射击,⑤或者在埋葬尸体后向自己身后扔砖头、
石块,⑥试图以此吓跑鬼魂。为了防止鬼魂回来,会把尸体面朝下
埋葬,⑦或紧紧捆住四肢,⑧或在极端情况下,用木桩贯穿尸体把尸

---

① Dorman, *op. cit*, p. 22 (North American Indians). von den Steinen, *Unter den Naturvölkern Zentral-Brasiliens*, p. 502 (Bororó). Hyades and Deniker, *Mission scientifique du Cap Horn*, vii. 379 (Fuegians). Curr, *The Australian Race*, i. 44. Fraser, *Aborigines of New South Wales*, p. 82. Spencer and Gillen, *Native Tribes of Central Australia*, p. 498. Worcester, *Philippine Islands*, p. 496 (Tagbanuas of Busuanga). Bailey, ' Veddahs of Ceylon,' in *Trans. Ethn. Soc.* N. S. ii. 296; Deschamps, *Carnet d'un voyageur*, p. 383 (Veddahs). Decle, *op. cit.* p. 79 (Barotse). von Düben, *Lappland*, pp. 241, 249.

② Hyades and Deniker, *op. cit.* vii. 379 (Fuegians). Batchelor, *Ainu of Japan*, p. 222 *sq*. Worcester, *op. cit.* p. 108 *sq*. (Tagbanuas of Palawan). Butler, *Travels in Assam*, p. 228. Fawcett, *Saoras*, p. 50 *sq*. Cunningham, *Uganda*, p. 130 (Bavuma).

③ Howard, *op. cit.* p. 197 (Ainu). Selenka, *Sonnige Welten*, p. 89 (Dyaks). 在巴塔克人中,送葬队伍走得很快 (von Brenner, *Besuch bei den Kannibalen Sumatras*, p. 235),很可能也属于同一类情况。

④ von Brenner, *op. cit.* p. 235 (Bataks). Fawcett, *Saoras*, p. 46 *sq*.

⑤ von Brenner, *op. cit*. p. 235 (Bataks). von Wlislocki, *Volksglaube der Magyaren*, p. 134.

⑥ Crooke, *Tribes and Castes of the North-Western Provinces*, i. 45 (Aheriya, in Duâb), 287 (Bhangi, the sweeper tribe of Hindustan). Ralston, *op. cit.* p. 320 (ancient Bohemians).

⑦ Dorsey, in *Ann. Rep. Bur. Ethn.* xi. 420 (Omahas). Crooke, *op. cit.* i. 44 (Aheriya, in Duâb).

⑧ Zimmer, *Altindisches Leben*, p. 402 (Vedic people). Turner, in *Ann. Rep. Bur. Ethn.* xi. 191 (Hudson Bay Eskimo). Yarrow, *ibid*. i. 98 (Pimas of Arizona). Southey, *History of Brazil*, i. 248 (Tupinambas). 关于澳大利亚一些部落捆绑尸体的习俗,黑人自己讲,这样做是"为了防止死者灵魂夜晚从床上起来游荡,打搅、伤害生者"(Fraser, *Aborigines of New South Wales*, p. 79 *sq*.;另见: Curr, *The Australian Race*, i. 44, 87)。

体固定在地上。① 我们可以假定,这些及其他许多葬礼都与对死
亡的污染之恐惧紧密地联系在一起;这是因为,即便这些葬礼的直
537 接目标是与鬼魂保持一定距离,人们举行葬礼可能主要还是由于
把鬼魂当成致死的污染源,因而害怕鬼魂到场。② 在我看来,某些
人类学家解释丧葬仪式时,过于强调了鬼魂有意志的活动。试举
一个例子。有一常见习俗是将死者尸体经由某一空洞而非大门运
走,③对此习俗的解释一般是,这是为了防止鬼魂发现回老家的
路;但一些事实表明,这一习俗也可能源于人们想要让通常的出口
免于受污染。据《祛邪典》,死者魂灵在尸体经过的路上一路呼吸;
因此,除非把死亡气息吹到地狱里去,否则属于阿胡拉·马兹达的
世界的所有存在,人、畜,等等,都不得经过这条路。④ 朝鲜首都城
墙上有个小门,称作"死亡之门",只有经由此门尸体才可以运出,

---

① 见前文第 256 页。Hyltén-Cavallius, *Wärend och Wirdarne*, i. 472 (Middle
Ages).

② 见前文第 303 页。关于死者成为污染源,另见: Crawley, *The Mystic Rose*, p.
95 *sqq.*。

③ Tylor, *Primitive Culture*, ii. 26 *sq*. Frazer, in *Jour. Anthr. Inst*. xv. 69 *sq*.
Trumbull, *Threshold Covenant*, p. 23 *sqq*. Liebrecht, *Zur Volkskundet*, pp. 372, 373, 414
sq. Lippert, *Christenthum, Volksglaube und Volksbrauch*, p. 391 *sq*. Egede, *Description
of Greenland*, p. 152 *sq*.; Nansen, *Eskimo Life*, p. 245 *sq*. (Greenlanders). Turner, in
Ann. Rep. Bur. Ethn. xi. 191 (Hudson Bay Eskimo). McNair Wright, *Among the
Alaskans*, p. 313. Jochelson, 'Koryak Religion,' in *Jesup North Pacific Expedition*,
vi. 110 *sq*. Georgi, *op. cit*. iii. 26 *sq*.; Jackson, in *Jour. Anthr. Inst*. xxiv. 406
(Samoyedes). Ramseyer and Kühne, *Four Years in Ashantee*, p. 50. Kilund,
'Skandinavische Verhältnisse,' in Paul, *Grundriss der germänischen Philologie*, ii. pt.
ii. 227 (ancient Scandinavians).

④ *Vendîdâd*, viii. 14 *sqq*, Darmesteter, in *Sacred Books of the East*, iv. p. lxxiv. *sq*.

任何人都不得通过这个通道。① 在中国,如果有人去世了,传达死讯的人敲了某家的门,他也严格克制自己不得跨入门槛,除非屋里的人急切要他进去。② 在不列颠哥伦比亚的夸扣特尔印第安人中,送葬者被视为不洁之人,他"不可使用家里的门,而是专门为他开一个门";青春期女孩处于不洁状态时,只可经由地上打的一个洞进出房间;③吃了人肉而污染了自己的人,四个月内只能经由屋子后面的秘密的后门出去。④ 甚至死者去世时举行的水火仪式据说也是为了防止鬼魂攻击活人,因而在活人和死人之间安排水或火这种物质障碍。⑤ 但是我无法找到理由支持 J. G. 弗雷泽爵士

538

---

① Trumbull, *op. cit.* p. 24.

② de Groot, *op. cit.* (vol. ii. book) i. 644.

③ Boas, in *Fifth Report on the North-Western Tribes of Canada*, p. 42 *sqq.*

④ *Idem*, 转引自:Frazer, *Golden Bough*, i. 341 *sq.*。在居住于米尔扎布尔南部的达罗毗图部落民布伊亚人中,每家都有两扇门,其中一扇门供经期妇女专用;经期妇女离家时,"她必须用手和膝盖爬出去,这样才能避免因触摸而污染住处"(Crooke, *Tribes and Castes of the North-Western Provinces*, ii. 87)。在不列颠哥伦比亚的汤普森河一带的印第安人那里,把肉放入狩猎用的小屋,要通过屋子后面的一个洞,因为妇女使用常用的门,并且妇女被看作不洁之人(Teit, 'Thompson Indians,' in *Memoirs of the American Museum of Natural History*, 'Anthropology,' i. 347)。在其他一些土著族群中,普通人不得使用圣人曾经过的门,因为与圣人的神圣性接触被视为危险之事。在有些南太平洋诸岛,头生子女特别神圣,如果他/她由某扇门进入父亲住处,别的人都不得通过此门(Gill, *Life in the Southern Isles*, p. 46)。"在太平洋诸岛的有些地方,庙宇建成开放的时候,国王、女王经过的那扇门以后就被关闭了,从此以后这扇门就被视为圣物。"(Turner, *Nineteen Years in Polynesia*, p. 328)在《以西结书》里,主说:"这门必须关闭,不可敞开,谁也不可由其中进入。因为耶和华以色列的神已经由其中进入,所以必须关闭。至于王……他必由这门的廊而入,也必由此而出。"(xliv. 2 *sq*)从前阿拉伯人到麦加朝圣归来,进屋时不经过门,而经由后墙的一个洞(Palmer, in *Sacred Books of the East*, vi. 27, n. 1)。后来穆罕默德废止了这个习俗(*Koran*, ii. 185)。

⑤ Frazer, in *Jour. Anthr. Inst.* xv. 76 *sqq.*

的这个看法——"污染和净化的观念仅仅是后来时代虚构出来的,人们创造了这些观念以解释某种仪式的目的,而此仪式最初的意图则被忘却了。"①

539 　　显然,人们对死者的品格、活动及污染性影响所持的信仰,大大影响了生者的行为。生者自然就急于获得脱离肉体的灵魂的喜爱,避免其恶意,与其保持一定距离,防止死亡的污染。人们对死者应做什么,不应做什么,被视为对死者应尽的义务,这种义务往往带有明显的自私的动机,而在决定要做什么事的时候,人们常常十分审慎。向死者供奉祭品时,显然就是如此。不列颠哥伦比亚汤普森河一带的印第安人会在靠近死者坟墓的地方扔上一些食物,他们相信,"如此一来死者就不会回家找东西吃,就不会给人们造成疾病了"。② 在易洛魁人中,"一个正在哺育的小孩死后,就用母乳浸湿两块布,放在死掉的小孩手中,这样其灵魂就不会回来纠缠丧子的母亲"。③ 询问阿克拉的黑人,为何他们在亡友的坟墓旁屠宰动物,他们会回答,这么做是为了防止鬼魂走动。④ 芒贝图人在森林里为死者建一个小棚屋,在棚屋里放一些油和其他食物,如此防止死者灵魂回到老家寻找食物。⑤ 出于同样的原因,苏门答腊的巴塔克人会把一些东西放入亡友坟墓,请死者安息,不要再渴望生者陪伴,而他们就用下面的话结束自己的讲话:"你还有一些

---

① 　还得补充,J. G. 弗雷泽爵士关于丧葬习俗的重要论文很多年前就发表了,因此可能无法确切反映作者现在对此问题的看法。

② 　Teit, *loc. cit.* p. 329.

③ 　Smith, 'Myths of the Iroquois,' in *Ann. Rep. Bur. Ethn.* ii. 69.

④ 　Monrad, *op. cit.* p. 26.

⑤ 　Burrows, *op. cit.* p. 103.

蒌叶、烟草在这里，每年的收获季节，我们都会给你一些米。"①在楚瓦什人中，儿子会向亡父说："我们举行宴会悼念你，这是给你的面包和各种食物，都放在你面前了，不要来找我们了。"②人们认为，留着死者的遗物继续使用是特别危险的事。吉普赛人在坟墓处烧掉死者生前常用的所有动产，"要不然，他的灵魂就会回来折磨亲属，讨回他的财产"。③少喇人这样解释他们为何要烧掉死者的所有财物——"如果我们不把这些东西与遗体一起烧掉，灵魂就会过来讨要这些东西，找我们麻烦。"④卡菲尔人相信，人死后，"他的灵魂还是常常围着他的财产转"。⑤在巴西的图皮南巴斯人那里，"如果谁碰巧有什么东西是用死去的某人的东西生产出来的，这东西就要随死者一起埋葬，以防死者来索要"。⑥纳瓦霍印第安人在家里去世的时候，要把屋梁拉倒，使住处变成废墟，而且通常要烧掉这个地方；此后就没有什么能诱使纳瓦霍人触碰这个地方的哪怕一块木材，人们甚至也不会靠近与此地紧挨着的地方，他们认为，死者的灵魂"会憎恶别人侵入，憎恶别人对其或其财产太过随便"。⑦在格陵兰人那里，某人一旦死了，"就会扔掉他的所有东西；否则其他人就会受到污染，生活就会变得不幸。死者家里的所

①　von Brenner, *op. cit.* p. 234 *sqq.*

②　Castrén, *op. cit.* iii. 123 *sq.*

③　von Wlislocki, *Volksglaube dev Zigeuner*, p. 100.

④　Fawcett, *op. cit.* p. 47.

⑤　Kidd, *The Essential Kafir*, p. 83.

⑥　Southey, *op. cit* i. 248. *Cf.* von den Steinen, *Unter den Naturvölkern Zentral-Brasiliens*, p. 502（Bororó）.

⑦　Mindeleff, 'Navaho Houses,' in *Ann. Rep. Bur. Ethn.* xvii. 487.

有动产都会被清理掉，直至晚上，这时尸体的气味就消散了。"①

　　对死人的恐惧教会人们不能劫掠或侵犯坟墓。奥马哈人相信，谁碰了放在坟墓附近的什么食物，"鬼魂就会拿走食物，使小偷的嘴瘫痪，使其在余生里脸变歪；要不鬼魂就会追逐他，食物就会失去味道，此后犯事者就永远处于饥饿中"。② 巴西的科罗阿多人"尽量不去打扰死者的墓室，害怕死者会出现在他们面前，折磨他们"。③ 毛利人认为，侵犯墓地会给犯事者带来疾病和死亡。④ 中国人之所以极其厌恶侵犯坟墓，是基于这一想法：死者鬼魂会缠住侵犯者，给他带来灾祸或死亡。⑤ 根据马札尔人的民间信仰，拿走属于坟墓的任何东西，即使只是一朵花，余生都不会幸福。⑥ 特兰西瓦尼亚的罗马尼亚人认为，谁摘了长在坟墓上的一朵花，就会因此死去，谁闻了这花，就会失去嗅觉。⑦

　　我们已经看到，人们认为，背离祖传的风俗会被死者的灵魂惩处；而遗嘱的神圣性主要源于迷信性恐惧。南斯拉夫人相信，若儿子不完成父亲最后的遗愿，父亲的灵魂会从坟墓里起来诅

---

①　Cranz, *op. cit*. i. 217.

②　La Flesche, 'Death and Funeral Customs among the Omahas,' in *Jour. American Folk-Lore*, ii. 11. *Cf*. Reid, in *Jour. Anthr. Inst*. iii. 112 (Chippewas).

③　von Spix and von Martius, *Travels in Brazil*, ii. 251.

④　Polack, *op. cit*. i. 112.

⑤　Dennys, *op. cit*. p. 26. de Groot, *op. cit*. (vol. iv. book) ii. 446 *sq*.

⑥　von Wlislocki, *Volksglaube der Magyaren*, p. 135. *Cf. Idem*, *Volksglaube der Zigeuner*, p. 96 *sq*.

⑦　Prexl, 'Geburts- und Todtengebräuche der Rumänen in Siebenbürgen,' in *Globus*, lvii. 30.

咒他，①在盎格鲁-撒克逊人田契的退出条款里——它通常会诅咒所有攻击受赠者资格的人——这种信仰也似曾相识。②

称赞死者的习俗主要是对死者的奉承，哀悼死者也不完全是真诚的。③ 有人去世时，安达曼岛民就表现得极其悲伤，意在安抚死者魂灵，防止灾祸降临到自己身上。④ 澳大利亚中部的土著担心，"如果不表现得足够悲伤，就会冒犯死者的魂灵，死者魂灵就会来害人"。⑤ 格陵兰岛东岸的昂马格萨利克人说，他们叫喊、哭泣、举行悼念仪式，"就是为了防止死者发怒"。⑥ 但哀悼者大声痛哭，与有人去世后的大声叫喊一样，⑦目的或许都是驱走鬼魂，也可能是驱走死亡本身。

恐惧肯定也是葬礼和哀悼仪式十分常见的动机，而这些礼节被视为对死者应尽的义务。处置尸体的各种方式就体现了人们的恐惧。任由尸体为野兽分食的习俗，⑧至少在某些情况下是刻意

542

---

① 见第一卷第 624 页。

② Pollock and Maitland, *History of English Law before the Time of Edward I*. ii. 251 *sq.*

③ 见：Gibbs, *loc. cit.* p. 205（tribes of Western Washington and Northwestern Oregon）；Wied-Neuwied, *Reise nach Brasilien*, ii. 56（Botocudos）。

④ Man, in *Jour. Anthr. Inst.* xii. 145.

⑤ Spencer and Gillen, *Native Tribes of Central Australia*, p. 510.

⑥ Holm, ' Ethnologisk Skizze af Angmagsalikerne,' in *Meddelelser om Grønland*, x. 107.

⑦ Spencer and Gillen, *op. cit.* p. 506 *Cf.* Robertson Smith, *Religion of the Semites*, p. 432, n. 2.

⑧ 关于这一习俗，另见：this custom see also Murdoch, in *Ann. Rep. Bur. Ethn.* ix. 424 *sq.*。（Point Barrow Eskimo）；Nordenskiöld, *Vegas färd kring Asien och Europa*, ii. 93（Chukchi）；Andersson, *Notes on Travel in South Africa*, p. 234（Ovambo）.

为之,目的是防止鬼魂走动。陪伴查普曼的赫雷罗人这样说起他们的两个生病的同伴——此二人也是陪伴查普曼的人——"你必须把他们扔掉,让狼吃掉他们;这样他们就不会来找我们麻烦了。"[1]生者也常常火葬死者,以免死者过来侵袭,从而保护自己。在一些情况下,火葬也是为了有效去除死亡的污染。[2] 吠陀人火葬死者尸体的时候,会大喊:"死亡,去吧,去吧! 不要害我们的儿子,我们的人。"[3]在印度北部,所有低种姓人的尸体要么火葬,要么脸朝下土葬,这是为了防止恶鬼跑掉,给邻居找麻烦。[4] 马拉巴尔的纳亚尔人不仅相信收集并小心处置死者骨灰能使灵魂安息,"更重要的是,安息了的灵魂以后就不会伤害活着的家庭成员,造成妇女流产,使男人着魔,如恶鬼一般,等等"。[5] 在西藏,若鬼魂在梦中出现,或使人变疯或一时精神错乱,就要把尸体火葬。[6] 关于蛮人岛民,汤姆森先生告诉我们,一位母亲感到女儿的魂灵在折磨她,为了烧死这魂灵,就用火焚毁了女儿的坟墓。[7] 在古代斯堪的纳维亚人中,若人们以为死人尸体还能走动,就会把尸体从坟墓中掘出烧掉。[8] 而在今天的阿尔巴尼亚仍是如此。[9]

---

[1]　Chapman, *Travels in the Interior of South Africa*, ii. 282.

[2]　*Cf*. Rohde, *op. cit*. p. 28 *sqq*. (ancient Greeks); Preuss, *op. cit*. p. 294.

[3]　*Rig-Veda*, x. 18. 1.

[4]　Crooke, *Popular Religion of Northern India*, i. 269.

[5]　Fawcett, in the Madras Government Museum's *Bulletin*, iii. 251. 另见: Iyer, 'Nayādis of Malabar,' *ibid*. iv. 71。

[6]　Waddell, *op. cit*. p. 498.

[7]　Thomson, *Savage Island*, p. 134.

[8]　Kålund, *loc. cit*. p. 227.

[9]　von Hahn, *Albanesische Studien*, i. 163.

　　土葬也有着相似的目的。[1] 据丹麦旅行者孟拉德，阿克拉的黑人明确相信，只要给尸体盖上土，鬼魂就无法走动害人；他还讲，丹麦的日德兰半岛也流行同样的习俗。[2] 这种信仰还表现在用以表示土葬的瑞典语词汇 *jordfästa* 上，这个词的字面意思就是"固定到土地里"。瑞典的哥特兰岛有一个古老的传说，有个叫塔克斯坦的人，一生蛮横残忍，死后也纠缠活人，于是"一个术士最后就把他固定到土地里，之后他就安静地躺在那里了"。[3] 而除了埋葬，还有其他预防措施，防止鬼魂归来。霍斯特罗姆讲，拉普人小心翼翼地用布把死者包起来，以防灵魂溜走。[4] 将木头、石头直接压在尸体上的习俗，可能有着类似的起源；在一些昆士兰部落，某人犯了严重罪行，部落在处死他时就用飞去来器代替一般的木头，这明显是出于对鬼魂的恐惧。[5] 楚瓦什人把两个木桩横在死人棺材上，以防死者顶起盖子。[6] 坟墓常常带有土堆、墓碑或围挡物，以防死者走动。[7] 奥马哈人不在因雷电而死的人的坟墓上堆起小丘，但会把他脸朝下埋葬，并劈开其脚掌，他们相信，这样一来他就会去往灵界，不会再找活人的麻烦。[8] 蛮人岛民在坟墓上堆起沉重的石块，让鬼魂

544

――――――――――

①　*Cf*. Frazer, in *Jour. Anthr. Inst*. xv. 64 *sq*. ; Preuss, *op. cit*. p. 292 *sq*.

②　Monrad, *op. cit*. p. 13.

③　Läffler, *Den gottländska Taksteinar-sägnen*, p. 5.

④　Högström, *Beskrifning öfver de til Sveriges Krona lydande Lapmarker*, p. 207.

⑤　Roth, *op. cit*. p. 165.

⑥　Castrén, *op. cit*. iii. 121.

⑦　*Cf*. Frazer, in *Jour. Anthr. Inst*. xv. 65 *sq*. ; Preuss, *op. cit*. p. 293.

⑧　Dorsey, in *Ann. Rep. Bur. Ethn*. xi. 420. La Flesche, in *Jour. American Folk-Lore*, ii. 11.

起不来。① 切列米斯人相信,鬼魂越不过他们围绕坟墓树立的篱笆桩。② 葬礼时击打空气或鸣钟这样的仪式,据说是为了把恶鬼从死人身边赶走,我们有理由怀疑,这些仪式最初的目的是让鬼魂不靠近活人。澳大利亚中部土著认为亡灵还会在原来的营地里出没,妇女在葬礼上用手掌在空中击打,男子则用投矛器在空中击打,目的恰恰就在于把魂灵从营地赶走。③ 东非的邦迪人击鼓以吓跑鬼魂。④ 在新几内亚的莫尔兹比港,最初使用教堂钟的时候,土著就感谢传教士把成群结队的鬼魂赶跑。⑤

　　悼念宴会实质上是生者采取的预防措施,而非向死者进供,我们从前面某章所述可清楚地看到这一点。⑥ 悼念者自残或殴打自己,这么做的最初目的似乎常常是避开死亡的传染。⑦ 在摩洛哥的贝都因人中,举行葬礼时妇女不仅抓自己的脸,还用牛粪涂伤口,他们认为牛粪可以净化自己。据说,涂抹身体、作特殊化妆的悼念习俗,是生者为了伪装自己;⑧不过特殊化妆的习俗可能源于这一观念,即悼念者在某一时期内或多或少受到了污染,因此他穿旧了的衣服就成了污染源,以后不能再用。关于格陵兰岛民,埃格德写道:"如果他们碰巧碰了尸体,他们就会马上扔掉当时穿的衣

545

---

① 　Thomson, *Savage Island*, p. 52.

② 　Castrén, *op. cit.* iii. 122.

③ 　Spencer and Gillen, *Native Tribes of Central Australia*, p. 506.

④ 　Dale, in *Jour. Anthr. Inst.* xxv. 238.

⑤ 　Chalmers and Gill, *Work and Adventure in New Guinea*, p. 260.

⑥ 　见前文第 302 页及以下。

⑦ 　*Cf.* Frazer, *Golden Bough*, i. 302.

⑧ 　Frazer, in *Jour. Anthr. Inst.* xv. 73. 'Folk-Lore in the Old Testament,' in *Anthropological Essays presented to E. B. Tylor*, p. 110.

服;由于这个原因,他们参加葬礼时总是穿上旧衣服,在这方面他们跟犹太人一样。"[1]最后,广为流行的禁止提起死者姓名的禁律[2]最初并非源于对死者的尊重,而是对死者的恐惧。叫他的名字就是召唤他;居住在华盛顿领地的印第安人,若某位亲属去世了,他们甚至会更改自己的名字,因为"他们认为,死者魂灵听到有人在叫他生前常常听到的名字,就会回来"。[3] 不过除此之外,人们很可能也感觉死者的姓名晦气,或者说死者姓名能让人产生可怕的联想,因而即使在我们西方人当中,许多人也不愿意提到死者姓名。[4] 而提及

546

---

[1] Egede, *op. cit.* p. 197.

[2] Tylor, *Researches into the Early History of Mankind*, p. 144. Nyrop, 'Navnets magt,' in *Mindre afhandlinger udgivne af det philologisk-historiske samfund*, pp. 147-151, 190 *sq.* and *passim.* Frazer, *Golden Bough*, i. 421 *sqq.* Clodd, *Tom Tit Tot*, p. 166 sqq. Nansen, *Eskimo Life*, p. 230 *sq.* (Greenlanders). Müller, *Geschichte der Amerikanischen Urreligionen*, p. 84 (North American Indians). Bourke, 'Medicine-Men of the Apache,' in *Ann. Rep. Bur. Ethn.* ix. 462. Batchelor, *Ainu and their Folk-Lore*, p. 242. Georgi, *op. cit.* iii. 27, 28, 262 *sq.* (Samoyedes and shamanistic peoples in Siberia). Jackson, in *Jour. Anthr. Inst.* xxiv. 406 (Samoyedes). Rivers, *Todas*, p. 625 *sqq.* Crooke, *Tribes and Castes of the North-Western Provinces*, i. 11 (Agariya, a Dravidian tribe), von Wlislocki, *Volksglaube der Zigeuner*, p. 96 (Gypsies). Yseldijk, in *Glimpses of the Eastern Archipelago*, p. 42. (Kotting, in the island of Flores). Roth, *North-West-Central Queensland Aborigines*, p. 164. Spencer and Gillen, *Native Tribes of Central Australia*, p. 498. Fraser, *Aborigines of New South Wales*, p. 82. Thornton, in Hill and Thornton, *Aborigines of New South Wales*, p. 7. Fison and Howitt, *op. cit.* p. 249 (Kurnai). Curr, *Squatting in Victoria*, p. 272 (Bangerang). Hinde, *op. cit.* p. 50 (Masai). Duveyrier, *Exploration du Sahara*, p. 415 (Touareg). Werner, 'Custom of "Hlonipa,"' in *Jour. African Soc.* 1905, April, p. 346 (Zulus).

[3] Swan, *Residence in Washington Territory*, p. 189.

[4] 教我石喇方言的是一位来自大阿特拉斯山区的柏柏尔人。我费了好大劲才诱使他告诉我哪个词跟"疾病"对应;他最后告诉我的时候,立马就吐口水。在澳大利亚中部的阿兰达人中,老年人不愿看过世之人的照片(Gillen, 'Aborigines of the McDonnell Ranges,' in *Report of the Horn Expedition*, iv. 'Anthropology,' p. 168)。

死者姓名可能会使其他人遭受危险，于是这些人也认为不应提死者名字。在哥伦比亚的瓜希罗印第安人那里，在死者亲属面前提及死者是可怕的冒犯，甚至常常要处以死刑。[①]

我所说的这些意思当然不是说，我方才提到的丧葬、悼念习俗仅仅或在任何情况下都是源于对死者或死亡之污染的恐惧。土葬也可能确实是为了保护尸体不被野兽或鸟类吃掉；坟冢、墓碑和围挡物也可能有着同样的目的。[②] 据称，有些蒙昧人烧掉死者，是为了防止尸体落入敌人之手，[③]这对死者及其朋友都不好，因为敌人可以借尸体施法。[④] 而且，火葬免除了死尸本来自然要经历的缓慢的转化过程，而人们认为这一过程不仅对生者危险，也会使死者痛苦。[⑤] 把尸体暴露给野兽可达到同样的目的。我们也应明白，不管人们是否有迷信观念，尸体会腐化这一事实本身就足以促使人们以这种或那种方式处理尸体——或者土葬、火葬，或者天葬；如果不赞成某一办法，就会借助于另一办法。在马萨伊人中，扔掉尸体的习俗据说源于这一观念——土葬对土壤有毒；[⑥]拜火教法典规定了天葬，这与拜火教赋予火和土以神圣性以及人们因

547

---

① Simons,'Exploration of the Goajira Peninsula,' in *Proceed*,*Roy*.*Geograph*. *Soc*. N. S. vii. 791.

② Cranz,*op*.*cit*. i. 217 (Greenlanders). Turner,in *Ann*.*Rep*.*Bur*.*Ethn*. xi. 192 (Hudson Bay Eskimo),Yarrow,*ibid*. i. 102 (Wichita Indians). Dunbar,in *Magazine of American History*,viii. 734 (Pawnee Indians). Curr,The *Australian Race*,i. 87.

③ Hyades and Deniker,*op*.*cit*. vii. 379 (Fuegians). Preuss,*op*.*cit*. p. 310 (Seminole Indians of Florida).

④ Ralph,转引自：Hartland,*Legend of Perseus*,ii. 437 (Haidahs of British Columbia)。

⑤ 见：Hertz,*loc*.*cit*. p. 71。

⑥ Thomson,*Through Masai Land*,p. 259.

此产生的对污染火和土的恐惧是密切联系的。

至于葬礼时的自残和自伤,我在前面某章里提出,这在一定程度上可能是为了以人血给死者的魂灵注入活力;[①]或者如伊恩博士所说,人们因痛苦及随后的筋疲力尽而产生了强烈到几乎把人压垮的情感,自残、自伤就是出于本能的做法,是为了使自己从这种情感中解脱出来。[②]不愿提死者的名字,在一定程度上可以归结为死者的老朋友天然地不希望让往日的悲伤再现。[③]至于丧服,德·赫鲁特博士认为——我无法判断他是对是错——就中国而言,丧服源于将自己身上的衣服献祭给死者的习俗。他认为,如下事实可以支持他的解释,即孔子的时代就有个习俗,给尸体穿衣的时候,只要扔掉衣服后不失体面,哀悼者就会把自己的衣服扔掉。[④]

与死亡相联系、最初源于自私动机的习俗,为何后来被规定为义务呢?有几个原因。首先可以回想一下我们前面提到的一些因素,[⑤]这些因素倾向于将自私的行为变成道德层面的事。而此种情况下由审慎行为向义务行为的转变,是被如下信仰所大大促成的:一个人的自我利益诱使他去做或不做的所有行为,都与另一个体直接相关,事实上,这个个体会因得到了好处而做出回报,因被伤害、忽略而总是感到愤恨。人们很容易认识到,由死者魂灵发出

548

---

①　见第一卷第 476 页。

②　Hirn,*Origins of Art*,p. 66 sq.

③　Fison and Howitt,*op. cit.* p. 249 (Kurnai). Frazer,*Golden Bough*,i. 422.

④　de Groot,*op. cit.* (vol. ii. book) i. 475 sq.

⑤　见前文第 266 页及以下。

的惩罚和回报是理所当然的,因为死者的要求在性质上与活人的要求相似,同时在一定程度上也为生者的同情性情感所支持。同样不难解释,为何起初并不被视作对死者之慰藉的习俗后来都变成了对死者应尽的义务。在人们看来,不仅冒犯死人危及自己,取悦死人有益自己,而且死人也是很容易被愚弄的。于是就难怪生者急于对自己的行为做出极友好的解释,试图说服鬼魂,也试图说服他人,他们所为是为了鬼魂的利益,不是为了他们自己的利益。鬼魂最好待在坟墓里安息,而不是在世上游荡,既不快乐也无家可归。鬼魂最好享受火的温暖,而不是去受北极严寒的折磨。死人最好被动物吃掉,例如被一只漂亮的狗或神遣来的鬣狗吃掉,而不是暴露在空气中腐烂掉。这所有的丧葬习俗,如果不是哀伤的象征,又能是什么呢?再者,若未能恰当处置尸体,或未能遵守旨在避开鬼魂的丧葬礼节,死人就可能害人。这难道不意味着生者疏于对死者的义务吗?

同情和恐惧的混合支撑着对死者的义务,这就能解释为何这些义务很少扩展到陌生人身上。一个死去的陌生人通常既不会被怜悯也不会让人害怕。他只期待从自己人那里获得关怀,他在自己的家附近游荡。但是,他当然会危及或直接冒犯了他的人,例如伤害了他身体的人,或居住在他坟墓附近的人。据说,安加米那加人对死在他们村庄附近的敌人的坟墓以及他们自己的战士的坟墓给予一样的照料。[①] 人们如何对待死者取决于死者的年龄、性别和社会地位,他们在对待死者上的差别无疑与同情、尊重或恐惧这些

---

① Prain,'Angami Nagas,' in *Revue coloniale internationale*,v.493.

情感上的变异密切相关，①但我们在许多情况下无法详细解释这些差别。在澳大利亚土著中，据说埋葬妇女、儿童时的礼节甚少，因为人们认为他们活着时地位低于男人，因此他们死后人们就不那么害怕他们；②在东中非，给予死者的照料通常并不扩展到四五天大的孩子身上，其中的原因就在于，人们基本上不认为这些孩子有灵魂。③　我们可以假定，处理罪犯尸体的特殊方式不仅仅是出于愤慨，至少在某些情况下是出于对他们的鬼魂的恐惧。我们前面也看到，自杀者、被谋杀者、被雷击死的人，其尸体有时也没人安葬，因为没有人敢管他们的尸体，或者也可能是为了防止他们与其他死者混到一起。④

最后要注意，随着时间的流逝，对死者的义务已经变得不那么严格了。赫兹博士近来就指出，只要尸体还在腐烂，只要还未举行第二场丧葬仪式，对死者的恐惧就极为强烈，而第二场丧葬仪式过后，丧葬期就结束了。⑤　而且，随着人们想起死者的时候越来越少，死者在人们梦里、幻觉里出现得就没有那么频繁了，对死者的感情逐渐变淡，人们忘却了死者，就不再害怕他们了。中国人讲，鬼魂在刚死不久时远比其他任何时候容易现身。⑥　澳大利亚土著 550

---

① Cf，Hertz，*loc*．*cit*．pp．122，132 *sqq*．

② Curr，*The Australian Race*，i．89．

③ Macdonald，*Africana*，i．68．

④ 见前文第 238 页及以下。

⑤ Hertz，*loc*．*cit*．*passim*．

⑥ Dennys，*op*．*cit*．p．76．

只害怕近来死去之人的魂灵。[①] 随着时间流逝，蒙昧人也会变得更愿意提及他们中去世的人。[②] 而尽管众多脱离了肉体的灵魂早晚会丢掉自己的身份，变得毫无意义，或坠入所有灵魂的居所，但有些灵魂还是可以逃脱这种命运，不会为人所忽略，而上升至神灵的地位。

智力文化的进步倾向于影响死亡观念。相关的变化似乎要更大。人们尽管还认为肉身死亡后灵魂继续存在，但已经更清楚地把灵魂跟肉身区分开了；灵魂不再具有感官欲望，也不再拥有世俗兴趣。对死者的义务源出于古老的观念，人们还会坚持这些义务，但意义已经变了。

因此，丧葬牺牲还是会用来表达敬重和感情。例如在美拉尼西亚，在举办葬礼之后或葬礼开始之前要进行宴会，这个宴会仍是土著居民的主要习俗之一，宴会上要专门为死者留一块食物。科德林顿博士说："土著现在倾向于否认，死者会前来吃这食物，他们讲这食物仅仅是作为友好的回忆，这样做是为了把因死者死亡而相互疏远的人联系起来。"[③] 在许多情形下，献给死者的祭品已经变成给予穷人的施舍，正如献给诸神的祭品一直如此；[④] 而此施舍

---

① Curr, *The Australian Race*, i. 44, 87. Lumholtz, *Among Cannibals*, p. 279 (Northern Queensland aborigines).

② Tout, 'Ethnology of the Stlatlumh of British Columbia,' in *Jour. Anthr. Inst.* xxxv. 138. Bourke, 'Medicine-Men of the Apache,' in *Ann. Rep. Bur. Ethn.* ix. 462. Frazer, *Golden Bough*, i. 431 *sqq.*

③ Codrington, *Melanesian*, p. 271 *sq. Cf. ibid.* p. 128.

④ 见第一卷第 565 页及以下。

无疑被视为对死者的义务。在奥马哈人中,有人死亡时,举行葬礼前要从死者亲属那里收集财物,尸体下葬时,就把这些财物带过来,平分给聚集在现场的穷人。① 在信德省的印度教葬礼上,在去往火葬地的路上,死者亲戚就朝尸体上方的空中扔干枣子,这些干枣子被看作施舍,要留给穷人。② 在马拉巴尔的一些族群中,在死者的年度祭日上,要让至少三位婆罗门吃好,还要送钱和布料给他们;③据婆罗门教,死者每年的祭日"就是一代人传给另一代人的债,死者下一辈子的幸福就取决于还债"。④ 在穆斯林中,通常由食物构成的施舍就在丧葬之时分发出去,目的是给死者增添功德。⑤ 于是在摩洛哥,人们在葬礼时会把面包或果脯施予聚集在墓地的穷人;葬礼后的第三天及(有时)第四天,伊斯兰教历一月的第十天,在摩洛哥许多地区的其他节日里,死者亲属也会来墓地祭拜,并施舍穷人。这些施舍显然就是献给死者的祭品在当代的遗迹。我在杜卡拉的贝都因人中间居住时,有人告诉我,如果忽略掉葬礼时的餐饭,死者嘴里就会填满泥土;而摩尔人有个常见的习俗,若死者在梦中出现,抱怨饥渴,他们就会马上把饮食拿给一些穷人。从前在基督徒中,若有人去世不久或逢周年忌日,人们会献上祭品,并在教堂分发施舍;人们也在举行葬礼时在墓地分发施

① La Flesche, in *Jour. American Folk-Lore*, ii. 8 *sqq.*

② Burton, *Sindh*, p. 350.

③ Fawcett, 'Notes on some of the People of Malabar,' in the Madras Government Museum's *Bulletin*, iii. 71.

④ Barth, *Religions of India*, p. 52.

⑤ Garnett, *Women of Turkey*, ii. 496. Lane, *Modern Egyptians*, p. 530. Certeux and Carnoy, *L'Algérie traditionelle*, p. 220.

舍,以期施舍行为的功德有益于死者。① 在基克拉迪群岛的麦克

552 诺斯岛,在安葬死者之后的某些固定的日子里,人们会把由煮熟的

小麦配以甜梅等美味的餐食放在墓上,最后在教堂门口把饭分给

穷人;②在俄罗斯某些地区,人们仍然相信,如果葬礼时通常应当

分发的施舍没分发,死者魂灵就会以飞蛾的形式向亲属现身,在蜡

烛的火焰旁飞舞。③ 基督教徒和伊斯兰教徒普遍认为,施舍穷人

会给死者添功德,人们也普遍为死者祈祷,这些就是一系列习

俗——生者试图通过这些习俗使离世的亲友受惠——的最后

残存。

　　不过,尽管人们不再相信死者还需要人照料,尽管人们认为死

后一切都不复存在,但仍然存在着一些义务,即使不能说它们是对

死者的义务,无论如何也是对曾经活着的那些人的义务。一个人

可能会被他不再能感受到的某个行为所无理对待。他拥有一些权

利,不仅在其生前有效,也在其身后有效。向他许下的承诺并不因

他被埋葬而被埋葬。死者的遗嘱是有约束力的。他记忆中的东西

受到保护而不容中伤。这些权利具有与其他所有权利一样的根

据:他本人的情感以及他人提出的应当尊重其情感的要求。我们

对我们不再活着时的未来怀有希望。我们要过问我们身后的人和

物。我们想要为自己留下无瑕疵的名声。而在我们自己离世而去

的时候,我们的同胞对我们感受到的同情还会持续。

---

① Uhlhorn,*Die christhcke Liebesthätigkeit*,i. 281.

② Bent,*Cyclades*,p. 221 *sq.*

③ Ralston,*op. cit.*p. 117.

第四十六章　食人俗

在结束有关死者的讨论之前,我们还得思考一下吃食尸体的行为。

人类社会存在着习惯性食人现象,习俗允许,甚至在有些情况下要求人们去吃人。食人俗存在于很多蒙昧部落,而在某些开化的民族中,它以宗教仪式或巫术的方式出现。食人俗特别流行于,或者说一直特别流行于以下区域:南海群岛、澳大利亚、非洲中部、美洲的中部和南部。但是在北美印第安人、马来群岛的一些部落和亚洲大陆的一些民族中,也发现了食人俗的痕迹。还有证据表明,欧洲的部分地区也存在过食人习俗。①

---

① 关于食人习俗的流行程度和范围,见:Andree,*Die Anthropophagie*,p. 1 *sqq.*; Bergemann, *Die Verbreitung der Anthropophagie*, p. 5 *sqq.*; Steinmetz, *Endokannibalismus*, p. 2 *sqq.*; Schneider, *Die Naturvölker*, i. 121 *sqq.*; Letourneau, *L'évolution de la morale*, p. 82 *sqq.*; Ritson, *Abstinence from Animal Food*, p. 125 *sqq.*; Hartland, *Legend of Perseus*, ii. 279 *sqq.*; Schaafhausen, 'Die Menschenfresserei und das Menschenopfer,' in *Archiv f. Anthropologie*, iv. 248 *sqq.*; Henkenius, 'Verbreitung der Anthropophagie', in *Deutsche Rundschau f. Geographie u. Statistik*, xv. 348 *sqq.*; de Nadaillac, 'L'Anthropophagie et les sacrifices humains', in *Revue des Deux Mondes*, lxvi. 406 *sqq.*; *Idem*, in *Bulletins de la Soc. d'Anthrop. de Paris*, 1888, p. 27 *sqq.*; Dorman, *Origin of Primitive Superstitions*, p. 145 *sqq.* (American aborigines); Koch, 'Die Anthropophagie der südamerikanischen Indianer,' in *Internationales Archiv f. Ethnographie*, xii. 84 *sqq.*; Preuss, *Die Begräbnisarten der Amerikaner und Nordostasiaten*, p. 217 *sqq.*; Vos, 'Die Verbreitung der Anthropophagie auf dem asiatischen Festlande,' in *Intern. Archiv f. Ethnogr.* iii. 69 *sqq.*; de Groot, *Religious System of China*, (vol. iv. book) ii. 363 *sqq.*; Hübbe-Schleiden, *Ethiopien*, p. 209 *sqq.*; Matiegka, 'Anthropophagie in der prähistorischen Ansiedlung bei Knovize und in der prähistorischen Zeit überhaupt,' in *Mittheil. d. Anthrop. Gesellsch. in Wien*, xxvi. 129 *sqq.*; Wood-Martin, *Traces of the Elder Faiths of Ireland*, ii. 286 *sqq.*。

554　　　在食人习俗中,除了骨头,有时吃掉整个身体;有时只吃身体的一部分,如肝脏和心脏。被吃掉的受害者常常是敌人,或者是其他部落的成员,但也有可能是食人者的亲属或者同一个部落的成员。在很多蒙昧部落中,指向群体内部的食人行为和指向群体外部的食人行为是同时存在的。但是,很多食人部落仅限于吃食陌生人、被杀死的敌人或战俘。然而,也有一些食人族群吃自己人优先于吃陌生人,也有完全指向群体内部成员的食人行为。据说印度中部邦省的比罗尔人吃食年长的亲属,但是厌恶其他食人方式;①而在澳大利亚中部的一些部落,人们不吃敌人的尸体——这些尸体原封不动地放着,当地人对之不闻不问,他们只吃朋友的尸体。② 有的时候人们会食用突然死亡的亲属的尸体,有的时候他们杀死并食用年老的乡亲,有的时候父母亲吃掉自己的孩子,有的时候犯罪的人会被所属共同体的其他成员吃掉。澳大利亚的迪埃利人在吃死去的亲属时,甚至有一个明确限定的方向和目标——"母亲吃自己的孩子。孩子吃他们的母亲。连襟之间、姊娌之间互相吃食。叔舅、姨姑、外甥、侄女、(外)孙子(女)、(外)祖父和(外)祖母之间,都可互相吃食。但是父亲不吃他的子女,也不吃他的兄弟姐妹。"③在一些族群中,只有男人才可以吃人,而除了很特殊的

---

① Dalton, *Ethnology of Bengal*, p. 220 sq.

② Palmer, 'Some Australian Tribes,' in *Jour. Anthr. Inst.* xiii. 283; Fraser, *Aborigines of New South Wales*, p. 56; Howitt, *Native Tribes of South-East Australia*, p. 753 (Queensland aborigines). Dawson, *Australian Aborigines*, p. 67 (tribes of Western Victoria).

③ Gason, 'Dieyerie Tribe,' in Woods, *Native Tribes of South Australia*, p. 274.

情况，女人是不允许吃人肉的。[①]

很多原因均可导致食人俗，可以追溯的因由多种多样。食人 555
常常发生于饥荒或肉食匮乏时期。[②] 按照埃利斯的说法，在南海
群岛，"自然资源的瘠薄、饥荒的痛苦，常常会导致这种非自然的罪
恶"。[③] 努卡希瓦人不仅有吃战俘肉的习惯，在难耐饥馑的时候也
会杀死并吃掉妻子和孩子，但是不到迫不得已的时候他们不会吃
自己的妻儿。[④] 在澳大利亚南部和西部的一些部落中，也是饥荒
引发食人行为，当食物极其匮乏的时候，有的父母亲甚至会吃掉自
己的孩子。[⑤] 生活在苏必利尔湖北部的印第安人，在受到敌人围

①　Coquilhat, *Sur le Haut-Congo*, p. 274（Bangala）. Torday and Joyce, 'Ethnography of the Ba-Mbala,' in *Jour. Anthr. Inst.* xxxv. 403 sq. Iidem, 'Ethnography of the Ba-Huana,' *ibid*, xxxvi. 279. Reade, *Savage Africa*, p. 158（West Equatorial Africans）. Thomson, *Story of New Zealand*, i. 145；Best, 'Art of War, as conducted by the Maori,' in *Jour. Polynesian Soc.* xi. 71（some of the Maoris）, von Langsdorf, *op. cit.* i. 134（Nukahivans）. Erskine, *Cruise among the Islands of Western Pacific*, p. 260（Fijians）. Spencer and Gillen, *Northern Tribes of Central Australia*, p. 548. 至于澳大利亚的土著人，柯尔先生说"女子是绝对禁止吃食人肉的"（Curr, *The Australian Race*, i. 77）, 但这种说法并不适用所有的澳大利亚部落。

②　Bergemann, *op. cit.* p. 48. de Nadaillac, in *Bull. Soc. d'Anthr.* 1888, p. 27 sqq. Idem, in *Revue des Deux Mondes*, lxvi. 428 sq. Steinmetz, *Endokannibalismus*, p. 25 sqq. Lippert, *Kulturgeschichte der Menschheit*, ii. 281 sqq. Henkenius, *loc. cit.* p. 348 sq. Letourneau, *L'évolution de la Morale*, p. 97. Matiegka, *loc. cit.* p. 136. Hübbe-Schleiden, *Ethiopien*, p. 216 sq. Rochas, *La Nonvelle Calédonie*, p. 304 sq.

③　Ellis, *Polynesian Researches*, i. 359.

④　von Langsdorf, *op. cit.* i. 144.

⑤　Lumholtz, *Among Cannibals*, p. 134. Nisbet, *A Colonial Tramp*, ii. 143. Oldfield, 'Aborigines of Australia,' in *Trans. Ethn. Soc.* N. S. iii. 285. 在艰难的夏季，阿德莱德一带的考拉部落会吃掉所有的新生婴儿（Howitt, *op. cit.* p. 749）。

困或者遭遇饥荒的时候,往往会以人肉充饥。① 在哈得逊湖畔生活的爱斯基摩人中,"发生过这样的事例,在大饥荒的时候,人们吃完自己的狗、所有的衣服和其他用皮做成的东西后,不得不开始吃人"。②

　　对于一些民族来说,饥饿是导致食人的唯一原因,但对于另一些民族而言,他们嗜食同类时无须诉诸这类理由。斐济人是地球上迄今为止食人行为最突出的一个民族,而他们所居住和生活的领土上各类食物应有尽有。③ 巴西的食人者通常情况下都能捕获大量的鱼和猎物。④ 在非洲的许多地区,食人俗也同样流行,但这些地区的食物来源非常丰富。⑤ 据说,刚果河上游好战的班加拉人频繁对周边部落发动征战,唯一的目的就是俘获敌人而食其肉,而他们的土地上盛产大量蔬菜和家养动物,河流、湖泊里也有非常充足的鱼类。⑥ 一个旅行者惊奇地发现,在南非特朗格力浦有一个穴居的食人族,"他们这个地方的农业非常发达,野生猎物非常丰足。尽管如此,他们仍不满足,他们捕猎、嗜食他们的敌人,甚至在自己部落内部捕猎别人吃掉"。⑦ 与仅仅在饥荒时才吃人肉的

---

① Warren,in Schoolcraft,*Indian Tribes of the United States*,ii. 146.

② Turner,'Ethnology of the Ungava District,' in *Ann. Rep. Bur. Ethn*. xi. 187.

③ Williams and Calvert,*Fiji*,p. 182. Erskine. *op. cit*. p. 262.

④ von Martius,*Beiträge zur Ethnographie Amerika's*,i. 538. Koch,*loc. cit*. p. 87. de Nadaillac,in *Bull. Soc. d Anthr*. 1888,p. 30 *sq*.

⑤ Johnston,'Ethics of Cannibalism,' in *Fortnightly Review*,N. S. xlv. 20 *sqq*. Hübbe-Schleiden,*Ethiopien*,p. 212. de Nadaillac,in *Bull. Soc. d'Anthr*. 1888,p. 32 *sq*.

⑥ Coquilhat,*op. cit*. pp. 271,273. Johnston,in *Fortnightly Review*,N. S. xlv. 20.

⑦ Layland,转引自:Burton,*Two Trips to Gorilla Land*,i. 216。

做法不同,人肉还被视为美味佳肴,这在不少地方并不鲜见。[①] 斐济人对一个食物所给予的最高赞扬就是说它"柔嫩鲜美得像死人的肉"。[②] 在南海的其他许多群岛上,人肉被说成是一种可口的美味,远胜于猪肉。[③] 澳大利亚的库尔奈人认为,人肉比牛肉的味道更好。[④] 在澳大利亚的一些部落中,一个胖乎乎的小孩被看成"美味,而一伙不怀好意、心存不轨的馋嘴鬼会趁他妈妈不在的时候杀死并吃掉他"。[⑤] 对于澳大利亚昆士兰州北部的一些土著人而言,杀人谋命的最大动机来自于他们对人肉的嗜好,在他们看来,没有什么比享用黑人的肉更奢侈、更享受。[⑥]

　　然而,不论是出于饥饿,还是因为贪食美味,对人肉的食欲绝

---

　　① Bergemann, *op. cit.* p. 49 *sq.* von Langsdorf, *op. cit.* i. 141. Hübbe-Schleiden, *Ethiopien*, p. 218. Johnston, in *Fortnightly Review*, N. S. xlv. 20 *sqq.* (various African peoples). Kingsley, *Travels in West Africa*, p. 330 (Fans). Reade, *op. cit.* p. 158 (West Equatorial Africans). Coquilhat, *op. cit.* p. 271 (Bangala). Torday and Joyce, 'Ba-Mbala,' in *Jour. Anthr. Inst.* xxxv. 404. *Iidem*, 'Ba-Huana,' *ibid*, xxxvi. 279.

　　② Wilkes, *U. S. Exploring Expedition*, iii. 101. *Cf.* Williams and Calvert, *op. cit.* pp. 175, 178, 195.

　　③ Romilly, *Western Pacific*, p. 59 (New Irelanders). *Idem*, *From my Verandah in New Guinea*, p. 65. Brenchley, *Cruise of H. M. S. Curaçoa*, p. 209; Turner, *Samoa*, p. 313 (natives of Tana, in the New Hebrides). *Cf. ibid.* p. 344 (New Caledonians); Hale, *U. S. Exploring Expedition. Vol. VI. Ethnography and Philology*, p. 39 (Polynesians). 苏门答腊的巴塔克人认为人肉比猪肉好吃多了(Junghuhn, *Die Battaländer auf Sumatra*, ii. 160 *sq.*)。关于把人肉视为美味的做法,另见:Marco Polo, *Book concerning the Kingdoms and Marvels of the East*, ii. 179 (hill people in Fokien), 209 (Islanders in the Seas of China); Schaafhausen, *loc. cit.* p. 247 *sq.*; Matiegka, *loc. cit.* p. 136, n. 3。

　　④ Howitt, *op. cit.* p. 752.

　　⑤ Fraser, *Aborigines of New South Wales*. pp. 3, 57.

　　⑥ Lumholtz, *op. cit.* pp. 101, 271.

不是嗜食同类的仅有动机。食人还非常频繁地被描述成一种复仇行为。[①] 按照梅尔维尔的说法,在马克萨斯群岛生活的泰皮人只有在对敌人复仇后产生快意时才会食人。[②] 所罗门群岛岛民的食人俗似乎主要是为了表达对被吃者最大的羞辱。[③] 确定无疑的是,萨摩亚人的战争中很少有人被烹饪后吃掉,而如果发生这种情况,"他一定是敌人中因挑衅和残忍而最臭名昭著的那位,分吃他的肉体是食人者表达憎恨和复仇的高潮,而不仅仅出于对人肉滋味的嗜好"。"把某某烤熟了吃掉"这种说法在萨摩亚人中是最恶意的诅咒,如果有人这样咒骂哪位位高权重的部落首领,后者很可能会为此发动一场战争雪耻。[④] 毛利人吃人肉往往是为了报仇雪

558

---

① Ellis, *Polynesian Researches*, i. 310 (Tahitians). von Langsdorf, *op. cit.* i. 149 (Nukahivans). Forster, *Voyage round the World*, ii. 315 (natives of Tana and generally). Powell, *Wanderings in a Wild Country*, p. 248 (natives of New Britain and New Ireland). Howitt, *Natives of South-East Australia*, pp. 247, 751. Marsden, *History of Sumatra*, p. 391; Buning, in *Glimpses of the Eastern Archipelago*, p. 74 *sq.*; Junghuhn. *op. cit.* ii. 156, 160 (Bataks). de Groot, *op. cit.* (vol. iv. book) ii. 369 *sqq.* (ancient Chinese). Schneider, *Die Religion der afrikanischen Naturvölker*, p. 208 *sq.* (Negroes). Burton, *Two Trips to Gorilla Land*, i. 216 (natives of Bonny and New Calabar). Müller, *Geschichte der Amerikanischen Urreligionen*, p. 145 *sq.* Carver, *Travels through the Interior Parts of North America*, p. 303 *sq.* (Naudowessies). Keating, *Expedition to the Source of St. Peter's River*, i. 104 (Potawatomis). Koch, *loc. cit.* pp. 87, 89 *sqq.* (South American tribes). von Humboldt, *Travels to the Equinoctial Regions of the New Continent*, v. 421 (Indians of Guyana). Wied-Neuwied, *Reise nach Brasilien*, ii. 50 (Botocudos and some other Brazilian tribes). Lomonaco, 'Sulle razze indigene del Brasile,' in *Archivio per l'antropologia e la etnologia*, xix. 58 (Tupis). Andree, *op. cit.* p. 102 *sq.* and *passim*.

② Melville, *Typee*, p. 181.

③ Parkinson, *Zur Ethnographie der nordwestlichen Salomo Inseln*, p. 14.

④ Turner, *Nineteen Years in Polynesia*, p. 194. *Cf.* Pritchard, *Polynesian Reminiscences*, p. 125 *sq.*

恨,或是以此羞辱被吃的人,或是以此激发他人的恐惧。"新西兰
人把被人吃掉视为最大的耻辱,如果同时有分别来自英国和新西
兰的两群朋友在各自的船上面临将要饿死的困境,英国人可能会
嗜食同类充饥,但新西兰人无论如何也不会这样做。"[1]即使是在
斐济这一把吃人肉看成最大享受的地方,复仇仍然是食人行为的
主要动机。[2] 所以,"任何民族的尊严一旦受到侵犯和羞辱,吃掉
侵犯者以雪国族之耻是义不容辞的;事实上,对首领或国王来说,
这也是他们对至高无上的国家负有的责任和义务"。[3]

　　作为食人习俗的通常形式,吃食罪犯的行为很大程度上也是
由于复仇或泄愤。[4] 在新赫布里底群岛的利泊岛民中,食人行为
中的受害者通常并不是在战争中被杀死的敌人,而是"群体中的谋
杀犯,或者是一个特别令人憎恨的仇人,人们对他非常气愤才这样
残害他"。[5] 在苏门答腊的巴塔克人中,犯了特定死罪的人,如蓄
意谋杀、反叛部落和通奸,通常会被受伤害方及其朋友怀着气愤和
憎恨吃掉。[6] 但是这种情况下的食人行为可能还有另外的缘由。[7]
无论原因何在,一旦当地人生出了吃人肉的欲望,那么诸如残暴无
情的罪犯这样的人,更有可能被选为牺牲品吃掉。据说南海莱恩 559

---

　　[1]　Thomson, *Story of New Zealand*, i. 141 *sqq*. Yate, *Account of New Zealand*, p. 129. Dieffenbach, *Travels in New Zealand*, ii. 128. Taylor, *Te Ika a Maui*, p. 353. Best, in *Jour. Polynesian Soc.* xi. 71 *sq*.

　　[2]　Wilkes, *op. cit.* iii. 101. Williams and Calvert, *op. cit.* p. 178.

　　[3]　Seemann, *Viti*, p. 181.

　　[4]　*Cf.* Matiegka, *loc. cit.* p. 137.

　　[5]　Codrington, *Melanesians*, p. 344.

　　[6]　Marsden, *op. cit.* p. 391. Junghuhn, *op. cit.* ii. 156 *sq*.

　　[7]　见: Steinmetz, *op. cit.* p. 55 *sq*. 。

岛民的食人习俗始于吃食小偷和奴隶。[1] 美拉尼西亚的献祭活动伴随着吃食人肉，"这时当地人就会利用犯罪，或被归咎的犯罪的名义，取了某个人的性命，把他吃掉"。[2]

曾经有人质疑，食人是否是憎恨的直接表达，[3]但这种质疑没有充足的理由和依据。根据原始人的观念，吃掉一个人就是将其作为一个实体彻底毁灭，[4]我们很容易想象一个原始人将他的敌人放入口中咀嚼时那种洋洋得意的胜利之情。斐济人甚至会带着报复心理吃叮咬他的蚊虫；当荆棘刺到他的时候，他也会把它从肌肉中拔出来嚼烂吃掉。[5] 交趾支那人这样表达他们对一个人最深切的痛恨——"我恨不得吃掉他的肉、他的肝。"[6]有的族群想"喝敌人的血"。

认为吃掉一个人是对其身体和人格的彻底毁灭，这一观念引发了人类嗜食同类的行为。究其原因，除了复仇在起作用，这也是一种保护措施，一种使危险的个体死后无害的方法。[7] 博托库多的武士要吞食败敌的身体，他们相信只有这样才能安全地面对死者复仇的愤怒。[8] 在阿散蒂人中，"随军的法师施行许多仪式，他

①　Tutuila, ' Line Islanders, ' in *Jour. Polynesian Soc*. i. 270.

②　Codrington, *op. cit*. p. 135.

③　Steinmetz, *op. cit*. p. 33.

④　Dieffenbach, *op. cit*. ii. 118 (Maoris). Johnston, in *Fortnightly Review*, N. S. xlv. 27 (Negroes of the Niger Delta). Koch, *loc. cit*. pp. 87, 109. Lippert, *Der Seelencult*, p. 69. *Idem*, *Kulturgeschichte der Menschheit*, ii. 282 *sq*.

⑤　Pritchard, *op. cit*. p. 371.

⑥　von Langsdorf, *op. cit*. i. 148.

⑦　*Cf*. Lippert, *Kulturgeschichte der Menschheit*, ii. 282; Koch, *loc. cit*. pp. 87, 109.

⑧　Featherman, *Social History of Mankind*, ' Chiapo and Guarano-Maranonians, ' p. 355.

们口中念诵着咒语,挖出敌人的心脏切成小块,然后把血、心脏碎块与各种献祭药草混合起来,分给所有尚不具备杀敌经验的年轻人吃。他们相信,如果不分享这些东西,他们的力量和勇气就会被死去敌人经常出没的鬼魂神秘地消耗掉。"[1]在格陵兰岛,"据说被杀死的人有一种力量,能冲入杀死自己的人体内,为自己复仇,而只有吃掉死者肝脏的一部分才能免遭报复"。[2] 许多食人者习惯于吃掉被杀敌人的这个器官,身体上的这个部位被认为掌控着灵魂、勇气或力量,吃掉它就有望使敌人丧失反击的精神和力量。澳大利亚昆士兰州的土著人吃食被他们杀掉之人的肾脏,他们相信,"肾脏是生命的中心所在"。[3] 毛利人的首领常常志得意满地食用敌人的左眼,他们认为,人的左眼是灵魂栖息的地方;[4]他们喝敌人的血的行为,也源自相关的信念:灵魂随血液流转;在某些情况下,他们会吃掉世仇的心脏,因为心脏被视为生命的精髓和根本,吃了它就能"巩固战绩、鼓舞士气"。[5] 类似的情况还有,某些食人部族或者吃敌人的心脏,或者吸食敌人的脑髓。

再者,食人者认为,某些品质栖居于身体的特定部位,吃掉敌人的这个部位,就意味着不仅剥夺了受害者的特定品质,而且还能

560

---

[1]　Bowdich, *Mission to Ashantee*, p. 300.

[2]　Rink, *Tales and Traditions of the Eskimo*, p. 45.

[3]　Lumholtz, *op. cit.* p. 272.

[4]　Dieffenbach, *op. cit.* ii. 128 *sq.*

[5]　Best, in *Jour. Polynesian Soc.* xii. 83, 147.

将这种品质吸收进自己的身体系统。[①] 在许多情况下，这是食人行为的主要原因或者唯一原因。肖肖尼印第安人认为，如果能击败骁勇善战之敌并分食其肉，就能汲取其英武之气，焕发出更强大的生命活力和战斗精神。[②] 在休伦族中，如果哪个敌人表现勇猛，他的心脏就会被烤熟并切成小块，分给族中的年轻男子和男孩子吃。[③] 奴隶海岸一带说埃维语的族群常常吃某个富有远见卓识的敌人的心脏，主要是为了让自己变得聪明睿智；他们认为，智慧和勇气均储存在人的心脏中。[④] 在非洲西南部的金本达人那里，新国王登基之际，要杀掉战俘中的勇士，供新国王和贵族吃食，以获取他的力量和勇气。[⑤] 这种神力在生死两界传递的观念，在澳大利亚食人习俗中普遍存在。[⑥] 在一些部落，人们认为吃掉敌人就

①　Blumentritt, 'Der Ahnencultus der Malaien des Philippinen-Archipels,' in *Mittheil. d. kais. u. könig. Geograph. Gesellsch. in Wien*, xxv. 154 (Italones). Lewin, *Wild Races of South-Eastern India*, p. 269 (Kukis). de Groot, *op. cit.* (vol. iv. book) ii. 373 *sqq.* (ancient Chinese). Schneider, *Die Religion der afrikanischen Naturvölker*, p. 209 *sq.* (Negroes). Dorman, *op. cit.* p. 145 *sq.* (North American Indians). Keating, *op. cit.* i. 104 (Potawatomis). Koch, *loc. cit.* pp. 87, 89 *sqq.*, 109 (South American Indians). Andree, *op. cit.* p. 101 *sq.* and *passim.* Lippert, *Der Seelencult*, p. 70 *sqq. Idem*, *Kulturgeschichte*, ii. 282. Trumbull, *Blood Covenant*, p. 128 *sqq.* Frazer, *Golden Bough*, ii. 357 *sqq.* Gomme, *Ethnology in Folklore*, p. 151 *sqq.* Crawley, *Mystic Rose*, p. 101 *sqq.*

②　Featherman, *op. cit.* 'Aoneo-Maranonians,' p. 206.

③　Parkman, *Jesuits in North America*, p. xxxix.

④　Ellis, *Ewe-speaking Peoples of the Slave Coast*, p. 100.

⑤　Magyar, *Reisen in Süd-Afrika*, p. 273.

⑥　Fraser, *Aborigines of New South Wales*, pp. 56, 81. Brough Smyth, *Aborigines of Victoria*, i. p. xxxviii. Howitt, 'Australian Medicine Men,' in *Jour. Anthr. Inst.* xvi. 30. Langloh Parker, *Euahlayi Tribe*, p. 38. Gason, 'Dieyerie Tribe,' in Curr, *op. cit.* ii. 52.

能获得他们的部分力量和勇气。^① 迪埃利人吞食敌人的脂肪,因为他们认为,这样敌人的力量就能传递到他们自己身上。^② 吃食亲属和朋友的行为常常也出于类似的观念和动机。在昆士兰马里伯勒的土著人部落,如果有人在仪式性战斗中牺牲,他的朋友会剥掉他的皮,分食他的肉,希望他的勇气能传递给每个分食了他的人。^③ 生活在新南威尔士达令河流域的土著居民,从死人身上切下一块肌肉带回营地,将它晒干后切成小块,分给死者的亲属和朋友。这些亲友有的将它做成护身符,有的将它扔进河里——或望引发水源丰盛,鱼虾遍布——但是更多的人会吃掉它,以期获得力量和勇气。^④ 在澳大利亚中部的一些部落,为复仇远征队送行聚会时,每一个队员都要喝一些血,有些队员还会把血喷洒在身上,以使自己变得身手轻便和灵活;部落长老指定血该从谁身上取,而这个被选中的人不得拒绝。^⑤ 在澳大利亚南部的一些部落,只有年老的男人和女人才可吃食人肉,他们吃掉婴儿和小孩是为了获取少年的生命力。^⑥ 在同一大陆的其他部落,正如我们已经表明的那样,母亲常常会杀死并吃掉她的第一个孩子;她们相信这样以后分娩时才有足够的力气。^⑦ 澳大利亚的许多部落里存在这样的

562

---

①　Howitt, *Native Tribes of South-East Australia*, p. 752.

②　Gason, in *Jour. Anthr. Inst.* xxiv. 172.

③　Howitt, *op. cit.* p. 753. McDonald, 'Mode of Preparing the Dead among the Natives of the Upper Mary River, Queensland,' in *Jour. Anthr. Inst.* ii. 179.

④　Bonney, 'Aborigines of the River Darling,' in *Jour. Anthr. Inst.* xiii. 135.

⑤　Spencer and Gillen, *Native Tribes of Central Australia*, p. 461.

⑥　Crauford, in *Jour. Anthr. Inst.* xxiv. 182.

⑦　见第一卷第 458 页。

习俗,若是一个小孩体弱多病,人们会杀掉他的新生弟弟或妹妹,用他们的肉喂养他以增强体质。[①] 巴西的许多印第安人有焚烧死去亲属尸骨,然后把骨灰搅拌成饮品喝掉的习俗;在他们的观念中,所有喝了混有骨灰饮品的人都有望汲取死者的灵魂或美德。[②] 库托德·马加良斯博士听闻,萨万蒂人"吃掉他们死去的小孩,希望把孩子的灵魂重新召唤回他们的身体"。[③]

　　这种神力传移的信仰,也将食人习俗与人身献祭以及吃食祭品联系起来。在所罗门群岛的佛罗里达群岛,吃食人肉的行为只出现在人身献祭仪式上。[④] 在夏威夷,"人祭仪式后人们开始吃人肉,被献祭者通常是其他部落的成员"。[⑤] 温伍德·瑞德先生发现,在非洲西部赤道地区有两种食人行为,一种是单纯地出于对人肉的贪食,另一种则是由祭司表演的献祭;对后者而言,祭司的职

563

---

① Howitt, *Native Tribes of South-East Australia*, p. 749 *sq*. (all the tribes of the Wotjo nation, and the Tatathi and other tribes on the Murray River frontage). Stanbridge, 'Tribes in the Central Part of Victoria,' in *Trans*. *Ethn*. *Soc*. *London*, N. S. i. 289. Spencer and Gillen, *Native Tribes of Central Australia*, pp. 52, 475 (Luritcha tribe).

② Wallace, *Travels on the Amazon*, p. 498 (Tariánas, Tucános, and some other tribes of the Uaupés). Coudreau, *La France équinoxiale*, ii. 173 (Cobbéos, of the Uaupés). Monteiro, 转引自: von Spix and von Martius, *Reise in Brasilien*, iii. 1207, n. * (Jumánas). Koch, *loc*. *cit*. p. 83 *sq*. 。 Dorman, *op*. *cit*. p. 151。

③ Couto de Magalhäes, *Trabalho preparatorio para aproveitamento do selvagem e do solo por elle occupado no Brazil—O selvagem*, p. 132. *Cf*. de Castelnau, *Expédition dans les parties centrales de l' Amérique du Sud*, iv. 382 (Camacas).

④ Codrington, *op*. *cit*. p. 343. 另见: Geiseler, *Die Oster-Insel*, p. 30 *sq*. (Easter Islanders)。

⑤ Remy, *Ka Mooolelo Hawaii*, p. xl.

责是取献祭品的一部分吃掉，被献祭的是人、羊或者禽类。[1] 不过，执行食人献祭的并不限于祭司。在英属尼日利亚，"在人身献祭中，没有什么比祭司或者民众吃食献祭者肉身更能完美地告慰神、远离病痛和灾难"。[2] 在尼日利亚南部的阿洛人中，献祭给神的人会被所有人吃掉，村落里的每个人都有份。[3] 古代秘鲁时期卡兰克的居民也吃掉他们献祭给上帝的人身。[4] 阿兹特克人先用人的鲜血抛洒祭坛，然后吃掉肉身，[5]玛雅人也是这样做的。[6] 在尼加拉瓜的人祭中，最高级别的祭司获得心脏，国王得到双脚和双手，俘获祭品的勇士得到大腿，仪式乐手分到其他脏器，剩余的部分则由平民分享。[7] 古印度流行这样一种观念：在献祭中提供人身祭品的人，应该分享祭品的肉食；然而也有与此相反的观念，认为不应允许这个人参与分享，更不用说被要求吃食人肉了。[8] 以献祭形式存在的食人俗显然源于这样一种信仰：敬献给超自然存在的祭品，其肉体也分享着它的神性，[9]献祭者希望通过吃食祭品

---

[1]　Reade, *op. cit.* p. 158. 另见：Schneider, *Die Religion der afrikanischen Naturvölker*, p. 209 *sq.*。

[2]　Mockler-Ferryman, *British Nigeria*, p. 261.

[3]　Partridge, *Cross River Natives*, p. 59.

[4]　Ranking, *Researches on the Conquest of Peru*, p. 89.

[5]　Prescott, *History of the Conquest of Mexico*, p. 41. Réville, *Hibbert Lectures on the Religions of Mexico and Peru*, p. 89. Bancroft, *Native Races of the Pacific States*, ii. 176; iii. 443 *sq.*

[6]　Bancroft, *op. cit.* ii. 725.

[7]　*Ibid.* ii. 725.

[8]　Weber, 'Ueber Menschenopfer bei den Indern der vedischen Zeit,' in *Indische Streifen*, i. 72 *sq.*

[9]　见第一卷第 445 页及以下。

564 使自身获得某些神圣的品格。吃了祭品肉或者喝了祭品血的人，也就汲取了这些非凡的品质。① 这正是早期基督教徒对圣餐的理解。他们认为，圣餐是神圣礼物的真实赠与，是通过自己的身体与基督的沟通和交流，是神圣的生命的神奇移植。分享圣餐与罪恶的宽恕没有特别的关系，但是能强化参与者的信仰，提升他们对上帝的认知水准；尤为重要的是，它是获得永生的保证，因为基督的身体就是永垂不朽的。圣餐由此被描绘成"长生不死之药"。②

　　在许多其他的食人事例中，人肉和人血被认为对分食者具有超自然作用或者医疗作用。美拉尼西亚的班克斯岛民相信，偷吃了死尸肉的男人或女人会获得一种与吸血鬼一样的力量，死人的鬼魂会"与吃了自己肉的人结成亲密的朋友，用它所向披靡的魔力折磨他的对手和敌人，使他获得满足"。③ 澳大利亚的巫师据说是吃人肉后才获得了强大的魔力。④ 在贝克的一次远程旅行中，跟随他的埃及土著人表示，举行一个吃敌人肝脏的仪式，就能够使他们哪怕随便射出的枪弹又准又狠地飞向目标。⑤ 在澳大利亚塔斯马尼亚岛的土著居民中，人血常常被用作治愈疾病的药液。⑥ 在中国，人们会分食被处死的罪犯的心脏、肝脏、胆汁和血液，以期养生健体；⑦在北京，当囚犯被处决后，人们把大力丸浸泡在犯人血

① 见：Frazer, *Golden Bough*, ii. 352, 353, 366。

② Harnack, *History of Dogma*, i. 211；ii. 144 *sqq.*；iv. 286, 291, 294, 296, 297, 299 *sq.*

③ Codrington, *op. cit.* p. 221 *sq.*

④ Eyre, *Expeditions of Discovery into Central Australia*, ii. 255.

⑤ Baker, *Ismailia*, p. 393.

⑥ Bonwick, *Daily Life and Origin of the Tasmanians*, p. 89.

⑦ de Groot, *op. cit.* (vol. iv. book) ii. 377.

液中,并冠以"人血馒头"的名称作为治痨病的药品出售。[1] 德尔图良曾提到,"为了治愈癫痫,观看决斗表演的人看到竞技场中被杀死的罪犯,就贪婪地吮吸从死者伤口流出的鲜血"。[2] 欧洲的基督教徒同样喝死刑犯的血来治疗癫痫、发烧和其他疾病。[3] 在这些情况下,死者血液的疗效多归于这样一种信仰:死者在世时的品质能转移到饮血者的身上,一个强健个体的血液和生命能将其健康传给病弱者。而死亡本身的神秘性也能赋予死尸一种超自然的力量,考虑到处决重罪犯所引发的恐惧与敬畏,这种神力尤其不可低估。

　　在另外的例子中,认为食人能带来神奇效果的信仰也许可以追溯到这样一种观念:如果一个人或者其身体至关重要的部分被吃掉,那么他即便作为幽灵也不能继续存在,或者无论如何他都会失去祸害他人的能力。在英属圭亚那生活的印第安人中,如果有人被指证秘密谋杀了亲友,替被杀害者复仇的人会在嫌疑人背后射击他;如果他正好被射中倒地而死,他的尸体就被拖到一旁,掩埋于一个浅浅的墓穴中。第三天晚上,复仇者会去墓穴用一根尖利的木棍刺穿死尸的身体;如果发现抽回木棍的尖端有血,他就会吮吸血液,以驱走任何可能来自谋杀者的邪恶力量,然后带着溢于言表的无忧无虑,镇定而心满意足地回家。但是如果这个被指证

---

①　Rennie,转引自：Yule,in his translation of Marco Polo,i. 275,n. 7。

②　Tertullian,*Apologeticus*,9（Migne,*Patrologiæ cursus*,i. 321 sq.）。

③　Strack, *Der Blutaberglaube in der Menschheit*, p. 27 *sqq.* Wuttke, *Der deutsche Volksaberglaube der Gegenwart*, § 189 *sqq.*, p. 137 *sq.* Jahn, 'Ueber den Zauber mit Menschenblut,' in *Verhandl. d. Berliner Gesellsch. f. Anthrop.* 1888, p. 134 *sqq.* Havelock Ellis, *The Criminal*, p. 284. Peacock, 'Executed Criminals and Folk-Medicine,' in *Folk-Lore*, vii. 270 *sq.*

的杀人犯受伤却未死,他会叫他的家人在他死后把他埋葬在别人发现不了的地方。这是一种惩罚谋杀行为的措施,"因为当地流行一种信念,如果不能杀掉凶犯并喝他的血,自己就会发疯而死"。[①] 普鲁士流行这样一种迷信的观念,如果一个杀人犯切下被害者的一块肉烤熟吃掉,那么他此后就能永远忘记他曾经犯下的行径。[②] 杀人者还能通过吃掉受害者的肉来保护自己不受死者亲属的报复,也可能通过这样做,把死者的亲戚纳入自己的关系网。[③] 新不列颠岛的土著人吃掉他们的敌人,并把敌人的腿骨、手骨装置在长矛的手柄末端,他们相信这样不仅能把死者的力量转移给自身,而且能使他们免遭死者亲属的报复。[④] 博托库多人也认为,吞食被他们杀死的敌人的肉,既能免遭死者的仇恨,又能抵御来自敌对部落的攻击,从而起到自我保护的作用。[⑤] 在格陵兰岛,被害人的亲属在极端愤怒的情况下,会把杀人犯的身体切成一块一块的,并吞食其心脏或肝脏,"他们认为这样能打消杀人犯亲属施加报复的勇气"。[⑥] 意大利南部流行这样一个观念,杀人犯在逃离现场之前必须喝被害者的血,或者将血涂在身上,否则会遭受厄运。[⑦] 我们也曾获悉,有的族群甚至认为食人行为会对死者亲属造成直接伤害;这一观念似乎与同情性法术的原理相一致。在楚科奇人的复仇血

---

① Bernau, *Missionary Labours in British Guiana*, p. 57 *sq*.

② von Tettau and Temme, *Die Volkssagen Ostpreussens*, p. 267.

③ *Cf*. Hartland, *op. cit*. ii. 245 *sq*.

④ Powell, *Wanderings in a Wild Country*, p. 92.

⑤ Castelnau, *Expedition dans les parties centrales de l'Amérique du Sud*, iv. 382.

⑥ Cranz, *History of Greenland*, i. 178.

⑦ Pasquarelli, 转引自:Hartland, *op. cit*. ii. 246。

战中,杀敌者会吃掉敌人心脏或肝脏的一小部分,他们认为这样能致使敌人亲属的心脏病变。[1]

　　人们认为,人肉或人血不仅能把某些有益的品质或神奇的能量传达给分食者,还能将特定的诅咒从一个人转移到另一人身上。我认为这种情况可以对部落结盟仪式中嗜食人肉的行为做出解释;在前面的章节我曾试图表明,歃血为盟背后的主要原则基于这样一种观念:鲜血能够把特定的诅咒传输给每一个饮血者,谁要是违反了承诺,就会受到伤害甚至被灭绝。[2] 在古代和中世纪的很多族群以及某些蒙昧族群中,喝人血或者将人血与葡萄酒混在一起喝,是一种订立生死盟约的方式。[3] 即便到了今天,在南斯拉夫的一些地区,不同氏族间仍然歃血为盟:氏族代表吮吸对方右手流出的血,并宣誓彼此忠诚至死。[4] 在非洲的一些地方,人们常常把人的血肉与调味品混在一起制成面糊,将其存放于一个雕刻精巧的木盒里,用人骨制成的圆勺子分食。这种歃血为盟往往发生在互相猜忌的陌生人之间,或者曾经敌对的双方之间,分食的过程中有时还需要双方庄严宣誓或起誓。[5] 在刚果河南部开赛地区的班图人中,当地部落首领之间举行联盟仪式时,同时要伴随着食人行为。势力最强大的首领邀请其他邻近部落的首领到他的领土上

----

[1] Ratzel, *History of Mankind*, ii. 212.

[2] 见前文第 208 页。

[3] Strack, *op. cit.* p. 9 *sqq.* Rühs, *Handbuch der Geschichte des Mittelalters*, p. 323. 见前文第 207 页及以下。

[4] Krauss, 'Sühnung der Blutrache im Herzögischen,' in *Am Ur-Quell*, N. F. i. 196.

[5] Johnston, in *Fortnightly Review*, N. S. xlv. 28.

会晤，为避免相互屠戮而建立盟约。"部落首脑为了这个会晤，会把一个养肥的奴隶杀掉，以供被邀请的其他首领及部下分享。在宴会上共同吃食人肉，就意味着宣誓禁止彼此残杀。假使一个参加了此种集会的首领后来杀掉了俘获的另一部落的奴隶，那么其他每一个参加过集会的部落都有权向他索取赔偿，而那个杀人犯必定会被灭绝得一干二净。"[①]

关于吃食亲属和朋友血肉的习俗，除了已经提到的原因之外，还有一些特殊的理由值得费些笔墨。这种习俗被认为是亲情和敬意的表达，[②]这种行为不仅使吃食者受益，也使被吃者受益。澳大利亚的迪埃利人在嗜食同类方面是指向群体内部成员的，他们给出的理由是，如果他们不吃食死去的亲属，后者会哭闹不停，并滋扰他们的宿营地。[③] 在昆士兰布里亚地区的土著人那里，小孩突然死掉后，会被父母和小孩的亲兄弟姐妹分食，他们的说法是，"要是把亲爱的孩子孤身只影地掩埋在洞穴里，我们会太过想念他"。[④] 在昆士兰南部的图尔巴部落，一个在部落征战仪式中不小心被杀死的男子，会在一阵骚动过后被现场的部落成员分食，因为"他们熟悉他，他们喜欢他，现在他们知道他身处何方了，这样他的

568

---

①　Torday and Joyce, in *Jour. Anthr. Inst.* xxxv. 404, 409.

②　Dawson, *op. cit.* p. 67 (tribes of Western Victoria). McDonald, in *Jour. Anthr. Inst.* ii. 179 (natives of the Upper Mary River, Queensland). Featherman, *op. cit.* 'Oceano-Melanesians,' p. 243 (Hawaiians). Southey, *History of Brazil*, i. 379 (Tapuyas). Marcgravius de Liebstad, *Historia rerum naturalium Brasiliæ*, viii. 12, p. 282 (ancient Tupis).

③　Gason, in *Jour. Anthr. Inst.* xxiv. 172. *Idem*, in Woods, *op. cit.* p. 274.

④　Roth, *North-West-Central Queensland Aborigines*, p. 166.

肉体就不会发臭了"。① 苏门答腊的巴塔克人宣称，当老人体弱多病时，他们通常会被亲属吃掉，"这与其说是为了满足口腹之欲，不如说是尽职尽责表达孝顺的仪式"。② 萨摩耶德部落年老体衰、不能干活的人，会让孩子们把自己杀掉分食，这样他们才有望在死后的世界里生活得更好些。③ 海地的印第安人的想法是，"如果把死去亲人的肉体切块、晒干并研成粉末，然后放在饮品里喝掉，亲人就不会想念他、忆及他"。④ 博托库多部落因衰老跟不上队伍的老人，会请求孩子们把他吃掉，这样敌方就没有机会把他挖出来再施加残害了；⑤ 而母亲常常由于对孩子眷恋情深而吃食自己死去的孩子。⑥ 马策斯人认为，死者与其被虫子吃掉，还不如由亲友分享；⑦ 马拉尼翁和下瓦亚加的一个部族考克马斯人有这样的说法：与其在冰冷的土地里受冻，还不如进入朋友们的腹中。⑧ 现在依然难以确定这些说法在多大程度上表明了吃食亲属的真实动机。可能最初这样做是出于自私自利而不是爱，直到后来，人们找到了一些理由来诠释这种习俗。

现代蒙昧部族的食人习俗常常被视为人类远古时期普遍的嗜

569

---

① Howitt, *op. cit.* p. 753.

② Leyden, 'Languages and Literature of the Indo-Chinese Nations,' in *Asiatick Researches*, x. 202.

③ Preuss, *op. cit.* p. 218.

④ Bembo, 转引自：von Humboldt, *op. cit.* v. 248。

⑤ Voss, in *Verhandl. Berliner Gesellsch. Anthr.* 1891, p. 26.

⑥ Waitz, *Anthropologie der Naturvölker*, iii. 446.

⑦ von Schütz-Holzhausen, *Der Amazonas*, p. 209.

⑧ Markham, 'List of the Tribes in the Valley of the Amazon,' in *Jour. Anthr. Inst.* xxiv. 253.

食同类行为的遗迹。① 然而,这一理论的倡导者并没有严肃认真地用经验事实验证理论。我在《人类婚姻史》中提出这样一个问题:民族志记述的事实是如何提供给我们关于早期历史的信息的;我自己的答案是,我们首先要找到这种社会现象的原因,然后从原因的普遍程度推断这种社会现象本身的普遍性;但前提是除了这些原因之外没有其他原因介入进来。② 这个方法浅显易懂,但据我所知,只有斯坦梅茨博士严格地将这个方法应用在食人习俗上。他的结论是,多数原始部落可能都有嗜食亲属和战俘的习俗。他

570　论证如下:原始人食人的主要动机是对食物的渴求。他不仅吃食水果蔬菜,而且也食肉。他喜欢吃动物肉食,而对人类尸体的感觉上的憎恶并不足以阻止他吃人。他嗜食同类的时候,既不因害怕被吃食者的灵魂报复而放弃,也不因对死者尸体的任何可想到的怜悯而退却。因而,他嗜食同类的行为就习以为常了。③ 我之所以不能接受斯坦梅茨博士的结论,当然不是因为我发现他使用的方法不妥,而是因为在我看来,他主要的前提假设是极其可疑的。

很有可能的是,早期人类出于饥馑不得不吃食同类,当他遭遇船难时,为了活命也会偶尔为之,即便是文明时代的人也会因此吃食同伴。但我们在这里关注的只是嗜食同类的习惯。我认为人类最初主要是靠植物果实为食的,尽管如此,人类早期也会大量吃食

---

① Andree,*op. cit.* p. 98 *sq.* Lippert,*Kulturgeschichte der Menschheit*,ii. 279. Schurtz,*Speiseverbote*,p. 25. Réville,*Hibbert Lectures on the Religions of Mexico and Peru*,p. 87. Johnston,in *Fortnightly Review*,N. S. xlv. 28. M. Letourneau 称食人俗是"所有人类种族的原罪"(*L'évolution de la morale*,p. 76)。

② Westermarck,*History of Human Marriage*,p. 3 *sq.*

③ Steinmetz,*Endokannibalismus*,p. 34 *sqq.*

动物的肉。我们可以进而理所当然地认为，人类不管对什么动物的肉都能习惯地吃食，都能喜欢这个口味，也没有什么迷信的、情感的动机能够阻止他这么干。但是，人类最初对自己这个物种的肉体毫无反感，这在我看来是一个毫无根据的假设。

据了解，极多蒙昧部落并不是嗜食同类的；相反，他们对这一习俗极其反感。在食物匮乏的时期，爱斯基摩人确实会在吃掉衣服之后吃食人肉。据报道，火地人在悲痛欲绝的情况下会吃食年老的妇女。① 然而，在好望角的土著人中间度过了大半生的布里奇先生说，他们厌恶这种做法。② 曼先生这样评价南安达曼岛人的土著人："在他们中间找不到一丝半点吃食同类的痕迹，即便是很久以前也是如此……他们对这种习俗深恶痛绝，他们愤怒地否认他们存在过任何此类行径。"③至于非洲的众多部落，我们遇到了同样的情况。利文斯通所著《最后的通讯日志》的编者说，雪利河流域的曼达亚人和阿亚瓦人谈起北方很远的地方有个部落吃食人肉，每当此时，他们总是极其反感和厌恶。④ 丁卡人和我们当代人一样，一听到有人描述尼安-尼安人的食人习俗，总是表现出极大的嫌恶。⑤ 巴刚果人"一旦听到有人说起吃食人肉的事就会反

---

① Darwin, *Journal of Researches*, p. 214. King and Fitzroy, *Voyages of the "Adventure"and "Beagle*," ii. 183,189.

② Bridges,'Manners and Customs of the Firelanders,' in *A Voice for South America*, xiii. 207. 转引自：Hyades and Deniker, *Mission scientifique du Cap Horn*, vii. 259。

③ Man,'Aboriginal Inhabitants of the Andaman Islands,'in *Jour. Anthr. Inst*. xii. 113.

④ Livingstone, *Last Journals*, ii. 39.

⑤ Schweinfurth, *Heart of Africa*, i. 158.

感得不寒而栗"。① 在刚果自由邦的巴亚卡人那里,"从未发现过
吃食同类的事,人们觉得这是相当恶心的事"。② 食人族与非食人
部落之间不存在通婚,因为"食人族怪异的做法在后者看来太令人
生厌了"。③ 按照伯顿的说法,"吃食人肉遭到老卡拉巴尔的埃菲
克族的憎恶,胆敢妄为者会受到极其严厉的惩罚"。④ 即便是在南
海群岛岛民中,也有一些部落对食人行为深恶痛绝。⑤

572　　　事实上,一个旅行者造访一个蒙昧部落,他所耳闻的关于这个
部落对食人俗态度的信息通常会受到误导。显然,很多蒙昧部落
对这一习俗保持缄默,或者一旦听到吃食同类的事就马上否认,同
时他们很容易指责别的族群这样做。⑥ 他们如此急切地掩盖此类
行径的普遍程度,当然源于他们知晓旅行者和陌生访客对这类习
俗极为厌恶。但并不鲜见的是,他们确实觉得这不是什么光彩的
事。据说,有些澳大利亚土著"被公允地指责的诸多过错中,他们
知道食人是过错"。当被问到这个问题时,他们的举止表明,"他们

---

① Ward, *Five Years with the Congo Cannibals*, p. 37.

② Torday and Joyce, 'Ethnography of the Ba-Yaka,' in *Jour. Anthr. Inst.*
xxxvi. 42.

③ Du Chaillu, *Explorations in Equatorial Africa*, p. 97.

④ Burton, *Two Trips to Gorilla Land*, i. 216 *sq*.

⑤ Nisbet, *op. cit.* ii. 136. Turner, *Samoa*, p. 305 (Savage Islanders). Angas,
Polynesia, p. 385 (natives of Bornabi, in the Caroline Islands). Powell, *Wanderings in a
Wild Country*, p. 247 (some of the tribes in New Guinea). Calder, 'Native Tribes of
Tasmania,' in *Jour. Anthr. Inst*. iii. 23; Ling Roth, *Aborigines of Tasmania*, p. 111.

⑥ Curr, *The Australian Race*, i. 77; Brough Smyth, *Aborigines of Victoria*, i. p.
xxxvii. *sq*.; Fraser, *Aborigines of New South Wales*, p. 56. Romilly, *Western Pacific*,
p. 59 *sqq*. Idem, *From my Verandah in New Guinea*, p. 68. Powell, *op. cit*. pp. 52, 59
(natives of the Duke of York Group). Erskine, *op. cit*. p. 190 *sq*. (Fijians). Melville,
op. cit. p. 341 (Polynesians). Reade, *op. cit*. p. 159; Kingsley, *Travels in West Africa*,
p. 330 (Fans). 与此同时,也有许多食人部落并不掩饰他们的做法。

干这种坏事是故意的"。① 无论如何,他们很容易就把白人的指责记在心里。而即便是在那些极其喜欢食人的族群中,这类行为也很快销声匿迹了。我认为,在人类道德史上,几乎没有什么现象消失得像食人俗这么快。在 19 世纪中叶,厄斯金写道:"我们在新西兰的经历表明,食人这种不自然的倾向性经过一代人后就可以从整个蒙昧民族的习俗中完全消失。我听到有人肯定地讲,1845 年的时候,新西兰很多二十岁左右的男子在童年时通常都有过食人的经历;而在现在,这些岛上某一个地方的居民中一旦发生这类情况,就如同在欧洲任何一个国家发生此类行径一样,会引起众多人的关注;土著人中谁要是被诱导就这个话题发表看法,他肯定不会痛痛快快地说,他会感到丢脸,会因为他及其同胞可能由此受到指责而感到羞耻。"②据说,不久前年轻一代的巴塔克人已经不再吃食同类,他们当中有些遵从欧洲规则的人,想到他们或他们的祖先嗜食同类就感到恐怖和残忍。③ 谢萨・德・莱昂不无惊诧地评论,一旦秘鲁的印加人在与其他所有部族的交往中放弃了这种行径,整个王国很快就把这事遗忘了,即便是那些很把它当回事的人也是如此。④ 而且,食人习俗的销声匿迹,未必总是由于高等种族的干预。⑤

①　Brough Smyth, *op. cit.* i. p. xxxviii.

②　Erskine, *op. cit.* p. 275 *sq.*

③　Buning, in *Glimpses of the Eastern Archipelago*, p. 74.

④　Cieza de Leon, *Segunda parte de la Crónica del Perú*, ch. 25, p. 100.

⑤　Waitz-Gerland, *Anthropologie der Naturvölker*, vi. 158 *sqq.* (Polynesians). Casalis, *Basutos*, p. 303. Ribot, *Psychology of the Emotions*, p. 295 *sq.* Schurtz, *Speiseverbote*, p. 26. *Cf.* Spencer and Gillen, *Native Tribes of Central Australia*, p. 324.

　　即便是在那些因为嗜食同类而臭名昭著的部族中，也有憎恶此类行径的个体。施魏因特富特博士声称，有些尼安-尼安人"对吃食人类肉体的行为深恶痛绝，甚至不愿意跟一个食人者从同一个盘子里分享任何食物"。[①] 说到斐济人的食人习俗，希曼博士称："如果说所有尚未皈依基督教的斐济人都是食人族，那是一个错误。在很多城镇，比如雷瓦河岸的纳克鲁，所有居民都会强烈反对这种恶习，他们宣称这种行径是一种禁忌，他们的神对此绝不姑息。这个群体中的所有平民，以及各个社会等级的妇女，都不得这样做。食人因此局限于部落首领、头人和上层社会，而且即便在这些人当中也有人从不吃食人肉，甚至连埋葬死者的地方都不去，他们像白种人那样鄙视这种野蛮行径。"[②] 也应该记住，很多食人族并不把人肉当作寻常的食物，他们只在特殊场合下这样做，而且这时吃掉的仅仅是受害者身体的一小部分。

　　对食人行为的厌恶是一种复杂的感情。在很多情况下，对死者的同情无疑是原因之一。指向群体内部成员的食人习俗常常被描述为怜惜之情使然，但另一方面，很多食人族从不吃食他们的朋友，而是吃食陌生人或敌人。有些食人族是与其他部落交换死者吃食，这样就避免了近亲相食；[③]新赫布里底群岛的土著塔纳人，只有"在对死者怀有特殊敬意的情况下才这么做"。[④] 不过，无论

①　Schweinfurth，*op. cit.* ii. 18 *sq.*

②　Seemann，*Viti*，p. 179 *sq. Cf.* Williams and Calvert，*op. cit.* p. 179.

③　Arbousset and Daumas，*Exploratory Tour to the Cape of Good Hope*，p. 123. Steinmetz，*Endokannibalismus*，pp. 22，47.

④　Brenchley，*op. cit.* p. 209.

怜悯还是尊敬,都不能构成蒙昧部族不吃敌人的缘由。我认为,对嗜食同类的厌恶极可能出于一种本能的情感,这种情感与调整各动物物种饮食的情感相似。在食人习俗这个问题上,我们的知识还存在缺陷,但毫无疑问的是,所有肉食动物都拒绝吃食同类;不吃同类有助于物种延续,由此也就可以理解为何肉食动物不愿吃同类。

再者,人们也带着某种程度的迷信性恐惧看待吃食人肉的行为。这样的态度即便是在食人族内部也未必鲜见。新赫布里底群岛勒帕尔岛上的部族迄今为止仍然遗存食人习俗,当地的土著人说:"吃人肉是件可怕的事",食人者必须是个天不怕地不怕的人。[1] 斐济地区到处流行食人习俗,但只有极少数被精挑细选的人士、禁忌阶级、祭司、头人和长老才被认可这么做;而且,其他种类的食物都可以用手拿取食用,人肉则必须用餐叉取食,而餐叉像传家宝一样代代相传,土著人也不愿意与一个哪怕英俊貌美的族人共享刀叉。[2] 纳克鲁的斐济人并不吃食同类,他们认为这样做会染上可怕的皮肤病,而斐济的孩子们常患这种疾病。[3] 新喀里多尼亚人是只吃其他部族成员的食人族,他们相信谁若是吃食了同一部落的成员,就会浑身生疮,最后溃疡暴发而死。[4] 除了神圣的头人,没有任何毛利人敢吃食同类,否则他就会被贴上"被禁者"

575

① Codrington, *op. cit*. p. 344.

② Seemann, *Viti*, pp. 179, 181 *sq*.

③ *Ibid*. p. 179 *sq*.

④ Atkinson, 'Natives of New Caledonia,' in *Folk-Lore*, xiv. 253.

(*tapu*)的标记,这个标记去除不掉的话他就没法从事原来的行当。① 在不列颠哥伦比亚的夸扣特尔印第安人中,一个在部落仪式上吃食了人肉的人被认为是污秽的,他的言行在此后很长一段时间内要受到诸多限制。他在十六天内不能吃任何温热的食物;在四个月内,不允许在享用热的食物时用嘴巴吹。在这段时期内,他只能使用自己的勺子、盘子和水壶取食,规定的期限过后,他的这些用具就被抛弃得远远的。他必须独自待在自己的卧室,不得从房屋的正门出入,只能经由隐秘的后门进出。整整一年的时间里,他不能触碰自己的妻子,也不允许去赌博或工作。② 西非的芳人在吃食人肉前,要将尸体放在居住区边角临时搭建的小棚屋里,在那里,"武士们偷偷地分享人肉餐,而妇女和孩子不得进来,连就近看一眼都不准;蒸煮人肉的锅必须砸个稀巴烂。村庄里从来也见不到'黑人兄弟'聚在一起的场景"。③ 在刚果河南部的班巴拉人中,用来吃食人肉的船只必须劈成碎片扔掉。④ 在中非东部,食人肉者被认为冒着很大的风险;麦克唐纳先生了解到这样的事,一个头人因为把一个强壮青年整个吃掉了才在战争中获胜;但人们会认为,如果没有神力保佑,他这样吃人肯定是要遭殃的。⑤

576

---

① Thomson, *op. cit.* i. 147 *sq.*

② Boas, 'Social Organization of the Kwakiutl Indians,' in *Report of the U. S. National Museum*, 1895, p. 537 *sq. Cf.* Woldt, *Kaptein Jacobsens Reiser til Nordamerikas Nordvestkyst*, p. 44 *sqq.*; Mayne, *Four Years in British Columbia*, p. 256 *sq.*

③ Burton, *Two Trips to Gorilla Land*, i. 212.

④ Torday and Joyce, in *Jour. Anthr. Inst.* xxxv. 404.

⑤ Macdonald, *Africana*, i. 170.

对吃人行为的迷信性恐惧，无疑来自害怕死者灵魂滋扰和危害吃食者——人们认为，吃掉某人后并不会令他的灵魂一同灭绝，他的灵魂反而会危害食人者。斐济的食人族招认："食人肉者总是半夜惊醒，生怕死者的鬼魂找他们算账。"①澳大利亚中部的鲁力查部落民总是小心翼翼地毁掉被吃食敌人的骨头，因为"这里的土著相信，如果不这样做的话，受害者的灵魂会从尸骨聚集处起来，跟踪并加害杀掉他和吃食他的人"。② 在夸扣特尔印第安人中，与咬几口活人比起来，对吃食尸体者施加的禁忌更有强制性。③ 在某种程度上，对吃人行为的迷信性恐惧也可能源自人类不愿吃食同类的天性，正如人类厌恶某些动物的肉是觉得这种动物不卫生，④也如同他们直觉到乱伦的超自然危害而避之唯恐不及。⑤

很多民族事实上或据说并不反感吃食同类，甚至怀着极大的渴望嗜食同类。这类事实无论如何不能证实人类对食人没有与生俱来的反感。不难设想，是其他动机克服了对同类肉身的厌恶，比如饥饿、复仇、获取他人勇气和力量的渴望，使敌人丧失危害能力的愿望，获取超自然福祉的企盼，等等。每个人都知道，人类乃至很多种动物，一旦被诱使品尝了此前没吃过的某种食物，通常会喜欢上它的味道。有证据表明，此说适用于食人俗。1200 年时，埃及遭遇严重饥荒，穷苦人只好吃其他人的尸肉，甚至堕落到吃掉孩

---

① Pritchard, *op. cit.* p. 372.

② Spencer and Gillen, *Native Tribes of Central Australia*, p. 475.

③ Boas, *loc. cit.* p. 537 *sq. Cf.* Frazer, *Golden Bough*, i. 342.

④ 见前文第 332 页。

⑤ 见前文第 375 页及以下。

子的地步。作为目击者,阿拉伯医生阿卜杜·拉蒂夫写道:当这些穷人吃食同类时,所产生的惊奇和恐怖如此之甚,及至人人口中都含着同类的血肉,人们也就不再惧怕这种事了。而这一习俗逐渐发挥作用,甚至引发了对这种令人厌恶的食物的兴致。很多男子如同平常吃饭那样吃他们的孩子,他们大快朵颐,也把孩子的尸肉储藏起来。借助各类佐料,人们发明了多种多样的烹饪方法,吃食人肉之风很快四处传播,以至任何一个地方发生这种事都不再令人大惊小怪。到了这时候,人们不再对此感到惊奇或恐怖,吃食同类变成了人们可以淡然地谈论的话题。富人尽管能搜罗到其他食物,也渐渐痴迷于这种新鲜风味,他们雇屠夫、延宾客、摆宴席,把吃食人肉当作一件奢侈的事来做,丝毫不必煞费苦心地掩饰真情。① 波利尼西亚发生过类似的事:一场暴风雨造成了严重饥荒,结果,威理特基王把食人习俗引进富图纳;不久,这种做法引发了可怕的灾难,这个岛屿面临着人口缩减、人烟稀少的威胁。人们吃食同类的欲望如此强烈,以致战争已经不能提供足够的人肉来源,人们由此转向猎杀同部落成员。② 有人提出,在南海的其他岛屿,饥馑同样造成了类似的食人行为;岛民们已经习以为常,甚至有点喜欢上了这个口味。③ 在赤道非洲西部,祭奠仪式实际上演变为以人肉为美食的大餐,只是禁止妇女和年轻人触碰。④ 一旦开了

① 'Abd-Allatif, *Relation de l'Égypte*, p. 360 *sqq*.

② Percy Smith, 'Futuna,' in *Jour. Polynesian Soc*. i. 37.

③ Macdonald, *Oceania*, p. 196 *sq*. Powell, *Wanderings in a Wild Country*, p. 248.

④ Reade, *op. cit*. p. 158.

头,这种做法就会蔓延,如同一位食人族部落的首领所说:一旦喜欢上吃食人肉,就会发现之后很难戒掉。①

　　早期人类是否习惯于吃食同类? 我认为这个问题可以化解为如下问题:是否可以假定,早期人类不愿意吃人的天性可能在某些情境下,被引诱他们成为习惯性食人者的因素所压制? 对于这样一个假定,我并没有找到充足的依据。相反,我坚持认为,吃食同类在低级的蒙昧部落中,远比文明更发达的某些部族中少见,这一事实使得上述假定几无可能立足。② 多曼先生说,吃食同类的现象在美洲不局限于蒙昧部落,"最开化的民族吃食得更厉害,处理方式更残忍。之所以如此,乃是由于食人俗具有宗教上的起源"。③ 冯·洪堡很久以前就观察到:"将吃食罪犯视为可憎之事的民族并非一定是最野蛮、最凶残的民族⋯⋯加布莱斯人、圭浦那威人、加勒比人远比奥鲁诺克的其他部族强大和文明;但他们更嗜食人肉,后者则反感这种恶习。"④冯·马修斯发现,巴西中部图皮人的食人习俗与其发达的文明程度恰成鲜明对比。⑤ 诸如斐济人和毛利人等食人族已经发展到了半开化状态,而苏门答腊的巴塔克人很早就已经发明和使用自己的文字,尽管这发生在印第安人之后,但其开化程度已经相当高。非洲尼安–尼安人和芒贝图人对

579

---

　　① Powell,*op*.*cit*.p.248.

　　② 见:Peschel,*Races of Man*,p.162 *sq*.;Schneider,*Die Naturvölker*,i.186;Bergemann,*op*.*cit*. p.53;Ratzel,*op*.*cit*.ii.352;Sutherland,*Origin and Growth of the Moral Instinct*,i.372。

　　③ Dorman,*op*.*cit*.p.152.

　　④ von Humboldt,*op*.*cit*.v.424 *sq*.

　　⑤ von Martius,*op*.*cit*.i.199 *sq*.

人肉的嗜好与他们杰出的文明并行不悖；而中非俾格米人部落虽
然发展阶段低下，但据伯罗斯先生的观察，当地从未听到过一件吃
食人肉的事。①

　　如果能追溯和跟踪研究那些嗜食同类或近来形成此种食人俗
的民族的历史，将是件非常有教益的事，但我们对此知之甚少。我
们有机会观察到的最常见的变化是，在欧洲人的影响下，这一习俗
减少了，最后销声匿迹了。但我们不能就此认为，人类历史上的每
一次变化都是朝着这个方向走的。根据东非瓦都伊人和瓦拜姆比
人自己的说法，当地的食人习俗是晚近才形成的。② 托迪先生告
知我，刚果地区某些土著人是最近一个时期才开始吃食人肉的。
在所罗门群岛，这一习俗直到最近还在扩张；佛罗里达群岛年长的
土著人确证，从前除了在祭祀时吃人肉，其他场合从未有过食人现
象，而人祭是从遥远的西部引进过来的新鲜事。③ 厄斯金认为，斐
济人尽管食人习俗源远流长，但早期并不像晚近时期那么流行；④
580　福南德先生得出的结论是，波利尼西亚人的食人习俗并非由其居
住在遥远西部的祖先自远古时期就有的传统流传而来，而是随后
其中某些部落在不明的条件和情境下才采纳的习俗。⑤ 鉴于诸种
因由，把现代蒙昧部族的食人行为视为人类孩童时代的遗迹，或者
一般而言，视为整个人类必经的某一阶段的遗迹，都是荒诞不经的

---

①　Burrows, *Land of the Pigmies*, p. 149.

②　Burton, *Two Trips to Gorilla Land*, i. 214.

③　Codrington, *op. cit.* p. 343.

④　Erskine, *op. cit.* p. 272.

⑤　Fornander, *Account of the Polynesian Race*, i. 132.

迷信。

　　关于食人俗的道德观念，我们可以假定，节制自身不这么做的族群通常不赞同这种行为，或者知道别人做过就自己也试一试。我们经常可以注意到，厌恶感会导致道德上的愤慨，在道德判断很少受到反思影响的情况下尤其如此。谴责食人行为的另一个因由，可能是发自同情的忿恨——人们想到死者被灭绝或被伤害就感到忿恨——或者因为感受到，将他的身体当作食物是对他的侮辱，于是也感到忿恨。但同情性忿恨肯定不能解释蒙昧部落反对吃食敌人何以起源。在开化民族以及非食人族的蒙昧部落里，恐怖、反感无疑是谴责食人行为的主要原因。这一情感常常如此强烈，以致道德情感极少因被征服而受到影响的族群，在听到饥饿难耐的蒙昧人为了获取人肉作食物而发动战争时会深恶痛绝、不寒而栗。另一方面，对此类肉食的天生厌恶由于这种或那种原因被克服后，对食人行为的反对也随即消失。但是，也有人基于完全不同的理由倡导对食人行为采取道德上的冷漠态度——这些人由于有了思想，他们的道德情感变得大为弱化，以致不愿意仅仅因为一种行为引起反感而宣布这种行为是错的。于是，蒙田论证道，以虔 581 诚和宗教的名义将人折磨致死，比把死人烤了吃掉残忍得多。[1]他引用了几位斯多葛学派哲学家的观点说，为了免除饥馑，吃人肉没有害处。他显然赞同这一观点。[2]

---

[1]　Montaigne, *Essais*, i. 30.

[2]　Diogenes Laertius, *Vitæ philosophorum*, vii. i. 64（121）; vii. 7. 12（188）. Zeller, *Stoics*, p. 307.

第四十七章　对超自然存在的信仰

　　我们把考察对象分为六组道德观念，现在我们就转而考察这六组道德观念中的最后一组，它们就是关于被视为超自然现象的或真实或想象的存在的观念。但在着手探讨与此类存在有关的人类行为以前，有必要就人们对此类存在的信仰以及人们赋予它们的一般性质说几句。

　　人们区分两类现象，即"自然"现象和"超自然"①现象。自然现象是人们所熟悉的现象，因而人们将它们归结为"自然的起因"。对人们来说，其他现象是不熟悉的、神秘的，因而人们认为它们来源于带有"超自然"特征的起因。在我们所知的文化的较低发展阶段乃至较高的发展阶段，我们都能看到这种区分。也许蒙昧人的头脑常常混淆自然现象和超自然现象，他所说的一类现象与他所说的另一类现象之间无法划出明确的界线；但他肯定观察到了日常发生的事件或常见的自然物体与让他感到神秘、敬畏的其他事件和物体之间的区别。我们甚至在低等动物那里也能看到此种区分的萌芽。马害怕鞭子，但鞭子不会使马退缩；另一方面，当它看

_____

　　① 有些作者对使用"超自然的"（supernatual）这个术语提出了反对意见，我不认同这些意见。术语"超自然的"已经通行；我认为，如果所指的是成为崇拜目标的无生命物或动物，用"超人"（superhuman）这个词更好。

到一把伞在它面前打开或一张纸在地上移动,它会退缩。马熟悉鞭子,而移动的纸或伞对它来说是陌生而神秘的。狗和猫会受到不寻常的噪音或外表的惊吓,直到查看以后,明白了其起因的性质,才不再心神不宁。① 罗曼尼斯教授把一块骨头系在一根细线上,悄悄把骨头从狗身边拉走,骨头看起来仿佛自己会动,于是就惊吓了那条狗;同样地,这条狗也受到了肥皂泡的惊吓。② 甚至狮子也会因听到突如其来的噪音或看到不熟悉的物体而受到惊吓;马是狮子最喜欢的猎物,它在一群狮子附近徘徊了数天却安然无恙,只是因为它身上盖有毯子,膝盖上套上了缰绳。③ 据说,用一根绳子把一只老鼠系到木棍上,然后放进一只老虎的笼子,这只老虎就站着发抖、咆哮,极其恐惧。④ 小孩子看到一根羽毛在地板上滑动或飘向空中,这陌生而不合常规的动作会使他们受到惊吓。⑤

　　但原始人的头脑不仅区分自然和超自然,实际上还做出了又一个区分。超自然像自然那样,也可从机械能的角度看待,机械能不需任何有意志的活动的辅助就能释放出来。例如,被视为禁忌的物体内在具有的超自然力量就是如此;只要和此物体有了接触,就会被禁忌感染。诅咒包含的有害能量起初也被视为超自然的瘴气,会伤害、毁灭被诅咒之人;事实上,要把某物变成禁忌,一般就要使之带上一个诅咒。另一方面,人们也可能认为,有生命存在的

584

---

　　① Morgan,*Animal Life and Intelligence*,p. 339.

　　② Romanes,*Animal Intelligence*,p. 455 *sq.*

　　③ Gillmore,转引自：King,*The Supernatural*,p. 80。

　　④ Basil Hall,转引自：*ibid*. p. 81。另见：*ibid*. p. 78 *sqq.*；Vignioli,*Myth and Science*,p. 58 *sqq.*

　　⑤ Sully,*Studies of Childhood*,p. 205 *sq.*

心智,特别是其意志,也带有超自然的品质。于是这些有生命的存在就成为超自然存在,而不同于其他普通的个体——它们没有特异功能,但它们可以在法术中使用超自然的机械能。对超自然的有生命存在和其他普通个体的区分在许多情况下是模糊的;一个术士可以被看作神灵,一个神灵也可被看作术士。但这样的区分也是一个很重要的区分,它构成了宗教和法术之分的基础。可以把宗教定义为对超自然存在——人感到自己依赖于此存在,并在崇拜活动中向此存在的意志做出祈求——的信仰及对超自然存在的尊重①态度。另一方面,法术中使用超自然的机械力。进行一项纯粹的法术活动的人使用超自然的机械力,而不向超自然存在的意志发出任何吁求。②

　　我认为,这就是我们一般所理解的宗教和法术。但从拉丁语的"宗教"(*religio*)一词似乎看不出宗教和法术的区别。*religio*很可能与 *religare* 一词有关联,后者的意思是"系上"。一般假定,这两个词的联系意味着信教之人应该由神绑上他。但我大胆推测,它们之间的联系有着另一种更贴切的诠释,即不是神把人绑上,而是人把神绑上。摩洛哥流行的一些观念、习俗使我想到这种诠释。摩尔人喜欢把破布系到希夷德(*siyid*)处的物体上。希夷德指埋葬某圣人的地方,或人们所推测的圣人埋葬之地,或据说圣人坐过或宿营过的地方。至少在许多情况下,系上破布就是向圣

---

　　① "尊重"一词似乎是宗教行为的必要特征,尽管这也有点儿不确定。蒙昧人鞭打其神物,希望使神物恭顺,我们并不称之为宗教。

　　② 见下文附注。

人行阿尔,要求圣人保护他,阿尔的意思就是传达某有条件的诅 585
咒。① 因此,在阿特拉斯山脉,我看到有很多破布系在一根柱子
上,这根柱子固定在献给大圣人阿卜杜勒-卡德尔毛拉的石冢里,
我问为何如此,当地人答道,许愿者一般会把衣服的一角系到柱子
上,嘴里低语:"圣人,看着! 我承诺给你祭品,我不会放开你,直到
你关心我的事情。"如果许愿者的愿望实现了,他就会回到此地,献
上原先承诺的祭品,解开系着的布。我的一名仆人是来自萨斯的
阿格鲁一带的柏柏尔人,他对我讲,有一次他在监狱里向一位叫拉
拉-拉玛-雅斯的伟大女圣人祈求,她的坟墓就在邻近的一个地区,
他系上他的头巾,说道:"拉拉-拉玛-雅斯,我把你系在这里了,你
赶快来帮我,我才会解开这个结。"谁若是遇上了烦恼,就到她的坟
墓去,把附近一棵棕榈树的树叶系上,说道:"圣人,我把你系在这
里了,我不会放开你,直至你解除我现在的辛苦。"所有这些我们都
会称为法术,但罗马人很可能会称之为宗教(religio)。罗马人更
醉心于法术,而非真正的宗教;他们要强迫诸神,而非被诸神强迫。
他们所说的宗教很可能接近于希腊人所说的 κατάδεσμος,这个词
的意思不仅指一个普通的结,也指有法力的结,因此也指蛊惑人的
东西。② 柏拉图说,有些懂得法术、咒语的人会绑上诸神,他们说

――――――――――――――――

①　见:Westermarck,'L-'är, or the Transference of Conditional Curses in
Morocco,' in *Anthropological Essays presented to E. B. Tylor*,p. 361 sqq.。

②　我受惠于我的朋友 R. R. 马雷特先生,他使我注意到 κατάδεσμος 一词的这个含
义。动词 καταδέω 的意思不仅包括"系上",还包括"以魔结绑上"(Athenaeus,
Deipnosophistæ,xv. 9,p. 670;Dio Cassius, *Historic Romana*,l. 5),而名词 κατάδεσμις 的
意思就是"使用魔结的系、绑"(Plato,*Leges*,Xi. 933)。见:Liddell-Scott,*Greek-English
Lexicon*,p. 754;Harrison,*Prolegomena to the Study of Greek Religion*,p. 138 sqq.。

是要履行诸神的意志。① 不过，*religio* 一词最初带有法术的意

味,后来却与"宗教"(religion)同义,这不难解释。人们不仅在涉
及与同胞的关系时使用法术,也在涉及与诸神的关系时使用法术。
法术和宗教成分在同一行为中常常是几乎无法分割地缠在一起;
我们很快就会看到,约束某神灵的法术手段从表面看来,往往与宗
教崇拜的主要形式——祈祷和牺牲高度相似。

超自然存在的本质特征就是神秘,这可由无数事实加以说明。
语言就可证明。北美印第安人最显著的宗教信仰就是他们的曼尼
托(*manitou*)理论,即"以有形形式存在的某神秘的精神力量"的
理论。曼尼托是阿尔衮琴人的词汇,但所有部落都有对应的一个
词。② 于是达科他人用瓦肯(*waken*)一词表示诸神的根本特征,此
词意指任何他们无法理解的事物,意指"神奇的、神秘的、超人、超
自然的任何东西"。③ 纳瓦霍人的词汇迪吉恩(*digǐ'n*)同样意味
着"神圣的、神的、神秘的";④希达察人用的词马霍帕(*mahopa*)也
是如此。⑤ 在斐济,"土著用来表示神性的词是卡楼(*kalou*),人们
用它表示对某位神灵的最高的看法,但人们也常把它用作伟大、神
奇之物的限定词。"⑥新西兰的毛利人的词汇阿图阿(*atua*)一般翻

---

①　Plato,*Respublica*,ii. 364.

②　Dorman,*Origin of Primitive Superstitions*, p. 226, Parkman, *Jesuits in North America*, p. lxxix. Brinton, *Religions of Primitive Peoples*, p. 102. Hoffman, 'Menomini Indians,' in *Ann. Rep. Bur. Ethn.* xiv. 39, n. 1.

③　Schoolcraft, *Archives of Aboriginal Knowledge*, iv. 642. Dorsey, 'Siouan Cults,' in *Ann. Rep. Bur. Ethn.* xi. 366. McGee, 'Siouan Indians,' *ibid.* xv. 182 *sq.*

④　Matthews,*Navaho Legends*,p. 37.

⑤　*Idem*,*Hidatsa Indians*,p. 47 *sq.*

⑥　Williams and Calvert,*Fiji*,p. 183.

译为"神"，土著用来指称各种类型的精灵、神灵，也用于各种他们
无法理解的现象，例如月经和外来的神奇之物，比方说指南针、气
压计。[1] 埃利斯讲，马达加斯加的土著用安德里亚马尼特拉 587
（Andriamanitra）——意即神——指称他们不能理解的任何事
物。"新奇、有用、非同寻常的东西都被称作神……大米、钱、雷电、
地震都被称作神……他们也把书籍称作神，因为只要看看书就能
说话这神奇的现象。"[2]芒贝图人用基里玛（kilima）一词指称任何
他们不理解的事物——雷电、阴影、水中的倒影以及他们模模糊糊
信仰的至高的存在。[3] 汤普森先生讲，马萨伊人的神（恩该）的概
念"看来是极其含糊的。我是恩该。我的语言是恩该。发出蒸汽
的洞里有恩该……事实上，只要他们认为什么奇怪、无法理解，他
们马上就认为那东西跟恩该有关系"。[4] 欣德夫妇用"未知之物"
作为恩该一词的同义词。[5]

　　语言能证明超自然存在的本质特征是神秘，与最常被崇拜的
那些物体的性质有关的类似事实，可以支持这一观点。[6] 多曼先

---

[1]　Best, 'Lore of the Whare-Kohanga,' in *Jour. Polynesian Soc.* xiv. 210.
Dieffenbach, *Travels in New Zealand*, ii. 116, 118. 土著也以很相似的方式使用 *tupua*
（或 *tipua*）这个词（Tregear, *Maori-Polynesian Comparative Dictionary*, p. 557）。

[2]　Ellis, *History of Madagascar*, i. 390 *sqq.*

[3]　Burrows, *Land of the Pigmies*, p. 100.

[4]　Thomson, *Through Masai Land*, p. 260.

[5]　Hinde, *Last of the Masai*, p. 99.

[6]　除下述事例外，另见：Karsten, *Origin of Worship*, p. 14 *sqq.*；von Brenner,
Besuch bei den Kannibalen Sumatras, p. 220（Bataks）；*Mitteil. d. Geograph.
Gesellsch. zu Jena*, iii. 14（Bannavs, between Siam and Annam）。凯姆斯勋爵的《道德
及宗教原理文集》（Kames, *Essays on the Principles of Morality and Religion*, p. 309
sqq.）里有关于人们对未知物的惧怕之有趣的探讨。

生说,在所有美洲部落里,"自然风景或危险之地的显眼之处,都会成为迷信性恐惧和崇敬的目标,土著认为这些地方是诸神的居所"。① 大瀑布、河流里难以渡过的危险浅滩、冒着泡从地里涌出的泉水、火山、高山、孤立的石头、奇特的或特别大的树、乳齿象的骨头或别的什么大型动物的骨头,印第安人以迷信性的崇敬看待所有这些,或者向它们献祭以抚慰它们。② 在斐济,"特别令人害怕、恶毒、有害或新奇的东西"都可能被土著视为神灵"。③ 据说,菲律宾的阿埃塔人第一次看到火车头经过家乡的时候,"他们都恐惧而卑贱地跪下了,他们把这怪物当成某个新的、强大的神来崇拜"。④ 关于西伯利亚的萨满教信徒,乔治写道:"所有天体,所有巨大的地上物体,所有有益或有害的自然现象,所有令他们虚弱而迷信的心灵恐惧的现象,都是他们要专门崇拜的神灵。"⑤ 在萨摩耶德人中,"奇形怪状的树、石头,人们过去不仅对其表现出崇敬,也以实际仪式来崇拜,现在有些地区还是如此"。⑥ 卡斯特伦讲,奥斯加克人只崇拜在形状或品质上不同寻常的、特殊的自然物

---

① Dorman, *op. cit*. p. 300. 另见: Müller, *Geschichte der Amerikanischen Urreligionen*, i. 52; Harmon, *Voyages and Travels in the Interior of North America*, p. 363 *sq.*; Smith, 'Myths of the Iroquois,' in *Ann. Rep. Bur. Ethn*. ii. 51。

② Dorman, *op. cit.* pp. 279, 290, 291, 302, 303, 308, 313-3/5, 319. Chamberlain, in *Jour. American Folk-Lore*, i. 157 (Mississagua Indians). Georgi, Russia, iii. 237 *sq.* (Aleuts.)

③ Williams and Calvert, *op. cit.* p. 183.

④ Lala, *Philippine Islands*, p. 96.

⑤ Georgi, *op. cit*. iii. 256.

⑥ Jackson, in *Jour. Anthr. Inst*. xxiv. 398. *Cf*. Castrén, *Nordiska resor och forskningar*, iii. 230.

体。① 拉普人不仅向巨大的、奇形怪状的东西献祭品,也向难以通过的地方、发生过事故的地方、渔猎时特别走运或不走运的地方献祭品。② 日本的阿伊努人把所有他们看来非同寻常、令人畏惧的物体和现象都当作神。③ 在中国,"一座陡峭的或在任何方面惹人注目的山,都被认为有自己的土地神,这个土地神就是当地的守护者"。④ 据阿尔佛雷德·莱尔爵士,一般的中产阶层的印度人崇拜在大小、形状、位置上不同一般、奇异怪诞的木、石;或者崇拜能神秘移动的无生命的东西;或者崇拜他害怕的动物;或者崇拜直接、间接有用、有益或拥有什么无法理解的功能或特征的看得见的东西,不管这东西有无生命。⑤ 我们在非洲各地都能发现此种宗教崇拜。⑥ 塞拉利昂的黑人也祭拜神圣之地,这些地方"令观者感到敬畏,或外观引人注目,例如树龄巨大以至人生畏的树木、河流中显现的奇形怪状的石头,简言之,他们崇拜任何使他们感到奇怪、非同寻常的物体"。⑦ 黄金海岸一带讲齐语的土著选择居住在显眼的自然地貌、物体附近,他们崇拜并试图抚慰居住在里面的神灵;他们却不崇拜任何天体,天体的出现有规律,因而这很难震撼

589

---

① Castrén,*op. cit.* iii. 227.

② Castrén,*op. cit.* iii. 210. Högström,*Beskrifning öfver de til Sveriges Krona lydande Lapmarker*, p. 182. Leem, *Beskrivelse over Finmarkens Lapper*, p. 442 *sq*. Friis,*Lappisk Mythologi*,p. 133 *sq*.

③ Sugamata,转引自:*L'Anthropologie*, x. 98。

④ Edkins,*Religion in China*, p. 221.

⑤ Lyall,*Asiatic Studies*,p. 7.

⑥ Wilson,*Western Africa*, p. 388 (Mpongwe). Mockler-Ferryman, *British Nigeria*,p. 255. Fritsch,*Die Eingeborenen Süd-Afrika's*, p. 340 (Hottentots).

⑦ Winterbottom,*Native Africans of Sierra Leone*,i. 223.

他们的心灵。① 在整个东非,人们似乎认为一切特别巨大的东西都具有宗教神圣性;在桑给巴尔岛,在只有一些低矮小山的地方,当地土著会崇拜猴面包树,这是当地最大的树,在没有小山的各个地方,人们就会崇拜某些巨石或高大的树。② 在摩洛哥,人们一般认为外貌引人注目的地方有镇尼出没,或与某位死去的圣人有联系。③ 我在别的地方曾经指出,阿拉伯人的镇尼很可能"被人们创造出来,以解释超出自然界常规的东西,即神奇的、人们想不到的东西,这是感到害怕的人们迷信性地想象出来的东西";④ 而在许多情形下,圣人也履行着镇尼的功能。事实上,即便是在我们西方人中,对不寻常物体的迷信性恐惧也没有完全消失。在英国,人们直至今天还习惯把古怪、显眼的地标或令人困惑的古迹归因于魔鬼,在基督教国家,魔鬼恰恰是已废弃的异教徒迷信的残存。⑤

　　动物崇拜的普遍流行无疑也源于动物世界的神秘性;蛇是最神秘的动物,也是最受崇拜的动物。我们在印度各地都能看到,人们崇拜那些外表或习惯让人吃惊的动物。⑥ 在北美印第安部落,特别大的动物也受到某种崇拜。⑦ 在非洲某些地方,晚上鸣叫的公鸡、落在屋顶的鹤被看作超自然的东西。⑧ 红色、黄色、黑色人

590

---

① Ellis, *Yoruba-speaking Peoples of the Slave Coast*, p. 282. *Idem*, *Tshi-speaking Peoples of the Gold Coast*, p. 21.

② Chanler, *Through Jungle and Desert*, p. 188.

③ 见:Westermarck, *The Moorish Conception of Holiness* (*Baraka*), *passim*。

④ *Idem*, 'Nature of the Arab Ḡinn,' in *Jour. Anth. Inst.* xxix. 268.

⑤ Lyall, *op. cit.* p. 9.

⑥ *Ibid*, p. 13.

⑦ Dorman, *op. cit.* p. 258. Harmon, *op. cit.* p. 364.

⑧ Macdonald, *Religion and Myth*, p. 39.

种的蒙昧人初次见到白人的时候，也常常将其当作神灵。[①] 在有些人种中，人们对异常之人，例如畸形之人、白化病患者、疯子，也抱有宗教性崇拜。[②] 有些南美印第安人"把所有异常儿童，主要是手指或脚趾超过五个的儿童，视作神灵"。[③] 印度人崇敬具有非凡品质的非常之人，即很勇敢、很有品德之人，甚至是大恶之人。[④] 有些人能展现奇迹，因而能直接证明自己是超自然存在。穆斯林的圣人据信能像古时的基督徒那样表演各种奇迹，例如在空中飞，穿过火而不被烧伤，在水上行走，瞬间穿越很长的距离，在荒野之地为自己及他人提供食物。[⑤] 穆罕默德最先自称是安拉的先知的时候，人们就催促他展现一些奇迹，以证实自己的天职；尽管他一直否认自己拥有此种能力，他的同时代人还是认为他有这能力。[⑥]

591

　　死人远比活人更常被当作崇拜的对象。一般说来，人们认为

---

① Avebury, *Origin of Civilisation*, pp. 272, 273, 375. Goblet d'Alviella, *Hibbert Lectures on the Origin and Growth of the Conception of God*, p. 67. Schultze, *Fetischismus*, p. 224. 在澳大利亚等地，土著把白人当作鬼（Fison and Howitt, *Kamilaroi and Kurnai*, p. 248; Brough Smyth, *Aborigines of Victoria*, ii. 269 *sq*.; Tylor, *Primitive Culture*, ii. 5 *sq*.; Spencer, *Principles of Sociology*, i. 170 *sq*.）。

② Schultze, *op. cit.* p. 222. 见第一卷第 270 页及以下。"在世界上许多蒙昧、野蛮族群中，白化病患者专门做僧侣。"（Bourke, 'Medicine-Men of the Apache,' in *Ann. Rep. Bur. Ethn*. ix. 460）

③ Guinnard, *Three Years' Slavery among the Patagonians*, p. 144.

④ Monier-Williams, *Brāhmanism and Hindūism*, p. 350. 关于在西西里的对犯罪的崇拜，见：Peacock, 'Executed Criminals and Folk-Medicine,' in *Folk-Lore*, vii. 275。

⑤ Lane, *Arabian Society in the Middle Ages*. p. 49. Westenmarck, 'Sul culto dei santi nel Marocco,' in *Actes du XII. Congrès International des Orientalistes*, iii. 153 *sqq. Idem*, *The Moorish Conception of Holiness*, p. 77 *sqq*.

⑥ Muir, *Life of Mahomet*, i. p. lxv. *sq*. Bosworth Smith, *Mohammed and Mohammedanism*, p. 19. Sell, *Faith of Islâm*, p. 218.

人类个体由肉体和灵魂构成,而只能在梦中或幻觉中见到的脱离
了肉体的灵魂才是令生者敬畏的神秘存在。斯宾塞先生和格兰
特·艾伦先生甚至把死人崇拜视作"各种宗教之根"。① 但这就把
鬼魂理论推至极致,而缺乏事实上的支撑。死者魂灵之所以受到
崇拜,是因为人们认为它们能以神秘方式影响到活人的福祉;但没
有理由认为,它们起初被视为唯一的超自然的行动者。我们看到,
即使是低等动物,也表现出与人类相同的情感,即支撑着对超自然
存在的信仰的情感;我们几乎无法猜测,它们是否也信仰鬼魂。

　　由于具有神奇的效应,药物、醉人之物、使人兴奋之物也常常
是崇敬的对象。美洲印第安人对之怀有迷信性情感的多数植物都
带有药物性质;②他们一般把烟草视为神圣之物,③在秘鲁可可也
被视作神圣之物。④ 吠陀人之所以把苏摩当作神圣之物,就是因
为苏摩能使人兴奋并精神充沛。⑤

　　在所有自然现象中,没有哪种现象比雷电更神奇,更令人印象
深刻,更令人敬畏,没有什么比雷电更容易引发宗教崇拜。而随着
人类的不断思考,人们会在日常发生的事件中发现神秘现象。当
吠陀诗人看到太阳在天空中自由移动的时候,问道,它"下面没有

592

---

① Spencer, *Principles of Sociology*, i. 411. Grant Allen, *The Evolution of the Idea of God*, pp. 91, 433, 438, &c.

② Dorman, *op. cit.* p. 298. *sq.* Dorsey, 'Siouan Cults,' in *Ann. Rep. Bur. Ethn.* xi. 428.

③ Mooney, 'Myths of the Cherokee,' in *Ann. Rep. Bur. Ethn.* xix. 439. Dorman, *op. cit.* p. 295.

④ Dorman, *op. cit.* p. 295.

⑤ Whitney, 'Vedic Researches in Germany,' in *Jour. American Oriental Soc.* iii. 299. Macdonell, *Vedic Mythology*, p. 108.

东西撑着，没固定住，向下转动"，为什么它就这么动而落不下来呢?[1]　各条河流里的亮晶晶的水都流入同一海洋，却填不满这海洋，这对他来说也是奇迹。[2]《古兰经》里讲："天地的创造，昼夜的轮流，在有理智的人看来，此中确有许多迹象。"[3]

人们之所以认为某物体或存在具有神奇力量，可能是由于对其产生的某种效应的直接体验，例如人们对某种药用植物、某种毒蛇、某能产生奇迹的清泉、某基督教或伊斯兰教圣人的体验。也可能是由于，人们推理，具有奇怪、神秘外貌的物体也拥有神奇力量。这种推理在某种程度上也为事实所支持。物体不寻常的外表会令看到此物的人产生一个印象，使他倾向于相信，该物也拥有神秘力量。若该物附近或该物被看到后不久实际发生了不同寻常之事，这奇怪的事件就会被归因于这奇怪物体的影响。于是某西伯利亚部落就把骆驼看作天花恶魔，因为当他们首次在旅行商队中看到它们的时候，暴发了天花病。[4]　关于英属圭亚那的印第安人，E. F. 伊姆·特恩爵士讲，如果印第安人的眼睛看到了一块某方面显得异常而奇怪的石头，而不久以后他遇到了灾祸，他就会把石头和灾祸看成因果，认为石头里有个精灵。[5]　随时间的流逝，人们的经历也逐渐增多。如某物获得了超自然之物的名声，它就被视为各种可能与之相联系的奇怪事件的原因。阿特拉斯山脉有一个名为

593

---

[1]　*Rig-Veda*, iv. 13. 5.

[2]　*Ibid*. v. 85. 6.

[3]　*Koran*, iii. 87.

[4]　Tiele, *Elements of the Science of Religion*, i. 70.

[5]　Im Thurn, *Indians of Guiana*, p. 354.

伊米恩塔堪达特的大山洞,据说里面有个精灵之城,我游访这个山洞的时候,在回营地的路上,凑巧我的马绊倒了,摔到了我的某个带着一支枪的仆从身上,这支枪被砸坏了,仆从也瘸了几天。他们就告诉我,这个事故是山洞里的精灵引起的,这些精灵对我的到访不满。第二天,我这支小旅行队再次经过这个山洞的时候,下起了大雨;于是大雨又被归因于精灵发脾气。

　　人们把惊人的事件不仅归因于可见的超自然存在的活动,也归因于不可见的超自然存在的活动。因而在文明的较低阶段,人们一般认为急病、怪病是由某超自然存在引起的,这个超自然存在住在病人身体里,或以其他方式招来了疾病。[①] 例如,毛利人认为,"每种急病都由某不同的神灵引起,这个神灵就住在感染的部位"。[②] 澳大利亚的库尔奈人认为,肺结核、肺炎、腹泻、精神错乱都是由恶鬼引起的,"恶鬼就像风"。[③] 据摩尔人的信仰,抽搐、癫痫、中风、风湿痛或神经痛、霍乱等罕见的烈性传染病,都是由精灵引起的,这些精灵击打受害者,或者进入受害者体内,而在传染病情形下就用毒箭射向受害者。事实上,在摩洛哥等地,各种意外事件都容易被归咎于超自然影响。在北美印第安人那里,"一般认为暴风雪、暴风雨是由来自敌对土地的空中精灵引起的"。[④] 在哈德逊湾的印第安人中,"不能理解的东西都被归因于众多精灵中的某

　　① Tylor, *Primitive Culture*, ii. 146 *sqq.* Schneider, *Die Naturvölker*, i. 217, Bartels, *Die Medicin der Naturvölker*, p. 27 *sqq.* Höfler, 'Krankheits-Dämonen,' in *Archiv für Religionswissenschaft*, ii. 86 *sqq.* Karsten, *op. cit.* p. 27 *sqq.*

　　② Taylor, *Te Ika a Maui*, p. 137.

　　③ Fison and Hewitt, *op. cit.* p. 250.

　　④ Dorman, *op. cit.* p. 350.

一个"。① 杜韦里埃先生讲到图阿雷格人时说："在整个非洲，一个人无论是否有文化，是否受过教育，他都会把世上非同寻常的现象归因于神灵。"②关于南非土著，利文斯通写道："不能被常见原因——不管是好的原因还是坏的原因——解释的东西，都被归因于神。"③随着科学的进步，自然现象的因果链也扩展了，而正如李维所指出的那样，人们就认为神只干预自然界的琐事，只有这个领域还存在迷信。而我们西方人一般都认可科学的一般真理，于是也很少认为神会干预琐事。另一方面，关于社会事件，其原因常常不为人所知，于是常常就需要用天意来填上人类无知之壑。

因而人类对超自然行动者的信仰就是试图解释奇怪、神秘的现象，揭示其带有意志性的原因。④ 假定的原因就是某超自然存在的意志。于是这样的存在就首先被人们想象成有意志的存在。而有意志的存在必定也有着情感、欲望和一定智力的心灵。无论是蒙昧人还是我们西方人都无法设想，有意志的存在只有意志，别的什么都没有。因此，若自然界的物体被视作超自然的行动者，也就理所当然地被认为拥有心智和生命。我认为这就是万物有灵论起源的真正原因。下面的说法是不正确的——"由于可见世界之物被看作有生命的、有意志的、有情感的，因而它们会被看作那些

595

---

①　Turner，'Ethnology of the Ungava District，' in *Ann. Rep. Bur. Ethn*．xi. 272.

②　Duveyrier，*Exploration du Sahara*，p. 418. 另见：Schneider，*Religion der afrikanischen Naturvölker*，p. 103。

③　Livingstone，*Expedition to the Zambesi*，p. 521 *sq*.

④　霍布斯已把宗教的起源追溯到这一事实：人们心里不确定事物的真正原因，就猜测事物的原因（*Leviathan*，i. 12，p. 79）。另见：Meiners，*Geschichte der Religionen*，i. 16。

真实原因未知的灾难的发动者。"①这么说就是在颠倒观念的次序。无生命之物之所以被看作有意志的、有情感的、有生命的,是因为它们被视为惊人事件的发动者。蒙昧人并不思考事物的本质,除非他对此有兴趣。一般说来他对事物的原因并不好奇。②艾尔说,澳大利亚西部的土著"并非天生好推理的人,他们绝不喜欢沉溺于探究因果"。③ 对于与生活的一般需要无关之事,巴西印第安人的脑子就是一片空白。④ 芒戈·帕克曾经问一些黑人,太阳在夜里发生了什么事? 他们认为这个问题很孩子气;"他们就此事从不沉溺于推测,也没提出过什么假说。"⑤我常常发现,摩洛哥的贝都因人极其好奇,但他们的好奇体现在询问"什么",而不是询问"为什么"。

蒙昧人相信超自然存在具有意志,他们是万物有灵论者,而一旦产生有心灵就有肉体的观念,就会导致拟人论。既然无法想象没有心灵的意志,基本上也就无法想象没有肉体的心灵。无形的灵魂是心智抽象出来的东西,它被归于超物质的存在,但我们无法对它形成清晰的概念。正如霍布斯所说,关于精灵是脱离肉体的、无形的看法,"不可能任何人都天生就形成这样的观念;因为人们虽然可以把'精灵''无形的'等语词摆在一起,却无法想象出任何与它们相对应的东西"。⑥ 笛卡尔也坦承:"我尚未进一步细想灵

596

---

① Peschel, *Races of Man*, p. 245.

② *Cf*. Spencer, *Principles of Sociology*, i. 86 *sq*.; Karsten, *op. cit*. p. 43 *sq*.

③ Eyre, *Expeditions of Discovery into Central Australia*, ii. 355.

④ Bates, *The Naturalist on the River Amazons*, ii. 163.

⑤ Mungo Park, *Travels in the Interior of Africa*, i. 413.

⑥ Hobbes, *op. cit*. i. 12, p. 80.

魂到底是什么,而假如我进一步细想了,我曾想象它是某种极其稀薄、极其精细的东西,就像风、火焰、以太,它钻进并散布到我比较粗拙的部位里。"①于是人们自然就认为,超自然的行动者也多多少少有肉体。蒙昧人在梦中或幻觉中所见的、存在于阴影或反射的无肉体的灵魂,只不过是他们所能想象到的最无形的存在;而如果涉及他们所崇敬的先祖之神,则灵魂绝不会丢掉形体,反而恰恰会获得较为充实的肉体。

被土著当作神崇拜的自然物体则具有较为粗鄙的外形,与人形很不一样。有人说过,蒙昧人并不崇拜物体本身,而只崇拜居于物体内的精灵。但原始人不会区分物体与物体内的精灵。自然物体受到崇拜,是因为人们相信它具有超自然力,但即便如此,物体本身也受崇拜。② 卡斯特伦既有丰富的个人经历,也有着极敏锐的判断力,他讲,萨摩耶德人不知有何精灵附于自然物体,他们崇拜物体本身;"换言之,他们不把精灵与物体区分开来,而是把整个物体当作神崇拜。"③关于土著神化讷尔布德达河,W. H. 斯利曼爵士同样注意到,"正如恒河受人崇拜,土著也崇拜讷尔布德达河,而不是崇拜河里的什么神灵——河流本身就是他们想象中的神,受到他们崇敬"。④ 万物有灵论者认为无生命物体有灵魂,他们把可见之物本身当作灵魂的身体。⑤ 具有如此身体的存在,例如一棵

①　Descartes, *Meditationes*, 2, p. 10.

②　*Cf*. Tiele, *Max Müller und Fritz Schultze über ein Problem der Religionswissenschaft*, p. 35; Parkman, *op. cit.* p. lxvii. (North American Indians).

③　Castrén, *op. cit.* iii. 192. *Cf*. *ibid*. iii. 161, 200 *sq*.

④　Sleeman, *Rambles and Recollections of an Indian Official*, i. 20.

⑤　Castrén, *op. cit.* iii. 164 *sq*.

树或一块石头,怎么能听到人们说的话,怎么能看到人们做的事,怎么能吃掉他们供奉的食物呢? 如果非要解释的话,可能并不容易。但正如我已经指出的那样,蒙昧人的好奇心还没有达到探究事物根源的地步,而宗教的实质就是神秘。

然而,随着超自然存在越来越多地占据崇拜者的头脑,搅动着他们的想象,它逐渐被赋予一种较独特的人格;最后,人们就认为,无论是亡人灵魂的虚无缥缈的肉身,还是无生命物体的粗鄙实体,都不够格充当超自然存在的形体。超自然存在的实质外形也被人格化了。西伯利亚的科里亚克人相信,"自然物体和现象的外表下面都隐藏着像人的东西";而他们也初步表现出对鬼神的信仰——这些鬼神支配着某些类别的事物或大型物体。[1] 人们最初认为,超自然存在体现为自然现象,后来逐渐认为,自然现象背后的东西才是超自然存在。在吠陀赞美诗里,我们可以把这种拟人化当作一个成长过程来研究。《吠陀》里的真神几无例外都是一些神化了的自然现象、力量,[2]这些自然现象或力量被人格化了,尽管人格化的程度不一。当神灵的名称与其自然的本名相同时,这种人格化还没有超出初级阶段;诸如"天""地""太阳""黎明"这样的神灵名称,体现了自然现象及主宰自然现象的人格的双重特征。讲到诸神的本性,古代吠陀梵文翻译家雅思卡说:"他们信奉的神灵肯定不是拟人化的神灵,譬如他们以太阳和大地等等为神。"[3]当神

---

[1] Jochelson, 'Koryak Religion and Myth,' in *Jesup North Pacific Expedition*, vi. 115,118.

[2] Oldenberg, *Religion des Veda*, p. 591 *sqq.*

[3] *Nirukta*, vii. 4,转引自: Hopkins, *Religions of India*, p. 209。

灵的名称与据信其所寓居的物体之名称不同时,拟人化程度就较高,尽管从来就不曾有过截然分明的拟人化。吠陀人总是在诸神背后认出自然的力量,诸神就是自然力的表达;吠陀人以比喻性手法描述自然风貌,阐释诸神的活动,而诸神的外表往往只是自然风貌的某些方面之再现。他们把太阳说成伐楼拿用以观察人类的眼睛;[①]或者他们讲,全知的太阳从居处升起,去到密特拉和伐楼拿的住处汇报人间之事。[②]　即使是在今天的印度,不管属于哪个教派,印度教徒每天早上都要反复诵读《吠陀》里的一段文字。[③]　他们认为,神灵不会轻易把旧有的真身变为无法看见的东西,即使这看不见的东西更受崇敬。头脑简单、不喜思考的人会发现,较之于隐藏着的神,有形之物更易崇拜,不管这隐藏着的神外形多么完美。对普通日本人而言,太阳仍然是早晚要向之祈祷的神灵。[④]尽管中国学者宣称,供奉给天的祭品"当然不是要献给物质的、可感知的天空,即我们所见的天空,而是要献给天地万物的主宰",[⑤]人民则没有那么喜好玄想;今天的俄罗斯农民还会大喊,"天,你听到了吗? 天,你听到了吗?",以此向旧宗教的斯瓦罗格神祈求。[⑥]动物崇拜之所以在文明的较晚阶段留存下来,很可能是由于动物身体既可见又有生命这双重优势。

599

---

①　*Rig-Veda*,i. 50. 6. Hopkins,*op. cit.* p. 67. Cf. *Rig-Veda*,i. 25. 10 sq. ;i. 136. 2.

②　*Rig-Veda*,vii. 60. 1 sq. 见: Macdonell,*op. cit.* pp. 2,15,17,23; Muir,*Original Sanskrit Texts*,v. 6;Barth,*Religions of India*,p. 178;Oldenberg,*Religion des Veda*,p. 591 sqq. 。

③　Monier-Williams,*Brāhmanism and Hinduism*,p. 342.

④　Griffis,*Religions of Japan*,p. 87.

⑤　Legge,*Notions of the Chines concerning God and Spirits*,p. 38.

⑥　Ralston,*Songs of the Russian People*,p. 362.

　　尽管人按自己的形象、样子创造了神,仿照自己给了神头脑和身体,但人从来也没无视人神之别。人总是把超级行动能力归于神;否则神就不是神了。至少在许多情形下,人也认为神有着超级的知识。贝专纳人认为,他们的神灵远比他们自己有智慧。① 一名阿兹特克母亲在告诫女儿时,就会提及一位"能看见所有隐秘过失"的神灵。② 希腊人和罗马人的诸神都拥有超人的智慧,③耶和华也是如此。确实,人格化的神也依靠自己的感官获得关于人间事务的知识。耶和华听到所多玛和蛾摩拉的叫喊,就说道:"我现在要下去,察看他们所行的,果然尽像那达到我耳中的声音一样吗? 若是不然,我也必知道。"④但神的感知一般要强于人的感知。俄瑞斯忒斯讲:"神甚至能远距离听到声音。"⑤伐楼拿有一只可洞察一切的眼睛,拜火教的密特拉有一千个耳朵、一万只眼睛。⑥ 在其他方面,神的身体也比人的身体优越。有时他们更美,有时他们有着巨大的外形。阿瑞斯被雅典娜投掷的石头击中,倒在地上,占地七顷。⑦ 赫拉郑重发誓时,一手抓住大地,一手抓住海洋。⑧ 波塞冬迈三步就能穿越极长的距离;⑨毗湿奴三步能穿越大地、空中

　　① Arbousset and Daumas,*Exploratory Tour to the North-East of the Colony of the Cape of Good Hope*,p. 341.

　　② Sahagun,*Historia general de las cosas de Nueva España*,vi. 19,vol. ii. 131.

　　③ Cf. Westcott,*Essays in the History of Religious Thought*,p. 101.

　　④ *Genesis*,xviii. 20 *sq.*

　　⑤ Aeschylus,*Eumenides*,297.

　　⑥ *Yasts*,x. 7.

　　⑦ *Iliad*,xxi. 407.

　　⑧ *Iliad*,xiv. 272 *sq.*

　　⑨ *Ibid.* xiii. 20.

和天国。[1]

　　然而，人们倾向于使神变得越来越完美——对此我将在随后的一章详述——这又导致了神之为神并不一定要有肉身的观念；于是人们尽其所能，紧紧抓住纯粹的精神存在的观念，视此存在有意志，甚至有人类情感，却无肉身。与希腊的色诺芬尼一样，秘鲁的印加人尤潘贵反对将神拟人化的流行做法，他声称，应当向万能的造物主奉上纯粹的精神上的崇拜，而非贡物和牺牲。[2] 我们在《圣经》里可以看到，神的本性接二连三地发生着从粗鄙的感觉到纯粹灵性的转换。据极古老的传说，耶和华既工作也休息，他种植了伊甸园，天凉之时他在伊甸园散步，亚当、夏娃能听到他的声音。在《旧约圣经》里的很大一部分，上帝都明确地被时空条件所限制。他专门依附于耶路撒冷神庙或别的什么神庙，他依靠特定的牺牲获得自己的喜好之物。在诸先知所处的时代，早期宗教将神拟人化的粗糙做法已经被克服了；不再有谁，例如以赛亚这样的先知，能亲自见到耶和华了，他在天国的住处也变得几近虚无缥缈。但正如罗伯逊·史密斯教授所说，就是以赛亚也没有完全达到《新约圣经》的观念的高度，即神具灵性，应用心灵去崇拜，神不区分崇拜地点，神对人们在各个地方的祈祷都同样乐意接受。[3] 伊斯兰教的神学家费力地指出，神既未被创生，也不创生，神无外形、肤色、肢体。他能听见所有声音，无论声音大小；但他不用耳朵听。他能

---

　　[1]　Grimm, *Teutonic Mythology*, i. 325.

　　[2]　Brinton, *American Hero-Myths*, p. 236.

　　[3]　Goblet d'Alviella, *op. cit.* p. 216. Toy, *Judaism and Christianity*, p. 87. Montefiore, op. cit. p. 424. Robertson Smith, *Religion of the Semites*, p. 117.

601 看到所有事物,甚至能看到黑夜里在黑色石头上爬行的黑色蚂蚁;
但他没有眼睛,而人有眼睛。他能讲话,但不用舌头讲话,而人用
舌头讲话。[①] 他有知识、情感、意志。[②] 因而,这虚无缥缈的神仍保
有脱胎于人的灵魂的心智结构,但人的灵魂的所有身体上的欲望
和不完善之处都被抹去了,它的较高的品质则无限增加了,尤其神
还具有了超自然的行动能力。

　　在接下来的几章,我们会看到人们赋予超自然存在的特性是
如何影响人们的道德观念的。

---

① Risálah-i-Berkevi,转引自：Sell,*op. cit.* p. 166 *sq.*。
② Sell,*op. cit.* p. 185.

第四十八章　对诸神的义务

人们不仅信仰存在着超自然存在，也常常与其发生关系。在每一个宗教中，我们都能区分出两种成分，即信仰及对信仰对象的崇敬态度。与此同时，人们假定存在着超自然存在，这并不必然与人们对这些存在的宗教崇敬相联系。人们可能与其中的某些超自然存在建立关系，而排斥与其他存在的关系。如果人与某超自然存在的关系多少具有永久的性质，此超自然存在一般就被称作他们的神。

人们赋予他们的神灵种种人类特征，于是，与人们据以调整自己对同胞的行为的那些想法相似的想法，就在许多方面决定了人们对诸神的行为。人们就完全仿照人类社会赋予诸神权利，并给自己施加了相应的义务。

诸神有生命权和保持身体完整的权利。他们不一定刀枪不入、永恒不朽。[1] 依据古埃及人的信仰，神灵的生命确实比人更为长久，但死亡会终结其今世和来世的生命。[2] 吠陀经里的诸神起初也会死掉；只有造物主和火神才能让他们不朽，或者他们要靠饮用

---

[1]　见：Frazer，*Golden Bough*，ii. 1 *sqq.*。

[2]　Wiedemann，*Religion of the Ancient Egyptians*，173. Cf. Maspero，*Dawn of Civilization*，p. 111；Erman，*Life in Ancient Egypt*，p. 265.

603 苏玛酒、践行禁欲修行或履行某些仪式来获得不朽。[①] 希腊诸神也并非生来不朽,他们要靠享用神酒、神食获得不朽。[②] 斯堪的纳维亚人的诸神靠吃伊敦女神的苹果永葆青春;但即便如此,他们仍受到岁月的侵蚀,过去的作品也毫不掩饰地说到他们的死亡。[③]

人们认为,尽管肉眼看不到的人格化的诸神也会死去,但一般情况下诸神不会被人杀死。不过对于居住在大地上,具有可视、易毁坏的外表的超自然存在而言,情况就不一样了。人们认为,人能杀死这样的超自然存在,有时也确实杀死了它们,尽管这种情形下杀死很难讲就意味着绝对的毁灭,并且灵魂在肉身死亡后会继续存在。而杀死这样的存在一般会被视为危险行为。前面我们看到,人们常常不愿意杀掉某些种类的动物,唯恐被杀动物的灵魂或其同类会复仇;[④]在被杀动物及其同类被看作神灵的情形下,危险自然就增大了。蒙昧人总是避免杀害他们的图腾动物,有些说法可以表明,他们不赞成杀害图腾动物的做法。[⑤]

有人提出,对图腾动物生命的尊重是由于人们有着人与其图腾是亲戚的观念。[⑥] 不过,需要遵守的与图腾有关的各种禁忌,违背禁忌者要受到的惩罚的性质,[⑦]都表明,人与图腾动物的关系在

---

① Macdonell, *Vedic Mythology*, p. 17. Oldenberg, *Religion des Veda*, p. 176.

② *Iliad*, v. 339 *sqq*. *Odyssey*, v. 199. *Cf*. Grimm, *Teutonic Mythology*, i. 317 *sq*.

③ Grimm, *op. cit*, i. 318 *sqq*.

④ 见前文第 491 页。

⑤ 见:Frazer, *Totemism*, p. 7 *sqq*. ; *Idem*, *Totemism and Exogamy*, iv. 6 *sq*. 。

⑥ Robertson Smith, *Religion of the Semites*, p. 285. *Cf*. Frazer, *Totemism*, p. 7.

⑦ 见:Frazer, *Totemism*, p. 11 *sqq*. ; Spencer and Gillen, *Northern Tribes of Central Australia*, pp. 332, 324 *sq*. 。

一定程度上还是不同于堂表兄弟姐妹关系。图腾动物似乎首先被 604
看作超自然存在，人对其的态度取决于他对此图腾动物感受到的
恐惧或崇敬。有些不被信徒视为与信徒具有同样血统的神圣动
物，都同样成为禁忌的目标；据说在古埃及，冒犯有神性的动物甚
至要被处死。[1] 另一方面，人们很少尊重图腾的情况也并非罕见，
因而人们对待图腾的方式与对待亲戚的方式是完全不同的。关于
澳大利亚中部的土著部落，斯潘塞和吉伦先生讲："在土著那里，杀
害图腾或帮助他人杀害图腾动物、植物都是错误的，但土著实际上
并不把图腾看作近亲，这是很显然之事；相反，可以说，一个图腾群
体的成员不仅允许其他群体的成员杀掉、吃掉图腾动物、植物，他
们实际上也帮助外人杀害他们的图腾动物。"[2]澳大利亚南部的纳
里涅里人如果认为图腾动物适于食用，也会杀掉它们。[3] 若图腾
是有害的动物，例如狮子，贝专纳人也会杀死图腾；此时屠杀图腾
的人只是向被杀野兽道个歉，并为亵渎行为行某种涤罪礼。[4] 在
梅诺米尼印第安人中，熊氏族的人可以杀死一头熊，但他首先要向
将被杀死的熊说话，为剥夺其生命致歉。[5] 美国东南诸州的印第
安部落民对自己的图腾毫无尊重，只要逮住机会就会杀掉图腾。[6]
在思林凯特人中，以狼为图腾的人杀死狼时毫不犹豫，尽管他也称

---

①　Wiedemann, *Herodots zweites Buck*, p. 279.

②　Spencer and Gillen, *Native Tribes of Central Australia*, p. 207.

③　Taplin, 'Narrinyeri,' in Woods, *Native Tribes of South Australia*, p. 63.

④　Casalis, *Basutos*, p. 211.

⑤　Hoffman, 'Menomini Indians,' in *Ann. Rep. Bur. Ethn.* xiv, 44.

⑥　Adair, *History of the American Indians*, p. 16.

狼为亲戚,祈求狼不要伤害他。①

605　　　在有些情形下,杀掉有神性的动物就是一种宗教或法术仪式。J.G.弗雷泽爵士提到过这方面的几个事例。② 有些情形下,人们习惯上不杀受崇敬的动物,但会在特殊、隆重的场合杀这种动物。在其他情形下,人们习惯于杀受崇敬的动物,他们会每年专门举行一次赎罪仪式,从此类动物中选取一只,充满崇敬地、虔诚地杀掉。弗雷泽对两种习俗都做了巧妙的解释。关于前一个习俗,他认为,蒙昧人显然认为某动物物种自然会变老、死去,就像单个动物那样,而蒙昧人能想出的唯一避免这场灾难的方式就是杀掉这类动物中的某一只——在这只动物的血管里,生命之流仍在奔流,还未因年老而停滞;"于是生命就从一个管道流出,而在新的管道里更生气勃勃地自由流动。"③弗雷泽把后一种习俗解释为赎罪仪式,通过向某类动物中选取的一些动物表现出明显的崇敬,蒙昧人就认为自己有资格不受惩罚地消灭他们能动手干掉的其余所有动物。④ 这些解释只是假说性的——弗雷泽首先承认了这一点的——但就我所知,到目前为止我们只能找到这些解释。然而,值得注意的是,屠宰神圣动物时伴随的某些行为有时清楚地表明,崇拜者想要给自己带来超自然的益处——例如他们吃动物的肉时,往自己身上洒动物的血时,以其他方式与动物接触时;而在此情形

---

① Boas, in *Fifth Report on the North-Western Tribes of Canada*, p. 23. 关于其他事例,见: Frazer, *Totemism*, p. 19。

② Frazer, *Golden Bough*, ii. 366 *sqq.*

③ *Ibid*. ii. 368.

④ *Ibid*. ii. 435.

下，他们杀死动物的直接目的，可能就是把动物具有的神圣性或有益的法力传给他们。非洲中部的马迪人和莫鲁人提供了一个有启发性的例子。大概每隔一年，他们都要精心选出一只羊羔，交由僧侣阶层的某人杀掉，他会分四次把羊血洒到集会的人群身上，然后把这羊血涂抹到每个人身上。但其他时候这个仪式也在小范围内履行——如果某家庭有人生病或去世而陷入大的麻烦，他们的朋友、邻居就会聚到一起，杀掉一个羊羔，希望以此避免接下来的灾祸。[1] 我们前面就注意到，在澳大利亚中部的阿兰达人等部落那里，举行因提丘玛仪式时，要屠宰图腾动物供食用。但在这里，圣餐是一种法术仪式，旨在促进图腾动物繁衍，为其他图腾群体增加食物供给；其中的基本思想就是，每一图腾群体的成员都要负责以自己的图腾为其他个体提供食物供给。[2]

弗雷泽也使我们注意到亦人亦神的人或成神之王被其崇拜者处死的事例，他提出了如下解释，即原始人有时相信，他们自己的安全乃至世界的安全与某个亦人亦神之人或成神之王的生命紧密相连。于是他们会出于保护自己生活的考虑而极为照料他的生活。但无论何等照料和预防措施都无法阻止这成神之王的衰老及最终的故去。他们认为，神王身体衰竭乃至最终死去会带来灾祸，为了防止这灾祸，神王一有衰老的迹象，他们就把他杀掉，而他的灵魂就会在被衰亡严重损害前转移到某位生机勃勃的继任者身

---

① Felkin, 'Madi or Moru Tribe of Central Africa,' in *Proceed. Roy. Soc. Edinburgh*, xii. 336 *sq.*

② 见前文第 210 页及以下。Spencer and Gillen, *Native Tribes of Central Australia*, ch. vi. Iidem, *Northern Tribes of Central Australia*, ch. ix. *sq.*

上。但有些民族似乎认为,即使等到神王出现最轻微的衰亡症状
也是不安全的,于是更倾向于在神王正当壮年时杀掉他。相应地,

607 他们确定了一个任期,过了任期神王就不能继续统治,任期结束后
神王必须死去,他们确定的任期较短,以排除神王在此期间身体衰
老的可能性。于是,在有些地方,人们不相信王能保持体脑之生机
勃勃超过一年;而在古代刚果王国的恩戈伊奥省,流行的规则是,
头领当天加冕,第二天就得处死。①

　　《金枝》的每一位读者都会钦羡作者用以提出其理论的才智和
学识,尽管读者发现,并非每一个论点都令人信服。显然,人们常
常认为,神王的超自然力受到身体条件的影响。在有些情形下,神
王被杀死显然是由于他患有某种疾病,有身体缺陷,或表现出年老
症状,而杀死神王的最终原因在于,人们认为身体变差与神性衰退
具有联系。但弗雷泽自己也注意到,他的证据链缺少一环;他无法
为以下观念拿出直接的证据——被杀掉的亦人亦神之人的灵魂会
转移到他的王权继承人身上。② 鉴于缺少如此证据,我擅自提出
一个稍微不同的解释,在我看来,这个解释与已知事实更为吻合,
亦即人们认为,新王继承的并非前任的灵魂,而是前任的神性,人
们把此神性当作神秘的实体,它暂时寓居在现君主体内,但可以脱
离他的身体转移到另一人身上。

　　对弗雷泽理论的这种修正可为摩尔人中盛行的某些观念所支
持。摩洛哥苏丹被人们视为"神的副手",他死之前会指定家族的

---

① 　Frazer,*Golden Bough*,ii. 5 *sqq*.

② 　*Ibid*,ii. 56.

某位成员——他的某个儿子优先——作为他的继承人，这也就意味着，他的神性会转给新的君主。但他的神性也可能在他活着的时候为某个觊觎王位者占用，结果表明，此神性与窃取者的灵魂分明不般配。后来，人们告诉我，篡位者布哈马拉拥有了苏丹的神性，却不得不把神性转给苏丹的某个弟兄，而窃位者的下场是被剥夺自由。与摩洛哥苏丹一样，索法拉的卡菲尔神王也为自己指定接班人，神王患有某种疾病也会被处死。[①] 在古代孟加拉，不管是谁杀了国王，取而代之，他会马上被承认为国王；人们说："我们对王位忠贞，不管谁得了王位，我们都对王位恭顺、忠诚。"[②] 在苏门答腊北部海岸的帕西耶王国，臣民不允许其神圣君主活得长久，"杀死上任君主的人就是王位继承人，只要他制造了这流血事件，坐上王位，并且设法在一天里和平地保有王位，他就被视为合法的王"。[③] 在这些情形下，人们似乎认为，神性内在于王位，神性会转到与王位有较近接触的人身上。[④]

正如我们前面看到的那样，人们一般认为，神圣性极易受到污染的影响，[⑤]而这自然就表明，人们存在这种观念，即为了使神圣性不受损伤，必须把它从被疾病或瑕疵玷污的身体里移走。可以

618

---

①　Frazer, *Golden Bough*, ii. 10.

②　*Ibid*. ii. 16.

③　*Ibid*. ii. 16.

④　我写了上面的文字后，J. G. 弗雷泽爵士又友善地使我注意到他的著作《早期亲属关系史演讲集》里的一些说法(*Lectures on the Early History of the Kingship*, p. 121 *sqq*.)。依这部书，似乎在马来地区的某些地方，王冠、王袍等王权的象征被视作神奇的法宝、神物，有了这些自然就有了王权。在西非的约鲁巴人那里，土著似乎认为王冠具有神性，王有时以绵羊为牺牲献给王冠(*ibid*. p. 124, n. 1)。见下文附注。

⑤　特别是参见前文第294—296、352、353、415等页。

609　认为,这一观念就构成了那些情形的基础——在这些情形里,即使
最轻微的身体缺陷也足以使人们产生动机,杀掉神王。对共同体
而言,其福祉依赖于此神圣性,神圣性不应再依附于身体不再适于
容纳神圣性,因而也无法履行作为神圣君主应尽责任的个人,这是
极其重要的;人们会认为,把神圣性从他身上移走的唯一办法就是
杀掉他。事实表明,有些国王或术士若无法带来预期的好处,例如
降水或好收成,人们就会把他们杀掉,此类事例似乎也可使用同样
的解释,①但关于这些事例,杀掉他们也可能是为了防止他们因被
废黜而复仇,或是因他们不能成事而惩处他们,②或者杀掉他们带
有献祭神灵的特征。③　再说,疾病、虚弱、身体恶化会导致他们死
亡;而由于人们认为自然死亡具有极大的污染效应,自然也会认
为,寓居于他们身内的神圣性会遭遇最严重的灾难。刚果人相信,
如果他们的奇图米（即大祭司）自然死亡了,世界就会毁灭,而由于
他的力量和美德独自支撑起大地,此时大地也会马上毁灭;因此,
如果大祭司病倒了,看上去可能快死了,注定成为继任者的人就拿
着绳子、棍棒进入他家,用绳子勒死他或用棍棒打死他。④　既然每
个人早晚都会生病、衰老、死亡,人们过一段时间就杀掉神王的做
法可能也受到相似动机的驱使。不过我也可为此种习俗想出另一

---

　　①　Frazer,*Golden Bough*,i. 158 *sq*. Landtman,*Origin of Priesthood*,p. 144 *sqq*.
　　②　Landtman,*op. cit*. p. 144. 人们有时也以相似的方式对待有神性的动物。在
古埃及,如果有神性的动物不能或不肯在紧急关头显示身手,就会遭到殴打;如果这办
法没有效果,就会杀掉动物（Wiedemann,*Religion of the Ancient Egyptians*,p. 178;
Idem,*Herodots zweites Buch*,p. 428 *sq*.）。
　　③　见第一卷第 443 页。
　　④　Frazer,*Golden Bough*,ii. 8.

种解释。有时人们认为，超自然能量易于受到外部影响，于是随时 610
间流逝基本上它自己就自然衰减了。我听摩洛哥的阿拉伯人讲，
篡位者的神圣性一般只维持半年。弗雷泽提到的一些神王也可能
面临相似的宿命，被别人适时杀掉。

既然信徒在某些情况下会为了自己的利益而废除通常赋予诸
神的生命权，如果诸神的行为辜负了信徒的期待，其身体完整权也
会被取消。人们惩罚他们的神灵，一如惩罚自己的同胞。在阿玛
祖鲁人中，打雷被说成"老天要干坏事"，这时法师们就走出来，斥
责雷电；"他们拿一根棍子，说他们要打老天发出的雷电。"[1]黑人
用棍棒残忍地击打神物，使其恭顺。[2]　如果萨摩耶德人的偶像无
法成事，他们就会鞭打这偶像，或把偶像扔掉。[3]　在马克萨斯群
岛，泰皮人的偶像"被击打的次数比受祈求的次数还要多"。[4]　在
哈德逊湾一带的爱斯基摩人那里，若他们的守护神表现得顽固，他
们就不给守护神食物，或剥去守护神的衣服。[5]

在正常情况下，不杀害或伤害神灵，积极促进神灵的生存和安
逸，被人们视为一种义务。根据早期信仰，超自然存在为人们的需
要服务。按土著的观念，异教的西伯利亚人的诸神为土著的生计
劳作，既打猎捕鱼，也为荒年贮藏根茎类食物。[6]　当老天呈现出蓝

---

[1]　Callaway, *Religious System of the Amazulu*, p. 404.

[2]　Bastian, *Afrikanische Reisen*, p. 61.

[3]　von Struve, in *Ausland*, 1880 p. 795.

[4]　Melville, *Typee*, p. 261.

[5]　Turner, 'Ethnology of the Ungava District,' in *Ann. Rep. Bur. Ethn*. xi. 194.

[6]　Georgi, *Russia*, iii. 259.

611　天白云的面貌时,新西兰毛利人就讲,神在种植土豆及其他神圣的食物。[1] 斐济人说他们的诸神饭量极大。[2] 吠陀里的诸神穿衣服,是大酒鬼,总是处于饥饿状态;[3]我只需提及《梨俱吠陀》里的很多段落,里面讲到雷霆神因陀罗的食欲及他填饱肚子时的欢乐。[4] 不可想象埃及人的神灵没有自己的居所,人们就在他的屋子里隆重庆祝他的节日,他不会离开自己的居所,除非是特殊的日子。人们要为他打扫住处,他的侍从要在他如厕时服侍他;祭司必须穿着打扮为神灵服务,每天都要把饮食祭品放到神桌上。[5] 迦勒底人的诸神也要吃饱喝足、穿衣、娱乐;在圣所里为他们竖立起的石像、木像就给他们提供了身体,他们吹口气这身体就有了生命。[6]

　　超自然存在也有人的食欲和需求的观念导致了牺牲的习俗。不管诸神以何方式为生,他们都不会对人们献给他们的礼物无动于衷。如果祭品不对他们的胃口,他们的需求就得不到满足,他们就会变得虚弱无力。马斯佩罗先生说,埃及诸神"依赖凡人给的礼物为生,每个神灵的资源乃至权力都依赖于他的信徒的财富和数量"。[7] 在吠陀赞

---

[1]　Polack,*Manners and Customs of the New Zealanders*,i. 244.

[2]　Williams and Calvert,*Fiji*,pp. 184,195.

[3]　Oldenberg,*Religion des Veda*,pp. 304,366 *sqq.* Barth,*Religions of India*,p. 36,n. 2.

[4]　*Rig-Veda*,ii. 11. 11;viii. 4. 10;viii. 17. 4;viii. 78. 7;x. 86. 13 *sqq.*

[5]　Erman,*op. cit.* pp. 273,275,279. Maspero,*op. cit.* p. 110.

[6]　Ball,' Glimpses of Babylonian Religion,' in *Proceed. Soc. Biblical Archæology*,xiv. 153 *sqq.* Maspero,*op. cit.* p. 679.

[7]　Maspero,*op. cit.* p. 302. *Cf.* Wiedemann,*Ancient Egyptian Doctrine of the Immortality of the Soul*,p. 19.

美诗里,我们随处可见到这种观念。① 如果稍有片刻停止供奉牺
牲,诸神就不再下雨,就不会在惯常的时间带来黎明和太阳,就不 612
会培育庄稼——这不仅因为他们不愿意,也因为他们无能为力。②
人们献祭于诸神,诸神才从混沌中创生了世界,给诸神献祭,就能
防止世界重归混沌;③《摩奴法典》里讲,"动与不动的东西"都可用
于献祭。④ 拜火教典籍里同样把牺牲看作辅助诸神的行为,献祭之
后,诸神就能取得与恶魔的战斗的胜利。⑤ 如果不用祭品辅助他们,
他们就只能无助地在敌人前面飞。聪明、光荣的提什特里雅被恶魔
阿普沙打败后,伤心地痛哭道:"阿胡拉·马兹达,我痛苦! ……人
们不用牺牲祭拜我,不用我的名字向我祈求……人们用牺牲祭拜
其他天使,用他们的名字向他们祈求,如果人们同样用牺牲祭拜
我,用我的名字向我祈求,我本可以拥有十匹马的力量,十头骆驼
的力量,十头公牛的力量,十座山的力量,十条河的力量。"⑥

　　人们受各种动机驱使向超自然存在供奉牺牲。在早期宗教
里;最常见的动机无疑就是规避灾难的愿望;而我们有理由相信,
这个愿望是宗教崇拜的第一个来源。尽管近来出现了相反的说
法,但旧的说法仍然有效——宗教源于恐惧。有些人认为,蒙昧人

---

　　① *Rig-Veda*,ii. 15. 2;x. 52. 5 *sq.*；x. 121. 7. *Cf*. *Atharva-Veda*,xi. 7. 14 *sq.*；
Hopkins,*Religions of India*,p. 149;Kaegi,*Rigveda*,p. 31;Darmesteter,*Ormazd et
Ahriman*,p. 329.

　　② Barth,*op. cit*. p. 36.

　　③ *Rig-Veda*,x. 130. Barth,*op. cit*. p. 37.

　　④ *Laws of Manu*,iii. 75 *sqq.*

　　⑤ 见：Darmesteter,*Ormazd et Ahriman*,p. 327;*Idem*,in *Sacred Books of the
East*（1st edit.）,iv. p. lxviii.

　　⑥ *Yasts*,viii. 23 *sq.*

不易受到此种情感影响,^①一般情况下都能欢喜地事神,^②这说明
613　他们不了解事实。蒙昧人的一个特点就是神经很敏感,^③他总是
担惊受怕,害怕来自超自然存在的危险。我们听说,萨摩耶德人听
到帐篷外的击打声就会吓得发抖。帕克曼讲:"印第安人总是生活
在恐惧中。树叶晃动,昆虫爬行,鸟儿鸣叫,树枝发出声响,对他而
言都可能是祸福的神秘信号。"^④我们得知,在未开化世界的各个
地方,恐惧、害怕是宗教情感的主要成分,蒙昧人更愿意把恶而非
善归因于超自然存在的影响,他们的供奉和其他崇拜行为更经常
地是为了规避灾祸,而非为了获得正面的好处,他们虽然信仰善
神,但是对恶神更为留心。^⑤　即便是在那些已经超越蒙昧阶段的

---

①　Gruppe,*Die griechischen Culte und Mythen*,p. 244 *sq.*

②　Grant Allen,*Evolution of the Idea of God*,p. 347.

③　见:Brinton,*Religions of Primitive Peoples*,p. 14。

④　Parkman,*Jesuits in North America*,p. lxxxiv.

⑤　Dorman,*Origin of Primitive Superstitions*, p. 391 (American Indians
generally). Müller,*Geschichte der Amerikanischen Urreligionen*,pp. 84,171,214,260.
von Spix and von Martius,*Travels in Brazil*,ii. 243 (Coroados). Brett,*Indian Tribes
of Guiana*,p. 361 *sq.*,;Im Thurn,*Among the Indians of Guiana*,p. 367 *sq.* Dunbar,
'Pawnee Indians,' in *Magazine of American History*, viii. 736. McGee,'Siouan
Indians,' in *Ann. Rep. Bur. Ethn.* xv. 184. Murdoch,'Ethn. Results of the Point
Barrow Expedition,' *ibid.* ix. 432 (Point Barrow Eskimo). Ross,'Eastern Tinneh,' in
Smithsonian Report,1866,p. 306. Radloff,*Schamanenthum*,p. 15 (Turkish tribes of
the Altai). Fawcett,*Saoras*,p. 57. Campbell,*Wild Tribes of Khondistan*,p. 163 *sq.*
Hunter,*Annals of Rural Bengal*,i. 181 *sq.* (Santals). Mouhot,*Travels in the Central
Parts of Indo-China*,ii. 29 (Bannavs of Cambodia). Man,'Aboriginal Inhabitants of
the Andaman Islands,' in *Jour. Anthr. Inst.* xii. 157. Wilken,*Het animisme bij de
volken van den Indischen Archipel*,p. 207 *sq.* St. John,*Life in the Forests of the Far
East*,i. 69,70,178;Low,*Sarawak*,p. 253;Selenka,*Sonnige Welten*,p. 111 (Dyaks),
von Brenner,*Besuch bei den Kannibalen Sumatras*,p. 216. Kubary,'Die Palau-Inseln,'
in *Jour. des Museum Godeffroy*,iv. 44 (Pelew Islanders). Williams and Calvert,*Fiji*,p. 189.
Percy Smith,'Uea,' in *Jour. Polynesian Soc.* i. 114. Turner,*Samoa*,p. 21. Ellis,*Polynesian
Researches*,i. 336 (Tahitians). Taylor,*Te Ika a Maui*,pp. 104,148;Yate,*Account Of New
Zealand*,p. 141;Polack,*op. cit.* i. 244 (Maoris). Fritsch,*Die Eingeborenen Süd-Afrika's*,
pp. 338,339,341 (Hottentots). Decle,*Three Years in Savage Africa*,p. 153 (Matabele).
Livingstone,*Missionary Travels*, p. 435 (peoples inhabiting the country north of the
Zambesi). Monrad,*Skildring af Guinea-Kysten*,p. 2 (Negroes of Accra). 另见:Karsten,
Origin of Worship,p. 44 *sqq.*;见下文第 665 页及以下。

民族中,恐惧仍是他们宗教的一个突出因素。荷马时代的大多数 614
崇拜活动都是为了逃避邪恶而抚慰神的仪式。① 莫尼尔-威廉斯
爵士讲:"只要在印度与印度教徒有过较近接触的人,都会感受到
这个事实,即当下至少百分之九十的印度人的崇拜活动都是对恐
惧的崇拜。"②某巴拉维语文本里讲:"不害怕神灵者,算不上虔
诚。"③埃及的阿蒙·拉神被赞美为"美丽而亲爱的神,他给予众生
各种各样的温暖,各种各样的纯色牛羊",同时他又被称为"恐惧之
神、恐怖大神"。④《旧约·诗篇》里讲,"敬畏耶和华是智慧的开
端",⑤而诺尔德克指出,"畏惧神"这一说法是在其字面意义上使
用的。⑥ 尽管《古兰经》里有很大篇幅讲述了安拉的亲爱而仁慈的
一面,但伊斯兰教的神引起的恐惧要远多于爱。伊斯兰教的神学
家讲,虔诚就是"站在希望和恐惧之间"。⑦

每一个宗教,即使是最低级的宗教,事实上希望都构成了其中
的一个成分。假定的痛苦、恐怖事件制造者成为崇拜目标,是因为
人们不是把他设想为事件的机械的原因,而是设想为可为崇拜者
的崇敬态度所影响的个体行动者。蒙昧人献祭而不求回报好处,
这并非不理性。而随着人们观念中的神灵变得更为友善,随着神
灵活动范围的扩展,信徒就会更为信仰神灵,就会期待从神灵那里
不仅获得仁慈,也获得正面的好处。

---

① *Cf*. Keller, *Homeric Society*, p. 115 *sq*.

② Monier-Williams, *Brāhmanism and Hindūism*, p. 230.

③ *Dinā-i Maīnōg-ī Khirad*, xxxix.

④ Wiedemann, *Religion of the Ancient Egyptians*, p. 111 *sq*.

⑤ *Psalms*, cxi. 10.

⑥ Nöldeke, in *Archiv für Religionswissenschaft*, i. 362.

⑦ Sell, *Faith of Islám*, p. 165.

615　　　我们可以认为,在文明的较早阶段,人们有时会被某意外的幸运事件触动,并将其归因于某位友善神灵的影响,而人们急切要与此神灵保持友好关系。在黄金海岸一带讲齐语的民族中,对神灵的崇拜不仅出于恐惧,也由于希望获得某种直接的好处或保护。①西伯利亚的异教徒献祭时会说这样的话:"看看我为你带来的吃的东西吧;那就给我带来孩子、牛羊和长寿吧。"②巴罗角一带的印第安人到达某条河流时,就往空中扔一片烟叶,大喊道:"神啊,神啊,我给你烟叶,你给我很多鱼吧!"③关于锡亚印第安人(普韦布洛人),史蒂文森女士写道,他们的宗教基本上不是为了抚慰神,而是祈求好处,以求得回报——他们"依所祈求的神的意志行事,并已取悦神"。④我们甚至得知,蒙昧人也会出于感谢而向神献祭。在斐济,若土著成功捕捉海龟,意外从战争中或海上脱险,从疾病中痊愈,有时就要向诸神献上感恩性的祭品。⑤在中非东部的土著那里,他们向神祈求狩猎之旅获得成功,当他们回到家里,就摆上鹿肉、象牙,他们知道,他们的好运要感谢"他们的老亲戚",因而向他献上感恩祭品。⑥据说在几内亚北部,如果某人向某神物祈求

① Ellis, *Tshi-speaking Peoples of the Gold Coast*, p. 17. Cf. *Idem*, *Yoruba-speaking Peoples of the Slave Coast*, p. 277.

② Georgi, *Russia*, iii. 284.

③ Murdoch, in *Ann. Rep. Bur. Ethn.* ix. 433.

④ Stevenson, 'Sia,' in *Ann. Rep. Bur. Ethn.* xi. 67.

⑤ Williams and Calvert, *op. cit.* p. 195.

⑥ Macdonald, *Africana*, i. 61. 关于感恩祭品的其他事例,见:Shooter, *Kafirs of Natal*, p. 165; Smith, 'Myths of the Iroquois,' in *Ann. Rep. Bur. Ethn.* ii. 51. Jochelson, 'Koryak Religion and Myth,' in *Jesup North Pacific Expedition*, vi. 25, 92. Leem, *Beskrivelse over Finmarkens Lapper*, p. 431 (Lapps).

之后，接连碰上好运，"他就会对此神物形成依恋、感激之情"。[1]
不过我们有理由怀疑，献祭者的感激之情通常与拉罗什富科所说 616
的"未来获得更大好处的隐秘愿望"属于同类。[2] 有时，人们会在
发誓之前特意献上感恩祭品——如果可以这么叫的话。在坎萨人
中，就要奔赴战场的战士会面向东方说道，"瓦坎达大神，我要顺着
这条路去与敌人战斗！ 如果我获胜了，我会给你一条毛毯"；接着
再转向西方说道，"瓦坎达大神！ 如果我获胜了，我会为你举办宴
会。"[3] 即使是在较高级的宗教里，牺牲也基本上用于与向之献祭
的神讨价还价。吠陀赞美诗用诸如此类的话请求诸神——"如果
你给我这个，我会给你那个"，或"既然你给了我这个，我就给你那
个"。[4] 赞美诗里的歌手毫不掩饰地承认："因陀罗神，阿格尼神，
我心向前看，为亲戚寻求好处；而除了你们，没有谁还能帮助我；因
此，我就为你们唱了一首来劲的歌。"[5]希腊人与牺牲有关的观念
在格言"牺牲能打动诸神"里得以体现。[6] 古代希伯来人在此问题
上的看法可由雅各许下的愿看出——"神若与我同在，在我所行的
路上保佑我，又给我食物吃，衣服穿，使我平平安安地回到我父亲
的家，我就必以耶和华为我的神。我所立为柱子的石头也必作神

---

① Wilson, *Western Africa*, p. 212.

② La Rochefoucauld, *Maximes*, 298.

③ Dorsey, 'Mourning and War Customs of the Kansas,' in *American Naturalist*, xix. 678.

④ Müller, *Physical Religion*, p. 100. Oldenberg, *Religion des Veda*, pp. 302-326, 430 *sqq*.

⑤ *Rig-Veda*, i. 109. 1. *Cf. ibid*. i. 71. 7.

⑥ Plato, *Respublica*, iii. 390.

的殿，凡你所赐给我的，我必将十分之一献给你。"[1]

　　在很多情形下，奉献牺牲的目的在于替代生命处于危险的其他个人。前面我们就看到，人祭习俗主要基于替代的观念。[2]我们也看到，随着人们越来越不愿意实行这一习俗，于是常常以动物代替人充作牺牲。[3]但我们不应推测，以动物为牺牲拯救某人生命在任何情形下都是后来对以前的人祭习俗的改良。这种观念——可由人命以外的牺牲安抚威胁人们生命的神灵——在有些情形下可能是基本的观念，在别的情形下则可能是派生的观念。摩尔人总是在新房地基处以动物献祭；据称这是为了给地方神行祭，但这种行为似乎也与某种替代观念有关，因为他们认为，如果不杀死动物，住在屋子里的人就会死去或没有儿女。叙利亚也有类似的习俗，当地人相信，"在每一处房子，都应杀掉男人、女人、儿童或动物充作牺牲"。[4]犹太人有个习俗，户主应在赎罪日前夜宰杀一只公鸡。杀公鸡前，他要用自己的头撞击公鸡三次，每撞一次就说道，"让这只公鸡为我赎罪，让它代替我"；压紧鸡脖子勒死这只公鸡的时候，他同时也反省，他自己也应该被勒死。[5]肯定不能把这些习俗看成早期人祭习俗的残存。再者，有时以某只动物为牺牲是为了拯救其他动物的生命。因此 1767 年苏格兰某地发生牛瘟时，人们就把一头小母牛投入圣火烧死。[6]在西非的大贝宁，

617

---

① *Genesis*, xxviii. 20 *sqq*.

② 见前文第十九章。

③ 见第一卷第 469 页及以下。

④ Curtiss, *Primitive Semitic Religion To-day*, p. 224 *sq*.

⑤ Allen, *Modern Judaism*, p. 406.

⑥ Grimm, *Teutonic Mythology*, ii. 608.

每年到了国王奥维拉米的父亲阿多罗的祭日,都要用 12 个男人、12 头母牛、12 只山羊、12 只绵羊及 12 只家禽充作牺牲,此时奥维拉米会对其父讲话,请他照料"母牛、山羊、家禽,乃至农村里的所有东西",甚至是人。[①] 具有替代性特点的牺牲既可能是也可能不是为了满足超自然存在的物质需要。我们已经看到,在有些情况下,行祭的目的纯粹就是以牺牲的死安抚某位发怒的神灵。[②]

我们还进一步看到,在人祭的情况下,牺牲有时被当作信徒与神灵之间的信使,即使仪式的主要目的不在于此。[③] 对于其他祭品的情况,有时也是如此。[④] 据摩尔根先生,易洛魁人以白狗为祭,[⑤]目的就在于"把狗的灵魂作为信使送到大神那里,告诉大神他们会一如既往忠心服侍他,转达他们对大神这一年的赐福的共同的感谢";他们致感恩词的时候,习惯于不停把烟草叶子扔进火里,如此他们的话就能随祭品燃着形成的烟雾上升至大神的居处。[⑥] 墨西哥的惠乔尔人常常用箭献祭于诸神,让箭送去他们的特别的祈祷。[⑦]

人们不仅用牺牲传达祈祷,也常常用牺牲传达诅咒。在摩洛

①　Moor and Roupell,转引自：Read and Dalton,*Antiquities from the City of Benin*,p. 6,以及：Ling Roth,*Great Benin*,p. 70 *sq.* 。

②　见第一卷第 438 页及以下。

③　见第一卷第 465 页及以下。

④　*Cf.* Hubert and Mauss,'Essai sur la nature et la fonction du sacrifice,' in *L'année sociologique*,ii. 106,n. i.

⑤　见第一卷第 53、64 页。

⑥　Morgan,*League of the Iroquois*,p. 216 *sqq.*

⑦　Lumholtz,*Unknown Mexico*,ii. 205.

哥,每个多少有些重要的希夷德圣地①都会有人时常造访,人们向
当地供奉的圣人祈求,希望治愈某种疾病,或赐福给子女,或找到
合适的配偶,或帮助对付敌人,或从圣人那里得到别的什么好处。
要取得圣人的帮助,访问者就要向圣人行阿尔;前面我讲到过摩尔
人所说的阿尔,②对普通人、圣人、活人、死人,都可行阿尔。向圣
人行阿尔的方式包括:向与圣人的圣所相联系的石堆纪念碑扔石
619　头;为圣人堆一堆石头;在希夷德处系上一块布;给希夷德附近
生长的某棵矮棕榈树的树叶或白金雀花的茎打结;向圣人供奉动
物牺牲。③ 行阿尔的人许下诺言,若圣人满足了他的要求,他会酬
报圣人;但兑现诺言时供奉的牺牲瓦达(l-wâ'da)完全不同于作
为阿尔供奉的牺牲。瓦达是真正的礼物,而作为阿尔供奉的牺牲
是限制圣人的某种方式。把某动物作为阿尔杀掉时,一般不使用
"以神的名义"这样的措辞,除穷人外,谁也不可食用此动物。④ 另
一方面,杀掉要作为瓦达供奉的动物,则总是"以神的名义",供奉
这牺牲正是为了让圣人在尘世的代表吃掉它。摩尔人对阿尔和瓦
达的区分是一个最好的例子,它表明,无法用同一条原则解释每一

---

① 关于这个单词的含义,见前文第584页。

② 见第一卷第586页及以下;见前文第584页及以下。

③ Westermarck, 'L-'âr, or the Transference of Conditional Curses in Morocco,' in *Anthropological Essays presented to E. B. Tylor*, p. 368 *sqq.* Idem, *The Moorish Conception of Holiness* (*Baraka*), p. 90 *sqq.*

④ 不过,若希夷德圣地有固定看守人,请愿者常常会把活的动物交给这看守人,如此一来,看守人本人就可"以神的名义"杀掉这动物,于是这动物也就可吃掉了。圣人的后裔——如果圣人有后裔的话——及看守人会毫不犹豫地杀掉这动物。他们说出"比思米拉"(*bismillâh*,意即"以神的名义"),据认为就能去掉阿尔带有的诅咒或邪恶能量。

种牺牲习俗。阿尔和瓦达具有根本差别：前者是一种威胁，后者则是许下的酬报。[①] 但与此同时，并非不可能的是，通过牺牲的方式向超自然存在传达诅咒的观念最初就体现在过去作为宗教活动的牺牲习俗里，同时以前的人们认为，血，特别是牺牲的血，具有神秘特性——依原始观念，牺牲的血能最有效地传达诅咒。

我们可以明显观察到，摩尔人用作阿尔的牺牲并非独一无二，在其他一些民族中也有很相似的习俗。古代宗教的牺牲是用来对所供奉的神灵施加限制性影响。这种观念体现在拜火教[②]和许多吠陀赞美诗[③]里，尤其体现在婆罗门教那里。巴斯讲："在印度古代宗教典籍里，宗教仪式就是真正的神灵，或者说不管如何，这些仪式共同构成了一种独立的、卓越的力量，在它们面前，神性消失了，它们占据的位置几乎就是其他宗教体系中天命占据的位置。牺牲调节着万物的正常秩序的古代信仰在吠陀赞美诗里就十分突出了，在我们查考的婆罗门教典籍里，这种信仰更是寻常之事，并且不时伴随着详细的描述。"[④]那么，几无疑问，人们希望借助牺牲控制诸神的行动，就是由于人们的这一理念：牺牲能够传导诅咒。传导者的观念，就是由于奉献牺牲时有一套程序，人们认为这套程

---

①　我曾问道，人们用阿尔向圣人祈求，圣人并不总是满足人们的要求，这是怎么回事呢？回答是：圣人会竭其所能，但他也并非无所不能，他未能满足人们的请求，是因为神没有听他的祈祷。不过，也有这样的事——某人向某圣人行阿尔而徒劳无益，就到另一个希夷德圣地抱怨那个圣人。摩尔人一般有个信仰，即若不向圣人行阿尔，圣人就不会帮忙。这种思想很难说是对圣人品格的恭维。

②　Darmesteter，*Ormazd et Ahriman*，p. 330.

③　*Rig-Veda*，iii. 45. i；iv. 15. 5；vi. 51. 8；viii. 2. 6. Oldenberg，*Religion des Veda*，p. 311 *sq*.

④　Barth，*Religions of India*，p. 47 *sq*.

序具有不可抵挡的力量。人们认为,祈祷中暗藏着能量,这能量可以使牺牲具有效力;如果不存在祈祷主神[①],牺牲也就不会有效力。[②] 希腊人实际上也向诸神献上诅咒。[③] 古代阿拉伯人杀掉作牺牲用的动物后,会把动物毛发扔到一棵圣树上,以此作诅咒。[④] 但即便是杰出的学者也几乎没有认识到牺牲的真正意义,而把牺牲说成是献给神的还愿性供奉或礼物。[⑤]

　　鉴于牺牲是诅咒传导者的观念几乎完全没有得到早期宗教的研究者的注意,因而我们无法指出此观念在多大程度上流行,以及是否也存在于蒙昧世界。我们知道,诅咒神灵的习俗不仅常见于古代文明民族,包括埃及人[⑥]、希伯来人和其他闪族人[⑦],在诸如南非的贝专纳人[⑧]及印度的那加人[⑨]这样的民族中也很常见。有些情形下人们以牺牲传达诅咒,不过在这些情形下,诅咒的目标是人而非神。我们前面就看到,为到访的陌生人献上接待牺牲,大概也是为了向他们传达有条件的诅咒;[⑩]与此很相似的观念似乎也构成了某些情形下发誓的基础。有时是在向神灵奉献牺牲时发誓,

---

　　① 祈祷主神(Bramanaspati)是婆罗门教中的神灵,是负责祈祷、祭祀之神。——译者

　　② *Rig-Veda*, i. 18. 7.

　　③ Rouse, *Greek Votive Offerings*, p. 337 *sqq*.

　　④ Wellhausen, *Reste arabischen Heidentums*, p. 124.

　　⑤ Rouse, *op. cit*. p. 337. Wellhausen, *op. cit*. p. 124.

　　⑥ *Book of the Dead*, ch. 125.

　　⑦ *Exodus*, xxii. 28. 1 *Samuel*, xvii. 43. *Isaiah*, viii. 21.

　　⑧ Chapman, *Travels in the Interior of South Africa*, i. 45 *sq*.

　　⑨ Woodthorpe, 'Wild Tribes inhabiting the so-called Naga Hills,' in *Jour. Anthr. Inst*. xi. 70.

　　⑩ 见第一卷第 590 页及以下。

此时动物牺牲的神圣性自然就增加了自我诅咒的效力。其他情形下则是对着某只动物的血发誓,杀掉这只动物就是为了发誓,显然不是把此动物作为牺牲供奉给某位神灵。但我相信,在两种情况下,动物的血不仅被认为可以增加誓言的超自然能量,可以说也被认为能够把自我诅咒传达给发誓之人。姆鲁人是吉大港一带的一支山地部落,他们"向某位神灵发誓时,必须同时向此神灵献上牺牲"。[1] 在古代斯堪的纳维亚人中,被告、原告都要抓住圣坛上专门用于起誓的圣环,圣环上涂上一头用作牺牲的公牛的血,他们要向神灵弗雷、尼约德及阿萨神族中的神灵发誓。[2] 在雅典,指控他人犯谋杀罪者,要对他自己、他的家庭和房屋发毒咒,此时要站在一头公猪、一只公羊和一头公牛的内脏上,这些动物已由专人在指定日子献为牺牲。[3] 廷达柔斯"以一匹马为牺牲,他让海伦的求婚者站在马的碎片上,并向这些人发誓",誓言就是:如果海伦及可能被选为海伦夫婿的人受到无理对待,就保护他们。[4] 在印度的桑西亚人中,有三种有约束力的发誓方式,其中之一就是,"杀一只公鸡,把鸡血洒在地上,对鸡血发誓"。[5] 安南人对天地发誓的时候,常常杀掉一头水牛,一只公羊,喝它们的血。[6] 在古代阿拉伯人

622

① Lewin,*Wild Races of South-Eastern India*,p. 233. *Cf. ibid*. p. 244 (Pankhos and Bunjogees).

② *Landnámabók*,iv. 7 (*Islendinga Sögur*,i. 258). Lea,*Superstition and Force*, p. 27. Keyser,*Efterladte Skrifter*,ii. pt. i. 388. Gummere,*Germanic Origins*,p. 301.

③ Demosthenes,*Oratio* (*xxiii.*) *contra Aristocratem*,67 *sq.*,p. 642.

④ Pausanias,iii. 20. 9. 关于荷马式的誓言献祭,见:*Iliad*,iii. 260 *sqq.*;xix. 250 *sqq.*;Keller,*Homeric Society*,p. 176 *sqq.*。

⑤ Crooke,*Tribes and Castes of the North-Western Provinces*,iv. 281.

⑥ Kohler,*Rechtsvergleichende Studien*,p. 208.

中,战友相互之间发誓对对方忠诚,会专门杀掉一头骆驼,把手浸泡在骆驼血中。①

　　上面提到的事例意味着人们以流血作为确立约定的一种方式,这就引得我们注意到献给诸神的一种特殊的牺牲,即约定牺牲,古代闪族人中存在这种习俗。罗伯逊·史密斯教授讲,②希伯来人认为,他们的民族宗教就是西奈山上的正式的约定牺牲仪式,在西奈山上,作牺牲用的公牛的血一半洒在神坛上,一半洒在人们身上,③他们的民族宗教甚至就是更早时期的由耶和华和亚伯拉罕参加的约定牺牲仪式;④牺牲仪式确定了神和人之间的约定的观念也明显体现在《旧约·诗篇》里。⑤《旧约》里记载的各种事例同时伴有祭餐;⑥"神与其信徒习惯一起吃喝,他们的伙伴关系由此就表现出来,得以确立。"⑦罗伯逊·史密斯及其追随者把神与信徒一起饮食当作圣餐、圣事,在这场圣事中,所有亲族——即神与其部落民——集合在一起,参与圣餐,每一部落成员便重新确立了与神及其他部落成员之间的联系。他们讲,起初存在着部落民吃掉神——即图腾神——的习俗,到了后来,把神吃掉的习俗就变

---

① Wellhausen, *Reste arabischen Heidentums*, p. 128.

② Robertson Smith, *Religion of the Semites*, p. 318 *sq.*

③ *Exodus*, xxiv. 4 *sqq.*

④ *Genesis*, xv. 8 *sqq.*

⑤ *Psalms*, l. 5.

⑥ *Genesis*, xxxi. 54. *Exodus*, xxiv. 11. 1 *Samuel*, xi. 15. 韦尔豪森讲,依早期习俗,一餐饭几乎总是与某一牺牲仪式相联系(*Prolegomena to the History of Israel*, p. 71)。

⑦ Robertson Smith, *op. cit.* p. 271.

成了与神共同进餐的习俗。圣餐现在仍是牺牲仪式的核心；而据说直到后来，向神供奉礼物的习俗才由信徒及其神灵共同参加的圣餐仪式发展而来。[①] 但我擅自认为，这整个理论都基于对闪族人中的证据的错误理解，摩洛哥现存的信仰可以为解释约定牺牲仪式提供新的线索。

摩尔人的约定阿德(l-'ahd)与其阿尔联系紧密。不过阿尔是单方面的，阿德是相互的，双方都把有条件的诅咒传达给对方。而在这里，传达诅咒就要有一个物质的传达者。在平原阿拉伯人及摩洛哥中部的柏柏尔人中，遇到叛乱时，头人们便相互交换外套或包头巾，他们相信，谁要是违背了约定，谁就会倒大霉。在杜卡拉省的乌拉德布阿齐兹人那里，有一常见习俗——反目之后想要和解的人会到某位圣人那里去，当着圣人的面右手十指相扣，然后圣人就把自己的外套扔在相扣的两只手上，说道："这是你们之间的阿德。"或者他们会到某圣人的坟墓处，在尸龛上方十指相扣，或者他们当着某位朋友的面履行同样的仪式。在每种情况下，十指相扣通常伴随着共同进餐，吃饭后常常在饭菜上方十指相扣。若某人以这样的方式与别人确立了一个约定，后来却违背了约定，据说"神与饭会报复他"；换言之，体现在他吃下的饭里的有条件的诅咒就会实现。在摩洛哥各地，确立一项友谊约定的惯常方式就是一起吃饭，尤其会在某位圣人的坟墓处吃饭。前面我们已看到，[②] 土

624

---

① 　*Ibid*. lec. ix. *sqq.* Hartland，*Legend of Perseus*，ii. 236. Jevons，*Introduction to the History of Religion*，p. 225.

② 　见第一卷第 587 页。

著认为,这种地方的神圣性会增加诅咒的效力,但诅咒的传播媒介——即真正的惩罚者——是饭,因为饭里包含着有条件的诅咒。

摩尔人的阿德有助于我们理解古代闪族人的约定牺牲习俗。二者的唯一差别就在于,前者是建立人与人之间约定的一种方式,后者建立的是人与神之间的约定。无疑,有条件的诅咒相互传达的观念构成了二者的基础。应当注意,在《旧约圣经》里,正如在摩尔人那里,我们也能看到各方一起吃饭以确立人际约定的事例。[①]于是以色列人拿了基遍人的食物,就与他们结成了同盟,而没有请教耶和华,吃过饭后接着就是发誓。[②] 在其他情形下,各方的共同餐饭就是献祭用的牺牲,这或者是因为,人们认为,牺牲的神圣性能使体现于其中的有条件的诅咒更具效力,或者是因为,如此一来,就把神灵包括进来充作约定的第三方了。

在有些情形下,献上牺牲的目的在于向神灵或贡献牺牲的人传达有条件的诅咒,不过在其他情形下,贡献的牺牲或物件也可用作传播媒介,把美德、好处传输给献上牺牲的人或其他人。我们前面已经看到,人们常常相信,向某超自然存在贡献牺牲时,由于牺牲与此超自然存在接触,与其同在,这牺牲就带有有益的法力,因而这法力就对与牺牲接触的人具有好的效应。我前面讲过,在摩洛哥,人们认为在"盛大节日"里奉献的绵羊的各个部位都带有有益的法力,每当向圣人特别是向死去的圣人献出祭品,都能在一定

---

①　*Genesis*,xxvi. 30;xxxi. 46. 2 *Samuel*,iii. 20 *sq*. Robertson Smith,*op. cit*. p. 271. Nowack,*Lehrbuch der hebräischen Archäologie*,i. 359.

②　*Joshua*,ix. 14 *sq*.

程度上得到他的神圣性。[①] 吠陀人把牺牲食物当作药。[②] 西伯利亚的克钦兹人以牛奶为牺牲，为其棚屋祈福。[③] 拉普人把祭品烧成的灰撒在头上。[④] 完全可能的是，在某些情形下，人们想要获得牺牲带有的超自然能量的好处，这就构成了向神灵行祭的充足动机。

正如其他仪式那样，牺牲仪式也强烈地倾向于超越它们得以起源的观念而继续存在。因此，随着关于神灵本性的唯物主义观念的衰微，人们仍然向神灵奉献祭品，只是祭品的含义产生了变化。正如 E. B. 泰勒爵士所讲："按照人们最初的观念，神灵实际上会接受献给他的食物或珍贵物品，在早期此观念开始发生变化，人们逐渐认为，神灵会因为人们献上表示崇敬的祭品而感到满足，受到安抚，尽管这祭品对如此强大的亦神亦人之神并非特别重要。"[⑤]于是牺牲就主要或完全成为对神灵谦卑、尊崇的象征。甚至在《梨俱吠陀》里——尽管此书带有粗糙的唯物主义观——我们也能看到牺牲的价值取决于信徒的情感这种观念的迹象；如果不能奉献一头公牛或母牛，歌手就希望，人们用心崇敬地献上的小礼物，例如一束柴、一杯奠酒、一捆草，会比黄油、蜂蜜更容易被神灵 626

---

① 见第一卷第 445 页及以下。另见：Westermarck,'The Popular Ritual of the Great Feast in Morocco,' in *Folk-Lore*, xxii. 145 *sqq*.; Hubert and Mauss, *loc. cit.* p. 133。

② Oldenberg, *Die Religion des Veda*, p. 328 *sqq*.

③ Georgi, *op. cit.* iii. 275.

④ von Düben, *Lappland och Lapparne*, p. 258.

⑤ Tylor, *Primitive Culture*, ii. 394.

接受。① 在希腊,尽管牺牲仪式直至异教信仰终结之时都未变化,我们还是常常见到这种卓越的思想,即正义是最好的牺牲,穷人的菲薄祭品比百牛大祭对神灵更为有益。② 据波菲利,诸神不需要盛宴和宏大的牺牲,但我们应欣然乐意以我们自己的财物,向诸神献上一份合适的祭品,因为"我们崇敬诸神应毫不迟疑,一如我们首先请可敬之人就座"。③《塔木德》里讲:"若对神与人献上谦卑,此人就应得到回报,仿佛他献上了世上所有的牺牲。"④

我在这里讲到了牺牲的习俗及作为此习俗之基础的观念。但人们也赋予牺牲一定的道德价值。尽管在许多情形下牺牲不是强制性的,但在有些情形下,牺牲仍被视为严格的义务。共同体作为整体在习俗规定的特殊场合行祭,就特别如此。

既然人们认为,超自然存在像人一样也有物质需要,它们也就像人一样拥有财产,不容随便插手。非洲西部的弗约特人相信,河神会杀死饮用河水之人,有时也会惩处在河里捕鱼之人的贪婪,让他们变聋变哑。⑤ 当阿玛祖鲁人的诸神以打雷为"玩耍"时,阿玛祖鲁人会问受到惊吓之人:"为什么你受惊了? 是因为神玩耍吗? 你拿走了神的什么东西吗?"⑥斐济人讲到一场洪水,起因就是恩

---

① *Rig-Veda*, viii. 19. 5. Kaegi, *op. cit.* p. 30.

② Farnell, *Cults of the Greek States*, i. 101. Schmidt, *Die Ethik der alten Griechen*, ii. 43. Westcott, *Essays in the History of Religious Thought*, p. 116.

③ Porphyry, *De abstinentia ab esu animalium*, ii. 60.

④ Deutsch, *Literary Remains*, p. 55.

⑤ Dennett, *Folklore of the Fjort*, p. 5 sq.

⑥ Callaway, *Religious System of the Amazulu*, p. 57.

邓给(Ndengei)大神喜爱的一只鸟被两个淘气的小伙子——他的孙子杀掉了。[①] 在新赫布里底群岛的埃法特岛,偷盗将在某个即将到来的节日献给诸神的可可豆,"会被视为比一般偷盗严重得多的罪行"。[②] 于是抢劫寺庙一般也被视为最恶劣的抢劫罪。[③] 在希伯来人中,擅自侵入耶和华到过的神圣之地,将处以极刑。[④] 在阿拉伯半岛,禁止在圣地辖区砍伐饲料、树木或打猎。[⑤] 摩尔人相信,在希夷德或过世圣人的霍姆(horm)处砍伐树木枝条或射杀鸟类,会招来很大危险。霍姆就是圣人的家宅和领地,圣人是该地所有东西的主人。这种侵犯并不独独是对财物的侵犯,而最初是否有过与此财产相联系的清晰的所有权观念也不免令人生疑。人们相信,圣地处的所有东西都带有超自然能量,因此可以说这些东西会为自己受到的伤害复仇。圣人的霍姆或其他任何圣所均是如此,人们认为圣人的所有东西都带有圣人的神圣性。但事实上,所谓的圣人坟墓起初往往只是由于其自然外貌而被当作圣地,直到后来人们感到需要给予该地的神圣性以某种人格化的解释,就依

---

① Williams and Calvert, *op. cit*. p. 212.

② Macdonald, *Oceania*, p. 208.

③ Schmidt, *Ethik der alten Griechen*, ii. 19 *sq*. Cicero, *De legibus*, ii. 9, 16; Mommsen, *Römisches Strafrecht*, p. 458. Wilda, *Strafrecht der Germanen*, p. 950; Dahn, *Bausteine*, ii. 106 (Teutons). Du Boys, *Histoire du droit criminel des peuples modernes*, ii. 605 *sq*. Filangieri, *La scienza delta legislazione*, iv. 205 (laws of Christian countries).

④ Montefiore, *Hibbert Lectures on the Religion of the Ancient Hebrews*, p. 38.

⑤ Wellhansen, *Reste arabischen Heidentums*, p. 106.

628 传统把该地与某圣人联系在一起。① 据早期观念,不能出于普通
的目的占用圣物而不受惩罚;②但另一方面,访问者可以从圣人坟
墓处带走少量土,有些情况下也可从圣人的霍姆处生长的某棵树
上砍下一小块木条用作符咒。③ 另外值得注意的是,按照当地观
念,圣人不仅保护他自己的财物,也保护交给他照管的一切东西;
因此摩洛哥农村的阿拉伯人常常在圣地处建立粮仓。

再者,任何人在希夷德避难,都暂时安全。在摩洛哥,特别是
在那些苏丹的统治尚未触及的地方,人们认为圣地庇护权是很神
圣的。侵犯了这个权利,圣人定会惩处。我见过一个疯子,人们
说,他变疯是因为他曾强行将一个逃难的人从某圣人坟墓处赶走;
近期有个宰相,他以暴力对待到圣地避难的人,据说他被杜卡拉省
的两位强大的圣人杀掉了。即便圣人的子孙或其管理人也只能通
过劝说,允诺居间调停哀求避难的人与追捕他们的人,以劝诱避难
者离开圣地。④ 我们知道,这个习俗并非摩洛哥独有。在许多民
族那里,在文明发展的不同阶段,圣地都为避难者提供庇护。⑤

在澳大利亚中部的阿兰达人那里,每个地方图腾中心都

---

① Westermarck,'Sul culto dei santi nel Marocco,' in *Actes du XII. Congrès
International des Orientalistes*, iii. 175. C*f*. Goldziher, *Muhammedanische Studien*, ii.
344 *sqq*.

② 见: Robertson Smith, *op. cit*. lec. iv. and Additional Note B。

③ Westermarck, in *Actes du XII. Congrès des Orientalistes*, iii. 167 *sq*.

④ 见: Westermarck, *The Moorish Conception of Holiness*, p. 116 *sqq*.。

⑤ 见: Andree, 'Die Asyle,' in *Globus*, xxxviii. 301 *sq*.; Frazer, 'Origin of
Totemism,' in *Fortnightly Review*. N. S. lxv. 650 *sqq*.; Hellwig, *Las Asylrecht der
Naturvölker*, *passim*; Bulmerincq, *Das Asylrecht*, *passim*. Fuld, 'Das Asylrecht im
Alterthum und Mittelalter,' in *Zeitschr*, *f. vergl. Rechtswiss*, vii. p. 103 *sqq*.。

有一个称作厄特纳图兰伽(*ertnatulunga*)的地点,紧靠这地点的地方上的所有东西都是神圣的,不容侵犯。那里生长的所有植物从没人随便乱动;打猎的人也不会用矛刺杀跑到那里的动物;若有人被别人追捕,只要他待在那里,就没有人碰他。[①] 在萨摩亚群岛的乌波卢岛,据说有一个称作瓦伏(Vave)的神灵住在一棵老树上,这棵树就成了杀人犯和其他重罪犯的避难所;如果罪犯碰到了这棵树,他就安全了,复仇者就不能再进一步追捕了,而只能等待调查、审讯。[②] 在夏威夷岛,有两个避难之城,它们甚至为进入辖区的最坏的罪犯提供不容侵犯的庇护权,在战时,它们就成了邻近地区蜂拥而来的非战斗人员及战败者的安全的撤退之地。一旦逃命者来了,在偶像面前身体恢复了,他就做一个简短的感言,表达他安全到达此地后对偶像的义务。只要难民进入了称作帕胡塔布(*pahu tabu*)的神圣区域,当地人就说难民处于地方保护神基伏(Keave)的保护之下,如果有人胆敢追捕、骚扰他们,教士及其支持者就会马上将他处死。过了一个短暂的时期,一般不超过两三天,难民就可以平安回家了,神灵还会在他们身边保护他们。[③] 在塔希提岛,圣地同样为各种罪犯提供庇护。[④] 在新几内亚岛东南部的梅瓦,"若有谁被敌人追捕而在

629

---

① Spencer and Gillen, *Native Tribes of Central Australia*, p. 133 *sqq.*

② Turner, *Samoa*, p. 64 *sq.*

③ Ellis, *Tour through Hawaii*, p. 155 *sqq.* Jarves, *History of the Hawaiian Islands*, p. 28 *sq.*

④ Turnbull, *Voyage round the World*, p. 366. Wilson, *Missionary Voyage to the Southern Pacific Ocean*, p. 351.

庙里避难,他在里面就完全安全。谁若是在庙里殴打别人,他的胳膊、腿就会变皱缩,什么也做不了,只想一死了之。"①

　　在许多北美部落,某些圣地或整个村落都是避难所,只要获准进入,被部落甚至敌人追捕的人就会获得安全。② 在生活在加利福尼亚的圣胡安卡皮斯特拉诺的谷地和邻近地区的阿卡凯米印第安人那里,罪犯若逃到崇拜之地,他不仅待在那里是安全的,离开那个避难所之后也是安全的。甚至提及他犯下的罪都是非法的,不过复仇者可以对他指指点点,挖苦他说:"呸,胆小鬼,你被迫逃到奇尼奇尼奇(Chinigchinich)大神那里!"而罪犯一旦逃亡到那里,惩罚就从他头上落到他的某个亲戚头上。③

　　中南非的巴罗策人有一个避难之城。"谁要是惹火了国王,或犯了罪,就可以逃到这个城市寻求安全。掌管该城的人会为他向头人求情,接着他就可平安回家。"④同样在巴罗策人中,头人的坟墓处也是避难之地,⑤在卡菲尔人中也是如此。⑥ 在加拉人的君主制国家里,杀人犯如能成功在国王坟

630

---

① Chalmers and Gill,*Work and Adventure in New Guinea*,p. 186.

② Adair,*History of the American Indians*,pp. 158,159,416. Bradbury,*Travels in the Interior of America*,p. 165 *sq*. (Aricaras of the Missouri). Bourke,'Medicine-Men of the Apache,' in *Ann. Rep. Bur. Ethn.* ix. 453. Kohl,*Kitchi-Gami*,p. 271 (Chippewas).

③ Bancroft,*Native Races of the Pacific States*,iii. 167. Boscana,in [Robinson,]*Life in California*,p. 262 *sq*.

④ Arnot,*Garenganze*,p. 77.

⑤ Decle,*Three Years in Savage Africa*,p. 75.

⑥ Rehme,'Das Recht der Amaxosa,' in *Zeitschr. f. vergl. Rechtswiss.* x. 51.

墓附近的棚屋避难,就享有合法的避难权。[①] 在西南非的奥万博人那里,某大头人死后,其所在村庄就被废弃,只剩下某一家族的成员留在那里,以防村落彻底衰败。被定罪之人若设法逃到如此被废弃的村庄,至少能暂时获得安全;就是头人自己也不能到圣地追捕逃犯。[②] 法属刚果有几个避难之地,"卡拉巴尔地区最大的一个在奥蒙。生了双胞胎的母亲、寡妇、小偷、奴隶都往那里逃,他们一旦到了那里,就能获得安全。"[③]在阿散蒂,奴隶逃到某个庙宇,对着神物猛撞,主人就不能轻易把他带回去。[④] 过去在阿克拉,罪犯常常"坐在神物上",意即把自己置于神物的保护下;但寻求神物庇护的杀人犯总是交由追捕者处理。[⑤] 17 世纪的一个旅行者讲,在黄金海岸的菲图,一个应处死刑的罪犯在高阶僧侣的棚屋避难,就被赦免了。[⑥] 在谷物海岸一带的克鲁人那里,高阶僧侣的住处"就是圣所,罪犯可逃去那里,除了高阶僧侣本人,谁也不能把他赶走"。[⑦] 在乌萨姆巴拉,只要杀人犯到了这个国家的大术士居住的四个地方之一,就不能逮捕他。[⑧]

在摩洛哥之外的其他伊斯兰国家,圣人坟墓及清真寺都

631

---

① Paulitschke, *Ethnographie Nordost-Afrikas, Die geistige Cultur der Danâkil, &c.* p. 157.

② Schinz, *Deutsch-Südwest-Afrika*, p. 312.

③ Kingsley, *Travels in West Africa*, p. 466.

④ Bowdich, *Mission to Ashantee*, p. 265. *Cf.* Monrad, *op. cit.* p. 42.

⑤ Monrad, *op. cit.* p. 89.

⑥ Müller, *Die Africanische Landschafft Fetu*, p. 75.

⑦ Wilson, *Western Africa*, p. 129.

⑧ Krapf, *Reisen in Ost-Afrika*, ii. 132.

是避难之地。① 波斯历史上曾有数目众多的避难所,以致危害了公共安全,到了大约 19 世纪中叶,政府只许可三个清真寺为各种罪犯提供庇护。② 在希伯来人中,最初所有圣坛都有庇护权,③但废除地方圣坛的庇护权后,就仅限某些避难之城享有庇护权。④ 据《旧约圣经》,在杀人犯中,只有过失杀人犯才能在那里受到庇护;而这无疑是古代习俗受到限定的结果。腓尼基人和叙利亚人的异教圣所直到罗马时期似乎仍享有无限的庇护权;⑤在阿拉伯人的某些圣地,神同样不加区分地庇护所有逃亡者,甚至走失或被盗的牛到了圣地,失主也不能索回。⑥

在马拉巴尔海岸,卡利卡特东南部的一个庙宇为婆罗门种姓的盗贼和通奸的妇女提供庇护,但这项特权属于婆罗门教所说的 64 种"恶习"之一。⑦ 在兴都库什的卡菲尔人那里,有几个"避难之城",其中最大的一个就是梅格罗姆村,该地居民几乎全部是杀了同部落人的罪犯的后裔。⑧ 在高加索山区,有一片神圣的树林可供罪犯避难,这里也不得

---

① Goldziher,*Muhammedanische Studien*,i. 237 *sq.* Quatremère,'Mémoire sur les asiles chez les Arabes,' in *Mémoires de l'Institut de France,Académie des Inscriptions et Belles-Lettres*,xv. pt. ii. 313 *sq.*

② Polak,*Persien*,ii. 83 *sqq.* Brugsch,*Im Lande der Sonne*,p. 246.

③ *Exodus*,xxi. 13 *sq. Cf.* Robertson Smith,*Religion of the Semites*,p. 148,n. 1.

④ *Numbers*,xxxv. 11 *sqq. Deuteronomy*,iv. 41 *sqq.* ;xix. 2 *sqq.*

⑤ Robertson Smith,*op. cit.* p. 148.

⑥ *Ibid*. p. 148 *sq.*

⑦ Graul,*Reise nach Ostindien*,iii. 332,335.

⑧ Scott Robertson,*Káfirs of the Hindu-Kush*,p. 441.

射杀动物。①

　　在希腊,许多圣所直至异教时期终结都拥有庇护权,人们认为,侵犯了这项权利会受到神灵的严厉处罚。② 根据一个 632 古老的传说,罗慕路斯在卡匹托尔山的斜坡上建立了一个供奉某不知名神灵的圣所,他宣布,投靠圣所者,不论是否为自由民,都能获得安全。③ 这个传说及拉丁作家的其他一些说法④似乎表明,从古代起,罗马的一些圣地就为难民提供庇护;而一直到罗马历史上相对较晚的时期,在希腊的影响下,庇护权才获得认可,成为重要的制度。⑤ 很快这项权利就被授予公元前 412 年为纪念恺撒而建成的庙宇;⑥其他帝国庙宇以及皇帝的雕像都享有这项特权。⑦ 基督教成为国教后,教堂也宣布享有类似的权利;但只有西罗马帝国皇帝霍诺留和东罗马帝国皇帝狄奥多西授予教堂合法的庇护权。⑧ 后来

---

①　Hahn,*Kaukasische Reisen*,p. 122.

②　Tacitus,*Annales*,iii. 60 *sqq*. Farnell,*op. cit.* i. 73. Westcott,*op. cit.* p. 115. Schmidt,*Die Ethik der alten Griechen*,ii. 285. Bulmerincq,*op. cit.* p. 35 *sqq*. Fuld,*loc. cit.* p. 118 *sq*.

③　Dionysius of Halicarnassus, *Antiquitates Romanæ*, ii. 15. Livy. i. 8. 5 *sq*. Plutarch,*Romulus*,ix. 5. Strabo,v. 3. 2,p. 230.

④　Valerius Maximus, *Facta dictaque memorabilia*, viii. 9. i. Dionysius of Halicarnassus,*Antiquitates Romanæ*,vi. 45. Cicero,*De lege agraria oratio secunda*,14 (36). 另见:Hartung,*Die Religion der Römer*,ii. 58 *sq*. 。

⑤　见:Tacitus, *Annales*, iii. 36;Plautus, *Rudens*, 723;Dio Cassius, *Historia Romana*,xlvii. 19;Bulmerincq,*op. cit.* p. 58 *sqq*. ;Mommsen,*Römisches Strafrecht*,p. 458 *sq*. 。

⑥　Dio Cassius,xlvii. 19.

⑦　Tacitus,*Annales*,iv. 67. Suetonius,*Tiberius*,53. Mommsen,*op. cit.* p. 460.

⑧　Mommsen,*op. cit.* p. 461 *sq*.

东罗马帝国皇帝查士丁尼限制了庇护权,裁定逃到教堂的所有杀人犯、通奸者、绑架妇女者都应从教堂带走。①

　　庇护权也曾存在于不信基督教的斯拉夫人当中,至少存在于部分斯拉夫人当中,②很可能也存在于古代条顿人中。③他们皈依基督教以后,其多数法典都认可教堂内的庇护特权。在中世纪及以后,逃往教堂或教堂周围某特定区域的人,至少在短时间内是安全的,不会受到迫害,哪怕是将最臭名昭著的罪犯驱离上帝的圣坛,也会被视为对上帝的背叛及无法弥补的过错。只有圣地的宗教官员可以试图劝诱避难者离开,但如果他不离开,所能做的最多不过是不给避难者饮食,使其自愿离开。④《巴伐利亚法典》以最强烈的措辞宣布,没有什么罪行不可出于对上帝的敬畏和对圣人的尊敬而被赦免。⑤ 但庇护权逐渐受到世俗立法和教会的种种限制。⑥ 教皇英诺森

---

① *Novellæ*, xvii. 7.

② Helmold, *Chronik der Slaven*, i. 83, p. 170.

③ Wilda, *Das Strafrecht der Germanen*, p. 248 *sq.* Stemann, *Den danske Retshistorie indtil Christian V.'s Lov*, p. 578. Brunner, *Deutsche Rechtsgeschichte*, ii. 610. Fuld, *loc. cit.* p. 138 *sq.* Frauenstädt, *Blutrache und Todtschlagsühne im Deutschen Mittelalter*, p. 51.

④ Milman, *History of Latin Christianity*, ii. 59. Bulmerincq, *op. cit.* p. 73 *sqq.* Fuld, *loc. cit.* p. 136 *sqq.* Bracton, *De legibus et consuetudinibus Angliæ*, fol. 136 b, vol. ii. 392 *sq.* Réville, 'L'abjuratio regni,' in *Revue historique*, l. 14 *sqq.* Pollock and Maitland, *History of English Law before the Time of Edward I.* ii. 590 *sq.* Innes, *Scotland in the Middle Ages*, p. 195 *sq.*

⑤ *Lex Baiuwariorum*, i. 7.

⑥ Brunner, *op. cit.* ii. 611 *sq.* Bulmerincq, *op. cit.* p. 91 *sqq.* Fuld, *loc. cit.* p. 140 *sq.*

三世下令，不可庇护公路抢劫者及夜间毁坏庄稼地者；[①]根据博玛努瓦尔所著的《博韦习惯法》，自 13 世纪始，凡犯下渎圣罪或纵火罪之人，不受庇护。[②] 苏格兰议会曾颁布法令，规定跑到教堂寻求庇护的杀人犯必须出来接受法庭裁决，如此一来或可发现是"故意杀人"还是"过失杀人"；只有在过失杀人的情况下，杀人犯才能回到圣所，而法庭要求治安官，意思就是在杀人犯离开教堂前给其安全。[③] 在英格兰亨利八世统治时期，除教堂及其辖区之外，也准许一些地方成为"教化与特权之地"。人们按惯常的方式逃到教堂之后，根据古代惯例，他们算是已经放弃国民身份，这些地方事实上就成为他们永久的避难之城。每个这样的特权之地都有一个管理员，他负责每天召集人员，这样的人每个小城不得超过二十名，出门时必须戴上徽章。但制定出这些规定的时候，圣所庇护权就从犯有谋杀、强奸、入室盗窃、公路抢劫、纵火罪行的人那里拿走了。此后圣所法直至詹姆士一世统治时期一直没有变动，在这之后，从理论上讲，所有罪犯都不再享有圣所的特权。[④] 但 634 事实上，甚至到了乔治一世统治时期——此时威斯敏斯特的圣彼得教堂的特权被取消[⑤]——英格兰的避难所仍继续存在。在瑞典法律中，最后一次提到圣所特权的是 1528 年的一

---

① Gregory IX. *Decretales*, iii. 49, 6.

② Beaumanoir, *Coutumes du Beauvoisis*, xi. 15 *sqq.*, vol. i. 164 *sq.*

③ Innes, *op. cit.* p. 198.

④ Pike, *History of Crime in England*, ii. 253. Blackstone, *Commentaries on the Laws of England*, iv. 347, n. a.

⑤ Jusserand, *English Wayfaring Life in the Middle Ages*, p. 166.

部法律。① 在法国,1539 年的一部法律废除了圣所特权。②
在西班牙,甚至到了 19 世纪,圣所特权还继续存在。③ 在不
久之前的阿比西尼亚,据报道,最重要的一些教堂④、阿法瓦
拉修道院⑤、位于贡德尔的阿比西尼亚僧侣阶层头领的住
处⑥,仍是罪犯的庇护所。高加索的苏安尼田人那里的旧有
的基督教堂也是如此。⑦

　　人们出于各种原因赋予圣所庇护权。有种观点认为,建立避
难之地的目的是保护非故意的罪犯不被惩处或复仇,这显然是错
误的。⑧ 将圣所特权限制在意外伤害的情况绝不是普遍的,而在
这么做的地方,这无疑是出于道德、社会方面的考虑而做出的革
新。圣所特权也常常被归因于一种愿望——在受害方能寻求补偿
之前,留出时间让其炽热的憎恨情感消逝掉。⑨ 不过,尽管我也承
认,在存在圣所特权的地方,这样的一种愿望可能有助于保护庇护

---

① Nordström, *Bidrag till den svenska samhälls-författningens historia* , ii. 405.

② Du Boys, *Histoire du droit crtiminel des peuples modernes* , ii. 246.

③ *Idem* , *Histoire du droit criminel de l'Espagne* , p. 227 *sq.*

④ Hellwig, *op. cit.* p. 52.

⑤ Harris, *Highlands of Æthiopia* , ii. 93.

⑥ Rüppell, *Reise in Abyssinien* , ii. 74, 81. von Heuglin, *Reise nach Abessinien* , p. 213.

⑦ von Haxthausen, *Transcaucasia* , p. 160, n. *

⑧ Hegel, *Grundlinien der Philosophie des Rechts* , § 117, p. 108. Powell, 'Outlines of Sociology,' in *Saturday Lectures* , p. 82.

⑨ Meiners, *Geschichte der Menschheit* , p. 189. Nordström, *op. cit.* ii. 401. Pardessus, *Loi Salique* , p. 656. Bulmerincq, *op. cit.* pp. 34, 47. Fuld, *loc. cit.* pp. 102, 118, 119, 294 *sqq.* Kohler, *Shakespeare vor dem Forum Jurisprudenz* , p. 185. Quatremère, *loc. cit.* p. 314. 马洛里先生也认为,最初庇护权的目标是限制复仇,维护和平,只是到了后来这项权利才作为宗教特权出现(*Israelite and Indian* , p. 33 *sq.*)。

权,但我并不认为可以以此愿望解释庇护权的起源。我们应该明白,圣所特权不仅给予避难者临时的保护,在许多情形下也整个豁免了避难者,使其不受惩处、报复,圣所甚至还庇护跑到圣地的动物。再者,如果刚才提到的理论是正确的,我们又如何解释庇护权被专门赋予圣所这一事实呢?

有人讲,圣所具有庇护权,这表明,人们认为某些地方能够把其美德传给来到这些地方的人。[1] 但没有证据表明,人们认为避难者分享了庇护他们的地方之神圣性。在摩洛哥,长期依附于清真寺或圣人坟墓的人,一般或多或少也被看作神圣之人,但临时访客或哀求避难之人就绝非如此了;因此,追捕者基本上不会出于害怕避难者而停止追捕。罗伯逊·史密斯教授说出了一部分真相——"一个人若声称对圣所逃命者具有确定的权利,就是对圣所神圣性的亵渎。"[2]人们基本上会出于直觉而害怕流血,[3]也会害怕打搅圣地的安宁;如果说在别人家里不适于做出什么暴力行为,[4]人们自然也会认为,在某超自然存在的家宅采取暴力行动同样令

---

[1]　Granger, *Worship of the Romans*, p. 223 sq.

[2]　Robertson Smith, *Religion of the Semites*, p. 148.

[3]　见第一卷第 380 页。

[4]　在东非的巴雷亚人和库纳马人那里,若杀人犯设法逃到他人家里,就不能捉拿他,土著认为,帮他逃掉关系到社区的荣誉(Munzinger, *Ostafrikanische Studien*, p. 503)。在帕琉群岛,"不可在别人家里杀死敌人,特别是有主人在场的情况下"(Kubary, 'Die Palau-Inseln in der Südsee,' in *Jour. d. Museum Godeffroy*, iv. 25)。在欧洲,庇护权与家宅的神圣不可侵犯性相联系(Wilda, *op. cit.* pp. 242, 243, 538, 543; Nordström, *op. cit.* ii. 435; Fuld, *loc. cit.* p. 152; Frauenstädt, *op. cit.* p. 63 *sqq.*);对某人和平的侵犯程度与该人地位相关。尽管每个人都有在自己家里和平生活的权利,大人物的和平比老百姓的和平更重要,国王的和平比贵族更重要,而按照精神秩序,教会的和平又更为重要(Pollock, 'The King's Peace,' in *Law Quarterly Review*, i. 40 sq.)。

636 人讨厌并且极其危险。例如，在汤加群岛，"禁止在圣地争吵、打
斗"。[①] 但这只是事情的一个方面；另一同样重要的方面仍待解
释。为什么神灵、圣人急于保护在他们的圣所避难的罪犯？为什
么他们不把罪犯交给他们在尘世的代表，将其绳之以法呢？

　　答案就在于人们对于保护避难者的人及神的观念。神灵或圣
人恰恰与有人逃往其住处避难的人处于相同的位置。在有些族群
中，头人、国王的住处是罪犯的庇护所；[②]没有谁胆敢攻击得到如
此强大之人庇护的人，而根据我们之前所说，按照好客的规矩，显
然头人、国王也感到自己必须保护避难者。哀求避难者与主人产
生了近距离接触，这就能传给主人一种危险的诅咒。有时，罪犯即
便远离国王或觐见国王，也能以相似的方式成为国王的一个危险，
于是国王就必须赦免罪犯。在马达加斯加，不管罪犯是否被判决，
如果他能被君主看见，他就可以逃掉处罚；因此，如果得知国王要

---

①　Mariner, *Natives of the Tonga Islands*, ii. 232. *Cf. ibid.* i. 227.

②　Harmon, *Voyages and Travels in the Interior of North America*, p. 297
(Tacullies). Lewin, *Hill Tracts of Chittagong*, p. 100 (Kukis). Junghuhn, *Die
Battaländer auf Sumatra*, ii. 329 (Macassars and Bugis of Celebes), Tromp, 'Uit de
Salasila van Koetei,' in *Bijdragen tot de taal- land- en volkenkunde van
Nederlandsch-Indië*, xxxvii. 84 (natives of Koetei, a district of Borneo). Jung, 转引自：
Kohler, 'Recht der Marschallinsulaner,' in *Zeitschr. f. vergl. Rechtswiss.* xiv. 447
(natives of Nauru in the Marshall Group)。Turner, *Nineteen Years in Polynesia*, p. 334
(Samoans). Rautanen, in Steinmetz, *Rechtsverhältnisse*, p. 342 (Ondonga). Schinz, *op.
cit.* p. 312 (Ovambo). Rehme, 'Das Recht der Amaxosa,' in *Zeitschr. f. vergl.
Rechtswiss.* x. 50. Merker, 转引自：Kohler, 'Banturecht in Ostafrika,' *ibid.* xv. 55
(Wadshagga)。Merker, *Die Masai*, p. 206. 在巴罗策人中，女王和首相住处也是避难之
地(Decle, *op. cit.* p. 75)。

来了,就会下令让马路上干活的罪犯退下。[1]　在班巴拉人中,"罪犯被判决后,如果他有机会向国王吐口水,不仅他的人身变得不可侵犯,不小心被这异物溅到的大贵人还要供他吃住,等等。"[2]在乌桑巴拉,甚至杀人犯只要接触到国王本人就会获得安全。[3]　在迈鲁特斯人及临近部落那里,如果被指控有罪之人把库帕(*cupa*)——某种圆锥形外壳的化石基座,他们最为珍重的器具——放到了头人的脚旁,他就会被赦免;如果一个歹徒跑到了国王的大鼓旁边,也同样能免于惩处。[4]　在奴隶海岸,"被判处死刑的罪犯总会被堵住嘴,因为如果他能向国王说话,他就会被赦免"。[5]　在阿散蒂,如果罪犯能对国王的生命下诅咒,就必须赦免他,因为他们相信这样的咒语会危及国王;因此他们会用刀子横穿死刑犯的面颊,让刀子落在舌头上,以防死刑犯讲话。[6]　在罗马人那里也是如此,依据以前的某犹太作家,罗马人也要堵住死刑犯的嘴巴,以防他诅咒国王。[7]　害怕不满的避难者发出的诅咒,极可能也是罗马其他一些习俗盛行的原因。一个奴仆或奴隶来到崇拜朱庇特的高级祭司处,摔倒在其脚下,抓住其膝盖,那一天就不能鞭打他;如果戴着脚镣的囚犯成功地在高阶祭司住处走近他,就要解开囚犯的脚镣,从

---

①　Ellis,*History of Madagascar*,i. 376.

②　Raffenel,*Nouveau voyage dans le pays des nègres*,i. 385.

③　Krapf,*Reisen in Ost-Afrika*,ii. 132, n.* 另见:Schinz, *op. cit.* p. 312 (Ovambo)。

④　Gibbons,*Exploration in Central Africa*,p. 129. 我受惠于 N. W. 托马斯先生,他使我注意到这个说法。

⑤　Ellis,*Ewe-speaking Peoples of the Slave Coast*,p. 224.

⑥　*Ibid.* p. 224.

⑦　转引自:Levias,'Cursing,' in *Jewish Encyclopedia*,iv. 390。

房顶而非房门,把脚镣扔到路上。[1] 再者,被判处死刑的罪犯若在
前往刑场的路上偶然间见到了维斯塔贞女,他就被救了一命。[2]
崇拜朱庇特的高阶祭司及侍奉维斯塔的女祭司对诅咒极为敏感,
决不允许执政官强迫他们发誓。[3] 那么,既然避难者可以通过诅
咒迫使与之建立了某种接触的国王、僧侣或别的什么人保护他,一
旦他进入了某神灵或圣人的圣所,他也可以用相似的方式限制神
灵或圣人。根据摩尔人的说法,此时他就处于圣人的阿尔之下,圣
人必须保护他,正如主人必须保护客人。也并非只有人才会害怕
不满的避难者发出的诅咒。让我们回想一下埃斯库罗斯剧作中阿
波罗说过的话,当阿波罗宣布他打算帮助哀求他的俄瑞斯忒斯时,
说道:"故意抛弃一个避难者时,避难者的怒气于人于神都是可
怕的。"[4]

---

[1]　Plutarch, *Questiones Romanæ*, 111. Aulus Gellius, *Noctes Atticæ*, x. 15. 8, 10.

[2]　Plutarch, *Numa*, x. 5.

[3]　Aulus Gellius, *op. cit*. x. 15. 31.

[4]　Aeschylus, *Eumenides*, 232 *sqq*.

第四十九章　对诸神的义务(完)

人们广为相信,超自然存在对自己的价值和尊严也怀有情感。他们对侮辱、不敬敏感,他们要求恭顺、服从。

埃利斯少校讲:"黄金海岸一带的神灵是嫉妒的神灵,他们对自己的尊严,对给他们的谄媚和祭品小心翼翼,生怕丢掉;他们对自己受到的怠慢,不管出于有意还是无意,是最愤恨的……忽视他们,质疑他们的权力,嘲笑他们,是最令他们恼火的。"[1]其荣耀或神圣性但凡受到一丁点儿的侵犯,哪怕只是无意的侵犯,耶和华的怒火都会猛烈爆发出来。[2]许多民族认为,只是指指某个天体,就是侮辱性的、危险的行为;[3]北美印第安人普遍有个信仰,即只要指指彩虹,手指就会萎缩或畸形。[4]

不敬神灵并非只会给人带来超自然的危险,在许多情形下,人也会为自己的同胞所惩罚。在奴隶海岸一带,侮辱一个神灵"总会

[1]　Ellis, *Tshi-speaking Peoples of the Gold Coast*, p. 11.

[2]　*Cf*. Montefiore, *Hibbert Lectures on the Religion of the Ancient Hebrews*, pp. 38,102.

[3]　Liebrecht, *Zur Volkskunde*, p. 341. Dorman, *Origin of Primitive Superstitions*, p. 344 (Chippewas). Wuttke, *Der deutsche Volksaberglaube der Gegenwart*, §11,p. 13 *sq*.

[4]　Mooney, 'Myths of the Cherokee,' in *Ann. Rep. Bur. Ethn*. xix,257,442.

640 被那个神灵的僧侣和信徒所憎恨、惩处,保卫神的荣誉是他们的义
务"。① 在古代秘鲁人②、希伯来人③中,乃至在较晚近时期的基督
教民族中,渎神之罪都属死罪。在英国亨利八世统治时期,一名
15 岁的男孩被烧死,因为他很大程度上就像鹦鹉学舌那样,学说
了一些闲话,这些话影响到圣坛圣事。而他只是碰巧听到过这些
话,但并不理解这些话的意思。④ 按照伊斯兰法律,若犯了渎神之
罪,即使表示忏悔,也要立即处死,因为人们认为,为此罪忏悔是不
够的。⑤ 这些及相似的法律根植于这个观念,即神自己为侮辱所
冒犯。是主自己制定了法律,凡亵渎其名字者,应让全体会众以乱
石将其砸死。⑥ 托马斯·阿奎那讲:"渎神是直接冒犯神,比谋杀
还严重,谋杀是对我们邻人的犯罪……渎神就是要伤害神的荣
誉。"⑦根据某种观念,渎神之所以被惩处或应被惩处,不是因为它
是对神犯下的罪,而是因为它是对人们的宗教感情的冒犯,这种观
念是相当晚近的时期才出现的。

　　在许多情况下,仅仅提到超自然存在的名字,就被认为是对其
的冒犯。有时禁止在某些场合或日常谈话中提其名字,有时则完
全不许说出其名字。在摩洛哥,晡礼之后的下午和晚上不得提被
称作镇尼的幽灵的名字。如果要说到这幽灵,就要用迂回的说法;

---

① Ellis,*Ewe-speaking Peoples of the Slave Coast*,p. 81.

② Prescott,*History of the Conquest of Peru*,i. 42.

③ *Leviticus*,xxiv. 14 *sqq.*

④ Pike,*History of Crime in England*,ii. 56.

⑤ Lane,*Manners and Customs of the Modern Egyptians*,p. 123.

⑥ *Leviticus*,xxiv. 16.

⑦ Thomas Aquinas,*Summa theologica*,ii. -ii. 13. 3. 1.

墨西哥南部的柏柏尔人称呼这幽灵为"那些其他东西""那些看不到的东西"或"那些躲避盐的东西"。格陵兰人划船经过冰川时,不敢说出冰川的名字,唯恐冒犯它,导致它丢下一块大冰块。[①] 一些北美印第安人相信,旅行时,如果提及岩石、岛屿或河流的名字,就会下很多雨水,或者船只遇难,或者被河里的某个怪物吃掉。[②] 奥马哈人"在一般的场合小心翼翼地不提他们视为神圣的那些存在的名字;除了头人和老人在合适的时间唱圣歌,没有人敢唱圣歌"。[③] 其他一些印第安人认为,提及他们至高无上的神灵之名字就是渎神。[④] 在某些澳大利亚土著中,部落的老年人在年轻人行成年礼时,会告诉他们塔拉姆伦(Tharamūlūn)的名字;不过土著提及该神灵的时候,不愿说出他的名字,而一般使用简略的称呼,例如"他""这个人""我告诉你们的这个名字",而妇女只知道此神灵的名字为帕庞(Papang,意即"父")。[⑤] 沿着赞比西河居住的迈鲁特斯人及其同盟部落不敢提及他们的主神尼亚姆贝(Nyambe)的真名,于是他们就用莫莱莫(molemo)一词代替,这个词具有很广泛的含义,意指除了上帝以外的各种善神、恶神,以及医药、毒药、护身符。[⑥] 据西塞罗,有一个神灵,是尼罗斯之子,埃及人认

641

---

① Nansen, *Eskimo Life*, p. 233.

② Nyrop, 'Navnets magt,' in *Mindre Afhandlinger udgivne af det philologisk-historiske Samfund*, 1887, p. 28.

③ Dorsey, 'Omaha Sociology,' in *Ann. Rep. Bur. Ethn*, iii. 370.

④ Adair, *History of the American Indians*, p. 54.

⑤ Howitt, 'Some Australian Beliefs,' in *Jour. Anthr. Inst*. xiii. 192. 另见:*Native Tribes of South-East Australia*, pp. 489, 495。

⑥ Holub, *Seven Years in South Africa*, ii. 301.

为,提其名字是罪孽;①而希罗多德在两个地方讲到奥西里斯时,不愿提及其名字。② 因陀罗的神圣名字是个秘密,阿格尼的真名也无人知晓。③ 婆罗门教的诸神都有着神秘的名字,没有谁敢说出这些名字。④ 在中国,孔子的真名极为神圣,直呼其名依法属于

642 犯罪;中国人的最高神灵的名字也同样成为禁忌。他们讲:"'天'字本身仅指有形的天,但它还意指"上帝";因为轻率使用其名是非法的,他住在天上,我们就以他的住处称呼他。"⑤安拉的伟大的名字是一个秘密,只有先知知道,可能某些大圣人也知道。⑥ 耶和华说:"不可妄称耶和华你神的名,因为妄称耶和华名的,耶和华必不以他为无罪。"⑦而正统的犹太人就完全避免提及耶和华这个词。⑧尼罗普教授讲,基督教民族通常不愿意在日常谈话中使用"上帝"(God)这个词或其同义词。英国人说 good 而不说 God("good gracious""my goodness""thank goodness"⑨);德国人说 Potz 而不说 Gotts("Potz Welt""Potz Wetter""Potz Blitz");⑩法国人说

---

① Cicero, *De natura deorum*, iii. 22（56）.

② Herodotus, ii. 132, 171.

③ Hopkins, *Religions of India*, pp. 93, 111.

④ *Ibid.* p. 184.

⑤ Friend, 'Euphemism and Tabu in China,' in *Folk-Lore Record*, iv. 76. *Cf.* Edkins, *Religion in China*, p. 72.

⑥ Sell, *Faith of Islám*, p. 185. Lane, *Modern Egyptians*, p. 273.

⑦ *Exodus*, xx. 7.

⑧ Herzog-Plitt, *Real-Encyklopädie für prätestantische Theologie*, vi. 501 *sq.*

⑨ 这三个词组可分别翻译为:"上帝仁慈""我的上帝""感谢上帝"。——译者

⑩ 德语单词 Gotts 的本义指"神",potz 的发音与之相近,说德语的人有时就用 potz 代替 Gotts。括号里的词组表感叹之义。——译者

bleu 而不说 Dieu("corbleu""morbleu""sambleu");[①]西班牙人说 brios 或 diez 而不说 Dios("voto á brios""juro á brios""par diez")。[②③]

这些禁忌都源于恐惧。首先,提及某超自然存在的名字本身就有可怕之处,即使我们暂不考虑与此行为相联系的那些明确的观念。提到超自然存在的名字,就是要召唤他或引起他的注意,而人们会认为这是危险的,如果人们认为他恶毒、易怒,就更为危险了,摩尔人称作镇尼的幽灵就是如此。害怕的情感或感到危险的观念容易导致这种信仰,即只要提到超自然存在的名字,他就会感到被冒犯;我们也注意到,提及死者姓名,也会产生相似的思想上的联想。不过一位神灵希望人们不随便地、虚妄地使用他的名字,是有很好的理由的。根据原始观念,一个人的名字是其人格的一部分,因此,在世俗谈话中提及某位神灵的名字,也会污染他的神性。再者,既然法术可以通过某人的名字对其施法,一如通过其身体的任意部位施法那么容易,那么对神灵而言,防止名字泄露就很是重要了。早期文明有一个共同倾向,即对某人的真实姓名保密,如此一来法师就不能借名字作恶;[④]而与此类似地,人们相信诸神

643

---

① 法语单词 Dieu 的本义指"神",bleu 的发音与之相近,原义为"蓝色的",说法语的人有时就用 bleu 代替 Dieu。括号里的单词表感叹之义。——译者

② 西班牙语单词 Dios 的本义指"神",brios(原义为"精神、精力")、diez(原义为"十个")的发音与之相近,说西班牙语的人有时就用 brios 或 diez 代替 Dios。括号里的词组表感叹之义。——译者

③ Nyrop,*loc. cit.* p. 155 *sqq.*

④ Tylor,*Early History of Mankind*, p. 139 *sqq.* Andree, *Ethnographische Parallelen*, p. 179 *sqq.* Frazer,*Golden Bough*, i. 403 *sqq.* Clodd, *Tom Tit Tot*, pp. 53-55, 81 *sqq.* Haddon,*Magic and Fetishism*, p. 22 *sq.*

也会隐瞒自己的真名,以免别的神灵或人以他们的名字作法。[1]
埃及人的伟大神灵拉宣称,自他诞生起,他的父母给他的名字就藏
在他的身体里,因此术士就不能对他作法。[2] 罗马的诸位主教的
《诸神名录》(*indigitamenta*)里罗列的诸神名字可用于法术,于是
这些主教就可随意处置神灵世界里的各种力量;[3]据说罗马人为
他们的保护神的名字保密,以防敌人叫保护神的名字而引走保护
神。[4] 穆斯林有个传说,无论是谁,只要叫了安拉的"伟大的名
字",就可实现所有愿望,于是仅仅提及安拉的名字就可让死人复
生,杀掉活人,实际上就可完成他乐意见到的所有奇迹。[5]

否定一个神灵的存在,是神灵可能受到的最大侮辱之一。普
鲁塔克震惊于人们说无神论就是不敬神,与此同时他们又赋予神
灵各种各样不可思议的品质。他又讲道:"我个人宁愿让人们说,
从来就没有这么一位普鲁塔克,现在也没有,也不愿人们说,普鲁
塔克是个易变、无常、睚眦必报、小心眼的男人。"[6]但普鲁塔克似
乎忘了,一个人总是对自己的弱点最敏感,而一位神灵的最大弱点
就是其存在。在很大程度上,宗教不宽容就是不确定性情感的产

644

---

① Tylor, *op. cit*, p. 124 *sq*. Frazer, *op. cit*. i. 443. Clodd, *op. cit*. p. 173. Haddon, *op. cit*. p. 23 *sqq*.

② Frazer, *op. cit*. i. 444.

③ Granger, *Worship of the Romans*, pp. 212, 277. *Cf*. Jevons, in Plutarch's *Romane Questions*, p. lvii.

④ Plutarch, *Questiones Romanœ*, 61. Pliny, *Historia naturalis*, xxviii. 4. Macrobius, *Saturnalia*, iii. 9.

⑤ Sell, *op. cit*. p. 185. Lane, *Modern Egyptians*, p. 273.

⑥ Plutarch, *De superstitione*, 10.

物,即便最强烈的信仰神的愿望也几乎不能根除这种情感。在极其需要说服自我的情况下,宗教不宽容就是说服自我的一种方式。再者,人们不相信存在某神灵,该神灵就不能成为崇拜的对象,而神灵的主要雄心通常被认为就是为人们所崇拜。但无神论是文明的一项罪过。未开化人群则乐于相信,他们所听说的所有超自然存在都是存在的。

按照人们的观念,有些神灵对于所有不认并且不只认他们为神灵的人,是极其小心眼的。拜火教对人的要求就是,信仰阿胡拉·马兹达是首要的义务;是恶神安格拉·曼纽滋生了不信马兹达的罪孽。[1] 怀疑会毁灭善行的效果;[2]事实上,只有真正的信徒才被当作一个人。[3] 拜火教召唤信徒沙场赴死,去与对立的恶神及其追随者进行战斗。[4] 据古代作者,波斯人与信仰另一宗教的民族有了接触之后,就把他们自己的不宽容的精神付诸实践。[5] 耶和华说:"除了我之外,你不可有别的神……不可跪拜那些像,也不可事奉它,因为我耶和华你的神是忌邪的神。"[6]在前先知时代,其他神灵也得到人们认可,[7]但耶和华的信徒不崇拜这些神。耶和华的信徒也丝毫不会向其他神灵的信徒表示仁慈,因为耶和华是

<small>645</small>

---

① *Vendidâd*,i. 8. 16.

② Darmesteter,*Ormazd et Ahriman*,p. 330,n. 4.

③ *Dînâ-î Maînôg-î Khirad*,xlii. 6 *sqq.*

④ 见:Darmesteter,in *Sacred Books of the East*,iv. p. lii.;Spiegel,*Erânische Alterthumskunde*,iii. 692。

⑤ Spiegel,*op. cit.* iii. 708.

⑥ *Exodus*,xx. 3,5.

⑦ Kuenen,*Hibbert Lectures on National Religions and Universal Religions*,p. 119. Baudissin,*Studien zur semitischen Religionsgeschichte*,i. 49 *sqq.*

"战士"。① 基督教的上帝继承了耶和华的嫉妒品性。以基督的名义发动的战争,其目的,事实上不是灭绝异教徒,而是使他们皈依基督,只有这样才能把他们的灵魂从永久的毁灭中拯救过来。就宗教迫害来说,我们能看到,人性取得了显著的进步。但是,尽管耶和华对其他神灵的信徒施加的惩罚是暂时的,也只限于数量较少的人——他只注意到他感兴趣的那些异族——但基督教则要大规模地改变异教徒的信仰,它急于拯救所有拒绝接受基督教的人,乃至数十亿从未听说过基督教的人,也同样乐于宣判所有这些人将受永久的折磨。在此方面,基督教甚至比伊斯兰教更为不宽容,《古兰经》并未把拯救的希望限于安拉及其先知的信徒,而是也给犹太人、基督徒、塞巴人留下了一些希望,尽管在它看来,所有异教徒的灵魂都迷失了。②

随时间流逝,伊斯兰教终于成为现存宗教中最狂热的宗教,这是由于政治原因而非宗教原因。基督教和伊斯兰教世界进行了一千年的殊死斗争,前者取得了胜利。多数皈依伊斯兰教的民族或者失去了独立,或者处于失去独立的边缘。对过去的失败和暴行的记忆、现今臣服的或民族虚弱的状态、对未来的恐惧,我们在评价伊斯兰教的狂热的时候,必须考虑到所有这些因素。早期的伊斯兰教无论在理论上还是在实践上,都没有其伟大的对手那么不宽容,整体来说,穆斯林统治者能为基督徒臣民着想。③ 到过阿拉伯半岛的早期旅行者也称赞当地对居民的宽容。于是尼布尔写道:

① *Exodus*, xv. 3.

② *Koran*, v. 73.

③ 见: von Kremer, *Culturgeschichte des Orients*, ii. 166 *sq.*。

"我从未见过阿拉伯人憎恨另一宗教的信徒。不过,他们对异教徒是怀有轻蔑的,一如欧洲的基督徒看待犹太人……印度的穆斯林似乎比阿拉伯半岛的穆斯林更为宽容……若穆斯林无须害怕异教徒,通常他们就不会迫害异教徒,除非异教徒与穆斯林妇女殷勤交往。"①在中国,穆斯林与异教徒和睦共存,对其佛教徒邻居"态度友善,这在天主教徒和新教徒混居的社群里是很难见到的"。② 伊斯兰教对基督教创始人怀有深厚的敬意,视为神的一位使者,唯一没有原罪之人。另一方面,基督教作家直至18世纪中叶还普遍把穆罕默德当作假先知、江湖骗子。路德把穆罕默德称为"恶魔,撒旦的长子",而梅兰克森则在他身上看到了歌革与玛各。③④

有时,对某位神灵怀有错误的信仰,这与不信仰此神灵的罪孽同样严重。有些人对神灵的某些特征怀有错误的观念——这绝不会影响到神的荣耀——并且对某些仪式的细节怀有错误的观念,神灵就容易被激怒而给予他们极其严重的惩罚,这看起来令人奇怪。托马斯·阿奎那本人承认,异教徒想要拿走基督的话,但他们无法"挑出合适的篇章,因而拿不走他的话"。但异教徒的罪孽就在于他们挑选可能带有基督言语的著述。他们不是挑选那些基督所真正教导的篇章,而是选取他们自己的头脑告诉他们的。于是

---

① Niebuhr, *Travels through Arabia*, ii. 192, 189 *sq*. *Cf*. d'Arvieux, *Travels in Arabia the Desart*, p. 123; Wallin, *Notes taken during a Journey through Northern Arabia*, p. 21.

② Lane-Poole, *Studies in a Mosque*, p. 298 *sq*.

③ 歌革与玛各是《圣经》记载的对抗基督的两个头目。——译者

④ [Deutsch,] 'Islam,' in *Quarterly Review*, cxxvii. 295 *sq*. Bosworth Smith, *Mohammed and Mohammedanism*, pp. 67, 69. Pool, *Studies in Mohammedanism*, p. 406.

他们就歪曲了基督的教导,因而不仅应当把他们逐出教会,也应判处死刑,把他们逐出这个世界。[①] 再者,异教徒是叛教者、变节者,他们会为自己发过的誓言被迫付出代价。[②] 这种似是而非的论证极其严厉,只能联系历史情境加以理解。这种论证的先决条件是,不仅教会把自身视为神圣真理的唯一拥有者,教会的凝聚力和权力也依赖于对其教义的严格遵守。[③] 也并非只是宗教动机诱使基督教君主迫害异教徒。诸如摩尼教和多纳图派这样的异端邪说被明确宣布为影响公共福祉;[④]法兰克国王不仅视异教徒为反叛教会之人,也视他们为叛国者,视为西哥特人、勃艮第人或伦巴第人的同盟。[⑤]

不宽容是所有一神教的特征——一神教把人类激情、情感都归之于它们的神——而多神教从本性上讲是宽容的。与其他神灵共享信徒崇拜的神灵往往不会是妒忌的神灵。虔诚的亨内平发现,红种的印第安人"不会出于对某人宗教的仇恨而夺走他的生命",[⑥]他为此事所触动。在非洲黄金海岸和奴隶海岸一带的土著中,一个人尽管必须向诸神表露出尊重,以预防灾祸,但他可以崇拜许多神灵,也可以不再崇拜任何神灵,一切随他意愿而定。"宗教事务上具有完全的宗教自由……在此阶段,人们容忍任何形式的容忍其他宗教的宗教;既然他们认为,不同人崇拜不同神灵是完

---

①　Thomas Aquinas, *op. cit.* ii. -ii. 11. 1. 3.

②　*Ibid.* ii. -ii. 10. 8.

③　*Cf.* Ritchie, *Natural Rights*, p. 183.

④　Milman, *History of Latin Christianity*, ii. 33.

⑤　*Ibid.* ii. 61.

⑥　Hennepin, *New Discovery of a Vast Country in America*, ii. 70.

全正常之事，他们就不会试图把个人意见强加给别人，不会试图确立思想上的统一。"①在奴隶海岸一带，土著通常淡然对待欧洲人的渎神行为，因为他们认为，一国之神只关心本国国民的行为。②阿尔弗雷德·莱尔爵士讲："自然宗教的特征，它存在的条件，就我们在印度观察到的情况而言，就是完全的自由和实质性的宽容；既没有神权的垄断，也没有僧侣特权的垄断。"③在中国，对外国人的憎恨并非根源于宗教。在中国居住的天主教徒安然无恙，除非他们开始干预这个国家民间和社会的习俗、制度；④据一个传教士说，说服中国人皈依基督教的困难之处在于，依他们的观念，如果一种宗教能提供良好的道德准则，那么它就跟别的宗教一样好。⑤早期希腊人和罗马人有一个原则，即国家的宗教就应该是人民的宗教，其福祉取决于对既定祭礼的严格遵从；但是，诸神只关心崇拜活动的外表，不关心崇拜者内心的信仰，甚至对崇拜者的倾诉不闻不问。哲学家公然蔑视希腊人和罗马人捍卫、实践的种种仪式；至于对阿那克萨哥拉、普罗泰戈拉、苏格拉底、亚里士多德等人的迫害，宗教与其说是真实的动机，不如说只是一个借口。⑥早期罗马人为阻止新的宗教的引入而采取的措施也是如此，主要出于世

---

① Ellis,*Yoruba-speaking Peoples of the Slave Coast*,p. 295. 另见：*Ewe-speaking Peoples of the Slave Coast*, p. 295；Monrad, *Skildring of Guinea-Kysten*, p. 28；Kubary,'Die Verbrechen und das Strafverfahren auf den Pelau-Inseln,' in *Original-Mittheil. aus d. ethnol. Abtheil. d. königl. Museen zu Berlin*,i. 90．

② Ellis,*Ewe-speaking Peoples*,p. 81．

③ Lyall,*Natural Religion in India*,p. 52．

④ Davis,*China*,ii. 7. *Cf*. Edkins,*op. cit*. p. 178．

⑤ Edkins,*op. cit*. p. 75．

⑥ 见：Schmidt,*Die Ethik der alten Griechen*,ii. 24 *sqq*.。

649 俗的考虑；"采取这些措施出自强烈的民族精神，此民族精神牺牲一切其他利益而服务于国家利益，它抵制每一项革新——不管是世俗的革新还是宗教的革新——只要它可能损害民族统一，或消融好战精神占支配地位并由严格的共和国统治确立的纪律。"①在不信基督教的罗马帝国时期，对基督徒的迫害源于与宗教不宽容完全不同的动机，这已经得到充分证明。信仰自由是帝国统治的一项一般原则。罗马帝国早期否决了基督徒的信仰自由，既是由于基督徒的侵略性，也是由于政治上对他们的怀疑。他们粗鲁地侮辱异教信仰，指摘异教为恶魔崇拜，于是，帝国遭遇的每一场灾难都被大众视为被冒犯的诸神的正义复仇。他们诱人皈依基督，扰乱了家庭、城镇的平静。他们的秘密会议让人怀疑会引起政治上的危险；他们所信奉的教义就更令人生疑了。他们认为罗马帝国公然反对基督，他们急切盼望帝国毁灭，许多基督徒也拒绝参与保卫帝国。即使是非基督徒中最伟大、最好的人，也把基督徒说成"敌人""憎恨人类的人"。②

　　一神教和多神教在宽容性上的这种差别也表现在对待巫术的不同态度上。一神教不一定反对法术；一神教信徒可能会认为，他们的神既创造了法术能量，也创造了自然能量，还允许人类以适当的方式利用这些能量。早期基督教及伊斯兰教都充斥着神学明确支持的法术实践，例如对圣人的言语及圣人的遗迹的使用。但除

① Lecky, *History of European Morals*, i. 403. *Cf.* Dio Cassius, *Historia Romana*, lii. 36.

② Lecky, *op. cit.* i. 408 *sqq.* Ramsay, *The Church in the Roman Empire*, p. 346 *sqq.* 另见第一卷第 345 页及以下；前文第 178 页及以下。

了此种法术,还存在另一种法术,即狭义上的巫术,后者被归为被 650
驱除的精灵的帮助,不被视为上帝允许的行为,而被视为上帝的敌
人;因而巫术实践自然被看作对上帝情感的严重冒犯。在基督教
里,巫术被视为最可怕的不敬神的方式。① 希伯来人的宗教法一
般禁止带有偶像崇拜意味的实践,例如占卜、神谕,并将男巫、女巫
处以死刑。② 伊斯兰教反对所有在恶神或幽灵镇尼的帮助下进行
的法术,尽管这样的法术在伊斯兰国家十分盛行,也为大众所容
忍。③ 在信仰多神教的民族中,巫术在许多情形下当然也受到严
厉对待;众多未开化种族以死刑处罚巫术,④在某些种族中,行巫
是唯一处以死刑的罪行。⑤ 但那时巫术受到惩处,是因为人们认

---

① Lea,*History of the Inquisition*,iii. 422,453. Pollock and Maitland,*History of English Law before the Time of Edward I*. ii. 552 *sqq*. Milman,*op. cit*. ix. 69. Lecky,*Rise and Influence of Rationalism in Europe*,i. 26. Keary,*Outlines of Primitive Belief among the Indo-European Races*,p. 511 *sqq*. Rogers,*Social Life in Scotland*,iii. 265,268. Ralston,*Songs of the Russian People*,pp. 386,416 *sq*.

② *Exodus*,xxii. 18. *Leviticus*,xix. 26,31;xx. 6,27. *Deuteronomy*,xviii. 10 *sqq*.

③ Polak,*Persien*,i. 348. Lane,*Modern Egyptians*,i. 333.

④ 见第一卷第 187 页及以下。Cruickshank,*Eighteen Years on the Gold Coast*,ii. 179. Bowdich,*Mission to Ashantee*,p. 260. Johnston,*British Central Africa*,p. 403 (Bakongo). Cunningham,*Uganda*,pp. 35 (Banyoro),140 (Bavuma),305 (Basukuma),Arnot,*Garenganze*,p. 75. Decle,*Three Years in Savage Africa*,p. 76 (Barotse). Casalis,*Basutos*,p. 229. Kidd,*The Essential Kafir*,p. 148 *sq*. Sibree,*The Great African Island*,p. 292 (Malagasy). Swettenham,*Malay Sketches*,p. 196 (Malays of Perak). Dalton,*Ethnology of Bengal*,p. 257 (Oraons). Egede,*Description of Greenland*,p. 123 *sq*. Krause,*Die Tlinkit-Indianer*,p. 293 *sq*. Jones,转引自:Kohler,'Die Rechte der Urvölker Nordamerikas,' in *Zeitschr. f. vergl. Rechtswiss*. xii. 412 (Chippewas)。Morgan,*League of the Iroquois*,p. 330;Seaver,*Life of Mrs. Jemison*,p. 167 (Iroquois). Powell,'Wyandot Government,' in *Ann. Rep. Bur. Ethn*. i. 67,Stevenson,'Sia,' *ibid*. xi. 19. Lumholtz,*Unknown Mexico*,i. 325 (Tarahumares). Forbes,'Aymara Indians of Bolivia and Peru,' in *Jour. Ethn. Soc*. N. S. ii. 236,n. *

⑤ 见第一卷第 189 页。

为巫术会毁灭人类的生活或幸福。[1] 罗利先生讲:"在非洲,有些
巫术被视为合法巫术,有些被视为非法巫术。践行合法巫术的人
公然宣称是为了人类福祉,这与非法巫术相反,行非法巫术是为了
害人。"但"现在行巫的目的一般都是邪恶的;一般来说,行巫在道
德上是不对的;行巫时所祈求的多数神灵都是一些公然邪恶之
神"。[2] 在卡菲尔人中的盖卡部落,"人们认为,巫术是为了邪恶目
的而施加的影响,行巫就是某人对另外的一人或多人作法"。[3] 在
邦迪人中,"巫术的意思恰恰就是谋杀"。[4] 巫术作为一种恶毒的
实践,在蒙昧人中肯定是严重而经常发生的罪行,这可由这一常见
的信仰明显看出:每一种死亡、疾病、灾祸都由巫术引起。出于相
似的观点,更高级的多神教民族也谴责巫术。在古代墨西哥的阿
兹特克人那里,任何行巫术或下符咒毒害共同体或个人之人,都要
充作牺牲献给诸神。[5] 中国的刑法对被判写作、编纂巫术书籍或
使用咒语、符咒"煽惑人心"之人,处以死刑。[6] 不过,据丹尼斯,西
方人对男巫、女巫所怀有的憎恨,在中国似乎并不存在;"人们害怕
那些据称拥有法力之人,但很少听说这类人遭暴民残害不得善终
的事情。"[7]古巴比伦法律《汉谟拉比法典》规定,"以咒语咒人而无

---

① Cf. Dorsey, 'Omaha Sociology,' in *Ann. Rep. Bur. Ethn.* iii. 364.

② Rowley, *Religion of the Africans*, p. 125 *sq*. 另见: Kidd, *The Essential Kafir*,
p. 148。

③ Maclean, *Compendium of Kafir Laws*, p. 123.

④ Dale, in *Jour. Anthr. Inst.* xxv. 223.

⑤ Bancroft, *Native Races of the Pacific States*, ii. 462.

⑥ *Ta Tsing Leu Lee*, sec. cclvi. p. 273.

⑦ Dennys, *Folk-Lore of China*, p. 80.

正当理由者,处死".①《毗湿奴往世书》里讲,行法术"害人"者,要
在称为克里弥撒(Krimīsa)的地狱里受罚。② 在古代条顿人中,并
非所有法术都被视为犯罪,只有人们认为有害的法术才被当作犯
罪。③ 在罗马,被判定于人无害的法术无人问津,而据《十二铜表
法》,"以法术或毒药影响他人者",处以死刑;④在帝国时期,行政
治占星术或占卜,以图发现皇位继承者的人,要受到严厉惩处。⑤
柏拉图在《法律篇》里写道:"任何人涉嫌利用法术、咒语、符咒或其
他妖术害人,如果他是预言者或占卜师,就要判处死刑,如果他不
是预言者,就应按行巫判决,那么就按照前面的情况来处理,由法
庭来决定对他的处罚或罚款。"⑥莱基先生公允地评论道,在希腊
与罗马,似乎人们针对巫术采取的措施几乎与宗教狂热全然无关,
法师受到惩处是因为害了人,而非因为冒犯了神。⑦ 我们有时发
现,在信仰多神教的民族中,僧侣阶层尤为反对巫术;⑧但其中缘
由无疑是对对手的憎恶,而非宗教狂热。不过,金斯利女士认为,西
非土著整体而言不喜欢巫术,这最初与僧侣阶层没有什么关系。⑨

　　我们已经看到,伴随着一神教的兴起而出现的宗教不宽容,是
人们赋予神灵以特定本性的结果。但宗教的演化并不以某位嫉

652

---

① *Laws of Hammurabi*,1.
② *Vishńu Puráńa*,p. 208.
③ Brunner,*Deutsche Rechtsgeschichte*,ii. 678.
④ *Lex Duodecim Tabularum*,viii. 25.
⑤ Lecky,*History of European Morals*,i. 420.
⑥ Plato,*Leges*,xi. 933.
⑦ Lecky,*Rationalism in Europe*,i. 18.
⑧ Kingsley,*West African Studies*,p. 137. Rink,*Greenland*,p. 201.
⑨ Kingsley,*West African Studies*,p. 135 *sq.*

妒、易怒的天上暴君的胜利为结束。后来发展到这样一个阶段,人们信仰某一绝对排除了一切人类弱点的神灵或超自然力量,而且在此宗教里,宗教不宽容毫无位置。据说佛教里存在宽容的神[①]

653 是由于宗教上的淡然,[②]但最初的原因似乎是缺乏某位人格化的神;现代基督教变得越来越宽容,这无疑是与基督教对神采取的更合乎道德的看法——与早期的看法相比——相联系的。但是应当明白,宗教宽容并不意味着对不同的宗教思想的被动的冷漠。宽容的人也会是一位伟大的宣传家。他会尽最大努力,通过劝说的方式,根除他所认为的错误信仰。他甚至会采取更强有力的措施,对付那些以他们的神的名义干坏事的人。但他不会因为自己的信仰而迫害任何人;他也不会信仰一个不宽容、喜欢迫害的神。

　　根据许多种族的信仰,超自然存在渴望被人崇拜,不仅因为他们的生存和安逸靠人照料,也因为崇拜是表示效忠的行为。我们看到,牺牲失去了最初的含义,仍然作为虔诚的供奉而存在着。祈祷也是对所面向的神灵之自尊的贡献。祈求是表示谦卑的行为,或多或少是对所诉求之人的奉承,在祈求神灵的情况下,神灵满足祈求者的要求不会失去什么,反而会得到崇拜者的回报,此时祈求更是为了取悦对方。再者,请求常常伴随着敬称或颂词;而超人与

---

　　① Hardy, *Eastern Monachism*, p. 412. Monier-Williams, *Buddhism*, p. 126. Waddell, *Buddhism of Tibet*, p. 568. Edkins, *Religion in China*, p. 127. Gutzlaff, *Sketch of Chinese History*, i. 70. Forbes, British Burma, p. 322 *sq.*

　　② Forbes, *op. cit.* p. 322. *Cf.* Kuenen, *Hibbert Lectures on National Religions and Universal Religions*, p. 290.

凡人一样，乐于听到赞美甚至奉承。信徒颂扬诸神伟大、强大，为主为王，为父为祖父。[1] 古代秘鲁人的一段祈祷语以下面的话开头——"哦，无往不胜的维拉科查（Viracocha）大神！永在的维拉科查大神！你举世无双！"[2] 古埃及人奉承他们的诸神，[3] 吠陀、拜火教赞美诗里也充斥着赞美。穆斯林祈求安拉时使用诸如以下的句子——"真主伟大""真主仁慈""真主全聪全明"。说给某位神灵的赞美之词及感恩之词，当然应该是钦羡、感激之情的自然表露，而绝非仅为取悦于他；但如果神灵索求赞美，以此作为向人提供良好服务的代价，那些话就是为其虚荣心献出的供物。中国有一个故事，有趣地说明了众多神灵的这个小弱点：在一年中最热的季节，苏州下起了大雪。老百姓在惊惶之中都跑到大王庙祈祷。此时，大王附在一个求神者的身上，借他的嘴说道："如今被称作'老爷'的，前头都加了一个'大'字。难道你们只认为我是一个小神，消受不起一个'大'字吗？"于是众人齐呼"大老爷"，雪立即就停了。[4] 印度教徒讲，赞美神，就能从神那里得到想要的东西。[5]

我们有不同的方式满足一个人的自尊：一个方式是赞美他，另一方式是表现出谦卑。两种方式都为人们采纳，用来对付诸神。除了赞美诗，也有忏悔诗，其目的主要是安抚被冒犯的诸神的愤

654

---

[1]　见：Brinton,*Religions of Primitive Peoples*,p. 105。

[2]　de Molina,'Fables and Rites of the Yncas,' in *Narratives of the Rites and Laws of Yncas*,p. 33.

[3]　Amélineau,*L'évolution des idées morales dans l'Égypte ancienne*,p. 214.

[4]　Giles,*Strange Stories from a Chinese Studio*,ii. 294.

[5]　Ward,*View of the History*,*Literature*,*and Religion of the Hindoos*,ii. 69.

怒。诸如吠陀时代的人、占星术士①、希伯来人,一般会将遭遇的
灾祸看作命中注定之事,看作神灵的惩罚,而非恶魔的阴谋。在这
些民族中,求神灵宽恕罪孽的祈祷构成了一整类文献。我们已看
655　到,根据早期观念,罪孽带有有害的能量,而有罪孽之人试图以机
械的方式去除身上这种有害能量。② 但与此同时,罪孽的有害效
果被视作神的惩罚,这就需要赎罪。《梨俱吠陀》里不仅讲到以法
术去除罪孽,也讲到受难者请求神灵去其罪孽。③

　　诸神喜欢听到祈祷,不仅因为祈祷表达了谦卑和忏悔,也由于
其他原因。在早期宗教里,诸神不会平白无故施加援手,祈祷一般
是与献祭相联系的。④ 人们用祈祷语呼唤神灵,后者便会应邀分
享祭品,或者他的注意力被引向祭品。⑤ 塔纳人的僧侣把当季水
果献给祖先之灵时,会说道:"慈悲的父! 这是给你吃的东西,吃了

---

　　① Zimmern, *Babylonische Busspsalmen*, *passim*. Mürdter-Delitzsch, *Geschichte Babyloniens und Assyriens*, p. 38 sq. Delitzsch, *Wo lag das Paradies?* p. 86. Hommel, *Die semitischen Völker und Sprachen*, p. 315 sqq. Meyer, *Geschichte des Alterthums*, i. 178.

　　② 见第一卷第 52 页及以下。

　　③ 见: Oldenberg, *Die Religion des Veda*, pp. 292, 296, 317 sq. 。

　　④ Tylor, *Primitive Culture*, ii. 364 *sqq*. Georgi, *Russia*, iii. 272 (shamanistic peoples of Siberia). Maspero, *Études de mythologie et d'archéologie égyptiennes*, i. 163; *Idem*, *Dawn of Civilization*, p. 124, n. 5 (ancient Egyptians). Darmesteter, in *Sacred Books of the East*, iv. (1st ed.) p. lxix. (Zoroastrians). Oldenberg, *op. cit.* p. 430 *sqq*; Barth, *Religions of India*, p. 34 (Vedic people). Donaldson, 'Expiatory and Substitutionary Sacrifices of the Greeks,' in *Trans. Roy. Soc. Edinburgh*, xxvii. 430. Grimm, *Teutonic Mythology*, i. 29. 在纳塔尔一带的卡菲尔人那里,"若士兵战斗中受了伤,受了轻伤才会祈祷,但若受了重伤,就会发誓回去后献上牺牲,或许当时还会确定某一动物。"(Shooter, *Kafirs of Natal*, p. 164)

　　⑤ *Cf*. Brinton, *Religions of Primitive Peoples*, p. 104.

它们吧，因此对我们好一点！"①巴拉维语的一个文本里讲，正义的
守护神受到邀请时会接受牺牲，而未被邀请时，"他们就升至一矛
高，并停在那里"。② 我们在《诸神赞歌》各处都能看到，诸神要求
人们以牺牲祭祀他们，以他们的名字和适当的言语向他们祈求。③
密特拉神抱怨道："如果人们以牺牲祭拜我，以我的名字祈求我，正
如他们以牺牲祭拜其他高位阶的天使，以他们的名字祈求他们，那
么我就会在约定的时间来到信徒这里。"④据吠陀和拜火教文本，656
除了祭品外，祈祷也能净化、激励诸神，使诸神变得更有力，尽管在
此方面，难以区分同一仪式里这两种力量的高下多寡。⑤ 人们也
通过祈求帮助神灵与恶魔战斗，人们在天地之间发出祈祷，痛击魔
鬼。⑥ 一首吠陀赞美诗劝告人们："为因陀罗献上一首歌，助神力
摧毁恶魔。"⑦琐罗亚斯德通过歌颂正义，把恶魔归于虚无；⑧他通
过提及阿胡拉·马兹达的名字，极有效地毁灭了魔鬼之恶毒。⑨
因此，也由于信徒相信祈祷有法力，祈祷因而成为一项宗教义务，

---

① Turner, *Nineteen Years in Polynesia*, p. 88.

② *Shâyast Lâ-Shâyast*, ix. 12.

③ *Yasts*, viii. 23 *sqq.*; x. 30.

④ *Ibid*. x. 55. *Cf. ibid*. x. 74.

⑤ 见：Bergaigne, *La religion védique*, ii. 237, 250, 273 *sqq.*; Zimmer, *Altindisches Leben*, p. 337 *sqq.*; Oldenberg, *Religion des Veda*, p. 437; Macdonell, *Vedic Mythology*, p. 60; Meyer, *Geschichte des Alterthums*, i. 534 *sq.* (Zoroastrianism)。

⑥ *Yasna*, xxviii. 7. *Yasts*, iii. 5. *Vendîdâd*, xix. 1, 2, 8 *sqq.* Darmesteter, *Ormazd et Ahriman*, pp. 101, 119, 131, 193. *Idem*, in *Sacred Books of the East*, iv. (1st ed.) p. lxix.

⑦ *Rig-Veda*, viii. 78, i.

⑧ *Yasts*, xiii. 89. *Cf. ibid*. xiii. 90.

⑨ *Ibid*. i. 3, 4, 10, 11, 19.

对付恶神的咒语也是如此。

我们在前面几章里已经看到,诅咒如何逐渐发展成真正的祈祷,反之,祈祷也能发展成诅咒或咒语。里弗斯博士注意到,托达人在法术中使用的程序化语言带有祈祷的形式。[①] 亚述人的咒语也常常披着祈求的外衣,以程序化语言结尾——"这么做,那么做,而我会让你心欢,我会谦卑地崇拜你。"[②]起初并不具有咒文意味的某些吠陀文本,后来也变成了咒文。《梨俱吠陀》里的咒语相对较少,似乎也把咒语当作可厌之物,但随着吠陀时代的结束以及印度教的盛行,祈祷的力量正如印度教万神殿里的至高神灵那样开始显露出来。[③] 梵天是一种力量,诸神借此力量而行事,借此力量而诞生,世界也因之而创生;[④]但祈祷也从圣坛升至天国,人们依靠祈祷从诸神那里拿走自己想要的好处[⑤]——"祈祷统领诸神。"[⑥]祈祷这种无所不在的力量在祈祷之神(Brahmanaspati)那里人格化了,此神居于最高的天国,他宣布神圣的祷文时,不仅各个神灵,就是僧侣本人也会显现。[⑦] 印度当下有个说法,即整个宇宙受制于诸神,诸神受制于祷文,婆罗门掌管祷文,因此婆罗门是真正的

657

---

① Rivers, *Todas*, pp. 450, 453.

② Tallqvist, 'Die assyrische Beschwörungsserie Maqlû,' in *Acta Soc. Scient. Fennicæ*, xx. 22.

③ Oldenberg, *op. cit.* p. 311 sqq. Hopkins, *op. cit.* p. 149. Roth, 'Brahma und die Brahmanen,' in *Zeitschr. d. Deutschen Morgenländischen Gesellsch.* i. 67, 71. Darmesteter, *Essais orientaux*, p. 132.

④ *Atharva-Veda*, xi. 5. 5. Barth, *op. cit.* p. 38.

⑤ Roth, *loc. cit.* p. 66 sqq. Barth, *op. cit.* p. 38. Darmesteter, *Ormazd et Ahriman*, p. 101.

⑥ *Rig-Veda*, vi. 51. 8.

⑦ Barth, *op. cit.* p. 15 sq. Roth, *loc. cit.* p. 71.

神灵。① 据拜火教，祈祷不是因为信徒的虔诚和热忱才变得有效，祈祷本身就是一种神秘的力量，只要正确无误地诵读祈祷语，这神秘力量就会发挥作用；②在《诸神赞歌》里，祈祷被当作女神，当作阿胡拉·马兹达之女。③ 马斯佩罗先生观察到，在古代埃及，"人们向神祈祷，这与向神请愿不同，神可按自己的喜好或接受或拒绝请愿：祈祷语带有强求的性质，说出祈祷语就是迫使神灵让步，满足祈祷者的要求"。④ 希腊文献里也有人们以咒语祈求诸神的事例；⑤ἀρά一词既指祈祷，也指诅咒。⑥ "在罗马帝国，祈祷是一种带有法力的程序化言语，以其内在品质产生效应，正如在多数旧有的意大利教派里那样。"⑦

在人们借用神的名字赋予诅咒以法力的时候，一个普通的诅咒就容易发展成祈祷，反过来，祈祷由于是向神灵言说而同样带有法术特征——正如牺牲因与它所供奉的超自然存在接触或同在而带有法力；于是，祈祷或牺牲的约束性力量甚至可以指向神灵本身。而几无疑问，在古代文明民族的宗教信仰中，法术成分极其重要，这主要是由于这些民族中普遍存在着一个精通神圣文本的僧

---

① Monier-Williams, *Brāhmanism and Hinduism*, p. 201 *sq.*

② 见：Geiger, *Civilization of the Eastern Iranians*, i. 71。

③ *Yasts*, xiii. 92；xvii. 16.

④ Maspero, *Études de mythologie et d'archéologie égyptiennes*, i. 163.

⑤ 见：Usener, *Götternamen*, p. 335 *sq.*。

⑥ *Cf.* von Lasaulx, *Der Fluch bei Griechen und Römern*, p. 6. 同样，曼岛语里的 *gwee* 一词的含义既包括祈祷，也包括诅咒（Rhys, *Celtic Folk-lore*, i. 349）。

⑦ Renan, *Hibbert Lectures on the Influence of the Institutions*, *&c. of Rome on Christianity*, p. 10 *sq. Cf.* Jevons, in Plutarch's *Romane Questions*, p. xxviii.；Granger, *Worship of the Romans*, p. 158.

侣集团或阶层。咒语要取得成功,就需要发出咒语之人具有一定知识。构成咒语的程序化语言是固定不变的,丝毫不容更改,否则就会失去效力。正确的语调也同样重要。① 婆罗门教的祷文"必须按特定的神秘形式绝对准确地念出,否则效力尽失";非但如此,如果反复诵读祷文时因遗漏音节或发音不准犯了哪怕一丁点儿的错,本要带给敌人的灾祸就必将落到诵读者头上。② 咒语的效力主要在于声音,声音是最为重要的法术工具。③ 佛教僧侣常常反复诵读他们完全不明白意思的一串话。曾有人询问某位僧侣,他可以从中得到什么益处,他回答道,重复这些声音的益处不可计数,是无限的;④ 有位穆斯林作家论证道,以阿拉伯语言以外的任何语言祈祷,都是不敬神且毫无用处的,因为"阿拉伯语言的声音"——不管祈祷者是否理解此语言——"照亮了人之黑暗","净化了信徒的心"。⑤ 这一类观念当然最为那些从中受益最多的人,即僧侣和抄经士所倡导。而我们也就容易理解,随着僧侣和抄经士在迷信盲从的大众中的影响不断增强,容易归之于宗教行为的法术意义也倾向于变得更为重要了。

在各种罪孽中,诸神最为痛恨的就是不服从他们的律令。关

---

① Maspero, *Études*, i. 109; *Idem*, *Dawn of Civilization*, pp. 146, 213 (ancient Egyptians). Sayce, *Hibbert Lectures on the Religion of the Ancient Babylonians*, p. 319. Darmesteter, *Oemazd et Ahriman*, p. 9. Sell, *Faith of Islám*, pp. 53, 79, 334, 341.

② Monier-Williams, *Brāhmanism and Hindūism*, p. 199.

③ *Yasts*, iv. 5. Maspero, *Études*, ii. 373 *sq*.; *Idem*, *Dawn of Civilization*, p. 146 (ancient Egyptians). Sell, *op. cit.* p. 318 (Muhammedans).

④ *Indo-Chinese Gleaner*, iii. 145.

⑤ *Ibid.*, iii. 146.

于新赫布里底群岛的埃法特人,麦克唐纳先生说道,太阳底下,没有人比这些蒙昧人对他们奉为神灵命令的东西更顺从的了,他们相信,冒犯神灵就意味着灾难和死亡。① 迦勒底人认为,不服从诸神就会给自己带来危险,他们对此有着清醒的认识。② 依《圣经》,不服从神就是人犯下的首要罪孽,于是就引入死刑惩罚此罪。《圣经》里讲:"悖逆的罪与行邪术的罪相等,顽梗的罪与拜虚神和偶像的罪相同。"③在道德的历史上,服从神灵这一要求产生了相当大的影响。这种要求强调被视为神的命令的道德准则,它在这些准则发生的条件不复存在的情况下,有助于维持这些准则。就算它们事实上变得毫无意义了,也不会使它们的约束力有所减损;相反,它们带有的神秘性常常增强其神圣性。不服从神的律令就是罪孽,仅此就必须服从神的律令而不管其内容如何。具有完全不同特征的种种行为、最恶劣的罪行、本身完全无害的习俗,都归到了一起,被当作几乎同等冒犯神灵的东西,因为它们为神灵所禁止。④ 有些道德准则阻碍着道德的进步。尽管这些道德准则根植于过时的迷信或陈旧的是非观念,但由于人们认为它们起源于神灵,因而它们得以顽固地留存下来。⑤

660

---

① Macdonald,*Oceania*,p. 201.

② Maspero,*Dawn of Civilization*,p. 682. Delitzsch,*Wo lag das Paradies?* p. 86.

③ 1 *Samuel*,xv. 23. Schultz,*Old Testament Theology*,ii. 286. 关于其他事例,见:*Rig-Veda*,vii. 89. 5;Geiger,*Civilization of the Eastern Irānians*,i. p. li. ;Schmidt,*Die Ethik der alten Griechen*,ii. 51 sq. 。

④ 参见第一卷第 96 页及以下。

⑤ *Cf*.Pollock,*Essays on Jurisprudence and Ethics*,p. 306 sq.

　　对诸神的义务首先基于审慎的考虑。尽管超自然存在整体来说性情和善,但他们也像人一样心怀怨恨,而由于他们的超人能力,他们要比人危险得多。另一方面,他们也会给予取悦他们的人以绝妙的好处。基于审慎容易确立道德价值的一般规则特别适用于宗教事务,而宗教事务紧密攸关着巨大的个人利益。沃特兰先生在论自爱的布道中说:"对每个人而言,可选择的最明智道路就是在来世获得利益……在此情形下,他想怎么深切、温柔地爱自己都可以。要获得永恒的幸福,今世就不能过分钟爱自己,放纵自己了。这是以最好的方式、为了最好的目的爱他自己。于是所有的美德和虔诚都消融成一条自爱的原则……事关我们自己,为了我们自己,我们甚至也爱上帝。"[1]

　　与此同时,人们与超自然存在保持友好关系,这不仅符合人们自身的利益,也符合同胞的利益。这些超自然存在常常因父辈或先祖的恶行而迁怒于子孙,或者因共同体某成员的罪孽而惩罚整个共同体;[2]而另一方面,他们又会因某单个人的美德而奖赏整个家族或群体。[3] 因此,若共同体成员都参与共同的崇拜活动,每个崇拜者都不仅促进着他本人的福祉,也促进着整个群体的福祉。在早期宗教中,对部落和民族而言,严格遵守已确立的信仰极为重要。当我们要解释取悦神灵的行为是如何逐渐被视为道德责任

661

---

[1]　Waterland, 'On Self-Love,' in *The English Preacher*, i. 101 *sq*. 试比较佩利对"美德"(virtue)的定义, *Principles of Moral and Political Philosophy*, i. 7 (*Complete Works*, ii. 38; *supra*, i. 300).

[2]　见第一卷第 48 页及以下。

[3]　见第一卷第 96 页及以下。

的，我们就会发现，怎么强调上述事实都不为过；如果不考虑宗教
发展最晚近的阶段，人神关系在特征上就是公共的关系，而非个体
之间的关系。阿胡拉·马兹达说道："如果人们向阿胡拉创生的战
神韦勒斯拉纳贡献牺牲，如果向他献出应献出的牺牲和祈祷，一如
为其神性的完善所应做的那样，就绝不会有敌对的游牧部落进入
雅利安人的国家，不会有瘟疫、麻风病、有毒的植物，敌人也不会驾
战车、举长矛而来！"①于是，由于宗教关系具有强烈的社会特征，
人们对诸神的义务同时也首先是社会性的义务。

促成对冒犯诸神的行为的道德谴责的另一情形是，人们急切
要惩罚这样的冒犯行为，以防诸神迁怒于他们；②正如我们已经看
到的那样，由惩罚容易导致道德上的反对。不过，这种或那种审慎
考虑尽管是人对神的行为带有义务性特征的主要原因，但并非仅
有的原因。我们也必须记得，信徒是以真正的崇敬对待诸神的；而
在事实如此的地方，对宗教的冒犯自然就在信徒中激起了同情性
的忿恨，而巨大的虔诚也能引起同情性的赞同，并被视为美德加以
赞扬。

我在这里讲到了人们认为他们对诸神应尽的义务，而不是对
作为整体的超自然存在的义务。尽管并不总是容易详加区分人们
信奉的诸神与超自然存在的整体，但做出这样的区分是至关重要
的。无疑，除了自己信奉的诸神外，人们也会害怕冒犯其他神灵，
甚至急切要取悦其他神灵，但宗教义务主要产生于人们与超自然

662

---

① 　*Yasts*，xiv. 48.
② 　见第一卷第 194 页。

存在的关系得以确立的地方;事实上,不崇拜或实际上迫害其他神灵甚至会成为一项义务,一神教的情况下就是如此。人们更依赖自己的神灵,而非神灵世界的其他成员,以谋求他们的福祉。他们选取他们最害怕或最报以希望的超自然存在为他们的神灵。因此,一般而言,那些使宗教义务得以确立的审慎因素和崇敬因素,只有在与人们的关系中才得以显现。

663

第五十章　作为道德守护者的诸神

　　既然人们关心自己的同胞对诸神的行为,在许多情形下,诸神也关心人们相互之间的行为——反对恶习,惩罚邪恶,赞成美德,奖赏善行。但这绝非诸神的普遍特征。人们认为只有特定神灵才有这个特点,多数情况下,神灵的这个特点似乎是慢慢才形成的。

　　一些能干的观察者告诉我们,蒙昧人信仰的超自然存在往往对各种世俗道德问题漠不关心。据斯潘塞和吉伦先生,尽管澳大利亚中部的土著也认为,既有善神,也有恶神,但"就我们称为道德的所有东西而言,除了某个赞成或反对他们行为的实际活着的部落成员,他们对单个个体连最模糊的看法都没有"。[1] 社会群岛岛民认为,"唯一惹得他们的神灵不悦的罪过就是,他们疏忽了某一仪式"。[2] 据说,印度中部贡德人的宗教信仰与道德观念毫不沾边;为我们提供信息的作者又讲道,有德之神要求众生公允行事,这种宗教观念远远超出了印度蒙昧人或普通印度教徒目前的接受能力。[3]　664

---

　　① 　Spencer and Gillen, *Northern Tribes of Central Australia*, p. 491.

　　② 　Ellis, *Polynesian Researches*, i. 397.

　　③ 　Forsyth, *Highlands of Central India*, p. 145. 另见：Hodgson, *Miscellaneous Essays*, i. 124（Bódo and Dhimáls）；Caldwell, *Tinnevelly Shanars*, p. 36；Lyall, *Asiatic Studies*, p. 45；Radloff, *Das Schamanenthum*, p. 13（Turkish tribes of the Altai）。

关于西非奴隶海岸和黄金海岸一带的埃维人、约鲁巴人及讲齐语的族群,埃利斯少校写道:"我们在这三个部落里观察到的宗教还处于成长阶段,他们的宗教与道德或人们之间的关系并不相干。其宗教只是仪式崇拜,只有在疏忽或遗漏了某个仪式时,诸神才受到冒犯……谋杀、偷盗、对人和财产的所有犯罪,这些事情诸神都不太关心,也不感兴趣,除非受珍贵祭品贿赂,他们才会为了某虔诚信徒的利益而参与争吵。"[①]在刚果河南面卡塞河一带的班图部落班巴拉人那里,"不存在神灵、精灵通过折磨罪犯及其家庭惩处过失的信仰,他们也不认为人们做的事会影响到死后的情况"。[②]在圭亚那地区的印第安人那里,E. F. 伊姆·特恩爵士观察到一套令人称羡的道德准则,它与朴素的万物有灵论式的宗教并存,但二者之间毫无关系。[③] 关于墨西哥的塔拉乌马雷人,赫尔姆霍茨博士说,印第安人认为,对神犯下的称得上罪孽的唯一过错,就是跳舞跳得不够多。"他会为此过失请求神灵宽恕。这样,不管他对别人有什么坏想法或做过什么坏事,他与被冒犯者之间就能摒弃前嫌坦然处之。"[④]帕克曼先生讲:"在原始的印第安人的观念里,关于德行的观念没有位置。 他们的神灵不为今世和来世施行

665

---

① Ellis, *Yoruba-speaking Peoples of the Slave Coast*, p. 293. *Idem*, *Tshi-speaking Peoples of the Gold Coast*, p. 10. 埃维人的神灵麻乌(Mawu)被说成这一规则的例外(见下文第 686 页)。

② Torday and Joyce, 'Ethnography of the Ba-Mbala,' in *Jour. Anthr. Inst.* xxxv. 415.

③ Im Thurn, *Indians of Guiana*, p. 342.

④ Lumholtz, *Unknown Mexico*, i. 332.

正义。"①

　　蒙昧人的许多神灵完全是自私的,除了自己的利益之外,他们对任何事都不关心,这可以由土著赋予他们的品格推断出来。我们已经看到,利他主义情感是道德情感得以产生的主要源泉,而关于各种未开化民族的诸神,我们听说,这些神灵不仅完全没有和善的情感,从本性上讲也非善类,通常只想害人。②

　　　　新西兰毛利人把诸神当作痛苦、不幸和死亡的原因,当作强大的敌人,没有谁想过从他们那里得到什么帮助或好处,但可以使用咒语或符咒,或是向他们贡献牺牲,以平息他们的火气,使他们变得无害。③ 塔希提人"认为,他们的诸神是一些强大的精神存在,这些神灵在一定程度上熟知今世事务,通常也管理着今世事务;这些神灵就是对其最虔诚的信徒,也从不发善心,而只是要求信徒忠诚、恭顺,不断供奉祭品;对拒绝服从或有迟疑之人,诸神会大发雷霆,毁灭这些人"。④ 斐济人"认为,除了种植野山药,让陌生的小船及外国船只在海岸遇难,他们的诸神从不会自觉发出善心";⑤其中一些神灵被视

---

　　① Parkman,*Jesuits in North America*,p. lxxviii. 另见：Eastman,*Dacotah*,p. xx. ;Schoolcraft,*Indian Tribes of the United States*,ii. 195 (Dacotahs)。

　　② 见：Meiners,*Geschichte der Religionen*,i. 405;Tylor,*Primitive Culture*,ii. 329;Avebury,*Origin of Civilisation*,p. 232 *sqq*. ;Roskoff,*Geschichte des Teufels*,i. 20 *sq*. ;Frazer,*Golden Bough*,iii. 40 *sqq*. ;Karsten,*Origin of Worship*,p. 46 *sqq*. 。

　　③ Taylor,*Te Ika a Maui*,pp. 104,148. Colenso,*Maori Races of New Zealand*,p. 62. *Cf*. Dieffenbach,*Travels in New Zealand*,ii. 118.

　　④ Ellis,*Polynesian Researches*,i. 336.

　　⑤ Williams and Calvert,*Fiji*,p. 195.

为极邪恶之神,这由土著给他们的名称就可看出——"通奸者""暴徒""谋杀者",等等。[①] 新赫布里底群岛的阿内蒂乌姆岛上的居民认为,"土地、空气和海洋里充斥着他们称作奈特迈斯(natmas)的神灵,但他们都属恶神,主宰着影响人类的万物……土著的诸神与土著一样,自私而恶毒;他们是毫无仁善可言的。"[②]

印度的散塔尔人不相信神灵会出于好心给他们好处,他们只信仰"许多魔鬼和恶神,并试图向之祈求,避其恶毒"。甚至他们信奉的家神也"体现着邪恶的隐秘原则,门闩也无法把他关在外面,他就住在每家灶台旁,人看不见他,他却总是对人怀有恶意"。[③] 坎查岱人似乎并不指望从他们的神灵那里获得什么好处;据他们的说法,库特卡(Kutka)大神,作为宇宙的创造者,诸神中最伟大之神,却在通奸时被抓住并被阉割。[④]

依据哈德逊湾一带的爱斯基摩人或说科克索亚格缪特人的信仰,所有小神都受名叫唐阿卡(Tung ak)的大神主宰,唐阿卡"就等同于死亡,总是折磨、骚扰人们的生活,想让人们的灵魂去跟他住在一起"。[⑤] 不但如此,就是人人应当侍奉的专门的保护神也品性恶毒,总是抓住每个机会加害他身边的人;

---

① Williams and Calvert, *Fiji*, p. 185.

② Inglis, *In the New Hebrides*, pp. 30, 32.

③ Hunter, *Annals of Rural Bengal*, i. 181 *sq*.

④ Klemm, *Cultur-Geschichte der Menschheit*, ii. 318 *sq*. Steller, *Beschreibung von Kamtschatka*, p. 264.

⑤ Turner, 'Ethnology of the Ungava District,' in *Ann. Rep. Bur. Ethn*. xi. 272.

只有安抚他才能使他不作恶。① 在哈德逊湾一带的印第安人或说内内诺特人那里，"他们的规则似乎就是，所有神灵都天性恶毒，只有抚慰他们才能获其喜爱"。② 关于一些巴西部落，我们同样听说，他们不信有什么善神。于是科罗阿多人就只承认一条邪恶的原则，有时这邪恶以蜥蜴、鳄鱼、美洲豹或长着鹿蹄子的人形出现，与人见面，有时它把自己变成沼泽，诱人迷路，惹人发怒，将人引到艰难危险之处，甚至把人杀掉。③ 库帕里河一带的蒙德鲁库人不相信存在至高无上的善神，但相信存在一个恶神，他们视其为妖怪，小事不顺都是由于这个妖怪，他们做捕鱼、狩猎等事时妖怪也给他们惹麻烦。④ 华莱士先生说，沃佩人"似乎没有明确的主神观念……但他们对恶神'居如帕里'（Jurupari）有着明确得多的观念，他们害怕这个恶魔，试图让他们的巫医（pagés）安抚恶魔。打雷的时候，他们就说'居如帕里'发火了，而如果有人自然死亡，在他们看来就是被'居如帕里'杀死了。"⑤

667

　　根据伯顿的说法，在东非，"谈到存在神灵的话题，通常引发的情感就是想要见到他，为亲戚、朋友、牛的死亡向他寻仇"。⑥ 据说，万尼卡人归之于他们的最高存在姆伦谷

---

① Turner,'Ethnology of the Ungava District,' in *Ann.Rep.Bur.Ethn.* p.194.
② *Ibid.* p.193 *sq.*
③ von Spix and von Martins,*Travels in Brazil*,ii.243.
④ Bates,*The Naturalist on the River Amazons*,ii.137.
⑤ Wallace,*Travels on the Amazon*,p.500.
⑥ Burton,*Lake Regions of Central Africa*,ii.348.

(Mulungu)的唯一道德品质就是报仇心切和残忍。[1] 马塔贝勒人对善神观念是完全陌生的,但他们有一种模糊的存在众多恶神的观念,这些恶神总是随时准备害人,其头领就是土著先祖之灵。[2] 贝专纳人享受着他们归之于唤雨巫师的好处,而"把遇到的所有坏事归咎于某超自然存在";[3]莫法特先生在其 25 年的传教生涯里,从未听说他们的主神莫里莫(Morimo)做过好事或有能力做好事。[4] 关于其他一些非洲族群,旅行者们使我们确信,在土著看来,超自然存在为邪恶而非善行施加了强大影响,总之,几乎未曾听说有什么善神。[5] 据埃利斯少校,在黄金海岸一带,多数神灵都是恶神,每一不幸都被归因于他们的行为。他又说道:"我相信,这些神灵起初都是恶神,土著现在之所以相信有些神灵具有淡然、仁慈的品性,是因为最初的观念后来被修正了。"[6]

据报道,许多蒙昧族群既有善神观念,也有恶神观念,但他们主要或仅仅崇拜恶神,因为他们认为,其他神灵是善神,不要求供

---

① New, *Life, Wanderings, and Labours in Eastern Africa*, p. 103 sq.
② Decle, *Three Years in Savage Africa*, p. 153.
③ Campbell, *Second Journey in the Interior of South Africa*, ii. 204.
④ Moffat, *Missionary Labours in Southern Africa* (ed. 1842), p. 262.
⑤ Rowley, *Religion of the Africans*, p. 55. Kingsley, *Travels in West Africa*, p. 443. Mockler-Ferryman, *British Nigeria*, p. 255 sq.
⑥ Ellis, *Tshi-speaking Peoples*, pp. 12, 18, 20. Cf. Cruickshank, *Eighteen Years on the Gold Coast*, ii. 134.

奉或效忠。① 但在未开化族群中，对至少偶尔被视为善神的超自 668
然存在之崇敬也十分盛行。② 不信基督的拉普人的诸神都是善
神，尽管这些神灵也会因受到冒犯而复仇。③ 新墨西哥州的纳瓦
霍印第安人认为，"最爱人、最能帮助人的诸神也最为人们崇敬"；
而他们不祭拜恶神，据传言讲，只有女巫才祭拜恶神。④ 对部落、
氏族、村社、家族、个人的保护神的信仰也非常普遍。⑤ 这些保护神

---

① Wilken,*Het Animisme bij de volken van den Indischen Archipel*,p. 207 *sq*.
Perham,'Sea Dyak Religion,' in *Jour. Straits Branch Roy. Asiatic Soc.* no. 10,p. 220；
St. John,*Life in the Forests of the Far East*,i. 69 *sq*.（Sea Dyaks）. Blumentritt,'Der
Ahnencultus und die religiösen Anschauungen der Malaien des Philippinen-Archipels,' in
Mittheil. d. kais. u. kön. Geograph. Gesellsch. in Wien,xxv. 166 *sqq*. Prain,'Angami
Nagas,' in *Revue coloniale internationale*,v. 489，Forsyth,*op. cit*. pp. 141,143
（Gonds）. Hooker,*Himalayan Journals*,i. 126 （Lepchas）. Robertson,*History of
America*,i. 383；Müller,*Geschichte der Amerikanischen Urreligionen*,pp. 150,151,
232,260；Dorman,*Origin of Primitive Superstition*,p. 30 （American Indians）.
Sproat,*Scenes and Studies of Savage Life*,p. 212 （Ahts）. Falkner,*Description of
Patagonia*,p. 116；Prichard,*Through the Heart of Patagonia*,p. 97.

② 见前文第 615 页及以下。

③ von Düben,*Lappland*,pp. 227,285. Friis,*Lappisk Mythologi*,p. 106. Jessen,
Norshe Finners og Lappers Hedenske Religion,p. 33.

④ Matthews,*Navaho Legends*,p. 40. 另见：*ibid*. p. 33。

⑤ Ellis,*Tshi-speaking Peoples of the Gold Coast*,pp. 17,18,77,92,*Idem*,*Ewe-
speaking Peoples of the Slave Coast*,p. 75. Wilson,*Western Africa*,p. 387
（Mpongwe）. Tuckey,*River Zaire*,p. 375. Ellis,*History of Madagascar*,i. 395 *sq*.
Ratzel,*History of Mankind*,i. 321 （various South Sea Islanders）. Turner,*Samoa*,p. 17
sq. Williams and Calvert,*Fiji*,p. 185 *sq*. Inglis,*op. cit*. p. 30 （people of Aneiteum）.
Christian,*Caroline Islands*,p. 75，Wilken,*Het Animisme*,pp. 231 *sqq*. （Minahassers,
Macassars,and Bugis of Celebes），243 （Javanese）. Selenka,*Sonnige Welten*,p. 103 *sq*.
（Dyaks）. Forbes,*Insulinde*,p. 203（natives of Tenimber）. von Brenner,*Besuch bei den
Kannibalen Sumatras*,p. 22I （Bataks）. Mason,'Religion,&c. Among the Karens,' in
Jour. Asiatic Soc. Bengal,xxxiv. 196.

（接下页注释）

可能很苛刻,他们的信徒常常很畏惧他们,有时他们也被描述成本
性非常恶毒之神;[①] 但他们通常的作用却是为与他们相关联的人
提供帮助。但同时应当注意,蒙昧人的许多神灵之良善仅仅在于
乐于帮助以祭品、崇敬取悦他们的人;而他们的良善绝非表明,他
们对一般的道德具有积极的兴趣。一个友好的超自然存在并不一
定就是人们对同胞之行为的守护者。在摩洛哥,保护某城镇、村庄
或部落的圣人,根本就不关心那些与他没有直接关系的行为。[②] 摩
尔人相信,就是强盗也可向某死去的圣人祈求,让他帮自己干不法
之事。

　　另一方面,蒙昧人的诸神也惩罚对世俗道德准则之逾越,不乏
这方面的事例。我们前面就已看到,有时这些神灵被说成是某特

(接上页注释)　Hunter, *Annals of Rural Bengal*, i. 182, 186 sq. (Santals). Hodgson,
Miscellaneous Essays, i. 128 (Bódo and Dhimáls). Bailey, 'Veddahs of Ceylon,' in
Trans. Ethn. Soc. N. S. ii. 301; Neyill, 'Vaeddas of Ceylon,' in *Taprobanian*, i. 194.
Schmidt, *Ceylon*, p. 291 sq. (Tamils). Bergmann, *Nomadische Streifereien unter den
Kalmüken*, iii. 182 sq. Abercromby, *Pre- and Proto-historic Finns*, i. 160 (Ostiaks).
Buch, 'Die Wotjäken,' in *Acta Soc. Scient. Fennicœ*, xii. 595 sq. Castrén, *Nordiska
resor och forskningar*, iii. 106, 107, 174 sq. (Finnish tribes). Boas, 'Central Eskimo,' in
Ann. Rep. Bur. Ethn. vi. 591. Turner, *ibid.* xi. 193 sq. (Hudson Bay Eskimo), 272
(Hudson Bay Indians). Hoffman, 'Menomini Indians,' *ibid.* xiv. 65. McGee, 'Siouan
Indians,' *ibid.* xv. 179; Parkman, *op. cit.* p. lxx; Dorman, *op. cit.* p. 227 (North
American Indians). Müller, *Geschichte der Amerikanischen Urreligionen*, pp. 72
(North American Indians), 171 (Indians of the Great Antilles). Couto de Magalhães,
Trabalho preparatorio para aproveitamento do selvagem no Brazil—O selvagem, p.
128 sqq. Tylor, *op. cit.* ii. 199 sqq.

　　①　Schmidt, *Ceylon*, p. 291 sq. (Tamils). Turner, in *Ann. Rep. Bur. Ethn.* xi. 193
sq. (Hudson Bay Eskimo), 272 (Hudson Bay Indians). McGee, *ibid.* xv. 179; Müller,
op. cit. p. 72 (North American Indians).

　　②　关于这一规则的唯一例外,见前文第 67 页及以下。

定过失——谋杀[①]、偷盗[②]、吝啬[③]、不好客[④]、撒谎[⑤]——的复仇者。据说在某些黑人部落,"如果一个人想要干坏事,或者做他的良心不允许他做的事,他就会把他的神物放起来,用东西盖上他的神,如此一来神物就不会看到他要做的事了"。[⑥] 汤加岛民"坚信,诸神赞成美德,讨厌恶习;每个人都有自己的保护神,如果他正当行事,保护神就会保护他,否则就不管他,任灾祸、疾病、死亡走近他……所有对美德的回报、对恶习的惩罚,都只发生于今世的人们,都直接来自于诸神。"[⑦]据说日本阿伊努人有种说法,即"我们违背祖先的习俗必然会招致诸神的暴怒"。[⑧] 据称有些蒙昧族群信仰某位至高无上的存在,他是道德立法者或法官。　　670

在澳大利亚,特别是在新南威尔士州和维多利亚州,以及澳洲大陆的其他地方,许多土著部落信仰一位"圣父"(all-father),称作白阿姆、达拉姆伦、曼甘嘎啦、班吉尔、纽日里、纽然德里,等等。[⑨] 他被说成是人格化的超自然存在,也是土

---

①　见第一卷第 378 页及以下。

②　见前文第 59 页及以下。

③　见第一卷第 561 页及以下。

④　见第一卷第 578 页及以下。

⑤　见前文第 114 页及以下。

⑥　Tuckey,*op. cit* p. 377. *Cf*. Monrad,*Skildring af Guinea-Kysten*,p. 27,n. *

⑦　Mariner,*Natives of the Tonga Islands*,ii. 149,107.

⑧　Batchelor,*Ainu of Japan*,p. 243 *sq*.

⑨　Henderson,*Colonies of New South Wales*,p. 147. de Strzelecki,*New South Wales*,p. 339 Manning,'Aborigines of New Holland,' in *Jour. and Proceed. Roy. Soc. N. S.* Wales,xvi. 157 *sqq*. Ridley,*Kámilarói*,p. 135 *sqq*. Cameron,'Some Tribes of New South Wales,' in *Jour. Anthr. Inst*. xiv. 364 *sq*. Langloh Parker,*Euahlayi Tribe*,p. 4 *sqq*. Threlkeld,*An Australian Language as*　　　　(接下页注释)

著之父或万物的缔造者,他曾居住在大地上,但后来升至天
上的某个地方,现在还在那里。他具有和善的性情,不要求
他人崇拜;我们只能在很少的例子里见到土著向他祭拜的微
弱迹象。[①]土著常常相信他制定了成年礼,[②]并为人们确立了

671

(接上页注释)　*spoken by the Awabakal*, p. 47. Mathews, *Aboriginal Tribes of New South Wales and Victoria*, p. 138 *sqq.* Mathew, *Eaglehawk and Crow*, p. 146 *sqq.* Fountain and Ward, *Rambles of an Australian Naturalist*, p. 296. *Missions-Blatt aus der Brüdergemeine*, xvi. 101, 143; Parker, *Aborigines of Australia*, p. 24; Dawson, *Australian Aborigines*, p. 49 (tribes in Victoria). Brough Smyth, *Aborigines of Victoria*, i. 423 *sqq.* Taplin, 'Narrinyeri,' in Woods, *Native Tribes of South Australia*, p. 55 *sqq.* Howitt, *Native Tribes of South-East Australia*, p. 489 *sqq.* Spencer and Gillen, *Northern Tribes of Central Australia*, p. 498 *sq.* (Kaitish). Strehlow,转引自: Thomas, 'Religious Ideas of the Arunta,' in *Folk-Lore*, xvi. 429 *sq. Idem*,转引自: von Leonhardi, 'Religiöse und totemistische Vorstellungen der Aranda und Loritja in Zentralaustralien,' in *Globus*, xci. 286 *sq.* 。Curr, *The Australian Race*, i. 253 (Larrakia); ii. 465, 475 (some Cape River natives). Lang, *Cooksland*, p. 459 *sq.* ; *Idem*, *Queensland*, p. 379 *sq.* Roth, *Ethnol. Studies among the North-West-Central Queensland Aborigines*, pp. 16, 153, 158. Salvado, *Mémoires historiques sur l'Australie*, p. 258 (natives of West Australia).

　　[①]　澳大利亚东北部库克士兰的土著劫掠野蜂的巢时,通常会给他种族的超自然先祖布带(Buddai)留一点蜜(Lang, *Cooksland*, p. 460; *Idem*, *Queensland*, p. 380)。朗洛·帕克女士听说(*op. cit.* pp. 8, 9, 79, 89),在埃瓦拉伊部落,土著在葬礼时会为死者灵魂向比阿米大神祈祷;最年迈的巫医也会在某些成年礼上,向比阿米大神祈祷,祈求他如果人们遵守他的规矩,就让人们长寿;但土著讲,他们在别的任何场合都不会向大神祈祷(cf. Manning, *loc. cit.* p. 164)。居住在维多利亚伯格湖一带的土著跳舞以抚慰培阿梅大神(*Missions-Blatt aus der Brüdergemeine*, xvi. 143)。豪伊特先生说(*op. cit.* p. 507 *sq.*),关于澳大利亚东南部土著信仰的达拉木伦大神,尽管他不受崇拜,"巫医围着他的泥像跳舞,念着他的名字祈求,这无疑也近似于崇拜"。

　　[②]　Manning, *loc. cit.* p. 165; Ridley, *op. cit.* pp. 141, 155; Langloh Parker, *op. cit.* p. 7 (Boyma, Baiame, Byamee). Howitt, *op. cit.* p. 495 (Daramulun). M'Kinlay,转引自: *ibid.* p. 496. 思雷尔克德先生讲(*op. cit.* p. 47),土著从遥远的各个地方集合起来举行某些仪式时,他们会认为,克因——一个虚构的具有黑人外貌的男神——比他们早一步就到了现场。

规矩。① 于是，据称纽然德里教会了纳里涅里人所有的仪式、典礼，不管这些仪式、典礼是与生活还是与死亡有关；问他们为何要遵守习俗，他们就回答，这是纽然德里下的令。② 埃瓦拉伊部落举行成年礼时，比阿米大神被赞誉为"万物之父，部落民正在服从他立下的规矩"；在他们的一个神话里，他被说成是所有图腾的最初来源，是同图腾之人不许通婚这一规矩的最初来源。③ 班吉尔大神教会了库林人生活技艺，告诉他们要分成两个相互通婚的阶层，以防止亲戚之间通婚。④ 达拉姆伦大神教会了尤因人要做的事，给他们立下规矩，这规矩父子相传，一直传到现在。⑤ 澳大利亚土著的"圣父"在几个事例里被说成是道德的守护神，他惩罚恶，奖赏善。班吉尔大神"常常派遣他的儿子去毁掉杀死和吃掉黑人的坏男人、坏女人"。⑥ 达拉姆伦大神从他天上的居所监视着人的举动，"当人们做了不该做之事时，例如吃了禁止吃的东西，他就会大发雷霆"。⑦ 昆士兰州赫伯特河一带的土著相信，如果有谁在禁止通婚的某分支群落内部群体娶妻，在规定时期没戴上上午应戴的项链，或者吃了禁食的食物，早晚要因此死掉，因为他的行为冒犯了科恩大神——土著认为这个超自然存在住在银

---

① Howitt, *op. cit.* p. 489 (Nurelli of the Wiimbaio). M'Kinlay, 转引自：*ibid.* p. 496。

② Taplin, in Woods, *op. cit.* p. 55.

③ Langloh Parker, *op. cit.* p. 7 *sq.*

④ Howitt, *op. cit.* p. 491.

⑤ *Ibid.* p. 495.

⑥ Brough Smyth, *op. cit.* i. 423.

⑦ Howitt, *op. cit.* p. 495.

河里,夜间则在大地上游荡,此时他是一个巨大的战士,杀掉他所遇之人。①不过,土著最爱讲,死后会落下报应。昆士兰州马里伯勒一带的部落认为,善良之人的灵魂,以及在某一具体行当——捕鱼、打猎、战斗、跳舞,等等——干得优秀之人的灵魂,会被博拉尔大神引向极北之处的某个岛屿,大神就在这岛上居住。②在凯普河一带的部落那里,"若一个黑人死去了,人们认为他活着的时候做过善事,就说他要升到博拉拉(Boorala,字面意思是'善',意即升至造物主那里),在那里他很大程度上会像在地上那样生活,免去了世间常见的不适";而活着时干坏事的人,人们认为他死后干脆就灭绝掉了。③库林人讲,他们死后要经受本比尔大神的考验,"好人会被奖励到较好的土地上生活,坏人则会被赶走,但不知会被赶到什么地方"。④按照另一叙述,本比尔大神会让死者灵魂受火刑,考验他们是好是坏,好人的灵魂马上就会放走,而坏人的灵魂要关起来惩罚。⑤住在悉尼以南 30—100 英里的伊拉瓦拉人相信,人死后会被带到一棵大树前,至高统治者米内罗大神将在这里审问、审判他们。好人就被他带去天国,坏人就送到别的地方惩罚。小孩子淘气的时候,妇女就对他们说:"米内罗不许这样。"⑥在新南威尔士的瓦西瓦西人那里,流行一

---

① Howitt, *op. cit*. p. 499.
② *Ibid*. p. 498.
③ Curr, *op. cit*. ii. 475.
④ Parker, *Aborigines of Australia*, p. 24.
⑤ Ridley, *op. cit*. p. 137.
⑥ *Ibid*. p. 137.

个信仰——若坏人的灵魂逃脱了在去往天国的路上为它设下的陷阱,它必定会掉到有火的地狱里去。另一方面,好人的灵魂会得到两名老年妇女的接待,她们照料这灵魂,直至它习惯了新居处;过一段时间,塔塔普利大神会带着一群灵魂前来看望新来者,考验其力量。① 根据冈瑟会吏长写于1839年的一个报告,土著认为,白阿姆大神喜欢良善的黑人;而"思考较多的土著还有一种观念,即好土著死后会到白阿姆大神那里"。② 后来的一些权威讲,土著相信,白阿姆在人死后不仅奖赏善者,也会惩罚恶者,亦即说谎之人、隐秘殴打他人致死之人、对老弱者不友善之人,或一般来讲违背其律法之人。③曼宁提出了一个很精致的报应理论,他写下的笔记可追溯至 673 1844年或1845年。据说,白阿姆远远坐在一个巨大王座的东北方向,这个王座由透明水晶做成,立于一个大湖内。他有一个叫格雷格拉格雷的儿子,与他一样全知全能,是灵魂到达大神这里的中间人。此子的主要职责是监视人类行动,使死者复活并来到他父亲的审判席前,其父独自判决灵魂是在天国获得永恒幸福还是在永远燃烧着火焰的地狱中承受永恒痛苦。然而,妇女和死于成年礼之前的男童不能进入天堂;男人们有个朦胧的观念,即来世是为他们准备的。也有一个半人半神,名叫莫得吉格里,他把白阿姆的意愿告知人类,他还是

① Cameron, in *Jour. Anthr. Inst.* xiv. 364 *sq.*
② Günther, 转引自: Thomas, in *Man*, 1905, p. 51。
③ Ridley, *op. cit.* pp. 135, 136, 140. Langloh Parker, *op. cit.* p. 70.

所有恶人公开的敌人，他把恶人的恶行传达给格雷格拉格雷。[1]

上述说法似乎很有可能混合了基督教观念和真正的土著信仰。有理由相信，澳大利亚土著关于"圣父"的观念并非首先出于传教士的影响；[2]我们拥有可追溯至相当早期的关于此观念的记载，此观念在一个广大区域里传播，生活在高度隔绝状态的很多土著族群都具有这种观念，而不同部落以许多不同的名称称呼"圣父"，这也表明，相关观念并非晚近才起源于某一共同的源头。他也不妨就是某位虚构的祖先。豪伊特先生注意到，天国主人代表着澳大利亚土著关于头人的观念——"精通用于攻防的武器，于法术无所不能，但对他的人民慷慨、开明，对任何一个人都不伤害或不使用暴力，对违背习俗、道德者则严加处置。"[3]但他也可能是整个超自然力量的人格化，或虚构出来以解释各种不可思议现象的某一存在。阿尔特基拉（*altjira*）一词——阿兰达人用它来称呼他们的伟大神灵——显然并非一个专属名称；据肯普，土著把该词用于五位神灵——肯普给出了这五位神的名字——也用于太阳、月亮，以及广泛用于显眼的事物。[4] 马尔凯利在某些昆士兰部落的信仰里占有重要地位，土著不仅把马尔凯利说成是

---

① Manning, *loc. cit.* p. 159 *sqq.*

② 尤见：Howitt, *op. cit.* p. 504 *sqq.*；Lang, *Magic and Religion*, p. 25 *sqq.*；Thomas, in *Man*, p. 50 *sqq.*；von Leonhardi, in *Globus*, xci. 287。

③ Howitt, *op. cit.* p. 507. 另见：*ibid.* p. 501。

④ Thomas, in *Folk-Lore*, xvi. 431.

"一位仁慈的、无所不在的超自然存在",也说成是"无法理解的任何东西",是创造了无法以其他方式解释的各种东西的超自然力。[①] 另一方面,几乎可以肯定,在某些事例里,基督教观念融入了土著的信仰,或者经由土著自己,或者经由向我们提供信息的人。[②] 土著的某些传说带有明显的圣经特征。萨尔瓦多主教说,根据澳大利亚西部土著的信仰,造物者莫特冈"这样讲:'大地,出来吧',于是风吹起来,大地创造出来了;'水,出来吧',于是风吹起来,水创造出来了。"[③]诺拉尔大神的信徒如此描述死亡的起源——大神告诉最初被创生的男女,不要靠近一棵树,有一只蝙蝠在树上生活,它不想被人打扰。但有一天,女人找木柴时靠近了那棵禁树;蝙蝠就飞走了,从此以后,死亡就来了。[④] 同样是这些土著,他们也相信,诺拉尔创生了一条大蛇,他给了大蛇主宰被创生之万物的权力。[⑤] 关于地狱永恒之火的教义也几乎可以肯定是外来的;即使法官所起作用与虚构的天国头人的观念相容无碍,但在其他一些方面,关于澳大利亚土著的报应理论也值得怀疑。斯潘塞和吉伦先生注意到,任何一个土著在回答问题时,都可能给出某种泛泛的说法,因而我们对土著的观念中是否存在

① Roth, *op. cit*. pp. 36, 153.

② J. D. 朗格先生(*Queensland*, p. 379 *sq.*; *Cooksland*, p. 459 *sq.*。)甚至怀疑,某些昆士兰土著神话中的祖先布带(Buddai 或 Budjab)也反映了亚洲的影响。布带这个名字让人想起佛陀(Buddha),关于布带的一个故事也跟东方的一个传说很相似。

③ Salvado, *op. cit*. p. 258.

④ Brough Smyth, *op. cit*. i. 428.

⑤ *Ibid*. i. 423.

一个谆谆教导道德准则的至高存在,就委实容易形成完全错误的印象。① 关于澳大利亚中部的原住民,斯潘塞和吉伦先生说:"所有那些诸如来世幸福或不幸、奖善惩恶的观念,对他们而言都是完全陌生的……我们知道,没有哪个部落有这种信仰——有一至高存在,他依据个人的行为是否符合道德,奖赏或惩罚个人,此处我们是在土著的意义上使用道德一词的。"②施特雷洛先生证实,阿兰达人符合上述说法。他写道,阿兰达人的神灵阿尔特基拉——他住在天国,在闪电中向人展现自己——是一个善神,他从不会对人施加惩罚。③

据说,在某些波利尼西亚及美拉尼西亚岛屿,有一至高存在——毛利人称为伊偶(Io)④,萨摩亚人称为唐噶若亚(Tangaroa)⑤,社会群岛岛民称为塔若亚(Taaroa)⑥,等等⑦——但他太遥远、太模糊了,因而不能成为崇拜目标,他对人类的道德事务也没有兴趣。至少在某些事例里,他是人们对自然力量的朦胧的神化。于是伊偶被描述成"伟大的创生者、圣父,他弥漫于空间,没有住所,找不到他";土著关于唐

675

---

① Spencer and Gillen, *Northern Tribes of Central Australia*, p. 492 *sqq.*

② *Ibid*, p. 491.

③ Strehlow,转引自:Thomas, in *Folk-Lore*, xvi. 429 *sq.*。*Idem*,转引自:von Leonhardi, in *Globus*, xci. 287。

④ Gudgeon, 'Maori Religion,' in *Jour. Polynesian Soc.* xiv. 108 *sq.*

⑤ *Ibid*. p. 108 *sq.*

⑥ Ellis, *Polynesian Researches*, i. 323 *sqq.*

⑦ Tylor, *op. cit.* ii. 344 *sqq.* Hoffmann, *La notion de l'Être suprême chez les peuples non civilisés*, p. 70 *sqq.*

噶若亚的观念也同样抽象。^① 古比先生得知,所罗门群岛中的珍宝岛和肖特兰群岛的土著信仰一位善神,他住在一块令人愉快的土地上,所有好人死后都会去到那里;而所有坏人死后都要送往布干维尔岛活火山巴加纳山的火山口,这里是恶神及其同伴神灵的家。^② 但这个信仰带有过多的基督教地狱的味道,没有进一步的证据,不能当真。

婆罗洲的沿海达雅克人信仰一位称作巴塔拉(Batara)或皮塔拉(Petara)的伟大善神,他创造了世界,统治着世界,他是各种幸福的原因。他不易受到人类影响,因而也不为人崇拜。但他赞成勤勉、诚实、说话干净、言行老练。他惩处偷盗、不公、不敬老人、通奸;若未婚之人有不道德的行为,皮塔拉就会给大地带来一场雨灾,以示惩罚。佩勒姆先生讲,总之,他反对人的罪孽;不过,除了道德过失,仅仅是违背禁忌,也产生了许多罪孽,这些罪孽远超道德过失。^③ 与蒙昧人的其他许多神灵一样,皮塔拉缺乏个性。土著根本就不把他当作至高无上的神灵,一般的信仰是,有许多皮塔拉神——事实上有多少人,就有多少皮塔拉。人们说,每个人都有自己专门的皮塔拉,就是他自己的保护神,而某人之所以不幸,是因为他的皮塔拉也是不幸的。^④ 然而,当我们发现巴塔拉或皮塔拉的名

① Gudgeon, in *Jour. Polynesian Soc.* xiv. 108.

② Guppy, *Solomon Islands*, p. 53.

③ Perham, 'Petara,' in *Jour. Straits Branch Roy. Asiatic Soc.* no. 8, p. 149 *sq.* St. John, *Life in the Forests of the Far East*, i. 69 *sq.* Selenka, *op. cit.* p. 97 *sqq.*

④ Perham, in *Jour. Straits Branch Roy. Asiatic Soc.* no. 8, p. 134 *sq.*

称明显借用于梵语时——在梵语里,皮塔拉(*bhaṭṭâra*)一词的意思是"主"或"主人"[①]——我们就不会对上述说法那么感兴趣了。马来半岛其他一些民族的伟大神灵,其名称取自阿拉伯语——拉哈塔拉、拉塔拉或哈塔拉,来自安拉·塔阿拉(*Allah ta'âla*[②])。因此,当我们听说,布拉的阿尔弗拉人讲,他们的至高神灵拉哈塔拉在书上写下人的行为,以便按人们所应得的奖善惩恶,自然就很容易让人想起伊斯兰教的影响。[③]

据报道,安达曼岛民信仰一个叫普鲁噶(Pūluga)的至高存在,他从未诞生,并且是不朽的,他创造了世界、万物,白天时他无所不知,甚至知道人们心里的想法。尽管他对不幸之人充满怜悯,但也会为人们犯下的罪孽——说谎、偷盗、斗殴、谋杀、通奸、烧蜡——而发火。他是法官,人死后每个灵魂都从他那里收到判决。他会把死者的"精灵"送往大地之下的整个区域,在那里等待复活。死者的"灵魂"则要么进入天堂,要么进入可称为炼狱的受罚之地——如果死者生前犯有谋杀这样的极恶之罪的话。复活时,灵魂(恶从中发生)和精灵(善从中发生)会重新合为一体,此后便在新的地方长久生活下去,因为此时邪恶者的灵魂已经在居于"炼狱"期间因受到惩罚而被改造。[④] 曼恩先生为我们提供了这些描述。他认为,关于

---

　　① Perham, in *Jour. Straits Branch Roy. Asiatic Soc.* no. 8, p. 133. Wilken, *Het Animisme*, p. 162.

　　② *Allah* 即伊斯兰信徒的"安拉",*ta 'âla* 意为"他伟大""他崇高"。——译者

　　③ Wilken, *op. cit.* pp. 162, 240 *sq.*

　　④ Man, 'Aboriginal Inhabitants of the Andaman Islands,' in *Jour. Anthr. Inst.* xii. 112, 157, 158, 161 *sq.*

普鲁噶,关于善恶之力量,关于超出于坟墓的世界的种种传说,不可能是传教士或其他人教导的结果。① 但是,我们对这些岛民过去的历史所知甚少,因而,他关于这些传说系土生土长的假定就难以验证。考虑到他们处于较低的文化发展阶段,曼恩先生记载的某些观念所体现出的精妙的玄想肯定会更加令人惊讶,如果印度离他们不是那么近的话。

　　缅甸的克伦人持有一个信仰——地府有个国王或判官,677 站在地府门口,他可以接纳或拒绝那些申请进入他的王国的人。他决定着每个人的未来。行善之人会被送往上面的幸福之地;作恶——例如殴打父母——之人就送往正等着的地府之王;既未行善又未作恶之人则被送往地府的某个地方。② 与此同时,有人讲,克伦人关于未来世界的观念混乱含糊、自相矛盾。梅森先生写道:"在他们的观念里,不同的体系似乎混作一团。在我看来,在克伦人土生土长的观念里,未来世界与此世极为相似——位于大地之下,居民做的事跟今世一样。"③ 拉杰马哈尔山区的帕哈里亚人相信,那些不服从造物主贝多·格赛因命令的人,其灵魂会被宣判到蔬菜王国的某处居住若干年,或丢入一个火坑,犯事者将在那里经受永久的惩罚或转世成猫、狗。另一方面,在世时行善之人的灵魂会受到奖赏,他们首先在天国里跟贝多·格赛因幸福地生活一小段时间,然后在女儿国转世,提拔到很受尊敬的位置,并且会

---

① Man,'Aboriginal Inhabitants of the Andaman Islands,' in *Jour. Anthr. Inst.* p. 156.
② Mason, in *Jour. Asiatic Soc. Bengal*, xxxiv. 196.
③ *Ibid.* p. 195.

拥有丰富的世俗财物。① 肖中尉是向我们提供相关信息的主
要作者,他从这些观念当中看到了印度教的踪迹。② 由于缺
乏详细的信息,因而无法判断,对造物主和天国法官的这种在
印度其他一些未开化部落那里也存在的信仰,是否可以归结
为某种相似的影响。住在孟加拉中部的科尔人里的蒙达人认
为,善良、万能的辛博加(Singbonga)大神住在天上,与太阳在
一起,他创造了万物。他离人如此之远,几乎不关心世俗事
务,仅仅在例外情况下才成为人们的崇拜目标;但他能看见发
生的任何事,据说他惩罚偷盗、不诚实。③ 库基人也认可一位
仁慈、万能的神和造物主,称作普辛(Puthén),他是凡人的判
官,既在今世也在来世惩罚恶者。④

678

　　日本阿伊努人信仰一位伟大的神灵或造物主,他赐给好
人幸福,让坏人生病——如果他们没有悔意的话。阿伊努人
也讲,好人死后会到"大神之岛"或"神灵之国",去过幸福的生
活;而坏人会去"坏岛"或"潮湿的地下世界",他们要在那里忍
受不适,或如某些阿伊努人所言,被永恒之火焚烧。⑤ 关于不
信基督的萨摩耶德人,据说他们视伟大的纳姆(Num)为宇宙

---

① Shaw,'Inhabitants of the Hills near Rájamahall,' in *Asiatick Researches*,iv.
48 *sqq.* Sherwill,'Tour through the Rájmahal Hills,' in *Jour. Asiatic Soc. Bengal*,xx.
556.

② Shaw,in *Asiatick Researches*,iv. 46.

③ Jellinghaus,'Sagen,Sitten und Gebräuche der Munda-Kolhs in Chota
Nagpore,' in *Zeitschr. f. Ethnologie*,iii. 330 sq.

④ Stewart,'Northern Cachar,' in *Jour. Asiatic Soc. Bengal*,xxiv. 628.

⑤ von Siebold,*Die Aino auf der Insel Yesso*,p. 24. Batchelor,*Ainu of Japan*,
pp. 199,235 *sqq.* Howard,*Life with Trans-Siberian Savages*,p. 193.

的创造者,为全能、全知的存在,他保护无辜者,奖赏好人,惩罚恶人。[1] 但在以前,萨摩耶德人信仰的原始的纳姆仅仅是天,纳姆离这些在冰冻的平原上游荡的游牧民太远,无法干预世事,无法预防灾难或实现他们的幸福;现在的萨摩耶德人则相信,纳姆能采取有先见之明的行动,监视着世事,"我们从中可足够清楚地看到传教士的影响及基督教信仰的影子"。[2]

林克博士声称,格陵兰人将托纳苏克(Tornarsuk)视为至高存在,他们依靠他获得超自然的帮助,而所有为同胞的利益奋斗过、受过苦的人,死后都会在他位于大地深处的居所过上幸福的生活。[3] 然而,南森博士的看法却是,土著对托纳苏克的信仰在很大程度上受到了传教士的影响。[4] 霍尔姆船长讲到了格陵兰东部的昂马格萨利克人。在那里,托纳苏克被说成是一个怪物,他住在海里,有一头大海豹那么长,但更加粗大。[5] 由这些描述可清楚地看出,托纳苏克并非如一般所说的那样是那么卓越的一个存在。而从艾格德的可追溯到18世纪早期的描述来看,托纳苏克的正义观——如果他有正义观的话——在以前的时代里肯定是很有限的,因为他只把

---

[1] Castrén, *op. cit.* iii. 14.

[2] Jackson, in *Jour. Anthr. Inst.* xxiv. 398. 另见:Castrén, *op. cit.* iii. 14-16, 182 *sqq.*。

[3] Rink, *Greenland*, p. 141.

[4] Nansen, *Eskimo Life*, p. 242.

[5] Holm, 'Ethnologisk Skizze af Angmagsalikerne,' in *Meddelelser om Grönland*, x. 115.

分娩中死去的妇女和在海上死去的男人带往他在地下的极乐世界。①

679 　　北美印第安人的叙述中经常提到的"大神"被描述得过于崇高、遥远,以致对人们的命运和行为没有太大兴趣,他也被说成天性过于仁慈,以至不要求安抚和崇拜。斯库克拉夫特断言,在印第安人的口头传说中,他们并不试图"因偏离美德、好心、真理或其他形式的道德权利的行为而让人对大神负责,不管是当下还是以后。印第安人的超验的大神以仁慈、慈悲为基本特征,他并不对世俗事务进行公正的管理,事实上,他反而任世间充斥着人形的恶魔,任恶魔统治着世俗事务。"②但仍有一些例子,印第安人以一种不同的方式讲到他。易洛魁人讲,他们最重要的道德准则"来自于大神的意志,就是服从他的要求,让他满意";③尽管大神对他们的德行很满意,但仍憎恶他们的恶习,因而不仅在今世,也在来世因他们的坏行为而惩罚他们。④ 伯塔瓦托米人认为,大神会发怒而惩罚强奸犯。⑤ 提拉瓦是波尼人的至高存在,他赞扬勇敢,憎恶偷盗,以灭绝的方式惩罚恶人,让好人跟他一起住在他天国的居所。⑥ 亚拉巴马的印第安人告诉博叙,那些行事蠢笨、不尊重至高存在之人,死后会去到满是荆棘的不毛之地,不能打猎,

---

① Egede, *Description of Greenland*, p. 197.
② Schoolcraft, *op. cit.* i. 35.
③ Morgan, *League of the Iroquois*, p. 172.
④ Seaver, *Narrative of the Life of Mrs. Jemison*, p. 155.
⑤ Keating, *Expedition to the Source of St. Peter's River*, i. 127.
⑥ Grinnell, *Pawnee Hero Stories*, p. 355. Lang, *Making of Religion*, p. 257.

也没有老婆，而那些不抢不杀、不夺人妻之人，死后会占据一块肥沃的土地，过上幸福的生活。① 基廷讲，按照达科他人的信仰，如果是好人且性情平和，或者死于敌人之手，死后就能去到大神的居所，反之，如果死于与同胞的争斗，死后就只能去到恶神的居所。② 然而，其他权威并不支持这种说法。同样是关于这些印第安人，普雷斯科特写道："他们几乎没有在来世永远惩处罪孽的观念：事实上，他们基本上不知道大神与他们的事务有什么关系，不管是今世还是来世的事务。"③ 在奥马哈人和彭加人中——他们是同一印第安民族的两个分支——老年人常常对同部落人说："如果你是好人，死后你会到好的鬼魂那里；如果你是坏人，你会到坏的鬼魂那里。"而根本就没讲到跟瓦坎达大神或恶魔住在一起的事。④ 关于北美印第安人大神观念的起源，人们表达了不同的看法。一方面，有人讲，大神观念实质上就是"印第安人对白人之神的观念"，蒙昧人中受过教育的人才有此种观念，没受过教育的人则没有。⑤ 另一方面，有人讲，对大神的信仰必定是土生土长的，因为据报道，在最早的基督教传教士到来之前，他们就有了这

680

---

① Bossu, *Travels through Louisiana*, i. 256 *sq.*

② Keating, *op. cit.* i. 393 *sq.*

③ Schoolcraft, *op. cit.* ii. 195. *Cf. ibid.* iii. 229.

④ Dorsey, 'Siouan Cults,' in *Ann. Rep. Bur. Ethn.* xi. 419.

⑤ Smith, 'Myths of the Iroquois,' in *Ann. Rep. Bur. Ethn.* ii. 112. Tylor, 'Limits of Savage Religion,' in *Jour. Anthr. Inst.* xxi. 284. Boyle, 'Paganism of the Civilised Iroquois,' *ibid.* xxx. 266.

种观念。① 然而很可惜,我们无法确定,为我们提供信息的人是否准确诠释了印第安人的信仰。多西先生指出,错误的根源在于对印第安人的术语和措辞的误解,而这误解却结出了累累硕果。② 达科他人的词汇瓦坎达被错误地译成"大神",它的意思不过是"神秘"或"神秘的",它指某种性质,而非具体的实体。在许多部落,太阳是瓦坎达,同样是在这些部落,月亮也是瓦坎达,雷、闪电、星星、风、某些动物、树木、具有显著特征的无生命物体或地方,都可以是瓦坎达;甚至某个人,特别是巫医,也可当成瓦坎达。③ 梅诺米尼人的术语玛莎玛尼多(*mashä ma'nidō*),意为"伟大的未知之物",也不应理解为这表明印第安人信仰某一至高存在;存在着多个玛尼多,每一个在其领域内都是至高无上的,也存在着许多次要的神秘之物、神灵、精灵。④ 多西先生还注意到,在许多情形下,印第安人与白人交流时,也乐于采纳文明人的措辞;但他们与自己人讲话时仍使用他们自己的术语。⑤ 同时在我看来,如果大神观念整个起源于基督教,我们就可预期能够发现某种道德报应的观念,这种观念比之上述陈述所暗示的,更经常地与大神

---

① Lang, *Making of Religion*, p. 251 *sqq. Idem*, *Magic and Religion*, p. 19 *sqq.* Hoffmann, *op. cit.* p. 86 *sq.*

② Dorsey, in *Ann. Rep. Bur. Ethn.* xi. 365 *sq.*

③ *Ibid.* p. 366. McGee, in *Ann. Rep. Bur. Ethn.* xv, 181 *sqq. Cf.* James, *Expedition to the Rocky Mountains*, i. 268; Tylor, *op. cit.* ii. 343.

④ Hoffman, 'Menomini Indians,' in *Ann. Rep. Bur. Ethn.* xiv. 39, n. 1. *Cf.* Parkman, *Jesuits in North America*, p. lxxix.

⑤ Dorsey, in *Ann. Rep. Bur. Ethn.* xi. 365. 另见: Smith, *ibid.* ii. 112。

观念相联系。可能在北美印第安人乃至其他一些民族中,通 ₆₈₁
过对自然中具有神秘性质的事物的人格化,对某种类似于至
高存在的朦胧观念就得以产生。① 但即便如此,大神对人类
事务几无兴趣这一点,依然可能是由于传教士的影响。大神
对人类事务有兴趣,这肯定不是大神本性的一个原初特征。
在易洛魁人和波尼人中,他们认为他们的大神也是道德法官,
大神也收受祭品——②这种情况说明,不应把此大神看作他
这一类的典型代表。

在南美,也发现有几个部落信仰某仁慈的大神,后者对人
们的行为漠不关心,也不为人所崇拜。③ 然而,一位 1774—
1775 年间在巴西旅行的葡萄牙官员告诉我们,帕塞人有造物
主观念,他奖赏好人,允许好人的灵魂跟他待在一起,惩罚恶
人,把恶人灵魂变成邪恶精灵。④ 但据贝茨,"这些观念远远
超前于所有其他印第安部落的观念……我们只得假定,某些
善于学习的帕塞人从早期的某个传教士或旅行者那里拿来了
这些观念"。⑤ 关于火地人,菲茨罗伊船长写道:"土著相信,

---

① 斯库克拉夫特讲(*op. cit.* i. 15),土著信仰的伟大神灵是"宇宙之灵,无所不
在,创生万物",土著相信,大神以世上任何可能的有生命或无生命的形式存在。关于
提拉瓦神,土著相信,他"存在于万物,同时又是万物"(见第一卷第 448 页)。

② Seaver,*op. cit.* p. 155. 见第一卷第 448 页。

③ Bernau,*Missionary Labours in British Guiana*,p. 49. Hoffmann,*op. cit.* p. 90
sqq.

④ Ribeiro de Sampaio,*Diano da viagem*,p. 79.

⑤ Bates,*The Naturalist on the River Amazons*,ii. 244. *Cf. Ibid.* ii. 162;
Dobrizhoffer,*Account of the Abipones*,ii. 57 *sq.*;Müller,*Geschichte der Amerikanischen
Urreligionen*,p. 289.

有个伟大的黑人终日在林间、山里游荡,他肯定知道人们说的每一句话、做的每一件事,人无法逃脱他,他依据人的行为影响天气。"关于影响天气这一点,菲茨罗伊船长举了下面的例子。一个土著讲述了他兄弟的故事。有次某在林间游荡、靠偷盗为生的野人个偷了他兄弟一只鸟,他兄弟就杀了此人。后来他兄弟对所做之事非常后悔,尤其是在开始刮大风的时候。讲这个故事时,这个土著说道:"雨落下——雪落下——冰雹落下——风吹——吹,吹得很猛。杀人很不好。林中的大人不喜欢,他很生气。"同样是这个土著,他还指责小猎犬号上的外科医生射杀了与老鸭在一起的小鸭子——"射杀了小鸭子很不好——风来吧——雨来吧——风吹吧——拼命吹吧。"①而在后面这个事例里,土著并未提及林间黑人。安德鲁·朗格先生从菲茨罗伊船长的描述中得出了一个结论——火地人已发展出关于某崇高神灵的观念,此神灵是道德法官,他伸张正义,检视人心,他几乎精确地知道麻雀的落点,他的德行远远高于普通蒙昧人的标准,因此他把杀戮在劫掠中当场抓获的陌生人或敌人视为罪孽。② 上面讲到的神灵,可视为作者探讨蒙昧人信仰的至高存在时所讲到的典型神灵。而一个道德神灵与一个神怪故事里的天气巫医——他住在林间,若某个也住在林间的野人被杀,他就让坏天气出现——之间终究还是有某种差别的。最可信赖的火地人的权威布里奇

---

① King and Fitzroy, *Voyages of the "Adventure" and "Beagle*," ii. 180.

② Lang, *Making of Religion*, pp. 188, 198. 霍夫曼先生对于火地岛黑人也有着同样的说法 (*op. cit*. p. 40)。

斯先生根本没提到上面所讲的黑人,而是说到,火地人中几乎所有老者都是巫医,这些术士经常发出咒语,似乎是在向称为爱阿帕卡尔(Aïapakal)的某神秘存在讲话。他们也信仰另一称为荷阿基尔斯(Hoakils)的神灵,他们自称从此神灵那里获得了主宰生死的超自然力。[1]

非洲南部的布须曼人是另一相当落后的民族,朗格先生和霍夫曼先生都讲到过他们信仰某至高存在。[2] 一个土著告诉奥彭先生,卡戈恩大神(Cagn)创造了万物,人们向他祈祷——"卡戈恩! 卡戈恩! 我们不是你的孩子吗? 你没看到我们饿了吗? 给我们吃的。"他就双手满满地给了他们所要的东西。但尽管最初他对人很好,后来他"受了损伤,因为他与那么多事物战斗"。[3] 不过,还有一位从小就与布须曼人接触很多并且了解他们的语言的人士,据他的说法,布须曼人并不信仰某位神灵或人们的伟大的父,而是信仰一个用左手创造了万物的恶魔。[4] 霍屯督人将楚格博(Tsui-goab)描述成"一切幸福的赐予者、天国之父、圣父、终日为其人民战斗的复仇者"。于是他们就把他视为部落祖先,但他们也用楚格博称呼太空。[5] 事实上,在非洲那些异教徒中,人们广泛信仰某个仁

683

---

① Bridges,转引自: Hyades and Deniker,*Mission scientifique du Cap Horn*,vii. 256。

② Lang,*Making of Religion*,p. 210. Hoffmann,*op. cit.* p. 40 *sq.*

③ Orpen,'Glimpse into the Mythology of the Maluti Bushmen,' in *The Cape Monthly Magazine*,N. S. ix. 2.

④ Campbell,*Second Journey in the Interior of South Africa*,i. 29.

⑤ Hahn,*The Supreme Being of the Khoi-Khoi*,pp. 122,126 *sq.*

慈、至高的神灵——他是造物主,他住在天上,一般不关心人间事务,基本上不受人崇拜,总是对善恶漠不关心。[1] 在一些罕见的例子里,只有他被说成是人类行为的判官。于是某些贝专纳人相信,有个叫芒格林托(Mongalinto)的存在——土著含糊地称之为主、万物之主——他以闪电击打盗贼,惩罚他们。[2] 据以前的一位作者桑托斯神父,非洲东南部索法拉一带的土著信仰一个叫莫兰格(Molungo)的神灵,"土著认为,他因今世的善恶确定了今世及来世的报应"。他们相信存在27个天堂,天堂里的每个人都根据在世时的德行过着幸福的生活;而在世时作恶之人,死后会被判不得见到神圣的莫兰格,还要依其在世时作的恶,在他们认为存在的 13 个地狱中

---

① Livingstone, *Missionary Travels*, p. 641 (tribes of the Zambesi). Rattray, *Stories and Songs in Chinyanja*, p. 198 (natives of Central Angoniland). Stigand, 'Natives of Nyassaland,' in *Jour. Roy. Anthr. Inst.* xxxvii. 130. Roscoe, 'Bahima,' *ibid*. xxxvii. 108 *sq*. Wilson and Felkin, *Uganda*, i. 206. Beltrame, *Il Fiume Bianco e i Dénka*, pp. 191, 192, 276 *sq*. Kingsley, 'Fetish View of the Human Soul,' in *Folk-Lore*, viii. 142 *sq*.; *Idem*, *Travels in West Africa*, pp. 442, 508. Parkinson, 'Asaba People of the Niger,' in *Jour. Anthr. Inst.* xxxvi. 312. Bosman, *Description of the Coast of Guinea*, pp. 121 *sq*. (Gold Coast natives), 348 (Slave Coast natives). Cruickshank, *Eighteen Years on the Gold Coast*, ii. 126 *sq*. Ellis, *Tshi-speaking Peoples of the Gold Coast*, p. 26 *sqq*. *Idem*, *Ewe-speaking Peoples of the Slave Coast*, p. 33 *sq*. Winterbottom, *Native Aficans in the Neighbourhood of Sierra Leone*, i. 223. Wilson, *Western Africa*, p. 209 (natives of Northern Guinea). Rowley, *Religion of the Africans*, pp. 15, 16, 54. Tylor, *op. cit*, ii. 347 *sqq*. Lang, *Making of Religion*, p. 230 *sqq*. Hoffmann, *op. cit.* p. 45 *sqq*.

② Arbousset and Daumas, *Exploratory Tour to the North-East of the Colony of Good Hope*, p. 322 *sq*.

的某一个里受折磨。① 巴鲁巴人是赤道非洲一带班图人的一支,他们信仰一个叫非蒂-姆库鲁(Fidi-Mukullu)的造物主,他在作恶者的灵魂转世以前惩罚它们,好人死后则马上转世成头人或其他重要人物。② 阿温巴人是另一支班图人,他们住在坦噶尼喀湖和班韦乌卢湖之间的一块土地上,信仰一个叫丽萨(Leza)的至高存在,"他是死者判官,判决盗贼、通奸者、谋杀者到恶神之国,把好人提升到善神的地位"。③ 坦噶尼喀湖一带的其他土著信仰一个叫卡比萨(Kabesa)的造物主,他住在天国,准许好人死后灵魂到他的居所,但排斥恶人的灵魂。④ 英属东非的阿基库尤人信仰三个神灵,都叫恩该。不过其中某个神灵被视为至高之神。"如果某人是好人,这个恩该就会给他许多财产;如果是坏人,这个恩该就让他生病倒下,让他的牲口变少……如果某人突然死亡,例如被雷电劈死,人们就说他生前做了坏事,恩该惩罚了他。"⑤ 普罗雅先生告诉我们,卢安果的黑人信仰一个叫赞姆比(Zambi)的至高存在,他创造了世上所有好的东西,他本身也善良,喜欢别人的正义行为,严厉惩处欺骗、背信弃义。⑥ 当然,我们不可能

---

① Santos,'History of Eastern Ethiopia,' in Pinkerton, *Collection of Voyages and Travels*, xvi. 687.

② Wissmann, Wolf, &c., *Im Innern Afrikas*, p. 158. Wissmann, *Quer durch Afrika*, p. 379.

③ Sheane,'Awemba Religion,'in *Jour. Anthr. Inst.* xxxvi. 150 sq.

④ Schneider, *Die Religion der afrikanischen Naturvölker*, p. 84.

⑤ Tate,'Kikuyu Tribe,' in *Jour. Anthr. Inst.* xxxiv. 263.

⑥ Proyart,'History of Loango,' in Pinkerton, *Collection of Voyages and Travels*, xvi. 594.

确切地知道上述说法在多大程度上体现了未受外来影响的本土信仰。卡拉韦主教在批评科尔布关于霍屯督人信仰的至高至善之神的说法时,说道:"向不信基督的蒙昧人询问他们教义的特征,跟他们谈话时告诉他们从未听说过的观念,他们马上再把这些观念当作他们自己本来就有的信仰,这是极容易发生之事。而事实上,这些观念不过是某个人自己的思想回声而已。"[1]关于西非土著,金斯利女士同样说道,他们非常善于消化外来信仰,而一旦他们掌握了某个新观念,传播这观念的传教士过世很久之后,这个观念仍会留在他们脑子里。[2]而除了传教士的教导,在非洲还有几项因素在数个世纪里促进着外来观念的引入,即与欧洲定居者的交往、奴隶贸易、伊斯兰教的影响。[3] 但与此同时,看来极为可能的是,非洲土著对至高存在的信仰也有本土的根据。在许多情形下,这至高存在显然就是天神;[4]而他也可以是某位神话中的祖先,例如霍屯督人的楚格博神、祖鲁人的安库伦库鲁神(Unkulunkulu);也可以是超自然存在的人格化,例如马萨伊人的恩该神、芒贝图人的基里玛神、马达加斯加人的安德里亚马尼特拉神;[5]也可以是蒙昧人假定的某些事物——它们格外令蒙昧人感到敬畏——的成因。据威尔逊先生,在新几内亚北部的土著那里,

---

[1]　Callaway, *Religious System of the Amazulu*, p. 105 *sq*.

[2]　Kingsley, in *Folk-Lore*, viii. 150.

[3]　*Cf*. Rowley, *Religion of the Africans*, pp. 28, 90; Wilson, *Western Africa*, p. 229 *sq*.; Cruickshank, *op. cit.* ii. 126.

[4]　见: Tylor, *op. cit.* ii. 347 *sqq*.。

[5]　见前文第 586 页及以下。

"超出于人或精灵——土著认为精灵的地位比人高一些——的力量而在自然世界发生的任何事情，都会马上自发地归因于神的作用。"[①]非但如此，出于我马上就要说出的原因，我甚至持有这种看法——有时非洲异教徒认为，他们的大神也承担着道德判官的角色，这在某些情形下是独立起源于土著那里的。

因此，一般说来，蒙昧人信仰的圣父、至高存在、崇高神灵，似乎可以追溯到几个不同的来源。在他不是外来神灵时，他可以是神话中的先祖或头人；或者是天或太阳这样大而遥远的自然物体的神化；或者是神秘之物或自然力之人格化或人格化的成因。有一种观点认为，由于对如此之存在的信仰是在既不崇拜祖先也不崇拜自然[②]的蒙昧人当中盛行的，所以此信仰"不可化约"。考虑到这一存在本身总的来说并非崇拜目标这一事实，上述观点就变得无足轻重了。在某些情形下，我们有理由假定，即使关于至高存在的观念基本是在本土起源的，外来观念也已嫁接到此观念上；特别是关于在来世扬善惩恶的天国法官的观念，就属于这些情形。但是我们没有资格假定，道德报应是大神的职责这一观念在任何情形下都来自文明程度更高的族群。神话里的某位先祖或头人可以自觉地赞成美德而反对恶习；此外，对于土著习惯于在诅咒或誓言中向之祈求的某位神灵而言，正义也容易成为他的特征。我们

686

①　Wilson，*op. cit*. p. 209. 另见：Livingstone，*Expedition to the Zambesi*，p. 521 *sq.*（前文第 594 页已有引用）。

②　Lang，*Magic and Religion*，p. 42. Hoffmann，*op. cit*. pp. 122，126，131.

的权威有时就直接讲，蒙昧人向这至高存在做出祈求。休伦人在
郑重地作长篇大论时，会呼唤天神奥卡伊（Oki）。[1] 卢安果的黑人
相信至高存在赞姆比会惩罚欺诈和背信弃义，他们发誓时就呼唤
他的名字。[2] 阿温巴人相信，至高神灵丽萨奖赏好人，惩处盗贼、
通奸者、谋杀者，他们在祈福和诅咒时就向丽萨祈求，受害方会祈
求丽萨派出一头狮子去吃掉作恶者。[3] 奴隶海岸一带说埃维语的
霍人部落讲，麻乌大神（Mawu）惩罚邪恶，法官、原告、被告在诉讼
中经常祈求大神。[4] 在几内亚北部，在批准一项重要条约或某人
被判要受"红水之刑"考验时，要郑重念至高存在的名字三次。[5]
据说在姆蓬圭人那里，"不同部落间要签订协议时，总会祈求至高
存在姆维特伊充作见证人，并请他承担向违反约定的一方复仇的
责任。不这样做，他们的民族条约就没有或几乎没有效力。通过
某部法律时，若人们希望这部法律特别有约束力，就会祈求姆维特
伊对每个违法者实施复仇，一般而言，这足以保证人们守法。"[6] 在
东非的瓦坎巴人那里，嫌疑犯要受短柄小斧之刑的考验，法师会让
他反复说下面的话——"如果我偷了这种那种财物，或犯了这种罪
行，就让姆伦谷报应我；但若我没偷盗，或没做这件恶事，他会拯救
我。"法师接着就会把烧得又红又烫的烙铁放到被告伸出的手上；
而人们相信，如果他有罪，他的手就会被烫伤，但如果他是无辜的，

687

① Tylor, *op. cit.* ii. 342.

② Proyart, *loc. cit.* p. 594.

③ Sheane, in *Jour. Anthr. Inst.* xxxvi. 151.

④ Spieth, *Die Ewe-Stämme*, p. 415.

⑤ Wilson, *Western Africa*, p. 210.

⑥ *Ibid.* p. 392.

他就不会受伤。① 在马萨伊人中，如某人被控偷牛，他就要喝下血和牛奶的混合物，经受考验，他首先要发誓："神啊，我喝了这血，如果我偷了牛，这血会杀死我。"如果他两周内没死，就会被视为无辜者。② 非洲中部的马迪人有各种神判法考验嫌疑犯，土著相信，采用神判法可识出嫌疑犯的罪行；而"在付诸神判法考验之前，嫌疑犯就向天上看，向看不见的存在郑重祈求，如有罪就惩罚他，如无罪就帮助他"。③ 赞比西一带的土著都有着至高存在的观念，利文斯通讲，他们经受神判法考验时，"会把手举向天国的统治者，仿佛在吁求他肯定他们是无辜的"。④

经常有人讲，誓言和神判法说明，人们信仰作为真理和正义捍卫者的诸神，它们"是向神灵的道德本性的吁求"。⑤ 若果真如此，道德报应肯定就应当是蒙昧人的诸神极其常见的职责。但是，我们前面就已看到，⑥归之于誓言的效力最初带有法术特征，而如果誓言包含了对某位神明的吁求，按照原始观念，这位神灵就是向其祈求的这个人手中的工具。神判法实质上也是法术仪式。至少在许多情形下，它包含着一个与被怀疑之人的罪孽或无辜有关的诅咒或誓言，因而神判法本身的目的就是确定人们的怀疑是否正确，

688

---

① Krapf, *Travels in Eastern Africa*, p. 173.

② Merker, *Die Masai*, p. 211.

③ Felkin, 'Notes on the Madi,' in *Proceed. Roy. Soc. Edinburgh*, xii. 334.

④ Livingstone, *Missionary Travels*, p. 641 *sq*.

⑤ Tiele, *Elements of the Science of Religion*, i. 86. Réville, *Les religions des peuples non-civilisés*, i. 103. Brinton, *Religions of Primitive Peoples*, p. 225. Schneider, *Religion der afrikanischen Naturvölker*, p. 255. Hodgson, *Miscellaneous Essays*, i. 126. Dahn, *Bausteine*, ii. 21, 24. Gummere, *Germanic Origins*, p. 183.

⑥ 见前文第 118 页及以下。

让诅咒变成现实。

于是在西非,常见的神判法——由喝下饮料或"吃掉神物"构成——通常伴随着一段誓言或诅咒。[1] 在卡拉巴尔,被指控之人在吞下称作姆比阿姆(*mbiam*)的居居[2]饮料——由脏东西和血混成——之前,要诵读以"如果我犯了这个罪"开头的誓言,誓言要以下面的话结束,"那么,姆比阿姆,你处理我吧!"使用这种神判法的时候,土著总是小心翼翼,完整诵读誓言。[3] 关于黄金海岸一带的黑人,博斯曼讲道:"如果有谁被人怀疑偷了东西,还没被正式控告,就会被迫使喝下发誓用的饮料,澄清自己,并下诅咒——如果他真犯了偷东西的罪,神物可以杀掉他。"[4] 在阿散蒂,"如果有谁否认偷了东西,就把一个玻璃珠放入一个小容器,里面放一些水,手拿容器之人的右脚顶着被指控之人的右脚,被指控之人要向珠子的力量祈求——如果他有罪就杀了他,接着把珠子及一点水放入嘴里"。[5] 在几内亚北部的黑人那里,执行"红水神判法"的时候,被指控者"向神的名字祈求三次,发出咒语,如果他犯了那个受到指控的特定的罪,就由神来惩处他"。接着他就向前走,随意喝下"红水"——木棉树属树木的内皮熬成的汁。如果红水使他恶心,大量呕吐,他立刻就会被宣布无罪,如果红

---

[1]　除下述外,另见：Monrad, *Skildring of Guinea-Kysten*, p. 35 *sq.* (Negroes of Accra); Beecham, *Ashantee*, p. 215 *sqq.*; Ratzel, *op. cit.* iii. 130。

[2]　居居(juju 或 ju-ju)是西非土著对带有法力之物的一种称呼。——译者

[3]　Kingsley, *Travels in West Africa*, p. 465.

[4]　Bosman, *op. cit.* p. 125.

[5]　Bowdich, *Mission to Ashantee*, p. 267.

水使他头晕,失去了自我控制,这就会被看作他犯了罪的证明。[1] 按照某古老的说法,塞拉利昂的黑人有一种"诅咒之水",由树皮和药草煮成。巫医把神杖放入锅里,使水流出锅,滴到嫌疑人的胳膊或腿上,接着对着水低语,说出以下话:"他犯了这个罪了吗? 或者他做了这个、那个了吗? 如果是,就让水烫伤他,烫掉他的皮肤。"如果此人未被烫伤,他们就认为他是无辜的,就继续审讯另外一个人,直到发现犯事者。[2] 在非洲东部的瓦查加人那里,巫医会给被指控之人有毒的饮料,说道:"如果你倒下了,就是你犯下了罪,说了谎,如果你还站着,我们就承认你说了真话。"[3]

在夏威夷人中,执行被称作瓦伊哈阿鲁鲁（*wai haalulu*）的神判法时,由僧侣祈祷,同时把一大盘水放在被告人面前,要求他用手把着水;如果手晃动了,他的命运就决定了。[4] 在吕宋岛的埃尔阿布拉一带的廷吉安人中,如果某人被控犯了某罪,而他否认犯罪,充当判官的村庄头人就当着他的面烧掉一捧稻草。被告人拿着一个土罐,说道:"如果我犯了被指控的罪名,我的肚子就变成土罐这样。"如果他的身体还是老样子,判官就宣布他无罪。[5] 下面的神判法为西伯利亚的通古斯人所使用。起一堆火,在被指控者的屋子旁边搭一个架子。

[1]　Wilson, *Western Africa*, p. 225 *sq.*

[2]　Dapper, *Africa*, p. 405.

[3]　Volkens, *Der Kilimandscharo*, p. 249.

[4]　Jarves, *History of the Hawaiian Islands*, p. 20.

[5]　Lala, *Philippine Islands*, p. 100.

接着割开一条狗的喉咙，让狗血流入一个容器。把狗的身子
放在火里的木头上，不过放在这个位置，狗的身子不会燃烧。
被指控之人就从火上过去，喝下两口狗血，剩下的狗血倒进火
里；接着把狗的身子放到架子上。然后被指控者就说道："狗
血在火里烧着了，我喝下的狗血也会在我身体里燃烧；放在架
子上的狗会被吃掉，如果我犯了罪，我同时也会被吃掉。"①

　　《旧约圣经》里提到的"疑恨审讯"指的是由祭司发出的一
种诅咒，大意是，被疑通奸的妇女被迫喝下的圣水会使她肚子
发胀，大腿腐烂。② 在印度，神判法被明确视为一种誓言，他
们用萨帕萨（*sapatha*）这一词汇同时表示神判法和誓言。③
我们在前面看到，在中世纪，每一场决斗断讼之前都要发誓，
誓言实质上就决定了决斗问题和罪责问题。④ 在拿起炙热的
烙铁，把烙铁放到被指控者手上之时，土著也是在祈求神灵揭
示真相。⑤ 关于举行圣餐仪式时的神判法，受考验之人要诵
读以下套话："如果不是如此，此时我主耶稣基督就不让我呼
吸，就勒住我的喉咙，让我窒息，让我马上死掉。"⑥

　　上述神判法包含着一个作为支配性要素的誓言或诅咒。其他

690

---

①　Hartland, *Legend of Perseus*, ii. 85 *sq.*

②　*Numbers*, v. 20 *sqq.*

③　Jolly, 'Beiträge zur indischen Rechtsgeschichte,' in *Zeitschr. d. Deutschen Morgenländischen Gesellsch*. xliv. 346. Oldenberg, *Die Religion des Veda*, p. 510, n. 1. 另见：Patetta, *Le ordalie*, p. 14.

④　见第一卷第 505 页。

⑤　Beames, in his *Translation of Glanville*, p. 351 *sq.*

⑥　Dahn, *op. cit.* ii. 16.

许多事例——我们的权威在对这类仪式的简短描述中尚未明确提到其中包含的诅咒——很可能也可以列入神判法的这个清单。既然法术活动常常带有未正式表达出来的诅咒的意味，那就更为可能了。[1] 不过某些神判法也可能有着不同的起源。女巫游泳俗[2]似乎产生于这一观念，即邪恶的东西会为水所排斥，无法沉入水底；[3]触摸被谋杀者尸体的神判法无疑起源于这一信仰，即被杀者的灵魂会在尸体旁逗留，直至为谋杀者的血所抚慰；"谋杀者靠近尸体，特别是用他被污染了的身子触碰尸体时，灵魂就会受到刺激，立刻会以血的形式——人们认为，灵魂存在于血里——出现，表露自己的愤慨。"[4]然而，即使并非所有神判法都有着这同样的根据，如果说所有民族都出于对某位神灵——他按其本性是真理和正义守护者——的信仰，而首先借助于这种方法揭示无辜和罪责，这似乎是不大可能的。

我们也不能仅仅由对来世——在这里，人们依其在世时的行为而受到这种或那种方式的奖惩——信仰之盛行，而对诸神的道德品格做出什么推断。据说，这样的信仰在未开化民族中是相当 691

---

① 例如参见：Westermarck, 'L-'âr, or the Transference of Conditional Curses in Morocco,' in *Anthropological Essays presented to E. B. Tylor*, p. 361 sqq. 。

② 16、17 世纪在欧洲较为流行的一种习俗。若人们怀疑某妇女为女巫，就会把她捆绑起来丢入水中。若她不能沉入水底，就判定她是女巫。——译者

③ Binsfeldius, *Tractatus de confessionibus maleficorum et sagarum*, p. 315. 苏格兰东北地区的人们相信，淹死的人尸体不会沉没，而是浮在水面 (Gregor, *Folk-Lore of the North-East of Scotland*, p. 208)。

④ Pitcairn, *Criminal Trials in Scotland*, iii. 187.

常见的；①尽管在一些个案中，此种信仰的出现是由于基督教或其

---

① Thomson, *Savage Island*, p. 94. Percy Smith, 'Futuna,' in *Jour. Polynesian Soc.* i. 39. Seemann, *Viti*, p. 400; Williams and Calvert, *Fiji*, p. 208. Codrington, *Melanesians*, p. 274 *sq.* (Banks' Islanders). Inglis, *New Hebrides*, p. 31; Turner, *Samoa*, p. 326 (people of Aneiteum). Campbell, *A Year in the New Hebrides*, p. 169 (people of Tana). Schwaner, *Borneo*, i. 183 (natives of the Barito district). Selenka, *op cit.* pp. 88, 94, 112 (Dyaks). von Brenner, *op. cit.* p. 240 (Bataks of Sumatra). de Mas, *Informe sobre el estado de las Islas Filipinas*, 'Orijen, &c.' p. 14. Best, 'Prehistoric Civilisation in the Philippines,' in *Jour. Polynesian Soc.* i. 200 (Tagalo-Bisaya tribes). Worcester, *Philippine Islands*, p. 110 (Tagbanuas of Palawan). Smeaton, *Loyal Karens of Burma*, p. 186 *sq.* Anderson, *Mandalay to Momien*, p. 146 (Kakhyens). Lewin, *Wild Races of South-Eastern India*, p. 243 *sq.* (Pankhos and Bunjogees). Hunter, *Rural Bengal*, i. 210 (Santals). Macrae, 'Account of the Kookies,' in *Asiatick Researches*, vii. 195; Butler, *Travels in Assam*, p. 88 (Kukis). Stewart, 'Notes on Northern Cachar,' in *Jour. Asiatic Soc. Bengal*, xxiv. 620 (Old Kukis), 632 (Nagas). Macpherson, *Memorials of Service in India*, p. 92 *sqq.* (Kandhs). Thurston, 'Todas of the Nilgiris,' in the Madras Government Museum's *Bulletin*, i. 166 *sq.* Breeks, *Tribes and Monuments of the Nīlagiris*, p. 28 (Todas and Badagas). Radloff, *op. cit.* p. 11 *sq.* (Turkish tribes of the Altai). Georgi, *Russia*, i. 106 (Chuvashes). Cranz, *History of Greenland*, i. 186. Hall, *Arctic Researches among the Esquimaux*, p. 571 *sq.* Lyon, *Private Journal*, p. 372 *sqq.* (Eskimo of Igloolik). Boas, 'Central Eskimo,' in *Ann. Rep. Bur. Ethn.* vi. 590. Nelson, 'Eskimo about Bering Strait,' *ibid*, xviii. 423. Douglas, 转引自：Petroff, *Report on Alaska*, p. 177 (Thlinkets)。Harrison, 'Religion and Family among the Haidas,' in *Jour. Anthr. Inst.* xxi. 17 *sqq.* 。Duncan, 转引自：Mayne, *Four Years in British Columbia*, p. 293 *sq.* (Coast Indians of British Columbia)。Mackenzie, *Voyages to the Frozen and Pacific Oceans*, p. cxix. (Chippewyans). Morgan, *League of the Iroquois*, p. 168 *sqq.* Harmon, *Journal of Voyages in the Interior of North America*, p. 364 *sq.* (Indians on the East side of the Rocky Mountains). Keating, *op. cit.* i. 110 *sq.* (Potawatomis); ii. 158 *sq.* (Chippewas). Say, 转引自：Dorsey, 'Siouan Cults,' in *Ann. Rep. Bur. Ethn.* xi. 422 (Kansas). Stevenson, 'Sia,' *ibid*. xi. 145 *sq.* 。Bartram, in *Trans. American Ethn. Soc.* iii. pt. i. 27 (Creek and Cherokee Indians). Powers, *Tribes of California*, pp. 34, 58, 59, 91, 110, 144, 155, 161. Buchanan, *North American Indians*, p. 235 *sqq.* ; Heriot, *Travels through the Canadas*, pp. 362, 536; Catlin, *North American Indians*, i. 156, and ii. 243; Domenech, *Great Deserts of North America*, ii. 380 (various Indian tribes of North America), von Martius, *Beiträge zur Ethnographie Amerika's*, i. 247 (Guatós). von den Steinen, *Unter den Naturvölkern Zentral-Brasiliens*, p. 435 (Paressi). de Azara, *Voyages dans l'Amérique méridionale*, ii. 138 (Payaguás). Bosman, *op. cit.* p. 424 (people of Benin). Wilson, *Western Africa*, p. 217 (Negroes of Northern Guinea). Reade, *Savage Africa*, p. 539 (Ibos). Mungo Park, *Travels in the Interior of Africa*, p. 250 (Mandingoes). Tylor, *op. cit.* ii. 83 *sqq.* Marillier, *La survivance de l'âme et l'idée de justice chez les peuples non civilisés*, p. 33 *sqq.* Steinmetz, *Ethnologische Studien zur ersten Entwicklung der Strafe*, ii. 368 *sqq.*

他外来影响，[①]我还是同意斯坦梅茨博士的看法，即我们没有资格 692
假定在所有情况下均是如此。[②] 蒙昧人的心灵本身似乎就以各种
方式逐渐形成了关于某种死后的道德报应的观念。首先，土著常
常认为，死者的情况取决于生者对他的照料。特纳先生听说，根据
波利尼西亚的圣奥古斯丁岛民的信仰，死者灵魂"如果是好的"，就
会到达天国中某光明而天气晴朗之地，"如果是不好的"，就会被送
往泥泞和黑暗之中；土著对他的下一个问题的回答表明，灵魂"好"
的意思就是，死者亲朋为他举办了一场好的丧葬宴会，灵魂"不好"
的意思就是，死者小气的亲朋什么都没拿出来。[③] 尽管特纳先生
看不出这两个词之间有什么道德上的区别，这种差别还是存在的。
关于新赫布里底群岛的埃法特人，麦克唐纳先生讲道："一个人在
来世是幸福还是悲惨，在一定程度上取决于他今世的生活。如果
他是一个可鄙的家伙，他死时人们为他举行的祭祀活动就很少，只
会为他屠宰很少的动物，陪伴他到精灵世界；因此他在来世便占据
着较低的地位，与他今世卑微的社会地位对应。麦克唐纳先生接
着说："这种信仰无疑很能激励人们努力生活，以便获得好评，在身
后也为自己留下可敬的回忆。"[④]布须曼人认为，死者最终会到达
某个有着丰盛食物的地方，他们会在某死去的亲朋身旁放一支矛，

---

① Cf. Tylor, *op. cit.* ii. 84, 91 *sqq.*; Marillier, *loc. cit.* p. 32 *sq.*

② Steinmetz, *Studien*, ii. 366 *sqq. Idem*, 'Continuität Oder Lohn und Strafe im Jenseits der Wilden,' in *Archiv f. Anthropologie*, xxiv. 577 *sqq.*

③ Turner, *Samoa*, p. 292 *sq.*

④ Macdonald, *Oceania*, p. 209.

当他复活时,他就可有个东西自卫、谋生;但如果他们讨厌这个人,就不会把矛放在他身边,这样他复活时,要么会被杀掉,要么会挨饿。[1] 死者也会受到他们活着时害过的人的诅咒。在班克斯群岛的莫特拉夫岛,亲人"照看着在世时行事不检之人的坟墓,唯恐被他害过的人夜里过来,用石头砸墓,诅咒他"。[2] 在加瓦岛的同一个的土著族群那里,"某个大人物去世时,他的亲朋不会让别人知道此事,以防他压迫过的那些人前来朝他吐口水,或者站着与他争吵——把手指弯成钩形放进嘴里,以示诅咒"。[3] 毛利人小心地提防亲人的尸骨落入敌人之手,"敌人会说出很多刻薄的嘲讽之语和诅咒,以亵渎、凌辱尸骨"。[4] 再者,一个人也可以在活着时直接为自己来世的安逸生活做准备,而如果他为此做的事能得到别人的赞成,他所做的事的结果就容易被人们解释成对他做此事的酬报。于是印度的库基人相信,一个人杀死的所有敌人,都会在他来世的住处做奴仆侍奉他;[5]而这个信仰很可能也表明他们有种看法,即没有什么比毁灭掉一些敌人更能确定地保证来世的幸福。[6] 我们也得进一步注意到这个观念,即一个人死后的品格或多或少还跟在世时一样。因此,有的土著人群相信,坏人的灵魂会转世成令人

693

---

[1] Campbell, *Second Journey in the Interior of South Africa*, i. 29.

[2] Codrington, *op. cit.* p. 269.

[3] *Ibid*. p. 269.

[4] Colenso, *Maori Races*, p. 28.

[5] Dolton, *Ethnology of Bengal*, p. 46.

[6] Macrae, 'Account of the Kookies,' in *Asiatick Researches*, vii. 195.

讨厌的动物,①或者变成恶鬼,②于是就会产生一种观念,即他们只能如此,这是对其恶行的惩罚。③　土著人群也相信,人们死后仍具有喜欢报复的情感,犯事者在另一个世界不得不忍受他们在今世害过的那些人的折磨。④　印度中部的一些那加部族认为,"被谋杀者的灵魂在精灵世界里会接纳谋杀者的灵魂,令其做自己的奴仆"。⑤　奇佩瓦人认为,"在死人世界里,被害的人或物之幽灵会萦绕坏人的灵魂而不去"。⑥　新赫布里底群岛的奥罗拉岛的土著流行一个信仰,即今世被某人害过的那些人的灵魂,会在害人者死后全力向他寻仇。⑦　据班克斯群岛岛民的说法,如果某人无缘无故杀了一个好人,杀人者死后要进被称作帕诺伊(Panoi)的好地方时,好人的灵魂就会挡住他;但如果某人是在公平的战斗中杀了另一人,他就不会被他杀掉的人阻挡。⑧　而不仅被害方,就是其他死

①　Hill and Thornton, *Aborigines of New South Wales*, p. 4. Ratzel, *op. cit.* i. 317 (Solomon Islanders), Junghuhn, *Die Battaländer auf Sumatra*, ii. 338 (natives of Bali and Lombok). Cross, 转引自:Mac Mahon, *Far Cathay and Farther India*, p. 203 (Karens)。Waitz, *Anthropohgie der Naturvölker*, ii. 419 (Maravi). Southey, *History of Brazil*, iii. 392 (Guaycurus). Powers, *Tribes of California*, pp. 144 (Tatu), 155 (Kato Pomo).

②　Bailey, 'Wild Tribes of the Veddahs,' in *Trans. Ethn. Soc.* N. S. ii. 302, n. $\pm$ (Sinhalese), von den Steinen, *Unter den Naturvölkern Zentral-Brasiliens*, p. 349 (Bakaïri).

③　见:Steinmetz, *Studien*, ii. 376; *Idem*, in *Archiv für Anthropologie*, *xxiv*. 603 *sq.*。

④　*Cf*. Marillier, *loc cit*. p. 44 *sq*.

⑤　Fytche, *Burma*, i. 354.

⑥　Keating, *op. cit.* ii. 158 *sq*.

⑦　Codrington, *op. cit.* p. 279 *sq*.

⑧　*Ibid*. p. 274.

者也会出于厌恶或恐惧,急切拒绝坏人的灵魂与其为伍。据彭特科斯特岛民的信仰,被杀者身上带着杀人工具来到鬼魂之地时,他会说出谁杀了他,当杀人者到来时,其他鬼魂就不愿接纳他,他就只能跟其他杀人者待在一起。① 易洛魁人甚至把战死者的灵魂与杀人者的灵魂分到不同村庄,因为其他死者害怕杀人者在场。② 据威尔逊先生,在几内亚北部的黑人中,"唯一的关于来世报应的观念就体现在,死于'红水神判法'的人或生前作恶之人要安葬在另一个地方";③而如果某人的尸体埋葬在另一个地方,他的灵魂自然就跟其他灵魂分开了。④ 死后坏人灵魂要与好人灵魂隔开这一常见观念之所以产生,主要是由于,人们设想好人的灵魂不愿意跟危险的或名誉不好的灵魂在一起。之所以有这么一种情况,似乎很可能又是由于这一事实,在低等种族的信仰里,天堂一般要比地狱重要得多,而恶人的命运是忍受贫困,并非遭受折磨。⑤ 但最后必须明白,来世是人类想象力的创造,因此可按人们的希望和愿望而形成。他们超越死亡之阴郁而想象出一个天堂,那里要比现

---

① Codrington,*op. cit.* p. 288.

② Brebeuf,'Relation de ce qui s'est passé dans le pays des Hurons,' in *Relations des Jésuites*,1636,p. 104 *sq.* Hewitt,'The Iroquoian Concept of the Soul,' in *Jour. of American Folk-Lore*,viii. 109.

③ Wilson,*Western Africa*,p. 210.

④ 见前文第 236 页及以下。

⑤ 北美印第安人尤为如此(*cf.* Brinton,*Myths of the New World*,p. 242 *sq.*; Dorman,*op. cit.* p. 33; Steinmetz, in *Archiv f. Anthrop.* xxiv. 591)。另见:Codrington,*op. cit.* p. 274 *sq.*(Banks' Islanders)。

世幸福得多。① 那么,他们的道德情感极其频繁地不满于今世的现实,难道不会偶尔也在来世之梦中寻求满足吗?

对死后道德报应的信仰因而通过各种方式得以形成,与神灵充作人类行为法官的那些观念完全没有关系。当有人说,此种信仰在某蒙昧民族中盛行时,绝不意味着奖赏或惩罚是与某神灵的活动相联系的。有时人们认为,死者的命运取决于某崇高神灵的意志,而在几个相关的例子里,土著关于来世的观念,特别是关于为恶人所留之地的观念,表明了某高级宗教的影响。另一方面,这一观念也并非不相容于纯粹的蒙昧人思想——人的灵魂与诸神在一起生活,诸神选择自己的同伴,并且与居住在另一世界的人一样,拒绝接纳不喜欢的个体。

宗教观念无疑在蒙昧阶段就已开始影响道德意识,甚至影响 696 与诸神自身利益无直接关系的各个方面的道德意识;但这种影响并没有人们常说的那样大。近来一些作者提出了如下看法:"所有道德的历史开端都能在宗教那里找到";②甚至在人类最早的历史时期,"宗教也与道德不可避免地联系在一起";③"所有道德律令最初也带有宗教律令的特征";④"旧时的所有道德,即当时所理解

---

① Dove, 'Aborigines of Tasmania,' in *Tasmanian Jour. Natural Science*, i. 253. Polack, *Manners and Customs of the New Zealanders*, i. 254; Dieffenbach, *Travels in New Zealand*, ii. 118. Percy Smith, 'Futuna,' in *Jour. Polynesian Soc.* i. 39. Batchelor, *Ainu of Japan*, p. 225. Steller, *op. cit.* p. 269 (Kamchadales). Cranz, *op. cit.* i. 186 (Greenlanders). Robertson, *History of America*, ii. 202. Arbousset and Daumas, *op. cit.* p. 343 (Bechuanas).

② Pfleiderer, *Philosophy and Development of Religion*, iv. 230.

③ Caird, *Evolution of Religion*, i. 237.

④ Wundt, *Ethik*, p. 99.

的道德,都经由宗教动机和宗教认可而得以神圣化和实施";[①]氏族神是部落道德的守护者。[②] 我认为,这些看法没有坚实的依据。由本章及前面诸章陈述的各种事实,我得出了如下结论:在未开化种族中,与人的相互行为有关的道德观念,其所受到的可为人所用的法术力量的信仰之影响,要远远大于对诸神自由活动的信仰之影响。

[①]　Robertson Smith,*Religion of the Semites*,p. 267. *Cf. ibid.* p. 53.

[②]　Jevons,*Introduction to the History of Religion*,pp. 112,177.

第五十一章　作为道德守护者
的诸神(续)

我们现在就要从蒙昧种族的诸神,转而考察文明程度更高的族群的诸神对世俗道德事务的态度。

古代墨西哥的诸神一般都穿着令人恐惧的衣服,他们喜欢复仇和人祭。但也有魁扎尔科亚特尔神(Quetzalcoatl),他慷慨地给人礼物,性情温和文雅,很讨厌牺牲,有人提到人祭的时候,他就用双手捂住耳朵。[①] 特斯卡特利波卡神(Tezcatlipoca)被看作严厉的法律和道德的守护者;不过,E. B. 泰勒爵士讲,萨哈冈收集了阿兹特克人使用的引人注目的宗教套话,特斯卡特利波卡神是这些宗教套话里提到的一位重要的神灵,而从取材上讲,这些宗教用语具有混杂了基督教成分的痕迹,其风格似乎也受到了基督教影响。[②] 这样看来,墨西哥人并未就道德与宗教生活的关系得出固定的、系统的结论。[③] 他们认为,死者灵魂幸福或不幸的程度各不相同,取决于不同的死亡方式。死于战场或敌人祭司之手的战士,死于旅

---

① Brinton, *Myths of the New World*, p. 294 *sq.* Bancroft, *Native Races of the Pacific States*, iii. 259.

② Tylor, *Primitive Culture*, ii. 344.

③ Réville, *Hibbert Lectures on the Native Religions of Mexico and Peru*, p. 104 *sq.*

698　途的商人,进太阳之宫;被闪电打死之人,被水淹死之人,死于不治之症之人,进地上的极乐世界;因年老或一般的疾病而死的人,进黑暗、荒凉之地,在那里过一段时间后,他们就会陷入一场不会再醒来的睡眠。[①]

　　在古代秘鲁人那里,人们认为他们的统治者有神性,于是道德就获得了宗教支持。加西拉索·德拉维加讲:"他们认为,国王下的每一个命令都是一项神谕。他们对为了公共利益而专门制定的法律要敬重得多。他们说,太阳下令制定这些法律,并把它们启示给他的孩子印加(Ynca);因而,违反这些法律的人就被认为有渎神之罪。"[②]根据上层社会的信仰,诸印加死后就到达太阳——诸印加之父——的宫殿,他们在那里作为太阳的家庭成员生活在一起。贵族要么追随印加到太阳那里,要么到地下,在死人之神苏帕伊(Supay)的权杖下生活。他们没有恶人要在苏帕伊治下受直接折磨的观念,不过他们相信,地下的住处阴暗而凄凉。按照他们的信仰,出身、地位和战时勇敢程度决定了被选中的灵魂能否进入天国,而天国的灵魂要比待在天国之下地区的灵魂过得更幸福。另一方面,老百姓把来世生活看作今世的延续,单纯而简单。[③]

　　古埃及的伟大神灵一般被看作善神。[④] 阿蒙拉被称为"众神之王",他是太阳神、造物主、万物的保护者和抚育者。他为畜群创

---

　　① Bancroft,*op. cit.* iii. 532 *sqq.* Clavigero,*History of Mexico*,i. 242 *sq.*

　　② Garcilasso de la Vega,*Royal Commentaries of the Yncas*,i. 148.

　　③ Réville,*op. cit.* p. 236 *sqq.*

　　④ 关于作为道德守护者的埃及诸神,参阅:Gardiner;'Egyptian Ethics and Morality,' in Hastings,*Encyclopædia of Religion and Ethics*,v. 479 *sq.* 。

造了牧场,为人们创造了果树,因为他创造了尼罗河,并使人类得
以存活。他委实具有仁慈心肠——"当人们向他呼唤时,他让恶棍　699
恐惧。"他是"穷人的大臣,不收取贿赂",他使证人保持诚实;官员
向他祈求晋升。① 托特(Thoth)是月亮神,也是所有智慧和学识之
神,他使人能够"讲话和书写",他发明了文字,他发明的算术使诸
神和人类都能计算自己的财产。② 奥西里斯(Osiris)作为王统治
着整个埃及,他教会了居民所有的善事——农业和真正的宗
教——也给了他们法律。③ 不过在长期而快乐的统治之后,他落
入了其弟赛特(Set)的圈套而被害,于是被迫下到冥界,在冥界永
远地活着,并作为死者的法官和王统治着冥界。而恶神赛特也是
崇拜对象;因为他是强大的神,他使诸神和人类恐惧,国王也急于
获得他的喜爱。④ 我们前面注意到,人们相信,某些埃及神灵是真
理的守护者;⑤与此职责紧密联系的是他们对正义的热爱。谁若
是要向别人保证自己诚实守信,⑥就会召唤托特作证,他被称为
"天国法官";⑦而他的妻子马阿或马特(Maā,Maat)是真理和正义

---

① Erman,*Handbook of Egyptian Religion*,pp.58-60,83. Wiedemann,*Religion of the Ancient Egyptians*,p.114.

② Erman,*op. cit.* p.11. Maspero,*Dawn of Civilization*,p.220.

③ Erman,*op.cit.* p.32. *Idem,Life in Ancient Egypt*,p.270. Maspero,*op. cit.* p.174. Plutarch,*De Iside et Osiride*,13. Diodorus Siculus,*Bibliotheca historica*,i.14,15,25. Kaibel,*Epigrammata Græca*,p.xxi.

④ 很可能最初赛特是上埃及诸王的保护神,而奥西里斯的儿子荷鲁斯曾打败赛特,是下埃及诸王的保护神(Erman,*Egyptian Religion*,p.19 *sq.*)。

⑤ 见前文第115页。

⑥ 见前文第121页。

⑦ Erman,*Egyptian Religion*,p.11.

之神,她的祭司也是最高法官。^① 但似乎埃及神灵终究只关心牵

700 涉他们自己幸福的行为。这甚至也适用于奥西里斯——"伟大神
灵、正义之主",^②他亲自对死者做出判决,这决定了死者能否进入
他的王国。我们在成千上万的丧葬铭文里读到了诸如下面的
话——"向奥西里斯献上丰盛的祭品,他会把各种好东西、食物和
饮料给予逝者。"^③尽管生者一年又一年在固定日子向他献上他应
得的牺牲,他却不许死者直接收受亲友节日放在坟墓处的饭菜或
祭品,而所有交给死者的东西都要首先经过奥西里斯之手。^④ 奥
西里斯的信徒教给死者的"否定自白",赋予宗教过失以极大的重
要性,诸如捕杀诸神的鸟,捕捉诸神湖里的鱼,伤害庙宇领地里的
畜群,拿走庙里的食物,辱骂神灵。同时,阻止死者进入奥西里斯
的王国的一串过失包括许多带有社会性特征的过失——谋杀、压
迫、偷盗、抢劫弱小者、欺诈、撒谎、诽谤、辱骂、通奸。^⑤ 但这其中
的含义看来与其说是奥西里斯为正义感驱使而要惩恶扬善,不如
说他不想让任何恶棍充作他的属下。关于死去的恶人的命运,几
乎没有什么说法,似乎直到相当晚近的时期,人们才为他们设计
701 了惩罚措施。^⑥ 非但如此,死去的好人要依赖他们关于法术用语

---

①　见前文第 115 页。Wiedemann, *op. cit.* p. 142. AméLineau, *L'évolution des idées morales dans l'Égypte ancienne*, pp. 182,187. Erman, *Egyptian Religion*, p. 21.

②　Erman, *Egyptian Religion*, p. 101.

③　Wiedemann, *op. cit.* p. 217.

④　Maspero, *op. cit.* p. 117.

⑤　Erman, *Egyptian Religion*, p. 103 *sqq.*

⑥　Wiedemann, *op. cit.* p. 95 *sq. Idem, Egyptian Doctrine of the Immortality of the Soul*, p. 55. Erman, *Egyptian Religion*, p. 105. 我们在金字塔文里读到,如果某位死者可以说"没干过坏事",太阳神会得悉,会在天国友善地接纳他。如果死者没说过王的坏话,也没有怠慢神灵,他也会因此而受太阳神友善接纳。不过一般而言,诸神要求他们的天国新伙伴身体清洁,他们自己也会帮新来者清洁身体(Erman, p. 94)。

和套话的知识,依赖放在他们坟墓处的保护符,依赖亲友献给他们的祭品,以谋得自己的幸福。无知的灵魂,或没有为斗争做好准备的灵魂,就会被饥渴击倒,在穿越冥界各个地方时被恶魔及有害的动物攻击,而在奥西里斯的王国里,如停止向奥西里斯献祭,就不得不干活、种地,自己谋生。^①《死者之书》实质上就是咒语汇编,意在帮助死者获得对恶魔的胜利,获得诸神的保护;《否定自白》是后来加到《死者之书》里去的,这表明,宗教观念根本就没考虑到世俗行为。^② 而在《来世之书》里,整个关于来世的教义都基于对法力的信仰,唯一的例外是,若在世时是拉神的敌人,就不要指望在冥府获得土地。^③

迦勒底人的宗教是一种恐惧宗教。他们不论在哪个地方都感到自己被敌对的恶魔包围;他们最怕七个恶魔,这些恶魔无处不在却又看不见,能通过门闩、门柱、门斗进出,甚至能蛊惑诸神。^④ 人们与恶魔进行着无休止的斗争,也受到较为吉利的神灵帮助,这些神灵包括:马尔杜克(Marduk),他是"慈悲的"神,是春季和清晨的

---

① Erman,*Life in Ancient Egypt*,p. 315 *sqq. Idem*,*Egyptian Religion*,p. 99 *sq.* Maspero,*op. cit.* p. 185 *sq. Idem*,*Études de mythologie et d'archéologie égyptiennes*,i. 347. Wiedemann,*Religion of the Ancient Egyptians*,pp. 279,296. *Idem*,*Egyptian Doctrine of the Immortality of the Soul*,p. 60 *sq.*

② Mapero,*Études*,i. 348. Amélieau,*op. cit.* p. 243. Renouf,in *Book of the Dead*,p. 220. Erman,*Egyptian Religion*,p. 101.

③ Wiedemann,*Religion of the Ancient Egyptians*,p. 94 *sq.* Maspero,*Études*,ii. 163.

④ Jastrow,*Religion of Babylonia and Assyria*,p. 260 *sqq.* Smith,*Chaldean Account of Genesis*,pp. 87,88,106 *sq. Idem*,*Chaldäische Genesis*,edited by Delitzsch,pp. 83,306 *sq.*

702　青年太阳之神;[①]依亚(Ea),他是"善"神,是深海之神及智慧之神;[②]基比尔-纳斯库(Gibil-Nusku),他是火神,每家灶台燃着了火的时候,他就把夜间的恶魔击垮,在火焰中把献给其他诸神的祭品送给人们;[③]还包括每个人、家族和城市的保护神。[④] 这些神灵整体来说倾向于对人类有利。但他们只帮助那些虔诚遵守规定仪式的人,以及诵读传统祈祷语并为神灵奉上牺牲的人;他们使这些人安度晚年,让这些人子孙满堂。另一方面,他们会杀掉不畏惧自己的神的人,就像砍掉芦苇;国王对仪式细节稍有疏忽,就会激起诸神对他及其臣民的怒火。[⑤] 迦勒底人终其一生都怀着害怕触怒诸神的念头,他们连续不断地祈求诸神宽恕自己的罪孽。[⑥] 但罪人之所以知道自己有罪,只不过是因为由如下事实引申而来的结论——他为某种不幸折磨,他把这一不幸解释为某个被触怒的神灵在惩罚他。是什么引起了神灵的暴怒,或神灵是否依正义观念

---

①　Mürdter-Delitzsch,*Geschichte Babylonins und Assyriens*,p. 31. Sayce,*Hibbert Lectures on the Religion of the Ancient Babylonians*,p. 98. King,*Babylonian Magic and Sorcery*,p. 52 *sqq.* Jensen,*Die Kosmologie der Babylonier*,pp. 87,88,249 *sq.* Schrader-Zimmern,*Die Keilinschrifen und das Alte Testament*,p. 372 *sq.*

②　Hommel,*Die semitischen Völker und Sprachen*,i. 374 *sqq.* Mürdter-Delitzsch,*op. cit*,p. 27. Sayce,*op. cit.* pp. 131,140.

③　Tallqvist,'Die assyrische Beschwörungsserie Maqlû,' in *Acta Soc. Scient. Fennicæ*,xx. 25,28 *sq.*

④　Mürdter-Delitzsch,*op. cit.* p. 37 *sq.* Maspero,*Dawn of Civilization*,pp. 643,674,682 *sq.*

⑤　Jeremias,*Die babylonisch-assyrischen Vorstellungen vom Leben nach dem Tode*,p. 46 *sq.* Maspero,*Dawn of Civilization*,pp. 697,705.

⑥　见:Zimmern,*Babylonische Busspsalmen*,*passim*。

行事,是无关紧要的;①并且在我们所知道的忏悔诗里,根本就看不到罪孽观也涵盖人们对同胞的冒犯。确实,在舒尔普咒语里,受苦——咒语正是要去除这些苦难——的可能的原因不仅包括冒犯诸神及违反仪式,也包括大量带有社会性特征的过失。术士代表受苦的个人问道——"他对某位神灵犯下了罪孽吗? 他对某位女神犯了过错吗? 他对主人做了错事吗? 他憎恨自己的兄长吗? 他轻视父母了吗? 他侮辱姐姐了吗? 他太吝啬了吗?② 他把真话放在肚子里,口是心非吗? ……他划分界线划错了吗? 他没能确立正确的界线,取消了某分界线、某界限、某领地吗? 他占了邻居的房子吗? 他勾搭了邻居的妻子吗? 他杀害了邻居,抢走了邻居的衣服吗?",等等。③ 施瑞德和齐默恩从这些话里得出一个结论,即人们相信,诸神会对犯有所列举的某项过失的人发怒。④ 但我看不出他们的结论有何正当依据。他们假定,发生灾祸是因为伤害了自己的同胞,他们把灾祸归因于神灵的报复。在我看来,很明显不应把灾祸归因于神灵,而应归因于受害方的诅咒。在上面那段话里,术士专门祈求神灵,把不幸的个人从他所遭受的诅咒中解脱出来,不管他是被父母、兄长、姐姐、朋友、主人、国王、神灵诅咒,还是他与被指控之人勾结,睡在了被指控之人的床上,坐在了此人的椅子上,吃了此人的饭菜或喝了此人的酒。⑤ 上面的这些咒语并

———————————

①　*Cf*. Jastrow,*op. cit*. p. 313 *sqq*.

②　指商业交易中 (Jastrow,*op. cit*. p. 291,n. 2)。

③　Zimmern, *Beiträge zur Kenntnis der babylonischen Religion*, ' Der Beschwörungstafeln Šurpu,' p. 3 *sqq*.

④　*Idem*,in Schrader,*Die Keilinschriften und das Alte Testament*,p. 612.

⑤　Zimmern,*Die Beschwörungstafeln Šurpu*,ii. 89-93,99-104,pp. 7,23.

没有请求宽恕;咒语里列举了某人受苦的可能的原因,这只是因为,按照当时的法术,提及真实原因对消除灾祸很有助益。[1] 有时人们也祈求某些神灵充作法官。因此,太阳神沙玛什(Shamash)经常被人祈求。他是"天地的最高法官",他坐在法庭的宝座上,接受着人们的祈求。[2] 至于月亮神欣(Sin),一首献给他的赞美诗里讲,"真理和正义从他的话里产生,于是人们就说真话了"。[3] 火神也被看作法官,他焚烧恶徒,消灭坏人,[4]术士也劝他帮助应被帮助之人;[5]但这其中的意味跟下面的祈求差不多——"吃了我的敌人吧,灭掉害我的人吧。"[6]在迦勒底人的宗教里,见不到死后道德报应的影迹。获得神灵青睐的人在现世就可以获得酬报,生活幸福,身体健康,但一旦死亡来临,神灵的控制就结束了。所有的人,不管是国王还是臣民,好人还是坏人,死后都要进昏暗的地狱阿拉鲁(Aralû),阿拉图(Allatu)及其丈夫奈格尔(Nergal)统治着地狱,死者注定永远待在地狱,关在里面,郁郁寡欢,无所事事。据说对死者也有某种判决,但没有任何迹象表明,此种判决是基于道德上的考虑。[7] 不过,据《吉尔迦美什史诗》,死者的命运并非完全一

---

① 见:Jastrow,*op. cit.* p. 292。

② Tallqvist,*Maqlû*, ii. 94. Zimmern,*Šurpu*, ii. 130, p. 9. *Idem, Babyonische Hymnen und Gebete*, p. 13. Mürdter-Delitzsch,*op. cit.* p. 28. Schrader-Zimmern,*op. cit.* p. 368. Jastrow,*op. cit.* pp. 71,120,209 *sqq.*

③ Zimmern,*Babylonische Hymnen und Gebete*, p. 12.

④ Tallqvist,*Maqlû*, i. 95;ii. 70,89,116,130,131,184.

⑤ *Ibid*. i. 114.

⑥ *Ibid*. i. 116;ii. 120.

⑦ Jeremias,*op. cit. passim*. Schrader-Zimmern,*op. cit.* p. 636 *sq*. Jastrow,*op. cit.* p. 565 *sqq*. Jensen,*op. cit.* p. 217 *sqq*.

样。沙场战死之人如果能以恰当的方式下葬，临终前有人服侍，死时有人照看，似乎就享有特殊待遇。但抛尸战场之人，其灵魂在大地上就得不到安宁，而灵魂无人照顾之人，会因极度饥饿而毁灭。①

拜火教要比迦勒底人的宗教在更大程度上体现了对恶魔的无休止的斗争。按照拜火教，天地万物都卷入了这场冲突；这是两个强力的至高神，阿胡拉·马兹达和安格拉·曼纽及其各自势力之间的战争。② 为人之善所做的努力来自阿胡拉·马兹达，也为他而奋斗，为人之恶所做的努力来自安格拉·曼纽，也为他卖命。无疑善的力量最终会取得绝对胜利；而尽管安格拉·曼纽及其队伍被打败了，战斗仍十分激烈。阿胡拉·马兹达是世界上所有善的东西的创造者，也是宇宙秩序的建立者，是"正义秩序的创造者"。③ 在《祛邪典》里，当被问到生活准则时，他乐于回答；④达梅斯泰特先生讲，《阿维斯塔》和《摩西五经》是已知的仅有的两部宗教书籍——在立法者与其神灵之间的一系列对话中，法律从天上

①　Haupt,'Die zwölfte Tafel des babylonischen Nimrod-Epos,' in *Beiträge zur Assyriologie*, i. 69 *sq.* Jensen, 'Das Gilgamiš（Nimrod）-Epos,' xii. 6, in *Assyrisch-Babylonische Mythen und Epen*, p. 265.

②　据《祛邪典》（*Vendîdâd*, i. 3 *sqq.*），安格拉·曼纽总是毁灭阿胡拉·马兹达的创造。不过这种思想尚未出现在《伽泰》（Gathas）里。在《伽泰》里，曼纽的邪恶只是体现在他企图毁灭马兹达的好的创造上（见：Lehmann, *Zarathustra*, ii. 75, 165）。

③　*Yasna*, xxxi. 7. Darmesteter, *Ormazd et Ahriman*, pp. 19, 24, 88, &c.

④　*Vendîdâd*, xviii. 13 *sqq.*

降到地上。① 拜火教的神圣法律要求慈善②与勤勉,③谴责信徒的
杀戮行为④、堕胎⑤、偷盗⑥、欠债不还⑦,特别反对说谎⑧、背信弃
义⑨、非自然的性交⑩。但拜火教最为急切地强调的"好的思想、
言语和行为",是正统、祈祷和牺牲;而最大的罪孽是叛教、违背
保证仪式纯洁的诸原则以及冒犯神灵。杀人罪还没有喂牧羊犬
不好的食物罪过大;因为杀人犯要被鞭打九十下,而坏主人要被
鞭打两百下。⑪ 而杀死一只水獭要受鞭打一万下的惩罚。⑫ 犯事
者不仅今世受罚,来世也要受罚——在来世,"圣明的主宰者"阿胡
拉·马兹达"以恶对付恶,而赐幸福给善者"。⑬ 拜火教接受的关
于来世生活的观点,尽管在《伽泰》里尚不完整,在《新阿维斯塔》里
就得以扩充,在巴拉维语典籍里则得以完整体现。⑭ 为阿胡拉·
马兹达而活的人,会在天国坐在阿胡拉·马兹达身边,长生不老,
无忧无虑,充满荣耀和喜悦;而邪恶的灵魂将在阴暗的地狱,即"恶

706

---

① Darmesteter,in *Sacred Books of the East*,iv.(2nd edit.) p. lviii.

② 见第一卷第 551 页。

③ 见前文第 275 页。

④ *Vendîdâd*,iii. 41;v. 14.

⑤ *Ibid*. xv. 9 *sqq*.

⑥ 见前文第 60 页。*Yasna*,xi. 3.

⑦ *Vendîdâd*,iv. 1.

⑧ 见前文第 93 页。

⑨ 见前文第 479 页及以下。

⑩ *Vendîdâd*,iv. 40;xiii. 24;xv. 3.

⑪ *Ibid*. xiv. 1 *sq*.

⑫ *Yasna*,xxix. 4.

⑬ *Ibid*. xliii. 5.

⑭ *Cf*. Jackson,*Avesta Grammar*,i. p. xxviii.

魔之家"里受折磨。[①] 好人做的好事及坏人做的坏事,会以少女的面目出现,在他们去天堂或地狱的路上见他们。[②] 但死者的命运并不仅仅受他们在世时对同胞的行为影响。据称,"想要获得天国的酬报之人,向手托法律的神灵供献祭品,将获得这酬报"。[③] 而按规定方式诵读祷文之人的灵魂,将跨越分割今世与来世之桥,到达最高的天堂。[④]

在吠陀宗教里,我们同样能看到诸神与恶魔之间的冲突,但这种斗争极不对等,因而不会导致拜火教里那样的神魔分治。[⑤] 根据吠陀宗教,种种灾祸都归因于恶魔的恶意,但恶魔的力量相对弱小,如弗栗多这样较大的恶魔都会被诸神打败或毁灭。[⑥] 另一方面,在较大的神灵里,也有一位带有明显的恶毒品格,即"风暴之神"楼陀罗,[⑦]他"像野兽那般可怕";[⑧]献给他的赞美诗尽管主要表达对他的弓箭的恐惧和对其暴怒的反对,但有时也祈求他赐福给人

707

---

① *Vendîdâd*, xix, 28 *sqq*. *Yasts*, xxii. *Bundahis*, ch. xxx. *Dînâ-i Maînôg-i Khirad*, ii. 123 *sqq*. ch. vii. *Ardâ Vîrâf*, ch. xvii. *Cf*. Geiger, *Civilization of the Eastern Irānians*, i. 101.

② *Dînâ-i Maînôg-i Khirad*, ii. 125, 167 *sqq*.

③ *Yasts*, xxiv. 30.

④ Geiger, *op. cit.* i. 73. 另见:*Yasts*, xii. 335; xxiv. 39, 47 *sq*.; Darmesteter, *Ormazd et Ahriman*, p. 28。

⑤ *Cf*. Barth, *Religions of India*, p. 13.

⑥ Oldenberg, *Die Religion des Veda*, p. 281. Macdonell, *Vedic Mythology*, p. 18.

⑦ Muir, *Original Sanskrit Texts*, v. 147. Barth, *op. cit.* p. 14. Macdonell, *op. cit.* p. 77.

⑧ Oldenberg, *op. cit.* pp. 63, 281, 284. Macdonell, *op. cit.* p. 18, Bergaigne, *La religion védique*, iii. 152 *sqq*.

与兽。① 除了这个例外，伟大的诸神都是仁慈的存在，②尽管他们
当然也会对触怒他们的人予以惩罚。伐楼拿创造了天地，③创造
了闪耀的天体④和奔流的河流。⑤ 他依法律统治着自然，这法律是
固定而不可更改的，就是诸神也必须遵守。⑥ 他全知全能，因为他
就是无限的光，太阳是他的眼睛；⑦据说他与密特拉神一样，都喜
欢驱散和惩处谎言。⑧ 伐楼拿甚至被称为"至高的道德统治者"，
但在我看来，学者们一般赋予他的正义感比赞美诗所暗示的更为
全面一点。⑨献给伐楼拿的每一首赞美诗都包含着一段祈求宽恕
的祷文，但没有迹象表明，惹得他发火的罪孽包括一般的道德过
错。也可从因陀罗那里获得对罪孽的宽恕，⑩只有增进他的幸福，
或毁灭疏于对他的崇拜的人，才能获得他的青睐，⑪由这一事实可
明显看出，罪孽与道德过错在《梨俱吠陀》里并非同样的概念。吠
陀宗教特别讲究仪式。虔诚之人首先就是有许多苏摩，手里总是

---

① Macdonell，*op*. *cit*. p. 75 *sq*.

② Oldenberg，*op*. *cit*. pp. 60，281. Macdonell，*op*. *cit*. p. 18.

③ *Rig-Veda*，viii. 42. i.

④ *Ibid*. i. 24. 10；vii. 87. 5.

⑤ *Ibid*. ii. 28. 4.

⑥ *Ibid*. viii. 41. 7. Macdonell，*op*. *cit*. p. 26. Bohnenberger，*Der altindische Gott Varuna*，p. 38 *sqq*.

⑦ 见前文第 598 页。Darmesteter，*Essais orientaux*，p. 126.

⑧ Macdonell，*op*. *cit*. p. 26.

⑨ Macdonell，*op*. *cit*. pp. 20，26. Whitney，'On the main Results of the later Vedic Researches in Germany，' in *Jour*. *American Oriental Soc*. iii. 326. Roth，'On the Morality of the Veda，' *ibid*. iii. 340，*sq*. Bergaigne，*op*. *cit*. iii. 156. Darmesteter，*Essais orientaux*，p. 111. Bohnenberger，*op*. *cit*. p. 49 *sqq*.

⑩ Oldenberg，*op*. *cit*. p. 299.

⑪ *Ibid*. pp. 282，283，300.

捧满黄油的人，被神遗弃之人就是对神吝啬的人；[①]伐楼拿也正像
其他神灵那样，让忽视他的人生病，[②]而牺牲和祈祷则可以抚慰
他。[③] 死亡之后，严格践行过苦修的人，[④]冒着生命危险参加过战
斗的人，[⑤]特别是慷慨献出过牺牲的人，[⑥]会随着自火葬柴堆冒出
的烟升至天国。先人在天国跟阎摩——第一个死去的人[⑦]——和
伐楼拿住在一起，他们是幸福地统治着天国的两个王。[⑧] 进入天
国的人在诸神那里享受着极乐，他们穿着华丽的外衣，喝着天国能
使他们长生不老的苏摩。[⑨] 但在这个天国公馆里，幸福的程度是
不同的。履行仪式，向诸神表达敬意，能让一些灵魂从较低地位升
至较高地位；而事实上，如果没有这些祭祀，他们就根本不会来到
天国。[⑩] 死者的另一幸福之源就是他们自己在世时的虔诚行为；
因为在极乐的天国住处，他们又跟他们献给神灵的牺牲和礼物在
一起了，特别是他们能由于曾给予祭司礼物而获得回报。[⑪] 另一

708

---

①　*Rig-Veda*，viii. 31. 见：Barth，*op. cit.* p. 34；Kaegi，Rigveda，p. 29；Muir，*op. cit.* v. 20；Macdonell，*op. cit.* p. 18。

②　*Rig-Veda*，i. 122. 9.

③　*Ibid.* i. 24. 14.

④　*Ibid.* x. 154. 2.

⑤　*Ibid.* x. 154. 3.

⑥　*Ibid.* i. 125. 5 *sq.*；x. 107. 2；x. 154. 3. Muir，*op. cit.* v. 285. Oldenberg，*op. cit.* p. 536. Macdonell，*op. cit.* p. 167.

⑦　Muir，*op. cit.* v. 301.

⑧　*Rig-Veda*，x. 14. 7 *sq.* Barth，*op. cit.* p. 22 *sq.* Macdonell，*op. cit.* p. 165 *sqq.*

⑨　Zimmer，*Altindisches Leben*，p. 410 *sqq.* Barth，*op. cit.* p. 23. Macdonell，*op. cit.* p. 167 *sq.*

⑩　Hopkins，*Religions of India*，p. 155. Oldenberg，*op. cit.* p. 535.

⑪　*Rig-Veda*，x. 14. 8；x. 154. 3. Oldenberg，*op. cit.* p. 535. Macdonell，*op. cit.* p. 168.

方面,可鄙的灵魂则被阎摩的狗拒于天国住处之外,这些狗守卫着通向阎摩的王国的路。[①] 至于那些不许进入天国的人后来的命运,赞美诗里几乎没有提及。齐默等人错误地认为,信仰好人未来会得酬报的种族,必定也会合乎逻辑地信仰恶人在未来会受到惩处。[②] 而就我能看到的而言,吠陀文献里所能找到的关于此种信仰的所有踪迹,就是向诸神做出的请求,或者干脆就是诅咒,它们的意思是,作恶者会被扔到可怕的地下深坑。[③] 它们并不意味着诸神本身会在恶人死后惩罚他们。

在后吠陀时代,仪式主义变得更为重要了。有时诸神被说成对所有道德品质都漠不关心的存在,极粗俗的故事里也会肆无忌惮地说到他们。[④]《夜柔吠陀》里的《鹧鸪氏本集》讲,如果谁想害人,他只需向苏利耶——最重要的诸太阳神之一[⑤]——说:"狠狠揍那个人,我会给你献上祭品。"而苏利耶为了得到祭品,就会狠狠揍那个人。[⑥] 湿婆与吠陀神灵楼陀罗联系在一起,在《摩诃婆罗多》里,他穿着可怕,手持三叉戟,戴着头骨做成的项链;他强求人们献上流血的祭仪,他是经常光顾刑场和坟地的恶灵和吸血鬼

---

① *Rig-Veda*,x. 14. 10 *sqq. Cf.* Zimmer,*op. cit.* p. 421;Hopkins,*op. cit.* p. 147.

② Zimmer,*op. cit.* p. 418. Scherman,*Indische Visionslitteratur*,p. 123. *Idem*,'Eine Art visionärer Höllenschilderung aus dem indischen Mittelalter,' in *Romanische Forschungen*,v. 569. Oldenberg,*op. cit.* p. 537.

③ *Rig-Veda*,iv. 5. 5;vii. 104. 3,11,17. *Atharva-Veda*,v. 19. 3,12 *sqq.*;xii. 4. 3,36.

④ Barth,*op. cit.* p. 46 *sq.* Macdonell,*op. cit.* p. 76.

⑤ Barth,*op. cit.* p. 20.

⑥ *Taittirîya Samhitâ*,vi. 4 *sqq.*,转引自: Goblet d'Alviella,*Hibbert Lectures on the Origin and Growth of the Conception of God*,p. 85。

的头领。① 印度教的另一伟大神灵毗湿奴，尽管不如湿婆那么凶猛，性格中却也有着无情的一面；② 克里希纳是毗湿奴的化身之一，他是一位狡猾的英雄，具有非常可疑的道德品格。③ 在婆罗门教里，宗教大体上为法术取代，仪式本身上升到神灵的地位，僧侣成了诸神之神。④ 这些亦人亦神的僧侣看待人类行为的观点体现在《百道梵书》里，其中讲，交给僧侣的钱就像献给其他神灵的牺牲——使僧侣和神灵满意的人就会进入极乐世界。⑤ 一个人无论要获得今世还是来世——死者可以进入天堂、地狱或转世——的幸福，都得遵守仪式。梵书里讲，正确理解和践行牺牲仪式的人能长生不老，至少长寿，而在此方面有欠缺的人，会在自然寿命终结前就到来世去，他们在来世会受到考验，根据今世做的事而受奖惩。⑥ 梵书里也规定，反复诵读神圣文本一定次数是获得救赎的一项条件，⑦ 而随着教义的逐渐发展，向神灵的名字祈求一次，就能去除一生的邪恶和罪孽。于是，早在《薄伽梵歌》里，就赋予了临终前的最后念头以重要性，而通过自杀完全拥有这个念头的思想就出现了。⑧ 据《往世书》，即便是极恶的罪人，死时碰巧念出了毗

710

---

① Barth, *op. cit.* pp. 159, 164.

② *Ibid.* p. 174.

③ *Ibid.* p. 172.

④ 见前文第 657 页。

⑤ *Satapatha Brâhmana*, ii. 2. 2. 6.

⑥ Weber,'Eine Legende des Çatapatha-Brâhmana über die strafende Vergeltung nach dem Tode,' in *Zeitschr. d. Deutschen Morgenländischen Gesellsch.* ix. 238 *sq.* 另见：Macdonell, *op. cit.* p. 168；Hopkins, *op. cit.* pp. 190, 193；*Vishńu Puráńa*, p. 44。

⑦ *Aitareya Brahmanam*, ii. 17.

⑧ *Bhagavad Gîtâ*, ch. 8. Barth, *op. cit.* p. 228.

湿奴或湿婆名字的数个音节,也足以获得救赎;[①]《爱的海洋》这本书描述了今日的印度教,序言里说,就是无意间唱了歌颂神灵克里斯恩·昌德之伟大的颂歌,也会获得最后进入极乐世界的酬报,正如某个人喝了能长生不老的饮料,尽管不知自己喝了什么,也能长生不老。[②] 另一方面,"据印度教经文,不管今生如何,如果未在某条圣河附近死去,未在圣河岸上火葬,或者不管怎样都未在某条能代表圣河的河流附近火葬;如果无法做到以上所说,部分尸体又未被丢入圣河,他的灵魂就必定会悲惨地游荡,无法获得极乐,而他活着时受苦受难就是为了获取死后的极乐。"[③]同时,我们也可以在印度圣书里发现许多种社会责任——即便对敌人[④]和奴隶[⑤]也要仁慈、孝顺[⑥]、慈善[⑦]、好客[⑧]、诚实[⑨];经书里的教义似乎是,要获得祭祀的主要成果,除了遵守仪式,还得践行美德。[⑩] 但奇怪的是这种教义并未提及诸神的正义。在奥义书和佛教书籍里,这个教义明确地以业的观念表达出来——按照业的观念,个人的任何行为,无论善恶,最后一定会自然地有善恶之报,而无需神灵对分配

---

① Barth, *op. cit.* p. 228.

② *Prem Ságar*, p. 56. *Cf.* Wilson, in *Vishṅu Puráṅa*, p. 210, n. 13; *Idem*, 'Religious Sects of the Hindus,' in *Asiatic Researches*, xvi. 115.

③ Wilkins, *Modern Hinduism*, p. 439 *sq.*

④ 见第一卷第 342 页。

⑤ 见第一卷第 689 页。

⑥ 见第一卷第 612 页。

⑦ 见第一卷第 550 页及以下。

⑧ 见第一卷第 578 页及以下。

⑨ 见前文第 91 页。

⑩ Barth, *op. cit.* p. 49. 例如参见: * Āpastamba*, i. 7, 20. 1 *sqq.* ; i. 8. 23. 6。

奖惩加以干预。①

起初,佛教体系并不基于对诸神的信仰,因此佛教不讲究仪式,也不讲究触怒超自然存在意义上的罪孽。心灵纯净之人,而非了解吠陀经的人,就是真正的僧侣;吠陀经什么都不是,僧侣也无关紧要,他们只是道德上有名。② 如果说佛教徒原本也崇拜什么更高的力量的话,他们只是崇拜永远都会在因果法则上表现出来的道德秩序。但佛的追随者就没有这么喜好思辨了,而"雨后云归"。婆罗门教里的旧神灵回来了,佛本身也被神化为全知的永恒之神;佛教逐渐就吸收了它想要使之皈依的那些民族的多数地方神灵和魔鬼。③ 因此,佛教由最初的一种形而上学的伦理学说,转化成充斥着仪式主义的宗教,此外应当补充,它也广泛地与法术混在一起。特别是在喇嘛教里,仪式变得尤为重要;我们看到,喇嘛教仪式的盛大铺张,与罗马教会非常相似,有着连祷和圣歌,供品和祭礼。④ 轻声诵读神秘的套话和简短的祈祷语,据称远比仅仅美德更为有效地助人抵达辉煌的极乐天国,即传说中无限光明的佛之天堂。⑤ 因此在中国,佛教导师"在实施人的道德责任方面一点也不严格。要弥补罪孽,向佛像和僧侣献出祭品就足够了。一

712

---

①　Barth,*op. cit.* pp. 77, 78, 115 *sq.* Müller, *Anthropological Religion*, p. 301. *Dhammapada*, i. 1. *sq.* Rhys Davids, *Hibbert Lectures on the History of Buddhism*, p. 85. Oldenberg, *Buddha*, p. 289. Hopkins, *op. cit.* p. 319 *sq.*

②　Hopkins, *op. cit.* p. 319.

③　Waddell, *Buddhism in Tibet*, pp. 126, 325 *sq.* Griffis, *Religions of Japan*, pp. 187, 207. Davis, *China*, ii. 51.

④　Waddell, *op. cit.* 421, 476.

⑤　*Ibid.* pp. 142, 148, 573.

家富有的佛教寺庙足以完全清除所有罪孽的玷污,充作通往幸福的佛之公馆的大门。"①

　　在中国的民族宗教里,天神上苍是至高存在,他是宇宙的创造者、最高统治者,他全知全能,他能看透过去、现在和未来,他甚至能看穿人们最隐蔽的内心世界。② 他是物质世界及世界的道德秩序的创造者和维护者,他监视着众生的行为,奖善惩恶。③ 他有时显得令人恐惧,例如发生公共灾难时,季节不规则时;但这些是他给出的有益的警告,意在劝人们悔悟。④ 对上苍的崇拜冷漠而讲
713 究仪式。仪式的规矩起源于天,这些规矩自天传至地上;废弃礼,就会"坏国、丧家、亡人"。⑤ 中国人喜欢把礼等同于社会道德。孔子本人谦卑地服从于礼节,尽管他也谴责伪善。但对他来说,道德比宗教重要太多了。他完全不用人格化的"神"字,只用抽象的"天"字。他承认有鬼神存在,甚至也向鬼神行祭,⑥但别人问他宗教之事时,他总是保持沉默。⑦ 在他的学说里,宗教义务只占有微

---

①　Gutzlaff,转引自:Davis,*op. cit*. ii. 51. *Cf*. Edkins,*Religion in China*,p. 150。

②　Legge,*Notions of the Chinese concerning God*,pp. 33,34,100 sq. *Idem*,*Chinese Classics*,i. 98. Staunton,*Inquiry into the proper Mode of rendering the Word "God" in translating the Sacred Scriptures into the Chinese Language*,p. 8 sq,Douglas,*Confucianism and Taouism*,pp. 77,82.

③　Doolittle,*Social Life of the Chinese*,ii. 272. Legge,*Chinese Classics*,i. 98;iii. 46. Smith,*Proverbs of the Chinese*,p. 40. Boone,*Essay on the proper rendering of the Words Elohim and Θέos into the Chinese Language*,p. 55. *Indo-Chinese Gleaner*,i. 162. Davis,*op. cit*. ii. 26,34. Douglas,*op. cit*. pp. 77,78. 83.

④　Staunton,*op. cit*. p. 9. Legge,*Chinese Classics*,iii. 46 sq.

⑤　*Lî Kî*,vii. 4. 5 sq.

⑥　*Lun Yü*,iii. 12. i;x. 8. 10.

⑦　*Ibid*. vii. 20. *Cf*. Réville,*La religion chinoise*,v. 326.

不足道的位置。"务民之义,敬鬼神而远之,可谓知矣。"①没有必要祈祷,因为天并不积极干预人的灵魂;天让人生下来就善,如果人愿意,善也可成为其本性,对人的奖惩只不过是其行为的自然结果或者说天意。② 孔子对来世的惩罚什么都没说,但他认为,好人死后会获得酬报和尊严。③ 中国人对死后惩罚的信仰来自于佛教。④

古希腊的诸神整体来说是仁慈的存在,他们赐福给获其青睐的人。宙斯保护家庭、城市和民族的生活;他是胜利之神与胜利的和平之神,他召集众神攻打特洛伊,把希腊从波斯手中拯救了过来;他把船只带到陆地上;他是"邪恶的看护人"。⑤ 但他及其他诸神并非只付出好处而不求回报;色诺芬说,他们帮助定期祭拜他们的人,给他们提好建议,⑥但报复无视他们的人。⑦ 即便是对他们的无意冒犯,他们也严厉惩罚,⑧他们实际上也常常对人们表现出恶意,引诱人们犯下罪孽,⑨或纯粹出于妒忌而害人。⑩ 他们在其他方面也绝非道德典范;但这并不能阻止他们充当正义的管理者,

714

---

① *Lun Yü*,vi. 20.

② Douglas,*op. cit.* p. 78. Legge,*Religions of China*,p. 300. Rêville,*op. cit.* p. 645.

③ Legge,*Religions of China*,pp. 115,299 *sq.* Réville,*op. cit.* p. 345.

④ *Indo-Chinese Gleaner*,iii. 288. Edkins,*op cit.* pp. 83,87 *sqq.* Smith,*Proverbs of the Chinese*,p. 227.

⑤ Farnell,*Cults of the Greek States*,i. 59-61,83,107. Vischer,*Kleine Schriften*, ii. 352 *sq.* Preller,*Griechische Mythologie*,i. 146 *sqq.*

⑥ Xenophon,*Hipparchicus*,ix,9. *Idem*,*Cyropædia*,i. 6. 46.

⑦ *Idem*,*Anabasis*,v. 3. 13;vii. 8. 4.

⑧ Nägelsbach,*Die nachhomerische Theologie des griechischen Volksglaubens*, p. 331 *sqq.*

⑨ Schmidt,*Die Ethik der alten Griechen*,i. 231 *sqq.*

⑩ *Ibid.* i. 79 *sqq.*

正如在人类当中,一个法官不会因为他本人在私人生活的小节上违背了道德准则,就完全使人们丢掉了对正义的尊重。① 希罗多德说道:"对大的罪孽,诸神随时准备付诸大的惩罚。"② 正义女神狄刻是个可怕的处女,"她会于暴怒之中毁灭掉敌人",③ 她有时被说成全知的宙斯的女儿,有时被当作宙斯的伴侣;④ 威尔克讲,宙斯不仅是众神之神,他本身也是与其他神灵相区分的神。⑤ 我们在前面就已看到,自古时起,杀害亲属就是冒犯宙斯,为厄里倪厄斯所不容,而到了后来,所有的杀人行为都成了需要涤罪的罪孽,如果受害人在城邦里有权利的话。⑥ 宙斯保护客人和祈求者,⑦ 惩处斥责年迈父母的子女,⑧ 他是家庭财产的守护人,⑨ 他保护着边界,⑩ 他绝非谎言的朋友,⑪ 他惩处伪誓。⑫ 按照早期的信仰,报应只限于今世,而如果有罪之人自己逃掉了对其所作所为的惩罚,惩

715

---

① *Cf.* Nägelsbach, *Homerische Theologie*, pp. 288, 317 *sqq.* Schmidt, *op. cit.* i. 48 *sqq.*; Maury, *Histoire des religions de la Grèce antique*, i. 342; Gladstone, *Studies on Homer*, ii. 384.

② Herodotus, ii. 120.

③ Aeschylus, *Choephoræ*, 949 *sqq.*

④ *Ibid.* 949. Hesiod, *Opera et dies*, 256 (254). Usener, *Gotternamen*, p. 197. Farnell, *op. cit.* i. 71, Darmesteter, *Essais orientaux*, p. 106 *sq.*

⑤ Welcker, *Griechische Götterlehre*, i. 181.

⑥ 见第一卷第 379 页。

⑦ 见第一卷第 579、585 页。

⑧ 见第一卷第 624 页。

⑨ 见前文第 60 页。

⑩ 见前文第 61 页。

⑪ 见前文第 116 页。

⑫ 见前文第 121 页。

罚就会落到他的某个后裔身上。①《奥德赛》里讲，②斯巴达王墨奈劳斯被诸神送往极乐世界，不是酬报其美德——事实上他并不具备特别明显的荷马时代的美德——而是由于他与宙斯女儿海伦结婚而拥有特权；③作伪誓者之所以在冥府受折磨，④只是由于他发的誓言给他招来了折磨。⑤ 我们可以在后来的时代见到死后报应的学说，这体现在单个哲学家的思辨中，也成为大众信仰；⑥但这种信仰似乎与关于希腊诸神的任何正义观念毫无关系。⑦ 人死后其灵魂由专门的法官宣判；⑧埃斯库罗斯明确地说，另一个宙斯在那里管理着正义。⑨ 据埃斯库罗斯，神灵依其权力而统治着的冥府，只是一个有罪孽之人受罚的地方，然而关于好人，他并没有说什么可以抱有真正希望的话；⑩其他作家对来世惩罚的叙述则远远多于对来世酬报的叙述。⑪ 在冥府中受罚的特别显眼的过错除了作伪誓⑫，还包括伤害父母⑬和客人⑭，即今世会被人下最毒的诅

---

① 见第一卷第 49 页及以下。

② *Odyssey*, iv. 561 *sqq*.

③ *Cf*. Rohde, *Psyche*, p. 74.

④ *Iliad*, iii. 278 *sq*.；xix. 259 *sq*.

⑤ *Cf*. Rohde, *op*. *cit*. p. 60.

⑥ Schmidt, *op*. *cit*. i. 99 *sqq*. Nägelsbach, *Nachhomerische Theologie*, p. 35 *sq*.

⑦ *Cf*. Schmidt, *op*. *cit*. i. 104.

⑧ *Ibid*. i. 101.

⑨ Aeschylus, *Supplices*, 230 *sq*.

⑩ *Cf*. Westcott, *Essays in the History of Religious Thought*, p. 87.

⑪ Schimidt, *op*. *cit*. i. 101 *sq*.

⑫ Aristophanes, *Ranæ*, 150, 275.

⑬ Aeschylus, *Eumenides*, 175, 267 *sqq*., 335 *sqq*. Pausanias, x. 28. 4 *sq*. Aristophanes, *Ranæ*, 147-150, 274.

⑭ Aeschylus, *Eumenides*, 269 *sq*. Aristophanes, *Ranæ*, 147 *sq*.

咒的过错。① 据埃斯库罗斯,厄里倪厄斯——诅咒的人格化——
在今世就开始报复了,这报复在地下世界得以完成,而据毕达哥拉
斯,厄里倪厄斯在冥府用锁链拴住了未涤罪的灵魂,他们根本没希
望逃脱。② 再者,我们知道,画家喜欢把受诅咒的典型人物与他们
做过的事一起画出。③ 我由所有这些事实得出结论,在冥府惩罚
罪人的观念并非来自对诸神之正义的信仰,而是来自诅咒的效力
可以超出坟墓的观念——我们在吠陀文本中乃至某些蒙昧人群那
里就已见到过这个观念,而希腊人假定的作伪誓者在冥府受罚不
过是此观念的一个特例而已。④ 关于诸神,还要说明一点,并非所
有人都认为他们粗俗。欧里庇得斯声称,有些关于诸神的传说倾
向于混淆人类的是非观念,这些传说并非真的属实。⑤ 他说道:
"我认为,没有哪个神灵是坏神灵";⑥"只要神灵做了什么卑鄙之
事,他们就不是神灵。"⑦柏拉图反对神灵引诱人犯罪、⑧神灵也会
妒忌、⑨干坏事的人可以通过供奉牺牲贿赂神灵而避开神灵惩罚⑩
的流行观点。神是好的,他不会对任何人作恶,而如果恶人遇到不

---

① 见第一卷第 584 页及以下、第 621 页及以下。

② Diogenes Laertius,*De vitis philosophorum*,viii. 1. 31.

③ Demosthenes (?),*Contra Aristogitonem oratio* I. 52.

④ 摩洛哥南部的乌拉德布阿齐兹阿拉伯人认为,有三种人肯定要下地狱,即被父
母诅咒的人,非法杀人的人,焚烧谷物的人。他们讲,每一粒谷物都诅咒焚烧谷物者。

⑤ *Cf*. Westcott,*op. cit.* p. 104.

⑥ Euripides,*Iphigenia in Tauris*,391.

⑦ *Idem*,*Bellerophon*,17 (*Fragmenta*,300).

⑧ Plato,*Respublica*,ii. 379 *sq*.

⑨ *Idem*,*Phœdrus*,p. 247. *Idem*,*Timœus*,p. 29.

⑩ *Idem*,*Respublica*,ii. 364 *sqq*. *Idem*,*Leges*,x. 905 *sqq*. ;xii. 948.

幸，原因就在于他们需要被神惩罚，也会受益于神的惩罚。[1]　普鲁塔克也极强烈地声称，神是极善的，极富有正义和爱，"最美的美德及最好的东西都属于神"。[2]

罗马人的诸神整体来说属于冷漠无情、了无生气的存在，其中有些属于极恶之神，例如在帕拉蒂诺山有座庙宇的热病之神，在埃斯奎利诺山有座祭坛的厄运之神。[3]　诸神与信徒之间的关系冷淡而讲究仪式，并由法律来确定。不破坏"神之安宁"，或者在破坏了神之安宁的时候恢复它，这就是主要之事。[4]　以"神圣"和"虔诚"事神，就能使神变得有利于人。[5]　不过这里神圣被定义为"关于我们应该如何崇拜他们的知识"，而虔诚的意思只是"对诸神的正义"，为得到诸神好处而回报；西塞罗问道，"你从神灵那里什么都得不到，应该给他什么虔诚呢？"[6]神的法律不同于人的法律。不仅宗教仪式，对死者的义务，乃至对某些活人的义务，也都从属于神的法律。[7]　冒犯父母由父母之神复仇；[8]好客的义务由好客之神和朱庇特执行；[9]朱庇特·忒尔弥纳利斯和忒尔弥诺斯负责保护

---

[1]　*Idem，Respublica，*ii. 379 *sq. Cf.* Aeschylus，*Agamemnon，*176 *sqq.*

[2]　Plutarch，*De defectu oraculorum，*24. 另见：*De adulatore et amico，*22。

[3]　Cicero，*De natura deorum，*iii. 25.

[4]　Leist，*Græco-italische Rechtsgeschichte，*p. 219 *sqq.* Granger，*Worship of the Romans，*p. 217.

[5]　Cicero，*De officiis，*ii. 3.

[6]　*Idem，De natura deorum，*i. 41.

[7]　关于神的法律（*fas*）和人的法律（*jus*）之间的区别，见：von Jhering，*Geist des römischen Rechts，*i. 258。

[8]　见第一卷第 624 页。

[9]　见第一卷第 580 页。

边界;①朱庇特、迪乌斯·菲狄乌斯和菲狄斯是诚实守信之守护者。②

以色列的神是子民强大的保护者,但他也是一个严厉的主人,他更多的是激起子民的恐惧,而不是热爱。至少在前先知时代,他并非善之典范。他的感情极为丰富,他的暴怒就像"来自发怒本性的无意识的狂暴,而非出自道德化个性的合理愤慨"③——例如,大卫讲,扫罗对他的不应有的敌意可能为上帝所激发。④ 与此同时,神之严厉也保护着人类关系。上帝严厉反对不敬重父母的子女、杀人犯、通奸者、盗贼、作伪证者——事实上,整个刑法都是主的启示。他也是穷人和困苦之人的保护者,⑤是陌生人的保护者,⑥但十诫里先提到对神的冒犯,然后才提到对人的冒犯;宗教仪式与社会道德准则被置于同一层次;不行割礼,无视关于仪式纯洁性的戒律,违背安息日的规定,都被当作最严重的罪过而予以严厉处罚。⑦ 韦尔豪森讲:"对普通人而言,祭祀行为而非道德行为才是真正敬神的行为。"⑧然而,诸先知表达了不同看法。他们反对一心付诸外部祭祀的恶习。⑨ 他们讲,神想要的不是牺牲,而是

---

① 见前文第 61 页。

② 见前文第 96、121 页及以下。Wissowa, *Religion und Kultus der Römer*, pp. 48,103,104,123 *sq.*

③ Montefiore, *Hibbert Lectures on the Religion of the Ancient Hebrews*, p. 38.

④ 1 *Samuel*, xxvi. 19.

⑤ 见第一卷第 552、565 页。

⑥ 见第一卷第 580 页。

⑦ Montefiore, *op. cit.* pp. 327,470. Kuenen, *Religion of Israel*, ii. 276.

⑧ Wellhausen, *Prolegomena to the History of Israel*, p. 468.

⑨ *Cf.* Caird, *Evolution of Religion*, ii. 119.

仁慈,①神憎恶以色列借节日和庄重集会进行的伪善的祭祀;②他们宣称,真正的斋戒就是道德上的行善。③他们认为,正义是耶和华的根本美德,如果耶和华惩罚了以色列,他的愤怒并非仅仅是一时发作而与以色列自身的过失无关,而是其正义的实质性成分。④然而,正如哈勒维所观察到的,希伯来人真正的民族观念并非诸先知所坚持的观念,而是他们反对的那些观念。⑤在后先知时代的祭司法典里,仪式变得前所未有得重要。

自诸先知开始的对仪式主义的反对,到了基督那里达到了高潮。不是外部的不洁玷污了人,而是邪恶的思想和邪恶的行为玷污了人。⑥"在安息日做善事是可以的。"⑦若其正义不能超过文士和法利赛人,就不能进天国。⑧首要的诫命就是要求热爱上帝的诫命,其次也"相仿",就是要爱人如己。⑨与此同时,《新约》里的有些段落似乎把上帝对人的判决说成由神学教条所决定。⑩在今世和来世都不被赦免的罪就是亵渎圣灵;⑪信仰基督被规定为获

719

---

①　*Hosea*,vi. 6.

②　*Amos*,v. 21 *sqq.*

③　*Isaiah*,lviii. 6 *sqq.*

④　*Cf.* Montefiore,*op. cit.* p. 122 *sq.*

⑤　Halévy,*Mélanges de critique et d'histoire relatifs aux peuples sémitiques*, p. 371.

⑥　*St. Matthew*,xv. 19 *sq. St. Mark*,vii. 6 *sqq.*

⑦　*St. Matthew*,xii. 12.

⑧　*Ibid.* v. 20.

⑨　*St. Matthew*,xxii. 37 *sqq.*

⑩　Toy,*Judaism and Christianity*,p. 82 *sq.*

⑪　*St. Matthew*,xii. 31 *sq. St. Mark*,iii. 28 *sq.*

得救赎的必要条件。① 据圣保罗，无需合乎律法的行为，单凭信仰就能涤荡一个人的罪孽。② 这种学说——它使人的救赎于接受弥撒亚基督——对基督教神学具有持久的影响，它与其他教条一道，导致了神灵正义观和人类正义观之间的唯一分歧，而直至今日，这一分歧仍然构成基督教会主要分支的特征。

　　早期的一些神父认为，基督的干预和受难本身无条件地拯救了众生，永远地清空了地狱；③但这种理论从未流行。据圣奥古斯丁乃至后来的加尔文神学，上帝由于自己一时高兴，就随意而永恒地选定了一些人，只有这些人才能获得救赎，信仰和皈依的结果不是拯救灵魂，而仅仅证明它要拯救的灵魂有罪。第三种理论，即伯拉纠、阿米尼乌斯和路德的理论认为，基督受难的效力是有条件的，取决于对基督为人类赎罪的个人信仰，而由于这种或那种原因不具有此种信仰的人则被排除在救赎之外。第四种学说由早期的一些神父发展而来，后来被罗马天主教会及圣公会中与之意见一致的一部分人采纳，它宣称，基督为人类受难产生的力量被赋予教会这一僧侣等级集团，以拯救那些承认教会权威并遵守其仪式的人，而其他所有人都迷失了。我们只能在某些教派（例如唯一神教派）或那些自认为不为任何教义的教条所束缚的"开明基督徒"那里，才能见到这种观点，即一个自由的灵魂可以依造物主确立的永恒法则在善恶之间做出选择，是获得拯救还是迷失，完全取决于选

---

　　① *St. Mark*, xvi. 16. *St. John*, iii. 18, 36; viii. 24.

　　② *Romans*, iii. 28.

　　③ Alger, *History of the Doctrine of a Future Life*, pp. 550-552, 563. Farrar, *Mercy and Judgment*, p. 58 *sq.*

择前者还是选择后者。①

　　因此,根据基督教的主流学说,人死后的命运并非由人的道德意识本身以何为善恶来决定,而是完全由其他因素决定。由于亚当的罪孽,所有人注定要死亡并下地狱,而他们的救赎——如果不是绝对预先注定了的话——只能通过真诚信仰基督之赎罪或从牧师手中有效接受圣礼的恩泽来实现。有些人基于智识或道德上的理由,无法接受赎罪的教条或承认苛刻的僧侣等级集团的权威,他们将由于其最早的祖先犯下的罪孽而受到最可怕的惩处,从来没有机会皈依基督教的以百万计的异教徒也是如此。路德表达了他的希望——"我们亲爱的上帝会对西塞罗以及其他像他这样的人慈悲",有人就说路德显得格外大胆。② 神职人员在《威斯敏斯特信条》里说,不信基督教者可获拯救的主张"有害且极其可憎";③《大要理问答》里明确说:"从未听过福音,因此既不知道基督耶稣也不相信祂的人,即使他们殷勤地根据自然之光或他们所虔信的宗教诫命调整自己的生活,也不会得救。"④这种学说直至现在还有许多支持者,⑤尽管一种较为开明的有利于有德行的异教徒的看法越来越为人接受。⑥ 即便是对基督教徒而言,按教会的说法,

721

---

　　① Alger,*op. cit*. p. 553 *sqq.*

　　② Farrar,*op. cit*. p. 146.

　　③ *Confession of Faith*,x. 4.

　　④ *Larger Catechism*,Answer to Question 60.

　　⑤ Farrar,*op. cit*. p. 146 *sq*.

　　⑥ Prentiss,'Infant Salvation,' in *Presbyterian Review*,iv. 576. 关于此种观点的较早案例,参见:Abbot,'Literature of the Doctrine of a Future Life,' forming an Appendix to Alger's *History of the Doctrine of a Future Life*,pp. 859,863,865。

如果他们在教会治理、三一神论、化质说、原罪、预定论等问题上持有错误的信仰,他们的罪孽也会面临永恒的诅咒。[1] 17 世纪时,某些罗马天主教作家的一个共同的主题是"不知悔改的新教毁灭了救赎",[2]而新教徒这一边,人们也指责杜摩兰太不严谨,竟然承认某些罗马天主教徒可以逃脱地狱的折磨。[3] 被富兰克林视为圣人的纳撒尼尔·埃蒙斯告诉我们:"要获得拯救,绝对有必要赞同不信神就会被神遗弃的学说。"[4]

　　除了异教徒,基督教神学把另一类人,即未受洗礼就死去的婴儿也判入地狱。自很早的时期起,基督徒就相信,洗礼之水拥有法力,可洗掉罪孽,[5]而自圣奥古斯丁时代以来,洗礼就被视为获得救赎所必不可少的仪式,未经"再生之浴"就死掉的小孩意味着永远迷失。[6] 圣奥古斯丁承认,对这样的小孩的惩罚是极为轻微的,[7]另一些作者则更为严厉;圣傅箴修宣称,甚至死于母亲子宫722 的婴儿也要"在永恒之火中永受惩罚"。[8] 然而,未受洗礼的孩童会受折磨的观念,逐渐让道给较为人道的看法。12 世纪中叶,彼

---

① Abbot,*loc. cit*. p. 863.

② Wilson,*Charity Mistaken*,*with the Want whereof Catholickes are unjustly charged*,*for affirming...that Protestancy unrepented destroys Salvation*.

③ Abbot,*loc. cit*. p. 860.

④ Emmons,*Works*,iv. 336.

⑤ Tertullian,*De baptismo*,1 *sqq*. (Migne,*Patrologiæ cursus*,i. 1197 *sqq*.). Harnack,*History of Dogma*,i. 206 *sq*. ;ii. 227. Stanley,*Christian Institutions*,p. 16. Lewis,*Paganism surviving in Christianity*,pp. 72,73,129,144 *sq*.

⑥ Bingham,*Works*,iii. 488 *sqq*. Prentiss,*loc. cit*. p. 549.

⑦ St. Augustine,*De peccatorum meritis et remissione*,i. 16 (Migne,*op. cit*. xliv. 16).

⑧ St. Fulgentius,*De fide*,27 (Migne,*op. cit*. lxv. 701).

得·伦巴德裁定,若无实际罪孽,对原罪的恰当处罚就是"迷失之罚",即不能进入天堂、看不到上帝,而不是"官能之罚",即正面的折磨。这个学说为英诺森三世所肯定,也为绝大多数学者所赞同,这些学者假设存在一个叫灵薄狱或婴儿地狱的地方,未受洗礼的婴儿居住于此而不受折磨。[1] 但新教徒又确立了旧看法,他们一般认为,严格来说,因原罪应受的惩罚就是在地狱里永受惩罚,不过他们当中也有许多人倾向于认为,如果小孩在受洗礼前因灾祸死去,父母真诚希望自己的孩子受洗,并进行了祈祷,上帝对此也会接受。[2] 在《奥斯堡信条》中,再洗礼派学说受到重点谴责;[3]慈运理拒斥了未受洗便死去的婴儿将会迷失的教条;与其上帝选择的理论相一致,加尔文也拒绝把婴儿救赎与外部仪式捆绑起来,尽管如此,在整个 16 世纪和 17 世纪,新教教会似乎仍是普遍信仰,受洗必定是得到上帝恩泽的一般渠道。[4] 未受洗便死去的婴儿在地狱永受惩罚事实上就是公认的加尔文宗的理论,[5]尽管它也对具有虔诚父母的孩子格外开恩。[6] 但在 18 世纪后半期,托普莱迪这位热情的加尔文教徒公开声明,他信仰所有离世的婴儿都能普

723

---

①　Wall, *History of Infant-Baptism*, i. 460 *sq*.

②　*Ibid*. i. 462, 468. 不过,在路德及其追随者口中,父母未实现的意图是否有效令人生疑,他们更强调实际的洗礼(*ibid*., i. 469)。

③　*Augsburg Confession*, i. 9.

④　Prentiss, *loc*. *cit*. p. 550.

⑤　Calvin, *Institutio Christianæ religionis*, iv. 15. 10, vol. ii. 371. Norton, *Tracts concerning Christianity*, p. 179 *sqq*.

⑥　Calvin, *op*. *cit*. iv. 16. 9, vol. ii. 383 *sq*. Wall, *op*. *cit*. i. 469. Anderson, 'Introductory Essay,' to Logan's *Words of Comfort for Parents bereaved of Little Chidren*, p. xxi.

遍得到救赎。① 而一百年后,霍奇博士认为,完全可以说,福音派新教徒的共同看法是,"所有死去的婴儿都得拯救"。② 但此说法是否确切似乎有些令人生疑。1883 年,关于婴儿不需洗礼就获拯救的学说,普伦蒂斯先生写道:"我个人的感受是,如果当时是一位在正统性、虔诚和品格力量方面不如霍奇博士卓越的神学家在长老教会讲授这个学说,他立刻就会引起某些较为保守的老派加尔文教徒的反对。"③

　　为了充分理解罚下地狱受罚教条的真实含义,有必要考虑被判决者要受到的惩罚。绝大多数基督徒总是把地狱及其施加的极大痛苦当作身体上的事实。④ 奥利金是一名柏拉图主义者,在许多观点上也算得上异端分子,他说,地狱之火是内部的、有关良心的,而非外部的、有关身体的,为此他受到了严厉指责;⑤而在中世纪后期,司各特·爱留根纳对地狱的位置和被判决者所受的身体折磨提出了质疑,表现出不同寻常的大胆。⑥ 地狱里的惩罚就是火之燃烧——即便在最野蛮的法律里,这个刑罚也是留给最严重的罪行的;一些伟大的神学家,如杰里米·泰勒和乔纳森·爱德华兹一直急切地指出,地狱之火比世上任何火都要更为无限得痛苦,"猛烈到足以使岩石和元素熔化"。⑦ 这种可怕的惩罚比最丰富的

---

① Toplady, *Works*, p. 645 *sq*.
② Hodge, *Systematic Theology*, i. 26 *sq*.
③ Prentiss, *loc. cit*. p. 559. 另见:Anderson, *loc cit*. p. xxiii。
④ Alger, *op. cit*. p. 516.
⑤ *Ibid*. p. 516.
⑥ Milman, *History of Latin Christianity*, ix. 88, n. k.
⑦ Alger, *op. cit*. p. 516 *sq*.

想象力所能想象出来的任何东西都要可怕，因为它不只持续短暂的一刻，也不只持续一年、一百年、一千年、一百万年或十亿年，而是永远永远地持续下去。有些现代神学家为了防止我们就被罚下地狱者的身体是否经得起炙热而提出什么疑问，于是向我们保证，这些人的身体会像玻璃、类似石棉的东西或具有耐火性的东西那样变得韧化。① 因此，这就是大多数人的未来状态，完全跟他们自己犯下的过错或者"罪孽"的严重程度无关。② 即便得到拯救的少数人的幸福似乎也肯定会因为思索这无止境的、难以形容的苦难而受到严重损害，但神学家告诉我们，事实正好相反。这些人会变得像他们的神那样无情。托马斯·阿奎那讲，他们可以完全看到被罚下地狱者所受的惩罚，因而"可以更充分地享受他们的至福和上帝的恩泽"。③ 而清教徒特别陶醉于如下观念——"看到地狱的折磨会永远提升圣徒的幸福"，因为感觉到与快乐相反的痛苦总是会增强快乐的滋味。④

当下，基督教神学家有一明显的倾向，即在一定程度上人道化

---

① Alger, *op. cit.* pp. 518, 520. *Cf.* St. Augustine, *De Civitate Dei*, xxi. 2 *sqq.*

② 关于被认为迷失的灵魂数目，参阅阿尔杰的《来世学说史》（Alger, *History of the Doctrine of a Future Life*. p. 530 *sqq.*）。屈梭多模怀疑，在他所处的时代，安条克的构成基督教人口的成千上万灵魂中，是否有一百个会被拯救。而 17 世纪末期，牛津的一位历史教授出版了一本书，证明"自亚当以来，十万个灵魂中也不到一个（非但如此，很可能不到百万分之一）会被拯救"（Du-Moulin, *Moral Reflections upon the Number of the Elect*, title page）。

③ Thomas Aquinas, *Summa theologica*, iii. Supplementum, qu. xciv. 1. 2 (Migne, *op. cit.* Ser. Secunda, iv. 1393).

④ Jonathan Edwards, *Works*, vii. 480. Alger, *op. cit.* p. 541.

关于来世生活的学说。① 但是,如果用几乎自基督教开端直至相
当晚近时期一直被信徒认可的教条来裁决的话,基督教就必须承
认,它关于天国之父、法官的观念与一切关于善和正义的普通观念
根本不相一致。加尔文本人公然承认,神的旨意是"可怕的",按这
一旨意,亚当的倒下使得众多民族连带其婴儿无可挽回地沦入永
远的死亡状态。他又说道:"但是没有人能否认,上帝在造人之前,
就预先知道了人未来的最终命运,这是他的旨意所确定的,所以他
能够预知。"②

　　与基督教一样,伊斯兰教也为真主饰以极崇高的道德品性,与
此同时,也让真主拥有了与甚至最基本的人类正义观相矛盾的旨
意和行为。伊斯兰教的真主是有同情心的慈悲之神,但他的爱只
限于"那些害怕的人",③唯有恭顺、服从才能获得他的慈悲——我
们由伊斯兰教的名称④就能看出这一点。他要求人们过正义的生
活,他惩罚坏人,酬报好人。⑤ 他通过他的先知,向人类启示了道
德的准则和社会制度的要素,包括对生活中各种情况下人的行为
的细致规定,依人履行这些规定的情况而应得的奖惩。⑥ 整个国
家身上都带有真主的印记;如阿拉伯谚语所说,"国家和宗教是孪

---

　　① 于是相当多神学家反对关于无休止折磨的学说(Alger,*op. cit.* p. 546),"即使
持有这个学说,绝大多数英国牧师也不教导它。"(Stanley,*op. cit.* p. 94)

　　② Calvin,*op. cit.* iii. 23. 7,vol. ii. 151.

　　③ *Koran*,iii. 70.

　　④ "伊斯兰"的本意就是顺从(真主)的意思。——译者

　　⑤ 见第一卷第 553 页。

　　⑥ *Cf.* Muir,*Life of Mahomet*,iii. 295 *sq.*;Lane-Poole,*Studies in a Mosque*,
p. 101.

生子"。① 而各项义务中最重要的就是信仰真主及其先知。据伊斯兰教，"真主不宽恕多神教信仰和不信神，但如他愿意，他可以宽恕其他罪孽"。② 而"伊斯兰教的支柱"是五项义务，即诵读清真言或曰教义；每天口头祈祷五次；行斋戒（特别是在斋月里）；行施舍；赴麦加朝觐。③ 这些义务都基于清楚地写在《古兰经》里的句 726
子，传统则把极琐碎的履行仪式的行为培养成极重要的义务。诚然，穆罕默德也谴责了虚伪及缺乏宗教热忱的形式主义。他说："你们把自己的脸转向东方和西方，都不是正义。正义是信真主，信末日，信天神，信天经，信先知，并将所爱的财产施济亲戚、孤儿、贫民、旅客、乞丐和赎取奴隶，并谨守拜功，完纳天课，履行约言，忍受穷困、患难和战争。这等人，确是忠贞的；这等人，确是敬畏的。"④不过在伊斯兰教里，正如在其他讲究仪式的宗教里那样，准时履行外部仪式实际上是最重要的，祈祷的效果据说则取决于净身礼。⑤ 一个人来世的幸福或苦难与其今世的善恶相称，⑥但进入天堂首先要靠虔诚。"信道而且行善，并谨守拜功，完纳天课的人，将在他们的主那里享受报酬。"⑦那些已认可伊斯兰教信仰但仍作

---

① Sell，*Faith of Islam*，pp. 19，39.

② *Ibid*. p. 241.

③ *Ibid*. p. 251.

④ *Koran*，ii. 172.

⑤ *Cf*. Polak，*Persien*，i. 9；Wallin，*Reseanteckningar fran Orienten*，iv. 284 *sq*.；Sell，*op. cit*. p. 256.

⑥ Lane，*Manners and Customs of the Modern Egyptians*，i. 95 *sq*. Sell，*op. cit*. p. 231. Lane-Poole，*Studies in a Mosque*，p. 319.

⑦ *Koran*，ii. 277.

恶之人,会在地狱里受罚一段时间,但最终会到达天堂。①　至于某

727　些异教徒未来的状态,《古兰经》里的说法较为矛盾。其中某处说
道:"信道者、犹太教徒、基督教徒、拜星教徒,凡信真主和末日,并
且行善的,将来在主那里必得享受自己的报酬,他们将来没有恐
惧,也不忧愁。"②但有人认为,这一段话被另一段话取消掉了,这
另一段话里讲,舍伊斯兰教而寻求其他宗教的人,来世将会迷
失。③　对不信伊斯兰教之人的惩罚与基督教地狱的折磨一样恐
怖。但在某一方面,伊斯兰教关于来世生活的教义要比基督教的
教条更为仁慈。伊斯兰教徒的孩童都会到达天堂,而不信伊斯兰
教的人,其孩童也能躲开地狱。有些人认为,异教徒的孩童会到阿
拉法,即天堂和地狱之间的某个地方;其他人则认为,他们会成为
天堂里真正的伊斯兰教徒的奴仆。④

　　伊斯兰教正统学说的形式主义不时引起具有更深远抱负的人
反对。早期的伊斯兰神秘主义者试图让人们的生活服从于僵硬的
仪式;⑤19世纪时,巴布教反抗伊斯兰教正统,反对顽固不化,要求
与各宗教的信徒友好往来。⑥　当前也有一些开明的穆斯林,他们
不理会经院传统,坚持私人诠释《古兰经》的权利,热情赞成伊斯兰

---

　　① 　Lane,*op. cit*. i. 95. Sell,*op. cit*. p. 228. 但是,穆尔台学派(Mu'tazilas)教导
说,进入地狱的穆斯林将永入地狱。他们认为,犯有严重罪孽、死时未忏悔之人,尽管
不是异教徒,也不再是伊斯兰信徒,因而要像异教徒那样受苦,尽管受到的惩罚要轻微
一些 (Sell,*op. cit*. pp. 229,241)。

　　② 　*Koran*,ii. 59.

　　③ 　*Ibid*. iii. 79. Sell,*op. cit*. p. 359 *sq*.

　　④ 　Sell,*op. cit*. p. 204 *sq*.

　　⑤ 　*Ibid*. p. 110.

　　⑥ 　*Ibid*. p. 136 *sqq*.

教顺应文明的最先进观念。[1] 对他们而言，穆罕默德的使命主要就是道德改革者的使命。赛义德·阿米尔·阿里说："在伊斯兰教里，人虔诚事神和人类之善，就显著构成了对神的服侍和崇拜。"[2]

　　这里我陈述了关于作为世俗道德守护者的诸神的主要事实，在下一章里，我将尝试解释这些事实。

---

　　[1]　Ameer Ali, *Life and Teachings of Mohammed*, *passim*. *Idem*, *Ethics of Islâm*, *passim*. *Cf*. Lane-Poole, *Studies in a Mosque*, p. 324; Sell, *op. cit.* p. 198 *sq*.

　　[2]　Ameer Ali, *Ethics of Islâm*, p. 3 *sq*. *Idem*, *Life and Teachings of Mohammed*, p. 274.

第五十二章　作为道德守护者的
诸神(完)

　　我们看到,未开化种族的诸神在很大程度上带有恶毒的品格,他们通常对不影响他们自己幸福的任何人类行为的兴趣都很小,而如果他们表露出什么道德情感的话,他们就可以是部落整个习俗的守护者,或者是道德的某一特殊分支的守护者。在具有较高文明程度的民族中,如果按时抚慰诸神,诸神整体来说就对人类仁慈。他们首先憎恶对他们本身的冒犯;但他们也报复各种社会过失,他们是人类正义的监督者,甚至被说成世界的整个道德秩序的创造者和维护者。因此,诸神经历了向好的方向的逐渐变化;直至最后他们被说成完美道德之典范,尽管我们看到——如果我们考察得更仔细的话——他们的善和正义观仍与人之善和正义具有实质上的差别。

　　蒙昧人的神灵具有恶意,这符合宗教诞生于恐惧的理论。人们假定的灾祸的起因,自然就被当作需要抚慰的敌人,而吉利之事,如果能吸引到足够多的注意,并显得极为神奇,以致人们认为有超自然的起因,它们一般就被归为好到不要求崇拜的存在。但随着不断的思考,人们倾向于把更和善的品质归于诸神。人们的宗教意识于是变得不再完全关注诸神施加的伤害,而是越来越多地考虑所获得的好处。表现在某个现象或某批现象里的某个神灵的活动,在某些场合下被人们视为恶之源,在其他场合下则被视为善之源;于是神灵在人们眼里一部分是善,一部分是恶,但在任何情况下都不得忽视。再者,若神灵本性无害且不坏,就可以通过适当的崇拜,诱使他帮助人们与恶魔斗争。① 当神灵或多或少脱离了他最初显现于其中的自然现象时,他的保护功能就变得尤为重要了。事实上,促使自然神灵变好的最重要因素,在于他们活动范围的扩大。当超自然存在能够在生活的各个方面施加影响的时候,人们自然就会从这些存在中选出最仁慈又具有伟大力量的存在,充作他们的神灵。人们根据神灵的有用性选择他们的神灵。在毛利人中,"仅仅一点琐事,或者自然灾难,就能诱使某个土著(或整个部落)更换自己的神灵"。② 如果黑人一直对自己的某项贸易不满意,或者被某个不幸灾难压倒,他就会丢掉自己的神物,换一个新的。③ 萨摩耶德人处于困境时,如果祈求自己的神灵并无效果,就会转向俄罗斯人的神,承诺如果该神把他从困境中解救出来,他就成为其信徒;据说多数情况下他都会忠于诺言,尽管他可能仍会试图与原来的神灵保持好关系,偶尔偷偷地为之献上牺牲。④ 北美印第安人把所有好运和坏运都归因于他们的马尼托

730

---

① von Rosenberg,*Der malayische Archipel*,p. 162 (Niase). Howard,*Life with Trans-Siberian Savages*,p. 192 (Ainu). Georgi,*Russia*,iii. 273 *sq*. (shamanistic peoples of Siberia). Buch,'Die Wotjäken,' in *Acta Soc. Scient. Fennicæ*,xii. 633. 见前文第701、702、704 页及以下。

② Polack,*Manners and Customs of the New Zealanders*,i. 233.

③ Wilson,*Western Africa*,p. 212.

④ Ahlqvist,'Unter Wogulen und Ostjaken,' in *Acta Soc. Scient. Fennicæ*,xiv. 240.

神，"如果马尼托神不能给他们带来好处，他们就会弃掉他，而不举行什么仪式，并选取另一个神"。[①] 中美洲的许多古代印第安人会定期、系统地选择神灵。布拉斯·瓦勒拉神父说，他们的神灵每年都要轮换，每年都要依据人们的迷信思想而更换。"他们认为旧的神灵名声不好，就会把他们废掉，或者，如果旧的神灵没有用处，他们就选取新的……儿子继承家产的时候，要么接受要么废弃父亲的神灵，因为这些神灵不可违背继承人的意志而高高在上。老年人崇拜其他较伟大的神灵，但他们同样会废黜旧的神灵，他们会在年终时，或者在此世的年龄——印第安人里有这个说法——到了的时候，在他们住处确立新神。这些就是墨西哥、恰帕、危地马拉的诸民族，乃至维拉帕斯的诸民族及其他许多印第安民族崇拜的神灵。他们认为，他们自己选择的神灵是所有神灵中最伟大、最强大的。"[②]上述事例大致讲到了废旧神选新神的过程，这一过程肯定通过使神灵更好地满足信徒的需要，以这种或那种形式构成了宗教演化中的重要驱动力。

但人们不仅选取在生存竞争中可能对他们最有用的超自然存在为他们的神灵，也会在崇拜神灵时放大神灵的好的品质。赞美和夸张的颂词常常出自虔诚的信徒之口。在古埃及，每个小国的神都被看作诸神的统治者、世界的创造者、一切好东西的给予者。[③] 在迦勒底也是如此，一个城镇的居民会用极崇高的词语称呼

---

① Bossu. *Travels through Louisiana*，p. 103. Frazer，*Totemism*，p. 55.

② Blas Valera，转引自：Garcilasso de la Vega，*First Part of the Royal Commentaries of the Yncas*，i. 124 *sq.*。

③ Wiedemann，*Religion of the Ancient Egyptians*，p. 11.

这个城镇的神,称之为众神之主或众神之王。[①] 吠陀诗人专注于赞美他们碰巧正在祈求的某位神灵,他们夸大神的特征到了自相矛盾的地步。[②] 休谟讲:"每一美德、每一卓越之处,都必须归之于神,在人们看来,夸大之词也不足以描述神所具有的完美品质。"[③] 信徒倾向于无限赞美他们的神灵,主要是因为他们认为神喜欢被赞美,[④]但也可能源于他们对神灵真诚的信仰或真正的爱戴。具有较高文明程度的民族对神灵的力量和仁慈具有一种强烈的信仰,当我们考虑到这些民族恰恰是在民族奋斗中最成功的,我们就容易理解了。[⑤] 正如希腊人把对波斯人取得的胜利归因于宙斯的帮助,[⑥]罗马人认为,他们的城市宏伟壮观,这是他们用牺牲来安抚的诸神的杰作。[⑦]

　　然而,神灵仁慈并不意味着他充作道德法官而行事。友善的神灵一般也不会无偿提供帮助;因此,他也不大可能纯粹出于友善而自愿干涉社会道德事务。但人们借助于祈求,可能会诱使他奖善惩恶。我们常常注意到,诸神的报偿行为极其紧密地与人们的祝福和诅咒联系在一起。人们为了使自己或好或坏的愿望具有效力,会吁求某位神灵,或者在念出祝福或诅咒时简单地把神灵的名字带进来;如果人们经常对某种行为这么做,就会形成以下观

---

　　① Mürdter-Delitzsch,*Geschichte Babyloniens und Assyrians*,p. 24.

　　② Macdonell,*Vedic Mythology*, p. 16 sq. Barth,*Religions of India*, p. 26. Hopkins,*Religions of India*,p. 139.

　　③ Hume,*Philosophical Works*,iv. 353.

　　④ 见前文第 653 页及以下。

　　⑤ *Cf*. Oldenberg,*Die Religion des Veda*,p. 281;Macdonell,*op. cit*. p. 18.

　　⑥ 见前文第 713 页。

　　⑦ Cicero,*De natura deorum*,iii. 2.

732 念——神灵酬报或惩罚这种行为,甚至不管人们是否做出了祈求。再者,强大的诅咒,例如由父母或陌生人发出的诅咒,可以人格化为超自然存在,例如希腊的厄里倪厄斯;或者,祝福或诅咒内在地具有的法力会成为主神的一个特征——因为他倾向于吸引与其整体本性相和谐的超自然力。[①] 关于害人的灵魂的观念也可以转变为复仇之神的观念。[②] 于是,各种社会道德都被置于主神的监管之下——生命权利[③]和产权[④]、慈善[⑤]和好客[⑥]、子女孝顺[⑦]、诚实守诺[⑧]。我们已经看到,人们常常把诸神看作诚实守信品德的守护人,这主要是由于以誓言确认某说法或诺言的常见习俗;而在誓言构成司法诉讼的实质性成分的地方,例如在古代国家,[⑨]产生的结果就是,诸神的守护之责扩大到整个司法领域。人们经常同时提及真理和正义,把它们看作神灵关心的事。我们看到,人们借誓言或神判法向诸神祈求,人们也把这同样的诸神说成人类行为的法官。[⑩] 阿梅里诺说道:"在埃及,真理和正义是一回事,玛特女神要求,说真话等同于正义,反之亦然。"[⑪]宙斯主持集会和审判;[⑫]根据

---

① 见前文第 68 页。

② 见第一卷第 378 页及以下。

③ 见第一卷第 379 页及以下。

④ 见前文第 59 页及以下。

⑤ 见第一卷第 561 页及以下。

⑥ 见第一卷第 578 页及以下。

⑦ 见第一卷第 621 页及以下。

⑧ 见前文第 114 页及以下。

⑨ Leist, *Græco-italische Rechtsgeschichte*, p. 228.

⑩ 见前文第 115、116、121、122、686、687、699 页。

⑪ Amélineau, *L'évolution des idées morales dans l'Égypte ancienne*, p. 187. 另见前文第 115、699 页。

⑫ Farnell, *Cults of the Greek States*, i. 58.

梭伦的一部法律,雅典法官必须向宙斯发誓。[1] 厄里倪厄斯是誓言和诅咒的人格化,有时也被诗人和哲学家称为一般权利的守护者。[2]

有人讲,人们认为诸神与自己拥有相似的心智构造,因而认为诸神也赞成美德,反对邪恶。[3] 但这个结论在一般情况下肯定是不正确的。不可能期望恶神也具有必然以利他情感为先决条件的那些情感;而且我们也已看到,要使善神干预人类的世俗事务,就常常要借助于祈求。再者,在私人报复制度盛行的地方,即便把与人的类比扩展到超自然存在的世界,也不会导致这个观念——神灵会出于自愿惩罚社会过失。但完全可能的是,在某些情形下,这样的类比能使诸神成为一般道德的守护者,特别是在人们信仰祖先神灵的情形下——很容易期望,祖先神灵不仅保护他们的有关善恶的旧有情感,也对生者的道德具有积极的兴趣,他们还以反对任何偏离以往习俗的做法著称。[4] 我也承认,如果人们有着神灵伟大、至高无上的观念,那么不管神灵如何起源,或许都会由神灵的强大力量以及对其人民的仁慈自然而然地产生报应正义。但显然,甚至像宙斯这样的神灵,也更多被祈求者的祈求影响,而不是受正义感影响。法内尔博士指出,在实际的希腊宗教中,称宙斯为被罪恶打击之人可向之呼求的神灵的词语,要远远比把复仇和报

---

① Pollux, *Onomasticum*, viii. 12. 142.

② Rohde, *Psyche*, p. 246.

③ Adam Smith, *Theory of Moral Sentiments*, p. 232 *sq*. Darwin, *Descent of Man*, p. 95. Tiele, *Elements of the Science of Religion*, i. 92 *sq*.

④ 见前文第 519 页及以下。*Cf*. Tylor, *Anthropology*, p. 369; Macdonald, *Religion and Myth*, p. 229.

答之责归于他的词语更为流行。[①] 小偷把赫尔墨斯当作他们的守护神。[②] 据《塔木德》,"小偷进入别人家里时,就祈求神灵"。[③] 而意大利强盗恳求修女为其劫掠行为祈福。

734　　与此同时,我们也要知道,人们不仅把普通的人类品质归于神灵,也把各种优秀品质归于神灵,这其中就包含着惩恶扬善的强烈愿望。一神教里的神灵尤其具有诸多极高尚的品质,因此,假如这些神灵也对人类道德漠不关心的话,就令人非常诧异了。如果人们的奉承和爱戴使神成为全知、全能、至善之神,神灵也会成为人类行为的至高法官。将世界的道德治理之责归于神灵也有另一个原因。经常发生的事是,善未获酬报,而恶逃脱惩处,正义屈从,而邪恶获胜,于是对正义的要求在今世未能得到充分满足;因而,具有深切道德情感的人,具有宗教或哲学倾向的心灵,就易于寻求神灵——他独自就能修正今世的邪恶和不义——的干预而获得未来的调整。这种对最终报应的要求有时获得了极为强烈的发展,因此,人们对无其他令人信服的证据可证明其存在的神灵产生了信仰。康德认为,我们必须假定存在来世生活,彼时每个人的幸福都与其美德相称,这个假定就意味着信仰一位治理着道德世界和物质世界,拥有无限力量、智慧和美德的神。即便是伏尔泰也无法摆脱掉奖善惩恶的神的观念——如果他不存在,"有必要创造出来"。

对充当世俗道德守护者的神灵的信仰,无疑也强调道德准则。由超自然力量和神对世事的了解获得特殊力量的一种新的社会制

---

① Farnell,*op. cit*. i. 66 *sq*.

② Schmidt,*Die Ethik der alten Griechen*,i. 136.

③ Deutsch,*Literary Remains*,p. 57.

裁和法律制裁出现了。复仇之神能够惩罚人类正义够不着的人，能够惩罚隐秘干坏事甚至逃脱了同胞责难的人。但另一方面，与道德制裁相比，这种宗教制裁的影响在某些情形下会显著降低。假定的来世奖惩有个短处，即人们认为，来世的奖惩很遥远；而恐惧和希望的对象越远，恐惧和希望就会越少。人们通常生活在幸福的幻象中，尽管事实上死亡很近，人们还是以为死亡很遥远，于是死后的报应就显得遥远而不真实，多数相信死后报应的人相对来说很少会想到它。再者，似乎总有时间苦修和忏悔。曼佐尼在为罗马天主教辩解时，他自己也承认，许多人认为，产生忏悔之情是容易之事，而根据教会的学说，通过忏悔就可以消除罪孽，由于容易得到宽恕，人们就被鼓励犯下罪孽。人们常常假定，如果不相信死后报应，道德准则很难得到服从，但这个假定与诸多事实相违背。一些可靠的目击者告诉我们，与文明人遵循道德准则比起来，地道的蒙昧人遵循他们自己的道德准则也同样严格，或许更为严格。非但如此，还有一常见现象，即与较高文明接触会使未开化种族的行为变坏，不过我们可以确信，基督教传教士不会不向皈依基督教的蒙昧人传授地狱学说。

我们也能看到，宗教上较高的虔诚度也常常伴随着道德上的较大松弛。关于贝都因人，布伦特先生写道，除了一两个例外，"可以把宗教实践当作一个部落道德低下的确定指标"。① 沃林对信奉伊斯兰教的族群有着深入而广泛的了解，他常常发现，最经常参

---

①　Mr. Blunt, in Lady Anne Blunt's *Bedouin Tribes of the Euphrates*, ii. 217.

与祈祷的穆斯林反而是最无耻的坏蛋。[①] 莱恩讲:"科普特人品格中最显眼的一个特征就是顽固、偏狭";据说他们还"喜欢欺骗,不讲信用,肆意追逐世俗利益,沉溺于感官享乐"。[②] 费里发现,在两百个意大利杀人犯中,没有一个不信宗教;那不勒斯是犯罪记录最高的欧洲城市,也是欧洲最笃信宗教的城市。[③] 另一方面,据哈夫洛克·霭理士博士,"要在监狱里找到心智上不信宗教的人,似乎是极为罕见的"。[④] 莱恩本人是个虔诚的教徒,他发现,在欧洲没有哪个国家像瑞士这样,有着如此多的道德,如此少的宗教虔诚。[⑤] 多数宗教都包含着一种成分,这种成分对信徒的道德构成了真正的危险。这些宗教引入了一种新的义务——对神灵的义务;而我们前面就已看到,即便在宗教与世俗道德具有密切联系的地方,仪式、崇拜或信仰的细枝末节仍然被看得比对同胞的良善行为重要得多。人们认为,他们可以通过正统的行为或虔诚的表现,来弥补对同胞的良善行为之不足。7世纪时有个基督教主教,他被罗马教会正式宣布为圣徒,他把好的基督徒说成这样的人——"经常去教堂;把献给上帝的祭品放在圣坛上;在品尝自己行当的劳动果实之前,把其中一部分献给上帝;神圣节日来临时,他在七天之内甚至对自己的妻子也禁欲,这样他就能心安理得地走近上帝的圣坛;最后,能反复诵读信经和《天主经》。"[⑥] 小心翼翼地遵守

---

① Wallin, *Reseanteckningar från Orienten*, iii. 166.

② Lane, *Manner and Customs of the Modern Egyptians*, p. 551.

③ Havelock Ellis, *The Criminal*, p. 156.

④ *Ibid*. p. 159.

⑤ Laing, *Notes of a Traveller*, pp. 323, 324, 333.

⑥ Robertson, *History of the Reign of the Emperor Charles V*. i. 282 *sq*.

外部仪式,就是上面这段话对好基督徒的全部要求。而自那时起,737
有关这一问题的流行观念的变化很小。斯莫利特在《意大利之旅》
里讲道,违反罗马教会极微小的仪式规矩,也要比违反道德义务更
为恶名昭彰;杀人犯和通奸者可以轻易地被教会宽恕,甚至还能在
社会上保持声誉;而周六吃了一只鸽子的人却极受憎恶,被视为要
下地狱的怪物。[①] 19 世纪时,西蒙·德·西斯蒙第这样写道:"每
个恶徒都经常遵守教会的规矩,而他的心却不遵守能使他免于邪
恶的神圣道德。"[②]而多少新教徒没有想到过,若星期天去了教堂,
在其余六天里就可以更随意地犯下罪孽。

　　我们也应该明白,关于道德规则的宗教制裁常常使得信徒纯
粹出于自私的动机而从外部遵守这些规则。基督教自身实质上被
当作获得来世幸福的一种手段。至于它对信仰者的道德生活的影
响,我赞同霍布豪斯教授的看法——基督教的主要力量不在于抽
象的教义,而纯粹在于个人对基督的追随。[③] 在道德教育上,榜样
比道德准则起到的作用更大。但遗憾的是,即便是在这个方面,基
督教也几乎没有理由吹嘘其成就。

---

① Smollett,转引自：Kames,*Sketches of the History of Man*,iv. 380。

② Simonde de Sismondi,*Histoire des républiques italiennes du moyen-âge*,xvi.
419.

③ Hobhouse,*Morals in Evolution*,ii. 159.

第五十三章 结论

我们已完成了我们的任务。下面再说几句,重点讲一下我们关于道德意识的理论的主要特征,并提出几条可以由道德意识演化引申而来的一般结论。

我们对道德观念的起源与发展的研究分为三个主要部分。既然道德观念表现为道德判断,我们就得考察道德判断的谓语和主语的一般性质,乃至考察对与人类道德意识有关的主要种类的行为的道德评价。而在每一种情形下,我们的目的都不仅仅在于描述或分析,也在于解释我们所观察的现象。

我们提出的理论是:道德概念——它构成了道德判断的谓语——从根本上说是以道德情感为基础的,道德概念实质上是对存在于某些现象中的引起愤慨或赞同的种种倾向的概括。因此,我们有必要探究这些情感的性质和起源,继而考察它们与种种道德概念的关系。

我们发现,道德情感属于可称为报偿性情感的更广泛的一类情感;道德上的反对是一种忿恨,近似于愤怒和记仇,而道德上的赞同是一种报偿性的友好情感,近似于感激。同时,道德情感也因其无私性、明显的公正性以及一般性的意味,不同于相似的非道德情感。至于报偿性情感的起源,我们可以假定,通过生存竞争中的自然选择，人们获得了报偿性情感；忿恨和报偿性的友善情感都是心理状态，此心理状态会促进感受到这些情感的个体的利益。这种解释也适用于报偿性的道德情感：它能说明道德反对对于痛苦原因的敌对态度，也能说明道德赞成对于快乐原因的友善态度。我们的报偿性情感总是对我们感受到的痛苦或快乐的反应；这适用于道德情感，也适用于记仇和感激。但是我们该如何解释道德情感中的那些把道德情感与其他非道德的报偿性情感区分开的成分呢？首先，为什么我们能完全无私地因为邻人受到伤害而感到痛苦，这痛苦又引起愤慨呢？为什么我们能完全无私地因为邻人受益而感到快乐，这快乐又引起赞同呢？

我们看到，为利他情感所支持的同情——这里说的是该词通常意义上的同情——倾向于产生无私的报偿性情感。我们可以确信，在拥有这种或那种形式的利他情感的所有动物物种里，都能发现伴随着利他情感的同情性忿恨。而同情这种情感也能产生无私的报偿性友善情感，尽管同情更容易为看到痛苦而非看到快乐所打动，尽管同情性的报偿性友善有一强大的对手，即妒忌的情感。再者，同情性的报偿性情感不仅可以是对惹人同情的痛苦或快乐的反应，也可以直接产生于认知到令人愤恨的迹象或认知到使人产生报偿性友善的迹象。惩罚和奖赏倾向于重现那些使奖惩得以产生的情感，而语言以谴责或赞扬的方式表达报偿性情感。最后，也有其他一些产生无私的报偿性情感的情形，在这些情形里，根本没有同情卷入——感情用事的厌恶和喜欢在特征上都是完全无私的。

因此，无私的报偿性情感可以以各种方式发生。但我们应该如何解释这一事实——无私性与明显的公正性和一般性的意味一道,构成了把所谓的道德情感与其他报偿性情感区分开的特征呢?对这个问题的回答如下:社会是道德意识的诞生地。最初的道德判断表达的不是孤立的个人的私人情感,而是整个共同体所感受到的情感。公共愤慨是道德反对的原型,公共赞同则是道德认可的原型。而这些公共情感是以一般性、个体的无私性和明显的公正性为特征的。

道德情感导致了种种道德概念的产生,这些概念以不同的方式与使它们得以产生的道德情感相联系。于是道德反对就构成了坏、恶和错、应该和义务、正当和权利、正义和非正义这些概念之基础;而道德赞同就导致了善、美德和功绩的概念。对我们的整个研究而言,认识关于责任和义务的概念的真正内容,尤其具有根本的重要性。有些人经常讲,上面的这些概念是不可分析的,如果真是如此,在我看来,解释道德观念的起源与发展的任何努力都会不可避免地失败。

741　我们从道德判断的谓语,转而考察了道德判断的主语。一般而言,道德判断是针对行为或品格而言的,而道德判断在进行仔细的考察、教导时,也相应考虑到构成行为和品格的种种成分。经常发生的情况是:道德评判受到完全独立于行动者意志的外部事件影响;无法认识到自身行为是正确还是错误的个体被当作应负责任的存在;完全或部分忽略动机;相较于行动,很少考虑到不作为;在由缺乏远见或缺乏自我克制而引起的后果很遥远的时候,忽视了缺乏远见或缺乏自我克制。我们同样可以解释,为何道德判断是对行为和品格而言的。这是由于以下事实:道德判断发生于道

德情感；道德情感是报偿性情感；报偿性情感是心理对活着的存在
（或被看作活着的存在的物体）的或友善或敌对的反应性态度——
此存在被视为快乐的原因或痛苦的原因；只有在假定快乐或痛苦
的情感是由某活着的存在的意志引起的情况下，这活着的存在才
被视为快乐或痛苦的真正原因。有些现象的一般性质恰恰类似于
道德判断所针对的那些现象，而人们不仅能感受到关于这些现象
的道德情感，也能感受到关于它们的非道德的报偿性情感，认识到
这一情形极为重要。倘若道德判断不是基于情感，道德情感不是
近似于感激和记仇的报偿性情感，我们又如何解释上述显著的同
时存在之事呢？

　　我们关于道德概念和道德情感的性质的理论，进一步得到另
一类十分广泛的事实的支持。我们探讨付诸道德评价的特定行为
模式以及不同民族、不同年龄的人对这些行为模式的道德判断时，
总是引入这个理论以解释我们面前的材料。值得注意的是，被指
责为错事的行为、不作为和疏忽，也容易引起愤怒和报复，而被赞 742
扬为道德善事的行为和不作为，则易于引起感激。这种同时发生
之事，无疑也证明了道德概念的情感基础和道德情感的报偿性特
征。因此，本书第一部分得出的结论，一方面有助于解释本书另两
部分提到的事实，同时这些事实也大大地支持着这些结论。要想
发现道德意识的性质和起源，就必须把人类的总体道德观念考虑
进来。我深知本书还不够完全，但我想我可以自信地问道，关于本
书的基本观点，有别的什么道德意识理论也曾同样被付诸广泛的
检验吗？

　　人性的一般统一性解释了人类的道德观念为何具有显著相似

的特征。但与此同时,这些道德观念之间也存在根本的差别。某一民族指责某行为方式是错的,另一民族则漠然视之,或者视之为值得赞扬之事,或规定为义务。存在这些差别的一个原因在于不同的外部条件。生活的艰难会导致杀婴,或遗弃年迈父母,或吃人肉;有的民族这么做是迫不得已,并形成了习惯,因此,这类行为在当地不会蒙受在其他地方所蒙受的污名。经济条件也影响了道德观念,例如关于奴隶制、劳动和洁净的观念;而婚姻形式以及对婚姻形式的看法,大体上为性别比例这样的因素所决定。不过,道德评价上的最常见差别无疑起源于心理因素。

当我们考察未开化种族的道德准则时,我们发现它们在很大程度上近似于文明民族中盛行的那些道德准则。在每一蒙昧人共同体,习俗都禁止杀人、偷盗。蒙昧人也视慈善为义务,把慷慨赞为美德——事实上,他们关于相互帮助的习俗要比我们自己的严格得多;许多未开化民族也明显厌恶说谎。但与此同时,在尊重生命、财产、真理和邻人的一般福利方面——这些在蒙昧人那里表现为原始的道德准则——蒙昧人和我们之间存在着相当大的差别。蒙昧人禁止谋杀、偷盗、欺骗,要求慈善和友善的行为,一般来说,这只是对同一共同体或部落成员而言。他们仔细区分了自己人中间发生的杀人行为和受害人是外人的杀人行为;虽然他们通常反对前者,但多数情况下他们允许后者,常常还认为后者值得赞扬。而这也适用于偷盗、撒谎及其他伤害。除了给予客人的特权,此特权也总是只在很短的时间内存在——在早期社会,外人、生人是没有任何权利的。不仅在蒙昧人中如此,在古代文明国家也是这样。当我们从低等种族转而考察文明程度更高的民族时,我们就发现,社会单位变大了,民族取代了部落,禁止施加伤害的圈子也相应扩大。但冒犯同胞和伤害外人的旧的区分保留了下来。非但如此,这种区分就是在我们西方人当中也在一定程度上存在着,这一点可以从对待战争的流行态度以及人们乐意发动战争上觉察出来。不过在现代文明中,对本国人和外国人的区分尽管并未停止影响人们的道德情感,但此影响无疑正在变小。我们对人类同胞的义务是普遍的义务,不为国家或种族所限,这种观点已经有人提出来了,也逐渐为越来越多的人所接受。那些认可义务准则起源于情感的人,可以轻易解释所有这些事实。关于邻人的戒律的扩展与利他情感的扩展相伴发生。如果我们考虑到,这些戒律主要来自同情性忿恨的情感,而同情性忿恨又植根于利他情感,我们马上就能明白,关于邻人的戒律的扩展为何与利他情感的扩展相伴发生。

对邻人的义务不断扩展,逐渐涵盖越来越大的人类群体,除此之外,在另外一个方面,人类道德观念也在自蒙昧、野蛮至文明的前进道路上,经历了一场重要的变化。人们变得更为开明了。尽管道德观念基于情感,尽管所有道德概念实质上是存在于某些现象的引起赞同或反对的种种倾向的一般化,但理智的考虑对道德判断的影响自然是非常巨大的。所有高级情感都由认知——感知或想法——所决定;它们随认知而变,而认知的性质大体上取决于思考或洞察。如果有人对我们说假话,我们会感到愤怒;但如果我们在必要的思考之后,发现他的动机是好的,例如想要拯救他对之说假话的人的生命,我们的愤怒就会消失,甚至接着会赞同他的做法。认知或想法的变化因而导致了情感的变化。那么,道德意识的演化在一定程度上就在于,它由不喜欢思考的阶段向喜欢思考的阶段发展,由不开明的阶段向开明的阶段发展。这表现在,外部事件对道德判断的影响在变小,人们越来越注重识别动机、疏忽以及行为中的其他因素——严谨的评判者会认真考虑这些因素。更具穿透力的思考也降低了无私的喜好和厌恶在形成道德观念上的作用。当我们清楚认识到,某一行为并不带来真正的危害,它只是因为引起厌恶或反感才被人指责时,我们基本上就不会把它看作道德责难的恰当对象——事实上,除非我们认为,它意味着不尊重他人情感,该受指责。如果显然某人既不想冒犯什么人,也未犯有该受指责的疏忽,那么,人们对此人的愤恨程度,不管是道德上的愤恨还是非道德的愤恨,就与行为人对该人的意愿关系极大。非但如此,即便行为人知道该人的行为惹人讨厌,行为人也可能认为该人做出那种行为是正当的。我们经过一定的思考,容易形成这种看法——情感上的反对并不是以惩罚或道德责难来干预他人行动自由的充分理由,当然前提条件是:这些人没有以粗鲁的方式扰动邻人的情感。因此,许多人使用功利主义的托辞来支持仅仅源于反感的道德意见或法律,这样一来,也就无法调和旧的观念与受到思考一定影响的道德意识的要求。

在极多情况下,道德评价的不同是由于信仰的差别。本书几乎每一章里都讲到,对超自然力量、超自然存在或来世的信仰对人类的道德观念施加了巨大影响,同时也表明,这些影响呈现出极大的多样性。宗教或迷信(视情况而定)一方面指责谋杀和自杀,另一方面又赞美人祭和某些情况下的自我毁灭。它谆谆教诲着人道和慈善的观念,但也导致对持有其他信仰者的残酷迫害。它强调说真话的义务,但它本身就是伪善的欺骗的一个原因。它既促进了洁净的习惯,也促进了肮脏。它要求劳动和节制劳动、戒酒和酗酒、结婚和独身、贞洁和庙宇卖淫。它引入了种种新的义务和美德,这些义务和美德与那些仅仅由道德意识所认可的义务和美德截然不同,在许多情形下却又被看得比其他任何义务或美德更为重要。似乎未开化民族的道德观念受到法术的影响比宗教大,而宗教的影响在文明发展的某些阶段——即相对较高级的阶段,但并不包括最高级的阶段——达到了巅峰。知识的不断增长缩减了超自然的领域,而把完美的道德品格归于神灵,就消除了起源于低级宗教观念的道德评价。

　　我在这里仅仅指出了文明进程中道德观念所经历的最一般的变化;每一变化都在各相关章节中给出了详细论述。无疑,道德观念未来也会发生变化,而相似的原因会导致相似的结果。我们有充分理由相信,利他情感会继续扩展,而基于利他情感的道德戒律也会相应扩展;思考对道德判断的影响会稳定增长;感情用事的厌恶、喜好的影响会变小;宗教在与道德的关系上,会变得越来越局限于强调普通的道德准则,而不再那么专注于教导对神灵的特殊义务。

第二卷附注

（附注页码为原书页码，即本书边码，
注释序号按原文排列）

第287页注释⑥——韦伯斯特教授在其新著《安息日》（*Rest Days*）第八章里对希伯来人的安息日与月亮之间的关系做了充分探讨。

第377页注释①——弗雷泽爵士在《图腾与外婚制》（*Totemism and Exogamy*）一书中明确区分了外婚制与图腾制度；他希望，如此一来，我们就不必在外婚制的图腾起源方面作进一步的揣测了。跟我一样，弗雷泽认为，外婚制的这些规则源自人们对近亲结婚的厌恶（第四卷第105页及以下）。我的看法是，由于对近亲结婚的厌恶及相关联的观念，再加上同宗同姓被视为关系亲近的标志，所以同氏族内禁止通婚。而弗雷泽的观点则是，外婚制是为了阻止近亲之间发生性的交合而有意设置的。在我看来，把广泛、繁冗有时十分复杂的外婚制仅仅看成预防近亲性交的制度发明，几乎是不可思议的。

　　既然承认人们普遍厌恶近亲结婚，弗雷泽就要面对其起源何处的问题。他如是作答："我们不能确知，我们甚至难以猜测。"但他小心翼翼地尝试揭开谜底。他注意到，蒙昧部族通常极其严厉地惩罚乱伦，这似乎表明，他们相信这种罪行会危及整个共同体。人们会想到，乱伦会导致整个部落的妇女不育，动物生长与繁育受阻，庄稼颗粒无收；弗雷泽讲，世界不同地方的很多部族事实上都持有这样的信仰。但他本人也承认，秉持这种信仰的民族似乎都是从事农业耕作的，这些农人认为，这一特别的禁忌会导致谷物歉收乃至颗粒无收。弗雷泽设想，仔细考察现存的最原始的外婚制部族，尤其是澳大利亚土著，可以发现这些部族依然保持着这样的信仰：乱伦导致不育，乱伦"对妇女普遍有害，尤其损害可食用的动物和植物"。但我认为，这种论证方式委实不好。我们也不妨提出这样的问题：源自迷信的这一厌恶是否在世界上所有文明民族当中一直未能变弱。而且，如果说这种迷信是厌恶乱伦的根源，我们还应该追溯下去，解释这一信仰本身由何而来，而弗雷泽并没有就此做进一步的尝试。另一方面，此前我曾对乱伦厌恶的来源提出自己的主张，如果我是对的，那么在他看来作为厌恶之情起因的迷信，就是自然而然产生的结果，或者说是因此产生的禁忌的结果。我的看法极有可能是正确的，因为人们认为乱伦有害，并且认为同样的害处也来自其他性反常行为，如通奸和非婚性关系奸淫（参见上文第 417 页）。

　　弗雷泽爵士还就我的理论的某些细节提出批评（第四卷第 96 页及以下）。他承认，有依据可以相信"从小一起长大的男女之间存在自然的性厌恶，或至少缺乏性交的欲望"；不过他发现，很难理解这种嫌恶是怎样转变为近亲之间的性厌恶的；他认为，支撑我的 ₇₄₈

理论观点的推理链条在关键之处完全断裂了，因此我需要给出满意的解释。就我个人而言，我认为在弗雷泽看来难以理解的转变既是可能而自然的，也几乎被世界各地普遍发生的具有更大社会意义的类似事件所证实——这些事件和过程导致亲属间的种种权利和义务关系与亲属关系联结起来。我已经在上文中指出（第三十四章），父母对子女的感情大致构成了父母的权利与义务的基础，这种感情并非简单到了解双方血亲关系就自动生发的地步，它是对其他外部条件刺激的反应，尤其身边的孩子幼小无助时，他自幼与父母之间的外部关系就变得十分重要。所谓的孝心，首先也不是基于亲属关系的考量；它基本上是对所受恩惠的报偿性的、宜人的情感，通过这种恩惠，施惠者令受惠者感到愉悦、亲切。这里需要再次指出，这种感情最终源于他们密切地生活在一起，并通过共同度日而得以强化，这正如与父母长期分开居住的孩子与父母的关系会变得冷淡一样。兄弟之爱以及由此生发出来的权利、义务关系，同样首先取决于同一血统观念之外的其他条件；那些使更远的亲属结成同盟的力量同样如此。近亲之间情感的社会力量最终来自他们习惯上生活在一起。"人们还待在他们出生时的圈子里，于是就变得群居了；如果他们不再与亲属住在一起，而是更喜欢独居或与陌生人结合起来，肯定就根本不会有血缘纽带。由群居生活引起的相互依恋以及社会权利、义务，是与确定了群体成员相互位置的关系——即表现为共同姓氏的亲属关系——相联系的，而即使地方纽带发生了断裂，这些联系也会持续下去"，因为人们拥有共同的姓氏（上文第 203 页）。

　　一些学者用亲属关系来解释这极其多的事实，但这些事实最终应当用亲密的共同生活加以解释。那么,对乱伦的嫌恶以及由此导致的对乱伦的禁止,怎么就不能同样用共同生活来解释呢?这些事实与厌恶并禁止乱伦之间确实存在惊人的相似。这些事实之所以与亲属关系有关联,乃是因为近亲通常生活在一起。它们也涵盖关系较远并且不在一起生活的亲属,这是因为,他们形成了相关的观念,特别是因为共同姓氏而产生了这些观念;例如,与氏族外婚制相对应,整个氏族的每个成员都要在氏族之间的宿仇中担当责任。不过,在某些情形下,彼此没有血缘关系的男孩女孩在同一家庭里长大成人,或无血缘关系的男孩女孩在当地同一社群长大成人,他们之间的婚姻也是受到谴责的,或实际上被禁止。早期社会甚至出现这样的现象,通过一起生活彼此联系起来而非通过实际上的共同祖先联络起来的人们,彼此之间照样形成社会权利和义务。弗雷泽问道:"如果整个事情的根源在于长期共同生活就厌恶结为夫妻,由这种厌恶感又是怎样过渡到人们普遍喜欢选择未因长期相熟而魅力减弱的异性结婚的呢?如若均源自长期共同生活,为什么兄妹姐弟之间或母子之间的婚姻会引起那么深重的嫌恶之情,而同一屋檐下长大的男女之间的婚姻最多让人有些吃惊——其令人惊异的程度微弱到不足以成为笑料和饭后谈资——并且在所有文明国家,这类婚姻与其他婚姻一样在法律上具有同等效力?"我在这里要说,我相信父亲与养女之间的婚姻,或被收养兄妹、被收养姐弟之间的婚姻,如果他们之间的社会关系跟同等的血亲之间的社会关系极其相似的话,这样的婚姻引起的可不只是略微惊讶,这样的结合会显得不合乎自然,并且令人反感。我在前面说过(第375页),长期亲密相处的男孩和女孩会反感彼此之间的性接触并刻意回避对方,这种倾向很久以前就已经表现在近亲结婚的禁忌中;考虑到这一点,对近亲结婚产生厌恶感是自然而然的。禁止近亲结婚是极其常见的规则,不值得大惊小怪。法律仅仅把普遍的、界定清晰的情况考虑进去,因而相处起来几乎总是如同亲属一般的诸种情况,也视同于具有血缘关系的男女。不仅涉及乱伦禁忌时如此,关乎家庭内部诸多义务与权利关系时也是如此。

弗雷泽爵士还对我的理论提出了另一个反对意见。他主张,如果外婚制起源于自然的本能,则不必通过法律的惩罚强化这个本能;法律只禁止人们的本能驱使他们去做的事情,因而我们可以放心地宣称,法律禁止的犯罪,就是很多人基于自然秉性要犯的那些罪。我在这里不得不承认,弗雷泽的这一高论着实令我大吃一惊。当然,没有犯罪就没有法律。但弗雷泽不能无视本能的差异性,不能无视性本能的差异性;他也不应忘记,自然的感情在某些情境下会变得迟钝或被克服。他难道要说,因为法律禁止兽奸,就不存在对兽奸的自然嫌恶?他难道要说,很多法律文书对弑亲处罚极其严厉,这就证明绝大多数人有杀害父母的自然秉性?法律表达的是绝大多数人的感情,惩罚的是那些令他们震惊的罪过。

弗雷泽爵士指责我把达尔文的方法扩展到了只是部分适用该方法的主题和领域,在他看来,我关于外婚制起源的理论在尝试解释人类制度的发展演变时,"过分看重体质的和生物学的原因,而没有考虑到智力、意志和思想的因素"。他又说,"这不是科学,而是对科学的拙劣模仿"。我所做的工作至于招致如此恶语中伤吗?我的看法是,从小在一起亲密相处而长大的男女,对彼此之间性的交合有着本能的嫌恶，这种厌恶感可能是自然选择的结果。我倾向于认为——弗雷泽也是如此——血亲之间的联姻以这种或那种方式对该物种有害。这一事实会导致某种情感生发出来，这种情感如此有力，以至形成了阻碍和禁止此类有害结合的规则；当然，此类感情不仅嫌恶近亲之间的性关系，而且嫌恶从小亲密地共同生活者之间的性交合。事实上，这种情况将导致适者生存。如此一来，我所做的只不过是用自然选择理论解释一种远古的、本能的情感来源；我怎么都无法相信，我这样做就僭越了达尔文主义的合法界限。

弗雷泽爵士本人认为："我们可以安全地下结论说，不育症是同一地方、同样条件下很多代人之间持续近亲交配的不可避免的结果。"为了支持这一观点，他引证了沃尔特·希普（Walter Heape）先生和马歇尔（F. H. A. Marshall）先生的颇有价值的观点。由此他发现，外婚制原则与科学繁育原则"有着惊人的相似之处"，他正确地推断，这种相似性不是来自任何精确知识，也不是来自蒙昧始祖的先见之明。那我们该如何解释这种相似性呢？弗雷泽的回答是，"这必定是迷信的意外结果，是对科学的无意识的模仿"。在禁止乱伦这件事上，可怜的蒙昧部族"在懵然无知的情况下遵从了进化的巨大压力——进化的力量在物质世界使生物由低级向高级变化，在道德领域又促成了由野蛮向文明的转变。如果是这样的话，外婚制就在未知力量的左右下成为一种工具。进化的力量是历史的蒙面术士，它常常通过某种神奇的力量，通过某种炼金术，把愚蠢和邪恶的废渣炼制成精致的智慧与善的黄金。"就我而言，我不希望我下面的疑问被认为是多余的、失礼的：与我本

人的"对科学的拙劣模仿"相比,弗雷泽爵士如此推理难道就是他
所看重的科学的恰如其分的范例吗?

　　在我看来,任何解释外婚制起源的尝试都必须考量三类通常
发生的事实:第一类,禁止乱伦以及外婚制规则本身;第二类,从小
在一起亲密相处而长大的个体之间的性厌恶;第三类,近亲繁殖的
恶果。就第一类事实而言,弗雷泽和我都同意,它们有着共同的根
源,外婚制无论如何都起源于对近亲结婚的嫌恶。就第二类事实
而言,弗雷泽在任何情况下都承认,"似乎有依据"让他相信这类事
实。至于第三类事实,我们两人的意见是完全一致的。我的问题
是:设想这三类事实之间没有因果关系是否合理?像弗雷泽那样
无视第二组事实,把第一组和第三组事实之间的联系仅仅看作偶
然的巧合是否正确?我充满感激地承认,弗雷泽论外婚制起源的
那一章只能增强我对自己理论的自信。

　　对我的理论提出的另一个反对意见来自霍斯和麦克杜格尔先
生,具体参见他们两位合著的《婆罗洲的异教部落》(*The Pagan
Tribes of Borneo*)第二卷第197页的脚注。根据他们的观察,年
轻男子与收养的姐妹之间发生性关系在这些部落并不被视为乱
伦;他们也知悉,肯雅人中至少有一例婚姻是被收养的儿子与被收
养的女儿之间缔结的。这两位作者说:"这类在同一家庭内共同长
大成人的男孩女孩之间发生乱伦的例证,当然与韦斯特马克教授
关于近乎普遍的反乱伦情感之根源的著名理论——因儿童时期亲
密相处而彼此产生性厌恶或性冷淡——难以协调起来。"他们进一
步说,"沿海达雅克人当中发生过兄弟与姐妹之间乱伦的事情,但
姑婶与侄子、姨妈/舅妈与外甥(他们通常是不同社群的成员)之间

却有着强烈的嫌恶乱伦之情",他们认为这些事实对我的理论是致命打击。

在尝试解释反对乱伦的规则时,我当然没有忽略,这些规则所关涉的可能是或实际上是不同社群的人(参见上文第369页;《人类婚姻史》,第330页及以下)。如果我正确理解了他们的话,说来有些奇怪,霍斯和麦克杜格尔尝试解决这个问题是基于这样的假设:禁止通婚规则最初指涉的是属于同一社群的人。霍斯和麦克杜格尔写道,"阿特金森先生和朗先生(《原始法律》[*Primal Law*])曾提出关于原始社会构成的观点,内容如下:每个社会群体是由一个男性家长和一群妻子、女儿组成,他对自己的妻子和女儿拥有无限的权力或权利。如果我们接受这个观点,我们就应看到:要发展到比较高级的社会构成形式,第一步就是要严格限制他对其中某些女人的权利,只有这样,年幼的男子才能更好地融入这个社会,并且能够无争议地享有某些女子。要使自己的群体更稳定、更强大有力,这位男性家长就得容纳一定数量的年轻男子;因而,他必须接受对自己权力的限制,不能对女儿乱来,同时严格限制年轻男子与年长女子之间的来往。如此看来,严格禁止并严厉惩罚男性家长与年轻一代女子(即其女儿)有染,同时也严格禁止并严厉惩罚被接纳为社会成员的年轻男子与家长之妻发生关系,便成为社会组织向前发展的基本条件。实施这些惩罚措施之后,对此类男女关系——即古已有之的所谓乱伦——的因袭已久的厌恶之情就在人们心中油然而生。出于嫉妒心,男性家长的一贯做法是将已成年的儿子逐出家庭群体,这容易甚至必将导致的结果是,人们将这种厌恶之情扩展到兄弟姐妹之间的性关系上。这是因为,

751

被接纳的年轻男子是带着聘礼来的,他奉献这笔礼金是为了把他追求的姑娘娶到手。男性家长要想得到这份聘礼,就必须满足一个条件:只要他年轻的儿子们还留在他的屋檐下,就必须绝对禁止兄弟姐妹之间发生性关系。"我倒是想知道,霍斯和麦克杜格尔先生怎样能够以此理论为根据解释,"在海上迪雅克人当中,姑婶与侄子、姨妈/舅妈与外甥(他们通常是不同社群的成员)之间却有着强烈的嫌恶乱伦之情",并且通常来说,禁止通婚的规则指涉的是来自本地的不同群体。就其他方面而言,我必须承认,他们赖以立论的整个理论在我看来是极其武断的。兄弟姐妹之间禁止通婚,是因为在嫉妒心的驱使下,年老的家长把长大成人的儿子赶走了。但他的嫉妒心尚未强烈到不让其他年轻男子加入本群体的地步。恰恰相反,他愿意接纳外来的年轻男子进入自己的家庭,因为这样做确实可以增强本群体的实力;不仅如此,他还把自己的亲生女儿嫁给他们,还因此不得不戒绝自己与这些年轻女子之间的性交合。这一自我约束如此严格,以至以后凡为人父者,均不得与自己的女儿婚配。不过,外来的年轻人必须拿出用于娶妻的聘礼。人们可能要问:为什么年老的男性家长不接受自己亲生儿子的聘礼,或继续留他在家里干活,反而残忍地把他们从祖屋里赶出去呢?他们可以同外来的新人一样保护这个群体呀!他为什么把女儿们嫁给外来的新人呢?他本可以把这些年轻女子留给自己,而把年纪大的女子嫁给外来人呀!澳大利亚的老年男子就是这么做的。在当地,年轻女子往往被老年男子占有,而年轻男子被允许成婚时,只能娶年纪大的女子为妻(马林诺夫斯基:《澳大利亚土著家庭》[*The Family among the Australian Aborigines*],第 299 页及以下）。不过,尽管存在这种习俗,在禁止乱伦的严苛性方面,还没有哪个国家能与之匹敌。

　　霍斯和麦克杜格尔先生认为,兄弟姐妹之间乱伦的发生,以及沿海达雅克人对姑婶与侄子、姨妈/舅妈与外甥乱伦所表现出的嫌恶之情,这些事实"有力地支持了这类情感完全来自传统或习俗的观点"。那我要问:如果他们说的事属实,那么对近亲发生性关系的嫌恶之情存续了很长时间却没有任何减弱的迹象呢? 如我前文所述,不同族群通过习俗和法律禁止近亲通婚的程度差别很大,未受现代文明影响的族群通常比现代社群施加的限制更多;而且亲属间禁止通婚的程度似乎与社会关系的亲密程度密切相关。在我们西方人当中,堂表兄弟姐妹之间是可以通婚的;但与此同时,父母与子女、兄弟与姐妹之间的性关系仍然受到强烈抵制,毕竟,这些人在通常情况下是属于同一家庭的。如果说嫌恶乱伦之情完全来自传统与习俗,为什么这类情感在某些情况下得以存续,在另外的情况下却消失了呢? 基于传统的法律自身就能解释父母与子女、兄弟与姐妹之间通常缺乏肉欲之情吗? 诚然,近亲属之间发生性关系的情况确实存在,但这类情形必定是很少见的。霍斯和麦克杜格尔先生自己也曾说,在婆罗洲的诸部落,"任何形式的乱伦都是非常少见的"(第 198 页),他们所知道的被收养男孩与被收养女孩一起长大成人却缔结婚姻的,在肯雅人里也只有那么一个案例,尽管这类婚姻是被认可的。如果认为这样的孤证就是对我的理论的致命打击,在我看来是不合逻辑的,这无异于以很多男人身上存在的恐女症来否定两性间普遍存在的爱恋之情。

　　第 396 页注释①——马林诺夫斯基博士在其近著《澳大利亚

752

土著家庭》中得到了同样的结论。他观察到,单个家庭在这些土著的社会生活中起到至关重要的作用;在他们的风俗和观念中,家庭有着坚实的基础,家庭"丝毫没有近今新花样的特征,也不是群婚制的附属形式"。澳大利亚的丈夫通常对妻子具有明确的性权利,他拥有打发她走的特权,他至少能在性的事情上掌控她,但他的这种权利通常不是专有权。当地有租借妻子、交换妻子、由老年男子对少女仪式性破贞等风俗,部落大聚会上也流行各式各样的放荡与淫乱;尤其值得一提的是,中南部的部落中还发现存在皮拉由鲁(*Pirrauru*)关系,即当地法律承认的婚外性关系。但这些并不构成群婚,而婚姻这个概念的内容绝不仅仅指性关系。马林诺夫斯基博士强调这样一个事实:婚姻不能与家庭生活隔离开;"婚姻的界定涉及家庭经济生活的方方面面,关乎同一小屋内所有人长期共同生活形成的纽带,以及父母共同抚养孩子并对孩子充满慈爱之情。"甚至是皮拉由鲁也在上述各方面与婚姻有着根本的不同,因而也不可能侵占或蚕食家庭。我们也不能把这种关系看作群婚制的遗迹。马林诺夫斯基博士还指出,"我们最好的报道人(尤其是豪伊特、斯潘塞和吉伦)是按照他们臆想的假设条件来描绘当下土著的性生活"(第89—90页),这是多么令人不快啊。

第419页注释⑤——关于摩尔人性不洁与圣洁性之间联系的信仰,参阅我的著作《摩尔人的圣洁性(巴拉卡)观念》(*The Moorish Conception of Holiness* [*baraka*])第123页及以下,以及《摩洛哥与农业、阳历年的某些日子及天气相联系的仪式和信仰》(*Ceremonies and Beliefs connected with Agriculture, certain Dates of the Solar Year，and the Weather in Morocco*）第 17、22、23、28、46、47、54 页。

第 463 页注释⑧——本书第一版出版后的这些年里，对同性恋的研究相当活跃。以下书籍专门探讨同性恋问题:《原始人群同性恋生活研究》（F. Karsch-Haack，*Das gleichgeschlechtliche Leben der Naturvölker*，1911）、《原始人的中间类型》（Edward Carpenter，*Intermediate Types among Primitive Folk*，1914）、《男女同性恋》（Magnus Hirschfeld，*Die Homosexualität des Mannes und des Weibes*，1914）。卡彭特（Carpenter）的著作主要探讨早期宗教及战争中的性倒错。赫希菲尔德（Hirschfeld）的著作是名副其实的同性恋百科全书——据哈夫洛克·霭理士博士，这是"迄今为止关于同性恋问题的最厚重、准确、详实、全面的著作，甚至是最精简的著作"。1915 年，哈夫洛克·霭理士博士出版了《性倒错》（*Sexual Inversion*）的扩充修订版，即第三版。

第 485 页注释①——哈夫洛克·霭理士博士著作的最新版本去掉了这一段落，也总体上去掉了对同性恋和弑婴的社会反应之间存在某种关系的提法。 753

第 584 页注释①——在过去的四五年里，几乎没有哪个问题像宗教和巫术的关系那样得到了社会人类学研究者如此热烈的讨论。例如，弗雷泽爵士在《巫术》（*The Magic Art*）里，涂尔干教授在《宗教生活的基本形式》（*Les formes élémentaires de la vie religieuse*)里，马雷特(Marett)博士在《宗教的门槛》(*The Threshold of Religion*)等著述里，欧文·金(Irving King)博士在《宗教的发展》(*The Development of Religion*)里，洛伊贝(Leuba)教授在《对宗教的心理学研究》(*A Psychological Study of Religion*)里，西德尼·哈特兰(Sidney Hartland)先生在《仪式与信仰》(*Ritual and Belief*)里，瑞典当前的大主教内森·苏德卜龙(Nathan Söderblom)在著作《宗教的起源》(*Gudstrons uppkomst*)里，都探讨了这个问题。据法国社会学派，宗教就其目标而言是社会性的，巫术则是反社会的；马雷特博士近来接受了这种区分，他在《人类学》里写道："我认为，巫术包括了处理特异现象的所有坏的方式，而宗教包括了处理特异现象的所有好的方式——当然，坏和好不是我们碰巧下的判断，而是相关的社会对巫术和宗教的判断。"(*Anthropology*，第 209 页以下)但这种术语用法与传统用法不相一致，在我看来，也不适合于科学分类的目的。除了黑巫术，还有白巫术；甚至如大阿尔伯特(Albertus Magnus)这样的中世纪神学家也声称，"巫术不是邪恶的，因为掌握了巫术，就可避免恶，获得善"。法国学者对巫术和宗教的区分意味着，在某项被共同体视为正当的事业中，为了毁灭敌人而向神灵祈祷，就必须界定为宗教，若共同体反对这项事业，就界定为巫术。假如一个男子为了获得某个女子的喜爱，就让她喝下春药，倘若从社会的观点看，他们的结合是可取的，这就是宗教，但如果他把这同样的饮料给了他人之妻，这就是巫术。我们迄今一直称为模拟或顺势疗法巫术的东西，其最好的部分已经根本不是巫术了；如果倒出水的目的是求雨，只有在共同体不想要这雨的情况下，它才是顺势疗法巫术。但

如果是在干旱期间这么做,这就是宗教。因此,同样的实践可依其社会的目的或反社会的目的界定为宗教或法术;而哈特兰先生就在《仪式与信仰》里理所应当地发问:"我们应该怎样界定这些目的呢?"(第76页)

　　然而,还应指出,我在正文里给出的宗教定义只与抽象的宗教有关,而不涉及各个具体的宗教。在宗教一词的流行意义上,一个宗教可以包括很多我称作法术的实践。正如我前文所说(第649页),"早期基督教和伊斯兰教都充斥着为其神学所明确支持的巫术实践"。巫术态度和严格的宗教态度尽管互不相同,但并非不可调和,因此它们完全可以成为同一宗教的组成部分;不存在与宗教相对立的一门巫术这样的东西。宗教一般被理解为一套关于人们与一个或几个超自然存在关系的信仰和行为规则,人们把超自然存在称作他们的神或诸神,也就是说,超自然存在是固定的崇拜对象,在超自然存在及其信徒之间,有着确定的永久关系。如果可以承认,宗教一词在两种不同意义上都可以正当地使用,我认为基本上没有理由在这个问题上继续争论了。毕竟,社会学家应该更有效地利用他们的时间,而不是老是争论术语的含义。

　　第608页注释④——在《垂死之神》(*The Dying God*,第204页,注1)里,弗雷泽爵士写道:"可以说出很多可支持韦斯特马克的理论的东西,土著赋予王位以神圣性的事实尤其可以支持他的理论。但整体来说,我找不到充足的理由抛弃我正文里采纳的看法,而关于希卢克人的证据使我更为确信这个看法,当初韦斯特马克博士提出他的理论时,他还不知道关于希卢克人的证据。"

弗雷泽受惠于 C. G. 塞利格曼(Seligman)教授就此问题提供的详细信息(前引书第 17 页及以下)。据塞利格曼教授,希卢克人信仰中的一个要点是,尼阿康神——他是全神或半神的英雄,他使希卢克人定居在现在的土地上,建立了希卢克人的王朝——人格化为在位的王,在位的王也就相应地在一定程度上具有神性。但尽管希卢克人对他们的王怀有高度的崇敬(事实上是宗教般的崇敬),他们也采取各种预防措施,以防他们的王意外死亡,他们仍然相信,绝不能让王生病或变老,人们唯恐随着他的身体变弱,牛会生病并停止增殖,庄稼会烂在地里,人们会被疾病击倒,死掉的人越来越多。为了防止这些灾难,过去常见的习俗是,只要王有了健康恶化、身体变差的迹象,希卢克人就把王处死。非但如此,塞利格曼博士的调查表明,似乎甚至在王仍处于身体健康、体力最好的时期,他也随时会受到某对手的攻击,不得不在搏斗中拼死保卫自己的王位。按照希卢克人的一般传统,王的每个儿子都有权利与在位的王搏斗,而如果他成功杀死了王,他就能取得王位。于是"某位希卢克王即位时,所举行的庄重仪式中的一个重要部分似乎就意在向新的君主传达尼阿康神的神性——这神性已由王朝建立者那里传给了所有王位继任者。为了这个目的,就会从位于阿库尔拉的尼阿康神龛那里庄重地拿来一个四条腿的板凳和一个带有尼阿康神名字的神秘物体,带到法沙大附近叫克瓦姆的小村庄,被选中的王及诸头人都在村庄里等候这板凳和神秘物体的到来。称作尼阿康的东西据说呈圆柱形,大约两三英尺长,六英寸宽。阿库尔拉的头人告诉塞利格曼博士,讲到的这个物体是个粗糙的木人,它是很久以前尼阿康亲自下令制作的。我们可以假定,它体现了神王自己，并且它应该是或以前应该是尼阿康的灵魂住的地方，不过阿库尔拉的头人向塞利格曼博士讲，尼阿康的灵魂现在不住在这物体上……尼阿康的像就放到板凳上；被选中的王拿着一只板凳腿，某位重要头人拿着另一只板凳腿……杀掉一头小公牛，牛肉由某些称作奥罗罗(ororo)的家族的成员吃掉，据说奥罗罗是第三代希卢克王的后裔。接着阿库尔拉人把尼阿康像带入神龛，奥罗罗人则把选中的王放到板凳上，他会在板凳上坐一段时间，显然会坐到太阳落山。当他站起来时，阿库尔拉人就会把板凳放回神龛，并将王送到三个新的棚屋，王要在那里隐居三天。在第四个夜晚，他就被悄悄地甚至是鬼鬼祟祟地带到位于法沙大的王宫，到了第二天，他就公开与臣民见面了。"

至于弗雷泽所谓的证据，首先应该看到，说称作尼阿康的神秘物体现在被认为或一直被认为带有王朝神圣建立者的灵魂，这只是塞利格曼博士的猜测，而这个猜测已被明确声称与土著当下的信仰相违背。另一方面，现在讲到的这个物体显然被看作圣物，它的神圣性或它的某微粒会通过身体接触转移到新王身上——这个观念与我的理论是高度一致的。而即使希卢克人曾经相信他们的王是尼阿康灵魂的化身，我们基本上也不能把这个信仰当作如下观念的直接证据——被杀的亦人亦神的王的灵魂转移到了他的王位继任者身上。希卢克人相信，尼阿康不同于他较晚近时期的王室后裔，他并没有死掉，仅仅是不见了而已。

参考文献^①

A Voice for South America. London.

Aas (Einar), *Sjaeleliv og intelligens hos dyr.* Kristiania, 1893.

Abbot (Ezra), ' Literature of the Doctrine of a Future Life ' ; in Alger, *A Critical History of the Doctrine of a Future Life.* Philadelphia, 1864.

'Abd-Allatif, *Relation de l'Égypte.* Trans. by S. de Sacy. Paris, 1810.

'Abd-es-Salâm Shabeeny, *An Account of Timbuctoo and Housa.* Ed. by J. G. Jackson. London, 1820.

Abegg (J. F. H.), *Die verschiedenen Strafrechtstheorieen.* Neustadt a.d.O., 1835.

Abel (Charles W.), *Savage Life in New Guinea.* London, [1901].

Abercromby (John), *The Pre- and Proto-Historic Finns.* 2 vols. London, 1898.

Abreu de Galindo (Juan de), *The History of the Discovery and Conquest of the Canary Islands.* Trans. London, 1764.

Academy (The). London.

Achelis (Th.), ' Animal Worship ' ; in *The Open Court,* vol. xi. Chicago, 1897.

—— *Moderne Völkerkunde.* Stuttgart, 1896.

Achery (L. d'), *Spicilegium sive collectio veterum aliquot scriptorum qui in Galliæ bibliothecis delituerant.* 3 vols. Parisiis, 1723.

Acosta (Joseph de), *The Natural and Moral History of the Indies.* Trans. ed. by C. R. Markham. 2 vols. London, 1880.

Acta Societatis Scientiarum Fennicæ. Helsingfors.

Adair (James), *The History of the American Indians.* London, 1775.

Adalbero, ' Carmen ad Rotbertum regem Francorum ' ; in Bouquet, *Recueil des historiens des Gaules et de la France,* vol. x. Paris, 1760.

Adam of Bremen, ' Gesta Hammaburgensis ecclesiæ pontificum ' ; in Migne, *Patrologiæ cursus completus,* vol. cxlvi. Parisiis, 1853.

Adams (John), *Sketches taken during Ten Voyages to Africa, Between the Years 1786 and 1800.* London, [1825].

Addis (W. E.) and Arnold (Thomas), *A Catholic Dictionary.* London, 1903.

Addosio (Carlo d'), *Bestie delinquenti.* Napoli, 1892.

Aelian, *De natura animalium, Varia historia, &c.* Ed. by R. Hercher. Parisiis, 1858.

Aeschines, ' Orationes ' ; in *Oratores Attici,* ed. by C. Müller, vol. ii. Parisiis, 1858.

Aeschylus, *Tragœdiæ et fragmenta.* Ed. by E. A. J. Ahrens. Parisiis, 1842.

Aethelbirht (*King*), ' The Laws of ' ; in *Ancient Laws and Institutes of England.* London, 1840.

---

① 本书引用了一些发表于期刊的文章，仅将其中较重要的文章列入清单。

Aethelstan (*King*), 'The Laws of'; in *Ancient Laws and Institutes of England*. London, 1840.

Afzelius (A. A.), *Swenska Folkets Sago-Häfder*. 11 vols. Stockholm, 1839–70.

Agathias, 'Historiarum libri quinque'; in Migne, *Patrologiæ cursus*, Ser. Graeca, vol. lxxxviii. Parisiis, 1860.

Ahlqvist (A.), 'Unter Wogulen und Ostjaken'; in *Acta Societatis Scientiarum Fennicæ*, vol. xiv. Helsingfors, 1885.

Ahrens (Heinrich), *Naturrecht*. 2 vols. Wien, 1870–71.

Aitareya Brahmanam of the Rigveda (The). Ed. and trans. by M. Haug. 2 vols. Bombay, 1863.

Alabaster (Chal.), 'The Law of Inheritance'; in *The China Review*, vol. v. Hongkong, 1876–77.

Alabaster (Ernest), *Notes and Commentaries on Chinese Criminal Law*. London, 1899.

Alabaster (Henry), *The Wheel of the Law*. London, 1871.

Alagona (Petrus), *Compendium manualis D. Navarri*. Lugduni, 1603.

Alard (Paul), *Condition et droits des enfants naturels*. Paris, 1896.

Albericus, *Visio*. Ed. by Catello de Vivo. Ariano, 1899.

Alberti (L.), *De Kaffers aan de Zuidkust van Afrika*. Amsterdam, 1810.

Alden (T. J. Fox) and Hoesen (J. A. van), *A Digest of the Laws of Mississippi*. New York, 1839.

Alexander (S.), *Moral Order and Progress*. London, 1896.

Alfonso de' Liguori, *Theologia moralis*. 3 vols. Bassani, 1822.

Alfred (*King*), 'The Laws of'; in *Ancient Laws and Institutes of England*. London, 1840.

Alger (W. R.), *A Critical History of the Doctrine of a Future Life*. Philadelphia, 1864.

Alienist and Neurologist (The). St. Louis.

Allard (Paul), *Les esclaves chrétiens depuis les premiers temps de l'Église jusqu'à la fin de la domination romaine en Occident*. Paris, 1876.

Allardt (Anders), *Nyländska folkseder och bruk*. (*Nyland*, vol. iv.) Helsingfors, 1889.

Allen (Grant), *The Evolution of the Idea of God*. London, 1897.

Allen (John), *Modern Judaism*. London, 1830.

Allen (W.) and Thomson (T. R. H.), *A Narrative of the Expedition sent by Her Majesty's Government to the River Niger, in* 1841. 2 vols. London, 1848.

Am Ur-Quell. Monatsschrift für Volkskunde. Ed. by F. S. Krauss. Lunden.

Amadori-Virgilj (Giovanni), *L'Istituto famigliare nelle Società primordiali*. Bari, 1903.

Ambrose (*Saint*), *Opera omnia*. (Migne, *Patrologiæ cursus*, vols. xiv.-xvii.) Parisiis, 1845.

Ameer Ali (Syed), *The Ethics of Islâm*. Calcutta, 1893.

—— *The Life and Teachings of Mohammed or the Spirit of Islâm*. London, 1891.

Amélineau (E.), *Essai sur l'évolution historique et philosophique des idées morales dans l'Égypte ancienne*. Paris, 1895.

American Anthropologist (The). Washington.

American Antiquarian and Oriental Journal (The). Chicago.

American Journal of Psychology (The). Worcester.

American Journal of Theology (The). Chicago.

American Naturalist (The). Philadelphia.

Amira (Karl von), *Nordgermanisches Obligationenrecht.* 2 vols. Leipzig, 1882–95.
—— ' Recht ' ; in Paul, *Grundriss der germanischen Philologie*, vol. ii. Strassburg, 1893.
—— *Thierstrafen und Thierprocesse.* Innsbruck, 1891.
Ammianus Marcellinus. See Marcellinus (A.).
Amos (Andrew), *Ruins of Time exemplified in Sir Matthew Hale's History of the Pleas of the Crown.* London, 1856.
' Ancien Coutumier de Bourgogne,' ed. by A.-J. Marnier ; in *Revue historique de droit français et étranger*, vol. iii. Paris, 1857.
Ancient Laws and Institutes of England. London, 1840.
Ancient Laws and Institutes of Ireland. 4 vols. Dublin & London, 1865–79.
Ancient Laws and Institutes of Wales. London, 1841.
Ancient Sea-Laws of Oleron, Wisby, and the Hanse-Towns (The). Trans. London, 1686.
Ancona (A. d'), *Origini del teatro italiano.* 2 vols. Torino, 1891.
Anderson (John), *Mandalay to Momien.* London, 1876.
Anderson (John W.), *Notes of Travel in Fiji and New Caledonia.* London, 1880.
Andersson (C. J.), *Lake Ngami.* London, 1856.
—— *Notes on Travel in South Africa.* London, 1875.
André (Tony), *L'esclavage chez les anciens Hébreux.* Paris, 1892.
Andree (Richard), *Die Anthropophagie.* Leipzig, 1887.
—— ' Ethnographische Bemerkungen zu einigen Rechtsgebräuchen. I. Jagdrecht. II. Die Asyle ' ; in *Globus*, vol. xxxviii. Braunschweig, 1880.
—— *Ethnographische Parallelen und Vergleiche.* 2 vols. Stuttgart, 1878–89.
—— *Zur Volkskunde der Juden.* Bielefeld & Leipzig, 1881.
Andrews (William), *Old-Time Punishments.* Hull & London, 1890.
Angas (G. F.), *Polynesia.* London, [1866].
—— *Savage Life and Scenes in Australia and New Zealand.* London, 1850.
Annales du Musée Guimet. Paris.
Année sociologique (L'). Ed. by É. Durkheim. Paris.
Annual Reports of the Board of Regents of the Smithsonian Institution. Washington.
Annual Reports of the Bureau of Ethnology. Washington.
Anrich (G.), *Das antike Mysterienwesen in seinem Einfluss auf das Christentum.* Göttingen, 1894.
Antananarivo Annual and Madagascar Magazine. Antananarivo.
Ante-Nicene Christian Library. Ed. by A. Roberts and J. Donaldson. 24 vols. Edinburgh, 1867–72.
Anthropological Essays presented to E. B. Tylor. Oxford, 1907.
Anthropologie (L'). Paris.
Antiquary (The). London.
' Anugîtâ (The),' trans. by K. T. Telang ; in *The Sacred Books of the East*, vol. viii. Oxford, 1898.
' Âpastamba,' trans. by G. Bühler ; in *The Sacred Books of the East*, vol. ii. Oxford, 1897.
Apocryphal Books (The). Trans. London, 1880.
Apollodorus Atheniensis, *Bibliotheca.* Lipsiae, 1854.
Apollonius Rhodius, *Argonautica.* Ed. by F. S. Lehrs. Parisiis, 1840.

Apuleius (L.), *Opera omnia*. 7 vols. Londini, 1825.

Arbois de Jubainville (H. d'), ' Des attributions judiciaires de l'autorité publique chez les Celtes '; in *Revue Celtique*, vol. vii. Paris, 1886.

—— *La civilisation des Celtes et celle de l'épopée Homérique*. Paris, 1899.

Arbousset (T.) and Daumas (F.), *Narrative of an Exploratory Tour to the North-East of the Colony of the Cape of Good Hope*. Trans. London, 1852.

Archilochus, *Reliquiæ*. Ed. by I. Liebel. Lipsiae, 1818.

Archiv für Anthropologie. Braunschweig.

—— *für Religionswissenschaft*. Leipzig.

—— *für wissenschaftliche Kunde von Russland*. Ed. by A. Erman. Berlin.

Archives d'anthropologie criminelle. Paris.

Archives de Neurologie. Paris.

Archivio per l'antropologia e la etnologia. Firenze.

Archivio per lo studio delle tradizioni popolari. Palermo.

Arda Viraf. Ed. and trans. by M. Haug and E. W. West. Bombay & London, 1872.

Argentré (Bertrand d'), *L'histoire de Bretaigne*. Paris, 1618.

Aristophanes, *Comœdiæ*. Parisiis, 1838.

Aristotle, *De republica Atheniensium*. Ed. by J. E. Sandys. London, 1893.

—— The same work. Trans. by E. Poste. London, 1891.

—— *Opera omnia*. 5 vols. Parisiis, 1848–74.

—— *Politica et Œconomica*. 2 vols. Oxonii, 1810.

—— *The Politics*. Trans. by B. Jowett. 2 vols. Oxford, 1885.

Armstrong (Alex.), *A Personal Narrative of the Discovery of the North-West Passage*. London, 1857.

Arnesen (John), *Historisk Indledning til den gamle og nye Islandske Rætter-gang*. Kiöbenhavn, 1762.

Arnobius, ' Disputationum adversus gentes libri septem '; in Migne, *Patrologiæ cursus*, vol. v. Parisiis, 1844.

Arnold (Thomas), *Fragment on the Church*. London, 1845.

Arnold (Wilhelm), *Deutsche Urzeit*. Gotha, 1879.

Arnot (Fred.), *Garenganze ; or, Seven Years' Pioneer Mission Work in Central Africa*. London, [1889].

Arrian, *Anabasis et Indica*. Ed. by Fr. Dübner. Parisiis, 1846.

Arvieux (*Chevalier* d'), *Travels in Arabia the Desart*. Trans. London, 1718.

Ashe (R. P.), *Two Kings of Uganda*. London, 1889.

Asiatic(k) Researches. Calcutta.

Atharva-Veda, Hymns of the. Trans. by M. Bloomfield. (*The Sacred Books of the East*, vol. xlii.). Oxford, 1897.

Athenaeus, *Dipnosophistarum libri quindecim*. Ed. by G. Kaibel. 3 vols. Lipsiae, 1887–90.

Athenagoras, ' Legatio pro Christianis,'; in Migne, *Patrologiæ cursus*, Ser. Graeca, vol. vi. Parisiis, 1857.

Atkinson (E. T.), ' Notes on the History of Religion in the Himálaya of the N.W. Provinces '; in *Journal of the Asiatic Society of Bengal*, vol. liii. pt. i. Calcutta, 1884.

Atkinson (J. C.), *Forty Years in a Moorland Parish*. London, 1891.

Atkinson (J. J.), ' The Natives of New Caledonia '; in *Folk-Lore*, vol. xiv. London, 1903.

—— *Primal Law*. London, 1903.

Augustana Confessio. Lipsiae, 1730.

Augustine (*Saint*), *Opera omnia*. 16 vols. (Migne, *Patrologiæ cursus*, vols. xxxii.–xlvii.) Parisiis, 1845–49.

Aurelius Victor (Sextus), *Libri de Romanæ gentis origine, Viris illustribus, Imperatoribus, Epitome*. Lipsiae & Francofurti, 1704.

Ausland (Das). Stuttgart & Augsburg.

Aust (Emil), *Die Religion der Römer*. Münster i. W., 1899.

Austin (John), *Lectures on Jurisprudence*. 2 vols. London, 1873.

Avebury (*Lord*), *The Origin of Civilisation*. London, 1902.

Ayala (Balthazar), *De jure et officiis bellicis et disciplina militari, libri III*. Duaci, 1582.

Ayrault (Pierre), *Des procez faicts au cadaver, aux cendres, a la mémoire, aux bestes brutes, &c.* Angers, 1591.

Azara (F. de), *Voyages dans l'Amérique méridionale*. 4 vols. Paris, 1809.

Baarda (M. J. van), ' Fabelen, verhalen en overleveringen der Galelareezen' ; in *Bijdragen tot de Taal-, Land- en Volkenkunde van Nederlandsch-Indië*, vol. xlv. (ser. vi. vol. i.). 's-Gravenhage, 1895.

Babington (Churchill), *The Influence of Christianity in promoting the Abolition of Slavery in Europe*. Cambridge, 1846.

Bachofen (J. J.), *Das Mutterrecht*. Stuttgart, 1861.

Bacon (*Lord*), *Works*. Ed. by J. Spedding, R. L. Ellis, and D. D. Heath. 14 vols. London, 1857–74.

Baden-Powell (B. H.), *The Indian Village Community*. London, 1896.

Bagehot (Walter), *Physics and Politics*. London, 1873.

Bailey (John), ' An Account of the Wild Tribes of the Veddahs of Ceylon ' ; in *Trans. Ethn. Soc.* new ser. vol. ii. London, 1863.

Bain (Alex.), *The Emotions and the Will*. London, 1880.

Baker (*Sir* S. W.), *The Albert N'yanza*. 2 vols. London, 1866.

—— *Ismailia*. London, 1879.

—— *The Nile Tributaries of Abyssinia*. London, 1871.

Baldwin (J. M.), *Social and Ethical Interpretations in Mental Development*. New York, 1897.

Balfour (A. J.), *The Foundations of Belief*. London, 1895.

Balfour (Edward), *The Cyclopædia of India, and Eastern and Southern Asia*. 3 vols. London, 1885.

Ball (C. J.), ' Glimpses of Babylonian Religion ' ; in *Proceed. Soc. Biblical Archæology*, vol. xiv. London, 1892.

Ball (J. Dyer), *Things Chinese*. London, 1900.

Ball (W. McK.) and Roane (S. C.), *Revised Statutes of the State of Arkansas*. Boston, 1838.

Balmes (*Don* Jaime), *El Protestantismo comparado con el Catolicismo en sus relaciones con la civilizacion Europea*. 4 vols. Barcelona, 1844–45.

Baluze (Stephen), *Capitularia Regum Francorum*. 2 vols. Parisiis, 1677.

Bancroft (H. H.), *The Native Races of the Pacific States of North America*. 5 vols. New York, 1875–76.

Bar (L. von), *Die Grundlagen des Strafrechts*. Leipzig, 1869.

Barbeyrac (Jean), *Traité de la morale des Pères de l'Église*. Amsterdam, 1728.

Baring-Gould (S.), *The Origin and Development of Religious Belief*. 2 vols. London, 1892.

—— *Strange Survivals*. London, 1892.

Barnes (Albert), *The Church and Slavery*. Philadelphia, 1857.

Baronius (C.), *Annales Ecclesiastici*. 38 vols. Lucae, 1738–59.

Barrington (George), *The History of New South Wales*. London, 1810.

Barrow (John), *An Account of Travels into the Interior of Southern Africa, in the Years* 1797 *and* 1798. 2 vols. London, 1801–04.

Bartels (Max), *Die Medicin der Naturvölker*. Leipzig, 1893.

Barth (A.), *The Religions of India*. Trans. London, 1882.

Barth (Heinrich), *Reisen und Entdeckungen in Nord- und Central-Afrika*. 5 vols. Gotha, 1857–58.

Bartholinus (Thomas), *Antiquitates Danicæ*. Hafniae, 1690.

Bartram (William), ' Observations on the Creek and Cherokee Indians '; in *Trans. American Ethn. Soc.* vol. iii. pt. i. New York, 1853.

Basil (*Saint*), *Opera*. 4 vols. (Migne, *Patrologiæ cursus*, Ser. Graeca, vols. xxix.–xxxii.) Parisiis, 1857.

Bastian (A.), *Afrikanische Reisen*. *Ein Besuch in San Salvador*. Bremen, 1859.

—— *Allerlei aus Volks- und Menschenkunde*. 2 vols. Berlin, 1888.

—— *Die deutsche Expedition an der Loango-Küste*. 2 vols. Jena, 1874–75.

—— *Der Mensch in der Geschichte*. 3 vols. Leipzig, 1860.

Batchelor (John), *The Ainu and their Folk-Lore*. London, 1901.

—— *The Ainu of Japan*. London, 1892.

—— ' Notes on the Ainu '; in *Trans. Asiatic Soc. Japan*, vol. x. Yokohama, 1882.

Bates (H. W.), *The Naturalist on the River Amazons*. 2 vols. London, 1863.

' Baudhâyana,' trans. by G. Bühler; in *The Sacred Books of the East*, vol. xiv. Oxford, 1882.

Baudissin (W. W.), *Studien zur semitischen Religionsgeschichte*. 2 vols. Leipzig, 1876–78.

Baumann (Oscar), ' Conträre Sexual-Erscheinungen bei der Neger-Bevölkerung Zanzibars '; in *Verhandl. der Berliner Gesellsch. für Anthropologie*, 1899.

—— *Durch Massailand zur Nilquelle*. Berlin, 1894.

—— *Usambara*. Berlin, 1891.

Baur (F. Chr.), *Das Manichäische Religionssystem*. Tübingen, 1831.

Bax (E. B.), *The Ethics of Socialism*. London, 1893.

Bayle (P.), *Dictionnaire historique et critique*. 16 vols. Paris, 1820.

Baynes (Herbert), *The Idea of God and the Moral Sense in the Light of Language*. London, 1895.

Beardmore (E.), ' The Natives of Mowat, Daudai, New Guinea '; in *Jour. Anthr. Inst.* vol. xix. London, 1890.

Beauchamp (W. M.), ' The Iroquois White Dog Feast '; in *The American Antiquarian and Oriental Journal*, vol. vii. Chicago, 1885.

Beaumanoir (Philippe de), *Les coutumes du Beauvoisis*. 2 vols. Paris, 1842.

Beccaria Bonesana (Cesare), *Opere*. 2 vols. Milano, 1821–22.

Becker (W. A.), *Charikles*. Ed. by H. Göll. 3 vols. Berlin, 1877–78.

Beecham (John), *Ashantee and the Gold Coast*. London, 1841.

Beechey (F. W.), *Narrative of a Voyage to the Pacific and Behring's Strait*. 2 vols. London, 1831.

Beltrame (A. G.), *Il Fiume Bianco e i Dénka*. Verona, 1881.

—— *Il Sènnaar e lo Sciangàllah*. 2 vols. Verona & Padova, 1879.

Benedict (*Saint*), *Regula monachorum*. Ed. by E. Woelfflin. Lipsiae, 1895.

Benny (Ph. Berger), *The Criminal Code of the Jews according to the Talmud Massecheth Synhedrin*. London, 1880.

Bent (J. Theodore), *The Cyclades*. London, 1885.

Bentham (Jeremy), *Deontology*. Ed. by J. Bowring. 2 vols. London & Edinburgh, 1834.

—— *An Introduction to the Principles of Morals and Legislation*. Oxford, 1879.

—— *The Rationale of Punishment*. London, 1830.

—— *Theory of Legislation*. Trans. from the French of E. Dumont. London, 1882.

—— *The Works of*. 11 vols. Edinburgh, 1838–43.

' Berakhoth '; in *Le Talmud de Jérusalem*, trans. by M. Schwab, vol. i. Paris, 1871.

Bergaigne (Abel), *La religion védique*. 3 vols. Paris, 1878–83.

Bergemann (P.), *Die Verbreitung der Anthropophagie über die Erde*. Bunzlau, 1893.

Bergmann (B.), *Nomadische Streifereien unter den Kalmüken*. 4 vols. Riga, 1804–05.

Bernard (*Saint*), *Opera omnia*. 2 vols. Parisiis, 1719.

Bernard (Montague), ' The Growth of Laws and Usages of War '; in *Oxford Essays, 1856*. London, [1856].

Bernau (J. H.), *Missionary Labours in British Guiana*. London, 1847.

Berner (A. F.), *Lehrbuch des Deutschen Strafrechtes*. Leipzig, 1881.

Bertholet (Alfred), *Die Stellung der Israeliten und der Juden zu den Fremden*. Freiburg i.B. & Leipzig, 1896.

Best (Elsdon), ' The Lore of the Whare-Kohanga '; in *Jour. Polynesian Soc.* vol. xiv. Wellington, 1905.

—— ' Notes on the Art of War, as conducted by the Maori of New Zealand '; in *Jour. Polynesian Soc.* vol. xi. Wellington, 1902.

—— ' Pre-historic Civilisation in the Philippines '; in *Jour. Polynesian Soc.* vol. i. Wellington, 1892.

—— ' Tuhoe Land '; in *Trans. and Proceed. New Zealand Institute*, vol. xxx., 1897. Wellington, 1898.

Bethune-Baker (J. F.), *The Influence of Christianity on War*. Cambridge, 1888.

' Bhagavadgîtâ (The),' trans. by K. T. Telang ; in *The Sacred Books of the East*, vol. viii. Oxford, 1898.

Bible (The Holy). Appointed to be read in Churches.

Bickmore (A. S.), *Travels in the East Indian Archipelago*. London, 1868.

Biener (F. A.), *Das englische Geschwornengericht*. 2 vols. Leipzig, 1852.

Bijdragen tot de Taal-, Land- en Volkenkunde van Nederlandsch-Indië. 's-Gravenhage.

Bindemann (C.), *Der heilige Augustinus*. 2 vols. Berlin, 1844–55.

Binding (Karl), *Die Normen und ihre Übertretung*. 2 vols. Leipzig, 1872–77.

Bingham (J.), *Works*. Ed. by R. Bingham. 10 vols. Oxford, 1855.

Binsfeldius (P.), *Tractatus de confessionibus maleficorum et sagarum recognitus*. Augustae Trevirorum, 1591.

Biot (Édouard), *De l'abolition de l'esclavage ancien en Occident*. Paris, 1840.

—— ' Mémoire sur la condition des esclaves et des serviteurs gagés en Chine '; in *Journal Asiatique*, ser. iii. vol. iii. Paris, 1837.

Bird (Isabella L.), *Unbeaten Tracks in Japan*. 2 vols. London, 1880.

Birney (J. G.), *Letter to the Churches* [on the subject of Slavery]. *S.l.*, 1834.

—— *Second Letter* [on the same subject]. *S.l.*, [1834 ?].

Bishop (J. P.), *Commentaries on the Criminal Law.* 2 vols. Boston, 1877.

Black (J. S.), ' Fasting ' ; in *Encyclopædia Britannica*, vol. ix. Edinburgh, 1879.

Blackstone (William), *The Commentaries on the Laws of England.* Adapted to the present State of the Law, by R. M. Kerr. 4 vols. London, 1876.

Blakey (Robert), *The Temporal Benefits of Christianity.* London, 1849.

Bledsoe (A. T.), *An Essay on Liberty and Slavery.* Philadelphia, 1857.

Block (Maurice), *Dictionnaire général de la politique.* 2 vols. Paris, 1873–74.

Blümner (Heinrich), *Ueber die Idee des Schicksals in den Tragödien des Aischylos.* Leipzig, 1814.

Blümner (Hugo), *The Home Life of the Ancient Greeks.* Trans. London, 1893.

Blumentritt (Ferd.), ' Der Ahnencultus und die religiösen Anschauungen der Malaien des Philippinen-Archipels ' ; in *Mittheilungen der kais. und kön. Geographischen Gesellschaft in Wien*, vol. xxv. Wien, 1882.

—— ' Die Sitten und Bräuche der alten Tagalen ' ; in *Zeitschr. f. Ethnol.* vol. xxv. Berlin, 1893.

—— *Versuch einer Ethnographie der Philippinen.* Gotha, 1882.

Blunt (*Lady* Anne), *Bedouin Tribes of the Euphrates.* 2 vols. London, 1879.

Bluntschli (J. C.), *Le droit international codifié.* Trans. Paris, 1886.

Boas (Franz), ' The Central Eskimo ' ; in *Ann. Rep. Bur. Ethn.* vi., 1884–85. Washington, 1888.

—— ' First General Report on the Indians of British Columbia ' ; in *Fifth Report on the North-Western Tribes of Canada.* (Reprinted from the Report of the British Association for 1889.) London.

—— ' The Social Organization and the Secret Societies of the Kwakiutl Indians ' ; in *Annual Report of the Board of Regents of the Smithsonian Institution*, 1895. Washington, 1897.

Bock (Carl), *The Head-Hunters of Borneo.* London, 1881.

Bodenschatz (J. Chr. G.), *Kirchliche Verfassung der heutigen Juden.* 4 vols. Erlang, 1748–49.

Bodin (Jean), *De republica.* Ursellis, 1601.

Boeckh (A.), *Gesammelte kleine Schriften.* 7 vols. Leipzig, 1858–72.

Bogle (George), *Narrative of the Mission of, to Tibet, &c.* Ed. by C. R. Markham. London, 1876.

Bohnenberger (K.), *Der altindische Gott Varuṇa.* Tübingen, 1893.

Boissier (Gaston), *La religion romaine d'Auguste aux Antonins.* 2 vols. Paris, 1874.

Boller (H. A.), *Among the Indians.* Philadelphia, 1868.

Bonaventura (*Saint*), *Opera.* 13 vols. Venetiis, 1751–56.

Bonet (Honoré), *L'arbre des batailles.* Ed. by E. Nys. Bruxelles & Leipzig, 1883.

Bonfanti (M.), ' L'incivilimento dei negri nell' Africa intertropicale ' ; in *Archivio per l'antropologia e la etnologia*, vol. xv. Firenze, 1885.

Bonney (F.), ' On some Customs of the Aborigines of the River Darling ' ; in *Jour. Anthr. Inst.* vol. xiii. London, 1884.

Bonwick (James), *Daily Life and Origin of the Tasmanians.* London, 1870.

Book of the Dead. Trans. by Sir P. le Page Renouf. (Reprinted from the *Proceed. Soc. Biblical Archæology*, vols. xiv.–xix.) London, 1892–97.

Book of the Ordre of Chyualry or Knyghthode (The). Trans. by W. Caxton. [Westminster, 1484 ?]

Boone (W. J.), *An Essay, on the proper Rendering of the Words Elohim and Θεος into the Chinese Language.* Canton, 1848.

Bory de St. Vincent (J. B. G. M.), *Essais sur les Isles Fortunées.* Paris, 1803.

Bose (Shib Chunder), *The Hindoos as they are.* London & Calcutta, 1881.

Bosman (William), *A New and Accurate Description of the Coast of Guinea.* Trans. London, 1721.

Bosquett (A.), *Treatise on Duelling.* London, s.d.

Bossu (—), *Travels through that Part of North America formerly called Louisiana.* Trans. 2 vols. London, 1771.

Boston Journal of Natural History. Boston.

Boston Review (The). Devoted to Theology and Literature. Boston.

Bouche (P.), *Sept ans en Afrique occidentale. La Côte des Esclaves et Le Dahomey.* Paris, 1885.

Boulainvilliers (*Count* de), *Histoire de l'ancien gouvernement de la France.* 3 vols. La Haye & Amsterdam, 1727.

Bouquet (Martin) and others, *Recueil des Historiens des Gaules et de la France.* 24 vols. Paris, 1738–1904.

Bourke (J. G.), ' The Medicine-Men of the Apache '; in *Ann. Rep. Bur. Ethn.* vol. ix. Washington, 1892.

—— *The Snake-Dance of the Moquis of Arizona.* London, 1884.

Bourquelot (Félix), ' Recherches sur les opinions et la législation en matière de mort volontaire pendant le moyen âge '; in *Bibliothèque de l'École des Chartes,* vols. iii.–iv. Paris, 1841–43.

Bouvier (J.-B.), *Institutiones philosophicæ.* Parisiis, 1844.

Bove (Giacomo), *Patagonia. Terra del Fuoco. Mari Australi.* Genova, 1883.

Bowdich (T. E.), *Mission from Cape Coast Castle to Ashantee.* London, 1819.

Bowring (*Sir* John), *The Kingdom and People of Siam.* 2 vols. London, 1857.

—— *A Visit to the Philippine Islands.* London, 1859.

Boyle (D.), ' On the Paganism of the Civilised Iroquois of Ontario '; in *Jour. Anthr. Inst.* vol. xxx. London, 1900.

Boyle (Fred.), *Adventures among the Dyaks of Borneo.* London, 1865.

Brace (C. Loring), *Gesta Christi.* London, 1890.

Bracton (Henricus de), *De Legibus et Consuetudinibus Angliæ.* Ed. by Sir Travers Twiss. 2 vols. London, 1878–79.

Bradbury (John), *Travels in the Interior of America, in the Years* 1809–1811. Liverpool, 1817.

Bradley (F. H.), *Ethical Studies.* London, 1876.

Bradley-Birt (F. B.), *Chota Nagpore.* London, 1903.

Brainne (Ch.), *La Nouvelle-Calédonie.* Paris, 1854.

Brandt (A. J. H. W.), *Die Mandäische Religion.* Leipzig, 1889.

—— *Mandäische Schriften übersetzt und erläutert.* Göttingen, 1893.

Brebeuf (Jean de), ' Relation de ce qui s'est passé dans le pays des Hurons, en l'année 1636 '; in *Relations des Jésuites,* vol. i. Québec, 1858.

Breeks (J. Wilkinson), *An Account of the Primitive Tribes of the Nīlagiris.* London, 1873.

Brehm (A. E.), *From North Pole to Equator.* Trans. London, 1896.

—— *Thierleben.* 10 vols. Leipzig, 1877–80.

Brenchley (J. L.), *Jottings during the Cruise of H.M.S. Curaçoa among the South Sea Islands in* 1865. London, 1873.

Brenner (J. von), *Besuch bei den Kannibalen Sumatras.* Würzburg, 1894.

Breton (W. H.), *Excursions in New South Wales, &c.* London, 1833.

Brett (W. H.), *The Indian Tribes of Guiana.* London, 1868.

Brevard (Joseph), *An Alphabetical Digest of the Public Statute Law of South Carolina.* 3 vols. Charleston (S. C.), 1814.

Bridel (Louis), *Le droit des femmes et le mariage.* Paris, 1893.

Bridges (Thomas), [Letter referring to the Fuegians,] in *The South American Missionary Magazine,* vol. xiii. London, 1879.

—— ' Manners and Customs of the Firelanders ' ; in *A Voice for South America,* vol. xiii. London, 1866.

' Brihaspati,' trans. by J. Jolly ; in *The Sacred Books of the East,* vol. xxxiii· Oxford, 1889.

Brinton (D. G.), *American Hero-Myths.* Philadelphia, 1882.

—— *The Myths of the New World.* New York, 1868.

—— *Religions of Primitive Peoples.* `New York & London, 1899.

Brissonius (B.), *De regio Persarum principatu.* Argentorati, 1710.

Britton, [On the Laws of England]. Ed. and trans. by F. M. Nichols. 2 vols. Oxford, 1865.

Brooke (Charles), *Ten Years in Sarawak.* 2 vols. London, 1866.

Brown (Thomas), *Lectures on the Philosophy of the Human Mind.* Edinburgh, 1834.

Browne (E. H.), *An Exposition of the Thirty-Nine Articles.* London, 1887.

Browne (*Sir* Thomas), *Christian Morals.* Cambridge, 1716.

Bruce (James), *Travels to discover the Source of the Nile.* 8 vols. Edinburgh, 1805.

Brugsch (Heinrich), *Die Ægyptologie.* Leipzig, 1891.

—— *A History of Egypt under the Pharaohs.* Trans. 2 vols. London, 1881.

—— *Im Lande der Sonne.* Berlin, 1886.

Brunner (Heinrich), *Deutsche Rechtsgeschichte.* 2 vols. Leipzig, 1887–92.

—— *Forschungen zur Geschichte des deutschen und französischen Rechtes.* Stuttgart, 1894.

Bruns (C. G.), *Fontes juris romani antiqui.* Ed. by Th. Mommsen and O. Gradenwitz. Friburgi i. B. & Lipsiae, 1893.

Brunus (Conradus), *De Legationibus libri quinque.* Moguntiae, 1548.

Brussel (N.), *Nouvel examen de l'usage général des fiefs en France, pendant les onzième, douzième, treizième et quatorzième siècles.* 2 vols. Paris, 1750.

Bry (Theodor de), *Narrative of Le Moyne, an Artist who accompanied the French Expedition to Florida under Laudonnière,* 1564. Trans. Boston, 1875.

Bryce (James), *Studies in History and Jurisprudence.* 2 vols. Oxford, 1901.

Buch (M.), ' Die Wotjäken ' ; in *Acta Soc. Scientiarum Fennicæ,* vol. xii. Helsingfors, 1883.

Buchanan (James), *Sketches of the History, Manners, and Customs of the North American Indians.* London, 1824.

Buchner (Max), *Kamerun.* Leipzig, 1887.

Buckle (H. T.), *History of Civilization in England.* 3 vols. London, 1894.

—— *Miscellaneous and Posthumous Works.* 3 vols. London, 1872.

Bücher (Karl), *Die Entstehung der Volkswirtschaft.* Tübingen, 1904.

Bühler (J. G.), *Grundriss der indo-arischen Philologie und Altertumskunde.* Ed. by J. G. B. Strassburg, 1896, &c.

Bulletins de la Société d'Anthropologie de Paris.

Bulmerincq (A.), *Das Asylrecht und die Auslieferung flüchtiger Verbrecher.* Dorpat, 1853.

' Bundahis (The),' trans. by E. W. West ; in *The Sacred Books of the East*, vol. v. Oxford, 1880.

Bunsen (C. C. J.), *Analecta Ante-Nicæna*. 3 vols. London, 1854.

—— *Christianity and Mankind*. 7 vols. London, 1854.

—— *De jure hereditario Atheniensium*. Gottingae, 1813.

Buonafede (A.), *Istoria critica e filosofica del suicidio*. Venezia, 1788.

Burchell (W. J.), *Travels in the Interior of Southern Africa*. 2 vols. London, 1822–24.

Burckhardt (J. L.), *Arabic Proverbs*. London, 1830.

—— *Notes on the Bedouins and Wahábys*. London, 1830.

—— *Travels in Arabia*. 2 vols. London, 1829.

—— *Travels in Nubia*. London, 1822.

Buret (F.), *La syphilis aujourd'hui et chez les anciens*. Paris, 1890.

—— *Syphilis in the Middle Ages and in Modern Times*. Trans. Philadelphia, 1895.

Burns (Robert), ' The Kayans of the North-West of Borneo ' ; in *The Journal of the Indian Archipelago and Eastern Asia*, vol. iii. Singapore, 1849.

Burrows (Guy), *The Land of the Pigmies*. London, 1898.

Burton (R. F.), *Abeokuta and the Camaroons Mountains*. 2 vols. London, 1863.

—— *The Book of the Thousand Nights and a Night*. 10 vols. London, 1885–86. (Quoted in ch. xliii.)

—— The same work. 12 vols. London, 1894.

—— *The City of the Saints*. London, 1861.

—— *First Footsteps in East Africa*. London, 1856.

—— *The Highlands of the Brazil*. 2 vols. London, 1869.

—— *The Lake Regions of Central Africa*. 2 vols. London, 1860.

—— *A Mission to Gelele, King of Dahome*. 2 vols. London, 1864.

—— *Personal Narrative of a Pilgrimage to Al-Madinah & Meccah*. 2 vols. London, 1898.

—— *Sind Revisited*. 2 vols. London, 1877.

—— *Sindh*. London, 1851.

—— *Two Trips to Gorilla Land and the Cataracts of the Congo*. 2 vols. London, 1876.

—— *Wit and Wisdom from West Africa*. London, 1865.

—— *Zanzibar*. 2 vols. London, 1872.

—— and Drake (Ch. F. Tyrwhitt), *Unexplored Syria*. 2 vols. London, 1872.

Butler (John), *Travels and Adventures in the Province of Assam*. London, 1855.

Butler (Joseph), *The Analogy of Religion, Dissertations, and Sermons*. London, 1893.

Buxtorf (J.), *Synagoga Judaica*. Basileæ, 1680.

Bynkershoek (C. van), *Observationum Juris Romani libri quatuor*. Lugduni Batavorum, 1710.

—— *Quæstionum juris publici libri duo*. Lugduni Batavorum, 1737.

Caesar (C. J.), *Opera omnia*. 5 vols. London, 1819.

Caillié (Réné), *Travels through Central Africa to Timbuctoo*. 2 vols. London, 1830.

Caird (Edward), *The Evolution of Religion*. 2 vols. Glasgow, 1894.

Caland (W.), *Die Altindischen Todten- und Bestattungsgebräuche.* Amsterdam, 1896.

Calcutta Review (The). Calcutta.

Caldwell (R.), *The Tinnevelly Shanars.* Madras, 1849.

Callaway (Henry), *The Religious System of the Amazulu.* Natal, 1868–70.

Calvert (A. F.), *The Aborigines of Western Australia.* London, 1894.

Calvin (J.), *Institutio Christianæ religionis.* 2 vols. Berolini, 1834–35.

Cameron (A. L. P.), ' Notes on some Tribes of New South Wales ' ; in *Jour. Anthr. Inst.* vol. xiv. London, 1885.

Campbell (F. A.), *A Year in the New Hebrides, Loyalty Islands, and New Caledonia.* Geelong & Melbourne, [1873].

Campbell (John), *A Personal Narrative of Thirteen Years' Service amongst the Wild Tribes of Khondistan.* London, 1864.

Campbell (John), *Travels in South Africa.* London, 1815.

—— *Travels in South Africa, being a Narrative of a Second Journey in the Interior of that Country.* 2 vols. London, 1822.

Candelier (H.), *Rio-Hacha et les Indiens Goajires.* Paris, 1893.

Canons and Decrees of the Council of Trent (The). Trans. by J. Waterworth. London, 1848.

' Canons enacted under King Edgar ' ; in *Ancient Laws and Institutes of England.* London, 1840.

Cape Monthly Magazine (The). Cape Town.

' Capitularium Caroli Magni et Ludovici Pii libri VII.' ; in Georgisch, *Corpus juris Germanici antiqui.* Halae Magdeburgicae, 1738.

Cardi (Le Comte C. N. de), ' Ju-Ju Laws and Customs in the Niger Delta ' ; in *Jour. Anthr. Inst.* vol. xxix. London, 1899.

Carmichael (Alexander), *Carmina Gadelica.* 2 vols. Edinburgh, 1900.

Carpenter (Edward), *Intermediate Types among Primitive Folk.* London, 1914.

Carrington (F. A.) and Payne (J.), *Reports of Cases argued and ruled at Nisi Prius, in the Courts of King's Bench, Common Pleas, & Exchequer.* 9 vols. London, 1825–41.

Caruthers (R. L.) and Nicholson (A. O. P.), *A Compilation of the Statutes of Tennessee.* Nashville (Tenn.), 1836.

Carver (J.), *Travels through the Interior Parts of North America.* London, 1781.

Casalis (E.), *The Basutos* London, 1861.

Casati (G.), *Ten Years in Equatoria.* Trans. 2 vols. London, 1891.

Castelnau (F. de), *Expédition dans les parties centrales de l'Amérique du Sud.* 7 vols. Paris, 1850–59.

Castrén (M. A.), *Nordiska resor och forskningar.* 5 vols. Helsingfors, 1852–58.

Catechism of the Council of Trent (The). Trans. by Th. A. Buckley. London, 1852.

Catlin (George), *Illustrations of the Manners, Customs, and Condition of the North American Indians.* 2 vols. London, 1876.

Catullus (C. V.), *Opera omnia.* 2 vols. Londini, 1822.

Cauvet (J.), ' De l'organisation de la famille à Athènes ' ; in *Revue de législation et de jurisprudence,* vol. xxiv. Paris, 1845.

Celtic Magazine (The). Inverness.

Certeux (A.) and Carnoy (E. H.), *L'Algérie traditionnelle.* Paris & Alger, 1884.

Chaikin (A.), *Apologie des Juifs*. Paris, 1887.

Chalmers (—), ' Cruelty to Animals ' ; in *The Methodist Magazine*, vol. ix. New York, 1826.

Chalmers (James), *Pioneer Life and Work in New Guinea* 1877–1894. London, 1895.

—— *Pioneering in New Guinea*. London, 1887.

—— and Gill (W. W.), *Work and Adventure in New Guinea*. London, 1885.

Chalmers (John), ' Chinese Natural Theology ' ; in *The China Review*, vol. v. Hongkong, 1876–77.

Chamberlain (A. F.), *The Child and Childhood in Folk-Thought*. New York, 1896.

Chamberlain (B. H.), *Things Japanese*. London, 1902.

Chambers (R.), *The Book of Days*. 2 vols. London & Edinburgh, [1862–64].

Chambers's Edinburgh Journal. Edinburgh & London.

Chanler (W. A.), *Through Jungle and Desert*. London & New York, 1896.

Chapelain (J.), *De la lecture des vieux romans*. Ed. by A. Feillet. Paris, 1870.

Chapman (J.),*Travels in the Interior of South Africa*. 2 vols. London, 1868.

Charlemagne, *Opera omnia*. 2 vols. (Migne, *Patrologiæ cursus*, vols. xcvii.–xcviii.) Parisiis, 1851.

Charles V. (*Emperor*), *Die Peinliche Gerichtsordnung*. Ed. by H. Zoepfl. Heidelberg, 1842.

Charlevoix (P. F. X. de), *The History of Paraguay*. Trans. 2 vols. London, 1769.

—— *A Voyage to North-America*. Trans. 2 vols. Dublin, 1766.

Chassebœuf de Volney (C. F.), *Travels through Syria and Egypt, in the Years 1783–1785*. Trans. 2 vols. London, 1788.

Chauveau (A.) and Hélie (F.), *Théorie du Code pénal*. 8 vols. Paris, 1852.

Chavanne (J.), *Die Sahara*. Wien, &c., 1879.

Cherry (R. R.), *Lectures on the Growth of Criminal Law in Ancient Communities*. London, 1890.

Chevalier (J.), *L'inversion sexuelle*. Lyon & Paris, 1893.

Chevers (Norman), *A Manual of Medical Jurisprudence for India*. Calcutta, 1870.

Cheyne (T. K.) and Black (J. S.), *Encyclopædia Biblica*. 4 vols. London, 1899–1903.

Childers (R. C.), *A Dictionary of the Pali Language*. London, 1875.

China Review (The). Hongkong.

Chinese Repository (The). Canton.

Chitty (Joseph), *A Treatise on the Laws of Commerce and Manufactures*. 4 vols. London, 1820–24.

Chlotar II. (*King*), ' Edictum de Synodo Parisiensi ' ; in Migne, *Patrologiæ cursus*, vol. lxxx. Paris, 1850.

Christian (F. W.), *The Caroline Islands*. London, 1899.

Christian Review (The). Rochester (N.Y.).

Chrysostom (*Saint J.*), *Opera omnia*. (Migne, *Patrologiæ cursus*, Ser. Graeca, vols. xlvii.–lxiv.) Parisiis, 1858–60.

' Chung Yung ' ; in Legge, *The Chinese Classics*, vol. i. Oxford, 1893.

Church Missionary Intelligencer (The). London.

Churchill (Ch. H.), *Mount Lebanon*. 3 vols. London, 1853.

Chwolsohn (D.), *Die Ssabier und der Ssabismus*. 2 vols. St. Petersburg, 1856.

Cibrario (Luigi), *Della economia politica del medio eve*. 2 vols. Torino, 1861.

—— *Della schiavitù e del servaggio*. 2 vols. Milano, 1868.

Cicero (M. Tullius), *Opera.* 17 vols. Londini, 1830.

Cieza de Leon (P. de), ' La Crónica del Perú [parte primera] ' ; in *Biblioteca de autores españoles,* vol. xxvi. Madrid, 1853.

—— *Segunda parte de la Crónica del Perú.* Madrid, 1880.

Clark (C.) and Finnelly (W.), *Reports of Cases decided in the House of Lords, on Appeals and Writs of Error.* London, 1835–47.

Clark (E. C.), *An Analysis of Criminal Liability.* Cambridge, 1880.

Clarke (R. F.), ' On Cruelty to Animals in its Moral Aspect ' ; in *The Month and Catholic Review,* vol. xxv. London, 1875.

Clarke (Samuel), *A Discourse concerning the Being and Attributes of God, the Obligations of Natural Religion, and the Truth and Certainty of the Christian Revelation.* London, 1738.

Clarkson (Thomas), *An Essay on the Slavery and Commerce of the Human Species.* London, 1788.

Clarus (Julius), *Opera omnia.* 2 vols. Genevae, 1739.

Clavigero (F. S.), *The History of Mexico.* Trans. 2 vols. London, 1807.

Clay (C. C.), *A Digest of the Laws of the State of Alabama.* Tuskaloosa, 1843.

Clay (W. Lowe), *The Prison Chaplain.* Cambridge, 1861.

Cleffelius (J. Chr.), *Antiquitates Germanorum potissimum septentrionalium.* Francofurti & Lipsiae, 1733.

Clement of Alexandria, *Opera omnia.* (Migne, *Patrologiæ cursus,* Ser. Graeca, vols. viii.–ix.) Parisiis, 1857.

Clement I. of Rome (*Saint*), *Opera omnia.* (Migne, *Patrologiæ cursus,* Ser. Graeca, vols. i.–ii.) Parisiis, 1857.

Cleveland (A. R.), *Woman under the English Law.* London, 1896.

Clifford (W. K.), *Lectures and Essays.* Ed. by Leslie Stephen and Frederick Pollock. London, 1886.

Clodd (Edward), *Tom Tit Tot.* London, 1898.

Cnut (*King*), ' The Laws of ' ; in *Ancient Laws and Institutes of England.* London, 1840.

Cobb (Th. R. R.), *An Inquiry into the Law of Negro Slavery in the United States of America.* Philadelphia & Savannah, 1858.

Cobbe (Frances P.), *The Modern Rack. Papers on Vivisection.* London, 1889.

Cochin (A.), *L'abolition de l'esclavage.* 2 vols. Paris, 1861.

Code Civil. Ed. by G. Griolet and Ch. Vergé. Paris, 1907.

Code Napoléon. Paris, 1853.

Code Noir (Le). Paris, 1767.

Code of Virginia (The). 2 vols. Richmond, 1849.

Code Pénal. 2 vols. Paris, 1810.

Codex Justinianus. See Justinian.

Codex Theodosianus. Ed. by G. Haenel. Bonnae, 1842.

Codice Penale per il Regno d'Italia (Il). Ed. by G. Crivellari. Torino, 1889.

Codigo Penal dos Estados Unidos do Brazil. Ed. by M. G. d'Alencastro Autran. Rio de Janeiro, 1892.

Código Penal reformado. Madrid, 1870.

Codrington (R. H.), *The Melanesians.* Oxford, 1891.

Cohn (L.), *Zur Lehre vom versuchten und unvollendeten Verbrechen.* Breslau, 1880.

Coke (Edward), *The Third Part of the Institutes of the Laws of England.* London, 1680.

Cole (H.), ' Notes on the Wagogo of German East Africa ' ; in *Jour. Anthr. Inst.* vol. xxxii. London, 1902.

Colebrooke (T. E.), *Miscellaneous Essays*. 3 vols. London, 1873.

Colenso (William), *On the Maori Races of New Zealand*. S. l., [1865].

Collins (David), *An Account of the English Colony in New South Wales*. 2 vols. London, 1798–1802.

Colquhoun (A. R.), *Amongst the Shans*. London, 1885.

Compayré (G.), *L'évolution intellectuelle et morale de l'enfant*. Paris, 1893.

Comte (Auguste), *Cours de philosophie positive*. 6 vols. Paris, 1830–42.

Conférence de Bruxelles. La Haye, 1890.

Conférence internationale de la paix. La Haye 18 Mai–29 Juillet 1899. 4 parts. La Haye, 1899.

Confession of Faith (The), together with The Larger and Shorter Catechisms, composed by the Assembly of Divines at Westminster. London, 1717.

Connolly (R. M.), ' Social Life in Fanti-land ' ; in *Jour. Anthr. Inst.* vol. xxvi. London, 1897.

Constant (Benjamin), *De la religion*. 6 vols. Paris, 1824–32.

' Constitutiones Apostolicae ' ; in Bunsen, *Christianity and Mankind*, vol. vi. London, 1854.

Constitutiones Neapolitanæ sive Siculæ. See Frederick II.

Contemporary Review (The). London.

Convention signed at Geneva, August 22, 1864, for the Amelioration of the Condition of the Wounded in Armies in the Field. (Appendix No. VI. in Lorimer, *The Institutes of the Law of Nations*, vol. ii.) Edinburgh, 1884.

Cook (F. C.), *The Holy Bible*, ed. by F. C. C. 10 vols. London, 1871–81.

Cook (James), *A Journal of a Voyage round the World . . . in the Years 1768–71*. London, 1771.

—— *A Voyage to the Pacific Ocean . . . in the Years 1776–80*. 3 vols. London, 1875.

Cooke (G. Wingrove), *China*. London, 1858.

Cooper (T. T.), *The Mishmee Hills*. London, 1873.

Coquilhat (C.), *Sur le Haut-Congo*. Paris, 1888.

Coreal (F.), *Voyages aux Indes Occidentales*. Trans. 3 vols. Amsterdam, 1722.

Cosmos. Ed. by G. Cora. Torino.

Coudreau (H. A.), *La France équinoxiale*. 2 vols. Paris, 1887.

Couto de Magalhães (J. V.), *Trabalho preparatorio para aproveitamento do selvagem e do solo por elle occupado no Brazil. O selvagem*. Rio de Janeiro, 1876.

Couty (Louis), *L'esclavage au Brésil*. Paris, 1881.

Covarruvias a Leyva (D. de), *Opera omnia*. 2 vols. Antverpiæ, 1638.

Coxe (William), *Account of the Russian Discoveries between Asia and America*. London, 1804.

Cranz (David), *The History of Greenland*. Trans. 2 vols. London, 1820.

Crawfurd (John), *History of the Indian Archipelago*. 3 vols. Edinburgh, 1820.

Crawley (Ernest), *The Mystic Rose*. London, 1902.

Crell (J.), *Ethica Christiana*. Selenoburgi, [1663 ?].

Cremony (J. C.), *Life among the Apaches*. San Francisco, 1868.

Crooke (W.), *The North-Western Provinces of India*. London, 1897.

—— *The Popular Religion and Folk-Lore of Northern India*. 2 vols. Westminster, 1896.

—— *Things Indian*. London, 1906.

—— *The Tribes and Castes of the North-Western Provinces and Oudh*. 4 vols. Calcutta, 1896.

Crowther (S.) and Taylor (J. C.), *The Gospel on the Banks of the Niger.* London, 1859.

Crozals (J. de), *Histoire de la civilisation.* 2 vols. Paris, 1887.

Crozet (——), *Voyage to Tasmania, &c. in the Years* 1771–2. Trans. London, 1891.

' Cruelty to Animals in Naples ' ; in *The Saturday Review,* vol. lix. London, 1885.

Cruickshank (B.), *Eighteen Years on the Gold Coast of Africa.* 2 vols. London, 1853.

Cumming (C. F. Gordon), *In the Himalayas and on the Indian Plains.* London, 1884.

Cunningham (J. F.), *Uganda and its Peoples.* London, 1905.

Cunow (H.), *Die Verwandtschafts-Organisationen der Australneger.* Stuttgart, 1894.

Curr (E. M.), *The Australian Race.* 4 vols. Melbourne & London, 1886–87.

—— *Recollections of Squatting in Victoria.* Melbourne, &c., 1883.

Curtiss (S. I.), *Primitive Semitic Religion To-day.* London, 1902.

Curtius Rufus (Quintus), *De gestis Alexandri Magni.* Ed. by E. Foss. Lipsiae, 1862.

Cusack (M. F.), *A History of the Irish Nation.* London, 1876.

Cyprian *(Saint), Opera omnia.* (Migne, *Patrologiæ cursus,* vol. iv.) Parisiis, 1844.

' Dâdistân-î Dînîk (The),' trans. by E. W. West ; in *The Sacred Books of the East,* vol. xviii. Oxford, 1882.

Dahn (Felix), *Bausteine.* Berlin, 1879, &c.

Dalager (Lars), *Grønlandske Relationer.* Kiøbenhavn, *s.d.*

Dale (G.), ' An Account of the Principal Customs and Habits of the Natives inhabiting the Bondei Country ' ; in *Jour. Anthr. Inst.* vol. xxv. London, 1896.

Dall (W. H.), *Alaska and its Resources.* London, 1870.

Dalton (E. T.), *Descriptive Ethnology of Bengal.* Calcutta, 1872.

Damhouder (J. de), *Praxis rerum criminalium.* Antverpiæ, 1570.

Dandini (J.), ' A Voyage to Mount Libanus ' ; in Pinkerton, *Collection of Voyages and Travels,* vol. x. London, 1811.

Dapper (O.), *Africa.* Trans. London, 1670.

Dareste (R.), *Études d'histoire du droit.* Paris, 1889.

—— *Nouvelles Études d'histoire du droit.* Paris, 1902.

Dargun (L.), *Mutterrecht und Vaterrecht.* Leipzig, 1892.

—— 'Ursprung und Entwicklungs-Geschichte des Eigenthums' ; in *Zeitschr. f. vergleichende Rechtswiss.* vol. v. Stuttgart, 1884.

Darmesteter (James), *Essais orientaux.* Paris, 1883.

—— ' Introduction to the Vendîdâd ' ; in *The Sacred Books of the East,* vol. iv. Oxford, 1880.

—— *Ormazd et Ahriman.* Paris, 1877.

Darwin (Charles), ' Biographical Sketch of an Infant ' ; in *Mind,* vol. ii. London, 1877.

—— *The Descent of Man.* London, 1890.

—— *Journal of Researches into the Geology and Natural History of the Various Countries visited by H.M.S. Beagle.* London, 1839.

Daumas (E.), *La vie arabe et la société musulmane.* Paris, 1869.

Dautremer (J.), ' The Vendetta or Legal Revenge in Japan ' ; in *Trans. Asiatic Soc. Japan*, vol. xiii. Yokohama, 1885.

Davids (T. W. Rhys), *Hibbert Lectures on the Origin and Growth of Religion as illustrated by some Points in the History of Indian Buddhism*. London, 1881.

Davis (*Sir* John Francis), *China*. 2 vols. London, 1857.

Davis (W. W. H.), *El Gringo*. New York, 1857.

Dawson (James), *Australian Aborigines*. Melbourne, &c., 1881.

Decle (Lionel), *Three Years in Savage Africa*. London, 1898.

Decrusy (—) and others, *Recueil général des Anciennes Lois Françaises*. 29 vols. Paris, 1822-33.

Delécluze (E. J.), *Roland ou la Chevalerie*. 2 vols. Paris, 1845.

Delepierre (J. O.), *L'enfer décrit par ceux qui l'ont vu*. 2 pts. London, [1864-65].

Delitzsch (Friedrich), *Wo lag das Paradies ?* Leipzig, 1881.

Demangeat (Charles), *Histoire de la condition civile des étrangers en France dans l'ancien et dans le nouveau droit*. Paris, 1844.

Demidoff (E.), *A Shooting Trip to Kamchatka*. London, 1904.

Demosthenes, *Opera*. Ed. by J. T. Vœmelius. Parisiis, 1843.

Denham (Dixon) and Clapperton (Hugh), *Narrative of Travels and Discoveries in Northern and Central Africa*. London, 1826.

Denis (J.), *Histoire des théories et des idées morales dans l'antiquité*. 2 vols. Paris, 1856.

Denkschriften der kaiserlichen Akademie der Wissenschaften. Wien.

Dennett (R. E.), ' Laws and Customs of the Fjort or Bavili Family ' ; in *Jour. African Soc.* vol. i. London, 1902.

—— *Notes on the Folklore of the Fjort (French Congo)*. London, 1898.

Dennys (N. B.), *The Folk-Lore of China*. London, 1876.

Descartes (René), *Meditationes de prima philosophia*. Amstelodami, 1678.

Deschamps (É.), *Carnet d'un voyageur—Au pays des Veddas*. Paris, 1892.

Desmaze (Charles), *Les pénalités anciennes*. Paris, 1866.

Dessoir (Max), ' Zur Psychologie der Vita sexualis ' ; in *Allgemeine Zeitschrift für Psychiatrie und psychisch-gerichtliche Medicin*, vol. l. Berlin, 1893-94.

Deutsch (E.), ' Islam ' ; in *The Quarterly Review*, vol. cxxvii. London, 1869.

—— *Literary Remains*. London, 1874.

Deutsche Rundschau für Geographie und Statistik. Wien, &c.

Dewey (John), *The Study of Ethics*. Ann Arbor (Mich.), 1897.

Dhammapada (The). Trans. by F. Max Müller. (*The Sacred Books of the East*, vol. x.) Oxford, 1898.

Diaz del Castillo (Bernal), ' Verdadera historia de los sucesos de la conquista de la Nueva-España ' ; in *Biblioteca de autores españoles*, vol. xxvi. Madrid, 1853.

Dickinson (G. Lowes), *The Greek View of Life*. London, 1896.

Diderot (Denis), *Œuvres*. 7 vols. Paris, 1818-19.

Dieffenbach (E.), *Travels in New Zealand*. 2 vols. London, 1843.

Diels (Hermann), ' Ein orphischer Demeterhymnus ' ; in *Festschrift Theodor Gomperz dargebracht*. Wien, 1902.

Digby (K. H.), *Mores Catholici*. 3 vols. London, 1845-47.

Digesta. See Justinian.

' Dimetian Code (The) ' ; in *Ancient Laws and Institutes of Wales*. London, 1841.

Dimitroff (Z.), *Die Geringschätzung des menschlichen Lebens und ihre Ursachen bei den Naturvölkern*. Leipzig-Reudnitz, 1891.

' Dînâ-î Maînôg-î Khirad,' trans. by E. W. West ; in *The Sacred Books of the East*, vol. xxiv. Oxford, 1885.

Dio Cassius, *Historia Romana*. 4 vols. Lipsiae, 1863–64.

Dio Chrysostom, *Opera Græca*. 2 vols. Brunsvigae, 1844.

Diodorus Siculus, *Bibliotheca historica*. Ed. by C. Müllerus. 2 vols. Parisiis, 1842–44.

Diogenes Laertius, *De clarorum philosophorum vitis libri decem*. Ed. by C. G. Cobet. Parisiis, 1850.

Dionysius of Halicarnassus, *Antiquitatum Romanarum quæ supersunt*. Parisiis, 1886.

Dirksen (H. E.), *Civilistische Abhandlungen*. 2 vols. Berlin, 1820.

Dithmar of Merseburg, ' Chronicon ' ; in Pertz, *Monumenta Germaniæ historica*, vol. v. Hannoverae, 1839.

Dixon (W. H.), *New America*. Eighth edit. London, *s.d.*

Dobell (Peter), *Travels in Kamtschatka and Siberia*. 2 vols. London, 1830.

Dobrizhoffer (M.), *An Account of the Abipones*. Trans. 3 vols. London, 1822.

Dodge (R. Irving), *Our Wild Indians*. Hartford, 1882.

Döllinger (J. J. I.), *The Gentile and the Jew in the Courts of the Temple of Christ*. Trans. 2 vols. London, 1862.

Domenech (E.), *Seven Years' Residence in the Great Deserts of North America*. 2 vols. London, 1860.

Donaldson (James), ' On the Expiatory and Substitutionary Sacrifices of the Greeks ' ; in *Trans. Roy. Soc. Edinburgh*, vol. xxvii. Edinburgh, 1876.

—— ' The Position of Women among the Early Christians ' ; in *The Contemporary Review*, vol. lvi. London, 1889.

Donne (John), *Biathanatos*. London, 1648.

Doolittle (J.), *Social Life of the Chinese*. 2 vols. New York, 1867.

Dorman (R. M.), *The Origin of Primitive Superstitions*. Philadelphia, 1881.

Dorner (I. A.), *A System of Christian Doctrine*. Trans. 4 vols. Edinburgh, 1880–82.

Dorsey (J. Owen), ' Mourning and War Customs of the Kansas ' ; in *The American Naturalist*, vol. xix. Philadelphia, 1885.

—— ' Omaha Sociology ' ; in *Ann. Rep. Bur. Ethn*. vol. iii. Washington, 1884.

—— ' Siouan Folk-Lore ' ; in *The American Antiquarian*, vol. vii. Chicago, 1885.

—— ' Siouan Sociology ' ; in *Ann. Rep. Bur. Ethn*. vol. xv. Washington, 1897.

—— ' A Study of Siouan Cults ' ; in *Ann. Rep. Bur. Ethn*. vol. xi. Washington, 1894.

Doughty (C. M.), *Travels in Arabia Deserta*. 2 vols. Cambridge, 1888.

Douglas (R. K.), *Confucianism and Taoism*. London, 1889.

—— *Society in China*. London, 1894.

Dove (T.), ' Moral and Social Characteristics of the Aborigines of Tasmania ' ; in *The Tasmanian Journal of Natural Science, &c*. vol. i. Hobart Town, 1842.

Dreyer (I. C. H.), *Specimen juris publici Lubecensis*. Lubecae, 1761.

Driver (S. R.), *A Critical and Exegetical Commentary on Deuteronomy.* Edinburgh, 1895.

Drury (Rob.), *Journal during Fifteen Years' Captivity on the Island of Madagascar.* London, 1890.

Dublin Review (The). London.

Dubois (Félix), *Timbuctoo.* Trans. London, 1897.

Dubois (J. A.), *Description of the Character, Manners, and Customs of the People of India.* Trans. London, 1817.

Du Boys (Albert), *Histoire du droit criminel de l'Espagne.* Paris, 1870.

—— *Histoire du droit criminel des peuples modernes.* 3 vols. Paris, 1854–60.

Du Cange (C. Dufresne), ' Dissertations ou Réflexions sur l'histoire de S. Louys, du Sire de Joinville ' ; in Petitot, *Collection des Mémoires relatifs à l'histoire de France,* vol. iii. Paris, 1824.

—— *Glossarium ad scriptores mediæ et infimæ Latinitatis.* 6 vols. Parisiis, 1733–36.

Du Chaillu (P. B.), *Explorations and Adventures in Equatorial Africa.* London, 1861.

—— *A Journey to Ashango-Land.* London, 1867.

Duchesne (L.), *Christian Worship.* Trans. London, 1904.

Düben (G. von), *Om Lappland och Lapparne.* Stockholm, 1873.

Dümmler (Ernst), *Geschichte des Ostfränkischen Reichs.* 3 vols. Berlin, Leipzig, 1862–88.

Dufour (Pierre), *Histoire de la Prostitution.* 6 vols. Bruxelles, 1851–54.

Dumont (J.), *Corps universel diplomatique du droit des gens.* 8 vols. Amsterdam, 1726–31.

Dumont d'Urville (J. S. C.), *Voyage pittoresque autour du monde.* 2 vols. Paris, 1834–35.

Du-Moulin (Lewis), *Moral Reflections upon the Number of the Elect.* London, 1680.

Dunbar (J. B.), ' The Pawnee Indians ' ; in *The Magazine of American History,* vols. iv., v., viii. New York & Chicago, 1880, 1882.

Dunham (S. A.), *A History of the Germanic Empire.* 3 vols. London, 1834–35.

Durkheim (Émile), *De la division du travail social.* Paris, 1893.

—— ' Deux lois de l'évolution pénale ' ; in *L'année sociologique,* vol. iv., 1899–1900. Paris, 1901.

—— *Les formes élémentaires de la vie religieuse.* Paris, 1912.

—— ' La prohibition de l'inceste et ses origines ' ; in *L'année sociologique,* vol. i., 1896–97. Paris, 1898.

—— *Le suicide.* Paris, 1897.

Du Tertre (J. B.), *Histoire générale des Antilles.* 4 vols. Paris, 1667–71.

Duveyrier (Henri), *Exploration du Sahara.* Paris, 1864.

Dyer (T. F. Thiselton), *The Ghost World.* London, 1893.

Dymond (J.), *Essays on the Principles of Morality.* London, 1851.

Earl (G. W.), *Papuans.* London, 1853.

Eastman (Mary), *Dacotah.* New York, 1849.

Eclectic Magazine of Foreign Literature, Science, and Art (The). New York.

Edda Snorra Sturlusonar. See Snorri Sturluson.

Eden (*Sir* F. M.), *The State of the Poor ; or, an History of the Labouring Classes in England.* 3 vols. London, 1797. ⸱

Edinburgh Review (The). London.

Edkins (J.), *Religion in China*. London, 1878.

Edmund (*King*), ' The Laws of ' ; in *Ancient Laws and Institutes of England*. London, 1840.

Edward the Confessor (*King*), ' Leges ' ; in *Ancient Laws and Institutes of England*. London, 1840.

Edwards (Bryan), *The History of the British West Indies*. 5 vols. London, 1819.

Edwards (Jonathan), *Works*. 8 vols. London, 1817.

Egede (Hans), *A Description of Greenland*. Trans. London, 1845.

Eicken (H. von), *Geschichte und System der mittelalterlichen Weltanschauung*. Stuttgart, 1887.

Ellinger (G.), *Das Verhältniss der öffentlichen Meinung zu Wahrheit und Lüge im 10. 11. und 12. Jahrhundert*. Sondershausen, 1884.

Elliot (*Sir* Henry M.), *Memoirs on the History, Folk-Lore, and Distribution of the Races of the North Western Provinces of India*. 2 vols. London,1869.

Elliot (*Sir* W.), ' On the Characteristics of the Population of Central and Southern India ' ; in *Jour. Ethn. Soc. London*, new ser. vol. i. London, 1869.

Elliott (Henry W.), *Our Arctic Province Alaska and the Seal Islands*. New York, 1886.

—— ' Report on the Seal Islands of Alaska ' ; in *Tenth Census of the United States*. Washington, 1884.

Ellis (A. B.), *The Ewe-speaking Peoples of the Slave Coast of West Africa*. London, 1890.

—— *The Land of Fetish*. London, 1883.

—— *The Tshi-speaking Peoples of the Gold Coast of West Africa*. London, 1887.

—— *The Yoruba-speaking Peoples of the Slave Coast of West Africa*. London, 1894.

Ellis (Havelock), *The Criminal*. London, 1895.

—— *Man and Woman*. London, 1904.

—— *Studies in the Psychology of Sex*. 5 vols. Philadelphia, 1901–06. (The third edition of vol. i., ' Sexual Inversion,' published in 1915, referred to in the Additional Notes.)

—— *Ursprung und Entwicklung der Prostitution*. (Reprinted from *Mutterschutz*, vol. iii.) *S. l. & d.*

—— and Symonds (J. A.), *Das konträre Geschlechtsgefühl*. Trans. Leipzig, 1896.

Ellis (W. Gilmore), ' The Amok of the Malays ' ; in *The Journal of Mental Science*, vol. xxxix. London, 1893.

Ellis (William), *History of Madagascar*. 2 vols. London, 1838.

—— *Narrative of a Tour through Hawaii*. London, 1827.

—— *Polynesian Researches*. 2 vols. London, 1829.

—— The same work. 4 vols. London, 1859. (This edition referred to, if not indicated otherwise.)

Elphinstone (Mountstuart), *An Account of the Kingdom of Caubul*. 2 vols. London, 1839.

—— *The History of India*. 2 vols. London, 1843.

—— The same work. Ed. by E. B. Cowell. London, 1866.

Elton (Ch. I.), *Origins of English History*. London, 1890.

Elton (F.), ' Notes on Natives of the Solomon Islands ' ; in *Jour. Anthr Inst.* vol. xvii. London, 1888.

Emin Pasha in Central Africa. Trans. London, 1888.

Emmons (Nathanael), *Works.* Ed. by J. Ide. 6 vols. Boston, 1842.

Encyclopædia Britannica. Ninth edition. Edinburgh, 1875, &c.

Encyclopédie Méthodique. 167 vols. Paris, 1782–1832.

Epictetus, *Dissertationum libri IV, Enchiridion et Fragmenta.* 5 vols. Lipsiae, 1799–1800.

Erasmus (Desiderius), *Adagiorum chiliades quatuor.* Coloniae Allobrogum, 1612.

Erman (Adolf), *A Handbook of Egyptian Religion.* Trans. London, 1907.

—— *Life in Ancient Egypt.* Trans. London, 1894.

Erman (G. A.), *Reise um die Erde.* 3 vols. Berlin, 1833–48.

Erskine (J. E.), *Journal of a Cruise among the Islands of the Western Pacific.* London, 1853.

Erskine of Carnock (John), *Principles of the Law of Scotland.* Ed. by J. Rankine. Edinburgh, 1890.

Escayrac de Lauture (—d'), *Die afrikanische Wüste.* Trans. Leipzig, 1867.

Eschwege (L. W. von), *Brasilien.* 2 vols. Braunschweig, 1830.

Esmein (A.), *Cours élémentaire d'histoire du droit français.* Paris, 1898.

—— *Histoire de la procédure criminelle en France.* Paris, 1882.

Esquirol (E.), *Des maladies mentales.* 2 vols. Paris, 1838.

Ethelred (*King*), ' The Laws of ' ; in *Ancient Laws and Institutes of England.* London, 1840.

Euripides, *Fabulæ.* Ed. by T. Fix. Parisiis, 1843.

—— *Fragmenta.* Ed. by F. G. Wagner. Parisiis, 1846.

Eusebius, *Opera.* 6 vols. (Migne, *Patrologiæ cursus,* Ser. Graeca, vols. xix–xxiv.) Parisiis, 1857.

Evans (E. P.), ' Ethical Relations between Man and Beast ' ; in *The Popular Science Monthly,* vol. xlv. New York, 1894.

Ewald (G. H. A. von), *The Antiquities of Israel.* Trans. London, 1876.

Ewers (J. Ph. G.), *Das älteste Recht der Russen.* Dorpat & Hamburg, 1826.

Eyre (E. J.), *Journals of Expeditions of Discovery into Central Australia.* 2 vols. London, 1845.

Faber (Ernst), *A Systematical Digest of the Doctrines of Confucius.* Hongkong, 1875.

Fabrice (H. von), *Die Lehre von der Kindsabtreibung und vom Kindsmord.* Erlangen, 1868.

Falkner (Thomas), *A Description of Patagonia.* Hereford, 1774.

Farnell (L. R.), *The Cults of the Greek States.* Oxford, 1896, &c. *In progress.*

—— ' Sociological Hypotheses concerning the Position of Women in Ancient Religion ' ; in *Archiv für Religionswissenschaft,* vol. vii. Leipzig, 1904.

Farrar (F. W.), *Mercy and Judgment.* London, 1881.

Farrer (J. A.), *Military Manners and Customs.* London, 1885.

—— *Paganism and Christianity.* London & Edinburgh, 1891.

—— *Primitive Manners and Customs,* London, 1879.

Favyn (André), *The Theater of Honour and Knight-Hood.* Trans. London, 1623.

Fawcett (F.), ' The Nâyars of Malabar ' ; in the Madras Government Museum's *Bulletin,* vol. iii. Madras, 1901.

—— *On the Saoras.* (Reprinted from *The Journal of the Anthropological Society of Bombay,* vol. i.) Bombay, 1888.

Featherman (A.), *Social History of the Races of Mankind*. 7 vols. London, 1881–91.

Felkin (R. W.), ' Notes on the For Tribe of Central Africa ' ; in *Proceed. Roy. Soc. Edinburgh*, vol. xiii. Edinburgh, 1886.

—— ' Notes on the Madi or Moru Tribe of Central Africa ' ; in *Proceed. Roy. Soc. Edinburgh*, vol. xii. Edinburgh, 1884.

—— ' Notes on the Waganda Tribe of Central Africa ' ; in *Proceed. Roy. Soc. Edinburgh*, vol. xiii. Edinburgh, 1886.

Ferrero (G.), ' Les formes primitives du travail ' ; in *Revue scientifique*, ser. iv. vol. v. Paris, 1896.

Ferri (Enrico), *Criminal Sociology*. London, 1895.

Festus (S. Pompejus), *De verborum significatione quæ supersunt*. Ed. by C. O. Muellerus. Lipsiae, 1839.

Feuerbach (P. J. A. von), *Aktenmässige Darstellung merkwürdiger Verbrechen*. 2 vols. Giessen, 1828–29.

—— *Caspar Hauser*. Trans. London, 1834.

—— *Kritik des Kleinschrodischen Entwurfs zu einem peinlichen Gesetzbuche für die Chur-Pfalz-Bayrischen Staaten*. 2 vols. Giesen, 1804.

—— *Lehrbuch des gemeinen in Deutschland gültigen Peinlichen Rechts*. Ed. by C. J. A. Mittermaier. Giessen, 1847.

—— *Ueber die Strafe als Sicherungsmittel vor künftigen Beleidigungen des Verbrechers*. Chemnitz, 1800.

—— *Ueber die Unterdrückung und Wiederbefreiung Europens.* [München & Leipzig], 1813.

Feyfer (D. de), *Verhandeling over den Kindermoord*. Utrecht, 1866.

Fichte (J. G.), *Reden an die deutsche Nation*. Leipzig, 1824.

—— *The Science of Ethics*. Trans. London, 1897.

—— *Das System der Sittenlehre*. Jena & Leipzig, 1798.

—— *Ueber den Begriff des wahrhaften Krieges in Bezug auf den Krieg im Jahre* 1813. Tübingen, 1815.

Fielding Hall (H.), *The Soul of a People*. London, 1902.

Filangieri (Gaetano), *La scienza della legislazione*. 6 vols. Milano, 1822.

Finck (H. T.), *Primitive Love and Love-Stories*. New York, 1899.

Finger (A.), *Compendium des Oesterreichischen Rechtes—Das Strafrecht*. 2 vols. Berlin, 1894–95.

Finsch (Otto), *Neu-Guinea*. Bremen, 1865.

Fischer (Chr. A.), *Bergreisen*. 2 vols. Leipzig, 1804–05.

Fischer (J.), ' Notes sur l'intelligence des singes ' ; in *Revue scientifique*, vol. xxxiii. (ser. iii. vol. vii.). Paris, 1884.

Fisher (*Captain*), ' Memoir of Sylhet, Kachar, &c.' ; in *Jour. Asiatic Soc. Bengal*, vol. ix. pt. ii. Calcutta, 1840.

Fiske (John), *Outlines of Cosmic Philosophy*. 2 vols. London, 1874.

Fison (L.) and Howitt (A. W.), *Kamilaroi and Kurnai*. Melbourne & Sydney, 1880.

Flacourt (É. de), *Histoire de la grande isle Madagascar*. Paris, 1661.

Fleming (William), *A Manual of Moral Philosophy*. London, 1867.

Fleta, seu Commentarius Juris Anglicani. London, 1735.

Fleury (C.), *An Historical Account of the Manners and Behaviour of the Christians*. Trans. London, 1698.

Flügel (G.), *Mani*. Leipzig, 1862.

Folk-Lore. London.

Folk-Lore Journal (The). London.

Folk-Lore Record (The). London.

Fonseca (L. A. da), *A escravidão, o clero e o abolicionismo.* Bahia, 1887.

Forbes (Anna), *Insulinde.* Edinburgh & London, 1887.

Forbes (C. J. F. S.), *British Burma and its People.* London, 1878.

Forbes (David), ' On the Aymara Indians of Bolivia and Peru ' ; in *Jour. Ethn. Soc. London,* new ser. vol. ii. London, 1870.

Forbes (F. E.), *Dahomey and the Dahomans.* 2 vols. London, 1851.

Forbes (H. O.), *A Naturalist's Wanderings in the Eastern Archipelago.* London, 1885.

Foreman (John), *The Philippine Islands.* London, 1890.

Fornander (Abraham), *An Account of the Polynesian Race.* 3 vols. London, 1878–85.

Forsman (J.), *Bidrag till läran om skadestånd i brottmål enligt finsk rätt.* Helsingfors, 1893.

Forster (G.), *A Voyage round the World.* 2 vols. London, 1777.

Forsyth (J.), *The Highlands of Central India.* London, 1871.

Fortnightly Review (The). London.

Foster (Michael), *A Report of . . . Crown Cases.* London, 1776.

Foucart (P.), *Des associations religieuses chez les Grecs.* Paris, 1873.

Fountain (P.) and Ward (Thomas), *Rambles of an Australian Naturalist.* London, 1907.

Fowler (Thomas), *Progressive Morality.* London, 1895.

——— See Wilson (J. M.) and Fowler.

Fowler (W. Warde), *The Roman Festivals of the Period of the Republic.* London, 1899.

Franciscus a Victoria, *Relectiones Theologicæ.* Lugduni, 1587.

François (H. von), *Nama und Damara Deutsch-Süd-West-Afrika.* Magdeburg, [1896].

Frank (J. P.), *System einer vollständigen medicinischen Polizey.* 9 vols. Mannheim, &c., 1784–1827.

Frankel (Z.), *Grundlinien des mosaisch-talmudischen Eherechts.* Leipzig, 1860.

Franklin (B.), *Works.* Ed. by J. Sparks. 10 vols. Boston, 1836–40.

Franklin (John), *Narrative of a Journey to the Shores of the Polar Sea.* London, 1823.

Fraser (J. B.), *Journal of a Tour through Part of the Snowy Range of the Himālā Mountains.* London, 1820.

Fraser (John), *The Aborigines of New South Wales.* Sydney, 1892.

Frauenstädt (Paul), *Blutrache und Todtschlagsühne im Deutschen Mittelalter.* Leipzig, 1881.

Frazer (Sir J. G.), *Adonis Attis Osiris.* London, 1906.

——— ' Certain Burial Customs as illustrative of the Primitive Theory of the Soul ' ; in *Jour. Anthr. Inst.* vol. xv. London, 1886.

——— *The Dying God.* London, 1911.

——— ' Folk-Lore in the Old Testament ' ; in *Anthropological Essays presented to E. B. Tylor.* Oxford, 1907.

——— *The Golden Bough.* 3 vols. London, 1900.

——— *Lectures on the Early History of the Kingship.* London, 1905.

——— *The Magic Art.* 2 vols. London, 1911.

——— ' The Origin of Totemism ' ; in *The Fortnightly Review,* new ser. vol. lxv. London, 1899.

——— *Pausanias's Description of Greece.* 6 vols. London, 1898.

Frazer (*Sir* J. G.), *Totemism.* Edinburgh, 1887.
—— *Totemism and Exogamy.* 4 vols. London, 1910.
Frederick II. (*Emperor*), ' Constitutiones Neapolitanæ sive Siculæ ' ; in Lindenbrog, *Codex legum antiquarum.* Francofurti, 1613.
Freeman (E. A.), *Comparative Politics.* London, 1896.
—— *The Reign of William Rufus.* 2 vols. Oxford, 1882.
Freytag (G. W.), *Arabum Proverbia.* 3 vols. Bonnae ad Rhenum, 1838–43.
Friedländer (L.), *Darstellungen aus der Sittengeschichte Roms.* 2 vols. Leipzig, 1901.
Friedrichs (Karl), ' Einzeluntersuchungen zur vergleichenden Rechtswissenschaft ' ; in *Zeitschr. f. vergleichende Rechtswiss.* vol. x. Stuttgart, 1892.
—— ' Mensch und Person ' ; in *Das Ausland,* vol. lxiv. Stuttgart, 1891.
Fries (J. F.), *Neue oder anthropologische Kritik der Vernunft.* 3 vols. Heidelberg, 1828–31.
Friis (J. A.), *Lappisk Mythologi.* Christiania, 1871.
Fritsch (Gustav), *Drei Jahre in Süd-Afrika.* Breslau, 1868.
—— *Die Eingeborenen Süd-Afrika's.* Breslau, 1872.
Fryer (G. E.), *The Khyeng People of the Sandoway District, Arakan.* (Reprinted from *Jour. Asiatic Soc. Bengal.*) Calcutta, 1875.
Fryer (John), *A New Account of East-India and Persia.* London, 1698.
Fuld (L.), ' Das Asylrecht im Alterthum und Mittelalter ' ; in *Zeitschr. f. vergleichende Rechtswiss.* vol. vii. Stuttgart, 1887.
Fulgentius (*Saint*), ' De fide ' ; in Migne, *Patrologiæ cursus,* vol. lxv. Parisiis, 1847.
Funk (——), ' Die Entwicklung des Osterfastens ' ; in *Theologische Quartalschrift,* vol. lxxv. Tübingen, 1893.
Furness (W. H.), *The Home-Life of Borneo Head-Hunters.* Philadelphia, 1902.
Fustel de Coulanges (N. D.), *La Cité antique.* Paris, 1864. (Quoted in vol. ii.)
—— The same work. Paris, 1866. (Quoted in vol. i.)
Fytche (A.), *Burma Past and Present.* 2 vols. London, 1878.

Gadelius (Bror), *Om tvångstankar.* Lund, 1896.
Gage (Matilda J.), *Woman, Church and State.* Chicago, 1893.
Gaidoz (H.), ' Le suicide ' ; in *Mélusine,* vol. iv. Paris, 1888–89.
Gaius, *Institutionum juris civilis commentarii quattuor.* Ed. and trans. by E. Poste. Oxford, 1890.
Galton (Francis), ' Eugenics ' ; in *Sociological Papers,* vols. i.–ii., 1904–05. London, 1905–06.
—— *Inquiries into Human Faculty and its Development.* London, 1883.
Gans (E.), *Das Erbrecht in weltgeschichtlicher Entwickelung.* 4 vols. Berlin, &c., 1824–35.
Garcilasso de la Vega, *First Part of the Royal Commentaries of the Yncas.* Trans. ed. by C. R. Markham. 2 vols. London, 1869–71.
Gardiner (A. H.), ' Egyptian Ethics and Morality ' ; in Hastings, *Encyclopædia of Religion and Ethics,* vol. v. Edinburgh, 1912.
Garnett (Lucy M. J.), *The Women of Turkey and their Folk-Lore.* 2 vols. 1890–91.
Garofalo (R.), *La Criminologie.* Paris, 1890.
Garraud (R.), *Traité théorique et pratique du droit pénal Français.* 6 vols. Paris, 1898–1902.

Gason (S.), ' The Manners and Customs of the Dieyerie Tribe ' ; in Woods, *The Native Tribes of South Australia*. Adelaide, 1879.

Gass (W.), *Geschichte der christlichen Ethik*. 3 vols. Berlin, 1881–87.

' Gautama,' trans. by G. Bühler ; in *The Sacred Books of the East*, vol. ii. Oxford, 1897.

Gautier (Léon), *La Chevalerie*. Paris, 1884.

Geiger (K. A.), *Der Selbstmord im klassischen Altertum*. Augsburg, 1888.

Geiger (W.), *Civilization of the Eastern Irānians in Ancient Times*. Trans. 2 vols. London, 1885–86.

Geiseler (—), *Die Oster-Insel*. Berlin, 1883.

Gelli (J.), *Il duello*. Firenze, 1886.

Gellius (Aulus), *Noctes Atticæ*. Ed. by A. Lion. 2 vols. Gottingae, 1824.

Gennep (A. van), *Les rites de passage*. Paris, 1911.

—— *Tabou et totémisme à Madagascar*. Paris, 1904.

Geographical Journal (The). London.

Georgi (J. G.), *Russia*. Trans. 4 vols. London, 1780–83.

Georgisch (P.), *Corpus juris Germanici antiqui*. Halae Magdeburgicae, 1738.

Gerhohus, ' De aedificio Dei ' ; in Migne, *Patrologiæ cursus*, vol. cxciv. Parisiis, 1855.

Geusius (J.), *Victimæ Humanæ*. 2 vols. Groningae, 1675.

Geyer (A.), *Die Lehre von der Nothwehr*. Jena, 1857.

Ghani (M. A.), ' Social Life and Morality in India ' ; in *Internat. Jour. of Ethics*, vol. vii. London, 1897.

Ghillany (F. W.), *Die Menschenopfer der alten Hebräer*. Nürnberg, 1842.

Gibb (John), ' The Christian Church and War ' ; in *The British Quarterly Review*, vol. lxxiii. London, 1881.

Gibbon (Edward), *The History of the Decline and Fall of the Roman Empire*. Ed. by W. Smith. 8 vols. London, 1854–55.

Gibbons (A. S. H.), *Exploration and Hunting in Central Africa*. London, 1898.

Gibbs (George), ' Tribes of Western Washington and Northwestern Oregon' ; in *U.S. Geographical and Geological Survey of the Rocky Mountain Region* :—*Contributions to North American Ethnology*, vol. i. Washington, 1877.

Giddings (F. H.), *The Principles of Sociology*. New York, 1896.

Gide (Paul), *Étude sur la condition privée de la femme*. Ed. by A. Esmein. Paris, 1885.

Gieseler (J. C. L.), *Text-Book of Ecclesiastical History*. Trans. 3 vols. Philadelphia, 1836.

Giles (H. A.), *Strange Stories from a Chinese Studio*. 2 vols. London, 1880.

Gill (W. W.), *Life in the Southern Isles*. London, 1876.

—— *Myths and Songs from the South Pacific*. London, 1876.

Gillen (F. J.), ' Notes on Some Manners and Customs of the Aborigines of the McDonnell Ranges belonging to the Arunta Tribe ' ; in *Report on the Work of the Horn Scientific Expedition to Central Australia*, pt. iv. London & Melbourne, 1896.

Gilmour (James), *Among the Mongols*. London, [1892].

Ginoulhiac (Ch.), *Histoire du régime dotal*. Paris, 1842.

Ginsburg (Ch. D.), *The Essenes*. London, 1864.

Girard (F.), *Manuel élémentaire de droit romain*. Paris, 1901.

Girard de Rialle (J.), *La mythologie comparée*. Paris, 1878.

Gisborne (William), *The Colony of New Zealand*. London, 1888.

Gizycki (G. von), *An Introduction to the Study of Ethics*. Adapted from the German by Stanton Coit. London, 1891.

Glaber (R.), ' Historiarum sui temporis libri quinque ' ; in Bouquet, *Recueil des Historiens des Gaules et de la France*, vol. x. Paris, 1760.

Gladstone (W. E.), *Studies on Homer and the Homeric Age*. 3 vols. Oxford, 1858.

Glanvilla (R. de), *Tractatus de Legibus et Consuetudinibus Regni Angliæ*. Londini, [1555 ?].

—— The same work. Trans. by John Beames. London, 1812.

Glasson (Ernest), *Le mariage civil et le divorce*. Paris, 1880.

Glimpses of the Eastern Archipelago. Trans. Singapore, 1894.

Globus. Illustrirte Zeitschrift für Länder- und Völkerkunde. Braunschweig,&c.

Gobineau (A. de), *The Moral and Intellectual Diversity of Races*. Trans. Philadelphia, 1856.

Goblet d'Alviella (Eugène), *Hibbert Lectures on the Origin and Growth of the Conception of God*. London, 1892.

Godwin (William), *Enquiry concerning Political Justice*. 2 vols. London, 1796.

Goehlert (V.), ' Die geschlechtsverschiedenheit der Kinder in den Ehen ' ; in *Zeitschr. f. Ethnol.* vol. xiii. Berlin, 1881.

Göpfert (F. A.), *Moraltheologie*. Vol. i. Paderborn, 1899.

Goesius (W.), *Rei agrariæ auctores legesque variæ*. Amstelredami, 1674.

Götte (W.), *Das Delphische Orakel*. Leipzig, 1839.

Göttinger Studien. Göttingen.

Göttingische gelehrte Anzeigen. Göttingen.

Goiten (E.). *Das Vergeltungsprincip im biblischen und talmudischen Strafrecht*. Frankfurt a.M., 1893.

Goldast (M.), *Collectio consuetudinum et legum imperialium*. Francofordiae ad Moenum, 1613.

Goldziher (Ignaz), *Abhandlungen zur arabischen Philologie*. 2 vols. Leiden, 1896–99.

—— *Muhammedanische Studien*. 2 vols. Halle a.S., 1889–90.

Gomara (F. Lopez de), ' Primera parte de la historia general de las Indias ' ; in *Biblioteca de autores españoles*, vol. xxii. Madrid, 1852.

Gomme (G. L.), *Ethnology in Folklore*. London, 1892.

—— ' Some Traditions and Superstitions connected with Buildings ' ; in *The Antiquary*, vol. iii. London, 1881.

Goodell (William), *The American Slave Code in Theory and Practice*. New York, 1853.

—— *Slavery and Anti-Slavery*. New York, 1852.

Goos (C.), *Forelæsninger over den almindelige Retslære*. 2 vols. Kjøbenhavn, 1889–94.

Gopčević (S.), *Oberalbanien und seine Liga*. Leipzig, 1881.

' Gospel of the Nativity of Mary (The) ' ; in *Ante-Nicene Christian Library*, vol. xvi. Edinburgh, 1870.

' Gospel of Pseudo-Matthew (The) ' ; in *Ante-Nicene Christian Library*, vol. xvi. Edinburgh, 1870.

Gotlands-Lagen. Ed. by C. J. Schlyter. (*Corpus Juris Sueo-Gotorum Antiqui*, vol. vii.) Lund, 1852.

Gråberg di Hemsö (J.), *Specchio geografico, e statistico dell' impero di Marocco*. Genova, 1834.

Grágás, Hin forna lögbók Íslendinga. 2 vols. Havniae, 1829.

Grange (—), ' Extracts from the Journal of an Expedition into the Naga Hills ' ; in *Jour. Asiatic Soc. Bengal*, vol. ix. pt. ii. Calcutta, 1840.

Granger (F. S.), ' The Moral Life of the Early Romans ' ; in *Internat. Jour. of Ethics*, vol. vii. London, 1897.

—— *The Worship of the Romans.* London, 1895.

Granville (R. K.) and Roth (F. N.), ' Notes on the Jekris ' ; in *Jour. Anthr. Inst.* vol. xxviii. London, 1899.

Gratian, *Decretum.* (Migne, *Patrologiæ cursus*, vol. clxxxvii.) Parisiis, 1855.

Graul (K.), *Reise nach Ostindien.* 5 vols. Leipzig, 1854–56.

Gray (J. H.), *China.* 2 vols. London, 1878.

Green (J. R.), *History of the English People.* 4 vols. London, 1879–81.

Greenwood (Thomas), *The First Book of the History of the Germans.* London, 1836.

Gregor (Walter), *Notes on the Folk-lore of the North-East of Scotland.* London, 1881.

Gregorovius (Ferdinand), *Wanderings in Corsica.* Trans. 2 vols. London, 1855.

Gregory I. (*Saint*), surnamed *the Great, Opera omnia.* 5 vols. (Migne, *Patrologiæ cursus*, vols. lxxv.–lxxix.) Parisiis, 1849.

Gregory III., ' Judicia congrua poenitentibus ' ; in Labbe-Mansi, *Sacrorum Conciliorum collectio*, vol. xii. Florentiæ, 1766.

Gregory IX., ' Decretales ' ; in *Corpus juris canonici*, ed. by A. Friedberg, vol. ii. Lipsiæ, 1881.

Gregory Nazianzen (*Saint*), *Opera omnia.* 4 vols. (Migne, *Patrologiæ cursus*, Ser. Græca, vols. xxxv.–xxxviii.) Parisiis, 1857–58.

Gregory of Tours (*Saint*), *Opera omnia.* (Migne, *Patrologiæ cursus*, vol. lxxi.) Parisiis, 1849.

Grey (George), *Journals of Two Expeditions of Discovery in North-West and Western Australia.* 2 vols. London, 1841.

—— *Polynesian Mythology.* Auckland, 1885.

Grierson (G. A.), *Bihār Peasant Life.* Calcutta, 1885.

Griesinger (W.), *Mental Pathology and Therapeutics.* Trans. London, 1867.

Griffis (W. E.), *Corea.* London, 1882.

—— *The Mikado's Empire.* New York, 1883.

—— *The Religions of Japan.* London, 1895.

Griffith (William), ' Journal of a Visit to the Mishmee Hills in Assam ' ; in *Jour. Asiatic Soc. Bengal*, vol. vi. Calcutta, 1837.

Grimm (Jacob), *Deutsche Rechtsalterthümer.* Ed. by A. Heusler and R. Hübner. 2 vols. Leipzig, 1899.

—— *Kinder- und Hausmärchen. Grosse Ausgabe.* Berlin, 1870.

—— *Kleinere Schriften.* 8 vols. Berlin, 1864–90.

—— *Reinhart Fuchs.* Berlin, 1834.

—— *Teutonic Mythology.* Trans. 4 vols. London, 1882–88.

Grinnell (G. B.), *Pawnee Hero Stories and Folk-Tales.* New York, 1889.

—— *The Story of the Indian.* London, 1896.

Gronovius (J.), *Thesaurus Græcarum antiquitatum.* 12 vols. Lugduni Batavorum, 1697–1702.

Groot (J. J. M. de), *The Religious System of China.* Leyden, 1892, &c. *In progress.*

Grosse (Ernst), *Die Formen der Familie und die Formen der Wirthschaft.* Freiburg i.B. & Leipzig, 1896.

Grote (John), *A Treatise on the Moral Ideals*. Ed. by J. B. Mayor. Cambridge, 1876.

Grotius (Hugo), *De jure belli et pacis libri tres*. With a trans. by W. Whewell. 3 vols. Cambridge, 1853.

Gruppe (Otto), *Die griechischen Culte und Mythen*. Vol. i. Leipzig, 1887.

Guazzini (S.), *Tractatus ad defensam inquisitorum, carceratorum reorum, & condemnatorum super quocunque crimine*. Venetiis, 1639.

Gudgeon (W. E.), 'Maori Religion'; in *Jour. Polynesian Soc.* vol. xiv. Wellington, 1905.

Gudmundsson (V.) and Kålund (Kr.), 'Sitte. Skandinavische Verhältnisse'; in Paul, *Grundriss der germanischen Philologie*, vol. iii. Strassburg, 1900.

Günther (L.), *Die Idee der Wiedervergeltung in der Geschichte und Philosophie des Strafrechts*. 3 vols. Erlangen, 1889–95.

Guérard (B. E. C.), *Collection des Cartulaires de France. Tomes I–II. Cartulaire de l'Abbaye de Saint-Père de Chartres*. 2 vols. Paris, 1840.

Guibal (Georges), *Histoire du sentiment national en France pendant la guerre de Cent ans*. Paris, 1875.

Guibertus de Novigento, 'Monodiarum sive de vita sua libri tres'; in Bouquet, *Recueil des Historiens des Gaules et de la France*, vol. xii. Paris, 1781.

Guinnard (A.), *Three Years' Slavery among the Patagonians*. Trans. London, 1871.

Gumilla (J.), *El Orinoco ilustrado*. 2 vols. Madrid, 1745.

Gummere (F. B.), *Germanic Origins*. London, 1892.

Guppy (H. B.), *The Solomon Islands*. London, 1887.

Gurney (J. J.), *Observations on the Distinguishing Views and Practices of the Society of Friends*. London, 1834.

Gutzlaff (Charles), *A Sketch of Chinese History*. 2 vols. London, 1834.

Guyau (J. M.), *Esquisse d'une morale sans obligation ni sanction*. Paris, 1885.

'Gwentian Code (The)'; in *Ancient Laws and Institutes of Wales*. London, 1841.

Haberland (C.), 'Der Kindermord als Volkssitte'; in *Globus*, vol. xxxvii. Braunschweig, 1880.

—— 'Ueber Gebräuche und Aberglauben beim Essen'; in *Zeitschr. f. Völkerpsychologie und Sprachwissenschaft*, vols. xvii.–xviii. Leipzig, 1887–88.

Haddon (A. C.), 'The Ethnography of the Western Tribe of Torres Straits'; in *Jour. Anthr. Inst.* vol. xix. London, 1890.

—— *Head-Hunters*. London, 1901.

—— *Magic and Fetishism*. London, 1906.

—— in *Reports of the Cambridge Anthropological Expedition to Torres Straits*, vol. v. Cambridge, 1904.

Haeckel (Ernst), *A Visit to Ceylon*. Trans. London, 1883.

Hagen (B.), *Unter den Papua's*. Wiesbaden, 1899.

Hagman (Lucina), 'Från samskolan'; in *Humanitas*, vol. ii. Helsingfors, 1897.

Hahn (C.), *Kaukasische Reisen und Studien*. Leipzig, 1896.

Hahn (J. G. von), *Albanesische Studien*. 3 vols. Jena, 1854.

Hahn (Theophilus), *Tsuni-Goam. The Supreme Being of the Khoi-Khoi*. London, 1881.

Hale (Horatio), ' The Iroquois Sacrifice of the White Dog ' ; in *The American Antiquarian and Oriental Journal*, vol. vii. Chicago, 1885.

—— *U.S. Exploring Expedition under the Command of Ch. Wilkes. Vol. VI. Ethnography and Philology*. Philadelphia, 1846.

Hale (Matthew), *The History of the Pleas of the Crown*. 2 vols. London, 1800.

Halévy (J.), *Mélanges de critique et d'histoire relatifs aux peuples sémitiques*. Paris, 1883.

Hall (C. F.), *Arctic Researches and Life among the Esquimaux*. New York, 1865.

Hall (G. Stanley), ' Children's Lies ' ; in *The American Journal of Psychology*, vol. iii. Worcester, 1890–91.

—— ' A Study of Anger ' ; in *The American Journal of Psychology*, vol. x. Worcester, 1898–99.

Hall (W. E.), *A Treatise on International Law*. Oxford, 1890. (Referred to in vol. i.)

—— The same work. Ed. by J. B. Atlay. Oxford, 1904. (Referred to in vol. ii.)

Hallam (Henry), *View of the State of Europe during the Middle Ages*. 3 vols. London, 1837. (Referred to in ch. xxvii.)

—— The same work. 3 vols. London, 1860.

Halleck (H. W.), *International Law*. Ed. by Sir Sherston Baker. 2 vols. London, 1893.

Hamilton (Augustus), *Maori Art*. Wellington, 1896–1901.

Hamilton (William), *Lectures on Metaphysics and Logic*. 2 vols. Edinburgh & London, 1877.

Hamilton (William J.), *Researches in Asia Minor, Pontus, and Armenia*. 2 vols. London, 1842.

Hammurabi (*King of Babylon*), *The Code of Laws promulgated by*. Trans. by C. H. W. Johns. Edinburgh, 1903.

Hanoteau (A.) and Letourneux (A.), *La Kabylie et les coutumes Kabyles*. 3 vols. Paris, 1872–73.

Hansard (T. C.), *The Parliamentary Debates from* 1803 *to the Present Time*. London, 1812, &c.

Hardeland (A.), *Dajacksch-deutsches Wörterbuch*. Amsterdam, 1859.

Hardisty (W. L.), ' The Loucheux Indians ' ; in *Smithsonian Report*, 1866. Washington, 1867.

Hardman (E. T.), ' Notes on some Habits and Customs of the Natives of the Kimberley District, Western Australia ' ; in *Proceed. Roy. Irish Academy*, ser. iii. vol. i. Dublin, 1889–91.

Hardy (R. Spence), *Eastern Monachism*. London, 1850.

—— *A Manual of Budhism, in its Modern Development*. London, 1880.

Harkness (H.), *A Description of a Singular Aboriginal Race inhabiting the Neilgherry Hills*. London, 1832.

Harmon (D. W.), *A Journal of Voyages and Travels in the Interior of North America*. Andover, 1820.

Harnack (A.), *History of Dogma*. Trans. 7 vols. London, 1894–99.

—— ' Manichaeism ' ; in *Encyclopædia Britannica*, vol. xv. Edinburgh, 1883.

Harris (S.), ' The Christian Doctrine of Labor ' ; in *The New Englander*, vol. xxiv. New Haven, 1865.

Harris (S. F.), *Principles of the Criminal Law*. London, 1899.

Harris (Thomas) and Johnson (R.), *Reports of Cases argued and determined in the General Court and Court of Appeals of the State of Maryland, from 1800 to 1805, inclusive.* 4 vols. Annapolis, 1821–27.

Harris (W. Cornwallis), *The Highlands of Æthiopia.* 3 vols. London, 1844.

Harrison (Ch.), ' Religion and Family among the Haidas ' ; in *Jour. Anthr. Inst.* vol. xxi. London, 1892.

Harrison (Jane Ellen), *Prolegomena to the Study of Greek Religion.* Cambridge, 1903.

Hartknoch (Christ.), *Alt- und Neues Preussen.* 2 vols. Franckfurt & Leipzig, 1684.

Hartland (E. Sidney), ' Concerning the Rite at the Temple of Mylitta ' ; in *Anthropological Essays presented to E. B. Tylor.* Oxford, 1907.

—— *The Legend of Perseus.* 3 vols. London, 1894–96.

—— *Ritual and Belief.* London, 1914.

Hartley (David), *Observations on Man.* 2 vols. London, 1810.

—— *Theory of the Human Mind, on the Principle of the Association of Ideas ; with Essays relating to the Subject of it. By Joseph Priestley.* London, 1790.

Hartmann (R.), *Die menschenähnlichen Affen.* Leipzig, 1883.

Hartshorne (B. F.), ' The Weddas ' ; in *The Indian Antiquary*, vol. viii. Bombay, 1879.

Hartung (J. A.), *Die Religion der Römer.* 2 vols. Erlangen, 1836.

Harvard Law Review. Cambridge (Mass.).

Hastings (J.), *A Dictionary of the Bible.* 5 vols. Edinburgh, 1899–1904.

—— *Encyclopædia of Religion and Ethics.* Edinburgh, 1908, &c. *In progress.*

Haug (B.), *Die Alterthümmer der Christen.* Stuttgart, 1785.

Haupt (Paul), ' Die zwölfte Tafel des babylonischen Nimrod-Epos ' ; in *Beiträge zur Assyriologie*, vol. i. Leipzig, 1889.

Hawtrey (S. H. C.), ' The Lengua Indians of the Paraguayan Chaco ' ; in *Jour. Anthr. Inst.* vol. xxxi. London, 1901.

Haxthausen (A. von), *The Russian Empire.* Trans. 2 vols. London, 1856.

—— *Transcaucasia.* Trans. London, 1854.

Haynes (E. S. P.), *Religious Persecution.* London, 1904.

Haywood (John) and Cobbs (R. L.), *The Statute Laws of the State of Tennessee.* 2 vols. Knoxville, 1831.

Hearn (W. E.), *The Aryan Household.* London & Melbourne, 1879.

Hearne (S.), *A Journey from Prince of Wales's Fort to the Northern Ocean.* Dublin, 1796.

Heber (R.), *Narrative of a Journey through the Upper Provinces of India.* 2 vols. London, 1828.

Hedley (J. C.), ' Dr. Mivart on Faith and Science ' ; in *The Dublin Review*, ser. iii. vol. xviii. London, 1887.

Hefele (C. J.), *Beiträge zur Kirchengeschichte, Archäologie und Liturgik.* 2 vols. Tübingen, 1864.

—— *A History of the Councils of the Church.* Trans. 5 vols. Edinburgh, 1871–96.

Heffter (A. W.), *Das Europäische Völkerrecht der Gegenwart.* Ed. by F. H. Geffken. Berlin, 1882.

Hegel (G. W. F.), *Grundlinien der Philosophie des Rechts.* Ed. by G. J. P. J. Bolland. Leiden, 1902.

—— *Philosophy of Right.* Trans. by S. W. Dyde. London, 1896.

Hehn (V.), *The Wanderings of Plants and Animals from their First Home.* Ed. by J. S. Stallybrass. London, 1888.

Hellwald (F. von), *Die menschliche Familie.* Leipzig, 1889.

Hellwig (A.), *Das Asylrecht der Naturvölker.* Berlin, 1903.

Helmold (—), *Chronik der Slaven.* Trans. Berlin, 1852.

Helps (*Sir* Arthur), *Some Talk about Animals and their Masters.* London, 1883.

—— *The Spanish Conquest in America.* 4 vols. London, 1855–61.

Helvetius (C. A.), *De l'Homme, de ses facultés intellectuelles et de son éducation.* 2 vols. London, 1773.

Henault (Ch. J. F.), *Nouvel abregé chronologique de l'histoire de France.* Paris, 1752.

Henderson (John), *Observations on the Colonies of N.S. Wales and Van Diemen's Land.* Calcutta, 1832.

Henke (A.), *Lehrbuch der gerichtlichen Medicin.* Ed. by C. Bergmann. Berlin, 1859.

Henke (E.), *Grundriss einer Geschichte des deutschen peinlichen Rechts und der peinlichen Rechtswissenschaft.* 2 vols. Sulzbach, 1809.

Henkenius (H.), ' Entstehung und Verbreitung der Anthropophagie ' ; in *Deutsche Rundschau für Geographie und Statistik,* vol. xv. Wien, &c., 1893.

Hennepin (Louis), *Description de la Louisiane.* Paris, 1683.

—— *A New Discovery of a Vast Country in America, . . . between New France and New Mexico.* Trans. 2 vols. London, 1698.

—— *Nouvelle Découverte d'un très Grand Pays situé dans l'Amerique, entre Le Nouveau Mexique, et La Mer Glaciale.* Utrecht, 1697.

Henry I. (*King*), ' Leges ' ; in *Ancient Laws and Institutes of England.* London, 1840.

Hepp (F. C. Th.), *Die Zurechnung auf dem Gebiete des Civilrechts insbesondere die Lehre von den Unglücksfällen.* Tübingen, 1838.

Heriot (George), *Travels through the Canadas.* London, 1807.

Hermann (C. F.), *Disputatio de terminis eorumque religione apud Græcos.* Gottingae, 1846.

—— *Lehrbuch der gottesdienstlichen Alterthümer der Griechen.* Ed. by K. B. Stark. Heidelberg, 1858.

—— *Lehrbuch der Griechischen Privatalterthümer.* Ed. by H. Blümner. Freiburg i.B. & Tübingen, 1882.

—— *Lehrbuch der Griechischen Rechtsalterthümer.* Ed. by Th. Thalheim. (*Lehrbuch der Griechischen Antiquitäten,* vol. ii. pt. i.) Freiburg i.B. & Tübingen, 1884.

Hernsheim (Franz), *Beitrag zur Sprache der Marshall-Inseln.* Leipzig, 1880.

Herodotus, *Historiarum libri IX.* Ed. by G. Dindorfius. Parisiis, 1844.

—— The same work. English version, ed. by G. Rawlinson, Col. Rawlinson, and Sir J. G. Wilkinson. 4 vols. London, 1875.

Herrera (Antonio de), *The General History of the West Indies.* Trans. 6 vols. London, 1825–26.

Hershon (P. I.), *Treasures of the Talmud.* London, 1882.

Hertz (E.), *Voltaire und die französische Strafrechtspflege im achtzehnten Jahrhundert.* Stuttgart, 1887.

Hertz (R.), ' Contribution à une étude sur la représentation collective de la mort ' ; in *L'année sociologique,* vol. x., 1905–06. Paris, 1907.

Herzog (J. J.), *Realencyclopädie für protestantische Theologie.* Ed. by A. Hauck. Leipzig, 1896, &c. *In progress.*

Herzog (J. J.), and Plitt (G. L.), *Realencyclopädie für protestantische Theologie.* 18 vols. Leipzig, 1877–88.

Herzog (R.), *Rücktritt vom Versuch und thätige Reue.* Würzburg, 1889.

Hesiod, *Carmina.* Ed. by F. S. Lehrs. Parisiis, 1840.

Hessey (J. A.), *Sunday.* London, 1889.

Hettner (H.), *Geschichte der französischen Literatur im achtzehnten Jahrhundert.* Braunschweig, 1894.

Hetzel (H.), *Die Todesstrafe in ihrer kulturgeschichtlichen Entwicklung.* Berlin, 1870.

Heuglin (M. Th. von), *Reise nach Abessinien.* Jena, 1868.

Hewitt (J. N. B.), ' The Iroquoian Concept of the Soul ' ; in *Jour. of American Folk-Lore,* vol. viii. Boston & New York, 1895.

Hickson (S. J.), *A Naturalist in North Celebes.* London, 1889.

Hilary (*Saint*), *Opera omnia.* 2 vols. (Migne, *Patrologiæ cursus,* vol. ix.–x.) Parisiis, 1844–45.

Hildebrand (R.), *Recht und Sitte auf den verschiedenen wirtschaftlichen Kulturstufen.* Vol. i. Jena, 1896.

Hildebrandt (J. M.), ' Ethnographische Notizen über Wakámba und ihre Nachbaren ' ; in *Zeitschr. f. Ethnologie,* vol. x. Berlin, 1878.

Hilhouse (William), *Indan Notices.* *S.l.,* 1825.

Hill (Richard) and Thornton (George), *Notes on the Aborigines of New South Wales.* Sydney, 1892.

Hillebrandt (Alfred), ' Eine Miscelle aus dem Vedaritual ' ; in *Zeitschr. der Deutschen Morgenländischen Gesellschaft,* vol. xl. Leipzig, 1886.

Hinde (S. L. and Mrs. Hildegarde), *The Last of the Masai.* London, 1901.

Hippel (Robert von), *Die Thielquälerei in der Strafgesetzgebung.* Berlin, 1891.

Hirn (Yrjö), *The Origins of Art.* London, 1900.

Hirschfeld (H.), ' Remarks on the Etymology of Šabbāth ' ; in *Jour. Roy. Asiatic Soc.* London, 1896.

Hirschfeld (Magnus), *Die Homosexualität des Mannes ·und des Weibes.* Berlin, 1914.

Hislop (S.), *Papers relating to the Aboriginal Tribes of the Central Provinces.* Ed. by R. Temple. *S.l.,* 1866.

Hitopadesa. Trans. by F. Pincott. London, 1880.

Hlothhære and Eadric (*Kings*), ' The Laws of ' ; in *Ancient Laws and Institutes of England.* London, 1840.

Hobbes (Thomas), *Leviathan.* Oxford, 1881.

Hobhouse (L. T.), *Morals in Evolution.* 2 vols. London, 1906.

Hodge (Charles), *Systematic Theology.* 3 vols. London & Edinburgh, 1871–73.

Hodgson (B. H.), *Miscellaneous Essays relating to Indian Subjects.* 2 vols. London, 1880.

Hodgson (C. P.), *Reminiscences of Australia.* London, 1846.

Hodson (T. C.), ' The " Genna " amongst the Tribes of Assam ' ; in *Jour. Anthr. Inst.* vol. xxxvi. London, 1906.

Høffding (H.), *Etik.* København, 1897.

Höfler (M.), ' Krankheits-Dämonen ' ; in *Archiv f. Religionswiss.* vol. ii. Freiburg i.B., 1899.

Högström (M. P.), *Beskrifning öfver de til Sveriges Krona lydande Lap marker.* Stockholm, [1745 ?].

Hoffman (W. J.), ' The Menomini Indians ' ; in *Ann. Rep. Bur. Ethn.* vol. xiv. Washington, 1896.

Hoffmann (René), *La notion de l'Être suprême chez les peuples non civilisés.* Genève, 1907.

Holbach (P. H. D. d'), *Système de la nature.* Ed. by D. Diderot. 2 vols. Paris, 1821.

Holden (W. C.), *The Past and Future of the Kaffir Races.* London, [1866].

Holinshed (R.), *Chronicles of England, Scotland, and Ireland.* 6 vols. London, 1807–08.

Holland (F. M.), *The Reign of the Stoics.* New York, *s.d.*

Holland (Thomas A.), *A Time of War.* Brighton, 1855.

Hollis (A. C.), *The Masai.* Oxford, 1905.

Holm (G.), ' Ethnologisk Skizze af Angmagsalikerne ' ; in *Meddelelser om Grönland*, vol. x. Kjøbenhavn, 1888.

Holmberg (H. J.), ' Ethnographische Skizzen über die Völker des russischen Amerika ' ; in *Acta Soc. Scientiarum Fennicæ*, vol. iv. Helsingfors, 1856.

Holmes (O. W.), *The Common Law.* London, 1882.

Holst (H. von), *The Constitutional and Political History of the United States.* Trans. 5 vols. Chicago, 1876–89.

Holtzendorff (F. von), *Encyclopädie der Rechtswissenschaft.* 2 vols. Leipzig, 1873–76.

Holtzmann (Adolf), *Deutsche Mythologie.* Ed. by A. Holder. Leipzig, 1874.

Holub (E.), ' Central South African Tribes ' ; in *Jour. Anthr. Inst.* vol. x. London, 1881.

—— ' Die Ma-Atabele ' ; in *Zeitschr. f. Ethnol.* vol. xxv. Berlin, 1893.

—— *Seven Years in South Africa.* Trans. 2 vols. London, 1881.

Holzman (M.), ' Sünde und Sühne in den Rigvedahymnen und den Psalmen'; in *Zeitschr. f. Völkerpsychologie und Sprachwissenschaft*, vol. xv. Berlin, 1884.

Home and Foreign Review (The). London.

Homer, *Carmina.* Parisiis, 1838.

Hommel (Fritz), *Die Semitischen Völker und Sprachen.* Leipzig, 1881–83.

Honoré de Sainte Marie, *Dissertations historiques et critiques sur la chevalerie.* Paris, 1718.

Hood (T. H.), *Notes of a Cruise in H.M.S. " Fawn " in the Western Pacific.* Edinburgh, 1863.

Hooker (J. D.), *Himalayan Journals.* 2 vols. London, 1855.

Hooker (Richard), *The Ecclesiastical Polity and other Works.* 3 vols London, 1830.

Hooper (W. H.), *Ten Months among the Tents of the Tuski.* London, 1853.

Hopkins (E. W.), *The Religions of India.* London, 1896.

Horatius Flaccus (Q.), *Opera omnia.* 4 vols. Londini, 1825.

Horwicz (Adolf), *Psychologische Analysen auf physiologischer Grundlage.* 2 vols. Halle & Magdeburg, 1872–78.

Hose (Charles), ' A Journey up the Baram River to Mount Dulit and the Highlands of Borneo ' ; in *The Geographical Journal*, vol. i. London, 1893.

—— and McDougall (W.), *The Pagan Tribes of Borneo.* 2 vols. London, 1912.

—— and McDougall, ' The Relations between Men and Animals in Sarawak ' ; in *Jour. Anthr. Inst.* vol. xxxi. London, 1901.

Hourst (—), *Sur le Niger et au pays des Touaregs.* Parıs, 1898.

Howard (B. Douglas), *Life with Trans-Siberian Savages.* London, 1893.

3 E 2

Howard (G. E.), *A History of Matrimonial Institutions.* 3 vols. Chicago & London, 1904.

Howell (T. B. and T. J.). See *State Trials.*

Howitt (A. W.), ' Australian Group Relations ' ; in *Smithsonian Report,* 1883. Washington, 1885.

—— *The Native Tribes of South-East Australia.* London, 1904.

—— ' The Native Tribes of South-East Australia ' ; in *Folk-Lore,* vol. xvii. London, 1906.

—— ' On Australian Medicine Men ' ; in *Jour. Anthr. Inst.* vol. xvi. London, 1887.

—— ' On some Australian Beliefs ' ; in *Jour. Anthr. Inst.* vol. xiii. London, 1884.

—— ' On some Australian Ceremonies of Initiation ' ; in *Jour. Anthr. Inst.* vol. xiii. London, 1884.

Hozumi (Nobushige), *Ancestor-Worship and Japanese Law.* Tokyo, Osaka & Kyoto, 1913.

' Hsiâo King (The),' trans. by J. Legge ; in *The Sacred Books of the East,* vol. iii. Oxford, 1879.

Hubert (H.) and Mauss (Marcel), ' Essai sur la nature et la fonction du sacrifice ' ; in *L'année sociologique,* vol. ii., 1897–98. Paris, 1899.

Huc (E. R.), *The Chinese Empire.* Trans. London, 1859.

—— *Travels in Tartary, Thibet, and China.* Trans. 2 vols. London, *s.d.*

Hübbe-Schleiden (W.), *Ethiopien. Studien über West-Afrika.* Hamburg, 1879.

Hüllmann (K. D.), *Stædtewesen des Mittelalters.* 4 vols. Bonn, 1826–29.

Humboldt (A. von), *Personal Narrative of Travels to the Equinoctial Regions of the New Continent.* Trans. 7 vols. London, 1814–29.

Hume (*Baron* David), *Commentaries on the Law of Scotland, respecting the Description and Punishment of Crimes.* 2 vols. Edinburgh, 1797.

Hume (David), *Philosophical Works.* Ed. by T. H. Green and T. H. Grose. 4 vols. London, 1874–75.

Hunt (A. E.), ' Ethnographical Notes on the Murray Islands ' ; in *Jour. Anthr. Inst.* vol. xxviii. London, 1899.

Hunter (W. A.), *A Systematical and Historical Exposition of Roman Law.* London, 1885.

Hunter (W. W.), *The Annals of Rural Bengal.* 3 vols. London, 1868–72.

Hutcheson (Francis), *An Essay on the Nature and Conduct of the Passions and Affections. With Illustrations on the Moral Sense.* London, 1730.

—— *An Inquiry into the Original of our Ideas of Beauty and Virtue ; In Two Treatises . . . II. Concerning Moral Good and Evil.* London, 1738.

—— *A System of Moral Philosophy.* 2 vols. London, 1755.

Hyades (P.) and Deniker (J.), *Mission scientifique du Cap Horn,* 1882–1883. *Tome VII. Anthropologie, Ethnographie.* Paris, 1891.

Hyltén-Cavallius (G. O.), *Wärend och Wirdarne.* 2 vols. Stockholm, 1863–68.

Ignatius (*Saint*), ' Epistolae ' ; in Migne, *Patrologiæ cursus,* Ser. Graeca, vol. v. Parisiis, 1857.

Im Thurn (E. F.), *Among the Indians of Guiana.* London, 1883.

Immerwahr (Walter), *Die Kulte und Mythen Arkadiens.* Vol. i. Leipzig, 1891.

Indian Antiquary (The), a Journal of Oriental Research. Bombay.

Indo-Chinese Gleaner (The). 3 vols. Malacca, 1818–21.

Ine (*King*), ' The Laws of ' ; in *Ancient Laws and Institutes of England.* London, 1840.

Inge (W. R.), *Society in Rome under the Cæsars*. London, 1888.

Inglis (John), *In the New Hebrides*. London, 1887.

Ingram (J. K.), *A History of Slavery and Serfdom*. London, 1895.

Innes (Cosmo), *Scotland in the Middle Ages*. Edinburgh, 1860.

Institutes of Vishnu (The). Trans. by J. Jolly (*The Sacred Books of the East*, vol. vii.) Oxford, 1880.

Institutiones. See Justinian.

Instructions for the Government of Armies of the United States in the Field. (Appendix No. 1 in Lorimer, *The Institutes of the Law of Nations*, vol. ii.) Edinburgh, 1884.

International Journal of Ethics. London & Philadelphia.

Internationales Archiv für Ethnographie. Ed. by J. D. E. Schmeltz. Leiden.

Irenaeus (*Saint*), *Contra hæreses libri quinque*. (Migne, *Patrologiæ cursus*, Ser. Graeca, vol. vii.) Parisiis, 1857.

Isaeus, ' Orationes ' ; in *Oratores Attici*, ed. by C. Müller, vol. i. Parisiis, 1847.

Isambert (F. A.) and others, *Recueil général des Anciennes Lois Françaises*. 29 vols. Paris, 1822–33.

Isocrates, *Orationes*. Ed. J. G. Baiter. Parisiis, 1846.

Itard (E. M.), *An Historical Account of the Discovery and Education of a Savage Man*. Trans. London, 1802.

Ives (George), *The Classification of Crimes*. [London], 1904.

Iyer (S. A.), ' Nayādis of Malabar ' ; in the Madras Government Museum's *Bulletin*, vol. iv. Madras, 1901.

Jackson (A. V. W.), *An Avesta Grammar*. Part i. Stuttgart, 1892.

Jackson (J. G.), *An Account of Timbuctoo and Housa*. See 'Abd-es-Salâm Shabeeny.

Jacob (Georg), *Das Leben der vorislâmischen Beduinen*. Berlin, 1895.

Jacob (K. G.), ' Der muslimische Fastenmonat Ramaḍân ' ; in *VI. Jahresbericht der Geographischen Gesellschaft zu Greifswald*, vol. i. 1893–1896. Greifswald, 1896.

Jacob (William), *An Historical Inquiry into the Production and Consumption of the Precious Metals*. 2 vols. London, 1831.

Jacobs (Joseph), *Studies in Biblical Archæology*. London, 1894.

Jacobs (Julius), *Eenigen Tijd onder de Baliërs*. Batavia, 1883.

Jähns (Max), *Ueber Krieg, Frieden und Kultur*. Berlin, 1893.

Jaffur Shurreef, *Qanoon-e-Islam, or the Customs of the Mussulmans of India*. Trans. by G. A. Herklots. Madras, 1863.

Jagor (F.), *Travels in the Philippines*. [Trans.] London, 1875.

Jahrbuch für sexuelle Zwischenstufen mit besonderer Berücksichtigung der Homosexualität. Ed. by M. Hirschfeld. Leipzig.

Jamblichus, *De mysteriis liber*. Ed. by G. Parthey. Berolini, 1857.

—— *De Pythagorica vita liber*. Ed. by A. Westermann. Parisiis, 1850.

James (Edwin), *Account of an Expedition from Pittsburgh to the Rocky Mountains, performed in the Years 1819 and '20, under the Command of S. H. Long*. 2 vols. Philadelphia, 1823.

James (William), *The Principles of Psychology*. 2 vols. London, 1891.

Jameson (*Mrs.*), *A Common-Place Book of Thoughts, Memories, and Fancies*. London, 1877.

Jamieson (G.), ' Marriage Laws ' ; in *The China Review*, vol. x. Hongkong, 1881–82.

Janka (Karl), *Der strafrechtliche Notstand*. Erlangen, 1878.

Jarcke (C. E.), *Handbuch des gemeinen deutschen Strafrechts.* 3 vols. Berlin, 1827–30.

Jarves (J. J.), *History of the Hawaiian Islands.* Honolulu, 1872.

Jastrow (Morris), ' The Original Character of the Hebrew Sabbath ' ; in *The American Journal of Theology*, vol. ii. Chicago, 1898.

—— *The Religion of Babylonia and Assyria.* Boston, 1898.

Jātaka Tales, Buddhist Birth Stories. Trans. by T. W. Rhys Davids. London, 1880.

Jellinghaus (Th.), ' Sagen, Sitten und Gebräuche der Munda-Kolhs in Chota Nagpore ' ; in *Zeitschr. f. Ethnol.* vol. iii. Berlin, 1871.

Jensen (P.), *Assyrisch-Babylonische Mythen und Epen.* Berlin, 1900.

—— *Die Kosmologie der Babylonier.* Strassburg, 1890.

Jeremias (A.), *Die babylonisch-assyrischen Vorstellungen vom Leben nach dem Tode.* Leipzig, 1887.

—— *Izdubar-Nimrod. Eine altbabylonische Heldensage.* Leipzig, 1891.

Jerez (Francisco de), ' Verdadera relacion de la conquista del Perú y provincia del Cuzco ' ; in *Biblioteca de autores españoles*, vol. xxvi. Madrid, 1853.

Jerome (*Saint*), *Opera omnia.* 11 vols. (Migne, *Patrologiæ cursus*, vols. xxii.–xxx.) Parisiis, 1845–46.

Jessen (E. J.), *Afhandling om de Norske Finners og Lappers Hedenske Religion.* København, 1767.

Jevons (F. B.), *An Introduction to the History of Religion.* London, 1896.

Jewish Encyclopedia (The). 12 vols. New York & London, 1901–06.

Jhering (R. von), *Geist des römischen Rechts.* 3 vols. Leipzig, 1852–78.

—— *Das Schuldmoment im römischen Privatrecht.* Giessen, 1867.

—— *Der Zweck im Recht.* 2 vols. Leipzig, 1877–83.

Jochelson (W.), *The Koryak Religion and Myth.* (*The Jesup North Pacific Expedition*, vol. vi. pt. i.) Leiden & New York, 1905.

Jodl (F.), *Lehrbuch der Psychologie.* Stuttgart, 1896.

Johnston (*Sir* H. H.), *British Central Africa.* London, 1897.

—— ' The Ethics of Cannibalism ' ; in *The Fortnightly Review*, new ser. vol. xlv. London, 1889.

—— *The Kilima-njaro Expedition.* London, 1886.

—— *The River Congo.* London, 1884.

—— *The Uganda Protectorate.* 2 vols. London, 1902.

Johnstone (J. C.), *Maoria.* London, 1874.

Joinville (—), ' On the Religion and Manners of the People of Ceylon ' ; in *Asiatick Researches*, vol. vii. Calcutta, 1801.

Jolly (J.), ' Beiträge zur indischen Rechtsgeschichte ' ; in *Zeitschr. der Deutschen Morgenländischen Gesellsch.* vol. xliv. Leipzig, 1890.

—— ' Recht und Sitte ' ; in Bühler, *Grundriss der indo-arischen Philologie*, vol. ii. Strassburg, 1896.

Jones (*Sir* William), ' The Tenth Anniversary Discourse ' ; in *Asiatick Researches*, vol. iv. Calcutta, 1795.

Jordanes, *Romana et Getica.* Ed. by Th. Mommsen. Berolini, 1882.

Josephus, *Opera.* Ed. by G. Dindorfius. 2 vols. Parisiis, 1845–47.

Joubert (J.), *Pensées, essais et maximes.* 2 vols. Paris, 1842.

Jourdan (A. J. L.) and others, *Recueil général des Anciennes Lois Francaises.* 29 vols. Paris, 1822–33.

Journal and Proceedings of the Royal Society of New South Wales. Sydney & London.

Journal Asiatique. Paris.

—— *des Museum Godeffroy.* Hamburg.

—— *of the African Society.* London.

—— *of American Folk-Lore (The).* Boston & New York.

—— *of the American Oriental Society.* New York.

—— *of the (Royal) Anthropological Institute of Great Britain and Ireland (The).* London.

—— *of the Asiatic Society of Bengal.* Calcutta.

—— *of the Ceylon Branch of the Royal Asiatic Society.* Colombo.

—— *of the Ethnological Society of London.*

—— *of the Indian Archipelago and Eastern Asia.* Singapore.

—— *of the Polynesian Society.* Wellington.

—— *of the Royal Asiatic Society.* London.

—— *of the Royal Geographical Society of London.*

—— *of the Straits Branch of the Royal Asiatic Society.* Singapore.

Jousse (D.), *Traité de la justice criminelle de France.* 4 vols. Paris, 1771.

Jouuencel (Le), [A Romance commenced by J. de Soreuil, and completed by J. Tibergeau, M. Morin, and N. Riolai.] Paris, 1493.

Joyce (P. W.), *A Social History of Ancient Ireland.* 2 vols. London, 1903.

Juan (G.) and Ulloa (A. de), *A Voyage to South America.* Trans. 2 vols. London, 1760.

Jung (C. E.), ' Aus dem Seelenleben der Australier ' ; in *Mittheilungen des Vereins für Erdkunde zu Leipzig,* 1877.

—— ' Die Mündungsgegend des Murray und ihre Bewohner ' ; in *Mittheilungen des Vereins für Erdkunde zu Halle a/S,* 1877.

Junghuhn (Franz), *Die Battaländer auf Sumatra.* Trans. 2 vols. Berlin, 1847.

Junker (Wilhelm), *Travels in Africa during the Years* 1882–86. Trans. London, 1892.

Junod (H. A.), *Les Ba-Ronga.* Neuchatel, 1898.

Jusserand (J. J.), *English Wayfaring Life in the Middle Ages.* Trans. London, 1892.

Justi (Ferd.), ' Die Weltgeschichte des Tabari ' ; in *Das Ausland,* vol. xlviii. Stuttgart, 1875.

Justin Martyr, ' Apologia prima pro Christianis ' ; in Migne, *Patrologiæ cursus,* Ser. Graeca, vol. vi. Parisiis, 1857.

Justinian *(Emperor),* *Codex Justinianus.* Ed. by P. Krueger. *(Corpus juris civilis,* vol. ii.) Berolini, 1888.

—— ' Digesta,' ed. by Th. Mommsen ; in *Corpus juris civilis,* vol. i. Berolini, 1889.

—— ' Institutiones,' ed. by P. Krueger ; in *Corpus juris civilis,* vol. i. Berolini, 1889.

—— *Novellæ.* Ed. by R. Schoell and G. Kroll. *(Corpus juris civilis,* vol. iii.) Berolini, 1895.

Juvenalis (D. J.), *Opera omnia.* 3 vols. Londini, 1820.

Jydske Lovbog (Den). Ed. by P. K. Ancher. Kiøbenhavn, 1783.

Kaegi (Adolf), *The Rigveda : the Oldest Literature of the Indians.* Trans. Boston, 1886.

Kaibel (G.), *Epigrammata Græca.* Berolini, 1878.

Kålund (Kr.), ' Skandinavische Verhältnisse ' ; in Paul, *Grundriss der germanischen Philologie,* vol. ii. Strassburg, 1893.

Kames (*Lord*), *Essays on the Principles of Morality and Natural Religion.* Edinburgh, 1751.

—— *Sketches of the History of Man.* 4 vols. Edinburgh, 1788.

Kane (E. K.), *Arctic Explorations.* 2 vols. Philadelphia, 1856.

Kant (I.), *Metaphysische Anfangungsgründe der Tugendlehre.* Königsberg, 1803.

—— *Sämmtliche Werke.* Ed. by G. Hartenstein. 8 vols. Leipzig, 1867–68.

—— *Zum ewigen Frieden.* Königsberg, 1795.

Karsch-Haack (F.), *Das gleichgeschlechtliche Leben der Naturvölker.* München, 1911.

—— *Das gleichgeschlechtliche Leben der Ostasiaten.* München, 1906.

—— ' Päderastie und Tribadie bei den Tieren ' ; in *Jahrbuch f. sexuelle Zwischenstufen,* vol. ii. Leipzig, 1900.

—— ' Uranismus oder Päderastie und Tribadie bei den Naturvölkern ' ; in *Jahrbuch f. sexuelle Zwischenstufen,* vol. iii. Leipzig, 1901.

Karsten (R.), *The Origin of Worship.* Wasa, 1905.

—— *Studies in Primitive Greek Religion.* (*Öfversigt af Finska Vetenskaps-Societetens Förhandlingar,* vol. xlix., 1906–07, no. 1.) Helsingfors, 1907.

Kate (H. F. C. ten), *Reizen en onderzoekingen in Noord-Amerika.* Leiden, 1885.

Katscher (L.), *Bilder aus dem chinesischen Leben.* Leipzig & Heidelberg, 1881.

Katz (Albert), *Der wahre Talmudjude.* Berlin, 1893.

Katz (Edwin), *Ein Grundriss des kanonischen Strafrechts.* Berlin & Leipzig, 1881.

Kaufmann (Georg), *Deutsche Geschichte.* 2 vols. Leipzig, 1880–81.

Kearns (J. F.), *The Tribes of South India.* [London, 1865.]

Keary (Ch. F.), *Outlines of Primitive Belief among the Indo-European Races.* London, 1882.

Keate (George), *An Account of the Pelew Islands.* London, 1788.

Keating (W. H.), *Narrative of an Expedition to the Source of St. Peter's River.* 2 vols. Philadelphia, 1824.

Keil (C. F.), *Manual of Biblical Archæology.* Trans. 2 vols. Edinburgh, 1887–88.

Keller (A. G.), *Homeric Society.* New York, &c., 1902.

Kemble (J. M.), *The Saxons in England.* Ed. by W. De Gray Birch. 2 vols. London, 1876.

Kenny (C. S.), *Outlines of Criminal Law.* Cambridge, 1902.

Kern (H.), *Der Buddhismus und seine Geschichte in Indien.* Trans. 2 vols. Leipzig, 1882–84.

—— *Manual of Indian Buddhism.* Strassburg, 1896.

Kessler (K.), ' Mani, Manichäer ' ; in Herzog-Hauck, *Realencyclopädie f. Protestantische Theologie und Kirche,* vol. xii. Leipzig, 1903.

Keyser (J. R.), *Efterladte Skrifter.* 2 vols. Christiania, 1865–67.

Kidd (Benjamin), *Social Evolution.* London, 1894.

Kidd (Dudley), *The Essential Kafir.* London, 1904.

King (Irving), *The Development of Religion.* New York, 1910.

King (J. H.), *The Supernatural.* 2 vols. London, 1892.

King (L. W.), *Babylonian Magic and Sorcery.* London, 1896.

King (P. P.) and Fitzroy (R.), *Narrative of the Voyages of the "Adventure" and "Beagle."* 3 vols. London, 1839.

King (Richard), ' On the Intellectual Character of the Esquimaux ' ; in *Jour. Ethn. Soc. London*, vol. i. London, 1848.

Kingsley (Mary H.), ' The Fetish View of the Human Soul ' ; in *Folk-Lore*, vol. viii. London, 1897.

—— *Travels in West Africa.* London, 1897.

—— *West African Studies.* London,.1901.

Kipling (J. Lockwood), *Beast and Man in India.* London, 1891.

Kirke (Henry), *Twenty-five Years in British Guiana.* London, 1898.

Kittlitz (F. H. von), *Denkwürdigkeiten einer Reise nach dem russischen Amerika, nach Mikronesien und durch Kamtschatka.* 2 vols. Gotha, 1858.

Klemm (G.), *Allgemeine Cultur-Geschichte der Menschheit.* 10 vols. Leipzig, 1843–52.

Klenze (—), ' Die Cognaten und Affinen nach Römischem Rechte in Vergleichung mit andern verwandten Rechten ' ; in *Zeitschr. f. geschichtliche Rechtswiss.* ed. by F. C. von Savigny and others, vol. vi. Berlin & Stettin, 1828.

Kloss (C. B.), *In the Andamans and Nicobars.* London, 1903.

Klugmann (N.), *Die Frau im Talmud.* Wien, 1898.

Klunzinger (C. B.), *Upper Egypt.* Trans. London, 1878.

Knox (William), *Three Tracts respecting the Conversion and Instruction of the Free Indians and Negroe Slaves in the Colonies.* London, 1789.

Kobelt (W.), *Reiseerinnerungen aus Algerien und Tunis.* Frankfurt a. M., 1885.

Koch (Theodor), ' Die Anthropophagie der südamerikanischen Indianer ' ; in *Internationales Archiv f. Ethnographie*, vol. xii. Leiden, 1899.

Köhler (J. A. E.), *Volksbrauch, Aberglauben, &c. im Voigtlande.* Leipzig, 1867.

Koenigswarter (L. J.), *Études historiques sur le développement de la société humaine.* Paris, 1850.

—— *Histoire de l'organisation de la famille en France.* Paris, 1851.

Kohl (J. G.), *Kitchi-Gami. Wanderings round Lake Superior.* Trans. London, 1860.

—— *Reise nach Istrien, Dalmatien und Montenegro.* 2 vols. Dresden, 1851.

Kohler (J.), *Altindisches Prozessrecht.* Stuttgart, 1891.

—— ' Das Banturecht in Ostafrika ' ; in *Zeitschr. f. vergleichende Rechtswiss.* vol. xv. Stuttgart, 1901.

—— ' Indisches Ehe- und Familienrecht ' ; in *Zeitschr. f. vergleichende Rechtswiss.* vol. iii. Stuttgart, 1882.

—— ' Das Recht der Herero ' ; in *Zeitschr. f. vergleichende Rechtswiss.* vol. xiv. Stuttgart, 1900.

—— ' Das Recht der Hottentotten ' ; in *Zeitschr. f. vergleichende Rechtswiss.* vol. xv. Stuttgart, 1901.

—— ' Das Recht der Marschallinsulaner ' ; in *Zeitschr. f. vergleichende Rechtswiss.* vol. xiv. Stuttgart, 1900.

—— ' Das Recht der Papuas ' ; in *Zeitschr. f. vergleichende Rechtswiss.* vol. xiv. Stuttgart, 1900.

—— ' Die Rechte der Urvölker Nordamerikas ' ; in *Zeitschr. f. vergleichende Rechtswiss.* vol. xii. Stuttgart, 1897.

—— *Rechtsvergleichende Studien über islamitisches Recht, &c.* Berlin, 1889.

—— *Shakespeare vor dem Forum der Jurisprudenz.* Würzburg, 1883.— *Nachwort.* Würzburg, 1884.

Kohler (J.) and Peiser (F. E.), *Aus dem Babylonischen Rechtsleben.* 4 vols. Leipzig, 1890–98.

Kolben (Peter), *The Present State of the Cape of Good-Hope.* Trans. 2 vols. London, 1731.

Kolff (D. H.), *Voyage of the Dutch Brig of War Dourga, through the Southern Parts of the Moluccan Archipelago, &c.* London, 1840.

Kollmann (Paul), *The Victoria Nyanza..* Trans. London, 1899.

Koppenfels (H. von), ' Meine Jagden auf Gorillas ' ; in *Die Gartenlaube,* 1877. Leipzig.

Korân (The). Trans. by J. M. Rodwell. London, 1876.

—— See *Qur'ân (The).*

Kosmos. Leipzig.

Kotzebue (O. von), *A Voyage of Discovery into the South Sea and Behring's Straits.* Trans. 3 vols. London, 1821.

Kovalewsky (Maxime), *Coutume contemporaine et loi ancienne.* Paris, 1893.

—— *Modern Customs and Ancient Laws of Russia.* London, 1891.

—— ' Les origines du devoir ' ; in *Revue internationale de sociologie,* vol. ii. Paris, 1894.

—— *Tableau des origines et de l'évolution de la famille et de la propriété.* Stockholm, 1890.

Krafft-Ebing (R. von), *Lehrbuch der Gerichtlichen Psychopatologie.* Stuttgart, 1900.

—— *Psychopathia sexualis.* Stuttgart, 1903.

Krapf (J. L.), *Reisen in Ost-Afrika.* 2 vols. Kornthal & Stuttgart, 1858.

—— *Travels, Researches, and Missionary Labours, during an Eighteen Years' Residence in Eastern Africa.* London, 1860.

Krasheninnikoff (S. P.), *The History of Kamschatka, and the Kurilski Islands.* Trans. Glocester, 1764.

Krause (Aurel), *Die Tlinkit-Indianer.* Jena, 1885.

Krause (Ernst), ' Die Ablösung der Menschenopfer ' ; in *Kosmos,* vol. iii. Leipzig, 1878.

Krauss (F. S.), ' Das Bauopfer bei den Südslaven ' ; in *Mittheilungen der Anthropologischen Gesellschaft in Wien,* vol. xvii. Wien, 1887.

—— *Sitte und Brauch der Südslaven.* Wien, 1885.

Kremer (Alfred von), *Culturgeschichte des Orients unter den Chalifen* 2 vols. Wien, 1875–77.

—— *Studien zur vergleichenden Culturgeschichte.* 2 parts. (Reprinted from *Sitzungsberichte der Kais. Akademie der Wissenschaften in Wien, Philosophisch-historische Classe,* vol. cxx.) Wien, 1889–90.

Kropf (A.), *Das Volk der Xosa-Kaffern im östlichen Südafrika.* Berlin, 1889.

Kropotkin (P.), *Mutual Aid.* London, 1902.

Kubary (J.), ' Die Bewohner der Mortlock Inseln ' ; in *Mittheilungen der Geographischen Gesellschaft in Hamburg,* 1878–79.

—— ' Die Ebongruppe im Marshall's Archipel ' ; in *Journal des Museum Godeffroy,* pt. i. Hamburg, 1873.

—— *Ethnographische Beiträge zur Kenntniss der Karolinischen Inselgruppe. Heft I. : Die socialen Einrichtungen der Pelauer.* Berlin, 1885.

—— ' Die Palau-Inseln in der Südsee ' ; in *Journal des Museum Godeffroy,* pt. iv. Hamburg, 1873.

—— ' Die Religion der Pelauer ' ; in Bastian, *Allerlei aus Volks- und Menschenkunde,* vol. i. Berlin, 1888.

Kubary (J.), 'Die Verbrechen und das Strafverfahren auf den Pelau-Inseln'; in *Original-Mittheilungen aus der ethnologischen Abtheilung der königlichen Museen zu Berlin*, vol. i. Berlin, 1886.

Kükenthal (W.), *Ergebnisse einer zoologischen Forschungsreise in den Molukken und Borneo. Erster Teil : Reisebericht*. Frankfurt a. M., 1896.

Kuenen (A.), *Hibbert Lectures on National Religions and Universal Religions.* •London, 1882.

—— *The Religion of Israel.* Trans. 3 vols. London, 1874–75.

Labat (J. B.), *Relation historique de l'Éthiopie occidentale*. 5 vols. Paris, 1732.

Labbe (Ph.), *Sacrorum Conciliorum collectio*. Ed. by J. D. Mansi. 31 vols. Florentiae, Venetiis, 1759–98.

Labillardière (J. J. Houtou de), *An Account of a Voyage in Search of La Pérouse in the Years* 1791–93. Trans. 2 vols. London, 1800.

Laboulaye (E.), *Recherches sur la condition civile et politique des femmes.* Paris, 1843.

Lactantius (L. C. F.), *Opera omnia*. 2 vols. (Migne, *Patrologiæ cursus*, vols. vi.–vii.) Parisiis, 1844.

Läffler (L. F.), *Den gottländska Taksteinar-sägnen*. (*Bidrag till kännedom om de svenska landsmålen och svenskt folkliv*, vol. xix. art. 6.) Stockholm, 1903.

—— ' Om den fornsvenska hednalagen'; in *Kongl. Vitterhets Historie och Antiquitets Akademiens Månadsbad*, vol. viii. Stockholm, 1879.

Lafitau (J. F.), *Moeurs des sauvages ameriquains*. 2 vols. Paris, 1724.

La Flesche (F.), ' Death and Funeral Customs among the Omahas'; in *The Journal of American Folk-Lore*, vol. ii. Boston & New York, 1889.

Lagerborg (Rolf), ' La nature de la morale'; in *Revue internationale de sociologie*, vol. xi. Paris, 1903.

Lago (V.), *Memorie sulla Dalmazia*. 3 vols. Venezia, 1869–71.

Lahontan (J. de), *Mémoires de l'Amérique septentrionale*. La Haye, 1703.

Laing (A. Gordon), *Travels in the Timannee, Kooranko, and Soolima Countries in Western Africa*. London, 1825.

Laing (Samuel), *Notes of a Traveller, on the Social and Political State of France, Prussia, Switzerland, Italy, &c*. London, 1842.

Laistner (L.), *Das Recht in der Strafe*. München, 1872.

Lala (R. Reyes), *The Philippine Islands*. New York, 1899.

Lallemand (Léon), *Histoire des enfants abandonnés et délaissés*. Paris, 1885.

Lancelot du Lac. 3 vols. Paris, 1520.

Landa (Diego de), *Relacion de las cosas de Yucatan*. Paris, 1864.

' Landnámabók'; in *Íslendínga sögur, udgivne af Det Kongelige Nordiske Oldskrift-Selskab*, vol. i. Kjøbenhavn, 1843.

Landor (A. H. Savage), *Alone with the Hairy Ainu*. London, 1893.

Landtman (G.), *The Origin of Priesthood*. Ekenaes, 1905.

Lane (E. W.), *An Account of the Manners and Customs of the Modern Egyptians*. 2 vols. London, 1871.

—— The same work. London, 1896.

—— *Arabian Society in the Middle Ages*. Ed. by Stanley Lane-Poole. London, 1883.

Lane-Poole (Stanley), *The Speeches and Table-Talk of the Prophet Mohammad*. London, 1882.

—— *Studies in a Mosque*. London, 1893.

Lanessan (J.-L. de), *La morale des philosophes chinois*. Paris, 1896.

Lang (Andrew), *Magic and Religion*. London, 1901.
—— *The Making of Religion*. London, 1898.
—— *Social Origins*. London, 1903.
Lang (J. D.), *Cooksland in North-Eastern Australia*. London, 1847.
—— *Queensland*. London, 1861.
Langkavel (B.), ' Pferde und Naturvölker ' ; in *Internationales Archiv für Ethnographie*, vol. i. Leiden, 1888.
Langsdorf (G. H. von), *Voyages and Travels in various Parts of the World, during the Years, 1803–1807*. 2 vols. London, 1813–14.
La Nouë (François de), *Discours politiques et militaires*. Basle, 1587.
La Pérouse (J. F. G. de), *A Voyage round the World, in the Years 1785–88*. Trans. 3 vols. London, 1799.
Lappenberg (J. M.), *A History of England under the Anglo-Saxon Kings*. Trans. 2 vols. London, 1881.
Larger Catechism (The), agreed upon by the Assembly of Divines at Westminster. Ed. by H. Cooke. Belfast, 1833.
La Roche-Fontenilles (L. A. M. de), *L'Église et la pitié envers les animaux*. Paris, &c., 1903.
La Rochefoucauld (F. de), *Les maximes*. Paris, 1881.
La Salle (R. R. de), ' An Account of Monsieur de la Salle's Last Expedition and Discoveries in North America ' ; in *Collections of the New-York Historical Society, for the Year 1814*, vol. ii. New-York, 1814.
Lasaulx (Ernst von), *Der Eid bei den Römern*. Würzburg, 1844.
—— *Der Fluch bei Griechen und Römern*. Würzburg, 1843.
—— *Die Sühnopfer der Griechen und Römer*. Würzburg, 1841.
Lasch (Richard), ' Die Behandlung der Leiche des Selbstmörders ' ; in *Globus*, vol. lxxvi. Braunschweig, 1899.
—— ' Besitzen die Naturvölker ein persönliches Ehrgefühl ? ' in *Zeitschr. f. Socialwissensch.* vol. iii. Berlin, 1900.
—— ' Rache als Selbstmordmotiv ' ; in *Globus*, vol. lxxiv. Braunschweig, 1898.
—— ' Religiöser Selbstmord und seine Beziehung zum Menschenopfer ' ; in *Globus*, vol. lxxv. Braunschweig, 1899.
—— ' Der Selbstmord aus erotischen Motiven bei den primitiven Völkern ' ; in *Zeitschr. f. Socialwissensch.* vol. ii. Berlin, 1899.
Lasson (Adolf), *System der Rechtsphilosophie*. Berlin & Leipzig, 1882.
Latham (R. G.), *Descriptive Ethnology*. 2 vols. London, 1859.
Laurent (François), *Études sur l'histoire de l'Humanité*. 18 vols. Paris, 1865–80.
Laurie (S. S.), *Ethica*. London, 1891.
Laurière (E. de), *Glossaire du droit françois*. Niort, 1882.
Laveleye (É. de), *De la propriété et de ses formes primitives*. Paris, 1874.
—— *Das Ureigenthum* Ed. by K. Bücher. Leipzig, 1879.
Law Quarterly Review (The). Ed. by Sir F. Pollock. London.
Law Reports, Cases determined in the Queen's Bench Division. London, 1876, &c.
Lawrence (John), *A Philosophical and Practical Treatise on Horses, and on the Moral Duties of Man towards the Brute Creation*. 2 vols. London, 1796–98.
Lawrence (T. J.), *Essays on some disputed Questions in Modern International Law*. Cambridge, 1885.

Laws of Manu (The). Trans. by G. Bühler. (*The Sacred Books of the East*, vol. xxv.) Oxford, 1886.

Layard (A. H.), *Discoveries in the Ruins of Nineveh and Babylon.* London, 1853.

Lea (H. C.), *An Historical Sketch of Sacerdotal Celibacy in the Christian Church.* Boston, 1884.

—— *A History of the Inquisition of the Middle Ages.* 3 vols. London, 1888.

—— *Superstition and Force.* Philadelphia, 1892.

Le Blant (E.), *Inscriptions chrétiennes de la Gaule antérieures au VIII. siècle.* 2 vols. Paris, 1856–65.

Le Bon (Gustave), *La civilisation des Arabes.* Paris, 1884.

Lecky (W. E. H.), *Democracy and Liberty.* 2 vols. London, 1899.

—— *History of European Morals from Augustus to Charlemagne.* 2 vols. London, 1890.

—— *History of the Rise and Influence of the Spirit of Rationalism in Europe.* 2 vols. London, 1893.

Leem (Knud), *Beskrivelse over Finmarkens Lapper.* Kjöbenhavn, 1767.

Leffler (L. F.). See Läffler.

' Leges Burgundionum ' ; in Pertz, *Monumenta Germaniæ historica*, Leges, vol. iii. Hannoverae, 1863.

Legge (James), *The Chinese Classics.* 2 vols. Oxford, 1893–95.

—— *The Notions of the Chinese concerning God and Spirits.* Hongkong, 1852.

—— *The Religions of China.* London, 1880.

Legis Duodecim Tabularum reliquiæ. Ed. by R. Schoell. Lipsiae, 1866.

Legoyt (A.), *Le suicide ancien et moderne.* Paris, 1881.

Legrand (Louis), *L'idée de patrie.* Paris, 1897.

Le Grand d'Aussy (P. J. B.), *Histoire de la vie privée des François.* Ed. by J. B. B. de Roquefort. 3 vols. Paris, 1815.

Leguével de Lacombe (B. F.), *Voyage à Madagascar et aux Iles Comores.* 2 vols. Paris, 1840.

Lehmann (Alfr.), *Hovedlovene for det menneskelige Følelseliv.* København, 1892.

Lehmann (E.), *Zarathustra.* 2 vols. København, 1899–1902.

Leibnitz (G. W.), *Essais de Theodicée sur la bonté de Dieu, la liberté de l'homme, et l'origine du mal.* Amsterdam, 1712.

Leist (B. W.), *Alt-arisches Jus Civile.* 2 vols. Jena, 1892–96.

—— *Alt-arisches Jus Gentium.* Jena, 1889.

—— *Græco-italische Rechtsgeschichte.* Jena, 1884.

Le Mesurier (C. J. R.), ' The Veddás of Ceylon ' ; in *Jour. Roy. Asiatic Soc. Ceylon Branch*, vol. ix. Colombo, 1887.

Leo Africanus, *The History and Description of Africa.* Trans. ed. by R. Brown. 3 vols. London, 1896.

Leo I. (*Saint*), surnamed *the Great, Opera omnia.* 3 vols. (Migne, *Patrologiæ cursus*, vols. liv.–lvi.) Parisiis, 1846.

Leonhardi (M. von), ' Über einige religiöse und totemistische Vorstellungen der Aranda und Loritja in Zentralaustralien ' ; in *Globus*, vol. xci. Braunschweig, 1907.

Lepsius (Richard), *Letters from Egypt, Ethiopia, and the Peninsula of Sinai.* Trans. London, 1853.

Leslie (David), *Among the Zulus and Amatongas.* Edinburgh, 1875.

Letourneau (Ch.), *L'évolution de la morale*. Paris, 1887.

—— *L'évolution religieuse dans les diverses races humaines*. Paris, 1892.

Leuba (J. H.), *A Psychological Study of Religion*. New York, 1912.

Le Vaillant (François), *Travels from the Cape of Good-Hope, into the Interior Parts of Africa*. Trans. 2 vols. London, 1790.

Levy (Jacob), *Neuhebräisches und Chaldäisches Wörterbuch über die Talmudim*. 4 vols. Leipzig, 1876–89.

Lewin (T. H.), *The Hill Tracts of Chittagong*. Calcutta, 1869.

—— *Wild Races of South-Eastern India*. London, 1870.

Lewis (A. H.), *A Critical History of Sunday Legislation*. New York, 1888.

—— *Paganism surviving in Christianity*. London, 1892.

Lewis (M.) and Clarke (W.), *Travels to the Source of the Missouri River, &c.* London, 1814.

' Lex Baiuwariorum ' ; in Pertz, *Monumenta Germaniæ historica*, Leges, vol. iii. Hannoverae, 1863.

Lex Duodecim Tabularum. See *Legis, &c.*

Lex Frisionum. Ed. by E. T. Gaupp. Vratislaviae, 1832.

' Lex Ripuariorum ' ; in Georgisch, *Corpus juris Germanici antiqui*. Halae Magdeburgicae, 1738.

Lex Salica : The Ten Texts with the Glosses, and the Lex Emendata. Ed. by J. H. Hessels. London, 1880.

' Lex Saxonum ' ; in Pertz, *Monumenta Germaniæ historica*, Leges, vol. v. Hannoverae, 1875–89.

' Lex Wisigothorum ' ; in Georgisch, *Corpus juris Germanici antiqui*. Halae Magdeburgicae, 1738.

Leyden (J.), ' On the Languages and Literature of the Indo-Chinese Nations'; in *Asiatic Researches*, vol. x. Calcutta, 1811.

Lî Kî (The). Trans. by J. Legge. 2 vols. (*The Sacred Books of the East*, vols. xxvii.–xxviii.) Oxford, 1885.

Lichtenberg (G. Chr.), *Vermischte Schriften*. 9 vols. Göttingen, 1800–06.

Lichtenstein (H.), *Travels in Southern Africa*. Trans. 2 vols. London, 1812–15.

Lichtschein (L.), *Die Ehe nach mosaich-talmudischer Auffassung*. Leipzig, 1879.

Liddell (H. G.) and Scott (R.), *A Greek-English Lexicon*. Oxford, 1897.

Liebich (R.), *Die Zigeuner*. Leipzig, 1863.

Liebrecht (Felix), *Zur Volkskunde*. Heilbronn, 1879.

Lilly (W. S.), *On Right and Wrong*. London, 1891.

Lindenbrog (F.), *Codex legum antiquarum*. Francofurti, 1613.

Lippert (Julius), *Christenthum, Volksglaube und Volksbrauch*. Berlin, 1882.

—— *Kulturgeschichte der Menschheit*. 2 vols. Stuttgart, 1886–87.

—— *Die Religionen der europäischen Culturvölker*. Berlin, 1881.

—— *Der Seelencult in seinen Beziehungen zur althebräischen Religion*. Berlin, 1881.

Lisiansky (U.), *A Voyage round the World*. London, 1814.

Lisle (E.), *Du suicide*. Paris, 1856.

Liszt (Franz von), *La législation pénale comparée. Publiée par l'Union internationale de droit pénal.* 1er volume : Le droit criminel des états européens. Berlin, 1894.

—— *Lehrbuch des deutschen Strafrechts*. Berlin, 1891.

Little (H. W.), *Madagascar*. Edinburgh & London, 1884.

Littré (É.), *Dictionnaire de la langue française*. 2 vols. Paris, 1863–72.
—— *Études sur les Barbares et le Moyen Age*. Paris, 1867.
Livingstone (D.), *The Last Journals of, in Central Africa*. Ed. by H. Waller. 2 vols. London, 1874.
—— *Missionary Travels and Researches in South Africa*. London, 1857.
—— and Livingstone (Charles), *Narrative of an Expedition to the Zambesi and its Tributaries*. London, 1865.
Livy (T.), *Historiarum libri qui supersunt*. 25 vols. Londini, 1828.
Lobo (J.), *A Voyage to Abyssinia*. Trans. London, 1887.
Locke (John), *Philosophical Works*. London, 1843.
——*Two Treatises of Government*. London, 1713.
Locqueneuille (Scarsez de), *L'esclavage, ses promoteurs et ses adversaires*. Liège, 1890.
Löw (Leopold) *Gesammelte Schriften*. 4 vols. Szegedin, 1889–98.
Logan (James), *The Scottish Gaël*. Ed. by Alex. Stewart. 2 vols. Inverness [1876].
Logan (William), *Words of Comfort for Parents bereaved of Little Children*. London, 1861.
Loir (A.), ' L'esclavage en Tunisie ' ; in *Revue scientifique*, ser. iv. vol. xii. Paris, 1899.
Lomonaco (A.), ' Sulle razze indigene del Brasile ' ; in *Archivio per l'antropologia e la etnologia*, vol. xix. Firenze, 1889.
Lopez Cogolludo (Diego), *Historia de Yucathan*. Madrid, 1688.
Lorimer (James), *The Institutes of the Law of Nations*. 2 vols. Edinburgh, 1883–84.
Loskiel (G. H.), *History of the Mission of the United Brethren among the Indians in North America*. Trans. 3 vols. London, 1794.
Lovisato (Domenico), ' Appunti etnografici con accenni geologici sulla Terra del Fuoco ' ; in *Cosmos*, ed. by Guido Cora, vol. viii. Torino, 1884–85.
Low (Hugh), *Sarawak*. London, 1848.
Loysel (Antoine), *Institutes coutumières*. Ed. by M. Dupin and Éd. Laboulaye. 2 vols. Paris, 1846.
Lubbock (*Sir* John). See Avebury (*Lord*).
Lucian, *Opera*. Parisiis, 1867.
Ludwig (G.), *Tertullian's Ethik*. Leipzig, 1885.
Lumholtz (Carl), *Among Cannibals*. London, 1889.
—— *Unknown Mexico*. 2 vols. London, 1903.
' Lun Yü ' ; in Legge, *The Chinese Classics*, vol. i. Oxford, 1893.
Lyall (A. C.), *Asiatic Studies*. London, 1882.
Lycurgus, *Oratio in Leocratem*. Ed. by F. Blass. Lipsiae, 1899.
—— The same work. Ed. and trans. by E. Jenicke. Leipzig, 1856.
Lyon (G. F.), *The Private Journal during the Voyage of Discovery under Captain Parry*. London, 1824.
Lyttelton (George), *The History of the Life of King Henry the Second*. 4 vols. London, 1767–71.

Mabille (Paul), *La guerre*. Paris, 1884.
MacCauley (Clay), ' The Seminole Indians of Florida ' ; in *Ann. Rep. Bur. Ethn.* vol. v. 1887.
McCord (D. J.), *The Statutes at large of South Carolina*. 10 vols. Columbia (S. C.), 1836–41.

McCoy (Isaac), *History of Baptist Indian Missions.* Washington, 1840.

McCurdy (J. F.), 'The Moral Evolution of the Old Testament'; in *The American Journal of Theology*, vol. i. Chicago, 1897.

Macdonald (D.), *Oceania.* Melbourne & London, 1889.

Macdonald (Duff), *Africana.* 2 vols. London, 1882.

Macdonald (James), 'East Central African Customs'; in *Jour. Anthr. Inst.* vol. xxii. London, 1893.

—— *Light in Africa.* London, 1890.

—— *Religion and Myth.* London, 1893.

Macdonell (A. A.), *Vedic Mythology.* Strassburg, 1897.

Macfie (M.), *Vancouver Island and British Columbia.* London, 1865.

McGee (W. J.), 'The Seri Indians'; in *Ann. Rep. Bur. Ethn.* vol. xvii. pt. i. Washington, 1898.

—— 'The Siouan Indians'; in *Ann. Rep. Bur. Ethn.* vol. xv. Washington, 1897.

Macgillivray (John), *Narrative of the Voyage of H.M.S. Rattlesnake.* 2 vols. London, 1852.

MacGregor (William), 'Lagos, Abeokuta, and the Alake'; in *Jour. African Soc.* nr. xii. London, 1904.

Machiavelli (Niccolò), *Opere.* 10 vols. Milano, 1804-05.

Macieiowski (W. A.), *Slavische Rechtsgeschichte.* Trans. 4 vols. Stuttgart & Leipzig, 1835–39.

Mackenzie (Alex.), *Voyages from Montreal to the Frozen and Pacific Oceans.* London, 1801.

Mackenzie (John S.), *A Manual of Ethics.* London, 1900.

Mackenzie (Thomas), *Studies in Roman Law.* Ed. by John Kirkpatrick. Edinburgh, 1886.

Mackintosh (John), *The History of Civilisation in Scotland.* 4 vols. Aberdeen, 1878–92.

Maclean (John), *A Compendium of Kafir Laws and Customs.* Mount Coke, 1858.

McLennan (J. F.), 'The Levirate and Polyandry'; in *The Fortnightly Review*, new ser. vol. xxi. London, 1877.

—— *Studies in Ancient History.* London, 1886.

M'Leod (John), *A Voyage to Africa, with some Account of the Manners and Customs of the Dahomian People.* London, 1820.

MacMahon (A. R.), *Far Cathay and Farther India.* London, 1893.

Macmillan (Michael), *The Promotion of General Happiness.* London, 1890.

McNair (F.), *Perak and the Malays.* London, 1878.

Macpherson (S. C.), 'An Account of the Religious Opinions and Observances of the Khonds'; in *Jour. Roy. Asiatic Soc.* vol. vii. London, 1843.

—— *Memorials of Service in India.* London, 1865.

Macrae (John), 'Account of the Kookies'; in *Asiatick Researches*, vol. vii. Calcutta, 1831.

Mac Ritchie (David), *The Aïnos.* Leiden, 1892.

Macrobius (A. T.), *Opera.* Ed. by L. Janus. 2 vols. Quedlinburgi & Lipsiae, 1845–52.

Madras Government Museum's *Bulletins.* Madras.

Magalhanes de Gandavo (Pero de), *Histoire de la Province de Sancta-Crux.* Trans. Paris, 1837.

Magazine of American History (The). New York & Chicago.

Magyar (L.), *Reisin in Süd-Afrika.* Pest & Leipzig, 1859.

Mahabharata of Krishna-Dwaipayana Vyasa. Trans. by P. Chandra Roy. 18 vols. Calcutta, 1883–96.

Mahaffy (J. P.), *Social Life in Greece from Homer to Menander*. London, 1874.

Maine (*Sir* H. Sumner), *Ancient Law*. London, 1885.

—— *Dissertations on Early Law and Custom*. London, 1891.

—— *Lectures on the Early History of Institutions*. London, 1875.

—— *The Whewell Lectures. International Law*. London, 1888.

Maitland (S. R.), *The Dark Ages*. London, 1844.

Makarewicz (J.), *Évolution de la peine. S. l. & d.*

' Makkoth '; in *Le Talmud de Jérusalem*, trans. by M. Schwab, vol. xi. Paris, 1889.

Malalas (J.), ' Chronographia '; in Migne, *Patrologiæ cursus*, Ser. Graeca, vol. xcvii. Parisiis, 1860.

Malcolm (*Sir* John), *A Memoir of Central India*. 2 vols. London, 1823.

—— *Sketch of the Sikhs*. London, 1812.

Malinowski (B.), *The Family among the Australian Aborigines*. London, 1913.

Mallat (J.), *Les Philippines*. 2 vols. Paris, 1846.

Mallery (Garrick), *Israelite and Indian*. New York, 1889.

—— ' Manners and Meals '; in *The American Anthropologist*, vol. i. Washington, 1888.

Mallet (P. H.), *Northern Antiquities*. Trans. London, 1847.

Malloch (M. M.), ' How the Church dealt with Slavery '; in *The Month*, vol. xxvii. London, 1876.

Malone (R. E.), *Three Years' Cruise in the Australian Colonies*. London, 1854.

Man. A Monthly Record of Anthropological Science. London.

Man (E. G.), *Sonthalia and the Sonthals*. London, [1867].

Man (E. H.), ' On the Aboriginal Inhabitants of the Andaman Islands '; in *Jour. Anthr. Inst.* vol. xii. London, 1885.

Manacéine (Marie), *Le surmenage mental dans la civilisation moderne*. Trans. Paris, 1890.

Mandeville (B. de), *The Fable of the Bees*. London, 1724.

Manning (James), ' Notes on the Aborigines of New Holland '; in *Jour. and Proceed. Roy. Soc. N.S. Wales*, 1882, vol. xvi. Sydney, 1883.

Mansel (H. L.), *Prolegomena Logica*. Oxford, 1860.

Mantegazza (Paolo), *Rio de la Plata e Tenerife*. Milano, 1867.

—— ' Studii sull' etnologia dell' India '; in *Archivio per l'antropologia e la etnologia*, vol. xiii. Firenze, 1883.

Manu, The Laws of. See *Laws of Manu (The)*.

Manual of the Laws of War on Land. Prepared by the Institute of International Law. Trans. (Appendix No. III. in Lorimer, *The Institutes of the Law of Nations*, vol. ii.) Edinburgh, 1884.

Manzoni (Alessandro), *Osservazioni sulla morale cattolica*. Firenze, 1887.

Marcellinus (Ammianus), *Rerum gestarum libri qui supersunt*. Ed. by V. Gardthausen. 2 vols. Lipsiae, 1874–75.

Marcgravius de Liebstad (G.), *Historia rerum naturalium Brasiliæ*. Lugduni Batavorum & Amstelodami, 1648.

Marculfus, ' Formularum libri duo '; in Migne, *Patrologiæ cursus*, vol. lxxxvii. Parisiis, 1851.

Marcus Aurelius, *Commentariorum libri XII.* Ed. by I. Stich. Lipsiæ, 1903.

Mareschalcus (Nicolaus), ' Annalium Herulorum ac Vandalorum libri septem ' ; in *Monumenta inedita rerum Germanicarum, &c.*, ed. by E. J. de Westphalen, vol. i. Lipsiae, 1739.

Marett (R. R.), *Anthropology.* London, 1912.

—— *The Threshold of Religion.* London, 1914.

Marillier (L.), *La survivance de l'âme et l'idée de justice chez les peuples non civilisés.* Paris, 1894.

Mariner (William), *An Account of the Natives of the Tonga Islands.* Compiled by John Martin. 2 vols. London, 1817.

Mariti (Giovanni), *Travels through Cyprus, Syria, and Palestine.* Trans. 3 vols. London, 1791–92.

Markham (A. H.), *The Cruise of the " Rosario " amongst the New Hebrides and Santa Cruz Islands.* London, 1873.

Markham (*Sir* C. R.), *A History of Peru.* Chicago, 1892.

—— ' A List of the Tribes in the Valley of the Amazon ' ; in *Jour. Anthr. Inst.* vol. xxiv. London, 1895.

—— ' On the Geographical Positions of the Tribes which formed the Empire of the Yncas ' ; in *Jour. Roy. Geo. Soc.* vol. xli. London, 1871.

Marquardt (J.), *Römische Staatsverwaltung.* 3 vols. Leipzig, 1873–78.

Marquette (Jacques), *Récit des voyages et des découvertes.* Albanie (N.Y.), 1855.

Marsden (W.), *The History of Sumatra.* London, 1811.

Marshall (Frederic), *International Vanities.* Edinburgh & London, 1875.

Marshall (H. R.), *Pain, Pleasure, and Æsthetics.* London, 1894.

Marshall (W. E.), *A Phrenologist amongst the Todas.* London, 1873.

Martensen (H.), *Christian Ethics.* [*General Part.*] Trans. Edinburgh, *s. d.*

—— *Christian Ethics. Special Part. Individual Ethics.* Trans. Edinburgh, 1881.

Martialis (M. V.), *Epigrammata.* 3 vols. Londini, 1822–23.

Martin (Henri), *Histoire de France depuis les temps les plus reculés jusqu'en 1789.* 17 vols. Paris, 1878.

Martin (K.), *Reisen in den Molukken, &c.* Leiden, 1894.

Martineau (James), *Types of Ethical Theory.* 2 vols. Oxford, 1891.

Martinengo-Cesaresco (*Countess* Evelyn), *Essays in the Study of Folk-Songs.* London, 1886.

Martius (C. F. Ph. von), *Beiträge zur Ethnographie und 'Sprachenkunde Amerika's zumal Brasiliens.* 2 vols. Leipzig, 1867.

—— *Von dem Rechtszustande unter den Ureinwohnern Brasiliens.* München, 1832.

Marx (Karl), *Capital.* Trans. Ed. by F. Engels. London, 1896.

Mas (S. de), *Informe sobre el estado de las Islas Filipinas en 1842.* Vol. i. Madrid, 1843.

Mason (F.), ' On Dwellings, Works of Art, Laws, &c. of the Karens ' ; in *Jour. Asiatic Soc. Bengal*, vol. xxxvii. pt. ii. Calcutta, 1868.

—— ' Physical Character of the Karens ' ; in *Jour. Asiatic Soc. Bengal*, vol. xxxv. pt. ii. Calcutta, 1867.

—— ' Religion, Mythology, and Astronomy among the Karens ' ; in *Jour. Asiatic Soc. Bengal*, vol. xxxiv. pt. ii. Calcutta, 1865.

Mason (O. T.), *Woman's Share in Primitive Culture.* London, 1895.

Maspero (G.), *The Dawn of Civilization.* Trans. London, 1896.

Maspero (G.), *Études de mythologie et d'archéologie égyptiennes.* 2 vols. Paris, 1893.

—— *Life in Ancient Egypt and Assyria.* Trans. London, 1892.

Massey (William), *A History of England during the Reign of George III.* 4 vols. London, 1865.

Mathew (John), ' The Australian Aborigines ' ; in *Jour. and Proceed. Roy. Soc. N.S. Wales,* vol. xxiii. London & Sydney, 1889.

—— *Eaglehawk and Crow.* London & Melbourne, 1899.

Mathews (R. H.), *Ethnological Notes on the Aboriginal Tribes of N.S. Wales and Victoria.* Sydney, 1905.

Matiegka (H.), ' Anthropophagie in der prähistorischen Ansiedlung bei Knovíze und in der prähistorischen Zeit überhaupt ' ; in *Mittheilungen der Anthropologischen Gesellschaft in Wien,* vol. xxvi. Wien, 1896.

Matignon (J.-J.), ' Deux mots sur la pédérastie en Chine ' ; in *Archives d'anthropologie criminelle,* vol. xiv. Paris, 1899.

—— ' Le suicide en Chine ' ; in *Archives d'anthropologie criminelle,* vol. xii. Paris, 1897.

Matthews (Washington), *Ethnography and Philology of the Hidatsa Indians.* Washington, 1877.

—— *Navaho Legends.* (*Memoirs of the American Folk-Lore Society,* vol. v.) Boston & New York, 1897.

—— ' The Study of Ethics among the Lower Races ' ; in *Jour. American Folk-Lore,* vol. xii. Boston & New York, 1899.

Maudsley (Henry), *Responsibility in Mental Disease.* London, 1892.

Maurer (Konrad), *Die Bekehrung des Norwegischen Stammes zum Christenthume.* 2 vols. München, 1856.

Maury (L. F. A.), *Histoire des religions de la Grèce antique.* 3 vols. Paris, 1857–59.

Mauss (M.), ' La religion et les origines du droit pénal ' ; in *Revue de l'histoire des religions,* vols. xxxiv.–xxxv. Paris, 1896–97.

Maximus Tyrius, *Dissertationes.* Ed. by F. Dübner. Parisiis, 1840.

May (Th. Erskine), *The Constitutional History of England since the Accession of George III.* 1760–1860. 2 vols. London, 1863.

Mayer (S.), *Die Rechte der Israeliten, Athener und Römer.* 2 vols. Leipzig, 1862–66.

Mayne (J. D.), *A Treatise on Hindu Law and Usage.* Madras, 1888.

Mayne (R. C.), *Four Years in British Columbia and Vancouver Island.* London, 1862.

Mazzarella (G.), *La condizione giuridica del marito nella famiglia matriarcale.* Catania, 1899.

Meade (H.), *A Ride through the disturbed Districts of New Zealand.* London, 1870.

Meakin (Budgett), *The Moors.* London, 1902.

Meares (John), *Voyages made in the Years 1788 and 1789 from China to the North-West Coast of America.* London, 1790.

Medhurst (W. H.), ' Marriage, Affinity, and Inheritance in China ' ; in *Trans. Roy. Asiatic Soc. China Branch,* vol. iv. Hongkong, 1855.

Medwin (Thomas), *The Angler in Wales.* 2 vols. London, 1834.

' Meghilla ' ; in *Le Talmud de Jérusalem,* trans. by M. Schwab, vol. vi. Paris, 1883.

Mehring (G. von), *Die Frage von der Todesstrafe.* Stuttgart, 1867.

Meier (M. H. E.) and Schömann (G. F.), *Der attische Process.* Ed. by J. H. Lipsius. Berlin, 1883–87.

Meiners (C.), *Allgemeine kritische Geschichte der Religionen.* 2 vols. Hannover, 1806–07.

—— *Grundriss der Geschichte der Menschheit.* Lemgo, 1785.

—— *History of the Female Sex.* Trans. 4 vols. London, 1808.

—— *Vergleichung des ältern und neuern Russlandes.* 2 vols. Leipzig, 1798.

Meissner (B.), *Beiträge zum altbabylonischen Privatrecht.* Leipzig, 1893.

Mela (Pomponius), *De chorographia (situ orbis) libri tres.* Ed. by C. Frick. Lipsiae, 1880.

Mélusine. Revue de mythologie, littérature populaire, traditions et usages. Ed. by H. Gaidoz. Paris.

Melville (H.), *Typee.* London, [1892].

Mémoires de l'Institut Royal de France, Académie des Inscriptions et Belles-Lettres. Paris.

Memoirs of the American Folk-Lore Society. Boston & New York.

—— *of the American Museum of Natural History.* New York.

—— *of the International Congress of Anthropology.* Ed. by C. Staniland Wake. Chicago, 1894.

Ménabréa (Léon), *De l'origine de la forme et de l'esprit des jugements rendus au moyen-âge contre les animaux.* Chambéry, 1846.

Mencius, ' The Works of ' ; in Legge,*The Chinese Classics*, vol. ii. Oxford,1895.

Mendelsohn (S.), *The Criminal Jurisprudence of the Ancient Hebrews.* Baltimore, 1891.

Menger (Anton), *The Right to the Whole Produce of Labour.* Trans. London, 1899.

Merker (M.), *Die Masai.* Berlin, 1904.

Merolla da Sorrento (J.), ' A Voyage to Congo.' Trans. ; in Pinkerton, *Collection of Voyages and Travels*, vol. xvi. London, 1814.

Merzbacher (G.), *Aus den Hochregionen des Kaukasus.* 2 vols. Leipzig, 1901.

Methodist Magazine. London.

Methodist Magazine. New York.

Methodius (*Saint*), ' Opera omnia ' ; in Migne, *Patrologiæ cursus*, Ser. Graeca, vol. xviii. Parisiis, 1857.

Metz (F.), *The Tribes inhabiting the Neilgherry Hills.* Mangalore, 1864.

Meursius (J.), ' Themis Attica, sive de legibus Atticis ' ; in Gronovius, *Thesaurus Græcarum antiquitatum*, vol. v. Lugduni Batavorum, 1699.

Meyer (Eduard), *Geschichte des Alterthums.* Vol. i. Stuttgart, 1884.

Meyer (H. E. A.), ' Manners and Customs of the Aborigines of the Encounter Bay Tribe ' ; in Woods, *Native Tribes of South Australia.* Adelaide, 1879.

Meyrick (F.), *Moral and Devotional Theology of the Church of Rome. No. I. S. Alfonso de' Liguori's Theory of Truthfulness.* London, 1855.

Michaelis (J. D.), *Commentaries on the Laws of Moses.* Trans. 4 vols. London, 1814.

Michelet (J.), *Origines du droit français.* Paris, [1900].

Middleton (C.), *A Free Inquiry into the Miraculous Powers, Which are supposed to have subsisted in the Christian Church.* London, 1749.

Mielziner (M.), *Die Verhältnisse der Sklaven bei den alten Hebräern.* Kopenhagen, 1859.

Migne (J. P.), *Patrologiæ cursus completus.* 221 vols. Parisiis, 1844–64.

—— *Patrologiæ cursus completus. Series Græca.* 162 vols. Parisiis, 1857–66.

Miklosich (Franz), ' Die Blutrache bei den Slaven ' ; in *Denkschriften der kaiserlichen Akademie der Wissenschaften, Philosophisch-historische Classe*, vol. xxxvi. Wien, 1888.

Miler (E.), ' Die Hauskommunion der Südslaven ' ; in *Jahrbuch der internationalen Vereinigung für vergleichende Rechtswissenschaft und Volkswirtschaftslehre zu Berlin*, vol. iii. Berlin, 1897.

Mill (James), *Analysis of the Phenomena of the Human Mind*. Ed. by J. S. Mill. 2 vols. London, 1869.

—— *A Fragment on Mackintosh*. London, 1835.

Mill (John Stuart), *An Examination of Sir William Hamilton's Philosophy*. London, 1865.

—— *Principles of Political Economy*. 2 vols. London, 1865.

—— *Utilitarianism*. London, 1895.

Millar (John), *The Origin of the Distribution of Ranks*. Edinburgh, 1806.

Millingen (J. G.), *The History of Duelling*. 2 vols. London, 1841.

Mills (Charles), *The History of Chivalry*. 2 vols. London, 1826.

Milman (H. H.), *History of Latin Christianity*. 9 vols. London, 1867.

Milton (J.), *Poetical Works*. Ed. by D. Masson. 3 vols. London, 1874.

Mind. A Quarterly Review of Psychology and Philosophy. London.

Mindeleff (C.), ' Navaho Houses ' ; in *Ann. Rep. Bur. Ethn.* vol. xvii. Washington, 1898.

Missions Catholiques (Les). Lyon.

Missions-Blatt aus der Brüdergemeine. Hamburg.

Mitchell (T. L.), *Three Expeditions into the Interior of Eastern Australia*. 2 vols. London, 1839.

Mitford (A. B.), *Tales of Old Japan*. 2 vols. London, 1871.

Mittermaier (C. J. A. von), ' Beyträge zur Lehre vom Verbrechen des Kindesmordes ' ; in *Neues Archiv des Criminalrechts*, vol. vii. Halle, 1824–25.

—— *Grundsätze des gemeinen deutschen Privatrechts*. 2 vols. Regensburg, 1847.

—— *On the Effect of Drunkenness on Criminal Responsibility*. Trans. Edinburgh, 1841.

—— *Die Todesstrafe*. Heidelberg, 1862.

Mittheilungen der Anthropologischen Gesellschaft in Wien.

—— *der Geographischen Gesellschaft (für Thüringen) zu Jena.*

—— *der Geographischen Gesellschaft in Hamburg.*

—— *der kais. und könig. Geographischen Gesellschaften in Wien.*

—— *des Vereins für Erdkunde zu Halle a. S.*

—— *des Vereins für Erdkunde zu Leipzig.*

Mockler-Ferryman (A. F.), *British Nigeria*. London, 1902.

Modigliani (Elio), *Un viaggio a Nías*. Milano, 1890.

Mökern (Ph. von), *Ostindien*. 2 vols. Leipzig, 1857.

Möller (P.), Pagels (G.), and Gleerup (E.), *Tre år i Kongo*. 2 vols. Stockholm, 1887–88.

Moerenhout (J. A.), *Voyages aux îles du Grand Océan*. 2 vols. Paris, 1837.

Moffat (Robert), *Missionary Labours and Scenes in Southern Africa*. London, 1842.

—— The same work. London, 1846.

Molina (Christoval de), ' The Fables and Rites of the Yncas ' ; in *Narratives of the Rites and Laws of the Incas*. Trans. and ed. by C. R. Markham. London, 1873.

Molina (J. J.), *The Geographical, Natural, and Civil History of Chili*. Trans. 2 vols. London, 1809.

Moll (Albert), *Die Conträre Sexualempfindung*. Berlin, 1891.

Mommsen (Theodor), *History of Rome*. Trans. 5 vols. London, 1894.

—— *Römisches Strafrecht*. Leipzig, 1899.

Monier-Williams (Monier), *Brāhmanism and Hindūism*. London, 1887.

—— *Buddhism*. London, 1890.

—— *Hinduism*. London, *s.d.*

—— *Indian Wisdom*. London, 1893.

Monrad (H. C.), *Bidrag til en Skildring af Guinea-Kysten og dens Indbyggere*. Kjøbenhavn, 1822.

Montaigne (M. de), *Œuvres*. Ed. by J. A. C. Buchon. Paris, 1837.

Montefiore (C. G.), *Hibbert Lectures on . . . the Religion of the Ancient Hebrews*. London, 1892.

Montesquieu (C. de Secondat de), *Œuvres*. Paris, 1837.

Montgomery (James), *Journal of Voyages and Travels by D. Tyerman and G. Bennet*. 2 vols. London, 1831.

Month and Catholic Review (The). London.

Mooney (James), ' Myths of the Cherokee ' ; in *Ann. Rep. Bur. Ethn.* vol. xix. pt. i. Washington, 1900.

Moorcroft (William) and Trebeck (George), *Travels in the Himalayan Provinces of Hindustan and the Panjab*. Ed. by H. H. Wilson. 2 vols. London, 1841.

Moore (Charles), *A Full Inquiry into the Subject of Suicide, &c.* 2 vols. London, 1790.

Moore (Samuel), *The Public Acts in force ; passed by the Legislature of Barbados, 1762–1800*. London, 1801.

Moore (Theofilus), *Marriage Customs, &c. of the Various Nations of the Universe*. London, 1814.

More (*Sir* Thomas), *Utopia*. Trans. ed. by E. Arber. London, 1869.

Morehead (C. S.) and Brown (Mason), *A Digest of the Statute Laws of Kentucky*. 2 vols. Frankfort (Ky.), 1834.

Morgan (C. Lloyd), *Animal Life and Intelligence*. London, 1890–91.

Morgan (L. H.), *Houses and House-Life of the American Aborigines*. Washington, 1881.

—— *League of the Ho-de'-no-sau-nee, or Iroquois*. Rochester, 1851.

Morley (John), *Voltaire*. London, 1886.

Morrison (W. D.), *Crime and its Causes*. London, 1891.

Morselli (E.), *Il suicidio*. Milano, 1879.

Mort de Garin le Loherain (La). Ed. by É. du Méril. Paris, 1846.

Morte Darthur. London, 1868.

Moschus (Joannes), ' Pratum spirituale ' ; in Migne, *Patrologiæ cursus*, Ser. Graeca, vol. lxxxvii. Parisiis, 1860.

Moseley (H. N.), *Notes by a Naturalist on the "Challenger."* London, 1879.

—— ' On the Inhabitants of the Admiralty Islands, &c. ' ; in *Jour. Anthr. Inst.* vol. vi. London, 1877.

Mosheim (J. L. von), *Institutes of Ecclesiastical History*. 3 vols. London, 1863.

Mouhot (H.), *Travels in the Central Parts of Indo-China, &c.* 2 vols. London, 1864.

Mozley (J. B.), *Sermons preached before the University of Oxford*. London, 1883.

Müller (C. O.), *Dissertations on the Eumenides of Æschylus*. Trans. London & Cambridge, 1853.

Müller (C. O.), *The History and Antiquities of the Doric Race.* Trans. 2 vols. London, 1830.

Müller (Friedrich), *Allgemeine Ethnographie.* Wien, 1879.

—— *Reise der österreichischen Fregatte Novara um die Erde. Ethnographie.* Wien, 1868.

Müller (Friedrich Max), *Anthropological Religion.* London, 1892.

—— *Physical Religion.* London, 1891.

Müller (J. G.), *Geschichte der Amerikanischen Urreligionen.* Basel, 1867.

Müller (Josef), *Das sexuelle Leben der alten Kulturvölker.* Leipzig, 1902.

—— *Das sexuelle Leben der christlichen Kulturvölker.* Leipzig, 1904.

Müller (W. J.), *Die Africanische, Auff der Guineischen Gold-Cust gelegene Landschafft Fetu.* Hamburg, 1673.

Mürdter (F.), *Geschichte Babyloniens und Assyriens.* Ed. by F. Delitzsch. Calw & Stuttgart, 1891.

Muir (John), *Additional Moral and Religious Passages metrically rendered from the Sanskrit.* London, [1875].

—— *Original Sanskrit Texts.* 5 vols. London, 1868–84.

—— *Religious and Moral Sentiments metrically rendered from Sanskrit Writers.* London, 1875.

Muir (William), *The Life of Mahomet.* 4 vols. London, 1858–61.

Muirhead (J. H.), *The Elements of Ethics.* London, 1897.

Munzinger (W.), *Ostafrikanische Studien.* Schaffhausen, 1864.

—— *Ueber die Sitten und das Recht der Bogos.* Winterthur, 1859.

Muratori (L. A.), *Dissertazioni sopra le antichità Italiane.* 5 vols. Milano, 1836–37.

—— *Rerum Italicarum scriptores.* 25 vols. Mediolani, 1723–51.

Murdoch (John), ' Ethnological Results of the Point Barrow Expedition ' ; in *Ann. Rep. Bur. Ethn.* vol. ix. Washington, 1892.

Murray (A. W.), *Forty Years' Mission Work in Polynesia and New Guinea.* London, 1876.

Murray (J. A. H.), *A New English Dictionary.* Oxford, 1884, &c. *In progress.*

Murray (J. Clark), *An Introduction to Ethics.* London, 1891.

Musters (G. C.), *At Home with the Patagonians.* London, 1873.

Nachtigal (G.), *Sahara und Sudan.* 3 vols. Berlin, 1879–89.

Nadaillac (*Marquis* de), ' L'anthropophagie et les sacrifices humains ' ; in *Revue des Deux Mondes,* vol. lxvi. Paris, 1884.

Nägelsbach (C. F. von), *Homerische Theologie.* Ed. by G. Autenrieth. Nürnberg, 1884.

—— *Die nachhomerische Theologie des griechischen Volksglaubens bis auf Alexander.* Nürnberg, 1857.

Nansen (F.), *Eskimo Life.* Trans. London, 1893.

—— *The First Crossing of Greenland.* Trans. 2 vols. London, 1890.

' Nârada,' trans. by J. Jolly ; in *The Sacred Books of the East,* vol. xxxiii. Oxford, 1889.

Narrative of the Chinese Embassy to the Khan of the Tourgouth Tartars. Trans. from the Chinese by Sir G. T. Staunton. London, 1821.

Narratives of the Rites and Laws of the Yncas. Trans. and ed. by C. R. Markham. London, 1873.

Nassau (R. H.), *Fetichism in West Africa.* London, 1904.

Nation (The) ; a Weekly Journal. New York.

'National Personality'; in *The Edinburgh Review*, vol. cxciv. London, 1901.

'Nationality'; in *The Home and Foreign Review*, vol. i. London, 1862.

Natorp (Paul), *Die Ethika des Demokritos*. Marburg, 1893.

'Naturalization Act, 1870 (The)'; in Chitty, *Statutes of Practical Utility*, vol. i. London, 1894.

Nature ; a Weekly Illustrated Journal of Science. London.

Naudet (—), 'Des secours publics chez les Romains'; in *Mémoires de l'Institut Royal de France, Académie des Inscriptions et Belles-Lettres*, vol. xiii. Paris, 1838.

Navarette (D. F.), 'An Account of the Empire of China' Trans ; in Awnsham and Churchill, *Collection of Voyages and Travels*, vol. i. London, 1704.

Neale (E. V.), *Feasts and Fasts*. London, 1845.

Neander (Joseph), *General History of the Christian Religion and Church.* Trans. 9 vols. Edinburgh, 1847–55.

Nelson (E. W.), 'The Eskimo about Bering Strait'; in *Ann. Rep. Bur. Ethn.* Washington, 1899.

Nelson (J. H.), *A View of the Hindū Law.* Madras, &c., 1877.

Nennius, *The Irish Version of the Historia Britonum of.* Ed. and trans. by J. H. Todd. Dublin, 1848.

Nepos (Cornelius), *Vitæ excellentium imperatorum.* 2 vols. Londini, 1822.

Neubauer (A.), 'Notes on the Race-Types of the Jews'; in *Jour. Anthr. Inst.* vol. xv. London, 1886.

Neues Archiv des Criminalrechts. Halle.

Neumann (K. F.), *Die Völker des südlichen Russlands.* Leipzig, 1847.

Nevill (Hugh), 'Vaeddas of Ceylon'; in *The Taprobanian*, vols. i.–ii. Bombay, 1887–88.

New (Charles), *Life, Wanderings, &c. in Eastern Africa.* London, 1874.

New Englander (The). New Haven.

Newbold (T. J.), *Political and Statistical Account of the British Settlements in the Straits of Malacca.* 2 vols. London, 1839.

Newman (F. W.), *Anglo-Saxon Abolition of Negro Slavery.* London, 1889.

Newman (J. H.), *Apologia pro vita sua.* London, 1873.

Nicolaus I. (*Pope*), 'Epistolae et decreta'; in Migne, *Patrologiæ cursus*, vol. cxix. Parisiis, 1852.

Nieboer (H. J.), *Slavery as an Industrial System.* The Hague, 1900.

Niebuhr (C.), *Travels through Arabia.* Trans. 2 vols. Edinburgh, 1792.

Nielsen (F.), *Tertullians Ethik.* Kjøbenhavn, 1879.

Nietzsche (F.), *Also sprach Zarathustra.* 4 vols. Chemnitz & Leipzig, 1883-91.

Nisbet (Hume), *A Colonial Tramp.* 2 vols. London, 1891.

Njála. Ed. by Det Kongelige Nordiske Oldskrift-Selskab. 2 vols. Köbenhavn, 1875–89.

Nonius Marcellus, *De proprietate sermonis.* Lipsiae, 1826.

Noodt (G.), *Opera omnia.* 2 vols. Lugduni Batavorum, 1767.

Nordenskiöld (A. E.), *Den andra Dicksonska expeditionen till Grönland.* Stockholm, 1885.

—— *Vegas färd kring Asien och Europa.* 2 vols. Stockholm, 1880–81.

Nordström (J. J.), *Bidrag till den svenska samhälls-författningens historia.* 2 vols. Helsingfors, 1839–40.

Noreen (Ad.), *Spridda studier. Andra samlingen.* Stockholm, 1903.

Norman (Henry), *The Real Japan*. London, 1892.

North Indian Notes and Queries : a Monthly Periodical. Ed. by W. Crooke. Allahabad.

Norton (A.), *Tracts concerning Christianity.* Cambridge, 1852.

Nowack (Wilhelm), *Lehrbuch der hebräischen Archäologie.* 2 vols. Freiburg i. B. & Leipzig, 1894.

Numa Praetorius, ' Die strafrechtlichen Bestimmungen gegen den gleichgeschlechtlichen Verkehr ' ; in *Jahrbuch für sexuelle Zwischenstufen,* vol. i. Leipzig, 1899.

Nuñez Cabeza de Vaca (Alvar), ' Naufragios y relacion de la jornada que hizo a la Florida' ; in *Biblioteca de autores españoles,* vol. xxii. Madrid, 1852.

Nyrop (K.), ' Navnets magt ' ; in *Mindre Afhandlinger udgivne af det Philologisk-historiske Samfund.* Kjøbenhavn, 1887.

—— *Romanske Mosaiker.* Kjøbenhavn, 1885.

Nys (Ernest), *Le droit de la guerre et les précurseurs de Grotius.* Bruxelles & Leipzig, 1882.

—— *Le droit international.* 2 vols. Bruxelles & Paris, 1904–05.

Oberländer (R.), ' Die Eingeborenen der australischen Kolonie Victoria ' ; in *Globus,* vol. iv. Hildburghausen, 1863.

Oehler (G. F.), *Theology of the Old Testament.* Vol. i. Trans. Edinburgh, 1874.

Oldenberg (H.), *Buddha.* Trans. London, 1882.

—— *Die Religion des Veda.* Berlin, 1894.

Oldfield (A.), ' On the Aborigines of Australia ' ; in *Trans. Ethn. Soc.* new ser. vol. iii. London, 1865.

Olivecrona (K.), *Om dödsstraffet.* Upsala, 1866.

Olmsted (F. A.), *Incidents of a Whaling Voyage.* New York, 1841.

Open Court (The). Chicago.

Oppert (J.), ' La condition des esclaves à Babylone ' ; in *Académie des Inscriptions et Belles-Lettres—Comptes rendus des séances de l'année* 1888, ser. iv. vol. xvi. Paris.

—— and Ménant (J.), *Documents juridiques de l'Assyrie et de la Chaldée.* Paris, 1877.

Origen, *Opera omnia.* 7 vols. (Migne, *Patrologiæ cursus,* Ser. Graeca, vols. xi.–xvii.) Parisiis, 1857–60.

Original-Mittheilungen aus der ethnologischen Abtheilung der königlichen Museen zu Berlin. Berlin.

Orosius (P.), ' Historiarum libri septem ' ; in Migne, *Patrologiæ cursus,* vol. xxxi. Parisiis, 1846.

Orpen (J. M.), ' A Glimpse into the Mythology of the Maluti Bushmen ' ; in *The Cape Monthly Magazine,* new ser. vol. ix. Cape Town, 1874.

Ortolan (J.), *Éléments de droit pénal.* Paris, 1859.

Osenbrüggen (E.), *Das Alamannische Strafrecht.* Schaffhausen, 1860.

—— *Studien zur deutschen und schweizerischen Rechtsgeschichte.* Schaffhausen, 1868.

Ostfriesische Land-Recht (Das). Aurich, [1746].

Ottoman Penal Code (The). Trans. by C. G. Walpole. London, 1888.

Ovidius Naso (P.), *Opera omnia.* 9 vols. Londini, 1821.

Oviedo y Valdés (G. Hernandez de), ' Summario de la natural historia de las Indias ' ; in *Biblioteca de autores españoles,* vol. xxii. Madrid, 1852.

Paget (John), *Hungary and Transylvania.* 2 vols. London, 1839.

Paley (W.), *Complete Works.* 4 vols. London, 1825.

Palgrave (W. G.), *Narrative of a Year's Journey through Central and Eastern Arabia.* 2 vols. London & Cambridge, 1865.

Palissot de Montenoy (Charles), *Les philosophes.* Paris, 1760.

Pallas (P. S.), *Travels through the Southern Provinces of the Russian Empire.* Trans. 2 vols. London, 1802–03.

Palmer (Edward), ' Notes on some Australian Tribes ' ; in *Jour. Anthr. Inst.* vol. xiii. London, 1884.

Panchatantram. With an English translation and a Glossary. 5 pts. Madras, 1891–93.

—— See *Pantschatantra.*

Panjab Notes and Queries, a Monthly Periodical. Ed. by R. C. Temple. Allahabad.

Pantschatantra. Trans. into German by Th. Benfey. 2 vols. Leipzig, 1859.

Paramo (L. de), *De origine et progressu Sanctæ Inquisitionis.* Matriti, 1598.

Pardessus (J. M.), *Collection de lois maritimes antérieures au XVIIIᵉ siècle.* 6 vols. Paris, 1828–45.

—— *Loi Salique.* Paris, 1843.

—— *Us et coutumes de la mer.* 2 vols. Paris, 1847.

Paris (Gaston), *La poésie du moyen âge.* Paris, 1885.

Park (Mungo), *Travels in the Interior Districts of Africa.* 2 vols. London, 1816–17.

—— The same work. Edinburgh, 1860.

Parker (E. H.), ' Comparative Chinese Family Law ' ; in *The China Review,* vol. viii. Hongkong, 1879–80.

Parker (E. S.), *The Aborigines of Australia.* Melbourne, 1854.

Parker (*Mrs.* K. Langloh), *The Euahlayi Tribe.* London, 1905.

Parker (Theodore), *The Collected Works of.* Ed. by F. P. Cobbe. 14 vols. London, 1863–71.

—— *A Sermon of War.* Boston, 1846.

Parkinson (John), ' Notes on the Asaba People ' ; in *Jour. Anthr. Inst.* vol. xxxvi. London, 1906.

Parkinson (R.), *Zur Ethnographie der nordwestlichen Salomo Inseln.* Berlin, 1899.

Parkman (Francis), *The Jesuits in North America in the Seventeenth Century.* London, 1885.

Parkyns (M.), *Life in Abyssinia.* 2 vols. London, 1853.

Parliamentary History and Review ; containing Reports of the Proceedings of the Two Houses of Parliament during the Session of 1825–26. London, 1826.

Parry (W. E.), *Journal of a Second Voyage for the Discovery of a North-West Passage from the Atlantic to the Pacific.* London, 1824.

Partridge (Charles), *Cross River Natives.* London, 1905.

Patetta (F.), *Le ordalie.* Torino, 1890.

Paul (Hermann), *Grundriss der germanischen Philologie.* Ed. by H. P. 2 vols. Strassburg, 1889–93.

—— The same work. 3 vols. Strassburg, 1896–1900.

Paulhan (F.), *L'activité mentale et les éléments de l'esprit.* Paris, 1889.

Paulitschke (Ph.), *Ethnographie Nordost-Afrikas.* 2 vols. Berlin, 1893–96.

Paulsen (F.), *System der Ethik.* 2 vols. Berlin, 1894.

Pauly (A. F. von), *Real-Encyclopädie der classischen Alterthumswissenschaft.* 6 vols. Stuttgart, 1842–62.

Pausanias, *Descriptio Graeciae.* Ed. by L. Dindorfius. Parisiis, 1845.

—— See Frazer (*Sir* J. G.).

Payne (E. J.), *History of the New World called America.* 2 vols. Oxford, 1892–99.

Peacock (Mabel), ' Executed Criminals and Folk-Medicine ' ; in *Folk-Lore,* vol. vii. London, 1896.

Pearson (Charles H.), *National Life and Character.* London, 1893.

Peirce (L.), Taylor (M.), and King (W. W.), *The Consolidation and Revision of the Statutes of the State [Louisiana].* New Orleans, 1852.

Peltzer (A.), *Deutsche Mystik und deutsche Kunst.* Strassburg, 1899.

Penny (Alfred), *Ten Years in Melanesia.* London, 1887.

Percival (Peter), *The Land of the Veda.* London, 1854.

Percival (Robert), *An Account of the Island of Ceylon.* London, 1803.

Perelaer (M. T. H.), *Ethnographische beschrijving der Dajaks.* Zalt-Bommel, 1870.

Perez (Bernard), *The First Three Years of Childhood.* Trans. London, 1892.

Perham (J.), ' Petara ' ; in *Jour. Straits Branch Roy. Asiatic Soc.* no. 8. Singapore, 1882.

—— ' Sea Dyak Religion ' ; in *Jour. Straits Branch Roy. Asiatic Soc.* no. 10. Singapore, 1883.

Perrin du Lac (F. M.), *Voyage dans les deux Louisianes et chez les nations sauvages du Missouri.* Paris, 1805.

Perrot (Nicholas), *Memoire sur les mœurs, coustumes et relligion des sauvages de l'Amerique septentrionale.* Ed. by R. P. J. Tailhan. Leipzig & Paris, 1864.

Perry (G. G.), *A History of the English Church. First Period.* London, 1881.

Pertile (Antonio), ' Gli animali in giudizio ' ; in *Atti del Reale Istituto Veneto di scienze, lettere ed arti,* ser. vi. vol. iv. Venezia, 1884–85.

Pertuiset (E.), *Le trésor des Incas à la Terre de Feu.* Paris, 1877.

Perty (Max.), *Ueber das Seelenleben der Thiere.* Leipzig & Heidelberg, 1876.

Pertz (G. H.), *Monumenta Germaniæ historica.* Leges. 5 vols. Hannoverae, 1837–75.

Peschel (O.), *The Races of Man.* Trans. London, 1876.

Petherick (John), *Egypt, the Soudan and Central Africa.* Edinburgh & London, 1861.

—— and Petherick (*Mrs.*), *Travels in Central Africa, and Explorations of the Western Nile Tributaries.* 2 vols. London, 1869.

Petitot (C. B.), *Collection complète des Mémoires relatifs à l'histoire de France.* 130 vols. Paris, 1819–29.

Petitot (É.), *Les Grands Esquimaux.* Paris, 1887.

Petrie (W. M. Flinders), *Religion and Conscience in Ancient Egypt.* London, 1898.

Petroff (Ivan), ' Report on the Population, Industries, and Resources of Alaska ' ; in *Tenth Census of the United States.* Washington, 1884.

Pfeiffer (Ida), *A Lady's Second Journey round the World.* [Trans.] 2 vols. London, 1855.

Pfleiderer (Otto), *Philosophy and Development of Religion.* Trans. 2 vols. Edinburgh & London, 1894.

Philip (Robert), *The Life and Opinions of the Rev. William Milne.* London, 1840.

Philo Judaeus, *Opera*. Ed. by Th. Mangey. 2 vols. London, 1742.

Piedrahita (L. Fernandez de), *Historia general de las conquistas del nuevo reyno de Granada*. Amberes, [1688].

Pierotti (Ermete), *Customs and Traditions of Palestine*. Trans. Cambridge, 1864.

Pike (L. Owen), *A History of Crime in England*. 2 vols. London, 1873–76.

Pindar, *Carmina*. Ed. by C. I. T. Mommsen. Berolini, 1864.

Pinel (Ph.), *Traité médico-philosophique sur l'aliénation mentale*. Paris, 1809.

Pinkerton (John), *A General Collection of Voyages and Travels*. 17 vols. London, 1808–14.

Pitcairn (Robert), *Criminal Trials in Scotland*. 3 vols. Edinburgh, 1838.

Pitcairn (W. D.), *Two Years among the Savages of New Guinea*. London, 1891.

Placucci (M.), *Usi e pregiudizj dei contadini della Romagna*. Ed. by G. Pitrè. Palermo, 1885.

Plato, *Dialogues*. Trans. by B. Jowett. 5 vols. Oxford, 1892.

—— *Opera*. 3 vols. Parisiis, 1846–73.

Plautus (T. M.), *Comœdiæ*. 5 vols. Londini, 1829.

Pliny, the Elder, *Historia naturalis*. 13 vols. Londini, 1826.

Pliny, the Younger, *Epistolarum libri decem*. Ed. by N. E. Lemaire. 2 vols. Parisiis, 1822–23.

Ploss (H. H.), *Das Kind im Brauch und Sitte der Völker*. 2 vols. Stuttgart, 1876.

—— *Das Weib in der Natur- und Völkerkunde*. Ed. by M. Bartels. 2 vols. Leipzig, 1902.

Plowden (E.), *The Commentaries or Reports of*. Trans. 2 parts. Savoy (London), 1661.

Plutarch, *Romane Questions*. Trans. ed. by F. B. Jevons. London, 1892.

—— *Scripta moralia*. 2 vols. Parisiis, 1839–41.

—— *Vitæ*. Ed. by Th. Dœhner. 2 vols. Parisiis, 1846–47.

Pogge (Paul), *Im Reiche des Muata Jamwo*. Berlin, 1880.

Poircy (L. de), *Histoire naturelle et morale des Iles Antilles de l'Amerique*. Ed. by C. de Rochefort. Rotterdam, 1681.

Polack (J. S.), *Manners and Customs of the New Zealanders*. 2 vols. London, 1840.

Polak (J. E.), *Persien*. 2 vols. Leipzig, 1865.

—— ' Die Prostitution in Persien ' ; in *Wiener Medizinische Wochenschrift*, vol. xi. Wien, 1861.

Pollock (*Sir* Frederick), *Essays on Jurisprudence and Ethics*. London, 1882.

—— ' The King's Peace ' ; in *The Law Quarterly Review*, vol. i. London, 1885.

—— *The Law of Torts*. London, 1897.

—— *Oxford Lectures*. London, 1890.

—— and Maitland (F. W.), *The History of the English Law before the Time of Edward I*. 2 vols. Cambridge, 1898.

Pollux (Julius), *Onomasticum*. 2 vols. Amstelædami, 1706.

Polo (Marco), *The Book of, concerning the Kingdoms and Marvels of the East*. Trans. ed. by H. Yule. 2 vols. London, 1871.

Polybius, *Historiarum reliquiæ*. 2 vols. Parisiis, 1839.

Pommerol (Jean), *Among the Women of the Sahara*. Trans. London, 1900.

Pool (J. J.), *Studies in Mohammedanism*. Westminster, 1892.

Poole (R. Lane), *Illustrations of the History of Medieval Thought in the Departments of Theology and Ecclesiastical Politics.* London, 1884.

Poole (S. Lane). See Lane-Poole (S.).

Popović (Georg), *Recht und Gericht in Montenegro.* Agram, 1877.

Popular Science Monthly (The). New York.

Porphyry, *De abstinentia ab esu animalium.* Ed. by R. Hercher. Parisiis, 1858.

Porter (G. R.), *The Progress of the Nation from the Beginning of the Nineteenth Century to the Present Time.* London, 1843.

Post (A. H.), *Afrikanische Jurisprudenz.* 2 vols. Oldenburg & Leipzig, 1887.

—— *Die Anfänge des Staats- und Rechtslebens.* Oldenburg, 1878.

—— *Die Geschlechtsgenossenschaft der Urzeit und die Entstehung der Ehe.* Oldenburg, 1875.

—— *Die Grundlagen des Rechts.* Oldenburg, 1884.

—— *Grundriss der ethnologischen Jurisprudenz.* 2 vols. Oldenburg & Leipzig, 1894–95.

—— *Studien zur Entwicklungsgeschichte des Familienrechts.* Oldenburg & Leipzig, 1890.

Potgiesser (J.), *Commentariorum juris Germanici de statu servorum veteri perinde atque novo libri quinque.* Lemgoviae, 1736.

Potter (John), *Archæologia Græca.* 2 vols. Edinburgh, 1832.

Powell (J. W.), ' Outlines of Sociology ' ; in *The Saturday Lectures delivered in the Lecture-Room of the U.S. National Museum.* Washington, 1882.

—— ' Sociology ' ; in *The American Anthropologist,* new ser. vol. i. New York, 1899.

—— ' Wyandot Government ' ; in *Ann. Rep. Bur. Ethn.* vol. i. Washington, 1881.

Powell (Wilfred), *Wanderings in a Wild Country ; or, Three Years amongst the Cannibals of New Britain.* London, 1883.

Powers (Stephan), *Tribes of California.* Washington, 1877.

Prain (David), ' The Angami Nagas ' ; in *Revue coloniale internationale,* vol. v. Amsterdam, 1887.

Prejevalsky (N.), *Mongolia.* Trans. 2 vols. London, 1876.

Preller (L.), *Griechische Mythologie.* Vol. i. Ed. by Carl Robert. Berlin, 1894.

Prem Ságar ; or, the Ocean of Love. Trans. by E. B. Eastwick. Hertford & London, 1851.

Prentiss (G. L.), ' Infant Salvation and its Theological Bearings ' ; in *The Presbyterian Review,* vol. iv. New York, 1883.

Presbyterian Review (The). New York.

Prescott (W. H.), *History of the Conquest of Mexico.* Ed. by J. F. Kirk. London, 1887.

—— *History of the Conquest of Peru.* 3 vols. London, [1890].

Preuss (Theodor), *Die Begräbnisarten der Amerikaner und Nordostasiaten.* Königsberg, 1894.

Prexl (R.), ' Geburts- und Todtengebräuche der Rumänen in Siebenbürgen' ; in *Globus,* vol. lvii. Braunschweig, 1890.

Price (Richard), *A Review of the Principal Questions in Morals.* London, 1787.

Prichard (H. H.), *Through the Heart of Patagonia.* London, 1902.

Pridham (Charles), *An Account of Ceylon.* 2 vols. London, 1849.

Priestley (Joseph). See Hartley, *Theory of the Human Mind.*

Prince (O. H.), *A Digest of the Laws of the State of Georgia.* Athens (U.S.), 1837.

Pritchard (W. T.), *Polynesian Reminiscences*. London, 1866.
Proceedings of the Royal Geographical Society and Monthly Record of Geography. London.
—— *of the Royal Irish Academy*. Dublin.
—— *of the Royal Society of Edinburgh*.
—— *of the Society of Biblical Archæology*. London.
Procopius, ex recensione G. Dindorfii. 3 vols. Bonnae, 1833–38.
Proudhon (P.-J.), *La guerre et la paix*. 2 vols. Bruxelles, [1861].
Proyart (L. B.), ' History of Loango, &c.' Trans. ; in Pinkerton, *Collection of Voyages and Travels*, vol. xvi. London, 1814.
Ptan-Hotep, ' The Precepts of.' Trans. by Ph. Virey ; in *Records of the Past*, new ser. vol. iii. London, *s. d.*
Puchta (G. F.), *Cursus der Institutionen*. 2 vols. Leipzig, 1875.
Pufendorf (Samuel), *De jure naturæ et gentium*. Amstelodami, 1688.
Purcell (B. H.), ' Rites and Customs of Australian Aborigines ' ; in *Verhandl. Berliner Gesellsch. Anthrop.*, 1893.

Quarterly Review (The). London.
Quatremère (E. M.), ' Mémoire sur les asiles chez les Arabes ' ; in *Mémoires de l'Institut Royal de France, Académie des Inscriptions et Belles-Lettres*, vol. xv. pt. ii. Paris, 1842.
Quintilian (M. F.), *Declamationes quæ supersunt CXLV*. Ed. by C. Ritter. Lipsiae, 1884.
—— *Institutionis oratoriæ libri duodecim*. Ed. by C. Halm. 2 vols. Lipsiae, 1868.
Qur'ân (The). Trans. by E. H. Palmer. 2 vols. (*The Sacred Books of the East*, vols. vi. and ix.) Oxford, 1880.

Rabbinowicz (I. J. M.), *Législation criminelle du Talmud*. Paris, 1876.
Radde (G.), *Die Chews'uren und ihr Land*. Cassel, 1878.
Radloff (W.), *Das Schamanenthum*. Leipzig, 1885.
Raffenel (Anne), *Nouveau voyage dans le pays des nègres*. 2 vols. Paris, 1856.
Raffles (T. S.), *The History of Java*. 2 vols. London, 1817.
Rájendralála Mitra, *Indo-Aryans*. 2 vols. London & Calcutta, 1881.
Ralston (W. R. S.), *The Songs of the Russian People*. London, 1872.
Rambaud (A.), *Histoire de la civilisation française*. 2 vols. Paris, 1893–94.
Ramsay (W. M.), *The Church in the Roman Empire before A.D. 170*. London, 1903.
—— *The Cities and Bishoprics of Phrygia*. 2 vols. Oxford, 1895–97.
—— *The Historical Geography of Asia Minor*. London, 1890.
Ramseyer (F. A.) and Kühne (J.), *Four Years in Ashantee*. Ed. by Mrs. Weitbrecht. London, 1875.
Ranking (John), *Historical Researches on the Conquest of Peru, Mexico, &c.* London, 1827.
Rattray (R. S.), *Some Folk-Lore Stories and Songs in Chinyanja*. London, 1907.
Ratzel (F.), *The History of Mankind*. Trans. 3 vols. London, 1896–98.
Ravenscroft (A. G. B.), ' Some Habits and Customs of the Chingalee Tribe ' ; in *Trans. Roy. Soc. South Australia*, vol. xv. Adelaide, 1892.
Rawlinson (George), *The Religions of the Ancient World*. London, *s. d.*

Read (C. H.) and Dalton (O. M.), *Antiquities from the City of Benin.* London, 1899.

Reade (W. Winwood), *Savage Africa.* London, 1863.

Réal de Courban (G. de), *La science du gouvernement.* 8 vols. Aix-la-Chapelle, &c., 1761–65.

Recopilacion de leyes de los reinos de las Indias. 4 vols. Madrid, 1841.

Records of the Past. London.

Rée (Paul), *Die Entstehung des Gewissens.* Berlin, 1885.

—— *Der Ursprung der moralischen Empfindungen.* Chemnitz, 1877.

Reed (*Sir* E. J.), *Japan.* 2 vols. London, 1880.

Rehme (Paul), ' Das Recht der Amaxosa ' ; in *Zeitschr. f. vergl. Rechtswiss.* vol. x. Berlin, 1892.

Reichard (Paul), ' Die Wanjamuesi ' ; in *Zeitschr. der Gesellschaft für Erdkunde zu Berlin,* vol. xxiv. Berlin, 1889.

Reid (A. P.), ' Religious Belief of the Ojibois or Sauteux Indians ' ; in *Jour. Anthr. Inst.* vol. iii. London, 1874.

Reid (Thomas), *An Inquiry into the Human Mind.* London, 1785.

Rein (J. J.), *Japan.* Trans. London, 1884.

Rein (Wilhelm), *Das Criminalrecht der Römer.* Leipzig, 1844.

Reinhard (F. V.), *System der Christlichen Moral.* 5 vols. Wittenberg,1805–15.

Remy (Jules), *Ka Mooolelo Hawaii.* Paris & Leipzig, 1862.

Renan (Ernest), *Hibbert Lectures on the Influence of the Institutions, Thought and Culture of Rome, on Christianity.* London, 1885.

Rengger (J. R.), *Naturgeschichte der Säugethiere von Paraguay.* Basel, 1830.

Renouf (P. Le Page), *Hibbert Lectures on . . . the Religion of Ancient Egypt.* London, 1884.

Renton (A. W.), *Encyclopædia of the Laws of England.* London, [1897, &c.].

Report on the Work of the Horn Scientific Expedition to Central Australia. Ed. by B. Spencer. Part iv. London & Melbourne, 1896.

Reports of the Cambridge Anthropological Expedition to Torres Straits. Ed. by A. C. Haddon. Vol. v. Cambridge, 1904.

Réville (Albert), *Hibbert Lectures on . . . the Native Religions of Mexico and Peru.* London, 1884.

—— *Prolegomena of the History of Religions.* Trans. London, 1884.

—— *La Religion Chinoise.* Paris, 1889.

—— *Les religions des peuples non-civilisés.* 2 vols. Paris, 1883.

Réville (André), ' L'abjuratio regni ' ; in *Revue historique,* vol. l. Paris, 1892.

Revised Statutes of the State of North Carolina (The), passed by the General Assembly at the Session of 1836–7. 2 vols. Raleigh, 1837.

Revue Celtique. Paris.

—— *coloniale internationale.* Amsterdam.

—— *de législation et de jurisprudence.* Paris.

—— *de l'histoire des religions.* Paris.

—— *des Deux Mondes.* Paris.

—— *historique.* Paris.

—— *historique de droit français et é ranger.* Paris.

—— *internationale de sociologie.* Ed. by R. Worms. Paris.

—— *scientifique.* Paris.

Rheinisches Museum für Philologie. Frankfurt a. M.

Rhŷs (John), *Celtic Folklore.* 2 vols. Oxford, 1901.

Ribbe (Ch. de), *Les familles et la société en France avant la Révolution.* Paris, 1873.

Ribeiro de Sampaio (F. X.), *Diario da viagem.* Lisboa, 1825.

Ribot (Th.), *The Psychology of the Emotions.* [Trans.] London, 1897.

Richardson (C. H.), ' Observations among the Cameroon Tribes of West Central Africa ' ; in *Memoirs of the International Congress of Anthropology.* Chicago, 1894.

Richardson (James), *Narrative of a Mission to Central Africa performed in the Years* 1850–51. 2 vols. London, 1853.

Richardson (John), *Arctic Searching Expedition.* 2 vols. London, 1851.

Richmond (Legh), ' A Sermon on the Sin of Cruelty to the Brute Creation ' ; in *The Methodist Magazine,* vol. xxx. London, 1807.

Richter (W.), *Die Sklaverei im Griechischen Altertume.* Breslau, 1886.

Rickaby (J.), *Moral Philosophy.* London, 1892.

Ridley (William), *The Aborigines of Australia.* Sydney, 1864.

—— *Kámilarói, and other Australian Languages.* N. S. Wales, 1875.

—— *Kamilaroi, Dippil, and Turrubul.* N. S. Wales, 1866.

Riedel (J. G. F.), *De sluik- en kroesharige rassen tusschen Selebes en Papua.* 's-Gravenhage, 1886.

Rigveda (Der). Trans. into German by A. Ludwig. 6 vols. Prag, 1876–88.

Rink (H. J.), *Danish Greenland.* Ed. by R. Brown. London, 1877.

—— *The Eskimo Tribes.* Copenhagen & London, 1887.

—— *Tales and Traditions of the Eskimo.* Edinburgh & London, 1875.

Risley (H. H.), *Census of India,* 1901. *Vol. I. Ethnographic Appendices.* Calcutta, 1903.

—— *Tribes and Castes of Bengal. Ethnographic Glossary.* 2 vols. Calcutta, 1891.

Ritchie (D. G.), *Natural Rights.* London, 1895.

Ritson (Jos.), *An Essay on Abstinence from Animal Food as a Moral Duty.* London, 1802.

Ritter (B.), *Philo und die Halacha.* Leipzig, 1879.

Rivers (W. H. R.), *The Todas.* London, 1906.

Rivier (Alphonse), *Précis du droit de famille romain.* Paris, 1891.

Rivière (Armand), *L'Église et l'esclavage.* Paris, 1864.

Rivista italiana di sociologia. Roma.

Roberts (George), *The Social History of the People of the Southern Counties of England in Past Centuries.* London, 1856.

Robertson (*Sir* G. Scott), *The Káfirs of the Hindu-Kush.* London, 1896.

Robertson (H. A.), *Erromanga, the Martyr Isle.* Ed. by J. Fraser. London, 1902.

Robertson (John M.), *Patriotism and Empire.* London, 1899.

Robertson (William), *The History of America.* 2 vols. London, 1777.

—— *The History of the Reign of the Emperor Charles V.* 4 vols. London, 1806.

Robinson (A.), *Life in California.* New York, 1846.

Robinson (Cecilia), *The Ministry of Deaconesses.* London, 1898.

Robinson (Edward), *Biblical Researches in Palestine.* 3 vols. London, 1867.

Rochas (V. de), *La Nouvelle Calédonie et ses habitants.* Paris, 1862.

Rochefort (C. de). See Poircy (L. de).

Rochholz (E. L.), *Deutscher Glaube und Brauch im Spiegel der heidnischen Vorzeit.* 2 vols. Berlin, 1867.

Rochon (A. M.), *A Voyage to Madagascar and the East Indies*. Trans. London, 1793.

—— The same work. Trans. ; in Pinkerton, *Collection of Voyages and Travels*, vol. xvi. London, 1814.

Rockhill (W. W.), *The Land of the Lamas*. London, 1891.

—— ' Notes on Some of the Laws, Customs, and Superstitions of Korea ' ; in *The American Anthropologist*, vol. iv. Washington, 1891.

Rogers (Ch.), *Social Life in Scotland*. 3 vols. Edinburgh, 1884–86.

Rohde (Erwin), ' Paralipomena ' ; in *Rheinisches Museum für Philologie, neue Folge*, vol. xv. Frankfurt a. M., 1895.

—— *Psyche*. Freiburg i. B. & Leipzig, 1894.

Romanes (G. J.), *Animal Intelligence*. London, 1895.

—— ' Conscience in Animals ' ; in *The Quarterly Journal of Science*, vol. xiii. London, 1876.

—— *Mental Evolution in Animals*. London, 1883.

Romanische Forschungen. Erlangen.

Romans de Raoul de Cambrai et de Bernier (Li). Ed. by E. Le Glay. Paris, 1840.

Romilly (H. H.), *From my Verandah in New Guinea*. London, 1889.

—— *The Western Pacific and New Guinea*. London, 1887.

Romilly (Henry), *The Punishment of Death*. London, 1886.

Rorarius (Hieronymus), *Quod Animalia bruta ratione utantur melius Homine*. Paris, 1648.

Roscoe (J.), ' The Bahima ' ; in *Jour. Roy. Anthr. Inst.* vol. xxxvii. London, 1907.

Rosenbaum (Julius), *Geschichte der Lustseuche im Alterthume*. Halle, 1845.

Rosenberg (C. F. V. M.), *Nordboernes Aandsliv*. 3 vols. Kjøbenhavn, 1878–85.

—— *Traek af Livet paa Island i Fristats-Tiden*. Kjøbenhavn, 1894.

Rosenberg (H. von), *Der malayische Archipel*. Leipzig, 1878.

Roskoff (G. G.), *Geschichte des Teufels*. 2 vols. Leipzig, 1869.

Ross (B. R.), ' The Eastern Tinneh ' ; in *Smithsonian Report*, 1866. Washington, 1867.

Ross (John), *History of Corea*. Pasley, [1879].

Rossbach (A.), *Untersuchungen über die römische Ehe*. Stuttgart, 1853.

Rossi (P.), *Traité de droit pénal*. 3 vols. Genève, 1829.

Roth (H. Ling), *The Aborigines of Tasmania*. London, 1890.

—— *Great Benin*. Halifax, 1903.

—— *The Natives of Sarawak and British North Borneo*. 2 vols. London, 1896.

—— ' On the Origin of Agriculture ' ; in *Jour. Anthr. Inst.* vol. xvi. London, 1887.

—— ' On Salutations ' ; in *Jour. Anthr. Inst.* vol. xix. London, 1890.

—— ' On the Signification of Couvade ' ; in *Jour. Anthr. Inst.* vol. xxii. London, 1893.

Roth (Rud.), ' Brahma und die Brahmanen ' ; in *Zeitschr. der Deutschen Morgenländischen Gesellsch.* vol. i. Leipzig, 1846.

—— ' On the Morality of the Veda.' Trans. ; in *Journal of the American Oriental Society*, vol. iii. New York, 1853.

Roth (Walter E.), *Ethnological Studies among the North-West-Central Queensland Aborigines*. Brisbane & London, 1897.

Rothar (*King*), 'Edictus'; in Pertz, *Monumenta Germaniæ historica*, Leges, vol. iv. Hannoverae, 1868.

Rouse (W. H. D.), *Greek Votive Offerings*. Cambridge, 1902.

Rousseau (J. J.), *Œuvres complètes*. 4 vols. Paris, 1837.

Rowlatt (E. A.), 'Report of an Expedition into the Mishmee Hills'; in *Jour. Asiatic Soc. Bengal*, vol. xiv. pt. ii. Calcutta, 1845.

Rowley (Henry), *Africa Unveiled*. London, 1876.

—— *The Religion of the Africans*. London, [1877].

Rowney (H. B.), *The Wild Tribes of India*. London, 1882.

Rühs (F.), *Handbuch der Geschichte des Mittelalters*. Berlin, 1816.

Rüppell (E.), *Reise in Abyssinien*. 2 vols. Frankfurt a. M., 1838–40.

Ruskin (John), *The Works of*. 11 vols. Keston, Orpington, 1871–83.

Sabatier (Paul), *Life of St. Francis of Assisi*. Trans. London, 1894.

Sachau (E.), *Muhammedanisches Recht nach Schafiitischer Lehre*. Stuttgart & Berlin, 1897.

Saco (*Don* J. A.), *Historia de la esclavitud*. 3 vols. Paris & Barcelona, 1875–78.

Sacred Books of the East (*The*). Ed. by F. Max Müller. Oxford, 1879, &c.

'Sad Dar,' trans. by E. W. West; in *The Sacred Books of the East*, vol. xxiv. Oxford, 1885.

Sagard Théodat (G.), *Le grand voyage du pays des Hurons*. Paris, 1632.

Sahagun (F. Bernardino de), *Historia general de las cosas de Nueva España*. 3 vols. México, 1829–30.

Sainte-Palaye (De la Curne de), *Mémoires sur l'ancienne chevalerie*. 3 vols. Paris, 1781.

St. John (Bayle), *Adventures in the Libyan Desert*. London, 1849.

—— *Village Life in Egypt*. 2 vols. London, 1852.

St. John (Spenser), *Life in the Forests of the Far East*. 2 vols. London, 1863.

Saint Louis, *Les Établissements de*. Ed. by Paul Viollet. 4 vols. Paris, 1881–86.

Saint-Simon (*Duc* de), *Mémoires complets et authentiques*. 40 vols. Paris, 1840–41.

Sale (George), 'Preliminary Discourse'; in Wherry, *A Comprehensive Commentary on the Qurán*, vol. i. London, 1882.

Salt (H. S.), *Animals' Rights*. London, 1900.

Salt (Henry), *A Voyage to Abyssinia*. London, 1814.

Salvado (R.), *Mémoires historiques sur l'Australie*. Paris, 1854.

Salvioli (G.), *Manuale di storia del diritto italiano*. Torino, 1892.

Samuelson (James), *The History of Drink*. London, 1880.

Sandys (Edwin), *The Sermons of*. Ed. by John Ayre. Cambridge, 1841.

Santos (Joano dos), 'History of Eastern Ethiopia.' Trans.; in Pinkerton, *Collection of Voyages*, vol. xvi. London, 1814.

Sarasin (Paul and Fritz), *Ergebnisse naturwissenschaftlicher Forschungen auf Ceylon*. 3 vols. Wiesbaden, 1887–93.

Sarbah (J. M.), *Fanti Customary Laws*. London, 1897.

Sartori (Paul), 'Die Sitte der Alten- und Krankentötung'; in *Globus*, vol. lxvii. Braunschweig, 1895.

—— 'Ueber das Bauopfer'; in *Zeitschr. f. Ethnologie*, vol. xxx. Berlin, 1898.

Sarytschew (G.), ' Account of a Voyage of Discovery to the North-East of Siberia, the Frozen Ocean, and the North-East Sea.' Trans. ; in *A Collection of Modern and Contemporary Voyages and Travels*, vols. v.–vi. London, 1807.

Satapatha-Brâhmana (The). Trans. by J. Eggeling. 5 vols. (*The Sacred Books of the East*, vols. xii., xxvi., xli., xliii., and xliv.) Oxford, 1882–1900.

Sauer (M.), *An Account of a Geographical and Astronomical Expedition to the Northern Parts of Russia performed by J. Billings*. London, 1802.

Savage (T. S.), ' Observations on the External Characters and Habits of the *Troglodytes Niger* ' ; in *Boston Journal of Natural History*, vol. iv. Boston, 1844.

Sayce (A. H.), *Hibbert Lectures on . . . the Religion of the Ancient Baby- lonians*. London, 1887.

Scaramucci (F.) and Giglioli (E. H.), ' Notizie sui Danakil ' ; in *Archivio per l'antropologia e la etnologia*, vol. xiv. Firenze, 1884.

Schaafhausen (H.), ' Die Menschenfresserei und das Menschenopfer ' ; in *Archiv für Anthropologie*, vol. iv. Braunschweig, 1870.

Schadenberg (Alex.), ' Ueber die Negritos in den Philippinen ' ; in *Zeitschr. f. Ethnol.* vol. xii. Berlin, 1880.

Schaff (Philip), *History of the Christian Church : Ante-Nicene Christianity*, A.D. 100–325. Edinburgh, 1884.

Scherman (L.), ' Eine Art visionärer Höllenschilderung aus dem indischen Mittelalter ' ; in *Romanische Forschungen*, vol. v. Erlangen, 1890.

—— *Materialien zur Geschichte der Indischen Visionslitteratur*. Leipzig, 1892.

Scherzer (K. von), *Reise der Oesterreichischen Fregatte Novara um die Erde*. 3 vols. Wien, 1861–62.

Schiaparelli (E.), *Del sentimento religioso degli antichi egiziani*. Torino, 1877.

Schinz (Hans), *Deutsch-Süd-West-Afrika*. Oldenburg & Leipzig, 1891.

Schmidt (Bernhard), *Das Volksleben der Neugriechen und das hellenische Alterthum*. Leipzig, 1871.

Schmidt (C. C.), *Jahrbücher der in- und ausländischen gesammten Medicin·* Leipzig.

Schmidt (Emil), *Ceylon*. Berlin, [1897].

Schmidt (Leopold), *Die Ethik der alten Griechen*. 2 vols. Berlin, 1882.

Schneider (Wilhelm), *Die Naturvölker*. 2 vols. Paderborn & Münster, 1885–86.

—— *Die Religion der afrikanischen Naturvölker*. Münster i. W., 1891.

Schoemann (G. F.), *Griechische Alterthümer*. 2 vols. Berlin, 1855–59.

Schoen (J. F.) and Crowther (Samuel), *Journals of, who accompanied the Expedition up the Niger in 1841*. London, 1842.

Schönwerth (Fr.), *Aus der Oberpfalz. Sitten und Sagen*. 3 vols. Augs- burg, 1857–59.

Schomburgk (*Sir* Robert H.), ' Journal of an Expedition from Pirara to the Upper Corentyne ' ; in *Jour. Roy. Geo. Soc.* vol. xv. London, 1845.

—— ' On the Natives of Guiana ' ; in *Jour. Ethn. Soc. London*, vol. i. London, 1848.

Schoolcraft (H. R.), *Historical and Statistical Information respecting the History, Condition, and Prospects of the Indian Tribes of the United States* (the title pages of vols. iv.–vi. read : *Archives of Aboriginal Knowledge, &c.*). 6 vols. Philadelphia, 1851–60.

—— *The Indian in his Wigwam*. New York, 1848.

3 G 2

Schopenhauer (Arthur), *Die beiden Grundprobleme der Ethik.* (*Sämmtliche Werke in zwölf Bänden,* vol. vii.) Stuttgart, *s. d.*

—— *Essays.* Trans. by Mrs. R. Dircks. London, *s. d.*

—— *Parerga und Paralipomena.* 2 vols. Berlin, 1851.

—— *Die Welt als Wille und Vorstellung.* 2 vols. Leipzig, 1859.

Schrader (E.), *Die Keilinschriften und das Alte Testament.* Ed. by H. Zimmern and H. Winckler. Berlin, 1903.

Schrader (O.), *Prehistoric Antiquities of the Aryan Peoples.* Trans. by F. B. Jevons. London, 1890.

—— *Reallexikon der indogermanischen Altertumskunde.* Strassburg, 1901.

Schröder (Richard), *Lehrbuch der deutschen Rechtsgeschichte.* Leipzig, 1898.

Schuermann (C. W.), ' The Aboriginal Tribes of Port Lincoln ' ; in Woods, *Native Tribes of South Australia.* Adelaide, 1879.

Schütz-Holzhausen (D. von), *Der Amazonas.* Freiburg i. B., 1895.

Schulchan Aruch oder Die vier jüdischen Gesetzbücher. Trans. by H. G. F. Löwe. 2 vols. Wien, 1896.

Schultz (H.), *Old Testament Theology.* Trans. 2 vols. Edinburgh, 1892.

Schultze (Fritz), *Der Fetischismus.* Leipzig, 1871.

—— *Vergleichende Seelenkunde.* Leipzig, 1892, &c.

Schurtz (H.), *Das afrikanische Gewerbe.* Leipzig, 1900.

—— ' Die Anfänge des Landbesitzes ' ; in *Zeitschr. f. Socialwissensch.* vol. iii. Berlin, 1900.

—— *Die Speiseverbote.* Hamburg, 1893.

—— *Urgeschichte der Kultur.* Leipzig & Wien, 1900.

Schuyler (E.), *Turkistan.* 2 vols. London, 1876.

Schwabenspiegel (Der). Ed. by F. L. A. von Lassberg. Tübingen, 1840.

Schwally (F.), *Das Leben nach dem Tode nach den Vorstellungen des alten Israel und Judentums.* Giessen, 1892.

Schwaner (C. A. L. M.), *Borneo.* 2 vols. Amsterdam, 1853.

Schwarz (W.), *Prähistorisch-anthropologische Studien.* Berlin, 1884.

Schweinfurth (Georg), *The Heart of Africa.* Trans. 2 vols. London, 1873.

Science. An Illustrated Journal. Cambridge (Mass.).

Scott (*Sir* Walter), ' An Essay on Chivalry ' ; in *Miscellaneous Prose Works,* vol. vi. Edinburgh, 1827.

Scotus Novanticus. See Laurie (S. S.).

Seaver (James E.), *A Narrative of the Life of Mrs. Mary Jemison, Who was taken by the Indians, in the Year,* 1755. Howden, 1826.

' Second Helvetic Confession ' ; in *Sylloge confessionum sub tempus reformandæ ecclesiæ.* Oxonii, 1804.

Seebohm (F.), *The English Village Community.* London, 1883.

—— *Tribal Custom in Anglo-Saxon Law.* London, 1902.

—— *The Tribal System in Wales.* London, 1895.

Seeger (Hermann), *Ueber die Ausbildung der Lehre vom Versuch der Verbrechen in der Wissenschaft des Mittelalters.* Tübingen, 1869.

—— *Der Versuch der Verbrechen nach römischen Recht.* Tübingen, 1879.

Seeley (J. R.), *Ecce Homo.* London, 1892.

—— *Natural Religion.* London & New York, 1895.

Seemann (B.), *Narrative of the Voyage of H.M.S. Herald during the Years* 1845–51. 2 vols. London, 1853.

—— *Viti.* Cambridge, 1862.

Selden (J.), *De Synedriis et Præfecturis Juridicis veterum Ebræorum.* Francofurti, 1696.

Selenka (Emil and Lenore), *Sonnige Welten. Ostasiatische Reise-Skizzen.* Wiesbaden, 1896.

Seligmann (C. G.), in *Reports of the Cambridge Anthropological Expedition to Torres Straits,* vol. v. Cambridge, 1904.

—— ' Sexual Inversion among Primitive Races ' ; in *The Alienist and Neurologist,* vol. xxxiii. St. Louis, 1902.

Sell (Edward), *The Faith of Islám.* London, 1896.

Semper (Karl), *Die Palau-Inseln im Stillen Ocean.* Leipzig, 1873.

Seneca (L. A.), *Opera quæ supersunt.* Ed. by F. Haase. 3 vols. Lipsiae, 1853–62.

Sepp (Johannes), *Völkerbrauch bei Hochzeit, Geburt und Tod.* München, 1891.

Serpillon (F.), *Code Criminel, ou Commentaire sur l'Ordonnance de 1670.* 2 vols. Lyon, 1784.

Servius Maurus Honoratus, *Commentarii in Virgilium.* Ed. by H. A. Lion. 2 vols. Gottingae, 1826.

Seth (James), *A Study of Ethical Principles.* Edinburgh & London, 1898.

Sextus Empiricus, *Opera Græce et Latine.* Ed. by I. A. Fabricius. 2 vols. Lipsiae, 1842.

Shaftesbury (Antony Earl of), *Characteristicks.* 3 vols. London, 1733.

Shakespeare (W.), *Works.* Ed. by A. Dyce. 9 vols. London, 1864–67.

Shand (A. F.), ' Character and the Emotions ' ; in *Mind,* new ser. vol. v. London, 1896.

—— ' The Sources of Tender Emotion ' ; in Stout, *The Groundwork of Psychology.* London, 1903.

' Shâyast Lâ-Shâyast,' trans. by E. W. West ; in *The Sacred Books of the East,* vol. v. Oxford, 1880.

Shaw (Thomas), ' On the Inhabitants of the Hills near Rájamahall ' ; in *Asiatick Researches,* vol. iv. Calcutta, 1795.

Sheane (J. H. West), ' Some Aspects of the Avemba Religion ' ; in *Jour. Anthr. Inst.* vol. xxxvi. London, 1906.

Sherwill (W. S.), ' Notes upon a Tour through the Rájmahal Hills ' ; in *Jour. Asiatic Soc. Bengal,* vol. xx. Calcutta, 1852.

Shooter (Joseph), *The Kafirs of Natal and the Zulu Country.* London, 1857.

Short Treatise upon the Propriety and Necessity of Duelling (A). Bath, 1779.

Shortland (Edward), *Traditions and Superstitions of the New Zealanders.* London, 1854.

Shortt (John), ' An Account of the Hill Tribes of the Neilgherries ' ; in *Trans. Ethn. Soc.* new ser. vol. vii. London, 1869.

—— ' A Contribution to the Ethnology of Jeypore ' ; in *Trans. Ethn. Soc.* new ser. vol. vi. London, 1868.

—— *The Hill Ranges of Southern India.* 5 parts. Madras, 1870–76.

Shway Yoe (*i.e.* Sir J. G. Scott), *The Burman.* 2 vols. London, 1882.

Sibree (James), *The Great African Island. Chapters on Madagascar.* London, 1880.

Siculus Flaccus, ' De conditionibus agrorum ' ; in Goesius, *Rei agrariæ auctores.* Amstelredami, 1674.

Sidgwick (H.), *The Methods of Ethics.* London, 1901.

—— ' The Morality of Strife ' ; in *Internat. Jour. of Ethics,* vol. i. Philadelphia & London 1891.

Sidonius (C. Sollius Apollinaris), *Epistulæ.* Ed. by P. Mohr. Lipsiae, 1895.

Siebold (H. von), *Ethnologische Studien über die Aino auf der Insel Yesso.* Berlin, 1881.

Simancas (Jacobus), *De catholicis institutionibus liber.* Romae, 1575.

Simcox (E. J.), *Primitive Civilizations.* 2 vols. London, 1894.

Simmel (Georg), *Einleitung in die Moralwissenschaft.* 2 vols. Berlin, 1892-93.

—— ' Die Verwandtenehe '; in *Vossische Zeitung,* June 3rd and 10th, 1894. Berlin.

Simonde de Sismondi (J. C. L.), *Histoire des républiques italiennes du moyen âge.* 16 vols. Paris, 1826.

Simons (F. A. A.), ' An Exploration of the Goajira Peninsula, U.S. of Colombia '; in *Proceed. Roy. Geo. Soc.* new ser. vol. vii. London, 1885.

Simson (Alfred), *Travels in the Wilds of Ecuador.* London, 1886.

Skeat (W. W.), *Malay Magic.* London, 1900.

—— and Blagden (Ch. O.), *Pagan Races of the Malay Peninsula.* 2 vols. London, 1906.

Skene (W. F.), *Celtic Scotland.* 3 vols. Edinburgh, 1876-80.

Skertchly (J. A.), *Dahomey as it is.* London, 1874.

Sleeman (*Sir* W. H.), *Rambles and Recollections of an Indian Official.* 2 vols. London, 1844.

Smaragdus, ' Via Regia '; in d'Achery, *Spicilegium,* vol. i. Parisiis, 1723.

Smeaton (D. Mackenzie), *The Loyal Karens of Burma.* London, 1887.

Smellie (William), *The Philosophy of Natural History.* 2 vols. Edinburgh, 1790-99.

Smith (Adam), *An Inquiry into the Nature and Causes of the Wealth of Nations.* Edinburgh, 1863.

—— *The Theory of Moral Sentiments.* London, 1887.

Smith (Arthur H.), *Chinese Characteristics.* London, 1895.

—— *The Proverbs and Common Sayings of the Chinese.* Shanghai, 1888.

Smith (E. R.), *The Araucanians.* New York, 1855.

Smith (Erminnie A.), ' Myths of the Iroquois '; in *Ann. Rep. Bur. Ethn.* vol. ii. Washington, 1883.

Smith (George), *Chaldäische Genesis.* Trans. by H. Delitzsch, ed. by F. Delitzsch. Leipzig, 1876.

—— *The Chaldean Account of Genesis.* Ed. by A. H. Sayce. London, 1880.

Smith (Gerrit), *Letter to Rev. James Smylie, of the State of Mississippi.* New York, 1837.

Smith (Goldwin), *Lectures and Essays.* Toronto, 1881.

Smith (R. Bosworth), *Mohammed and Mohammedanism.* London, 1889.

Smith (S. Percy), ' Futuna '; in *Jour. Polynesian Soc.* vol. i. Wellington, 1892.

—— ' Uea '; in *Jour. Polynesian Soc.* vol. i. Wellington, 1892.

Smith (*Sir* Thomas), *The Common-wealth of England.* London, 1635.

Smith (W. Robertson), *Kinship and Marriage in Early Arabia.* Ed. by S. A. Cook. London, 1903.

—— *Lectures on the Religion of the Semites.* London, 1894.

—— ' Sacrifice '; in *Encyclopædia Britannica,* vol. xxi. Edinburgh, 1886.

Smithsonian Institution, Annual Reports of the Board of Regents. Washington.

Smyth (R. Brough), *The Aborigines of Victoria.* 2 vols. London, 1878.

Snorri Sturluson, *Edda.* Ed. by Ꝥ. Jónsson. Kaupmannahöfn, 1875.

Snorri Sturluson, *Heimskringla. Nóregs Konunga Sögur.* Ed. by F. Jónsson. 4 vols. København, 1893–1901.

Snow (W. Parker), ' Remarks on the Wild Tribes of Tierra del Fuego ' ; in *Trans. Ethn. Soc. London*, new ser. vol. i. London, 1861.

—— *A Two Years' Cruise off Tierra del Fuego.* 2 vols. London, 1857.

Sociological Papers. Published for the Sociological Society. London.

Socrates, ' Historia ecclesiastica ' ; in Migne, *Patrologiæ cursus*, Ser. Graeca, vol. lxvii. Parisiis, 1859.

Söderblom (Nathan), *Gudstrons uppkomst.* Stockholm, 1914.

Solinus, *Collectanea rerum memorabilium.* Ed. by Th. Mommsen. Berlin, 1864.

Sommerville (B. T.), ' Ethnographical Notes in New Georgia ' ; in *Jour. Anthr. Inst.* vol. xxvi. London, 1897.

Sophocles, *The Plays and Fragments.* Ed. and trans. by R. C. Jebb. 7 vols. Cambridge, 1883–96.

—— *Tragœdiæ et Fragmenta.* Ed. by E. A. J. Ahrens. Parisiis, 1842.

Soppitt (C. A.), *A Short Account of the Kuki-Lushai Tribes on the North-East Frontier.* Shillong, 1887.

Soto (Dominicus), *De justitia et jure.* Lugduni, 1582.

South American Missionary Magazine (The). London.

Southey (R.), *History of Brazil.* 3 vols. London, 1810–19.

Sozomenus (Hermias), ' Historia ecclesiastica ' ; in Migne, *Patrologiæ cursus*, Ser. Graeca, vol. lxvii. Parisiis, 1859.

Spangenberg (—), ' Ueber das Verbrechen der Abtreibung der Leibesfrucht'; in *Neues Archiv des Criminalrechts*, vol. ii. Halle, 1818.

—— ' Ueber das Verbrechen des Kindermords und der Aussetzung der Kinder ' ; in *Neues Archiv des Criminalrechts*, vol. iii. Halle, 1819–20.

Sparrman (A.), *A Voyage to the Cape of Good Hope.* Trans. 2 vols. London, 1785.

Spartian, ' Vita Hadriani,' ed. by J. Centerwall ; in *Upsala Universitets Årsskrift*, 1870. Upsala, 1869.

' Speculum Saxonum ' ; in Goldast, *Collectio consuetudinum et legum imperialium.* Francofordiae ad Moenum, 1613.

Spencer (Baldwin) and Gillen (F. J.), *The Native Tribes of Central Australia.* London, 1899.

—— *The Northern Tribes of Central Australia.* London, 1904.

Spencer (Herbert), *Descriptive Sociology.* 8 vols. London, 1873–81.

—— *The Principles of Ethics.* 2 vols. London, 1892–93.

—— *The Principles of Psychology.* 2 vols. London, 1890.

—— *The Principles of Sociology.* 3 vols. London, 1879–96.

Spiegel (F.), *Erânische Alterthumskunde.* 3 vols. Leipzig, 1871–78.

Spieth (Jakob), *Die Ewe-Stämme.* Berlin, 1906.

Spinoza (B. de), *Opera philosophica omnia.* Ed. by A. Gfroerer. Stuttgardiae, 1830.

Spix (J. B. von) and Martius (C. F. Ph. von), *Reise in Brasilien.* 3 vols. München, 1823–31.

—— *Travels in Brazil in the Years* 1817–20. Trans. 2 vols. London, 1824.

Sproat (G. M.), *Scenes and Studies of Savage Life.* London, 1868.

Squier (E. G.), *Nicaragua.* 2 vols. London, 1852.

—— ' Observations on the Archaeology and Ethnology of Nicaragua ' ; in *Trans. American Ethn. Soc.* vol. iii. pt. i. New York, 1853.

Stäudlin (C. F.), *Geschichte der Vorstellungen und Lehren vom Selbstmorde.* Göttingen, 1824.

Stanley (A. P.), *Christian Institutions.* London, 1884.
Stanley (Hiram M.), *Studies in the Evolutionary Psychology of Feeling.* London, 1895.
Starbuck (E. D.), *The Psychology of Religion.* London, 1899.
Starcke (C. N.), *La famille dans les différentes sociétés.* Paris, 1899.
State Trials, Cobbett's Complete Collection of. Continued by T. B. and T. J. Howell. 33 vols. London, 1809–26.
Statutes of the United Kingdom of Great Britain and Ireland. 110 vols. Cambridge, London, 1762–1869.
Staunton (Sir G. Thomas), *An Inquiry into the Proper Mode of rendering the Word " God " in translating the Sacred Scriptures into the Chinese Language.* London, 1849.
Stavorinus (J. S.), *Voyages to the East Indies.* Trans. 3 vols. London, 1798.
Steinen (Karl von den), *Durch Central-Brasilien.* Leipzig, 1886.
—— *Unter den Naturvölkern Zentral-Brasiliens.* Berlin, 1894.
Steinmetz (S. R.), ' Gli antichi scongiuri giuridici contro i creditori ' ; in *Rivista italiana di sociologia,* vol. ii. Roma, 1898.
—— ' Continuität oder Lohn und Strafe im Jenseits der Wilden ' ; in *Archiv für Anthropologie,* vol. xxiv. Braunschweig, 1897.
—— *Endokannibalismus.* (Reprinted from *Mittheilungen der Anthropologischen Gesellschaft in Wien,* vol. xxvi.) Wien, 1896.
—— *Ethnologische Studien zur ersten Entwicklung der Strafe.* 2 vols. Leiden & Leipzig, 1894.
—— ' Die neueren Forschungen zur Geschichte der menschlichen Familie,' in *Zeitschr. f. Socialwissensch.* vol. ii. Berlin, 1899.
—— *Rechtsverhältnisse von eingeborenen Völkern in Afrika und Ozeanien.* Ed. by S. R. S. Berlin, 1903.
—— ' Suicide among Primitive Peoples ' ; in *The American Anthropologist,* vol. vii. Washington, 1894.
—— ' Das Verhältnis zwischen Eltern und Kindern bei den Naturvölkern ' ; in *Zeitschr. f. Socialwissensch.* vol. i. Berlin, 1898.
Steller (E.), *De Sangi-Archipel.* Amsterdam, 1866.
Steller (G. W.), *Beschreibung von dem Lande Kamtschatka.* Frankfurt & Leipzig, 1774.
Stemann (Chr. L. E.), *Den danske Retshistorie indtil Christian V.'s Lov.* Kjöbenhavn, 1871.
Stengel (Paul), *Die griechischen Kultusaltertümer.* München, 1898.
Stephen (A. M.), ' The Navajo ' ; in *The American Anthropologist,* vol. vi. Washington, 1893.
Stephen (H. J.), *New Commentaries on the Laws of England.* 4 vols. London, 1903.
Stephen (James), *The Slavery of the British West India Colonies delineated.* 2 vols. London, 1824–30.
Stephen (James Fitzjames), *A Digest of the Criminal Law.* London, 1894.
—— *A History of the Criminal Law of England.* 3 vols. London, 1883.
—— *Horæ Sabbaticæ.* 3 vols. London, 1891–92.
—— *Liberty, Equality, Fraternity.* London, 1873.
Stephen (Leslie), *The Science of Ethics.* London, 1882.
Stephens (Edward), ' The Aborigines of Australia ' ; in *Jour. & Proceed. Roy. Soc. N. S. Wales,* vol. xxiii. Sydney & London, 1889.
Stevenson (Matilda C.), ' A Chapter of Zuñi Mythology ' ; in *Memoirs of the International Congress of Anthropology.* Chicago, 1894.

Stevenson (Matilda C.), ' The Sia ' ; in *Ann. Rep. Bur. Ethn.* vol. xi. Washington, 1894.

Stewart (David), *Sketches of the Character, Institutions, and Customs of the Highlanders of Scotland.* Inverness, &c., 1885.

Stewart (Dugald), *The Philosophy of the Active and Moral Powers of Man.* 2 vols. Edinburgh, 1828.

Stewart (R.), ' Notes on Northern Cachar ' ; in *Jour. Asiatic Soc. Bengal,* vol. xxiv. Calcutta, 1855.

Stirling (E. C.), ' Anthropology ' ; in *Report on the Work of the Horn Scientific Expedition to Central Australia,* pt. iv. London & Melbourne, 1896.

Stobaeus (Joannes), *Florilegium.* Ed. by Th. Gaisford. 4 vols. Oxonii, 1822.

Stokes (J. Lort), *Discoveries in Australia.* 2 vols. London, 1846.

Stokes (W.), *All War inconsistent with the Christian Religion.* London, 1855.

Stoll (Otto), *Die Ethnologie der Indianerstämme von Guatemala.* Leiden, 1889.

Stone (O. C.), *A Few Months in New Guinea.* London, 1880.

Storch (Henri), *Cours d'économie politique.* 6 vols. St. Pétersbourg, 1815.

Storr (F.), ' Duel ' ; in *Encyclopædia Britannica,* vol. vii. Edinburgh, 1877.

Stout (G. F.), *The Groundwork of Psychology.* London, 1903.

Strabo, *Geographica.* Parisiis, 1853.

Strachey (William), *The Historie of Travaile into Virginia Britannia.* Ed. by R. H. Major. London, 1849.

Strack (H. L.), *Der Blutaberglaube in der Menschheit.* München, 1892.

Strafgesetzbuch für das Deutsche Reich (Das). Leipzig, 1876.

Strauss (D. F.), *Der alte und der neue Glaube.* Leipzig, 1872.

Strausz (Adolf), *Die Bulgaren.* Leipzig, 1898.

Stricker (W.), ' Ethnographische Notizen über den Kindermord und die künstliche Fruchtabtreibung ' ; in *Archiv f. Anthropologie,* vol. v. Braunschweig, 1872.

Strickland (Samuel), *Twenty-seven Years in Canada West.* 2 vols. London, 1853.

Stroud (G. M.), *A Sketch of the Laws relating to Slavery in the Several States of the United States of America.* Philadelphia, 1856.

Strutt (Joseph), *A Complete View of the Manners, Customs, Arms, &c. of the Inhabitants of England.* 3 vols. London, 1775-76.

Struve (B. von), ' Die Samojeden im Norden von Sibirien ' ; in *Das Ausland,* vol. liii. Stuttgart, 1880.

Strzelecki (P. E. de), *Physical Description of New South Wales and Van Diemen's Land.* London, 1845.

Stuhlmann (Franz), *Mit Emin Pascha ins Herz von Afrika.* Berlin, 1894.

Sturt (Charles), *Narrative of an Expedition into Central Australia.* 2 vols. London, 1849.

Suarez de Paz (Gonçalo), *Praxis ecclesiastica et secularis.* Salamanticae, 1583.

Suetonius Tranquillus (C.), *De vita Cæsarum.* Ed. by C. L. Roth. Lipsiae, 1886.

Sugenheim (S.), *Geschichte der Aufhebung der Leibeigenschaft und Hörigkeit in Europa.* St. Petersburg, 1861.

Sully (James), *Studies of Childhood.* London, 1895.

Sumner (W. G.), ' The Yakuts,' from the Russian of Sieroshevski ; in *Jour. Anthr. Inst.* vol. xxxi. London, 1901.

Suomi. Helsingfors.

Sutherland (Alex.), *The Origin and Growth of the Moral Instinct.* 2 vols. London, 1898.

Swan (James G.), *The Northwest Coast ; or, Three Years' Residence in Washington Territory.* New York, 1857.

Swettenham (F. A.), *Malay Sketches.* London & New York, 1895.

Swift (J.), *Works.* With notes by Sir W. Scott. 19 vols. Edinburgh, 1824.

' Tâ Hsio ' ; in Legge, *The Chinese Classics*, vol. i. Oxford, 1893.

Ta Tsing Leu Lee. Trans. by Sir G. Th. Staunton. London, 1810.

Tacitus (C. C.), *Opera omnia.* 11 vols. Londini, 1821.

Tallqvist (K. L.), ' Die assyrische Beschwörungsserie maqlû ' ; in *Acta Soc. Scientiarum Fennicæ*, vol. xx. Helsingfors, 1895.

Talmud de Jérusalem (Le). Trans. by M. Schwab. 11 vols. Paris, 1871–89.

' Tâo Teh King (The),' trans. by J. Legge ; in *The Sacred Books of the East*, vol. xxxix. Oxford, 1891.

Taplin (George), *The Folklore, Manners, Customs, and Languages of the South Australian Aborigines.* Ed. by G. T. Adelaide, 1879.

—— ' The Narrinyeri ' ; in Woods, *Native Tribes of South Australia.* Adelaide, 1879.

Taprobanian (The). Bombay.

Tasmanian Journal of Natural Science, &c. Hobart Town.

Taylor (Jeremy), *The Whole Works of.* Ed. by R. Heber. 15 vols. London, 1822.

Taylor (R.), *Te Ika a Maui ; or, New Zealand and its Inhabitants.* London, 1870.

Tedeschi (P.), *La schiavitù.* Piacenza, 1882.

Teit (James), ' The Thompson Indians of British Columbia ' ; in *Memoirs of the American Museum of Natural History*, vol. ii., Anthropology, vol. i. New York, 1900.

Tennent (*Sir* J. Emerson), *Ceylon.* 2 vols. London, 1860.

Terme (J.-F.) and Montfalcon (J.-B.), *Histoire des enfants trouvés.* Paris,1840.

Tertullian, *Opera omnia.* 3 vols. (Migne, *Patrologiæ cursus,* vols. i.–iii.) Parisiis, 1844.

Tettau (W. J. A. von), and Temme (J. D. H.), *Die Volkssagen Ostpreussens, Litthauens und Westpreussens.* Berlin, 1837.

Texte (J.), *Jean-Jacques Rousseau and the Cosmopolitan Spirit in Literature.* Trans. London, 1899.

' Thâi-Shang (The),' trans. by J. Legge ; in *The Sacred Books of the East*, vol. xl. Oxford, 1891.

Theal (G. M. M'Call), *History of the Boers in South Africa.* London, 1887.

Theognis, *Studies in, together with a Text of the Poems.* By E. Harrison. Cambridge, 1902.

Theologische Quartalschrift. Tübingen.

Thérou (*Abbé*), *Le christianisme et l'esclavage.* Paris, 1841.

Thesleff (A.), ' Zigenarlif i Finland ' ; in *Nya Pressen*, 1897, no. 331 B. Helsingfors.

Thiers (A.), *De la propriété.* Paris, 1848.

Thomas (N. W.), ' Baiame and the Bell-bird ' ; in *Man*, 1905. London.

—— *Kinship Organisations and Group Marriage in Australia.* Cambridge, 1906.

—— ' Religious Ideas of the Arunta ' ; in *Folk-Lore*, vol. xvi. London, 1905.

Thomas Aquinas (*Saint*), *Summa theologica.* 4 vols. (Migne, *Patrologiæ cursus,* Ser. Secunda, vols. i.–iv.) Parisiis, 1845–46.

Thomassin (Louis), *Dictionnaire de discipline ecclésiastique.* Ed. by J.-J. Bourassé. 2 vols. Paris, 1856.

Thoms (W. J.), *Anecdotes and Traditions, Illustrative of Early English History and Literature.* London, 1839.

Thomson (A. S.), *The Story of New Zealand.* 2 vols. London, 1859.

Thomson (Basil C.), *Savage Island.* London, 1902.

Thomson (J. P.), *British New Guinea.* London, 1892.

Thomson (Joseph), *Through Masai Land.* London, 1887.

Thon (August), *Rechtsnorm und subjectives Recht.* Weimar, 1878.

Thonissen (J. J.), *Le droit pénal de la république athénienne.* Bruxelles & Paris, 1875.

Thorpe (Benjamin), *Northern Mythology.* 3 vols. London, 1851.

Three Early Assize Rolls for the County of Northumberland, sæc. xiii. (*The Publications of the Surtees Society,* vol. lxxxviii.) Durham, 1891.

Threlkeld (L. E.), *An Australian Language as spoken by the Awabakal.* Sydney, 1892.

Thrupp (John), *The Anglo-Saxon Home.* London, 1862.

Thucydides, *Historia Belli Peloponnesiaci.* Parisiis, 1840.

Thunberg (Ch. P.), *Travels in Europe, Africa, and Asia, performed between the Years 1770 and 1779.* 4 vols. London, 1795.

Thurston (Edgar), ' Anthropology of the Todas and Kotas of the Nilgiri Hills ' ; in the Madras Government Museum's *Bulletin,* vol. i. Madras, 1896.

—— ' The Badágas of the Nilgiris ' ; in the Madras Government Museum's *Bulletin,* vol. ii. Madras, 1897.

Tickell (——), ' Memoir on the Hodésum ' , in *Jour. Asiatic Soc. Bengal,* vol. ix. Calcutta, 1840.

Tiele (C. P.), *Elements of the Science of Religion.* 2 vols. Edinburgh & London, 1897–99.

—— *History of the Egyptian Religion.* Trans. London, 1882.

—— *Max Müller und Fritz Schultze über ein Problem der Religionswissenschaft.* Trans. Leipzig, 1871.

Tissot (J.), *Le droit pénal étudié dans ses principes.* 2 vols. Paris, 1860.

Tönnies (F.), ' Philosophical Terminology ' ; in *Mind,* new ser. vol. viii. London, 1899.

Toplady (A. M.), *The Works of.* London, 1853.

Torday (E.) and Joyce (T. A.), ' Notes on the Ethnography of the Ba-Huana ' ; in *Jour. Anthr. Inst.* vol. xxxvi. London, 1906.

—— ' Notes on the Ethnography of the Ba-Mbala ' ; in *Jour. Anthr. Inst.* vol. xxxv. London, 1905.

—— ' Notes on the Ethnography of the Ba-Yaka ' ; in *Jour. Anthr. Inst.* vol. xxxvi. London, 1906.

Torquemada (Juan de), *Veinte y un libros rituales y Monarchia Indiana.* 3 vols. Madrid, 1723.

Tout (Ch. Hill), ' Report on the Ethnology of the Siciatl of British Columbia ' ; in *Jour. Anthr. Inst.* vol. xxxiv. London, 1904.

—— ' Report on the Ethnology of the Stlatlumh of British Columbia ' ; in *Jour. Anthr. Inst.* vol. xxxv. London, 1905.

Toy (C. H.), *Judaism and Christianity.* London, 1890.

Transactions and Proceedings of the New Zealand Institute. Wellington.

Transactions of the American Ethnological Society. New York.
—— *of the Asiatic Society of Japan.* Yokohama.
—— *of the China Branch of the Royal Asiatic Society.* Hongkong.
—— *of the Ethnological Society of London.* New Series. London.
—— *of the Royal Soceity of Edinburgh.*
—— *of the Royal Society of South Australia.* Adelaide.
Travers (W. T. L.), ' On the Life and Times of Te Rauparaha ' ; in *Trans. and Proceed. New Zealand Inst.* 1872, vol. v. Wellington, 1873.
Tregear (E.), ' Easter Island ' ; in *Jour. Polynesian Soc.* vol. i. Wellington, 1892.
—— *The Maori-Polynesian Dictionary.* Wellington, 1891.
—— ' Niue ' ; in *Jour. Polynesian Soc.* vol. ii. Wellington, 1893.
Tristram (H. B.), *The Great Sahara.* London, 1860.
Trollope (Anthony), *South Africa.* 2 vols. London, 1878.
Tromp (S. W.), ' Uit de Salasila van Koetei ' ; in *Bijdragen tot de taal-, land- en volkenkunde van Nederlandsch-Indië,* vol. xxxvii. (ser. v. vol. iii.). 's Gravenhage, 1888.
Truman (B. C.), *The Field of Honor.* London, 1884.
Trumbull (H. Clay), *The Blood Covenant.* Philadelphia, 1893.
—— *The Threshold Covenant.* New York, 1896.
Trummer (C.), *Vorträge über Tortur, Hexenverfolgungen, &c. in der Hamburgischen Rechtsgeschichte.* 3 vols. Hamburg, 1844–49.
Tschudi (J. J. von), *Reisen durch Südamerika.* 5 vols. Leipzig, 1866–69.
Tucker (Abraham), *The Light of Nature pursued.* 2 vols. London, 1840.
Tuckey (J. K.), *Narrative of an Expedition to explore the River Zaire.* London, 1818.
Tuke (D. H.), *Chapters in the History of the Insane in the British Isles.* London, 1882.
—— *A Dictionary of Psychological Medicine.* 2 vols. London, 1892.
Turnbull (John), *A Voyage round the World, in the Years* 1800–1804. London, 1813.
Turner (George), *Nineteen Years in Polynesia.* London, 1861.
—— *Samoa.* London, 1884.
Turner (James), *Pallas Armata.* London, 1683.
Turner (L. M.), ' Ethnology of the Ungava District, Hudson Bay Territory ' ; in *Ann. Rep. Bur. Ethn.* vol. xi. Washington, 1894.
Turner (Sharon), *The History of England.* 12 vols. London 1839.
Tutuila (——), ' The Line Islanders ' ; in *Jour. Polynesian Soc.* vol. i. Wellington, 1892.
Twells (Leonard) and others, *The Lives of Dr. E. Pocock, &c.* 2 vols. London, 1816.
Twiss (*Sir* Travers), *The Law of Nations.* Oxford & London, 1875.
Tyler (Josiah), *Forty Years among the Zulus.* Boston & Chicago, [1891].
Tylor (*Sir* E. B.), *Anthropology.* London, 1895.
—— ' On the Limits of Savage Religion ' ; in *Jour. Anthr. Inst.* vol. xxi. London, 1892.
—— ' On a Method of investigating the Development of Institutions ' ; in *Jour. Anthr. Inst.* vol. xviii. London, 1889.
—— *Primitive Culture.* 2 vols. London, 1903.
—— ' Primitive Society ' ; in *The Contemporary Review,* vols. xxi.–xxii. London, 1873.

Tylor (E. B.), ' Remarks on Totemism ' ; in *Jour. Anthr. Inst.* vol. xxviii. London, 1899.

—— *Researches into the Early History of Mankind.* London, 1878.

—— ' Salutations ' ; in *Encyclopædia Britannica*, vol. xxi. London, 1886.

Uhlhorn (G.), *Die christliche Liebesthätigkeit.* 3 vols. Stuttgart, 1882–90.

Unger (F. W.), ' Der gerichtliche Zweikampf bei den germanischen Völkern'; in *Göttinger Studien*, 1847, Zweite Abtheilung : Philosophische, philologische und historische Abhandlungen. Göttingen.

Urquhart (D.), *The Spirit of the East.* 2 vols. London, 1838.

Usener (H.), *Götternamen.* Bonn, 1896.

Utiešenović (O. M.), *Die Hauskommunionen der Südslaven.* Wien, 1859.

Valerius Maximus, *Factorum dictorumque memorabilium libri novem.* 3 vols. Londini, 1823.

Valikhanof (——) and others, *The Russians in Central Asia.* Trans. by J. and R. Michell. London, 1865.

Vallon (Ch.) and Marie (A.), ' Des psychoses religieuses ' ; in *Archives de neurologie*, ser. ii. vol. iii. Paris, 1897.

Valroger (L. de), *Les Celtes.* Paris, 1879.

Vámbéry (H.), *Der Islam im neunzehnten Jahrhundert.* Leipzig, 1875.

—— *Travels in Central Asia.* London, 1864.

—— *Das Türkenvolk.* Leipzig, 1885.

Vangerow (K. A. von), *Lehrbuch der Pandekten.* 3 vols. Marburg & Leipzig, 1876.

Varro (M. Terentius), *De lingua Latina.* Ed. by M. Nisard. Paris, 1850.

—— *Rerum rusticarum libri tres.* Lipsiae, 1889.

' Vasishtha,' trans. by G. Bühler ; in *The Sacred Books of the East*, vol. xiv. Oxford, 1882.

Vattel (E. de), *Le droit des gens.* 2 vols. Neuchatel, 1777.

Velten (C.), *Sitten und Gebräuche der Suaheli.* Göttingen, 1903.

Vendîdâd (The). Trans. by J. Darmesteter. (*The Sacred Books of the East*, vol. iv.) Oxford, 1895.

' Venedotian Code (The) ' ; in *Ancient Laws and Institutes of Wales.* London, 1841.

Verhandlungen der Berliner Gesellschaft für Anthropologie, Ethnologie und Urgeschichte. Berlin.

Vierkandt (A.), *Naturvölker und Kulturvölker.* Leipzig, 1896.

Vigfusson (Gudbrand) and Powell (F. York), *Corpus Poeticum Boreale.* 2 vols. Oxford, 1883.

Vignioli (Tito), *Myth and Science.* London, 1882.

Villemain (A. F.), *Cours de littérature française. Littérature du moyen âge.* 2 vols. Paris, 1830.

Villot (E.), *Mœurs, coutumes et institutions des indigènes de l'Algérie.* Alger, 1888.

Vincentius Bellovacensis, *Speculum naturale.* Venetijs, 1494.

Vinnius (A.), *In quatuor libros institutionum imperialium commentarius.* Lugduni, 1747.

Vinogradoff (Paul), *Villainage in England.* Oxford, 1892.

Virgilius Maro (P.), *Opera omnia.* 10 vols. Londini, 1819.

Vischer (Wilhelm), *Kleine Schriften.* 2 vols. Leipzig, 1877–78.

Vishnu, *The Institutes of.* See *Institutes of Vishnu (The).*

Vishṅu Purāṅa (The). Trans. by H. H. Wilson. London, 1840.
Volkens (Georg), *Der Kilimandscharo*. Berlin, 1897.
Voltaire (F. M. Arouet de), *Œuvres complètes*. 70 vols. *S. l.*, 1785–89. (Quoted in vol. i.)
—— *Œuvres complètes*. 13 vols. Paris, 1836–38. (Quoted in vol. ii.)
Vos (H.), ' Die Verbreitung der Anthropophagie auf dem asiatischen Festlande ' ; in *Internat. Archiv f. Ethnogr.* vol. iii. Leiden, 1890.
Vossische Zeitung. Berlin.

Wachsmuth (Wilhelm), *Hellenische Alterthumskunde*. 2 vols. Halle, 1846.
Waddell (L. A.), *The Buddhism of Tibet*. London, 1895.
Wächter (C. G. von), *Beiträge zur Deutschen Geschichte*. Tübingen, 1845.
Waitz (Theodor), *Anthropologie der Naturvölker*. 6 vols. (vols. v. pt. ii. and vol. vi. by G. Gerland). Leipzig, 1859–72.
—— *Introduction to Anthropology*. Trans. London, 1863.
Wall (W.), *The History of Infant-Baptism*. 2 vols. Oxford, 1862.
Wallace (A. Russel), *The Malay Archipelago*. London, 1890.
—— *Travels on the Amazon and Rio Negro*. London, 1853.
Wallace (D. Mackenzie), *Russia*. 2 vols. London, 1877.
Wallin (G. A.), *Första Resa från Cairo till Arabiska öknen* 1845. Helsingfors, 1853.
—— *Notes taken during a Journey through Part of Northern Arabia, in* 1848. (Reprinted from *Jour. Roy. Geo. Soc.* vol. xx.) London, 1850–51.
—— *Reseanteckningar från Orienten åren* 1843–1849. Ed. by S. G. Elmgren. 4 vols. Helsingfors, 1864–66.
Wallon (H.), *Histoire de l'esclavage dans l'antiquité*. 3 vols. Paris, 1879.
Walter (Ferdinand), *Das alte Wales*. Bonn, 1859.
—— *Geschichte des Römischen Rechts bis auf Justinian*. 2 vols. Bonn, 1860–61.
Ward (Herbert), *Five Years with the Congo Cannibals*. London, 1890.
Ward (Robert), *An Enquiry into the Foundation and History of the Law of Nations in Europe, from the Time of the Greeks and Romans, to the Age of Grotius*. 2 vols. London, 1795.
Ward (W.), *A View of the History, Literature, and Religion of the Hindoos*. 4 vols. London, 1817–20.
Wardlaw (R.), *Four Sermons : Two on Man's Accountableness for his Belief, &c.* Glasgow, 1830.
Waronen (Matti), *Vainajainpalvelus muinaisilla suomalaisilla*. Helsingissä, 1895.
Wasserschleben (F. W. H.), *Die Bussordnungen der abendländischen Kirche*. Halle, 1851.
Waterland (D.), ' Sermon on Self-Love ' ; in *The English Preacher*, vol. i. London, 1773.
Watson (J. Selby), *The Reasoning Power in Animals*. London, 1867.
Wayland (Francis), *The Elements of Moral Science*. London, 1863.
Weber (A.), *Indische Streifen*. 3 vols. Berlin & Leipzig, 1868–79.
—— ' Eine Legende des Çatapatha-Brâhmaṇa über die strafende Vergeltung nach dem Tode ' ; in *Zeitschr. der Deutschen Morgenländischen Gesellsch.* vol. ix. Leipzig, 1855.
Weber (E. von), *Vier Jahre in Afrika*. 2 vols. Leipzig, 1878.
Webster (Hutton), *Rest Days*. New York, 1916.
Weddell (James), *A Voyage towards the South Pole*. London, 1825.

Wegener (H.), *Geschichte der christlichen Kirche auf dem Gesellschafts-Archipel.* Berlin, 1844.

Weinhold (Karl), *Altnordisches Leben.* Berlin, 1856.

—— *Die deutschen Frauen in dem Mittelalter.* 2 vols. Wien, 1882.

Welcker (F. G.), *Griechische Götterlehre.* 3 vols. Göttingen, 1857.

—— *Kleine Schriften.* 3 vols. Bonn, 1844–50.

Wellhausen (J.), *Prolegomena to the History of Israel.* Trans. London, 1885.

—— *Reste des arabischen Heidentums.* Berlin, 1897.

Welling (J..C.), ' The Law of Torture ' ; in *The American Anthropologist,* vol. v. Washington, 1892.

' Welsh Laws ' ; in *Ancient Laws and Institutes of Wales.* London, 1841.

Westcott (B. F.), *Essays in the History of Religious Thought in the West.* London, 1891.

Westcott (W. W.), *Suicide.* London, 1885.

Westermarck (Edward), ' *L-ʻár,* or the Transference of Conditional Curses in Morocco ' ; in *Anthropological Essays presented to E. B. Tylor.* London, 1907.

—— *Ceremonies and Beliefs connected with Agriculture, certain Dates of the Solar Year, and the Weather in Morocco. (Öfversigt af Finska Vetenskaps-Societetens Förhandlingar. Bd. LIV.,* 1911–1912. *Afd. B. N : o* 1) Helsingfors, 1913.

—— *The History of Human Marriage.* London, 1894.

—— ' The Magic Origin of Moorish Designs ' ; in *Jour. Anthr. Inst.* vol. xxxiv. London, 1904.

—— *Marriage Ceremonies in Morocco.* London, 1914.

—— ' Méthode pour la recherche des institutions préhistoriques à propos d'un ouvrage du professeur Kohler ' ; in *Revue internationale de sociologie,* vol. v. Paris, 1897.

—— ' Midsummer Customs in Morocco ' ; in *Folk-Lore,* vol. xvi. London, 1905.

—— *The Moorish Conception of Holiness (Baraka). (Öfversigt af Finska Vetenskaps-Societetens Förhandlingar. Bd. LVIII.,* 1915–1916. *Afd. B. N : o* 1) Helsingfors, 1916.

—— ' The Nature of the Arab *Ǧinn,* Illustrated by the present Beliefs of the People of Morocco ' ; in *Jour. Anthr. Inst.* vol. xxix. London, 1900.

—— ' Normative und psychologische Ethik ' ; in *Bericht über den III. Internationalen Congress für Psychologie in München.* München, 1897.

—— ' The Popular Ritual of the Great Feast in Morocco ' ; in *Folk-Lore,* vol. xxii. London, 1911.

—— ' The Position of Woman in Early Civilisation ' ; in *Sociological Papers,* vol. i., 1904. London, 1905.

—— ' Sul culto dei santi nel Marocco ' ; in *Actes du douzième Congrès International des Orientalistes,* Rome, 1899, vol. iii. pt. i. Florence, 1902.

Westgöta-Lagen. Ed. by H. S. Collin and C. J. Schlyter. *(Corpus Juris Sueo-Gotorum Antiqui,* vol. i.) Stockholm, 1827.

Wheaton (Henry), *Elements of International Law.* Ed. by A. C. Boyd. London, 1889.

Wheeler (G. C.), *The Tribe, and Intertribal Relations in Australia.* London, 1910.

Wheeler (J. D.), *A Practical Treatise on the Law of Slavery.* New York & New Orleans, 1837.

Wheeler (J. Talboys), *The History of India.* 4 vols. London, 1867–74.

Wherry (E. M.), *A Comprehensive Commentary on the Qurán*. 4 vols. London, 1882–86.

Whewell (William), *The Elements of Morality*. Cambridge, 1864.

Whitney (W. D.), ' On the Main Results of the later Vedic Researches in Germany ' ; in *Jour. American Oriental Soc.* vol. iii. New York, 1853.

Wichmann (Yrjö), ' Tietoja Votjaakkien mytologiiasta ' ; in *Suomi*, ser. iii. vol. vi. Helsingissä, 1893.

Wied-Neuwied (Maximilian Prinz zu), *Reise nach Brasilien in den Jahren 1815 bis 1817*. 2 vols Frankfurt a.M., 1820–21.

—— *Travels in the Interior of North America*. Trans. London, 1843.

Wiedemann (Alfred), *The Ancient Egyptian Doctrine of the Immortality of the Soul*. Trans. London, 1895.

—— *Herodots zweites Buch mit sachlichen Erläuterungen herausgegeben von.* Leipzig, 1890.

—— ' Maā, déesse de la vérité ' ; in *Annales du Musée Guimet*, vol. x. Paris, 1887.

—— *Religion of the Ancient Egyptians*. London, 1897.

Wiener (J.), Die alttestamentarischen Speiseverbote ' ; in *Zeitschr. f. Ethnol.* vol. viii. Berlin, 1875.

Wiener Medizinische Wochenschrift. Wien.

Wigmore (J. H.), ' Responsibility for Tortious Acts ' ; in *Harvard Law Review*, vol. vii., 1893–94. Cambridge (Mass.), 1894.

Wihtræd (*King*), ' The Laws of ' ; in *Ancient Laws and Institutes of England*. London, 1840.

Wilda (W. E.), *Das Strafrecht der Germanen*. Halle, 1842.

Wilken (G. A.), *Het animisme bij de volken van den Indischen Archipel*. Amsterdam, 1884–85.

—— *Huwelijken tusschen bloedverwanten*. (Reprinted from *De Gids*, 1890, no. 6.) Amsterdam.

—— *Over de verwantschap en het huwelijks- en erfrecht bij de volken van het maleische ras*. (Reprinted from *De Indische Gids*, May, 1883.) Amsterdam.

—— ' Plechtigheden en gebruiken bij verlovingen en huwelijken bij de volken van den Indischen Archipel ' ; in *Bijdragen tot de taal-, land- en volkenkunde van Nederlandsch-Indië*, ser. v. vols. i., iv. 's Gravenhage, 1886, 1889.

—— ' Het Strafrecht bij de volken van het maleische ras ' ; in *Bijdragen tot de taal-, land- en volkenkunde van Nederlandsch-Indië*, Land- en volkenkunde, 1883. 's Gravenhage.

—— ' Ueber das Haaropfer und einige andere Trauergebräuche bei den Völkern Indonesien's ' ; in *Revue coloniale internationale*, vols. iii.–iv. Amsterdam, 1886, vol. ii., and 1887, vol. i. Amsterdam.

Wilkes (Charles), *Narrative of the United States Exploring Expedition during the Years 1838–42*. 5 vols. Philadelphia & London, 1845.

Wilkin (Anthony), in *Reports of the Cambridge Anthropological Expedition to Torres Straits*, vol. v. Cambridge, 1904.

Wilkins (D.), *Concilia Magnæ Britanniæ et Hiberniæ*. 4 vols. London, 1737.

Wilkins (W. J.), *Modern Hinduism*. London, 1887.

William the Conqueror (*King*), ' The Laws of ' ; in *Ancient Laws and Institutes of England*. London, 1840.

Williams (Charles), *Dogs and their Ways*. London, 1863.

Williams (John), *A Narrative of Missionary Enterprises in the South Sea Islands*. London, 1837.

Williams (Monier). See Monier-Williams (Monier).

Williams (S. Wells), *The Middle Kingdom*. 2 vols. New York, 1883.

Williams (Thomas) and Calvert (James), *Fiji and the Fijians*. London, 1870.

Wilson (Andrew), *The Abode of Snow*. Edinburgh & London, 1876.

Wilson (C. T.) and Felkin (R. W.), *Uganda and the Egyptian Soudan*. 2 vols. London, 1882.

Wilson (H. H.), ' A Sketch of the Religious Sects of the Hindus ' ; in *Asiatic Researches*, vol. xvi. Calcutta, 1828.

—— *Works*. 12 vols. London, 1862–71.

Wilson (J. Leighton), *Western Africa*. London, 1856.

Wilson (J. M.) and Fowler (Th.), *The Principles of Morals*. 2 parts. Oxford, 1886–87.

Wilson (James), *A Missionary Voyage to the Southern Pacific Ocean, performed in the Years* 1796–1798. London, 1799.

Wilson (M.), *Charity Mistaken*. St. Omer, 1630.

Wilson (*Sir* R. K.), *History of Modern English Law*. London, &c., 1875.

Wilson (S. G.), *Persian Life and Customs*. Edinburgh & London, 1896.

Windischmann (F.), *Zoroastrische Studien*. Ed. by F. Spiegel. Berlin, 1863.

Winroth (A.), *Offentlig rätt. Familjerätt : Äktenskapshindren*. Lund, 1890.

Winter (J.), *Die Stellung der Sklaven bei den Juden in rechtlicher und gesellschaftlicher Beziehung nach talmudischen Quellen*. Breslau, 1886.

Winterbottom (Thomas), *An Account of the Native Africans in the Neighbourhood of Sierra Leone*. 2 vols. London, 1803.

Winternitz (M.), ' Das altindische Hochzeitsrituell ' ; in *Denkschriften der kaiserlichen Akademie der Wissenschaften, Philosophisch-historische Classe*, vol. xl. Wien, 1892.

—— ' Einige Bemerkungen über das Bauopfer bei den Indern ' ; in *Mittheilungen der Anthropologischen Gesellschaft in Wien*, vol. xvii. Wien, 1887.

Wissmann (H. von), *Unter deutscher Flagge quer durch Afrika*. Berlin, 1889.

—— Wolf (L.), François (C. von), and Mueller (H.), *Im Innern Afrikas*. Leipzig, 1891.

Wissowa (Georg), *Religion und Kultus der Römer*. München, 1902.

Wlislocki (H. von), *Volksglaube und religiöser Brauch der Magyaren*. Münster i.W., 1893.

—— *Volksglaube und religiöser Brauch der Zigeuner*. Münster i.W., 1891.

Woldt (A.), *Kaptein Jacobsens Reiser til Nordamerikas Nordvestkyst* 1881–1883. Trans Kristiania, 1887.

Wolff (Christian von), *Jus Gentium*. Francofurti & Lipsiae, 1764.

Wolseley (G. J. *Viscount*), *The Soldier's Pocket-Book for Field Service*. London, 1886.

Wood (John), *A Personal Narrative of a Journey to the Source of the River Oxus*. London, 1841.

Wood-Martin (W. G.), *Traces of the Elder Faiths of Ireland*. 2 vols. London, 1902.

Wood-Renton (A.), ' Moral Mania ' ; in *The Law Quarterly Review*, vol. iii. London, 1887.

Woods (J. D.), *The Native Tribes of South Australia ;* with an Introductory Chapter by J. D. W. Adelaide, 1879.

Woodthorpe (R. G.), ' Some Account of the Shans and Hill Tribes of the States on the Mekong ' ; in *Jour. Anthr. Inst.* vol. xxvi. London, 1897.

Worcester (Dean C.), *The Philippine Islands and their People*. New York, 1898.
World (The). By Adam Fitz-Adam. 4 vols. London, 1753–56.
Wrangell (F. von), *Narrative of an Expedition to the Polar Sea, in the Years 1820–1823*. Trans. London, 1840.
Wrede (A. von), *Reise in Ḥadhramaut*. Ed. by H. von Maltzan. Braunschweig, 1870.
Wrede (Richard), *Die Körperstrafen bei allen Völkern*. Dresden, 1898–99.
Wright (Julia McNair), *Among the Alaskans*. Philadelphia, 1883.
Wright (Thomas), *Essays on Archæological Subjects*. 2 vols. London, 1861.
—— *A History of Domestic Manners and Sentiments in England during the Middle Ages*. London, 1862.
Wundt (W.), *Ethics*. Trans. by E. B. Titchener and others. 3 vols. London, 1897–1901.
—— *Ethik*. Stuttgart, 1892.
Wuttke (A.), *Der deutsche Volksaberglaube der Gegenwart*. Ed. by E. H. Meyer. Berlin, 1900.
Wyatt (William), ' Some Account of the Manners and Superstitions of the Adelaide and Encounter Bay Aboriginal Tribes ' ; in Woods, *The Native Tribes of South Australia*. Adelaide, 1879.

Xenophon, *Scripta quæ supersunt*. Parisiis, 1838.

Yanoski (J.), *De l'abolition de l'esclavage ancien au moyen âge*. Paris, 1860.
Yarrow (H. C.), ' A Further Contribution to the Study of the Mortuary Customs of the North American Indians ' ; in *Ann. Rep. Bur. Ethn.* vol. i. Washington, 1881.
—— *Introduction to the Study of Mortuary Customs among the North American Indians*. Washington, 1880.
' Yasna (The),' trans. by L. H. Mills ; in *The Sacred Books of the East*, vol. xxxi. Oxford, 1887.
' Yasts (The),' trans. by J. Darmesteter ; in *The Sacred Books of the East*, vol. xxiii. Oxford, 1883.
Yate (William), *An Account of New Zealand*. London, 1835.
Ymer. Tidskrift utgifven af Svenska Sällskapet för Antropologi och Geografi. Stockholm.
Young (Thomas), *An Essay on Humanity to Animals*. London, 1798.

Zachariä (H. A.), *Die Lehre vom Versuche der Verbrechen*. 2 vols. Göttingen, 1836–39.
Zeitschrift der Deutschen Morgenländischen Gesellschaft. Leipzig.
—— *der Gesellschaft für Erdkunde zu Berlin.*
—— *für die Criminal-Rechts-Pflege in den Preussischen Staaten*. Ed. by J. E. Hitzig. Berlin.
—— *für Ethnologie*. Berlin.
—— *für geschichtliche Rechtswissenschaft*. Ed. by F. C. von Savigny and others. Berlin & Stettin.
—— *für Socialwissenschaft*. Ed. by J. Wolf. Berlin.
—— *für vergleichende Rechtswissenschaft*. Ed. by J. Kohler. Stuttgart.
—— *für Völkerpsychologie und Sprachwissenschaft*. Leipzig.
Zeller (E.), *A History of Greek Philosophy from the Earliest Period to the Time of Socrates*. Trans. 2 vols. London, 1881.
—— *Socrates and the Socratic School*. Trans. London, 1885.

Zeller (E.), *The Stoics, Epicureans and Sceptics.* Trans. London, 1892.

Zend-Avesta (Le). Trans. into French by J. Darmesteter. 2 vols. Paris, 1892.

Ziegler (Th.), *Social Ethics.* Trans. London, 1892.

Zimmer (Heinrich), *Altindisches Leben.* Berlin, 1879.

Zimmermann (W. F. A.), *Die Inseln des indischen und stillen Meeres.* 3 vols. Berlin, 1863–65.

Zimmern (Heinrich), *Babylonische Busspsalmen.* Leipzig, 1885.

—— *Babylonische Hymnen und Gebete in Auswahl.* Leipzig, 1905.

—— *Beiträge zur Kenntnis der Babylonischen Religion. Die Beschwörungs-tafeln Surpu, &c.* Leipzig, 1901.

Zöckler (Otto), *Askese und Mönchtum.* 2 vols. Frankfurt a. M., 1897.

Zöller (Hugo), *Forschungsreisen in der deutschen Colonie Kamerun.* 3 vols Berlin & Stuttgart, 1885.

—— *Das Togoland und die Sklavenküste.* Berlin & Stuttgart, 1885.

Zscharnack (L.), *Der Dienst der Frau in den ersten Jahrhunderten der christ-lichen Kirche.* Göttingen, 1902.

主题索引

（索引页码为原书页码，即中译本边码，

"i."表示第一卷，"ii."表示第二卷）

附录　族群译名对照表*

A-bantu　阿班图人

Abipone　阿比泊尼人

Abors　阿鲍斯人

Abyssinian　阿比西尼亚人

Acagchemem　阿卡凯米人

Achinese　亚齐人

Aeneze　埃内兹人

Aequi　埃魁人

Aeta　阿埃塔人

Aficaras　阿里卡拉人

Agar　阿加人

Agariya　阿加利亚人

Aglu　阿格鲁人

Ahanta　阿肯族人

Aht indian　阿特印第安人

Ajawa　阿亚瓦人

Ainu/Aino　阿伊努人

Akikuyu　阿基库尤人

Akka　阿卡人

Albanian　阿尔巴尼亚人

Aleuts　阿留申人

Alfura　阿尔弗拉人

Algonkin　阿尔衮琴人

Algonquins　阿尔冈昆人

Amazulu　阿玛祖鲁人

Andaman Islanders　安达曼岛人

Andaman　安达曼人

Andjra　安杰拉

Annamese　安南人

Annamites　安南人

Angami Naga　安加米那加人

Anglo-Saxons　盎格鲁-撒克逊人

Angmagsalik　昂马格萨利克人

Apache　阿帕切人

Arakh　阿拉克人

Arawaks　阿拉瓦克人

Araucanian　阿劳干人

Argives　阿尔戈斯人

Arinzes　阿林兹人

Aro　阿洛人

Aryan　雅利安人

Arlesians　阿里西亚人

Arunta　阿兰达人

Ashangos　阿闪格斯人

---

* 此表为中译者所作。

Ashanti　阿散蒂

Ashantee　阿散蒂人

Asiniboin　爱西尼伯因人

Aulad Soliman　奥拉德苏莱曼人

Awemba　阿温巴人

Aztecs　阿兹特克人

Azteks　阿兹特克人

Bachapins　巴察平人

Badagas　巴达加人

Bahima　巴希马人

Bahuana　巴华纳人

Bakalai　巴卡莱人

Bakairis　巴凯里人

Bakele　巴科尔人

Bakongo　巴刚果人

Bakoki　巴克基人

Bakundu　巴昆杜人

Bakwiri　巴克威利人

Balonda　巴隆达人

Baluba　巴鲁巴人

Bambala/bambaras　班巴拉人

Banaka　巴纳卡人

Bangala　班加拉人

Bangerang　班格朗人

Banjarilu　班吉里鲁人

Bannav　巴纳维人

Bantu　班图

Bantu kavirondp　班图卡维龙多人

Bapuku　巴普库人

Barabinze　巴拉宾兹人

Barea　巴雷亚人

Bari　巴里人

Barolong　巴罗隆人

Baronga　巴龙加人

Barotse　巴罗策人

Basutos　巴苏陀人

Basukuma　巴苏库马人

Bataks　巴塔克人

Bayaka　巴亚卡人

Bechuanas　贝专纳人

Bedawees　贝大维人

Bedouins　贝都因人

Beni amer　贝尼阿梅尔人

Basutos　巴苏陀人

Baziba　巴日巴人

Beni Mzab　贝尼·姆扎布人

Bengali　孟加拉人

Beini ahsen　贝尼阿森人

Betsileo　贝齐略人

Berber　柏柏尔人

Bheel　比尔人

Bhotia/Bhotias　菩提亚人

Bhumij　布米吉人

Birhors　比罗尔人

Birria　比利亚

Blackfoot/Blackfeet　黑脚人

Bobos　伯格人

Bodo　博多人

Bogos　博戈人

Bondei　邦迪人

Boora　布拉

Botocudos　博托库多人

Brets　布立吞人

Burats　布里亚特人

Bushmans　布须曼人

Busoga　布索加人

Butias　疑是 Bhotias 菩提亚人

Cabres　加布莱斯人

Cafir　卡菲尔人

Caledonian　喀里多尼亚人

　　New Caledonian　新喀里多尼亚人

Carian　卡里亚人

Carib　加勒比人

Caribees　加勒比人

Chaldean　迦勒底人

Charrua　查鲁亚人

Chavante/Chavantes　萨万蒂人

Chaymas　荣马人

Cheremiss/Cheremise　切列米斯人

Cherokee　切罗基人

Chippwa or Ojibway　奇佩瓦人

Chippewyan　奇佩维安人

Chippewas　齐佩瓦族

Chittagong hill tribe　吉大港山地部落

Chukchi(chukchee)　楚科奇人

Chukmas　查克马人

Chuvash　楚瓦什人

Circassian　切尔克斯人

Cocomas　考克马斯人

Comanches　克曼奇人

Copt　科普特人

Coroado　科罗阿多人

Cree　克里人

Creek　克里克人

Cumana　库马纳人

Dacotahs　达科他人

Dahoman Dahomey　达荷美人

Damaras　达马拉人

Danakil　达纳吉尔人

Dharkar　达咖人

Dhimals　迪马尔人

Dieyerie　迪埃利人

Dinka　丁卡人

Doouraunee　多拉尼人

Dravidian　达罗毗荼人

Druse　德鲁兹派

Dyaks　达雅克人

　　Hill Dyaks　山地达雅克人

　　Sea Dyaks　沿海达雅克人

Efatese　埃法特人

Efiks　埃菲克族

Embe　恩贝人

Erromanga　埃罗曼加人

Eskimo　爱斯基摩人

Etruscans　埃特鲁斯坎人

Euahlayi　埃瓦拉伊人

Ewe　埃维人

Fans or fang　芳人

Fantis　芳蒂人

Fellaheen　法拉欣人

Feloop　菲鲁普人

Fiji　斐济

Fijian　斐济人

For 富尔人

Fresians 弗里斯兰人

Frisian 弗里斯兰人

Fjort 弗约特人

Flathead 弗拉塞德人

Fox 福克斯人

Frank 法兰克人

Fuegians 火地人

Fulah 富拉人

Geawe-ga 奇维加

Gaika 盖卡人

Galelarese 加莱拉人

Galla 加拉人

Gallinomero 加利诺穆罗人

Garo 加罗人

Gaul 高卢人

Gibeonites 基遍人

Goajiro 瓜希罗人

Gond 贡德人

Goth 哥特人

Gournditch-mara 贡迪奇马拉人

Guanas 瓜纳人

Guanches 关契斯人

Guaycurus 圭库鲁人

Guipunavis 圭浦那威人

Haida 海达人

Hallenga 海伦加人

Hakka 客家人

Harranian 哈兰人

Hebrew 希伯来人

Hernici 赫尔尼克人

Herero 赫雷罗人

Heruli 赫卢利人

Hidatsa 希达察人

Hindus 印度人

Ho 霍人

Huichol 惠乔尔人

Huron 休伦人

Hottentots 霍屯督人

Hova 霍瓦人

Huns 匈奴人

Ibo 匈奴人

Ibrim 伊比仍人

Igorrotes 伊格罗特人

Illawarra 伊拉瓦拉人

Innuit 因纽特人

　Peruvian Incas 秘鲁的印加人

Iowa 艾奥瓦人

Iroquois 易洛魁人

Irula 伊鲁拉人

Jakut 雅库特人

Ja-luo 雅鲁奥人

Javanese 爪哇人

Jbala 吉巴拉人

Juris 居里斯人

Kabyles 卡拜尔人

Kacharis 卡查里人

Kachin 克钦人

Kachinze 克钦兹人

Kafir /Kaffir　卡菲尔人

Kakhyen　卡科恩人

Kalmuck　卡尔梅克人

Kalunda　卡伦达人

Kamchadales　坎查岱人

Kandhs　坎德人

Kamilaroi　卡米拉罗伊

Kansa　坎萨人

Kar Nicobarese　卡尔尼科巴人

Kara-Kirghiz　卡拉-吉尔吉斯人

Karen　克伦人

Karo　卡罗人

Karok　卡罗克人

Katti　卡蒂人

Kayan　卡扬人

Kaura　考拉部落

Kazak-Kirghiz　哈萨克-吉尔吉斯

Kenisteno　凯尼斯塔纳人

Kenyahs　肯雅族

Kesam　科塞姆人

Kasias/Khasians　卡西人

Khond/Kandh　坎德人

Kimbunda　金本达人

Kirghiz　吉尔吉斯人

Koksoagmyut　科克索亚格缪特人

Kol　科尔人

Kondayamkottai maravars　孔达亚
姆科泰-玛拉瓦尔人

Koniaga　科尼亚加人

Koriak/Koryak　科里亚克人

Korwa　科瓦人

Kreis Kita　科瓦人

Kru　克鲁人

Kukis　库基人

Kulin　库林人

Kunama　库林人

Kurdish　库尔德人和 semi-Kurdish
半库尔德部落

Kurilian　库里利安人

Kurnai　库尔奈人

Kurdish　库尔德人

Kurubars　库鲁巴人

Kutchin　库钦人

Kutchins　库钦人

Kutonaqa　库托纳卡人

Kwakiutl　夸扣特尔人

Lacedamonian　古斯巴达人

Ladakhis　拉达克人

Lapp　拉普人

Latukas　阿图卡人

Lengua indians　伦瓜印第安人

Lifu　利富人

Limbus　利姆布人

Longobardi　伦巴人

Luritcha　鲁力查人

Lusitanian　卢希塔尼亚人

Macedonian　马其顿人

Macusis　马库西人

Madis　马迪人

Majhwar　马基瓦人

Makololo　马科洛洛人

Malagasy　马达加斯加人/马尔加

什人

Malay　马来人

Maldivian　马尔代夫人

Manansa　马楠萨人

Mandans　曼丹人

Mandæans　曼达人

Mandingo　曼丁哥人

Manganja　曼达亚人

Manipuris　曼尼普尔人

Maoris　毛利人

Mapuche　马普彻人

Marea　马雷亚人

Maronite　马龙派教徒

Maroura　马鲁拉人

Marquesas　马克萨斯

Marshall Islanders　马绍尔群岛岛民

Marutse　迈鲁特斯人

Marutse- Mabundas　麦鲁特斯-姆邦杜人

Masai　马萨伊人

Massagetae/Massagetaes　马萨格特人

Matabele　马塔贝勒人

Matsés　马策斯人

Mattoal　马托尔人

Mayas　玛雅人

Mayorunas　马策斯人

Mbayas　姆巴亚人

Melanesians　美拉尼西亚人

Mege　麦格人

Membettu　麦姆百图人

Menomini　梅诺米尼人

Meriahs

Midianite　米甸人

Miri　米里人

Missouri　密苏里人

Mishmis　米什米人

Miwok　米沃克人

MoabMomvus　摩姆维斯人

Monbuttu　芒贝图人

Moors　摩尔人

Moqui　莫基人

Moquis　莫奎斯人

Mordvins/Mordvinians　莫尔多瓦人

Moru　莫鲁人

Motu　莫图人

Mpongwe　姆蓬圭人

Mru　姆鲁人

Munda　蒙达人

Mundrucu　蒙德鲁库人

Murut　摩禄人

Naga　那加人

Nahuas　纳化人

Nair　纳尔人

Namaqua　那马瓜人

Nandi　南迪人

Narrinyeri　纳里涅里人

Natchez　纳切斯人

Naudowessies　瑙多韦西人

Navaho　纳瓦霍人（美国最大印第安部落）

Nayadis　纳亚迪人

Nayar　纳亚尔人

Samoans　萨摩亚人

Samoyede　萨摩耶德人

Sansiya　桑西亚人

Santal/sonthal　散塔尔人

Saora　少喇人

Savara　萨瓦拉人

Saxons of Transylvania　特兰西瓦尼
　亚的萨克森人

Scots　盖尔人

Scandinavians　斯堪的纳维亚人

Semang　塞芒人

Seminole　塞米诺尔人

Semite　闪米特人

Seneca　塞内卡人

Seri Indians　沙瑞印第安人

Shammar　萨马尔人

Shanares　掸人

Saraë\Sara　萨拉人

Shastika　沙斯蒂卡人

Shekani　沙卡尼人

Shoshone　肖肖尼人

Shilluk　希卢克人

Sia　锡亚人

Siciatl　西谢特人

siamese　暹罗人

Sibuyaus　西布尧人

Sinhalese　僧伽罗人

Siouan　苏族

Sioux　苏人

Skidi　斯加地人

Slavonian　斯拉夫人

South Slavonians　南斯拉夫人

Slavonic　斯拉夫人

Snanaimuq　斯纳奈姆人

Somal　索马里人

Soolima　苏里玛人

Spaniards　西班牙人

Stien　斯丁人

Stlatlumh　斯特拉特鲁姆人

Suanitian　苏安尼田人

Sumerian　苏美尔人

Swanetians　斯瓦内提亚人

Sybarites　锡巴里斯人

Tacully　塔库里人

Tagal　塔加路人

Tagbanuas　塔格巴努亚人

Tahitians　塔希提人

Takue　塔库伊人

Tana　塔纳人

Tanala　塔纳拉人

Tangutan　唐古特人

Tarahumare　塔拉乌马雷人

Tasmanians　塔斯马尼亚人

Tessaua　泰萨瓦人

Teutons　条顿人

Teutonic　条顿人

Taveta　塔韦塔人

Tehuelches　德卫尔彻人

Teleute　铁列乌特人

Tezcucan　特兹库坎人

Thasians　塔索斯人

Thebans　底比斯人

Thlinkets　思林凯特人

Tinguiane　廷吉安人

Tinneh　廷内人

Tipperah　蒂佩拉人

Tahitians　塔希提人

Tonga　汤加人

Todas/Toda　托达人

Togiagamutes　托吉亚加缪特人

Touareg　图阿雷格人

Toungtha　东萨人

Troglodytes　穴居人

Tshatrali　萨拉里

Tshi-speaking　讲齐语的

Tsimshian　钦西安人

Tuhoe　土荷人

Tunguses，Tunguse　通古斯族/通古斯人

Tupis　图皮人

Tupinamba　图皮南巴斯人

Turkestan　突厥斯坦

Turkomans　土库曼人

Turrbal　图尔巴人

Tuscan　托斯卡纳人

Typee　泰皮人

Uaupe　沃佩人

Ulad Bu 'Aziz　乌拉德布阿齐兹人

Unyamwezi　乌尼杨韦齐人

Urabunna　乌拉本纳人

Veddah vaedda　维达人

Vedic　吠陀人

Vikings　（北欧海盗）维京人

Vogul　沃古尔人

Volscian　沃尔西人

Votyak　沃加克人

Wabembe　瓦拜姆比人

Wabondei　瓦邦代人

Wadshagga　瓦查加人

Wadigo　瓦迪格人

Wadoe　瓦都伊人

Wafiomi　瓦费米人

Waganda　瓦干达人

Wagogo　瓦戈戈人

Waháby　瓦哈比人

Wailakki　瓦拉基人

Wakamba　瓦坎巴人

Wakelbura　瓦克尔布拉人

Wa-kikuru　瓦基库尤人

Wanika　万尼卡人

Wanyamwezi　瓦尼扬韦奇人

Wanyoro　万由若人

Warramunga　瓦拉蒙加人

Washambala　瓦沙巴拉人

Wa-taveita　瓦塔维塔人

Wathiwathi　瓦西瓦西人

Wayisa　瓦伊萨人

Wellington　惠灵顿

Wolof　沃洛夫人

Wotjobaluk　沃乔巴卢克人

Wyandot　怀安多特人

Yahgans　雅甘人

Yakut　雅库特人

Yao　尧人

Yleou　挹娄人

Yokut　尤库特人

Yoruba　约鲁巴人

Yuin　尤因人

Yuruna　尤鲁纳人

Yucatans　尤卡坦人

Yuki　尤基人

Zaparo　萨帕罗人

Zulus　祖鲁人

Zuni　祖尼人

Zyrian　兹梁人

译后记

迄今为止,韦斯特马克著作汉译本只有《人类婚姻简史》(刘小幸、李彬译,商务印书馆 1992 年版)和《人类婚姻史》(李彬、李毅夫、欧阳觉亚译,商务印书馆 2002、2009、2011、2015 年版;王亚南译,上海文艺出版社 1988 年版,根据神州国光社 1930 年初版影印)。《道德观念的起源与发展》是韦斯特马克最重要的著作。《哲学评论》(*Philosophical Review*)称,"可以稳妥地说,这本书是近些年来伦理研究文献中最重要的一本"。据《剑桥评论》(*Cambridge Review*),"在检视人类的道德判断诸事项方面,没有人能像韦斯特马克博士一样把如此伟大的事业做得那么成功"。蔼理士认为此书"对道德领域疑难问题涉猎广泛,持论公允,论证明朗清晰、说服力强"。《大学评论》(*University Review*)称:"作者博学多才,论证严谨科学,例证充分、恰当而妥帖,文笔清晰,风格泼辣。该书在伦理学、心理学和社会学领域的贡献无疑是一流的。"但因该书厚重(原书共 1581 页,其中第一卷 716 页,第二卷 865 页)、难度大,迄今尚无任何汉译篇章、译著出版,也无评论分析文章发表。这对快速发展中的中国人类学和社会学界,对一直以伦理为重的中国社会而言,不能不说是一大遗憾。中国读者迫切需要欣赏韦氏的非凡才情与开阔视野,获得亲临现场的感受,但语言的障碍限制了他们的愿望与梦想。

韦斯特马克对道德观念问题所做讨论与分析的广泛性和深入性在社会学史和人类学史上迄今也可说无人匹敌。就理论层面而言，书中充满细节的经验资料被用于探讨正当、不正当、义务、正义、美德和优点等理论。关于什么是好的，什么是坏的，什么是义不容辞的，什么是无关紧要的，在这些问题上，现在的任何社会都在很大程度上共同保留和接受了传统的观念。该书对现代人的重要性，不言而喻。《道德观念的起源与发展》为韦斯特马克的道德理论提供了丰富的经验材料支持，这又使其迥异于流于思辨的道德哲学理论。翻译、评析韦斯特马克的这一经典，把他的立论依据与深刻洞见引入我国社会学界，不仅有助于中外学术交流，而且将在很大程度上弥补相关经验研究和理论分析的缺失，还有助于中国社会学界、人类学界、哲学界及社会读者以系统的、实证的视角重新认识和理解历史上和现实中的社会道德问题。

说来话长，读者手头的这套中文译本《道德观念的起源与发展》，从接手到交付出版，历时近二十载，经过了几个难忘的小事件。2000 年前后，在北京大学社会学系结束博士阶段学业不久的我，刚刚完成《自从亚当和夏娃以来——人类性行为的进化》的汉译（商务印书馆 2006 年版），我从商务印书馆译作室王明毅先生那里取得韦斯特马克的《道德观念的起源与发展》英文版原书上下卷，并就翻译此书的事进一步沟通。那时，我们以手写书信的形式进行交流，北京王府井大街 36 号的来信总是别样，桌边有本商务印书馆赠送的年历卡或挂历，更是件值得荣耀的事，以至接稿之后的一两年，我还向王明毅讨要过。这类文字工作给我带来的愉悦远胜于千字数稿费的贴补家用，年轻气盛的我面对厚重且发黄的书页没有多少犹豫就接手这个活儿并着手翻译。从山东到上海大学工作之后，在翻译断断续续的进展中，我日益感受到周边学术生态的压力：发表独立著作论文比出版个人专著紧要，获得国家或省部级科研项目比从事个人独立兴趣的研究课题紧要。2011 年，我与商务印书馆的约稿合同以及稿费似乎变得更多的是负担而非诱惑，年近半百的我面对大部分的未译稿心生畏惧，甚至产生过断了这个念头的想法。唯一的、最重要的支持来自同道朋友、华中师范大学罗力群教授的加入，这对我而言犹如神助。我们曾同在北京大学马戎教授名下获得博士学位，更重要的是，他本人在相近领域中主持国家社科基金研究项目，独立发表过专著、中英文论文，并身兼国际期刊的编委，他对韦斯特马克及相关学术脉络的谙熟程度远超过我，他实际承担的翻译任务也比我多。在我们共同完成译稿的基础上，我们的翻译成果获得 2013 年度教育部哲学社会科学研究后期资助重点项目，"（韦斯特马克）道德观念的起源与发展（译著）"（13JHQ005）。这样，颈椎酸痛、眼睛发涩后就可以好饭犒劳下自己，或偶尔小酌，放松一下以便继续码字。让我们坚持下来的，还有多半是聊以自慰的念想：翻译经典出版虽然可能出力不讨好，但总比发表鲜有创意且浪费纸张、浪费生命的论著更有价值。翻译期间，我们多次感慨原著作者所下功夫的深厚，钦敬他所付出艰辛的卓绝。面对各种各样看似生疏、偏僻的词汇，我们挑战着自己在语言、专业、见识与眼界方面的能力，尽力把韦斯特马克头脑里和笔下传达的学理与道义妥帖地转达给中文读者。

　　需要交待的是，根据以往的阅读经验，泰勒和摩尔根讲的

savage 一般被翻译成"蒙昧"，barbarian 翻译成"野蛮"。从《道德观念的起源与发展》一书里的具体上下文可以判断，在韦氏看来，savages 的文明程度最低，其次是 barbarians。这两个概念在该书和他的其他著作中不时出现。尽管在现在的不少读者看来，"蒙昧"与"野蛮"之间的差异并不那么明显，但为了表达原著中的社会进化论视角，我们忠实原著，采用了上述翻译方法。

翻译过程中，任何稍有疑虑的细节，都需要反复核查译文的正确性或妥帖程度。为了译文上下卷统一，我们还结合翻译过程中遇到的实际情况，参考《英语姓名译名手册》和《外国地名译名手册》自制了《专名译法对照表》《族群译名对照表》和《著作译名对照表》。比如，原著上下卷中各一处提到一份文献，名字叫作 Merits and Errors Scrutinised，我最初天真地以为，译为《善恶考》一定比较酷，且多少有些传神。原著相应脚注给出的线索是："Merits and Errors Scrutinised", in *Indo-Chinese Gleaner*, iii. 153。我查得 *The Indo Chinese Gleaner* 是 1817—1822 年在马六甲出版发行的一份主要刊登印度支那诸国之间各种交流信息的季刊，被译为《印度支那新闻》《印支搜闻》《印中搜闻》，等等，内容包括印度支那各国的文学、历史、哲学和神学等，主要选用当地文字，另有关于基督教的杂录和一般的新闻解。这份杂志是季刊，大部分内容由英国基督教新教传教士米怜（William Milne, 1785—1822）撰写。米怜的著作，近便的渠道难以查到。慎重起见，我在上海图书馆找到了马礼逊、米怜编的《印中搜闻》（国家图书馆出版社 2009 年版），在该书第 894 页查得"Merits and Errors Scrutinised"（The Indo-Chinese Gleaner, No. 17, XIII, pp. 894-911），相应的中文是《功过格》,而不是我拟译的《善恶考》。通过进一步丰富查找结果,我判断《功过格》显然是更符合当初实际的名称,而且为本领域专业人士约定俗成,当然从善如流。

借助这些自制工具,我们会彼此提醒,Caroline Island 要译为"加罗林岛",而不是"卡罗林岛";Tunguse 和 Tunguses 应当译为"通古斯族"和"通古斯人",不要译为"唐古斯人";不要混淆"奇佩维安人"(Chippewyan)和"齐佩瓦族"(Chippewas)。Turkestan 译为过往时代的"突厥斯坦"而不是现代流行的"土耳其斯坦"更妥帖。我们把 Kamchadales 译为"坎查岱人"的同时,留意到商务版《人类婚姻史》把 Kamchadal 译为"堪察加半岛"。我们清楚,Stuart Mill 实际是 John Stuart Mill,即詹姆斯·穆勒(James Mill)的长子,应译为"约翰·穆勒",而不是"斯图尔特·穆勒"。同样是 Spencer,著《社会学原理》的是"斯宾塞",而与吉伦一起研究澳大利亚土著的则译为"斯潘塞"。书中至少出现四位名字叫 Smith 的人,但我们至少得明确区分 Smith Adam 是 1759 年著有《道德情操论》的亚当·斯密,而 Smith Arthur H. 是来华 30 年的著名传教士明恩溥。与明恩溥相关,那些具有重要影响的汉学家,如翟理思(Giles H. A.)、景雅各(James Gilmour)、道格思(Douglas R. K)、高延(de Groot),万万不可音译了事,否则贻笑大方。

有些重要名词的翻译,除了按照约定俗成的做法,还着重考虑到学科的特点。我们并不因为对前辈工作的敬佩而跟从我们发现的错误的或不妥的译法。如 Havelock Ellis,《人类婚姻史》译为"埃利斯"(该书同时也有别的姓名中有"Ellis"的人被译为"埃利斯"),本书译为"哈夫洛克·霭理士",以示区分。一个重要的考虑是遵从潘光旦先生的译法，其译注的霭理士《性心理学》广为流传；对于 Durkheim，尽管《人类婚姻史》有的地方译为迪尔凯姆，我们已经不约而同地译为更流行的"涂尔干"。Jeremy Bentham 应当翻译为边沁，他 1789 年出版的《道德与立法原理导论》是伦理学经典；我们发现，《人类婚姻史》把 Bentham J. 翻译为"本瑟姆"。Doolittle Justus 需细查才知是"卢公明"，《人类婚姻史》译为"杜利特尔"是不合适的。

有关中国早期文献的部分，我们特别留意与文献本源保持一致，汉译本读者才能有更深切的体会。第一卷有关人祭的章节，有这么一句中文译文，"按照当地记载所述，在中国的輆沐国，有活杀长子而食之的风俗"。这里，我们不仅要准确地把原著中的 the realm of Khai-muh 译为"輆沐国"，而且找到原文并添加了一个译者注：《墨子》里说，"昔者越之东有輆沐之国者，其长子生，则解而食之。"这样就能表明这是韦斯特马克所说的习俗之原始出处。类似地，读者还可以看到下面的对话：季康子问孔子，"如杀无道，以就有道，何如?"孔子对曰："子为政，焉用杀? 子欲善而民善矣。"这些对话在韦氏著作中是英文，但源自中国古文献，如果我们从英文翻译成中文，肯定不如采用中文原本出处更忠实而妥当，而找到相应的中文原文，是需要花费一番工夫的。

《人类婚姻史》汉译本脚注里提及的文献都没有翻译成汉语。以前出的"汉译世界学术名著"，如布留尔著《原始思维》、丹皮尔著《科学史》、布洛赫著《封建社会》，分属人类学、科学史和历史学，都在商务印书馆所出"汉译世界学术名著丛书"内，都没把脚注里的文献名翻译过来。韦斯特马克引用的文献比较偏僻古怪,如全部翻译估计要花费的时间颇多。而且即使翻译出来,质量也不会很高,读者也不一定有兴趣,总之是件吃力不讨好的事情。所以本书脚注里的文献,除非有实际意义的说明、评论、补充性文字外,未作翻译。同理,本书第二卷所附"参考文献"也保留了原著的本来面目,有实际需要的有心人正好可以按图索骥,查找原著中的文献出处。

我们的翻译过程不时被各自的其他事务打断,集中时间和精力"毕其功于一役"是万万不可能的,于是我们不得不仔细记起上次工作达到的地方和最近的文档版本。经过千万次微信、电子邮件、电话沟通和数万小时的伏案工作,2017 年 12 月趁北京开会之便,我在商务印书馆把已经被翻得折损的两卷原书当面归还给李霞女士,并于午饭间见到了王明毅先生,算是物归原主了,随后的互校工作就在电子版原著基础上进行。此时,商务印书馆的年历依然是我新年前不时闪现的小念想。进入出版流程后,该书由傅楚楚女士责编,我们对她专业而细致的工作表示感谢! 翻译过程中,我们多次深感译事不易。限于水平和能力,错译之处在所难免,我们一方面对其中的不足之处负责,另一方面期待大方之家指教。

张敦福

2019 年 9 月

图书在版编目(CIP)数据

道德观念的起源与发展/(芬)爱德华·韦斯特马克
著;张敦福,罗力群译.—北京:商务印书馆,2023
ISBN 978-7-100-21759-0

Ⅰ.①道… Ⅱ.①爱…②张…③罗… Ⅲ.①道
德观念—研究 Ⅳ.①B82

中国版本图书馆 CIP 数据核字(2022)第 177486 号

道德观念的起源与发展
(全两卷)

〔芬〕爱德华·韦斯特马克 著
第一卷 张敦福 罗力群 译
第二卷 罗力群 张敦福 译

商 务 印 书 馆 出 版
(北京王府井大街 36 号 邮政编码 100710)
商 务 印 书 馆 发 行
北京市十月印刷有限公司印刷
ISBN 978-7-100-21759-0

2023 年 7 月第 1 版 开本 880×1230 1/32
2023 年 7 月北京第 1 次印刷 印张 58½
定价:280.00 元